COLLECTION LANGUE ET CULTURE

DIRIGÉE PAR JEAN-CLAUDE CORBEIL

MULTI

DICTIONNAIRE
DES DIFFICULTÉS DE
LA LANGUE FRANÇAISE

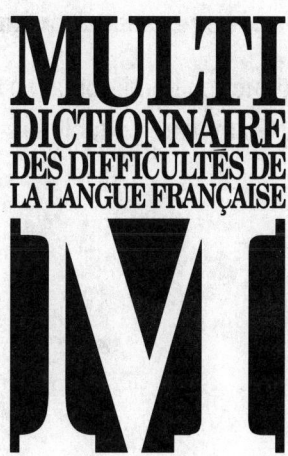

MARIE-ÉVA DE VILLERS

MULTI
DICTIONNAIRE
DES DIFFICULTÉS DE
LA LANGUE FRANÇAISE

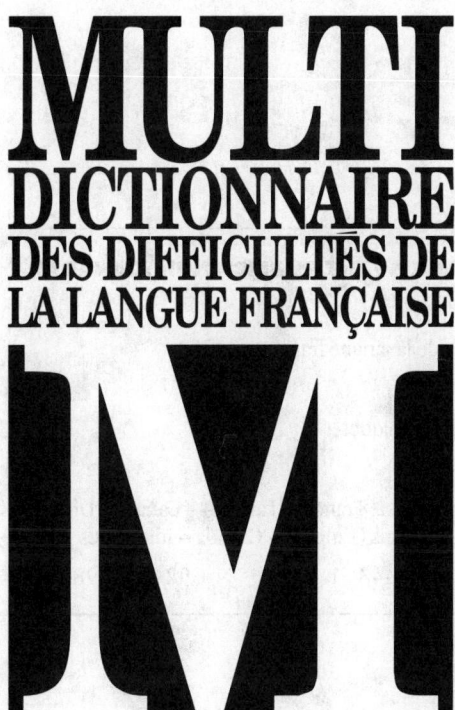

ORTHOGRAPHE
GRAMMAIRE
CONJUGAISON
SIGNIFICATIONS
ABRÉVIATIONS
PRONONCIATION
TYPOGRAPHIE
CANADIANISMES
ANGLICISMES
CORRESPONDANCE

QUÉBEC/AMÉRIQUE
425, RUE SAINT-JEAN-BAPTISTE, MONTRÉAL (QUÉBEC) H2Y 2Z7 - TÉLÉPHONE : (514) 393-1450

DONNÉES DE CATALOGAGE AVANT PUBLICATION (CANADA)

Villers, Marie-Éva de, 1945-

Multidictionnaire des difficultés de la langue française

(Collection Langue et culture)

Comprend des références bibliographiques

ISBN : 2-89037-598-6

1. Français (Langue) – Dictionnaires. 2. Français (Langue) – Canada - Dictionnaires. 3. Français (Langue) – Grammaire – Dictionnaires. 4. Français (Langue) – Canada – Idiotismes. I. Titre. II. Collection.

PC2625.V54 1992   443'.1   C92–096798–1

CONCEPTION GRAPHIQUE ET MONTAGE : **EMMANUEL BLANC**
CONVERSION DES DONNÉES : **YVES FERLAND**

DÉPÔT LÉGAL : 3ᵉ TRIMESTRE 1992 – BIBLIOTHÈQUE NATIONALE DU QUÉBEC
ISBN : 2-89037-598-6

DIRECTION
Jacques Fortin - éditeur
Jean-Claude Corbeil - directeur linguistique

CONCEPTION ET RÉDACTION
Marie-Éva de Villers

COORDINATION ET RECHERCHE
Liliane Michaud

CORRECTION RÉDACTIONNELLE
Monique Héroux
Serge-Pierre Noël

RÉVISION
Jacques Archambault

PRÉPARATION DE COPIE ET CORRECTION
Fernand Côté
Aline Gagnon
Cécile Perreault

REMERCIEMENTS

Nous tenons à souligner l'excellente collaboration de l'Office de la langue française (OLF) qui a mis à notre disposition les questions de nature linguistique adressées à son Service des consultations de septembre à décembre 1987.

Nous remercions les membres du comité de lecture du *Multidictionnaire des difficultés de la langue française*, Mmes Murielle Arsenault, Diane Martin et Guylaine Massoutre ainsi que MM. Paul Migeotte et Paul Pupier pour les observations judicieuses qu'ils nous ont transmises.

M. Camil Chouinard, conseiller linguistique à la Société Radio-Canada, a enrichi considérablement les indications portant sur les prononciations difficiles : nous lui exprimons notre vive reconnaissance.

Nous adressons nos remerciements aux nombreuses personnes qui nous ont transmis des commentaires, des suggestions d'ajouts, des corrections. Citons particulièrement les contributions utiles de MM. Yves Beauchemin, André Brochu, Yvan Comeau, Martial Denis, Lévi Fortier, Yves Lanthier, André Vanasse ainsi que les observations précieuses de Mme Noëlle Guilloton et des terminologues du Service des consultations de l'OLF, de Mme Gigi Vidal, chef du service de terminologie et de diffusion d'Hydro-Québec, et des terminologues de son équipe.

Enfin, nous exprimons notre gratitude au Dr Paul Sidani pour sa contribution relative aux termes médicaux ainsi que pour ses encouragements et son indéfectible appui.

TABLE DES MATIÈRES

PRÉFACE

Les conditions d'utilisation de la langue française se sont considérablement modifiées au cours des vingt ou trente dernières années. D'une part, les changements apportés aux programmes d'études ont diminué nettement le temps alloué à l'apprentissage de la langue maternelle et entraîné, en conséquence, une baisse de la connaissance du français dans tous les pays. Tous les rapports le confirment, tous s'en plaignent et tous les ministères de l'Éducation cherchent les moyens de redresser la situation.

D'autre part, la nécessité de recourir à l'écriture s'est accrue et ce, dans les domaines et les contextes les plus variés : correspondance commerciale et administrative, création d'imprimés de gestion, de matériel publicitaire, conception de devis scientifiques ou techniques, rédaction de textes pour la radio, la télévision ou la presse.

Avec l'utilisation généralisée du traitement de texte, chacun devient ainsi son propre éditeur et doit résoudre lui-même les problèmes orthographiques, grammaticaux ou typographiques.

On constate alors que les besoins des utilisateurs se sont diversifiés. L'analyse des questions posées par le grand public aux différents services de consultations nous a permis de préciser les diverses catégories de difficultés et leur importance relative. Nous avons pu également noter que les questions allaient des plus élémentaires aux plus complexes et qu'il ne fallait préjuger ni de leur trop grande simplicité ni de la compétence des personnes à consulter les divers ouvrages à leur disposition.

Il est ainsi devenu évident qu'il fallait offrir au grand public un nouvel instrument de travail sous la forme d'un dictionnaire polyvalent, de consultation facile. L'usager a besoin de tout en même temps, et rapidement : il importait donc de neutraliser les frontières entre les types de difficultés et de donner à toutes les questions courantes des réponses claires, compréhensibles et sûres.

Nous avons donc élargi la notion même de difficultés de la langue française. Nous ne nous sommes pas restreints aux seules questions grammaticales et nous traitons aussi bien du vocabulaire que des anglicismes, des canadianismes, de l'orthographe, de l'usage des majuscules, de la présentation typographique d'un texte.

D'un autre point de vue, nous n'avons pas voulu faire savant et ne traiter que les beaux problèmes, ceux qui restent quand on pense que les autres sont réglés et qui donnent leur piquant aux discussions linguistiques entre spécialistes et connaisseurs.

Nous savons que les difficultés diffèrent pour chacun, nous savons aussi que la compétence linguistique varie beaucoup d'un usager à l'autre et qu'il vaut mieux donner plus de renseignements que de ne pas répondre aux questions, même simples en apparence. En ce sens, le Multidictionnaire se distingue de tous les autres ouvrages de même nature.

On ne peut traiter des difficultés d'une langue qu'en fonction d'une norme, en ce qui concerne le domaine linguistique, d'un usage pour les autres domaines. En matière de langue, nous nous sommes alignés sur la norme du français international, telle qu'elle est décrite dans les grammaires et les grands dictionnaires.

Pour les spécificités du français au Québec, nous avons suivi la politique de l'Office de la langue française du Québec. Les anglicismes répertoriés sont aussi bien ceux qui circulent au Canada que ceux qu'on observe en France. En ce qui a trait aux questions de typographie, nous respectons le Code typographique *en usage dans cette profession.*

Notre souci a été de fournir à l'usager les renseignements les plus sûrs, de lui proposer une solution quand les avis sont partagés, non sans savoir qu'il demeure libre de faire ce qui lui plaît.

Enfin, nous n'avons pas voulu nous restreindre aux seuls problèmes de l'usage du français au Québec et au Canada. Le Multidictionnaire est destiné à tous les usagers de la langue française, à la seule condition qu'ils aient acquis une certaine connaissance de la langue écrite.

La langue française n'est pas plus difficile qu'une autre. Cependant, elle est sans doute celle des langues qui est la mieux décrite et la plus normalisée. Les francophones y perdent peut-être en spontanéité, mais ils y gagnent un merveilleux instrument de communication, le plus apte à la compréhension internationale.

Jean-Claude Corbeil

L'OBJET DU *MULTIDICTIONNAIRE*

Répertorier et intégrer dans un seul ordre alphabétique l'ensemble des difficultés linguistiques des usagers du français au Québec et partout dans le monde : voilà l'objet de ce dictionnaire destiné à ceux qui ont des choix rapides à faire et qui recherchent prioritairement la qualité de la langue et l'efficacité de la communication.

Instrument de vulgarisation, cet ouvrage constitue un mode d'emploi des mots qui fournit les indications les plus pertinentes sur l'usage de la langue française. Il est illustré par des exemples caractéristiques qui mettent en contexte les solutions proposées.

De consultation facile, cet ouvrage de référence apporte des réponses claires aux questions que se posent quotidiennement les usagers de la langue française en ce qui a trait à l'orthographe, à la grammaire, aux sens des mots, aux anglicismes, à la conjugaison, à la typographie, aux abréviations, aux canadianismes, à la prononciation et à la correspondance. Les nouveaux féminins des titres de professions de même que les néologismes passés dans l'usage font partie de la nomenclature.

Le *Multidictionnaire* s'adresse à quiconque veut communiquer avec efficacité et exactitude. Accessible et complet, il est destiné au grand public tout autant qu'aux professionnels de l'écriture, aux étudiants comme aux enseignants, à l'ensemble du personnel administratif, à tous ceux qui doivent s'exprimer en français.

LA NOMENCLATURE

À l'inverse des ouvrages classiques portant sur les difficultés du français qui ne traitent que les mots problématiques, la nomenclature du *Multidictionnaire* est constituée de la plupart des mots courants du français contemporain, à l'exception des termes très techniques ou scientifiques. Les locutions figées sont explicitées à l'ordre alphabétique du mot clé et leurs particularités orthographiques y sont signalées.

En vue d'éviter au lecteur la consultation de nombreux ouvrages, il a semblé plus utile de traiter l'ensemble des mots usuels et de mettre en évidence tous les types de difficultés qui leur sont propres, indépendamment de leur nature.

LE CONTENU DE L'ARTICLE

les définitions

Les définitions très concises du *Multidictionnaire* servent à la reconnaissance du mot recherché ou à l'établissement de ses principales acceptions, en fonction de l'usage habituel du mot ou de l'expression.

Ces renseignements de base constituent des repères qui sont destinés à situer correctement l'entrée et à marquer sa polysémie, le cas échéant. Ils permettent également de préciser les distinctions sémantiques entre les mots dont la ressemblance peut être source de confusion.

Les locutions figées sont suivies d'une explication et, s'il y a lieu, d'une note attirant l'attention sur une difficulté particulière.

les exemples

Les nombreux exemples sont conçus afin de faciliter la compréhension des difficultés liées à un mot : pluriel des noms composés, construction syntaxique, emploi des modes, emploi de la majuscule, place du symbole, etc.

les niveaux de langue

Les niveaux de langue précisent les registres divers en fonction des locuteurs et des contextes d'utilisation. Ils sont indiqués par des abréviations qui précèdent la définition : (Litt.) littéraire, (Fam.) familier, (Pop.) populaire, (Vulg.) vulgaire. En l'absence d'une mention, le niveau est neutre.

les notes

Les difficultés particulières à une entrée sont signalées à l'aide de diverses notes qui mettent en garde le lecteur contre les erreurs les plus courantes :

☞ les **notes grammaticales** précisent le mode commandé par un verbe ou une locution, définissent les particularités des accords du verbe, du participe et de l'adjectif, les emplois des prépositions, la formation de certains féminins, l'écriture des nombres, le genre du nom, la formation du pluriel, etc.

☞ les **notes techniques** apportent des distinctions entre les paronymes, les homonymes ou précisent les modalités d'utilisation d'un mot. Afin d'éviter les renvois d'une entrée à l'autre, ces renseignements sont répétés toutes les fois qu'il est nécessaire, de manière à rendre chaque article complet en lui-même.

☞ les **notes typographiques** soulignent la nécessité de recourir à l'italique, d'utiliser des majuscules ou des minuscules; elles précisent la graphie des abréviations, l'usage particulier des symboles, l'emploi des signes de ponctuation.

▭▷ les **notes orthographiques** soulignent en caractères gras les lettres sur lesquelles porte la difficulté.

LES ENCADRÉS

Synthèses intégrées à l'ordre alphabétique du mot clé, les encadrés donnent les principaux éléments d'information se rapportant à une entrée complexe, (à *dollar*, l'emploi du mot et de son symbole); des règles grammaticales (à *cent*, la règle de l'accord de cet adjectif); des précisions sur l'emploi et le sens d'une entrée (à *adjoint*, les modalités d'utilisation de ce mot); des renseignements de nature typographique (à *astre*, les règles d'emploi de la majuscule); des modèles de présentation (à *appel*, les formules les plus utilisées dans la correspondance).

LES TABLEAUX

Les notions fondamentales de la grammaire, les abréviations courantes, les sigles usuels, les renseignements typographiques, les formules épistolaires font l'objet de tableaux classés à l'ordre alphabétique du sujet traité. La liste des tableaux figure à la suite de l'introduction et de l'alphabet phonétique.

LES CATÉGORIES DE DIFFICULTÉS

les difficultés orthographiques

La vaste nomenclature répertorie les orthographes complexes, le pluriel des noms composés, les genres délicats, les mots invariables, les graphies distinctes selon le sens des mots, les multiples pièges de l'écriture.

Dans l'ordre alphabétique du mot clé, les locutions figées sont explicitées et les particularités de leur orthographe, soulignées.

les difficultés grammaticales

À l'entrée alphabétique du mot sont traitées les multiples difficultés liées à l'accord des participes, des verbes pronominaux, aux choix des modes, à l'emploi des prépositions, à la concordance des temps, à l'écriture des adjectifs numéraux et aux nouveaux féminins des noms de professions.

Les notions fondamentales de la grammaire font l'objet de nombreux encadrés et tableaux.

les distinctions sémantiques

Homonymes, paronymes : les significations des mots dont la ressemblance peut être source de confusion sont mentionnées à chacune des entrées afin d'éviter les renvois d'un terme à l'autre. Les diverses acceptions du mot sont illustrées par des exemples.

Les impropriétés sont signalées et le lecteur est dirigé vers la forme correcte.

les anglicismes

Précédés d'un astérisque, les anglicismes renvoient aux emplois exacts. À l'entrée française, l'anglicisme, le calque à éviter sont également cités.

Les anglicismes utilisés exclusivement en France font l'objet d'une mention.

les canadianismes

Les mots d'origine canadienne qui désignent des réalités proprement régionales ou qui ne sont pas encore dénommées en français, les acceptions particulières au français du Canada ou du Québec sont mentionnés.

Les critères de choix de ces mots respectent l'*Énoncé d'une politique linguistique relative aux québécismes* publié par l'Office de la langue française en 1985.

les difficultés typographiques

À l'ordre alphabétique du sujet traité, des précisions sont apportées sur l'emploi des majuscules, des caractères italiques, sur la division des mots, sur les règles de l'abréviation, sur les signes de ponctuation, la notation des nombres, des décimales, sur la présentation des titres d'œuvres, etc.

De nombreux tableaux font le point sur l'accentuation des mots, sur la présentation des appels de note, des citations ou des références, sur l'inscription de la date, sur l'écriture des noms géographiques, des odonymes, des toponymes, des points cardinaux et sur l'emploi du trait d'union.

les conjugaisons

Les formes irrégulières du verbe sont conjuguées directement à l'entrée alphabétique et des remarques attirent l'attention sur les difficultés particulières de chaque verbe.

la prononciation

👄 Les mots difficiles à prononcer ou les mots d'origine étrangère sont accompagnés de leur transcription selon les règles de l'Association phonétique internationale (API) ainsi que d'une indication en toutes lettres.

Les principes de la transcription phonétique sont donnés à la suite de l'introduction.

les abréviations

Les abréviations, acronymes, symboles et sigles sont traités dans l'ordre alphabétique de l'abréviation et du mot au long.

Les symboles des unités de mesure respectent les principes d'écriture des unités et des symboles adoptés par l'Association canadienne de normalisation, le Bureau de normalisation du Québec et l'Association française de normalisation.

Les sigles et les acronymes sont notés sans points en raison de la tendance actuelle à les omettre. Cependant, la forme avec les points abréviatifs est généralement correcte.

Des tableaux regroupent les abréviations courantes, les sigles usuels, les abréviations des diplômes universitaires, les symboles des unités de mesure et des unités monétaires.

guide de correspondance

Des modèles de lettres, de formules épistolaires usuelles, de documents administratifs, des règles relatives à la formulation des raisons sociales, des exemples de curriculum vitæ, de bibliographie, de citations sont présentés sous forme de tableaux qui rassemblent les renseignements essentiels à la rédaction et à la correspondance.

la féminisation des titres

Dans cet ouvrage qui répertorie un très grand nombre de noms de métiers et de professions, les formes féminines de ces titres ont été systématiquement représentées lorsque leur usage est attesté au Québec ou ailleurs dans la francophonie.

avis linguistiques et terminologiques

Les mots ayant fait l'objet d'un avis de recommandation ou de normalisation de l'Office de la langue française sont suivis de la mention (Recomm. off. OLF).

Marie-Éva de Villers

ALPHABET PHONÉTIQUE
(ASSOCIATION PHONÉTIQUE INTERNATIONALE)

VOYELLES

[i] lyre, riz
[e] jouer, clé
[ɛ] laid, mère
[a] natte, la
[ɑ] lâche, las
[ɔ] donner, port
[o] dôme, eau
[u] genou, rouler
[y] nu, plutôt
[ø] peu, meute
[œ] peur, fleur
[ə] regard, ce
[ɛ̃] matin, feinte
[ɑ̃] dans, moment
[ɔ̃] pompe, long
[œ̃] parfum, un

CONSONNES

[p] poivre, loupe
[t] vite, trop
[k] cri, quitter
[b] bonbon
[d] aide, drap
[g] bague, gant
[f] photo, enfant
[s] sel, descendre
[ʃ] chat, manche
[v] voler, fauve
[z] zéro, maison
[ʒ] je, tige
[l] soleil, lumière
[r] route, avenir
[m] maison, femme
[n] nœud, tonnerre
[ɲ] vigne, campagne
['] haricot (pas de liaison)
[ŋ] (emprunts à l'anglais) camping

SEMI-CONSONNES

[j] yeux, travail
[w] jouer, oie
[ɥ] huit, bruit

LISTE DES TABLEAUX

absol.	absolument	interj.	interjection	suff.	suffixe
adj.	adjectif	interr.	interrogatif	syn.	synonyme
adm.	administration	intr.	intransitif	tech.	technique
adv.	adverbe	inv.	invariable	tél.	téléphone
alpin.	alpinisme	iron.	ironiquement	théol.	théologie
anat.	anatomie	jur.	juridique	tr.	transitif
ancienn.	anciennement	ling.	linguistique	typogr.	typographie
ant.	antonyme	litt.	littéraire	v.	verbe
appos.	apposition	liturg.	liturgie	V.	voir
archit.	architecture	loc.	locution	vulg.	vulgaire
arg.	argot	m., masc.	masculin	vx	vieux
ass.	assurance	manut.	manutention	zool.	zoologie
astron.	astronomie	mar.	maritime		
auto.	automobile	math.	mathématiques		
aviat.	aviation	mécan.	mécanique		
chim.	chimie	méd.	médecine		
chir.	chirurgie	météor.	météorologie		
cin.	cinéma	milit.	militaire		
comm.	commerce	mus.	musique		
conj.	conjonction	n.	nom		
cuis.	cuisine	néol.	néologie		
déf.	défini	onomat.	onomatopée		
dém.	démonstratif	peint.	peinture		
démogr.	démographie	péj.	péjoratif		
didact.	didactique	pers.	personne		
dr.	droit	pharm.	pharmacie		
écon.	économie	philo.	philosophie		
électr.	électricité	phonét.	phonétique		
ellipt.	elliptiquement	phot.	photographie		
ex.	exemple	phys.	physique		
ext.	extension	pl., plur.	pluriel		
f., fém.	féminin	plaisant.	plaisanterie		
fam.	familier	polit.	politique		
fig.	figuré	pop.	populaire		
fin.	finances	poss.	possessif		
fisc.	fiscalité	p. passé	participe passé		
gastron.	gastronomie	p. présent	participe présent		
gén.	généralement	préf.	préfixe		
génét.	génétique	prép.	préposition		
géogr.	géographie	pron.	pronom		
géom.	géométrie	pronom.	pronominal		
gramm.	grammaire	psychan.	psychanalyse		
hist.	histoire	psych.	psychiatrie		
hom.	homonyme	psycho.	psychologie		
impers.	impersonnel	rég.	régionalisme		
imprim.	imprimerie	relig.	religion		
ind.	indirect	s.	siècle		
indéf.	indéfini	sing.	singulier		
inform.	informatique	stat.	statistique		

* L'astérisque précède une forme ou une expression fautive, une impropriété.

[ ] Les crochets encadrent les transcriptions phonétiques.

( ) Les parenthèses indiquent une possibilité de double lecture ou l'inversion d'un mot.

→ La flèche indique qu'un tableau se poursuit sur la page suivante.

👄 La bouche précède une note sur la prononciation.

📌 La punaise précède une note grammaticale, typographique ou technique.

✏️ Le crayon précède une note orthographique.

CANADIANISME ▶

ORTHOGRAPHE ▶

CONJUGAISON ▶

PRONONCIATION ▶

ANGLICISME ▶

SIGNIFICATIONS ▶

ABRÉVIATIONS ▶

---

abatis n. m.
Au Canada, terrain déboisé qui n'est pas encore complète-ment essouché.
Hom. *abattis,* amas de bois abattu.

◀ HOMONYME

acquit n. m. (du verbe *acquitter*)
• Reconnaissance écrite d'un paiement.
• *Pour acquit.* La mention *pour acquit* avec date et si-gnature constitue une quittance, c'est-à-dire la reconnais-sance par le créancier de l'acquittement de la dette du dé-biteur.
• *Par acquit de conscience.* Pour libérer sa conscience.
Hom. *acquis* (du verbe *acquérir*), savoir, expérience.
◻▷ acquit.

◀ LOCUTION FIGÉE

adjoindre v. tr., pronom.
INDICATIF PRÉSENT *J'adjoins, tu adjoins, il adjoint, nous adjoignons, vous adjoignez, ils adjoignent.* IMPARFAIT *J'ad-joignais.* PASSÉ SIMPLE *J'adjoignis.* FUTUR *J'adjoindrai.* CONDITIONNEL PRÉSENT *J'adjoindrais.* IMPÉRATIF PRÉSENT *Adjoins, adjoignons, adjoignez.* SUBJONCTIF PRÉSENT *Que j'adjoigne.* PARTICIPE PRÉSENT *Adjoignant.* PASSÉ *Adjoint, adjointe.*
Les lettres *gn* sont suivies d'un *i* à la première et à la deuxième personne du pluriel de l'indicatif imparfait et du subjonctif présent. *(Que) nous adjoignions, (que) vous adjoigniez.*

◀ VERBE CONJUGUÉ

◀ REMARQUE SUR LA CONJUGAISON

agenda n. m.
👄 Les lettres *en* se prononcent *in* [aʒɛ̃da].
Mot latin signifiant «ce que l'on doit faire» utilisé au sens de «carnet destiné à noter jour par jour ce que l'on doit faire». *Un agenda de poche. Des agendas de bureau.*

◀ ALPHABET PHONÉTIQUE

*agenda
Anglicisme au sens de *ordre du jour.*

◀ FORME FAUTIVE ET MENTION DE LA FORME CORRECTE

amener v. tr., pronom.
Le *e* se change en *è* devant une syllabe muette. *Il amène, il amenait.*
Conduire quelqu'un vers un endroit ou vers une personne. *Je vous amènerai ma fille cet après-midi.*
1° On *amène* une personne, un animal, mais on *ap-porte* une chose.
2° On *amène* une personne vers un lieu donné, mais on *emmène* une personne du lieu où l'on est dans un autre.
La construction pronominale est familière. *Elle s'amène tous les samedis avec sa ribambelle au complet.*

◀ PARONYME
◀ NIVEAU DE LANGUE

annonceur n. m.
annonceure n. f.
• Personne ou entreprise qui paie un message publicitaire.
• Présentateur, commentateur.
• Se dit en France, *speaker, speakerine.*

◀ FÉMINISATION DES TITRES

◀ ANGLICISME UTILISÉ EN FRANCE

b
• Symbole de *baril.*
• Symbole de *bit.*
• Ancienne notation musicale qui correspond à la note *si.* V. **note de musique.**

◀ SYMBOLES

Ba
Symbole de *baryum.*

B.A.
Abréviation de *Baccalauréat ès arts.*

◀ ABRÉVIATION

RÈGLE DE GRAMMAIRE ▶

RENVOI À DES
ENCADRÉS,
À DES TABLEAUX ▶

ACCORD DU VERBE,
DE L'ADJECTIF OU
DU PARTICIPE ▶

SYMBOLE DE L'UNITÉ
MONÉTAIRE ▶

PLACE DU SYMBOLE ▶

◀ GRAMMAIRE

◀ TYPOGRAPHIE

cent adj. num. et n. m.

• **Adjectif numéral cardinal**
- L'adjectif **cent** prend un **s** quand il est multiplié par un autre nombre et qu'il termine l'adjectif numéral. *J'ai lu sept cents pages. Tous les cent ans ou tous les quatre-vingts ans (une fois en cent ans, en quatre-vingts ans).*
- Il est invariable quand il n'est pas multiplié par un autre nombre (*il a lu cent pages*) et qu'il est suivi d'un autre adjectif numéral (*elle a écrit trois cent vingt-sept pages*).
▭◁— Dans les adjectifs numéraux composés, le trait d'union s'emploie seulement entre les éléments qui sont l'un et l'autre inférieurs à **cent**, et quand les éléments ne sont pas joints par la conjonction **et.** *Cent dix, trente-huit, cent vingt et un, deux cent trente-deux.*
V. **vingt, mille.**
V. Tableau - **NOMBRES.**
POUR CENT
Abréviations **%, p. c., p. cent, p. 100.**
Pour une quantité de cent unités. *Ils ont réussi dans une proportion de soixante-dix-huit pour cent. Le taux d'intérêt est de dix pour cent.*
• ***Pour cent* +** nom au singulier. Le verbe se met au singulier et l'adjectif ou le participe se met au singulier et s'accorde en genre avec le nom. *Vingt pour cent de la classe est d'accord et se montre enchantée de la décision.*
• ***Pour cent* +** nom au pluriel. Le verbe se met au pluriel et l'adjectif ou le participe s'accorde en genre et en nombre avec le nom. *Soixante-cinq pour cent des personnes interrogées ont été retenues.*

dollar n. m.

• Symbole **$** (s'écrit sans point).
• Unité monétaire de nombreux pays.
- ***Dollar canadien,*** symbole **$CAN** (s'écrit en majuscules, sans point). Unité monétaire du Canada.
- ***Dollar américain,*** symbole **$US** (s'écrit en majuscules, sans point). Unité monétaire des États-Unis.
- ***Dollar australien,*** symbole **$A** (s'écrit en majuscule, sans point). Unité monétaire de l'Australie.
- ***Dollar de Hongkong,*** symbole **$HKG** (s'écrit en majuscules, sans point). Unité monétaire de Hongkong.
- ***Dollar libérien,*** symbole **$LBR** (s'écrit en majuscules, sans point). Unité monétaire du Libéria.
- ***Dollar néo-zélandais,*** symbole **$NZ** (s'écrit en majuscules, sans point). Unité monétaire de la Nouvelle-Zélande.
- ***Dollar du Zimbabwe,*** symbole **Z$** (s'écrit en majuscule, sans point). Unité monétaire du Zimbabwe.
• **Notation**
L'unité monétaire peut s'écrire en toutes lettres; dans ce cas, le nombre est également noté en lettres. *Cent dollars.* Il est d'usage cependant de noter l'unité à l'aide de son symbole qui est un **S** barré. *100 $.*
• **Place du symbole**
- Le symbole de l'unité monétaire se place après la partie numérique, sur la même ligne, et en est séparé par un espacement simple. (Recomm. off. OLF) *75 $ - 75,25 $ - 0,75 $.*
- Pour certains tableaux et états financiers, il est possible d'intervertir l'ordre et de faire précéder du symbole l'expression numérique.

a
- Symbole de *année.*
- Symbole de *are.*
- Symbole de *atto-.*
- Ancienne notation musicale qui correspond à la note *la.*
V. **note de musique.**

a- préf.
- Élément d'origine grecque signifiant «négation, privation». *Anormal.*
- Devant une voyelle, le préfixe devient *an-. Analphabète.*

A
Symbole de *ampère.*

@
- Symbole du *a* commercial.
- Au prix de.
☞ L'utilisation du *a commercial* doit se limiter aux documents administratifs ou commerciaux. *Douze règles @ 2,50 $.*

à prép.
- La préposition introduit un complément d'objet indirect. *L'élève répond à l'institutrice.*
☞ Il importe de répéter la préposition *à* devant chaque complément. *Nous avons à boire et à manger.*
- La préposition introduit aussi un complément circonstanciel
- de lieu. *Ils sont en vacances à la montagne.*
- de temps. *La cloche sonne à midi.*
- de possession. *Cette calculatrice est à moi.*
- de moyen. *Les enfants pêchent à la ligne.*
- de manière. *Ce bonnet est tricoté à la main.*
- de prix. *Ces articles sont vendus à rabais.*
☞ Ne pas confondre la préposition *à* qui s'écrit avec un accent grave avec la troisième personne du singulier du présent de l'indicatif du verbe *avoir, a* (que l'on peut remplacer par *avait*). *Elle a (avait) un travail à terminer.*
☞ Devant un nom de profession, un patronyme, on emploiera plutôt *chez. Aller chez le coiffeur* (et non *au coiffeur*). *Allons manger chez Gauthier.*
☞ 1° *à la.* À la manière de. *Ils parlent à la française.*

2° *à* + complément de prix. *Un blouson à 100 $.* Cette construction est plutôt familière; dans un style soigné, on emploiera plutôt la préposition *de. Un manteau de 200 $.*
Hom. *a, as,* formes du verbe *avoir. Elle a une thèse à écrire. Tu as une propriété à la campagne.*

AANB
Sigle de *Acte de l'Amérique du Nord britannique.*

ab absurdo loc. adv.
👄 Attention à la prononciation [ababsurdo].
Locution latine signifiant «par l'absurde».
☞ En typographie soignée, les mots étrangers sont composés en italique. Dans des textes déjà en italique, la notation se fait en romain. Pour les textes manuscrits, on utilisera les guillemets.

abaisse n. f.
Pâte amincie au rouleau. *L'abaisse d'une tarte.*
Hom. **abbesse,** supérieure d'une abbaye.

abaisse-langue n. m. inv. (pl. *abaisse-langue*)
Palette servant à abaisser la langue pour examiner la
bouche et la gorge.

abaissement n. m.
Baisse, diminution.

abaisser v. tr., pronom.
• **Transitif**
- Faire descendre. *Il abaissa la manette.*
- Réduire. *Abaisser les prix.*
🖙 Alors que le verbe *abaisser* signifie surtout «ame-
ner à un point plus bas», le verbe *baisser* signifie plutôt
«amener à son point le plus bas».
• **Pronominal**
(Litt.) Se compromettre. *S'abaisser à des insinuations.*

abajoue n. f.
Joue de certains animaux (singes, rongeurs) servant
à mettre des aliments en réserve.
🖙 Ne pas confondre avec le nom *bajoue,* joue pendante.

abandon n. m.
• Action de quitter. *Abandon de poste.*
• *À l'abandon.* En désordre.
• *Abandon scolaire.* Fait, pour un élève ou une élève,
de quitter l'école avant la fin de la période de l'obligation
scolaire. (Recomm. off. OLF)
🖙 abandon.

abandonner v. tr., pronom.
• **Transitif**
- Cesser d'occuper. *Abandonner son poste.*
- Délaisser. *Abandonner un chat.*
• **Pronominal**
Se laisser aller à. *Elle s'abandonne au plaisir de les
retrouver.*
🖙 abandonner.

abaque n. m.
• Boulier. *Un abaque ancien.*
• (Archit.) Partie supérieure d'un chapiteau.
🖙 Attention au genre masculin de ce nom : *un*
abaque.

abasourdir v. tr.
👄 Le *s* se prononce *z* [abazurdir].
Ahurir, étonner. *L'arrivée inattendue du directeur l'a aba-
sourdi.*

abasourdissant, ante adj.
👄 Le *s* se prononce *z* [abazurdisã, ãt].
Stupéfiant. *Des résultats abasourdissants.*
🖙 Ne pas confondre avec le participe présent inva-
riable *abasourdissant. Ses réponses abasourdissant
le professeur, l'étudiant reçut la plus haute note.*

abasourdissement n. m.
👄 Le *s* se prononce *z* [abazurdismã].
Stupéfaction.

abâtardir v. tr., pronom.
• **Transitif.** (Fig.) Avilir. *La facilité peut abâtardir le
courage.*
• **Pronominal.** Dégénérer. *Cette race canine s'est
abâtardie.*
🖙 abâtardir.

abâtardissement n. m.
État de ce qui est abâtardi.
🖙 abâtardissement.

abatis n. m.
Au Canada, terrain déboisé qui n'est pas encore com-
plètement essouché.
Hom. *abattis,* amas de bois abattu.

abat-jour n. m. inv. (pl. *abat-jour*)
Dispositif servant à rabattre la lumière d'une lampe.

abats n. m. pl.
Cœur, foie, rate, rognons, tripes, etc. d'un animal de
boucherie (bœuf, veau, mouton, porc).
🖙 Ne pas confondre avec le nom *abattis* qui désigne les pattes, ailerons, foie, gésier de volaille.

abat-son ou **abat-sons** n. m. inv. (pl. *abat-son* ou
abat-sons)
Dispositif servant à renvoyer le son des cloches d'un
clocher vers le sol.

abattage n. m.
Action d'abattre. *L'abattage d'un arbre.*
🖙 La graphie *abatage* est aujourd'hui vieillie.
🖙 abattage.

abattant n. m.
Partie d'un meuble qui s'abaisse et se relève. *L'abattant
d'un piano.*
🖙 La graphie *abatant* est aujourd'hui vieillie.
🖙 abattant.

abattement n. m.
• Dépréciation comptable, rabais. *Un abattement fiscal.*
• Dépression. *Un état de profond abattement.*
🖙 abattement.

abattis n.m.
• Amas de bois abattu.
Hom. *abatis,* terrain déboisé qui n'est pas encore com-
plètement essouché.
• (Au plur.) Abats de volaille.
🖙 Ne pas confondre avec le nom *abats* qui dé-
signe les cœur, foie, rate, rognons, tripes, etc. d'un
animal de boucherie (bœuf, veau, mouton, porc).

abattoir n. m.
Lieu où l'on abat les animaux de boucherie.

abattre v. tr., pronom.
INDICATIF PRÉSENT *J'abats, tu abats, il abat, nous
abattons, vous abattez, ils abattent.* IMPARFAIT
J'abattais. PASSÉ SIMPLE *J'abattis.* FUTUR *J'abattrai.*
IMPÉRATIF PRÉSENT *Abats, abattons, abattez.*
SUBJONCTIF PRÉSENT *Que j'abatte.* PARTICIPE
PRÉSENT *Abattant.* PASSÉ *Abattu, ue.*
• **Transitif**
- Renverser. *Abattre un arbre.*
- Tuer. *Le gardien a abattu le cambrioleur.*
- Épuiser, décourager. *Il ne faut pas se laisser abattre.*
• **Pronominal**
- Tomber. *Les avions se sont abattus au sol* ou *sur le
sol.*
🖙 En ce sens, le verbe se construit avec les pré-
positions *à* ou *sur.*
- Se jeter sur. *Le vautour s'abat sur sa proie.*

abat-vent n. m. inv. (pl. *abat-vent*)
Dispositif adapté à une ouverture pour la protéger du vent.

abat-voix n. m. inv. (pl. *abat-voix*)
Dais d'une chaire servant à rabattre la voix du prédicateur vers les fidèles.

abbatial, ale, aux adj. et n. f.
👄 Le *t* se prononce *s* [abasjal, o].
• **Adjectif.** Qui relève d'un abbé, d'une abbesse ou d'une abbaye. *Des palais abbatiaux.*
• **Nom féminin.** Église principale d'une abbaye.

abbaye n. f.
👄 La deuxième syllabe se prononce *bé-i* [abei].
• Communauté religieuse dirigée par un abbé, une abbesse. *Une abbaye bénédictine.*
• Bâtiments de cette communauté. *L'abbaye d'Oka.*
☛ Dans les désignations d'édifices religieux, le nom générique (***basilique, cathédrale, chapelle, église, oratoire,*** etc.) s'écrit avec une minuscule.
☛ Attention au genre féminin de ce nom : ***une*** abbaye.
➾ abb**aye.**

abbé n. m.
Prêtre séculier. *L'abbé Dubois.*
☛ Comme les titres administratifs, les titres religieux s'écrivent généralement avec une minuscule. *L'archevêque, le cardinal, le chanoine, le curé, l'évêque, le pape.* Cependant, ces titres s'écrivent avec une majuscule lorsqu'ils remplacent un nom de personne. *L'Abbé sera présent à la réunion.*
V. Tableau - **TITRES DE FONCTIONS.**

abbesse n. f.
Supérieure d'une abbaye.
Hom. *abaisse,* pâte amincie au rouleau.
➾ abb**esse.**

a b c ou **abc** n. m. inv.
Rudiments d'un art, d'une science. *Elle connaît l'a b c de son métier. Il maîtrise l'abc de la biologie.*

abcès n. m.
• Amas de pus. *L'abcès qu'il a au talon le fait souffrir.*
• ***Crever, vider l'abcès.*** (Fig.) Résoudre une situation critique.
☛ Ne pas confondre avec le nom ***accès,*** entrée.
➾ abc**ès.**

abdication n. f.
Action d'abdiquer.

abdiquer v. tr., intr.
• **Transitif.** Renoncer au pouvoir.
☛ Le verbe se construit sans complément d'objet (absol.) ou avec un complément direct. *Le duc a abdiqué. Le roi Édouard VIII abdiqua la couronne d'Angleterre.*
• **Intransitif.** (Fig.) S'avouer vaincu, abandonner. *Il abdiqua devant les multiples problèmes.*

abdomen n. m.
👄 Le *n* se prononce [abdɔmɛn].
Ventre. *Des abdomens douloureux.*

abdominal, ale, aux adj.
De l'abdomen. *Des muscles abdominaux.*

abduction n. f.
Mouvement qui écarte un membre de l'axe du corps.
☛ Ne pas confondre avec le nom ***adduction,*** mouvement qui rapproche un membre de l'axe du corps.

abécédaire n. m.
Livre d'apprentissage de l'alphabet. *Elle a reçu un abécédaire très joliment illustré.*

abeille n. f.
• Insecte qui produit le miel. *Elle a été piquée par une abeille.*
• ***Nid-d'abeilles.*** Point de broderie. *Des corsages garnis de nids-d'abeilles.*
• ***Nid d'abeilles.*** Tissu qui présente des alvéoles en relief. *Des nappes nids d'abeilles.*

abénaquis, ise adj. et n. m. et f.
Relatif aux Amérindiens abénaquis. *La culture abénaquise, des projets abénaquis. Un Abénaquis, une Abénaquise.*
☛ L'adjectif s'écrit avec une minuscule; le nom, avec une majuscule.

aberrance n. f.
Propriété d'une valeur qui s'écarte considérablement de la moyenne.
☛ Ne pas confondre avec le nom ***aberration,*** déviation du bon sens.
➾ aberrance.

aberrant, ante adj.
Absurde. *Des projets aberrants, une décision aberrante.*
➾ aberrant.

aberration n. f.
Déviation du bon sens. *Dans un moment d'aberration, il s'enfuit.*
☛ Ne pas confondre avec le nom ***aberrance,*** propriété d'une valeur qui s'écarte considérablement de la moyenne.
➾ aberration.

abêtir v. tr., pronom.
• **Transitif.** Abrutir.
• **Pronominal.** Devenir stupide.

abêtissement n. m.
Action d'abêtir; son résultat.

abhorrer v. tr.
(Litt.) Exécrer.
➾ abhorrer.

abîme n. m.
Gouffre insondable.
☛ Attention au genre masculin de ce nom : ***un*** abîme.
➾ abîme.

abîmer v. tr., pronom.
• **Transitif**
Détériorer. *Il a abîmé son cartable.*
• **Pronominal**
- Se gâter. *La soie s'est abîmée.*

- (Litt.) Se plonger. *S'abîmer dans ses réflexions.*
☞ abîmer.

ab intestat adj. inv. et loc. adv.
👄 Le *t* final ne se prononce pas [abɛ̃tɛsta].
(Dr.) Locution latine signifiant «sans testament». *Des successions ab intestat.*
☞ En typographie soignée, les mots étrangers sont composés en italique. Dans des textes déjà en italique, la notation se fait en romain. Pour les textes manuscrits, on utilisera les guillemets.

abiotique adj.
Qualifie un milieu où la vie est impossible. *Une atmosphère abiotique.*

ab irato adj. inv. et loc. adv.
(Dr.) Locution latine signifiant «sous l'empire de la colère». *Des actes ab irato.*
☞ En typographie soignée, les mots étrangers sont composés en italique. Dans des textes déjà en italique, la notation se fait en romain. Pour les textes manuscrits, on utilisera les guillemets.

abject, ecte adj.
👄 Le *c* et le *t* se prononcent [abʒɛkt], alors que dans *suspect* ils ne se prononcent généralement pas, sauf au féminin.
Méprisable. *Sa conduite est abjecte.*

abjection n. f.
👄 Attention à la prononciation [abʒɛksjɔ̃].
• Avilissement.
• Chose abjecte. *Ce film est une abjection.*

abjuration n. f.
Action d'abjurer.
☞ Ne pas confondre avec le nom *adjuration,* prière instante, supplication.

abjurer v. tr.
Renoncer solennellement à (une religion).

ablatif n. m.
Cas de la déclinaison latine.

ablation n. f.
(Méd.) Action d'enlever un organe, une tumeur. *L'ablation d'un rein.*
☞ Ne pas confondre avec les noms suivants :
- *amputation,* action d'enlever un membre, une partie d'un membre au cours d'une opération chirurgicale;
- *mutilation,* perte accidentelle d'une partie du corps.

-able suff.
Élément signifiant «qui peut être». *Transformable, lavable.*

ablution n. f. (gén. au pl.)
• Purification religieuse.
• (Litt.) Action de faire sa toilette. *Faire ses ablutions.*

abnégation n. f.
Renoncement.

aboi n. m. (gén. au pl.)
Être aux abois. Dans une situation désespérée. *Ces financiers sont aux abois.*

aboiement n. m.
Cri du gros chien.

☞ Pour les chiens de petite taille, on emploiera plutôt *jappement.*
☞ aboiement.

aboiteau n. m. (pl. *aboiteaux*)
• En Acadie, barrage muni de vannes disposées de façon qu'elles se ferment automatiquement quand la marée monte et qu'elles laissent s'écouler l'eau quand la marée baisse.
• Digue permettant la récupération des terres littorales pour la culture. (Recomm. off. OLF)

abolir v. tr.
Supprimer. *Abolir la peine de mort.*
☞ On *abolit* une pratique, une institution, un usage, mais on *abroge* une loi, un décret, une disposition.
☞ abolir.

abolition n. f.
Annulation, suppression. *L'abolition de la peine de mort.*
☞ abolition.

abolitionnisme n. m.
Doctrine prônant l'abolition de l'esclavage.
☞ abolitionnisme.

abominable adj.
• Qui inspire de l'horreur. *L'abominable homme des neiges.*
☞ Ne pas confondre avec les mots suivants :
- *détestable,* exécrable, très mauvais.
- *effroyable,* qui cause une grande frayeur;
- *horrible,* qui soulève un dégoût physique et moral.
• Très mauvais. *Des résultats abominables.*

abominablement adv.
• De façon abominable. *Il écrit abominablement.*
• Extrêmement. *Des honoraires abominablement élevés.*

abomination n. f.
Horreur. *Elle a l'hypocrisie en abomination.*

abominer v. tr.
(Litt.) Exécrer.

abondamment adv.
De manière abondante.
☞ abondamment.

abondance n. f.
• Profusion. *Une abondance de desserts.*
• *Parler d'abondance.* Improviser facilement.
☞ abondance.

abondant, ante adj.
En grand nombre, copieux. *Des mets abondants.*
☞ Ne pas confondre avec le participe présent invariable *abondant. Les touristes affluaient, les merveilles abondant dans la région.*

abonder v. intr.
• Exister en grande quantité. *Cet automne, les perdrix abondent. Les visiteurs abondent à cette foire. Les livres abondent dans cette maison. Le gibier abonde en forêt.*
☞ Le verbe peut se construire absolument ou avec les prépositions *à, dans* ou *en.*
• Produire en abondance. *La région abonde en fruits.*
• *Abonder dans le sens de.* Être d'accord avec l'opinion de quelqu'un.

abonné, ée adj. et n. m. et f.
Qui a un abonnement. *Le catalogue est envoyé à tous les abonnés.*
☞ abonné.

abonnement n. m.
Contrat pour la fourniture régulière d'un bien ou l'usage habituel d'un service. *Un abonnement à une revue, à un théâtre, au hockey* (et non un *billet de saison).
☞ abonnement.

abonner v. tr., pronom.
• **Transitif.** Prendre un abonnement pour (quelqu'un). *Abonner sa famille à une revue.*
• **Pronominal.** Souscrire un abonnement pour soi-même. *S'abonner à un service.*
☞ abonner.

abord n. m.
• **Nom masculin singulier**
- Approche. *Il est d'un abord facile.*
- *Au premier abord, de prime abord* (et non *à prime abord). À première vue.
- *D'abord, tout d'abord.* En premier lieu.
- *D'abord que,* locution conjonctive. (Fam.) Au Canada, pourvu que. *D'abord que tu as fait tes devoirs, tu peux aller jouer dehors.*
• **Nom masculin pluriel**
Environs. *Les abords de la ville sont jolis.*

abordable adj.
Accessible. *Un livre à prix abordable.*

abordage n. m.
• Assaut donné d'un navire à un autre. *À l'abordage!*
• Collision de deux navires.
• Action d'atteindre le rivage.

aborder v. tr., intr.
• **Transitif**
- Adresser la parole à quelqu'un. *Aborder quelqu'un dans la rue.*
☞ Par rapport au verbe *accoster* qui comporte une nuance péjorative, le verbe *aborder* est neutre. *Aborder quelqu'un dans la rue pour lui demander un renseignement.*
- Traiter. *Aborder un sujet.*
• **Intransitif**
Atteindre le rivage. *Le voilier a abordé au port.*
☞ Le verbe se conjugue avec l'auxiliaire *avoir.*

aborigène adj. et n. m. et f.
Se dit de la personne dont les ancêtres ont toujours habité le pays où elle vit.
☞ Ne pas confondre avec le mot *indigène,* qui se dit d'une personne née dans le pays où elle habite.
Syn. **autochtone.**

abortif, ive adj.
Qui provoque un avortement. *Une substance abortive.*

aboucher v. tr., pronom.
• **Transitif**
- Relier (des conduits).
- Mettre en rapport (des personnes).
• **Pronominal**
(Péj.) S'acoquiner. *Il s'était abouché avec un drôle d'individu. S'aboucher à un politicien amoral.*

☞ La forme pronominale se construit avec les prépositions *à* ou *avec.*

aboulie n. f.
Diminution de la volonté.
☞ aboulie.

aboulique adj. et n. m. et f.
Atteint d'aboulie.

abouter v. tr.
Action de mettre bout à bout.

aboutir v. tr. ind., intr.
• **Transitif indirect**
- Se terminer, toucher par une extrémité à. *Le chemin aboutit à une forêt de pins.*
☞ En ce sens, le verbe se construit avec les prépositions *à* ou *dans. Un couloir qui aboutit dans la cuisine.*
- (Fig.) Conduire, mener à. *Cette enquête aboutira-t-elle à quelque chose?*
☞ En ce sens, le verbe se construit avec la préposition *à.*
• **Intransitif**
Réussir. *Les recherches aboutiront bientôt.*

aboutissant n. m.
Les tenants et les aboutissants. (Dr.) Tous les éléments d'une affaire, d'une question.

aboutissement n. m.
Résultat. *Cette réussite est l'aboutissement de nos efforts.*

aboyer v. tr. ind., intr.
Le *y* se change en *i* devant un *e* muet. *Il aboie, il aboiera.*
Le *y* est suivi d'un *i* à la première et à la deuxième personne du pluriel de l'indicatif imparfait et du subjonctif présent. *(Que) nous aboyions.*
• **Transitif indirect.** Invectiver. *Le sergent aboie après les soldats. Il aboie contre eux. Aboyer à la lune.*
☞ Le verbe se construit avec les prépositions *à, après* ou *contre.*
• **Intransitif.** Crier, en parlant du chien. *Les bergers allemands aboyaient.*

abracadabrant, ante adj.
Incroyable, bizarre. *Une histoire abracadabrante.*

abrasif, ive adj.
Qui use, qui polit. *Une matière abrasive.*

abrasion n. f.
Action d'user par frottement.

abrégé n. m.
• Résumé. *Un abrégé de biologie.*
• *En abrégé,* locution adverbiale. En peu de mots.

abrègement n. m.
Action d'abréger.

abréger v. tr.
Le *é* se change en *è* devant une syllabe muette, sauf à l'indicatif futur et au conditionnel présent. *J'abrège,* mais *j'abrégerai.*
Le *g* est suivi d'un *e* devant les lettres *a* et *o. Il abrégea, nous abrégeons.*

• Réduire la durée. *Le professeur abrégeait les exercices.*
• Résumer. *Abrégez votre introduction, elle est un peu trop longue.*
• Supprimer une partie des lettres d'un mot. *Le nom téléphone s'abrège tél.*

abreuver v. tr., pronom.
• **Transitif**
- Faire boire (un animal domestique).
- Accabler de. *Il les a abreuvés d'injures.*
• **Pronominal**
Boire, en parlant d'un animal. *Les chevaux se sont abreuvés à la rivière.*

abreuvoir n. m.
Lieu aménagé pour faire boire les animaux.

*abreuvoir
Impropriété au sens de *fontaine* (pour les personnes).

abréviatif, ive adj.
Qui sert à abréger. *Un point abréviatif.*

abréviation n. f.
• Retranchement des lettres dans un mot.
• Mot abrégé. *L'abréviation de *page* est *p.*
V. Tableau - **ABRÉVIATION (RÈGLES DE L').**
V. Tableau - **ABRÉVIATIONS COURANTES.**
V. Tableau - **ACRONYME.**
V. Tableau - **SIGLE.**
V. Tableau - **SYMBOLE.**

abri n. m.
• Installation sommaire destinée à protéger (d'un danger, des intempéries, etc.). *Un abri contre le vent.*
• **À l'abri de,** locution prépositive. Protégé contre. *Restons ici à l'abri de la pluie.*
• **À l'abri de,** locution prépositive. Protégé par. *Restons au sec à l'abri de ce porche.*
⌧— Attention au genre masculin de ce nom : *un* abri.

abribus n. m.
⬤ Le *s* se prononce [abribys].
Abri pour les voyageurs d'une ligne d'autobus. *J'attends l'autobus dans l'abribus parce qu'il pleut.*

abricot adj. inv. et n. m.
• **Nom masculin.** Fruit de l'abricotier, à noyau lisse, à peau et à chair jaune orangé. *Une tarte aux abricots.*
• **Adjectif de couleur invariable.** De la couleur orangée de l'abricot. *Des gants abricot.*
V. Tableau - **COULEUR (ADJECTIFS DE).**

abricotier n. m.
Arbre cultivé pour son fruit, l'abricot.

abrier v. tr., pronom.
Redoublement du *i* à la première et à la deuxième personne du pluriel de l'indicatif imparfait et du subjonctif présent. *(Que) nous abriions, (que) vous abriiez.*
⬤ Le verbe se prononce [abrije].
• **Transitif.** (Fam.) Au Canada, couvrir, border. *La maman abria le petit avec une couverture.*
• **Pronominal.** (Fam.) Au Canada, se couvrir, s'habiller chaudement. *Abriez-vous bien les enfants, il fait très froid!*

⌧— L'emploi de ce verbe est courant au Canada dans la langue familière, mais il est vieilli dans l'ensemble de la francophonie.
⬤ abr**ier.**

abri-sous-roche n. m. (pl. *abris-sous-roche*)
Habitation creusée dans une paroi rocheuse.
⌧— On écrit parfois *abri sous roche.*

abriter v. tr., pronom.
• **Transitif.** Mettre à l'abri. *Un muret abrite le bosquet du vent* ou *contre le vent.*
• **Pronominal.** Se protéger. *Ils se sont abrités sous un arbre.*

abrogatif, ive adj.
(Dr.) Qui abroge.

abrogation n. f.
(Dr.) Annulation (d'une loi, d'un décret).

abrogeable adj.
Qui peut être abrogé.

abroger v. tr.
Le *g* est suivi d'un *e* devant les lettres *a* et *o*. *Il abrogea, nous abrogeons.*
(Dr.) Annuler une loi, un décret.
⌧— On *abroge* une loi, un décret, une disposition, mais on *abolit* une pratique, une institution, un usage.

abrupt, e adj.
⬤ Les lettres *pt* se prononcent [abrypt].
• Escarpé. *La paroi est très abrupte.*
• (Fig.) Rude, trop direct (en parlant d'une personne).

abruptement adv.
⬤ Le *p* se prononce [abryptəmã].
De façon abrupte.

abrupto (ex)
V. **ex abrupto.**

abruti, ie adj. et n. m. et f.
(Fam.) Stupide. *Un air abruti. Taisez-vous, espèce d'abruti!*

abrutir v. tr., pronom.
• **Transitif.** Rendre stupide. *Cette musique assourdissante nous abrutit.*
• **Pronominal.** Devenir stupide. *Tu t'abrutis à regarder cette émission : prends plutôt un livre.*

abrutissant, ante adj.
Qui abrutit. *Des travaux abrutissants.*

abrutissement n. m.
Action d'abrutir.

abscisse n. f.
(Math.) Coordonnée horizontale qui sert à définir un point.
⌧— Ne pas confondre avec le nom *ordonnée,* coordonnée verticale qui sert à définir un point.
⬤ ab**scisse.**

abscons, onse adj.
⬤ Le *s* final est muet à la forme masculine [apskɔ̃, ɔ̃s].
(Litt.) Difficile à comprendre. *Un texte abscons.*
⬤ ab**scons.**

RÈGLES DE L'**ABRÉVIATION**

L'**abréviation** est le retranchement de lettres dans un mot à des fins d'économie de place ou de temps.

*Mme est l'abréviation de «Madame», **app.** de «appartement».*

Le **sigle** est une abréviation constituée par les initiales de plusieurs mots et qui s'épelle lettre par lettre.

STCUM est le sigle de «Société des transports de la Communauté urbaine de Montréal».

L'**acronyme** est une abréviation composée des initiales ou des premières lettres d'une désignation et qui se prononce comme un seul mot.

Cégep est l'acronyme de «Collège d'enseignement général et professionnel».

Le **symbole** est un signe conventionnel constitué par une lettre, un groupe de lettres, etc. Il appartient au système de notation des sciences et des techniques. Par exemple, les symboles des unités de mesure, les symboles chimiques et mathématiques.

*Le symbole de «mètre» est **m**, celui de «kilogramme», **kg**, celui de «dollar», **$.***

☞ Lors d'une première mention dans un texte, il importe d'expliciter toute abréviation non usuelle, tout sigle, acronyme ou symbole non courant en donnant au moins une fois la désignation au long.

En l'absence d'une abréviation consacrée par l'usage, on abrégera selon les modes suivants :

1° RETRANCHEMENT DES LETTRES FINALES (APRÈS UNE CONSONNE)

La dernière lettre de l'abréviation est suivie du point abréviatif.	*environ*	**env.**
	introduction	**introd.**
	traduction	**trad.**
On abrège généralement devant la voyelle de l'avant-dernière syllabe. S'il n'y a pas de risque de confusion, il est possible de supprimer un plus grand nombre de lettres.	*exemple*	**ex.**
	quelque chose	**qqch.**
	téléphone	**tél.**

2° RETRANCHEMENT DES LETTRES MÉDIANES

La lettre finale n'est pas suivie du point abréviatif, puisque la lettre finale de l'abréviation correspond à la dernière lettre du mot.	*boulevard*	**b^d**
	compagnie	**Cie**
	maître	**M^e**
	madame	**Mme**
	vieux	**vx**
L'abréviation des adjectifs numéraux ordinaux obéit à cette règle.	*premier*	**1er**
	deuxième	**2e**

3° RETRANCHEMENT DE TOUTES LES LETTRES À L'EXCEPTION DE L'INITIALE

L'initiale est suivie du point abréviatif.	*monsieur*	**M.**
	page	**p.**
	siècle	**s.**
	verbe	**v.**

suite ➞

4° RETRANCHEMENT DES LETTRES DE PLUSIEURS MOTS À L'EXCEPTION DES INITIALES

| Ces abréviations constituent des sigles où les initiales sont suivies ou non d'un point. Par souci de simplification, on observe une tendance à omettre les points abréviatifs. | *Organisation des Nations Unies* | **ONU** |
| | *Organisation des pays exportateurs de pétrole* | **OPEP** |

☞ – Les abréviations, les sigles et les symboles ne prennent pas la marque du pluriel à l'exception de certaines abréviations consacrées par l'usage.

> *Mme* **Mmes**   *n⁰* **n^os**   *M.* **MM.**

– Les accents et les traits d'union du mot abrégé sont conservés dans l'abréviation.

> *c'est-à-dire* **c.-à-d.**   *Jésus-Christ* **J.-C.**

– En fin de phrase, le point abréviatif se confond avec le point final.

– Les symboles ne comportent pas de point abréviatif.

> *année* **a**   *centimètre* **cm**   *mercure* **Hg**
> *cent* (monnaie) **¢**   *heure* **h**   *watt* **W**

– Les symboles d'unités de mesure et les symboles d'unités monétaires sont séparés par un espace simple du nombre entier ou fractionnaire obligatoirement exprimé en chiffres.

> *15 ¢*   *10,5 cm*

V. Tableau – **ABRÉVIATIONS COURANTES**.
V. Tableau – **ACRONYME**.
V. Tableau – **SIGLE**.
V. Tableau – **SYMBOLE**.

absence n. f.
• Fait de n'être pas présent. *Son absence a été remarquée.*
• Manque. *Une absence totale de goût.*
▭➤ ab**s**ence.

absent, ente adj. et n. m. et f.
• Qui n'est pas présent.
• ***Absent de* +** complément de lieu. *Elle est absente de Montréal. Il est absent de la réunion.*
☞ Contrairement à l'adjectif ***absent,*** l'adjectif ***présent*** peut se construire avec la préposition *à* suivie d'un nom de lieu. *Il était présent à la réunion.*
• ***Absent à* +** complément de temps. *Il était absent à l'heure du départ.*
Ant. **présent.**

absentéisme n. m.
Fait d'être souvent absent (du travail, de l'école).

absenter (s') v. pronom.
Quitter momentanément un lieu. *Ils se sont absentés quelques minutes.*

abside n. f.
Partie d'une église située derrière le chœur. *Une abside harmonieuse.*

absinthe n. f.
• Plante aromatique.

• Liqueur alcoolique très nocive extraite de cette plante.
▭➤ absin**th**e.

absolu, ue adj. et n. m.
• **Adjectif**
- Total. *Un silence absolu.*
- Sans nuances. *Un caractère absolu.*
- Considéré en lui-même (par opposition à ***relatif***).
- (Gramm.) V. Tableau - **ABSOLU (EMPLOI)**.
• **Nom masculin**
Ce qui existe indépendamment de toute autre chose. *Une soif d'absolu.*

absolument adv.
• Nécessairement. *Il faut y aller absolument.*
• Tout à fait. *Je suis absolument d'accord.*
• En construction absolue. *Un verbe employé absolument.* V. Tableau - **ABSOLU (EMPLOI)**.

absorbant, ante adj.
• Qui absorbe. *Des tissus absorbants.*
• Qui occupe l'esprit entièrement. *Une tâche absorbante.*
☞ Ne pas confondre avec le participe présent invariable ***absorbant**. Ces serviettes absorbant l'eau, tout sera sec dans quelques minutes.*

absorber v. tr., pronom.
• **Transitif**
- Faire disparaître en aspirant. *Cette éponge absorbera le café renversé.*

ABRÉVIATIONS COURANTES

AC	atmosphère contrôlée	Mlle, Mlles	mademoiselle, mesdemoiselles
adr.	adresse	MM.	messieurs
Alb.	Alberta	Mme, Mmes	madame, mesdames
ap. J.-C.	après Jésus-Christ	N.	nord
app.	appartement	N.B.	*nota bene*
art.	article	N.-B.	Nouveau-Brunswick
a/s de	aux soins de	N.D.L.R.	note de la rédaction
av.	avenue	N.D.T.	note du traducteur
av. J.-C.	avant Jésus-Christ	N.-É.	Nouvelle-Écosse
b^d, bd ou boul.	boulevard	n^o, n^{os}	numéro, numéros
bdc	bas-de-casse	O.	ouest
bibl.	bibliothèque	Ont.	Ontario
bibliogr.	bibliographie	p.	page(s)
B.P.	boîte postale	p.c.	pour cent
boul., b^d ou bd	boulevard	p.c.q.	parce que
c.	contre	p. ex.	par exemple
c.a.	comptable agréé	p.j.	pièce jointe
c.a.	courant alternatif	P^r	professeur
c.-à-d.	c'est-à-dire	prov.	province
C.-B.	Colombie-Britannique	P.-S.	post-scriptum
c.c.	copie conforme	p.-v.	procès-verbal
c.c.	courant continue	QC	V. entrée Québec
C/c	compte courant	qq.	quelque
cf., conf.	*confer*	qqch.	quelque chose
ch.	chacun	qqn	quelqu'un
ch.	chemin	réf.	référence
chap.	chapitre	r^o	recto
ch. de f.	chemin de fer	R.R.	route rurale
Cie	compagnie	R.S.V.P.	répondez s'il vous plaît
C.P.	case postale	rte ou r^{te}	route
C.R.	contre remboursement	s.	siècle
cté ou $c^{té}$	comté	S.	sud
D^r ou Dr	docteur	Sask.	Saskatchewan
E.	est	sc.	science(s)
éd.	édition	s.d.	sans date
édit.	éditeur	s.l.	sans lieu
enr.	enregistré	s.l.n.d.	sans lieu ni date
env.	environ	s.o.	sans objet
et al.	*et alii*	S^{t-}, S^{ts-}	Saint-, Saints-
etc.	*et cetera*	S^{te-}, S^{tes-}	Sainte-, Saintes-
ex.	exemple	$S^{té}$	société
FAB	franco à bord	S.V.P., s.v.p. ou SVP	s'il vous plaît
f^g ou fg	faubourg	tél.	téléphone
fig.	figure	T.-N.	Terre-Neuve
ibid.	*ibidem*	T.-N.-O.	Territoires-du-Nord-Ouest
id.	*idem*	TSVP	tournez s'il vous plaît
inc.	incorporé	V. ou v.	voir
Î.-P.-É	Île-du-Prince-Édouard	v^o	verso
ltée	limitée	vol.	volume(s)
M.	monsieur	Yn	Yukon
Man.	Manitoba		
max.	maximum	V. Tableau – **SIGLES COURANTS**.	
M^e, M^{es}	maître, maîtres	V. Tableau – **GRADES ET DIPLÔMES UNIVERSITAIRES**.	
min.	minimum		

EMPLOI **ABSOLU**

L'emploi absolu, ou la construction absolue, désigne l'utilisation d'un mot en l'absence des autres mots qui l'entourent généralement. Ainsi, un verbe transitif employé absolument est sans complément d'objet.

Dans cet ouvrage, l'emploi absolu est signalé par l'abréviation (absol.).

Quelques exemples de mots employés absolument :

- **Verbe sans complément d'objet**

    L'objectif de ce traitement est de guérir (le malade), *ou à tout le moins, de soulager. Madame reçoit* (ses invités) *tous les jeudis. Le chirurgien opère* (un patient) *depuis deux heures.*

- **Nom sans complément déterminatif**

    Le Gouvernement (du Québec) *a effectué des compressions budgétaires.*

- **Nom sans adjectif qualificatif**

    Cette orthographe est préconisée par l'Académie (française). *Ce dossier est du ressort de l'Administration* (publique).

- Prendre une boisson, un aliment, un médicament. *Absorber un sirop.*
- **Pronominal**
Être entièrement pris par une réflexion. *S'absorber dans l'étude de ses leçons.*

absorption n. f.
Pénétration d'un liquide, d'un gaz.
☞ Ne pas confondre avec le nom **adsorption,** rétention d'un liquide, d'un gaz.

absoudre v. tr.
INDICATIF PRÉSENT *J'absous, tu absous, il absout, nous absolvons, vous absolvez, ils absolvent.* IMPARFAIT *J'absolvais.* FUTUR *J'absoudrai.* CONDITIONNEL PRÉSENT *J'absoudrais.* SUBJONCTIF PRÉSENT *Que j'absolve.* PARTICIPE PRÉSENT *Absolvant.* PASSÉ *Absous, absoute.* Le passé simple et le subjonctif imparfait ne sont pas usités.
Pardonner à quelqu'un, excuser.
☞ Attention au participe passé, **absous, absoute.**

absoute n. f.
Absolution solennelle, après l'office des morts.

abstenir (s') v. pronom.
- Éviter de. *S'abstenir de répondre.*
- Se priver de. *Elles se sont abstenues de dessert.*
☞ Le verbe se construit avec la préposition **de.**

abstention n. f.
- Action de s'abstenir de faire quelque chose.
- Par extension, absence de vote d'un électeur.
⇒ abs**ten**tion.

abstentionnisme n. m.
Doctrine prônant le refus de voter.
⇒ abstention**nisme.**

abstinence n. f.
Privation volontaire de certains aliments, de certains plaisirs.
⇒ abstin**enc**e.

abstraction n. f.
- Idée abstraite, concept.
- **Faire abstraction de.** Ne pas tenir compte. *Abstraction faite de son âge, il satisfait à toutes les conditions.*

abstraire v. tr., pronom.
INDICATIF PRÉSENT *J'abstrais, tu abstrais, il abstrait, nous abstrayons, vous abstrayez, ils abstraient.* IMPARFAIT *J'abstrayais, nous abstrayions, vous abstrayiez.* FUTUR *J'abstrairai.* CONDITIONNEL PRÉSENT *J'abstrairais.* IMPÉRATIF PRÉSENT *Abstrais, abstrayons, abstrayez.* SUBJONCTIF PRÉSENT *Que j'abstraie, que nous abstrayions, que vous abstrayiez.* PARTICIPE PRÉSENT *Abstrayant.* PASSÉ *Abstrait, aite.*
- **Transitif.** Considérer isolément un élément.
- **Pronominal.** S'isoler pour méditer.

abstrait, aite adj.
- Privé de réalité concrète. *Un discours trop abstrait.*
- Non figuratif. *L'art abstrait.*
Ant. **concret.**

abstraitement adv.
De façon abstraite.

abstrus, use adj.
(Litt.) Très difficile à comprendre.
⇒ abstru**s.**

absurde adj. et n. m.
- **Adjectif.** Insensé, contraire à la raison. *Un comportement absurde.*
- **Nom masculin.** Ce qui est absurde. *Ionesco ou la parodie de l'absurde.*

absurdement adv.
De façon absurde.

absurdité n. f.
• Caractère de ce qui est contraire à la raison. *L'absurdité de l'existence.*
• Chose absurde. *Cette démonstration fourmille d'absurdités.*

absurdo (ab)
V. **ab absurdo.**

abus n. m.
• Usage injustifié de quelque chose. *Un abus d'autorité.*
• Excès. *Un abus de chocolats.*
• *Abus de confiance.* (Dr.) Délit par lequel une personne fait un mauvais usage de la confiance de quelqu'un. *Des abus de confiance.*
• *Abus de pouvoir.* (Dr.) Acte d'une personne qui outrepasse son droit.
☞ abu**s.**

*****abusée (personne)**
Anglicisme au sens de (personne) *violentée, maltraitée.*

abuser v. tr., pronom.
• **Transitif direct.** Tromper, duper. *Tenter d'abuser quelqu'un.*
• **Transitif indirect.** Faire mauvais usage de. *Il abuse de son pouvoir. N'abusez pas de la situation.*
☞ En ce sens, le verbe se construit avec la préposition *de.*
• **Pronominal.** Se méprendre. *Si je ne m'abuse, nous avons gagné.*

abusif, ive adj.
Qui constitue un abus. *Une condition abusive.*

abusivement adv.
De façon abusive.

abyssal, ale, aux adj.
• Très profond. *Une faille abyssale.*
• Qui appartient aux abysses. *Des poissons abyssaux.*
☞ aby**ssal.**

abysse n. m.
Fosse sous-marine très profonde.
☞ Attention au genre masculin de ce nom : *un* abysse.
☞ aby**sse.**

Ac
Symbole chimique de *actinium.*

AC
Abréviation de *atmosphère contrôlée.*

*****A.C.**
Abréviation anglaise de «alternating current».
V. **c.a.**

acabit n. m.
☞ Le *t* ne se prononce pas [akabi].
☞ Ce mot ne s'emploie plus que dans les locutions péjoratives *de cet acabit, de tout acabit, du même acabit* signifiant «du même genre», avec un sens défavorable. *Deux individus du même acabit.*

acacia n. m.
Arbre à fleurs odorantes blanches ou jaunes. *Un bel acacia à fleurs blanches.*

académicien n. m.
académicienne n. f.
• Membre d'une académie.
• Membre de l'Académie française.

académie n. f.
Société de gens de lettres, de savants, d'artistes. *L'Académie des sciences.*
☞ Lorsqu'il désigne l'*Académie française,* ce nom s'écrit avec une majuscule et peut être employé absolument. *L'Académie a proposé des tolérances orthographiques en 1975.*

académique adj.
• D'une académie. *Un discours académique.*
• (Péj.) Conventionnel. *Un texte académique.*

*****académique**
Anglicisme au sens de *scolaire, universitaire. L'année universitaire, scolaire* (et non *académique).

académiquement adv.
De façon académique.

acadien, ienne adj. et n. m. et f.
• **Adjectif et nom masculin et féminin.** D'Acadie. *L'histoire acadienne. Un Acadien, une Acadienne.*
☞ L'adjectif s'écrit avec une minuscule; le nom, avec une majuscule.
• **Nom masculin.** Langue parlée en Acadie. *La Sagouine d'Antonine Maillet parle l'acadien.*
☞ Le nom de la langue s'écrit avec une minuscule.

acajou adj. inv. et n. m.
• **Nom masculin.** Arbre d'Amérique à bois dur. *Des acajous.*
☞ Le fruit de l'acajou est le *cajou* (et non le *cachou).
• **Adjectif de couleur invariable.** De la couleur orangée de l'acajou. *Des cheveux acajou.*
V. Tableau - **COULEUR (ADJECTIFS DE).**

acanthe n. f.
• Plante ornementale. *Une belle feuille d'acanthe.*
• *Feuille d'acanthe.* Ornement architectural qui imite la feuille de cette plante. *Un chapiteau corinthien orné de feuilles d'acanthe.*
☞ acan**the.**

a cappella ou **a capella** loc. adv., adj. inv.
Locution latine signifiant «sans accompagnement d'instruments». *Des chants a cappella.*
☞ En typographie soignée, les mots étrangers sont composés en italique. Dans des textes déjà en italique, la notation se fait en romain. Pour les textes manuscrits, on utilisera les guillemets.

acariâtre adj.
Grincheux.
☞ acariâtre.

accablant, ante adj.
Qui accable. *Une preuve accablante.*
☞ Ne pas confondre avec le participe présent invariable *accablant. Les ennuis accablant notre ami, épargnons-lui cette mauvaise nouvelle.*

accablement n. m.
Abattement.

accabler v. tr.
Imposer à quelqu'un une chose très pénible.

accalmie n. f.
• Calme de la mer qui succède à la tempête.
• (Fig.) Interruption momentanée d'une activité intense.
⇨ accalmie.

accaparement n. m.
Action d'accaparer.

accaparer v. tr.
• Monopoliser. *Il a accaparé notre invité toute la soirée.*
⊯ La forme pronominale est à éviter. *Elle a accaparé tous les honneurs* (et non elle *s'est accaparé tous les honneurs).
• Occuper complètement. *Sa fonction l'accapare.*
⇨ accaparer.

accéder v. tr. ind.
Le *é* se change en *è* devant une syllabe muette, sauf à l'indicatif futur et au conditionnel présent. *J'accède,* mais *j'accéderai.*
• Donner accès à un lieu. *Ce couloir accède à la terrasse.*
• Parvenir. *Elle accéda au sommet de la montagne.*
• Accepter. *Il accéda à sa demande.*
⊯ Le verbe se construit avec la préposition *à.*

accelerando adv.
⇦ Les lettres *cc* se prononcent *ks* [akselerãdo].
Mot italien signifiant «en pressant le mouvement», en musique.
⊯ En typographie soignée, les mots étrangers sont composés en italique. Dans des textes déjà en italique, la notation se fait en romain. Pour les textes manuscrits, on utilisera les guillemets.

accélérateur, trice adj. et n. m.
• **Adjectif.** Qui accélère. *Une force accélératrice.*
• **Nom masculin.** Organe qui commande l'admission du mélange gazeux dans le moteur d'un véhicule. *Appuyer sur l'accélérateur* (et non sur le *gaz).

accélération n. f.
Accroissement de la vitesse.

accéléré n. m.
(Cin.) Effet spécial qui simule des mouvements accélérés.
Ant. **ralenti.**

accélérer v. tr., intr., pronom.
Le deuxième *é* se change en *è* devant une syllabe muette, sauf à l'indicatif futur et au conditionnel présent. *J'accélère,* mais *j'accélérerai.*
• **Transitif.** Accroître la vitesse de. *Il accélère la cadence.*
• **Intransitif.** Aller plus vite. *N'accélérez pas trop : vous risqueriez une contravention.*
• **Pronominal.** Devenir plus rapide. *Le rythme s'accélère.*

accent n. m.
• Intonation. *Elle a un charmant accent.*
• Inflexion de la voix. *Des accents de sincérité.*
• *Mettre l'accent sur.* Insister. *Mettre l'accent* (et non l'*emphase) sur les verbes irréguliers.*

• Signe graphique qui se place sur une voyelle pour la définir. *Un accent grave, un accent circonflexe.*
V. Tableau - **ACCENTS.**
V. Tableau - **ACCENTS PIÈGES.**

accentuation n. f.
Action d'accentuer (une voyelle, une syllabe).

accentué, ée adj.
Qui porte un accent. *Des caractères accentués.*
Ant. **inaccentué.**

accentuer v. tr., pronom.
• **Transitif**
- Tracer un accent. *Accentuer une lettre.*
- Rendre plus apparent. *Ses cheveux noirs accentuent sa pâleur.*
- Rendre plus intense. *Les taux d'intérêt ont accentué l'inflation.*
• **Pronominal**
Devenir plus fort. *Sa douleur s'est accentuée.*

acceptable adj.
Qui peut être accepté. *Un compromis acceptable.*

acceptation n. f.
Accord. *L'acceptation d'une offre.*
⊯ Ne pas confondre avec le nom **acception,** sens d'un mot.

accepter v. tr.
Consentir. *Les amis ont accepté notre invitation.*

acception n. f.
Sens d'un mot. *Un mot qui a plusieurs acceptions.*
⊯ Ne pas confondre avec le nom **acceptation,** accord.

accès n. m.
• Entrée. *Accès interdit.*
• *Accès direct.* (Inform.) Mode d'exploitation d'un fichier permettant d'atteindre une donnée, dans un ordre indépendant de sa position en mémoire.
• *Accès séquentiel.* (Inform.) Mode d'exploitation d'un fichier imposant la lecture de toutes les données précédemment enregistrées avant celle qui est recherchée.
• Poussée. *Un accès de fièvre, des accès de colère.*
⊯ Ne pas confondre avec le nom **abcès,** amas de pus.
⇨ accès.

accessibilité n. f.
Caractère de ce qui est accessible.
⇨ accessibilité.

accessible adj.
• Dont on peut facilement approcher. *Des plages accessibles.*
• Qui ne comporte pas de difficultés, d'obstacles. *Un ouvrage accessible, des prix accessibles.*
⇨ accessible.

accession n. f.
Action d'accéder à. *L'accession à l'indépendance.*
⇨ accession.

accessit n. m.
⇦ Le *t* se prononce [aksesit].
Mot latin signifiant «il s'est approché», utilisé aujour-

ACCENTS

Les accents sont des signes qui se placent sur certaines voyelles afin d'en préciser la prononciation. Ce sont l'accent aigu, l'accent grave et l'accent circonflexe. Le tréma est un signe orthographique que l'on met sur les voyelles **e, i, u** pour indiquer que la voyelle qui précède ou qui suit doit être prononcée séparément.

SENS ET PRONONCIATION

Outre la prononciation, les accents permettent de distinguer certains mots dont le sens varie en fonction de leur accentuation :

acre	(surface)	et	*âcre*	(irritant)
cote	(mesure)	et	*côte*	(pente)
sur	(aigre)	et	*sûr*	(certain)
tache	(marque)	et	*tâche*	(travail)

Majuscules accentuées

Parce que les accents permettent de clarifier la prononciation et le sens des mots, il importe d'accentuer les majuscules aussi bien que les minuscules. En effet, l'absence d'accents peut modifier complètement le sens d'une phrase. Ainsi, les mots *SALE* et *SALÉ, MEUBLE* et *MEUBLÉ* ne se distinguent que par l'accent. Autre exemple : seul l'accent permet de différencier les phrases *UN ASSASSIN TUÉ* et *UN ASSASSIN TUE.*

☞ Les abréviations, les sigles et les acronymes n'échappent pas à cette règle. On écrira donc *É.-U.* (abréviation de *États-Unis*), *CÉE* (sigle de *Communauté économique européenne*), *ÉNAP* (acronyme de *École nationale d'administration publique*).

---

d'hui pour désigner une mention honorable accordée par défaut à la personne qui, sans avoir de prix, s'en est approchée. *Des accessits.*

accessoire adj. et n. m.
• **Adjectif**
Secondaire. *Des considérations accessoires.*
• **Nom masculin**
- Petit objet qui complète un élément principal. *Des accessoires d'automobile.*
- *Accessoires de théâtre.* Objets nécessaires à une représentation théâtrale.
- *Accessoires (de mode).* Éléments qui complètent une tenue. *Le sac à main est un accessoire important.*
☞ access**oire.**

accessoirement adv.
De façon accessoire.

accessoiriste n. m. et f.
Personne chargée des accessoires (au cinéma, au théâtre, à la télévision).

accident n. m.
• Évènement imprévisible, malheureux. *Un accident de voiture.*
• *Par accident.* Par hasard.
• *Accident de parcours.* Erreur qui ne remet pas en cause une évolution favorable.
• *Accident de terrain.* Inégalité du sol.
☞ Ne pas confondre avec le nom *incident,* évènement imprévu d'importance secondaire.

accidenté, ée adj. et n. m. et f.
• **Adjectif**
- Qui n'est pas uniforme. *Une surface accidentée.*
- Qui a subi un accident. *Une voiture accidentée.*
• **Nom masculin et féminin**
Victime d'un accident. *Cette accidentée a été indemnisée.*

accidentel, elle adj.
Produit par accident. *Une rupture accidentelle de câbles.*

accidentellement adv.
De façon accidentelle.

acclamation n. f.
• Cri d'enthousiasme collectif. *Des acclamations de joie saluèrent leur arrivée.*
• *Nommer, élire, voter par acclamation.* Nommer, élire, sans qu'il soit besoin d'un scrutin. *Elle fut élue par acclamation.*
☞ L'expression *à l'unanimité* n'exclut pas le vote et signifie «à la totalité des suffrages».

acclamer v. tr.
Saluer par des cris d'enthousiasme. *Les élèves ont acclamé les vainqueurs de la partie de hockey.*
Ant. **huer.**

acclimatation n. f.
Action d'adapter un organisme, un être à un nouveau climat, à un nouveau milieu géographique. *Un jardin d'acclimatation.*
☞ Ne pas confondre avec les noms suivants :
- *acclimatement,* adaptation spontanée d'un organisme ou d'un être à un milieu nouveau;
- *acculturation,* adaptation d'un individu à une culture étrangère.

ACCENTS PIÈGES

La langue française comporte plusieurs illogismes, de nombreuses anomalies qui peuvent être la cause d'erreurs. Voici, à titre d'exemples, une liste des mots pour lesquels les fautes d'accent sont fréquentes.

• MOTS DE MÊME ORIGINE AVEC OU SANS ACCENT?

âcre	et	acrimonie	jeûner	et	déjeuner
arôme	et	aromatique	pôle	et	polaire
diplôme	et	diplomatique	râteau	et	ratisser
fantôme	et	fantomatique	sûr	et	assurer
grâce	et	gracieux	symptôme	et	symptomatique
infâme	et	infamant	trône	et	introniser

• MOTS AVEC OU SANS ACCENT CIRCONFLEXE?

Les participes passés des verbes *devoir, mouvoir* et *croître* :

dû, mais *due, dus, dues*
mû, mais *mue, mus, mues*
crû, mais *crue, crus, crues.*

Avec un accent circonflexe		**Sans** accent circonflexe	
abîme	épître	axiome	égout
aîné	faîte	barème	flèche
bâbord	fraîche	bateau	guépard
blême	gîte	chapitre	havre
câble	mât	chenet	pédiatre
crêpe	piqûre	cime	racler
dîme	voûte	crèche	syndrome

• MOTS AVEC UN ACCENT AIGU OU UN ACCENT GRAVE?

Avec un accent **aigu**		Avec un accent **grave**	
assécher	extrémité	assèchement	empiècement
bohémien	poésie	avènement	espièglerie
céleri	réglementaire	brièvement	grossièreté
crémerie	sécheresse	complètement	mièvrerie
		dessèchement	règlement

• MOTS AVEC OU SANS TRÉMA?

Avec un tréma		**Sans** tréma
aïeul	haïr	acuité
archaïque	héroïsme	coefficient
caïman	inouï	goéland
canoë	maïs	incongruité
coïncidence	mosaïque	kaléidoscope
contiguïté	naïf	poème
égoïste	ouïe	protéine
faïence	païen	simultanéité
glaïeul	troïka	ubiquité

acclimatement n. m.
Adaptation spontanée d'un organisme, d'un être à un milieu nouveau.
☞ Ne pas confondre avec les noms suivants :
- *acclimatation,* action d'adapter un organisme ou un être à un nouveau climat;
- *acculturation,* adaptation d'un individu à une culture étrangère.

acclimater v. tr., pronom.
• **Transitif.** Adapter (un animal, un végétal) à un nouveau climat.
• **Pronominal.** S'habituer à un nouveau milieu. *Ils se sont très bien acclimatés à la ville.*

accointances n. f. pl.
(Péj.) Relations. *Le nouveau venu avait des accointances multiples.*

accolade n. f.
• Action de serrer quelqu'un entre ses bras. *Recevoir l'accolade.*
• Signe typographique destiné à réunir les termes d'une énumération. Elle sera verticale pour rassembler des lignes, horizontale pour relier des colonnes.
☞ Il faut veiller à diriger la pointe centrale de l'accolade vers l'indication unique.

Articles $\left\{ \begin{array}{l} \text{définis} \\ \text{indéfinis} \\ \text{partitifs} \end{array} \right.$

☞ accolade.

accoler v. tr.
• Réunir par une accolade. *Accoler les éléments d'une énumération.*
• Joindre. *Accoler deux noms.*
☞ accoler.

accommodant, ante adj.
Conciliant. *Des personnes accommodantes.*
☞ Ne pas confondre avec le participe présent invariable *accommodant. Des cuisinières accommodant du poulet.*
☞ accommodant.

accommodation n. f.
Adaptation. *L'accommodation de l'œil à la clarté.*
☞ accommodation.

*accomodations
Anglicisme au sens de *hébergement* ou de *capacité d'hébergement.*

accommodement n. m.
Accord à l'amiable, compromis.
☞ accommodement.

accommoder v. tr., pronom.
• **Transitif**
Apprêter des aliments pour la consommation. *Elle accommoda des grillades.*
• **Pronominal**
- *S'accommoder de.* Se satisfaire de. *Elle s'accommode d'une petite voiture.*
- *S'accommoder à.* S'adapter. *S'accommoder à de nouvelles conditions de travail.*
☞ accommoder.

accompagnateur, trice n. m. et f.
• Personne qui accompagne et guide un groupe ou une autre personne. *L'enseignant et deux accompagnateurs voyageront avec les enfants.*
• (Mus.) Personne qui accompagne un chanteur, un musicien, avec un instrument ou avec la voix.

accompagnement n. m.
• Ce qui vient s'ajouter. *Comme accompagnement, je vous suggère des haricots verts.*
• (Mus.) Ensemble des parties vocales ou instrumentales secondaires qui soutiennent la partie principale. *Un accompagnement de guitare.*

accompagner v. tr., pronom.
• **Transitif**
- Aller avec. *On l'accompagnera à l'aéroport. Une carte accompagne ce bouquet.*
☞ À la forme passive, le verbe se construit avec les prépositions *de* ou *par. Elle est accompagnée par ou de son copain.*
- Soutenir par un accompagnement musical. *Alain accompagne la chanteuse au piano.*
• **Pronominal**
Avoir pour conséquence. *Le verglas s'accompagne souvent d'accidents.*

accompli, ie adj.
• Révolu. *Douze ans accomplis.*
• Idéal. *Une jeune fille accomplie.*
• *Fait accompli,* locution. Ce sur quoi on ne peut revenir. *Il a été mis devant le fait accompli : elle était partie.*

accomplir v. tr., pronom.
• **Transitif.** Exécuter, faire. *Accomplir une œuvre.*
• **Pronominal.** Se réaliser. *Ses vœux se sont accomplis.*

accomplissement n. m.
Réalisation. *L'accomplissement de ses rêves les plus fous.*

accord n. m.
• Harmonie. *C'est l'accord parfait.*
• *D'accord.* Oui, c'est entendu. *D'accord, je viendrai.*
• *Être, tomber, se mettre d'accord.* S'accorder. *Elles sont d'accord.*
☞ Dans ces expressions, le nom *accord* est invariable.
• *D'un commun accord.* Avec l'assentiment de tous.

accord-cadre n. m. (pl. *accords-cadres*)
Accord dont les dispositions générales doivent orienter des textes d'application.

accordéon n. m.
Instrument de musique portatif à soufflet.

accordéoniste n. m. et f.
Personne qui joue de l'accordéon.
☞ Le nom s'écrit avec un seul *n,* comme *violoniste.*
☞ accordéoniste.

accorder v. tr., pronom.
• **Transitif**
- Mettre en accord (un instrument de musique). *Accorder un piano.*

- ***Accorder ses flûtes, ses violons.*** Se mettre d'accord.
- Admettre. *Je vous accorde cette hypothèse* ou *que cette hypothèse est réaliste.*
- Consentir. *Accorder un congé.*
- Effectuer l'accord grammatical. *Accorder un participe passé.*
• **Pronominal**
- Se donner. *S'accorder trop de mérite.*
- ***S'accorder à.*** Être du même avis. *Ils s'accordent à dire qu'elle a raison.*
- ***S'accorder pour.*** Se concerter. *Elles se sont accordées pour lui donner tort.*
- ***S'accorder avec.*** Être en harmonie. *Elle s'accorde bien avec son frère.*
- Être en accord grammatical. *Le verbe s'accorde avec son sujet.*
- Se donner. *S'accorder trop de mérite.*

accordeur n. m.
accordeuse n. f.
Personne qui accorde les instruments de musique. *Un accordeur de pianos.*

accordoir n. m.
Instrument de l'accordeur.

accort, orte adj.
(Fam.) Aimable et gracieux.
⮕ accort.

accostage n. m.
Action d'accoster; le fait d'accoster.

accoster v. tr.
• S'approcher bord à bord en parlant d'un navire. *Le canot automobile de la brigade côtière accosta le bâtiment louche.*
▷— Dans ce sens, le verbe ***accoster*** se construit également avec la préposition *à* ou absolument. *Le bateau accosta à l'extrémité du quai. Le paquebot vient d'accoster.*
• Aborder quelqu'un avec sans-gêne, avec brusquerie. *Il l'accosta à la porte du café.*
▷— Par rapport au verbe ***aborder*** qui peut avoir un sens favorable ou défavorable, le verbe ***accoster*** comporte une nuance péjorative.

accotement n. m.
Partie latérale d'une route entre la chaussée et le fossé. (Recomm. off. OLF) *Il est interdit de stationner sur l'accotement.*
▷— Les accotements, stabilisés ou non, ne font pas partie de la chaussée.
⮕ accotement.

accoter v. tr., pronom.
• **Transitif.** Appuyer d'un côté. *Accoter une échelle contre un mur.*
• **Pronominal.** S'appuyer. *Elle s'est accotée à un arbre, contre un arbre.*
▷— À la forme pronominale, le verbe se construit avec les prépositions *à* ou ***contre.***
⮕ accoter.

*accoter (s') (avec quelqu'un).
Impropriété au sens de «vivre maritalement».

accotoir n. m.
Appui pour les bras.
▷— On emploie surtout le nom ***accoudoir.***
⮕ accotoir.

accouchée n. f.
Femme qui vient d'accoucher.

accouchement n. m.
Action d'accoucher; son résultat. *Un accouchement difficile.*

accoucher v. tr.
• **Transitif direct.** Aider à accoucher. *C'est le gynécologue qui l'a accouchée.*
• **Transitif indirect.** Donner naissance (à un enfant). *Elle a accouché d'un garçon.*
▷— 1° Le verbe se conjugue avec l'auxiliaire ***être*** pour insister sur l'état, alors que la construction avec l'auxiliaire ***avoir*** exprime l'acte. *Elle est accouchée d'hier.*
       2° Le verbe se construit avec la préposition ***de.***
▷— Le verbe ***accoucher*** ne s'utilise que pour parler des humains. Pour les autres mammifères, on consultera le tableau - **ANIMAUX.**

accoucheur n. m.
accoucheuse n. f.
Personne dont la profession est de faire des accouchements.

accouder (s') v. pronom.
S'appuyer sur un coude, sur les coudes. *Ils se sont accoudés à la rampe, sur l'appui de la fenêtre.*
▷— Le verbe se construit avec les prépositions *à,* ou ***sur.***

accoudoir n. m.
Appui pour les coudes. *Les accoudoirs d'un fauteuil.*

accouplement n. m.
Union sexuelle du mâle et de la femelle, en parlant surtout des animaux.
V. Tableau - **ANIMAUX.**

accoupler v. tr., pronom.
• **Transitif**
- Réunir des choses, des animaux par deux. *Accoupler des chevaux.*
- Unir pour la reproduction. *Accoupler des chiens de race.*
• **Pronominal**
S'unir pour la reproduction, en parlant des animaux.

accourir v. intr.
INDICATIF PRÉSENT *J'accours, tu accours, il accourt, nous accourons, vous accourez, ils accourent.* IMPARFAIT *J'accourais.* PASSÉ SIMPLE *J'accourus.* FUTUR *J'accourrai.* CONDITIONNEL PRÉSENT *J'accourrais.* IMPÉRATIF PRÉSENT *Accours, accourons, accourez.* SUBJONCTIF PRÉSENT *Que j'accoure.* PARTICIPE PRÉSENT *Accourant.* PASSÉ *Accouru, ue.*
• **Avec l'auxiliaire *avoir.*** Action de courir vers un point. *Elle a accouru vers son amie.*
• **Avec l'auxiliaire *être.*** État qui résulte de l'action. *Il est accouru.*
▷— Le verbe se construit avec ***jusqu'à, dans*** et ***vers.*** *Accourir vers la maison.*

accoutrement n. m.
Tenue ridicule.

accoutrer v. tr., pronom.
• **Transitif.** Habiller d'une manière ridicule.
• **Pronominal.** S'habiller bizarrement. *Regardez comment ils se sont accoutrés.*

accoutumance n. f.
• Habitude. *Une accoutumance au bruit.*
• Dépendance. *L'accoutumance aux somnifères.*
⮕ accoutum**ance**.

accoutumé, ée adj.
• Habituel. *Le facteur passe à l'heure accoutumée.*
• *À l'accoutumée,* locution adverbiale. À l'ordinaire. *Ils sont venus dimanche comme à l'accoutumée.*

accoutumer v. tr., pronom.
• **Transitif.** Habituer. *Accoutumer son chien à ne pas japper.*
• **Pronominal.** S'habituer à. *Ils se sont accoutumés à ne pas trop manger.*
⮕ Le verbe se construit avec la préposition *à* à la forme transitive ou pronominale.

*accréditation
Anglicisme au sens de **agrément**.

accréditer v. tr., pronom.
• **Transitif**
- Déléguer quelqu'un pour agir en qualité de. *Accréditer un ambassadeur.*
- Avoir un crédit. *Être accrédité auprès d'un établissement bancaire.*
- Rendre plausible. *Ces indices accréditent l'hypothèse d'une fusion.*
• **Pronominal**
Devenir plus crédible, se propager. *Ces rumeurs s'accréditent.*

accréditif, ive adj. et n. m.
• **Adjectif.** Qui accrédite.
• **Nom masculin.** Crédit bancaire.

accrétion n. f.
Agglomération. *Accrétion de particules.*

accroc n. m.
⮕ Le *c* final ne se prononce pas [akro].
• Déchirure. *Il a fait un accroc dans son pantalon.*
• (Fig.) Incident fâcheux. *Une mission sans accroc.*
⮕ accro**c**.

accrochage n. m.
• Action d'accrocher. *L'accrochage d'un tableau.*
• Accident mineur (entre deux véhicules). *Il a eu un accrochage, mais sa voiture n'est pas très endommagée.*
• Dispute.

accroche n. f.
Partie d'un message publicitaire destinée à attirer l'attention.

accroche-cœur n. m. (pl. *accroche-cœur* ou *accroche-cœurs*)
Boucle de cheveux sur le front ou la tempe.
Syn. **guiche**.

accrocher v. tr., pronom.
• **Transitif**
- Suspendre. *Accrocher des rideaux.*
- Heurter légèrement un véhicule.
- *Accrocher ses patins.* (Fig.) Au Canada, cesser une activité, prendre sa retraite.
• **Pronominal**
- Persévérer, se cramponner. *Ils se sont accrochés à la vie.*
- Se disputer avec. *S'accrocher avec quelqu'un.*

accrocheur, euse adj.
Qui retient l'attention. *Un message publicitaire accrocheur.*

accroire v. tr.
Faire croire une chose fausse, tromper. *Cet individu veut nous faire accroire qu'il habite ici.*
⮕ 1° Ce verbe ne s'emploie qu'à l'infinitif avec les verbes *faire* ou *laisser.*
  2° Contrairement à la locution *faire accroire* qui a un sens défavorable, l'expression *faire croire* qui signifie «persuader» peut avoir un sens favorable ou défavorable.

accroissement n. m.
Augmentation. *L'accroissement du chiffre des affaires.*

accroître v. tr., pronom.
INDICATIF PRÉSENT *J'accrois, tu accrois, il accroît, nous accroissons, vous accroissez, ils accroissent.* IMPARFAIT *J'accroissais.* PASSÉ SIMPLE *J'accrus, il accrut, nous accrûmes, vous accrûtes.* FUTUR *J'accroîtrai, tu accroîtras, il accroîtra, nous accroîtrons, vous accroîtrez, ils accroîtront.* CONDITIONNEL PRÉSENT *J'accroîtrais, tu accroîtrais, il accroîtrait, nous accroîtrions, vous accroîtriez, ils accroîtraient.* IMPÉRATIF PRÉSENT *Accrois, accroissons, accroissez.* SUBJONCTIF PRÉSENT *Que j'accroisse.* PARTICIPE PRÉSENT *Accroissant.* PASSÉ *Accru, ue.*
À la différence du verbe *croître*, le verbe *accroître* ne prend un accent circonflexe qu'à l'infinitif, à la troisième personne du singulier de l'indicatif présent ainsi qu'à toutes les personnes de l'indicatif futur et du conditionnel.
• **Transitif.** Augmenter. *Accroître ses connaissances.*
• **Pronominal.** Devenir plus important, plus étendu. *Sa fortune s'est accrue.*

accroupir (s') v. pronom.
S'asseoir sur ses talons. *Ils se sont accroupis pour passer sous la clôture.*

ACCT
Sigle de *Agence de coopération culturelle et technique.*

accu n. m.
Forme abrégée familière de *accumulateur. Ses accus sont à plat.*

accueil n. m.
Manière d'accueillir. *Il nous a réservé un excellent accueil. Faites-lui bon accueil. Des centres d'accueil.*
⮕ Ne pas confondre avec l'orthographe en *-euil* de *cerfeuil, fauteuil,* etc.
⮕ accu**eil**.

accueillant, ante adj.
Qui fait bon accueil. *Ces voisins sont très accueillants.*

accueillir v. tr.
INDICATIF PRÉSENT *J'accueille, tu accueilles, il accueille, nous accueillons, vous accueillez, ils accueillent.* IMPARFAIT *J'accueillais, nous accueillions, vous accueilliez.* PASSÉ SIMPLE *J'accueillis.* FUTUR *J'accueillerai.* CONDITIONNEL PRÉSENT *J'accueillerais.* IMPÉRATIF PRÉSENT *Accueille, accueillons, accueillez.* SUBJONCTIF PRÉSENT *Que j'accueille, que nous accueillions, que vous accueilliez.* PARTICIPE PRÉSENT *Accueillant.* PASSÉ *Accueilli, ie.*
Recevoir bien ou mal. *Ils les ont accueillis à bras ouverts.*
▱➞ acc**ue**illir.

acculer v. tr.
Contraindre. *La hausse des taux d'intérêt les a acculés à la faillite.*
▱➞ Ne pas confondre avec les verbes suivants :
- **astreindre,** imposer la pratique d'un acte peu agréable;
- **obliger,** lier par la nécessité ou le devoir.

acculturation n. f.
• Processus par lequel un groupe assimile totalement ou en partie un autre groupe.
• Adaptation d'un individu à une culture étrangère.
▱➞ Ne pas confondre avec les noms suivants :
- **acclimatation,** action d'adapter un organisme ou un être à un nouveau climat;
- **acclimatement,** adaptation spontanée d'un organisme, d'un être à un milieu nouveau.

acculturer v. tr.
Adapter à une autre culture.

accumulateur n. m.
Dispositif servant à emmagasiner de l'énergie électrique et à la restituer.
▱➞ Le nom s'abrège familièrement en **accu.**

accumulation n. f.
Action d'accumuler; son résultat.

accumuler v. tr., pronom.
• **Transitif.** Entasser. *Accumuler des biens.*
• **Pronominal.** S'amonceler. *La neige s'est accumulée au cours de la nuit.*

accusateur, trice adj. et n. m. et f.
• **Adjectif.** Qui accuse. *Des propos accusateurs.*
• **Nom masculin et féminin.** Personne qui accuse.

accusatif n. m.
Cas de la déclinaison latine.

accusation n. f.
Action d'accuser; son résultat. *Une accusation mal fondée.*

accusé, ée n. m. et f.
Personne à qui la justice impute un délit, un crime.
▱➞ Ne pas confondre avec le nom **inculpé,** personne présumée coupable.

accusé de réception n. m. (pl. *accusés de réception*)
Avis informant l'expéditeur qu'une chose envoyée a été reçue par le destinataire.

accuser v. tr., pronom.
• **Transitif**
- Présenter quelqu'un comme coupable. *Ils ont été accusés de négligence criminelle.*
- Accentuer, faire ressortir. *Une coiffure qui accuse les traits.*
- Révéler. *Ses yeux accusent la colère.*
- **Accuser réception.** Signaler à l'expéditeur qu'une chose a été reçue. *Elles ont accusé réception du colis.*
• **Pronominal**
Avouer, se dire coupable. *Ils se sont accusés de tous les crimes.*

ACDI
Sigle de *Agence canadienne de développement international.*

ACÉF
Sigle de *associations coopératives d'économie familiale.*

-acé suff.
Élément du latin *-aceus* utilisé surtout par les naturalistes pour désigner des familles d'animaux ou de plantes. *Gallinacé, herbacé.*

acéphale adj. et n. m. et f.
Sans tête.

acerbe adj.
• Âpre. *Un goût acerbe.*
• Sarcastique. *Un ton acerbe.*

acéré, ée adj.
• Tranchant. *Une flèche acérée. Une arme acérée.*
• (Fig., litt.) Blessant. *Une réplique acérée.*

acérer v. tr.
Le *é* se change en *è* devant une syllabe muette, sauf à l'indicatif futur et au conditionnel présent. *J'acère,* mais *j'acérerai.*
(Rare) Rendre tranchant.

acéricole adj.
Relatif à l'exploitation de l'érable à sucre.

acériculteur n. m.
acéricultrice n. f.
Personne qui exploite une érablière.

acériculture n. f.
Exploitation et culture de l'érable à sucre.

acétate n. m.
• Sel de l'acide acétique.
• Fibre artificielle. *Un chemisier en acétate.*
• Par extension et familièrement, on emploie le nom *acétate* pour désigner un *transparent en acétate* destiné à la projection. *Le diagramme a été reproduit sur un acétate.*
▱➞ Attention au genre masculin de ce nom : *un* acétate.

acétique adj.
Qui se rapporte au vinaigre. *Acide acétique.*
Hom. *ascétique,* austère.

acétone n. f.
Liquide utilisé comme solvant. *Une acétone volatile.*

acétylène n. m.
Gaz incolore.
⟹ acétylène.

acétylénique adj.
Dérivant de l'acétylène.
⟹ acétylénique.

acétylsalicylique adj.
Acide acétylsalicylique. Nom savant de l'aspirine.
⟹ acétylsalicylique.

ACFAS
Sigle de *Association canadienne-française pour l'avancement des sciences.*

achalander v. tr.
• L'emploi du verbe n'est pas usité; seul le participe passé est employé.
• *Établissement, magasin bien achalandé.* Où il y a beaucoup de clients.
☞ L'emploi du participe passé est courant au Canada, mais il est vieilli en ce sens dans l'ensemble de la francophonie.
• Bien approvisionné.
☞ Cet emploi courant qui provient d'une confusion de l'effet avec la cause est critiqué.

***à chaque fois**
Au sens de *chaque fois,* cette expression est vieillie.

acharnement n. m.
Détermination, obstination.

acharner (s') v. pronom.
• Persévérer avec obstination. *Ils se sont acharnés à défricher ce sol.*
• Poursuivre avec hostilité. *Le sort s'est acharné contre eux. Les critiques s'acharnent sur cet auteur après cette création.*
☞ Le verbe se construit avec les prépositions *après, contre* ou *sur.*

achat n. m.
• Action d'acheter. *L'achat d'une voiture.*
• Ce qui est acheté. *Elle a fait de nombreux achats.*

ache n. f.
Plante ombellifère.
Hom. *hache,* outil.

acheminement n. m.
Action d'acheminer. *L'acheminement des colis.*

acheminer v. tr., pronom.
• **Transitif.** Diriger (quelqu'un, quelque chose) vers un lieu. *Acheminer des livres par bateau.*
• **Pronominal.** Progresser vers un but. *Ils se sont acheminés vers le quai.*

acheter v. tr.
Le *e* se change en *è* devant une syllabe muette. *Il achète, il achetait.*
Se procurer quelque chose contre paiement. *Elle achète tous ses livres au même endroit, chez le même libraire. Acheter (au) comptant, à crédit, au détail, en gros.*

acheteur n. m.
acheteuse n. f.
• Personne chargée de l'approvisionnement d'une

entreprise, d'un organisme.
• Personne qui achète. *Ces nouvelles boutiques ont attiré de nombreux acheteurs.*

achevé, ée adj.
Entièrement terminé. *Une œuvre achevée.*

achevé d'imprimer n. m.
(Imprim.) Mention qui figure en fin de volume indiquant la date de fin de tirage et le nom de l'imprimeur. Syn. **colophon.**

achèvement n. m.
• Action d'achever. *L'achèvement des travaux.*
• Perfection. *Dans ce tableau, Renoir atteint son achèvement.*
Ant. **inachèvement.**

achever v. tr., pronom.
Le *e* se change en *è* devant une syllabe muette. *Il achève, il achevait.*
⟹ Le *e* central est muet [aʃve].
• **Transitif**
- Terminer ce qui est commencé. *Elle achève son tableau.*
- *Achever de +* infinitif. Terminer l'action de. *Il achève de relire le contrat.*
- Accabler, tuer. *Ce nouvel échec l'a achevé.*
• **Pronominal**
Prendre fin. *L'hiver s'achève.*

achigan n. m.
Au Canada, variété de perche. *Ils ont pêché trois beaux achigans.*
☞ Ce nom d'origine algonquine signifie «celui qui se débat».
☞ Attention au genre masculin de ce nom : *un* achigan.
⟹ achig**an.**

achoppement n. m.
Pierre d'achoppement. Obstacle, écueil qui empêche de réussir.

achopper v. intr.
(Litt.) Buter. *Achopper sur l'accord d'un participe passé, à un obstacle inattendu.*
☞ Le verbe se construit avec les prépositions *à* et *sur.*

acide adj. et n. m.
• **Adjectif**
- Qui a une saveur aigre. *Cette pomme verte est un peu acide.*
- (Chim.) Qui a les propriétés d'un acide.
• **Nom masculin**
- (Chim.) Corps susceptible de libérer des ions d'hydrogène. *L'acide sulfurique est un produit toxique.*
- (Fam.) L.S.D. (acide lysergique diéthylamide).

acide désoxyribonucléique n. m.
Sigle *ADN* (s'écrit avec ou sans points).

acide ribonucléique n. m.
Sigle *ARN* (s'écrit avec ou sans points).

acidité n. f.
• Saveur acide. *L'acidité d'un citron.*
• Caractère acide d'un corps.

acidulé, ée adj.
De saveur légèrement acide. *Des bonbons acidulés.*

acier adj. inv. et n. m.
• **Nom masculin.** Alliage de fer et de carbone. *Des aciers très résistants. Acier inoxydable.*
• **Adjectif de couleur invariable.** De la couleur grise de l'acier. *Des costumes acier.*
V. Tableau - **COULEUR (ADJECTIFS DE).**

aciérage n. m.
Action de recouvrir d'une couche d'acier.

aciérer v. tr.
Le *é* se change en *è* devant une syllabe muette, sauf à l'indicatif futur et au conditionnel présent. *J'acière*, mais *j'aciérerais.*
Convertir le fer en acier.

aciérie n. f.
Usine où l'on fabrique l'acier.

acmé n. m. ou f.
(Litt.) Point culminant, apogée. *L'acmé d'une œuvre.*
☞ Ne pas confondre avec le nom féminin *acné,* lésion de la peau.

acné n. f.
Lésion de la peau. *Une acné rebelle.*
☞ Ne pas confondre avec le nom masculin ou féminin *acmé,* point culminant, apogée.
☞ Attention au genre féminin de ce nom : *une* acné.

acnéique adj.
Relatif à l'acné.
⇨ acnéique, sans tréma.

ACNOR
Sigle de *Association canadienne de normalisation.*

ACNU
Sigle de *Association canadienne pour les Nations Unies.*

acolyte n. m. et f.
(Péj.) Complice.
⇨ acolyte.

acompte n. m.
Paiement partiel à valoir sur une somme due. *Sébastien a versé un acompte de 10 $ sur le prix de la bicyclette.*
☞ Attention au genre masculin de ce nom : *un* acompte.
☞ Ne pas confondre avec le nom *arrhes,* somme d'argent donnée au moment de la conclusion d'un contrat.
⇨ acompte.

a contrario adj. inv. et loc. adv.
Locution latine signifiant «par l'argument des contraires».
☞ En typographie soignée, les mots étrangers sont composés en italique. Dans des textes déjà en italique, la notation se fait en romain. Pour les textes manuscrits, on utilisera les guillemets.

acoquiner (s') v. pronom.
(Péj.) Fréquenter une personne peu recommandable.
S'acoquiner avec des voyous.
⇨ acoquiner.

à-côté n. m. (pl. *à-côtés*)
• Point accessoire. *La dernière question n'est qu'un à-côté.*
• Salaire d'appoint.
☞ Ne pas confondre avec la locution *à côté* qui s'écrit sans trait d'union et qui signifie «près».
⇨ à-côté, avec un trait d'union.

à-coup n. m. (pl. *à-coups*)
• Saccade, soubresaut. *Des à-coups anormaux du moteur.*
• *Par à-coups.* De façon irrégulière.
⇨ à-coup, avec un trait d'union.

acoustique adj. et n. f.
• **Adjectif**
Relatif à la perception, à la propagation du son. *Un phénomène acoustique.*
• **Nom féminin**
- Partie de la physique qui étudie les sons.
- Qualité d'un lieu au point de vue de la propagation du son. *Une excellente acoustique.*
☞ Attention au genre féminin de ce nom : *une* acoustique.
⇨ acoustique.

acquéreur n. m.
Personne qui acquiert un bien. *Elle s'est portée acquéreur de la propriété.*
☞ Ce nom n'a pas de forme féminine.
⇨ acquéreur.

acquérir v. tr., pronom.
INDICATIF PRÉSENT *J'acquiers, tu acquiers, il acquiert, nous acquérons, vous acquérez, ils acquièrent.* IMPARFAIT *J'acquérais, nous acquérions.* PASSÉ SIMPLE *J'acquis.* FUTUR *J'acquerrai, nous acquerrons.* CONDITIONNEL PRÉSENT *J'acquerrais, nous acquerrions.* IMPÉRATIF PRÉSENT *Acquiers, acquérons, acquérez.* SUBJONCTIF PRÉSENT *Que j'acquière, que nous acquérions.* PARTICIPE PRÉSENT *Acquérant.* PASSÉ *Acquis, ise.*
• **Transitif**
- Devenir possesseur d'un bien, d'un droit, par achat, échange, succession. *Acquérir une propriété.*
- Obtenir. *Ils ont acquis de l'expérience.*
• **Pronominal**
Obtenir à force d'efforts. *Elles se sont acquis une solide réputation.*

acquêt n. m.
Bien acquis pendant le mariage. *Ce régime matrimonial est la communauté réduite aux acquêts.*
⇨ acquêt.

acquiescement n. m.
Consentement. *L'acquiescement de la direction à la refonte d'un cours.*
⇨ acqiescement.

acquiescer v. tr. ind., intr.
Le *c* prend une cédille devant les lettres *a* et *o. Il acquiesça, nous acquiesçons.*
• **Transitif indirect.** (Litt.) Consentir. *Il acquiesça à sa demande.*
☞ Le verbe se construit avec la préposition *à.*
• **Intransitif.** Dire oui, accepter. *Il acquiesça d'un signe de la tête.*

acquis, ise adj. et n. m. (du verbe *acquérir*)
• **Adjectif**
- Que l'on a obtenu (par opposition à *inné, naturel*). *Des caractères acquis.*
- Dont on peut disposer de façon sûre et définitive. *Des droits acquis.*
- Entièrement gagné à. *Elle est acquise à cette thèse.*
- Dont on a fait l'acquisition. *Un appartement acquis par la famille.*
- **Tenir pour acquis.** Reconnaître. *Nous tenons (et non *prenons) pour acquise son adhésion au programme* .
• **Nom masculin**
Avantage constitué par l'acquisition de connaissances ou d'expérience. *Votre formation est un bon acquis.*
Hom. *acquit* (du verbe *acquitter*), reconnaissance écrite d'un paiement.
⇒ acqui**s.**

acquisition n. f.
• Action d'acquérir. *Il a fait l'acquisition d'une maison. L'acquisition de connaissances.*
• Bien acquis. *Elle a fait de nombreuses acquisitions.*

acquit n. m. (du verbe *acquitter*)
• Reconnaissance écrite d'un paiement.
• **Pour acquit.** La mention **pour acquit** avec date et signature constitue une quittance, c'est-à-dire la reconnaissance par le créancier de l'acquittement de la dette du débiteur.
• **Par acquit de conscience.** Pour libérer sa conscience.
Hom. *acquis* (du verbe *acquérir*), savoir, expérience.
⇒ acqui**t.**

acquittement n. m.
• Remboursement. *L'acquittement d'une facture.*
• Action de déclarer un accusé non coupable. *Un immense soupir de soulagement suivit l'annonce de son acquittement.*
Ant. **condamnation.**

acquitter v. tr., pronom.
• **Transitif**
- Rembourser entièrement (ce qu'on doit). *Acquitter ses dettes, une facture.*
- Déclarer un accusé non coupable par décision judiciaire. *Il a été acquitté et libéré aussitôt.*
• **Pronominal**
Remplir une obligation (juridique ou morale). *S'acquitter d'un devoir. Elles se sont bien acquittées de cette mission.*
▷— À la forme pronominale, le verbe se construit avec la préposition *de.*

acre n.f.
• Surface (mesure agraire).
• Au Canada, mesure agraire d'environ 40 ares.
Hom. *âcre,* irritant.

âcre adj.
Irritant au goût, à l'odorat.
▷— Ne pas confondre avec les mots suivants :
- *aigre,* acide;
- *âpre,* rude ou amer au goût.
Hom. *acre,* mesure agraire.
⇒ âcre.

âcreté n. f.
Caractère de ce qui est âcre.
⇒ âcreté.

acrimonie n. f.
(Litt.) Hargne.

acrimonieux, euse adj.
(Litt.) Qui est agressif.

acro- préf.
Élément du grec signifiant «extrémité». *Acronyme.*

acrobate n. m. et f.
⌣ Le *o* est ouvert [akrɔbat].
Personne qui exécute des exercices d'équilibre, d'adresse, de force.

acrobatie n. f.
⌣ Le *t* se prononce *s* [akrɔbasi].
• Exercice d'acrobate. *Les acrobaties d'un funambule.*
• (Fig.) Virtuosité dangereuse.

acrobatique adj.
Qui tient de l'acrobatie. *Des exercices acrobatiques.*

acrocéphalie n. f.
Malformation du crâne.
⇒ acrocéphalie.

acrocyanose n. f.
Cyanose des extrémités (mains, pieds).
⇒ acrocyanose.

acromégalie n. f.
Malformation caractérisée par une hypertrophie de la tête et des extrémités.

acronyme n. m.
V. Tableau - **ACRONYME.**

acropole n. f.
(Ancienn.) Citadelle des cités grecques.
▷— Lorsqu'il désigne l'ancienne citadelle d'Athènes, le nom s'écrit avec une majuscule. *Ils ont visité l'Acropole.*
▷— Attention au genre féminin de ce nom : *une* acropole.

acrostiche n. m.
Poème dont les initiales de chaque vers composent un nom, un thème. *Un acrostiche amusant.*
▷— Attention au genre masculin de ce nom : *un* acrostiche.

acrylique adj. et n. m.
Se dit d'une fibre textile synthétique. *Fibre acrylique. Tissu en acrylique.*
⇒ acrylique.

acte n. m.
• Action accomplie. *Un acte de foi, des actes de folie.*
• **Faire acte de.** Donner la preuve de. *Nous devons faire acte de bonne volonté.*
• (Dr.) Écrit constatant légalement un fait. *Un acte notarié, les actes de l'état civil.*
• Division d'une pièce de théâtre. *Une comédie en trois actes. Cette tirade est au dernier acte, pendant ou dans le deuxième acte.*
• (Au plur.) Document, publié après un congrès ou un

ACRONYME

Un **acronyme** est l'abréviation d'un groupe de mots constituée des premières lettres de chacun de ces mots.

L'**acronyme** est un sigle qui se prononce comme un seul mot.

ACNOR	**A**ssociation **c**anadienne de **nor**malisation
OTAN	**O**rganisation du **t**raité de l'**A**tlantique **N**ord
Laser	**L**ight **a**mplification by **s**timulated **e**mission of **r**adiation
Benelux	**Be**lgique-**Ne**derland-**Lux**embourg
Cégep	**C**ollège d'**e**nseignement **g**énéral **et** **p**rofessionnel

À son premier emploi dans un texte, l'acronyme est généralement précédé de sa désignation au long.

☞ Les acronymes conservent les accents. *ÉNAP (École nationale d'administration publique).*

☞ On supprime souvent les points abréviatifs des acronymes et des sigles. Dans cet ouvrage, les acronymes ainsi que les sigles sont notés sans points; cependant, la forme avec points est généralement correcte. Les acronymes figurent dans le tableau - **SIGLES COURANTS.**

V. Tableau – **ABRÉVIATION (RÈGLES DE L').**
V. Tableau – **SIGLE.**
V. Tableau – **SYMBOLE.**

---

colloque, qui réunit les textes complets des communications et qui peut faire état de la transcription des discussions ou contenir cette transcription. *Les actes du colloque seront publiés dans quelques semaines.*

Acte de l'Amérique du Nord britannique
Sigle *AANB* (s'écrit avec ou sans points).

acteur n. m.
actrice n. f.
• Personne dont la profession est de jouer (au cinéma, à la scène, à la télévision).
• (Fig.) Personne qui joue un rôle déterminant dans un évènement. *La gestion des universités concerne plusieurs acteurs.*

ACTH
• Sigle de *Adreno-Cortico-Trophic-Hormone.*
• Hormone adrénocorticotrope de l'hypophyse.

actif, ive adj. et n. m.
• **Adjectif**
- Qui agit. *La population active.*
- En exercice, en activité. *Des membres actifs.*
Ant. **inactif.**
- (Gramm.) *Forme, voix active.* Forme dans laquelle le sujet fait l'action (par opposition à la *forme passive* où il la subit).
• **Nom masculin**
- Ensemble des biens possédés. *L'actif de cette entreprise est considérable. L'excédent de l'actif sur le passif.*
- *Avoir à son actif.* Pouvoir se prévaloir de quelque chose. *Elle a à son actif plusieurs publications.*
Ant. **passif.**

actinium n. m.
• Symbole *Ac* (s'écrit sans point).

• Corps radioactif. *Des actiniums.*

actinologie n. f.
Science des propriétés curatives des rayons ultraviolets, infrarouges, etc.

actinomètre n. m.
Appareil de mesure servant à définir l'intensité des radiations.

action n. f.
• Ce que fait quelqu'un. *Elle a fait sa bonne action, sa b.a.*
☞ Dans les expressions où le mot *action* désigne le fait d'agir, il est généralement au singulier. *Des champs d'action. Une femme d'action.*
• Manière d'agir. *L'action de ce médicament est rapide.*
• Part du capital d'une société. *Acheter des actions* (et non des *parts) d'une banque.*

action de grâce(s) n. f.
• Témoignage de reconnaissance.
V. **grâce.**
• En Amérique du Nord, jour férié. *Au Canada, nous fêtons l'Action de grâces le deuxième lundi d'octobre.*
☞ Le nom du jour férié s'écrit avec une majuscule initiale.

actionnaire n. m. et f.
Personne qui possède des actions d'une entreprise.

actionnariat n. m.
• Fait d'être actionnaire.
• Ensemble des actionnaires.

actionner v. tr.
• Mettre en mouvement. *Cette manette actionne le mécanisme de l'appareil.*
• (Dr.) Poursuivre en justice.

activation n. f.
Action d'activer.

activement adv.
D'une manière active.

activer v. tr., pronom.
• **Transitif**
- Accélérer. *Ils devront activer la révision.*
- Rendre plus actif. *Activer le feu.*
Ant. **ralentir.**
• **Pronominal**
Se hâter. *Il faudrait s'activer un peu pour ne pas être en retard.*

activisme n. m.
Doctrine prônant l'action politique violente.

activiste n. m. et f.
Partisan de l'action politique violente.

activité n. f.
• Ensemble des actes et des travaux de l'être humain.
☞ Employé globalement en ce sens, le terme *activité* est au singulier. *Des secteurs d'activité.*
• (Par ext.) Fonctionnement. *Une entreprise en activité.*

actuaire n. m. et f.
Spécialiste de l'application de la statistique et du calcul des probabilités au domaine des assurances et des opérations financières.

actualisation n. f.
Action d'actualiser.

actualiser v. tr.
• Mettre à jour. *Actualiser les données.*
• (Écon.) Calculer la valeur d'un bien à une date donnée.

actualité n. f.
• Caractère de ce qui est actuel. *L'actualité d'une œuvre.*
• Ensemble des évènements actuels. *L'actualité économique.*
• (Au plur.) Émission d'information. *Les actualités télévisées.*

actuariat n. m.
Fonction d'actuaire.

actuariel, ielle adj.
Se dit des calculs effectués par les actuaires. *Des taux actuariels.*

actuel, elle adj.
• Qui existe au moment présent.
• Effectif (par opposition à **virtuel**).

actuellement adv.
En ce moment. *Il est absent actuellement.*

*actuellement
Anglicisme au sens de **réellement, vraiment.**

acuité n. f.
• Caractère de ce qui est aigu. *L'acuité d'une douleur.*
• Degré de sensibilité d'un sens. *L'acuité auditive, visuelle.*
• Puissance de pénétration. *Un jugement d'une grande acuité.*

acupuncteur ou **acuponcteur** n. m.
acupunctrice ou **acuponctrice** n. f.
Spécialiste de l'acupuncture.

acupuncture ou **acuponcture** n. f.
Traitement médical d'origine chinoise qui consiste à piquer des aiguilles en certains points du corps.

acyclique adj.
Qui n'est pas cyclique.

ADAC
Sigle de *avion à décollage et atterrissage courts.*
☞ L'anglicisme «STOL» (short take-off and landing) est déconseillé.

adage n. m.
Sentence populaire, généralement ancienne. *Francine Grimaldi cite souvent cet adage qui dit que le trois fait le mois.*
V. **dicton.**

adagio adv. et n. m.
⬦ Attention à la prononciation [adadʒjo] ou [adaʒjo].
• **Adverbe.** Lentement.
☞ En typographie soignée, les mots étrangers sont composés en italique. Dans des textes déjà en italique, la notation se fait en romain. Pour les textes manuscrits, on utilisera les guillemets.
• **Nom masculin.** Morceau de musique qui doit être exécuté lentement. *Des adagios magnifiques.*

adamantin, ine adj.
(Litt.) Qui a l'éclat du diamant.

adaptabilité n. f.
Caractère de ce qui est adaptable.

adaptable adj.
Qui peut être adapté.

adaptateur n. m.
adaptatrice n. f.
Personne qui adapte une œuvre pour le théâtre ou le cinéma.

adaptateur n. m.
Dispositif permettant d'adapter un objet à un autre usage que celui qui était prévu initialement. *Un adaptateur pour prises électriques.*

adaptation n. f.
• Action d'adapter; son résultat. *L'adaptation cinématographique d'un roman.*
• Fait de s'adapter. *L'adaptation de ces nouveaux venus a été facile.*

adapter v. tr., pronom.
• **Transitif**
- Ajuster. *Adapter un conduit à un autre conduit.*
- Mettre en harmonie. *Le ton était bien adapté aux circonstances.*
- Présenter (une œuvre littéraire, musicale, etc.) sous une nouvelle forme.
• **Pronominal**
S'habituer. *Ces immigrants se sont adaptés très rapidement à leur nouveau mode de vie.*

*à date
Calque de l'anglais «to date» pour **à jour.**

ADAV
Sigle de *avion à décollage et atterrissage verticaux*.
☞ L'anglicisme «VTOL» (vertical take-off and landing) est déconseillé.

addenda n. m. inv. (pl. *addenda*)
⟾ Les lettres *en* se prononcent *in* [adɛ̃da].
• Mot latin signifiant «choses à ajouter».
• Notes, articles ajoutés à un ouvrage, à un document pour le compléter. *Il y a plusieurs* addenda *à inclure dans le contrat. Un* addenda *a été ajouté.*
☞ Ce nom qui est un pluriel latin est invariable.
☞ En typographie soignée, les mots étrangers sont composés en italique. Dans des textes déjà en italique, la notation se fait en romain. Pour les textes manuscrits, on utilisera les guillemets.

additif n. m.
Substance ajoutée à une autre pour en modifier les propriétés. *Un additif alimentaire jugé dangereux.*

addition n. f.
• Action d'ajouter; ce qui est ainsi ajouté.
• (Math.) Première des quatre opérations fondamentales de l'arithmétique dont le symbole est le signe +.
☞ Le résultat de l'addition est une *somme.*
• Total des dépenses effectuées au restaurant. *Régler l'addition.*
☞ À l'hôtel, c'est une *note* et dans le commerce, une *facture.*

additionnel, elle adj.
Qui s'ajoute. *Apporter une précision additionnelle.*
☞ Ne pas confondre avec les adjectifs suivants :
- *complémentaire,* qui constitue un complément;
- *supplémentaire,* ajouté à une chose déjà complète.

additionner v. tr.
• Totaliser. *Additionner 2 et 2. Additionner 25 à 100.*
☞ Le verbe peut également se construire avec la préposition *avec. Additionner les résultats d'aujourd'hui avec ceux d'hier.*
• Ajouter une chose à une autre. *Le chef additionne le jus de fruit d'un peu de rhum.*

adduction n. f.
• Mouvement qui rapproche un membre de l'axe du corps.
☞ Ne pas confondre avec le nom *abduction,* mouvement qui écarte un membre de l'axe du corps.
• Action de dériver un fluide d'un lieu vers un autre. *Adduction d'eau, de gaz.*

adén(o)- préf.
Élément du grec signifiant «glande».

adénite n. f.
Inflammation des ganglions lymphatiques.

adénome n. m.
Tumeur d'une glande.

adent n. m.
Assemblage de pièces de bois par entaille.

adepte n. m. et f.
• Personne qui pratique une activité. *C'est une adepte de la natation.*
• Partisan d'une doctrine, d'une théorie. *Un adepte du socialisme.*
☞ Le mot *adepte* est souvent suivi d'un nom de doctrine, alors que le mot *disciple* peut être suivi d'un nom de personne. *Une adepte du libéralisme. Un disciple de Freud.*

adéquat, ate adj.
⟾ Au masculin, le *t* ne se prononce pas [adekwa, at].
Approprié. *Ce calcul est adéquat, la réponse est juste.*
☞ Cet adjectif est de niveau technique; dans la langue courante, on pourra le remplacer par *juste, convenable, approprié.*

adéquation n. f.
Adaptation parfaite, équivalence.

ADH
Sigle anglais utilisé pour *hormone antidiurétique.*

adhérence n. f.
État d'un objet qui tient fortement à un autre.
☞ Ne pas confondre avec le nom *adhésion,* action de s'inscrire à un groupe, à un parti, à une association.
⟾ adhérence.

adhérent, ente adj. et n. m. et f.
• **Adjectif.** Qui est fortement attaché. *Une branche adhérente au tronc.*
• **Nom masculin et féminin.** Membre d'un parti, d'une association. *Nous avons 500 adhérents.*
☞ Ne pas confondre avec le participe présent invariable *adhérant. Les membres adhérant avant la fin du mois recevront un agenda.*
⟾ adhérent.

adhérer v. tr. ind.
Le *é* se change en *è* devant une syllabe muette, sauf à l'indicatif futur et au conditionnel présent. *J'adhère,* mais *j'adhérerai.*
• Coller à. *Un revêtement qui adhère au mur.*
• Entrer dans un parti, souscrire à une idée, une opinion. *Ils ont adhéré au Parti québécois dès 1968.*
☞ Le verbe se construit avec la préposition *à.*
⟾ adhérer.

adhésif, ive adj. et n. m.
• **Adjectif.** Collant. *Ruban adhésif.*
• **Nom masculin.** Substance permettant de coller des surfaces.

adhésion n. f.
Action de s'inscrire à un groupe, à un parti, à une association.
☞ Ne pas confondre avec le nom *adhérence,* état d'un objet qui tient fortement à un autre.

ad hoc loc. adj. inv.
• Locution latine signifiant «à cet effet».
• Qui convient à la situation. *Un expert* ad hoc.
• Spécialement pour cela. *Une décision* ad hoc.
☞ En typographie soignée, les mots étrangers sont composés en italique. Dans des textes déjà en italique, la notation se fait en romain. Pour les textes manuscrits, on utilisera les guillemets.

ad hominem loc. adj. inv.
Locution latine signifiant «vers l'homme», employée de nos jours au sens de «qui vise personnellement

l'adversaire». *Les arguments* ad hominem *ne seront pas tolérés.*

☞ En typographie soignée, les mots étrangers sont composés en italique. Dans des textes déjà en italique, la notation se fait en romain. Pour les textes manuscrits, on utilisera les guillemets.

adieu interj. et n. m. (pl. *adieux*)
• **Interjection.** Formule servant à prendre congé de quelqu'un que l'on ne reverra pas avant longtemps ou que l'on ne reverra plus.
☞ Pour saluer quelqu'un que l'on reverra, on dit *au revoir.*
• **Nom masculin.** Fait de prendre congé. *Faire ses adieux.*

à-Dieu-va(t) loc. interj.
Locution signifiant «À la grâce de Dieu!»

adipeux, euse adj.
Qui renferme de la graisse. *Les tissus adipeux.*

adiposité n. f.
Accumulation de graisse dans les tissus.

adjacent, ente adj.
• Qui est proche, contigu. *Des immeubles adjacents.*
• (Math.) Qui ont un côté commun. *Des angles adjacents.*
☞ adjacent.

adjectif n. m.
V. Tableau - **ADJECTIF.**

adjectif, ive ou **adjectival, ale, aux** adj.
Qui a une valeur d'adjectif. *Une locution adjective* ou *adjectivale.*

adjectif de couleur n. m.
V. Tableau - **COULEUR (ADJECTIFS DE).**

adjectivement adv.
Avec la valeur d'un adjectif.

adjectiver ou **adjectiviser** v. tr.
Utiliser comme adjectif.

adjoindre v. tr., pronom.
INDICATIF PRÉSENT *J'adjoins, tu adjoins, il adjoint, nous adjoignons, vous adjoignez, ils adjoignent.* IMPARFAIT *J'adjoignais.* PASSÉ SIMPLE *J'adjoignis.* FUTUR *J'adjoindrai.* CONDITIONNEL PRÉSENT *J'adjoindrais.* IMPÉRATIF PRÉSENT *Adjoins, adjoignons, adjoignez.* SUBJONCTIF PRÉSENT *Que j'adjoigne.* PARTICIPE PRÉSENT *Adjoignant.* PASSÉ *Adjoint, adjointe.*
Les lettres *gn* sont suivies d'un *i* à la première et à la deuxième personne du pluriel de l'indicatif imparfait et du subjonctif présent. *(Que) nous adjoignions, (que) vous adjoigniez.*
• **Transitif.** Associer une personne à une autre. *Elle adjoindra un graphiste à l'équipe.*
• **Pronominal.** Prendre comme collaborateur. *Ils se sont adjoint une informaticienne.*
☞ Ce verbe s'emploie surtout en parlant des personnes.

adjoint adj. et n. m.
adjointe adj. et n. f.

• Personne qui en seconde une autre dans ses fonctions. *Son adjoint est compétent. Elle est adjointe au directeur commercial.*
☞ Les titres administratifs s'écrivent avec une minuscule.
• *Adjoint* + adjectif. Le nom *adjoint* suivi d'un adjectif s'écrit sans trait d'union. *Une adjointe administrative, des adjoints techniques.*
• Désignation de fonction + *adjoint* (fonction administrative). Le mot *adjoint* apposé à un nom de profession s'écrit sans trait d'union. *La directrice adjointe* (et non l'*assistante-directrice). Les secrétaires adjoints.*
☞ 1° Comme adjectif, le mot *adjoint* se construit avec la préposition *à. Elle est adjointe au directeur général.* Comme nom, le mot *adjoint* se construit avec la préposition *de. Consultez l'adjointe de M. Boies, directeur des ressources humaines.*

2° Le mot *adjoint* est utilisé généralement pour des fonctions de nature administrative, alors que le mot *aide* s'emploie surtout pour des tâches d'exécution ou pour un travail matériel.

3° La place du nom *adjoint* est déterminante pour son sens : il y a une distinction importante entre le titre de *directeur adjoint* et celui de *adjoint du directeur.* En effet, en l'absence du directeur, c'est le *directeur adjoint* qui dirigera, alors que l'*adjoint* seconde le directeur dans certaines de ses tâches.
V. **aide.**

adjonction n. f.
Action d'adjoindre.

adjudant n. m.
adjudante n. f.
Sous-officier.

adjudant-chef n. m. (pl. *adjudants-chefs*)
Sous-officier.

adjudicataire n. m. et f.
Bénéficiaire d'une adjudication. *L'adjudicataire d'un marché.*

adjudicateur, trice n. m. et f.
Personne qui met en adjudication.

adjudication n. f.
Attribution d'un marché au mieux-disant (au plus offrant ou à celui qui demande le prix le moins élevé, selon le cas).

adjuger v. tr., pronom.
Le *g* est suivi d'un *e* devant les lettres *a* et *o. Il adjugea, nous adjugeons.*
• **Transitif.** Attribuer un avantage, une récompense. *On lui adjugea la médaille d'or.*
• **Pronominal.** S'approprier. *Ils se sont adjugé le travail le plus facile.*

ADJECTIF

On distingue généralement deux grandes catégories d'adjectifs :

– les **adjectifs qualificatifs, adverbiaux** et **verbaux;**
– les **déterminants : adjectifs démonstratifs**
                         adjectifs possessifs
                         adjectifs numéraux
                         adjectifs relatifs
                         adjectifs interrogatifs et exclamatifs
                         adjectifs indéfinis.

☞ Les articles sont aussi des déterminants.

V. Tableau – **DÉTERMINANT.**

ADJECTIFS QUALIFICATIFS, ADVERBIAUX ET VERBAUX

1. Adjectifs qualificatifs

Adjectifs qui expriment une qualité des êtres ou des objets désignés par le nom qu'ils accompagnent et avec lequel ils s'accordent.

Une belle pomme, une grande fille, une table ronde, des roses odorantes, de vieilles photos.

Accord de l'adjectif qualificatif

De façon générale, l'adjectif s'accorde en genre et en nombre avec le nom qu'il accompagne et dont il est épithète ou attribut.

Cas particuliers

• Avec plusieurs noms au singulier, l'adjectif se met au pluriel.
    Un fruit et un légume mûrs. Une pomme et une orange juteuses.

• Avec plusieurs noms de genre différent, l'adjectif se met au masculin pluriel.
    Une mère et un fils avisés.

• Avec des mots séparés par *ou,* l'adjectif s'accorde avec le dernier, si l'un des mots exclut l'autre.
    Il est d'une naïveté ou d'une perversité singulière.

• Avec un nom complément d'un autre nom, l'adjectif s'accorde selon le sens.
    Une coupe d'or ciselée ou *ciselé.*

• Avec un nom collectif, l'adjectif s'accorde avec le collectif ou son complément, selon le sens.
    La majorité des élèves sont malades. Ce groupe de touristes est polyglotte.
V. Tableau – **COLLECTIF.**

• Les adjectifs de couleur de forme simple s'accordent en genre et en nombre, alors que les adjectifs composés et les noms employés comme adjectifs de couleur restent invariables.
    Des robes bleues, des costumes noirs. Une jupe vert forêt, des cheveux poivre et sel. Des écharpes tangerine, des foulards turquoise ou kaki.
V. Tableau – **COULEUR (ADJECTIFS DE).**

suite⟶

Degrés de signification

Les adjectifs qualificatifs peuvent s'employer :

• au **positif**	– qualité attribuée	*La rose est belle.*
• au **comparatif**	– supériorité	*La rose est **plus** belle **que** l'iris.*
	– égalité	*La rose est **aussi** belle **que** l'iris.*
	– infériorité	*La rose est **moins** belle **que** l'iris.*
• au **superlatif** relatif	– supériorité	*La rose est **la plus** belle de toutes.*
	– infériorité	*La rose est **la moins** belle de toutes.*
• au **superlatif** absolu	– supériorité	*La rose est **très** belle.*
	– infériorité	*La rose est **très peu** belle.*

☞— Le langage de la publicité crée volontiers des superlatifs à l'aide des préfixes latins **super, extra.** *C'était une fête **super**.* Les adolescents font aussi largement usage de ces superlatifs. *Ma copine est **extra**.*

2. Adjectifs adverbiaux

Adjectifs employés comme adverbes, ils sont invariables.

Haut *les mains! Ces produits coûtent **cher**. Cela sonne **faux**. Ils vont **vite**.*

3. Adjectifs verbaux

Adjectifs qui ont la valeur de simples qualificatifs, ils s'accordent en genre et en nombre avec le nom déterminé.

*Des îles **flottantes**. Une soirée **dansante** à la nuit **tombante**.*

☞— Il ne faut pas confondre l'adjectif verbal et le participe présent. Alors que le participe présent, toujours invariable, exprime une action qui a lieu en même temps que l'action du verbe qu'il accompagne, l'adjectif verbal traduit un état, une qualité et prend la marque du féminin et du pluriel.

Certains verbes ont un participe présent et un adjectif verbal dont l'orthographe est différente :

Participe présent	Adjectif verbal
adhérant	adhérent
convainquant	convaincant
différant	différent
équivalant	équivalent
excellant	excellent
fatiguant	fatigant
négligeant	négligent
précédant	précédent
provoquant	provocant
suffoquant	suffocant

Négligeant *leur rôle d'arbitres, ils ont pris parti pour nos adversaires. Ces arbitres **négligents** seront congédiés. Les articles vendus **équivalant** à plusieurs milliers, le chiffre d'affaires est excellent. Il faut acheter des quantités **équivalentes** à celles de l'an dernier.*

V. Tableau – **DÉMONSTRATIF (ADJECTIF)**.
V. Tableau – **INDÉFINI (ADJECTIF)**.
V. Tableau – **INTERROGATIF ET EXCLAMATIF (ADJECTIF)**.
V. Tableau – **NUMÉRAL (ADJECTIF)**.
V. Tableau – **PARTICIPE PRÉSENT**.
V. Tableau – **POSSESSIF (ADJECTIF)**.
V. Tableau – **RELATIF (ADJECTIF)**.

adjuration n. f.
Prière instante, supplication.
☞— Ne pas confondre avec **abjuration,** renonciation solennelle à la religion professée.

adjurer v. tr.
Supplier.

adjuvant, ante adj. et n. m.
• Se dit d'un produit qui seconde l'action d'un médicament. *Des traitements adjuvants.*
• Additif. *Les adjuvants du plâtre.*

ad lib.
Abréviation de **ad libitum.**

ad libitum loc. adv.
⇔ Attention à la prononciation [adlibitɔm].
• Abréviation **ad lib.** (s'écrit avec un point final).
• Locution latine signifiant «au choix».
☞— En typographie soignée, les mots étrangers sont composés en italique. Dans des textes déjà en italique, la notation se fait en romain. Pour les textes manuscrits, on utilisera les guillemets.

admettre v. tr.
INDICATIF PRÉSENT *J'admets, tu admets, il admet, nous admettons, vous admettez, ils admettent.* IMPARFAIT *J'admettais.* PASSÉ SIMPLE *J'admis.* FUTUR *J'admettrai.* CONDITIONNEL PRÉSENT *J'admettrais.* IMPÉRATIF PRÉSENT *Admets, admettons, admettez.* SUBJONCTIF PRÉSENT *Que j'admette.* IMPARFAIT *Que j'admisse.* PARTICIPE PRÉSENT *Admettant.* PASSÉ *Admis, ise.*
• Recevoir dans une école, une classe; considérer comme ayant satisfait aux épreuves d'un examen. *Élève admis dans la classe supérieure.*
- **Admettre à** + infinitif. Autoriser. *Elle a été admise à présenter une demande.*
- **Admettre** + lieu. Recevoir, accepter dans un lieu, dans un groupe. *Les enfants ne sont pas admis dans les bars. Ils ont été admis en France.*
☞— Le verbe se construit avec les prépositions **dans, en** lorsqu'il est suivi d'un complément de lieu.
• Considérer comme vrai. *J'admets qu'il a raison. Il n'admet pas que son collègue ait raison.*
☞— À la forme affirmative, le verbe se construit avec l'indicatif ou le subjonctif; à la forme négative, il se construit avec le subjonctif.

administrateur n. m.
administratrice n. f.
• Personne chargée de l'administration (de biens, d'une entreprise).
• Membre d'un conseil d'administration. *À titre de membre du conseil d'administration, il est administrateur* (et non *directeur ou *gouverneur).

administratif, ive adj.
Relatif à l'administration. *Des règles administratives.*

administration n. f.
Action d'administrer.
☞— Le mot **administration** prend la majuscule quand il désigne l'ensemble des services publics. *L'Administration a adopté un budget pour le nouvel exercice.*

administrativement adv.
Par la voie administrative.

administrer v. tr.
Diriger, gérer les affaires publiques ou privées.

*administrer (un sondage, un test)
Impropriété au sens de **faire passer un test, effectuer un sondage.**

admirable adj.
Digne d'admiration. *Ce dessin est admirable.*

admirablement adv.
De façon admirable.

admirateur, trice n. m. et f.
Personne qui admire quelqu'un. *Ce chanteur a de nombreux admirateurs.*

admiratif, ive adj.
Qui exprime l'admiration. *Un regard admiratif.*

admiration n. f.
Sentiment ressenti à l'égard de ce qui est noble, beau. *Ce geste héroïque a soulevé l'admiration de tous.*

admirativement adv.
Avec admiration.

admirer v. tr.
• Éprouver de l'admiration pour (ce qui est beau, grand). *Ils admirent cette magnifique forêt.*
• (Iron.) S'étonner. *J'admire ton inconscience. Il admire qu'on puisse être naïf à ce point.*
☞— En ce dernier sens, le verbe se construit avec le subjonctif.
☞— À la forme passive, le verbe se construit avec les prépositions **de** ou **par.** *Elle est admirée de ses collègues. Il est admiré par tous les électeurs.*

admissibilité n. f.
Fait d'être admissible (à un examen, à un concours). *Les critères d'admissibilité* (et non d'*éligibilité) *sont très stricts. Une liste d'admissibilité.*
☞— Ne pas confondre avec le nom **éligibilité,** aptitude légale à être élu.

admissible adj.
• Acceptable. *Ce prétexte n'est pas admissible.*
• Qui, après avoir réussi les épreuves écrites, est admis à passer les épreuves orales d'un examen. *Un candidat admissible* (et non *éligible).

admission n. f.
• Action d'admettre (quelqu'un). *Une demande d'admission.*
• Fait d'être admis. *Liste d'admission à un concours.*

*admission (prix d')
Anglicisme au sens de **entrée.**

admonestation n. f.
(Litt.) Réprimande sévère.

admonester v. tr.
(Litt.) Réprimander sévèrement.

ADN
Sigle de **acide désoxyribonucléique.**
☞— L'anglicisme «DNA» (desoxyribonucleic acid) est déconseillé.

adolescence n. f.
Âge compris entre la puberté et l'âge adulte.
⇨ adole**s**cent.

adolescent, ente n. m. et f.
Celui, celle qui a l'âge de l'adolescence.
⇨ adole**s**cent.

adonis n. m. et f.
👄 Le **s** se prononce [adɔnis].
• **Nom masculin.** (Litt.) Beau jeune homme.
• **Nom féminin.** Plante à larges fleurs rouges ou jaunes.

adonner v. intr., impers., pronom.
• **Intransitif**
(Fam.) Au Canada, convenir. *Est-ce que cela t'adonne-rait de venir demain?*
• **Impersonnel**
(Fam.) Au Canada, arriver au bon moment, au mauvais moment, par hasard. *Ça adonne bien que tu sois là, je voulais te voir. Ça adonne mal que son examen ait lieu vendredi.*
🖝 L'emploi de ce verbe est courant au Canada dans la langue familière, mais il est vieilli dans l'ensemble de la francophonie.
• **Pronominal**
- Faire quelque chose avec passion, avec constance. *S'adonner à la musique. S'adonner au jeu.*
🖝 Ce verbe peut avoir un sens favorable ou défavorable.
- (Fam.) Au Canada, bien s'entendre. *Ils s'adonnent avec leurs camarades.*
🖝 L'emploi de ce verbe est courant au Canada dans la langue familière, mais il est vieilli dans l'ensemble de la francophonie.

adopter v. tr.
• Prendre pour fils, pour fille dans les formes reconnues par la loi. *Ils ont adopté un petit Brésilien.*
• (Fig.) Faire sien par choix, par décision. *Nous avons adopté sa façon de procéder.*
• Approuver par un vote. *Ce règlement a été adopté récemment.*

adoptif, ive adj.
• Qui a été adopté. *Un enfant adoptif.*
• Qui a adopté légalement. *Une mère adoptive.*

adoption n. f.
Action d'adopter.

adorable adj.
Charmant, très agréable. *La petite Fanny est adorable avec ce costume de lapin.*

adorablement adv.
De façon adorable.

adoration n. f.
• Action d'adorer.
• Amour très vif. *Ses parents sont en adoration devant lui.*

adorer v. tr.
• Rendre un culte (à Dieu, à une divinité). *Les chrétiens adorent Dieu.*
• Aimer beaucoup, idolâtrer. *Ses enfants l'adorent.*
• Apprécier vivement (quelque chose). *Elle adore la musique.*

🖝 À la forme passive, au sens de «rendre un culte», le verbe se construit avec la préposition *par. Un Dieu adoré par les chrétiens.* Au sens d'«aimer, d'apprécier», le verbe se construit plutôt avec la préposition *de. Elle est adorée de ses élèves.*

adossement n. m.
État de ce qui est adossé, fait d'être adossé.

adosser v. tr., pronom.
• **Transitif.** Placer une personne, une chose contre un appui. *La chaise est adossée à la cloison, contre la cloison.*
🖝 Le verbe se construit avec les prépositions *à* ou *contre.*
• **Pronominal.** S'appuyer. *Il s'adossa contre le mur.*

adoubement n. m.
Cérémonie au cours de laquelle un homme était armé chevalier, au Moyen Âge.

adouber v. tr.
Armer chevalier par l'adoubement, au Moyen Âge.

adoucir v. tr., pronom.
• **Transitif**
- Rendre plus doux, polir. *Ce produit adoucit la peau.*
- (Fig.) Rendre moins rude. *Adoucir le ton.*
• **Pronominal**
Devenir plus doux. *En vieillissant, il s'adoucit.*

adoucissant, ante adj.
Qui adoucit. *Une lotion adoucissante.*

adoucissement n. m.
Action d'adoucir, fait de s'adoucir.

adoucisseur n. m.
Appareil destiné à adoucir l'eau.

ad patres loc. adv.
👄 Le **s** se prononce [adpatrɛs].
Locution latine signifiant «vers les ancêtres», qu'on utilise familièrement de nos jours au sens de «dans l'autre monde». *Envoyer quelqu'un ad patres.*
🖝 En typographie soignée, les mots étrangers sont composés en italique. Dans des textes déjà en italique, la notation se fait en romain. Pour les textes manuscrits, on utilisera les guillemets.

adr.
Abréviation de *adresse.*

adragante n. f.
Résine utilisée en pharmacie, en pâtisserie, etc.

adrénaline n. f.
Hormone sécrétée par les glandes surrénales.

adressage n. m.
(Inform.) Action d'adresser.

adresse n.f.
• Abréviation *adr.* (s'écrit avec un point).
• Indication du nom et du domicile d'une personne, du siège d'un établissement. *Un carnet d'adresses.*
V. Tableau - **ADRESSE.**
• *À l'adresse de.* À l'intention de. *Mme Dubois a fait cette remarque à l'adresse des élèves turbulents.*
• Habileté. *Un tour d'adresse.*

• (Inform.) Expression numérique définissant l'emplacement d'une information dans une mémoire électronique.

adresser v. tr., pronom.
• **Transitif**
- Faire parvenir à l'adresse de quelqu'un. *Adresser des colis à ses amis.*
- Dire à quelqu'un. *Adresser des reproches.*
- (Inform.) Pourvoir une information d'une adresse.
• **Pronominal**
- Prendre la parole. *Le président s'adressera aux électeurs.*
- Être destiné à (quelqu'un). *Cette recommandation ne s'adresse pas à vous.*

adroit, oite adj.
Habile. *Martine est très adroite de ses mains.*

adroitement adv.
Avec adresse, habileté.

adsorption n. f.
Rétention d'un liquide, d'un gaz.
☞ Ne pas confondre avec le nom *absorption*, pénétration d'un liquide, d'un gaz.

adulateur, trice n. m. et f.
(Litt.) Personne qui flatte à l'excès.

adulation n. f.
(Litt.) Flatterie excessive.

aduler v. tr.
(Litt.) Combler de flatteries.

adulte adj. et n. m. et f.
• **Adjectif.** Qualifie un être vivant dont la croissance est terminée. *Un chien adulte. L'âge adulte.*
• **Nom masculin et féminin.** Personne qui a terminé sa croissance et qui est parvenue à la maturité (physique, intellectuelle et affective).

adultère adj. et n. m. et f.
• **Adjectif.** Coupable d'adultère.
• **Nom masculin et féminin.** Personne adultère.
• **Nom masculin.** Infidélité conjugale.

adultérin, ine adj.
Né d'un adultère. *Enfant adultérin.*

ad valorem loc. adj. inv.
☞ Le *m* se prononce [advalɔrɛm].
Locution latine signifiant «d'après la valeur». Fondé sur la valeur d'un produit. *Des droits ad valorem.*
☞ En typographie soignée, les mots étrangers sont composés en italique. Dans des textes déjà en italique, la notation se fait en romain. Pour les textes manuscrits, on utilisera les guillemets.

advenir v. intr.
INDICATIF PRÉSENT *Il advient.* IMPARFAIT *Il advenait.* PASSÉ SIMPLE *Il advint.* FUTUR *Il adviendra.* CONDITIONNEL PRÉSENT *Il adviendrait.* SUBJONCTIF PRÉSENT *Qu'il advienne.* IMPARFAIT *Qu'il advînt.* PARTICIPE PRÉSENT *Advenant.* PASSÉ *Advenu, ue.*
Arriver par hasard. *Quoi qu'il advienne, nous vous serons fidèles.*

☞ 1° Ce verbe ne s'emploie plus qu'à la troisième personne, ainsi qu'à l'infinitif et aux participes présent et passé. *Il advint que la pluie tomba pendant 40 jours.*
2° Ce verbe se conjugue avec l'auxiliaire *être.* *Qu'est-il advenu de cet ami d'enfance?*
• *Advenant.* Dans le cas où. *Advenant la disparition du propriétaire, la maison reviendrait à ses héritiers.*
☞ Ce participe s'emploie surtout dans la langue juridique.
• *Advienne que pourra.* Quoi qu'il arrive.

adverbe n. m.
V. Tableau - **ADVERBE.**

adverbial, ale, aux adj.
Qui a le caractère de l'adverbe. *Une locution adverbiale.*

adverbialement adv.
À la manière d'un adverbe.

adversaire n. m. et f.
• Concurrent, rival. *C'est un redoutable adversaire.*
• Personne hostile à (une idée, une doctrine, etc.) *Ce sont des adversaires du libre-échange.*

adverse adj.
• Opposé, contraire. *Les camps adverses, l'équipe adverse.*
• *Partie adverse.* (Dr.) Partie contre laquelle on plaide.

adversité n. f.
(Litt.) Infortune, malheur.

ad vitam æternam loc. adv.
☞ Les lettres *æ* se prononcent *é* [advitametɛrnam].
Locution latine signifiant «pour la vie éternelle», utilisée familièrement aujourd'hui avec le sens de «pour toujours», «à perpétuité». *Il s'est installé ici ad vitam æternam, semble-t-il.*
☞ En typographie soignée, les mots étrangers sont composés en italique. Dans des textes déjà en italique, la notation se fait en romain. Pour les textes manuscrits, on utilisera les guillemets.

aération n. f.
Action d'aérer; son résultat. *L'aération de ces locaux laisse à désirer.*

aéré, ée adj.
Où l'air circule facilement. *Une pièce bien aérée.*

aérer v. tr.
Le *é* se change en *è* devant une syllabe muette, sauf à l'indicatif futur et au conditionnel présent. *J'aère,* mais *j'aérerai.*
• Donner de l'air, exposer à l'air. *Elle aère ses draps.*
• (Fig.) Rendre moins dense, moins lourd. *Aérer un texte.*

aérien, ienne adj.
• Qui appartient à l'air. *L'espace aérien d'un pays.*
• Relatif à l'aviation. *Le transport aérien.*

aéro- préf.
• Élément du grec signifiant «air».
• Les mots composés avec le préfixe *aéro-* s'écrivent sans trait d'union, à l'exception du nom *aéro-club.* *Aérogare. Aéroport.*

aérobie adj. et n. m.
• **Adjectif.** Qualifie un micro-organisme qui a besoin

ADRESSE

• La désignation du **destinataire** comprend un titre de civilité (le plus souvent ***Monsieur*** ou ***Madame***) suivi du prénom (abrégé ou non) et du nom de la personne. *Madame Laurence Dubois. Monsieur Philippe Larue.* Il est recommandé d'inscrire le titre de civilité au long sur l'enveloppe ainsi qu'au début de la lettre.

• La **destination** comporte l'indication du numéro suivi d'une virgule, du nom générique (***avenue, rue, boulevard, place, côte, chemin,*** etc.) écrit en minuscules et souvent abrégé, enfin du nom de la voie publique. S'il y a lieu, on écrira le numéro de l'appartement ou du bureau. À la fin de la ligne d'une adresse, on ne met ni virgule ni point final.

> *837, avenue de la Brunante* *234, boul. des Laurentides, app. 12*
> *55, place Cambray* *1050, rue Saint-Laurent, bureau 302*

☞ Dans la mesure du possible, on évitera d'abréger les adjectifs ***Saint-, Sainte-*** en ***St-, Ste-.***

• Certains noms de rue comprennent la mention d'un **point cardinal** : celui-ci s'écrit avec une majuscule à la suite du nom spécifique de la voie publique. *555, boul. René-Lévesque Ouest.*

• Pour un document adressé à un **bureau de poste,** on inscrira ***case postale*** ou ***boîte postale*** dont les abréviations ***C.P.*** et ***B.P.*** sont acceptées. *Case postale 725, Succursale B.*

• Le nom de la **ville** s'écrit au long en minuscules (avec majuscule initiale) ou en majuscules. *Montréal, CHICOUTIMI.*

• Au Canada, il est recommandé d'écrire le nom de la **province** entre parenthèses au long. S'il est nécessaire d'abréger, on utilisera l'abréviation normalisée.

☞ Dans la correspondance, il est préférable de ne pas abréger le nom ***Québec.*** Le symbole ***QC*** doit être réservé à certains usages techniques : formulaires informatisés, tableaux statistiques.

• La mention du **code postal** est désormais obligatoire au Canada; celui-ci doit figurer en majuscules après l'indication de la ville et de la province, s'il y a lieu.

> Au Canada, ce code est alphanumérique : *Montréal (Québec)*
> *H2V 2Y6*

> En France, le code est numérique : *75006 Paris*

• Pour les lettres adressées à l'**étranger,** il est préférable d'inscrire le nom du pays en majuscules et de le souligner. Dans la mesure du possible, il importe de se conformer aux usages du pays de destination.

> *Time Magazine*
> *541 North Fairbanks Court*
> *Chicago*
> *Illinois*
> *ÉTATS-UNIS 60611*

☞ Au Québec, il est préférable d'écrire le nom du pays en français puisque cette indication sert au tri postal du pays de départ.

• Les diverses **mentions** susceptibles d'être inscrites sur l'enveloppe afin de préciser le type d'envoi ou d'en limiter la diffusion sont au masculin singulier et s'écrivent en majuscules.

> *RECOMMANDÉ PERSONNEL CONFIDENTIEL*

• L'expéditeur doit inscrire son adresse complète en haut, au coin gauche de l'enveloppe, ou au verso, au centre de la patte de l'enveloppe, dans la correspondance privée.

V. Tableau – **ENVELOPPE.**

Abréviations des noms génériques usuels

avenue	av.
boulevard	b^d, bd ou boul.
chemin	ch.
route	rte ou r^{te}

Abréviations normalisées des provinces et territoires canadiens

Alberta	Alb.
Colombie-Britannique	C.-B.
Île-du-Prince-Édouard	Î.-P.-É.
Manitoba	Man.
Nouveau-Brunswick	N.-B.
Nouvelle-Écosse	N.-É.
Ontario	Ont.
Québec	–
Saskatchewan	Sask.
Terre-Neuve	T.-N.
Territoires-du-Nord-Ouest	T.-N.-O.
Yukon	Yn

ADVERBE

L'adverbe est un mot invariable qui se joint à un autre mot pour en modifier ou en préciser le sens.

Il peut ainsi modifier ou préciser :

	– un verbe	*Il dessine **bien**.*
	– un adjectif	*Une maison **trop** petite.*
	– un autre adverbe	*Elle chante **tellement** mal.*
	– un nom	*Un roi **vraiment** roi.*

☞ L'adverbe peut parfois préciser le sens d'un pronom. *C'est **bien** lui, mon ami.*

Les adverbes peuvent exprimer :

	– la manière	*tendrement*
	– le lieu	*derrière*
	– le temps	*demain*
	– la quantité	*beaucoup*
	– l'affirmation	*certainement*
	– la négation	*nullement*
	– le doute	*peut-être*
	– l'interrogation	*où? combien?*

☞ La locution adverbiale est composée de plusieurs mots et joue le même rôle que l'adverbe.

LES ADVERBES ET LES LOCUTIONS ADVERBIALES DE **MANIÈRE**

Comment?

ainsi	comment	calmement
à loisir	d'aplomb	doucement
à part	exprès	gentiment
à tort	faux	gravement
à volonté	fort	méchamment
bien	gratis	prudemment
bon	juste	sagement
beau	mal	la plupart des adverbes en -**ment**.
cher	pêle-mêle…	

☞ Certains mots comme ***bien, bon, cher, faux, fort, juste***… ne sont des adverbes de manière que s'ils modifient le sens du mot auquel ils se rapportent. *Cela sent bon.* Sinon, ils sont adjectifs qualificatifs. *C'est un bon ami.*

Dans quel ordre?

après	premièrement	primo
avant	deuxièmement	secundo
auparavant	troisièmement	tertio
d'abord	quatrièmement	quarto
dernièrement	cinquièmement	quinto
de suite	sixièmement	sexto
ensuite	septièmement	septimo
successivement...	huitièmement…	octavo…

LES ADVERBES ET LES LOCUTIONS ADVERBIALES DE **LIEU**

Où?

à droite	au-dessus	dessous	en dessous	loin
à gauche	au-devant	dessus	en dessus	par derrière
ailleurs	autour	en arrière	en haut	par devant
alentour	dedans	en avant	hors	partout
au-dedans	dehors	en bas	ici	près
au-dehors	derrière	en dedans	là	quelque part…
au-dessous	devant	en dehors	là-bas	

suite →

☞ Certains mots comme *autour, devant, derrière, dessous, dessus, hors, près, au-devant*... ne sont des *adverbes* ou des *locutions adverbiales* de lieu que s'ils modifient le sens du mot auquel ils se rapportent. *Elle joue derrière. Ils sont assis devant. Tourne à gauche.* S'ils sont suivis d'un complément, ils sont des *prépositions* ou des *locutions prépositives. Il y a un arbre derrière la maison. Ils jouent devant l'école. Prends le sentier à gauche de la maison.*

LES ADVERBES ET LOCUTIONS ADVERBIALES DE **TEMPS**

Quand?				
antérieurement	bientôt	ensuite	puis	tôt
après	demain	hier	soudain	toujours
aujourd'hui	dernièrement	jadis	sous peu	tout à l'heure
auparavant	désormais	naguère	souvent	tout de suite
autrefois	dorénavant	parfois	tantôt	trop...
avant-hier	encore	postérieurement	tard	

Pendant combien de temps?

brièvement
longtemps...

Depuis combien de temps?

depuis longtemps
depuis peu...

LES ADVERBES ET LOCUTIONS ADVERBIALES DE **QUANTITÉ**

Combien?				
à demi	aussi... que	entièrement	peu	tant
à moitié	autant	le moins	plus	tellement
à peine	beaucoup	le plus	plus ou moins	tout
à peu près	bien	moins	plus... que	tout à fait
assez	comme	moins... que	presque	très
aussi	davantage	pas du tout	quasi	trop...

☞ 1° Certains mots comme *aussi, comme*... peuvent être également des conjonctions. *J'arrivais comme* (conjonction) *il partait. Comme* (adverbe) *il est grand! Ces produits ne sont pas biodégradables, aussi* (conjonction) *vaut-il mieux ne pas les utiliser. Il est aussi* (adverbe) *gentil qu'elle.*

2° Les mots *autant, bien, tant, tellement*... immédiatement suivis de la conjonction *que* forment des *locutions conjonctives. Je ne le changerai pas tant qu'il fonctionnera.*

LES ADVERBES ET LOCUTIONS ADVERBIALES D'**AFFIRMATION**

à la vérité	bien sûr	d'accord	oui	si
après tout	certainement	en vérité	précisément	volontiers
assurément	certes	justement	sans doute	vraiment...

LES ADVERBES ET LOCUTIONS ADVERBIALES DE **NÉGATION**

aucunement	ne... guère	ne... plus	non
jamais	ne... jamais	ne... point	nullement
ne	ne... pas	ne... rien	pas du tout...

LES ADVERBES ET LOCUTIONS ADVERBIALES DE **DOUTE**

à peu près	environ	par hasard	probablement
apparemment	éventuellement	peut-être	vraisemblablement...

LES ADVERBES ET LOCUTIONS ADVERBIALES D'**INTERROGATION**

combien?	est-ce que?	n'est-ce pas?	pourquoi?
comment?	et alors?	où?	quand?...

d'oxygène pour se développer. *Une bactérie aérobie.*
• **Nom masculin.** Micro-organisme ayant besoin d'oxygène pour se développer. *Le streptocoque est un aérobie.*
☞ Attention au genre masculin de ce nom : *un* aérobie.
Ant. **anaérobie.**

aérobique adj. et n. f.
Se dit de la gymnastique qui modèle le corps et oxygène les tissus par des mouvements rapides exécutés en musique. *La danse aérobique. Pratiquer l'aérobique.*

aéro-club n. m. (pl. *aéro-clubs*)
Club réunissant des amateurs d'activités aéronautiques.
☞ Contrairement aux autres mots composés avec le préfixe *aéro-,* ce nom s'écrit avec un trait d'union.

aérodrome n. m.
Terrain aménagé pour le décollage et l'atterrissage des avions.
☞ Ne pas confondre avec le nom *aérogare,* ensemble des bâtiments d'un aéroport.

aérodynamique adj. et n. f.
• **Adjectif**
- Qui a un profil réduisant au minimum la résistance à l'air. *Un design aérodynamique.*
- Relatif à la résistance de l'air. *Des études aérodynamiques.*
• **Nom féminin**
Étude des lois de la résistance opposée par l'air aux corps dans leur mouvement.
☞ aérodynamique.

aérogare n. f.
Ensemble des bâtiments d'un aéroport.
☞ Ne pas confondre avec le nom *aérodrome,* terrain aménagé pour le décollage et l'atterrissage des avions.

aéroglisseur n. m.
Véhicule de transport se déplaçant sans frottement grâce à un coussin d'air injecté sous lui (et non un *hovercraft).

aérogramme n. m.
Lettre acheminée par avion à un tarif forfaitaire.

aérolite ou **aérolithe** n. m.
(Vx) Météorite.

aéronautique adj. et n. f.
• **Adjectif.** Relatif à la navigation aérienne.
• **Nom féminin.** Science et technique de la navigation aérienne.
☞ Ne pas confondre avec l'*astronautique,* science qui a pour objet la navigation spatiale.
☞ aéronautique.

aéronef n. m.
(Adm.) Tout appareil capable de se déplacer dans les airs.
☞ Attention au genre masculin de ce nom : *un* aéronef, malgré le mot *nef* qui est féminin.

aérophagie n. f.
Pénétration d'air dans l'œsophage et dans l'estomac.

aéroplane n. m.
(Vx ou iron.) Avion.

aéroport n. m.
Ensemble des installations (aérodrome, aérogare, etc.) nécessaires à la circulation aérienne d'une ville ou d'une région. *Rendez-vous à l'aéroport* (et non l'*aéroport).

aéroporté, ée adj.
Transporté par avion et parachuté sur l'objectif. *Des troupes aéroportées.*

aéroportuaire adj.
D'un aéroport.

aéropostal, ale, aux adj.
Relatif à la poste aérienne.

aérosol adj. inv. et n. m.
• **Adjectif invariable**
Qui pulvérise un produit en fines particules. *Des bombes aérosol.*
• **Nom masculin**
- Suspension de particules très fines, dans un gaz.
- Appareil servant à pulvériser les particules d'un liquide dans l'air. *Produit insecticide vendu en aérosol.*

aérospatial, ale, aux adj.
Relatif aux domaines aéronautique et spatial. *Des engins aérospatiaux.*

AFÉAS
Sigle de *Association féminine d'éducation et d'action sociale.*

affabilité n. f.
Amabilité, politesse.

affable adj.
Aimable et poli. *Être affable envers ses bienfaiteurs, avec tous et chacun.*

affablement adv.
(Litt.) Avec affabilité.

affabulation n. f.
Arrangement de faits imaginaires pour constituer une œuvre.
☞ Ne pas confondre avec le nom *fabulation,* récit imaginaire présenté comme vrai.

affabuler v. intr.
Composer une œuvre de fiction.

affacturage n. m.
Transfert des créances d'une entreprise à une société financière qui se charge d'en assurer le recouvrement.
☞ L'anglicisme *factoring* est déconseillé.

affadir v. tr.
Priver de saveur, au sens propre et au sens figuré.

affadissement n. m.
Perte de saveur.

affaiblir v. tr., pronom.
• **Transitif.** Rendre faible. *Il est affaibli par la privation.*
• **Pronominal.** Devenir faible. *Elles se sont affaiblies à force de jeûner.*

affaiblissement n. m.
Fait de s'affaiblir; état qui en résulte.

affaire n.f.
• Tout ce qui est à faire, occupation. *Mêlez-vous de vos affaires.*
• Entreprise. *Gérer une affaire.*
- *Avoir affaire à quelqu'un.* Être en rapport avec lui.
☞— On écrit plus souvent *avoir affaire* que *avoir à faire* sans changement de sens, sauf dans le cas où la locution a un complément d'objet direct. *Elle a à faire une course* (on peut à ce moment inverser les mots). *Elle a une course à faire. Il a affaire à forte partie.*
- *En faire son affaire.* S'en charger. *J'en fais mon affaire : vous l'aurez à temps.*
- *Être à son affaire.* Se plaire à ce que l'on fait.
- *Faire l'affaire.* Convenir. *Ces articles feront l'affaire.*
- *Tirer d'affaire.* Aider, secourir. *Nous l'avons tiré d'affaire.*
- *Une affaire de.* Une question de. *C'est une affaire de goût.*
☞— Dans ces expressions, le nom *affaire* est au singulier.
• (Au plur.) Opérations financières, commerciales. *Un homme, une femme d'affaires.*
- *Chiffre d'affaires.* Total des ventes d'un exercice financier.
- *Toutes affaires cessantes.* Immédiatement.

affairé, ée adj.
Qui est ou paraît très occupé.

affairement n. m.
Fait d'être affairé.

affairer (s') v. pronom.
Être ou paraître occupé à plusieurs tâches. *Les vendeuses se sont affairées auprès des clients.*

affairisme n. m.
(Péj.) Spéculation.

affairiste n. m. et f.
(Péj.) Spéculateur.

affaissement n. m.
Écroulement. *Il y a eu un affaissement de terrain.*
☞ affaissement.

affaisser (s') v. pronom.
S'effondrer. *Les parois se sont affaissées.*
☞ affaisser.

affaler v. tr., pronom.
• **Transitif.** Faire échouer (un bateau).
• **Pronominal.** Se laisser tomber lourdement. *Ils s'étaient affalés sur la banquette.*

affamé, ée adj. et n. m. et f.
• Qui souffre de la faim. *Je suis affamée, mais j'attendrai l'heure du repas. Ces affamés n'ont rien à manger.*
• (Fig.) Avide. *Il est affamé de pouvoir.*

affamer v. tr.
Priver de nourriture.

affect n. m.
☞ Les lettres *ct* se prononcent [afɛkt].
État affectif élémentaire. *Un affect inadéquat.*

affectation n. f.
• Destination à un usage spécifique. *Affectation d'une somme à une dépense.*
• Désignation à une fonction, à un poste. *L'affectation de cette personne à ce poste est provisoire.*
• Manque de naturel.
☞— Ne pas confondre avec le nom *affection*, sentiment, attachement.

affecté, ée adj.
Qui n'est pas naturel. *Un ton affecté.*

affecter v. tr., pronom.
• **Transitif**
- Nommer, destiner à un usage particulier. *Ces nouveaux employés seront affectés à la gestion des approvisionnements.*
- Feindre. *Elle affecte l'étonnement.*
- Toucher. *Ce départ l'a beaucoup affecté.*
• **Pronominal**
Souffrir de. *Il s'affectait de son indifférence.*
☞— Le verbe s'emploie avec *de* ou *de ce que.*

affectif, ive adj.
Qui concerne les sentiments.
☞— Ne pas confondre avec l'adjectif *affectueux*, tendre, qui témoigne de l'affection.

affection n. f.
• Attachement.
☞— Ne pas confondre avec le nom *affectation*, manque de naturel.
• Maladie.
☞— Ne pas confondre avec le nom *infection*, contamination par des microbes. *Le cancer est une grave affection, mais ne constitue pas une infection.*

affectionner v. tr.
Aimer avec affection quelqu'un, s'intéresser ardemment à quelque chose. *Il affectionne la musique. Elle affectionne ses parents.*

affectivité n. f.
Ensemble des phénomènes affectifs.

affectueusement adv.
De façon affectueuse.

affectueux, euse adj.
Tendre.
☞ affectueux.

afférent, ente adj.
• (Dr.) Qui revient à. *La part afférente à un héritier.*
• (Dr.) Qui se rattache à. *Les addenda afférents à ce contrat doivent être étudiés. Vous trouverez ci-joints le contrat et les documents y afférents.*
☞— La construction avec *y* est archaïque et ne s'emploie plus que dans la langue juridique ou administrative.
☞— L'adjectif verbal s'accorde en genre et en nombre avec le nom auquel il se rapporte.

affermage n. m.
Location d'un bien rural.

affermer v. tr.
Donner un bien rural en location.

affermir v. tr.
• Rendre plus ferme.
• (Fig.) Consolider.

affermissement n. m.
Action d'affermir; son résultat.

afféterie ou **affèterie** n. f.
(Litt.) Affectation.

affichage n. m.
• Action d'afficher; son résultat. *L'affichage doit être en français.*
• Visualisation de données. *Affichage numérique.*

affiche n. f.
Avis officiel, publicitaire, etc. placardé dans un lieu public.
☞ Ce nom remplace avantageusement le mot anglais «poster».

afficher v. tr., pronom.
• **Transitif**
- Apposer une affiche.
- Annoncer au moyen d'affiches.
- (Fig.) Montrer avec ostentation. *Il affiche le plus grand désintéressement.*
• **Pronominal**
Se montrer en public avec quelqu'un. *Ils se sont affichés avec arrogance.*

affichiste n. m. et f.
Dessinateur d'affiches.

affidavit n. m.
👄 Le *t* se prononce [afidavit].
Déclaration relative à des valeurs mobilières étrangères. *Des affidavits.*

*affidavit
Anglicisme au sens de *déclaration sous serment.*

affidé, ée adj. et n. m. et f.
(Péj.) Acolyte.

affilage n. m.
Action d'affiler. *L'affilage des couteaux et des ciseaux.*

affilée (d') loc. adv.
Sans interruption. *Elle a travaillé pendant trois heures d'affilée.*

affiler v. tr.
Aiguiser un instrument tranchant. *Une lame bien affilée.*
☞ Ne pas confondre avec le verbe *effiler,* défaire fil à fil.

affiliation n. f.
Action d'affilier; son résultat.

affilier v. tr., pronom.
Redoublement du *i* à la première et à la deuxième personne du pluriel de l'indicatif imparfait et du subjonctif présent. *(Que) nous affiliions, (que) vous affiliiez.*
• **Transitif.** Admettre dans une association.
• **Pronominal.** Adhérer à une association.
☞ Le verbe se construit avec la préposition *à.*

affinage n. m.
Action d'affiner.

affinement n. m.
Fait de s'affiner.

affiner v. tr., pronom.
• **Transitif.** Rendre plus fin, plus pur. *Affiner de l'or.*
• **Pronominal.** Devenir plus fin. *Son visage s'est affiné.*

affinité n. f.
Rapport de conformité, de parenté, d'harmonie. *Il y a beaucoup d'affinités entre ces deux personnes.*

affirmatif, ive adj. et adv.
• **Adjectif.** Qui exprime une affirmation. *Une phrase affirmative.*
• **Adverbe.** Oui, dans la langue des militaires, des pilotes. *L'objectif est-il en vue? Affirmatif.*
Ant. **négatif.**

affirmation n. f.
Action d'affirmer. *L'affirmation d'un droit.*
Ant. **négation.**

affirmativement adv.
De façon affirmative. *Répondre affirmativement.*

affirmer v. tr., pronom.
• **Transitif.** Déclarer, assurer qu'une chose est vraie. *Il affirme qu'il a vu l'assassin.*
Ant. **nier.**
• **Pronominal.** Se définir. *Elle s'affirme comme une architecte novatrice.*

affixe n. m.
(Ling.) Élément qui s'ajoute à un mot pour en modifier le sens. *Les préfixes, les suffixes sont des affixes.*

affleurement n. m.
Action de mettre au niveau.

affleurer v. tr., intr.
• **Transitif.** Arriver à toucher. *La mer affleure le mur de pierre.*
☞ Ne pas confondre avec le verbe *effleurer,* toucher à peine.
• **Intransitif.** Apparaître à la surface. *Des récifs qui affleurent.*

afflictif, ive adj.
(Dr.) Qui frappe directement le criminel. *Peine afflictive.*

affliction n. f.
(Litt.) Peine profonde.
☞ Ne pas confondre avec les noms suivants :
- *chagrin,* tristesse;
- *consternation,* grande douleur morale;
- *douleur,* souffrance physique ou morale;
- *peine,* douleur morale;
- *prostration,* abattement causé par la douleur.

affligeant, ante adj.
Qui cause de la peine, pénible. *Une situation affligeante.*
☞ affligeant.

affliger v. tr., pronom.
Le *g* est suivi d'un *e* devant les lettres *a* et *o*. *Il affligea, nous affligeons.*
• **Transitif.** Attrister, désoler. *Sa disparition afflige tous ses proches.*

• **Pronominal.** Éprouver une peine profonde. *Nous nous affligeons de le savoir blessé. Je m'afflige que vous soyez si souvent malade.*
☞— 1° Le verbe se construit avec *de* suivi de l'infinitif ou avec *que* suivi du subjonctif.
2° La construction avec *de ce que* est à éviter.

affluence n. f.
Foule. *Éviter les heures d'affluence pour prendre le métro.*
☞ afflu**ence**.

affluent adj. et n. m.
Cours d'eau qui se jette dans un autre.
☞— Ne pas confondre avec le participe présent invariable *affluant. Les demandes affluant, nous ne suffirons pas à la tâche.*
☞ afflu**ent**.

affluer v. intr.
• Couler en abondance vers. *Le sang afflue au cerveau.*
• Arriver en grand nombre en un lieu. *Les touristes affluent en été.*

afflux n. m.
☞ Le *x* ne se prononce pas [afly].
• Fait d'affluer.
• Arrivée massive. *Un afflux de touristes, de personnes.*
☞ afflu**x.**

affolant, ante adj.
Qui est de nature à faire perdre son sang-froid.
☞ affol**ant**.

affolement n. m.
Fait de s'affoler.
☞ affol**ement**.

affoler v. tr., pronom.
• **Transitif.** Bouleverser.
• **Pronominal.** Perdre son sang-froid. *Elle s'est affolée quand on lui a annoncé la nouvelle.*

affranchi, ie adj. et n. m. et f.
• (Hist.) Libéré de la servitude. *Une esclave affranchie.*
• Libéré de tout préjugé.

affranchir v. tr., pronom.
• **Transitif**
- Rendre libre. *Le gouvernement a affranchi tous les esclaves.*
- Timbrer un envoi postal. *Affranchir une lettre.*
• **Pronominal**
Se libérer. *Elles se sont affranchies de son autorité.*

affranchissement n. m.
• Émancipation. *L'affranchissement des esclaves.*
• Paiement préalable du transport au moyen de timbres-poste. *L'affranchissement d'une lettre.*

affres n. f. pl.
(Litt.) Angoisses, tortures morales. *Les affres de l'inquiétude.*

affrètement n. m.
Louage d'un navire, d'un avion.
☞ affrèt**ement**.

affréter v. tr.
Le *é* se change en *è* devant une syllabe muette, sauf à l'indicatif futur et au conditionnel présent. *J'affrète*, mais *j'affréterai.*
Louer (un navire, un avion).
☞— Pour un avion, on emploie aussi *noliser.*

affréteur n. m.
Personne qui affrète (un navire, un avion).

affreusement adv.
• D'une manière affreuse.
• Extrêmement. *Des produits affreusement chers.*

affreux, euse adj.
• Horrible. *Un crime affreux.*
• Détestable. *Un film affreux.*
☞ affreu**x**.

affriolant, ante adj.
Qui excite le désir. *Des dessous affriolants.*

affrioler v. tr.
• Attirer.
• Exciter le désir de.
☞— L'étymologie de ce verbe est amusante : de l'ancien verbe du XIVᵉ siècle *frioler* signifiant «faire griller d'envie».

affront n. m.
Injure, outrage. *Ce refus constitue un affront.*

affrontement n. m.
Opposition violente de deux ou plusieurs adversaires.
☞— Ne pas confondre avec le nom *confrontation,* action de mettre en présence des personnes pour comparer leurs témoignages.

affronter v. tr., pronom.
• **Transitif.** S'exposer résolument à. *Affronter le danger.*
• **Pronominal.** S'opposer, se combattre. *Les équipes se sont affrontées et les Canadiens ont gagné.*

affubler v. tr., pronom.
• **Transitif.** Accoutrer. *Anne voulait affubler sa petite sœur d'un chapeau à plumes.*
• **Pronominal.** Se vêtir d'une manière ridicule. *Ils se sont affublés de manteaux trop grands.*

affût n. m.
• Endroit où l'on se cache pour guetter le gibier.
• *Être à l'affût.* Être aux aguets, attendre le moment favorable.
☞ affû**t**.

affûtage n. m.
Action d'affûter; son résultat.
☞ affû**tage**.

affûter v. tr.
Aiguiser un outil tranchant. *Affûter des couteaux.*
☞ affû**ter**.

afghan, ane adj. et n. m. et f.
De l'Afghanistan. *Une coutume afghane. Un Afghan, une Afghane.*
☞— L'adjectif s'écrit avec une minuscule; le nom, avec une majuscule.
☞ afgh**an**.

afghani n. m.
Unité monétaire de l'Afghanistan. *Des afghanis.*
V. Tableau - **SYMBOLES DES UNITÉS MONÉTAIRES.**

aficionado n. m.
• Mot espagnol signifiant «amateur de corridas». *Des aficionados.*
• (Par ext.) Amateur passionné.

afin de loc. prép.
En vue de. *Elle m'a appelé afin de m'informer de sa venue.*
☞ Cette locution prépositive se construit avec l'infinitif.

afin que loc. conj.
Pour que. *Nous avons choisi ce quartier afin que les enfants puissent aller au collège à pied.*
☞ Cette locution conjonctive se construit avec le subjonctif.

AFNOR
Sigle de *Association française de normalisation.*

a fortiori loc. adv.
👄 Le *t* se prononce *s* [afɔrsjɔri].
Locution latine signifiant «à plus forte raison».
☞ 1° Le *a* s'écrit sans accent grave, la locution conservant la graphie du latin.
2° En typographie soignée, les mots étrangers sont composés en italique. Dans des textes déjà en italique, la notation se fait en romain. Pour les textes manuscrits, on utilisera les guillemets.

AFP
Sigle de *Agence France-Presse.*

africain, aine adj. et n. m. et f.
D'Afrique. *Une musique africaine. Un Africain, une Africaine.*
☞ L'adjectif s'écrit avec une minuscule; le nom, avec une majuscule.

afrikaans n. m.
Langue parlée en Afrique du Sud. *Il parle l'afrikaans.*
☞ Le nom de la langue s'écrit avec une minuscule.

afrikaner ou **afrikaander** adj. et n. m. et f.
Relatif à la culture néerlandaise d'Afrique du Sud. *La culture afrikaner ou afrikaander. Un Afrikaner ou Afrikaander, une Afrikaner ou Afrikaander.*
☞ L'adjectif s'écrit avec une minuscule; le nom, avec une majuscule.

Ag
Symbole de *argent.*

aga
V. **agha.**

agaçant, ante adj.
Irritant. *Ces bruits sont agaçants.*
🖝 agaçant.

agacement n. m.
Irritation nerveuse désagréable.
☞ Ne pas confondre avec *agaceries,* taquineries plutôt agréables.

agacer v. tr.
Le *c* prend une cédille devant les lettres *a* et *o. Il*

agaça, nous agaçons.
Énerver. *Elle m'agaçait avec ses remarques.*

agacerie n. f.
Taquinerie plutôt agréable.
☞ Ce mot s'utilise généralement au pluriel.
☞ Ne pas confondre avec *agacement,* irritation nerveuse désagréable.

agami n. m.
Oiseau d'Amérique du Sud, à plumage noir.

agape n. f.
• Repas en commun des premiers chrétiens.
• (Au plur.) Repas entre amis. *Des agapes somptueuses qui furent de véritables retrouvailles.*

agate n. f.
Roche aux teintes nuancées dont on fait des bijoux, des objets précieux.
☞ Ce mot ne comporte pas de *h* contrairement au prénom *Agathe.*

agave n. m.
Plante mexicaine.

âge n. m.
• Temps écoulé depuis la naissance. *Quel âge avez-vous?*
☞ Dans les textes administratifs et juridiques, l'âge est inscrit en chiffres arabes. *La majorité légale a été fixée à 18 ans.*
• Période de l'histoire. *L'âge d'or.*

âgé, ée adj.
• Qui a un âge déterminé. *Elle est âgée de 18 ans.*
• Vieux. *Il est très âgé.*

agence n. f.
• Entreprise commerciale proposant des services d'intermédiaire. *Agence de voyages, agence de publicité.*
• Organisme administratif. *Une agence gouvernementale.*
• Succursale bancaire.
🖝 agence.

Agence canadienne de développement international
Sigle *ACDI* (s'écrit avec ou sans points).

Agence de coopération culturelle et technique
Sigle *ACCT* (s'écrit avec ou sans points).

Agence France-Presse
Sigle *AFP* (s'écrit avec ou sans points).

Agence internationale de développement
Sigle *AID* (s'écrit avec ou sans points).

Agence internationale de l'énergie atomique
Sigle *AIÉA* (s'écrit avec ou sans points).

agencer v. tr., pronom.
Le *c* prend une cédille devant les lettres *a* et *o. Il agença, nous agençons.*
Disposer selon un ordre défini. *Les élèves agençaient les livres dans la bibliothèque.*

agenda n. m.
👄 Les lettres *en* se prononcent *in* [aʒɛ̃da].

Mot latin signifiant «ce que l'on doit faire» utilisé au sens de «carnet destiné à noter jour par jour ce que l'on doit faire». *Un agenda de poche. Des agendas de bureau.*

*agenda
Anglicisme au sens de *ordre du jour.*

agenouillement n. m.
Fait de s'agenouiller.

agenouiller (s') v. pronom.
Les lettres *ill* sont suivies d'un *i* à la première et à la deuxième personne du pluriel de l'indicatif imparfait et du subjonctif présent. *(Que) nous nous agenouillions, (que) vous vous agenouilliez.*
Se mettre à genoux. *Elle s'est agenouillée longuement.*

agent n. m.
Tout ce qui agit. *Des agents naturels.*

agent n. m.
agente n. f.
Personne chargée d'administrer pour le compte d'autrui. *Un agent immobilier. Un agent d'affaires.*
🖝 Construit absolument, le nom désigne un *agent de police. Monsieur l'agent, où se trouve la rue Lajoie?*

agent de bord n. m. (pl. *agents de bord*)
agente de bord n. f. (pl. *agentes de bord*)
Personne qui, dans un avion, veille au confort des passagers.

agent de change n. m. (pl. *agents de change*)
agente de change n. f. (pl. *agentes de change*)
Personne qui effectue des opérations de change pour le compte de tiers.

agent de voyages n. m. (pl. *agents de voyages*)
agente de voyages n. f. (pl. *agentes de voyages*)
Personne qui exploite une agence de voyages.

aggiornamento n. m.
👄 Le mot se prononce [adʒjɔrnamɛnto] ou [aʒjɔrnamɛnto].
• Mot italien signifiant «adaptation».
• Adaptation à l'évolution du monde actuel, au progrès.

agglomérat n. m.
👄 Le *o* est ouvert [aglɔmera].
Assemblage d'éléments disparates.

agglomération n. f.
👄 Le *o* est ouvert [aglɔmerasjɔ̃].
Concentration d'habitations. *L'agglomération de Montréal* (et non le *grand Montréal, le *Montréal métropolitain).

aggloméré n. m.
👄 Le *o* est ouvert [aglɔmere].
Matériau de construction composé de particules liées. *Des panneaux d'aggloméré.*

agglomérer v. tr., pronom.
Le *é* se change en *è* devant une syllabe muette, sauf à l'indicatif futur et au conditionnel présent. *J'agglomère,* mais *j'agglomérerai.*
• **Transitif.** Réunir des éléments précédemment distincts.

• **Pronominal.** Se réunir en une masse compacte.

agglutinant, ante adj.
Qui réunit en collant.

agglutination n. f.
Action d'agglutiner.

agglutiner v. tr., pronom.
• **Transitif.** Unir.
• **Pronominal.** Se coller.

aggravant, ante adj.
Qui aggrave. *Des circonstances aggravantes.*
Ant. **atténuant.**

aggravation n. f.
Action d'aggraver; fait de s'aggraver.

aggraver v. tr., pronom.
• **Transitif.** Rendre plus grave. *Aggraver une querelle.*
• **Pronominal.** Empirer. *Son état s'est aggravé.*

agha ou **aga** n. m.
Officier de la cour du sultan dans l'ancien Empire ottoman.

agile adj.
Souple, alerte. *Cet alpiniste est très agile.*
⟹ agile.

agilement adv.
Avec agilité.

agilité n. f.
Souplesse, vivacité.

agio n. m. (pl. *agios*)
👄 Le mot se prononce [aʒjo].
Frais financiers (intérêt, commission et charge).

a giorno loc. adj. inv. et loc. adv.
👄 La locution se prononce [adʒɔrno] ou [aʒjɔrno].
Locution italienne signifiant «brillamment éclairé».
🖝 En typographie soignée, les mots étrangers sont composés en italique. Dans des textes déjà en italique, la notation se fait en romain. Pour les textes manuscrits, on utilisera les guillemets.

agiotage n. m.
(Péj.) Spéculation.

agir v. intr., pronom.
• **Intransitif.** Exercer une action. *Elle agit bien envers les défavorisés. Ce médicament agit contre les maux de tête.*
• **Pronominal impersonnel.** Être question de. *De quoi s'agit-il? Il s'agit de partir à temps.*
🖝 Le participe passé de ce verbe est invariable.

agissements n. m. pl.
Procédés condamnables.

agitateur, trice n. m. et f.
Personne qui cherche à provoquer l'agitation.

agitation n. f.
• État de ce qui est agité.
• État de mécontentement d'ordre politique ou social.

agité, ée adj.
Qui manifeste de l'agitation. *Un patient agité.*

agiter v. tr., pronom.
• **Transitif**
- Remuer vivement en tous sens. *Agitez avant de servir.*
- Troubler.
• **Pronominal**
Être en mouvement, s'exciter. *Ne vous agitez pas trop les enfants, vous allez réveiller le bébé.*

agneau n. m. (pl. *agneaux*)
Petit de la brebis. *Un agneau et une agnelle.*

agnelage n. m.
Mise bas, chez la brebis.

agnelée n. f.
Ensemble des agneaux d'une portée.

agneler v. intr.
Redoublement du *l* devant un *e* muet. *Elle agnelle, elle agnellera,* mais *elle agnelait.*
Mettre bas (en parlant de la brebis).

agnelet n. m.
Petit agneau.

agnelle n. f.
Petit femelle de la brebis. *Une agnelle et un agneau.*

agnosticisme n. m.
Les lettres *g* et *n* se prononcent séparément [agnɔstisism].
Doctrine philosophique qui nie la valeur de toute métaphysique.

agnostique adj. et n. m. et f.
Les lettres *g* et *n* se prononcent séparément [agnɔstik].
Qui refuse la métaphysique.

agnus Dei n. m. inv.
Les lettres *gn* se prononcent distinctement [agnysdei].
• Prière de la messe.
En ce sens, le nom s'écrit *Agnus Dei* ou *agnus Dei.*
• Médaillon portant l'image de l'Agneau mystique.
En ce sens, le nom s'écrit *agnus-Dei* ou *agnus-dei.*

à gogo
V. **gogo.**

agonie n. f.
• Moment précédant immédiatement la mort.
• (Fig.) Déclin.

agonir v. tr.
Ne s'emploie qu'à l'infinitif, aux temps composés (*j'ai agoni, j'avais agoni...*) et au singulier de l'indicatif présent (*j'agonis, tu agonis, il agonit*).
(Litt.) Accabler. *Il les a agonis d'injures, de bêtises.*
Ne pas confondre avec le verbe *agoniser,* être sur le point de mourir.

agonisant, ante adj. et n. m. et f.
Qui est à l'agonie. *Des personnes agonisantes.*

agoniser v. intr.
Être sur le point de mourir.
Ne pas confondre avec le verbe *agonir,* accabler.

agora n. f.
• Place publique de la Grèce antique.
• Espace piétonnier. *L'agora de Québec.*

agoraphobe adj. et n. m. et f.
Qui souffre d'agoraphobie.

agoraphobie n. f.
Phobie des lieux publics (et non des foules).

agrafage n. m.
Action d'agrafer; son résultat.
agrafage.

agrafe n. f.
• Attache formée d'un crochet qu'on passe dans un anneau, une bride. *Les agrafes d'une jupe.*
• Pièce recourbée servant à attacher ensemble des papiers, des objets. *Des agrafes de bureau.*
agrafe.

agrafer v. tr.
Fixer avec des agrafes. *Elle n'arrive pas à agrafer son corsage.*
agrafer.
Ant. **dégrafer.**

agrafeuse n. f.
Petit appareil servant à agrafer, entre autres, des feuilles de papier. *Veuillez rassembler ces feuilles avec une agrafeuse* (et non avec une **brocheuse*).
agrafeuse.

agraire adj.
Qui concerne les terres, l'agriculture. *La réforme agraire.*
agraire.

agrammatical, ale, aux adj.
Non conforme aux règles de la grammaire.

agrandir v. tr., pronom.
• **Transitif.** Rendre plus grand, accroître. *On a agrandi l'école.*
• **Pronominal.** Devenir plus grand, s'étendre. *La ville s'est agrandie.*

agrandissement n. m.
• Action d'agrandir.
• Résultat de cette action.

agréable adj.
Qui fait plaisir, attrayant. *La promenade a été très agréable.*

agréablement adv.
De façon agréable.

agréé, ée adj.
• Admis. *Fournisseur agréé de la Cour d'Angleterre.*
• Officiellement reconnu. *Une clinique agréée.*

agréer v. tr.
• **Transitif direct.** Accepter. *Sa demande a été agréée. Veuillez agréer, Monsieur, l'expression de mes sentiments distingués.*
• **Transitif indirect.** (Litt.) Convenir, plaire. *La proposition agrée à tous.*
En ce sens, le verbe se construit avec la préposition *à.*

agrégat n. m.
Assemblage d'éléments.
☞ agréga**t**.

agrégation n. f.
• Action d'assembler en un tout homogène.
• Nomination d'un professeur au rang d'agrégé dans une université.

agrégé, ée adj. et n. m. et f.
Personne reçue à l'agrégation. *Professeur agrégé.*

agrément n. m.
• Fait d'agréer. *Sa thèse a reçu l'agrément de son professeur*
• Au Québec, approbation ou reconnaissance officielle donnée par le ministre des Affaires sociales aux organismes dont il est responsable. (Recomm. off. OLF) *Recevoir l'agrément* (et non l'*accréditation) du ministre.*
• Attrait. *Les agréments des vacances.*
• *D'agrément.* Destiné au seul plaisir. *Un voyage d'agrément.*

agrémenter v. tr.
Rendre plus agréable. *Pour agrémenter ce repas, voici un beau gâteau au chocolat.*

agrès n. m. pl.
• (Vx) Gréement d'un navire.
• Appareil de gymnastique.
☞ Au sens de *attirail de pêche,* ce nom est vieilli.

agresser v. tr.
• Assaillir, attaquer. *Ils ont agressé le commis.*
• *Être, se sentir agressé.* Être l'objet d'une menace, d'une attaque.

agresseur n. m.
Qui commet une agression.

agressif adj.
Violent.

***agressif**
Anglicisme au sens de **dynamique, énergique, combatif.**

agression n. f.
Attaque brutale.

agressivement adv.
De façon agressive.

agressivité n. f.
Violence.

agreste adj.
(Litt.) Champêtre.

agricole adj.
Qui est relatif à l'agriculture. *Les travaux agricoles.*

agriculteur n. m.
agricultrice n. f.
Personne qui dirige des travaux agricoles à une échelle relativement importante. *Les nouveaux agriculteurs sont des gestionnaires expérimentés.*
☞ En raison des nouvelles techniques agricoles, le nom **agriculteur** tend à remplacer celui de **cultivateur** qui désigne la personne qui cultive elle-même

une terre. Ne pas confondre avec le nom **agronome,** celui qui enseigne l'art de l'agriculture.

agriculture n. f.
Art de cultiver la terre.

☞ L'agriculture comporte aujourd'hui de nombreuses spécialités dont :
- l'*acériculture,* exploitation d'une érablière;
- l'*apiculture,* élevage des abeilles;
- l'*arboriculture,* culture des arbres fruitiers;
- l'*aviculture,* élevage des oiseaux, des volailles;
- l'*horticulture,* culture des jardins, des fleurs;
- le *maraîchage,* culture des légumes;
- la *pomiculture* (ou *pomoculture*), culture des arbres donnant des fruits à pépins, surtout des pommiers;
- la *sériciculture,* élevage des vers à soie;
- la *sylviculture,* exploitation des forêts;
- la *viticulture,* culture de la vigne et de la production du vin.

agripper v. tr., pronom.
• **Transitif.** Saisir violemment avec les doigts. *Il agrippa son manteau et partit en courant.*
• **Pronominal.** S'accrocher à. *Ils se sont agrippés au câble de secours.*
☞ Ne pas confondre avec les verbes suivants :
- *attraper,* prendre comme dans un piège, au passage;
- *gober,* avaler sans mâcher;
- *happer,* saisir brusquement, attraper avidement avec la gueule.

agro- préf.
• Élément d'origine grecque signifiant «champ».
• Les noms composés avec le préfixe *agro-* s'écrivent sans trait d'union. *Agrochimie. Agroalimentaire.*

agroalimentaire adj. et n. m.
Se dit de l'industrie des produits agricoles destinés à l'alimentation.

agronome n. m. et f.
👄 Les *o* sont ouverts [agrɔnɔm].
Spécialiste de l'agronomie.
V. **agriculteur.**

agronomie n. f.
👄 Les *o* sont ouverts [agrɔnɔmi].
Science de l'agriculture.

agronomique adj.
Relatif à l'agronomie.

agrume n. m.
Les agrumes. Nom collectif désignant les oranges, les citrons, les mandarines, les pamplemousses, etc. *La culture des agrumes.*
☞ Attention au genre masculin de ce nom : *un* agrume.

aguerrir v. tr., pronom.
• **Transitif.** Entraîner (à quelque chose de pénible). *Des marcheurs aguerris.*
• **Pronominal.** S'endurcir. *Elle s'est aguerrie à, contre la solitude.*

☞ Le verbe pronominal se construit avec les prépositions *à* ou *contre.*

aguets (aux) loc. adv.
Sur ses gardes. *Soyez vigilants et tenez-vous aux aguets.*
☞ Ce mot s'emploie surtout dans les locutions *être, se tenir, se mettre aux aguets.*

aguichant, ante adj.
Provocant.

aguiche n. f.
Accroche publicitaire.

aguicher v. tr.
(Péj.) Exciter, provoquer.

aguicheur, euse adj.
Qui aguiche.

Ah
Symbole de *ampère-heure.*

ah! interj. et n. m. inv.
• **Interjection.** Exclamation servant à marquer la joie, la douleur, l'admiration, le rire, etc. *Ah! que c'est gentil d'être venu! Ah! vous me faites mal! Ah! que c'est bon!*
☞ L'interjection *ha!* dans sa forme redoublée ne marque plus que le rire.
• **Nom masculin invariable.** *Ils poussaient des ah! et des oh! émerveillés.*
☞ L'interjection et le nom sont toujours suivis d'un point d'exclamation.

ahan n. m.
(Vx) Respiration bruyante causée par l'effort.

ahaner v. intr.
(Vx) Peiner sous l'effort.

à huis clos
V. **huis clos.**

ahuri, ie adj.
Ébahi, abasourdi.

ahurir v. tr.
Troubler, faire perdre la tête.

ahurissant, ante adj.
Incroyable, stupéfiant. *Des résultats ahurissants.*

ahurissement n. m.
Stupéfaction.

AI
Sigle de *Amnesty International.*
☞ Cette appellation n'a pas de traduction officielle en français; cependant au Québec, l'appellation *Amnistie internationale* est en usage.

AID
Sigle de *Agence internationale de développement.*

aide n. f.
• Appui, assistance. *Nous avons besoin de votre aide.*
• *À l'aide de,* locution prépositive. Grâce à.

aide n. m. et f.
Personne qui seconde quelqu'un dans une fonction.

• *Aide +* nom de métier. Le nom *aide* est joint par un trait d'union à un nom de métier. *Un aide-plombier, une aide-comptable, des aides-électriciens* (et non un *assistant-plombier, une *assistante-comptable).
• *Aide +* adjectif. Le nom *aide* joint à un adjectif n'est pas suivi d'un trait d'union. *Une aide familiale, des aides maternelles.*
☞ Le nom *aide* s'emploie surtout pour des tâches d'exécution, pour un travail matériel, alors que le nom *adjoint* s'utilise généralement pour des fonctions de nature administrative.
V. **adjoint.**

aide-mémoire n. m. inv. (pl. *aide-mémoire*)
Résumé. *Des aide-mémoire utiles.*
☞ Dans ce nom composé, *aide* est invariable parce qu'il s'agit du verbe.

aider v. tr., pronom.
• **Transitif direct**
Assister, seconder. *Elle l'a beaucoup aidé par ses conseils.*
• **Transitif indirect**
Contribuer. *Ces fonds aideront à la recherche scientifique.*
☞ Le verbe se construit avec la préposition *à.*
• **Pronominal**
- S'entraider. *Ils se sont aidés les uns les autres.*
- Se servir de. *Il s'aidait d'un bâton pour marcher.*

aide sociale n. f.
Ensemble des allocations ou aides en nature ou en espèces accordées à titre gratuit aux personnes dont les ressources sont insuffisantes. (Recomm. off. OLF) *Recevoir de l'aide sociale* (et non le *bien-être social).

aïe! interj.
👄 Se prononce comme *ail* [aj].
Interjection qui exprime la douleur, un souci, etc.
Hom. *ail,* plante potagère.

aïeul, eule n. m. et f. (pl. *aïeuls* ou *aïeux*)
Grand-père, grand-mère.

• **Pluriel du nom masculin.** Au pluriel, deux formes différentes : des *aïeuls* pour désigner des grands-pères, des *aïeux* pour désigner des ancêtres masculins.
• **Pluriel du nom féminin.** Au pluriel, une seule forme : des *aïeules* pour désigner des **grand-mères** ou des **ancêtres féminines.**
☞ 1° Par rapport au nom **ancêtre**, *aïeul* est plus littéraire, parfois ironique. *Mes aïeux!*
   2° Bisaïeul, bisaïeule (arrière-grand-père, arrière-grand-mère). *Des bisaïeuls. Des bisaïeules.*
   3° Trisaïeul, trisaïeule (arrière-arrière-grand-père et arrière-arrière-grand-mère).
   4° Au-delà de ces générations, on dira *quatrième aïeul, cinquième aïeul*, etc.

aigle n. m. et f.
• **Nom masculin**

- Oiseau de proie mâle. *L'aigle à tête chauve.*
- (Fig. et fam.) Esprit supérieur. *Ce n'est pas un aigle.*
• **Nom féminin**
- Oiseau de proie femelle. *Une aigle immense et ses petits.*
- Figure héraldique. *Une belle aigle bicéphale.*

aiglefin
V. **églefin.**

aiglon, onne n. m. et f.
Petit de l'aigle.

aigre adj.
Acide. *Ce vin est aigre.*
⌦— Ne pas confondre avec les mots suivants :
- *âcre,* irritant;
- *âpre,* rude, qui a une saveur amère.

aigre-doux, -douce adj.
• Dont la saveur est à la fois acide et sucrée. *Une soupe aigre-douce.*
• (Fig.) Désagréable en dépit de la douceur apparente. *Des réflexions aigres-douces.*

aigrefin n. m.
Escroc.
⌦— Ne pas confondre avec le nom *aiglefin,* poisson de mer.

aigrelet, ette adj.
Légèrement aigre.

aigrement adv.
Avec aigreur.

aigrette n. f.
Ornement de plumes.

aigreur n. f.
• Caractère de ce qui est aigre.
• (Au plur.) Sensations désagréables causées par une mauvaise digestion.

aigrir v. tr., intr., pronom.
• **Transitif**
- Rendre aigre. *Le temps a aigri ce vin.*
- (Fig.) Rendre amer. *Les malheurs l'ont aigri.*
• **Intransitif**
Devenir aigre. *Le vin a aigri.*
• **Pronominal**
- Devenir aigre. *Le vin s'est aigri.*
- (Fig.) Devenir irritable. *En vieillissant, ils se sont aigris.*

aigu n. m.
👄 Les lettres *ai* se prononcent *é* [egy].
Son aigu. *Des aigus.*

aigu, uë adj.
👄 Les lettres *ai* se prononcent *é* [egy].
• Effilé. *Une lame aiguë.*
• Haut. *Un son aigu.*
• Violent. *Des crises aiguës.*
▭▷ aiguë, au féminin.

aigue-marine adj. inv. et n. f.
• **Nom féminin.** Pierre fine de teinte bleu-vert. *Des aigues-marines.*
• **Adjectif de couleur invariable.** De la couleur bleu-vert de l'aigue-marine. *Des lainages aigue-marine.*

aiguière n. f.
👄 Les lettres *ai* se prononcent *è* [ɛgjɛr].
(Ancienn.) Vase à pied muni d'un bec.
▭▷ aiguière.

aiguillage n. m.
👄 Les lettres *ai* se prononcent *é* [eguijaʒ].
Déplacement des aiguilles de chemin de fer. *Une erreur d'aiguillage.*

aiguille n. f.
👄 Les lettres *ai* se prononcent *é* [eguij].
Petite tige d'acier dont une extrémité est pointue. *Le chas d'une aiguille.*

aiguillée n. f.
Longueur de fil enfilée sur une aiguille.

aiguiller v. tr.
Les lettres *ill* sont suivies d'un *i* à la première et à la deuxième personne du pluriel de l'indicatif imparfait et du subjonctif présent. *(Que) nous aiguillions, (que) vous aiguilliez.*
👄 Les lettres *ai* se prononcent *é* [eguije].
• Diriger en manœuvrant un aiguillage.
• (Fig.) Orienter dans une direction déterminée.

aiguillette n. f.
• (Ancienn.) Cordon ferré aux deux bouts.
• (Cuis.) Tranche de chair coupée en long. *Des aiguillettes de canard.*

aiguilleur n. m.
aiguilleuse n. f.
• Agent de chemin de fer.
• Contrôleur de la navigation aérienne. *Les aiguilleurs du ciel.*

aiguillon n. m.
• Dard de certains insectes. *L'aiguillon de l'abeille.*
• (Litt.) Stimulant.

aiguillonner v. tr.
Stimuler.

aiguisage n. m.
Action d'aiguiser; son résultat.

aiguiser v. tr.
Rendre tranchant ou pointu (le métal). *Elle a aiguisé ses ciseaux.*
⌦— On *aiguise* le métal, mais on *taille* le bois.

aiguisoir n. m.
Outil qui sert à aiguiser (le métal).

*aiguisoir
Au sens de *taille-crayon,* ce nom est vieilli.

aïkido n. m.
Mot japonais signifiant «voix de la paix» qui désigne un art martial.

ail, ails ou **aulx** n. m.
Plante potagère. *Des gousses d'ail.*
⌦— Le pluriel *aulx* est vieilli.
Hom. *aïe!,* interjection qui exprime la douleur.

aile n. f.
• Partie du corps de certains animaux qui sert à voler. *Les ailes de l'hirondelle.*

- **Battre de l'aile, tirer de l'aile.** Être mal en point.
- **Battement d'aile.** Dans cette expression, les auteurs écrivent généralement le mot **aile** au singulier. *Un battement d'aile,* mais *des battements d'ailes.*
- **Voler à tire-d'aile,** locution adverbiale. Voler aussi rapidement qu'il est possible.

☞ La locution s'écrit avec un trait d'union et le mot **aile** reste au singulier.

• Partie latérale. *L'aile droite d'un immeuble. Les ailes du nez.*

ailé, ée adj.
Pourvu d'ailes. *La chauve-souris est ailée.*
Hom. **héler,** appeler de loin.

aileron n. m.
• Extrémité de l'aile.
• Nageoire. *Des ailerons de requin.*

ailette n. f.
Objet qui a la forme d'une petite aile. *Une bombe à ailettes.*

ailier n. m.
Joueur de football ou de hockey situé soit à l'extrême droite, soit à l'extrême gauche. *Un ailier droit.*
☞ ailie**r**.

aillade n. f.
Croûton de pain frotté d'ail.

-aille(s) suff.
• **Singulier.** Ce suffixe a une valeur généralement péjorative, un sens défavorable. *Mangeaille. Marmaille.*
• **Pluriel.** S'emploie surtout dans des mots qui n'ont pas de singulier. *Fiançailles. Retrouvailles.*

ailler v. tr.
Frotter d'ail.

-ailler suff.
Ce suffixe a une valeur péjorative, un sens défavorable. *Criailler.*

ailleurs adv.
• En un autre lieu. *Allez faire du bruit ailleurs!*
• **D'ailleurs,** locution adverbiale. Introduit une nuance, une restriction. *Certaines affirmations, justes d'ailleurs, nous touchent peu.*
• **Par ailleurs,** locution adverbiale. D'un autre côté, d'un autre point de vue. *Ce texte, par ailleurs bien documenté, n'est pas très concluant.*
Ant. **ici.**
☞ ailleur**s**.

ailloli
V. **aïoli.**

aimable adj.
Qui est de nature à plaire, affable. *Vous êtes très aimable de nous inviter.*

aimablement adv.
Avec amabilité.

aimant n. m.
Corps qui attire naturellement le fer et certains autres métaux.

aimant, ante adj.
Qui aime et témoigne son affection. *Des enfants aimants.*

☞ Ne pas confondre avec le participe présent invariable **aimant.** *Les enfants aimant les sucreries sont nombreux.*

aimantation n. f.
Action d'aimanter; son résultat.

aimanter v. tr.
Communiquer à un corps la propriété de l'aimant.

aimer v. tr., pronom.
• **Transitif**
- Éprouver de l'affection pour quelqu'un. *Laurence aime son frère.*
- Éprouver pour quelqu'un une inclination très vive. *Il l'aime à la folie.*
- Avoir du goût pour. *Aimer la lecture.*
- **Aimer (à) +** infinitif. *Il aime dessiner. Il aime à se raconter.*
☞ Suivi d'un infinitif, le verbe se construit sans préposition ou avec la préposition **à.**
- **Aimer + que.** *Elle aimerait qu'on la prévienne à temps.*
☞ Après **aimer que,** le verbe se met au subjonctif. La construction **aimer + à ce que** est à éviter.
• **Pronominal**
Éprouver une affection, un amour mutuels. *Ils se sont beaucoup aimés. Aimez-vous les uns les autres.*

aine n. f.
Partie du corps entre le haut de la cuisse et le bas-ventre. *Il a une blessure à l'aine.*
Hom. **haine,** aversion, hostilité.

aîné, ée adj. et n. m. et f.
• Premier-né. *Elle est l'aînée des trois enfants. Son frère aîné.*
• Personne plus âgée qu'une autre. *Je suis son aînée de cinq ans.*
☞ aîn**é**.

aînesse n. f.
Priorité d'âge entre enfants d'une même famille. *Un droit d'aînesse.*
☞ aîness**e**.

ainsi adv.
De cette façon. *Ainsi soit-il.*
☞ Éviter les pléonasmes *ainsi par exemple, *ainsi par conséquent.

ainsi que loc. conj.
Locution qui implique, selon le sens :
• **Un rapport de comparaison.** Le verbe et l'attribut sont au singulier et la comparaison est généralement placée entre virgules. *Paul, ainsi que Pierre, est gentil.*
• **Un rapport de coordination.** Le verbe et l'attribut sont au pluriel. *Paul ainsi que Pierre viendront demain.*

aïoli ou **ailloli** n. m.
Ail pilé avec de l'huile d'olive. *Des aïolis.*

air n. m.
• Mélange gazeux que nous respirons. *Elle manque d'air.*
• **Prendre l'air.** Se promener dehors.
• Expression d'une personne, allure, aspect. *Un air de famille.*
• Mélodie. *Elle fredonnait un air à la mode.*

Hom. :
- *aire,* surface;
- *ère,* époque;
- *hère,* malheureux;
- *hère,* jeune cerf.
☞— Attention au genre masculin de ce nom : *un* air.

air (avoir l') loc. verb.
• Paraître, sembler. *Elle a l'air fatiguée.*
☞— L'adjectif qui suit s'accorde avec le sujet du verbe. S'il s'agit de personnes, l'accord peut se faire aussi avec le nom masculin *air.*
• Avoir l'apparence, l'air, l'allure. *Ces fillettes ont l'air maladif.*
☞— L'adjectif qui suit s'accorde avec le nom masculin *air* si le sujet désigne une personne. Si le sujet du verbe est un nom de choses, l'accord se fait toujours avec le sujet. *Ces pommes ont l'air mûres.*

airain n. m.
(Litt.) Bronze.

air-air adj. inv.
Des missiles air-air.
☞— Les expressions du domaine militaire qui sont composées avec les mots *air, sol, terre* sont invariables.

air conditionné
Atmosphère d'un lieu à laquelle on a donné une certaine température et un certain degré d'humidité, à l'aide d'un climatiseur ou d'un conditionneur d'air. *Un cinéma à air conditionné.*
☞— Une pièce dont l'air est conditionné est dite *climatisée.*
V. climatiser.

*air conditionné (acheter, installer un)
Impropriété au sens de *climatiseur, conditionneur d'air.*

*air d'aller
V. erre d'aller.

aire n.f.
• Surface, territoire. *Aire d'atterrissage, aire de pique-nique.*
Hom. :
- *air,* gaz;
- *ère,* époque;
- *hère,* malheureux;
- *hère,* jeune cerf.
• *Aire de repos.* Syn. halte routière.

airedale n. m.
👄 Ce mot se prononce à l'anglaise [ɛrdɛl].
Variété de chien terrier.

airelle n. f.
Petit arbuste donnant des baies noires ou rouges comestibles.

airer v. intr.
Faire son nid, en parlant des oiseaux de proie.
Hom. *errer,* aller à l'aventure.

air-mer adj. inv.
Des missiles air-mer.
☞— Les expressions du domaine militaire qui sont composées avec les mots *air, sol, terre* sont invariables.

air-sol adj. inv.
Des missiles air-sol.
☞— Les expressions du domaine militaire qui sont composées avec les mots *air, sol, terre* sont invariables.

aisance n. f.
• Naturel, facilité. *Converser avec aisance.*
• Abondance. *Ils vivent dans une certaine aisance.*
• (Vx) *Lieux, cabinets d'aisances.* Latrines.
☞ aisance.

aise adj. et n. f.
• Adjectif
(Litt.) Content. *Elles sont bien aises de pouvoir se reposer un peu.*
☞— Cet adjectif est toujours précédé des adverbes *fort, bien* ou *tout. Être fort aise, être bien aise, se sentir tout aise.*
Ant. mal à l'aise.
• Nom féminin
- Absence de gêne. *Mettez-vous à l'aise.*
- (Au plur.) Bien-être, confort. *Prendre ses aises.*

aisé, ée adj.
• Facile, naturel. *Un calcul aisé à faire.*
• Qui vit dans l'aisance. *Une famille aisée.*

aisément adv.
Facilement.

aisselle n. f.
Cavité située sous l'épaule, à l'endroit où le bras se joint au thorax.

AITA
Sigle de *Association internationale du transport aérien.*

ajouré, ée adj.
Où l'on a ménagé des ouvertures. *Des points de broderie ajourés.*

ajourer v. tr.
Percer d'ouvertures.

ajournement n. m.
Renvoi à une date ultérieure.

ajourner v. tr.
Renvoyer à une date déterminée ou non.
☞— On peut *ajourner* une décision, une réunion, à une date définie, mais on dira *lever la séance* (et non *ajourner la séance) pour déclarer que la réunion est terminée.

ajout n. m.
Élément ajouté à l'original. *Ce texte est plein d'ajouts.*
☞ ajout.

ajouter v. tr., pronom.
• Transitif direct
- Additionner. *Ajouter du sucre.*
- Dire en plus. *N'ajoutez plus rien; j'ai compris.*
- *Ajouter foi,* locution. Croire. *Il ne faut pas ajouter foi à ces racontars.*
☞— L'expression *«ajouter en plus» est un pléonasme.

On *ajoute* une phrase au début ou à la fin d'un texte, mais on *insère* une phrase dans un texte.
• **Transitif indirect**
Augmenter. *Ses soucis financiers ajoutent à sa tristesse.*
☞ Le verbe se construit avec la préposition *à.*
• **Pronominal**
Se joindre à. *À ces frais, s'ajoute le coût des produits.*
☞ Le verbe se construit avec la préposition *à.*

ajustage n. m.
Opération ayant pour objet de donner à une pièce la dimension nécessaire à son ajustement à une autre.
☞ Pour un vêtement, on utilisera plutôt le mot *ajustement.*

ajustement n. m.
• Action d'ajuster. *L'ajustement d'une draperie, d'un vêtement.*
• Le fait d'être ajusté. *L'ajustement de cette jupe est impeccable.*

ajuster v. tr.
• Adapter avec exactitude une chose à une autre. *Le plombier ajuste un tuyau à un robinet.*
• Rendre précis. *Ajuster un moteur.*
• Arranger avec soin. *Ajuster sa coiffure.*

ajusteur n. m.
ajusteuse n. f.
Personne qui procède à l'ajustement de pièces mécaniques.

ajutage n. m.
Dispositif destiné à modifier l'écoulement d'un fluide.

al
Symbole de *année-lumière.*

Al
Symbole de *aluminium.*

al.
Abréviation de *alinéa.*

alacrité n. f.
(Litt.) Allégresse, enjouement.
☞ Ne pas confondre avec le nom *âcreté,* amertume.

alaire adj.
Qui se rapporte aux ailes. *Des plumes alaires.*

alaise ou **alèse** n. f.
Drap imperméable destiné à protéger un matelas.

alambic n. m.
👄 Le *c* se prononce [alãbik].
Appareil servant à la distillation.

alambiqué, ée adj.
Compliqué à l'excès.

alanguir v. tr., pronom.
• **Transitif.** Rendre mou, affaiblir. *Cette chaleur l'alanguissait.*
• **Pronominal.** Perdre de son énergie, devenir languissant. *Elle s'était alanguie.*
☞ alanguir.

alarmant, ante adj.
Qui alarme, inquiète. *Des résultats alarmants.*

alarme n. f.
• Alerte. *Donner l'alarme.*
• *Sonnette d'alarme.* Signal destiné à prévenir d'un danger.
• Vive inquiétude.

alarmer v. tr., pronom.
• **Transitif.** Donner l'alarme.
• **Pronominal.** S'inquiéter vivement. *Ils se sont alarmés vainement.*

alarmiste adj. et n. m. et f.
Qui inquiète à tort. *Des propos alarmistes.*

Alb.
Abréviation de *Alberta.*

albanais, aise adj. et n. m. et f.
• **Adjectif et nom masculin et féminin.** D'Albanie. *Des traditions albanaises. Un Albanais, une Albanaise.*
☞ L'adjectif s'écrit avec une minuscule; le nom, avec une majuscule.
• **Nom masculin.** Langue parlée en Albanie. *Ismaïl parle l'albanais.*
☞ Le nom de la langue s'écrit avec une minuscule.

albâtre n. m.
• Matière minérale blanche. *Un chandelier en albâtre.*
• (Litt.) Blancheur éclatante. *Un teint d'albâtre.*
• Objet en albâtre. *Un albâtre joliment sculpté.*
☞ Attention au genre masculin de ce nom : *un* albâtre.

albatros n. m.
👄 Le *o* est fermé et le *s* se prononce [albatros].
Grand oiseau de mer palmipède.

Alberta n. f.
Abréviation *Alb.* (s'écrit avec un point).

albinisme n. m.
Absence congénitale de pigment dans la peau, les cheveux, les poils, l'iris.

albinos adj. inv. et n. m. et f. inv.
👄 Le *o* est fermé et le *s* se prononce [albinos].
Personne ou animal atteint d'albinisme. *Des lapines albinos.*

album n. m.
• Cahier destiné à recevoir des dessins, des photos, des timbres, etc. *Un vieil album de photos. Des albums à colorier* (et non **colorier*). *Un album* (et non un **scrapbook*) *de collants.*
• Recueil d'illustrations.

albumen n. m.
👄 Le *n* se prononce [albymɛn].
Blanc d'un œuf.

albumine n. f.
Protéine présente dans les organismes animaux.

alcali n. m.
Nom générique des bases. *Des alcalis.*

alcalin, ine adj.
• Relatif aux alcalis. *Une solution alcaline.*
• Qui contient une base.

alcaliniser v. tr.
Rendre alcalin.

alcalinité n. f.
État alcalin.

alcazar n. m.
Palais fortifié des souverains maures d'Espagne. *L'al-cazar de Séville. Des alcazars.*

alchimie n. f.
Science occulte du Moyen Âge.

alcool n. m.
👄 On ne prononce plus qu'un seul *o* [alkɔl].
• Liquide obtenu par distillation.
• Toute boisson comportant de l'alcool. *Un alcool de poire.*

alcoolémie n. f.
👄 On prononce un seul *o* [alkɔlemi].
Présence d'alcool dans le sang.

alcoolique adj. et n. m. et f.
👄 On prononce un seul *o* [alkɔlik].
• **Adjectif**
- Qui contient naturellement de l'alcool. *Le vin, la bière, l'eau-de-vie sont des boissons alcooliques.*
- Qui boit trop d'alcool.
• **Nom masculin et féminin**
Personne atteinte d'alcoolisme.
☞ Ne pas confondre avec l'adjectif *alcoolisé* qui qualifie une boisson additionnée d'alcool.

alcoolisation n. f.
👄 On prononce un seul *o* [alkɔlizasjɔ̃].
Action d'alcooliser; son résultat.

alcoolisé, ée adj.
👄 On prononce un seul *o* [alkɔlize].
Additionné d'alcool. *Le punch est une boisson alcooli-sée à base de rhum.*
☞ Ne pas confondre avec l'adjectif *alcoolique* qui qualifie une boisson qui contient naturellement de l'al-cool.

alcooliser v. tr., pronom.
👄 On prononce un seul *o* [alkɔlize].
• **Transitif.** Ajouter de l'alcool à quelque chose.
• **Pronominal.** Boire avec excès.

alcoolisme n. m.
👄 On prononce un seul *o* [alkɔlism].
Abus de boissons alcooliques; dépendance qui en ré-sulte.

alcoomètre n. m.
👄 On prononce un seul *o* [alkɔmɛtr].
Appareil servant à déterminer la teneur en alcool d'un liquide.

alcootest n. m.
👄 On prononce un seul *o* [alkɔtest].
• Appareil qui sert à déterminer le taux d'alcool dans le sang. *Des alcootests* (et non des *ivressomètres*) *précis.*
• Détermination du taux d'alcool à l'aide d'un alcootest. *Cet automobiliste a refusé de se soumettre à l'alcoo-test.*

alcôve n. f.
Enfoncement dans le mur d'une chambre, destiné à recevoir un lit.

☞ alcôve.

alcyon n. m.
Oiseau de mer mythique, présage de paix.
☞ alcyon.

al dente loc. adj. inv. ou loc. adv.
👄 Le *n* est sonore et le dernier *e* se prononce *é* [aldɛnte].
Locution italienne signifiant «croquant». *Les spaghet-tis doivent être servis al dente.*
☞ En typographie soignée, les mots étrangers sont composés en italique. Dans des textes déjà en italique, la notation se fait en romain. Pour les textes manuscrits, on utilisera les guillemets.

ale n. f.
👄 Le *a* se prononce *è* [ɛl].
Bière anglaise légère.

aléa n. m.
• Mot latin signifiant «coup de dé».
• Hasard favorable ou non. *Les aléas du destin.*
• (Au plur.) Risques d'évènements défavorables.
☞ 1° Ce mot, qui à l'origine n'avait pas de conno-tation bonne ou mauvaise, tend à prendre une valeur péjorative, peut-être en raison de sa ressemblance avec le nom vieilli *aria* qui désigne un ennui, un tra-cas. *Les aléas du métier.*
2° Ce mot d'origine latine est francisé : il s'écrit avec un accent aigu et prend la marque du pluriel. *Des aléas.*

alea jacta est loc.
Locution latine attribuée à Jules César, signifiant «le sort en est jeté».
☞ Cette phrase s'emploie quand on prend une dé-cision grave, après avoir hésité.
☞ alea jacta est.

aléatoire adj.
Lié au hasard.

alémanique adj. et n. m. et f.
Relatif à la Suisse de langue germanique et aux ré-gions de dialecte alémanique.

alène n. f.
Outil de cordonnier.
Hom. :
- *allène,* hydrocarbure;
- *haleine,* souffle.

alentour adv.
Aux environs. *Sur la photo aérienne, on voit la ville et la campagne alentour.*
☞ **alentour**, sans *s*.

alentours n. m. pl.
• Lieux qui entourent un espace. *Les alentours du châ-teau.*
• **Aux alentours de.** Locution prépositive qui indique une approximation de lieu, de temps, de quantité. *Le commerce reprend aux alentours de Pâques.*
☞ La locution *à l'entour de* est vieillie, on dit au-jourd'hui *aux alentours de.*

alerte adj.
Vif et agile (malgré l'âge). *Il est encore très alerte.*

alerte interj. et n. f.
• **Interjection**
Cri d'appel pour signaler un danger. *Alerte! Au voleur!*
• **Nom féminin**
- Signal prévenant d'un danger. *Une fausse alerte. Une alerte à la bombe.*
- ***Être en état d'alerte, en alerte.*** Être sur ses gardes, sur le qui-vive.

alerter v. tr.
Donner l'alerte. *Marc et Julien ont alerté le gardien : quelqu'un est blessé.*

alésage n. m.
Action d'aléser.

alèse
V. **alaise.**

aléser v. tr.
Le *é* se change en *è* devant une syllabe muette, sauf à l'indicatif futur et au conditionnel présent. *J'alèse,* mais *j'aléserai.*
Calibrer avec exactitude les trous dont une pièce métallique est percée.

aléseur n. m.
aléseuse n. f.
Spécialiste de l'alésage.

aléseuse n. f.
Machine-outil servant à l'alésage.

alésoir n. m.
Outil pour aléser.

alevin n. m.
Jeune poisson destiné au repeuplement des eaux.

alevinage n. m.
Pisciculture.

aleviner v. tr.
Peupler d'alevins.

alevinier n. m. ou **alevinière** n. f.
Vivier où l'on produit les alevins.

alexandrin, ine adj. et n. m. et f.
• **Adjectif et nom masculin et féminin.** D'Alexandrie. *La poésie alexandrine. Un Alexandrin, une Alexandrine.*
☞ L'adjectif s'écrit avec une minuscule; le nom, avec une majuscule.
• **Nom masculin.** Vers de douze syllabes. *Ce poème est en alexandrins.*

alezan, ane adj. et n. m.
👄 Le *e* est muet [alzɑ̃, an].
• **Nom masculin.** Cheval alezan. *De magnifiques alezans.*
• **Adjectif de couleur.** Qualifie un cheval de couleur fauve tirant sur le roux.
☞ L'adjectif de couleur simple s'accorde (*des juments alezanes*), par contre, l'adjectif composé est invariable (*des chevaux alezan clair*).
V. Tableau - **COULEUR (ADJECTIFS DE).**

alfa n. m.
Plante herbacée qui sert à la fabrication des paniers, des cordages, etc.
Hom. *alpha,* lettre grecque.

algarade n. f.
Attaque verbale. *De violentes algarades.*
☞ algarade.

algèbre n. f.
Partie des mathématiques qui étudie les structures abstraites. *Une algèbre nouvelle.*
☞ algèbre.

algébrique adj.
Qui appartient à l'algèbre. *Un nombre algébrique.*
☞ algébrique.

algébriquement adv.
De façon algébrique.
☞ algébriquement.

algérien, ienne adj. et n. m. et f.
D'Algérie. *Des villes algériennes. Un Algérien, une Algérienne.*
☞ L'adjectif s'écrit avec une minuscule; le nom, avec une majuscule.

algérois, oise adj. et n. m. et f.
De la ville d'Alger. *Une rue algéroise. Un Algérois, une Algéroise.*
☞ L'adjectif s'écrit avec une minuscule; le nom, avec une majuscule.

-algie suff.
Élément du grec signifiant «douleur». *Névralgie.*

algol n. m.
(Inform.) Langage de programmation.
☞ Le nom résulte de la contraction des mots *Algorithmic oriented language.*

algonquin, ine adj. et n. m. et f.
Relatif aux Amérindiens algonquins. *La culture algonquine, des projets algonquins. Un Algonquin, une Algonquine.*
☞ L'adjectif s'écrit avec une minuscule; le nom, avec une majuscule.

algorithme n. m.
Ensemble de règles définies en vue d'obtenir un résultat déterminé.
☞ algorithme.

algorithmique adj.
De la nature de l'algorithme.
☞ algorithmique.

algue n. f.
Végétal généralement aquatique.

alias adv.
👄 Le *s* se prononce [aljɑs].
Autrement dit. *James Bond, alias 007.*

alibi n.m.
• Mot latin signifiant «ailleurs».
• (Dr.) Preuve que l'on était absent d'un lieu où a été commis un crime ou un délit. *Ils ont tous d'excellents alibis.*
• (Fig.) Prétexte, activité permettant de faire diversion. *Une maladie qui sert d'alibi à sa nonchalance.*

aliénabilité n. f.
Possibilité juridique d'un bien d'être aliéné.

aliénable adj.
Qui peut être aliéné.

aliénataire n. m. et f.
(Dr.) Personne en faveur de qui se fait une aliénation.

aliénateur, trice n. m. et f.
(Dr.) Personne qui aliène un bien.

aliénation n. f.
• (Dr.) Transmission à autrui d'un bien ou d'un droit.
• *Aliénation mentale.* Troubles mentaux.

aliéné n. m. et f.
Personne atteinte de troubles mentaux.

aliéner v. tr., pronom.
Le *é* se change en *è* devant une syllabe muette, sauf à l'indicatif futur et au conditionnel présent. *J'aliène,* mais *j'aliénerai.*
• **Transitif**
- Transférer la propriété d'une chose à autrui. *Aliéner un bien à titre gratuit.*
- (Litt.) Détourner de quelqu'un. *Cette déclaration lui aliéna les appuis qu'il avait.*
• **Pronominal**
Perdre. *S'aliéner le vote des travailleurs.*

aliéniste n. m. et f.
Spécialiste du traitement des aliénés.
☞ Ce nom est vieilli; on emploie aujourd'hui le nom *psychiatre.*

alignement n. m.
• Fait d'aligner. *L'alignement des soldats.*
• Suite de choses alignées. *Un alignement de colonnes.*

*alignement (des roues)
Anglicisme au sens de *parallélisme* (des roues).

aligner v. tr., pronom.
• **Transitif.** Ranger sur une ligne droite. *Les élèves ont aligné les pupitres.*
• **Pronominal.** Se ranger.
☞ On entend souvent à tort *«enligner», qui n'existe pas.

aligoté adj. m. et n. m.
• Cépage à raisins blancs cultivé en Bourgogne.
• Vin provenant de ce cépage. *D'excellents aligotés.*

aliment n. m.
• Nourriture.
• (Au plur.) (Dr.) Moyens d'existence nécessaires à un individu.

alimentaire adj.
• Qui se rapporte à l'alimentation. *Des produits alimentaires.*
• (Dr.) Qui se rapporte aux aliments. *Obligation, pension alimentaire.*
☞ aliment**aire.**

alimentation n. f.
• Action d'alimenter. *Une bonne alimentation.*
• Produits servant à alimenter. *Un magasin d'alimentation.*
• Approvisionnement. *L'alimentation en électricité d'une région.*

alimenter v. tr.
• Nourrir. *Cette cuisinière alimente bien les enfants.*
• Approvisionner. *Alimenter le village en eau potable.*

alinéa n. m.
• Abréviation *al.* (s'écrit avec un point).
• Disposition en retrait, dite en renfoncement, du premier mot d'un paragraphe afin d'en marquer le début. *De nombreux alinéas.*
• Fragment de texte compris entre deux alinéas.
☞ Les textes juridiques se subdivisent généralement en parties, en articles, en paragraphes, en alinéas et en dispositions.

alitement n. m.
• Action de s'aliter.
• Fait d'être alité.

aliter v. tr., pronom.
• **Transitif.** Obliger à se mettre au lit.
• **Pronominal.** Se mettre au lit pour cause de maladie, de fatigue, etc. *Elle s'est alitée parce qu'elle était fiévreuse.*

alizé adj. et n. m.
Vent régulier soufflant de l'est vers l'ouest. *Les alizés.*

alkékenge n. m.
Plante dont le calice, d'une belle teinte orangée, entoure le fruit.
Syn. **coqueret, amour-en-cage.**

allaitement n. m.
Action d'allaiter.
Hom. *halètement,* essoufflement.

allaiter v. tr.
Nourrir de son lait un nouveau-né.

allant, ante adj. et n. m.
• **Adjectif.** (Litt.) Actif.
• **Nom masculin.** Ardeur. *Avoir de l'allant.*

alléchant, ante adj.
Attrayant.

allécher v. tr.
Le *é* se change en *è* devant une syllabe muette, sauf à l'indicatif futur et au conditionnel présent. *J'allèche,* mais *j'allécherai.*
Attirer par les sens, tenter.

allée n. f.
• Chemin bordé d'arbres, de verdure. *Une allée ombragée.*
• *Allées et venues.* Déplacements.
Hom. :
- *aller,* trajet, titre de transport;
- *aller,* se déplacer;
- *haler,* tirer avec force.

allégation n. f.
Affirmation.

allège n. f.
Mur à la partie inférieure de la base d'une fenêtre.

allégeance n. f.
• (Dr.) Obligation de fidélité et d'obéissance à une nation.

• Fidélité à un groupe. *Une allégeance politique.*
▭▻ allég**eance**.

allègement ou **allégement** n. m.
👄 Le premier *e* de ce mot se prononce *è* même lorsqu'il s'écrit avec un accent aigu [alɛʒmɑ̃].
• Action de diminuer une charge.
• (Fig.) Adoucissement.

alléger v. tr.
Le *é* se change en *è* devant une syllabe muette, sauf à l'indicatif futur et au conditionnel présent. *J'allège*, mais *j'allégerai.*
Le *g* est suivi d'un *e* devant les lettres *a* et *o.* *Il allégea, nous allégeons.*
• Rendre plus léger. *Alléger une charge.*
• Rendre plus supportable. *Pour alléger sa peine.*

allégorie n. f.
Personnification.

allégorique adj.
Qui appartient à l'allégorie.

allégoriquement adv.
De façon allégorique.

allègre adj.
Plein d'entrain et de vivacité. *Les enfants marchaient d'un pas allègre.*

allégrement ou **allègrement** adv.
👄 Le premier *e* de ce mot se prononce *è* [alɛɡrəmɑ̃], quelle que soit son orthographe.
De façon allègre.

allégresse n. f.
Joie très vive.

allegretto adv.
Mouvement musical gai et assez vif.
▭▻ En typographie soignée, les mots étrangers sont composés en italique. Dans des textes déjà en italique, la notation se fait en romain. Pour les textes manuscrits, on utilisera les guillemets.

allégretto n. m.
Morceau de musique exécuté *allegretto. Des allégrettos.*

allegro adv.
Mouvement musical exécuté vivement.
▭▻ En typographie soignée, les mots étrangers sont composés en italique. Dans des textes déjà en italique, la notation se fait en romain. Pour les textes manuscrits, on utilisera les guillemets.

allégro n. m.
Morceau de musique exécuté *allegro. Des allégros de Beethoven.*

alléguer v. tr.
Le *é* se change en *è* devant une syllabe muette, sauf à l'indicatif futur et au conditionnel présent. *J'allègue*, mais *j'alléguerai.*
Ce verbe s'écrit toujours avec un *u*, même devant les lettres *a* et *o. Nous alléguons, il allégua.*
Invoquer, prétexter. *Il a allégué qu'il était malade pour justifier son absence.*

alléluia n. m.
👄 Le *u* se prononce *ou* [aleluja].
Chant d'allégresse. *Des alléluias.*

allemand, ande adj. et n. m. et f.
• **Adjectif et nom masculin et féminin.** D'Allemagne. *Le drapeau allemand. Un Allemand, une Allemande.*
▭▻ L'adjectif s'écrit avec une minuscule; le nom, avec une majuscule.
• **Nom masculin.** Langue parlée en Allemagne. *Heidi parle l'allemand.*
▭▻ Le nom de la langue s'écrit avec une minuscule.

allène n. m.
Hydrocarbure.
Hom. :
- **alêne,** outil;
- **haleine,** souffle.

aller v. intr.

Se déplacer en s'éloignant du lieu où l'on se trouve.
▭▻ Ne pas confondre avec le verbe *venir* qui exprime l'idée inverse. *Ce soir, j'irai chez toi. Demain, tu viendras chez moi.*
• **Semi-auxiliaire.** Exprime l'idée de futur proche. *Tu vas manger bientôt.*
• *Aller + à.* Aller sur. *Aller à cheval, à bicyclette, à motocyclette.*
• *Aller + en.* Aller dans. *Aller en voiture, en bateau, en avion.*
• *Aller +* nom de pays
- Suivi d'un nom géographique masculin : *aller + au. Aller au Portugal, aux États-Unis.*
- Suivi d'un nom géographique féminin ou d'un nom masculin singulier commençant par une voyelle : *aller + en. Aller en Italie, en Europe.*
• *Aller + à,* suivi d'un nom de lieu ou de chose. *Aller à la pharmacie.*
▭▻ Devant un nom de profession, un patronyme, on emploiera plutôt *chez.*
• *Aller + chez,* suivi d'un nom de profession, d'un patronyme. *Aller chez le coiffeur* (et non *au coiffeur*). *Allons dîner chez Gauthier.*
• *S'en aller.* Quitter un lieu. *S'en aller de Vaudreuil.*
• *S'en aller.* (Fig.) Disparaître. *Les jours s'en vont, la beauté demeure.*
• *S'en aller* (avec mouvement). *Je m'en vais travailler.*
• *S'en aller* (sans mouvement). (Fam.) *Je m'en vais vous le dire.*
• *Aller +* participe présent. (Vx ou litt.) Exprime une action progressive. *Sa fougue va déclinant.*
▭▻ Cette construction est remplacée aujourd'hui par *en +* gérondif. *Ce parfum qui allait en s'accentuant.*
• *Il y va, il en va.* (Litt.) Être en jeu. *Il y va du succès de l'entreprise.*
• *Aller + sur* (Fam.) Atteindre bientôt (un âge généralement avancé). *Elle va sur ses cent ans.*
• *Va pour.* (Fam.) Accord non enthousiaste. *Va pour l'excursion, mais demain c'est la lecture et la plage.*

V. Tableau - **ALLER (CONJUGAISON DU VERBE).**
V. Tableau - **ALLER, S'EN (CONJUGAISON DU VERBE).**
Hom. :
- *allée,* chemin bordé d'arbres;
- *aller,* trajet, titre de transport;
- *haler,* tirer avec force.

---

aller n. m.
• Trajet. *À l'aller, ils ont suivi la rive nord du fleuve, au retour, la rive sud.*
• Titre de transport. *Elle a pris deux allers pour Québec.*
Hom. :
- *allée,* chemin bordé d'arbres;
- *aller,* se déplacer;
- *haler,* tirer avec force.

*aller en grève
Calque de l'anglais «to go on strike» pour *faire la grève.*

aller et retour ou **aller-retour** adj. inv. et n. m. inv. (pl. *aller et retour, aller-retour*)
Billet double valable pour l'aller et le retour. *Elle a pris deux aller-retour,* ou *deux aller et retour. Il a acheté deux billets d'aller-retour,* mais *faire deux voyages aller et retour.*
🕮← Les expressions **aller et retour** et **aller-retour** sont toujours invariables.

allergène n. m.
Substance provoquant une réaction allergique.

allergie n. f.
• Réaction anormale d'un organisme à un agent extérieur. *Elle fait une allergie à la poussière.*
• (Fig.) Aversion. *Une allergie aux mathématiques.*

allergique adj.
• Relatif à l'allergie. *Une réaction allergique. Elle est allergique aux chats.*
• (Fig.) Réfractaire à quelqu'un, à quelque chose.
Ant. **anallergique.**

allergologie n. f.
Partie de la médecine qui étudie et traite les allergies.

allergologiste ou **allergologue** n. m. et f.
Spécialiste du traitement des allergies.

alliacé, ée adj.
Qui se rapporte à l'ail.

alliage n. m.
Combinaison de métaux. *Un alliage léger à base d'aluminium.*

alliance n. f.
• Pacte entre deux puissances politiques.
• Accord entre des personnes, des groupes. *Ce syndicat a fait une alliance avec l'association.*
• Union par mariage. *Elle est parente avec lui par alliance.*
• Anneau du mariage.

allié, ée adj. et n. m. et f.
Uni par traité, mariage, affinité. *Les pays alliés.*
Ant. **adversaire, ennemi.**

allier v. tr., pronom.
Redoublement du *i* à la première et à la deuxième personne du pluriel de l'indicatif imparfait et du subjonctif présent. *(Que) nous alliions, (que) vous alliiez.*
• **Transitif**
- Combiner, joindre.
- *Allier + à, et. Allier la jeunesse à la beauté. Allier l'or et l'argent.*
🕮← Cette construction s'emploie surtout pour les choses ou les personnes destinées à s'allier.
- *Allier + avec. Allier le fer avec l'or.*
🕮← Cette construction s'emploie surtout pour les choses ou les personnes non destinées à s'allier.
• **Pronominal**
S'unir, s'associer. *Cette société s'est alliée à une entreprise étrangère* ou *avec une entreprise étrangère.*
🕮← À la forme pronominale, le verbe se construit avec les prépositions **à** ou **avec.**

alligator n. m.
Crocodile d'Amérique pouvant atteindre cinq mètres de long.
⇨ **alli**gator.

allitération n. f.
Répétition des mêmes consonnes dans des mots voisins. Exemple d'allitération : *Ton thé t'a-t-il ôté ta toux?*
🕮← L'**assonance** est la répétition des mêmes voyelles.
⇨ **alli**tération.

allo- préf.
Élément du grec signifiant «autre». *Allophone.*

allô! interj.
👄 On ne prononce qu'un seul *l* [alo].
Interjection utilisée dans les communications téléphoniques. *Allô! Comment vas-tu, Martin?*
🕮← L'interjection comporte un accent circonflexe sur le *o* et s'écrit toujours avec un point d'exclamation.
Hom. **halo,** cercle lumineux.
⇨ **all**ô!

allocataire n. m. et f.
Personne qui reçoit une allocation.

allocation n. f.
• Fait d'allouer.
• Prestation individualisée de la collectivité publique. *Allocations familiales. Des allocations de chômage.*
🕮← 1° Ne pas confondre avec le nom *indemnité,* somme accordée en compensation de frais engagés, en réparation d'un préjudice.
2° Ne pas confondre non plus avec le nom *allocution,* discours bref de caractère officiel.

*allocation
Anglicisme au sens de *indemnité.*

allocution n. f.
Discours bref de caractère officiel. *Le président a prononcé une allocution.*
🕮← 1° Ne pas confondre avec les noms suivants :
- *discours,* exposé d'idées d'une certaine longueur;
- *plaidoyer,* discours d'un avocat;
- *sermon, prêche, homélie,* discours d'un prédicateur.

CONJUGAISON DU VERBE **ALLER**

INDICATIF

Présent	*Passé composé*
je vais	je suis allé
tu vas	tu es allé
il va	il est allé
nous allons	nous sommes allés
vous allez	vous êtes allés
ils vont	ils sont allés

Imparfait	*Plus-que-parfait*
j'allais	j'étais allé
tu allais	tu étais allé
il allait	il était allé
nous allions	nous étions allés
vous alliez	vous étiez allés
ils allaient	ils étaient allés

Passé simple	*Passé antérieur*
j'allai	je fus allé
tu allas	tu fus allé
il alla	il fut allé
nous allâmes	nous fûmes allés
vous allâtes	vous fûtes allés
ils allèrent	ils furent allés

Futur simple	*Futur antérieur*
j'irai	je serai allé
tu iras	tu seras allé
il ira	il sera allé
nous irons	nous serons allés
vous irez	vous serez allés
ils iront	ils seront allés

CONDITIONNEL

Présent	*Passé*
j'irais	je serais allé
tu irais	tu serais allé
il irait	il serait allé
nous irions	nous serions allés
vous iriez	vous seriez allés
ils iraient	ils seraient allés

SUBJONCTIF

Présent	*Passé*
que j'aille	que je sois allé
que tu ailles	que tu sois allé
qu'il aille	qu'il soit allé
que nous allions	que nous soyons allés
que vous alliez	que vous soyez allés
qu'ils aillent	qu'ils soient allés

Imparfait	*Plus-que-parfait*
que j'allasse	que je fusse allé
que tu allasses	que tu fusses allé
qu'il allât	qu'il fût allé
que nous allassions	que nous fussions allés
que vous allassiez	que vous fussiez allés
qu'ils allassent	qu'ils fussent allés

IMPÉRATIF

Présent	*Passé*
va	sois allé
allons	soyons allés
allez	soyez allés

PARTICIPE

Présent	*Passé*
allant	allé, ée
	étant allé

INFINITIF

Présent	*Passé*
aller	être allé

CONJUGAISON DU VERBE **S'EN ALLER**

INDICATIF

Présent

je m'en vais
tu t'en vas
il s'en va
ns ns en allons
vs vs en allez
ils s'en vont

Passé composé

je m'en suis allé
tu t'en es allé
il s'en est allé
ns ns en sommes allés
vs vs en êtes allés
ils s'en sont allés

Imparfait

je m'en allais
tu t'en allais
il s'en allait
ns ns en allions
vs vs en alliez
ils s'en allaient

Plus-que-parfait

je m'en étais allé
tu t'en étais allé
il s'en était allé
ns ns en étions allés
vs vs en étiez allés
ils s'en étaient allés

Passé simple

je m'en allai
tu t'en allas
il s'en alla
ns ns en allâmes
vs vs en allâtes
ils s'en allèrent

Passé antérieur

je m'en fus allé
tu t'en fus allé
il s'en fut allé
ns ns en fûmes allés
vs vs en fûtes allés
ils s'en furent allés

Futur simple

je m'en irai
tu t'en iras
il s'en ira
ns ns en irons
vs vs en irez
ils s'en iront

Futur antérieur

je m'en serai allé
tu t'en seras allé
il s'en sera allé
ns ns en serons allés
vs vs en serez allés
ils s'en seront allés

CONDITIONNEL

Présent

je m'en irais
tu t'en irais
il s'en irait
ns ns en irions
vs vs en iriez
ils s'en iraient

Passé

je m'en serais allé
tu t'en serais allé
il s'en serait allé
ns ns en serions allés
vs vs en seriez allés
ils s'en seraient allés

SUBJONCTIF

Présent

que je m'en aille
que tu t'en ailles
qu'il s'en aille
que ns ns en allions
que vs vs en alliez
qu'ils s'en aillent

Passé

que je m'en sois allé
que tu t'en sois allé
qu'il s'en soit allé
que ns ns en soyons allés
que vs vs en soyez allés
qu'ils s'en soient allés

Imparfait

que je m'en allasse
que tu t'en allasses
qu'il s'en allât
que ns ns en allassions
que vs vs en allassiez
qu'ils s'en allassent

Plus-que-parfait

que je m'en fusse allé
que tu t'en fusses allé
qu'il s'en fût allé
que ns ns en fussions allés
que vs vs en fussiez allés
qu'ils s'en fussent allés

IMPÉRATIF

Présent

va-t'en
allons-nous-en
allez-vous-en

PARTICIPE

Présent

s'en allant

Passé

en allé
s'en étant allé, ée

INFINITIF

Présent

s'en aller

Passé

s'en être allé

2° Ne pas confondre non plus avec le nom **allo-cation,** somme d'argent.

allongement n. m.
Action d'augmenter en longueur ou en durée; résultat de cette action. *L'allongement des jours.*

allonger v. tr., intr., pronom.
Le *g* est suivi d'un *e* devant les lettres *a* et *o*. *Il allongea, nous allongeons.*
• **Transitif**
- Rendre plus long. *Pour suivre la mode, faut-il allonger les jupes?*
- Augmenter la durée. *Nous allongeons le congé.*
▭◁— Ne pas confondre avec le verbe **rallonger,** rendre plus long en ajoutant une partie.
• **Intransitif**
Devenir plus long. *Les jours allongent.*
• **Pronominal**
Devenir plus long. *La liste s'allongeait de plus en plus.*

allopathe adj. et n. m. et f.
Médecin qui traite par allopathie.
Ant. **homéopathe.**

allopathie n. f.
Traitement des maladies avec des remèdes d'une nature contraire à ces maladies.
Ant. **homéopathie.**

allophone adj. et n. m. et f.
Se dit d'une personne qui parle une autre langue que la ou les langues officielles du pays où elle vit. *À Montréal, les Italiens et les Grecs constituent d'importants groupes allophones. Ce sont des allophones.*

allouer v. tr.
Attribuer. *On lui allouera un peu plus de temps pour terminer sa recherche.*

allumage n. m.
• Action d'allumer; son résultat.
• Action d'enflammer le mélange combustible d'un moteur à explosion. *L'allumage électronique* (et non l'*ignition).

allume-cigares n. m. inv. (pl. *allume-cigares*)
Appareil servant à allumer les cigares, les cigarettes (dans un véhicule).

allume-feu n. m. inv. (pl. *allume-feu*)
Bûchette, petit bois pour allumer le feu.

allumer v. tr., pronom.
• **Transitif**
- Enflammer. *Allumer un feu de camp.*
- Rendre lumineux. *Elle alluma les lumières du sapin. Allumer la lampe.*
- (Fam.) Faire fonctionner. *Allumer la télévision.*
▭◁— L'usage l'a emporté sur la logique dans les expressions **allumer la lumière, l'électricité.**
• **Pronominal**
- Prendre feu. *L'incendie s'alluma instantanément.*
- Devenir lumineux. *La chambre s'allumait toujours à 7 heures.*
Ant. **éteindre.**

allumette n. f.
Bâtonnet dont une extrémité est destinée à s'enflammer par friction.

allumeur, euse n. m. et f.
• **Nom masculin**
- Dispositif servant à l'allumage (d'un moteur, d'une charge explosive, etc.)
- (Vx) Préposé à l'allumage et à l'extinction des appareils d'éclairage publics. *L'allumeur de réverbères du Petit Prince de Saint-Exupéry.*
• **Nom féminin**
(Péj.) Femme aguichante. *Sans être une allumeuse, elle aime faire des agaceries.*

allure n. f.
• Façon plus ou moins rapide de se déplacer. *Il roulait à vive allure, à toute allure.*
• Manière de se tenir. *Une allure détendue.*
• (Fam.) Apparence générale. *Ce costume a une belle allure.*
• *Avoir de l'allure.* Avoir un air de distinction.
• *Avoir de l'allure.* (Fam.) Au Canada, avoir du sens. *Cette idée a de l'allure, elle est même géniale.*
▭◁— Ne pas confondre avec les noms **apparence, aspect,** forme sous laquelle une personne, une chose, nous apparaît.

alluré, ée adj.
Qui donne de l'allure, de l'élégance. *Un tailleur très alluré.*

allusif, ive adj.
À mots couverts.

allusion n. f.
Sous-entendu, insinuation. *Une allusion malveillante.*
▭◁— Ne pas confondre avec le nom **illusion,** perception sensorielle erronée.

alluvial, ale, aux adj.
Produit par des alluvions. *Des sols alluviaux.*

alluvion n. f. (gén. pl.)
Dépôt de terre, de sable apporté par les eaux courantes. *Des alluvions anciennes.*
▭◁— Attention au genre féminin de ce nom : *une* alluvion.

alluvionnaire adj.
Relatif aux alluvions.
▭▷ alluvionnaire.

alluvionner v. intr.
Déposer des alluvions, en parlant d'un cours d'eau.
▭▷ alluvionner.

alma mater n. f.
⟨⟩ Le *r* se prononce [almamater].
Au Canada, expression latine signifiant «mère nourricière» qui désigne l'établissement où l'on a fait ses études.
▭◁— En typographie soignée, les mots étrangers sont composés en italique. Dans des textes déjà en italique, la notation se fait en romain. Pour les textes manuscrits, on utilisera les guillemets.

almanach n. m.
⟨⟩ Les lettres *ch* ne se prononcent pas [almana].
Calendrier comportant divers renseignements (astrologie, cuisine, météorologie, etc.) *Des almanachs illustrés.*

almée n. f.
Danseuse égyptienne.

aloès n. m.
⬯ Le *s* se prononce [alɔɛs].
Plante grasse.
⬰ alo**ès**.

aloi n. m.
De bonne ou de mauvaise nature, qualité. *Plaisanterie de mauvais aloi. Succès de bon aloi.*

à longueur de loc. prép.
Tout au long de. *Les bateaux naviguent sur le fleuve à longueur d'année* (et non à *l'année longue*).

alors adv.
• **Adverbe**
- À une certaine époque. *Ils avaient alors une jolie maison à la campagne.*
- En conséquence. *Il était toujours en retard, alors la directrice a dû le réprimander.*
• **Locutions**
- *Et alors?* Et puis?
- *Jusqu'alors.* Jusqu'à ce moment. *Jusqu'alors, on s'était accommodé de la lampe à huile.*
▷ Si l'évènement se poursuit jusqu'au moment où l'on parle, on dira : *jusqu'à présent, jusqu'à maintenant.*
- *Alors que*, locution conjonctive. Au moment où, pendant que. *Il est resté à la maison, alors qu'il aurait pu dîner dehors. Elle est venue, alors qu'il pleuvait.*
▷ Cette locution est suivie de l'indicatif ou du conditionnel.

alose n. f.
⬯ Le *o* est fermé [aloz].
Poisson voisin de la sardine.
▷ Attention au genre féminin de ce nom : *une* alose.

alouette n. f.
Petit oiseau des champs au plumage brunâtre. *L'alouette turlute.*

alourdir v. tr.
Rendre plus lourd. *Des cadeaux alourdissent sa valise.*

alourdissement n. m.
État de ce qui est alourdi.

aloyau n. m. (pl. *aloyaux*)
Morceau de bœuf comportant le filet, le contre-filet et le romsteck. *Un morceau d'aloyau, dans l'aloyau.*

alpaga n. m.
• Ruminant voisin du lama remarquable par sa longue fourrure laineuse.
• Tissu composé de fibres d'alpaga. *Des alpagas soyeux.*

alpage n. m.
Pâturage dans les montagnes.

alpestre adj.
Propre aux Alpes, aux montagnes.

alpha n. m. inv.
• Première lettre de l'alphabet grec.
• *L'alpha et l'oméga.* Le commencement et la fin.
Hom. *alfa*, plante.

alphabet n. m.
• Liste des lettres servant à transcrire les sons d'une langue. *L'alphabet français compte 26 lettres.*
• *Alphabet phonétique.* Système de signes graphiques servant à transcrire uniformément les sons de diverses langues.

alphabétique adj.
• Qui appartient à l'alphabet. *Un caractère alphabétique.*
• Selon l'ordre de l'alphabet. *Un classement alphabétique.*

alphabétiquement adv.
Selon l'ordre alphabétique.

alphabétisation n. f.
Action d'alphabétiser; son résultat.

alphabétiser v. tr.
Apprendre à lire et à écrire à une personne, à un groupe.

alphanumérique adj.
Composé de caractères alphabétiques et de chiffres. *Le code postal du Canada est alphanumérique.*

alpin, ine adj.
• Des Alpes ou de la haute montagne.
• *Ski alpin.* Ski sur des pistes à forte dénivellation.
▷ Le *ski de fond* se pratique sur des parcours à faible dénivellation.
• Relatif à l'alpinisme. *Un club alpin.*

alpinisme n. m.
Sport des ascensions en montagne.

alpiniste n. m. et f.
Personne qui pratique l'alpinisme.

alsacien, ienne adj. et n. m. et f.
⬯ Le *s* se prononce *z* [alzasjɛ̃, jɛn].
• **Adjectif et nom masculin et féminin.** D'Alsace. *Un vin alsacien. Un Alsacien, une Alsacienne.*
▷ L'adjectif s'écrit avec une minuscule; le nom, avec une majuscule.
• **Nom masculin.** Dialecte parlé en Alsace. *Franck parle l'alsacien.*
▷ Le nom de la langue s'écrit avec une minuscule.

altérable adj.
Qui peut se détériorer. *Ces produits sont altérables : ils ne peuvent se conserver longtemps.*

altération n. f.
Détérioration.

*altération
Anglicisme au sens de **retouche** (à un vêtement), de **modification** (à un projet), de **rénovation** (à un édifice).

altercation n. f.
Échange verbal violent.

altéré, ée adj.
Détérioré, dénaturé. *Des huiles altérées.*

alter ego n. m. inv.
⬯ Le *r* se prononce et le *e* de *ego* se prononce *é* [alterego].
• Expression latine signifiant «un autre moi-même».

• Personne de confiance, bras droit. *En son absence, consultez ses* alter ego.

☞— En typographie soignée, les mots étrangers sont composés en italique. Dans des textes déjà en italique, la notation se fait en romain. Pour les textes manuscrits, on utilisera les guillemets.

altérer v. tr., pronom.

Le *é* se change en *è* devant une syllabe muette, sauf à l'indicatif futur et au conditionnel présent. *J'altère*, mais *j'altérerai*.

• **Transitif**

- Changer l'état d'un corps, de bien en mal, détériorer. *La chaleur a altéré ces produits.*
- Falsifier. *Altérer des documents.*
- Assoiffer. *Cette promenade les a altérés.*

• **Pronominal**

Se détériorer. *Les teintes de cette aquarelle se sont altérées.*

alternance n. f.

Succession dans l'espace et le temps dans un ordre régulier. *L'alternance des saisons.*

⇨ altern**a**nce.

alternateur n. m.

Appareil produisant des courants alternatifs.

alternatif, ive adj.

• Périodique.

• *Courant alternatif.* Qui change périodiquement de sens (par opposition à *courant continu*).

• Qui propose un mode de vie plus adapté à l'individu que celui de la société industrielle. *Un mouvement alternatif. Une philosophie alternative.*

alternative n. f.

Situation où il n'y a que deux possibilités opposées, deux éventualités entre lesquelles il faut choisir. *L'alternative est claire* (et non *voici les alternatives) : perdre notre pari ou le gagner.*

☞— 1° Les deux partis possibles constituent les termes de l'alternative.

2° Contrairement au mot anglais «alternative» qui désigne chacune des possibilités, le mot français signifie un ensemble de deux éventualités et doit être utilisé au singulier.

alternativement adv.

Tour à tour.

alterner v. tr., intr.

• **Transitif.** Faire se succéder régulièrement. *Alterner les ronds et les carrés.*

• **Intransitif.** Se succéder en alternance. *Les saisons alternent.*

altesse n. f.

• Titre des princes, des princesses. *Son Altesse Royale la reine d'Angleterre.*

☞— Après ce titre, le nom qui suit est au masculin pour un homme, au féminin pour une femme. *Son Altesse, le prince. Son Altesse, la reine.* Cependant les adjectifs, les pronoms et les participes passés sont toujours au féminin. *Son Altesse viendra si elle se sent bien.*

• **Abréviations :** Son Altesse **S.A.** Leurs Altesses **LL.AA.** Son Altesse Impériale **S.A.I.** Leurs Altesses Impériales **LL.AA. II.** Son Altesse Royale **S.A.R.** Leurs Altesses Royales **LL.AA.RR.**

altier, ière adj.

Fier. *Une allure altière.*

altimètre n. m.

Appareil servant à mesurer l'altitude.

altiport n. m.

Terrain d'atterrissage en haute montagne.

altiste n. m. et f.

Joueur d'alto.

altitude n. f.

• Élévation au-dessus du sol. *L'avion volait à faible altitude.*

• Élévation verticale d'un lieu par rapport au niveau de la mer. *Cette ville est à 200 m d'altitude.*

alto n. m. et f.

• **Nom masculin.** Instrument de musique. *Des altos.*

• **Nom féminin.** Voix de femme la plus grave.

Syn. **contralto.**

altocumulus n. m. inv.

👄 Le *s* se prononce [altokymylys].

Nuage composé de gros flocons blancs.

altostratus n. m. inv.

👄 Le *s* se prononce [altostratys].

Nuage grisâtre.

altruisme n. m.

Disposition bienveillante pour autrui.

altruiste adj. et n. m. et f.

• **Adjectif.** Qui manifeste de l'altruisme.

• **Nom masculin et féminin.** Qui pratique l'altruisme.

alumine n. f.

Oxyde d'aluminium.

aluminer v. tr.

Recouvrir d'aluminium.

aluminium n. m.

• Symbole *Al* (s'écrit sans point).

• Métal blanc brillant, léger, bon conducteur d'électricité. *On produit beaucoup d'aluminium au Québec.*

alun n. m.

Sulfate d'aluminium et de potassium aux propriétés astringentes.

alunir v. intr.

Se poser sur la Lune. *Le 21 juillet 1969, les Américains alunissaient pour la première fois.*

☞— L'Académie française et l'Académie des sciences recommandent plutôt **atterrir.**

alunissage n. m.

Action d'alunir.

☞— L'Académie française et l'Académie des sciences recommandent plutôt **atterrissage.**

alvéolaire adj.

• Relatif aux alvéoles.

• En forme d'alvéole.

alvéole n. f.

• Cellule créée par l'abeille. *Une alvéole de cire.*

• Cavité des maxillaires où sont implantées les dents. *Les alvéoles dentaires.*

☞ Ce nom était autrefois masculin. Aujourd'hui, on dit plutôt *une* alvéole.

☞ Ne pas confondre avec le nom *aréole,* cercle coloré autour du mamelon du sein.

alvéolé, ée adj.
Qui a des alvéoles.

alvéolite n. f.
Inflammation des alvéoles dentaires ou pulmonaires.

A/m
Symbole de *ampère par mètre.*

AM
(Radio) Abréviation internationale de *modulation d'amplitude.*

*a.m.
Abréviation du latin «ante meridiem». Notation de l'heure dans le système anglais.
V. Tableau - **HEURE.**

amabilité n. f.
Affabilité. *Ses parents ont eu l'amabilité de le reconduire à la maison.*

amadou n. m.
Substance qui, imbibée de salpêtre, prend feu facilement. *Une mèche d'amadou.*

amadouer v. tr.
Flatter quelqu'un pour l'apaiser.

amaigrir v. tr., pronom.
• **Transitif.** Rendre maigre. *La maladie les a amaigris.*
• **Pronominal.** Maigrir, perdre du poids. *Elle s'amaigrit de jour en jour.*

amaigrissant, ante adj.
Qui fait maigrir. *Des régimes amaigrissants.*

amaigrissement n. m.
Fait de maigrir.

amalgamation n. f.
Action d'amalgamer; son résultat.

amalgame n. m.
• Alliage de métaux. *Un amalgame d'argent et d'étain.*
• (Fig.) Mélange d'éléments très différents. *Ce tableau est un amalgame de dessins d'enfants.*
☞ Attention au genre masculin de ce nom : *un* amalgame.
⇨ amalga**me.**

amalgamer v. tr., pronom.
• **Transitif**
- Faire un amalgame (avec plusieurs corps).
- Rapprocher des éléments disparates.
• **Pronominal**
S'unir, se fondre en un tout.
⇨ amalga**mer.**

amande n. f.
• Fruit de l'amandier. *Un gâteau à la pâte d'amandes.*
• *En amande.* Dont la forme oblongue rappelle celle de l'amande. *Des yeux en amande.*
Hom. *amende,* sanction pécuniaire.

amandier n. m.
Arbre fruitier cultivé pour ses graines, les amandes.

amanite n. f.
Champignon.
☞ Attention au genre féminin de ce nom : *une* amanite.
☞ Ne pas confondre avec l'adjectif *annamite,* vietnamien.

amant, ante n. m. et f.
• **Nom masculin et féminin.** (Vx) Personne qui éprouve un amour partagé pour une autre personne.
• **Nom masculin.** Homme qui a des relations intimes avec une femme à laquelle il n'est pas marié.

amarante adj. et n. m. et f.
• **Adjectif de couleur invariable.** De couleur pourpre. *Des tissus amarante.*
V. Tableau - **COULEUR (ADJECTIFS DE).**
• **Nom masculin.** Couleur pourpre. *Un amarante éclatant.*
• **Nom féminin.** Plante aux fleurs pourpres. *Un joli bouquet d'amarantes.*

amareyeur n. m.
amareyeuse n. f.
Personne qui s'occupe de l'entretien des parcs à huîtres.

amarrage n. m.
Action d'amarrer; son résultat.
⇨ amar**rage.**

amarre n. f.
Ce qui sert à retenir un navire, un ballon.
☞ Ne pas confondre avec les noms suivants :
- *câble,* gros cordage de fibres textiles ou d'acier;
- *cordage,* tout ce qui sert au gréement d'un navire ou à la manœuvre d'une machine, d'un engin;
- *corde,* lien fait de brins tordus ensemble;
- *ficelle,* petite corde pour attacher des paquets.
⇨ amar**re.**

amarrer v. tr.
Attacher avec une amarre.
⇨ amar**rer.**

amaryllis n. f.
👄 Le *s* se prononce [amarilis].
Plante aux grandes fleurs colorées et odorantes.
⇨ amary**llis.**

amas n. m.
👄 Le *s* ne se prononce pas [amɑ].
Accumulation de choses diverses.
☞ Ce mot est plus recherché que le nom *tas* qui a la même signification.

amasser v. tr., pronom.
• **Transitif.** Accumuler, entasser. *Amasser des richesses.*
• **Pronominal.** Se rassembler en grand nombre. *Les feuilles se sont amassées sur le sol.*

amateur adj. et n. m. et f.
• **Adjectif**
Qui pratique un sport sans recevoir de rémunération. *Un escrimeur amateur.*
☞ L'adjectif est invariable en genre. *Une nageuse*

amateur.

• **Nom masculin et féminin**
- Personne qui a une attirance particulière pour quelque chose. *Un amateur de cuisine. Une amatrice de cinéma.*
- Personne qui cultive un art, une science pour son plaisir, sans en faire profession. *Un amateur de bricolage.*
- (Péj.) Personne qui manque de compétence. *C'est un travail d'amateur.*
Ant. **professionnel.**

amateurisme n. m.
• Condition d'une personne qui pratique une activité, un sport en amateur.
• (Péj.) Caractère inachevé, imparfait, incomplet de quelque chose.

amazone n. f.
• Femme qui monte à cheval.
☞ Le nom *cavalière* est plus courant aujourd'hui.
• *En amazone,* locution. Façon de monter à cheval avec les deux jambes du même côté de la selle.

amazonien, enne adj. et n. m. et f.
De l'Amazonie. *La jungle amazonienne. Un Amazonien, une Amazonienne.*
☞ L'adjectif s'écrit avec une minuscule; le nom, avec une majuscule.

ambages n. f. pl.
Sans ambages. Sans détours.
☞ Ce nom ne s'emploie plus que dans cette locution. *Elle le mit au courant sans ambages.*

ambassade n. f.
• Députation envoyée à un État.
• Bureaux de l'ambassadeur.
☞ Le nom *ambassade* s'écrit généralement avec une minuscule. *L'ambassade des États-Unis a été l'objet d'un attentat à la bombe.*

ambassadeur n. m.
ambassadrice n. f.
• Personne qui représente un État de façon permanente auprès d'un État étranger.
☞ Il est recommandé de faire suivre ce titre du nom du pays. *L'ambassadeur du Canada* (et non l'ambassadeur **canadien*).
• Personne chargée d'une mission. *Un ambassadeur de la paix.*

ambi- préf.
Élément du latin signifiant «tous les deux». *Ambidextre, ambivalence.*

ambiance n. f.
Atmosphère.
⇨ ambia**n**ce.

ambiant, ante adj.
Qui entoure. *La température ambiante.*

ambidextre adj. et n. m. et f.
Qui peut se servir de chacune de ses deux mains avec autant d'adresse.

ambigu, uë adj.
Équivoque. *Des phrases ambiguës.*

⇨ ambigu**ë**, au féminin.
Ant. **clair.**

ambiguïté n. f.
Défaut de ce qui est équivoque, de ce qui présente plusieurs sens.
☞ Ne pas confondre avec le nom *ambivalence,* caractère de ce qui comprend deux composantes très distinctes.
⇨ ambigu**ï**té.
Ant. **clarté.**

ambigument adv.
De façon ambiguë.
⇨ ambigu**m**ent, sans tréma.

ambitieusement adv.
De façon ambitieuse.

ambitieux, euse adj. et n. m. et f.
Qui a de l'ambition.
⇨ ambitieu**x**.

ambition n. f.
• Désir ardent de réussite, d'honneurs, de pouvoir. *Il a trop d'ambition.*
• Désir profond de quelque chose. *Avoir l'ambition d'être heureux.*

ambitionner v. tr., intr.
• Aspirer à. *Elle ambitionne d'être nommée à la direction de l'entreprise.*
• (Absol.) Au Canada, exagérer.
• *Ambitionner sur le pain bénit.* (Fam., fig.) Au Canada, abuser de quelqu'un, de quelque chose.

ambivalence n. f.
Caractère de ce qui comprend deux composantes très distinctes.
☞ Ne pas confondre avec le nom *ambiguïté,* défaut de ce qui est équivoque, de ce qui présente plusieurs sens.
⇨ ambivale**n**ce.

ambivalent, ente adj.
Qui comporte deux éléments contraires. *Ils sont ambivalents; ils n'arrivent pas à faire leur choix.*
⇨ ambivale**nt**.

amble n. m.
Allure d'un quadrupède qui fait mouvoir simultanément les deux membres du même côté.
☞ Ne pas confondre avec le nom *ambre,* résine fossile transparente.

ambler v. intr.
(Vx) Aller l'amble.

ambre adj. inv. et n. m.
• **Nom masculin.** Résine fossile transparente. *De l'ambre jaune.*
☞ Attention au genre masculin de ce nom : *un* ambre.
☞ Ne pas confondre avec le nom *amble,* qui se dit de l'allure d'un quadrupède qui fait mouvoir simultanément les deux membres du même côté.
• **Adjectif de couleur invariable.** De la couleur jaune doré de l'ambre. *Des soies ambre.*
V. Tableau - **COULEUR (ADJECTIFS DE).**

ambré, ée adj.
• Parfumé à l'ambre.
• De la couleur de l'ambre.

ambroisie n. f.
• Nourriture des dieux de l'Olympe.
• Mets exquis.
☞ La boisson des dieux est le **nectar.**

ambrosien, ienne adj.
Qui se rapporte au rite attribué à saint Ambroise. *Chant ambrosien.*

ambulance n. f.
Véhicule aménagé pour le transport des blessés, des malades.
⟹ ambul**an**ce.

ambulancier n. m.
ambulancière n. f.
Personne qui conduit une ambulance, qui donne les premiers soins à un blessé, à un malade.
⟹ ambul**an**cier.

ambulant, ante adj.
Itinérant. *Des marchands de fruits et légumes ambulants.*

ambulatoire adj.
Qui n'interrompt pas les activités habituelles d'un malade. *Un traitement ambulatoire.*

âme n. f.
• Principe spirituel, source des facultés morales et intellectuelles. *En mon âme et conscience. Ils sont dévoués corps et âmes.*
• Cœur. *Une âme sensible, délicate.*
• **Rendre l'âme.** Mourir.
• (Vx) Habitant. *Un village de 5 000 âmes. Je n'ai rencontré âme qui vive.*
⟹ âme.

améliorable adj.
Qui peut être amélioré.

améliorant, ante adj.
Qui améliore la fertilité d'un sol.

amélioration n. f.
Changement en mieux. *L'amélioration du sol. Faire des améliorations dans un appartement.*

améliorer v. tr., pronom.
• **Transitif.** Rendre meilleur. *Il a amélioré ce moteur.*
• **Pronominal.** Devenir meilleur. *Ses notes se sont améliorées.*

amen n. m. inv.
⟺ Le **n** se prononce [amɛn].
Mot qui vient de l'hébreu signifiant **ainsi soit-il.** *Des amen.*
☞ En typographie soignée, les mots étrangers sont composés en italique. Dans des textes déjà en italique, la notation se fait en romain. Pour les textes manuscrits, on utilisera les guillemets.
Hom. **amène,** aimable.

aménagement n. m.
• Action d'organiser en vue d'un usage déterminé. *L'aménagement d'un local.*

☞ Ne pas confondre avec le nom **emménagement,** installation dans un nouveau logement.
• Ensemble de mesures destinées à assurer un développement équilibré des régions par une meilleure répartition des populations et des activités. *L'aménagement du territoire.*

aménager v. tr.
Le **g** est suivi d'un **e** devant les lettres **a** et **o.** *Il aménagea, nous aménageons.*
Disposer, organiser en vue d'un usage déterminé. *Aménager un appartement.*
☞ Ne pas confondre avec le verbe **emménager,** installer un mobilier dans un lieu.

amende n. f.
• Sanction pécuniaire. *Cette infraction m'a valu une amende.*
• **Faire amende honorable,** locution. Demander pardon, reconnaître ses torts.
Hom. **amande,** fruit de l'amandier.
⟹ ame**nd**e.

amendement n. m.
Modification à un projet de loi.
⟹ ame**nd**ement.

amender v. tr., pronom.
• **Transitif.** Modifier un projet de loi par amendement. *Le projet de loi sera certainement amendé.*
☞ On amende un projet de loi, on modifie une loi.
• **Pronominal.** (Litt.) Devenir meilleur. *Ils se sont amendés.*
⟹ ame**nd**er.

amène adj.
(Litt.) Aimable.
Hom. **amen,** ainsi soit-il.

amener v. tr., pronom.
Le **e** se change en **è** devant une syllabe muette. *Il amène, il amenait.*
Conduire quelqu'un vers un endroit ou vers une personne. *Je vous amènerai ma fille cet après-midi.*
☞ 1° On **amène** une personne, un animal, mais on **apporte** une chose.
2° On **amène** une personne vers un lieu donné, mais on **emmène** une personne du lieu où l'on est dans un autre.
☞ La construction pronominale est familière. *Elle s'amène tous les samedis avec sa ribambelle au complet.*

aménité n. f.
• **Avec aménité.** Avec amabilité, affabilité. *Elle répondit avec aménité à sa question.*
• **Sans aménité.** Avec rudesse.

amenuisement n. m.
Diminution.

amenuiser v. tr., pronom.
• **Transitif.** Rendre plus mince.
• **Pronominal.** Diminuer. *Vos chances s'amenuisent.*

amer, ère adj.
• Qui a une saveur désagréable, âcre. *Une boisson amère.*
• Pénible. *Des regrets amers.*

• Dur. *Des propos amers.*

amèrement adv.
Avec amertume, tristesse.

américain, aine adj. et n. m. et f.
• **Adjectif**
- D'Amérique du Nord. *Le continent américain.*
- Des États-Unis. *Un citoyen américain. Le drapeau américain.*
• **Nom masculin et féminin**
Un Américain, une Américaine.
☞— L'adjectif s'écrit avec une minuscule; le nom, avec une majuscule.
• **Nom masculin**
L'anglais parlé aux États-Unis. *Ce roman a été traduit de l'américain.*
☞— Le nom de la langue s'écrit avec une minuscule.

américanisation n. f.
Action d'américaniser; son résultat.

américaniser v. tr., pronom.
• **Transitif.** Donner le caractère américain à.
• **Pronominal.** Prendre les manières des Américains.

américanisme n. m.
Tournure de langage propre à la langue américaine (par rapport à l'anglais britannique).

amérindianisme n. m.
Mot ou expression propre aux langues amérindiennes. *Le nom achigan qui vient de l'algonquin est un amérindianisme.*

amérindien, ienne adj. et n. m. et f.
Relatif aux peuples autochtones de l'Amérique du Nord (à l'exception des Inuit). *La culture amérindienne. Ce sont des Amérindiens.*
☞— L'adjectif s'écrit avec une minuscule; le nom, avec une majuscule.

amerrir v. intr.
Se poser sur l'eau, en parlant d'un hydravion, d'un vaisseau spatial. *L'hydravion a amerri.*
☞— Sous l'influence du verbe *atterrir*, le verbe *amerrir* s'écrit avec deux *r.*

amerrissage n. m.
Action d'amerrir. *L'amerrissage de l'hydravion s'est fait sans difficulté.*
⇨ amerrissage.

amertume n. f.
• Saveur amère.
• Mécontentement, déception.

améthyste adj. et n. m. et f.
• **Nom féminin.** Pierre violette. *Une améthyste ancienne.*
• **Nom masculin.** Couleur violette. *Un améthyste profond voisin du violet.*
• **Adjectif de couleur invariable.** De la couleur violette de l'améthyste. *Des lainages améthyste.*
V. Tableau - **COULEUR (ADJECTIFS DE).**
⇨ améthyste.

ameublement n. m.
Ensemble des meubles, tapis, tentures qui garnissent une maison, un appartement. *Des tissus d'ameublement.*

ameublir v. tr.
• (Dr.) Doter de meubles.
• Rendre une terre plus légère.

ameublissement n. m.
Action d'ameublir; son résultat.

ameuter v. tr.
• Grouper des chiens en meute.
• Attrouper, exciter. *Il excelle à ameuter les journalistes.*

ami, ie adj. et n. m. et f.
• **Adjectif.** Amical, allié. *Une nation amie.*
☞— La construction *«ami avec»* est familière.
• **Nom masculin et féminin.** Personne pour laquelle on éprouve de l'amitié. *Il était son ami, elle sera son amie.*
Hom. **amict,** ornement sacerdotal.

*ami de garçon, amie de fille
Calque de l'anglais «boy friend», «girl friend» au sens de *ami, amie.*

amiable (à l') loc. adv.
De gré à gré, par voie de conciliation. *Un règlement à l'amiable.*

amiante n. m.
Substance minérale incombustible. *Un amiante fibreux.*
☞— Attention au genre masculin de ce nom : *un* amiante.

amibe n. f.
Animal unicellulaire. *Une amibe dangereuse.*

amibien, ienne adj.
Occasionné par les amibes.

amical, ale, aux adj.
Qui est inspiré par l'amitié. *Des conseils amicaux.*
Ant. **hostile, inamical.**

amicale n. f.
Regroupement de personnes du même établissement scolaire, de la même profession.

amicalement adv.
De façon amicale.

amict n. m.
👄 Les lettres *ct* ne se prononcent pas [ami].
Ornement sacerdotal.
Hom. **ami,** personne avec qui l'on a des liens d'amitié.

amidon n. m.
Fécule servant à empeser le linge.

amidonnage n. m.
Action de passer à l'amidon.

amidonner v. tr.
Enduire d'amidon, empeser.

amincir v. tr., pronom.
• **Transitif.** Rendre plus mince. *La cuisinière amincit sa pâte avec un rouleau à pâte.*
• **Pronominal.** Devenir plus mince. *Ils se sont amincis. La glace s'est amincie, il serait imprudent de patiner sur le lac.*

amincissement n. m.
Action d'amincir; son résultat.

⟹ amin**ciss**ement.

amiral n. m. (pl. *amiraux*)
amirale n. f.
Officier du grade le plus élevé dans la marine militaire.

amiral, aux adj.
Vaisseau amiral. Navire ayant à son bord un amiral.

amirauté n. f.
Haut commandement d'une flotte de guerre.

amitié n. f.
• Affection, sympathie. *J'ai beaucoup d'amitié pour lui.*
• (Au plur.) Salutations amicales. *Mes amitiés à la famille!*

ammoniac n. m.
⬱ Le *c* se prononce [amɔnjak].
Gaz.
Hom. *ammoniaque,* solution aqueuse d'ammoniac.

ammoniac, aque adj.
Relatif à l'ammoniac.
☞ Attention au féminin en *que,* comme pour les adjectifs *public, turc, caduc.*

ammoniacal, ale, aux adj.
Qui contient de l'ammoniac, qui en a l'odeur ou les propriétés.

ammoniaque n. f.
Solution aqueuse d'ammoniac.
Hom. *ammoniac,* gaz.

amnésie n. f.
Maladie caractérisée par la diminution ou la perte de la mémoire.
☞ Ne pas confondre avec les noms suivants :
- *amnistie,* annulation d'infractions à la loi ainsi que de leurs conséquences pénales;
- *armistice,* convention entre des armées ennemies pour mettre fin au combat.

amnésique adj. et n. m. et f.
Atteint d'amnésie. *Depuis son accident, il est amnésique.*

Amnesty International
Sigle *AI* (s'écrit avec ou sans points).
☞ Cette appellation n'a pas de traduction officielle en français; cependant au Canada, l'appellation *Amnistie internationale* est en usage.

amniocentèse n.f.
⬱ Les lettres *en* se prononcent *in* [amnjosɛ̃tɛz].
Examen du liquide amniotique, prélevé par ponction, afin de détecter les anomalies éventuelles du fœtus.

amnistie n. f.
Annulation d'infractions à la loi ainsi que de leurs conséquences pénales.
☞ Ne pas confondre avec les noms suivants :
- *amnésie,* perte de la mémoire;
- *armistice,* convention entre des armées ennemies pour mettre fin au combat.

amnistier v. tr.
Redoublement du *i* à la première et à la deuxième personne du pluriel de l'indicatif et du subjonctif

présent. *(Que) nous amnistiions, (que) vous amnistiiez.*
Accorder une amnistie à.

amocher v. tr., pronom.
(Fam.) Détériorer, blesser. *Sa voiture est plutôt amochée.*

amoindrir v. tr., pronom.
• **Transitif.** Affaiblir, diminuer la force, la valeur.
• **Pronominal.** Devenir moindre, décroître.

amoindrissement n. m.
Diminution, affaiblissement.

amollir v. tr., pronom.
• **Transitif**
- Rendre mou. *Il faut amollir la pâte avec un peu d'eau.*
- (Fig.) Rendre mou, sans énergie. *La chaleur nous amollit.*
• **Pronominal**
Devenir mou. *Le beurre s'est amolli.*
☞ Le verbe *ramollir* est plus usité.

amollissement n. m.
Action d'amollir; son résultat.

amonceler v. tr.
Redoublement du *l* devant un *e* muet. *J'amoncelle, j'amoncellerai, mais j'amoncelais.*
⬱ Le *e* central est muet [amɔ̃sle].
Entasser.
⟹ amon**cel**er.

amoncellement n. m.
⬱ Le *e* central est muet [amɔ̃sɛlmã].
Accumulation. *Un amoncellement de feuilles mortes bouche la gouttière.*
⟹ amon**cell**ement.

amont n. m.
• «Vers la montagne». Le côté d'où descend un cours d'eau, depuis la source jusqu'à un point considéré. *En marchant vers l'amont de la rivière.*
• **En amont de.** En remontant le cours de l'eau.
• **En amont de.** (Fig.) Au sens de «qui vient avant». *Dans le processus de fabrication, le montage est en amont de la finition.*
Ant. **aval.**

amoral, ale, aux adj.
Qui ignore les règles de la morale.
☞ Ne pas confondre avec l'adjectif *immoral,* contraire à la morale.

amoralisme n. m.
Attitude d'une personne amorale.

amoralité n. f.
Caractère de ce qui est amoral.

amorçage n. m.
Action d'amorcer. *L'amorçage de la fusée.*
⟹ amorçage.

amorce n. f.
• Appât (au sens propre et figuré). *Les mouches servent d'amorces.*
• Détonateur. *L'amorce est mouillée : c'est peine perdue.*

• Entrée en matière. *Une bonne amorce à la discussion.*

amorcer v. tr., pronom.
Le *c* prend une cédille devant les lettres *a* et *o*. *Il amorça, nous amorçons.*
• **Transitif**
- Ébaucher, commencer quelque chose. *Les négociations sont bien amorcées.*
- Appâter. *Amorcer un hameçon.*
• **Pronominal**
Commencer. *Une baisse des taux d'intérêt s'est amorcée.*

amoroso adv.
Mot italien signifiant «avec tendresse» qui sert d'indication musicale.
☞ En typographie soignée, les mots étrangers sont composés en italique. Dans des textes déjà en italique, la notation se fait en romain. Pour les textes manuscrits, on utilisera les guillemets.

amorphe adj.
Apathique, inactif.
⇨ amor**ph**e.

amorti n. m.
Manière de frapper le ballon, la balle dans certains sports. *Des amortis efficaces.*

amortir v. tr., pronom.
• **Transitif**
- Rendre moins fort, atténuer. *Le liège amortit le bruit.*
- Rembourser un emprunt.
• **Pronominal**
Diminuer, s'affaiblir.

amortissable adj.
Qui peut être amorti.

amortissement n. m.
• Action d'amortir ou de s'amortir.
• Remboursement graduel d'une dette.
• Constatation comptable de la perte subie sur la valeur des immobilisations qui se déprécient avec le temps.

amortisseur n. m.
Dispositif destiné à amortir les secousses, les vibrations, etc. *Réparer les amortisseurs* (et non les *shock absorbers*).

amour n. m. et n. f. pl.
• **Nom masculin singulier.** Sentiment amoureux. *Un amour heureux.*
• **Nom féminin pluriel.** (Litt.) *Les folles amours.*
☞ L'usage actuel tend à donner au mot *amour* le genre masculin également au pluriel.
• **Nom masculin.** Enfant symbolisant l'amour. *Les amours ailés de la Renaissance.*

amour (être, tomber en)
Calque de l'anglais «to be in love», «to fall in love» au sens de *être amoureux, tomber amoureux.*

amouracher (s') v. pronom.
(Péj.) Tomber subitement amoureux. *Elle s'est amourachée du premier venu.*

amour-en-cage
V. alkékenge.

amourette n. f.
• Amour passager. *Hélas! ce n'était qu'une amourette!*
• (Au plur.) Morceaux de moelle épinière de veau, de bœuf ou de mouton servis comme garnitures.

amoureusement adv.
Avec amour.

amoureux, euse adj. et n. m. et f.
• Qui éprouve de l'amour ou qui est enclin à l'amour. *Il est follement amoureux d'elle.*
• Passionné de. *Elle est amoureuse de la peinture.*
⇨ amoureu**x**.

amour-propre n. m. (pl. *amours-propres*)
Respect de soi-même, fierté.

amovible adj.
Qui peut être déplacé. *Un toit amovible.*

ampère n. m.
• Symbole *A* (s'écrit sans point).
• Unité de mesure d'intensité de courant électrique.

ampère-heure n. m. (pl. *ampères-heures*)
• Symbole *Ah* (s'écrit sans points).
• Unité de mesure de quantité d'électricité.

ampèremètre n. m.
Appareil servant à mesurer l'intensité d'un courant électrique.

ampère par mètre
Symbole *A/m* (s'écrit sans points).

amphétamine n. f.
Médicament qui stimule l'activité cérébrale.
⇨ am**ph**étamine.

amphi n. m.
Abréviation familière de *amphithéâtre.*

amphi- préf.
• Élément du grec signifiant «en double».
• Les mots composés avec le préfixe *amphi-* s'écrivent sans trait d'union. *Amphibie.*

amphibie adj. et n. m.
• Qui vit sur terre et dans l'eau. *La grenouille est amphibie.*
• Qui peut être utilisé sur terre et dans l'eau. *Des véhicules amphibies.*
⇨ amphibi**e**.

amphibien n. m.
Animal vertébré qui vit sur terre et dans l'eau. *La grenouille est un amphibien; elle appartient à la classe des amphibiens.*
☞ Le nom *batracien* est aujourd'hui vieilli.

amphigouri n. m. (pl. *amphigouris*)
(Péj.) Texte incompréhensible et prétentieux.

amphigourique adj.
(Péj.) Incompréhensible.

amphithéâtre n. m.
• S'abrège familièrement en *amphi* (s'écrit sans point).
• Édifice garni de gradins où se livraient les combats de gladiateurs.
• Salle de cours garnie de gradins.
⇨ am**ph**ithéâtre.

amphitryon n. m.
(Plaisant.) Hôte.
☞ amphitryon.

amphore n. f.
Vase à deux anses, terminé en pointe. *Une amphore de grand prix.*
☞ Attention au genre féminin de ce nom : *une* amphore.
☞ amphore.

ample adj.
• Qui a des dimensions plus que suffisantes pour l'usage envisagé. *Une tunique ample.*
• Abondant. *Pour de plus amples renseignements, n'hésitez pas à communiquer avec nous.*
• *Jusqu'à plus ample informé.* (Dr.) Locution figée au sens de «avant d'être mieux renseigné».

amplement adv.
Largement, avec ampleur.

ampleur n. f.
Grandeur, largeur qui dépasse la mesure ordinaire. *L'ampleur des moyens mis à leur disposition leur a permis d'être élus.*

ampli n. m. (pl. *amplis*)
Forme abrégée de *amplificateur.*

amplificateur n. m.
• S'abrège familièrement en *ampli* (s'écrit sans point).
• Appareil d'amplification.
• Élément d'une chaîne acoustique.

amplification n. f.
• Développement d'un sujet.
• Augmentation de la puissance.

amplifier v. tr., pronom.
Redoublement du *i* à la première et à la deuxième personne du pluriel de l'indicatif imparfait et du subjonctif présent. *(Que) nous amplifiions, (que) vous amplifiiez.*
• **Transitif.** Accroître le volume, l'étendue, l'importance de. *Le haut-parleur amplifie les sons.*
• **Pronominal.** Prendre plus d'amplitude. *Les tensions se sont amplifiées.*

amplitude n. f.
Étendue en largeur et en longueur. *L'amplitude d'un mouvement.*

ampoule n. f.
• Tube de verre contenant un médicament. *Une ampoule de vitamines.*
• Globe de verre renfermant le filament des lampes à incandescence. *L'ampoule est brûlée.*
• Cloque de la peau. *J'ai des ampoules aux pieds.*

ampoulé, ée adj.
Emphatique, enflé, prétentieux.

amputation n. f.
Action d'enlever un membre, une partie d'un membre au cours d'une opération chirurgicale.
☞ Ne pas confondre avec les noms suivants :
- *ablation,* action d'enlever un organe, une tumeur;
- *mutilation,* perte accidentelle d'une partie du corps.

amputé, ée n. m. et f.
Personne qui a subi une amputation.

amputer v. tr.
Sectionner un membre au cours d'une opération chirurgicale.
☞ Ne pas confondre avec le verbe *imputer,* attribuer la responsabilité (d'une faute) à quelqu'un; porter une somme au débit d'un compte.

amuïr (s') v. pronom.
(Phonét.) Devenir muet. *Le g du mot amygdale s'est amuï.*

amuïssement n. m.
(Phonét.) Fait de devenir muet.

amulette n. f.
Talisman. *Ce sorcier africain porte des amulettes.*

amusant, ante adj.
Divertissant.

amuse-gueule n. m. inv. (pl. *amuse-gueule* ou *amuse-gueules*)
Hors-d'œuvre.

amusement n. m.
Divertissement. *Pour votre amusement, le clown fera son numéro.*

amuser v. tr., pronom.
• **Transitif.** Divertir. *Le funambule amuse les enfants.*
• **Pronominal.** Se distraire. *Ils se sont bien amusés.*

amusette n. f.
Bagatelle, petit amusement.

amuseur, euse n. m. et f.
Personne qui divertit.

amygdale n. f.
⇨ On ne prononce plus le *g*, [amidal]. La même remarque s'applique aux dérivés de ce mot.
Chacun des deux organes situés sur la paroi latérale du larynx.
☞ Attention au genre féminin de ce nom : *une* amygdale.
☞ amygdale.

amygdalectomie n. f.
Ablation des amygdales.
☞ amygdalectomie.

amygdalite n. f.
Inflammation des amygdales.
☞ amygdalite.

an n. m.

___

• **Nom masculin**
Période de douze mois. *Elle a 20 ans. Il y a 15 ans de cela.*
☞ Par rapport au nom *année* qui insiste sur la durée, l'écoulement du temps, le nom *an* marque davantage la date, l'âge. Le nom *an* tend à être remplacé par *année,* sauf dans les actes notariés, la poésie où les dates sont composées en lettres.
• **Locutions**
- *Le jour de l'An.* Locution figée désignant le

premier jour de l'année.
- **Bon an mal an.** Locution figée signifiant «en moyenne».
- **An de grâce.** Cette locution figée ne doit s'employer que pour désigner une année postérieure à l'an 1000. À cette date où l'on craignait la fin du monde, chaque année en plus était une grâce divine.
Hom. :
- **en,** marque le lieu, la manière, etc.;
- **en,** de lui, d'elle, de cela;
- **han,** cri sourd.

ana- préf.
Élément du grec signifiant «à rebours, à nouveau».

anabolisant, ante adj. et n. m.
Se dit d'une substance stimulant l'anabolisme et favorisant l'accroissement du système musculaire. *Des stéroïdes anabolisants.*

anacardier n. m.
Arbre tropical qui produit la noix de cajou.

anachorète n. m.
�⟩ Les lettres **ch** se prononcent **k** [anakɔrɛt].
Ermite.

anachronique adj.
Non conforme aux habitudes d'une époque, vieilli, désuet.

anachronisme n. m.
⟨⟩ Les lettres **ch** se prononcent **k** [anakrɔnism].
• Erreur de date, confusion entre des époques différentes. *Il y a plusieurs anachronismes cocasses dans ce film.*
• Caractère de ce qui est anachronique.

anacoluthe n. f.
Modification soudaine de la construction d'une phrase. **Cher collègue et néanmoins ami,** *est un exemple d'anacoluthe.*
▷ ana**col**uthe.

anaconda n. m.
Grand serpent de l'Amérique du Sud.

anaérobie adj. et n. m.
• **Adjectif.** Qualifie un organisme qui n'a pas besoin d'oxygène pour se développer.
• **Nom masculin.** Organisme n'ayant pas besoin d'oxygène pour se développer.
Ant. **aérobie.**

anagramme n. f.
Mot obtenu par transposition des lettres d'un autre mot. *Une anagramme intéressante : aimer - Marie.*
▷— Attention au genre féminin de ce nom: **une** anagramme.
▷ anagra**mm**e.

anal, ale, aux adj.
Qui concerne l'anus.
▷— Ne pas confondre avec les mots suivants :
- **annal,** qui ne dure qu'un an;
- **annales,** histoire.

analgésie n. f.
Perte naturelle ou provoquée de la sensibilité à la douleur.

analgésique adj. et n. m.
• **Adjectif.** Qui calme les douleurs névralgiques.
• **Nom masculin.** Produit qui atténue ou supprime la sensibilité à la douleur.

anallergique adj.
Se dit d'une substance qui ne provoque pas d'allergie. *Une crème anallergique.*
▷— Ne pas confondre avec le mot **hypoallergique** qui se dit d'une substance qui diminue les risques d'allergie.

analogie n. f.
Rapport entre deux ou plusieurs choses qui présentent certains traits communs. *L'analogie entre les deux situations est amusante.*
▷— Ne pas confondre avec le nom **similitude,** relation entre des choses exactement semblables.

analogique adj.
• Fondé sur l'analogie. *Un dictionnaire analogique.*
• **Montre, pendule analogique.** Montre, pendule avec aiguilles. *Je préfère les montres analogiques aux nouvelles montres numériques.*
▷— La représentation de l'heure au moyen de chiffres mobiles est dite **numérique** (et non *digitale).

analogue adj.
Qui est à peu près semblable. *Cette étude est analogue à celle que nous avons examinée.*
▷— Cet adjectif se construit avec la préposition **à.**
▷— Ne pas confondre avec les mots suivants :
- **homologue,** personne qui exerce une fonction équivalente à celle d'une autre dans un ensemble différent;
- **identique,** qui est tout à fait semblable.

analphabète adj. et n. m. et f.
Qui ne sait ni lire ni écrire. *Une personne analphabète. Un analphabète.*
▷— Le mot **illettré** peut être synonyme de **analphabète;** il peut également désigner une personne qui manque de culture.
▷ anal**ph**a**bè**te.

analphabétisme n. m.
État de l'analphabète.
▷ anal**ph**a**bé**tisme.

analysable adj.
Qui peut être analysé.
▷ analy**s**able.

analyse n. f.
• Action de décomposer un tout en ses parties afin d'en saisir les rapports. *Analyse chimique, économique.*
• **Analyse grammaticale.** V. Tableau - **ANALYSE GRAMMATICALE.**
• **En dernière analyse.** En définitive.
▷ analy**s**e.

analyser v. tr.
• Soumettre à une analyse. *Analyser le sang d'un patient.*

• (Fig.) Étudier attentivement. *La situation mérite d'être analysée.*
⇨ analyser.

analyseur n. m.
Appareil permettant de définir la structure d'un son, d'une vibration.
⇨ analyseur.

analyste n. m. et f.
• Spécialiste de l'analyse (financière, informatique, mathématique). *Une analyste informatique. Un analyste financier.*
• Psychanalyste.
⇨ analyste.
Hom. *annaliste,* historien qui écrit des annales.

analytique adj.
Qui procède par analyse, qui comporte une analyse. *Comptabilité analytique.*
⇨ analytique.

analytiquement adv.
D'une manière analytique.
⇨ analytiquement.

ananas n. m.
◁ Le *s* ne se prononce généralement pas, [anana] ou [ananas].
Plante tropicale cultivée pour son fruit sucré; ce fruit. *Des jus d'ananas.*

anaphylactique adj.
Relatif à l'allergie. *Un choc anaphylactique violent.*
⇨ anaphylactique.

anarchie n. f.
• État de désordre causé par l'absence d'autorité politique.
• État généralisé de désordre et de confusion.

anarchique adj.
Où règne l'anarchie.
◁— Ne pas confondre avec le nom *anarchiste,* partisan de l'anarchisme.

anarchiquement adv.
De façon anarchique.

anarchisme n. m.
Doctrine qui rejette toute autorité.

anarchiste adj. et n. m. et f.
Partisan de l'anarchisme.
◁— Ne pas confondre avec l'adjectif *anarchique,* caractérisé par le désordre.

anathème n. m.
• Sentence d'excommunication.
• (Fig.) Condamnation publique, réprobation. *Jeter l'anathème sur les autorités.*
◁— Attention au genre masculin de ce nom : *un* anathème.
⇨ anathème.

anatomie n. f.
Étude de la structure d'un organisme vivant.

anatomique adj.
Qui se rapporte à l'anatomie. *Un dessin anatomique.*

anatomiquement adv.
Du point de vue de l'anatomie.

ancestral, ale, aux adj.
Relatif aux ancêtres. *La maison ancestrale, des droits ancestraux.*

ancêtre n. m. et f.
• (Au plur.) Ascendants d'une famille et plus généralement, ceux qui ont vécu antérieurement. C'est à compter de la troisième génération (arrière-grand-père) que l'on emploie le mot *ancêtre.*
• (Fam.) Personne âgée.
◁— Par rapport au nom *aïeul,* le nom *ancêtre* est plus littéraire, d'un niveau de langue plus soutenu.

anche n. f.
Pièce de certains instruments à vent (clarinette, saxophone, etc.).
Hom. *hanche,* partie du corps.

anchois n. m.
Petit poisson de mer. *Les anchois sont très salés.*
⇨ anchois.

ancien, ienne adj. et n. m. pl.
• **Adjectif**
- Qui existe depuis longtemps. *L'Ancien Testament.*
◁— Ne pas confondre avec les mots suivants :
- *antique,* très ancien;
- *archaïque,* trop ancien.
- *Dans les temps anciens.* Locution signifiant «autrefois».
• **Nom masculin pluriel**
Les Anciens. Ceux qui ont vécu très longtemps avant nous, surtout les Grecs et les Romains.

anciennement adv.
Autrefois.

ancienneté n. f.
• État de ce qui est ancien.
• Temps passé dans une fonction. *Elle a 15 ans d'ancienneté dans l'entreprise* (et non de *séniorité).

Ancien Testament n. m.
• Abréviation *A.T.* (s'écrit avec des points).
• Livres de l'Écriture sainte.

ancillaire adj.
◁ Les deux *l* se prononcent comme un seul [ãsilɛr].
(Litt.) Relatif aux servantes. *Des liaisons ancillaires.*

ancolie n. f.
Plante aux fleurs bleues, blanches, roses ou jaunes.

ancrage n. m.
• Action d'ancrer (un bateau).
• Action d'attacher à un point fixe.
• *Point d'ancrage.* Élément fondamental autour duquel s'organise un ensemble.

ancre n. f.
Lourde pièce d'acier à deux crochets qu'on laisse tomber, à l'aide d'un câble, au fond de l'eau, afin de retenir un navire.
◁— Attention au genre féminin de ce nom : *une* ancre.
Hom. *encre,* liquide utilisé pour écrire.

ANALYSE GRAMMATICALE

NATURE	FONCTIONS
VERBE OU LOCUTION VERBALE • **conjugué** • **à l'infinitif** *groupe, mode, temps, personne et nombre*	Mot moteur de la phrase. 📌— Il est d'usage d'indiquer son sujet. Comme le nom, le verbe à l'infinitif peut être sujet, complément d'objet direct, complément d'objet indirect, complément circonstanciel, complément du nom ou attribut.

NATURE	FONCTIONS	QUESTIONS	EXEMPLES
NOM • **commun** • **propre** *genre (masculin, féminin, neutre) nombre (singulier ou pluriel)*	sujet du verbe x	**qui est-ce qui?** **qu'est-ce qui?**	*L'enfant rit, la voiture roule.*
	complément d'objet direct du verbe x	**qui? quoi?**	*La jardinière plante des fleurs, nous aimons les jardins.*
	complément d'objet indirect du verbe x	**à qui? à quoi?** **de qui? de quoi?** **par qui? par quoi?**	*Pierre parle à son ami.*
	complément circonstanciel **de lieu** du verbe x	**où?**	*Bianca mange au bureau.* *Range ton livre dans ton sac.*
	... **de temps**...	**quand?**	*Le spectacle finit à 22 heures.*
	... **de manière, de moyen**...	**comment?**	*Ils pêchent la sardine au filet.*
	... **de but, de cause, de raison**...	**pourquoi?**	*Il faut manger pour vivre.*
	... **de prix, de poids, de mesure**...	**combien?**	*Ce repas coûte 20 $.* *Ce fromage pèse 200 g.*
	complément du nom x	**quel? quelle? quels? quelles? de qui? de quoi? à quoi? pour qui?**	*La clé de ta maison. La porte de la mienne. Un litre de lait.*
	complément du pronom x	**de qui?** **de quoi?**	*Celle de mon frère.*
	complément de l'adjectif x	**à quoi? de quoi?** **en quoi?**	*Clara est bonne en maths.* *Elle est fière de ses enfants.*
	attribut du sujet x	**qui? quoi?**	*La vache est un mammifère.*
	mot(s) mis en apostrophe. Sert à nommer la personne ou la chose personnifiée à qui l'on s'adresse		*Robert, viens ici.*
	mot(s) mis en apposition. Sert à préciser un autre nom		*Michèle, ma copine, est très gentille.*

suite→

	NATURE			FONCTIONS
PRONOM	• personnel • possessif *personne genre et nombre*	• démonstratif • indéfini *genre et nombre*	• relatif *remplace x genre et nombre*	fonctions identiques à celles du nom

	NATURE		EXEMPLES	FONCTION
DÉTERMINANT	• article	– défini – indéfini – partitif	L'ordinateur. Des imprimantes. Il n'y a plus de pain.	détermine le nom x
	• adjectif *genre et nombre*	– possessif – démonstratif – numéral (cardinal ou ordinal) – indéfini – interrogatif ou exclamatif	Mon ami. Cette copine. Les deux oiseaux. Certains arbres. Quel jour? Quelle journée!	détermine le nom x

	NATURE	FONCTIONS	EXEMPLES
ADJECTIF QUALIFICATIF	*genre et nombre*	épithète du nom x	La douce Tao est venue me voir.
		attribut du sujet x	Cette invention est géniale.
		attribut du complément d'objet direct ou du complément d'objet indirect x	Je la trouve super! Il me semble parfait.

	NATURE	FONCTIONS	EXEMPLES
MOT INVARIABLE	• conjonction de – coordination – subordination	unit deux mots ou deux propositions de même nature ou de même fonction unit deux propositions de nature différente	Tania ou Zoé sera gagnante. Il pleut et il vente. Les élèves réussissent parce qu'ils s'en donnent la peine.
	• préposition ou locution prépositive	introduit le complément y au mot x	Martin parle à sa mère. Le chien de Nellie. Ils fêtent avec leurs amis. L'arbre est devant la maison.
	• adverbe ou locution adverbiale	modifie le sens d'un verbe x, d'un adjectif x ou d'un autre adverbe	Simon nage rapidement. Léa parle bien. Il est très rapide. Elle court très vite.
	• interjection ou locution interjective	ne joue pas de rôle grammatical	Attention! tu vas tomber!

ancrer v. tr., pronom.
• **Transitif**
- Jeter l'ancre.
- Fixer solidement. *Ancrer un câble.*
• **Pronominal**
Se fixer, s'installer.

andalou, ouse adj. et n. m. et f.
D'Andalousie. *Des poètes andalous. Un Andalou, une Andalouse.*
🖙 L'adjectif s'écrit avec une minuscule; le nom, avec une majuscule.

andante adv. et n. m.
👄 Le mot se prononce [andante] avec un *é* final ou [ɑ̃dɑ̃t].
• **Adverbe.** Mouvement musical modéré.
🖙 En typographie soignée, les mots étrangers sont composés en italique. Dans des textes déjà en italique, la notation se fait en romain. Pour les textes manuscrits, on utilisera les guillemets.
• **Nom masculin.** Morceau de musique exécuté andante. *Des andantes.*

andouille n. f.
• Charcuterie.
• (Fam.) Personne sotte.

andouillette n. f.
Petite andouille.

andro- préf.
Élément du grec signifiant «homme mâle». *Androgyne.*

androgène adj. et n. m.
Se dit d'une substance hormonale qui provoque l'apparition de caractères sexuels masculins.

androgyne adj. et n. m. et f.
Individu qui présente des caractères sexuels du sexe opposé. *Un androgyne troublant.*
🖙 L'*hermaphrodite* est doté de caractères des deux sexes.

androïde n. m.
Robot à forme humaine.

andropause n. f.
Diminution progressive de l'activité sexuelle chez l'homme.
🖙 Au féminin, c'est la *ménopause* qui désigne la fin de la fonction ovarienne.

androstérone n. f.
Hormone sexuelle mâle.

âne n. m.
• Quadrupède du genre cheval, mais plus petit et avec des oreilles plus longues. Mâle de l'ânesse.
• (Fig.) Personne bornée.
• *Dos d'âne*, locution invariable. Gonflement transversal de la chaussée. *Les dos d'âne du chemin.*

anéantir v.tr., pronom.
• **Transitif.** Détruire complètement. *Un incendie a anéanti la maison et tous les biens.*
• **Pronominal.** Disparaître, s'effondrer. *Nos rêves se sont anéantis.*
🖙 1° Le verbe *anéantir* peut être construit avec des compléments désignant des choses matérielles ou

immatérielles, des animaux, des personnes.
2° Contrairement au verbe *anéantir,* le verbe *annihiler* ne peut avoir comme compléments que des choses non matérielles.

anéantissement n. m.
Destruction totale. *Cet incendie, c'est l'anéantissement d'années d'efforts.*

anecdote n. f.
Récit court d'un fait particulier. *Raconter des anecdotes.*

anecdotique adj.
• Qui contient des anecdotes.
• Secondaire. *Un fait purement anecdotique.*

anémie n. f.
Appauvrissement du sang.

anémier v. tr., pronom.
Redoublement du *i* à la première et à la deuxième personne du pluriel de l'indicatif imparfait et du subjonctif présent. *(Que) nous anémiions, (que) vous anémiiez.*
Affaiblir.

anémique adj.
Atteint d'anémie.

anémo- préf.
Élément du grec signifiant «vent».

anémomètre n. m.
Instrument destiné à mesurer la vitesse du vent.

anémone n. f.
• Plante cultivée pour ses fleurs décoratives.
• Fleur de cette plante. *Des anémones violettes.*
🖙 anémone.

ânerie n. f.
Bêtise. *Il débite des âneries.*

ânesse n. f.
Femelle de l'âne.

anesthésiant, ante adj. et n. m.
Se dit d'une substance qui procure une anesthésie. *Un gaz anesthésiant.*
Syn. **anesthésique.**
🖙 anesthésiant.

anesthésie n. f.
Perte plus ou moins complète de la sensibilité provoquée par une maladie ou par un anesthésique.
🖙 anesthésie.

anesthésier v. tr.
Redoublement du *i* à la première et à la deuxième personne du pluriel de l'indicatif imparfait et du subjonctif présent. *(Que) nous anesthésiions, (que) vous anesthésiiez.*
• Rendre insensible à la douleur au moyen d'un anesthésique.
• (Fig.) Endormir.
🖙 anesthésier.

anesthésique adj. et n. m.
Se dit d'un produit qui procure une anesthésie locale ou générale. *L'éther est un anesthésique peu utilisé.*

⇨ anesthésique.
Syn. **anesthésiant.**

anesthésiste n. m. et f.
Médecin spécialiste de l'anesthésie.
⇨ anesthésiste.

aneth n. m.
⇔ Le *t* se prononce [anɛt].
Plante aromatique, appelée communément *fenouil.*
⇨ ane**th.**

anévrysme ou **anévrisme** n. m.
Dilatation des membranes d'une artère dont la rupture peut être mortelle. *Elle a subi une rupture d'anévrisme.*

anfractuosité n. f.
Cavité profonde, inégalité. *Les anfractuosités de la paroi rocheuse* (et non les *infractuosités).
☞ Ce nom s'emploie surtout au pluriel.

ange n. m.
• Créature spirituelle. *Mon ange gardien.*
• *Être aux anges.* Être ravi. *Les enfants sont aux anges : ils sont en vacances.*
• (Fig.) Personne parfaite. *Son amie est un ange de dévouement.*
☞ Le nom *ange* est toujours masculin, même lorsqu'il désigne une femme.

angélique adj. et n. f.
• **Adjectif.** Propre à l'ange, digne d'un ange. *Une douceur angélique.*
• **Nom féminin.** Plante aromatique dont on confit les tiges vertes.

angelot n. m.
Petit ange. *Des angelots joufflus.*

angélus n. m.
• Prière en l'honneur de la Vierge. *L'Angélus du soir.*
☞ En ce sens, le nom s'écrit avec une majuscule.
• Sonnerie de cloche annonçant cette prière.
⇨ angélus, puisque ce nom d'origine latine est francisé.

angevin, ine adj. et n. m. et f.
Habitant de l'Anjou ou de la ville d'Angers.
☞ L'adjectif s'écrit avec une minuscule; le nom, avec une majuscule.

angine n. f.
• Inflammation de la gorge ou du pharynx.
• *Angine de poitrine.* Accès de douleur cardiaque accompagné d'une sensation d'angoisse.

anglais, aise adj. et n. m. et f.
• **Adjectif**
- D'Angleterre. *Une ville anglaise.*
- Propre à la langue anglaise. *Un verbe anglais.*
• **Nom masculin et féminin**
Un Anglais, une Anglaise.
☞ L'adjectif s'écrit avec une minuscule; le nom, avec une majuscule.
• **Nom masculin**
Langue parlée surtout en Grande-Bretagne, aux États-Unis et dans le Commonwealth britannique. *Elle parle l'anglais, elle parle anglais.*
☞ Le nom de la langue s'écrit avec une minuscule.

• **Nom féminin**
Boucle de cheveux.

angle n. m.
• Figure formée par l'intersection de deux lignes. *Un angle droit. À l'angle du boulevard Laurier et de la rue des Bouleaux.*
• *Arrondir les angles.* Aplanir les difficultés.
• *Angle mort.* Zone de visibilité inaccessible au conducteur lorsqu'il regarde dans le rétroviseur. *Cette voiture comporte des angles morts dangereux* (et non des *points aveugles).
• *Sous l'angle de,* locution prépositive. Du point de vue de.

anglican, ane adj. et n. m. et f.
• **Adjectif.** Propre à l'anglicanisme. *La religion anglicane.*
• **Nom masculin et féminin.** De religion anglicane.
☞ L'adjectif ainsi que le nom s'écrivent avec une minuscule.

anglicanisme n. m.
Religion officielle de l'Angleterre.
☞ Les noms de religions s'écrivent avec une minuscule.

angliciser v. tr., pronom.
• **Transitif.** Rendre anglais. *Gérard se fait appeler Jerry : il a anglicisé son prénom.*
• **Pronominal.** Prendre un caractère anglais. *L'affichage commercial s'est anglicisé.*

anglicisme n. m.
V. Tableau - **ANGLICISMES.**

anglo- préf.
Élément signifiant «anglais».

anglomanie n. f.
Manie d'imiter et d'admirer les usages, les termes anglais.

anglophile adj. et n. m. et f.
Qui aime les Anglais, ce qui est anglais.

anglophobe adj. et n. m. et f.
Qui a de l'aversion pour les Anglais, pour ce qui est anglais.

anglophobie n. f.
Aversion pour les Anglais, pour ce qui est anglais.

anglophone adj. et n. m. et f.
De langue anglaise. *Les anglophones recevront la documentation en anglais.*
☞ L'adjectif et le nom s'écrivent avec une minuscule.

anglo-saxon, onne adj. et n. m. et f.
• **Adjectif et nom masculin et féminin.** De civilisation britannique. *Les peuples anglo-saxons. Un Anglo-Saxon, une Anglo-Saxonne.*
☞ L'adjectif s'écrit avec des minuscules; le nom, avec des majuscules.
• **Nom masculin.** Langue anglaise ancienne. *Elle étudie l'anglo-saxon.*
☞ Le nom de la langue s'écrit avec une minuscule.

angoissant, ante adj.
Qui cause de l'angoisse. *Une solitude angoissante.*

ANGLICISMES

Les anglicismes sont des mots, des expressions, des constructions, des orthographes propres à la langue anglaise.

L'anglicisme peut être de nature **ORTHOGRAPHIQUE** (ex. : *apartement pour **appartement,** *addresse pour **adresse**), **SÉMANTIQUE** (ex. : *agressif au sens de **dynamique**), SYNTAXIQUE (ex. : *siéger sur un comité au lieu de **siéger à un comité,** *aller en grève au lieu de **faire la grève**).

Dans cet ouvrage, les anglicismes sont précédés d'un astérisque.

LES FAUX AMIS OU ANGLICISMES SÉMANTIQUES	Emploi de mots français dans un sens qu'ils ne possèdent pas, sous l'influence de mots anglais qui ont une forme semblable.
	Ex. : *définitivement au sens de **assurément, certainement, sans aucun doute,** * breuvage au sens de **boisson**.
LES CALQUES	Traduction littérale d'expressions anglaises.
	Ex. : *temps supplémentaire, calque de «overtime» au lieu de **heures supplémentaires,** *prendre pour acquis, calque de «to take for granted» au lieu de **tenir pour acquis,** *à date pour **jusqu'à maintenant, à ce jour,** le *harnachement d'un cours d'eau au lieu de l'**aménagement hydroélectrique.**
LES MOTS ANGLAIS	Emploi de mots ou d'expressions empruntés directement à l'anglais, alors que le français dispose déjà de mots pour désigner ces notions.
	Ex. : *computer pour **ordinateur,** *opener pour **ouvre-bouteille,** *bumper pour **pare-chocs**, *refill pour **recharge.**

Un rôle intermédiaire

Dans certains cas, l'anglais n'a joué qu'un rôle d'intermédiaire. C'est par le biais de l'anglais que certains mots d'origine étrangère, le latin par exemple, sont utilisés en français, contrairement à l'usage.

Ex. : *item, *ante meridiem (A.M.), *senior, *versus.

☞ angoiss**ant.**

angoisse n. f.
Sensation d'anxiété morale, d'inquiétude profonde.

angoisser v. tr.
Causer de l'angoisse à quelqu'un. *L'obscurité angoisse un peu cet enfant.*

angolais, aise adj. et n. m. et f.
De l'Angola. *Le drapeau angolais. Un Angolais, une Angolaise.*
☞ L'adjectif s'écrit avec une minuscule; le nom, avec une majuscule.

angora adj. inv. en genre et n. m. et f.
• **Adjectif.** Se dit d'animaux à poil long et soyeux. *Des chattes angoras.*
• **Nom masculin ou féminin.** Animal à poil long et soyeux. *Ce lapin est un angora. Cette chèvre est une angora.*
☞ L'adjectif ou le nom conserve la même forme au masculin et au féminin. *Une chatte angora, une angora.*

• **Nom masculin.** Textile. *Un tricot en angora bleu. Des angoras.*

anguille n. f.
👄 Le *u* ne se prononce pas [ɑ̃gij].
• Poisson d'eau douce, de forme allongée. *Une matelote d'anguille.*
• *Il y a anguille sous roche.* Il y a une chose cachée que l'on soupçonne.
☞ anguille.

angulaire adj.
• Qui comporte un ou plusieurs angles.
• *Pierre angulaire.* (Fig.) Élément fondamental.
☞ Ne pas confondre avec **anguleux,** qui a des angles aigus.

anguleux, euse adj.
Qui a des angles aigus. *Un profil anguleux.*
☞ Ne pas confondre avec **angulaire,** qui comporte un ou plusieurs angles.

angusture ou **angustura** n. f.
Écorce tonique ou fébrifuge fournie par certains ar-

bustes d'Amérique du Sud.

anhydre adj.
(Chim.) Qui ne contient pas d'eau.
⇨ anhydre.

anicroche n. f.
(Fam.) Contretemps. *La rencontre a eu lieu sans ani-croche.*
☞ Attention au genre féminin de ce nom : *une* ani-croche.

aniline n. f.
Colorant.

animadversion n. f.
(Litt.) Réprobation.

animal, ale, aux n. m. (pl. *animaux*)
• **Adjectif.** Propre aux animaux (par opposition à *vé-gétaux* et *minéraux*). *Le règne animal. Les fonctions animales.*
• **Nom masculin.** Être vivant organisé. *L'homme est un animal doué de raison. Des animaux sauvages.*
V. Tableau - **ANIMAUX.**

animalcule n. m.
Animal microscopique. *Un animalcule coloré.*

animalerie n. f.
• Lieu où se trouvent, dans un laboratoire, les ani-maux destinés aux expériences scientifiques.
• Magasin se spécialisant dans la vente de petits ani-maux et d'articles les concernant. (Recomm. off. OLF) *Acheter un chat à l'animalerie* (et non au *pet shop).

animalier, ière adj. et n. m. et f.
• **Adjectif**
- Qui concerne les animaux. *Une gravure animalière.*
- *Parc animalier.* Où les animaux vivent en liberté.
• **Nom masculin et féminin**
- Artiste qui représente les animaux.
- Personne chargée de l'entretien des animaux dans un laboratoire, un zoo.

animalité n. f.
Ensemble des caractéristiques qui constituent l'animal.

animateur n. m.
animatrice n. f.
• Présentateur d'une émission (radio, télévision), d'un spectacle, etc.
• Spécialiste de l'animation, de l'organisation d'activités dans une collectivité.

animation n. f.
• Action d'animer un groupe, de créer des relations entre les personnes.
• Vivacité, entrain. *Ils discutaient avec animation.*

animé, ée adj.
• Doué de vie. *Les animaux sont des êtres animés.*
• Plein de vivacité, d'activité. *Une réunion animée.*
• *Être animé.* Être vivant. *Les animaux sont des êtres animés.*
• *Dessin animé.* Film composé de dessins qui s'en-chaînent pour donner l'apparence du mouvement. *Des dessins animés amusants.*
Ant. inanimé.

animer v. tr., pronom.
• **Transitif**
- Donner de la vie, du dynamisme (à un groupe, un lieu, etc.).
- Inciter, inspirer. *Elle était animée des meilleures in-tentions.*
• **Pronominal**
Devenir vivant, s'exciter. *Quand il l'aperçut, il s'anima aussitôt.*

animisme n. m.
Croyance qui attribue une âme aux choses, aux ani-maux.

animiste adj. et n. m. et f.
• **Adjectif.** Relatif à l'animisme.
• **Nom masculin et féminin.** Partisan de l'animisme.

animosité n. f.
Antipathie.

anis n. m.
⇨ Le *s* se prononce ou non, [anis] ou [ani].
Substance aromatique. *Une liqueur à l'anis.*

aniser v. tr.
Parfumer à l'anis.

anisette n. f.
Liqueur d'anis.

ankylose n. f.
Abolition plus ou moins complète des mouvements d'une articulation. *Ankylose du genou.*
⇨ ankylose.

ankylosé, ée adj.
Atteint d'ankylose. *Une jambe ankylosée.*
⇨ ankylosé.

ankyloser v. tr., pronom.
• **Transitif**
Produire une ankylose. *Ce voyage l'a ankylosé.*
• **Pronominal**
- Être atteint d'ankylose. *Ses muscles s'ankylosent.*
- (Fig.) Se scléroser. *En vieillissant, ils se sont ankylo-sés.*
⇨ ankyloser.

annal, ale, aux adj.
(Dr.) Qui ne dure qu'un an. *Des prescriptions annales.*
Hom. :
- *anal,* relatif à l'anus;
- *annales,* histoire.

annales n. f. pl.
Histoire.
Hom. :
- *anal,* relatif à l'anus;
- *annal,* qui ne dure qu'un an.

annaliste n. m. et f.
Historien qui écrit des annales.
Hom. *analyste,* spécialiste de l'analyse.

annamite adj. et n. m. et f.
De l'Annam, région centrale du Viêt-nam.
☞ L'adjectif s'écrit avec une minuscule; le nom, avec une majuscule.
☞ Ne pas confondre avec *amanite,* champignon.

ANIMAUX

Les animaux **domestiques** vivent à la maison, servent aux besoins de l'homme ou à son agrément, et sont nourris, logés et protégés par lui, tandis que les animaux **sauvages** vivent dans les forêts, les déserts, en liberté.

Les animaux **terrestres** vivent sur terre, les animaux **aquatiques,** dans l'eau et les **amphibies,** aussi bien sur terre que dans l'eau.

Les animaux **carnivores** se nourrissent de chair, les **herbivores,** d'herbes, les **frugivores,** de fruits ou de graines, les **granivores,** exclusivement de graines, les **insectivores,** d'insectes et les **omnivores,** à la fois de végétaux et d'animaux.

Les **ovipares** se reproduisent par des œufs, les **vivipares** mettent au monde des petits vivants.

LES NOMS ET LES BRUITS D'ANIMAUX

Le nom de l'animal désigne généralement et le mâle et la femelle.

Ainsi, on dira *une autruche mâle* pour la différencier de la femelle, *une couleuvre mâle,* ou *un gorille femelle* pour le distinguer du mâle, *une grenouille mâle* ou *femelle.*

Cependant, le vocabulaire des animaux qui nous sont plus familiers comporte parfois des désignations spécifiques du mâle, de la femelle, du petit, des cris ou des bruits, de l'accouplement ou de la mise bas.

MÂLE	FEMELLE	PETIT	BRUIT
abeille, faux bourdon	reine (mère), ouvrière	larve, nymphe	bourdonne
aigle (un)	aigle (une)	aiglon, aiglonne	glapit, trompette
alouette mâle	alouette femelle		turlute
âne	ânesse	ânon	brait
bouc	chèvre	chevreau, chevrette	bêle, chevrote
bœuf, taureau	vache, taure	veau, génisse	meugle, beugle
buffle	bufflonne	buffletin, bufflette	mugit, souffle
canard	cane	caneton	nasille
carpe	carpe	carpeau	elle est muette!
cerf	biche	faon	brame
chameau	chamelle	chamelon	blatère
chat, matou	chatte	chaton	miaule, ronronne
cheval, étalon	jument	poulain, pouliche	hennit
chevreuil	chevrette	faon, chevrotin	brame
chien	chienne	chiot	aboie, jappe, hurle, grogne (h)ulule
chouette mâle	chouette femelle		
cigale mâle	cigale femelle		chante, stridule
cigogne mâle	cigogne femelle	cigogneau	craquette
cochon, porc, verrat	truie	goret, porcelet, pourceau	grogne, grouine
colombe	colombe		roucoule
coq	poule	poussin	chante (coq), glousse (poule)
corbeau mâle	corbeau femelle	corbillat	croasse
crocodile mâle	crocodile femelle		pleure, vagit
daim	daine	faon	brame
dindon	dinde	dindonneau	glouglloute
éléphant	éléphante	éléphanteau	barrit
faisan	faisane	faisandeau	criaille
geai mâle	geai femelle		cajole
grenouille mâle	grenouille femelle	grenouillette, têtard	coasse

suite ➡

hibou mâle	hibou femelle		hulule
hirondelle mâle	hirondelle femelle	hirondeau	gazouille, tridule
jars	oie	oison	criaille, jargonne
lapin	lapine	lapereau	clapit, glapit
lièvre	hase	levraut	vagit
lion	lionne	lionceau	rugit
loup	louve	louveteau	hurle
marmotte mâle	marmotte femelle		siffle
merle	merlette	merleau	flûte, siffle
moineau mâle	moineau femelle		pépie
mouton, bélier	brebis	agneau, agnelle, agnelet	bêle
ours	ourse	ourson	gronde, grogne
paon	paonne	paonneau	braille
perdrix mâle	perdrix femelle	perdreau	cacabe, glousse
perroquet mâle	perroquet femelle		parle, cause
perruche mâle	perruche femelle		jacasse, siffle
pie mâle	pie femelle		jacasse, jase
pigeon	pigeonne	pigeonneau	roucoule
pintade mâle	pintade femelle	pintadeau	cacabe, criaille
rat	rate	raton	chicote, couine
renard	renarde	renardeau	glapit
rhinocéros mâle	rhinocéros femelle		barète, barrit
rossignol mâle	rossignol femelle	rossignolet	chante, trille
sanglier	laie	marcassin	grumelle, grommelle
serpent mâle	serpent femelle	serpenteau	siffle
singe	guenon		crie, hurle
souris mâle	souris femelle	souriceau	chicote
tigre	tigresse		râle, feule
tourterelle mâle	tourterelle femelle	tourtereau	roucoule
zèbre mâle	zèbre femelle		hennit

Les animaux hybrides

Certains animaux proviennent du croisement de deux races, de deux espèces différentes. *Le mulet, la mule proviennent d'une jument et d'un âne.*

Reproduction des animaux

Pour se reproduire, *l'âne **saillit**, le bélier **lutte**, l'étalon et le taureau **montent** ou **saillissent**, le lapin, le lièvre **bouquinent**, l'oiseau mâle **côche**, les oiseaux **s'apparient**, le poisson **fraye**...*

La mise bas se nomme différemment selon les animaux : *la brebis **agnelle**, la biche et la chevrette **faonnent**, la chatte **chatte**, la chèvre **chevrote**, la chienne **chienne**, la jument **pouline**, la lapine **lapine**, la louve **louvette**, la truie **cochonne**, la vache **vêle**...*

anneau n. m. (pl. *anneaux*)
• Cercle de métal servant à attacher. *Les anneaux d'une chaîne.*
• Bijou circulaire sans pierre qui se porte au doigt. *L'anneau pastoral des évêques.*

année n. f.

• Symbole *a* (s'écrit sans point).
• Période de douze mois. *Quinze années se sont écoulées. L'année compte 365 jours, sauf si elle est bissextile.*
• **Année bissextile.** Année qui revient tous les quatre ans et qui compte 366 jours (le mois de février a 29 jours).
⌥— 1° Dans la transcription de la date, il est toujours préférable d'inscrire le millésime plutôt que de se limiter aux deux derniers chiffres. On écrira donc *1992* (et non *92 ou *'92). Dans la plupart des cas, l'année se compose en chiffres arabes. *Elle est née le 31 juillet 1976.*
　2° Par rapport au nom *an* qui marque la date, l'âge, le nom *année* insiste sur la durée, l'écoulement du temps.
• **Année civile.** Période de 12 mois commençant le 1er janvier et se terminant le 31 décembre. *Il ne faut pas confondre l'**année civile** (et non l'*année de calendrier) avec l'**exercice financier** (et non l'*année fiscale).*
• **Année scolaire.** Temps qui s'écoule depuis l'ouverture des classes jusqu'aux grandes vacances. (Recomm. off. OLF)
• **Année universitaire.** Dans un établissement universitaire, année scolaire. (Recomm. off. OLF)

***année académique**
Calque de l'anglais «academic year» au sens de **année scolaire, année universitaire.**

***année de calendrier**
Calque de l'anglais «calendar year» au sens de **année civile.**

***année fiscale**
Calque de l'anglais «fiscal year» au sens de **exercice** (financier), **exercice** (comptable).

***année longue (à l')**
Calque de l'anglais «all year long» au sens de **à longueur d'année.**

année-lumière n. f. (pl. *années-lumière*)
• Symbole *al* (s'écrit sans point).
• Unité de mesure astronomique.
⌥— On dit aussi **année de lumière.**

anneler v. tr.
Disposer en anneaux, boucler.

annexe adj. et n. f.
• **Adjectif.** Qui se rattache à une chose principale en la complétant. *Des constructions annexes.*
• **Nom féminin.** Document composé de commentaires, tableaux, etc. qui n'ont pu trouver place dans le texte et qui complète un ouvrage. *On trouvera en an-*

nexe une carte géographique.
⌥— Les annexes ne constituent pas des subdivisions, mais des parties indépendantes qui seront numérotées en chiffres romains.
⌥— Ne pas confondre avec le nom **appendice,** supplément joint à la fin d'un ouvrage.
⇨ annexe.

annexé, ée adj. et adv.
Joint à un objet principal.
V. **ci-annexé.**

annexer v. tr., pronom.
• **Transitif**
- Rattacher à un objet principal. *Annexer des graphiques à un document.*
- Faire passer un territoire sous la souveraineté d'un autre État.
• **Pronominal**
(Fam.) S'attribuer.
⇨ annexer.

annexion n. f.
Action d'annexer. *L'annexion d'une ville à une autre.*
⇨ annexion.

annexionnisme n. m.
Théorie qui préconise l'annexion des petits États aux grands États voisins.

annihilation n. f.
Suppression totale.
⇨ annihilation.

annihiler v. tr.
Supprimer complètement, réduire à rien. *Cette guerre a annihilé tous nos efforts.*
⌥— Contrairement au verbe **anéantir** qui peut être construit avec des compléments désignant des choses matérielles ou immatérielles, des animaux ou des personnes, le verbe **annihiler** ne peut avoir comme compléments que des choses non matérielles.
⇨ annihiler.

anniversaire adj. et n. m.
• **Adjectif.** Qui rappelle un évènement arrivé à pareille date. *Une messe anniversaire.*
• **Nom masculin.** Jour où l'on fête un évènement survenu le même jour une ou plusieurs années avant. *Demain, nous fêterons son anniversaire : elle aura 15 ans. L'année 1992 a marqué le 350e anniversaire de la fondation de Montréal.*
⌥— 1° On confond souvent **fête** et **anniversaire** : la **fête** désigne le jour de la fête du saint dont on porte le nom.
　2° On célèbre, on fête un anniversaire, mais *«commémorer un anniversaire» est un pléonasme.
⇨ anniversaire.

annonce n. f.
• Action de faire connaître. *L'annonce de la victoire des alliés.*
• Avis oral ou écrit. *Ils ont loué ce chalet grâce aux petites annonces du journal.*
• Signe précurseur. *L'annonce du printemps.*
⌥— Attention au genre féminin de ce nom : *une* annonce.

annoncer v. tr., pronom.
Le *c* prend une cédille devant les lettres *a* et *o*. *Il annonça, nous annonçons.*
• **Transitif**
- Communiquer, rendre public. *Annoncer une nomination.*
- Prédire. *Cet astrologue avait annoncé le tremblement de terre.*
- Laisser présager. *Ces hirondelles annoncent le printemps.*
• **Pronominal**
Apparaître comme prochain. *Les vacances s'annoncent.*

*****annonces classées**
Calque de l'anglais «classified ads» pour *petites annonces.*

annonceur n. m.
annonceure n. f.
• Personne ou entreprise qui paie un message publicitaire.
• Présentateur, commentateur.
• Se dit en France, *speaker, speakerine.*

annonciateur, trice adj. et n. m. et f.
• **Adjectif.** Qui présage. *Un sourire annonciateur de plaisir.*
• **Nom masculin et féminin.** Celui ou celle qui prédit une époque nouvelle.

annotateur, trice n. m. et f.
Commentateur d'un texte.

annotation n. f.
Remarque explicative, note inscrite sur un texte. *L'auteur a fait des annotations dans la marge.*
⟹ annotation.

annoter v. tr.
Ajouter des notes à un texte. *Annoter un livre.*
⟹ annoter.

annuaire n. m.
Recueil annuel de renseignements divers. *L'annuaire du téléphone.*
▷— Ne pas confondre avec le nom *annulaire,* quatrième doigt de la main.

annualité n. f.
Caractère de ce qui est annuel.
▷— Ne pas confondre avec le nom *annuité,* paiement annuel.

annuel, elle adj.
• Qui a lieu tous les ans. *Un rapport annuel.*
• Qui ne dure qu'un an, qu'une saison. *Des plantes annuelles.*
V. Tableau - **PÉRIODICITÉ ET DURÉE.**

annuellement adv.
Chaque année; par an.

annuité n. f.
Paiement annuel.
▷— Ne pas confondre avec le nom *annualité,* périodicité annuelle.

annulaire adj. et n. m.
Le quatrième doigt de la main, celui qui porte l'anneau.

▷— Ne pas confondre avec le nom *annuaire,* recueil annuel.
⟹ annulaire.

annulation n. f.
Action de rendre nul; son résultat. *L'annulation d'un record de vitesse.*
⟹ annulation.

annuler v. tr.
• Rendre nul. *Le comité olympique annule les records de vitesse des coureurs qui ont consommé des substances interdites.*
• Supprimer. *Les cours ont été annulés* (et non *cancellés) *en raison de la tempête de neige.*
⟹ annuler.

anoblir v. tr.
Conférer un titre de noblesse à.
▷— Ne pas confondre avec le verbe *ennoblir,* rendre noble, digne de (au sens moral).

anoblissement n. m.
Action d'anoblir; résultat de cette action.

anode n. f.
Électrode positive (par opposition à *cathode*).

anodin, ine adj.
Insignifiant, sans danger. *Des reproches anodins.*
⟹ anodin.
Ant. **grave.**

anodisation n. f.
Oxydation superficielle d'un métal.

anodiser v. tr.
Procéder à l'anodisation d'un métal. *Les accessoires en aluminium anodisé sont en vogue.*

anomal, ale, aux adj.
Qui fait exception à la règle, à la norme générale. *Un pluriel anomal.*
▷— Ne pas confondre avec l'adjectif *anormal,* qui présente un écart par rapport à la norme.

anomalie n. f.
Écart par rapport à une norme, exception à la règle.
V. Tableau - **ANOMALIES ORTHOGRAPHIQUES.**

anomie n. f.
Absence d'organisation.

ânon n. m.
Petit de l'âne.
⟹ ânon.

ânonnement n. m.
Action d'ânonner.
⟹ ânonnement.

ânonner v. tr., intr.
Parler en hésitant. *Ânonner sa leçon.*
⟹ ânonner.

anonymat n. m.
Caractère de ce qui est anonyme. *Elle préfère garder l'anonymat.*
⟹ anonymat.

anonyme adj. et n. m. et f.
Dont on ignore le nom de l'auteur. *Une lettre, un*

appel *anonyme.*

☞— Ne pas confondre avec le mot *incognito,* qui ne veut pas être reconnu.

▭▷ anonyme.

anonymement adv.

De façon anonyme.

▭▷ anonymement.

anorak n. m.

👄 Le **k** est sonore [anɔrak].

Veste chaude généralement à capuchon. *Ces skieurs portent des anoraks rouges.*

☞— Ce nom qui vient de l'inuktitut signifie «vent».

anorexie n. f.

Perte pathologique de l'appétit; refus de s'alimenter.

▭▷ anorexie.

anorexique adj. et n. m. et f.

Qui souffre d'anorexie. *Cette adolescente est anorexique.*

▭▷ anorexique.

anormal, ale, aux adj. et n. m. et f.

Contraire à la norme. *Il fait un froid anormal pour cette saison. Des résultats anormaux.*

☞— Ne pas confondre avec l'adjectif *anomal,* qui fait exception à la règle, à la norme générale.

Ant. **normal.**

ANOMALIES ORTHOGRAPHIQUES

Certains mots d'une même origine, d'une même famille ont une orthographe distincte.

À titre indicatif, voici quelques mots dont il faut se méfier :

asepsie	et	aseptique
battu	et	courbatu
bonhomme	et	bonhomie
combattant	et	combatif
concourir	et	concurrence
consonne	et	consonance
donner	et	donation
exclu	et	inclus
hypothèse	et	hypoténuse
imbécile	et	imbécillité
interpeller	et	appeler
mamelle	et	mammifère
nommer	et	nomination
pomme	et	pomiculteur
psychose	et	métempsycose
relais	et	délai
siffler	et	persifler
souffler	et	boursoufler
spacieux	et	spatial
tonnerre	et	détonation...

anormalement adv.

De façon anormale.

anovulatoire adj.

Qui ne présente pas d'ovulation.

anse n. f.

• Partie saillante et recourbée par laquelle on prend certains objets. *L'anse d'une tasse.*

• (Géogr.) Petite baie. *L'anse de Vaudreuil.*

antagonisme n. m.

Opposition entre des personnes, des groupes, des doctrines.

antagoniste adj. et n. m. et f.

• **Adjectif.** Contraire.

• **Nom masculin et féminin.** Adversaire, personne en conflit avec une autre.

☞— Ne pas confondre avec le nom *protagoniste,* personne qui joue un rôle important dans une pièce de théâtre et, au figuré, dans une affaire.

antan (d') loc. adj.

(Litt.) D'autrefois, du temps passé. *Mais où sont les neiges d'antan?* (François Villon)

☞— Le mot *antan* est toujours complément d'un nom auquel il se rattache par la préposition *de.*

antarctique adj. et n. m.

👄 Le **c** se prononce [ɑ̃tarktik].

• **Adjectif.** Relatif au pôle Sud. *Le climat antarctique est très froid.*

• **Nom masculin.** Continent à l'intérieur du cercle polaire austral. *Les glaces de l'Antarctique.*

☞— Dans les dénominations géographiques où l'adjectif précise le générique, l'adjectif prend la majuscule. *L'océan Antarctique.*

Ant. **arctique.**

▭▷ antarctique.

anté- préf.

• Élément du latin signifiant «avant». *Antérieur.*

• Les mots composés avec le préfixe *anté-* s'écrivent sans trait d'union.

antécédent, ente adj. et n. m.

• **Adjectif**

Qui précède dans le temps.

• **Nom masculin**

- Fait antérieur.

- (Gramm.) Mot ou groupe de mots représentés par le pronom qui dispense de les répéter. *Dans la phrase «Les enfants qui jouaient dehors...», le nom **enfants** est l'antécédent du pronom **qui.***

• **Nom masculin pluriel**

Actes antérieurs de quelqu'un. *Avoir de bons, de mauvais antécédents. Définir les antécédents médicaux d'un patient* (et non *faire son histoire de cas»).

☞— Ce nom s'emploie en bonne ou mauvaise part.

antéchrist n. m.

Ennemi du Christ. *Des antéchrists.*

antédiluvien, ienne adj.

• Qui a existé avant le déluge.

• (Fig.) Démodé, très ancien.

☞— Attention à la graphie fautive *«antidiluvien».

antenne n. f.
• Appendice mobile de la tête de certains insectes et crustacés. *Les abeilles ont des antennes, les homards également.*
• ***Avoir des antennes.*** (Fam.) Avoir de l'intuition.
• Appareil destiné à capter les ondes électromagnétiques. *Une antenne parabolique.*
• Avant-poste médical.
☞ Attention au genre féminin de ce nom : ***une*** antenne.
⟹ antenne.

antépénultième adj. et n. f.
• **Adjectif.** Qui vient avant l'avant-dernier.
• **Nom féminin.** (Ling.) Syllabe qui précède la pénultième.

antérieur, eure adj.
Qui est avant par rapport au temps ou au lieu. *Cette œuvre est antérieure à celle que nous avons vue.*
☞ L'adjectif ***antérieur*** étant un comparatif, on évitera les constructions *plus antérieur, *moins antérieur. Par contre, la construction avec le superlatif ***très*** est possible. *Ce texte est très antérieur à ceux de la bibliothèque.*
Ant. **postérieur.**

antérieurement adv.
Avant, précédemment.

antériorité n. f.
Priorité de temps.

anthère n. f.
Partie supérieure de l'étamine qui renferme le pollen.
⟹ anthère.

anthologie n. f.
Recueil de morceaux choisis.

anthracite adj. inv. et n. m.
• **Nom masculin.** Charbon. *Un anthracite très pur.*
☞ Attention au genre masculin de ce nom : ***un*** anthracite.
• **Adjectif de couleur invariable.** De la couleur gris foncé du charbon. *Des robes anthracite.*
V. Tableau - **COULEUR (ADJECTIFS DE).**

anthrax n. m.
Ensemble de furoncles.

-anthrope, -anthropie, -anthropique suff.
Éléments du grec signifiant «homme». *Philanthrope.*

anthropo- préf.
Élément du grec signifiant «homme». *Anthropologie.*

anthropocentrique adj.
Propre à l'anthropocentrisme.

anthropocentrisme n. m.
Conception qui considère l'homme comme le centre de l'univers.

anthropogenèse n. f.
Étude des origines de l'homme.
⟹ anthropogenèse.

anthropologie n. f.
Ensemble des sciences qui étudient l'homme, les sociétés humaines.
⟹ anthropologie.

anthropologique adj.
Relatif à l'anthropologie.
⟹ anthropologique.

anthropologue n. m. et f.
Spécialiste de l'anthropologie.
⟹ anthropologue.

anthropométrie n. f.
Mesure de différentes parties du corps de l'homme. *L'étude des empreintes digitales est l'un des procédés de l'anthropométrie.*

anthropométrique adj.
Qui relève de l'anthropométrie. *Une fiche anthropométrique.*

anthropomorphisme n. m.
Conception attribuant à la divinité une forme humaine.

anthropophage adj. et n. m. et f.
Qui mange de la chair humaine, cannibale.
⟹ anthropophage.

anthropophagie n. f.
Cannibalisme.
⟹ anthropophagie.

anthropopithèque n. m.
Primate fossile intermédiaire entre le singe et l'homme.

anti- préf.
• Élément du grec signifiant «contre». *Antibruit, antigel.*
• Élément du latin signifiant «avant». *Antidater.*
• Les mots composés avec le préfixe ***anti-*** s'écrivent généralement sans trait d'union. *Antiaérien, un produit antibuée.*
☞ Les mots composés avec le préfixe ***anti-*** s'écrivent avec un trait d'union :
- lorsque le deuxième mot commence par un ***i*** : *anti-inflammatoire, anti-infectieux;*
- lorsqu'ils sont formés pour la circonstance : *anti-tout, anti-cinéma;*
- lorsqu'ils comportent trois éléments : *anti-sous-marin;*
- lorsqu'ils sont constitués d'un nom propre : *un mouvement anti-Québec, l'Anti-Liban.*
Pluriel des mots composés avec le préfixe *anti-* :
1° ***Anti*** + adjectif.
- L'adjectif composé du préfixe ***anti-*** suivi d'un adjectif s'accorde en genre et en nombre avec le nom auquel il se rapporte. *Des surfaces antidérapantes.*
- Le nom composé du préfixe ***anti-*** suivi d'un adjectif prend la marque du pluriel. *Des antibiotiques.*
2° ***Anti*** + nom au pluriel (par le sens).
L'adjectif et le nom composés du préfixe ***anti-*** suivis d'un nom pluriel (par le sens) sont invariables. Plusieurs de ces mots composés ont une orthographe flottante selon que l'on a considéré l'unité ou la pluralité lors de la composition du mot. *Un produit antimite ou antimites.*
3° ***Anti*** + nom d'un inconvénient (contre quoi on lutte).

- L'adjectif composé du préfixe ***anti-*** suivi d'un nom désignant un inconvénient contre lequel on lutte est invariable. *Des campagnes antitabac. Des écrans antibruit.*
- Le nom composé du préfixe ***anti-*** suivi d'un nom désignant un inconvénient contre lequel on lutte prend la marque du pluriel. *Des antigels, des antivols.*

antiadhésif, ive adj. et n. m.
Se dit d'un revêtement qui empêche les adhérences. *Cette poêle est recouverte d'un antiadhésif.*

antiaérien, ienne adj.
Qui protège des attaques aériennes. *Des missiles antiaériens.*

antialcoolique adj.
Qui combat l'abus de l'alcool. *Des associations antialcooliques.*

antiallergique adj.
Propre à prévenir, à traiter les allergies.

antiaméricain, aine adj.
Hostile aux Américains. *Des slogans antiaméricains.*

antiapartheid adj. inv.
Les lettres ***ei*** se prononcent ***è*** [ɑ̃tiapartɛd].
Contre le régime de ségrégation raciale d'Afrique du Sud. *Des politiques antiapartheid.*
antiapart**heid**.

antiasthmatique adj. et n. m.
Se dit d'un médicament propre à combattre, à apaiser l'asthme. *Des médicaments antiasthmatiques.*

antiatomique adj.
Qui s'oppose aux effets des radiations atomiques. *Des abris antiatomiques.*

antibactérien, ienne adj. et n. m.
Qui combat les bactéries. *Des produits antibactériens. Des antibactériens.*

antibiotique adj. et n. m.
Produit chimique destiné à lutter contre les infections. *Des médicaments antibiotiques. Des antibiotiques.*

antibrouillard adj. inv. et n. m.
Qui éclaire malgré le brouillard. *Des phares antibrouillard. Des antibrouillards.*
L'adjectif est invariable, alors que le nom prend la marque du pluriel.

antibruit adj. inv.
Qui protège du bruit. *Des murs antibruit.*

antibuée adj. inv.
Qui empêche ou limite la formation de la buée. *Des produits antibuée.*

anticancéreux, euse adj. et n. m.
Qui s'emploie pour prévenir ou traiter le cancer. *Des cliniques anticancéreuses. Des anticancéreux.*

antichambre n. f.
Vestibule, salle d'attente. *Des antichambres désertes.*

antichar(s) adj. inv.
Qui s'oppose à l'action des blindés. *Des obus antichar(s).*

antichoc(s) adj. inv.
Qui limite ou supprime les heurts. *Des pièces antichoc(s).*

anticipation n. f.
• Action d'anticiper, d'imaginer le futur. *Un film d'anticipation.*
• Prévision.
• ***Par anticipation.*** Par avance.

anticipé, ée adj.
Qui se produit avant. *Des remerciements anticipés, une retraite anticipée.*

anticiper v. tr., intr.
• **Transitif direct**
Exécuter avant la date prévue. *Anticiper des paiements.*
• **Transitif indirect**
- Empiéter sur. *N'anticipez pas sur vos revenus.*
- Prévoir. *Anticiper sur l'évolution de la situation.*
- (Absol.) *N'anticipons pas, laissons-lui le soin de nous raconter.*

anticlérical, ale, aux adj. et n. m. et f.
• Qui est hostile à l'égard du clergé. *Des textes anticléricaux.*
• Qui s'oppose à l'influence du clergé dans la politique.

anticléricalisme n. m.
• Hostilité à l'égard du clergé.
• Opposition à l'ingérence du clergé dans la politique.

anticoagulant, ante adj. et n. m.
Le ***o*** est ouvert [ɑ̃tikɔagylɑ̃, ɑ̃t].
Qui empêche ou retarde la coagulation du sang. *Des produits anticoagulants. Des anticoagulants.*

anticolonialisme n. m.
Opposition au colonialisme.

anticommunisme n. m.
Opposition au communisme.

anticommuniste adj. et n. m. et f.
Hostile au communisme. *Des écrits anticommunistes.*

anticonceptionnel, elle adj.
Propre à prévenir la grossesse. *Des procédés anticonceptionnels.*
Le mot ***contraceptif*** est plus couramment utilisé aujourd'hui.

anticonformisme n. m.
Opposition aux traditions, aux usages établis.

anticonformiste adj. et n. m. et f.
Qui s'oppose aux usages établis. *Des manifestations anticonformistes. Des anticonformistes.*

anticonstitutionnel, elle adj.
Contraire à la Constitution. *Des règlements anticonstitutionnels.*

anticonstitutionnellement adv.
De façon anticonstitutionnelle.

anticorps n. m.
Substance de défense qui est fabriquée par le corps en présence d'antigènes (microbes, substance chimique, etc.) avec lesquels elle se combine pour en neutraliser l'effet toxique.

anticyclone n. m.
Région de hautes pressions atmosphériques. *Des anticyclones.*
▭▷ anticyclone.
Ant. **dépression** (atmosphérique).

antidate n. f.
Date antérieure à la date véritable.

antidater v. tr.
Inscrire une date antérieure à la date véritable. *Antidater une lettre.*
▭← Ne pas confondre avec *postdater,* inscrire une date postérieure à la date véritable. *À la signature du bail, est-il illégal d'exiger des chèques postdatés?*

antidémocratique adj.
Contraire à la démocratie. *Des élections antidémocratiques.*

antidépresseur adj. m. et n. m.
Tranquillisant. *Des médicaments antidépresseurs.*
Syn. **antidépressif.**

antidépressif, ive adj. et n. m.
Tranquillisant. *Il prend constamment des antidépressifs. Des produits antidépressifs.*
Syn. **antidépresseur.**

antidérapant, ante adj.
Qui prévient le dérapage. *Des pneus antidérapants.*
▭▷ antidérapant.

antidétonant, ante adj. et n. m.
Se dit d'un additif ajouté à un carburant pour en augmenter l'indice d'octane. *Des carburants antidétonants. Des antidétonants.*

*antidiluvien
V. **antédiluvien.**

antidiurétique adj. et n. m.
Qui diminue la sécrétion urinaire. *Des comprimés antidiurétiques. Des antidiurétiques.*

antidopage adj. inv.
⟻ Le *o* est ouvert [ãtidɔpaʒ].
Qui s'oppose au dopage. *Des contrôles antidopage.*

antidote n. m.
Contrepoison. *Le lait est un antidote à plusieurs produits toxiques. L'activité est un excellent antidote à la mélancolie.*
▭← Le nom se construit avec les prépositions *de* ou *à.* Bien que jugée pléonastique, la construction avec la préposition *contre* est de plus en plus courante. *Un antidote contre le découragement.*
▭← Attention au genre masculin de ce nom : *un* antidote.

antiéblouissant, ante adj.
Propre à réduire l'éblouissement. *Des phares antiéblouissants.*

antiémétique adj.
Propre à combattre les vomissements. *Des médicaments antiémétiques. Des antiémétiques.*

antienne n. f.
⟻ Attention à bien prononcer le *t* [ãtjɛn].
• Verset chanté avant un psaume ou un cantique.

• Rengaine.

antifasciste adj. et n. m. et f.
⟻ Les lettres *sc* se prononcent *ch* [ãtifaʃist].
Qui s'oppose au fascisme. *Des défilés antifascistes. Des antifascistes.*

antifriction adj. et n. m. inv.
Qui réduit le frottement. *Des produits antifriction. Des antifriction.*

antifumée adj. inv. et n. m. inv.
Qui diminue les fumées. *Des produits antifumée. Des antifumée.*

anti-g adj. inv.
• Forme abrégée de *antigravitationnel.*
• Qui sert à réduire les effets de l'accélération ou de la décélération. *Une combinaison spatiale anti-g.*

antigang adj. inv. et n. m. inv.
Qui s'oppose aux gangs. *Des groupes antigang. Des antigang. La brigade antigang.*

antigel adj. inv. et n. m.
Substance qui abaisse le point de congélation d'un liquide. *Des substances antigel. Des antigels.*
▭← L'adjectif est invariable, alors que le nom prend la marque du pluriel.

antigène n. m.
Substance étrangère à l'organisme (microbe, substance chimique ou organique, etc.) capable d'entraîner la production d'anticorps. *Des antigènes dangereux.*

antigivre adj. inv. et n. m. inv.
Qui empêche la formation de givre. *Des liquides antigivre. Des antigivre.*
▭← L'adjectif et le nom sont invariables.

antigrippe adj. inv.
Des vaccins antigrippe.

antiguérilla adj. inv. et n. f.
Qui s'oppose à la guérilla. *Des tactiques antiguérilla.*

antihalo adj. inv. et n. m. inv.
Qui réduit l'effet de halo. *Des films antihalo. Des antihalo.*

antihistaminique adj. et n. m.
Propre à réduire les manifestations allergiques. *Des produits antihistaminiques efficaces. Des antihistaminiques.*

antihygiénique adj.
Contraire à l'hygiène. *Des pratiques antihygiéniques.*

anti-impérialisme n. m.
Opposition à l'impérialisme.

anti-impérialiste adj. et n. m. et f.
Opposé à l'impérialisme. *Des groupes anti-impérialistes. Des anti-impérialistes.*

anti-inflammatoire adj. et n. m.
Se dit d'un médicament qui prévient ou combat l'inflammation. *Des produits anti-inflammatoires. Des anti-inflammatoires.*

anti-inflationniste adj.
Qui lutte contre l'inflation. *Des propos anti-inflationnistes.*

antillais, aise adj. et n. m. et f.
Des Antilles. *Une danse antillaise. Un Antillais, une Antillaise.*
☞— L'adjectif s'écrit avec une minuscule; le nom, avec une majuscule.

antilope n. f.
Mammifère de l'ordre des ruminants à cornes creuses et effilées, au corps svelte, et dont la peau est recherchée pour la confection de vêtements.
☞— Ce nom est toujours féminin : *une* antilope *mâle.*
☞ antilo**pe.**

antimatière n. f.
Matière hypothétique composée d'antiparticules.

antimilitarisme n. m.
Doctrine qui s'oppose à l'esprit militaire.

antimissile adj. inv. et n. m.
Destiné à neutraliser l'action de missiles. *Des boucliers antimissile. Le pays a acheté des antimissiles.*
☞— L'adjectif est invariable, alors que le nom prend la marque du pluriel.

antimite(s) adj. inv. et n. m.
Se dit d'un produit qui protège les lainages contre les mites. *Vaporiser des produits antimite* ou *antimites. Un antimite* ou *antimites.*

antimoine n. m.
• Symbole *Sb* (s'écrit sans point).
• Métal d'un blanc bleuâtre.

antinational, ale, aux adj.
Contraire à l'intérêt national. *Des écrits antinationaux.*

antinévralgique adj. et n. m.
Se dit d'un médicament propre à calmer les névralgies. *Des médicaments antinévralgiques. Des antinévralgiques.*

antinomie n. f.
Contradiction réelle ou apparente entre deux conceptions, deux idées.
☞— Ne pas confondre avec le nom *antonymie,* juxtaposition de mots de sens contraire.

antinomique adj.
Contradictoire.

antiparasite(s) adj. inv. et n. m.
(Radio) Qui élimine l'audition des parasites.

antiparlementaire adj. et n. m. et f.
Opposé au régime parlementaire. *Des propos antiparlementaires. Des antiparlementaires.*

antipathie n. f.
Aversion naturelle irraisonnée, hostilité instinctive.
☞ antipathi**e.**
Ant. **sympathie.**

antipathique adj.
Qui inspire de l'antipathie. *Des paroles antipathiques.*
☞ antipathi**que.**
Ant. **sympathique.**

antiphrase n. f.
Emploi d'un mot, d'une phrase, dans un sens contraire à la véritable signification, par ironie ou par plaisanterie.

antipode n. m.
• Lieu de la terre diamétralement opposé au point où l'on se trouve. *La Nouvelle-Zélande est à l'antipode, aux antipodes de l'Europe.*
• Région très éloignée. *Mais c'est aux antipodes!*
• *À l'antipode de, aux antipodes de,* locutions prépositives. À l'opposé.
☞— Attention au genre masculin de ce nom : *un* antipode.

antipoison adj. inv. et n. m.
• **Adjectif invariable.** *Centre antipoison.* Se dit d'un établissement spécialisé dans le traitement des intoxications. *Des centres antipoison.*
• **Nom masculin.** Antidote. *Des antipoisons.*
☞— L'adjectif est invariable, alors que le nom prend la marque du pluriel.

antipollution adj. inv.
Destiné à réduire la pollution. *Des filtres antipollution.*
☞— Cet adjectif est invariable.

antiprotectionnisme n. m.
Doctrine qui s'oppose à la protection de l'économie nationale contre la concurrence étrangère.

antiquaille n. f.
(Péj.) Vieilleries.

antiquaire n. m. et f.
Personne qui fait le commerce des objets, des meubles anciens. *Madame Fougère est antiquaire.*
☞ antiqu**aire.**

antique adj. et n. m.
• **Adjectif**
- Qui appartient à l'Antiquité. *Les antiques coutumes grecques.*
- Très ancien. *Un vase antique.*
☞— Ne pas confondre avec les mots suivants :
- *ancien,* qui existe depuis longtemps;
- *archaïque,* trop ancien.
• **Nom masculin**
Art antique. *Imiter l'antique.*

*antiques
Anglicisme au sens de *antiquité.*

antiquité n. f.
• Époque des civilisations les plus anciennes. *Les pharaons appartiennent à l'Antiquité.*
☞— Lorsqu'il désigne une période historique précise, le mot *antiquité* prend la majuscule.
• Objets, meubles anciens. *Ces amphores sont des antiquités.*
☞— En ce sens, le nom s'écrit avec une minuscule.

antirabique adj.
Employé contre la rage. *Des vaccins antirabiques.*

antiracisme n. m.
Opposition aux théories racistes. *Le slogan «touche pas à mon pote» prône l'antiracisme.*

antiraciste adj. et n. m. et f.
Hostile au racisme.

antiradar adj. inv. et n. m.
Destiné à neutraliser les radars ennemis. *Des dispositifs antiradar. Des antiradars.*

☞ L'adjectif est invariable, alors que le nom prend la marque du pluriel.

antireflet(s) adj. inv.
Qui limite la réflexion de la lumière. *Des lunettes antireflet* ou *antireflets.*

antiréglementaire adj.
Contraire au règlement. *Des pratiques antiréglementaires.*

antirides adj. inv. et n. m. inv.
Se dit d'un produit destiné à prévenir les rides. *Une crème antirides. Des antirides.*

antirouille adj. inv.
Se dit d'une substance propre à prévenir l'apparition de la rouille. *Des produits antirouille.*
☞ Cet adjectif est invariable.

antisémite adj. et n. m. et f.
Hostile au peuple juif. *Des textes antisémites. Des antisémites.*

antisémitisme n. m.
Hostilité au peuple juif. *L'antisémitisme est une forme de racisme.*

antisepsie n. f.
Ensemble des procédés employés pour détruire les microbes.
☞ L'*asepsie* a pour objet de maintenir un milieu sans microbes, stérile.

antiseptique adj. et n. m.
Qui comporte des agents anti-infectieux. *Des produits antiseptiques.*
⇨ anti**s**eptique.

antisocial, ale, aux adj.
Contraire à l'ordre social. *Des mesures antisociales.*
☞ Ne pas confondre avec l'adjectif *asocial,* opposé à la vie sociale.

antisolaire adj.
Se dit d'un produit qui limite les effets du soleil sur la peau. *Des crèmes antisolaires.*

anti-sous-marin, ine adj.
Qui détecte les sous-marins. *Des dispositifs anti-sous-marins.*
☞ Contrairement aux autres mots composés avec *anti-,* le préfixe est joint au nom composé *sous-marin* par un trait d'union.

antisoviétique adj. et n. m. et f.
Opposé à ce qui est soviétique. *Des slogans antisoviétiques. Des antisoviétiques.*

antispasmodique adj. et n. m.
Qui combat les spasmes. *Des médicaments antispasmodiques. Des antispasmodiques.*

antistatique adj.
Qui réduit l'électricité statique. *Des tapis antistatiques.*

antitabac adj. inv.
Qui lutte contre l'usage du tabac. *Des campagnes antitabac.*
☞ Cet adjectif est invariable.

antitétanique adj.
Qui prévient ou combat le tétanos. *Des sérums antitétaniques.*

antithèse n. f.
Opposition de deux pensées.
☞ Attention au genre féminin de ce nom : *une* antithèse.

antithétique adj.
Contradictoire. *Des hypothèses antithétiques.*

antitoxine n. f.
Substance produite par l'organisme pour neutraliser les toxines.

antitrust(s) adj. inv.
Qui s'oppose à la création de trusts. *Une loi antitrust(s). Des lois antitrust(s).*

antituberculeux, euse adj.
Qui combat la tuberculose.

antitussif, ive adj. et n. m.
Qui calme la toux. *Des sirops antitussifs. Des antitussifs.*
⇨ antitu**s**sif.

antiulcéreux, euse adj. et n. m.
Se dit d'un médicament propre à réduire les ulcères de l'estomac.

antivénérien, ienne adj.
Qui est propre à combattre les affections vénériennes. *Des mesures antivénériennes.*

antivol adj. inv. et n. m.
Se dit d'un dispositif de sécurité destiné à empêcher les vols. *Des systèmes antivol. Installer des antivols.*
☞ L'adjectif est invariable, alors que le nom prend la marque du pluriel.

antonomase n. f.
Figure de rhétorique consistant à employer un nom propre comme nom commun. *Cet homme est un vrai Harpagon,* pour dire qu'il est avare (d'après le personnage de Molière).

antonyme n. m.
Mot qui a un sens opposé au sens d'un autre. *Les adjectifs petit et grand sont des antonymes.*
V. Tableau - **ANTONYMES.**

antonymie n. f.
Juxtaposition de mots de sens contraire. *La sombre lueur de ses yeux.*
☞ Ne pas confondre avec le nom *antinomie,* contradiction entre deux idées.

antre n. m.
Excavation naturelle, souvent occupée par des animaux. *L'antre du lion.*
☞ Contrairement aux synonymes féminins *caverne* et *grotte,* le nom *antre* est masculin : *un* antre.
Hom. *entre,* dans l'intervalle de.

anus n. m.
◇ Le *s* se prononce [anys].
Orifice extérieur du rectum.

anxiété n. f.
Inquiétude extrême. *François attend ses résultats*

avec anxiété, car il craint un échec.

anxieusement adv.
Avec anxiété.

anxieux, euse adj. et n. m. et f.
Qui éprouve de l'angoisse, de l'anxiété.

***anxieux de** (être)
Anglicisme au sens de **avoir hâte de.**

ANTONYMES

Les antonymes ou contraires sont des mots de même nature qui ont une signification opposée :

beauté	et	laideur
chaud	et	froid
allumer	et	éteindre
rapidement	et	lentement

☞— Ne pas confondre avec les mots suivants :

– **homonymes,** mots qui s'écrivent ou se pro-noncent de façon identique sans avoir la même signification :

air, aire, ère, hère;

– **paronymes,** mots qui présentent une ressem-blance d'orthographe ou de prononciation sans avoir la même signification :

acception (sens d'un mot)
acceptation (accord);

– **synonymes,** mots qui ont la même significa-tion ou une signification très voisine :

gravement, grièvement.

Voici quelques exemples d'antonymes :

ancien	et	moderne
antipathique	et	sympathique
baisser	et	monter
calmer	et	exciter
clair	et	sombre
court	et	long
difficilement	et	facilement
force	et	faiblesse
grand	et	petit
malheur	et	bonheur
minimal	et	maximal
public	et	privé
sec	et	humide
visibilité	et	invisibilité

V. Tableau – **HOMONYMES.**
V. Tableau – **PARONYMES.**
V. Tableau – **SYNONYMES.**

---

anxiolytique adj. et n. m.
Médicament propre à réduire l'anxiété.
▱ **anxiolytique.**

AOC
Sigle de **appellation d'origine contrôlée** (vins).

aorte n. f.
Artère. *L'aorte a été touchée.*
☞— Attention au genre féminin de ce nom : **une** aorte.

aortique adj.
Relatif à l'aorte.

août n. m.
👄 Les lettres **aoû** se prononcent **ou**, en une seule syllabe, et le *t* est muet [u].
• Le huitième mois de l'année. *Le 10 août.*
☞— Les noms de mois s'écrivent avec une minus-cule.
• **À la mi-août**, locution signifiant le quinze août.
▱ **août.**

aoûtien, ienne n. m. et f.
👄 Les lettres **aoû** se prononcent en deux syllabes **a-oû** et le *t* se prononce **s** [ausjɛ̃, jɛn].
Personne qui prend ses vacances au mois d'août.

apaisant, ante adj.
Qui apaise. *Des paroles apaisantes.*

apaisement n. m.
Action d'apaiser; résultat de cette action.

apaiser v. tr., pronom.
• **Transitif**
- Calmer. *Elle réussit à apaiser ses élèves turbulents.*
- Satisfaire un sentiment, un désir. *Apaiser sa soif.*
• **Pronominal**
Devenir calme. *Les flots se sont apaisés.*

apanage n. m.
• Privilège propre de quelqu'un, de quelque chose.
• **Être l'apanage de.** (Litt.) Appartenir en propre à.
• **Avoir l'apanage de.** Avoir le privilège, l'exclusivité de.
☞— L'expression *«apanage exclusif» est redondante.

à part loc. adv. et loc. prép.
• **Locution adverbiale.** À l'écart. *Prendre à part.*
• **Locution prépositive.** Excepté. *À part cet oubli, tout est parfait* (à non à part *de cet oubli).
☞— La locution se construit sans préposition.

aparté n. m.
• Entretien particulier. *Des apartés inquiétants.*
• **En aparté,** locution adverbiale. Tout bas.

apartheid n. m.
👄 Les lettres **ei** se prononcent **è** [apartɛd].
Régime de ségrégation raciale en Afrique du Sud. *La politique de l'apartheid.*
▱ apart**h**eid.

apathie n. f.
Indolence, inertie.
▱ apathie.

apathique adj. et n. m. et f.
Sans énergie, indolent.
▱ apathique.

apatride adj. et n. m. et f.
Personne sans nationalité légale. *Le statut des apatrides.*

apercevoir v. tr., pronom.
Le *c* prend une cédille devant les lettres *o* et *u*. *Il aperçoit, il aperçut.*
• **Transitif.** Découvrir au loin. *Il apercevait la lune très clairement.*
• **Pronominal.** Se rendre compte. *Elles se sont aperçues trop tard de leur erreur. Ils se sont aperçus que vous n'étiez pas là.*
☞ Le participe passé du verbe pronominal s'accorde toujours avec le sujet.
☞ apercevoir.

aperçu n. m.
Exposé sommaire. *Des aperçus qui vous laissent sur votre faim.*

apéritif, ive adj. et n. m.
• **Adjectif.** (Litt.) Qui ouvre l'appétit. *Une liqueur apéritive.*
• **Nom masculin.** Boisson alcoolique ou alcoolisée que l'on prend avant le repas.
☞ Après le repas, on prend un *digestif.*
☞ apéritif, contrairement à *appétit.*

apesanteur n. f.
État dans lequel les effets de la pesanteur sont annihilés. *Les cosmonautes flottent dans l'espace : ils sont en état d'apesanteur.*

à peu près loc. adv.
Environ. *Il était à peu près 10 heures.*
☞ La locution adverbiale s'écrit sans traits d'union : à peu près 10 dollars.

à-peu-près n. m. inv. (pl. *à-peu-près*)
Chose imprécise, vague. *Ces affirmations ne sont que des à-peu-près.*
☞ **à-peu-près**, avec des traits d'union.

apeurer v. tr.
Rendre craintif, effrayer.

aphasie n. f.
Perte de la faculté de parler.

aphasique adj. et n. m. et f.
Atteint d'aphasie.

aphérèse n. f.
Abrègement d'un mot par la suppression de lettres initiales. *Copieur se dit familièrement pour photocopieur par aphérèse.*
Ant. **apocope.**

aphone adj.
👄 Le *o* est ouvert [afɔn].
Qui est sans voix. *Il a une extinction de voix : il est aphone.*

aphorisme n. m.
Sentence, maxime énoncée en peu de mots. *«Qui a bu boira» est un aphorisme.*

aphrodisiaque adj. et n. m.
Qui excite, ou est censé exciter, le désir sexuel.

aphte n. m.
Petite ulcération. *L'aphte qu'il a dans la bouche est douloureux.*
☞ Attention au genre masculin de ce nom : *un* aphte.

aphteux, euse adj.
Qui s'accompagne d'aphtes. *La fièvre aphteuse.*

api n. m.
Pomme d'api. Petite pomme rouge vif.

à pic loc. adv.
• Abrupt. *Une falaise à pic.*
• (Fig.) Au bon moment. *Vous tombez à pic.*

à-pic n. m. (pl. *à-pics*)
Paroi abrupte d'un rocher. *Des à-pics terrifiants.*
☞ Le nom prend la marque du pluriel.

apicole adj.
👄 Le *o* est ouvert [apikɔl].
Qui est relatif à l'apiculture.

apiculteur n. m.
apicultrice n. f.
Personne qui élève des abeilles.

apiculture n. f.
Élevage des abeilles.
☞ Ne pas confondre avec *aviculture,* élevage des oiseaux, des volailles.
V. **agriculture.**

à pied d'œuvre loc. adv.
Prêt pour l'exécution d'un travail. *Nous sommes à pied d'œuvre : toute la documentation est rassemblée.*
☞ Contrairement à *main-d'œuvre* qui s'écrit avec un trait d'union, la locution **à pied d'œuvre** s'écrit sans trait d'union.

apitoiement n. m.
Compassion.
☞ apitoiement.

apitoyer v. tr., pronom.
Le *y* se change en *i* devant un *e* muet. *Il apitoie, il apitoiera.*
Le *y* est suivi d'un *i* à la première et à la deuxième personne du pluriel de l'indicatif imparfait et du subjonctif présent. *(Que) nous apitoyions, (que) vous apitoyiez.*
• **Transitif.** Exciter la pitié, la compassion de. *Elle essaie d'apitoyer son amie en exagérant ses problèmes.*
• **Pronominal.** Éprouver de la pitié. *Il s'apitoie sur le sort de ces réfugiés.*

ap. J.-C.
Abréviation de *après Jésus-Christ.*

APL n. m.
• Sigle de l'anglais «A Programming Language».
• (Inform.) Langage de programmation fondé sur une notation dense, concise et rigoureuse principalement utilisée dans les applications de gestion et dans la programmation scientifique.

aplanir v. tr.
• Rendre uni ce qui est inégal. *Aplanir un relief.*
• (Fig.) Adoucir, faire disparaître. *Aplanir les difficultés.*

aplanissement n. m.
Action d'aplanir.

aplat ou **à-plat** n. m.
Surface d'une seule teinte dans la langue des peintres, des imprimeurs. *Des aplats, à-plats.*

aplati, ie adj.
Rendu plat. *Une pâte aplatie.*

aplatir v. tr., pronom.
• **Transitif**
Rendre plat ce qui avait une forme ronde, pointue, etc. *Aplatir ses cheveux.*
• **Pronominal**
- S'écraser. *La boîte s'est aplatie.*
- (Fig.) S'humilier, faire des bassesses. *Il a tendance à s'aplatir devant son supérieur.*

aplatissement n. m.
Action d'aplatir; fait d'être aplati.

aplomb n. m.
• Direction verticale. *Cette cloison a perdu son aplomb.*
• Équilibre. *Il a sauté et retrouvé son aplomb.*
• Assurance, parfois excessive. *Elle répondit avec aplomb.*
• **D'aplomb,** locution adverbiale. En équilibre. *Cette table est bien d'aplomb.*
⇨ aplom**b.**

apnée n. f.
• Suppression momentanée de la respiration.
• **Plonger en apnée.** Plonger sans bouteille d'oxygène.
⇨ apnée.

apocalypse n. f.
◁ Le *o* est ouvert [apɔkalips].
• Dernier livre du Nouveau Testament attribué à saint Jean.
▷— En ce sens, le nom prend la majuscule.
• Fin du monde, catastrophe. *Une terrifiante apocalypse.*
⇨ apocalypse.

apocalyptique adj.
Qui ressemble à une apocalypse, catastrophique.
⇨ apoca**ly**ptique.

apocope n. f.
◁ Les *o* sont ouverts [apɔkɔp].
Abrègement d'un mot par la suppression des dernières lettres. *Cinéma* est l'apocope de *cinématographe*, *photo* de *photographie.*
Ant. **aphérèse.**

apocryphe adj.
Dont l'authenticité est douteuse. *Des écrits apocryphes.*
⇨ apoc**ry**phe.

apogée n. m.
• Point où un astre est à sa plus grande distance de la Terre.
• Le plus haut point d'élévation. *Il est à l'apogée de son art.*
▷— Compte tenu de la valeur superlative de ce mot, on évitera les expressions le ***«maximum», le ***«zénith de son apogée».

▷— Ne pas confondre avec le mot **apothéose,** triomphe.
▷— Attention au genre masculin de ce nom : **un** apogée.
Ant. **périgée.**
⇨ apogée.

apolitique adj.
Qui ne s'occupe pas de politique, qui professe la neutralité politique.

apollon n. m.
(Iron.) Éphèbe.

apologétique adj.
Qui contient une apologie.

apologie n. f.
Discours ou écrit qui a pour objet de défendre, de justifier une personne, une doctrine. *L'apologie du plaisir.*
▷— Ne pas confondre avec le nom **panégyrique,** éloge d'une personne, d'une cité, d'une nation.

apologue n. m.
Courte fable.

apophyse n. f.
Partie saillante d'un os.

apoplectique adj. et n. m. et f.
• Relatif à l'apoplexie.
• Personne atteinte d'apoplexie.

apoplexie n. f.
Suppression brusque de l'activité du cerveau avec perte de connaissance.
▷— Ne pas confondre avec le nom **épilepsie,** maladie nerveuse caractérisée par des attaques convulsives.

apostasie n. f.
Renonciation à sa foi religieuse.

apostasier v. tr., intr.
Redoublement du *i* à la première et à la deuxième personne du pluriel de l'imparfait et du subjonctif présent. *(Que) nous apostasiions, (que) vous apostasiiez.*
Renoncer à sa foi religieuse.

a posteriori adj. inv. et loc. adv.
• Locution latine signifiant «en partant de ce qui vient après».
• En se fondant sur les faits. *Des déductions* a posteriori.
▷— En typographie soignée, les mots étrangers sont composés en italique. Dans des textes déjà en italique, la notation se fait en romain. Pour les textes manuscrits, on utilisera les guillemets.
▷— Ne pas confondre avec l'antonyme **a priori,** ce qui n'est pas fondé sur des faits.
⇨ a posteriori, sans accent sur le a.

apostille n. f.
(Dr.) Note en marge d'un texte.

apostiller v. tr.
Les lettres *ill* sont suivies d'un *i* à la première et à la deuxième personne du pluriel de l'indicatif imparfait et du subjonctif présent. *(Que) nous apostillions, (que) vous apostilliez.*

(Dr.) Annoter un contrat.

apostolat n. m.
Action de propager une doctrine.
☞ apostola**t**.

apostolique adj.
• Qui est conforme à la mission des apôtres.
• Qui émane du Saint-Siège. *Un nonce apostolique.*

apostoliquement adv.
De manière apostolique.

apostrophe n. f.
• Interpellation brusque. *Une apostrophe désagréable.*
• (Gramm.) Mots au moyen desquels on s'adresse directement à des personnes ou à des choses personnifiées. *Mélanie, viens ici.* Dans cette phrase, le nom «Mélanie» est mis en apostrophe.
☞ Ne pas confondre avec les mots mis en **apposition** qui ajoutent une qualification à un nom ou à un pronom.
• Signe orthographique qui marque l'élision d'une voyelle.
V. Tableau - **APOSTROPHE**.

apostropher v. tr.
Adresser des paroles désagréables à quelqu'un.

apothéose n. f.
☞ Le premier *o* est ouvert et le deuxième est fermé [apɔteoz].

• Triomphe fait à quelqu'un.
• (Fig.) Épanouissement extraordinaire.
☞ apot**h**éose.

apothicaire n. m.
(Vx) Pharmacien.
☞ apot**h**icaire.

apôtre n. m.
• L'un des douze disciples de Jésus-Christ.
• Personne qui propage avec ardeur une doctrine, une opinion. *Un apôtre de l'écologie.*

app.
Abréviation de **appartement**.
☞ L'abréviation «apt.» est anglaise.

appalachien, ienne adj.
Des Appalaches.

apparaître v. intr.
Ce verbe se conjugue comme **paraître**.
• Devenir brusquement visible, évident. *La côte apparaissait enfin. La vérité apparut clairement.*
☞ L'attribut du sujet est introduit par **comme** ou **tel** ou se construit directement. *Le film lui est apparu comme un chef-d'œuvre. Déjà, la danseuse apparaissait, tel un cygne gracieux.*
• **Apparaître +** adjectif. Se présenter à l'esprit. *Le succès lui apparaissait probable.*
• **Il apparaît que.** Il est évident, il ressort que. *Il appa-*

APOSTROPHE

Signe orthographique en forme de virgule qui se place en haut et à droite d'une lettre; l'apostrophe remplace la voyelle finale (*a, e, i*) qu'un mot perd devant un mot qui commence par une voyelle ou un *h* muet. Cette suppression de la voyelle finale, appelée *élision*, n'a pas lieu devant un mot commençant par un *h* aspiré.

D'abord, je prendrai l'orange, s'il vous plaît, puis le haricot.

☞ Certains mots qui comportaient une apostrophe s'écrivent maintenant en un seul mot. **Entracte, entraide,** mais **entr'apercevoir, entr'égorger...**

Les mots qui peuvent s'élider sont :

le la je me te	se ne de que ce	devant une voyelle ou un *h* muet. *J'aurai ce qui convient.*
si		devant *il*. *S'il fait beau.*
lorsque puisque quoique		devant *il, elle, en, on, un, une, ainsi*. *Puisqu'il est arrivé.*
presque		devant *île*. *Une presqu'île*, mais *un bâtiment presque achevé.*
jusque		devant une voyelle. *Jusqu'au matin.*

V. Tableau – **ÉLISION**.

raît que la contestation ira en s'amplifiant. Il n'apparaît pas qu'il y ait des possibilités de faire autrement.

▷— 1° Ce verbe peut se construire avec les auxiliaires **être** ou, moins fréquemment avec **avoir**. Le soleil était apparu ou avait apparu dans l'après-midi.

2° À la forme affirmative, le verbe est suivi de l'indicatif ou du conditionnel; à la forme interrogative ou négative, le verbe est suivi du subjonctif.

▷— Ne pas confondre avec le verbe **paraître,** sembler, avoir l'air. Elle parut contente.

▷ app**ar**aître.

Ant. **disparaître.**

apparat n. m.
Éclat, faste. Un costume d'apparat.

▷ apparat.

appareil n. m.
• (Vx) Marques extérieures, apparence.
• **Dans le plus simple appareil,** locution figée. Nu, peu habillé.
• Instrument qui permet d'exécuter une opération matérielle. Un appareil téléphonique.
• (Anat.) Ensemble d'organes accomplissant une fonction. L'appareil digestif.
• Dispositif. Un appareil de levage.
• Dispositif qui sert à redresser les dents. Catherine porte un appareil.

▷— Ne pas confondre avec les noms suivants :
- **machine,** appareil utilisant l'énergie;
- **outil,** instrument utilisé directement par la main pour faire un travail;
- **ustensile,** instrument servant aux usages domestiques.
• Agrès, dans la langue des gymnastes.

V. **appareil photographique.**

appareillage n. m.
Ensemble d'appareils.

▷— Ne pas confondre avec **appareillement,** action de réunir des animaux pour le travail, la reproduction.

appareillement n. m.
Action de réunir des animaux pour le travail, la reproduction.

▷— Ne pas confondre avec **appareillage,** ensemble d'appareils.

appareiller v. tr., intr.
Les lettres **ill** sont suivies d'un **i** à la première et à la deuxième personne du pluriel de l'indicatif imparfait et du subjonctif présent. (Que) nous appareillions, (que) vous appareilliez.
• **Transitif.** Assortir. Appareiller des chaussettes.
• **Intransitif.** (Mar.) Quitter le port.

▷— Au passé composé, le verbe se construit avec l'auxiliaire **être** ou **avoir.** Le bâtiment est appareillé, a appareillé.

appareil photographique n. m.
Instrument destiné à prendre des images photographiques.

▷— S'abrège en **appareil photo, appareil de photos.** Des appareils photos, des appareils de photos d'excellente qualité.

apparemment adv.
◁ La troisième syllabe se prononce **ra** [aparamã]. Vraisemblablement. Apparemment, il fera beau pour le week-end.

▷ appar**emm**ent.

apparence n. f.
• Ce qui paraît au dehors et peut ne pas correspondre à la réalité. Les apparences sont trompeuses.
• **En apparence,** locution. D'après ce qui paraît; extérieurement.

▷ appar**en**ce.

apparent, ente adj.
• Qui est visible. La différence entre ces deux tissus est apparente.

Ant. **invisible.**
• Qui n'est qu'une apparence, illusoire. Malgré son apparente bonne humeur, elle est triste.

Ant. **réel.**

▷ appar**ent.**

apparenté, ée adj.
• Qui a des liens de parenté. Elle est apparentée à ma cousine.
• Qui présente des affinités.

▷— L'adjectif se construit avec la préposition **à.**

apparenter (s') v. pronom.
Avoir des affinités, une ressemblance avec quelqu'un. Son style s'apparente à celui des athlètes soviétiques.

appariement n. m.
Action d'assortir.

▷ appariement.

apparier v. tr., pronom.
Redoublement du **i** à la première et à la deuxième personne du pluriel de l'indicatif imparfait et du subjonctif présent. (Que) nous appariions, (que) vous appariiez.
• **Transitif.** Assortir par paires, par couples.
• **Pronominal.** Se mettre en couple.

appariteur n. m.
Huissier (d'une faculté), préparateur d'atelier, de laboratoire.

apparition n. f.
Manifestation subite d'un être, d'un phénomène qui devient visible. L'apparition de la Vierge.

apparoir v. intr.
Verbe usité seulement à la troisième personne du singulier de l'indicatif présent. Il appert.
(Dr.) Être manifeste. Il appert que le coupable était armé.

▷— Ce verbe se construit avec l'indicatif. Il appert que la cause sera entendue sous peu.

appartement n. m.
• Abréviation **app.** (s'écrit avec un point).
• Ensemble de pièces destinées à l'habitation. Un appartement bien ensoleillé de six pièces.

▷ app**ar**tement.

*appartement
Archaïsme au sens de **pièce** (d'une maison, d'un

logement). *Elle a loué un appartement de trois pièces* ou *un trois-pièces* (et non un *trois appartements*).

appartenance n. f.
Le fait d'appartenir à une collectivité. *Dans cette entreprise, il y a un fort sentiment d'appartenance.*
☞ app**a**rten**a**nce.

appartenir v. tr. ind., pronom.
INDICATIF PRÉSENT *J'appartiens, nous appartenons.*
IMPARFAIT *J'appartenais.* FUTUR *J'appartiendrai.* SUBJONCTIF PRÉSENT *Que j'appartienne, que nous appartenions.*
Ce verbe se conjugue comme **tenir.**
• **Transitif indirect**
- Être la propriété de. *Cet appartement appartient à ma mère.*
- Être le privilège de. *Il appartient à son père de protester.*
• **Pronominal**
Ne plus s'appartenir. Ne plus être libre.

appas n. m. pl.
☞ Le **s** ne se prononce pas [apɑ].
(Litt.) Charmes physiques d'une femme.
Hom. *appât,* pâture pour attirer le poisson.

appât n. m.
☞ Le **t** ne se prononce pas [apɑ].
• Pâture pour attirer le gibier, le poisson. *Préparer les appâts pour la pêche.*
• (Fig.) Ce qui attire. *L'appât du gain.*
☞ app**â**t.
Hom. *appas,* charmes physiques d'une femme.

appâter v. tr.
• Attirer au moyen d'un appât. *Appâter des truites avec une mouche.*
• (Fig.) *Ils ont été appâtés par la promesse d'un gain facile.*

appauvrir v. tr., pronom.
• **Transitif.** Rendre pauvre.
• **Pronominal.** Devenir pauvre.
☞ app**a**uvrir.

appauvrissement n. m.
• État progressif de pauvreté.
• Diminution de qualité.
☞ app**a**uvrissement.
Ant. **enrichissement.**

appeau n. m. (pl. *appeaux*)
Sorte de sifflet servant à contrefaire le cri de certains oiseaux pour les attirer vers le chasseur.
☞ app**e**au.

appel n. m.
• Action d'appeler. *Un appel téléphonique.*
• **Faire appel à.** Demander l'aide de. *Ses parents ont fait appel au plombier.*
☞ Dans cette expression, le nom *appel* est toujours au singulier.
• **Sans appel.** Final, qui ne peut être modifié. *Cette décision est sans appel.*

appel (formules d')

Les formules d'appel les plus couramment utilisées dans la correspondance sont **Madame, Monsieur.**
☞ 1° L'adjectif **cher** doit être réservé aux correspondants que l'on connaît bien.

2° On évitera le titre de **Mademoiselle** qui est de moins en moins courant.

3° Contrairement à l'anglais où il est d'usage d'inscrire le patronyme dans l'appel, le français se contente du seul titre de civilité. *Madame, Monsieur* (et non *Madame Blois*). *Chère Madame, Cher Monsieur* (et non *Cher Monsieur Bleau*).

appel de note n. m.
V. Tableau - **APPEL DE NOTE.**

appel d'offres n. m.
Procédure d'appel à la concurrence pour la conclusion d'un marché public. *Un appel d'offres public. Des appels d'offres restreints.*
☞ Dans cette expression, le nom *offres* est toujours au pluriel.

APPEL DE NOTE

Signe noté dans un texte pour signaler qu'une note, un éclaircissement ou une référence bibliographique figure au bas de la page, à la fin du chapitre ou à la fin de l'ouvrage.

L'appel de note est indiqué par un chiffre, une lettre, un astérisque inscrit entre parenthèses ou non, généralement en exposant, après le mot faisant l'objet du renvoi.

Ex. : Boucane n.f. (amérindianisme) Fumée. *Il y a de la boucane quand il y a un incendie.*[1]

On s'en tiendra à une présentation uniforme des appels de note tout au long du texte. Si l'on a recours à l'astérisque, il est recommandé de ne pas effectuer plus de trois appels de note par page *(*), (**), (***).*

1. DULONG, Gaston. *Dictionnaire des canadianismes,* Montréal, Larousse, ©1989, p. 57.

V. **référence.**
V. Tableau – **RÉFÉRENCES BIBLIOGRAPHIQUES.**

appeler v. tr., pronom.
INDICATIF PRÉSENT *J'appelle, nous appelons.* IM-
PARFAIT *J'appelais.* FUTUR *J'appellerai.* SUBJONCTIF
PRÉSENT *Que j'appelle.*
Redoublement du *l* devant un *e* muet. *J'appelle,
j'appellerai, mais j'appelais.*
• **Transitif direct**
- Donner un nom. *Elle appellera sa fille Raphaëlle.*
- Faire venir quelqu'un. *Il faut appeler le médecin.*
- Entrer en communication téléphonique avec quel-
qu'un. *Appelez-moi ce soir.*
- Entraîner. *Cette décision appelle des frais considé-
rables.*
- *Appeler l'ascenseur.* Faire venir l'ascenseur.
• **Transitif indirect**
- Recourir à une juridiction supérieure contre la sen-
tence prononcée par une juridiction inférieure. *Ap-
peler d'un jugement, en appeler à la cour suprême.*
- S'en remettre à. *J'en appelle à votre sens du devoir.*
• **Pronominal**
Se nommer. *Il s'appelle Julien.*

appellation n. f.
• Façon d'appeler une chose. *Ces champignons ont des
appellations différentes.*
• *Appellation d'origine.* Dénomination garantissant
l'origine d'un produit.
• *Appellation d'origine contrôlée* (vins). Sigle *AOC*
(s'écrit avec ou sans points).
▭➤ appellation.

appendice n. m.
Les lettres *en* se prononcent *in* [apɛ̃dis].
• Prolongement. *Un bel appendice nasal.*
• Partie de l'intestin (prolongement du cæcum). *Une
inflammation de l'appendice* (et non de l'*appen-
dicite).
• Supplément joint à la fin d'un ouvrage.
▭➤ Ne pas confondre avec le nom *annexe,* docu-
ment qui complète un ouvrage.

appendicectomie n. f.
Les lettres *en* se prononcent *in* [apɛ̃disɛktɔmi].
(Chir.) Ablation de l'appendice.

appendicite n. f.
Les lettres *en* se prononcent *in* [apɛ̃disit].
Inflammation de l'appendice. *Elle a été opérée de
l'appendice, car elle avait une appendicite, une crise
d'appendicite.*

appentis n. m.
Les lettres *en* se prononcent *an* et le *s* est muet
[apɑ̃ti].
Abri adossé contre un mur.

appert (il)
V. **apparoir.**

appesantir v. tr., pronom.
• **Transitif**
Alourdir.
• **Pronominal**
- Devenir plus lourd. *Elle s'est beaucoup appesantie.*
- *S'appesantir sur quelque chose.* (Fam.) Insister
lourdement. *Ils se sont trop appesantis sur ce sujet.*
▭➤ appesantir.

appesantissement n. m.
Alourdissement.
▭➤ appesantissement.

appétence n. f.
(Litt.) Désir instinctif pour un objet quelconque.

appétissant, ante adj.
Qui excite l'appétit. *Cette tarte est appétissante.*

appétit n. m.
• **Nom masculin singulier.** Besoin de manger. *Il a un
bon appétit.*
• **Nom masculin pluriel.** Désirs instinctifs. *Les appétits
sexuels.*
▭➤ appétit.

applaudir v. tr., intr.
• **Transitif direct.** Battre des mains pour marquer son
approbation, son intérêt. *Applaudir un bon acteur.*
• **Transitif indirect.** (Litt.) Donner son assentiment à.
Applaudir à cette ambitieuse proposition.
• **Intransitif.** Témoigner son accord, son admiration,
son intérêt. *À la fin de la pièce, les spectateurs ont
applaudi très longtemps.*

applaudissement n. m.
Action de battre des mains en témoignage d'approbation, de plaisir. *Des applaudissements enthousiastes.*
▭➤ En ce sens, le nom s'emploie généralement au
pluriel.

applicabilité n. f.
(Dr.) Qualité de ce qui est applicable.

applicable adj.
Qui peut ou doit être appliqué.

applicateur adj. et n. m.
Qui sert à appliquer un produit. *Un bec applicateur.*

application n. f.
• Action d'appliquer une chose sur une autre. *L'appli-
cation d'un vernis sur une surface.*
• Attention, soin. *Elle étudie avec application.*

*application
• Anglicisme au sens de *demande.*
• *formule d'application. Calque de l'anglais «application form» au sens de *demande d'emploi.*
• *faire application. Calque de l'anglais «to make application» au sens de *postuler un emploi, faire une
demande d'emploi, poser sa candidature.*

applique n. f.
• Ce qui est appliqué sur un objet pour l'orner. *Un
corsage avec des appliques de dentelle.*
• Appareil d'éclairage fixé au mur. *Une applique de
style Art déco.*
▭➤ Dans ce dernier sens, ne pas confondre avec les
noms suivants :
- *lampadaire,* appareil d'éclairage muni d'un long support vertical;
- *lampe,* appareil d'éclairage muni d'un pied, d'une
base;
- *luminaire,* appareil d'éclairage, en général;
- *plafonnier,* appareil d'éclairage fixé au plafond;
- *suspension,* appareil d'éclairage suspendu au plafond.

appliqué, ée adj.
Studieux. *Une élève appliquée.*

appliquer v. tr., pronom.
• **Transitif**
- Apposer. *Appliquer une couche de peinture.*
- Diriger avec attention. *Appliquer son esprit à.*
• **Pronominal**
Donner toute son attention. *Elle s'applique à étudier la chimie.*

*appliquer pour
Calque de l'anglais «to apply for» pour **présenter une demande, poser sa candidature.**

appoint n. m.
• Complément d'une somme en petite monnaie.
• *Faire l'appoint.* Régler exactement la somme due. *Les passagers sont tenus de faire l'appoint, car on ne rend pas la monnaie.*
• Supplément à un gain principal. *Un salaire d'appoint.*

appointements n. m. pl.
Rétribution attachée à un emploi permanent.

*appointement
Anglicisme au sens de **rendez-vous**

appontage n. m.
Opération par laquelle un avion, un hélicoptère se pose sur le pont d'un porte-avions.

appontement n. m.
Construction servant au chargement et au déchargement des navires.

apponter v. intr.
Se poser sur la plate-forme d'un porte-avions.

apport n. m.
• Biens investis dans une entreprise par un actionnaire. *L'apport de capital des actionnaires.*
• (Dr.) Biens qu'un époux apporte en mariage. *Apports en communauté.*
• Contribution. *Son apport a été capital.*

apporter v. tr.
Prendre avec soi et porter au lieu où est quelqu'un, quelque chose. *L'élève apporte ses cahiers à l'école.*
☞ 1° Le verbe **apporter** comporte l'idée de point d'arrivée, d'aboutissement, alors que le verbe **emporter** comprend l'idée de point de départ. *Elle a emporté des pommes du jardin de son amie.*
2° On **apporte** une chose, on **amène** une personne, un animal.

apposer v. tr.
Poser sur. *Ils ont apposé des affiches sur le mur. Apposer sa signature au bas d'une lettre.*

apposition n. f.
Action d'apposer. *Apposition des scellés.*

• (Gramm.) Emploi d'un nom, d'un adjectif placé auprès d'un autre nom, ou d'un pronom, pour le situer, en préciser le sens ou pour y ajouter une qualification.
• L'apposition est généralement encadrée par des virgules et pourrait être omise sans compromettre la clarté de la phrase. *M. Chapdelaine, **entrepreneur**, coordonna les travaux de construction. La maison, **claire et accueillante**, l'attendait. Elle rêvait, **seule**.*
• Le nom mis en apposition peut précéder immédiatement le nom déterminé. *J'ai été examiné par le **docteur** Desjardins. Il a rencontré Me Fougère. C'est un **apprenti** cuisinier.*
• L'apposition peut être jointe au nom déterminé par un **de** explétif ou parfois par un trait d'union. *La mairie d'**Outremont**, la ville de **Montréal**. Une aide-**infirmière**.*
☞ Ne pas confondre avec les mots mis en **apostrophe** au moyen desquels on s'adresse directement à des personnes ou à des choses personnifiées. *Anne, ma sœur Anne, ne vois-tu rien venir?* (Perrault) *Mélanie, viens ici.*

appréciable adj.
• Qui peut être apprécié. *C'est un atout appréciable.*
• Assez considérable, notable. *Des progrès appréciables.*

appréciateur, trice n. m. et f.
Personne qui apprécie.

appréciatif, ive adj.
Approximatif, estimatif.

appréciation n. f.
• Évaluation, avis. *L'appréciation de la valeur de ce contrat.*
• Jugement. *Je laisse cette décision à votre appréciation.*
• Augmentation de la valeur. *L'appréciation de cette maison est considérable.*

apprécier v. tr., pronom.
Redoublement du *i* à la première et à la deuxième personne du pluriel de l'indicatif imparfait et du subjonctif présent. *(Que) nous appréciions, (que) vous appréciiez.*
• **Transitif**
- Estimer, évaluer. *La valeur de ce tableau est difficile à apprécier.*
- Aimer. *Il a beaucoup apprécié le concert.*
• **Pronominal**
Prendre de la valeur. *En trois ans, cette maison s'est beaucoup appréciée.*

appréhender v. tr.
• (Dr.) Arrêter. *Le suspect a été appréhendé.*
• Craindre. *Elle appréhende qu'il se mette à pleuvoir.*
☞ 1° Dans la langue soutenue, le verbe **appréhender** construit avec **que** suivi du subjonctif est souvent accompagné de la particule **ne** dite explétive, sans valeur négative, lorsqu'on redoute qu'un évènement (ne) se produise.
2° Par contre, si l'on craint qu'un évènement ne se produise pas, l'emploi de la négation **ne... pas** est obligatoire. *Elle appréhende que l'approvisionnement ne soit pas assuré à temps.*
3° Il en est ainsi pour les verbes exprimant une notion de crainte : **redouter, craindre, avoir peur, trembler,** etc.

appréhension n. f.
Inquiétude vague, crainte indéfinie.
⮡ appréhension.

apprendre v. tr.
INDICATIF PRÉSENT *J'apprends, tu apprends, il apprend, nous apprenons, vous apprenez, ils apprennent.* IMPARFAIT *J'apprenais.* PASSÉ SIMPLE *J'appris.* FUTUR *J'apprendrai.* CONDITIONNEL PRÉSENT *J'apprendrais.* IMPÉRATIF PRÉSENT *Apprends, apprenons, apprenez.* SUBJONCTIF PRÉSENT *Que j'apprenne.* PARTICIPE PRÉSENT *Apprenant.* PASSÉ *Appris, ise.*
• Acquérir la connaissance de. *Apprendre l'anglais.*
• Informer, communiquer un savoir. *Avez-vous appris la nouvelle?*

apprenti, ie n. m. et f.
Celui, celle qui apprend un métier, surtout manuel. *Une apprentie cuisinière. Des apprentis menuisiers.*
⮡ Le nom **apprenti** est apposé au nom de métier, sans trait d'union et prend la marque du féminin et du pluriel.
⮡ apprenti.

apprentissage n. m.
• Action d'apprendre un métier manuel. *Un centre d'apprentissage.*
• Première expérience, premiers essais. *Faire l'apprentissage de la démocratie.*

apprêt n. m.
• Traitement des cuirs, des étoffes.
• Matière qui sert à apprêter. *L'apprêt d'une étoffe.*
• *Sans apprêt.* Sans affectation.
Hom. :
- *après,* préposition.
- *après,* adverbe.

apprêté, ée adj.
Affecté, dépourvu de naturel. *Un style apprêté.*

apprêter v. tr., pronom.
• **Transitif**
- (Litt.) Préparer, mettre en état. *Apprêter un banquet.*
- Donner une tenue ferme à certaines étoffes.
• **Pronominal**
Se préparer à. *Ils s'apprêtent à partir. Elles s'apprêtent pour la fête.*

apprivoisable adj.
Qui peut être apprivoisé.

apprivoisement n. m.
Action d'apprivoiser; son résultat.

apprivoiser v. tr., pronom.
• **Transitif**
- Rendre moins sauvage. *Apprivoiser un oiseau.*
- Rendre plus sociable. *Apprivoiser un grincheux.*
• **Pronominal**
Devenir moins farouche. *Ces ours se sont apprivoisés.*

approbateur, trice adj. et n. m. et f.
• **Adjectif.** Qui approuve. *Un ton approbateur.*
• **Nom masculin et féminin.** Personne qui approuve. *Les approbateurs ne sont pas nombreux.*

approbatif, ive adj.
Qui marque l'approbation.

approbation n. f.
Consentement. *La directrice a donné son approbation au projet.*

approchable adj.
Dont on peut approcher, accessible. *Il n'est pas approchable, ce matin.*

approchant, ante adj.
Analogue, qui se rapproche de.

approche n. f.
• Action d'approcher. *L'oiseau s'est enfui à mon approche.*
• *À l'approche de.* À l'arrivée de. *Les écureuils cachent des glands à l'approche de l'hiver.*
⮡ Le nom s'emploie également au pluriel dans un style plus soutenu. *Aux approches de l'hiver.*
• (Au plur.) Abords, parages. *Les approches d'une grande ville.*
• Angle sous lequel une question, un problème est abordé. *Il faut adopter une nouvelle approche pour étudier cette question.*
• *Travaux d'approche.* Démarches préliminaires.

approcher v. tr., intr., pronom.
• **Transitif direct**
- Mettre plus près de quelque chose. *Approcher un fauteuil de la cheminée.*
- Avoir accès à (une personne connue difficilement accessible). *Vous avez pu approcher cet auteur!*
• **Transitif indirect**
Être sur le point d'atteindre. *Le gros lot approche de 6 000 000 $.*
• **Intransitif**
Devenir proche. *L'heure approche.*
• **Pronominal**
S'avancer, venir près de quelqu'un, de quelque chose. *Ils se sont approchés de la fenêtre.*
⮡ L'expression *«s'approcher près de»* est un pléonasme.

approfondir v. tr.
• Rendre plus profond. *Approfondir un puits.*
• Étudier à fond. *Approfondir une question.*

approfondissement n. m.
Action d'approfondir; résultat de cette action.

appropriation n. f.
Action d'approprier, de s'approprier.

approprié, ée adj.
Qui convient, pertinent. *C'est une réponse appropriée.*

approprier v. tr., pronom.
• **Transitif.** Rendre propre à une destination. *Approprier un traitement à l'âge du malade.*
• **Pronominal.** S'emparer de. *Les fillettes se sont approprié le ballon. La balle que les fillettes se sont appropriée.*
⮡ On s'approprie quelque chose (et non *de quelque chose).

approuvable adj.
Qui peut être approuvé.

approuver v. tr.
• Juger louable, donner raison à quelqu'un. *J'approuve votre décision.*
• *Lu et approuvé.* Formule d'approbation inscrite au bas d'un document approuvé.
☞ Dans cette expression, les participes passés sont invariables.
Ant. **désapprouver.**

approvisionnement n. m.
• Action d'approvisionner. *L'approvisionnement de la ville en eau potable.*
• Action de mettre à la disposition de l'entreprise toutes les matières premières, les produits semi-finis et les produits nécessaires à son activité.
• Les provisions, les fournitures.
☞ approvisio**nn**ement.

approvisionner v. tr.
• Ravitailler.
• Fournir de provisions, de matières premières, de produits.
☞ approvisio**nn**er.

approximatif, ive adj.
Estimatif. *Le coût approximatif des travaux s'élève à 3 000 000 $.*
☞ appro**x**imatif.

approximation n. f.
Estimation, évaluation par à-peu-près.

approximativement adv.
À peu près.
☞ appro**x**imativement.

appui n. m.
• Action d'appuyer. *Une barre d'appui.*
• *À l'appui de,* locution prépositive. Pour appuyer. *À l'appui de ses affirmations, il présenta des preuves.*
• Soutien, protection. *Nous avons besoin de votre appui.*
• Support. *Un appui pour le bras.*

appui- ou **appuie-**
Le composé provient soit du nom *appui-* qui prend la marque du pluriel, soit du verbe *appuie* qui ne la prend pas.

appui-bras ou **appuie-bras** n. m. (pl. *appuis-bras* ou *appuie-bras*)
Accoudoir.

appui-livres ou **appuie-livres** n. m. (pl. *appuis-livres* ou *appuie-livres*)
Syn. **serre-livres.**

appui-main ou **appuie-main** n. m. (pl. *appuis-main* ou *appuie-mains, appuie-main* ou *appuie-mains*)
Dispositif destiné à soutenir la main.

appui-nuque ou **appuie-nuque** n. m. (pl. *appuis-nuque* ou *appuie-nuque*)
Support pour appuyer la nuque.

appui-tête ou **appuie-tête** n. m. (pl. *appuis-tête* ou *appuie-tête*)
Dispositif destiné à soutenir la tête.

appuyer v. tr., intr. et pronom.
INDICATIF PRÉSENT *J'appuie, il appuie, nous appuyons, ils appuient.* IMPARFAIT *J'appuyais, nous appuyions.* FUTUR *J'appuierai.* SUBJONCTIF PRÉSENT *Que j'appuie, que nous appuyions.* PARTICIPE PRÉSENT *Appuyant.* PASSÉ *Appuyé, ée.*
Le *y* se change en *i* devant un *e* muet. *J'appuie, j'appuierai.*
Le *y* est suivi d'un *i* à la première et à la deuxième personne du pluriel de l'indicatif imparfait et du subjonctif présent. *(Que) nous appuyions, (que) vous appuyiez.*
• **Transitif**
- Poser quelque chose contre. *Il appuya son parapluie contre le mur.*
- (Fig.) Soutenir, encourager. *J'appuie cette demande.*
• **Intransitif**
Presser sur. *Appuyez sur ce bouton pour aller au 34e étage.*
• **Pronominal**
- Prendre appui sur quelqu'un, quelque chose. *Elle s'est appuyée sur une canne.*
- Chercher un appui latéral. *Il s'appuie contre le mur, à la balustrade.*
☞ En ce sens, le verbe se construit avec les prépositions **contre** ou **à**.

âpre adj.
• Rude au toucher, au goût. *Une saveur âpre.*
• *Âpre au gain.* Avide.

âprement adv.
Avec âpreté.

après adv. et prép.

• **Adverbe**
Ultérieurement, ensuite. *Et puis après? Elle ne viendra que longtemps après.*
• **Locutions adverbiales**
- *Après tout.* Tout bien considéré. *Après tout, on ne pouvait faire autrement.*
- *Après coup.* Une fois la chose faite. *Il ne l'a su qu'après coup.*
- *Après cela.* Ensuite. *Après cela, il n'y avait plus qu'à accepter.*
- *Ci-après.* Plus loin. *On lira ci-après l'explication de l'énoncé.*
• **Préposition**
- Postériorité dans le temps. *Après la pluie, le beau temps.*
- Postériorité dans l'espace. *Après la chambre, il y a un boudoir.*
- Rapport de hiérarchie sociale, morale, etc. *Maître après Dieu.*
☞ L'emploi de la préposition **après** au sens de **à, sur, contre** est de niveau familier. *Grimper après un arbre.*
• **Locution prépositive**
D'après. De l'avis de. *D'après cet auteur.*
• **Locution conjonctive**
Après que. Cette locution conjonctive est suivie de l'indicatif, alors que la locution **avant que** exige le subjonctif. *Après que la marchandise aura été livrée,* mais *Avant que la marchandise soit livrée.*
• **Locutions familières**

*Être en colère après quelqu'un pour *être en colère contre quelqu'un.*
*La clef est après la porte pour *est sur la porte.*
*Chercher après quelqu'un pour *chercher quelqu'un.*
Hom. **apprêt,** traitement des cuirs, des étoffes.

après-demain loc. adv.
Dans deux jours. *Après-demain, ils seront en vacances.*
▭▷ **après-demain,** avec un trait d'union.

après-guerre n. m. (pl. *après-guerres*)
Période qui suit une guerre.

après Jésus-Christ
Abréviation *ap. J.-C.* (s'écrit avec des points).

après-midi n. m. ou f. inv. (pl. *après-midi*)
Partie de la journée, de midi au soir. *Des après-midi de farniente.*
▭← *Je vous verrai demain après-midi* (nom composé), mais *Je vous verrai après midi* (préposition et nom).
▭← Le nom peut être masculin ou féminin, mais l'usage du masculin est plus répandu.

après-rasage loc. adj. inv. et n. m.
Lotion rafraîchissante que l'on applique après le rasage. *Des lotions après-rasage. Des après-rasages.*

après-ski n. m. inv. (pl. *après-ski*)
Bottillon que l'on porte à la montagne.

après-vente adj. inv.
Service d'une entreprise qui assure l'entretien des biens vendus. *Des services après-vente.*

âpreté n. f.
Caractère de ce qui est âpre, au propre et au figuré.

a priori loc. adj. et adv. inv. et n. m. inv.
Locution latine signifiant «en partant de ce qui vient avant». En ne se fondant pas sur les faits, sur la réalité, au premier abord, avant tout examen. *Des affirmations* a priori. *Des a priori.*
▭← En typographie soignée, les mots étrangers sont composés en italique. Dans des textes déjà en italique, la notation se fait en romain. Pour les textes manuscrits, on utilisera les guillemets.
▭← Ne pas confondre avec l'antonyme *a posteriori,* ce qui est fondé sur des faits.
▭▷ a priori, sans accent sur le **a.**

aprioriste adj. et n. m. et f.
Fondé sur des *a priori. Un jugement aprioriste.*

à-propos n. m.
Pertinence. *Elle répondit avec beaucoup d'à-propos.*
▭← Ne pas confondre avec la locution adverbiale *à propos* qui s'écrit sans trait d'union et signifie «au bon moment». *Tu arrives à propos.*
▭▷ **à-propos,** avec un trait d'union.

apte adj.
Qui a les qualités nécessaires. *Elle est apte à diriger.*

aptitude n. f.
Habileté. *Elle a beaucoup d'aptitude pour l'informatique. Il a de l'aptitude à diriger.*
▭← Le nom se construit avec les prépositions *pour* ou *à.*

▭← Ne pas confondre avec le nom **attitude,** manière de se comporter.

apurement n. m.
Action de vérifier un compte.

apurer v. tr.
Vérifier et arrêter un compte.
▭← Ne pas confondre avec le verbe *épurer,* rendre pur.

aqua- préf.
◇ Le *u* se prononce *ou* [akwa].
• Élément du latin signifiant «eau».
• Les mots composés du préfixe *aqua-* s'écrivent sans trait d'union. *Aquarelle, aquatique.*

aquafortiste n. m. et f.
Graveur à l'eau-forte.

aquaplanage ou **aquaplaning** n. m.
Perte d'adhérence d'une automobile sur une chaussée glissante.
▭← Le terme **hydroglissage** a été proposé par Joseph Hanse.

aquaplane n. m.
Ski nautique sur une seule planche.

aquarelle n. f.
Peinture à l'aide de couleurs transparentes délayées dans l'eau. *Aimer faire de l'aquarelle. Une aquarelle de Degas.*

aquarelliste n. m. et f.
Peintre à l'aquarelle.

aquarium n. m.
◇ Attention à la prononciation [akwarjɔm].
Réservoir transparent dans lequel on entretient des plantes et des animaux aquatiques. *Des aquariums remplis de poissons tropicaux.*

aquatique adj.
• Qui se rapporte à l'eau.
• Qui vit dans l'eau. *La faune aquatique.*
▭← Ne pas confondre avec les mots suivants :
- *aqueux,* qui contient de l'eau;
- *marin,* qui se rapporte à la mer;
- *maritime,* relatif à la navigation en mer;
- *nautique,* relatif à la navigation de plaisance.

aqueduc n. m.
Canalisation destinée à conduire l'eau d'un lieu à un autre.
▭← Le **gazoduc** est une canalisation destinée à conduire le gaz d'un lieu à un autre; l'**oléoduc,** le pétrole.

aqueux, euse adj.
Qui contient de l'eau. *Un melon aqueux.*
▭← Ne pas confondre avec les mots suivants :
- *aquatique,* qui se rapporte à l'eau, qui vit dans l'eau;
- *marin,* qui se rapporte à la mer;
- *maritime,* relatif à la navigation en mer;
- *nautique,* relatif à la navigation de plaisance.

aquiculture ou **aquaculture** n. f.
◇ Le premier *u* se prononce *u* [akɥikyltyr].
• Élevage d'animaux aquatiques.
• Culture où le sol est remplacé par une solution saline.

à qui de droit loc.
Cette locution doit être réservée au domaine juridique. Lorsque l'on ignore le nom du destinataire, on utilisera la formule d'appel *Mesdames, Messieurs.*

aquilin adj.
Courbé en bec d'aigle. *Un nez aquilin.*
☞ Cet adjectif ne comporte pas de forme féminine.

aquilon n. m.
(Litt.) Vent du nord.

ara n. m.
Grand perroquet au plumage vivement coloré. *Des aras multicolores.*
☞ Ne pas confondre avec le nom *haras,* établissement où l'on élève des étalons et des juments.

arabe adj. et n. m. et f.
• **Adjectif.** Se dit du peuple sémite originaire d'Arabie. *Le peuple arabe.*
• **Nom masculin et féminin.** Originaire d'un pays où l'on parle arabe. *Un Arabe, une Arabe.*
☞ L'adjectif s'écrit avec une minuscule; le nom, avec la majuscule.
• **Nom masculin.** La langue arabe. *L'arabe littéraire.*
☞ Le nom de la langue s'écrit avec une minuscule.
• *Chiffres arabes.* Caractères qui représentent les nombres (par opposition aux *chiffres romains*).
V. Tableau - **CHIFFRES.**
☞ Ne pas confondre avec l'adjectif *arable,* qui est cultivable.
V. Tableau - **ARABE (EMPRUNTS À L').**

arabesque n. f.
Ornement composé de feuillages entrelacés, de lignes courbes. *Des arabesques délicates.*

arabique adj.
• (Vx) De l'Arabie.
• (Géogr.) *Péninsule arabique.*

arabisant, ante adj. et n. m. et f.
Spécialiste de la culture arabe.

arabisation n. f.
Le fait de donner un caractère social, culturel, linguistique arabe. *L'arabisation du Maroc.*

arabiser v. tr.
Donner un caractère arabe à.

arable adj.
Cultivable. *Des terres arables.*
☞ Ne pas confondre avec l'adjectif *arabe* qui se dit du peuple sémitique originaire d'Arabie.

arabophone adj. et n. m. et f.
Qui parle arabe.

arachide n. f.
• Plante dont les graines, qui se développent sous terre, sont les cacahuètes.
• La graine de cette plante. *Beurre d'arachide.*

arachnéen, enne adj.
⟺ Les lettres *ch* se prononcent *k* [arakneɛ̃].
(Litt.) Fin comme une toile d'araignée. *Un tissu arachnéen.*

EMPRUNTS À L'**ARABE**

La langue arabe a donné au français quelques centaines de mots, directement (*haschisch*) ou par l'entremise de l'espagnol (*guitare*), du portugais (*marabout*), de l'italien (*mosquée*), du provençal (*orange*), du latin (*nuque*) ou du grec (*élixir*).

Orthographe

Les mots empruntés à l'arabe sont généralement francisés et prennent la marque du pluriel.

Voici quelques exemples de mots provenant de l'arabe :

abricot	haschisch
alambic	harem
alcool	henné
alcôve	jasmin
algèbre	khôl
alkékenge	kif-kif
ambre	laque
arak	lilas
arsenal	luth
assassin	magasin
avanie	marabout
azimut	massepain
babouche	matelas
bédouin	matraque
bled	méchoui
burnous	minaret
caïd	moka
calife	momie
camaïeu	mosquée
camphre	mousson
carrousel	nacre
cheik	nadir
chiffre	nénuphar
coran	nuque
coton	orange
couscous	pastèque
djellaba	raquette
douane	razzia
échec	récif
élixir	safran
émir	salamalecs
épinard	salsepareille
estragon	sarabande
fakir	sofa
fanfaron	sorbet
fez	sultan
gandoura	talisman
girafe	tasse
goudron	zénith
guitare	zéro

araignée n. f.
Animal articulé qui a huit pattes et des crochets venimeux. *L'araignée tisse une toile pour prendre des insectes.*
▷— Au pluriel, on peut écrire *des toiles d'araignée* (si on pense à une araignée) ou *des toiles d'araignées* (si on pense à plusieurs araignées).

arak n. m.
Boisson alcoolique tirée de la distillation de certains produits (riz, canne à sucre, etc.)

araméen, éenne adj. et n. m. et f.
• Qui appartient aux Araméens.
▷— L'adjectif s'écrit avec une minuscule; le nom, avec une majuscule.
• Langue sémitique ancienne de la Syrie, de la Palestine et de l'Égypte.
▷— Le nom de la langue s'écrit avec une minuscule.

aratoire adj.
Qui sert à labourer. *Des instruments aratoires.*
▷— Ne pas confondre avec *oratoire,* qui se rapporte à l'art de la parole en public.

arbalète n. f.
Arme en forme d'arc.
▷— arbal**è**te.

arbalétrier n. m.
Soldat armé d'une arbalète.

arbalétrière n. f.
Meurtrière.

arbitrage n. m.
• Action d'arbitrer. *Une erreur d'arbitrage.*
• Jugement rendu par un arbitre auquel les parties ont décidé de s'en remettre.
• Échange d'une valeur contre une autre, à la Bourse.

arbitragiste n. m.
Personne qui fait des opérations d'arbitrage.

arbitraire adj. et n. m.
• Qui dépend de la volonté seule. *Un choix arbitraire.*
• Qui dépend du bon plaisir. *Un pouvoir arbitraire.*
▷ arbitr**aire.**

arbitrairement adv.
De façon arbitraire.

arbitral, ale, aux adj.
Qui a été rendu par des arbitres. *Une décision arbitrale.*

arbitre n. m. et f.
• (Sports) Personne chargée de diriger un jeu et de juger des coups et des fautes. *Les arbitres ont eu fort à faire à cette partie de hockey. Une arbitre impartiale.*
• Personne désignée par les parties pour trancher un différend. *S'en remettre à un arbitre.*
• *Libre arbitre.* Volonté non contrainte.

arbitrer v. tr.
Décider en qualité d'arbitre.

arborer v. tr.
• Dresser (droit comme un arbre). *Arborer un drapeau.*
• Porter ostensiblement. *Il arbore un titre ronflant.*

arborescence n. f.
Partie ramifiée d'une plante.
▷ arbore**sc**ence.

arborescent, ente adj.
Qui a la forme ramifiée d'un arbre. *Une structure arborescente.*
▷ arbore**sc**ent.

arboricole adj.
Relatif à l'arboriculture.

arboriculteur n. m.
arboricultrice n. f.
Agriculteur qui cultive les arbres fruitiers.

arboriculture n. f.
Culture des arbres fruitiers.
V. agriculture.

*arborigène
V. **aborigène.**

arborisation n. f.
Cristallisation reproduisant des ramifications.

*arborite
Marque déposée au sens de **stratifié, lamifié.**

arbre n. m.
Grand végétal ligneux dont la tige, appelée *tronc,* ne commence à se ramifier qu'à une certaine hauteur. *Des arbres fruitiers.*
▷— La construction *sur un arbre* est utilisée pour décrire la position sur une branche, alors que l'expression *dans un arbre* insiste sur la possibilité de s'y cacher, de s'y dissimuler; on évitera cependant l'expression *monter après un arbre.

arbrisseau n. m. (pl. *arbrisseaux*)
Petit arbre ramifié (moins de six mètres).
▷ arbriss**eau.**

arbuste n. m.
Petit arbrisseau (moins de trois mètres).

arc n. m.
• Arme avec laquelle on lance des flèches. *Tirer à l'arc.*
• Portion d'une ligne courbe. *Un arc de cercle.*

arcade n. f.
• Ouverture qui présente un arc à sa partie supérieure.
• *Arcade sourcilière.* Partie du visage en forme d'arc, au-dessus de l'œil, sur laquelle poussent les sourcils.
• *Jeu d'arcade.* Jeu vidéo payant installé dans un lieu public.

arcane n. m.
Choses secrètes, réservées aux initiés. *Les arcanes compliqués du pouvoir.*
▷— Le nom s'emploie généralement au pluriel.
▷— Attention au genre masculin de ce nom : *un* arcane.

arc-boutant n. m. (pl. *arcs-boutants*)
• Contrefort en forme de demi-arc, servant à soutenir un mur.
• Principal soutien.

arc-bouter v. tr., pronom.
• **Transitif.** Soutenir.

• **Pronominal.** S'appuyer. *Ils se sont arc-boutés contre le mur.*

arceau n. m. (pl. *arceaux*)
• Petite arche. *Les arceaux d'une tonnelle.*
• Courbure d'une voûte.

arc-en-ciel adj. inv. et n. m. (pl. *arcs-en-ciel*)
• **Nom masculin.** Arc lumineux, offrant les couleurs du prisme (violet, indigo, bleu, vert, jaune, orangé, rouge), qui apparaît parfois à l'opposé du Soleil pendant une averse. *De beaux arcs-en-ciel.*
⌫— Attention au genre masculin de ce nom : **un** arc-en-ciel.
• **Adjectif de couleur invariable.** Qui présente les couleurs de l'arc-en-ciel. *Des écharpes arc-en-ciel.*
V. Tableau - **COULEUR (ADJECTIFS DE).**
⌦ **arc-en-ciel**, avec des traits d'union.

archaïque adj.
⇔ Les lettres **ch** se prononcent **k** [arkaik].
Qui n'est plus en usage, qui remonte à une époque très reculée.
⌫— Ne pas confondre avec les mots suivants :
- *ancien,* qui existe depuis longtemps;
- *antique,* très ancien.
⌦ archaïque.

archaïsant, ante adj.
⇔ Les lettres **ch** se prononcent **k** [arkaizɑ̃, ɑ̃t].
Qui fait usage d'archaïsmes.

archaïsme n. m.
⇔ Les lettres **ch** se prononcent **k** [arkaism].
• Caractère de ce qui est désuet.
• Mot, construction qui n'est plus en usage. *Au sens de garde-manger, le nom «dépense» est un archaïsme.*
⌫— Dans cet ouvrage, les archaïsmes sont indiqués à l'aide de la mention **vieux,** abrégée **vx.**

Le même mot peut être un mot actuel au Québec et un archaïsme dans le reste de la francophonie. En voici quelques exemples :

cogner	«*heurter*»
commérer	«*rapporter des potins*»
ennuyer (s')	«*souffrir de l'absence de quelqu'un*»
fendant	«*arrogant*»
jambette	«*croc-en-jambe*»
manger (n. m.)	«*nourriture*»
menterie	«*mensonge*»
parlure	«*langage*»
quasiment	«*presque*»
saucer	«*tremper*»
serrer	«*ranger*».

archange n. m.
⇔ Les lettres **ch** se prononcent **k** [arkɑ̃ʒ].
Ange d'un ordre supérieur. *L'archange Gabriel.*

arche n. f.
• Voûte en arc.
• *L'arche de Noé.* Vaisseau qui permit à Noé, à sa famille et aux espèces animales d'échapper au Déluge.
⌫— Le nom s'écrit avec une minuscule.

*****arche du pied**
Calque de l'anglais «arch of the foot» pour *cambrure du pied.*

archéo- préf.
⇔ Les lettres **ch** se prononcent **k** [arkeo].
Élément du grec signifiant «ancien». *Archéologie.*

archéologie n. f.
⇔ Les lettres **ch** se prononcent **k** [arkeɔlɔʒi].
Science des choses anciennes.
⌦ archéologie.

archéologique adj.
⇔ Les lettres **ch** se prononcent **k** [arkeɔlɔʒik].
Propre à l'archéologie. *Des recherches archéologiques.*
⌦ archéologique.

archéologue n. m. et f.
⇔ Les lettres **ch** se prononcent **k** [arkeɔlɔg].
Spécialiste de l'archéologie.
⌦ archéologue.

archer n. m.
Celui qui pratique le tir à l'arc.
⌫— Ne pas confondre avec le nom *archet,* baguette servant à jouer d'un instrument à cordes.

archère n. f.
Meurtrière.

archet n. m.
Baguette servant à jouer d'un instrument à cordes.
⌫— Ne pas confondre avec le nom *archer,* celui qui pratique le tir à l'arc.

archétype n. m.
⇔ Les lettres **ch** se prononcent **k** [arketip].
Modèle original ou idéal.

archevêché n. m.
Diocèse d'un archevêque.

archevêque n. m.
Évêque qui dirige plusieurs évêques. *Son Éminence, l'archevêque Grégoire.*
⌫— Comme les titres administratifs, les titres religieux s'écrivent généralement avec une minuscule. *L'abbé, le cardinal, le chanoine, le curé, l'évêque, le pape.* Cependant, ces titres s'écrivent avec une majuscule lorsqu'ils remplacent un nom de personne. *L'Archevêque sera présent à la réunion.*
V. Tableau - **TITRES DE FONCTIONS.**

archi- préf.
• Élément du grec signifiant «degré extrême».
• Les mots composés avec le préfixe *archi-* s'écrivent sans trait d'union à l'exception des mots formés pour la circonstance où *archi-* a valeur de superlatif. *C'est archi-ennuyeux, archi-fou.*

archiduc n. m.
archiduchesse n. f.
Titre des princes, des princesses, de la maison d'Autriche.

-archie suff.
Élément du grec signifiant «commander». *Monarchie.*

archimillionnaire adj. et n. m. et f.
Qui possède un ou plusieurs millions (d'unités monétaires). *Ils ont gagné 6 000 000 $: ils sont archimillionnaires.*

archipel n. m.
Groupe d'îles. *L'archipel des Mille-Îles.*
↦ Dans les dénominations géographiques, le mot *archipel* suivi d'un déterminant s'écrit avec une minuscule.

architecte n. m. et f.
Personne qui conçoit la création d'un édifice et qui peut en diriger la construction.

architectonique adj. et n. f.
• **Adjectif**
Conforme à l'art de l'architecture.
• **Nom féminin**
- Ensemble des règles de l'architecture.
- (Fig.) Structure de quelque chose.

architectural, ale, aux adj.
Qui concerne l'architecture. *Des concours architecturaux, des règles architecturales.*

architecture n. f.
• Art de construire des édifices selon des proportions et des règles déterminées par leur caractère et leur objet.
• (Fig.) Structure. *L'architecture d'un roman.*

archivage n. m.
Action de classer, de conserver (des documents) dans les archives.

archiver v. tr.
Classer un document dans les archives. *Ces dossiers ont été archivés.*

archives n. f. pl.
• Ensemble de titres, de documents anciens. *Les archives du ministère de la Culture.*
• Lieu où on les conserve.
↦ Ce nom s'emploie toujours au pluriel.

archiviste n. m. et f.
Personne préposée à la conservation des archives.

arçon n. m.
• Pièce de bois cintrée constituant l'armature d'une selle.
• *Cheval d'arçons.* Appareil de gymnastique qui sert à des exercices de saut.
⇨ arçon.

arctique adj. et n. m.
👄 Le *c* se prononce [arktik].
Du pôle Nord. *Des froids arctiques. Se rendre dans l'Arctique.*
↦ Dans les dénominations géographiques où l'adjectif précise le générique, ce mot prend la majuscule. *L'océan Arctique.*
⇨ arctique.
Ant. **antarctique.**

-ard, -arde suff.
Suffixe à nuance défavorable. *Soudard, vantard.*

ardemment adv.
👄 Le premier *e* se prononce *a* [ardamã].
Avec ardeur.
⇨ ardemment.

ardent, ente adj.
• Qui est en feu. *Des charbons ardents.*
• Passionné. *Une ardente curiosité.*

ardeur n. f.
Fougue, empressement.

ardillon n. m.
Pointe d'une boucle pour arrêter une courroie, une ceinture.

ardoise adj. inv. et n. f.
• **Nom féminin.** Roche bleuâtre et feuilletée. *Un toit en ardoise.*
• **Adjectif de couleur invariable.** De la couleur bleu-gris de l'ardoise. *Des gants ardoise.*
V. Tableau - **COULEUR (ADJECTIFS DE).**

ardoisé, ée adj.
Qui a la couleur de l'ardoise.

ardu, ue adj.
Difficile. *Un problème ardu.*

are n. m.
• Symbole *a* (s'écrit sans point).
• Unité de mesure agraire (cent mètres carrés).
Hom. :
- *arrhes,* somme d'argent donnée au moment de la conclusion d'un contrat;
- *art,* expression d'un idéal artistique.

arec n. m.
• Palmier.
• Noix d'arec dont on tire le cachou.

aréna n. m.
Au Canada, patinoire, centre sportif. *Des arénas bien fréquentés.*

arène n. f.
• Partie sablée d'un amphithéâtre destinée aux jeux, aux combats. *Le torero affronte le taureau dans l'arène.*
• (Fig.) Espace public où s'affrontent les idées. *L'arène politique.*

aréole n. f.
Cercle coloré autour du mamelon du sein.
↦ Ne pas confondre avec les noms suivants :
- *alvéole,* cavité;
- *auréole,* cercle de lumière autour de la tête des saints.

aréopage n. m.
Assemblée de savants, de juges (et non un **aéropage*).

*aréoport
V. **aéroport.**

arête n. f.
• Os long et mince qui forme la charpente des poissons. *Attention, il a une arête dans la gorge.*
• Ligne d'intersection de deux faces planes.
↦ Attention au genre féminin de ce nom : *une* arête.

argent n. m.
• Métal blanc. Symbole **Ag** (s'écrit sans point). *Un bracelet en argent.*
• Monnaie (billets de banque, pièces, etc.). *Il a beaucoup d'argent.*
☞ Employé au pluriel au sens de «crédits, sommes, fonds», ce mot est vieilli. *Le comité compte sur ces sommes* (et non sur ces *argents) *pour construire la bibliothèque.*
• **Argent comptant.** (Vx) En espèces.
☞ Cette expression est aujourd'hui vieillie; on emploie plutôt **au comptant** qui se dit d'un paiement en espèces ou par chèque portant la somme totale sans terme ni crédit.

argenté, ée adj.
• Recouvert d'argent. *Du métal argenté.*
• (Litt.) Qui a la couleur de l'argent. *Un renard argenté.*
• (Fam.) Qui a de l'argent.

argenter v. tr.
Couvrir d'une couche d'argent.

argenterie n. f.
Vaisselle, ustensiles d'argent.

argentier n. m.
Le grand argentier. (Plaisant.) Le ministre des Finances.

argentin, ine adj. et n. m. et f.
• D'Argentine. *Les plaines argentines. Un Argentin, une Argentine.*
☞ L'adjectif s'écrit avec une minuscule; le nom, avec une majuscule.
• Dont le son clair évoque celui de l'argent. *Un tintement argentin.*

*argents
Le nom **argents** employé au pluriel au sens de «crédits, sommes, fonds» est un archaïsme. *Le comité compte sur ces sommes* (et non ces *argents) *pour aller de l'avant.*

argenture n. f.
Application d'une couche d'argent sur un autre métal. *Il faut refaire l'argenture de cette théière.*

argile n. f.
Glaise. *Une argile grasse.*
☞ Attention au genre féminin de ce nom : **une** argile.

argileux, euse adj.
Qui est formé d'argile.
⇨ argileu**x**.

argot n. m.
• Langage très familier de certains milieux. *Ce roman policier est écrit en argot.*
• Langage propre à une profession, à un groupe. *Dans l'argot des étudiants, un **bolé,** c'est quelqu'un de très intelligent.*
☞ Le mot **argot** a un sens moins défavorable que **jargon** qui désigne la langue compliquée (d'un art, d'une science, d'un groupe), inintelligible aux non-initiés.

argotique adj.
Qui se rapporte à l'argot. *La langue argotique.*

argotisme n. m.
Expression en argot.

arguer v. tr.
☞ Attention à la prononciation de ce verbe, le **u** se prononce [argɥe]. Lorsque le **u** est suivi d'un **e** muet ou d'un **i,** celui-ci prend un tréma. *J'arguë, ils arguënt* (se prononce argu) [argy].
☞ L'usage actuel tend à supprimer le tréma.
• **Transitif.** Prétexter. *Arguer qu'il était malade.*
• **Transitif indirect.** Alléguer. *Arguer de sa position pour exiger un traitement de faveur.*
☞ Le verbe se construit généralement avec **que** suivi de l'indicatif ou du conditionnel ou avec un complément d'objet indirect introduit par la préposition **de.**

argument n. m.
Raisonnement destiné à faire triompher son point de vue.

*argument
Anglicisme au sens de **discussion.**

argumentaire adj. et n. m.
• **Adjectif.** Relatif aux arguments de vente. *Une liste argumentaire.*
• **Nom masculin.** Recueil d'arguments de vente. *Préparer un argumentaire pour les nouveaux produits.*

argumentation n. f.
• Art d'argumenter.
• Ensemble d'arguments.

argumenter v. tr., intr.
• **Transitif.** Justifier, appuyer par des arguments. *Une recherche solidement argumentée.*
• **Intransitif.** Présenter des arguments. *Il ne cesse d'argumenter sur cette question.*
☞ On peut aussi argumenter en faveur de quelqu'un ou de quelque chose, contre quelqu'un ou quelque chose.

argutie n. f.
☞ Le **t** se prononce **s** [argysi].
Subtilité de langage.

aria n. m. et f.
• **Nom masculin.** (Vx) Ennui, souci. *Quel aria, ce pique-nique!*
☞ L'emploi de ce nom est courant au Canada dans la langue familière, mais il est vieilli en ce sens dans l'ensemble de la francophonie.
• **Nom féminin.** Mélodie. *Elle interpréta une aria de Mozart.*
☞ Ne pas confondre avec le nom **aléa,** risque.

arianisme n. m.
Doctrine qui niait la divinité de Jésus.

aride adj.
• Desséché par le soleil. *Des contrées arides.*
• Rébarbatif. *Un sujet aride.*

aridité n. f.
État de ce qui est aride.

arien, ienne adj. et n. m. et f.
Partisan de l'arianisme.
Hom. **aryen,** qui appartenait à la race idéale, pour les nazis.

aristocrate adj. et n. m. et f.
• **Adjectif.** Qui a le caractère d'un aristocrate.
• **Nom masculin et féminin.** Membre de l'aristocratie.

aristocratie n. f.
• Gouvernement qui donne le pouvoir à un petit nombre de personnes, et particulièrement à une classe héréditaire.
• La classe noble.
• (Litt.) Élite.

aristocratique adj.
• Qui appartient à l'aristocratie.
• Distingué, raffiné.

arithmétique adj. et n. f.
• **Adjectif.** Relatif à l'arithmétique. *L'addition et la soustraction sont des opérations arithmétiques.*
• **Nom féminin.** Science des nombres. *Une arithmétique nouvelle.*
⇒ arithmétique.

arlequin, ine n. m. et f.
Bouffon de l'ancienne comédie italienne. *Des arlequins talentueux.*

arlequinade n. f.
(Litt.) Farce d'arlequin, bouffonnerie.

armagnac n. m.
Eau-de-vie.
🖚 Le nom qui désigne l'eau-de-vie s'écrit avec une minuscule, celui qui désigne la région prend une majuscule.

armateur n. m.
Personne qui exploite un navire, à titre de propriétaire ou de locataire.

armature n. f.
• Charpente de métal ou de bois qui soutient les parties d'une construction.
• (Fig.) Ce qui soutient, maintient en place.

arme n. f.
• Ce qui sert à attaquer, à se défendre. *L'arme du crime n'a pas été retrouvée. Un compagnon d'armes.*
• (Au plur.) Signes héraldiques.

armé, ée adj.
Muni de. *Armé d'une épée.*

armée n. f.
Ensemble des soldats d'un État.
🖚 Attention au genre féminin de ce nom : *une* armée.

armement n. m.
• Action d'armer.
• (Au plur.) Ensemble des moyens d'attaque ou de défense dont dispose un État. *La course aux armements.*

arménien, ienne adj. et n. m. et f.
• **Adjectif et nom masculin et féminin.** De l'Arménie. *Le peuple arménien. Un Arménien, une Arménienne.*
🖚 L'adjectif s'écrit avec une minuscule; le nom, avec une majuscule.
• **Nom masculin.** Langue parlée en Arménie. *Il parle l'arménien.*

🖚 Le nom de la langue s'écrit avec une minuscule.

armer v. tr., pronom.
• **Transitif**
- Pourvoir d'armes. *Armer un policier.*
- Équiper un navire.
• **Pronominal**
- Se munir d'armes. *Ils se sont armés.*
- (Fig.) *S'armer de patience, de courage.* Se munir de.

armistice n. m.
Accord conclu entre des armées ennemies afin de mettre fin au combat. *Conclure un armistice.*
🖚 Ne pas confondre avec les noms suivants :
- *amnésie,* perte de la mémoire;
- *amnistie,* annulation d'infractions à la loi ainsi que de leurs conséquences pénales.
🖚 Attention au genre masculin de ce nom : *un* armistice.

armoire n. f.
• Grand meuble de rangement plus haut que large. *Une armoire québécoise.*
• *Armoire* (de cuisine). Au Canada, assemblage de menuiserie fermé par une porte et fixé à un mur. *Ranger la vaisselle dans les armoires.*
🖚 Dans la francophonie, on emploie *placard* (de cuisine) en ce sens. L'*armoire* est un meuble de rangement qui par définition est amovible, tandis que le *placard* est fixe.

armoiries n. f. pl.
Ensemble des emblèmes d'une famille, d'une collectivité.

armorial, ale, aux adj. et n. m. (pl. *armoriaux*)
• **Adjectif.** Relatif aux armoiries.
• **Nom masculin.** Recueil d'armoiries.

armorier v. tr.
Redoublement du *i* à la première et à la deuxième personne du pluriel de l'indicatif imparfait et du subjonctif présent. *(Que) nous armoriions, (que) vous armoriiez.*
Orner d'armoiries.

armure n. f.
Ensemble de plaques métalliques recouvrant entièrement le corps d'un guerrier, au Moyen Âge. *Les chevaliers portaient des armures.*

armurerie n. f.
Lieu où l'on fabrique, conserve, répare ou vend des armes.

armurier n. m.
Fabricant ou marchand d'armes.

ARN
Sigle de *acide ribonucléique.*

arnaque n. f.
(Pop.) Escroquerie.

arnaquer v. tr.
(Pop.) Escroquer.

aromate n. m.
Substance végétale répandant une odeur forte et agréable. *L'estragon, la marjolaine, le poivre sont des*

aromates.

☞ Attention au genre masculin de ce nom : *un* aromate.

aromatique adj.
Qui est de la nature des aromates, odoriférant.

aromatiser v. tr.
Parfumer avec des aromates.

arôme n. m.
Parfum, odeur. *Le bon arôme du café.*

☞ arôme, contrairement aux dérivés qui n'ont pas d'accent : aromate, aromatique, aromatiser.

arpège n. m.
Accord dont on fait entendre successivement et rapidement les divers sons. *Un arpège réussi.*

☞ Attention au genre masculin de ce nom : *un* arpège.

arpéger v. tr.
Le *é* se change en *è* devant une syllabe muette, sauf à l'indicatif futur et au conditionnel présent. *J'arpège,* mais *j'arpégerai.*
Le *g* est suivi d'un *e* devant les lettres *a* et *o.* Il *arpégea, nous arpégeons.*
Faire des arpèges.

arpent n. m.
Ancienne mesure agraire. *Quelques arpents de neige.*

arpentage n. m.
Mesure de la superficie des terrains (autrefois en arpents, aujourd'hui en ares).

arpenter v. tr.
• Faire l'arpentage, mesurer la superficie des terrains.
• Parcourir à grands pas. *Arpenter un corridor.*

arpenteur n. m.
arpenteuse n. f.
Spécialiste de la mesure des superficies.

-arque suff.
Élément du grec signifiant «commander». *Monarque.*

arquebuse n. f.
Ancienne arme à feu.

arquer v. tr.
Courber en arc.

arraché n. m.
• Exercice d'haltères.
• *À l'arraché,* locution adverbiale. Par un grand effort. *L'emporter à l'arraché* (et non **à l'arrachée*).

arrache-clou n. m. (pl. *arrache-clous*)
Outil servant à arracher les clous.

arrachement n. m.
Action d'arracher, au propre et au figuré.

arrache-pied (d') loc. adv.
Sans interruption, avec acharnement. *Étudier d'arrache-pied.*

☞ arrache-pied, avec un trait d'union.

arracher v. tr., pronom.
• Transitif
Détacher avec effort, enlever de force. *On lui arracha son sac.*

• Pronominal
- S'éloigner à regret. *S'arracher de sa maison natale.*
- *S'arracher quelqu'un.* Se disputer sa présence, son amitié.

arrache-racine(s) n. m. (pl. *arrache-racines*)
Outil servant à arracher les racines.

arracheur, euse n. m. et f.
• Personne qui arrache quelque chose.
• *Mentir comme un arracheur de dents.* (Fam.) Mentir effrontément.

arraisonnement n. m.
Action d'arraisonner (un navire, un avion).

arraisonner v. tr.
Procéder à l'examen d'un navire pour connaître son identité, sa provenance, sa destination, sa cargaison, son état sanitaire, etc.

arrangeable adj.
Que l'on peut arranger.

arrangeant, ante adj.
Accommodant, conciliant.

arrangement n. m.
• Action d'arranger, de disposer.
• Accord amiable. *Parvenir à un arrangement.*

arranger v. tr., pronom.
INDICATIF PRÉSENT *J'arrange, nous arrangeons.*
IMPARFAIT *J'arrangeais, nous arrangions.*
Le *g* est suivi d'un *e* devant les lettres *a* et *o.* Il *arrangea, nous arrangeons.*
• Transitif
- Disposer selon un plan, un ordre. *Elle arrangeait la table pour le déjeuner.*
☞ Ne pas confondre avec le verbe *ranger,* mettre de l'ordre.
- Organiser. *Arranger une rencontre.*
• Pronominal
- S'entendre. *S'arranger à l'amiable.*
- Finir bien. *Tout s'est arrangé.*
- Prendre ses dispositions. *Elle s'est arrangée pour prévenir ses amis.*

arrérages n. m. pl.
Montant échu (à recevoir) d'une rente, d'une redevance, d'un revenu. *J'attends les arrérages de mes dividendes* (et non les **arriérages*).
☞ Ne pas confondre avec le nom *arriéré,* dette échue et qui reste due.

arrestation n. f.
Action d'arrêter une personne; état d'une personne arrêtée. *Les policiers ont procédé à une arrestation.*

arrêt n. m.
• Action d'arrêter, de s'arrêter. *L'arrêt des véhicules au passage pour piétons.*
• Endroit où doit s'arrêter un véhicule. *Arrêt obligatoire, arrêt facultatif au coin d'une rue.*
• Au Canada, panneau de signalisation exigeant un arrêt. Syn. **stop.**
• Fin du fonctionnement, immobilisation complète. *Attendez l'arrêt complet de l'avion.*
☞ L'OLF a normalisé les termes français suivants :

marche, arrêt pour traduire l'anglais «on, off».
• **Sans arrêt.** Continuellement, sans cesse. *Il pleut sans arrêt depuis trois jours.*
• Jugement émanant d'une juridiction supérieure.
▭◁— Ne pas confondre avec le nom **arrêté,** décision administrative.
• **Mandat d'arrêt.** Ordre d'incarcération.

*arrêt (mettre sous)
Calque de l'anglais «to put under arrest» pour **mettre en état d'arrestation, arrêter.**

arrêté n. m.
Décision administrative. *Des arrêtés ministériels.*
▭◁— Ne pas confondre avec le nom **arrêt,** jugement.

arrêter v. tr., intr., pronom.
• **Transitif**
- Interrompre le déroulement de.
- Appréhender. *On a arrêté le voleur.*
- Déterminer, fixer. *La date n'est pas encore arrêtée.*
• **Intransitif**
Cesser. *Arrête! Tu vas tomber.*
• **Pronominal**
- Cesser d'avancer, de fonctionner. *La voiture s'est arrêtée.*
- Faire un arrêt. *L'autobus s'arrête en face de l'école.*
- Se terminer. *La route s'arrête ici.*
▭◁— Ne pas confondre avec les verbes suivants :
- **décider,** prendre une décision;
- **décréter,** ordonner par décret;
- **ordonner,** donner un ordre;
- **trancher,** décider sans appel.

arrhes n. f. pl.
Somme d'argent donnée au moment de la conclusion d'un contrat.
▭◁— Ne pas confondre avec le nom **acompte,** paiement partiel à valoir sur une somme due.
Hom. :
- **are,** unité de mesure agraire;
- **art,** expression d'un idéal artistique.

*arriérages
Impropriété au sens de **arrérages.**

arriération n. f.
Faiblesse d'esprit. *Arriération mentale.*

arrière adj. inv., adv. et n. m.
• **Adjectif invariable**
Du côté opposé, en sens contraire. *Les pneus arrière sont usés.*
• **Adverbe de lieu**
Derrière. *Faire marche arrière, machine arrière.*
• **Nom masculin**
- Partie postérieure d'une chose. *L'arrière de la maison.*
- (Sports) Joueur situé près de son but afin d'assurer sa défense.
▭◁— Le nom prend la marque du pluriel. *Des arrières.*
• **Nom masculin pluriel**
  (Milit.) Lignes de communication d'une armée. *Protéger ses arrières.*
• **Locutions adverbiales**
- **À l'arrière.** Derrière. *Il y a des places à l'arrière.*
- **En arrière.** Dans une direction opposée. *Retourner en arrière.*

• **Locutions prépositives**
- **À l'arrière de.** Derrière. *À l'arrière de l'autobus, il y a des places libres.*
- **En arrière de.** Derrière. *En arrière de la maison, il y a une piscine.*

arrière- préf.
Postérieur. *Des arrière-trains.*
▭◁— Les mots composés avec **arrière-** prennent un trait d'union. Alors que l'adverbe reste invariable, le deuxième (ou troisième) élément prend la marque du pluriel. *Des arrière-goûts. Des arrière-grands-pères.*

arriéré, ée adj. et n. m.
• **Adjectif**
- Échu, impayé. *Des intérêts arriérés.*
- (Péj.) Rétrograde. *Il a des idées arriérées.*
- Attardé. *Cette personne est un peu arriérée.*
• **Nom masculin**
Dette échue et qui reste due. *Il faut payer l'arriéré.*
▭◁— Ne pas confondre avec le nom **arrérages,** paiement échu à recevoir d'une rente, d'une redevance, d'un revenu.

arrière-bouche n. f. (pl. *arrière-bouches*)
Partie postérieure de la bouche.

arrière-boutique n. f. (pl. *arrière-boutiques*)
Pièce placée derrière une boutique.

arrière-cour n. f. (pl. *arrière-cours*)
Cour située à l'arrière d'un bâtiment.

arrière-garde n. f. (pl. *arrière-gardes*)
• Partie d'une armée qui reste en arrière pour protéger les troupes.
• (Fig.) Ce qui est en retard, dépassé.

arrière-gorge n. f. (pl. *arrière-gorges*)
Fond de la gorge.

arrière-goût n. m. (pl. *arrière-goûts*)
• Goût que laisse dans la bouche un mets, une boisson.
• (Fig.) Sentiment qui subsiste après le fait qui l'a provoqué. *Des arrière-goûts de déception.*

arrière-grand-mère n. f. (pl. *arrière-grands-mères*)
Bisaïeule.
▭◁— La plupart des dictionnaires précisent que l'adjectif **grand** est invariable dans **arrière-grand-mère,** alors qu'il prend la marque du pluriel dans **arrière-grand-père.** Il paraît plus logique d'écrire au pluriel **arrière-grands-mères.**
▭▷ **arrière-grand-mère,** avec des traits d'union.

arrière-grand-père n. m. (pl. *arrière-grands-pères*)
Bisaïeul.
▭▷ **arrière-grand-père,** avec des traits d'union.

arrière-pays n. m. (pl. *arrière-pays*)
Région située en arrière des côtes.

arrière-pensée n. f. (pl. *arrière-pensées*)
Intention non manifestée.

arrière-petite-fille n. f. (pl. *arrière-petites-filles*)
Fille du petit-fils, de la petite-fille.

arrière-petit-fils n. m. (pl. *arrière-petits-fils*)
Fils du petit-fils, de la petite-fille.

arrière-petits-enfants n. m. pl.
Enfants du petit-fils, de la petite-fille.
🕮 Ne s'emploie pas au singulier.

arrière-plan n. m. (pl. *des arrière-plans*)
• Le plan le plus éloigné (par opposition à *premier plan*).
• *À l'arrière-plan,* locution adverbiale. (Fig.) Dans une position secondaire.
🖙 **arrière-plan**, avec un trait d'union.

arriérer v. tr., pronom.
Le *é* se change en *è* devant une syllabe muette, sauf à l'indicatif futur et au conditionnel présent. *J'arrière,* mais *j'arriérerai.*
Retarder. *Arriérer un paiement.*

arrière-saison n. f. (pl. *arrière-saisons*)
Fin de l'automne.

arrière-salle n. f. (pl. *arrière-salles*)
Salle située derrière une autre.

arrière-train n. m. (pl. *arrière-trains*)
Partie postérieure d'un animal.

arrimage n. m.
Action d'arrimer.

arrimer v. tr.
• Arranger méthodiquement la charge d'un vaisseau, d'un avion.
• Fixer avec des cordes un chargement.

arrivage n. m.
• Arrivée de marchandises. *Nous avons reçu un arrivage de légumes ce matin.*
• Marchandises.
🕮 Le nom *arrivage* ne s'applique qu'aux marchandises.

arrivant, ante n. m. et f.
Personne qui arrive. *Les nouveaux arrivants.*

arrivé, ée adj.
• Qui est parvenu quelque part.
• Qui a réussi (socialement).

arrivée n. f.
• Action d'arriver. *L'arrivée des voyageurs a lieu au quai n° 15. L'arrivée du train.*
• Moment de l'arrivée.
🕮 Ne pas confondre avec le nom *arrivage,* arrivée de marchandises.
• Canalisation. *Une arrivée d'eau.*

arriver v. intr.
• Parvenir à destination. *Arriver au but. Il est arrivé à la maison.*
• Avoir lieu. *Un accident est arrivé.*
• **Employé absolument.** Réussir. *Elle est arrivée.*
🕮 Le verbe *arriver* se conjugue avec l'auxiliaire *être. Elle est arrivée à temps.* La construction impersonnelle *il arrive que* est suivie du mode indicatif si la proposition exprime une action réelle, du subjonctif, si cette action est possible. *Il arrive que je le vois. Il arrive que je sois à l'heure.*

arrivisme n. m.
Comportement de l'arriviste.

arriviste adj. et n. m. et f.
Ambitieux qui use de tous les moyens pour parvenir au premier rang ou à la fortune.

arrogance n. f.
Manières hautaines et insolentes.
Ant. **humilité.**

arrogant, ante adj.
Qui a des manières hautaines et insolentes. *Un ton arrogant.*
Ant. **humble.**

arroger (s') v. pronom.
Le *g* est suivi d'un *e* devant les lettres *a* et *o. Il s'arrogea, nous nous arrogeons.*
S'attribuer illégitimement.
🕮 Le participe passé du verbe pronominal *s'arroger* s'accorde comme un verbe conjugué avec l'auxiliaire *avoir* si le complément direct le précède. Il est invariable si le complément vient après le verbe. *Les titres qu'il s'est arrogés. Elles se sont arrogé des droits excessifs.*

arrondi, ie adj.
De forme ronde. *Un visage arrondi.*

arrondir v. tr., pronom.
• **Transitif**
- Rendre rond. *Arrondir une lettre.*
- Augmenter. *Arrondir sa fortune.*
- *Arrondir une somme.* En supprimer les fractions. *Le prix est de 4,95 $, j'arrondis à 5 $.*
• **Pronominal**
Devenir plus rond. *Ses joues se sont arrondies.*

arrondissement n. m.
• Action d'arrondir une valeur numérique, en supprimant les fractions.
• Division territoriale. *Les quartiers de Montréal sont maintenant regroupés en arrondissements.*

arrosage n. m.
Action d'arroser.

arroser v. tr.
• Répandre un liquide sur quelque chose. *Arroser la pelouse.*
• Couler à travers. *L'Outaouais arrose cette région.*
• Inviter à boire pour célébrer un évènement. *Il faut arroser ce succès.*

arroseur, euse n. m. et f.
• **Nom masculin.** Appareil automatique pour arroser les pelouses.
• **Nom féminin.** Véhicule destiné à l'arrosage des voies publiques.

arrosoir n. m.
Ustensile destiné à arroser les plantes.

arsenal n. m. (pl. *arsenaux*)
• Dépôt d'armes et de munitions. *Des arsenaux clandestins.*
• Ensemble de moyens d'action, de défense. *L'arsenal de la réglementation.*

arsenic n. m.
⬱ Le **c** se prononce [arsǝnik].
• Symbole **As** (s'écrit sans point).
• Poison. *Un arsenic mortel.*

arsenical, ale, aux adj.
Qui contient de l'arsenic.

art n. m.
• Toute œuvre humaine où se manifeste le génie, le talent, un idéal artistique. *L'art égyptien.*
• Application des facultés et des sciences de l'homme à la réalisation d'une conception. *L'art architectural.*
• Aptitude à faire quelque chose. *L'art d'écrire.*
Hom. :
- *are,* unité de mesure agraire;
- *arrhes,* somme d'argent.

art.
Abréviation de *article.*

artère n. f.
• Vaisseau sanguin. *Une artère vitale.*
• Grande voie de circulation à l'intérieur des villes.
▭⟻ Attention au genre féminin de ce nom : *une* artère.

artériel, ielle adj.
Qui appartient aux artères. *La tension artérielle.*

artériosclérose n. f.
(Méd.) État pathologique caractérisé par le durcissement, l'épaississement et la perte d'élasticité des artères.
V. **athérosclérose.**

artésien adj.
Puits artésien. Trou foré jusqu'à une nappe d'eau souterraine jaillissante.

arthrite n. f.
(Méd.) Inflammation d'une articulation. *Elle a de l'arthrite à un genou.*
▭⟹ arthrite.

arthritique adj. et n. m. et f.
• (Méd.) Qui a rapport à l'arthrite. *Une douleur arthritique.*
• Malade atteint d'arthrite. *C'est une arthritique.*
▭⟹ arthritique.

arthrose n. f.
(Méd.) Processus dégénératif des articulations.
▭⟹ arthrose.

artichaut n. m.
Plante potagère cultivée pour ses capitules. *Des cœurs d'artichauts* ou *d'artichaut.*
▭⟹ artichau**t.**

article n. m.
• Abréviation **art.** (s'écrit avec un point).
• Écrit d'un journal, d'une publication. *Cet article sur la pollution est très intéressant.*
• (Gramm.) Mot qui détermine un nom de façon définie, indéfinie ou partitive et qui sert à marquer le genre et le nombre du mot auquel il se rapporte.
V. Tableau - **ARTICLE.**
• Tout objet de commerce destiné à la vente. *Nous avons beaucoup d'articles soldés* (et non d'*items).

• Partie d'une loi, d'un contrat, d'un ordre du jour. *Inscrire un article à l'ordre du jour* (et non un *item). *L'article premier d'une loi.*

articulaire adj.
Qui a rapport aux articulations. *Rhumatisme articulaire.*

articulation n. f.
• Union de deux ou plusieurs pièces osseuses.
• Assemblage de deux pièces mécaniques.
• Lien entre les parties d'un texte, d'un discours. *Les conjonctions car, mais, en effet servent d'articulations entre les propositions.*
• Manière d'articuler les sons d'une langue.

articulé, ée adj.
• Prononcé distinctement. *Une consonne bien articulée.*
• Construit avec une ou des articulations de manière à permettre le mouvement. *Une lampe articulée.*

articuler v. tr.
• Assembler à l'aide de charnières qui permettent le mouvement.
• Organiser en éléments distincts dans un ensemble.
• Prononcer distinctement. *Il articule un mot.*

artifice n. m.
• (Litt.) Ruse, piège. *User d'artifice* ou *d'artifices.*
• *Feu d'artifice.* Ensemble de feux résultant de l'inflammation de pièces pyrotechniques de formes et de couleurs variées. *Des feux d'artifice.*
▭⟻ Attention au genre masculin de ce nom: *un* artifice.

artificiel, ielle adj.
Non naturel. *Un sapin artificiel ignifuge.*
▭⟻ Ne pas confondre avec l'adjectif **artificieux,** fourbe.
Ant. **naturel.**

artificiellement adv.
D'une manière artificielle.

artificier n. m.
artificière n. f.
Personne qui fabrique des pièces d'artifice.

artificieusement adv.
(Litt.) D'une manière trompeuse, rusée.

artificieux, ieuse adj.
(Litt.) Trompeur, rusé.
▭⟻ Ne pas confondre avec l'adjectif **artificiel,** qui n'est pas naturel.

artillerie n. f.
⬱ Les deux **l** se prononcent comme dans **famille** [artijri].
Matériel de guerre.

artilleur n. m.
Militaire.

artisan n. m.
artisane n. f.
• Personne qui exerce un art manuel, en travaillant pour son propre compte. *Cette céramiste est une habile artisane; ce serrurier est un bon artisan.*
• *Être l'artisan de.* Être le responsable de quelque chose. *Remercions l'artisan de cette belle fête.*

ARTICLE

L'article est un déterminant qui est placé devant le nom pour déterminer d'une façon précise ou imprécise le nom dont on parle. L'article fournit aussi des indications sur le genre et le nombre du nom qu'il détermine. Il existe trois sortes d'articles : – l'article défini;
– l'article indéfini;
– l'article partitif.

ARTICLES DÉFINIS

L'article défini désigne d'une façon précise le nom qu'il détermine. Il se rapporte à un objet particulier, il individualise le nom désigné.

Forme simple

Le (devant un nom masculin singulier). *Le chat de sa fille.*

La (devant un nom féminin singulier). *La tortue de Julien.*

L' (devant un nom masculin ou féminin singulier commençant par une voyelle ou un *h* muet). *L'avion, l'école, l'habit, l'heure.*

☞ On dit alors qu'il s'agit d'un article élidé.

Les (devant un nom masculin ou féminin pluriel). *Les livres de la bibliothèque.*

Forme contractée

Au (combinaison de *à* et de *le* devant un nom masculin singulier). *Au printemps.*

Du (combinaison de *de* et de *le* devant un nom masculin singulier). *Je parle du soleil.*

Aux (combinaison de *à* et de *les* devant un nom masculin ou féminin pluriel). *J'explique aux garçons et aux filles...*

Des (combinaison de *de* et de *les* devant un nom masculin ou féminin pluriel). *Les adresses des cousines et des amis.*

ARTICLES INDÉFINIS

L'article indéfini désigne d'une façon imprécise le nom qu'il détermine.

Un (devant un nom masculin singulier). *Un garçon.*

Une (devant un nom féminin singulier). *Une fille.*

Des (devant un nom masculin ou féminin pluriel). *Des enfants.*

☞ L'article indéfini *des* peut être remplacé par *de* quand il est immédiatement suivi d'un adjectif qualificatif ou quand il est placé après un verbe à la forme négative. *Ce sont de beaux chiens. Je n'ai pas de remarques à te faire.*

ARTICLES PARTITIFS

L'article partitif se place devant le nom des choses qui ne peuvent se compter; il indique une quantité indéterminée de ce qui est désigné par le nom.

Du (devant un nom masculin singulier). *Je bois du lait.*

De la (devant un nom féminin singulier). *Je mâche de la gomme.*

De l' (devant un nom masculin ou féminin singulier commençant par une voyelle ou un *h* muet). *Je mange de l'agneau, j'avale de l'eau, elle verse de l'huile.*

Des (devant un nom masculin ou féminin pluriel). *Des cretons et des confitures.*

☞ À la forme négative, les articles partitifs sont remplacés par *de* ou *d'* si le nom peut être précédé de l'expression «aucune quantité de». *Il n'y a pas de poussière, elle n'a pas d'ennuis.*

V. Tableau – **ANALYSE GRAMMATICALE.**
V. Tableau – **DÉTERMINANT.**
V. Tableau – **LE, LA, LES,** ARTICLES DÉFINIS.
V. Tableau – **LE, LA, LES,** PRONOMS PERSONNELS.
V. Tableau – **UN.**

▭▷ artis**an,** artis**a**ne.

artisanal, ale, aux adj.
• Relatif à l'artisan. *Des produits artisanaux.*
• Peu organisé, rudimentaire. *Une construction artisanale.*

artisanalement adv.
D'une manière artisanale.

artisanat n. m.
Métier de l'artisan.
▭▷ artisanat.

artiste adj. et n. m. et f.
• **Adjectif**
(Litt.) Qui témoigne d'une sensibilité propre aux émotions esthétiques.
• **Nom masculin et féminin**
- Créateur d'une œuvre d'art. *Un artiste de génie.*
- Interprète d'une œuvre musicale, théâtrale. *C'est une excellente artiste.*

artistement adv.
(Litt.) Avec art, habileté.

artiste peintre n. m. et f. (pl. *artistes peintres*)
Peintre de tableaux.
▯◁— Ce nom qui s'écrit sans trait d'union se dit par opposition à *peintre en bâtiment.*

artistique adj.
• Relatif à l'art.
• Avec art.

artistiquement adv.
D'une manière artistique.

aruspice
V. **haruspice.**

aryen, yenne adj. et n. m. et f.
• Relatif aux Aryens.
• Relatif à la «race» blanche «pure» dans les doctrines racistes d'inspiration nazie.
Hom. *arien,* partisan de l'arianisme.

As
Symbole de *arsenic.*

as n. m.
• Un point seul marqué sur un des côtés d'un dé.
• Carte à jouer. *L'as de cœur.*
• Personne qui tient le premier rang dans sa spécialité. *C'est un as du tennis.*

ascendance n. f.
Ensemble des parents dont est issue une personne.
▭▷ ascendance.

ascendant, ante adj. et n. m.
• **Adjectif**
- Qui va en montant. *Mouvement ascendant.*
- (Math.) Croissant. *Écrire des nombres dans un ordre ascendant. Une progression ascendante.*
• **Nom masculin**
Influence. *Elle a beaucoup d'ascendant sur lui.*
• **Nom masculin pluriel**
(Dr.) Parents dont on descend.
▯◁— En ce sens, ce nom s'emploie généralement au pluriel.

Ant. **descendant.**
▭▷ as**ce**ndant.

ascenseur n. m.
Appareil servant à monter et à descendre des personnes, des choses aux différents étages d'un immeuble.
▯◁— Ne pas confondre avec le nom *élévateur,* appareil de levage pour les marchandises, les fardeaux.
▭▷ as**cen**seur.

ascension n. f.
• Action de monter, d'aller vers le haut. *L'ascension d'un hélicoptère.*
• Action de gravir une montagne. *L'ascension de l'Everest.*
▯◁— Lorsqu'il désigne l'élévation miraculeuse du Christ, le nom s'écrit avec une majuscule. *La fête de l'Ascension.*
▭▷ as**cen**sion.

ascensionnel, elle adj.
Qui tend à faire monter.

ascèse n. f.
Discipline personnelle tendant au perfectionnement.
▭▷ as**cè**se.

ascète n. m. et f.
Personne qui s'astreint aux privations d'une vie austère.
▭▷ as**cè**te.

ascétique adj.
• Relatif à l'ascétisme.
• Austère.
▭▷ as**cé**tique.
Hom. *acétique,* qui se rapporte au vinaigre.

ascétisme n. m.
Méthode morale qui consiste à s'élever, par la volonté, dans l'ordre de l'esprit ou de la religion.
▭▷ as**cé**tisme.

ASCII
Sigle de *American Standard Code for Information Interchange.*

a/s de
Abréviation de *aux (bons) soins de.*

asémantique adj.
Sans signification.

asepsie n. f.
Ensemble des procédés qui préviennent l'infection, en empêchant l'introduction et le développement des microbes.
▯◁— Ne pas confondre avec le nom *antisepsie,* ensemble des procédés employés pour détruire les microbes.
▭▷ asepsie.

aseptique adj.
Exempt de tout microbe.
▭▷ aseptique.

aseptisation n. f.
Action de rendre aseptique.

aseptisé adj.
(Fig.) Impersonnel, froid. *Un style aseptisé.*

aseptiser v. tr.
Rendre aseptique, stériliser.

asexué, ée adj.
Qui n'a pas de sexe.

asiatique adj. et n. m. et f.
D'Asie. *L'économie asiatique. Un Asiatique, une Asiatique.*
☞ L'adjectif s'écrit avec une minuscule; le nom, avec une majuscule.

asile n. m.
• Refuge.
• *Droit d'asile.* Droit qu'un pays reconnaît à un étranger qui s'estime persécuté dans son pays d'origine.
• Établissement d'assistance.
• *Asile d'aliénés.* (Vx) Hôpital psychiatrique.
☞ Attention au genre masculin de ce nom : *un* asile.
⇨ asile.

asocial, ale, aux adj. et n. m. et f.
Qui s'oppose à la vie sociale. *Un individu asocial qui est agressif à l'égard des autres.*
☞ Ne pas confondre avec l'adjectif *antisocial,* contraire à l'ordre social.

aspect n. m.
👄 Les lettres *ct* ne se prononcent pas [aspɛ].
• Forme sous laquelle une personne, une chose nous apparaît. *Ces ruines ont un aspect terrifiant.*
• Angle, point de vue. *Il faut étudier ce problème sous tous ses aspects.*
⇨ aspe**ct.**

asperge n. f.
Plante potagère dont on mange les jeunes pousses. *Préférez-vous les asperges blanches ou vertes?*

asperger v. tr.
Le *g* est suivi d'un *e* devant les lettres *a* et *o. Il aspergea, nous aspergeons.*
Arroser légèrement. *Nous aspergeons les plantes d'eau fraîche.*

aspérité n. f.
État de ce qui est inégal. *Les aspérités du sol.*

asphaltage n. m.
Action de couvrir d'asphalte.
⇨ as**ph**altage.

asphalte n. m.
👄 Le *l* se prononce [asfalt].
Revêtement de bitume. *De l'asphalte ramolli par la chaleur.*
☞ Attention au genre masculin de ce nom : *un* asphalte.
⇨ as**ph**alte.

asphalter v. tr.
Couvrir d'asphalte.
⇨ as**ph**alter.

asphodèle n. m.
Plante de la famille des liliacées à fleurs blanches.
☞ Attention au genre masculin de ce nom : *un* asphodèle.

asphyxie n. f.
Trouble grave d'un organisme qui est en déficit d'oxygène, en état de détresse respiratoire.
☞ Attention au genre féminin de ce nom : *une* asphyxie.
⇨ as**phyx**ie.

asphyxier v. tr., pronom.
Redoublement du *i* à la première et à la deuxième personne du pluriel de l'indicatif imparfait et du subjonctif présent. *(Que) nous asphyxiions, (que) vous asphyxiiez.*
• **Transitif.** Causer l'asphyxie.
• **Pronominal.** Mourir par asphyxie. *Elles se sont asphyxiées.*
⇨ as**phyx**ier.

aspic n. m.
👄 Le *c* se prononce [aspik].
• Serpent venimeux.
• Plat composé de volaille, de poisson, de légumes, etc. recouvert de gelée. *Des aspics de foie gras.*

aspirant, ante adj. et n. m. et f.
• **Adjectif.** Qui aspire. *Une pompe aspirante.*
• **Nom masculin et féminin.** Personne qui aspire à obtenir un titre. *Un aspirant champion.*

aspirateur n. m.
Appareil destiné à aspirer l'air, les liquides, la poussière. *Un aspirateur électrique.*
☞ Ne pas confondre avec le nom *balayeuse,* machine à brosse rotative destinée à balayer les rues.

aspiration n. f.
• Action d'aspirer. *L'aspiration et l'expiration de l'air.*
• Mouvement de l'âme vers un idéal.

aspiration du *h*
V. Tableau - **H MUET** et **H ASPIRÉ.**

aspiratoire adj.
Qui se fait par aspiration.

aspirer v. tr.
• **Transitif direct**
- Attirer l'air dans ses poumons. *Aspirez profondément.*
Ant. **expirer.**
- Attirer une substance, un gaz dans le nez, la bouche. *Aspirer la fumée d'une cigarette.*
☞ Ne pas confondre avec le verbe *inhaler,* respirer une substance médicamenteuse ou chimique.
• **Transitif indirect**
Viser, prétendre à. *Il aspire à être médecin. Elle aspire à la médaille d'or.*
☞ Ne pas confondre avec les verbes suivants :
- *convoiter,* désirer ardemment;
- *désirer,* espérer, souhaiter;
- *envier,* désirer ce qui est à autrui.

aspirine n. f.
Analgésique (acide acétylsalicylique).

ass.
Abréviation de *assurance.*

assagir v. tr., pronom.
• **Transitif.** Rendre sage.
• **Pronominal.** Devenir sage. *Ils se sont assagis.*

assagissement n. m.
Action d'assagir.

assaillant, ante adj. et n. m. et f.
Personne qui attaque. *Des assaillants armés.*
⇨ ass**aill**ant.

assaillir v. tr.
INDICATIF PRÉSENT *J'assaille, nous assaillons.* IM-
PARFAIT *J'assaillais, nous assaillions.* PASSÉ SIMPLE
J'assaillis. FUTUR *J'assaillirai.* SUBJONCTIF PRÉSENT
Que j'assaille, que nous assaillions. PARTICIPE
PRÉSENT *Assaillant.* PASSÉ *Assailli, ie.*
Les lettres **ill** sont suivies d'un *i* à la première et à
la deuxième personne du pluriel de l'indicatif im-
parfait et du subjonctif présent. *(Que) nous assail-
lions, (que) vous assailliez.*
• Attaquer vivement.
• (Fig.) Harceler. *On l'assaillait de questions.*
⇨ ass**aill**ir.

assainir v. tr.
Rendre sain.
⇨ ass**ai**nir.

assainissement n. m.
• Action d'assainir. *L'assainissement de l'eau.*
• Résultat de cette action.
⇨ ass**ai**nissement.

assaisonnement n. m.
• Action d'assaisonner. *L'assaisonnement d'une viande.*
• Ingrédient qui sert à assaisonner. *Le thym, le poivre,
le sel sont des assaisonnements.*
⇨ ass**ai**sonnement.

assaisonner v. tr.
Relever le goût par un assaisonnement.
⇨ ass**ai**sonner.

assassin, ine adj. et n. m.
• **Adjectif**
- Meurtrier. *Une main assassine.*
- Provocant. *Une œillade assassine.*
• **Nom masculin**
Personne qui commet un meurtre avec préméditation.
Cette femme est un assassin.
☞ Contrairement à l'adjectif, le nom est invariable
en genre.

assassinat n. m.
Homicide avec préméditation.
⇨ assassin**a**t.

assassiner v. tr.
Commettre un homicide prémédité.

assaut n. m.
Attaque.

-asse suff.
Élément à valeur péjorative. *Bonasse, blondasse.*

assèchement n. m.
Action d'assécher.
⇨ ass**è**chement, malgré ass**é**cher.

assécher v. tr., pronom.
Le *é* se change en *è* devant une syllabe muette,
sauf à l'indicatif futur et au conditionnel présent.
J'assèche, mais *j'assécherai.*
• **Transitif.** Mettre à sec.
• **Pronominal.** Devenir sec. *La rivière s'est asséchée.*

assemblage n. m.
• Action de réunir (des éléments) pour composer un
tout. *L'assemblage d'un meuble.*
• Ensemble d'éléments assemblés. *Un assemblage
d'objets anciens.*

assemblée n. f.
• Réunion de personnes en un même endroit. *L'assemblée mensuelle des étudiants.*
• Réunion d'un groupe de personnes formant un corps
constitué, une société. *L'assemblée des chefs d'entreprise.*
☞ Attention au genre féminin de ce nom : *une*
assemblée.

assembler v. tr., pronom.
• **Transitif.** Mettre ensemble pour former un tout.
Pierre et Léa ont assemblé le meuble.
• **Pronominal.** Se réunir. *Les élèves se sont assem-
blés dans la cour de l'école.*

assener ou **asséner** v. tr.
Le *e* ou le *é* de la deuxième syllabe se change en
è devant une syllabe muette. *Il assène, il assenait.*
👄 Le premier *e* de l'infinitif se prononce *é,* quelle
que soit son orthographe.
Donner avec violence. *Assener un coup de bâton.*
⇨ ass**e**ner ou ass**é**ner.

assentiment n. m.
Accord, consentement. *Le directeur a donné son as-
sentiment.*
Ant. **désaccord.**

asseoir v. tr., pronom.
Ce verbe possède deux conjugaisons :
Forme littéraire
INDICATIF PRÉSENT *J'assieds, tu assieds, il as-
sied, nous asseyons, vous asseyez, ils asseyent.*
IMPARFAIT *J'asseyais, nous asseyions.* PASSÉ SIMPLE
J'assis, nous assîmes. PASSÉ COMPOSÉ *J'ai assis,
nous avons assis.* FUTUR *J'assiérai, nous assié-
rons.* CONDITIONNEL PRÉSENT *J'assiérais, nous
assiérions.* SUBJONCTIF PRÉSENT *Que j'asseye,
que nous asseyions.* PARTICIPE PRÉSENT *Asseyant.*
PASSÉ *Assis, e.*
Forme populaire
INDICATIF PRÉSENT *J'assois, tu assois, il assoit,
nous assoyons, vous assoyez, ils assoient.* IM-
PARFAIT *J'assoyais, nous assoyions.* PASSÉ SIMPLE et
PASSÉ COMPOSÉ, comme la première forme. FUTUR
J'assoirai, nous assoirons. CONDITIONNEL PRÉ-
SENT *J'assoirais, nous assoirions.* SUBJONCTIF PRÉ-
SENT *Que j'assoie, que nous assoyions.* PARTICIPE
PRÉSENT *Assoyant.* PASSÉ *Assis, e.*
• **Transitif**
- Mettre sur un siège. *Elle assoit son bébé.*
- Établir solidement. *Asseoir son autorité.*
• **Pronominal**
Se mettre sur un siège. *Assoyez-vous* ou *asseyez-
vous. Elles se sont assises.*

assermenter v. tr.
Faire prêter serment. *Un témoin assermenté.*

assertion n. f.
Affirmation formelle non accompagnée de sa preuve.

asservir v. tr.
Le verbe se conjugue comme *finir* et non comme *servir* : *nous asservissons, j'asservissais, asservissant.*
Réduire à une extrême dépendance.

asservissement n. m.
Action d'asservir.

assez adv.
Suffisamment. *J'en ai assez de vos discours. Ce paragraphe est assez long.*
⇨ assez.

assidu, ue adj.
Qui accomplit fidèlement un travail, qui manifeste de la constance.

assiduité n. f.
• Ponctualité. *L'assiduité de cette élève est remarquable, elle est toujours à l'heure.*
• Application, présence continuelle. *L'assiduité d'une infirmière auprès de ses malades.*

assidûment adv.
Avec assiduité. *Elle travaille assidûment.*
⇨ assidûment.

assiégé, ée adj. et n. m. et f.
Qui subit un siège.

assiégeant, ante adj. et n. m. et f.
Qui assiège.

assiéger v. tr.
Le *g* est suivi d'un *e* devant les lettres *a* et *o. Il assiégea, nous assiégeons.*
Le *é* se change en *è* devant une syllabe muette, sauf à l'indicatif futur et au conditionnel présent. *J'assiège,* mais *j'assiégerai.*
Faire le siège d'une place. *Les Romains ont assiégé cette ville pendant trente jours.*

assiette n. f.
• Pièce de vaisselle à fond plat. *Une assiette de porcelaine.*
• Contenu d'une assiette. *Mange ton assiette!*
• *Assiette de l'impôt.* Matière assujettie à l'impôt.

assiettée n. f.
Contenu d'une assiette. *Une assiettée de soupe aux légumes.*
⇨ assiettée.

*assiette froide
Calque de l'anglais «cold plate» au sens de **assiette anglaise, viandes froides.**

assignation n. f.
Citation à comparaître.

assigner v. tr.
Les lettres *gn* sont suivies d'un *i* à la première et à la deuxième personne du pluriel de l'indicatif imparfait et du subjonctif présent. *(Que) nous assignions, (que) vous assigniez.*
• Allouer, affecter des fonds à un paiement.
• Attribuer quelque chose à quelqu'un. *Le chef d'équipe assigna une tâche à chacun des membres.*
• Sommer de comparaître en justice.

*assigner
Anglicisme au sens de **affecter quelqu'un à un poste, nommer.**

assimilable adj.
Qui peut être assimilé.

assimilation n. f.
Action d'assimiler.

assimilé, ée adj.
Considéré comme semblable.

assimiler v. tr., pronom.
• Transitif
- Transformer, convertir en sa propre substance les matières absorbées. *Notre organisme assimile la vitamine C des fruits frais.*
- Intégrer à un groupe. *Les Américains tentent d'assimiler tous les nouveaux venus.*
- Comprendre et retenir. *Il n'a pas bien assimilé ces règles.*
• Pronominal
S'adapter, se considérer comme semblable (à quelqu'un). *Ces immigrants se sont assimilés progressivement.*

assise n. f.
• Base, fondation.
• (Au plur.) Réunion d'un parti, d'un syndicat. *Tenir ses assises en novembre.*
⇥ En ce sens, le nom ne s'emploie qu'au pluriel.

assistance n. f.
• Aide, secours. *Les blessés ont eu besoin de son assistance.*
• *Assistance professionnelle.* Stage pratique. *Recevoir une assistance professionnelle (et non un *coaching) dans un bureau d'experts-comptables.*
• Auditoire. *Une nombreuse assistance était venue entendre le pianiste.*
⇨ assistance.

assistant n. m.
assistante n. f.
• Personne qui assiste quelqu'un. *Une assistante sociale.*
• (Au plur.) Ceux qui assistent à quelque chose.
⇥ Quand ce mot désigne une personne présente dans un lieu, il ne peut s'employer qu'au pluriel. *Un des assistants se mit à applaudir* (et non un *assistant).

*assistant (suivi d'un nom de métier, de profession)
Anglicisme au sens de **adjoint, aide.** *Un aide-cuisinier.*

assisté, ée adj. et n. m. et f.
• **Adjectif.** Muni d'un système apte à répartir l'effort de l'utilisation. *Des freins assistés.*
• **Nom masculin et féminin.** Qui reçoit l'assistance sociale.

assisté par ordinateur loc. adj.
Se dit d'activités dans lesquelles l'ordinateur apporte une aide. *Conception assistée par ordinateur (CAO), fabrication assistée par ordinateur (FAO).*

assister v. tr.
• **Transitif direct.** Aider. *Assister un malade.*
• **Transitif indirect.** Être présent à quelque chose. *Assister à un spectacle.*

associatif, ive adj.
Relatif à l'association des idées.

association n. f.
• Union de personnes en vue d'un but ou dans un intérêt commun. *L'Association internationale du transport aérien a son siège à Montréal.*
• Rapprochement. *Association d'idées.*

Association canadienne de normalisation
Sigle *ACNOR* (s'écrit avec ou sans points).

Association canadienne-française pour l'avancement des sciences
Sigle *ACFAS* (s'écrit avec ou sans points).

Association canadienne pour les Nations Unies
Sigle *ACNU* (s'écrit avec ou sans points).

Association féminine d'éducation et d'action sociale
Sigle *AFÉAS* (s'écrit avec ou sans points).

Association française de normalisation
Sigle *AFNOR* (s'écrit avec ou sans points).

Association internationale du transport aérien
Sigle *AITA* (s'écrit avec ou sans points).

associations coopératives d'économie familiale
Sigle *ACÉF* (s'écrit avec ou sans points).

associé, ée n. m. et f.
Personne qui met en commun son activité, ses biens, dans une société de personnes. *Trois associés dirigent cette entreprise.*

associer v. tr., pronom.
Redoublement du *i* à la première et à la deuxième personne du pluriel de l'indicatif imparfait et du subjonctif présent. *(Que) nous associions, (que) vous associiez.*
• **Transitif**
- Mettre ensemble, joindre.
- *Associer à.* Faire participer. *Associer quelqu'un à une entreprise.*
- *Associer avec.* Joindre intimement. *Associer la beauté avec le goût.*
• **Pronominal**
- *S'associer à.* Prendre part à quelque chose. *Je m'associe à cette action.*
- *S'associer avec.* S'allier à, avec. *Il s'est associé avec ce courtier.*

assoiffé, ée adj. et n. m. et f.
• Qui a soif. *Après cette course, elle était assoiffée.*
• (Fig.) Avide de. *Il est assoiffé de pouvoir.*

assolement n. m.
Rotation des cultures.

assoler v. tr.
Alterner les cultures.

assombrir v. tr., pronom.
• **Transitif**
- Rendre sombre. *Ces rideaux assombrissent la classe.*
- Attrister. *Ce triste évènement a assombri ma journée.* Ant. **éclaircir.**
• **Pronominal**
Devenir sombre. *Le ciel s'est assombri, nous aurons un orage.*

assombrissement n. m.
Fait d'assombrir, de s'assombrir.

assommant, ante adj.
(Fam.) Souverainement ennuyeux. *Ces exercices sont assommants.*

assommer v. tr.
• Blesser, tuer quelqu'un avec quelque chose de lourd, par un coup violent sur la tête. *Elle assomma le voleur avec une casserole.*
• (Fam.) Importuner. *Cette démonstration de physique m'assomme.*

assonance n. f.
Répétition d'un même son.
⬜▷ assonance.

assonancé, ée adj.
Qui présente des assonances.

assorti, ie adj.
Qui est en harmonie avec autre chose. *Des vêtements assortis.*

assortiment n. m.
Série de choses formant un ensemble. *Dans ce magasin, il y a un bon assortiment de bicyclettes.*

assortir v. tr., pronom.
Le verbe se conjugue comme *finir* et non comme *sortir* : nous assortissons, j'assortissais, assortissant.
• **Transitif**
- *Assortir à, avec.* Mettre ensemble des choses qui se conviennent. *Assortir un chemisier à une jupe, avec un pantalon.*
- *Assortir de.* Compléter. *Le contrat est assorti d'une clause d'indexation.*
• **Pronominal**
- Être en harmonie avec. *Ces deux couleurs s'assortissent bien.*
- Être complété par. *La viande s'assortit de légumes.*

assoupir v. tr., pronom.
• **Transitif.** (Litt.) Apaiser. *Assoupir le chagrin.*
• **Pronominal.** S'endormir à moitié. *Ils se sont assoupis.*

assoupissement n. m.
Fait de s'assoupir.

assouplir v. tr., pronom.
• **Transitif**
- Rendre souple. *Ce produit assouplit les cheveux.*

- Rendre moins sévère. *Assouplir les règlements.*
• **Pronominal**
Devenir plus souple. *Ces tissus se sont assouplis.*

assouplissement n. m.
Action d'assouplir. *Des exercices d'assouplissement.*

assourdir v. tr.
• Rendre comme sourd provisoirement. *Cette musique tonitruante les a assourdis.*
• Rendre moins bruyant. *La neige assourdit les bruits.*

assourdissement n. m.
Action d'assourdir; son résultat.

assouvir v. tr., pronom.
• **Transitif**
- Rassasier complètement. *Avec ce bon pain, ils assouvissaient leur faim.*
☞ On assouvit sa faim, mais on étanche sa soif.
- (Fig.) Satisfaire un sentiment, un besoin, etc. *Assouvir sa curiosité.*
• **Pronominal**
Se rassasier. *Une faim qui s'assouvit difficilement.*

assouvissement n. m.
Action d'assouvir; fait d'être assouvi.

assujetti, ie adj. et n. m. et f.
• **Adjectif**
- Soumis.
- Fixé.
• **Nom masculin et féminin**
Personne tenue de verser un impôt, une taxe, ou de s'affilier à un groupement.
⇨ ass**u**jetti.

assujettir v. tr., pronom.
• **Transitif**
- (Vx) Placer sous une domination un peuple, une nation.
- Soumettre à une obligation. *Assujettir une société à l'impôt.*
☞ En ce sens, le verbe se construit avec la préposition **à.**
- Fixer solidement. *Il assujettit un câble.*
• **Pronominal**
- (Litt.) Conquérir. *S'assujettir une nation.*
- Se soumettre à une obligation. *Ils se sont assujettis au règlement.*
⇨ ass**u**jettir.

assujettissement n. m.
État d'une personne, d'une nation dominée par une autre.
⇨ ass**u**jettissement.

assumer v. tr., pronom.
• **Transitif**
- Prendre sur soi, se charger de. *Assumer la tâche de coordonner les travaux.*
☞ On assume des responsabilités, une fonction, un rôle (mais non un paiement).
- Accepter consciemment avec ses conséquences. *Il assume sa condition de malade.*
☞ Ne pas confondre avec le verbe *assurer,* rendre ferme, certain.
• **Pronominal**

Se prendre en charge, accepter une situation et ses conséquences.

assurable adj.
Qui peut être assuré.

assurance n. f.
• Certitude. *Nous avons l'assurance qu'il nous remettra son travail à temps.*
• Abréviation **ass.** (s'écrit avec un point).
• Contrat selon lequel une personne est garantie contre le tort que pourrait lui causer un évènement, moyennant une prime. *Une police d'assurance, une assurance-vie, un agent d'assurances, une compagnie d'assurances.*
☞ Ce nom est au singulier quand il désigne l'action de s'assurer et le contrat qui en résulte; quand il désigne la profession, le nom se met au pluriel.

assurance-chômage n. f.
Cotisations versées par les salariés et les employeurs au gouvernement afin de financer les allocations de chômage. *Il touche l'assurance-chômage depuis qu'il a perdu son emploi.*

assurance-maladie n.f. (pl. *assurances-maladie*)
Assurance contre la maladie.

*assurance-santé
Calque de l'anglais «health insurance» au sens de ***assurance-maladie.***

assurances IARD
Assurances incendie, accidents, risques divers.

assurance multirisque n. f. (pl. *assurances multirisques*)
Assurance couvrant des risques déterminés.

assurance tous risques n. f. (pl. *assurances tous risques*)
Assurance couvrant tous les dommages que peut causer ou subir un automobiliste.

assurance-vie n. f. (pl. *assurances-vie*)
Assurance sur la vie.

assuré, ée adj. et n. m. et f.
• **Adjectif.** Dont la réalité est sûre. *Un succès assuré.*
☞ Ne pas confondre avec les mots suivants :
- *avéré,* reconnu comme vrai;
- *clair,* compréhensible;
- *évident,* indiscutable;
- *indéniable,* qu'on ne peut nier;
- *irréfutable,* qu'on ne peut réfuter;
- *notoire,* qui est bien connu.
• **Nom masculin et féminin.** Personne garantie par un contrat d'assurance.

assurément adv.
Certainement. *Serez-vous présente demain? Assurément* (et non **définitivement*).

assurer v. tr., intr., pronom.
• **Transitif**
- Rendre une chose certaine. *Ce fournisseur assure la livraison du bois.*
- Affirmer. *Je t'assure que j'étais présent hier soir.*
☞ Le verbe *assurer* se construit avec un complément direct de personne quand il signifie ***prier quelqu'un de ne pas douter de.*** *Assurez-le de ma recon-*

naissance. Je les ai assurés de ma bonne foi.
- Garantir un bien par un contrat d'assurance. *Assurer sa maison.*
• **Intransitif**
(Fam.) Se montrer à la hauteur.
• **Pronominal**
- Vérifier, avoir la certitude. *Il s'est assuré de leur intérêt. Assurez-vous bien qu'elle sera présente à la réunion.*
- Passer un contrat d'assurance. *Il est prudent de s'assurer contre le vol.*
▷— Ne pas confondre avec le verbe *assumer,* prendre sur soi.

assureur n. m.
assureuse n. f.
Personne qui garantit quelque chose par un contrat d'assurance.

aster n. m.
◁▷ Le *r* est sonore [astɛr].
Plante cultivée pour ses fleurs en forme d'étoile. *Des asters.*

astérie n. f.
Étoile de mer.

astérisque n. m.

◁▷ Les lettres *que* se prononcent *k* (et non *x) [asterisk].
Petit signe en forme d'étoile, noté seul ou entre parenthèses, qui sert à indiquer un appel de note, un renvoi dans certains ouvrages techniques. Il est recommandé de ne pas effectuer plus de trois appels de notes par page à l'aide de l'astérisque (*), (**), (***).
▷— Dans cet ouvrage, l'astérisque qui précède un mot indique qu'il s'agit d'une forme fautive.
▷— Attention au genre masculin de ce nom : *un* astérisque.
▷ asté**risque** (et non *astérix!).

astéroïde n. m.
Petit corps céleste.
▷— Attention au genre masculin de ce nom : *un* astéroïde.
▷ astéroïde.

asthénie n. f.
État de faiblesse, de dépression.
▷ as**th**énie.

asthénique adj. et n. m. et f.
Atteint d'asthénie.
▷ as**th**énique.

asthmatique adj. et n. m. et f.
◁▷ Les lettres *th* ne se prononcent pas [asmatik].
Qui souffre d'asthme.
▷ as**th**matique.

asthme n. m.
◁▷ Les lettres *th* ne se prononcent pas [asm].
Maladie caractérisée par des crises de suffocation spasmodique.
▷— Attention au genre masculin de ce nom : *un* asthme.

▷ as**th**me.

asticot n. m.
Ver qui sert d'appât pour la pêche.
▷ asticot.

asticoter v. tr.
(Fam.) Taquiner, contrarier (quelqu'un) sur de petites choses.

astigmate adj. et n. m. et f.
Qui souffre d'astigmatisme.

astigmatisme n. m.
Déformation congénitale de l'image perçue par l'œil.

astiquer v. tr.
Faire briller en frottant. *Ils ont astiqué les parquets.*

astragale n. m.
• Os du pied.
• Plante.

astrakan n. m.
◁▷ Le *n* est muet [astrakã].
Peau d'agneau mort-né à laine frisée.

astral, ale, aux adj.
Qui a rapport aux astres.

astre n. m.

Corps céleste. *Un astre merveilleux.*
▷— 1° Les mots *lune, soleil, terre* s'écrivent avec une majuscule lorsqu'ils désignent la planète, l'astre, le satellite lui-même, notamment dans la langue de l'astronomie et dans les textes techniques; ils s'écrivent avec une minuscule dans les autres utilisations. *La Terre tourne autour du Soleil. Un beau coucher de soleil, le clair de lune.*
2° Les noms de planètes, de constellations, d'étoiles s'écrivent avec une majuscule. *La Galaxie, Mercure, Saturne.*
3° Dans les désignations de planètes, de constellations, d'étoiles composées d'un nom et d'un adjectif, le mot spécifique de la désignation prend une majuscule ainsi que l'adjectif qui le précède. *L'étoile Polaire, la Grande Ourse.*
▷— Attention au genre masculin de ce nom : *un* astre.

astreignant, ante adj.
Qui accapare.
▷— Ne pas confondre avec le mot *astringent,* qui resserre.

astreindre v. tr., pronom.
INDICATIF PRÉSENT *J'astreins, tu astreins, il astreint, nous astreignons, vous astreignez, ils astreignent.* IMPARFAIT *J'astreignais, tu astreignais, il astreignait, nous astreignions, vous astreigniez, ils astreignaient.* PASSÉ SIMPLE *J'astreignis, tu astreignis, il astreignit, nous astreignîmes, vous astreignîtes, ils astreignirent.* FUTUR *J'astreindrai, tu astreindras.* CONDITIONNEL PRÉSENT *J'astreindrais, tu asteindrais.* IMPÉRATIF PRÉSENT *Astreins, astreignons, astreignez.* SUBJONCTIF PRÉSENT *Que j'astreigne, que tu astreignes, qu'il astreigne, que*

nous astreignions, que vous astreigniez, qu'ils astreignent. PARTICIPE PRÉSENT *Astreignant.* PASSÉ *Astreint, einte.*

Les lettres **gn** sont suivies d'un *i* à la première et deuxième personne du pluriel de l'indicatif imparfait et du subjonctif présent. *(Que) nous astreignions, (que) vous astreigniez.*

• **Transitif.** Obliger quelqu'un à quelque chose. *Le moniteur de ski les astreint toujours à des exercices de réchauffement. Les élèves bavardes sont astreintes à quelques minutes de silence.*

☞ Ne pas confondre avec les verbes suivants :
- **acculer,** contraindre;
- **obliger,** lier par la nécessité ou le devoir.

• **Pronominal.** S'obliger à faire quelque chose. *Ils se sont astreints à marcher tous les jours.*

astreinte n. f.
(Dr.) Contrainte.

astringent, ente adj. et n. m.
• **Adjectif.** Qui resserre les tissus. *Une lotion astringente.*

☞ Ne pas confondre avec le mot **astreignant,** qui accapare.

• **Nom masculin.** Substance qui diminue les sécrétions ou resserre les tissus. *Un astringent efficace pour la peau.*

astrolabe n. m.
Instrument d'astronomie.

☞ Attention au genre masculin de ce nom : **un** astrolabe.

astrologie n. f.
Art de prévoir le destin par l'examen des astres.

☞ Ne pas confondre avec le nom **astronomie,** science des astres.

astrologique adj.
Qui appartient à l'astrologie. *Des prédictions astrologiques.*

astrologue n. m. et f.
Spécialiste de l'astrologie. *L'astrologue propose des horoscopes.*

☞ Ne pas confondre avec le nom **astronome,** spécialiste de l'astronomie.

astronaute n. m. et f.
👄 Le premier *o* est ouvert et le deuxième est fermé [astrɔnot].
Voyageur de l'espace.

☞ Les **astronautes** sont américains, les **cosmonautes,** russes.

astronautique n. f.
👄 Le premier *o* est ouvert et le deuxième est fermé [astrɔnotik].
Science qui a pour objet la navigation spatiale.

☞ Ne pas confondre avec le nom **aéronautique,** science et technique de la navigation aérienne.

astronef n. m.
(Vx) Vaisseau spatial. *Un astronef perdu.*

☞ Attention au genre masculin de ce nom : **un** astronef.

astronome n. m. et f.
👄 Les deux *o* sont ouverts [astronɔm].
Personne qui connaît et pratique l'astronomie. *L'astronome étudie le ciel avec un télescope.*

☞ Ne pas confondre avec le nom **astrologue,** spécialiste de l'astrologie.

astronomie n. f.
👄 Les deux *o* sont ouverts [astronɔmi].
Science des astres.

☞ Ne pas confondre avec le nom **astrologie,** art de prévoir le destin par l'examen des astres.

astronomique adj.
• Qui se rapporte à l'astronomie. *Un observatoire astronomique.*
• **Chiffres astronomiques.** (Fig.) Chiffres très grands.
• **Prix astronomique.** (Fig.) Prix exagéré.

astrophysicien n. m.
astrophysicienne n. f.
Astronome spécialiste de l'astrophysique.

astrophysique n. f.
Étude des astres par la méthode de la physique.

astuce n. f.
• Ingéniosité.
• (Fam.) Piège, jeu de mots.

☞ Attention au genre féminin de ce nom : **une** astuce.

astucieusement adv.
Avec astuce.

astucieux, ieuse adj.
Qui a de l'astuce, ingénieux.
▱ astu**ci**eu**x**.

asymétrie n. f.
Absence de symétrie.

☞ Ne pas confondre avec le nom **dissymétrie,** défaut de symétrie.
▱ a**s**ymétrie.

asymétrique adj.
Sans symétrie.
▱ a**s**ymétrique.

asynchrone adj.
👄 Le *o* est ouvert ou fermé, [asɛ̃krɔn] ou [asɛ̃kron].
Qui se produit à des intervalles de temps inégaux. *Transmission asynchrone.*
Ant. **synchrone.**

A.T.
Abréviation de **Ancien Testament.**

ataca
V. **atoca.**

ataraxie n. f.
Calme absolu de l'âme. *Les stoïciens voulaient parvenir à l'ataraxie.*

atavique adj.
Qui tient de l'atavisme.

atavisme n. m.
• Réapparition d'un caractère génétique après plusieurs générations.
• Hérédité.

ataxie n. f.
Maladie du système nerveux caractérisée par l'incoordination des mouvements corporels.

ataxique adj. et n. m. et f.
Qui souffre d'ataxie.

atelier n. m.
• Lieu de travail. *Les enfants font du bricolage à l'atelier.*
• Groupe de travail. *Un atelier de micro-informatique.*
• *Atelier de réparation.* Lieu où l'on remet en état, où l'on répare. *Des ateliers de réparation.*
☞— Dans cette expression, le terme *réparation* demeure au singulier, car il désigne de façon globale l'action de remettre en bon état.

atemporel, elle adj.
Qui est en dehors du temps.
☞— Ne pas confondre avec l'adjectif *intemporel,* qui n'est pas touché par le passage du temps.

atermoiement n. m.
Délai, action de remettre à un autre temps. *Des atermoiements constants.*
☞— Ce nom s'emploie généralement au pluriel.
⟹ atermoie**ment.**

atermoyer v. intr.
Le *y* se change en *i* devant un *e* muet. *J'atermoie, tu atermoies, j'atermoierai, j'atermoierais,* mais *nous atermoyons, vous atermoyez, j'atermoyais.*
Le *y* est suivi d'un *i* à la première et à la deuxième personne du pluriel de l'indicatif imparfait et du subjonctif présent. *(Que) nous atermoyions, (que) vous atermoyiez.*
Tergiverser, remettre à plus tard.

athée adj. et n. m. et f.
Qui nie l'existence de Dieu.
⟹ ath**ée.**

athéisme n. m.
Doctrine des athées.

athérosclérose n. f.
(Méd.) État pathologique caractérisé par la sclérose de la membrane artérielle avec dépôts de cholestérol.
V. **artériosclérose.**

athlète n. m. et f.
Personne qui pratique un sport, et en particulier, l'athlétisme. *Sylvie Bernier est une athlète québécoise.*
⟹ ath**l**ète.

athlétique adj.
Qui est propre à l'athlète, qui est bien musclé. *Un corps athlétique. Des exercices athlétiques.*
⟹ ath**l**étique.

athlétisme n. m.
Ensemble des exercices auxquels se livrent les athlètes : course, gymnastique, lancer du disque, du javelot, du poids. *Des épreuves d'athlétisme.*
⟹ ath**l**étisme.

atlante n. m.
Colonne sculptée en forme d'homme soutenant un entablement.

☞— Ne pas confondre avec les noms suivants :
- *caryatide,* colonne sculptée en forme de femme soutenant une corniche sur sa tête;
- *colonne,* pilier circulaire soutenant les parties supérieures d'un édifice;
- *pilastre,* pilier carré dans une construction;
- *pilier,* massif de maçonnerie rond ou carré soutenant une construction.

atlantique adj.
Relatif à l'océan Atlantique et aux régions qui le bordent. *Le Pacte atlantique.*
☞— Dans les dénominations géographiques où l'adjectif précise le générique, l'adjectif prend la majuscule. *L'océan Atlantique.*

atlas n. m.
⟨⟩ Le *s* se prononce [atlɑs].
Recueil de cartes géographiques.
⟹ atla**s.**

atmosphère n. f.
• Couche d'air qui entoure la Terre et d'autres corps célestes.
• (Fig.) Ambiance. *Une atmosphère tendue.*
☞— Attention au genre féminin de ce nom : *une* atmosphère.
⟹ atmos**ph**ère.

atmosphère contrôlée
Abréviation **AC** (s'écrit sans points).

atmosphérique adj.
Qui a rapport à l'atmosphère. *Les conditions atmosphériques.*
⟹ atmos**ph**érique.

atoca ou **ataca** n. m.
Au Canada, airelle canneberge qui, en mûrissant, devient rouge. *À Noël, on mange de la dinde avec des atocas, ou des atacas.*
☞— Ce nom d'origine amérindienne signifie «airelle des marais».

atoll n. m.
⟨⟩ Le *o* est ouvert [atɔl].
Îlot corallien des mers tropicales en forme d'anneau, au centre duquel se trouve un lac appelé «lagon».
⟹ at**oll.**

atome n. m.
⟨⟩ Le *o* est fermé [atom].
• Particule d'un élément chimique.
• Chose minuscule, très petite quantité. *Il n'a pas un atome de jugement.*
☞— Attention au genre masculin de ce nom : *un* atome.

atomique adj.
Relatif aux atomes.
☞— Pour qualifier l'énergie, l'adjectif *atomique* tend à être remplacé par *nucléaire.*

atomisé, ée adj. et n. m. et f.
• **Adjectif.** Vaporisé.
• **Nom masculin et féminin.** Qui a subi les effets des radiations atomiques.

atomiser v. tr.
• Réduire en fines gouttelettes.
• Désagréger.

atomiseur n. m.
Petit vaporisateur. *Un parfum en atomiseur.*

atone adj.
👄 Le *o* est ouvert [atɔn].
Qui manque de tonicité, de dynamisme.

atonie n. f.
Manque de force, de vitalité.

atours n. m. pl.
(Litt.) Parure féminine. *Quels beaux atours!*

atout n. m.
• Carte gagnante.
• (Fig.) Moyen de réussir. *Votre formation est un atout.*

à toutes fins utiles loc.
Pour servir le cas échéant. *À toutes fins utiles* (et non *à toutes fins pratiques*), *je vous enverrai le texte intégral.*
☞ Au sens de *pratiquement, pour ainsi dire, à peu près,* pour traduire l'expression «for all practical purposes», cette expression est utilisée à tort.

*à toutes fins pratiques
Calque de «for all practical purposes» au sens de *pratiquement, pour ainsi dire, à peu près.*

atrabilaire adj.
(Litt.) Qui a une humeur noire.

atrabile n. f.
(Litt.) Mélancolie.

âtre n. m.
Partie de la cheminée où l'on fait le feu. *Le chat aime dormir tout près de l'âtre où papa a mis des bûches.*
☞ Attention au genre masculin de ce nom : *un* âtre.
▭⟹ être.

-âtre suff.
Élément signifiant «caractère approchant» (*rougeâtre*) ou ayant une nuance péjorative (*bellâtre*).
☞ Ne pas confondre avec le suffixe *-iatre* signifiant «médecin». *Psychiatre.*

atrium n. m.
👄 Les lettres *um* se prononcent *omme* [atrijɔm].
Vestibule des anciennes maisons romaines. *Des atriums.*

atroce adj.
Très douloureux, très cruel.
▭⟹ atroce.

atrocement adv.
De manière atroce.

atrocité n. f.
Cruauté horrible.

atrophie n. f.
Diminution du volume d'un corps ou d'un organe.
Ant. **hypertrophie.**

atrophier (s') v. pronom.
Redoublement du *i* à la première et à la deuxième

personne du pluriel de l'indicatif imparfait et du subjonctif présent. *(Que) nous atrophiions, (que) vous atrophiiez.*
Diminuer de volume, s'affaiblir. *Ses muscles se sont atrophiés.*
▭⟹ atro**phi**er.

attabler (s') v. pronom.
Se mettre à table. *Attablez-vous les enfants, le dîner est prêt.*

attachant, ante adj.
Qui intéresse, qui touche. *Nous adorons cette enfant qui est très attachante.*

attache n. f.
• Tout ce qui sert à attacher. *Les courroies, cordages, liens sont des attaches.*
• (Au plur.) Liens. *Des attaches familiales.*

attaché n. m.
attachée n. f.
• Membre d'une ambassade, d'un cabinet. *Un attaché d'ambassade.*
• Personne chargée d'une fonction dans une entreprise publique ou privée. *Une attachée d'administration. Des attachés de presse.*

attaché-case n. m. (pl. *attachés-cases*)
👄 La lettre *a* de *-case* se prononce *è* [ataʃekɛz].
Mallette rectangulaire et rigide qui sert de porte-documents.

attachement n. m.
Vif sentiment d'affection. *Fanny a beaucoup d'attachement pour ses grands-parents.*

attacher v. tr., intr., pronom.
• Transitif
- Lier, fixer à quelque chose. *Attacher une chèvre à un piquet.*
- Attribuer. *Il n'attache aucune valeur à ces remarques.*
• Intransitif
Coller au fond du plat, à la cuisson. *Le potage a attaché.*
• Pronominal
- Se fixer. *Attachez-vous, attachez vos ceintures, nous allons démarrer.*
- Se lier à. *Elles se sont attachées à leur nouvelle famille.*

attaquable adj.
Qui peut être attaqué. *Une thèse attaquable.*

attaquant, ante n. m. et f.
Qui attaque. *Les attaquants étaient peu nombreux.*

attaque n. f.
• Action d'attaquer. «*À l'attaque!*» criaient les pirates.
• *Attaque à main armée.*
☞ Dans cette expression, le terme *main* demeure au singulier.
• *Être d'attaque.* Être en forme. *Ils sont d'attaque ce matin pour entreprendre le travail.*
• Accès brutal de certaines maladies. *Une attaque cardiaque.*

attaquer v. tr., pronom.
• Transitif

- Agresser, assaillir. *Ces personnes ont été attaquées par un cambrioleur.*
- Entreprendre. *Il attaque sa recherche dès demain.*
• **Pronominal**
Affronter, s'en prendre à. *Ils se sont attaqués à de dangereux malfaiteurs.*

attardé, ée adj. et n. m. et f.
Arriéré.

attarder (s') v. pronom.
Rester longtemps quelque part. *Laurence et Julien se sont attardés au parc : leur maman était inquiète.*

atteindre v. tr.
INDICATIF PRÉSENT *J'atteins, tu atteins, il atteint, nous atteignons, vous atteignez, ils atteignent.* IMPARFAIT *J'atteignais, tu atteignais, il atteignait, nous atteignions, vous atteigniez, ils atteignaient.* FUTUR *J'atteindrai, tu atteindras.* CONDITIONNEL PRÉSENT *J'atteindrais, tu atteindrais, nous atteindrions.* IMPÉRATIF PRÉSENT *Atteins, atteignons, atteignez.* SUBJONCTIF PRÉSENT *Que j'atteigne, que tu atteignes, qu'il atteigne, que nous atteignions, que vous atteigniez, qu'ils atteignent.* PARTICIPE PRÉSENT *Atteignant.* PASSÉ *Atteint, einte.*
Les lettres *gn* sont suivies d'un *i* à la première et à la deuxième personne du pluriel de l'indicatif imparfait et du subjonctif présent. *(Que) nous atteignions, (que) vous atteigniez.*
• **Transitif direct**
- Toucher. *Atteindre son but.*
- Bouleverser. *Cette nouvelle l'atteignit profondément.*
• **Transitif indirect**
Parvenir à. *Atteindre à la perfection.*
▷ atteindre.

atteinte n. f.
• Coup dont on est frappé (au propre et au figuré).
• Préjudice. *Cet accident est une autre atteinte du sort.*
• *Porter atteinte.* Porter préjudice à. *Leurs agissements malhonnêtes pourraient porter atteinte à l'entreprise.*
▷— Dans cette expression, le nom *atteinte* est invariable.
▷ atteinte.

attelage n. m.
• Action d'atteler.
• Bêtes attelées ensemble. *Un attelage de chevaux.*
▷ attelage.

atteler v. tr., pronom.
Redoublement du *l* devant un *e* muet. *J'attelle, j'attellerai,* mais *j'attelais.*
• **Transitif.** Attacher des animaux de trait à une voiture.
• **Pronominal.** Entreprendre un travail long et difficile. *Ils se sont attelés à la tâche.*
▷ atteler.
Ant. **dételer.**

attelle n. f.
Planchette servant à maintenir immobile un membre fracturé.

attenant, ante adj.
Adjacent, contigu. *Des pièces attenantes.*

attendre v. tr., pronom.
INDICATIF PRÉSENT *J'attends, tu attends, il attend, nous attendons, vous attendez, ils attendent.* IMPARFAIT *J'attendais, nous attendions.* FUTUR *J'attendrai, tu attendras.* CONDITIONNEL PRÉSENT *J'attendrais, tu attendrais.* IMPÉRATIF PRÉSENT *Attends, attendons, attendez.* SUBJONCTIF PRÉSENT *Que j'attende, que nous attendions.* PARTICIPE PRÉSENT *Attendant.* PASSÉ *Attendu, ue.*
• **Transitif direct**
- Demeurer pour la venue de quelqu'un. *J'attends un ami.*
- *Attendre quelqu'un avec une brique et un fanal.* (Fam.) Au Canada, attendre quelqu'un de pied ferme, avec des intentions agressives.
- Compter sur. *Il attend un appel téléphonique.*
• **Transitif indirect**
Attendre après. Cette construction marque le besoin qu'on a de la personne ou de la chose qu'on attend. *J'attends après vous depuis très longtemps* (mais non **j'attends après l'autobus depuis 15 minutes).*
• **Pronominal**
Prévoir, escompter. *Elle ne s'attendait pas à cette fête.*
▷— On emploie la construction *s'attendre à ce que,* suivie du subjonctif, aussi bien dans la phrase affirmative que négative. *Elle s'attend à ce qu'il vienne demain.*

attendrir v. tr., pronom.
• **Transitif.** Toucher, émouvoir. *Ce triste spectacle les a attendris.*
• **Pronominal.** S'émouvoir. *Il s'attendrit sur lui-même.*

attendrissant, ante adj.
Émouvant. *Cette scène est attendrissante.*

attendrissement n. m.
État d'une personne attendrie, émue.

attendu n. m. et prép. inv.
• **Nom masculin.** (Dr.) Alinéa d'une requête, motif d'une décision. *Les attendus d'un jugement.*
• **Préposition.** En raison de. *Attendu les bonnes notes obtenues, il sera admis.*
▷— Placé devant le nom, *attendu* est considéré comme une préposition et reste invariable.
• *Attendu que,* locution conjonctive invariable. Puisque, vu que.
▷— Cette locution est généralement suivie de l'indicatif. *Attendu que cette décision n'est pas prise...*

attentat n. m.
Attaque, agression. *Un attentat contre le pape, un attentat à la pudeur.*
▷ attentat.

attente n. f.
• Temps pendant lequel on attend. *Deux heures d'attente.*
• *Contre toute attente,* locution. Contrairement aux prévisions.

attenter v. tr. ind.
Commettre un attentat contre quelqu'un. *Attenter à la vie de quelqu'un.*
▷— Aujourd'hui, ce verbe transitif indirect se cons-

truit avec la préposition **à**. La construction avec la préposition **contre** est vieillie.

☞— Ne pas confondre avec le verbe **intenter,** actionner quelqu'un.

attentif, ive adj.
• Qui porte attention. *Un auditoire attentif.*
• Empressé, vigilant. *Être attentif à respecter le règlement.*
Ant. **distrait, inattentif.**

attention n. f.
• Application, vigilance. *Elle écoute avec attention.*
- **Attirer l'attention.** Signaler. *J'attire votre attention sur ce point.*
- **Faire attention.** *Fais attention à ne pas trébucher.*
- **Prêter attention.** Prendre garde. *Il faut prêter attention à ces manœuvres.*
• Prévenance. *Quelle délicate attention!*

☞— Ne pas confondre avec le nom **intention,** volonté, désir.

attention de (à l')
Cette mention précise le nom du destinataire à qui s'adresse un envoi lorsque celui-ci est acheminé à une entreprise, un organisme. La mention est inscrite à gauche de l'enveloppe, vis-à-vis de l'indication de l'adresse. *À l'attention de Mme Gaucher* (et non à l'*intention de).

attentionné, ée adj.
Prévenant, plein d'attentions.

attentisme n. m.
Politique de temporisation.

attentiste n. m. et f.
Adepte de l'attentisme.

attentivement adv.
De façon attentive.

atténuant, ante adj.
Qui diminue la gravité. *Des circonstances atténuantes.*
Ant. **aggravant.**

atténuation n. f.
Action d'atténuer; fait de s'atténuer.

atténuer v. tr., pronom.
• **Transitif.** Diminuer, rendre moins grave.
• **Pronominal.** Devenir moindre. *La fièvre s'est atténuée.*

atterrer v. tr.
Semer la consternation.

atterrir v. intr.
Se poser sur le sol, en parlant d'un avion, d'un engin spatial. *L'avion a atterri avec trois heures de retard.*
⇨ atterrir.

atterrissage n. m.
Action d'atterrir; son résultat. *Un atterrissage forcé.*
⇨ atterrissage.

attestation n. f.
• Document qui donne la preuve de quelque chose.
• Déclaration, verbale ou écrite, par laquelle une personne ou un organisme témoigne de l'existence ou de la véracité d'un fait. (Recomm. off. OLF)

☞— L'attestation revêt un caractère moins officiel que le certificat.

• **Attestation d'études.** Document certifiant qu'un élève ou qu'une élève a fait des études dans un domaine déterminé et comportant généralement les résultats obtenus. (Recomm. off. OLF)

attester v. tr.
• Certifier l'authenticité de. *Elle a attesté l'authenticité de la signature.*
• (Vx) Prendre à témoin. *J'en atteste les dieux.*
• Témoigner, indiquer. *La variation des cours boursiers atteste les incertitudes du marché* (et non *des incertitudes). Ce fait est attesté par plusieurs témoins.*

attiédir v. tr.
Diminuer l'ardeur.

attifer v. tr., pronom.
• **Transitif.** (Fam. et péj.) Accoutrer.
• **Pronominal.** S'habiller avec mauvais goût.

attikamek adj. inv. en genre et n. m. et f.
Relatif aux Amérindiens abénaquis. *La culture attikamek, des projets attikameks. Un Attikamek, une Attikamek.*

☞— L'adjectif s'écrit avec une minuscule; le nom, avec une majuscule.

☞— Ce mot est invariable en genre, mais il prend la marque du pluriel.

attirail n. m.
(Fam.) Équipement encombrant destiné à un usage spécifique. *Un attirail de pêcheur.*

attirance n. f.
Qualité de ce qui attire.
Ant. **dégoût.**

attirant, ante adj.
Qui exerce un attrait. *Des propositions attirantes.*

attirer v. tr.
• Tirer à soi. *Le pollen des fleurs attire les abeilles.*
• Inciter à venir, éveiller l'intérêt. *La médecine l'attire beaucoup.*
• Occasionner. *Ses retards lui attireront des ennuis.*

attiser v. tr.
• Activer le feu. *Luc attise le feu avec un soufflet.*
• (Litt.) Exciter. *Attiser une querelle.*

attitré, ée adj.
Chargé en titre d'une fonction, d'une tâche. *Un fournisseur attitré de Sa Majesté.*

attitude n. f.
• Manière de tenir le corps. *Une attitude gracieuse.*
• Manière de se comporter. *Son attitude envers moi était désagréable.*

☞— On peut aussi prendre une attitude **vis-à-vis de, à l'égard de, en face de.**

☞— Ne pas confondre avec le nom **aptitude,** habileté.

atto- préf.
• Symbole **a** (s'écrit sans point).
• Préfixe qui multiplie par 0,000 000 000 000 000 001 l'unité qu'il précède. *Des attosecondes.*
• Sa notation scientifique est 10^{-18}.

V. Tableau - **MULTIPLES ET SOUS-MULTIPLES DÉCIMAUX.**

attouchement n. m.
• Action de toucher légèrement avec la main.
• Caresse légère. *Ces frôlements, ces attouchements sont agréables.*

attractif, ive adj.
Qui attire.
⊯ Au sens d'*attrayant,* l'emploi de ce mot est critiqué.

attraction n. f.
• Effet produit par ce qui attire. *L'attraction magnétique.*
• Attirance. *La musique exerce une grande attraction sur lui.*
• Ce qui attire le public, jeu mis à la disposition du public. *La Ronde est un grand parc d'attractions.*

attrait n. m.
• Ce qui attire, séduit. *Les attraits des sports d'hiver.*
• Penchant, goût.

attrape n. f.
Tromperie. *Un magasin de farces et attrapes.*
⊯ attrape.

attrape-mouches n. m. inv. (pl. *attrape-mouches*)
Piège à mouches.

attrape-nigaud n. m. (pl. *attrape-nigauds*)
Ruse grossière qui ne peut abuser que les nigauds, les gens naïfs. *Ces gadgets sont des attrape-nigauds.*
⊯ attrape-nigaud.

attraper v. tr.
• Prendre comme dans un piège, au passage. *Le chat a attrapé la souris.*
⊯ Ne pas confondre avec les verbes suivants :
- *agripper,* saisir violemment avec les doigts;
- *gober,* avaler sans mâcher;
- *happer,* attraper avidement avec la gueule, saisir brusquement.
• Abuser. *Je l'ai bien attrapé.*
• (Fam.) Contracter. *Elle a attrapé la grippe, un coup de soleil.*
⊯ attraper.

attrayant, ante adj.
Qui attire par son côté agréable. *Ce spectacle est attrayant. Des sorties attrayantes.*

attribuable adj.
Qui peut, doit être attribué.

attribuer v. tr., pronom.
• **Transitif**
- Donner une part. *La direction nous a attribué un budget de 500 $.*
- Donner comme cause, comme auteur. *À qui doit-on attribuer cette erreur?*
- Accorder un avantage. *Cette bourse leur a été attribuée.*
⊯ On attribue une bourse, on décerne un prix, on confère un grade, on délivre un diplôme.
• **Pronominal**
S'approprier. *Ils se sont attribué la meilleure part. La*

part qu'ils se sont attribuée.

attribut n. m.
• Caractère propre que l'on prête à un être, à une chose. *La faculté de penser est un attribut du genre humain.*
• Symbole attaché à une fonction. *Le caducée est l'attribut des médecins.*
• (Gramm.) V. Tableau - **ATTRIBUT.**
⊯ attribut.

attributaire n. m. et f.
Personne à qui a été attribué un contrat, un marché.

attribution n. f.
• Action d'attribuer. *L'attribution d'une bourse.*
• (Au plur.) Pouvoir attribué à quelqu'un. *Cette décision n'est pas dans ses attributions.*

attrister v. tr., pronom.
• **Transitif.** Affliger, rendre triste. *Le départ d'André attrista ses copains.*
• **Pronominal.** Devenir triste. *Les copains se sont attristés du départ d'André.*

attrition n. f.
(Théol.) Contrition.

attroupement n. m.
Rassemblement tumultueux de personnes dans la rue. *Un attroupement s'est formé devant l'école en feu.*
⊯ attroupement.

attrouper v. tr., pronom.
• **Transitif.** Grouper.
• **Pronominal.** Se réunir en grand nombre. *Les élèves se sont attroupés devant l'école.*
⊯ attrouper.

atypique adj.
Sans type déterminé.

Au
Symbole de *or.*

au, aux art. déf.
• *Au* (sing.). Forme contractée de la préposition *à* et de l'article masculin *le. Les pommiers fleurissent au printemps.*
⊯ L'article contracté *au* s'emploie devant les noms masculins commençant par une consonne ou un *h* aspiré. *Aller au cinéma, revenir au pays, au hameau.* Mais on dira *Aller à l'école, à l'hôpital, à la campagne.*
• *Aux* (plur.). Forme contractée de la préposition *à* et de l'article masculin et féminin *les. Étienne a écrit aux copains de l'été.*
⊯ L'article pluriel *aux* s'emploie devant tous les noms masculins ou féminins. *Une tarte aux framboises, aux bleuets.*
V. Tableau - **ARTICLE.**

aubade n. f.
Concert donné à l'aube sous les fenêtres de quelqu'un.
⊯ La *sérénade* est un concert donné le soir.

aubaine n. f.
• Avantage inespéré. *Du soleil pendant la fin de semaine, quelle aubaine!*
• Au Canada, synonyme de *soldes. En janvier, on peut profiter des aubaines pour acheter des skis ou des patins.*

ATTRIBUT

L'attribut est un mot ou un groupe de mots exprimant une qualité, une manière d'être attribuée à un nom ou à un pronom par l'intermédiaire d'un verbe, le plus souvent, le verbe *être*.

Cependant, plusieurs verbes peuvent jouer le même rôle : *appeler, choisir, connaître, croire, déclarer, devenir, dire, élire, estimer, faire, nommer, paraître, rester, savoir, sembler, trouver, vouloir...*

Attribut du sujet

La maison est grande. Il est médecin. Cet édifice constitue une réussite exemplaire de la nouvelle architecture.

Attribut du complément d'objet

Je le crois fou de toi. Le directeur la trouve compétente. On la nomma trésorière.

L'attribut peut être

- **Un nom.** *Les membres l'élurent président. Elle est architecte.*
- **Un adjectif.** *Cette maison est accueillante. Que vous êtes gentil!*
- **Un pronom.** *Ce livre est le tien. Qui es-tu?*
- **Un participe.** *Le jardin est ombragé. Cet enfant est aimé.*
- **Un infinitif.** *Partir, c'est mourir un peu.*
- **Un adverbe.** *Elle est habillée chic. Ce texte est bien.*
- **Une proposition.** *Son objectif est de publier au cours de l'année.*

Place de l'attribut

L'attribut se place généralement **après** le verbe qui le relie au mot qu'il qualifie. *La fleur est rouge.*

Il est parfois **avant** le verbe, notamment dans les interrogations, dans les phrases où le verbe est sous-entendu, lorsque l'auteur veut mettre l'accent sur l'attribut. *Quel est ton âge? Heureux les insouciants! Grande était sa joie.*

- *Prix d'aubaine.* Au Canada, prix réduit.

aube n. f.
- Premières lueurs de l'aurore. *Se lever à l'aube.*
- *À l'aube de.* (Litt.) Au début de. *À l'aube d'une nouvelle vie.*
- Tunique du prêtre. *Revêtir une aube.*
- Planchette de bois. *Bateau à aubes, roue à aubes.*

aubépine n. f.
Arbrisseau à fleurs blanches ou roses.

auberge n. f.
Restaurant ou hôtel-restaurant de campagne.

aubergine adj. inv. et n. f.
- **Nom féminin.** Plante potagère de couleur violette cultivée pour ses fruits. *Préparer les aubergines à la grecque.*
- **Adjectif de couleur invariable.** De la couleur violette de l'aubergine. *Elle portait des vêtements aubergine.*
V. Tableau - **COULEUR (ADJECTIFS DE).**

aubergiste n. m. et f.
Personne qui tient une auberge.

auburn adj. inv.
👄 Ce mot se prononce à l'anglaise [obœrn].
D'un brun-roux, en parlant des cheveux. *Des cheveux auburn.*
🖎— Cet adjectif est invariable.
V. Tableau - **COULEUR (ADJECTIFS DE).**

aucun, une adj. indéf. et pron.

- **ADJECTIF INDÉFINI**
- Pas un seul. *Fanny n'a mangé aucun bonbon.*
🖎— 1° Compte tenu de la valeur négative de l'adjectif *aucun*, on ne peut employer les adverbes négatifs *pas* ou *point* dans la même proposition sous peine d'une double négation. *Je n'ai donné aucun reçu* (et non *Je n'ai pas donné aucun reçu*).

2° On emploiera cependant *aucun* avec *jamais*, avec *plus* ou avec *ni*. *Il n'a jamais lu aucun ouvrage de ce type. Après cet incident, elle n'a plus reçu aucune visite.*

3° Le verbe reste au singulier après plusieurs sujets introduits par *aucun*. *Aucune excuse, aucun prétexte ne sera admis.*

- *Aucun + ni*

☞— La conjonction de coordination est *ni* et non pas *et*. *Aucun gâteau ni aucune glace ne sont permis par ce régime* (et non *aucun gâteau et aucune glace ne sont permis par ce régime*).

- *Aucuns, aucunes.*

☞— L'adjectif *aucun* ne s'emploie au pluriel que devant un nom qui n'a pas de singulier ou qui a un sens particulier au pluriel. *Aucuns frais. Aucunes funérailles.*

• **PRONOM INDÉFINI**

- Personne. *Aucun n'est venu. Aucun de vous n'a songé à prévenir ses parents.*

☞— Ce pronom s'emploie avec *ne* pour exprimer la négation; le verbe s'accorde avec son sujet singulier même si *aucun* est suivi d'un complément au pluriel. *Aucun des invités ne sera en retard.*

- *D'aucuns.* (Litt.) Quelques-uns. *D'aucuns s'imaginent que ce métier est facile.*

aucunement adv.
En aucune manière.

audace n. f.
Hardiesse extrême.
➪ audace.

audacieusement adv.
Avec audace.
➪ audacieusement.

audacieux, ieuse adj. et n. m. et f.
Qui a de l'audace.
➪ audacieux.

au-dedans loc. adv.
• À l'intérieur. *Les enfants jouent au-dedans* ou *au dedans.*
• *Au-dedans de,* locution prépositive. À l'intérieur de. *Les élèves sont au-dedans* ou *au dedans de l'école.*
☞— La locution adverbiale et la locution prépositive s'écrivent avec ou sans trait d'union.

au-dehors loc. adv.
• À l'extérieur. *Les enfants jouent au-dehors* ou *au dehors.*
• *Au-dehors de,* locution prépositive. À l'extérieur de. *Les élèves sont au-dehors* ou *au dehors de l'école.*
☞— La locution adverbiale et la locution prépositive s'écrivent avec ou sans trait d'union.

au-delà loc. adv. et prép. et n. m.
• **Locution adverbiale.** Plus loin (que). *Il marcha jusqu'au village, peut-être au-delà* ou *au delà.*
• *Au-delà de,* locution prépositive. Ce qui est plus loin qu'un point de l'espace. *Au-delà de la rivière.*
☞— 1° La locution adverbiale et la locution prépositive s'écrivent avec ou sans trait d'union.
2° La locution prépositive ne s'emploie qu'avec un complément de lieu.
• **Nom masculin.** L'autre monde, après la mort. *Yvan ne croit pas à l'au-delà.*

au-dessous loc. adv. et prép.
• **Locution adverbiale.** Plus bas. *Il habite au-dessous.*
• **Locution prépositive.** Plus bas que. *Il fait 15° au-*

dessous de zéro (et non *sous zéro* ou *en bas de zéro*).
➪ **au-dessous**, avec un trait d'union.

au-dessus loc. adv. et prép.
• **Locution adverbiale.** Plus haut. *Elle habite au-dessus.*
• **Locution prépositive.** Plus haut que. *Au-dessus de la maison, il a dessiné un beau ciel.*
➪ **au-dessus**, avec un trait d'union.

au-devant loc. adv. et prép.
• **Locution adverbiale.** À la rencontre. *Ils marchent au-devant.*
• **Locution prépositive.** *Au-devant de.* À la rencontre de. *Ils sont allés au-devant d'eux.*
➪ **au-devant**, avec un trait d'union.

audibilité n. f.
Qualité de ce qui est audible.

audible adj.
Qui peut être perçu par l'oreille.
➪ audible.

audience n. f.
• Séance d'un tribunal. *L'audience est suspendue.*
• Entretien accordé par un chef d'État, un supérieur, etc. *Une audience papale.*
☞— Ne pas confondre avec le nom *auditoire,* ensemble de personnes qui écoutent, qui lisent.
☞— Attention au genre féminin de ce nom : *une* audience.
➪ audience.

*audience
Anglicisme au sens de *spectateurs, assistance.*

audio- préf.
Élément du latin signifiant «j'entends». *Audiovisuel.*

audio adj. inv.
Qui est relatif à l'enregistrement et à la reproduction des sons. *Des bandes audio.*
☞— L'adjectif s'oppose à *vidéo,* relatif à l'enregistrement et à la reproduction des images.

audiogramme n. m.
Mesure de la perception auditive.

audiologie n. f.
Étude de l'audition.

audionumérique adj.
Dont le son est saisi sous forme de signaux numériques. *Un disque audionumérique.*

audiovisuel, elle adj. et n. m.
• **Adjectif.** Qui joint le son à l'image. *Une technique audiovisuelle.*
• **Nom masculin.** Méthode qui intègre l'image et le son.

audit n. m.
⟳ Le *t* final se prononce [odit].
Examen des registres et des documents comptables d'une entreprise, d'un organisme. *Des audits annuels.*
☞— Malheureusement, le terme *audit* est maintenant le seul utilisé en français dans les normes comptables internationales.
Syn. **vérification.**

auditeur, trice n. m. et f.
Personne qui écoute. *Les fidèles auditeurs d'une émission.*
☞ Ne pas confondre avec le nom *locuteur,* personne qui parle.

auditeur n. m.
auditrice n. f.
Personne chargée de l'examen des registres et des documents comptables d'une entreprise, d'un organisme.
☞ Malheureusement, les termes *auditeur* et *auditrice* sont maintenant les seuls utilisés en français dans les normes comptables internationales.
Syn. **vérificateur, vérificatrice.**

auditif, ive adj.
Relatif à l'ouïe ou à l'oreille. *Des troubles auditifs.*

audition n. f.
• Perception des sons. *Son audition est déficiente.*
• Action d'écouter, d'entendre. *L'audition d'un témoin.*

auditionner v. tr., intr.
• **Transitif.** Assister à une audition. *Le chef d'orchestre auditionne le pianiste.*
• **Intransitif.** Donner une audition. *Le pianiste auditionne devant le chef d'orchestre.*

auditoire n. m.
Ensemble d'auditeurs, de lecteurs. *Le spectacle a plu à l'auditoire* (et non à l'*audience).
☞ Attention au genre masculin de ce nom : *un* auditoire.

auditorium n. m. (pl. *auditoriums*)
⬯ Les lettres *um* se prononcent *omme* [oditɔrjɔm].
Salle de radiodiffusion.

au fur et à mesure loc. adv.
À mesure, progressivement. *Je vous apporterai le texte au fur et à mesure qu'il sera imprimé.*

auge n. f.
Bassin où mangent et boivent les animaux domestiques.
☞ Pour désigner le contenant où mangent les animaux, on pourra également employer les noms *mangeoire* et *abreuvoir* pour nommer le récipient où ils boivent.

augmentation n. f.
Accroissement. *L'augmentation du prix des produits* (et non *l'augmentation des produits). L'augmentation du coût de la vie* (et non *l'augmentation de la vie).
Ant. **diminution, réduction.**

augmenter v. tr., intr., pronom.
• **Transitif.** Rendre plus grand. *Augmenter ses connaissances.*
• **Intransitif.** Grandir. *Les prix ont augmenté.*
• **Pronominal.** S'accroître. *Le capital s'augmente annuellement des intérêts.*
Ant. **diminuer, réduire.**

augure n. m.
Présage. *Ces résultats sont de bon augure, de mauvais augure.*
☞ Attention au genre masculin de ce nom : *un* augure.

augurer v. tr.
Prévoir. *Les premiers résultats laissent augurer un excellent chiffre d'affaires.*
☞ La construction *augurer une chose d'une autre* au sens de *déduire, présager* est de niveau littéraire.

auguste adj.
(Litt.) Digne de respect. *Cette auguste assemblée.*

aujourd'hui adv.
• Le jour où l'on est. *Il fait beau aujourd'hui.*
• À présent. *Aujourd'hui, les enfants utilisent des micro-ordinateurs à l'école.*
• *Jusqu'à aujourd'hui, jusqu'aujourd'hui.* Les deux locutions adverbiales sont également admises.
▭➤ aujourd'hui.

aulnaie ou **aunaie** n. f.
⬯ Le *l* est muet [onɛ].
Lieu planté d'aulnes.

aulne ou **aune** n. m.
⬯ Le *l* est muet [on].
Arbre qui croît dans les lieux humides.

aumône n. f.
Somme donnée par charité. *Ces sans-abri demandent l'aumône.*
▭➤ aumône.

aumônerie n. f.
Charge d'aumônier.

aumônier n. m.
Ecclésiastique attaché à un établissement. *L'aumônier du collège.*
▭➤ aumônier.

aumônière n. f.
Petit sac qui se porte à la ceinture.

aunaie
V. **aulnaie.**

aune
V. **aulne.**

auparavant adv.
D'abord, avant ce moment-là. *Si vous devez vous absenter, prévenez-nous auparavant.*
☞ Cet adverbe indique qu'un évènement a eu lieu avant un autre, au cours d'une période donnée et se construit sans complément.
Ant. **après.**

auprès adv.
(Litt.) Près. *L'enfant dormait auprès.*
☞ Cet adverbe marque un rapport de proximité.

auprès de loc. prép.
• Tout près de. *Elle a toujours vécu auprès de nous. Auprès de ma blonde, qu'il fait bon dormir!* (Chanson)
• Dans l'opinion de. *Il m'a aidé auprès de mon père.*
• En comparaison. *Ma voiture est lente auprès de la sienne.*

auquel m. sing., **à laquelle** f. sing., **auxquels** m. pl., **auxquelles** f. pl., pron.
Pronoms formés des articles contractés *au, aux* et du pronom *quel,* ainsi que de la préposition *à* et de l'article féminin singulier *la* joint au pronom *quel.*

• **Pronom relatif.** À qui, à quoi. *L'ami auquel j'écris, l'amie à laquelle je téléphone, les copains auxquels je pense, les copines auxquelles je rêve.*
• **Pronom interrogatif.** *À laquelle de tes sœurs vas-tu donner ce livre?*

aura n. f.
Halo. *Une aura de mystère.*

auréole n. f.
• Cercle de lumière autour de la tête des saints.
• Éclat, gloire.
🕮 Ne pas confondre avec le nom **aréole**, cercle coloré autour du mamelon.

auréoler v. tr.
Parer d'une auréole.

auriculaire adj. et n. m.
• **Adjectif.** Qui se rapporte à l'oreille. *Un témoin auriculaire.*
• **Nom masculin.** Le cinquième doigt de la main, le *petit doigt* dont l'extrémité peut être introduite dans l'oreille.
🕮 Attention au genre masculin de ce nom : *un* auriculaire.
⇨ auricul**aire.**

aurifère adj.
Qui contient de l'or.

aurochs n. m. inv.
👄 Le premier *o* est ouvert ou fermé, les lettres *ch* se prononcent *k* et le *s* est muet, [ɔrɔk] ou [orɔk].
Bœuf sauvage de grande taille d'Europe centrale qui est en voie d'extinction.
⇨ aurochs.

aurore adj. inv. et n. f.
• **Nom féminin.** Lueur rosée qui vient après l'aube. *Se lever avant l'aurore.*
• **Adjectif invariable de couleur.** D'une couleur rosée. *Des voiles aurore.*
V. Tableau - **COULEUR (ADJECTIFS DE).**

auscultation n. f.
Action d'ausculter.
⇨ au**scultation.**

ausculter v. tr.
Écouter au moyen d'un stéthoscope les bruits normaux ou anormaux provenant de l'intérieur de l'organisme, surtout de la poitrine. *Ausculter le cœur et les poumons d'un malade.*
⇨ au**sculter.**

auspices n. m. pl.
Présages. *Sous de bons auspices, sous d'heureux auspices.*
🕮 Attention au genre masculin de ce nom.
Hom. *hospice,* foyer de personnes âgées, d'orphelins, etc.

aussi adv. et conj.
• **Adverbe**
- Également. *Pierre vient et Jean aussi.*
🕮 Si la phrase est négative, on emploiera *non plus. Pierre ne vient pas et Jean non plus.*
- Autant. *Juliette est aussi gentille que Françoise.*

- De plus. *Je voudrais aussi du gâteau.*
• **Conjonction**
C'est pourquoi, pour cette raison. *Ses résultats ne sont pas très bons; aussi a-t-elle jugé bon de poursuivre son travail.*
🕮 L'emploi de cette conjonction entraîne l'inversion du sujet.
• **Locution conjonctive**
Aussi bien que.
🕮 Si deux sujets au singulier sont réunis par la locution conjonctive *aussi bien que,* le verbe se met au singulier s'il y a une comparaison placée entre virgules. *Pierre, aussi bien que Paul, est gentil.* S'il n'y a pas de virgules, le verbe se met au pluriel pour s'accorder avec les deux sujets. *Pierre aussi bien que Paul sont gentils.*

aussitôt adv.
• Sur l'heure, immédiatement. *Il m'a répondu aussitôt.*
• *Aussitôt que,* locution conjonctive. Dès que. *Aussitôt que la température tombe sous le point de congélation, l'eau gèle.*
🕮 Ne pas confondre avec la locution *aussi tôt* qui s'oppose à *aussi tard,* et qui s'écrit en deux mots. *Elle sera là aussi tôt que lui.*

austère adj.
Qui se prive des douceurs de la vie, sévère. *Une vie austère.*

austérité n. f.
Sévérité.

austral, ale, als ou **aux** adj.
Qui est au sud du globe terrestre. *Les pays austraux.*
Ant. **boréal.**

austral n. m.
Unité monétaire d'Argentine. *Des australes.*
V. Tableau - **SYMBOLES DES UNITÉS MONÉTAIRES.**

australien, enne adj. et n. m. et f.
Relatif à l'Australie. *Le continent australien. Un Australien, une Australienne.*
🕮 L'adjectif s'écrit avec une minuscule; le nom, avec une majuscule.

australopithèque n. m.
Anthropoïde d'Afrique du Sud.

autant adv.
• Sert à marquer une quantité égale. *Il y a autant d'hommes que de femmes.*
• *Pour autant,* locution adverbiale. Malgré cela. *Je ne l'en aime pas moins pour autant.*
• *Autant comme autant,* locution adverbiale. (Fam.) Au Canada, tant et plus. *On le lui a dit autant comme autant, il ne nous a pas écoutés.*
• *Pour autant que,* locution conjonctive. Dans la mesure où. *Pour autant que je sache.*
• *D'autant moins que, d'autant plus que,* locutions conjonctives. Dans la mesure où.
🕮 Ces locutions sont suivies de l'indicatif ou du conditionnel. *Elle a d'autant plus de mérite qu'elle a payé ses études elle-même.*

*autant
• *en autant que. Anglicisme pour *dans la mesure

où, pourvu que.
• *en autant que je suis concerné. Calque de l'anglais «as far as I am concerned» pour **en ce qui me concerne.**

autarcie n. f.
État d'un pays qui se suffit à lui-même.

autel n. m.
• Table pour les sacrifices.
• Table où se célèbre la messe.
Hom. *hôtel,* immeuble aménagé pour loger les voyageurs.

auteur n. m.
auteure n. f.
• Créateur de quelque chose. *L'auteur d'une découverte.*
• Personne qui a fait un ouvrage de littérature, de science ou d'art. *Les droits d'auteur.*
• (Absol.) Personne qui a conçu un ouvrage littéraire. *Un bon auteur.*
Hom. *hauteur,* dimension verticale, élévation.

authenticité n. f.
Caractère de ce qui est authentique, vrai. *L'authenticité d'un fait.*
⟹ aut**hen**ticité.

authentification n. f.
Action d'authentifier.
⟹ aut**hen**tification.

authentifier v. tr.
Redoublement du *i* à la première et à la deuxième personne du pluriel de l'indicatif imparfait et du subjonctif présent. *(Que) nous authentifiions, (que) vous authentifiiez.*
Reconnaître comme authentique. *Les experts ont authentifié le tableau.*
⟹ aut**hen**tifier.

authentique adj.
Certain, incontestable. *Un fait authentique.*
⟹ aut**hen**tique.

authentiquement adv.
D'une manière authentique.
⟹ aut**hen**tiquement.

autisme n. m.
(Psych.) Repliement sur soi-même caractérisé par une perte plus ou moins importante des contacts avec l'extérieur.

autiste adj. et n. m. et f.
Atteint d'autisme.

autistique adj.
Relatif à l'autisme.

auto n. f.
Abréviation de *automobile. Des autos en panne.*
🖙 Attention au genre féminin de ce nom : *une* auto.

auto- préf.
• Élément du grec signifiant «de soi-même». *Autobiographie.*
• Élément de *automobile. Auto-école.*
• Les mots composés avec le préfixe *auto-* qui signifie «de soi-même» ou «automobile» s'écrivent sans trait

d'union, à l'exception de ceux dont le deuxième élément commence par *i* et des mots *auto-stop* et *auto-stoppeur. Autodestruction, auto-immunité.*

autoaccusation n. f.
Action de s'accuser soi-même.

autoadhésif, ive adj.
Autocollant.

autoalarme n. m.
Appareil d'alarme automatique.

autoallumage n. m.
Allumage spontané du carburant dans un moteur à explosion.

autoamorçage n. m.
Amorçage spontané d'un processus, d'une machine.
⟹ autoamorçage.

autoanalyse n. f.
Analyse du sujet par lui-même.

autoberge n. f.
Voie sur berge pour les automobilistes.

autobiographie n. f.
Vie d'un personnage écrite par lui-même.

autobiographique adj.
Relatif à l'autobiographie.

autobus n. m.
• S'abrège familièrement en *bus.*
• Véhicule aménagé pour assurer le transport en commun des voyageurs.
🖙 Par ellipse, dans la langue orale ou familière, l'autobus est souvent désigné par son numéro. Étant donné le genre masculin, on dira alors *le 129* pour désigner familièrement *l'autobus no 129* (et non *la 129).*
🖙 L'*autobus* sert uniquement au transport urbain; l'*autocar* assure le service entre les villes.
• *Autobus scolaire.* Véhicule qui sert au transport des élèves entre leur domicile et un établissement scolaire. (Recomm. off. OLF)
🖙 Attention au genre masculin de ce nom : *un* autobus articulé, *un* bel autobus.

autocar n. m.
• S'abrège familièrement en *car.*
• Véhicule aménagé pour le transport de plusieurs personnes.
🖙 L'*autocar* assure le service entre les villes, l'*autobus* sert uniquement au transport urbain.

autocaravane n. f.
Véhicule autotracté dont l'intérieur est aménagé de façon à servir de logement. (Recomm. off. OLF)

autocensure n. f.
Censure exercée sur soi-même.

autochenille n. f.
Véhicule monté sur chenille.

autochtone adj. et n. m. et f.
⟺ Les lettres *ch* se prononcent *k,* [ɔtɔktɔn] ou [otɔktɔn].
Qui est originaire du pays où il habite. *Les autochtones*

du Canada sont les Amérindiens. Des peuples autochtones.
☞ auto**ch**tone.
V. **aborigène.**

autocinétique adj.
Qui est capable de se mouvoir par soi-même.

autoclave n. m.
Appareil destiné à stériliser, à cuire à la vapeur. *Un autoclave défectueux.*
☞ Attention au genre masculin de ce nom : *un* autoclave.

autocollant, ante adj. et n. m.
• **Adjectif.** Qui adhère à une surface sans être humecté. *Des enveloppes autocollantes.*
• **Nom masculin.** Image, vignette autocollante. *Elles collectionnent les autocollants.*

autoconsommation n. f.
Consommation de produits par leur producteur.

autocouchette ou **autos-couchettes** adj. inv.
Se dit d'un train utilisé pour le transport des voyageurs et des voitures. *Un train autocouchette ou autos-couchettes.*

autocrate n. m.
Dictateur.

autocratie n. f.
Système politique dirigé par un autocrate.

autocratique adj.
Qui appartient à l'autocratie.

autocritique n. f.
Critique de sa propre conduite.

autocuiseur n. m.
Appareil qui permet la cuisson des aliments sous pression.

autodafé n. m.
• Supplice du feu. *Des autodafés.*
• Action de détruire par le feu. *Un autodafé de livres dits révolutionnaires.*

autodéfense n. f.
Action de se défendre par soi-même.

autodestruction n. f.
Destruction de soi par soi-même.

autodétermination n. f.
Détermination du destin d'un pays par ses habitants.

autodidacte adj. et n. m. et f.
Personne qui s'instruit seule. *Ces personnes sont autodidactes. Ce sont des autodidactes.*

autodirecteur, trice adj.
Qui peut se diriger vers un objectif sans intervention extérieure. *Un missile autodirecteur.*

autodiscipline n. f.
Discipline que s'impose une personne, un groupe.

autodrome n. m.
Piste aménagée pour les courses d'automobiles.

auto-école n. f. (pl. *auto-écoles*)
Établissement où l'on enseigne la conduite automobile en vue de l'obtention du permis de conduire. (Recomm. off. OLF)
Syn. **école de conduite.**

autoélévateur adj.
Se dit d'un dispositif dont une partie est susceptible d'être hissée. *Un engin autoélévateur.*

autofécondation n. f.
Action, pour une fleur, un animal, de se féconder soi-même.

autofinancement n. m.
Financement d'une entreprise au moyen de ses bénéfices.

autofinancer (s') v. pronom.
Pratiquer l'autofinancement. *Ces entreprises se sont toujours autofinancées.*

autogestion n. f.
Gestion d'une entreprise par ses travailleurs.

autographe adj. et n. m.
• **Adjectif.** Écrit de la propre main de l'auteur. *Un manuscrit autographe.*
• **Nom masculin.** Texte manuscrit, signature. *Un autographe précieux.*
☞ Ne pas confondre avec le nom **orthographe,** manière d'écrire un mot.
☞ Attention au genre masculin de ce nom : *un* autographe.

autoguidage n. m.
Procédé permettant à un missile, un mobile de se diriger vers un objectif sans intervention extérieure.

autoguidé, ée adj.
Dirigé par autoguidage. *Un missile autoguidé.*

auto-immunité ou **auto-immunisation** n. f.
Dérèglement du système immunitaire produisant des anticorps contre ses propres constituants.

auto-immunitaire adj.
Propre à l'auto-immunité.

auto-induction n. f.
Induction produite dans un courant électrique par les variations du courant qui le parcourt.

automate n. m.
Appareil imitant les mouvements d'un être vivant.
☞ Attention au genre masculin de ce nom : **un** automate.

automaticité n. f.
Caractère de ce qui est automatique.

automatique adj. et n. m. et f.
• **Adjectif**
- Qui s'exécute sans la participation de la volonté. *Un mouvement automatique.*
- Se dit d'appareils qui exécutent d'eux-mêmes certaines opérations. *Une transmission automatique.*
• **Nom masculin**
Pistolet automatique.
• **Nom féminin**
Science de l'automatisation.

automatiquement adv.
De façon automatique.

automatisation n. f.
Emploi de moyens automatiques pour accomplir une tâche, pour mener à bien un processus.

automatiser v. tr.
Rendre automatique. *Elle a automatisé la production des rapports.*

automatisme n. m.
• Activité rendue automatique par la répétition.
• Fonctionnement automatique.

automnal, ale, aux adj.
👄 Le *m* est généralement muet, comme dans le mot *automne* [ɔtɔnal].
Propre à l'automne. *Les couleurs automnales, les coloris automnaux.*

automne n. m.
Saison qui vient après l'été et avant l'hiver. *Un merveilleux automne. En automne, les feuilles rougissent. Nous irons en voyage à l'automne.*
🖙 Le complément circonstanciel est introduit par les prépositions *en* ou *à.*
🖙 Tous les noms de saisons sont masculins.

automobile adj. et n. f.
• S'abrège familièrement en *auto.*
• **Adjectif.** Qui se meut de soi-même. *Un canot automobile.*
• **Nom féminin.** Véhicule qui se meut à l'aide d'un moteur. *Une automobile très rapide.*
🖙 Aujourd'hui on emploie surtout le nom **voiture.**

automobiliste n. m. et f.
Personne qui conduit une automobile. *Ces automobilistes conduisent prudemment.*

autonettoyant, ante adj.
Qui assure son nettoyage par lui-même. *Des fours autonettoyants.*

autonome adj.
Qui se gouverne, se dirige par ses propres lois.

autonomie n. f.
Indépendance.

autonomiste adj. et n. m. et f.
Partisan de l'autonomie de son pays.

autoportrait n. m.
Portrait exécuté par le sujet. *Un autoportrait de Van Gogh.*

autopropulsé, ée adj.
Qui assure sa propre propulsion. *Un projectile autopropulsé.*

autopsie n. f.
Ouverture et examen d'un cadavre pour connaître les causes de la mort.

autopsier v. tr.
Redoublement du *i* à la première et à la seconde personne du pluriel de l'indicatif imparfait et du subjonctif présent. *(Que) nous autopsiions, (que) vous autopsiiez.*

Faire l'autopsie.

autoradio n. m.
Poste de radio fixé sur le tableau de bord d'une automobile. *Des autoradios volés.*
🖙 Attention au genre masculin de ce nom : *un* autoradio.

autoréglage n. m.
Propriété d'un appareil de rétablir automatiquement son régime initial après une perturbation.

autorégulation n. f.
Régulation d'un appareil par lui-même.

autorisation n. f.
Permis délivré par une autorité. *Les étudiants ont obtenu l'autorisation d'utiliser les micro-ordinateurs.*

autorisé, ée adj.
• Admis. *Une activité autorisée.*
• Qualifié. *Un avis autorisé.*

autoriser v. tr., pronom.
Accorder le pouvoir, le droit de (faire quelque chose). *Elle les a autorisés à sortir.*

autoritaire adj.
• Qui veut toujours commander. *Un ton autoritaire.*
• Qui abuse de l'autorité.
🖙 autori**taire.**

autoritarisme n. m.
Caractère autoritaire (d'un gouvernement, d'une personne).

autorité n. f.
• Pouvoir ou droit de commander.
• Administration. *Les autorités ont fermé l'école.*
🖙 En ce sens, le nom s'emploie généralement au pluriel.
• Ascendant par lequel une personne se fait obéir. *Avoir de l'autorité.*

autoroute n. f.
Voie de communication à chaussées séparées, exclusivement réservées à la circulation rapide, ne comportant aucun croisement à niveau et accessible seulement en des points aménagés à cet effet. (Recomm. off. OLF) *Une autoroute très bien entretenue.*
🖙 Attention au genre féminin de ce nom : *une* autoroute.

autoroute à péage n. f.
Autoroute dont l'accès est soumis au paiement d'une somme d'argent. *Au Québec, il n'y a plus d'autoroute à péage* (et non d'autoroute à *payage*).
🖙 Le nom *péage* vient du latin et signifie «droit de mettre le pied, de passer».

autoroutier, ière adj.
Qui se rapporte aux autoroutes. *Le réseau autoroutier.*

autosatisfaction n. f.
Contentement de soi.

auto-stop n. m.
• Procédé consistant, pour le piéton, à arrêter un automobiliste à l'aide d'un signe du pouce pour être transporté gratuitement.
• *Stop,* abréviation familière.

☞ Au Canada, on dit plutôt *faire du pouce.*

auto-stoppeur, euse n. m. et f. (pl. *auto-stoppeurs*)
Personne qui pratique l'auto-stop.

autosuffisance n. f.
(Écon.) Capacité de subvenir à ses propres besoins.

autosuffisant, ante adj.
Qui peut subvenir à ses propres besoins. *Ces pays sont autosuffisants.*

autosuggestion n. f.
Fait pour une personne de se convaincre elle-même de quelque chose.

autour adv.
• Dans l'espace qui fait le tour. *Il a construit une maison et il a planté des arbres autour.*
• *Autour de,* locution prépositive.
- Aux environs de. *L'enfant joue autour de la maison.*
- (Fam.) Approximativement. *Ils sont autour de vingt personnes.*

autre adj. et pron. indéf.

ADJECTIF
• **Adjectif qualificatif.** Différent. *Elle est autre que je ne l'imaginais.*
• **Adjectif indéfini.** Qui n'est pas le même. *Il est dans l'autre camp.*
• **Locutions**
- *L'autre jour.* Un des jours passés.
- *Autre part.* Ailleurs.
- *De temps à autre.* Quelquefois.
- *Autre chose.* Quelque chose d'autre. *Je prendrai autre chose de meilleur.*
☞ Cette locution est suivie d'un adjectif au masculin.
- *Nous autres, vous autres.* (Fam.) De notre côté, de votre côté.
- *Et autres choses* (abrév. *etc.*) Et le reste.
PRONOM INDÉFINI
Précédé obligatoirement de l'article défini ou indéfini, le pronom *autre* désigne l'individu, la chose, le groupe opposés à la personne, la chose ou le groupe dont on parle. *Nous lisons, les autres écrivent.*
• *Un autre.* N'importe qui. *J'attendais Marc, c'est un autre qui est venu.*
• *Les autres.* Les autres personnes, par rapport à un individu. *Il faut aussi penser aux autres.*
• *L'un et l'autre.* Cette locution peut être suivie du singulier ou du pluriel. *L'un et l'autre se dit ou se disent.*
• *L'un... l'autre..., les uns... les autres.* Marque l'opposition entre deux personnes, deux groupes. *L'un dit oui, l'autre dit non.*
• *Ni l'un ni l'autre.* Aucun des deux. *Ni l'un ni l'autre n'est venu* ou *ne sont venus.*
☞ Cette locution peut être suivie du singulier ou du pluriel.

---

autrefois adv.
Dans un temps passé.
☞ Ne pas confondre avec le mot *naguère,* il y a peu de temps, ni avec *jadis,* il y a très longtemps.

autrement adv.
• Sinon, sans quoi. *Buvez un peu, autrement vous serez assoiffé.*
• De façon différente. *Les électeurs ont voté autrement que nous (ne) l'avions prévu.*
☞ Dans cette construction, la langue soignée emploie un *ne* explétif.
• **Affirmatif.** Nettement plus. *Cette voiture est autrement chère.*
• **Négatif.** Tellement. *Nous ne tenions pas autrement à ce choix.*

autrichien, ienne adj. et n. m. et f.
D'Autriche. *Une valse autrichienne. Un Autrichien, une Autrichienne.*
☞ L'adjectif s'écrit avec une minuscule; le nom, avec une majuscule.

autruche n. f.
• Oiseau de grande taille qui court très vite. *En cachant sa tête dans le sable, l'autruche croit qu'elle échappera au danger.*
• *Politique de l'autruche.* Refus de voir le danger.
☞ Attention au genre féminin de ce nom : *une* autruche.

autrui pron. indéf. inv.
L'autre, par rapport à soi; les autres. *Il importe de penser à autrui. La propriété d'autrui.*
☞ Le pronom *autrui* s'emploie généralement comme complément, rarement comme sujet et ne se dit que des personnes.
☞ S'emploie toujours au singulier.

auvent n. m.
Petit toit en saillie, au-dessus d'une porte, d'une fenêtre.

auvergnat, ate adj. et n. m. et f.
D'Auvergne. *La bourrée auvergnate. Un Auvergnat, une Auvergnate.*
☞ L'adjectif s'écrit avec une minuscule; le nom, avec une majuscule.

au vu et au su de loc. prép.
À la connaissance de.
🖙 au vu et au su.
Ant. **à l'insu de.**

auxiliaire adj. et n. m. et f.
👄 Les lettres *au* se prononcent *o* ouvert ou fermé, [ɔksiljɛr] ou [oksiljɛr].
Qui aide une autre personne dans son travail. *Un maître auxiliaire, une auxiliaire médicale.*

Verbe auxiliaire
(Gramm.) Verbe utilisé pour la conjugaison des autres verbes dans la formation des temps composés, avec un infinitif ou un participe présent.
Les **auxiliaires** sont *avoir* et *être*. *J'ai aimé, tu es venu.*
AVOIR
• Formation des temps passés avec l'auxiliaire *avoir* :

- Les verbes auxiliaires *avoir* et *être*. *J'ai été, j'ai eu.*
- Tous les verbes transitifs. *J'ai lu.*
- La plupart des verbes intransitifs. *J'ai voyagé.*
- Les verbes impersonnels non pronominaux. *Il a neigé.*

ÊTRE
• Formation des temps passés avec l'auxiliaire *être* :
- Certains verbes intransitifs : *aller, arriver, devenir, échoir, entrer, mourir, naître, partir, rester, retourner, sortir, tomber, venir, parvenir, provenir, revenir,* etc. *Qu'est-il devenu?*
- Tous les verbes à la forme pronominale. *Elle s'est regardée.*
- Tous les verbes à la forme passive. *Tu seras apprécié.*

🖝 1° Certains verbes se construisent parfois avec l'auxiliaire *être* pour exprimer un état, parfois avec l'auxiliaire *avoir* pour exprimer une action. *Elle est descendue au sous-sol. Elle a descendu ses livres au sous-sol.*

2° Les **semi-auxiliaires** se construisent avec un infinitif, parfois un participe présent, pour exprimer des nuances de temps ou de mode : *aller, compter, croire, devenir, devoir, faire, falloir, finir, laisser, paraître, penser, savoir, sembler, venir, vouloir. Il faut venir, nous devons terminer, tu vas chantant.*

---

aux bons soins de
• Cette mention précise le nom de la personne à qui l'on confie le soin de remettre un envoi, une lettre à son destinataire.
• Sur l'enveloppe, la mention *Aux bons soins de...* figure immédiatement sous le nom du destinataire.

av.
Abréviation de *avenue.*

avachir (s') v. pronom.
S'amollir, perdre sa forme.

avachissement n. m.
Action de s'avachir.

aval loc. prép. et n. m.
• **Nom masculin** (pl. *avals*)
- Garantie de paiement.
- Appui. *Donner son aval à un projet.*
• **Nom masculin singulier**
«Vers la vallée», le côté vers lequel descend un cours d'eau. *En marchant vers l'aval de la rivière.*
• **Locution prépositive**
- *En aval de.* En descendant le cours de l'eau, au-delà. *En aval des rapides de la rivière.*
- *En aval de.* (Fig.) Qui vient après. *La finition est en aval du montage.*
Ant. **amont.**

avalanche n. f.
Masse considérable de neige qui se détache des montagnes. *Une terrible avalanche.*

avaler v. tr.
Faire descendre dans l'estomac. *Les enfants avalèrent rapidement leur déjeuner.*

avaleur n. m.
Avaleur de sabres. Saltimbanque qui fait pénétrer un sabre dans son tube digestif.

avaliser v. tr.
• Donner une garantie de paiement. *Avaliser un chèque.*
• Appuyer. *Avaliser une décision.*

à-valoir n. m. inv.
Paiement partiel. *Verser un à-valoir de 10 % du compte total.*
🖝 **à-valoir**, avec un trait d'union.

avance n. f.
• **Au singulier**
- Espace parcouru avant quelqu'un. *Prendre de l'avance.*
- Paiement anticipé. *Elle a reçu une avance pour ses frais.*
• **Au pluriel**
Premières démarches auprès d'une personne. *On vous a fait des avances?*
• **Locutions adverbiales**
À l'avance, d'avance, en avance. Avant le temps fixé. *Veuillez payer à l'avance, s'il vous plaît. Vous êtes en avance sur l'horaire.*
Ant. **retard.**

avancé, ée adj.
• En avance.
• D'avant-garde. *Des idées avancées.*

avancée n. f.
Saillie.

avancement n. m.
🖝 Le premier *e* ne se prononce pas [avãsmã].
• Action de progresser. *L'avancement des travaux.*
• Promotion. *Elle a eu de l'avancement.*

avancer v. tr., intr., pronom.
Le *c* prend une cédille devant les lettres *a* et *o*. *Il avança, nous avançons.*
• **Transitif**
- Pousser en avant. *Avancer un fauteuil.*
Ant. **reculer.**
- Effectuer avant le moment prévu. *Avancer le début des travaux.*
Ant. **retarder.**
- Proposer. *Il a avancé une hypothèse.*
• **Intransitif**
- Progresser. *Les recherches avancent.*
- Faire saillie. *Cette terrasse avance sur le mur.*
- Être en avance. *Ma montre avance.*
Ant. **retarder.**
• **Pronominal**
- Approcher. *Ils s'avancent vers nous.*
- Se hasarder. *Elle s'est trop avancée en nous promettant cela.*

avanie n. f.
(Litt.) Offense, humiliation.

avant adj., adv., n. m. et prép.

• **Préposition**
- Priorité de temps. *Elle a beaucoup étudié avant l'examen.*
- Priorité d'ordre. *Ce mot vient avant celui-ci, dans*

l'ordre alphabétique.

• **Locutions prépositives**
- ***Avant de +*** infinitif. *Avant de partir, prévenez-moi.*
- ***En avant de.*** Devant et à une certaine distance de. *Il y a un jardin en avant de la maison.*

• **Locution conjonctive**
Avant que + subjonctif. Cette construction exprime une priorité de temps. *J'aimerais vous voir avant que vous partiez.* La particule ***ne*** n'est justifiée que dans les phrases négatives. *N'abandonnez pas avant que tout ne soit terminé.*

☞ Cette locution conjonctive est toujours suivie du subjonctif, alors que la locution ***après que*** exige l'indicatif. *Avant que la marchandise soit livrée,* mais *Après que la marchandise aura été livrée.*

• **Adverbe**
- Par rapport au temps. *Quelques années avant.*
- Par rapport au lieu, au rang. *Il est avant lui, dans les rangs.*

☞ L'adverbe ***avant*** qui sert à marquer un progrès est généralement précédé des mots ou expressions ***si, bien, trop, plus, assez, fort.*** *Ils sont arrivés bien avant eux.*

• **Locution adverbiale**
En avant. Devant. *Regarder en avant.*
Ant. **en arrière.**

• **Nom masculin**
- Partie antérieure d'un navire, d'une voiture. *L'avant du bateau.*
- Joueur d'une ligne d'attaque dans certains sports d'équipe.
Ant. **arrière.**
- Aller de l'avant. Continuer à avancer.

• **Adjectif invariable**
Les roues avant.
Hom. ***avent,*** période de quatre semaines qui précède la fête de Noël.

---

avant- préf.
Les mots composés avec le préfixe ***avant-*** s'écrivent avec un trait d'union et seul le deuxième élément prend la marque du pluriel. *Des avant-gardes.*

avantage n. m.
• Supériorité en quelque matière, utilité. *Cette équipe a un avantage sur les adversaires.*
• Bien, bénéfice. *Il y a beaucoup d'avantages à travailler en équipe.*
• ***Avantages sociaux.*** Ensemble des éléments qui s'ajoutent au contrat de travail pour constituer le statut social des travailleurs. *Cet emploi offre de nombreux avantages sociaux* (et non des **bénéfices marginaux*).

☞ Ne pas confondre le nom ***avantage*** avec l'adverbe ***davantage*** qui signifie «plus».
Ant. **inconvénient, désavantage.**

avantager v. tr.
Le ***g*** est suivi d'un ***e*** devant les lettres ***a*** et ***o.*** *Il avantagea, nous avantageons.*

• Favoriser. *Nous avantageons les plus jeunes élèves.*
• Mettre en valeur. *Ce costume l'avantage.*
Ant. **désavantager.**

avantageusement adv.
De façon avantageuse.

avantageux, euse adj.
Favorable, qui procure un avantage. *Un contrat avantageux.*

avant-bassin n. m. (pl. *avant-bassins*)
Partie d'un port en avant d'un bassin.

avant-bras n. m. (pl. *avant-bras*)
Partie du bras située entre le coude et le poignet.

avant-centre n. m. (pl. *avant-centres*)
(Sports) Joueur placé au centre de la ligne d'attaque, au football.

avant-coureur adj. inv. en genre
Précurseur. *Les signes, les manifestations avant-coureurs du printemps.*

avant-dernier, ière adj. et n. m. et f.
Qui est immédiatement avant le dernier. *Les avant-derniers élèves. Elles se sont classées avant-dernières.*

avant-garde n. f. (pl. *avant-gardes*)
• Partie d'une armée qui précède les troupes. *Des avant-gardes en alerte.*
• Mouvement novateur. *Du théâtre d'avant-garde.*
• ***D'avant-garde, à l'avant-garde.*** En avance sur son époque, à la pointe de quelque chose.

avant-gardiste adj. et n. m. et f.
Qui appartient à l'avant-garde. *Une théorie avant-gardiste. Des avant-gardistes.*

avant-goût n. m. (pl. *avant-goûts*)
Première impression, goût qu'on a par avance d'une chose.

avant-hier adv.
◇ On fait la liaison [avɑ̃tjɛr].
Le jour qui a précédé hier. *Ils avaient congé avant-hier.*

avant Jésus-Christ
Abréviation ***av. J.-C.*** (s'écrit avec des points).

avant-midi n. m. ou f. inv. (pl. *avant-midi*)
Au Canada et dans certaines régions de la francophonie, du lever du soleil jusqu'à midi. *Il est 11 heures de l'avant-midi. Cet avant-midi* ou *cette avant-midi.*
☞ Ce nom est masculin ou féminin et il est invariable.

avant-port n. m. (pl. *avant-ports*)
Entrée d'un port.

avant-poste n. m. (pl. *avant-postes*)
Poste avancé.

avant-première n. f. (pl. *avant-premières*)
Présentation d'un spectacle, d'un film à des critiques, des invités, avant la première représentation.

avant-projet n. m. (pl. *avant-projets*)
Projet préliminaire.

avant-propos n. m. inv. (pl. *avant-propos*)
Préface ou introduction caractérisée par une grande

brièveté.

☞— Ne pas confondre avec les noms suivants :
- **avertissement,** texte placé entre le grand titre et le début de l'ouvrage, afin d'attirer l'attention du lecteur sur un point particulier;
- **introduction,** court texte explicatif rédigé généralement par un auteur pour présenter son texte;
- **note liminaire,** texte destiné à expliciter les symboles et les abréviations employés dans un ouvrage;
- **notice,** brève étude placée en tête d'un livre pour présenter la vie et l'œuvre de l'auteur;
- **préface,** texte de présentation d'un ouvrage qui n'est généralement pas rédigé par l'auteur; il est composé en italique.

☞— Ordre des textes : la **préface** précède l'**introduction** qui est suivie par la **note liminaire,** s'il y a lieu.

avant-scène n. f. (pl. *avant-scènes*)
Partie de la scène en avant du rideau.

***avant son temps**
Calque de l'anglais «ahead of his time» au sens de **innovateur, avant-gardiste.**

avant-toit n. m. (pl. *avant-toits*)
Toit en saillie.

avant-train n. m. (pl. *avant-trains*)
Les roues de devant.

avant-veille n. f. (pl. *avant-veilles*)
Le jour qui précède la veille.

avare adj. et n. m. et f.
• Qui aime l'argent avec passion et l'accumule sans l'intention d'en faire usage. *Séraphin Poudrier était l'avare des «Belles histoires des pays d'en haut» de Claude-Henri Grignon.*
• *Avare de.* Parcimonieux. *Il est avare de conseils.*
Ant. **généreux.**

avarice n. f.
Attachement excessif aux richesses.
Ant. **générosité.**

avaricieux, ieuse adj.
Qui fait preuve d'avarice.

avarie n. f.
• Dommage survenu à un navire ou à son chargement, et par extension à un avion, un camion, etc. *Subir des avaries.*
• Détérioration.

avarier v. tr.
Redoublement du *i* à la première et à la deuxième personne du pluriel de l'indicatif imparfait et du subjonctif présent. *(Que) nous avariions, (que) vous avariiez.*
Endommager. *Ces fruits sont avariés.*

avatar n. m.
• Incarnation d'un dieu dans la religion hindoue.
• Transformation, métamorphose. *Les plans ont subi de multiples avatars.*
☞— Au sens de **malheur, mésaventure,** l'emploi de ce mot est abusif.

à vau-l'eau loc. adv.
• Locution signifiant «au fil de l'eau».

• *Aller à vau-l'eau.* Laisser se perdre, se gâter.

Ave ou **Ave Maria** n. m. inv.
Prière à la Vierge. *Réciter des Ave.*
☞— En typographie soignée, les mots étrangers sont composés en italique. Dans des textes déjà en italique, la notation se fait en romain. Pour les textes manuscrits, on utilisera les guillemets.

avec prép.

• Relation entre des personnes. *Luc parle avec ma sœur.*
• Simultanéité. *Elle a voyagé avec son amie.*
• Instrument. *Écrire avec un stylo à bille.*
• Moyen, cause. *Il chante avec tout son cœur.*
• Manière. *Avec plaisir!*
☞— 1° Si le sujet d'une proposition s'accompagne d'un autre nom joint à lui par la préposition **avec,** le verbe se met généralement au singulier si ce sujet est isolé par des virgules; sinon, le verbe se met au pluriel. *Paul, avec Pierre, est allé à la campagne. Paul avec Pierre sont allés à la campagne.*

2° Il faut se garder d'utiliser la préposition **avec** sans complément. *Il le connaît depuis longtemps, il est allé à l'école *avec.*

3° Les expressions suivantes sont fautives :
*Elle est amie avec moi au lieu de *Elle est mon amie.*
*Dîner avec un sandwich au lieu de *Dîner d'un sandwich.*

aveline n. f.
Noisette, fruit de l'avelinier.

avelinier n. m.
Noisetier.

avenant, ante adj. et n. m.
• **Adjectif.** Aimable.
• **Nom masculin.** (Dr.) Acte complémentaire d'un contrat. *Il y a plusieurs avenants à étudier. L'avenant d'un contrat d'assurances.*

avenant (à l') loc. adv.
Pareillement, en conformité, en harmonie avec ce qui précède. *Elle est très jolie et sa robe est à l'avenant.*

avènement n. m.
• Arrivée au pouvoir.
• (Fig.) Arrivée, début. *L'avènement d'une ère nouvelle.*

avenir n. m.
Le temps futur.
☞— L'expression *«avoir un bel avenir devant soi» est un pléonasme (répétition de mots ayant un même sens).

avent n. m.
Période de quatre semaines qui précède la fête de Noël, dans l'année liturgique.
Hom. :
- **avant,** adverbe;
- **avant,** préposition.

aventure n. f.
• (Vx) Ce qui doit arriver. *Une diseuse de bonne aventure.*

• Évènement imprévu, extraordinaire. *Une aventure merveilleuse.*
• (Au plur.) Affaires, histoire. *Un film d'aventures.*
• **Locutions adverbiales**
- *À l'aventure.* Au hasard.
- *Par aventure, d'aventure.* (Litt.) Par hasard. *Si d'aventure vous le rencontrez, dites-lui que je l'aime.*
☞ Le nom *aventure* s'écrit au singulier dans ces expressions.

aventurer (s') v. pronom.
Se risquer. *Ne vous aventurez pas dans ces rues. Elle s'est aventurée dans les bois.*

aventureusement adv.
De façon aventureuse.

aventureux, euse adj.
• Qui aime l'aventure. *Une nature aventureuse.*
• Plein de risques, d'aventures. *Un voyage aventureux.*
☞ Ne pas confondre avec l'adjectif péjoratif *aventurier,* qui vit d'intrigues.
⇨ aventureu**x**.

aventurier, ière n. m. et f.
(Péj.) Personne qui vit d'intrigues, d'entreprises hasardeuses.
☞ Ne pas confondre avec l'adjectif *aventureux,* qui aime l'aventure.

aventurine n. f.
Pierre précieuse jaune semée de points d'or.

avenue n. f.
• Abréviation *av.* (s'écrit avec un point).
• Voie de communication urbaine plus large que les rues, desservant un quartier ou une partie d'une ville, ou pouvant conduire à un lieu bien identifié. (Recomm. off. OLF)
• Dans un système de dénomination basé sur l'orientation des voies de circulation (plan en damier), voie urbaine située dans un axe perpendiculaire à celui des voies portant le nom de rue. Dans un tel système, les avenues sont généralement orientées dans la direction nord-sud. (Recomm. off. OLF)
☞ 1° Les mots génériques des noms de voies de circulation (odonymes) (*boulevard, chemin, côte, place, route, rue,* etc.) s'écrivent en minuscules et sont suivis du nom spécifique qui s'écrit avec une ou des majuscules. *L'avenue de la Brunante, l'avenue Claude-Champagne.*
    2° Suivi d'un nom de voie de circulation (odonyme), le verbe *habiter* se construit sans préposition. *Marie-Ève habite 7, avenue Antonine-Maillet.*
    3° Le complément circonstanciel composé du mot *avenue* est généralement introduit par la préposition *sur,* mais l'emploi de la préposition *dans* est également possible. *Elles marchent sur l'avenue des Érables, ils roulent dans l'avenue des Marguerites.* Par contre, le nom *rue* est toujours introduit par la préposition *dans.*

avéré, ée adj.
Reconnu vrai. *Un fait avéré.*
☞ Ne pas confondre avec les mots suivants :
- *assuré,* dont la réalité est sûre;
- *clair,* compréhensible;
- *évident,* indiscutable;
- *indéniable,* qu'on ne peut nier;
- *irréfutable,* qu'on ne peut réfuter;
- *notoire,* qui est bien connu.

avérer (s') v. pronom.
Le *é* se change en *è* devant une syllabe muette, sauf à l'indicatif futur et au conditionnel présent. *Il s'avère,* mais *il s'avérerait.*
Être confirmé, se révéler. *L'hypothèse s'avéra juste.*
☞ 1° Ce verbe, formé à partir du mot *vrai,* ne peut pas être suivi des adjectifs *vrai* ou *faux* sous peine de créer un pléonasme *«s'avérer vrai»* ou une contradiction *«s'avérer faux».* On dira *s'avérer exact* et *se révéler faux.*
    2° Aujourd'hui le verbe est généralement suivi d'un adjectif. La construction absolue est rare ou vieillie. *Ce fait s'est avéré,* c'est-à-dire il est reconnu comme vrai.
☞ Le participe passé s'accorde avec le sujet. *Les prévisions se sont avérées justes.*

avers n. m.
👄 Le *s* est muet [avɛr].
Face d'une pièce de monnaie, d'une médaille.
Ant. **revers.**

averse n. f.
• Pluie subite, violente et de faible durée.
☞ Ne pas confondre avec le nom *orage,* perturbation atmosphérique qui se caractérise par une pluie abondante, des éclairs et du tonnerre.
• *Averse de neige.* Précipitation solide, subite et abondante, quelquefois violente, mais de courte durée. (Recomm. off. OLF)
☞ Ne pas confondre avec la locution *à verse* qui se dit de la pluie qui tombe abondamment. *Il pleut à verse.*

aversion n. f.
Antipathie profonde. *Avoir de l'aversion contre quelqu'un. Je n'ai pas d'aversion pour le vin.*
☞ Le complément du nom *aversion* est introduit par *pour, contre* ou *à l'égard de.*
☞ Ne pas confondre avec le nom *inversion,* action de mettre quelque chose dans un sens opposé.

averti, ie adj.
Informé, expérimenté. *Un homme averti en vaut deux.*

avertir v. tr.
• Prévenir de, informer. *Avertissez-moi avant de partir.*
• *Avertir de + nom.* Informer. *Je l'avais avertie de mon départ.*
• *Avertir de + infinitif.* Prévenir. *Le maire les a avertis de payer leurs taxes.*
• *Avertir que.* Annoncer. *Elle m'avait averti qu'elle partait bientôt.*
☞ Le verbe se construit avec l'indicatif ou le conditionnel.

avertissement n. m.
• Action d'avertir, de faire savoir. *Les écoliers n'ont pas tenu compte des avertissements de la maîtresse : ils ont eu une retenue.*
• Texte placé entre le grand titre et le début de l'ouvrage, afin d'attirer l'attention du lecteur sur un point

particulier.

☞ Ne pas confondre avec les noms suivants :
- *avant-propos,* préface ou introduction caractérisée par une grande brièveté;
- *introduction,* court texte explicatif rédigé généralement par un auteur pour présenter son texte;
- *note liminaire,* texte destiné à expliciter les symboles et les abréviations employés dans un ouvrage;
- *notice,* brève étude placée en tête d'un livre pour présenter la vie et l'œuvre de l'auteur;
- *préface,* texte de présentation d'un ouvrage qui n'est généralement pas rédigé par l'auteur; il est composé en italique.

☞ Ordre des textes : la *préface* précède l'*introduction* qui est suivie par la *note liminaire,* s'il y a lieu.

avertisseur, euse adj. et n. m.
Se dit d'un dispositif destiné à avertir. *Un signal avertisseur. Un avertisseur d'automobile, un avertisseur d'incendie.*

aveu n. m. (pl. *aveux*)
• Action d'avouer, de reconnaître quelque chose de difficile à révéler. *L'aveu d'une faute.*
• *Faire des aveux, passer aux aveux.* Reconnaître sa culpabilité.

aveuglant, ante adj.
Qui aveugle. *Un soleil aveuglant.*

aveugle adj. et n. m. et f.
☜ Les lettres *eu* se prononcent comme dans *fleuve* [avœgl] (et non comme dans *aveu*).
Privé de l'usage de la vue. *Il est aveugle de naissance. Cet aveugle est accompagné d'un chien-guide.*
☞ On dit aussi un non-voyant.
☞ L'*aveugle* est privé de l'usage de la vue, au propre et au figuré. L'*aveuglé* est privé de la vue pour un temps.

aveuglement n. m.
• (Vx) Cécité.
• Manque de discernement.
Ant. **clairvoyance.**

aveuglément adv.
Sans réflexion. *Ils suivent aveuglément ses conseils.*

aveugler v. tr.
• Rendre aveugle ou gêner la vue. *Le soleil l'aveuglait.*
• (Fig.) Ôter l'usage de la raison. *Il est aveuglé par l'ambition.*

aveuglette (à l') loc. adv.
À tâtons, sans y voir. *Étienne cherchait sa lampe de poche à l'aveuglette dans le grenier tout noir.*

aviaire adj.
Qui concerne les oiseaux.

aviateur n. m.
aviatrice n. f.
Personne qui pilote un avion.

aviation n. f.
Navigation aérienne. *Une compagnie d'aviation.*

avicole adj.
Relatif à l'aviculture.

aviculteur n. m.
avicultrice n. f.
Personne qui élève des volailles, des oiseaux.

aviculture n. f.
Élevage des volailles.
☞ Ne pas confondre avec le nom *apiculture,* élevage des abeilles.
V. **agriculture.**

avide adj.
Qui désire ardemment. *Il est avide de gloire.*

avidement adv.
Avec avidité.

avidité n. f.
Désir immodéré.

avilir v. tr., pronom.
• **Transitif.** Dégrader.
• **Pronominal.** Se déshonorer.

avilissant, ante adj.
Qui avilit, dégrade.

avilissement n. m.
Dégradation.

avion n. m.
Appareil de locomotion aérienne. *Un avion supersonique. Un avion gros-porteur* (et non un *jumbo).
☞ Attention au genre masculin de ce nom : *un* avion.
☞ Les mots composés avec le nom *avion* s'écrivent avec un trait d'union et prennent la marque du pluriel aux deux éléments. *Des avions-suicides.*
☞ Les noms de bateaux, de trains, d'avions, etc., s'écrivent en italique; l'article ne sera inscrit en caractères italiques que s'il fait partie du nom.

avion-cargo n. m. (pl. *avions-cargos*)
Avion destiné au transport du fret.

avion-citerne n. m. (pl. *avions-citernes*)
Avion qui transporte du carburant afin de ravitailler en vol d'autres appareils.

avionique n. f.
Électronique appliquée aux avions.

avionnerie n. f.
• Entreprise, usine de construction aéronautique. (Recomm. off. OLF)
• Industrie de la construction aéronautique. (Recomm. off. OLF)

avionneur n. m.
Constructeur de cellules d'avions.

avion-taxi n. m. (pl. *avions-taxis*)
Avion que l'on peut louer pour parcourir de courtes distances.

aviron n. m.
• Rame légère. *C'est l'aviron qui nous mène, qui nous mène!* (Chanson)
• Sport du canotage. *Les enfants aiment faire de l'aviron sur ce petit lac des Laurentides.*
• Au Canada, pagaie.

avis n. m.

👄 Le *s* ne se prononce pas [avi].

• Opinion, sentiment. *Je suis de votre avis. Donnez-moi votre avis.*

• *Être d'avis de* + infinitif. Juger bon. *Je suis d'avis de partir à l'aube.*

• *Être d'avis que* + indicatif. Croire. *Il est d'avis qu'il pleuvra ce soir.*

• *Être d'avis que* + subjonctif. Proposer. *Tu es d'avis que nous partions dès demain?*

• Conseil, avertissement. *Un avis officiel.*

V. Tableau - **AVIS LINGUISTIQUES ET TERMINO-LOGIQUES.**

avisé, ée adj.

Prudent, réfléchi. *Une conseillère avisée.*

aviser v. tr., intr., pronom.

• **Transitif**

- *Aviser* (quelqu'un) *+ que.* Informer, dans la langue administrative ou littéraire.

☞ Le verbe se construit avec l'indicatif ou le conditionnel. *Il m'avise qu'il sera là demain. J'ai avisé le directeur que je ne pourrais faire ce travail.*

- (Litt.) Apercevoir. *Elle avisa un jeune garçon perdu dans la foule.*

• **Intransitif**

Réfléchir, juger à propos. *Nous aviserons plus tard.*

• **Pronominal**

- *S'aviser de* + nom. Constater, prendre conscience. *Il ne s'est pas avisé de son retard.*

- *S'aviser de* + infinitif. Avoir l'idée de. *Ne t'avise pas de recommencer!*

- *S'aviser que* + indicatif. Remarquer, se rendre compte. *Soudain les garçons s'avisèrent qu'il faisait nuit et qu'ils étaient perdus.*

*aviser (quelqu'un)

Anglicisme au sens de *donner des conseils.*

*aviseur légal

Calque de l'anglais «legal adviser» pour *conseiller juridique.*

avitailler v. tr.

Les lettres *ill* sont suivies d'un *i* à la première et à la deuxième personne du pluriel de l'indicatif imparfait et du subjonctif présent. *(Que) nous avitaillions, (que) vous avitailliez.*

Ravitailler (un navire, un avion) en carburant.

avitailleur n. m.

Dispositif servant à avitailler (un navire, un avion).

aviver v. tr.

• Rendre plus vif, plus éclatant. *Aviver le feu, le teint.*

• Augmenter. *Aviver un chagrin.*

av. J.-C.

Abréviation de *avant Jésus-Christ.*

*avocado

Anglicisme au sens de **avocat** (fruit et couleur).

avocaillon n. m.

(Fam.) Mauvais avocat.

avocasserie n. f.

(Péj.) Mauvaise cause.

avocassier, ière adj.

(Vx et péj.) Qui concerne les avocats.

avocat n. m.
avocate n. f.

👄 Le *o* est ouvert [avɔka, avɔkat].

Personne qui fait profession de conseiller en matière juridique et de défendre des causes en justice.

avocat adj. inv. et n. m.

👄 Le *o* est ouvert [avɔka].

• **Nom masculin.** Fruit de l'avocatier dont la chair est appréciée. *Une salade d'avocats* (et non d'*avocados).

• **Adjectif invariable.** De la couleur vert-jaune de l'avocat. *Des ceintures avocat* (et non *avocado).

avocatier n. m.

👄 Le *o* est ouvert [avɔkatje].

Arbre dont le fruit est l'avocat.

avoine n. f.

Céréale. *Les chevaux aiment l'avoine.*

avoir n. m.

Ensemble des biens qu'on possède.

avoir v. tr.

• **Transitif**

- Posséder. *Laurence a une bicyclette.*

- Acquérir, obtenir. *Il a eu ce voilier pour presque rien. Elle a eu le premier prix d'excellence.*

- Éprouver. *Cet enfant a mal aux oreilles.*

- Présenter une caractéristique. *Elle a les cheveux roux.*

- Marque un rapport entre les personnes, les choses, sans impliquer nécessairement l'idée de possession ou de propriété. *Il a deux enfants. Elle a un large chapeau de paille. Ils ont un bon médecin.*

• **Locutions verbales**

- *Avoir affaire.* Être en relation avec quelqu'un. Dans cette locution, le mot *affaire* est au singulier. *Nous avons affaire à lui déjà.*

☞ Ne pas confondre avec *à faire* au sens de *avoir à accomplir. Elle aura à faire ses emplettes.*

- *Avoir beau.* S'efforcer en vain.

☞ Dans cette locution qui exprime l'inutilité de l'action énoncée par l'infinitif, l'adjectif *beau* demeure invariable. *Ils avaient beau étudier, ils ne comprenaient pas les mathématiques.*

- *Avoir en main.* Être maître de la situation.

☞ Dans cette locution, le mot *main* demeure au singulier. *Avoir l'entreprise en main.*

• **Verbe auxiliaire**

Le verbe *avoir* est employé dans la formation des temps composés, constitués avec le participe passé pris au sens actif du verbe et le temps de *avoir* à titre de simple auxiliaire. *J'ai aimé.*

V. Tableau - **AVOIR (CONJUGAISON DU VERBE).**

avoisiner v. tr.

• Être voisin de. *Sa villa avoisine la mer.*

• Être proche de. *La haine avoisine l'amour.*

AVIS LINGUISTIQUES ET TERMINOLOGIQUES

Publiés à la *Gazette officielle* par la Commission de terminologie de l'Office de la langue française (OLF), les avis linguistiques et terminologiques portent sur des termes qui deviennent obligatoires dans les textes et documents émanant de l'Administration, dans les ouvrages d'enseignement, de formation et de recherche, ainsi que dans l'affichage public.

La responsabilité de normaliser les diverses terminologies et d'en assurer le rayonnement a été confiée à l'OLF par la *Charte de la langue française* sanctionnée le 26 août 1977.

Dans des domaines d'application qui sont tout autant le vocabulaire général que les langues de spécialité, les avis portent sur des terminologies traditionnelles régionales qui entrent en conflit avec des terminologies françaises, des terminologies présentant un phénomène massif d'emprunt, des terminologies en voie d'élaboration appartenant à des domaines de pointe.

En France, le gouvernement a constitué des Commissions de terminologie qui ont pour objet d'étudier le vocabulaire de certains domaines menacés par l'anglicisation et de proposer des termes qui sont publiés au *Journal officiel* et qui, par le fait même, deviennent obligatoires dans les textes et documents de l'Administration.

Dans ce dictionnaire, les termes qui ont fait l'objet d'un avis de recommandation ou de normalisation de l'OLF sont suivis de la mention (Recomm. off. OLF).

Voici quelques exemples d'avis :

AFFICHAGE
Depuis 1979, la signalisation des issues de secours dans les lieux et véhicules publics comporte obligatoirement le terme **SORTIE**.
☞ Auparavant, on lisait surtout le mot anglais emprunté au latin «exit».

ACCENTUATION DES MAJUSCULES
Au cours de la même année, il a été recommandé que les majuscules prennent les **accents**, le **tréma** et la **cédille** lorsque les minuscules équivalentes en ont.

FÉMINISATION DES TITRES ET FONCTIONS
Toujours en 1979, l'OLF a publié un avis qui recommandait la **féminisation des titres** dans tous les cas possibles. *Une avocate, une présidente, une architecte, une ministre, une députée, une chirurgienne...*

SIGNALISATION ROUTIÈRE
En 1980, l'OLF recommandait l'expression **halte routière** pour traduire l'expression anglaise «rest area».

QUÉBÉCISMES
En 1985, la Commission de terminologie de l'OLF publiait un important *Énoncé d'une politique linguistique relative aux québécismes.*

---

avortement n. m.
Arrêt spontané ou thérapeutique d'une grossesse avant terme.
☞ L'expulsion provoquée du fœtus avant terme est également nommée *interruption volontaire de grossesse* dont le sigle est *IVG.*

avorter v. tr., intr.
• **Transitif**
Provoquer un avortement.
• **Intransitif**
- Accoucher avant terme. *La voisine a avorté au troisième mois de sa grossesse.*
- (Fig.) Échouer. *Le complot a avorté.*

avorteur, euse n. m. et f.
(Péj.) Personne qui pratique un avortement illégal.

avorton n. m.
Être chétif.

avouer v. tr., pronom.
• **Transitif**
- Confesser. *Avouer sa faute.*
- Reconnaître comme réel. *Avouer son indifférence.*
• **Pronominal**
Se reconnaître comme. *Elles se sont avouées coupables.*

avril n. m.
• Le quatrième mois de l'année. *Le 3 avril.*
☞ Les noms de mois s'écrivent avec une minuscule.
• *Poisson d'avril*, locution. Farce faite à quelqu'un le 1er avril.

CONJUGAISON DU VERBE **AVOIR**

INDICATIF

Présent

j'ai
tu as
il a
nous avons
vous avez
ils ont

Passé composé

j'ai eu
tu as eu
il a eu
nous avons eu
vous avez eu
ils ont eu

Imparfait

j'avais
tu avais
il avait
nous avions
vous aviez
ils avaient

Plus-que-parfait

j'avais eu
tu avais eu
il avait eu
nous avions eu
vous aviez eu
ils avaient eu

Passé simple

j'eus
tu eus
il eut
nous eûmes
vous eûtes
ils eurent

Passé antérieur

j'eus eu
tu eus eu
il eut eu
nous eûmes eu
vous eûtes eu
ils eurent eu

Futur simple

j'aurai
tu auras
il aura
nous aurons
vous aurez
ils auront

Futur antérieur

j'aurai eu
tu auras eu
il aura eu
nous aurons eu
vous aurez eu
ils auront eu

CONDITIONNEL

Présent

j'aurais
tu aurais
il aurait
nous aurions
vous auriez
ils auraient

Passé

j'aurais eu
tu aurais eu
il aurait eu
nous aurions eu
vous auriez eu
ils auraient eu

SUBJONCTIF

Présent

que j'aie
que tu aies
qu'il ait
que nous ayons
que vous ayez
qu'ils aient

Passé

que j'aie eu
que tu aies eu
qu'il ait eu
que nous ayons eu
que vous ayez eu
qu'ils aient eu

Imparfait

que j'eusse
que tu eusses
qu'il eût
que nous eussions
que vous eussiez
qu'ils eussent

Plus-que-parfait

que j'eusse eu
que tu eusses eu
qu'il eût eu
que nous eussions eu
que vous eussiez eu
qu'ils eussent eu

IMPÉRATIF

Présent

aie
ayons
ayez

Passé

aie eu
ayons eu
ayez eu

PARTICIPE

Présent

ayant

Passé

eu, eue
ayant eu

INFINITIF

Présent

avoir

Passé

avoir eu

axe n. m.
• Ligne droite qui passe par le centre d'un corps autour de laquelle celui-ci tourne, ou peut tourner. *Un axe de rotation.*
• Fondement sur lequel repose une idée. *L'axe d'une politique.*
• *Axe routier.* Grande voie de communication.

axer v. tr.
• Orienter selon un axe.
• Centrer, organiser autour d'une thèse. *Son enseignement est axé sur l'écologie, autour de l'économie.*

axial, iale, iaux adj.
Qui est dans l'axe.

axillaire adj.
Qui a rapport à l'aisselle.

axiomatique adj.
Qui tient de l'axiome.

axiome n. m.
⮑ Le *o* est fermé [aksjom].
Proposition reçue et acceptée comme vraie sans démonstration.
☞ axiome.

ayant cause n. m. (pl. *ayants cause*)
(Dr.) Personne à qui des droits ont été transmis.
☞ Cette expression prend la marque du pluriel au premier élément seulement.

ayant droit n. m. (pl. *ayants droit*)
(Dr.) Personne qui a des droits à quelque chose.
☞ Cette expression prend la marque du pluriel au premier élément seulement.

ayatollah n. m. (pl. *ayatollahs*)
Titre religieux de l'Islam.
☞ ayatollah.

azalée n. f.
Arbuste cultivé pour ses fleurs. *Des azalées blanches.*
☞ Attention au genre féminin de ce nom : *une* azalée.

azimut n. m.
⮑ Le *t* se prononce [azimyt].
• Angle compris entre le méridien d'un lieu et un cercle vertical quelconque.
• *Dans tous les azimuts.* (Fam.) Dans tous les sens, dans toutes les directions.
☞ Cette expression empruntée à la langue militaire s'emploie également avec une valeur d'adjectif. *Une campagne publicitaire tous azimuts.*

azote n. m.
• Symbole *N* (s'écrit sans point).
• Corps gazeux qui entre dans la composition de l'air atmosphérique. *Un azote liquide.*
☞ Attention au genre masculin de ce nom : *un* azote.

azoté, ée adj.
Qui contient de l'azote.

aztèque adj. et n. m. et f.
⮑ Le *z* se prononce *s* [astɛk].
• **Adjectif et nom masculin et féminin.** Qui a rapport aux Aztèques, peuple de l'ancien Mexique. *De l'orfèvrerie aztèque. Les Aztèques dominèrent le Mexique jusqu'au XVIe siècle.*
☞ L'adjectif s'écrit avec une minuscule; le nom, avec une majuscule.
• **Nom masculin.** Langue parlée par les Aztèques. *Il étudie l'aztèque.*
☞ Le nom de la langue s'écrit avec une minuscule.

azur n. m.
• Bleu clair et intense du ciel et de la mer. *La Côte d'Azur.*
• (Fig.) L'air, le ciel.

azuré, ée adj.
De couleur d'azur.

azurer v. tr.
Donner la couleur d'azur à.

azyme adj. et n. m.
Sans levain. *Pain azyme.*
☞ Ne pas confondre avec le nom *enzyme*, substance protéique.

b
- Symbole de *baril.*
- Symbole de *bit.*
- Ancienne notation musicale qui correspond à la note *si.* V. **note de musique.**

Ba
Symbole de *baryum.*

B.A.
Abréviation de *Baccalauréat ès arts.*

B.A. n. f. inv.
Abréviation de *bonne action,* chez les scouts. *Il fait sa B.A. tous les jours.*

B.A.A.
Abréviation de *Baccalauréat en administration des affaires.*

b-a ba n. m.
Base. *Apprendre le b-a ba de l'arithmétique.*

baba adj. inv. et n. m.
- **Adjectif invariable**
- (Fam.) Surpris. *Elle en est restée baba.*
- (Fam.) Ébahi.
- **Nom masculin**
Pâtisserie. *Des babas au rhum.*
☞ Alors que l'adjectif *baba* est invariable, le nom prend la marque du pluriel.

babeurre n. m.
Liquide blanc, de goût aigre, qui reste du lait dans la fabrication du beurre.

babiche n. f.
Au Canada, lanière de peau (chevreuil, orignal, etc.). *Le siège de cette chaise est en babiche.*

☞ Ce nom est d'origine amérindienne.

babil n. m.
👄 Le *l* se prononce [babil].
Bavardage charmant. *Un babil d'enfant.*

babillage n. m.
Action de babiller. *Le babillage des élèves.*

babillard n. m.
(Fam.) Au Canada, tableau d'affichage. *Son nom est inscrit au babillard.*

babillard, arde adj.
(Litt.) Bavard.

babiller v. intr.
Les lettres *ill* sont suivies d'un *i* à la première et à la deuxième personne du pluriel de l'indicatif imparfait et du subjonctif présent. *(Que) nous babillions, (que) vous babilliez.*
👄 Les deux dernières syllabes se prononcent comme dans *habiller* [babije].
Bavarder d'une manière agréable, enfantine.

babines n. f. pl.
- Lèvres pendantes de certains animaux.
- (Au plur.) (Fam.) Lèvres. *Se lécher les babines.*

babiole n. f.
- Petit objet sans valeur.
- (Fig.) Bagatelle, chose sans importance.
▭ babiole.

bâbord n. m.
Le côté gauche d'un navire quand on regarde vers l'avant.
☞ Pour se rappeler la place de bâbord et de tribord,

il suffit de penser au mot *batterie* (*ba*, à gauche, *tri*, à droite).
V. **tribord.**
⇨ bâbord.

babouche n. f.
Pantoufle orientale sans quartier arrière ni talon.
▷ Ne pas confondre avec le nom *tarbouche,* bonnet rouge cylindrique.

babouin n. m.
Singe de grande taille au museau allongé.

bac n. m.
• Petit traversier à fond plat, de forme généralement rectangulaire, mis en mouvement par la seule force du courant ou par un moyen propre de propulsion, effectuant la traversée de passagers, de marchandises, de voitures, d'une rive à l'autre d'un cours d'eau, d'un lac. (Recomm. off. OLF) *Un bac relie Oka à Como.*
• Récipient. *Des bacs à légumes.*
• (Fam.) Baccalauréat.

bacante
V. **bacchante.**

baccalauréat n. m.
• S'abrège familièrement en *bac* (s'écrit sans point).
• Le premier des grades universitaires qui confère le titre de bachelier, de bachelière.
V. Tableau - **GRADES ET DIPLÔMES UNIVERSITAIRES.**

Baccalauréat en administration des affaires n. m.
Abréviation *B.A.A.* (s'écrit avec des points).

Baccalauréat en droit n. m.
Abréviation *LL.B.* (s'écrit avec des points).

Baccalauréat ès arts n. m.
Abréviation *B.A.* (s'écrit avec des points).

baccara n. m.
Jeu de cartes.
Hom. *baccarat,* cristal de la manufacture de Baccarat.

baccarat n. m.
Cristal de la manufacture de Baccarat.
Hom. *baccara,* jeu de cartes.

bacchanale n. f.
⇨ Les lettres *cch* se prononcent *k* [bakanal].
• Danse tumultueuse.
• Débauche bruyante.
⇨ bacchanale.

bacchante ou **bacante** n. f.
⇨ Les lettres *cch* se prononcent *k* [bakɑ̃t].
• Prêtresse de Bacchus.
• (Pop.) Moustache.

bâchage n. m.
Action de bâcher.
⇨ bâchage.

bâche n. f.
Grosse toile imperméable destinée à protéger les marchandises des intempéries.
⇨ bâche.

bachelier, ière n. m. et f.
Titulaire d'un baccalauréat.

bâcher v. tr.
Couvrir d'une bâche.

bachi-bouzouk n. m. (pl. *bachi-bouzouks*)
Soldat de l'ancienne armée turque.

bachique adj.
Qui est consacré à Bacchus, au vin. *Les amitiés bachiques.*

bachotage n. m.
(Fam.) Préparation intensive d'un baccalauréat, d'un examen, d'un concours, dans le seul but d'une réussite, sans souci d'une véritable formation.
▷ Ce nom a une connotation légèrement péjorative et ne saurait traduire le mot «*coaching*».

bachoter v. intr.
(Fam.) Préparer un examen de façon intensive, en faisant appel surtout à la mémoire, sans rechercher une formation de fond.
▷ Ce verbe a une connotation légèrement péjorative.

bacille n. m.
⇨ Les deux *I* se prononcent comme un seul [basil]. Microbe en forme de bâtonnet.
▷ Attention au genre masculin de ce nom : *un* bacille.
⇨ bacille.

backgammon n. m.
Jeu de hasard avec des dés et des pions proche du jacquet.

*****background**
Anglicisme au sens de *antécédents, contexte, arrière-plan.*

bâclage n. m.
Action de bâcler.
⇨ bâclage.

bâcle n. f.
Barre de bois ou de fer placée horizontalement derrière une porte pour la fermer.
⇨ bâcle.

bâcler v. tr.
• (Vx) Fermer avec une bâcle.
• (Fam.) Faire trop vite et de façon peu soigneuse. *Bâcler son travail.*
▷ Ce verbe a une connotation péjorative; on évitera les expressions «bâcler une affaire, une transaction» qui est impropre au sens de *conclure* (une affaire, une transaction).
⇨ bâcler.

bacon n. m.
⇨ Ce nom se prononce généralement à l'anglaise [bekœn].
Filet de porc salé et fumé, découpé en tranches minces. *Des œufs et du bacon.*

bactéricide adj. et n. m.
Se dit d'un produit qui tue les bactéries.

bactérie n. f.
Être unicellulaire. *On peut voir les bactéries avec un microscope.*

bactérien, ienne adj.
Relatif aux bactéries.

bactériologie n. f.
Science qui étudie les bactéries, leur action sur l'organisme.

bactériologique adj.
Relatif à la bactériologie. *La guerre bactériologique utilise les bactéries comme armes.*

bactériologiste n. m. et f.
Médecin spécialiste de la bactériologie.

badaud, aude adj. et n. m. et f.
Passant, flâneur.
↪ Ne pas confondre avec le nom *bedeau,* employé d'église.
⇨ bada**u**d.

baderne n. f.
(Fam.) Borné. *Vieille baderne!*
↪ Ce nom s'emploie généralement avec l'adjectif *vieille,* en parlant d'un militaire.

badge n. m.
• Insigne fixé à un vêtement. *Un badge humoristique.*
↪ Ce nom désigne aussi l'insigne précisant le nom de la personne qui le porte. Syn. **porte-nom.**
• Insigne des scouts.
↪ L'insigne des scouts était de genre féminin; aujourd'hui, on emploie le masculin dans tous les sens.

badigeon n. m.
Couleur en détrempe dont on enduit les murailles.

badigeonnage n. m.
Action de badigeonner; son résultat. *Le badigeonnage d'une plaie.*
⇨ badig**eonn**age.

badigeonner v. tr.
• Peindre avec un enduit. *Ils ont badigeonné le mur de couleurs vives.*
• Enduire d'un médicament. *Badigeonner d'iode une plaie.*
⇨ badig**eonn**er.

badigeonneur, euse n. m. et f.
Celui, celle qui badigeonne.

badin, ine adj.
Enjoué, qui aime à plaisanter. *Un ton badin.*

badinage n. m.
Propos badin.

badine n. f.
Baguette mince et flexible.

badiner v. intr.
Plaisanter. *N'en croyez rien, je badinais.*

badinerie n. f.
Plaisanterie.

badminton n. m.
👄 Ce mot se prononce à l'anglaise [badmintɔn].

Attention, il n'y a pas de *g.*
Jeu de volant pratiqué avec des raquettes. *Thierry et Clara jouent au badminton.*
⇨ badmint**on.**

baffe n. f.
(Pop.) Gifle.

bafouer v. tr.
Outrager en ridiculisant.
↪ Ne pas confondre avec le verbe *bafouiller,* bredouiller.
⇨ bafouer.

bafouillage n. m.
Propos décousus, embrouillés.

bafouiller v. tr., intr.
Les lettres *ill* sont suivies d'un *i* à la première et à la deuxième personne du pluriel de l'indicatif imparfait et du subjonctif présent. *(Que) nous bafouillions, (que) vous bafouilliez.*
Bredouiller, parler d'une manière confuse. *Quelle est la solution? Euh..., bafouille-t-il.*

bafouilleur, euse n. m. et f.
Personne qui bafouille.

bâfrer v. intr.
(Pop.) Manger avec gloutonnerie.
⇨ bâfrer.

bâfreur, euse n. m. et f.
(Pop.) Glouton.
⇨ bâfreur.

bagage n. m. (gén. au pl.)
• Tout objet emporté avec soi en voyage. *Mettre ses bagages à la consigne. Voyager sans bagages. Des bagages à main.*
↪ Le nom s'emploie surtout au pluriel au sens d'un ensemble de valises.
• *Avec armes et bagages,* locution. En emportant tout avec soi.
• *Plier bagage.* Partir.
↪ Dans cette expression, le nom s'écrit au singulier.
• (Fig.) Connaissances acquises. *Elle a un bagage impressionnant. Un bagage littéraire, scientifique.*
Hom. *baguage,* action de baguer.

bagagiste n. m. et f.
Personne préposée à la manutention des bagages.

bagarre n. f.
(Fam.) Violente querelle accompagnée de coups.
↪ Ce nom est de niveau familier. Dans un style soigné, on emploie plutôt *bataille.*
⇨ bagarre.

bagarrer v. intr., pronom.
• **Intransitif.** (Fam.) Lutter. *Charles bagarre fort pour obtenir nos votes.*
↪ Couramment, on utilise plutôt la forme pronominale.
• **Pronominal.** (Fam.) Se battre. *Ils se sont bagarrés.*
↪ Ce verbe est de niveau familier. Dans un style soigné, on emploie plutôt *se battre.*

bagarreur, euse adj. et n. m. et f.
(Fam.) Qui aime la bagarre.

☞ Moins familièrement, on emploie les adjectifs **batailleur, combatif.**

bagatelle n. f.
• Chose frivole sans valeur et sans utilité.
• Petite somme d'argent. *Ça coûte une bagatelle.*

bagnard n. m.
Forçat interné dans un bagne.

bagne n. m.
Prison où l'on enfermait autrefois les condamnés aux travaux forcés.
☞ Ne pas confondre avec les noms suivants :
- **pénitencier,** prison où l'on offre aux détenus la possibilité de s'instruire et de travailler;
- **prison,** générique qui désigne tout lieu de détention.

bagnole n. f.
• (Fam.) Vieille automobile.
• (Pop.) Automobile.

bagou ou **bagout** n. m.
(Fam.) Grande facilité de parole. *Elle a beaucoup de bagou, un peu trop de bagout.*
⇒ bago**u**, bago**ut**, sans accent.

baguage n. m.
Action de munir d'une bague. *Le baguage des canards à col vert.*
Hom. **bagage,** objet emporté avec soi en voyage.
⇒ bag**u**age.

bague n. f.
Anneau que l'on porte au doigt. *Une bague en or.*

baguenaude n. f.
⬎ Le **e** central est muet [bagnod].
(Pop.) Flânerie.

baguenauder v. intr., pronom.
⬎ Le **e** central est muet [bagnode].
• **Intransitif.** (Fam.) Flâner.
• **Pronominal.** (Fam.) Se promener sans but.

baguer v. tr.
Ce verbe s'écrit toujours avec un **u**, même devant les lettres **a** et **o**. *Il bagua, nous baguons.*
Identifier au moyen d'une bague. *Ces biologistes baguent les oiseaux migrateurs.*

baguette n. f.
• Bâton mince et flexible. *La baguette du chef d'orchestre.*
• Pain long et mince. *Ils ont emporté des baguettes et des fromages pour pique-niquer.*

bah! interj.
Marque l'étonnement, l'insouciance. *Bah! j'ai renversé mon verre. Bof! c'est pas grave.*
⇒ bah!

baht n. m.
Unité monétaire de la Thaïlande. *Des bahts.*
V. Tableau - **SYMBOLES DES UNITÉS MONÉTAIRES.**

bahut n. m.
• Grand coffre.
• Buffet rustique. *Elle a mis la vaisselle dans le bahut.*
⇒ bah**ut.**

bai, baie adj.
D'un brun-roux en parlant de la robe d'un cheval. *Une jument baie, des alezans bais.*
Hom. :
- **baie,** petit golfe, petit fruit charnu;
- **bée,** ouverte;
- **bey,** gouverneur.

baie n. f.
• Partie de la côte dont l'entrée est étroite; petit golfe. *La baie d'Hudson.*
• Ouverture pratiquée pour une fenêtre, une porte. *Une large baie vitrée donnant sur la mer.*
• Petit fruit charnu à graines ou à pépins. *Les bleuets, les groseilles sont des baies.*
Hom. :
- **bai,** d'un brun-roux;
- **bée,** ouverte;
- **bey,** gouverneur.
⇒ baie.

baignade n. f.
Action de se baigner. *La mer est agitée; la baignade aura-t-elle lieu?*

baigner v. tr., intr., pronom.
Les lettres **gn** sont suivies d'un **i** à la première et à la deuxième personne du pluriel de l'indicatif imparfait et du subjonctif présent. *(Que) nous baignions, (que) vous baigniez.*
• **Transitif.** Faire prendre un bain. *Baigner un bébé.*
• **Intransitif.** Être plongé dans un liquide. *Des fruits qui baignent dans le sirop.*
• **Pronominal.** Prendre un bain. *Elle adore se baigner dans la mer.*
☞ Dans la baignoire, on emploie plutôt l'expression **prendre un bain.**

baigneur, euse n. m. et f.
Personne qui se baigne.

baignoire n. f.
• Appareil sanitaire dans lequel on prend des bains.
☞ On dit aussi **bain** en ce sens.
• **Baignoire à remous.** Baignoire munie d'une pompe qui propulse l'eau par jets à travers les orifices pratiqués dans les parois. *Des baignoires à remous* (et non *bains-tourbillon) très spectaculaires.*

bail n. m. (pl. *baux*)
⬎ Se prononce comme **ail** [baj].
Contrat de location. *Des baux de cinq ans. Renouveler, résilier un bail.*
Hom. (au plur.) **beau,** qui crée un plaisir esthétique.

bâillement n. m.
Action de bâiller.
⇒ bâillement.

bâiller v. intr.
Les lettres **ill** sont suivies d'un **i** à la première et à la deuxième personne du pluriel de l'indicatif imparfait et du subjonctif présent. *(Que) nous bâillions, (que) vous bâilliez.*
Respirer en ouvrant largement et involontairement la bouche. *Ils étaient très fatigués et ne cessaient de bâiller.*
Hom. :
- **bailler,** donner;

- **bayer,** bayer aux corneilles.
☞ bâiller.

bailler v. tr.
Les lettres **ill** sont suivies d'un **i** à la première et à la deuxième personne du pluriel de l'indicatif imparfait et du subjonctif présent. *(Que) nous baillions, (que) vous bailliez.*
(Vx) Donner, faire croire. *Vous me la baillez belle.*

bâilleur, euse n. m. et f.
Personne qui bâille.
☞ bâilleur.

bailleur, bailleresse n. m. et f.
◁ Le deuxième **e** de la forme féminine est muet [bajʀɛs].
(Dr.) Personne qui donne à bail.
Ant. **locataire.**

bâillon n. m.
Bandeau qu'on met sur ou dans la bouche pour empêcher de crier.
☞ bâillon.

bâillonnement n. m.
Action de bâillonner.
☞ bâillonnement.

bâillonner v. tr.
• Mettre un bâillon à. *L'otage avait été bâillonné.*
• (Fig.) Supprimer la liberté d'expression. *Bâillonner la presse.*
☞ bâillonner.

bain n. m.
• Immersion dans un liquide. *Prendre un bon bain chaud et parfumé.*
• Exposition à l'air. *Un bain de soleil.*
• Récipient où l'on se baigne. *Remplir le bain.*
☞ On peut écrire **salle de bain** ou **salle de bains.** Dans les autres expressions composées avec le nom **bain,** celui-ci est au singulier si c'est l'action de se baigner qui est considérée. *Un maillot de bain, des peignoirs de bain.* S'il s'agit de l'établissement public où l'on prend des bains, le nom est au pluriel. *Des bains publics.*

bain-marie n. m. (pl. *bains-marie*)
Bain d'eau bouillante dans lequel un récipient chauffe des substances qui s'altèrent au contact du feu.

*bain-tourbillon
Calque de l'anglais «whirlpool bath» pour **baignoire à remous.**

baïonnette n. f.
Arme métallique pointue qui s'adapte au canon d'un fusil.
☞ baïonnette.

baise-en-ville n. m. inv. (pl. *baise-en-ville*)
(Fam.) Petit sac de voyage avec un nécessaire de nuit.

baisemain n. m.
Hommage consistant à baiser la main d'une dame, d'un prélat, d'un dignitaire. *Des baisemains respectueux.*

baisement n. m.
Rite qui consiste à baiser ce qui est sacré. *Le baisement des mules du pape.*

baiser v. tr.
• Embrasser. *Les messieurs baisaient la main des dames.*
☞ Aujourd'hui, on emploie plutôt le verbe **embrasser** en ce sens.
• (Vulg.) Avoir des relations sexuelles avec quelqu'un.
• (Pop.) Duper.

baiser n. m.
Action d'embrasser. *Un petit baiser sur la joue.*

baisoter v. tr.
Appliquer de petits baisers.

baisse n. f.
Action, fait de baisser. *La baisse des prix.*

baisser v. tr., intr., pronom.
• **Transitif.** Descendre. *Baisser les yeux, baisser le ton, baisser le prix.*
☞ Alors que le verbe **abaisser** signifie surtout «amener à un point plus bas», le verbe **baisser** signifie plutôt «amener à son point le plus bas».
• **Intransitif.** Aller en diminuant de hauteur, de prix. *La mer baisse.*
• **Pronominal.** Se pencher. *Attention, il faut se baisser, car le plafond est bas.*
Ant. **monter.**

bajoue n. f.
Joue pendante.
☞ Ne pas confondre avec le nom **abajoue,** joue de certains animaux servant à mettre des aliments en réserve.

bakchich n. m. (pl. *bakchichs*)
Pot-de-vin.

bakélite n. f.
Résine synthétique.

baklava n. m.
Pâtisserie orientale très sucrée. *Des baklavas succulents.*
☞ Attention au genre masculin de ce nom : **un** baklava.

bal n. m. (pl. *bals*)
Réunion où l'on danse. *Des bals costumés.*
Hom. **balle,** sphère élastique utilisée dans divers jeux.

balade n. f.
(Fam.) Promenade. *Partir en balade.*
Hom. **ballade,** poème, chanson.
☞ balade.

balader v. tr., pronom.
• **Transitif.** (Fam.) Promener. *Annie balade son chien.*
• **Pronominal.** (Fam.) Se promener. *Ils sont allés se balader à la campagne.*
☞ balader.

baladeur, euse adj. et n. m. et f.
• **Adjectif.** Qui aime à se balader.
• **Nom masculin.** Appareil léger permettant d'écouter de la musique n'importe où. *Dans l'autobus, j'écoute mon baladeur* (et non mon *walkman*).
• **Nom féminin.** Lampe électrique munie d'un grillage

et d'un long fil. *Le plombier a pris une baladeuse pour regarder les tuyaux de la cave.*
☞ baladeur.

baladin n. m.
(Vx) Comédien ambulant.
☞ Ne pas confondre avec le nom *paladin,* chevalier errant.

balafre n. f.
Longue entaille au visage; cicatrice. *Ce voyou avait une balafre à la joue.*
☞ balafre.

balafré, ée adj.
Qui a une ou des balafres. *Un pirate balafré comme il se doit.*

balafrer v. tr.
Faire une balafre à.

balai n. m.
• Instrument servant au nettoyage des sols. *Le placard à balais.*
• *Balai à franges*. *Passer le balai à franges* (et non la *mop).
☞ L'expression *balai à franges* désigne l'instrument utilisé à sec pour épousseter les parquets ou celui que l'on mouille pour laver les planchers.
☞ Au Canada, on emploie généralement le nom *vadrouille*.
Hom. *ballet,* danse.
☞ balai.

balai-brosse n. m. (pl. *balais-brosses*)
Brosse montée sur un manche à balai.

balalaïka n. f.
Instrument de musique russe à trois cordes.

balance n. f.
• Terme générique utilisé surtout pour nommer l'instrument qui pèse des marchandises.
☞ Ne pas confondre avec les noms suivants :
- *bascule,* appareil de pesage pour les objets lourds;
- *pèse-bébé,* appareil de pesage pour un nouveau-né;
- *pèse-lettre,* instrument qui détermine le poids d'une lettre;
- *pèse-personne,* appareil de pesage pour une personne.
• (Fig.) État d'équilibre. *Notre balance commerciale est excédentaire : les exportations dépassent les importations.*
• Nom d'une constellation, d'un signe du zodiaque.
☞ Les noms d'astres s'écrivent avec une majuscule. *Elle est (du signe de la) Balance, elle est née entre le 23 septembre et le 22 octobre.*
V. **astre.**
☞ balance.

*balance
Anglicisme au sens de *reste.*

*balance d'un compte
Calque de l'anglais «balance of account» pour *solde d'un compte.*

*balancement des roues
Calque de l'anglais «wheel balancing» pour *équilibrage des roues.*

balancer v. tr., intr., pronom.
Le *c* prend une cédille devant les lettres *a* et *o*. *Il balança, nous balançons.*
• **Transitif**
- Faire osciller d'un mouvement régulier. *Elle balançait les bras.*
- (Compt.) Mettre en équilibre. *Balancer un compte.*
• **Intransitif**
(Fam.) Hésiter. *Claude balance entre ce cadeau ou ce voyage.*
• **Pronominal**
Se mouvoir d'un côté et d'un autre. *Au parc, les enfants adorent se balancer.*
☞ balancer.

balancier n. m.
Tige de bois ou de métal dont les oscillations régularisent le mouvement d'une machine. *Le balancier d'une horloge.*
☞ balancier.

balançoire n. f.
Siège suspendu permettant de se balancer.
☞ balançoire.

balayage n. m.
• Nettoyage avec un balai. *Le balayage de la cuisine.*
• Action de parcourir (une surface, un espace). *Le balayage du ciel par laser.*

balayer v. tr.
Le *y* se change en *i* devant un *e* muet. *Je balaie, tu balaies,* mais *nous balayons, vous balayez. Je balaierai, tu balaieras, il balaiera, nous balaierons. Balaie, balayons, balayez. Que je balaie, que tu balaies.*
Le *y* est suivi d'un *i* à la première et à la deuxième personne du pluriel de l'indicatif imparfait et du subjonctif présent. *(Que) nous balayions, (que) vous balayiez.*
Nettoyer avec un balai. *Nous balayons la classe.*

balayette n. f.
Petit balai, petite brosse.

balayeur n. m.
balayeuse n. f.
Personne qui balaie les rues.

balayeuse n. f.
Machine pour balayer les rues.

*balayeuse
Impropriété au sens de *aspirateur.*

balboa n. m.
Unité monétaire du Panama. *Des balboas.*
V. Tableau - **SYMBOLES DES UNITÉS MONÉTAIRES.**

balbutiement n. m.
👄 Le *t* se prononce *s* [balbysimã].
• Mauvaise articulation, paroles confuses.
• (Fig.) Commencement.
☞ balbutiement.

balbutier v. tr., intr.
Redoublement du *i* à la première et à la deuxième personne du pluriel de l'indicatif imparfait et du sub-

jonctif présent. *(Que) nous balbutiions, (que) vous balbutiiez.*
• **Transitif.** Articuler avec difficulté. *Elle balbutia quelques mots.*
• **Intransitif.** (Fig.) En être à ses débuts.

balcon n. m.
Plate-forme disposée en saillie sur la façade d'un immeuble, entourée d'un garde-fou et communiquant avec l'intérieur. *Les enfants jouent sur le balcon. Le pape est apparu au balcon, à son balcon.*

balconnet n. m.
Soutien-gorge découvrant le haut de la poitrine.

baldaquin n. m.
Dais.

baleine n. f.
• Grand mammifère marin. *La baleine est le plus grand des animaux.*
• Tige métallique flexible. *Des baleines de parapluie.*
⮕ baleine.

baleiné, ée adj.
Garni de baleines.

baleineau n. m. (pl. *baleineaux*)
Petit de la baleine.

baleinier, ière adj. et n. m. et f.
• **Adjectif.** Relatif à la baleine. *L'industrie baleinière.*
• **Nom masculin.** Navire équipé pour la chasse à la baleine.
• **Nom féminin.** Embarcation longue et étroite.

balisage n. m.
Action de jalonner de balises.

balise n. f.
• Repère destiné à indiquer les endroits dangereux, le chemin, pour la navigation maritime, aérienne et terrestre.
• (Fig.) Ce qui sert à diriger, à situer.

baliser v. tr.
Munir de balises. *La piste d'atterrissage est balisée de feux de sécurité.*

baliseur n. m.
Bâtiment équipé pour la pose des balises.

balistique adj. et n. f.
• **Adjectif.** Relatif à la balistique.
• **Nom féminin.** Science des mouvements des projectiles.

baliverne n. f.
Propos frivole. *Dire des balivernes.*
☞ Ce nom s'emploie généralement au pluriel.

balkanique adj.
Relatif aux Balkans.

balkanisation n. f.
Morcellement politique.

balkaniser v. tr.
Morceler un pays, un empire.

ballade n. f.
Poème, chanson. *Elle composa de jolies ballades.*
Hom. *balade,* promenade.
⮕ ballade.

ballant n. m.
Léger balancement.

ballant, ante adj.
Qui se balance. *Les bras ballants.*

ballast n. m.
👄 Les lettres *st* se prononcent [balast].
• Couche de pierres concassées maintenant les traverses d'une voie ferrée.
• Lest.

balle n. f.
• Sphère élastique utilisée dans divers jeux. *Jouer à la balle.*
• *Balle de neige.* Au Canada, boule de neige. *Les enfants se lançaient des balles de neige.*
• *Balle molle.* Au Canada, jeu de balle dérivé du baseball qui se joue avec une balle plus grosse et moins dure.
Hom. *bal,* réunion où l'on danse.

ballerine n. f.
• Danseuse de ballet.
• Chaussure féminine légère et plate.

ballet n. m.
Danse. *Des corps de ballet. Elle aime le ballet classique, son amie préfère le ballet jazz.*
Hom. *balai,* ustensile destiné au nettoyage du sol.

ballon adj. inv. et n. m.
• **Adjectif invariable**
De forme ronde. *Des manches ballon.*
• **Nom masculin**
- Aérostat. *Des ballons dirigeables.*
- Grosse balle. *Un ballon de volley-ball. Ils jouent au ballon.*
- *Ballon-balai.* Au Canada, jeu de hockey sur glace qui se joue avec une balle et des balais.
- *Ballon-panier.* Au Canada, synonyme de *basket-ball.*

ballonné, ée adj.
Gonflé comme un ballon, distendu.

ballonnement n. m.
Distension du ventre.

ballonner v. tr.
Enfler, gonfler comme un ballon.

ballonnet n. m.
Petit ballon.

ballon-sonde n. m. (pl. *ballons-sondes*)
Ballon muni d'appareils servant aux observations météorologiques.

ballot n. m.
Paquet de marchandises.

ballottage n. m.
Second vote. *Scrutin de ballottage.*
⮕ ballottage.

ballottement n. m.
Mouvement de ce qui ballotte. *Le ballottement d'un voilier.*
☞ ballottement.

ballotter v. tr., intr.
• **Transitif.** Balancer. *La mer ballotte ce voilier.*
• **Intransitif.** Être secoué en tous sens. *La barque ballotte contre le quai.*
☞ ballotter.

ballottine n. f.
Galantine.

balluchon ou **baluchon** n. m.
(Fam.) Petit paquet. *Il est parti avec son balluchon ou baluchon sur l'épaule.*

balnéaire adj.
Relatif aux bains. *Une station balnéaire.*

balnéothérapie n. f.
Traitement médical par les bains.

balourd, ourde adj. et n. m.
• **Adjectif.** Lourdaud.
• **Nom masculin.** Partie d'une pièce non équilibrée.

balourdise n. f.
Sottise.

balsa n. m.
⟳ Le *s* se prononce *z* [balza].
Bois très léger. *Un modèle réduit en balsa. Des balsas.*

balsamier n. m.
⟳ Le *s* se prononce *z* [balzamje].
Arbre de la famille des conifères dont les bourgeons produisent un baume.

balsamine n. f.
⟳ Le *s* se prononce *z* [balzamin].
Plante communément appelée *impatiente* qui pousse bien à l'ombre.

balsamique adj. et n. m.
⟳ Le *s* se prononce *z* [balzamik].
Qui a la propriété des baumes. *Une drogue balsamique. Un balsamique efficace.*

balthazar n. m.
Grosse bouteille de champagne d'une contenance de 12 litres (16 bouteilles).
V. **bouteille.**
☞ balthazar.

balustrade n. f.
Suite de balustres portant une tablette d'appui. *Les enfants sont appuyés à la balustrade pour regarder les chutes Montmorency.*
☞ balustrade.

balustre n. m.
Petite colonne composant une balustrade.
▷◁— Attention au genre masculin de ce nom : *un* balustre.
☞ balustre.

bambin n. m.
Petit enfant.
☞ bambin.

bamboche n. f.
• Sorte de marionnette de grande taille.
• (Fam.) Partie de plaisir.

bambocher v. intr.
(Fam.) Faire bamboche.

bambocheur, euse n. m. et f.
(Fam.) Qui aime bambocher.

bambou n. m. (pl. *bambous*)
Grand roseau.

bamboula n. f.
(Vx) *Faire la bamboula.* Faire la noce, la fête.

ban n. m.
• (Vx) Condamnation à l'exil.
• *Être en rupture de ban.* Vivre en état de rupture avec la société.
• Proclamation solennelle. *Publier les bans.*
• (Fam.) Applaudissements. *Un ban pour le champion.*
Hom. *banc,* siège.
☞ ban.

banal, ale, als ou **aux** adj.
• (Vx) Qui appartient au seigneur. *Des fours banaux.*
• (Fig.) Ordinaire, commun. *Des commentaires banals.*
▷◁— Au sens propre qui est vieilli, l'adjectif s'écrit *banaux* au masculin pluriel; au sens figuré, il s'écrit *banals.*

banalement adv.
De façon banale.
☞ banalement.

banalisation n. f.
Action de rendre banal.
☞ banalisation.

banaliser v. tr.
Rendre banal, commun.
☞ banaliser.

banalité n. f.
• (Vx) Usage d'une chose (moulin, four) moyennant redevance au seigneur.
• Insignifiance. *La banalité d'un commentaire.*
• (Au plur.) Paroles sans originalité. *Il n'a que des banalités à dire.*
☞ banalité.

banane n. f.
Fruit comestible à peau jaune du bananier. *Les singes aiment les bananes.*
▷◁— Les bananes sont groupées en grappes, ce sont des *régimes* de bananes.
▷◁— On dit une *pelure* ou une *peau* de banane.

bananeraie n. f.
Plantation de bananiers.

bananier n. m.
Plante cultivée pour ses fruits, les bananes.

banc n. m.
• Long siège. *Des bancs de jardin.*
• Masse de poissons. *Un banc de morue.*
• Bâti. *Un banc d'essai.*
• Accumulation de quelque chose. *Un banc de sable.*

• **Banc de neige.** Au Canada, amas de neige entassée par le vent ou par le déneigement. *D'énormes bancs de neige bordaient la route.*
Hom. **ban,** exil, proclamation solennelle, applaudissements.
⟹ **banc.**

*banc (sur le)
Anglicisme au sens de **sans délibéré** pour qualifier un jugement.

bancaire adj.
Propre à la banque. *Des opérations bancaires.*
⟹ **bancaire.**

bancal, ale, als adj.
• Qui a les jambes tordues.
• Se dit d'un meuble dont les pieds sont inégaux. *Des meubles bancals.*

*banc de scie
Calque de l'anglais «bench saw» pour **plateau de sciage.**

banco n. m.
Fait de tenir seul l'enjeu contre la banque. *Des bancos audacieux.*

bandage n. m.
Action de bander (une partie du corps); la ou les bandes ainsi placées. *Antoine porte un bandage à la cheville qu'il s'est foulée.*

bande n. f.
• Morceau plus long que large. *Une bande de tissu.*
• Partie étroite et allongée. *Une bande de terre. De larges bandes bleues.*
• Groupe de malfaiteurs. *Une bande armée.*
• Ensemble de personnes. *Une bande de copains.*
• **Faire bande à part.** Se tenir à l'écart. *Ces garçons font bande à part.*
🖙 Dans cette expression, le nom **bande** reste au singulier.

bande-annonce n. f. (pl. *bandes-annonces*)
Extraits d'un film destinés à sa présentation. *Des bandes-annonces* (et non des *previews*).

bandeau n. m. (pl. *bandeaux*)
Bande longue et étroite qui couvre les yeux, le front, retient les cheveux, etc. *Annie porte un bandeau pour jouer au volley-ball.*

bande dessinée n. f. (*bandes dessinées*)
• Sigle **BD** (s'écrit avec ou sans points).
• S'abrège familièrement en **bédé** (s'écrit sans point).
• Histoire racontée par une suite de dessins.

bandelette n. f.
Petite bande. *Les momies étaient enroulées dans des bandelettes.*

bande publique n. f.
• Abréviation **BP** (s'écrit avec ou sans points).
• Bande de fréquences affectées aux communications privées par émetteur-récepteur de petite puissance (Recomm. off. OLF) *Une bande publique* (et non un *citizen band, un *C.B.).

bander v. tr., intr.
• **Transitif**
- Couvrir d'un bandeau. *Il lui banda les yeux.*
- Tendre avec effort. *Bander un arc.*
• **Intransitif**
(Pop.) Avoir une érection.

banderille n. f.
👄 Le *e* central est muet [bãdrij].
Dard utilisé dans les courses de taureaux.
⟹ **banderille.**

banderillero n. m.
👄 Les *e* se prononcent *é* [banderijero].
Poseur de banderilles.
⟹ **banderillero.**

banderole n. f.
Pièce d'étoffe étroite et longue attachée au bout d'un mât qui porte souvent des inscriptions.
⟹ **banderole.**

bande-son n. f. (pl. *bandes-son*)
Partie de la pellicule cinématographique où est enregistré le son.
Syn. **bande sonore.**

bande-vidéo n. f. (pl. *bandes-vidéo*)
Bande magnétique pour l'enregistrement des images et des sons.
🖙 Dans cette expression, l'adjectif **vidéo** reste invariable. *Il a gardé une bande-vidéo* (et non un *vidéotape) *de cet entretien télévisé.*
Syn. **bande magnétoscopique.**

bandit n. m.
Malfaiteur. *Calamity Jane était un bandit de grand chemin.*
🖙 Ce nom ne comporte pas de forme féminine.

banditisme n. m.
Mœurs des bandits.

bandoulière n. f.
👄 Le *l* se prononce *l* et non *i* [bãduljɛr], comme dans **salière.**
• Bande de cuir ou d'étoffe qui soutient un sac, une arme, un parapluie, etc.
• **En bandoulière.** Suspendu au moyen d'une bandoulière. *Elle portait un sac en bandoulière.*
⟹ **bandoulière.**

bang n. m.
👄 Le nom se prononce à l'anglaise [bãŋ].
• Bruit d'une explosion.
• Bruit d'un avion franchissant le mur du son. *Les bangs du Concorde.*

banjo n. m.
👄 Le mot se prononce [bãʒo] ou [bãdʒo].
Sorte de guitare.

banlieue n. f.
Ensemble des agglomérations qui entourent une grande ville. *Un train de banlieue.*
🖙 Le mot **banlieue** est un collectif qui désigne la totalité des agglomérations d'une grande ville : il sera donc utilisé au singulier. *La banlieue de Québec* (et non *les banlieues). La grande banlieue de Montréal* (et

non le *Montréal métropolitain).
⟹ banlieue.

banlieusard, arde n. m. et f.
Personne qui habite la banlieue.

banni, ie adj. et n. m. et f.
• Expulsé de sa patrie.
• Proscrit.
⟹ banni.

bannière n. f.
Étendard d'un groupe.
⟹ bannière.

bannir v. tr.
• Expulser d'un pays.
• (Litt.) Supprimer. *Il doit bannir le sucre.*
⟹ bannir.

bannissement n. m.
Exil.
⟹ bannissement.

banque n. f.
• Entreprise spécialisée dans les opérations financières. *Des billets de banque.*
• Lieu où s'exercent les opérations de banque. *Étienne dépose ses économies à cette banque.*
• (Fig.) **Banque de sang, banque d'organes.**

*banque
Anglicisme au sens de **tirelire.**

banque de données n. f.
(Inform.) Ensemble de données relatif à un domaine défini des connaissances et organisé pour être offert aux consultations d'utilisateurs.
V. **base de données.**

Banque fédérale de développement
Sigle **BFD** (s'écrit avec ou sans points).

Banque internationale pour la reconstruction et le développement
Sigle **BIRD** (s'écrit avec ou sans points).

banqueroute n. f.
• Faillite accompagnée de fraude. *Ils ont fait banqueroute.*
• (Litt.) Échec, ruine. *La banqueroute d'un parti politique.*
⊨← Ne pas confondre avec le terme **faillite,** cessation de paiements non entachée de fraude.
⊨← L'expression *«banqueroute frauduleuse » est un pléonasme.

banquet n. m.
Grand repas d'apparat. *Un banquet de mariage.*

banqueter v. intr.
Redoublement du *t* devant un *e* muet. *Je banquette, je banquetterai,* mais *je banquetais.*
⟺ Le *e* central est muet [bɑ̄kte].
Faire bonne chère.

banquette n. f.
Banc long et souvent rembourré. *Au restaurant, Catherine préfère s'asseoir sur la banquette.*

banquier n. m.
banquière n. f.
Personne qui dirige une banque.

banquise n. f.
Amas de glaces flottantes dans les mers polaires.

bantou, oue adj. et n. m. et f.
• **Adjectif et nom masculin et féminin.** Des Bantous (du Cameroun à l'Afrique du Sud). *Le peuple bantou. Un Bantou, une Bantoue.*
⊨← L'adjectif s'écrit avec une minuscule; le nom, avec une majuscule.
• **Nom masculin.** Groupe de langues parlées dans la moitié sud du continent africain.
⊨← Le nom de la langue s'écrit avec une minuscule.

baobab n. m.
👄 Le *b* final est sonore [baɔbab].
Arbre des régions tropicales dont le tronc atteint des dimensions énormes. *Des baobabs dont le tronc peut atteindre 20 mètres de circonférence.*

baptême n. m.
👄 Le *p* ne se prononce pas [batɛm].
• Sacrement de l'Église qui rend chrétien celui qui le reçoit.
• Premier contact. *C'est son baptême de l'air.*
⟹ baptême.

baptiser v. tr.
👄 Le *p* ne se prononce pas [batize].
• Donner le baptême à. *Le bébé a été baptisé à deux mois.*
• Donner un nom. *Ce bateau sera baptisé «La Caravelle».*
• **Baptiser du vin.** Y ajouter de l'eau.
⟹ baptiser.

baptismal, ale, aux adj.
👄 Le *p* ne se prononce pas [batismal, o].
Relatif au baptême. *Les fonts baptismaux.*
⟹ baptismal.

baptistaire n. m.
👄 Le *p* ne se prononce pas [batistɛr].
Se dit d'un acte qui constate le baptême. *Pour s'inscrire à l'école, il faut présenter un baptistaire ou un passeport.*
⟹ baptistaire.
Hom. **baptistère,** chapelle de baptême.

baptistère n. m.
Chapelle de baptême.
Hom. **baptistaire,** acte qui constate le baptême.

baquet n. m.
• Cuve de bois. *Un baquet d'eau de pluie.*
• Siège d'une voiture de course.

bar n. m.
• Débit de boissons. *Un bar très fréquenté.*
• Poisson marin apprécié pour sa chair, appelé aussi **loup.** *Ils ont mangé un bar succulent.*
• Unité de mesure de pression des fluides. Le nom **bar** ne s'abrège pas contrairement à la plupart des autres unités de mesure. *Des bars.*
Hom. **barre,** tige d'un matériau quelconque.

baragouin n. m.
(Fam.) Langage inintelligible, charabia.

baragouinage n. m.
(Fam.) Action de baragouiner.

baragouiner v. tr., intr.
(Fam.) Parler mal une langue.

baragouineur, euse n. m. et f.
(Fam.) Personne qui baragouine.

baraka n. f.
• De l'arabe signifiant «bénédiction».
• Chance. *Elle a la baraka.*

baraque n. f.
Abri rudimentaire.
⮕ ba**r**aque.

baraqué, ée adj.
(Pop.) Grand et fort.
⮕ ba**r**aqué.

baraquement n. m.
Ensemble de baraques.
⮕ ba**r**aquement.

*bar à salades
Impropriété au sens de ***buffet de salades, comptoir à salades.***
⮕ Le mot ***bar*** ne peut désigner qu'un débit de boissons. *Il y a un bar à vin à deux pas d'ici.*

baratin n. m.
Discours destiné à tromper, boniment.

baratiner v. tr., intr.
(Fam.) Faire du baratin, raconter des boniments.

baratineur, euse adj. et n. m. et f.
(Fam.) Personne qui recourt au baratin. *Qu'il est baratineur!*

barattage n. m.
Action de baratter la crème pour obtenir le beurre.

baratte n. f.
Baril à battre le beurre.

baratter v. tr.
Agiter de la crème pour en faire du beurre.

barbacane n. f.
Meurtrière.
⮕ Ne pas confondre avec le nom ***sarbacane,*** arme destinée à projeter des flèches.

barbant, ante adj.
(Fam.) Ennuyeux.

barbare adj. et n. m. et f.
• Qui est contraire à l'usage. *Des manières barbares.*
• Cruel. *Des guerriers barbares.*
⮕ barbare.

barbarie n. f.
• Acte barbare. *La barbarie de certaines coutumes.*
• Cruauté. *Des actes de barbarie.*
⮕ barbarie.

barbarisme n. m.
Erreur de langage par altération de mot, par modifica-

tion de sens. *La prononciation* *«aéroport» au lieu de* ***aéroport*** *est un barbarisme.*

barbe n. f.
• Poils du menton et des joues. *Il porte la barbe.*
• ***Barbe fleurie.*** Barbe épaisse et blanche.

barbecue n. m. (pl. *barbecues*)
👄 Ce nom se prononce à l'anglaise [barbəkju].
Appareil mobile de cuisson à l'air libre. *Marie-Ève aime faire griller son steak sur le barbecue.*
⮕ barbe**cue.**

*barbecue
Impropriété au sens de ***rôtisserie*** (restaurant).

barbelé, ée adj. et n. m. pl.
• **Adjectif.** Garni de pointes ou de dents.
• **Nom masculin pluriel.** Clôture de fil de fer barbelé. *L'usage des barbelés est interdit.*

barber v. tr.
(Fam.) Ennuyer. *Ce film nous a barbés.*
⮕ Ce verbe est d'emploi familier; dans un style soigné, on écrit plutôt ***ennuyer.***

barbet adj. inv. et n. m.
Chien à poil long et frisé.

barbiche n. f.
Petite barbe. *Le professeur Tournesol porte une barbiche.*

*barbier
Archaïsme au sens de ***coiffeur.***

barbiturique adj. et n. m.
Sédatif. *Ce sont des barbituriques puissants.*

barbon n. m.
(Péj.) Homme d'un âge avancé.

barbotage n. m.
Action de barboter dans l'eau.

barbote ou **barbotte** n. f.
Poisson de rivière.

barboter v. intr.
Patauger dans l'eau, la boue. *Les enfants barbotent dans la mare.*
⮕ barboter.

barboteuse n. f.
• Vêtement d'enfant d'une seule pièce.
• Au Canada, piscine peu profonde destinée aux enfants.
⮕ barboteuse.

barbouillage ou **barbouillis** n. m.
• Action de barbouiller.
• (Souvent au plur.) Écriture peu lisible, dessin maladroit. *Ce ne sont que des barbouillages.*

barbouiller v. tr.
Les lettres **ill** sont suivies d'un **i** à la première et à la deuxième personne du pluriel de l'indicatif imparfait et du subjonctif présent. *(Que) nous barbouillions, (que) vous barbouilliez.*
Salir. *Laurence a barbouillé sa robe de jus d'orange.*

barbouilleur, euse n. m. et f.
Personne qui barbouille.

barbouze n. m. ou f.
(Fam.) Agent secret.

barbu, ue adj. et n. m. et f.
Qui a de la barbe. *Un musicien barbu. Ce barbu est sympathique.*
Ant. **imberbe.**

barbue n. f.
Poisson de mer.

barcarolle n. f.
Chanson des gondoliers vénitiens.

barda n. m.
• Équipement du soldat.
• Bagage encombrant.
• (Vx) Au Canada, ménage, travaux domestiques. *Au printemps, il faudra faire un grand barda.*

barde n. m.
Poète et chanteur celte. *Un barde gaulois, nommé Assurancetourix.*

barde n. f.
Couche de lard.

bardeau n. m. (pl. *bardeaux*)
Planchette employée pour la couverture des maisons. *Un toit en bardeaux.*

barder v. tr., intr.
• **Transitif**
- Couvrir d'une armure.
- (Fig.) Couvrir de quelque chose. *Barder un ancien ministre de décorations.*
- Envelopper de tranches de lard. *Barder un poulet.*
☞ Ne pas confondre avec le verbe *larder,* garnir de petits morceaux de lard.
• **Intransitif impersonnel**
(Fam.) Se gâter. *Ça va barder!*

barème n. m.
Recueil de tableaux numériques comportant des calculs tout faits.
☞ barème.

barge n. f.
Grande péniche plate pour les transports en vrac.

baril n. m.
☞ Le *l* se prononce ou non, [baril] ou [bari].
• Petit tonneau.
• Mesure de capacité utilisée pour les produits pétroliers.

barillet n. m.
☞ Les deux *ll* se prononcent comme dans *famille* [barijε].
• Petit baril.
• Pièce tournante du revolver où sont logées les cartouches.

bariolage n. m.
Assemblage disparate de couleurs.
☞ bariolage.

barioler v. tr.
Peindre de couleurs disparates.
☞ barioler.

barmaid n. f.
barman n. m.
• **Nom féminin.** Employée qui sert dans un bar. *Des barmaids.* La lettre *d* se prononce [barmɛd].
• **Nom masculin.** Employé qui sert dans un bar. *Des barmans* ou *barmen.* La lettre *n* se prononce [barman].

baro- préf.
Élément du grec signifiant «pesanteur». *Baromètre.*

baromètre n. m.
Instrument qui mesure la pression atmosphérique et de ce fait, le temps qui se prépare.
☞ baromètre.

barométrique adj.
Qui se rapporte au baromètre.
☞ barométrique.

baron n. m.
baronne n. f.
Titre de noblesse qui vient après celui de **vicomte.**

baronnet n. m.
Titre de noblesse, en Angleterre.

baronnie n. f.
Seigneurie d'un baron.

baroque adj. et n. m.
• **Adjectif**
- Bizarre. *Des goûts baroques.*
- D'un style libre et orné. *Une fresque baroque.*
• **Nom masculin**
Style caractérisé par la liberté d'expression et la profusion des ornements.

baroud n. m.
☞ Le *d* se prononce [barud].
• (Arg.) Combat.
• *Baroud d'honneur.* Combat désespéré pour sauver l'honneur.

baroudeur n. m.
(Fam.) Personne qui aime le baroud.

barque n. f.
Petit bateau. *Les enfants ont pris la barque pour aller à la pêche.*

barquette n. f.
• Petite barque.
• Tartelette. *Puis-je vous offrir une barquette aux framboises?*

barracuda n. m.
Grand poisson de mer carnassier. *Des barracudas voraces.*

barrage n. m.
• Action de barrer le passage. *Un barrage de police.*
• Ouvrage qui régularise le niveau d'un cours d'eau. *Le barrage de la Manicouagan.*

barre n. f.
• Pièce rigide, étroite et longue. *Les barres parallèles.*
• *Code (à) barres.* Code formé de lignes verticales

numérotées qui est apposé sur les produits de consommation afin d'être saisi par un lecteur optique.

• *Avoir barre(s) sur quelqu'un.* Le dominer.

Hom. *bar,* débit de boissons, unité de mesure, poisson de mer.

barré, ée adj.

• Fermé à la circulation. *Rue barrée.*

• Fermé à l'aide d'une barre.

☞ Une porte fermée à l'aide d'un verrou ou d'une serrure est **verrouillée** ou **fermée à clé** (et non *barrée).

barreau n. m. (pl. *barreaux*)

• Barre de bois, de métal. *Une ouverture avec des barreaux.*

• Ordre des avocats. *Être inscrit au barreau. Elle est membre du barreau du Québec.*

*barre de savon

Anglicisme au sens de **savonnette,** de *pain de savon.*

barre oblique n. f.

Emploi de la barre oblique, ou barre inclinée (/).

• **Unités de mesure.** *Cette voiture roulait à 125 km/h.*

☞ 1° La préposition **par** est remplacée par la barre oblique si les unités de mesure sont en chiffres. *L'unité de mesure **kilomètre par heure** s'écrit généralement **km/h.***

2° Si les unités de mesure sont notées en toutes lettres, on ne peut recourir à la barre oblique. *Cette voiture roulait à 125 kilomètres par heure* ou *à l'heure.*

• **Fractions.** *2/3.*

• **Pourcentages.** *85 %.*

• **Mentions abrégées.** *N/Réf.* pour **notre référence,** *V/Réf.* pour **votre référence.**

barrer v. tr., pronom.

• **Transitif**

- Fermer quelque chose au moyen d'un obstacle. *Barrer une voie de circulation.*

☞ On **ferme** une porte à clé ou on la **verrouille.** L'emploi du verbe **barrer** est courant au Canada dans la langue familière, mais il est vieilli en ce sens dans l'ensemble de la francophonie.

- Biffer. *Barrer une phrase.*

• **Pronominal**

(Pop.) S'en aller, s'enfuir.

barrette n. f.

• Ornement pour les cheveux. *Une barrette retient ses cheveux.*

• Bonnet plat. *La barrette d'un cardinal.*

barreur, euse n. m. et f.

Personne qui tient la barre du gouvernail.

barricade n. f.

Obstacle constitué de matériaux improvisés. *Les manifestants ont élevé des barricades.*

barricader v. tr., pronom.

• **Transitif**

Fermer solidement. *Barricader un chalet pour la saison morte.*

• **Pronominal**

- S'abriter derrière une barricade.

- S'enfermer pour ne recevoir personne. *Les fuyards se sont barricadés dans le hangar.*

barrière n. f.

• Clôture. *Une barrière de bois.*

• (Fig.) Obstacle. *Les barrières douanières.*

barrique n. f.

Tonneau d'une capacité de 200 litres; son contenu.

barrir v. intr.

Crier, en parlant de l'éléphant, du rhinocéros.

barrissement n. m.

Cri de l'éléphant ou du rhinocéros.

baryté, ée adj.

Composé de baryum.

☞ baryté.

baryton n. m.

Voix masculine entre le ténor et la basse.

☞ baryton.

baryum n. m.

• Symbole **Ba** (s'écrit sans point).

• Métal lourd d'un blanc argenté.

☞ baryum.

barzoï n. m.

Lévrier russe. *De magnifiques barzoïs.*

☞ barzoï.

bas, basse adj., adv. et n. m.

• **Adjectif**

- Qui a peu de hauteur. *Une table basse. La mer est basse à cette heure-ci.*

- Qui est grave (sons, musique). *Une belle voix basse.*

- Peu élevé. *Une enfant en bas âge. Ces prix sont très bas.*

- Méprisable. *Un être bas et méchant.*

• **Adverbe**

À un niveau inférieur. *Cet avion vole bas.*

• **Locutions adverbiales**

- *En bas.* Au-dessous. *Elle habite en bas.*

- *En contrebas.* À un niveau inférieur. *La terrasse est en contrebas.*

- *Là-bas.* Désigne un lieu plus ou moins éloigné. *Son amie habite là-bas.*

- *Ici-bas.* Sur cette terre. *Mourir, c'est le lot de chacun ici-bas.* Ant. **là-haut.**

• **Locutions prépositives**

- *À bas.* (Litt.) Cette locution ne s'emploie qu'après des verbes de mouvement comme **sauter, tomber.** *Sauter à bas du lit.*

- *En bas de, au bas de.* Dans la partie inférieure. *La maison est en bas de la côte.*

• **Locution interjective**

À bas! S'emploie en signe d'hostilité. *À bas les racistes!*

• **Locutions**

- *Faire main basse.* Prendre, voler. *Ils ont fait main basse sur les recettes de la journée.*

- **Des hauts et des bas.** Succession des périodes heureuses et malheureuses. *Les hauts et les bas de son humeur.*
• **Nom masculin**
- La partie inférieure. *Un voile lui cachait le bas du visage.*
- Vêtement souple qui couvre le pied et la jambe. *Des bas de coton.*
☞ Ne pas confondre avec le nom **chaussette,** vêtement qui couvre le pied et le bas de la jambe. *Un homme qui portait des chaussettes à carreaux.* Hom. **bât,** pièce placée sur le dos des bêtes de somme.

bas-, basse- préf.
Les mots composés avec le préfixe **bas-** s'écrivent avec un trait d'union et prennent la marque du pluriel aux deux éléments. *Des basses-cours.*

basal, ale, aux adj.
Qui a rapport à une base.

basalte n. m.
Roche volcanique très dure.

basané, ée adj.
Hâlé. *Un teint basané.*
V. Tableau - **COULEUR (ADJECTIFS DE).**

basaner v. tr.
Brunir la peau.

bas-bleu n. m. (pl. *bas-bleus*)
(Vx) Femme pédante.

bas-côté n. m. (pl. *bas-côtés*)
Nef secondaire d'une église.

bascule n. f.
• Balance pour peser les objets lourds.
☞ Ne pas confondre avec les noms suivants :
- *balance,* terme générique utilisé surtout pour nommer l'instrument qui pèse des marchandises;
- *pèse-bébé,* appareil de pesage pour un nouveau-né;
- *pèse-lettre,* instrument qui détermine le poids d'une lettre;
- *pèse-personne,* appareil de pesage pour une personne.
• **Donner la bascule.** Au Canada, saisir quelqu'un par les bras et les jambes et le soulever autant de fois qu'il compte d'années, plus une, afin de souligner son anniversaire.

basculer v. tr., intr.
• **Transitif.** Renverser. *Les enfants ont basculé leur petite voiture.*
• **Intransitif.** Perdre l'équilibre, tomber. *Ils escaladaient le rocher et ils ont basculé dans le vide.*

bas-de-casse n. m. inv. (pl. *bas-de-casse*)
• Abréviation **bdc** (s'écrit avec ou sans points).
• (Typogr.) Lettre minuscule.

bas de gamme adj. inv. et n. m. inv.
• **Adjectif invariable.** Se dit des produits les moins coûteux d'une série. *Des chaussures bas de gamme.*
• **Nom masculin invariable.** *Des bas de gamme.*
Ant. **haut de gamme.**

base n. f.
• Partie inférieure sur laquelle une autre est posée. *La base d'une statue.*
• Principe fondamental. *Les bases d'une science.*
• (Chim.) Substance qui, combinée avec un acide, produit un sel et de l'eau.
• **À base de.** Avec comme principal composant. *Un médicament à base d'insuline.*
• **Sur la base de.** Fondé sur. *Formuler une hypothèse sur la base des résultats obtenus.*
• **Base de plein air.** Lieu aménagé en pleine nature où des adultes, des familles et des groupes peuvent, en toute saison, séjourner et pratiquer librement des activités de plein air.

baseball ou **base-ball** n. m. (pl. *baseballs, base-balls*)
Jeu de balle pratiqué en Amérique du Nord.

base de données n. f.
(Inform.) Ensemble structuré de fichiers reliés entre eux pour rassembler des données destinées à une application précise.
V. **banque de données.**

baser v. tr., pronom.
• **Transitif**
- Fonder. *Des arguments basés sur des faits.*
- (Milit.) Avoir pour base. *Ce soldat est basé en Ontario.*
• **Pronominal**
Se fonder. *Ils se basent sur ces données pour définir leur campagne publicitaire.*

bas-fond n. m. (pl. *bas-fonds*)
• Terrain bas.
• Endroit où l'eau est peu profonde.
• (Au plur.) Lieux où règne la misère. *Les bas-fonds de New York.*

basic n. m.
• Sigle de «**B**eginner's **A**ll-purpose **S**ymbolic **I**nstruction **C**ode».
• (Inform.) Langage pourvu d'un jeu réduit d'instructions et d'une syntaxe simple afin de faciliter la programmation.
☞ Actuellement, le *basic* est le langage de programmation évolué le plus répandu pour les ordinateurs individuels.

basilic n. m.
Herbe aromatique.
Hom. *basilique,* église.
✏ basili**c.**

basilique n. f.
Église importante. *La basilique Notre-Dame.*
☞ Dans les désignations d'édifices religieux, le nom générique (*abbaye, cathédrale, chapelle, église, oratoire,* etc.) s'écrit avec une minuscule.
Hom. *basilic,* herbe aromatique.

basique adj.
(Chim.) Qui se rapporte à une base.

basket n. m. ou f.
Chaussure de sport en toile à semelle de caoutchouc.

basket-ball n. m. (pl. *basket-balls*)
Sport entre deux équipes qui doivent lancer un ballon dans le panier du camp adverse.

basketteur, euse n. m. et f.
Joueur, joueuse de basket-ball.

basque adj. et n. m. et f.
• **Adjectif et nom masculin et féminin.** Du Pays basque. *Un béret basque. Un Basque, une Basque.*
☞ L'adjectif s'écrit avec une minuscule; le nom, avec une majuscule.
• **Nom masculin.** Langue parlée au Pays basque. *Luis parle le basque.*
☞ Le nom de la langue s'écrit avec une minuscule.

basque n. f.
Partie découpée et tombante de certains vêtements.

bas-relief n. m. (pl. *bas-reliefs*)
Sculpture en faible saillie.
Ant. **haut-relief.**

basse n. f.
• Partie du morceau de musique qui fait entendre les sons les plus graves.
• *Voix de basse.* La plus grave des voix d'homme.
• Instrument de musique jouant les notes graves.
☞ Dans un orchestre symphonique, cet instrument est le *violoncelle;* dans une formation de jazz, de variétés, la *contrebasse.*

basse-cour n. f. (pl. *basses-cours*)
• Ensemble des bâtiments où l'on élève des volailles.
• Ensemble des animaux de la basse-cour.

basse-fosse n. f. (pl. *basses-fosses*)
Cachot souterrain.

bassement adv.
De façon basse, méprisable.

bassesse n. f.
• Action basse. *Cet individu ferait toutes les bassesses pour parvenir à ses fins.*
• Absence de dignité. *La bassesse d'un geste.*

basset n. m.
Chien de chasse très bas sur pattes.

bassin n. m.
• Grand plat creux.
• Pièce d'eau artificielle. *Le bassin d'une fontaine.*
☞ Ne pas confondre avec les noms suivants :
- *étang,* nappe d'eau de faible profondeur, souvent colonisée par la végétation;
- *lac,* nappe d'eau douce entourée de terre, généralement pourvue d'un exutoire, ou élargissement d'un cours d'eau entraînant le dépôt de sédiments;
- *nappe,* vaste étendue d'eau plane, souvent souterraine.

bassiste n. m. et f.
Musicien, musicienne qui joue de la basse.

basson n. m.
Instrument à vent en bois, à anche double.

bastide n. f.
Petite maison de campagne provençale.

bastille n. f.
Château fort.

bastingage n. m.
Parapet d'un navire.
☞ bastin**g**age.

bastion n. m.
• Ouvrage de fortification.
• (Fig.) Ce qui défend efficacement.

bastonnade n. f.
Coups de bâton.

bastringue n. m.
(Fam., vx) Bal de guinguette.

bas-ventre n. m. (pl. *bas-ventres*)
Partie inférieure de l'abdomen.

bât n. m.
• Pièce placée sur le dos des bêtes de somme pour le transport des fardeaux.
• *C'est là que le bât le blesse.* C'est là le point sensible.
Hom. **bas,** partie inférieure d'une chose.
☞ bât.

bataclan n. m.
(Fam.) Attirail.

bataille n. f.
Combat. *Les Français ont perdu la bataille des Plaines d'Abraham.*

batailler v. intr.
Les lettres *ill* sont suivies d'un *i* à la première et à la deuxième personne du pluriel de l'indicatif imparfait et du subjonctif présent. *(Que) nous bataillions, (que) vous batailliez.*
Se battre, lutter. *Ils ont bataillé pour obtenir cette permission.*

batailleur, euse adj. et n. m. et f.
Qui aime à se battre.

bataillon n. m.
Unité militaire de plusieurs compagnies. *Des chefs de bataillon.*

bâtard, arde adj. et n. m. et f.
• Se dit d'un enfant illégitime.
• Qui n'est pas de race pure (en parlant des végétaux, des animaux). *Un épagneul bâtard.*
• Dégénéré. *Un style bâtard.*
☞ bâtard.

bâtardise n. f.
État de bâtard.
☞ bâtardise.

bateau n. m. (pl. *bateaux*)

Bâtiment, grand ou petit, qui navigue sur la mer ou sur les rivières. *Un bateau à voiles, à moteur, à rames. Un bateau de pêche.*
☞ Le mot *bateau* est un générique qui désigne tout ce qui flotte et navigue. Par contre, le mot *navire* désigne des bâtiments de fort tonnage destinés au transport maritime (et non fluvial), tandis que le mot *embarcation* désigne de petits bateaux, destinés

principalement au tourisme, aux loisirs nautiques (canots, chaloupes, voiliers, etc.).

GENRE DES NOMS DE BATEAUX

• **Nom propre masculin.** Le nom du bateau est précédé d'un article masculin, même si le genre du type de bateau est féminin. *Le Prince-de-Conti* (frégate).

• **Nom propre féminin.** Le nom du bateau est précédé d'un article masculin si le genre du type de bateau est masculin, du féminin si le genre du type de bateau est féminin. *Le France, le Queen Mary* (paquebots). *La Marie-Josèphe* (chaloupe).

• **Nom de personne, de ville, de province.** Le nom du bateau est précédé d'un article masculin. *Le Strasbourg, le Provence.*

▯— 1° On observe actuellement une tendance à supprimer l'article devant les noms de bateaux.

2° Les noms de bateaux, de trains, d'avions, etc., s'écrivent en italique; l'article ne sera inscrit en caractères italiques que s'il fait partie du nom.

bateau-citerne n. m. (pl. *bateaux-citernes*)
Bateau aménagé pour le transport des liquides en vrac.

bateau-lavoir n. m. (pl. *bateaux-lavoirs*)
Bateau où l'on venait laver le linge.

bateau-mouche n. m. (pl. *bateaux-mouches*)
Navire très mobile, par allusion à la finesse de l'insecte.

bateau-phare n. m. (pl. *bateaux-phares*)
Bateau muni d'un phare.

bateleur, euse n. m. et f.
(Vx) Acrobate forain.

batelier, ière n. m. et f.
Passeur.

bâter v. tr.
Mettre un bât.
▭▷ bâter.

bat-flanc n. m. inv. (pl. *bat-flanc*)
Pièce de bois entre deux stalles d'écurie.

bathy- préf.
Élément du grec signifiant «profond». *Bathyscaphe.*

bathyscaphe n. m.
Appareil destiné à explorer les profondeurs sous-marines.
▭▷ bathyscaphe.

bâti, ie adj.
• Construit.
• Robuste. *Des gaillards bien bâtis.*
▭▷ bâti.

bâti n. m.
Assemblage destiné à supporter une machine.
▭▷ bâti.

batifolage n. m.
(Fam.) Action de batifoler.

batifoler v. intr.
(Fam.) S'amuser à des choses futiles.

batifoleur, euse n. m. et f.
(Fam.) Personne qui aime à batifoler.

batik n. m. (pl. *batiks*)
⟺ Le *k* se prononce [batik].
Tissu peint.

bâtiment n. m.
• Construction d'une certaine importance. *Un bâtiment ancien.*
• Ensemble des entreprises et métiers qui travaillent à la construction des immeubles. *Quand le bâtiment va, tout va.*
• Grand navire. *Des bâtiments de mer.*
▭▷ bâtiment.

bâtir v. tr.
Construire, au propre et au figuré. *Bâtir une maison, sa fortune.*
▭▷ bâtir.

bâtisse n. f.
Grand bâtiment.
▯— Ce nom est parfois péjoratif; on lui préférera les mots **immeuble** ou **édifice.**
▭▷ bâtisse.

bâtisseur, euse n. m. et f.
• Personne qui bâtit.
• Fondateur. *Le bâtisseur de ce regroupement.*
▭▷ bâtisseur.

batiste n. f.
Toile de lin très fine. *Un joli col de batiste brodée.*

bâton n. m.
• Morceau de bois mince et long qu'on peut tenir à la main. *Des coups de bâton.*
• Objet en forme de bâton. *Un bâton de rouge.*
• *Parler à bâtons rompus,* locution. Sans suite.
• *Avoir le gros bout du bâton.* Au Canada, avoir l'avantage.
▭▷ bâton.

bâtonnet n. m.
Petit bâton.
▭▷ bâtonnet.

bâtonnier n. m.
Chef de l'Ordre du barreau.
▭▷ bâtonnier.

batracien n. m.
(Vx) Animal vertébré qui vit sur terre et dans l'eau.
▯— Aujourd'hui, on dit plutôt **amphibien.**

battage n. m.
• Action de battre. *Le battage des tapis.*
• (Fam.) Publicité bruyante. *Un grand battage médiatique.*

battant, ante adj. et n. m.
• **Adjectif.** Qui bat. *Une porte battante, une pluie battante.*
• **Nom masculin.** Vantail d'une porte, d'une fenêtre, marteau d'une cloche.
• **Nom masculin et féminin.** Personne combative. *Ce PDG est un battant.*

battement n. m.
• Action de battre. *Des battements de mains.*
• Pulsation. *Battement de cœur.*
• Délai. *J'ai une heure de battement.*

batterie n. f.
• Ensemble de pièces d'artillerie.
• Ensemble d'ustensiles de cuisine. *Une batterie de casseroles.*
• Instrument à percussion.
• Ensemble d'éléments générateurs d'énergie électrique. *La batterie de cette voiture est neuve.*
• *Batterie de tests.* Ensemble de tests d'aptitude.

*batterie
Anglicisme au sens de *pile* (utilisée pour les lampes de poche, les postes de radio, les montres, etc.).
☞ Par contre, le nom *batterie* désigne bien en français un ensemble d'éléments générateurs d'énergie électrique. *La batterie de cette voiture est à plat.*

batteur n. m.
• Appareil électroménager servant à mélanger. *Un batteur à œufs.*
• Personne qui tient la batterie dans un groupe musical.

batteuse n. f.
Machine à battre les grains.

battre v. tr., intr. et pronom.
INDICATIF PRÉSENT *Je bats, nous battons.* IMPARFAIT *Je battais.* PASSÉ SIMPLE *Je battis, nous battîmes.* FUTUR *Je battrai.* CONDITIONNEL PRÉSENT *Je battrais.* IMPÉRATIF PRÉSENT *Bats, battons, battez.* SUBJONCTIF PRÉSENT *Que je batte, que nous battions.* PARTICIPE PRÉSENT *Battant.* PASSÉ *Battu, ue.*
• **Transitif**
- Frapper à coup redoublés. *Battre son tapis.*
- Triompher de. *Il a battu son adversaire.*
- *Battre son plein.* Se disait d'abord d'une cloche sonnant à la volée ou de la mer qui atteint sa plus grande hauteur en battant le rivage. L'expression signifie aujourd'hui «atteindre son point culminant». *Les réjouissances battaient leur plein.*
• **Intransitif**
Être agité d'un mouvement régulier. *Est-ce que son cœur bat toujours?*
• **Pronominal**
Lutter. *Ils se sont battus en duel.*
☞ Les dérivés de *battre* (combattant, débattre, etc.) s'écrivent avec deux *t*, à l'exception de *combatif* et de *combativité*.

battu, ue adj.
• Qui a reçu des coups. *Des animaux battus.*
• Vaincu. *Un candidat battu.*

battue n. f.
Action de fouiller un bois, un terrain à la recherche de gibier.

batture n. f.
Au Canada, partie du rivage que la marée laisse à découvert.

baud n. m.
☞ Le *d* ne se prononce pas [bo].
(Inform.) Unité de vitesse de transmission de signaux, dite aussi *rapidité de modulation,* correspondant à une impulsion par seconde. *Des bauds.*
▭ baud.

baudet n. m.
Âne.
▭ baudet.

baudrier n. m.
• Bande de cuir ou d'étoffe qui fait office de bandoulière.
• (Par ext.) Partie supérieure de la ceinture de sécurité routière qui s'applique sur la poitrine.
▭ baudrier.

baudroie n. f.
Grand poisson comestible à grosse tête.
▭ baudroie.

baudruche n. f.
Membrane servant à fabriquer certains objets. *Un ballon en baudruche.*
▭ baudruche.

baume n. m.
• Résine odoriférante utilisée pour la préparation d'onguents, de calmants.
• (Fig.) Apaisement. *Son affection, son dévouement sont un baume pour moi.*
Hom. *bôme,* pièce de bois utilisée comme mât horizontal d'un voilier, d'une planche à voile.
▭ baume.

bauxite n. f.
Minerai d'aluminium.
▭ bauxite.

bavard, arde adj. et n. m. et f.
Qui parle trop. *Ces écoliers sont trop bavards.*

bavardage n. m.
• Action de bavarder. *Vos bavardages dérangent vos camarades.*
• Propos inutiles. *Ces bavardages attristent Julie.*
☞ En ce sens, le nom s'emploie généralement au pluriel.

bavarder v. intr.
Parler beaucoup. *Pour bien suivre cette explication, il vous faudrait cesser de bavarder.*

bavarois, oise adj. et n. m. et f.
De la Bavière. *Une chanson bavaroise. Un Bavarois, une Bavaroise.*
☞ L'adjectif s'écrit avec une minuscule; le nom, avec une majuscule.

bavaroise n. f. ou **bavarois** n. m.
Dessert. *Une délicieuse bavaroise au café.*

bavasser v. intr.
• (Fam.) Bavarder.
• (Fam.) Médire, parler à tort et à travers.

bave n. f.
Salive qui s'écoule de la bouche ou de la gueule d'un animal.

baver v. intr.
Laisser écouler de la bave.

bavette n. f.
• Petite pièce d'étoffe que l'on place sous le menton des jeunes enfants.
Syn. **bavoir.**
• Morceau de bœuf, près de l'aloyau.

baveux, euse adj.
• Qui bave.
• *Omelette baveuse.* Omelette peu cuite.

bavoir n. m.
Bavette.

bavure n. f.
• Imperfection, erreur.
• *Sans bavures.* Impeccable.

bayadère n. f.
• Danseuse sacrée de l'Inde.
• *Tissu bayadère.* Tissu à rayures multicolores.

bayer v. intr.
Le *y* est suivi d'un *i* à la première et à la deuxième personne du pluriel de l'indicatif imparfait et du subjonctif présent. *(Que) nous bayions.*
(Vx) Bâiller.
☞ Ce verbe n'est plus employé que dans l'expression *bayer aux corneilles* signifiant «regarder en l'air, la bouche ouverte».

bayou n. m. (pl. *bayous*)
Eaux peu profondes de la Louisiane.

bazar n. m.
• Marché public.
• (Fam.) Objets en désordre.
☞ bazar, sans *d*, malgré **bazarder.**

bazarder v. tr.
(Fam.) Liquider.

bazooka n. m.
👄 Les lettres *oo* se prononcent *ou* [bazuka].
Lance-roquettes. *Des bazookas.*

BBC
Sigle de *British Broadcasting Corporation.*

BCBG adj. inv.
Sigle de *bon chic bon genre.*

BCG
Sigle de *vaccin bilié de Calmette et Guérin.*

bd ou **b^d**
Abréviation de *boulevard.*

BD
Sigle de *bande dessinée.*

bdc
Abréviation de *bas-de-casse.*

Be
Symbole chimique de *béryllium.*

beagle n. m.
👄 Les lettres *ea* se prononcent *i* [bigl].
Basset.

béance n. f.
État de ce qui est béant.

béant, ante adj.
Largement ouvert. *Une gueule béante.*

béarnais, aise adj. et n. m. et f.
Du Béarn.
☞ L'adjectif s'écrit avec une minuscule; le nom, avec une majuscule.

béarnaise n. f.
Sauce au beurre et aux œufs. *Un filet mignon béarnaise.*

béat, ate adj.
Tranquille, envahi d'une satisfaction naïve. *Un sourire béat.*

béatement adv.
De façon béate.

béatification n. f.
Acte du pape nommant une personne au nombre des bienheureux.

béatifier v. tr.
Redoublement du *i* à la première et à la deuxième personne du pluriel de l'indicatif imparfait et du subjonctif présent. *(Que) nous béatifiions, (que) vous béatifiiez.*
Proclamer bienheureux.
☞ Ne pas confondre avec le verbe *canoniser,* action de proclamer saint.

béatifique adj.
Qui procure la béatitude.

béatitude n. f.
Félicité.

beatnik n. m. et f.
👄 Les lettres *ea* se prononcent *i* [bitnik].
Anticonformiste (vers 1950).

beau, belle, beaux adj. et n. m. et f.

• **Adjectif**
- Qui crée un plaisir esthétique, une impression agréable. *Un beau paysage, une belle aquarelle, de beaux enfants.*
- Qui éveille un sentiment d'admiration. *Un beau caractère, une belle action.*
- Qui est réussi. *Un beau gâteau, une belle randonnée, une belle situation.*
- Clair, calme. *Le temps est beau, la mer est belle.*
- Par ironie. *Cela lui fera une belle jambe!*
☞ L'ancienne forme masculine *bel* s'emploie devant un nom singulier commençant par une voyelle ou un *h* aspiré. *Un bel éléphant, un bel homme. Un bel et sympathique garçon* (rare) ou *un beau et sympathique garçon.* Cette règle s'applique également aux adjectifs *fou, mou, nouveau, vieux.*
• **Nom masculin**
Ce qui fait éprouver un sentiment d'admiration et de plaisir. *Avoir le goût du beau.*
• **Locutions**
- *Avoir beau* + infinitif. S'efforcer en vain.

☞ Dans cette locution qui exprime l'inutilité de l'action énoncée par l'infinitif, l'adjectif *beau* demeure invariable. *Elle avait beau se lever tôt, elle arrivait toujours en retard.*
- **Bel et bon, bel et bien.** Réellement. *Elle a bel et bien vendu la propriété.*
- **De plus belle.** De nouveau. *Il recommence de plus belle à chanter très fort.*
- **Belle.** Ellipse où il faut sous-entendre un mot féminin (balle, chose, occasion). *Je l'ai échappé belle* (échapper de justesse à un danger).
Hom. :
- **baux,** forme plurielle de *bail,* contrat de location;
- **bot,** difforme, en parlant d'un pied.

beau-, beaux- adj.
Les mots composés avec l'adjectif *beau* qui indique un lien de parenté par alliance ou d'un second mariage, s'écrivent avec un trait d'union et prennent la marque du pluriel aux deux éléments. *Un beau-père, des beaux-fils.*
V. **belle.**

beauceron, onne adj. et n. m. et f.
De la Beauce. *Le dynamisme beauceron. Un Beauceron, une Beauceronne.*
☞ L'adjectif s'écrit avec une minuscule; le nom, avec une majuscule.

beaucoup adv.

En grande quantité, d'une valeur élevée, d'une certaine intensité. *Elle a planté beaucoup de fleurs. Il a beaucoup de talent. Elle l'a beaucoup aimé. Il y a beaucoup d'appelés, mais peu d'élus.*
• **Beaucoup +** nom singulier. Le verbe est au singulier. *Beaucoup de monde a participé à l'exposition.*
• **Beaucoup +** nom pluriel. Le verbe est au pluriel. *Beaucoup de personnes sont venues.*
• **Beaucoup +** nom féminin. L'attribut ou le participe est au féminin. *Beaucoup de filles ont été admises.*
• **Beaucoup** (sans complément). L'accord se fait au masculin pluriel. *Beaucoup sont présents.*
• **Beaucoup +** adverbe. L'adverbe *beaucoup* ne s'emploie que devant *mieux, plus, trop, moins. Pierre dessine beaucoup mieux que moi.*
• **De beaucoup,** locution adverbiale. Avec une grande différence. *Elle est de beaucoup la plus avisée. De tout son groupe, il est de beaucoup le plus innovateur.*
Ant. **peu.**
☞ beaucou**p.**

beau dommage loc. adv.
Au Canada, certainement, sans doute.

beau-fils n. m. (pl. *beaux-fils*)
• Gendre.
• Fils que le conjoint a eu d'un précédent mariage.

beau-frère n. m. (pl. *beaux-frères*)
• Mari de la sœur.
• Frère du conjoint.

beaujolais n. m.
Vin du Beaujolais.
☞ Ce nom prend une majuscule s'il désigne la région de France, une minuscule s'il désigne le vin originaire de cette région.

beau-père n. m. (pl. *beaux-pères*)
• Père du conjoint.
• Second mari de leur mère, par rapport aux enfants issus d'un premier mariage.

beauté n. f.
Qualité de ce qui est beau, de ce qui remplit d'admiration. *La beauté d'un paysage, d'une œuvre d'art.* Ant. **laideur.**

beaux-arts n. m. pl.
La peinture, la sculpture, l'architecture, la musique, la danse, la gravure.

beaux-parents n. m. pl.
Père et mère du conjoint.

bébé n. m.
• Nouveau-né.
• Petit d'un animal. *Ce sont des bébés pingouins.*
• **Bébé-éprouvette.** Enfant dont la fécondation a été réalisée *in vitro. Des bébés-éprouvette.*
☞ Le nom scientifique est **FIVETE** (fécondation *in vitro* et transfert d'embryon).

bec n. m.
• Partie cornée qui tient lieu de bouche et de dents aux oiseaux. *Le bec du faucon est recourbé.*
• **Faire le bec fin.** Au Canada, faire le difficile.
• (Fam.) Au Canada, petit baiser. *Un petit bec sur le front.*

bec-
Les noms composés avec le mot *bec-* s'écrivent avec un trait d'union. Seul le mot *bec-* prend la marque du pluriel. *Des becs-de-lièvre.*

bécane n. f.
(Fam.) Bicyclette.

bécarre n. m.
Signe musical.

bécasseau n. m. (pl. *bécasseaux*)
Petit de la bécasse.

bécassine n. f.
Oiseau échassier migrateur.

bec-de-cane n. m. (pl. *becs-de-cane*)
Poignée mobile d'une serrure en forme de bec de cane.

bec-de-lièvre n. m. (pl. *becs-de-lièvre*)
Difformité de la lèvre supérieure.

béchamel n. f. inv.
Sauce blanche. *Une béchamel. Une sauce béchamel.*

bêche n. f.
Outil pour jardiner.
☞ bêche.

bêcher v. tr., intr.
• **Transitif.** Retourner la terre avec une bêche. *Nous bêcherons le jardin.*
• **Intransitif.** (Fam.) Avoir une attitude hautaine.

⇨ bêcher.

bêcheur, euse n. m. et f.
Personne prétentieuse.

bécot n. m.
(Fam.) Baiser.

bécoter v. tr., pronom.
• **Transitif.** (Fam.) Donner de petits baisers.
• **Pronominal.** S'embrasser. *Les enfants se sont bécotés.*
⇨ bécoter.

becquée ou **béquée** n. f.
Quantité de nourriture qu'un oiseau prend avec son bec pour donner à ses petits.

becqueter ou **béqueter** v. tr., intr.
Redoublement du *t* devant un *e* muet. *Il becquette, il becquettera,* mais *il becquetait.*
👄 Le *e* central est muet [bɛkte].
Frapper avec le bec, en parlant d'un oiseau.
🖙 L'orthographe **becqueter** est la plus courante.

bedaine n. f.
👄 La première syllabe se prononce *be* [bədɛn].
(Fam.) Gros ventre.

bédé n. f.
• Abréviation familière de *bande dessinée.*
• S'écrit aussi *BD.*

bedeau n. m. (pl. *bedeaux*)
Employé d'église.
🖙 Ne pas confondre avec le nom *badaud,* passant.

bedon n. m.
(Fam.) Ventre rebondi.

bedonnant, ante adj.
(Fam.) Qui a du ventre.

bedonner v. intr.
(Fam.) Prendre du ventre.

bédouin, ine adj. et n. m. et f.
• **Adjectif.** Relatif aux Bédouins. *Une caravane bédouine.*
• **Nom masculin et féminin.** Nomade du désert. *Des Bédouins, des Bédouines.*
🖙 L'adjectif s'écrit avec une minuscule; le nom, avec une majuscule.

bée adj. f.
Bouche bée. Ouverte d'étonnement.
🖙 Cet adjectif ne s'emploie que dans l'expression citée.
Hom. :
- *bai,* d'un brun-roux;
- *baie,* petit golfe, petit fruit charnu;
- *bey,* gouverneur.

béer v. intr.
Être grand ouvert.
🖙 Ce verbe s'emploie surtout au participe passé pour qualifier le nom *bouche* dans l'expression *bouche bée.*

beffroi n. m.
• Tour d'une ville.
• Clocher.

bégaiement n. m.
Trouble de la parole caractérisé par la répétition saccadée d'une syllabe.
⇨ bégaiement.

bégayer v. tr., intr.
Le *y* peut être changé en *i* devant un *e* muet. *Il bégaye* ou (plus usuel) *il bégaie, il bégayera* ou (plus usuel) *il bégaiera.*
Le *y* est suivi d'un *i* à la première et à la deuxième personne du pluriel de l'indicatif imparfait et du subjonctif présent. *(Que) nous bégayions, (que) vous bégayiez.*
• **Transitif.** Balbutier. *Bégayer des remerciements.*
• **Intransitif.** Parler avec difficulté en répétant certaines syllabes. *Quand Victor est intimidé, il bégaie.*

bégayeur, euse adj. et n. m. et f.
Qui bégaie.
Syn. **bègue.**

bégonia n. m.
👄 Le *o* est ouvert [begɔnja].
• Plante ornementale cultivée pour ses fleurs aux couleurs vives. *Des bégonias doubles.*
• *Charrier dans les bégonias.* (Fam.) Exagérer.

bègue adj. et n. m. et f.
Qui bégaie.

bégueule adj. et n. m. et f.
(Fam.) Prude.

béguin n. m.
• Coiffe des béguines.
• Passion légère.
• Personne qui en est l'objet.

béguinage n. m.
Maison des béguines.

béguine n. f.
En Belgique, aux Pays-Bas, religieuse vivant en communauté.

beige adj. et n. m.
• **Adjectif de couleur variable.** D'un brun clair. *Des imperméables beiges.*
🖙 L'adjectif de couleur composé est invariable. *Des chapeaux gris-beige.*
V. Tableau - **COULEUR (ADJECTIFS DE).**
• **Nom masculin.** Couleur brun clair.

beigne n. m.
Au Canada, pâtisserie composée de pâte frite saupoudrée de sucre.

beigne n. f.
(Pop.) Gifle.

beignet n. m.
Pâte frite enrobant une substance alimentaire. *Des beignets de pommes, des beignets aux pommes.*

bel ou **beau, belle** adj. et n. m. et f.
Devant un nom commençant par une voyelle ou un *h* muet, on emploiera **bel.** *Un bel oiseau, un bel homme.*
V. **beau.**

bêlant, ante adj.
Qui bêle.
⇨ bêlant.

bel canto n. m. inv.
⬯ Attention à la prononciation [bɛlkãto].
Chant.
☞ En typographie soignée, les mots étrangers sont composés en italique. Dans des textes déjà en italique, la notation se fait en romain. Pour les textes manuscrits, on utilisera les guillemets.

bêlement n. m.
Cri des ovins.
⟹ bêlement.

bêler v. intr.
Crier, en parlant du mouton, de la chèvre. *Le mouton bêle.*
⟹ bêler.

bel et bien loc. adv.
Réellement.
☞ Dans cette locution figée, l'adjectif *bel* reste invariable. *Elle est bel et bien venue hier.*

belette n. f.
⬯ Le premier *e* se prononce [bəlɛt].
Petit mammifère carnivore.

belge adj. et n. m. et f.
De Belgique. *Une bière belge. Un Belge, une Belge.*
☞ L'adjectif s'écrit avec une minuscule; le nom, avec une majuscule.

belgicisme n. m.
Mot, expression propre au français de Belgique.

bélier n. m.
• Mâle de la brebis.
• Nom d'une constellation, d'un signe du zodiaque.
☞ Les noms d'astres s'écrivent avec une majuscule. *Elle est (du signe du) Bélier, elle est née entre le 21 mars et le 20 avril.*
V. **astre.**

bélino n. m.
Abréviation familière de *bélinographe. Des bélinos.*

bélinographe n. m.
• S'abrège familièrement en *bélino.*
• Appareil de phototélécopie à cylindre.
☞ Cet appareil est en voie d'être remplacé par le télécopieur.

belladone n. f.
Plante vénéneuse employée en médecine.
⟹ belladone.

bellâtre n. m.
Homme qui se croit ou se sait beau.
⟹ bellâtre.

belle- adj.
• Les mots composés du nom *belle-* s'écrivent avec un trait d'union. *Belle-* prend la marque du pluriel. *Des belles-de-jour.*
• Les mots composés de l'adjectif *belle-* indiquant un lien de parenté par alliance ou d'un second mariage, s'écrivent avec un trait d'union et prennent la marque du pluriel aux deux éléments. *Des belles-mères.*
V. **beau.**

belle-de-jour n. f. (pl. *belles-de-jour*)
Nom populaire du *liseron* ou *volubilis.*

belle-de-nuit n. f. (pl. *belles-de-nuit*)
Le mirabilis, dont les fleurs s'ouvrent la nuit.

belle-fille n. f. (pl. *belles-filles*)
• Épouse du fils.
• Fille que le conjoint a eue d'un précédent mariage.

bellement adv.
Doucement, avec modération.

belle-mère n. f. (pl. *belles-mères*)
• Mère du conjoint.
• Seconde femme du père pour les enfants issus d'un premier mariage.

belle-sœur n. f. (pl. *belles-sœurs*)
• Sœur du conjoint.
• Épouse du frère.

bellicisme n. m.
Amour de la guerre.

belliciste adj. et n. m. et f.
Qui est partisan de la guerre.

belligérance n. f.
Fait d'un État qui prend part à une guerre.

belligérant, ante adj. et n. m. et f.
Qui participe à une guerre.

belliqueux, euse adj.
Qui aime la guerre, la violence.
⟹ belliqueu**x.**

belon n. f.
Variété d'huître.

belote n. f.
Jeu de cartes.

béluga ou **bélouga** n. m.
• Mammifère marin habitant les mers arctiques, et dont l'espèce est menacée de disparition. *Des bélugas, bélougas.*
• Au Canada, se dit également *baleine blanche.*
• Variété de caviar.

belvédère n. m.
Pavillon, terrasse d'où la vue s'étend au loin.

bémol adj. et n. m.
• Signe musical qui indique que la note qui suit doit être baissée d'un demi-ton. *Des mi bémols.*
• *Mettre un bémol.* (Fig. et fam.) Atténuer la violence de ses affirmations.

*bench marks
Anglicisme pour *jalons.*

bénédicité n. m.
Prière qui se récite avant les repas. *Des bénédicités.*

bénédictin, ine adj. et n. m. et f.
• Religieux de l'ordre de saint Benoît.
• *Travail de bénédictin.* Travail long et fastidieux.

bénédiction n. f.
Action de bénir, de consacrer.
Ant. **malédiction.**

bénéfice n. m.
• Profit. *Les bénéfices de l'association ont augmenté.* Ant. **déficit.**
• **Au bénéfice de,** locution. Au profit de. *Le concert est donné au bénéfice de cette œuvre.*
☞ Dans cette locution, le mot **bénéfice** demeure au singulier.
• **Dîner-bénéfice, soirée-bénéfice.** *Des dîners-bénéfice, des soirées-bénéfice.*

bénéficiaire adj. et n. m. et f.
• **Adjectif.** Qui a rapport au bénéfice. *La marge bénéficiaire.*
Ant. **déficitaire.**
• **Nom masculin ou féminin.** Personne qui jouit d'un bénéfice.
☞ déficit**aire.**

bénéficier v. tr. ind.
Redoublement du *i* à la première et à la deuxième personne du pluriel de l'indicatif imparfait et du subjonctif présent. *(Que) nous bénéficiions, (que) vous bénéficiiez.*
Profiter, tirer un profit de. *Les élèves bénéficieront de son enseignement dynamique.*
☞ Attention à la construction de ce verbe : le sujet de ce verbe est une personne, une chose qui tire profit de quelque chose. Contrairement au verbe **bénéficier,** le verbe **profiter** au sens de **être utile à** peut avoir pour sujet la chose qui apporte un profit. *Ces cours profiteront aux élèves,* mais *ces élèves bénéficieront de ces cours.*

*bénéfices marginaux
Calque de l'anglais «fringe benefits» pour **avantages sociaux.**

bénéfique adj.
Qui fait du bien. *Ce repos nous sera bénéfique.*

Benelux n. m.
☞ Les *e* se prononcent *é* [benelyks].
Sigle de **Union douanière de la Belgique, des Pays-Bas et du Luxembourg.**
☞ Benelux, sans accents.

benêt adj. et n. m.
Niais.
☞ Ce mot n'a pas de forme féminine.
☞ benêt.

bénévolat n. m.
Activité assurée par une personne bénévole.
☞ bénévolat.

bénévole adj. et n. m. et f.
• **Adjectif.** À titre gracieux. *Un service bénévole.*
• **Nom masculin et féminin.** Personne qui fait quelque chose sans rémunération. *Ces bénévoles sont très dévouées.*

bénévolement adv.
De façon bénévole.

bengali adj. et n. m. et f.
☞ Les lettres *en* se prononcent *in* [bɛ̃gali].
• **Adjectif et nom masculin et féminin.** Du Bengale. *Ces femmes bengalis sont très belles. Un Bengali, une Bengali, des Bengalis.*

☞ Le mot **bengali** est invariable en genre.
☞ L'adjectif s'écrit avec une minuscule; le nom, avec une majuscule.
• **Nom masculin.** Langue parlée au Bengale. *Parlez-vous le bengali?*
☞ Le nom de la langue s'écrit avec une minuscule.

bénignement adv.
De façon bénigne.

bénignité n. f.
Caractère de ce qui est bénin.

bénin, igne adj.
Qui est sans gravité. *Une maladie bénigne.*
Ant. **malin, grave.**

béni-oui-oui n. m. inv. (pl. *béni-oui-oui*)
• De l'arabe «ben» signifiant «fils de».
• Personne qui se plie à toutes les demandes d'une autorité établie.

bénir v. tr.

• Consacrer au culte divin. *Bénir une chapelle.*
• Appeler la bénédiction divine sur. *Bénir ses enfants.*
• Louer, remercier. *Il bénit le ciel des faveurs obtenues.*
☞ 1° Ce verbe a deux participes passés : **béni, bénie** dans le sens de «glorifié» (*c'est un jour béni*) et **bénit, bénite** dans le sens de «consacré par la bénédiction du prêtre». *De l'eau bénite.*
2° Employé aux temps composés de la forme active, le participe passé est toujours **béni, bénie.** Cette forme a tendance à l'emporter dans tous les sens. *Le prêtre a béni le nouveau voilier.*

bénitier n. m.
Vase contenant de l'eau bénite.

benjamin, ine n. m. et f.
☞ Les lettres *en* se prononcent *in* [bɛ̃ʒamɛ̃, in].
Le plus jeune des enfants d'une famille.

benjoin n. m.
☞ Les lettres *en* se prononcent *in* [bɛ̃ʒwɛ̃].
Baume.

benne n. f.
Caisse servant au transport. *Un camion à benne basculante.*

benoît, oîte adj.
(Litt.) Doucereux.
☞ benoît.

benoîtement adv.
(Litt.) De façon benoîte.
☞ benoîtement.

benzène n. m.
☞ Les lettres *en* se prononcent *in* [bɛ̃zɛn].
Carbure d'hydrogène.

benzine n. f.
☞ Les lettres *en* se prononcent *in* [bɛ̃zin].
Mélange d'hydrocarbures.

benzol n. m.
� Les lettres *en* se prononcent *in* [bɛ̃zɔl].
Carburant.

béotien, ienne adj. et n. m. et f.
⟢ Le *t* se prononce *s* [beɔsjɛ̃, jɛn].
Inculte, grossier, ignorant.

béquée
V. **becquée.**

béqueter
V. **becqueter**

béquille n. f.
• Bâton sur lequel on s'appuie pour marcher. *Antoine est blessé à la cheville, il doit marcher avec des béquilles.*
• Pièce destinée à soutenir. *Ève appuie sa bicyclette sur la béquille* (et non le *stand).

ber n. m.
(Vx) Berceau.

berbère adj. et n. m. et f.
• **Adjectif et nom masculin et féminin.** Se dit de la race autochtone de l'Afrique du Nord. *Une coutume berbère. Un Berbère, une Berbère.*
◽◁— L'adjectif s'écrit avec une minuscule; le nom, avec une majuscule.
• **Nom masculin.** Langue berbère.
◽◁— Le nom de la langue s'écrit avec une minuscule.

bercail n. m. sing.
• Bergerie.
• *Ramener une brebis au bercail.* (Plaisant.) Ramener quelqu'un à sa famille, à une conduite honnête.
◽◁— Ce nom n'a pas de pluriel.
▭▷ berc**ail**

berçante n. f.
Au Canada, fauteuil ou chaise à bascule.
◽◁— On dit aussi *chaise berçante.*
Syn. **berceuse.**

berceau n. m. (pl. *berceaux*)
• Petit lit pour bercer les nouveau-nés.
• (Fig.) Lieu d'origine. *Le berceau de la civilisation.*

bercelonnette n. f.
Berceau monté sur deux pieds en forme de croissant.

bercement n. m.
Action de bercer.

bercer v. tr., pronom.
Le *c* prend une cédille devant les lettres *a* et *o*. *Il berça, nous berçons.*
• **Transitif**
Balancer un enfant dans son berceau. *Sa maman le berçait souvent.*
• **Pronominal**
- Au Canada, se balancer dans une chaise berçante. *Mes grands-parents se bercent sur le balcon.*
- (Fig.) S'illusionner.

berceuse n. f.
• Chanson destinée à endormir les enfants.
• Siège dans lequel on peut se balancer légèrement.
◽◁— Au Canada, on dit également *chaise berceuse*

ou *chaise berçante.*

béret n. m.
Coiffure ronde et plate. *Les soldats de l'ONU portent des bérets bleus.*
▭▷ bére**t.**

bergamasque n. f.
Danse de Bergame.

bergamote n. f.
Variété de poire dont on extrait une essence.
▭▷ bergamo**te.**

bergamotier n. m.
Arbre dont le fruit est la bergamote.

berge n. f.
Bord d'un cours d'eau. *De la berge, Antoine lance des cailloux dans l'eau.*

berger n. m.
bergère n. f.
Personne qui garde les moutons.

bergerie n. f.
Enclos où vivent les moutons.

béribéri n. m.
Maladie causée par une carence en vitamine B_1.

berline n. f.
Voiture à quatre portes.

berlingot n. m.
• Bonbon.
• Emballage en carton pour les liquides, surtout le lait. *Du lait en berlingot.*
▭▷ berling**ot.**

berlinois, oise adj. et n. m. et f.
De Berlin. *Un cabaret berlinois. Un Berlinois, une Berlinoise.*
◽◁— L'adjectif s'écrit avec une minuscule; le nom, avec une majuscule.

berlue n. f.
• Éblouissement.
• *Avoir la berlue,* locution. (Fig.) Avoir des visions.
▭▷ berl**ue.**

bermuda n. m.
Short s'arrêtant au genou. *Des bermudas à fleurs.*

bernacle ou **bernache** n. f.
Sorte d'oie sauvage.
◽◁— Au Canada, on dit aussi *outarde.*

bernard-l'ermite ou **bernard-l'hermite** n. m. inv.
(pl. *bernard-l'ermite, bernard-l'hermite*)
Crustacé empruntant la coquille de petits mollusques.
◽◁— L'orthographe sans *h* est la plus courante.

berne n. f.
En berne, locution. À mi-mât, en signe de deuil ou de détresse. *Mettre les drapeaux en berne.*

berner v. tr.
Duper, tromper. *Alain a été berné par ce vendeur : il a payé sa voiture beaucoup trop cher.*

béryllium n. m.
Symbole *Be* (s'écrit sans point).

besace n. f.
Sac à deux poches avec une ouverture au milieu.

bésicles ou **besicles** n. f. pl.
(Plaisant.) Lunettes.

besogne n. f.
Travail pénible.

besogner v. intr.
Les lettres *gn* sont suivies d'un *i* à la première et à la deuxième personne du pluriel de l'indicatif imparfait et du subjonctif présent. *(Que) nous besognions, (que) vous besogniez.*
(Péj.) Effectuer un travail pénible et mal rétribué.

besogneux, euse adj. et n. m. et f.
Qui accomplit lentement et avec difficulté un travail.

besoin n. m.
• Manque de ce qui est nécessaire, indispensable. *Le besoin de boire, de manger. Un besoin d'air.*
• *Au besoin,* locution adverbiale. S'il le faut.
• *Être dans le besoin.* Manquer d'argent. *Ces réfugiés sont dans le besoin.*
• *Avoir besoin de, que.* Ressentir la nécessité de. *Elle a besoin de ses livres. J'ai besoin de le savoir ici. Il a besoin que tu viennes.*
🖝 La locution verbale se construit avec la préposition *de* suivie d'un nom ou d'un infinitif ou avec la conjonction *que* suivie du subjonctif.
🖝 L'expression *être besoin de* est littéraire. *Est-il besoin de vous le rappeler?*

besson, onne n. m. et f.
👄 Le *e* se prononce *é* [besɔ̃, ɔn].
(Vx) Jumeau, jumelle.

bestiaire n. m.
Recueil de fables sur les animaux.

bestial, ale, aux adj.
Qui a la cruauté des bêtes féroces. *Des appétits bestiaux.*
🖝 Ne pas confondre avec les mots suivants :
- *cruel,* qui se plaît à faire souffrir;
- *féroce,* qui est sauvage et cruel par nature;
- *inhumain,* qui est étranger à tout sentiment de pitié.

bestialement adv.
D'une manière bestiale.

bestialité n. f.
Caractère d'une personne bestiale.

bestiaux n. m. pl.
Gros bétail (bœufs, vaches).
🖝 bestiaux.

bestiole n. f.
Petite bête.
🖝 bestiole.

best-seller n. m. (pl. *best-sellers*)
Livre qui a beaucoup de succès; succès de librairie.

bêta adj. inv. et n. m. inv.
Lettre grecque. *Des bêta. Des rayons bêta.*
🖝 bêta.

bêta, asse adj. et n. m. et f.
(Fam.) Bête. *Ils sont plutôt bêtas.*
🖝 bêta.

bétail n. m.
Ensemble de bêtes d'élevage (cheval, bœuf, vache, chèvre, mouton, porc).
🖝 Ce nom n'a pas de pluriel.

bête adj. et n. f.
• **Adjectif**
- Stupide. *Ce qu'elle est bête; elle n'a pas songé à me prévenir!*
- Au Canada, peu aimable, sec. *Il est bête comme ses pieds.*
• **Nom féminin**
- Tout être animé qui se meut, autre que l'homme. *Une bête féroce.*
- (Fig.) Personne ignorante. *Faire la bête.*
- *Bête à bon Dieu.* Nom familier de la *coccinelle.*
🖝 bête.

bêtement adv.
• De manière bête.
• *Tout bêtement.* Tout simplement.
🖝 bêtement.

bêtifier v. intr.
Redoublement du *i* à la première et à la deuxième personne du pluriel de l'indicatif imparfait et du subjonctif présent. *(Que) nous bêtifiions, (que) vous bêtifiiez.*
(Fam.) Parler d'une manière puérile.
🖝 bêtifier.

bêtise n. f.
👄 Le *ê* se prononce *é* [betiz].
• Manque d'intelligence, de jugement. *La bêtise de cette personne est décevante.*
• Acte ou propos bête. *Il dit des bêtises, ne fais pas attention.*
• Au Canada, insulte, injure. *Elle m'a dit des bêtises.*
🖝 bêtise.

béton n. m.
Matériau de construction composé d'un mortier de sable, de gravier. *Ces fondations sont en béton armé.*
🖝 béton.

bétonnage n. m.
Ouvrage de béton.
🖝 bétonnage.

bétonner v. tr.
Construire avec du béton.
🖝 bétonner.

*bétonneuse
Impropriété pour *bétonnière.*

bétonnière n. f.
Machine servant à préparer le béton. *Il conduit une bétonnière (et non une *bétonneuse).*
🖝 bétonnière.

bette ou **blette** n. f.
Plante de la famille de la betterave dont on mange les feuilles.
🖝 On appelle faussement *bette* au Canada ce qui

est la *betterave.*

betterave n. f.
Plante à racine charnue. *Une salade de betteraves, mais du sucre de betterave.*

beuglement n. m.
Cri des bovins.

beugler v. intr.
Pousser des beuglements. *Le taureau beugle.*

beurre n. m.
• Substance alimentaire extraite du lait. *Du pain et du beurre.*
• *Œil au beurre noir.* (Fam.) Œil poché.
• *Passer dans le beurre.* (Fig.) Au Canada, rater son but, manquer son coup.
• *Tourner dans le beurre.* (Fig.) Au Canada, tourner à vide.

*beurre de peanuts, de pinottes
Calque de «peanut butter» pour *beurre d'arachide.*

beurrée n. f.
Au Canada, tartine de beurre ou d'une autre substance. *Une beurrée de confiture.*

beurrer v. tr.
• Couvrir de beurre.
• Au Canada, recouvrir de quelque chose une tranche de pain.

beurrerie n. f.
Fabrique de beurre.

beurrier n. m.
Récipient où l'on dépose le beurre.

beuverie n. f.
(Péj.) Fête où l'on boit beaucoup.

bévue n. f.
Erreur commise par manque de réflexion. *Elle a commis une bévue et la maîtresse lui a donné une retenue.*

bey n. m.
Gouverneur d'une province turque.
Hom. :
- *bai,* d'un brun-roux;
- *baie,* petit golfe, petit fruit charnu;
- *bée,* ouverte.

BFD
Sigle de *Banque fédérale de développement.*

Bi
Symbole chimique de *bismuth.*

bi(s)- préf.
Les mots composés avec le préfixe *bi-* qui signifie «deux fois» s'écrivent sans trait d'union. *Une personne bilingue. Un avion bimoteur. Une réunion bihebdomadaire.*
☞ Devant une voyelle, le préfixe *bi-* prend un *s.* *Un bisaïeul.* Attention à l'accord de l'adjectif qui reste singulier si le nom qu'il qualifie est singulier. *Un avion biplace.*
V. Tableau - **PÉRIODICITÉ ET DURÉE.**

biafrais, aise adj. et n. m. et f.
Du Biafra. *Le drapeau biafrais. Un Biafrais, une Biafraise.*

☞ L'adjectif s'écrit avec une minuscule; le nom, avec une majuscule.

biais n. m.
• Ligne oblique. *Elle a taillé la flèche en biais.*
• Moyen détourné. *Antoine a trouvé un biais pour ne pas faire son devoir.*
• *De biais,* locution adverbiale. Obliquement.

*biais
Anglicisme au sens de *préjugé.*

biaiser v. intr.
• Obliquer.
• (Fam.) Tergiverser, user de moyens détournés.

bibelot n. m.
Petit objet décoratif, généralement de peu de valeur.
☞ bibelot.

biberon n. m.
☞ Le *e* est muet [bibrɔ̃].
Petite bouteille munie d'une tétine servant à l'allaitement des nouveau-nés. *Le bébé boit son biberon (et non sa *bouteille).*
☞ biberon.

bibi n. m.
(Fam.) Petit chapeau.

bibl.
Abréviation de *bibliothèque.*

bible n. f.
• Recueil de livres sacrés (Ancien et Nouveau Testament). *Étudier la Bible.*
☞ Quand il désigne les Saintes Écritures, le nom *bible* prend une majuscule.
• Ouvrage fondamental. *Ce traité est la bible des architectes.*
• *Papier bible.* Papier très fin.

biblio- préf.
Élément du grec signifiant «livre». *Bibliothèque.*

bibliobus n. m.
Véhicule qui tient lieu de bibliothèque.

bibliogr.
Abréviation de *bibliographie.*

bibliographe n. m. et f.
Auteur de bibliographies.

bibliographie n. f.
• Liste des ouvrages cités dans un texte.
• Ensemble des écrits relatifs à un sujet donné.
☞ Ne pas confondre avec le nom *biographie,* histoire de la vie d'un individu.
V. Tableau - **RÉFÉRENCES BIBLIOGRAPHIQUES.**

bibliographique adj.
Relatif à la bibliographie. *Une recherche bibliographique.*

bibliomanie n. f.
Passion des livres.

bibliophile n. m. et f.
Personne qui aime les livres rares, les belles éditions.

bibliothécaire n. m. et f.
Personne préposée à une bibliothèque. *La bibliothé-caire classe les livres.*
⇨ bibliothé**caire**.

bibliothéconomie n. f.
Science du classement et de la gestion des biblio-thèques.

bibliothèque n. f.
• Abréviation *bibl.* (s'écrit avec un point).
• Collection de livres classés dans un certain ordre.
• Édifice où sont conservées des collections de livres offerts à la consultation des abonnés. *La Bibliothèque nationale.*
☞ Ne pas confondre avec le nom *librairie,* maga-sin où l'on vend des livres.
• Meuble comportant des livres. *Étienne s'est construit une bibliothèque.*

biblique adj.
Relatif à la Bible.

bicarbonate n. m.
Du bicarbonate de sodium.
☞ La forme «bicarbonate de soude» est vieillie.

bicentenaire adj. et n. m.
• **Adjectif.** Qui a deux cents ans.
• **Nom masculin.** Deux centième anniversaire d'un évè-nement important.
☞ Dans un style soigné, on écrira plutôt *deuxième centenaire.*
V. Tableau - **PÉRIODICITÉ ET DURÉE.**

bicéphale adj.
Qui a deux têtes. *Un monstre bicéphale.*

biceps n. m.
👄 Les lettres *ps* se prononcent [bisɛps].
Muscle du bras. *Avoir de beaux biceps.*
⇨ bice**ps**.

biche n. f.
Femelle du cerf.

bichette n. f.
Petite biche.

bichonner v. tr., pronom.
• **Transitif.** (Fam.) Pomponner, entourer de bons soins. *Alain bichonne le chaton.*
• **Pronominal.** (Fam.) Faire sa toilette avec minutie. *Elles se sont bichonnées.*
⇨ bichon**ner**.

bicolore adj.
Qui a deux couleurs. *Un drapeau bicolore.*

bicoque n. f.
(Péj. et fam.) Maison sans valeur.

bicorne adj. et n. m.
• **Adjectif.** Qui a deux cornes. *Une bête bicorne.*
• **Nom masculin.** Couvre-chef. *Un bicorne d'académi-cien.*

biculturalisme n. m.
Coexistence de deux cultures nationales au sein d'un même pays. *Le biculturalisme canadien.*

biculturel, elle adj.
Qui comprend deux cultures.

*bicycle
Au sens de *bicyclette,* l'emploi de ce nom est inexact. Le *bicycle* était anciennement un véhicule à deux roues inégales.

bicyclette n. f.
Appareil de locomotion composé de deux roues dont l'une est motrice, et qui permet à une personne de se déplacer. *Elle adore aller à bicyclette, faire de la bicy-clette.*
⇨ bicy**clette**.

bidet n. m.
Appareil sanitaire servant aux ablutions intimes.
⇨ bidet.

bidimensionnel, elle adj.
Qui a deux dimensions.

bidirectionnel, elle adj.
Qui va dans deux directions.

bidon adj. inv. et n. m.
• **Adjectif invariable.** (Fam.) Faux. *Des manifestations bidon.*
• **Nom masculin.** Récipient métallique. *Des bidons d'essence.*

bidonner (se) v. pronom.
(Fam.) Rire. *Elles se sont bidonnées toute la soirée.*

bidonville n. m.
Baraquement. *Des bidonvilles insalubres.*

bidule n. m.
(Fam.) Petit objet.

bielle n. f.
Pièce qui, dans une machine, sert à transmettre le mouvement d'une pièce à une autre.
⇨ bie**lle**.

bien adj. inv. et adv.

• **Adjectif invariable**
- Satisfaisant. *Vous avez réussi, c'est bien.*
- Honorable. *Ce sont des filles bien.*
- De bonne qualité. *Cette musique est bien.*
• **Adverbe**
- **Adverbe de manière.** D'une manière satisfai-sante, convenable, agréable. *Ses devoirs sont bien faits. Elle conduit bien. Il chante bien.*
- **Adverbe de quantité.** Beaucoup, pleinement. *Le malade est bien souffrant. Il est bien entendu que...*
- **Superlatif absolu.** Parfaitement. *Il est bien habillé.*
• **Locutions**
- *Bel et bien,* locution adverbiale. Réellement. *Elle est bel et bien partie.*
- *Bien entendu, bien sûr,* locutions adverbiales. Assurément.
- *Bien que,* locution conjonctive. Malgré que.
☞ Cette locution est suivie du subjonctif. *Bien qu'il y ait une grève des transports en commun, les cours ont lieu.*
- *Bien! Très bien!,* interjection. Cette interjection et

cette locution exclamative marquent l'approbation.
- **Eh bien?**, locution interjective. Cette locution exprime l'attente, la surprise.

bien n. m.
• Ce qui est louable, juste, conforme à un idéal. *Faire le bien.*
• Avantage, bénéfice. *Grand bien vous fasse!*
• Ce qu'on possède. *Ils ont des biens.*
• (Écon.) Chose créée par le travail en vue de satisfaire un besoin de la société. *Les biens et les services.*

bien-
Les mots composés avec **bien-** s'écrivent avec un trait d'union. Si le mot **bien-** est employé comme nom, il prend la marque du pluriel. *Des biens-fonds.* Dans les autres cas, seul le deuxième élément prend la marque du pluriel, sauf s'il s'agit des verbes **dire, être.**

bien-aimé, ée adj. et n. m. et f. (pl. *bien-aimés*)
Tendrement aimé. *Ma mère bien-aimée.*

*bien à vous
Calque de l'anglais «yours truly» comme formule de salutation.
V. Tableau - **CORRESPONDANCE.**

bien-dire n. m. inv. (pl. *bien-dire*)
(Litt.) Art de l'éloquence.

bien-être n. m. inv. (pl. *bien-être*)
• Ce qui contribue à rendre l'existence agréable.
• Aisance financière.

*bien-être social
Anglicisme au sens de **assistance sociale.**

bienfaisance n. f.
⟳ Les lettres **ai** se prononcent **e** [bjɛ̃fəzɑ̃s].
Œuvres de bienfaisance. Œuvres dont l'objet est de faire le bien.

bienfaisant, ante adj.
⟳ Les lettres **ai** se prononcent **e** [bjɛ̃fəzɑ̃, ɑ̃t].
Qui fait du bien, qui est salutaire. *Une averse bienfaisante.*

bienfait n. m.
• Bonne action, acte de générosité.
• Avantage. *Les bienfaits de l'électricité.*

bienfaiteur, trice n. m. et f.
Personne qui fait du bien, qui rend des services. *Un généreux bienfaiteur.*

bien-fondé n. m. (pl. *bien-fondés*)
Conformité au droit, à la raison. *Le bien-fondé d'une réclamation.*

bien-fonds n. m. (pl. *biens-fonds*)
(Dr.) Biens immobiliers.
☞ Dans ce nom composé, l'élément **bien-** prend la marque du pluriel parce qu'il s'agit d'un nom.

bienheureux, euse adj. et n. m. et f.
• Très heureux.
• Qui a été béatifié.

biennal, ale, aux adj.
• Qui dure deux ans.

• Qui a lieu tous les deux ans. Syn. **bisannuel.**
V. Tableau - **PÉRIODICITÉ ET DURÉE.**

biennale n. f.
Manifestation qui a lieu tous les deux ans.

bien-pensant, ante adj. et n. m. et f. (pl. *bien-pensants*)
(Péj.) Conservateur.

bien-portant, ante adj. et n. m. et f. (pl. *bien-portants*)
En bonne santé. *Ils sont bien-portants.*

bien que loc. conj.
Quoique. *Bien qu'il soit fatigué, il viendra.*
☞ La locution conjonctive est suivie d'un verbe au subjonctif.

bienséance n. f.
(Litt.) Savoir-vivre.

bienséant, ante adj.
Conforme à la bienséance.

bientôt adv.
Sous peu. *À bientôt.*
☞ Ne pas confondre avec les mots **bien tôt** au sens de **très tôt.**

bienveillance n. f.
Disposition favorable envers quelqu'un.

bienveillant, ante adj.
Qui montre de la bienveillance. *Des personnes bienveillantes.*

bienvenu, ue adj. et n. m. et f.
Que l'on accueille avec plaisir. *Des cadeaux bienvenus. Soyez la bienvenue chez nous.*

bienvenue n. f.
Accueil. *Je vous souhaite la bienvenue!*

*bienvenue
Calque de l'anglais «you are welcome» au sens de **je vous en prie** ou **il n'y a pas de quoi.**

bière n. f.
• Boisson fermentée préparée avec de l'orge et du houblon.
• Cercueil.
• **Ce n'est pas de la petite bière.** (Fam.) Ce n'est pas une chose sans importance.
• **Bière à la pression, bière pression.**

biffage n. m.
Action de biffer.

biffer v. tr.
Rayer (ce qui est écrit). *Biffer un mot.*

biffure n. f.
Trait par lequel on biffe.

bifide adj.
Qui est fendu en deux parties.

bifocal, ale, aux adj.
Qui a deux foyers. *Des lunettes bifocales.*

bifteck n. m.
⟳ Attention à la prononciation [biftɛk].

Tranche de bœuf à griller. *Des biftecks bien tendres.*

bifurcation n. f.
Embranchement à deux voies. *Tournez à droite à la bifurcation.*
⇨ bifurcation.

bifurquer v. tr. ind., intr.
• **Transitif indirect**
(Fig.) Changer de direction. *Puis, la conversation a bifurqué sur un autre sujet.*
• **Intransitif**
- Se diviser en deux branches à la façon d'une fourche. *Le chemin bifurque à cet endroit.*
- Abandonner la voie principale. *Le cortège bifurqua et prit le petit chemin de campagne.*
⇨ bifur**qu**er.

bigame adj. et n. m. et f.
Qui est marié à deux personnes, en même temps.

bigamie n. f.
État d'une personne bigame.

bigarade n. f.
Orange amère.

bigaradier n. m.
Arbre dont le fruit est la bigarade.

bigarré, ée adj.
• De couleurs variées.
• (Litt.) Disparate. *Une assemblée bigarrée.*

bigarreau n. m. (pl. *bigarreaux*)
• Cerise rouge et blanche dont la chair ferme est très sucrée.
• Au Canada, se dit aussi **cerise de France**.

bigarrer v. tr.
Barioler.

bigarrure n. f.
Assemblage de couleurs variées.

bigorneau n. m. (pl. *bigorneaux*)
Petit coquillage de mer comestible.

bigot, ote adj. et n. m. et f.
D'une dévotion pointilleuse.
⇨ bigot, bigote.

bigoterie n. f.
Pratique bornée de la dévotion.
⇨ bigoterie.

bigouden n. m. et f.
◇ Les lettres *en* se prononcent *in* au masculin [biɡudɛ̃] et *enne* au féminin [biɡudɛn].
• **Nom masculin.** Coiffure bretonne.
• **Nom féminin.** Femme portant un bigouden.
⌑— Ce mot breton, bien qu'ayant une graphie unique, se prononce différemment au masculin et au féminin.

bigoudi n. m.
Petit rouleau flexible qui sert à friser les cheveux. *Des bigoudis chauffants.*

bigre! interj.
Interjection familière marquant l'étonnement.

bigrement adv.
(Fam.) Très.

biguine n. f.
Danse des Antilles.

bihebdomadaire adj.
Qui a lieu, qui paraît deux fois par semaine. *Un journal bihebdomadaire.*
V. Tableau - **PÉRIODICITÉ ET DURÉE.**

bijou n. m. (pl. *bijoux*)
Objet de parure. *Des bijoux de fantaisie.*

bijouterie n. f.
• Fabrication des bijoux.
• Commerce des bijoux.

bijoutier n. m.
bijoutière n. f.
Personne qui vend des bijoux.

bikini n. m.
Maillot de bain en deux pièces réduites à l'extrême. *Des bikinis colorés.*

bilan n. m.
• État succinct de la situation financière d'une entreprise, d'une personne, présentant ce qu'elle possède et ce qu'elle doit à une date définie.
• (Fig.) Somme, résultat. *Le bilan de l'accident s'élève à une vingtaine de blessés.*
⌑— L'emploi au sens figuré est critiqué par certains auteurs, mais il est très usité.
• *Bilan de santé.* Examen médical comportant une série variable d'examens cliniques ou complémentaires (biologiques, radiologiques, etc.), pratiqué systématiquement, occasionnellement ou à intervalles réguliers, afin d'apprécier l'état des organes et leur fonctionnement. (Recomm. off. OLF) *Papa aurait besoin d'un bilan de santé* (et non d'un **check-up*).

bilatéral, ale, aux adj.
• Qui a deux côtés.
• Qui engage les deux parties contractantes. *Des accords bilatéraux.*

bilatéralement adv.
De façon bilatérale.

bilboquet n. m.
Jouet composé d'une boule attachée par une cordelette à un bâtonnet pointu.
⇨ bilboquet.

bile n. f.
Liquide amer sécrété par le foie.
⇨ bile.

biliaire adj.
Relatif à la bile. *La vésicule biliaire.*
⇨ biliaire.

bilieux, ieuse adj.
Sujet à la colère. *Un tempérament bilieux.*
⇨ bilieux.

bilingue adj. et n. m. et f.
• **Adjectif**
- Qui est en deux langues. *Une affiche bilingue.*
- Où l'on parle deux langues. *Un pays bilingue.*

• **Adjectif et nom masculin et féminin**
Qui parle deux langues. *Un candidat bilingue. Un bilingue.*

bilinguisme n. m.
👄 Le *u* se prononce *u* (et non *ou*) [bilɛ̃gɥism].
Qualité d'une personne bilingue.

***bill**
Anglicisme au sens de ***projet de loi***. *Le projet de loi (et non le *bill) a été présenté ce matin aux députés québécois.*
🖝 En français, le mot **bill** désigne exclusivement un projet de loi présenté en Grande-Bretagne.

billard n. m.
Jeu de billes pratiqué sur une table spéciale.
🖝 billar**d**.

bille n. f.
• Petite boule. *Jouer aux billes. Un jeu de billes. Un stylo à bille.*
• Tronçon de bois destiné à être équarri. *Une bille d'érable.*

billet n. m.
• Papier attestant un paiement, un droit. *Un billet de loterie.*
• Lettre très concise.
🖝 Ne pas confondre avec les noms suivants :
- *circulaire,* lettre d'information adressée à plusieurs destinataires;
- *communiqué,* avis transmis au public;
- *courrier,* ensemble des lettres, des imprimés, etc. acheminé par la poste;
- *dépêche,* missive officielle, message transmis par voie rapide;
- *lettre,* écrit transmis à un destinataire;
- *note,* brève communication écrite, de nature administrative.

billet de banque n. m.
Billet émis par une banque d'État payable à vue et au porteur. *Des billets de banque.*

***billet de saison**
Calque de l'anglais «season ticket» pour ***abonnement***.

billetterie n. f.
• Ensemble des activités relatives à l'émission de billets (de spectacles, de transport, etc.).
• Distributeur automatique de billets de banque.

billevesée n. f.
(Litt.) Parole insensée.
🖝 billevesé**e**.

billion n. m.
Un million de millions ou un millier de milliards (10^{12}). *Trois billions.*
🖝 Ne pas confondre avec le mot américain «billion» employé aux États-Unis et au Canada dont l'équivalent français est aujourd'hui, ***milliard***.
🖝 Par contre, le mot anglais (Grande-Bretagne) «billion» correspond au mot français ***billion***.

billot n. m.
• Gros tronçon de bois aplani sur lequel on coupe la viande, le bois, etc.

• Au Canada, bille de bois, grume. *Les draveurs récupèrent les billots qui s'échappent.*
🖝 billot.

bimbeloterie n. f.
👄 Les *e* sont muets [bɛ̃blɔtri].
Industrie du bibelot.

bimbelotier n. m.
bimbelotière n. f.
👄 Le *e* de la deuxième syllabe est muet [bɛ̃blɔtje, bɛ̃blɔtjɛr].
Personne qui fabrique ou vend des bibelots.

bimensuel, elle adj.
Qui a lieu, qui paraît deux fois par mois. *Une revue bimensuelle.*
🖝 Ne pas confondre avec l'adjectif **bimestriel,** qui a lieu tous les deux mois.
V. Tableau - **PÉRIODICITÉ ET DURÉE.**

bimestriel, elle adj.
Qui a lieu, qui paraît tous les deux mois. *Une étude bimestrielle.*
🖝 Ne pas confondre avec l'adjectif **bimensuel,** qui a lieu deux fois par mois.
V. Tableau - **PÉRIODICITÉ ET DURÉE.**

bimétallique adj.
Qui contient deux métaux.

bimétallisme n. m.
Système monétaire où l'or et l'argent servent d'étalon.

bimillénaire adj. et n. m.
• **Adjectif.** Qui a deux mille ans.
• **Nom masculin.** Deux millième anniversaire.

bimoteur adj. et n. m.
Qui a deux moteurs. *Cette société a acheté un bimoteur.*

binage n. m.
Ameublement du sol avec une binette.

binaire adj.
Composé de deux éléments. *Un chiffre binaire.*

biner v. tr.
Ameublir la surface du sol.

binette n. f.
• Outil de jardinage.
• (Pop.) Visage.

bingo n. m.
Jeu de hasard d'origine américaine. *Des bingos populaires.*

biniou n. m. (pl. *binious*)
Cornemuse bretonne.

binocle n. m.
(Vx) Lorgnon. *Porter un binocle* (pour les deux yeux), parfois *des binocles.*
Syn. **pince-nez.**

binoculaire adj.
• Relatif aux deux yeux.
• Qui comporte deux oculaires. *Un microscope binoculaire.*

binôme n. m.
Expression algébrique composée de deux termes unis par les signes + ou -.
☞ bin**ô**me.

binomial, ale, aux adj.
Relatif au binôme. *Loi binomiale.*
☞ bin**o**mial, sans accent.

bio- préf.
• Élément du grec signifiant «vie».
• Les mots composés avec le préfixe *bio-* s'écrivent sans trait d'union, à l'exception de ceux dont le deuxième élément commence par un *i. Biologie, bio-industrie.*

biochimie n. f.
Partie de la chimie qui s'intéresse aux constituants de la matière vivante.

biochimique adj.
Relatif à la biochimie.

biochimiste n. m. et f.
Spécialiste de la biochimie.

biodégradable adj.
Susceptible d'être décomposé par des organismes vivants. *Ces détergents créent de la pollution : ils ne sont pas biodégradables.*

biodégradation n. f.
Décomposition de certaines substances par des organismes vivants.

bioénergétique adj.
Relatif à la bioénergie.

bioénergie n. f.
Énergie obtenue par transformation chimique de la biomasse.

biogenèse n. f.
Génération des êtres vivants par des parents vivants.
☞ biogen**è**se.

biogéographe n. m. et f.
Spécialiste de la biogéographie.

biogéographie n. f.
Science qui étudie la géographie de la faune et de la flore.

biogéographique adj.
Relatif à la biogéographie.

biographe n. m. et f.
Auteur de biographies.

biographie n. f.
Histoire de la vie d'un individu.
☞ Ne pas confondre avec le nom *bibliographie,* liste d'ouvrages.

biographique adj.
Relatif à la biographie.

bio-industrie n. f.
Utilisation industrielle de la biotechnologie.

biologie n. f.
Science des êtres vivants.

biologique adj.
Relatif à la biologie.

biologiste n. m. et f.
Spécialiste de la biologie.

biomasse n. f.
Masse de matière vivante, animale ou végétale, présente sur la Terre.

biomédical, ale, aux adj.
Qui appartient à la biologie et à la médecine. *Le génie biomédical.*

bionique n. f.
Science des applications électroniques de la biologie.

biophysicien n. m.
biophysicienne n. f.
Spécialiste de la biophysique.

biophysique n. f.
Étude de la biologie au moyen de la physique.

biopsie n. f.
Prélèvement d'un tissu en vue de l'étudier au microscope.

biorythme n. m.
Rythme biologique d'une personne.
☞ biory**th**me.

biosphère n. f.
Espace du globe terrestre habité par des êtres vivants.

biosynthèse n. f.
Formation d'une substance organique dans un être vivant.
☞ biosyn**th**èse.

biotechnologie n. f.
Technique qui se fonde sur l'action des micro-organismes pour produire des réactions chimiques.
☞ biote**ch**nologie.

biotique adj.
Relatif aux êtres vivants.

biparti, ie ou **bipartite** adj.
• Divisé en deux parties. *Des comités bipartis* ou *bipartites.*
• Composé de deux partis politiques. *Une convention bipartie* ou *bipartite.*

bipartisme n. m.
Forme de gouvernement où s'associent deux partis.

bipartition n. f.
Division en deux parties.

bipède adj. et n. m.
Qui a deux pieds. *Les humains sont bipèdes, les chevaux, quadrupèdes.*
☞ bip**è**de.

biplace adj. et n. m.
Qui a deux places. *Un avion biplace. Un biplace.*

bipolaire adj.
Qui a deux pôles.

bipolarisation n. f.
Situation dans laquelle la vie politique d'une nation

s'articule en fonction de deux blocs.

bipolarité n. f.
État de ce qui est bipolaire.

bique n. f.
(Fam.) Chèvre.

biquet, ette n. m. et f.
(Fam.) Petit de la bique; chevreau.

biquotidien, ienne adj.
Qui a lieu, qui se fait deux fois par jour.
V. Tableau - **PÉRIODICITÉ ET DURÉE.**

BIRD
Sigle de *Banque internationale pour la reconstruction et le développement.*

biréacteur adj. et n. m.
• **Adjectif.** Qui a deux réacteurs.
• **Nom masculin.** Avion qui comporte deux réacteurs.

birman, ane adj. et n. m. et f.
De Birmanie. *Le drapeau birman. Un Birman, une Birmane.*
☞ L'adjectif s'écrit avec une minuscule; le nom, avec une majuscule.

birr n. m.
Unité monétaire de l'Éthiopie. *Des birrs.*
V. Tableau - **SYMBOLES DES UNITÉS MONÉTAIRES.**

bis, bise adj.
☞ Le *s* de l'adjectif masculin ne se prononce pas [bi, biz].
• Gris-brun. *Une étoffe bise.*
V. Tableau - **COULEUR (ADJECTIFS DE).**
• *Pain bis.* Pain qui contient du son. *Un pain bis* (et non *brun).

bis adv. et interj.
☞ Le *s* se prononce [bis].
• D'origine latine signifiant «deux fois».
• **Interjection.** L'interjection s'emploie pour demander (à un chanteur, un musicien, etc.) de recommencer.
• **Adverbe.** L'adverbe indique la répétition du numéro. *14 bis, rue des Lilas.*
☞ Pour une troisième répétition, on aura recours à l'adverbe *ter.*

bisaïeul, eule n. m. et f. (pl. *bisaïeuls, bisaïeules*)
Arrière-grand-père, arrière-grand-mère.
☞ bisaïeul.
V. **aïeul.**

bisannuel, elle adj.
• Qui a lieu tous les deux ans.
Syn. **bisannuel.**
• Qui dure deux ans.
☞ Ne pas confondre avec *semestriel,* qui a lieu deux fois par année.
V. Tableau - **PÉRIODICITÉ ET DURÉE.**

bisbille n. f.
(Fam.) Petite querelle.

biscornu, ue adj.
• Qui est de forme irrégulière. *Une maison biscornue.*
• (Fam.) Bizarre. *Des propositions biscornues.*

biscotte n. f.
Tranche de pain séchée au four. *Des biscottes au fromage.*

biscuit n. m.
• Petit gâteau sec. *Des biscuits au chocolat.*
• Porcelaine blanche.

biscuiterie n. f.
Fabrique de biscuits.

bise n. f.
• Vent du Nord.
• (Fam.) Baiser. *Belles bises de tante Lucille.*

biseau n. m. (pl. *biseaux*)
• Bord coupé en biais.
• *En biseau.* Obliquement. *Une vitre taillée en biseau.*

biseautage n. m.
Action de biseauter.

biseauter v. tr.
Tailler en biseau.

bisexualité n. f.
• Caractère des plantes, des animaux bisexués.
• Pratique de la personne à la fois hétérosexuelle et homosexuelle.

bisexué, ée adj.
Qui possède les deux sexes.

bisexuel, elle adj. et n. m. et f.
• Qui concerne les deux sexes.
• Personne à la fois hétérosexuelle et homosexuelle.

bismuth n. m.
• Symbole *Bi* (s'écrit sans point).
• Métal blanc-gris se réduisant facilement en poudre.
☞ Ce nom n'a pas de pluriel.

bison n. m.
Bœuf sauvage d'Amérique du Nord et d'Europe.

bisou ou **bizou** n. m.
(Fam.) Baiser. *Des bisous affectueux.*

bisque n. f.
Potage de coulis d'écrevisse, de homard, etc.

bisser v. tr.
Répéter ou faire répéter.

bissextile adj. f.
Se dit de l'année qui revient tous les quatre ans et dont le mois de février a 29 jours.
☞ bissextile.

bistouri n. m.
Instrument de chirurgie en forme de couteau. *Des bistouris électriques.*

bistre adj. et n. m.
• **Adjectif de couleur invariable.** Brun jaunâtre. *Des paupières bistre.*
V. Tableau - **COULEUR (ADJECTIFS DE).**
• **Nom masculin.** Couleur brun jaunâtre. *Des bistres en dégradé.*

bistrer v. tr.
Donner une teinte bistre à (quelque chose).

bistrot ou **bistro** n. m.
(Fam.) Café.
☞ L'orthographe **bistrot** est la plus fréquente.

bit n. m.
👄 Le **t** se prononce [bit].
• Symbole **b** (s'écrit sans point).
• (Inform.) Unité élémentaire d'information pouvant prendre deux valeurs distinctes, généralement 0 et 1.
☞ Le mot **bit** est la forme contractée du terme anglais «binary digit»; un ensemble de huit bits s'appelle un **octet**, plusieurs bits composent un **multiplet** (en anglais «byte»).
☞ Attention au genre masculin de ce nom : **un** bit.

BIT
Sigle de **Bureau international du travail.**

bitte n. f.
• (Mar.) Attache d'amarre.
• (Vulg.) Pénis. En ce sens, le mot s'orthographie aussi **bite.**

bitumage n. m.
Action de bitumer.

bitume n. m.
Asphalte qui sert de revêtement (chaussée, trottoir, etc.)

bitumer v. tr.
Recouvrir d'une couche de bitume.

bitumineux, euse adj.
Qui contient du bitume. *Des schistes bitumineux.*

bivouac n. m.
• Campement en plein air.
• Lieu de ce campement. *Des bivouacs.*
☞ bivoua**c.**

bivouaquer v. intr.
Camper en plein air.
☞ bivoua**qu**er.

bizarre adj.
Étonnant, singulier. *Des goûts bizarres.*
☞ Ne pas confondre avec les mots suivants :
- **extraordinaire,** exceptionnel;
- **inconcevable,** inimaginable;
- **incroyable,** difficile à croire;
- **inusité,** inhabituel;
- **invraisemblable,** qui ne semble pas vrai.
Ant. **normal.**
☞ bizar**r**e.

bizarrement adv.
De façon bizarre.
☞ bizar**r**ement.

bizarrerie n. f.
• Caractère de ce qui est bizarre.
• Chose surprenante.
☞ bizar**r**erie.

bla-bla ou **bla-bla-bla** n. m. inv.
(Fam.) Verbiage. *Ce ne sont que des bla-bla.*
☞ Ce nom peut également s'écrire en un seul mot sans traits d'union. *Des blablabla, des blabla.*

blafard, arde adj.
Livide. *Un visage blafard.*

blague n. f.
• Petite poche pour le tabac.
• (Fam.) Plaisanterie. *Les élèves ont fait une bonne blague à la maîtresse.*

blaguer v. tr., intr.
Ce verbe s'écrit toujours avec un *u,* même devant les lettres *a* et *o. Il blagua, nous blaguons.*
• **Transitif.** Railler gentiment. *Elle l'a blagué sur sa nouvelle voiture.*
• **Intransitif.** Faire des blagues. *Il ne cesse de blaguer.*

blagueur, euse adj. et n. m. et f.
Personne qui aime blaguer.

blaireau n. m. (pl. *blaireaux*)
• Mammifère carnivore. *Le blaireau d'Amérique est plus petit que son cousin de l'Ancien Monde.*
• Pinceau fait avec les poils de cet animal. *Papa se savonne avec un blaireau avant de se raser.*

blairer v. tr.
(Pop.) Apprécier quelqu'un (toujours utilisé négativement). *Elle ne peut pas le blairer.*

blâmable adj.
Qui mérite le blâme.
☞ blâmable.

blâme n. m.
• Jugement défavorable sur quelqu'un ou quelque chose.
• Réprimande.
☞ blâme.

blâmer v. tr.
Désapprouver quelqu'un ou quelque chose. *Il a blâmé les directeurs de l'entreprise pour leur négligence.*
☞ blâmer.

blanc, blanche adj. et n. m. et f.
• **Adjectif de couleur variable.** Qui est de la couleur de la neige. *Des robes blanches.*
☞ L'adjectif de couleur composé est invariable. *Des manteaux blanc cassé.*
V. Tableau - **COULEUR (ADJECTIFS DE).**
• **Nom masculin.** La couleur blanche. *Des blancs très purs.*
• **Nom féminin.** (Mus.) Note qui vaut deux noires.
• **Nom masculin et féminin.** Personne de race blanche. En ce sens, ce nom prend la majuscule. *Les Blancs sont en moins grand nombre que les Noirs.*
• **Nom masculin.** Espace vierge sur une feuille de papier. *L'étudiant a laissé deux blancs sur sa copie.*

blanc-bec n. m. (pl. *blancs-becs*)
(Fam.) Jeune homme inexpérimenté. *Des blancs-becs arrogants.*

*****blanc de chèque**
Calque de l'anglais «blank check» au sens de **formule de chèque.**
☞ Ne pas confondre avec l'expression **chèque en blanc** qui désigne un chèque signé dont le montant n'est pas inscrit.

*****blanc de mémoire**
Anglicisme pour **trou de mémoire.**

blanchâtre adj.
Teinte qui s'approche du blanc.
⬅️ blanchâtre.
V. Tableau - **COULEUR (ADJECTIFS DE).**

blancheur n. f.
Caractère de ce qui est blanc.

blanchiment n. m.
• Action de rendre blanche une chose. *Le blanchiment du papier se fait à l'aide de produits chimiques qui polluent beaucoup.*
• (Fig.) Action de faire disparaître la preuve d'une origine frauduleuse. *Le blanchiment de l'argent.*
⬅️ blanchiment.

blanchir v. tr., intr.
• **Transitif**
- Rendre blanc. *Blanchir du papier.*
- (Fig.) Disculper.
- (Fig.) Faire disparaître la preuve d'une origine irrégulière ou frauduleuse.
• **Intransitif**
Devenir blanc. *Ses cheveux ont blanchi.*
↦ À la forme intransitive, le verbe se conjugue avec l'auxiliaire *avoir.*

blanchissage n. m.
Lavage du linge.

blanchissement n. m.
Le fait de blanchir.

blanchisserie n. f.
Lieu où l'on fait le blanchissage du linge.

blanchisseur n. m.
blanchisseuse n. f.
Personne qui fait le blanchissage.

blanchon n. m.
Au Canada, petit du phoque.

blanc-seing n. m. (pl. *blancs-seings*)
▷ Le *g* est muet [blãsɛ̃].
Signature apposée sur un papier où il n'y a rien d'écrit.
⬅️ blanc-s**eing.**

blanquette n. f.
Ragoût de viande blanche. *Une blanquette de veau.*

blasé, ée adj.
Qui ne s'intéresse plus à rien. *Il est trop blasé pour apprécier.*

blaser v. tr.
Rendre incapable d'émotions, indifférent. *Ces voyages l'ont blasé.*

blason n. m.
• Ensemble des emblèmes d'une famille, d'un groupe.
• Héraldique.

blasphémateur, trice n. m. et f.
Personne qui blasphème.
⬅️ blasph**é**mateur.

blasphématoire adj.
Qui constitue un blasphème.
⬅️ blasph**é**matoire.

blasphème n. m.
Parole sacrilège.
⬅️ blasph**è**me.

blasphémer v. intr.
Le *é* se change en *è* devant une syllabe muette, sauf à l'indicatif futur et au conditionnel présent. *Je blasphème,* mais *je blasphémerai.*
• Proférer des imprécations contre quelqu'un, quelque chose. *Il blasphème contre le Ciel.*
• (Absol.) Proférer des blasphèmes. *Il blasphème constamment.*
⬅️ blasph**é**mer.

blasto- préf.
Élément du grec signifiant «germe». *Blastogenèse.*

blastogenèse n. f.
Premier stade de développement de l'embryon.

blastomère n. m.
Nom des premières cellules de l'œuf fécondé.

blastula n. f.
Stade de développement embryonnaire. *Des blastulas.*

blatérer v. intr.
Le *é* se change en *è* devant une syllabe muette, sauf à l'indicatif futur et au conditionnel présent. *Il blatère,* mais *il blatérera.*
Crier, en parlant du bélier, du chameau.

blatte n. f.
Insecte appelé aussi *cafard, cancrelat.*

blazer n. m.
▷ Le mot se prononce [blazœr] ou [blazɛr].
Veste en tissu bleu marine ou en flanelle grise. *Des blazers marine.*

blé n. m.
Plante qui produit le grain dont on tire la farine pour faire le pain. *Des champs de blé.*

bled n. m.
▷ Le *d* se prononce [blɛd].
(Pop.) Petit village isolé.

blé d'Inde n. m.
Au Canada, synonyme de *maïs. Des épis de blé d'Inde.*

blême adj.
Très pâle, livide. *Très effrayée, Sophie était blême.*
⬅️ blême.

blêmir v. intr.
▷ Le *ê* se prononce *é* [blemir], contrairement à *blême.*
Pâlir, devenir blême.
⬅️ blêmir.

blêmissement n. m.
▷ Le *ê* se prononce *é* [blemismã], contrairement à *blême.*
Fait de blêmir.
⬅️ blêmissement.

blennorragie n. f.
Maladie infectieuse vénérienne.
⬅️ blennorragie.

blennorragique adj.
Relatif à la blennorragie.
☞ blennorragique.

blessant, ante adj.
Qui offense, injurieux. *Des paroles blessantes.*

blessé, ée adj. et n. m. et f.
• **Adjectif**
- Qui a reçu une, des blessures. *Soigner un chien blessé.*
- Vexé, offensé.
• **Nom masculin et féminin**
Personne blessée. *C'est une grande blessée.*

blesser v. tr., pronom.
• **Transitif**
- Causer une blessure. *Il a blessé un piéton. Alain est blessé à la jambe.*
- (Fig.) Offenser. *Votre remarque l'a blessé.*
• **Pronominal**
Se faire une blessure. *Elle s'est blessée en tombant.*

blessure n. f.
• Lésion provoquée par une cause extérieure (coup, choc, arme, etc.) *Fanny a une blessure au genou.*
• Atteinte morale.

blet, blette adj.
⇔ Au masculin, le *t* ne se prononce pas [blɛ, blɛt].
Se dit d'un fruit trop mûr. *Une banane blette.*

blette
V. **bette.**

blettir v. intr.
Devenir blet.

bleu adj. et n. m.
• **Adjectif de couleur simple.** Qui est de la couleur du ciel. *Une robe bleue. Des fauteuils bleus.*
☞ L'adjectif *bleu* s'accorde en genre et en nombre avec le nom dont il est épithète.
• **Adjectif composé de deux noms de couleur.** *Des tissus bleu-vert.*
☞ Ces adjectifs prennent un trait d'union et sont invariables.
• **Adjectif composé d'un nom de chose.** *Bleu marine, bleu roi, bleu turquoise,* etc.
☞ Ces adjectifs ne prennent pas de trait d'union et sont invariables. *Des jupes bleu marine* ou elliptiquement, *des jupes marine.*
V. Tableau - **COULEUR (ADJECTIFS DE).**
• **Nom masculin**
- Couleur bleue. *Des bleus profonds.*
- (Fam.) Ecchymose. *Elle a un bleu au bras.*

bleuâtre adj.
Qui tire sur le bleu.
☞ bleuâtre.

bleuet n. m.
• Fleur bleue.
• Au Canada, variété d'airelle myrtille qui devient bleue en mûrissant. *Une tarte aux bleuets.*
• Baie bleue de l'airelle des bois.

bleuetière n. f.
• Terrain où abonde le bleuet. (Recomm. off. OLF)

• Au Canada, plantation de bleuets.

bleuir v. tr., intr.
• **Transitif.** Rendre bleu. *Bleuir une étoffe.*
• **Intransitif.** Devenir bleu. *Ses mains bleuissent de froid.*

bleuissement n. m.
Fait de devenir bleu.

*bleus (avoir les)
Calque de l'anglais «to have the blues» pour ***avoir le cafard, être déprimé.***

bleuté, ée adj.
Qui est légèrement bleu.

blindage n. m.
• Action de blinder.
• Dispositif de protection.

blindé, ée adj. et n. m.
• **Adjectif.** Recouvert d'un blindage. *Des camions blindés pour le transport de lingots d'or.*
• **Nom masculin.** Véhicule de combat recouvert d'un blindage.

blinder v. tr., pronom.
• **Transitif.** Entourer de plaques de métal. *Blinder une voiture.*
• **Pronominal.** (Fig. et fam.) S'endurcir. *Il est difficile de se blinder contre l'injustice.*

blini n. m. inv.
Petite crêpe de sarrasin.
☞ La graphie **blinis** est également attestée.

*blister
Anglicisme pour ***emballage thermocollé.***

blizzard n. m.
Vent d'hiver accompagné d'une tempête de neige.
☞ blizzard.

bloc n. m.
• Masse comptacte. *Un bloc de marbre.*
• Regroupement. *Le bloc de l'Est, le bloc de l'Ouest.*
• Ensemble d'éléments regroupés. *Le bloc opératoire, le bloc-cuisine.*
• ***Bloc (d'habitations).*** Pâté de maisons.
• ***En bloc,*** locution adverbiale. En gros. *Les syndiqués ont accepté la convention en bloc.*

*bloc
Anglicisme au sens de rue. *J'habite à deux rues* ou *à deux pâtés de maison d'ici* (et non **à deux blocs*).

blocage n. m.
Action de bloquer; son résultat. *Le blocage des prix.*
☞ blocage.

*bloc appartements
Anglicisme pour ***immeuble d'habitation.***

bloc-cuisine n. m. (pl. *blocs-cuisines*)
Ensemble d'éléments préfabriqués servant à l'aménagement d'une cuisine.

blockhaus n. m. inv.
⇔ Le *o* est ouvert [blɔkos].
Ouvrage fortifié défensif.
☞ blockhaus.

bloc-moteur n. m. (pl. *blocs-moteurs*)
Ensemble du moteur, de l'embrayage et de la boîte de vitesse d'une automobile, d'un camion.

bloc-notes n. m. (pl. *blocs-notes*)
Ensemble de feuillets reliés.

*****blocs (jeu de)
Anglicisme au sens de *cubes,* jeu de construction.

blocus n. m.
Le **s** se prononce [blɔkys].
Isolement d'une ville, d'un pays en vue d'empêcher toutes communications avec l'extérieur.

blond, onde adj. et n. m. et f.
• **Adjectif de couleur variable.** Se dit de la teinte la plus claire des cheveux. *Des tresses blondes. Des cheveux blond cendré.*
L'adjectif simple prend la marque du féminin et du pluriel; l'adjectif composé est invariable.
V. Tableau - **COULEUR (ADJECTIFS DE).**
• **Nom masculin.** La couleur blonde. *Des cheveux d'un beau blond doré.*
• **Nom masculin et féminin.** Qui a les cheveux blonds. *Une jolie blonde.*

blondeur n. f.
Caractère de ce qui est blond.

blondinet, ette n. m. et f.
Enfant blond.

blondir v. tr., intr.
• **Transitif.** Rendre blond. *Elle a blondi ses cheveux.*
• **Intransitif.** Devenir blond. *Ses cheveux blondissent au soleil.*

bloquer v. tr.
Immobiliser. *Bloquer une porte.*

blottir (se) v. pronom.
Se cacher en se repliant sur soi. *Le chat s'est blotti au creux de ses bras.*

blouse n. f.
• Vêtement de travail. *Les élèves mettent une blouse pour faire de la peinture.*
• Chemisier. *Une blouse de coton.*

blouser v. tr., intr.
• **Transitif.** (Fam.) Tromper.
• **Intransitif.** Bouffer à la taille. *Cette robe blouse joliment.*

blouson n. m.
• Veste resserrée aux hanches. *Il lui a offert un beau blouson noir en cuir.*
• *Blouson noir.* (Vx) Voyou. *Des blousons noirs adolescents.*
Ce mot s'écrit parfois avec un trait d'union.

blue-jean ou **blue-jeans** n. m.
Pantalon de toile bleue très solide. *Des blue-jean(s).*
Aujourd'hui, l'emploi du mot *jean(s)* est plus fréquent.

blues n. m. inv.
Se prononce comme le mot *blouse* [bluz].
Musique de jazz.

bluff n. m.
Attention à la prononciation [blœf].
Attitude destinée à intimider, à donner le change.

bluffer v. intr.
Attention à la prononciation [blœfe].
Donner le change, faire illusion. *Il a tendance à bluffer.*

bluffeur, euse n. m. et f.
Attention à la prononciation [blœfœr, øz].
Personne qui bluffe.

blutage n. m.
Tamisage.

bluter v. tr.
Séparer la farine du son.

blutoir n. m.
Tamis.

BNAA
Sigle anglais de *British North America Act.*

BNQ
Sigle de *Bureau de normalisation du Québec.*

boa n. m.
• Gros serpent non venimeux. *Des boas constricteurs.*
• Parure en plumes.

bobard n. m.
(Fam.) Mensonge.

bobèche n. f.
Partie d'un chandelier destinée à recueillir la cire fondue.

bobinage n. m.
Action de bobiner.

bobine n. f.
Cylindre servant à l'enroulement d'un fil, d'un ruban, etc. *Des bobines de film.*

bobiner v. tr.
Enrouler (du fil, etc.) sur une bobine.

bobinette n. f.
(Vx) Pièce de bois maintenue par une chevillette, qui servait autrefois à fermer les portes.

bobineuse n. f.
Machine à dévider le fil.

bobsleigh n. m.
Les lettres *ei* se prononcent *é* [bɔbsle].
Traîneau articulé avec lequel on glisse sur des pistes de glace aménagées. *Des bobsleighs très rapides.*

bocage n. m.
• (Vx) Petit bois.
• Région caractérisée par des prés enclos par des levées de terre plantées de haies ou d'arbres.

bocager, ère adj.
Du bocage.

bocal n. m. (pl. *bocaux*)
Contenant de verre à large goulot. *Un bocal de confiture.*
Ne pas confondre avec le nom *jarre,* grand vase de terre cuite.

bock n. m.
Verre à bière. *Des bocks.*

*body
Anglicisme pour *justaucorps.*

bœuf adv. et n. m. (pl. *bœufs*)
👄 Ce mot se prononce *beuf* au singulier [bœf] et *beu* au pluriel [bø].
• **Adverbe**
(Pop.) Extraordinaire. *Des effets bœuf.*
• **Nom masculin**
- Mâle de l'espèce bovine qui a été châtré.
☞ Pour la reproduction, on emploie un taureau qui donnera à la vache des veaux et des génisses.
- Viande de cet animal. *Elle aime mieux le poulet que le bœuf.*

boggie ou **bogie** n. m.
👄 Attention à la prononciation [bɔge].
Chariot sur lequel est articulé le châssis d'un wagon de chemin de fer.

boghei, boguet ou **buggy** n. m.
(Ancienn.) Petit cabriolet découvert à deux roues.

bogue n. f.
Enveloppe de la châtaigne, garnie de piquants.

bohème adj. et n. m. et f.
Se dit d'une personne qui vit au jour le jour. *La vie de bohème.*
☞ Ne pas confondre avec le mot *bohémien* qui se dit d'un membre d'une ethnie nomade européenne vivant dans des roulottes.
🖙 bohème.

bohémien, ienne adj. et n. m. et f.
Se dit d'un membre d'une ethnie nomade européenne vivant dans des roulottes.
☞ Ne pas confondre avec le mot *bohème* qui se dit d'une personne qui vit au jour le jour.
🖙 bohémien.

boire n. m.
Ce qu'on boit. *Le boire et le manger.*

boire v. tr., intr.
INDICATIF PRÉSENT *Je bois, tu bois, il boit, nous buvons, vous buvez, ils boivent.* IMPARFAIT *Je buvais.* PASSÉ SIMPLE *Je bus.* FUTUR *Je boirai.* CONDITIONNEL PRÉSENT *Je boirais.* IMPÉRATIF PRÉSENT *Bois, buvons, buvez.* SUBJONCTIF PRÉSENT *Que je boive.* PARTICIPE PRÉSENT *Buvant.* PASSÉ *Bu, ue.*
Ce verbe se conjugue avec l'auxiliaire *avoir.*
• **Transitif**
Avaler un liquide. *Boire du lait.*
• **Intransitif**
Absorber un liquide. *Ce papier boit beaucoup.*
• **Locutions**
- *Boire à la santé de quelqu'un.* Porter un toast.
- *Ce n'est pas la mer à boire.* Ce n'est pas très difficile.
- *Chanson à boire.* Chanson chantée à table.
- *Il pleut à boire debout.* Au Canada, pleuvoir à torrents.
- *Boire les paroles de quelqu'un.* Écouter très attentivement.

bois n. m.
• Lieu planté d'arbres. *Les enfants ont fait une excur-

sion dans le bois.*
• Substance ligneuse des arbres. *Du bois dur.*
• *Faire flèche de tout bois.* Mettre tout en œuvre pour triompher.
• (Au plur.) Appendice ramifié du cerf, du chevreuil, etc.
☞ Ne pas confondre avec les noms suivants :
- *corne,* proéminence dure de la tête de certains animaux;
- *défense,* longue dent en ivoire de l'éléphant, du morse, etc.

boisage n. m.
Action de boiser.

boisé, ée adj. et n. m.
• **Adjectif.** Garni, couvert d'arbres. *Une région boisée.*
• **Nom masculin.** Au Canada, terrain couvert d'arbres.

boisement n. m.
Plantation d'arbres forestiers.

boiser v. tr.
Planter d'arbres un lieu.

boiserie n. f.
Travail de menuiserie. *Les boiseries de cet appartement ont été peintes.*

boisseau n. m. (pl. *boisseaux*)
Au Canada, ancienne unité de mesure des matières sèches correspondant à huit gallons. *Des boisseaux de blé.*

boisson n. f.
• Tout liquide que l'on peut boire. *Et comme boisson (et non comme *breuvage)?*
• *La boisson.* Alcoolisme. *S'adonner à la boisson.*

boîte n. f.
• Contenant généralement muni d'un couvercle. *Une boîte à bijoux.*
• Contenu d'une boîte. *Manger une boîte de biscuits.*
• *Boîte aux lettres.* Boîte où l'on dépose le courrier.
• *Boîte de nuit.* Cabaret. *Fréquenter les boîtes de nuit.*
🖙 boîte.

boitement n. m.
Action de boiter.
🖙 boitement, sans accent.

boîte postale n. f.
Abréviation *B.P.* (s'écrit avec des points).

boiter v. intr.
Marcher en inclinant son corps plus d'un côté que de l'autre.
🖙 boiter, sans accent.

boiterie n. f.
Claudication.
🖙 boiterie, sans accent.

boiteux, euse adj. et n. m. et f.
• Qui boite. *Une personne boiteuse.*
• Qui n'est pas d'aplomb. *Une chaise boiteuse.*
🖙 boiteux, sans accent.

boîtier n. m.
Petit coffre à compartiments.
🖙 boîtier.

boitillement n. m.
Boitement léger.
☞ boitillement, sans accent.

boitiller v. intr.
Les lettres *ill* sont suivies d'un *i* à la première et à la deuxième personne du pluriel de l'indicatif imparfait et du subjonctif présent. *(Que) nous boitillions, (que) vous boitilliez.* Boiter légèrement.
☞ boitiller, sans accent.

bol n. m.
• Tasse sans anse. *Un bol de soupe.*
• Contenu d'un bol.
• *En avoir ras le bol.* (Fam.) En avoir assez, être excédé.

*****bol de toilette**
Anglicisme pour **cuvette.**

bolchevique ou **bolchevik** adj. et n. m. et f.
(Péj.) Communiste. *Des bolcheviks.*

bolchevisme n. m.
(Vx) Communisme russe.

bolée n. f.
Contenu d'un bol.

boléro n. m.
• Corsage. *Des boléros colorés.*
• Danse espagnole.

bolet n. m.
Champignon dont certaines espèces sont comestibles. Syn. **cèpe.**

bolide n. m.
• (Vx) Météorite.
• Véhicule qui va très vite.
• *Comme un bolide.* Très vite. *Je ne lui ai pas parlé : il est passé comme un bolide.*

bolivar n. m.
Unité monétaire du Venezuela. *Des bolivares.*
V. Tableau - **SYMBOLE DES UNITÉS MONÉTAIRES.**

boliviano n. m.
Unité monétaire de la Bolivie. *Des bolivianos.*
V. Tableau - **SYMBOLE DES UNITÉS MONÉTAIRES.**

bolivien, ienne adj. et n. m. et f.
De Bolivie. *Le drapeau bolivien. Un Bolivien, une Bolivienne.*
☞ L'adjectif s'écrit avec une minuscule; le nom, avec une majuscule.

bolo n. m.
Au Canada, jouet constitué d'une palette de bois à laquelle est fixée une petite balle de caoutchouc au moyen d'un élastique.

bombage n. m.
(Fam.) Action d'écrire à la bombe aérosol. *Le bombage d'un graffiti.*

bombance n. f.
• (Vx) Festin.

• *Faire bombance.* Manger beaucoup.

bombarde n. f.
• Pièce d'artillerie qui lançait des boulets de pierre.
• Hautbois breton.

bombardement n. m.
Action de bombarder.

bombarder v. tr.
• Faire tomber des obus, des bombes sur un objectif.
• Lancer de nombreux projectiles sur quelqu'un, quelque chose. *On les bombarda de tomates.*

bombardier n. m.
Avion de bombardement.

bombe n. f.
• Engin explosif. *Une bombe à retardement.*
☞ La bombe atomique s'abrège **bombe A,** la bombe bactériologique, **bombe B,** la bombe à hydrogène, **bombe H,** la bombe à neutrons, **bombe N.**
• Objet sphérique. *Une bombe glacée.*
• Récipient métallique contenant un liquide sous pression. *Des bombes de peinture.*

bombé, ée adj.
Arrondi. *Un couvercle bombé.*

bombement n. m.
Convexité.

bomber v. tr., intr.
• **Transitif**
- Rendre convexe. *Bomber la poitrine.*
- Écrire à la bombe aérosol. *Bomber un graffiti.*
• **Intransitif**
Devenir convexe. *Le mur bombe.*

bombyx n. m.
Papillon du ver à soie.
☞ bomb**yx.**

bôme n. f.
Mât horizontal auquel est fixé une voile. *La bôme d'un voilier, la bôme d'une planche à voile* (et non le *boom).*
☞ bôme.
Hom. *baume,* résine odoriférante.

bon, bonne adj., adv., interj. et n. m. et f.

• **Adjectif**
- Qui est satisfaisant. *Un bon élève, une bonne pianiste.*
- Qui aime à faire le bien, qui est conforme à la raison. *Avoir bon cœur. Une bonne conduite. Une bonne action.*
- Agréable. *Être de bonne humeur.*
☞ Le comparatif est *meilleur.* *Cette élève est meilleure* (et non *plus bonne) que son amie en mathématiques.*
• **Adverbe**
Employé adverbialement, *bon* est invariable, sauf dans l'expression *bon premier.* *Elles se sont classées bonnes premières. Elle tient bon.*
• **Locutions**
- *Il est bon de +* infinitif. *Il est bon d'attacher sa ceinture de sécurité.*

- *Il est bon que* + subjonctif. *Il est bon que vous veniez avec un peu d'avance.*
- *Il fait bon* + infinitif. *Il fait bon dormir un peu le samedi matin.*
- *À quoi bon.* À quoi cela sert-il? *À quoi bon partir à l'aube?*
- *Pour de bon.* Réellement. *Il est parti pour de bon.*
- *Bon!* Interjection qui exprime la surprise. *Bon! Ça ne marche pas?*
- *Allons bon!* Interjection qui marque une surprise désagréable. *Allons bon, tout est à recommencer!*
• **Nom masculin**
- Ce qui est bon. *Il y a du bon dans ce qu'il écrit.*
- Autorisation écrite adressée à quelqu'un de fournir un objet ou de verser des fonds. *Un bon de caisse, un bon de commande.*
• **Nom féminin**
Domestique.

---

bonasse adj.
(Péj.) Mou, trop bon.

bonbon n. m.
Friandise. *Antoine a offert un bonbon à Françoise. Des ballons rose bonbon.*
⇨ bonbon.

bonbonne ou **bombonne** n. f.
Bouteille de contenance variable. *Une bonbonne d'huile, une bonbonne de gaz.*
⇨ bonbonne.

bonbonnière n. f.
• Petite boîte à bonbons.
• (Fig.) Petite maison aménagée avec goût.
⇨ bonbonnière.

bon chic bon genre adj.
• Sigle *BCBG* (s'écrit avec ou sans points).
• (Fam.) De bon ton. *Des vêtements bon chic bon genre.*

bond n. m.
• Saut. *Un bond très élevé au saut à la perche.*
• *Faire faux bond.* Manquer à un engagement.
• *Ne faire qu'un bond.* Se précipiter.
• *Faire un bond en avant.* Progresser.
⇨ bond.

bonde n. f.
Ouverture destinée à vider l'eau. *La bonde d'une baignoire.*

bondé, ée adj.
Plein jusqu'au bord. *Une voiture de métro bondée.*

bon de commande n. m. (pl. *bons de commande*)
Formule imprimée que remplit un client pour demander une marchandise ou un service à un fournisseur, dans un délai déterminé et moyennant un certain prix.

bon de souscription n. m. (pl. *bons de souscription*)
Valeur mobilière attribuée aux souscripteurs d'une émission d'actions ou d'obligations et permettant aux titulaires d'acquérir d'autres actions ou obligations, à un prix déterminé pendant une période donnée. *Les sociétés proposent des bons de souscription (et non*

des **warrants) à l'occasion d'une émission afin d'intéresser les investisseurs.*

bondieuserie n. f.
Bigoterie.

bondir v. intr.
• Faire des bonds. *Le fauve bondit sur sa proie.*
• S'élancer, se précipiter. *Elle bondit à sa rencontre.*

bon du Trésor n. m. (pl. *bons du Trésor*)
Certificat délivré par l'État en représentation d'une dette à court terme qu'il a contractée. *Les bons du Trésor sont un placement sûr.*

bonheur n. m.
• État moral de la personne heureuse. *Le p'tit bonheur.* (Félix Leclerc)
⊏⊐⊢ Ce nom comporte une idée de durée.
• *Par bonheur.* Heureusement, par chance.
• *Au petit bonheur.* Au hasard. *Il a choisi ses cadeaux au petit bonheur.*
⊏⊐⊢ Ne pas confondre avec les noms suivants :
- *gaieté,* bonne disposition de l'humeur;
- *joie,* émotion profonde et agréable, souvent courte et passagère;
- *plaisir,* sensation agréable.
Ant. **malheur.**

bonheur-du-jour n. m. (pl. *bonheurs-du-jour*)
Petit secrétaire. *Des bonheurs-du-jour finement travaillés.*

bonhomie n. f.
Bonté naturelle.
⇨ bonhomie.

bonhomme adj. et n. m.
• **Adjectif** (pl. *bonhommes*)
Naïf. *Des airs bonhommes.*
• **Nom masculin** (pl. *bonshommes*)
- (Fam.) Homme. *Ce bonhomme est très sympathique.*
⊏⊐⊢ Le féminin est **bonne femme** en ce sens.
- (Fam.) Figure humaine sommaire. *Un bonhomme de neige.*
⊏⊐⊢ Attention au pluriel du nom qui diffère de celui de l'adjectif.
- *Aller son petit bonhomme de chemin.* Aller tranquillement.
- *Bonhomme Sept Heures.* Au Canada, personnage imaginaire redoutable dont on menace les enfants turbulents qui ne veulent pas aller au lit.
⇨ bonhomme.

boniche
V. **bonniche.**

bonification n. f.
Amélioration.

bonifier v. tr., pronom.
Redoublement du *i* à la première et à la deuxième personne du pluriel de l'indicatif imparfait et du subjonctif présent. *(Que) nous bonifiions, (que) vous bonifiiez.*
• **Transitif.** (Litt.) Améliorer.
• **Pronominal.** Devenir meilleur. *Ces vins se sont bonifiés avec le temps.*

boniment n. m.
(Fam.) Baratin.

bonimenter v. intr.
Faire des boniments.

bonimenteur, euse n. m. et f.
Personne qui bonimente.

bonjour n. m.
• Formule de salutation utilisée pendant la journée. *Dire bonjour. Des bonjours polis.*
☞ La formule de salutation la plus courante au moment du départ est *au revoir!* Au Canada, on dit souvent *bonjour* quand on rencontre une personne ou quand on la quitte.
• *Simple comme bonjour.* Très facile. *C'est simple comme bonjour, il suffit d'appeler.*

bonne
V. **bon.**

bonne femme adj. inv. et n. f.
• **Adjectif.** *Des rideaux bonne femme.*
• **Nom féminin.** (Fam.) Femme. *Des bonnes femmes.*

bonne-maman n. f. (pl. *bonnes-mamans*)
Grand-mère, dans le langage des enfants.
Syn. **grand-maman.**

bonnement adv.
Tout bonnement. Tout simplement.

bonnet n. m.
Coiffure sans rebord. *Un bonnet de laine.*

bonneterie n. f.
👄 Le *e* de la deuxième syllabe se prononce *è* ou est muet; celui de la troisième syllabe est toujours muet, [bɔnɛtri] ou [bɔntri].
Fabrication, commerce d'articles en tissu à mailles (bas, chaussette, lingerie).

bonnetier n. m.
bonnetière n. f.
👄 Le *e* de la deuxième syllabe est muet [bɔntje].
Fabricant ou marchand d'articles de bonneterie.

bonnetière n. f.
👄 Le *e* de la deuxième syllabe est muet [bɔntjɛr].
Armoire à linge.

bonniche ou **boniche** n. f.
(Péj.) Jeune bonne.

bon-papa n. m. (pl. *bons-papas*)
Grand-père, dans le langage des enfants.
Syn. **grand-papa.**

bonsaï n. m.
👄 Le *s* se prononce *z*, [bɔnzaj] ou [bɔ̃zaj].
Arbre nain que l'on cultive en pot. *Des bonsaïs vieux de 100 ans.*
☞ Ce nom japonais signifie «arbre en pot».
⇨ bonsa**ï.**

bon sens n. m.
Faculté naturelle de juger ce qui est raisonnable et d'agir en conséquence. *En agissant ainsi, elle a fait preuve de bon sens.*

bonsoir n. m.
Formule de salutation utilisée le soir.
☞ Au moment du départ, la formule de salutation est *Au revoir!* Au Canada, on dit souvent *bonsoir* quand on rencontre ou quand on quitte une personne le soir.

bonté n. f.
• Caractère d'une personne bonne.
• (Au plur.) Actes de bonté. *Merci de toutes vos bontés.*
Ant. **méchanceté.**

bonus n. m. inv.
Rabais sur une prime d'assurance automobile consenti par l'assureur à un assuré n'ayant enregistré aucun accident.

*bonus
Anglicisme au sens de *prime, gratification.*

bonze n. m.
Moine bouddhiste.

bonzerie n. f.
Monastère de bonzes.

bonzesse n. f.
Religieuse bouddhiste.

boogie-woogie n. m. (pl. *boogie-woogies*)
👄 Les lettres *oo* se prononcent *ou* [bugiwugi].
Style de jazz.

booléen, éenne adj.
👄 Les lettres *oo* se prononcent *ou* [buleɛ̃, ɛn].
Relatif à l'algèbre de Boole.
☞ On écrit aussi *boolien, ienne.*

*boom
Anglicisme pour *bôme.*

boomerang n. m.
👄 Les lettres *oo* se prononcent *ou,* le *e* est muet et le *g* se prononce [bumrãg].
• Pièce courbée qui revient à son point de départ. *François sait lancer les boomerangs.*
• (Fig.) Acte hostile qui cause du tort à son auteur.

*boosting
Anglicisme pour *démarrage-secours.*
☞ Le *démarrage-secours* est une opération permettant le démarrage d'une voiture au moyen d'une batterie d'appoint et de câbles volants.

boqueteau n. m. (pl. *boqueteaux*)
Petit bois.

borborygme n. m.
Gargouillis.
⇨ borborygme.

bord n. m.
• Extrémité d'une surface. *Le bord de la table.*
• Rivage. *Le bord de mer.*
• Chaque côté du navire.
• *Prendre le bord.* (Fam.) Au Canada, s'enfuir.
• *Être à bord de (un véhicule).* À l'intérieur. *Mes amis sont à bord d'un avion en ce moment.*
• *Virer son capot de bord.* (Fam.) Au Canada, changer d'avis, de parti.

• **Locutions adverbiales**
- **Au bord.** À proximité. *Au bord de la route.*
- **Au bord.** Sur le point de. *Être au bord des larmes.*
- **Sur les bords.** (Fam.) Légèrement. *Il est un peu vantard sur les bords.*

bordeaux adj. inv. et n. m.
• **Nom masculin.** Vin de Bordeaux. *Acheter un bon bordeaux.*
☞ Le nom qui désigne le vin s'écrit avec une minuscule, celui qui désigne la région prend une majuscule.
• **Adjectif de couleur invariable.** De la couleur du vin de Bordeaux. *Un sac bordeaux.*
V. Tableau - **COULEUR (ADJECTIFS DE).**

bordée n. f.
• Décharge de l'ensemble des canons d'un navire.
• **Bordée de neige.** Au Canada, chute de neige abondante.

bordel n. m.
• (Pop.) Maison de prostitution.
• (Pop.) Grand désordre.

bordelais, aise adj. et n. m. et f.
De Bordeaux.
☞ Contrairement à l'adjectif, le nom prend une majuscule.

border v. tr.
• Garnir le bord de. *Border un col avec de la dentelle.*
• Replier le bord des draps sous le matelas. *Border un enfant.*

bordereau n. m. (pl. *bordereaux*)
Relevé détaillé énumérant les divers articles ou pièces d'un compte, d'un dossier, d'un inventaire, d'un chargement.

bordure n. f.
Ce qui borde, lisière. *Une bordure de bois.*

boréal, ale, als ou **aux** adj.
Du Nord. *Une aurore boréale.*
☞ Cet adjectif s'emploie surtout au singulier.
Ant. **austral.**

borgne adj. et n. m. et f.
Qui n'a qu'un œil.

bornage n. m.
Action de planter des bornes afin de délimiter une propriété privée.

borne n. f.
• Pierre qui limite deux champs, qui sert à mesurer les distances. *Les bornes kilométriques.*
• (Au plur.) (Fig.) Limite. *Une volonté de dominer sans bornes.*
☞ Dans les expressions, **sans bornes, ne pas avoir de bornes,** le nom **borne** se met au pluriel.
• **Dépasser les bornes.** Aller au-delà de ce qui est convenable, exagérer.

borné, ée adj.
• Limité. *Un champ borné par une rivière.*
• Qui a l'esprit étroit. *Une personne bornée.*
Ant. **ouvert.**

borne d'incendie n. f. (pl. *bornes d'incendie*)
Prise d'eau à l'usage des pompiers.
Syn. **poteau d'incendie.**

borne-fontaine n. f. (pl. *bornes-fontaines*)
• Fontaine en forme de borne.
• Prise d'eau communautaire pour usage domestique.
• Au Canada, synonyme de **borne d'incendie.**

borner v. tr., pronom.
• **Transitif.** Délimiter. *Borner un terrain.*
• **Pronominal.** Se limiter à. *Ils se sont bornés à une journée de congé.*

bornoyer v. tr., intr.
• **Transitif.** Tracer une ligne droite avec des jalons.
• **Intransitif.** Regarder d'un seul œil, pour s'assurer qu'une ligne est droite.

bosquet n. m.
Petit bois.

bossage n. m.
Saillie sculptée à la surface d'un ouvrage.

bossa-nova n. f. (pl. *bossas-novas*)
Danse brésilienne qui ressemble à la samba.

bosse n. f.
• Proéminence causée par un choc. *Avoir une bosse au front.*
• Protubérance naturelle de certains animaux. *Les bosses du chameau.*
• (Fam.) Disposition naturelle. *Elle a la bosse des mathématiques.*

bosselage n. m.
Travail en relief exécuté sur les pièces d'orfèvrerie.
▱ bosselage.

bosseler v. tr.
Redoublement du *l* devant un *e* muet. *Je bosselle, je bossellerai,* mais *je bosselais.*
• Travailler une pièce de vaisselle, d'orfèvrerie en lui imprimant des bosses.
• Déformer par des bosses. *Sa voiture est bosselée.*

bossellement n. m.
Action de bosseler.
▱ bossellement.

bosselure n. f.
Ensemble des bosses d'une surface.
▱ bosselure.

*****bosser**
Anglicisme au sens de **diriger.**

bosser v. intr.
(Fam.) Travailler dur.

bosseur, euse n. m. et f.
(Fam.) Personne qui travaille fort.

bossu, ue adj. et n. m. et f.
Qui a une bosse au dos.

bossuer v. tr.
Rendre une surface inégale par des bosses.

bot, ote adj.
👄 Le *t* ne se prononce pas à la forme masculine

[bo, ɔt].
Déformé par le raccourcissement de certains muscles. *Un pied bot, une hanche bote.*
⇨ bot, bote.

botanique adj. et n. f.
• **Adjectif.** Relatif à la science des plantes. *Jardin botanique.*
• **Nom féminin.** Science des végétaux. *Elle étudie la botanique.*
⇨ botanique.

botaniste n. m. et f.
Spécialiste de botanique *Le frère Marie-Victorin a été un grand botaniste.*
⇨ botaniste.

botte n. f.
• Chaussure. *Des bottes de caoutchouc.*
• Assemblage. *Une botte de fleurs, de paille.*
• Coup d'épée. *Une botte difficile à parer.*

bottelage n. m.
Action de mettre en bottes.

botteler v. tr.
Redoublement du *l* devant un *e* muet. *Je botelle, je botellerai,* mais *je botelais.*
Mettre en bottes.

botteleur, euse n. m. et f.
Personne qui fait des bottes de foin.

botteleuse n. f.
Machine à botteler.

botter v. tr.
• Mettre des bottes à quelqu'un.
• (Fam.) Donner un coup de pied.

bottier n. m.
bottière n. f.
Personne qui fabrique et vend des chaussures sur mesure.

bottillon n. m.
Chaussure fourrée qui couvre le pied et la cheville. *Des bottillons de ski.*
⇨ bottillon.

bottin n. m.
Annuaire téléphonique.

bottine n. f.
• Petite botte couvrant le pied et la cheville.
• *Avoir les deux pieds dans la même bottine.* (Fam.) Au Canada, être maladroit, peu débrouillard.
⇨ bottine.

botulisme n. m.
Empoisonnement alimentaire.

bouc n. m.
⇨ Le *c* se prononce [buk].
• Mâle de la chèvre. *Les boucs ne sentent pas bon.*
• Barbiche.
• *Bouc émissaire.* Personne que l'on charge des fautes commises par autrui.

boucan n. m.
(Pop.) Tapage.

boucanage n. m.
Action de faire sécher à la fumée.

boucane n. f.
(Fam.) Au Canada, fumée.

boucaner v. tr.
Faire sécher à la fumée de la viande, du poisson.
Syn. **fumer.**

boucanier n. m.
• Chasseur de bœuf sauvage aux Antilles.
• Pirate.

bouchage n. m.
Action de boucher.

bouche n. f.
• Orifice du visage par où passent l'air, les aliments, la voix. *Ouvrir la bouche.*
☞ Ne pas confondre avec le nom *gueule* qui est réservé aux carnassiers, aux fauves : la gueule d'un chien, d'un loup, d'un lion, d'un crocodile, d'un requin. Pour un cheval, un chameau, un bœuf, un éléphant, un poisson et en général, pour les animaux de trait, de selle, on utilise le mot *bouche.*
• Ouverture, entrée. *Une bouche de métro.*
• Embouchure. *Les bouches du Mississippi.*

bouché, ée adj.
• Obstrué. *Le tuyau est bouché.*
• (Fig.) Borné. *Un esprit bouché.*

bouche-à-bouche n. m. inv. (pl. *bouche-à-bouche*)
Procédé de réanimation par lequel le sauveteur souffle de l'air dans la bouche de la personne asphyxiée, noyée, etc. *Tenter le bouche-à-bouche pour ranimer une personne asphyxiée.*
☞ Ne pas confondre avec l'expression *de bouche à oreille* qui signifie «par la rumeur». *Cette nouvelle s'est transmise de bouche à oreille.*

bouchée n. f.
• Quantité d'aliments qu'on met dans la bouche en une seule fois. *Une bouchée de viande.*
• *Mettre les bouchées doubles.* Aller plus vite.
• *Pour une bouchée de pain.* Pour presque rien.
Hom. *boucher,* personne qui vend de la viande.

boucher v. tr., pronom.
• **Transitif.** Fermer une ouverture. *Papa a bouché la fissure du mur.*
• **Pronominal.** S'obstruer. *Les conduits se sont bouchés.*

boucher n. m.
bouchère n. f.
Personne qui vend de la viande.
Hom. *bouchée,* quantité d'aliments qu'on met dans la bouche en une seule fois.

boucherie n. f.
• Commerce de la viande.
• Boutique du boucher.
• (Fig.) Massacre, tuerie.

bouche-trou n. m. (pl. *bouche-trous*)
Personne qui comble une place vide. *Annie n'aime pas être un bouche-trou.*

bouchon n. m.
• Ce qui sert à boucher l'orifice d'une bouteille, d'un bocal. *Un bouchon de liège.*
• Poignée de foin, de paille.
• Ce qui bloque. *Bouchon de circulation.*
☞ Ne pas confondre avec le nom **capsule,** couvercle de métal qui sert à fermer une bouteille.

bouchonnement n. m.
Action de bouchonner un animal.

bouchonner v. tr.
Frotter un cheval avec un bouchon de paille.

bouclage n. m.
Opération militaire par laquelle on boucle une région, une ville.

boucle n. f.
• Anneau servant à tendre une courroie, une ceinture. *Une boucle de ceinture.*
• Bijou en forme d'anneau. *Des boucles d'oreilles.*
• Ce qui est en forme d'anneau. *Une boucle de cheveux. Elle a fait une belle boucle avec un ruban vert.*
• (Inform.) Tour complet. *Une boucle, en programmation.*

boucler v. tr., intr.
• **Transitif**
- Attacher avec une boucle. *Il faut boucler sa ceinture de sécurité.*
- Équilibrer. *Boucler le budget.*
- Entourer militairement. *Boucler une région.*
• **Intransitif**
Prendre la forme d'une boucle. *Ses cheveux bouclent naturellement.*

bouclette n. f.
Petite boucle. *Fanny a des bouclettes brunes.*

bouclier n. m.
Arme pour parer les coups.

bouddha n. m.
Titre donné dans le bouddhisme à celui qui parvient à la connaissance parfaite. *Des bouddhas en or.*
✏ bou**ddh**a.

bouddhisme n. m.
Doctrine religieuse fondée par le Bouddha.
☞ Les noms de religion s'écrivent avec une minuscule.
✏ bou**ddh**isme.

bouddhiste adj. et n. m. et f.
• **Adjectif.** Qui appartient au bouddhisme. *La philosophie bouddhiste.*
• **Nom masculin et féminin.** Adepte du bouddhisme.
☞ L'adjectif ainsi que le nom s'écrivent avec une minuscule.
✏ bou**ddh**iste.

bouder v. tr., intr.
• **Transitif.** Se détourner de quelqu'un, quelque chose. *Bouder le théâtre.*
• **Intransitif.** Témoigner de la mauvaise humeur. *L'enfant boude dans sa chambre. Elle boude contre son frère constamment.*

bouderie n. f.
Action de bouder.

boudeur, euse adj. et n. m. et f.
Qui a le défaut de bouder.

boudeuse n. f.
Siège double en forme de S où deux personnes se tournent le dos.

boudin n. m.
Charcuterie à base de sang et de gras de porc, mise dans un boyau.

boudinage n. m.
Action de boudiner.

boudiné, ée adj.
À l'étroit dans un vêtement trop petit.

boudiner v. tr.
Tordre en spirale.

boudoir n. m.
• Petit salon élégant.
• Biscuit sec recouvert de sucre.

boue n. f.
Mélange d'eau et de terre.
☞ Ne pas confondre avec le nom **vase,** ce qui est stagnant au fond de l'eau.
Hom. **bout,** extrémité.

bouée n. f.
• Corps flottant destiné à prévenir la noyade. *Une bouée de sauvetage.*
• Corps flottant servant à signaler un danger, un chenal, etc. *Une bouée lumineuse.*

boueux ou **boueur**
V. **éboueur.**

boueux, euse adj.
Plein de boue.

bouffant, ante adj.
Qui paraît gonflé. *Une jupe bouffante.*
➭ bou**ff**ant.

bouffe adj.
Qui appartient au genre comique. *De l'opéra bouffe.*

bouffe n. f.
(Fam.) Aliments, repas.
☞ Ce nom est familier; dans un style soigné, on écrira plutôt **nourriture, repas.**
➭ bou**ff**e.

bouffée n. f.
• Souffle qui arrive brusquement. *Une bouffée de froid.*
• Accès passager. *Une bouffée de colère.*
➭ bou**ff**ée.

bouffer v. tr., intr.
• **Transitif.** (Fam.) Manger.
☞ Ce verbe est très familier; dans un style soigné, on écrira plutôt **manger, se nourrir.**
• **Intransitif.** Se gonfler. *Faire bouffer ses cheveux.*
➭ bou**ff**er.

bouffi, ie adj.
Enflé. *Il est fatigué et ses traits sont bouffis.*

➩ bouffi.

bouffir v. tr., intr.
Rendre enflé.
➩ bouffir.

bouffissure n. f.
Enflure.
➩ bouffissure.

bouffon, onne adj. et n. m.
• **Adjectif.** Amusant, grotesque. *Une pièce de théâtre bouffonne.*
• **Nom masculin.** Acteur comique, personnage de farce. *Le bouffon a bien fait rire les spectateurs.*
➩ bouffon.

bouffonner v. intr.
(Litt.) Faire le bouffon.
➩ bouffonner.

bouffonnerie n. f.
Plaisanterie assez grosse.
➩ bouffonnerie.

bougainvillée n. f.
Plante grimpante à fleurs violettes ou roses.
▯— Ce nom s'orthographie parfois *bougainvillier* et est alors du genre masculin.

bouge n. m.
Logement malpropre, obscur; établissement mal fréquenté.

bougeoir n. m.
Chandelier sans pied, généralement muni d'un anneau.
➩ bougeoir.

bougeotte n. f.
(Fam.) Manie de bouger sans cesse, de voyager souvent.
➩ bougeotte.

bouger v. tr., intr.
Le *g* est suivi d'un *e* devant les lettres *a* et *o*. *Il bougea, nous bougeons.*
• **Transitif.** Changer de place. *Tous les jeudis, elle bougeait les meubles pour nettoyer.*
• **Intransitif.** Se mouvoir. *Ne bougez plus, le petit oiseau va sortir.*

bougie n. f.
• Cylindre de cire muni d'une mèche pour donner de l'éclairage. *Souffler les bougies d'un gâteau d'anniversaire.*
▯— Le mot *bougie* tend à remplacer *chandelle* qui est vieilli en ce sens.
• Pièce d'un moteur à explosion qui sert à l'allumage.

bougnat n. m.
(Fam., vx) Marchand de charbon et débitant de boissons.

bougon, onne adj. et n. m. et f.
(Fam.) Grognon.

bougonnement n. m.
Attitude du bougon.

bougonner v. tr., intr.
(Fam.) Murmurer entre ses dents.

bougre, esse n. m. et f.
(Fam.) Individu. *Un bon bougre.*

bougrement adv.
(Fam.) Extrêmement.

boui-boui n. m. (pl. *bouis-bouis*)
Café de dernier ordre.

bouillabaisse n. f.
Mets provençal composé de poissons cuits dans du vin blanc et fortement épicé.
➩ bouillabaisse.

bouilli n. m.
Plat composé de viande et de légumes bouillis. *Viens goûter mon bon bouilli de bœuf.*
➩ bouilli.

bouillie n. f.
• Purée de lait et de farine. *Le bébé ne veut plus manger sa bouillie.*
• **En bouillie.** Complètement détruit. *Ma bicyclette est en bouillie.*
➩ bouillie.

bouillir v. tr., intr.
INDICATIF PRÉSENT *Je bous, tu bous, il bout, nous bouillons, vous bouillez, ils bouillent.* IMPARFAIT *Je bouillais, tu bouillais, il bouillait, nous bouillions, vous bouilliez, ils bouillaient.* PASSÉ SIMPLE *Je bouillis, tu bouillis, il bouillit, nous bouillîmes, vous bouillîtes, ils bouillirent.* FUTUR *Je bouillirai, tu bouilliras, il bouillira, nous bouillirons, vous bouillirez, ils bouilliront.* CONDITIONNEL PRÉSENT *Je bouillirais, tu bouillirais, il bouillirait, nous bouillirions, vous bouilliriez, ils bouilliraient.* IMPÉRATIF PRÉSENT *Bous, bouillons, bouillez.* SUBJONCTIF PRÉSENT *Que je bouille, que tu bouilles, qu'il bouille, que nous bouillions, que vous bouilliez, qu'ils bouillent.* PARTICIPE PRÉSENT *Bouillant.* PASSÉ *Bouilli, ie.*
• **Transitif**
Faire bouillir un liquide.
• **Intransitif**
- Être en ébullition. *Le lait bout* (et non *bouillit, *bouille).
- (Fig.) S'impatienter, s'emporter. *Après deux heures d'attente, Alain bouillait d'impatience.*
➩ bouillir.

bouilloire n. f.
Récipient destiné à faire bouillir de l'eau. *Une bouilloire électrique.*
➩ bouilloire.

bouillon n. m.
• Bulles d'un liquide en ébullition. *Cuire à gros bouillons.*
• Jus de viande, de légumes. *Ils ont pris un bon bouillon bien chaud.*
➩ bouillon.

bouillonnant, ante adj.
Qui bouillonne. *Des flots bouillonnants.*
➩ bouillonnant.

bouillonnement n. m.
Mouvement d'un liquide qui bout.
➩ bouillonnement.

bouillonner v. intr.
• Produire des bouillons. *L'eau bouillonnait.*
• (Fig.) S'agiter violemment. *Ses parents bouillonnaient de colère, car Alain avait fait une grosse bêtise.*
☞ bouillonner.

bouillotte n. f.
• Récipient destiné à faire bouillir de l'eau.
• Récipient que l'on remplit d'eau bouillante pour réchauffer un lit.
☞ bouillotte.

boul.
Abréviation de *boulevard.*

boulange n. f.
Action de pétrir et de cuire le pain.

boulanger n. m.
boulangère n. f.
Personne qui fait et vend le pain.

boulanger v. tr., intr.
Faire du pain.

boulangerie n. f.
Boutique où l'on cuit et vend le pain.

boule n. f.
Corps sphérique. *Une boule de neige.*

bouleau n. m. (pl. *bouleaux*)
Arbre à écorce blanche argentée.
Hom. *boulot,* travail ou personne petite et grosse.

bouledogue n. m.
Variété de chien de petite taille à museau aplati.
☞ Ce nom est la forme francisée de l'anglais «bulldog».

bouler v. intr.
Rouler comme une boule.

boulet n. m.
• Projectile dont on chargeait les canons.
• Boule de métal qu'on attachait aux pieds de certains condamnés.
• (Fig.) Obligation pénible. *Ces travaux sont un boulet pour lui.*

boulette n. f.
• Petite boule. *Les enfants ont mangé des boulettes de steak haché.*
• (Fam.) Bêtise. *Faire une boulette.*

boulevard n. m.
• Abréviation bd, b^d ou *boul.* (seule la dernière forme s'écrit avec un point).
• Artère à grand débit de circulation reliant diverses parties d'un ensemble urbain et comportant habituellement au moins quatre voies, souvent séparées par un terre-plein. (Recomm. off. OLF) *Nous habitons boulevard des Laurentides.*
• *Théâtre de boulevard.* Théâtre de caractère léger où dominent le vaudeville et la comédie.

boulevardier, ière adj.
Relatif au théâtre de boulevard.

bouleversant, ante adj.
Émouvant. *Ces récits sont bouleversants.*

bouleversement n. m.
Action de bouleverser; état qui en résulte.

bouleverser v. tr.
• Perturber. *L'horaire a été bouleversé par cet incident.*
• Émouvoir violemment. *Elle a été bouleversée par la nouvelle.*

boulier n. m.
Appareil comportant des boules glissant sur des tiges et dont on se sert pour compter ou pour apprendre à compter.
Syn. **abaque.**

boulimie n. f.
Besoin pathologique d'absorber de grandes quantités de nourriture.
☞ boulimie.

boulimique adj. et n. m. et f.
• **Adjectif.** Relatif à la boulimie.
• **Nom masculin et féminin.** Personne atteinte de boulimie.

boulingrin n. m.
Parterre de gazon pour jouer aux boules.
☞ Ce nom est la forme francisée de l'expression anglaise «bowling-green».

boulodrome n. m.
Parterre réservé au jeu de boules.

boulon n. m.
Tige fixée par un écrou.
☞ Ne pas confondre avec le nom *vis,* tige filetée qui se fixe sans écrou.

boulonnage n. m.
Action de boulonner; son résultat.

boulonner v. tr., intr.
• **Transitif.** Fixer avec des boulons.
• **Intransitif.** (Pop.) Travailler durement.

boulonnerie n. f.
Industrie et commerce des boulons et accessoires.

boulot, otte adj. et n. m.
• **Adjectif.** (Fam.) Personne petite et rondelette. *Elle est un peu boulotte.*
• **Nom masculin.** (Fam.) Travail.
Hom. *bouleau,* arbre.

boum! interj. et n. m. et f.
• **Interjection**
Onomatopée de ce qui tombe, explose.
• **Nom masculin**
- Bruit. *On a entendu des boums gigantesques.*
- Développement considérable. *Le boum immobilier.*
• **Nom féminin**
(Fam.) Surprise-partie. *Elle a organisé une boum extraordinaire.*

bouquet n. m.
• Assemblage de fleurs, d'herbes aromatiques. *Un bouquet de lilas.*
• Parfum du vin.
• *C'est le bouquet!* (Fam.) C'est le comble.

bouquetière n. f.
Personne qui vend des bouquets de fleurs.

bouquin n. m.
• Vieux bouc.
• (Fam.) Livre. *La bibliothécaire est toujours plongée dans ses bouquins.*
☞ Ce nom est familier; dans un style soigné, on écrira plutôt *livre.*

bouquiner v. intr.
• Consulter, rechercher de vieux livres.
• (Fam.) Lire. *Elle adore bouquiner.*
• S'accoupler en parlant du lapin.

bouquinerie n. f.
Commerce de vieux livres.

bouquineur, euse n. m. et f.
Personne qui aime lire.

bouquiniste n. m. et f.
Marchand de vieux livres.

bourbe n. f.
Vase, boue.

bourbeux, euse adj.
Plein de bourbe.

bourbier n. m.
• Endroit creux rempli de bourbe.
• (Fig.) Situation inextricable.

bourbon n. m.
Whisky américain.

bourde n. f.
(Fam.) Bêtise, grosse erreur.

bourdon n. m.
• Insecte qui ressemble à l'abeille.
☞ Le mâle de l'abeille est le *faux bourdon.*
• Grosse cloche d'une cathédrale, d'une basilique.
☞ Ne pas confondre avec les noms suivants :
- *carillon,* groupe de petites cloches;
- *cloche,* appareil sonore vibrant sous les coups d'un battant;
- *clochette,* petite cloche;
- *sonnette,* timbre, sonnerie électrique.

bourdonnant, ante adj.
Qui bourdonne.

bourdonnement n. m.
Murmure sourd. *Le bourdonnement des abeilles, le bourdonnement d'un moteur.*

bourdonner v. intr.
Bruire sourdement. *L'abeille bourdonne.*

bourg n. m.
Gros village où se tiennent ordinairement des marchés.
☞ bourg.
Hom. *bourre,* matière servant à bourrer.

bourgade n. f.
Village assez étendu, mais dont les maisons sont espacées.

bourgeois, oise adj. et n. m. et f.
• **Adjectif**
- Qui appartient à la bourgeoisie
- Qui a des valeurs conservatrices. *Une mentalité bourgeoise.*

- Simple et bon. *Cuisine bourgeoise.*
• **Nom masculin et féminin**
Personne qui n'exerce pas un métier manuel et dont les revenus sont assez élevés.
☞ bourgeois.

bourgeoisement adv.
De façon bourgeoise.
☞ bourgeoisement.

bourgeoisie n. f.
• Classe des bourgeois.
• Classe dominante.
☞ bourgeoisie.

bourgeon n. m.
Bouton d'où sortent les feuilles, les fleurs.
☞ bourgeon.

bourgeonnement n. m.
Formation de bourgeons.
☞ bourgeonnement.

bourgeonner v. intr.
Produire des bourgeons, en parlant d'une plante. *L'hiver achève, les arbres commencent à bourgeonner.*
☞ bourgeonner.

bourgmestre n. m.
⇔ Le *g* se prononce [burgmɛstr].
Maire, en Belgique et en Suisse.

bourgogne n. m.
Vin de la région de Bourgogne. *Acheter un bon bourgogne.*
☞ Le nom qui désigne le vin s'écrit avec une minuscule, celui qui désigne la région prend une majuscule.

bourguignon, onne adj. et n. m. et f.
• De la Bourgogne.
☞ L'adjectif s'écrit avec une minuscule; le nom, avec une majuscule.
• *Bœuf bourguignon.* Bœuf cuit au vin rouge.

bourlinguer v. intr.
Ce verbe s'écrit toujours avec un *u,* même devant les lettres *a* et *o. Il bourlingua, nous bourlinguons.*
• Avancer péniblement en luttant contre une grosse mer (en parlant d'un navire).
• Naviguer beaucoup (en parlant d'un marin).
• (Fam.) Voyager beaucoup, mener une vie aventureuse.

bourlingueur, euse n. m. et f.
(Fam.) Personne qui bourlingue.

bourrache n. f.
Plante à grandes fleurs bleues dont on fait des tisanes.

bourrade n. f.
Coup brusque. *Une bourrade amicale.*

bourrage n. m.
• Action de bourrer. *Le bourrage d'un coussin.*
• *Bourrage de crâne.* Étude intensive axée uniquement sur la réussite aux examens.
• Matière qui bourre.

bourrasque n. f.
Coup de vent violent et de courte durée.

☞ Ne pas confondre avec les noms suivants :
- **cyclone,** tempête caractérisée par un puissant tourbillon destructeur;
- **ouragan,** vent très violent accompagné de pluie;
- **tornade,** trombe de vent violent;
- **typhon,** tourbillon marin d'une extrême violence.

bourratif, ive adj.
(Fam.) Se dit d'un aliment qui alourdit l'estomac.

bourre n. f.
Matière servant à bourrer (les coussins, matelas, etc.)
Hom. **bourg,** gros village.

bourreau n. m. (pl. *bourreaux*)
• Personne chargée d'exécuter la peine de mort. *Des bourreaux impassibles.*
• *Bourreau de travail.* (Fam.) Travailleur acharné.

bourrée n. f.
Danse du folklore auvergnat.

bourrèlement n. m.
(Litt.) Douleur.

bourreler v. tr.
Torturer.
☞ Ce verbe ne s'emploie plus que dans l'expression *bourrelé de remords* (et non *bourré de remords).

bourrelet n. m.
• Coussin rempli de bourre.
• Pli arrondi de certaines parties du corps. *Un bourrelet à la taille.*

bourrelier, ière n. m. et f.
Artisan qui fabrique et vend des harnais, des courroies, etc.

bourrellerie n. f.
Commerce des harnais, des sacs, des courroies.

bourrer v. tr., pronom.
• **Transitif.** Remplir complètement en tassant. *Grand-papa bourre sa pipe de tabac.*
☞ Ce verbe est souvent utilisé à tort au lieu du verbe *bourreler* dans l'expression *bourrelé de remords.*
• **Pronominal.** (Fam.) Manger avec excès. *Les enfants se sont bourrés de chocolat.*

bourriche n. f.
Panier à gibier.

bourricot ou **bourriquot** n. m.
Petit âne.

bourrin n. m.
(Pop.) Cheval.

bourrique n. f.
• Mauvais âne.
• (Fam.) Personne bête et têtue.

bourriquet n. m.
Ânon.

bourru, ue adj.
D'un abord rude et renfrogné.
▭⇨ bourru.

bourse n. f.
• Petit sac destiné à contenir de l'argent. *Une bourse remplie de pièces d'or.*
• *Bourse d'études.* Somme accordée à un étudiant.
• Marché où se concluent des opérations sur des valeurs mobilières. *Jouer à la bourse, action cotée en bourse, à la Bourse de Montréal.*
☞ Dans son deuxième sens, le nom *bourse* prend une majuscule s'il est déterminé par un nom propre.

*bourse
Impropriété au sens de *sac à main.*

boursicotage n. m.
Action, fait de boursicoter.

boursicoter v. intr.
Se livrer à de petites opérations à la bourse.

boursicoteur, euse adj. et n. m. et f.
Personne qui boursicote.
Syn. **boursicotier.**

boursier, ière adj. et n. m. et f.
• **Adjectif.** Relatif à la bourse. *Des opérations boursières.*
• **Nom masculin et féminin.** Personne qui jouit d'une bourse d'études.

boursouflé, ée adj.
Enflé.
▭⇨ boursouflé.

boursouflement ou **boursouflage** n. m.
Fait de boursoufler.
▭⇨ boursouflement, boursouflage.

boursoufler v. tr.
Rendre enflé.
▭⇨ boursoufler.

boursouflure n. f.
Gonflement. *Ce papier a des boursouflures.*
▭⇨ boursouflure.

bousculade n. f.
Remous désordonnés d'une foule.

bousculer v. tr., pronom.
• **Transitif**
- Heurter violemment (des personnes) par inadvertance.
- Presser, brusquer. *Ne me bousculez pas, je ne peux travailler comme ça.*
• Renverser. *Cette découverte a bousculé toutes les théories.*
• **Pronominal**
Se pousser, se heurter de façon désordonnée. *Ne vous bousculez pas pour monter dans l'autobus.*

bousillage n. m.
Action de bousiller.

bousiller v. tr., intr.
Les lettres *ill* sont suivies d'un *i* à la première et à la deuxième personne du pluriel de l'indicatif imparfait et du subjonctif présent. *(Que) nous bousillions, (que) vous bousilliez.*
• (Fam.) Travailler précipitamment et sans soin.
• (Fam.) Démolir. *Julien a bousillé sa voiture téléguidée.*

bousilleur, euse n. m. et f.
Personne qui bousille (quelque chose).

boussole n. f.
Cadran muni d'une aiguille aimantée et dont une des pointes indique le Nord en vue de permettre au marin, au voyageur de s'orienter.
⬛▷ boussole.

boustifaille n. f.
(Pop.) Nourriture.

bout n. m.
• Extrémité.
• **Locutions**
- ***Pousser à bout.*** Impatienter, provoquer la colère de quelqu'un. *Ne poussez pas à bout le professeur.*
- ***Être à bout.*** Être épuisé.
- ***À tout bout de champ.*** Constamment.
- ***Au bout du compte.*** Après tout.
- ***Joindre les deux bouts.*** Équilibrer son budget.
- ***Tenir le bon bout.*** Être gagnant.
- ***Avoir, tenir le gros bout du bâton.*** Au Canada, être dans une position de force.
- ***Venir à bout de.*** Triompher, l'emporter.
Hom. ***boue***, mélange d'eau et de terre.

boutade n. f.
Repartie, plaisanterie.

bout de chou n. m. (pl. *bouts de chou*)
Petit enfant.

boute-en-train n. m. inv. (pl. *boute-en-train*)
Personne enjouée qui anime une soirée, un groupe. *Elle est un vrai boute-en-train.*
⬛◁— Ce nom est toujours masculin.
⬛▷ boute-en-train.

bouteille n. f.

• Récipient, généralement en verre, destiné à contenir un liquide, un gaz sous pression. *Une bouteille de boisson gazeuse, une bouteille d'oxygène.*
• ***Bouteille non consignée.*** V. **jetable**.
⬛◁— Certains formats de bouteilles ont reçu des appellations particulières, originellement pour le champagne :
- la ***bouteille de vin*** contient de 70 à 75 décilitres;
- le ***magnum*** comprend 2 bouteilles de champagne, d'eau minérale, etc. (1,50 à 1,60 litre);
- le ***jéroboam*** représente 4 bouteilles (3 litres);
- le ***mathusalem*** contient 8 bouteilles (6 litres);
- le ***balthazar*** ou ***balthasar*** équivaut à 16 bouteilles (12 litres);
- le ***nabuchodonosor*** correspond à plus de 20 bouteilles (16 litres).
• Contenu d'une bouteille. *Boire une bouteille de champagne.*

---

bouteiller ou **boutillier** n. m.
(Ancienn.) Maître échanson.

bouter v. tr.
(Vx) Chasser (d'un lieu).

bouteur n. m.
Engin de terrassement constitué par un tracteur à chenilles équipé à l'avant d'une lame, servant à pousser des terres ou d'autres matériaux. *Pour niveler le sol, il faudra un bouteur.*
⬛◁— Le nom ***bulldozer*** est couramment utilisé en ce sens.

bout-filtre n. m. (pl. *bouts-filtres*)
Filtre destiné à absorber la nicotine d'une cigarette.

boutique n. f.
• Lieu où un commerçant expose et vend sa marchandise. *Ce centre commercial regroupe 50 boutiques.*
• Magasin de prêt-à-porter.
• ***Boutique franche.*** Boutique située dans une zone où les marchandises sont exemptes de droits de douane. *Acheter des cigarettes dans une boutique franche* (et non à la *duty free shop).

boutiquier, ière adj. et n. m. et f.
• **Adjectif.** (Péj.) De boutique.
• **Nom masculin et féminin.** Personne qui tient une boutique.

bouton n. m.
• Bourgeon. *Des boutons dorés.*
• Petite pièce ronde qui sert à fixer un vêtement. *Des boutons de manchettes.*
• Vésicule cutanée. *Un adolescent avec des boutons.*
• Commande d'un appareil. *Il suffit de tourner le bouton, et tout démarre.*

bouton-d'argent n. m. (pl. *boutons-d'argent*)
Renoncule à fleurs blanches.

bouton-d'or n. m. (pl. *boutons-d'or*)
Renoncule à fleurs jaunes.

boutonnage n. m.
Action de boutonner.

boutonner v. tr., intr., pronom.
• **Transitif.** Attacher au moyen de boutons. *Boutonne ton manteau, il fait froid.*
• **Intransitif et pronominal.** Se fermer avec des boutons. *Cette robe boutonne* ou *se boutonne par derrière.*
⬛◁— Ce verbe s'emploie à la forme intransitive ou plus fréquemment, à la forme pronominale.

boutonneux, euse adj.
Qui a des boutons. *Un garçon boutonneux.*

boutonnière n. f.
Fente faite à un vêtement pour y passer un bouton.

bouton-pression n. m. (pl. *boutons-pression*)
Système de fermeture composé d'un petit bouton qui entre par pression dans un œillet métallique. *Un bouton-pression* (et non une *snap).

bouturage n. m.
Action de multiplier des végétaux par boutures.

bouture n. f.
Partie d'un végétal coupée et plantée pour donner une nouvelle plante.

bouturer v. tr., intr.
Reproduire par boutures.

bouveter v. tr.
Redoublement du *t* devant un *e* muet. *Je bouvette, je bouvetterai*, mais *je bouvetais*.
☞ Le *e* central est muet [buvte].
Faire des rainures dans le bois.

bouveteuse n. f.
☞ Le *e* central est muet [buvtøz].
Machine à bouveter le bois.

bouvier, ière n. m. et f.
• **Nom masculin et féminin.** Personne qui soigne les bœufs.
• **Nom masculin.** Chien de berger.

bouvillon n. m.
Jeune bœuf castré.

bouvreuil n. m.
Oiseau à gorge rose et à tête noire.

bovidé n. m.
☞ Le *o* est ouvert [bɔvide].
Mammifère ruminant constituant une famille à laquelle appartient le bœuf.

bovin, ine adj. et n. m.
☞ Le *o* est ouvert [bɔvɛ̃, in].
Qui se rapporte au bœuf. *Les espèces bovines. Les bovins (bœufs, vaches, veaux).*

*bowling
Anglicisme au sens de *jeu de quilles.*

bow-window n. m.
☞ Ce mot se prononce à l'anglaise [bowindo].
Fenêtre en saillie. *De grands bow-windows.*
☞ En remplacement de ce mot, le nom suisse *oriel* a été proposé.

box n. m.
Compartiment d'écurie. *Des boxes spacieux* ou *des box.*
☞ Au pluriel, le nom s'orthographie *box* ou *boxes.*

boxe n. f.
Lutte sportive à coups de poing.

boxer n. m.
☞ Le *r* se prononce [bɔksɛr].
Chien de garde. *Des boxers bien dressés.*

boxer v. tr., intr.
• **Transitif.** (Fam.) Frapper. *Il a boxé l'agresseur.*
• **Intransitif.** Pratiquer la boxe. *Il boxe depuis 10 ans.*

boxeur n. m.
boxeuse n. f.
Personne qui pratique la boxe à titre d'amateur ou de professionnel.

boyau n. m. (pl. *boyaux*)
Intestin d'un animal.

*boyau (d'arrosage)
Au sens de *tuyau* (d'arrosage), ce nom est vieilli.

boycottage ou **boycott** n. m.
☞ La première syllabe se prononce à l'anglaise [bɔjkɔtaʒ, bɔjkɔt].
Refus systématique d'entretenir des relations économiques, politiques, etc. avec une personne, un groupe de personnes, une entreprise, un État dans le but d'exer-

cer des pressions ou des représailles.
☞ Le nom *boycottage* est la forme francisée de *boycott.*

boycotter v. tr.
☞ La première syllabe se prononce à l'anglaise [bɔjkɔte].
Pratiquer le boycottage de. *Certains pays boycottent l'Afrique du Sud en raison de ses pratiques racistes.*
☞ boycotter.

boycotteur, euse n. m. et f.
☞ La première syllabe se prononce à l'anglaise [bɔjkɔtœr, øz].
Qui boycotte.

boy-scout n. m. (pl. *boy-scouts*)
☞ La première syllabe se prononce à l'anglaise [bɔjskut].
(Vx) Scout.

BP
Sigle de *bande publique.*

B.P.
Abréviation de *boîte postale.*

BPC
Sigle de *biphényles polychlorés.*

Br
Symbole chimique de *brome.*

bracelet n. m.
Anneau qui se porte au bras, au poignet. *Des bracelets en plastique.*

bracelet-montre n. m. (pl. *bracelets-montres*)
Montre fixée à un bracelet.
☞ On note aussi l'emploi du nom *montre-bracelet* (des montres-bracelets).

braconnage n. m.
Action de braconner.
☞ braconnage.

braconner v. intr.
Chasser sans permis en temps ou en lieux interdits.
☞ braconner.

braconnier, ière n. m. et f.
Personne qui braconne.
☞ braconnier.

brader v. tr.
• Vendre à n'importe quel prix.
• Liquider.

braderie n. f.
Vente publique de soldes, de marchandises d'occasion.

bradycardie n. f.
Ralentissement du rythme du cœur.
☞ bradycardie.

braguette n. f.
Ouverture verticale du pantalon.

brahmane n. m.
Membre de la caste sacerdotale de l'Inde.
☞ Le nom s'écrit avec une minuscule.
☞ brahmane.

brahmanique adj.
Relatif au brahmanisme.
☞ brahmanique.

brahmanisme n. m.
Religion de l'Inde.
☞ Les noms de religions s'écrivent avec une minuscule.
☞ brahmanisme.

braies n. f. pl.
(Ancienn.) Pantalon ample des Gaulois, des Germains, etc.

braillard, arde adj. et n. m. et f.
Qui ne cesse de pleurer, de se plaindre.
☞ braillard.
Syn. **brailleur.**

braille n. m.
Système d'écriture, par points en relief, dont se servent les aveugles.
☞ braille.

braillement n. m.
Action de brailler.
☞ braillement.

brailler v. tr., intr.
Les lettres **ill** sont suivies d'un **i** à la première et à la deuxième personne du pluriel de l'indicatif imparfait et du subjonctif présent. *(Que) nous braillions, (que) vous brailliez.*
• Pleurer, crier bruyamment.
☞ Dans la francophonie, ce verbe s'emploie surtout en parlant d'un enfant; au Canada, il est utilisé également en parlant d'une personne adulte.
• Crier, en parlant du paon.
☞ brailler.

braiment n. m.
Cri de l'âne.

*brainstorming
Anglicisme pour *remue-méninges.*

*brain-trust
Anglicisme pour *état-major.*

braire v. intr.
Ce verbe ne s'emploie qu'à l'infinitif et aux formes suivantes : INDICATIF PRÉSENT *Il brait, ils braient.* IMPARFAIT *Il brayait, ils brayaient.* FUTUR *Il braira, ils brairont.* CONDITIONNEL PRÉSENT *Il brairait, ils brairaient.* PARTICIPE PASSÉ *Il a brait, ils ont brait.* PRÉSENT *Brayant.*
Crier, en parlant de l'âne.

braise n. f.
Charbons ardents.

braiser v. tr.
Faire cuire à feu doux.

brame ou **bramement** n. m.
Cri du cerf ou du daim.

bramer v. intr.
Crier, pour un cerf, un daim.

bran n. m.
• Partie la plus grossière du son.
• Sciure.
• *Bran de scie.* Sciure de bois. *L'odeur du bran de scie est agréable.*
☞ La prononciation *«brin» est fautive.

brancard n. m.
Civière à bras.

brancardier n. m.
brancardière n. f.
Personne qui transporte les blessés sur des brancards.

branchage n. m.
Amas de branches.

branche n. f.
• Ramification de l'arbre. *L'oiseau est sur la branche.*
• Division. *Les branches d'une science.*
• *À travers les branches.* Par des rumeurs, par ouï-dire. *Nous avons appris à travers les branches que Mme Julien reviendrait enseigner en septembre.*

*branche
Anglicisme au sens de *succursale.*

branché, ée adj.
(Fam.) À la mode. *Êtes-vous branché?*

branchement n. m.
Action de brancher, de raccorder à un réseau. *Le branchement du téléphone.*

brancher v. tr., pronom.
• **Transitif**
Raccorder, mettre en communication. *Brancher l'appareil d'éclairage* (et non *connecter).
• **Pronominal**
- Capter une émission. *Ils se sont branchés sur Radio-Canada.*
- (Fam.) Au Canada, se décider. *Branchez-vous les amis, nous sommes déjà en retard.*

branchette n. f.
Petite branche.

branchies n. f. pl.
Organes de la respiration chez les poissons. *Les branchies d'un poisson.*

branchu, ue adj.
Qui a beaucoup de branches.

brandade n. f.
Morue pilée au mortier avec de l'huile et de l'ail.

brandebourg n. m.
Broderie sur un vêtement.

brandir v. tr.
Élever avant de lancer ou de frapper. *Brandir une arme.*

brandy n. m. (pl. *brandys*)
👄 Ce mot se prononce à la française [brãdi].
Eau-de-vie.

branlant, ante adj.
Qui manque de stabilité. *Un parapet branlant.*

branle n. m.
• Mouvement d'un corps qui oscille.

• Ancienne danse.
• *Mettre en branle.* Mettre en mouvement.

branle-bas n. m. inv. (pl. *branle-bas*)
• Préparatifs pour un combat naval. *Branle-bas de combat!*
• Agitation générale. *Des branle-bas amusants.*

branlement n. m.
Mouvement de ce qui branle.

branler v. tr., intr.
• **Transitif**
Agiter. *Il branlait la tête.*
• **Intransitif**
- Commencer à osciller. *Sa dent branle.*
- *Branler dans le manche.* (Fam.) N'être pas solide.

braquage n. m.
• Action de tourner les roues d'une voiture, d'un véhicule.
• (Fam.) Attaque à main armée. *Le braquage d'une banque.*

braque adj. et n. m.
• **Adjectif.** (Fam.) Étourdi, un peu fou, bizarre.
• **Nom masculin.** Chien de chasse.

braquer v. tr., intr., pronom.
• **Transitif.** Diriger vers un point. *Braquer les yeux sur quelqu'un, braquer un revolver.*
• **Intransitif.** Faire tourner un véhicule. *Cette petite voiture braque bien.*
• **Pronominal.** (Fam.) Se dresser, se cabrer. *Il s'est braqué et personne n'a pu lui faire entendre raison.*

bras n. m.
• Membre supérieur de l'être humain qui est rattaché à l'épaule.
• **Locutions**
- *À bras.* En n'employant que la force musculaire.
- *À bras ouverts.* Avec cordialité.
- *À tour de bras, à bras raccourcis.* De toute sa force.
- *À bras le corps* ou *à bras-le-corps.* En passant les deux bras autour du corps.
- *Bras dessus, bras dessous.* En se donnant le bras.

brasero n. m.
⇔ Les lettres *se* se prononcent *zé* [brazero].
Récipient métallique rempli de charbons ardents et destiné au chauffage en plein air. *Des braseros.*
⇨ brasero.

brasier n. m.
Foyer d'incendie.

brassage n. m.
Action de brasser; fait de brasser. *Le brassage de la bière.*

brassard n. m.
Bande d'étoffe portée au bras.

brasse n. f.
Nage sur le ventre où l'on étend les deux bras en avant pour les écarter ensuite simultanément.

brassée n. f.
Ce qu'on peut tenir dans les deux bras. *Une brassée de bois.*

brasser v. tr.
Remuer.

brasserie n. f.
• Industrie de la fabrication de la bière.
• Restaurant où l'on sert surtout de la bière.

brasseur n. m.
brasseuse n. f.
Personne qui fabrique et vend de la bière.

brassière n. f.
Vêtement de nourrisson fermé dans le dos.

*brassière
Anglicisme au sens de *soutien-gorge.*

bravache adj. et n. m. et f.
Fanfaron.

bravade n. f.
Défi insolent. *Elle fit ce choix par bravade.*

brave adj. et n. m. et f.
• Courageux. *Un chevalier très brave.*
• Bon, honnête. *Un brave gardien.*
☞ Selon la place de l'adjectif, le sens varie.

bravement adv.
Avec bravoure.

braver v. tr.
Affronter sans crainte.

bravissimo! interj.
Marque une admiration enthousiaste.

bravo interj. et n. m.
• **Interjection.** Cette interjection marque l'approbation, l'admiration, l'enthousiasme.
• **Nom masculin.** Applaudissement. *Des bravos retentissants.*

bravoure n. f.
Courage.

break n. m.
⇔ Le mot se prononce à l'anglaise [brɛk].
Voiture en forme de fourgonnette.

*breaker
Anglicisme pour *disjoncteur.*

brebis n. f.
⇔ Le *s* ne se prononce pas [brəbi].
Femelle du bélier.

brèche n. f.
Ouverture pratiquée dans un mur, une clôture.

bréchet n. m.
Sternum de l'oiseau ayant la forme d'un Y.

bredouillage n. m.
Murmure.

bredouille adj.
Se dit d'une personne qui a échoué dans ses recherches (de gibier, à l'origine). *Elles sont revenues bredouilles.*

bredouillement n. m.
Fait de bredouiller.

bredouiller v. tr., intr.
Les lettres **ill** sont suivies d'un **i** à la première et à la deuxième personne du pluriel de l'indicatif imparfait et du subjonctif présent. *(Que) nous bredouillions, (que) vous bredouilliez.*
Parler rapidement en prononçant mal.

bref, brève adj. et adv.
• **Adjectif.** Court, concis. *Un texte bref.*
• **Adverbe.** En définitive. *Bref, passons.*

breloque n. f.
Petit bijou qu'on fixe à une chaîne, à un bracelet.

brésilien, ienne adj. et n. m. et f.
• **Adjectif et nom masculin et féminin.** Du Brésil. *La lambada est une danse brésilienne. Un Brésilien, une Brésilienne.*
🖙 L'adjectif s'écrit avec une minuscule; le nom, avec une majuscule.
• **Nom masculin.** Forme du portugais parlé au Brésil. *Jorge parle le brésilien.*
🖙 Le nom de la langue s'écrit avec une minuscule.

bretelle n. f.
• Voie qui relie une autoroute avec le réseau routier ou avec une autre autoroute. (Recomm. off. OLF) *La voiture est tombée en panne à la sortie de la bretelle* (et non de la *rampe).
• (Au plur.) Double bande élastique qui sert à soutenir un vêtement. *Les bretelles d'un soutien-gorge, d'un pantalon.*

breton, onne adj. et n. m. et f.
• **Adjectif et nom masculin et féminin.** De Bretagne. *Une galette bretonne. Un Breton, une Bretonne.*
🖙 L'adjectif s'écrit avec une minuscule; le nom, avec une majuscule.
• **Nom masculin.** Langue celtique. *Loïc parle le breton.*
🖙 Le nom de la langue s'écrit avec une minuscule.

bretonnant, ante adj.
Qui conserve les traditions bretonnes. *La Bretagne bretonnante.*

bretzel n. m.
Pâtisserie alsacienne salée, en forme de huit.

breuvage n. m.
Médicament, philtre.

***breuvage**
Anglicisme au sens de *boisson*.

brevet n. m.
• Titre, certificat, diplôme.
• ***Brevet d'invention.*** Document qui définit la propriété intellectuelle de l'inventeur et lui donne un droit exclusif d'exploitation d'une durée déterminée. *Un brevet en instance* (et non *patent pending).

brevetable adj.
👄 Le deuxième **e** est muet [brəvtabl].
Qui peut être breveté.

breveté, ée adj.
👄 Le deuxième **e** est muet [brəvte]
Qui a obtenu un brevet, protégé par un brevet. *Un produit breveté.*

breveter v. tr.
Redoublement du **t** devant un **e** muet. *Je brevette, je brevetterai,* mais *je brevetais.*
👄 Le deuxième **e** est muet [brəvte].
Protéger par un brevet. *Breveter une invention.*

bréviaire n. m.
Livre de prière des prêtres.

bréviligne adj. et n. m. et f.
Se dit d'une personne de petite taille aux membres courts.
Ant. **longiligne.**

bribe n. f.
Petite quantité. *Ils ont appris l'histoire par bribes.*

bric-à-brac n. m. inv. (pl. *bric-à-brac*)
Rassemblement de vieux objets.
🖙 Ce nom remplace avantageusement le calque *vente de garage.

bric et de broc (de) loc. adv.
Avec des morceaux disparates. *Il s'est meublé de bric et de broc.*

brick n. m.
Voilier à voiles carrées.
▭▷ bri**ck.**

bricolage n. m.
• Passe-temps constitué par de petits travaux de réparation, de construction à la maison. *Le bricolage lui procure une grande détente.*
• Travail peu soigné.

bricole n. f.
(Fam.) Objet sans valeur.

bricoler v. tr., intr.
• **Transitif.** Réparer sommairement. *Bricoler une serrure.*
• **Intransitif.** Exécuter des travaux manuels (aménagement, réparations). *Il adore bricoler : il a construit une belle terrasse dans son jardin.*

bricoleur, euse n. m. et f.
Personne qui aime exécuter de petits travaux manuels.

bride n. f.
• Partie du harnais d'un cheval qui permet de le conduire.
• ***À bride abattue, à toute bride,*** locutions adverbiales. À toute vitesse.
• ***Tenir la bride.*** Ne pas tout permettre.

bridé, ée adj.
Yeux bridés. Yeux dont les paupières sont étirées latéralement.

brider v. tr.
• Mettre la bride à un cheval.
• ***Brider une volaille.*** Ficeler une volaille pour la cuisson.
• Contenir, freiner. *Une imagination trop bridée.*
Ant. **débrider.**

bridge n. m.
Jeu de cartes.

bridger v. intr.
Jouer au bridge.

bridgeur, euse n. m. et f.
Personne qui joue au bridge.

brie n. m.
Fromage à pâte molle de Brie. *Une tartine de brie.*
☞ Le nom qui désigne le fromage s'écrit avec une minuscule, tandis que le nom de la région de France s'écrit avec une majuscule.
Hom. **bris,** destruction, rupture.

*briefing
Anglicisme pour **instructions, exposé, synthèse.**

brièvement adv.
Rapidement.

brièveté n. f.
• Courte durée.
• Concision. *La brièveté d'un texte.*

brigade n. f.
• Corps de police spécialisé dans un domaine particulier.
• Petit détachement. *Une brigade de nettoyage.*

brigadier n. m.
brigadière n. f.
Officier supérieur.

brigand n. m.
Bandit.
☞ Ce nom n'a pas de forme féminine.

brigandage n. m.
Pillage, vol à main armée.

briguer v. tr.
Ce verbe s'écrit toujours avec un *u,* même devant les lettres *a* et *o. Il brigua, nous briguons.*
• Solliciter avec ardeur. *Il briguera les suffrages dans notre région.*
• Être candidat. *Briguer un poste.*

brillamment adv.
D'une manière brillante, éclatante.

brillance n. f.
Qualité de ce qui est brillant. *Le degré de brillance.*

brillant, ante adj. et n. m.
• **Adjectif**
- Qui a de l'éclat. *Un fini brillant.*
- De grande qualité. *Un esprit brillant.*
• **Nom masculin**
- Éclat. *Le brillant de ses cheveux dorés.*
- Diamant taillé, à facettes.

brillanter v. tr.
• Tailler une pierre en brillants.
• (Litt.) Rendre brillant.

brillantine n. f.
Produit pour lustrer les cheveux.

brillantiner v. tr.
Enduire de brillantine.

briller v. intr.
Les lettres *ill* sont suivies d'un *i* à la première et à la deuxième personne du pluriel de l'indicatif imparfait et du subjonctif présent. *(Que) nous brillions, (que) vous brilliez.*
• Projeter une lumière vive. *Le soleil brille.*
• Se distinguer. *Il brillait par son absence.*

brimade n. f.
Épreuve imposée par les anciens aux nouveaux (élèves, soldats).

brimbalement n. m.
(Fam.) Agitation, balancement.

brimbaler v. tr., intr.
(Vx) Agiter, osciller.
☞ Le verbe **brimbaler** est remplacé aujourd'hui par **brinquebaler.**

brimborion n. m.
Petit objet.

brimer v. tr.
Faire subir des brimades.

brin n. m.
• Tige menue. *Un brin d'herbe.*
• Petite quantité. *Un brin de sel.*

brindille n. f.
Petite branche. *Un feu de brindilles.*

bringue n. f.
• (Pop.) Grande fille dégingandée.
• (Pop.) Fête où l'on boit. *Faire la bringue.*

bringuebaler ou **brinquebaler** v. tr., intr.
• (Fam.) Agiter, secouer.
• (Fam.) Se balancer.

brio n. m.
Entrain, vivacité. *Ils ont réussi avec brio.*

brioche n. f.
Pâtisserie. *Une brioche aux raisins.*

brioché, ée adj.
Qui se rapproche de la brioche. *Du pain brioché.*

brique adj. inv. et n. f.
• **Nom féminin.** Pierre rectangulaire d'argile cuite destinée à la construction.
☞ Le nom **brique** est au pluriel si l'on considère les pierres cuites. *Un mur de briques rouges.* Il est au singulier s'il s'agit de la matière. *Un immeuble en brique.*
• **Adjectif de couleur invariable.** D'un rouge foncé. *Des gants brique.*
V. Tableau - **COULEUR (ADJECTIFS DE).**

briquer v. tr.
(Fam.) Astiquer, nettoyer à fond.

briquetage n. m.
☞ Le *e* central est muet [briktaʒ].
Maçonnerie en brique(s).

briqueter v. tr.
Redoublement du *t* devant un *e* muet. *Je briquette, je briquetterai,* mais *nous briquetons.*
☞ Le *e* central est muet [brikte].
Garnir avec des briques.
☞ briqueter.

briqueterie n. f.
👄 Le mot se prononce [briktəri] ou [brikɛtri].
Fabrique de briques.
▭▷ briqueterie.

briquetier n. m.
👄 Le *e* central est muet [briktje].
Personne qui produit des briques.
▭▷ briquetier.

briquette n. f.
Petite brique composée de poussières de charbon et
utilisée comme combustible. *Allume les briquettes du
barbecue.*
▭▷ briquette.

bris n. m.
(Dr.) Destruction, rupture. *Des bris de scellés.*
Hom. *brie,* fromage à pâte molle.

brisant n. m.
Écueil à fleur d'eau qui produit de l'écume.

*bris de contrat
Calque de l'anglais «breach of contract» au sens de
rupture de contrat.

brise n. f.
Vent léger.

brise- préf.
Les noms composés avec le préfixe *brise-* s'écrivent
avec un trait d'union et sont invariables.

brisé, ée adj.
• Mis en pièces.
• Accablé. *Après cette journée, elle est brisée.*
• *Ligne brisée.* Suite de droites formant des angles.

brise-béton n. m. inv. (pl. *brise-béton*)
Appareil servant à détruire le béton par percussion.

brise-bise n. m. inv. (pl. *brise-bise*)
Petit rideau couvrant le bas d'une fenêtre.

brisées n. f. pl.
• Branches rompues pour reconnaître l'endroit où est
le gibier.
• *Marcher sur les brisées de quelqu'un.* S'approprier
le travail d'autrui.

brise-fer adj. inv. et n. m. et f. inv.
Se dit d'un enfant qui casse tout ce qu'il touche. *Ces
enfants sont brise-fer.*

brise-glace ou **brise-glaces** n. m. inv. (pl. *brise-
glace* ou *brise-glaces*)
Navire conçu pour la navigation dans les glaces.

brise-jet n. m. inv. (pl. *brise-jet*)
Anneau fixé à un robinet pour réduire les éclaboussures.

brise-lames n. m. inv. (pl. *brise-lames*)
Digue qui amortit le choc des vagues.

brise-mottes n. m. inv. (pl. *brise-mottes*)
Appareil qui écrase les mottes de terre.

briser v. tr., intr., pronom.
• **Transitif.** Détruire, anéantir. *Briser de la vaisselle.*

• **Intransitif.** Se dit de la mer qui vient battre la côte,
des rochers.
• **Pronominal.** Se casser. *Le vase s'est brisé en mille
morceaux.*

brise-tout n. m. et f. inv. (pl. *brise-tout*)
Maladroit.

brise-vent n. m. inv. (pl. *brise-vent*)
Plantation d'arbres pour préserver du vent les cultures, les fleurs.

bristol n. m.
Carton blanc utilisé pour les cartes de visite, pour le
dessin.

brisure n. f.
Partie cassée, fêlure.

britannique adj. et n. m. et f.
De Grande-Bretagne. *Le drapeau britannique. Un Britannique, une Britannique.*
▭◁— L'adjectif s'écrit avec une minuscule; le nom, avec
une majuscule.

British Broadcasting Corporation
Sigle *BBC* (s'écrit avec ou sans points).

British North America Act
Sigle *BNAA* (s'écrit avec ou sans points).
V. **Acte de l'Amérique du Nord britannique.**

broc n. m.
👄 Le *c* ne se prononce pas [bro].
Récipient à anse. *Des brocs de faïence.*

brocante n. f.
Commerce de vieux objets hétéroclites.

brocanter v. intr.
Faire le commerce des vieux objets.

brocanteur n. m.
brocanteuse n. f.
Personne qui fait le commerce des vieux objets et des
curiosités. *Ils se disent antiquaires; ils sont en fait des
brocanteurs.*

brocart n. m.
Étoffe brochée d'or, d'argent.
▭▷ brocart.

brochage n. m.
Reliure. *Le brochage d'un livre.*

broche n. f.
• Bijou muni d'une épingle. *Une jolie broche avec des
brillants* (et non une *épinglette, une *pin).
• Longue tige pointue. *Cuire un poulet à la broche.*

brocher v. tr.
• Relier un livre.
• Tisser avec des fils d'or, d'argent.

*brocher
Impropriété au sens de *agrafer,* assembler à l'aide
d'agrafes.

brochet n. m.
Poisson carnivore d'eau douce.
▭▷ brochet.

brochette n. f.
• Petite broche. *Une brochette d'agneau grillé.*
• Chaînette portant plusieurs décorations. *Vous avez une belle brochette.*

brocheuse n. f.
Machine qui sert au brochage des livres.

***brocheuse**
Impropriété au sens de *agrafeuse.*

brochure n. f.
Court texte destiné à expliquer, à vendre. *Une brochure publicitaire* (et non un *pamphlet).

brocoli n. m.
Variété de chou-fleur.

brodequin n. m.
Chaussure à tige montante et lacée. *Des brodequins de marche.*

broder v. tr., intr.
• **Transitif.** Exécuter, avec l'aiguille, un dessin en relief sur une étoffe.
• **Intransitif.** Exagérer. *Ce récit est bien embelli : son auteur brode beaucoup.*

broderie n. f.
Décoration d'un tissu à l'aide de dessins tracés avec du fil.

brodeur n. m.
brodeuse n. f.
Personne qui exécute des travaux de broderie.

brodeuse n. f.
Machine à broder.

brome n. m.
• Symbole *Br* (s'écrit sans point).
• Corps simple, voisin du chlore.

bromé, ée adj.
Qui contient du brome.

bromure n. m.
Combinaison de brome et d'un autre corps.

broncho- préf.
⇨ Les lettres *ch* se prononcent *k* [brɔ̃ko].
Élément du grec signifiant «bronches».

bronche n. f.
Nom des conduits qui acheminent l'air aux poumons.

broncher v. intr.
• Faire un faux pas, une erreur.
• Bouger.
• *Sans broncher.* Sans hésitation, sans manifester d'émotion.
▷— Le participe passé de ce verbe est invariable.

bronchiole n. f.
Ramification des bronches.

bronchique adj.
Des bronches.

bronchite n. f.
Inflammation des bronches.

bronchitique adj. et n. m. et f.
Atteint de bronchite.

broncho-dilatateur, trice adj. et n. m. (*broncho-dilatateurs*)
⇨ Les lettres *ch* se prononcent *k* [brɔ̃kodilatatœr].
Médicament utilisé pour dilater les bronches.

broncho-pneumonie n. f. (pl. *broncho-pneumonies*)
⇨ Les lettres *ch* se prononcent *k* [brɔ̃kopnømoni].
Inflammation des poumons et des bronches.

bronchoscopie n. f.
⇨ Les lettres *ch* se prononcent *k* [brɔ̃koskopi].
Exploration visuelle de la cavité des bronches.

brontosaure n. m.
Reptile fossile de taille gigantesque, du groupe des dinosauriens.
⇨ brontosaure.

bronzage n. m.
Action de bronzer, de brunir.

bronze n. m.
• Alliage de cuivre et d'étain. *Une statue en bronze.*
• Œuvre d'art en bronze. *Un bronze magnifique de Rodin.*

bronzé, e adj.
Dont le teint est cuivré par le soleil. *Ces nageurs sont très bronzés.*

bronzer v. tr., intr.
• **Transitif**
- Hâler la peau.
- Revêtir d'une couche de bronze.
• **Intransitif**
Se dit de la peau qui prend une teinte foncée. *En quelques jours, sa peau a beaucoup bronzé.*

brossage n. m.
Action de brosser. *Le brossage des dents.*

brosse n. f.
• Ustensile garni de poils durs qui sert au nettoyage.
• *Brosse à dents.* Brosse pour nettoyer les dents.
▷— Dans ce nom composé, le nom *dent* s'écrit au pluriel.

brosser v. tr.
• Nettoyer avec une brosse. *Brosser ses souliers.*
• Démêler. *Brosser ses cheveux.*
• Peindre. *Brosser un portrait.*
• Décrire un tableau d'une façon vive. *Il a brossé le tableau de son époque dans son œuvre.*

brou n. m. (pl. *brous*)
Enveloppe verte de la noix.

***broue**
Archaïsme au sens de *mousse, écume.*

brouet n. m.
(Vx) Bouillon peu appétissant.

brouette n. f.
Petite voiture à une seule roue et à deux brancards destinée au transport. *La brouette du jardinier.*

brouettée n. f.
Charge d'une brouette.

brouetter v. tr.
Transporter dans une brouette.

brouhaha n. m.
Bruit confus produit par une foule. *Des brouhahas assourdissants.*

brouillage n. m.
Action d'empêcher la réception d'un signal sonore, visuel. *Le brouillage d'une émission, d'un radar.*

brouillamini n. m.
Confusion.

brouillard n. m.
Amas de vapeurs d'eau qui flotte à proximité du sol (visibilité inférieure à 1 km). *Lorsqu'il y a du brouillard, la visibilité est réduite.*
↪ Ne pas confondre avec les noms suivants :
- *brume,* brouillard léger (visibilité supérieure à 1 km); brouillard de mer;
- *buée,* vapeur d'eau qui se condense sur une surface froide;
- *frimas,* brouillard qui se congèle en tombant;
- *nuage,* masse vaporeuse de particules d'eau très fines qui flotte dans l'atmosphère.

brouille n. f.
Querelle. *Il y a une brouille entre eux.*

brouiller v. tr., pronom.
Les lettres *ill* sont suivies d'un *i* à la première et à la deuxième personne du pluriel de l'indicatif imparfait et du subjonctif présent. *(Que) nous brouillions, (que) vous brouilliez.*
• **Transitif**
- Mettre pêle-mêle. *Brouiller les pistes.*
- Rendre imprécis. *Sa vue est brouillée par la pluie.*
- Désunir. *Brouiller des voisins.*
• **Pronominal**
Cesser d'être amis. *Elles se sont brouillées.*

brouilleur n. m.
Appareil qui produit du brouillage.

brouillon, onne adj. et n. m.
• **Adjectif.** Peu soigneux. *Un esprit brouillon.*
• **Nom masculin.** Premier jet d'un texte destiné à être mis au propre. *Voici le brouillon de ma rédaction.*

broussaille n. f. (gén. au pl.)
• Touffe de ronces, de branches. *Un feu de broussailles.*
• *En broussaille.* En désordre. *Il a la barbe en broussaille.*

broussailleux, euse adj.
Encombré de broussailles.

brousse n. f.
Savane africaine couverte de hautes herbes et de broussailles.

broutement n. m.
Action de brouter.

brouter v. tr., intr.
Paître l'herbe, les feuilles. *La chèvre broute.*

broutille n. f.
• Petite branche d'arbre.
• Futilité.

*****brownie**
Anglicisme pour *carré au chocolat.*

broyage n. m.
Action de broyer; son résultat.

broyer v. tr.
Le *y* se change en *i* devant un *e* muet. *Il broie, il broyait.*
Le *y* est suivi d'un *i* à la première et à la deuxième personne du pluriel de l'indicatif imparfait et du subjonctif présent. *(Que) nous broyions.*
• Piler, écraser sous une masse pesante. *La voiture a été broyée par ce camion.*
• *Broyer du noir.* Être déprimé.

broyeur, euse n. m.
Instrument servant à broyer. *Un broyeur de rebuts.*

brrr! interj.
Exprime le froid, la peur.

bru n. f.
(Vx) Belle-fille, épouse du fils.

brugnon n. m.
Variété de pêche à peau lisse dont le noyau est adhérent.
↪ Dans le cas de la *nectarine,* le noyau n'adhère pas.

brugnonier n. m.
Arbre dont le fruit est le brugnon.

bruine n. f.
Pluie fine et froide.

bruiner v. impers.
Tomber de la bruine. *En novembre, il bruine souvent dans cette région.*
↪ Ce verbe ne s'emploie qu'à la tournure impersonnelle.

bruire v. intr.
Produire un bruit confus.

bruissement n. m.
Frémissement.

bruit n. m.
• Son. *Le bruit du tonnerre, du tambour.*
• Tumulte, agitation. *Loin du bruit de la ville.*
• Rumeur. *Le bruit court.*
• Se dit de choses dont on parle beaucoup. *Le film a fait beaucoup de bruit.*

bruitage n. m.
Action de créer des bruits (au cinéma, au théâtre, etc.).

bruiteur n. m.
bruiteuse n. f.
Personne chargée du bruitage.

brûlage n. m.
Destruction par le feu.
⇒ brûlage.

brûlant, ante adj.
• Qui brûle. *Attention, l'assiette est brûlante!*
• Actuel, qui excite les passions. *La question est brûlante d'actualité.*
⇨ brûlant.

brûlé, ée adj. et n. m. et f.
• **Adjectif.** Qui a flambé.
• **Nom masculin.** Odeur d'une chose brûlée. *La cuisine sent le brûlé.*
• **Nom masculin et féminin.** Personne qui souffre de brûlures. *Un grand brûlé.*
⇨ brûlé.

brûle- préf.
Les mots composés avec le préfixe **brûle-** s'écrivent avec un trait d'union et sont invariables.

brûle-gueule n. m. inv. (pl. *brûle-gueule*)
(Fam.) Pipe à tuyau très court.
⇨ brûle-gueule.

*brûlement
Archaïsme pour **brûlure d'estomac.**

brûle-parfum(s) n. m. inv. (pl. *brûle-parfum, brûle-parfums*)
Vase où l'on brûle des substances aromatiques.
⇨ brûle-parfum(s).

brûle-pourpoint (à) loc. adv.
Brusquement.
⇨ brûle-pourpoint.

brûler v. tr., intr., pronom.
• **Transitif**
- Détruire par le feu. *Brûler du petit bois dans la cheminée.*
- Endommager par la chaleur. *Il a brûlé sa chemise en la repassant.*
• **Intransitif**
- Être consumé par le feu. *Le bateau brûle.*
- Avoir un grand désir. *Je brûle de vous revoir.*
• **Pronominal**
Être brûlé, toucher à un objet très chaud. *Elle s'est brûlé la main. La main qu'elle s'est brûlée.*
⇨ brûler.

brûlerie n. f.
Magasin où l'on torréfie le café.
⇨ brûlerie.

brûleur n. m.
Appareil assurant le mélange d'un combustible.
⇨ brûleur.

brûlis n. m.
⇨ Le **s** ne se prononce pas [bryli].
Champ incendié pour l'amélioration du sol.
⇨ brûlis.

brûlot n. m.
• (Ancienn.) Navire chargé de matières inflammables afin d'incendier les vaisseaux ennemis.
• Au Canada, petit insecte dont la piqûre provoque une sensation de brûlure suivie de démangeaisons.
⇨ brûlot.

brûlure n. f.
• Lésion causée par l'action du feu, d'une chaleur

excessive, d'une substance corrosive.
• Douleur semblable à celle qui est causée par une brûlure. *Avoir des brûlures d'estomac* (et non des *brûlements d'estomac).
⇨ brûlure.

brume n. f.
• Brouillard léger (visibilité supérieure à 1 km).
• Brouillard de mer.
⇨ Ne pas confondre avec les noms suivants :
- **brouillard,** amas de vapeurs d'eau qui flotte à proximité du sol (visibilité inférieure à 1 km);
- **buée,** vapeur d'eau qui se condense sur une surface froide;
- **frimas,** brouillard qui se congèle en tombant;
- **nuage,** masse vaporeuse de particules d'eau très fines qui flotte dans l'atmosphère.

brumer v. impers.
Faire de la brume. *Il brumait ce jour-là.*

brumeux, euse adj.
Couvert de brume. *Un temps brumeux.*
⇨ brumeux.

brun, brune adj. et n. m. et f.
• **Adjectif de couleur variable.** D'une couleur sombre qui s'obtient par un mélange de jaune, de rouge et d'un peu de bleu.
⇨ 1° L'adjectif simple s'accorde en genre et en nombre avec le nom auquel il se rapporte. *Des cheveux bruns.*
2° L'adjectif composé est invariable. *Des chevelures brun-roux.*
V. Tableau - **COULEUR (ADJECTIFS DE).**
• **Nom masculin.** La couleur brune.
• **Nom masculin et féminin.** Personne qui a les cheveux bruns.

brunante n. f.
Au Canada, tombée du jour. *C'était à la brunante, à l'heure entre chien et loup.*

brunâtre adj.
Tirant sur le brun.

brunch n. m. (pl. *brunches* ou *brunchs*)
⇨ Le nom se prononce à l'anglaise [brœnʃ].
Repas combinant le petit déjeuner et le repas du midi, et habituellement constitué d'un buffet.
⇨ Ce nom provient de la contraction des mots anglais «breakfast» et «lunch». Joseph Hanse (*Nouveau dictionnaire des difficultés du français moderne*) propose **grand déjeuner.**

brunet, ette n. m. et f.
Personne dont les cheveux sont bruns. *Une jolie brunette.*

brunir v. tr., intr.
• **Transitif.** Rendre brun.
• **Intransitif.** Devenir brun, bronzer.

brunissage n. m.
Action de brunir quelque chose.

brunissement n. m.
Action de brunir la peau.

brusque adj.
Précipité et imprévu. *Un changement brusque.*

brusquement adv.
De façon brusque, soudaine.

brusquer v. tr.
• Heurter par des manières brusques, sans délicatesse.
• Hâter une décision, terminer rapidement. *Ne brusquez pas les choses.*

brusquerie n. f.
Rudesse.

brut, brute adj., adv. et n. m.
⇔ Le *t* final se prononce [bryt].
• **Adjectif**
- Grossier, non raffiné. *Du sucre brut, de la laine brute.*
- Avant déduction des frais, des taxes. *Le bénéfice brut.*
- Brutal, sauvage. *Des gestes bruts.*
• **Adverbe**
Avant déduction de frais ou de poids. *Une boîte qui pèse brut 100 kilos.*
• **Nom masculin**
État de ce qui est naturel. *Le brut.*

brutal, ale, aux adj. et n. m. et f.
• **Adjectif**
- Dénué de délicatesse. *Une question brutale. Des gestes brutaux.*
- Rude, brusque. *Ne soyez pas brutal, vous n'en tirerez rien.*
- Soudain. *Un orage brutal.*
• **Nom masculin et féminin** (pl. *brutaux*)
Personne rude.

brutalement adv.
De façon brutale.

brutaliser v. tr.
Traiter rudement.

brutalité n. f.
• Caractère de ce qui est brusque, soudain.
• Parole, action brutale.

brute n. f.
Homme violent, inculte. *Attention, cet homme est une vraie brute.*
▷— Ce nom est toujours féminin.

bruxellois, oise adj. et n. m. et f.
⇔ Le *x* se prononce *s* [bryselwa].
De Bruxelles. *L'accent bruxellois. Un Bruxellois, une Bruxelloise.*
▷— L'adjectif s'écrit avec une minuscule; le nom, avec une majuscule.

bruyamment adv.
Avec bruit.

bruyant, ante adj.
• Qui fait du bruit. *Des élèves bruyants.*
• Où il y a beaucoup de bruit. *Une rue bruyante.*

bruyère n. f.
• Plante à fleurs roses ou violettes.
• Lieu où pousse la bruyère.

buanderie n. f.
Dans une maison, local aménagé pour faire la lessive.

▷— Pour désigner l'établissement commercial qui se charge de blanchir le linge, on emploiera le nom *blanchisserie.*

buandier n. m.
buandière n. f.
(Vx) Personne chargée de faire la lessive.

buccal, ale, aux adj.
Qui appartient à la bouche. *Des sons buccaux.*
⇒ buccal.

bûche n. f.
Morceau de bois de chauffage. *Mets des bûches dans la cheminée.*
⇒ bûche.

bûcher n. m.
Amas de bois sur lequel on brûlait les morts, les personnes condamnées au feu.
⇒ bûcher.

bûcher v. tr., intr.
• **Transitif**
(Fam.) Étudier avec ardeur.
• **Intransitif**
- (Fam.) Travailler fort. *Cette étudiante bûche beaucoup pour réussir.*
- Au Canada, couper du bois.
⇒ bûcher.

bûcheron n. m.
bûcheronne n. f.
Personne qui abat du bois dans la forêt.
⇒ bûcheron.

bûchette n. f.
Petit morceau de bois.
⇒ bûchette.

bûcheur, euse adj. et n. m. et f.
(Fam.) Personne qui travaille fort, qui étudie avec acharnement.
⇒ bûcheur.

bucolique adj.
Relatif à la vie des bergers. *Un paysage bucolique.*

budget n. m.
Ensemble des prévisions annuelles relatives aux dépenses et aux recettes de l'État, d'une collectivité, d'un service public, d'une entreprise, d'un particulier.

budgétaire adj.
Relatif au budget. *Des prévisions budgétaires, l'année budgétaire.*
⇒ budgétaire.

budgétisation n. f.
Inscription au budget.

budgétiser v. tr.
Inscrire des sommes à un budget. *Avez-vous budgétisé les frais de reprographie?*

buée n. f.
Vapeur d'eau qui se condense sur une surface froide.
▷— Ne pas confondre avec les noms suivants :
- *brouillard,* amas de vapeurs d'eau qui flotte à proximité du sol (visibilité inférieure à 1 km);
- *brume,* brouillard léger (visibilité supérieure à 1 km);

brouillard de mer;
- *frimas,* brouillard qui se congèle en tombant;
- *nuage,* masse vaporeuse de particules d'eau très fines qui flotte dans l'atmosphère.

buffet n. m.
• Meuble où l'on range la vaisselle, l'argenterie, etc.
• Table où l'on dispose des mets en abondance afin que les invités, les clients puissent se servir à leur guise. *Un buffet froid. Un buffet de salades* (et non un *bar à salades).

buffle n. m.
Bœuf sauvage, mâle de la bufflonne.

buffletin n. m.
Petit de la bufflonne.

bufflonne n. f.
Femelle du buffle.

***bug**
(Inform.) Anglicisme pour *erreur* (informatique).

buggy
V. **boghei.**

***building**
Anglicisme pour *gratte-ciel, édifice.*

buis n. m.
▷ Le *s* ne se prononce pas [bɥi].
Arbrisseau toujours vert dont le bois est très dense et dur.

buisson n. m.
Bouquet d'arbustes sauvages.

buissonneux, euse adj.
Couvert de buissons.

buissonnier, ière adj.
Faire l'école buissonnière. Aller se promener au lieu de se rendre à l'école.

bulbe n. m.
• Renflement de la tige de certaines plantes. *Un bulbe de tulipe.*
• Partie globuleuse. *Le bulbe d'un cheveux.*
▷ Attention au genre masculin de ce nom : *un* bulbe.

bulbeux, euse adj.
• Formé d'un bulbe.
• En forme de bulbe.

bulgare adj. et n. m. et f.
• **Adjectif et nom masculin et féminin.** De Bulgarie. *Le drapeau bulgare. Un Bulgare, une Bulgare.*
▷ L'adjectif s'écrit avec une minuscule; le nom, avec une majuscule.
• **Nom masculin.** Langue parlée en Bulgarie. *Notre voisin parle le bulgare.*
▷ Le nom de la langue s'écrit avec une minuscule.

bulldozer n. m.
▷ Attention à la prononciation [buldozœr].
Engin de terrassement.
▷ Le mot *bouteur* a été proposé en remplacement de *bulldozer.*

bulle adj. inv. et n. m. et f.
• **Adjectif invariable**
Papier bulle. Papier jaunâtre, de qualité ordinaire.
• **Nom masculin**
Papier de qualité ordinaire. *Du bulle bon marché.*
• **Nom féminin**
- Acte émanant du pape.
- Sphère de gaz remontant ou se formant à la surface d'un liquide qui bout ou fermente. *Des bulles d'air.*
- Vésicule cutanée.
- Phylactère des bandes dessinées. *On peut lire dans la bulle BOUM!*

bulletin n. m.
• Communiqué. *Un bulletin de santé, un bulletin météorologique.*
• *Bulletin d'informations.* Actualités radiodiffusées ou télévisées.
• Renseignements périodiques sur les notes scolaires. *Il a eu un très bon bulletin.*
• Billet délivré à un usager. *Bulletin de bagages.*
• Petit papier où l'on inscrit son vote. *Bulletin de vote.*

***bungalow**
Anglicisme pour *maison individuelle.*

bure n. f.
• Grosse étoffe de laine brune.
• Vêtement fait de cette étoffe.

bureau n. m. (pl. *bureaux)*
• Meuble. *Des bureaux à tiroirs.*
• Pièce aménagée pour travailler. *Un bureau spacieux et ensoleillé.*
• Lieu de travail des employés d'une entreprise, d'une administration. *Le lundi matin, il est difficile de retourner au bureau.*
• Établissement ouvert au public. *Le bureau de poste.*
• Conseil de direction d'un parti politique, d'un syndicat, etc.

***bureau-chef**
Calque de l'anglais «head office » pour *siège social.*

bureaucrate n. m. et f.
• Personne qui accorde une importance excessive aux formalités, à la hiérarchie, à la routine.
• (Péj.) Employé de bureau.

bureaucratie n. f.
• Excès de formalités, de paperasses.
• (Péj.) Ensemble des fonctionnaires, de bureaucrates routiniers.

bureaucratique adj.
Atteint de bureaucratie.

bureaucratiser v. tr.
Transformer en bureaucratie.

Bureau de normalisation du Québec
Sigle *BNQ* (s'écrit avec ou sans points).

bureau de scrutin n. m.
Les bureaux de scrutin (et non les *bureaux de votation) seront ouverts jusqu'à 18 heures.*

***bureau des directeurs**
Calque de l'anglais «board of directors» au sens de *conseil d'administration.*

*bureau de votation
Impropriété au sens de **bureau de scrutin, de vote.**

bureau de vote n. m.
Les bureaux de vote (et non les *bureaux de votation)
ouvriront à 9 heures.

Bureau international du travail
Sigle **BIT** (s'écrit avec ou sans points).

bureautique n. f.
Ensemble intégré de moyens et de procédures qui
sont appliqués aux activités de bureau, notamment au
traitement et à la communication de la parole, de l'écrit
ou de l'image, et qui font appel aux techniques de l'électronique, de l'informatique, des télécommunications et
de l'organisation administrative. (Recomm. off. OLF)

burette n. f.
• (Liturg.) Flacon destiné à contenir l'eau et le vin à la
messe.
• Petit vase destiné à contenir de l'huile et du vinaigre.
• Tube gradué.

burin n. m.
Instrument qui sert à graver sur les métaux, le bois.

burinage n. m.
Action de buriner.

buriner v. tr.
• Graver au burin.
• (Fig.) Marquer. *Les traits burinés.*
▷ Dans son emploi figuré, ce verbe ne s'utilise qu'au
participe passé.

burlesque adj. et n. m.
• **Adjectif.** Bouffon, grotesque.
• **Nom masculin.** Le genre burlesque.

burlesquement adv.
Ridiculement.

burnous n. m.
⌣ La prononciation du **s** est facultative.
Manteau à capuchon.

*burnout
Anglicisme au sens de «surmenage professionnel, épuisement professionnel».

bus n. m.
⌣ Le **s** final se prononce, comme dans le mot **au-
tobus.**
Abréviation familière de **autobus.**

busard n. m.
Oiseau de proie diurne.

buse n. f.
• Rapace diurne.
• (Fam.) Personne sotte.
• Tuyau assurant l'écoulement d'un fluide.
• Conduit d'aération.

busqué, ée adj.
Qui a une courbure convexe. *Un nez busqué.*

buste n. m.
• La tête et la partie supérieure du corps humain jusqu'à
la ceinture. *Veuillez tourner le buste, s'il vous plaît.*

• Représentation de la tête et de la partie supérieure
du corps humain, en peinture et en sculpture. *Un buste
de Victor Hugo en plâtre.*
• Poitrine de la femme. *Elle a un joli buste.*

bustier n. m.
Corsage avec ou sans bretelles.

but n. m.
⌣ Le **t** se prononce ou non, [byt] ou [by].
• Fin, objectif. *Atteindre son but.*
• **Locutions**
- **Aller droit au but.** Aller directement au principal.
- **Dans le but de.** Cette locution, longtemps condam-
née, est maintenant admise au sens de «en vue de,
dans l'intention de».
- **De but en blanc.** Brusquement.
- **Toucher au but.** Parvenir au succès.
▷ L'expression *«but final» est un pléonasme.

butane n. m.
Hydrocarbure saturé employé comme combustible. *Un
réservoir de butane.* (En appos.) *Du gaz butane.*

buté, ée adj.
Entêté.

butée n. f.
Pièce destinée à arrêter un mouvement.

buter v. tr., intr., pronom.
• **Transitif**
Étayer par un contrefort. *Buter un mur.*
• **Intransitif**
Heurter quelque chose. *Elle a buté contre une racine
avec le pied.*
• **Pronominal**
- S'entêter. *Ils se sont butés et refusent de collaborer.*
- Se heurter. *Elle se bute à des tracasseries adminis-
tratives.*
Hom. :
- **buté,** entêté;
- **butée,** pièce destinée à arrêter un mouvement;
- **butter,** garnir de terre le pied d'une plante.
⟹ buter.

butin n. m.
• Armes, vivres, objets confisqués à l'ennemi.
• Produit d'un pillage.

*butin
Archaïsme au sens de **vêtements.**

butiner v. tr., intr.
• **Transitif.** (Fig.) Récolter. *Butiner des données.*
• **Intransitif.** Recueillir le suc des fleurs, en parlant
des abeilles. *L'abeille butine de fleur en fleur.*

butineur, euse adj. et n. f.
Qui butine. *Une abeille butineuse.*

butoir n. m.
Pièce contre laquelle vient s'arrêter un wagon, une
pièce de machine, une fenêtre, une porte.

butor n. m.
• Oiseau ressemblant au héron et dont le cri ressemble
au beuglement du bœuf.
• (Fig.) Homme brutal, grossier.

buttage n. m.
(Hortic.) Action de butter.

butte n. f.
• Petite colline. (Recomm. off. OLF)
☞ Ne pas confondre avec les noms suivants:
- **colline,** relief d'élévation modérée aux versants généralement en pente douce;
- **massif,** ensemble montagneux non orienté qui se dégage du relief environnant;
- **mont,** importante élévation se détachant du relief environnant;
- **montagne,** relief élevé aux versants raides, occupant une grande superficie et appartenant à un système;
- **monticule,** petite élévation du sol;
- **pic,** sommet rocheux aux flancs escarpés.
• **Être en butte à.** Être exposé à. *Être en butte à des difficultés.*

butter v. tr.
(Hortic.) Garnir de terre le pied d'une plante.
Hom.
- **buté,** entêté;
- **butée,** pièce destinée à arrêter un mouvement;
- **buter,** heurter quelque chose.
☞ butter.

buvable adj.
• Qui peut se boire. *Une ampoule de vitamines buvable.*
• Dont le goût n'est pas désagréable. *Ce jus est tout à fait buvable.*
☞ Ne pas confondre avec l'adjectif **potable** qui qualifie une eau qui peut être bue sans danger.

buvard n. m.
Papier qui boit l'encre. *Un buvard* (on disait anciennement *du papier brouillard*).

buvette n. f.
Endroit modeste où l'on sert à boire.

buveur, euse n. m. et f.
Personne qui a l'habitude de boire.

bye-bye ou **bye** interj.
☞ Attention à la prononciation [baj baj], [baj].
• Abréviation de l'anglais «good bye».
• Au revoir.

*byte
Anglicisme pour **octet, multiplet.**

byzantin, ine adj.
• De Byzance. *L'histoire byzantine.*
• Subtil à l'excès, oiseux. *Des querelles byzantines sur le sexe des anges.*
☞ **by**zantin.

¢
Symbole de *cent* (monnaie).

©
Symbole de *copyright.*

c
• Symbole de *centime* et de *centi-.*
• Ancienne notation musicale qui correspond à la note *do.* V. **note de musique.**

°C
Symbole de *degré Celsius. Le thermomètre indique 25,5 °C à l'ombre.*
☞— Le symbole se place après le nombre entier ou décimal et il en est séparé par un espacement simple.

C
• Symbole de *coulomb.*
• Symbole de *carbone.*
• Chiffre romain dont la valeur est de 100. V. Tableau - **CHIFFRES.**

C (langage) n. m.
(Inform.) Langage de programmation alliant la structure d'un langage évolué à la précision du langage machine.

c.
Abréviation de *contre.*
☞— Dans la langue juridique, la préposition *contre* est employée sous la forme abrégée *c.* pour nommer les actions en justice. *Dupont c. Laframboise* (et non *vs ou *versus).

c.a.
• Abréviation de *courant alternatif.*
• Abréviation de *comptable agréé.*

ca
Symbole de *centiare.*

Ca
Symbole de *calcium.*

ça pron. dém.
(Fam.) Cela. *Aimez-vous ça? Comment ça va?*
☞— Devant une voyelle, le pronom démonstratif ne s'élide pas. *Ça ira.*
Hom. *çà,* adverbe.

çà adv. de lieu
Çà et là, locution. Ici et là. *Les branches tombaient çà et là.*
Hom. *ça,* de *cela,* pronom, emploi familier.
✍ çà.

cabale n. f.
Complot, menées secrètes contre quelqu'un.
Hom. *kabbale,* tradition juive de l'interprétation des Écritures.
✍ cabale.

cabalistique adj.
• Relatif à la kabbale juive (qui s'écrivait anciennement *cabale*).
• Ésotérique. *Des signes cabalistiques.*
✍ cabalistique.

caban n. m.
Veste épaisse à capuchon des marins.
✍ caban.

cabane n. f.
• Petite construction rudimentaire.
• *Cabane à sucre.* Au Canada, petit bâtiment construit dans une érablière où on traite la sève de l'érable.

cabanon n. m.
Petite cabane.

cabaret n. m.
Boîte de nuit où l'on présente des spectacles. *Les enfants ne sont pas admis dans les cabarets.*

*cabaret
Impropriété au sens de *plateau* (à servir).

cabas n. m.
👄 Le *s* ne se prononce pas [kabɑ].
Grand sac pour faire les courses.
🖉 caba**s**.

cabernet n. m.
Cépage rouge.
🖉 caberne**t**.

cabestan n. m.
Treuil.
🖉 cabest**an**.

cabillaud n. m.
Églefin, morue fraîche. *Des cabillauds.*
🖉 cabil**laud**.

cabine n. f.
• Chambre à bord d'un navire.
• *Cabine téléphonique.* Abri servant aux communications téléphoniques.

cabinet n. m.
• Petite pièce destinée à un usage particulier. *Un cabinet de lecture.*
• Dans certaines professions libérales, bureau et clientèle. *Un cabinet d'avocat, de médecin.*
• Ensemble des ministres d'un État. *Le Cabinet se réunit demain.*
• Personnel d'un ministre. *Un chef de cabinet.*
• Meuble à tiroirs.
• *Cabinets (d'aisance).* (Vx) Toilettes.

câblage n. m.
• Ensemble des connexions d'un dispositif électrique. *Refaire le câblage électrique* (et non le *filage).
• Action de câbler (une dépêche).
🖉 câblage.

câble n. m.
• Gros cordage de fibres textiles ou d'acier. *Câble de levage.*
🖙— Ne pas confondre avec les noms suivants :
- *amarre,* ce qui sert à retenir un navire, un ballon;
- *cordage,* tout ce qui sert au grément d'un navire ou à la manœuvre d'une machine, d'un engin;
- *corde,* lien fait de brins tordus ensemble;
- *ficelle,* petite corde pour attacher des paquets.
• Ensemble de fils conducteurs. *Câble électrique, câble téléphonique, câble d'un ordinateur.*
• Abréviation familière du mot *câblodistribution. Avec le câble, je regarde des émissions qui proviennent de France, des États-Unis.*
🖉 câble.

câblé adj. et n. m.
Relié par câbles. *Un réseau câblé de télédistribution.*
🖉 câblé.

câbler v. tr.
• Tordre plusieurs fils pour former un câble.
• Doter une région d'un réseau de télévision par câbles.
🖉 câbler.

câbleur n. m.
câbleuse n. f.
Personne qui fait la pose et le montage des câbles électriques.
🖉 câbleur.

câbliste n. m. et f.
Personne chargée de manipuler les câbles d'une caméra, à la télévision.
🖉 câbliste.

câblodistribution n. f.
Procédé de diffusion d'émissions télévisées par câbles à l'intention d'un réseau d'abonnés.
🖙— Le nom *câblodistribution* s'abrège familièrement *câble*; le nom *télédistribution* est plus général.
🖉 câblodistribution.

cabochard, arde adj. et n. m. et f.
(Fam.) Entêté.

caboche n. f.
(Fam.) Tête.

cabochon n. m.
• Pierre précieuse polie sans être taillée.
• (Fam.) Au Canada, tête. *Se mettre quelque chose dans le cabochon.*
• (Fam.) Au Canada, niais. *Une espèce de cabochon.*

cabosse n. f.
Fruit du cacaoyer.

cabosser v. tr.
Faire des bosses à quelque chose. *Il a cabossé sa voiture.*

cabot adj. m. et n. m.
👄 Le *t* ne se prononce pas [kabo].
• (Fam.) Forme abrégée de *cabotin.*
• (Fam.) Chien.
🖉 cabo**t**.

cabotage n. m.
Navigation marchande à peu de distance des côtes.

caboteur n. m.
Navire qui fait le cabotage.

cabotin, ine adj. et n. m. et f.
• Prétentieux et affecté.
• S'abrège familièrement en *cabot* (s'écrit sans point).

cabotinage n. m.
Attitude du cabotin.

cabotiner v. intr.
Agir en cabotin.

cabrer v. tr., pronom.
• **Transitif**
Inciter une personne à se rebeller. *Ils ont cabré le personnel contre la direction.*
• **Pronominal**
- Se dit d'un cheval qui se dresse sur les pieds de derrière, comme une chèvre.

- (Fig.) Se rebiffer. *Ils se sont cabrés et ont rejeté notre offre.*

cabri n. m.
Petit de la chèvre, chevreau. *Des cabris.*
cabri.

cabriole n. f.
Saut léger, comme celui de la chèvre.
cabriole.

cabrioler v. intr.
Faire des cabrioles.
cabrioler.

cabriolet n. m.
Voiture décapotable. *Un joli cabriolet rouge.*
cabriolet.

CAC
Sigle de ***Conseil des Arts du Canada.***

cacaber v. intr.
Crier, en parlant de la perdrix.

caca d'oie adj.
Adjectif de couleur invariable. D'un jaune brunâtre. *Des robes caca d'oie.*
V. Tableau - **COULEUR (ADJECTIFS DE).**

cacahuète ou **cacahouète** n. f.
La finale se prononce ***ouète*** quelle que soit l'orthographe [kakawɛt].
Fruit de l'arachide.

cacao n. m.
Fruit du cacaoyer, qui sert à fabriquer le chocolat. *Une tasse de cacao* (et non de *cocoa).

cacaoyer ou **cacaotier** n. m.
Arbre qui produit le cacao.

cacaoyère ou **cacaotière** n. f.
Plantation de cacaoyers.

cacatoès ou **kakatoès** n. m.
Oiseau au plumage coloré de la famille des perroquets.
Ne pas confondre avec le nom ***cacatois,*** voile carrée.

cacatois n. m.
Voile carrée.
Ne pas confondre avec le nom ***cacatoès,*** oiseau.

cachalot n. m.
Le ***t*** ne se prononce pas [kaʃalo].
Grand mammifère marin de la taille de la baleine.
cachalot.

cache n. m. et f.
• **Nom masculin.** Papier cachant une partie d'une surface.
• **Nom féminin.** Cachette.

cache- préf.
Les mots composés avec le préfixe ***cache-*** s'écrivent avec un trait d'union et sont invariables. *Des cache-col.*

cache-cache n. m. inv. (pl. *cache-cache*)
Jeu d'enfants, dans lequel un des joueurs doit chercher à découvrir les autres qui sont cachés. *Jouer à cache-cache. Des parties de cache-cache.*
Au Canada, on dit surtout, ***jouer à la cachette.***

cache-col n. m. inv. (pl. *cache-col*)
Écharpe.

cache-entrée n. m. inv. (pl. *cache-entrée*)
Pièce qui recouvre l'entrée d'une serrure.

cache-flamme n. m. inv. (pl. *cache-flamme*)
Appareil fixé au bout d'une arme à feu pour masquer la flamme au départ du coup.

cachemire n. m.
• Tricot fin en poil de chèvre du Cachemire. *Un foulard de cachemire.*
• Dessin. *Un motif cachemire* (et non *paisley).

cache-misère n. m. inv. (pl. *cache-misère*)
(Fam.) Vêtement qui dissimule une tenue négligée.

cache-nez n. m. inv. (pl. *cache-nez*)
Écharpe de laine.

cache-pot n. m. inv. (pl. *cache-pot*)
Vase recouvrant un pot de fleurs.

cache-prise n. m. inv. (pl. *cache-prise*)
Dispositif de sécurité qui s'adapte à une prise.

cacher v. tr., pronom.
• **Transitif.** Dissimuler. *L'écureuil a caché des glands.*
Ne pas confondre avec les verbes :
- ***celer,*** tenir quelque chose secret;
- ***déguiser,*** dissimuler sous une apparence trompeuse;
- ***taire,*** ne pas révéler ce que l'on n'est pas obligé de faire connaître;
- ***voiler,*** cacher sous des apparences.
• **Pronominal.** Se dérober aux regards. *Les petites se sont cachées sous le lit.*

cache-radiateur n. m. inv. (pl. *cache-radiateur*)
Revêtement servant à dissimuler un radiateur.

cacher, ère adj.
Le ***r*** se prononce au masculin et au féminin [kaʃɛr].
Se dit d'un aliment préparé conformément à la religion juive. *Une viande cachère, des gâteaux cachers.*
Cet adjectif s'orthographie également ***kasher, casher, kascher, cascher.***

cache-sexe n. m. inv. (pl. *cache-sexe*)
Culotte très étroite.

cachet n. m.
• Sceau. *Cette lettre est marquée d'un cachet.*
• ***Cachet de la poste.*** Inscription apposée par le bureau de poste pour indiquer le jour et le lieu de l'expédition. *Les formulaires doivent être expédiés avant le 1er mai, le cachet de la poste faisant foi.*
• Médicament en poudre contenu dans une capsule assimilable par l'organisme.
À l'origine, la poudre était placée dans une enveloppe de pain azyme. On confond fréquemment le ***cachet*** et le ***comprimé,*** médicament sous forme de pastille. *Prendre un cachet.*
• Rémunération que reçoit l'artiste.
Ne pas confondre avec les noms suivants :
- ***honoraires,*** rétribution variable de la personne qui exerce une profession libérale;

- **paie** ou **paye,** rémunération d'un employé;
- **salaire,** générique de toute rémunération convenue d'avance et donnée par n'importe quel employeur;
- **traitement,** rémunération liée à un emploi régulier d'une certaine importance sociale.

cachetage n. m.
Action de cacheter.

cacheter v. tr.
Redoublement du **t** devant un **e** muet. *Je cachette, je cachetterai,* mais *je cachetais.*
• Fermer (une enveloppe). *Cette lettre n'était pas cachetée.*
• Sceller avec un cachet.

cachette n. f.
• Lieu propice à cacher quelqu'un, quelque chose. *Une bonne cachette.*
• **En cachette,** locution adverbiale. À la dérobée.
• **Jouer à la cachette.** Au Canada, jouer à cache-cache.

cachot n. m.
Cellule de prison étroite et sombre.
⇒ cacho**t**.

cachotterie n. f.
(Fam.) Dissimulation de choses sans importance. *Cessez vos cachotteries.*
↦ Ce nom s'emploie généralement au pluriel.
⇒ cachotte**rie**.

cachottier, ière adj. et n. m. et f.
(Fam.) Qui aime à faire des cachotteries. *Petit cachottier, va!*
⇒ cachott**ier**.

cachou adj. inv. et n. m.
• **Nom masculin.** Extrait de la noix d'arec. *Ces pastilles sont parfumées au cachou. Des cachous.*
↦ Ne pas confondre avec le nom **cajou,** fruit de l'acajou.
• **Adjectif de couleur invariable.** De la couleur rouge brique du cachou. *Des turbans cachou.*
V. Tableau - **COULEUR (ADJECTIFS DE).**

*****cachou**
Anglicisme au sens de **cajou.**

cacophonie n. f.
Sons discordants. *Une véritable cacophonie.*

cacophonique adj.
Qui tient de la cacophonie.

cactacées ou **cactées** n. f. pl.
Plantes grasses. *Les cactus sont des cactées.*

cactus n. m.
👄 Le **s** se prononce [kaktys].
Plante de la famille des cactacées.

c.-à-d.
Abréviation de **c'est-à-dire.**

cadastral, ale, aux adj.
Du cadastre. *Des plans cadastraux.*

cadastre n. m.
Registre public définissant la surface et la valeur des biens immobiliers en vue d'établir l'impôt foncier.

cadastrer v. tr.
Inscrire au cadastre.

cadavéreux, euse adj.
Qui ressemble à un cadavre. *Un teint cadavéreux.*
↦ Ne pas confondre avec l'adjectif **cadavérique,** qui se rapporte à un cadavre.

cadavérique adj.
Qui se rapporte à un cadavre. *La rigidité cadavérique.*
↦ Ne pas confondre avec l'adjectif **cadavéreux,** qui ressemble à un cadavre.

cadavre n.m.
Corps d'une personne morte, d'un animal mort.

caddie ou **caddy** n. m. et f. (pl. *caddies, caddys*)
Personne employée pour transporter les clubs des joueurs de golf.

cadeau n. m. (pl. *cadeaux*)
• Présent destiné à faire plaisir à quelqu'un. *Des cadeaux joliment emballés.*
↦ Ne pas confondre avec les noms suivants :
- **don,** libéralité à titre gracieux;
- **gratification,** somme d'argent donnée en surcroît de ce qui est dû;
- **legs,** don fait par testament.
↦ Le nom **cadeau** s'emploie en apposition pour former des mots composés. *Des paquets-cadeaux, des emballages-cadeaux, des cadeaux-souvenirs, des chèques-cadeaux.*
• **C'est pas un cadeau!** (Fam.) C'est une situation désagréable.

cadenas n. m.
👄 Le **s** ne se prononce pas [kadna].
Serrure portative.
⇒ cadena**s.**

cadenasser v. tr.
Fermer avec un cadenas.

cadence n.f.
• Répétition de sons, de mouvements réglés selon un rythme.
• Rythme du travail. *Une cadence infernale.*
⇒ cadenc**e.**

cadencer v. tr.
Le **c** prend une cédille devant les lettres **a** et **o.** *Il cadença, nous cadençons.*
Donner un rythme régulier à quelque chose.

cadet, ette adj. et n. m. et f.
• Se dit de l'enfant qui vient après l'aîné. *Sa sœur cadette. Il est le cadet de cette famille.*
↦ Le premier enfant est l'**aîné,** tandis que le plus jeune est le **benjamin.**
• (Sports) Joueur, joueuse de 15 à 17 ans, dans certains sports d'équipe.

cadmium n. m.
• Symbole **Cd** (s'écrit sans point).
• (Peint.) Jaune de cadmium.

cadogan
V. catogan.

cadrage n. m.
Choix de l'image, en photographie, au cinéma, etc.

cadran n. m.
• Surface divisée et graduée de certains appareils. *Le cadran d'une pendule, d'une boussole.*
• *Faire le tour du cadran.* (Fam.) Dormir pendant douze heures.
Hom. *quadrant,* quart de circonférence.
▭▷ cadr**an**.

*****cadran**
Impropriété au sens de *réveille-matin.*

cadrature n. f.
Ensemble de pièces d'horlogerie.
Hom. *quadrature,* construction d'un carré.

cadre n. m. et f.

• **Nom masculin**
- Bordure dans laquelle on place un tableau, une glace, une photographie, etc. *Un cadre ovale.*
▭◁— Ce nom ne désigne pas un tableau, mais ce qui l'encadre. *Antoine a mis une photo de son amie dans un cadre doré.*
- Décor, milieu, contexte. *Un cadre champêtre.*
- *Dans le cadre de.* Dans les limites de. *Dans le cadre de ses fonctions...*
▭◁— En dehors de ce sens, on préférera employer les expressions *à l'intérieur de, à l'occasion de, dans le contexte de, conformément à.*
• **Nom masculin et féminin**
- Ensemble des officiers d'un régiment. *Les cadres de réserve.*
- Ensemble du personnel d'encadrement, de direction d'une entreprise, d'un organisme. *Les cadres se réuniront demain.*
- Personne participant à la direction d'une entreprise, d'un organisme. *Elle est maintenant une cadre supérieure.*
▭◁— L'emploi de ce nom au singulier a été critiqué, mais son usage s'est imposé.
▭◁— Dans la francophonie, ce nom est toujours masculin. Au Québec, le nom est féminin lorsqu'il désigne une femme.

cadrer v. tr., intr.
• **Transitif.** Mettre en place. *L'image est bien cadrée.*
• **Intransitif.** Convenir. *Sa conception de l'administration ne cadre pas avec la mienne.*

cadreur n. m.
cadreuse n. f.
Opérateur, opératrice de prises de vue (de cinéma, de télévision).
▭◁— Le nom *cadreur* a fait l'objet d'une recommandation officielle pour remplacer l'anglicisme *cameraman.

caduc, uque adj.
• Qui n'a plus court. *Une loi caduque.*
• (Bot.) Qui tombe tous les ans. *Des feuilles caduques.*
Ant. **persistant.**
▭◁— Attention au féminin en *que* ainsi que pour les adjectifs *public, turc, ammoniac.*

caducée n. m.
Baguette entrelacée de deux serpents surmontés de deux ailes qui constitue l'attribut de Mercure et le symbole du corps médical et pharmaceutique.
▭▷ caducée.

caducité n. f.
Désuétude. *La caducité d'un règlement.*

cæcum n. m.
👄 Les lettres *æ* se prononcent *é* [sekɔm].
Partie de l'intestin.
▭◁— L'*appendicite* est l'inflammation de l'appendice du cæcum.

cafard, arde adj. et n. m.
• **Adjectif et nom masculin et féminin**
(Fam., vx) Dénonciateur.
• **Nom masculin**
- Blatte.
▭◁— Au Canada, on dit aussi *coquerelle.*
Syn. **cancrelat.**
• Tristesse, idées noires. *Avoir le cafard.*

cafarder v. tr., intr.
• **Transitif.** (Fam.) Dénoncer, rapporter.
• **Intransitif.** Avoir le cafard.

cafardeux, euse adj.
Qui a le cafard, mélancolique.

caf'conc' n. m.
👄 Le *c* final se prononce *s* [kafkɔ̃s].
Abréviation familière de *café-concert.*

café adj. inv. et n. m.
• **Nom masculin**
- Graine du caféier.
- Boisson fabriquée avec des graines de café torréfiées. *Un café noir, un café décaféiné.*
- *C'est (un peu) fort de café.* (Fam.) C'est exagéré.
- Établissement où l'on consomme des boissons. *Se donner rendez-vous au café.*
• **Adjectif de couleur invariable**
D'un brun presque noir. *Des tricots café.*
V. Tableau - **COULEUR (ADJECTIFS DE).**

café-crème n. m. (pl. *cafés-crème*)
Ce mot s'abrège familièrement en *crème. Des crèmes.*

café au lait adj. inv. et n. m.
• **Nom masculin.** *Des cafés au lait.*
• **Adjectif de couleur invariable.** De la couleur du café au lait. *Des gants café au lait.*
V. Tableau - **COULEUR (ADJECTIFS DE).**

café-concert n. m. (pl. *cafés-concerts*)
• Théâtre où l'on pouvait assister à un spectacle, écouter de la musique tout en consommant.
• S'abrège familièrement en *caf'conc'.*

caféier n. m.
Arbuste dont le fruit contient des grains de café.

caféière n. f.
Plantation de caféiers.
▭◁— Ne pas confondre avec le nom *cafetière,* appareil servant à la préparation du café.

caféine n. f.
Produit contenu dans le café, le thé, les colas, qui est un tonique et un stimulant du cœur.
⟹ caféine.

cafetan ou **caftan** n. m.
Vêtement oriental très ample.

cafétéria n.f.
Dans certains établissements, lieu où l'on peut consommer des boissons, se restaurer, souvent en libre-service.
↳ Le nom *cafétéria* qui vient de l'espagnol s'est intégré au français : il s'écrit avec des accents et prend la marque du pluriel. *Des cafétérias bien aménagées.*
↳ Ne pas confondre avec les noms suivants :
- *cantine,* endroit où l'on sert des repas pour une collectivité (entreprise, école);
- *réfectoire,* salle où les membres d'une communauté, d'une collectivité prennent leurs repas en commun.

café-théâtre n. m. (pl. *cafés-théâtres*)
Petite salle où se donnent des pièces de théâtre, des spectacles souvent non conformistes.

cafetier n. m.
👄 Le *e* central est muet [kaftje].
Personne qui tient un café.

cafetière n. f.
👄 Le *e* central est muet [kaftjɛr].
Appareil servant à la préparation du café.
↳ Ne pas confondre avec le nom *caféière,* plantation de caféiers.

cafouillage n. m.
(Fam.) Mauvais fonctionnement.

cafouiller v. intr.
Les lettres *ill* sont suivies d'un *i* à la première et à la deuxième personne du pluriel de l'indicatif imparfait et du subjonctif présent. *(Que) nous cafouillions, (que) vous cafouilliez.*
• (Fam.) Mal fonctionner.
• (Fam.) Agir d'une manière confuse.

cafouillis n. m.
👄 Le *s* est muet [kafuji].
(Fam.) Désordre, grande confusion.
⟹ cafouillis.

caftan
V. **cafetan.**

cage n. f.
• Espace clos garni de barreaux, d'un grillage où l'on enferme des animaux. *La cage des lions.*
• Paroi entourant un escalier, un ascenseur. *La cage d'un escalier.*
• *Cage thoracique.* Partie du squelette entourant le cœur et les poumons.

cageot n. m.
Emballage à claire-voie servant au transport des denrées alimentaires périssables. *J'ai acheté deux cageots de framboises* (et non deux *«crates» de framboises).
⟹ cageot.

cagibi n. m.
(Fam.) Débarras. *Ranger les valises dans le cagibi.*
⟹ cagibi.

cagneux, euse adj.
Qui a les genoux, les jambes, les pieds tournés en dedans.

cagnotte n. f.
• Gains de jeu mis en réserve par tous les joueurs.
• Caisse d'un groupe.

cagoule n. f.
• Capuchon percé à l'endroit des yeux. *Les malfaiteurs portaient des cagoules.*
• Passe-montagne.

cahier n. m.
• Ensemble de feuilles de papier liées ensemble. *Des cahiers à feuilles blanches quadrillées. Des cahiers brouillons* ou *de brouillon. Des cahiers à spirale.*
• *Cahier des charges.* Documents contractuels de l'Administration comportant l'énumération des clauses et conditions d'un marché. *Des cahiers des charges bien précis.*

cahin-caha adv.
(Fam.) Tant bien que mal.
⟹ cahin-caha.

cahot n. m.
Secousse imprimée à un véhicule qui roule sur une chaussée inégale.
Hom. *chaos,* bouleversement, désordre important.
⟹ cahot.

cahotant, ante adj.
Qui cahote. *Un autobus cahotant.*
↳ Ne pas confondre avec l'adjectif *cahoteux,* qui cause des cahots.
⟹ cahotant.

cahotement n. m.
Fait de cahoter.
⟹ cahotement.

cahoter v. tr., intr.
• **Transitif.** Causer des cahots. *Cette route en mauvais état nous a bien cahotés.*
• **Intransitif.** Être secoué par des cahots. *Un vieil autobus qui cahote.*
⟹ cahoter.

cahoteux, euse adj.
Qui cause des cahots. *Un chemin cahoteux.*
↳ Ne pas confondre avec l'adjectif *cahotant,* qui cahote.
⟹ cahoteux.

cahute n. f.
Cabane
⟹ cahute.

caïd n. m.
👄 Le *d* se prononce [kaid].
(Fam.) Chef de bande.
⟹ caïd.

caille n. f.
Oiseau de la famille de la perdrix. *Des cailles sur canapés.*

caillebotis n. m.

👄 Le *s* ne se prononce pas [kɑjbɔti].

Plancher à claire-voie employé dans les endroits humides.

▭▷ cailleboti**s.**

cailler v. tr., intr. ou pronom.

Les lettres *ill* sont suivies d'un *i* à la première et à la deuxième personne du pluriel de l'indicatif imparfait et du subjonctif présent. *(Que) nous caillions, (que) vous cailliez.*

• **Transitif.** Faire prendre en caillots. *Le ferment fait cailler le lait pour donner du yaourt.*

• **Intransitif** ou **pronominal.** Se prendre en caillots. *Du lait qui a caillé, s'est caillé.*

caillot n. m.

👄 Attention à la prononciation de la première syllabe [kajo].

Masse formée par un liquide qui se coagule. *Des caillots de sang.*

▭▷ caillo**t.**

caillou n. m. (pl. *cailloux*)

Fragment de pierre. *Alain lance des cailloux dans l'eau.*

🖛— Le nom *roche* est un générique qui désigne la masse de substances minérales, tandis que la *pierre* est le matériau tiré de la roche dont on se sert dans la construction. Le *caillou* est un fragment de pierre de petite dimension.

cailloutage n. m.

Pavage de cailloux.

caïman n. m.

👄 Le *n* ne se prononce pas [kaimã].

Grand crocodile à museau court et large. *Des caïmans redoutables.*

▭▷ caïma**n.**

cairote adj. et n. m. et f.

Du Caire. *Le métro cairote. Un Cairote, une Cairote.*

🖛— L'adjectif s'écrit avec une minuscule; le nom, avec une majuscule.

▭▷ cairo**te.**

caisse n. f.

• Contenant. *Ces fruits se vendent à la caisse.*

• Coffre où l'on dépose de l'argent. *Des tiroirs-caisses. Des caisses-terminaux.*

• Guichet où s'effectuent les paiements. *Veuillez payer à la caisse.*

• Établissement où l'on dépose des fonds. *Une caisse populaire.*

caissier n. m.
caissière n. f.

Personne préposée à une caisse dans un établissement.

cajoler v. tr.

Câliner.

▭▷ cajo**ler.**

cajolerie n. f.

Câlinerie.

▭▷ cajo**lerie.**

cajoleur, euse adj. et n. m. et f.

Personne qui cajole.

▭▷ cajo**leur.**

cajou n. m.

Fruit de l'acajou. *Une boîte de cajous salés* (et non de **cachous*).

🖛— Ne pas confondre avec le nom *cachou*, extrait d'acacia.

cajun adj. et n. m. et f.

• **Adjectif invariable en genre.** Relatif à la culture des Cajuns. *Des chansons cajuns.*

• **Nom masculin et féminin invariable en genre.** Habitant de la Louisiane qui parle le français. *Ces deux chanteuses sont des Cajuns.*

🖛— L'adjectif s'écrit avec une minuscule; le nom, avec une majuscule.

🖛— Ce mot est une déformation de *acadien.*

cal

Symbole de *calorie.*

cal n. m. (pl. *cals*)

Épaississement de la peau. *Des cals aux pieds.*

Hom. **cale,** fond d'un navire, pièce de bois.

calabrais, aise adj. et n. m. et f.

• **Adjectif et nom masculin et féminin.** De Calabre. *Un plat calabrais. Un Calabrais, une Calabraise.*

🖛— L'adjectif s'écrit avec une minuscule; le nom, avec une majuscule.

• **Nom masculin.** Dialecte calabrais. *Maria parle le calabrais.*

🖛— Le nom de la langue s'écrit avec une minuscule.

calage n. m.

Action de fixer.

calamar n. m.

V. **calmar.**

calamité n. f.

Catastrophe.

calamiteux, euse adj.

(Litt.) Catastrophique.

calandre n. f.

• Machine destinée à lustrer les étoffes, les papiers.

• Garniture métallique disposée à l'avant du capot de certaines voitures.

🖛— Ne pas confondre avec le mot *calendes* qui ne s'utilise plus que dans l'expression *renvoyer aux calendes grecques.*

calanque n. f.

Petite crique aux parois rocheuses escarpées, en Méditerranée. *Les belles calanques de Cassis.*

▭▷ calan**que.**

calc(i)- ou **calc(o)-** préf.

Élément tiré du mot *calcium. Calcaire.*

calcaire adj. et n. m.

Qui contient du carbonate de calcium. *Une pierre calcaire.*

▭▷ calc**aire.**

calcification n. f.

Dépôt de sels calcaires dans les tissus organiques.

La calcification valvulaire.

calcination n. f.
Action de calciner.

calciner v. tr.
Brûler. *J'ai oublié la dinde au four : elle est complètement calcinée!*

calcium n. m.
• Symbole *Ca* (s'écrit sans point).
• Métal blanc mou.

calcul n. m.
• Recherche du résultat d'opérations numériques. *Une erreur de calcul.*
• (Méd.) Concrétion de sels minéraux, de matières qui obstrue un conduit du corps humain. *Des calculs rénaux.*

calculable adj.
Qui peut être calculé.

calculateur, trice adj. et n. f.
• **Adjectif**
- Apte à calculer.
- (Péj.) Intéressé, qui agit par calcul. *Il est calculateur et opportuniste.*
• **Nom féminin**
Machine à calculer. *Les calculatrices actuelles sont de merveilleux petits ordinateurs.*

calculer v. tr.
• Compter. *Calculer le seuil de rentabilité d'une entreprise.*
• (Péj.) Préméditer. *Une gentillesse toute calculée.*

calculette n. f.
Calculatrice de poche.

cale n. f.
• Fond d'un navire.
• Pièce destinée à stabiliser un objet. *Mettre une cale devant la roue d'une voiture.*
Hom. *cal,* épaississement de la peau.
☞ cale.

calé, ée adj.
(Fam.) Fort. *Elle est calée en informatique.*

calebasse n. f.
Fruit du calebassier dont l'écorce séchée peut servir de récipient.

calebassier n. m.
Arbre d'Amérique tropicale dont le fruit est la calebasse.

calèche n. f.
Voiture découverte à quatre roues et qui est tirée par un cheval. *Une promenade en calèche dans les rues de Québec.*

caleçon n. m.
• Sous-vêtement masculin à jambes courtes.
☞ Ce mot est généralement employé au singulier comme *pantalon*. *Se mettre en caleçon.*
• Pantalon moulant de femme.
☞ Ne pas confondre avec le nom *slip,* culotte très échancrée.
☞ caleçon.

calembour n. m.
Jeu de mots fondé sur une similitude de sons avec une différence de sens. *Faire des calembours.* Exemple : *«C'était vraiment la francacophonie!»* (Marc Favreau, alias Sol)
☞ calembour.

calembredaine n. f.
Plaisanterie, propos insensés. *Dire des calembredaines.*
☞ calembredaine.

calendes n. f. pl.
• Premier jour du mois, chez les Romains.
• **Renvoyer aux calendes grecques.** Renvoyer à une date qui n'arrivera jamais (les calendes étaient le premier jour du mois chez les Romains; les Grecs ne connaissaient pas les calendes).
☞ Ce mot ne s'emploie plus que dans l'expression citée.
☞ Ne pas confondre avec le mot *calandre,* machine à lustrer les étoffes, garniture métallique d'une voiture.
☞ calendes.

calendrier n. m.
• Tableau des divisions de l'année en mois et en jours. *Les scouts vendent de jolis calendriers.*
• Programme. *Le calendrier de production est établi* (et non la *cédule de production).
☞ calendrier.

cale-pied n. m. (pl. *cale-pied* ou *cale-pieds*)
Appareil adapté à la pédale du vélo destiné à retenir le pied du cycliste.

calepin n. m.
Petit carnet.

caler v. tr., intr.
• **Transitif**
Fixer avec une ou des cales. *Il faut caler la roue de la voiture avec cette pierre.*
• **Intransitif**
- Enfoncer dans l'eau. *La barque a calé soudainement.*
- S'arrêter brusquement. *Le moteur a calé.*

calfatage n. m.
Action de calfater.

calfater v. tr.
Rendre étanche la coque d'un navire.
☞ Ne pas confondre avec le verbe *calfeutrer,* boucher les fentes pour empêcher le froid de pénétrer.

calfeutrage n. m.
Action de calfeutrer.

calfeutrer v. tr., pronom.
• **Transitif.** Boucher avec du feutre, de la laine, etc., les fentes d'une porte, d'une fenêtre pour empêcher le froid de pénétrer.
☞ Ne pas confondre avec le verbe *calfater,* rendre étanche la coque d'un navire.
• **Pronominal.** S'enfermer bien au chaud à la maison. *Ils se sont calfeutrés chez eux, car il fait un froid sibérien.*

calibre n. m.
• Diamètre intérieur d'un cylindre creux. *Le calibre d'une arme.*

• (Fig.) Importance, envergure. *Ces techniciens ne sont pas du même calibre.*

calibrer v. tr.
Mesurer le diamètre intérieur d'un cylindre.
☞ Ne pas confondre avec les verbes suivants :
- *étalonner,* mesurer par comparaison avec un étalon;
- *jauger,* mesurer la capacité d'un récipient, d'un navire.

calice n. m.
• Enveloppe extérieure de la fleur.
☞ Les pièces du calice d'une fleur sont les *sépales.*
• Vase sacré.
⇨ calice.

calicot n. m.
👄 Le *t* ne se prononce pas [kaliko].
Toile de coton fine.
⇨ calicot.

califat ou **khalifat** n. m.
👄 Le *t* ne se prononce pas [kalifa].
• Dignité de calife.
• Règne d'un calife.

calife ou **khalife** n. m.
Souverain musulman d'autrefois.

californien, ienne adj. et n. m. et f.
De la Californie. *Le vin californien. Un Californien, une Californienne.*
☞ L'adjectif s'écrit avec une minuscule; le nom, avec une majuscule.

califourchon (à) loc. adv.
À cheval. *Ils descendent l'escalier à califourchon sur la rampe.*

câlin, ine adj. et n. m.
• **Adjectif.** Tendre. *Un air câlin.*
• **Nom masculin.** Caresse, baiser. *Il a fait un câlin à sa sœur.*
⇨ câlin.

câliner v. tr.
Cajoler, faire des caresses à.
⇨ câliner.

câlinerie n. f.
Caresse, cajolerie.
⇨ câlinerie.

calleux, euse adj.
Qui a des cals. *Des mains calleuses.*
⇨ calleux.

calli- préf.
Élément du grec signifiant «beauté». *Calligraphie.*

calligramme n. m.
Poème où les vers sont disposés de manière à former un dessin. *Les calligrammes d'Apollinaire.*
⇨ calligramme.

calligraphe n. m. et f.
Personne spécialisée dans le tracé des écritures.
⇨ calligraphe.

calligraphie n. f.
Belle écriture.
⇨ calligraphie.

calligraphier v. tr.
Redoublement du *i* à la première et à la deuxième personne du pluriel de l'indicatif imparfait et du subjonctif présent. *(Que) nous calligraphiions, (que) vous calligraphiiez.*
Écrire d'une écriture très soignée.
⇨ calligraphier.

calligraphique adj.
Qui se rapporte à la calligraphie.
⇨ calligraphique.

callipyge adj.
• Se dit d'une statue célèbre de Vénus.
• Qui a de belles fesses.
⇨ callipyge.

callosité n. f.
Épaississement de l'épiderme.
⇨ callosité.

calmant, ante adj. et n. m.
• **Adjectif.** Apaisant. *Cette musique est calmante.*
• **Nom masculin.** Remède qui calme. *Elle a pris des calmants.*

calmar ou **calamar** n. m.
Mollusque marin comestible. *Des calmars frits.*

calme adj. et n. m.
• **Adjectif**
Tranquille. *La mer est calme.*
• **Nom masculin**
- Immobilité et silence. *Le calme de la forêt.*
- Sérénité. *Il a troublé son calme.*

calmement adv.
Avec calme.

calmer v. tr., pronom.
• **Transitif.** Apaiser. *Elle calme son enfant effrayé par l'orage.*
• **Pronominal.** Retrouver son calme. *Ils se sont enfin calmés.*

calomniateur, trice adj. et n. m. et f.
Détracteur.

calomnie n. f.
Propos mensongers qui attaquent la réputation de quelqu'un.
☞ Ne pas confondre avec le nom *médisance,* propos vrais qui peuvent nuire à quelqu'un.

calomnier v. tr.
Redoublement du *i* à la première et à la deuxième personne du pluriel de l'indicatif imparfait et du subjonctif présent. *(Que) nous calomniions, (que) vous calomniiez.*
Porter des accusations fausses contre quelqu'un.

calomnieux, euse adj.
Qui contient des calomnies. *Des accusations calomnieuses.*

calor- préf.
Élément du latin signifiant «chaleur». *Calorifère.*

calorie n. f.
• Symbole *cal* (s'écrit sans point).

• Unité de mesure de la valeur énergétique des aliments. *Cette confiture ne contient que sept calories par cuillère à café.*

calorifère adj. et n. m.
• **Adjectif.** Qui transmet la chaleur.
• **Nom masculin.** Système de chauffage distribuant la chaleur d'une chaudière par air chaud.
☞ Ne pas confondre avec le nom *radiateur,* appareil servant à la diffusion de la chaleur d'un système de chauffage.
⇨ calorifère.

calorifique adj.
Qui produit des calories, de la chaleur.
Ant. **frigorifique.**

calorifuge adj. et n. m.
Se dit des matières peu conductrices de la chaleur. *L'amiante est calorifuge.*

calorifuger v. tr.
Le *g* est suivi d'un *e* devant les lettres *a* et *o. Il calorifugea, nous calorifugeons.*
Couvrir d'un calorifuge.

calot n. m.
⇦ Le *t* ne se prononce pas [kalo].
Coiffure à deux pointes.
⇨ calot.

calotte n. f.
• Petit bonnet couvrant le sommet de la tête. *La calotte rouge de cardinal, la calotte blanche du pape.*
• *Calotte glaciaire.* Masse de glace recouvrant certaines régions polaires.
• Voûte sphérique. *La calotte des cieux, du crâne.*
• (Fam.) Gifle.
⇨ calotte.

calotter v. tr.
(Fam.) Gifler.
⇨ calotter.

calquage n. m.
Action de calquer.

calque n. m.
• Copie à l'aide d'un papier transparent.
• *Papier-calque. Des papiers-calques.*
• (Ling.) Traduction littérale. *L'expression* *«sanctuaire d'oiseaux» est un calque des mots anglais «bird sanctuary».* En français, on dit plutôt une *réserve naturelle.*
V. Tableau - **ANGLICISMES.**

calquer v. tr.
• Reproduire les traits d'un dessin au moyen d'un papier transparent.
☞ Ne pas confondre avec le verbe *décalquer,* reporter sur un autre papier le calque d'un dessin.
• (Fig.) Imiter.

calumet n. m.
Longue pipe des Amérindiens, qui symbolise la paix.

calvados n. m.
⇦ Le *s* se prononce [kalvados].
Eau-de-vie de cidre.
☞ Le nom de l'alcool s'écrit avec une minuscule, le nom de la région, avec une majuscule.
⇨ calvados.

calvaire n. m.
• Croix en plein air destinée à rappeler la passion du Christ.
• (Fig.) Épreuve. *Sa vie a été un véritable calvaire.*

calvitie n. f.
⇦ Le *t* se prononce *s* [kalvisi].
Absence de cheveux.
⇨ calvitie.

calypso n. m.
• Musique antillaise.
• Danse originaire de la Jamaïque.
⇨ calypso.

camaïeu n. m.
Peinture d'une seule couleur, en différents tons. *Une aquarelle en camaïeu. Des camaïeux très doux.*
⇨ camaïeu.

camarade n. m. et f.
Ami, surtout chez les enfants, les adolescents.
☞ Ne pas confondre avec les noms suivants :
- *collègue,* personne avec qui l'on travaille ou qui exerce la même fonction;
- *compagnon,* personne avec qui l'on fait un travail manuel, un voyage;
- *condisciple,* personne avec qui l'on étudie;
- *confrère,* personne qui appartient à une même profession, à une même société;
- *copain,* camarade intime.

camaraderie n. f.
Entente entre camarades.

camard, arde adj. et n. m. et f.
(Litt.) Qui a un nez écrasé.

camarguais, aise adj. et n. m. et f.
De la Camargue. *La flore camarguaise. Un Camarguais, une Camarguaise.*
☞ L'adjectif s'écrit avec une minuscule; le nom, avec une majuscule.

cambiste n. m. et f.
Spécialiste des opérations de change.
V. **agent.**

cambodgien, ienne adj. et n. m. et f.
Du Cambodge. *Un chant cambodgien. Un Cambodgien, une Cambodgienne.*
☞ L'adjectif s'écrit avec une minuscule; le nom, avec une majuscule.

cambouis n. m.
Graisse noircie.
⇨ cambouis.

cambrage ou **cambrement** n. m.
Action de cambrer.

cambré, ée adj.
Creusé, en forme d'arc.

cambrer v. tr., pronom.
• **Transitif.** Creuser. *Cambrer les reins.*
• **Pronominal.** Bomber le torse.

cambrien, ienne adj. et n. m.
Première période de l'ère primaire.

cambriolage n. m.
Action de cambrioler, résultat de cette action. *Il y a eu un cambriolage chez nos voisins qui étaient en voyage.*

cambrioler v. tr.
Voler, après avoir pénétré par effraction.

cambrioleur, euse n. m. et f.
Personne qui cambriole.

cambrousse ou **cambrouse** n. f.
(Fam.) Campagne.

cambrure n. f.
État de ce qui est cambré. *La cambrure du pied.*

cambuse n. f.
(Péj.) Vieille maison.

came n. f.
• Pièce mécanique. *Arbre à cames.*
• (Pop.) Drogue.

camé, ée adj. et n. m. et f.
(Pop.) Drogué.

camée n. m.
Pierre sculptée en relief. *De jolis camées très délicats.*
☞ Attention au genre masculin de ce mot : **un** camée.
⟹ camé**e**.

caméléon n. m.
Reptile qui a la faculté de changer de couleur pour se camoufler.

camélia n. m.
Arbrisseau cultivé pour ses fleurs qui rappellent la rose. *Des camélias.*
☞ Attention au genre masculin de ce nom : **un** camélia.

camelot n. m.
👄 Le *e* et le *t* ne se prononcent pas [kamlo].
Au Canada, personne qui livre les journaux à domicile. *Pour se faire un peu d'argent de poche, Catherine est camelot pendant l'été.*
⟹ camelo**t**.

camelote n. f.
(Fam.) Article de piètre qualité.
⟹ camelo**te**.

camembert n. m.
👄 Le *t* ne se prononce pas [kamãbɛr].
Fromage à pâte molle fabriqué principalement en Normandie. *Des camemberts bien crémeux.*
⟹ camember**t**.

caméra n. f.
Appareil de prises de vues cinématographiques. *Des caméras.*
☞ Ne pas confondre avec le mot **appareil photographique** ou **appareil-photo,** instrument destiné à prendre des images photographiques.

*cameraman
Anglicisme pour **cadreur.**
☞ Le terme **cadreur** a fait l'objet d'une recommandation officielle pour remplacer «cameraman».

camerounais, aise adj. et n. m. et f.
Du Cameroun. *Le drapeau camerounais. Un Camerounais, une Camerounaise.*
☞ L'adjectif s'écrit avec une minuscule, le nom avec une majuscule.

camion n. m.
Gros véhicule automobile servant au transport des marchandises. *Un camion de déménagement.*

camion-citerne n. m. (pl. *camions-citernes*)
Camion servant au transport des liquides en vrac.

camionnette n. f.
Petit camion.

camionneur n. m.
camionneuse n. f.
• Personne qui conduit un camion automobile.
• Personne qui a une entreprise de transport par camion.

camisole n. f.
• Au Canada, maillot court à manches.
☞ En Belgique, ce nom s'emploie toujours, mais dans la francophonie, il est vieilli en ce sens.
• **Camisole de force.** Camisole destinée à immobiliser les bras.
⟹ camisole.

camomille n. f.
• Plante médicinale très odorante.
• Infusion composée des fleurs de cette plante. *Marie-Ève préfère la verveine à la camomille.*
⟹ camomille.

camouflage n. m.
Dissimulation. *Le camouflage des véhicules militaires.*
⟹ camouflage.

camoufler v. tr., pronom.
• **Transitif.** Modifier les apparences afin de rendre méconnaissable une personne, une chose.
• **Pronominal.** Se cacher. *Les soldats se sont camouflés.*
⟹ camoufler.

camp n. m.
• Espace de terrain réservé à l'armée pour des manœuvres, des exercices.
• Lieu où l'on campe. *Les scouts ont fait un feu de camp.*
• Groupe opposé à un autre. *La classe est divisée en deux camps.*
⟹ cam**p**.

*camp
Anglicisme au sens de **chalet, maison de campagne.**

*camp (de vacances)
Anglicisme au sens de **colonie de vacances.**

campagnard, arde adj. et n. m. et f.
Qui est de la campagne.

campagne n. f.
• Grande étendue de pays plat, peu habitée, par opposition à la ville. *Une maison de campagne.*
• Opérations militaires.
• (Fig.) Entreprise ayant un but de propagande. *Une*

campagne publicitaire, une campagne électorale.
• **Campagne de financement.** Collecte systématique de fonds d'un organisme, d'une société à but non lucratif, en vue de financer leur fonctionnement.
• **Campagne de souscription.** Collecte de fonds pour une œuvre de bienfaisance.

campanule n. f.
Plante dont la fleur est en forme de clochette.
⇨ campanule.

campement n. m.
• Action de camper.
• Lieu où l'on campe.
• Installation rudimentaire.

camper v. tr., intr., pronom.
• **Transitif.** Écrire un récit très vivant. Il a bien campé son sujet.
• **Intransitif.** Coucher sous la tente. Ils ont campé à la belle étoile.
• **Pronominal.** Se dresser. Il se campa devant elle et lui dit sa façon de penser.

campeur, euse n. m. et f.
Personne qui campe.

camphre n. m.
Substance aromatique.
⇨ camphre.

camping n. m.
👄 Le nom se prononce [kãpiŋ].
• Action de dormir en plein air sous la tente, souvent dans un lieu aménagé à cet effet. Ils pratiquent le camping.
• Terrain aménagé pour coucher sous la tente. Des campings au bord de la mer.
• **Camping sauvage.** Camping en pleine nature.

campus n. m.
👄 Le nom se prononce [kãpys].
Complexe universitaire.
▯— L'expression **campus universitaire** est un pléonasme.

***can**
Anglicisme pour **boîte de conserve.**

canadianisme n. m.
Mot ou expression propre au français en usage au Canada. L'expression **fin de semaine** au sens de **week-end,** le nom **motoneige** sont des canadianismes.
V. **québécisme.**

canadien, ienne adj. et n. m. et f.
Du Canada. Elle est d'origine canadienne française. Le Bouclier canadien. Un Canadien, une Canadienne.
▯— 1° L'adjectif s'écrit avec une minuscule; le nom, avec une majuscule.
2° L'adjectif composé s'écrit avec un trait d'union, alors que le nom composé s'écrit sans trait d'union. La littérature canadienne-anglaise. Les Canadiens anglais.
3° Au sens de **québécois,** l'expression **canadien français** est vieillie.

canadienne n. f.
Manteau court.

canaille adj. et n. f.
• **Adjectif.** Coquin. Un petit air canaille.
▯— Employé comme adjectif, le mot canaille peut rester invariable ou s'accorder. Des airs canaille(s).
• **Nom féminin.** Vaurien. Cet individu est une canaille.
▯— Le nom s'emploie toujours au féminin.

canaillerie n. f.
Caractère canaille de quelque chose.

canal n. m. (pl. canaux)
• Voie d'eau artificielle. Un canal de dérivation. Le canal Lachine.
• Conduit. Des canaux dentaires.

***canal**
Anglicisme au sens de **chaîne** (de télévision).

canalisation n. f.
• Action de rendre navigable. La canalisation du Saint-Laurent.
• Réseau de conduite pour le transport des fluides, de l'énergie. Une canalisation de gaz.

canaliser v. tr.
• Rendre navigable. Cette rivière a été canalisée.
• Empêcher la dispersion de. Canaliser son énergie.

canapé n. m.
• Long siège à dossier et à accoudoirs où peuvent s'asseoir plusieurs personnes, où peut s'étendre une personne.
▯— Ne pas confondre avec les noms suivants :
- **causeuse,** petit canapé à deux places;
- **divan,** large sofa sans dossier qui peut servir de siège ou de lit;
- **sofa,** lit de repos à trois dossiers dont on se sert aussi comme siège.
• (Gastron.) **Sur canapés.** Sur une tranche de pain. Le mot **canapé** est toujours au pluriel dans cette locution. Des cailles sur canapés.

canapé-lit n. m. (pl. canapés-lits)
Long siège à dossier et à accoudoirs qui peut servir de lit. Les enfants ont dormi sur le canapé-lit du sous-sol.

canard n. m.
• Oiseau aquatique domestique ou sauvage. Le canard est le mâle de la cane.
• (Fig.) Morceau de sucre trempé dans l'alcool, le café.
• (Fam.) Journal.
• (Fam.) Fausse nouvelle. Lancer des canards.

canardeau n. m. (pl. canardeaux)
Caneton.

canarder v. tr.
Tirer, en restant à l'abri.

canardière n. f.
Lieu aménagé pour la chasse aux canards.

canari adj. inv. et n. m.
• **Nom masculin.** Serin de couleur jaune verdâtre, originaire des îles Canaries. Ce canari chante très bien.
• **Adjectif de couleur invariable.** De la couleur jaune du canari. Des chapeaux canari.
V. Tableau - COULEUR (ADJECTIFS DE).

canasta n. f.
Jeu de cartes. *Jouer à la canasta.*
☞ Attention au genre féminin de ce nom : *la* canasta.

cancale n. f.
Huître de la région de Cancale.

cancan n. m.
Commérage. *Colporter des cancans.*

cancaner v. intr.
(Fam.) Rapporter des potins.

cancanier, ière adj. et n. m. et f.
Qui raffole des cancans.

*canceller
Anglicisme pour *annuler, décommander, rayer.*

cancer n. m.
• Tumeur grave formée par la multiplication anormale des cellules; maladie qui en résulte. *Le cancer des poumons.*
• Nom d'une constellation, d'un signe du zodiaque. *Elle est (du signe du) Cancer, elle est née entre le 22 juin et le 22 juillet.*
☞ Les noms d'astres s'écrivent avec une majuscule.

cancéreux, euse adj. et n. m. et f.
• **Adjectif.** Du cancer. *Une tumeur cancéreuse.*
• **Adjectif et nom masculin et féminin.** Atteint d'un cancer.
▭ cancéreu**x**.

cancérigène ou **cancérogène** adj.
Qui peut causer un cancer. *La cigarette est cancérigène* ou *cancérogène.*
☞ La forme *cancérigène* est la plus usitée.
Syn. **carcinogène.**

cancérologie n. f.
Partie de la médecine qui étudie et traite le cancer.

cancérologue n. m. et f.
Spécialiste du cancer.

cancre n. m.
(Fam.) Écolier paresseux et peu doué.

cancrelat n. m.
Blatte
Syn. **cafard.**

candela n. f.
◁ Le *e* se prononce *é* [kãdela].
• Symbole *cd* (s'écrit sans point).
• Unité de mesure de l'intensité lumineuse.

candélabre n. m.
Chandelier à plusieurs branches. *Un beau candélabre en argent.*

candeur n. f.
Naïveté, confiance excessive. *Dans sa candeur, elle croyait à ses belles paroles.*

candi adj. inv. en genre.
Sucre candi. Sucre purifié, cristallisé. *Des sucres candis.*
☞ La forme féminine *candie* a été relevée, mais la plupart des auteurs indiquent que le mot est invariable en genre.
▭ candi.

candidat, ate n. m. et f.
Personne qui postule un emploi, qui se présente à un examen, à une élection, etc. *Les candidats à l'élection partielle sont des inconnus.*

candidature n. f.
Action de se porter candidat. *Poser sa candidature à un poste* (et non *«appliquer pour un poste»).

candide adj.
Naïf et confiant. *Un regard candide.*

candidement adv.
D'une manière candide.

cane n. f.
Femelle du canard.
Hom. **canne,** jonc, bambou, baguette.
▭ cane.

caneton n. m.
Petit de la cane.
▭ caneton.

canette ou **cannette** n. f.
Petite boîte métallique contenant une boisson. *Des canettes de jus de fruits.*

canevas n. m.
◁ Le *e* et le *s* sont muets [kanva].
• Grosse toile.
• Plan, schéma d'un texte.
☞ Dans ce dernier sens, ne pas confondre avec les noms suivants :
- *croquis,* dessin à main levée, plan sommaire;
- *ébauche,* première forme donnée à une œuvre;
- *esquisse,* représentation simplifiée d'une œuvre destinée à servir d'essai;
- *maquette,* représentation schématique d'une mise en pages;
- *projet,* plan d'une œuvre (d'architecture, de cinéma).
▭ caneva**s**.

canicule n. f.
Période de grande chaleur. *En juillet, la canicule a fait plusieurs victimes en Grèce.*
▭ canicule.

canif n. m.
Petit couteau de poche à une ou plusieurs lames repliables.

canin, ine adj. et n. f.
• **Adjectif.** Propre au chien. *La race canine.*
• **Nom féminin.** Dents placées entre les incisives et les prémolaires.

caniveau n. m. (pl. *caniveaux*)
Rigole pour l'écoulement des eaux, le long d'un trottoir.
▭ caniveau.

cannabis n. m.
◁ Le *s* se prononce [kanabis].
Chanvre indien (drogue hallucinogène).
▭ can**n**abis.

cannage n. m.
• Tressage de cannes.
• Fond canné d'une chaise.
▭ cannage.

*cannage
Anglicisme au sens de *mise en conserve.*

*cannages
Anglicisme au sens de *boîtes de conserve.*

canne n. f.
• Jonc, bambou.
• Bâton sur lequel on s'appuie pour marcher.
Hom. *cane,* femelle du canard.
☞ canne.

*canne
Anglicisme au sens de *boîte de conserve, canette.*

canné, ée adj.
Se dit d'un siège garni d'un cannage. *Un fauteuil canné.*
☞ Ne pas confondre avec l'adjectif *cannelé,* orné de cannelures, de sillons.
☞ canné.

canneberge n. f.
Airelle de saveur acidulée qui en mûrissant devient rouge. *Ils raffolent de la dinde servie avec des canneberges.*
☞ Au Canada, on dit aussi *atoca* ou *ataca.*
☞ canneberge.

cannelé, ée adj.
Orné de cannelures. *Une colonne cannelée.*
☞ Ne pas confondre avec l'adjectif *canné,* se dit d'un siège garni d'un cannage.
☞ cannelé.

canneler v. tr.
Redoublement du *i* devant un *e* muet. *Je cannelle, je cannellerai,* mais *je cannelais.*
Garnir de cannelures.
☞ canneler.

cannelle adj. inv. et n. f.
• **Nom féminin.** Substance aromatique extraite de l'écorce du cannelier. *Des brioches à la cannelle.*
• **Adjectif de couleur invariable.** De la couleur brun clair de la cannelle. *Des robes cannelle.*
V. Tableau - **COULEUR (ADJECTIFS DE).**
☞ cannelle.

cannelloni n. m.
Pâtes alimentaires cylindriques farcies. *Des cannellonis succulents.*
☞ Certains auteurs conservent le pluriel italien du mot en *i;* il paraît plus logique d'intégrer le mot au français et de mettre un *s* au pluriel comme dans *spaghettis* et *macaronis.*
☞ cannelloni.

cannelure n. f.
Sillon.

cannette
V. **canette.**

canneur, euse n. m. et f.
Personne qui fait le cannage des sièges.
☞ canneur.

cannibale adj. et n. m. et f.
Qui se nourrit de chair humaine.
☞ Se dit également d'un animal qui se nourrit d'un

animal de son espèce.
☞ cannibale.

cannibalisme n. m.
Fait pour une personne, un animal de manger ses semblables.
☞ cannibalisme.

canoé n. m.
☞ Le *o* est ouvert [kanɔe].
Au Canada, embarcation légère, pontée ou non, mue à la pagaie simple, utilisée en compétition sportive.
☞ L'embarcation utilisée à des fins récréatives est un *canot.*
☞ Dans la francophonie, ce nom s'orthographie *canoë.*
V. **bateau.**
☞ canoé.

canoéiste n. m. et f.
Personne qui utilise un canoé.
☞ canoéiste.

canon adj. m. et n. m.
• **Adjectif masculin**
Qui se rapporte à la loi ecclésiastique. *Le droit canon.*
• **Nom masculin**
- Loi ecclésiastique.
☞ Les dérivés du mot *canon* en ce sens s'écrivent avec un seul *n. Canonique.*
- Arme offensive. *Des coups de canon.*
- Tube d'une arme à feu. *Le canon d'un fusil.*
☞ Les dérivés du mot *canon* en ce sens s'écrivent avec deux *n. Canonner.*

canonique adj.
Âge canonique. Âge de quarante ans, âge respectable.
☞ Pour être servante auprès d'un ecclésiastique, l'âge minimal était de 40 ans (âge auquel on ne pouvait plus, disait-on, inspirer de sentiments amoureux).
☞ canonique.

canonisable adj.
Susceptible d'être canonisé.
☞ canonisable.

canonisation n. f.
Action de canoniser.
☞ canonisation.

canoniser v. tr.
Mettre au nombre des saints. *Le pape a canonisé Marguerite d'Youville.*
☞ Ne pas confondre avec le verbe *béatifier,* nommer au nombre des bienheureux.
☞ canoniser.

canonner v. tr.
Tirer à coups de canon sur un objectif. *Canonner un immeuble.*
☞ canonner.

canot n. m.
Au Canada, embarcation légère de type amérindien, non pontée, mue à l'aviron et relevée aux deux extrémités, qui est utilisée à des fins récréatives. (Recomm. off. OLF)

☞ Ne pas confondre avec **canoé,** embarcation semblable utilisée en compétition sportive.
V. **bateau.**
⇨ cano**t.**

canotable adj.
Au Canada, se dit d'un cours d'eau où l'on peut pratiquer le canotage.
⇨ cano**table.**

canotage n. m.
Sport du canot.
⇨ cano**tage.**

canoter v. intr.
Pratiquer le canotage.
⇨ canot**er.**

canoteur, euse n. m. et f.
Personne qui pratique le canotage.
⇨ canot**eur.**

canotier n. m.
Chapeau de paille à bords plats.
⇨ canot**ier.**

cantabile adj., adv. et n. m. inv.
◡ Le **e** se prononce **é** [kɑ̃tabile].
• Mélodie d'un mouvement modéré. *Des* cantabile.
• *Moderato cantabile.*
☞ En typographie soignée, les mots étrangers sont composés en italique. Dans des textes déjà en italique, la notation se fait en romain. Pour les textes manuscrits, on utilisera les guillemets.

cantal n. m.
Fromage à pâte ferme. *Des cantals.*
☞ Le nom du fromage s'écrit avec une minuscule; celui du département, avec une majuscule.

cantaloup n. m.
◡ Le **p** ne se prononce pas [kɑ̃talu].
Melon à chair orange foncé. *Des cantaloups juteux.*
☞ Attention au genre masculin de ce nom : **un** cantaloup.
⇨ cantalou**p.**

cantate n. f.
Poème mis en musique.

cantatrice n. f.
Chanteuse d'opéra. *Cette femme est une merveilleuse cantatrice* (et non une *cantatrice d'opéra).
☞ Ce nom n'a pas de forme masculine, on dira un *chanteur d'opéra.*

cantilène n. f.
Mélodie langoureuse.

cantilever adj. et n. m.
◡ Les deux dernières syllabes se prononcent *lé-veur,* [kɑ̃tilevœr].
Se dit de certains éléments situés en porte à faux. *Des ponts cantilever* ou *des cantilevers.*

cantine n. f.
• Endroit où l'on sert des repas pour une collectivité (entreprise, école).
☞ Ne pas confondre avec les noms suivants :
- *cafétéria,* dans certains établissements, lieu où l'on peut consommer des boissons, se restaurer;
- *réfectoire,* salle où les membres d'une communauté, d'une collectivité prennent leurs repas en commun.
• Malle à l'usage des militaires.

canton n. m.
Division territoriale qui a approximativement cent milles carrés. *Les Cantons de l'Est.*

cantonade n. f.
• Coin de la scène.
• *Parler à la cantonade.* Parler à un interlocuteur indéfini.
⇨ cantonade.

cantonal, ale, aux adj. et n. f.
Relatif à un canton.
⇨ cantonal.

cantonnement n. m.
Installation provisoire de troupes dans un lieu donné.

cantonner v. tr., pronom.
• **Transitif.** Établir dans un lieu des troupes de passage.
• **Pronominal.** S'isoler, se restreindre. *Ils se sont cantonnés dans les études et les théories.*

cantonnière n. f.
Bande d'étoffe encadrant une porte, une fenêtre. *Elle a installé une cantonnière* (et non une *valance).

canular n. m.
(Fam.) Blague, nouvelle fantaisiste.
⇨ canular.

canule n. f.
Petit tuyau adapté à une seringue pour introduire un liquide, un gaz dans un orifice (naturel ou non) de l'organisme.
⇨ canule.

canyon n. m.
◡ Les lettres **on** se prononcent **onne** ou **on**, [kaɲɔn] ou [kaɲɔ̃].
Gorge creusée par un cours d'eau dans une chaîne de montagnes. *Des canyons imposants.*
☞ Ce mot peut aussi garder sa graphie espagnole : cañon.
⇨ canyon.

CAO
Sigle de *conception assistée par ordinateur.*

caoutchouc n. m.
• Substance élastique et imperméable. *Une trousse en caoutchouc.*
• (Au plur.) Couvre-chaussures de caoutchouc. *N'oublie pas tes caoutchoucs, car il va pleuvoir.*
⇨ caoutchou**c.**

caoutchouter v. tr.
Enduire de caoutchouc.

caoutchouteux, euse adj.
Qui a la consistance du caoutchouc.
⇨ caoutchouteu**x.**

cap n. m.
• (Vx) Tête.
• *De pied en cap,* locution. Des pieds à la tête. *Il s'était*

habillé de pied en cap (et non en *cape).
• Direction d'un navire, d'un avion. *Ils ont changé de cap.*
• Promontoire. *Le cap Diamant.*
Hom. *cape,* manteau d'une seule pièce.
⇨ ca**p**.

*cap (de roues)
Anglicisme au sens de *enjoliveur.*

capable adj.
• Compétent. *C'est un menuisier très capable.*
• Apte à bien faire quelque chose. *Cet avocat est capable de vous aider.*
☞ Cet adjectif se construit avec la préposition *de.*
☞ Ne pas confondre avec l'adjectif *susceptible* qui implique l'idée d'une disposition momentanée, occasionnelle.

capacité n. f.
• Contenance d'un récipient. *Cette cafetière a une capacité de 12 tasses.*
• Habileté, aptitude d'une personne à faire quelque chose. *Une grande capacité à apprendre. La capacité de comprendre.*
☞ Devant l'infinitif, ce nom se construit avec la préposition *à* ou *de*; devant un nom, il se construit avec la préposition *à. Une capacité de production.*

caparaçon n. m.
Armure d'une monture.
⇨ caparaçon.

caparaçonner v. tr.
Couvrir d'un caparaçon. *Un cheval caparaçonné* (et non *carapaçonné).
⇨ caparaçonner.

cape n. f.
• Manteau d'une seule pièce, sans manches, généralement avec un capuchon. *Il portait toujours une grande cape noire.*
• *Sous cape.* À la dérobée. *Rire sous cape.*
Hom. *cap,* promontoire, direction d'un navire, d'un avion.
⇨ cape.

capeline n. f.
Grand chapeau féminin à bords souples.

capétien, ienne adj. et n. m. et f.
Relatif à la dynastie des rois de France fondée par Hugues Capet.

capharnaüm n. m.
👄 Les lettres *aüm* se prononcent *a-om* [kafarnaɔm].
Bric-à-brac. *Le grenier est un véritable capharnaüm.*
⇨ capharnaüm.

capillaire adj. et n. m.
Relatif aux cheveux. *Une lotion capillaire.*
⇨ capillaire.

capillarité n. f.
Force qui fait monter le niveau des liquides dans un tube étroit.
⇨ capillarité.

capitaine n. m. et f.
• Chef d'armée.
• Commandant, commandante d'un bateau.

• (Sports) Chef d'une équipe de joueurs, de joueuses.

capital, ale, aux adj.
Essentiel. *La question est capitale. Des enjeux capitaux.*

capital n. m. (pl. *capitaux*)
• Somme qui produit des intérêts ou des dividendes. *Intérêt et capital.*
• Investissement. *Des capitaux étrangers.*
• Richesse d'une personne, d'une nation, d'un pays.

capitale n. f.
• Ville où siège le gouvernement d'un État. *Rome est la capitale de l'Italie.*
☞ Ne pas confondre avec le nom *métropole,* ville principale.
• (Typogr.) Lettre majuscule.
V. Tableau - **MAJUSCULES ET MINUSCULES.**

capitalisation n. f.
Action de capitaliser.

capitaliser v. tr., intr.
• **Transitif.** Ajouter le revenu au capital. *Capitaliser des intérêts.*
• **Intransitif.** Amasser de l'argent.

*capitaliser
Anglicisme au sens de *tirer profit de, tirer parti de.*

capitalisme n. m.
Régime économique axé sur la primauté des apporteurs de capitaux, la propriété privée des moyens de production.

capitaliste adj. et n. m. et f.
• **Adjectif**
Qui se rapporte au capitalisme. *Un système capitaliste.*
• **Nom masculin et féminin**
- Adepte du capitalisme.
- Personne qui investit des capitaux dans une entreprise, dans le but d'en tirer un revenu.

capiteux, euse adj.
Qui monte à la tête. *Un parfum capiteux.*
⇨ capiteu**x.**

capiton n. m.
Rembourrage.

capitonnage n. m.
Action de capitonner.
⇨ capito**nn**age.

capitonner v. tr.
Rembourrer.
⇨ capito**nn**er.

capitulaire adj. et n. m.
• Relatif aux assemblées de religieux.
• *Lettre capitulaire.* Lettre ornée au début d'un chapitre.
Syn. **lettrine.**

capitulation n. f.
Action de capituler.

capitule n. m.
Groupement de fleurs sur l'extrémité élargie du pédoncule. *Les têtes d'artichaut sont des capitules.*

capituler v. intr.
Se rendre. *Après trois heures de combat, ils ont capitulé.*

caporal n. m. (pl. *caporaux*)
caporale n. f.
Militaire qui a le grade le moins élevé.

capot n. m.
👄 Le *t* ne se prononce pas [kapo].
• Bâche.
• Pièce de métal couvrant le moteur d'une automobile. *Ouvrir le capot.*
⟹ capot**.

capote n. f.
• Manteau à capuchon.
• Toit pliant d'une voiture décapotable.
• *Capote anglaise.* (Fam.) Préservatif, condom.

capoter v. intr.
Culbuter. *La voiture a capoté.*

cappella (a)
V. **a cappella.**

cappuccino n. m.
Café au lait mousseux.
⟹ ca**pp**uccino.

câpre n. f.
Fleur du câprier utilisée à titre de condiment. *Une salade aux câpres.*
⟹ câpre.

caprice n. m.
• Désir subit et inconstant, saute d'humeur. *Faire des caprices.*
• Cours changeant des choses. *Les caprices de la mode.*

capricieusement adv.
Par caprice.

capricieux, ieuse adj. et n. m. et f.
• Qui a des caprices. *Des enfants capricieux.*
• Sujet à des changements imprévus. *Un vent capricieux.*

capricorne n. m.
Nom d'une constellation, d'un signe du zodiaque. *Il est (du signe du) Capricorne, il est né entre le 21 décembre et le 20 janvier.*
▷— Les noms d'astres s'écrivent avec une majuscule.
V. **astre.**

câprier n. m.
Arbre produisant des câpres.
⟹ câprier.

capsulage n. m.
Action de fixer une capsule sur une bouteille.

capsule n. f.
Couvercle de métal qui sert à fermer une bouteille. *Une capsule de bouteille d'eau gazeuse.*
▷— Ne pas confondre avec le mot *bouchon*, ce qui sert à boucher l'orifice d'une bouteille.

capsuler v. tr.
Garnir une bouteille d'une capsule.

capter v. tr.
• Intercepter, recevoir (une émission). *À la maison, nous ne captons pas bien cette chaîne de télévision.*
• Chercher à obtenir. *Il captait si bien notre attention.*

capteur n. m.
• Dispositif destiné à détecter un phénomène physique afin de le représenter sous forme d'un signal.
• *Capteur solaire.* Dispositif emmagasinant l'énergie solaire pour la transformer en énergie thermique ou électrique.

captif, ive adj. et n. m. et f.
Privé de sa liberté. *Un animal captif.*

captivant, ante adj.
Qui retient l'attention, qui charme. *Des films captivants.*
▷— Ne pas confondre avec le participe présent invariable *captivant. Il raconte des histoires captivant les enfants.*

captiver v. tr.
Passionner, séduire. *Cette conférence a captivé les élèves.*

captivité n. f.
• État de prisonnier.
▷— Le nom s'emploie dans un contexte historique ou pour désigner l'état de celui qui est prisonnier de guerre. Aujourd'hui, on emploie plutôt le nom *emprisonnement.*
• Privation de liberté. *Des animaux élevés en captivité.*

capturer v. tr.
S'emparer d'un être vivant. *Il a capturé un tigre. Le malfaiteur a été capturé.*
▷— Lorsque le complément du verbe désigne une chose, on emploie plutôt *s'emparer de, prendre.*

*capturer
Anglicisme au sens de *saisir* (le sens de quelque chose).

capuchon n. m.
• Prolongement d'un vêtement que l'on peut rabattre sur la tête. *Un imperméable à capuchon.*
Syn. **capuche.**
• Bouchon. *Le capuchon d'un stylo.*

capucine n. f.
Plante ornementale.

caquelon n. m.
Sorte de poêlon assez profond. *Préparer la fondue dans un caquelon.*

caquet n. m.
• Cri de la poule qui pond.
• *Rabattre le caquet de quelqu'un, à quelqu'un.* Le faire taire.
⟹ caquet.

caquetage n. m.
Action de caqueter.
⟹ caquetage.

caqueter v. intr.
Redoublement du *t* devant un *e* muet. *Je caquette, je caquetterai,* mais *je caquetais.*
• Crier, en parlant de la poule qui pond.

• Bavarder, souvent de façon importune.

car conj.
• Cette conjonction sert à présenter la raison, l'explication de ce qui vient d'être formulé. *L'enfant n'ira pas à l'école demain, car il a la rougeole.*
• Toujours précédée d'une ponctuation, la conjonction *car* est placée après la proposition principale qui énonce le fait expliqué.
• Analogiquement, la conjonction *parce que* introduit la cause de ce qui a été énoncé ou de ce qui sera énoncé. La conjonction *parce que* peut donc être placée avant ou après la proposition principale qui énonce le fait. Si elle est après, elle est précédée d'une virgule.
• La juxtaposition des conjonctions *car* et *en effet* est un pléonasme à éviter.

car n. m.
Abréviation familière de *autocar.*

carabine n. f.
Fusil court et léger dont l'intérieur du canon est strié.

carabiné, ée adj.
(Fam.) Violent. *J'ai eu une grippe carabinée.*

caraco n. m.
Corsage. *Des caracos en dentelle.*

caracole n. f.
Mouvement en rond que l'on fait faire à un cheval.

caracoler v. intr.
Faire des sauts, des caracoles, en parlant d'un cheval.
▭▷ caracoler.

caractère n. m.

• Signe tracé sur une surface. *Des caractères illisibles.*
• Trait essentiel. *Les caractères d'une œuvre.*
• Personnalité, manière d'être. *Il a un bon caractère.*
• *Caractère alphabétique.* Caractère appartenant à un jeu comprenant les lettres de l'alphabet et certains caractères spéciaux, à l'exclusion de tout chiffre.
• *Caractère alphanumérique.* Caractère appartenant à un jeu comprenant les lettres de l'alphabet, les chiffres, le caractère d'espacement et d'autres signes conventionnels. *Notre code postal est en caractères alphanumériques.*
• *Caractère d'imprimerie.* (Imprim.) Lettre ou signe servant à l'impression des textes. *Veuillez remplir ce formulaire en caractères d'imprimerie* (et non en **lettres moulées).*
• *Caractères typographiques.*
FONTES
Les caractères typographiques se classent en plusieurs familles, ou *fontes,* selon la forme des lettres (Garamond, Lubalin, Helvetica, Futura, etc.). Ils se regroupent généralement en deux grands types :
- les caractères *sérifs* (avec empattement);
- les caractères *sansérifs* (sans empattement).

FORMES
Les caractères de chaque fonte peuvent avoir plusieurs formes :
- *romains* (droits);
- *italiques* (inclinés vers la droite);
- *maigres.*
- *gras*;
TAILLE
- La hauteur ou l'épaisseur du caractère est le *corps* qui s'exprime en points. *Des caractères de 9 points.*
- La largeur s'appelle la *chasse. Un I a une chasse inférieure à celle d'un m.*

caractère par seconde n. m.
• Sigle *CPS* (s'écrit avec ou sans points).
• (Inform.) Unité mesurant le nombre de caractères transmis ou imprimés pendant une seconde.

caractériel, ielle adj. et n. m. et f.
• **Adjectif.** Relatif au caractère.
• **Nom masculin et féminim.** Qui a des troubles du caractère.

caractérisation n. f.
Manière dont une chose est caractérisée.

caractérisé, ée adj.
Typique, bien marqué.

caractériser v. tr., pronom.
• **Transitif**
- Déterminer avec précision les caractères distinctifs de.
- Constituer le caractère essentiel de. *L'intelligence et la vivacité qui le caractérisent.*
• **Pronominal**
Être défini par un ou des caractères. *Cette maladie se caractérise par des accès de fièvre.*

caractéristique adj. et n. f.
• **Adjectif.** Spécifique, qui caractérise. *Des symptômes caractéristiques d'une maladie.*
• **Nom féminin.** Caractère distinctif. *La caractéristique de ce logiciel est d'être très facile à utiliser.*
▭◁ Attention au genre féminin de ce nom : *une* caractéristique.

caractérologie n. f.
Étude des types de caractères.

carafe n. f.
Bouteille en verre ou en cristal à base élargie et à col étroit.
▭▷ carafe.

carafon n. m.
Petite carafe. *Des carafons de vin rouge.*
▭▷ carafon.

carambolage n. m.
• Coup de billard où plusieurs billes sont touchées d'un seul coup.
• (Fig.) Série d'accidents. *Un gigantesque carambolage causé par la chaussée glacée.*
▭▷ carambolage.

caramboler v. tr., intr.
• **Transitif.** (Fam. et fig.) Heurter, bousculer. *La voiture a carambolé plusieurs véhicules.*

• **Intransitif.** Au billard, toucher d'un seul coup plusieurs billes.
⇨ caramboler.

caramel adj. inv. et n. m.
• **Nom masculin.** Sucre fondu et roussi par l'action de la chaleur. *Éliane a mangé des caramels.*
• **Adjectif de couleur invariable.** D'une couleur entre le beige et le roux. *Des sacs caramel.*
V. Tableau - **COULEUR (ADJECTIFS DE).**

caramélisation n. f.
Action de caraméliser.

caraméliser v. tr.
Réduire en caramel, enduire de caramel.

carapace n. f.
• Enveloppe dure et solide qui protège le corps de certains animaux (tortues, crustacés, etc.). *La carapace du homard.*
• (Fig.) Ce qui protège des agressions de toutes sortes.
⇨ carapa**c**e.

*carapaçonner
V. **caparaçonner.**

carapater (se) v. pronom.
(Fam.) S'enfuir.

carat n. m.
Le ***t*** ne se prononce pas [kara].
• Unité de masse qui sert d'étalon aux joailliers pour peser les diamants, les pierres précieuses et les perles. *Un diamant de trois carats.*
• Proportion de la masse totale d'un alliage d'or (1/24). *Un bracelet en or 14 carats.*
⇨ cara**t.**

caravanage n. m.
Voyage et camping en caravane.
Ce nom a fait l'objet d'une recommandation officielle en vue de remplacer l'anglicisme ***caravaning.***

caravane n. f.
• Véhicule tractable aménagé pour servir de logement de camping.
• Groupe de personnes qui traversent ensemble un désert, une région peu sûre. *Les chiens aboient, la caravane passe.* (Proverbe arabe) Malgré les critiques, il faut poursuivre son chemin et atteindre son but.

*caravaning
V. **caravanage.**

caravelle n. f.
• (Ancienn.) Petit navire portugais.
• Nom d'un avion à réaction moyen courrier.
En ce sens, le mot s'écrit avec une majuscule.

carbonnade ou **carbonade** n. f.
• Viande grillée sur des charbons.
• ***Carbonnade flamande.*** Ragoût de bœuf mouillé à la bière et cuit à l'étouffée.

carbonate n. m.
Sel de l'acide carbonique.

carbone n. m.
• Symbole ***C*** (s'écrit sans point).
• Corps simple non métallique. *Le diamant est du carbone à l'état pur.*
• ***Papier carbone.*** Papier permettant d'obtenir des doubles. *Des papiers carbone, des carbones.*
⇨ carbo**n**e, un seul ***n*** comme dans tous les dérivés.

carbonique adj.
Gaz carbonique (CO_2), anhydride résultant de la combinaison du carbone et de l'oxygène.

carboniser v. tr.
Calciner, réduire en charbon.

carbonnade
V. **carbonade.**

carburant adj. m. et n. m.
• **Adjectif masculin.** Qui contient une matière combustible. *Des mélanges carburants.*
• **Nom masculin.** Produit utilisé pour alimenter un moteur. *Mettre du carburant à haut indice d'octane.*

carburateur n. m.
Appareil où s'effectue le mélange combustible d'un moteur à explosion.

carburation n. f.
Mélange de l'air et d'un carburant.

carburer v. intr.
• Faire la carburation. *Cette voiture carbure mal.*
• (Fam.) Fonctionner. *Ça ne carbure pas très bien ce matin.*

carcajou n. m. (pl. *carcajous*)
Mammifère nordique carnivore de la toundra polaire qui a la taille d'un ourson. *On attribue au carcajou une force prodigieuse et une intelligence quasi humaine.*
Le carcajou se nomme aussi ***glouton.***

carcan n. m.
• (Ancienn.) Collier de fer servant à retenir un criminel au poteau d'exposition.
• (Fig.) Contrainte. *Le carcan des règlements.*
⇨ carca**n.**

carcasse n. f.
Charpente osseuse d'un animal.

carcéral, ale, aux adj.
Relatif à la prison. *Les problèmes carcéraux.*

carcinogène adj.
Qui peut causer un cancer.
Syn. **cancérogène, cancérigène.**

cardan n. m.
Joint de cardan. (Auto.) Dispositif transmettant aux roues motrices leur mouvement.

carder v. tr.
Démêler des fibres textiles.

cardeur n. m.
cardeuse n. f.
Personne préposée au cardage.

cardeuse n. f.
Machine destinée à carder les textiles.

-cardie suff.
Élément du grec signifiant «cœur». *Tachycardie.*

cardi(o)- préf.
Élément du grec signifiant «cœur». *Cardiologie.*

cardiaque adj. et n. m. et f.
• **Adjectif.** Relatif au cœur. *Une crise cardiaque.*
• **Nom masculin et féminin.** Personne atteinte d'une maladie du cœur. *Cardiaques, veuillez vous abstenir.*

cardigan n. m.
Veste de laine. *Des cardigans bleu marine.*
⟹ cardig**an**.

cardinal, ale, aux adj.

• **Adjectif numéral cardinal** ou **nombre cardinal**
Adjectif qui détermine les êtres ou les choses par leur NOMBRE. *Une énumération de six articles : le mot six est un adjectif numéral cardinal ou un nombre cardinal.*
🖝 1° Les adjectifs numéraux cardinaux sont invariables à l'exception de *un* qui peut se mettre au féminin, de *vingt* et de *cent* qui prennent la marque du pluriel s'ils sont multipliés par un nombre et s'ils ne sont pas suivis d'un autre adjectif de nombre. *Vingt et une chemises. Six cents stylos, quatre-vingts feuilles, trois cent dix fiches.*
2° Dans les adjectifs numéraux composés, le trait d'union s'emploie seulement entre les éléments qui sont l'un et l'autre inférieurs à *cent,* sauf si les éléments sont joints par la conjonction *et. Trente-sept, cent dix, vingt et un.*
V. Tableau - **NUMÉRAL (ADJECTIF).**
• **Point cardinal**
Les noms des points cardinaux (nord, sud, est, ouest) et leurs synonymes (midi, centre, orient, occident, levant) s'écrivent avec une majuscule lorsqu'ils désignent une entité géographique, une région, une étendue de territoire ou lorsqu'ils déterminent l'élément spécifique d'un nom de voie de communication. *Le pôle Nord. Le bureau est situé rue Saint-Paul Ouest. Pour les vacances, nous irons dans le Midi.*
🖝 Les noms des points cardinaux s'écrivent avec une minuscule lorsqu'ils sont utilisés au sens de l'orientation, comme une position du compas. *Une terrasse exposée au sud.* La position et la subdivision des points cardinaux sur le cadran d'une boussole ou sur une carte géographique s'appelle la *rose des vents.*
V. Tableau - **POINTS CARDINAUX.**

cardinal n. m. (pl. *cardinaux*)
Prélat de l'Église catholique, membre du Sacré Collège et électeur du pape. *Le cardinal Léger.*
🖝 Comme les titres administratifs, les titres religieux s'écrivent généralement avec une minuscule. *L'abbé, l'archevêque, le chanoine, le curé, l'évêque, le pape.* Cependant, ces titres s'écrivent avec une majuscule lorsqu'ils remplacent un nom de personne. *Le Cardinal sera présent à la réunion.*
V. Tableau - **TITRES DE FONCTIONS.**

cardinalat n. m.
Dignité de cardinal.

⟹ cardinala**t.**

cardinalice adj.
Propre aux cardinaux. *La pourpre cardinalice.*
⟹ cardinali**ce.**

cardiogramme n. m.
Tracé des mouvements du cœur.
Syn. **électrocardiogramme.**

cardiographie n. f.
Enregistrement des mouvements du cœur.

cardiologie n. f.
Spécialité médicale qui traite le cœur.

cardiologue n. m. et f.
Médecin spécialiste du cœur.

cardiopathie n. f.
Maladie du cœur.

cardio-respiratoire adj.
Relatif au cœur et aux poumons. *Des affections cardio-respiratoires.*

cardio-vasculaire adj.
Relatif au cœur et aux vaisseaux. *Des problèmes car-dio-vasculaires.*

carême n. m.
Période de 40 jours qui précède la fête de Pâques chez les catholiques. *Faire carême.*
⟹ car**ê**me.

carence n. f.
Lacune. *Une carence en fer.*

carène n. f.
Partie immergée de la coque d'un navire (la quille et les flancs).
⟹ car**è**ne.

caréner v. tr.
Le *é* se change en *è* devant une syllabe muette, sauf à l'indicatif futur et au conditionnel présent. *Je carène,* mais *je carénerai.*
• Réparer la carène d'un navire.
• Donner une forme aérodynamique à (une carrosserie). *Caréner une voiture.*

caressant, ante adj.
Qui caresse, doux et tendre. *Des gestes caressants.*
🖝 Ne pas confondre avec le participe présent invariable *caressant. Ses mains caressant le petit chien.*
⟹ caressant.

caresse n. f.
• Attouchement tendre, affectueux ou sensuel.
• (Fig.) Effleurement. *Les caresses de la brise.*
⟹ caresse.

caresser v. tr.
• Faire des caresses à.
• (Fig.) Espérer, se complaire à une perspective agréable. *Caresser un projet.*
⟹ caresser.

*****car-ferry**
Anglicisme pour *transbordeur.*

cargaison n. f.
Marchandises constituant la charge d'un navire, d'un

avion.
Syn. **fret.**

cargo n. m.
• Navire spécialement aménagé pour le transport des marchandises.
• *Avion-cargo.* Avion destiné exclusivement au transport de marchandises. *Des avions-cargos.*
V. **bateau.**

cargue n. f.
Cordage destiné à serrer les voiles.

carguer v. tr.
Serrer.

cari, carry ou **curry** n. m.
Épice indienne dont on parfume notamment le riz.

cariatide
V. **caryatide.**

caribou n. m. (pl. *caribous*)
Au Canada, synonyme de **renne.**
▷— Ce nom est un américanisme.

caricatural, ale, aux adj.
• Qui a le caractère de la caricature. *Des dessins caricaturaux.*
• Exagéré. *Une charge caricaturale.*

caricature n. f.
• Dessin satirique. *Les étudiants ont fait des caricatures des professeurs.*
• Description satirique. *Cette pièce est une caricature de la société.*

caricaturer v. tr.
Faire une caricature de.

caricaturiste n. m. et f.
Personne dont le métier est de dessiner des caricatures.

carie n. f.
Lésion d'une dent. *Une carie dentaire.*

carier v. tr., pronom.
• **Transitif.** Détruire par la carie.
• **Pronominal.** Être attaqué par la carie. *Ces dents se sont cariées.*

carillon n. m.
Groupe de petites cloches.
▷— Ne pas confondre avec les noms suivants :
- *bourdon,* grosse cloche d'une cathédrale, d'une basilique;
- *cloche,* appareil sonore vibrant sous les coups d'un battant;
- *clochette,* petite cloche;
- *sonnette,* timbre, sonnerie électrique.
▷ carillon.

carillonner v. tr., intr.
• **Transitif**
- Annoncer quelque chose par un carillon.
- (Fig.) Diffuser. *Carillonner une rumeur.*
• **Intransitif**
Sonner en carillon.
▷ carillonner.

carillonneur, euse n. m. et f.
Personne qui carillonne.
▷ carillonneur.

cariste n. m. et f.
Personne qui conduit un chariot automoteur.

caritatif, ive adj.
• Relatif à la charité.
• Se dit d'une action, d'une œuvre inspirée par la charité. *Une association caritative.*

carlin n. m.
Petit chien à poil ras, au museau écrasé.
▷ carlin.

carlingue n. f.
Habitacle d'un avion.

carmélite n. f.
Religieuse.

carmin adj. inv. et n. m.
• **Nom masculin**
- Colorant rouge vif. *Des carmins éclatants.*
- Couleur rouge vif.
• **Adjectif de couleur invariable**
De la couleur rouge vif du carmin. *Des lèvres carmin.*
V. Tableau - **COULEUR (ADJECTIFS DE).**

carminé, ée adj.
D'un rouge vif.

carnage n. m.
Massacre d'hommes ou d'animaux.
▷— Ne pas confondre avec les noms suivants :
- *hécatombe,* grande masse de personnes tuées, surtout au figuré;
- *massacre,* meurtre d'un grand nombre d'êtres vivants;
- *tuerie,* action de tuer sauvagement.

carnassier, ière adj. et n. m. et f.
Se dit des animaux qui se nourrissent de chair crue, de proies vivantes. *Le tigre est carnivore et carnassier, l'homme est carnivore.*
▷— Ne pas confondre avec les mots suivants :
- *carnivore,* qui se nourrit de chair;
- *frugivore,* qui se nourrit de fruits;
- *granivore,* qui se nourrit de graines;
- *insectivore,* qui se nourrit d'insectes;
- *omnivore,* qui mange de tout.

carnassière n. f.
Gibecière.

carnation n. f.
Teint.

carnaval n. m. (pl. *carnavals*)
Période de divertissements qui précède le carême. *Le carnaval de Québec.*

carnavalesque adj.
Qui tient du carnaval.

carné, ée adj.
Composé de viande. *Un menu carné.*

carnet n. m.
Petit livre que l'on porte sur soi. *Un carnet d'adresses, un carnet de chèques.*
▷ carnet.

carnivore adj. et n. m. et f.
Se dit des êtres vivants qui se nourrissent de chair.
L'homme est carnivore. Certaines plantes sont carnivores.
☞ Ne pas confondre avec les mots suivants :
- *carnassier,* qui se nourrit de proies vivantes;
- *frugivore,* qui se nourrit de fruits;
- *granivore,* qui se nourrit de graines;
- *insectivore,* qui se nourrit d'insectes;
- *omnivore,* qui mange de tout.

carotène n. m.
Matière colorante contenue dans certains végétaux, en particulier dans la carotte.
☞ Attention au genre masculin de ce nom : *le* carotène.
▱ carotè**ne**.

carotide n. f.
Chacune des deux artères qui conduisent le sang du cœur à la tête.

carottage n. m.
Escroquerie.
▱ caro**tt**age.

carotte adj. inv. et n. f.
• **Nom féminin.** Racine comestible d'une plante potagère. *Des carottes crues.*
• **Adjectif de couleur invariable.** De la couleur orange de la carotte. *Des cheveux carotte.*
V. Tableau - **COULEUR (ADJECTIFS DE).**

carotter v. tr.
(Fam.) Extorquer.
▱ caro**tt**er.

caroube ou **carouge** n. f.
Fruit du caroubier.

caroubier n. m.
Arbre à bois très dur qui produit la caroube.

carpe n. f.
Poisson d'eau douce.

carpeau n. m. (pl. *carpeaux*)
Petit de la carpe.

carpette n. f.
Petit tapis.

carquois n. m.
Étui à flèches.
▱ car**qu**ois.

carrare n. m.
Marbre de la région de Carrare. *Un mur en carrare.*
☞ Le nom s'écrit avec une minuscule lorsqu'il désigne un marbre, avec une majuscule lorsqu'il nomme la région. *Du marbre de Carrare.*
▱ carrare.

carre n. f.
• Lisière d'acier qui borde la semelle d'un ski. *Aiguiser les carres.*
• Tranchant de la lame d'un patin à glace.

carré, ée adj. et n. m.
• **Adjectif**

- Se dit d'une surface plane qui a quatre côtés égaux et quatre angles droits. *Un jardin carré. Une nappe carrée.*
- *Mètre carré.* Surface dont le côté a un mètre. *Des mètres carrés (m²).*
• **Nom masculin**
Surface plane qui a quatre côtés égaux et quatre angles droits. *Un grand carré.*

*carré
Anglicisme au sens de *place, square.*

carreau n. m. (pl. *carreaux*)
• Plaque de terre cuite, de pierre, etc., servant à revêtir le sol. *Des carreaux de céramique.*
☞ Ne pas confondre avec le nom *tuile,* plaque de terre cuite servant à couvrir un immeuble.
• Plaque de vitre posée aux fenêtres, aux portes. *Faire les carreaux.*
• *À carreaux.* Imprimé à quadrillage. *Une jupe à carreaux* (et non une jupe *carreautée).*

carré au chocolat n. m.
Gâteau au chocolat.
☞ Ce nom a été proposé comme équivalent du mot anglais «brownie». (Recomm. off. OLF)

*carreauté
Impropriété pour *à carreaux.*

carrefour n. m.
Lieu relativement large, par opposition au simple croisement, où se rencontrent plusieurs voies de communication.
☞ Ne pas confondre avec le nom *croisement,* intersection de deux voies de circulation.
▱ carrefour.

carrelage n. m.
Revêtement de carreaux.
▱ carre**l**age.

carreler v. tr.
Redoublement du *l* devant un *e* muet. *Ja carrelle, je carrellerai,* mais *je carrelais.*
• Revêtir de carreaux.
• Quadriller une surface.

carrément adv.
Sans détour. *Il a répondu carrément que ça ne l'intéressait pas.*
▱ carrément.

carrer v. tr., pronom.
• **Transitif.** Donner une forme carrée à quelque chose.
• **Pronominal.** S'installer confortablement. *Elle se carra dans sa causeuse.*
▱ carrer.

carrière n. f.
• Profession. *Le choix d'une carrière.*
• *Faire carrière.* Gravir les échelons hiérarchiques d'une profession.
• (Absol.) La diplomatie.
• Excavation d'où l'on tire de la pierre, du marbre, etc. généralement à ciel ouvert. *Une carrière d'ardoise à ciel ouvert.*
▱ carrière.

carriériste n. m. et f.
Personne ambitieuse qui cherche à faire carrière.

carriole n. f.
Au Canada, voiture d'hiver sur patins et tirée par des chevaux.
☞ carriole.

carrossable adj.
Praticable (pour les voitures). *Un chemin carrossable.*
☞ carrossable.

carrosse n. m.
Voiture hippomobile de luxe à quatre roues. *La reine est arrivée dans son beau carrosse.*
☞ carrosse.

*carrosse
Impropriété au sens de *landeau. Elle promenait tous les jours son dernier-né dans son landeau.*

carrosser v. tr.
Munir d'une carrosserie.
☞ carrosser.

carrosserie n. f.
Caisse d'une automobile, d'un appareil électroménager.
☞ carrosserie.

carrossier n. m.
Spécialiste de la construction des carrosseries.
☞ carrossier.

carrousel n. m.
↪ Le **s** se prononce **z** ou **s,** [karuzɛl] ou [karusɛl].
• Parade au cours de laquelle des cavaliers exécutent des courses de tous genres.
• Au Canada, en Belgique et en Suisse, manège de chevaux de bois. *Les enfants se sont amusés dans les carrousels de la Ronde.*
▷— En France, le nom est vieilli en ce sens.
☞ carrousel.

carrure n. f.
• Largeur du dos à la hauteur des épaules. *Une personne de forte carrure.*
• (Fig.) Valeur d'une personne. *Il n'a pas votre carrure.*
☞ carrure.

cartable n. m.
Sac d'écolier à plusieurs compartiments. *Les enfants préfèrent les cartables à bretelles aux cartables à poignée.*
▷— Le **cartable** est un sac d'écolier. Pour désigner le sac à compartiments qui sert à porter des livres, des documents, on emploie plutôt le nom **serviette.** La serviette plate ne comportant qu'une seule poche est un **porte-documents.**

*cartable
Impropriété au sens de *reliure, cahier. Une reliure à trois anneaux remplie de feuilles mobiles.*

carte n. f.
• Petit rectangle cartonné destiné à plusieurs usages. *Des cartes d'identité, des cartes de visite, des cartes postales.*
• Petit carton marqué d'une figure ou d'une couleur (cœur, carreau, pique, trèfle), et servant à divers jeux. *Des jeux de cartes.*

• Représentation à échelle réduite d'une partie de la surface de la Terre. *La carte du Québec* (et non la *map).
▷— Le **plan** est une carte à grande échelle d'une ville, d'un réseau de communications. *Le plan de Montréal, le plan du métro.*
• **Locutions**
- **Brouiller les cartes.** Embrouiller volontairement.
- **Jouer sa dernière carte.** Effectuer une tentative ultime.
- **Jouer cartes sur table.** Jouer franc jeu.
- **Château de cartes.** Chose incertaine, précaire.
- **Donner, avoir carte blanche.** Donner, avoir plein pouvoir.

*carte d'affaires
Calque de l'anglais «business card» pour **carte professionnelle.**

cartel n. m.
(Écon.) Entente entre des entreprises en vue d'une action commune visant à limiter ou à supprimer la concurrence.
▷— Ne pas confondre avec les noms suivants :
- **monopole,** situation économique où il n'y a qu'un seul vendeur;
- **oligopole,** situation économique où quelques vendeurs se partagent la production pour l'offrir à une multitude d'acheteurs.

carte-lettre n. f. (pl. *cartes-lettres*)
Carte de correspondance se fermant au moyen de bords gommés.

carte professionnelle n. f.
Petit carton comportant le nom d'une personne, son titre, la raison sociale de l'entreprise ou la désignation de l'organisme qu'elle représente, ainsi que son adresse et ses numéros de téléphone et de télécopieur.
V. Tableau - **ADRESSE.**

carter n. m.
↪ Le **r** se prononce [kartɛr].
Gaine de métal servant à protéger un mécanisme. *Le carter du différentiel, d'une chaîne de vélo.*
☞ carter.

cartésien, ienne adj. et n. m. et f.
Rationnel.

cartier n. m.
Fabricant de cartes à jouer.
Hom. **quartier,** partie d'une ville.

cartilage n. m.
Tissu conjonctif aux extrémités des os, du pavillon de l'oreille et des ailes du nez.
☞ cartilage.

cartilagineux, euse adj.
Qui tient du cartilage. *Des tissus cartilagineux.*
☞ cartilagineux.

cartographe n. m. et f.
Personne qui établit des cartes de géographie.

cartographie n. f.
Ensemble des techniques d'élaboration, de dessin et d'édition des cartes géographiques, des plans.

cartographique adj.
Relatif à la cartographie.

cartomancie n. f.
Art prétendu de prédire l'avenir par les cartes (cartes à jouer, tarot, etc.)

cartomancien n. m.
cartomancienne n. f.
Personne qui lit, ou prétend lire l'avenir dans les cartes.

carton n. m.
• Carte forte faite de pâte de papier. *Un carton ondulé.*
• Boîte de carton. *Des photos dans un carton.*

*carton (de cigarettes)
Anglicisme pour ***cartouche*** (de cigarettes).

*carton (d'allumettes)
Anglicisme pour ***carnet*** (d'allumettes).

cartonnage n. m.
• Fabrication, commerce des objets en carton.
• Reliure, ouvrage, emballage en carton.
⇨ carto**nn**age.

cartonner v. tr.
Couvrir de carton.
⇨ carto**nn**er.

cartonnerie n. f.
Industrie du carton.
⇨ carto**nn**erie.

cartonneux, euse adj.
Qui a l'apparence du carton.
⇨ carto**nn**eux.

carton-pâte n. m. (pl. *cartons-pâtes*)
• Carton composé de vieux papiers. *Des décors de carton-pâte.*
• *En carton-pâte.* Simulé, factice.

*cartoon
Anglicisme pour ***bande dessinée.***

cartouche n. m. et f.
• **Nom masculin**
Encadrement elliptique destiné à recevoir une inscription. *Un cartouche en forme de parchemin à demi déroulé.*
• **Nom féminin**
- Étui en métal ou en carton renfermant la charge d'une arme à feu. *Une cartouche de pistolet automatique.*
- Emballage groupant des paquets de cigarettes. *Acheter une cartouche* (et non un **carton*) *de cigarettes.*
- Recharge d'un stylo, d'un briquet, etc. *Une cartouche d'encre.*
- Boîtier scellé comportant un programme informatique en mémoire morte. *Une cartouche de jeu.*
▭← À la différence de la ***cassette*** qui peut servir à l'enregistrement et à la lecture de données, la ***cartouche*** est exclusivement réservée à la lecture des données.

cartouchière n. f.
Sac à cartouches.

carvi n. m.
Plante aromatique. *Des graines de carvi.*

*car wash
Anglicisme pour ***lave-auto.*** *Des lave-autos*

caryatide ou **cariatide** n. f.
Figure de femme soutenant une corniche sur sa tête. *Les caryatides d'un temple grec.*
▭← Ne pas confondre avec les noms suivants :
- ***atlante,*** colonne sculptée en forme d'homme soutenant un entablement;
- ***colonne,*** pilier circulaire soutenant les parties supérieures d'un édifice;
- ***pilastre,*** pilier carré dans une construction;
- ***pilier,*** massif de maçonnerie rond ou carré soutenant une construction.

caryotype n. m.
(Génét.) Ensemble caractéristique des chromosomes d'une personne, d'une espèce. *L'enfant atteint de la trisomie 21 a un caryotype spécifique.*
⇨ caryotype.

cas n. m.
• Circonstance, situation de quelqu'un ou de quelque chose. *C'est un cas particulier.*
• *Cas de conscience.* Dilemme moral, religieux.
• *Cas d'espèce.* Exception. *Des cas d'espèce.*
• *Cas de force majeure.* Évènement inévitable.
• **Locutions**
- *Au cas où, dans le cas où, pour le cas où,* locutions conjonctives. À supposer que.
▭← Ces locutions conjonctives sont généralement suivies du conditionnel, parfois de l'indicatif. *Au cas où il y aurait une tempête de neige, l'excursion serait annulée.*
- *C'est le cas de le dire.* Expression qui souligne l'exactitude de ce qui vient d'être dit.
- *Dans tous les cas où,* locution conjonctive. Toutes les fois que.
- *En cas de,* locution prépositive. S'il y a.
- *En cas de besoin.* S'il est nécessaire.
- *En ce cas,* locution adverbiale. Dans ces conditions.
- *En tout cas,* locution adverbiale. Quoi qu'il arrive.
- *Faire cas de.* Tenir compte de quelque chose.
- *Faire grand cas de.* Accorder à (quelqu'un, quelque chose) beaucoup d'importance.
- *Le cas échéant,* locution adverbiale. Si l'occasion se présente.

casanier, ière adj. et n. m. et f.
Qui préfère rester à la maison. *Des habitudes casanières. C'est un casanier.*

casaque n. f.
• Veste de jockey.
• *Tourner casaque.* Changer de parti, d'opinion.

casbah n. f.
Quartier arabe de certaines villes d'Afrique du Nord.
⇨ casba**h**.

cascade n. f.
Chute d'eau de faible débit, comportant ordinairement plusieurs paliers. (Recomm. off. OLF)
▭← Ne pas confondre avec les noms suivants :
- ***cataracte,*** chute d'un grand cours d'eau, dont la dénivelée est importante;
- ***chute,*** masse d'eau tombant brusquement à l'em-

placement d'une rupture de pente;
- *rapide,* partie d'un cours d'eau, souvent hérissée de roches, où le courant devient rapide et agité par suite d'un resserrement du lit ou d'une faible augmentation de la pente.
☞ Les noms génériques de géographie s'écrivent avec une minuscule.

cascader v. intr.
Tomber en cascade.

cascadeur, euse adj. et n. m. et f.
Personne qui tourne les scènes risquées d'un film, à titre de doublure.

case n. f.
• Cabane.
• (Fam.) Maison, en Afrique.
• Carré de l'échiquier, du damier, etc.
• Compartiment d'un meuble, d'une boîte.
• Au Canada, armoire métallique où l'on peut laisser des vêtements, des objets.
• *Case postale.* Boîte postale.
V. Tableau - **ADRESSE.**

caséine n. f.
Substance du lait, élément principal du fromage.

casemate n. f.
Abri contre les bombes.

case postale n. f.
Abréviation *C.P.* (s'écrit habituellement avec des points).
☞ On se gardera d'utiliser l'expression *casier postal* qui désigne un ensemble de cases.
Syn. **boîte postale.**

caserne n. f.
Bâtiment militaire.

*****cash**
Anglicisme pour *caisse. Il a pris l'argent de la caisse* (et non du *cash).

*****cash**
Anglicisme pour *comptant. Payer comptant* (et non payer *cash).

*****cash-flow**
Anglicisme pour *marge brute d'autofinancement, mouvement de caisse.*

casier n. m.
• Ensemble de cases.
• Nasse à homards.

*****casier postal**
Impropriété au sens de *case postale* ou de *boîte postale*

casino n. m.
Établissement où les jeux d'argent sont autorisés. *Julien aimerait bien aller jouer dans un casino un jour.*

casque n. m.
Coiffure rigide destinée à protéger la tête. *Un casque de hockey, de motard.*

casqué, ée adj.
Coiffé d'un casque. *Des militaires casqués.*

casquer v. tr., intr.
• **Transitif.** Munir d'un casque.
• **Intransitif.** (Fam.) Payer.

cassant, ante adj.
• Qui se casse facilement. *Des assiettes cassantes.*
• Tranchant, autoritaire. *Un ton cassant.*

casse n. f.
• Action de casser, objets cassés. *Cette voiture est bonne à mettre à la casse* (et non à la *scrap).
• (Typogr.) Boîte à compartiments pour les caractères d'imprimerie. *Un texte en bas-de-casse, en minuscules.*

casse- préf.
Les mots composés avec le préfixe *casse-* s'écrivent avec un trait d'union et sont invariables. *Des casse-cou.*

cassé, ée adj.
• Brisé.
• *Blanc cassé.* Adjectif de couleur invariable. *D'un blanc légèrement teinté. Des robes blanc cassé.*
• *Voix cassée.* Enrouée.

casseau ou **cassot** n. m.
Au Canada, emballage servant au transport des petits fruits. *Un casseau* ou *un cassot de framboises.*

casse-cou adj. inv. et n. m. et f. inv. (pl. *casse-cou*)
Se dit d'une personne téméraire. *Des jeunes filles casse-cou.*

casse-croûte n. m. inv. (pl. *casse-croûte*)
• Repas léger. *Des casse-croûte appétissants.*
• Au Canada, petit restaurant où l'on prend des repas légers. *Il lit son journal au casse-croûte* (et non au *snack-bar).*

casse-noisettes n. m. inv. (pl. *casse-noisettes*)
Instrument servant à casser les noisettes.

casse-noix n. m. inv. (pl. *casse-noix*)
Instrument servant à casser les noix.

casse-pieds adj. inv. et n. m. et f. inv. (pl. *casse-pieds*)
(Fam.) Importun, désagréable. *De détestables casse-pieds. Une réunion casse-pieds.*

casser v. tr., intr., pronom.
• **Transitif.** Briser, rompre. *L'enfant a cassé le verre. Cette chute lui a cassé la jambe.*
• **Intransitif.** Se briser. *La tablette a cassé.*
• **Pronominal.** Se fracturer. *Elle s'est cassé le bras.*
☞ Attention à l'accord du participe : celui-ci reste invariable si le complément d'objet direct ne précède pas le verbe.

casserole n. f.
Récipient métallique muni d'un manche, parfois d'un couvercle et qui est réservé à la cuisson des aliments.
☞ Ne pas confondre avec les noms suivants :
- *chaudron,* récipient assez profond à anse mobile;
- *fait-tout* ou *faitout,* grand récipient à deux poignées, muni d'un couvercle;
- *poêle,* récipient plat à longue queue.
☞ casserole.

casse-tête n. m. inv. (pl. *casse-tête*)
• Massue.

• Jeu de patience.
☞ En France, on dit plutôt **puzzle.**
• Problème difficile à résoudre.

cassette n. f.
• (Vx) Petit coffre.
• Boîtier amovible contenant une bande magnétique destinée à l'enregistrement et à la lecture de données. *Des cassettes vidéo amusantes.*
☞ Ne pas confondre avec le nom **cartouche,** boîtier comportant une bande magnétique exclusivement réservée à la lecture des données.

cassis n. m.
• Groseiller noir. *De la liqueur de cassis.* En ce sens, le **s** final se prononce [kasis].
• Dépression brusque du sol, sur une route, qui imprime une secousse aux véhicules. En ce sens, le **s** final ne se prononce pas [kasi].
☞ Ne pas confondre avec **dos d'âne,** gonflement transversal de la chaussée.
⇒ cassi**s.**

cassolette n. f.
• Petit récipient où l'on fait brûler des parfums.
• Petite casserole.
⇒ casso**l**ette.

cassonade n. f.
Sucre roux qui n'a été raffiné qu'une fois. *Elle met un peu de cassonade* (et non de *sucre brun) sur sa crêpe.*
⇒ casso**n**ade.

cassot
V. **casseau.**

cassoulet n. m.
Mets languedocien composé de haricots blancs et de morceaux d'oie, de porc ou de mouton.

castagnettes n. f. pl.
Instrument de percussion d'origine espagnole. *Jouer des castagnettes.*

castel n. m.
(Litt.) Petit château.
☞ Ne pas confondre avec les noms suivants :
- **château,** habitation royale ou seigneuriale généralement située à la campagne;
- **gentilhommière,** petit château à la campagne;
- **manoir,** habitation seigneuriale entourée de terres;
- **palais,** résidence d'un chef d'État ou d'un souverain.

castillan, ane adj. et n. m. et f.
• **Adjectif et nom masculin et féminin.** De Castille. *Un chant castillan. Un Castillan, une Castillane.*
☞ L'adjectif s'écrit avec une minuscule; le nom, avec une majuscule.
• **Nom masculin.** Langue officielle de l'Espagne. *Juanita parle le castillan.*
☞ Le nom de la langue s'écrit avec une minuscule.

castor n. m.
Rongeur à large queue plate. *Les castors construisent des digues.*

castrat n. m.
Individu mâle ayant subi la castration.
⇒ castra**t.**

castration n. f.
Suppression d'un organe nécessaire à la reproduction.
☞ Le nom s'emploie plus couramment pour les individus mâles.

castrer v. tr.
Pratiquer la castration sur.

casuistique n. f.
Théologie morale qui s'occupe des cas de conscience.

casus belli n. m. inv.
👄 Le **s** se prononce **z** [kazysbɛli].
• Locution latine signifiant «cas de guerre».
• Tout motif qui met un État dans la nécessité de recourir aux armes.
☞ En typographie soignée, les mots étrangers sont composés en italique. Dans des textes déjà en italique, la notation se fait en romain. Pour les textes manuscrits, on utilisera les guillemets.

cata- préf.
Élément du grec signifiant «en dessous, en arrière». *Catacombe.*

catachrèse n. f.
👄 Les lettres **ch** se prononcent **k** [katakrɛz].
Métaphore où l'on emploie un mot au-delà de son sens propre. *Exemple : les bras d'un fauteuil, la tête d'un lit.*
⇒ cata**chrè**se.

cataclysme n. m.
Désastre naturel d'une grande ampleur. *Ce raz-de-marée a été un cataclysme.*
☞ Ne pas confondre avec le nom **catastrophe,** accident causant la mort de plusieurs personnes.
⇒ cataclys**me.**

catacombe n. f.
Vaste cavité souterraine ayant servi de cimetière. *Les catacombes romaines.*
☞ Ce mot s'utilise surtout au pluriel.

catadioptre n. m.
Petit disque destiné à réfléchir la lumière, la nuit, afin de signaler un objet, un véhicule. *Il est prudent de placer des catadioptres sur une bicyclette.*

catafalque n. m.
Décoration funèbre élevée pour recevoir un cercueil.
☞ Ne pas confondre avec le nom **cénotaphe,** tombeau vide élevé à la mémoire d'un mort.

catalan, ane adj. et n. m. et f.
• **Adjectif et nom masculin et féminin.** De la Catalogne. *Le design catalan. Un Catalan, une Catalane.*
☞ L'adjectif s'écrit avec une minuscule; le nom, avec une majuscule.
• **Nom masculin.** Langue parlée en Catalogne. *Jordi parle le catalan.*
☞ Le nom de la langue s'écrit avec une minuscule.

catalogage n. m.
• Action de classer selon un certain ordre.
• Élaboration d'un catalogue.
⇒ catalo**g**age.

catalogne n. f.
Au Canada, étoffe faite au métier avec des retailles de tissus.

catalogue n. m.
• Cahier comportant la liste codifiée des produits d'une entreprise, leurs prix, leurs caractéristiques et les renseignements utiles à la vente de ces produits.
• Répertoire de données informatiques.
• Liste énumératrice.

cataloguer v. tr.
• Classer par ordre dans un catalogue. *Cataloguer des disques.*
• (Péj.) Classer (quelqu'un, quelque chose) dans une catégorie, surtout défavorable. *Elle a été cataloguée tout de suite : c'est une fausse timide.*

catalyse n. f.
(Chim.) Action d'un corps dont la présence provoque ou accélère une réaction chimique.
☞ cata**ly**se.

catalyser v. tr.
• (Chim.) Agir comme catalyseur.
• (Fig.) Provoquer une réaction.
☞ cata**ly**ser.

catalyseur n. m.
• (Chim.) Substance qui provoque la catalyse.
• (Fig.) Élément qui déclenche une réaction.
☞ cata**ly**seur.

catamaran n. m.
Voilier à deux coques. *Des catamarans très rapides.*
☞ catamara**n.**

cataplasme n. m.
Pansement de pâte molle appliquée sur la peau pour soulager un malade. *Un cataplasme à la moutarde.*

catapulte n. f.
(Ancienn.) Machine de guerre servant à lancer des pierres, des traits.
▷— Attention au genre féminin de ce nom : *une* catapulte.

cataracte n. f.
Chute d'un grand cours d'eau, dont la dénivelée est importante. (Recomm. off. OLF)
▷— Ne pas confondre avec les noms suivants :
- *cascade,* chute d'eau de faible débit, comportant ordinairement plusieurs paliers;
- *chute,* masse d'eau tombant brusquement à l'emplacement d'une rupture de pente;
- *rapide,* partie d'un cours d'eau, souvent hérissée de roches, où le courant devient rapide et agité par suite d'un resserrement du lit ou d'une faible augmentation de la pente.
▷— Les noms génériques de géographie s'écrivent avec une minuscule.
• (Méd.) Affection de l'œil produisant une cécité partielle ou totale.
▷— Ne pas confondre avec le nom vieilli *catarrhe,* rhume.

catarrhe n. m.
(Vx) Rhume.

▷— Ne pas confondre avec le nom *cataracte,* affection de l'œil.
Hom. *cathare,* hérétique médiéval.
☞ cata**rrh**e.

catastrophe n. f.
• Malheur brusque très grave. *Cette explosion est une catastrophe.*
• Accident causant la mort de plusieurs personnes. *Une catastrophe aérienne.*
▷— Ne pas confondre avec le nom *cataclysme,* désastre naturel d'une grande ampleur.
☞ catastro**ph**e.

catastropher v. tr.
(Fam.) Bouleverser, consterner. *Leur départ l'a catastrophé.*
☞ catastro**ph**er.

catastrophique adj.
• Désastreux. *Une sécheresse catastrophique.*
• Qui provoque une catastrophe. *Un raz-de-marée catastrophique.*
• (Fam.) Ennuyeux. *Son absence est catastrophique.*
☞ catastro**ph**ique.

catéchèse n. f.
Enseignement chrétien.

catéchisme n. m.
• Enseignement chrétien.
• Livre contenant la doctrine chrétienne.

catéchumène n. m. et f.
⬯ Les lettres *ch* se prononcent *k* [katekymɛn].
Personne qu'on instruit pour la préparer au baptême.

catégorie n. f.
Classe dans laquelle on répartit des objets, des êtres de même nature.

catégorique adj.
Indiscutable. *Un refus catégorique.*

catégoriquement adv.
De façon catégorique.

cathare adj. et n. m. et f.
Membre d'une secte hérétique du Moyen Âge.
▷— Ne pas confondre avec le nom *catarrhe,* rhume.
☞ cat**h**are.

catharsis n. f.
⬯ Le *s* final se prononce [katarsis].
• Du grec signifiant «purification».
• Purification éprouvée par les spectateurs d'une représentation dramatique, selon Aristote.
• Défoulement.
☞ cathar**s**is**.**

cathédrale n. f.
Église épiscopale d'un diocèse. *Une cathédrale gothique. La cathédrale Notre-Dame.*
▷— Dans les désignations d'édifices religieux, le nom générique (*abbaye, basilique, chapelle, église, oratoire,* etc.) s'écrit avec une minuscule.
☞ cathédrale.

cathéter n. m.
⬯ Le *r* se prononce [katetɛr].

(Méd.) Tige creuse servant à explorer un canal, un orifice.

⇨ cath**é**ter.

cathétérisme n. m.
(Méd.) Introduction d'une sonde dans un conduit naturel.

⇨ cath**é**térisme.

cathode n. f.
Électrode de sortie du courant.
Ant. **anode.**

⇨ cathode.

cathodique adj.
De la cathode. *Un tube, un écran cathodique.*

⇨ cathodique.

catholicisme n. m.
Doctrine de l'Église catholique romaine.

▷— Les noms de religions s'écrivent avec une minuscule.

⇨ cath**o**licisme.

catholique adj. et n. m. et f.
• **Adjectif**
- Propre au catholicisme.
- *Pas très catholique.* (Fam.) Douteux, sujet à caution.
• **Nom masculin et féminin**
Personne de religion catholique.

▷— L'adjectif ainsi que le nom s'écrivent avec une minuscule.

⇨ catholique.

catimini (en) loc. adv.
En cachette, discrètement.

catin n. f.
(Vx) Prostituée.

*catin
Impropriété au sens de *poupée.*

catogan ou **cadogan** n. m.
Coiffure où les cheveux sont noués sur la nuque.

cauchemar n. m.
• Rêve pénible.

▷— Ne pas confondre avec les noms suivants :
- *rêve,* images qui viennent à l'esprit pendant le sommeil;
- *rêverie,* activité mentale qui s'abandonne à des images, des associations à l'état de veille;
- *songe,* rêve dont on tire des présages.
• (Fig.) Idée, personne ou chose obsédante, insupportable.

⇨ cauchemar, malgré l'adjectif **cauchemardesque.**

cauchemardesque adj.
Qui s'apparente aux images d'un cauchemar. *Une vision cauchemardesque.*

cauchemardeux, euse adj.
Rempli de cauchemars. *Un sommeil cauchemardeux.*

caucus n. m.
👄 Le **s** se prononce [kɔkys].
Au Canada, réunion à huis clos des membres élus d'un même parti politique, convoqués en vue de discuter des problèmes du parti et d'élaborer une ligne de conduite commune.

caudal, ale, aux adj.
Relatif à la queue. *Des plumes caudales, des appendices caudaux.*

causal, ale, als ou **aux** adj. et n. f.
Qui se rapporte à une cause.

causalité n. f.
Rapport de la cause à l'effet.

causant, ante adj.
(Fam.) Bavard, communicatif. *Il n'est pas très causant.*

▷— Cet adjectif s'emploie surtout dans une tournure négative.

cause n. f.
• Ce qui fait qu'une chose est ou se fait. *La cause d'un accident.*

▷— Employé comme attribut, ce nom est invariable. *Tous les deux, vous serez cause de mon plaisir.* Toutefois, dans l'expression *avoir pour cause,* le mot *cause* se met au pluriel s'il y a plusieurs causes qui sont énoncées. *L'augmentation de la productivité a pour causes la motivation du personnel et l'amélioration des moyens de production.*
- *À cause que,* locution prépositive. (Vx) Parce que.
- *Et pour cause,* locution. Pour des motifs évidents que l'on tait. *Le ministre a donné sa démission, et pour cause.*
- *À cause de,* locution prépositive. En considération de. *À cause de son état de santé, je lui ai permis de partir.*
- *Pour cause de,* locution prépositive. En raison de. *Fermé pour cause d'incendie.*
• Procès. *Une cause perdue.*
- *Avoir gain de cause.* L'emporter sur la partie adverse. *Nous avons eu gain de cause.*
- *En connaissance de cause.* En connaissant bien les faits.
- *Être en cause.* Être concerné. *Ils ne sont pas en cause.*
- *Mettre en cause.* Incriminer, suspecter. *Ces financiers ont été mis en cause.*
- *Prendre fait et cause pour quelqu'un.* Prendre son parti, le soutenir.

▷— Dans ces locutions, le nom *cause* est invariable.

causer v. tr., intr.
• **Transitif direct**
Être cause de. *La tempête a causé une panne de courant.*
• **Transitif indirect**
Parler, bavarder. *Causer d'affaires avec un ami.*

▷— Familièrement, le verbe se construit également sans préposition. *Causer théâtre et cinéma.*
• **Intransitif**
- Parler. *Ils causent depuis un bon moment.*
- Parler avec malveillance, jaser. *Il ne faudrait pas qu'on cause.*

causerie n. f.
Conférence sans prétention. *Une causerie littéraire.*

causette n. f.
Conversation familière.

▷— Ne pas confondre avec les noms suivants :
- *conciliabule,* réunion secrète;
- *conversation,* entretien familier;

- *dialogue,* conversation entre deux personnes;
- *entretien,* conversation suivie avec quelqu'un;
- *palabre,* conversation longue et inutile.

causeur, euse n. m. et f.
Personne qui aime à causer. *C'est un brillant causeur.*

causeuse n. f.
Petit canapé à deux places.
☞ Ne pas confondre avec les noms suivants :
- *canapé,* long siège à dossier et à accoudoirs où peuvent s'asseoir plusieurs personnes, où peut s'étendre une personne;
- *divan,* large sofa sans dossier qui peut servir de siège ou de lit;
- *sofa,* lit de repos à trois dossiers dont on se sert aussi comme siège.

caustique adj. et n. m.
• Qui est corrosif. *Soude caustique. La soude est un caustique.*
• Satirique et mordant. *Un esprit caustique.*

cauteleux, euse adj.
(Litt.) Sournois et méfiant.

cautère n. m.
(Méd.) Instrument servant à brûler les tissus.
☞ cautère.

cautérisation n. f.
Action de cautériser.
☞ cautérisation.

cautériser v. tr.
Brûler les tissus avec un cautère.
☞ cautériser.

caution n. f.
• Dépôt garantissant un engagement. *Mise en liberté sous caution.*
• Engagement pris pour autrui.
• (Dr.) Personne qui prend un engagement pour autrui.
• *Sujet à caution.* Douteux. *Ces affirmations sont sujettes à caution.*

cautionnement n. m.
• Contrat par lequel la caution s'engage.
• Dépôt de fonds exigé par la loi à titre de garantie. *Le cautionnement pour sa mise en liberté s'élève à 5 000 $.*

cautionner v. tr.
• Se rendre caution, se porter garant de.
• Approuver, appuyer des idées, des personnes.

cavalcade n. f.
• (Vx) Défilé de cavaliers.
• Troupe bruyante.

cavale n. f.
• (Litt.) Jument.
• (Fam.) Fuite, évasion. *Des prisonniers en cavale.*
☞ cavale.

cavaler v. intr.
(Fam.) Courir, fuir.
☞ cavaler.

cavalerie n. f.
Ensemble de troupes à cheval.
☞ cavalerie.

cavaleur, euse adj. et n. m. et f.
(Fam.) Dévergondé.

cavalier n. m.
cavalière n. f.
Personne qui monte à cheval.
☞ Le nom *amazone* qui désignait une femme qui monte à cheval est vieilli et n'est plus usité que pour nommer la façon de monter à cheval avec les deux jambes du même côté de la selle.
☞ Ne pas confondre avec le nom *chevalier,* noble admis dans un ordre de chevalerie.
☞ cavalier.

cavalièrement adv.
De façon cavalière.
☞ cavalièrement.

cave adj. et n. m. et f.
• **Adjectif**
• (Vx) Creux. *Joues caves, œil cave.*
• *Veines caves.* Les deux veines qui rapportent au cœur le sang veineux.
• **Nom masculin**
(Fam.) Personne qui se laisse berner. *C'est un cave, il a payé.*
• **Nom féminin**
- Lieu souterrain (où l'on met notamment du vin, des provisions, etc.). *La cave d'un immeuble.*
- Par extension, les vins qui sont dans une cave. *Ce restaurant a une excellente cave.*

caveau n. m. (pl. *caveaux*)
Construction souterraine destinée à servir de sépulture. *Des caveaux secrets.*

caverne n. f.
Cavité souterraine, grotte.

caverneux, euse adj.
Voix caverneuse. Voix sourde et profonde.

caviar n. m.
Œufs d'esturgeon.

C.-B.
Abréviation de *Colombie-Britannique.*

*C.B.
Anglicisme au sens de *bande publique.* S'acheter un poste de banque publique (et non un «*citizen's band*», un «*C.B.*»).

c.c.
• Abréviation de *copie conforme.*
• Abréviation de *courant continu.*

C/c
Abréviation de *compte courant.*

CCCI
Sigle de *Conseil canadien de la coopération internationale.*

CCDP
Sigle de *Commission canadienne des droits de la personne.*

CCP
Sigle de *compte courant postal.*

cd
Symbole de *candela*.

Cd
Symbole de *cadmium*.

*C.D. ROM
Abréviation de *Compact Disc, Read Only Memory*.
☞ En français, on emploie l'abréviation *DOC* (disque optique compact). *Le Grand Robert existe sur DOC.*

ce, cet, cette, ces adj. dém.

Les adjectifs démonstratifs déterminent le nom en montrant l'être ou l'objet désigné par ce nom. Ils s'accordent en genre et en nombre avec le nom déterminé. *Ce livre, cet ouvrage, cet homme, cette fleur, ces garçons et ces filles.*
☞ Devant une voyelle ou un *h* muet, l'adjectif démonstratif masculin singulier s'écrit avec un *t*, **cet**. *Cet enfant, cet hôpital.*
☞ L'adjectif démonstratif est parfois renforcé par *ci* ou *là* joint au nom par un trait d'union. Alors que *ci* indique la proximité, *là* suggère l'éloignement. *Cette maison-ci, cette rivière-là.*
☞ ***Ce matin, ce soir.*** Ces emplois sont exacts, par contre l'expression **«ce midi»* est jugée familière par plusieurs auteurs; on lui préférera ***à midi.***

ce pron. dém. neutre

Ce pronom démonstratif invariable représente un nom, un infinitif, une proposition. Il désigne la personne ou la chose dont on parle. *Faites ce que je vous dis et non ce que je fais.*
SUJET IMPERSONNEL
- ***Ce*** + consonne. *Ce sera une belle journée.*
- ***C'*** + voyelle. *C'était hier. Ç'aurait pu être très agréable.*
☞ Devant une voyelle, le pronom s'élide en *c'* (*ç* devant *a* ou *o*).
• **C'est**
- ***C'est*** + nom au singulier. *C'est une jolie maison.*
- ***C'est*** + pronom. Les pronoms singuliers, ***moi, toi, lui, elle*** et les pronoms pluriels, ***nous, vous.*** *C'est nous.*
- ***C'est*** + que. *C'est à compter de demain que les prix augmentent.*
- ***C'est*** + quantité. *C'est 5 $ le kilo.*
- ***Si ce n'est.*** Sauf. *Il ne rêve à rien, si ce n'est de réussir.*
• **Ce sont**
- ***Ce sont*** + nom au pluriel. *Ce sont des tulipes.*
- ***Ce sont*** + eux, elles. *Ce sont elles qui ont le mieux répondu.*
- ***Ce ne sont pas*** + eux, elles. *Ce ne sont pas eux qui ont payé.*
☞ Lorsque la phrase est négative, l'emploi de *c'est* ou de *ce sont* est flottant. *Ce ne sont pas eux ou ce n'est pas eux.*
LOCUTION CONJONCTIVE
Ce n'est pas que. Cette locution est toujours suivie du subjonctif. *Je n'ai pas retenu sa candidature; ce n'est pas qu'il soit incompétent, mais il n'a pas le physique de l'emploi.*
LOCUTIONS FIGÉES
(Vx) Cela.
- ***Ce me semble.*** Il me semble.
- ***Ce disant, ce faisant, pour ce faire.*** En faisant cela.
- ***Sur ce.*** Là-dessus. *Sur ce, je vous tire ma révérence!*

Ce
Symbole de *cérium*.

céans adv.
(Vx) Ici. *Le maître de céans* ou *le maître des lieux.*

CÉC
Sigle de *Conseil économique du Canada*.

ceci pron. dém. inv.
Ce qui est proche dans l'espace, ce qui va suivre. *Dites-lui ceci : nous serons là demain.*
☞ Le pronom *cela* désigne plutôt un objet éloigné, ou ce qui précède. *Ceci est à moi, cela est à toi.*

cécité n. f.
État d'une personne aveugle.

CÉCM
Sigle de *Commission des écoles catholiques de Montréal*.

cédant, ante adj. et n. m. et f.
(Dr.) Personne qui fait une cession.
☞ La personne à qui une cession est faite est le *cessionnaire*.

céder v. tr., intr.
Le *é* se change en *è* devant une syllabe muette, sauf à l'indicatif futur et au conditionnel présent. *Je cède*, mais *je céderai*.
• **Transitif direct**
- Laisser, abandonner une chose à quelqu'un. *Céder sa place.*
- (Dr.) Faire une cession. *Céder une propriété.*
• **Transitif indirect**
Ne plus résister à (quelqu'un, quelque chose). *Ils ont cédé à l'envahisseur. Céder à la gourmandise.*
• **Intransitif**
Plier, se rompre. *Le sol céda sous le poids. Le barrage a cédé.*

cedex n. m.
👄 Le premier *e* se prononce *é* [sedɛks].
Sigle utilisé en France pour *courrier d'entreprise à distribution exceptionnelle*.

cédi n. m.
Unité monétaire du Ghana. *Des cédis.*
V. Tableau - **SYMBOLES DES UNITÉS MONÉTAIRES.**

cédille n. f.
Signe orthographique qui se place sous le *c* devant les voyelles *a, o, u* pour indiquer que ce *c* se prononce *s* et non *k*. *Français. Glaçon. Aperçu.*

cèdre n. m.
• Grand conifère. *Un cèdre du Liban.*
• Au Canada, espèce de thuya. *Une haie de cèdres.*

*cédule
Anglicisme pour *horaire, programme, calendrier.*

*céduler
Anglicisme pour *inscrire à l'horaire, programmer.*

CÉE
Sigle de *Communauté économique européenne.*

cégep n. m.
Établissement public d'enseignement collégial général ou professionnel. (Recomm. off. OLF) Le mot *cégep* est un acronyme formé des initiales de *Collège d'enseignement général et professionnel. Des cégeps.*
☞ Généralement les sigles et acronymes ne prennent pas la marque du pluriel; cependant le terme *cégep* qui a produit un dérivé (*cégépien*) est maintenant considéré comme un nom et s'accorde au pluriel. L'accent aigu sur le premier *e* n'a d'autre justification que celle de faciliter la prononciation du mot.
☞ Dans les désignations d'établissements d'enseignement, le nom générique *cégep* qui est suivi d'un nom commun ou d'un adjectif s'écrit avec une majuscule; lorsque le nom *cégep* est suivi d'un nom propre, il s'écrit avec une minuscule. *Le cégep Édouard-Montpetit.* Cependant, on veillera à respecter la graphie du nom officiel de l'établissement.

cégépien, ienne adj. et n. m. et f.
• Ce terme est dérivé de l'acronyme *cégep.*
• Jeune ou adulte qui poursuit des études, à temps plein ou partiel, dans un cégep. (Recomm. off. OLF)
• Qui est propre au cégep et aux élèves qui le fréquentent. (Recomm. off. OLF)

CÉI
Sigle de *Communauté d'États indépendants.*

ceindre v. tr.
INDICATIF PRÉSENT *Je ceins, tu ceins, il ceint, nous ceignons, vous ceignez, ils ceignent.* IMPARFAIT *Je ceignais, tu ceignais, il ceignait, nous ceignions, vous ceigniez, ils ceignaient.* FUTUR *Je ceindrai.* CONDITIONNEL PRÉSENT *Je ceindrais.* IMPÉRATIF PRÉSENT *Ceins, ceignons, ceignez.* SUBJONCTIF PRÉSENT *Que je ceigne, que tu ceignes, qu'il ceigne, que nous ceignions, que vous ceigniez, qu'ils ceignent.* PARTICIPE PRÉSENT *Ceignant.* PASSÉ *Ceint, ceinte.*
Les lettres *gn* sont suivies d'un *i* à la première et à la deuxième personne du pluriel de l'indicatif imparfait et du subjonctif présent.
(Litt.) Entourer. *La taille ceinte d'une étoffe drapée.*

ceinture n. f.
• Bande dont on s'entoure la taille. *Une ceinture de cuir.*
• **Ceinture de sécurité.** Dispositif qui retient le passager d'une voiture, d'un avion, etc., en cas d'accident. *Boucler sa ceinture.*
• **Ceinture de sauvetage.** Veste qui permet de se maintenir à la surface de l'eau.
• (Fig.) Zone qui entoure un lieu. *Ceinture verte d'une ville.*

ceinturer v. tr.
Entourer d'une ceinture ou d'une enceinte.

ceinturon n. m.
Ceinture de cuir très solide.

cela pron. dém. inv.
• S'abrège familièrement en *ça.*
• Ce qui est éloigné dans l'espace, ce qui précède. *Cela est à toi, ceci est à moi.*
☞ Le pronom *ceci* désigne plutôt ce qui est proche, ce qui va suivre.
• Sans opposition à *ceci,* le pronom *cela* indique un fait actuel, une chose dont on parle. *Je lui ai mentionné cela.*
☞ cela, sans accent sur le *a.*

céladon adj. inv.
Adjectif de couleur invariable. Vert tendre. *Des yeux céladon.*
V. Tableau - **COULEUR (ADJECTIFS DE).**

célébration n. f.
Commémoration. *La célébration d'un anniversaire.*

célèbre adj.
Illustre, très connu. *Une actrice célèbre.*

célébrer v. tr.
Le deuxième *é* se change en *è* devant une syllabe muette, sauf à l'indicatif futur et au conditionnel présent. *Je célèbre,* mais *je célébrerai.*
• Marquer avec éclat un évènement heureux. *Célébrer l'anniversaire d'un ami, la victoire d'une équipe.*
• Marquer une date par une cérémonie. *Célébrer l'anniversaire de la mort d'un parent.*
• (Litt.) Louer, vanter (quelqu'un). *Il célébra les mérites de son associé.*

célébrité n. f.
• Renommée. *La célébrité de cette cathédrale, d'un poète.*
• Personne célèbre. *Des célébrités de la télévision étaient présentes.*

celer v. tr.
Le *e* se change en *è* devant une syllabe muette. *Il cèle, il celait.*
(Litt.) Tenir quelque chose secret.
☞ Ne pas confondre avec les verbes suivants :
- *cacher,* dissimuler;
- *déguiser,* dissimuler sous une apparence trompeuse;
- *masquer,* dissimuler derrière un masque;
- *taire,* ne pas révéler ce que l'on n'est pas obligé de faire connaître;
- *voiler,* cacher sous des apparences.

céleri n. m.
☞ Le *é* se prononce è [sɛlri], parfois é [selri].
Plante potagère dont les feuilles et les racines sont comestibles. *Des cœurs de céleri. Des céleris-raves.*

célérité n. f.
(Litt.) Rapidité, promptitude dans l'exécution. *Vous avez agi avec célérité.*

céleste adj.
• Relatif au ciel. *La voûte céleste.*
• Divin. *Une musique céleste.*

célibat n. m.
État d'une personne non mariée.
⟹ célibat.

célibataire adj. et n. m. et f.
Non marié.

celle, celles pron. dém. f.
Le pronom démonstratif féminin *celle* désigne une personne féminine, une chose féminine nommée précédemment et à laquelle on donne une nouvelle détermination. *C'est celle que je préfère.*
V. **celui.**

celle-ci pron.
Pronom démonstratif désignant une personne, une chose rapprochée ou dont on vient de parler. Il s'oppose souvent à *celle-là. J'avais une cousine, mais celle-ci ne voulait pas jouer avec moi.*

celle-là pron.
Pronom démonstratif désignant généralement une personne, une chose éloignée. Il s'oppose souvent à *celle-ci. J'ai fait la connaissance de cette personne, mais je ne connais pas celle-là.*

cellier n. m.
Lieu pour conserver le vin, les provisions.

cellophane n. f.
�⟩ La première syllabe se prononce *cé* [selɔfan].
Pellicule cellulosique transparente. *Des produits alimentaires vendus sous cellophane.*
▷— Au Canada, le nom s'emploie au masculin.

cellulaire adj.
• Relatif à une cellule. *Un tissu cellulaire.*
• Relatif à la cellule du prisonnier. *Un fourgon cellulaire.*
• *Téléphone cellulaire.* Système mobile de radiotéléphonie permettant l'accès à l'ensemble du réseau téléphonique.
⟹ cellulaire.

cellule n. f.
• Élément constitutif fondamental de tout être vivant. *Une cellule sanguine.*
• Petit local. *Une cellule de prisonnier.*
• *Cellule d'information.* (Inform.) Zone contenant des informations destinées à être triées, calculées, fusionnées, traitées par un logiciel d'application.
⟹ cellule.

cellulite n. f.
Gonflement du tissu cellulaire situé sous la peau.
⟹ cellulite.

Celsius
• Abréviation *C* (s'écrit sans point).
• Le symbole *C* suit le symbole de degré ° sans espace et s'écrit sans point abréviatif. Les deux symboles sont séparés du nombre par un espace, aussi bien pour le nombre entier que décimal. *25 °C, 23,4 °C.*
V. **centigrade.**

celui, ceux pron. dém. m.
Le pronom démonstratif masculin *celui* désigne une personne masculine, une chose masculine nommée précédemment, et à laquelle on donne une nouvelle détermination. *Quant aux livres, j'ai acheté celui qui*

m'intéresse le plus.
▷— Au féminin singulier, *celle*; au féminin pluriel, *celles.*

celui-ci, ceux-ci pron.
Pronom démonstratif désignant une personne, une chose rapprochée ou dont on vient de parler. Il s'oppose souvent à *celui-là.*
▷— Au féminin singulier, *celle-ci*; au féminin pluriel, *celles-ci.*

celui-là, ceux-là pron.
Pronom démonstratif désignant une personne, une chose éloignée. Il s'oppose souvent à *celui-ci.*
▷— Au féminin singulier, *celle-là*; au féminin pluriel, *celles-là.*

cénacle n. m.
(Litt.) Réunion formée d'adeptes des arts, de la philosophie, etc.

cendre n. f.
• Résidu des matières brûlées. *Le feu couve sous la cendre. La maison a été réduite en cendres.*
• (Au plur.) Restes d'un mort. *Une urne pour recueillir ses cendres.*

cendré, ée adj.
De la couleur grise de la cendre. *Des cheveux cendrés.*
▷— L'adjectif de couleur composé est invariable. *Des chevelures blond cendré.*

cendrier n. m.
Récipient servant à recueillir la cendre des cigares, des cigarettes.

cène n. f.
Dernier repas pris par Jésus-Christ avec ses apôtres la veille de la Passion.
Hom. **scène**, partie du théâtre où sont les acteurs.
⟹ cène.

cénotaphe n. m.
Tombeau vide élevé à la mémoire d'un mort.
▷— Ne pas confondre avec le nom *catafalque*, décoration funèbre au-dessus d'un cercueil.

censé, ée adj.
Supposé, présumé. *Nul n'est censé ignorer la loi.*
Hom. **sensé**, plein de sens, raisonnable.

censément adv.
En apparence.
Hom. **sensément**, de façon sensée.

censure n. f.
Contrôle exercé par une autorité sur des écrits, des spectacles avant d'en autoriser la diffusion, la représentation. *Faut-il abolir la censure?*

censurer v. tr.
Interdire tout ou partie d'un texte, d'un spectacle, d'un film, etc. *Un article censuré, une scène censurée*

cent adj. num. et n. m.

• **Adjectif numéral cardinal**
- L'adjectif *cent* prend un *s* quand il est multiplié par un autre nombre et qu'il termine l'adjectif numéral. *J'ai lu sept cents pages. Tous les cent ans*

ou tous les quatre-vingts ans (une fois en cent ans, en quatre-vingts ans).

- Il est invariable quand il n'est pas multiplié par un autre nombre (*il a lu cent pages*) et qu'il est suivi d'un autre adjectif numéral (*elle a écrit trois cent vingt-sept pages*).

- Devant **millier, million, milliard** qui sont des noms et non des adjectifs numéraux, l'adjectif **cent** s'accorde quand il n'est pas suivi d'un nom de nombre. *Quatre cents millions de dollars,* mais *quatre cent mille personnes.*

• **Adjectif numéral ordinal invariable**
Centième. *Page trois cent.*

☞— Dans les adjectifs numéraux composés, le trait d'union s'emploie seulement entre les éléments qui sont l'un et l'autre inférieurs à **cent,** et quand les éléments ne sont pas joints par la conjonction **et.** *Cent dix, trente-huit, cent vingt et un, deux cent trente-deux.*

V. **vingt, mille.**

V. Tableau - **NOMBRES.**

• **Nom masculin invariable**
Le nombre cent. *Dix fois cent.*

• **Nom masculin**
Centaine. *Plusieurs cents de poulets.*

POUR CENT
Abréviations *%, p. c., p. cent, p. 100.*
Pour une quantité de cent unités. *Ils ont réussi dans une proportion de soixante-dix-huit pour cent. Le taux d'intérêt est de dix pour cent.*

• *Pour cent +* nom au singulier. Le verbe se met au singulier et l'adjectif ou le participe se met au singulier et s'accorde en genre avec le nom. *Vingt pour cent de la classe est d'accord et se montre enchantée de la décision.*

• *Pour cent +* nom au pluriel. Le verbe se met au pluriel et l'adjectif ou le participe s'accorde en genre et en nombre avec le nom. *Soixante-cinq pour cent des personnes interrogées ont été retenues.*

• Nom précédé d'un déterminant pluriel + *pour cent.* Le verbe se met obligatoirement au pluriel et l'adjectif ou le participe se met au masculin pluriel. *Les vingt-deux pour cent des enfants sont inscrits au cours de natation.*

cent n. m. (monnaie)

👄 Le *t* se prononce [sɛnt].
• Symbole *¢* (s'écrit sans point).
• Centième partie du dollar (Canada, États-Unis, etc.).
• Pièce de monnaie d'une valeur de un cent. *Insérer vingt-cinq cents ou 25 ¢.*

☞— Si le mot *cent* est écrit au long, les chiffres doivent être écrits en toutes lettres; c'est pourquoi l'usage courant est d'inscrire la somme en chiffres et le symbole de l'unité monétaire.

☞— Ne pas confondre ¢ et $: une petite somme de monnaie (inférieure à 1 $) peut être inscrite à l'aide du symbole d'un cent ou du nombre décimal suivi du symbole du dollar. La somme de 50 ¢, par exemple peut être notée également 0,50 $. Si la somme est inférieure à l'unité, la virgule décimale doit être précédée d'un zéro.

☞— En français, le symbole de l'unité monétaire est placé à la suite de l'expression numérale après un espace.

☞— Attention au genre masculin de ce mot : *un* cent.

V. Tableau - **SYMBOLES DES UNITÉS MONÉTAIRES.**

centaine n. f.
• Ensemble de cent unités.
• Environ cent. *Une centaine de personnes. Ils sont venus par centaines.*

centaure n. m.
Être fabuleux, moitié homme et moitié cheval, dans la mythologie grecque.

centenaire adj. et n. m. et f.
• **Adjectif et nom masculin et féminin.** Qui a cent ans ou plus.
• **Nom masculin.** Centième anniversaire.

☞— Le deuxième centenaire est un *bicentenaire,* le troisième, un *tricentenaire.* Pour 150 ans, on dira le *cent cinquantenaire.*

V. Tableau - **PÉRIODICITÉ ET DURÉE.**

centennal, ale, aux adj.
Qui a lieu tous les cent ans.

centésimal, ale, aux adj.
• Qui contient cent parties (centièmes).
• Centième. *Degré centésimal.*

centi- préf.
• Symbole *c* (s'écrit sans point).
• Préfixe qui multiplie par 0,01 l'unité qu'il précède. *Centimètre.*
• Sa notation scientifique est 10^{-2}.

V. Tableau - **MULTIPLES ET SOUS-MULTIPLES DÉCIMAUX.**

centiare n. m.
• Symbole *ca* (s'écrit sans point).
• Mesure de superficie qui équivaut à la centième partie de l'are ou 1 m².

centième adj. et n. m. et f.
• **Adjectif numéral ordinal.** Nombre ordinal de cent. *La centième page.*
• **Nom masculin.** La centième partie d'un tout. *Les dix centièmes d'une quantité.*
• **Nom masculin et féminin.** Personne, chose qui occupe le centième rang. *Ils sont les centièmes.*

centigrade adj.
(Vx) Divisé en cent degrés.

☞— Ce mot a été remplacé par *Celsius. Des degrés Celsius* (et non des degrés *centigrades).*

centigramme n. m.
• Symbole *cg* (s'écrit sans point).
• Centième partie du gramme.

centile n. m.
(Stat.) Centième partie d'un ensemble de données classées dans un ordre déterminé.

centilitre n. m.
• Symbole *cl* (s'écrit sans point).
• Centième partie du litre.

centime n. m.
• Symbole *c* (s'écrit sans point).
• La centième partie du franc.

centimètre n. m.
• Symbole *cm* (s'écrit sans point).
• Les symboles *cm²* et *cm³* correspondent à **centimètre carré** et **centimètre cube.**
• Centième partie du mètre. *Ève mesure 165 centimètres.*

centrage n. m.
Action de déterminer le centre, de disposer au centre. *Ce logiciel de traitement de texte effectue le centrage d'un titre, d'un texte, au centre défini par les marges d'un document.*

central, ale, aux adj. et n. m.
• **Adjectif.** Qui est au centre. *Des marchés centraux.*
• **Nom masculin.** Lieu où aboutissent les fils d'un réseau. *Des centraux téléphoniques.*
☞ Ne pas confondre avec le nom **centrale,** usine qui produit du courant électrique.

Central Intelligence Agency
Sigle *CIA* (s'écrit sans points).

centrale n. f.
• Usine dans laquelle l'énergie mécanique de l'eau est transformée en énergie électrique. (Recomm. off. OLF) *Une centrale hydroélectrique.*
• Groupement de syndicats. *Une centrale syndicale.*
☞ Ne pas confondre avec le nom **central,** lieu où aboutissent les fils d'un réseau.

centralisateur, trice adj.
Qui centralise.

centralisation n. f.
Action de centraliser; son résultat.

centraliser v. tr.
Rassembler en un centre unique. *Centraliser des activités.*

centre n. m.
• Point géométrique également distant de tous les points d'une circonférence. *Le centre d'un cercle.*
• Milieu d'un espace. *Le centre de la ville.*
☞ Le nom **centre** entre dans la composition de plusieurs dénominations. Son emploi doit être limité aux entreprises, aux organismes qui font véritablement un regroupement, une centralisation de services, d'activités. *Centre national de la recherche scientifique. Centre culturel.*
• Point de convergence. *Centre d'attraction. Des centres d'intérêt.*

centre commercial n. m. (pl. *centres commerciaux*)
Groupe de magasins de détail, qui peut comprendre généralement un ou plusieurs magasins à grande surface et divers services (notamment poste, banques),

occupant un ensemble de bâtiments donnant sur un parc de stationnement dans une zone urbaine ou à proximité. (Recomm. off. OLF) *Des centres commerciaux* (et non des *centres d'achats*).

***centre d'achats**
Calque de l'anglais «shopping centre» pour **centre commercial.**

centre d'accueil n. m. (pl. *centres d'accueil*)
Établissement destiné à recevoir des personnes qui, en raison de leur âge, de leur état physique ou psychosocial, ont besoin d'être traitées ou gardées en résidence protégée. (Recomm. off. OLF)

Centre de recherches sur l'opinion publique
Sigle *CROP* (s'écrit avec ou sans points).

Centre d'orientation et de formation des immigrants
Sigle *COFI* (s'écrit avec ou sans points).

centre hospitalier universitaire
Sigle *CHU* (s'écrit avec ou sans points).

centre local de services communautaires
Sigle *CLSC* (s'écrit avec ou sans points).

Centre national des arts.
Sigle *CNA* (s'écrit avec ou sans points).

centrer v. tr.
• Placer au milieu. *Centrer un titre sur une page.*
• Orienter. *La discussion a été centrée sur la souveraineté du Québec.*
☞ Le verbe se construit avec la préposition *sur.*

centre-ville n. m. (pl. *centres-villes*)
Quartier central d'une ville. *Il est difficile de stationner dans le centre-ville.*

centrifugation n. f.
Séparation des substances d'un mélange au moyen de la force centrifuge.

centrifuge adj.
Qui tend à éloigner du centre.
Ant. **centripète.**

centrifuger v. tr.
Le *g* est suivi d'un *e* devant les lettres *a* et *o*. *Il centrifugea, nous centrifugeons.*
Soumettre à l'action de la force centrifuge.

centrifugeuse n. f.
• Appareil servant à la centrifugation.
• Appareil ménager destiné à la préparation des jus.

centripète adj.
Qui tend à rapprocher du centre. *La force centripète.*
Ant. **centrifuge.**

centuple adj. et n. m.
• **Adjectif.** Qui vaut cent fois autant.
• **Nom masculin.** Quantité cent fois plus grande.

centupler v. tr., intr.
• **Transitif.** Multiplier par cent. *Centupler ses revenus.*
• **Intransitif.** Être multiplié par cent. *Son investissement a centuplé.*

cep n. m.
☞ Le *p* se prononce [sɛp].

Pied de vigne.

☞ L'expression *«cep de vigne» est un pléonasme à éviter.

Hom. *cèpe,* champignon du genre bolet.

cépage n. m.
Variété de vignes.

cèpe n. m.
Champignon du genre bolet.
Hom. *cep,* pied de vigne.

cependant adv. et conj.
• **Adverbe de temps.** (Vx) Pendant ce temps-là. *Cependant qu'il neigeait à plein ciel, il eut un accident.*
• **Conjonction.** Toutefois, néanmoins. *Les élèves ont fini leurs devoirs, cependant ont-ils étudié leurs leçons?*

-céphale, -céphalie suff.
Éléments du grec signifiant «tête». *Hydrocéphale.*

céphalée n. f.
Mal de tête.

céphalo-rachidien, ienne adj.
Qui concerne l'encéphale et la moelle épinière. *Le liquide céphalo-rachidien.*

céramique adj. et n. f.
• **Adjectif**
Relatif à l'art du façonnage et de la cuisson des poteries. *Les arts céramiques.*
• **Nom féminin**
- Art du façonnage et de la cuisson des poteries. *La céramique est très populaire aujourd'hui.*
- Matière. *Des carreaux de céramique.*

céramiste n. m. et f.
Personne qui crée des objets en céramique.

cerbère n. m.
(Litt.) Gardien sévère.

cerceau n. m. (pl. *cerceaux*)
Cercle en bois, en métal. *Des enfants qui jouent aux cerceaux.*

cercle n. m.
• Surface plane limitée par la circonférence, dont tous les points sont à égale distance du centre.
• Ligne circulaire. *Disposer les arbustes en cercle.*
• Regroupement de personnes. *Le cercle de famille.*
• *Cercle vicieux.* Raisonnement faux où l'on donne pour preuve, en le supposant vrai, ce qu'il faut prouver.

cercueil n. m.
Caisse où l'on dépose le corps d'un mort pour le mettre en terre.
☞ Ne pas confondre avec le nom *tombe,* lieu où un mort est enseveli.
☞ cercueil.

céréale n. f.
• Plante dont les grains servent à l'alimentation. *Le blé, le riz, le maïs sont des céréales.*
• (Au plur.) Grains. *Manger des céréales au petit déjeuner.*

céréalier, ière adj.
Propre aux céréales. *Des cultures céréalières.*

cérébral, ale, aux adj. et n. m. et f.
• **Adjectif**
- Qui se rapporte au cerveau. *Une hémorragie cérébrale. Nerfs cérébraux.*
☞ Ne pas confondre avec l'adjectif *cervical,* relatif au cou, à la nuque.
- Relatif à l'esprit, à la pensée. *Un travail cérébral.*
• **Nom masculin et féminin**
Personne qui vit surtout par l'esprit. *Des cérébraux.*

cérébro-spinal, ale, aux adj.
Relatif au cerveau et à la moelle épinière.

cérémonial n. m. (pl. *cérémonials*)
• Protocole.
☞ En ce sens, le mot ne s'emploie qu'au singulier.
• Recueil de règles liturgiques. *Des cérémonials complexes.*

cérémonie n. f.
• Fête solennelle. *La cérémonie du baptême.*
• (Péj.) Formalités. *En voilà des cérémonies! Venez, ce sera sans cérémonie.*

cérémoniel, elle adj.
Qui se rapporte aux cérémonies. *Des rites cérémoniels.*

cerf n. m.
◁ Le *f* ne se prononce pas [sɛr].
• Mammifère sauvage vivant dans les forêts et dont les mâles portent des bois sur le crâne. Mâle de la biche.
• *Cerf de Virginie.* Au Canada, se dit *chevreuil.*
V. **chevreuil.**

cerfeuil n. m.
Plante aromatique.
☞ cerfeuil.

cerf-volant n. m. (pl. *cerfs-volants*)
◁ Le *f* ne se prononce pas [sɛrvɔlɑ̃].
Jouet composé d'un cadre tendu d'une étoffe, d'un papier et qui peut être soulevé par le vent.

cerisaie n. f.
Plantation de cerisiers.

cerise adj. inv. et n. f.
• **Nom féminin.** Fruit du cerisier. *Une tarte aux cerises, des confitures de cerises.*
• **Adjectif de couleur invariable.** De la couleur rouge franc de la cerise. *Des rubans cerise.*
V. Tableau - **COULEUR (ADJECTIFS DE).**

cerisier n. m.
Arbre fruitier qui produit les cerises.

cérium n. m.
Symbole *Ce* (s'écrit sans point).

cerne n. m.
Trace circulaire autour des yeux.

cerneau n. m. (pl. *cerneaux*)
Noix épluchée.

cerner v. tr.
• Entourer. *Cerner un repaire de malfaiteurs.*
• (Fig.) Circonscrire. *Cerner une question.*

certain, aine adj. et pron.
• **Adjectif**
- Indéterminé. *Elle a un certain charme.*

- Incontestable. *Il a un chic certain.*

☞ 1° Placé avant le nom, l'adjectif exprime une indétermination; placé après le nom, l'adjectif exprime une évidence.

2° Au singulier, l'adjectif **certain** qui précède le nom est employé avec l'article indéfini. *Un certain sourire.* Au pluriel, il s'emploie sans article. *J'ai acheté certains livres intéressants.*

- **Il est certain que.**

☞ 1° La locution verbale est suivie de l'indicatif ou du conditionnel dans une phrase affirmative. *Il est certain qu'elle acceptera.*

2° Après la forme négative ou interrogative, la locution est suivie de l'indicatif, du conditionnel ou du subjonctif.

• **Pronom**

Certaines personnes (qu'on ne peut ou ne veut pas nommer). *Certains prétendent qu'il a beaucoup de talent.*

certainement adv.
Assurément. *Serez-vous présente demain? Certainement* (et non **définitivement*).

certes adv.
(Litt.) Certainement, bien sûr.

☞ L'adverbe introduit une concession. *Il a bien répondu certes, mais il a omis certains points.*

▭▷ cert**es.**

certificat n. m.
• Écrit faisant foi d'un fait, d'un droit. *Un certificat médical. Le certificat d'immatriculation* (et non les **enregistrements*) *d'une voiture.*
• Diplôme. *Un certificat d'informatique.*

▭▷ certific**at.**

*certificat-cadeau
Calque de l'anglais «gift certificate» pour **chèque-cadeau.**

certification n. f.
Attestation écrite.

certifié, ée adj.
• Authentifié, confirmé.
• *Copie certifiée conforme.* Copie dont l'authenticité a été attestée par une autorité.

certifier v. tr.
Redoublement du *i* à la première et à la deuxième personne du pluriel de l'indicatif imparfait et du subjonctif présent. *(Que) nous certifiions, (que) vous certifiiez.*
Attester qu'une chose est certaine.

certitude n. f.
• Caractère de ce qui est certain.
• Conviction. *J'ai la certitude qu'il acceptera.*

cérumen n. m.
◁▷ Le *n* se prononce [serymɛn].
Matière qui se forme dans l'oreille externe. *Un cérumen jaunâtre.*

▭▷ cérum**en.**

cérumineux, euse adj.
Propre au cérumen.

cerveau n. m. (pl. *cerveaux*)
• Masse de substance nerveuse renfermée dans le crâne.

☞ Au figuré, le mot **cervelle** est souvent péjoratif, par rapport au mot **cerveau** qui est le plus souvent mélioratif.
• (Fig.) Centre de direction. *C'est le cerveau de l'opération.*

cervelas n. m.
◁▷ Le *s* ne se prononce pas [sɛrvəla].
Saucisse grosse et courte.

☞ Ne pas confondre avec le nom **cervelet,** partie postérieure de l'encéphale.

▭▷ cervela**s.**

cervelet n. m.
Partie postérieure de l'encéphale.

☞ Ne pas confondre avec le nom **cervelas,** saucisse grosse et courte.

▭▷ cervel**et.**

cervelle n. f.
• Substance du cerveau.

☞ Au sens de **jugement,** le mot **cervelle** est toujours employé péjorativement. *Il n'a pas de cervelle. Elle a une cervelle d'oiseau.*
• Cerveau de certains animaux, destiné à l'alimentation.

cervical, ale, aux adj.
Qui se rapporte au cou, à la nuque. *Une vertèbre cervicale. Les nerfs cervicaux.*

☞ Ne pas confondre avec l'adjectif **cérébral,** relatif au cerveau.

cervidé n. m.
Mammifère ruminant qui porte des cornes, tel le cerf.

cervoise n. f.
Bière, chez les Gaulois.

ces
V. **ce.**

césarienne n. f.
Incision dans la paroi abdominale de la mère pour retirer l'enfant de l'utérus quand l'accouchement par les voies normales est impossible. *Naître par césarienne.*

cessant, ante adj.
• Qui cesse.
• *Toute(s) affaire(s) cessante(s).* En suspendant tout le reste. *Il est venu toutes affaires cessantes.*

☞ L'expression s'écrit au singulier ou au pluriel.

cessation n. f.
Fin, arrêt. *Cessation d'emploi.*

☞ Ne pas confondre avec le nom **cession,** action de céder à une personne un bien, un droit, à titre gratuit ou onéreux.

cesse n. f.
Fin.

☞ Le nom ne s'emploie que dans les locutions suivantes :
- *Sans cesse,* locution adverbiale. Sans arrêt. *Il se plaint sans cesse.*
- *N'avoir (pas) de cesse que.* Ne pas s'arrêter avant que.

☞ Cette locution verbale se construit avec le subjonctif. *Elle n'aura (pas) de cesse qu'elle n'atteigne son but.*

cesser v. tr., intr.
• **Transitif.** Mettre fin. *Cesser ses activités.*
• **Intransitif.** Prendre fin, arrêter. *Le vent a cessé.*
☞ Dans une phrase négative, le verbe *cesser* suivi d'un infinitif se construit avec la seule particule de négation *ne*. *Tu ne cesses de manger.*

cessez-le-feu n. m. inv. (pl. *cessez-le-feu*)
Trêve.

cessibilité n. f.
(Dr.) Possibilité de faire l'objet d'une cession.

cessible adj.
(Dr.) Qui peut être cédé. *Ce titre de propriété est cessible.*

cession n. f.
(Dr.) Action de céder à une personne un bien, un droit à titre gratuit ou onéreux. *La cession d'une propriété, d'un bail.*
☞ Ne pas confondre avec le nom *cessation,* fin, arrêt.
Hom. *session,* période d'activité d'un tribunal, d'un juge, etc.

cessionnaire n. m. et f.
(Dr.) Personne à qui une cession a été faite.
☞ La personne qui fait la cession est le *cédant.*

c'est-à-dire loc. adv.
• Abréviation *c.-à-d.* (s'écrit avec des points).
• Cette locution adverbiale qui introduit une explication est toujours précédée d'une virgule. *Nous nous retrouverons dans dix jours, c'est-à-dire le 15 juin.*
• *C'est-à-dire que.* Cette locution conjonctive introduit une restriction.

cet, cette
V. **ce.**

cétacé n. m.
Grand mammifère aquatique. *La baleine, le dauphin sont des cétacés.*

ceux
V. **celui.**

ceux-ci
V. **celui-ci.**

ceux-là
V. **celui-là.**

cf.
Abréviation du latin «confer» signifiant «se reporter à».

CFA (franc) n. m.
• Sigle de l'unité monétaire de la *Communauté financière africaine.*
• Unité monétaire de nombreux pays d'Afrique.

CFC
Sigle de *chlorofluorocarbone.*

cg
Symbole de *centigramme.*

ch
Symbole de *cheval-vapeur.*

chabichou n. m. (pl. *chabichous*)
Petit fromage de chèvre.

chablis n. m.
👄 Le *s* ne se pronnonce pas [ʃabli].
Vin blanc de Chablis. *Boire un bon chablis bien sec.*
☞ Le nom qui désigne le vin s'écrit avec une minuscule; celui qui désigne la ville prend une majuscule.
⇨ chabli**s.**

chacal n. m. (pl. *chacals*)
Mammifère carnivore ressemblant au renard.

cha-cha-cha n. m.
👄 Les lettres *ch* se prononcent *tch* [tʃatʃatʃa].
Danse mexicaine.

chacone ou **chaconne** n. f.
Ancienne danse espagnole.

chacun, une pron. indéf. sing.

• Toute personne, qui que ce soit. *Comme chacun le sait, nous avons congé demain.*
☞ En ce sens, le pronom *chacun* s'emploie absolument et toujours au masculin singulier.
• Toute personne prise individuellement dans un tout. *Chacune des jeunes filles avait un passe-temps différent.*
☞ En ce sens, le pronom *chacun* s'accorde en genre avec le nom, cependant il peut être suivi de l'adjectif possessif au singulier ou au pluriel. *Paul et Pierre, chacun dans leur spécialité* ou *dans sa spécialité...* Par contre, le pronom *chacun* est suivi d'un adjectif ou d'un pronom possessif singulier lorsqu'il est construit avec un participe présent ou lorsqu'il est suivi d'un nom ou d'un pronom. *Chacun est venu accompagnant une amie de son choix* (et non de *leur choix*). *Chacune d'elles avait acheté un tableau selon son budget* (et non *leur budget*).
• À l'unité. *Les cahiers coûtent 1 $ chacun* (et non *1 $ chaque*). *Les robes coûtent 100 $ chacune.*

chafouin, ine adj. et n. m. et f.
De mine sournoise.

chagrin, ine adj. et n. m.
• **Adjectif.** (Litt.) Triste. *Une humeur chagrine.*
• **Nom masculin.** Tristesse.
☞ Ne pas confondre avec les noms suivants :
- *affliction,* peine profonde;
- *consternation,* grande douleur morale;
- *douleur,* souffrance physique ou morale;
- *peine,* douleur morale;
- *prostration,* abattement causé par la douleur.

chagriner v. tr., pronom.
• **Transitif.** Causer du chagrin.
• **Pronominal.** Au Canada, se couvrir en parlant du ciel. *Il va pleuvoir, le temps se chagrine.*

chah ou **shah** n. m.
Titre porté par des souverains du Moyen-Orient (Iran),

de l'Asie centrale et de l'Inde.
☞ Ce titre est un mot persan qui signifie «roi».

chahut n. m.
Désordre, agitation.
☞ chahu**t.**

chahuter v. tr., intr.
Faire du chahut. *Les élèves ont chahuté l'enseignant copieusement. Sébastien et Clara chahutaient.*

chahuteur, euse adj. et n. m. et f.
Qui chahute.

chai ou **chais** n. m.
Magasin situé au rez-de-chaussée et tenant lieu d'entrepôt pour les vins.

chaîne n. f.
• Lien fait d'anneaux engagés les uns dans les autres. *Une chaîne d'argent. Une chaîne de bicyclette.*
• Ensemble d'appareils. *Une chaîne stéréo(phonique)* (et non un *système de son).
• Ensemble d'émetteurs. *Capter une chaîne de télévision* (et non un *canal).
• Suite de données de même type. *Une chaîne de caractères.*
• Ensemble d'établissements commerciaux. *Une chaîne hôtelière.*
Hom. *chêne,* grand arbre à bois dur.
☞ chaîne.

chaînette n. f.
Petite chaîne.
☞ chaînette.

chaînon n. m.
Anneau d'une chaîne.
☞ chaînon.

chair n. f.
• Le corps. *Les plaisirs de la chair.*
• Matière du corps humain et animal qui est recouverte par la peau.
• *Avoir la chair de poule.* Avoir la peau hérissée par le froid, la peur.
• *En chair et en os.* En personne.
• *Ni chair ni poisson.* Sans caractère, imprécis. *Ce texte est ni chair ni poisson* (et non *mi-chair, mi-poisson).
• *Couleur chair.* D'un rose très délicat. *Des collants couleur chair.*
Hom. :
- *chaire,* tribune;
- *cher,* chéri ou coûteux;
- *chère,* mets, nourriture.

chaire n. f.
• Tribune.
• Poste de professeur.
Hom. :
- *chair,* soit le corps, soit de la viande;
- *cher,* chéri ou coûteux;
- *chère,* mets, nourriture.

chais
V. **chai.**

chaise n. f.
• Siège à dossier, sans bras.

☞ 1° Ne pas confondre avec le nom *fauteuil,* siège à dossier et à bras.
   2° On s'assoit *sur* une chaise, un tabouret; par contre, on s'assoit *dans* un fauteuil.
• *Mener une vie de bâton de chaise.* Mener une vie agitée (comme les bâtons de la chaise à porteurs, qui n'étaient pas fixés).

chaland, ande n. m. et f.
• **Nom masculin et féminin.** (Vx) Client, acheteur.
• **Nom masculin.** Bateau à fond plat.

chalazion n. m.
Tumeur au bord de la paupière.

chaldéen, enne adj. et n. m. et f.
👄 Les lettres *ch* se prononcent *k* [kaldeɛ̃, ɛn].
• **Adjectif et nom masculin et féminin.** (Ancienn.) De la Chaldée.
☞ L'adjectif s'écrit avec une minuscule; le nom, avec une majuscule.
• **Nom masculin.** Langue parlée par les Chaldéens. *Étudier le chaldéen.*
☞ Le nom de la langue s'écrit avec une minuscule.

châle n. m.
• Grande pièce d'étoffe que l'on porte sur les épaules. *Des châles de laine.*
• *Col châle.* Mis en apposition, le mot *châle* est invariable. *Des cols châle.*
☞ châle.

chalet n. m.
• Maison de bois, conçue à l'origine pour la montagne. *Des chalets suisses.*
• Au Canada, maison de campagne. *Nous avons un chalet au bord de l'eau.*
☞ chalet.

chaleur n. f.
• Qualité de ce qui est chaud.
• Température élevée.
• Ardeur, enthousiasme. *Les enfants ont applaudi les acteurs avec chaleur.*
• Manifestations visibles de la réceptivité sexuelle des mammifères femelles. *Une chatte en chaleur.*
Ant. **froid.**

chaleureusement adv.
De façon chaleureuse.

chaleureux, euse adj.
Cordial.

challenge n. m.
👄 Ce mot se prononce à la française [ʃalãʒ].
Compétition sportive.

challenger n. m.
👄 Ce nom se prononce à la française [ʃalãʒɛr].
Sportif qui tente d'arracher un titre au champion actuel.
☞ Ce nom a été adopté par l'Académie française sous la forme anglaise; il pourrait s'orthographier *challengeur.*

chaloir v. intr.
(Vx) Importer.
☞ Ce verbe ne s'emploie plus que dans l'expression *peu me chaut,* peu m'importe.

chaloupe n. f.
- Grand canot à rames ou à moteur.
- *Chaloupe de sauvetage.* Petit bâtiment embarqué sur les navires pour servir en cas de naufrage.
- Au Canada, petite barque.
V. **bateau.**

chaloupé, ée adj.
Qui imite le mouvement balancé de la chaloupe. *Une démarche chaloupée.*

chalumeau n. m. (pl. *chalumeaux*)
- Appareil produisant un jet de gaz enflammé qu'on utilise pour découper et souder les métaux.
- Au Canada, tuyau court fixé à l'érable et permettant à la sève de couler dans un récipient.

chalut n. m.
Filet de pêche formant poche et qui traîne sur les fonds sableux.
⟹ chalu**t.**

chalutage n. m.
Pêche au chalut.

chalutier n. m.
Bateau de pêche qui utilise un chalut.

chamade n. f.
- (Vx) Batterie de tambour.
- *Battre la chamade* (en parlant du cœur). Être affolé.

chamailler (se) v. pronom.
  Les lettres *ill* sont suivies d'un *i* à la première et à la deuxième personne du pluriel de l'indicatif imparfait et du subjonctif présent. *(Que) nous nous chamaillions, (que) vous vous chamailliez.*
(Fam.) Se disputer légèrement. *Elles se sont chamaillées toute la soirée.*
⟹ chama**ill**er.

chamaillerie n. f.
(Fam.) Petite querelle.
⟹ chama**ill**erie.

chamailleur, euse adj. et n. m. et f.
(Fam.) Qui aime à se chamailler.
⟹ chama**ill**eur.

chamarrer v. tr.
- Garnir de passementeries, de décorations. *Un costume chamarré.*
- Charger d'ornements de mauvais goût.
⊨— Ce verbe s'emploie surtout au participe passé.
⟹ chama**rr**er.

chamarrure n. f.
Ensemble d'ornements de mauvais goût.
⟹ chama**rr**ure.

chambardement n. m.
(Fam.) Remue-ménage, bouleversement.

chambarder v. tr.
(Fam.) Bouleverser.

chambellan n. m.
Officier chargé du service de la chambre d'un souverain.

chambouler v. tr.
(Fam.) Bouleverser.

chambranlant, ante adj.
(Fam.) Au Canada, ne pas être d'aplomb. *Cette table est chambranlante.*
⊨— L'emploi de l'adjectif est courant au Canada dans la langue familière, mais il est vieilli dans l'ensemble de la francophonie.

chambranle n. m.
Encadrement d'une porte, d'une fenêtre, d'une cheminée. *Un chambranle en chêne.*
⊨— Attention au genre masculin de ce nom : *un* chambranle.

chambranler v. intr.
(Fam.) Au Canada, ne pas être en équilibre, vaciller.
⊨— L'emploi du verbe est courant au Canada dans la langue familière, mais il est vieilli dans l'ensemble de la francophonie.

chambre n. f.
- Pièce où l'on dort. *Des chambres d'hôtel communes.*
- Assemblée parlementaire. *La Chambre des communes d'Ottawa. La Chambre des lords.*
⊨— En ce sens, le nom s'écrit avec une majuscule.

*chambre
Archaïsme au sens de *bureau, salle.*

*chambre de bains
Calque de l'anglais «bathroom» au sens de *salle de bain(s).*

chambre forte n. f.
Pièce blindée munie de divers mécanismes de sécurité où l'on conserve des espèces, des titres, des objets précieux. *Il vaut mieux déposer vos titres à la chambre forte* (et non à la *voûte).

chambrée n. f.
Ensemble de personnes qui partagent la même chambre.

chambrer v. tr.
Porter un vin à la température de la pièce, le rendre tiède. *Un vin bien chambré.*

chambrette n. f.
Petite chambre.

chameau n. m. (pl. *chameaux*)
- Mammifère ruminant qui a deux bosses sur le dos.
- Mâle de la chamelle. *Une caravane de chameaux.*
⊨— Ne pas confondre avec le nom *dromadaire,* mammifère proche du chameau, à une seule bosse.

chamelier n. m.
Personne qui conduit les chameaux.

chamelle n. f.
Femelle du chameau.

chamelon n. m.
Petit de la chamelle.

chamois adj. inv. et n. m.
- **Nom masculin**
- Ruminant à cornes recourbées vivant dans les montagnes.
- Peau de chamois. *Des gants de chamois.*
- **Adjectif de couleur invariable**
Jaune clair. *Des écharpes chamois.*

V. Tableau - **COULEUR (ADJECTIFS DE).**

champ n. m.
• Étendue de terre. *À travers champs, un champ de manœuvre.*
• *Sur-le-champ.* Aussitôt, immédiatement.
• (Inform.) Espace d'un support d'information destiné à contenir une catégorie spécifique. *Un champ numérique, un champ alphabétique ou alphanumérique.*
⇨ cham**p.**

champagne n. f.
• Vin de la Champagne. *Des flûtes à champagne. Des champagnes bruts.*
• *Sabler le champagne.* Boire du champagne en abondance.
⊷ L'expression *sabler le champagne* signifie «ouvrir la bouteille d'un coup de sabre».
⊷ Le nom du vin s'écrit avec une minuscule, celui qui désigne la région, avec une majuscule.
V. **bouteille.**

champenois, oise adj. et n. m. et f.
De Champagne. *Un vignoble champenois. Un Champenois, une Champenoise.*
⊷ L'adjectif s'écrit avec une minuscule; le nom, avec une majuscule.

champêtre adj.
(Litt.) Qui se rapporte aux champs. *Des gardes champêtres.*

champignon n. m.
Végétal formé d'un pied et surmonté d'un chapeau qui pousse dans les lieux humides. *Des champignons comestibles, vénéneux.*

champignonnière n. f.
Endroit où l'on cultive les champignons.

champion, onne n. m. et f.
• Défenseur d'une cause, d'une idée.
• Sportif qui a accompli les meilleures performances.
⊷ Pris adjectivement, le mot *champion* est invariable. (Fam.) *Des résultats champion.*

championnat n. m.
Compétition.
⇨ champio**nn**at.

chance n. f.
• Éventualité heureuse ou malheureuse. *Bonne chance.*
⊷ Ne pas confondre avec le mot *risque* qui ne s'emploie qu'en mauvaise part pour désigner un danger, un inconvénient.
• (Absol.) Bonne fortune. *Elle a de la chance.*
• Occasion. *Je n'ai pas eu la chance de venir.*
• Probabilité. *Les chances de réussir sont assez grandes.*
⊷ L'expression *c'est une chance que* se construit avec le mode subjonctif. *C'est une chance qu'elle puisse venir avec nous.*

chancelant, ante adj.
Qui vacille, qui va perdre l'équilibre. *Une démarche chancelante.*
⇨ chancel**ant.**

chanceler v. intr.
Redoublement du *l* devant un *e* muet. *Je chancelle, je chancellerai*, mais *je chancelais.*
Perdre l'équilibre. *Sur son fil, le funambule chancela, mais il retrouva son équilibre.*
⇨ chanceler.

chancelier n. m.
• Dignitaire qui a la garde des sceaux.
• Chef du gouvernement en Allemagne, en Autriche.
⇨ chancelier.

chancellerie n. f.
• Services administratifs.
• Ambassade.
⇨ chance**ll**erie.

chanceux, euse adj.
Qui est favorisé par la chance.

chandail n. m. (pl. *chandails*)
Tricot de laine se passant par la tête. *Des chandails tricotés à la main.*

chandelier n. m.
Support destiné à recevoir les chandelles, les cierges, les bougies. *Des chandeliers à cinq branches.*
⊷ Le petit chandelier bas, généralement muni d'un anneau, se nomme un *bougeoir.*

chandelle n. f.
• (Vx) Bougie. *Ma chandelle est morte, je n'ai plus de feu.* (Chanson)
⊷ Dans la francophonie, ce nom est vieilli et ne s'emploie plus que dans quelques expressions. On dit plutôt *bougie. Souffler les bougies de son gâteau d'anniversaire* (et non les *chandelles).
• Locutions
- *Brûler la chandelle par les deux bouts.* Gaspiller sa santé, faire des dépenses excessives.
- *Devoir une fière chandelle à quelqu'un.* Être redevable à quelqu'un de son aide.
- *Le jeu n'en vaut pas la chandelle.* Chose qui n'en vaut pas la peine.
- *Économies de bouts de chandelle(s).* Économies ridicules.

chanfrein n. m.
Surface obtenue en abattant l'arête d'une pierre, d'une pièce de bois ou de métal.
⇨ chanfr**ein.**

chanfreiner v. tr.
Tailler en chanfrein.
⇨ chanfr**ei**ner.

change n. m.
• Échange de monnaies de pays différents. *À quel taux est le change?*
• Comptoir où s'effectue le change. *Un bureau de change.*
⊷ L'expression *«change étranger»* est un pléonasme.

*****change**
Anglicisme au sens de *monnaie.*

changeable adj.
Modifiable.
⇨ changeable.

changeant, ante adj.
Instable. *Il est d'humeur changeante.*
☞ changeant.

changement n. m.
Modification. *Apporter un changement à un texte.*

*changement d'huile
Calque de l'anglais «oil change» pour *vidange d'huile.*

changer v. tr., intr., pronom.
   Le *g* est suivi d'un *e* devant les lettres *a* et *o*. *Il changea, nous changeons.*
• **Transitif direct**
- Modifier. *Il a changé les appareils d'éclairage.*
- Convertir une monnaie en une autre monnaie. *Changer des dollars en francs.*
- Transformer en. *Le Christ a changé l'eau en vin.*
• **Transitif indirect**
- Remplacer. *Changer de voiture.*
- Varier. *Elle a changé d'avis.*
• **Intransitif**
Passer d'un état à un autre. *Depuis quelques années, il a beaucoup changé.*
• **Pronominal**
(Fam.) Changer de vêtements. *Elle s'est changée avant de sortir.*
   ☞ Le verbe *changer* se conjugue généralement avec l'auxiliaire *avoir,* à l'exception de l'expression *être changé* au sens de *devenir différent. Depuis sa maladie, il est bien changé.*
   ☞ Ne pas confondre avec le verbe *échanger* qui implique toujours une action réciproque et volontaire.

*changer un chèque
Anglicisme pour *encaisser un chèque.*

changeur n. m.
• Appareil qui fait la monnaie.
• Cambiste.

chanson n. f.
Pièce de vers qui se chante. *Une belle chanson de Félix Leclerc.*

*chanson thème (d'un film, etc.)
Anglicisme pour *indicatif musical.*

chansonnier n. m.
• Personne qui écrit des textes satiriques et qui les présente à la scène.
• Au Canada, personne qui interprète ses propres chansons. *Félix Leclerc était un merveilleux chansonnier.*

chant n. m.
• Suite de sons musicaux produits par la voix.
• Face étroite d'une pierre, d'une brique, etc., par opposition à la partie plate et large.
Hom. *champ,* étendue de terre.

chantage n. m.
Action d'exiger des fonds, des avantages sous la menace de révélations non désirées.

chantant, ante adj.
Qui chante. *Un accent chantant.*

chantepleure n. f.
Entonnoir, à long tuyau, percé de plusieurs trous.
   ☞ Ce nom qui décrit joliment le murmure de l'eau

qui s'écoule est un archaïsme au sens de *robinet.*

chanter v. tr., intr.
• **Transitif.** (Fam.) Raconter. *Que me chantez-vous là?*
• **Intransitif.** Former une suite de sons musicaux avec la voix. *Elle chante faux. Il chante à pleins poumons.*
V. Tableau – **CHANTER (CONJUGAISON DU VERBE).**

chanterelle n. f.
Champignon comestible appelé aussi *girolle.*

chanteur n. m.
chanteuse n. f.
• Personne dont la profession est de chanter.
• *Maître chanteur.* Personne qui exerce un chantage. *Des maîtres chanteurs dangereux.*

chantier n. m.
• Travaux de construction.
• *Mettre un ouvrage en chantier,* ou *sur le chantier.* Commencer un ouvrage.
• Au Canada, le nom désigne également une exploitation forestière. *Les bûcherons travaillent au chantier.*

chantilly n. f.
Crème fouettée additionnée de sucre et de vanille. *Des framboises avec de la crème Chantilly ou chantilly.*
   ☞ Le nom qui désigne la crème s'écrit avec une minuscule ou une majuscule, le nom de la ville, avec une majuscule.

chantonnement n. m.
Action de chantonner.

chantonner v. tr., intr.
Chanter à demi-voix.

chantoung
V. **shantung.**

chantourner v. tr.
Évider une pièce de bois, de métal en suivant un profil tracé.

chantre n. m. et f.
• Personne qui chante dans un service religieux.
• (Fig.) Poète.

chanvre n. m.
Plante textile.

chaos n. m.
   👄 Les lettres *ch* se prononcent *k* et le *s* est muet [kao].
Bouleversement, désordre important.
Hom. *cahot,* secousse imprimée à un véhicule qui roule sur une chaussée inégale.
   ☞ cha**os.**

chaotique adj.
Qui tient du chaos.

chap.
Abréviation de *chapitre.*

chapardage n. m.
(Fam.) Vol.

chaparder v. tr.
(Fam.) Voler.

chapardeur, euse adj. et n. m. et f.
(Fam.) Voleur.

CONJUGAISON DU VERBE **CHANTER**

INDICATIF

Présent	**Passé composé**
je chante	j'ai chanté
tu chantes	tu as chanté
il chante	il a chanté
nous chantons	nous avons chanté
vous chantez	vous avez chanté
ils chantent	ils ont chanté

Imparfait	**Plus-que-parfait**
je chantais	j'avais chanté
tu chantais	tu avais chanté
il chantait	il avait chanté
nous chantions	nous avions chanté
vous chantiez	vous aviez chanté
ils chantaient	ils avaient chanté

Passé simple	**Passé antérieur**
je chantai	j'eus chanté
tu chantas	tu eus chanté
il chanta	il eut chanté
nous chantâmes	nous eûmes chanté
vous chantâtes	vous eûtes chanté
ils chantèrent	ils eurent chanté

Futur simple	**Futur antérieur**
je chanterai	j'aurai chanté
tu chanteras	tu auras chanté
il chantera	il aura chanté
nous chanterons	nous aurons chanté
vous chanterez	vous aurez chanté
ils chanteront	ils auront chanté

CONDITIONNEL

Présent	**Passé**
je chanterais	j'aurais chanté
tu chanterais	tu aurais chanté
il chanterait	il aurait chanté
nous chanterions	nous aurions chanté
vous chanteriez	vous auriez chanté
ils chanteraient	ils auraient chanté

SUBJONCTIF

Présent	**Passé**
que je chante	que j'aie chanté
que tu chantes	que tu aies chanté
qu'il chante	qu'il ait chanté
que nous chantions	que nous ayons chanté
que vous chantiez	que vous ayez chanté
qu'ils chantent	qu'ils aient chanté

Imparfait	**Plus-que-parfait**
que je chantasse	que j'eusse chanté
que tu chantasses	que tu eusses chanté
qu'il chantât	qu'il eût chanté
que nous chantassions	que nous eussions chanté
que vous chantassiez	que vous eussiez chanté
qu'ils chantassent	qu'ils eussent chanté

IMPÉRATIF

Présent	**Passé**
chante	aie chanté
chantons	ayons chanté
chantez	ayez chanté

PARTICIPE

Présent	**Passé**
chantant	chanté, ée
	ayant chanté

INFINITIF

Présent	**Passé**
chanter	avoir chanté

chape n. f.
Revêtement.

chapeau n. m. (pl. *chapeaux*)
Coiffure. *Des chapeaux melon.*

chapeauter v. tr.
• Coiffer d'un chapeau.
• (Fig.) Diriger, coordonner. *Le groupe est chapeauté par un comité.*

chapelain n. m.
Prêtre qui dessert une chapelle.
⟹ chapelain.

chapelet n. m.
• Objet de dévotion constitué de grains enfilés.
• Suite. *Un chapelet d'îles.*
⟹ chapelet.

chapelier n. m.
chapelière n. f.
Personne qui fabrique ou vend des chapeaux d'hommes.
⊫— La personne qui fabrique ou vend des chapeaux de femme est un, une *modiste.*
⟹ chapelier.

chapelle n. f.
• Petite église. *La chapelle du Sacré-Cœur.*
⊫— Dans les désignations d'édifices religieux, le nom générique (*abbaye, basilique, cathédrale, église, oratoire,* etc.) s'écrit avec une minuscule.
• (Fig.) Clan. *Un esprit de chapelle.*

chapellerie n. f.
Fabrication et commerce de chapeaux.
⟹ chapellerie, malgré chapelier.

chapelure n. f.
Pain émietté dont on garnit certains mets.
Syn. **panure.**

chaperon n. m.
• (Vx) Capuchon. *Le petit chaperon rouge.*
• Personne chargée d'accompagner une jeune fille.

chaperonner v. tr.
Accompagner une jeune fille, à titre de chaperon.

chapiteau n. m. (pl. *chapiteaux*)
• Partie supérieure d'une colonne. *Des chapiteaux corinthiens.*
• Tente d'un cirque. *Dresser le chapiteau.*

chapitre n. m.
• Abréviation *chap.* (s'écrit avec un point).
• Division d'un livre, d'une loi, d'un registre.
⊫— Les numéros de chapitre sont écrits en chiffres romains, sauf pour ce qui est du premier chapitre qui est noté au long. *Ce passage est extrait du chapitre II. Le chapitre premier est particulièrement intéressant.*
⟹ chapitre, sans accent.

***chapitre** (d'une association)
Anglicisme au sens de *section.*

chapitrer v. tr.
Réprimander.

chapka n. f.
Bonnet de fourrure d'origine russe, à calotte ronde, comportant une visière relevée et un rabat couvrant la nuque et les oreilles.

chapon n. m.
Coq châtré.

chaque adj. indéf. inv.
• Se dit de tout élément particulier d'un ensemble. *Chaque matin, il part vers 7 heures.*
⊫— L'adjectif *chaque* ne s'emploie que devant un nom singulier. Devant un nom pluriel, on emploiera plutôt *tous les. Elle vient tous les deux jours* (et non **chaque deux jours*). L'accord du verbe, du participe avec un sujet accompagné de l'adjectif *chaque* se fait au singulier. *Chaque âge a ses plaisirs.*
• *Chaque fois. Chaque fois* (et non **à chaque fois*) *qu'elle a congé, il pleut.*
⊫— L'adjectif indéfini n'est pas précédé de la préposition *à.*

***chaque**
Impropriété au sens de *chacun. Ces cahiers coûtent un dollar chacun* (et non **chaque*).

char n. m.
• (Ancienn.) Voiture à deux roues tirée par un ou plusieurs chevaux. *Un char romain.*
• Voiture décorée pour les fêtes publiques. *Char allégorique.*
• *Char d'assaut.* Véhicule blindé monté sur chenilles. *Des chars d'assaut, des chars de combat.*

***char**
Impropriété au sens de *voiture.*

charabia n. m.
(Fam.) Langage inintelligible. *Des charabias curieux.*

charade n. f.
Énigme où l'on doit découvrir un mot à partir de la définition de ses syllabes.

charbon n. m.
• Substance combustible composée de carbone.
• *Charbon de bois.* Combustible résultant de bois partiellement brûlé à l'abri de l'air. *Des pizzas cuites sur des charbons de bois.*

charbonnage n. m.
Exploitation d'une mine de charbon.

charbonner v. tr., intr.
• **Transitif.** Produire une suie épaisse.
• **Intransitif.** Noircir avec du charbon.

charbonneux, euse adj.
Qui a l'aspect, la couleur du charbon.

charbonnier, ière adj. et n. m. et f.
• **Adjectif.** Qui se rapporte au charbon.
• **Nom masculin.** Cargo destiné au transport du charbon.
• **Nom masculin et féminin.** Personne qui vend du charbon.

charcuter v. tr.
(Fam. et péj.) Faire maladroitement une opération chirurgicale.

charcuterie n. f.
• Viande de porc apprêtée.
• Boutique où l'on vend de la charcuterie.

charcutier n. m.
charcutière n. f.
Personne qui prépare ou vend des charcuteries.

chardon n. m.
Mauvaise herbe à feuilles épineuses.

charge n. f.
• Fardeau. *Une charge de bois.*
• Fonction. *Il a de lourdes charges.*
• Attaque. *Une charge de cavalerie.*

*charge
Anglicisme au sens de *prix, frais.*

*charge (en)
Calque de l'anglais «in charge of» au sens de *responsable, chargé de. Elle est chargée de l'organisation du colloque* (et non *en charge de).

chargé, ée adj.
Temps, ciel chargé. Couvert de nuages.

chargé (de projet, de cours) n. m.
chargée (de projet, de cours) n. f.
Personne qui a la responsabilité d'un projet, d'une mission, d'une recherche, d'un cours. *Une chargée de mission, les chargés de cours.*

chargement n. m.
• Action de charger. *Le chargement d'un avion.*
• Ce que transporte un véhicule, un animal.

charger v. tr., pronom.
Le *g* est suivi d'un *e* devant les lettres *a* et *o*. *Il chargea, nous chargeons.*
• **Transitif**
- Mettre une charge sur. *Charger un chameau.*
- Donner une responsabilité à quelqu'un. *On l'a chargé d'une enquête.*
• **Pronominal**
Prendre la responsabilité de. *Il se chargera de diriger les travaux.*

*charger
Anglicisme au sens de *demander un prix, facturer, porter à un compte.*

chargeur n. m.
• Dispositif approvisionnant en cartouches le magasin d'une arme à répétition.
• Boîte étanche destinée à recevoir la pellicule d'un appareil de photo, d'une caméra.

chargeuse n. f.
Engin automoteur constitué d'un tracteur équipé à l'avant de deux bras articulés portant un godet relevable, et servant à la reprise, au transport et au déchargement des matériaux. *L'entreprise a fait l'acquisition d'une chargeuse* (et non d'un *loader).

chariot n. m.
Voiture à quatre roues servant à la manutention. *Un chariot élévateur* (et non un *lift truck).
☞ chariot, contrairement à *charrette, charrier.*

charismatique adj.
☞ Les lettres *ch* se prononcent *k* [karismatik].
• Qui se rapporte au charisme.
• Se dit d'une personnalité qui jouit d'un grand prestige, d'un charme irrésistible.

charisme n. m.
☞ Les lettres *ch* se prononcent *k* [karism].
• Don particulier octroyé par Dieu.
• Ascendant naturel. *René Lévesque avait beaucoup de charisme.*

charivari n. m.
Bruit discordant.

charlatan n. m.
Escroc qui exploite la crédulité publique. *Cette cartomancienne est un charlatan.*
☞ Ce nom n'a pas de forme féminine.

charlatanisme n. m.
Procédé du charlatan.

charleston n. m.
☞ Les lettres *ch* se prononcent *ch* (et non *tch) et le *n* se prononce [ʃarlɛstɔn].
Danse à la mode vers 1920.

charlotte n. f.
Entremets à base de fruits, de crème qu'on entoure avec du pain grillé ou des biscuits. *Une charlotte aux amandes.*

charme n. m.
• Séduction exercée par une personne, une chose. *Le charme des jardins anglais. Elles ont beaucoup de charme.*
• *Faire du charme.* Tenter de plaire.

charmeur, euse adj. et n. m. et f.
• **Adjectif.** Qui exerce un pouvoir de séduction. *Un sourire charmeur.*
• **Nom masculin et féminin.** Personne qui charme. *Ce jeune homme est un charmeur.*

charmille n. f.
Allée d'arbres taillés. *Elle marchait sous la charmille de lilas parfumés.*

charnel, elle adj.
Qui appartient à la chair, au corps.

charnellement adv.
D'une façon charnelle.

charnier n. m.
Fosse où sont entassés des cadavres.

charnière n. f.
• Assemblage qui articule deux surfaces. *Les charnières d'une porte.*
• (Fig.) Point de jonction, transition. *Dans cette histoire, les charnières sont importantes.*

charnu, ue adj.
• Formé de chair. *Les parties charnues de son anatomie.*
• *Fruit charnu.* De consistance ferme et juteuse.

charognard n. m.
• Vautour.

• (Fig.) Exploiteur.
☞ charognard.

charogne n. f.
Corps de bête morte.
☞ charogne.

charolais, aise adj. et n. m. et f.
Du Charolais.
☞ L'adjectif s'écrit avec une minuscule; le nom, avec une majuscule.
☞ charolais.

charpente n. f.
Assemblage de pièces de bois ou de fer soutenant une construction. *Ériger la charpente d'une maison.*

charpentier n. m.
charpentière n. f.
Personne qui fait des travaux de charpente.

charpie n. f.
• Amas de fils tirés d'une étoffe usée servant anciennement à panser les blessures.
• *Mettre en charpie.* Réduire en miettes, déchirer.

charrette n. f.
Voiture à deux roues servant au transport des fardeaux.
☞ charrette.

charriage n. m.
Action de charrier.
☞ charriage.

charrier v. tr., intr.
Redoublement du *i* à la première et à la deuxième personne du pluriel de l'indicatif imparfait et du subjonctif présent. *Que nous charriions, (que) vous charriiez.*
• Transporter dans une charrette. *Charrier du foin.*
• Entraîner, en parlant d'un cours d'eau. *Le fleuve a charrié des amas de glace.*
• *Charrier dans les bégonias.* (Fam.) Exagérer.
☞ charrier.

charroi n. m.
Transport par chariot.
☞ charroi.

charron n. m.
Personne qui fabrique et répare des charrettes.

charroyer v. tr.
Le *y* se change en *i* devant un *e* muet. *Je charroie, je charroierai.*
Le *y* est suivi d'un *i* à la première et à la deuxième personne du pluriel de l'indicatif imparfait et du subjonctif présent. *(Que) nous charroyions, (que) vous charroyiez.*
Charrier. *Le cultivateur charroyait du bois.*

charrue n. f.
• Instrument aratoire servant au labour.
• *Mettre la charrue devant, avant les bœufs.* Commencer par la fin.
☞ charrue.

*charrue
Impropriété au sens de *chasse-neige.*

charte n. f.
Loi fondamentale. *La Charte de la langue française a été adoptée le 26 août 1977.*
☞ Dans un titre de loi, le nom *charte* s'écrit avec une majuscule.
☞ Ne pas confondre avec le mot vieilli *chartre* qui désignait une prison, ni avec le nom propre *Chartres* qui désigne la ville.

*charter
Anglicisme pour *avion nolisé, vol nolisé.*

chartre n. f.
(Vx) Prison.
☞ Ne pas confondre avec le nom *charte,* loi fondamentale.

chartreuse n. f.
Liqueur aux herbes. *De la chartreuse verte ou jaune?*

chartreux, euse n. m. et f.
• Religieux, religieuse.
• Race de chats.

Charybde
☞ Les lettres *ch* se prononcent *k* [karibd].
Tomber de Charybde en Scylla. D'un mal à un autre, pire encore.

chas n. m.
Trou d'une aiguille.
Hom. :
- *chat,* animal;
- *shah,* titre porté par des souverains du Moyen-Orient.
☞ chas.

chasse n. f.
• Action de poursuivre le gibier. *Faire bonne chasse. La chasse au lion, aux canards.*
- *Donner la chasse.* Poursuivre. *Donner la chasse aux malfaiteurs.*
- *Prendre en chasse.* Poursuivre. *Les fuyards ont été pris en chasse par les policiers.*
• *Chasse d'eau.* Masse d'eau qui s'écoule tout d'un coup pour nettoyer un conduit. *Actionner la chasse* (et non *«tirer la chasse»*).
Hom. *châsse,* coffret.

chasse- préf.
Les mots composés avec le préfixe *chasse-* s'écrivent avec un trait d'union. Au pluriel, le préfixe *chasse-* qui est un verbe demeure invariable, tandis que le second élément est parfois variable, parfois invariable. *Des chasse-neige.*

châsse n. f.
Coffret contenant les reliques d'un saint.
Hom. *chasse,* action de poursuivre le gibier.
☞ châsse.

chasse-clou n. m. (pl. *chasse-clous*)
Poinçon servant à enfoncer les clous.

chassé-croisé n. m. (pl. *chassés-croisés*)
Échange réciproque de fonctions, de situations.

chasse-marée n. m. inv. (pl. *chasse-marée*)
Bateau de pêche à trois mâts.

chasse-mouches n. m. inv. (pl. *chasse-mouches*)
Petit balai avec lequel on écarte les mouches.

chasse-neige n. m. inv. (pl. *chasse-neige*)
• Véhicule servant au déblayage des voies de circulation obstruées par la neige. *Un chasse-neige* (et non une **gratte*, une **charrue*).
• Façon de freiner, en ski. *Fanny commence à faire du chasse-neige.*

chasse-pierres n. m. inv. (pl. *chasse-pierres*)
Appareil placé à l'avant d'une locomotive pour écarter les obstacles.

chasser v. tr., intr.
• **Transitif**
- Poursuivre des animaux pour les tuer. *Chasser le chevreuil.*
- Déloger, congédier. *Nous avons dû le chasser : il nous volait.*
• **Intransitif**
Déraper. *Les roues ont chassé sur la chaussée glissante.*

chasseresse adj. f. et n. f.
(Litt.) Chasseuse. *Diane chasseresse.*

chasseur, euse n. m. et f.
• Personne qui chasse. *Un chasseur d'orignaux.*
• *Chasseur de têtes.* Personne qui fait le recrutement de cadres. *Jean-Pierre est un chasseur de têtes réputé.*

châssis n. m.
Armature. *Le châssis de la fenêtre est en bois.*
⌦ Ne pas confondre avec le nom *fenêtre,* ouverture dans un mur.
⇨ châss**is**.

chat, chatte n. m. et f.
• Animal domestique carnivore appartenant à la famille des félidés. *Un chat de gouttière, une chatte angora, des chats angoras. Une adorable chatte himalayenne nommée Maboule.*
• **Locutions**
- *S'entendre comme chiens et chats.* Être en mauvais termes.
- *Avoir un chat dans la gorge.* Être enroué.
- *Il n'y a pas un chat.* Il n'y a personne.
- *Il n'y a pas de quoi fouetter un chat.* C'est une faute insignifiante.
- *Appeler un chat un chat.* Appeler les choses par leur nom.
- *Donner sa langue au chat.* Capituler.
⌦ Ne pas confondre avec le nom *chas,* trou d'une aiguille.

châtaigne n. f.
Fruit du châtaignier.
⌦ Dans la langue de la cuisine, on utilise plutôt le nom *marron.*
⇨ châtaign**e**.

châtaigneraie n. f.
Lieu planté de châtaigniers.
⇨ châtaigner**aie**.

châtaignier n. m.
Arbre de grande taille dont le fruit est la châtaigne.
⇨ châtaign**ier**.

châtain, aine adj. et n. m. et f.
• **Adjectif de couleur variable.** De la couleur brun clair de la châtaigne. *Des cheveux châtains.*
• **Adjectif de couleur composé invariable.** *Des chevelures châtain clair.*
V. Tableau - **COULEUR (ADJECTIFS DE).**
• **Nom masculin et féminin.** Qui a des cheveux de la couleur de la châtaigne. *Une belle châtaine* (et non **châtaigne*).
⇨ châtain.

château n. m. (pl. *châteaux*)
• Habitation royale ou seigneuriale généralement située à la campagne. *Les châteaux de la Loire.*
⌦ Les noms génériques de monuments, d'édifices s'écrivent avec une minuscule. *Le château d'Azay-le-Rideau.*
⌦ Ne pas confondre avec les noms suivants :
- *castel,* petit château;
- *gentilhommière,* petit château à la campagne;
- *manoir,* habitation seigneuriale entourée de terres;
- *palais,* résidence d'un chef d'État ou d'un souverain.
• *Château fort.* Demeure fortifiée. *Des châteaux forts bien conservés.*

chateaubriand ou **châteaubriant** n. m.
• Tranche de bœuf grillée (selon la recette qui serait due au cuisinier de l'écrivain).
• *Château,* abréviation familière de *châteaubriant. Je prendrai un château avec des frites.*

châtelain, aine n. m. et f.
Seigneur d'un château.
⇨ châtelain.

châtelaine n. f.
Chaîne attachée à la ceinture ou au cou et destinée à suspendre des clés, des ciseaux, des bijoux.
⇨ châtelaine.

châtelet n. m.
(Ancienn.) Petit château fort.
⇨ châtelet.

chat-huant n. m. (pl. *chats-huants*)
Oiseau rapace nocturne. *Les chats-huants se nourrissent de mulots.*

châtier v. tr.
Redoublement du *i* à la première et à la deuxième personne du pluriel de l'indicatif imparfait et du subjonctif présent. *(Que) nous châtiions, (que) vous châtiiez.*
• (Litt.) Punir, faire expier une faute. *Qui aime bien châtie bien.* (Proverbe)
• *Style châtié.* Style littéraire.
⌦ Attention à l'erreur fréquente : quand on parle d'un *français châtié,* il s'agit d'un bon français et non d'une langue relâchée.

chatière n. f.
Ouverture pratiquée au bas d'une porte pour permettre le passage du chat.
⇨ chatière.

châtiment n. m.
Peine sévère, punition.
⇨ châtiment.

chatoiement n. m.
Reflet brillant et changeant d'une pierre, d'une étoffe.

chaton n. m.
• Petit de la chatte.
• Épi de petites fleurs de certains arbres. *Les chatons du saule.*
• Saillie enchâssant une pierre précieuse, dans une bague.

chatouillement n. m.
• Action de chatouiller.
☞— On dit aussi familièrement **chatouille**. *Vincent fait des chatouilles à sa sœur.*
• Sensation qui en résulte. *Elle éprouva un petit chatouillement.*

chatouiller v. tr.
Les lettres *ill* sont suivies d'un *i* à la première et à la deuxième personne du pluriel de l'indicatif imparfait et du subjonctif présent. *(Que) nous chatouillions, (que) vous chatouilliez.*
Causer par des attouchements légers et répétés, un tressaillement ou un rire nerveux. *Tu me chatouilles, petit coquin.*

chatouilleux, euse adj.
• Sensible au chatouillement. *Sophie est très chatouilleuse.*
• (Fig.) Susceptible, qui se vexe facilement. *Il est chatouilleux sur cette question.*
☞ chatouilleu**x**.

chatoyant, ante adj.
Qui chatoie. *Une étoffe chatoyante.*

chatoyer v. intr.
Le *y* se change en *i* devant un *e* muet. *Il chatoie, il chatoyait.*
Le *y* est suivi d'un *i* à la première et à la deuxième personne du pluriel de l'indicatif imparfait et du subjonctif présent. *(Que) nous chatoyions.*
Avoir des reflets changeants. *Cette étoffe brodée d'or chatoie.*

châtrer v. tr.
• Pratiquer la castration sur un animal mâle ou femelle.
• (Péj.) Castrer une personne.
☞— Ne pas confondre avec le verbe **émasculer**, castrer un animal mâle, sans connotation péjorative.
Syn. **castrer**.
☞ châtrer.

chatte n. f.
Femelle du chat.

chatterie n. f.
Caresse câline, parfois hypocrite. *Faire des chatteries.*

chaud, chaude adj., adv. et n. m.
• **Adjectif**
- Qui possède, donne ou conserve de la chaleur. *Un manteau chaud.*
- Ardent. *Un chaud défenseur de cette théorie.*
• **Adverbe**
Il fait chaud, servir chaud, manger chaud, tenir chaud.
☞— Pris adverbialement, le mot est invariable. *Elles ont chaud.*

• **Nom masculin**
- Chaleur. *Le chaud et le froid.*
- **Chaud et froid.** Refroidissement brusque alors qu'on est en sueur. *Des chauds et froids dangereux.*
☞— Ne pas confondre avec le nom **chaud-froid**, plat de volaille.

chaudement adv.
• De manière à conserver la chaleur. *Habille-toi chaudement.*
• Avec ardeur. *Elle a été chaudement félicitée.*

chaud-froid n. m. (pl. *chauds-froids*)
Plat de volaille.
☞— Ne pas confondre avec la locution **chaud et froid**, refroidissement brusque.

chaudière n. f.
• Appareil de chauffage. *Cette maison a une chaudière à mazout* (et non une *fournaise à l'huile*).
• Au Canada, synonyme de **seau**.
☞— L'emploi du nom est courant au Canada dans la langue familière, mais il est vieilli en ce sens dans l'ensemble de la francophonie.

chaudron n. m.
Récipient métallique à anse mobile réservé à la cuisson des aliments. *Un gros chaudron de ragoût.*
☞— Ne pas confondre avec les noms suivants :
- **casserole**, récipient métallique muni d'un manche et parfois d'un couvercle;
- **fait-tout** ou **faitout**, grand récipient à deux poignées muni d'un couvercle;
- **poêle**, récipient plat à longue queue.

chaudronnée n. f.
Contenu d'un chaudron.

chaudronnerie n. f.
Industrie des récipients métalliques, notamment des chaudières (appareil de chauffage).

chaudronnier n. m.
chaudronnière n. f.
Personne qui fabrique ou vend des chaudrons, des chaudières (appareil de chauffage).

chauffage n. m.
• Action de chauffer.
• Installation pour chauffer. *Installer le chauffage central.*

chauffant, ante adj.
Qui produit de la chaleur. *Une plaque chauffante.*

chauffard n. m.
Mauvais conducteur. *Alain a été heurté par un chauffard.*
☞— Ce nom ne comporte pas de forme féminine.

chauffe- préf.
Les mots composés avec le préfixe **chauffe-** s'écrivent avec un trait d'union. Au pluriel, le préfixe **chauffe-** qui est un verbe demeure invariable, tandis que le second élément est parfois variable, parfois invariable. *Des chauffe-eau.*

chauffe-assiette(s) n. m. inv. (pl. *chauffe-assiette, chauffe-assiettes*)
Appareil servant à chauffer les assiettes.

chauffe-eau n. m. inv. (pl. *chauffe-eau*)
Appareil producteur d'eau chaude.

chauffe-pieds n. m. inv. (pl. *chauffe-pieds*)
Petit réchaud pour les pieds.

chauffe-plats n. m. inv. (pl. *chauffe-plats*)
Appareil servant à chauffer les plats sur la table.

chauffer v. tr., intr., pronom.
• **Transitif.** Rendre plus chaud. *Chauffer une maison.*
• **Intransitif.** Devenir chaud. *Le moteur semble chauffer.*
• **Pronominal.** Se réchauffer, se procurer de la chaleur. *Viens, on va se chauffer un peu près de la cheminée.*

*chauffer
Au sens de **conduire (un véhicule)**, ce verbe est vieilli.

chaufferette n. f.
• Petit réchaud. *Une chaufferette ancienne.*
• Au Canada, dispositif de chauffage d'une voiture.
• Au Canada, radiateur électrique portatif.

chaufferie n. f.
Local où sont installées les chaudières d'un navire, d'une usine, d'un bâtiment.

chauffeur n. m.
chauffeuse n. f.
Personne dont le métier est de conduire un véhicule. *Un chauffeur de camion, une chauffeuse de taxi.*
☞— Au sens de **conducteur d'automobile**, ce nom est vieilli.

chauffeuse n. f.
Chaise basse.

chauler v. tr.
Traiter, blanchir à la chaux.

chaumage n. m.
Action d'enlever le chaume après la récolte.
Hom. **chômage,** manque de travail.

chaume n. m.
Paille. *Des toits de chaume.*

chaumer v. tr., intr.
Enlever le chaume, après la récolte.
Hom. **chômer,** ne pas travailler ou manquer de travail.

chaumière n. f.
Petite maison couverte de chaume.

chaumine n. f.
(Vx) Petite chaumière.

chaussée n. f.
Partie de la route utilisée pour la circulation des véhicules. *L'accident a eu lieu alors que la chaussée était mouillée.*

chausse-pied n. m. (pl. *chausse-pieds*)
Lame incurvée dont on se sert pour se chausser.

chausser v. tr., intr., pronom.
• **Transitif.** Mettre des chaussures. *Chausser des bottes.*
• **Intransitif.** Avoir telle pointure. *Je chausse du 7.*
• **Pronominal.** Mettre ses chaussures. *Ils se sont chaussés rapidement.*

chausse-trape ou **chausse-trappe** n. f. (pl. *chausse-trapes* ou *chausse-trappes*)
• Piège dissimulé.
• (Fig.) Ruse.

chaussette n. f.
Vêtement en tricot qui couvre le pied et la cheville. *Des chaussettes de laine.*
☞— Ne pas confondre avec le mot **bas,** vêtement qui couvre la jambe.

chausseur n. m.
Fabricant, vendeur de chaussures, parfois faites sur mesure.

chausson n. m.
• Chausson d'intérieur. *Des chaussons de laine.*
• Pâtisserie composée de pâte feuilletée fourrée de compote de pommes.

chaussure n. f.
Soulier. *Des chaussures de cuir.*

chauve adj. et n. m. et f.
Qui n'a plus ou presque plus de cheveux.

chauve-souris n. f. (pl. *chauves-souris*)
Mammifère ailé insectivore.

chauvin, ine adj. et n. m. et f.
• **Adjectif.** Qui a un patriotisme exclusif, fanatique.
• **Nom masculin et féminin.** Patriote fanatique.

chauvinisme n. m.
Patriotisme exagéré.

chaux n. f.
Oxyde de calcium. *Une maison blanchie à la chaux.*
▭▷ chau**x.**

chavirer v. tr., intr.
• **Transitif**
- Faire renverser. *Chavirer un canot pour le réparer.*
- (Fig.) Émouvoir, bouleverser. *Ce film l'a chaviré.*
• **Intransitif**
Se renverser. *Il y avait beaucoup de vent et la barque a chaviré.*

ch. de f.
Abréviation de **chemin de fer.**

*cheap
Anglicisme pour **commun, mesquin.**

*check-list
Anglicisme pour **liste de pointage, liste de vérification.**

*check-up
Anglicisme pour **examen général, bilan de santé** (pour une personne) et **inspection, vérification** (pour un appareil, une voiture).

cheddar n. m.
Fromage à pâte dure. *Des cheddars délicieux.*
☞— Le nom du fromage s'écrit avec une minuscule; le nom de la ville, avec une majuscule.

chef n. m. et f.
• Personne qui dirige une unité administrative, un groupe, etc. *Une chef de service, un chef d'entreprise, un chef d'État, un chef d'orchestre.*
• Nom de métier **+ chef.** Le mot **chef** est joint à ce nom par un trait d'union et prend la marque du pluriel. *Des infirmières-chefs.*
• **Chef** + nom de métier, d'unité administrative. Le mot

chef s'écrit sans trait d'union et prend la marque du pluriel. *Des chefs cuisiniers. Des chefs de division, d'équipe.*
• *En chef,* locution adverbiale. En qualité de chef. *Ingénieur en chef.*
• Élément distinct d'une action en justice. *Des chefs d'accusation.*
• *De son chef.* (Litt.) De sa propre initiative.
• *Au premier chef.* Au plus haut point. *Il importe au premier chef que vous acceptiez.*

chef-d'œuvre n. m. (pl. *chefs-d'œuvre*)
⇨ La lettre *f* est muette [ʃɛdœvr].
Œuvre capitale. *Ces sculptures sont des chefs-d'œuvre.*

chefferie n. f.
Territoire sous l'autorité d'un chef de tribu.

*chefferie
Impropriété au sens de *direction d'un parti politique.*

cheftaine n. f.
Jeune fille dirigeant un groupe de guides ou de louveteaux.
V. **scout.**

cheikh, cheik ou **scheik** n. m.
⇨ Les lettres *ei* se prononcent *è* [ʃɛk].
Chef de tribu chez les Arabes.

chelem ou **schelem** n. m.
⇨ Le premier *e* ne se prononce pas [ʃlɛm].
• *Grand chelem.* Réunion dans la main de deux partenaires de toutes les levées, au bridge. *Réussir un grand chelem. Des grands chelems.*
• *Petit chelem.* Toutes les levées, moins une.

chemin n. m.
• Voie de communication d'intérêt local, en milieu rural et d'importance secondaire par rapport à la route. (Recomm. off. OLF)
⊯— Dans une adresse, le nom *chemin* s'écrit avec une minuscule initiale, et dans la mesure du possible, en toutes lettres. *Elle habite 15, chemin Saint-Louis.*
• Parcours, direction. *J'ai fait le chemin en voiture. Demander son chemin.*
• **Locutions**
- *Faire son chemin.* Réussir. *Elle fera son chemin dans la vie.*
- *Passer son chemin.* Ne pas s'arrêter. *Allez, passez votre chemin.*
- *Rebrousser chemin.* Revenir. *Il nous a fallu rebrousser chemin parce que la route était inondée.*

chemin de fer n. m.
• Abréviation **ch. de f.** (s'écrit avec des points).
• Moyen de transport utilisant la voie ferrée.
⊯— On disait *voyager par chemin de fer* (et non *en chemin de fer). Mais on emploie plus couramment *en train* ou *par le train.*

cheminée n. f.
• Appareil de chauffage. *La cheminée tire bien.*
• Conduit qui sert à l'évacuation de la fumée sur le toit. *Une belle fumée blanche sort de la cheminée.*
• Encadrement de l'âtre. *Une cheminée de pierres sculptées.*

⊯— Ne pas confondre avec le nom *foyer,* partie de l'âtre où se fait le feu.

cheminot n. m.
Employé de chemin de fer.
▭⊳ cheminot.

chemise n. f.
• Vêtement (surtout masculin) qui couvre le torse. *Une chemise de coton.*
⊯— Pour le vêtement féminin, le nom *chemisier* est plus courant.
• Couverture d'un dossier. *Maman a mis ses factures dans une chemise.*

chemiserie n. f.
Industrie de la chemise.

chemisette n. f.
Chemise légère à manches courtes.

chemisier n. m.
• Corsage de femme. *Un chemisier de soie.*
⊯— Ne pas confondre avec le nom *chemise,* vêtement surtout masculin.
• *Robe chemisier.* Robe qui se ferme par l'avant et qui a un col s'apparentant à celui du chemisier. *Des robes chemisiers bleues.*

chênaie n. f.
Plantation de chênes.
▭⊳ chênaie.

chenal n. m. (pl. *chenaux*)
Voie navigable, naturelle ou artificielle, entre des terres ou des hauts-fonds. (Recomm. off. OLF) *Des petits poissons des chenaux.*

chenapan n. m.
Enfant turbulent. *Petit chenapan, tu iras en pénitence!*

chêne n. m.
Grand arbre à bois dur qui produit le gland.
Hom. **chaîne,** lien fait d'anneaux.

chêne-liège n. m. (pl. *chênes-lièges*)
Variété de chêne à feuillage persistant et dont l'écorce fournit le liège.

chenet n. m.
Chacune des deux pièces de métal où repose le bois dans l'âtre.
▭⊳ chenet.

chenil n. m.
⇨ Le *e* et le *l* se prononcent ou non, [ʃənil] [ʃnil] ou [ʃəni] [ʃni].
• Abri pour les chiens.
• Établissement où l'on élève des chiens.

chenille n. f.
• Larve de papillon se nourrissant de végétaux.
• Courroie articulée qui permet le déplacement de certains véhicules. *Des blindés équipés de chenilles.*

chenu, ue adj.
(Litt.) Blanchi par l'âge. *Une barbe chenue.*

cheptel n. m. sing.
Ensemble du bétail d'une exploitation agricole, d'une région.

chèque n. m.
• Effet de commerce. *J'ai oublié mon carnet de chèques ou mon chéquier. Encaisser, toucher un chèque* (et non *changer).
• *Chèque barré.* Chèque rayé en diagonale par un double trait afin de n'être touché que par l'intermédiaire d'un établissement de crédit.
• *Chèque certifié.* Chèque pour lequel la banque bloque la provision inscrite.
• *Chèque de voyage.* Chèque à l'usage des touristes.
▭← On préférera cette expression à l'anglicisme «traveller's cheque» ou «traveller's check».

chèque-cadeau n. m. (pl. *chèques-cadeaux*)
Bon autorisant une personne à recevoir un produit, un service. *Voici deux chèques-cadeaux de 25 $.*

*chèque sans fonds
Calque de l'anglais «no sufficient funds (NSF)» pour **chèque sans provision.**

chéquier n. m.
Carnet de chèques. *Un chéquier* (et non des *blancs de chèques).

cher, chère adj. et adv.
• **Adjectif**
- Aimé. *Ma chère maman.*
- Qui coûte beaucoup d'argent. *La vie est très chère à Londres.*
▭← Ne pas confondre avec l'adjectif **dispendieux,** qui occasionne de grandes dépenses.
• **Adverbe**
À haut prix. *Ces sacs coûtent cher, valent cher. Je les ai payés cher.*
▭← Pris adverbialement le mot *cher* est invariable.
Hom. :
- *chair,* soit le corps, soit de la viande;
- *chaire,* tribune;
- *chère,* mets, nourriture.

chercher v. tr., pronom.
• **Transitif**
- S'efforcer de trouver, de découvrir. *Ils cherchent la solution de l'énigme.*
- **Chercher à** + infinitif. Tâcher, s'efforcer de. *Il cherche à tromper son ennui.*
▭← La construction *«chercher après» est fautive.
- Susciter, provoquer. *Cherche-t-il des ennuis?*
• **Pronominal**
Essayer de se trouver l'un l'autre. *Ils se sont cherchés pendant une heure.*

chercheur n. m.
chercheuse n. f.
Personne qui effectue des recherches scientifiques.

chercheur, euse adj.
• Curieux. *Un esprit chercheur.*
• *Tête chercheuse.* Tête d'un engin cherchant automatiquement son objectif.

chère n. f.
(Litt.) Nourriture. *Faire bonne chère, maigre chère, aimer la bonne chère.*
Hom. :
- *chair,* soit le corps, soit de la viande;

- *chaire,* tribune;
- *cher,* chéri ou coûteux.
▭▷ **chère.**

cherté n. f.
Prix élevé. *La cherté de la vie.*

chérubin n. m.
• Ange.
• Tête d'enfant avec des ailes.

chétif, ive adj.
Maladif. *Une enfant chétive.*

chétivement adv.
(Litt.) D'une manière chétive.

cheval n. m. (pl. *chevaux*)
• Mâle de la jument. *Des chevaux pur-sang. Des chevaux de course.*
• *Cheval de bataille.* Thème favori. *Le cheval de bataille de ce professeur, c'est la participation des étudiants.*
• *Monter sur ses grands chevaux.* Se mettre en colère. *Calme-toi voyons, ne monte pas sur tes grands chevaux.*
• *Être à cheval sur* (les principes, l'étiquette, la hiérarchie). Accorder beaucoup d'importance à.

chevaleresque adj.
Digne d'un chevalier. *Un geste chevaleresque.*

chevalerie n. f.
Institution du Moyen Âge où le chevalier est le défenseur de la foi et de la justice.

chevalet n. m.
Support d'un tableau, d'un objet sur lequel on travaille.
▭▷ **chevalet.**

chevalier n. m.
• (Ancienn.) Noble admis dans un ordre de chevalerie.
▭← Ne pas confondre avec le nom **cavalier,** personne qui monte à cheval.
• Titulaire d'une décoration. *Il est chevalier de l'ordre de la Légion d'honneur.*

chevalière n. f.
Bague portant des armoiries, des initiales.

chevalin, ine adj.
Qui se rapporte au cheval. *Une boucherie chevaline.*

cheval-vapeur n. m. (pl. *chevaux-vapeur*)
• Symbole **ch** (s'écrit sans point).
• (Ancienn.) Unité de puissance.

chevauchée n. f.
• Course à cheval.
• (Litt.) Incursion.

chevauchement n. m.
Entrecroisement, fait de se chevaucher.

chevaucher v. tr., intr., pronom.
• **Transitif.** Être à califourchon. *Chevaucher un cheval de bois.*
• **Intransitif.** (Litt.) Aller à cheval. *Il est agréable de chevaucher dans la campagne.*
• **Intransitif** ou **pronominal.** Se superposer. *Les tâches de ces employés se chevauchaient.*

chevelu, ue adj.
Qui porte des cheveux. *Le cuir chevelu.*

chevelure n. f.
Ensemble des cheveux d'une personne. *Des chevelures blondes.*

chevet n. m.
• Tête du lit.
• *Livre de chevet.* Livre préféré.
• *Être au chevet d'un malade.* Le veiller.
• Partie du chœur d'une église.
⊏▭▷ chevet.

cheveu n. m. (pl. *cheveux*)
• Poil de la tête. *Des cheveux bouclés. Des cheveux en brosse.*
⊏▭— 1° Les adjectifs simples qui expriment la couleur des cheveux s'accordent en genre et en nombre. *Des cheveux blonds, bruns, une chevelure châtaine, noire.*
⠀⠀⠀⠀2° Les adjectifs de couleur suivis par un autre adjectif qui les modifie sont invariables. *Des cheveux blond cendré, châtain clair.*
• *Couper les cheveux en quatre.* Être trop subtil.
• *Se prendre aux cheveux.* Se quereller.
• *À un cheveu près.* Il s'en est fallu de peu.

cheville n. f.
• Morceau de bois destiné à boucher un trou, à tenir un assemblage.
• Saillie des os de l'articulation du pied. *Se fouler la cheville.*

cheviller v. tr.
Les lettres *ill* sont suivies d'un *i* à la première et à la deuxième personne du pluriel de l'indicatif imparfait et du subjonctif présent. *(Que) nous chevillions, (que) vous chevilliez.*
Fixer un assemblage avec une cheville.

chevillette n. f.
Petite cheville.

chèvre n. m. et f.
• **Nom masculin.** Fromage au lait de chèvre.
• **Nom féminin.** Femelle du bouc.

chevreau n. m. (pl. *chevreaux*)
• Petit de la chèvre.
• Peau de chevreau travaillée. *Des gants de chevreau.*

chèvrefeuille n. m.
Arbuste à fleurs odoriférantes. *Un chèvrefeuille bien vigoureux.*
⊏▭— Attention au genre masculin de ce nom : *un* chèvrefeuille.

chevreter ou **chevretter** v. intr.
Quand le verbe s'orthographie *chevreter,* il y a redoublement du *t* devant un *e* muet. *Elle chevrette, elle chevrettera,* mais *elle chevretait.*
Mettre bas, en parlant de la chèvre.

chevrette n. f.
• Petite chèvre.
• Femelle du chevreuil.

chevreuil n. m.
Au Canada, cerf de Virginie. *La chasse aux chevreuils a lieu à l'automne.*

chevron n. m.
• Pièce de bois soutenant les lattes dans la couverture d'un immeuble.
• Galon en forme de A porté sur les manches des militaires.
• Motif en zigzag. *Un imprimé à chevrons.*

chevronné, ée adj.
Qui a beaucoup d'expérience. *Un enseignant chevronné.*

chevroter v. intr.
• Parler d'une voix tremblotante.
• Mettre bas, en parlant de la chèvre.
⊏▭▷ chevroter.

chevrotin n. m.
• Petit de la chevrette.
• Fromage de chèvre.

chevrotine n. f.
Gros plomb dont on compose les cartouches qui servent à la chasse au gros gibier.

*chewing-gum
Anglicisme pour *gomme à mâcher.*

chez prép.
• Dans la demeure de. *Venez donc chez moi.*
• Dans la personne de. *C'est une manie chez lui.*
• Dans l'œuvre de. *Chez Fellini, ce procédé est courant.*
• *Chez + nom propre.* Cette construction s'emploie comme enseigne d'un établissement, comme raison sociale. *Chez Julien.*
⊏▭— On emploie normalement *chez* devant un nom de profession, un patronyme et *à* devant un nom de lieu, de chose. *Allons manger chez Gauthier! Il faudrait acheter du lait à l'épicerie.*

chez-moi, chez-toi, chez-soi n. m. inv.
(Fam.) Domicile personnel, intérieur. *Je vous invite : vous verrez mon nouveau chez-moi.*
⊏▭— Il faut distinguer le nom qui s'écrit avec un trait d'union du complément circonstanciel composé de la préposition et du pronom qui s'écrit sans trait d'union, *chez moi. Restons chez moi bien au chaud.*

chialer v. intr.
• (Fam). Pleurer.
• (Fam.) Au Canada, se plaindre, maugréer.

chiant, ante adj.
(Vulg.) Très ennuyeux.

chianti n. m.
⟻⟷ Les lettres *ch* se prononcent *k* [kjãti].
Vin rouge italien.

chic adj. inv. en genre, interj. et n. m.
• **Adjectif invariable en genre**
Élégant, distingué. *Des gants très chics.*
• **Interjection**
Cette interjection marque le contentement. *Chic alors! on est en vacances!*
• **Nom masculin**
- Élégance, allure. *Elle a beaucoup de chic.*
- *Avoir le chic pour.* Réussir à.
- *Bon chic bon genre* (BCBG). De bon ton.
⊏▭— L'expression est souvent péjorative.

chicane n. f.
Querelle de mauvaise foi.

chicaner v. tr., intr., pronom.
• **Transitif.** Réprimander quelqu'un pour des choses peu importantes. *Sa tante le chicane pour rien.*
• **Intransitif.** Critiquer. *Il est toujours à chicaner sur tout.*
• **Pronominal.** Se quereller. *Arrêter de vous chicaner!*

chiche adj. et interj.
• **Adjectif.** Avare. *Elles sont très chiches.*
• **Interjection.** (Fam.) Exclamation exprimant le défi. *Chiche! Je relève le défi.*

chichement adv.
Avec parcimonie, avarice.

chichi n. m.
(Fam.) Simagrées. *Il fait toujours des chichis.*

chichiteux, euse adj.
(Fam.) Qui fait des chichis, des manières.

chicorée n. f.
Plante dont les feuilles sont mangées en salade.

chicoter v. tr.
Au Canada, intriguer, tracasser. *Son absence me chicote.*
⇨ chicoter.

chien, enne n. m. et f.
• Mammifère domestique. *L'épagneul n'est pas un chien de garde.*
• **Locutions**
- *Un temps de chien.* Mauvais temps.
- *Entre chien et loup.* Au crépuscule.
- *S'entendre comme chien(s) et chat(s).* Être en mauvais termes.

chiendent n. m.
Plante nuisible aux cultures.
⇨ chiendent.

chien-loup n. m. (pl. *chiens-loups*)
Berger allemand.

chiffe n. f.
• (Vx) Chiffon.
• *Chiffe molle.* Personne amorphe.

chiffon n. m.
• Vieille étoffe.
• Vêtements froissés.
• *Papier chiffon.* Papier de luxe fait avec du chiffon.
• *Parler chiffons.* Parler de la mode.

chiffonnement n. m.
Action de chiffonner.

chiffonner v. tr.
• Froisser. *Elle a chiffonné sa jupe.*
• (Fam.) Préoccuper. *Cette histoire me chiffonne.*

chiffonnier, ière n. m. et f.
Personne qui ramasse les vieux objets.

chiffrable adj.
Qui peut être chiffré.

chiffrage n. m.
Action de chiffrer.

chiffre n. m.
Caractère servant à écrire les nombres. *Des chiffres arabes, des chiffres romains.*
◁— L'expression **en chiffre(s) rond(s)** s'écrivait généralement au singulier, mais le pluriel est de plus en plus employé aujourd'hui.
◁— Ne pas confondre avec le mot **nombre,** symbole caractérisant une unité ou un groupe d'unités constitué d'un ou de plusieurs chiffres.
V. Tableau - **CHIFFRES.**

chiffre d'affaires n. m. (pl. *chiffres d'affaires*)
Total des ventes réalisées au cours d'un exercice.

chiffrer v. tr., pronom.
• **Transitif**
- Évaluer en chiffres. *Chiffrer le coût des travaux.*
- Transcrire en langage chiffré. *Chiffrer un message.*
• **Pronominal**
Atteindre le nombre de. *Les dégâts se chiffrent en millions de dollars. Les victimes se chiffrent par centaines.*

chiffrier n. m.
Document de travail comptable qui sert à l'établissement des états financiers.

*chiffrier
Impropriété au sens de **tableur.**

chignole n. f.
Perceuse.

chignon n. m.
Coiffure où les cheveux sont torsadés sur le sommet de la tête ou sur la nuque.

chihuahua n. m.
👄 Les lettres **ch** se prononcent **ch** (et non *tch) [ʃiɥaɥa].
Petit chien. *Une (chienne) chihuahua. Des chihuahuas.*

chilien, ienne adj. et n. m. et f.
Du Chili. *Le drapeau chilien. Un Chilien, une Chilienne.*
◁— L'adjectif s'écrit avec une minuscule; le nom, avec une majuscule.

chimère n. f.
Fantaisie, utopie. *Ce ne sont que des chimères.*

chimérique adj.
Irréalisable. *Des espoirs chimériques.*

chimie n. f.
Science qui étudie les propriétés des corps, leurs transformations et combinaisons.

chimiothérapie n. f.
👄 Les lettres **ch** se prononcent **ch** [ʃimjɔterapi].
Traitement par des substances chimiques de certaines maladies.

chimique adj.
• Qui se rapporte à la chimie.
• **Symboles chimiques.** Les symboles chimiques s'écrivent avec une capitale initiale et ne sont pas suivis d'un point abréviatif. *Ag (argent), Cu (cuivre).*
V. Tableau - **SYMBOLE.**

• **Formules chimiques.** Les formules chimiques sont composées avec les symboles chimiques qui conservent leur majuscule initiale et s'écrivent sans point abréviatif. Les chiffres qui font partie des formules sont placés en indices. *H_2O, SO_4H_2.*

chimiquement adv.
D'après les lois de la chimie.

chimiste n. m. et f.
Spécialiste de la chimie.

chimpanzé n. m.
Grand singe d'Afrique.
☞ chimpan**z**é.

chinchilla n. m.
• Rongeur élevé pour sa fourrure gris perle. *Les chinchillas vivent au Pérou et au Chili.*
• La fourrure du chinchilla. *Le chinchilla est inabordable.*

chiné, ée adj. et n. m.
Dont le fil est de couleurs distinctes. *Un tissu chiné.*

chiner v. tr., intr.
• **Transitif.** (Vx) Critiquer. *Il a la fâcheuse habitude de chiner les clients.*
• **Intransitif.** Être à la recherche d'occasions, d'objets, de meubles anciens. *Elle adore fureter et chiner.*

chineur, euse n. m. et f.
• Personne qui chine.
• Brocanteur.

chinois, oise adj. et n. m. et f.
• **Adjectif et nom masculin et féminin**
De Chine. *Le drapeau chinois. Un Chinois, une Chinoise.*
☞ L'adjectif s'écrit avec une minuscule; le nom, avec une majuscule.
• **Nom masculin**
- Langue parlée en Chine. *Chhay parle le chinois.*
☞ Le nom de la langue s'écrit avec une minuscule.
- Petite passoire conique (comme un chapeau chinois). *Il faut passer le potage au chinois.*

chinoiserie n. f.
Tracasseries. *Les chinoiseries administratives* (et non le *red tape).

chinook n. m.
Vent des Rocheuses.

chintz n. m. inv.
👄 Le **z** se prononce **s** [ʃints].
Tissu d'ameublement. *De délicieux chintz avec une profusion de roses.*
☞ chint**z**.

chiot n. m.
Petit de la chienne. Jeune chien.
☞ chio**t**.

chiper v. tr.
(Fam.) Voler.

chipie n. f.
(Fam.) Femme désagréable.

chipolata n. f.
Saucisse. *Des chipolatas épicées.*

chipoter v. tr. et intr.
• **Transitif**
(Fam.) Tracasser, intriguer. *Cette insinuation me chipote.*
• **Intransitif**
- Manger du bout des dents, sans plaisir.
- Être tâtillon.
☞ chipoter.

chips n. f. inv.
Pommes de terre coupées en fines rondelles. *Un sachet de chips délicieuses.*
👄 L'OLF a recommandé le nom **croustille** pour remplacer le mot anglais «chips».

chique n. f.
Tabac que l'on mâche.

chiqué n. m.
(Fam.) Ce qui n'est pas naturel, vrai. *Ce n'est pas du chiqué, c'est authentique.*

chiquenaude n. f.
Petit coup porté par une détente brusque du doigt. *Recevoir une chiquenaude.*
Syn. **pichenette, pichenotte** (Canada).

chiquer v. tr., intr.
Mâcher du tabac.

chiqueur, euse n. m. et f.
Personne qui chique.

chir(o)- préf.
👄 Les lettres **ch** se prononcent **k**.
Élément signifiant «main». *Chiromancie.*

chiro n. m. et f.
👄 Les lettres **ch** se prononcent **k**.
Abréviation familière de **chiropraticien, chiropraticienne.**

chirographaire adj.
👄 Les lettres **ch** se prononcent **k**.
(Dr.) Se dit d'une créance constatée par un acte non enregistré devant notaire (sous seing privé).

chiromancie n. f.
👄 Les lettres **ch** se prononcent **k**.
Interprétation des lignes de la main.

chiromancien n. m.
chiromancienne n. f.
👄 Les lettres **ch** se prononcent **k**.
Personne qui pratique la chiromancie.

chiropractie ou **chiropraxie**
👄 Les lettres **ch** se prononcent **k**.
Traitement par manipulations (surtout de la colonne vertébrale).

chiropraticien n. m.
chiropraticienne n. f.
👄 Les lettres **ch** se prononcent **k**.
Praticien de la chiropratique.
☞ Le nom s'abrège familièrement en **chiro.**

chiropratique n. f.
👄 Les lettres **ch** se prononcent **k**.
Traitement par manipulations (surtout de la colonne vertébrale). (Recomm. off. OLF)

CHIFFRES

CHIFFRES ARABES

La numération arabe est composée de 10 chiffres : **0, 1, 2, 3, 4, 5, 6, 7, 8, 9.** Les nombres s'écrivent par tranches de trois chiffres séparées entre elles par un espace (de droite à gauche pour les entiers, de gauche à droite pour les décimales). *1 865 234,626 125*

Le signe décimal du système métrique est la **virgule**. *45,14* (et non plus **45.14*). Pour sa part, le Canada a adopté le système international d'unités (SI) et par conséquent, il se conforme à l'usage de la virgule décimale. Si le nombre est inférieur à **1**, la fraction décimale est précédée d'un **0**; on ne laisse pas d'espace ni avant ni après la virgule. *0,38 15,25*

☞ Pour certains documents comptables et financiers, la ponctuation décimale est effectuée à l'aide du **point** et la séparation des milliers, par la **virgule**. Ces exceptions sont autorisées en raison des possibilités de falsification des nombres comportant des blancs.

Emploi des chiffres arabes :

• Nombres constituant des quantités complexes. *6 235 étudiants.*

☞ Dans un texte de style soutenu, on écrit généralement en toutes lettres les chiffres de **0** à **10**, ainsi que tout nombre qui commence une phrase.

• Dates, heures, âges. *14 décembre 1991, 7 h 25, 40 ans.*

• Numéros d'ordre (adresses, lois, nomenclatures, billets, etc.). *35, rue des Bouleaux, article 2, billet n° 253.*

• Numéros de page, de paragraphe. *p. 354, par. 4.*

• Nombres suivis de symboles d'unités de mesure, de pourcentages, de formats, de symboles d'unités monétaires. *25 °C, 35 cm, 85 %, 100 $.*

V. Tableau – **NOMBRES**.
V. Tableau – **SYMBOLES DES UNITÉS DE MESURE**.
V. Tableau – **SYMBOLES DES UNITÉS MONÉTAIRES**.

CHIFFRES ROMAINS

La numération romaine est composée de sept lettres majuscules auxquelles correspondent des valeurs numériques.

I	V	X	L	C	D	M
1	5	10	50	100	500	1 000

Comme les chiffres arabes, les chiffres romains s'écrivent de gauche à droite en commençant par les milliers, puis les centaines, les dizaines et les unités.

Les nombres sont constitués :

• **par addition** : en inscrivant les chiffres plus petits ou égaux à droite des chiffres plus grands.

XIII	CXX	MCL
10 + 3 = 13	100 + 10 + 10 = 120	1 000 + 100 + 50 = 1 150

• **par soustraction** : en inscrivant les chiffres plus petits à gauche des chiffres plus grands.

IV	XL	CMXCIX
-1 + 5 = 4	- 10 + 50 = 40	(-100 + 1000) (-10 + 100) (-1 + 10) = 999

suite ➡

• **par multiplication** : un trait horizontal au-dessus d'un chiffre romain le multiplie par 1 000.

$$\overline{V} = 5\ 000 \qquad \overline{X} = 10\ 000 \qquad \overline{M} = 1\ 000\ 000$$

☞ Le chiffre **I** ne peut être soustrait que de **V** ou de **X**; **X** ne peut être soustrait que de **L** ou de **C**; **C** ne peut être soustrait que de **D** et de **M**.

On ne peut additionner plus de trois unités du même nombre, on recourt alors à la soustraction.

III, IV	XXX, XL
3, 4	30, 40

Emploi des chiffres romains :

Noms de siècles et de millénaires. *Le XVIe siècle, le IIe millénaire.*

Noms de souverains et ordre des dynasties. *Louis XIV, IIIe dynastie.*

Numéros d'arrondissements. *Le VIe arrondissement de Paris.*

Noms d'olympiades, d'assemblées, de manifestations. *Les XXIIes Jeux olympiques, Vatican II.*

Divisions d'un texte. *Tome IV, volume III, fascicule IX.*

Pages préliminaires d'un ouvrage. *Avant-propos p. iv.*

Inscription de la date sur un monument, au frontispice d'un livre, au générique d'un film. *MCMLXXXIX.*

☞ Contrairement aux chiffres arabes, les chiffres romains d'une colonne s'alignent verticalement à gauche.

chiffres arabes	chiffres romains
1	I
2	II
3	III
4	IV
5	V
6	VI
7	VII
8	VIII
9	IX
10	X
20	XX
30	XXX
40	XL
50	L
60	LX
70	LXX
80	LXXX
90	XC
100	C
200	CC
300	CCC
400	CD
500	D
600	DC
700	DCC
800	DCCC
900	CM
1 000	M
1 534	MDXXXIV
1 642	MDCXLII
1 945	MCMLXV
1 987	MCMLXXXVII
1 990	MCMXC
2 000	MM

chirurgical, ale, aux adj.
Qui appartient à la chirurgie. *Des gants chirurgicaux.*

chirurgie n. f.
Partie de la médecine qui comporte des opérations pratiquées sur le corps pour guérir des blessures et certaines maladies. *Chirurgie du cœur.*

chirurgien n. m.
chirurgienne n. f.
Médecin qui exerce la chirurgie.

chiure n. f.
Excrément de l'insecte.

chlamydia n. f. (pl. *chlamydiæ*)
👄 Les lettres **ch** se prononcent **k**.
Bactérie responsable d'infections variées.
▷ chlamy**dia**.

chlorate n. m.
👄 Les lettres **ch** se prononcent **k**.
Sel de l'acide chlorique. *Du chlorate de potassium.*

chloration n. f.
👄 Les lettres **ch** se prononcent **k**.
Épuration de l'eau à l'aide de chlore. *La chloration d'une piscine.*

chlore n. m.
👄 Les lettres **ch** se prononcent **k**.
• Symbole *Cl* (s'écrit sans point).
• Corps simple, gazeux, jaune verdâtre, d'une odeur âcre et irritante.

chlorhydrique adj.
👄 Les lettres **ch** se prononcent **k**.
Acide chlorhydrique ou *muriatique.* Liquide corrosif.

chlorofluorocarbone
Sigle *CFC* (s'écrit avec ou sans points).

chloroforme n. m.
👄 Les lettres **ch** se prononcent **k**.
Anesthésique. *Les voleurs ont endormi le chien avec du chloroforme.*

chloroformer v. tr.
👄 Les lettres **ch** se prononcent **k.**
Anesthésier au moyen de chloroforme.

chlorophylle n. f.
👄 Les lettres **ch** se prononcent **k.**
Pigment vert naturel contenu dans les cellules des tissus végétaux.
➱ chloro**phylle.**

chlorure n. m.
👄 Les lettres **ch** se prononcent **k.**
Nom générique des sels de l'acide chlorhydrique.

chlorure de polyvinyle n. m.
👄 Les lettres **ch** se prononcent **k.**
Sigle **CPV** (s'écrit avec ou sans points).
🕮 Équivalent du sigle anglais **PVC** couramment utilisé.

choc n. m.
• Heurt d'un corps contre un autre. *Le choc des épées.*
• Conflit. *Le choc des opinions.*
• Forte émotion. *Le choc de la nouvelle. Elle est en état de choc.*
🕮 Le mot **choc** est parfois mis en apposition à un autre nom pour signifier «choc psychologique»; les deux éléments prennent la marque du pluriel et s'écrivent avec un trait d'union. *Des mesures-chocs, des décisions-chocs.*

chocolat adj. inv. et n. m.
• **Nom masculin.** Substance alimentaire à base de cacao additionné de sucre. *Du chocolat suisse. Une tablette de chocolat.*
• **Adjectif de couleur invariable.** De la couleur brun foncé du chocolat. *Des turbans chocolat.*
V. Tableau - **COULEUR (ADJECTIFS DE).**

chocolaté, ée adj.
Parfumé au chocolat. *Du lait chocolaté.*

chocolaterie n. f.
Fabrique de chocolat.

chocolatier n. m.
chocolatière n. f.
Personne qui fabrique et vend du chocolat.

chœur n. m.
👄 Les lettres **ch** se prononcent **k.**
• Réunion de chanteurs. *Chanter dans un chœur.*
• **En chœur.** Ensemble. *Chantons en chœur.*
• Partie de la nef d'une église où se trouve le maître-autel. *Des enfants de chœur* (et non de **cœur).*

choir v. intr.
Tomber.
🕮 Ce verbe n'est plus usité qu'à l'infinitif avec les verbes **faire** ou **laisser.** *Il a laissé choir son verre sur le sol.*

choisir v. tr.
• Faire choix de, sélectionner. *Elle a choisi ce livre. Les étudiants ont choisi entre trois sujets. On le choisira pour président.*
• Opter pour. *Il a choisi de partir.*

choix n. m.
• Sélection. *Arrêter son choix.*

• Liberté. *Je n'ai pas le choix.*
• Ensemble présenté. *Il y a un excellent choix de livres.*
• **Au choix de.** Selon la volonté de. *La tenue est au choix des participants.*
• **De choix.** De qualité supérieure. *Des produits de choix.*

choléra n. m.
👄 Les lettres **ch** se prononcent **k.**
Grave maladie épidémique.

cholestérol n. m.
👄 Les lettres **ch** se prononcent **k.**
Substance grasse provenant des aliments. *Avoir un taux élevé de cholestérol* (et non **«avoir du cholestérol»).*

chômage n. m.
Manque de travail. *Chômage saisonnier.*
Hom. *chaumage,* action d'enlever le chaume après la récolte.

chômer v. intr.
• Être sans travail. *Ces ouvriers n'aiment pas chômer.*
• Suspendre son travail pendant les jours fériés. *Une fête chômée.*
Hom. *chaumer,* enlever le chaume après la récolte.

chômeur, euse n. m. et f.
Personne sans travail. *Le nombre des chômeurs a diminué au cours du dernier trimestre.*

chope n. f.
Grand verre de bière; son contenu.

chopine n. f.
• Au Canada, unité de mesure de capacité pour les liquides correspondant à 0,568 litre ou à une demi-pinte. *Une chopine de crème.*
• (Fam.) Bouteille.

choquant, ante adj.
Blessant. *Des paroles choquantes.*

choquer v. tr., pronom.
• **Transitif**
- Offenser. *Elle est choquée qu'il n'ait pu se libérer pour venir l'aider.*
🕮 Le verbe **choquer** se construit avec **que** suivi du subjonctif.
- Bouleverser, faire subir un choc. *Cette nouvelle l'a choquée : elle est très émue.*
• **Pronominal**
Au Canada, se fâcher, se mettre en colère. *Attention à vos commentaires, Gustave pourrait se choquer.*

choral, ale, als ou **aux** adj. et n. m.
👄 Les lettres **ch** se prononcent **k.**
• **Adjectif.** Relatif au chœur.
🕮 Au pluriel, l'adjectif masculin s'écrit **choraux** ou **chorals.** L'adjectif féminin pluriel est **chorales.** *Des chants chorals, choraux, des mélodies chorales.*
• **Nom masculin** (pl. *chorals*). Chant religieux.
🕮 Au pluriel, le nom s'écrit **chorals.** *Des chorals de Bach.*

chorale n. f.
👄 Les lettres **ch** se prononcent **k.**
Groupe de chanteurs qui chantent en chœur. *Une chorale réputée.*

chorégraphe n. m. et f.
👄 Les lettres *ch* se prononcent *k*.
Personne qui compose des danses, des ballets.

chorégraphie n. f.
👄 Les lettres *ch* se prononcent *k*.
Art de composer les danses, les ballets, d'en noter les mouvements.

choriste n. m. et f.
👄 Les lettres *ch* se prononcent *k*.
Personne qui chante dans un chœur.

chorizo n. m.
👄 Les lettres *ch* se prononcent *tch* et le *z* se prononce *s* [tʃoriso].
Saucisson espagnol. *Des chorizos épicés.*
▭▷ chorizo.

chorus n. m.
👄 Les lettres *ch* se prononcent *k* et le *s* est sonore [kɔrys].
Solo de jazz. *Des chorus très réussis.*

chose adj. inv. et n. f.
• **Nom féminin**
- Objet inanimé. *Son bureau est encombré de mille choses.*
- Toute réalité concrète ou abstraite. *C'est toujours la même chose.*
• **Locutions**
- *Avant toute chose.* En premier lieu.
- *C'est chose faite.* C'est réglé.
- *C'est peu de chose.* C'est une bagatelle.
- *État de choses.* Situation, conjoncture.
- *Faire bien les choses.* Traiter ses invités avec largesse.
- *Regarder les choses en face.* Être réaliste.
- *Toutes choses égales d'ailleurs.* Les autres éléments demeurant inchangés.
- *Quelque chose.* Abréviation *qqch.* (s'écrit avec un point).
☞ Cette locution indéfinie est de genre masculin. *J'ai mangé quelque chose de bon.*
• **Adjectif invariable**
(Fam.) Bizarre. *Elle se sent toute chose.*

chou, choute n. m. et f.
(Fam.) Terme d'affection. *Mon pauvre chou.*

chou, choux adj. inv. et n. m.
• **Nom masculin** (pl. *choux*)
- Plante potagère. *De la soupe aux choux.*
- *Chou à la crème.* Petit gâteau en forme de chou. *Des choux à la crème succulents.*
• **Adjectif invariable**
(Fig.) Gentil. *Elles sont vraiment chou!*

choucas n. m.
👄 Le *s* ne se prononce pas [ʃuka].
Oiseau noir voisin de la corneille.
▭▷ choucas.

chouchou, oute n. m. et f.
(Fam.) Préféré. *Des chouchous, des chouchoutes.*

chouchouter v. tr.
(Fam.) Cajoler.

choucroute n. f.
• Conserve de choux fermentés dans une saumure aromatisée de baies de genièvre.
• Plat alsacien composé de cette conserve de choux accompagnée de charcuterie et de pommes de terre. *Une choucroute garnie.*
▭▷ choucroute.

chouette adj., interj. et n. f.
• **Adjectif.** (Fam.) Agréable. *Elles sont chouettes. Un chouette garçon.*
• **Interjection.** *Chouette! on part demain.*
• **Nom féminin.** Rapace nocturne. *Une chouette blanche.*

chou-fleur n. m. (pl. *choux-fleurs*)
Variété de chou dont on mange la pomme.

chou-navet n. m. (pl. *choux-navets*)
Rutabaga.

chou-rave n. m. (pl. *choux-raves*)
Variété de chou dont on mange la tige.

chow-chow n. m. (pl. *chows-chows*)
👄 Les lettres *ow* se prononcent *o* [ʃoʃo].
Chien de petite taille à poils soyeux.

choyer v. tr.
Le *y* se change en *i* devant un *e* muet. *Je choie, tu choies, il choie, je choierai, je choierais,* mais *nous choyons, vous choyez, je choyais, je choyai.*
Le *y* est suivi d'un *i* à la première personne et à la deuxième personne du pluriel de l'indicatif imparfait et du subjonctif présent. *(Que) nous choyions, (que) vous choyiez.*
Soigner avec tendresse et sollicitude. *Choyer ses enfants.*

chrétien, ienne adj. et n. m. et f.
Qui appartient au christianisme. *La doctrine chrétienne. Un chrétien.*
☞ L'adjectif ainsi que le nom s'écrivent avec une minuscule.

chrétienté n. f.
Ensemble des chrétiens.

christ n. m.
• Nom donné à Jésus. *Le Christ, Jésus-Christ.*
• Représentation du Christ. *De beaux christs en bois.*
☞ Le nom du Messie s'écrit avec une majuscule, le nom désignant une représentation du Christ s'écrit avec une minuscule et prend la marque du pluriel.

christianiser v. tr.
Rendre chrétien.

christianisme n. m.
Religion établie par Jésus-Christ.
☞ Les noms de religions s'écrivent avec une minuscule.

chroma- préf.
Élément du grec signifiant «couleur». *Chromatographie.*

chromage n. m.
Action de chromer, son résultat.

chromatique adj.
Qui se rapporte aux couleurs.

chromatographie n. f.
Méthode d'analyse à l'aide de la couleur.

-chrome suff.
Élément du grec signifiant «couleur». *Polychrome, monochrome.*

chrome n. m.
• Symbole *Cr* (s'écrit sans point).
• Métal blanc argenté très dur.

chromer v. tr.
Recouvrir de chrome.

chromo n. m. et f.
• **Nom masculin.** Image en couleurs de mauvais goût.
• **Nom féminin.** Abréviation de *chromolithographie.*

chromolithographie n. f.
• Abréviation *chromo* (s'écrit sans point).
• Gravure en couleur obtenue par la lithographie.

chromosome n. m.
Élément du noyau cellulaire dont le nombre varie selon les espèces (46 chez l'être humain).
⌦— Les gènes situés sur les chromosomes sont porteurs des caractères héréditaires.

chromosomique adj.
Relatif au chromosome. *Une maladie chromosomique.*

chron(o)- préf.
Élément du grec signifiant «temps». *Chronomètre.*

chrone suff.
Élément du grec signifiant «temps». *Synchrone.*

chronique adj. et n. f.
• **Adjectif**
Se dit de maladies à évolution lente, qui durent longtemps. *Bronchite chronique.*
• **Nom féminin**
- Recueil historique.
- Article périodique de journal, de revue sur un sujet particulier. *La chronique de cinéma.*

chroniquement adv.
De façon chronique.

chroniqueur n. m.
chroniqueuse n. f.
Auteur de chroniques. *Un chroniqueur sportif, une chroniqueuse littéraire.*

chrono n. m.
Abréviation familière de *chronomètre.*

chronologie n. f.
• Science des évènements historiques et des dates.
• Succession des évènements dans le temps.

chronologique adj.
Qui est selon l'ordre des temps.

chronologiquement adv.
D'après la chronologie.

chronométrage n. m.
Relevé précis du temps pendant lequel une action s'accomplit.

chronomètre n. m.
• Instrument précis servant à mesurer le temps.

• S'abrège familièrement en *chrono.*

chronométrer v. tr.
Le *é* se change en *è* devant une syllabe muette, sauf à l'indicatif futur et au conditionnel présent. *Je chronomètre, mais je chronométrerai.*
Relever exactement le temps pendant lequel une action s'accomplit à l'aide d'un chronomètre.

chronométreur n. m.
chronométreuse n. f.
Personne chargée de chronométrer une activité, un évènement.

chrysalide n. f.
État de la chenille avant qu'elle ne devienne papillon.
⌦ chrysalide.

chrysanthème n. m.
Plante ornementale. *De grands chrysanthèmes blancs.*
⌦— Attention au genre masculin de ce nom : *un* chrysanthème.
⌦ chrys**anthème**.

CHU
Sigle de *centre hospitalier universitaire.*

chuchotement n. m.
Action de chuchoter. *On entendait des chuchotements dans la chambre.*

chuchoter v. tr., intr.
Dire à voix basse à l'oreille de quelqu'un.
⌦— Ne pas confondre avec les verbes suivants :
- *marmonner,* prononcer à mi-voix des paroles confuses, souvent avec colère;
- *murmurer,* prononcer à mi-voix des paroles confuses, surtout pour se plaindre ou protester;
- *susurrer,* dire d'une voix ténue.
⌦ chuchoter.

chuchoterie n. f.
(Péj.) Propos médisants.

chuchotis n. m.
👄 Le *s* ne se prononce pas [ʃyʃɔti].
Léger chuchotement.
⌦ chuchoti**s**.

chuintant, ante adj. et n. f.
(Ling.) Se dit de consonnes qui se prononcent avec un sifflement particulier, par exemple : *ch, j. Des consonnes chuintantes, une chuintante.*

chuintement n. m.
Vice de prononciation.

chuinter v. intr.
• Prononcer les consonnes sifflantes comme des consonnes chuintantes.
• Siffler de façon sourde.

*chum
Anglicisme au sens de *copain, ami, conjoint.*

chut! interj. et n. m. inv.
Interjection destinée à imposer le silence. *Chut! Taisez-vous!*

chute n. f.
• Mouvement d'une chose qui tombe. *La chute d'un arbre.*

• Diminution brusque de valeur. *La chute du dollar.*
• Masse d'eau tombant brusquement à l'emplacement d'une rupture de pente. (Recomm. off. OLF)

☞— En ce dernier sens, ne pas confondre avec les noms suivants :
- *cascade,* chute d'eau de faible débit, comportant ordinairement plusieurs paliers;
- *cataracte,* chute d'un grand cours d'eau, dont la dénivelée est importante;
- *rapide,* partie d'un cours d'eau, souvent hérissée de roches, où le courant devient rapide et agité par suite d'un resserrement du lit ou d'une faible augmentation de la pente.

☞— Les noms génériques de géographie s'écrivent avec une minuscule.

☞— Le nom *chute* utilisé comme générique ne devrait pas prendre la marque du pluriel, sauf s'il est évident qu'il y a plusieurs chutes.

chuter v. intr.
(Fam.) Tomber. *La valeur du dollar a chuté.*

chypriote
V. **cypriote**.

ci adv.
• Forme abrégée de *ici.*
• Joint à un nom précédé de *ce, cet, ces* (*cette rue-ci, ces boulevards-ci*), ou à un pronom démonstratif *celui, celle, ceux* (*celle-ci, ceux-ci*), l'adverbe marque la proximité dans l'espace ou dans le temps.
Ant. **là**.
• Placé devant un adjectif ou un participe auquel il est joint par un trait d'union, il s'emploie dans la langue administrative et juridique. *Ci-joint, ci-inclus.*
V. **ci-annexé, ci-inclus, ci-joint**.

ci pron. dém.
Employé familièrement par opposition à *ça. Comme ci, comme ça.*

CIA
Sigle de *Central Intelligence Agency.*

ciao! interj.
⟺ Le *c* se prononce comme *tch* [tʃao].
(Fam.) Au revoir, en italien.

ci-annexé, ée adj. et adv.
• **Adjectif et variable**
Quand il suit le nom auquel il se rapporte. *Vous lirez la lettre ci-annexée.*

☞— Quand il est placé devant un nom précédé lui-même d'un article, d'un adjectif possessif ou numéral, *ci-annexé* est au choix variable ou invariable. *Vous trouverez ci-annexé ou ci-annexée la photocopie...*
• **Adverbe et invariable**
- Quand il est placé en tête de phrase. *Ci-annexé des formulaires à remplir.*
- Quand il précède immédiatement le nom auquel il se rapporte. *Vous trouverez ci-annexé copies des actes notariés.*

☞— Les termes *ci-inclus* et *ci-joint* suivent la même règle.

ci-après loc. adv.
Un peu plus loin, dans le texte.

*ci-bas
Impropriété pour *ci-dessous.*

cible n. f.
• But pour le tir. *Il a atteint la cible avec ses flèches.*
• Objectif visé (dans le langage de la publicité).

☞— Apposé à un nom et sans trait d'union, le mot *cible* a une fonction adjectivale et s'accorde en nombre. *Des clientèles cibles, des groupes cibles, des publics cibles.*

cibler v. tr.
Définir précisément la cible, la clientèle de. *Nous devons cibler correctement notre campagne publicitaire.*

ciboire n. m.
Vase liturgique.

ciboulette n. f.
Plante potagère employée comme condiment.

cicatrice n. f.
Trace d'une plaie après la guérison. *Luc a une cicatrice au genou.*

cicatriciel, ielle adj.
Relatif à une cicatrice. *Du tissu cicatriciel.*

cicatrisant, ante adj. et n. m.
Qui favorise la cicatrisation.

cicatrisation n. f.
Formation d'une cicatrice.

cicatriser v. tr., pronom.
• **Transitif**
- Guérir. *Cicatriser une plaie.*
- *Cicatriser une blessure morale.* (Fig.) En adoucir la douleur.
• **Pronominal**
- Se fermer en parlant d'une plaie. *Sa coupure ne se cicatrise pas bien.*
- (Fig.) S'apaiser. *Sa douleur finira par se cicatriser.*

cicérone n. m.
(Plaisant.) Guide. *Des cicérones sympathiques.*

☞— Ce mot italien est aujourd'hui francisé : il s'écrit avec un accent aigu et prend la marque du pluriel.

ci-contre loc. adv.
Vis-à-vis, en regard de.

ci-dessous loc. adv.
Plus bas. *Voir illustration ci-dessous* (et non *ci-bas).

ci-dessus loc. adv.
Plus haut. *Voir illustration ci-dessus* (et non *ci-haut).

cidre n. m.
Boisson alcoolique faite du jus fermenté des pommes. *Une bolée de cidre.*

cidrerie n. f.
Lieu où l'on fabrique le cidre.

Cie ou **Cie**
Abréviation de *compagnie* (dans une raison sociale).

ciel n. m. (pl. *ciels, cieux*)
• Espace indéfini dans lequel se meuvent tous les astres. *Le ciel est bleu.*
• Aspect du ciel dans un lieu donné. *Les ciels de Provence.*

• Représentation du ciel en peinture. *Les ciels de Renoir.*
• ***Ciel de lit.*** Dais placé au-dessus d'un lit. *Des ciels de lit.*
☞ Dans la langue de la météorologie, de la peinture, on emploie le pluriel **ciels.** *Des ciels orageux.*
• ***Tomber du ciel.*** Être très surpris.
• ***À ciel ouvert.*** En plein air.
• Paradis. *Notre Père qui êtes aux cieux.* Ant. **enfer.**
☞ Au sens religieux, le pluriel de ***ciel*** est **cieux.**

cierge n. m.
Longue chandelle de cire en usage dans le culte religieux.

cigale n. f.
Insecte qui produit un bruit strident. *La cigale ayant chanté tout l'été...* (La Fontaine)

cigare n. m.
Rouleau de feuilles de tabac à fumer.

cigarette n. f.
Petit rouleau de tabac roulé dans du papier que l'on fume. *Une cartouche* (et non un *carton*) *de cigarettes.*

cigarillo n. m.
Petit cigare. *Des cigarillos cubains.*

ci-gît adv.
Ici repose. «Ci-gît un fameux cardinal/Qui fit plus de mal que de bien./Le bien qu'il fit, il le fit mal/le mal qu'il fit, il le fit bien.» (Épitaphe proposée pour Richelieu)
☞ Cette inscription sur les pierres tombales est suivie du nom de la personne défunte.
⇨ ci-gît.

cigogne n. f.
Oiseau échassier migrateur.
☞ Ne pas confondre avec l'adjectif ***gigogne,*** se dit d'objets ou de meubles qui s'emboîtent les uns dans les autres.

cigogneau n. m. (pl. *cigogneaux*)
Petit de la cigogne.

ciguë n. f.
👄 Le *ë* ne se prononce pas [sigy].
Plante qui produit un poison violent.
⇨ ciguë.

*ci-haut
Impropriété pour ***ci-dessus.***

ci-inclus, use adj. et adv.
• **Adjectif et variable**
Quand il suit le nom auquel il se rapporte. *Vous lirez la lettre ci-incluse.*
☞ Quand il est placé devant un nom précédé lui-même d'un article, d'un adjectif possessif ou numéral, ***ci-inclus*** est au choix variable ou invariable. *Vous trouverez ci-inclus ou ci-incluse la photocopie...*
• **Adverbe et invariable**
- Quand il est placé en tête de phrase. *Ci-inclus des formulaires à remplir.*
- Quand il précède immédiatement le nom auquel il se rapporte. *Vous trouverez ci-inclus copies des actes notariés.*
☞ Les termes ***ci-joint*** et ***ci-annexé*** suivent la même règle.

ci-joint, jointe adj. et adv.
• **Adjectif et variable**
Quand il suit le nom auquel il se rapporte. *Vous lirez la lettre ci-jointe.*
☞ Quand il est placé devant un nom précédé lui-même d'un article, d'un adjectif possessif ou numéral, ***ci-joint*** est au choix variable ou invariable. *Vous trouverez ci-joint ou ci-jointe la photocopie...*
• **Adverbe et invariable**
- Quand il est placé en tête de phrase. *Ci-joint des formulaires à remplir.*
- Quand il précède immédiatement le nom auquel il se rapporte. *Vous trouverez ci-joint copies des actes notariés.*
☞ Les termes ***ci-inclus*** et ***ci-annexé*** suivent la même règle.

cil n. m.
Poils qui bordent les paupières.
☞ Ne pas confondre avec le nom ***sourcil,*** poils qui suivent l'arcade sourcilière, au-dessus de l'orbite.

cilice n. m.
(Ancienn.) Vêtement de crin porté sur la peau par pénitence.
☞ Ne pas confondre avec le nom féminin ***silice,*** minerai.

cilié, ée adj.
Qui a des cils.

cillement n. m.
👄 Le nom rime avec ***vacillement*** [sijmã].
Action de ciller.
⇨ cillement.

ciller v. tr., intr.
👄 Le mot rime avec ***vaciller*** [sije].
Fermer et ouvrir brusquement les paupières. *Le soleil le fit ciller des yeux. La lumière intense la fit ciller.*
⇨ ciller.

cimaise ou **cymaise** n. f.
Moulure sur les murs d'une pièce, et sur laquelle on peut exposer des tableaux.

cime n. f.
Sommet, extrémité supérieure. *La cime d'un arbre, d'une montagne.*
⇨ cime.

ciment n. m.
Matière propre à lier des pierres, des briques, etc. *Des sacs de ciment.*

cimenter v. tr.
• Lier avec du ciment. *Il faut cimenter ces fondations.*
• (Fig.) Solidifier. *Cimenter une collaboration.*

cimenterie n. f.
Usine où se fabrique le ciment.

cimeterre n. m.
👄 Le *e* de la deuxième syllabe est muet [simtɛr].
Sabre recourbé. *Le pacha portait un cimeterre.*
☞ Ne pas confondre avec le nom ***cimetière,*** lieu où l'on enterre les morts.

cimetière n. m.
👄 Le *e* de la deuxième syllabe est muet [simtjɛr].

Lieu où l'on enterre les morts.

☞ Ne pas confondre avec le nom *cimeterre,* sabre.

ciné n. m.
Forme abrégée familière de *cinéma. Des cinés. Viens-tu avec moi au ciné?*

cinéaste n. m. et f.
Auteur, réalisateur de films.

ciné-club n. m. (pl. *ciné-clubs*)
Club d'amateurs de cinéma.

cinéma n. m.
• S'abrège familièrement en *ciné* (s'écrit sans point).
• Art de créer des films. *Annie aime beaucoup le cinéma.*
• Lieu où l'on projette des films. *Ce soir, les amis se retrouveront au cinéma du quartier.*

cinémathèque n. f.
Lieu où l'on conserve et projette des films.

cinématique adj. et n. f.
Partie de la mécanique qui s'occupe de l'étude du mouvement.

ciné-parc n. m. (pl. *ciné-parcs*)
Au Canada, cinéma de plein-air où l'on regarde le film de sa voiture.

cinéphile n. m. et f.
Amateur de cinéma.

cinéraire adj. et n. f.
• **Adjectif.** Qui renferme les cendres d'un mort. *Un vase cinéraire.*
• **Nom féminin.** Plante ornementale dont l'envers des feuilles est d'un vert cendré.

cinéroman n. m.
Roman-photo tiré d'un film. *Des cinéromans.*

cinétique adj. et n. f.
Qui a le mouvement pour principe. *Énergie cinétique.*

cinghalais ou **cingalais** n. m.
Langue parlée au Sri Lanka.
☞ Le nom de la langue s'écrit avec une minuscule.

cinglant, ante adj.
Rude, mordant. *Un ton cinglant.*

cinglé, ée adj. et n. m. et f.
(Fam.) Fou.

cingler v. tr., intr.
• **Transitif**
- Frapper avec un objet flexible. *Cingler un cheval avec une cravache.*
- Fouetter, en parlant de la pluie, de la neige. *La neige et la bourrasque lui cinglaient le visage.*
• **Intransitif**
Naviguer à toute allure dans une direction. *Le voilier cinglait vers les îles.*

cinq adj. et n. m. inv.
☞ 1° Le *q* se prononce lorsque l'adjectif est suivi d'un mot commençant par une voyelle ou un *h* non aspiré. *Cinq oranges* [sɛ̃k].
2° Le *q* ne se prononce pas si l'adjectif est suivi

d'un mot commençant par une consonne ou un *h* aspiré. *Cinq tomates* [sɛ̃].
3° Le *q* se prononce toujours dans le nom *cinq.*
• **Adjectif numéral cardinal invariable.** Quatre plus un. *Une pièce en cinq actes. Cinq dollars.*
• **Adjectif numéral ordinal invariable.** Cinquième. *Le cinq mai.*
• **Nom masculin invariable.** Nombre cinq. *Un cinq de cœur.*
V. Tableau - **CHIFFRES.**

cinquantaine n. f.
• Cinquante ou environ. *Une cinquantaine de cerises.*
• Âge approximatif de cinquante ans. *Il est dans la cinquantaine.*

cinquante adj. num. et n. m. inv.
• **Adjectif numéral cardinal invariable.** Cinq fois dix. *Les cinquante personnes.*
• **Adjectif numéral ordinal invariable.** Cinquantième. *Page cinquante.*
• **Nom masculin invariable.** Nombre cinquante.

cinquantenaire adj. et n. m.
Cinquantième anniversaire.
☞ Ne pas confondre avec le mot *quinquagénaire,* qui est dans la cinquantaine.

cinquantième adj. num. et n. m. et f.
• **Adjectif numéral.** Nombre ordinal de cinquante. *La cinquantième élève.*
• **Nom masculin.** La cinquantième partie d'un tout.
• **Nom masculin et féminin.** Personne, chose qui occupe le cinquantième rang. *Ils sont les cinquantièmes.*

cinquième adj. num. et n. m. et f.
• **Adjectif numéral.** Nombre ordinal de cinq. *La cinquième enfant.*
• **Nom masculin.** La cinquième partie d'un tout. *Les trois cinquièmes d'une tarte.*
• **Nom masculin et féminin.** Personne, chose qui occupe le cinquième rang. *Elles sont les cinquièmes.*

cinquièmement adv.
En cinquième lieu.

cintrage n. m.
Action de cintrer.

cintre n. m.
• Courbure d'une voûte.
• Article rappelant la forme des épaules et qui est muni d'un crochet pour suspendre les vêtements. *Mettre son manteau sur un cintre* (et non sur un *support).

cintrer v. tr.
• Courber. *Cintrer des pièces de métal.*
• Ajuster un vêtement à la taille.

cirage n. m.
• Action de cirer.
• Produit dont on se sert pour cirer les chaussures.

***cirage des skis**
Anglicisme au sens de *fartage des skis.*

***circa**
Anglicisme au sens de *environ* qui s'abrège *env.*

circom-, circon- préf.
Éléments latins signifiant «autour». *Circonférence.*

circoncire v. tr.
Pratiquer la circoncision sur. *Il a été circoncis.*
☞— Ne pas confondre avec le verbe *circonscrire,* donner des limites.
⟹ circoncire.

circoncision n. f.
Excision du prépuce. *Les juifs et les musulmans subissent la circoncision.*
⟹ circoncision.

circonférence n. f.
Périmètre d'un cercle.

circonflexe adj.
Accent circonflexe. Se dit d'un signe en forme de chevron qu'on met sur certaines voyelles. *Les noms* **château, forêt, abîme, rôti, flûte** *ont un accent circonflexe.*

circonlocution n. f.
Périphrase.
☞— Ne pas confondre avec le nom *circonvolution,* suite de cercles autour d'un centre commun.

circonscription n. f.
Division administrative d'un territoire. *Une circonscription électorale* (et non un *comté).

circonscrire v. tr.
• Donner des limites. *Circonscrire un terrain.*
• Limiter. *L'incendie a été circonscrit.*
☞— Ne pas confondre avec le verbe *circoncire,* pratiquer la circoncision.

circonspect, ecte adj.
⟹ Les lettres *ct* se prononcent ou non au masculin, [sirkɔ̃spɛkt] ou [sirkɔ̃spɛ].
Prudent. *Les parents sont circonspects dans le choix d'une nouvelle voiture.*

circonspection n. f.
Prudence, discrétion.

circonstance n. f.
Occasion favorable ou défavorable. *Je profite de la circonstance pour vous saluer.*

circonstancié, ée adj.
Détaillé. *Un rapport circonstancié.*

circonstanciel, ielle adj.
Se dit d'un complément qui précise la circonstance de l'action indiquée par le verbe : son lieu, son temps, sa cause, son but, etc.
V. Tableau - **COMPLÉMENT.**

circonvenir v. tr.
(Péj.) Atteindre un objectif par des manœuvres déterminées.
☞— Contrairement au verbe *venir, circonvenir* se conjugue avec l'auxiliaire *avoir.*

circonvolution n. f.
Suite de cercles autour d'un centre commun.
☞— Ne pas confondre avec le nom *circonlocution,* périphrase.

circuit n. m.
• Itinéraire ramenant au point de départ. *Faire le circuit des châteaux. Un circuit automobile.*
• Suite de conducteurs électriques. *Le circuit a été coupé. Des circuits imprimés.*

circulaire adj. et n. f.
• **Adjectif.** En forme de cercle. *Une sculpture circulaire.*
• **Nom féminin.** Lettre d'information adressée à plusieurs destinataires. *Une circulaire administrative, commerciale.*
☞— Ne pas confondre avec les noms suivants :
- *billet,* lettre très concise;
- *communiqué,* avis transmis au public;
- *courrier,* ensemble des lettres, des imprimés, etc., acheminé par la poste;
- *dépêche,* missive officielle, message transmis par voie rapide;
- *lettre,* écrit transmis à un destinataire;
- *note,* brève communication écrite, de nature administrative.

circulairement adv.
En rond.

circulation n. f.
• Mouvement de ce qui circule. *La circulation du sang.*
• Le fait ou la possibilité pour les véhicules et les piétons d'aller et venir, de se déplacer en utilisant les voies de communication. (Recomm. off. OLF) *Ce soir, la circulation* (et non le *trafic) *est très dense.*

*circulation
Anglicisme au sens de *tirage* (d'un journal). *J'achète un journal à gros tirage* (et non à grosse *circulation).

circulatoire adj.
Propre à la circulation du sang. *Des troubles circulatoires.*

circuler v. intr.
• Se mouvoir circulairement ou de façon à revenir au point de départ. *Le sang circule dans les veines et les artères.*
• Passer de main en main.
• Se propager. *Les nouvelles circulent vite.*

cire n. f.
• Matière jaunâtre produite par les abeilles.
• Substance animale ou végétale. *Une statuette en cire.*

ciré, ée adj. et n. m.
• **Adjectif.** Enduit de cire. *Des parquets cirés.*
• **Nom masculin.** Imperméable. *Antoine a mis son ciré rouge.*

cirer v. tr.
Enduire de cire, de cirage. *Il faudrait que je cire mes chaussures.*

*cirer des skis
Anglicisme au sens de *farter des skis.*

cireur, euse n. m. et f.
Personne qui cire les chaussures, les bottes.

cirque n. m.
• Enceinte circulaire où se donne le spectacle d'exercices d'acrobatie, de domptage, d'équilibre.

• Entreprise qui organise ce spectacle. *Le Cirque du soleil.*

cirrhose n. f.
Affection du foie, généralement d'origine alcoolique.
☞ L'expression *«cirrhose du foie»* est un pléonasme.
☞ cirr**h**ose.

cirrocumulus n. m. inv.
☞ Le **s** se prononce [sirɔkymylys].
Nuage qui présente une forme moutonnée.

cirrostratus n. m. inv.
☞ Le **s** final se prononce [sirɔstratys].
Nuage qui présente l'aspect d'un voile très léger.

cirrus n. m.
☞ Le **s** se prononce [sirys].
Nuage élevé qui a la forme de filaments massés.
☞ cir**r**us.

cisaille n. f.
Gros ciseaux pour couper une feuille de métal, une haie. *Une cisaille de jardinier.*
☞ Ce mot s'utilise souvent au pluriel.
☞ cisaille.

cisaillement n. m.
Action de cisailler; son résultat.
☞ cisaillement.

cisailler v. tr.
Les lettres *ill* sont suivies d'un *i* à la première et à la deuxième personne du pluriel de l'indicatif imparfait et du subjonctif présent. *(Que) nous cisaillions, (que) vous cisailliez.*
Couper avec des cisailles. *Le jardinier a cisaillé les branches du pommier.*
☞ cisailler.

ciseau n. m. (pl. *ciseaux*)
• **Nom masculin singulier**
- Outil de métal destiné à travailler le bois, le métal, etc. *Un ciseau à bois.*
- **En criant ciseau.** Au Canada, très rapidement.
• **Nom masculin pluriel**
Instrument composé de deux branches mobiles qui sert à couper quelque chose. *Des ciseaux de couturière.*

ciseler v. tr.
Le **e** se change en **è** devant une syllabe muette. *Il cisèle, il ciselait.*
☞ Le **e** central est muet [sizle].
• Sculpter des ornements sur le métal. *L'artisan cisèle des arabesques.*
• (Fig.) Travailler avec minutie, parfaire. *Ciseler un texte.*

ciselure n. f.
☞ Le **e** central est muet [sizlyr].
Gravure.

citadelle n. f.
Forteresse qui servait autrefois à protéger une ville. *La citadelle de Québec.*

citadin, ine adj. et n. m. et f.
• **Adjectif.** Qui se rapporte à la ville. *Des habitudes citadines.*

• **Nom masculin et féminin.** Personne qui habite la ville. *André est un citadin, alors que Julie est une campagnarde.*

citation n. f.
Passage d'un auteur, d'un texte rapporté exactement.

• **Présentation**
Afin de mettre en évidence les citations d'un texte, on peut les présenter ainsi :
- **Emploi de guillemets.** La devise du Québec est : «Je me souviens».
- **Disposition en retrait.** La dédicace du livre de René Lévesque se lit ainsi :
> À la mémoire du gars de Kamouraska,
> Dominique Lévesque, qui fut mon père
> et l'homme le plus important de ma vie.

• **Ponctuation**
- Il importe de respecter la ponctuation finale du passage cité et de l'inclure avant de fermer les guillemets, s'il y a lieu.
- Ainsi, le premier mot de la citation prend une capitale initiale si celle-ci débute par une phrase complète. «Les haies d'églantines n'ont plus de parfum.» (Anne Hébert, *Les fous de Bassan*)
- Si l'extrait cité comporte des incises telles que *dit-il, demanda-t-il, s'écria-t-elle, répondit-elle,* il n'est pas nécessaire d'employer des guillemets pour ce type d'incises. «Je viendrai certainement demain, répondit-il, si la fête a lieu.»

• **Citations abrégées**
Pour abréger une citation, on dispose des possibilités suivantes :
- emploi de l'abréviation *etc.* après le guillemet fermant. «Voici des fruits, des fleurs, des feuilles et des branches», etc. (Paul Verlaine);
- emploi des points de suspension avant le guillemet fermant. «Vous connaissez la suite. Veuillez agréer, chère Madame, ...»
- emploi des points de suspension encadrés par des crochets [...] pour supprimer un passage dans une citation.

• **Références des citations**
Si l'auteur de la citation veut en mentionner la référence, celle-ci sera placée entre parenthèses après le guillemet fermant. «Un tiens vaut mieux que deux tu l'auras.» (Jean de La Fontaine)
☞ L'adverbe *sic* est composé en italique et se place entre parenthèses après un mot cité textuellement, si incorrect qu'il soit.
☞ S'il n'existe pas de règles précises quant à la disposition des citations dans un texte, ou si le choix des mises en valeur est conditionné par la nature de l'ouvrage et la disponibilité des caractères typographiques, il importe toujours de présenter de façon uniforme et cohérente l'ensemble des citations d'un même texte.

cité n. f.
• Partie la plus ancienne de certaines villes. *La Cité de Londres. L'île de la Cité.* En ce sens, le nom s'écrit

avec une majuscule.
• Ensemble d'immeubles ayant une même vocation. *La cité universitaire de Paris.* En ce sens, le nom s'écrit avec une minuscule.

*cité
Impropriété au sens de *ville, agglomération urbaine.*

citer v. tr.
Rapporter. *Citer un passage d'un texte.*

citerne n. f.
Réservoir d'eau de pluie. *Des avions-citernes. Des camions-citernes.*

cithare n. f.
Instrument de musique à cordes de la Grèce antique. Hom. *sitar,* instrument de musique à cordes de l'Inde.

*citizen band
Anglicisme pour *bande publique.*

citoyen, enne n. m. et f.
Sujet d'un pays qui, à ce titre, jouit de droits politiques. *François et Delphine sont des citoyens canadiens.*

citoyenneté n. f.
Qualité de citoyen.

citrin, ine adj.
(Litt.) Qui a la couleur du citron.

citrique adj.
Acide extrait du jus de citron. *Acide citrique.*

citron adj. inv. et n. m.
• **Nom masculin.** Fruit du citronnier. *Un citron pressé.*
• **Adjectif de couleur invariable.** De la couleur jaune des citrons. *Des rubans citron, jaune citron.*
V. Tableau - **COULEUR (ADJECTIFS DE).**

citronnade n. f.
Boisson préparée avec du jus de citron.
▭— Au Canada, on emploie surtout le nom *limonade* en ce sens. Dans la francophonie, la *limonade* est une boisson gazeuse au goût de citron.
Syn. **citron pressé.**
⟾ citronnade.

citronné, ée adj.
Qui contient du jus de citron.
⟾ citronné.

citronnelle n. f.
Nom de diverses plantes dont l'odeur ressemble à celle du citron.
⟾ citronnelle.

citronnier n. m.
Arbre des régions méridionales qui produit le citron.
⟾ citronnier.

citrouille n. f.
Plante potagère dont le fruit orange est volumineux; ce fruit. *À l'Halloween, les enfants ont placé une citrouille devant la maison.*

civet n. m.
Ragoût de lapin, de lièvre.

civière n. f.
Brancard destiné à transporter des malades, des blessés.

civil, ile adj. et n. m. et f.
• **Adjectif**
- Relatif à l'ensemble des citoyens d'un État. *Les droits civils. Le Code civil.*
▭— Le recueil des lois relatives au droit civil s'écrit avec une majuscule initiale, l'adjectif s'écrit avec une minuscule.
- (Litt.) Affable.
- *Année civile.* Période de douze mois comprise entre le 1er janvier et le 31 décembre.
- Qui n'est pas religieux. *Un mariage civil.*
• **Nom masculin et féminin**
Personne qui n'est pas militaire.

civilement adv.
• (Dr.) En matière civile.
• (Litt.) Avec courtoisie.

civilisateur, trice adj. et n. m. et f.
Qui aide au progrès de la civilisation.

civilisation n. f.
Développement des caractères propres à la vie intellectuelle, morale, artistique et maternelle d'une société. *La civilisation grecque.*

civilisé, ée adj. et n. m. et f.
Qui jouit de la civilisation. *Un peuple civilisé.*

civiliser v. tr.
Contribuer à la civilisation d'un groupe, d'un pays.

civiliste n. m. et f.
Spécialiste du droit civil.

civilité n. f.
• (Vx) Politesse.
• *Titre de civilité.* Les titres de civilité les plus courants sont *Monsieur, Madame* dont les abréviations sont **M., Mme**.
▭— Le titre de *Mademoiselle* tend à être remplacé par celui de *Madame,* sans égard à la situation de famille de la personne.

civique adj.
• Qui concerne le citoyen. *Les droits civiques.*
• *Sens civique.* Dévouement envers la collectivité.

*civique
Anglicisme au sens de *municipal. Un hôpital municipal* (et non **civique*).

civisme n. m.
Sens civique. *Faire preuve de civisme en donnant priorité aux piétons.*

cl
Symbole de *centilitre.*

Cl
Symbole de *chlore.*

clac! interj.
Onomatopée indiquant un claquement sec.

clafoutis n. m.
⟺ Le *s* ne se prononce pas [klafuti].
Pâtisserie. *Un clafoutis aux cerises.*
⟾ clafoutis.

claie n. f.
Treillis servant de clôture.

clair, claire adj., adv. et n. m.

• **Adjectif**
- Qui répand ou reçoit la lumière. *Une pièce très claire.*
- Pâle, en parlant d'une couleur. *Bleu clair.*
☞ Adjectif de couleur **+ clair.** Lorsqu'un adjectif de couleur est composé de plusieurs mots, il est invariable. *Des chemises bleu clair.*
- Pur. *Une eau claire.*
- Cristallin. *Une voix très claire.*
- Compréhensible. *La lettre est claire : il faut tout reprendre.*
☞ Ne pas confondre avec les mots suivants :
- **assuré,** dont la réalité est sûre;
- **avéré,** reconnu comme vrai;
- **évident,** indiscutable;
- **indéniable,** qu'on ne peut nier;
- **irréfutable,** qu'on ne peut réfuter;
- **notoire,** qui est bien connu.
• **Adverbe**
Clairement. *Parler haut et clair.*
• **Nom masculin**
- *Clair de lune.* La clarté de la lune. *Le clair de lune est magnifique ce soir.*
- *En clair,* locution adverbiale. Non chiffré ou non codé.
- *Le plus clair de.* La partie la plus importante. *Il passe le plus clair de son temps à écrire.*
- *Tirer au clair.* Éclaircir. *Il faut tirer au clair cette question.*

*clair (revenu)
Anglicisme au sens de **net.** *Le revenu net* (et non *clair) de Claire est égal au revenu brut de Georges.*

claire n. f.
Huître. *Des claires délicieuses.*

clairement adv.
Distinctement.

clairet, ette adj. et n. m.
• **Adjectif.** Peu épais. *Une soupe clairette.*
• **Nom masculin.** Vin rouge léger.

claire-voie n. f. (pl. *claires-voies*)
Treillis.

clairière n. f.
Endroit d'une forêt, d'un bois dégarni d'arbres.

clair-obscur n. m. (pl. *clairs-obscurs*)
Effet de lumière contrastant avec l'ombre.

clairon n. m.
• Instrument à vent.
• Personne qui joue de cet instrument.

claironnant, ante adj.
Qui a le timbre du clairon.

claironner v. tr., intr.
• **Transitif.** (Fam.) Annoncer à grand fracas.

• **Intransitif.** Sonner du clairon.

clairsemé, ée adj.
Rare. *Des arbres clairsemés.*
☞ Cet adjectif s'écrit en un seul mot.

clairvoyance n. f.
• Discernement, lucidité. *La mère a eu la clairvoyance de prévenir le médecin.*
• Perception extrasensorielle.
☞ clairvoyance.

clairvoyant, ante adj.
Intelligent, perspicace.

clamer v. intr.
(Litt.) Proclamer.

clameur n. f.
Ensemble de cris tumultueux.

clan n. m.
Groupe, société fermée. *Le clan des motards.*

clandestin, ine adj. et n. m. et f.
Qui se fait en marge des lois et de façon secrète. *Un marché clandestin. Une passagère clandestine.*

clandestinité n. f.
Caractère de ce qui est clandestin.

clapet n. m.
Petite soupape.
☞ clapet.

clapier n. m.
Cabane pour les lapins.

clapotement n. m.
Bruit léger d'un liquide qui clapote.
☞ clapotement.

clapoter v. intr.
Se dit de vagues légères qui s'entrechoquent.
☞ clapoter.

clapotis n. m.
☞ Le **s** ne se prononce pas [klapɔti].
Agitation des vagues qui se croisent.
☞ clapotis.

clappement n. m.
Bruit sec fait avec la langue.
☞ clappement.

claquage n. m.
Étirement d'un ligament.
☞ Ne pas confondre avec le nom *claquement,* bruit.

claque n. f.
• (Fam.) Gifle.
• (Fam.) Au Canada, couvre-chaussure en caoutchouc.

claquement n. m.
Bruit qui résulte d'un choc. *Un claquement sec.*
☞ Ne pas confondre avec le nom *claquage,* étirement d'un ligament.

claquemurer v. tr., pronom.
• **Transitif.** (Vx) Séquestrer.
• **Pronominal.** S'enfermer chez soi, s'isoler.

claquer v. tr., intr., pronom.
• **Transitif.** Fermer avec un bruit sec. *Claquer la porte.*

• **Intransitif.** Faire un bruit sec et clair. *Claquer des dents.*
• **Pronominal.** (Fam.) S'épuiser.

claquette n. f.
• Instrument composé de deux planchettes que l'on fait claquer pour donner un signal.
• Danse rythmée par un bruit sec des pieds.

clarification n. f.
• Action de clarifier.
• (Fig.) Éclaircissement.

clarifier v. tr.
Redoublement du *i* à la première et à la deuxième personne de l'indicatif imparfait et du subjonctif présent. *(Que) nous clarifiions, (que) vous clarifiiez.*
• Purifier. *Clarifier une eau.*
• (Fig.) Rendre clair. *Il faudrait clarifier cette question.*

clarinette n. f.
• Instrument de musique à vent.
• Personne qui joue de cet instrument. *C'est une excellente clarinette.*
☞ Ce nom féminin désigne un homme ou une femme.
Syn. **clarinettiste.**

clarinettiste n. m. et f.
Personne qui joue de la clarinette.
Syn. **clarinette.**

clarté n. f.
• Lumière. *La clarté du jour.*
• Caractère de ce qui est nettement intelligible. *La clarté d'un exposé.*

classe n. f.
• Ensemble de personnes qui ont des intérêts communs. *Une classe sociale.*
• *Classe politique.* Ensemble des politiciens d'un pays qui constituent une entité politique particulière.
• Distinction. *Elle a de la classe.*
• Ensemble d'êtres ou d'objets qui ont des caractéristiques semblables. *La classe des mammifères.*
• Division d'un établissement scolaire. *La classe de 6e.*
• Enseignement. *Faire la classe de français.*

classe de neige n. f. (pl. *classes de neige*)
Enseignement donné à la montagne au cours de l'hiver où sont combinés leçons et exercices physiques.

classement n. m.
• Action de classer, de ranger par classes, par catégories. *Un classement alphabétique.*
• Résultat de cette action. *Le classement final.*

classer v.tr., pronom.
• **Transitif.** Répartir en classes, en catégories, ranger. *Il faudrait classer nos papiers.*
☞ Ne pas confondre avec le verbe *classifier,* déterminer des classes, surtout en botanique, ou en zoologie.
• **Pronominal.** Obtenir un certain rang. *Elles se sont bien classées.*

classeur n. m.
• Meuble où l'on classe des dossiers. *Ce dossier est au classeur* (et non en *filière).
• Chemise servant à ranger des papiers.

classe verte n. f. (pl. *classes vertes*)
Enseignement donné à la campagne où l'accent porte sur l'écologie et les exercices au grand air.

classicisme n. m.
Doctrine esthétique fondée sur de strictes exigences de raison et d'harmonie propres aux œuvres de l'Antiquité et du XVIIe siècle, en France.

classification n. f.
• Distribution logique selon un certain ordre.
• État de ce qui est classé.

classifier v. tr.
Redoublement du *i* à la première et à la deuxième personne du pluriel de l'indicatif imparfait et du subjonctif présent. *(Que) nous classifiions, (que) vous classifiiez.*
Déterminer des classes, surtout en botanique ou en zoologie. *Classifier des insectes.*
☞ Ne pas confondre avec le verbe *classer,* répartir en classes.

classique adj. et n. m.
• **Adjectif**
- Qui appartient aux grands auteurs, aux grands compositeurs. *De la musique classique.*
- *Études classiques.* Études comportant du grec et du latin.
- Conforme à l'usage, aux habitudes. *Un style trop classique.*
• **Nom masculin**
Ouvrage littéraire, musical, artistique qui fait autorité. *Ce livre est devenu un classique.*

claudicant, ante adj.
(Litt.) Qui boite. *Une démarche claudicante.*
☞ Ne pas confondre avec le participe présent invariable *claudiquant. Les blessés claudiquant pour se rendre à leur chambre.*

claudication n. f.
Action de boiter.

claudiquer v. intr.
(Litt.) Boiter.

clause n. f.
(Dr.) Disposition particulière d'un traité, d'un contrat. *Il faut lire toutes les clauses d'un contrat.*
▭▷ clause.

claustral, ale, aux adj.
👄 Les lettres *au* se prononcent comme un *o* fermé [klostral].
Relatif au cloître.

claustration n. f.
👄 Les lettres *au* se prononcent comme un *o* fermé [klostrasjõ].
Isolement.

claustrer v. tr., pronom.
👄 Les lettres *au* se prononcent comme un *o* fermé [klostre].
• **Transitif.** Enfermer. *Pour les punir, la maîtresse a claustré les écoliers tout l'après-midi.*
• **Pronominal.** S'enfermer chez soi, s'isoler. *Pour étudier, ils se sont claustrés chez eux.*

claustrophobe adj. et n. m. et f.
👄 Les lettres *au* se prononcent comme un *o* fermé et les deux autres *o* sont ouverts [klostrɔfɔb].
Qui a peur d'être enfermé. *Il ne peut prendre l'ascenseur : il est claustrophobe. Une claustrophobe.*
⇨ claustro**ph**obe.

claustrophobie n. f.
👄 Les lettres *au* se prononcent comme un *o* fermé et les deux autres *o* sont ouverts [klostrɔfɔbi].
Crainte exagérée des lieux clos.
⇨ claustro**ph**obie.

clavecin n. m.
Instrument de musique à clavier et à cordes pincées.

claveciniste n. m. et f.
Personne qui joue du clavecin.

clavette n. f.
Tige qui bloque une cheville en la traversant à son extrémité.

clavicule n. f.
Os joignant l'omoplate au sternum. *Une fracture de la clavicule.*
🖝 Ce nom provient d'un mot latin qui signifiait «petite clé».

clavier n. m.
Ensemble de touches d'un instrument de musique, d'un ordinateur, etc. *Le clavier d'un piano.*

clé ou **clef** n. f.
• Instrument métallique qui sert à ouvrir ou à fermer une serrure. *La porte est fermée à clé* (et non *barrée). Des trousseaux de clés* ou *de clefs, des porte-clés.*
• **Locutions**
- *La clé du mystère.* L'explication.
- *Prendre la clé des champs.* S'évader, s'enfuir.
- *Clés en main.* Prêt à l'usage. *Construire et livrer une usine clés en main.*
- *Mettre sous clé.* Enfermer. *Le dossier a été mis sous clé.*
• Mot mis en apposition pour indiquer que ce qui précède a une importance essentielle. Les deux composés prennent la marque du pluriel et s'écrivent généralement sans trait d'union. *Des postes clés, des éléments clés, des mots clés, des industries clés.*

*****clé
Anglicisme au sens de *touche* (d'un clavier). *Appuyer sur la 4e touche* (et non la ***clé).

*****clearance
Anglicisme pour *dimension, gabarit.*

*****clearing
Anglicisme pour *compensation.*

clef
V. **clé.**

clématite n. f.
Plante grimpante à fleurs en bouquet.

clémence n. f.
Vertu qui consiste à pardonner, indulgence. *Le juge a fait preuve de clémence et n'a imposé qu'une amende à l'accusé.*

clément, ente adj.
• Indulgent, magnanime. *Il a été clément et lui a confié une nouvelle mission malgré l'échec essuyé.*
• Doux, favorable. *Un climat très clément.*

clémentine n. f.
Petite mandarine. *Des clémentines du Maroc.*

clepsydre n. f.
Horloge à eau.
🖝 Ne pas confondre avec le nom *sablier,* appareil qui détermine le temps par l'écoulement du sable.
⇨ clep**sy**dre.

cleptomane
V. **kleptomane.**

cleptomanie
V. **kleptomanie.**

clerc n. m.
👄 Le *c* final ne se prononce pas [klɛr].
Employé d'une étude de notaire, d'avocat, d'huissier.
⇨ clerc.

clergé n. m.
Ensemble des ecclésiastiques d'une Église, d'un diocèse, d'un pays.

clérical, ale, aux adj.
Qui se rapporte au clergé. *Il a des tendances plus cléricales qu'anticléricales.*

*****clérical
Anglicisme au sens de *de bureau, d'écriture. Tout employé de bureau* (et non ***clérical) *est appelé à faire un jour une erreur d'écriture* (et non ***cléricale).

cléricature n. f.
• État, condition des clercs (notaires, huissiers, etc.), des ecclésiastiques.
• Corps des ecclésiastiques.

CLF
Sigle de *Conseil de la langue française.*

clic! onomat.
Onomatopée indiquant le claquement sec d'un déclic.

cliché n. m.
• Plaque d'une page, en typographie.
• Négatif d'une photographie.
• (Péj.) Expression, phrase toute faite qui est répétée.

client, ente n. m. et f.
Personne qui achète un bien, un service. *Les clients d'un magasin, d'un avocat.*

clientèle n. f.
Ensemble des clients d'une personne, d'une entreprise.

*****clientèle** (scolaire, étudiante)
Impropriété au sens de *population* (scolaire, étudiante).

clignement n. m.
Action de cligner. *Des clignements d'yeux.*

cligner v. tr., intr.
Fermer les yeux à demi. *Elle cligne les yeux* ou *des yeux à cause du soleil.*

clignotant, ante adj. et n. m.
• **Adjectif.** Qui clignote. *Une lumière clignotante.*
• **Nom masculin.** Lumière intermittente, en signalisation routière. *Mettre son clignotant pour tourner.*
⮕ clignotant.

clignotement n. m.
Action de clignoter. *Le clignotement des lumières.*
⮕ clignotement.

clignoter v. intr.
S'allumer et s'éteindre à de brefs intervalles. *Ces ampoules électriques clignotent.*
⮕ clignoter.

climat n. m.
• Ensemble des conditions météorologiques d'un lieu donné. *Un climat tempéré, tropical.*
• Ambiance. *Le climat de cette classe est agréable.*

climatique adj.
Qui se rapporte au climat. *Les conditions climatiques.*
⮕ Ne pas confondre avec le nom *climatologique,* qui se rapporte à la science qui étudie les climats.

climatisation n. f.
Ensemble des moyens utilisés pour obtenir un degré de température et d'humidité défini dans un lieu.

climatisé, ée adj.
Dont l'air est conditionné. *Une salle climatisée.*

climatiser v. tr.
Donner à un lieu une certaine température, un certain degré d'humidité, à l'aide d'un climatiseur ou d'un conditionneur d'air. *Climatiser une maison.*

climatiseur n. m.
Appareil de climatisation. *Le propriétaire du magasin a installé un climatiseur, un conditionneur d'air* (et non un **air conditionné*).

climatologie n. f.
Science qui étudie les climats.

climatologique adj.
Relatif à l'étude des climats. *Des cartes climatologiques.*
⮕ Ne pas confondre avec l'adjectif *climatique,* qui se rapporte au climat.

clin d'œil n. m. (pl. *clins d'œil, clins d'yeux*)
Clignement. *Alain a fait un clin d'œil à son amie.*

clinicien n. m.
clinicienne n. f.
Médecin qui établit un diagnostic par l'observation directe des malades.

clinique n. f.
• **Adjectif.** Qui se fait au chevet du malade. *Des diagnostics cliniques.*
• **Nom féminin.** Établissement de soins privé.

***clinique de donneurs de sang**
Calque de l'anglais «blood donor clinic» au sens de *collecte de sang.*

***clinique (de jardinage, de comptabilité, etc.)**
Anglicisme au sens de *cours pratique.*

***clinique externe**
Calque de l'anglais «outpatient clinic» au sens de *consultations externes.*

cliniquement adv.
D'après les signes cliniques.

clinquant, ante adj. et n. m.
• **Ajectif.** Voyant et sans valeur. *Des bijoux clinquants.*
• **Nom masculin.** Éclat trompeur. *Du clinquant très vulgaire.*

clip n. m.
• Boucle d'oreille, broche, qui se fixe par une pince. *Des clips en brillants.*
• Court film vidéo destiné à présenter une chanson. *Les enfants raffolent de ces clips.*
Syn. **vidéoclip.**

clique n. f.
(Péj.) Bande. *Une clique de voyous.*

cliquer v. intr.
Actionner la souris d'un ordinateur. *Vous devez cliquer sur le nom du fichier.*

cliques n. f. pl.
Prendre ses cliques et ses claques. (Fam.) Rassembler ses affaires et partir.

cliqueter v. intr.
Redoublement du *t* devant un *e* muet. *Il cliquette, il cliquettera,* mais *il cliquetait.*
⬱ Le *e* central est muet [klikte].
Faire un bruit sec et répété.

cliquetis n. m.
⬱ Le *e* central est muet, ainsi que le *s* [klikti].
Bruit d'objets qui s'entrechoquent. *Le cliquetis des clés.*
⮕ cliquetis.

clitoridectomie n. f.
Ablation du clitoris.

clitoridien, ienne adj.
Qui se rapporte au clitoris.

clitoris n. m.
👄 Le *s* se prononce [klitɔris].
Petit organe érectile de la vulve.

clivage n. m.
• Séparation d'une roche, d'un cristal en feuilles dans le sens de ses couches.
• (Fig.) Séparation des idées, des opinions, etc., par groupes, par niveaux.

cliver v. tr., pronom.
• **Transitif.** Séparer un minerai suivant ses couches.
• **Pronominal.** Se séparer, se scinder.

cloaque n. m.
👄 Le *o* est ouvert [klɔak].
• Orifice des cavités intestinale, urinaire et génitale des oiseaux, des reptiles, des batraciens, etc.
• (Fig.) Endroit malpropre et malsain.

clochard, arde n. m. et f.
Personne privée de travail et de logement; sans-abri.

cloche n. f.
Appareil sonore vibrant sous les coups d'un battant. *Sonner les cloches.*
☞ Ne pas confondre avec les noms suivants :
- *bourdon,* grosse cloche d'une cathédrale, d'une basilique;
- *carillon,* groupe de petites cloches;
- *clochette,* petite cloche;
- *sonnette,* timbre, sonnerie électrique.

cloche-pied (à) loc. adv.
Sur un pied. *Les enfants sautaient à cloche-pied.*

clocher n. m.
• Tour abritant les cloches d'une église.
• *Querelle de clocher.* Rivalités locales, insignifiantes.

clocher v. intr.
Aller de travers. *Il y a quelque chose qui cloche dans ce dessin.*

clocheton n. m.
Petit clocher.

clochette n. f.
Petite cloche.
☞ Ne pas confondre avec les noms suivants :
- *bourdon,* grosse cloche d'une cathédrale, d'une basilique;
- *carillon,* groupe de petites cloches;
- *cloche,* appareil sonore vibrant sous les coups d'un battant;
- *sonnette,* timbre, sonnerie électrique.

cloison n. f.
• Paroi formant séparation. *La cloison nasale.*
• Mur peu épais séparant deux pièces. *Ce grand bureau sera divisé par des cloisons* (et non des *écrans ou des *partitions).

cloisonné, ée adj. et n. m.
• Divisé en compartiments.
• *Émail cloisonné. De beaux cloisonnés.*

cloisonnement n. m.
Action de cloisonner; ensemble de cloisons. *Le cloisonnement des spécialités médicales.*

cloisonner v. tr.
• Séparer par des cloisons. *Cloisonner une pièce.*
• (Fig.) Compartimenter, spécialiser. *Des études trop cloisonnées.*

cloître n. m.
• Galerie intérieure couverte, disposée en carré autour d'un jardin, dans les anciens couvents.
• Monastère. *Entrer au cloître.*
⇒ cloître.

cloîtré, ée adj.
• Retiré dans un couvent.
• Isolé.
⇒ cloîtré.

cloîtrer v. tr., pronom.
• **Transitif**
Faire entrer dans un couvent.
• **Pronominal**
- Vivre en solitaire. *Elle préfère se cloîtrer à la campagne.*

- (Fig.) S'isoler. *Ils se sont cloîtrés pour étudier.*
⇒ cloîtrer.

clone n. m.
👄 Attention à la prononciation : ce mot rime avec *donne* [klɔn].
• Ensemble des descendants génétiquement semblables issus d'un être unique par reproduction asexuée. *Les progrès de la technique permettraient la création de clones qui seraient des copies conformes d'un même individu.*
• (Inform.) Reproduction exacte d'un système micro-informatique.

cloner v. tr.
👄 Ce verbe rime avec *donner* [klɔne].
Effectuer un clonage d'une cellule, d'une personne.

clopin-clopant loc. adv.
En boitant. *Elles allaient clopin-clopant.*
☞ La locution adverbiale est toujours invariable.

cloporte n. m.
Petit crustacé terrestre.

cloque n. f.
Ampoule de la peau. *Elle est couverte de cloques* (et non de *cloches) : *le soleil l'a brûlée.*

cloqué, ée adj.
Gaufré. *Du tissu cloqué.*

cloquer v. intr.
Se boursoufler. *La peinture a cloqué.*

clore v. tr.
Verbe très défectif. Ne s'emploie qu'aux modes et personnes suivants : INDICATIF PRÉSENT *Je clos, tu clos, il clôt, ils closent.* FUTUR *Je clorai, tu cloras, il clora, nous clorons, vous clorez, ils cloront.* CONDITIONNEL PRÉSENT *Je clorais, tu clorais, il clorait, nous clorions, vous cloriez, ils cloraient.* IMPÉRATIF PRÉSENT *Clos.* SUBJONCTIF PRÉSENT *Que je close, que tu closes, qu'il close, que nous closions, que vous closiez, qu'ils closent.* PARTICIPE PRÉSENT *Closant.* PASSÉ *Clos, close.*
• (Litt.) Fermer. *Clore des volets.*
• *Clore le bec à quelqu'un.* Le faire taire.
• (Fig.) Mettre fin à. *Clore une discussion.*

clos n. m.
• Terrain cultivé entouré de murs, de haies. *Conduis les chevaux dans le clos.*
• Vignoble. *Le clos Vougeot.*
⇒ clos.

clos, ose adj.
• Fermé. *Une porte close.*
• Terminé. *L'incident est clos.*
• *En vase clos,* locution adverbiale. En secret.
• *À huis clos,* locution adverbiale. Hors de la présence du public.

closerie n. f.
Petit clos. *La Closerie des lilas.*

clôture n. f.
• Barrière qui délimite un espace. *Une clôture en bois.*
• Fermeture (d'un compte).

• Conclusion (d'une séance). *La clôture d'une réunion.*
➩ **clôture.**

clôturer v. tr., intr.
• **Transitif**
- Entourer d'une clôture. *Le voisin a clôturé son jardin.*
- Arrêter un compte.
- Terminer (une session, une assemblée). *Un beau feu d'artifices a clôturé la fête. Clôturer une séance, un congrès.*
• **Intransitif**
S'achever sur un cours, un niveau, en parlant d'une séance de la bourse. *La bourse a clôturé à la hausse.*
➩ **clôturer.**

clou n. m.
• Petite tige de métal qui sert à fixer, assembler. *Des clous de tapissier.*
• (Au plur.) Passage clouté. *Traverser dans les clous.*
• (Fig.) Furoncle.

clouage n. m.
Action de clouer.

clouer v. tr.
Fixer avec des clous. *La planche est clouée au sol.*
▭— Ne pas confondre avec le verbe *clouter,* garnir de clous.

cloutage n. m.
Action de clouter.

clouté, ée adj.
• Orné de clous.
• *Passage clouté.* Passage pour piétons.

clouter v. tr.
Garnir de clous. *Des bottes cloutées.*
▭— Ne pas confondre avec le verbe *clouer,* fixer avec des clous. *Clouer un crochet.*

clown n. m.
👄 Les lettres *own* se prononcent *oune* [klun].
• Comique de cirque.
• Farceur. *Il fait toujours le clown.*

clownerie n. f.
👄 Les lettres *ow* se prononcent *ou* [klunri].
Tour de clown.

clownesque adj.
👄 Les lettres *ow* se prononcent *ou* [klunɛsk].
Digne d'un clown.

CLSC
Sigle de *centre local de services communautaires.*

club n. m.
• Association sportive, culturelle, politique. *Un club sportif.*
• Canne de golf.

*club de nuit
Anglicisme au sens de *boîte de nuit.*

cm
Symbole de *centimètre.*

CNA
Sigle de *Centre national des arts.*

CNUCED
Sigle de *Conférence des Nations Unies sur le commerce et le développement.*

Co
Symbole de *cobalt.*

co- préf.
• Élément du latin signifiant «avec».
👄 Attention à la prononciation des mots formés avec le préfixe *co-* : ce *o* est ouvert.
• Les mots composés avec le préfixe *co-* s'écrivent sans trait d'union. *Copropriété, coauteur, coédition.*
▭— Le tréma s'impose quand le radical commence par un *i. Coïncidence. Coïnculpé.* Devant un *u,* la lettre *n* sera intercalée. *Conurbation.*

*coaching
Anglicisme au sens de *cours préparatoire* (formation théorique) ou de *assistance professionnelle* (stage pratique).

coassuré, ée n. m. et f.
Qui est accusé en même temps qu'une ou plusieurs autres personnes.

coagulable adj.
Qui peut se coaguler.

coagulation n. f.
Action de se coaguler.

coaguler v. tr., intr., pronom.
• **Transitif.** Faire passer un liquide organique à un état plus consistant. *Coaguler du sang.*
• **Intransitif.** Former une masse solide.
• **Pronominal.** Se figer, former un caillot. *Le sang s'est coagulé.*
Ant. **se liquéfier.**

coalisé, ée adj. et n. m. et f.
Qui forme une coalition. *Les pays coalisés. Les coalisés ont lancé un ultimatum.*

coaliser v. tr., pronom.
• **Transitif.** Former une coalition. *Cette situation a coalisé tous les étudiants.*
• **Pronominal.** S'unir pour défendre des intérêts communs. *Ils se sont coalisés contre cette réglementation, pour faire adopter cette loi.*

coalition n. f.
Union de personnes, d'entreprises, de pays en vue d'un objectif commun.

coassement n. m.
Cri de la grenouille.

coasser v. intr.
Crier, en parlant de la grenouille.
▭— Ne pas confondre avec le verbe *croasser,* crier, en parlant du corbeau.

coassocié, ée n. m. et f.
Personne associée avec d'autres.

coassurance n. f.
Système d'assurance où un même risque est réparti entre plusieurs assureurs.

coauteur n. m.
coauteure n. f.
Personne qui a écrit un livre, qui travaille à une œuvre en collaboration avec une autre personne.

coaxial, iale, iaux adj.
Qui a le même axe. *Des câbles coaxiaux.*

cobalt n. m.
• Symbole *Co* (s'écrit sans point).
• Métal dur, blanc, brillant.

cobaye n. m.
⟹ Attention à la prononciation [kɔbaj].
• Petit rongeur qui sert souvent d'animal d'expérience dans les laboratoires.
Syn. **cochon d'Inde.**
• (Fig.) Personne qui sert de sujet d'expérience.

cobol n. m.
(Inform.) Langage de programmation utilisé pour les applications de gestion.
☞ Le nom *cobol* est un acronyme de l'expression anglaise **C**ommon **B**usiness **O**riented **L**anguage.

cobra n. m.
Serpent venimeux. *Les cobras peuvent mesurer jusqu'à 4 mètres de long.*
☞ Ce serpent est également appelé *naja* ou *serpent à lunettes.*

coca n. m. ou f.
• **Nom masculin ou féminin.** Arbrisseau d'Amérique du Sud dont la feuille contient la cocaïne.
• **Nom féminin.** Stimulant extrait de la feuille du coca.

cocagne n. f.
• (Vx) Fête où l'on distribue mets et vins.
• **Pays de cocagne.** Pays où tout abonde.
• **Mât de cocagne.** Mât au sommet duquel on doit grimper pour gagner des prix.
☞ Le nom *cocagne* s'écrit avec une minuscule.

cocaïne n. f.
Substance extraite de la feuille du coca, utilisée comme analgésique et anesthésique. *La cocaïne est une drogue dangereuse.*
⟹ cocaïne.

cocaïnomanie n. f.
Usage abusif de la cocaïne.
⟹ cocaïnomanie.

cocarde n. f.
Insigne circulaire. *La cocarde tricolore.*

cocasse adj.
(Fig.) Amusant. *Cet incident cocasse a fait rire toute la classe.*

cocasserie n. f.
Bouffonnerie.

coccinelle n. f.
Insecte appelé vulgairement *bête à bon Dieu.*

coccyx n. m.
⟹ Le deuxième *c* se prononce *k,* les lettres *cyx* se prononcent *sis* [kɔksis].
Petit os situé à l'extrémité inférieure de la colonne vertébrale. *Tomber sur le coccyx.*
⟹ coccyx.

coche n. m.
• (Ancienn.) Grande voiture qui servait au transport.
• *Manquer le coche.* Laisser échapper une occasion favorable.

coche n. f.
(Fam.) Au Canada, entaille.
☞ L'emploi du nom est courant au Canada dans la langue familière, mais il est vieilli en ce sens dans l'ensemble de la francophonie.

cocher n. m.
cochère n. f.
Personne qui conduit une voiture à cheval.

cocher v. tr.
Marquer d'un trait. *Cocher des mots dans un texte.*

côcher v. tr.
S'accoupler, en parlant des oiseaux.
⟹ côcher.

cochère adj. f.
Porte cochère. Se dit d'une porte par laquelle une voiture peut passer. *Un immeuble du vieux Montréal avec une belle porte cochère.*

cochon adj. et n. m. et f.
• **Adjectif**
- (Fam.) Personne malpropre.
- (Fam.) Obscène. *Une histoire cochonne.*
- (Fam.) Au Canada, gourmand, appétissant. *Un dessert très cochon.*
• **Nom masculin**
- Mammifère domestique qu'on engraisse pour l'alimentation.
☞ Lorsqu'il est question du cochon comme animal comestible, on emploie le nom *porc.*
- *Cochon d'Inde.* Cobaye.

cochonnaille n. f.
(Fam.) Charcuterie.
☞ Le nom s'emploie surtout au pluriel.

cochonner v. tr., intr.
• **Transitif.** (Fam.) Faire malproprement. *Cochonner son travail.*
• **Intransitif.** Mettre bas, en parlant de la truie.

cochonnerie n. f.
• (Fam.) Malpropreté. *Les enfants ont laissé des cochonneries dans la salle de jeu.*
• (Pop.) Propos grossier, obscénité.

cochonnet n. m.
• Petit cochon. *La viande du cochonnet est très tendre.*
• Petite boule servant de but, utilisée à la pétanque.

cocker n. m.
⟹ Le *r* se prononce [kɔkɛr].
Petit chien de chasse.

*****cockpit**
Anglicisme au sens de *poste, cabine de pilotage.*

cocktail n. m.
⟹ Les lettres *ai* se prononcent *è* [kɔktɛl].

• Boisson faite d'un mélange de plusieurs alcools.
• Réunion mondaine où l'on boit des cocktails.

coco n. m.
Fruit du cocotier. *La noix de coco, le lait de coco.*

*cocoa
V. **cacao.**

cocon n. m.
Enveloppe soyeuse du ver qui se transforme en chrysalide. *Le ver à soie file son cocon.*

cocotier n. m.
Arbre de la famille des palmiers qui produit la noix de coco.
☞ Ne pas confondre avec le nom *coquetier,* petit ustensile dans lequel on mange l'œuf à la coque.

cocotte n. f.
• Marmite en fonte. *Papa prépare une soupe aux légumes dans sa cocotte.*
• (Fig.) Femme de mœurs légères.

cocu, ue adj. et n. m.
(Fam.) Trompé par son conjoint.

cocuage n. m.
(Fam.) État d'une personne cocue.

cocufier v. tr.
(Fam.) Tromper.

*COD
Abréviation de l'anglais «Cash on Delivery». En français, on dit plutôt *contre remboursement* qui s'abrège *CR.*
☞ L'expression «payable sur livraison» est un calque de l'anglais.

codage n. m.
Écriture d'un texte en code. *Le codage d'un message secret.*

code n. m.

• Recueil de textes juridiques. *Le Code de la route.*
☞ Dans la désignation des recueils de textes juridiques, le nom s'écrit avec une majuscule.
• Système de symboles destiné à enregistrer et à transmettre une information. *Un code secret.*
• *Code (à) barres.* Code formé de lignes verticales numérotées qui est apposé sur les produits de consommation afin d'être saisi par un lecteur optique. Syn. **Code universel des produits.**
• *Code postal.* Code facilitant le tri du courrier. *Des codes postaux obligatoires.*
☞ La mention du code postal dans l'adresse est obligatoire; elle doit figurer après l'indication de la ville.
V. Tableau - **ADRESSE.**

---

codé, ée adj.
Écrit en code. *Un message codé.*

codéine n. f.
Substance extraite de l'opium utilisée en médecine pour son action sédative.

coder v. tr.
Mettre en code. *Coder des informations.*
☞ Ne pas confondre avec le verbe *codifier,* réunir des dispositions légales dans un code.

*code régional
Calque de l'anglais «area code» au sens de *indicatif régional.*

codétenteur, trice n. m. et f.
(Dr.) Personne qui détient un bien conjointement avec une ou plusieurs autres personnes.

codétenu, ue n. m. et f.
Personne détenue avec une ou plusieurs autres.

Code universel des produits
• Sigle *CUP* (s'écrit sans points).
• Code formé de lignes parallèles numérotées qui est apposé sur les produits de consommation afin d'être saisi par un lecteur optique.
Syn. **Code (à) barres.**

codex n. m.
(Vx) Recueil officiel des médicaments.

*codex
Impropriété au sens de *recueil de notes, de textes.*

codicille n. m.
☞ Les deux *l* se prononcent comme un seul [kɔdisil].
(Dr.) Clause ajoutée à un testament.
☞ Attention au genre masculin de ce nom : *un* codicille.

codification n. f.
Action de codifier; son résultat.

codifier v. tr.
• Normaliser.
• Réunir des dispositions légales dans un code.
☞ Ne pas confondre avec le verbe *coder,* mettre en code.

codirecteur n. m.
codirectrice n. f.
Personne qui dirige en même temps qu'une ou plusieurs autres.

codirection n. f.
Direction exercée en commun par deux ou plusieurs personnes.

coédition n. f.
Édition conjointe. *Une coédition franco-québécoise.*

coefficient n. m.
Toute quantité numérique placée devant une autre pour la multiplier. *Un coefficient d'erreur.*

coéquipier, ière n. m. et f.
Personne qui fait partie d'une équipe avec d'autres. *Nos coéquipières sont très habiles.*

coercible adj.
Compressible.

coercitif, ive adj.
Qui exerce une contrainte.

coercition n. f.
Fait de contraindre. *Ce régime ne se maintiendrait pas sans la coercition qui est exercée.*

cœur n. m. ▬▬▬▬▬▬▬

• Muscle qui règle la circulation du sang. *Une opération à cœur ouvert.*
• **Locutions**
- *Avoir du cœur à l'ouvrage.* Travailler avec ardeur.
- *Avoir du cœur au ventre.* Avoir du courage.
- *Avoir le cœur gros.* Être triste.
- *Avoir mal au cœur.* Avoir envie de vomir.
- *En avoir le cœur net.* Être fixé.
- *Prendre, tenir à cœur.* S'intéresser.
- *S'en donner à cœur joie.* Profiter pleinement de quelque chose.
- *Si le cœur vous en dit.* Si cela vous convient.
- *Un cœur d'or.* Personne sensible et généreuse.
• **Locutions adverbiales**
- *À cœur de +* durée. Sans relâche, continuellement. *Elle travaille à cœur de journée.*
☞— Cette expression s'emploie couramment au Canada, mais elle est vieillie dans l'ensemble de la francophonie.
- *De bon cœur, de gaieté de cœur.* Volontiers.
- *À contre-cœur.* Malgré soi.
- *À cœur ouvert.* Franchement.
- *De tout cœur.* Avec plaisir.
- *De tout son cœur.* De toutes ses forces.
- *Par cœur.* De mémoire.

cœur d'artichaut n. m. (pl. *cœurs d'artichauts*)
Partie comestible de l'artichaut.

coexistence n. f.
Existence simultanée.

coexister v. intr.
Exister ensemble.

coffrage n. m.
Charpente destinée à maintenir la terre d'une tranchée, d'une galerie.

coffre n. m.
• Meuble où l'on sert des objets, de l'argent. *Un coffre de bois.*
• Espace aménagé à l'arrière ou à l'avant d'une voiture pour le rangement des bagages. *Ranger ses valises dans le coffre* (et non dans la *valise) de la voiture.*

coffre-fort n. m. (pl. *coffres-forts*)
Armoire métallique destinée à recevoir de l'argent, des valeurs.

coffrer v. tr.
• Poser un coffrage.
• (Fam.) Emprisonner. *Les malfaiteurs ont été coffrés.*

coffret n. m.
Petit coffre. *Un coffret à bijoux.*

COFI
Sigle de *Centre d'orientation et de formation des immigrants.*

cogestion n. f.
Gestion assurée conjointement par un chef d'entreprise et ses employés.

cogitation n. f.
(Iron.) Réflexion.

cogiter v. intr.
(Iron.) Réfléchir.

cognac adj. inv. et n. m.
• **Nom masculin.** Alcool. *Un cognac très ancien.*
• **Adjectif de couleur invariable.** De la couleur orangée du cognac. *Des sacs cognac.*
V. Tableau - **COULEUR (ADJECTIFS DE).**

cognassier n. m.
Arbre fruitier qui produit les coings.

cognée n. f.
Grosse hache de bûcheron.

cognement n. m.
Fait de cogner.

cogner v. tr., intr., pronom.
Les lettres *gn* sont suivies d'un *i* à la première et à la deuxième personne du pluriel de l'indicatif imparfait et du subjonctif présent. *(Que) nous cognions, (que) vous cogniez.*
• **Transitif**
- Frapper quelqu'un, heurter quelque chose. *Les déménageurs ont cogné le piano.*
- *Cogner des clous.* (Fam.) Au Canada, somnoler.
• **Intransitif**
Frapper à coups répétés.
☞— Ce verbe se construit sans préposition ou avec les prépositions *à, contre, sur. Il cogna à la porte. Cogner sur un clou. Des volets qui cognent contre le mur.*
• **Pronominal**
Se heurter. *Ils se sont cognés à, contre l'armoire.*

cognitif, ive adj.
👄 Les lettres *gn* se prononcent distinctement [kɔgnitif].
Qui concerne la connaissance. *La psychologie cognitive.*

cognition n. f.
👄 Les lettres *gn* se prononcent distinctement [kɔgnisjɔ̃].
Connaissance.

cohabitation n. f.
Fait de cohabiter.

cohabiter v. intr.
Habiter ensemble. *Ces étudiants cohabitent depuis le début de l'année.*

cohérence n. f.
Convenance logique des idées entre elles, des faits entre eux. *Cette intrigue est de la plus grande cohérence.*
⮕ cohérence.

cohérent, ente adj.
Homogène. *Ce texte est très cohérent.*
Ant. **incohérent.**
⮕ cohérent.

cohéritier, ière adj. et n. m. et f.
Se dit d'une personne qui hérite en même temps que d'autres, d'une même succession.

cohésif, ive adj.
Qui unit, qui joint.

cohésion n. f.
Union intime des parties d'un corps, d'un ensemble. *Il y a beaucoup de cohésion dans la classe.*

cohorte n. f.
• (Fam.) Groupe.
• (Démogr.) Ensemble d'individus considérés collectivement.

cohue n. f.
Désordre, confusion. *Attention à la cohue : ne vous bousculez pas en traversant la rue.*
⇨ coh**ue**.

coi, coite adj.
⟺ Attention à la prononciation [kwa, kwat].
(Vx) Imperturbable. *Elle est restée coite. Ils sont restés cois.*
▭— Cet adjectif ne s'emploie plus que dans les expressions figées *se tenir coi, rester coi, demeurer coi.*

coiffe n. f.
Coiffure féminine. *Les infirmières portaient une coiffe.*

coiffer v. tr., pronom.
• **Transitif**
- Arranger les cheveux de quelqu'un. *Ce coiffeur coiffe bien les cheveux.*
- Mettre un chapeau. *Coiffé d'un chapeau melon.*
- Être à la tête de. *Cette direction coiffe plusieurs unités administratives.*
• **Pronominal**
Se peigner. *Va te coiffer avant de partir à l'école.*

coiffeur n. m.
coiffeuse n. f.
Personne dont la profession est de coiffer les cheveux. *Il va chez le coiffeur* (et non chez le *barbier).

coiffeuse n. f.
Petite table de toilette surmontée d'une glace.

coiffure n. f.
• Ce qui sert à couvrir la tête. *Une coiffure bien chaude.*
• Arrangement des cheveux. *Une coiffure punk.*

coin n. m.
• Angle où se rencontrent deux surfaces. *Le coin d'une rue.*
• Petite partie d'une chose. *Un coin de terre.*
• Lieu retiré. *Un coin tranquille à la campagne.*
• (Fam.) Quartier où l'on habite. *La librairie du coin.*

coincer v. tr., pronom.
Le *c* prend une cédille devant les lettres *a* et *o*. *Il coinça, nous coinçons.*
• **Transitif**
- Serrer. *Les passagers de l'autobus me coinçaient.*
- (Fig.) Empêcher d'agir. *Je suis coincée, je dois rentrer à la maison.*
• **Pronominal**
Se bloquer. *La fermeture éclair de sa veste s'est coincée. Elle s'est coincé le doigt dans la portière.*

coïncidence n. f.
Se dit d'évènements qui arrivent en même temps. *Quelle étrange et bizarre coïncidence!*
⇨ coïncidence.

coïncident, ente adj.
Qui coïncide. *Des faits coïncidents.*
▭— Ne pas confondre avec le participe présent invariable *coïncidant*. *Ce rendez-vous coïncidant avec une réunion prévue devra être remis.*
⇨ coïncident.

coïncider v. intr.
• Se produire simultanément. *Les deux fêtes ont coïncidé.*
• Se superposer exactement.
• Concorder. *Les témoignages coïncident.*
⇨ coïncider.

coïnculpé, ée adj. et n. m. et f.
Personne inculpée avec d'autres.
⇨ coïnculpé.

coing n. m.
⟺ Le *g* ne se prononce pas [kwɛ̃].
Fruit du cognassier. *De la confiture de coings.*
⇨ coin**g**.

coït n. m.
⟺ Le *o* et le *ï* se prononcent comme deux voyelles distinctes, en raison du tréma, et le *t* s'entend [kɔit].
Accouplement du mâle et de la femelle.

col n. m.
• (Vx) Cou.
• Partie d'un vêtement qui entoure le cou. *Un col de dentelle.*
• *Col blanc.* Personne qui travaille dans un bureau. *Des cols blancs syndiqués.*
• *Col bleu.* Travailleur manuel. *Des cols bleus compétents.*
• Passage plus ou moins élevé entre deux montagnes.
▭— Dans ce dernier sens, ne pas confondre avec les noms suivants :
- *défilé*, passage étroit entre deux montagnes;
- *détroit*, espace étroit entre deux côtes;
- *gorge*, passage creusé dans une montagne.

col-, com-, con-, cor- préf.
Éléments du latin signifiant «avec».

colchique n. m.
Fleur violette.
▭— Attention au genre masculin de ce nom : *un* colchique.

col-de-cygne n. m. (pl. *cols-de-cygne*)
Conduit à double coude.

-cole suff.
Élément du latin signifiant «cultiver». *Agricole, viticole.*

colère n. f.
Violente irritation. *Être en colère contre* (et non *après) *quelqu'un.*

coléreux, euse adj. et n. m. et f.
(Fam.) Personne qui se met en colère rapidement. *Un caractère coléreux.*
⇨ coléreux.

colérique adj.
Qui a un tempérament porté à la colère. *Cet enseignant n'est pas colérique.*

colibacille n. m.
👄 Les deux *l* se prononcent comme un seul [kɔlibasil].
Bactérie.
☞ Attention au genre masculin de ce nom : *un* colibacille.

colibri n. m.
Oiseau de petite taille dont le plumage est très coloré. *Les colibris sont aussi appelés oiseaux-mouches.*

colifichet n. m.
Babiole.

colimaçon n. m.
• Escargot.
• *Escalier en colimaçon.* Escalier en spirale.
☞ colimaçon.

colin n. m.
Poisson marin dont la chair est excellente.

colin-maillard n. m. (pl. *colin-maillards*)
Jeu où l'un des joueurs qui a les yeux bandés doit reconnaître un autre joueur. *Jouer à colin-maillard.*

colique n. f.
Violente douleur abdominale.

colis n. m.
👄 Le *s* ne se prononce pas [kɔli].
Objet remis à une entreprise de transport pour être expédié. *Des colis postaux.*
☞ coli**s**.

colistier, ière n. m. et f.
Candidat inscrit sur la même liste qu'un autre.

colite n. f.
Inflammation du côlon.

collaborateur, trice n. m. et f.
Personne qui travaille en collaboration avec une ou plusieurs personnes. *Cette équipe compte plusieurs collaboratrices.*

collaboration n. f.
Action de collaborer (avec quelqu'un, à quelque chose). *Votre collaboration me sera précieuse.*

collaborer v. tr. ind.
Travailler en commun à une entreprise, une œuvre. *Les élèves ont collaboré à la revue de l'école*
☞ Le verbe se construit avec les prépositions *à*, *avec*.
☞ L'expression *«collaborer ensemble»* est un pléonasme.

collage n. m.
• Action de coller.
• Composition d'éléments collés.

collant, ante adj.
• Adhésif. *Du papier collant ou du ruban adhésif* (et non du *scotch tape*).
• Ajusté. *Un maillot collant.*

collant n. m.
Sous-vêtement d'une seule pièce constitué d'une culotte et de bas. *Les élèves portent un collant vert ou marine.*

collapsus n. m.
• (Méd.) Diminution rapide de la pression artérielle.
• (Méd.) Affaissement d'un organe.

collatéral, ale, aux adj. et n. m. pl.
• **Adjectif.** Qui est latéral par rapport à quelque chose.
• **Nom masculin pluriel.** Membres d'une même famille descendant d'une seule personne.

*collatéral
Anglicisme au sens de *garant* (pour un emprunt, etc.).

collation n. f.
Repas léger. *Maman nous a préparé une collation.*

collation des grades n. f.
Action de conférer des grades universitaires. (Recomm. off. OLF) *Ses parents ont assisté à la collation des grades* (et non à la *graduation*).

colle n. f.
• Adhésif. *Un tube de colle.*
• (Fam.) Question difficile. *Il m'a posé une colle.*

collecte n. f.
• Action de recueillir des fonds, des données. *Une collecte pour les enfants malades.*
☞ Le nom *collecte* est la forme savante du mot *cueillette.*
V. Tableau - **DOUBLETS.**
• Le terme *collecte* s'est imposé dans le domaine de l'informatique et de la recherche pour désigner l'action de rassembler des données variables destinées à un traitement.
☞ Ne pas confondre avec le nom *cueillette,* ramassage des végétaux.

collecter v. tr.
Réunir des fonds, des dons, etc. *Le cultivateur a collecté le lait.*

*collecter
Anglicisme au sens de *percevoir, recouvrer*. *Le propriétaire perçoit* (et non *collecte*) *l'argent que lui rapportent ses loyers.*

collecteur, trice adj. et n. m. et f.
• **Adjectif.** Qui collecte. *Un égout collecteur.*
• **Nom masculin.** Dispositif qui réunit ce qui est dispersé. *Un collecteur d'échappement.*
• **Nom masculin et féminin.** Personne qui fait une collecte.

collectif, ive adj. et n. m.
• **Adjectif**
Qui se rapporte à un ensemble de personnes. *Un travail collectif.*
• **Nom masculin**
- (Gramm.) Mot désignant un ensemble de personnes, de choses.
V. Tableau - **COLLECTIF.**
- Groupe, équipe. *Ce recueil est l'œuvre d'un collectif.*

collection n. f.
• Série d'ouvrages. *La collection des dictionnaires.*

COLLECTIF

• **Après un nom collectif suivi d'un complément au pluriel** (par ex. : *la majorité des élèves, la foule des passants*), le verbe se met au singulier ou au pluriel suivant l'intention de l'auteur qui veut insister sur l'ensemble ou sur la pluralité. *La majorité des élèves réussit* ou *réussissent l'examen.*

   Collectifs courants : *assemblée, classe, comité, cortège, dizaine, équipe, foule, groupe, lot, majorité, masse, multitude, poignée, quantité, série, totalité...*

• **L'accord du verbe ou de l'adjectif** se fait avec le collectif ou avec le complément du nom collectif suivant l'intention de l'auteur après : ***un des, la moitié des, un grand nombre de, un certain nombre de, un petit nombre de...*** *La moitié des pommes était rouge* ou *étaient rouges.*

• **L'accord du verbe ou de l'adjectif** se fait avec le complément au pluriel du nom ou du pronom après : ***beaucoup de, peu de, nombre de, la plupart de, une espèce de, une quantité de, une infinité de, une sorte de...*** *La plupart des invités étaient déjà là.*

• Réunion d'objets de même nature. *Une collection de papillons, de tableaux.*

*collection
Anglicisme au sens de ***recouvrement, perception*** (des comptes).

collectionner v. tr.
Constituer une collection. *Ève collectionne les timbres.*

collectionneur, euse n. m. et f.
Amateur de collections.

collectivement adv.
De façon collective.

collectivité n. f.
Groupe d'individus résidant au même endroit ou ayant des intérêts communs.

collège n. m.
• Établissement d'enseignement. *Des collèges privés. Le collège Jean-de-Brébeuf.*
• ***Collège*** + adjectif ou nom commun. Le nom ***collège*** s'écrit avec une majuscule. *Le Collège suisse.*
• ***Collège*** + nom propre. Le nom ***collège*** s'écrit avec une minuscule. *Le collège Stanislas.*
☞ On veillera cependant à respecter la graphie du nom officiel de l'établissement.

collège d'enseignement général et professionnel
Sigle ***cégep*** (s'écrit sans points).
V. **cégep.**

collégial, ale, aux adj.
• Relatif à un collège. *Des privilèges collégiaux.*
• Qui est exercé par un groupe, collectivement. *Des décisions collégiales.*
• ***(Cours) collégial.*** Au Québec, enseignement qui suit le secondaire et précède l'université.

collégialité n. f.
Pouvoir collégial.

collégien, ienne n. m. et f.
Élève d'un collège.

collègue n. m. et f.
Personne avec qui l'on travaille ou qui exerce la même fonction. *Les collègues de maman ont tous une spécialité différente : leur équipe est polyvalente.*
☞ Ne pas confondre avec les noms suivants :
- ***camarade,*** ami, surtout chez les enfants, les adolescents;
- ***compagnon,*** personne avec qui l'on fait un travail manuel, un voyage;
- ***condisciple,*** personne avec qui l'on étudie;
- ***confrère,*** personne qui appartient à une même profession, à une même société;
- ***copain,*** camarade intime.

coller v. tr., intr.
• **Transitif**
- Fixer à l'aide d'un adhésif. *Coller du papier peint.*
- Approcher. *Collez votre oreille à cette porte.*
• **Intransitif**
Adhérer. *Ce revêtement ne colle pas.*

collerette n. f.
Petit col.

collet n. m.
• (Vx) Partie du vêtement qui entoure le cou.
☞ Aujourd'hui, on dit plutôt **col.**
• Nœud coulant servant à capturer des animaux sauvages. *Le trappeur pose des collets pour attraper des renards.*
• ***Être collet monté.*** Être exagérément austère.
• ***Prendre quelqu'un au collet.*** Arrêter quelqu'un.
V. **col.**

colleter v. pronom.
Redoublement du *t* devant un *e* muet. *Je me collette, je me colletterai,* mais *je me colletais.*
Se battre. *Ils se sont colletés avec des voleurs.*

colley n. m.
⬯ Les lettres *ey* se prononcent *è* [kɔlɛ].
Chien de berger écossais. *Des colleys majestueux.*
▭▷ colley.

collier n. m.
Bijou qui entoure le cou. *Des colliers de perles.*

colliger v. tr.
Le *g* est suivi d'un *e* devant les lettres *a* et *o*. *Il colligea, nous colligeons.*
Recueillir des extraits de livres.

colline n. f.
Relief d'élévation modérée aux versants généralement en pente douce. (Recomm. off. OLF)
☞ Ne pas confondre avec les noms suivants :
- *butte,* petite colline;
- *massif,* ensemble montagneux non orienté qui se dégage du relief environnant;
- *mont,* importante élévation se détachant du relief environnant;
- *montagne,* relief élevé aux versants raides, occupant une grande superficie et appartenant à un système;
- *monticule,* petite élévation du sol;
- *pic,* sommet rocheux aux flancs escarpés.

collision n. f.
Choc de deux corps. *Une collision de voitures.*
☞ Ne pas confondre avec le nom *collusion,* entente secrète.

colloque n. m.
Réunion de spécialistes invités, en nombre généralement limité, pour exposer, discuter et confronter leurs idées et leurs opinions sur un thème donné.
☞ Ne pas confondre avec les noms suivants :
- *congrès,* assemblée regroupant un nombre important de personnes réunies pour délibérer sur un ou des sujets donnés;
- *forum,* réunion où sont débattues des questions d'une vaste portée, généralement dans le but d'établir une concertation entre les divers participants;
- *séminaire,* réunion à caractère scientifique constituée d'un groupe restreint de personnes et généralement animée par un professeur, un chercheur ou un spécialiste;
- *symposium,* congrès scientifique.

collusion n. f.
Entente secrète.
☞ Ne pas confondre avec le nom *collision,* choc de deux corps.

collyre n. m.
Médicament pour les yeux.
▭▷ collyre.

colmatage n. m.
Action de colmater.

colmater v. tr.
Rendre étanche.

colocataire n. m. et f.
Locataire d'un immeuble, d'un appartement avec d'autres personnes.

Cologne
V. **eau de Cologne.**

colombage n. m.
Système de charpente en pan de mur.

colombe n. f.
(Litt.) Pigeon blanc. *La colombe est un symbole de paix et de douceur.*

Colombie-Britannique
Abréviation *C.-B.* (s'écrit avec des points).

colombien, ienne adj. et n. m. et f.
De Colombie. *Le drapeau colombien. Un Colombien, une Colombienne.*
☞ L'adjectif s'écrit avec une minuscule; le nom, avec une majuscule.

colombier n. m.
(Litt.) Pigeonnier.

colon n. m.
• (Vx) Fermier.
• Personne établie dans une colonie. *Les premiers colons de la Nouvelle-France.*
Hom. *côlon,* partie du gros intestin.

colon n. m.
👄 Attention à la prononciation [kɔlɔn].
Unité monétaire du Costa Rica et du Salvador. *Des colones (pluriel espagnol).*
☞ Le mot peut aussi garder sa graphie d'origine : *colón.*
V. Tableau - **SYMBOLES DES UNITÉS MONÉTAIRES.**

côlon n. m.
Partie du gros intestin.
Hom. *colon,* personne établie dans une colonie.
▭▷ côlon.

colonel n. m.
colonelle n. f.
Officier supérieur. *Le colonel Gaucher.*
☞ Le titre s'écrit avec une minuscule.

colonial, ale, aux adj. et n. m. et f.
Relatif à une colonie. *Des empires coloniaux.*

colonie n. f.
• Possession d'un pays en dehors de son territoire propre. *La Nouvelle-France était une colonie de la France.*
• Ensemble des résidents d'une nation étrangère dans un lieu donné. *La colonie québécoise de Paris.*
• *Colonie de vacances.* Groupe d'enfants passant leurs vacances sous la conduite de moniteurs; endroit où se trouve ce groupe. *Un séjour en colonie de vacances* (et non au **camp de vacances*).

colonisé, ée adj. et n. m. et f.
Qui subit la colonisation.

coloniser v. tr.
• Organiser en colonie. *Les Portugais ont colonisé le Brésil.*
• Exploiter une colonie.

colonnade n. f.
Ensemble de colonnes. *Une colonnade grecque.*

colonne n. f.
• Suite de mots, de chiffres placés les uns en dessous des autres. *Un texte en deux colonnes. Une colonne de chiffres.*

• Pilier circulaire soutenant les parties supérieures d'un édifice. *Une colonne de béton.*

☞ Dans ce dernier sens, ne pas confondre avec les noms suivants :
- *atlante,* colonne sculptée en forme d'homme soutenant un entablement;
- *caryatide* ou *cariatide,* colonne sculptée en forme de femme soutenant une corniche sur sa tête;
- *pilastre,* pilier carré dans une construction;
- *pilier,* massif de maçonnerie rond ou carré soutenant une construction.

colonnette n. f.
Petite colonne.

colophon n. m.
Texte de l'achevé d'imprimer figurant à la fin d'un ouvrage.
Syn. **achevé d'imprimer.**

colorant, ante adj. et n. m.
• **Adjectif.** Qui colore. *Des shampooings colorants.*
• **Nom masculin.** Substance colorée destinée à teindre (des aliments, des textiles, etc.). *Des colorants végétaux, artificiels.*

coloration n. f.
• Action de colorer.
• Couleur. *La coloration des cheveux.*

coloré, ée adj.
• Qui a de belles couleurs. *Une étoffe très colorée.*
• (Fig.) Qui a de l'éclat, de l'expression. *Un style coloré.*

colorer v. tr.
Donner de la couleur à. *Elle a coloré ses joues.*
☞ Ne pas confondre avec le verbe *colorier,* appliquer des couleurs sur une surface.

coloriage n. m.
• Action de colorier. *Fanny aime faire du coloriage.*
• Dessin à colorier. *Un album de coloriages.*

colorier v. tr.
Redoublement du *i* à la première et à la deuxième personne du pluriel de l'indicatif imparfait et du subjonctif présent. *(Que) nous coloriions, (que) vous coloriiez.*
Appliquer des couleurs sur une surface, sur un dessin. *Colorier une illustration. Des albums à colorier.*
☞ Ne pas confondre avec le verbe *colorer,* donner de la couleur à quelque chose.

coloris n. m.
👄 Le *s* ne se prononce pas [kɔlɔri].
Couleur, teinte. *Ce coloris bleu-violet est magnifique.*
✎ coloris.

coloriste n. m. et f.
• Spécialiste de la couleur (en peinture, en esthétique industrielle).
• Spécialiste de la coloration des cheveux.

colossal, ale, aux adj.
Gigantesque. *Des immeubles colossaux.*

colosse n. m.
Géant. *Ce déménageur est un colosse.*

colportage n. m.
Action de colporter.

colporter v. tr.
• Transporter des objets pour les vendre.
• (Péj.) Répandre une information partout où l'on va.

colporteur n. m.
colporteuse n. f.
Marchand ambulant de petites marchandises.

coltiner v. tr., pronom.
Porter sur le cou. *Il coltine les fardeaux jusque dans le coffre de la voiture.*

colvert n. m.
Canard sauvage. *Des colverts effarouchés.*
✎ colvert.

colza n. m.
Plante à fleurs jaunes. *Des champs de colza.*

com-, con-, col-, cor-, co- préf.
Éléments du latin signifiant «avec».

coma n. m.
👄 Le *o* est ouvert [kɔma].
État pathologique caractérisé par une perte de conscience. *Des comas prolongés.*

comateux, euse adj. et n. m. et f.
👄 Le *o* est ouvert [kɔmatø, øz].
• **Adjectif.** Relatif au coma. *Un état comateux.*
• **Nom masculin et féminin.** Qui est dans le coma.
✎ comateux.

combat n. m.
• Lutte. *Engager un combat.*
• *Être hors de combat.* N'être plus en état de se battre.
✎ combat.

combatif, ive adj.
Porté à la lutte.
✎ combatif.

combativité n. f.
Penchant pour le combat.
✎ combativité.

combattant, ante adj. et n. m. et f.
Personne qui prend part à un combat, une guerre. *Les anciens combattants.*
☞ Ne pas confondre avec le participe présent invariable *combattant. Tous les pompiers combattant depuis l'aube seront bientôt relevés.*
✎ combattant.

combattre v. tr., intr.
• **Transitif.** Se battre contre. *Combattre des ennemis, combattre un incendie.*
• **Intransitif.** Livrer un combat. *Combattre pour ses idées.*
✎ combattre.

combien adv. et conj.
• À quel point, à quel degré, à quel prix, dans quelle mesure. *Combien de jours serez-vous absent?*
• *Combien de +* sujet pluriel. Le verbe s'accorde avec le nom au pluriel. *Combien d'enfants sont absents aujourd'hui?*

• **Combien + en.** L'accord du participe passé se fait si l'adverbe **combien** précède le pronom **en.** *Combien en ai-je mangées de ces pâtisseries succulentes?*
• **En + combien.** Le participe passé est invariable si le pronom **en** précède l'adverbe **combien.** *De ces prix il en a gagné combien?*

combinaison n. f.
Assemblage selon un arrangement déterminé. *Une combinaison de chiffres gagnante.*

combiné, ée adj. et n. m.
• **Adjectif.** Assemblé dans des proportions définies. *Des produits combinés.*
• **Nom masculin.** Partie d'un appareil téléphonique réunissant le microphone et l'écouteur. *Elle reposa le combiné avec douceur.*

combiner v. tr., pronom.
• **Transitif**
- Assembler. *Combiner de la laine avec du coton.*
☞ Le verbe **combiner** se construit avec la préposition **avec.**
- Organiser. *Ils ont combiné un plan ambitieux.*
• **Pronominal**
S'harmoniser. *Ces couleurs se combinent bien.*

comble adj. et n. m.
• **Adjectif**
Rempli complètement. *La salle est comble.*
Ant. **vide.**
• **Nom masculin**
- (Au plur.) Espace aménagé sous le toit d'un immeuble. *Habiter les combles d'une maison.*
- (Fig.) Degré extrême. *Le comble du ridicule.*
• **Locutions**
- *C'est un comble!* Il ne manquait plus que cela.
- *De fond en comble.* Entièrement.
- *La mesure est comble.* En voilà assez.

combler v. tr.
• Remplir un vide, au propre et au figuré. *Combler un fossé, une lacune, un déficit.*
• Satisfaire complètement. *Ses désirs sont comblés.*

*combler un poste
Impropriété au sens de **pourvoir à un poste.**

comburant, ante adj. et n. m.
Corps qui en se combinant avec un autre corps provoque la combustion.

combustible adj. et n. m.
Qui peut brûler. *Le bois, l'essence sont des combustibles. Des substances combustibles.*

combustion n. f.
Fait pour un corps de brûler.

comédie n. f.
Pièce destinée à faire rire. *Une comédie hilarante.*

comédien n. m.
comédienne n. f.
Acteur (au cinéma, au théâtre, à la radio et à la télévision). *Elle a gagné le trophée de la meilleure comédienne.*
☞ L'opposition entre le **comédien** qui jouait la comédie et le **tragédien,** la tragédie, n'a plus cours et le mot

désigne aujourd'hui un acteur, sans distinction de style.

comédon n. m.
Petit amas de matière sébacée qui cause l'obstruction d'un pore de la peau, familièrement appelé **point noir.**

comestible adj. et n. m. pl.
• **Adjectif.** Qui peut se manger. *Un champignon comestible.*
• **Nom masculin pluriel.** Denrées alimentaires. *Une marchande de comestibles.*

comète n. f.
Astre errant que suit une traînée lumineuse. *La comète de Halley.*
V. **astre.**

comice n. m.
(Ancienn.) Foire agricole.
☞ Ce nom est le plus souvent utilisé au pluriel.

*comics
Anglicisme au sens de **bandes dessinées.**

comique adj. et n. m. et f.
• **Adjectif.** Drôle. *Un film comique.*
• **Nom masculin et féminin.** Auteur ou acteur comique.

comiquement adv.
De façon comique.

comité n. m.
Réunion de personnes qui ont pour rôle de discuter et de régler certaines questions. *Des comités d'école.*

*comité (siéger, être sur un)
Calque de l'anglais «to sit on a committee» pour **être membre d'un comité, siéger à un comité.**

*comité conjoint
Calque de l'anglais «joint committee» pour **comité paritaire** ou **comité mixte,** selon le cas.

commandant n. m.
commandante n. f.
Personne qui a un commandement militaire.

commande n. f.
• Demande de marchandises adressée à un fabricant, à un marchand. *Une commande de livres.*
• Organe de transmission. *Les leviers de commande.*
• *Bon de commande.* Des bons de commande.

commandement n. m.
Ordre.
☞ Ne pas confondre avec les noms suivants :
- *instruction,* indication précise pour l'exécution d'un ordre;
- *précepte,* règle de conduite;
- *prescription,* ordre détaillé.

commander v. tr., intr., pronom.
• **Transitif**
- Diriger. *Commander une attaque.*
- Demander un produit, un service. *La marchande a commandé 100 paires de gants.*
• **Intransitif**
Avoir autorité. *C'est la directrice qui commande.*
• **Pronominal**
Ne pas se commander. Être indépendant de la volonté. *L'amour ne se commande pas.*

commandeur n. m.
Grade élevé dans un ordre de chevalerie.

commanditaire n. m.
Personne physique ou morale qui apporte un soutien matériel à une manifestation, à une personne, à un produit (par exemple, une émission de radiotélévision), ou à une organisation en vue d'en retirer des avantages publicitaires directs. (Recomm. off. OLF)
🖙 En France, on utilise «sponsor» à la place de **commanditaire.**
Syn. **parrain.**

commandite n. f.
Soutien matériel apporté à une manifestation, à une personne, à un produit ou à une organisation en vue d'en retirer des avantages publicitaires directs. (Recomm. off. OLF)
🖙 En France, on utilise «sponsorship» à la place de **commandite.**
Syn. **parrainage.**

commanditer v. tr.
Apporter un soutien matériel à une manifestation, à une personne, à un produit ou à une organisation en vue d'en retirer des avantages publicitaires directs. (Recomm. off. OLF) *Le marathon est commandité par plusieurs sociétés.*
🖙 En France, on utilise «sponsoriser» à la place de **commanditer.**
Syn. **parrainer.**

commando n. m.
Groupe de combat spécialement entraîné. *Des actions de commandos.*

comme adv. et conj.

• **Adverbe de manière**
- Ainsi que, de la même manière que. *Lent comme une tortue.*
🖙 Lorsque la conjonction **comme** introduit une comparaison qui est généralement placée entre virgules, le verbe et l'attribut sont au singulier. *Paul, comme Pierre, est gentil.*
• **Conjonction de subordination**
La conjonction **comme** introduit une proposition circonstancielle :
- de manière. De la façon dont. *J'ai planté ces fleurs comme vous le désiriez.*
- de cause. Puisque. *Comme il pleuvait, la promenade a été remise.*
- de temps. Tandis que. *Comme nous arrivions, le soleil se montra.*
🖙 Après le verbe **considérer**, l'attribut est introduit par **comme**. *Le directeur la considère comme compétente* (et non *la considère compétente*).
• **Locutions**
- *C'est tout comme.* C'est tout à fait la même chose. *Il ne l'a pas frappé, mais c'est tout comme.*
- *Comme tout.* Au plus haut point. *Il est gentil comme tout.*
- *Comme ci, comme ça.* Tant bien que mal. *Il a peint le mur comme ci, comme ça.*

🖙 L'expression *«comme par exemple»* est un pléonasme.
- *Comme convenu, comme prévu.* Ces locutions sont des tournures elliptiques de *comme c'était convenu, comme c'était prévu.* On évitera de dire *tel que convenu.*

commedia dell'arte n. f. inv.
👄 Le dernier *e* se prononce *é* [kɔmedjadɛlarte].
Comédie italienne improvisée sur canevas.
🖙 En typographie soignée, les mots étrangers sont composés en italique. Dans des textes déjà en italique, la notation se fait en romain. Pour les textes manuscrits, on utilisera les guillemets.

commémoratif, ive adj.
Qui commémore. *Un monument commémoratif.*
🖘 com**mém**oratif.

commémoration n. f.
Cérémonie célébrant le souvenir d'un évènement.
🖘 com**mém**oration.

commémorer v. tr.
Rappeler par une cérémonie le souvenir d'une personne ou d'un évènement. *Le maire voudrait commémorer la fondation de la ville.*
🖙 L'expression *«commémorer un anniversaire»* est un pléonasme. On commémore une naissance, une victoire, mais on célèbre un anniversaire.
🖘 com**mém**orer.

commencement n. m.
Début. *Le commencement du monde.*
🖙 Ne pas confondre avec les noms suivants :
- *origine,* ce qui sert de point de départ;
- *prélude,* ce qui précède quelque chose;
- *principe,* ce qui désigne la cause première.
Ant. **fin.**

commencer v. tr., intr.
Le *c* prend une cédille devant les lettres *a* et *o*. *Il commença, nous commençons.*
• **Transitif direct**
- Entreprendre. *Il commence ses devoirs à 16 heures.*
- Être au commencement de. *Le paragraphe qui commence le chapitre.*
• **Transitif indirect**
- *Commencer + à.* Cette construction implique une idée de progrès futurs, de commencement d'un état prolongé. *L'arbre commence à grandir.*
• *Commencer + de.* Cette construction suggère le commencement d'un état bref, d'une action; elle est parfois retenue pour éviter le hiatus. *Elle commençait de travailler quand le téléphone a sonné.*
• **Intransitif**
- Débuter. *L'année commence aujourd'hui.*
- *Commencer + par.* Ce tour insiste sur l'ordre d'une suite d'actions ou d'états. *Il commence par la consultation des ouvrages et rédige ensuite.*
🖙 Le verbe **commencer** se conjugue avec l'auxiliaire *avoir* quand on veut insister sur l'action et avec l'auxiliaire *être* quand on veut exprimer l'état. *L'été a commencé le 21 juin. L'été est commencé depuis quelques jours.*
Ant. **finir, terminer.**

commensal, ale n. m. et f. (pl. *commensaux*)
(Litt.) Personne qui mange habituellement à la même table qu'une autre. *Des commensaux agréables.*

comment adv. et n. m. inv.
• **Adverbe interrogatif**
De quelle façon, pourquoi? *Comment allez-vous? Comment l'aurais-je su?*
• **Adverbe exclamatif**
- Pour marquer la surprise. *Comment, vous êtes venu!*
- Pour souligner un résultat. *L'objectif est atteint, et comment!*
• **Nom masculin invariable**
Manière. *Nous aimerions connaître les pourquoi et les comment de cette décision.*

commentaire n. m.
• Remarque, éclaircissement. *Ces commentaires nous seront utiles.*
• *Sans commentaire.* Dans cette expression qui indique qu'un fait est évident, qu'il se passe d'explications ou que la personne préfère ne pas se prononcer, le nom *commentaire* s'écrit au singulier. Par contre, le nom s'écrit au pluriel dans l'expression *cela se passe de commentaires.*

commentateur n. m.
commentatrice n. f.
Personne dont la fonction est de formuler des commentaires. *Un commentateur sportif.*

commenter v. tr.
Faire des observations sur un texte, une situation. *Ces spécialistes doivent commenter les exploits des athlètes.*

commérage n. m.
(Fam.) Potin.
⟹ commérage.

commerçant n. m.
commerçante n. f.
Personne qui fait du commerce.

commerce n. m.
• Fonction qui a pour objet de vendre aux consommateurs les divers produits dont ils ont besoin. *Le commerce de détail.*
• Magasin. *Il y a de petits commerces dans ce quartier.*
• (Litt.) Relation (avec quelqu'un).

commercer v. intr.
Le *c* prend une cédille devant les lettres *a* et *o*. *Il commerça, nous commerçons.*
Faire du commerce. *Cette entreprise commerce avec les États-Unis.*

commercial, iale, iaux adj. et n. m. et f.
• **Adjectif**
- Qui est relatif au commerce. *Une entreprise commerciale. Des échanges commerciaux.*
- (Péj.) Conçu à des fins essentiellement lucratives. *Un film commercial.*
• **Nom masculin et féminin**
Personne chargée des relations commerciales dans une entreprise.

*commercial
Anglicisme au sens de *annonce publicitaire, réclame.*

commercialement adv.
Du point de vue commercial.
⟹ commercialement.

commercialisation n. f.
Ensemble des activités commerciales d'une entreprise (études, recherches commerciales, communication, administration, logistique, service après-vente).
⟹ Ne pas confondre avec le nom *marketing,* stratégie de l'entreprise axée sur la satisfaction des besoins du consommateur.
⟹ commercialisation.

commercialiser v. tr.
Mettre en marché un produit. *Ce produit est commercialisé au Canada.*
⟹ commercialiser.

commère n. f.
Femme curieuse et bavarde.

commérer v. intr.
Le *é* se change en *è* devant une syllabe muette, sauf à l'indicatif futur et au conditionnel présent *Je commère,* mais *je commérerai.*
(Vx) Faire des commérages.

comme tel loc. adj.
Dans les expressions *comme tel, en tant que tel, tenir pour tel, considérer comme tel,* etc., l'adjectif *tel* s'accorde avec le nom auquel il se rapporte. *Je la considère comme telle.*
V. TEL.

commettre v. tr., pronom.
INDICATIF PRÉSENT *Je commets, tu commets, il commet, nous commettons, vous commettez, ils commettent.* IMPARFAIT *Je commettais.* FUTUR *Je commettrai.* CONDITIONNEL PRÉSENT *Je commettrais.* IMPÉRATIF PRÉSENT *Commets, commettons, commettez.* SUBJONCTIF PRÉSENT *Que je commette.* PARTICIPE PRÉSENT *Commettant.* PASSÉ *Commis, ise.*
• **Transitif.** Accomplir un acte répréhensible. *Commettre une infraction.*
⟹ Le verbe *commettre* ne s'emploie que pour un acte blâmable. *Commettre une faute,* mais *accomplir un exploit.*
• **Pronominal.** Se compromettre. *Il vaut mieux ne pas se commettre avec ces personnes.*

commis n. m. et f.
Personne affectée à des tâches diverses dans un bureau, une maison de commerce, etc.
⟹ commis.

commisération n. f.
(Litt.) Pitié.

commissaire n. m. et f.
• Officier de police.
• Membre d'une commission.

commissaire-priseur n. m. (pl. *commissaires-priseurs*)
Personne chargée de diriger les ventes aux enchères.

commissariat n. m.
Bureau d'un commissaire de police. *Un commissariat de police.*
⟹ commissariat.

commission n. f.
• Ensemble de personnes désignées par une autorité pour prendre des décisions, pour étudier une question. *Une commission parlementaire.*
• *Commission scolaire.* Au Canada, ensemble de personnes élues chargées de l'administration des écoles d'une région, d'un quartier.
• *Les commissions.* Achats, courses. *Elle est allée faire des commissions.*
• Message. *Il l'a chargé d'une commission.*
• Pourcentage touché par un intermédiaire. *Le vendeur reçoit une commission de 10 %.*

Commission canadienne des droits de la personne
Sigle *CCDP* (s'écrit avec ou sans points).

Commission de la santé et de la sécurité du travail
Sigle *CSST* (s'écrit avec ou sans points).

Commission des écoles catholiques de Montréal
Sigle *CÉCM* (s'écrit avec ou sans points).

Commission de terminologie de l'Office de la langue française
Sigle *CTOLF* (s'écrit avec ou sans points).

Commission de terminologie française
Sigle *CTF* (s'écrit avec ou sans points).

commissionnaire n. m. et f.
Intermédiaire. *Un commissionnaire de transport.*

commissure n. f.
Point de jonction. *Les commissures des lèvres.*

commis voyageur n. m. et f. (pl. *commis voyageurs*) (Vx) Représentant.
☞ Ce nom s'écrit sans trait d'union. Aujourd'hui on emploie plutôt le nom **représentant.**

commode adj. et n. f.
• **Adjectif.** Pratique, aisé. *Un trajet commode.*
Ant. **malcommode.**
• **Nom féminin.** Meuble de rangement. *Une commode ancienne.*

commotion n. f.
Traumatisme. *Une commotion cérébrale.*

commotionner v. tr.
Frapper d'une commotion, traumatiser. *Cet incident tragique les a commotionnés.*

commuable ou **commutable** adj.
Qui peut être commué. *Une peine commuable.*

commuer v. tr.
(Dr.) Transformer une peine en peine moindre.

commun, une adj. et n. m.
• **Adjectif**
- Qui a peu de valeur. *Un papier commun.*
- Qui appartient à plusieurs. *Des intérêts communs.*
- *Nom commun.* Nom qui désigne une personne, un animal, une chose qui appartient à une espèce. *Le nom arbre est un nom commun, tandis que Julie est un nom propre.*
V. Tableau - **NOM.**

• **Nom masculin**
Le plus grand nombre. *Le commun des mortels.*
• **Locutions**
- *En commun.* En collaboration.
- *Sans commune mesure.* Sans comparaison possible.
- *Transports en commun.* Transports publics.
- *Lieu commmun.* Banalité.

communautaire adj.
Qui est relatif à une communauté. *La vie communautaire.*

communauté n. f.
Collectivité. *Une communauté religieuse.*

Communauté d'États indépendants
Sigle *CÉI* (s'écrit avec ou sans points).

Communauté économique européenne
Sigle *CÉE* (s'écrit avec ou sans points).

commune n. f.
• Subdivision administrative d'une municipalité.
• Petite communauté.
• *La Chambre des communes.* Assemblée nationale, dans un régime parlementaire britannique.

communément adv.
Habituellement.

communiant, ante n. m. et f.
Personne qui communie. *Des premières communiantes.*

communicant, ante adj.
Qui communique. *Des vases communicants.*
☞ Ne pas confondre avec le participe présent invariable **communiquant.** *Des pièces communiquant entre elles.*

communicateur, trice n. m. et f.
Personne douée pour la communication. *C'est une excellente communicatrice.*

communication n. f.
• Action de communiquer à l'aide de paroles, de gestes ou de signes. *Une communication téléphonique.*
• Information, message. *J'ai une communication à vous transmettre.*

communier v. intr.
Redoublement du *i* à la première et à la deuxième personne du pluriel de l'indicatif imparfait et du subjonctif présent. *(Que) nous communiions, (que) vous communiiez.*
Recevoir le sacrement de l'eucharistie. *Elle communie tous les dimanches.*

communion n. f.
• Action de communier.
• Union profonde.

communiqué n. m.
Avis transmis au public. *Un communiqué a été envoyé aux journalistes.*
☞ Ne pas confondre avec les noms suivants :
- *billet,* lettre très concise;
- *circulaire,* lettre d'information adressée à plusieurs destinataires;
- *courrier,* ensemble des lettres, des imprimés, etc., acheminé par la poste;

- *dépêche,* missive officielle, message transmis par voie rapide;
- *lettre,* écrit transmis à un destinataire;
- *note,* brève communication écrite, de nature administrative.

communiquer v. tr., intr.
• **Transitif.** Transmettre. *Il m'a communiqué votre message.*
• **Intransitif.** Être en rapport. *Ces magasins communiquent par un passage vitré. Elle communique bien avec sa fille.*

communisme n. m.
Doctrine qui prône la mise en commun des moyens de production, la suppression des classes sociales.
➱— Les noms de doctrines s'écrivent avec une minuscule.
Ant. **capitalisme.**

communiste adj. et n. m. et f.
• **Adjectif.** Relatif au communisme. *Le parti communiste.*
• **Nom masculin et féminin.** Partisan du communisme. *Un, une communiste.*
➱— Les noms d'adeptes de doctrine s'écrivent avec une minuscule.
Ant. **capitaliste.**

commutable
V. **commuable.**

commutateur n. m.
Interrupteur.

commutation n. f.
Substitution.

commuter v. tr.
Modifier par une substitution.

compact, e adj.
👄 Les lettres *ct* se prononcent [kɔ̃pakt].
• De format réduit.
• Serré. *Une foule compacte, un brouillard compact.*
• *Disque compact.* Disque audionumérique.

compagne n. f.
• Personne avec qui l'on fait un travail manuel, un voyage. *Des compagnes de classe.*
➱— La forme masculine de ce nom est *compagnon.*
➱— Ne pas confondre avec les noms suivants :
- *camarade,* amie surtout chez les enfants, les adolescents;
- *collègue,* personne avec qui l'on travaille ou qui exerce la même fonction;
- *condisciple,* personne avec qui l'on étudie;
- *consœur,* personne qui appartient à une même profession, à une même société;
- *copine,* camarade intime.
• Femme avec qui un homme vit.

compagnie n. f.
• Abréviation *Cie* ou *Cie* (s'écrit sans point, avec une majuscule initiale dans une raison sociale). *Lefranc, Dupuy & Cie.*
• Société. *Une compagnie aérienne. Une compagnie d'assurances.*

• Présence auprès de quelqu'un. *Tiens-moi compagnie un peu, reste un moment. Cette dame voyage en compagnie d'une amie.*
• *Fausser compagnie à quelqu'un.* Quitter quelqu'un à la dérobée.

*compagnie de finance
Calque de l'anglais «finance company» au sens de *société de crédit, société de financement.*

Compagnie républicaine de sécurité
Sigle *CRS* (s'écrit avec ou sans points).

compagnon n. m.
• Personne avec qui l'on fait un travail manuel, un voyage. *Des compagnons de travail.*
• La forme féminine de ce nom est *compagne.*
➱— Ne pas confondre avec les noms suivants :
- *camarade,* ami surtout chez les enfants, les adolescents;
- *collègue,* personne avec qui l'on travaille ou qui exerce la même fonction;
- *condisciple,* personne avec qui l'on étudie;
- *confrère,* personne qui appartient à une même profession, à une même société;
- *copain,* camarade intime.

comparaison n. f.
• Action de comparer deux ou plusieurs personnes ou choses. *L'expression «être rapide comme l'éclair» est une comparaison. Une comparaison entre deux œuvres, entre un livre et un autre.*
• *En comparaison de.* En regard de. *Les affaires sont tranquilles en comparaison de l'an dernier.*
• *Par comparaison avec.* Relativement, par rapport à. *Par comparaison avec son cousin, il est très gentil.*

comparaître v. intr.
(Dr.) Se présenter. *Comparaître devant un juge.*

comparatif, ive adj.
• **Adjectif.** Qui contient une comparaison. *Des études comparatives.*
• **Nom masculin.** Degré de signification d'un adjectif, d'un adverbe qui exprime la supériorité (plus), l'égalité (aussi) ou l'infériorité (moins). *Elle est plus intelligente, il est aussi gentil, ils sont moins bronzés.*
➱— Les comparatifs ne doivent pas être utilisés avec des adjectifs qui sont déjà des comparatifs : *supérieur, inférieur, meilleur, pire, moindre,* etc.
V. Tableau - **MOINS.**
V. Tableau - **ADJECTIF.**

comparativement adv.
Par comparaison.

comparer v. tr.
• Examiner les ressemblances et les différences entre deux personnes, deux choses. *La maîtresse a comparé les résultats des deux classes.*
• *Comparer + à.* Rapprocher des objets semblables. *Comparer le printemps à la jeunesse.*
• *Comparer + avec.* Confronter, rechercher les différences et les ressemblances. *Comparer la signature d'un chèque avec la signature consignée au dossier.*

comparse n. m. et f.
(Péj.) Personne qui joue un rôle secondaire dans une affaire illicite.

compartiment n. m.
Division, section. *Ce secrétaire comporte peut-être un compartiment secret.*

compartimenter v. tr.
Doter de compartiments.

comparution n. f.
Action de comparaître.

compas n. m.
⟺ Le *s* ne se prononce pas [kɔ̃pa].
• Instrument qui sert à tracer des cercles.
• *Avoir le compas dans l'œil.* Être habile à mesurer exactement à simple vue.
⟹ compas.

compassé, ée adj.
Guindé.

compassion n. f.
(Litt.) Pitié.

compatibilité n. f.
Qualité de ce qui est compatible.

compatible adj.
• Qui peut s'accorder avec autre chose. *Le travail à temps partiel est peu compatible avec les études.*
• Qui peut fonctionner avec un autre appareil. *Ces ordinateurs sont compatibles entre eux.*
Ant. **incompatible.**

compatir v. tr. ind.
Avoir de la compassion pour. *Compatir à la souffrance d'un ami.*
☞ Contrairement au verbe *pâtir,* le verbe s'écrit sans accent circonflexe.

compatissant, ante adj.
Charitable.

compatriote n. m. et f.
Personne originaire du même pays que quelqu'un d'autre.

compendium n. m.
⟺ Attention à la prononciation [kɔ̃pɛ̃djɔm].
(Vx) Abrégé. *Des compendiums médicaux.*

compensation n. f.
• Dédommagement. *Une compensation financière.*
• Système de virements bancaires. *La compensation* (et non le **clearing*).
• *En compensation.* En contrepartie. Cette locution se construit avec la préposition *de. En compensation de son travail* (et non **pour son travail*), *elle a reçu un bon salaire.*

*compensation
Anglicisme au sens de *indemnisation, réparation.*

compenser v. tr.
Équilibrer, contrebalancer. *Ces jours de congé compenseront pour les longues heures de travail.*

compère n. m.
Complice.

compétence n. f.
• Connaissance approfondie reconnue. *Ils ont la compétence pour régler ce problème.*
• Aptitude reconnue d'une autorité à traiter d'une question, à accomplir un acte, selon des modalités déterminées. *Les questions éducatives sont de compétence* (et non de **juridiction*) *provinciale.*
☞ Le nom *juridiction* appartient exclusivement au vocabulaire de la justice.

compétent, ente adj.
Qui connaît son métier, qualifié. *Ce plombier est très compétent.*

compétiteur, trice n. m. et f.
Concurrent.

compétitif, ive adj.
Apte à supporter la concurrence, qui permet la compétition. *Des prix compétitifs, un marché compétitif.*

compétition n. f.
• Recherche simultanée d'un même objet. *Ils sont en compétition pour ce poste.*
• Épreuve sportive. *Une compétition internationale.*

compétitivité n. f.
Caractère de ce qui est compétitif. *La compétitivité d'une entreprise.*

compilation n. f.
Action de compiler. *La compilation des votes.*

compiler v. tr.
Rassembler des extraits de documents de diverses sources en vue de faire un recueil, une recherche spécifique. *Les élèves ont compilé des informations sur les araignées pour leur travail de recherche.*
☞ Ne pas confondre avec le verbe *compulser,* consulter, faire des recherches.

complainte n. f.
Chanson populaire.

complaire (se) v. pronom.
INDICATIF PRÉSENT *Je me complais, tu te complais, il se complaît, nous nous complaisons, vous vous complaisez, ils se complaisent.* IMPARFAIT *Je me complaisais.* PASSÉ SIMPLE *Je me complus.* FUTUR *Je me complairai.* CONDITIONNEL PRÉSENT *Je me complairais.* IMPÉRATIF PRÉSENT *Complais-toi, complaisons-nous, complaisez-vous.* SUBJONCTIF PRÉSENT *Que je me complaise.* IMPARFAIT *Que je me complusse.* PARTICIPE PRÉSENT *Complaisant.* PASSÉ *Complu.*
(Péj.) Trouver sa satisfaction. *Ils se sont complu à critiquer sans cesse.*
☞ Le participe passé *complu* est toujours invariable.

complaisamment adv.
Avec complaisance.

complaisance n. f.
• Plaisir, satisfaction.
• Indulgence excessive.

complaisant, ante adj.
Qui cherche à plaire à autrui. *Il a un caractère complaisant.*

complément n. m.
• Ce qui s'ajoute à une chose pour qu'elle soit com-

plète. *Le complément d'une somme. Un complément d'information.*

☞ Ne pas confondre avec le nom **supplément,** ce qui est ajouté à une chose déjà complète.

• Mot qui complète le sens d'un autre. *Un complément d'objet direct (c.o.d.), d'objet indirect (c.o.i.), un complément circonstanciel (c.c.).*

V. Tableau - **COMPLÉMENT.**

complémentaire adj. et n. m.

Qui constitue un complément. *Des renseignements complémentaires.*

☞ Ne pas confondre avec les mots suivants :
- *additionnel,* qui s'ajoute;
- *supplémentaire,* ajouté à une chose déjà complète.

⇨ complément**aire.**

complet, ète adj.

• Entier. *Une collection complète.*

• Rempli. *C'est complet : il n'y a plus de billets, de chambres.*

• *Complet.* Dans le domaine de l'industrie hôtelière, l'OLF a normalisé le terme **complet** pour indiquer qu'il n'y a pas de chambres libres. On ne doit rien indiquer lorsqu'il y a des chambres libres.

• *Au grand complet,* locution adverbiale. En totalité. *L'équipe est au grand complet.*

complet n. m.

Vêtement masculin composé d'un pantalon, d'une veste et parfois d'un gilet. *Un complet* (et non un *habit*) *bleu marine.*

Syn. **costume.**

complètement adv.

Entièrement, tout à fait. *Son travail est complètement terminé.*

compléter v. tr., pronom.

Le *é* se change en *è* devant une syllabe muette, sauf à l'indicatif futur et au conditionnel présent. *Je complète,* mais *je compléterai.*

• **Transitif.** Rendre complet. *Ce dixième album complète la collection.*

• **Pronominal.** Former un tout, un ensemble harmonieux. *Leurs aptitudes se complètent.*

*compléter

Anglicisme au sens de **remplir.** *Il a refusé de remplir* (et non de *compléter*) *le questionnaire.*

complexe adj. et n. m.

• **Adjectif**

Qui contient plusieurs éléments, plusieurs idées. *Un problème complexe.*

• **Nom masculin**

- Ensemble d'immeubles, d'installations qui concourent à un même but. *Le complexe Desjardins, un complexe industriel, universitaire.*

- *Avoir des complexes.* Ne pas être sûr de soi.

complexé, ée adj. et n. m. et f.

(Fam.) Inhibé, qui a des complexes.

complexer v. tr.

(Fam.) Donner des complexes à (quelqu'un).

complexité n. f.

Caractère de ce qui est complexe. *La complexité de la situation.*

complication n. f.

• Concours de faits, de circonstances de nature à compliquer quelque chose. *Des complications sont à craindre.*

• Aggravation d'une maladie, d'une blessure.

☞ En ce sens, le nom s'emploie généralement au pluriel.

complice adj. et n. m. et f.

• **Adjectif.** Qui aide, favorise. *Un sourire complice.*

• **Nom masculin et féminin.** Personne qui participe à un crime.

complicité n. f.

• Participation à un délit, à un crime commis par un autre.

• (Fig.) Connivence. *Cette complicité entre les frères et sœurs est touchante.*

☞ En ce sens, le nom n'a pas de connotation défavorable.

compliment n. m.

Louanges adressées à une personne pour la féliciter.

complimenter v. tr.

Adresser des éloges à quelqu'un.

*compliments de la saison

Calque de l'anglais «compliments of the season» pour **meilleurs vœux, joyeuses fêtes,** selon le cas.

compliqué, ée adj.

Difficile à faire, à comprendre. *Ce problème est trop compliqué, je n'arrive pas à trouver la solution.*

compliquer v. tr., pronom.

• **Transitif**

- Rendre une chose moins simple qu'elle n'était. *La grêle a compliqué le voyage.*

- Aggraver.

• **Pronominal**

Devenir plus difficile, plus grave. *La situation se complique.*

complot n. m.

Projet préparé secrètement contre quelqu'un, quelque chose. *Les policiers ont démasqué les auteurs du complot contre le premier ministre.*

⇨ complot.

comploter v. tr., intr.

• **Transitif.** Préparer secrètement. *Ils complotent une nouvelle agression.*

• **Intransitif.** Former un complot. *Ce groupe complote contre notre formation politique.*

⇨ comploter.

comportement n. m.

Manière d'agir, de vivre. *Son comportement est égoïste.*

comporter v. tr., pronom.

• **Transitif.** Comprendre, contenir. *Ce choix comporte une difficulté majeure.*

• **Pronominal.** Se conduire de telle ou telle manière. *Ils se sont bien comportés.*

COMPLÉMENT

• **Le complément d'objet direct** (c.o.d.) : qui? quoi?

Il désigne l'être ou l'objet sur lequel s'exerce l'action du sujet, sans l'intermédiaire d'une préposition.

Nature du complément d'objet direct :

– un nom	*Elle plante **des fleurs**.*
– un pronom	*Il ne connaît **personne**.*
– un infinitif	*Tu aimes **courir**.*
– une proposition	*Je pense **que l'été est fini**.*

• **Le complément d'objet indirect** (c.o.i.) : à qui? à quoi? de qui? de quoi? par qui? par quoi?

Il désigne l'être ou l'objet sur lequel s'exerce l'action du sujet, par l'intermédiaire d'une préposition.

Nature du complément d'objet indirect :

– un nom	*Elle participe **à la fête**.*
– un pronom	*Il s'intéresse **à vous**.*
– un infinitif	*Préparez-vous **à venir**.*

• **Le complément circonstanciel** (c.c.) : où? d'où? par où? quand? comment? pourquoi? combien? avec quoi? en quoi?...

Il ajoute une précision à l'idée exprimée par le verbe en indiquant le but, la cause, la distance, l'instrument, la manière, la matière, le poids, l'origine, le prix, le temps, le lieu...

Nature du complément circonstanciel :

– un nom	*Le soleil se lève **de ce côté**.*
– un pronom	*Tu es partie **avec lui**.*
– un infinitif	*Ils économisent **pour acheter une maison**.*
– une proposition	*Vous commencerez **quand vous serez prêt**.*
– un adverbe	*Il est arrivé **hier**.*

Il complète l'idée exprimée par un nom ou un pronom en la limitant; il est introduit par la préposition **de** et sert à préciser la possession, le lieu, la matière, l'origine, la qualité, l'espèce, l'instrument, le contenu...

Nature du complément déterminatif :

– un nom	*La voiture **de ma sœur**. Celle **de ma sœur**.*
– un pronom	*Le souvenir **d'eux**. Celui **de mes amis**.*
– un infinitif	*L'art **d'aimer**. À toi **de jouer**.*
– un adverbe	*Les neiges **d'antan**. Celles **de jadis**.*
– une proposition	*La pensée **qu'elle pourrait être blessée** me terrifiait.*

☞ Le participe passé s'accorde toujours avec le pronom réfléchi qui est complément d'objet direct.

composant, ante n. m. et f.
• **Nom masculin.** Se dit des parties qui servent à composer un tout. *Des composants chimiques.*
• **Nom féminin.** Chacun des éléments d'un ensemble complexe. *Les composantes d'une œuvre.*

composé, ée adj. et n. m.
• **Adjectif.** Fait de divers éléments. *«Arc-en-ciel» est un mot composé. Le passé composé et le plus-que-parfait sont des temps composés.*
• **Nom masculin.** Corps résultant de la combinaison de plusieurs éléments. *Des composés chimiques.*

composer v. tr., intr., pronom.
• **Transitif**
- Former un tout de l'assemblage de diverses parties. *Composer un menu.*
- Élaborer, créer. *Composer une chanson.*
• **Intransitif**
S'accorder avec quelqu'un, s'accommoder de quelque chose.
• **Pronominal**
Comprendre. *L'étude se compose de quatre parties.*

composeuse n. f.
Machine à composer, en typographie.

composite adj.
Formé d'éléments très différents. *Un style composite.*
☞ compos**ite.**

compositeur n. m.
compositrice n. f.
Personne qui compose de la musique.

composition n. f.
• Agencement. *La composition d'un bouquet.*
• Rédaction. *Une composition française.*
• Assemblage des caractères pour former une page d'impression, en typographie.

compost n. m.
☞ Les lettres **st** se prononcent [kɔ̃pɔst].
Engrais composé de terre et de déchets organiques.

compote n. f.
• Fruits cuits avec du sucre. *De la compote de pommes.*
☞ Le complément de ce nom est généralement au pluriel.
• **En compote.** (Fig. et fam.) Meurtri. *J'ai les pieds en compote.*
☞ compot**e.**

compotier n. m.
Plat creux à pied.

compréhensible adj.
Qui peut se comprendre. *Cette erreur est compréhensible : le texte était très mal écrit.*
☞ Ne pas confondre avec l'adjectif **compréhensif,** apte à comprendre.
☞ compréh**ensible.**

compréhensif, ive adj.
Qui est apte à comprendre. *Elle sera compréhensive et vous permettra de partir plus tôt.*

☞ Ne pas confondre avec l'adjectif **compréhensible,** qui peut se comprendre.
☞ compréh**ensif.**

*compréhensif, ive
Anglicisme au sens de **global, complet.** *Une étude complète de la situation* (et non une étude **compréhensive*).

*compréhensive (assurance)
Anglicisme au sens de **assurance tous risques, multirisque.**

compréhension n. f.
• Faculté de comprendre, possibilité d'être compris. *La compréhension d'un problème.*
• Indulgence. *Elle a fait preuve de beaucoup de compréhension.*

comprendre v. tr.
INDICATIF PRÉSENT *Je comprends, tu comprends, il comprend, nous comprenons, vous comprenez, ils comprennent.* IMPARFAIT *Je comprenais.* IMPÉRATIF PRÉSENT *Comprends, comprenons, comprenez.* SUBJONCTIF PRÉSENT *Que je comprenne.* IMPARFAIT *Que je comprisse.* PARTICIPE PRÉSENT *Comprenant.* PARTICIPE PASSÉ *Compris, ise.*
• Saisir le sens de quelque chose. *Il comprend la question du professeur.*
• **Comprendre +** indicatif ou conditionnel. Prendre conscience. *Je dois donc comprendre que vous ne reviendrez plus.*
• **Comprendre +** subjonctif. Trouver naturel. *Je comprends que vous soyez inquiète.*
• Comporter. *Cette étude comprend plusieurs chapitres.*

compresse n. f.
Pansement. *Appliquez une compresse humide sur son front.*

compresser v. tr.
Serrer. *Compresser des vêtements dans une valise.*

compresseur adj. m. et n. m.
• **Adjectif masculin.** Qui sert à aplanir. *Des rouleaux compresseurs.*
• **Nom masculin.** Appareil qui comprime un fluide à une pression donnée. *Des compresseurs hydrauliques.*

compressibilité n. f.
• Propriété d'un corps à diminuer de volume sous l'action d'une pression.
• Caractère de ce qui peut être réduit.

compression n. f.
• Action de comprimer. *La compression d'un gaz.*
• Restriction. *Les compressions budgétaires, des compressions de personnel* (et non des **coupures*).

comprimé, ée adj. et n. m.
• **Adjectif.** Réduit par la pression. *Air comprimé.*
• **Nom masculin.** Médicament sous forme de pastille. *Alain a pris un comprimé d'aspirine.*
☞ On confond fréquemment les noms **comprimés** et **cachet,** médicament en poudre contenu dans une capsule assimilable par l'organisme.

comprimer v. tr.
• Diminuer le volume d'un corps.
• (Fig.) Réduire, diminuer. *Il faut comprimer les dépenses.*

compris, ise adj.
Y compris, non compris. En comprenant. *Le prix est de 15 $, taxes non comprises.*
☞ Devant un nom, un adjectif ou un pronom, et employées sans auxiliaire, les expressions *y compris* ou *non compris* sont considérées comme des locutions prépositives et demeurent invariables. *Le total s'élève à 500 $, y compris les taxes.*

compromettant, ante adj.
Qui peut compromettre la réputation de quelqu'un. *Une amitié compromettante.*

compromettre v. tr., pronom.
• **Transitif**
- Nuire à la réputation de quelqu'un. *Cette histoire de drogue pourrait le compromettre.*
- Exposer à un danger. *Trop manger peut compromettre la santé.*
• **Pronominal**
Risquer sa réputation. *Ces financiers se sont compromis dans une affaire louche.*

compromis n. m.
• Concession. *Je ne ferai pas de compromis sur cette question.*
• Transaction. *Ils sont parvenus à un compromis afin d'éviter la grève.*
⇨ compromi**s**.

comptabiliser v. tr.
Inscrire dans un registre comptable.

comptabilité n. f.
Système d'information financière d'une entreprise.

comptable adj. et n. m. et f.
• **Adjectif.** Relatif à la comptabilité. *Des systèmes comptables.*
• **Nom masculin et féminin.** Personne spécialisée dans la comptabilité. *Vincent et Andrée sont des comptables.*

comptage n. m.
Action de compter.

comptant adj. m. et n. m.
• En espèces ou par chèque. *Ils paieront comptant* (et non *cash*).
☞ Dans cet emploi, l'adjectif est considéré comme adverbe et reste invariable.
• *Argent comptant.* (Vx) En espèces.
☞ Cette expression est aujourd'hui vieillie; on emploie plutôt *au comptant* qui se dit d'un paiement en espèces ou par chèque portant la somme totale sans terme ni crédit.

compte n. m.
• Évaluation d'un nombre. *Le compte n'y est pas.*
• Tableau où figurent en débits ou crédits, les variations de l'actif ou du passif et les résultats. *Un compte de banque.*
• **Locutions**
- *Un règlement de comptes.* Vengeance.

☞ Le complément s'écrit généralement au pluriel.
- *Compte tenu.* Si l'on tient compte. *Compte tenu de sa compétence et de sa formation, nous l'engageons.*
☞ Cette locution est invariable.
- *Se rendre compte de.* S'apercevoir, comprendre. *Ils se sont rendu compte de l'erreur trop tard.*
☞ Attention au participe passé de cette locution qui est invariable.
- *Au bout du compte, en fin de compte, tout compte fait,* locutions adverbiales. Finalement, tout bien considéré.
- *À bon compte.* À bon prix.
- *Faire son compte.* S'y prendre. *Comment a-t-il fait son compte pour s'enliser ainsi?*
Hom. :
- *comte,* titre de noblesse;
- *conte,* court récit.

compte- préf.
Les noms composés avec l'élément *compte-* sont variables lorsque *compte-* est un nom; ils sont invariables lorsque *compte-* est un verbe. *Des comptes-chèques. Des compte-gouttes.*

compte(-)chèques n. m. (pl. *comptes(-)chèques*)
Compte bancaire sur lequel le titulaire peut tirer des chèques.
☞ Dans ce nom composé, l'élément *compte-* est un nom et prend la marque du pluriel.

compte courant postal n. m.
• Sigle *CCP* (s'écrit avec ou sans points).
• Compte ouvert dans un centre de chèques postaux. *Des comptes courants postaux.*

compte-fils n. m. inv. (pl. *compte-fils*)
Petite loupe puissante.

compte-gouttes n. m. inv. (pl. *compte-gouttes*)
Pipette de verre servant à compter les gouttes d'un liquide.

*compte passé dû
Anglicisme pour *compte échu, compte en souffrance.*

compter v. tr., intr., pronom.
• **Transitif direct**
- Dénombrer. *Compter les participants.*
- Comporter. *Cette école compte 25 salles de cours.*
• **Transitif indirect**
- *Compter sur.* Se fier à. *Je compte sur vous.*
- Avoir l'intention de. *Elle compte partir en vacances. Que comptez-vous faire?*
☞ En ce sens, le verbe se construit avec l'infinitif.
• **Intransitif**
- Entrer dans un calcul. *Cette réponse ne compte pas.*
- Calculer. *Elle compte mentalement.*
• **Pronominal**
Être compté. *Les grippés se comptent par centaines.*

compte rendu n. m. (pl. *comptes rendus*)
Rapport.
☞ Ce nom s'écrit parfois avec un trait d'union.

compte-tours n. m. inv. (pl. *compte-tours*)
Appareil servant à compter le nombre de tours faits par l'arbre d'un moteur.

compteur n. m.
Appareil servant à compter. *Le compteur* (et non le
*meter) *du taxi marque 10 dollars.*
Hom. *conteur,* personne qui raconte bien.

comptine n. f.
Chanson enfantine. *Un, deux, trois, quatre, ma petite
vache a mal aux pattes.* (Comptine)
☞ comptine.

comptoir n. m.
• Table longue et étroite sur laquelle les marchands
étalent leurs marchandises.
• *Comptoir (de cuisine).* Dans une cuisine, surface
horizontale servant à diverses opérations.
☞ En France, c'est l'expression *plan de travail*
qu'on utilise en ce sens.

compulser v. tr.
Consulter, faire des recherches. *Compulser des écrits.*
☞ Ne pas confondre avec le verbe *compiler,*
rassembler des extraits de documents en vue de faire
une recherche précise.

comte n. m.
Titre de noblesse. *Monsieur le comte.*
Hom. :
- *compte,* tableau où figurent en débits ou crédits, les
variations de l'actif ou du passif et les résultats;
- *conte,* court récit.
☞ comte.

comté n. m.
• Abréviation *cté, cté* (s'écrit sans point).
• Au Canada, subdivision du territoire à des fins admi-
nistratives.

*comté
Anglicisme au sens de *circonscription électorale.*

comtesse n. f.
Titre de noblesse. *Madame la comtesse.*
☞ Les titres de noblesse s'écrivent avec une mi-
nuscule.
V. **comte.**

con-
V. **com-.**

con, conne adj. et n. m. et f.
• **Adjectif et nom masculin et féminin.** (Pop.) Idiot.
• **Nom masculin.** (Vulg.) Sexe de la femme.

concassage n. m.
Action de concasser.

concasser v. tr.
Briser en petits fragments une matière dure. *Concasser de la pierre.*

concave adj.
Creux. *Un plat concave.*
☞ Ne pas confondre avec le nom *conclave,* réu-
nion de cardinaux.
Ant. **convexe.**

concavité n. f.
État de ce qui est concave.

concéder v. tr.
Le *é* se change en *è* devant une syllabe muette,

sauf à l'indicatif futur et au conditionnel présent.
Je concède, mais *je concéderai.*
• Accorder. *Ce privilège lui a été concédé par la direction.*
• *Concéder quelque chose à quelqu'un.* Lui accorder
quelque chose. *Je vous concède que cette décision
était une erreur.*

concentration n. f.
• Action de concentrer; son résultat. *La concentration
d'un liquide.*
• Regroupement. *Une concentration urbaine.*
• Réflexion, attention. *Cette réflexion demande beau-
coup de concentration.*

concentré, ée adj. et n. m.
• **Adjectif.** Dont on a enlevé du liquide par évaporation. *Du lait concentré.*
• **Nom masculin.** Produit obtenu par élimination de
l'eau. *Un concentré de légumes.*

concentrer v. tr., pronom.
• **Transitif**
- Réunir des éléments jusqu'alors dispersés. *Concen-
trer des soldats en un lieu.*
- Fixer son attention sur quelqu'un, quelque chose.
• **Pronominal**
Se recueillir, réfléchir. *Elles se sont bien concentrées
pour répondre au questionnaire.*

concentrique adj.
Se dit de courbes ayant un centre commun. *Les galets
lancés dans l'eau forment des cercles concentriques.*

concept n. m.
Idée. *Un concept innovateur.*

concepteur n. m.
conceptrice n. f.
• Personne chargée de créer de nouveaux concepts
(publicitaires, graphiques, etc.).
• *Concepteur-projeteur.* Personne qui met à exécution
les projets qu'elle a conçus.

conception n. f.
• Fait pour un être vivant d'être conçu; fécondation.
• Création de l'esprit. *Ce procédé est une conception
originale.*

conception assistée par ordinateur n. f.
• Sigle *CAO* (s'écrit avec ou sans points).
• (Inform.) Ensemble de techniques qui utilisent un ordinateur en mode conversationnel pour assister un
processus de création humain.

conceptualisation n. f.
Action de conceptualiser.

conceptualiser v. tr.
Former des concepts à partir de (quelque chose).

concerner v. tr.
Se rapporter à. *Cette question ne vous concerne pas.
En ce qui me concerne* (et non *en autant que je suis
concerné), *je suis d'accord.*

concert n. m.
• Séance musicale. *L'orchestre donnera un concert
ce soir.*

• **De concert.** Avec entente, après s'être concerté. *Nous travaillons de concert avec ce groupe.*
☞ Ne pas confondre avec **de conserve,** ensemble.
⟹ concer**t.**

concertation n. f.
Fait de se concerter.

concerter v. tr., pronom.
• **Transitif.** Organiser, projeter quelque chose de concert avec une ou plusieurs personnes. *Une action concertée.*
• **Pronominal.** Se mettre d'accord pour agir de concert. *Ils se sont concertés pour élire un nouveau conseiller.*
☞ L'expression *«se concerter ensemble»* est un pléonasme.

concertiste n. m. et f.
Personne qui donne des concerts.

concerto n. m.
Composition musicale. *Des concertos de Vivaldi.*

concession n. f.
• Action d'accorder un droit, un privilège.
• Droit concédé.
• Compromis. *Il ne fera pas de concession sur ce point.*

concessionnaire n. m. et f.
Intermédiaire qui exerce un droit de vente exclusif des produits d'un constructeur dans une région déterminée. *Des concessionnaires d'automobiles.*

concevable adj.
Qui peut se concevoir, compréhensible.

concevoir v. tr.
• Créer, imaginer. *Il a conçu une histoire abracadabrante.*
• Comprendre. *Ce que l'on conçoit bien s'énonce clairement.* (Boileau) *Je conçois que vous soyez inquiet.*
☞ En ce sens, le verbe se construit avec le subjonctif.
• Devenir enceinte, en parlant d'une femme, d'une femelle. *Concevoir un enfant.*

concierge n. m. et f.
Personne chargée de la garde, de l'entretien d'un immeuble.

conciergerie n. f.
Logement de concierge, dans un château, un bâtiment administratif.

*conciergerie
Impropriété au sens de **immeuble d'habitation.**

concile n. m.
Assemblée des évêques réunis pour statuer sur des questions d'ordre religieux.

conciliable adj.
Qui peut se concilier avec autre chose.

conciliabule n. m.
Réunion secrète. *Les complices ont tenu un conciliabule et se sont dispersés.*
☞ Ne pas confondre avec les noms suivants :
- *causette,* conversation familière;
- *conversation,* entretien familier;
- *dialogue,* conversation entre deux personnes;

- *entretien,* conversation suivie avec quelqu'un;
- *palabre,* conversation longue et inutile.

conciliant, ante adj.
Accommodant. *La maîtresse est bien conciliante : elle accepte nos excuses.*
☞ Ne pas confondre avec le participe présent invariable *conciliant. Les membres ont bien accueilli cette mesure conciliant les intérêts de chacun.*

conciliateur, trice adj. et n. m. et f.
Qui cherche à concilier.

conciliation n. f.
Rapprochement de personnes qui étaient en désaccord.

concilier v. tr., pronom.
Redoublement du *i* à la première et à la deuxième personne du pluriel de l'indicatif imparfait et du subjonctif présent. *(Que) nous conciliions, (que) vous conciliiez.*
• Mettre d'accord. *Concilier les deux parties.*
• Allier. *Concilier la jeunesse et la sagesse* ou *la jeunesse avec la sagesse.*
☞ Le verbe peut se construire avec les conjonctions *et* ou *avec.*

concis, ise adj.
Qui exprime tout en peu de mots. *Un style concis.*

concision n. f.
Qualité de ce qui est concis.

concitoyen, yenne n. m. et f.
Citoyen de la même ville.

conclave n. m.
Réunion de cardinaux pour l'élection d'un pape.
☞ Ne pas confondre avec l'adjectif *concave,* creux.

concluant, ante adj.
Qui prouve clairement. *Les résultats sont concluants.*

conclure v. tr.
INDICATIF PRÉSENT *Je conclus, tu conclus, il conclut, nous concluons, vous concluez, ils concluent.* IMPARFAIT *Je concluais, tu concluais, il concluait, nous concluions, vous concluiez, ils concluaient.* FUTUR *Je conclurai, tu concluras, il conclura, nous conclurons, vous conclurez, ils concluront.* CONDITIONNEL PRÉSENT *Je conclurais, tu conclurais, il conclurait, nous conclurions, vous concluriez, ils concluraient.* IMPÉRATIF PRÉSENT *Conclus, concluons, concluez.* SUBJONCTIF PRÉSENT *Que je conclue, que tu conclues, qu'il conclue, que nous concluions, que vous concluiez, qu'ils concluent.* IMPARFAIT *Que je conclusse, que tu conclusses, qu'il conclût, que nous conclussions, que vous conclussiez, qu'ils conclussent.* PARTICIPE PRÉSENT *Concluant.*
☞ À noter que le participe passé **conclu, conclue** (et non *concluse) fait au pluriel **conclus, conclues** (et non *concluses).
☞ Attention à la forme infinitive fautive «concluer». *Faut-il en conclure* (et non en *concluer) que vous serez absent?*
• Terminer, régler une affaire. *Conclure une entente.*

• Donner une conclusion, tirer une conséquence. *De ses propos, je conclus que vous aviez raison. Ils ont conclu à un cas de légitime défense.*

conclusion n. f.
• Action de conclure, partie qui termine un écrit. *La conclusion de ce rapport est mal rédigée.*
• Conséquence que l'on tire d'un raisonnement. *Quelles sont les conclusions de l'enquête?*

concocter v. tr.
(Fam.) Élaborer.

concombre n. m.
Plante potagère cultivée pour ses fruits. *Une salade de concombres.*
⮕ concombre.

concomitance n. f.
Existence simultanée.
⮕ concomitance.

concomitant, ante adj.
Qui se produit en même temps qu'une autre chose jugée plus importante. *Des clauses concomitantes de l'accord général.*
⌑— L'adjectif *concomitant* se construit avec la préposition *de* et non avec la préposition *à.*
⮕ concomitant.

concordance n. f.
Accord, convenance. *La concordance des témoignages est frappante.*
V. Tableau - **CONCORDANCE DES TEMPS.**

concordant, ante adj.
Qui s'accorde. *Des témoignages concordants.*
⌑— Ne pas confondre avec le participe présent invariable *concordant. L'avocat a fait entendre des témoignages concordant avec ceux des témoins précédents.*

concorde n. f.
Entente, bon accord entre les personnes. *Souhaitons que la concorde règne désormais dans notre école.*
Ant. **discorde.**

concorder v. intr.
Correspondre. *Les faits concordent parfaitement. Ces affirmations concordent avec les propos des témoins.*

concourir v. tr. ind., intr.
   Se conjugue comme le verbe *courir.*
• **Transitif indirect.** Contribuer ensemble à un même résultat. *Toute l'équipe a concouru au succès de l'entreprise.*
• **Intransitif.** Prendre part à un concours. *Ils ont tenu à concourir et ils ont gagné.*
⮕ concourir, comme le verbe **courir.**

concouriste n. m. et f.
Personne qui participe aux concours.

concours n. m.
• Action de concourir, de participer à quelque chose.
• Ensemble d'épreuves auxquelles participent des personnes en compétition *Un concours d'art oratoire.*
• *Concours de circonstances.* Ensemble de coïncidences.

concret, ète adj. et n. m.
• **Adjectif.** Réaliste. *Un exemple concret.*
• **Nom masculin.** Le réel. *Le concret et l'abstrait.*

concrètement adv.
De façon concrète, en pratique.

concrétion n. f.
• Solidification.
• (Méd.) Calcul qui se forme dans les tissus, les articulations.

concrétisation n. f.
Action de concrétiser; fait de concrétiser. *La concrétisation de tous ses espoirs.*

concrétiser v. tr., pronom.
• **Transitif.** Rendre concret, facile à comprendre. *Cet enseignant arrive à concrétiser les explications les plus difficiles.*
• **Pronominal.** Devenir réel. *Les prévisions se sont concrétisées.*

concubin, ine n. m. et f.
Personne qui vit en état de concubinage.
⌑— On emploie plus couramment aujourd'hui le mot *conjoint.*

concubinage n. m.
État de personnes qui vivent ensemble comme mari et femme, sans être mariées.
⌑— Le nom *concubinage* est senti comme péjoratif et relève surtout de la langue juridique. On emploie plus couramment l'expression *union libre.*

concurremment adv.
Conjointement. *Elle emploie concurremment ces deux ouvrages. Employer un dictionnaire concurremment avec un autre.*
⌑— Cet adverbe se construit avec les prépositions *à* ou *avec.*
⮕ concurremment.

concurrence n. f.
• Compétition. *Les deux équipes sont en concurrence.*
• Rapport entre les entreprises qui recherchent la même clientèle. *La libre concurrence.*
• *Jusqu'à concurrence de +* nombre. Jusqu'à ce que ce nombre soit atteint. *Nous acceptons les paquets jusqu'à concurrence de 10.*
⮕ concurrence.

concurrencer v. tr.
Faire concurrence à. *Ce nouveau magasin concurrencera les commerces de la rue.*
⮕ concurrencer.

concurrentiel, ielle adj.
• Où la concurrence existe. *Un marché concurrentiel.*
• Apte à supporter la concurrence. *Des prix concurrentiels.*
⮕ concurrentiel.

concussion n. f.
Malversation.

condamnable adj.
Répréhensible. *Une pratique condamnable.*

CONCORDANCE DES TEMPS

Le mode et le temps de la proposition principale définissent le mode et le temps de la proposition subordonnée afin d'exprimer l'**antériorité,** la **simultanéité** ou la **postériorité** de l'action de la proposition subordonnée par rapport à celle de la principale.

Mode et temps de la proposition principale	Moment de l'action subordonnée par rapport à l'action principale	Mode et temps de la proposition subordonnée	Exemples
INDICATIF		**INDICATIF**	
• Présent	– antériorité	imparfait	*Il pense que tu étais là.*
		passé simple	*Il croit que tu fus malade.*
		passé composé	*Il dit que tu as été là.*
		plus-que-parfait	*Il jure que tu avais été là.*
	– simultanéité	présent	*Il pense que tu es là.*
	– postériorité	futur	*Il croit que tu seras là.*
		SUBJONCTIF	
	– antériorité	imparfait	*Il craint qu'elle ne fût là.*
		passé	*Il doute que tu aies été là.*
		plus-que-parfait	*Il souhaite qu'elle eût été là.*
	– simultanéité	présent	*Il craint que tu ne sois malade en ce moment.*
	– postériorité	présent	*Il souhaite que tu restes désormais.*
		INDICATIF	
• Passé (passé simple, passé composé, passé antérieur, imparfait, plus-que-parfait)	– antériorité	plus-que-parfait	*Il pensait, pensa, a pensé... que tu avais été là.*
	– simultanéité	imparfait	*Il croyait que tu étais là.*
		CONDITIONNEL	
	– postériorité	présent	*Il pensait que tu serais là.*
		SUBJONCTIF	
	– antériorité	plus-que-parfait	*Il doutait qu'elle eût été là.*
	– simultanéité	imparfait	*Il craignait qu'elle ne fût là.*
	– postériorité	imparfait	*Il importait qu'elle fût là désormais.*
		INDICATIF	
• Futur (futur, futur antérieur)	– antériorité	passé simple	*Il dira, aura dit qu'elle fut là.*
		passé composé	*Il pensera qu'elle a été là.*
		imparfait	*Il croira qu'elle était là.*
	– simultanéité	présent	*Il dira qu'elle est là.*
	– postériorité	futur	*Il pensera qu'elle viendra.*

suite➜

		SUBJONCTIF	
	– antériorité	passé simple imparfait plus-que-parfait	*Il doutera qu'elle ait été là.* *Il importera qu'elle fût là.* *Il craindra qu'elle n'eût été malade.*
	– simultanéité	présent	*Il doutera qu'elle vienne.*
	– postériorité	présent	*Il importera qu'elle soit là dorénavant.*

CONDITIONNEL		SUBJONCTIF	
• Présent	– antériorité	plus-que-parfait	*Il douterait qu'il eût été sage de venir.*
	– simultanéité	imparfait	*Il importerait qu'elle fût là.*
	– postériorité	imparfait	*Il craindrait qu'elle fût malade.*
• Passé	– antériorité	plus-que-parfait	*Il aurait importé qu'elle eût été là.*
	– simultanéité	imparfait	*Il aurait importé qu'elle fût présente à ce moment.*
	– postériorité	imparfait	*Il aurait importé qu'elle fût prévenante désormais.*

☞ L'emploi du subjonctif imparfait, passé ou plus-que-parfait relève aujourd'hui de la langue écrite ou littéraire. Dans la langue orale, ces temps sont généralement remplacés par le présent aux modes indicatif ou subjonctif.

condamnation n. f.
• Jugement par lequel une personne est condamnée. *La condamnation à mort n'existe plus au Canada.*
• Blâme. *La condamnation d'un acte.*
Ant. **acquittement.**

condamné, ée adj. et n. m. et f.
• Personne contre qui une peine a été prononcée.
• Se dit d'un malade qu'on n'espère plus sauver.

condamner v. tr.
☞ Les lettres **mn** se prononcent **n** [kɔ̃dane], de même que dans tous les dérivés du verbe.
• Prononcer un jugement contre quelqu'un, donner tort à quelqu'un.
• Désapprouver. *Le directeur a condamné ces excès.*

condensateur n. m.
Appareil servant à emmagasiner l'énergie électrique.

condensation n. f.
Action de condenser; fait de se condenser.

condensé, ée adj. et n. m.
• **Adjectif.** Traité par concentration sous vide. *Du lait condensé.*
• **Nom masculin.** Résumé.

condenser v. tr., pronom.
• **Transitif**
- Rendre plus dense. *Condenser une soupe, condenser une histoire.*
- Liquéfier (un gaz).
• **Pronominal**
Passer de l'état de vapeur à l'état de solide ou de liquide. *Le brouillard s'est condensé et il y a de la buée sur le pare-brise.*

condescendance n. f.
Complaisance mêlée de mépris.
☞ condescendance.

condescendant, ante adj.
Qui marque de la condescendance.
☞ condescendant.

condescendre v. tr. ind.
Condescendre à. (Péj.) Daigner.
☞ condescendre.

condiment n. m.
Substance ajoutée aux aliments pour en relever le goût. *Le poivre est un condiment.*

condisciple n. m. et f.
Personne avec qui l'on étudie.
☞ À l'inverse de *disciple,* ce mot a une forme féminine.
☞ Ne pas confondre avec les noms suivants :
- *camarade,* ami surtout chez les enfants, les adolescents;
- *collègue,* personne avec qui l'on travaille ou qui exerce la même fonction;
- *compagnon,* personne avec qui l'on fait un travail manuel, un voyage;
- *confrère,* personne qui appartient à une même profession, à une même société;
- *copain,* camarade intime.

condition n. f.
• Situation sociale. *Il est de condition modeste.*
• État passager. *Ils sont en bonne condition.*
• Exigence, circonstance dont dépend l'accomplissement d'une action. *Une condition essentielle.*

CONDITIONNEL

LE CONDITIONNEL – mode

Dans une proposition indépendante, le conditionnel peut marquer :

– **un vœu, un désir** (conditionnel présent). *J'aimerais revenir un jour.*

– **un regret** (conditionnel passé). *Qu'elle aurait aimé rester là-bas!*

Dans une proposition principale accompagnée d'une subordonnée à l'imparfait introduite par **si**, le conditionnel exprime :

– **un fait soumis à une condition :** (conditionnel présent) *Si j'étudiais, je réussirais mieux.*
(conditionnel passé) *Si tu avais su, tu ne serais pas venu.*

LE CONDITIONNEL – temps

Dans une proposition subordonnée, il marque :

– **le futur dans le passé.** *Je croyais qu'ils seraient présents.*

• *À condition que.* Pourvu que. Cette locution est généralement suivie du subjonctif. *Je lui donne congé demain, à condition qu'elle soit ponctuelle.*
• *À la condition, sous la condition que.* À charge de. Cette locution est suivie de l'infinitif, du subjonctif ou de l'indicatif futur. *Tu l'autorises à venir, à la condition d'être gentil, qu'il soit gentil ou qu'il sera gentil.*

conditionné, ée adj.
• Soumis à certaines conditions. *Des produits conditionnés. L'air de cette salle est conditionné.*
• *Air conditionné.* Atmosphère d'un lieu à laquelle on a donné une certaine température à l'aide d'un climatiseur ou d'un conditionneur d'air. *Cet appartement a l'air conditionné, il est climatisé, un cinéma à air conditionné.*
• Qui a subi un conditionnement.

conditionnel, elle adj. et n. m.
• **Adjectif.** Qui dépend de certaines conditions. *Ce contrat est conditionnel à la vente de la propriété.*
• **Nom masculin.** (Gramm.) Mode du verbe exprimant un vœu, un désir, un regret ou un fait soumis à une condition.
V. Tableau - **CONDITIONNEL.**

conditionnellement adv.
De façon conditionnelle.

conditionnement n. m.
• Préparation. *Le conditionnement des viandes. Le conditionnement de l'air.*
• Présentation de certains produits destinés à la vente. *Un conditionnement très élégant.*
☞ Ce nom a fait l'objet d'une recommandation pour remplacer l'anglicisme *packaging.
• *Conditionnement physique.* Mise en forme par des exercices.

conditionner v. tr.
• Traiter. *Conditionner des marchandises.*
• Emballer. *Conditionner des produits de beauté.*

conditionneur n. m.
Appareil qui conditionne. *Un conditionneur d'air.*

condoléances n. f. pl.
Témoignage de sympathie. *Transmettre ses condoléances* (et non ses *sympathies*) *à l'occasion d'un décès.*

condom n. m.
☞ Le *m* est muet [kɔ̃dɔ̃].
Préservatif masculin.

*condominium
Anglicisme pour *copropriété.*

condor n. m.
Grand vautour au plumage noir.

conducteur n. m.
conductrice n. f.
• **Nom masculin et féminin.** Personne qui conduit un véhicule. *Un conducteur d'autobus. Une conductrice de camion.*
• **Nom masculin.** Corps plus ou moins apte à transmettre la chaleur ou l'électricité.

conductibilité n. f.
Qualité des corps conducteurs.

conductible adj.
Qui est doué de conductibilité.

conduction n. f.
Action de conduire l'électricité ou la chaleur.

conduire v. tr., pronom.
• **Transitif**
- Diriger (une personne, un animal, un véhicule). *Alain a hâte de conduire la voiture.*

- Avoir la direction de. *Conduire une entreprise, conduire des travaux.*
• **Pronominal**
Se comporter. *Il s'est bien conduit.*

conduit n. m.
Tuyau. *Des conduits d'aération.*
▭▷ conduit.

conduite n. f.
• Action de conduire, de mener, de guider. *La conduite d'une équipe.*
• Manière de se comporter. *Une bonne conduite.*
• Canalisation. *Une conduite d'eau.*

cône n. m.
Surface dont la base est circulaire et qui se termine en pointe.
▭▷ cône.

confection n. f.
• Fabrication. *La confection d'un gâteau.*
• Industrie du prêt-à-porter.

confectionner v. tr.
Fabriquer, préparer. *Confectionner un manteau.*

confédéral, ale, aux adj.
Relatif à une confédération.

confédération n. f.
Association d'États, de fédérations (professionnelles, syndicales, etc.) soumise à un pouvoir central tout en conservant une certaine autonomie.
V. **pays.**

confédérer v. tr.
 Le *é* se change en *è* devant une syllabe muette, sauf à l'indicatif futur et au conditionnel présent. *Je confédère,* mais *je confédérerai.*
Réunir en confédération.

confer mot inv.
• Abréviation *cf., conf.* (s'écrit avec un point).
• Mot latin signifiant «se reporter à».
Syn. **voir, V.**

conférence n. f.
• Réunion de personnes qui discutent d'un sujet. *Une salle de conférences.*
• Exposé. *Donner une conférence sur le stress.*
• *Conférence de presse.* Exposé destiné à la presse.

Conférence des Nations Unies sur le commerce et le développement
Sigle *CNUCED* (s'écrit avec ou sans points).

conférencier n. m.
conférencière n. f.
Personne qui donne une conférence (scientifique, littéraire, économique, etc.).

conférer v. tr., intr.
 Le *é* se change en *è* devant une syllabe muette, sauf à l'indicatif futur et au conditionnel présent. *Il confère,* mais *il conférera.*
• **Transitif.** (Litt.) Attribuer.
• **Intransitif.** Discuter, traiter ensemble d'une affaire.
▭← À la forme intransitive, le verbe se construit avec la préposition *avec.*

confesse n. f.
◁▷ Le nom rime avec *fesse* [kɔ̃fɛs].
• Confession.
• *Aller à confesse.* Aller recevoir le sacrement de la pénitence.
▭← Ce nom s'emploie sans article après les prépositions *à* ou *de.*

confesser v. tr., pronom.
• **Transitif.** Avouer, reconnaître. *Confesser ses torts.*
• **Pronominal.** Avouer ses fautes. *Ils se sont confessés avant de communier.*

confesseur n. m.
Prêtre qui entend les confessions.

confession n. f.
• Acte de se confesser.
• Aveu d'une faute.
• Religion à laquelle une personne appartient. *Martin est de confession catholique.*

confessionnal n. m. (pl. *confessionnaux*)
Isoloir où le prêtre entend les confessions.

***confessionnalité**
Forme inexistante. *Le caractère confessionnel d'une école* (et non la *confessionnalité).*

confessionnel, elle adj.
• Relatif à une religion.
• *École confessionnelle.* École qui se réfère à une confession religieuse.

confetti n. m.
Rondelle de papier qu'on lance dans les fêtes. *Les enfants lançaient des confettis.*

confiance n. f.
• Foi, assurance.
• *Avoir confiance en quelqu'un, en quelque chose, faire confiance à quelqu'un.* Pouvoir compter sur quelqu'un, se fier à quelqu'un. *Elle a confiance en l'avenir.*
• *Avoir confiance en soi.* Être sûr de soi. *Mylène a confiance en elle, elle sait qu'elle réussira.*
• *Ne pas inspirer confiance.* Ne pas donner une bonne impression.
• *En toute confiance.* Sans crainte.
Ant. **méfiance.**

confiant, ante adj.
Qui a confiance en quelqu'un ou quelque chose.

confidence n. f.
• Communication d'un secret que l'on donne ou que l'on reçoit. *Delphine a fait une confidence à Catherine.*
• *En confidence.* Secrètement.

confident, ente n. m. et f.
Personne à qui l'on se confie. *Catherine est la confidente de Delphine.*

confidentiel, ielle adj.
Secret. *Un dossier confidentiel.*

confidentiellement adv.
Sous le sceau du secret.

confier v. tr., pronom.
 Redoublement du *i* à la première et à la deuxième

personne du pluriel de l'indicatif imparfait et du subjonctif présent. *(Que) nous confiions, (que) vous confiiez.*
• **Transitif**
- Dire en confidence. *Confier un secret.*
- Charger quelqu'un de quelque chose. *En mon absence, je vous confie ma maison.*
• **Pronominal**
- S'en remettre à. *Ils se sont confiés au destin.*
- Se faire des confidences. *Elles se sont confié tous leurs secrets. Tous les secrets qu'elles se sont confiés.*
▷— Le participe passé du verbe pronominal s'accorde avec le sujet s'il n'y a pas de complément d'objet direct; il s'accorde avec le complément d'objet direct s'il est placé avant le verbe ou reste invariable si le complément d'objet direct suit le verbe.

configuration n. f.
• Forme extérieure d'un corps, d'une surface. *La configuration des lieux.*
• (Inform.) Composition d'un système informatique précisée par la nature, le nombre et les caractéristiques essentielles de leurs principaux éléments constitutifs.

confiné, ée adj.
Air confiné. Air non renouvelé.

confinement n. m.
Isolement.

confiner v. tr., pronom.
• **Transitif.** Reléguer. *Confiner un malade dans sa chambre.*
• **Pronominal.** Se limiter à, se cloîtrer. *Elle se confine dans sa maison.*

confins n. m. pl.
Limites. *Une forêt aux confins du pays.*
▷— Ce mot ne s'utilise qu'au pluriel.

confire v. tr.
INDICATIF PRÉSENT *Je confis, tu confis, il confit, nous confisons, vous confisez, ils confisent.* IMPARFAIT *Je confisais.* PASSÉ SIMPLE *Je confis, nous confîmes.* FUTUR *Je confirai.* CONDITIONNEL PRÉSENT *Je confirais.* IMPÉRATIF PRÉSENT *Confis, confisons, confisez.* SUBJONCTIF PRÉSENT *Que je confise.* PASSÉ *Que je confisse, qu'il confît.* PARTICIPE PRÉSENT *Confisant.* PASSÉ *Confit, ite.*
Mettre des fruits dans un liquide propre à les conserver. *Confire des poires.*

confirmation n. f.
Action de confirmer; son résultat. *La confirmation de l'arrivée de Léa.*

confirmer v. tr., pronom.
• **Transitif**
- Rendre sûr ce qu'on a déjà annoncé. *L'heure d'arrivée de l'avion n'est pas encore confirmée.*
- Rendre certain. *La directrice a confirmé la bonne nouvelle : nous aurons congé lundi prochain.*
Ant. **infirmer.**
• **Pronominal**
Devenir certain. *Nos soupçons se confirment.*

confiscation n. f.
Action de confisquer; son résultat.

confiserie n. f.
• Magasin de confiseur.
• Sucrerie. *Elle raffole des confiseries.*

confiseur n. m.
confiseuse n. f.
Fabricant ou vendeur de sucreries, de fruits confits, etc.

confisquer v. tr.
Saisir, enlever en vertu d'un droit, d'un règlement. *Le douanier a confisqué les cigarettes de ces voyageurs.*

confit, ite adj. et n. m.
• **Adjectif.** Conservé dans du sucre, dans un liquide, etc. *Des fruits confits. Une poire confite* (et non *confie*).
• **Nom masculin.** Volaille cuite et conservée dans sa graisse. *Il adore le confit de canard.*
⇒ confit.

confiture n. f.
Fruits cuits dans le sucre pour en assurer la conservation. *Des confitures de framboises.*
▷— Le nom *confiture* s'emploie au singulier ou au pluriel, mais son complément est généralement au pluriel. *De la confiture de groseilles, des confitures de fraises.*

conflagration n. f.
Conflit international, bouleversement important.

conflictuel, elle adj.
Relatif à un conflit.

conflit n. m.
Lutte, opposition. *Un conflit d'intérêts.*
⇒ conflit.

confondant, ante adj.
Qui déconcerte.

confondre v. tr., pronom.
Ce verbe se conjugue comme **fondre.**
• **Transitif**
- Prendre une personne, une chose pour une autre. *Il ne faut pas confondre le mot* **concave** *avec le mot* **convexe.** *Antoine a confondu le sel et le sucre.*
- Démasquer. *Confondre un accusé.*
• **Pronominal**
- Se mêler, se ressembler. *Les deux parfums se confondent.*
- *Se confondre en excuses, en remerciements.* Multiplier les excuses, les remerciements.

conformation n. f.
Disposition des parties d'un corps organisé.

conforme adj.
• Identique. *Une copie conforme.*
• Qui convient. *C'est conforme au règlement* (et non *avec le règlement*).

conformément adv.
D'une manière conforme.

conformer v. tr., pronom.
• **Transitif.** Rendre conforme.
• **Pronominal.** Agir conformément à, respecter. *Conformez-vous aux directives.*

conformisme n. m.
Respect aveugle des règles, de la tradition.

conformiste adj. et n. m. et f.
Personne qui se conforme systématiquement à une règle, à un usage.

conformité n. f.
État de choses semblables. *La conformité de la copie avec l'original. La conformité entre deux tableaux. Il a agi en conformité avec la loi.*
☞ Ne pas confondre avec les noms suivants :
- *identité,* conformité totale;
- *ressemblance,* conformité partielle;
- *uniformité,* nature de ce qui ne change pas de caractère, d'apparence.

confort n. m.
Bien-être matériel. *Une jolie maison à la campagne avec tout le confort.*
☞ confor**t.**

confortable adj.
• Qui procure le bien-être. *Une voiture confortable.*
• Qui assure le bien-être, l'aisance. *Un salaire confortable.*

*confortable
Anglicisme au sens de *être à l'aise, se sentir bien.*
☞ L'adjectif *confortable* se dit seulement en parlant d'une chose, non d'une personne. *Le fauteuil est-il confortable* (et non *êtes-vous confortable dans ce fauteuil)?

*confortable
Anglicisme au sens de *édredon, courtepointe.*

confortablement adv.
De façon confortable.

conforter v. tr.
• (Vx) Réconforter.
• Confirmer. *Être conforté dans sa conviction.*

confrère n. m.
Personne qui appartient à une même profession, à une même société, considérée par rapport aux autres membres.
☞ La forme féminine de ce nom est *consœur.*
☞ Ne pas confondre avec les noms suivants :
- *camarade,* ami, surtout chez les enfants, les adolescents;
- *collègue,* personne avec qui l'on travaille ou qui exerce la même fonction;
- *compagnon,* personne avec qui l'on fait un travail manuel, un voyage;
- *condisciple,* personne avec qui l'on étudie;
- *copain,* camarade intime.

confrérie n. f.
Communauté de laïcs.

confrontation n. f.
Action de mettre en présence des personnes pour comparer leurs témoignages.
☞ Ne pas confondre avec le nom *affrontement,* opposition violente de deux ou plusieurs adversaires.

confronter v. tr.
• Comparer. *Confronter une écriture à une autre, avec une autre, et une autre. Confronter deux témoins ensemble.*
☞ Le verbe *confronter* se construit avec les prépositions *et, à* ou *avec.*
• *Être confronté à une difficulté.* (Fam.) Devoir régler un problème.

confus, use adj.
• Troublé, désolé. *Je suis confuse, je ne voulais pas vous déranger.*
• Embrouillé, obscur. *Un exposé confus.*
☞ confu**s.**

confusion n. f.
Désordre, manque de clarté. *Après l'explosion, la confusion la plus totale régnait.*

congé n. m.
Permission de s'absenter, de se retirer. *Les congés payés de Noël.*

congédiement n. m.
Action de congédier.
☞ congédi**ement.**

congédier v. tr.
Redoublement du *i* à la première et à la deuxième personne du pluriel de l'indicatif imparfait et du subjonctif présent. *(Que) nous congédiions, (que) vous congédiiez.*
Mettre fin de façon définitive au travail d'un employé. *Le patron a congédié deux employés.*

congélateur n. m.
Appareil de réfrigération où la température est maintenue au-dessous du point de congélation (approximativement à -15 °C) afin de conserver les aliments. *Un grand congélateur* (et non un *freezer).

congélation n. f.
Conservation des aliments par le froid (au-dessous du point de congélation).
☞ Ne pas confondre avec les noms suivants :
- *réfrigération,* conservation par le froid (au-dessus du point de congélation);
- *surgélation,* congélation à l'aide d'un procédé industriel.

congeler v. tr.
Le *e* se change en *è* devant une syllabe muette. *Il congèle,* mais *il congelait.*
Soumettre au froid pour conserver. *Congeler des framboises pour l'hiver.*

congénère n. m. et f.
Personne du même genre, semblable.

congénital, ale, aux adj.
• Qui existe au moment de la naissance. *Une maladie congénitale.*
• (Fig.) Inné.
Ant. **acquis.**

congénitalement adv.
D'une manière congénitale.

congère n. f.
Amas de neige entassé par le vent.
☞ Au Canada, on emploie plutôt le nom *banc de neige.*
☞ Attention au genre féminin de ce nom : *une* congère.

congestion n. f.
Afflux de sang anormal dans une partie du corps. *Une congestion cérébrale.*

congestionner v. tr.
• Encombrer par l'accumulation de personnes, de voitures, etc. *Une rue congestionnée.*
• Provoquer une congestion dans une partie du corps. *Antoine avait le visage congestionné parce qu'il avait trop couru.*

conglomérat n. m.
(Écon.) Concentration d'entreprises en vue d'une diversification des activités.

congolais, aise adj. et n. m. et f.
Du Congo. *Le folklore congolais. Un Congolais, une Congolaise.*
🕮— L'adjectif s'écrit avec une minuscule; le nom, avec une majuscule.

congratuler v. tr., pronom.
• **Transitif.** (Vx) Féliciter.
• **Pronominal.** Échanger des compliments.

congrégation n. f.
Communauté religieuse. *Marguerite d'Youville, fondatrice de la congrégation des Sœurs de la Charité, dites Sœurs grises.*

congrès n. m.
Assemblée regroupant un nombre important de personnes réunies pour délibérer sur un ou des sujets donnés. *Le congrès d'un parti politique. Des congrès médicaux.*
🕮— Ne pas confondre avec les noms suivants :
- *colloque,* réunion de spécialistes invités, en nombre généralement limité, pour exposer, discuter et confronter leurs idées et leurs opinions sur un thème donné;
- *forum,* réunion où sont débattues des questions d'une vaste portée, généralement dans le but d'établir une concertation entre les divers participants;
- *séminaire,* réunion à caractère scientifique constituée d'un groupe restreint de personnes et généralement animée par un professeur, un chercheur ou un spécialiste;
- *symposium,* congrès scientifique.

congressiste n. m. et f.
Personne qui participe à un congrès. *Les congressistes viennent de tous les continents.*

congru, ue adj.
Portion congrue. Ressources à peine suffisantes pour subsister.

conifère n. m.
Arbre dont les fruits sont des cônes et dont les feuilles (aiguilles) sont en général persistantes. *Le sapin et le pin sont des conifères.*

conique adj.
Qui a la forme d'un cône.
▭⇨ conique.

conjectural, ale, aux adj.
Fondé sur des conjectures.

conjecture n. f.
Hypothèse, opinion fondée sur des probabilités. *On se perd en conjectures sur les motifs de son acte.*
🕮— Ne pas confondre avec le nom *conjoncture,* situation d'ensemble (économique, politique, etc.)

conjecturer v. tr.
Supposer. *Il ne faut pas conjecturer le résultat de ces rencontres.*

conjoint, ointe, adj. et n. m. et f.
• **Adjectif.** Lié, uni. *Des problèmes conjoints.*
• **Nom masculin et féminin.** Personne qui vit maritalement avec une autre.

conjointement adv.
Ensemble.

conjonctif, ive adj.
Qui unit des organes, des tissus. *Du tissu conjonctif.*

conjonction n. f.
V. Tableau - **CONJONCTION.**

conjonctive n. f.
Membrane qui unit le globe de l'œil aux paupières.

conjonctivite n. f.
Inflammation de la conjonctive.

conjoncture n. f.
Situation d'ensemble (économique, politique, etc.). *La conjoncture économique du pays est favorable.*
🕮— Ne pas confondre avec le nom *conjecture,* hypothèse, opinion fondée sur des probabilités.

conjugaison n. f.
• Ensemble des formes que possède un verbe. *La conjugaison du verbe «faire» est irrégulière.*
• Tableau des formes verbales. *Un recueil de conjugaisons.*

conjugal, ale, aux adj.
Relatif à l'union entre le mari et la femme.

conjugalement adv.
D'une manière conjugale.

conjugué, ée adj.
Lié ensemble. *Des efforts conjugués.*

conjuguer v. tr., pronom.
Ce verbe s'écrit toujours avec un *u,* même devant les lettres *a* et *o. Il conjugua, nous conjuguons.*
• **Transitif**
- Énoncer les différentes formes d'un verbe suivant la voix, le mode et le temps.
- Joindre. *Conjuguons nos efforts.*
• **Pronominal**
Être conjugué. *Le verbe écrire se conjugue avec les auxiliaires avoir et être.*

conjuration n. f.
• Conspiration contre le pouvoir.
• Action de conjurer, d'éloigner quelque chose de dangereux. *La conjuration du mauvais sort.*

conjuré, ée n. m. et f.
Personne qui participe à une conjuration.

conjurer v. tr., pronom.
• **Transitif**

CONJONCTION

La conjonction est un mot invariable qui unit deux mots ou deux propositions. Il y a deux types de conjonctions :

• Les **CONJONCTIONS DE COORDINATION** qui unissent des mots ou des propositions de même nature. *Des feuilles et des branches. Soit un fruit, soit un gâteau. Nous irons à la campagne ou nous partirons en voyage.*

• Les **CONJONCTIONS DE SUBORDINATION** qui unissent une proposition subordonnée à une proposition principale. *Nous ferons cette excursion si le temps le permet. À supposer qu'elle vienne, nous serons cinq. Il restera jusqu'à ce que le travail soit terminé.*

• La **LOCUTION CONJONCTIVE** est un groupe de mots qui joue le rôle d'une conjonction. *Jusqu'à ce que.*

PRINCIPALES CONJONCTIONS ET LOCUTIONS CONJONCTIVES DE COORDINATION

LIAISON
et
ni
de plus
en outre
mais aussi
même

ALTERNATIVE
ou
ou bien
ou au contraire
soit... soit
tantôt... tantôt

CONSÉQUENCE
donc
ainsi
alors
aussi
c'est pourquoi
d'où
en conséquence
par conséquent

EXPLICATION
c'est-à-dire
par exemple
à savoir

CAUSE
car
en effet
effectivement

RESTRICTION
mais
or
pourtant
cependant
néanmoins
toutefois
du moins
du reste

SUITE
alors
enfin
ensuite
puis

TRANSITION
or
bref
d'ailleurs
en somme
peut-être
après tout

V. Tableau – **QUE,** CONJONCTION.

PRINCIPALES CONJONCTIONS ET LOCUTIONS CONJONCTIVES DE SUBORDINATION

La conjonction ou la locution conjonctive de subordination définit le mode de la proposition subordonnée. La plupart des conjonctions de cause, de conséquence, de comparaison sont suivies d'un verbe au mode indicatif (**i**) ou au mode conditionnel (**c**); certaines conjonctions de concession, de but, de condition et de temps expriment une incertitude et imposent le mode subjonctif (**s**).

CAUSE
comme	(ic)
parce que	(ic)
puisque	(ic)
attendu que	(ic)
étant donné que	(ic)
vu que	(ic)
sous prétexte que	(ic)

BUT
que	(s)
afin que	(s)
de peur que	(s)
de crainte que	(s)
de façon que	(s)
de manière que	(s)
pour que	(s)

COMPARAISON
comme	(ic)
de même que	(ic)
ainsi que	(ic)
plus que	(ic)
moins que	(ic)

CONCESSION
quoique	(s)
bien que	(s)
encore que	(s)
en admettant que	(s)
malgré que	(s)
pendant que	(ic)
tandis que	(ic)
alors que	(ic)

CONDITION
si	(i)
même si	(i)
si ce n'est	(i)
au cas où	(c)
en admettant que	(s)
pourvu que	(s)

TEMPS
quand	(ic)
lorsque	(ic)
alors que	(ic)
après que	(ic)
avant que	(s)
à mesure que	(ic)
au moment où	(ic)
aussitôt que	(ic)
depuis que	(ic)
dès que	(ic)
en attendant que	(s)
en même temps que	(ic)
jusqu'à ce que	(s)
pendant que	(ic)
tandis que	(ic)
une fois que	(ic)
toutes les fois que	(ic)

CONSÉQUENCE
à tel point que	(ic)
au point que	(ic)
de façon que	(ic)
de sorte que	(ic)
si bien que	(ic)
tellement que	(ic)

- Supplier. *Je vous en conjure.*
- Éloigner, éviter. *Conjurer la révolte.*
- Exorciser. *Conjurer les démons.*
• **Pronominal**
S'unir. *Leurs ennemis se sont conjurés pour les vaincre.*

connaissance n. f.
• (Au sing.) Faculté de connaître, manière de comprendre. *Étienne a une bonne connaissance de l'histoire.*
• (Au plur.) Ensemble des choses connues, du savoir. *Il voudrait enrichir ses connaissances en informatique.*
• *Prendre connaissance.* Apprendre, examiner.
• *Perdre connaissance.* S'évanouir, perdre conscience.
• *Sans connaissance.* Évanoui. *Venez vite, Angèle est sans connaissance!*
• *Lier connaissance.* Faire la connaissance de quelqu'un ou faire connaissance avec quelqu'un. *Les nouveaux élèves ont lié connaissance à la rentrée.*
• *En pays de connaissance.* En terrain connu.

connaissement n. m.
Contrat de transport maritime.

connaisseur, euse adj. et n. m. et f.
Expert, amateur. *C'est un fin connaisseur.*

connaître v. tr., pronom.
INDICATIF PRÉSENT *Je connais, tu connais, il connaît, nous connaissons, vous connaissez, ils connaissent.* IMPARFAIT *Je connaissais.* FUTUR *Je connaîtrai, tu connaîtras, il connaîtra, nous connaîtrons, vous connaîtrez, ils connaîtront.* CONDITIONNEL PRÉSENT *Je connaîtrais, tu connaîtrais, il connaîtrait, nous connaîtrions, vous connaîtriez, ils connaîtraient.* IMPÉRATIF PRÉSENT *Connais, connaissons, connaissez.* SUBJONCTIF PRÉSENT *Que je connaisse.* PARTICIPE PRÉSENT *Connaissant.* PASSÉ *Connu, ue.*
Attention à l'accent circonflexe sur le *i* quand celui-ci est suivi d'un *t.*
• Être informé de quelque chose, savoir. *Il connaît la région comme le fond de sa poche.*
• *S'y connaître.* Cette construction familière suivie d'un complément n'est pas un pléonasme. *Il s'y connaît en bricolage.*

connecter v. tr.
Unir par une connexion (deux ou plusieurs appareils électriques).

*connecter
Anglicisme au sens de *brancher.*

connecteur n. m.
Appareil de connexion, notamment entre deux lignes ou deux postes téléphoniques.

connerie n. f.
(Pop.) Bêtise.

connexe adj.
Qui a des rapports avec autre chose. *Des questions connexes.*

connexion n. f.
Branchement d'un appareil à un circuit.
▭▷ connexion.

*connexions
Anglicisme au sens de *relations.*

connivence n. f.
Complicité. *Les deux cambrioleurs étaient de connivence, ils avaient préparé le vol en secret.*
▭▷ conniv**e**nce.

connotation n. f.
Valeur particulière d'un mot, outre sa signification propre. *Une connotation péjorative.*

connu, ue adj.
• Dont on a connaissance.
• Illustre.

conquérant, ante adj. et n. m. et f.
Qui fait, qui a fait des conquêtes en combattant. *Hannibal était un conquérant habile.*

conquérir v. tr.
INDICATIF PRÉSENT *Je conquiers, tu conquiers, il conquiert, nous conquérons, vous conquérez, ils conquièrent.* IMPARFAIT *Je conquérais.* FUTUR *Je conquerrai, tu conquerras, il conquerra, nous conquerrons, vous conquerrez, ils conquerront.* CONDITIONNEL PRÉSENT *Je conquerrais, tu conquerrais, ils conquerrait, nous conquerrions, vous conquerriez, ils conquerraient.* IMPÉRATIF PRÉSENT *Conquiers, conquérons, conquérez.* SUBJONCTIF PRÉSENT *Que je conquière, que tu conquières, qu'il conquière, que nous conquérions, que vous conquériez, qu'ils conquièrent.* IMPARFAIT *Que je conquisse.* PARTICIPE PRÉSENT *Conquérant.* PASSÉ *Conquis, ise.*
À noter qu'il n'y a pas de *c* devant *qu,* contrairement au verbe *acquérir.*
• Acquérir par les armes, par l'effort. *Conquérir le pouvoir. Les Anglais ont conquis la Nouvelle-France.*
• Gagner, séduire. *Il a conquis son auditoire.*

conquête n. f.
La personne, la chose, le pays conquis. *La Nouvelle-France fut une conquête anglaise.*

conquis, ise adj.
Dont on a fait la conquête. *Des pays conquis.*

consacré, ée adj.
• Qui a reçu une consécration religieuse.
• Sanctionné par l'usage. *Une expression consacrée.*
• Réservé. *Du temps consacré à la musique.*

consacrer v. tr., pronom.
• Dédier à Dieu, à un saint. *Cette chapelle est consacrée à la Vierge.*
• (Fig.) Vouer quelque chose à. *Il consacre son temps à étudier.*
• Sanctionner. *Ce terme est consacré par l'usage.*

consanguin, ine adj.
Parent du côté paternel.
Ant. **utérin.**

consanguinité n. f.
Parenté du côté paternel.

consciemment adv.
En sachant bien ce qu'on l'on fait.
▭▷ cons**ci**emment.

conscience n. f.
• Sentiment de son existence.
• **Avoir conscience de.** Savoir. *Martin a conscience du dévouement de ce professeur.*
• **Avoir conscience que.** Savoir, sentir. *Il a conscience que la décision est difficile à prendre.*
☞ Dans une phrase affirmative, la locution est suivie du mode indicatif. Dans une phrase négative, la locution peut être suivie du subjonctif ou de l'indicatif. *Je n'avais pas conscience qu'il fût si tard.*
• **Avoir la conscience large.** Ne pas être scrupuleux.
• **Avoir quelque chose sur la conscience.** Se reprocher quelque chose.
• **En conscience,** locution adverbiale. En toute sincérité.
• **Perdre conscience.** S'évanouir.
• **Par acquit de conscience.** Pour n'avoir rien à se reprocher.
☞ Dans cette expression, le mot **acquit** vient du verbe «acquitter» et s'écrit avec un **t.**
▭▷ con**sc**ience.

*****conscience**
Anglicisme au sens de **connaissance.** *Elle est restée sans connaissance (et non sans *conscience) pendant dix minutes à son arrivée à l'hôpital.*

consciencieusement adv.
De façon consciencieuse, avec application. *Delphine étudie consciencieusement.*
▭▷ con**sc**iencieusement.

consciencieux, ieuse adj.
• Attentif, exact. *Elle est très consciencieuse.*
• Qui est fait avec exactitude, avec application. *Une étude consciencieuse.*
▭▷ con**sc**iencieux.

conscient, ente adj. et n. m.
• **Adjectif**
- Qui a conscience de soi-même, d'un fait. *Il est conscient de la difficulté de ce problème.*
- Qui n'est pas évanoui. *Le blessé est toujours conscient.*
• **Nom masculin**
Ensemble des faits psychiques dont on a conscience. *Le conscient et l'inconscient.*
▭▷ con**sc**ient.

consécration n. f.
• Action de consacrer. *La consécration d'une chapelle.*
• Confirmation. *La consécration d'un talent.*

consécutif, ive adj.
• Qui se suit sans interruption. *Il a travaillé pendant dix semaines consécutives.*
• Qui est la suite de. *Un épuisement consécutif à un travail ininterrompu.*

consécutivement adv.
• Immédiatement après.
• **Consécutivement à,** locution prépositive. À la suite de.

conseil n. m.
• Avis. *Un bon conseil.*
• Assemblée ayant pour mission de donner son avis. *Le conseil d'administration.*
• Conseiller.

☞ Ce nom est souvent apposé et joint par un trait d'union à un nom de profession, de métier pour désigner la personne dont on prend avis; il prend la marque du pluriel. *Des avocates-conseils, des ingénieurs-conseils.*

Conseil canadien de la coopération internationale
Sigle **CCCI** (s'écrit avec ou sans points).

conseil d'administration n. m.
Groupe de personnes chargées par les actionnaires d'une entreprise d'en orienter la gestion. *Des conseils d'administration. Elle siège au (et non *sur le) conseil d'administration.*

Conseil de la langue française
Sigle **CLF** (s'écrit avec ou sans points).

Conseil de la radiodiffusion et des télécommunications canadiennes
Sigle **CRTC** (s'écrit avec ou sans points).

Conseil des Arts du Canada
Sigle **CAC** (s'écrit avec ou sans points).

Conseil économique du Canada
Sigle **CÉC** (s'écrit avec ou sans points).

conseil juridique n. m. et f.
Syn. **conseiller juridique.**

conseiller v. tr.
• Recommander. *Elle lui a conseillé des cours d'anglais.*
• Donner des avis, guider. *Il a conseillé ses collègues.*

conseiller n. m.
conseillère n. f.
• Membre de certains conseils. *Un conseiller municipal.*
• Personne qui donne des conseils. *Une conseillère pédagogique.*

conseiller juridique n. m.
conseillère juridique n. f.
Avocat. *Vous devriez consulter votre conseiller juridique (et non votre *aviseur légal).*
Syn. **conseil juridique.**

Conseil régional des services sociaux et de la santé
Sigle **CRSSS** (s'écrit avec ou sans points).

consensus n. m.
◁▷ Les lettres **en** se prononcent **in** [kɔ̃sɛ̃sys] ou **en** [kɔ̃sɑ̃sys].
Accord, harmonie.
▭▷ con**sen**sus.

consentant, ante adj.
Qui accepte. *Est-elle consentante?*
☞ Ne pas confondre avec le participe présent invariable **consentant.** *Les parents ne consentant pas au mariage de leur fille avant sa majorité, celle-ci s'est enfuie.*

consentement n. m.
Accord, assentiment. *Avez-vous son consentement, est-il d'accord?*
▭▷ con**sen**tement.

consentir v. tr.
• **Transitif direct.** Accepter. *Il ne consentira aucun délai.*
• **Transitif indirect.** Autoriser. *Il consent à le laisser partir. La direction consent à ce que nous prenions congé.*
☞ consentir.

conséquemment adv.
◇ La troisième syllabe se prononce *ka* [kɔsekamɑ̃]. D'une manière logique, en conséquence.

conséquence n. f.
Résultat, suite de quelque chose. *Il faut essayer de prévoir les conséquences de ce choix.*
☞ Le nom **conséquence** s'écrit au singulier dans les expressions **de conséquence, sans conséquence, qui ne tire pas à conséquence**; il est au pluriel si l'on veut insister sur le fait qu'il y a plusieurs conséquences. *L'inflation aura pour conséquences de hausser les prix et de déprécier la monnaie.*

conséquent, ente adj.
Qui agit d'une manière logique.

conséquent (par) loc. adv.
Donc. *André et Juliette ont gagné; par conséquent, ils se partageront les prix.*

conservateur, trice adj.
Qui est attaché aux traditions, aux institutions établies, hostile à une évolution. *Ma grand-mère n'est pas trop conservatrice.*

conservateur n. m.
conservatrice n. f.
Personne chargée de l'administration d'une bibliothèque, d'un musée. *Nous consulterons le conservateur.*

*conservateur
Anglicisme au sens de **modéré, faible, prudent.**

conservation n. f.
• Action de maintenir intact. *La conservation des aliments par le froid.*
• **Instinct de conservation.** Instinct qui incite un être à protéger sa vie.

conservatisme n. m.
État d'esprit des conservateurs.

conservatoire n. m.
Établissement qui forme des comédiens, des musiciens.

conserve n. f.
• Substance alimentaire conditionnée dans des boîtes métalliques ou des bocaux. *Des boîtes de conserve* (et non des *cannes*). *Mettre en conserve des haricots.*
• La boîte, le bocal. *Ouvrir une conserve.*
☞ On écrit **conserves de saumon, de poulet, de bœuf,** mais **conserves de légumes, de fruits, de pêches.**
• **Naviguer de conserve.** (Mar.) Suivre la même route.
• **De conserve.** (Fig.) Ensemble.
• **Aller de conserve.** Suivre le même chemin.
• **Agir de conserve.** D'accord avec quelqu'un.
☞ Ne pas confondre avec **de concert,** avec entente, après s'être concerté.

conservé, ée adj.
Bien conservé. Épargné par le temps. *Il est bien conservé pour ses quatre-vingts ans.*

conserver v. tr., pronom.
Maintenir en bon état, garder. *Le réfrigérateur nous permet de conserver le lait quelques jours. Maman a conservé des photos de nous alors que nous étions des bébés.*

considérable adj.
Important par le nombre, le prix, la force. *Des progrès considérables.*

considérablement adv.
Beaucoup.

considération n. f.
• Examen attentif.
• **Prendre en considération.** Tenir compte de. *L'enseignant a pris en considération la mauvaise santé d'Éric.*

*considération (pour aucune)
Calque de l'anglais «on no consideration» au sens de **à aucun prix, sous aucun prétexte.**

considérer v. tr.
Le *é* se change en *è* devant une syllabe muette, sauf à l'indicatif futur et au conditionnel présent. *Je considère,* mais *je considérerai.*
• Estimer, tenir pour.
☞ Ce verbe doit être suivi de la conjonction **comme** pour introduire l'attribut du complément d'objet direct. *Le directeur la considère comme compétente* (et non la considère compétente).
• **Considérer comme tel.** Dans cette construction, l'adjectif **tel** s'accorde avec le complément. *Elles sont de grandes amies et je les considère comme telles.*

consignation n. f.
• Action de mettre quelque chose en dépôt, à titre de garantie.
• Action de consigner un emballage.

consigne n. f.
• Instructions. *Voici la consigne : départ à 15 heures.*
• Service chargé de conserver les bagages. *Mettre ses valises en consigne.*
• Somme remboursable destinée à la récupération des emballages. *Rapporte ces bouteilles à la maison, on te remettra un dollar de consigne.*

consigner v. tr.
Les lettres **gn** sont suivies d'un *i* à la première et à la deuxième personne du pluriel de l'indicatif imparfait et du subjonctif présent. *(Que) nous consignions, (que) vous consigniez.*
• Déposer une somme en garantie.
• Rapporter dans un document. *Consigner un fait.*
• **Emballage consigné.** Emballage dont on rembourse une partie du prix au consommateur.
• **Emballage non consigné** ou **emballage perdu.** Emballage jetable.

consistance n. f.
Fermeté. *Cette gélatine a une drôle de consistance.*

consistant, ante adj.
• Qui a de la cohésion, de la solidité. *Une démonstra-*

tion *consistante.*
• Copieux. *Un plat consistant.*

consister v. tr. ind.
• *Consister + en.* Être composé de. *Ce dessert savou-reux consiste en un mélange de chocolat et de noi-settes.*
• *Consister + à.* Avoir comme caractère essentiel. *Son projet consiste à réaménager le port.*
• *Consister + dans.* Cette construction est littéraire et vieillie. *Le bonheur consiste dans la paix avec les autres et soi-même.*

consœur n. f.
Femme qui appartient à une même profession, à une même société, considérée par rapport aux autres membres.
☞ La forme masculine de ce nom est *confrère.*
☞ Ne pas confondre avec les noms suivants :
- *camarade,* amie, surtout chez les enfants, les ado-lescents;
- *collègue,* personne avec qui l'on travaille;
- *compagne,* personne avec qui l'on fait un travail ma-nuel, un voyage;
- *condisciple,* personne avec qui l'on étudie;
- *copine,* camarade intime.

consolation n. f.
Apaisement, réconfort apporté à la peine de quelqu'un.

console n. f.
• Table de salon à deux pieds courbes, scellée dans le mur.
• (Inform.) Périphérique d'un ordinateur.
☞ console.

consoler v. tr., pronom.
• **Transitif.** Apaiser, réconforter. *Madeleine a consolé Fanny qui s'était blessée au genou.*
• **Pronominal.** Oublier son chagrin. *Fanny s'est con-solée dans les bras de sa maman.*

consolidation n. f.
• Action de consolider.
• (Compt.) Dans un groupe d'entreprises, mise en com-mun des comptes.

consolider v. tr.
• Rendre solide, affermir. *Consolider un mur, une cons-truction.*
• (Compt.) Mettre en commun des comptes. *Consolider des bilans.*

consommateur, trice n. m. et f.
Utilisateur d'un bien. *La protection des consommateurs.*
☞ Pour désigner la personne qui utilise un service, on emploiera les mots *usager, utilisateur. Les usa-gers du transport en commun, les utilisateurs de la bureautique.*

consommation n. f.
• Utilisation d'un produit. *La consommation d'essence de cette voiture est trop élevée.*
• Ce qu'on boit dans un établissement. *Le tarif des consommations.*

consommé, ée adj. et n. m.
• **Adjectif.** Accompli. *Un art consommé.*
• **Nom masculin.** Bouillon. *Un consommé de bœuf.*

consommer v. tr., intr.
• **Transitif**
- (Litt.) Accomplir, achever. *Consommer un crime.*
- Absorber quelque chose pour se nourrir. *Il a con-sommé un verre de lait.*
- Utiliser une source d'énergie. *Consommer de l'essence.*
☞ Ne pas confondre avec le verbe **consumer,** dé-truire par le feu.
• **Intransitif**
Prendre une consommation.

consonance n. f.
Accord harmonieux de sons.
☞ consonance.

consonne n. f.
• Phonème, son du langage. *Les consonnes et les voyelles.*
• Lettre représentant ce son. *L, m, n sont des con-sonnes, alors que a, e, i, o, u sont des voyelles.*
☞ Si les consonnes étaient féminines autrefois, elles sont aujourd'hui du genre masculin. *Un s* (et non plus **une s*).

consort adj. m. et n. m.
Époux d'une reine, sans être roi. *Philippe d'Édim-bourg, le prince consort.*

consortium n. m.
☞ La dernière syllabe se prononce «siomme» [kɔ̃sɔrsjɔm].
Regroupement d'entreprises. *Des consortiums géants.*

conspirateur, trice adj. et n. m. et f.
Personne qui participe à une conspiration.

conspiration n. f.
Complot.

conspirer v. tr., intr.
• **Transitif.** (Litt.) Préparer. *Conspirer la faillite d'une entreprise.*
• **Intransitif.** Organiser une conspiration. *Conspirer contre la monarchie.*

conspuer v. tr.
Huer. *Conspuer un conférencier.*

constamment adv.
Invariablement.

constance n. f.
Persévérance.

constant, ante adj.
• Qui ne change pas. *Une température constante.*
• Qui dure. *Elle a fait preuve d'une patience constante.*

constat n. m.
• Acte officiel de constatation.
• *Constat amiable.* Formulaire utilisé en cas de colli-sion entre véhicules terrestres à moteur ayant en-traîné des dommages matériels, destiné à recueillir certains renseignements indispensables aux entre-prises d'assurance, à relever objectivement et contra-dictoirement certains faits. (Recomm. off. OLF)
☞ constat.

constatation n. f.
• Action de constater. *Elle a fait une constatation in-quiétante.*

• Chose constatée.

constater v. tr.
Établir la vérité d'un fait, la réalité de quelque chose.

constellation n. f.
Groupe d'étoiles formant une figure. *La Grande Ourse.*
☞ Les noms des planètes, des constellations, des étoiles et des signes du zodiaque s'écrivent avec une majuscule.
V. **astre.**

consteller v. tr.
• Parsemer d'astres. *Les étoiles qui constellent le ciel.*
• Couvrir de. *Un costume constellé de taches.*

consternation n. f.
Grande douleur morale, accablement.
☞ Ne pas confondre avec les noms suivants :
- *affliction,* peine profonde;
- *chagrin,* tristesse;
- *douleur,* souffrance physique ou morale;
- *peine,* douleur morale;
- *prostration,* abattement causé par la douleur.

consterner v. tr.
Affliger, désoler grandement. *La nouvelle de cet accident nous a consternés.*

constipation n. f.
Rareté ou difficulté d'évacuer les selles.

constipé, ée adj. et n. m. et f.
• Qui souffre de constipation.
• (Fig.) Guindé.

constituant, ante adj.
Qui entre dans la constitution, la composition de quelque chose.

constitué, ée adj.
• D'une constitution bonne ou mauvaise.
• Établi par la constitution, la loi.

constituer v. tr., pronom.
• **Transitif**
- Regrouper des éléments pour composer un tout. *Un abri constitué de planches* ou *par des planches.*
- Organiser, établir. *Constituer une société.*
- Former la base de. *Cette décision constitue un précédent.*
• **Pronominal**
Se constituer prisonnier. Se livrer aux autorités, se rendre.

constitutif, ive adj.
Qui établit juridiquement. *Les statuts constitutifs.*

constitution n. f.
• Composition.
• Organisation politique d'un État.

constitutionnel, elle adj.
Conforme à la constitution d'un État.

constitutionnellement adv.
De façon conforme à la constitution.

constricteur adj. m.
Boa constricteur. Boa de grande taille.

constructeur, trice adj. et n. m. et f.
• **Adjectif.** Qui construit (en parlant des personnes).
• **Nom masculin.** Personne, entreprise qui réalise des constructions ou qui construit pour le compte d'autrui. *Un constructeur immobilier. Un constructeur d'avions, de voitures.*

constructif, ive adj.
Qui est positif, qui est propre à construire. *Un avis constructif. Des critiques constructives.*

construction n. f.
• Art de construire. *Son papa travaille dans la construction.*
• Action de construire. *La construction d'une maison.*
• Ce qui est construit. *Des constructions modernes.*
• Syntaxe. *La construction d'une phrase.*

construire v. tr., pronom.
• **Transitif.** Bâtir. *Julien aime construire des châteaux de sable.*
• **Pronominal.** Recevoir une construction grammaticale. *Ce verbe se construit avec l'auxiliaire avoir.*

consul n. m.
consule n. f.
Agent diplomatique chargé de la défense des intérêts des ressortissants de son pays dans un pays étranger.

consulaire adj.
Relatif à un consulat.

consulat n. m.
• Charge de consul.
• Bureaux du consul. *Le consulat du Liban.*
⇨ consulat.

consultant n. m.
consultante n. f.
Personne qui agit à titre de conseil. *Une consultante en informatique.*
☞ Le nom *consultant* peut également désigner la personne qui demande un avis.

consultatif, ive adj.
Qui est constitué pour donner des avis. *Un comité consultatif.*

consultation n. f.
Action de donner un avis (médical, juridique, linguistique, etc.). *Des consultations médicales. Un service de consultations terminologiques.*

consulter v. tr.
• S'adresser à quelqu'un pour prendre son avis. *Il doit consulter un avocat.*
• Utiliser une source de renseignements. *Consulter un dictionnaire, sa montre.*

consumer v. tr.
Détruire par le feu. *La ville est consumée à demi.*
☞ Ne pas confondre avec le verbe *consommer,* détruire par l'usage.

*consumérisme
Anglicisme pour *protection du consommateur.*

contact n. m.
• État de deux corps, de deux substances qui se touchent. *Le contact de la laine irrite sa peau.*

• Liaison. *Jean n'est plus en contact avec son ami d'enfance.*
• **Verres de contact, lentilles de contact.** Verre que l'on applique directement sur la cornée.

contacter v. tr.
Prendre contact avec. *Il faudrait contacter des clients éventuels.*
☞ Il est préférable d'employer les expressions **entrer en rapport avec, entrer en relation avec, prendre contact avec, toucher quelqu'un.**

contagieux, euse adj. et n. m. et f.
Transmissible. *Une maladie très contagieuse.*
☞ contagieu**x.**

contagion n. f.
Transmission d'une maladie à une autre personne. *On peut attraper la grippe par contagion.*

*container
Anglicisme pour **conteneur.**

contamination n. f.
Action de contaminer. *La contamination de l'eau par des produits chimiques.*

contaminer v. tr.
• Transmettre une maladie contagieuse, un défaut, infecter. *Cet écolier avait la varicelle et il a contaminé quelques camarades.*
• Souiller. *L'eau est contaminée par des produits chimiques.*

conte n. m.
Court récit. *Un conte de fées.*
Hom. :
- *compte,* tableau où figurent en débits ou crédits, les variations de l'actif ou du passif et les résultats;
- *comte,* titre de noblesse.

contemplation n. f.
Action de contempler, admiration. *La contemplation d'un beau paysage.*

contempler v. tr.
• Considérer attentivement, admirer. *Les enfants contemplent la mer.*
• Être absorbé par la méditation.

contemporain, aine adj. et n. m. et f.
Qui est de la même époque. *Maman préfère la musique classique à la musique contemporaine.*

contenance n. f.
• Capacité. *La contenance d'une bouteille.*
• **Perdre contenance.** Perdre son calme, son assurance.
• **Faire bonne contenance.** Conserver la maîtrise de soi. *Annie a fait bonne contenance devant ses camarades.*

contenant n. m.
Ce qui contient. *Le contenant et le contenu. Un contenant de deux litres.*

conteneur n. m.
Caisse métallique destinée au transport des marchandises. *Il a loué un conteneur* (et non un *container).

contenir v. tr., pronom.
• **Transitif**

- Avoir la capacité de. *Cette bouteille contient 3 litres.*
- Comprendre. *Ce dictionnaire contient 800 pages.*
- Comprendre en soi. *Ce sol contient de l'argile.*
• **Pronominal**
Se maîtriser. *Il n'a pas réussi à se contenir et l'a frappé.*

content, ente adj. et n. m.
• **Adjectif.** Satisfait, heureux. *Ève est contente, car elle s'en va faire du ski demain.*
• **Nom masculin. *Avoir son content.*** Être comblé, satisfait.

contentement n. m.
État d'une personne contente.

contenter v. tr., pronom.
• **Transitif.** Satisfaire. *Ces résultats les ont contentés.*
• **Pronominal.** Se borner à. *Je me contenterai d'une glace.*
☞ À la forme pronominale, le verbe se construit avec la préposition **de.**

contentieux, euse adj. et n. m.
• **Adjectif.** Litigieux.
• **Nom masculin.** Service d'une entreprise, d'un organisme qui s'occupe des affaires litigieuses.
☞ Le (service du) contentieux ne s'occupe que des affaires litigieuses, alors que le service juridique se charge de toutes les questions relatives au droit.

contenu, ue adj. et n. m.
• **Adjectif**
Qui se maîtrise. *Une rage contenue.*
• **Nom masculin**
- Ce qui est dans un contenant. *Le contenu d'une tasse.*
- Substance. *Quel est le contenu du message?*

conter v. tr.
• Faire un récit d'une façon agréable. *On a raconté à Fanny l'histoire du petit chaperon rouge.*
• Raconter pour abuser. *Conter des mensonges.*
• **Conter fleurette.** Faire la cour.
• **Conter des peurs.** (Fam.) Au Canada, raconter des histoires invraisemblables.
☞ Ne pas confondre avec les verbes suivants :
- **narrer,** faire un récit relativement long;
- **rapporter,** faire un récit authentique;
- **relater,** rapporter un fait historique.
Hom. **compter,** dénombrer.

contestataire n. m. et f.
Personne qui remet en cause l'ordre social.

contestation n. f.
• Refus systématique de l'ordre social.
• Débat, controverse.
☞ L'expression **sans contestation** s'écrit au singulier.

conteste (sans) loc. adv.
Incontestablement.
☞ Ce nom ne s'emploie que dans cette locution adverbiale.

contester v. tr., intr.
• **Transitif.** Refuser de reconnaître un fait, un droit, une opinion. *Cette décision est très contestée.*
☞ 1° À la forme affirmative, le verbe se construit avec le mode subjonctif. *Ils contestent que l'entreprise*

ait pris les mesures nécessaires.

2° À la forme négative ou interrogative, le verbe peut se construire avec le subjonctif, l'indicatif ou le conditionnel. *Je ne conteste pas que le directeur soit équitable.*

3° L'emploi du mode indicatif est fréquent lorsqu'on veut exprimer un fait certain, tandis que le conditionnel sert à exprimer une possibilité. *Elle ne conteste pas que ce serait la solution la plus facile.*
• **Intransitif.** Faire de la contestation. *Ces étudiants sont toujours prêts à contester.*

conteur, euse n. m. et f.
Personne qui raconte bien. *Grand-papa est un bon conteur.*
Hom. *compteur,* appareil de mesure.

contexte n. m.
Situation globale. *Le contexte économique. Il importe de replacer ce commentaire dans son contexte. Une citation hors contexte.*

contigu, uë adj.
Attenant. *Deux maisons contiguës.*
↪— Ne pas confondre avec l'adjectif *proche,* qui n'est pas éloigné.
⇨ contiguë au féminin.

contiguïté n. f.
État de deux ou plusieurs choses contiguës.
⇨ contiguïté.

continence n. f.
Abstinence des plaisirs sexuels.

continent, ente adj. et n. m.
• **Adjectif**
Qui vit dans la continence.
• **Nom masculin**
- Grande étendue émergée de la surface terrestre. *L'Amérique est un grand continent.*
- La terre ferme, par opposition aux îles voisines.

continental, ale, aux adj.
Relatif à un continent. *Le climat continental. Les hivers continentaux.*

contingence n. f.
Évènement sans importance.

contingent, ente adj.
Aléatoire.

contingent n. m.
Quantité déterminée.

contingentement n. m.
Limitation des importations ou des exportations au cours d'une période donnée. *Le contingentement des importations.*

contingenter v. tr.
Limiter les importations. *L'importation des chaussures est contingentée.*

continu, ue adj. et n. m.
Sans interruption. *Des bruits continus l'empêchent de se concentrer.*
Ant. **discontinu.**

continuation n. f.
Suite.

continuel, elle adj.
Constant. *Une pluie continuelle.*

continuellement adv.
Sans interruption. *Le bébé est souffrant, il pleure continuellement.*

continuer v. tr., intr., pronom.
• **Transitif.** Poursuivre ce qui est commencé. *Continuer ses études. Il continue à chanter.*
↪— Le verbe se construit avec les prépositions *à* et *de.* Plus fréquemment construit avec *à,* la préposition *de* sera surtout employée pour éviter un hiatus. *Elle continue d'aimer la musique* (plutôt que «à aimer»).
• **Intransitif.** Se poursuivre. *La fête continue.*
• **Pronominal.** Ne pas être interrompu. *La neige s'est continuée toute la nuit.*

continuité n. f.
• Durée ininterrompue. *Assurer la continuité de l'action entreprise, c'est-à-dire continuer dans le même sens.*
• *Solution de continuité.* Interruption brusque à l'intérieur d'une suite.
↪— Cette expression est souvent perçue comme une continuité, alors qu'elle désigne une rupture.

*continuité
Anglicisme au sens de *feuilleton. Les feuilletons* (et non les *continuités) pullulent à la télévision.*

continûment adv.
D'une manière soutenue.
⇨ continûment.

contondant, ante adj.
Qui meurtrit et blesse sans couper. *Un objet contondant.*

contorsion n. f.
Mouvement acrobatique caractérisé par des torsions. *Cette athlète fait des contorsions très difficiles.*

contorsionner (se) pronom.
Faire des contorsions. *Le clown se contorsionne de façon très drôle.*

contorsionniste n. m. et f.
Acrobate qui peut se tordre dans tous les sens.

contour n. m.
Périphérie, limite extérieure. *Le contour de la patinoire est éclairé.*

contourner v. tr.
Faire le tour. *Contourner une ville.*

contra- préf.
Élément du latin signifiant «contre». *Contraception.*

contraceptif, ive adj. et n. m.
• **Adjectif.** Relatif à la contraception.
• **Nom masculin.** Moyen propre à empêcher la conception. *Un contraceptif oral.*

contraception n. f.
Ensemble des méthodes visant à éviter la fécondation. *Le condom est un moyen de contraception.*

contractant, ante adj. et n. m. et f.
(Dr.) Qui passe un contrat.

contracter v. tr., pronom.
• **Transitif**
- S'engager par contrat.
- Acquérir. *Contracter une habitude.*
- **Contracter une maladie.** Tomber malade.
- **Contracter des dettes.** Faire des dettes.
- Diminuer de volume. *Le froid contracte les corps.*
• **Pronominal**
Se resserrer. *Le muscle se contracte.*

*contracteur
Anglicisme au sens de **entrepreneur.**

contractile adj.
Qui est susceptible de contraction.

contractilité on. f.
Possibilité que possèdent certains corps de se contracter, de se détendre alternativement.

contraction n. f.
Resserrement. *La contraction d'un muscle.*

contractuel, elle adj. et n. m. et f.
• **Adjectif.** Qui est stipulé par contrat.
• **Nom masculin.** Agent non fonctionnaire. *Engager
des contractuels.*

contradiction n. f.
• Action de dire le contraire de ce qui a été dit. *Il y a
des contradictions dans son discours.*
• Incompatibilité de deux notions, de deux affirmations.

contradictoire adj.
Qui comprend une contradiction. *Cette affirmation est
contradictoire.*

contraindre v. tr.
INDICATIF PRÉSENT *Je contrains. tu contrains, il
contraint, nous contraignons, vous contraignez, ils
contraignent.* IMPARFAIT *Je contraignais.* FUTUR *Je
contraindrai.* CONDITIONNEL PRÉSENT *Je con-
traindrais.* IMPÉRATIF PRÉSENT *Contrains, contraignons, contraignez.* SUBJONCTIF PRÉSENT *Que je
contraigne.* IMPARFAIT *Que je contraignisse.* PARTI-
CIPE PRÉSENT *Contraignant.* PASSÉ *Contraint, ainte.*
Les lettres **gn** sont suivies d'un *i* à la première et à
la deuxième personne du pluriel de l'indicatif imparfait et du subjonctif présent. *(Que) nous con-
traignions, (que) vous contraigniez.*
Forcer quelqu'un à agir contre son gré. *Je suis contrainte par les circonstances à agir. Elle s'est vue contrainte de donner son accord.*
☞ Lorsqu'il est suivi d'un infinitif, le verbe se construit avec la préposition **à** et parfois avec la préposition **de.** *Contraindre à partir.* Pris adjectivement, il
est suivi de **de.** *Elle fut contrainte de prendre congé.*

contraint, ainte adj. et n. f.
• **Adjectif.** Gêné. *Un sourire contraint.*
• **Nom féminin.** Pression morale ou physique. *Agir
sous la contrainte.*

contraire adj. et n. m.
• **Adjectif.** Opposé, nuisible. *Des attitudes contraires
à la logique.*

• **Nom masculin.** Chose opposée à une autre. *Le
contraire de **grand** est **petit.***
• **Au contraire de.** Contrairement. *Au contraire de
son prédécesseur, il est compétent.*
Syn. **antonyme.**
V. Tableau - **ANTONYMES.**

contrairement adv.
En opposition à.

contralto n. m.
• Voix de femme, la plus grave de toutes. *Des con-
traltos.*
• Chanteuse qui possède une telle voix.
☞ Ce nom est masculin, même s'il désigne une
femme.

contrarier v. tr.
Redoublement du *i* à la première et à la deuxième
personne du pluriel de l'indicatif imparfait et du
subjonctif présent. *(Que) nous contrariions, (que)
vous contrariiez.*
• S'opposer à. *Contrarier un projet.*
• Ennuyer, chagriner. *Ce mauvais temps l'a contrarié.
Elle est contrariée que la rencontre ait été annulée.*

contrariété n. f.
Contretemps, déception.

contrario (a)
V. **a contrario.**

contrastant, ante adj.
Qui contraste. *Des couleurs contrastantes.*

contraste n. m.
Opposition entre deux ou plusieurs choses. *Entre le
blanc et le noir, le contraste est total. Le contraste du
blanc avec le noir, de la simplicité avec l'arrogance.*

contraster v. tr., intr.
• **Transitif.** Mettre en contraste.
• **Intransitif, transitif indirect.** Être en contraste. *Ces
couleurs contrastent violemment.*

contrat n. m.
Convention entre deux ou plusieurs parties s'obligeant
à donner, à faire ou à ne pas faire quelque chose. *Ces
chefs d'entreprise ont signé un gros contrat.*

*contrat (travail à)
Calque de l'anglais «contract work» pour **travail à
forfait.**

contravention n. f.
• Infraction. *Vous êtes en contravention.*
• Par métonymie, procès-verbal d'une contravention.
Donner une contravention (et non un *ticket).

contravis n. m.
Avis contraire à un avis précédent.

contre adv., n. m. et prép.
• **Adverbe**
L'adverbe **contre** employé absolument marque l'op-
position. *Elle a voté contre.*
• **Locutions adverbiales**
- **Ci-contre.** En regard, à côté. *Voir l'illustration ci-contre.*
- **Par contre.** En revanche. *Il pleut aujourd'hui, par contre
il fera beau demain.*

• **Nom masculin**
L'opposé. *Le pour et le contre.*
• **Préposition**
La préposition **contre** sert à exprimer :
- La résistance, le choc. *Se cogner contre un mur.*
- L'incompatibilité, le désaccord. *Il est contre cette proposition.*
- La proximité. *Elle était appuyée contre un arbre. Il est bien tout contre elle.*
- L'échange. *Contre 20 $, j'ai pu emporter deux beaux livres.*
- La défense. *Du sirop contre la toux.*
☞ Dans la langue juridique, la préposition **contre** est employée pour nommer les actions en justice. *Kramer contre* (et non **versus*) *Kramer.*

contre- préf.
Les noms composés du préfixe **contre** s'écrivent pour la plupart avec un trait d'union et seul le deuxième élément prend la marque du pluriel.
V. Tableau - **CONTRE-**.

contre-alizé n. m. (pl. *contre-alizés*)
Vent qui souffle dans la direction opposée à l'alizé.

contre-allée n. f. (pl. *contre-allées*)
Allée latérale.

contre-amiral n. m. (pl. *contre-amiraux*)
Officier de marine.

CONTRE-

Les mots composés avec le préfixe **contre-** s'écrivent avec un trait d'union à l'exception de :

contravis	contremaître
contrebalancer	contremander
contrebande	contremarche
contrebandier	contremarque
contrebas	contrepartie
contrebasse	contrepèterie
contrebasson	contrepoids
contrebatterie	contrepoint
contrebattre	contrepoison
contrecarrer	contreprojet
contrechamp	contreproposition
contrechâssis	contrescarpe
contrecœur	contreseing
contrecoller	contresens
contrecoup	contresignataire
contredanse	contresigner
contredire	contretemps
contredit	contrevenant
contrefaçon	contrevenir
contrefaction	contrevent
contrefaire	contrevérité
contrefait	contrordre
contrefort	

---

contre-appel n. m. (pl. *contre-appels*)
Second appel pour vérifier le premier.

contre-assurance n. f. (pl. *contre-assurances*)
Assurance accessoire.

contre-attaque n. f. (pl. *contre-attaques*)
Attaque lancée pour neutraliser une offensive.

contre-attaquer v. tr.
Passer à son tour à l'offensive. *L'ennemi a contre-attaqué.*

contrebalancer v. tr.
Le *c* prend une cédille devant les lettres *a* et *o*. *Il contrebalança, nous contrebalançons.*
Faire équilibre, compenser. *Notre ardeur contrebalançait notre manque d'expérience.*

contrebande n. f.
Importation clandestine de marchandises.

contrebandier, ière adj. et n. m. et f.
Personne qui se livre à la contrebande.

contrebas (en) loc. adv.
À un niveau inférieur.
⇨ contrebas.

contrebasse n. f.
Le plus grand et le plus grave des instruments à archet.

contrebasse ou **contrebassiste** n. m. et f.
Musicien qui joue de la contrebasse.

contrebuter v. tr.
Soutenir par un pilier.

contrecarrer v. tr.
S'opposer, faire obstacle. *Cette opposition contrecarre nos projets.*

contrechamp n. m.
(Cin.) Prise de vues en sens opposé à une autre prise de vue.

contre-chant n. m. (pl. *contre-chants*)
Phrase mélodique accessoire.

contrecœur (à) loc. adv.
Malgré soi. *La maîtresse a accepté à contrecœur, elle n'avait pas envie de rester.*

contrecoup n. m.
Évènement qui arrive par suite d'un autre.

contre-courant n. m. (pl. *contre-courants*)
• Courant secondaire qui se produit en sens inverse d'un autre. *Nager à contre-courant.*
• **À contre-courant.** Contrairement à la tendance générale. *Ce mouvement est à contre-courant des tendances actuelles.*

contre-culture n. f. (pl. *contre-cultures*)
Courant culturel qui conteste la culture dominante.

contredanse n. f.
(Fam.) Contravention.

contredire v. tr., pronom.
Attention à la conjugaison de la deuxième personne du pluriel de l'indicatif présent et de l'impératif.

Vous contredisez, contredisez (et non vous *con-tredites).
• **Transitif.** Réfuter, dire le contraire. *Ne me contredisez pas, je sais que j'ai raison.*
• **Pronominal.** Être en contradiction avec les autres ou avec soi-même. *Les témoignages se contredisent.*

contredit (sans) loc. adv.
Certainement.

contrée n. f.
(Vx) Région. *Des contrées lointaines.*
⮞ **contrée.**

contre-écrou n. m. (pl. *contre-écrous*)
Écrou bloqué derrière un autre.

contre-enquête n. f. (pl. *contre-enquêtes*)
Enquête destinée à vérifier les résultats d'une première enquête.

contre-épreuve n. f. (pl. *contre-épreuves*)
Vérification d'une première épreuve.

contre-espionnage n. m. (pl. *contre-espionnages*)
Dépistage et surveillance des espions.

contre-exemple n. m. (pl. *contre-exemples*)
Exemple qui contredit une démonstration, une affirmation.

contre-expertise n. f. (pl. *contre-expertises*)
Expertise destinée à en vérifier une autre.

contrefaçon n. f.
Falsification. *Ces faux billets sont une mauvaise contrefaçon.*

contrefaire v. tr.
Attention à la conjugaison de la deuxième personne du pluriel. *Vous contrefaites* (et non vous *contrefaisez*).
Imiter, caricaturer. *Contrefaire une signature, l'accent de quelqu'un.*

contrefait, aite adj.
Difforme.

contre-fenêtre n. f. (pl. *contre-fenêtres*)
Partie intérieure d'une double-fenêtre.

contre-fer n. m. (pl. *contre-fers*)
Pièce d'un outil qui double le fer.

contre-feu n. m. (pl. *contre-feux*)
Feu allumé pour arrêter la propagation d'un incendie par la création d'un vide.

contrefiche n. f.
Étai qui soutient un mur.

contreficher (se) v. pronom.
(Fam.) Se moquer éperdument de. *Elle se contrefiche des directives et n'en fait qu'à sa tête.*

contre-fil ou **contrefil** n. m. (pl. *contre-fils, contrefils*)
Sens contraire à la normale.

contre-filet n. m. (pl. *contre-filets*)
Morceau de bœuf.

contrefort n. m.
Pilier massif élevé contre un mur pour servir d'appui.

contrefoutre (se) v. pronom.
(Pop.) Se contreficher.

contre-fugue n. f. (pl. *contre-fugues*)
(Vx) Fugue inversée.

contre-haut (en) loc. adv.
À un niveau supérieur.

contre-indication n. f. (pl. *contre-indications*)
(Méd.) Circonstance qui empêche l'emploi d'un moyen médical.

contre-indiqué adj.
Qui ne doit pas être employé. *Ce médicament est contre-indiqué pour lui.*

contre-indiquer v. tr.
• Constituer une contre-indication.
• Déconseiller.

contre-interrogatoire n. m. (pl. *contre-interrogatoires*)
Interrogatoire mené par la partie adverse.

contre-jour n. m. (pl. *contre-jours*)
• Endroit opposé au grand jour.
• *À contre-jour.* En tournant le dos à la lumière.

contre-lettre n. f. (pl. *contre-lettres*)
(Dr.) Document secret modifiant les clauses d'un document public.

contremaître n. m.
contremaîtresse n. f.
Personne qui supervise des ouvriers, des ouvrières dans un atelier. *Il faudra en aviser le contremaître* (et non le **foreman*).

contremander v. tr.
(Vx) Annuler un ordre. *Il a contremandé son taxi* (et non **cancellé*).
Syn. **décommander**

contre-manifestant, ante n. m. et f. (pl. *contre-manifestants*)
Personne qui participe à une contre-manifestation.

contre-manifestation n. f. (pl. *contre-manifestations*)
Manifestation qui s'oppose à une autre.

contremarche n. f.
Marche militaire faite en sens contraire à la direction précédemment suivie.

contremarque n. f.
Billet, jeton, carte, etc., permettant aux spectateurs de rentrer après être sortis au cours d'un spectacle.

contre-mesure n. f. (pl. *contre-mesures*)
• Mesure qui s'oppose à une autre.
• *À contre-mesure.* À contre-temps.

contre-offensive n. f. (pl. *contre-offensives*)
Offensive répondant à une offensive de l'adversaire.

contre-offre n. f. (pl. *contre-offres*)
Nouvelle proposition en réponse à une offre.

contrepartie n. f.
• Compensation. *Ces excellents résultats sont la contrepartie de son travail acharné.*

• *En contrepartie.* En échange.

contre-pente n. f. (pl. *contre-pentes*)
Pente opposée à une autre pente.

contre-performance n. f. (pl. *contre-performances*)
Piètre performance, notamment d'un sportif dont on attendait le succès.

contrepèterie n. f.
Interversion de lettres ou de syllabes dans un ou plusieurs mots de façon à provoquer le rire.

contre-pied n. m. (pl. *contre-pieds*)
Ce qui est opposé à quelque chose; le contraire.

contreplacage n. m.
Mince feuille de bois collée contre un panneau.

contreplaqué n. m.
Panneau composé de couches minces de bois collées sous pression.

contre-plongée n. f. (pl. *contre-plongées*)
(Cin.) Prise de vues faite de bas en haut.

contrepoids n. m.
Poids servant à contrebalancer un autre poids.
▭▷ contrepoi**ds**.

contre-poil (à) loc. adv.
À rebrousse-poil.

contrepoint n. m.
Art de composer de la musique en superposant plusieurs lignes mélodiques.
▭▷ contrepoi**nt**.

contrepoison n. m.
Antidote.

contre-porte n. f. (pl. *contre-portes*)
Double porte.

contre-projet n. m. (pl. *contre-projets*)
Projet opposé à un autre.

contre-proposition n. f. (pl. *contre-propositions*)
Proposition opposée à une autre.

contre-publicité n. f. (pl. *contre-publicités*)
Publicité conçue pour décourager la demande ou pour contrer une autre publicité.

contrer v. tr.
Faire échec à quelque chose. *Contrer la fermeture de l'école.*

contre remboursement loc. prép.
• Sigle *C.R.* (s'écrit avec des points).
• Opération commerciale qui consiste à expédier un objet que le destinataire doit payer à la livraison. *Un envoi contre remboursement* (et non **C.O.D.*).

contre-révolution n. f. (pl. *contre-révolutions*)
Mouvement politique visant à combattre une révolution.

contre-révolutionnaire adj. et n. m. et f. (pl. *contre-révolutionnaires*)
Partisan d'une contre-révolution.

contreseing n. m.
◁▷ Le *g* ne se prononce pas [kɔ̃trəsɛ̃].

Signature de la personne qui contresigne.
▭▷ contres**eing**.

contresens n. m.
👄 Le *s* final se prononce [kɔ̃trəsɑ̃s].
• Interprétation à l'inverse du sens réel. *Faire un contresens en traduction.*
• Sens contraire au sens normal, au bon sens. *Le contresens d'une étoffe.*

contresignataire adj. et n. m. et f.
Personne qui contresigne un acte.

contresigner v. tr.
Apposer une deuxième signature sur un document.

contretemps n. m.
• Empêchement. *Un contretemps regrettable.*
• *À contretemps.* De façon inopportune.

contre-torpilleur n. m. (pl. *contre-torpilleurs*)
Navire de guerre.

contre-transfert n. m. (pl. *contre-transferts*)
(Psychan.) Ensemble des réactions inconscientes de l'analyste à l'égard du patient.

contrevenant, ante n. m. et f.
Personne qui contrevient à un règlement.
▯◁ Ne pas confondre avec le participe présent invariable *contrevenant. Les citoyens contrevenant à ce règlement seront punis.*

contrevenir v. tr.
Déroger à une prescription, enfreindre un règlement. *Ils ont contrevenu aux règlements de la circulation.*
▯◁ Le verbe se conjugue comme *venir,* mais avec l'auxiliaire *avoir.*

contrevent n. m.
Volet extérieur.

contrevérité n. f.
• Antiphrase.
• Affirmation visiblement fausse. *Des contrevérités évidentes.*

contre-voie (à) loc. adv.
Du mauvais côté de la voie.

contribuable n. m. et f.
Personne qui paie des impôts. *Ce sont les contribuables* (et non les **payeur de taxes*) *qui décideront.*

contribuer v. tr. ind.
Participer à quelque chose. *Je voudrais contribuer à cette recherche.*

contribution n. f.
• Cotisation. *Payer sa contribution.*
• Apport. *Sa contribution à cette œuvre est fondamentale.*

contrit, ite adj.
Qui éprouve du remords.

contrition n. f.
(Litt.) Remords.

contrôlable adj.
Qui peut être contrôlé. *Ce véhicule n'est pas contrôlable.*

contrôle n. m.
Vérification, surveillance. *Le contrôle des absences.*

*contrôle (des naissances)
Anglicisme au sens de *limitation, régulation des naissances.*

*contrôle, être sous
Calque de l'anglais «to be under control» pour *être maîtrisé, être réglé. L'incendie n'est pas encore maîtrisé* (et non *sous contrôle).

contrôler v. tr., pronom.
• Vérifier. *Contrôler la présence des élèves.*
• (Écon.) Détenir la majorité des actions. *Ce sont des actionnaires étrangers qui contrôlent ces entreprises.*

*contrôler
Anglicisme au sens de *dominer, diriger, maîtriser.*

*contrôles (d'une machine)
Anglicisme au sens de *manettes de commandes,* de *commandes.*

contrôleur, euse n. m. et f.
Personne chargée d'effectuer un contrôle, une vérification. *Les contrôleurs de la navigation aérienne.*

contrordre n. m.
Modification d'un ordre donné précédemment. *À moins d'un contrordre, nous nous retrouverons à 9 heures.*

controverse n. f.
Discussion, polémique. *Il y a beaucoup de controverse, de désaccord à ce sujet.*

controversé, ée adj.
Contesté. *Une loi controversée.*

contumace n. f.
(Dr.) Se dit d'une personne qui refuse de comparaître pour une affaire criminelle. *Il a été condamné par contumace.*

contusion n. f.
Meurtrissure de la peau. *Il n'a pas de coupure, mais une contusion.*

conurbation n. f.
Agglomération formée de plusieurs villes voisines et de leur banlieue.

convaincant, ante adj.
Propre à convaincre, concluant. *Ce discours est convaincant.*
☞ Ne pas confondre avec le participe présent invariable *convainquant. Des plaidoyers convainquant le mieux les jurés.*

convaincre v. tr.
INDICATIF PRÉSENT *Je convaincs, tu convaincs, il convainc, nous convainquons, vous convainquez, ils convainquent.* IMPARFAIT *Je convainquais.* FUTUR *Je convaincrai.* CONDITIONNEL PRÉSENT *Je convaincrais.* IMPÉRATIF PRÉSENT *Convaincs, convainquons, convainquez.* SUBJONCTIF PRÉSENT *Que je convainque.* IMPARFAIT *Que je convainquisse.* PARTICIPE PRÉSENT *Convainquant.* PASSÉ *Convaincu, ue.*
• Persuader. *Convaincre un ami du bien-fondé de sa démarche.*

• (Dr.) Prouver qu'une personne est coupable. *Convaincre quelqu'un de négligence criminelle.*

convaincu, ue adj.
• Rempli de conviction. *C'est une végétarienne convaincue.*
• Être reconnu coupable. *Il a été convaincu d'homicide involontaire.*

convalescence n. f.
Retour progressif à la santé. *Alain a été opéré, il est encore en convalescene.*
☞ convale**sc**ence.

convalescent, ente adj. et n. m. et f.
Qui relève de maladie. *Alain est convalescent.*
☞ convale**sc**ent.

convection ou **convexion** n. f.
Transport de chaleur par les corps en mouvement.

convenable adj.
• Correct, qui respecte la bienséance. *Des manières convenables.*
• Suffisant, passable. *Des résultats convenables.*

convenablement adv.
Correctement.

convenance n. f.
• **Nom féminin singulier.** Goût. *Choisissez la date à votre convenance.*
• **Nom féminin pluriel.** Bienséance. *Respecter les convenances.*

*convénient
Anglicisme au sens de *commode, pratique.*

convenir v. tr. ind.
INDICATIF PRÉSENT *Je conviens, tu conviens, il convient, nous convenons, vous convenez, ils conviennent.* IMPARFAIT *Je convenais.* PASSÉ SIMPLE *Je convins.* FUTUR *Je conviendrai.* CONDITIONNEL *Je conviendrais.* IMPÉRATIF PRÉSENT *Conviens, convenons, convenez.* SUBJONCTIF PRÉSENT *Que je convienne.* IMPARFAIT *Que je convinsse.* PARTICIPE PRÉSENT *Convenant.* PASSÉ *Convenu, ue.*
• *Convenir* et l'auxiliaire *être + de.* (Litt.) Décider ensemble. *Nous sommes convenus de nous retrouver jeudi.*
• *Convenir* et l'auxiliaire *avoir + de.* Se mettre d'accord. *Nous avons convenu d'une rencontre qui a été fixée au 15 septembre.*
☞ Aujourd'hui, le verbe se construit de plus en plus avec l'auxiliaire *avoir,* dans tous les sens.
☞ On préférera *comme il a été convenu* à l'expression commerciale «comme convenu».
• Reconnaître comme vrai. *Tu as convenu de ton erreur.*
☞ En ce sens, le verbe se construit avec l'indicatif ou le conditionnel. *Ils conviennent que la décision était fondée. Nous avions convenu que la fête aurait lieu à l'été.*
• (Impers.) Il est opportun. *Il convient de prévenir la direction. Il convient que tout soit terminé pour la rentrée.*
☞ À la forme impersonnelle, le verbe se construit avec le subjonctif.

convention n. f.
• Accord. *Les deux pays ont signé une convention de libre-échange.*
• *Convention collective.* Accord conclu entre salariés et employeurs pour définir les conditions de travail.

*convention
Anglicisme au sens de *congrès.*

conventionné, ée adj.
Lié par une convention. *Un médecin conventionné.*

*conventionnel
Anglicisme au sens de *traditionnel, classique.* Il a des goûts vestimentaires plutôt classiques (et non *conventionnels). *Son style d'écriture est très traditionnel* (et non *conventionnel).

conventionnel, elle adj.
• Qui a trait à une convention. *Une clause conventionnelle.*
• Conforme aux convenances. *Une tenue conventionnelle.*

conventuel, elle adj.
Propre au couvent.

convenu, ue adj.
Décidé. *Un prix convenu.*

convergence n. f.
Fait de converger, de tendre vers un même but. *La convergence des recherches sur le cancer.*

convergent, ente adj.
Qui converge. *Des traits convergents.*
☞ Ne pas confondre avec le participe présent invariable *convergeant. Tous les regards convergeant vers lui, il baissa les yeux.*
Ant. **divergent.**

converger v. intr.
Le *g* est suivi d'un *e* devant les lettres *a* et *o*. *Il convergea, nous convergeons.*
• Tendre vers un seul et même point. *Ces routes convergent vers la mer.*
• Avoir un même but. *Tous nos efforts doivent converger.*

conversation n. f.
• Entretien familier. *Anne et Étienne ont eu une longue conversation.*
• La manière dont on converse. *Elle a beaucoup de conversation.*
☞ Ne pas confondre avec les noms suivants :
- *causette,* conversation familière;
- *conciliabule,* réunion secrète;
- *dialogue,* conversation entre deux personnes;
- *entretien,* conversation suivie avec quelqu'un;
- *palabre,* conversation longue et inutile.

conversationnel, elle adj.
Mode conversationnel. (Inform.) Se dit d'un mode de traitement de données qui permet une conversation entre un système informatique et un utilisateur, avec échange de questions et réponses.
Syn. **interactif.**

converser v. intr.
Parler familièrement avec quelqu'un. *Étienne converse avec Fanny.*

conversion n. f.
• Passage à une nouvelle conduite, une conviction.
• Changement. *La conversion de monnaies.*

convertibilité n. f.
Caractère de ce qui est convertible. *La convertibilité d'une monnaie.*

convertible adj. et n. m.
Qui peut être transformé en une autre chose, ou changé pour une autre. *Des monnaies convertibles.*

*convertible
Anglicisme au sens de *décapotable. Je l'ai vu filer à toute allure au volant de sa décapotable* (et non de sa *convertible).

convertir v. tr., pronom.
• **Transitif**
- Faire changer quelqu'un de conduite, de foi, etc.
- Transformer une chose en une autre. *Il faudrait convertir ces pieds en mètres.*
• **Pronominal**
Être converti. *Ils se sont convertis au catholicisme.*

convertisseur n. m.
Machine qui modifie un courant électrique.

convexe adj.
Bombé.
Ant. **concave.**

convexion
V. **convection.**

conviction n. f.
Certitude. *Martin a la conviction qu'il gagnera le concours.*

convier v. tr.
Redoublement du *i* à la première et à la deuxième personne du pluriel de l'indicatif imparfait et du subjonctif présent. *(Que) nous conviions, (que) vous conviiez.*
• (Litt.) Inviter. *Nous sommes conviés à dîner.*
• Inciter quelqu'un à faire quelque chose. *Le soleil convie au farniente.*

convive n. m. et f.
Personne qui prend part à un repas. *Ce dîner d'anniversaire réunit 12 convives.*

convivial, ale, aux adj.
(Inform.) Accessible, facile d'utilisation. *Un logiciel très convivial.*

convivialité n. f.
(Inform.) Caractère d'un matériel convivial.

convocation n. f.
• Action de convoquer.
• Écrit par lequel on convoque. *Le voisin a reçu une convocation : il doit se présenter à l'école demain.*

convoi n. m.
Regroupement de personnes, de choses affectées à une destination identique. *Des convois de chemin de fer. Des convois funèbres.*

convoiter v. tr.
Désirer ardemment. *Étienne convoite la bicyclette de son ami.*
☞— Ne pas confondre avec les verbes suivants :
- *aspirer,* viser, prétendre à;
- *désirer,* espérer, souhaiter;
- *envier,* désirer ce qui est à autrui.

convoitise n. f.
Avidité. *Ces enfants regardent les gâteaux de la pâtisserie avec convoitise.*

convoler v. intr.
(Vx ou plaisant.) Se marier. *Convoler en justes noces.*

convoquer v. tr.
Inviter à se réunir. *Les conseillers ont été convoqués à la réunion de jeudi soir.*

convoyer v. tr.
Le *y* se change en *i* devant un *e* muet. *Je convoie, je convoierai.*
Le *y* est suivi d'un *i* à la première et à la deuxième personne du pluriel de l'indicatif imparfait et du subjonctif présent. *(Que) nous convoyions, (que) vous convoyiez.*
Escorter.

convoyeur n. m.
• Navire de guerre.
• Agent chargé d'accompagner des marchandises transportées. *Un convoyeur de fonds.*
• Transporteur automatique.

convulser v. tr., pronom.
Contracter, tordre par des convulsions. *La terreur convulsa ses traits. Ses traits se sont convulsés.*

convulsif, ive adj.
Spasmodique.

convulsion n. f.
Spasme, contraction violente et involontaire des muscles.

convulsivement adv.
D'une manière convulsive.

coopérateur, trice n. m. et f.
👄 Les deux *o* sont ouverts [kɔɔperatœr].
Membre d'une coopérative.

coopératif, ive adj.
👄 Les deux *o* sont ouverts [kɔɔperatif, iv].
• Fondé sur la coopération.
• Qui est prêt à coopérer.

coopération n. f.
👄 Les deux *o* sont ouverts [kɔɔperasjɔ̃].
• Collaboration. *Grâce à sa coopération, nous avons réussi.*
• Principe d'association par lequel producteurs ou consommateurs se regroupent pour assurer eux-mêmes les activités qui les intéressent.

coopérative n. f.
👄 Les deux *o* sont ouverts [kɔɔperativ].
Société fondée selon le principe de la coopération et selon lequel les coopérateurs participent à l'organisation et se partagent les profits.

coopérer v. tr. ind..
Le *é* se change en *è* devant une syllabe muette, sauf à l'indicatif futur et au conditionnel présent. *Je coopère,* mais *je coopérerai.*
👄 Les deux *o* sont ouverts [kɔɔpere].
Travailler conjointement avec quelqu'un. *Elles ont coopéré à cette entreprise.*

coordinateur
coordinatrice
V. **coordonnateur.**

coordination n. f.
👄 Les deux *o* sont ouverts [kɔɔrdinasjɔ̃].
Action d'agencer les activités d'un groupe, selon des modalités déterminées.

coordonnateur ou **coordinateur** n. m.
coordonnatrice ou **coordinatrice** n. f.
👄 Les *o* sont ouverts [kɔɔrdɔnatœr ou kɔɔrdinatœr, kɔɔrdɔnatris ou kɔɔrdinatris].
Personne qui fait de la coordination.
☞— À l'origine, seul le mot *coordonnateur* était utilisé pour nommer la personne qui coordonne. La désignation de l'action a influencé l'usage et le mot *coordinateur* est également usité.

coordonné, ée adj. et n. m. et f.
👄 Les deux *o* sont ouverts [kɔɔrdɔne].
• **Adjectif.** Organisé en fonction d'un tout cohérent.
• **Nom masculin.** Vêtements assortis.
• **Nom féminin pluriel.** (Fam.) Renseignements qui situent une personne (adresse, n° de téléphone, etc.). *Quelles sont vos coordonnées?*

coordonner v. tr.
👄 Les deux *o* sont ouverts [kɔɔrdɔne].
Assurer la coordination de divers éléments en vue d'obtenir un ensemble cohérent, un résultat.

copain n. m.
(Fam.) Camarade intime.
☞— La forme féminine est *copine.*
☞— Ne pas confondre avec les noms suivants :
- *camarade,* ami, surtout chez les enfants, les adolescents;
- *collègue,* personne avec qui l'on travaille ou qui exerce la même fonction;
- *compagnon,* personne avec qui l'on fait un travail manuel, un voyage;
- *condisciple,* personne avec qui l'on étudie;
- *confrère,* personne qui appartient à une même profession, à une même société.

copeau n. m. (pl. *copeaux*)
Éclat enlevé d'une pièce par un instrument tranchant.

copiage n. m.
Le fait de copier. *Le copiage est interdit.*

copie n. f.
• Reproduction d'après un original. *Julie a gardé une copie de son travail.*
☞— Ne pas confondre avec les noms suivants :
- *duplicata,* double d'un acte, d'un document déjà fourni;
- *fac-similé,* reproduction très fidèle d'un écrit, d'un dessin.

• Texte destiné à la composition typographique.

*copie (d'un périodique, d'un livre)
Anglicisme au sens de **exemplaire**. *Tu veux bien me prêter ton exemplaire* (et non ta *copie) *du dernier best-seller?*

copie conforme
• Abréviation **c.c.** (s'écrit avec des points).
• Mention attestant que la reproduction est fidèle à l'original.

copier v. tr.
Redoublement du *i* à la première et à la deuxième personne du pluriel de l'indicatif imparfait et du subjonctif présent. *(Que) nous copiions, (que) vous copiiez.*
Reproduire. *Marthe a copié ce dessin et la ressemblance est frappante.*

copieur, ieuse n. m. et f.
• **Nom masculin et féminin.** (Péj.) Personne qui copie.
☞— Ne pas confondre avec le nom **copiste,** personne qui copie des manuscrits, des textes, etc.
• **Nom masculin.** Abréviation familière de **photocopieur.**

copieusement adv.
De façon copieuse. *Les adolescents étaient affamés, ils ont mangé copieusement.*

copieux, euse adj.
Abondant. *Un repas copieux.*
▭▷ copieu**x.**

copilote n. m. et f.
Pilote auxiliaire.

copine n. f.
Camarade intime.
☞— La forme masculine de ce mot est **copain.**
☞— Ne pas confondre avec les noms suivants :
- **camarade,** amie, surtout chez les enfants, les adolescents;
- **collègue,** personne avec qui l'on travaille;
- **compagne,** personne avec qui l'on fait un travail manuel, un voyage;
- **condisciple,** personne avec qui l'on étudie;
- **consœur,** personne qui appartient à une même profession, à une même société.

copiste n. m. et f.
Personne qui copie des manuscrits, des textes, etc.
☞— Ne pas confondre avec le nom **copieur,** personne qui copie.

copropriétaire n. m. et f.
Propriétaire d'une copropriété.

copropriété n. f.
• Droit de propriété d'un immeuble existant entre plusieurs personnes physiques ou morales, reconnu juridiquement. (Recomm. off. OLF) *Acheter un immeuble d'habitation en copropriété.*
☞— La copropriété peut être :
- **divise,** chaque copropriétaire ne possède que sa partie;
- **indivise,** la totalité appartient en commun à tous les

propriétaires, dans une proportion réglée par contrat.
• Immeuble acquis selon le mode de copropriété.
Acheter une copropriété (et non un *condominium).
☞— «Condominium» est un terme anglais qui peut désigner le droit de propriété, un immeuble ou une partie d'immeuble. Dans ce dernier cas, il convient de nommer celle-ci par un terme spécifique. Ex. : logement, appartement, bureau, local, studio, etc.

copulation n. f.
Accouplement du mâle avec la femelle.

copule n. f.
(Ling.) Verbe qui relie le sujet à l'attribut. *Dans la phrase «l'arbre est vert», c'est le verbe **être** qui est la copule.*
☞— Attention au genre féminin de ce nom : **une** copule.

copyright n. m.
• Symbole ©.
• Mention «tous droits réservés» destinée à protéger une œuvre contre toute reproduction ou exploitation illégale. *Des copyrights.*
☞— L'indication de la propriété littéraire apparaît sous la forme de cette mention précédée du signe © figurant au verso du titre général de l'ouvrage, en bas de page; elle est suivie du nom du titulaire du droit d'auteur et de l'indication de l'année de publication.

coq n. m.
• Mâle de la poule.
• **Être comme un coq en pâte.** Être bien soigné, dorloté.

coq-à-l'âne n. m. inv. (pl. *coq-à-l'âne*)
• Propos sans suite.
• **Passer du coq à l'âne.** Passer d'un sujet à un autre.
☞— La locution s'écrit sans trait d'union, alors que le nom s'écrit avec des traits d'union.

coque n. f.
• (Vx) Enveloppe rigide. *La coque d'un œuf.*
• **Œuf coque, à la coque.** Œuf cuit légèrement dans l'eau bouillante.
• Corps d'un navire, d'un avion.

coquelet n. m.
Jeune coq.
▭▷ coquelet.

coquelicot n. m.
Plante à fleurs rouges qui pousse dans les champs.
▭▷ coquelicot.

coqueluche n. f.
Maladie contagieuse des enfants.

coquerelle n. f.
Au Canada, désigne une **blatte,** sous l'influence de l'anglais «cockroach».

coqueret
V. **alkékenge.**

coquetel n. m.
Cette nouvelle graphie de «cocktail» a fait l'objet d'une recommandation officielle.

coquet, ette adj. et n. m. et f.
• Bien mis, élégant.

• Mignon, joli. *Une coquette petite maison.*

coquetier n. m.
Petit ustensile dans lequel on mange l'œuf à la coque.
☞ Ne pas confondre avec le nom *cocotier,* arbre produisant la noix de coco.

coquettement adv.
De façon coquette.

coquetterie n. f.
• Désir de plaire, d'être élégant.
• Élégance.

coquillage n. m.
Mollusque qui vit dans une coquille. *Au bord de la mer, les enfants aiment ramasser des coquillages.*

coquille n. f.
• Enveloppe calcaire servant de squelette externe au mollusque. *Une coquille d'huître.*
• *Rentrer dans sa coquille.* Se retirer, se renfermer.
• Erreur typographique par laquelle des lettres sont substituées à d'autres.
• *Coquille d'œuf,* adjectif de couleur invariable. D'un blanc cassé. *Des soies coquille d'œuf.*

coquille Saint-Jacques n. f.
Mollusque comestible.

coquillette n. f.
Pâte alimentaire en forme de petite coquille.

coquin, ine adj. et n. m. et f.
Espiègle, malicieux. *Laurence est une coquine : elle a joué un tour à Julien. C'est une fillette coquine.*

coquinerie n. f.
(Litt.) Action coquine.

cor n. m.
• Instrument de musique à vent. *Un cor de chasse.*
• *À cor et à cri,* locution adverbiale. Avec insistance.
☞ Dans cette locution, les noms *cor* et *cri* s'écrivent au singulier.
• Durillon, callosité. *Un cor aux pieds.*
Hom. *corps,* partie matérielle d'un être animé.
☞ **cor.**

corail n. m. (pl. *coraux*)
Matière calcaire utilisée en bijouterie.

corail adj. inv. et n. m. inv.
D'un rouge éclatant. *Des lunettes corail.*
V. Tableau - **COULEUR (ADJECTIFS DE).**

coran n. m.
• Livre sacré des musulmans. *Il lit le Coran quotidiennement.*
• (Fig.) Ouvrage fondamental. *Ces normes sont le coran des concepteurs.*
☞ Quand il désigne le livre contenant la doctrine islamique, le nom s'écrit avec une majuscule.

coranique adj.
Qui se rapporte au Coran.

corbeau n. m. (pl. *corbeaux*)
Oiseau carnassier à plumage noir.

corbeille n. f.
• Panier d'osier sans anses. *Une corbeille à papier.*

• Réceptacle, son contenu. *Une corbeille de fruits. Une corbeille à papier* (et non un **panier*).

corbillard n. m.
Voiture dans laquelle on transporte les morts.
☞ corbillar**d.**

cordage n. m.
Tout ce qui sert au grément d'un navire ou à la manœuvre d'une machine, d'un engin.
V. **corde.**

corde n. f.
• Lien fait de brins tordus ensemble.
☞ Ne pas confondre avec les noms suivants :
- *amarre,* ce qui sert à retenir un navire, un ballon;
- *câble,* gros cordage de fibres textiles ou d'acier;
- *cordage,* tout ce qui sert au grément d'un navire ou à la manœuvre d'une machine, d'un engin;
- *ficelle,* petite corde pour attacher des paquets.
• Au Canada, unité de mesure pour le bois de chauffage. *Nous avons commandé deux cordes de bois.*
• **Locutions**
- *Avoir plus d'une corde à son arc.* Avoir plusieurs atouts pour réussir.
- *Être sur la corde raide.* Être dans une situation périlleuse.
- *Mériter la corde.* Mériter la pendaison.
- *Toucher la corde sensible.* Parler de ce qui intéresse particulièrement une personne.

cordeau n. m. (pl. *cordeaux*)
• Petite corde utilisée pour aligner.
• *Au cordeau,* locution adverbiale. De façon impeccable.

cordée n. f.
Groupe d'alpinistes réunis par une corde.

cordelette n. f.
Petite corde.

cordelière n. f.
Gros cordon de soie servant de ceinture, d'ornement.

corder v. tr.
• Tordre en forme de corde. *Corder du chanvre.*
• (Litt.) Lier avec une corde.
• Au Canada, mesurer du bois à la corde.

cordial, iale, iaux adj. et n. m.
• **Adjectif**
- Qui stimule. *Une boisson cordiale.*
- Sympathique, chaleureux. *Un accueil cordial.*
• **Nom masculin** (pl. *cordiaux*)
Stimulant. *Je prendrais bien un petit cordial.*

cordialement adv.
De façon cordiale.
☞ cordialement.

cordialité n. f.
Sympathie, chaleur.
☞ cordialité.

cordillère n. f.
☞ Les deux *l* se prononcent comme dans *famille* [kɔrdijer].
Chaîne de montagnes. *La cordillère des Andes.*
☞ cordillère.

cordoba n. m.
Unité monétaire du Nicaragua. *Des cordobas.*
V. Tableau - **SYMBOLES DES UNITÉS MONÉ-TAIRES.**

cordon n. m.
• Petite corde. *Les cordons d'un chapeau.*
• *Tenir les cordons de la bourse.* Décider des dépenses.

cordon-bleu n. m. et f. (pl. *cordons-bleus*)
Personne habile à cuisiner.

cordonnerie n. f.
• Métier du cordonnier.
• Boutique de coordonnier.

cordonnet n. m.
Petit cordon.
➭ cordonne**t.**

cordonnier n. m.
cordonnière n. f.
Personne qui répare des articles de cuir (surtout des chaussures).

*corduroy
Anglicisme pour *velours côtelé.*

coréen, enne adj. et n. m. et f.
• **Adjectif et nom masculin et féminin.** De Corée. *Le drapeau coréen. Un Coréen, une Coréenne.*
☞ L'adjectif s'écrit avec une minuscule; le nom, avec une majuscule.
• **Nom masculin.** Langue parlée en Corée. *Elle parle le coréen.*
☞ Le nom de la langue s'écrit avec une minuscule.
☞ On préférera les expressions *Coréens du Nord, Coréens du Sud* à la formulation *Nord-Coréens et *Sud-Coréens.*

coriace adj.
Dur comme du cuir. *Une viande coriace.*

coriandre n. f.
Herbe aromatique.
☞ Attention au genre féminin de ce nom : *la* coriandre.

cormier n. m.
Sorbier domestique.

cormoran n. m.
Oiseau marin au plumage sombre. *Les cormorans sont d'excellents plongeurs.*
➭ cormora**n.**

cornac n. m.
Conducteur d'éléphant.

cornaline n. f.
Pierre translucide de couleur rouge ou jaune.

corne n. f.
Proéminence dure de la tête de certains animaux. *La corne du rhinocéros.*
☞ Ne pas confondre avec les noms suivants :
- *bois* (au plur.), appendice ramifié du cerf, du chevreuil, etc.;
- *défense,* longue dent en ivoire de l'éléphant, du morse, etc.

cornée n. f.
Membrane transparente de l'œil.

cornéen, enne adj.
Relatif à la cornée. *Des lentilles cornéennes.*

corneille n. f.
• Oiseau noir du genre corbeau. *La corneille mange des insectes, de petits rongeurs.*
• *Bayer aux corneilles.* Regarder en l'air, la bouche ouverte.
☞ Le verbe *bayer* n'est plus usité que dans cette expression.

cornélien, ienne adj.
Relatif à l'œuvre de Corneille. *Un dilemme cornélien.*

cornemuse n. f.
Instrument de musique à vent. *Des cornemuses écossaises.*

corner v. tr., intr.
• **Transitif.** Plier le coin. *Corner une page.*
• **Intransitif.** Faire entendre un son avec une corne.

cornet n. m.
• Petit cône servant à contenir une glace, des bonbons. *Un cornet de crème glacée aux fraises.*
• Godet pour jouer aux dés.
➭ corne**t.**

cornette n. f.
Coiffure de certaines religieuses.

corniche n. f.
• Moulure en saillie. *Une corniche dorée surmonte cette belle armoire.*
• Route qui domine la mer.

cornichon n. m.
• Petit concombre conservé dans du vinaigre.
• (Fam.) Nigaud. *Tu as encore fait une bêtise, espèce de cornichon.*

cornu, ue adj.
Qui a des cornes.

cornue n. f.
Vase de verre utilisé dans un laboratoire pour la distillation.

corollaire n. m.
Conséquence logique de ce qui vient d'être démontré.
☞ Attention au genre masculin de ce nom : *un* corollaire.

corolle n. f.
Ensemble des pétales de la fleur. *La corolle de cette rose est d'un beau rose pâle.*
➭ corolle.

coronaire adj.
Se dit des vaisseaux en forme de couronne qui irriguent le cœur.
Hom. **coroner.**
➭ corona**ire.**

coronarien, ienne adj.
Relatif aux artères coronaires.

coroner n. m.
👄 Le *r* se prononce [kɔrɔnœr].

Dans les pays anglo-saxons, officier de police judiciaire.
☞ Cette fonction est l'équivalent de celle du **juge d'instruction** dans la francophonie.
Hom. **coronaire.**

corporatif, ive adj.
Relatif à une corporation.

*__corporatif__
Anglicisme au sens de **général, de l'entreprise.** *Planification générale* (et non *__corporative__).

corporation n. f.
• Ensemble des personnes qui exercent une même profession, un même métier. *Une corporation professionnelle.*
• Au Canada, désigne une forme de société.
☞ En ce sens, le mot est un anglicisme perpétué par les textes législatifs.

corporel, elle adj.
Relatif au corps humain.

corps n. m.
• Partie matérielle d'un être animé. *Le corps humain.*
• Objet matériel. *Un corps plongé dans un liquide.*
• Groupe de personnes. *Le corps diplomatique.*
• (Typogr.) Dimension d'une lettre. Le corps s'exprime en points. *Le corps de cette note est de 8 points.*
• **Locutions**
- **Un corps à corps.** Combat.
- **À corps perdu,** locution adverbiale. Sans ménager sa personne.
- **À son corps défendant,** locution adverbiale. Malgré soi.
- **Perdu corps et biens.** Se dit d'un bateau qui a sombré avec son équipage.
- **À bras-le-corps,** locution adverbiale. En passant les deux bras autour du corps.
Hom. :
- **cor,** instrument de musique à vent;
- **cor,** durillon.
☞ cor**ps.**

corpulence n. f.
Ampleur, volume du corps.
☞ corpul**ence.**

corpulent, ente adj.
Qui a une forte corpulence.
☞ corpul**ent.**

corpus n. m.
☞ Le **s** se prononce [kɔrpys].
(Ling.) Ensemble des éléments sur lesquels porte une recherche linguistique.

corpuscule n. m.
Très petit corps.
☞ Ne pas confondre avec les noms suivants :
- **atome,** la plus petite quantité de matière susceptible de se combiner;
- **molécule,** la plus petite partie d'un corps qui puisse exister à l'état libre;
- **particule,** corps d'une extrême petitesse.

corral n. m.
Enclos pour le bétail, en Amérique du Sud.
☞ Ne pas confondre avec le nom **corail,** matière

calcaire utilisée en bijouterie.
☞ cor**ral.**

correct, ecte adj.
• Exact. *Une phrase correcte.*
• Conforme aux règles, aux usages. *Il a été très correct.*

correcteur n. m.
correctrice n. f.
Personne qui corrige des examens, des travaux, des épreuves typographiques, etc.

correcteur orthographique n. m.
Fonction d'un logiciel de traitement de texte qui assure la vérification de l'orthographe.
Syn. **vérificateur orthographique.**

correcteur-réviseur n. m.
correctrice-réviseure n. f.
Personne chargée de réviser et de corriger des traductions, des textes, des épreuves typographiques.

correctif, ive adj. et n. m.
• **Adjectif.** Qui corrige. *Des exercices correctifs.*
• **Nom masculin.** Ce qui adoucit, tempère, améliore. *Apporter un correctif à la loi.*

correction n. f.
• Action de corriger. *La correction des examens.*
• Modification, suppression des erreurs. *La correction d'une épreuve.*
• Qualité de ce qui est correct. *La correction de son langage.*
• Châtiment corporel. *Recevoir une correction.*

correctionnel, elle adj.
Qui a trait aux délits.

corrélatif, ive adj. et n. m.
Qui marque une relation réciproque entre deux choses.

corrélation n. f.
Rapport réciproque entre deux choses qui varient en fonction l'une de l'autre.

correspondance n. f.
• Conformité, rapport entre des choses, des êtres. *Une grande correspondance entre la mère et la fille.*
• Courrier. *Je dois lire ma correspondance.*
V. Tableau - **CORRESPONDANCE.**
• Titre de transport qui permet d'utiliser métro et autobus au cours d'un même trajet, sans payer plusieurs fois. *Voilà ma correspondance* (et non mon *__transfert).

correspondancier n. m.
correspondancière n. f.
Personne chargée de faire la correspondance.

correspondant, ante adj. et n. m. et f.
• Se dit de choses qui correspondent entre elles.
• Personne à qui l'on écrit régulièrement.

correspondre v. tr. ind., intr.
INDICATIF PRÉSENT *Je corresponds, tu corresponds, il correspond, nous correspondons, vous correspondez, ils correspondent.* IMPARFAIT *Je correspondais.* PASSÉ SIMPLE *Je correspondis.* FUTUR *Je correspondrai.* CONDITIONNEL PRÉSENT *Je correspondrais.* IMPÉRATIF PRÉSENT *Corresponds, correspondons, correspondez.* SUBJONCTIF PRÉSENT *Que je cor-*

CORRESPONDANCE

VEDETTE

VEDETTE

La vedette comprend le titre de civilité écrit en toutes lettres, le plus souvent **Monsieur** ou **Madame** suivi du prénom (abrégé ou non) et du nom du destinataire. Le titre de fonction, la désignation de l'unité administrative et le nom de l'entreprise sont inscrits à la suite, s'il y a lieu. Figure enfin l'indication de l'adresse au long : numéro suivi d'une virgule, nom générique qui s'écrit avec une minuscule et nom spécifique (nom propre) de la voie publique, nom de la ville ou du village, de la province, du pays, le cas échéant, et du code postal. V. Tableau – **ADRESSE**.

☞ 1° La vedette s'écrit sans ponctuation en fin de ligne.

2° En français, le titre de **docteur** est réservé aux médecins, celui de **maître**, aux avocats ou aux notaires.

3° Les titres honorifiques et les grades universitaires ne doivent pas figurer immédiatement à la suite du nom dans la vedette. *Madame Hélène Fougère* (et non *Madame Hélène Fougère, architecte).

4° Il n'est pas dans l'usage d'indiquer le titre professionnel des ministres et des députés ni de faire précéder leur nom de l'adjectif ***Honorable**; on écrit **Madame** ou **Monsieur** tout simplement.

APPEL

L'appel est la formule de salutation qui précède le corps de la lettre. Les formules d'appel les plus courantes sont les titres de civilité **Madame** et **Monsieur**. Le titre de **Mademoiselle** est de moins en moins utilisé sauf si l'on s'adresse à une très jeune fille ou à une personne qui préfère ce titre.

L'appel s'écrit au long avec une majuscule initiale et il est suivi d'une virgule.

Le titre professionnel du destinataire peut éventuellement remplacer le titre de civilité ou s'y joindre; il s'écrit avec une majuscule initiale.

☞ 1° L'adjectif **cher** doit être réservé aux correspondants que l'on connaît bien.

2° En français, seul le titre de civilité compose l'appel : le patronyme n'en fait pas partie, contrairement à l'anglais. *Cher Monsieur* (et non *Cher M. Laforêt).

3° Lorsque le nom du destinataire n'est pas connu, on utilise l'expression **Mesdames, Messieurs** (et non *À qui de droit).

☞ Dans le tableau qui suit, x est mis pour le nom et z pour les autres mentions.

TITRE	VEDETTE	APPEL
abbé	Monsieur l'Abbé x	Monsieur l'Abbé, ou Mon Père,
ambassadeur	Son Excellence Monsieur x Ambassadeur de z	Monsieur l'Ambassadeur, ou (Votre) Excellence,
ambassadrice	Son Excellence Madame x Ambassadrice de z	Madame l'Ambassadrice, ou (Votre) Excellence,
avocat	Maître x	Maître,
avocate	Maître x	Maître,
bâtonnier	Monsieur le Bâtonnier x	Monsieur le Bâtonnier,
bâtonnière	Madame la Bâtonnière x	Madame la Bâtonnière,
cardinal	Son Éminence le Cardinal x ou Monsieur le Cardinal x	Monsieur le Cardinal, ou (Votre) Éminence,

suite➞

TITRE	VEDETTE	APPEL
consul	Monsieur x Consul de z	Monsieur le Consul,
consule	Madame x Consule de z	Madame la Consule,
curé	Monsieur le Curé x ou Monsieur le Curé de z	Monsieur le Curé, ou Mon Père,
député	Monsieur x Député de z	Monsieur le Député,
députée	Madame x Députée de z	Madame la Députée,
évêque	Son Excellence Monseigneur x Évêque ou Archevêque de z	Monseigneur, ou Excellence, ou Mon Père,
juge	Madame la Juge x	Madame la Juge,
	Monsieur le Juge x	Monsieur le Juge,
madame	Madame x	Madame,
maire (mairesse)	Madame la Maire (Mairesse) x	Madame la Maire (Mairesse),
maire	Monsieur le Maire x	Monsieur le Maire,
médecin	Docteur x	Docteur,
ministre	Madame x Ministre de z	Madame la Ministre,
	Monsieur x Ministre de z	Monsieur le Ministre,
monsieur	Monsieur x	Monsieur,
notaire	Maître x	Maître,
pasteur	Monsieur le Pasteur x	Monsieur le Pasteur,
père	Révérend Père x	Révérend Père,
premier ministre	Monsieur x Premier Ministre de z	Monsieur le Premier Ministre,
première ministre	Madame x Première Ministre de z	Madame la Première Ministre,
professeure	Madame x Professeure	Madame,
professeur	Monsieur x Professeur	Monsieur,
rabbin	Monsieur le Rabbin x	Monsieur le Rabbin,
religieuse	Révérende Mère x ou Révérende Sœur x	Révérende Mère, ou Ma Mère, ou Ma Sœur,
sénateur	Monsieur x Sénateur	Monsieur le Sénateur,
sénatrice	Madame x Sénatrice	Madame la Sénatrice,
vicaire	Monsieur le Vicaire x	Monsieur le Vicaire,

suite→

TITRE	VEDETTE	APPEL
☞ Si l'on s'adresse à un couple ou à plusieurs personnes, on peut s'inspirer des exemples suivants :		
mesdames	Mesdames x et x	Mesdames,
messieurs	Messieurs x et x	Messieurs,
madame et monsieur	Madame et Monsieur x ou Madame x et Monsieur x (si les noms diffèrent)	Madame et Monsieur,
monsieur et madame	Monsieur et Madame x ou Monsieur x et Madame x (si les noms diffèrent)	Monsieur et Madame,
la ministre et monsieur	Madame la Ministre et Monsieur x	Madame la Ministre et Monsieur,
le député et madame	Monsieur le Député et Madame x	Monsieur le Député et Madame,

☞ La mention de l'appel est reprise de façon identique dans la salutation.

INTRODUCTION

Les formules usuelles d'introduction sont :

J'ai le plaisir l'honneur de vous informer que... de vous apprendre... de vous faire connaître...	À la suite de notre conversation téléphonique, de notre entretien, de notre rencontre, je vous confirme que...	J'ai bien reçu votre lettre votre documentation votre aimable invitation et je vous en remercie.
Permettez-moi de vous informer que... de vous exprimer...	J'ai pris connaissance de votre lettre et... de votre demande...	Vous trouverez ci-joint...
		À votre demande, je vous transmets...
Je suis au regret de vous aviser que... de ne pouvoir...	En réponse à votre lettre du..., à votre demande..., je désire vous informer que...	Nous avons pris bonne note de...
		Nous accusons réception de votre commande et nous vous en remercions.

CONCLUSION

Les formules les plus usuelles sont :

Avec tous mes remerciements, je vous prie...

Dans l'espoir d'une réponse favorable, je vous prie...

Dans l'attente de votre réponse, je vous prie...

En espérant que vous serez en mesure de donner suite à ma demande, je vous prie...

N'hésitez pas à communiquer avec moi pour tout renseignement complémentaire.

Nous espérons que ces renseignements vous seront utiles... que cette réponse est à votre convenance...

Je regrette de ne pouvoir donner suite à votre demande et je vous prie...

suite➡

SALUTATION

La formule de salutation est généralement composée des éléments suivants :

> *Veuillez agréer, M..., (Je vous prie d'agréer, M...,)*
> *l'expression (l'assurance)*
> *de mes sentiments*
> *distingués. (les meilleurs.)*

Veuillez agréer, Monsieur, l'expression de mes sentiments distingués.

Je vous prie d'agréer, Maître, mes salutations les meilleures.

Veuillez recevoir, Monsieur le Président, l'assurance de mes sentiments respectueux.

Je vous prie d'agréer, Madame, mes respectueux hommages.

Veuillez recevoir, chère Madame, l'expression de mes sentiments les plus distingués.

Recevez, Monsieur, mes meilleures salutations.

Veuillez croire, cher ami, à mon meilleur souvenir.

Veuillez agréer, Madame, mes salutations distinguées.

Dans la salutation, il importe de ne faire intervenir qu'un seul sujet. Si la formule commence par un membre de phrase qui concerne l'auteur de la lettre, elle doit se poursuivre avec les mots «je vous prie...» afin de respecter l'équilibre de la phrase. *Avec tous mes remerciements, je vous prie d'agréer, M...* (et non *veuillez agréer...)*

La formule d'appel est reprise dans la formule de salutation et s'inscrit entre deux virgules. *Veuillez agréer, Madame la Présidente, mes salutations distinguées.*

Le titre de civilité s'écrit avec une majuscule.

Si l'on transmet des salutations, des hommages, il n'est pas nécessaire de les faire précéder de «l'expression de».

Les formules «*Sincèrement vôtre», «*Bien vôtre», «*Bien à vous», «*Vos tout dévoués» sont des calques de l'anglais.

V. Tableau – **LETTRE TYPE**.

SIGNATURE

La signature s'inscrit à gauche ou à droite, selon la disposition, à quelques interlignes en dessous de la formule de salutation.

Si l'auteur de la lettre est titulaire d'un poste de direction, l'indication du titre précède généralement la signature.

La directrice de l'administration,

Dubois

Lorraine Dubois

Dans les autres cas, la fonction ou la profession est inscrite après la signature.

Pierre Giroux

Pierre Giroux, ingénieur

Colette Tremblay

Colette Tremblay,
adjointe administrative

☞ Le nom du signataire et son titre sont séparés par une virgule; la signature manuscrite s'inscrit au-dessus du nom dactylographié.

responde. IMPARFAIT *Que je correspondisse.* PARTICIPE PRÉSENT *Correspondant.* PASSÉ *Correspondu, ue.*
• **Transitif indirect.** Être en conformité. *Cela ne correspond pas à la réalité.*
• **Intransitif.** Communiquer. *Correspondre avec un ami.*

corrida n. f.
Course de taureaux. *Ève a vu des corridas en Espagne.*
⇨ **corrida.**

corridor n. m.
Couloir.
⇨ **corridor.**

corrigé n. m.
Solution. *Avez-vous le corrigé de ce devoir?*

corriger v. tr., pronom.
Le *g* est suivi d'un *e* devant les lettres *a* et *o.* *Il corrigea, nous corrigeons.*
• **Transitif**
- Rectifier les fautes. *Antoine doit corriger ses fautes d'orthographe.*
- Frapper par punition.
🖙 Ne pas confondre avec les verbes suivants :
- **réprimer,** châtier par des mesures sévères;
- **sévir,** traiter rigoureusement.
• **Pronominal**
Se défaire. *Se corriger d'un défaut. Il s'est corrigé de la mauvaise habitude de se ronger les ongles.*

corroboration n. f.
Action, état de corroborer.
⇨ **corroboration.**

corroborer v. tr.
Confirmer, appuyer. *Elle a corroboré ton témoignage.*
⇨ **corroborer.**

corroder v. tr.
(Litt.) Détruire lentement par une action chimique.

corrompre v. tr.
INDICATIF PRÉSENT *Je corromps, tu corromps, il corrompt, nous corrompons, vous corrompez, ils corrompent.* IMPARFAIT *Je corrompais.* PASSÉ SIMPLE *Je corrompis.* FUTUR *Je corromprai.* CONDITIONNEL PRÉSENT JE CORROMPRAIS. IMPÉRATIF PRÉSENT *Corromps, corrompons, corrompez.* SUBJONCTIF PRÉSENT *Que je corrompe.* IMPARFAIT *Que je corrompisse.* PARTICIPE PRÉSENT *Corrompant.* PASSÉ *Corrompu, ue.*
• Rendre mauvais. *Ces lectures peuvent corrompre le jugement.*
• Soudoyer, procurer des avantages à quelqu'un en échange d'une faveur, d'un service. *Corrompre un politicien.*

corrompu, ue adj.
• Gâté.
• Perverti.

corrosif, ive adj.
Qui ronge. *Un acide corrosif.*

corrosion n. f.
Action de corroder. *Ces acides produisent la corrosion des métaux.*

corrupteur, trice adj. et n. m. et f.
Personne qui soudoie quelqu'un.

corruptible adj.
Qui peut être corrompu. *Un témoin corruptible.*

corruption n. f.
• Action de corrompre, de soudoyer quelqu'un. *Tentative de corruption.*
• Décomposition. *La corruption d'une matière.*

corsage n. m.
Vêtement féminin qui couvre le buste.

corsaire n. m.
Capitaine autorisé à capturer les bateaux ennemis en temps de guerre.
🖙 Ne pas confondre avec le nom **pirate,** bandit des mers.

corse adj. et n. m. et f.
• **Adjectif et nom masculin et féminin.** De la Corse. *Le drapeau corse. Un Corse, une Corse.*
🖙 L'adjectif s'écrit avec une minuscule; le nom, avec une majuscule.
• **Nom masculin.** Langue parlée en Corse. *Il parle le corse.*
🖙 Le nom de la langue s'écrit avec une minuscule.

corsé, ée adj.
• Qui a un goût relevé. *Un café bien corsé le réveillera.*
• Scabreux. *Une histoire corsée.*

corser v. tr. pronom.
• **Transitif.** Donner un goût relevé.
• **Pronominal.** Devenir compliqué. *La situation se corse.*

corset n. m.
Sous-vêtement à baleines destiné à soutenir la taille et les hanches.
⇨ **corset.**

corseter v. tr.
Le *e* se change en *è* devant une syllabe muette. *Il corsète, il corsetait.*
Revêtir d'un corset.

cortège n. m.
Suite de personnes qui défilent lors d'une cérémonie.

cortex n. m.
• Enveloppe extérieure d'un organe animal ou végétal.
• Écorce cérébrale.

cortisone n. f.
Hormone du cortex surrénal qui sert de médicament.

corvéable adj.
Soumis à la corvée.

corvée n. f.
• Travail en commun.
• Travail pénible. *Quelle corvée!*

corvette n. f.
• Ancien bâtiment de guerre.
• Petit bâtiment d'escorte.

coryza n. m.
Rhume de cerveau.
⇨ **coryza.**

cos
Symbole de *cosinus.*

cosaque n. m.
Cavalier d'un corps de cavalerie légère de l'armée russe.

cosinus n. m.
• Symbole *cos* (s'écrit sans point).
• (Math.) Le cosinus d'un angle est égal au sinus de l'angle complémentaire de cet angle.

-cosme suff.
Élément du grec signifiant «monde». *Microcosme.*

cosmétique adj. et n. m.
• **Adjectif.** Qui est propre aux soins de beauté.
• **Nom masculin.** Produit destiné à embellir la peau, les cheveux.

cosmétologie n. f.
Étude des produits cosmétiques.

cosmique adj.
Du monde extraterrestre. *Un vaisseau cosmique.*

cosmo- préf.
Élément du grec signifiant «monde». *Cosmopolite.*

cosmologie n. f.
Science des lois qui régissent l'univers.

cosmonaute n. m. et f.
Les deux *o* sont ouverts et les lettres *au* se prononcent comme un *o* fermé [kɔsmɔnot].
Voyageur de l'espace.
Les *cosmonautes* sont russes, les **astronautes,** américains.

cosmopolite adj.
Qui comprend des personnes de plusieurs pays. *Montréal est une ville cosmopolite.*

cosmos n. m.
Espace extraterrestre. *Les astronautes voyagent dans le cosmos, hors de l'atmosphère terrestre, à la recherche de la Lune ou des planètes.*
Le mot *espace* en ce sens est plus usité.

cosse n. f.
Gousse. *Des cosses de pois.*

cossu, ue adj.
Riche. *Une propriété cossue.*

costaud, aude adj. et n. m.
Fort, trapu. *Ce déménageur est bien costaud.*
costaud.

costume n. m.
• Manière de se vêtir.
• Vêtement masculin. *Un costume* (et non un *habit) bleu marine.* Syn. **complet.**

costumé, ée adj.
• Vêtu d'un déguisement.
• *Bal costumé.* Bal où les invités sont déguisés.

costumer v. tr.
Revêtir d'un déguisement. *À l'Halloween, les enfants se sont costumés.*

costumier n. m.
costumière n. f.
Personne qui fait, loue des costumes.

cotation n. f.
Action de coter.

*cotation
Anglicisme au sens de *prix, devis, soumission.*

cote n. f.
• Cours officiel. *La cote de l'or est à la hausse.*
• *Avoir la cote d'amour.* Bénéficier de l'appréciation, de l'affection.
Hom. *cotte,* (vx) tunique.
cote.

côte n. f.
• Os formant la cage thoracique. *Marc s'est fracturé une côte.*
• Pente d'une montagne, d'une route. *Cette côte est à pic.*
• Rivage de la mer. *La côte d'Azur. Nous resterons sur la Côte quelques jours.*
• Voie de communication ou partie d'une voie de communication qui suit une pente. (Recomm. off. OLF)
côte.

côté n. m.
• Partie droite ou gauche. *Il y a des arbres de chaque côté de la rue.*
• Face d'un objet. *Un dé à six côtés.*
• **Locutions**
- *Au côté, aux côtés* (de quelqu'un), locution prépositive.
Au sens propre, on emploie davantage le singulier; au sens figuré, l'emploi du pluriel est plus courant.
- *À côté de.* À proximité. *Il habite à côté de chez elle.*
- *De tout côté, de tous côtés, de tous les côtés,* locutions adverbiales. De toutes parts, partout.
L'expression au singulier est de niveau plus soigné, mais les trois orthographes sont correctes.
- *De mon côté.* Quant à moi.
- *Du côté de,* locution prépositive. Dans la direction de.

coteau n. m. (pl. *coteaux*)
Colline peu élevée.
coteau.

côtelé, ée adj.
Se dit d'un tissu à côtes. *Du velours côtelé* (et non du **corduroi).*
côtelé.

côtelette n. f.
Côte de veau, de bœuf, etc., avec la chair qui y est attachée. *Des côtelettes d'agneau grillées.*
côtelette.

coter v. tr.
Donner la cote. *Coter une action à la bourse.*

coterie n. f.
(Péj.) Groupe fermé de personnes.

cothurne n. m.
(Antiq.) Chaussure montante à semelle épaisse.
cothurne.

côtier, ière adj.
Propre à la côte. *La garde côtière.*
⇨ côtier.

cotillon n. m.
Danse.

cotisation n. f.
• Action de cotiser.
• Quote-part. *Une cotisation syndicale.*

cotiser v. intr., pronom.
• **Intransitif.** Payer sa part d'une dépense commune.
• **Pronominal.** Fournir sa part pour réunir une somme.
Ils se sont cotisés pour acheter ce cadeau.

coton n. m.
• Produit du cotonnier.
• Étoffe faite de coton. *Une chemise de coton.*
• *Être au coton.* (Fam.) Au Canada, être épuisé, à bout de forces.
• *Filer un mauvais coton.* Être en mauvais état, se sentir malade, faible, déprimé.

cotonnade n. f.
Étoffe de coton.

cotonner (se) v. pronom.
Se couvrir d'un duvet, de peluche, en parlant d'une étoffe. *Un lainage qui se cotonne.*

cotonnier n. m.
Arbrisseau qui produit le coton.

coton-tige n. m. inv. (pl. *coton-tige*)
Bâtonnet dont les bouts sont munis de coton.

côtoyer v. tr.
Le *y* se change en *i* devant un *e* muet. *Je côtoie, je côtoierai.*
Le *y* est suivi d'un *i* à la première et à la deuxième personne du pluriel de l'indicatif imparfait et du subjonctif présent. *(Que) nous côtoyions, (que) vous côtoyiez.*
Aller côte à côte, fréquenter. *Il a côtoyé ce grand musicien.*
⇨ côtoyer.

cottage n. m.
👄 Ce mot se prononce généralement à l'anglaise [kɔtɛdʒ] ou [kɔtaʒ].
• Petite maison de style rustique située à la campagne.
• Au Canada, maison située généralement à la ville et entourée d'un jardin.

cotte n. f.
• (Ancienn.) Tunique.
• *Cotte de mailles.*
Hom. *cote,* cours officiel.

cotylédon n. m.
Réserve nutritive des plantes à graines.
⇨ cotylédon.

cou n. m.
• Partie du corps qui joint la tête aux épaules.
• **Locutions**
- *Jusqu'au cou.* Entièrement.
- *Sauter au cou de quelqu'un.* L'embrasser.
- *Couper le cou.* Trancher la tête.

- *Prendre ses jambes à son cou.* Se sauver en courant.
Hom. :
- *coud,* du verbe *coudre;*
- *coup,* choc brutal;
- *coût,* prix.

couard, arde adj. et n. m. et f.
(Litt.) Peureux, lâche.

couardise n. f.
(Litt.) Lâcheté.

couchage n. m.
• Ce qui compose la literie.
• Action de coucher, lieu où l'on couche. *Des sacs de couchage.*

couchant, ante adj.
Qui se couche. *Le soleil couchant.*
🖚 Ne pas confondre avec le participe présent invariable **couchant.** *Le bruit n'avait pas troublé le sommeil des enfants, ceux-ci couchant à l'étage.*

couchant n. m.
L'endroit de l'horizon où le soleil se couche; l'ouest.

couche n. f.
• Substance étalée sur une surface. *Une couche de peinture.*
• Linge absorbant. *Changer la couche de bébé.*
• (Litt.) Lit.
• *Fausse couche.* Avortement spontané (par opposition à **avortement thérapeutique**). *Des fausses couches.*
• *Une femme en couches, qui relève de couches.* Accouchée.
🖚 Dans ces expressions, le nom est toujours au pluriel.

couche-culotte n. f. (pl. *couches-culottes*)
Culotte de bébé imperméable.

coucher v. tr., intr., pronom.
• **Transitif**
- Étendre de son long. *Martine a couché sa petite sœur.*
- Courber. *Le vent a couché les branches.*
• **Intransitif**
Coucher à la belle étoile. Passer la nuit au grand air.
• **Pronominal**
Se mettre au lit. *Elles se sont couchées tôt.*

coucher n. m.
Action de se coucher, de mettre au lit. *Le coucher des enfants.*

couche-tard adj. et n. m. et f. inv. (pl. *couche-tard*)
Qui se couche à une heure tardive.

couche-tôt adj. et n. m. et f. inv. (pl. *couche-tôt*)
Qui se couche de bonne heure.

couchette n. f.
Lit escamotable (dans un train, un bateau).

coucheur, euse n. m. et f.
Mauvais coucheur. Personne au caractère difficile.

couci-couça loc. adv.
(Fam.) Comme ci, comme ça.
⇨ couci-couça.

coucou n. m. et interj.
• **Nom masculin**
- Oiseau. *Des coucous nombreux.*
- Appareil qui indique l'heure et dont la sonnerie imite le chant du coucou.
☞ Ne pas confondre avec les noms suivants :
- *horloge,* appareil de grande dimension servant à mesurer le temps et à indiquer l'heure;
- *pendule,* appareil de petite dimension qui indique l'heure;
- *réveille-matin* ou *réveil,* appareil qui indique l'heure et qui peut sonner à une heure déterminée à l'avance.
• **Interjection**
L'interjection sert à manifester sa présence. *Coucou, nous voilà!*

coude n. m.
• Partie du corps située en arrière de l'articulation du bras et de l'avant-bras. *Elle s'est appuyée sur son coude.*
• *Se serrer les coudes.* S'entraider.

coudée n. f.
• Ancienne mesure de longueur.
• *Avoir les coudées franches.* Avoir toute la latitude voulue.

cou-de-pied n. m. (pl. *cous-de-pied*)
Partie supérieure du pied.
Hom. *coup de pied,* action de heurter quelqu'un, quelque chose avec le pied.

couder v. tr.
Courber en forme de coude.

coudoyer v. tr.
Le *y* se change en *i* devant un *e* muet. *Je coudoie, je coudoierai.*
Le *y* est suivi d'un *i* à la première et à la deuxième personne du pluriel de l'indicatif imparfait et du subjonctif présent. *(Que) nous coudoyions, (que) vous coudoyiez.*
Côtoyer, être souvent en contact avec.

coudre v. tr.
INDICATIF PRÉSENT *Je couds, tu couds, il coud, nous cousons, vous cousez, ils cousent.* IMPARFAIT *Je cousais.* PASSÉ SIMPLE *Je cousis.* FUTUR *Je coudrai.* CONDITIONNEL PRÉSENT *Je coudrais.* IMPÉRATIF PRÉSENT *Couds, cousons, cousez.* SUBJONCTIF PRÉSENT *Que je couse.* IMPARFAIT *Que je cousisse.* PARTICIPE PRÉSENT *Cousant.* PASSÉ *Cousu, ue.*
Joindre ensemble avec du fil. *Des machines à coudre. Des robes cousues main.*

coudrier n. m.
Noisetier. *La baguette de coudrier du sourcier.*

couenne n. f.
☞ Les lettres *enne* se prononcent *anne* [kwan].
Peau de porc grillée.

couette n. f.
• Édredon recouvert d'une housse amovible.
• (Fam.) Touffe de cheveux. *Elle porte deux couettes.*

couffin n. m.
Grand cabas souple à anses.

couguar ou **cougouar** n. m.
Puma.

couille n. f.
(Pop.) Testicule.

couillon adj. et n. m.
(Pop.) Imbécile.

couinement n. m.
Cri aigu de certains mammifères.

couiner v. intr.
Crier, en parlant du rat.

coulage n. m.
• Action de couler.
• Action de gaspiller, de voler. *Il y a trop de coulage dans les matériaux.*

coulant, ante adj. et n. m.
• *Nœud coulant.* Qui se serre de lui-même quand on tire la corde.
• Harmonieux, facile. *Un style coulant.*

coulée n. f.
Action de s'écouler, son résultat. *Une coulée de lave.*

couler v. tr., intr., pronom.
• **Transitif**
- Submerger. *Couler un bateau.*
- Verser une matière en fusion. *Couler du bronze.*
• **Intransitif**
- Aller d'un lieu à l'autre, en parlant d'un liquide. *Les fleuves coulent vers la mer.*
- Laisser échapper un liquide. *Son nez coule, il est enrhumé.*
• **Pronominal**
Se glisser adroitement. *Le petit se coula tout doucement dans la cachette.*

couleur n. f.
• Teinte. *Les couleurs de l'arc-en-ciel.*
• **Au singulier.** *Des vêtements de couleur, des crayons de couleur, du papier à lettre de couleur, des personnages hauts en couleur, des étoffes de couleur, des toitures couleur de cuivre.*
• **Au pluriel.** *Un journal en couleurs, une photo en couleurs, un film en couleurs, la télévision en couleurs.*
V. Tableau - **COULEUR (ADJECTIFS DE).**

couleuvre n. f.
Serpent non venimeux. *Les couleuvres ne sont pas dangereuses.*

coulis n. m.
☞ Le *s* ne se prononce pas [kuli].
Jus concentré. *Un coulis de framboises.*
☞ couli**s**.

coulissant, ante adj.
Qui glisse sur des coulisses. *Un panneau coulissant.*

coulisse n. f.
• Glissière. *Une porte à coulisse.*
• (Au plur.) Partie du théâtre située à l'arrière de la scène. *Martin est allé dans les coulisses pour avoir des autographes des comédiens.*

coulisser v. tr., intr.
• **Transitif.** Munir d'une coulisse.

ADJECTIFS DE **COULEUR**

1. Les **adjectifs de couleur simples** s'accordent en genre et en nombre :

alezan	brun	glauque	noir	roux
beige	châtain	gris	pers	ultraviolet
blanc	cramoisi	incarnat	pourpre	vermeil
bleu	écarlate	jaune	rose	vert
blond	fauve	mauve	rouge	violet…

     Ex. : *des robes mauves, des jupes violettes, des foulards bleus.*

2. Les **adjectifs dérivant d'adjectifs ou de noms de couleur** s'accordent en genre et en nombre :

basané	doré	olivâtre	rougeaud	verdoyant…
blanchâtre	mordoré	orangé	rouquin	
cuivré	noiraud	rosé	rubicond	

     Ex. : *des ciels orangés, des teints olivâtres, des fillettes rouquines.*

3. Les **adjectifs composés** (avec un autre adjectif ou un nom) sont invariables :

arc-en-ciel	bleu roi	feuille-morte	noir de jais
bleu foncé	bleu turquoise	gorge-de-pigeon	rouge tomate
bleu horizon	bleu-vert	gris acier	vert-de-gris
bleu marine	café au lait	gris perle	vert amande
bleu nuit	cuisse-de-nymphe	jaune maïs	vert olive…

     Ex. : *des écharpes gris perle, une nappe bleu nuit.*

☞ On emploie le trait d'union lorsque deux adjectifs de couleur simples sont juxtaposés. *Des yeux bleu-vert.*

4. Les **noms simples ou composés employés comme adjectifs** pour désigner une couleur sont invariables :

abricot	bruyère	crevette	marengo	prune
absinthe	caca d'oie	cuivre	marine	réséda
acajou	cachou	cyclamen	marron	rouille
acier	café	ébène	mastic	rubis
agate	canari	émeraude	moutarde	safran
amadou	cannelle	épinard	nacre	saphir
amarante	caramel	fraise	noisette	saumon
ambre	carmin	framboise	ocre	sépia
améthyste	carotte	fuchsia	olive	serin
anthracite	cassis	garance	or	soufre
ardoise	céladon	grenat	orange	souris
argent	cerise	groseille	paille	tabac
aubergine	chamois	havane	pastel	tango
auburn	champagne	indigo	pastèque	terre de Sienne
aurore	chocolat	ivoire	pêche	thé
avocat	citron	jade	perle	tilleul
azur	clémentine	jonquille	pervenche	tomate
bistre	cognac	kaki	pétrole	topaze
bordeaux	coquelicot	lavande	pie	turquoise
brique	corail	lilas	pistache	vermillon…
bronze	crème	magenta	platine	

     Ex. : *des tapis ardoise, une ombrelle kaki.*

• **Intransitif.** Glisser sur des coulisses.

couloir n. m.
Passage étroit qui conduit d'une pièce à une autre.

coulomb
• Abréviation *C* (s'écrit sans point).
• Unité de mesure en électricité qui correspond à la quantité d'électricité transportée en une seconde par un courant d'un ampère.

coulommiers n. m.
Fromage. *Un morceau de coulommiers.*
🖙 Le nom du fromage s'écrit avec une minuscule; celui de la ville, avec une majuscule.
🖙 coulommi**ers.**

coup n. m.
• Effet brusque produit par le choc de deux corps. *Des coups de poing, des coups de pied. Recevoir un coup sur la tête.*
• Action brusque et soudaine des éléments. *Des coups de tonnerre.*
• Mouvement d'un organe. *Des coups d'œil, des coups d'aile.*
• Acte marquant, en bien ou en mal. *Un bon coup, un coup d'État.*
• **Locutions**
- *Coup d'œil.* Regard furtif.
- *Coup de pouce.* Aide.
- *Coup dur.* Épreuve.
- *Coup de foudre.* Amour passionné subit.
- *Coup de téléphone.* Appel téléphonique.
- *Coup de tête.* Décision inconsidérée.
- *Coup de pied.* Action de heurter quelqu'un, quelque chose avec le pied.
Hom. *cou-de-pied,* partie supérieure du pied.
• **Locutions adverbiales**
- *À coup sûr.* Certainement.
- *Après coup.* Quand il n'est plus temps.
- *À tous coups, à tout coup.* À chaque fois.
🖙 Les deux orthographes sont possibles.
- *Coup sur coup.* Immédiatement, l'un après l'autre.
- *Sous le coup de.* Sous l'influence de.
- *Sur le coup.* À l'instant même.
- *Tout à coup.* Soudainement.
- *Tout d'un coup.* En une seule fois.
Hom. :
- *cou,* partie du corps;
- *coud,* du verbe *coudre*;
- *coût,* prix.

coupable adj. et n. m. et f.
Qui a commis une faute ou un crime. *Cette personne n'a pas commis ce crime : elle n'est pas coupable.*

coupage n. m.
Action de couper. *Le coupage du vin.*

coupant, ante adj.
Tranchant. *Un ton coupant.*
🖙 Ne pas confondre avec le participe présent invariable *coupant. Les jardiniers taillaient la haie, coupant avec adresse les branches superflues.*

coup de main n. m.
Aide momentanée.
🖙 Dans cette expression, le terme *main* demeure au singulier. *Jacques nous a donné de bons coups de main.*

coup de poing n. m. (pl. *coups de poing*)
Coup donné avec le poing.
Hom. *coup-de-poing,* arme.

coup-de-poing n. m. (pl. *coups-de-poing*)
Arme.
Hom. *coup de poing,* coup donné avec le poing.

coupe n. f.
• Action, manière de couper quelque chose. *Delphine doit se faire faire une coupe de cheveux.*
• *Coupe sombre.* Coupe partielle d'arbres dans une forêt.
🖙 La coupe importante est une *coupe claire.*
• *Coupe sombre.* (Fig.) Réduction considérable. *Il y a une coupe sombre dans l'effectif, dans le budget.*

coupé n. m.
(Vx) Voiture à deux portes, d'allure sportive, sans montant latéral.

coupe- préf.
Les noms composés avec le mot *coupe* s'écrivent avec un trait d'union. Certains sont invariables, d'autres prennent la marque du pluriel au second élément.

coupe-cigare(s) n. m. inv. (pl. *coupe-cigares*)
Instrument servant à couper le bout des cigares.

coupe-circuit n. m. inv. (pl. *coupe-circuit*)
Dispositif de sécurité destiné à couper le circuit électrique quand l'intensité est trop élevée.
🖙 Ne pas confondre avec le nom *court-circuit,* contact accidentel de deux fils électriques.

coupe-coupe n. m. inv. (pl. *coupe-coupe*)
Machette.

coupée n. f.
Ouverture d'un navire qui permet l'entrée et la sortie. *Une échelle de coupée.*

coupe-faim n. m. inv. (pl. *coupe-faim*)
Petite quantité d'aliment prise pour calmer momentanément la faim.

coupe-feu n. m. inv. (pl. *coupe-feu*)
Dispositif destiné à empêcher la propagation des incendies.

coupe-file n. m. inv. (pl. *coupe-file*)
Carte officielle de priorité.

coupe-gorge n. m. inv. (pl. *coupe-gorge*)
Lieu mal famé où l'on risque d'être volé, attaqué.

coupe-jarret n. m. (pl. *coupe-jarrets*)
(Litt.) Brigand.

coupelle n. f.
Petite coupe. *Une coupelle de beurre.*

coupe-ongles n. m. inv. (*coupe-ongles*)
Petite pince servant à couper les ongles.

coupe-papier n. m. inv. (pl. *coupe-papier*)
Lame mince servant à ouvrir les enveloppes en coupant le papier plié.

couper v. tr., intr., pronom.
• **Transitif**
- Diviser un corps avec un instrument tranchant. *Il a coupé le gigot en tranches, elle coupera le pain.*
- Interrompre, faire cesser. *Les crudités ne coupent pas la faim.*
- Rendre plus court. *François, le coiffeur, coupera les cheveux à Étienne.*
- *Couper la parole.* Interrompre. *Elle m'a coupé la parole de façon arrogante.*
- *Couper l'herbe sous le pied de quelqu'un.* Supplanter quelqu'un.
- *Couper le mal à sa racine.* Extirper le mal.
- *Couper les vivres à quelqu'un.* Retrancher les moyens de subsistance à quelqu'un.
• **Intransitif**
- Être tranchant. *Ces ciseaux ne coupent pas.*
- Prendre un chemin plus court. *Les enfants ont coupé à travers le boisé pour aller au village.*
• **Pronominal**
- Se blesser. *En cuisinant, elle s'est coupée.*
☞ Le participe passé du pronominal *se couper* s'accorde avec le sujet s'il n'est pas suivi d'un autre complément d'objet. *Elle s'est coupée.* Le participe passé est invariable si le complément direct suit le verbe. *Elle s'est coupé la main.* Le participe passé s'accorde si le complément direct vient avant le verbe. *Les portions de tarte qu'elle s'est coupées sont énormes.*
- S'entrecroiser. *Ces chemins se coupent.*
- S'isoler. *Ils se sont coupés du monde.*

*couper court (pour)
Anglicisme au sens de *pour résumer.* En français, l'expression *couper court* s'utilise, mais elle est suivie de la préposition *à* au sens de *interrompre.* *Il coupa court à cette démonstration et passa à la question suivante.*

couperet n. m.
Couteau de la guillotine.
☞ couperet.

couperose n. f.
Coloration rouge de la peau du visage causée par une dilatation des vaisseaux capillaires.

couperosé, ée adj.
Atteint de couperose. *Un nez couperosé.*

coupe-vent n. m. inv. (pl. *coupe-vent*)
Veste courte dont le tissu protège du vent. *Martin, mets ton coupe-vent, car il fait frais aujourd'hui.*

couplage n. m.
Assemblage.

couple n. m. et f.
• **Nom masculin**
Réunion de deux personnes unies par l'amour, l'amitié. *Un couple bien assorti, un couple de skieurs.*
• **Nom féminin**
- (Vx ou régional) Réunion accidentelle de deux choses, deux êtres de même espèce. *Une couple de serviettes.*
- À peu près deux. *Je serai là dans une couple de jours.*
☞ En ce sens, le mot est vieilli.

couplé, ée adj.
Lié deux à deux.

coupler v. tr.
Attacher deux à deux.

couplet n. m.
Strophe d'une chanson, suivie généralement d'un refrain.
☞ couplet.

coupole n. f.
Voûte d'un dôme.
☞ La *coupole* est surtout vue de l'intérieur, alors que le *dôme* est vu de l'extérieur.
☞ coupole.

coupon n. m.
• Morceau d'étoffe. *Solde de coupons.*
• Partie détachable d'un titre, d'un billet.

coupon-réponse n. m. (pl. *coupons-réponse*)
Partie détachable d'une annonce.

coupure n. f.
• Blessure causée par un instrument tranchant. *Elle a une coupure à la main.*
• (Fig.) Séparation nette. *Une coupure entre son ancien travail et son travail actuel.*
• Suppression, censure.
• Article découpé. *Une coupure de journal* (et non une *découpure).
• Billet de banque. *Une coupure de 100 $.*

coupure des mots
V. Tableau - **DIVISION DES MOTS.**

*coupures budgétaires
Anglicisme pour *compressions budgétaires* ou *réductions budgétaires.*

cour n. f.
• Espace situé à l'arrière d'un bâtiment. *La cour d'une école.*
• Le lieu où est un souverain et son entourage. *Les belles dames allaient à la cour en robe longue.*
• Société qui vit autour du souverain. *La cour de la reine d'Angleterre.*
• *Faire la cour à quelqu'un.* Exprimer de l'amour, de l'admiration à quelqu'un.
• Tribunal supérieur. *La cour supérieure, la cour suprême, la cour d'appel.*
☞ Les désignations de tribunaux s'écrivent avec des minuscules.

courage n. m.
Bravoure, fermeté, ardeur. *Bon courage!*

courageusement adv.
Avec courage.

courageux, euse adj.
Brave, énergique. *Ces pompiers sont bien courageux pour affronter les incendies.*

couramment adv.
• Facilement. *Elle parle anglais couramment.*
• De façon courante. *Cette expression s'emploie couramment.*

courant, ante adj. et n. m.
• **Adjectif**
- Qui est en cours. *Les 20 et 21 (du mois) courant.*
- Habituel. *Prix courant* (et non prix **régulier*).
• **Nom masculin**
- Mouvement des liquides qui suivent leur pente. *Le courant de la rivière est assez fort.*
- **Courant électrique.** Déplacement d'électricité. *Une panne de courant.*
- **Être au courant.** Être informé.
- **Mettre, tenir au courant.** Renseigner. *Tenez-moi au courant de ses progrès.*

courant alternatif n. m.
Abréviation *c.a.* (s'écrit avec des points).

courant continu n. m.
Abréviation *c.c.* (s'écrit avec des points).

courbatu, ue adj.
(Litt.) Courbaturé.
⇨ courbatu.

courbature n. f.
Lassitude, douleur des membres. *Après sa première journée de randonnée, Nouni avait des courbatures.*

courbaturé, ée adj.
Qui souffre de courbatures. *Nouni est courbaturée.*

courbaturer v. tr.
Causer une courbature. *La randonnée pédestre a courbaturé mes parents.*

courbe adj. et n. f.
• **Adjectif.** En forme d'arc. *Une ligne courbe.*
• **Nom féminin.** Ligne courbe. *Le graphique montre la courbe des profits.*

*courbe
Anglicisme au sens de *virage, tournant.*

courber v. tr., intr., pronom.
• Rendre courbe. *Courber une branche.*
• Fléchir. *Courber la tête.*

courbette n. f.
Politesse exagérée. *Faire des courbettes.*

courbure n. f.
Cambrure.

courette n. f.
Petite cour.

coureur, euse n. m. et f.
• Personne qui participe à une course. *Plusieurs coureurs participent au marathon de Montréal.*
• Personne volage. *Un coureur de jupons.*
• **Coureur des bois.** (Ancienn.) Au Canada, trappeur.

courge n. f.
Plante potagère, fruit de cette plante.

courgette n. f.
Plante potagère; fruit allongé de cette plante. *Des courgettes farcies.*

courir v. tr., intr.
INDICATIF PRÉSENT *Je cours, tu cours, il court, nous courons, vous courez, ils courent.* IMPARFAIT *Je courais.* PASSÉ SIMPLE *Je courus.* FUTUR *Je courrai.*

CONDITIONNEL PRÉSENT *Je courrais.* IMPÉRATIF PRÉSENT *Cours, courons, courez.* SUBJONCTIF PRÉSENT *Que je coure.* IMPARFAIT *Que je courusse.* PARTICIPE PRÉSENT *Courant.* PASSÉ *Couru, ue.*
• **Transitif**
- Participer à une course. *Elle a couru le marathon.*
- Parcourir. *Ils ont couru le monde.*
- (Fig.) Être exposé à. *Courir un risque.*
- Rechercher. *Courir les soldes.*
• **Intransitif**
- Aller à vive allure. *Les enfants ont couru pendant 30 minutes.*
- **Courir après.** Rechercher avec ardeur. *Un policier qui court après un voleur.*
- S'écouler. *Le temps qui court.*

couronne n. f.
• Ornement destiné à encercler la tête. *Une couronne en or et en diamants.*
• Royauté. *La couronne d'Angleterre.*
• Unité monétaire de plusieurs pays (Danemark, Suède, etc.). *La couronne suédoise, la couronne danoise.*
V. Tableau - **SYMBOLES DES UNITÉS MONÉTAIRES.**

couronné, ée adj.
• Qui porte une couronne.
• Récompensé par un prix. *Un roman couronné.*

couronnement n. m.
• Action de couronner. *Le couronnement d'un roi.*
• Achèvement. *C'est le couronnement de sa carrière.*

couronner v. tr.
• Mettre une couronne. *Le prince sera couronné dans trois ans.*
• (Fig.) Terminer quelque chose par une réussite. *Ce roman a été couronné par un prix.*
• (Fig.) Récompenser. *Ce beau succès couronne de longs efforts.*

courre v. tr.
• (Vx) Courir.
• **Chasse à courre.** Chasse à cheval avec des chiens courants.
⇨ courre.

courrier n. m.
• Ensemble des lettres, des imprimés, etc. acheminé par la poste. *Maman a reçu beaucoup de courrier ce matin.*
⇨ Ne pas confondre avec les noms suivants :
- **billet,** lettre très concise;
- **circulaire,** lettre d'information adressée à plusieurs destinataires;
- **communiqué,** avis transmis au public;
- **dépêche,** missive officielle, message transmis par voie rapide;
- **lettre,** écrit transmis à un destinataire;
- **note,** brève communication écrite, de nature administrative.
• **Courrier électronique.** (Inform.) Courrier dont l'acheminement se fait exclusivement par l'utilisation de systèmes électroniques reliés entre eux.

courrier d'entreprise à distribution exceptionnelle
Sigle *cedex* (s'écrit sans points).

courriériste n. m. et f.
Journaliste qui écrit des chroniques.
➭ courriériste.

courroie n. f.
Bande (de cuir, de tissu, etc.) pour attacher ou pour transmettre un mouvement circulaire. *La courroie du ventilateur.*

courroucer v. tr.
(Litt.) Mettre en colère.
➭ courroucer.

courroux n. m.
(Litt.) Colère.
➭ courroux.

cours n. m.
• Mouvement des liquides. *Un cours d'eau.*
• Prix des marchandises. *Le cours de l'or.*
• Suite d'exposés sur une matière. *Un cours d'écologie. Les étudiants n'ont pas cours aujourd'hui ou n'ont pas de cours.*
• *Cours préparatoire.* Formation théorique intensive en vue de préparer à un examen, à un concours. *Suivre un cours préparatoire à l'examen de c.a.* (et non le *coaching).
• Avenue plantée d'arbres.
• *Au cours de,* locution prépositive. Durant, pendant.
• *Avoir cours.* Être reconnu, utilisé. *Cette monnaie n'a plus cours.*
• *Donner (libre) cours à sa joie.* Ne plus la contenir.
• *En cours de.* Pendant.
Hom. :
- *court,* qui a peu de longueur;
- *court,* terrain de tennis.

*cours (prendre un)
Calque de l'anglais «to take a course» pour **suivre un cours, s'inscrire à un cours.**

course n. f.
• Action de courir. *Cheval de course. Champ de course.*
• Épreuve de vitesse. *Les garçons et les filles ont participé à la course.*
• Achat. *Faire des courses* (se dit en France **shopping**).
• (Fig.) Mouvement. *La course des nuages.*

coursier, ière n. m. et f.
• **Nom masculin.** (Litt.) Cheval de selle.
• **Nom masculin et féminin.** Personne chargée de faire les courses.

coursive n. f.
Passage étroit qui va d'une extrémité à l'autre d'un navire.

*cours secondaire
Impropriété au sens de **études secondaires.**

court, courte adj., adv. et n. m.
• **Adjectif**
Qui a peu de longueur, de durée. *L'été est court. Une robe courte.*
• **Adverbe**
Des cheveux coupés court.
▷ Employé adverbialement, **court** est invariable.
• **Locutions**

- *Être à court (d'arguments, d'idées, d'argent).* Manquer de. *Je suis à court de sucre pour faire un gâteau.*
- *Prendre de court.* Prendre au dépourvu. *Ils ont été pris de court par son arrivée.*
- *Couper court à* (un entretien, une conversation). Interrompre.
- *Tout court.* Sans rien ajouter.
- *Tourner court.* S'arrêter brusquement. *La fête a tourné court à cause de l'orage.*
• **Nom masculin**
👄 Le *t* ne se prononce pas [kur].
Terrain de tennis.
Hom. *cours,* mouvement des liquides.

courtage n. m.
Profession de courtier.

court-bouillon n. m. (pl. *courts-bouillons*)
Bouillon aromatisé dans lequel on fait cuire le poisson ou la viande.

court-circuit n. m. (pl. *courts-circuits*)
Mise en contact accidentelle de deux fils électriques du même circuit.
▷ Ne pas confondre avec le nom **coupe-circuit,** dispositif de sécurité électrique.

court-circuiter v. tr.
• Mettre en court-circuit.
• (Fam.) Ne pas respecter la voie hiérarchique.

courtepointe n. f.
Couverture piquée. *De jolies courtepointes faites à la main.*

courtier n. m.
courtière n. f.
Intermédiaire qui se charge, moyennant une prime, de certaines opérations financières ou commerciales. *Un courtier en immeubles, une courtière en valeurs mobilières.*

courtisan, ane n. m. et f.
• **Nom masculin**
- (Vx) Personne attachée à la cour d'un roi, d'un prince.
- (Litt.) Flatteur.
• **Nom féminin**
(Litt.) Prostituée.

courtiser v. tr.
Faire la cour à quelqu'un, chercher à lui plaire.

court(-)métrage n. m. (pl. *courts(-)métrages*)
Film dont la durée excède rarement vingt minutes.
Ant. **long(-)métrage.**

courtois, oise adj.
• Affable, poli. *Ce monsieur est toujours très courtois.*
• *Amour courtois.* Amour chevaleresque exalté par les troubadours.

courtoisie n. f.
Affabilité, politesse.

*courtoisie de
Calque de l'anglais «a courtesy of» au sens de **gracieuseté de, hommage de.**

*courtoisie (voiture de)
Anglicisme pour **voiture de service, voiture de prêt.**

court-vêtu, ue adj.
Dont le vêtement est court. *Des demoiselles court-vêtues.*
🖛 Dans ce nom composé, le mot *court* est pris adverbialement et reste invariable.

couru, ue adj.
Recherché. *Un spectacle très couru.*

couscous n. m.
👄 Les deux *s* se prononcent [kuskus].
Mets arabe composé de semoule de blé accompagnée de viande de mouton, de poulet, etc.

cousin, ine n. m. et f.
• **Nom masculin et féminin.** Se dit d'enfants qui sont nés ou descendent de frères ou de sœurs. *Fanny aime jouer avec sa cousine Laurence.*
• **Nom masculin.** Moustique.

coussin n. m.
Pièce d'étoffe, de cuir rembourrée, servant d'appui ou d'ornement.

coussinet n. m.
• Petit coussin.
• Pièce dans laquelle peut tourner un axe.
▭➤ coussine**t.**

cousu, ue adj.
• Assemblé par une couture. *La ceinture est mal cousue.*
• *Cousu de fil blanc.* Qui ne trompe personne. *Son histoire est invraisemblable, elle est cousue de fil blanc.*
• *Cousu d'or.* Très riche. *Nos voisins semblent cousus d'or.*

coût n. m.
Prix. *Le coût des matières premières.*
Hom. :
- *cou,* partie du corps;
- *coud,* du verbe *coudre*;
- *coup,* choc brutal.

*coût d'opération
Calque de l'anglais «operating cost» au sens de *frais d'exploitation.*

couteau n. m. (pl. *couteaux*)
• Instrument tranchant. *Des couteaux à pain. Un couteau de poche. Un couteau à scie.*
• *Être à couteaux tirés.* Être en mauvais termes avec quelqu'un.

couteau-scie n. m. (pl. *couteaux-scies*)
Couteau à lame dentée servant à couper le pain, les aliments.

coutelas n. m.
👄 Le *s* ne se prononce pas [kutla].
Grand couteau de boucherie.
▭➤ coutela**s.**

coutellerie n. f.
• Industrie des couteaux.
• Ensemble de couteaux.

*coutellerie
Anglicisme au sens de *service de couverts* ou de *ménagère* qui comprend un *service de couverts* disposé dans un coffret.

coûter v. tr., intr.
• **Transitif**
Causer, occasionner. *Les efforts que cette recherche m'a coûtés.*
🖛 À la forme transitive, le participe passé s'accorde avec le complément d'objet direct qui précède le verbe.
• **Intransitif**
- Exiger une dépense. *Ce voyage coûte cher.*
- *Coûte que coûte.* Quel que soit le prix. *Elle réussira, coûte que coûte.*
🖛 Quand il est construit avec un complément de prix (combien?), le participe passé *coûté* est invariable. *Les 80 $ que cette montre m'a coûté.*
- Répugner. *Cela me coûte beaucoup.*
▭➤ coûter.

coûteusement adv.
D'une manière coûteuse.
▭➤ coûteusement.

coûteux, euse adj.
Qui nécessite une forte dépense. *Le ski alpin est coûteux.*
▭➤ coûteu**x.**

coutil n. m.
👄 Le *l* ne se prononce pas [kuti].
Toile serrée.
▭➤ couti**l.**

coutume n. f.
• Habitude passée dans les mœurs. *À Pâques, la coutume est de cacher les œufs en chocolat un peu partout dans le jardin.*
• *Avoir coutume de.* Avoir l'habitude de.
• Droit établi par l'usage.

coutumier, ière adj.
(Litt.) Ordinaire, habituel.
Ant. **inaccoutumé.**

couture n. f.
• Assemblage de deux choses cousues. *La couture de son pantalon a cédé.*
• Manière de coudre. *La haute couture.*
• *Battre à plate couture.* Infliger une défaite complète.

couturier n. m.
couturière n. f.
• Personne qui coud des vêtements.
• *Grand couturier.* Personne qui dirige une maison de couture. *Coco Chanel était un grand couturier.*
🖛 Cette expression ne s'emploie qu'au masculin, en ce sens.

couvée n. f.
• Œufs que couve en même temps un oiseau.
• Les petits, éclos de l'œuf. *La poule est suivie de sa couvée, de ses poussins.*

couvent n. m.
• Maison religieuse. *La chapelle du couvent.*
• Ensemble des religieux et des religieuses d'une communauté.
• (Vx) Pensionnat tenu par des religieuses.

couventine n. f.
Jeune fille qui étudiait au couvent.

couver v. tr., intr.
• **Transitif**
- Couvrir les œufs jusqu'à leur éclosion. *L'oiseau couve ses œufs dans le nid.*
- (Fig.) Entourer de soins attentifs. *Cette dame couve trop ses enfants.*
- ***Couver*** (une maladie). Être sur le point d'être malade. *Je ne me sens pas très bien, je dois couver une grippe.*
• **Intransitif**
Être latent, se préparer. *Un feu qui couve.*

couvercle n. m.
Ce qui couvre un pot, une boîte. *Ferme le couvercle (et non le *couvert).*

*couvert
Impropriété au sens de ***couvercle***.

couvert, erte adj. et n. m.
• **Adjectif**
- Qu'on a couvert. *Un abri couvert. La tête couverte.*
- Caché. *Elle avait le visage couvert.*
- Rempli. *Un pommier couvert de pommes.*
- Protégé. *Il sera couvert par son supérieur.*
- ***Parler à mots couverts.*** Parler par des allusions.
• **Nom masculin**
- ***Le vivre et le couvert.*** La nourriture et le logement.
- Ustensiles. *Des couverts d'argent.*

*couverte
Archaïsme au sens de ***couverture***.

couverture n. f.
• Toit d'un bâtiment. *Une belle couverture d'ardoise.*
• Ce qui couvre. La ***couverture d'un livre***, mais le ***couvercle d'un chaudron***.
• Pièce de lainage destinée à garder au chaud. *Une couverture écossaise (et non une *couverte).*
• ***Tirer la couverture à soi.*** Chercher à avoir la plus grosse, la meilleure part de quelque chose.

couveuse adj. f. et n. f.
• Appareil facilitant l'éclosion des œufs.
• (Fam.) Incubateur pour les nouveau-nés.

couvre- préf.
Les noms composés avec le préfixe ***couvre-*** s'écrivent avec un trait d'union; le mot ***couvre-*** demeure invariable puisqu'il s'agit du verbe, tandis que le second élément prend la marque du pluriel. *Des couvre-lits.*

couvre-chaussure n. f. (pl. *couvre-chaussures*)
Enveloppe imperméable servant à protéger les chaussures de la pluie.

couvre-chef n. m. (pl. *couvre-chefs*)
(Fam.) Coiffure.

couvre-feu n. m. (pl. *couvre-feux*)
• Signal qui marque l'heure de se retirer et d'éteindre les lumières. *Le couvre-feu est fixé à 21 heures pendant la semaine.*
• Interdiction de sortir de chez soi à certaines heures.

couvre-lit n. m. (pl. *couvre-lits*)
Couverture servant de dessus-de-lit. *Fanny a un couvre-lit multicolore.*

couvre-nuque n. m. (pl. *couvre-nuques*)
Pièce adaptée à la coiffure servant à protéger la nuque.

couvre-objet n. m. (pl. *couvre-objets*)
Lamelle de verre dont on recouvre les objets examinés au microscope.

couvre-pied ou **couvre-pieds** n. m. inv. (pl. *couvre-pieds*)
Couverture de lit. *Martin aime les couvre-pieds bien chauds.*

couvre-plat n. m. (pl. *couvre-plats*)
Couvercle dont on recouvre un plat pour le maintenir chaud.

couvre-sol n. m. (pl. *couvre-sols*)
Revêtement de sol.

couvreur n. m.
couvreuse n. f.
Personne qui répare les toitures.

couvrir v. tr., pronom.
INDICATIF PRÉSENT *Je couvre, tu couvres, il couvre, nous couvrons, vous couvrez, ils couvrent.* IMPARFAIT *Je couvrais.* PASSÉ SIMPLE *Je couvris.* FUTUR *Je couvrirai.* CONDITIONNEL PRÉSENT *Je couvrirais.* IMPÉRATIF PRÉSENT *Couvre, couvrons, couvrez.* SUBJONCTIF PRÉSENT *Que je couvre.* IMPARFAIT *Que je couvrisse.* PARTICIPE PRÉSENT *Couvrant.* PASSÉ *Couvert, erte.*
• **Transitif**
- Revêtir d'une chose pour cacher, protéger, orner, etc. *Couvrir un livre.*
- Donner en grande quantité. *Couvrir d'honneurs une athlète.*
• **Pronominal**
- Se remplir. *Le ciel se couvre de nuages.*
- Se revêtir. *Il s'est couvert d'un imperméable.*
- Se protéger. *La société se couvre de ces risques par une assurance.*

*cover charge
Anglicisme au sens de ***prix d'entrée, droit d'entrée.***
▷ L'expression anglaise «no cover charge» se rend par ***entrée libre.***

covoiturage n. m.
Transport par voiture particulière de plusieurs personnes qui se cotisent pour acquitter les frais d'utilisation du véhicule.

cow-boy n. m. (pl. *cow-boys*)
👄 Les lettres ***ow*** se prononcent ***aou*** [kawbɔj].
Gardien d'un troupeau de bovins dans l'ouest de l'Amérique du Nord.

coyote n. m.
Animal sauvage à la fourrure fauve, voisin du chacal.
▷ coyote.

C.P.
Abréviation de ***case postale.***

CPS
Sigle de ***caractère par seconde.***

CPV
Sigle de ***chlorure de polyvinyle.***
▷ Équivalent français de ***PVC.***

CQFD
Abréviation de ***ce qu'il fallait démontrer.***

Cr
Symbole de **chrome.**

CR
Abréviation de **contre remboursement.**

crabe n. m.
Crustacé qui possède huit pattes et deux pinces. *Les amis sont allés à la pêche au crabe.*

crac! interj.
Interjection qui exprime un bruit de rupture.
Hom. :
- *crack,* as;
- *craque,* mensonge;
- *krach,* effondrement de la bourse.

crachat n. m.
Expectoration.
☞ cracha**t.**

craché, ée adj.
Tout craché. (Fam.) Identique. *C'est son oncle tout craché.*

crachement n. m.
Action de cracher.

cracher v. tr., intr.
• Rejeter de la bouche les mucosités qui s'y trouvent.
• Rejeter au dehors. *Un volcan qui crache de la lave.*

crachin n. m.
Pluie fine et persistante.

crachoir n. m.
• Petit vase dans lequel on crache.
• *Tenir le crachoir.* Parler sans arrêt.

crachoter v. intr.
• Cracher un peu à la fois et fréquemment.
• Émettre un crépitement.
☞ crachoter.

crack n. m.
• Cheval préféré dans une écurie de course.
• (Fam.) As. *Ce garçon est un crack en informatique.*
Hom. :
- *crac!,* interjection;
- *craque,* mensonge;
- *krach,* effondrement de la bourse.

craie n. f.
• Roche blanche calcaire.
• Bâtonnet de cette substance servant à écrire (sur une ardoise, un tableau). *Elle a dessiné un beau soleil au tableau avec une craie jaune.*

craindre v. tr.
INDICATIF PRÉSENT *Je crains, tu crains, il craint, nous craignons, vous craignez, ils craignent.* IMPARFAIT *Je craignais.* PASSÉ SIMPLE *Je craignis.* FUTUR *Je craindrai.* CONDITIONNEL PRÉSENT *Je craindrais.* IMPÉRATIF PRÉSENT *Crains, craignons, craignez.* SUBJONCTIF PRÉSENT *Que je craigne.* IMPARFAIT *Que je craignisse.* PARTICIPE PRÉSENT *Craignant.* PASSÉ *Craint, crainte.*
Les lettres **gn** sont suivies d'un **i** à la première et à la deuxième personne du pluriel de l'indicatif imparfait et du subjonctif présent. *(Que) nous crai-*

gnions, (que) vous craigniez.
• Avoir peur de quelqu'un, de quelque chose. *Marie-Ève et Étienne ne craignent pas l'eau, ils adorent nager.*
☞ 1° Dans la langue soutenue, le verbe **craindre** construit avec **que** suivi du subjonctif est souvent accompagné de la particule **ne** dite explétive, sans valeur négative, lorsqu'on redoute qu'un évènement se produise. *Je crains qu'il ne pleuve* (je souhaiterais qu'il ne pleuve pas).
2° Par contre, si l'on craint qu'un évènement ne se produise pas, l'emploi de la négation **ne... pas** est obligatoire. *Je crains qu'elle ne vienne pas* (je souhaiterais qu'elle vienne).
3° Il en est ainsi pour les verbes exprimant une notion de crainte : *redouter, appréhender, avoir peur, trembler,* etc.
• Être sensible à quelque chose. *Ces produits craignent l'humidité.*

crainte n. f.
• Peur. *La crainte de l'avion. La crainte de tomber.*
☞ Le nom se construit avec un complément déterminatif ou un infinitif.
• *De crainte que +* subjonctif, *de crainte de +* infinitif. De peur que, de peur de. *Il n'ose partir de crainte qu'elle ne vienne pendant ce temps, de crainte de ne pas la voir.*
☞ Cette locution conjonctive se construit avec le subjonctif et le **ne** explétif ou avec la préposition **de** suivie de l'infinitif.

craintif, ive adj.
Peureux.
Ant. **audacieux.**

craintivement adv.
Avec crainte.

cramoisi, ie adj.
D'une teinte rouge foncé. *Des écharpes cramoisies.*
☞ Cet adjectif de couleur est variable.
V. Tableau - **COULEUR (ADJECTIFS DE).**

crampe n. f.
Contraction douloureuse des muscles. *Elle a une crampe à la jambe.*

crampon n. m.
Pièce de fer recourbée, servant à attacher fortement, à retenir. *Des souliers à crampons.*

cramponner (se) v. pronom.
• S'accrocher. *Ils se cramponnaient aux branches pour ne pas tomber.*
• Tenir fermement à quelque chose, malgré les obstacles. *Elle se cramponne à la vie, malgré sa terrible maladie.*

cran n. m.
• Trou servant d'arrêt. *Serrer d'un cran sa ceinture.*
• *À cran.* (Fam.) Exaspéré. *Il est à cran ce matin, il a mal dormi.*
• Rang, degré. *Monter d'un cran.*
• (Fam.) Sang-froid. *Elle a du cran.*
☞ cran.

crâne adj. et n. m.
• **Nom masculin.** Boîte osseuse qui contient le cerveau.

• Adjectif. (Vx) Audacieux.
☞ crâne.

crânement adv.
(Vx) De façon crâne.
☞ crânement.

crâner v. intr.
Affecter le courage. *Il crânait, mais il était très inquiet.*
☞ crâner.

crâneur, euse adj. et n. m. et f.
Personne qui affecte la bravoure.
☞ crâneur.

crânien, ienne adj.
Qui se rapporte au crâne. *Les nerfs crâniens.*
☞ crânien.

crapaud n. m.
Batracien au corps trapu recouvert d'une peau rugueuse. *Le crapaud appartient à la même famille que la grenouille.*
☞ crapaud.

crapaudine n. f.
Petite grille qui protège l'entrée d'un tuyau, d'un conduit.

crapule n. f.
Escroc. *Cet homme est une crapule.*
☞ Ce nom est toujours féminin.

crapuleusement adv.
De façon crapuleuse.

crapuleux, euse adj.
Malhonnête, cupide.

craquage n. m.
Procédé de raffinage du pétrole.

craque n. f.
(Fam.) Mensonge.
Hom. :
- *crac!,* interjection;
- *crack,* as;
- *krach,* effondrement de la bourse.

*****craque**
Anglicisme au sens de *fissure, fente, crevasse.*

*****craque**
Anglicisme au sens de *pique, pointe.*

craquelage n. m.
Fendillement de certaines peintures, de certains vernis.

craquelé, ée adj.
Fissuré, qui présente des craquelures.

craquèlement n. m.
État de ce qui est craquelé.

craqueler v. tr., pronom.
Redoublement du *l* devant un *e* muet. *Je craquelle, je craquellerai,* mais *je craquelais.*
• Transitif. Fendiller une glaçure, un émail, etc., en tous sens.
• Pronominal. Se fendiller. *La glace se craquelle, la peinture est craquelée.*

craquelin n. m.
Gâteau qui craque sous les dents.

craquelure n. f.
Fendillement accidentel ou volontaire.

craquement n. m.
Bruit sec que font certains corps en craquant ou en se brisant. *La glace du lac a fait un craquement sec et s'est brisée.*

craquer v. tr., intr.
• Transitif
- Déchirer. *Craquer une couture, un bas.*
- *Craquer une allumette.* Allumer une allumette.
• Intransitif
- Faire un bruit sec en se cassant, en tombant, etc. *L'escalier craque.*
- Échouer. *L'entreprise va craquer.*
- (Fam.) Perdre la maîtrise de soi-même. *À cette nouvelle, il a craqué.*
- (Fam.) Céder à une envie. *Les enfants ont craqué : ils ont mangé tous les gâteaux.*

*****craquer**
Anglicisme au sens de *fendre, crevasser.*

craquètement ou **craquettement** n. m.
• Cri de la cigogne.
• Action de craqueter.

craqueter v. intr.
Redoublement du *t* devant un *e* muet. *Je craquette, je craquetterai,* mais *je craquetais.*
• Craquer de façon répétée.
• Crier en parlant de la cigogne, de la cigale.

crasse adj. f. et n. f.
• Nom féminin
- Saleté. *Tu es couvert de crasse, tu ferais bien de te laver.*
- (Fam.) Mauvaise plaisanterie.
• Adjectif féminin
Cet adjectif ne s'emploie que dans les expressions *ignorance crasse, paresse crasse, avarice crasse,* au sens de «grossière».

crasseux, euse adj.
Couvert de crasse. *Tes mains sont crasseuses.*

*****crate**
Anglicisme au sens de *cageot.*

cratère n. m.
• Orifice d'un volcan. *Nous avons escaladé l'Etna jusqu'à son cratère.*
• Dépression causée par l'impact d'un météorite. *Avec un télescope, on peut apercevoir les cratères de la Lune.*

cravache n. f.
Badine de cavalier.

cravacher v. tr.
Frapper avec la cravache.

cravate n. f.
Pièce d'étoffe qui se noue autour du col de la chemise. *Des cravates de soie.*

cravater v. tr.
Mettre une cravate à quelqu'un.

crawl n. m. (pl. *crawls*)
⬦ Les lettres *aw* se prononcent *o* [krol].
Type de nage sur le ventre. *Elle nage bien le crawl.*
☞ cra**wl.**

crayeux, euse adj.
De la nature, de la couleur de la craie.

crayon n. m.
Baguette servant à écrire, à dessiner. *Des crayons de couleur, un crayon à bille.*

crayon-feutre n. m. (pl. *crayons-feutres*)
Crayon à pointe de feutre utilisant une encre grasse.

crayonnage n. m.
Action de crayonner.

crayonner v. tr.
Écrire ou dessiner au crayon, de façon sommaire.

créance n. f.
• (Vx) Le fait de croire en la vérité de quelque chose. *Donner créance à une chose.*
• Dette, du point de vue du débiteur.

créancier, ière n. m. et f.
Personne à qui une somme d'argent est due.
Ant. **débiteur.**

créateur, trice adj. et n. m. et f.
• **Adjectif.** Qui crée, inventif. *Une imagination créatrice.*
• **Nom masculin et féminin.** Concepteur. *La créatrice de ce procédé est une jeune chimiste.*
☞ Lorsqu'il désigne Dieu, ce nom s'écrit avec une majuscule.

créateur d'entreprise n. m.
créatrice d'entreprise n. f.
V. **entrepreneur.**

créatif, ive adj.
Qui fait preuve de créativité. *Un esprit créatif.*

création n. f.
• Action de faire quelque chose de rien. *La création du monde.*
• Action d'imaginer, de concevoir. *Ce musicien est en pleine création.*
• Œuvre créée. *Les créations de la haute couture.*

création d'entreprise n. f.
V. **entrepreneurship.**

créativité n. f.
Faculté d'invention, imagination. *Ces jeunes ont fait preuve de beaucoup de créativité.*

créature n. f.
Tout être créé.

crécelle n. f.
Moulinet de bois qui tourne avec un son crépitant.

crèche n. f.
Établissement où l'on garde les enfants pendant la journée ou en dehors des heures de classe.
☞ En ce sens, c'est le nom *garderie* qui est utilisé

au Canada.

crédence n. f.
Meuble de salle à manger où l'on range la vaisselle.

crédibilité n. f.
Caractère d'une personne, d'une chose digne de confiance.

crédible adj.
Qui est digne d'être cru.

crédit n. m.
• (Compt.) Partie d'un compte qui mentionne les sommes remises à celui qui tient le compte.
• Délai de paiement. *Un crédit de 30 jours. Des cartes de crédit. Une lettre de crédit. Un crédit à court, moyen, long terme.*
• Influence. *Il a beaucoup de crédit auprès de la communauté des affaires.*
• (Au plur.) Somme prévue au budget d'un organisme public.

crédit-bail n. m. (pl. *crédits-bails*)
Forme de crédit comportant un contrat de location d'équipements mobiliers et immobiliers assorti d'une promesse de vente au profit du bailleur. *Signer un contrat de crédit-bail* (et non de *leasing).

créditer v. tr.
Porter une somme au crédit de. *L'étudiant a crédité son compte de deux cents dollars, il a déposé cette somme dans son compte.*

créditeur, trice adj. et n. m. et f.
• **Adjectif.** Inscrit au crédit. *Un solde créditeur.*
• **Nom masculin et féminin.** Personne qui a des sommes portées à son crédit.

credo n. m. inv.
• **Sens propre.** *Des* Credo.
☞ Au sens propre, le nom s'écrit avec une majuscule.
• **Sens figuré.** *Des* credo *fanatiques.*
☞ Au sens figuré, le nom s'écrit avec une minuscule.
☞ En typographie soignée, les mots étrangers sont composés en italique. Dans des textes déjà en italique, la notation se fait en romain. Pour les textes manuscrits, on utilisera les guillemets.

crédule adj.
Naïf. *Cette personne est trop crédule, on peut lui faire croire n'importe quoi.*

crédulement adv.
Avec crédulité.

crédulité n. f.
Naïveté, facilité excessive à croire les choses.

créer v. tr.
INDICATIF PRÉSENT *Je crée, tu crées, il crée, ils créent.* FUTUR *Je créerai, tu créeras.* CONDITIONNEL PRÉSENT *Je créerais, tu créerais.* IMPÉRATIF PRÉSENT *Crée.* SUBJONCTIF PRÉSENT *Que je crée, que tu crées, qu'il crée, qu'ils créent.* PARTICIPE PASSÉ *Créé, créée.*
• Faire quelque chose de rien. *Créer une nouvelle mode, une entreprise.*

• Produire, susciter. *Ces incertitudes ont créé un malaise.*

*crémage
Impropriété au sens de *glace* (pour recouvrir les gâteaux).

crémaillère n. f.
• Pièce de fer munie de crans destinée à suspendre la marmite dans une cheminée.
• *Pendre la crémaillère.* Célébrer par un repas une nouvelle installation.

crémation n. f.
Incinération.

crématoire adj. et n. m.
• **Adjectif.** Relatif à la crémation.
• **Nom masculin.** *(Four) crématoire.* Où l'on incinère les morts.
▭◁— Ce nom est peu usité en raison de ses connotations historiques; on lui préférera le nom *crématorium.*

crématorium n. m.
Bâtiment où l'on incinère les morts.

crème adj. inv. et n. f.
• **Nom féminin.** Matière grasse du lait dont on fait le beurre. *De la crème fouettée.*
• **Adjectif de couleur invariable.** D'un blanc légèrement teinté de jaune. *Des tricots crème.*
V. Tableau - **COULEUR (ADJECTIFS DE).**

crème caramel n. f. (pl. *crèmes caramel*)
Entremets. *Cette crème caramel est délicieuse.*

crème Chantilly ou **chantilly** n. f.
Crème fouettée à laquelle on ajoute du sucre et de la vanille. *Des fraises recouvertes de Chantilly.*

crémerie n. f.
👄 La première syllabe se prononce *crè* [krɛmri].
Établissement où l'on vend des produits laitiers.
▭▷ crémerie.

crémeux, euse adj.
Qui a la consistance de la crème. *Un glaçage bien crémeux.*
▭▷ crémeux.

crémone n. f.
Espagnolette pour fermer la fenêtre.

créneau n. m. (pl. *créneaux*)
• Ouverture pratiquée au sommet d'une tour, d'où l'on tire sur l'assaillant. *Une forteresse à créneaux.*
• Intervalle entre deux espaces occupés.
• (Écon.) Segment de marché disponible. *Ils ont opté pour le créneau des hauts de gamme.*

crénelé, ée adj.
Pourvu de créneaux, de crénelures.

créneler v. tr.
Redoublement du *l* devant un *e* muet. *Je crénelle, je crénellerai,* mais *je crénelais.*
Munir de créneaux, entailler de découpures.

crénelure n. f.
Découpure en forme de créneaux.

créole adj. et n. m. et f.
• **Nom masculin et féminin.** Personne de race blanche, née dans les Antilles ou à la Réunion. *Évelyne est une créole d'Haïti.*
• **Adjectif.** Propre aux créoles. *De la cuisine créole.*
▭◁— L'adjectif s'écrit avec une minuscule, le nom avec une majuscule.
• **Nom masculin.** Langue mixte issue du contact d'une langue européenne (français, anglais, espagnol, portugais) et de langues indigènes, africaines en particulier, devenue langue maternelle d'une communauté linguistique. *Elle parle le créole.*
▭◁— Le nom de la langue s'écrit avec une minuscule.
▭◁— Ne pas confondre avec les noms suivants :
- *pidgin,* langue mixte issue du contact de l'anglais et de langues autochtones d'Extrême-Orient, qui sert de langue d'appoint sans être langue maternelle d'une communauté;
- *sabir,* langue mixte élémentaire résultant des contacts de langues très différentes les unes des autres, utilisable pour des communications très limitées dans des secteurs déterminés, notamment le commerce.

crêpage n. m.
Action de crêper les cheveux.
▭▷ crêpage.

crêpe n. m. et f.
• **Nom masculin**
- Étoffe. *Du crêpe georgette.*
- Voile noir. *Un crêpe de deuil.*
• **Nom féminin**
Galette molle et plate cuite dans la poêle. *Une crêpe avec du sirop d'érable.*
▭▷ crêpe.

crêpelé, ée adj.
Se dit de cheveux finement frisés.
▭▷ crêpelé.

crêper v. tr.
Faire gonfler les cheveux. *Des cheveux crêpés.*
▭▷ crêper.

crêperie n. f.
Établissement où l'on sert des crêpes.
▭▷ crêperie.

crépi n. m.
Revêtement de plâtre ou de mortier.

crêpier, ière n. m. et f.
• **Nom masculin ou féminin.** Personne qui fait et sert des crêpes.
• **Nom féminin.** Appareil, poêle pour faire des crêpes.
▭▷ crêpier.

crépine n. f.
Petite grille servant à retenir ce qui pourrait obstruer un conduit, un tuyau.

crépinette n. f.
Saucisse plate.

crépir v. tr.
Enduire de crépi.

crépitation n. f. ou **crépitement** n. m.
Bruit que produit un corps qui flambe, une fusillade,

etc. *Laurence écoute les crépitements du bois qui brûle dans la cheminée.*
Syn. **crépitement.**

crépiter v. intr.
Pétiller. *Le bois qui brûle crépite.*

crépu, ue adj.
Se dit de cheveux naturellement frisés. *Rosa a les cheveux crépus.*

crépusculaire adj.
Du crépuscule.

crépuscule n. m.
• Lumière diffuse qui suit le coucher du soleil.
• Déclin.

crescendo adv. et n. m. inv.
👄 Les lettres *sc* se prononcent *ch* [krɛʃɛndo].
• **Adverbe**
En augmentant.
• **Nom masculin**
- Mouvement musical. *Des crescendo.*
- Augmentation. *Des crescendo.*
🖙 En typographie soignée, les mots étrangers sont composés en italique. Dans des textes déjà en italique, la notation se fait en romain. Pour les textes manuscrits, on utilisera les guillemets.

cresson n. m.
Plante herbacée qui croît dans l'eau et qui est cultivée pour ses feuilles. *Une salade de cresson.*

cressonnière n. f.
Bassin où l'on cultive le cresson.

crésus n. m.
(Litt.) Personne très riche.
🖙 Dans l'expression **riche comme Crésus,** le nom prend la majuscule puisqu'il s'agit du nom propre d'un roi lydien de l'Antiquité.

crête n. f.
• Excroissance rouge sur la tête de certains animaux, tel le coq.
• Sommet. *La crête d'une montagne, la crête d'une vague.*
🖙 crête.

crête-de-coq n. f. (pl. *crêtes-de-coq*)
• Plante ornementale.
• (Méd.) Condylome.

crétin, ine adj. et n. m. et f.
• Personne atteinte de crétinisme.
• (Fam.) Personne stupide.

crétiniser v. tr.
Rendre crétin, abrutir.

crétinisme n. m.
• Déficience intellectuelle.
• (Fam.) Stupidité.

crétois, oise adj. et n. m. et f.
• **Adjectif et nom masculin et féminin.** De l'île de Crète. *Un bas-relief crétois. Un Crétois, une Crétoise.*
🖙 L'adjectif s'écrit avec une minuscule; le nom, avec une majuscule.
• **Nom masculin.** Dialecte de l'île de Crète.

🖙 Le nom de la langue s'écrit avec une minuscule.

cretonne n. f.
Toile de coton. *Des rideaux de cretonne fleurie.*

cretons n. m. pl.
Au Canada, variété de rillettes.

creusage ou **creusement** n. m.
Action de creuser. *Le creusage ou le creusement d'un tunnel.*

creuser v. tr., pronom.
• **Transitif**
- Faire un trou dans. *Creuser le sable, creuser un puits.*
- (Fig.) Approfondir. *Creuser un sujet, une question.*
• **Pronominal**
- Devenir creux.
- *Se creuser la tête.* Chercher intensément.

creuset n. m.
Récipient servant à fondre des métaux.
🖙 creuset.

creux, euse adj., adv. et n. m.
• **Adjectif**
- Dont l'intérieur est vide. *Ce tronc d'arbre est creux.*
- Au Canada, profond. *Ce lac est très creux.*
• **Adverbe**
Ces boîtes sonnent creux : elles sont vides.
• **Nom masculin**
- Cavité. *Il y a un creux dans le rocher.*
- Au Canada, profondeur. *À cet endroit, le fleuve a cinq mètres de creux.*
🖙 En ce sens, ce mot provient du vocabulaire de la marine.

crevaison n. f.
Action de crever, son résultat. *La crevaison d'un pneu (et non un *flat).*

crevasse n. f.
• Gerçure. *Cette lotion prévient les crevasses.*
• Fente profonde. *Les crevasses des glaciers.*
Syn. **faille.**

crevasser v. tr., pronom.
• **Transitif.** Faire des crevasses. *La sécheresse crevasse le sol.*
• **Pronominal.** Être crevassé. *Sa peau s'est crevassée.*

crevé, ée adj.
• Qui a crevé, est déchiré. *Un pneu crevé.*
• (Fam.) Épuisé.

crève-cœur n. m. inv. (pl. *crève-cœur*)
Peine profonde.

crève-la-faim n. m. inv. (pl. *crève-la-faim*)
(Fam.) Miséreux.

crever v. tr., intr., pronom.
Le *e* se change en *è* devant un *e* muet. *Il crève, il crevait.*
• **Transitif**
Percer, perforer. *Crever un pneu. Ne crève pas le ballon!*
• **Intransitif**
- Mourir, en parlant d'un animal. *Le pauvre cheval a crevé.*

- Se déchirer, éclater. *Le ballon a crevé. L'abcès a crevé.*
• **Pronominal**
(Fam.) S'épuiser. *Elles se sont crevées à faire ces préparatifs.*

crevette n. f.
Crustacé apprécié pour sa chair.

crevettier n. m.
• Filet à crevettes.
• Bateau qui fait la pêche à la crevette.

cri n. m.
• Son intense causé par la douleur, l'émotion, destiné à appeler. *Des cris de joie saluèrent l'arrivée du clown. L'enfant appelait à grands cris.*
• **Locutions**
- *Pousser les hauts cris.* Se plaindre bruyamment.
- *Dernier cri.* Dernière mode. *Ces couleurs sont du dernier cri.*
- *À cor et à cri.* Avec grande insistance.
- *Cri du cœur.* Mouvement spontané.

cri, crie adj. et n. m. et f.
Relatif aux Amérindiens d'une nation autochtone du Québec. *La culture crie, des projets cris. Un Cri, une Crie.*
☞ L'adjectif s'écrit avec une minuscule; le nom, avec une majuscule.

criaillement n. m.
Cri désagréable.

criailler v. intr.
Les lettres *ill* sont suivies d'un *i* à la première et à la deuxième personne du pluriel de l'indicatif imparfait et du subjonctif présent. *(Que) nous criaillions, (que) vous criailliez.*
Crier souvent et sans motif.

criaillerie n. f.
Reproche.

criant, ante adj.
• Qui fait crier d'indignation, révoltant. *Une injustice criante.*
• Manifeste. *Une erreur criante.*
☞ Ne pas confondre avec le participe présent invariable *criant. Le vacarme était infernal, les enfants criant à qui mieux mieux.*

criard, arde adj.
• Braillard. *Des enfants criards.*
• Désagréablement aigu. *Une voix criarde.*
• Trop voyant. *Des couleurs criardes.*

criblage n. m.
Action de passer au crible.

crible n. m.
• Tamis.
• *Passer au crible.* Examiner minutieusement.

cric n. m.
👄 Le *c* final se prononce [krik].
Appareil servant à soulever un objet très lourd. *Nous avons une crevaison, il faudrait un cric (et non un *jack).*
Hom. *crique,* petite baie.

cricket n. m.
👄 Le *t* se prononce [krikɛt].
Sport anglais.
☞ Ne pas confondre avec le nom *criquet,* insecte.

criée n. f.
Vente publique aux enchères.

crier v. tr., intr.
Redoublement du *i* à la première et à la deuxième personne du pluriel de l'indicatif imparfait et du subjonctif présent. *(Que) nous criions, (que) vous criiez.*
• **Transitif direct.** Proclamer. *Crier son innocence.*
• **Transitif indirect.** Réprimander. *Crier contre quelqu'un.*
☞ L'expression *crier après quelqu'un* est correcte, mais familière.
• **Intransitif.** Pousser un cri. *Les enfants crient à tue-tête, ils sont en vacances.*
• **Locutions**
- *Crier famine.* Avoir faim. *Elle alla crier famine chez la fourmi sa voisine.* (La Fontaine)
- *Crier victoire.* Triompher.

crieur, euse n. m. et f.
Personne qui vend des journaux, des marchandises en criant.

crime n. m.
Infraction grave à la loi morale ou civile. *Être coupable d'un crime.*

criminaliste n. m. et f.
Avocat spécialisé en droit criminel.

criminalité n. f.
• Caractère de ce qui est criminel.
• Ensemble des faits criminels commis par un groupe à une époque donnée.

criminel, elle adj. et n. m. et f.
• **Adjectif**
- Qui a commis un crime. *C'est un fou criminel.*
- Qui a trait à la répression des crimes. *Le droit criminel.*
• **Nom masculin et féminin**
Personne coupable de crime. *Ces criminels se sont évadés.*
• **Nom masculin**
La matière criminelle.

criminellement adv.
De façon criminelle.

criminologie n. f.
Science de la criminalité.

criminologiste ou **criminologue** n. m. et f.
Spécialiste de la criminologie.

crin n. m.
• Poil long et rude de certains animaux (chevaux, etc.).
• *À tout crin, à tous crins.* Ardent, passionné. *Un nationaliste à tout crin ou à tous crins.*

crinière n. f.
Crins de certains animaux (cheval, lion, etc.). *Le cheval a une belle crinière.*

crinoline n. f.
Jupon très ample servant à faire gonfler les robes.

crique n. f.
Petite baie dans une côte rocheuse.
Hom. *cric,* appareil servant à soulever un objet très lourd.

criquet n. m.
Insecte.
☞ Ne pas confondre avec le nom *cricket,* sport anglais.

crise n. f.
• Phase grave. *Une crise cardiaque, une crise d'asthme.*
• Déséquilibre entre l'offre et la demande. *La crise de l'énergie.*

crispant, ante adj.
Agaçant.
☞ Ne pas confondre avec le participe présent invariable *crispant. Il haletait, la peur crispant tous les muscles de son visage.*

crispation n. f.
• Contraction. *La crispation d'un muscle.*
• Mouvement d'irritation.

crisper v. tr., pronom.
• **Transitif**
- Contracter les muscles. *La fatigue lui crispait le visage.*
- Impatienter, agacer.
• **Pronominal**
- Se contracter vivement. *Le dentiste lui dit : ne vous crispez pas, détendez-vous.*
- S'irriter.

crispin n. m.
Gant à crispin. Gant à haute manchette de cuir.

crissement n. m.
Action de crisser. *Le crissement de la neige sous les skis.*

crisser v. intr.
Grincer. *Faire crisser les pneus.*

cristal n. m. (pl. *cristaux*)
• Minéral transparent et dur.
• Variété de verre. *Des cristaux de Baccarat.*

cristallerie n. f.
Fabrique d'objets en cristal.

cristallin, ine adj.
Clair et transparent comme du cristal. *Une voix cristalline, une eau cristalline.*
☞ Ne pas confondre avec les mots suivants :
- *diaphane,* translucide;
- *opalescent,* qui a les nuances vives de l'opale;
- *transparent,* qui laisse voir nettement les objets.

cristallin n. m.
Partie transparente de l'œil en forme de lentille.

cristallisation n. f.
• Phénomène par lequel un corps passe à l'état de cristaux.
• (Fig.) Fait de prendre corps.

cristalliser v. tr., intr., pronom.
• **Transitif**
- Transformer en cristaux. *Cristalliser du sucre.*
- Donner de la force à, en parlant des sentiments, des idées. *Cristalliser l'enthousiasme des participants.*
• **Intransitif** ou **pronominal**
Se former en cristaux. *L'eau s'est cristallisée.*

critère n. m.
Élément utilisé pour porter un jugement, prendre une décision, effectuer un choix. *Les critères ont été définis.*

critiquable adj.
Discutable.
☞ criti**qu**able.

critique adj. et n. m. et f.
• **Adjectif**
- Qui juge sainement.
- Difficile, dangereux. *Une phase critique.*
• **Nom masculin et féminin**
Personne qui juge des œuvres d'art (musicales, littéraires, etc.). *C'est une critique de cinéma.*
• **Nom féminin**
- Art de juger les œuvres.
- Jugement porté sur une œuvre.
- Reproche. *Ne pas admettre la critique.*
• **Locutions**
- *Esprit critique.* Esprit qui discerne le vrai et le faux.
- *Esprit critique.* (Péj.) Personne qui trouve à redire à tout.

critiquer v. tr.
• Examiner de façon critique.
• Désapprouver, blâmer. *Fanny aimerait que Maxime cesse de la critiquer.*

croassement n. m.
Cri du corbeau et de la corneille.

croasser v. intr.
Crier en parlant du corbeau et de la corneille.
☞ Ne pas confondre avec le verbe *coasser,* crier, en parlant de la grenouille.

croc n. m.
☞ Le *c* final ne se prononce pas [kro].
• Crochet.
• Dent pointue des carnivores.
☞ cro**c.**

croc-en-jambe n. m. (pl. *crocs-en-jambe*)
☞ Le *c* de *croc-* se prononce, même au pluriel [krɔkãʒãb].
• Action de passer les pieds dans les jambes de quelqu'un pour le faire trébucher.
• Au Canada, on dit surtout *jambette.*

croche adj. et n. f.
• **Adjectif**
- (Fam.) Au Canada, crochu, qui n'est pas droit. *Cette ligne est croche.*
- (Fam.) Au Canada, malhonnête. *Ce garagiste semble croche.*
☞ L'emploi de cet adjectif est courant au Canada dans la langue familière, mais il est vieilli dans l'ensemble de la francophonie.

• **Nom féminin**
(Mus.) Note qui vaut la moitié d'une noire.

croche-pied n. m. (pl. *croche-pieds*)
Croc-en-jambe.

crochet n. m.
Pièce de métal recourbée servant à suspendre quelque chose. *La marmite est suspendue à un crochet.*

Signe de ponctuation de même nature que les parenthèses qui sert à intercaler des indications dans une phrase :
- pour insérer une indication à l'intérieur d'une phrase déjà entre parenthèses. *Mettre un mot entre crochets (exemple tiré du Petit Robert [1987]).*
- pour ajouter des mots rétablis en fonction du contexte. *Elle [la présidente] sera nommée demain.*
V. Tableau - **PONCTUATION.**

crochetable adj.
Qui peut être crocheté. *Cette serrure n'est pas crochetable.*

crocheter v. tr.
Le *e* se change en *è* devant une syllabe muette. *Je crochète, je crochetais.*
• Ouvrir (une serrure) avec un crochet. *Le cambrioleur a crocheté la serrure.*
• Faire du travail au crochet. *Elle crochète un napperon.*

crocheteur n. m.
Cambrioleur qui crochète les serrures.

crochu, ue adj.
• Recourbé en croc. *Un bec crochu.*
• *Avoir des atomes crochus avec quelqu'un.* Avoir des affinités.

crocodile n. m.
👄 Les *o* sont ouverts [krɔkɔdil].
• Grand reptile amphibie à fortes mâchoires. *Quand il ouvre la gueule, le crocodile montre ses dents redoutables.*
• *Larmes de crocodile.* Chagrin simulé.

crocus n. m.
👄 Le *s* final se prononce [krɔkys].
Plante à bulbe.

croire v. tr., intr.
INDICATIF PRÉSENT *Je crois, tu crois, il croit, nous croyons, vous croyez, ils croient.* IMPARFAIT *Je croyais, nous croyions, vous croyiez.* PASSÉ SIMPLE *Je crus.* FUTUR *Je croirai.* CONDITIONNEL PRÉSENT *Je croirais.* IMPÉRATIF PRÉSENT *Crois, croyons, croyez.* SUBJONCTIF PRÉSENT *Que je croie, que tu croies, qu'il croie, que nous croyions, que vous croyiez, qu'ils croient.* IMPARFAIT *Que je crusse.* PARTICIPE PRÉSENT *Croyant.* PASSÉ *Cru, ue.*
Contrairement au verbe *croître*, le verbe *croire* n'a jamais d'accent circonflexe sur le *i.*

• **Transitif**
- Tenir une chose pour vrai. *Je crois ce que vous m'affirmez, croyez-moi!*
- Penser, tenir pour. *Je la crois compétente et rem-*

plie d'initiative.
- *Croire + que.* Au mode affirmatif, **croire que** est suivi de l'indicatif; au mode négatif, il est suivi du subjonctif. *Je crois qu'elle viendra. Je ne crois pas qu'elle vienne.*

• **Intransitif**
- Penser que quelque chose est vraisemblable, sans en être sûr. *Croire à la parole de quelqu'un. Croire aux fantômes.*
- Tenir pour certaine l'existence de quelqu'un, avec une nuance de foi et d'amour. *Croire en Dieu, croire en quelqu'un.*
👉 L'emploi de la préposition **en** exprime la confiance et la foi.
- (Absol.) Avoir la foi. *Elle croit.*
👉 1° Le verbe **croire** sert de semi-auxiliaire pour atténuer une affirmation trop catégorique. *Je crois devoir vous préciser que la date de fin des travaux est le 25, c'est-à-dire aujourd'hui.*
2° L'emploi du verbe à la deuxième personne et à la forme interrogative traduit le scepticisme à l'égard d'une information. *Nous aurons terminé demain, et nous pourrons poursuivre nos travaux. Vous croyez?*

• **Pronominal**
S'imaginer être. *Il se croit le plus astucieux.*

croisade n. f.
• (Ancienn.) Expédition de l'Europe chrétienne contre l'Orient musulman.
• (Fig.) Campagne menée pour lutter contre quelque chose. *Une croisade contre la pollution.*

croisé, ée adj. et n. m. et f.
• **Adjectif**
En forme de croix. *Les bras croisés.*
• **Nom masculin**
(Ancienn.) Celui qui partait en croisade.
• **Nom féminin**
- Endroit où deux choses se croisent. *La croisée des routes.*
- Fenêtre. *Ouvrir la croisée.*

croisement n. m.
• Accouplement de deux individus animaux ou végétaux de races différentes. *Mon grand-père a fait un croisement entre deux variétés de rosiers.*
• Endroit où deux choses se croisent. *Un croisement de voies ferrées.*
• Intersection de deux voies de circulation.
👉 Dans ce dernier sens, ne pas confondre avec le nom **carrefour,** intersection de plusieurs voies de communication.

croiser v. tr., intr., pronom.
• **Transitif**
- Disposer en croix. *Croiser les jambes.*
- Couper, traverser. *La voie ferrée croise la route.*
- Passer l'un près de l'autre. *Je l'ai croisée tout à l'heure.*
- Faire un croisement. *Croiser des arbres fruitiers.*
• **Intransitif**
Aller et venir, en parlant d'un navire. *Ces voiliers croisent*

dans la Méditerranée.
• **Pronominal**
- Passer en travers. *Des routes qui se croisent.*
- Se rencontrer. *Ils se sont croisés hier matin.*
- *Se croiser les bras.* Rester inactif. *Les amis, ce n'est pas le temps de se croiser les bras, il y a beaucoup de travail à faire.*

croiseur n. m.
Navire de guerre.

croisière n. f.
• Voyage de tourisme par mer. *Partir en croisière dans les Antilles.*
• *Vitesse de croisière.* Allure moyenne maximale d'un véhicule sur une longue distance.
• *Vitesse, allure, rythme de croisière.* (Fig.) Le meilleur rythme après la période de rodage.

croisillon n. m.
Traverse d'une croix.

croissance n. f.
Développement progressif. *Ces adolescents sont en pleine croissance : il est important qu'ils se nourrissent bien.*

croissant n. m.
• Forme de la lune à son premier ou à son dernier quartier.
• Qui a la forme d'un croissant de lune.
• Sorte de petit pain en forme de croissant. *De bons croissants chauds et du café.*

croissant, ante adj.
Qui grandit, augmente. *Une habileté croissante.*
☞ Ne pas confondre avec le participe présent invariable *croissant. Ils abandonnèrent, les difficultés croissant chaque jour davantage.*

croître v. intr.
INDICATIF PRÉSENT *Je croîs, tu croîs, il croît, nous croissons, vous croissez, ils croissent.* IMPARFAIT *Je croissais, tu croissais.* PASSÉ SIMPLE *Je crûs, tu crûs, il crût, nous crûmes, vous crûtes, ils crûrent.* FUTUR *Je croîtrai, tu croîtras, il croîtra, nous croîtrons, vous croîtrez, ils croîtront.* CONDITIONNEL PRÉSENT *Je croîtrais, tu croîtrais, il croîtrait, nous croîtrions, vous croîtriez, ils croîtraient.* IMPÉRATIF PRÉSENT *Croîs, croissons, croissez.* SUBJONCTIF PRÉSENT *Que je croisse, que tu croisses.* IMPARFAIT *Que je crûsse, que tu crûsses, qu'il crût, que nous crûssions, que vous crûssiez, qu'ils crûssent.* À noter que l'Académie française écrit ce dernier temps sans accent circonflexe, sauf à la troisième personne du singulier. PARTICIPE PRÉSENT *Croissant.* PASSÉ *Crû, crue.*
• Se développer. *En dix ans, ces arbres ont beaucoup crû.*
• Augmenter de volume, d'intensité, de durée, etc. *Au cours des dernières années, les prix n'ont cessé de croître.*

croix
• Pièce de bois à deux branches transversales. *Une croix de bois.*
• *La croix et la bannière.* Difficultés considérables. *C'est la croix et la bannière pour faire admettre ce principe.*

• (Typogr.) Signe en forme de croix (†) qui accompagne un nom de personne pour indiquer que cette personne est décédée. † *Jean Dupont. Oscar Bloch* †.
• *Chemin de croix.* Suite de 14 tableaux représentant la Passion du Christ.
⇨ croi**x**.

CROP
Sigle de *Centre de recherches sur l'opinion publique.*

croquant, ante adj.
Croustillant, qui croque sous la dent. *Des céleris croquants.*
☞ Ne pas confondre avec le participe présent invariable *croquant. Quel régal, ces noix croquant sous la dent!*

croque- préf.
Les noms composés du mot *croque-* s'écrivent avec un trait d'union; certains sont invariables, d'autres prennent la marque du pluriel au second élément.

croque au sel (à la) loc. adv.
Cru, avec du sel.
⇨ **croque au sel,** sans trait d'union.

croque-madame n. m. inv. (pl. *croque-madame*)
Sandwich chaud composé de pain, de fromage et de jambon couvert d'un œuf au plat.

croquembouche n. m.
Pâtisserie composée de petits choux à la crème.

croque-mitaine n. m. (pl. *croque-mitaines*)
• Personnage imaginaire dont on menace les enfants.
• Au Canada, le *croque-mitaine* est souvent le **Bonhomme Sept Heures.**

croque-monsieur n. m. inv. (pl. *croque-monsieur*)
Sandwich chaud composé de pain, de fromage et de jambon. *Je mangerais bien un bon croque-monsieur avec un verre de lait.*

croque-mort n. m. (pl. *croque-morts*)
(Fam.) Employé des pompes funèbres.

croquer v. tr., intr.
• **Transitif**
- Manger des choses qui croquent. *Croquer des noisettes.*
- Saisir rapidement. *Croquer une scène sur le vif.*
- *À croquer.* (Fam.) Gentil, joli à peindre. *Cette enfant est à croquer.*
- (Absol.) Mordre. *Croquer dans une pomme.*
• **Intransitif**
Faire un bruit sec sous la dent. *Une branche de céleri qui croque sous la dent.*

croquette n. f.
Boulette à frire. *Une croquette au jambon et au gruyère.*

croquignole n. f.
Petit biscuit croquant.

croquis n. m.
Dessin à main levée, plan sommaire.
☞ Ne pas confondre avec les noms suivants :
- *canevas,* plan, schéma d'un texte;
- *ébauche,* première forme donnée à une œuvre;
- *esquisse,* représentation simplifiée d'une œuvre destinée à servir d'essai;

- *maquette,* représentation schématique d'une mise en pages;
- *projet,* plan d'une œuvre d'architecture.
☞ croqui**s.**

cross ou **cross-country** n. m. (pl. *cross-countries*)
👄 Attention à la prononciation [krɔskuntri].
Course à pied en terrain varié avec obstacles.

crosse n. f.
• Bâton d'évêque, recourbé à sa partie supérieure.
• Bâton courbé qui sert à certains jeux. *Jouer à la crosse.*
☞ Ce jeu a été emprunté aux Amérindiens de l'Ouest.
• Bout recourbé. *La crosse d'un violon.*
• Partie d'une arme à feu. *La crosse d'un fusil.*

crosse de fougère n. f. (pl. *crosses de fougère*)
Forme de la fougère au tout début de sa croissance. *Manger des crosses de fougère en salade* (et non des *têtes de violons).

crotale n. m.
Serpent très venimeux qui fait un bruit de crécelle en se déplaçant.
☞ On l'appelle aussi **serpent à sonnette.**

crotte interj. et n. f.
• **Interjection.** (Fam.) Marque l'impatience.
• **Nom féminin.** Excréments de certains animaux.

crotté, ée adj.
Sali (de crotte, de boue). *Ces bottes sont toutes crottées.*

crottin n. m.
• Excréments des chevaux, des moutons.
• Petit fromage de chèvre.

croulant, ante adj. et n. m. et f.
• **Adjectif.** Qui croule. *Des ruines croulantes.*
• **Nom masculin et féminin.** (Vx et fam.) Personne âgée. *Mes parents sont des croulants, confie Antoine à ses amis.*
☞ Ne pas confondre avec le participe présent invariable **croulant.** *Juste devant nous, on voyait les maisons croulant sous les bombes.*

crouler v. intr.
S'effondrer. *Le toit de la vieille grange a croulé sous la neige.*

croup n. m.
👄 Le *p* se prononce [krup].
Laryngite diphtérique.
Hom. **croupe,** partie postérieure du corps de certains animaux.

croupe n. f.
Partie postérieure du corps de certains animaux. *La croupe d'un cheval.*
Hom. **croup,** laryngite diphtérique.

croupetons (à) loc. adv.
Dans une position accroupie.
☞ à croupeton**s.**

croupi, ie adj.
Qui stagne. *De l'eau croupie.*

croupier n. m.
Personne employée dans une maison de jeux.

croupion n. m.
Extrémité postérieure du corps de l'oiseau.

croupir v. intr.
• Stagner. *L'eau de cette baie croupit.*
• (Fig.) Moisir dans un lieu. *Ce meurtrier croupit en prison depuis 20 ans.*

croupissement n. m.
Fait de croupir.

croustade n. f.
Pâté chaud à croûte frite et croustillante. *Une croustade de homard.*

croustillant, ante adj.
• Craquant. *Du pain croustillant.*
• Grivois. *Une histoire croustillante.*
☞ Ne pas confondre avec le participe présent invariable **croustillant.** *On y vendait des gâteaux croustillant sous la dent.*

croustille n. f.
Tranche de pomme de terre rôtie.
Syn. **chips.**

croustiller v. intr.
Croquer sous la dent. *Ces biscuits croustillent.*

croûte n. f.
• Partie extérieure du pain durcie par la cuisson.
• *Casser la croûte.* Manger frugalement.
• (Fam.) Tableau sans valeur.
☞ croûte**.**

croûton n. m.
• Croûte grillée garnissant certains mets.
• Petit morceau de pain frit.
☞ croûton**.**

*crowbar
Anglicisme pour **pied-de-biche, levier.**

croyance n. f.
• Foi religieuse. *La croyance en Dieu.*
• Ce que l'on croit. *La croyance dans un avenir meilleur.*

croyant, ante adj. et n. m. et f.
• **Adjectif.** Se dit d'une personne qui a une foi religieuse. *Elles sont très croyantes.*
• **Nom masculin et féminin.** Personne qui a une foi religieuse. *Les croyants et les incroyants.*
☞ Ne pas confondre avec le participe présent invariable **croyant.** *Ces personnes croyant qu'il s'agissait d'un voleur arrêtèrent M. Blanc.*

CRS
Sigle de *Compagnie républicaine de sécurité.*

CRSSS
Sigle de *Conseil régional des services sociaux et de la santé.*

CRTC
Sigle de *Conseil de la radiodiffusion et des télécommunications canadiennes.*

cru, crue adj.
• Qui n'est pas cuit. *Des carottes crues.*
• (Fam.) Au Canada, froid et humide, en parlant du temps.
☞ L'emploi de cet adjectif est courant au Canada dans la langue familière, mais il est vieilli dans l'ensemble de la francophonie.
Hom. :
- *cru,* vignoble;
- *crue,* élévation du niveau d'un cours d'eau.

cru, crue part. passé (du v. *croire*)
Le participe passé de *croire* s'accorde selon l'usage général si le complément d'objet direct précède le verbe. Il est invariable si le complément d'objet direct suit le verbe ou s'il est accompagné des participes *autorisé, fondé, forcé, obligé, tenu,* etc., qui s'accordent avec le sujet. *Ces histoires que j'ai crues vraies. Ils se sont cru obligés de rester avec elle.*
☞ Certains auteurs accordent les deux participes passés avec le sujet. *Elles se sont crues obligées de venir.*

cru n. m.
• Vignoble. *Un vin de grand cru.*
• *Du cru.* (Fam.) Du terroir.
• *De son cru.* De son invention.
▱ cru, sans accent circonflexe.
Hom. :
- *cru,* qui n'est pas cuit;
- *crue,* élévation du niveau d'un cours d'eau.

crû, ue part. passé (du v. *croître*)
Les arbres qui ont crû depuis 10 ans.
▱ crû, au masculin.
V. **croître.**

cruauté n. f.
• Dureté, rigueur. *La cruauté d'un dictateur nazi.*
• Action cruelle. *Les juifs ont subi un grand nombre de cruautés.*

cruche n. f.
• Vase muni d'une anse. *Une cruche à lait en céramique.*
• Son contenu. *Une cruche de lait.*
• (Fig. et fam.) Personne stupide.

cruchon n. m.
Petite cruche.

crucial, ale, aux adj.
Très important. *Une décision cruciale. Des choix cruciaux.*

crucifié, ée adj. et n. m. et f.
• **Adjectif.** (Fig.) Torturé.
• **Nom masculin et féminin.** Personne mise en croix.

crucifiement n. m.
Action de crucifier. *Le crucifiement du Christ.*
Syn. **crucifixion.**
▱ crucifiement.

crucifier v. tr.
Redoublement du *i* à la première et à la deuxième personne du pluriel de l'indicatif imparfait et du subjonctif présent. *(Que) nous crucifiions, (que) vous crucifiiez.*

• Infliger le supplice de la croix. *Le Christ a été crucifié.*
• (Fig.) Mortifier, faire souffrir.

crucifix n. m.
👄 Le *x* ne se prononce pas [krysifi].
Objet de piété.
▱ crucifi**x.**

crucifixion n. f.
Représentation du crucifiement du Christ.
Syn. **crucifiement.**

cruciforme adj.
Qui est en forme de croix.

cruciverbiste n. m. et f.
Amateur de mots croisés.

crudité n. f.
• Qualité de ce qui est cru.
• Liberté de langage.
• (Au plur.) Légumes crus. *Un plat de crudités.*

crue n. f.
Élévation du niveau d'un cours d'eau. *La crue des eaux.*
Hom. :
- *cru,* vignoble;
- *cru,* qui n'est pas cuit.
▱ crue.

cruel, elle adj.
• Qui se plaît à faire souffrir. *Cet enfant est cruel, il martyrise les insectes.*
• Douloureux. *Une épreuve cruelle.*
• Sévère, dur.
☞ Ne pas confondre avec les mots suivants :
- *bestial,* qui a la cruauté des bêtes féroces;
- *féroce,* qui est sauvage et cruel par nature;
- *inhumain,* qui est étranger à tout sentiment de pitié.

cruellement adv.
De façon cruelle.

crûment adv.
De façon crue. *Il lui dit crûment que tout était terminé.*
▱ crûment.

crustacé, ée adj. et n. m.
• **Adjectif.** Revêtu d'un tissu calcaire formant une enveloppe dure.
• **Nom masculin.** Animal aquatique à carapace, comme le crabe, le homard, la crevette, etc. *Plusieurs crustacés sont délicieux à manger.*

cruzado n. m.
👄 Le *u* se prononce *ou* [kruzado].
Unité monétaire du Brésil qui a remplacé le *cruzeiro. Des cruzados.*
V. Tableau - **SYMBOLES DES UNITÉS MONÉTAIRES.**

cry(o)- préf.
Élément du grec signifiant «froid». *Cryologie.*

cryologie n. f.
Physique du froid.
▱ cryologie.

cryothérapie n. f.
Traitement par le froid.
▭▷ cryothérapie.

crypte n. f.
Caveau souterrain servant de sépulture dans certaines
églises.
▭▷ crypte.

crypto- préf.
Élément du grec signifiant «caché».

CSST
Sigle de *Commission de la santé et de la sécurité
du travail.*

cté ou **cté**
Abréviation de *comté.*

CTF
Sigle de *Commission de terminologie française.*

CTOLF
Sigle de *Commission de terminologie de l'Office
de la langue française.*

Cu
Symbole de *cuivre.*

cubage n. m.
• Évaluation d'un volume.
• Volume d'un espace. *Le cubage est insuffisant pour
entreposer tout le matériel.*

cubain, aine adj. et n. m. et f.
De Cuba. *Le drapeau cubain. Un Cubain, une Cubaine.*
▭◁— L'adjectif s'écrit avec une minuscule; le nom,
avec une majuscule.

cube adj. et n. m.
• **Nom masculin**
- Solide à six faces carrées égales.
- Objet ayant la forme d'un cube. *Le dé est un cube.*
- Jeu composé de pièces de bois cubiques. *Jouer avec
des cubes* (et non des *blocs).
• **Adjectif**
Mètre cube, décimètre cube, etc. Se dit de la mesure
des volumes. *Des mètres cubes (m³).*

cubique adj.
Qui a la forme d'un cube. *Une maison cubique.*

cubisme n. m.
Mouvement pictural qui recherche une interprétation
géométrique de l'espace et du volume.
▭◁— Les noms de mouvements littéraires, artistiques,
etc., s'écrivent avec une minuscule.

cubiste adj. et n. m. et f.
• **Adjectif.** Relatif au cubisme.
• **Nom masculin et féminin.** Adepte du cubisme.
▭◁— Les noms d'adeptes de mouvements littéraires,
artistiques, etc., s'écrivent avec une minuscule.

cubital, ale, aux adj.
Du coude.

cubitus n. m.
▭▷ Le **s** se prononce [kybitys].
Os de l'avant-bras.

cucul ou **cucu** adj. inv.
▭▷ Le *l* ne se prononce pas [kyky].
(Fam.) Ridicule, démodé. *Une histoire cucul. Cucul la
praline.*

cueillette n. f.
• Action de cueillir des végétaux. *La cueillette des
pommes, des champignons, du coton.*
• Produits ainsi récoltés.
▭◁— 1° Pour désigner l'action de recueillir des données, des informations, le terme *collecte* a été retenu
par les spécialistes.
V. **collecte.**
       2° On préférera également à l'expression *«cueil-
lette des ordures ménagères» celle de *enlèvement des
ordures ménagères.*

cueillir v. tr.
   INDICATIF PRÉSENT *Je cueille, tu cueilles, il cueille,
nous cueillons, vous cueillez, ils cueillent.* IM-
PARFAIT *Je cueillais, tu cueillais, il cueillait, nous
cueillions, vous cueilliez, ils cueillaient.* PASSÉ
SIMPLE *Je cueillis.* FUTUR *Je cueillerai.* CONDI-
TIONNEL PRÉSENT *Je cueillerais.* IMPÉRATIF
PRÉSENT *Cueille, cueillons, cueillez.* SUBJONCTIF
PRÉSENT *Que je cueille, que tu cueilles, qu'il cueille,
que nous cueillions, que vous cueilliez, qu'ils
cueillent.* IMPARFAIT *Que je cueillisse.* PARTICIPE
PRÉSENT *Cueillant.* PASSÉ *Cueilli, ie.*
Détacher des fruits, des légumes, des fleurs, des
feuilles de la tige ou de la branche. *Nous cueillons
des fraises et des framboises.*

cuillère ou **cuiller** n. f.
Ustensile de table. *Cuillère à soupe, cuiller à café.*
▭◁— Les deux orthographes sont admises.

cuillerée n. f.
Contenu d'une cuillère. *Une cuillerée de sirop d'érable.*

cuir n. m.
Peau des animaux tannée et travaillée. *Une valise de
cuir.*
Hom. *cuire,* soumettre des aliments au feu.

cuirasse n. f.
• Armure métallique qui recouvre la poitrine, le ventre
et le dos. *Les chevaliers du Moyen Âge portaient une
cuirasse.*
• Défense, protection.
• *Le défaut de la cuirasse.* Le point faible de quelqu'un, de quelque chose.
▭▷ cuirasse.

cuirassé, ée adj. et n. m.
• **Adjectif**
- Protégé par une cuirasse.
- Endurci. *Être cuirassé contre les critiques.*
• **Nom masculin**
Navire de guerre.
▭▷ cuirassé.

cuirasser v. tr., pronom.
• Revêtir d'une cuirasse.
• (Fig.) Endurcir. *Ils se sont cuirassés contre la critique.*
▭▷ cuirasser.

cuire v. tr., intr.
INDICATIF PRÉSENT *Je cuis, tu cuis, il cuit, nous cuisons, vous cuisez, ils cuisent.* IMPARFAIT *Je cuisais.* PASSÉ SIMPLE *Je cuisis.* FUTUR *Je cuirai.* CONDITIONNEL PRÉSENT *Je cuirais.* IMPÉRATIF PRÉSENT *Cuis, cuisons, cuisez.* SUBJONCTIF PRÉSENT *Que je cuise.* IMPARFAIT *Que je cuisisse.* PARTICIPE PRÉSENT *Cuisant.* PASSÉ *Cuit, cuite.*
• **Transitif.** Soumettre des aliments au feu. *Cuire un poulet.*
• **Intransitif.** Être soumis à l'action du feu. *Les asperges cuisent vite.*
• ***Dur à cuire.*** Personne résistante, ferme. *Des durs à cuire terrifiants.*
Hom. **cuir,** peau des animaux tannée.

cuisant, ante adj.
• Qui cause une douleur brûlante. *Une douleur cuisante.*
• Douloureux, blessant. *Une perte cuisante.*

cuisine n. f.
• Endroit où l'on prépare les repas. *Une cuisine moderne.*
• Art d'apprêter les mets. *Marie-Ève préfère la cuisine française et Catherine, la cuisine italienne.*

cuisiner v. tr., intr.
• **Transitif**
- Préparer. *Cuisiner un bon plat.*
- (Fam.) Interroger quelqu'un avec insistance.
• **Intransitif**
Faire la cuisine. *Il cuisine à la perfection.*

cuisinette n. f.
Petite cuisine aménagée dans une pièce.
🕮— Ce nom a fait l'objet d'une recommandation officielle pour remplacer l'anglicisme *kitchenette.*

cuisinier n. m.
cuisinière n. f.
Personne dont la fonction est de faire la cuisine.

cuisinière n. f.
Appareil servant à cuire les aliments. *Une cuisinière électrique* (et non un *poêle).
🕮— Le *poêle* se dit des appareils qui servaient principalement au chauffage des maisons, accessoirement à cuire les aliments, mais l'appareil qui sert aujourd'hui à cuire les aliments est une *cuisinière.*

cuissard n. m.
Culotte d'un coureur cycliste. *Étienne porte un cuissard noir pour faire du vélo.*

cuissarde n. f.
Botte qui monte jusqu'à la cuisse.

cuisse n. f.
Haut de la jambe de l'homme et des animaux, de la hanche jusqu'au genou.

cuisseau n. m.
Partie du veau dépecé, du dessous de la queue au rognon. *Des cuisseaux bien tendres.*
Hom. **cuissot,** cuisse du gros gibier.

cuisse-de-nymphe adj. inv. et n. f.
• **Adjectif de couleur invariable.** Rose très pâle. *Des*

chapeaux cuisse-de-nymphe.
V. Tableau - **COULEUR (ADJECTIFS DE).**
• **Nom féminin** (pl. *cuisses-de-nymphe*). Variété de rose blanche et rose très pâle.

cuisse-madame n. f. (pl. *cuisses-madame*)
Variété de poire.

cuisson n. f.
Action de cuire. *La cuisson de ce gigot durera deux heures.*

cuissot n. m.
Cuisse du gros gibier. *Un cuissot de chevreuil.*
Hom. **cuisseau,** partie du veau dépecé, du dessous de la queue au rognon.

cuistre adj. et n. m.
(Litt.) Pédant ridicule.
🕮— Ne pas confondre avec le mot *rustre,* personnage grossier.

cuit, cuite adj.
Que l'on a fait cuire. *Des carottes cuites.*
Ant. **cru.**

cuivrage n. m.
Action de cuivrer.

cuivre n. m.
• Symbole *Cu* (s'écrit sans point).
• Métal de couleur rouge-brun qui conduit bien l'électricité. *Les fils électriques sont en cuivre.*

cuivré, ée adj.
De la couleur du cuivre. *Un teint cuivré.*

cuivrer v. tr.
• Revêtir d'une couche de cuivre.
• Donner la couleur du cuivre à.

cul n. m.
👄 Le *l* ne se prononce pas [ky].
• (Vulg.) Derrière.
• Fond. *Un cul de bouteille.*
🕮— Dans les emplois techniques et les mots composés, le mot *cul* n'est ni familier ni vulgaire.

cul- préf.
Les noms composés avec le préfixe *cul* s'écrivent avec un trait d'union et seul le premier élément prend la marque du pluriel. *Des culs-de-sac.*

culasse n. f.
• Partie du canon.
• Partie du cylindre d'un moteur à explosion.

culbutage n. m.
Action de culbuter.

culbute n. f.
• Saut fait par soi-même. *Fanny fait des culbutes.*
• Chute violente. *Faire une culbute sur la glace.*
⇨ culbute.

culbuter v. tr., intr.
• **Transitif.** Renverser. *Il a culbuté la table.*
• **Intransitif.** Faire une culbute. *Elle a glissé et culbuté.*
⇨ culbuter.

culbuteur n. m.
Pièce d'un moteur à explosion.

cul-de-basse-fosse n. m. (pl. *culs-de-basse-fosse*)
Cachot.

cul-de-jatte n. m. et f. (pl. *culs-de-jatte*)
Personne privée de ses jambes.

cul-de-lampe n. m. (pl. *culs-de-lampe*)
Vignette placée à la fin d'un chapitre et dont la forme rappelle le dessous d'une lampe d'église.

cul de poule (en) loc. adv.
Bouche en cul de poule. Bouche dont on arrondit les lèvres.

cul-de-sac n. m. (pl. *culs-de-sac*)
Rue sans issue. *Cette rue est un cul-de-sac, nous prendrons plutôt la suivante.*

culinaire adj.
Relatif à la cuisine. *L'art culinaire.*
⬛▷ culin**aire.**

culminant, ante adj.
Qui domine, qui est au sommet. *Le point culminant de la Terre est à 8 848 mètres : c'est le sommet de l'Everest.*

culminer v. intr.
Atteindre une hauteur plus grande.

culot n. m.
• Fond de certains objets. *Le culot d'une ampoule électrique.*
• (Fam.) Toupet, effronterie. *Ce petit effronté a beaucoup de culot.*

culotte n. f.
• Vêtement masculin de dessus qui couvre le corps de la taille aux genoux. *On met souvent des culottes courtes aux petits garçons.*
▷ Ce nom s'écrit généralement au pluriel pour désigner un vêtement porté par les jeunes garçons et les sportifs.
• Sous-vêtement féminin de dessous. *Une culotte de dentelle. Des gaines-culottes.*
▷ En ce sens, ce nom s'emploie généralement au singulier.

culotté, ée adj.
Qui a du culot, audacieux. *Antoine est trop culotté, il importune la maîtresse.*

culpabiliser v. tr., intr.
• **Transitif.** Donner un sentiment de culpabilité.
• **Intransitif.** Éprouver un sentiment de culpabilité.

culpabilité n. f.
État de celui est est reconnu coupable.

culte n. m.
• Hommage religieux rendu à une divinité, à un saint. *L'église est un lieu de culte.*
• Religion. *Le culte catholique.*
• Attachement porté à quelqu'un, à quelque chose. *Avoir le culte de la beauté.*

-culteur suff.
Élément du latin signifiant «qui cultive». *Agriculteur.*

cultivable adj.
Arable. *Cette terre est cultivable.*

cultivateur n. m.
cultivatrice n. f.
Personne qui exploite une terre, chef d'exploitation agricole.
▷ Le *cultivateur* exploite sa propre terre, alors que l'*agriculteur* désigne celui qui dirige des travaux agricoles à une échelle relativement importante. L'*agronome* est celui qui enseigne l'art de l'agriculture.

cultivé, ée adj.
• Mis en culture. *Des terres cultivées.*
• Qui a de la culture, instruit. *Elle est très cultivée.*

cultiver v. tr., pronom.
• **Transitif.** Travailler la terre pour la faire produire.
• **Pronominal.** Accroître ses connaissances, parfaire sa culture, s'instruire.

cultuel, elle adj.
Relatif au culte.

culture n. f.
• Action de cultiver la terre. *La culture des légumes.*
• Terres cultivées. *De vastes cultures.*
• Ensemble des connaissances acquises. *Il a une grande culture. Une culture scientifique, littéraire.*

-culture suff.
Élément du latin servant à nommer les spécialités de l'agriculture. *Horticulture, viticulture.*

culturel, elle adj.
Relatif à la culture intellectuelle. *Les industries culturelles.*

culturisme n. m.
Gymnastique destinée à développer certains muscles.

culturiste n. m. et f.
Personne qui s'adonne au culturisme.

cumin n. m.
Plante à graines aromatiques.
⬛▷ cum**in.**

cumul n. m.
Action de cumuler. *Le cumul des fonctions est temporaire.*

cumulatif, ive adj.
Qui s'ajoute. *Le montant cumulatif des frais s'élève à 125 $.*

cumuler v. tr.
Jouir de plusieurs droits, fonctions, simultanément. *Papa cumule deux fonctions à son bureau de façon temporaire.*

cumulo-nimbus n. m. inv. (pl. *cumulo-nimbus*)
Grand nuage sombre.

cumulo-stratus n. m. inv. (pl. *cumulo-stratus*)
Bancs nuageux minces.

cumulus n. m. inv.
⬥ Le *s* se prononce [kymylys].
Gros nuage arrondi et blanc comme neige. *Les cumulus sont des nuages de beau temps.*

cunéiforme adj.
Qui a la forme d'un coin.

CUP
Sigle de *Code universel des produits.*

cupide adj.
Avare. *Ce vieux grincheux est cupide : il ne pense qu'à l'argent.*

cupidement adv.
D'une manière cupide.

cupidité n. f.
Avidité, amour immodéré des richesses.

curable adj.
Guérissable.

curaçao n. m.
👄 Le *a* de la dernière syllabe ne se prononce pas [kyraso].
Liqueur faite avec des écorces d'oranges amères et de l'eau-de-vie sucrée.
▱ curaçao.

curare n. m.
Poison violent. *Le curare est employé en anesthésie.*

curateur n. m.
curatrice n. f.
(Dr.) Personne qui a la charge d'assister un mineur, un aliéné, d'administrer ses biens.

*curateur
Anglicisme au sens de *conservateur* (d'un musée, d'une bibliothèque).

curatif, ive adj. et n. m.
Propre à la guérison.

cure n. f.
• Traitement médical. *Il était épuisé et il a fait une cure de sommeil.*
• *N'avoir cure de.* Ne pas se soucier de. *Il n'avait cure de tondre sa pelouse.*

cure- préf.
Les noms composés avec le mot *cure* s'écrivent avec un trait d'union et seul le deuxième élément prend la marque du pluriel. *Des cure-oreilles.*

curé n. m.
Prêtre à la tête d'une paroisse.
☞ Comme les titres administratifs, les titres religieux s'écrivent généralement avec une minuscule. *L'abbé, l'archevêque, le cardinal, le chanoine, l'évêque, le pape.* Cependant, ces titres s'écrivent avec une majuscule lorsqu'ils remplacent un nom de personne. *Le Curé sera présent à la réunion.*
V. Tableau - **TITRES DE FONCTIONS.**
Hom. :
- *curée,* partie de la bête donnée aux chiens après la chasse;
- *curer,* nettoyer.

cure-dents n. m. inv. (pl. *cure-dents*)
Petit instrument servant à nettoyer les dents. *Un cure-dents de bois.*

curée n. f.
• Partie de la bête donnée aux chiens après la chasse.
• Partage éhonté de profits, d'avantages, etc., que l'on se dispute.
Hom. :
- *curé,* prêtre à la tête d'une paroisse;
- *curer,* nettoyer.

cure-ongles n. m. inv. (pl. *cure-ongles*)
Instrument pointu servant à nettoyer les ongles.

cure-oreille n. m. (pl. *cure-oreilles*)
Instrument servant à nettoyer l'intérieur de l'oreille.

cure-pipes ou **cure-pipe** n. m. (pl. *cure-pipes*)
Instrument pour nettoyer les pipes.

curer v. tr., pronom.
• **Transitif.** Nettoyer. *Curer un fossé.*
• **Pronominal.** Nettoyer une partie du corps. *Se curer les ongles.*
Hom. :
- *curé,* prêtre à la tête d'une paroisse;
- *curée,* partie de la bête donnée aux chiens après la chasse.

curetage ou **curettage** n. m.
(Méd.) Opération qui consiste à nettoyer une cavité naturelle avec une cuvette.

cureter v. tr.
Redoublement du *t* devant un *e* muet. *Je curette, je curetterai,* mais *je curetais.*
(Méd.) Pratiquer un curetage.

curette n. f.
Instrument chirurgical en forme de cuillère.

curie n. m. et f.
• **Nom masculin.** Ancienne unité de mesure d'activité radioactive.
• **Nom féminin.** Division de la tribu chez les Romains.

curieusement adv.
De façon étonnante.

curieux, euse adj. et n. m. et f.
• Désireux d'apprendre, de savoir. *Étienne est curieux de tout ce qui est scientifique.*
• Indiscret. *Ce petit coquin est trop curieux.*
• Bizarre, singulier. *Quelle curieuse réponse!*

curiosité n. f.
• Soif de connaître.
• Chose curieuse. *Cette grotte est une curiosité qu'il faut voir.*

curiste n. m. et f.
Personne qui suit une cure thermale.

curling n. m.
👄 Ce mot se prononce à l'anglaise [kœrlin].
Sport anglais qui consiste à faire glisser un palet sur la glace.

*curriculum
Impropriété au sens de *cursus.*

curriculum vitæ n. m. inv. (pl. *curriculum vitæ*)
👄 Les lettres *um* se prononcent *omme* et les lettres *æ* se prononcent *é* [kyrikylɔmvite].

• Sigle *CV* (s'écrit avec ou sans points).
• Document sur lequel une personne donne des renseignements sur sa formation et son expérience.
☞ Ce nom est une expression latine qui signifie «carrière de la vie».
V. Tableau - **CURRICULUM VITÆ**.

curry
V. **cari**.

curseur n. m.
(Inform.) Repère lumineux affiché à l'écran et qui indique la position du prochain caractère.

cursif, ive adj. et n. f.
Tracé au courant de la plume. *Une écriture cursive.*

cursus n. m.
⬭ Le *s* final se prononce [kyrsys].
Cycle universitaire sanctionné par un diplôme. *Le cursus* (et non le *curriculum) du baccalauréat en administration des affaires est de trois ans.*

curv(i)- préf.
Élément du latin signifiant «courbe». *Curviligne.*

curviligne adj.
En forme de courbe.

cutané, ée adj.
Relatif à la peau. *Une maladie cutanée.*

cuticule n. f.
Petite peau très mince.

cuti-réaction ou **cuti** n. f. (pl. *cuti-réactions*)
Test cutané servant à déceler certaines maladies. *Des cutis.*

cuve n. f.
Récipient ménager ou industriel. *Une cuve de lavage.*

cuvée n. f.
• Quantité de vin qui se fait dans une cuve.
• Production d'une vigne. *Une excellente cuvée.*

cuver v. tr., intr.
• **Transitif**
- Faire séjourner le raisin dans une cuve.
- *Cuver (son vin).* (Fam.) Dormir après avoir trop bu.
• **Intransitif**
Fermenter dans une cuve, en parlant du raisin.

cuvette n. f.
• Récipient à bords évasés, servant à divers usages domestiques. *Une cuvette en porcelaine.*
• (Absol.) Partie profonde des toilettes. *La cuvette* (et non le *bol des toilettes).

CV
• Symbole de *cheval vapeur.*
• Sigle de *curriculum vitæ.*

cyanose n. f.
Coloration bleuâtre de la peau produite par certaines affections.
☞ cyanose.

cybernéticien n. m.
cybernéticienne n. f.
Spécialiste de la cybernétique.
☞ cybernéticien.

cybernétique adj. et n. f.
• **Adjectif.** Relatif à la cybernétique. *La théorie cybernétique.*
• **Nom féminin.** Étude des processus de commande et de communication en vue d'une action, notamment dans les systèmes automatisés.
☞ cybernétique.

cyclable adj.
Réservé aux bicyclettes. *Une piste cyclable.*
☞ cyclable.

cyclamen adj. inv. et n. m.
• **Nom masculin.** Plante à fleurs roses.
☞ Attention au genre masculin de ce nom : *un* cyclamen.
• **Adjectif de couleur invariable.** De la couleur mauve du cyclamen. *Des écharpes cyclamen.*
V. Tableau - **COULEUR (ADJECTIFS DE)**.
☞ cyclamen.

cycle n. m.
• Période de temps. *Le cycle solaire.*
• Suite de phénomènes renouvelables. *Le cycle des saisons, le cycle économique.*
☞ cycle.

cyclique adj.
• Relatif à un cycle.
• Qui se reproduit de façon cyclique. *La chute des feuilles est cyclique.*
☞ cyclique.

cyclisme n. m.
Pratique sportive de la bicyclette.
☞ cyclisme.

cycliste adj. et n. m. et f.
• **Adjectif.** Relatif à la bicyclette.
• **Nom masculin ou féminin.** Personne qui utilise une bicyclette.
☞ cycliste.

cyclo- préf.
Élément du grec signifiant «cercle».

cyclomoteur n. m.
(Vx) Vélomoteur.

cyclone n. m.
Tempête caractérisée par un puissant tourbillon de vent très destructeur.
☞ Ne pas confondre avec les noms suivants :
- *bourrasque,* coup de vent violent et de courte durée;
- *ouragan,* vent très violent accompagné de pluie;
- *tornade,* trombe de vent violent;
- *typhon,* tourbillon marin d'une extrême violence.
☞ cyclone.

cyclope n. m.
Géant mythique qui n'avait qu'un œil.
☞ cyclope.

cygne n. m.
• Oiseau aquatique à long cou souple et à plumage blanc ou noir.
• *Col de cygne.* Tuyau recourbé.
• *Le chant du cygne.* Dernier chef-d'œuvre d'un créateur.

Hom. *signe,* indice, geste.
⇨ cygne.

cylindre n. m.
• Corps allongé dont les deux bases sont des cercles égaux.
• Enveloppe cylindrique de chaque piston d'un moteur à explosion. *Cette voiture a six cylindres.*
⇨ cylindre.

cylindrée n. f.
Capacité de l'ensemble des cylindres d'un moteur à explosion.
⇨ cylindrée.

cylindrique adj.
Qui a la forme d'un cylindre. *Un tuyau cylindrique.*
⇨ cylindrique.

cymaise
V. **cimaise.**

cymbale n. f.
Instrument de musique à percussion.
☞ Ne pas confondre avec le nom *timbale,* petit tambour.
⇨ cymbale.

cymbalum ou **czimbalum** n. m.
⬦ Attention à la prononciation de la première syllabe, [sɛ̄balɔm] ou [tʃimbalɔm].
Instrument à cordes d'acier de la musique populaire hongroise.

cynégétique adj. et n. f.
• **Adjectif.** Qui se rapporte à la chasse.
• **Nom féminin.** Art de la chasse.
⇨ cynégétique.

cynique adj. et n. m. et f.
Se dit de celui qui s'oppose aux principes moraux reçus; impudent.
⇨ cynique.

CURRICULUM VITÆ

Le curriculum vitæ est un document qui résume les renseignements relatifs à l'état civil, à la formation, aux aptitudes et à l'expérience professionnelle d'une personne.

Sans qu'il y ait de présentation normalisée de ces éléments d'information, on remarque toutefois qu'un nouveau curriculum vitæ – préconisé par les universités américaines – tend à déclasser ou à modifier le document traditionnel qui énumère de façon linéaire les renseignements personnels ainsi que ceux qui sont liés à la formation et à l'expérience.

Ce nouveau curriculum vitæ qui procède de façon plus synthétique dégage les points forts de l'activité professionnelle et fait ressortir les réalisations et les responsabilités de façon très concrète.

RÈGLES GÉNÉRALES

• **Présentation**

La présentation doit être très soignée tout en restant sobre, sur un papier de bonne qualité et de format standard. Elle est aérée, disposée sur une seule colonne et ne doit pas comporter de texte au verso.

Les thèmes développés sont regroupés en paragraphes précédés de titres afin de permettre une lecture et une compréhension rapides.

☞ Il est inutile de faire imprimer ou relier le document : une photocopie de bonne qualité convient parfaitement.

• **Style**

Le style est simple et concis, et le texte doit être exempt de fautes d'orthographe. On évitera les anglicismes, les mots savants, les sigles non suivis de la désignation au long.

Il ne faut jamais perdre de vue que l'objet de ce document est de mettre en valeur des qualités professionnelles, des réalisations précises; on veillera cependant à éviter les qualificatifs louangeurs ou excessifs.

• **Fond**

Le choix des renseignements est capital : seuls les plus pertinents seront retenus. Ainsi, il n'est pas nécessaire de mentionner les études primaires si des diplômes d'études supérieures sont mentionnés.

L'énumération des divers renseignements ne doit pas être fastidieuse et l'accent sera mis sur le degré d'autonomie des postes décrits, sur les réalisations concrètes, sur les mandats précis, sur les résultats obtenus qui pourront être chiffrés, au besoin.

suite➞

Frédérique de Blois

28, rue du Ruisseau
Saint-Lambert (Québec)
H1V 2R8
Tél. 678-1143

Rédactrice-conceptrice publicitaire

Expérience

1992   **IMAGE MARKETING INC.**

– Stratégie de création (gagnante d'un Coq d'or du Publicité Club pour la campagne des restaurants McIntosh!)

– Coordination en studio de la réalisation de messages par des maisons de production : messages télévisés des Confitures Beaux Fruits, panneaux des magasins L'Air sage.

– Élaboration du texte des messages multimédias.

– Participation à l'élaboration de la stratégie globale de communication.

– Présentations aux clients éventuels : trois nouveaux comptes en un an!

– Liaison avec les maisons de recherche chargées de l'évaluation des concepts.

1990-1991   **COMMUNICATIONS LEROY**

– Élaboration du texte des messages destinés à la radio et à la télévision : les messages de la compagnie Air Z.

– Recherche de noms de produits (Savon Blanc-Neige, Casse-croûte Midi).

– Rédaction de deux rapports annuels (Société Levallois, Groupe Conseil Dubois).

1986-1988   **SOCIÉTÉ MULTI-CONCEPTS INC.**

– Participation à l'élaboration de concepts sous la supervision du directeur de la création.

– Rédaction de brochures, de dépliants variés.

– Préparation de textes d'affichage (Groupe Ventilus).

– Conception de textes – matériel de points de vente (Les magasins Simon).

Formation

1988-1990   Maîtrise en administration des affaires (option marketing)
École des Hautes Études Commerciales

1983-1986   Baccalauréat en sciences politiques
Université du Québec à Montréal.

suite➞

RENSEIGNEMENTS GÉNÉRAUX

Nom : Alain Dupré   **Nationalité** : canadienne
Adresse : 56, avenue du Manoir   **Langues** : français, anglais
Outremont (Québec) H2V 2Y8
Téléphone : 738-2550 (bureau)
393-1525 (domicile)

FORMATION   Maîtrise en urbanisme 1972 – Université de Montréal

Baccalauréat en architecture 1969 – Université de Montréal

Baccalauréat ès arts 1965 – Collège Jean-de-Brébeuf

EXPÉRIENCE

Depuis 1984   **Auger, Beaudouin, Rivard et associés**

– Architecte au sein de l'équipe de coopération internationale.
Planification et construction d'un complexe industriel à Abidjan.
Coût de construction : 25 000 000 $
– Chargé de projet – la Tour Maupuis.
Conception et construction d'un immeuble commercial de 16 étages à Montréal.
Coût de construction : 9 000 000 $

1979-1984   **Groupe Boulanger, Drouin et Fréchette** – Chargé de projet

– Construction d'immeubles résidentiels à LaSalle.
Coût de construction : 3 000 000 $
– Construction d'une école primaire à Saint-Laurent.
Coût de construction : 3 000 000 $
– Agrandissement de l'hôpital Saint-Georges de Montréal.
Coût de construction : 2 500 000 $

1975-1979   **Benoît, Fougère et associés** – Chargé de projet

– Construction et aménagement de la caisse populaire de Val-David.
Coût de construction : 600 000 $
– Construction du bureau de poste de Sainte-Adèle.
Coût de construction : 350 000 $

1973-1974   **Rondeau et Dubois** – Stage en architecture

– Conception de plans de détails.
Projet de rénovation de l'école secondaire Saint-Clet.
– Surveillance de chantier.

PRIX   Prix de l'Ordre des architectes du Québec pour la conception architecturale de l'école Saint-Alexis de Saint-Laurent.

ASSOCIATIONS PROFESSIONNELLES

Ordre des architectes du Québec.
Institut royal d'architecture du Canada.
Chambre de commerce de Montréal.

suite ➡

RENSEIGNEMENTS GÉNÉRAUX

Nom : Christine LEFEBVRE
Adresse : 168, rue de l'Église
Montréal (Québec)
H3T 5M7
Téléphone : 735-1532 (bureau)
456-7890 (domicile)

Nationalité : canadienne
Langues : français, anglais

FORMATION

Certificat en administration – 1990
École des Hautes Études Commerciales de Montréal

Cours de bureautique (3 crédits) – 1988
Cégep de Bois-de-Boulogne

Diplôme de secrétariat – 1979
École de secrétariat moderne

Diplôme d'études secondaires – 1978
École Lajoie

EXPÉRIENCE

• **Société Techniplus inc.** – Adjointe administrative – Service à la clientèle – 1990-

– Gestion et mise à jour des fichiers-clients de l'entreprise (450 clients).
– Préparation des publipostages adressés aux groupes cibles du service (envoi trimestriel).
– Gestion des agendas des 4 conseillers commerciaux.
– Supervision de 2 employés de secrétariat (1 sténo-dactylo, 1 agent de bureau).

• **Blouin, Benoît et associés** – Secrétaire de direction – 1987-1988

– Suivi administratif du bureau du directeur général.
– Procès-verbaux des réunions hebdomadaires du conseil de direction.
– Liaison entre le bureau du directeur général et les associés.
– Dactylographie de la correspondance et de divers textes administratifs.

• **Bélanger et Dupont inc.** – Sténo-dactylo principale –1984-1987

– Coordination du groupe de secrétariat (3 personnes).
– Suivi administratif général.
– Comptabilité des honoraires (2 personnes).
– Correspondance française et anglaise.

• **Duguette et Duguette, comptables** – Agent de bureau – 1979-1984

– Dactylographie de la correspondance commerciale française.
– Dépouillement et classement du courrier.
– Accueil des clients.

LOISIRS

Ski, planche à voile, peinture.

cyniquement adv.
D'une manière cynique.
⟱⟹ cyniquement.

cynisme n. m.
Attitude cynique.
⟱⟹ cynisme.

cyprès n. m.
👄 Le **s** ne se prononce pas [sipʀɛ].
Conifère à feuillage d'un vert foncé et dont la forme
est élancée.
⟱⟹ **cyprès.**

cypriote ou **chypriote** adj. et n. m. et f.
• De Chypre. *Un Cypriote, un Chypriote, une Cypriote,
une Chypriote.*
⊨◁— L'adjectif s'écrit avec une minuscule; le nom,
avec une majuscule.
• Langue parlée à Chypre.
⊨◁— En ce sens, seule la forme *cypriote* est usitée.
⊨◁— Le nom de la langue s'écrit avec une minuscule.

cyrillique adj.
Alphabet cyrillique. Alphabet slave. *Le russe, le bulgare,
l'ukrainien, le serbe utilisent les caractères cyrilliques.*

cyto- préf.
Élément du grec signifiant «cellule». *Cytologie.*

cytologie n. f.
Étude biologique de la cellule vivante.
⟱⟹ cytologie.

cytologique adj.
De la cytologie. *Un examen cytologique.*
⟱⟹ cytologique.

cytologiste n. m. et f.
Spécialiste de la cytologie.
⟱⟹ cytologiste.

czar
V. **tsar.**

czimbalum
V. **cymbalum.**

d
• Ancienne notation musicale qui correspond à la note *ré.*
V. **note de musique.**
• Symbole de *déci-.*

D
Chiffre romain dont la valeur est de 500.
☞ Si le D porte un trait (D̄), il vaut 5 000, s'il est surmonté de deux traits (D̿), il équivaut à 50 000.
V. Tableau - **CHIFFRES.**

da
Symbole de *déca-.*

d'abord loc. adv.
En premier lieu. *Viens d'abord faire tes devoirs, tu joueras ensuite.*

d'accord loc. adv.
• Oui, entendu. *D'accord Maxime, nous irons patiner cet après-midi.*
☞ Plus familièrement, on dit aussi OK, abréviation d'origine américaine. Il est préférable d'employer *d'accord.*
• **Locutions**
- *Être d'accord.* Avoir le même avis, la même intention au sujet de quelque chose.
- *Être d'accord sur.* La locution verbale est suivie d'un nom. *Elle est d'accord sur ce choix.*
- *Être d'accord pour.* La locution verbale est suivie de l'infinitif. *Il est d'accord pour revenir.*
- *Être d'accord que.* La locution verbale est suivie de l'indicatif ou du conditionnel. *Tu es d'accord que le prix est trop élevé.*

- *Être d'accord pour que.* La locution verbale est suivie du subjonctif. *Ils sont d'accord pour que la maison soit restaurée.*

dactylo n. m. et f.
• Forme abrégée de *dactylographe.*
• Personne dont le métier consiste à taper des textes à l'aide d'une machine à écrire, d'un ordinateur.
☞ Ne pas confondre le ou la *dactylo,* qui désigne une personne, avec l'appareil dont on se sert pour transcrire un texte et qui est une *machine à écrire.*

dactylographe n. m. et f.
Personne dont le métier consiste en la transcription de textes à l'aide d'une machine à écrire, d'un ordinateur.
☞ Ce nom est peu usité; c'est sa forme abrégée *dactylo* qui est couramment utilisée.

dactylographie n. f.
Procédé de transcription de textes à la machine.

dactylographier v. tr.
Redoublement du *i* à la première et à la deuxième personne du pluriel de l'indicatif imparfait et du subjonctif présent. *(Que) nous dactylographiions, (que) vous dactylographiiez.*
Écrire, taper à la machine.

dactylographique adj.
Qui concerne la dactylographie.

dada adj. inv. et n. m.
• **Adjectif invariable.** Se dit d'un mouvement artistique et littéraire révolutionnaire. *L'école dada.*
• **Nom masculin.** (Fam.) Occupation favorite. *Son dada, c'est de collectionner les timbres.*

dadais adj. inv. et n. m.
Niais et maladroit. *Un grand dadais.*
🖝 Ce nom n'a pas de forme féminine.

dadaïsme n. m.
Le mouvement dada.
🖝 Les noms de mouvements littéraires, artistiques,
s'écrivent avec une minuscule.
▭▷ dadaïsme.

dadaïste adj. et n. m. et f.
Adepte du dadaïsme.
🖝 Les noms d'adeptes de mouvements littéraires,
artistiques, s'écrivent avec une minuscule.
▭▷ dadaïste.

dag
Symbole de *décagramme.*

dague n. f.
Poignard à lame courte et large. *Un coup de dague
blessa le chevalier.*

daguerréotype n. m.
Procédé ancien de photographie.

dahlia n. m.
Plante ornementale. *Planter des dahlias.*
🖝 Attention au genre masculin de ce nom : *un*
dahlia.
▭▷ dahlia.

daigner v. tr.
Les lettres *gn* sont suivies d'un *i* à la première et à
la deuxième personne du pluriel de l'indicatif imparfait et du subjonctif présent. *(Que) nous dai-
gnions, (que) vous daigniez.*
Avoir la bonté de, condescendre. *Elle n'a pas daigné
lui adresser la parole; elle est rancunière.*
🖝 Le verbe *daigner* se construit sans préposition
et il est toujours suivi d'un infinitif. Le participe passé
de ce verbe est invariable.

d'ailleurs loc. adv.
• D'un autre lieu. *Ce garçon vient d'ailleurs, il est né
en Afrique.*
• De toute façon, du reste. *Le temps est à l'orage,
rentrons; d'ailleurs nous avons du travail.*
🖝 La locution introduit un autre aspect des choses.
V. **ailleurs.**

daim n. m.
Mammifère ruminant qui ressemble au cerf. *Le daim
porte des bois larges et aplatis. La femelle du daim
est une daine.*
▭▷ daim.

daine n. f.
Femelle du daim.

dais n. m.
Baldaquin.
Hom. :
- *des,* article;
- *dès,* préposition.

dal
Symbole de *décalitre.*

dalaï-lama n. m. (pl. *dalaï-lamas*)
Chef du bouddhisme tibétain.

▭▷ dalaï-lama.

daleau
V. **dalot.**

dallage n. m.
• Action de recouvrir de dalles.
• Revêtement de dalles. *Un beau dallage noir et blanc.*
▭▷ dallage.

dalle n. f.
Plaque servant au revêtement du sol. *Des dalles de
marbre.*
▭▷ dalle.

daller v. tr.
Revêtir de dalles.
▭▷ daller.

dalmatien n. m.
👄 Le *t* se prononce comme un *s* [dalmasjɛ̃].
Chien dont le poil blanc est tacheté de noir ou de brun.

dalot ou **daleau** n. m.
Petit canal dallé.

daltonien, ienne adj. et n. m. et f.
Atteint de daltonisme. *Maxime est daltonien, il confond
le rouge et le vert.*
▭▷ daltonien.

daltonisme n. m.
Anomalie de la vue relative à la perception des couleurs.
▭▷ daltonisme.

dam n. m.
👄 Se prononce comme le mot *dans* [dã].
• (Vx) Dommage.
• *Au dam, au grand dam de,* locutions prépositives.
Au détriment.
🖝 Ce nom n'est plus usité que dans ces locutions.

dam
Symbole de *décamètre.*

damas n. m.
👄 Le *s* ne se prononce pas [dama].
Étoffe à dessins satinés sur fond mat. *Un beau damas.*
🖝 Contrairement au nom *Damas* qui désigne la
ville, ce nom s'écrit avec une minuscule.

damasquinage n. m.
Action de damasquiner.

damasquiner v. tr.
Orner de dessins à l'aide de filets métalliques.

damasser v. tr.
Tisser de façon à former des dessins imitant le damas.

dame n. f.
• (Vx) Personne mariée.
• Personne adulte de sexe féminin.
🖝 Le nom *dame* qui est le féminin de *sieur* est
également la contrepartie féminine de *monsieur.*
*C'est une dame très honnête, c'est un monsieur très
gentil.* Par contre, on dira *la femme de M. Untel* (et
non la *dame).
• *Jeu de dames* ou *dames.* Jeu pratiqué sur un damier
avec des pions noirs et des pions blancs. *Jouer une
partie de dames.*

dame-d'onze-heures n. f. (pl. *dames-d'onze-heures*)
Liliacée dont les fleurs s'ouvrent vers 11 heures.
☞ La préposition *de* ne s'élide pas devant l'adjectif numéral *onze*; cependant dans ce nom composé, l'élision se fait.

dame-jeanne n. f. (pl. *dames-jeannes*)
Grosse bouteille de terre ou de verre destinée au transport du vin.

damer v. tr.
• Doubler un pion, au jeu de dames.
• *Damer le pion à quelqu'un.* L'emporter sur quelqu'un. *Elle lui a damé le pion.*
• Tasser uniformément. *Damer la neige sur la piste de ski.*

damier n. m.
Surface composée de carrés alternativement noirs et blancs, ou de couleurs contrastées. *On joue aux dames sur un damier.*

damnation n. f.
☞ Les lettres *mn* se prononcent *n* [danasjɔ̃].
Punition éternelle des damnés.
☞ damnation.

damné, ée adj. et n. m. et f.
☞ Les lettres *mn* se prononcent *n* [dɑne].
• Condamné à l'enfer.
• *Âme damnée.* Personne dévouée aveuglément à une autre.
• (Fam.) Qui cause des problèmes. *Cette damnée tondeuse est encore en panne.*
☞ damné.

damner v. tr., pronom.
☞ Les lettres *mn* se prononcent *n* [dɑne].
• **Transitif**
- Condamner à l'enfer.
- *Faire damner quelqu'un.* L'exaspérer. *Ces petits espiègles feront damner la gardienne.*
• **Pronominal**
S'exposer aux peines éternelles de l'enfer.
☞ damner.

damoiseau n. m. (pl. *damoiseaux*)
(Vx) Jeune homme noble.

damoiselle n. f.
(Vx) Jeune fille noble.

dan n. m.
☞ Le *n* se prononce [dan].
Grade des ceintures noires du judo, du karaté. *Elle est troisième dan de judo. Des dans de karaté.*

danaïde n. f.
Papillon.
☞ Contrairement au nom propre mythologique, le nom qui désigne un papillon s'écrit avec une minuscule.
☞ danaïde.

dandinement n. m.
Action de se dandiner.

dandiner (se) v. pronom.
Se balancer gauchement. *Elles se sont dandinées.*

dandy n. m. (pl. *dandys*)
☞ Le mot se prononce [dɑ̃di].
Homme à l'élégance trop recherchée.
☞ dandy.

danger n. m.
Ce qui représente une menace, ce qui expose à un accident. *Courir un danger. Danger de mort. Le blessé est maintenant hors de danger.*

dangereusement adv.
De façon dangereuse. *Ce garçon conduit dangereusement.*

dangereux, euse adj.
Périlleux, qui présente du danger. *Il est dangereux d'escalader ces rochers.*
☞ dangereux.

danois, oise adj. et n. m. et f.
• **Adjectif et nom masculin et féminin**
Relatif au Danemark. *Le drapeau danois. Un Danois, une Danoise.*
☞ L'adjectif s'écrit avec une minuscule; le nom, avec une majuscule.
• **Nom masculin**
- Langue parlée au Danemark. *Ingrid parle le danois.*
☞ Le nom de la langue s'écrit avec une minuscule.
- Chien à poil ras de très grande taille.

dans prép.

Cette préposition peut indiquer :
• Un lieu. *Mettre ses clés dans sa poche. Habiter dans un quartier agréable.*
• Une situation. *Dans le doute, il vaut mieux s'abstenir.*
• Une tendance, une intention. *Dans l'intérêt de notre groupe. Dans l'espoir de réussir.*
• Le temps. *Nous comptons terminer dans un an.*
• *Dans les.* Environ. *Cette bicyclette coûte dans les cent dollars.*
☞ 1° La préposition *dans* s'emploie généralement pour désigner un endroit situé à l'intérieur d'un lieu, alors que la préposition *sur* désigne un lieu situé en surface. *Une maison dans la vallée, dans les bois, un terrain sur une montagne, sur le bord de l'eau.* Cependant, le choix de la préposition est souvent lié à l'usage et ne tient pas toujours compte de la distinction de sens entre *dans* et *sur*. C'est ainsi qu'on dira : *dans la rue, dans la côte,* mais *sur le boulevard, sur l'avenue, sur la place. Lire un article dans un journal, trouver un renseignement dans un annuaire.*

2° Devant un nom déterminé par un article défini, on emploie plus couramment *dans*; devant un nom qui n'est pas déterminé, la préposition *en* est plus utilisée. *Des cours sont donnés dans la prison. Il est en prison depuis cinq ans.*

dansant, ante adj.
Où l'on danse. *Des thés dansants.*

danse n. f.
Action de danser. *Une piste de danse. De la danse*

classique.
Hom. **dense,** épais, compact.

*danse carrée
Calque de l'anglais «square dance» au sens de **qua-drille.**

danser v. tr., intr.
• **Transitif.** Exécuter une danse.
• **Intransitif.** Mouvoir son corps en cadence. *Elles dansent divinement.*

danseur n. m.
danseuse n. f.
• Personne dont la profession est la danse.
• Personne qui danse. *Ces danseurs sont très élégants.*

daphné n. m.
Arbuste à fleurs rouges ou blanches odorantes.
➩ da**phn**é.

d'après loc. prép.
Selon. *D'après mon ami, il devrait neiger ce soir.*

darce
V. **darse.**

dard n. m.
• Aiguillon de certains insectes. *Le dard de l'abeille.*
• Arme acérée.
☞ Ne pas confondre avec les noms suivants :
- **flèche,** baguette munie d'un fer pointu;
- **javelot,** longue tige à pointe de fer.
➩ **dard.**

darder v. tr.
• Piquer avec un dard.
• (Litt.) Lancer (tel un dard, une flèche). *Il darda sur elle un regard de braise.*

dare-dare loc. adv.
(Fam.) Très rapidement.

darne n. f.
Tranche de poisson. *Une darne (et non un *steak) de saumon.*

darse ou **darce** n. f.
Bassin d'un port.

dartre n. f.
(Vx) Dermatose.
☞ Attention au genre féminin de ce nom : **une** dartre.
➩ **dartre.**

darwinien, ienne adj.
Relatif à la doctrine de Darwin.

datation n. f.
Action de dater.

datcha n. f.
Maison de campagne, en Russie. *De jolies datchas.*

date n. f.
Indication du jour, du mois et de l'année d'un évène-ment.
Hom. **datte,** fruit du dattier.
V. Tableau - **DATE.**
V. Tableau - **JOUR.**

*date (à)
Calque de l'anglais «to date» au sens de **à jour.**

dater v. tr., intr.
• **Transitif**
- Mettre la date. *Dater une lettre, un chèque.*
- Attribuer une date. *Ils ont réussi à dater ce tableau.*
• **Intransitif**
- **Dater de.** Exister depuis. *Cette église date du siècle dernier.*
- **À dater de,** locution prépositive. À compter de. *À dater de demain, nous réviserons les conjugaisons tous les jours.*

dateur, euse adj. et n. m.
• **Adjectif.** Qui sert à dater. *Un timbre dateur.*
• **Nom masculin.** Dispositif permettant d'imprimer une date.

datif n. m.
Cas de la déclinaison latine qui marque l'attribution.

datif, ive adj.
Établi par testament.

dation n. f.
(Dr.) Action de donner une chose en paiement d'une autre. *La dation Picasso.*

datte n. f.
Fruit du dattier. *Un gâteau aux dattes.*
Hom. **date,** indication du jour, du mois et de l'année.
➩ **datte.**

dattier n. m.
Palmier dont le fruit est la datte.

daube n. f.
Mode de cuisson à l'étouffée. *Du poulet en daube.*

dauber v. tr., intr.
(Litt.) Dénigrer. *Dauber un camarade, dauber sur un camarade.*

dauphin, ine n. m. et f.
• **Nom masculin**
- Héritier de la couronne de France. En ce sens, le nom s'écrit avec une majuscule.
- Successeur désigné. *Il est le dauphin du président.*
- Mammifère marin carnivore qui peut atteindre cinq mètres de long. *Les dauphins communiquent entre eux et ont un cerveau très développé.*
• **Nom féminin**
- Femme du Dauphin.
- **Pommes dauphine.** En croquettes.
☞ En ce sens, le nom apposé est invariable.
➩ dau**phin.**

dauphinois, oise adj. et n. m. et f.
• Du Dauphiné. *Un Dauphinois, une Dauphinoise.*
☞ L'adjectif s'écrit avec une minuscule; le nom, avec une majuscule.
• **Gratin dauphinois.** Préparation de pommes de terre gratinées.

daurade ou **dorade** n. f.
Poisson dont la chair est très appréciée.

davantage adv.
• Plus, encore plus.

DATE

Dans la correspondance, l'indication de la date est généralement alphanumérique; elle peut comprendre l'article défini ou l'omettre.

Le 27 janvier 1993 ou *27 janvier 1993*

☞ La date n'est jamais suivie d'un point final; les noms de jours, de mois s'écrivent avec une minuscule.

Si la date comporte la mention d'un *jour de la semaine,* celui-ci est précédé de l'article défini; il n'y a pas de virgule entre le jour de la semaine et le quantième du mois.

Le mercredi 27 janvier 1993 (et non *Mercredi, le 27 janvier 1993)

Le **millésime** ne doit pas être abrégé.

1993 (et non *93)

Pour les textes juridiques et commerciaux, le **lieu** doit figurer dans la date; la mention du lieu est alors suivie d'une virgule.

Montréal, le 27 janvier 1993

Dans certains documents protocolaires, judiciaires, notariés, etc., la date est composée en toutes lettres.

Le vingt-sept janvier mil neuf cent quatre-vingt-treize

☞ L'usage de l'indication uniquement en chiffres de la date doit être limité aux échanges d'informations entre systèmes de données et à la présentation en colonne ou en tableau. Cette notation procède par ordre décroissant : (année, mois, jour) 1993 01 27 ou 1993-01-27 ou 19930127.

V. Tableau – **LETTRE TYPE.**

☞ Ne pas écrire l'adverbe *davantage* qui s'écrit en un seul mot comme s'il s'agissait de la préposition élidée et du nom *d'avantage. Cet emploi me plaît davantage. Il n'y a pas d'avantage à procéder ainsi.*
• *Davantage + de.* Je prendrai davantage de framboises.
• *Davantage + que.* Cette construction est critiquée et peut être remplacée par *plus que. Cet architecte a plus de talent que celui-ci.*
☞ L'adverbe *davantage* s'emploie avec un verbe. Pour un adjectif ou un adverbe, on emploiera *plus. Il l'apprécie davantage. Ils sont plus grands. Elle dessine plus facilement* (et non *davantage facilement).

dazibao n. m.
⬯ Attention à la prononciation : les lettres *zi* se prononcent *tze* [datzəbao].
Affiche manuscrite en chinois. *Des dazibaos.*

dB
Symbole de *décibel.*

DCA
Sigle de *défense contre avions.*

DDT
Sigle de *dichloro-diphényl trichloréthane.*

de art. partitif
L'article *de* s'emploie devant des noms de choses qui ne peuvent se compter, devant un nom abstrait. *Il est*

tombé de la neige. Éprouver de la fierté.*
☞ Devant une voyelle ou un *h* muet, l'article s'élide. *Il n'y a plus d'eau.*

de prép.

• La préposition introduit un *complément du nom* en marquant :
- la possession. *La fille de cette amie* (et non *à cette amie).
- l'origine. *Du sirop d'érable.*
- le temps. *Le train de nuit. Une personne de 25 ans.*
- la cause. *Un vent d'orage.*
- le moyen. *Un air de piano.*
- la matière. *Une colonne de bois.*
- le genre. *Un roman d'aventure.*
☞ La construction avec la préposition *de* est de style plus recherché que celle avec la préposition *en.*
• La préposition introduit également un complément :
- de lieu. *Venir de Trois-Rivières.*
- de temps. *Ils vont à l'école de 8 h 30 à 15 h 30.*
- de cause. *Les enfants sautent de joie.*
- de moyen, d'instrument. *Se servir d'un pinceau.*
• **Élision de la préposition**
La préposition s'élide généralement devant une voyelle ou un *h* muet. *Jus d'orange, d'habitude,* mais *salade de haricots, jus de tomate.*

☞— La préposition ne s'élide pas devant les mots **huit** et **onze**. *Un prix de huit dollars.*
V. Tableau - **UN**.

• *De + adjectif*
Les auteurs ne s'entendent pas sur l'emploi de la préposition *de* suivie d'un adjectif ou d'un participe passé qui était autrefois d'utilisation familière. Tout en étant usité, l'emploi de la préposition apparaît peu utile et n'apporte rien au sens. *Il y a un arbre (de) tombé. Il y a trois salles (de) libres.* Cependant, la préposition *de* est jugée obligatoire avec **en**. *Sur 56 élèves, il y en a 25 de nouveaux.*

• *De + de* (article partitif)
Par euphonie, la préposition et l'article partitif se confondent. *La présence d'autres personnes* (et non *de d'autres).

• **La particule nobiliaire**
La particule nobiliaire *de* ou *d'* s'écrit avec une minuscule. *François René de Chateaubriand. Pierre d'Argencourt.*
☞— Pour l'ordre alphabétique, on ne tient pas compte de la particule *de* ou *d'* et l'on classe d'après le nom de famille. Ainsi, on classera à *C* et non à *D* le nom de l'écrivain romantique *Chateaubriand (François René de).*

---

dé n. m.
• Petit cube à six faces. *Jouer aux dés.*
• *Coup de dés, de dé.* Résultat lié au hasard.
• Petit morceau coupé en cube. *Couper les pêches en dés.*

de-, dé-, des-, dés- préf.
Éléments du latin signifiant «absence, privation».

*deadline
Anglicisme pour *heure de tombée, dernier délai.*

déambulation n. f.
Marche à l'aventure, sans but précis.

déambuler v. intr.
Se promener lentement çà et là.

débâcle n. f.
• Rupture des glaces d'un cours d'eau au printemps.
• Fuite.
• Ruine.
☞— Ne pas confondre avec le nom masculin **embâcle,** amoncellement de glaces sur un cours d'eau.
⇒ débâcle.

*débalancé
Forme inexistante. *Un régime déséquilibré* (et non *débalancé).

déballage n. m.
Action de déballer. *Le déballage des cadeaux.*

déballer v. tr.
Sortir une marchandise de son emballage.

débandade n. f.
Dispersement désordonné d'une armée.
☞— Ne pas confondre avec les noms suivants :
- *défaite,* perte d'une bataille;

- *revers,* insuccès militaire.
Syn. **déroute**.

débarbouillage n. m.
Action de débarbouiller.

débarbouiller v. tr., pronom.
Les lettres *ill* sont suivies d'un *i* à la première et à la deuxième personne du pluriel de l'indicatif imparfait et du subjonctif présent. *(Que) nous débarbouillions, (que) vous débarbouilliez.*
• **Transitif.** Laver le visage.
• **Pronominal.** Se laver. *Débarbouillez-vous un peu avant de venir à table!*

débarbouillette n. f.
Au Canada, petite serviette de toilette, qui sert au même usage que le *gant de toilette* en France, sans avoir cependant la même forme.

débarcadère n. m.
Lieu aménagé pour l'embarquement et le débarquement ou pour le chargement et le déchargement de marchandises.

débardeur n. m.
débardeuse n. f.
Personne qui charge ou décharge des navires, des camions.

débardeur n. m.
Tricot sans manches et à large encolure.
☞— Ce vêtement était à l'origine celui des débardeurs.

débarquement n. m.
Action de débarquer des passagers, des marchandises.

débarquer v. tr., intr.
• **Transitif.** Décharger. *Ils ont débarqué toutes les marchandises du bateau.*
• **Intransitif.** Quitter un navire.
☞— Ce verbe ne peut désigner l'action de quitter un véhicule, un moyen de transport routier ou aérien. *Sortir d'une voiture, descendre d'un autobus* (et non *débarquer).

débarras n. m.
• Lieu d'entreposage.
• (Fam.) Délivrance. *Bon débarras! Il est parti.*
⇒ débarras.

débarrasser v. tr., pronom.
Délivrer d'un embarras.
⇒ débarrasser.

débarrer v. tr.
Enlever la barre (d'une porte, d'une fenêtre).
☞— On *déverrouille* une porte. L'emploi du verbe *débarrer* en ce sens est vieilli.
⇒ débarrer.

débat n. m.
Discussion animée. *Participer à un débat télévisé.*
⇒ débat.

débattre v. tr., pronom.
INDICATIF PRÉSENT *Je débats, tu débats, il débat, nous débattons, vous débattez, ils débattent.* IMPARFAIT *Je débattais.* PASSÉ SIMPLE *Je débattis.* FUTUR

Je débattrai. CONDITIONNEL PRÉSENT *Je débattrais.*
IMPÉRATIF PRÉSENT *Débats, débattons, débattez.*
SUBJONCTIF PRÉSENT *Que je débatte.* IMPARFAIT
Que je débattisse. PARTICIPE PRÉSENT *Débattant.*
PASSÉ *Débattu, ue.*
• **Transitif.** Discuter. *Ils débattent la question, le prix.*
• **Pronominal.** Lutter pour sortir d'une situation difficile. *Le saumon se débat beaucoup. Ils se sont débattus contre la malchance.*

débauchage n. m.
Congédiement d'ouvriers.

débauche n. f.
Inconduite, abus des plaisirs.

débauché, ée adj. et n. m. et f.
Qui se livre à la débauche.

débaucher v. tr.
• Congédier des ouvriers en raison d'un manque de travail.
• (Vx) Inciter à la débauche.

débenture n. f.
Au Canada, obligation non garantie.

débile adj. et n. m. et f.
• **Adjectif.** (Fam.) Idiot. *Tu es débile, mon pauvre ami!*
• **Nom masculin et féminin.** Personne dont le développement intellectuel est insuffisant. *Un débile mental. Des débiles mentaux.*

débilement adv.
D'une manière débile.

débilitant, ante adj.
Propre à débiliter, à déprimer. *Cette maladie est débilitante.*

débilité n. f.
• Faiblesse extrême.
• Insuffisance du développement intellectuel.

débiliter v. tr.
Affaiblir physiquement ou moralement.

débit n. m.
• Somme due. *À votre débit figure une somme de cent cinquante dollars.* Ant. **crédit.**
• Écoulement de marchandises.
• **Un débit de boissons, de tabac.** Endroit où l'on vend des boissons, du tabac.
• Quantité de liquide écoulé en un temps donné. *Le débit de cette rivière est faible.*
⟾ débit.

débiter v. tr.
• Inscrire au débit. *Débiter un compte.* Ant. **créditer.**
• Couper du bois.
• Vendre au détail.
• Prononcer vite et sans y mettre l'intonation nécessaire. *Débiter un discours.*
▷ Ne pas confondre avec le verbe *déclamer*, prononcer un texte sur un ton emphatique.

débiteur, trice adj. et n. m. et f.
Personne qui doit quelque chose à quelqu'un. Ant. **créancier.**

déblaiement n. m.
Action de déblayer. *Le déblaiement d'une route couverte de neige.*
⟾ déblaiement.

déblais n. m. pl.
Débris que l'on enlève quand on déblaie.
⟾ déblais.

déblatérer v. intr.
Le *é* se change en *è* devant une syllabe muette, sauf à l'indicatif futur et au conditionnel présent. *Je déblatère,* mais *je déblatérerai.*
Critiquer, dénigrer. *Ses voisins sont toujours en train de déblatérer.*
▷ Ce verbe se construit sans complément ou avec la préposition *contre. Il ne cesse de déblatérer contre ses collègues.*

déblayage n. m.
Action de déblayer.

déblayer v. tr.
Le *y* est suivi d'un *i* à la première et à la deuxième personne du pluriel de l'indicatif imparfait et du subjonctif présent. *(Que) nous déblayions, (que) vous déblayiez.*
• Dégager un lieu des choses qui l'encombrent. *Le chasse-neige déblaie la route.*
• (Fig.) Aplanir les difficultés préliminaires, trier, préparer. *Commençons par déblayer le courrier.*

déblocage n. m.
Action de débloquer quelque chose. *Le déblocage des prix.*
⟾ déblocage.

débloquer v. tr.
Remettre en marche, en circulation. *Débloquer un verrou.*

déboires n. m. pl.
Ennuis, épreuves. *Malgré tous ses déboires, il garde un bon moral.*

déboisement n. m.
Action de déboiser; résultat de cette action.

déboiser v. tr., pronom.
• **Transitif.** Couper les arbres d'un terrain, d'une montagne. Ant. **reboiser.**
• **Pronominal.** Perdre ses arbres, en parlant d'une région. Ant. **reboiser.**

déboîtement n. m.
Action de déboîter; son résultat.
⟾ déboîtement.

déboîter v. tr., intr., pronom.
• **Transitif.** Faire sortir un os de son articulation. *Le choc lui a déboîté l'épaule.*
• **Intransitif.** Sortir d'une file de voitures. *Il déboîta sans mettre son feu clignotant.*
• **Pronominal.** Se démettre un os. *Elle s'est déboîté l'épaule en tombant.*
⟾ déboîter.

débonnaire adj.
Trop bon.
☞ débonn**aire**.

débordant, ante adj.
Qui ne peut se contenir. *Une joie débordante.*

débordement n. m.
• Action de déborder. *Le débordement du fleuve.*
• (Au plur.) Excès. *Avec tous ces débordements, ils n'ont pas beaucoup le temps d'étudier.*

déborder v. tr., intr.
• **Transitif**
Dépasser le bord de, aller au-delà de. *Ils ont débordé le sujet.*
• **Intransitif**
- Se répandre par-dessus bord. *La rivière a débordé. Le lait déborde de la casserole.*
- Se manifester avec exubérance. *Son enthousiasme déborde.*
- *Être débordé.* Avoir trop de travail.

débosseler v. tr.
Redoublement du *l* devant un *e* muet. *Je débosselle, je débossellerai,* mais *je débosselais.*
Supprimer les bosses. *Il faut débosseler la carrosserie à la tôlerie.*

*****débosser**
Impropriété au sens de *débosseler.*

débotté ou **débotter** n. m.
Au débotté ou *au débotter.* Sans préparation, à l'improviste, sans préambule.
▱— Le nom vieilli *débotté* désigne l'instant où l'on ôte ses bottes.

débotter v. tr., pronom.
Retirer les bottes. *Il la débotta. Elles se sont débottées.*
☞ débotter.

débouché n. m.
• Issue. *Le débouché d'une rue.*
• Marché. *Il y a beaucoup de débouchés pour ce produit.*
• Carrière accessible en fonction des études faites. *Cette profession offre peu de débouchés.*

déboucher v. tr., intr.
• **Transitif**
- Retirer le bouchon de. *Déboucher une bonne bouteille.*
- Débarrasser de ce qui bouche. *Le plombier a débouché le tuyau.*
• **Intransitif**
- Passer d'un lieu dans un autre, plus large. *La rue débouche sur une belle avenue. Les enfants débouchèrent du sentier sur le chemin.*
- (Fig.) Aboutir à. *Vous ne pouvez déboucher que sur ces conclusions.*

déboucler v. tr.
Défaire la boucle de. *Il a débouclé sa ceinture de sécurité.*

débouler v. intr.
Rouler comme une boule. *Il a déboulé jusqu'en bas.*

déboulonnage ou **déboulonnement** n. m.
Action de déboulonner.
☞ déboulonnage, déboulonnement.

déboulonner v. tr.
• Démonter en enlevant les boulons.
• (Fig.) Renverser. *Déboulonner un dictateur.*
☞ déboulonner.

débours n. m.
Sortie de fonds. *Nous avons eu beaucoup de débours au cours de l'exercice.*
▱— Ce nom s'emploie généralement au pluriel.
☞ débours.

*****déboursé**
Archaïsme au sens de *débours, décaissement.*

débourser v. tr.
Verser de l'argent, dépenser. *Ses parents ont déboursé 10 000 $ pour acheter cette voiture.*

déboussoler v. tr.
(Fam.) Désorienter.

debout adv.
• Sur ses pieds. *Elle se mit debout. Je n'ai pu obtenir que des places debout.*
• Levé. *Elles sont toujours debout très tôt le matin.*
• Verticalement. *Il vaut mieux ranger ces livres debout.*
• *Tenir debout.* Être vraisemblable. *Tes histoires ne tiennent pas debout.*
▱— Le mot *debout* est toujours invariable.

débouter v. tr.
(Dr.) Refuser, par jugement ou par arrêt, de satisfaire à une demande déposée en justice. *Ils ont été déboutés.*

déboutonner v. tr., pronom.
• **Transitif.** Dégager un bouton de sa boutonnière. *Déboutonne ton manteau, il fait chaud.*
• **Pronominal.** Défaire ses boutons. *Ils se sont déboutonnés.*

débraillé, ée adj. et n. m.
• **Adjectif.** Désordonné, négligé. *Une tenue débraillée.*
• **Nom masculin.** Tenue négligée.

débrailler (se) v. pronom.
Les lettres *ill* sont suivies d'un *i* à la première et à la deuxième personne du pluriel de l'indicatif imparfait et du subjonctif présent. *(Que) nous nous débraillions, (que) vous vous débrailliez.*
Se découvrir de façon peu convenable. *Ils se sont débraillés.*

débranchement n. m.
Action de débrancher.

débrancher v. tr.
Arrêter un appareil électrique en défaisant son branchement. *Débrancher (et non *disconnecter) le téléviseur.*

débrayage n. m.
• Action de débrayer.
• Grève. *Il y a eu un débrayage d'une heure.*

débrayer v. tr., intr.
Le *y* est suivi d'un *i* à la première et à la deuxième personne du pluriel de l'indicatif imparfait et du

subjonctif présent. *(Que) nous débrayions, (que) vous débrayiez.*

• **Transitif.** (Absol.) Supprimer la liaison entre le moteur et les roues. *Il faut débrayer avant de passer une vitesse.*

• **Intransitif.** Cesser le travail. *Les ouvriers ont débrayé une heure.*

débridé, ée adj.
Sans retenue, très libre. *Une imagination débridée.*

débridement n. m.
(Litt.) Absence de retenue.

débrider v. tr.
Ôter la bride à (un animal).

débris n. m.
Morceau, fragment d'une chose détruite. *Il y avait des débris d'avion partout.*

☞ Ce nom s'emploie généralement au pluriel.

➪ débri**s.**

débrouillard, arde adj. et n. m. et f.
(Fam.) Qui sait se tirer d'embarras. *Elle est très débrouillarde et trouve des solutions à tous les problèmes.*

débrouillardise n. f.
(Fam.) Habileté à se tirer d'affaire.

débrouiller v. tr., pronom.
Les lettres *ill* sont suivies d'un *i* à la première et à la deuxième personne du pluriel de l'indicatif imparfait et du subjonctif présent. *(Que) nous débrouillions, (que) vous débrouilliez.*

• **Transitif.** Remettre en ordre, rendre clair. *Ils ont débrouillé la question.*

• **Pronominal.** (Fam.) Se tirer d'affaire par son habileté. *Elles se sont débrouillées et ont trouvé une solution.*

débroussaillement n. m.
Action de débroussailler; son résultat.

débroussailler v. tr.
Les lettres *ill* sont suivies d'un *i* à la première et à la deuxième personne du pluriel de l'indicatif imparfait et du subjonctif présent. *(Que) nous débroussaillions, (que) vous débroussailliez.*

• Défricher, débarrasser de ses broussailles.

• (Fig.) Mettre de l'ordre. *Avant tout, il faut débroussailler cette question.*

débusquer v. tr.
• Faire sortir le gibier du bois.

• (Fig.) Chasser d'une position avantageuse.

début n. m.
• Commencement. *Le début de l'hiver. En début de journée, au début de la journée.*

☞ Si le complément est employé sans déterminant, il se construit avec la préposition *en.* Avec un déterminant, on emploie l'article contracté *au.*

☞ La tournure elliptique du type *début mars* est familière.

• (Au plur.) Période pendant laquelle on commence une carrière, une activité. *Elle a fait ses débuts à la télévision.*

Ant. **fin.**

➪ débu**t.**

débutant, ante adj. et n. m. et f.
Personne qui débute. *Il ne faut pas leur confier un travail trop difficile, ce sont des débutants.*

☞ Ne pas confondre avec le participe présent invariable *débutant. Les cours débutant la semaine prochaine, nous n'acceptons plus d'inscription.*

débuter v. intr.
• Faire ses débuts dans une profession. *Elle a débuté comme architecte dans un petit bureau.*

• Commencer. *Le film débute par une scène très amusante.*

☞ Le verbe *débuter* est intransitif (il n'a pas de complément d'objet direct). *Les élèves commenceront (et non *débuteront) leur nouvelle année scolaire le 3 septembre.*

DÉC
Sigle de *diplôme d'études collégiales.*

déca n. m.
Abréviation familière de *café décaféiné. Des décas.*

déca- préf.
• Symbole *da* (s'écrit sans point).

• Préfixe qui multiplie par 10 l'unité qu'il précède. *Des décasecondes.*

• Sa notation scientifique est 10^1.

V. Tableau - **MULTIPLES ET SOUS-MULTIPLES DÉCIMAUX.**

deçà adv. et loc. prép.
• **Adverbe**

De ce côté-ci (par opposition à *delà*). *La route était coupée; ils durent s'arrêter en deçà.*

☞ La locution *deçà, delà* est vieillie; on dira plutôt *çà et là.*

• **Locution prépositive**

- De ce côté-ci. *Il pêche en deçà de la rivière.*

- Au-dessous de. *Ils sont en deçà de la vérité.*

☞ La locution prépositive s'écrit sans trait d'union.

➪ deçà.

décachetage n. m.
Action de décacheter.

décacheter v. tr.
Le *e* se change en *è* devant une syllabe muette. *Je décachète, tu décachètes, je décachèterai, je décachèterais,* mais *nous décachetons, vous décachetez.*

Ouvrir (ce qui est cacheté). *Elle décachète l'enveloppe.*

décade n. f.
Période de 10 jours.

☞ Ne pas confondre avec le nom *décennie,* période de dix ans.

décadence n. f.
Déclin, commencement de la ruine.

décadent, ente adj. et n. m. et f.
Qui est en décadence.

décaféiné, ée adj. et n. m.
• **Adjectif.** Dont on a enlevé la caféine. *Un café décaféiné.*

• **Nom masculin.** Café décaféiné.

☞ Cette expression est familièrement abrégée en *déca.*

décaféiner v. tr.
Enlever tout ou partie de la caféine que contient le café.

décagone n. m.
Polygone qui a dix angles et dix côtés.

décagramme n. m.
Symbole *dag* (s'écrit sans point).

décaissement n. m.
Sortie de fonds.

décalage n. m.
Écart dans le temps ou dans l'espace. *Un décalage de 6 heures entre Montréal et Paris.*

décalcification n. f.
Diminution du calcium.

décalcifier v. tr., pronom.
Redoublement du *i* à la première et à la deuxième personne du pluriel de l'indicatif imparfait et du subjonctif présent. *(Que) nous décalcifiions, (que) vous décalcifiiez.*
• **Transitif.** Priver un organisme d'une partie de son calcium.
• **Pronominal.** Être atteint de décalcification.

décalcomanie n. f.
• Procédé grâce auquel un dessin est transposé d'une feuille à un objet.
• La feuille comportant un dessin. *Poser des décalcomanies sur de la porcelaine, sur une fenêtre.*
🖙— Ne pas confondre avec le nom *décalque,* dessin obtenu par décalquage.

décaler v. tr.
Déplacer dans le temps ou dans l'espace. *Les travaux ont été décalés d'une semaine.*

décalitre n. m.
• Symbole *dal* (s'écrit sans point).
• Mesure de capacité valant dix litres.

décalquage n. m.
Action de décalquer.
🖙 décal**quage.**

décalque n. m.
Dessin obtenu par décalquage.
🖙— Ne pas confondre avec le nom *décalcomanie,* procédé grâce auquel un dessin est transposé d'une feuille à un objet, ou la feuille comportant un dessin.

décalquer v. tr.
Reporter le calque d'un dessin sur un papier, un support.
🖙— Ne pas confondre avec le verbe *calquer,* reproduire au moyen d'un papier transparent.

décamètre n. m.
• Symbole *dam* (s'écrit sans point).
• Mesure de longueur valant dix mètres.

décamper v. intr.
(Fam.) S'enfuir précipitamment. *Le cambrioleur a décampé.*
🖙— Ce verbe se conjugue généralement avec l'auxiliaire *avoir.*

décan n. m.
Subdivision du signe du zodiaque.
🖙 dé**can.**

décantation n. f.
Action de décanter; fait de se décanter. *La décantation du vin.*

décanter v. tr., pronom.
• **Transitif**
- Débarrasser un liquide de ses impuretés.
- (Fig.) Épurer, éclaircir. *Décanter ses idées.*
• **Pronominal**
S'épurer. *Ces vins se sont décantés peu à peu.*

décapage n. m.
Action de décaper; son résultat.

décapant, ante adj. et n. m.
• **Adjectif.** Caustique, stimulant. *Un humour décapant.*
🖙— Ne pas confondre avec le participe présent invariable *décapant. Nous aurons besoin de produits décapant le vernis et la peinture.*
• **Nom masculin.** Produit servant au décapage. *Des décapants efficaces.*

décaper v. tr.
Nettoyer la surface d'une matière en grattant les impuretés, le vernis, etc. *Décaper des boiseries.*
🖙 déca**per.**

décapeuse n. f.
Engin de terrassement qui fait de l'excavation, du transport de matériaux.
🖙— Ce nom a fait l'objet d'une recommandation officielle pour remplacer l'anglicisme *scraper.*

décapitation n. f.
Action de décapiter.

décapiter v. tr.
Couper la tête de quelqu'un. *La reine Marie-Antoinette fut décapitée en 1793.*

décapotable adj. et n. f.
• **Adjectif.** Dont on peut retirer la capote. *Une voiture décapotable.*
• **Nom féminin.** Automobile décapotable. *Martine rêve d'une décapotable* (et non d'une **convertible) blanche.*

décapsuler v. tr.
Enlever la capsule d'une bouteille. *Étienne décapsule une bouteille d'eau minérale.*
🖙— Ne pas confondre avec le verbe *déboucher,* enlever le bouchon.

décapsuleur n. m.
Instrument servant à enlever les capsules de bouteilles.
Syn. **ouvre-bouteilles.**

décarcasser (se) v. pronom.
(Pop.) Se donner du mal pour parvenir à un résultat. *Elle s'est décarcassée pour arriver à ses fins.*

décathlon n. m.
Compétition sportive comportant dix épreuves (saut en longueur, saut en hauteur, saut à la perche, 100 mètres, 400 mètres, 1 500 mètres, 100 mètres haies, lancement du disque, du javelot, du poids).

🖛 Ce mot est formé avec le préfixe «déca» du grec «deka» signifiant *dix* d'après le nom *pentathlon* du grec «penta» et «athlos» signifiant *cinq* et *combat*.
V. **pentathlon.**
↪ décathlon.

décati, ie adj.
Qui a perdu son apprêt, son lustre (pour une étoffe) et par extension, sa fraîcheur. *Une poupée décatie.*

décatir v. tr., pronom.
• **Transitif.** Enlever le lustre d'une étoffe.
• **Pronominal.** Perdre son lustre, sa fraîcheur; vieillir.

décéder v. intr.
Le deuxième *é* se change en *è* devant une syllabe muette, sauf à l'indicatif futur et au conditionnel présent. *Il décède,* mais *il décédera.*
Mourir, dans la langue administrative. *Il est décédé* (et non *a décédé*).
🖛 Ce verbe n'est généralement pas employé lorsqu'il s'agit d'une mort accidentelle ou violente. Il désigne l'action de mourir pour une personne, non pour des animaux et ne se conjugue qu'avec l'auxiliaire *être.*

décelable adj.
↩ Le *e* central ne se prononce pas [deslabl].
Qui peut être décelé.

déceler v. tr.
Le deuxième *e* se change en *è* devant un *e* muet.
Il décèle, il décelait.
↩ Le *e* central ne se prononce pas [desle].
Découvrir ce qui était caché. *Le médecin a décelé l'origine de ses malaises.*
Hom. :
- *desceller,* ouvrir ce qui était scellé;
- *desseller,* retirer la selle d'un cheval.

décélération n. f.
Réduction de la vitesse d'un mobile.

décélérer v. intr.
Le troisième *é* se change en *è* devant une syllabe muette, sauf à l'indicatif futur et au conditionnel présent. *Il décélère,* mais *il décélérera.*
Ralentir, en parlant d'un mobile.

décembre n. m.
Douzième et dernier mois de l'année. *Les enfants attendent le 25 décembre avec impatience.*
🖛 L'année romaine commençant en mars, décembre était donc le dixième mois chez les Romains.
🖛 Les noms de mois s'écrivent avec une minuscule.
V. Tableau - **DATE.**

décemment adv.
↩ Le *e* de la deuxième syllabe se prononce *a* [desamã].
Convenablement.
↪ décemment.

décence n. f.
• Bienséance, pudeur. *Les religieuses s'habillent avec décence.*
• Tact, discrétion. *Ils ont eu la décence de se retirer en voyant notre chagrin.*
↪ décence.

décennal, ale, aux adj.
Qui a lieu tous les dix ans, qui dure dix ans.
V. Tableau - **PÉRIODICITÉ ET DURÉE.**

décennie n. f.
Période de dix ans.
🖛 Ne pas confondre avec le nom *décade,* période de dix jours.
↪ décennie.

décent, ente adj.
Convenable. *Pour entrer à l'église, il faut porter un vêtement décent.*
Hom. *descend,* du verbe *descendre.*
↪ décent.

décentrage n. m.
Action de décentrer; son résultat.

décentralisateur, trice adj.
Relatif à la décentralisation. *Un gouvernement décentralisateur.*

décentralisation n. f.
Action de décentraliser. *Une décentralisation administrative.*

décentraliser v. tr.
Éloigner du centre certains éléments d'un ensemble et accorder des pouvoirs de décision à des unités régionales ou locales. *Décentraliser une administration.*

décentrer v. tr.
Déplacer le centre de.

déception n. f.
Désillusion. *Le départ de son amie lui a causé une grande déception.*

décérébrer v. tr.
Le *é* se change en *è* devant une syllabe muette, sauf à l'indicatif futur et au conditionnel présent. *Je décérèbre,* mais *je décérébrerai.*
Enlever l'encéphale (d'un animal) à titre expérimental.

décerner v. tr.
Accorder (des honneurs, une récompense).
🖛 À la forme pronominale, le participe passé est invariable si le complément d'objet direct suit le verbe; il s'accorde avec le complément d'objet direct si celui-ci est placé avant le verbe. *Ils s'étaient décerné chacun une médaille de bonne conduite. Les médailles qu'ils se sont décernées.*

décerveler v. tr.
Redoublement du *l* devant un *e* muet. *Je décervelle, je décervellerai,* mais *je décervelais.*
• Faire sauter la cervelle.
• (Fam. et fig.) Rendre stupide.

décès n. m.
Mort, dans la langue administrative. *Un acte de décès.*
🖛 Ce nom n'est généralement pas utilisé en cas de mort accidentelle ou violente et ne s'emploie que pour désigner la mort d'une personne, non d'un animal.
↪ décès.

décevant, ante adj.
Qui ne répond pas aux attentes. *Ces résultats sont décevants.*

décevoir v. tr.
INDICATIF PRÉSENT *Je déçois, tu déçois, il déçoit, nous décevons, vous décevez, ils déçoivent.* IMPARFAIT *Je décevais.* PASSÉ SIMPLE *Je déçus.* FUTUR *Je décevrai.* CONDITIONNEL PRÉSENT *Je décevrais.* IMPÉRATIF PRÉSENT *Déçois, décevons, décevez.* SUBJONCTIF PRÉSENT *Que je déçoive.* IMPARFAIT *Que je déçusse.* PARTICIPE PRÉSENT *Décevant.* PASSÉ *Déçu, ue.*
Ne pas répondre aux espoirs de. *En refusant cette invitation, il a déçu son ami.*

déchaîné, ée adj.
• Impétueux. *Les îlots déchaînés.*
• Excité. *Des élèves déchaînés.*
▭▷ déchaîné.

déchaînement n. m.
◁▷ Le *e* de la troisième syllabe ne se prononce pas [deʃɛnmɑ̃].
Fait de se déchaîner. *Le déchaînement d'un orage.*
▭▷ déchaînement.

déchaîner v. tr., pronom.
• **Transitif**
Provoquer. *Déchaîner les rires, l'enthousiasme.*
• **Pronominal**
- S'emporter. *En apprenant cela, il s'est déchaîné.*
- Faire rage. *Les éléments se sont déchaînés.*
▭▷ déchaîner.

déchanter v. intr.
Être déçu. *En apprenant cet échec, ils ont déchanté.*

décharge n. f.
• Tir d'arme à feu. *Les policiers ont entendu une décharge.*
• Terrain où l'on jette les ordures.
• *Décharge électrique.* Secousse causée par le passage du courant électrique.
• *À sa décharge.* À titre de justification, d'excuse.
• (Dr.) *Témoin à décharge.* Témoin de la défense.

déchargement n. m.
Action de décharger (un véhicule); son résultat.

décharger v. tr., pronom.
Le *g* est suivi d'un *e* devant les lettres *a* et *o*. *Il déchargea, nous déchargeons.*
• **Transitif**
- Débarrasser d'un poids, d'une charge. *Décharger des marchandises.*
- Débarrasser quelqu'un de quelque chose. *Étienne décharge son père des travaux de bricolage.*
• **Pronominal**
- Se vider de son chargement. *Les camions se sont déchargés de leur sable.*
- Se libérer de quelque chose. *Il se déchargea de cette responsabilité.*

décharné, ée adj.
Extrêmement maigre.

décharner v. tr.
Rendre décharné.

déchaussement n. m.
Le fait de se déchausser.

déchausser v. tr., pronom.
• **Transitif**
- Ôter les chaussures de quelqu'un. *Déchausser un enfant.*
- Mettre à nu le pied, la base. *Déchausser un arbre.*
• **Pronominal**
- Ôter ses chaussures. *Elles se sont déchaussées en entrant.*
- Se dénuder jusqu'à la racine, en parlant des dents. *Ses dents se sont déchaussées.*

dèche n. f.
(Pop.) Misère. *Être dans la dèche.*

déchéance n. f.
• (Dr.) Perte d'un droit, d'une fonction.
• Chute, décadence.

déchet n. m. (gén. pl.)
Débris, résidu. *Des déchets biodégradables.*
▭▷ Pour la maison, on procède à l'**enlèvement** des ordures ménagères (et non à leur *cueillette) et pour les entreprises, à la **récupération** ou à l'**enlèvement** des déchets industriels.

déchiffrable adj.
Qui peut être déchiffré. *Cette écriture est déchiffrable.*

déchiffrage n. m.
Lecture de la musique.

déchiffrement n. m.
Lecture d'un message codé, d'une écriture difficile à comprendre.

déchiffrer v. tr.
Décoder, lire difficilement. *Je n'arrive pas à déchiffrer ton écriture.*

déchiquetage n. m.
◁▷ Le *e* central ne se prononce pas [deʃiktaʒ].
Action de déchiqueter; son résultat.

déchiqueter v. tr.
Redoublement du *t* devant un *e* muet. *Je déchiquette, je déchiquetterai,* mais *je déchiquetais.*
◁▷ Le *e* central ne se prononce pas [deʃikte].
Découper en menus morceaux, en pièces, par arrachement.

déchiqueteur n. m.
◁▷ Le *e* central ne se prononce pas [deʃiktœr].
Machine servant à découper en pièces.

déchirant, ante adj.
Qui déchire le cœur. *Des adieux déchirants.*

déchirement n. m.
◁▷ Le *e* central ne se prononce pas [deʃirmɑ̃].
• Lacération. *Le déchirement d'un tendon.*
• (Fig.) Grand chagrin. *Le déchirement de perdre un être cher.*

déchirer v. tr., pronom.
• **Transitif**
- Mettre en pièces, sans l'aide d'un instrument tranchant. *Déchirer une lettre.*
- (Fig.) Causer une vive douleur. *Leurs adieux m'ont déchiré.*
• **Pronominal**

Se faire souffrir mutuellement. *Ils ne cessent de se déchirer.*

déchirure n. f.
Rupture faite en déchirant. *Il a fait une déchirure à son pantalon.*

déchoir v. intr.
INDICATIF PRÉSENT *Je déchois, tu déchois, il déchoit, ils déchoient.* PASSÉ SIMPLE *Je déchus, tu déchus.* FUTUR *Je déchoirai, tu déchoiras.* CONDITIONNEL PRÉSENT *Je déchoirais, tu déchoirais.* SUBJONCTIF PRÉSENT *Que je déchoie, que tu déchoies, qu'il déchoie, que nous déchoyions, que vous déchoyiez, qu'ils déchoient.* IMPARFAIT *Que je déchusse, que tu déchusses.* PARTICIPE PASSÉ *Déchu, ue.* L'imparfait de l'indicatif est rare.

Tomber dans un état inférieur à celui où l'on était. *Elle est déchue de ses prérogatives. Il a déchu de son rang.*
☞ Le verbe *déchoir* se conjugue avec les auxiliaires *être* ou *avoir* pour exprimer soit un état, soit une action.

déci- préf.
• Symbole *d* (s'écrit sans point).
• Préfixe qui multiplie par 0,1 l'unité qu'il précède. *Des décisecondes.*
• Sa notation scientifique est 10^{-1}.
V. Tableau - **MULTIPLES ET SOUS-MULTIPLES DÉCIMAUX.**

décibel n. m.
• Symbole *dB* (s'écrit sans point).
• Unité d'intensité du son. *Quinze décibels.*
☞ Attention au genre masculin de ce nom : *un* décibel.

décidé, ée adj.
Ferme, résolu. *Il marche d'un pas décidé.*

décidément adv.
À coup sûr, en définitive.

décider v. tr., pronom.
• **Transitif direct**
- Prendre une décision. *Que décidez-vous?*
- *Décider + à.* Persuader quelqu'un de faire quelque chose. *Elle l'a décidée à tenter le tout pour le tout.*
• **Transitif indirect**
- *Décider + que.* Le verbe se construit avec l'indicatif ou le conditionnel. *Il a décidé qu'il serait de la partie.*
- *Décider + de.* Prendre le parti de. *Nous avons décidé de poursuivre le travail.*
• **Pronominal**
Faire un choix. *Elles se sont décidées à publier.*
☞ Ne pas confondre avec les verbes suivants :
- *arrêter,* décider quelque chose dans son esprit;
- *décréter,* ordonner par décret;
- *ordonner,* donner un ordre;
- *trancher,* décider sans appel.

décideur n. m.
décideuse n. f.
Personne physique ou morale ayant le pouvoir de prendre des décisions importantes.

décigramme n. m.
• Symbole *dg* (s'écrit sans point).
• Dixième partie du gramme.

décile n. m.
Dixième partie d'un ensemble de données statistiques. *Le 8e décile.*

décilitre n. m.
• Symbole *dl* (s'écrit sans point).
• Dixième partie du litre.

décimal, ale, aux adj.
Qui a pour base le nombre dix. *Système décimal.*

décimale n. f.

Chacun des chiffres inscrits après le signe décimal d'un nombre. *Le nombre 40,751 comporte trois décimales.*

☞ 1° Dans le système métrique, le signe décimal est la virgule, alors que selon l'usage américain, ce signe est le point.

2° Le nombre décimal s'écrit sans espace et les unités ne se séparent pas des dixièmes. *40,25 kg* (et non **40 kg,25*).

3° Lorsque le nombre est inférieur à l'unité, la virgule décimale est précédée d'un zéro. *0,25.*
V. **fraction.**

décimer v. tr.
Tuer un grand nombre de personnes. *La famine a décimé ces populations.*
☞ Autrefois, *décimer* signifiait «tuer une personne sur dix».

décimètre n. m.
• Symbole *dm* (s'écrit sans point).
• Dixième partie du mètre.

décintrage n. m.
Action de décintrer; son résultat.

décintrer v. tr.
Rendre un vêtement moins ajusté.

décisif, ive adj.
Déterminant. *Un moment décisif, un but décisif.*

décision n. f.
• Fait de prendre une résolution, de décider.
• Résultat de ce choix. *Ma décision est prise.*

décisionnel, elle adj.
Relatif à une décision, à la prise de décisions. *Un rôle décisionnel.*

déclamation n. f.
• Art de déclamer.
• Phrase pompeuse.

déclamatoire adj.
• Relatif à une déclamation.
• Pompeux.

déclamer v. tr.
Prononcer sur un ton emphatique. *Déclamer des vers.*
☞ Ne pas confondre avec le verbe *débiter,* prononcer vite et sans y mettre l'intonation nécessaire.

déclaration n. f.
• Action de déclarer; affirmation orale ou écrite. *Le premier ministre a fait une déclaration.*

• **Déclaration des revenus.** Déclaration fiscale. *Il faut terminer la déclaration des revenus (et non le *rapport d'impôt) pour le 30 avril.*

déclarer v. tr., pronom.
• **Transitif**
Faire connaître. *Déclarer ses sentiments.*
☞— Le verbe **déclarer + que** se construit avec l'indicatif ou le conditionnel. *Elle déclare que nous devons faire partie du groupe.*
• **Pronominal**
- Faire connaître quelque chose. *Nos concurrents se sont déclarés.*
- Se manifester. *Une épidémie s'est déclarée.*

déclassé, ée adj. et n. m. et f.
Qui est hors de sa classe.

déclassement n. m.
Action de déclasser quelqu'un, quelque chose; son résultat.

déclasser v. tr., pronom.
• **Transitif.** Faire passer dans une catégorie inférieure.
• **Pronominal.** Tomber à un rang inférieur. *Cette athlète s'est déclassée.*

déclenchement n. m.
Action de déclencher; son résultat. *Le déclenchement des hostilités.*

déclencher v. tr., pronom.
• **Transitif**
Provoquer. *Déclencher la guerre.*
• **Pronominal**
- Se mettre en mouvement. *Le mécanisme s'est déclenché.*
- Se produire brusquement. *Une crise s'est déclenchée.*

déclic n. m.
• Mécanisme de déclenchement.
• Bruit sec de ce qui se déclenche. *Un déclic se fit entendre et la porte s'ouvrit.*
• (Fig.) Intuition soudaine. *Le déclic s'est fait : il a compris.*
⇨ déclic.

déclin n. m.
État d'une chose qui penche vers sa fin. *Le déclin de l'empire romain. Le soleil était à son déclin ou sur son déclin.*
⇨ déclin.

déclinable adj.
Qui se décline.

déclinaison n. f.
• Ensemble des terminaisons d'un mot variable qui marquent le genre, le nombre et le cas. *Apprendre les déclinaisons latines.*
• (Comm.) Présentation d'un produit, d'une gamme sous plusieurs formes.

décliner v. tr., intr.
• **Transitif**
- Faire varier la désinence d'un mot selon sa fonction.
- Énumérer. *Décliner son âge, sa profession.*
- Refuser courtoisement. *Elle a décliné mon invitation.*

- Rejeter. *Nous déclinons toute responsabilité.*
- (Comm.) Présenter un produit, une gamme sous plusieurs formes ou en exploiter les différents sous-produits.
• **Intransitif**
Décroître. *Le soleil décline, ses forces déclinent.*

décliqueter v. tr.
Redoublement du *t* devant un *e* muet. *Je décliquette, je décliquetterai, mais je décliquetais.*
⇦ Le *e* central ne se prononce pas [deklikte]. Dégager le cliquet de.

déclivité n. f.
État de ce qui va en pente. *La déclivité d'un terrain.*

décloisonnement n. m.
Action de décloisonner; son résultat. *Le décloisonnement des études.*

décloisonner v. tr.
Réduire les champs de spécialisation, les structures qui entravent la libre circulation des idées. *Décloisonner une structure administrative.*

déclouer v. tr.
Défaire ce qui est cloué. *Déclouer une tablette.*

décocher v. tr.
• Lancer (un projectile) avec un arc. *Décocher une flèche.*
• (Fig.) Lancer avec malice. *Décocher une réplique.*

décoction n. f.
• Action de faire bouillir des substances.
• Le liquide obtenu.

décodage n. m.
Action de décoder; son résultat.

décoder v. tr.
Traduire en clair un texte écrit en code.

décodeur n. m.
Appareil destiné à décoder des signaux, à avoir accès à une chaîne de télévision.

décoiffer v. tr.
• Dépeigner. *Le vent l'a décoiffé.*
• Retirer le chapeau de (quelqu'un). *Les messieurs se décoiffent dans un ascenseur.*

décoinçage ou décoincement n. m.
Action de décoincer; son résultat.
⇨ décoinçage.

décoincer v. tr.
Le *c* prend une cédille devant les lettres *a* et *o*. *Il décoinça, nous décoinçons.*
Dégager ce qui était coincé. *Elle décoinça sa fermeture éclair.*

décolérer v. intr.
Le deuxième *é* se change en *è* devant une syllabe muette, sauf à l'indicatif futur et au conditionnel présent. *Je ne décolère pas, mais je ne décolérerai pas.*
Cesser d'être en colère.
☞— Ce verbe est surtout utilisé à la forme négative.

décollage n. m.
Action de décoller. *Le décollage d'un avion.*
☞ Ne pas confondre avec le nom **décollement,** action accidentelle de se décoller.

décollement n. m.
Action accidentelle de se décoller. *Le décollement de la rétine.*
☞ Ne pas confondre avec le nom **décollage,** action de décoller.

décoller v. tr., intr.
• **Transitif.** Détacher ce qui est collé.
• **Intransitif.** Quitter le sol, en parlant d'un avion.
L'avion a décollé à 20 heures hier soir.
⇨ décoller.

décolleté, ée adj. et n. m.
• **Adjectif**
Qui laisse apparaître le cou, la gorge. *Une robe très décolletée.*
• **Nom masculin**
- La partie décolletée d'une robe, d'un corsage. *Un décolleté en pointe.*
- La partie de la gorge ainsi découverte. *Un beau décolleté.*

décolleter v. tr.
Redoublement du *t* devant un *e* muet. *Je décollette, je décolletterai,* mais *je décolletais.*
Découvrir le cou, la gorge.

décolonisation n. f.
Action de décoloniser.

décoloniser v. tr.
Accorder l'indépendance à une colonie.

décolorant, ante adj. et n. m.
Se dit d'une substance qui décolore. *Des produits décolorants. Ce décolorant est trop faible.*

décoloration n. f.
Altération de la couleur naturelle.

décolorer v. tr., pronom.
Altérer, éclaircir la couleur de. *Elle décolore ses cheveux.*

décombres n. m. pl.
Débris d'un édifice détruit par un incendie, une démolition, etc. *On l'a retrouvée vivante sous les décombres.*
☞ Ce nom ne s'emploie qu'au pluriel.

décommander v. tr., pronom.
Annuler un ordre, une invitation. *Décommander un taxi* (et non *canceller*). *Je dois me décommander : je ne pourrai être des vôtres ce soir.*

décomposer v. tr., pronom.
• **Transitif**
- Ramener aux éléments premiers. *Décomposer une phrase.*
- Pourrir. *Le soleil décompose les viandes.*
- (Fig.) Altérer. *La terreur décomposait son visage.*
• **Pronominal**
S'altérer, se pourrir. *Avec la chaleur, la viande se décompose rapidement.*

décomposition n. f.
• Action de décomposer. *La décomposition d'un problème.*
• Corruption d'une substance organique. *Un produit en décomposition.*

décompression n. f.
Suppression ou diminution de la pression.

décomprimer v. tr.
Réduire la compression.

décompte n. m.
• Réduction d'un compte.
• Décomposition d'un tout en ses éléments. *Le décompte détaillé des matériaux.*
⇨ décompte.

déconcentration n. f.
Action de déconcentrer; son résultat.

déconcentrer v. tr., pronom.
• **Transitif**
- Diminuer la concentration de. *Déconcentrer un bouillon.*
- Réduire l'attention. *Le bruit les déconcentre.*
• **Pronominal**
Perdre sa concentration. *Avec tout ce bruit, il se déconcentre.*

déconcertant, ante adj.
Surprenant. *Une réponse inattendue et très déconcertante.*

déconcerter v. tr.
Dérouter, décontenancer. *Ces résultats surprenants ont déconcerté l'enseignant.*

déconfit, ite adj.
Décontenancé, à la suite d'un échec.
⇨ déconfit.

déconfiture n. f.
Échec complet. *Ils ont encore perdu : c'est la déconfiture totale.*

décongélation n. f.
Action de décongeler.

décongeler v. tr.
Le *e* se change en *è* devant une syllabe muette. *Il décongèle, il décongelait.*
Ramener un corps congelé à la température ordinaire. *Décongeler un poulet dans un four à micro-ondes.*

décongestion n. f.
Suppression de la congestion.

décongestionnement n. m.
Disparition de la congestion.

décongestionner v. tr.
• Faire disparaître la congestion. *Ce médicament décongestionne les conduits respiratoires.*
• (Fig.) Réduire l'encombrement. *Décongestionner les artères commerciales.*

déconnecter v. tr.
Débrancher une tuyauterie, supprimer une connexion électrique.

☞ Ne pas confondre avec le verbe **débrancher,** arrêter un appareil électrique en défaisant son branchement.

déconner v. intr.
(Vulg.) Dire des bêtises.

déconnexion n. f.
Action de déconnecter; son résultat.
⇨ déconnexion.

déconseiller v. tr.
Conseiller de ne pas faire une chose. *Cet exercice est déconseillé, il peut causer des blessures au dos.*

déconsidérer v. tr., pronom.
Le **é** se change en **è** devant une syllabe muette, sauf à l'indicatif futur et au conditionnel présent. *Je déconsidère,* mais *je déconsidérerai.*
• **Transitif.** Faire perdre l'estime et la considération.
• **Pronominal.** Agir de façon à perdre l'estime.

déconsigner v. tr.
Enlever la consigne.

décontamination n. f.
Réduction, élimination des effets d'une contamination.

décontaminer v. tr.
Effectuer la décontamination de.

décontenancer v. tr., pronom.
Le **c** prend une cédille devant les lettres **a** et **o**. *Il décontenança, nous décontenançons.*
⇨ Le **e** central ne se prononce pas [dekɔ̃tnãse].
• **Transitif.** Déconcerter. *Il nous décontenança avec sa réponse.*
• **Pronominal.** Se troubler. *Elle se décontenança en nous apercevant.*

décontracté, ée adj.
(Fam.) Détendu.
☞ Dans un style soigné, on préférera les adjectifs **détendu, calme, désinvolte, relâché,** selon le cas.

décontracter v. tr., pronom.
• **Transitif.** Détendre. *Décontracter ses muscles.*
• **Pronominal.** Diminuer sa tension psychique. *Après un moment, ils se sont décontractés.*

décontraction n. f.
Détente, désinvolture.

déconvenue n. f.
⇨ Le **e** central ne se prononce pas [dekɔ̃vny].
Vive déception.

décor n. m.
• Ensemble de ce qui sert à décorer. *Un décor de château.*
• (Au plur.) Ensemble des éléments qui servent à représenter les lieux à la scène, au cinéma, etc. *Changer les décors.*

décorateur n. m.
décoratrice n. f.
Personne dont la profession est d'aménager des intérieurs, de créer des décors pour le théâtre, le cinéma, la télévision.

décoratif, ive adj.
• Destiné à décorer. *Un vase décoratif.*
• **Arts décoratifs.** Arts qui ont pour but la décoration des objets utilitaires.
☞ Cette expression qui est abrégée familièrement en **Art déco** s'écrit avec une majuscule initiale. *Le style Art déco.*

décoration n. f.
• Embellissement.
• Art d'aménager un intérieur. *La décoration d'un appartement.*
• Signe porté par le titulaire d'un ordre, d'une distinction honorifique. *Il a reçu plusieurs décorations.*

décorer v. tr.
• Orner. *Décorer une chambre.*
• Attribuer une décoration. *Il a été décoré de la Légion d'honneur.*

décorticage n. m.
Action de décortiquer.
⇨ décorticage.

décortiquer v. tr.
• Dépouiller le bois de son écorce, la graine de son enveloppe.
• (Fig. et fam.) Analyser minutieusement quelque chose. *L'inspecteur a décortiqué les circonstances du drame.*

décorum n. m.
⇨ Le **u** se prononce comme un **o** ouvert [dekɔrɔm]. Protocole. *Recevoir un visiteur avec tout le décorum qui lui est dû.*

décote n. f.
Déduction.
⇨ décote.

découcher v. intr.
Ne pas rentrer coucher chez soi.

découdre v. tr., intr.
• **Transitif.** Défaire ce qui est cousu. *Lucie a décousu son ourlet.*
• **Intransitif. En découdre.** Se battre, contester.

découler v. intr.
Être la suite nécessaire de. *Les résultats qui découlent de ces efforts.*
☞ Ne pas confondre avec les verbes suivants :
- **dériver,** tirer son origine de;
- **émaner,** sortir de;
- **procéder,** avoir sa source dans;
- **provenir,** venir de;
- **ressortir,** s'imposer comme condition logique.

découpage n. m.
Action, manière de découper. *Le découpage d'un film.*

découpe n. f.
Ouverture pratiquée dans un vêtement. *Des découpes audacieuses.*

découper v. tr., pronom.
• **Transitif.** Couper en morceaux. *Elle a découpé sa viande.*
• **Pronominal.** Se détacher. *Le bouquet se découpe sur un fond sombre.*

découplé, ée adj.
Bien découplé. Bien bâti, harmonieusement proportionné.

découpure n. f.
• Contour découpé.
• Morceau découpé.

décourageant, ante adj.
Démoralisant. *Une attitude décourageante.*
☞— Ne pas confondre avec le participe présent invariable *décourageant.* *Elle a adopté une attitude décourageant tous ses efforts.*

découragement n. m.
Abattement. *Vincent ne se laisse pas aller au découragement, il réagit.*
Ant. **courage.**

décourager v. tr., pronom.
Le *g* est suivi d'un *e* devant les lettres *a* et *o.* *Il découragea, nous décourageons.*
• **Transitif.** Faire perdre le courage, dissuader. *Ne te décourage pas, tu finiras bien par régler ce problème.*
• **Pronominal.** Perdre courage. *Ils se sont découragés et n'ont pas poursuivi leurs efforts.*

décousu, ue adj. et n. m.
• **Adjectif.** Dont la couture est défaite.
• **Nom masculin.** (Fig.) Manque de liaison. *Le décousu d'un texte.*

découvert, erte adj. et n. m. et f.
• **Adjectif**
Qui n'est pas couvert. *Un terrain découvert.*
• **Nom masculin**
- Solde débiteur d'un compte en banque. *L'entreprise a un découvert important.*
- *À découvert,* locution adverbiale. Sans protection. *Attention, nous sommes maintenant à découvert.*
- *À découvert,* locution adverbiale. (Fig.) Ouvertement. *Il préfère agir à découvert.*
• **Nom féminin**
- Action de découvrir ce qui était inconnu ou caché. *La découverte d'un vaccin.*
- La chose découverte. *Cette découverte limitera les épidémies.*

découvreur n. m.
découvreuse n. f.
Personne qui fait des découvertes. *Un découvreur de jeunes talents.*

découvrir v. tr., pronom.
• **Transitif**
- Ôter ce qui couvre. *Découvrir une marmite.*
- Trouver ce qui était encore inconnu. *Jacques Cartier a découvert le Canada en 1534. Découvrir un nouveau procédé.*
☞— Ne pas confondre avec le verbe *inventer,* créer, trouver par des recherches, par l'imagination ce qui n'existait pas avant.
• **Pronominal**
- Ôter sa coiffure. *Les messieurs se découvrent dans l'ascenseur.*
- Se montrer.
- S'éclaircir. *Le temps se découvre.*

décrassage n. m.
Action de décrasser.

décrasser v. tr.
• Laver, ôter la crasse. *Décrasser des vêtements boueux.*
• Débarrasser de son ignorance, de sa grossièreté.

décrêper v. tr.
Rendre lisses des cheveux frisés.

décrépi adj.
Qui n'a plus son crépi. *Une maison décrépie.*
☞— Ne pas confondre avec le mot *décrépit* qui qualifie une personne vieille, affaiblie par l'âge.

décrépir v. tr., pronom.
• **Transitif.** Ôter le crépi de.
• **Pronominal.** Perdre son crépi.

décrépit, ite adj.
Vieux, affaibli par l'âge. *Une mégère décrépite.*
☞— Ne pas confondre avec le mot *décrépi* qui se dit de ce qui n'a plus de crépi.

décrépitude n. f.
Vieillesse extrême.

decrescendo adv. et n. m. inv.
👄 Les deux premiers *e* se prononcent *é* et les lettres *sc* se prononcent *ch* [dekreʃendo].
• Mot italien signifiant «en diminuant». *Des decrescendo.*
• En diminuant progressivement l'intensité du son.
☞— En typographie soignée, les mots étrangers sont composés en italique. Dans des textes déjà en italique, la notation se fait en romain. Pour les textes manuscrits, on utilisera les guillemets.

décret n. m.
Décision officielle.
▭▷ décret.

décréter v. tr.
Le deuxième *é* se change en *è* devant une syllabe muette, sauf à l'indicatif futur et au conditionnel présent. *Je décrète,* mais *je décréterai.*
• Ordonner par décret. *Le conseil a décrété sa nomination.*
• Déclarer de façon autoritaire. *Marc a décrété qu'il avait raison et que les autres avaient tort.*
☞— Le verbe *décréter* suivi de *que* se construit avec le mode indicatif ou le mode conditionnel. *Ils ont décrété que l'âge de la majorité est de 18 ans.*
☞— Ne pas confondre avec les verbes suivants :
- *arrêter,* décider quelque chose dans son esprit;
- *décider,* prendre une décision;
- *ordonner,* donner un ordre;
- *trancher,* décider sans appel.

décrier v. tr.
Redoublement du *i* à la première et à la deuxième personne du pluriel de l'indicatif imparfait et du subjonctif présent. *(Que) nous décriions, (que) vous décriiez.*
(Litt.) Déprécier avec force, faire perdre la réputation, l'autorité.
☞— Ne pas confondre avec les verbes suivants :
- *dénigrer,* déprécier;
- *diffamer,* porter atteinte à la réputation;

- *discréditer,* souiller la réputation en dépréciant ou en diffamant;
- *vilipender,* traiter avec mépris.

décrire v. tr.
INDICATIF PRÉSENT *Je décris, tu décris, il décrit, nous décrivons, vous décrivez, ils décrivent.* IMPARFAIT *Je décrivais.* PASSÉ SIMPLE *Je décrivis.* FUTUR *Je décrirai.* CONDITIONNEL PRÉSENT *Je décrirais.* IMPÉRATIF PRÉSENT *Décris, décrivons, décrivez.* SUBJONCTIF PRÉSENT *Que je décrive.* IMPARFAIT *Que je décrivisse.* PARTICIPE PRÉSENT *Décrivant.* PASSÉ *Décrit, ite.*
Représenter. *Elle nous a décrit la situation très précisément.*

décrochage n. m.
Action de décrocher; son résultat.

décrocher v. tr., intr.
• **Transitif**
Détacher. *Ils ont décroché le wagon.*
Ant. **accrocher.**
• **Intransitif**
- (Fig. et fam.) Se décourager, se lasser.
- Au Canada, quitter l'école avant la fin de l'obligation scolaire.

décrocheur, euse n. m. et f.
Élève qui quitte l'école avant la fin de la période de l'obligation scolaire. (Recomm. off. OLF) *C'est un décrocheur* (et non un **drop-out*)

décroiser v. tr.
Faire cesser d'être croisé. *Décroiser les jambes.*

décroissance n. f.
Diminution. *La décroissance du nombre des enfants.*

décroissant, ante adj.
Qui décroît. *Des valeurs décroissantes.*
▷ Ne pas confondre avec le participe présent invariable *décroissant.* *Les valeurs décroissant graduellement, nous nous retirons du marché.*

décroître v. intr.
INDICATIF PRÉSENT *Je décrois, tu décrois, il décroît, nous décroissons, vous décroissez, ils décroissent.* IMPARFAIT *Je décroissais.* PASSÉ SIMPLE *Je décrus, tu décrus, il décrut, nous décrûmes, vous décrûtes, ils décrurent.* FUTUR *Je décroîtrai, tu décroîtras, il décroîtra, nous décroîtrons, vous décroîtrez, ils décroîtront.* CONDITIONNEL PRÉSENT *Je décroîtrais, tu décroîtrais, il décroîtrait, nous décroîtrions, vous décroîtriez, ils décroîtraient.* IMPÉRATIF PRÉSENT *Décrois, décroissons, décroissez.* SUBJONCTIF PRÉSENT *Que je décroisse, que tu décroisses.* IMPARFAIT *Que je décrusse, que tu décrusses, qu'il décrût, que nous décrussions, que vous décrussiez, qu'ils décrussent.* PARTICIPE PRÉSENT *Décroissant.* PASSÉ *Décru, ue.*
Diminuer peu à peu. *La lune décroît.*
▷ Contrairement au verbe *croître,* le verbe ne prend un accent circonflexe qu'à la troisième personne du singulier de l'indicatif présent ainsi qu'à toutes les personnes du futur de l'indicatif et du conditionnel présent.
Ant. **croître, augmenter.**

décrotter v. tr.
• Ôter la boue. *Décrotter ses bottes.*
• (Fam.) Former (quelqu'un) aux bonnes manières.
⇒ décrotter.

décrottoir n. m.
Lame de fer sur laquelle on décrotte ses chaussures.

décrue n. f.
Baisse du niveau des eaux après une crue. *La décrue des eaux.*
⇒ décrue.

décryptage n. m.
Action de décrypter; son résultat.
⇒ décryptage.

décrypter v. tr.
Déchiffrer un message secret sans en avoir la clé.
⇒ décrypter.

déçu, ue adj.
Qui a subi une déception. *Elle est déçue parce que la fête est annulée.*
⇒ déçu.

déculotter v. tr., pronom.
• **Transitif.** Enlever la culotte, le pantalon de quelqu'un.
• **Pronominal.** Ôter sa culotte.
⇒ déculotter.

déculpabiliser v. tr.
Libérer d'un sentiment de culpabilité.

décuplement n. m.
Action de décupler; son résultat.

décupler v. tr., intr.
• **Transitif**
- Multiplier par dix. *Décupler un placement.*
- Augmenter considérablement. *Ces exercices ont décuplé ses muscles.*
• **Intransitif**
Devenir dix fois plus grand. *Le prix de cette maison a décuplé en vingt ans.*

dédaigner v. tr.
Les lettres **gn** sont suivies d'un *i* à la première et à la deuxième personne du pluriel de l'indicatif imparfait et du subjonctif présent. *(Que) nous dédaignions, (que) vous dédaigniez.*
Mépriser, rejeter. *Elle dédaigne les honneurs. Un jour de congé, ce n'est pas à dédaigner.*
Ant. **apprécier.**

dédaigneusement adv.
Avec dédain.

dédaigneux, euse adj. et n. m. et f.
Qui a du dédain. *Une moue dédaigneuse.*

dédain n. m.
Mépris, arrogance. *Elle regarde le clochard avec dédain.*
Ant. **estime.**
⇒ dédain.

dédale n. m.
• Labyrinthe, lieu où l'on s'égare à cause de la complication des détours. *Ces rues sont un véritable dédale.*

• (Fig.) Ensemble complexe. *Le dédale des règlements.*
⏩ dédale.

dedans adv., n. m. et prép.

Adverbe
- À l'intérieur. *Elle est dedans, alors qu'on la croyait dehors.*
☞ L'adverbe *dedans* n'introduit pas de complément circonstanciel, contrairement à la préposition *dans* à moins qu'il ne soit précédé d'une préposition. Ainsi on peut écrire : *en dedans de la maison, dans la maison* (et non *dedans la maison).
Locutions adverbiales
- *Là-dedans.* À l'intérieur. *La source est là-dedans?*
- *Au-dedans.* À l'intérieur. *Il fait aussi froid au-dedans qu'au-dehors.*
- *Par-dedans.* Par l'intérieur. *Il faut coudre par-dedans.*
☞ Ces locutions s'écrivent avec un trait d'union
- *De dedans.* De l'intérieur. *On voit le fleuve de dedans.*
☞ Cette locution s'écrit sans trait d'union.
Locutions prépositives
En dedans de, au-dedans de. À l'intérieur de. *Le cadeau est en dedans de la boîte.*
Nom masculin
La partie intérieure. *Le dedans et le dehors d'un édifice.*

---

*dedans de (en)
Anglicisme pour *en moins de, d'ici.*

dédicace n. f.
Inscription en tête d'un ouvrage, par laquelle l'auteur en fait hommage à quelqu'un.
⏩ dédicace.

dédicacer v. tr.
Le *c* prend une cédille devant les lettres *a* et *o. Il dédicaça, nous dédicaçons.*
Inscrire une dédicace sur un ouvrage. *L'auteur dédicaça gentiment l'ouvrage à Sébastien.*
⏩ dédicacer.

dédier v. tr.
• Consacrer. *Une petite chapelle dédiée à la Vierge.*
• Faire hommage d'un livre, d'une œuvre à quelqu'un. *Il a dédié son roman à ses enfants.*

dédire v. tr., pronom.
INDICATIF PRÉSENT *Je dédis, tu dédis, il dédit, nous dédisons, vous dédisez, ils dédisent.* IMPARFAIT *Je dédisais.* PASSÉ SIMPLE *Je dédis, tu dédis, il dédit, nous dédîmes, vous dédîtes, ils dédirent.* FUTUR *Je dédirai.* CONDITIONNEL PRÉSENT *Je dédirais.* IMPÉRATIF PRÉSENT *Dédis, dédisons, dédisez.* SUBJONCTIF PRÉSENT *Que je dédise.* IMPARFAIT *Que je dédisse, que tu dédisses, qu'il dédît, que nous dédissions, que vous dédissiez, qu'ils dédissent.* PARTICIPE PRÉSENT *Dédisant.* PASSÉ *Dédit, dédite.*
Contrairement à *dire* la deuxième personne du

pluriel du présent de l'indicatif et de l'impératif est *dédisez* (et non *dédites).
• **Transitif.** (Vx) Désavouer.
• **Pronominal.** Se contredire, ne pas tenir sa parole. *Ils se sont dédits et ne se sont pas présentés au rendez-vous fixé.*

dédit n. m.
• Rétractation, désistement.
• Indemnité prévue en cas de désistement, dans un contrat.
⏩ dédit.

dédommagement n. m.
Indemnisation d'un dommage; compensation. *Pour l'aile de la voiture qu'il avait abîmée, M. Dubois a payé des dédommagements.*

dédommager v. tr., pronom.
Le *g* est suivi d'un *e* devant les lettres *a* et *o. Il dédommagea, nous dédommageons.*
Compenser un dommage. *M. Dubois dédommagea le propriétaire de la voiture qu'il avait abîmée.*

dédouanage ou dédouanement n. m.
Action de dédouaner; son résultat.

dédouaner v. tr., pronom.
• **Transitif.** Libérer une marchandise retenue par la douane en payant les droits exigés.
• **Pronominal.** (Fam. et fig.) Dégager sa responsabilité.

dédoublement n. m.
Action de dédoubler, de se dédoubler. *Un dédoublement de la personnalité.*

dédoubler v. tr., pronom.
• **Transitif.** Pratiquer en deux. *Dédoubler un fil.*
• **Pronominal.** Se séparer en deux. *Sa maman lui répondait toujours : je ne peux pas me dédoubler et être partout à la fois.*
☞ Ne pas confondre avec le verbe *doubler,* multiplier par deux.

dédramatiser v. tr.
Réduire le caractère dramatique. *Tenter de dédramatiser la maladie.*

déductible adj.
Que l'on peut déduire. *Les dons de charité sont déductibles des impôts.*

*déductible
Anglicisme au sens de *franchise. Cette assurance comporte une franchise* (et non un *déductible) de 50 $.*

déductif, ive adj.
Qui procède par déduction.

déduction n. f.
• Conséquence d'un raisonnement. *Le détective trouva le coupable par déduction.*
Ant. **induction.**
• Action de soustraire une somme d'une autre. *Une déduction d'impôt.*

déduire v. tr.
INDICATIF PRÉSENT *Je déduis, tu déduis, il déduit, nous déduisons, vous déduisez, ils déduisent.* IM-

PARFAIT *Je déduisais.* PASSÉ SIMPLE *Je déduisis.* FUTUR *Je déduirai.* CONDITIONNEL PRÉSENT *Je déduirais.* IMPÉRATIF PRÉSENT *Déduis, déduisons, déduisez.* SUBJONCTIF PRÉSENT *Que je déduise.* IMPARFAIT *Que je déduisisse.* PARTICIPE PRÉSENT *Déduisant.* PASSÉ *Déduit, uite.*

• Retrancher d'une somme. *Déduire des frais de déplacement.*

• Tirer une conséquence d'un raisonnement. *Elle en a déduit qu'il était coupable.*

déesse n. f.
Divinité féminine. *Diane était la déesse romaine de la chasse.*

de facto loc. adv.
⟺ La lettre *e* se prononce *é* [defakto].
Locution latine signifiant «de fait».
☞ En typographie soignée, les mots étrangers sont composés en italique. Dans des textes déjà en italique, la notation se fait en romain. Pour les textes manuscrits, on utilisera les guillemets.
Ant. **de jure.**

défaillance n. f.
• Faiblesse, évanouissement. *Avoir une défaillance cardiaque.*
• Défaut de fonctionnement. *Une défaillance du système de freinage.*

défaillir v. intr.
INDICATIF PRÉSENT *Je défaille, tu défailles, il défaille, nous défaillons, vous défaillez, ils défaillent.* IMPARFAIT *Je défaillais, tu défaillais, il défaillait, nous défaillions, vous défailliez, ils défaillaient.* PASSÉ SIMPLE *Je défaillis, tu défaillis.* FUTUR *Je défaillirai, tu défailliras.* CONDITIONNEL PRÉSENT *Je défaillirais, tu défaillirais.* IMPÉRATIF PRÉSENT *Défaille, défaillons, défaillez.* SUBJONCTIF PRÉSENT *Que je défaille, que tu défailles, qu'il défaille, que nous défaillions, que vous défailliez, qu'ils défaillent.* IMPARFAIT *Que je défaillisse, que tu défaillisses.* PARTICIPE PRÉSENT *Défaillant.* PASSÉ *Défailli.*
• (Litt.) Se trouver mal, commencer à s'évanouir. *Secourez-le, il défaille.*
• Faire défaut. *Sa mémoire défaille.*

défaire v. tr., pronom.
INDICATIF PRÉSENT *Je défais, tu défais, il défait, nous défaisons, vous défaites, ils défont.* IMPARFAIT *Je défaisais.* PASSÉ SIMPLE *Je défis.* FUTUR *Je déferai.* CONDITIONNEL PRÉSENT *Je déferais.* IMPÉRATIF PRÉSENT *Défais, défaisons, défaites.* SUBJONCTIF PRÉSENT *Que je défasse.* IMPARFAIT *Que je défisse.* PARTICIPE PRÉSENT *Défaisant.* PASSÉ *Défait, aite.*
• **Transitif**
- Supprimer ce qui avait été fait. *Défaire un nœud.*
- (Litt.) Battre. *Les Canadiens ont défait les Nordiques.*
• **Pronominal**
- Cesser d'être assemblé. *Son chignon s'est défait.*
- Se débarrasser de (quelqu'un, quelque chose). *Elle a réussi à se défaire de cette grippe.*
☞ Attention à la confusion possible entre les verbes **défaire** (passé simple *défis*) et **défier** (indicatif présent *défie*).

défait, aite adj.
• Pâle, amaigri. *Le visage défait.*
• Qui n'est pas fait. *Maman n'aime pas que je laisse mon lit défait.*

défaite n. f.
• Perte d'une bataille. *La défaite des Plaines d'Abraham.*
• Échec. *Une nouvelle défaite des Nordiques, une victoire pour les Canadiens.*
☞ Ne pas confondre avec les noms suivants :
- **débandade,** dispersement désordonné d'une armée;
- **revers,** insuccès militaire.
Ant. **victoire.**

défaitisme n. m.
• Manque de confiance dans la réussite.
• Pessimisme.

défaitiste adj. et n. m. et f.
Qui fait preuve de défaitisme.

défalcation n. f.
Déduction.
⟹ défal**ca**tion.

défalquer v. tr.
Retrancher d'une somme, d'une quantité.

défaut n. m.
• Absence de. *Le défaut de preuves a permis son acquittement.*
• **À défaut de,** locution prépositive. Au lieu de. *À défaut de groseilles, on prendra des framboises.*
• **Faire défaut.** Manquer. *Certaines pièces font défaut : il faudra les réclamer.*
☞ Dans cette expression, le nom **défaut** demeure invariable.
• **Prendre en défaut.** Prendre en faute. *Les tricheurs ont été pris en défaut : ils avaient écrit des dates sur leurs poignets.*
• **Le défaut de la cuirasse.** Le point faible.
• Imperfection. *Il a beaucoup de qualités, mais certains défauts aussi.*
☞ Ne pas confondre avec les noms suivants :
- **malfaçon,** défaut de fabrication;
- **travers,** défaut léger, bizarrerie;
- **vice,** défaut qui altère gravement la constitution d'une chose.
Ant. **qualité.**

défaveur n. f.
Disgrâce.

défavorable adj.
Qui n'est pas favorable. *Ces prévisions nous sont défavorables, elles ne sont pas bonnes.*

défavorablement adv.
De façon défavorable.

défavoriser v. tr.
Donner moins qu'aux autres dans un partage. *Ces règlements défavorisent certains candidats.*

défécation n. f.
Action de déféquer.

défectif, ive adj.
(Gramm.) Se dit d'un verbe qui n'a pas toute la série des formes de la conjugaison à laquelle il appartient. *Le verbe **seoir** est défectif.*

défection n. f.
Abandon d'une cause, d'un parti. *En 1980, ces athlètes soviétiques ont fait défection et ont demandé de rester au Canada.*

défectueusement adv.
De façon défectueuse.

défectueux, euse adj.
Qui manque des qualités, des conditions nécessaires, qui présente des défauts. *Le grille-pain est défectueux; il ne fonctionne plus.*
☞ Ne pas confondre avec l'adjectif ***déficient,*** insuffisant.
▭▷ défectueu**x.**

défectuosité n. f.
Malfaçon, défaut. *Il y a une défectuosité dans le câblage du grille-pain.*

défendable adj.
Qui peut être défendu. *Un argument défendable.*

défendeur, deresse n. m. et f.
(Dr.) Personne qui se défend en justice.
☞ La personne qui engage une action en justice est le ***demandeur,*** la ***demanderesse.***

défendre v. tr., pronom.
INDICATIF PRÉSENT *Je défends, tu défends, il défend, nous défendons, vous défendez, ils défendent.* IMPARFAIT *Je défendais.* PASSÉ SIMPLE *Je défendis.* FUTUR *Je défendrai.* CONDITIONNEL PRÉSENT *Je défendrais.* IMPÉRATIF PRÉSENT *Défends, défendons, défendez.* SUBJONCTIF PRÉSENT *Que je défende.* IMPARFAIT *Que je défendisse.* PARTICIPE PRÉSENT *Défendant.* PASSÉ *Défendu, ue.*
• Interdire, prohiber. *Il est défendu de fumer dans les hôpitaux.*
• ***Défendre de*** + infinitif. La phrase se construit sans négation. *Elle lui défend de jouer dans la rue.*
• ***Défendre que*** + subjonctif. La phrase se construit sans négation. *Il défend que ses parents viennent le visiter.*
☞ Le verbe ***défendre*** n'est généralement pas suivi d'une proposition négative. **Je vous défends de ne pas parler.* On écrira plutôt : *Je vous défends de vous taire.*
• Protéger contre une attaque. *Les soldats défendirent vaillamment le château.*
• Protéger quelqu'un. *Julien défend sa petite sœur contre les gamins qui lui lancent des balles de neige.*
• ***À son corps défendant.*** Malgré lui.

défenestration n. f.
Action de jeter une personne par une fenêtre.

défense n. f.
• Interdiction. *Défense d'afficher.*
• Action de repousser une agression. *La défense du territoire.*
• Fait de défendre un accusé. *L'avocat de la défense.*
• Longue dent en ivoire de l'éléphant, du morse, etc.

☞ Ne pas confondre avec les noms suivants :
- ***bois,*** appendice ramifié du cerf, du chevreuil, etc.
- ***corne,*** proéminence dure de la tête de certains animaux.

défenseur n. m.
• Protecteur. *Ce prêtre est le défenseur des pauvres.*
• Partisan. *Elle était le défenseur farouche de ce projet.*
☞ Ce nom ne comporte pas de forme féminine.

défensif, ive adj.
Qui sert pour se défendre. *Une arme défensive.*

défensive n. f.
État de défense. *Se tenir sur la défensive.*

déféquer v. intr.
Expulser les matières fécales.

déférence n. f.
Respect. *Antoine salua le maire avec déférence.*
▭▷ défére**nce.**

déférent, ente adj.
• (Anat.) Qui achemine vers l'extérieur. *Le canal déférent.*
• Qui est respectueux.

déférer v. tr.
Le deuxième *é* se change en *è* devant une syllabe muette, sauf à l'indicatif futur et au conditionnel présent. *Je défère,* mais *je déférerai.*
(Dr.) Citer en justice.
Hom. ***déferrer,*** ôter un fer.

déferlement n. m.
Fait de déferler. *Le déferlement des eaux.*

déferler v. intr.
• Se briser en écumant, en parlant des vagues. *La mer agitée déferlait sur les rochers de Portofino.*
• (Fig.) Se déployer avec force. *Les touristes déferlaient sur la plage.*

déferrer v. tr.
Ôter un fer.
Hom. ***déférer,*** citer en justice.

défi n. m.
Provocation, bravade. *Il a mis son collègue au défi de le battre. Celui-ci a relevé le défi.*

défiance n. f.
Méfiance, soupçon. *Marthe regarda le marchand avec défiance.*
▭▷ défia**nce.**

déficeler v. tr.
⌒ Le *e* central est muet [defisle].
Détacher les ficelles d'un colis, d'un objet.

déficience n. f.
• Insuffisance organique ou psychique. *Une déficience intellectuelle.*
• Action de faire défaut.
▭▷ défici**ence.**

déficient, ente adj.
• Qui présente une déficience. *Une intelligence déficiente.*
• Insuffisant. *Un raisonnement déficient.*

☞ Ne pas confondre avec l'adjectif **défectueux,** qui manque des qualités, des conditions nécessaires.
⇨ défici**ent.**

déficit n. m.
⬡ Le *t* se prononce [defisit].
• Situation financière où les dépenses excèdent les gains.
• Manque, insuffisance.
Ant. **bénéfice, profit.**

déficitaire adj.
Qui présente un déficit. *L'exercice financier est déficitaire.*
Ant. **bénéficiaire.**
⇨ déficit**aire.**

défier v. tr., pronom.
Redoublement du *i* à la première et à la deuxième personne du pluriel de l'indicatif imparfait et du subjonctif présent. *(Que) nous défiions, (que) vous défiiez.*
• **Transitif**
- **Défier + à.** Provoquer. *Défier une amie au tennis.*
☞ Le complément d'objet direct du verbe est le nom de la personne défiée.
- **Défier + de.** Mettre au défi en croyant quelqu'un incapable de quelque chose. *Je vous défie d'aller plus vite.*
- Braver. *Défier l'autorité.*
• **Pronominal**
- **Se défier + de.** Se méfier. *Elle se défie de lui.*
- **Se défier + que.** Le verbe se construit avec le mode subjonctif et le **ne** explétif. *Il se défie qu'elle ne parte avant son retour.*
☞ Attention à la confusion possible entre les verbes **défier** (indicatif présent **défie**) et **défaire** (passé simple **défis**).

défigurer v. tr.
• Altérer l'aspect, la forme. *La maison est défigurée par des échafaudages.*
• Abîmer le visage. *Cet accident l'a défiguré.*
• (Fig.) Dénaturer. *Défigurer la vérité.*

défilé n. m.
• Passage étroit.
☞ Ne pas confondre avec les noms suivants :
- **col,** passage plus ou moins élevé entre deux montagnes;
- **détroit,** espace étroit entre deux côtes;
- **gorge,** passage creusé dans une montagne.
• Cortège. *Un défilé aux flambeaux.*

défilement n. m.
Succession, déroulement continu. *Un défilement de voitures.*

défiler v. tr., intr., pronom.
• **Transitif.** Ôter le fil de. *Défiler un collier de coquillages.*
• **Intransitif.** Aller à la file. *Ils défilaient en grand nombre devant la statue. Les voitures défilaient sans arrêt devant la maison.*
☞ L'expression *«défiler successivement» est un pléonasme.
• **Pronominal.** (Fam.) Se dérober. *Ils avaient promis de venir nous aider, mais ils se sont défilés.*

défini, ie adj.
• Déterminé, précis. *Un poids défini.*
• (Gramm.) **Article défini.** Article qui se rapporte à un objet déterminé. *Le, la, les sont des articles définis.*
V. Tableau - **ARTICLE.**

définir v. tr.
• Donner la définition, le sens d'un mot, d'un concept, etc. *Définir une expression.*
• Déterminer. *Définir la date de la rentrée.*

définissable adj.
Qui peut être défini.

définitif, ive adj.
• Fixe, déterminé. *Ma réponse est définitive, je ne changerais pas d'avis.*
• **En définitive.** En fin de compte, finalement.

définition n. f.
• Détermination exacte de ce qu'est une chose. *La définition d'un mot.*
• **Par définition.** En vertu des caractéristiques propres de ce dont on parle. *Par définition, l'eau est liquide.*

définitivement adv.
Irrémédiablement, une fois pour toutes. *Ils sont partis définitivement.*

*définitivement
Anglicisme au sens de **assurément, certainement, sans aucun doute.**

déflagration n. f.
Combustion vive accompagnée d'une explosion.

déflation n. f.
(Écon.) Diminution de l'inflation. *Une politique de déflation.*
Ant. **inflation.**

déflationniste adj. et n. m. et f.
(Écon.) Relatif à la déflation. *Des mesures déflationnistes.*

déflecteur n. m.
Petit volet orientable. *Un déflecteur d'air.*

défloraison n. f.
(Litt.) Chute des fleurs.
☞ Ne pas confondre avec le nom **défloration,** perte de la virginité.

défloration n. f.
Perte de la virginité.
☞ Ne pas confondre avec le nom **défloraison,** chute des fleurs.

déflorer v. tr.
• (Vx) Faire perdre sa fleur.
• (Fig.) Enlever à un sujet sa nouveauté.
• (Litt.) Faire perdre sa virginité à.

défoliant, ante adj. et n. m.
Se dit d'un produit destiné à provoquer la chute des feuilles des arbres.
⇨ défoliant.

défoliation n. f.
Destruction artificielle des feuilles d'arbres, de la végétation.

⟹ défoliation.

défolier v. tr.
Détruire le feuillage, la végétation.
⟹ défolier.

défoncer v. tr., pronom.
Le *c* prend une cédille devant les lettres *a* et *o*. *Il défonça, nous défonçons.*
• **Transitif**
- Retirer ou percer le fond. *Défoncer un fauteuil.*
- Briser en enfonçant. *Il défonça la porte.*
• **Pronominal**
Se briser. *La boîte s'est défoncée.*

déformation n. f.
Action de déformer, son résultat.

déformer v. tr.
• Altérer la forme de. *La pluie a déformé son chapeau.*
• (Fig.) Reproduire inexactement. *Déformer les faits.*

défoulement n. m.
Fait de se défouler.

défouler (se) v. pronom.
Se libérer des tensions. *Elles se sont bien défoulées et ont ri à gorge déployée.*

défraîchi, ie adj.
Qui a perdu sa fraîcheur. *Une salade défraîchie.*
⟹ défraîchi.

défraîchir v. tr.
Enlever la fraîcheur, ternir. *Le soleil a défraîchi ces fleurs.*
⟹ défraîchir.

défrayer v. tr.
Le *y* est suivi d'un *i* à la première et à la deuxième personne du pluriel de l'indicatif imparfait et du subjonctif présent. *(Que) nous défrayions, (que) vous défrayiez.*
• Payer les dépenses de quelqu'un. *J'ai été défrayée de toutes mes dépenses.*
• ***Défrayer la conversation, la chronique.*** Être le sujet de conversation de tous.

*défrayer (le coût)
Pléonasme. *On défraie quelqu'un de ses dépenses* (et non **les dépenses de quelqu'un*). On peut aussi écrire ***couvrir, rembourser les dépenses.***

défrichage ou **défrichement** n. m.
Action de défricher; son résultat.

défricher v. tr.
• Rendre un terrain propre à la culture. *Défricher le jardin potager.*
• (Fig.) Démêler, éclaircir. *Défricher un problème.*

défriser v. tr.
Défaire la frisure de. *La pluie a défrisé ses cheveux.*

défroisser v. tr.
Supprimer les plis d'une étoffe froissée.

défroncer v. tr.
Le *c* prend une cédille devant les lettres *a* et *o*. *Il défronça, nous défronçons.*
Défaire les plis, les fronces.

défroqué, ée adj. et n. m. et f.
Qui a quitté l'état religieux.

défunt, unte adj. et n. m. et f.
(Litt.) Qui est décédé, mort. *Mon défunt grand-père* (et non **défunt mon grand-père*). *La messe des défunts.*
⟹ défunt.

dégagé, ée adj.
Libre, aisé. *Une démarche dégagée.*

dégagement n. m.
• Action de dégager (ce qui est bloqué). *Le dégagement des victimes de l'accident d'avion.*
• Action de sortir, émanation. *Un dégagement de vapeurs toxiques.*

dégager v. tr., pronom.
Le *g* est suivi d'un *e* devant les lettres *a* et *o*. *Il dégagea, nous dégageons.*
• **Transitif**
- Retirer. *Il dégagea sa responsabilité.*
- Libérer. *Dégager la voie publique.*
- Répandre. *Ces produits dégagent une odeur désagréable.*
• **Pronominal**
- Se libérer. *Se dégager d'une promesse.*
- Sortir de. *Un fumet agréable se dégage du four.*

dégaine n. f.
(Fam. et péj.) Tournure, allure ridicule.

dégainer v. tr.
Tirer une arme de l'étui. *Il dégaine très rapidement.*

déganter (se) v. pronom.
Enlever ses gants. *Elles se sont dégantées.*

dégarnir v. tr., pronom.
• **Transitif.** Dépouiller de ce qui garnit. *Dégarnir le sapin de Noël.*
• **Pronominal.** Cesser d'être garni, touffu. *À l'automne, les arbres se dégarnissent.*

dégât n. m. (gén. pl.)
Dommage causé par un accident, une cause violente. *Les vents violents ont causé beaucoup de dégâts.*
⟹ dégât.

dégauchisseuse n. f.
Outil servant à aplanir une surface.

dégel n. m.
Fonte de la glace, de la neige. *Le dégel du lac se produira bientôt.*

dégelée n. f.
(Fam.) Volée de coups.

dégeler v. tr., intr., pronom.
Le *e* se change en *è* devant une syllabe muette. *Il dégèle, il dégelait.*
• **Transitif**
- Faire fondre, réchauffer. *Elle dégèle de la glace, un poulet, pour le dîner.*
- (Écon.) Libérer. *Dégeler des crédits.*
• **Intransitif**
Cesser d'être gelé. *Le lac a dégelé. Le lac est maintenant dégelé.*
⊯— Le verbe se conjugue avec les auxiliaires ***être***

ou *avoir* selon que l'on exprime un état ou une action.
• **Pronominal**
(Fam.) Se détendre. *Au bout d'un moment elle s'est dégelée et nous a adressé la parole.*

dégénérer v. intr.
Le troisième *é* se change en *è* devant une syllabe muette, sauf à l'indicatif futur et au conditionnel présent. *Il dégénère, mais il dégénérera.*
• Perdre de ses qualités naturelles. *Le pommier a dégénéré. Il est dégénéré.*
• Perdre de sa valeur. *L'entente initiale a dégénéré.*
☞ Le verbe se conjugue avec les auxiliaires *être* ou *avoir,* selon que l'on exprime un état ou une action.

dégénérescence n. f.
Fait de dégénérer.
⇨ dégénérescence.

dégingandé, ée adj.
⇦ Le premier *g* se prononce *j* [deʒɛ̃gɑ̃de].
(Fam.) Dont la démarche est disloquée.

dégivrage n. m.
Action de dégivrer. *Un réfrigérateur à dégivrage automatique.*

dégivrer v. tr.
Faire fondre le givre de. *Il dégivra son pare-brise.*

déglacer v. tr.
Le *c* prend une cédille devant les lettres *a* et *o*. *Il déglaça, nous déglaçons.*
Faire fondre la glace de. *Elle déglaçait son pare-brise.*

déglutir v. tr.
Ingurgiter, avaler.

déglutition n. f.
Action de déglutir.

dégonflage n. m.
Action de dégonfler; son résultat. *Le dégonflage des pneus.*

dégonflé, ée adj. et n. m. et f.
(Fam.) Peureux.

dégonflement n. m.
Action de dégonfler; son résultat. *Le dégonflement d'un ballon.*

dégonfler v. tr., pronom.
• **Transitif**
Faire cesser le gonflement de. *Dégonfler un matelas pneumatique.*
• **Pronominal**
- Cesser d'être gonflé. *La montgolfière s'est dégonflée.*
- (Fam.) Perdre son assurance. *Ils se sont dégonflés et ont abandonné.*

dégorgement n. m.
Action de dégorger; son résultat.

dégorger v. tr., intr.
Le *g* est suivi d'un *e* devant les lettres *a* et *o*. *Il dégorgea, nous dégorgeons.*
• **Transitif**
- Déverser. *Les égouts dégorgeaient leur trop-plein.*
- Débarrasser une chose des impuretés qu'elle contient.

• **Intransitif**
Faire dégorger des légumes. Les passer au sel pour en éliminer l'eau. *Faire dégorger des concombres.*

dégoter ou **dégotter** v. tr.
(Pop.) Dénicher.

dégouliner v. intr.
(Fam.) Tomber en coulant goutte à goutte.

dégourdi, ie adj. et n. m. et f.
Débrouillard, habile. *Martine et Olivier sont bien dégourdis, ils retrouveront leur chemin.*

dégourdir v. tr.
• Tirer de l'engourdissement. *Allez vous dégourdir les jambes en courant un peu.*
• Rendre moins timide. *J'espère que ces cours le dégourdiront un peu.*

dégoût n. m.
Répugnance, aversion provoquée par quelqu'un, quelque chose. *Ce monstre inspire le dégoût.*
⇨ dégoût.

dégoûtant, ante adj.
Qui inspire de la répugnance. *Sa gloutonnerie est dégoûtante.*
☞ Ne pas confondre avec le participe présent invariable *dégoûtant. Il ne reçut aucun appui, ses agissements dégoûtant tous ses collaborateurs.*
Hom. *dégouttant,* qui coule goutte à goutte.

dégoûté, ée adj. et n. m. et f.
Difficile, délicat.

dégoûter v. tr.
Inspirer de la répugnance. *Ces plats huileux la dégoûtent.*
Hom. *dégoutter,* couler goutte à goutte.

dégoutter v. intr.
Couler goutte à goutte. *Mon manteau dégoutte de pluie.*
Hom. *dégoûter,* inspirer de la répugnance.

dégradant, ante adj.
Avilissant. *Ces mesquineries sont dégradantes.*

dégradation n. f.
• Détérioration. *La dégradation d'une maison abandonnée.*
• Avilissement, passage progressif à un état plus mauvais.

dégradé n. m.
Atténuation progressive d'une couleur. *Un dégradé de couleurs.*

dégrader v. tr., pronom.
• **Transitif**
- Destituer de son grade.
- Déshonorer.
- Détériorer. *Les intempéries ont dégradé cet immeuble.*
• **Pronominal**
- Subir une détérioration. *Ce mur s'est dégradé au fil des ans.*
- Se fondre. *Cette couleur orange se dégrade pour passer à l'abricot.*

dégrafer v. tr.
Détacher ce qui était agrafé. *Elle dégrafa sa robe.*
Ant. **agrafer.**
☞ dégrafer.

dégraissage n. m.
Action de dégraisser; son résultat.

dégraisser v. tr., intr.
• **Transitif.** Retirer la graisse. *Dégraisser un bouillon.*
• **Intransitif.** (Fam.) Licencier.

degré n. m.

────────

• Grade, échelon. *Il a franchi tous les degrés.*
• Proportion. *Cette boisson atteint un degré élevé d'alcool.*
• Division d'une échelle de mesure. *Il a fait 40 degrés à l'ombre.*
☞ Le mot ***degré*** s'abrège à l'aide d'un petit zéro placé en exposant immédiatement après le nombre. *36°.* Toutefois, si l'échelle de mesure est précisée (C pour Celsius, F pour Fahrenheit, par exemple), les abréviations de ***degré*** et du nom de l'échelle sont séparées du nombre par un espace. *Une température de 40 °C, de 42,5 °F.*
• Division de l'arc et du cercle. *Le cercle se divise en 360 degrés.*
☞ Il n'y a pas d'espace entre le nombre et l'abréviation du mot ***degré.*** *Un virage à 90°.* Lorsqu'il s'agit d'un adjectif numéral ordinal, le mot ***degré*** ne s'abrège pas. *Le 45e degré.*
• **Locutions**
- ***Degré de longitude.*** Espace compris entre deux méridiens.
- ***Degré de latitude.*** Espace compris entre deux parallèles.
- ***Degré de parenté.*** Niveau d'éloignement ou de proximité d'un parent.
- ***Degré de comparaison.*** *Le comparatif et le superlatif sont des degrés de comparaison.*
- ***Par degrés.*** Graduellement. *La marée monte par degrés.*

────────

dégressif, ive adj.
Qui diminue par degrés. *Un impôt dégressif.*
Ant. **progressif.**

dégrèvement n. m.
Réduction fiscale.
☞ dégrèvement.

dégrever v. tr.
Le *e* se change en *è* devant une syllabe muette. *Je dégrève, je dégrèverai,* mais *je dégrevais.*
Supprimer ou réduire un impôt.

dégriffé, ée adj. et n. m.
Se dit d'un vêtement dont on a enlevé la griffe d'origine. *Des vêtements dégriffés.*

dégringolade n. f.
(Fam.) Action de dégringoler; son résultat.

dégringoler v. tr., intr.
• **Transitif**

(Fam.) Descendre très rapidement, tomber. *Dégringoler un escalier.*
• **Intransitif**
- Diminuer de valeur. *Le cours des actions dégringole.*
- Tomber. *Le chat a dégringolé du toit.*

dégrisement n. m.
Action de dégriser.

dégriser v. tr., pronom.
• **Transitif**
- Faire cesser l'ivresse. *Ce café le dégrisera un peu.*
- (Fig.) Perdre ses illusions. *Ces résultats désastreux les dégrisèrent.*
• **Pronominal**
Sortir de l'ivresse. *Elles se sont dégrisées.*
Ant. **enivrer.**

dégrossir v. tr.
• Ébaucher, donner un premier façonnage.
• Débrouiller, éclaircir une affaire.
• (Fig.) Rendre moins grossier, inculte.

dégrossissage n. m.
Action de dégrossir; son résultat.

déguenillé, ée adj.
Couvert de guenilles.

déguerpir v. intr.
S'enfuir. *À la vue du policier, ils ont déguerpi.*

dégueulasse adj. et n. m. et f.
• Abréviation familière ***dégueu.***
• (Fam.) Dégoûtant, sale, au physique ou au moral.

déguisé, ée adj.
Revêtu d'un déguisement.

déguisement n. m.
Ce qui sert à déguiser.

déguiser v. tr., pronom.
• **Transitif.** Dissimuler sous une apparence trompeuse. *Déguiser la vérité.*
☞ Ne pas confondre avec les verbes suivants :
- ***cacher,*** dissimuler;
- ***celer,*** tenir quelque chose secret;
- ***masquer,*** dissimuler derrière un masque;
- ***taire,*** ne pas révéler ce que l'on n'est pas obligé de faire connaître;
- ***voiler,*** cacher sous des apparences.
• **Pronominal.** Se rendre méconnaissable, revêtir un déguisement. *Ils se sont déguisés en pirates.*

dégustateur n. m.
dégustatrice n. f.
Personne dont le métier est de déguster les vins, les liqueurs, etc.

dégustation n. f.
Action de déguster. *Une dégustation de fromages.*

déguster v. tr.
Goûter un aliment pour en apprécier les caractéristiques. *Les enfants dégustent la bonne cuisine de Nouni.*

déhanchement n. m.
Manière de marcher avec mollesse.

déhancher (se) v. pronom.
Marcher en balançant les hanches.

dehors adv. et n. m.

👄 Attention à la prononciation : le **e** se prononce **e** (et non *é) [dəɔr].

• Adverbe
Hors du lieu, à l'extérieur. *Les enfants jouent dehors.*

☞ L'adverbe **dehors** ne peut introduire un complément circonstanciel, à moins qu'il ne soit précédé d'une préposition (**en dehors de**). *Ils sont hors la maison* (et non *dehors la maison*).

• Locutions adverbiales
- En dehors, au(-)dehors. Extérieurement. *Audehors, rien n'y paraît.*

☞ La plupart des auteurs préconisent l'orthographe **au-dehors,** mais l'usage admet également **au dehors.**
- De dehors. De l'extérieur. *La porte doit s'ouvrir de dehors.*
- Par-dehors. Par l'extérieur. *Il vaut mieux venir par-dehors.*

• Locution prépositive
En dehors de. À l'extérieur de, à l'exclusion de. *En dehors de quelques intimes il ne voit personne.*

• Nom masculin
- La partie extérieure. *Le dehors d'une boîte. Le bruit venait du dehors.*
- (Au plur.) Apparences. *Sous des dehors fragiles, elle est très déterminée.*

déicide adj. et n. m. et f.
Qui a tué un dieu.

déifier v. tr.
Redoublement du **i** à la première et à la deuxième personne du pluriel de l'indicatif imparfait et du subjonctif présent. *(Que) nous déifiions, (que) vous déifiiez.*
Placer au nombre des dieux.

déjà adv.
• Dès maintenant. *Vous avez déjà fini?*
• Avant. *Je l'ai déjà lu.*
☞ déj**à**.

déjection n. f.
Évacuation des excréments.

déjeuner v. intr.
• Au Canada, en Belgique, en Suisse et dans plusieurs régions françaises, prendre le repas du matin. *Il vaut mieux déjeuner avant de partir à l'école.*
• Dans la francophonie, prendre le repas du midi.
☞ déjeuner, contrairement à **jeûner.**

déjeuner n. m.
• Au Canada, en Belgique, en Suisse et dans plusieurs régions françaises, repas du matin. *Marie-Ève prend des céréales pour son déjeuner.*
☞ On dit aussi **petit déjeuner.**
• Dans la francophonie, repas du midi. *Un déjeuner d'affaires.*

• **Déjeuner-causerie.** Conférence donnée au cours d'un déjeuner. *Des déjeuners-causeries.*
☞ déjeuner.

déjouer v. tr.
Faire échouer. *J'ai déjoué ses plans.*

déjuger (se) v. pronom.
Revenir sur ce qu'on avait décidé.

de jure loc. adv.
👄 Les deux **e** se prononcent **é** [deʒyre].
Locution latine signifiant «de droit».
☞ En typographie soignée, les mots étrangers sont composés en italique. Dans des textes déjà en italique, la notation se fait en romain. Pour les textes manuscrits, on utilisera les guillemets.
Ant. de facto.

delà adv. et prép.
• **Par(-)delà,** locution adverbiale. De l'autre côté. *Par-delà la montagne.*
• **Au-delà de,** locution prépositive. Au-dessus de. *Au-delà des mers.*
☞ Ne pas confondre avec le nom **au-delà,** l'univers des morts.
☞ delà.

délabré, ée adj.
En mauvais état. *Un jardin délabré.*

délabrement n. m.
Ruine, dégradation.

délabrer v. tr., pronom.
• **Transitif.** Endommager, ruiner. *Le temps a délabré ces bâtiments. Ces excès délabreront sa santé.*
• **Pronominal.** Devenir en mauvais état. *Le jardin se délabre peu à peu.*

délacer v. tr.
Le **c** prend une cédille devant les lettres **a** et **o.** *Il délaça, nous délaçons.*
Dénouer les lacets de. *J'ai délacé mes chaussures.*
Hom. délasser, détendre.

délai n. m.
• Période de temps prévue pour l'exécution d'une chose, d'une obligation. *Vous avez un délai de 15 jours pour remettre le dossier. Je vous enverrai le manuscrit dans les meilleurs délais.*
• **Sans délai.** Aussitôt, immédiatement. *Je vous réponds par écrit sans délai.*
• Temps supplémentaire accordé pour l'exécution de quelque chose. *Donnez-moi un délai de quelques jours pour finir ce travail.*
• **Délai de grâce.** (Dr.) Délai accordé par un créancier à un débiteur pour lui permettre de s'acquitter de son obligation échue. *Un délai de grâce de trois jours.*
☞ délai.

***délai**
Anglicisme au sens de **retard.** *L'avion a un retard* (et non un *délai) de deux heures.*

délaissé, ée adj.
Abandonné. *Un chien délaissé.*

délaissement n. m.
Isolement. *Un sentiment de délaissement.*

délassement n. m.
Repos, distraction. *Un peu de délassement nous fera du bien.*

délasser v. tr., pronom.
• **Transitif.** Reposer, distraire. *Le sport délasse l'esprit.*
• **Pronominal.** Se détendre. *Ils se sont bien délassés à la campagne.*
Hom. *délacer,* dénouer.

délateur, trice n. m. et f.
Personne qui dénonce, par intérêt ou par haine.

délation n. f.
Dénonciation.

délavé, ée adj.
Décoloré, fade. *Des serviettes délavées.*

délaver v. tr.
• Atténuer une couleur avec de l'eau.
• Détremper.

délayer v. tr.
Le **y** est suivi d'un **i** à la première et à la deuxième personne du pluriel de l'indicatif imparfait et du subjonctif présent. *(Que) nous délayions, (que) vous délayiez.*
Diluer. *Délayer la poudre dans l'eau bouillante.*

deleatur n. m. inv.
👄 Les deux **e** se prononcent **é** et le **u** se prononce **u** [deleatyr].
• Mot latin signifiant «que ce soit effacé».
• Signe sur une épreuve d'imprimerie indiquant une suppression à faire [⌒].
☞ Ce nom a conservé sa forme latine : il s'écrit sans accent et demeure invariable.
☞ En typographie soignée, les mots étrangers sont composés en italique. Dans des textes déjà en italique, la notation se fait en romain. Pour les textes manuscrits, on utilisera les guillemets.

délébile adj.
Qui peut s'effacer.
Ant. **indélébile.**

délectable adj.
Exquis.

délectation n. f.
Le fait de savourer pleinement.

délecter (se) v. pronom.
Se régaler, trouver un grand plaisir. *Ils se sont délectés de ce bon vin.*
☞ Le verbe se construit avec la préposition *de.*

délégataire n. m. et f.
(Dr.) Personne qui profite d'une délégation.

délégation n. f.
• Action de déléguer. *La délégation d'une tâche.*
• Ensemble de personnes déléguées au nom d'une collectivité. *Nous recevrons une délégation du Japon.*

délégué n. m.
déléguée n. f.
Personne qui a reçu délégation de quelqu'un, d'un gouvernement, d'une société. *La déléguée générale. Un délégué syndical.*

déléguer v. tr.
Le deuxième **é** se change en **è** devant une syllabe muette, sauf à l'indicatif futur et au conditionnel. *Je délègue,* mais *je déléguerai.*
• Charger quelqu'un d'agir en son nom. *Déléguer un avocat.*
• Transmettre, confier. *Déléguer ses pouvoirs.*

délestage n. m.
Action de délester.

délester v. tr.
Débarrasser de son lest (un navire, un ballon).

délétère adj.
Nocif. *Un gaz délétère.*

délibération n. f.
Action d'examiner une question avec d'autres personnes avant de prendre une décision. *Les délibérations pour le choix du vainqueur.*

délibéré, ée adj. et n. m.
• **Adjectif**
- Libre, résolu.
- *De propos délibéré,* locution adverbiale. À dessein.
• **Nom masculin**
Délibération entre juges.

délibérément adv.
Résolument.

délibérer v. intr.
Le deuxième **é** se change en **è** devant une syllabe muette, sauf à l'indicatif futur et au conditionnel présent. *Je délibère,* mais *je délibérerai.*
Examiner soigneusement. *Ils ont longuement délibéré sur cette question* (ou *de cette question) avant d'en venir à une décision.*
☞ Le verbe se construit absolument ou avec les prépositions *sur* ou *de.*

délicat, ate adj.
• Fin, subtil. *Des nuances délicates, un parfum délicat.*
• Fragile. *Une santé délicate.*
• Difficile. *Une question délicate à traiter.*

délicatement adv.
De façon délicate.

délicatesse n. f.
• Finesse, raffinement. *La délicatesse des traits d'un visage.*
• Tact, discrétion. *Par délicatesse, il refusa notre invitation.*

délice n. m. sing. et n. f. pl.
• **Nom masculin singulier.** Plaisir qui ravit. *Ce gâteau est un pur délice. Quel délice de lire un bon livre au coin du feu!*
• **Nom féminin pluriel.** Charmes, plaisirs. *Les merveilleuses délices des vacances.*
☞ Attention au genre de ce nom qui est masculin au singulier et féminin au pluriel.

délicieusement adv.
De façon délicieuse.

délicieux, euse adj.
Rempli de délices. *Un gâteau délicieux.*

délictueux, euse adj.
Qui comporte un délit.
☞ Ne pas confondre avec l'adjectif **délicieux,** rempli de délices.

délié, ée adj. et n. m.
(Litt.) Fin, souple.

délier v. tr.
Redoublement du *i* à la première et à la deuxième personne du pluriel de l'imparfait de l'indicatif et du présent du subjonctif. *(Que) nous déliions, (que) vous déliiez.*
• Défaire ce qui lie. *Elle a délié ses cheveux.*
• Dégager d'une obligation. *On l'a délié de sa promesse.*

délimitation n. f.
Action de délimiter. *La délimitation d'un terrain.*

délimiter v. tr.
Fixer des limites, circonscrire. *Délimiter une question.*

délinquance n. f.
Ensemble des infractions commises. *Il y a beaucoup de délinquance dans ce quartier.*
⇨ délinqu**ance.**

délinquant, ante adj. et n. m. et f.
• **Adjectif.** Qui a commis un délit. *Des adolescents délinquants.*
• **Nom masculin et féminin.** Personne qui a commis plusieurs délits. *Une délinquante mineure.*
⇨ délinqu**ant.**

délirant, ante adj. et n. m. et f.
Extravagant. *Des paroles délirantes.*

délire n. m.
Égarement qui porte à déraisonner.

délirer v. intr.
Divaguer. *Avec cette fièvre, il délirait.*

delirium tremens n. m. inv.
⇨ Attention à la prononciation de la dernière syllabe qui rime avec *mince* [delirjɔmtremɛs].
• Locution latine signifiant «délire tremblant».
• Complication de l'alcoolisme.
☞ En typographie soignée, les mots étrangers sont composés en italique. Dans des textes déjà en italique, la notation se fait en romain. Pour les textes manuscrits, on utilisera les guillemets.

délit n. m.
• Acte défendu par la loi. *Ce délit est puni par une amende.*
• **En flagrant délit.** Sur le fait. *Le cambrioleur a été pris en flagrant délit, c'est-à-dire pendant qu'il volait.*
• **Le corps du délit.** L'élément matériel de l'infraction.
⇨ délit**.**

délivrance n. f.
• Libération. *La délivrance d'un prisonnier.*
• Soulagement. *Quelle délivrance! Ils sont partis.*
• Dernier stade de l'accouchement.
• Action de remettre une chose à quelqu'un. *La délivrance d'un passeport.*

• **Délivrance des diplômes.** Acte administratif par lequel les diplômes sont remis. *La délivrance* (et non *l'octroi) d'un diplôme.*

délivrer v. tr.
• Mettre en liberté. *Délivrer un otage.*
• Remettre, dans la langue administrative. *Délivrer* (et non *émettre) un permis de conduire, un passeport, un diplôme.*

*délivrer
Anglicisme au sens de **livrer.**

déloger v. tr.
Le *g* est suivi d'un *e* devant les lettres *a* et *o*. *Il délogea, nous délogeons.*
Chasser d'un endroit, de son logement. *Le chat délogea les souris et les mangea.*

déloyal, ale, aux adj.
Traître, perfide, sans loyauté. *Des candidats déloyaux.*

déloyauté n. f.
Fausseté, traîtrise.

delphinium n. m.
⇨ La dernière syllabe se prononce **niomme** [dɛl finjɔm].
Plante herbacée ornementale. *De beaux delphiniums très bleus.*
Syn. **pied-d'alouette.**

delta adj. inv. et n. m.
• **Adjectif invariable.** De forme triangulaire. *Des ailes delta.*
• **Nom masculin.** Terrain d'alluvions à l'embouchure d'un fleuve. *Le delta du Nil, des deltas.*
• **Nom masculin invariable.** Lettre grecque. *Des delta.*

delta-plane ou **deltaplane** n. m.
Engin permettant de faire du vol libre.

déluge n. m.
• Pluie torrentielle qui, d'après la Bible, recouvrit la Terre et noya ses habitants. *Noé et les passagers de l'arche échappèrent au Déluge.*
☞ L'inondation décrite par la Bible s'écrit avec une majuscule initiale.
• ***Remonter au déluge.*** Remonter très loin.
• ***Après moi le déluge!*** Peu m'importe.
• Pluie torrentielle, grande inondation. *Le déluge du 14 juillet 1987 à Montréal.*
• Très grande quantité. *Un déluge de cadeaux.*

déluré, ée adj.
• D'un esprit vif, dégourdi.
• Effronté. *Une adolescente un peu trop délurée.*

démagnétiser v. tr.
Faire cesser l'état magnétique d'un objet. *Ma carte de crédit est démagnétisée.*

démagogie n. f.
Action de flatter et d'exciter les passions populaires pour accroître sa popularité, son pouvoir.

démagogique adj.
Qui flatte les intérêts et les passions populaires. *Les propos de ce politicien sont démagogiques.*

démailloter v. tr.
Défaire le maillot de.
⟹ démailloter.

demain adv. et n. m.
• **Adverbe.** Le jour qui suit celui où l'on est. *Je vien-drai demain matin. Il le rencontrera demain à midi* (et non *demain midi). *À demain, Pierre! crièrent les élèves.*
☞— Cet adverbe ne peut désigner que le jour qui suit le jour présent; si l'on se situe dans le passé ou l'avenir, on utilisera plutôt le *lendemain*, le *jour sui-vant.*
• **Nom masculin.** (Litt.) Avenir. *Des demains promet-teurs.*

demande n. f.
• Action de demander quelque chose. *Une demande de congé.*
• Écrit formulant une requête. *Présenter une demande d'emploi* (et non une *application).
• (Écon.) Ensemble des produits et des services que les acheteurs désirent acquérir à un jour déterminé. *L'offre et la demande.*

demander v. tr., pronom.
• **Transitif**
- Solliciter quelque chose. *Demander une faveur, un conseil.*
- Fixer un prix. *Combien demandez-vous* (et non *char-gez-vous) *pour cet article?*
- *Demander à* + infinitif. Construction utilisée si le su-jet des deux verbes est le même. *Je demande à partir.*
- *Demander de* + infinitif. Construction utilisée si le sujet des deux verbes n'est pas le même. *Je vous de-mande de venir.*
- *Demander que* + subjonctif. *Je demande que vous veniez.*
- **Pronominal**
S'interroger. *Je me demande s'il réussira.*

*demander une question
Calque de «to ask a question» pour *poser une ques-tion.*

demandeur, eresse n. m. et f.
(Dr.) Personne qui forme une action en justice.
☞— La personne qui se défend en justice est le *dé-fendeur, la défenderesse.*

démangeaison n. f.
Picotement, irritation. *L'herbe à puces cause des dé-mangeaisons.*
⟹ démangeaison.

démanger v. tr.
Le *g* est suivi d'un *e* devant la lettre *a.*
• Causer une démangeaison. *Sa main le démangea.*
• (Fig.) Avoir grande envie (d'écrire, de parler, etc.). *Le goût de partir le démangeait.*
☞— Le verbe ne s'emploie qu'à l'infinitif, au participe présent et à la troisième personne du singulier et du pluriel.

démantèlement n. m.
Action de démanteler; son résultat. *Le démantèlement d'un réseau de contrebande.*
⟹ démantèlement.

démanteler v. tr.
Le *e* se change en *è* devant une syllabe muette. *Je démantèle, je démantelais.*
Détruire, réduire à néant. *Le réseau de trafiquants a été démantelé.*

démantibuler v. tr.
• Rompre la mâchoire.
• (Fam.) Démolir. *Ma bicyclette est toute démantibu-lée, elle tombe en ruines.*

démaquillant, ante adj. et n. m.
Se dit d'un produit qui nettoie le peau. *Une lotion dé-maquillante. Employer un démaquillant.*

démaquiller v. tr.
Enlever le maquillage de.

démarcage ou **démarquage** n. m.
Action de démarquer; son résultat.

démarcation n. f.
• Action de délimiter des territoires, des régions.
• *Ligne de démarcation.* Ligne qui sépare deux terri-toires.
• Séparation entre deux choses.

démarchage n. m.
Recherche de clients.

démarche n. f.
• Façon de marcher. *Une démarche souple.*
• Action entreprise en vue de la réussite d'un projet. *Faire des démarches auprès des autorités.*
• Manière de penser, de progresser. *Démarche intel-lectuelle.*

démarcheur n. m.
démarcheuse n. f.
Représentant qui fait du démarchage.

démarquer v. tr., pronom.
• **Transitif.** Supprimer la marque. *Démarquer des vê-tements pour les solder.*
• **Pronominal.** Se distinguer. *Pour réussir, il faut se démarquer des concurrents.*

démarrage n. m.
• Action, fait de démarrer. *Un démarrage rapide.*
• (Fig.) Début, départ. *Le démarrage d'une entreprise.*
⟹ démarrage.

démarrage-secours n. m.
Opération permettant le démarrage d'une voiture au moyen d'une batterie d'appoint et de câbles volants. *Votre voiture aura sans doute besoin d'un démarrage-secours* (et non d'un *boosting).
⟹ démarrage-secour**s.**

démarrer v. tr., intr.
• **Transitif**
Faire fonctionner. *Démarrer un moteur.*
• **Intransitif**
- Partir. *La voiture démarra tout de suite.*
- Commencer. *La construction démarrera sous peu.*
- (Fam.) Se mettre à marcher. *Le travail démarre très bien.*
Ant. **arrêter.**
⟹ démarrer.

démarreur n. m.
Dispositif servant à mettre un moteur en marche.
⟹ démarreur.

démasquer v. tr., pronom.
• **Transitif**
- Retirer le masque de quelqu'un.
- (Fig.) Dévoiler la véritable nature de quelqu'un. *Démasquer un espion.*
• **Pronominal**
Se montrer sous son vrai jour.

d'emblée loc. adv.
Du premier coup, aussitôt. *Il accepta la proposition d'emblée.*
⟹ d'emblée.

démêlage n. m.
Action de démêler.

démêlé n. m.
Problème, difficulté. *Il a eu des démêlés avec la justice.*
⊨– Ce nom s'emploie généralement au pluriel.

démêler v. tr.
L'accent circonflexe du deuxième *e* est conservé à toutes les formes de la conjugaison.
• Séparer ce qui était emmêlé. *Sophie n'arrive pas à démêler ses cheveux.*
• (Fig.) Distinguer une chose d'une autre. *Démêler le vrai du faux, le réel d'avec l'imaginaire.*
⊨– Le verbe *démêler* se construit avec la locution prépositive *d'avec* lorsque l'on insiste sur la difficulté d'une distinction à faire.
Ant. **emmêler, mêler.**

démembrement n. m.
Action de démembrer, de morceler.

démembrer v. tr.
• Séparer les membres d'un corps.
• Séparer les parties d'un tout. *Démembrer une organisation.*

déménagement n. m.
Transport d'objets d'un lieu vers un autre. *Le déménagement d'un piano n'est pas chose facile.*

déménager v. tr., intr.
Le *g* est suivi d'un *e* devant les lettres *a* et *o. Nous déménageons, il déménagea.*
• **Transitif.** Transporter des objets d'un lieu vers un autre. *Elle déménagera ses meubles jeudi.*
• **Intransitif.** Changer de logement. *Il a déménagé trois fois en trois ans.*
⊨– Ne pas confondre avec le verbe *emménager,* s'installer dans un nouveau logement.

déménageur n. m.
déménageuse n. f.
• Entrepreneur de transports spécialisé dans les déménagements.
• Personne dont le métier est de faire des déménagements.

démence n. f.
• Perte de la raison. *Il souffre de démence.*
• Conduite insensée, déraisonnable. *Ce projet, c'est de la démence!*

⟹ démence.

démener (se) v. pronom.
Le *e* se change en *è* devant une syllabe muette. *Il se démène, il se démenait.*
• S'agiter beaucoup. *Le saumon se démenait furieusement.*
• (Fig.) Se donner du mal, de la peine pour parvenir à un résultat. *Elle s'est bien démenée pour l'atteinte de notre objectif.*

dément, ente adj. et n. m. et f.
• Atteint de démence.
• (Fam.) Insensé, déraisonnable. *Cette proposition est démente, c'est de la folie.*

démenti n. m.
Déclaration faite pour informer qu'une nouvelle est inexacte. *Le ministre a opposé un démenti formel à cette nouvelle.*

démentiel, ielle adj.
�⟩ Le *t* se prononce *s* [demãsjɛl].
Fou, démesuré, excessif. *Une entreprise démentielle.*
⟹ démentiel.

démentir v. tr., pronom.
INDICATIF PRÉSENT *Je démens, tu démens, il dément, nous démentons, vous démentez, ils démentent.* IMPARFAIT *Je démentais.* PASSÉ SIMPLE *Je démentis.* FUTUR *Je démentirai.* CONDITIONNEL PRÉSENT *Je démentirais.* IMPÉRATIF PRÉSENT *Démens, démentons, démentez.* SUBJONCTIF PRÉSENT *Que je démente.* IMPARFAIT *Que je démentisse.* PARTICIPE PRÉSENT *Démentant.* PASSÉ *Démenti, ie.*
• **Transitif**
- Déclarer faux. *Il dément que cette personne soit à l'origine de l'incident.*
⊨– Le verbe se construit généralement avec le mode subjonctif, mais le mode indicatif est également usité si l'on désire insister sur l'aspect réel de l'énoncé. *Elle ne dément pas que l'opération ait été coûteuse. Il dément que l'entreprise a pollué la rivière.*
- Infirmer. *Les faits ont démenti les hypothèses.*
• **Pronominal**
Manquer à sa parole, cesser de se manifester. *Sa détermination ne s'est jamais démentie.*

démerder (se) v. pronom.
(Vulg.) Se débrouiller.

démérite n. m.
(Litt.) Faute, tort.

démériter v. intr.
Perdre l'estime d'autrui.

démesure n. f.
Excès.

démesuré, ée adj.
• Qui dépasse la mesure. *Des coûts démesurés.*
⊨– Ne pas confondre avec les mots suivants :
- *excessif,* qui sort des limites permises;
- *exorbitant,* qui sort des bornes, qui est inabordable;
- *forcené,* qui dépasse toute mesure dans ses attitudes.
• Exagéré. *Un appétit démesuré.*

démesurément adv.
De façon démesurée.

démettre v. tr., pronom.
• **Transitif**
- Déplacer, luxer un os. *Démettre une épaule.*
- Destituer d'un emploi. *Il a été démis de ses fonctions.*
☞ Ne pas confondre avec le verbe **démissionner,** donner sa démission.
• **Pronominal**
Démissionner.

demeurant (au) loc. adv.
(Litt.) Tout bien considéré. *Un projet grandiose, mais au demeurant réalisable.*

demeure n. f.
• (Litt.) Lieu où l'on habite.
☞ La **résidence** est la demeure habituelle, tandis que le **domicile** est la demeure légale.
• Belle et grande maison. *Une riche demeure.*
• (Vx) Le fait de demeurer, de tarder.
• **Mise en demeure.** Sommation.
• **Mettre quelqu'un en demeure.** Sommer. *Elles ont été mises en demeure de payer.*
• **Il y a péril en la demeure.** Le moindre retard serait nuisible.
• **À demeure.** D'une manière fixe. *Ils sont installés à demeure ici.*

demeuré, ée adj. et n. m. et f.
Inintelligent, débile.

demeurer v. intr.
• Rester, continuer à être. *Il est demeuré marqué par l'évènement.*
☞ En ce sens, le verbe se conjugue avec l'auxiliaire **être.**
• Habiter. *Le poète a demeuré ici.*
☞ En ce sens, le verbe se conjugue avec l'auxiliaire **avoir.**
☞ Le verbe se construit généralement sans préposition. *Elle demeure rue Lajoie.* Par contre, lorsque l'adresse comporte un numéro, on peut écrire **demeurer + au.** *Elle demeure au 14 de l'avenue de la Brunante* ou *elle demeure 14, avenue de la Brunante.*

demi- préf.
Les mots composés avec le préfixe **demi-** s'écrivent avec un trait d'union et seul le deuxième élément prend la marque du pluriel. *Des demi-cercles.*

demi, ie adj., adv. et n. m. et f.

• **Adjectif**
- Qui est la moitié d'un tout. *Une demi-journée.*
- **Demi + nom.** L'adjectif **demi** est invariable et se joint au nom par un trait d'union. Seul le deuxième élément se met au pluriel. *Des demi-heures. Des demi-mesures.*
☞ L'adjectif **demi** est utilisé dans la langue courante, alors que **semi** est un terme plus technique.
- Nom **+ et demi, demie,** invariable en nombre. L'adjectif **demi** s'accorde uniquement en genre avec le nom auquel il se rapporte. *Trois kilomètres et demi. Deux heures et demie. Midi ou minuit et demi.*

• **Adverbe**
- À moitié. *Une bouteille demi-vide.*
- **Demi + adjectif.** L'adverbe **demi** est invariable et se joint par un trait d'union à l'adjectif qui s'accorde en genre et en nombre avec le nom auquel il se rapporte. *Un mur demi-détruit. Une maison demi-détruite.*
☞ 1° La locution adverbiale **à demi** qui est invariable ne prend pas de trait d'union devant un adjectif. *Une bouteille à demi vide.*
☞ 2° Devant un nom, le trait d'union est de rigueur. *La marchandise est à demi-prix.*
• **Nom masculin**
Moitié. *Un demi et un demi font un.*
• **Nom féminin**
Demi-heure. *L'horloge sonne aux heures et aux demies.*

demi-bouteille n. f. (pl. *demi-bouteilles*)
Bouteille contenant la moitié d'une bouteille ordinaire. *Des demi-bouteilles de champagne.*

demi-brigade n. f. (pl. *demi-brigades*)
Réunion de deux ou trois bataillons sous les ordres d'un colonel.

demi-cercle n. m. (pl. *demi-cercles*)
Moitié d'un cercle.

demi-circulaire adj.
Qui a la forme d'un demi-cercle.

demi-colonne n. f. (pl. *demi-colonnes*)
Colonne engagée de la moitié de son diamètre dans un mur.

demi-deuil n. m. (pl. *demi-deuils*)
Vêtement porté à la fin d'un deuil.

demi-dieu n. m. (pl. *demi-dieux*)
Divinité secondaire.

demi-douzaine n. f. (pl. *demi-douzaines*)
Moitié d'une douzaine.

demi-finale n. f. (pl. *demi-finales*)
Avant-dernière épreuve d'une compétition sportive.

demi-frère n. m. (pl. *demi-frères*)
Frère par le père ou la mère seulement.

demi-gros n. m. inv. (pl. *demi-gros*)
Intermédiaire entre le commerce en gros et la vente au détail.

demi-heure n. f. (pl. *demi-heures*)
Moitié d'une heure.

demi-jour n. m. inv. (pl. *demi-jour*)
Crépuscule.

demi-journée n. f. (pl. *demi-journées*)
Moitié d'une journée.

démilitarisation n. f.
Action de démilitariser; son résultat.

démilitariser v. tr.
Supprimer le caractère militaire.

demi-litre n. m. (pl. *demi-litres*)
Moitié d'un litre.

demi-longueur n. f. (pl. *demi-longueurs*)
Moitié de la longueur.

demi-lune n. f. (pl. *demi-lunes*)
Demi-cercle.

demi-mal n. m. (pl. *demi-maux*)
Inconvénient mineur.

demi-mesure n. f. (pl. *demi-mesures*)
Mesure insuffisante.

demi-mort, morte adj.
(Litt.) À moitié mort. *Elles sont demi-mortes.*

demi-mot (à) loc. adv.
Sans avoir besoin de tout dire. *Ils se sont parlé à demi-mot.*
▭▷ **demi-mot,** avec un trait d'union.

déminage n. m.
Action de déminer. *Le déminage du golfe Persique.*

déminer v. tr.
Retirer les mines explosives d'un endroit.

déminéralisation n. f.
Action de déminéraliser.

déminéraliser v. tr., pronom.
Supprimer les sels minéraux.

demi-pause n. f. (pl. *demi-pauses*)
(Mus.) Silence qui équivaut à la moitié d'une pause.

demi-pension n. f. (pl. *demi-pensions*)
Tarif hôtelier comprenant le petit déjeuner et un seul repas.

demi-pensionnaire n. m. et f. (pl. *demi-pension-naires*)
Élève qui prend le repas du midi dans un établissement d'enseignement.

demi-place n. f. (pl. *demi-places*)
Place à moitié prix.

demi-portion n. f. (pl. *demi-portions*)
(Fam.) Personne chétive.

demi-queue adj. inv. et n. m. inv. (pl. *demi-queue*)
Piano de grandeur intermédiaire. *Des pianos demi-queue.*

demi-reliure n. f. (pl. *demi-reliures*)
Reliure où seul le dos est en peau.

démis, ise adj.
Luxé. *Un humérus démis.*

demi-saison n. f. (pl. *demi-saisons*)
Saison de transition (printemps, automne).

demi-sang n. m. inv. (pl. *demi-sang*)
Cheval provenant d'un croisement où un seul reproducteur est un pur-sang.

demi-sel n. m. inv. (pl. *demi-sel*)
Fromage légèrement salé.

demi-sœur n. f. (pl. *demi-sœurs*)
Sœur par le père ou la mère seulement.

demi-solde n. f. (pl. *demi-soldes*)
Solde réduite de moitié.

demi-sommeil n. m. (pl. *demi-sommeils*)
État intermédiaire entre la veille et le sommeil.

démission n. f.
Acte par lequel on renonce à un poste, une fonction. *Le président a remis sa démission.*

démissionnaire adj. et n. m. et f.
Qui donne sa démission.

démissionner v. intr.
Donner sa démission. *Il vient de démissionner* (et non *on l'a démissionné*).

demi-tarif adj. inv. et n. m. (pl. *demi-tarifs*)
Tarif réduit de moitié. *Des demi-tarifs. Des billets demi-tarif.*
▭▷ L'adjectif est invariable.

demi-teinte n. f. (pl. *demi-teintes*)
Teinte intermédiaire entre le clair et le foncé.

demi-ton n. m. (pl. *demi-tons*)
(Mus.) Intervalle équivalant à la moitié d'un ton.

demi-tour n. m. (pl. *demi-tours*)
Moitié d'un tour, volte-face. *Un demi-tour* (et non un *U-turn, un *virage en U).

démiurge n. m.
(Litt.) Créateur, animateur.

démobilisateur, trice adj.
Qui démobilise. *Un effet démobilisateur.*

démobilisation n. f.
• Action de rendre les soldats à la vie civile.
• Réduction de la motivation.

démobiliser v. tr.
• Rendre les soldats à la vie civile. *Ces militaires ont été démobilisés.*
• Réduire la motivation d'une personne, d'un groupe. *Cette grève a démobilisé les employés.*

démocrate adj. et n. m. et f.
Partisan de la démocratie.

démocratie n. f.
👄 Le *t* se prononce *s* [demɔkrasi].
État où l'ensemble des citoyens élisent des représentants qui exercent le pouvoir.

démocratique adj.
• Qui appartient à la démocratie. *Des institutions démocratiques.*
• Conforme à la démocratie. *Des élections démocratiques.*

démocratiquement adv.
D'une façon démocratique. *Cette nouvelle présidente a été élue démocratiquement.*

démocratisation n. f.
Action de démocratiser; son résultat.

démocratiser v. tr.
• Organiser d'après les principes de la démocratie.
• Rendre accessible à tous. *La formation collégiale a été démocratisée.*

démodé, ée adj.
Qui n'est plus à la mode. *Un style démodé.*

démoder (se) v. pronom.
Être hors de mode. *Par définition, la mode se démode.*

démographe n. m. et f.
Spécialiste de la démographie.

démographie n. f.
Science statistique des populations humaines, de leur évolution, de leurs mouvements.

démographique adj.
De la démographie.

demoiselle n. f.
• Jeune fille.
• Célibataire.

démolir v. tr.
Ruiner, détruire. *La vieille maison a été démolie par le tremblement de terre.*

démolition n. f.
• Destruction d'une construction. *La démolition d'un édifice.*
• (Fig.) Action de ruiner.

démon n. m.
• Esprit infernal. *Les démons de la nuit.*
☞ Lorsque ce nom désigne Satan, il s'écrit avec un *d* majuscule. Le nom féminin *démone* est rare.
• Personnification d'une passion, d'un vice.

démoniaque adj. et n. m. et f.
Diabolique. *Un projet démoniaque.*

démonstrateur n. m.
démonstratrice n. f.
Personne qui fait une démonstration publicitaire.

*démonstrateur
Anglicisme au sens de *voiture d'essai* ou d'*articles en montre.*

démonstratif, ive adj. et n. m.
• Qui sert à démontrer. *Une argumentation démonstrative.*
• (Gramm.) Se dit d'un pronom ou d'un adjectif qui sert à désigner des personnes ou des choses. *Ce est un pronom démonstratif. Ce, cet, cette, ces sont des adjectifs démonstratifs.*
V. Tableau - **DÉMONSTRATIF (ADJECTIF).**
V. Tableau - **PRONOM.**
• Qui manifeste ses sentiments. *On ne peut savoir ce qu'il pense : il n'est pas démonstratif.*

démonstration n. f.
• Action de prouver par l'expérience la vérité d'une proposition, d'un fait. *Une démonstration mathématique.*
• Action de montrer, d'expliquer quelque chose. *On lui a fait une démonstration du nouvel ordinateur.*
• Témoignage. *Des démonstrations de joie.*

démontable adj.
Qui peut être démonté. *Un mécanisme démontable.*

démontage n. m.
Action de démonter. *Le démontage d'un moteur.*

démonté, ée adj.
Déconcerté. *Il était tout démonté.*

démonte-pneu n. m. (pl. *démonte-pneus*)
Outil utilisé pour retirer un pneu de la jante.

démonter v. tr., pronom.
• **Transitif**
- Désassembler. *Démonter un moteur.*

ADJECTIF **DÉMONSTRATIF**

L'adjectif démonstratif détermine le nom en montrant l'être ou l'objet désigné par ce nom. Il s'accorde en genre et en nombre avec le nom déterminé.

| • au masculin singulier | *ce, cet* | *Ce livre, cet ouvrage, cet homme.* |

☞ On emploie *ce* devant un mot commençant par une consonne ou un *h* aspiré, *cet* devant un mot commençant par une voyelle ou un *h* muet.

| • au féminin singulier | *cette* | *Cette fleur.* |
| • au pluriel | *ces* | *Ces garçons et ces filles.* |

L'adjectif démonstratif est parfois renforcé par *ci* ou *là* joint au nom par un trait d'union. Alors que *ci* indique la proximité, *là* suggère l'éloignement. *Cette étude-ci* (démonstratif prochain), *cette maison-là* (démonstratif lointain).

Certains adjectifs démonstratifs sont vieillis et ne se retrouvent plus que dans la langue juridique : *ledit, ladite, lesdits, lesdites, audit, à ladite, auxdits, auxdites, dudit, de ladite, desdits, desdites, susdit, susdite, susdits, susdites.*

V. Tableau – **ADJECTIF.**

- Déconcerter. *Cette nouvelle les a démontés, les a bien surpris.*
• **Pronominal**
Se troubler, perdre contenance. *Elles se sont démontées en apprenant son départ.*

démontrer v. tr.
• Établir par un raisonnement rigoureux la vérité de quelque chose. *Démontrer l'exactitude d'un calcul.*
• Témoigner par des signes extérieurs. *Il lui a démontré beaucoup de gratitude.*
• Prouver. *Ces faits démontrent qu'il avait raison.*

démoralisant, ante adj.
Démotivant. *Ces difficultés sont démoralisantes.*

démoralisateur, trice adj. et n. m. et f.
Qui démoralise.

démoraliser v. tr., pronom.
Décourager. *Ce nouvel échec pourrait les démoraliser.*

démordre v. tr. ind.
Ne pas vouloir démordre de, s'entêter. *Elle dit qu'elle a raison et ne veut pas en démordre.*

démotivant, ante adj.
Propre à ôter toute motivation. *Des compressions budgétaires démotivantes.*

démoulage n. m.
Action de démouler.

démouler v. tr.
Retirer du moule. *Démouler un gâteau.*

démunir v. tr., pronom.
• **Transitif.** Dépouiller de choses essentielles.
• **Pronominal.** Se priver de.

démystification n. f.
Action de démystifier; son résultat.
⇨ démystification.

démystifier v. tr.
Redoublement du *i* à la première et à la deuxième personne du pluriel de l'indicatif imparfait et du subjonctif présent. *(Que) nous démystifiions, (que) vous démystifiiez.*
Dissiper l'erreur, détromper les victimes d'un mensonge.
↪ Ne pas confondre avec le verbe *démythifier,* supprimer un mythe.
⇨ démystifier.

démythification n. f.
Action de démythifier; son résultat. *La démythification d'une œuvre.*
⇨ démythification.

démythifier v. tr.
Redoublement du *i* à la première et à la deuxième personne du pluriel de l'indicatif imparfait et du subjonctif présent. *(Que) nous démythifiions, (que) vous démythifiiez.*
Dépouiller une chose de son aspect mystérieux. *Démythifier l'informatique.*
↪ Ne pas confondre avec le verbe *démystifier,* dissiper l'erreur, le mensonge.
⇨ démythifier.

dénatalité n. f.
Décroissance du nombre des naissances dans un pays.

dénationalisation n. f.
Action de dénationaliser.

dénationaliser v. tr.
Vendre au secteur privé (une entreprise nationalisée).

dénaturalisation n. f.
Fait de dénaturaliser.

dénaturaliser v. tr.
Priver des droits acquis par l'acquisition de la nationalité.

dénaturé, ée adj.
• Dont la nature a été modifiée.
• Contraire à ce qui est naturel. *Un père dénaturé.*

dénaturer v. tr.
• Changer la nature de, altérer.
• Déformer. *Dénaturer des faits.*

dénégation n. f.
Action de nier vivement un fait.

déneigement n. m.
Action d'enlever la neige. *Le déneigement des rues.*

déneiger v. tr.
Le *g* est suivi d'un *e* devant les lettres *a* et *o.* *Il déneigea, nous déneigeons.*
Débarrasser (une voie, un lieu, etc.) de la neige. *Nous déneigeons le sentier.*

déni n. m.
• Refus d'accorder ce qui est dû.
• *Déni de justice.* Refus de rendre justice. *Des dénis de justice.*

déniaiser v. tr.
Faire perdre sa naïveté, son innocence.

dénicher v. tr.
Découvrir après de longues recherches. *Elle a déniché un bel appartement.*

denier n. m.
• (Ancienn.) Monnaie.
• (Au plur.) (Litt.) Ressources personnelles. *Il a payé de ses deniers.*
• *Les deniers publics.* Les revenus de l'État.

dénier v. tr.
Redoublement du *i* à la première et à la deuxième personne du pluriel de l'indicatif imparfait et du subjonctif présent. *(Que) nous déniions, (que) vous déniiez.*
Refuser de reconnaître quelque chose.

dénigrement n. m.
Action de dénigrer.

dénigrer v. tr.
Chercher à diminuer la valeur d'une personne, d'une chose.
↪ Ne pas confondre avec les verbes suivants :
- *décrier,* déprécier avec force, faire perdre la réputation, l'autorité;
- *diffamer,* porter atteinte à la réputation;
- *discréditer,* souiller la réputation en dépréciant ou en

diffamant;
- *vilipender,* traiter avec mépris.

déniveler v. tr.
Redoublement du *l* devant un *e* muet. *Je dénivelle,
je dénivellerai,* mais *je dénivelais.*
Rendre accidenté ce qui était uni.

dénivellation n. f. ou **dénivellement** n. m.
Différence de niveau. *Une forte dénivellation.*

dénombrement n. m.
Énumération, inventaire. *Le dénombrement des élèves
présents.*

dénombrer v. tr.
Compter, inventorier. *Dénombrer les bureaux défectueux.*

dénominateur n. m.
• Terme d'une fraction placé au-dessous de la barre
horizontale et qui marque en combien de parties
égales l'unité a été divisée.
Ant. **numérateur.**
V. Tableau - **NOMBRES.**
• *Dénominateur commun.* (Fig.) Point commun à des
personnes, à des choses.

dénomination n. f.
Attribution d'un nom à une personne, à une chose.

**dénomination
Anglicisme au sens de *coupure. J'aimerais avoir
cette somme en coupures* (et non en *dénominations)
de 20 $.

dénommé, ée adj. et n. m. et f.
(Fam.) Qui a pour nom. *Un dénommé Dubois.*

dénommer v. tr.
Désigner, donner un nom.

dénoncer v. tr.
Le *c* prend une cédille devant les lettres *a* et *o. Il
dénonça, nous dénonçons.*
• Signaler à l'opinion une chose mauvaise, un coupable. *Il a dénoncé certaines pratiques douteuses.*
• Annuler la rupture d'un engagement. *Dénoncer une
convention.*

dénonciateur, trice adj. et n. m. et f.
Qui dénonce quelque chose.

dénonciation n. f.
• Action de dénoncer quelqu'un, quelque chose.
• Rupture d'un engagement. *La dénonciation d'un contrat.*
☞ dénonciation.

dénoter v. tr.
Indiquer. *Cette rougeur dénote un tempérament colérique.*
☞ dénoter.

dénouement n. m.
Conclusion. *Le film a un dénouement heureux.*
☞ dénouement.

dénouer v. tr., pronom.
• **Transitif**
- Défaire un nœud. *Elle a dénoué le ruban qui rete-
nait ses cheveux.*

- Résoudre, éclaircir une difficulté, une intrigue.
• **Pronominal**
Se démêler. *La situation difficile s'est dénouée.*

dénoyautage n. m.
Action de dénoyauter.

dénoyauter v. tr.
Enlever le noyau de. *Dénoyauter des cerises.*

denrée n. f.
• Tout produit vendu pour nourrir les hommes, les animaux. *Des denrées périssables.*
• *Une denrée rare.* (Fig.) Chose précieuse qui se rencontre rarement.
☞ denrée.

dense adj.
Épais, compact. *Une foule très dense.*
☞ dense.
Hom. *danse,* action de danser.

densité n. f.
Caractère de ce qui est dense.
☞ densité.

dent n. f.
• Petit os qui sert à la mastication *Des dents blanches.*
• *Avoir une dent contre quelqu'un, quelque chose.*
Être hostile à.
• *Prendre le mors aux dents.* S'emballer, pour un
cheval; (fig.) s'emporter, pour une personne.
• *Mordre à belles dents.* Manger avidement.
☞ Le nom *dent* s'écrit au pluriel dans les expres-
sions *mal de dents, grincement de dents, rage de
dents.* Il s'écrit au singulier dans l'expression *coup
de dent.*

dentaire adj.
Relatif aux dents. *L'art dentaire.*

dental, ale, aux adj. et n. f.
Se dit d'une consonne qui se prononce à l'aide des
dents (par exemple, *t* et *d*). *Une consonne dentale.
Les dentales.*

dent-de-lion n. f. (pl. *dents-de-lion*)
Pissenlit.

dente (al)
V. **al dente.**

denté, ée adj.
Garni de dents. *Une roue dentée.*

dentelé, ée adj. et n. m.
Qui est découpé en forme de dents. *Un col dentelé.*
☞ dentelé, contrairement à **dentelle.**

denteler v. tr.
Redoublement du *l* devant un *e* muet. *Je dentelle,
je dentellerai,* mais *je dentelais.*
Faire des entailles en forme de dents.
☞ denteler.

dentelle n. f.
• Tissu décoré de dessins exécutés à l'aide d'aiguilles
et de fils divers. *Une dentelle faite à la main.*
• *De dentelle, en dentelle. Un col de dentelle, en
dentelle.*

☞— Ces expressions s'écrivent au singulier.
• **Ne pas faire dans la dentelle.** (Fig.) Manquer de délicatesse, de finesse.
☞ dentelle.

dentellier, ière adj.
Qui se rapporte à la dentelle. *L'industrie dentellière.*

dentellière n. f.
Personne qui fait de la dentelle. *Une dentellière coiffée d'un bigouden.*

dentelure n. f.
⟺ Le *e* central ne se prononce pas [dãtlyr].
Motif dentelé.

dentier n. m.
Prothèse dentaire amovible.

dentifrice adj. et n. m.
Se dit d'un produit propre à nettoyer les dents. *Une pâte dentifrice* (et non une **pâte à dents*), *un dentifrice. Un tube de dentifrice.*

dentiste n. m. et f.
Spécialiste des soins dentaires. *C'est un bon dentiste, pas un arracheur de dents. Une excellente dentiste.*

dentisterie n. f.
Étude et pratique des soins dentaires.

dentition n. f.
Formation et sortie des dents. *Sa dentition le fait souffrir.*

denture n. f.
Ensemble des dents. *Elle a une belle denture.*
☞— Dans la langue courante, on emploie parfois le nom **dentition** en ce sens.

dénucléarisation n. f.
Action de diminuer le nombre d'armes nucléaires.

dénudé, ée adj.
Mis à nu. *Un terrain dénudé.*
☞— Ne pas confondre avec l'adjectif **dénué,** privé de quelque chose.

dénuder v. tr., pronom.
• **Transitif.** Mettre à nu.
• **Pronominal.** Se mettre nu.

dénué, ée adj.
Privé de. *Il est dénué de bienveillance.*
☞— Ne pas confondre avec l'adjectif **dénudé,** mis à nu.

dénuement n. m.
Privation du nécessaire, misère.
☞ dénuement.

déodorant adj. m. et n. m.
Se dit d'un produit qui diminue ou supprime les odeurs corporelles.
☞— Ne pas confondre avec le mot **désodorisant** qui se dit d'un produit qui enlève ou masque les mauvaises odeurs dans un local.

déontologie n. f.
Ensemble de règles et de devoirs professionnels. *La déontologie médicale.*
☞— Ce nom désignait à l'origine les devoirs du médecin; il s'entend aujourd'hui de toutes les professions.

déontologique adj.
De la déontologie. *Un code déontologique.*

dépailler v. tr.
Les lettres *ill* sont suivies d'un *i* à la première et à la deuxième personne du pluriel de l'indicatif imparfait et du subjonctif présent. *(Que) nous dépaillions, (que) vous dépailliez.*
Dégarnir de sa paille.

dépannage n. m.
• Remise en marche de ce qui est en panne. *Le dépannage d'une voiture.*
• (Fam.) Aide momentanée apportée à une personne, à un groupe en difficulté.

dépanner v. tr.
• Remettre en marche quelque chose qui est en panne. *Dépanner une motocyclette.*
• (Fam.) Aider quelqu'un en difficulté. *Cette famille nous a bien dépannés lorsque notre maison a brûlé.*

dépanneur n. m.
Au Québec, établissement où l'on vend des aliments et une gamme restreinte d'articles de consommation courante, et dont les heures et jours d'ouverture s'étendent au-delà des heures et jours habituels des établissements commerciaux. (Recomm. off. OLF)

dépanneuse n. f.
Voiture de dépannage.

dépaquetage n. m.
Action de dépaqueter.

dépaqueter v. tr.
Redoublement du *t* devant un *e* muet. *Je dépaquette, je dépaquetterai,* mais *je dépaquetais.*
Défaire un paquet. *Laurence dépaquette son cadeau.*

dépareillé, ée adj.
• Qui forme une série disparate. *Un service de table dépareillé.*
• Qui est séparé d'un ensemble avec lequel il constituait une paire, une série. *Des chaussettes dépareillées.*

dépareiller v. tr.
Les lettres *ill* sont suivies d'un *i* à la première et à la deuxième personne du pluriel de l'indicatif imparfait et du subjonctif présent. *(Que) nous dépareillions, (que) vous dépareilliez.*
• Séparer un objet d'autres objets de même nature.
• Rompre l'unité d'un ensemble.

déparer v. tr.
Rendre moins beau. *Cet édifice dépare le bel ensemble de bâtiments.*

déparier v. tr.
Redoublement du *i* à la première et à la deuxième personne du pluriel de l'indicatif imparfait et du subjonctif présent. *(Que) nous dépariions, (que) vous dépariiez.*
Séparer deux choses qui forment la paire.

départ n. m.
• Action de partir, moment où l'on part. *C'est déjà l'heure du départ.*
• **Point de départ.** Lieu d'où l'on part.
• **Point de départ.** (Fig.) Commencement.

départager v. tr.
Le *g* est suivi d'un *e* devant les lettres *a* et *o. Il départagea, nous départageons.*
• Arbitrer; désigner le vainqueur. *Cette question difficile départagera les meilleurs élèves.*
• Faire cesser l'égalité des voix en ajoutant un nouveau suffrage.

département n. m.
• Division, branche spécialisée. *Un département d'État.*
• Division administrative du territoire français. *Le département de la Loire.*
• Regroupement, au sein d'un établissement d'enseignement, d'enseignants et d'enseignantes d'une même discipline, ou de disciplines ou de programmes apparentés, à des fins pédagogiques et administratives. (Recomm. off. OLF) *Le département d'études françaises.*

*département
• Anglicisme au sens de *rayon. Adressez-vous au rayon* (et non au *département) *des articles ménagers.*
• Anglicisme au sens de *service. Le service commercial* (et non le *département commercial).

départemental, ale, aux adj. et n. f.
Relatif à un département. *Une route départementale, une départementale.*

département de santé communautaire
Sigle *DSC* (s'écrit avec ou sans points).

département français d'outre-mer
Sigle *DOM* (s'écrit avec ou sans points).

départir v. tr., pronom.
INDICATIF PRÉSENT *Je me dépars, tu te dépars, il se départ, nous nous départons, vous vous départez, ils se départent.* IMPARFAIT *Je me départais.* PASSÉ SIMPLE *Je me départis.* FUTUR *Je me départirai.* CONDITIONNEL PRÉSENT *Je me départirais.* IMPÉRATIF PRÉSENT *Dépars-toi, départons-nous, départez-vous.* SUBJONCTIF PRÉSENT *Que je me départe, que nous nous départions.* IMPARFAIT *Que je me départisse, que nous nous départissions.* PARTICIPE PRÉSENT *Se départant.* PASSÉ *Départi, ie.*
• **Transitif.** (Litt.) Distribuer, impartir à.
• **Pronominal.** Renoncer, se séparer. *Sans se départir de son amabilité, elle lui répondit fermement.*

dépassement n. m.
Action de dépasser, de se dépasser. *Un dépassement de dépense.*

dépasser v. tr., intr., pronom.
• **Transitif**
- Aller plus loin, au-delà de. *Cela dépasse l'entendement.*
- Devancer, doubler. *La voiture a dépassé le camion.*
- Déconcerter. *Cette histoire me dépasse.*
• **Intransitif**
Excéder. *Son jupon dépasse.*
• **Pronominal**
Se surpasser. *Ils se sont dépassés pour nous offrir ce beau concert.*

dépaysement n. m.
Fait d'être dépaysé. *Le dépaysement de François est total, il visite la Chine.*

dépayser v. tr.
Désorienter.

dépeçage ou **dépècement** n. m.
Action de dépecer. *Le dépeçage d'un gigot.*
⌦ dépeçage.

dépecer v. tr.
Le *e* se change en *è* devant une syllabe muette. *Je dépèce, je dépeçais.*
Le *c* prend une cédille devant les lettres *a* et *o. Il dépeça, nous dépeçons.*
Mettre en pièces, en morceaux. *Il dépeçait un poulet.*

dépêche n. f.
• Missive officielle. *Une dépêche diplomatique.*
• Message transmis par voie rapide. *Une dépêche d'agence.*
⌦ Ne pas confondre avec les noms suivants :
- *billet,* lettre très concise;
- *circulaire,* lettre d'information adressée à plusieurs destinataires;
- *communiqué,* avis transmis au public;
- *courrier,* ensemble des lettres, des imprimés, etc., acheminé par la poste;
- *lettre,* écrit transmis à un destinataire;
- *note,* brève communication écrite, de nature administrative.

dépêcher v. tr., pronom.
On conserve l'accent circonflexe de la deuxième syllabe à toutes les formes de la conjugaison.
• **Transitif.** (Litt.) Envoyer en toute diligence. *On m'a dépêché un adjoint pour prendre la relève.*
• **Pronominal.** Se hâter, faire vite. *Dépêchez-vous, nous sommes en retard!*

dépeigner v. tr.
Les lettres *gn* sont suivies d'un *i* à la première et à la deuxième personne du pluriel de l'indicatif imparfait et du subjonctif présent. *(Que) nous dépeignions, (que) vous dépeigniez.*
Décoiffer. *Le vent te dépeigne complètement.*

dépeindre v. tr.
Représenter par la parole, l'écrit. *Dépeindre une scène avec réalisme.*

dépenaillé, ée adj.
Déguenillé.

*dépendamment
Au sens de *selon, suivant, en fonction de,* cet adverbe est vieilli.
⌦ Par contre, l'antonyme de cet archaïsme, *indépendamment,* est toujours utilisé.

dépendance n. f.
• Assujettissement, subordination.
• Accoutumance. *Attention à la dépendance que crée ce médicament.*
• (Au plur.) Ensemble de bâtiments qui appartiennent à un domaine. *Une ferme et ses dépendances.*
⌦ dépendance.

dépendant, ante adj.
Subordonné, qui est sous la dépendance de.

*dépendant
- Impropriété au sens de **selon, suivant.**
- Impropriété au sens de **personne à charge.**

dépendre v. tr. ind.
Ce verbe se conjugue comme le verbe **pendre.**
- Être sous la dépendance de. *Il dépend toujours de ses parents.*
- Être subordonné à, résulter. *Son succès dépend de ses efforts.*
- (Impers.) Reposer sur. *Il ne dépend pas d'elle que vous soyez nommé.*

dépens n. m. pl.
- *Aux dépens de.* Aux frais de. *Vivre aux dépens de ses parents.*
- *Aux dépens de.* Au détriment de quelque chose. *Ce choix a été fait aux dépens de sa tranquillité. Elle l'a appris à ses dépens.*
- Frais, dans la langue juridique. *Il a été condamné aux dépens.*
🖘 Ce nom ne s'emploie qu'au pluriel.
▭⟹ dép**ens.**

dépense n. f.
- Action de dépenser. *Une dépense d'énergie inutile.*
- Somme engagée pour l'acquisition d'un bien ou la prestation d'un service. *Une dépense engagée* (et non *encourue). *Faire face à une dépense* (et non *rencontrer).

dépenser v. tr., pronom.
- **Transitif**
- Employer de l'argent. *Nous dépensons toujours trop. Les dollars qu'elle a dépensés.*
- Consommer. *Cette voiture dépense trop d'essence.*
- **Pronominal**
Se donner du mal. *Elle se dépense énormément.*

dépensier, ière adj. et n. m. et f.
Qui dépense trop.

déperdition n. f.
Diminution graduelle.

dépérir v. intr.
Se détériorer, perdre de sa vigueur. *Cette plante dépérit, il faudrait l'arroser.*

dépérissement n. m.
Affaiblissement.

dépersonnalisation n. f.
Action de dépersonnaliser.

dépersonnaliser v. tr.
Rendre impersonnel.

dépêtrer v. tr., pronom.
Le deuxième *e* conserve l'accent circonflexe à toutes les formes de la conjugaison.
- **Transitif.** Dégager de, tirer d'embarras. *On l'a dépêtré de cet engagement risqué.*
- **Pronominal.** Se libérer de. *Elle est arrivée à se dépêtrer de cette situation.*
Ant. **empêtrer.**

dépeuplement n. m.
- Action de dégarnir d'habitants, d'occupants.

- État d'un endroit dépeuplé.

dépeupler v. tr., pronom.
- **Transitif.** Priver de ses habitants, de ses occupants.
- **Pronominal.** Se vider de ses habitants, de ses occupants.

déphasage n. m.
Différence de phase, décalage.
▭⟹ dép**h**asage.

déphasé, ée adj.
- Qui présente une différence de phase avec quelque chose.
- (Fam.) Qui présente un écart par rapport à la réalité présente.
▭⟹ dép**h**aser.

dépilation n. f.
Élimination des poils.
Syn. **épilation.**
▭⟹ dépil**a**tion.

dépilatoire adj. et n. m.
Se dit d'un produit qui élimine les poils. *Des crèmes dépilatoires.*
Syn. **épilatoire.**

dépistage n. m.
- Action de dépister quelqu'un, quelque chose. *Le dépistage d'une bande de malfaiteurs.*
- (Méd.) Action de chercher à découvrir grâce à des examens systématiques certaines maladies dès leur début. *Le dépistage du cancer.*

dépister v. tr.
- Découvrir au terme d'une enquête, d'une maladie. *Dépister une maladie.*
- Détourner de la piste. *Dépister les recherches de la police.*
🖘 Ce verbe comporte deux sens à l'opposé l'un de l'autre : «découvrir la piste» ou «détourner de la piste».

dépit n. m.
- Amertume, déception. *Elle n'éprouva pas de dépit en apprenant le succès de sa camarade.*
- *En dépit de,* locution prépositive. Malgré.
- *En dépit du bon sens.* De façon irraisonnée.
▭⟹ dépit.

dépiter v. tr., pronom.
- **Transitif.** Contrarier. *Cet échec le dépita.*
- **Pronominal.** Se froisser.

déplacé, ée adj.
Qui ne convient pas aux circonstances. *Une remarque déplacée.*

déplacement n. m.
Action de déplacer, de se déplacer. *Des frais de déplacement.*

déplacer v. tr., pronom.
Le *c* prend une cédille devant les lettres *a* et *o.* *Nous déplaçons, tu déplaças.*
- **Transitif.** Changer une chose de place. *Il déplaça le fauteuil.*
- **Pronominal.** Changer de lieu. *Elles se sont déplacées pour leur travail.*

déplaire v. tr. ind., pronom.
Se conjugue comme le verbe **plaire**.
• **Transitif indirect**
Rebuter, ennuyer. *Ce film lui a déplu.*
🖝 À la forme transitive, le verbe se conjugue avec l'auxiliaire **avoir**.
• **Pronominal**
- Ne pas se plaire. *Elles se sont déplu immédiatement.*
🖝 Le participe passé **déplu** est invariable parce que le verbe ne peut avoir de complément d'objet direct.
- S'ennuyer (dans un lieu). *Elle s'est déplu à la campagne.*
🖝 À la forme pronominale, le verbe se construit avec l'auxiliaire **être.**

déplaisant, ante adj.
Qui déplaît, désagréable. *Des allusions déplaisantes.*
🖝 Ne pas confondre avec le participe présent invariable **déplaisant.** *Ces remarques déplaisant à nos invités, nous nous tairons dorénavant.*

déplaisir n. m.
Contrariété.

dépliage n. m.
Action de déplier; son résultat.

dépliant, ante adj. et n. m.
• **Adjectif.** Qui se déplie. *Une couchette dépliante.*
🖝 Ne pas confondre avec le participe présent invariable **dépliant.** *Les voyageurs dépliant leur journal incommodent leurs voisins.*
• **Nom masculin.** Brochure publicitaire. *J'ai reçu un dépliant de ce magasin* (et non un *pamphlet).

déplier v. tr.
Étaler ce qui était plié. *Déplier un journal.*
🖝 Ne pas confondre avec les verbes suivants :
- **déplisser,** défaire les plis;
- **déployer,** ouvrir très largement.

déplisser v. tr.
Défaire les plis.
🖝 Ne pas confondre avec le verbe **déplier,** étaler ce qui était plié.

déploiement n. m.
Action de déployer; fait d'être déployé.
🖝 déploiement.

déplorable adj.
• Fâcheux, regrettable. *Ce déplorable incident a refroidi l'atmosphère.*
• (Fam.) Mauvais. *Des résultats déplorables.*

déplorablement adv.
De façon déplorable.

déplorer v. tr.
Regretter vivement quelque chose. *Nous avons déploré votre absence.*

déployer v. tr., pronom.
Le **y** se change en **i** devant un **e** muet. *Je déploie, je déploierai.*
Le **y** est suivi d'un **i** à la première et à la deuxième personne du pluriel de l'indicatif imparfait et du subjonctif présent. *(Que) nous déployions, (que) vous déployiez.*
Ouvrir très largement ce qui était plié. *Déployer un parapluie. L'aigle déploie ses ailes.*
🖝 Ne pas confondre avec le verbe **déplier,** étaler ce qui était plié.

déplumer v. tr., pronom.
• **Transitif.** Dépouiller de ses plumes. *Déplumer une poule.*
• **Pronominal.** Perdre ses plumes naturellement. *Les volatiles s'étaient complètement déplumés.*

dépoli, ie adj.
Verre dépoli. Verre translucide.

dépolir v. tr.
Faire perdre le poli, l'éclat de.
🖝 dépolir.

dépolissage n. m.
Action de dépolir.

dépolitisation n. f.
Action de dépolitiser.

dépolitiser v. tr.
Retirer tout caractère politique à.

dépolluer v. tr.
Diminuer ou supprimer la pollution de. *Dépolluer un lac.*
🖝 dépolluer.

dépollution n. f.
Action de dépolluer; son résultat. *La dépollution des cours d'eau.*
🖝 dépollution.

déportation n. f.
Exil infligé à certains condamnés.
🖝 Ne pas confondre avec le nom **déportement,** fait de dévier de sa trajectoire (en parlant d'un véhicule).

déportement n. m.
• Fait d'être déporté (en parlant d'un véhicule).
🖝 Ne pas confondre avec le nom **déportation,** exil.
• (Au plur.) Écart de conduite.

déporter v. tr.
• Exiler. *Des prisonniers déportés.*
• Faire dévier de sa trajectoire. *La voiture a été déportée vers la droite.*

déposant, ante n. m. et f.
• (Dr.) Personne qui fait une déposition.
• Personne qui fait un dépôt dans un établissement financier.

dépose n. f.
Action d'enlever ce qui était fixé. *Faire la dépose d'un carburateur.*
🖝 Ne pas confondre avec le nom **déposition,** déclaration d'un témoin, destitution.

déposer v. tr., intr., pronom.
• **Transitif**
- Poser une chose qu'on portait. *Déposer sa valise.*
- Placer quelque chose en un lieu. *Déposer une somme à la banque.*
- **Marque déposée.** Marque ayant fait l'objet d'un dépôt légal.
- Adresser. *Ils ont déposé une plainte.*
- Destituer, priver d'une dignité. *Déposer un roi.*

• Intransitif
Témoigner en justice. *Elle a déposé contre eux.*
• Pronominal
Former un dépôt. *Laissons ce vin se déposer.*

dépositaire n. m. et f.
• Personne à qui a été remis un dépôt.
• (Comm.) Commerçant qui vend des marchandises pour le compte de leur propriétaire. *Un dépositaire de voitures importées.*

déposition n. f.
• Déclaration d'un témoin, témoignage.
• Destitution.
🖙 Ne pas confondre avec le nom *dépose,* action d'enlever ce qui est fixé.

déposséder v. tr.
Le *é* se change en *è* devant une syllabe muette, sauf à l'indicatif futur et au conditionnel présent. *Je dépossède,* mais *je déposséderai.*
Priver de la possession de quelque chose. *Ces cultivateurs ont été dépossédés de leurs terres.*

dépossession n. f.
Action de déposséder; son résultat.

dépôt n. m.
• Action de déposer quelque chose en un lieu, de confier quelque chose à quelqu'un; la chose ainsi confiée. *Le dépôt d'une somme d'argent.*
• La chose ainsi confiée. *Un dépôt bancaire.*
• *Dépôt légal.* Dépôt obligatoire à l'Administration d'exemplaires d'une production.
V. **marque déposée.**
• Endroit où l'on dépose certaines choses. *Un dépôt de marchandises.*
• Matières qui se déposent dans un liquide au repos. *Il y a un dépôt au fond de cette bouteille de vin.*
🖙 dépôt.

*dépôt
Anglicisme au sens de *acompte, versement. Je n'ai pas toute la somme sur moi, puis-je vous verser un acompte* (et non un **dépôt*) ?

dépotage ou **dépotement** n. m.
Action de dépoter; son résultat. *Le dépotage d'une plante.*

*dépôt direct
Calque de l'anglais «direct deposit» pour *virement automatique.*

dépoter v. tr.
Ôter une plante d'un pot. *Dépoter des violettes africaines.*
🖙 dépoter.

dépotoir n. m.
Dépôt d'ordures. *Ces ferrailles seront jetées au dépotoir.*

dépouille n. f.
• Peau enlevée à un animal.
• *Dépouille mortelle.* (Litt.) Corps humain après la mort.

dépouillement n. m.
• Action de dépouiller quelqu'un.
• Sobriété. *Le dépouillement d'un décor.*

• Examen minutieux. *Le dépouillement d'un texte.*
• *Dépouillement du scrutin.* Dénombrement des votes d'une élection.

dépouiller v. tr., pronom.
Les lettres *ill* sont suivies d'un *i* à la première et à la deuxième personne du pluriel de l'indicatif imparfait et du subjonctif présent. *(Que) nous dépouillions, (que) vous dépouilliez.*
• Transitif
- Voler, déposséder. *Ils ont dépouillé leurs voisins.*
- Examiner attentivement. *Dépouiller son courrier.*
• Pronominal
Se priver de ses biens. *Il s'est complètement dépouillé pour venir en aide aux sans-abri.*

dépourvu, ue adj.
• Dénué. *Elle est dépourvue de biens.*
• *Au dépourvu,* locution adverbiale. À l'improviste. *Elle a été prise au dépourvu par cette demande.*

dépoussiérage n. m.
Action de dépoussiérer.

dépoussiérer v. tr.
• Épousseter.
• Rafraîchir. *Dépoussiérer un texte, une loi.*

dépravation n. f.
Goût dépravé, avilissement.

dépravé, ée adj. et n. m. et f.
• **Adjectif.** Anormal, non conforme à la nature.
• **Nom masculin et féminin.** Personne immorale.

dépraver v. tr.
Corrompre, pervertir.

déprécation n. f.
(Litt.) Prière implorant le pardon.
🖙 Ne pas confondre avec le nom *imprécation,* malédiction.

dépréciatif, ive adj.
Péjoratif.

dépréciation n. f.
Diminution de valeur, de prix.
🖙 Ne pas confondre avec le nom *déprédation,* vol avec pillage.

déprécier v. tr., pronom.
Redoublement du *i* à la première et à la deuxième personne du pluriel de l'indicatif imparfait et du subjonctif présent. *(Que) nous dépréciions, (que) vous dépréciiez.*
• Transitif
- Diminuer la valeur de. *La proximité de cette usine déprécie cet immeuble.*
- Dénigrer quelqu'un. *Il ne cesse de déprécier, de critiquer son collègue.*
• Pronominal
Perdre de sa valeur. *Ces propriétés se sont dépréciées.*

déprédation n. f.
Vol avec pillage. *Des déprédations commises par des manifestants.*
🖙 Ce nom s'emploie souvent au pluriel.
🖙 Ne pas confondre avec le nom *dépréciation,* diminution de valeur, de prix.

déprendre (se) v. pronom.
Se conjugue comme le verbe **prendre**.
(Litt.) Se dégager de. *Ils se sont dépris de cette situation difficile.*

dépressif, ive adj. et n. m. et f.
• **Adjectif.** Relatif à la dépression. *Des tendances dépressives.*
• **Nom masculin et féminin.** Personne qui a tendance à la dépression nerveuse.

dépression n. f.
• Enfoncement. *Le sol présente une dépression.*
• *Dépression (atmosphérique).* Baisse de la pression atmosphérique.
Ant. **anticyclone.**
• (Écon.) Période de ralentissement économique.
• *Dépression (nerveuse).* État pathologique caractérisé par un grand abattement.

dépressionnaire adj.
Qui est le siège d'une dépression atmosphérique. *Une zone météorologique dépressionnaire.*

dépressurisation n. f.
Perte de la pressurisation.

dépressuriser v. tr.
Faire cesser la pressurisation (d'un avion, d'un engin spatial, etc.).

déprimant, ante adj.
• Qui affaiblit. *Un climat déprimant.*
• Qui démoralise, qui attriste. *Des films déprimants.*

déprimer v. tr. intr.
• **Transitif**
- Produire un enfoncement.
- Démoraliser, attrister. *Ces images d'enfants affamés m'ont déprimé.*
• **Intransitif**
(Fam.) Être démoralisé. *Ils dépriment devant les innombrables travaux à remettre.*

De profundis n. m. inv.
👄 Le *e* se prononce *é* et le *s* est sonore [deprɔfɔ̃dis]. Psaume que l'on récite dans les prières pour les morts. *Des De profundis.*
🖘 Ce nom s'écrit avec une majuscule.
🖘 En typographie soignée, les mots étrangers sont composés en italique. Dans des textes déjà en italique, la notation se fait en romain. Pour les textes manuscrits, on utilisera les guillemets.

déprogrammer v. tr.
Supprimer d'un programme ce qui était prévu.

dépuceler v. tr.
Redoublement du *l* devant un *e* muet. *Je dépucelle, je dépucellerai*, mais *je dépucelais.*
(Fam.) Faire perdre sa virginité à.

depuis adv., prép. et loc.

• **Adverbe**
À partir d'un moment précis. *Je n'ai pas entendu parler de lui depuis.*
• **Préposition**
La préposition peut marquer :

- Un rapport de lieu
À partir d'un endroit jusqu'à un autre. *Les terres qui s'étendent depuis la montagne jusqu'au fleuve sont très fertiles.*
- Un rapport de temps
À partir de tel moment. La préposition indique un état, une action qui dure encore. Si l'action est terminée, on emploiera la locution prépositive **à partir de**. *Je ne l'ai pas aperçue depuis ce matin.*
🖘 La préposition peut également se construire avec un adverbe de temps : **depuis lors, depuis peu, depuis longtemps.**
• **Locution conjonctive**
Depuis le temps que. *Depuis que ce nouveau produit est en vente, les commandes n'ont cessé d'affluer.*
🖘 Cette locution se construit avec le mode indicatif.

députation n. f.
Délégation.

député n. m.
députée n. f.
Personne élue pour représenter une circonscription électorale à l'Assemblée nationale.

déracinement n. m.
Action de déraciner; son résultat. *Le déracinement de ce chêne a été difficile.*

déraciner v. tr.
• Arracher avec ses racines. *Le vent a déraciné ces arbres.*
• Extirper. *Déraciner un préjugé.*
• Arracher quelqu'un de son pays d'origine. *Les Acadiens ont été déracinés et envoyés en Louisiane.*

déraillement n. m.
Fait de dérailler, de sortir des rails.

dérailler v. intr.
Les lettres *ill* sont suivies d'un *i* à la première et à la deuxième personne du pluriel de l'indicatif imparfait et du subjonctif présent. *(Que) nous déraillions, (que) vous dérailliez.*
• Sortir des rails. *Trois wagons ont déraillé.*
• (Fam. et fig.) Déraisonner. *Tu dis des bêtises, tu dérailles.*

dérailleur n. m.
Mécanisme qui permet de changer de vitesse sur une bicyclette.

déraison n. f.
(Litt.) Manque de raison.

déraisonnable adj.
Irrationnel. *Un projet déraisonnable.*

déraisonnablement adv.
De façon déraisonnable.

déraisonner v. intr.
Divaguer. *Cette idée est insensée : vous déraisonnez.*

dérangement n. m.
Dérèglement. *Mon téléphone est en dérangement.*

déranger v. tr., pronom.
Le *g* est suivi d'un *e* devant les lettres *a* et *o*. *Il dérangea, nous dérangeons.*
• **Transitif**
- Causer du désordre. *Les jeunes ont dérangé tous les disques.*
- Importuner. *J'espère que je ne vous dérange pas.*
• **Pronominal**
Se déplacer, interrompre ses activités. *Ne vous dérangez pas, je connais le chemin.*

dérapage n. m.
Fait de déraper; son résultat.

déraper v. intr.
Glisser par perte d'adhérence, en parlant d'un véhicule. *La voiture a dérapé sur une plaque de glace.*

dératisation n. f.
Action de dératiser.

dératiser v. tr.
Débarrasser des rats.

derby n. m. (pl. *derbys* ou *derbies*)
Course de chevaux.

derechef adv.
(Litt.) De nouveau.
▭▷ **derechef,** en un seul mot.

déréglage n. m.
État d'un appareil déréglé.

dérèglement n. m.
• État de ce qui est déréglé. *Le dérèglement d'un appareil.*
• (Vx) Inconduite.
▭▷ dérèglement.

déréglementation n. f.
Réduction ou suppression de la réglementation de nature économique dans un secteur donné dans le but de privilégier les forces du marché. (Recomm. off. OLF)
▭▷ déréglementation.

déréglementer v. tr.
Réduire ou supprimer la réglementation de. *Déréglementer un secteur d'activité.*
▭▷ déréglementer.

dérégler v. tr.
Le deuxième *é* se change en *è* devant une syllabe muette, sauf à l'indicatif futur et au conditionnel présent. *Je dérègle,* mais *je déréglerai.*
• Détraquer, troubler le fonctionnement de. *L'orage a déréglé le téléviseur.*
• Troubler l'ordre moral.
▭▷ dérégler.

dérider v. tr., pronom.
• **Transitif**
- Supprimer les rides de. *Cette lotion ne peut dérider la peau.*
- Égayer. *Ces blagues nous ont déridés.*
• **Pronominal**
S'épanouir, sourire. *Au bout d'un moment, elle s'est déridée.*

dérision n. f.
• Mépris, raillerie.
• *Tourner en dérision.* Railler.

dérisoire adj.
• Qui suscite la dérision. *Des efforts dérisoires.*
• Très insuffisant. *Un prix dérisoire.*

dérisoirement adv.
De façon dérisoire.

dérivatif, ive adj. et n. m.
• **Adjectif.** (Gramm.) Qui sert à la formation de dérivés. *Un préfixe dérivatif.*
• **Nom masculin.** Distraction. *Le sport est un bon dérivatif au travail intellectuel.*

dérivation n. f.
• Action de dériver un cours d'eau, des liquides, etc.
• (Ling.) Procédé de formation de mots nouveaux par l'ajout d'un préfixe ou d'un suffixe à une base. *Le nom déroulement a été formé par dérivation du verbe dérouler.*
V. Tableau - **NÉOLOGISME.**

dérive n. f.
Aller à la dérive. Être emporté hors de sa route, pour un navire, un avion.

dérivé, ée n. m. et f.
• **Nom masculin**
- Mot qui dérive d'un autre. *Le nom dérivation est un dérivé du verbe dériver.*
- Corps chimique qui provient d'un autre. *Les dérivés du pétrole.*
• **Nom féminin**
(Math.) *Dérivée d'une fonction.* Limite vers laquelle tend cette fonction dans certaines conditions.

dériver v. tr., intr.
• **Transitif direct**
Former un mot par dérivation. *Le nom déroulement est dérivé du verbe dérouler.*
• **Transitif indirect**
- Tirer son origine de. *La proposition dérive d'une hypothèse peu sûre.*
▭◁─ Ne pas confondre avec les verbes suivants :
- *découler,* être la suite nécessaire de;
- *émaner,* sortir de;
- *procéder,* avoir sa source dans;
- *provenir,* venir de;
- *ressortir,* s'imposer comme condition logique.
• **Intransitif**
S'écarter de sa direction. *Le bateau dérive.*

derm- préf.
Élément du grec signifiant «peau».

dermatologie n. f.
Spécialité de la médecine qui étudie et soigne les maladies de la peau.

dermatologique adj.
Relatif à la dermatologie.

dermatologiste ou **dermatologue** n. m. et f.
Spécialiste de la dermatologie.

derme n. m.
(Anat.) Partie la plus profonde de la peau recouverte par l'épiderme.

dernier, ière adj. et n. m. et f.
• Qui vient après tous les autres. *La dernière semaine de l'année.*
• Qui précède immédiatement. *La semaine dernière.*
☞ Attention à la place de l'adjectif quand il est accompagné d'un adjectif numéral. *Les cinq dernières heures* (et non **les dernières cinq heures*). L'adjectif se place après le nombre, sauf lorsque celui-ci constitue un tout. *Les dernières vingt-quatre heures furent dramatiques.*
• *Tout dernier.* Alors que l'adjectif *dernier* s'accorde en genre et en nombre, le mot *tout* est invariable au masculin, mais variable au féminin. *Les tout derniers fruits. Les toutes dernières fleurs.*
• *Avoir le dernier mot.* Avoir raison.

dernièrement adv.
Récemment, depuis peu. *Je l'ai vu dernièrement.*

dernier-né, dernière-née n. m. et f. (pl. *derniers-nés, dernières-nées*)
Le dernier enfant dans une famille.
☞ Dans ce nom composé, les deux éléments prennent la marque du pluriel, contrairement à *nouveau-né* et *mort-né* dont le premier élément reste toujours invariable. *Des nouveau-nés, des mort-nés.*

dérobade n. f.
Action de se soustraire à une obligation.

dérobé, ée adj.
• Volé. *Des téléviseurs dérobés.*
• Caché. *Un escalier dérobé.*

dérobée (à la) loc. adv.
En secret et rapidement.

dérober v. tr., pronom.
• **Transitif**
(Litt.) Voler. *On lui a dérobé son sac.*
• **Pronominal**
- Se soustraire à. *Elle se dérobait à ses questions. Ne tentez pas de vous dérober encore une fois.*
- S'effondrer. *Il lui semblait que le plancher se dérobait sous lui.*

dérogation n. f.
• Infraction.
• (Dr.) Modification aux dispositions d'une loi.

dérogatoire adj.
(Dr.) Qui contient une dérogation.

déroger v. tr.
Le *g* est suivi d'un *e* devant les lettres *a* et *o*. *Il dérogea, nous dérogeons.*
Enfreindre une loi, un usage. *Ils dérogent à la loi.*

dérougir v. intr.
(Fam.) Au Canada, se calmer. *Depuis le matin, nous avons été très occupés : ça n'a pas dérougi.*

dérouiller v. tr.
Les lettres *ill* sont suivies d'un *i* à la première et à la deuxième personne du pluriel de l'indicatif im-

parfait et du subjonctif présent. *(Que) nous dérouillions, (que) vous dérouilliez.*
• Enlever la rouille de.
• (Fam) Dégourdir. *Dérouiller ses jambes.*

déroulement n. m.
• Action de dérouler, de se dérouler.
• (Fig.) Le fait de se développer progressivement dans le temps. *Le déroulement de l'action dans un roman.*

dérouler v. tr., pronom.
• **Transitif**. Étendre ce qui était roulé. *Il déroule un fil électrique.*
• **Pronominal**. Se produire selon une succession donnée. *Un récit qui se déroule très vite.*
Ant. **enrouler**.

déroutant, ante adj.
Déconcertant. *Sa question était déroutante.*

déroute n. f.
• Fuite désordonnée d'une troupe vaincue.
• (Fig.) Confusion générale, crise.
Syn. **débandade**.

dérouter v. tr.
• Faire changer de destination. *Dérouter un navire en raison d'une tempête.*
• (Fig.) Déconcerter. *Ces affirmations l'ont dérouté.*

derrick n. m. (pl. *derricks*)
Tour de forage d'un puits de pétrole.
☞ L'expression *tour de forage* a fait l'objet d'une recommandation officielle pour remplacer cet anglicisme.

derrière adv., n. m. et prép.

• **Adverbe**
- En arrière, après. *Ils sont assis derrière.*
- *Par derrière,* locution adverbiale. *Il a attaqué par derrière.*
• **Nom masculin**
La partie postérieure d'une chose, par opposition au *devant.*
☞ Ce mot désigne surtout la partie cachée d'une chose, par exemple la partie opposée à la façade d'un immeuble.
• **Préposition**
- Du côté opposé au devant. *Il est caché derrière l'arbre.*
- À la suite de. *Il marchait derrière elle.*
- *Une idée de derrière la tête.* Une idée secrète.

des art. déf. et indéf.
• Article défini contracté pluriel (*de les*). *Le chant des oiseaux.*
• Article indéfini pluriel de *un, une. Des pommes.*
• Article partitif pluriel exprimant une partie d'une chose au pluriel. *Manger des marinades.*
Hom. :
- *dais,* baldaquin;
- *dès,* préposition.

dès prép.
• À partir de. *Il se lève dès l'aube. Ce sera prêt dès demain.*

• Depuis. *Dès sa parution, ce livre s'est très bien vendu.*
• **Dès que,** locution conjonctive. Dès l'instant que.
Dès qu'elle sera arrivée, nous pourrons commencer.
☞ La locution conjonctive est suivie de l'indicatif.
Hom. :
- *dais,* baldaquin;
- *des ,* article.

désabusé, ée adj. et n. m. et f.
Déçu, désenchanté.

désabusement n. m.
(Litt.) Action de désabuser, de se désabuser.

désabuser v. tr.
(Litt.) Détromper, désillusionner.

désaccord n. m.
Différend. *Un désaccord entre deux collègues. Ils sont en désaccord.*
☞ Ne pas confondre avec les noms suivants :
- *discorde,* désunion grave;
- *dissidence,* division profonde qui conduit un groupe ou une personne à se désolidariser;
- *incompatibilité,* impossibilité de s'entendre avec une autre personne.

désaccorder v. tr.
Détruire l'accord d'un instrument de musique, l'harmonie d'un ensemble. *Le piano est désaccordé.*

désaccoutumance n. f.
Fait de se désaccoutumer; son résultat.

désaccoutumer v. tr., pronom.
• **Transitif.** (Litt.) Faire perdre une habitude à quelqu'un.
• **Pronominal.** Se défaire d'une habitude.

désadaptation n. f.
Perte de l'adaptation.

désadapté, ée adj. et n. m. et f.
Qui n'est plus adapté à son milieu en raison de son évolution.
☞ Ne pas confondre avec le nom *inadapté,* incapable de s'adapter à un milieu en raison de difficultés de comportement.

désaffectation n. f.
Changement de destination d'un immeuble.
☞ Ne pas confondre avec le nom *désaffection,* perte de l'affection, de l'estime.

désaffecter v. tr.
Changer d'affectation (un immeuble). *Une gare désaffectée.*

désaffection n. f.
Perte de l'affection, de l'estime.
☞ Ne pas confondre avec le nom *désaffectation,* changement de destination d'un immeuble.

désaffiliation n. f.
Action de se désaffilier; son résultat.
⇨ désaffiliation.

désaffilier v. tr.
Redoublement du *i* à la première et à la deuxième personne du pluriel de l'imparfait de l'indicatif et du présent du subjonctif. *(Que) nous désaffiliions, (que) vous désaffiliiez.*

Mettre fin à l'affiliation de.

désagréable adj.
• (Choses) Mauvais, pénible. *Ces retards sont désagréables.*
• (Personnes) Acariâtre, déplaisant. *Ce monsieur est très désagréable.*

désagréablement adv.
De façon désagréable.

désagrégation n. f.
État de ce qui est dispersé.
☞ Ne pas confondre avec le nom *désintégration,* action de détruire l'intégrité d'un tout.

désagréger v. tr., pronom.
Le *é* se change en *è* devant une syllabe muette, sauf à l'indicatif futur et au conditionnel présent. *Il se désagrège,* mais *il se désagrégera.*
• **Transitif.** Produire la désagrégation de. *L'eau et le gel désagrégeront ce mur.*
• **Pronominal.** Se décomposer. *Ces rochers se désagrègent lentement.*

désagrément n. m.
Ennui, sujet de contrariété.

désaisonnaliser v. tr.
Corriger les statistiques relatives à une période donnée en y appliquant un coefficient qui permet de supprimer l'incidence des phénomènes saisonniers. (Recomm. off OLF)

désaltérant, ante adj.
Propre à désaltérer. *Cette boisson est bien désaltérante.*

désaltérer v. tr., pronom.
Le *é* se change en *è* devant une syllabe muette, sauf à l'indicatif futur et au conditionnel présent. *Je me désaltère,* mais *nous nous désaltérons.*
• **Transitif.** Apaiser la soif de. *Ce jus vous désaltérera.*
• **Pronominal.** Apaiser sa soif. *Ils se sont désaltérés à la fontaine.*

désamorcer v. tr.
Le *c* prend une cédille devant les lettres *a* et *o*. *Nous désamorçons, tu désamorças.*
• Neutraliser. *Désamorcer une querelle.*
• Ôter l'amorce de. *Désamorcer une bombe.*

désappointement n. m.
Déception. *C'est avec beaucoup de désappointement que j'ai appris votre départ.*

désappointer v. tr.
Décevoir. *Votre refus m'a désappointé.*

désapprendre v. tr.
Oublier ce qu'on a appris. *Elle a désappris l'espagnol. Il a désappris à conduire* ou *de conduire.*

désapprobateur, trice adj.
Qui désapprouve. *Un ton désapprobateur.*

désapprobation n. f.
Blâme.

désapprouver v. tr.
Ne pas approuver, blâmer. *La directrice a désapprouvé cette décision.*

désarçonner v. tr.
• (Fig.) Déconcerter.
• Renverser de cheval.
☞ désarçonner.

désargenté, ée adj.
• Qui a perdu son revêtement d'argent.
• (Fam.) Qui manque d'argent, en parlant d'une personne.

désargenter v. tr.
• Enlever la couche d'argent d'un objet.
• (Fam.) Priver de son argent.

désarmant, ante adj.
Qui pousse à l'indulgence par sa gentillesse, sa naïveté, etc.

désarmement n. m.
Suppression des armements.

désarmer v. tr., intr.
• **Transitif**
- Enlever ses armes à quelqu'un.
- Fléchir, toucher. *Cette inconscience le désarmait complètement.*
• **Intransitif**
- Réduire ses armements.
- Cesser en parlant d'un sentiment violent. *Sa colère ne désarme pas.*

désarroi n. m.
• Trouble, angoisse. *Cette bombe a semé le désarroi chez les passants.*
• *En désarroi.* En détresse. *Il était en grand désarroi lorsqu'elle est arrivée.*

désarticulation n. f.
Action de désarticuler; son résultat.

désarticuler v. tr., pronom.
• **Transitif.** Faire sortir un os de son articulation.
• **Pronominal.** Se déboîter. *Les os se sont désarticulés.*

désassortir v. tr.
Séparer des choses assorties. *Des gants désassortis.*

désastre n. m.
Catastrophe, grand malheur. *Cette marée de pétrole est un désastre écologique.*

désastreux, euse adj.
Catastrophique. *Ces départs sont désastreux.*

désavantage n. m.
Inconvénient, préjudice. *Cette profession a le désavantage d'exiger des voyages nombreux.*

désavantager v. tr.
Le *g* est suivi d'un *e* devant les lettres *a* et *o*. *Il désavantagea, nous désavantageons.*
Mettre en état de désavantage, léser. *Cette situation à l'extérieur de la ville désavantageait ce commerce.*

désavantageusement adv.
De façon désavantageuse.

désavantageux, euse adj.
Défavorable. *Ces conditions sont désavantageuses, je ne peux les accepter.*

Ant. **avantageux.**
☞ désavantageux.

désaveu n. m. (pl. *désaveux*)
• Acte par lequel on désavoue quelqu'un, quelque chose. *Des désaveux publics d'une politique de discrimination.*
• (Litt.) Condamnation, désapprobation.

désavouer v. tr.
• Désapprouver. *La directrice a désavoué toute discrimination entre les élèves.*
• Ne pas vouloir reconnaître comme sien. *Désavouer une promesse.*

désaxé, ée adj. et n. m. et f.
• **Adjectif.** Sorti de son axe.
• **Adjectif et nom masculin et féminin.** Déséquilibré.

désaxer v. tr.
• Mettre hors de son axe.
• Déséquilibrer.

descellement n. m.
Action de desceller.
☞ descellement.

desceller v. tr.
⟺ Les trois *e* sont fermés [desele].
Ouvrir ce qui est scellé. *Il a réussi à desceller le cadrage.*
▷— Ne pas confondre avec les verbes suivants :
- *déceler,* découvrir ce qui est caché;
- *desseller,* retirer la selle d'un cheval.
☞ desceller.

descendance n. f.
Ensemble des descendants. *Les premiers colons en Nouvelle-France ont eu une nombreuse descendance.*
☞ descendance.

descendant, ante adj. et n. m. et f.
• **Adjectif.** Qui descend. *La marée descendante.*
• **Nom masculin et féminin.** Personne issue d'un ancêtre. *Ce sont des descendants de ce premier colon.*
☞ descendant.

descendre v. tr., intr.
INDICATIF PRÉSENT *Je descends, tu descends, il descend, nous descendons, vous descendez, ils descendent.* IMPARFAIT *Je descendais.* PASSÉ SIMPLE *Je descendis.* FUTUR *Je descendrai.* CONDITIONNEL PRÉSENT *Je descendrais.* IMPÉRATIF PRÉSENT *Descends, descendons, descendez.* SUBJONCTIF PRÉSENT *Que je descende.* IMPARFAIT *Que je descendisse.* PARTICIPE PRÉSENT *Descendant.* PASSÉ *Descendu, ue.*
• **Transitif**
- Parcourir de haut en bas. *Delphine a descendu les rapides en radeau. Martin descend l'escalier trop vite.*
- Déplacer vers le bas. *Il a descendu un livre de sa bibliothèque.*
- (Fam.) Abattre. *Les rebelles ont descendu un avion.*
• **Intransitif**
- Aller de haut en bas. *Elle descendra par l'escalier.*
- Baisser de niveau. *La mer commence à descendre, c'est la marée basse.*

- Tirer son origine de. *Ils descendent d'une grande famille.*
- Séjourner. *Il descend toujours dans ce petit hôtel.*
☞— À la forme transitive, le verbe se conjugue avec l'auxiliaire *avoir;* à la forme intransitive, il se conjugue avec l'auxiliaire *être.*
☞— L'expression *«descendre en bas» est un pléonasme à éviter.
Ant. **monter.**
☞ de**scen**dre.

descente n. f.
• Action de descendre. *Une descente en skis, à ski.*
• Perquisition. *Des descentes de police.*
• Chemin par lequel on descend. *Une descente abrupte.*
• *Descente de lit.* Tapis placé devant un lit.
☞ de**scen**te.

descripteur n. m.
(Inform.) Signe servant à caractériser l'information contenue dans un document, un fichier, à en faciliter la recherche.

descriptif, ive adj. et n. m.
• **Adjectif.** Qui décrit. *La linguistique descriptive.*
• **Nom masculin.** Document qui décrit à l'aide de plans, schémas, etc.

description n. f.
• Action de décrire. *Une description détaillée d'un accident.*
• *Description d'emploi, de fonction, de poste, de tâche.* État des fonctions et tâches, des responsabilités et des relations d'autorité propres à un emploi ainsi que des qualités exigées pour le remplir. *Des descriptions d'emploi(s), de fonction(s), de poste(s), de tâche(s).*

désemparé, ée adj.
Déconcerté, qui ne sait quoi faire. *La famille était complètement désemparée après l'incendie de la maison.*
☞ dé**sem**paré.

désemparer v. tr., intr.
• **Transitif.** Déconcerter.
• **Intransitif.** *Sans désemparer.* Sans interruption. *Ils ont cueilli des fruits tout l'après-midi sans désemparer.*

désemplir v. intr.
Ne pas désemplir. Être sans cesse plein. *La boutique ne désemplit pas.*
☞ dé**sem**plir.

désenchanté, ée adj. et n. m. et f.
Qui a perdu ses illusions. *Ils sont désenchantés de la vie, ils ont eu trop d'épreuves.*

désenchantement n. m.
Désillusion.

désenchanter v. tr.
Désillusionner.

désencombrer v. tr.
Débarrasser de ce qui encombre.

désenfler v. tr., intr.
• **Transitif.** Faire diminuer l'enflure de.

• **Intransitif.** Cesser d'être enflé. *Sa cheville blessée a désenflé.*

désengager v. tr., pronom.
Le *g* est suivi d'un *e* devant les lettres *a* et *o*. *Il désengagea, nous désengageons.*
• **Transitif.** Retirer d'un engagement.
• **Pronominal.** Se libérer d'un engagement. *Elles se sont désengagées de cette obligation.*
☞— On préférera le verbe *dégager.*

désengorger v. tr.
Le *g* est suivi d'un *e* devant les lettres *a* et *o*. *Nous désengorgeons, tu désengorgeas.*
Faire cesser d'être engorgé, obstrué.

désennuyer v. tr.
Distraire. *Cette émission l'a désennuyé, il a beaucoup ri.*
☞ dése**nn**uyer.

désensibilisation n. f.
Action de désensibiliser.

désensibiliser v. tr., pronom.
• **Transitif.** Rendre moins sensible. *Il faut attendre un peu avant que l'opinion publique ne soit désensibilisée.*
• **Pronominal.** Perdre de sa sensibilité.

déséquilibre n. m.
• Absence d'équilibre.
• Manque d'équilibre mental.
☞ désé**qui**libre.

déséquilibré, ée adj. et n. m. et f.
Qui n'a pas son équilibre mental. *Ce directeur despotique est un déséquilibré.*
☞ désé**qui**libré.

déséquilibrer v. tr.
• Faire perdre son équilibre. *Cette racine dans la piste de ski a déséquilibré Antoine.*
• Troubler, perturber. *Cet accident risque de le déséquilibrer.*
☞ désé**qui**librer.

désert, erte adj. et n. m.
• **Adjectif**
- Inhabité. *Une île déserte.*
- Dépeuplé provisoirement. *La place était déserte.*
• **Nom masculin**
Région très aride ayant très peu d'habitants. *Le désert du Sahara.*

déserter v. tr., intr.
• **Transitif**
- Quitter un lieu. *Déserter son travail.*
- Abandonner. *Déserter une cause.*
• **Intransitif**
Abandonner l'armée sans autorisation. *Ces soldats ont déserté.*

déserteur, euse n. m. et f.
Personne qui abandonne son poste.
☞— Ne pas confondre avec le nom *transfuge,* personne qui passe à l'ennemi.

désertification ou **désertisation** n. f.
Transformation d'une région en désert.

désertion n. f.
�⟩ Le *t* se prononce *s* [dezɛrsjɔ̃].
Trahison, abandon. *La désertion peut entraîner une condamnation.*
▭▷ dé**s**ertion.

désertique adj.
Qui se rapporte au désert. *Des étendues désertiques.*

désescalade n. f.
Diminution progressive de l'accélération d'un phénomène. *La désescalade des prix.*

désespérance n. f.
(Litt.) Désespoir.

désespérant, ante adj.
Décourageant. *Des cas désespérants.*
▭← Ne pas confondre avec le participe présent invariable *désespérant. Les skieurs désespérant d'arriver à l'abri commencèrent à s'affoler.*

désespéré, ée adj. et n. m. et f.
• **Adjectif**
- Qui n'a plus aucun espoir. *Élise est désespérée, elle a perdu son emploi.*
- Qui ne permet aucun espoir. *L'état de ce blessé est désespéré, on ne peut le sauver.*
• **Nom masculin et féminin**
Personne qui n'espère plus. *Le désespéré s'est suicidé.*

désespérément adv.
De façon désespérée, avec acharnement. *Ils ont essayé désespérément de s'en sortir.*

désespérer v. tr., intr., pronom.
Se conjugue comme le verbe *espérer.*
• **Transitif direct**
- Décourager, désoler. *Ces atermoiements me désespèrent.*
- *Désespérer + que. Il désespère qu'elle vienne.*
▭← Le verbe se construit avec le subjonctif, et l'emploi du *ne* explétif est facultatif à la forme négative ou interrogative. *Il ne désespère pas qu'elle (ne) change d'avis.*
• **Transitif indirect**
Désespérer de + nom ou verbe à l'infinitif. Perdre l'espoir en. *Ils désespèrent de la paresse de cet enfant. Elle désespère de pouvoir regagner son pays.*
• **Intransitif**
Cesser d'espérer. *Après tous ces échecs, il commence à désespérer. Il désespère de réussir. Ne désespérons pas.*
• **Pronominal**
S'abandonner au désespoir. *Elle se désespère de cette décision, de devoir partir.*
▭← À la forme pronominale, le verbe se construit avec la préposition *de* suivie d'un nom ou d'un infinitif. Il peut également se construire avec *que* et le subjonctif. *Il désespère qu'elle soit en désaccord.*

désespoir n. m.
• Chagrin profond, détresse.
• *En désespoir de cause.* À titre d'ultime tentative et sans grande confiance.

déshabillage n. m.
Action de déshabiller; son résultat.
▭▷ dé**sh**abillage.

déshabillé n. m.
Vêtement d'intérieur léger. *Des déshabillés brodés.*
▭▷ dé**sh**abillé.

déshabiller v. tr., pronom.
Les lettres *ill* sont suivies d'un *i* à la première et à la deuxième personne du pluriel de l'indicatif imparfait et du subjonctif présent. *(Que) nous déshabillions, (que) vous déshabilliez.*
• **Transitif.** Dévêtir. *Sophie a déshabillé sa poupée.*
• **Pronominal.** Se dévêtir. *Ils se sont déshabillés pour enfiler leur maillot de bain.*
▭▷ dé**sh**abiller.

déshabituer v. tr., pronom.
• **Transitif.** Faire perdre une habitude à.
• **Pronominal.** Perdre l'habitude de. *Papa voudrait se déshabituer de fumer.*
▭▷ dé**sh**abituer.

désherbage n. m.
Action de désherber.
▭▷ dé**sh**erbage.

désherbant n. m.
Herbicide. *Des désherbants utiles.*
▭▷ dé**sh**erbant.

désherber v. tr.
Sarcler, détruire les mauvaises herbes.
▭▷ dé**sh**erber.

déshérence n. f.
(Dr.) Absence d'héritiers.
▭▷ dé**sh**érence.

déshérité, ée adj. et n. m. et f.
• Privé d'héritage.
• Démuni.
▭▷ dé**sh**érité.

déshériter v. tr.
Priver d'héritage. *Ils ont été déshérités par leur père; celui-ci ne leur donnera rien après sa mort.*
▭▷ dé**sh**ériter.

déshonnête adj.
(Litt.) Contraire à la décence, à la morale.
▭← Ne pas confondre avec le mot *malhonnête,* qui n'est pas honnête.
▭▷ dé**sh**onnête.

déshonneur n. m.
Honte, indignité. *Cette défaite est un déshonneur pour l'école.*
▭▷ dé**sh**onneur.

déshonorant, ante adj.
Honteux. *Ces pratiques sont déshonorantes.*
▭▷ dé**sh**onorant.

déshonorer v. tr., pronom.
• **Transitif.** Discréditer, déprécier. *Ces paroles le déshonorent.*
• **Pronominal.** Perdre son honneur. *Ils se sont déshonorés en acceptant cette entente illégale.*
▭▷ dé**sh**onorer.

déshumaniser v. tr.
Faire perdre tout caractère humain à.
⏩ dés**h**umaniser.

déshydratation n. f.
Action de déshydrater; son résultat. *La déshydratation, la sécheresse de la peau.*
⏩ dés**hy**dratation.

déshydrater v. tr., pronom.
• **Transitif.** Supprimer l'eau de, dessécher. *Déshydrater du lait.*
• **Pronominal.** Perdre son eau, en parlant d'un organisme, de la peau. *Avec tout ce soleil, ta peau s'est déshydratée.*
⏩ dés**hy**drater.

desiderata n. m. pl.
👄 Les deux *e* se prononcent *é* [deziderata].
Mot latin signifiant «choses dont on déplore l'absence». Revendications. *Veuillez nous indiquer vos desiderata.*
🗝 En typographie soignée, les mots étrangers sont composés en italique. Dans des textes déjà en italique, la notation se fait en romain. Pour les textes manuscrits, on utilisera les guillemets.

design adj. inv. et n. m. inv.
👄 Ce mot se prononce à l'anglaise [dizajn].
• **Adjectif invariable.** Conçu en fonction des critères du design. *Des aménagements très design.*
• **Nom masculin invariable.** Conception de l'objet qui allie l'esthétique aux critères utilitaires. *Des design innovateurs.*

désignation n. f.
Action de désigner. *La désignation d'un produit.*

designer n. m. et f.
👄 Ce mot se prononce à l'anglaise [dizajnœr].
Spécialiste du design. *C'est une designer québécoise qui a conçu cet appareil d'éclairage.*

désigner v. tr.
Les lettres *gn* sont suivies d'un *i* à la première et à la deuxième personne du pluriel de l'indicatif imparfait et du subjonctif présent. *(Que) nous désignions, (que) vous désigniez.*
• Montrer, signaler. *Désignez-moi votre ami que je le salue.*
• Signifier, représenter. *Le nom descente désigne l'action d'aller de haut en bas.*
• Choisir (quelqu'un) pour un travail. *La direction a désigné un nouveau moniteur.*

désillusion n. f.
Déception.

désillusionner v. tr.
Faire perdre ses illusions à (quelqu'un).

désincarné, ée adj.
Détaché de la réalité.

désincruster v. tr.
Nettoyer en débarrassant des incrustations, des impuretés.

désinence n. f.
(Ling.) Terminaison servant à marquer le cas, le nombre, le genre, la personne, etc. *Des désinences grammaticales.*

désinfectant, ante adj. et n. m.
Se dit de substances propres à désinfecter. *Des produits désinfectants sont utilisés dans les hôpitaux.*
🗝 Ne pas confondre avec le participe présent invariable *désinfectant. Les produits désinfectant le mieux une blessure sont les antibiotiques.*

désinfecter v. tr.
Détruire les germes pathogènes ou empêcher leur prolifération. *Désinfecter une plaie, la chambre d'un malade.*

désinfection n. f.
Stérilisation.

désinformation n. f.
Action de fausser l'information en donnant une image déformée de la réalité.

désintégration n. f.
Destruction de l'intégrité d'un tout. *La désintégration d'un composé chimique.*
🗝 Ne pas confondre avec le nom *désagrégation,* état de ce qui est dispersé.

désintégrer v. tr., pronom.
Le *é* se change en *è* devant une syllabe muette, sauf à l'indicatif futur et au conditionnel présent. *Je désintègre,* mais *je désintégrerai.*
• **Transitif**
- Détruire l'intégrité d'un tout. *Désintégrer de l'uranium pour le transformer en énergie.*
- (Fig.) Détruire complètement quelque chose. *L'explosion a désintégré la voiture.*
• **Pronominal**
Perdre son intégrité. *L'engin spatial s'est désintégré.*

désintéressé, ée adj.
Qui n'obéit pas à un intérêt personnel. *Ces bénévoles sont désintéressés, ils ne veulent que soulager les malades.*
Ant. **intéressé.**

désintéressement n. m.
Altruisme.
🗝 Ce nom a une valeur favorable et ne peut signifier un manque d'intérêt.
🗝 Ne pas confondre avec le nom *désintérêt,* manque d'intérêt.

désintéresser v. tr., pronom.
• **Transitif.** Faire perdre à quelqu'un tout intérêt pour quelque chose. *Les difficultés ont fini par le désintéresser.*
• **Pronominal.** Se détacher de quelqu'un, quelque chose, perdre son intérêt. *Ils se sont désintéressés de cette entreprise.*

désintérêt n. m.
Manque d'intérêt, indifférence.
🗝 Ne pas confondre avec le nom *désintéressement,* détachement, altruisme.
⏩ désinté**rêt.**

désintoxication n. f.
Action de désintoxiquer, de se désintoxiquer; son résultat. *Des cures de désintoxication.*
☞ désintoxi**c**ation.

désintoxiquer v. tr.
• Guérir quelqu'un d'une intoxication ou de ses effets.
• Débarrasser de ses toxines. *La mer te désintoxiquera.*

désinvestissement n. m.
Réduction des investissements.

désinvolte adj.
• Qui a l'allure dégagée. *Des démarches désinvoltes.*
• (Péj.) Impertinent. *Un ton désinvolte.*

désinvolture n. f.
Sans-gêne, impertinence. *Ils ont répondu avec désinvolture.*

désir n. m.
• Aspiration à posséder quelque chose. *Formuler un désir.*
• Objet désiré. *Les vacances représentent son seul désir.*
• Appétit sexuel.

désirable adj.
• Que l'on peut désirer. *Une évolution désirable.*
• Qui excite le désir. *Une personne très désirable.*

désirer v. tr.
• Espérer, souhaiter. *Elle désire atteindre son but.*
☞ Suivi de l'infinitif, le verbe se construit sans préposition.
• *Désirer + que.* Se construit avec le subjonctif. *Nous désirons que vous soyez ponctuel.*
☞ Ne pas confondre avec les verbes suivants :
- *aspirer,* viser, prétendre à;
- *convoiter,* désirer ardemment;
- *envier,* désirer ce qui est à autrui.
• *Laisser à désirer.* Être imparfait, médiocre. *Son rendement laissait à désirer.*
• *Se faire désirer.* Se faire attendre.

désireux, euse adj.
Qui aspire à quelque chose. *Il est désireux de s'instruire.*
☞ Cet adjectif se construit avec la préposition *de* suivie de l'infinitif.
☞ désireu**x**.

désistement n. m.
Action de se désister.

désister (se) v. pronom.
• (Dr.) Renoncer à un droit.
• Retirer sa candidature en faveur d'un autre candidat.

désobéir v. tr. ind.
👄 Le *o* est ouvert [dezɔbeir].
• Ne pas obéir à quelqu'un. *Ils ont désobéi à leurs parents qui leur avaient interdit d'aller à la piscine.*
• Contrevenir à une loi, un règlement.
Ant. **obéir.**

désobéissance n. f.
👄 Le *o* est ouvert [dezɔbeisɑ̃s].
• Action de désobéir. *Ils seront punis pour cette désobéissance.*

• Insubordination.

désobéissant, ante adj.
👄 Le *o* est ouvert [dezɔbeisɑ̃, ɑ̃t].
Qui désobéit. *Des fillettes désobéissantes.*

désobligeant, ante adj.
Désagréable. *Des paroles désobligeantes.*

désobliger v. tr.
Le *g* est suivi d'un *e* devant les lettres *a* et *o. Il désobligea, nous désobligeons.*
Froisser, ennuyer.

désodorisant, ante adj. et n. m.
Se dit d'un produit qui enlève ou masque les mauvaises odeurs dans un local.
👄 Ne pas confondre avec le mot **déodorant,** qui se dit d'un produit qui diminue ou supprime les odeurs corporelles.

désodoriser v. tr.
Supprimer les mauvaises odeurs.

désœuvré, ée adj. et n. m. et f.
Inactif.

désœuvrement n. m.
Inaction, oisiveté.

désolation n. f.
Peine profonde. *C'est avec désolation que j'ai appris cette triste nouvelle.*

désoler v. tr., pronom.
• **Transitif.** Consterner, peiner. *Ces difficultés les désolent.*
• **Pronominal.** Être peiné. *Elle se désole de le savoir malade.*

désolidariser v. tr., pronom.
• **Transitif.** Rompre la solidarité entre des personnes.
• **Pronominal.** Cesser d'être lié par une responsabilité et des intérêts identiques. *Ces employés se sont désolidarisés d'avec leurs collègues. Des cadres se sont désolidarisés de la ligne de conduite adoptée.*
👄 Ce verbe se construit avec la locution prépositive *d'avec* ou avec la préposition *de.*

désopilant, ante adj.
Hilarant. *Une anecdote désopilante.*

désordonné, ée adj.
Confus, en désordre.

désordre n. m.
• Manque d'ordre. *Ta chambre est en désordre, viens la ranger!*
• Perturbation. *À une heure de la fin de l'année, la classe était dans un désordre total.*
• Agitation politique ou sociale.

désorganisation n. f.
Action de désorganiser; son résultat.

désorganiser v. tr.
Détruire l'organisation de. *Le tremblement de terre a désorganisé la ville.*

désorientation n. f.
Action de désorienter; fait d'être désorienté.

désorienter v. tr.
• Détruire l'orientation de. *Le brouillard les a désorientés, ils ne retrouvaient plus leur chemin.*
• (Fig.) Dépayser, déconcerter. *Ces propos désorientent leurs amis qui ne les comprennent plus.*

désormais adv.
Dorénavant, à l'avenir. *Désormais, cette épicerie sera ouverte le dimanche.*

désossement n. m.
👄 Le *o* est ouvert [dezɔsmã].
Action de désosser.

désosser v. tr.
👄 Le *o* est ouvert [dezɔse].
Retirer les os. *Désosser un poulet.*

desperado n. m.
👄 Le deuxième *e* se prononce *é* [dɛsperado].
Personne prête à s'engager dans une entreprise désespérée. *Des desperados chiliens.*

despote n. m.
• Tyran, chef d'État qui s'arroge un pouvoir absolu.
• (Fig.) Personne qui exerce une autorité tyrannique.
▷— Ce nom n'a pas de forme féminine.

despotique adj.
Tyrannique. *Une attitude despotique.*

despotiquement adv.
D'une manière despotique.

despotisme n. m.
Autorité tyrannique.

desquamation n. f.
👄 Le *u* se prononce *ou* [dɛskwamasjɔ̃].
Élimination de petites lamelles de l'épiderme (squames).

desquamer v. tr., pronom.
👄 Le *u* se prononce *ou* [dɛskwame].
• **Transitif**
Nettoyer l'épiderme en supprimant les cellules mortes.
• **Intransitif**
- Perdre ses écailles, en parlant d'un animal.
- Se détacher, en parlant de la peau.
• **Pronominal**
Se détacher par squames.

dès que loc. conj.
Aussitôt que. *Dès qu'elle sera arrivée, nous pourrons commencer. Dès qu'ils arriveraient, l'orchestre se mettrait à jouer.*
▷— Cette locution peut être suivie de l'indicatif ou du conditionnel.

desquels, desquelles
V. **lequel.**

dessaisir v. tr., pronom.
• **Transitif.** Retirer à quelqu'un ce dont il était chargé, ce qu'il possède.
• **Pronominal.** Renoncer à ce qu'on possède. *Ils se sont dessaisis de leurs propriétés.*

dessèchement n. m.
Déshydratation. *Le dessèchement de la peau.*
▷ dessèchement, contrairement au verbe **dessécher.**

dessécher v. tr., pronom.
Le *é* se change en *è* devant une syllabe muette, sauf au futur et au conditionnel. *Il dessèche,* mais *nous dessécherons.*
• **Transitif**
- Rendre sec (ce qui est humide). *Les vents ont desséché le sol.*
- (Fig.) Rendre insensible. *L'absence de tendresse a desséché cette personne.*
• **Pronominal**
Devenir sec, insensible. *La terre s'est desséchée.*

dessein n. m.
• (Litt.) Projet.
• But, projet. *Il a le dessein de faire le tour du monde.*
• *À dessein,* locution adverbiale. Exprès. *J'ai choisi cette bicyclette à dessein parce qu'elle est plus robuste.*
• *À dessein de,* locution prépositive. Avec l'intention de. *Elle était là très tôt à dessein de s'entretenir avec lui.*
Hom. *dessin,* représentation graphique.
✏ dess**ein.**

desseller v. tr.
👄 Les trois *e* sont fermés [desele].
Retirer la selle (à un animal).
Hom. :
- *déceler,* découvrir ce qui est caché;
- *desceller,* ouvrir ce qui est scellé.

desserrement n. m.
Action de desserrer.

desserrer v. tr.
Relâcher ce qui était serré. *Desserrer un lacet.*

dessert n. m.
• Ce qui est servi à la fin du repas (fruits, pâtisseries, etc.). *Monica raffole des desserts.*
• Moment du repas où l'on mange le dessert. *Nous en sommes au dessert.*

desserte n. f.
• Voie de communication qui dessert une localité. *Des voies de desserte.*
• Meuble destiné au service de la table.

dessertir v. tr.
Enlever de sa monture. *Dessertir une pierre.*

dessertissage n. m.
Action de dessertir.

desservir v. tr.
• Assurer un moyen de transport pour (un lieu). *Cette autoroute dessert plusieurs localités.*
• Donner accès à. *Deux portes desservent la salle à manger.*
• Débarrasser une table après un repas.
• Nuire. *Ces commentaires l'ont desservi auprès de ses collègues.*

dessiller v. tr.
Les lettres *ill* sont suivies d'un *i* à la première et à la deuxième personne du pluriel de l'indicatif imparfait et du subjonctif présent. *(Que) nous dessillions, (que) vous dessilliez.*

• (Vx) Séparer les paupières de quelqu'un.
• *Dessiller les yeux de quelqu'un.* (Fig.) Amener quelqu'un à voir ce qu'il voulait ignorer.
⟹ dessiller.

dessin n. m.
• Art de la figuration graphique. *Il aime le dessin.*
• Représentation graphique. *Quel magnifique dessin!*
• *Dessin animé.* Film d'animation. *De bons dessins animés* (et non **cartoons).*
Hom. *dessein,* projet.

dessinateur n. m.
dessinatrice n. f.
Personne qui pratique l'art du dessin, à titre professionnel. *Des dessinatrices industrielles, des dessinateurs-cartographes.*

dessiner v. tr., intr., pronom.
• **Transitif.** Représenter par le dessin. *Dessiner un paysage.*
• **Intransitif.** Pratiquer le dessin. *Il dessine bien.*
• **Pronominal.** Apparaître, se préciser. *La nouvelle structure se dessine.*

dessouder v. tr., pronom.
• **Transitif.** Ôter la soudure de. *Dessouder une pièce défectueuse.*
• **Pronominal.** Perdre sa soudure. *Le parapet s'est dessoudé.*

dessoûler ou **dessaouler** v. tr., intr.
• **Transitif.** (Fam.) Désenivrer.
• **Intransitif.** Cesser d'être ivre.
⟹ dessoûler ou dessaouler.

dessous adv., n. m. et prép.
👄 Le mot se prononce [dəsu] ou [dsu].

• **Adverbe**
À un niveau inférieur. *Où le tableau est-il signé? Regardez dessous. Le prix est inscrit dessous.*
• **Locutions adverbiales**
- *Au-dessous.* Plus bas. *Ils habitent au-dessous.*
- *Ci-dessous.* Plus loin, ci-après. *Se reporter à l'illustration ci-dessous.*
- *En dessous.* Sous une autre chose. *Elle porte une chemise en dessous.*
👉 Cette locution adverbiale s'écrit sans trait d'union.
- *Sens dessus dessous.* À l'envers. *Il a tout mis sens dessus dessous* (et non **sans dessus dessous*).
- *Là-dessous.* Sous. *Placez la boîte là-dessous.*
• **Nom masculin**
- L'envers, le côté inférieur. *Le dessous d'un tissu. Les dessous de l'histoire.*
- (Au plur.) Sous-vêtements. *Elle a toujours de jolis dessous.*
• **Locutions prépositives**
- *Par-dessous.* Sous. *Il porte un tricot par-dessous son anorak.*
- *Au-dessous de.* Plus bas. *Elle habite au-dessous de ses parents. Il fait 10° au-dessous de zéro.*
Ant. **dessus.**

dessous-de-bras n. m. inv. (pl. *dessous-de-bras*)
Pièce de tissu destinée à protéger un vêtement de la transpiration aux aisselles.

dessous-de-plat n. m. inv. (pl. *dessous-de-plat*)
Plateau sur lequel on pose les plats.

dessous-de-table n. m. inv. (pl. *dessous-de-table*)
Pot de vin.

dessus adv., n. m. et prép.
👄 Le mot se prononce [dəsy] ou [dsy].

• **Adverbe**
À un niveau supérieur. *Les documents de dessus.*
• **Locutions adverbiales**
- *Au-dessus.* Plus haut. *Prends la cassette qui est au-dessus.*
- *Bras dessus, bras dessous.* En se donnant le bras.
- *Ci-dessus.* Plus haut. *Le texte ci-dessus est illustré.*
- *En dessus.* Du côté supérieur. *Il y a un drap et une couverture en dessus.*
👉 Cette locution adverbiale s'écrit sans trait d'union.
- *Là-dessus.* Sur cela. *Mettez du sucre là-dessus.*
- *Sens dessus dessous.* À l'envers. *Il a tout mis sens dessus dessous* (et non **sans dessus dessous*).
• **Nom masculin**
L'endroit, le côté supérieur. *Le dessus de la commode est en marbre.*
• **Locutions prépositives**
- *Par-dessus.* Au delà, sur. *Le cheval a sauté par-dessus l'obstacle.*
- *Au-dessus de.* Plus haut que. *Le tableau est au-dessus du secrétaire. Il fait 15° au-dessus de zéro.*
Ant. **dessous.**

dessus-de-lit n. m. inv. (pl. *dessus-de-lit*)
Couvre-lit.

dessus-de-porte n. m. inv. (pl. *dessus-de-porte*)
Décoration peinte ou sculptée au-dessus d'une porte.

déstabilisation n. f.
Action de déstabiliser.

déstabiliser v. tr.
Faire perdre sa stabilité à. *Ces scandales ont déstabilisé le parti au pouvoir.*

destin n. m.
• Ensemble des hasards, des fatalités qui déterminent le cours des évènements. *Le destin est-il déjà tout écrit?*
• L'avenir, le sort. *Que nous réserve notre destin?*

destinataire n. m. et f.
Personne à qui s'adresse un envoi. *La destinataire de la lettre est Mme Martine Dubois.*
Ant. **expéditeur.**
V. Tableau - **ADRESSE.**

destination n. f.
• Usage, fin. *Quelle est la destination de cet appareil,*

à quoi sert-il?
• Lieu où l'on doit se rendre. *Sa destination était Québec. Il est arrivé à destination à l'heure prévue.*
• **À destination de,** locution prépositive. Pour. *Un avion à destination de Paris.*

destinée n. f.
Destin. *Suivre sa destinée.*

destiner v. tr., pronom.
• **Transitif.** Attribuer à l'avance. *Il destine ces propriétés à ses enfants.*
• **Pronominal.** Choisir d'avance une profession. *Étienne se destine à la médecine.*

destituer v. tr.
Démettre quelqu'un de sa charge, de sa fonction.

destitution n. f.
Action de destituer; son résultat.

destrier n. m.
(Ancienn.) Cheval de bataille des chevaliers.
Ant. **palefroi.**

destroyer n. m.
Contre-torpilleur.

destructeur, trice adj. et n. m. et f.
Qui détruit. *Un ouragan destructeur.*

destructif, ive adj.
Qui peut causer la destruction. *Ces critiques sont destructives.*

destruction n. f.
Action de détruire; son résultat. *La destruction d'un vieil immeuble.*

déstructurer v. tr.
Désorganiser un ensemble structuré.

désuet, ète adj.
⮂ Le *s* se prononce *z* ou *s*, [dezɥɛ] ou [desɥɛ].
Qui n'est plus en usage, dépassé. *Le baisemain est un geste de respect plutôt désuet.*

désuétude n. f.
⮂ Le *s* se prononce *z* ou *s*, [dezɥetyd] ou [desɥetyd].
Caractère d'une chose désuète. *Un mot tombé en désuétude.*

désunion n. f.
Désaccord, mésentente.

désunir v. tr., pronom.
• **Transitif**
- Séparer (ce qui était uni).
- (Fig.) Brouiller, faire cesser l'accord entre des personnes. *Cette question d'intérêts les a désunis.*
▱— Aujourd'hui, le verbe s'emploie surtout au sens figuré.
• **Pronominal**
Cesser d'être uni.

désynchronisation n. f.
⮂ Le premier *s* se prononce *s* et le deuxième, *z* [desɛ̃krɔnizasjɔ̃].
Perte de synchronisme.
▭▻ désynchronisation.

désynchroniser v. tr.
⮂ Le premier *s* se prononce *s* et le deuxième, *z* [desɛ̃krɔnize].
Faire perdre son synchronisme à.
▭▻ désynchroniser.

détachable adj.
Amovible. *Ce couvercle est détachable.*

détachage n. m.
Action de supprimer les taches.

détachant, ante adj. et n. m.
Produit qui supprime les taches. *Des détachants efficaces.*
▱— Ne pas confondre avec le participe présent invariable **détachant.** *Ces produits détachant à la benzine sont toxiques.*

détaché, ée adj.
• Indifférent, insensible. *Un air détaché.*
• Séparé d'un tout. *Des pièces détachées.*

détachement n. m.
Indifférence, insensibilité. *Il raconte cet évènement avec un complet détachement, cela ne l'intéresse pas.*

détacher v. tr., pronom.
• **Transitif**
- Défaire ce qui était attaché. *Détacher son chien.*
Ant. **attacher.**
- Supprimer les taches. *Ce produit détache très bien les tissus.*
• **Pronominal**
- Se séparer. *Les deux amis se sont détachés progressivement et ne se voient plus.*
- Apparaître clairement. *Le château se détache sur un ciel limpide.*

détail n. m.
• Élément d'un ensemble. *Ce sont des détails sans intérêt. Des détails amusants.*
• **En détail.** En précisant toutes les particularités. *Décrire une maison en détail.*
• Action de vendre des marchandises par petites quantités. *Le prix de détail.*
• **Au détail.** Au prix de détail.
Ant. **en gros.**

détaillant, ante n. m. et f.
Commerçant qui vend au détail. *Ce détaillant fait de bons prix.*

détailler v. tr.
Les lettres **ill** sont suivies d'un *i* à la première et à la deuxième personne du pluriel de l'indicatif imparfait et du subjonctif présent. *(Que) nous détaillions, (que) vous détailliez.*
• Énumérer les détails. *Elle détailla sa description.*
• Vendre au détail. *Détailler des marchandises.*

détaler v. intr.
(Fam.) S'enfuir. *Le lièvre a détalé en nous entendant.*

détartrage n. m.
Action de détartrer.

détartrant, ante adj. et n. m.
Se dit d'un produit qui dissout le tartre. *Des dentifrices détartrants.*

détartrer v. tr.
Supprimer le tartre de. *Le dentiste doit me détartrer les dents.*

détaxe n. f.
Suppression d'une taxe. *Une détaxe de 17 %.*

détaxer v. tr.
Supprimer une taxe sur (un produit).

détecter v. tr.
Découvrir (ce qui était caché). *L'enquêteur a détecté un réseau de cambrioleurs.*

détecteur n. m.
Appareil qui permet de détecter la présence de quelque chose. *Des détecteurs de fumée.*

détection n. f.
Action de détecter; son résultat. *La détection des nappes de pétrole.*
➱ détection.

détective n. m. et f.
Personne chargée d'enquêtes. *Cette détective est très astucieuse.*

déteindre v. tr., intr.
Se conjugue comme le verbe *teindre*.
• **Transitif.** Décolorer. *Déteindre une étoffe.*
• **Intransitif.** Se décolorer. *Ce tissu se déteint au soleil.*

dételage n. m.
Action de dételer.
➱ dételage.

dételer v. tr., intr.
Redoublement du *l* devant un *e* muet. *Je dételle, je détellerai,* mais *je dételais.*
• **Transitif.** Détacher (un animal attelé).
• **Intransitif.** (Fam.) S'arrêter de travailler.

détendre v. tr., pronom.
• **Transitif.** Relâcher ce qui est tendu. *Il a détendu le câble qui était trop serré.*
• **Pronominal.** Cesser d'être tendu, se relâcher. *Après une semaine de travail, il fait bon de se détendre un peu.*
☞ Ne pas confondre avec le verbe *distendre,* causer une augmentation de volume.

détendu, ue adj.
Calme. *Elles sont très détendues après cette semaine de repos.*

détenir v. tr.
Se conjugue comme le verbe *tenir.*
Conserver, retenir par devers soi. *Ces chercheurs détiennent le secret d'un nouveau procédé.*

détente n. f.
• Fait de se relâcher, de se détendre. *La détente d'un ressort.*
• Le fait de prendre du repos. *Un moment de détente.*

détenteur, trice n. m. et f.
Personne qui conserve quelque chose à titre provisoire. *Le détenteur d'un record.*
☞ Ne pas confondre avec les noms suivants :

- *porteur,* personne qui détient un titre dont le titulaire n'est pas indiqué;
- *titulaire,* personne qui possède juridiquement un droit, un titre de façon permanente.

détention n. f.
État d'une personne privée de sa liberté. *Il a été condamné à la détention perpétuelle.*

détenu, ue adj. et n. m. et f.
Personne incarcérée. *Des détenus dangereux.*

détergent, ente adj. et n. m.
Se dit d'un produit nettoyant qui dissout les impuretés. *De nouveaux détergents pour laver la vaisselle.*
Syn. **détersif.**

détérioration n. f.
Action de détériorer; son résultat. *La détérioration d'un mur.*

détériorer v. tr., pronom.
• **Transitif.** Endommager, mettre en mauvais état. *L'orage a détérioré le toit.*
• **Pronominal.** S'abîmer, devenir en mauvais état. *Ces meubles se sont détériorés.*

déterminant, ante adj. et n. m.
• **Adjectif.** Fondamental. *Une raison déterminante.*
• **Nom masculin.** (Gramm.) Mot qui en détermine un autre. *Les articles définis, indéfinis et partitifs, les adjectifs démonstratifs, possessifs, numéraux et indéfinis sont des déterminants.*
☞ Ne pas confondre avec le participe présent invariable *déterminant. Les motifs déterminant notre décision seront rendus publics.*
V. Tableau - **DÉTERMINANT.**

déterminatif, ive adj. et n. m.
Qui détermine, qui précise ou restreint la signification d'un mot. *Un adjectif déterminatif, un complément déterminatif.*
V. Tableau - **ADJECTIF.**
V. Tableau - **COMPLÉMENT.**

détermination n. f.
Action de déterminer, de préciser quelque chose. *La détermination d'un prix.*

déterminer v. tr., pronom.
• **Transitif**
- Caractériser, définir. *Déterminer une date.*
- Inciter. *C'est cette raison qui l'a déterminé à venir.*
• **Pronominal**
Se décider à. *Se déterminer à agir.*

déterrement n. m.
Exhumation.

déterrer v. tr.
• Sortir de terre, exhumer. *L'écureuil a déterré les glands qu'il avait cachés dans le sol.*
• (Fig.) Tirer de l'oubli.

détersif, ive adj. et n. m.
Se dit d'un produit nettoyant qui dissout les saletés. *Un produit détersif. Des détersifs puissants.*
Syn. **détergent.**

DÉTERMINANT

Le déterminant est un mot (ou un groupe de mots) qui fournit des indications sur le nom.

En général, le déterminant est placé devant le nom et il est habituellement du même genre et du même nombre que ce nom.

Les vacances. Ton maillot de bain. Cette plage. Deux palmiers. Quelques souvenirs. Quelles photos? Quel voyage!

Les déterminants sont :

- des **articles** (définis, indéfinis et partitifs). *L'ordinateur. Une imprimante. De l'eau.*
- des **adjectifs possessifs.** *Ma bicyclette. Mon ami.*
- des **adjectifs démonstratifs.** *Cette copine. Ces chiens.*
- des **adjectifs numéraux.** *Deux amoureux.*
- des **adjectifs indéfinis.** *Quelques mois.*
- des **adjectifs interrogatifs** ou **exclamatifs.** *Quel jour? Quelle journée!*

V. Tableau – **ANALYSE GRAMMATICALE.**

détestable adj.
Exécrable, très mauvais.
☞ Ne pas confondre avec les mots suivants :
- *abominable,* qui inspire de l'horreur;
- *effroyable,* qui cause une grande frayeur;
- *horrible,* qui soulève un dégoût physique et moral.

détestablement adv.
De façon détestable.

détester v. tr.
Haïr. *Elle déteste entendre cette musique, il déteste cette voix.*

détonant, ante adj.
Qui est susceptible de détoner.
☞ détonant, malgré *tonnerre.*

détonateur n. m.
Amorce destinée à faire exploser une substance. *Le rebelle a appuyé sur le détonateur et l'avion a explosé.*

détonation n. f.
Explosion. *Ils ont entendu des détonations.*

détoner v. intr.
Faire entendre un bruit violent, faire explosion.
Hom. *détonner,* chanter faux.

détonner v. intr.
• Ne pas avoir le ton juste. *Il détonne affreusement.*
• (Péj.) Trancher. *Ce fauteuil détonne dans ce boudoir.*
Hom. *détoner,* faire entendre un bruit violent.

détordre v. tr.
Remettre en état ce qui était tordu.
☞ Ne pas confondre avec le verbe *distordre,* faire subir une torsion.

détortiller v. tr.
Les lettres *ill* sont suivies d'un *i* à la première et à la deuxième personne du pluriel de l'indicatif imparfait et du subjonctif présent. *(Que) nous détortillions, (que) vous détortilliez.*
Remettre en état ce qui était tortillé.

détour n. m.
• Parcours qui s'écarte de la voie directe. *Nous avons fait un petit détour pour venir manger ici. Cette table vaut le détour.*
• *Au détour de,* locution prépositive. Au changement de direction. *Au détour de la rivière, il y a quelques bouleaux.*
• *Sans détour,* locution adverbiale. Clairement, directement. *Parlez-moi sans détour.*
Ant. **raccourci.**

***detour**
Anglicisme au sens de *déviation* (dans la signalisation routière). *La déviation signalée (et non le *détour) nous a fait faire un détour de 10 kilomètres.*

détourné, ée adj.
Indirect. *Un chemin détourné. Des moyens détournés.*

détournement n. m.
Action de détourner. *Des détournements de fonds. Le détournement d'un avion.*

détourner v. tr., pronom.
• **Transitif**
- Changer l'itinéraire. *Les pirates ont détourné un avion vers le pays de leur choix.*
- Voler. *Détourner des fonds.*
• **Pronominal**
Tourner d'un autre côté. *Elle se détourna les yeux pour ne pas voir ces bandits.*

☞— Ne pas confondre le verbe *se détourner* avec le verbe *se retourner* qui signifie «regarder en arrière».

détracteur, trice n. m. et f.
Critique.

détraqué, ée adj. et n. m. et f.
Dérangé, déséquilibré. *Cette personne est une détraquée.*

détraquer v. tr., pronom.
• **Transitif.** Déranger le fonctionnement d'un mécanisme. *Détraquer un réveil.*
• **Pronominal.** Ne plus fonctionner, fonctionner mal. *Le téléviseur s'est détraqué.*

détrempe n. f.
Couleur délayée avec de l'eau et un agglutinant; tableau exécuté avec cette couleur.

détremper v. tr.
Délayer dans un liquide.

détresse n. f.
• Désarroi, situation très pénible. *La détresse des réfugiés.*
• Situation dangereuse. *Des appels de détresse. Un navire en détresse.*

détriment n. m.
• (Vx) Dommage.
• *Au détriment de.* Au désavantage de. *Ce choix a été fait au détriment des adultes, mais à l'avantage des enfants.*
Ant. **à l'avantage de.**

détritus n. m.
👄 Le *s* se prononce ou non, [detritys] ou [detrity]. Ordures. *Ces détritus sont nauséabonds.*

détroit n. m.
Espace étroit entre deux côtes. *Le détroit de Gibraltar.*
☞— Ne pas confondre avec les noms suivants :
- *col,* passage plus ou moins élevé entre deux montagnes;
- *défilé,* passage étroit entre deux montagnes;
- *gorge,* passage creusé dans une montagne.
☞— Les noms génériques de géographie s'écrivent avec une minuscule.

détromper v. tr.
Tirer d'erreur. *Détrompez-vous, la fête a lieu demain et non après-demain.*

détrôner v. tr.
• Chasser un souverain de son trône. *Ce roi a été détrôné.*
• (Fig.) Supplanter, remplacer. *Le micro-ordinateur a détrôné la machine à écrire.*
⟹ détr**ô**ner.

détrousser v. tr.
(Litt.) Voler.

détrousseur n. m.
(Litt.) Voleur.

détruire v. tr.
• Anéantir, démolir. *L'éruption volcanique a détruit le village.*
• Supprimer. *Cet insecticide détruit les parasites.*

dette n. f.
Ce que l'on doit à quelqu'un, à un créancier. *Des dettes de jeu.*

DEUG
Sigle de *diplôme d'études universitaires générales.*

deuil n. m.
Tristesse, douleur éprouvée de la mort de quelqu'un. *Un jour de deuil. Être en deuil d'un ami. Elle a fait son deuil de cette promotion.*

deus ex machina n. m. inv.
👄 Le premier mot se prononce en deux syllabes *de-us* et les lettres *ch* se prononcent *k* [deysɛksmakina]. Expression latine signifiant «dieu providentiel», de façon ironique. Personne, évènement venant dénouer providentiellement une situation sans issue. *Les films de James Bond sont remplis de deus ex machina.*
☞— En typographie soignée, les mots étrangers sont composés en italique. Dans des textes déjà en italique, la notation se fait en romain. Pour les textes manuscrits, on utilisera les guillemets.

deutsche mark n. m.
👄 Attention à la prononciation [dɔjtʃmark]. Symbole *DM* (s'écrit sans points).
Unité monétaire d'Allemagne.
V. Tableau - **SYMBOLES DES UNITÉS MONÉTAIRES.**

deux adj. num. et n. m. inv.
• **Adjectif numéral cardinal invariable.** Un plus un. *Deux heures.*
• **Adjectif numéral ordinal invariable.** Deuxième. *Le deux décembre.*
• **Nom masculin invariable.** Nombre deux. *Le deux de cœur.*
⟹ deux.

deuxième adj. et n. m. et f.
• Abréviation *2e* (deuxième), *2es* (deuxièmes).
• **Adjectif numéral ordinal.** Nombre ordinal de deux. *La deuxième heure, la deuxième année.*
• **Nom masculin et féminin.** Personne, chose qui occupe le deuxième rang. *Elles sont les deuxièmes.*
☞— Quoique la distinction tende à se perdre, les bons auteurs recommandent d'utiliser *deuxième* lorsque l'énumération peut aller au-delà de deux et *second* lorsque l'énumération s'arrête à deux.
V. **moitié.**

deuxièmement adv.
En deuxième lieu.

deux-mâts n. m. inv. (pl. *deux-mâts*)
Voilier à deux mâts.

deux-pièces n. m. inv. (pl. *deux-pièces*)
• Vêtement composé de deux morceaux. *Des deux-pièces bien coupés.*
• Appartement comportant deux pièces. *Des deux-pièces très ensoleillés.*

deux-points n. m. inv.

• Signe de ponctuation composé de deux points superposés qui annonce :

- une citation, un discours, une énumération. *Vous trouverez trois documents : un résumé, un questionnaire et une illustration.*
- une analyse, une explication, une synthèse. *Elle ne viendra pas demain : son travail la retient à l'étranger.*

⌦ Il est préférable d'employer une seule fois le deux-points dans la même phrase.

• Typographiquement, le deux-points doit être précédé et suivi d'un blanc et d'une lettre minuscule, à moins qu'il ne s'agisse d'une citation.

deux-roues n. m. inv. (pl. *deux-roues*)
Véhicule à deux roues.

deux-temps n. m. inv. (pl. *deux-temps*)
Moteur à deux temps.

dévaler v. tr., intr.
• **Transitif.** Descendre rapidement. *Il a dévalé l'escalier.*
• **Intransitif.** Aller d'un lieu haut à un lieu bas, généralement très vite. *Des torrents qui dévalent du sommet.*
⟹ dévaler.

dévaliser v. tr.
Voler. *Les cambrioleurs ont dévalisé la bijouterie.*

dévalorisation n. f.
Action de dévaloriser.

dévaloriser v. tr.
Diminuer la valeur de, déprécier.

dévaluation n. f.
Dépréciation. *Le dollar subira-t-il une dévaluation, sa valeur sera-t-elle réduite?*

dévaluer v. tr.
Diminuer la valeur de, dévaloriser. *Le dollar pourrait être dévalué.*

devancer v. tr.
Le *c* prend une cédille devant les lettres *a* et *o*. *Il devança, nous devançons.*
• Précéder. *Nous devançons nos amis de quelques jours.*
• Dépasser. *Il devança les autres participants au marathon.*

devancier, ière n. m. et f.
Prédécesseur.

devant adv., n. m. et prép.

• **Adverbe**
En avant. *Ils sont assis devant.*
• **Locutions adverbiales**
- *Par devant.* Elles ont été frappées par devant.
- *Sens devant derrière.* À l'envers. Attention, ne pas écrire «sans devant derrière».
• **Nom masculin**
- La partie antérieure, l'avant. *Le devant de l'immeuble.*
- *Prendre les devants.* Prendre l'initiative.
• **Préposition**
- Priorité dans l'ordre, le rang. *Vous vous êtes classés devant eux.*

- En face, vis-à-vis. *Il y a un gros arbre devant la maison.*
- En présence de. *Le contrat a été signé devant témoins.*
• **Locution prépositive**
- *Au-devant de.* À la rencontre. *Ils sont allés au-devant des nouveaux arrivants.*
- *Au-devant de.* En prévenant. *Vous allez au-devant de mes désirs.*
Ant. **derrière.**

devanture n. f.
Façade d'une boutique.
⟹ dev**an**ture.

dévastateur, trice adj. et n. m. et f.
Destructeur. *Cet ouragan a été très dévastateur.*

dévastation n. f.
Destruction, ruine.

dévaster v. tr.
Détruire, ravager. *La grêle a dévasté les récoltes.*

déveine n. f.
(Fam.) Malchance.

développement n. m.
• Action de développer.
• Croissance, épanouissement. *La ville est en plein développement.*
• Exposé détaillé. *De longs développements dans un article.*
• Opération qui consiste à développer une pellicule photographique. *Il faut compter deux jours pour le développement de vos photos.*
• (Au plur.) Conséquences. *Des développements inattendus.*
⟹ dévelo**pp**ement.

développer v. tr., pronom.
• **Transitif**
- Déployer, ôter de son enveloppe. *Delphine a hâte de développer son cadeau.*
- Assurer la croissance de quelqu'un, quelque chose. *Développer une entreprise, développer ses muscles.*
- Exposer de manière détaillée. *Il développa son idée qui était excellente.*
- Assurer le développement d'un appareil, d'un produit.
- Assurer la croissance de. *Développer un secteur industriel.*
• **Pronominal**
- S'étendre.
- S'épanouir, s'accroître. *L'arbre s'est bien développé, la ville s'est développée.*
⟹ dévelo**pp**er.

devenir v. intr.
Passer d'un état à un autre. *Ils sont devenus des adultes maintenant.*
⌦ Ce verbe se conjugue toujours avec l'auxiliaire *être.*

devenir n. m.
Évolution.

déverbal n. m. (pl. *déverbaux*)
(Ling.) Nom formé du radical d'un verbe.

dévergondage n. m.
Immoralité, débauche.

dévergondé, ée adj. et n. m. et f.
Débauché.
☞ L'adjectif se dit de personnes ou de choses.

dévergonder (se) v. pronom.
Se débaucher. *Ils se sont un peu dévergondés.*

déverrouillage n. m.
Action de déverrouiller.

déverrouiller v. tr.
Les lettres *ill* sont suivies d'un *i* à la première et à la deuxième personne du pluriel de l'indicatif imparfait et du subjonctif présent. *(Que) nous déverrouillions, (que) vous déverrouilliez.*
Tirer le verrou. *Déverrouiller une porte* (et non *débarrer).
☞ En ce sens, le verbe *débarrer* est vieilli.

devers prép.
• Du côté de.
• *Par-devers,* locution prépositive. En la possession de. *Il avait le dossier par-devers lui.*

déversement n. m.
Action de déverser un liquide; fait de se déverser. *Le déversement du Saint-Laurent dans l'Atlantique.*

déverser v. tr.
• **Transitif.** Faire couler un liquide d'un lieu dans un autre. *Le cargo a déversé du mazout dans la mer de façon accidentelle.*
• **Pronominal.** Se jeter. *Le fleuve se déverse dans la mer.*

dévêtir v. tr.
Se conjugue comme le verbe *vêtir.*
Déshabiller. *Ils se sont dévêtus.*

déviance n. f.
Caractère de ce qui s'écarte d'une norme.

déviation n. f.
• Fait de s'écarter de la direction normale.
• Route ou section de route qui contourne une agglomération ou un obstacle temporaire et qui se rattache par ses extrémités à la voie directe ou à la voie habituelle. (Recomm. off. OLF) *La déviation signalée* (et non le *bypass, le*détour) *nous a fait faire un détour de 10 kilomètres.*

dévidoir n. m.
Instrument où s'enroulent des fils, des tuyaux, etc.

dévier v. tr., intr.
Redoublement du *i* à la première et à la deuxième personne du pluriel de l'indicatif imparfait et du subjonctif présent. *(Que) nous déviions, (que) vous déviiez.*
• **Transitif.** Modifier la direction d'un mouvement. *Les ingénieurs ont dévié la route pour élargir le pont.*
• **Intransitif.** S'écarter de sa direction. *Le bateau a dévié de sa route en raison de la tempête.*

devin, devineresse n. m. et f.
Personne qui prétend prédire l'avenir.

deviner v. tr.
Découvrir par intuition, conjecture. *Devine qui vient nous voir?*

devinette n. f.
Énigme amusante. *Je vais te poser une devinette : Qui fait le tour du bois sans y entrer jamais? C'est l'écorce.*

devis n. m.
État détaillé des travaux à exécuter avec l'estimation des prix. *J'ai demandé un devis pour ces travaux.*
⟹ devi**s**.

dévisager v. tr.
Le *g* est suivi d'un *e* devant les lettres *a* et *o. Il dévisagea, nous dévisageons.*
Regarder quelqu'un avec insistance. *Il est impoli de dévisager quelqu'un.*

devise n. f.
• Monnaie étrangère.
V. Tableau - **SYMBOLES DES UNITÉS MONÉTAIRES.**
• Phrase concise exprimant une pensée. *La devise du Québec est : Je me souviens.*
☞ Au point de vue typographique, les *devises, maximes, dictons, proverbes* sont composés en italique. *Je me souviens. Fluctuat nec mergitur* (devise de la ville de Paris). Lorsque la devise constitue une phrase complète, le premier mot s'écrit avec une majuscule.

deviser v. intr.
(Litt.) Converser.

dévissage n. m.
Action de dévisser.

dévisser v. tr., intr.
• **Transitif.** Desserrer, ôter une vis qui fixe quelque chose. *Papa a dévissé la tablette.*
• **Intransitif.** (Alp.) Tomber.

de visu loc. adv.
⟹ Le *e* se prononce é [devizy].
Locution latine signifiant «après l'avoir vu». *Je voulais constater les dommages* de visu.
☞ En typographie soignée, les mots étrangers sont composés en italique. Dans des textes déjà en italique, la notation se fait en romain. Pour les textes manuscrits, on utilisera les guillemets.

dévoilement n. m.
Action de dévoiler, de se dévoiler.

dévoiler v. tr.
Découvrir, révéler ce qui était secret. *Il nous a fait des confidences et nous a dévoilé son projet.*

devoir v. tr., pronom.
INDICATIF PRÉSENT *Je dois, tu dois, il doit, nous devons, vous devez, ils doivent.* IMPARFAIT *Je devais.* PASSÉ SIMPLE *Je dus, tu dus, il dut, nous dûmes, vous dûtes, ils durent.* FUTUR *Je devrai.* CONDITIONNEL PRÉSENT *Je devrais.* SUBJONCTIF PRÉSENT *Que je doive, que tu doives, qu'il doive, que*

nous devions, que vous deviez, qu'ils doivent.
IMPARFAIT *Que je dusse, que tu dusses, qu'il dût, que nous dussions, que vous dussiez, qu'ils dussent.* PARTICIPE PRÉSENT *Devant.* PASSÉ *Dû, due.* Attention à l'accent circonflexe sur le participe passé au masculin singulier seulement.

☞ Prendre garde à l'accord du participe passé : si un verbe à l'infinitif est sous-entendu, le participe est invariable. *Elle lui a fait toutes les promesses qu'elle a dû (lui faire).* Par contre, le participe passé s'accorde lorsqu'il n'y a pas d'infinitif sous-entendu. *Il a toujours remboursé les sommes qu'il a dues.*

• **Verbe auxiliaire** marquant :
- le futur. *Il doit partir en voyage sous peu.*
- la probabilité. *À cette heure, elle doit être arrivée.*
- l'obligation. *Tous les matins, elle doit être à l'école dès 8 h 15.*

☞ C'est le contexte qui permet de préciser le sens du verbe.

• **Transitif**
- Avoir à payer (une somme d'argent). *L'entreprise doit 2 000 $ à ce fournisseur.*
- Être redevable à. *Il lui doit sa situation. Elle lui doit d'être encore en vie.*
- Être obligé à quelque chose. Avoir des devoirs envers. *Je dois étudier pour réussir.*

• **Pronominal**
Être moralement obligé de. *Tu te dois d'accueillir ses amis avec cordialité.*

• **Impersonnel**
Comme il se doit. Comme il convient.

• **Locutions**
- *En bonne et due forme.* Dans la forme exigée par la loi.
- *Chose promise, chose due.* Engagement moral.
- *Ce doit être, ce doivent être* (et non *ça doit être).

devoir n. m.
• **Nom singulier**
Obligation, responsabilité. *Le devoir de bien se nourrir et de limiter la pollution.*
• **Nom pluriel**
- Hommages. *Présenter ses devoirs, les derniers devoirs.*
- Exercice scolaire. *Faire ses devoirs.*

*devoir (en)
Anglicisme au sens de *en service, de service, de garde.* *Le policier sera de service (et non *en devoir) toute la nuit.*

dévolu, ue adj. et n. m.
• (Dr.) Échu par droit.
• Destiné, réservé. *Les avantages dévolus à chaque participant.*
• *Jeter son dévolu sur quelqu'un, sur quelque chose.* Choisir.

dévorant, ante adj.
Avide, insatiable. *Une soif dévorante.*

dévorer v. tr.
• Manger avidement. *Obélix a dévoré trois sangliers.*

• (Fig.) Tourmenter. *Le remords le dévore.*

dévot, ote adj. et n. m. et f.
• Pieux.
• Bigot.

dévotion n. f.
◁▷ Le *o* central est fermé [devosjɔ̃].
Ferveur, piété. *Elle prie la Vierge avec dévotion.*
☞ dévotion.

dévoué, ée adj.
Empressé. *Ces enseignants sont très dévoués.*

dévouement n. m.
Disposition à servir une personne, une cause. *Il fait preuve de beaucoup de dévouement à l'égard de ses vieux parents.*
☞ dévouement.

dévouer v. pronom.
Se consacrer entièrement. *Elles se sont dévouées corps et âme pour leurs enfants.*

dévoyer v. tr.
Le *y* se change en *i* devant un *e* muet. *Je dévoie, je dévoierai.*
Le *y* est suivi d'un *i* à la première et à la deuxième personne du pluriel de l'indicatif imparfait et du subjonctif présent. *(Que) nous dévoyions, (que) vous dévoyiez.*
(Litt.) Pervertir, détourner de la morale.

dextérité n. f.
Adresse, habileté. *Il manie le crayon avec dextérité, il dessine très bien.*

dg
Symbole de *décigramme.*

dia- préf.
Élément du grec signifiant «à travers». *Diagonal, diachronie.*

diabète n. m.
(Méd.) Trouble du métabolisme des glucides causé par l'insuffisance en insuline.
☞ diabète.

diabétique adj. et n. m. et f.
• **Adjectif.** Relatif au diabète. *Un coma diabétique.*
• **Nom masculin et féminin.** Atteint de diabète. *De récentes découvertes permettent aux diabétiques d'espérer une guérison.*
☞ diabétique.

diable n. m. et f.
• Démon, mauvais ange. *Satan est le prince des diables.*
☞ Les formes féminines sont **diable** ou **diablesse.**
• Enfant espiègle. *C'est un vrai petit diable.*
• *Au diable, au diable vauvert* (allusion au château de Vauvert). Très loin. *Elle habite au diable, au diable vauvert.*
• *En diable.* Très fort. *Il est fort en diable.*
• *À la diable.* De façon négligente. *Un travail fait à la diable.*
• *Être en diable.* Au Canada, être en colère.
• *Envoyer quelqu'un à tous les diables.* Le maudire.
☞ Lorsque le nom désigne Satan, il s'écrit avec une majuscule.

diable! interj.
Interjection qui exprime la surprise, l'admiration.

diablement adv.
(Fam.) Très.

diablerie n. f.
• (Litt.) Sorcellerie.
• Espièglerie.

diablesse n. f.
• Forme féminine de *diable.*
• Personne turbulente et rusée. *C'est une vraie diablesse!*

diablotin n. m.
Petit diable.

diabolique adj.
Méchant, pervers. *Ces ruses sont diaboliques.*

diaboliquement adv.
De façon diabolique.

diabolo n. m.
• Jouet qu'on lance et rattrape sur une ficelle tendue entre deux baguettes.
• Boisson faite de limonade et d'un sirop. *Des diabolos menthe (à la menthe).*

diachronie n. f.
(Ling.) Évolution chronologique des phénomènes linguistiques.
Ant. **synchronie.**

diachronique adj.
Relatif à la diachronie. *Un examen diachronique.*

diacre n. m.
Ecclésiastique.

diacritique adj.
Signe diacritique. Signe graphique (accents, etc.) dont le rôle est de modifier la prononciation d'une lettre.

diadème n. m.
• Riche bandeau, insigne de la monarchie. *La reine porte un diadème.*
• Bijou féminin en forme de couronne.
⇨ diadème.

diagnostic n. m.
Identification d'une maladie à l'aide de ses symptômes. *Un diagnostic sûr.*
▷— Ne pas confondre avec le nom *pronostic,* prévision de l'évolution d'une maladie.
⇨ diagnosti**c.**

diagnostique adj.
Qui sert à déterminer une maladie. *Un examen diagnostique, des signes diagnostiques.*
⇨ diagnosti**que.**

diagnostiquer v. tr.
Établir le diagnostic d'une maladie. *Elle a diagnostiqué une grippe.*

diagonal, ale, aux adj. et n. f.
• **Adjectif**
- Qui a le caractère d'une diagonale. *Des traits diagonaux.*

- *En diagonale.* Obliquement. *Un motif placé en diagonale. Lire en diagonale.*
• **Nom féminin**
Droite qui va d'un angle d'une figure à un angle opposé. *Tracer la diagonale d'un carré.*

diagonalement adv.
En diagonale.

diagramme n. m.
Représentation graphique. *Un diagramme circulaire, un diagramme en bâtons.*

dialectal, ale, aux adj.
Relatif à un dialecte. *Une forme dialectale.*

dialecte n. m.
Variété régionale d'une langue.
▷— En dehors de son usage technique, ce nom tend à être péjoratif, on emploiera plutôt *parler.*

dialectique n. f.
Art du raisonnement.
▷— Ne pas confondre avec le nom *dialectologie,* science des dialectes.

dialectiquement adv.
D'une manière dialectique.

dialectologie n. f.
Science des dialectes.
▷— Ne pas confondre avec le nom *dialectique,* art du raisonnement.

dialectologue n. m. et f.
Spécialiste de la dialectologie.

dialogue n. m.
• Échange de paroles entre deux ou plusieurs personnes. *Un dialogue entre le renard et le corbeau* (et non *avec), du renard et du corbeau.*
• *Dialogue de sourds.* Conversation où les personnes ne se comprennent pas.
▷— Ne pas confondre avec les noms suivants :
- *causette,* conversation familière;
- *conciliabule,* réunion secrète;
- *conversation,* entretien familier;
- *entretien,* conversation suivie avec quelqu'un;
- *palabre,* conversation longue et inutile.
▷— Le début et la fin d'un dialogue sont indiqués par des guillemets. *«Je crois qu'il n'est plus temps, constata-t-il, de planifier. - Je partage votre avis.»* Les incises *dit-il, répondit-elle,* etc. s'inscrivent entre deux virgules sans guillemets.
V. Tableau - **GUILLEMETS.**

dialoguer v. intr.
Avoir des échanges avec quelqu'un. *Les élèves dialoguent beaucoup ensemble.*

dialoguiste n. m. et f.
Personne qui écrit des dialogues.

dialyse n. f.
• Séparation de substances mélangées.
• (Méd.) Épuration du sang à l'aide d'un rein artificiel.
⇨ dialyse.

dialyser v. tr.
Pratiquer une dialyse.
⇨ dialyser.

dialyseur n. m.
Dispositif pour effectuer la dialyse.
▭▷ dialyseur.

diamant n. m.
Pierre précieuse la plus brillante, la plus limpide et la plus dure de toutes. *Une bague à diamants.*
▯— Il est d'usage de mettre une majuscule aux noms des diamants célèbres. *L'Étoile du Sud, le Cullinam, le Koh-i-noor.*

diamantaire n. m. et f.
Personne qui taille ou vend des diamants.
▭▷ diamant**aire.**

diamantin, ine adj.
Qui a l'éclat du diamant.

diamétralement adv.
Absolument. *Son avis est diamétralement opposé au mien.*

diamètre n. m.
Segment de droite qui passe par le centre d'une sphère. *Le diamètre de cette roue est de 30 cm au moins.*

diantre! interj.
Interjection marquant la surprise, l'admiration.

diapason n. m.
• Étendue des sons que peut parcourir une voix, un instrument.
• Instrument servant à donner le ton.
• *Se mettre au diapason de.* Prendre le même ton, les mêmes allures. *Les nouvelles élèves se sont mises au diapason de la classe.*

diaphane adj.
Translucide. *Une peau très blanche, diaphane.*
▯— Ne pas confondre avec les mots suivants :
- *cristallin,* qui est transparent comme le cristal;
- *opalescent,* qui a les nuances vives de l'opale;
- *transparent,* qui laisse voir nettement les objets.

diaphragme n. m.
• Muscle large et mince qui sépare la poitrine du ventre.
• Contraceptif féminin.
• Ouverture réglable, qui laisse passer la lumière dans un appareil optique, photographique.
▭▷ diap**hragme.**

diapo n. f.
Abréviation familière de *diapositive. Des diapos.*

diaporama n. m.
Montage ou projection, sonorisé ou non, de diapositives. *Des diaporamas intéressants.*

diapositive n. f.
• S'abrège familièrement en *diapo.*
• Image photographique que l'on projette sur un écran. *Elle nous a montré les diapositives de son voyage.*

diarrhée n. f.
Émission fréquente de selles liquides.
▭▷ diar**rhée.**

diatribe n. f.
Attaque, critique violente.

dichotomie n. f.
⬭ Les lettres *ch* se prononcent *k* [dikɔtɔmi].
Opposition entre deux éléments.

dictateur, trice n. m. et f.
Personne qui gouverne un pays sans contrôle démocratique. *Duvalier était le dictateur d'Haïti.*

dictatorial, iale, iaux adj.
Relatif à une dictature. *Des procédés dictatoriaux.*

dictature n. f.
• Régime politique où tous les pouvoirs sont concentrés entre les mains d'une personne, d'un parti. *Duvalier exerçait une dictature en Haïti.*
• (Fig.) Pouvoir absolu.

dictée n. f.
• Action de dicter. *Écrire sous la dictée de quelqu'un.*
• Exercice d'orthographe. *La dictée du championnat d'orthographe est difficile.*

dicter v. tr.
• Dire un texte à haute voix à quelqu'un qui le transcrit. *Dicter le courrier.*
• Inspirer, imposer. *Une décision dictée par le devoir.*

diction n. f.
Manière de parler, élocution. *Sa diction est excellente.*
▭▷ diction.

dictionnaire n. m.
Recueil des mots d'une langue et des informations s'y rapportant présentés selon un certain ordre (alphabétique, thématique, systématique, etc.). *Un dictionnaire de langue, un dictionnaire encyclopédique.*
▯— Ne pas confondre avec les noms suivants :
- *glossaire,* petit répertoire érudit d'un auteur, d'un domaine;
- *lexique,* ouvrage qui ne comporte pas de définitions et qui donne souvent l'équivalent dans une autre langue;
- *vocabulaire,* ouvrage qui comprend les mots d'une spécialité avec leurs définitions.

dicton n. m.
Sentence. *Le trois fait le mois.* (Dicton)
▯— Le dicton est souvent régional, alors que le proverbe connaît une diffusion plus étendue.
▯— Au point de vue typographique, il est d'usage de composer les dictons, les devises, les maximes comme des citations, c'est-à-dire en italique.

didacticiel n. m.
(Inform.) Logiciel spécialisé dans l'enseignement d'une discipline, d'une méthode ou de certaines connaissances. (Recomm. off. OLF)
▯— L'expression «didacticiel pédagogique» est redondante.

didactique adj. et n. f.
• **Adjectif**
- Relatif à l'enseignement.
- Qui appartient à la langue technique et scientifique. *Un terme didactique.*
• **Nom féminin**
Pédagogie, méthode de l'enseignement. *La didactique du français.*

dièse adj. inv. et n. m.
• **Adjectif invariable.** (Mus.) Affecté d'un signe dièse. *Des mi dièse.*
• **Nom masculin.** (Mus.) Signe d'altération visant à modifier le son d'une note. *Des doubles dièses.*
☞ Attention au genre masculin de ce nom : **un** dièse.

diesel n. m.
� Le premier *e* se prononce *é* [djezɛl].
Moteur à combustion interne. *Des diesels économiques.*
⟹ diesel.

diète n. f.
Régime alimentaire prescrit par un médecin. *Une diète liquide.*
☞ Ne pas confondre avec ***régime amaigrissant.***

diététicien n. m.
diététicienne n. f.
Spécialiste de la diététique.
V. **diététiste.**

diététique adj. et n. f.
• **Adjectif.** Relatif à un régime alimentaire. *Une alimentation diététique.*
• **Nom féminin.** Science ayant pour objet l'étude des régimes alimentaires, fondée sur l'étude de la valeur nutritive des aliments.

diététiste n. m. et f.
Personne qui, par l'obtention d'un diplôme universitaire en sciences de la santé, s'est spécialisée dans les domaines de la nutrition, de l'alimentation et de la diététique. (Recomm. off. OLF)
☞ Dans la francophonie, on emploie plutôt les noms **diététicien, diététicienne.**
V. **technicien en diététique.**

dieu n. m. (pl. *dieux*)
• Être suprême. *Le bon Dieu.*
• Puissance surnaturelle. *Les dieux de l'Olympe.*
☞ Quand il est employé dans son sens absolu, le nom s'écrit avec une majuscule. Lorsqu'il désigne des divinités, des êtres mythiques ou mythologiques, il s'écrit avec une minuscule et sa forme féminine est **déesse.**
• **Locutions interjectives**
Bon Dieu! Grand Dieu! Dieu merci! Dieu vous entende! À la grâce de Dieu!

diffamateur, trice adj. et n. m. et f.
Calomniateur.

diffamation n. f.
• Écrit ou parole diffamatoire.
• (Dr.) Allégation d'un fait qui est de nature à porter atteinte à la réputation de quelqu'un.

diffamatoire adj.
Qui a pour but de diffamer. *Un texte diffamatoire.*

diffamer v. tr.
Porter atteinte à la réputation de quelqu'un par des paroles, des écrits non fondés.
☞ Ne pas confondre avec les verbes suivants :
- *décrier,* déprécier avec force, faire perdre la réputation, l'autorité;

- *dénigrer,* chercher à diminuer la valeur d'une personne, d'une chose;
- *discréditer,* souiller la réputation en dépréciant ou en diffamant;
- *vilipender,* traiter avec mépris.

différé, ée adj. et n. m.
• Remis à plus tard. *Une réunion différée.*
• *En différé.* Se dit d'une émission enregistrée avant sa diffusion (par opposition à *en direct*). *Une émission transmise en différé.*

différemment adv.
⟹ Les lettres *em* se prononcent *a* [diferamã].
De façon différente. *Je pense différemment de mes parents.*
⟹ différemment.

différence n. f.
• Ce qui distingue une chose d'une autre. *Ces jumeaux identiques ne semblent avoir aucune différence.*
• *À cette différence près que.* Avec cette différence que.
• *À la différence de.* Par opposition à. *À la différence d'Antoine, François est très sérieux.*
• Résultat de la soustraction de deux nombres. *La différence entre ces deux quantités est de quinze unités.*

différenciation n. f.
Distinction.

différencier v. tr., pronom.
Redoublement du *i* à la première et à la deuxième personne du pluriel de l'indicatif imparfait et du subjonctif présent. *(Que) nous différenciions, (que) vous différenciiez.*
• **Transitif**
- Distinguer par une différence. *Différencier des champignons.*
- Faire la distinction entre. Ce verbe se construit avec la préposition *de. Il n'est pas facile de différencier le vrai du faux* (et non *d'avec le faux).
• **Pronominal**
Se singulariser. *Les deux jumeaux se différencient par une coupe de cheveux différente.*
☞ Ce verbe se construit avec la préposition *de.*
Hom. *différentier,* calculer la différentielle de.

différend n. m.
Désaccord. *Il a un grave différend avec ses parents à ce sujet.*
Hom. *différent,* distinct.
⟹ différend.

différent, ente adj.
• **Adjectif qualificatif.** Distinct. *Ils sont très différents les uns des autres.*
• **Adjectif indéfini pluriel.** Certains. *Différentes personnes ont écrit.*
☞ Ne pas confondre avec le participe présent invariable **différant.** *Des couleurs différant d'autres couleurs par leur intensité.*
Hom. *différend,* désaccord.

différentiel n. m.
Combinaison d'engrenages. *Le différentiel de la voiture est endommagé.*

différentiel, elle adj.
Relatif à une ou à des différences. *Un tarif différentiel. Calcul différentiel.*

différentielle n. f.
(Math.) Fonction linéaire.

différentier v. tr.
Redoublement du *i* à la première et à la deuxième personne du pluriel de l'indicatif imparfait et du subjonctif présent. *(Que) nous différentiions, (que) vous différentiiez.*
(Math.) Calculer la différentielle de.
Hom. *différencier,* distinguer par une différence.

différer v. tr., intr.
Le *é* se change en *è* devant une syllabe muette, sauf à l'indicatif futur et au conditionnel présent. *Je diffère,* mais *je différerai.*
• **Transitif.** Remettre à plus tard. *Nous avons différé la réunion à la semaine prochaine.*
• **Intransitif.** Être différent. *Mes prévisions diffèrent des vôtres.*

difficile adj.
Ardu, compliqué. *Ce problème est trop difficile, je ne trouve pas la solution.*

difficilement adv.
Avec difficulté. *Mon grand-père marche difficilement, car il a mal au dos.*

difficulté n. f.
• Caractère d'une chose difficile, complexe. *La difficulté d'un texte, d'une dictée, les difficultés de la langue française.*
• Obstacle, empêchement. *Éprouver des difficultés à joindre les deux bouts.*
☞ Le mot **difficulté** demeure généralement au singulier dans les expressions : *être en difficulté, sans difficulté, avec difficulté.*

difforme adj.
Qui n'a pas une forme normale.

difformité n. f.
Malformation.

diffus, use adj.
Lumière indirecte et atténuée. *Un son diffus, une lumière diffuse.*
☞ diffus.

diffuser v. tr.
• Propager, répandre. *Diffuser de la lumière.*
• Émettre par les médias. *Diffuser une nouvelle.*
• Assurer la distribution commerciale d'une publication. *Diffuser un roman.*

diffusion n. f.
• Action de diffuser une onde, une substance. *La diffusion d'un éclairage.*
• Action de transmettre par la radio, la télévision. *La diffusion d'un bulletin de nouvelles.*
• Action de distribuer commercialement un ouvrage. *La diffusion d'un manuel.*

digérer v. tr., pronom.
Le *é* se change en *è* devant une syllabe muette,
sauf à l'indicatif futur et au conditionnel présent. *Je digère,* mais *je digérerai.*
Transformer un aliment comestible en un produit absorbé ou rejeté par le tube digestif. *Cet aliment ne se digère pas facilement.*

*****digest**
Anglicisme pour *résumé, condensé.*

digeste adj.
Facile à digérer.

digestible adj.
Qui peut être digéré.

digestif, ive adj.
Qui se rapporte à la digestion. *Le tube digestif.*

digestion n. f.
Transformation des aliments dans l'appareil digestif.

digital, ale, aux adj.
Qui se rapporte aux doigts. *Des empreintes digitales.*

*****digital**
Anglicisme au sens de (affichage) *numérique.*

digne adj.
Qui mérite quelque chose. *Cette personne est digne de foi, on peut la croire.*
☞ Cet adjectif se dit en bonne ou en mauvaise part. *Il est digne d'admiration, il est digne de la plus sévère peine de prison.* Cependant, dans la tournure négative, il est suivi d'un terme favorable. *Il n'est pas digne de votre estime.*

dignement adv.
Noblement, de façon digne.

dignitaire n. m. et f.
Personne qui occupe un haut rang. *Le maire donne une réception pour les dignitaires.*
☞ dignit**aire.**

dignité n. f.
• Noblesse, respect de soi-même. *Les juges doivent se comporter avec dignité.*
• Haute fonction.

digression n. f.
Développement qui s'écarte du sujet traité.
☞ On entend souvent à tort la prononciation *dis-gression.*

digue n. f.
Construction servant à retenir les eaux. *Les castors construisent des digues dans les cours d'eau.*

diktat n. m.
☞ Le *t* se prononce [diktat].
Exigence. *Des diktats.*
☞ diktat.

dilapidation n. f.
Action de dilapider.

dilapider v. tr.
Gaspiller. *Il dilapide les fonds publics.*

dilatable adj.
Qui peut se dilater.
Ant. contractile.

dilatation n. f.
Action de se dilater. *La dilatation d'un ballon.*

dilater v. tr., pronom.
• **Transitif.** Élargir, étendre. *On dit que le rire dilate la rate.*
• **Pronominal.** Augmenter de volume. *Ses pupilles se sont dilatées sous l'effet d'un médicament.*

dilatoire adj.
(Litt.) Qui tend à procurer un délai. *Une manœuvre dilatoire.*

dilemme n. m.
Situation dans laquelle on doit choisir entre deux possibilités différentes, mais conduisant à un même résultat toujours fâcheux. *Comment sortir de cette impasse, de ce dilemme?*
☞ Attention au genre de ce nom : *un* dilemme.
☞ Ne pas confondre avec le nom *alternative,* situation où il n'y a que deux possibilités opposées, deux éventualités entre lesquelles il faut choisir.
⟹ dilemme.

dilettante n. m. et f.
• Personne qui s'occupe d'une chose en amateur.
• *En dilettante.* En amateur, en guise de distraction.
⟹ dilettante.

dilettantisme n. m.
(Péj.) Caractère du dilettante.

diligence n. f.
• (Litt.) Empressement. *Faites diligence, il faut arriver avant 18 heures.*
• Voiture à chevaux. *Les cowboys ont attaqué la diligence.*
⟹ diligence.

diligent, ente adj.
(Litt.) Prompt.

diluer v. tr.
Délayer une substance dans un liquide. *Diluons du sucre dans un peu d'eau.*

dilution n. f.
Action de diluer, de se diluer; son résultat.

diluvien, ienne adj.
Qui se rapporte au déluge. *Des pluies diluviennes.*

dimanche n. m.
Septième jour de la semaine, consacré au repos. *Les dimanches d'avril.*
☞ Les noms de jours s'écrivent avec une minuscule et prennent la marque du pluriel. *Je viendrai tous les dimanches,* mais *je viendrai tous les samedi et dimanche de chaque semaine.* Attention à la construction de la dernière phrase où les noms de jours restent au singulier parce qu'il n'y a qu'un seul samedi et un seul dimanche par semaine.
V. Tableau - **JOUR.**

dîme n. f.
Impôt prélevé par l'Église.
⟹ dîme.

dimension n. f.
• Grandeur mesurable. *C'est un colis de grande dimension.*
• (Fig.) Importance. *Une question aux dimensions de notre époque.*
• (Fig.) Aspect significatif de quelque chose. *Les dimensions d'un problème.*

diminuer v. tr., intr.
• **Transitif.** Réduire. *Elle a diminué ses dépenses.*
• **Intransitif.** Devenir moins grand, moins coûteux. *Les prix ont diminué. Les prix sont diminués.*
☞ Le verbe se conjugue avec l'auxiliaire *être* ou l'auxiliaire *avoir* selon que l'on insiste sur l'état ou l'action.

diminutif, ive adj. et n. m.
• **Adjectif.** Qui diminue le sens d'un mot. *L'élément -ette est un suffixe diminutif.*
• **Nom masculin.** Mot formé d'un radical et d'un suffixe diminutif. *Pommette est le diminutif de pomme.*

diminution n. f.
Réduction. En parlant du prix, on dira : *La diminution du prix du lait* (et non la *diminution du lait).*

dinar n. m.
Unité monétaire de l'Algérie, de l'Iraq, de la Jordanie, du Koweit, de la Libye, de la République populaire et démocratique du Yémen, de la Tunisie, de la Yougoslavie. *Des dinars.*
V. Tableau - **SYMBOLES DES UNITÉS MONÉTAIRES.**

dînatoire adj.
Qui sert de dîner. *Un goûter dînatoire.*
⟹ dînatoire.

dinde n. f.
Grand oiseau de basse-cour, qui est la femelle du dindon. *Au Nouvel An, on sert généralement de la dinde au réveillon.*

dindon n. m.
Grand oiseau de basse-cour, qui est le mâle de la dinde.

dindonneau n. m. (pl. *dindonneaux*)
Petit de la dinde.

dîner v. intr.
• Au Canada, en Belgique, en Suisse et dans plusieurs régions françaises, prendre le repas du midi. *Viens dîner avec tes camarades, si tu veux.*
• Dans la francophonie, prendre le repas du soir.
⟹ dîner.

dîner n. m.
• Au Canada, en Belgique, en Suisse et dans plusieurs régions françaises, repas du midi. *Un dîner de fête.*
• Dans la francophonie, repas du soir.
• *Dîner-causerie.* Des dîners-causeries.
• *Dîner-spectacle.* Des dîners-spectacles.
• *Dîner-bénéfice.* Des dîners-bénéfice.
☞ Le nom *dîner* est souvent apposé et joint par un trait d'union à un mot désignant une activité. *Un dîner-débat.*

dînette n. f.
Petit repas que les enfants font ensemble.
☞ dînette.

*dînette
Anglicisme pour **petite cuisine.**

dingue adj. et n. m. et f.
(Fam.) Bizarre, fou. *Pour prendre un tel risque, il faut être dingue.*

dinosaure n. m.
Reptile fossile préhistorique de très grande taille.

diocèse n. m.
Circonscription ecclésiastique où s'exerce la juridiction d'un évêque.
☞ dio**cè**se.

diode n. f.
Composant électronique.

dionysiaque adj. et n. f. pl.
Relatif à Dionysos (Bacchus).
☞ dionysiaque.

dioxine n. f.
Produit très toxique. *Des émanations de dioxine.*

*dip
Anglicisme pour **trempette.**

diphtérie n. f.
Maladie contagieuse.
☞ diph**té**rie.

diphtongaison n. f.
(Phonét.) Fusion en un seul élément vocalique de deux voyelles.
☞ diph**t**ongaison.

diphtongue n. f.
(Phonét.) Voyelle qui change de timbre en cours de prononciation. *Le mot **père** prononcé **pa-ère.***
☞ diph**t**ongue.

diphtonguer v. tr., pronom.
(Phonét.) Convertir une voyelle en diphtongue.
☞ diph**t**onguer.

diplomate adj. et n. m. et f.
• **Nom masculin et féminin.** Personne chargée par un gouvernement de le représenter à l'étranger.
• **Adjectif.** Qui est habile dans ses relations avec autrui. *Elle est très diplomate et sait convaincre tous et chacun.*
☞ diplomate.

diplomatie n. f.
☞ Le **t** se prononce comme **s** [diplɔmasi].
• Science des relations internationales.
• Carrière diplomatique. *Elle est dans la diplomatie.*
• Habileté, tact. *On lui a répondu avec diplomatie qu'il avait peut-être raison.*
☞ diplomatie.

diplomatique adj.
• Relatif à la diplomatie. *Le courrier diplomatique.*
• Habile, plein de tact. *Une réponse diplomatique.*
☞ diplomatique.

diplomatiquement adv.
De façon diplomatique.

diplôme n. m.
• Document qui confère un titre, un grade.
• **Délivrance des diplômes.** Acte administratif par lequel les diplômes sont remis. (Recomm. off. OLF) *L'université lui a délivré* (et non **émis*) *un diplôme.*
V. Tableau - **GRADES ET DIPLÔMES UNVERSITAIRES.**
☞ diplôme.

diplôme d'études collégiales
Sigle **DÉC** (s'écrit avec ou sans points).

diplôme d'études universitaires générales
Sigle **DEUG** (s'écrit avec ou sans points).

diplômé, ée adj. et n. m. et f.
Qui a obtenu un diplôme. *Elle est diplômée* (et non **graduée*) *depuis peu.*
☞ diplômé.

diplômer v. tr.
Décerner un diplôme à. *L'école a diplômé vingt nouveaux ingénieurs.*
☞ diplômer.

diptyque n. m.
Œuvre en deux parties.
☞ L'œuvre en trois parties est un **triptyque.**
☞ Ne pas confondre avec le nom **distique,** ensemble de deux vers.

dire v. tr., pronom.
INDICATIF PRÉSENT *Je dis, tu dis, il dit, nous disons, vous dites, ils disent.* IMPARFAIT *Je disais.* PASSÉ SIMPLE *Je dis, tu dis, il dit, nous dîmes, vous dîtes, ils dirent.* FUTUR *Je dirai.* CONDITIONNEL PRÉSENT *Je dirais.* IMPÉRATIF PRÉSENT *Dis, disons, dites.* SUBJONCTIF PRÉSENT *Que je dise.* IMPARFAIT *Que je disse, que tu disses, qu'il dît, que nous dissions, que vous dissiez, qu'ils dissent.* PARTICIPE PRÉSENT *Disant.* PASSÉ *Dit, dite.*

TRANSITIF
• Exprimer par la parole. *Je vous dis merci. Vous me dites* (et non **disez*) *bonjour.*
• **Locutions**
- **À dire vrai, à vrai dire.** En fait.
- **Autrement dit.** En d'autres mots.
- **Avoir beau dire.** Malgré tout ce que l'on peut dire.
- **Avoir son mot à dire.** Vouloir donner son avis.
- **Cela va sans dire.** C'est incontestable, évident.
- **C'est tout dire.** On ne peut rien dire de plus.
- **Le qu'en-dira-t-on.** Les ragots.
- **Ne pas se le faire dire deux fois.** Ne pas hésiter.
- **Pour ainsi dire.** À peu près.
- **Sans dire mot.** Sans répondre. *Il s'exécuta sans dire mot.*
- **Soit dit entre nous.** Confidentiellement.
- **Vouloir dire.** Signifier. *Le mot anglais «boat» veut dire **bateau** en français.*
PRONOMINAL
• Prétendre. *Il se dit notre allié, mais je ne le crois pas.*
• **Se dire +** attribut de l'objet. Le participe passé d'un

verbe pronominal suivi d'un attribut du pronom réfléchi s'accorde en genre et en nombre avec le sujet. *Elles se sont dites satisfaites.*

---

dire n. m.
Le fait de dire. *D'après les dires des experts, cette réaction est normale.*

dire (au) loc. prép.
D'après, selon l'avis de. *Au dire des spécialistes, il est hors de danger.*
🖝 Le mot *dire* est au singulier dans l'expression *au dire de.*

direct, ecte adj.
• Qui est droit, sans détour. *Une route directe.*
• *Complément direct.* (Gramm.) Complément relié directement au verbe, sans préposition. *Dans la phrase «il peint le mur», mur est un complément d'objet direct du verbe «peint».*
Ant. **indirect.**
V. Tableau - **COMPLÉMENT.**

direct n. m.
Coup de poing. *Des directs percutants.*

directement adv.
De façon directe. *Papa est rentré directement du bureau, sans s'arrêter au magasin.*

directeur n. m.
directrice n. f.
Personne qui est à la tête d'une direction. *La directrice de l'école. Un directeur adjoint.*

directeur, trice adj.
Qui dirige. *Des lignes directrices, des plans directeurs.*

directeur d'école n. m.
directrice d'école n. f.
Personne responsable de l'administration et de la gestion d'un établissement d'enseignement. *Les élèves ont fait appel au directeur* (et non au *principal).

directif, ive adj.
Qui impose une direction, des contraintes. *Un ton directif.*

directive n. f.
Instructions générales. *Quelles sont vos directives?*
🖝 Ce nom s'emploie généralement au pluriel.

direction n. f.
• Conduite, administration. *Une direction dynamique.*
• Ensemble de ceux qui dirigent une entreprise, un organisme. *La direction de l'école s'est réunie ce matin.*
• Unité administrative. *La Direction de la comptabilité.*
🖝 Le nom *direction* s'écrit généralement avec une majuscule initiale; le nom spécifique ou l'adjectif désignant l'unité administrative s'écrit avec une minuscule.
• Orientation. *Ils vont en direction du sud.*

*direction
Anglicisme au sens de *mode d'emploi.* Lisez bien le mode d'emploi (et non la ou les *directions) avant d'utiliser ce médicament.*

directoire n. m.
Style Directoire, style caractéristique de l'époque du Directoire.

🖝 Ce nom s'écrit avec une majuscule lorsqu'il désigne le régime politique du XVIIIᵉ siècle.

directorial, iale, iaux adj.
Propre à une direction. *Un fauteuil directorial.*

dirham n. m.
Unité monétaire des Émirats arabes unis, du Maroc. *Des dirhams.*
V. Tableau - **SYMBOLES DES UNITÉS MONÉTAIRES.**

dirigé, ée adj.
Conduit. *Une économie dirigée.*

dirigeable adj. et n. m.
• **Adjectif.** Qui peut être dirigé. *Des ballons dirigeables.*
• **Nom masculin.** Aérostat qu'on peut diriger. *Des dirigeables en bon état.*

dirigeant, ante adj. et n. m. et f.
Qui dirige. *La classe dirigeante.*
▭ dirigeant.

diriger v. tr.
Le *g* est suivi d'un *e* devant les lettres *a* et *o.* *Il dirigea, nous dirigeons.*
• Conduire, commander. *Elle sait diriger ses employés.*
• Guider vers un endroit. *Dirigez-moi vers mon hôtel, s'il vous plaît.*

dirigisme n. m.
Système économique dans lequel l'État assure la direction des mécanismes économiques.

dis- préf.
Élément du latin signifiant «au travers de» qui sert à marquer la séparation, la négation. *Disparaître, dissuader.*
🖝 Devant les mots commençant par un *f,* le préfixe devient **dif-.** *Diffusion.*

discal, ale, aux adj.
Relatif à un disque. *Une hernie discale.*

discernement n. m.
Jugement. *Étienne n'a pas fait preuve de discernement en faisant ce choix.*
▭ discernement.

discerner v. tr.
• Distinguer. *Discerner le bien d'avec le mal, le bien du mal.*
• Découvrir par le jugement. *Elle discerne ses motifs sans peine.*
▭ discerner.

disciple n. m.
Personne qui suit la doctrine d'un maître.
🖝 Ne pas confondre avec le nom *adepte* qui est souvent suivi d'un nom de doctrine, alors que le nom *disciple* peut être suivi d'un nom de personne. *Un adepte du socialisme. Elle est un disciple du frère Marie-Victorin.*
▭ disciple.

disciplinaire adj.
Qui se rapporte à la discipline. *Mesure disciplinaire.*
▭ disciplinaire.

discipline n. f.
• Matière d'enseignement. *Quelles disciplines avez-vous choisies? La physique et la chimie.*
• Règle de conduite. *Elle travaille avec discipline.*
☞ discipline.

discipliné, ée adj.
Qui obéit à la discipline. *Ces élèves sont turbulentes, elles ne sont pas disciplinées.*
☞ discipliné.

*disc-jockey
Anglicisme pour *animateur, présentateur.*

discipliner v. tr., pronom.
• **Transitif.** Soumettre quelqu'un à un ensemble de règles.
• **Pronominal.** Suivre la discipline. *Il faut se discipliner pour se lever si tôt.*
☞ discipliner.

disco adj. inv.
Se dit d'un style de musique populaire. *Des musiques disco.*

discographie n. f.
Répertoire de disques.

*disconnecter
Anglicisme pour *débrancher.*

discontinu, ue adj.
Qui n'est pas continu. *Une droite discontinue.*

discontinuation n. f.
Interruption.

*discontinué (article, produit)
Impropriété au sens de *sans suite.*

discontinuer v. intr.
Sans discontinuer. Sans cesser un moment. *Il neige sans discontinuer depuis hier.*

discontinuité n. f.
Cessation.

disconvenance n. f.
(Litt.) Défaut de convenance.

disconvenir v. tr.
Se conjugue comme le verbe *venir.*
(Litt.) Nier.
☞ Ce verbe est généralement employé à la forme négative. *Je ne disconviens pas qu'il (ne) soit très compétent.* Le verbe se construit généralement avec le mode subjonctif, accompagné ou non du *ne* explétif; il peut également se construire avec le mode indicatif si l'on veut mettre l'accent sur la réalité d'un fait. *Je ne disconviens pas qu'il est très compétent.*

discordance n. f.
Caractère de ce qui est discordant. *Les discordances de ces sons.*
☞ discordance.

discordant, ante adj.
Se dit de choses qui ne s'accordent pas bien ensemble. *Des instruments discordants.*
☞ discordant.

discorde n. f.
Désunion grave. *Un sujet de discorde.*
☞ Ne pas confondre avec les noms suivants :
- *désaccord,* différend;
- *dissidence,* division profonde qui conduit un groupe ou une personne à se désolidariser;
- *incompatibilité,* impossibilité de s'entendre avec une autre personne.
Ant. **concorde.**

discothèque n. f.
• S'abrège familièrement en *disco.*
• Établissement où l'on peut danser.
• Collection de disques privée ou publique.

*discount
Anglicisme pour *rabais, remise.*

discourir v. intr.
INDICATIF PRÉSENT *Je discours, tu discours, il discourt, nous discourons, vous discourez, ils discourent.* IMPARFAIT *Je discourais.* PASSÉ SIMPLE *Je discourus.* FUTUR *Je discourrai.* CONDITIONNEL PRÉSENT *Je discourrais.* IMPÉRATIF PRÉSENT *Discours, discourons, discourez.* SUBJONCTIF PRÉSENT *Que je discoure.* IMPARFAIT *Que je discourusse.* PARTICIPE PRÉSENT *Discourant.* PASSÉ *Discouru, ue.*
• *Discourir + de.* Parler sans approfondir la matière. *Discourir d'une affaire.*
• *Discourir + de* ou *sur.* Parler longuement de quelque chose. *Discourir pendant des heures du sexe des anges, sur le sexe des anges.*

discours n. m.
Exposé d'idées d'une certaine longueur.
☞ Ne pas confondre avec les noms suivants :
- *allocution,* petit discours familier;
- *plaidoyer,* discours d'un avocat;
- *sermon, prêche,* discours d'un prédicateur.

discourtois, oise adj.
Qui manque de courtoisie.

discrédit n. m.
Perte du crédit, de l'influence, du succès.
☞ discrédit.

discréditer v. tr., pronom.
Souiller la réputation en dépréciant ou en diffamant.
☞ Ne pas confondre avec les verbes suivants :
- *décrier,* déprécier avec force, faire perdre la réputation, l'autorité;
- *dénigrer,* chercher à diminuer la valeur d'une personne, d'une chose;
- *diffamer,* porter atteinte à la réputation;
- *vilipender,* traiter avec mépris.

discret, ète adj.
Réservé dans ses paroles, ses actions. *Ne vous inquiétez pas, je serai très discrète.*

discrètement adv.
Avec discrétion. *Elle a été prévenue discrètement.*

discrétion n. f.
• Tact, réserve. *Il n'a pas dérangé son ami par discrétion.*
• Aptitude à garder un secret. *On peut compter sur sa discrétion.*

• **À discrétion.** À volonté. *On peut se servir à discrétion.*
⮕ discrétion.

discrétionnaire adj.
Arbitraire. *Un pouvoir discrétionnaire.*

discrimination n. f.
• Action de traiter différemment certaines personnes par rapport à d'autres. *Il ne faut pratiquer aucune discrimination.*
• (Litt.) Distinction.

discriminatoire adj.
Qui distingue un groupe humain d'un autre, à son désavantage. *Ce classement a été jugé discriminatoire.*

discriminer v. tr.
(Litt.) Distinguer.

disculper v. tr., pronom.
• **Transitif.** Innocenter. *Ces témoignages l'ont disculpé, il a été libéré.*
• **Pronominal.** Se justifier, prouver son innocence.

discursif, ive adj.
Qui concerne le discours.

discussion n. f.
• Débat, examen. *Une période de discussion suivra l'exposé.*
• Querelle. *Il y a rarement des discussions entre eux.*

discutable adj.
Que l'on peut discuter, douteux. *Ce procédé est très discutable.*

discuté, ée adj.
Contesté, mis en cause.

discuter v. tr., intr.
• **Transitif.** Examiner avec soin une question en échangeant des idées avec quelqu'un. *Elle adore discuter cette question.*
• **Transitif indirect.** *Ils discutent de la pluie et du beau temps.*
• **Intransitif.** Contester, mettre en question. *Ne discutez pas les enfants, il est temps de rentrer.*

disert, erte adj.
(Litt.) Éloquent.

disette n. f.
Pénurie de vivres.

diseur, euse n. m. et f.
Diseur de bonne aventure. Personne qui prétend connaître l'avenir.

disgrâce n. f.
Perte de l'estime dont quelqu'un jouissait. *Ce chanteur est tombé en disgrâce.*
⮕ disgrâce.

disgracier v. tr.
Se conjugue comme le verbe *gracier.*
(Litt.) Retirer à quelqu'un la faveur dont il jouissait.
⮕ disgracier, contrairement à grâce et disgrâce.

disgracieux, euse adj.
• Déplaisant, laid. *Ces gestes sont disgracieux.*
• Discourtois.

*disgression
V. **digression.**

disjoindre v. tr., pronom.
Se conjugue comme le verbe *joindre.*
• **Transitif.** Désunir.
• **Pronominal.** Se séparer. *Les planches se sont disjointes.*

disjoncteur n. m.
Interrupteur. *Mettre en marche le disjoncteur* (et non le *breaker).

dislocation n. f.
• Luxation. *Dislocation d'une articulation.*
• Démembrement. *Dislocation d'une nation.*
⮕ dislocation.

disloquer v. tr.
• Démettre. *Le choc lui a disloqué une épaule.*
• Séparer. *Disloquer un empire.*

disparaître v. intr.
Se conjugue comme le verbe *paraître.*
• Cesser d'être visible. *Il a disparu subitement.*
• Mourir.
⌧ Le verbe se conjugue avec l'auxiliaire *avoir* lorsqu'il exprime une action. *Il a disparu subitement.* Il se conjugue avec l'auxiliaire *être* pour exprimer l'état qui résulte de l'action. *Il est disparu depuis plusieurs jours.* Cependant, l'emploi de l'auxiliaire *avoir* tend aujourd'hui à supplanter celui de l'auxiliaire *être* dans tous les cas.

disparate adj.
Hétéroclite. *Des objets disparates.*
⮕ disparate.

disparité n. f.
Diversité. *Les disparités régionales.*

disparition n. f.
• Action de disparaître; son résultat. *Sa disparition remonte à un mois.*
• Mort. *La disparition de cet ami nous a beaucoup attristés.*

disparu, ue adj. et n. m. et f.
Mort ou considéré comme mort. *Ils sont disparus en mer.*

*dispatcher
Anglicisme pour *répartiteur.*

*dispatching
Anglicisme pour *répartition.*

dispendieux, ieuse adj.
Qui entraîne beaucoup de dépenses. *Des goûts dispendieux. Une maison dispendieuse.*
⌧ Ne pas confondre avec l'adjectif *cher,* d'un prix élevé.

dispensaire n. m.
Établissement de soins médicaux courants.

dispense n. f.
Exemption de la règle commune.

dispenser v. tr., pronom.
• (Litt.) Distribuer, donner. *Dispenser des bienfaits, des largesses.*

• Exempter d'une obligation. *Il a été dispensé de faire ses devoirs.*

*dispenser (des cours)
Impropriété au sens de **offrir, donner des cours.**

dispersement n. m.
Action de disperser, de se disperser.

disperser v. tr., pronom.
• **Transitif**
- Répandre, éparpiller. *Le vent disperse les feuilles mortes.*
- Disséminer. *La police a dispersé les manifestants.*
• **Pronominal**
S'en aller de tous les côtés. *La foule s'est dispersée dans les petites rues de la ville.*

dispersion n. f.
Action de disperser; fait d'être dispersé.

disponibilité n. f.
• État de ce qui est disponible. *La disponibilité de certaines ressources.*
• (Au plur.) Sommes dont on peut disposer. *Les disponibilités de cette entreprise sont insuffisantes.*

disponible adj.
• Dont on peut disposer. *Ces capitaux sont disponibles, il faudrait les investir.*
• Qui n'est lié ou engagé par rien, libre. *Cette personne est toujours disponible.*

*disponible
Anglicisme au sens de **en vente, offert.** *Le livre sera en vente* (et non **disponible*) *dans les librairies.*

dispos, ose adj.
Qui est en bonne forme physique et morale. *Elle est fraîche et dispose.*

*disposable
Anglicisme au sens de **jetable.**

disposé, ée adj.
• Agencé. *Des meubles bien disposés.*
• Être dans de bonnes, mauvaises dispositions envers une personne. *Il est bien disposé à son égard.*

disposer v. tr., pronom.
• **Transitif direct**
- Arranger. *Disposer des fleurs dans un vase.*
- Inciter (quelqu'un à quelque chose).
• **Transitif indirect**
Avoir l'usage de. *Il dispose d'une bonne voiture.*
• **Pronominal**
Être sur le point de, se préparer. *Elle se dispose à changer d'emploi.*

dispositif n. m.
Mécanisme. *Un dispositif de sécurité.*

disposition n. f.
• Arrangement. *La disposition des pièces.*
• **Prendre ses dispositions.** Se préparer, s'arranger.
• **Être dans de bonnes dispositions, en bonnes dispositions à l'égard de quelqu'un.** Avoir de bons sentiments.

disproportion n. f.
Manque de proportion. *Une disproportion entre les moyens dont ils disposent.*

disproportionné, ée adj.
• Qui manque de proportion. *Cette construction est disproportionnée.*
• Démesuré. *Des prix disproportionnés.*

dispute n. f.
Débat, querelle. *Allons bon! Encore une dispute entre les enfants.*

disputer v. tr., pronom.
• **Transitif**
- Lutter pour conserver ou obtenir quelque chose. *Disputer un titre à quelqu'un.*
- (Fam.) Gronder. *Maman m'a disputé parce que ma chambre était en désordre.*
• **Pronominal**
Se quereller. *Ils se sont disputés avec eux.*
☞ Le participe passé du verbe pronominal s'accorde toujours puisque le complément d'objet direct précède le verbe.

disquaire n. m. et f.
Personne qui vend des disques.

disqualification n. f.
Action de disqualifier; son résultat. *La disqualification d'un champion olympique.*

disqualifier v. tr., pronom.
Redoublement du *i* à la première et à la deuxième personne du pluriel de l'indicatif imparfait et du subjonctif présent. *(Que) nous disqualifiions, (que) vous disqualifiiez.*
• **Transitif.** Interdire une épreuve sportive à un concurrent qui ne respecte pas toutes les clauses du règlement. *Le coureur a été disqualifié parce qu'il a pris des stéroïdes anabolisants.*
• **Pronominal.** Se discréditer.

disque n. m.
• Objet de forme ronde et plate. *Un disque de bois.*
• Lourd palet lancé au loin par les athlètes. *Le lancer du disque.*
• Plaque circulaire sur laquelle sont enregistrés des sons. *Un disque microsillon de longue durée.*
• (Inform.) Support d'information. *Les disques durs ou rigides peuvent emmagasiner des millions d'octets.*
• **Disque audionumérique.** Disque destiné à être lu par un système optique par laser. On dit aussi aujourd'hui : **disque compact.**
• **Disque optique compact.** Abrév. **DOC** (Recomm. off. pour «CD-ROM»). Disque compact, à lecture optique, qui peut enregistrer des textes, des images et des sons. *Les disques optiques compacts ont une grande capacité de mémoire.*
• **Disque vidéo.** Disque vidéographique. *Des disques vidéo.*

disquette n. f.
(Inform.) Disque magnétique souple servant de support d'information.
☞ La graphie *«diskette»* est erronée en français.

dissection n. f.
Analyse des parties d'un corps organisé. *La dissection d'une grenouille.*
▭▷ dissection.

dissemblable adj.
Qui n'est pas semblable. *Il est dissemblable de celui-ci.*
☞ L'adjectif se construit avec la préposition *de*.

dissemblance n. f.
Différence, absence de ressemblance.

dissémination n. f.
Dispersion.

disséminer v. tr.
Répandre, éparpiller.

dissension n. f.
Désaccord.

dissentiment n. m.
(Litt.) Animosité.

disséquer v. tr.
Le *é* se change en *è* devant une syllabe muette, sauf à l'indicatif futur et au conditionnel présent. *Je dissèque*, mais *je disséquerai*.
• Couper, ouvrir les parties d'une plante, d'un corps organisé en vue d'en étudier la structure. *Disséquer un champignon.*
• (Fig.) Examiner minutieusement. *Ils ont disséqué le problème.*

dissertation n. f.
Exercice écrit sur un sujet. *Les nouveaux étudiants doivent se soumettre à une épreuve d'évaluation du français écrit, une dissertation de 200 à 300 mots.*

disserter v. intr.
Exposer avec abondance ses idées sur un point. *Elle a disserté de Rimbaud, sur Rimbaud.*

dissidence n. f.
Division profonde qui conduit un groupe ou une personne à se désolidariser.
☞ Ne pas confondre avec les noms suivants :
- *désaccord,* différend;
- *discorde,* désunion grave;
- *incompatibilité,* impossibilité de s'entendre avec une autre personne.

dissident, ente adj. et n. m. et f.
Dont les opinions diffèrent de celles du plus grand nombre. *Les groupes dissidents. Le groupe des dissidentes.*

dissimulation n. f.
Action de cacher. *La dissimulation d'un crime.*

dissimulé, ée adj.
Caché, hypocrite.

dissimuler v. tr., pronom.
• **Transitif**
Cacher. *Dissimuler ses angoisses.*
• **Pronominal**
- Se cacher. *Les enfants se sont dissimulés derrière les buissons.*
- Refuser de voir. *Il ne faut pas se dissimuler que cette décision était une erreur.*

dissipation n. f.
• Dilapidation.
• Distraction, indiscipline.

dissipé, ée adj.
Espiègle. *Une écolière dissipée.*

dissiper v. tr., pronom.
• **Transitif**
- Chasser. *Dissiper des craintes.*
- (Litt.) Dilapider. *Dissiper des capitaux.*
• **Pronominal**
- Disparaître, s'éparpiller. *La brume s'est dissipée.*
- Être indiscipliné, inattentif. *Les garçons se sont dissipés.*

dissociable adj.
Qui peut être dissocié.

dissociation n. f.
Séparation.

dissocier v. tr.
Redoublement du *i* à la première et à la deuxième personne du pluriel de l'indicatif imparfait et du subjonctif présent. *(Que) nous dissociions, (que) vous dissociiez.*
Désagréger, séparer (des éléments associés). *Dissocier des problèmes.*

dissolu, ue adj.
(Litt.) Corrompu, déréglé. *Des mœurs dissolues.*
☞ Ne pas confondre avec le mot *dissous,* participe passé du verbe *dissoudre.*

dissolution n. f.
• Action de dissoudre ou de se dissoudre.
• (Dr.) Cessation légale. *La dissolution d'un contrat.*

dissolvant, ante adj. et n. m.
Qui a la propriété de dissoudre. *Une substance dissolvante. Un puissant dissolvant.*

dissonance n. f.
Assemblage de sons qui blessent l'oreille.
🖝 dissonance.

dissonant, ante adj.
Peu harmonieux. *Des sons dissonants.*
🖝 dissonant.

dissoudre v. tr., pronom.
INDICATIF PRÉSENT *Je dissous, tu dissous, il dissout, nous dissolvons, vous dissolvez, ils dissolvent.* IMPARFAIT *Je dissolvais.* FUTUR *Je dissoudrai.* CONDITIONNEL PRÉSENT *Je dissoudrais.* IMPÉRATIF PRÉSENT *Dissous, dissolvons, dissolvez.* SUBJONCTIF PRÉSENT *Que je dissolve.* PARTICIPE PRÉSENT *Dissolvant.* PASSÉ *Dissous, dissoute.* Le passé simple de l'indicatif et l'imparfait du subjonctif n'existent pas.
• **Transitif**
- Mélanger à un liquide. *Dissoudre le contenu du sachet dans un peu d'eau chaude.*
- (Dr.) Mettre légalement fin à une association. *Dissoudre une société, un mariage.*
• **Pronominal**
Se désagréger. *Le sucre s'est dissous dans l'eau. La poudre s'est dissoute dans le lait.*
☞ Ne pas confondre le participe passé *dissous* avec l'adjectif *dissolu* qui qualifie ce qui est déréglé. *Une vie dissolue.*

dissuader v. tr.
Convaincre quelqu'un de renoncer à un projet. *Je l'ai dissuadé de faire cette folie.*

dissuasif, ive adj.
Propre à toute forme de dissuasion. *Un ton dissuasif.*

dissuasion n. f.
Action de dissuader; son résultat. *La force de dissuasion.*

dissymétrie n. f.
Défaut de symétrie.
🖙 Ne pas confondre avec le nom **asymétrie,** absence de symétrie.
🖙 dissymétrie n. f.

dissymétrique adj.
Qui présente une dissymétrie.

distance n. f.
• Espace entre deux lieux, deux objets. *La distance entre Montréal et Vaudreuil est de 30 kilomètres.*
• *Prendre ses distances.* Éviter toute familiarité avec quelqu'un.
• *Tenir à distance.* Empêcher d'approcher, éviter les relations avec quelqu'un.
• *À distance,* locution adverbiale. Avec un certain recul. *Nous avons contemplé l'éruption volcanique à distance.*

distancer v. tr.
Le *c* prend une cédille devant les lettres *a* et *o.* *Il distança, nous distançons.*
Devancer. *Le champion devança les concurrents au dernier moment.*

distanciation n. f.
Recul pris par rapport à un évènement.
🖙 distanciation.

distant, ante adj.
• Éloigné. *La ville est distante de 15 kilomètres.*
• Réservé. *Un ton distant.*

distendre v. tr., pronom.
INDICATIF PRÉSENT *Je distends, tu distends, il distend, nous distendons, vous distendez, ils distendent.* IMPARFAIT *Je distendais.* PASSÉ SIMPLE *Je distendis.* FUTUR *Je distendrai.* CONDITIONNEL PRÉSENT *Je distendrais.* IMPÉRATIF PRÉSENT *Distends, distendons, distendez.* SUBJONCTIF PRÉSENT *Que je distende.* IMPARFAIT *Que je distendisse.* PARTICIPE PRÉSENT *Distendant.* PASSÉ *Distendu, ue.*
• **Transitif.** Causer une augmentation de volume en étirant.
🖙 Ne pas confondre avec le verbe **détendre,** relâcher ce qui est tendu.
• **Pronominal.** Se relâcher, être moins tendu.

distension n. f.
Gonflement.
🖙 distension.

distillation n. f.
☞ Attention à la prononciation : les deux *l* se prononcent comme un seul [distilasjɔ̃].
Opération consistant à vaporiser un liquide puis à condenser les vapeurs formées pour les séparer.

distiller v. tr.
Les lettres *ill* sont suivies d'un *i* à la première et à la deuxième personne du pluriel de l'indicatif imparfait et du subjonctif présent. *(Que) nous distillions, (que) vous distilliez.*
☞ Attention à la prononciation : les deux *l* se prononcent comme un seul [distile].
• (Litt. et fig.) Répandre. *Cette petite ville distille l'ennui.*
• Opérer la distillation de. *Distiller de l'eau.*

distillerie n. f.
☞ Attention à la prononciation : les deux *l* se prononcent comme un seul [distilri].
• Industrie et commerce des produits de la distillation, spécialement de la fabrication des eaux-de-vie.
• Lieu où se fait la distillation.

distinct, incte adj.
☞ Les lettres *ct* se prononcent ou non au masculin, [distɛ̃] ou [distɛ̃kt].
• Visible. *Des déformations distinctes.*
• Différent. *Des problèmes distincts.*

distinctement adv.
De façon distincte.

distinctif, ive adj.
Spécifique. *Des caractères distinctifs.*

distinction n. f.
• Action de distinguer. *Il est essentiel de faire une distinction entre les produits.*
• Marque d'estime. *Une distinction honorifique.*
• Raffinement, délicatesse. *Elle s'exprime avec distinction.*

distingué, ée adj.
• (Litt.) Éminent. *Un musicien distingué.*
• Qui a de la distinction. *Une jeune fille distinguée.*

distinguer v. tr., pronom.
Attention au *u* qui subsiste même devant les lettres *a* et *o.* *Il distingua, nous distinguons.*
• **Transitif**
- Reconnaître. *Distinguer la bonté de la justice, le vrai d'avec le faux.*
🖙 Le verbe se construit avec la préposition **de,** pour des choses analogues ou avec la préposition **avec,** pour des objets différents.
- Percevoir. *Distinguez-vous ce voilier au loin?*
• **Pronominal**
Se signaler. *Ils se sont distingués par leur habileté.*

distinguo n. m.
Distinction subtile. *Des distinguos.*

distique n. m.
Ensemble de deux vers.
🖙 Ne pas confondre avec le nom **diptyque,** œuvre en deux parties.

distordre v. tr., pronom.
Se conjugue comme le verbe **tordre.**
Faire subir une torsion.
🖙 Ne pas confondre avec le verbe **détordre,** remettre en état ce qui est tordu.

distorsion n. f.
Déformation.
⮕ distorsion.

distraction n. f.
• (Litt.) Détournement.
• Étourderie. *Être sujet à des distractions.*
• Divertissement. *Vous avez besoin de distractions.*

distraire v. tr., pronom.
INDICATIF PRÉSENT *Je distrais, tu distrais, il distrait, nous distrayons, vous distrayez, ils distraient.* IMPARFAIT *Je distrayais, tu distrayais, il distrayait, nous distrayions, vous distrayiez, ils distrayaient.* FUTUR *Je distrairai.* CONDITIONNEL PRÉSENT *Je distrairais.* SUBJONCTIF PRÉSENT *Que je distraie, que tu distraies, qu'il distraie, que nous distrayions, que vous distrayiez, qu'ils distraient.* PARTICIPE PRÉSENT *Distrayant.* PASSÉ *Distrait, aite.* Le passé simple de l'indicatif et l'imparfait du subjonctif n'existent pas.
Le *y* est suivi d'un *i* à la première et à la deuxième personne du pluriel de l'indicatif imparfait et du subjonctif présent. *(Que) nous distrayions, (que) vous distrayiez.*
• **Transitif**
- (Litt.) Détourner quelque chose à son profit. *Distraire une somme de la caisse.*
- Déranger, détourner l'attention. *Ce bruit m'a distrait.*
- Amuser, divertir. *Ce spectacle nous a bien distraits.*
• **Pronominal**
Se divertir. *Elles se sont bien distraites au cours de cette soirée.*

distrait, aite adj. et n. m. et f.
Étourdi, peu attentif. *Le professeur Tournesol est bien distrait.*

distraitement adv.
De façon distraite.

distrayant, ante adj.
Propre à distraire. *Des films distrayants.*

distribuer v. tr.
Répartir, agencer. *Distribuer des prix, des cadeaux. Les bourses qu'il a distribuées.*

distributeur, trice n. m. et f.
• **Nom masculin et féminin.** Personne qui distribue. *Une distributrice de circulaires.*
• **Nom masculin.** Appareil de distribution automatique. *Un distributeur de boissons, de billets.*

distributeur d'essence n. m.
Appareil qui, dans une station-service, permet d'amener l'essence aux véhicules sous l'action d'une pompe commandée automatiquement. (Recomm. off. OLF) *Il a arrêté la voiture près du distributeur d'essence* (et non près de la *pompe à gaz).*

distribution n. f.
Répartition, diffusion. *La distribution des cadeaux.*

district n. m.
⬳ Les lettres *ct* se prononcent [distrikt].
Division territoriale, administrative. *Des districts judiciaires.*

dit, dite adj.
• Appelé, surnommé. *Jean-Baptiste Poquelin, dit Molière.*
• **Proprement dit.** Au sens propre. *Le temple proprement dit. Les aspects forestiers proprement dits.*
• **Cela dit, ceci dit.** Quoi qu'il en soit.
• **À l'heure dite, au jour dit.** Fixé.
🖛 Joints à **au, aux, la, le, les, du, sus,** les adjectifs **dit, dite** s'écrivent en un seul mot (audit, auxdites, ladite, ledit, lesdits, dudit, susdit) et prennent la marque du pluriel et du féminin.

dithyrambique adj.
Très élogieux, parfois à l'excès.
⮕ dithyrambique.

diurétique adj. et n. m.
Se dit d'une substance qui stimule la sécrétion de l'urine. *Un médicament diurétique.*

diurne adj.
• Qui s'accomplit en un jour.
• Qui a lieu le jour. *Activité diurne.*
Ant. **nocturne.**

diva n. f. (pl. *divas*)
• Cantatrice célèbre. *La Callas était une diva.*
• (Fig.) Vedette capricieuse. *Ce comédien est une impossible diva.*

divagation n. f.
Propos incohérent. *Les divagations d'un poète.*
⮕ divagation.

divaguer v. intr.
Ce verbe s'écrit toujours avec un *u*, même devant les lettres *a* et *o. Il divagua, nous divaguons.*
Délirer, déraisonner. *Après ce choc, il divaguait.*

divan n. m.
Large sofa sans dossier qui peut servir de siège ou de lit.
🖛 Ne pas confondre avec les noms suivants :
- *canapé,* long siège à dossier et à accoudoirs où peuvent s'asseoir plusieurs personnes, où peut s'étendre une personne;
- *causeuse,* petit canapé à deux places;
- *sofa,* lit de repos à trois dossiers dont on se sert aussi comme siège.

divan-lit n. m. (pl. *divans-lits*)
Divan qui peut se transformer en lit.
Syn. **canapé-lit.**

divergence n. f.
Opposition de sentiments, d'opinions. *Une divergence d'opinions.*
⮕ divergence.

divergent, ente adj.
Qui diverge, différent. *Des opinions divergentes.*
🖛 Ne pas confondre avec le participe présent invariable **divergeant.** *Les opinions divergeant de celles que nous avons émises seront étudiées.*
Ant. **convergent.**

diverger v. intr.
Le *g* est suivi d'un *e* devant les lettres *a* et *o. Il divergea, nous divergeons.*

• Aller en s'écartant de plus en plus, en parlant de rayons, de lignes.
• (Fig.) Être en désaccord. *Nous divergeons d'avis sur cette question.*

divers, erse adj.
• **Adjectif qualificatif.** Varié, différent. *Les diverses parties d'un immeuble.*
• **Adjectif indéfini pluriel.** Quelques, plusieurs. *Divers témoins l'ont aperçu.*

diversement adv.
Différemment.

diversification n. f.
Action de diversifier; son résultat.

diversifier v. tr.
Redoublement du *i* à la première et à la deuxième personne du pluriel de l'indicatif imparfait et du subjonctif présent. *(Que) nous diversifiions, (que) vous diversifiiez.*
Varier. *Il importe de diversifier nos sources d'approvisionnement.*

diversion n. f.
• (Litt.) Dérivatif. *Une diversion à son chagrin.*
• *Faire diversion.* Détourner l'attention.
☞ Ne pas confondre avec le nom **divertissement,** passe-temps, amusement.

diversité n. f.
Pluralité. *La diversité des groupes ethniques de Montréal.*

divertir v. tr., pronom.
• **Transitif**
- (Dr.) Détourner.
- Distraire, amuser. *Ce film les divertira.*
• **Pronominal**
S'amuser. *Elles se sont bien diverties à ce spectacle.*

divertissant, ante adj.
Amusant. *Ces films sont très divertissants.*

divertissement n. m.
Passe-temps, amusement. *La lecture est son divertissement préféré.*
☞ Ne pas confondre avec le nom **diversion,** dérivatif.

dividende n. m.
(Fin.) Part de bénéfice attribuée à chaque action d'une société. *Une augmentation des dividendes.*

divin, ine adj.
• Relatif à Dieu. *La grâce divine.*
👄 Devant un mot commençant par une voyelle, l'adjectif masculin se prononce comme l'adjectif féminin. *Le divin Enfant.*
• Merveilleux. *Une musique divine.*

divination n. f.
Prédiction.

divinement adv.
D'une manière divine. *Il chante divinement bien.*

diviniser v. tr.
• Doter d'un caractère sacré.
• (Litt.) Vénérer.

divinité n. f.
Être divin. *Des divinités païennes.*
V. **dieu.**

divis, ise adj.
Copropriété divise. Où chaque copropriétaire ne possède que sa partie.
Ant. **indivis.**

diviser v. tr., pronom.
• **Transitif**
- Séparer un tout en parties. *Diviser une tarte en cinq parts.*
☞ En mathématiques, on emploie la préposition *par.* *Diviser une quantité, un nombre par cinq.*
- Désunir. *Cette loi divise la population.*
• **Pronominal**
Se séparer en plusieurs parties. *Le nombre 20 se divise par 2, 4, 5 et 10.*

divisibilité n. f.
Propriété de ce qui est divisible.

divisible adj.
Qui peut être divisé. *Un nombre divisible.*

division n. f.
• Action de diviser; état d'une chose divisée. *La division d'un groupe en équipes.*
• Chacune des parties d'un tout divisé. *Les divisions de l'heure, d'un livre.*
• Discorde. *Il y a de la division dans la classe.*
• (Math.) Opération qui consiste à calculer combien de fois un nombre est contenu dans un autre. *Le quotient est le résultat de la division.*
• Unité administrative. *Un chef de division.*
V. Tableau - **DIVISION DES MOTS.**

divorce n. m.
Dissolution légale du mariage.

divorcé, ée adj. et n. m. et f.
Dont le mariage a été dissous légalement. *Une personne divorcée.*

divorcer v. intr.
Le *c* prend une cédille devant les lettres *a* et *o.* *Il divorça, nous divorçons.*
Rompre un mariage par divorce. *Il a divorcé d'avec* ou *avec* ou *de sa femme en 1990.*
☞ Le verbe se construit avec les prépositions *de, avec* ou *d'avec.*
☞ Le verbe se conjugue avec l'auxiliaire *avoir* si l'on exprime l'action et avec l'auxiliaire *être* si l'on exprime l'état qui résulte de l'action. *Ils ont divorcé. Elle est divorcée depuis trois ans.*
☞ L'ancienne forme pronominale *se divorcer* n'est plus usitée.

divortialité n. f.
(Démogr.) Rapport annuel du nombre de divorces à l'effectif moyen de la population.
↣ divortialité.

divulgation n. f.
Révélation. *La divulgation de secrets militaires.*

divulguer v. tr.

Ce verbe s'écrit toujours avec un *u*, même devant les lettres *a* et *o*. *Il divulgua, nous divulguons.*

Rendre public ce qui n'était pas su. *Divulguer des secrets militaires.*

dix adj. et n. m. inv.

👄 Le *x* se prononce *z* devant une voyelle ou un *h* muet.

👄 Dans les dates, le *x* de *dix* se prononce *s*.

• **Adjectif numéral cardinal invariable.** Neuf plus un. *Dix heures.*

• **Adjectif numéral ordinal invariable.** Dixième. *Le dix décembre.*

• **Nom masculin invariable.** Nombre dix. *Le dix de trèfle.*

☞ Les adjectifs numéraux composés de *dix* s'écrivent avec un trait d'union (*dix-huit, soixante-dix-sept*), à l'exception de ceux qui comprennent les adjectifs *cent* ou *mille* (*cent dix*).

dix-huit adj. et n. m. inv.

👄 Le *t* est muet devant une consonne, il est sonore dans les dates.

• **Adjectif numéral cardinal invariable.** Dix-sept plus un. *Dix-huit enfants.*

• **Adjectif numéral ordinal invariable.** Dix-huitième. *Le dix-huit décembre.*

• **Nom masculin invariable.** Nombre dix-huit.

dix-huitième adj. et n. m. et f.

• Abréviation *18e* (dix-huitième), *18es* (dix-huitièmes).

• **Adjectif numéral ordinal.** Nombre ordinal de dix-huit. *La dix-huitième heure.*

• **Nom masculin.** La dix-huitième partie d'un tout. *Les trois dix-huitièmes d'une quantité.*

• **Nom masculin et féminin.** Personne, chose qui occupe le dix-huitième rang. *Elles sont les dix-huitièmes.*

dix-huitièmement adv.

En dix-huitième lieu.

dixième adj. et n. m. et f.

• Abréviation *10e* (dixième), *10es* (dixièmes).

• **Adjectif numéral ordinal.** Nombre ordinal de dix. *La dixième heure.*

• **Nom masculin.** La dixième partie d'un tout. *Les trois dixièmes d'une quantité.*

• **Nom masculin et féminin.** Personne, chose qui occupe le dixième rang. *Elles sont les dixièmes.*

dixièmement adv.

En dixième lieu.

dix-neuf adj. num. et n. m.

• **Adjectif numéral cardinal invariable.** Dix-huit plus un. *Dix-neuf enfants.*

• **Adjectif numéral ordinal invariable.** Dix-neuvième. *Le dix-neuf décembre.*

• **Nom masculin invariable.** Nombre dix-neuf.

dix-neuvième adj. et n. m. et f.

• Abréviation *19e* (dix-neuvième), *19es* (dix-neuvièmes).

• **Adjectif numéral ordinal.** Nombre ordinal de dix-neuf. *La dix-neuvième heure.*

• **Nom masculin.** La dix-neuvième partie d'un tout. *Les trois dix-neuvièmes d'une quantité.*

• **Nom masculin et féminin.** Personne, chose qui occupe le dix-neuvième rang. *Ils ou elles sont les dix-neuvièmes.*

dix-neuvièmement adv.

En dix-neuvième lieu.

dix-sept adj. et n. m. inv.

• **Adjectif numéral cardinal invariable.** Seize plus un. *Dix-sept enfants.*

• **Adjectif numéral ordinal invariable.** Dix-septième. *Le dix-sept décembre.*

• **Nom masculin invariable.** Nombre dix-sept.

dix-septième adj. et n. m. et f.

• Abréviation *17e* (dix-septième), *17es* (dix-septièmes).

• **Adjectif numéral ordinal.** Nombre ordinal de dix-sept. *La dix-septième heure.*

• **Nom masculin.** La dix-septième partie d'un tout. *Les trois dix-septièmes d'une quantité.*

• **Nom masculin et féminin.** Personne, chose qui occupe le dix-septième rang. *Ils ou elles sont les dix-septièmes.*

dix-septièmement adv.

En dix-septième lieu.

dizaine n. f.

Nombre composé de dix unités. *Une dizaine de pamplemousses.*

djellaba n. f.

Longue robe portée en Afrique du Nord. *Des djellabas colorées.*

djinn n. m.

Génie de l'air. *Des djinns.*

dl

Symbole de *décilitre*.

dm

Symbole de *décimètre*.

DM

Symbole de *deutsche mark*.

do n. m. inv.

Note de musique. *Des do. Des accords en do.* V. **note de musique.**

doberman n. m.

👄 Le *r* et le *n* se prononcent [dɔbɛrman].

Chien de garde. *Des dobermans bien dressés.*

DOC n. m.

Acronyme de *disque optique compact*. *Un DOC (et non un *CD ROM). Disque compact, à lecture optique, qui peut enregistrer des textes, des images et des sons. Les DOC sont à grande capacité de mémoire.*

docile adj.

Discipliné, qui obéit facilement. *Ces animaux sont bien dociles.*

docilement adv.

Avec docilité.

docilité n. f.

Soumission, obéissance. *Ce jeune chien est d'une grande docilité.*

DIVISION DES MOTS

La division des mots en fin de ligne doit être évitée autant que possible. Si elle s'avère nécessaire, la coupure des mots se marque par un court tiret, appelé trait d'union, et respecte des règles définies.

1. LA DIVISION SYLLABIQUE

On coupe un mot entre les syllabes qui le composent.

- **Une consonne entre deux voyelles :** on coupe après la voyelle.
  Ha/meçon ou *hame/çon, ca/pital* ou *capi/tal.*

- **Deux voyelles :** on coupe après la première voyelle.
  Initi/ale, abrévi/ation.

☞ Le mot se divise après les voyelles lorsque la deuxième voyelle fait partie d'un élément qui a servi à la formation d'un mot (*Biblio/thèque*, de «biblio», *théo/logie* de «théo») ou lorsque le groupe de voyelles se réduit à un seul son (ai, au, eau, æ, eu, œu, ou, etc.). *Nécessai/rement, heureu/sement.*

- **Deux consonnes :** on coupe entre les consonnes.
  Éper/dument, fendil/lement.

☞ Les groupes ch, ph, gn, th sont inséparables. *Ache/miner, ryth/mer.* En début de syllabe, certains groupes de consonnes (bl, cl, fl, gl, pl, br, cr, dr, fr, gr, pr, tr, vr) sont inséparables. *Dé/plorer, in/croyable.*

- **Trois ou quatre consonnes :** on coupe après la première consonne.
  Désassem/bler, illus/tration.

2. LA DIVISION DES MOTS COMPOSÉS

- Les **mots composés sans trait d'union** peuvent être divisés entre deux mots non reliés par un trait d'union.
  Pomme/ de terre ou *pomme de/ terre.*

☞ On ne met pas de traits d'union dans ce cas.

- Les **mots composés comportant un trait d'union** peuvent être divisés à ce trait d'union.
  Demi-/heure.

☞ Il est parfois difficile de distinguer entre les traits d'union du mot composé et ceux de la division des mots en fin de ligne.

3. LES DIVISIONS INTERDITES

Dans la mesure du possible, on prendra soin de ne pas renvoyer en début de ligne des syllabes muettes ou de moins de trois lettres.
  *Directri/ce, validi/té.

☞ Dans certains ouvrages, notamment dans le cas où le texte est composé sur deux colonnes, il n'est pas toujours possible de respecter cette règle.

- **Abréviations et sigles :** ne jamais diviser une abréviation ou un sigle.
  *O/NU.

- **Apostrophes :** on ne coupe jamais à l'apostrophe.
  *L'/école.

suite➞

• **Initiales et patronymes** : ne pas séparer du nom le pronom abrégé.
J./Picard.

• **Titres de civilité, titres honorifiques** et **patronymes** : ne pas séparer le titre du nom auquel il s'applique.
Dr/ Laroche.

• **Nombres en chiffres arabes ou romains** : ne pas diviser les nombres écrits en chiffres (par contre, les nombres écrits en lettres sont divisibles).
*153/537, *XX/IV.*

• **Nom déterminé par un nombre** : ne pas séparer un nombre du nom qui le suit ou le précède.
*Art./2, *Louis/XIV.*

• **Pourcentage** : ne pas séparer un nombre du symbole du pourcentage.
75/%.

• **Points cardinaux** : ne pas séparer l'abréviation du point cardinal du groupe qu'il détermine.
Un point situé par 52° de latitude/N.

• **Date** : ne pas séparer le quantième et le mois ou le mois et l'année.
*15/janvier 1991 ou *15 janvier/1991.*

• **Symboles des unités de mesure** : ne pas séparer le symbole du nombre qui le précède.
*12/h, *14/F, *25/kg.*

• **Symboles chimiques, mathématiques,** etc. : ces symboles sont indivisibles.

• **Lettres x** et **y** : ne pas diviser avant ni après les lettres *x* ou *y* placées entre deux voyelles.
Ve/xation, apitoy/er.

☞— 1° Si ces lettres sont suivies d'une consonne, la division est permise après le *x* ou le *y*. *Ex/ténuant, bicy/clette.*

2° Si la lettre *x* correspond au son «z», la coupure est tolérée. *Deu/xième.*

• **Etc.** : ne pas séparer l'abréviation *etc.* du mot qui la précède.

• **Syllabe finale muette** : on ne reporte pas à la ligne suivante une syllabe finale muette.
*Cou/dre, *définiti/ve.*

• **Mots d'une seule syllabe** : ces mots sont indivisibles.
Pi/ed.

• **Mots en fin de page** : on ne peut couper un mot lors d'un changement de page.

docimologie n. f.
Science de la vérification des connaissances par tests, examens, etc.

dock n. m. (pl. *docks*)
Bassin entouré de quais pour le chargement et le déchargement des navires.

docker n. m. (pl. *dockers*)
👄 Le *r* se prononce [dɔkɛr].
Ouvrier employé au chargement et au déchargement des navires.
V. **débardeur.**

docte adj.
Savant, érudit.

docteur n. m.
Abréviation **Dr, Drs.** Employé absolument, le titre est réservé aux médecins et ne s'abrège que devant le patronyme. *Dr Claire Lavallée. Le docteur est venu ce matin.*
☞— Pour préciser la discipline du doctorat, on recourra aux prépositions **en** ou **ès,** selon le cas (**ès** précède une discipline au pluriel). *Paul Fougère, docteur ès lettres.*

doctoral, ale, aux adj.
• (Péj.) Pédant. *Un ton doctoral.*
• Relatif au doctorat. *Des études doctorales.*

doctorat n. m.
Diplôme universitaire. *Un doctorat en droit. Un doctorat ès lettres.*
⮂ doctorat.
V. Tableau - **GRADES ET DIPLÔMES UNIVERSITAIRES.**

doctoresse n. f.
(Fam.) Femme médecin.

doctrinaire adj. et n. m. et f.
Personne attachée à une doctrine.

doctrinal, ale, aux adj.
Qui se rapporte à une doctrine.

doctrine n. f.
Ensemble des opinions professées sur quelque matière. *Une doctrine politique.*

document n. m.
• Renseignement écrit. *Des documents importants.*
• Tout ce qui sert de preuve, de témoignage. *Un document photographique.*

documentaire adj. et n. m.
• **Adjectif.** Qui a le caractère d'un document. *Une preuve documentaire.*
• **Nom masculin.** Film instructif.

documentaliste adj. et n. m. et f.
Spécialiste de la documentation.
🖝 Ne pas confondre avec le nom *documentariste,* spécialiste des films documentaires.

documentariste n. m. et f.
Spécialiste des films documentaires.
🖝 Ne pas confondre avec le nom *documentaliste,* spécialiste de la documentation.

documentation n. f.
Ensemble de documents. *Un centre de documentation. Je vous envoie sous pli la documentation* (et non la **littérature) nécessaire à votre projet.*

documenter v. tr., pronom.
• **Transitif.** Appuyer sur des documents. *Documenter une recherche.*
• **Pronominal.** Se renseigner, rechercher des documents. *Ils se sont bien documentés avant de commencer leur travail.*

dodéca- préf.
Élément du grec signifiant «douze».

dodécagonal, ale, aux adj.
Qui a douze angles.

dodécagone n. m.
Polygone à douze côtés.

dodelinement n. m.
Oscillation légère de la tête ou du corps.

dodeliner v. tr., ind.
Bercer, balancer doucement. *Dodeliner de la tête.*

dodu, ue adj.
• Gras. *Un dindon dodu.*
• (Fam.) Potelé.

dogmatique adj. et n. m. et f.
• **Adjectif**
- Qui se rapporte au dogme.
- Péremptoire, catégorique. *Un ton dogmatique.*
• **Nom masculin et féminin**
Qui fait preuve de dogmatisme.
• **Nom féminin**
Partie de la théologie.

dogmatiquement adv.
• De façon dogmatique.
• D'un ton catégorique.

dogmatisme n. m.
• Doctrine qui s'appuie sur des dogmes, des certitudes.
• Penchant à croire, à affirmer quelque chose de façon catégorique.

dogme n. m.
Vérité fondamentale d'une doctrine.

dogue n. m.
Chien de garde.

doigt n. m.
• Chacune des cinq parties qui termine la main, le pied de l'homme. *Le majeur est le doigt le plus long.*
• Petite mesure. *Un doigt de crème.*
• *Croiser les doigts.* Pour conjurer le mauvais sort, mettre le majeur sur l'index en émettant un vœu.
• *Mettre le doigt sur.* Deviner juste.
• *Obéir au doigt et à l'œil.* Obéir au premier signe.
• *Savoir quelque chose sur le bout du doigt, des doigts.* Parfaitement.
• *Se mordre les doigts.* Regretter. *Elle s'est mordu les doigts d'avoir accepté un tel travail.*
• *Toucher du doigt.* Voir clairement, être près de la solution.
⮂ doigt.

doigté n. m.
• Tact. *Elle a beaucoup de doigté.*
• Dextérité. *Ce musicien a un doigté remarquable.*
🖝 Ne pas confondre avec le nom *doigtier,* petit fourreau.

doigtier n. m.
Petit fourreau destiné à protéger un doigt.
🖝 Ne pas confondre avec le mot *doigté,* tact, dextérité.

doléance n. f.
Réclamation. *Présenter ses doléances.*
🖝 Ce nom s'emploie généralement au pluriel.

dollar n. m.

• Symbole **$** (s'écrit sans point).
• Unité monétaire de nombreux pays.
- *Dollar canadien,* symbole *$CAN* (s'écrit en majuscules, sans point). Unité monétaire du Canada.
- *Dollar américain,* symbole *$US* (s'écrit en majuscules, sans point). Unité monétaire des États-Unis.

- **Dollar australien,** symbole **$A** (s'écrit en majuscule, sans point). Unité monétaire de l'Australie.
- **Dollar de Hongkong,** symbole **$HKG** (s'écrit en majuscules, sans point). Unité monétaire de Hongkong.
- **Dollar libérien,** symbole **$LBR** (s'écrit en majuscules, sans point). Unité monétaire du Libéria.
- **Dollar néo-zélandais,** symbole **$NZ** (s'écrit en majuscules, sans point). Unité monétaire de la Nouvelle-Zélande.
- **Dollar du Zimbabwe,** symbole **Z$** (s'écrit en majuscule, sans point). Unité monétaire du Zimbabwe.
• **Notation**
L'unité monétaire peut s'écrire en toutes lettres; dans ce cas, le nombre est également noté en lettres. *Cent dollars.* Il est d'usage cependant de noter l'unité à l'aide de son symbole qui est un **S** barré. *100 $.*
• **Place du symbole**
- Le symbole de l'unité monétaire se place après la partie numérique, sur la même ligne, et en est séparé par un espacement simple. (Recomm. off. OLF) *75 $ - 75,25 $ - 0,75 $.*
- Pour certains tableaux et états financiers, il est possible d'intervertir l'ordre et de faire précéder du symbole l'expression numérale.
☞— Le nom **dollar** ne prend la marque du pluriel qu'à compter de deux unités.
☞— Si l'on recourt au symbole de l'unité monétaire, le nombre ne peut pas être écrit en toutes lettres : il doit figurer en chiffres. *15 $.* La somme de 3 500 000 $ peut être notée également 3,5 millions de dollars, la somme de 45 000 000 000 $, 45 milliards de dollars, parce que les mots **million** et **milliard** ne sont pas des adjectifs numéraux, mais des noms. Si la somme représente un nombre décimal, les mots **million** ou **milliard** s'écrivent après la fraction. *15,5 millions de dollars* (et non *15 millions 5 de dollars*). *Le coût est de 1,5 million de dollars.*
V. Tableau - **SYMBOLES DES UNITÉS MONÉTAIRES.**

dolman n. m.
👄 La dernière syllabe rime avec **ment** [dɔlmɑ̃].
(Ancienn.) Veste à brandebourgs. *Des dolmans.*
☞— Ne pas confondre avec le nom **dolmen,** monument de pierre composé d'une pierre plate posée à l'horizontale sur des pierres verticales.

dolmen n. m.
👄 Le **n** se prononce [dɔlmɛn].
Monument de pierre composé d'une pierre plate posée à l'horizontale sur des pierres verticales.
☞— Ne pas confondre avec les noms suivants :
- **dolman,** veste à brandebourgs;
- **menhir,** pierre verticale.

dom n. m.
Titre de certains religieux. *Le moine Dom Pérignon.*
☞— Dans le corps d'une phrase, ce nom s'écrit avec une minuscule.

DOM
Sigle de *département français d'outre-mer.*

domaine n. m.
• Patrimoine, propriété foncière. *Un magnifique domaine à la campagne.*
• Champ, compétence. *Le domaine scientifique.*

domanial, iale, iaux adj.
Qui appartient à un domaine. *La forêt domaniale de Chambord.*

dôme n. m.
Construction surmontant certains monuments.
☞— Le **dôme** est vu de l'extérieur, alors que la **coupole** est surtout vue de l'intérieur.
☞ dôme.

domesticité n. f.
Ensemble des domestiques.

domestique adj. et n. m. et f.
• **Adjectif**
- Qui concerne la maison. *Des aides domestiques.*
- Qui vit dans l'entourage de l'homme (par opposition à **sauvage**). *Les animaux domestiques.*
• **Nom masculin et féminin**
Employé de maison. *Un domestique bien honnête. Une domestique âgée.*

*domestique
Anglicisme au sens de **intérieur, du pays.** *Le marché intérieur* (et non *domestique) est saturé.*

domestiquer v. tr.
• Apprivoiser (un animal sauvage). *Domestiquer une mouffette.*
• Rendre utilisable par l'homme une force naturelle. *Domestiquer un cours d'eau.*

domicile n. m.
• Lieu où l'on réside habituellement.
☞— Le **domicile** est la demeure légale, tandis que la **résidence** est un lieu d'habitation. Une personne peut avoir plusieurs résidences, mais elle n'a qu'un seul domicile.
• **À domicile.** Faire des visites à domicile.
☞ domicile.

domiciliaire adj.
(Dr.) Qui se rapporte au domicile. *Visite domiciliaire.*
☞— Cet adjectif ne s'emploie que dans certaines expressions juridiques pour qualifier une perquisition.

*domiciliaire
Impropriété au sens de **résidentiel.**

domicilié, ée adj.
(Dr.) Qui a son domicile légal dans un lieu. *Madame Fougère, domiciliée à Lyon.*

domicilier v. tr.
Redoublement du **i** à la première et à la deuxième personne de l'indicatif imparfait et du subjonctif présent. *(Que) nous domiciliions, (que) vous domiciliiez.*
Donner un domicile à.

dominance n. f.
• Prépondérance.

• (Biol.) État présenté par un caractère ou un gène dominant (par opposition à *récessif*).

dominant, ante adj. et n. f.
• **Adjectif.** Qui domine. *Des couleurs dominantes, des gènes dominants.*
• **Nom féminin.** Ce qui est essentiel, caractéristique parmi plusieurs choses.

dominateur, trice adj. et n. m. et f.
• **Adjectif.** Qui aime à dominer. *Cette personne est trop dominatrice.*
• **Nom masculin et féminin.** (Litt.) Conquérant.

domination n. f.
• Puissance souveraine. *Nous avons vécu sous la domination française, puis anglaise.*
• Emprise spirituelle, ascendant. *Une domination intellectuelle.*

dominer v. tr., intr., pronom.
• **Transitif**
- Maîtriser. *Dominer ses impulsions, un sujet.*
- S'élever au-dessus. *Le clocher domine le village.*
• **Intransitif**
Prédominer, triompher. *Cette équipe a largement dominé.*
• **Pronominal**
Se rendre maître de soi. *Ils se sont dominés et sont restés calmes.*

dominical, ale, aux adj.
• Relatif au dimanche.
• *Repos dominical.* Repos du dimanche.

domino n. m.
• Costume de bal masqué.
• (Au plur.) Jeu. *Jouer aux dominos.*

dommage n. m.
• Préjudice subi par quelqu'un.
• *Dommages et intérêts.* Indemnité en réparation d'un préjudice.
• Dégât matériel. *La pluie a causé des dommages aux fraises.*
• *Dommage que, il est dommage que.* Il est regrettable que. *Il est dommage que vous n'ayez pas pu venir.*
☞ Ces expressions se construisent avec le subjonctif.
• *Beau dommage!* Au Canada, interjection signifiant *évidemment!*

dommageable adj.
Qui cause du dommage. *Ces retards nous seront dommageables.*

dompter v. tr.
➪ Le *p* ne se prononce pas [dõte], de même que dans les dérivés.
• Dresser (un animal sauvage). *Dompter un ours.*
• (Fig.) Maîtriser. *Dompter sa colère.*

dompteur, euse n. m. et f.
Personne qui dompte. *Un dompteur de tigres.*

don n. m.
• Libéralité à titre gracieux.
☞ Ne pas confondre avec les noms suivants:

- *cadeau,* présent destiné à faire plaisir à quelqu'un;
- *gratification,* somme d'argent donnée en surcroît de ce qui est dû;
- *legs,* don fait par testament.
• Talent. *Elle a un don pour les mathématiques.*

donataire n. m. et f.
Personne qui reçoit une donation.
Ant. **donateur.**

donateur, trice n. m. et f.
Personne qui fait une donation.
Ant. **donataire.**

donation n. f.
Don fait à quelqu'un par un acte public.

donc conj.
➪ En tête de proposition, le *c* se prononce ou devant une voyelle ou un *h* muet. Dans les autres cas, le *c* est muet.
Cette conjonction de coordination marque :
- la conclusion d'un raisonnement, la conséquence. *Je pense, donc je suis.* (Descartes)
- la suite d'un discours, d'un développement interrompu. *Nous disions donc...*
- l'étonnement, la surprise. *Qu'avez-vous donc? Allons donc!*
☞ 1° Placée en début de phrase, la conjonction est généralement suivie d'une virgule, il n'y a pas d'opposition. *Donc, la proposition est acceptée.*
2° À l'intérieur d'une phrase, la conjonction s'écrit sans virgule ou est précédée d'une virgule, selon le sens. *Qu'elle était donc gentille! Il rit, donc il va bien.*

dông n. m.
Unité monétaire du Viêt-nam. *Des dôngs.*
V. Tableau - **SYMBOLES DES UNITÉS MONÉTAIRES.**

donjon n. m.
Haute tour, dominant un château fort. *Des donjons imprenables.*

don Juan n. m.
Séducteur. *Des dons Juans très libertins.*
☞ Dans le corps d'une phrase, le titre *don* s'écrit sans majuscule.
➪ don **J**uan.

donne n. f.
• Action de distribuer des cartes.
• *Maldonne.* Erreur commise dans la distribution des cartes.

donné, ée adj.
• Accordé.
• Déterminé. *Un nombre donné. À un moment donné.*
• *Étant donné,* locution prépositive. Compte tenu. *Étant donné ses bonnes notes, il sera admis très facilement.*
☞ Ne pas confondre cette locution invariable avec le participe passé *étant donné* placé après le nom et qui s'accorde normalement. *Ces renseignements étant donnés.*
• *Étant donné que,* locution conjonctive. Puisque. Cette locution est suivie de l'indicatif. *Étant donné qu'il n'a pas plu depuis longtemps, les risques d'incendie de forêt augmentent.*

donnée n. f.
Information, élément. *Des banques de données. La collecte des données* (et non la *cueillette des données).

donner v. tr., intr., pronom.
• **Transitif**
- Mettre en la possession de (quelqu'un). *Donnez-le-moi* (et non *donnez-moi-le).
- Procurer, fournir. *Donner un conseil.*
- Produire. *Les analyses n'ont rien donné.*
• **Intransitif**
- Heurter. *Elle donna de la tête contre un mur.*
- *Ne pas savoir où donner de la tête.* Être très occupé.
- Être orienté vers. *La chambre donne sur la mer.*
• **Pronominal**
- Faire le don de soi. *Elle s'est entièrement donnée à cette tâche.*
- *S'en donner à cœur joie.* Profiter de l'occasion.
- S'attribuer faussement. *Il se donne tout le mérite.*

donneur, euse adj. et n. m. et f.
Celui, celle qui donne. *Des donneurs de sang, un donneur universel.*

don Quichotte n. m. (pl. *don Quichottes*)
Personnage idéaliste qui se pose en défenseur des opprimés.
☞ Dans le corps d'une phrase, le titre *don* s'écrit sans majuscule.

dont pron.
• Pronom relatif des deux genres et des deux nombres.
• De qui, de quoi. *Le projet dont elle est la conceptrice. Le mal dont il souffre.*
• D'où. *La ville dont il vient.*
☞ Ce pronom relatif peut avoir pour antécédent un nom de personne ou un nom de chose et il s'utilise avec un verbe dont le complément est introduit par la préposition *de.* Attention à la subordonnée introduite par *dont* : elle ne peut comporter d'adjectif possessif qui se rapporte à l'antécédent. *La maison dont la cheminée est rouge* (et non dont *sa cheminée).
• *Dont acte,* locution figée. (Dr.) Dont on accorde la constatation par écrit.

donzelle n. f.
(Fam.) Se dit d'une jeune femme prétentieuse.

dopage n. m.
☞ Le *o* est ouvert [dɔpaʒ].
Action de doper, son résultat. *Le dopage* (et non le *doping) des athlètes est interdit.

***dope**
Anglicisme au sens de *drogue.*

doper v. tr.
☞ Le *o* est ouvert [dɔpe].
Administrer un stimulant avant une épreuve sportive, un examen.

dorade
V. **daurade.**

doré, ée adj. et n. m.
• **Adjectif**
- Qui est recouvert d'or. *Une chaîne dorée.*

- Qui a la couleur de l'or. *Des cheveux dorés.*
• **Nom masculin**
- Couleur dorée. *Des cheveux d'un beau doré.*
- Au Canada, poisson d'eau douce dont la chair est appréciée. *Étienne a pêché un beau doré.*

dorénavant adv.
Désormais, à partir du moment présent.

dorer v. tr.
• Recouvrir d'une mince couche d'or.
• Donner la couleur dorée à.

d'ores et déjà loc.
Dès maintenant. *Il connaît la réponse d'ores et déjà.*

dorique adj. et n. m.
(Archit.) Ordre d'architecture de la Grèce antique. *L'ordre dorique.*

dorlotement n. m.
Action de dorloter.

dorloter v. tr.
Cajoler, entourer de soins attentifs. *Elle dorlote ses enfants.*
☞ dorloter.

dormant, ante adj. et n. m.
Stagnant. *De l'eau dormante.*

dormeur, euse adj. et n. m. et f.
Qui dort, qui aime dormir.

dormir v. intr.
INDICATIF PRÉSENT *Je dors, tu dors, il dort, nous dormons, vous dormez, ils dorment.* IMPARFAIT *Je dormais.* PASSÉ SIMPLE *Je dormis.* FUTUR *Je dormirai.* CONDITIONNEL PRÉSENT *Je dormirais.* IMPÉRATIF PRÉSENT *Dors, dormons, dormez.* SUBJONCTIF PRÉSENT *Que je dorme.* IMPARFAIT *Que je dormisse.* PARTICIPE PRÉSENT *Dormant.* PASSÉ *Dormi.*
• Reposer, être dans le sommeil. *Ils dorment depuis deux heures. Combien d'heures avez-vous dormi?*
☞ Attention au participe qui ne s'accorde pas, le nom *heures* étant un complément circonstanciel (*pendant combien d'heures?*).
• *Histoire à dormir debout.* Histoire invraisemblable.
☞ Le participe passé de ce verbe intransitif est invariable.
• (Fig.) Demeurer inactif, non productif. *Des capitaux qui dorment.*

dorsal, ale, aux adj.
Du dos. *Les muscles dorsaux. L'épine dorsale.*

dortoir n. m.
• Salle commune où dorment les membres d'une communauté.
• (En appos.) *Ville-dortoir, cité-dortoir.* Lieu d'habitation de personnes travaillant ailleurs. *Des villes-dortoirs, des cités-dortoirs.*

dorure n. f.
Revêtement d'or.

dos n. m.
• Face postérieure du corps de l'homme. *Grand-papa a mal au dos.*

- *En avoir plein le dos.* (Fam.) Être exaspéré.
- Dossier. *Le dos d'un fauteuil.*
- Revers. *Le dos d'une enveloppe.*

dosable adj.
Que l'on peut doser.

dosage n. m.
- Détermination d'une dose.
- (Fig.) Combinaison. *Le dosage des ingrédients.*

dos d'âne n. m. inv.
Gonflement transversal de la chaussée. *Des dos d'âne.*
🖙 Ne pas confondre avec *cassis*, dépression brusque du sol, sur une route.

dose n. f.
- Quantité de médicament à prendre en une fois. *Une dose de sirop contre la toux.*
- Quantité de ce qui entre dans un mélange.

doser v. tr.
Procéder au dosage de, mesurer. *Doser des ingrédients.*

doseur n. m.
Instrument servant au dosage. *Un bouchon doseur.*

dossard n. m.
⬤ Le *o* est fermé [dosar].
Carré d'étoffe porté sur le dos à des fins d'identification. *Les coureurs portent des dossards.*
🖙 dossar**d.**

dossier n. m.
⬤ Le *o* est fermé [dosje].
- Partie d'un siège sur lequel on appuie le dos. *Le dossier d'un fauteuil.*
- Ensemble de documents relatifs à un sujet. *Un volumineux dossier.*

dot n. f.
⬤ Le *t* se prononce [dɔt].
Biens donnés à une femme par ses parents à l'occasion de son mariage.
🖙 do**t.**

dotation n. f.
Ensemble des crédits consacrés à un poste budgétaire.

doter v. tr.
- Pourvoir d'une dot. *Il a bien doté sa fille.*
- Gratifier. *Les talents dont il était doté.*
- Pourvoir. *Doter un bureau de micro-ordinateurs.*
🖙 dote**r.**

douairière n. f.
Femme aux allures solennelles.

douane n. f.
Administration chargée de percevoir les droits sur les importations et les exportations.

douanier n. m.
douanière n. f.
Fonctionnaire de la douane.

douanier, ière adj.
De la douane. *Le tarif douanier.*

doublage n. m.
- Action de doubler. *Le doublage d'un manteau.*
- Multiplication par deux.
- Enregistrement des dialogues d'un film dans une langue différente de celle de l'original. *Le doublage est mal fait.*

double adj., adv. et n. m.
- **Adjectif**
- Qui est multiplié par deux, qui est formé de deux choses identiques. *En double exemplaire.*
- *Faire double emploi.* Faire inutilement répétition.
🖙 Attention à l'orthographe : même si cet adjectif comporte la notion de deux éléments, il n'entraîne pas de pluriel. *En double exemplaire. Une double fenêtre, des doubles fenêtres. Faire double emploi, fermer à double tour.*
- **Adverbe**
Voir double. Voir deux choses là où il n'y en a qu'une. *Ils ont trop bu et voient double.*
🖙 Pris adverbialement, le mot est invariable.
- **Nom masculin**
- Quantité multipliée par deux. *Quatre est le double de deux.*
- Copie exacte. *Le double d'un contrat, d'une clé.*

doublé, ée adj.
- Porté au double. *Une quantité doublée.*
- Garni d'une doublure. *Un pantalon doublé.*

doublement adv.
- De deux manières.
- Pour une double raison.

doubler v. tr., intr., pronom.
- **Transitif**
- Multiplier par deux. *Il faudra doubler les quantités.*
🖙 Ne pas confondre avec le verbe *dédoubler*, partager en deux.
- Garnir d'une doublure. *Doubler une jupe.*
- Dépasser. *La voiture a doublé le camion.*
- Effectuer le doublage d'un film.
- **Intransitif**
Devenir double. *La production a doublé au cours du dernier mois.*
- **Pronominal**
S'accompagner de. *Une intelligence qui se double d'une imagination créatrice.*

doublet n. m.
Se dit de mots qui ont une origine commune, mais un sens différent.
V. Tableau - **DOUBLETS.**

doublure n. f.
- Étoffe destinée à en doubler une autre. *La doublure d'un manteau.*
- Acteur qui en remplace un autre.

douceâtre adj.
D'une douceur fade.
🖙 douce**âtre.**

doucement adv.
- D'une manière douce. *Il la caressa doucement.*
- Lentement. *Roulez doucement, il y a beaucoup d'enfants qui jouent dans la rue.*

DOUBLETS

Le français, comme plusieurs autres langues, provient du latin. Il est intéressant d'observer qu'un même mot latin a donné parfois deux mots français, différents par la forme et le sens : on appelle ces mots des *doublets*.

Ainsi les noms *parole* et *parabole* viennent du mot latin «parabola». Le premier a subi l'évolution phonétique normale (formation populaire), tandis que le second a été emprunté directement au latin par l'Église (formation savante) pour nommer la parole du Christ.

Voici quelques exemples de doublets :

forme populaire	–	forme savante
aigre	et	âcre
écouter	et	ausculter
chose	et	cause
cheville	et	clavicule
cueillette	et	collecte
combler	et	cumuler
dessiner	et	désigner
frêle	et	fragile
hôtel	et	hôpital
entier	et	intègre
livrer	et	libérer
mâcher	et	mastiquer
métier	et	ministère
œuvrer	et	opérer
parole	et	parabole
poison	et	potion
porche	et	portique
recouvrer	et	récupérer
sieur	et	seigneur
sembler	et	simuler

doucereusement adv.
De façon doucereuse.

doucereux, euse adj.
Qui a une douceur fade, désagréable.

douceur n. f.
• Qualité de ce qui est doux, agréable. *La douceur de sa peau.*
• Comportement affectueux. *La douceur d'une caresse.*
• (Au plur.) Friandises.

douche n. f.
• Projection d'eau en jet qui arrose le corps comme moyen hygiénique ou curatif. *Une douche bien fraîche me réveillera.*
• Appareil qui permet de prendre des douches. *Je voudrais une chambre avec douche ou baignoire, s.v.p.*

• *Douche écossaise.* Douche chaude suivie d'une douche froide.
• *Douche écossaise.* (Fig.) Alternance de bonnes et de mauvaises nouvelles.

doucher v. tr.
• Donner une douche à.
• (Fig.) Causer une déception soudaine à.

doué, ée adj.
Qui a des aptitudes pour quelque chose. *Un enfant très doué.*

douer v. tr.
Avantager, doter. *La nature l'a doué d'une vigueur exceptionnelle.*

douille n. f.
Pièce métallique destinée à recevoir le culot d'une ampoule. *Visser une ampoule dans la douille* (et non dans le *socket) d'une lampe.

douillet, ette adj.
• Doux, très rembourré. *Un fauteuil douillet.*
• Trop délicat. *Un enfant douillet.*

douillette n. f.
Au Canada, édredon, couvre-pieds matelassé de duvet qui recouvre le lit.

douillettement adv.
De façon douillette.

douleur n. f.
Souffrance physique ou morale. *Une douleur au dos. Elle a eu la douleur de perdre sa marraine.*
☞— Ne pas confondre avec les noms suivants :
- *affliction,* peine profonde;
- *chagrin,* tristesse;
- *consternation,* grande douleur morale;
- *peine,* douleur morale;
- *prostration,* abattement causé par la douleur.

douloureusement adv.
De façon douloureuse.

douloureux, euse adj.
Qui cause une peine physique ou morale. *Un traitement douloureux. Un départ douloureux.*

doute n. m.
• Incertitude. *Avoir un doute sur l'orthographe d'un mot.*
• Soupçon, méfiance. *Ils ont des doutes sur son honnêteté.*
• *Sans doute.* Vraisemblablement. *Sans doute acceptera-t-elle de parrainer la recommandation.*
☞— Placé en tête de phrase, cette locution entraîne généralement l'inversion du sujet.
• *Sans aucun doute,* locution adverbiale. Assurément.
• *Sans doute que.* Il est vraisemblable que. *Sans doute qu'il participera à nos travaux.*
☞— Cette locution conjonctive est suivie du mode indicatif ou du mode conditionnel.
• *Nul doute que, aucun doute que, il ne fait pas de doute que.* Il est certain que.
☞— Ces expressions peuvent se construire :
- avec le **mode subjonctif** et le *ne* explétif (non obligatoire). *Nul doute qu'il ne soit le plus rapide.*
- avec le **mode indicatif,** pour insister sur la certi-

tude. *Aucun doute qu'elle est la plus forte.*
- avec le **mode conditionnel,** pour traduire une éventualité. *Nul doute qu'ils seraient présents si leur travail le leur permettait.*

☞ Dans les expressions **nul doute, sans nul doute, sans aucun doute, sans doute** le nom **doute** s'écrit toujours au singulier.

douter v. tr. ind. et pronom.
• **Transitif indirect**
- N'être pas sûr de (telle chose, telle personne). *Tu doutes de son sérieux.*
- Ne pas avoir confiance en (telle chose, telle personne). *Elle doute de lui.*
- **Douter + que.** *Il doute qu'elle soit là.*
☞ Le verbe se construit avec le subjonctif. L'emploi du **ne** explétif est vieilli.
• **Pronominal**
- **Se douter de.** Soupçonner. *Elle ne se doute pas du tout de la petite fête qui a été organisée.*
- **Se douter que.** *Il ne se doutait pas que tout avait été organisé.*
☞ Le verbe se construit avec l'indicatif ou le conditionnel.

douteux, euse adj.
Incertain, suspect. *Ces produits sont de qualité douteuse.*

douve n. f.
Fossé rempli d'eau. *Les douves d'un château fort.*

doux, douce adj., adv. et n. m. et f.
• **Adjectif**
- Agréable à toucher. *Sa peau est douce.*
- Faible, par opposition à **fort, piquant.** *Des piments doux.*
- Sucré, par opposition à **acide, amer.** *Des oranges douces.*
- **Médecine douce.** Médecine qui s'efforce d'utiliser des moyens naturels.
- **Eau douce.** Eau des lacs, des rivières, par opposition à l'eau salée de la mer.
• **Adverbe**
- **Filer doux.** Obéir sans résistance.
☞ Pris adverbialement, le mot est invariable.
- **En douce.** (Fam.) Avec discrétion.

doux-amer, douce-amère adj.
Qui mêle la douceur à l'amertume.

douzaine n. f.
Ensemble de douze objets de même nature. *Deux douzaines d'œufs.*

douze adj. et n. m. inv.
• **Adjectif numéral cardinal invariable.** Onze plus un. *Douze heures.*
• **Adjectif numéral ordinal invariable.** Douzième. *Le douze décembre.*
• **Nom masculin invariable.** Nombre douze.

douzième adj. et n. m. et f.
• Abréviation *12e* (douzième), *12es* (douzièmes).
• **Adjectif numéral ordinal.** Nombre ordinal de douze. *La douzième heure.*
• **Nom masculin.** La douzième partie d'un tout. *Les trois douzièmes d'une quantité.*

• **Nom masculin et féminin.** Personne, chose qui occupe le douzième rang. *Elles sont les douzièmes.*

douzièmement adv.
En douzième lieu.

doyen n. m.
doyenne n. f.
• Personne qui administre une faculté universitaire.
• (Fig.) Personne la plus ancienne dans un groupe. *La doyenne des architectes.*

D^r ou **Dr**
Abréviation de **docteur.**
V. **docteur.**

*drabe
Anglicisme pour **beige.**

draconien, ienne adj.
Énergique. *Des mesures draconiennes.*
☞ L'emploi du mot **drastique** en ce sens est un anglicisme.

dragage n. m.
Action de fouiller sous l'eau. *Le dragage du fleuve.*
⇨ drag**a**ge.

dragée n. f.
Amande recouverte d'une pâte sucrée.

dragon n. m.
Animal fabuleux.

dragonne n. f.
Cordon formant poignée (pour appareil photographique, valise, canne, parapluie).

drague n. f.
• Instrument servant à draguer.
• (Fam.) Recherche d'une aventure amoureuse.

draguer v. tr., intr.
Ce verbe s'écrit toujours avec un *u,* même devant les lettres *a* et *o. Il dragua, nous draguons.*
• Nettoyer le fond d'une étendue d'eau.
• (Fam.) Être à la recherche d'une aventure amoureuse.

dragueur, euse n. m. et f.
• Bateau spécialisé dans la recherche des mines. *Des dragueurs de mines.*
• (Fam.) Personne qui aime draguer. *Les dragueurs du samedi soir.*

drain n. m.
Conduit servant à l'évacuation d'un liquide.

drainage n. m.
Action de drainer; assèchement.

drainer v. tr.
• Pratiquer le drainage en vue d'assécher un terrain.
• (Méd.) Mettre un drain dans une plaie.
• Pour un cours d'eau, rassembler les eaux d'une région.
• Attirer à soi. *Drainer toutes les énergies.*

drakkar n. m.
Navire viking.
⇨ drak**k**ar.

dramatique adj. et n. f.
• **Adjectif**
- De théâtre. *Un auteur dramatique.*
- Pénible, grave. *Une situation dramatique.*
• **Nom féminin**
Œuvre à caractère dramatique et qui est destinée au théâtre, à la télévision.

dramatiquement adv.
De façon dramatique.

dramatisation n. f.
Action de dramatiser.

dramatiser v. tr.
Présenter de manière dramatique, excessive. *Ne dramatisons pas ce petit incident.*

dramaturge n. m. et f.
Auteur de pièces de théâtre.

dramaturgie n. f.
Art de la composition théâtrale.

drame n. m.
Évènement tragique. *L'écrasement de cet avion est un drame.*

drap n. m.
• Pièce de tissu léger dont on garnit un lit. *Des draps fleuris.*
• Grande serviette en tissu-éponge. *Un drap de bain.*
• Tissu de laine.
☞ drap.

drapé n. m.
Agencement de plis. *Le drapé d'une robe.*

drapeau n. m. (pl. *drapeaux*)
Pièce d'étoffe qui porte les couleurs d'un pays et le représente. *Des drapeaux tricolores.*

draper v. tr., pronom.
• **Transitif**
Disposer les plis d'un vêtement. *Draper une étoffe sur un mannequin.*
• **Pronominal**
- S'envelopper dans un vêtement. *Elle s'était drapée d'une grande serviette.*
- (Fig.) Faire parade de. *Se draper dans sa dignité.*

draperie n. f.
Tissu drapé. *La draperie d'une fenêtre.*
☞ Ne pas confondre avec les noms suivants :
- **rideau,** pièce d'étoffe souvent plissée destinée à tamiser la lumière, à masquer quelque chose;
- **store,** rideau disposé devant une ouverture, qui s'enroule ou se replie;
- **store vénitien,** rideau à lamelles orientables;
- **tenture,** étoffe qui orne une fenêtre, un mur.

drap-housse n. m. (pl. *draps-housses*)
Drap dont les bords garnis d'un élastique s'adaptent au matelas.

drastique n. m.
Purgatif puissant.

*drastique
Anglicisme au sens de **draconien.**

drave n. f.
Au Canada, flottage du bois.

draver v. tr.
Au Canada, transporter le bois par flottage.

draveur n. m.
Au Canada, personne préposée au flottage du bois.

dressage n. m.
Action de dresser un animal, d'installer quelque chose. *Le dressage d'une tente.*

dresser v. tr., pronom.
• **Transitif**
- Mettre verticalement. *Dresser le bras.*
- **Dresser l'oreille.** Écouter attentivement.
- Installer. *Dresser une tente, un échafaudage.*
- Mettre en opposition. *Ils ont dressé les employés contre nous.*
- Dompter un animal. *Dresser un chien.*
• **Pronominal**
- Se mettre debout, s'élever tout droit. *La montagne se dresse dans le ciel.*
- (Fig.) S'insurger. *Elles se sont dressées contre lui.*

dresseur, euse n. m. et f.
Personne qui dresse des animaux.

dressoir n. m.
Vaisselier.

*drill
Anglicisme pour **foreuse.**

drille n. m.
Un joyeux drille. (Fam.) Joyeux compagnon.

drisse n. f.
(Mar.) Cordage employé pour hisser une voile.

drogue n. f.
Substance qui agit sur le cerveau et qui peut provoquer une accoutumance. *L'opium, la cocaïne sont des drogues très dangereuses pour la santé.*

drogué, ée n. m. et f.
Toxicomane.

droguer v. tr., pronom.
Ce verbe s'écrit toujours avec un *u,* même devant les lettres *a* et *o. Il drogua, nous droguons.*
• **Transitif.** Faire prendre à une personne des drogues. *On l'a drogué pour le voler.*
• **Pronominal.** Faire usage de stupéfiants. *Ils se sont drogués.*

droit n. m.
• Faculté de faire quelque chose. *Les droits et libertés.*
• Ensemble des principes qui règlent les rapports des hommes entre eux et qui servent à définir les lois. *Le droit civil.*
• Autorisation. *Catherine a le droit d'aller au cinéma avec une amie.*
• **Locutions**
- **Avoir droit à.** Faculté de prétendre à quelque chose, de l'exiger.
- **À bon droit.** Avec raison.
- **Droits d'auteur, tous droits réservés.** Droit exclusif d'exploitation.

droit, droite adj., adv. et n. f.
• **Adjectif**
- Rectiligne. *Une ligne droite.*
- Qui se tient verticalement. *Un mur droit.*
- Honnête. *Une personne droite et courageuse.*
- Qui est du côté opposé à celui du cœur (par opposition à *gauche*). *La main droite.*
• **Adverbe**
Directement. *Aller droit au but. Ils frappèrent droit devant eux.*
☞ Pris adverbialement, le mot est invariable.
• **Nom féminin**
Le côté droit. *Rouler à droite.*

droitement adv.
D'une manière droite.

droitier, ière adj. et n. m. et f.
Qui se sert de sa main droite. *Luc est droitier.*
Ant. **gaucher.**

drolatique adj.
(Litt.) Cocasse. *Un personnage drolatique.*
☞ drolatique, malgré dr**ô**le.

drôle adj.
Amusant, comique. *Ce comédien est très drôle.*
☞ drôle.

drôlement adv.
• De façon drôle, bizarrement. *Cette personne marche drôlement.*
• Très. *Il fait drôlement froid ce matin.*
☞ drôlement.

drôlerie n. f.
• Caractère de ce qui est drôle.
• Bouffonnerie.
☞ drôlerie.

dromadaire n. m.
Mammifère à une seule bosse, voisin du chameau.
☞ Ne pas confondre avec le nom *chameau,* animal qui a deux bosses.

-drome, -dromie suff.
Éléments du grec signifiant «course». *Hippodrome, vélodrome.*

*drop-out
Anglicisme pour *décrocheur, décrocheuse.*

dru, ue adj. et adv.
• **Adjectif.** Qui pousse épais et serré. *Des poils très drus.*
• **Adverbe.** De manière serrée, en grande quantité. *Ses cheveux poussent dru.*
☞ Employé adverbialement, *dru* est invariable.

druide, esse n. m. et f.
(Ancienn.) Prêtre gaulois.

druidique adj.
Relatif aux druides.

druse ou **druze** adj. et n. m. et f.
Relatif aux Druzes. *Un soldat druze. Une Druze.*
☞ L'adjectif s'écrit avec une minuscule; le nom, avec une majuscule.

DSC
Sigle de *département de santé communautaire.*

du art. déf. contracté
Article formé par la contraction de la préposition *de* et de l'article défini *le.*

dû, due adj. et n. m.
• **Adjectif.** Que l'on doit. *Le montant dû. Les sommes dues.*
☞ un montant d**û,** une somme d**ue,** des droits d**us.**
V. **devoir.**
• **Nom masculin.** Dette. *Payer son dû.*

*dû à
Calque de l'anglais «due to» au sens de *en raison de, compte tenu de, à cause de.*

dualité n. f.
Fait d'être double.
☞ Contrairement au nom *duplicité* qui a une connotation péjorative, *dualité* est un terme neutre.

dubitatif, ive adj.
Qui exprime le doute.

dubitativement adv.
De façon dubitative.

duc n. m.
• Titre nobiliaire le plus élevé après celui de *prince.*
• Variété de hibou. *Un grand duc peut atteindre 70 cm de longueur.*

ducal, ale, aux adj.
Relatif à un duc, à une duchesse.

duché n. m.
Territoire gouverné autrefois par un duc.

duchesse n. f.
• Titre nobiliaire le plus élevé après celui de *princesse.*
• Poire à chair fondante.

duègne n. f.
Chaperon.

duel n. m.
• Combat singulier entre deux personnes dont l'une a provoqué l'autre. *De nos jours, les duels sont rares.*
• Compétition. *Ce sera un vrai duel entre les deux groupes.*

dulcinée n. f.
(Plaisant.) Bien-aimée.

dum-dum adj. inv.
☞ Les *u* se prononcent *ou* et les *m* sont sonores [dumdum].
Se dit d'une balle de fusil dont l'ogive est cisaillée en croix. *Des balles dum-dum.*

dûment adv.
En bonne et due forme. *Un chèque dûment libellé.*
☞ dûment.

dune n. f.
Butte de sable. *Les dunes de Cape Cod.*
☞ L'expression **«dune de sable»* est un pléonasme à éviter.

duo n. m.
Composition musicale à deux voix. *Des duos harmonieux.*

duodénal, ale, aux adj.
Du duodénum.

duodénum n. m. (pl. *duodénums*)
Partie de l'intestin grêle qui succède à l'estomac.
🖙 Le mot d'origine latine s'est intégré au français : il s'écrit avec un accent aigu et prend la marque du pluriel.

dupe adj. et n. f.
• **Adjectif.** Qui se laisse berner. *Ne soyez pas dupes de ce stratagème.*
• **Nom féminin.** Personne trompée. *Il a été la dupe de la farce.*
🖙 Le nom reste féminin même lorsqu'il désigne un être masculin. Cependant, il s'emploie généralement comme adjectif plutôt que comme nom.

duper v. tr.
Berner. *Il nous a dupés avec ses tours de magie.*

duperie n. f.
(Litt.) Tromperie.

duplex n. m.
• Au Canada, immeuble comportant deux appartements sur deux étages.
• Appartement à deux niveaux.

duplicata n. m.
Double d'un acte, d'un document, d'un écrit. *Des duplicatas* ou *des duplicata.*
🖙 Ne pas confondre avec les noms suivants :
- *copie,* reproduction d'après un original;
- *fac-similé,* reproduction très fidèle d'un écrit, d'un dessin.

*duplication (du travail)
Anglicisme pour *faire double emploi.* *Une mauvaise planification entraîne parfois le double emploi* (et non une *duplication du travail*).

duplicité n. f.
Mauvaise foi, hypocrisie.
🖙 Ne pas confondre avec le nom *dualité,* fait d'être double.

duquel pron. m. sing.
Forme contractée de *de lequel.*
🖙 Au féminin, le pronom s'écrit en deux mots. *De laquelle.*
V. **lequel.**

dur, dure adj., adv. et n. m. et f.
• **Adjectif**
- Rigide. *Du bois dur.*
- Difficile. *Un dur labeur.*
- Rigoureux. *Un hiver dur.*
- Violent, intransigeant. *Il est trop dur avec eux.*
• **Adverbe**
Avec énergie. *Ils travaillent dur.*
🖙 Pris adverbialement, le mot est invariable.
• **Nom masculin**
Ce qui est dur, résistant. *Le dur, par opposition au mou.*

• **Nom féminin**
La terre nue. *Dormir sur la dure.*
• **Nom masculin et féminin**
(Fam.) Personne qui n'a peur de rien, qui ne se laisse pas émouvoir. *Une dure à cuire.*

durabilité n. f.
• Qualité de ce qui est durable.
• Période d'utilisation d'un bien.

durable adj.
Qui doit durer longtemps, stable. *Ces biens sont durables.*

durablement adv.
De façon durable.

durant prép.
Pendant la durée de. *Il a creusé durant trois heures.*
✏️ durant.

durcir v. tr., intr., pronom.
• **Transitif.** Rendre dur. *Le froid a durci la neige.*
• **Intransitif et pronominal.** Devenir dur. *Le pain a durci, s'est durci.*

durcissement n. m.
Action de durcir, de se durcir.

durcisseur n. m.
Produit qui provoque le durcissement.

durée n. f.
Espace de temps que dure une chose. *La durée du film est de deux heures.*

durement adv.
D'une façon dure.

dure-mère n. f. (pl. *dures-mères*)
(Anat.) La plus dure et la plus superficielle des membranes qui recouvrent l'encéphale.

durer v. intr.
• Se prolonger, subsister. *L'hiver dure trop longtemps.*
• Être d'un long usage. *Cette œuvre durera longtemps.*

dureté n. f.
Fermeté.

durillon n. m.
Callosité.

*duty free shop
Anglicisme au sens de *boutique franche.*

duvet n. m.
Plume très légère. *Un oreiller de duvet.*
✏️ duvet.

duveteux, euse adj.
👄 Le *e* central ne se prononce pas [dyvtø, øz].
Qui a du duvet. *Une fourrure duveteuse.*
✏️ duveteux.

dynamique adj.
• Qui se rapporte à la force, au mouvement.
• Énergique, actif. *Un éditeur dynamique.*
✏️ dynamique.

dynamique n. f.
Partie de la mécanique qui étudie les relations entre les forces et les mouvements qu'elles déterminent.

dynamiquement adv.
Avec dynamisme.

dynamisant, ante adj.
Qui donne du dynamisme. *Ce nouveau contexte est dynamisant.*

dynamiser v. tr.
Donner du dynamisme, de l'énergie. *Ces exercices vous dynamiseront.*

dynamisme n. m.
Puissance d'action, efficacité. *Le dynamisme d'une entreprise.*
⇨ dynamisme.

dynamitage n. m.
Action de dynamiter. *Le dynamitage d'un embâcle.*
⇨ dynamitage.

dynamite n. f.
Explosif. *Ils ont fait sauter ce rocher à la dynamite.*
⇨ dynamite.

dynamiter v. tr.
Pulvériser au moyen de la dynamite. *Cette voiture a été dynamitée, elle a explosé.*
⇨ dynamiter.

dynamo n. f.
Abréviation de ***machine dynamo-électrique.*** *Des dynamos.*

dynastie n. f.
Succession de souverains de la même famille. *La dynastie capétienne.*
L'ordre des dynasties est indiqué à l'aide des chiffres romains. *La Xe dynastie.*
⇨ dynastie.

dynastique adj.
Qui concerne une dynastie.

dysenterie n. f.
Le ***s*** se prononce ***s*** (et non *z) [disɑ̃tri].
Maladie infectieuse ou parasitaire se manifestant par des coliques et des diarrhées.
⇨ dysenterie.

dysfonctionnement n. m. ou **dysfonction** n. f.
Mauvais fonctionnement.

dyslexie n. f.
Difficulté d'apprentissage de lecture.

dyslexique adj. et n. m. et f.
• **Adjectif.** Relatif à la dyslexie.
• **Nom masculin et féminin.** Atteint de dyslexie.

dystrophie n. f.
Anomalie de développement ou dégénérescence d'un organe. *Dystrophie musculaire.*
⇨ dystrophie.

e (pl. *es*)
Abréviation du suffixe ordinal. *Elles habitent au 16e* (et non au *16ième, au 16ème) étage. Elles sont les 16es candidates.*
☞ Dans la mesure du possible, l'abréviation s'écrit en exposant.

e
• Symbole de *électron.*
• Ancienne notation musicale de la note *mi.*
V. **note de musique.**

E
Symbole de *exa-.*

E.
• Abréviation du point cardinal *est.*
• Abréviation de *Excellence,* lorsqu'il s'agit du titre honorifique.

é-, ef-, es- ou **ex-** préf.
Éléments du latin signifiant l'éloignement, la privation. *Édenter, effeuiller, essoucher, expatrier.*

EAO
Sigle de *enseignement assisté par ordinateur.*

eau n. f. (pl. *eaux*)
• Substance liquide et transparente, sans couleur, sans odeur, sans goût. *Des eaux de source très pures. Françoise s'est jetée à l'eau pour se rafraîchir.*
• (Au plur.) Source d'eaux thermales ou minérales. *Ville d'eaux.*
• *Eau d'érable.* Au Canada, sève sucrée de l'érable servant à faire du sirop. *L'acériculteur ramasse l'eau d'érable.*
• Préparation liquide. *Eau de toilette, eau de Javel, eau de fleur d'oranger.*

☞ Au pluriel, le second élément de ces expressions est invariable.
Hom. :
- *au, aux,* articles contractés;
- *auls,* pluriel de *ail;*
- *haut,* sommet;
- *os* (au plur.), partie du squelette de l'homme et des animaux vertébrés.

eau de Cologne n. f. (pl. *eaux de Cologne*)
Préparation composée d'essences diverses servant à la toilette.
☞ Dans cette expression, le nom de la ville conserve la majuscule.

eau-de-vie n. f. (pl. *eaux-de-vie*)
Boisson alcoolique.

eau-forte n. f. (pl. *eaux-fortes*)
• Acide nitrique.
• Gravure à l'eau forte.

ébahi, ie adj.
Ahuri, stupéfié. *Les spectateurs ébahis étaient silencieux.*
✏ ébahi.

ébahir v. tr., pronom.
• **Transitif.** Abasourdir, stupéfier. *Cette information nous a ébahis.*
• **Pronominal.** S'étonner. *Ils se sont ébahis d'être si critiqués.*
✏ ébahir.

ébahissement n. m.
Stupéfaction.
✏ ébahissement.

ébats n. m. pl.
(Litt.) Mouvements vifs assurant la détente. *Le chien prend ses ébats dans le jardin.*
☞ Le nom ne s'emploie plus au singulier.

ébattre (s') v. pronom.
Se conjugue comme le verbe ***battre.***
Se divertir en s'agitant, prendre ses ébats. *Les enfants s'ébattent dans la piscine.*

ébauche n. f.
Première forme donnée à une œuvre.
☞ Ne pas confondre avec les noms suivants :
- ***canevas,*** plan, schéma d'un texte;
- ***croquis,*** dessin à main levée, plan sommaire;
- ***esquisse,*** représentation simplifiée d'une œuvre destinée à servir d'essai;
- ***maquette,*** représentation schématique d'une mise en pages;
- ***projet,*** plan d'une œuvre d'architecture.

ébaucher v. tr., pronom.
• **Transitif**
- Donner la première forme à une œuvre, à un travail. *Ébaucher un roman, une sculpture.*
- Esquisser. *Ébaucher un sourire.*
• **Pronominal**
(Fig.) Commencer. *Le projet qui s'ébauche mérite d'être retenu.*

ébène adj. inv. et n. f.
• **Nom féminin.** Bois de l'ébénier. *L'ébène est très dure et noire.*
☞ Attention au genre féminin de ce nom : ***une*** ébène.
• **Adjectif de couleur invariable.** De la couleur noire de l'ébène. *Des cheveux ébène.*

ébéniste n. m. et f.
Personne spécialisée dans la fabrication de meubles en bois de grande qualité.
☞ Ne pas confondre avec le nom ***menuisier,*** personne dont le métier est de travailler le bois.

éberlué, ée adj.
(Fam.) Stupéfait, très étonné.

éberluer v. tr.
Stupéfier, étonner vivement. *Ces caricatures ont éberlué les professeurs.*

éblouir v. tr.
• Aveugler. *Le soleil a ébloui le conducteur de la voiture qui a fait un accident.*
• (Fig.) Émerveiller. *Ce beau château nous a éblouis.*

éblouissant, ante adj.
Aveuglant. *Des phares éblouissants.*
☞ Ne pas confondre avec le participe présent invariable ***éblouissant.*** *Le soleil éblouissant les conducteurs, on releva plusieurs accrochages.*

éblouissement n. m.
• Aveuglement momentané causé par une lumière très vive, malaise. *Antoine était épuisé, il a eu des éblouissements.*
• (Fig.) Émerveillement. *Ce ballet était un éblouissement.*

ébonite n. f.
Matière plastique durcie utilisée pour ses qualités isolantes.
☞ Attention au genre féminin de ce nom : ***une*** ébonite.

éborgner v. tr.
Les lettres ***gn*** sont suivies d'un ***i*** à la première et à la deuxième personne du pluriel de l'indicatif imparfait et du subjonctif présent. *(Que) nous éborgnions, (que) vous éborgniez.*
Rendre borgne.

éboueur n. m.
éboueuse n. f.
Personne chargée d'enlever les ordures ménagères. *Les éboueurs* (et non les *vidangeurs) *passent le lundi.*
Syn. **boueur, boueux.**

ébouillanter v. tr., pronom.
• **Transitif.** Passer à l'eau bouillante.
• **Pronominal.** Se brûler avec un liquide bouillant. *Elle s'est ébouillantée en préparant la soupe.*

éboulement n. m.
• Chute de pierres, de terre. *Il y a eu un petit éboulement.*
• Matières éboulées. *Un éboulement de cailloux bloque le sentier.*
⇨ éboulement.

ébouler v. tr., pronom.
• **Transitif.** Faire écrouler.
• **Pronominal.** S'affaisser progressivement, tomber par morceaux en parlant surtout de terre, de pierres, de choses entassées. *Le bord de la rivière s'est éboulé.*
☞ Ne pas confondre avec le verbe ***s'écrouler*** qui se dit surtout d'une construction, ou de ce qui croule soudainement de toute sa masse.
⇨ ébouler.

éboulis n. m.
⇨ Le ***s*** ne se prononce pas [ebuli].
• Matières éboulées, surtout des pierres.
• Éboulement.
⇨ éboulis.

ébouriffant, ante adj.
(Fam.) Incroyable. *Une réussite ébouriffante.*
⇨ ébouriffant.

ébouriffé, ée adj.
Échevelé. *Une tête ébouriffée.*
⇨ ébouriffé.

ébouriffer v. tr.
• Écheveler. *Le vent a ébouriffé ses cheveux.*
• (Fam.) Stupéfier.
⇨ ébouriffer.

ébrécher v. tr.
Le deuxième ***é*** se change en ***è*** devant une syllabe muette, sauf au futur et au conditionnel présent. *J'ébrèche,* mais *j'ébrécherai.*
• Faire une brèche à. *Il ébrécha cette assiette.*
• (Fig.) Entamer. *Ébrécher son patrimoine.*

ébriété n. f.
En état d'ébriété. (Adm.) État d'une personne ivre.

☞— Ce mot de style administratif qui ne s'emploie que dans l'expression citée est le doublet savant de *ivresse.*
V. Tableau - **DOUBLETS.**

ébruiter v. tr., pronom.
• **Transitif.** Divulguer. *Il faut éviter d'ébruiter la nouvelle.*
• **Pronominal.** Se répandre. *Les nouvelles se sont ébruitées très vite.*

ébullition n. f.
• État d'un corps qui se transforme en vapeur. *L'eau entre en ébullition à 100 ºC.*
• (Fig.) *En ébullition.* En effervescence.
☞— Ne pas confondre avec le nom *évaporation,* transformation d'un liquide en gaz par la chaleur.
➾ ébullition.

écaille n. f.
• Chacune des plaques superposées qui recouvrent le corps des poissons, des reptiles. *Des écailles de poisson.*
• Coquille d'un mollusque. *Écailles d'huîtres, de moules.*
• Matière cornée de la carapace de la tortue. *Des lunettes à monture d'écaille.*
☞— Ne pas confondre avec le nom *écale,* enveloppe des noix.

écailler v. tr., pronom.
Les lettres *ill* sont suivies d'un *i* à la première et à la deuxième personne du pluriel de l'indicatif imparfait et du subjonctif présent. *(Que) nous écaillions, (que) vous écailliez.*
• **Transitif.** Enlever les écailles. *Écailler un poisson.*
• **Pronominal.** Tomber par écailles. *Un vernis qui s'écaille.*
☞— Ne pas confondre avec le verbe *écaler,* enlever l'enveloppe des noix, des œufs.

écale n. f.
Enveloppe des noix. *L'écale d'une amande.*
☞— Ne pas confondre avec le nom *écaille* qui se dit pour les poissons, les tortues, certains mollusques.

*écale (d'un œuf)
Impropriété au sens de *coquille.*
☞— Il est cependant exact d'employer le verbe *écaler,* enlever la coquille de l'œuf.

écaler v. tr.
Enlever l'enveloppe des noix, des œufs. *Écaler un œuf dur et des noisettes.*
☞— Ne pas confondre avec le verbe *écailler,* enlever les écailles, tomber par écailles.

*écaler
Au sens de *écosser,* ce verbe est vieilli en français. *On écosse* (et non on *écale) des haricots, des petits pois.*

écarlate adj. et n. m.
• **Adjectif de couleur.** D'un rouge vif. *Des bannières écarlates.*
☞— Contrairement à la plupart des noms utilisés comme adjectifs de couleur, l'adjectif *écarlate* est variable.
V. Tableau - **COULEUR (ADJECTIFS DE).**
• **Nom masculin.** Couleur rouge très vive. *Des écarlates brillants.*

écarquiller v. tr.
Les lettres *ill* sont suivies d'un *i* à la première et à la deuxième personne du pluriel de l'indicatif imparfait et du subjonctif présent. *(Que) nous écarquillions, (que) vous écarquilliez.*
Ouvrir exagérément les yeux. *Elle écarquilla les yeux de surprise.*

écart n. m.
• Distance, différence entre des grandeurs, des valeurs. *Un écart de dix points dans les résultats.*
• *À l'écart,* locution adverbiale. En un lieu éloigné, en dehors. *Cette famille vit à l'écart.*
• *Grand écart.* Écartement des jambes de telle sorte qu'elles touchent le sol sur toute leur longueur.
• Action de s'écarter de sa direction, de sa ligne de conduite. *Des écarts de conduite, de langage, de régime, mais un écart à une ligne de conduite.*
• (Stat.) Valeur absolue de la différence entre deux valeurs.
• *Écart(-)type.* Racine carrée de la variance. *Des écarts(-)types.*
➾ écart.

écartèlement n. m.
Déchirement.
☞— Ne pas confondre avec le nom *écartement,* espacement.

écarteler v. tr.
Le *e* se change en *è* devant une syllabe muette. *Il écartèle, il écartelait.*
• (Ancienn.) Déchirer les membres.
• (Fig.) Tirailler quelqu'un entre plusieurs choses. *Elle est écartelée entre le cinéma et la piscine.*

écartement n. m.
• Action d'écarter ou de s'écarter.
• Espacement.
☞— Ne pas confondre avec le nom *écartèlement,* déchirement.

écarter v. tr., pronom.
• **Transitif**
- Éloigner. *Écarter un meuble du mur.*
- Tenir à distance. *Les policiers tentaient d'écarter la foule.*
- Exclure. *Il ne faut pas écarter cette solution.*
• **Pronominal**
S'éloigner de. *Il vaut mieux ne pas s'écarter du sentier.*

*écarter
Au sens de *perdre, égarer,* ce verbe est vieilli. *J'ai perdu ou égaré ma montre* (et non *écarté). Je me suis perdu ou égaré* (et non je me suis *écarté).*

ecchymose n. f.
⬭ Les lettres *cch* se prononcent *k* [ekimoz].
Épanchement de sang dans le tissu sous-cutané à la suite d'un choc, tache bleuâtre qui en résulte.
☞— Ce mot a comme synonyme familier : *bleu.*
Syn. **hématome.**
➾ ecchymose.

ecclésiastique adj. et n. m.
• **Adjectif.** Relatif à l'Église.
• **Nom masculin.** Membre du clergé.

écervelé, ée adj. et n. m. et f.
Étourdi. *Ils ont oublié leur clé, ces petits écervelés.*

ECG n. m.
Sigle de *électrocardiogramme.*

échafaud n. m.
Plate-forme pour l'exécution des condamnés à mort.
🖙 Ne pas confondre avec le nom *échafaudage,* plate-forme destinée à faciliter certains travaux.
🢡 échafau**d.**

échafaudage n. m.
Plate-forme destinée à faciliter certains travaux. *Le peintre travaille sur un échafaudage.*
🖙 Ne pas confondre avec le nom *échafaud,* plate-forme pour l'exécution des condamnés à mort.

*échaffourée
V. **échauffourée.**

échalas n. m.
👄 Le **s** ne se prononce pas [eʃala].
• Pieu servant de tuteur à un arbuste, un cep de vigne.
• *Grand échalas.* (Fam.) Personne grande et maigre.
🢡 échala**s.**

échalote n. f.
• Variété d'ail dont le bulbe sert de condiment.
• (Fig.) Personne grande et maigre.
🢡 échalote.

échancré, ée adj.
Qui a des échancrures. *Un corsage échancré.*
🢡 échancré.

échancrer v. tr.
Entailler le bord de.

échancrure n. f.
Découpure. *L'échancrure de son chandail.*
🢡 échancrure.

échange n. m.
• Action d'échanger. *Un échange de lettres.*
• *En échange de.* En contrepartie, en revanche. *En échange de ce livre, je te propose un disque.*
• Troc, commerce. *Des échanges internationaux.*
• *Libre-échange.* Régime économique dans lequel les échanges commerciaux entre les pays sont exempts d'obstacles tarifaires.
• Relations entre les personnes, des groupes. *Des échanges culturels.*
🖙 En ce sens, le nom s'emploie généralement au pluriel.

*échange
Anglicisme au sens de *taux de change.*

échanger v. tr.
Le **g** est suivi d'un **e** devant les lettres **a** et **o**. *Il échangea, nous échangeons.*
Donner une chose pour en obtenir une autre à la place. *Échanger des cadeaux, un chandail contre une veste. Les enfants ont échangé des billes.*
🖙 Ce verbe implique une action réciproque et

volontaire, souvent marquée par un sujet pluriel. *Ils ont échangé quelques propos anodins.*
🖙 Ne pas confondre avec le verbe *changer,* modifier, donner une chose pour une autre, sans idée de réciprocité ou de consentement.

*échanger (un chèque)
Anglicisme au sens de *encaisser.*

échangeur n. m.
Dispositif de raccordement de plusieurs voies routières (routes et autoroutes) ne comportant aucun croisement à niveau. (Recomm. off. OLF)

échanson n. m.
(Ancienn.) Sommelier des rois, des divinités, des grands personnages.

échantillon n. m.
• Petite quantité d'un ensemble servant à en faire apprécier la qualité. *Des échantillons de tissu.*
• (Stat.) Groupe représentatif d'une population choisie.

échantillonnage n. m.
Action d'échantillonner; série d'échantillons.
🢡 échantillo**nn**age.

échantillonner v. tr.
• Prélever des échantillons sur une marchandise.
• (Stat.) Définir un échantillon dans une population de référence.

échappatoire n. f.
Moyen subtil de se tirer d'embarras. *Une astucieuse échappatoire.*
🖙 Attention au genre féminin de ce nom : *une* échappatoire.

échappée n. f.
• Espace resserré ouvert à la vue, au passage. *Des échappées sur le ciel.*
• (Litt.) Bref instant. *Une échappée de soleil.*

échappement n. m.
Expulsion des gaz de combustion d'un moteur. *Des tuyaux d'échappement.*

échapper v. tr., intr., pronom.
• **Transitif**
- Au Canada, synonyme de «laisser tomber par mégarde». *Fanette a échappé son verre de lait qui s'est renversé.*
🖙 En ce sens, le verbe ne s'emploie qu'au Canada et dans certaines régions de France.
- *L'échapper belle,* locution. Éviter de peu ce qui menaçait. *Nous l'avons échappé belle.*
🖙 Dans cette expression, le participe passé est toujours invariable.
• **Transitif indirect** ou **intransitif**
- Éviter, se soustraire à. *Il a échappé à ses adversaires.*
🖙 L'emploi de l'auxiliaire *avoir* insiste sur l'action, celui de l'auxiliaire *être,* sur l'état.
- Rester inaccessible à l'esprit, à la mémoire. *Son nom m'échappe. Le sens de ce verbe lui avait échappé.*
🖙 En ce sens, c'est toujours l'auxiliaire *avoir* qui est employé.
• **Pronominal**

S'enfuir. *Ils se sont échappés de la prison.*

écharde n. f.
Petit morceau acéré introduit accidentellement sous la peau. *Avoir une écharde dans le pied.*
☞— Ne pas confondre avec le nom *écharpe,* bande de tissu portée autour du cou, de la taille.

écharpe n. f.
• Bande de tricot, de tissu portée d'une épaule à la hanche opposée, autour de la taille ou du cou. *Des écharpes colorées.*
• *En écharpe,* locution adverbiale. Obliquement.
☞— Ne pas confondre avec le nom *écharde,* petit morceau acéré introduit accidentellement sous la peau.

échasse n. f.
Long bâton muni d'un étrier permettant de marcher à une certaine hauteur du sol. *Grimper sur des échasses.*

échauffer v. tr., pronom.
• **Transitif**
- Donner de la chaleur à. *Il est préférable d'échauffer ses muscles avant de se lancer sur les pistes de ski.*
- Exciter. *Échauffer les esprits.*
• **Pronominal**
- S'entraîner avant un effort physique.
- S'animer, se passionner. *Les joueurs commençaient à s'échauffer.*
☞ échauffer.

échauffourée n. f.
Bagarre, combat bref. *La discussion dégénéra en échauffourée.*
☞ échauffourée.

échéance n. f.
• Date à laquelle est exigible une dette. *L'échéance (et non le *deadline) est fixée au 15 avril.*
• *À longue échéance.* À long terme, dans un avenir éloigné.
• *À courte échéance.* À court terme, dans un avenir immédiat.

échéancier n. m.
Document où sont énumérés par ordre chronologique des échéances, des paiements à faire, et par extension, des activités à faire.

échéant, ante adj.
• (Dr.) Qui arrive à échéance. *Des traites échéantes.*
• *Le cas échéant.* Si l'occasion se présente.
☞— Ne pas confondre avec le participe présent invariable *échéant. Les paiements échéant le 1er du mois seront retardés.*

échec n. m.
• Insuccès. *Ces élèves ont eu un échec en physique; ils devront étudier davantage.*
• *Mettre, tenir en échec.* Empêcher d'agir.
• *Faire échec à.* Empêcher de réussir.
• (Au plur.) Jeu. *Un tournoi d'échecs, un jeu d'échecs.*

échelle n. f.
• Dispositif formé de deux montants parallèles réunis par des barreaux transversaux servant de marches. *Une échelle de corde, une échelle mobile.*
• *Faire la courte échelle.* Offrir ses mains comme point d'appui.

• (Fig.) Série ascendante ou descendante. *Échelle sociale.*
• Ordre de grandeur. *Sur une vaste échelle. Une diffusion à l'échelle de la planète.*
V. **grandeur**
• *Échelle mobile.* Système d'indexation en fonction du coût de la vie.

échelon n. m.
• Barreau d'une échelle.
• (Fig.) Chacun des degrés d'une série. *Avancer d'un échelon.*
• Niveau. *À l'échelon national.*
☞ échelon.

échelonner v. tr.
• Répartir par échelons, de distance en distance. *Échelonner des arbustes dans le jardin.*
• Étaler. *Echelonner des paiements sur trois ans.*
☞ échelonner.

écheveau n. m. (pl. *écheveaux*)
• Assemblage de fils textiles. *Des écheveaux de laine.*
• (Fig.) Ensemble compliqué. *Ces règlements sont un véritable écheveau : impossible de s'y retrouver.*

échevelé, ée adj.
• Hirsute, ébouriffé.
• (Fig.) Effréné. *Une danse échevelée.*

écheveler v. tr.
Redoublement du *l* devant un *e* muet. *Il échevelle, il échevellera,* mais *il échevelait.*
Décoiffer, ébouriffer. *Le vent les a échevelés.*

échevin n. m.
• (Vx) Au Canada, conseiller municipal.
☞— Aujourd'hui, on emploie l'expression *conseiller municipal, conseillère municipale.*
• En Belgique, adjoint au bourgmestre.

échine n. f.
Colonne vertébrale de l'homme et de certains animaux.
☞— Ce nom ne s'emploie plus en dehors des expressions *plier, courber l'échine.*

échiner (s') v. pronom.
S'épuiser, se donner de la peine. *Elles s'échinent à cette corvée depuis plusieurs heures.*

échiquier n. m.
• Tableau du jeu d'échecs.
• (Fig.) Domaine où s'affrontent des forces, des intérêts contradictoires. *L'échiquier mondial.*

écho n. m.
👄 Les lettres *ch* se prononcent *k* [eko].
• Répétition d'un son réfléchi par un obstacle. *Dans cette grotte, il y a de l'écho.*
• *Sans écho.* Sans résultat, sans réponse. *Sa demande est restée sans écho.*
☞— Le nom *écho* s'écrit au singulier dans cette expression.
• *Se faire l'écho de.* Propager. *Elles se sont fait l'écho de ces critiques.*
☞— Dans cette expression, le participe passé *fait* est invariable.
• Nouvelle, rumeur. *Aurez-vous des échos de la rencontre?*

Hom. *écot,* cotisation.
⮕ écho.

échographie n. f.
🔄 Les lettres *ch* se prononcent *k* [ekografi].
Examen médical au moyen d'ultrasons.

échoir v. intr.
Verbe défectif utilisé à la troisième personne du singulier et du pluriel. INDICATIF PRÉSENT *Il échoit, ils échoient.* IMPARFAIT *Il échoyait, ils échoyaient.* PASSÉ SIMPLE *Il échut, ils échurent.* FUTUR *Il échoira, ils échoiront.* CONDITIONNEL PRÉSENT *Il échoirait, ils échoiraient.* SUBJONCTIF PRÉSENT *Qu'il échoie, qu'ils échoient.* IMPARFAIT *Qu'il échût, qu'ils échussent.* PARTICIPE PRÉSENT *Échéant.* PASSÉ *Échu, ue.*
• (Litt.) Revenir. *Il échoit au président de décider.*
• Venir à échéance. *Le paiement échoit la semaine prochaine.*
🖙 Le verbe se conjugue généralement avec l'auxiliaire *être. Le délai est échu. Ce compte est échu* (et non *passé dû*). Il peut se conjuguer avec l'auxiliaire *avoir* si l'on désire insister sur l'action. *Par quel hasard cette attribution avait-elle pu lui échoir?*

échoppe n. f.
Petite boutique. *Une échoppe de cordonnier.*
⮕ écho**pp**e.

échouer v. tr., intr., pronom.
• **Transitif**
Pousser un bateau sur un haut-fond. *Les enfants ont échoué la barque sur la plage.*
• **Intransitif**
- Toucher accidentellement le fond, en parlant d'un bateau. *Le voilier a échoué.*
- Ne pas réussir. *Il a échoué à un examen.*
🖙 Attention à la construction du verbe qui exige l'emploi de la préposition *à. Il a échoué à l'examen* (et non il a *échoué l'examen*).
• Ne pas aboutir. *Les tentatives ont échoué.*
• **Pronominal**
Toucher le fond et être immobilisé. *Ces voiliers se sont échoués près de la côte.*

échu, ue adj.
Arrivé à échéance. *Le délai est échu* (et non *passé dû*).
🖙 Le mot *échu* est le participe passé du verbe *échoir* qui, à l'exception de ce temps ou du participe présent (*échéant*), ne s'emploie que très rarement.

éclabousser v. tr.
• Faire rejaillir un liquide sur. *En plongeant, tu m'as éclaboussé, dit Julien à Laurence.*
• (Fig.) Compromettre. *Ils ont été éclaboussés par ce scandale.*

éclaboussure n. f.
• Liquide dont on est éclaboussé.
• (Fig.) Contrecoup d'un évènement fâcheux.

éclair n. m.
• Éclat de lumière vive traduisant une décharge électrique. *Un éclair foudroyant traversa le ciel et on entendit un coup de tonnerre.*
• Lueur vive et brève.

• *Comme un éclair.* Très rapidement. *Il est passé comme un éclair.*
• *Fermeture éclair.* Marque déposée passée dans l'usage au sens de *fermeture à glissière. Des fermetures éclair.*
🖙 Placé en apposition, le mot *éclair* est invariable et a le sens de «très rapide, très bref». *Des visites éclair.*
• Petit gâteau. *Des éclairs au chocolat.*
🖙 Attention au genre masculin de ce nom : *un* éclair.

éclairage n. m.
• Action, moyen d'éclairer. *Cet éclairage est suffisant.*
• *Appareil d'éclairage.* Luminaire.

éclairagiste n. m. et f.
Spécialiste des techniques d'éclairage.

éclaircie n. f.
Brève amélioration. *On nous annonce des éclaircies.*

éclaircir v. tr., pronom.
• **Transitif.** Rendre plus clair, moins dense. *Les bûcherons ont éclairci la forêt.*
• **Pronominal.** Devenir plus clair. *Ses cheveux se sont éclaircis.*

éclairé, ée adj.
Sage. *Le despotisme éclairé.*

éclairer v. tr., intr., pronom.
• **Transitif**
- Répandre de la lumière sur. *Éclairer un tableau.*
- (Fig.) Rendre compréhensible, clarifier une question. *Éclairer un problème.*
• **Intransitif**
Répandre de la lumière. *Cette lampe n'éclaire pas suffisamment.*
• **Pronominal**
- Devenir clair. *La maison s'éclaire au lever du jour.*
- (Fig.) Devenir compréhensible. *L'énigme est résolue : tout s'éclaire.*

éclat n. m.
• Morceau d'une chose brisée. *Un éclat de verre.*
🖙 Ne pas confondre avec les noms suivants :
- *fraction,* part séparée d'un tout;
- *fragment,* partie;
- *lambeau,* partie déchirée d'un vêtement, d'un corps;
- *miette,* petite parcelle.
• Bruit soudain. *Des éclats de voix, des éclats de rire. Rire aux éclats.*
• Scintillement. *L'éclat du diamant.*
• *Coup d'éclat.* Action remarquable.
⮕ éclat.

éclatant, ante adj.
• Qui a de l'éclat. *Un soleil éclatant.*
• Remarquable. *Une réussite éclatante.*

éclaté, ée adj. et n. m.
• **Adjectif.** Qui représente des éléments internes. *Vue éclatée.*
• **Nom masculin.** Représentation graphique des éléments internes d'un objet.

éclatement n. m.
Fait d'éclater. *L'éclatement d'un pneu.*

éclater v. intr., pronom.
• **Intransitif**
- Faire explosion. *Le ballon a éclaté.*
- Produire un bruit sec, violent. *Des coups de feu éclatèrent. Éclater de rire.*
- Se produire brusquement. *Le conflit éclata.*
• **Pronominal**
(Fam.) Se défouler, se donner intensément à une activité en s'amusant beaucoup. *Pour fêter les vacances, ils se sont éclatés un peu.*

éclectique adj. et n. m. et f.
Qui choisit différents genres, qui ne se limite pas à un seul objet.
➞ éclec**tique**.

éclipse n. f.
Disparition apparente d'un astre. *Des éclipses de Soleil, une éclipse de Lune.*
➞ Les nom des astres s'écrivent avec des majuscules dans ces expressions.
➞ Ne pas confondre avec les noms suivants :
- *éclisse,* éclat de bois;
- *ellipse,* suppression de mot, figure géométrique.

éclisse n. f.
Éclat de bois.
➞ Ne pas confondre avec les noms suivants :
- *éclipse,* disparition apparente d'un astre;
- *ellipse,* suppression de mot, figure géométrique.
➞ Attention au genre féminin de ce nom : *une* éclisse.

éclopé, ée adj. et n. m. et f.
Estropié, légèrement blessé. *Le moniteur de ski ramena deux éclopés qui s'étaient fait une entorse.*

éclore v. intr.
Se conjugue comme le verbe *clore,* sauf à la troisième personne du singulier du présent de l'indicatif où l'accent circonflexe est facultatif. *Il éclot* ou *il éclôt.*
Ce verbe est d'un emploi rare, sauf au présent de l'indicatif, à l'infinitif et au participe passé, *éclos, éclose.*
• S'ouvrir, en parlant de l'œuf. *Les œufs écloront bientôt et les poussins sortiront.*
• S'ouvrir en parlant des fleurs. *Ces roses viennent d'éclore.*
➞ Le verbe se conjugue avec l'auxiliaire *avoir* ou avec l'auxiliaire *être* selon que l'on insiste sur l'action ou l'état. *La fleur a éclos ce matin. Les œufs sont éclos depuis quelques jours.*
• (Litt. et fig.) Naître, paraître. *La paix venait d'éclore.*

éclosion n. f.
• Fait d'éclore. *L'éclosion des fleurs.*
• (Fig.) Naissance, apparition. *L'éclosion du printemps.*

écluse n. f.
Ouvrage hydraulique permettant aux embarcations de passer d'un plan d'eau à un autre de niveau différent. *La Voie maritime du Saint-Laurent comprend plusieurs écluses.*

écœurant, ante adj.
• Dégoûtant, infect. *Une odeur écœurante de pourriture.*
• (Fig.) Révoltant. *Des vols écœurants.*

écœurement n. m.
• Nausée.
• Dégoût. *Devant cette injustice, il a ressenti de l'écœurement.*

écœurer v. tr., pronom.
• **Transitif**
- Causer du dégoût à.
- Inspirer de la répugnance à.
- (Fam.) Au Canada, taquiner, se montrer arrogant. *Avec sa motocyclette, ce garçon essaie de nous écœurer.*
• **Pronominal**
(Fam.) Au Canada, se décourager, se fatiguer.
➞ Au sens de *taquiner* et de *se décourager,* ce verbe est d'emploi très familier. Dans un style soigné, on emploiera plutôt *taquiner, railler* et *se décourager.*

école n. f.
• Établissement d'enseignement. *Une école primaire.*
➞ Les désignations d'établissements d'enseignement :
- où le nom *école* est suivi d'un nom commun ou d'un adjectif s'écrivent avec une majuscule initiale. *École normale supérieure.*
- lorsque le nom *école* est suivi d'un nom propre, il s'écrit avec une minuscule. *L'école Saint-Germain.*
➞ Les mots composés avec le nom *école* s'écrivent avec un trait d'union et prennent la marque du pluriel aux deux éléments. *Des autos-écoles.*
• Ensemble des adeptes d'une doctrine. *Une école de pensée.*
• *Faire école.* Avoir des adeptes. *Ils ont fait école.*
➞ Dans cette locution, le nom demeure au singulier.
• *Faire l'école buissonnière.* Flâner au lieu d'aller en classe.

École des Hautes Études Commerciales
Sigle *HEC* (s'écrit sans points).

École nationale d'administration
Sigle *ÉNA* (s'écrit avec ou sans points).

École nationale d'administration publique
Sigle *ÉNAP* (s'écrit avec ou sans points).

écolier, ière n. m. et f.
• Jeune élève qui fait des études primaires. *Bientôt Fanny sera écolière et partira avec son petit cartable.*
➞ 1° Ne pas confondre avec les noms suivants :
- *élève,* jeune ou adulte qui poursuit des études, à temps plein ou à temps partiel;
- *étudiant,* élève d'un établissement universitaire.
2° Le nom *élève* est le mot générique qui désigne toute personne qui fréquente un établissement d'enseignement.
3° Traditionnellement, on réserve le terme *étudiant* à la personne qui fréquente une université.
• *Le chemin des écoliers.* Le chemin le plus long, celui qui permet de s'amuser et de flâner.

écolo adj. et n. m. et f.
Abréviation familière de *écologiste*. *Des écolos convaincus.*

écologie n. f.
Étude des êtres vivants et de leurs relations avec le milieu où ils vivent.

écologisme n. m.
Mouvement prônant la sauvegarde de l'environnement naturel.

écologiste adj. et n. m. et f.
• Abréviation familière *écolo.*
• Spécialiste de l'écologie. *Les écologistes ont à cœur la protection de l'environnement. Un mouvement écologiste.*

éconduire v. tr.
    Se conjugue comme le verbe *conduire.*
(Litt.) Repousser, refuser. *Elle a éconduit ce soupirant.*

économe adj.
Qui sait épargner, qui évite les dépenses inutiles.

économie n. f.
• Ensemble des faits relatifs à la production, à la consommation et à la répartition des richesses. *Notre économie montre des signes de faiblesse et le taux de chômage est à la hausse.*
• (Litt.) Organisation des éléments d'un ensemble. *L'économie de son récit.*
• (Au plur.) Sommes d'argent mises de côté, épargne. *Étienne fait des économies pour son voyage de l'été prochain.*

économique adj.
• Relatif à l'économie. *Des études économiques.*
• Peu coûteux. *Ce grand format est plus économique.*

économiser v. tr.
Épargner. *Économiser* (et non *sauver) de l'argent pour acheter une bicyclette.*

économiseur n. m.
Appareil permettant une économie de carburant. *Un économiseur d'énergie.*

économiste n. m. et f.
Spécialiste de l'économie.

écoper v. tr.
• **Transitif.** Vider l'eau entrée dans un bateau.
• **Transitif direct** ou **indirect.** (Fam.) Recevoir. *Écoper une amende, d'une amende.*
☞ Ce verbe se construit sans préposition ou avec la préposition *de.*

écorce n. f.
• Enveloppe de l'arbre. *Des écorces de bouleau.*
• Peau épaisse de certains fruits. *Des écorces d'orange et de citron.*

écorcer v. tr.
Le *c* prend une cédille devant les lettres *a* ou *o. Il écorça, nous écorçons.*
Dépouiller un arbre de son écorce.
☞ Ne pas confondre avec le verbe *écorcher,* dépouiller de sa peau (un homme, un animal), égratigner.

écorcher v. tr., pronom.
• **Transitif**
- Dépouiller de sa peau (un homme, un animal).
- Égratigner. *Les pierres les ont écorchés.*
• **Pronominal**
Elles se sont écorchées en escaladant ce mur.
☞ Ne pas confondre avec le verbe *écorcer,* dépouiller un arbre de son écorce.

écorchure n. f.
Égratignure.

écornifler v. tr., intr.
Au Canada, regarder avec curiosité, chercher à entendre ce qui ne nous concerne pas.
☞ Ce verbe ne s'emploie qu'au Canada et dans certaines régions de la francophonie (Anjou, Normandie).

écornifleur, euse n. m. et f.
• Pique-assiette.
• Au Canada, personne indiscrète, curieuse.

écossais n. m.
Tissu à carreaux de diverses couleurs.

écossais, aise adj. et n. m. et f.
• **Adjectif et nom masculin et féminin.** De l'Écosse. *Une danse écossaise. Un Écossais, une Écossaise.*
☞ L'adjectif s'écrit avec une minuscule; le nom, avec une majuscule.
• **Nom masculin.** Langue parlée en Écosse. *Elle apprend l'écossais.*
☞ Le nom de la langue s'écrit avec une minuscule.

écosser v. tr.
Ôter la cosse des pois, des haricots, etc.

écosystème n. m.
(Écol.) Ensemble des organismes animaux, végétaux d'un milieu naturel.

écot n. m.
Cotisation. *Payer son écot.*
Hom. *écho,* réflexion du son.
☞ écot.

écoulement
Impropriété au sens de *solde, liquidation* (d'une marchandise).

écouler v. tr., pronom.
• **Transitif**
- Liquider des marchandises. *Écouler des produits à bon marché.*
- Mettre en circulation. *Écouler de faux billets.*
• **Pronominal**
- Couler hors de quelque endroit. *L'eau s'écoule dans la rigole.*
- Passer, disparaître. *Les heures s'écoulent.*

écoute n. f.
• Action d'écouter une émission radiophonique, une communication téléphonique, etc.
• *Être à l'écoute.* Être attentif à ce qui se dit, se passe.
• *Être aux écoutes.* Être aux aguets.
• *Table d'écoute* ou *d'écoutes.* Appareil destiné à intercepter les communications.

écouter v. tr., pronom.
• **Transitif**
- Prêter l'oreille avec attention. *Clara écoute la maîtresse qui explique une règle de grammaire.*
☞ Ne pas confondre avec le verbe **entendre,** percevoir par l'appareil auditif.
- Obéir à quelqu'un, suivre ses conseils. *Elle écoute sa maman qui lui dit d'être prudente en traversant les rues. Il n'écoute jamais et traverse la rue en courant.*
• **Pronominal**
Prendre un soin exagéré de soi-même. *Il ne faut pas trop s'écouter.*

écoutille n. f.
Ouverture pratiquée dans le pont d'un navire.

écrabouiller v. tr.
Les lettres *ill* sont suivies d'un *i* à la première et à la deuxième personne du pluriel de l'indicatif imparfait et du subjonctif présent. *(Que) nous écrabouillions, (que) vous écrabouilliez.*
(Fam.) Écraser, réduire en bouillie. *Tu as trop secoué les œufs, ils sont tous écrabouillés.*

écran n. m.
• Objet qui empêche de voir, qui protège.
• Surface blanche sur laquelle on projette des images.
• **L'écran, le grand écran.** Le cinéma. *Une vedette de l'écran.*
• **Le petit écran.** La télévision. *Ce sont des amateurs du petit écran.*
☞ écr**an.**

écrasant, ante adj.
Qui écrase. *Une majorité écrasante.*

écraser v. tr., intr., pronom.
• **Transitif**
- Broyer, briser par une compression, un choc violent. *Écraser sa cigarette.*
- Vaincre complètement. *Écraser son adversaire.*
• **Intransitif**
- (Pop.) Ne pas insister. *Écrase!*
- (Inform., fig.) Détruire un fichier de données.
• **Pronominal**
- Être aplati par une pression, un choc. *Les gâteaux se sont écrasés.*
- S'affaisser. *Le toit de l'immeuble s'est écrasé sous le poids de la neige.*

écrémer v. tr.
Le deuxième *é* se change en *è* devant une syllabe muette, sauf à l'indicatif futur et au conditionnel présent. *J'écrème, mais j'écrémerai.*
• Retirer la crème du lait.
• (Fig.) Retirer les meilleurs éléments d'un ensemble.
☞ Contrairement au mot **crème,** le verbe et ses dérivés s'écrivent avec un accent aigu. *Du lait écrémé.*

écrevisse n. f.
Crustacé d'eau douce muni de pinces et comestible. *Avec son coup de soleil, elle est rouge comme une écrevisse.*
☞ Comme le homard, l'écrevisse devient rouge après la cuisson.

écrier (s') v. pronom.
Redoublement du *i* à la première et à la deuxième personne du pluriel de l'indicatif imparfait et du subjonctif présent. *(Que) nous nous écriions, (que) vous vous écriiez.*
Dire en criant. *«Nous avons gagné!», se sont-ils écriés.*

écrin n. m.
Coffret à bijoux. *Un écrin de velours.*
☞ écr**in.**

écrire v. tr., intr.
INDICATIF PRÉSENT *J'écris, tu écris, il écrit, nous écrivons, vous écrivez, ils écrivent.* IMPARFAIT *J'écrivais.* PASSÉ SIMPLE *J'écrivis.* FUTUR *J'écrirai.* CONDITIONNEL PRÉSENT *J'écrirais.* IMPÉRATIF PRÉSENT *Écris, écrivons, écrivez.* SUBJONCTIF PRÉSENT *Que j'écrive.* IMPARFAIT *Que j'écrivisse.* PARTICIPE PRÉSENT *Écrivant.* PASSÉ *Écrit, ite.*
• **Transitif**
- Tracer les caractères d'un système d'écriture. *Écrire un message sur le sable. Une signature écrite au crayon, à l'encre. Un texte écrit en majuscules, un titre écrit en italique ou italiques.*
- Orthographier. *Comment écris-tu ce nom? Son nom s'écrit avec deux l.*
- Composer. *Écrire un poème, un article sur un sujet politique*
- Communiquer par lettre. *Il y a bien longtemps qu'il ne m'a pas écrit. Elles se sont écrit des lettres. Les lettres qu'ils se sont écrites.*
• **Intransitif**
Exprimer sa pensée à l'aide de l'écriture. *Elle écrit remarquablement.*

écrit, ite adj. et n. m.
• **Adjectif**
Exprimé par l'écriture. *Un texte bien écrit.*
• **Nom masculin**
- Document écrit. *Les écrits restent.*
- Production écrite. *Les écrits de Félix Leclerc.*

écriteau n. m. (pl. *écriteaux*)
Inscription portant une information destinée au public. *Des écriteaux indiquent que la maison est à louer.*

écritoire n. f.
Nécessaire pour l'écriture.
☞ Attention au genre féminin de ce nom : **une** écritoire.

écriture n. f.
• Représentation de la parole et de la pensée au moyen de signes graphiques. *L'écriture du chinois se fait avec des idéogrammes.*
• Manière d'écrire, style. *Elle a une écriture illisible. Une écriture poétique.*
☞ Le nom s'écrit avec une majuscule lorsqu'il désigne les livres saints. *L'Écriture sainte.*

écrivain n. m.
écrivaine n. f.
Auteur d'ouvrages littéraires.

écrou n. m. (pl. *écrous*)
Pièce filetée qui complète un boulon. *Des écrous bien fixés.*

☞ Ne pas confondre avec les noms suivants :
- **boulon,** dispositif de fixation composé d'une tige et d'un écrou;
- **vis,** tige filetée qui se fixe sans écrou.

écrouler (s') v. pronom.
• S'effondrer, en parlant surtout d'une construction ou de ce qui croule soudainement de toute sa masse. *L'immeuble s'est écroulé.*
☞ Ne pas confondre avec le verbe **ébouler,** s'affaisser progressivement, tomber par morceaux en parlant surtout d'un terrain.
• (Fig.) Être anéanti. *Ses chances de succès se sont écroulées.*

écu n. m.
• Bouclier des chevaliers du Moyen Âge.
• (Ancienn.) Monnaie.

ÉCU ou ECU n. m. inv.
• Sigle de *European Currency Unit.*
• Unité monétaire de la Communauté européenne qui n'est pas représentée matériellement et qui sert essentiellement aux comptes. *100 ÉCU de plus seront nécessaires.*
☞ En principe, le sigle s'écrit sans accent et ne prend pas la marque du pluriel : dans les faits, en raison de l'homonymie avec le mot *écu,* le *e* est généralement accentué et certains auteurs lui donnent la marque du pluriel.

écueil n. m.
• Rocher, banc de sable, présentant un danger pour la navigation.
• (Fig.) Obstacle dangereux. *Attention aux nombreux écueils de cet examen.*
☞ Ne pas confondre avec le nom *récif,* suite de rochers.
▭ écu**eil.**

écuelle n. f.
Assiette creuse.

éculé, ée adj.
• Usé, en parlant du talon d'une chaussure. *Des chaussures éculées.*
• (Fig.) Qui a perdu son intérêt pour avoir trop servi. *Une blague éculée.*

écumant, ante adj.
• (Litt.) Couvert d'écume, de bave. *Des naseaux écumants.*
• Furieux.

écume n. f.
Mousse blanchâtre à la surface d'un liquide agité. *L'écume des vagues.*

écumer v. tr., intr.
• **Transitif**
- Retirer l'écume de.
- (Fig.) Piller. *Écumer les mers.*
• **Intransitif**
- Produire de l'écume. *La mer écume.*
- (Fig.) Être furieux. *Elle écume de rage.*

écumoire n. f.
Grande cuillère percée de trous.

☞ Attention au genre féminin de ce nom : *une* écumoire.

écureuil n. m.
Petit mammifère rongeur à la queue en panache.

écurie n. f.
• Bâtiment destiné à loger des chevaux. *Des écuries de course.*
☞ Ne pas confondre avec le nom *étable,* bâtiment destiné à loger du bétail.
• Ensemble des chevaux de course d'un même propriétaire.

écusson n. m.
Insigne portant un emblème. *L'écusson d'un collège.*
☞ Attention au genre masculin de ce nom : *un* écusson.

écuyer, ère n. m. et f.
Personne qui monte à cheval. *Gilou est un bon écuyer.*

eczéma n. m.
👄 Le *c* se prononce *g* [ɛgzema].
Maladie de la peau.

eczémateux, euse adj. et n. m. et f.
Qui souffre d'eczéma.

éd.
Abréviation de *édition.*

edelweiss n. m. inv.
👄 Le *e* initial se prononce *é* et le *w, v,* [edɛlvajs] ou [edɛlvɛs].
Plante des montagnes.
☞ Attention au genre masculin de ce nom : *un* edelweiss.
▭ edel**weiss.**

éden n. m.
👄 Le *n* se prononce [edɛn].
• Paradis terrestre.
☞ En ce sens, le nom s'écrit avec une majuscule.
• Endroit très agréable.
☞ En ce sens, le nom s'écrit avec une minuscule. *Ce jardin est un éden.*

édenté, ée adj. et n. m. et f.
Qui a perdu ses dents. *Cette vieille personne est édentée.*

édenter v. tr.
Briser les dents de quelque chose. *Édenter un peigne.*

édicter v. tr.
Prescrire par une loi, d'une manière absolue.
☞ Ne pas confondre avec les verbes suivants :
- **enjoindre,** recommander avec insistance;
- **intimer,** déclarer avec autorité;
- **notifier,** faire savoir dans les formes légales, de façon officielle.

édifiant, ante adj.
Qui porte à la vertu, qui édifie. *Des textes édifiants, une conduite édifiante.*

édification n. f.
Action de bâtir, d'élaborer.

édifice n. m.
• Grand bâtiment ayant une valeur architecturale. *L'hôtel de ville de Montréal est un bel édifice.*
☞— On préférera le mot *édifice* ou *immeuble,* selon le cas, au mot *bâtisse* qui est parfois péjoratif.
☞— Les noms d'édifices s'écrivent avec une majuscule lorsque le générique est suivi d'un adjectif ou lorsqu'ils comportent un trait d'union. *La Bibliothèque nationale. Le Palais-Royal.* Ils s'écrivent avec une minuscule lorsque le générique est suivi d'un nom propre ou d'un complément déterminatif. *La tour de la Bourse, le musée d'Orsay.*
V. **immeuble.**
• (Fig.) Ensemble structuré. *L'édifice de la connaissance.*

édifier v. tr.
Redoublement du *i* à la première et à la deuxième personne du pluriel de l'indicatif imparfait et du subjonctif présent. *(Que) nous édifiions, (que) vous édifiiez.*
• Bâtir. *Cette maison a été édifiée en 1712.*
• Constituer progressivement un ensemble. *Édifier un empire industriel.*
• Porter à la piété, à la vertu par l'exemple.

édile n. m.
(Adm.) Conseiller municipal.
☞— Attention au genre masculin de ce nom : *un* édile.

édit n. m.
(Ancienn.) Acte législatif.
▭▷ édit.

édit.
Abréviation de *éditeur.*

éditer v. tr.
Publier et mettre en vente un texte, une œuvre d'art. *Éditer des romans, des dictionnaires.*

*éditer (un texte)
Anglicisme au sens de *réviser, préparer un texte pour l'impression.*

éditeur n. m.
éditrice n. f.
• Abréviation *édit.* (s'écrit avec un point).
• Personne ou société qui assure la fabrication et la diffusion d'ouvrages, d'œuvres d'art.
• (En appos.) *Société éditrice.*

*éditeur
Anglicisme au sens de *rédacteur en chef* (journal), *chef de produits* (édition).

édition n. f.
• Abréviation *éd.* (s'écrit avec un point).
• Action de publier et de mettre en vente un texte, une œuvre d'art. *Ces personnes travaillent dans l'édition.*
• Œuvre éditée. *Une édition illustrée.*
• Ensemble des exemplaires d'un ouvrage publiés en une fois. *Troisième édition revue et corrigée. Dernière édition.*
• Industrie et commerce du livre.

éditique n. f.
Méthode d'édition permettant de créer et de publier au moyen d'un micro-ordinateur, de progiciels, de logiciels spécialisés et d'une imprimante de qualité des documents comparables à ceux qui sont obtenus par photocomposition. (Recomm. off. OLF)

éditorial, iale adj. et n. m. (pl. *éditoriaux*)
• **Adjectif.** De l'éditeur, de la maison d'édition. *Une politique éditoriale.*
• **Nom masculin.** Article de fond qui émane de la direction d'un journal. *Des éditoriaux controversés.*

éditorialiste n. m. et f.
Personne qui écrit l'éditorial d'un journal, d'une revue.

édredon n. m.
Couvre-pied de duvet. *L'enfant se cache sous l'édredon.*
☞— Une *couette* est un édredon muni d'une housse amovible.

éducateur n. m.
éducatrice n. f.
Pédagogue.

éducation n. f.
• Formation, développement des facultés morales, intellectuelles et physiques. *Le ministère de l'Éducation.*
• Politesse, savoir-vivre. *Il n'a pas d'éducation.*
• *Éducation permanente.* Projet d'éducation qui a pour objet d'assurer, à toutes les époques de la vie, la formation et le développement de la personne, en lui permettant d'acquérir les connaissances, les habiletés ou les comportements et de développer l'ensemble des aptitudes intellectuelles, manuelles, etc., qui répondront à ses aspirations d'ordre éducatif, social et culturel. (Recomm. off. OLF)

édulcorant, ante adj. et n. m.
Se dit d'une substance qui édulcore. *Des édulcorants artificiels.*

édulcorer v. tr.
• Adoucir avec du sucre.
• (Fig.) Affaiblir, adoucir.

éduquer v. tr.
• Développer les facultés morales, intellectuelles et physiques de quelqu'un.
• Enseigner les bonnes manières.

ÉEG
Sigle de *électroencéphalogramme.*

eff-
👄 Dans les mots commençant par les lettres *eff,* le *e* se prononce *é* (et non **è*).

*efface
Impropriété pour *gomme* (à effacer).

effacé, ée adj.
Modeste, discret. *C'est une personne très effacée, on ne l'entend jamais.*

effacer v. tr., pronom.
Le *c* prend une cédille devant les lettres *a* ou *o. Il effaça, nous effaçons.*
• **Transitif**

Faire disparaître ce qui était marqué, gommer. *Cette erreur doit être effacée.*
• **Pronominal**
- S'estomper, disparaître. *Les caractères se sont effacés.*
- Se mettre de côté, céder le pas. *Il s'effaça devant elle.*

effarant, ante adj.
Incroyable, stupéfiant. *Des statistiques effarantes.*
⇨ effarant.

effarer v. tr.
Troubler.
⇨ effarer.

effaroucher v. tr.
Faire fuir en effrayant. *Le bruit a effarouché le faon.*
⇨ effaroucher.

effectif, ive adj.
Qui existe réellement.

effectif n. m.
Nombre de personnes. *Notre effectif atteint 45 employés.*
☞ Ce nom est un collectif qui devrait s'employer surtout au singulier.

*effectif
Anglicisme au sens de *en vigueur.*

effectivement adv.
• Réellement. *Cette missionnaire a effectivement aidé les plus démunis.*
• En effet. *On annonçait de la grêle et effectivement, il a grêlé.*

effectuer v. tr.
• Faire (une opération technique, complexe). *Effectuer l'installation d'un système de radio.*
☞ S'il s'agit d'une action simple, on préférera le verbe *faire.*
• Accomplir, exécuter. *Effectuer une démarche.*

efféminé, ée adj.
(Péj.) Qui manque de virilité.

effervescence n. f.
• Bouillonnement d'un liquide produit par un dégagement de bulles gazeuses.
• (Fig.) Agitation passagère. *La maison est en effervescence, la fête va commencer.*
⇨ effervescence.

effervescent, ente adj.
Qui est en effervescence. *Des comprimés effervescents.*
⇨ effervescent.

effet n. m.
• Conséquence, résultat d'une action. *Cette tempête a eu des effets désastreux.*
• **À cet effet,** locution adverbiale. Dans cette intention, en vue de cela.
• **À l'effet de,** locution prépositive. (Dr.) Afin de, dans le but de. *À l'effet de faire cession d'un bien.*
☞ On réservera cette locution à la langue juridique.
• *En effet,* locution adverbiale. Effectivement.
☞ L'expression *«car, en effet» est un pléonasme.

• **Prendre effet.** (Dr.) Entrer en vigueur. *Cette loi prendra effet le 1er janvier 1993.*

effet de serre n. m. (pl. *effets de serre*)
Phénomène de réchauffement de l'atmosphère.

*effet que (à l')
Calque de l'anglais «to the effect that» pour *dans le but de, afin de.*

effeuillage n. m.
• Action d'effeuiller les plantes, les arbres.
• (Fig.) Équivalent proposé en remplacement du mot anglais «strip-tease».

effeuiller v. tr., pronom.
Les lettres *ill* sont suivies d'un *i* à la première et à la deuxième personne du pluriel de l'indicatif imparfait et du subjonctif présent. *(Que) nous effeuillions, (que) vous effeuilliez.*
• **Transitif**
- Ôter les feuilles de. *Le vent a effeuillé cet arbre.*
- Dépouiller de ses pétales. *Effeuiller la marguerite.*
• **Pronominal**
Perdre ses feuilles, ses pétales.

efficace adj.
Qui produit l'effet attendu. *Ce médicament est efficace, il vous soulagera rapidement.*

efficacité n. f.
Qualité d'une personne, d'une chose efficace. *L'efficacité de ce cadre est remarquable.*
☞ Ne pas confondre avec le nom *efficience,* rapport entre ce qui est réalisé et les moyens mis en œuvre.

efficience n. f.
Rapport entre ce qui est réalisé et les moyens mis en œuvre.
☞ Ne pas confondre avec le nom *efficacité,* degré de réalisation des objectifs d'un programme.

efficient, ente adj.
Qui donne un bon rendement, qui donne de bons résultats. *Des procédés efficients.*

effigie n. f.
Représentation d'une personne. *Une pièce d'or à l'effigie d'un roi.*
⇨ effigie.

effiler v. tr., pronom.
• **Transitif.** Défaire fil à fil.
☞ Ne pas confondre avec le verbe *affiler,* aiguiser en parlant d'un instrument tranchant.
• **Pronominal.** S'en aller fil à fil à l'usure. *Une étoffe qui s'effile.*

effilocher v. tr., pronom.
• **Transitif.** Effiler une étoffe.
• **Pronominal.** S'effiler par suite de l'usure. *Le col de ce chandail s'est effiloché.*

efflanqué, ée adj.
Maigre.

effleurage n. m.
Action d'enlever une couche très mince de l'épiderme, de la peau.

effleurement n. m.
Caresse légère.

effleurer v. tr.
Toucher à peine. *Son baiser a effleuré ses lèvres.*
☞ Ne pas confondre avec le verbe **affleurer,** être au niveau de la surface.

effluve n. m.
Parfum. *Des effluves enivrants.*
☞ Attention au genre masculin de ce nom : *un* effluve.

effondrement n. m.
Écroulement. *L'effondrement d'un pont.*

effondrer v. tr., pronom.
• **Transitif**
(Rare) Faire crouler.
• **Pronominal**
- S'écrouler. *L'immeuble s'est effondré.*
- Défaillir sous le coup d'une émotion. *En apprenant la nouvelle, il s'est effondré.*
- Subir une baisse brutale. *Les prix se sont effondrés.*

efforcer (s') v. pronom.
S'appliquer à, tenter de. *Ils s'efforcent d'atteindre l'objectif, elles s'efforcent à la politesse.*
☞ Suivi d'un verbe, le verbe se construit avec la préposition *de*; suivi d'un nom, avec la préposition *à.*
☞ Le participe passé de ce verbe pronominal s'accorde toujours. *Elles se sont efforcées de venir.*

effort n. m.
• Mobilisation des forces physiques, intellectuelles, en vue d'atteindre un but. *Cet athlète a fourni un effort remarquable.*
• *Sans effort,* locution adverbiale. Facilement.
☞ effor**t.**

effraction n. f.
Vol avec forcement d'une serrure, d'une fenêtre, etc.
☞ Ne pas confondre avec le nom **infraction,** violation d'une loi, d'un règlement.

effraie n. f.
Rapace nocturne.
☞ Ne pas confondre avec le nom **orfraie,** rapace diurne.
☞ effraie**.**

effranger v. tr.
Le *g* est suivi d'un *e* devant les lettres *a* ou *o. Il effrangea, nous effrangeons.*
Effiler une étoffe en produisant des franges.

effrayant, ante adj.
• Terrifiant. *Des histoires effrayantes.*
• (Fam.) Excessif, extrême. *Un froid effrayant.*

effrayer v. tr., pronom.
Le *y* peut être changé en *i* devant un *e* muet. *J'effraye* ou *j'effraie, j'effrayerai* ou *j'effraierai.* Les formes en *i* sont les plus utilisées.
Le *y* est suivi d'un *i* à la première et à la deuxième personne du pluriel de l'indicatif imparfait et du subjonctif présent. *(Que) nous effrayions, (que) vous effrayiez.*
• **Transitif**

- Causer de la frayeur. *Cette histoire les a effrayés.*
- (Fig.) Décourager.
• **Pronominal**
Éprouver de la frayeur. *Ils se sont effrayés de ces bruits.*

effréné, ée adj.
Déchaîné, démesuré.

effritement n. m.
• Action d'effriter; fait de s'effriter. *L'effritement d'une paroi rocheuse.*
• (Fig.) Affaiblissement.

effriter v. tr., pronom.
• **Transitif.** Réduire peu à peu en fragments, en poussière.
• **Pronominal.** Se désagréger.

effroi n. m.
(Litt.) Terreur, grande peur. *Les campeurs ont aperçu avec effroi un ours à quelques pas de leur tente.*

effronté, ée adj. et n. m. et f.
Impudent, insolent.

effronterie n. f
Insolence.

effroyable adj.
Qui cause une grande frayeur. *Un vacarme effroyable.*
☞ Ne pas confondre avec les mots suivants :
- **abominable,** qui inspire de l'horreur;
- **détestable,** exécrable, très mauvais;
- **horrible,** qui soulève un dégoût physique et moral.

effusion n. f.
Démonstration enthousiaste. *Les enfants acclamaient le cirque avec effusion.*
☞ Ne pas confondre avec le nom **infusion,** action d'infuser.

e.g.
Abréviation de l'expression latine *exempli gratia.*
V. **par exemple.**

égailler (s') v. pronom.
Les lettres *ill* sont suivies d'un *i* à la première et à la deuxième personne du pluriel de l'indicatif imparfait et du subjonctif présent. *(Que) nous nous égaillions, (que) vous vous égailliez.*
Se disperser.
☞ Ne pas confondre avec le verbe **égayer,** se réjouir.

égal, ale, aux adj. et n. m. et f.
• Pareil, identique. *Des droits égaux.*
• *Sans égal,* locution. L'adjectif prend la marque du féminin ou du féminin pluriel, mais non du masculin pluriel, selon la plupart des auteurs. *Une intelligence sans égale. Des réussites sans égales,* mais *des résultats sans égal.* Joseph Hanse (*Nouveau Dictionnaire des difficultés du français moderne*) juge cette absence d'accord non justifiée. *Des succès sans égaux.*
• *D'égal à égal.* Dans cette expression, l'adjectif *égal* est invariable. *Ils se parlèrent d'égal à égal.*
• *N'avoir d'égal que.* Exceller. Dans cette expression, le nom *égal* peut être invariable, peut s'accorder avec le sujet du verbe *avoir* ou avec le second terme

du rapport. *Son arrogance n'a d'égale que son chauvinisme. Ses gaffes n'ont d'égale que son ignorance. Elles n'ont d'égal que leurs compatriotes.*
• **Toutes choses égales d'ailleurs.** Les autres éléments demeurant inchangés.
• **À l'égal de,** locution prépositive. Au même degré que, comme. *Elle est à l'égal de son frère.*
• **Ça, cela m'est égal.** (Fam.) Cela m'est indifférent.

également adv.
• Pareillement. *Distribuer des portions également entre les convives.*
• Aussi. *Elle les invita et leur offrit également quelques cadeaux.*

égaler v. tr.
• Être égal à (en valeur). *Il a égalé le record précédent. Rien n'égale sa générosité.*
▷— Ne pas confondre avec le verbe **égaliser,** rendre égal.
• Être égal à (en quantité). *Deux et trois égale cinq.*
▷— Dans une opération mathématique, le verbe **égaler** au sens de «cela égale» demeure au singulier, contrairement à **faire.** *Deux et deux font quatre.*

égaliser v. tr., intr.
Rendre égal. *Les jardiniers ont égalisé la terre.*
▷— Ne pas confondre avec le verbe **égaler,** être égal.

égalité n. f.
Qualité de ce qui est égal, équivalent. *L'égalité des points entre deux équipes.*

égard n. m.
• Marque d'estime. *Il lui a témoigné beaucoup d'égards. Un manque d'égards.*
• **À tous égards, à tous les égards,** locution adverbiale. Sous tous les rapports.
• **À l'égard de,** locution prépositive. Relativement à.
• **Eu égard à,** locution prépositive. En considération de. *Eu égard à l'importance de la somme.*
▷ égar**d.**

égarement n. m.
◁ Le **e** central est muet [egarmã].
(Litt.) Folie passagère. *Alexis a eu un moment d'égarement et a oublié son porte-monnaie.*

égarer v. tr., pronom.
• **Transitif.** Perdre momentanément. *Il a égaré ses lunettes.*
▷— Ne pas confondre avec le verbe **perdre,** cesser d'avoir quelque chose de façon définitive.
• **Pronominal.** Ne plus retrouver son chemin. *Les jeunes se sont égarés dans la forêt.*

égayer v. tr., pronom.
Le **y** peut être changé en **i** devant un **e** muet. *J'égaye* ou *j'égaie, j'égayerai* ou *j'égaierai.* Les formes en **i** sont les plus utilisées.
Le **y** est suivi d'un **i** à la première et à la deuxième personne du pluriel de l'indicatif imparfait et du subjonctif présent. *(Que) nous égayions, (que) vous égayiez.*
Rendre gai, amuser. *Les rires et les jeux de Fanny et de Laurence égaient tout le monde.*

▷— Ne pas confondre avec le verbe **égailler,** disperser.

égérie n. f.
(Litt.) Conseillère, inspiratrice d'un homme en vue.
▷ égéri**e.**

égide n. f.
Sous l'égide de. (Litt.) Sous la protection de.
▷— Ce nom ne s'emploie plus que dans l'expression citée qui est souvent utilisée abusivement au sens de **sous le patronage de.**

églefin ou **aiglefin** n. m.
Poisson de mer. *Un filet d'églefin* (et non de **haddock*).

église n. f.
• Communauté chrétienne. *L'Église catholique.*
• Lieu de culte. *L'église Saint-Germain a été construite en 1931.*
▷— Le nom s'écrit avec une majuscule lorsqu'il désigne une confession chrétienne. *La sainte Église, l'Église catholique.*
▷— Dans les désignations d'édifices religieux, le nom générique (**basilique, cathédrale, chapelle, oratoire, etc.**) s'écrit avec une minuscule.

ego n. m. inv.
◁ Le **e** se prononce **é** [ego].
(Psychan.) Le moi. *Ces commentaires élogieux sont très agréables pour l'ego.*
▷— En typographie soignée, les mots étrangers sont composés en italique. Dans des textes déjà en italique, la notation se fait en romain. Pour les textes manuscrits, on utilisera les guillemets.
▷ ego.

égocentrique adj. et n. m. et f.
Égoïste.

égoïne n. f.
Petite scie.
▷ égoïn**e.**

égoïsme n. m.
Amour excessif de soi, recherche de son seul plaisir et de son seul intérêt.
Ant. **générosité.**
▷ égoïsm**e.**

égoïste adj. et n. m. et f.
Qui fait preuve d'égoïsme. *Martin n'est pas égoïste : il essaie toujours d'aider les autres.*
Ant. **généreux.**
▷ égoïst**e.**

égorger v. tr., pronom.
Le **g** est suivi d'un **e** devant les lettres **a** et **o.** *Il égorgea, nous égorgeons.*
• **Transitif.** Couper la gorge. *Autrefois, on égorgeait des agneaux pour les offrir en sacrifice aux divinités.*
• **Pronominal.** S'entretuer. *Les motards de deux bandes rivales se sont égorgés.*

égorgeur, euse n. m. et f.
Qui tue en égorgeant.

égosiller (s') v. pronom.
Les lettres **ill** sont suivies d'un **i** à la première et à

la deuxième personne du pluriel de l'indicatif imparfait et du subjonctif présent. *(Que) nous nous égosillions, (que) vous vous égosilliez.*
S'irriter la gorge à force de crier, de chanter très fort.

égout n. m.
Canalisation souterraine qui recueille les eaux usées. *Des bouches d'égout.*
▭▷ ég**out**.

égoutter v. tr., pronom.
• **Transitif.** Faire écouler l'eau goutte à goutte. *Égoutter des verres avant de les essuyer.*
• **Pronominal.** Perdre son eau goutte à goutte. *Les maillots de bain mouillés se sont égouttés sur le tapis.*
▭▷ égou**tt**er.

égouttoir n. m.
Ustensile sur lequel on fait égoutter la vaisselle.
▭▷ égou**tt**oir.

égratigner v. tr.
Écorcher superficiellement la peau. *Les framboisiers lui ont égratigné les mains.*

égratignure n. f.
Éraflure. *Françoise a une petite égratignure au genou.*

égrener ou **égrainer** v. tr., pronom.
Le *e* se change en *è* devant une syllabe muette. *Il égrène, il égrenait.*
• **Transitif.** Détacher les grains d'un épi, d'une grappe.
• **Pronominal.** Se succéder. *Les heures s'égrènent lentement.*

égrillard, arde adj. et n. m. et f.
Grivois.

égyptien, ienne adj. et n. m. et f.
D'Égypte. *Le drapeau égyptien. Un Égyptien, une Égyptienne.*
▯◁— L'adjectif s'écrit avec une minuscule; le nom, avec une majuscule.

eh! interj.
• Interjection qui marque l'admiration, la surprise et qui peut servir à attirer l'attention. *Eh! vous, venez donc ici! Eh! bien!*
• **Eh bien!** (et non *et bien), locution interjective qui marque l'étonnement. *Eh bien, c'est à cette heure-ci que vous arrivez?*
▯◁— La locution est suivie d'une virgule ou d'un point d'exclamation ou d'interrogation.

éhonté, ée adj.
Qui est sans honte, effronté. *C'est un vantard éhonté.*
▯◁— Ne pas confondre avec le mot *honteux,* qui éprouve de la honte.
▭▷ éhonté.

eider n. m.
◁▷ Les lettres *ei* se prononcent *é* et le *r* est sonore [edɛr].
Oiseau dont le duvet est apprécié. *Des édredons d'eider.*
▭▷ eider.

éjectable adj.
Qui peut être éjecté. *Un siège éjectable.*

éjecter v. tr.
Projeter au dehors. *Heureusement le pilote de l'avion a été éjecté avant l'accident.*

éjection n. f.
Action d'éjecter.

élaboration n. f.
• Formation d'une substance dans un organisme vivant. *L'élaboration du sang, de la sève.*
• Action d'élaborer par un long travail intellectuel. *L'élaboration d'un ouvrage.*
▭▷ él**a**boration.

élaborer v. tr.
Créer, préparer par un long travail intellectuel. *Élaborer une banque de données.*
▯◁— L'emploi du participe passé au sens de «poussé» ou de «grand, important» est une impropriété. *Un texte très poussé, fouillé* (et non *élaboré), *un grand dîner* (et non un dîner *élaboré).*

élagage n. m.
Action d'élaguer.
▭▷ él**a**gage.

élaguer v. tr.
Ce verbe s'écrit toujours avec un *u,* même devant les lettres *a* et *o. Il élagua, nous élaguons.*
Supprimer les branches superflues d'un arbre.

élan n. m.
• Mouvement vif par lequel on s'élance. *Prendre son élan.*
• Impulsion. *Les élans du cœur.*
• Grand cerf des régions boréales.
▯◁— Au Canada, on dit plutôt **orignal.**
▭▷ él**an**.

élancé, ée adj.
Long et mince. *Cette ballerine est très gracieuse et élancée.*
▭▷ élan**c**é.

élancement n. m.
Douleur subite.

élancer v. tr., intr., pronom.
Le *c* prend une cédille devant les lettres *a* et *o. Il s'élança, nous nous élançons.*
• **Transitif** et **intransitif.** Causer une douleur vive et brusque. *Cette blessure l'élançait* ou *lui élançait.*
• **Pronominal.** Se lancer en avant avec force. *Ils se sont élancés vers la sortie en criant : vive les vacances!*

élargir v. tr., pronom.
• **Transitif.** Rendre plus large. *La couturière élargit un pantalon.*
• **Pronominal.** Devenir plus large. *La route s'élargit.*
Ant. **rétrécir, amincir.**

élargissement n. m.
• Action d'élargir. *L'élargissement d'un sentier.*
• (Dr.) Libération d'un détenu.

élasticité n. f.
Qualité de ce qui est élastique. *L'élasticité d'un tissu.*

élastique adj. et n. m.
• **Adjectif.** Extensible. *Un maillot élastique.*

• **Nom masculin.** Lien de caoutchouc. *Il y a un élastique à la taille.*
⇨ élasti**que.**

eldorado n. m. (pl. *eldorados*)
Pays légendaire d'abondance et de délices.

électeur, trice n. m. et f.
Personne qui peut participer à une élection. *On peut être électeur ou électrice au Canada à compter de 18 ans.*

élection n. f.
• Choix conforme aux résultats d'un vote. *Une journée d'élections.*
• Choix particulier. *Une terre d'élection.*

électoral, ale, aux adj.
Qui se rapporte à une élection. *La loi électorale.*

électricien n. m.
électricienne n. f.
Technicien spécialisé dans les installations électriques.

électricité n. f.
• Forme d'énergie. *Le Québec produit de l'électricité à l'aide d'immenses barrages.*
• *Panne d'électricité.* Panne de courant.
• (Fam.) Appareil d'éclairage électrique. *Allumer l'électricité.*
☞ Dans cette expression familière, l'usage l'a emporté sur la logique.

électrifier v. tr.
Redoublement du *i* à la première et à la deuxième personne du pluriel de l'indicatif imparfait et du subjonctif présent. *(Que) nous électrifiions, (que) vous électrifiiez.*
Doter d'un réseau de distribution d'énergie électrique.

électrique adj.
• Relatif à l'électricité. *L'énergie électrique.*
• Qui fonctionne à l'électricité. *Un appareil électrique.*

électro- préf.
• Élément signifiant «électrique».
• Les mots composés avec le préfixe *électro-* s'écrivent en un seul mot.

électroaimant n. m.
Aimant artificiel. *Des électroaimants.*

électrocardiogramme n. m.
• Sigle *ÉCG* (s'écrit avec ou sans points).
• (Méd.) Graphique des ondes électriques émises par les mouvements du cœur.
Syn. **cardiogramme.**

électrocardiographie n. f.
Examen du cœur au moyen d'un électrocardiogramme.

électrochoc n. m.
Méthode de traitement de certaines maladies mentales par stimulation électrique. *Des électrochocs.*

électrocuter v. tr.
Tuer par décharge électrique. *Le chat a failli s'électrocuter en touchant ces fils.*

électrocution n. f.
Fait d'électrocuter, d'être électrocuté. *Dans quelques États américains, certains accusés sont condamnés à l'électrocution.*

électrode n. f.
Pièce conductrice d'électricité.

électroencéphalogramme n. m.
• Sigle *ÉEG* (s'écrit avec ou sans points).
• (Méd.) Graphique de l'activité bioélectrique du cerveau.

électrolyse n. f.
Décomposition chimique obtenue par le passage de l'électricité.
⇨ électro**lyse.**

électroménager adj. m. et n. m.
• **Adjectif.** Se dit d'un appareil ménager qui fonctionne à l'électricité. *Le lave-vaisselle est un appareil électroménager très pratique.*
• **Nom masculin.** Ensemble des appareils électroménagers.

électron n. m.
Particule fondamentale de l'atome portant une charge électrique négative.

électronicien n. m.
électronicienne n. f.
Spécialiste de l'électronique.

électronique adj. et n. f.
• **Adjectif**
- Qui se rapporte à l'électron.
- Qui utilise des dispositifs électroniques. *Des jeux électroniques.*
• **Nom féminin**
Science de l'électron et de tous les phénomènes qui s'y rattachent.

élégamment adv.
Avec élégance. *Anne est vêtue élégamment.*
⇨ élégam**ment.**

élégance n. f.
Grâce, distinction. *Quelle élégance vous avez, ma chère!*
⇨ élégan**ce.**

élégant, ante adj. et n. m. et f.
Qui a de l'élégance. *Une robe élégante.*
⇨ élég**ant.**

élégie n. f.
Court poème sur un sujet triste.
⇨ élégi**e.**

élément n. m.
• Composant, partie élémentaire. *Les éléments d'un casse-tête.*
• (Au plur.) Principes, notions fondamentales. *Des éléments de géométrie.*

élémentaire adj.
• Fondamental, qui sert de base. *Des principes élémentaires.*
• Rudimentaire, très simple. *«Élémentaire, mon cher Watson!», répondit Sherlock Holmes.*
☞ Au Québec, l'enseignement du premier niveau se nomme *enseignement primaire* et non *enseignement élémentaire.*
V. **primaire.**

éléphant n. m.
• Mammifère herbivore, le plus gros animal terrestre actuel caractérisé par sa peau épaisse, ses défenses et sa trompe.
• *Une mémoire d'éléphant.* Une excellente mémoire.

éléphante n. f.
Femelle de l'éléphant.

éléphanteau n. m. (pl. *éléphanteaux*)
Petit de l'éléphant.

élevage n. m.
⟺ Le *é* se prononce *è* et le *e* central est muet [εlvaʒ]. Action d'élever des animaux. *Ces cultivateurs font aussi l'élevage des abeilles.*
V. **agriculture.**

élévateur n. m.
Appareil de levage pour les marchandises, les fardeaux. *Un élévateur de paille, de grains.*
☞ Ne pas confondre avec le nom *ascenseur,* appareil servant à monter et à descendre des personnes, des choses aux différents étages d'un immeuble.

élévation n. f.
• Action d'élever, de porter à un niveau supérieur.
• Grandeur d'âme.

élève n. m. et f.
Jeune ou adulte qui poursuit des études, à temps plein ou à temps partiel. *Étienne est un élève du collège Jean-de-Brébeuf.*
☞ 1° Ne pas confondre avec les noms suivants :
- *écolier,* jeune élève qui fait des études primaires;
- *étudiant,* élève d'un établissement universitaire.
⠀⠀⠀2° Traditionnellement, on réserve le terme *étudiant* à la personne qui fréquente une université.
⠀⠀⠀3° Le nom *élève* est le mot générique qui désigne toute personne qui fréquente un établissement d'enseignement.

élever v. tr., pronom.
⠀Le *e* se change en *è* devant une syllabe muette. *J'élève, j'élevais.*
• **Transitif**
- Former, éduquer. *Élever ses enfants avec dévouement.*
- Placer à un niveau supérieur. *Elles élèvent les bras pour le saluer.*
☞ Ne pas confondre avec les verbes suivants :
- *lever,* porter de bas en haut;
- *soulever,* lever lentement à faible hauteur;
- *surélever,* accroître la hauteur de quelque chose.
• **Pronominal**
- Atteindre une certaine hauteur, un degré supérieur. *La marée s'élève lentement.*
- Se faire entendre. *Des protestations s'élevèrent aussitôt.*

éleveur, euse n. m. et f.
Personne qui élève des animaux.

elfe n. m.
Génie de l'air dans la mythologie scandinave.
☞ Attention au genre masculin de ce nom : *un* elfe.

élider v. tr.
Supprimer une voyelle finale devant une autre voyelle ou un *h* muet.

éligibilité n. f.
Aptitude légale à être élu.

*éligibilité
Anglicisme au sens de *admissibilité.*

éligible adj.
Qui peut être élu.

*éligible
Anglicisme au sens de *admissible. Elle est admissible* (et non **éligible*) *à ce poste.*

élimination n. f.
Action d'éliminer. *L'élimination de l'équipe adverse.*

éliminatoire adj. et n. f.
• **Adjectif.** Qui élimine. *Épreuves éliminatoires. Une note éliminatoire.*
• **Nom féminin.** Épreuve sportive. *Les éliminatoires auront lieu dans quelques jours.*

éliminer v. tr.
Exclure, faire disparaître. *Cet examen éliminera les plus faibles.*

élire v. tr.
INDICATIF PRÉSENT *J'élis, tu élis, il élit, nous élisons, vous élisez, ils élisent.* IMPARFAIT *J'élisais.* PASSÉ SIMPLE *J'élus, tu élus, il élut, nous élûmes, vous élûtes, ils élurent.* FUTUR *J'élirai.* CONDITIONNEL PRÉSENT *J'élirais.* IMPÉRATIF PRÉSENT *Élis, élisons, élisez.* SUBJONCTIF PRÉSENT *Que j'élise.* IMPARFAIT *Que j'élusse, que tu élusses, qu'il élût, que nous élussions, que vous élussiez, qu'ils élussent.* PARTICIPE PRÉSENT *Élisant.* PASSÉ *Élu, ue.*
• Procéder à l'élection de. *Ils ont élu un nouveau président.*
• *Élire domicile.* Établir sa demeure habituelle. *Cette famille a élu domicile à la campagne.*

élision n. f.
V. Tableau - **ÉLISION.**

élite n. f.
Ensemble de personnes considérées comme les plus remarquables, les plus dignes d'être choisies.
☞ Attention au genre féminin de ce nom : *une* élite.

élixir n. m.
Préparation composée de substances dissoutes dans l'alcool. *Un élixir contre la toux.*
☞ Attention au genre masculin de ce nom : *un* élixir.

elle, elles pron. pers.
Pronom personnel de la troisième personne qui peut être sujet (une personne, une chose) ou complément (surtout pour une personne). *Elles chantent bien. Il s'est adressé à elle.*

ellébore
V. **hellébore.**

ellipse n. f.
⟺ Le *e* se prononce *é* [elips].
• Suppression de mots. *Le mot amitiés à la fin d'une lettre est une ellipse de la phrase «Je vous fais mes amitiés».*

• Figure géométrique.

☞ Ne pas confondre avec les noms suivants :
- ***éclipse,*** disparition apparente d'un astre;
- ***éclisse,*** éclat de bois.

☞ ellipse.

elliptique adj.

☞ Le *e* se prononce *é* [eliptik].
Qui comporte une ellipse. *Une tournure elliptique.*

☞ elliptique.

élocution n. f.
Manière de s'exprimer oralement, d'articuler. *Des*

défauts d'élocution.

☞ élocution.

éloge n. m.
Louange. *Des éloges bien mérités.*

☞ Attention au genre masculin de ce nom : *un* éloge.

élogieux, ieuse adj.
Flatteur, rempli d'éloges. *Une critique élogieuse.*

☞ élogieux.

éloignement n. m.
Distance de temps ou de lieu. *L'éloignement de son*

ÉLISION

L'élision est le remplacement d'une voyelle finale (*a, e, i*) par une apostrophe devant un mot commençant par une voyelle ou un *h* muet. Devant un *h* aspiré cependant, il n'y a pas d'élision.

> *L'arbre, l'hôpital,* mais *le homard.*

Les mots qui peuvent s'élider sont :

le	se	
la	ne	
je	de	devant une voyelle ou un *h* muet. *J'aurai ce qui convient.*
me	que	
te	ce	

si	devant *il*. *S'il fait beau.*

lorsque	
puisque	devant *il, elle, en, on, un, une, ainsi*. *Puisqu'il est arrivé.*
quoique	

presque	devant *île*. *Une presqu'île,* mais *un bâtiment presque achevé.*

jusque	devant une voyelle. *Jusqu'au matin.*

Élisions interdites

• Devant ***huit, un, onze.***

> *Une quantité de huit grammes. Des colis de un kilo, de onze kilos.*

☞ L'élision ne peut se faire devant l'adjectif numéral ***un***, mais elle peut se faire devant l'article indéfini. *Plus d'un voyageur a passé ici.*

• Devant ***oui.***

> *Les millions de oui.*

• Devant les mots d'origine étrangère commençant par un ***y.***

> *Le yogourt, le yacht.*

☞ L'élision doit se faire avec les noms propres selon les mêmes règles qu'avec les noms communs. *Le talent d'Étienne.*

V. Tableau – **APOSTROPHE.**

pays rend Anna triste parfois.

éloigner v. tr., pronom.
• **Transitif.** Envoyer plus loin, reporter. *Les chasseurs ont éloigné leurs chiens.*
• **Pronominal.** Aller plus loin, s'écarter de. *Les marcheurs se sont éloignés du sentier.*
Ant. **rapprocher.**

élongation n. f.
Allongement accidentel d'un muscle, d'une articulation. *Une élongation musculaire.*

éloquemment adv.
⬅ Les lettres *que* se prononcent *qua* [elɔkamɑ̃].
Avec éloquence. *La conférencière parle éloquemment, elle a le don de la parole.*
⬅ éloqu**emm**ent.

éloquence n. f.
Art de parler, d'émouvoir, de persuader. *Avec son éloquence, Marie-Ève arrivera à les convaincre tous de participer.*
⬅ éloqu**e**nce.

éloquent, ente adj.
• Convaincant, persuasif. *Une démonstration éloquente.*
• Significatif. *Des données éloquentes.*
⬅ éloqu**e**nt.

élucider v. tr.
Rendre clair, compréhensible. *Le mystère a été élucidé.*

élucubration n. f.
(Péj.) Théorie extravagante.

éluder v. tr.
Éviter en passant à côté. *Éluder une question.*
☞ Ne pas confondre avec les verbes suivants :
- *évader (s'),* s'enfuir d'un lieu où l'on était retenu;
- *fuir,* s'éloigner rapidement pour échapper à un danger;
- *partir,* quitter un lieu.

émacié, ée adj.
Très amaigri.

émacier v. tr., pronom.
Redoublement du *i* à la première et à la deuxième personne du pluriel de l'indicatif imparfait et du subjonctif présent. *(Que) nous émaciions, (que) vous émaciiez.*
• **Transitif.** (Litt.) Amaigrir.
• **Pronominal.** Devenir très maigre.

émail n. m. (pl. *émaux, émails*)
• Enduit vitreux. *Des émaux sur cuivre.*
☞ En ce sens, le pluriel est *émaux.*
• Substance dure qui recouvre l'ivoire de la couronne des dents. *Des émails très blancs.*
☞ En ce sens, le pluriel est *émails.*

émailler v. tr.
Les lettres *ill* sont suivies d'un *i* à la première et à la deuxième personne du pluriel de l'indicatif imparfait et du subjonctif présent. *(Que) nous émaillions, (que) vous émailliez.*
• Orner d'émail.

• Orner de couleurs variées. *Un pré émaillé de fleurs sauvages.*
• (Litt.) Parsemer. *Un texte émaillé d'erreurs.*

émanation n. f.
• Particules qui se dégagent de certains corps.
• (Fig.) Expression, manifestation. *Émanation du pouvoir.*

émancipation n. f.
Action d'émanciper, de s'émanciper; son résultat.

émanciper v. tr., pronom.
• **Transitif.** Rendre libre, affranchir d'une domination.
• **Pronominal.** Se libérer des contraintes morales ou sociales.

émaner v. tr. ind.
Sortir de. *La chaleur émane du radiateur. Cette décision émane de la haute direction.*
☞ Ce verbe est toujours intransitif.
☞ Ne pas confondre avec les verbes suivants :
- *découler,* être la suite nécessaire de;
- *dériver,* être issu de;
- *procéder,* tirer son origine de;
- *provenir,* venir de;
- *ressortir,* s'imposer comme condition logique.

émarger v. tr., ind.
Le *g* est suivi d'un *e* devant les lettres *a* et *o*. *Il émargea, nous émargeons.*
(Adm.) Toucher le traitement affecté à un emploi. *Ils émargent au budget du ministère.*

émasculer v. tr.
Castrer un animal mâle, sans connotation péjorative.
☞ Ne pas confondre avec le verbe *châtrer,* pratiquer la castration sur un animal mâle ou femelle.

embâcle n. m.
Amoncellement de glaces dans un cours d'eau. *Cet embâcle de la rivière pourrait provoquer une inondation.*
☞ Ce nom est masculin, mais il s'emploie parfois au féminin.
☞ Ne pas confondre avec le nom féminin *débâcle,* rupture des glaces d'un cours d'eau.

emballage n. m.
• Action d'emballer. *L'emballage de ces cadeaux sera long.*
• Matériel servant à emballer. *Des papiers d'emballage.*
⬅ emb**all**age.

emballage-cadeau n. m. (pl. *emballages-cadeaux*)
Type de paquet destiné aux présents. *Désirez-vous des emballages-cadeaux?*

emballement n. m.
Mouvement d'enthousiasme irréfléchi.
⬅ emb**all**ement.

emballer v. tr., pronom.
• **Transitif**
- Empaqueter. *Nous avons des cadeaux à emballer.*
- (Fam.) Ravir. *Le spectacle nous a emballés.*
• **Pronominal**
Se laisser emporter par l'enthousiasme. *Elles se sont emballées et ont crié des bravos.*
⬅ emb**all**er.

embarcadère n. m.
Lieu où l'on monte à bord d'un navire, d'un véhicule.
☞ Attention au genre masculin de ce nom : *un* embarcadère.

embarcation n. f.
Bateau de petite taille.

embardée n. f.
Écart brusque d'un véhicule. *La voiture a fait une embardée pour éviter un chien.*

embargo n. m.
Mesure de contrainte visant à empêcher un navire étranger de quitter un port, à supprimer la libre circulation d'un objet. *Des embargos.*

embarquement n. m.
Action d'embarquer, de s'embarquer. *L'embarquement des passagers se fera dans quelques minutes.*

embarquer v. tr., intr., pronom.
• **Transitif.** Charger. *Les matelots ont embarqué des vivres et des marchandises sur le cargo.*
• **Intransitif et pronominal.** Monter à bord d'un navire et par extension, d'un train, d'un avion. *Ils ont embarqué hier soir. Elles se sont embarquées avanthier.*
☞ Pour une voiture, on préférera le verbe *monter.*

*embarquer dans une voiture
Impropriété pour *monter dans une voiture.*

embarras n. m.
• Incertitude, gêne. *Ils ont l'embarras du choix.*
• *Être dans l'embarras.* Être dans une situation difficile.
▱ embar**ras.**

embarrassant, ante adj.
Gênant. *Une situation embarrassante.*
▱ embar**rassant.**

embarrasser v. tr., pronom.
• **Transitif**
Gêner, importuner. *Cette demande m'embarrasse beaucoup, je ne sais quelle décision prendre.*
• **Pronominal**
- S'encombrer. *Je m'étais embarrassé de lourds colis.*
- Tenir compte. *Ne vous embarrassez pas de ces subtilités.*
▱ embar**rasser.**

*embarrer
Au sens de *enfermer par erreur,* ce verbe est vieilli.

embauchage n. m.
Action d'engager une personne pour un travail.
☞ Le nom *embauchage* s'applique surtout aux travailleurs manuels, aux ouvriers; les noms *recrutement, engagement* sont plus généraux et conviennent pour tous les types de salariés.

embauche n. f.
Fait d'engager un salarié. *Pendant la période d'embauche.*

embaucher v. tr.
Engager un salarié. *L'usine a embauché plusieurs électriciens.*

embauchoir n. m.
Forme destinée à conserver une chaussure en bon état.

embaumement n. m.
Action d'embaumer un cadavre; son résultat.

embaumer v. tr., intr.
• **Transitif**
- Remplir un cadavre de substances destinées à le préserver de la corruption.
- Parfumer. *Ces fleurs embaument le salon.*
• **Intransitif**
Répandre une odeur agréable. *Le bon pain embaume.*

embaumeur n. m.
embaumeuse n. f.
Personne qui fait des embaumements.

embellir v. tr., intr.
• **Transitif.** Rendre beau. *Embellir son jardin.*
• **Intransitif.** Devenir beau. *Elle a beaucoup embelli depuis cinq ans.*
Ant. **enlaidir.**

embellissement n. m.
Action d'embellir.

emberlificoter v. tr., pronom.
(Fam.) Embarrasser, tendre un piège.
▱ emberlificoter.

embêtant, ante adj.
(Fam.) Ennuyeux. *Des questions embêtantes.*

embêtement n. m.
(Fam.) Ennui. *Nous avons un embêtement : la voiture est en panne.*

embêter v. tr.
• (Fam.) Ennuyer. *Ce concert a embêté les enfants qui avaient envie de jouer dehors.*
• Agacer, taquiner. *Cesse de faire du bruit, tu m'embêtes!*
• Au Canada, synonyme de *embarrasser.* *Votre question m'embête, je ne connais pas la réponse.*

emblée (d') loc. adv.
Sans difficulté, du premier coup. *Elle fut admise d'emblée.*

emblème n. m.
• Insigne.
• Symbole. *La fleur de lis est l'emblème du Québec.*
☞ Attention au genre masculin de ce nom : *un* emblème.

embobiner v. tr.
• Enrouler autour d'une bobine.
• (Fam.) Séduire par de beaux discours.

emboîter v. tr., pronom.
• **Transitif**
- Assembler, ajuster. *Emboîter des conduits.*
- *Emboîter le pas.* Suivre docilement.
• **Pronominal**
Entrer l'un dans l'autre. *Ces pièces s'emboîtent parfaitement.*
▱ emboîter.

embolie n. f.
(Méd.) Obstruction brusque d'un vaisseau sanguin par un caillot. *Une embolie pulmonaire.*
⇨ embolie.

embonpoint n. m.
• État d'une personne un peu grasse. *Il a de l'embonpoint : il lui faudra maigrir un peu.*
• **Prendre de l'embonpoint.** Engraisser.
⇨ embonpoint.

embouchure n. f.
Arrivée d'un cours d'eau dans la mer ou dans un lac. *L'embouchure du Saint-Laurent.*

embourber v. tr., pronom.
Engager dans un bourbier.

embourgeoisement n. m.
Action d'embourgeoiser.

embourgeoiser v. tr., pronom.
• **Transitif.** Donner à quelqu'un les caractères propres à la bourgeoisie.
• **Pronominal.** (Péj.) Prendre les habitudes, les manières de la bourgeoisie. *Avec l'âge, ils se sont embourgeoisés.*

embout n. m.
• Pièce métallique fixée à l'extrémité d'un objet. *Un parapluie muni d'un embout.*
• Élément disposé à l'extrémité de quelque chose et permettant l'assemblage avec un autre élément. *L'embout d'une seringue.*
⇨ embout.

embouteillage n. m.
• Mise en bouteilles.
• Encombrement de la circulation. *Il y a des embouteillages à cause des travaux de construction.*

embouteiller v. tr.
Les lettres *ill* sont suivies d'un *i* à la première et à la deuxième personne du pluriel de l'indicatif imparfait et du subjonctif présent. *(Que) nous embouteillions, (que) vous embouteilliez.*
• Mettre en bouteilles. *Embouteiller de l'eau gazeuse.*
• (Fig.) Obstruer une voie de communication par un trop grand nombre de véhicules. *Ces camions embouteillent les rues.*

embranchement n. m.
Point de rencontre de deux ou plusieurs chemins.

embrasement n. m.
(Litt.) Illumination générale. *L'embrasement du Mont-Saint-Michel.*
⊨— Ne pas confondre avec le nom *embrassement,* action d'embrasser.

embraser v. tr., pronom.
• **Transitif.** Mettre en feu.
• **Pronominal.** Prendre feu.

embrassade n. f.
Accolade.

embrassement n. m.
(Litt.) Action d'embrasser.
⊨— Ne pas confondre avec le nom *embrasement,* grande illumination.

embrasser v. tr., pronom.
• **Transitif.** Donner un baiser à quelqu'un. *La grand-maman embrasse sa petite Fanny.*
• **Pronominal.** Se donner des baisers. *Ils se sont embrassés un long moment.*

embrasure n. f.
Ouverture d'une porte, d'une fenêtre.

embrayage n. m.
• Action d'embrayer.
• Mécanisme permettant d'embrayer.

embrayer v. tr.
Dans ce verbe, le *y* n'est pas remplacé par *i* devant un *e* muet. *J'embraye, j'embrayerai.*
(Mécan.) Mettre en communication un mécanisme, une pièce mobile avec l'arbre moteur.

embrigader v. tr.
Recruter.

embrocher v. tr.
Mettre en broche.

embrouillamini n. m.
(Fam.) Confusion. *Des embrouillaminis.*

embrouiller v. tr., pronom.
Les lettres *ill* sont suivies d'un *i* à la première et à la deuxième personne du pluriel de l'indicatif imparfait et du subjonctif présent. *(Que) nous embrouillions, (que) vous embrouilliez.*
• **Transitif.** Semer la confusion. *Vous avez tout embrouillé avec vos remarques.*
• **Pronominal.** Perdre le fil de ses idées. *Elle s'est embrouillée dans son explication.*

embroussaillé, ée adj.
Couvert de broussailles.

embrun n. m. (gén. pl.)
Pluie fine causée par les vagues qui se brisent.

embryologie n. f.
Science de l'embryon.
⇨ embryologie.

embryon n. m.
• Germe d'un être organisé. *Un embryon de grenouille.*
• (Fig.) Commencement. *Un embryon d'association.*
⊫— Pour l'espèce humaine, le nom *embryon* s'emploie de la conception jusqu'au troisième mois; du troisième mois à la naissance, on emploie le nom *fœtus.*
⇨ embryon.

embryonnaire adj.
• De l'embryon.
• (Fig.) Qui est en germe. *Un regroupement embryonnaire.*
⇨ embryonnaire.

embûche n. f. (gén. pl.)
Piège. *La traversée était pleine d'embûches.*
⇨ embûche.

embuer v. tr.
Couvrir d'une buée. *Le pare-brise est embué, il est impossible de rouler ainsi.*

embuscade n. f.
Manœuvre qui consiste à se cacher pour attaquer par surprise. *Tomber dans une embuscade.*

éméché, ée adj.
(Fam.) Légèrement ivre.

émeraude adj. et n. m et f.
• **Nom féminin.** Pierre précieuse d'un beau vert. *Des émeraudes très belles.*
• **Adjectif de couleur invariable.** De la teinte verte de l'émeraude. *Des velours vert émeraude. Des jupes émeraude.*
V. Tableau - **COULEUR (ADJECTIFS DE).**
• **Nom masculin.** Couleur qui rappelle la pierre précieuse. *Une teinture d'un bel émeraude.*

émergence n. f.
Apparition soudaine. *L'émergence d'un nouveau nationalisme.*
⇨ émergence.

émerger v. intr.
Le *g* est suivi d'un *e* devant les lettres *a* et *o*. *Il émergea, nous émergeons.*
Surgir d'un liquide. *Un requin émergea de la mer.*
⊫ Ne pas confondre avec les verbes suivants :
- **immerger,** plonger dans un liquide;
- **submerger,** engloutir sous l'eau.

émeri n. m.
Papier d'émeri, papier(-)émerie. Papier abrasif. *Des papiers d'émeri, des papiers(-)émerie très fins.*
⇨ émeri.

émérite adj.
Remarquable. *Un conférencier émérite.*

émerveillement n. m.
Fait de s'émerveiller, d'être émerveillé. *Le délicieux émerveillement des enfants.*

émerveiller v. tr., pronom.
Les lettres *ill* sont suivies d'un *i* à la première et à la deuxième personne du pluriel de l'indicatif imparfait et du subjonctif présent. *(Que) nous émerveillions, (que) vous émerveilliez.*
• **Transitif**
Éblouir, frapper d'admiration. *La jeune pianiste a émerveillé son auditoire.*
• **Pronominal**
- Éprouver de l'admiration pour quelque chose de merveilleux.
- **S'émerveiller + de.** Le verbe se construit avec un infinitif. *Ils s'émerveillent de pouvoir prendre congé.*
- **S'émerveiller + que.** Le verbe se construit avec le subjonctif. *Je m'émerveille que vous puissiez tenir le coup si longtemps.*

émetteur, trice adj. et n. m.
• **Adjectif.** Qui émet. *Un poste émetteur.*
• **Nom masculin.** Poste d'émission de signaux électromagnétiques porteurs de sons, d'images. *Un émetteur de télévision.*

émettre v. tr., intr.
INDICATIF PRÉSENT *J'émets, tu émets, il émet, nous émettons, vous émettez, ils émettent.* IMPARFAIT *J'émettais.* PASSÉ SIMPLE *J'émis.* FUTUR *J'émettrai.* CONDITIONNEL PRÉSENT *J'émettrais.* IMPÉRATIF PRÉSENT *Émets, émettons, émettez.* SUBJONCTIF PRÉSENT *Que j'émette.* IMPARFAIT *Que j'émisse.* PARTICIPE PRÉSENT *Émettant.* PASSÉ *Émis, ise.*
• **Transitif**
- Produire. *Émettre un son.*
- Mettre en circulation. *Émettre des billets de banque.*
• **Intransitif**
Diffuser des sons, des images. *Cette chaîne de télévision émet à compter de 8 heures tous les jours.*

*****émettre un communiqué**
Anglicisme pour **publier un communiqué.**

*****émettre une décision**
(Jur.) Anglicisme pour **rendre une décision.**

*****émettre un mandat**
(Jur.) Anglicisme pour **lancer un mandat.**

*****émettre un ordre**
Anglicisme au pour **donner un ordre.**

*****émettre un passeport**
Anglicisme pour **délivrer un passeport.**

émeute n. f.
Soulèvement. *Le défilé des contestataires a tourné à l'émeute.*

émeutier, ière n. m. et f.
Personne qui participe à une émeute.

émiettement n. m.
Action d'émietter; son résultat.

émietter v. tr.
• Réduire en miettes. *Le vieillard émiette du pain pour les oiseaux.*
• (Fig.) Disperser, éparpiller.

émigrant, ante n. m. et f.
Personne qui quitte son pays pour aller vivre à l'étranger. *Ces émigrants attendent un visa du nouveau pays où ils désirent habiter.*
⊫ 1° Ne pas confondre avec le nom **immigrant,** personne entrant dans un pays étranger pour s'y établir.
2° Par rapport au nom **émigré** qui met l'accent sur le fait de vivre dans un nouveau pays, le nom **émigrant** insiste sur la notion de départ de son pays.

émigration n. f.
Action de quitter son pays pour aller s'établir dans un autre pays.
⊫ Ne pas confondre avec le nom **immigration,** action de venir dans un pays pour s'y établir.

émigré, ée adj. et n. m. et f.
• **Adjectif.** Qui a émigré. *Des travailleurs émigrés.*
• **Nom masculin et féminin.** Personne qui a quitté son pays pour s'installer dans un nouveau pays. *Ces émigrés s'adaptent bien à leur nouvelle patrie.*
⊫ 1° Par rapport au nom **émigrant** qui insiste sur la notion de départ de son pays, le nom **émigré** met l'accent sur le fait de vivre dans un nouveau pays.
2° Ne pas confondre avec le nom **immigré,** personne venant habiter un nouveau pays après avoir quitté le sien.

émigrer v. intr.
Quitter son pays pour aller s'établir à l'étranger. *En raison de la guerre, de nombreux Libanais ont émigré.*
☞ Ne pas confondre avec le verbe *immigrer,* venir habiter un nouveau pays après avoir quitté le sien.

émincé n. m.
Fine tranche de viande. *Des émincés de veau.*

émincer v. tr.
Le *c* prend une cédille devant les lettres *a* et *o. Il éminça, nous éminçons.*
Couper en tranches très fines.

éminemment adv.
☞ La troisième syllabe se prononce *na* [eminamã].
Extrêmement, au plus haut degré.
☞ émin**emm**ent.

éminence n. f.
• Élévation de terrain.
• Titre réservé aux cardinaux. *Son Éminence le cardinal Léger.*
☞ Le titre **Son Éminence** s'abrège *S. Ém.* au singulier et *LL. ÉÉ.* au pluriel.
☞ Les adjectifs, les pronoms ou les participes s'accordent au féminin en l'absence d'un nom masculin qui suivrait le titre honorifique. *Son Éminence est décidée à le rencontrer.* Si le titre est suivi d'un nom masculin, les adjectifs, les pronoms ou les participes s'accordent avec ce nom. *Son Éminence le cardinal est décidé à le rencontrer.*
• *Éminence grise.* Conseiller secret.
☞ Ne pas confondre avec le nom *imminence,* proximité.

éminent, ente adj.
Remarquable, très important. *Un personnage éminent nous rendra visite : le ministre de l'Éducation.*
☞ Ne pas confondre avec l'adjectif *imminent,* qui est tout près d'arriver.

émir n. m.
Titre de divers chefs musulmans. *Des émirs très puissants.*

émirat n. m.
• Dignité d'émir.
• Territoire gouverné par un émir. *Les Émirats arabes unis.*
☞ émir**at**.

émissaire adj. et n. m. et f.
• **Adjectif.** *Bouc émissaire.* Personne que l'on charge de fautes commises par d'autres.
☞ L'adjectif n'est usité que dans cette expression.
• **Nom masculin et féminin.** Personne chargée d'une mission secrète. *Un émissaire de la paix.*
☞ émiss**aire**.

émission n. f.
• Projection de particules, de rayons. *Une émission de gaz toxiques.*
• Transmission de signaux, de sons et d'images.
• Programme transmis par la radio, la télévision. *Une émission télévisée très populaire.*
• (Fin.) Mise en circulation de monnaies, titres, etc. *Des émissions de timbres-postes, de billets de banque.*

emmagasinage n. m.
Action d'emmagasiner.

emmagasiner v. tr.
Entreposer. *Emmagasiner des marchandises.*

emmailloter v. tr.
Envelopper étroitement.
☞ emmailloter.

emmanchure n. f.
Ouverture d'un vêtement pour y coudre une manche.

emmêlement n. m.
Action d'emmêler; fait d'être emmêlé.

emmêler v. tr.
• Mêler avec d'autres choses de même nature. *Emmêler ses cheveux.*
☞ Ne pas confondre avec le verbe *entremêler,* insérer certaines choses dans d'autres.
• (Fig.) Embrouiller. *Emmêler une situation.*

emménagement n. m.
Installation dans un nouveau logement.
☞ Ne pas confondre avec le nom *aménagement,* organisation en vue d'un usage déterminé.

emménager v. tr., intr.
Le *g* est suivi d'un *e* devant les lettres *a* et *o. Il emménagea, nous emménageons.*
• **Transitif.** Transporter dans un nouveau logement. *Emménager un piano.*
• **Intransitif.** S'installer dans un nouveau logement. *Ils viennent d'emménager dans cette maison.*
☞ Ne pas confondre avec le verbe *aménager,* action d'organiser en vue d'un usage déterminé.

emmener v. tr.
Le deuxième *e* se change en *è* devant une syllabe muette. *J'emmène, j'emmenais.*
Mener avec soi du lieu où l'on est vers un autre lieu. *Il emmène ses enfants à l'école tous les matins.*
☞ 1° On *emmène* une personne du lieu où l'on est dans un autre, mais on *amène* une personne vers un lieu donné.
2° On *emmène* une personne, un animal, mais on *emporte* une chose.

emmenthal ou **emmental** n. m.
☞ Le premier *e* se prononce *é* et la deuxième syllabe se prononce *min* [emẽtal] ou *man* [emãtal].
Fromage de gruyère originairement de Suisse. *Des emmenthals, des emmentals.*

emmerdant, ante adj.
(Vulg.) Ennuyeux. *Ce travail est emmerdant.*
☞ Cet adjectif est très familier. Dans un style soigné, on l'évitera.

emmerdement n. m.
(Vulg.) Ennui.
☞ L'emploi de ce nom est à éviter dans un style soigné.

emmerder v. tr., pronom.
• **Transitif.** (Vulg.) Importuner. *Ce devoir les emmerde.*
• **Pronominal.** (Vulg.) S'ennuyer. *Ils se sont emmerdés à cette conférence.*

🕮— L'emploi de ce verbe est à éviter dans un style soigné.

emmerdeur, euse n. m. et f.
(Vulg.) Importun.

emmitoufler v. tr., pronom.
• **Transitif.** Envelopper dans des vêtements bien chauds. *Ils sont bien emmitouflés, car il fait très froid.*
• **Pronominal.** Se couvrir chaudement. *Elle s'était trop emmitouflée, elle avait trop chaud.*
🕮▷ emmitoufler.

emmurer v. tr.
Enfermer en murant. *Les habitants ont été emmurés lors du séisme.*
🕮▷ emmurer.

émoi n. m.
(Litt.) Émotion. *La classe est en émoi. Des émois charmants.*

émollient, ente adj. et n. m.
(Méd.) Se dit d'un médicament qui amollit les tissus enflammés.

émolument n. m.
(Adm.) Rétribution rattachée à un emploi.

émondage ou **émondement** n. m.
Élagage. *Faire l'émondage d'un arbre.*

émonder v. tr.
• Élaguer, couper les branches inutiles. *Ils ont émondé cet arbre en raison de la proximité des fils électriques.*
• (Fig.) Retrancher les parties superflues de quelque chose.

émotif, ive adj. et n. m. et f.
• **Adjectif.** Trop sensible, impressionnable. *Cette enfant est très émotive.*
• **Nom masculin et féminin.** Qui est très sensible, qui se trouble facilement.
Ant. **calme.**

émotion n. f.
👄 Le *o* de la deuxième syllabe est fermé [emosjɔ̃]. Réaction affective intense causée par la surprise, la joie, la peur, etc. *Leur arrivée causa une vive émotion.*

émotionnel, elle adj.
👄 Le *o* de la deuxième syllabe est fermé [emosjɔnɛl]. Propre à l'émotion. *Un choc émotionnel.*

émotionner v. tr.
👄 Le *o* de la deuxième syllabe est fermé [emosjɔne]. (Fam.) Émouvoir.
🕮— Ce verbe est un doublet de *émouvoir.*
V. Tableau - **DOUBLETS.**

émotivité n. f.
👄 Le *o* est ouvert [emɔtivite].
• Caractère d'une personne émotive.
• Capacité à ressentir des émotions.

émoulu, ue adj.
Frais émoulu. Sorti depuis peu d'une école. *Des collégiennes fraîches émoulues.*

🕮— L'adjectif *émoulu* ne s'emploie plus que dans cette expression.

émousser v. tr.
• Rendre moins tranchant. *L'usure a émoussé la lame de ce couteau.*
• Affaiblir, rendre moins vif (un sentiment, une sensation, etc.).

émoustillant, ante adj.
Excitant.

émoustiller v. tr.
Les lettres *ill* sont suivies d'un *i* à la première et à la deuxième personne du pluriel de l'indicatif imparfait et du subjonctif présent. *(Que) nous émoustillions, (que) vous émoustilliez.*
Exciter, rendre gai.

émouvant, ante adj.
Touchant. *Cette scène d'adieux était émouvante.*

émouvoir v. tr., pronom.
INDICATIF PRÉSENT *J'émeus, tu émeus, il émeut, nous émouvons, vous émouvez, ils émeuvent.* IMPARFAIT *J'émouvais.* FUTUR *J'émouvrai.* CONDITIONNEL PRÉSENT *J'émouvrais.* IMPÉRATIF PRÉSENT *Émeus, émouvons, émouvez.* SUBJONCTIF PRÉSENT *Que j'émeuve.* PARTICIPE PRÉSENT *Émouvant.* PASSÉ *Ému, ue.*
• **Transitif**
Toucher, bouleverser. *Ces paroles les ont émus.*
• **Pronominal**
- Se troubler. *Ils se sont émus au souvenir de ces jours heureux.*
- S'inquiéter. *Il ne faut pas s'émouvoir de ce changement d'attitude.*

empailler v. tr.
Les lettres *ill* sont suivies d'un *i* à la première et à la deuxième personne du pluriel de l'indicatif imparfait et du subjonctif présent. *(Que) nous empaillions, (que) vous empailliez.*
Naturaliser. *Un hibou empaillé.*

empailleur, euse n. m. et f.
Naturaliste.

empalement n. m.
• Action d'empaler.
• Fait d'être empalé.

empaler v. tr., pronom.
• **Transitif.** Transpercer d'un pal, d'un pieu.
• **Pronominal.** Se blesser en tombant sur un objet pointu.

empanacher v. tr.
Garnir d'un panache.

empaquetage n. m.
Action d'empaqueter.

empaqueter v. tr.
Redoublement du *t* devant un *e* muet. *J'empaquette, j'empaquetterai,* mais *j'empaquetais.*
Mettre en paquet. *Elle empaquette des livres.*

emparer (s') v. pronom.
Prendre possession de quelque chose par la force, se

saisir de. *Les rebelles se sont emparés de la station de radio.*

empâtement n. m.
État de ce qui est épais et lourd.
☞ Ne pas confondre avec le nom **empattement,** distance entre les essieux d'un véhicule.
⇨ empâtement.

empâter v. tr., pronom.
• **Transitif**
- Enduire de pâte.
- Engraisser.
• **Pronominal**
- Devenir pâteux.
- Prendre du poids, épaissir. *Ses traits se sont empâtés.*
⇨ empâter.

empathie n. f.
Faculté de se mettre à la place d'autrui, de percevoir ce qu'il ressent.
⇨ empathie.

empattement n. m.
Distance entre les essieux d'un véhicule. *L'empattement d'une voiture.*
☞ Ne pas confondre avec le nom **empâtement,** état de ce qui est épais et lourd.
⇨ empattement.

empêchement n. m.
Contretemps de dernière minute. *Ils ont eu un empêchement et n'ont pu venir.*
⇨ empêchement.

empêcher v. tr., pronom.
• **Transitif**
- Mettre dans l'impossibilité de, faire obstacle à. *Cet examen empêche Étienne d'aller au cinéma.*
- ***Empêcher + que.*** *Elle empêchera qu'il ne sorte.*
☞ Le verbe se construit avec le subjonctif et le *ne* explétif.
- *Il n'empêche que. Il n'empêche que je serai là demain.*
☞ Le verbe se construit avec l'indicatif.
• **Pronominal**
Se retenir de. *Ils n'ont pu s'empêcher d'éclater de rire.*

empêcheur, euse n. m. et f.
Empêcheur de danser, de tourner en rond. (Fam.) Trouble-fête.

empeigne n. f.
Pièce de cuir formant le dessus d'une chaussure.
☞ Attention au genre féminin de ce nom : *une* empeigne.

empereur n. m.
impératrice n. f.
Chef d'un empire.
☞ Suivis d'un nom propre, les mots **empereur, impératrice** s'écrivent avec une minuscule. Employés sans nom propre, ils s'écrivent avec une majuscule. *L'empereur Napoléon I*er*, l'Empereur.*

empesé, ée adj.
• Qu'on a empesé. *Un col empesé.*
• (Fig.) Raide, dépourvu de naturel. *Un accueil empesé.*

empeser v. tr.
Le *e* se change en *è* devant une syllabe muette. *J'empèse, j'empesais.*
Enduire d'amidon une étoffe pour lui donner de la raideur. *Il préfère que ses chemises soient empesées.*

empester v. tr., intr.
• **Transitif.** Infester d'une odeur désagréable. *Ces fromages empestent la cuisine.*
• **Intransitif.** Dégager une mauvaise odeur. *Cette viande empeste.*

empêtrer v. tr., pronom.
• **Transitif.** Embarrasser. *Sa jupe trop longue l'empêtre un peu et l'empêche de courir.*
• **Pronominal.** S'embrouiller. *Elle s'est empêtrée dans ses explications.*
Ant. **dépêtrer.**

emphase n. f.
Grandiloquence, exagération prétentieuse.

*****emphase**
Anglicisme au sens de ***accent, insistance.*** *Il faut mettre l'accent* (et non l'*emphase) sur l'originalité de ce programme.*

emphysème n. m.
(Méd.) Infiltration gazeuse d'un tissu. *Un emphysème pulmonaire.*
☞ Attention au genre masculin de ce nom : *un* emphysème.
⇨ emphysème.

emphytéotique adj.
Bail emphytéotique. Bail de très longue durée.
⇨ emphytéotique.

empiècement n. m.
Pièce rapportée d'un vêtement.
⇨ empiècement.

empiétement n. m.
• Usurpation.
• Action de déborder.
⇨ empiétement.

empiéter v. intr.
Le *é* se change en *è* devant une syllabe muette, sauf à l'indicatif futur et au conditionnel présent. *J'empiète, j'empiéterai.*
• S'emparer de biens, de droits, d'attributions qui appartiennent à quelqu'un d'autre. *Votre clôture empiète sur mon terrain.*
• Chevaucher. *Des tuiles qui empiètent les unes sur les autres.*

empiffrer (s') v. pronom.
(Fam.) Se gaver. *En rentrant de l'école, les enfants se sont empiffrés de bons gâteaux.*
⇨ s'empiffrer.

empilage n. m.
Empilement.
⇨ empilage.

empilement n. m.
Ensemble de choses empilées. *Un empilement de livres.*
⇨ empilement.

empiler v. tr., pronom.
• **Transitif.** Entasser. *Empiler des briques.*
• **Pronominal.** S'entasser, s'amonceler. *Les dossiers s'empilaient sur son bureau.*

empire n. m.
• État dirigé par un empereur ou par une impératrice.
• Ensemble d'États soumis à une autorité.
☞— Ce nom s'écrit avec une majuscule s'il est suivi d'un adjectif de nationalité; il s'écrit avec une minuscule s'il est suivi d'un nom propre. *L'Empire britannique, l'empire du Japon.*
• *Sous l'empire de,* locution prépositive. Sous l'influence de. *Il a agi sous l'empire de la colère.*
• *Style Empire.* Se dit du style décoratif du temps de Napoléon Iᵉʳ. *Un secrétaire de style Empire, une commode Empire.*
☞— En ce sens, le nom s'écrit avec une majuscule.

empirer v. intr.
S'aggraver. *Son état de santé a empiré.*
☞— Le verbe se conjugue aujourd'hui avec l'auxiliaire *avoir.*

empirique adj.
Qui ne s'appuie que sur l'expérience, qui n'a pas de fondement scientifique. *Des données strictement empiriques.*
Ant. **théorique.**
☞ empirique.

emplâtre n. m.
Préparation qui s'applique sur la peau.
☞— Attention au genre masculin de ce nom : *un* emplâtre.

emplette n. f.
Achat. *Faire des emplettes.*

emplir v. tr.
Remplir. *Emplis mon verre pour que mes yeux ne s'emplissent pas de larmes.*

emploi n. m.
• Action, manière de se servir d'une chose. *L'emploi d'un produit chimique.*
• Travail, fonction. *Des offres d'emploi, des demandes d'emploi, des créations d'emplois, des suppressions d'emplois.*
• *Demandeur d'emploi.* Chômage à la recherche d'un travail. *Des demandeurs d'emploi.*
• *Mode d'emploi.* Explications sur la manière d'utiliser un appareil, un produit. *Des modes d'emploi bien faits.*
• *Emploi du temps.* Horaire, détermination des activités.
• *Double emploi.* Répétition inutile.
• (Écon.) Situation globale de l'activité professionnelle rémunérée dans un ensemble économique. *Le plein emploi est-il une utopie?*

*emploi de (être à l')
Calque de l'anglais «to be in the employ of» pour *travailler chez, être au service de.*

employé, ée n. m. et f.
Salarié. *Cette entreprise a 300 employés.*

employer v. tr., pronom.
Le *y* se change en *i* devant un *e* muet. *J'emploie. J'emploierai.*
Le *y* est suivi d'un *i* à la première et à la deuxième personne du pluriel de l'indicatif imparfait et du subjonctif présent. *(Que) nous employions, (que) vous employiez.*
• **Transitif**
- Faire usage de. *Elle emploie des produits frais pour cuisiner.*
- Donner du travail à quelqu'un. *Notre entreprise emploie 12 personnes.*
• **Pronominal**
- S'utiliser. *Cette expression s'emploie couramment.*
- S'appliquer. *Elle s'est employée à aider les autres.*

employeur, euse n. m. et f.
Personne, société qui emploie des salariés.

empoignade n. f.
☞ La deuxième syllabe se prononce *pwa* [ɑ̃pwa ɲad].
Altercation.

empoigne n. f.
☞ La deuxième syllabe se prononce *pwa* [ɑ̃pwaɲ].
Foire d'empoigne. (Fam.) Mêlée (au sens propre ou figuré).
☞— Le nom *empoigne* ne s'emploie que dans l'expression citée.

empoigner v. tr., pronom.
Les lettres *gn* sont suivies d'un *i* à la première et à la deuxième personne du pluriel de l'indicatif imparfait et du subjonctif présent. *(Que) nous empoignions, (que) vous empoigniez.*
☞ La deuxième syllabe se prononce *pwa* [ɑ̃pwaɲe].
• **Transitif**
- Saisir.
- (Fig.) Émouvoir profondément. *Ce film les a empoignés.*
• **Pronominal**
Se quereller, se colleter. *Ils se sont empoignés brutalement.*

empois n. m.
Produit qui sert à l'empesage.
☞ empois.

empoisonnement n. m.
• Action d'empoisonner. *L'empoisonnement d'une personne est un crime.*
• Intoxication. *Un empoisonnement alimentaire.*

empoisonner v. tr., pronom.
• **Transitif.** Faire mourir par l'absorption de poison.
• **Pronominal.** Absorber du poison. *Ils se sont empoisonnés avec des champignons.*
☞ empoisonner.

empoisonneur, euse n. m. et f.
Criminel qui utilise du poison.

emportement n. m.
Accès de colère.

emporte-pièce n. m. inv.
À l'emporte-pièce. D'une franchise un peu brutale.
Une réponse à l'emporte-pièce.

emporter v. tr., pronom.
• **Transitif.** Prendre avec soi et porter ailleurs.
☞ 1° Ne pas confondre le verbe *emporter* qui
comprend l'idée de point de départ avec le verbe *apporter* qui comporte l'idée de point d'arrivée, d'aboutissement.
2° On *emporte* une chose, on *emmène* une personne ou un animal.
• **Pronominal.** Se mettre en colère. *Il faut leur pardonner : ils se sont emportés.*

empoté, ée adj. et n. m. et f.
(Fam.) Peu dégourdi.

empoter v. tr.
Mettre en pot (une plante, un arbuste). *Empoter un
rosier.*
☞ empoter.

empreindre v. tr.
INDICATIF PRÉSENT *J'empreins, tu empreins, il empreint, nous empreignons, vous empreignez, ils empreignent.* IMPARFAIT *J'empreignais, tu empreignais, il empreignait, nous empreignions, vous
empreigniez, ils empreignaient.* PASSÉ SIMPLE *J'em-
preignis.* FUTUR *J'empreindrai.* CONDITIONNEL
PRÉSENT *J'empreindrais.* IMPÉRATIF PRÉSENT *Empreins, empreignons, empreignez.* SUBJONCTIF
PRÉSENT *Que j'empreigne, que tu empreignes, qu'il
empreigne, que nous empreignions, que vous empreigniez, qu'ils empreignent.* IMPARFAIT *Que j'em-
preignisse.* PARTICIPE PRÉSENT *Empreignant.* PASSÉ
Empreint, einte.
(Litt.) Marquer. *Le visage empreint d'inquiétude.*

empreinte n. f.
• Marque, trace. *Des empreintes de pas dans la neige.*
• *Empreintes digitales.* Sillons de la peau des doigts;
marques laissées par ces sillons.

empressé, ée adj.
Prévenant, attentif. *La bibliothécaire est très empres-
sée auprès des habitués de la bibliothèque.*

empressement n. m.
Action de s'empresser, ardeur. *Nos amis ont accepté
notre invitation avec empressement.*

empresser (s') v. pronom.
• Se hâter de. *Ils se sont empressés de partir.*
• Montrer de la prévenance à l'égard de quelqu'un. *Il
s'empressait auprès de sa nouvelle amie.*
☞ Le participe passé s'accorde toujours.

emprise n. f.
Influence, ascendant. *Se libérer d'une emprise. L'emprise d'un chef sur son équipe.*

emprisonnement n. m.
• Action de mettre en prison. *Le voleur a été condamné
à l'emprisonnement.*
• État de celui qui est emprisonné.
☞ emprisonnement.

emprisonner v. tr.
Mettre en prison. *On emprisonnera ce malfaiteur pendant deux ans.*
☞ emprisonner.

emprunt n. m.
• Action d'emprunter. *Je vais faire l'emprunt d'un livre.*
• Chose, somme empruntée. *J'ai fait un emprunt à la
banque.*
• (Ling.) Utilisation d'un mot, d'une expression d'une
autre langue.
• Mot, expression empruntés à une autre langue. *Le
mot biffteck est un emprunt à l'anglais; spaghetti, un
emprunt à l'italien.*
☞ S'il n'existe pas de mot dans une langue pour
désigner une réalité, l'*emprunt* se justifie; il est inutile
s'il vient concurrencer un mot existant.
Ant. **prêt.**
V. Tableau - **ANGLICISMES.**

emprunter v. tr.
• Obtenir en prêt. *Il a emprunté cette somme à la
banque.*
Ant. **prêter.**
• Prendre (une voie). *Ce chemin est privé; on ne peut
l'emprunter.*

emprunteur, euse n. m. et f.
Personne qui emprunte.
Ant. **prêteur.**

ému, ue adj.
Qui éprouve de l'émotion. *Elle était très émue quand
elle revit son amie après toutes ces années.*

émulation n. f.
Désir de surpasser quelqu'un par quelque chose de
bien. *Le travail en groupe favorise une saine émulation.*

émule n. m. et f.
Concurrent par le mérite.
☞ Ce nom s'emploie au masculin ou au féminin.

en prép. et pron.
V. Tableau - **EN,** PRÉPOSITION.
V. Tableau - **EN,** PRONOM.

ÉNA
Sigle de *École nationale d'administration.*

*en autant que je suis concerné
Calque de l'anglais «as far as I am concerned» pour
en ce qui me concerne, quant à moi.

encadré n. m.
(Typogr.) Mise en valeur d'une partie d'un texte à
l'aide d'un filet.

encadrement n. m.
• Action d'encadrer. *L'encadrement d'une aquarelle.*
• Cadre. *Un bel encadrement ancien.*
• Direction. *Du personnel d'encadrement.*

encadrer v. tr.
• Entourer d'un cadre. *Encadrer une gravure.*
• Diriger. *Encadrer une équipe.*

encaissable adj.
Qui peut être encaissé. *Ce chèque est encaissable à
compter du 15 septembre.*

EN, PRÉPOSITION

La préposition *en* marque un rapport de lieu, de temps, une notion de forme, de matière, de manière. Elle s'emploie devant un nom qui n'est pas accompagné d'un article défini ou devant un pronom. *Ils voyagent en avion. Les enfants sont en retard. J'ai confiance en vous.*

☞ Devant un nom précédé d'un article défini, d'un possessif, d'un démonstratif, on emploiera plutôt la préposition *dans. Ils sont allés dans la ville d'Oka. Mettre les mains dans ses poches. Dépose le livre dans cette boîte.*

• RAPPORT DE LIEU

La préposition indique le lieu où l'on est, le lieu où l'on va. *Les étudiants sont en classe. Ils iront en ville.*

en + nom géographique	– Nom féminin de pays, de région. *En France, en Gaspésie.*
	– Nom masculin de pays commençant par une voyelle. *En Équateur.*
	☞ Devant un nom masculin de pays, d'État commençant par une consonne, on emploiera plutôt l'article contracté *au. Au Québec.*
	– Nom féminin de grande île. *En Martinique.*
	☞ Devant un nom féminin de petite île, ou devant un nom masculin d'île, on emploiera plutôt *à. À Chypre.*
	☞ Devant un nom de ville, on emploiera la préposition *à. À Trois-Rivières.*

• RAPPORT DE TEMPS

La préposition a le sens de **durant, pendant.** *En été, il fait bon vivre à la campagne. En 1992, on a fêté le 350ᵉ anniversaire de la fondation de Montréal.*
☞ La préposition peut aussi marquer un intervalle de temps. *Elle a écrit sa thèse en deux ans.*

• NOTION DE FORME, DE MATIÈRE, DE MANIÈRE

La préposition sert à marquer l'état, la forme, la manière. *Il est en attente. Un toit en ardoise. Des cheveux en brosse.*

en + matière	*Une colonne en marbre, de marbre, une sculpture en bois, de bois.*
	☞ Il est possible d'utiliser les prépositions *en* ou *de* pour introduire le complément de matière. Toutefois au sens figuré, on emploiera surtout la préposition *de. Une volonté de fer.*
en + singulier ou pluriel	*Un lilas en fleur* ou *en fleurs, un texte en italique, une maison en flammes.*
	☞ Il n'y a pas de règle particulière pour le nombre du nom précédé de *en.* C'est le sens qui le dictera.

• GÉRONDIF

La préposition suivie du participe présent constitue le gérondif qui exprime une circonstance de cause, de temps, de manière. *En skiant, elle s'est fracturé la jambe. Elle écrit en chantant.*

☞ Il importe que le sujet du participe présent soit aussi le sujet du verbe de la proposition principale.
Par exemple : *Ce n'est pas en me le dictant que tu me feras comprendre ce problème.*
Dans cette phrase, c'est la même personne qui dicte et qui tente de faire comprendre.
Exemple de construction fautive avec deux sujets différents : **Ce n'est pas en me le dictant que je comprendrai ce problème.*

suite➔

• LOCUTIONS

La préposition sert à former des locutions prépositives, conjonctives ou adverbiales.

Locutions prépositives	Locutions conjonctives	Locutions adverbiales
en cas de	en admettant que	en bas
en comparaison de	en attendant que	en dedans
en deçà de	en même temps que	en définitive
en dehors de	en sorte que	en dehors
en dépit de	en supposant que	en dessous
en direction de	en tant que	en dessus
en face de		en effet
en guise de		en hâte
en présence de		en haut
en qualité de		en outre
en raison de		en retour
en réponse à		en revanche
en signe de		en vain
en sus de		en vérité
en voie de		en vitesse
en vue de		

V. Tableau – **EN,** PRONOM.

---

encaisse n. f.
Somme disponible en caisse. *L'encaisse s'élève à 1 500 $.*

encaissement n. m.
Action d'encaisser de l'argent.

encaisser v. tr.
• Toucher une somme d'argent. *Encaisser* (et non **échanger) un chèque.*
• (Fam.) Supporter, recevoir. *Encaisser des coups.*

encan n.m.
Vente à l'encan. Vente publique aux enchères.
⇨ encan.

encanailler (s') v. pronom.
Les lettres *ill* sont suivies d'un *i* à la première et à la deuxième personne du pluriel de l'indicatif imparfait et du subjonctif présent. *(Que) nous nous encanaillions, (que) vous vous encanailliez.*
Fréquenter des personnes vulgaires.

encapuchonner v. tr.
Couvrir d'un capuchon.
⇨ encapuchonner.

encart n. m.
Feuillet inséré dans une brochure, un livre, un journal.
Un encart publicitaire.
⇨ encart.

en-cas ou **encas** n. m. inv.
Repas léger. *Prévoyez des en-cas pour la soirée.*

encastrement n. m.
Action d'encastrer.

encastrer v. tr., pronom.
• **Transitif.** Insérer dans un espace. *Encastrer un réfrigérateur dans un mur.*

• **Pronominal.** S'emboîter. *Ce meuble s'encastre dans la bibliothèque.*

encaustique n. f.
Cire pour faire briller le bois.
☞ Attention au genre féminin de ce nom : *une* encaustique.

enceinte n. f.
• Ce qui clôture, rempart.
• Espace clôturé.
• *Enceinte (acoustique).* Ensemble de plusieurs haut-parleurs.
⇨ enceinte.

enceinte adj. f.
En état de grossesse. *Elles sont enceintes de six mois.*
⇨ enceinte.

encens n. m.
⇨ Le *s* ne se prononce pas [ãsã].
• Résine odorante. *Ils faisaient brûler de l'encens.*
• (Fig.) Flatterie.
⇨ encens.

encenser v. tr.
• Agiter l'encensoir.
• (Fig.) Flatter.

encéphale n. m.
Ensemble des centres nerveux (cerveau, cervelet, tronc cérébral) situés dans le crâne des vertébrés.
☞ Attention au genre masculin de ce nom : *un* encéphale.
⇨ encéphale.

en ce qui concerne loc. adv.
Relativement à. *En ce qui concerne telle question* (et non **en autant que cette question est concernée*).

---

encerclement n. m.
Action d'encercler; fait d'être encerclé.

encercler v. tr.
• Entourer d'un cercle. *Encercler un nom.*
• (Fig.) Cerner. *Les policiers ont encerclé le bâtiment.*

enchaînement n. m.
• Succession. *Un enchaînement de faits.*
• Liaison. *Un enchaînement logique.*
☞ enchaînement.

enchaîner v. tr., intr., pronom.
• **Transitif**
- Lier par une chaîne. *Enchaîner des prisonniers.*
- Coordonner. *Enchaîner des propositions.*
• **Intransitif**
Reprendre le fil de la conversation. *Elle enchaîna adroitement en faisant valoir ce fait.*
• **Pronominal**
Avoir un rapport logique. *Les évènements s'enchaînent et lui donnent raison.*
☞ enchaîner.

enchantement n. m.
• Action d'enchanter, de soumettre à un pouvoir magique. *Le magicien fait surgir par enchantement un lapin de son chapeau.*
• *Comme par enchantement.* Comme par magie.
• (Fig.) Ravissement. *Ce jardin est un véritable enchantement.*

enchanter v. tr.
• Ensorceler, soumettre à un pouvoir magique.
• Ravir, charmer. *Cette visite nous a enchantés.*

enchanteur, teresse adj. et n. m. et f.
• **Adjectif.** Séduisant, ravissant. *Une musique enchanteresse.*
• **Nom masculin et féminin.** Magicien. *L'enchanteur Merlin.*
☞ Attention à la forme féminine de ce mot : enchante**resse.**

enchâssement n. m.
Insertion.
☞ enchâssement.

EN, PRONOM

Pronom personnel de la troisième personne

• Le pronom **en** représente une chose, une idée, parfois un animal et signifie *de ce, de ces, de cette, de cela, de lui, d'elle. Elle était à Québec, elle en est revenue hier. Ce projet est emballant, ils en parlent constamment.*

• Le pronom **en** représente des noms de choses, d'idées et remplace le possessif. *Les touristes aiment les forêts et les lacs; ils en apprécient le calme et la beauté.*

• Le pronom **en** représente des noms d'animaux. L'emploi du pronom **en** est recommandé, mais on observe également l'emploi du possessif. *Le cheval a une belle crinière; j'en admire la couleur,* ou encore *j'admire sa couleur.*

• Le pronom **en** représente parfois des personnes lorsqu'il est complément d'un pronom numéral ou d'un pronom indéfini et dans la langue littéraire. *A-t-il des collègues compétents? Il en a plusieurs. Heureux roi qui aime son peuple, qui en est aimé [...]* (Fénelon). Dans la langue courante, on emploie alors les adjectifs possessifs *son, sa, ses. Il admire cette amie et apprécie son courage.*

Impératif + en

Le pronom **en** employé avec un pronom personnel se place après ce pronom.
Des livres, écris-nous-en plusieurs. Souviens-t'en.

☞ Le pronom **en** est joint au pronom personnel par un trait d'union. Lorsque le pronom **en** suit un verbe à la deuxième personne du singulier de l'impératif qui se termine par un *e,* ce verbe prend un *s* euphonique. *Respectes-en les conditions.*

Accord du participe passé avec en

La plupart des auteurs recommandent l'invariabilité du participe passé précédé du pronom **en.**
Il a dessiné plus d'immeubles qu'il n'en a construit. Ce sont des fleurs carnivores, en aviez-vous déjà vu?

☞ On remarque cependant un usage très indécis où l'on accorde parfois le participe passé avec le nom représenté par **en.** «Mais les fleurs, il n'en avait jamais vues.» (Marcel Proust, cité par Grevisse). Pour simplifier la question, il semble préférable d'omettre le pronom si celui-ci n'est pas indispensable au sens de la phrase ou de choisir l'invariabilité du participe passé.

V. Tableau – **EN**, PRÉPOSITION.

enchâsser v. tr.
• Fixer dans une monture. *Enchâsser une pierre précieuse.*
• (Litt.) Intercaler, insérer dans un ensemble.
▭▷ enchâsser.

enchère n. f.
Dans une vente publique, offre supérieure à l'offre précédente. *Les enchères ne cessent de monter.*
▭▷ ench**è**re.

enchevêtrement n. m.
Confusion, désordre. *Un enchevêtrement de fils.*
▭▷ enchevêtrement.

enchevêtrer v. tr., pronom.
• **Transitif.** Emmêler. *Enchevêtrer des fils.*
• **Pronominal.** S'embrouiller, s'emmêler. *Ses cheveux se sont enchevêtrés.*

enchifrené, ée adj.
(Vx) Qui a le nez embarrassé par un rhume.

enclave n. f.
Territoire inclus dans un autre.
▭← Attention au genre féminin de ce nom : *une* enclave.

enclaver v. tr.
Inclure un territoire, un terrain dans un autre.

enclenchement n. m.
Action d'enclencher.

enclencher v. tr., pronom.
• **Transitif.** Faire démarrer un mécanisme.
• **Pronominal.** (Fig.) Se mettre en marche. *L'affaire s'enclenche bien.*
▭▷ enclencher.

enclin, ine adj.
Porté. *Elle est encline à la paresse.*
▭← Cet adjectif ne peut qualifier qu'une personne. Pour une chose, on utilisera plutôt *avoir tendance*. *Cette table a tendance à basculer.*

enclore v. tr.
Se conjugue comme le verbe *clore,* sauf à la troisième personne du singulier du présent de l'indicatif où l'accent circonflexe sur le *o* est facultatif. *Il enclot* ou *il enclôt.*
Entourer d'une enceinte, d'une clôture. *Enclore un domaine.*

enclos n. m.
Terrain clos. *Les poulains courent dans l'enclos.*
▭▷ enclos.

enclume n. f.
• Masse métallique sur laquelle on forge les métaux. *Le marteau et l'enclume. Le forgeron frappe sur l'enclume.*
• Osselet de l'oreille.

encoche n. f.
Petite entaille.

encoder v. tr.
(Inform.) Coder une information.

encoignure n. f.
⬯ Les lettres *coi* se prononcent *co* ou *coi*, [ãkɔɲyr] ou [ãkwaɲyr].
• Angle intérieur, coin.
• Meuble triangulaire qui se place en coin.

encoller v. tr.
Enduire de colle.

encolure n. f.
• Partie du corps du cheval qui s'étend de la tête au poitrail.
• Ouverture d'un vêtement par où passe la tête. *L'encolure de ce tricot est un peu étroite.*
▭▷ encolure.

encombrant, ante adj.
Embarrassant. *Une valise encombrante.*

encombre (sans) loc. adv.
Sans ennui, sans difficulté.
▭← Le nom *encombre* s'écrit au singulier.

encombrement n. m.
• Action d'encombrer.
• Embouteillage. *Il y a des encombrements à l'heure de pointe.*
• Dimensions. *L'encombrement d'un piano.*

encombrer v. tr., pronom.
• **Transitif**
- Obstruer. *Ces boîtes encombrent le couloir.*
- Surcharger. *Il ne faudrait pas encombrer le marché de ces produits.*
• **Pronominal**
S'embarrasser de. *S'encombrer de colis.*

encontre de (à l') loc. prép.
Aller à l'encontre de. Être contraire à. *Cela va à l'encontre de mes idées.*

encore adv.
• Jusqu'à une époque déterminée. *Il travaillait encore à 70 ans.*
• De nouveau. *J'en prendrais encore.*
• Plus. *Elle est encore plus rapide que lui.*
• *Et encore!* Tout au plus. Cette locution marque le doute, la restriction. *Elle a 10 jours de congé, et encore!*
▭← Cette locution marque le doute, la restriction.
• *Si encore.* Si au moins. *Si encore elle pouvait nous écrire.*
▭← Cette locution qui marque le regret se construit avec l'imparfait de l'indicatif.
• *Encore que.* (Litt.) Quoique. *Encore qu'il faille tenir compte des contraintes.* Après cette locution conjonctive, le verbe se met au subjonctif.
▭← La graphie *encor* est archaïque.

encourageant, ante adj.
Qui encourage. *Ces résultats sont encourageants.*
Ant. **décourageant.**

encouragement n. m.
Appui; acte, parole qui encourage. *Ces paroles d'encouragement ont réconforté Maxime.*

encourager v. tr.
Le *g* est suivi d'un *e* devant les lettres *a* et *o*. *Il encouragea, nous encourageons.*

• Donner du courage à. *Encourager un ami qui a un échec.*
• Favoriser la réalisation de. *Les chercheurs ont encouragé la restructuration.*

encourir v. tr.
Se conjugue comme le verbe **courir.**
(Litt.) S'exposer à (quelque chose de fâcheux). *Encourir une amende, un châtiment.*

*****encourir** (une dépense)
Anglicisme au sens de **engager** (une dépense).

*****encourir** (une dette)
Anglicisme au sens de **contracter** (une dette).

*****encourir** (une perte)
Anglicisme au sens de **subir** (une perte).

encrage n. m.
Action d'enduire d'encre. *L'encrage du papier.*
Hom. **ancrage,** action de fixer à l'aide d'une ancre.

encrasser v. tr., pronom.
• **Transitif**
- Couvrir de saleté. *Des mains encrassées.*
- Obstruer par un dépôt. *Un moteur encrassé.*
• **Pronominal**
Se couvrir de saleté. *En jouant dans la terre, ils se sont encrassés.*

encre n. f.
Liquide utilisé pour écrire, imprimer, etc. *De l'encre violette.*
Hom. **ancre,** pièce servant à retenir un navire.

encrier n. m.
Petit réservoir d'encre.

encroûtement n. m.
Action d'encroûter; fait de s'encroûter.
⮕ encroûtement.

encroûter v. tr., pronom.
• **Transitif**
Couvrir d'une croûte.
• **Pronominal**
- Se couvrir d'une croûte.
- (Fig.) Refuser d'évoluer. *Ils se sont encroûtés et se réfugient dans leurs souvenirs.*
⮕ encroûter.

encyclique n. f.
Lettre du pape à ses évêques.
▷— Attention au genre féminin de ce nom : **une** encyclique.
⮕ encyclique.

encyclopédie n. f.
⬦ Le **o** est ouvert [ãsiklɔpedi].
Ouvrage où l'on expose méthodiquement les connaissances d'un domaine particulier ou de plusieurs domaines à la fois.
⮕ encyclopédie.

en deçà de loc. prép.
De ce côté-ci. *En deçà des montagnes.*

endémie n. f.
Présence quasi constante d'une maladie à un endroit déterminé.

▷— Ne pas confondre avec le nom **épidémie,** maladie soudaine d'un grand nombre de personnes.

endémique adj.
• Qui présente les caractères de l'endémie. *Cette maladie est maintenant jugée endémique.*
• Chronique. *Un malaise endémique.*

endettement n. m.
Fait de s'endetter. *Il faut limiter l'endettement du pays.*

endetter v. tr., pronom.
• **Transitif.** Couvrir de dettes. *Ces achats endetteront cette famille.*
• **Pronominal.** Contracter des dettes. *Ils se sont lourdement endettés pour acheter cette maison.*
⮕ endetter.

endeuiller v. tr.
Les lettres **ill** sont suivies d'un **i** à la première et à la deuxième personne du pluriel de l'indicatif imparfait et du subjonctif présent. *(Que) nous endeuillions, (que) vous endeuilliez.*
Attrister par un deuil, par quelque chose de pénible.

endiablé, ée adj.
• Insupportable. *Des écoliers endiablés.*
• Plein de fougue, vif. *Un rythme endiablé.*

endiguer v. tr.
Ce verbe s'écrit toujours avec un **u,** même devant les lettres **a** et **o.** *Il endigua, nous endiguons.*
• Retenir au moyen d'une digue. *Endiguer un cours d'eau.*
• (Fig.) Contenir. *Endiguer son émotion.*

endimancher (s') v. pronom.
(Plaisant.) Mettre ses vêtements du dimanche.

endive n. f.
Variété de chicorée dont on mange la pousse blanche. *Une salade d'endives.*

endocrine adj.
(Méd.) **Glandes endocrines.** Glandes qui déversent des hormones dans le sang. *L'hypophyse, la thyroïde sont des glandes endocrines.*

endocrinologie n. f.
Partie de la médecine qui étudie et traite les glandes endocrines.

endolorir v. tr.
Rendre douloureux. *Cette chute a endolori mon genou, j'ai du mal à marcher.*

endomètre n. m.
(Méd.) Muqueuse qui tapisse la cavité utérine.
▷— Attention au genre masculin de ce nom : **un** endomètre.

endommagement n. m.
Action d'endommager; son résultat. *L'endommagement de la voiture est très léger.*

endommager v. tr.
Le **g** est suivi d'un **e** devant les lettres **a** et **o.** *Il endommagea, nous endommageons.*
Causer du dommage. *L'orage endommagea la toiture.*

endormir v. tr., pronom.
• **Transitif**
- Faire dormir. *Pour endormir le bébé, Marie-Ève lui chante une berceuse.*
- (Fig.) Ennuyer. *Ce cours nous endort.*
• **Pronominal**
Commencer à dormir. *Ils se sont endormis au petit matin.*

endos n. m.
Mention portée au dos d'un effet de commerce, d'un chèque permettant sa transmission par le signataire à un tiers au profit duquel le titre est endossé.
⇨ endos**.**

*endos (à l')
Impropriété au sens de *au dos, au verso.*

endossement n. m.
Endos. *L'endossement d'un chèque.*

endosser v. tr.
• Revêtir un vêtement. *Endosser une veste.*
• Assumer une responsabilité.
• (Dr.) Apposer sa signature au dos d'un chèque, d'un effet de commerce. *Il a endossé le chèque et l'a encaissé.*
▷— Par contre, on dira *approuver* une recommandation (et non **endosser* une recommandation).

*endosser
Anglicisme au sens de *se porter garant de.*

endosseur n. m.
(Dr.) Personne qui endosse un effet de commerce.

endroit n. m.
• Lieu déterminé. *Un bel endroit.*
• *À l'endroit de.* (Litt.) Relativement à, à l'égard de. *Il n'est pas indulgent à l'endroit des paresseux.*
• *Par endroits,* locution adverbiale. Çà et là.
▷— Dans cette expression, le nom se met au pluriel.
• Le côté sous lequel se présente habituellement une chose. *L'endroit d'un tissu.*
• *À l'endroit,* locution adverbiale. Du bon côté.
Ant. **envers.**

enduire v. tr., pronom.
INDICATIF PRÉSENT *J'enduis, tu enduis, il enduit, nous enduisons, vous enduisez, ils enduisent.* IMPARFAIT *J'enduisais.* PASSÉ SIMPLE *J'enduisis.* FUTUR *J'enduirai.* CONDITIONNEL PRÉSENT *J'enduirais.* IMPÉRATIF PRÉSENT *Enduis, enduisons, enduisez.* SUBJONCTIF PRÉSENT *Que j'enduise.* IMPARFAIT *Que j'enduisisse.* PARTICIPE PRÉSENT *Enduisant.* PASSÉ *Enduit, ite.*
Recouvrir une surface d'un enduit. *Enduire ses skis de fart.*

enduit n. m.
Revêtement, vernis. *Un enduit protecteur.*
⇨ enduit**.**

endurable adj.
Supportable. *Ces enfants ne sont pas endurables.*

endurance n. f.
Résistance. *Ces athlètes ont une incroyable endurance.*

endurci, ie adj.
Devenu résistant. *Un célibataire endurci.*

endurcir v. tr., pronom.
• **Transitif.** Rendre résistant, moins sensible. *Cette expérience les endurcira.*
• **Pronominal.** S'aguerrir. *En vieillissant, ils se sont endurcis.*

endurcissement n. m.
Fait de s'endurcir, endurance.

endurer v. tr.
Supporter (ce qui est dur, pénible). *Je n'arrive pas à endurer ces enfants turbulents.*

énergétique adj. et n. f.
• **Adjectif.** Relatif à l'énergie. *Des ressources énergétiques.*
▷— Ne pas confondre avec l'adjectif *énergique,* vigoureux.
• **Nom féminin.** Science qui étudie les diverses manifestations de l'énergie et technique de sa production.

énergie n. f.
• Force, puissance. *Ces adolescents ont une énergie extraordinaire.*
• Toute source de force motrice. *Énergie électrique.*

énergique adj.
Vigoureux. *Une action énergique.*
▷— Ne pas confondre avec l'adjectif *énergétique,* relatif à l'énergie.

énergumène n. m. et f.
Personne exaltée qui crie et se démène.

énervant, ante adj.
Agaçant, exaspérant. *Ces critiques sont énervantes.*

énervement n. m.
État de celui qui est énervé, irrité.

énerver v. tr., pronom.
Agacer, surexciter. *Ne vous énervez pas, nous partons dans quelques minutes.*

enfance n. f.
• Première période de la vie humaine, de la naissance à l'adolescence. *Ces petits ont une enfance heureuse.*
• *L'enfance de l'art.* Chose très facile.

enfant n. m. et f.
• Être humain dans l'âge de l'enfance. *Une jolie enfant. Il n'y a plus d'enfants. Un jeu d'enfant.*
• Fils ou fille. *Elle a deux enfants.*
• *Petits-enfants.* Ce nom ne s'emploie qu'au pluriel.
• *Bon enfant.* D'une gentillesse simple. *Des paroles bon enfant.*
▷— Cette locution adjective est invariable.

enfant de chœur n. m.
Enfant qui sert la messe. *Les enfants de chœur* (et non enfant de **cœur*) *suivaient le prêtre.*

enfantement n. m.
(Litt.) Accouchement.

enfanter v. tr.
(Litt.) Accoucher, mettre un enfant au monde, en parlant de la femme.

☞ Ne pas confondre avec le verbe **engendrer,** procréer, en parlant de l'espèce humaine.

enfantillage n. m.
Manière de se conduire qui convient mieux à un enfant qu'à un adulte. *Cessez vos enfantillages, soyez sages!*

enfantin, ine adj.
• Qui appartient à l'enfance. *Les joies enfantines.*
☞ Ne pas confondre avec les mots suivants :
- **infantile,** relatif à la première enfance;
- **puéril,** qui ne convient qu'à un enfant, qui manque de sérieux.
• Facile. *Cet examen était enfantin.*

enfarger v. tr., pronom.
• **Transitif.** (Fam.) Au Canada, faire tomber en donnant un croc-en-jambe. *Ne l'enfargeons pas, il pourrait se blesser.*
• **Pronominal.** (Fam.) Au Canada, s'accrocher, s'embarrasser dans quelque chose. *Delphine s'est enfargée dans une racine et elle est tombée.*
☞ L'emploi de ce verbe est courant au Canada dans la langue familière, mais il est vieilli dans l'ensemble de la francophonie.

enfer n. m.
Lieu destiné au supplice des damnés, dans la religion chrétienne. *Aller en enfer.*

enfermer v. tr., pronom.
• **Transitif.** Emprisonner. *Enfermer un lapin dans un clapier.*
• **Pronominal.** Se tenir dans un endroit fermé. *Ils se sont enfermés dans une cabane.*

enfiévrer v. tr.
Le **é** se change en **è** devant une syllabe muette, sauf à l'indicatif futur et au conditionnel présent. *Il enfièvre,* mais *il enfiévrera.*
(Litt.) Surexciter, exalter.

enfilade n. f.
Suite. *Des pièces en enfilade.*

enfiler v. tr.
• Passer un fil dans (le chas d'une aiguille; le trou d'une perle, etc.). *Enfiler une aiguille.*
• Passer un vêtement à la hâte. *Elle enfila une robe de chambre pour aller répondre à la porte.*

enfin adv.
Finalement. *Enfin, les vacances approchent!*
☞ En tête de phrase, l'adverbe est généralement suivi de la virgule. *Enfin, ils décidèrent de venir.* Dans la phrase, l'adverbe n'est ni suivi ni précédé de la virgule. *Ils choisirent enfin de rester.* L'adverbe est suivi d'une virgule lorsqu'il introduit la conclusion d'une énumération. *Les femmes, les enfants, enfin, les hommes.*

enflammer v. tr.
• Allumer, embraser. *La bougie a enflammé le sapin.*
• (Fig.) Exalter. *Ces beaux projets les enflamment.*
⇨ enflammer.

enflé, ée adj.
Gonflé.

enfler v. tr., intr.
• **Transitif.** Grossir. *Enfler sa voix.*
• **Intransitif.** Augmenter de volume. *Sa cheville luxée se mit à enfler.*

enflure n. f.
Gonflement. *Une enflure de la cheville.*

enfoncement n. m.
• Action d'enfoncer; fait de s'enfoncer.
• Partie en retrait.

enfoncer v. tr., intr., pronom.
Le **c** prend une cédille devant les lettres **a** et **o.** *Il enfonça, nous enfonçons.*
• **Transitif**
Faire pénétrer dans l'intérieur. *Enfoncer un clou.*
• **Intransitif**
Aller au fond. *La glace fond et nous enfonçons dans l'eau.*
• **Pronominal**
- Aller vers le fond. *Les épaves se sont enfoncées dans les profondeurs de la mer.*
- S'écrouler. *Le plancher s'enfonce.*
- S'enferrer. *N'ajoute rien, tu ne ferais que t'enfoncer.*

enfouir v. tr., pronom.
• **Transitif.** Enterrer, dissimuler. *L'écureuil enfouit des glands dans la terre.*
• **Pronominal.** Se blottir. *Il s'enfouit dans les bras de sa maman.*

enfouissement n. m.
Action d'enfouir. *L'enfouissement des déchets industriels.*

enfreindre v. tr.
INDICATIF PRÉSENT *J'enfreins, tu enfreins, il enfreint, nous enfreignons, vous enfreignez, ils enfreignent.* IMPARFAIT *J'enfreignais, tu enfreignais, il enfreignait, nous enfreignions, vous enfreigniez, ils enfreignaient.* PASSÉ SIMPLE *J'enfreignis, tu enfreignis, il enfreignit, nous enfreignîmes, vous enfreignîtes, ils enfreignirent.* FUTUR *J'enfreindrai.* CONDITIONNEL PRÉSENT *J'enfreindrais.* IMPÉRATIF PRÉSENT *Enfreins, enfreignons, enfreignez.* SUBJONCTIF PRÉSENT *Que j'enfreigne, que tu enfreignes, qu'il enfreigne, que nous enfreignions, que vous enfreigniez, qu'ils enfreignent.* IMPARFAIT *Que j'enfreignisse, que tu enfreignisses, qu'il enfreignît, que nous enfreignissions, que vous enfreignissiez, qu'ils enfreignissent.* PARTICIPE PRÉSENT *Enfreignant.* PASSÉ *Enfreint, einte.*
Les lettres **gn** sont suivies d'un **i** à la première et à la deuxième personne du pluriel de l'indicatif imparfait et du subjonctif présent.
Ne pas respecter (un règlement, une loi). *Enfreindre une directive, un ordre.*

enfuir (s') v. pronom.
S'échapper. *Elles se sont enfuies par la porte arrière.*
☞ Le participe passé s'accorde toujours.

engageant, ante adj.
Aimable. *Des paroles engageantes.*
☞ Ne pas confondre avec le participe présent invariable **engageant.** *Ses paroles n'engageant que lui,*

nous n'entendons pas être tenus responsables de ses promesses.
☞ enga**geant.**

engagement n. m.
• Parole, promesse. *Je vous promets que je ferai mon possible : c'est un engagement.*
• Fait de prendre position, de travailler au service d'une cause.
• Recrutement d'un salarié, d'un cadre.

*engagement
Anglicisme au sens de **rendez-vous.** *J'ai un rendez-vous (et non un *engagement) avec le directeur à 13 heures.*

engager v. tr., pronom.
Le **g** est suivi d'un **e** devant les lettres **a** et **o.** *Il engagea, nous engageons.*
• **Transitif**
- Introduire. *Papa engagea sa clé dans la serrure.*
- Recruter. *Nous avons engagé deux techniciens.*
• **Pronominal**
- Se lier par une promesse, contracter un engagement. *Nous nous sommes engagés à nettoyer la classe.*
- Commencer. *Le dialogue s'engage. S'engager dans une nouvelle aventure.*
- Pénétrer. *La voiture s'engagea dans une ruelle.*

*engagée (la ligne est)
Anglicisme au sens de la ligne est **occupée.**

engeance n. f.
(Péj.) Race. *Quelle engeance de voleurs!*
☞ eng**eance.**

engelure n. f.
Lésion inflammatoire des extrémités causée par le froid.
☞ en**g**elure.

engendrer v. tr.
• (Litt.) Procréer. *Le poète engendra deux filles.*
☞ Ce verbe ne s'applique qu'à l'espèce humaine.
☞ Ne pas confondre avec les verbes suivants :
- **créer,** faire quelque chose de rien;
- **enfanter,** donner naissance, en parlant de la femme.
• Causer, avoir pour effet. *Des aménagements qui engendrent des coûts.*

engin n. m.
Instrument, machine. *Des engins de guerre, des engins spatiaux.*

*engineering
Anglicisme pour **ingénierie.**

englober v. tr.
Comprendre dans un ensemble. *Le tout englobe les parties.*

engloutir v. tr.
• Dévorer de façon gloutonne. *Alexandre engloutit son repas en quelques minutes.*
• Faire disparaître comme dans un gouffre. *La mer déchaînée a englouti le navire.*

engloutissement n. m.
Action d'engloutir; résultat de cette action.

engoncer v. tr.
Le **c** prend une cédille devant les lettres **a** et **o.** *Il engonça, nous engonçons.*
En parlant d'un vêtement, faire paraître le cou enfoncé dans les épaules. *Ce col de fourrure l'engonçait un peu.*

engorgement n. m.
Encombrement.

engorger v. tr.
Le **g** est suivi d'un **e** devant les lettres **a** et **o.** *Il engorgea, nous engorgeons.*
Obstruer. *Ces résidus engorgeaient la canalisation.*

engouement n. m.
Enthousiasme soudain et passager pour quelqu'un, quelque chose. *Un engouement pour les romans historiques.*
☞ Le nom se construit avec la préposition **pour.**
☞ Ne pas confondre avec le nom **enjouement,** entrain.
☞ engouement.

engouer (s') v. pronom.
S'enthousiasmer soudainement pour quelqu'un, quelque chose. *Elles se sont engouées de ce chanteur.*
☞ Le verbe se construit surtout avec la préposition **de,** mais le nom **engouement** se construit avec la préposition **pour.**

engouffrer v. tr., pronom.
• **Transitif.** Engloutir. *Il a engouffré toute sa fortune dans cette aventure.*
• **Pronominal.** Pénétrer rapidement dans un lieu. *Les spectateurs se sont engouffrés dans la salle.*
☞ engouffrer.

engoulevent n. m.
Passereau au plumage brun-roux. *Le cri des engoulevents.*
☞ Ce mot signifiait à l'origine «qui avale goulûment le vent».

engourdir v. tr.
• Paralyser momentanément. *Le froid a engourdi mes orteils.*
• (Fig.) Ralentir l'activité de.

engourdissement n. m.
Action d'engourdir; fait d'être engourdi.

engrais n. m.
Produit destiné à accroître la fertilité du sol.
☞ engrai**s.**

engraissement ou engraissage n. m.
Action d'engraisser; son résultat.

engraisser v. tr., intr.
• **Transitif**
- Rendre gras (un animal). *Le cultivateur engraisse ses veaux.*
- Améliorer (une terre) par des engrais. *Une terre bien engraissée.*
• **Intransitif**
Prendre du poids. *Pendant les vacances, j'engraisse toujours un peu.*

engrangement n. m.
Action d'engranger.

engranger v. tr.
Le *g* est suivi d'un *e* devant les lettres *a* et *o*. *Il engrangea, nous engrangeons.*
• Mettre dans une grange. *Engranger le foin.*
• (Fig.) Emmagasiner. *Il engrangea des données pendant plusieurs mois.*

engrenage n. m.
• Ensemble de roues dentées qui s'entraînent réciproquement. *Les engrenages complexes de Léonard de Vinci.*
• (Fig.) Enchaînement dont il est difficile de se dégager. *Les élèves ont été pris dans l'engrenage et n'ont pu se soustraire aux corvées.*

engueulade n. f.
(Pop.) Discussion, reproche. *Après cette gaffe, Denis s'attend à une terrible engueulade de son père.*
➯ Ce nom est d'emploi très familier; dans un style soigné, il est préférable d'employer *discussion, réprimande.*

engueuler v. tr., pronom.
• **Transitif.** (Pop.) Faire des reproches violents. *Ne m'engueule pas, ce n'est pas ma faute!*
• **Pronominal.** (Pop.) Se quereller violemment. *Ils se sont engueulés toute la soirée.*
➯ Ce verbe est très familier; dans un style soigné, on l'évitera.

enguirlander v. tr.
• (Litt.) Orner de guirlandes.
• (Fam.) Faire des reproches.

enhardir v. tr., pronom.
• **Transitif.** Encourager. *Ces paroles d'appui l'ont enhardi.*
• **Pronominal.** Devenir hardi, prendre de l'assurance. *Ils s'enhardirent jusqu'à réclamer congé de devoirs.*
➯ enhardir.

énième adj.
(Péj.) **Pour la énième fois.** D'ordre indéterminé. *Je vous le répète pour la énième fois.*
➯ Cette expression marque l'exaspération causée par une multitude de répétitions.
Syn. **nième.**

énigmatique adj.
Mystérieux. *Un air énigmatique.*

énigmatiquement adv.
De manière énigmatique.

énigme n. f.
Mystère. *Une énigme indéchiffrable.*

enivrant, ante adj.
👄 Les deux premières lettres se prononcent ensemble pour faire le son *en* [ãnivrã, ãt].
• (Vx) Qui rend ivre. *Des boissons enivrantes.*
• (Fig.) Grisant, excitant. *Des succès enivrants.*

enivrement n. m.
👄 Les deux premières lettres se prononcent ensemble pour faire le son *en* [ãnivrəmã].

• Ivresse, fait de s'enivrer.
• (Fig.) Exaltation, excitation. *L'enivrement de la victoire.*

enivrer v. tr.
👄 Les deux premières lettres se prononcent ensemble pour faire le son *en* [ãnivre].
• Rendre ivre. *Quelques verres de vin suffisent à enivrer.*
• (Fig.) Griser. *Ces paroles l'ont enivré.*
Ant. **dégriser.**

enjambée n. f.
• Grand pas. *Marcher à grandes enjambées.*
• Action d'enjamber.
➯ enjamb**ée.**

enjamber v. tr.
Franchir en étendant la jambe. *Il a enjambé le muret.*

enjeu n. m. (pl. *enjeux*)
• Somme d'argent risquée au jeu. *Perdre son enjeu.*
• Ce qui peut être gagné ou perdu dans une entreprise, une action. *Des enjeux importants.*

enjoindre v. tr. ind.
Se conjugue comme le verbe *joindre.*
(Litt.) Recommander avec insistance. *On enjoint à quelqu'un de faire quelque chose.*
➯ Ne pas confondre avec les verbes suivants :
- *édicter,* prescrire par une loi;
- *intimer,* déclarer avec autorité;
- *notifier,* faire savoir dans les formes légales.

enjôler v. tr.
Abuser par des paroles flatteuses. *Ne vous laissez pas enjôler par ces vendeurs.*
➯ enjôler.

enjôleur, euse adj. et n. m. et f.
Personne qui enjôle.
➯ enjôleur.

enjoliver v. tr.
Orner, décorer. *Des broderies enjolivent la nappe.*

enjoliveur n. m.
Pièce circulaire servant à cacher les moyeux des roues d'une automobile. *Une vieille voiture avec des enjoliveurs* (et non des *caps de roues) tout cabossés.*

enjoué, ée adj.
Gai. *Un ton enjoué.*

enjouement n. m.
Entrain, bonne humeur.
➯ Ne pas confondre avec le nom *engouement,* enthousiasme.
➯ enjouement.

enlacement n. m.
• Entrecroisement.
• Étreinte.

enlacer v. tr., pronom.
Le *c* prend une cédille devant les lettres *a* et *o*. *Il enlaça, nous enlaçons.*
• **Transitif**
- Entrecroiser.
- Étreindre. *Le patineur enlaçait une jolie patineuse.*
• **Pronominal**

S'étreindre. *Les amoureux s'étaient enlacés tendrement.*

enlaidir v. tr., intr.
• **Transitif.** Rendre laid. *Cette coiffure l'enlaidit.*
• **Intransitif.** Devenir laid. *Avec ses boutons, il a enlaidi.*

enlèvement n. m.
• Rapt. *Il y a eu de nombreux enlèvements dans la région.*
• Action d'emporter. *L'enlèvement* (et non le **pick-up*) *des marchandises. L'enlèvement des ordures ménagères.*

enlever v. tr.
Le *e* se change en *è* devant une syllabe muette. *J'enlève, j'enlevais.*
• Faire disparaître. *Il enlève un tableau du mur.*
• Retirer. *Enlevez votre manteau.*
• Emporter. *Ils sont chargés d'enlever ces marchandises.*
• Emmener de force une personne et la retenir. *L'enfant a été enlevé par un groupe armé.*

*enligner
Impropriété pour *aligner.*

enlisement n. m.
Fait de s'enliser.

enliser v. tr., pronom.
• **Transitif**
Être engagé dans un sol impraticable. *Luc enlisa sa bicyclette dans le sable.*
• **Pronominal**
- S'enfoncer dans. *La voiture s'est enlisée dans la neige.*
- (Fig.) Piétiner. *Les travaux se sont enlisés depuis la grève de la construction.*

enluminer v. tr.
Orner d'enluminures.

enlumineur, euse n. m. et f.
Artiste qui enlumine.

enluminure n. f.
Miniature en couleurs.

enneigé, ée adj.
⇔ Les deux premières lettres se prononcent ensemble pour faire le son *en* [ãneʒe].
Recouvert de neige. *Des toits enneigés.*
⇨ enneigé.

enneigement n. m.
État d'un endroit enneigé. *L'enneigement atteint un mètre.*
⇨ enneigement.

enneiger v. tr.
Recouvrir de neige. *Cette tempête enneigea la région.*
⇨ enneiger.

ennemi, ie adj. et n. m. et f.
⇔ Les lettres *en* se prononcent *è* [ɛnmi].
• Qui cherche à nuire, adversaire. *Des bandes ennemies.*
• Qui est opposé à, qui a de l'aversion pour. *C'est un*

ennemi du progrès.
• (Sing. collectif ou plur.) Groupe, nation, etc., à qui l'on s'oppose en temps de guerre (par opposition à *allié*). *Passer à l'ennemi.*

ennoblir v. tr.
⇔ Les deux premières lettres se prononcent ensemble pour faire le son *en* [ãnɔblir].
(Fig.) Action de conférer de la noblesse, de la dignité.
⌦ Ne pas confondre avec le verbe *anoblir,* conférer un titre de noblesse.

ennoblissement n. m.
Action d'ennoblir.

ennuager v. tr.
Le *g* est suivi d'un *e* devant les lettres *a* et *o*. *Il ennuagea, nous ennuageons.*
(Litt.) Couvrir de nuages.

ennui n. m.
• Lassitude, abattement. *Travailler pour échapper à l'ennui.*
• Contrariété, désagrément. *J'ai des ennuis.*

ennuyant, ante adj.
Au Canada, ennuyeux.
⌦ L'emploi de cet adjectif est courant au Canada, mais il est vieilli dans l'ensemble de la francophonie.

ennuyer v. tr., pronom.
Le *y* se change en *i* devant un *e* muet. *J'ennuie, j'ennuierai.*
• **Transitif**
- Causer de la contrariété à. *Si cela ne vous ennuie pas, je voudrais téléphoner.*
- Lasser. *Cette musique l'ennuie terriblement.*
• **Pronominal**
Éprouver de l'ennui.
⌦ L'emploi du verbe au sens de *souffrir de l'absence de* est courant au Canada, mais il est vieilli dans l'ensemble de la francophonie.

ennuyeux, euse adj.
• Qui cause de l'ennui, monotone. *Ce film était très ennuyeux, je me suis endormi.*
⌦ En ce sens, au Canada on emploie également l'adjectif *ennuyant* qui est vieilli.
• Propre à contrarier, fâcheux, regrettable. *Ce contretemps est très ennuyeux.*

énoncé n. m.
Exposé, texte formulé. *L'énoncé d'un problème.*

énoncer v. tr.
Le *c* prend une cédille devant les lettres *a* et *o*. *Il énonça, nous énonçons.*
Dire en termes clairs. *Ce que l'on conçoit bien s'énonce clairement.* (Boileau)

énonciation n. f.
Action, manière d'énoncer.

enorgueillir v. tr., pronom.
⇔ Les deux premières lettres se prononcent ensemble pour faire le son *en* [ãnɔrgœjir].
• **Transitif.** Rendre orgueilleux.
• **Pronominal.** Avoir de la fierté de. *Elle s'enorgueillit*

de sa roseraie. *Elles se sont enorgueillies de cette victoire.*

⟹ enorg**ueil**lir.

énorme adj.
Gigantesque, démesuré. *Une énorme fête avec des centaines d'invités.*

énormément adv.
Excessivement. *Cet ogre mange énormément.*

énormité n. f.
• Caractère de ce qui est énorme.
• (Fam.) Parole extravagante. *Ne dis pas des bêtises, des énormités.*

enquérir (s') v. pronom.
INDICATIF PRÉSENT *Je m'enquiers, tu t'enquiers, il s'enquiert, nous nous enquérons, vous vous enquérez, ils s'enquièrent.* IMPARFAIT *Je m'enquérais.* PASSÉ SIMPLE *Je m'enquis.* FUTUR *Je m'enquerrai.* CONDITIONNEL PRÉSENT *Je m'enquerrais.* IMPÉRATIF PRÉSENT *Enquiers-toi, enquérons-nous, enquérez-vous.* SUBJONCTIF PRÉSENT *Que je m'enquière, que tu t'enquières, qu'il s'enquière, que nous nous enquérions, que vous vous enquériez, qu'ils s'enquièrent.* IMPARFAIT *Que je m'enquisse.* PARTICIPE PRÉSENT *Enquérant.* PASSÉ *Enquis, ise.*
S'informer. *Elles se sont enquises de la date de ton arrivée. Il s'est enquis si elle accepterait de voter pour lui.*

↳ Le verbe se construit avec la préposition *de* suivie d'un nom de chose, ou avec *si* suivi de l'indicatif ou du conditionnel.

enquête n. f.
• Recherche de renseignements. *Une enquête démographique.*
• Procédure administrative, judiciaire ordonnée pour éclaircir des faits. *Une enquête policière.*

enquêter v. intr.
Conduire une enquête. *Ils enquêtent sur les habitudes des consommateurs.*

enquêteur n. m.
enquêteuse ou **enquêtrice** n. f.
Personne qui fait une enquête (policière, statistique, etc.).

enquiquiner v. tr.
(Fam.) Importuner.

enquiquineur, euse n. m. et f.
(Fam.) Personne qui importune.

enracinement n. m.
Action d'enraciner; son résultat.

enraciner v. tr., pronom.
• Transitif
- Faire prendre racine. *Enraciner un pommier.*
- (Fig.) Fixer profondément. *Enraciner une idée.*
• Pronominal
- Prendre racine. *Cet arbre s'est enraciné profondément.*
- (Fig.) Se fixer solidement dans l'esprit. *Des préjugés sexistes.*

enragé, ée adj. et n. m. et f.
• Atteint de la rage. *Une bête enragée.*
• Acharné, passionné. *Un ton enragé.*

enrager v. intr.
Le *g* est suivi d'un *e* devant les lettres *a* et *o*. *Il enragea, nous enrageons.*
Être pris de rage. *Elle enrage de ne pouvoir progresser.*

enraiement ou **enrayement** n. m.
⟾ Lorsqu'il est orthographié **enraiement,** le mot se prononce **en-rê-ment** [ɑ̃rɛmɑ̃], mais lorsqu'il est orthographié **enrayement,** le mot se prononce **en-reil-ment** [ɑ̃rɛjmɑ̃].
Action d'enrayer; son résultat. *L'enraiement d'une grippe.*

enrayer v. tr., pronom.
Le *y* peut être changé en *i* devant un *e* muet. *J'enraie* ou *j'enraye, j'enraierai* ou *j'enrayerai.* Les formes en *i* sont les plus utilisées.
Le *y* est suivi d'un *i* à la première et à la deuxième personne du pluriel de l'indicatif imparfait et du subjonctif présent. *(Que) nous enrayions, (que) vous enrayiez.*
• Transitif
- Entraver le fonctionnement. *Une carabine enrayée.*
- Arrêter la marche de. *Enrayer une épidémie.*
• Pronominal
Se bloquer accidentellement. *Son arme s'est enrayée.*

en regard loc. adv.
Ci-contre. *Voir l'illustration en regard.*
↳ La locution prépositive **en regard de** a le sens de **en face de** ou de **en comparaison avec** (et non pas de *concernant).

enrégimenter v. tr.
(Péj.) Faire entrer quelqu'un dans un groupe, un parti, etc., à discipline militaire.

enregistrement n. m.
• Action de noter dans un registre. *L'enregistrement d'un acte de naissance.*
• Action d'enregistrer sur un support des images, des sons, etc. *Un enregistrement magnétique.*

*enregistrements (d'un véhicule)
Anglicisme au sens de **certificat d'immatriculation.**

enregistrer v. tr.
• Inscrire dans un registre. *L'hôtelier enregistre le nom de ses clients.*
• Fixer sur un support (disque, film, bande magnétique, etc.) des sons, des images, des signaux pour les conserver et les reproduire. *Avec son magnétophone, elle a enregistré le concert.*

*enregistrer (une lettre)
Anglicisme au sens de **recommander** (une lettre).

*enregistrer (s') (à l'hôtel)
Anglicisme au sens de **s'inscrire** (à l'hôtel).

enregistreur, euse adj.
Se dit d'un appareil qui enregistre (une donnée, une somme, etc.). *Une caisse enregistreuse.*

enrhumer v. tr., pronom.
• **Transitif.** Causer un rhume à quelqu'un. *Ce froid l'aura enrhumé.*
• **Pronominal.** Attraper un rhume. *Elle s'est enrhumée.*
⇨ enrhumer.

enrichi, ie adj.
• Qui a fait fortune.
• Augmenté d'éléments nouveaux. *Une 2e édition enrichie.*

enrichir v. tr.
• Rendre plus riche. *La hausse du prix des actions l'a enrichi.*
• Augmenter la valeur, l'importance de. *Enrichir une collection par de nouvelles acquisitions.*

enrichissement n. m.
Action d'enrichir, fait de devenir riche.
Ant. **appauvrissement.**

enrobage n. m.
• Action d'enrober; son résultat. *L'enrobage d'une amande avec du chocolat.*
• Couche qui enrobe. *Un enrobage de sucre.*

enrober v. tr.
Recouvrir d'une couche protectrice.

enrôlement n. m.
Action d'enrôler, de s'enrôler. *L'enrôlement de soldats.*
⇨ enrôlement.

enrôler v. tr., pronom.
• **Transitif**
- Inscrire sur un rôle, surtout de l'armée.
- Par extension, recruter dans un parti, un groupe. *Nous avons enrôlé de nouveaux membres.*
• **Pronominal**
S'engager dans l'armée. *À 18 ans, ils se sont enrôlés pour être aviateurs.*
⇨ enrôler.

enroué, ée adj.
Rauque. *Une voix enrouée.*

enrouer v. tr.
Altérer la voix.

enrouler v. tr.
Rouler une chose sur elle-même, autour d'une autre. *Catherine a enroulé un ruban autour de la tête de son chat Chanel.*
Ant. **dérouler.**

enrubanner v. tr.
Orner de rubans.
⇨ enrubanner.

ensabler v. tr., pronom.
• **Transitif.** Remplir de sable.
• **Pronominal.** Se remplir de sable. *La baie du Mont-Saint-Michel s'est ensablée.*

ensachage n. m.
Action d'ensacher. *L'ensachage d'herbes aromatiques.*

ensacher v. tr.
Mettre dans des sacs, des sachets.

ensanglanter v. tr.
• Couvrir de sang.
• (Litt.) Faire couler le sang. *Ces guerres ont ensanglanté le pays.*

enseignant, ante adj. et n. m. et f.
• **Adjectif.** Qui enseigne.
• *Le corps enseignant.* L'ensemble des instituteurs et des professeurs.
• **Nom masculin et féminin.** Personne dont la profession est d'enseigner. *De jeunes enseignants. Les instituteurs et les professeurs sont des enseignants.*

enseigne n. m. et f.
• **Nom masculin**
Militaire.
• **Nom féminin**
- Tableau, affiche. *Une jolie enseigne de bois.*
- *À bonne enseigne.* À juste titre.
- *À telle enseigne que.* À preuve que.

ENSEIGNES COMMERCIALES
La dénomination inscrite sur une enseigne est souvent une dénomination de fantaisie qui comporte généralement une majuscule au mot initial ainsi qu'aux noms et adjectifs importants.
- *La Colombe d'Or.*
- *Champs Fleuris.*
- *La Vieille Tour.*
- *L'Orée du Bois.*
⇨ On évitera d'écrire les articles et les prépositions avec une majuscule. Il est également possible d'écrire la dénomination avec une seule majuscule initiale. L'enseigne commerciale ne doit pas être confondue avec la raison sociale; en effet, les deux dénominations ne sont pas forcément identiques.
Citation
Lorsque l'on cite textuellement un nom d'enseigne, il est préférable de l'écrire en italique. Sinon, on mettra la dénomination entre guillemets. *Nous sommes allés manger «Chez la Mère Poulard».*

---

enseignement n. m.
• Action, manière de transmettre des connaissances. *L'enseignement du français, des mathématiques.*
• *Enseignement assisté par ordinateur (EAO).* Méthode d'enseignement utilisant l'informatique.
• Profession des enseignants. *Elle est dans l'enseignement.*
• *Ordre d'enseignement.* Chacune des grandes divisions de l'enseignement. *Au Québec, les ordres d'enseignement sont : l'enseignement primaire, secondaire, collégial, universitaire.* (Recomm. off. OLF)

enseigner v. tr.
Les lettres **gn** sont suivies d'un *i* à la première et à la deuxième personne du pluriel de l'indicatif imparfait et du subjonctif présent. *(Que) nous enseignions, (que) vous enseigniez.*
Transmettre les éléments d'une science, d'un art. *Enseigner l'histoire.*

ensemble adv. et n. m.
• **Adverbe**
- Les uns avec les autres. *Ils mangent ensemble.*
- En même temps. *Partir ensemble.*
- *Tous ensemble.* En même temps. *Nous parlons tous ensemble.* Ne pas confondre avec l'expression littéraire **tout ensemble** qui signifie **à la fois.** *Une lassitude tout ensemble morale et physique.*
☞ L'adverbe **ensemble** s'emploie avec les verbes **unir, réunir** sans qu'il y ait de pléonasme. *Réunir deux personnes ensemble.*
• **Nom masculin**
- Tout groupe considéré en lui-même. *L'ensemble des étudiants.*
- *D'ensemble.* Général. *Une vue d'ensemble.*
- *Dans l'ensemble.* En général.
- *Dans son ensemble.* Dans les grandes lignes.
- Harmonie. *Ces instruments forment un bel ensemble.*
- *Grand ensemble.* Complexe immobilier.

ensemblier n. m.
ensemblière n. f.
Artiste qui crée des ensembles décoratifs et mobiliers. *Un décorateur ensemblier.*

ensemencement n. m.
Action d'ensemencer; son résultat. *L'ensemencement des céréales.*

ensemencer v. tr.
Le *c* prend une cédille devant les lettres *a* et *o. Il ensemença, nous ensemençons.*
Jeter de la semence en terre. *L'agriculteur ensemençait ses terres.*
☞ Ne pas confondre avec les verbes suivants :
- *planter,* mettre en terre des graines ou des plants;
- *repiquer,* mettre en terre des plantes.
Syn. **semer.**

enserrer v. tr.
Enfermer.
⇨ en**serrer.**

ensevelir v. tr.
👄 Le *e* de la troisième syllabe est muet [ãsəvlir].
• (Litt.) Inhumer, mettre au tombeau.
• Engloutir. *Le torrent de boue a enseveli le hameau.*

ensevelissement n. m.
👄 Le *e* de la troisième syllabe est muet [ãsəvlismã].
(Litt.) Action d'ensevelir; fait d'être enseveli.

ensoleillement n. m.
État d'un lieu ensoleillé. *Cet été, nous avons eu beaucoup de jours d'ensoleillement.*

ensoleiller v. tr.
Les lettres *ill* sont suivies d'un *i* à la première et à la deuxième personne du pluriel de l'indicatif imparfait et du subjonctif présent. *(Que) nous ensoleillions, (que) vous ensoleilliez.*
Éclairer par les rayons du soleil. *Une chambre ensoleillée, très claire.*

ensommeillé, ée adj.
Mal réveillé. *Des yeux ensommeillés.*

ensorcelant, ante adj.
Envoûtant.

ensorceler v. tr.
Redoublement du *l* devant un *e* muet. *J'ensorcelle, j'ensorcellerai,* mais *j'ensorcelais.*
• Soumettre à un sortilège, envoûter. *Ils ont été ensorcelés par le sorcier.*
• (Fig.) Captiver. *Ses yeux m'ensorcellent.*
⇨ ensorceler.

ensorceleur, euse adj. et n. m. et f.
• **Adjectif.** Charmeur. *Des yeux ensorceleurs.*
• **Nom masculin et féminin.** Qui soumet à un sortilège.
⇨ ensorceleur.

ensorcellement n. m.
• Action d'ensorceler.
• (Fig.) Fascination.
⇨ ensorcellement.

ensuite adv.
Après, puis. *Il a fait soleil, il a plu ensuite.*
☞ L'expression *«et puis ensuite» est un pléonasme.

ensuivre (s') v. pronom.
Ce verbe est usité à la troisième personne du singulier et du pluriel seulement. INDICATIF PRÉSENT *Il s'ensuit, ils s'ensuivent.* IMPARFAIT *Il s'ensuivait, ils s'ensuivaient.* PASSÉ SIMPLE *Il s'ensuivit, ils s'ensuivirent.* FUTUR *Il s'ensuivra, ils s'ensuivront.* CONDITIONNEL PRÉSENT *Il s'ensuivrait, ils s'ensuivraient.* SUBJONCTIF PRÉSENT *Qu'il s'ensuive, qu'ils s'ensuivent.* IMPARFAIT *Qu'il s'ensuivît, qu'ils s'ensuivissent.* PARTICIPE PRÉSENT *S'ensuivant.* PASSÉ *S'ensuivi, ie.* Il n'y a pas de forme impérative.
• Découler, résulter. *L'inondation qui s'est ensuivie.*
• *Il s'ensuit que. Il s'ensuit que nous avons gagné.*
☞ À la forme affirmative, le verbe se construit à l'indicatif.
• *Il ne s'ensuit pas que. Il ne s'ensuit pas forcément qu'elle soit admise.*
☞ À la forme négative, le verbe se construit au subjonctif.

entacher v. tr.
• Souiller, salir.
• (Dr.) Diminuer par un défaut. *Un immeuble entaché d'un vice de construction.*
⇨ entacher.

entaille n. f.
Coupure. *Les garçons ont fait des entailles dans les arbres pour marquer leur chemin.*

entailler v. tr., pronom.
Les lettres *ill* sont suivies d'un *i* à la première et à la deuxième personne du pluriel de l'indicatif imparfait et du subjonctif présent. *(Que) nous entaillions, (que) vous entailliez.*
• Transitif. Faire une entaille dans. *Entailler un érable pour en recueillir la sève.*
• Pronominal. Se faire une entaille. *La petite s'est entaillé la main.*

entame n. f.
Premier morceau coupé. *Une bonne entame de gigot.*
☞ Attention au genre féminin de ce nom : *une* entame.

entamer v. tr.
• Couper un premier morceau. *Entamer une tarte.*
• Commencer. *Entamer une discussion.*

entartrage n. m.
Formation de tartre.

entartrer v. tr.
Recouvrir de tartre.

entassement n. m.
☞ Le *e* de la troisième syllabe est muet [ɑ̃tɑsmɑ̃].
Action d'entasser; objets entassés.

entasser v. tr.
Accumuler. *Entasser des provisions.*

entendement n. m.
• Jugement, bon sens.
• *Dépasser l'entendement.* Être incompréhensible.

entendeur n. m.
À bon entendeur, salut. Que celui qui entend se le tienne pour dit.
☞ Ce nom ne s'emploie que dans l'expression citée.

entendre v. tr., pronom.
INDICATIF PRÉSENT *J'entends, tu entends, il entend, nous entendons, vous entendez, ils entendent.* PASSÉ SIMPLE *J'entendis.* IMPARFAIT *J'entendais.* FUTUR *J'entendrai.* CONDITIONNEL PRÉSENT *J'entendrais.* IMPÉRATIF PRÉSENT *Entends, entendons, entendez.* SUBJONCTIF PRÉSENT *Que j'entende.* IMPARFAIT *Que j'entendisse.* PARTICIPE PRÉSENT *Entendant.* PASSÉ *Entendu, ue.*
Transitif
• Percevoir le son. *Parlez plus fort, je ne vous entends pas bien.*
• Comprendre. *On m'a laissé entendre qu'une promotion me serait offerte sous peu.*
☞ Par contre, l'expression *laisser entendre* au sens de *insinuer* appartient à la langue courante.
• *Entendre + infinitif, entendre que +* subjonctif. Vouloir. *J'entends bien être présente. Il entendait qu'elle soit là dès 8 heures.*
• *Entendu, ue +* infinitif
- Le participe passé s'accorde avec le complément d'objet direct qui précède le verbe si ce complément fait l'action décrite par l'infinitif. *Les oiseaux que j'ai entendus chanter.*
- Le participe passé reste invariable si le complément d'objet direct ne fait pas l'action décrite par l'infinitif. *Les airs que j'ai entendu fredonner.*
• *Entendu.* D'accord. *C'est entendu, je le lirai.*
• *Bien entendu.* Évidemment. *Bien entendu, je serai là.*
☞ Dans ces emplois, le mot est pris adverbialement et est invariable.
• *Comme de bien entendu,* locution adverbiale. (Fam.) Évidemment. En ce sens, on dit couramment *bien entendu.*

• *Il est entendu que,* locution conjonctive. Le verbe se construit avec l'indicatif ou le conditionnel. *Il est entendu que nous devons augmenter notre part.*
Pronominal
• Se connaître à. *L'informatique, on peut dire qu'elle s'y entend.*
• S'accorder, sympathiser. *Les deux cousines se sont bien entendues, elles ont eu du plaisir ensemble.*

entente n. f.
Accord. *Les deux financiers ont conclu une entente.*

enter v. tr.
Greffer.
Hom. *hanter,* obséder.

entériner v. tr.
• (Dr.) Ratifier, rendre juridiquement valable.
• Consacrer. *Ce nom a été entériné par l'Académie française.*

enterrement n. m.
• Cérémonie qui accompagne la mise en terre d'un mort.
• Action de mettre en terre.

enterrer v. tr.
Mettre en terre. *Le chien a enterré son os.*
Syn. **inhumer.**

en tête loc.
• *En tête,* locution adverbiale. En mémoire. *Je n'ai pas son nom en tête.*
• *En tête de,* locution prépositive. En avant, au début. *Se classer en tête de liste.*
☞ Ne pas confondre avec le nom masculin *en-tête,* dénomination officielle imprimée en tête d'un papier, qui s'écrit avec un trait d'union.

en-tête n. m.
Dénomination officielle (d'une entreprise, d'un organisme) imprimée en tête d'un papier, d'un formulaire. *Du papier à en-tête. Des en-têtes imprimés en deux couleurs.*
☞ L'en-tête comporte généralement la raison sociale, l'adresse, le numéro de téléphone, de télécopieur, s'il y a lieu.
☞ Ne pas confondre avec la locution *en tête,* en avant, en mémoire, qui s'écrit sans trait d'union.
☞ Attention au genre masculin de ce nom : *un* en-tête.
▱ **en-tête,** avec un trait d'union.

entêté, ée adj. et n. m. et f.
Obstiné. *Il est trop entêté pour changer d'avis.*
☞ En ce sens, les synonymes *buté* et *têtu* se disent en mauvaise part, tandis que *persévérant, tenace, volontaire* sont utilisés en bonne part.
▱ entêté.

entêtement n. m.
Obstination, ténacité.
▱ entêtement.

entêter v. tr., pronom.
• **Transitif.** Étourdir. *Ces parfums les ont entêtés.*
• **Pronominal.** S'obstiner. *Il s'entête à vouloir sortir nu-tête malgré le froid. Il s'entête dans ce projet.*

☞ Le verbe suivi d'un infinitif se construit avec la préposition *à*; suivi d'un nom, il se construit plutôt avec *dans.*

enthousiasme n. m.
Ferveur, excitation joyeuse. *Tous accueillirent les vacances avec enthousiasme.*
☞ Attention au genre masculin de ce nom : *un* enthousiasme.
⇨ enthousiasme.

enthousiasmer v. tr., pronom.
• **Transitif.** Emballer, remplir d'enthousiasme. *Ce spectacle les a enthousiasmés.*
• **Pronominal.** Se passionner pour quelqu'un, quelque chose. *Elles se sont enthousiasmées pour cette cause.*
⇨ enthousiasmer.

enthousiaste adj. et n. m. et f.
Qui ressent de l'enthousiasme, qui est rempli d'admiration. *Ils sont très enthousiastes.*
⇨ enthousiaste.

enticher (s') v. pronom.
S'engouer. *Il s'est entiché de sa collègue.*

entier, ière adj. et n. m.
• **Adjectif**
- Complet, intégral. *Un groupe entier. Une entière confiance.*
• *Tout entier.* Dans cette expression, *tout* employé adverbialement est invariable; par contre, l'adjectif *entier* s'accorde avec le nom auquel il se rapporte. *La foule tout entière a applaudi.*
• **Nom masculin**
- Totalité. *Étudier le document dans son entier.*
- *En entier,* locution adverbiale. Complètement, totalement. *Il a vu l'émission en entier.*

entièrement adv.
Totalement. *Vous avez entièrement raison.*

entité n. f.
(Didact.) Être ou essence de quelque chose.

entomologie n. f.
Partie de la zoologie qui s'intéresse aux insectes.

entomologiste n. m. et f.
Spécialiste d'entomologie.

entonner v. tr.
Commencer à chanter. *Ils entonnèrent un hymne pour célébrer la victoire.*
⇨ entonner.

entonnoir n. m.
Ustensile servant à transvaser des liquides. *Elle a versé du parfum dans un flacon à l'aide d'un entonnoir.*
⇨ entonnoir.

entorse n. f.
• Lésion douloureuse d'une articulation. *Elle s'est fait une entorse à la cheville.*
• *Faire une entorse à* (une loi, un usage, etc.). (Fig.) Ne pas respecter.

entortillement ou **entortillage** n. m.
Action d'entortiller, de s'entortiller.

entortiller v. tr., pronom.
• Envelopper en faisant des tours.
• (Fig.) Embrouiller, duper.

entour n. m.
• (Vx) Voisinage.
• *À l'entour,* locution prépositive. Alentour de. *Les enfants jouent à l'entour de la maison.*
V. **alentour.**

entourage n. m.
Personnes qui entourent habituellement quelqu'un.

entourer v. tr., pronom.
• **Transitif**
- Disposer tout autour de. *Entourer un dessin d'un trait coloré.*
- Faire le tour de. *Des jardins entourent le château.*
• **Pronominal**
Réunir autour de soi. *Ils se sont entourés de musiciens.*

entourloupette n. f.
(Fam.) Mauvaise plaisanterie.

entr(e)-
V. **entre-.**

entracte n. m.
Interruption entre deux actes d'une pièce, entre deux parties d'un spectacle. *Un entracte (et non une *intermission) de dix minutes.*
☞ Attention au genre masculin de ce nom : *un* entracte.

entraide n. f.
Aide mutuelle. *Dans l'épreuve, il faut compter sur l'entraide.*

entraider (s') v. pronom.
Se venir en aide mutuellement. *Elles se sont entraidées pour repeindre la maison.*

entrailles n. f. pl.
• (Vx) Sein de la mère.
• *Sans entrailles.* Se dit d'une personne insensible.

entr'aimer (s') v. pronom.
(Litt.) S'aimer l'un l'autre.

entrain n. m.
Dynamisme, gaieté. *Avoir de l'entrain.*
☞ Ne pas confondre avec la locution prépositive *en train de* qui s'écrit en deux mots et qui marque une action en cours. *Elle est en train de travailler.*

entraînant, ante adj.
Qui entraîne. *Un air entraînant.*

entraînement n. m.
• Ensemble d'exercices physiques effectués méthodiquement. *L'entraînement d'un coureur, d'un gymnaste, d'un soldat.*
• Apprentissage par habitude. *Avec un peu d'entraînement, vous y arriverez.*
☞ Ne pas confondre avec le nom *formation* qui fait appel au travail intellectuel et aux connaissances à acquérir. *La formation d'un chirurgien, d'une comptable, d'une avocate.*

entraîner v. tr., pronom.
• **Transitif**
- Amener avec soi. *Les chutes ont entraîné la petite barque.*
- Inciter quelqu'un à faire quelque chose. *Il a entraîné ses amis dans un bar.*
- Avoir pour conséquence. *La sécheresse entraîne la famine dans de nombreux pays.*
• **Pronominal**
Se préparer par des exercices à une compétition, une épreuve. *Ils se sont entraînés pendant six mois.*
⇨ entraîner.

entraîneur n. m.
entraîneuse n. f.
• **Nom masculin et féminin.** (Sports) Instructeur.
• **Nom féminin.** Jeune femme entraînant à la consommation dans un bar.

entrapercevoir ou **entr'apercevoir** v. tr.
Apercevoir très brièvement.

entrave n. f.
Frein, obstacle. *La censure est une entrave à la libre expression.*

entraver v. tr.
• Mettre une entrave à (un animal).
• (Fig.) Freiner, gêner l'action. *Ces retards entravent notre progression.*

entre prép.

• **Préposition marquant le lieu**
- D'un point à un autre. *Entre Québec et Montréal.*
- Rapport entre deux ou plusieurs personnes. *Entre son père et lui. Entre nous. Entre amis.*
- Parmi. *Ils ont été élus entre tous.*
• **Préposition marquant le temps**
Dans un intervalle de temps. *Entre midi et minuit.*
• **Locutions**
- **Entre deux âges.** Qui fait l'effet de n'être ni jeune ni vieux.
- **Entre chien et loup.** Au crépuscule.
- **Entre parenthèses, entre guillemets, entre crochets.**
☞ Dans ces expressions, le nom est au pluriel.
- **Entre autres.** L'expression s'emploie pour faire référence à un nom ou un pronom. *Elle a visité ces régions, entre autres la Beauce et la Gaspésie.* Si l'expression ne se rapporte à aucun nom ou pronom, on écrira plutôt **entre autres choses.**
☞ **Entre** ne s'élide pas devant une voyelle, excepté dans quelques verbes composés (*s'entr'aimer, s'entr'apercevoir, s'entr'égorger*).

entre- préf.

L'orthographe des mots composés avec le préfixe **entre-** n'obéit pas à une règle logique : certains s'écrivent en un seul mot, d'autres avec un trait d'union ou une apostrophe.
• Avec un trait d'union. *S'entre-déchirer.*
• En un seul mot. *Entrechat, entrevue, entrecôte.*

• Certains mots dont le second élément commence par une voyelle comportent une élision du *e* du préfixe et une apostrophe. *S'entr'aimer, s'entr'apercevoir, s'entr'égorger.*
• Certains mots commençant par une voyelle et composés avec le préfixe élidé s'écrivent en un seul mot. *S'entraider, entrouvrir.*
☞ On consultera chacun des mots composés avec le préfixe **entre-** à son entrée dans l'ordre alphabétique.

entrebâillement n. m.
Ouverture. *L'entrebâillement de la porte.*
⇨ entrebâillement.

entrebâiller v. tr.
Les lettres *ill* sont suivies d'un *i* à la première et à la deuxième personne du pluriel de l'indicatif imparfait et du subjonctif présent. *(Que) nous entrebâillions, (que) vous entrebâilliez.*
Entrouvrir. *Elle a entrebâillé la fenêtre.*
⇨ entrebâiller.

entrechat n. m.
Pas de danse en forme de saut.
⇨ entrechat.

entrechoquer v. tr., pronom.
Heurter l'un contre l'autre. *Les verres s'entrechoquaient et l'on formula des félicitations pour les vainqueurs.*

entrecôte n. f.
Morceau de viande coupé entre deux côtes de bœuf. *Une entrecôte saignante.*

entrecouper v. tr.
Interrompre fréquemment. *Un texte entrecoupé de musique.*

entrecroisement n. m.
Disposition de choses qui s'entrecroisent.

entrecroiser (s') v. pronom.
Se croiser l'un l'autre. *Des fils qui s'entrecroisent.*

entrecuisse n. m.
Espace entre les cuisses.

entre-déchirer (s') v. pronom.
Se déchirer mutuellement. *Elles se sont entre-déchirées cruellement.*

entre-deux n. m. inv. (pl. *entre-deux*)
État intermédiaire entre deux extrêmes.

entre-deux-guerres n. m. ou f. inv.
Période située entre deux guerres.
☞ Le genre masculin est nettement plus usité de nos jours.

entre-dévorer (s') v. pronom.
Se dévorer mutuellement. *Ils se sont entre-dévorés.*

entrée n. f.
• Action, fait d'entrer. *Entrée interdite.*
• Accès. *L'entrée d'une maison.*
- **Avoir ses entrées.** Avoir des relations.
• Début.

- **D'entrée de jeu.** Dès le début, d'emblée.
- **Entrée en matière.** Introduction d'un discours, d'un écrit.
- **Entrée en fonction(s).** Début d'un nouvel emploi.
• (Ling.) Mot clé d'un dictionnaire. *Des entrées en majuscules.*

entrefaites n. f. pl.
Sur ces entrefaites. À ce moment-là.
☞ Ce nom ne s'emploie que dans cette expression et il est toujours au pluriel.

entrefilet n. m.
Court article d'un journal.

entregent n. m.
Habileté à la vie sociale. *Elle a beaucoup d'entregent.*
☞ entre**gent.**

entr'égorger (s') v. pronom.
    Le *g* est suivi d'un *e* devant les lettres *a* et *o*. *Ils s'entr'égorgeaient, nous nous entr'égorgeons.*
S'égorger les uns les autres. *Les bandes rivales se sont entr'égorgées.*

entrejambe n. m.
• Partie du corps située entre les jambes.
• Partie d'un vêtement entre les jambes.
☞ Attention au genre masculin de ce nom : *un* entrejambe.

entrelacement n. m.
Entrecroisement.

entrelacer v. tr., pronom.
    Le *c* prend une cédille devant les lettres *a* et *o*. *Il entrelaça, nous entrelaçons.*
• **Transitif.** Enlacer l'un dans l'autre. *Nous entrelaçons nos rubans et nos colliers.*
• **Pronominal.** S'entrecroiser. *Les écharpes se sont entrelacées.*

entrelacs n. m. inv.
    ⬭ Les lettres *cs* ne se prononcent pas [ɑ̃trəla].
Dessin de motifs entrecroisés.
☞ entrela**cs.**

entrelarder v. tr.
• Piquer une viande avec du lard.
• Parsemer de. *Entrelarder un texte de références.*

entremêler v. tr., pronom.
• **Transitif.** Insérer certaines choses dans d'autres. *Entremêler des fruits et des friandises.*
☞ Ne pas confondre avec le verbe *emmêler,* mêler avec d'autres choses.
• **Pronominal.** Se mélanger. *Tous les éléments se sont entremêlés.*

entremets n. m. inv.
Dessert.
☞ un entremet**s,** des entremet**s.**

entremetteur, euse n. m. et f.
(Péj.) Intermédiaire dans les affaires galantes.

entremettre (s') v. pronom.
    Se conjugue comme le verbe *mettre.*
S'interposer.

entremise n. f.
• Action de s'employer dans une affaire pour quelqu'un.
• *Par l'entremise de,* locution prépositive. Par l'intermédiaire de. *C'est par son entremise que nous nous sommes rencontrés.*

entrepont n. m.
Espace compris entre deux ponts d'un bateau.

entreposage n. m.
Action d'entreposer. *L'entreposage (et non le *storage) de meubles.*

entreposer v. tr.
Déposer dans un entrepôt. *L'entreprise a entreposé des archives ici.*

entreposeur n. m.
entreposeuse n. f.
Personne qui reçoit des marchandises en entrepôt.
☞ Ne pas confondre avec le nom *entrepositaire,* personne qui met des marchandises en entrepôt.

entrepositaire adj. et n. m. et f.
Personne qui met des marchandises en entrepôt.
☞ Ne pas confondre avec le nom *entreposeur,* personne qui reçoit des marchandises en entrepôt.

entrepôt n. m.
Lieu où sont déposées des marchandises pour une période déterminée. *Un entrepôt de fruits.*

entreprenant, ante adj.
• Audacieux.
• Galant.

entreprendre v. tr.
    Se conjugue comme le verbe *prendre.*
Commencer à exécuter. *Entreprendre des travaux.*

entrepreneur n. m.
entrepreneure n. f.
• Chef d'une entreprise. *Un entrepreneur de construction* (et non un **contracteur).*
☞ Le complément du nom *entrepreneur* est introduit à l'aide de la préposition *de* plutôt que *en.*
• Personne qui, à ses risques, crée, développe et implante des entreprises. *L'an dernier, ce sont des entrepreneures qui ont créé 60 % des nouvelles entreprises du Québec.*
☞ En France, on emploie plutôt l'expression *créateur d'entreprise.*
Syn. **créateur, créatrice d'entreprise.**

entrepreneurship n. m.
Manifestation de l'esprit, des attitudes et de l'activité des créateurs d'entreprises. *La chaire d'entrepreneurship des HEC.*
☞ En France, on emploie plutôt l'expression *création d'entreprise.*
Syn. **création d'entreprise.**

entrepreneurial, ale, aux adj.
• (Néol.) Relatif à l'entrepreneurship, à la création d'entreprise.
• (Néol.) Relatif à l'entrepreneur, au créateur d'entreprise.

entreprise n. f.
• Action. *C'est une entreprise audacieuse.*
• Unité économique de production de biens ou de services. *Une entreprise de fabrication, de télécommunications, de services.*
• *Chef d'entreprise.* Entrepreneur.
• *Culture d'entreprise.* Ensemble des traditions de structure, de gestion et de savoir-faire qui assurent la cohésion d'une entreprise.
• *Esprit d'entreprise.* Volonté ou goût de mettre en œuvre et de réaliser des entreprises sociales ou commerciales.

entrer v. tr., intr.
• **Transitif**
Introduire. *Entrer une aiguille dans une veine.*
☞ Employé transitivement, le verbe se conjugue avec l'auxiliaire *avoir.*
• **Intransitif**
- Pénétrer. *Elle est entrée dans la maison.*
☞ Employé intransitivement, le verbe se conjugue avec l'auxiliaire *être.*
- Être compris dans. *Il y a du sucre qui entre dans ce gâteau.*
- *Entrer en ligne de compte.* Constituer un élément qui doit être considéré.
- Commencer à faire quelque chose. *Entrer en action. Entrer en guerre.*
- *Entrer en fonction(s).* Être au commencement d'un nouvel emploi.
- *Entrer en vigueur, en exercice. La loi entre en vigueur* (et non est *effective) le 15 mars.*
☞ Ne pas confondre avec le verbe *rentrer,* entrer à nouveau.
☞ Si on *entre* dans une maison, on *monte* dans une voiture, on *s'engage* dans une voie de circulation.

entresol n. m.
Espace d'un immeuble situé entre le rez-de-chaussée et le premier étage.

entre-temps loc. adv.
Pendant ce temps. *La plante germa entre-temps.*

entretenir v. tr., pronom.
Se conjugue comme le verbe *tenir.*
• **Transitif**
- Maintenir en bon état. *Entretenir son jardin.*
- Informer. *Il entretint son ami du problème.*
- Assurer la subsistance de. *Entretenir une famille.*
• **Pronominal**
Converser avec quelqu'un. *Ils restèrent à s'entretenir à l'écart du groupe.*

entretien n. m.
• Action de maintenir en bon état. *L'entretien de sa voiture.*
☞ Ne pas confondre avec le nom *maintenance,* ensemble des moyens d'entretien utilisés dans le but de maintenir un système, un matériel technique en état de fonctionnement normal.
• Conversation suivie avec quelqu'un. *Un entretien particulier.*
☞ Ne pas confondre avec les noms suivants :
- *causette,* conversation familière;
- *conciliabule,* réunion secrète;

- *conversation,* entretien familier;
- *dialogue,* conversation entre deux personnes;
- *palabre,* conversation longue et inutile.

entretoise n. f.
Pièce de bois qui relie deux autres pièces.

entre-tuer (s') v. pronom.
Se tuer mutuellement. *Les animaux se sont entre-tués.*

entrevoir v. tr.
Se conjugue comme le verbe *voir.*
Apercevoir. *J'ai entrevu Delphine hier soir, je n'ai pas eu le temps de lui parler.*

entrevue n. f.
Rencontre concertée entre deux ou plusieurs personnes, entretien. *Fixer une entrevue avec un journaliste.*

entropie n. f.
Dégradation de l'énergie.

entrouvrir v. tr.
Se conjugue comme le verbe *ouvrir.*
Ouvrir un peu. *Il entrouvrit la porte avec prudence.*
☞ Ce verbe s'écrivait autrefois avec une apostrophe.

énucléer v. tr.
Extraire un noyau.

énumératif, ive adj.
Qui sert à l'énumération.

énumération n. f.
Action d'énumérer; dénombrement. *L'énumération des étudiants d'une classe.*
V. Tableau - **ÉNUMÉRATION.**

*énumération (des électeurs)
Anglicisme au sens de *recensement.*

énumérer v. tr.
Le *é* se change en *è* devant une syllabe muette, sauf à l'indicatif futur et au conditionnel présent. *J'énumère,* mais *j'énumérerai.*
Nommer l'un à la suite de l'autre. *L'enseignante énumère les élèves qui ont réussi l'examen.*

énurésie n. f.
Émission involontaire d'urine pendant le sommeil.

énurétique adj. et n. m. et f.
Qui souffre d'énurésie.

env.
Abréviation de *environ.*

envahir v. tr.
• Pénétrer par la force dans une région et l'occuper.
• Remplir, occuper en entier. *La plage est envahie par les enfants.*

envahissement n. m.
Action d'envahir; son résultat. *L'envahissement de la publicité à la télévision.*

envahisseur n. m.
Celui qui envahit (un pays, une région, etc.).

ÉNUMÉRATION

LES ÉLÉMENTS D'UNE ÉNUMÉRATION

– Présentation horizontale

Les chiffres romains sont composés des symboles suivants : I, V, X, L, C, D, M.

☞ On met une virgule entre chaque élément de l'énumération et un point à la fin.

– Présentation verticale

Cet ouvrage traite des difficultés du français :

1. orthographe;	ou	*1- orthographe;*	ou	*1) orthographe;*
2. grammaire;		*2- grammaire;*		*2) grammaire;*
3. conjugaison.		*3- conjugaison.*		*3) conjugaison.*

☞ Les éléments sont suivis d'un point-virgule à l'exception du dernier élément qui est suivi d'un point. On pourrait également ne pas mettre de ponctuation à la suite des éléments.

LES PARTIES D'UN TEXTE

En vue de découper un texte ou de mettre l'accent sur le nombre ou l'ordre des éléments, on a recours à divers jalons énumératifs : des lettres, des numéros ou d'autres signes (tiret, point, etc.).

☞ Une règle est importante : quel que soit le type de jalon retenu, il importe de respecter tout au long du document le même ordre, la même gradation de repères énumératifs.

JALONS COURAMMENT UTILISÉS	– les lettres minuscules *a), b), c)*;
	– les adjectifs numéraux ordinaux du latin sous leur forme abrégée *1°, 2°, 3°*;
	– les lettres majuscules *A., B., C.*;
	– les chiffres romains *I, II, III*;
	– la numérotation décimale *1., 1.1., 1.1.1., 1.2., 1.3., 2., 2.1.*

Pour une ***énumération simple,*** on utilise un seul signe énumératif : le tiret, les majuscules, les adjectifs numéraux latins, par exemple.

Pour une ***énumération double,*** on recourt à deux types de signes; pour une ***énumération triple,*** à trois types, et ainsi de suite.

Simple	Double	Triple	Quadruple	Complexe
a)	a)	A.	I-	1.
b)	1°	a)	A.	1.1.
c)	2°	1°	a)	1.1.1.
d)	3°	2°	1°	1.1.2.
e)	b)	b)	2°	1.2.
f)	1°	1°	b)	1.2.1.
g)	2°	2°	B.	1.2.2.
h)	3°	B.	II-	1.3.
i)	c)	a)	A.	2.

☞ Il est préférable de se limiter à trois niveaux de subdivision (avec un maximum de dix sous-classes), si l'on recourt à la numération décimale afin de ne pas trop alourdir la structuration.

enveloppe n. f.
• Ce qui sert à envelopper. *Une enveloppe matelassée.*
• Morceau de papier plié en forme de poche et qui est destiné à contenir une lettre, un document, etc.
☞ Pour l'inscription de l'adresse sur l'enveloppe, se reporter au Tableau - **ADRESSE**.
V. Tableau - **ENVELOPPE**.

envelopper v. tr.
• Recouvrir. *Envelopper d'une couverture.*
• Emballer. *Envelopper un colis.*

envenimer v. tr., pronom.
• **Transitif**
- Infecter. *Une blessure envenimée.*
- (Fig.) Aggraver. *Envenimer une querelle.*
• **Pronominal**
Se détériorer. *Les relations se sont envenimées.*

envergure n. f.
• Longueur d'une voile.
• Étendue comprise entre les extrémités des ailes déployées d'un oiseau, d'un avion.
• Grande ouverture d'esprit. *Ce penseur a beaucoup d'envergure.*
• Ampleur (d'une chose). *Une campagne publicitaire d'envergure.*
☞ Ce nom ne peut s'appliquer à une entreprise, à un organisme, à un établissement commercial.

envers prép.
• À l'égard de. *Il est très compréhensif envers ses subalternes.*
• *Envers et contre tous.* Malgré l'opposition générale.

envers n. m.
• Le côté opposé à l'endroit. *L'envers d'une étoffe, d'une médaille.*
• Le contraire. *L'envers des choses.*
Ant. **endroit.**
• *À l'envers,* locution adverbiale. *Le bon roi Dagobert a mis sa culotte à l'envers.* (Chanson)
⮕ envers.

envi (à l') loc. adv.
(Litt.) À qui mieux mieux.
⮕ à l'envi.

enviable adj.
Désirable. *Leur sort n'est pas si enviable.*

envie n. f.
• Jalousie. *Un sort digne d'envie.*
• Besoin. *Une envie de dormir.*
• *Avoir envie de.* Désirer, être tenté de. *J'ai grande envie de prendre congé.*
☞ Dans la langue soutenue, il est préférable d'em-

ENVELOPPE

Gabrielle Girard
4077, rue Saint-Hubert
Montréal, Québec
H2L 4A7

① ②

RECOMMANDÉ
③

Monsieur Georges Dubé
775, chemin des Vieux-Moulins
L'Acadie (Québec)
J0J 1H0

④

⑤

1. Adresse de l'expéditeur.
2. Espace réservé aux timbres.
3. Les mentions PERSONNEL, CONFIDENTIEL, RECOMMANDÉ s'écrivent en lettres majuscules dans cet espace.
4. Adresse du destinataire. Selon la longueur de l'adresse, celle-ci peut chevaucher les sections 3 et 4. Le code postal s'écrit seul sur la dernière ligne. Il doit absolument apparaître dans cette section.
5. Espace réservé au code du tri mécanique de la Société canadienne des postes.

Normes de la Société canadienne des postes.

ployer un adjectif avec le nom *envie* plutôt que l'adverbe *très.*

envier v. tr.

Redoublement du *i* à la première et à la deuxième personne du pluriel de l'indicatif imparfait et du subjonctif présent. *(Que) nous enviions, (que) vous enviiez.*

• Désirer ce qui est à autrui. *Elle envie ta chance. Il envie sa sœur.* Le complément du verbe peut être une personne ou une chose.

☞ Ne pas confondre avec les verbes suivants :
- *aspirer,* viser, prétendre à;
- *convoiter,* désirer ardemment avec jalousie;
- *désirer,* espérer, souhaiter.

• *N'avoir rien à envier à personne.* Être comblé.

envieux, euse adj. et n. m. et f.

Qui éprouve de l'envie. *Ces voisins sont envieux.*

☞ envieu**x.**

environ adv.

• Abréviation **env.** (s'écrit avec un point).

• Approximativement. *Le pont se situe à un kilomètre environ, à environ un kilomètre.*

environnant, ante adj.

Voisin. *Les villages environnants.*

☞ environ**n**ant.

environnement n. m.

Milieu. *La protection de l'environnement.*

☞ environ**n**ement.

environnemental, ale, aux adj.

Relatif à l'environnement. *Des règlements environnementaux.*

☞ environ**n**emental.

environnementaliste n. m. et f.

Spécialiste des problèmes de l'environnement.

environner v. tr.

Être autour de, constituer le voisinage de. *Des forêts environnent le chalet.*

☞ environ**n**er.

environs n. m. pl.

• Alentours. *Ils ont photographié les environs.*

• *Aux environs de,* locution prépositive. Aux abords de, vers. *Aux environs de Longueuil, aux environs de minuit.*

envisager v. tr.

Le *g* est suivi d'un *e* devant les lettres *a* et *o. Il envisagea, nous envisageons.*

• Considérer. *Nous envisageons les choses de façon réaliste.*

• Projeter. *Envisagez-vous d'agrandir cette école?*

envisageable adj.

(Néol.) Que l'on peut envisager.

envoi n. m.

• Expédition. *Envoi d'un colis, envoi contre remboursement* (et non *C.O.D.).

• Chose envoyée. *Vous recevrez bientôt notre envoi.*

• *Coup d'envoi.* Dans plusieurs sports, mise au jeu par envoi du ballon. *Des coups d'envoi.*

• *Coup d'envoi.* (Fig.) Signal du début.

☞ envo**i**.

envol n. m.

• Action de s'envoler. *L'envol d'un papillon.*

• Décollage. *La piste d'envol de l'aéroport.*

☞ Ne pas confondre avec le mot *vol,* trajet en avion.

envolée n. f.

• Action de s'envoler.

• Élan. *Une envolée oratoire.*

envoler (s') v. pronom.

• Prendre son vol. *Les oiseaux se sont envolés.*

• Disparaître. *Les cambrioleurs s'étaient envolés.*

envoûtant, ante adj.

Ensorcelant. *Ses yeux sont envoûtants.*

☞ envoû**t**ant.

envoûtement n. m.

• Sortilège.

• (Fig.) Fascination. *L'envoûtement de sa poésie.*

☞ envoû**t**ement.

envoûter v. tr.

• Ensorceler. *Ce sorcier semble les avoir envoûtés.*

• (Fig.) Fasciner. *Cette musique les envoûte.*

☞ envoû**t**er.

envoyé, ée n. m. et f.

Émissaire. *Cette personne est l'envoyé du ministre.*

envoyer v. tr., pronom.

INDICATIF PRÉSENT *J'envoie, tu envoies, il envoie, nous envoyons, vous envoyez, ils envoient.* IMPARFAIT *J'envoyais, tu envoyais, il envoyait, nous envoyions, vous envoyiez, ils envoyaient.* PASSÉ SIMPLE *J'envoyai.* FUTUR *J'enverrai.* CONDITIONNEL PRÉSENT *J'enverrais.* IMPÉRATIF PRÉSENT *Envoie, envoyons, envoyez.* SUBJONCTIF PRÉSENT *Que j'envoie, que tu envoies, qu'il envoie, que nous envoyions, que vous envoyiez, qu'ils envoient.* IMPARFAIT *Que j'envoyasse.* PARTICIPE PRÉSENT *Envoyant.* PASSÉ *Envoyé, ée.*

Le *y* est suivi d'un *i* à la première et à la deuxième personne du pluriel de l'indicatif imparfait et du subjonctif présent. *(Que) nous envoyions, (que) vous envoyiez.*

• **Transitif**
- Diriger vers. *Envoyer un messager.*
- Expédier. *Envoyer une lettre.*

• **Pronominal**
(Fam.) Prendre pour soi. *S'envoyer un bon repas, s'envoyer tout le travail.*

enzyme n. f.

Substance protéinique.

☞ Bien que ce nom soit féminin, l'usage lui donne plutôt un genre masculin.

☞ Ne pas confondre avec le mot *azyme,* qui est sans levain.

éolien, ienne adj. et n. f.

• **Adjectif.** Relatif au vent. *Énergie éolienne.*

• **Nom féminin.** Machine qui fonctionne à l'aide du vent. *Une éolienne qui fournit de l'électricité.*

épagneul, eule n. m. et f.
Chien de chasse, à longs poils et à oreilles pendantes. *Un bel épagneul, une épagneule docile.*

épais, aisse adj. et adv.
• **Adjectif**
- Gros. *Une épaisse liasse de billets.*
- Dense. *Un brouillard épais.*
- Lourd. *Un esprit épais.*
• **Adverbe**
Cette escalope est tranchée trop épais.
☞ Dans cet emploi, le mot est invariable.

épaisseur n. f.
Une des dimensions, avec la longueur et la largeur. *Le bois a deux centimètres d'épaisseur.*

épaissir v. tr., intr., pronom.
• **Transitif**
Rendre plus épais. *Épaissir un mélange.*
• **Intransitif** ou **pronominal**
Devenir plus épais. *Ses traits ont épaissi, se sont épaissis.*

épaississement n. m.
• Action d'épaissir; son résultat. *L'épaississement d'une sauce.*
• Fait de s'épaissir.

épanchement n. m.
• (Méd.) Accumulation de liquide dans une cavité naturelle. *Épanchement sanguin.*
• (Fig.) Fait de se confier.

épancher v. tr., pronom.
• **Transitif.** Donner libre cours à. *Épancher son chagrin.*
• **Pronominal.** Se confier librement.
☞ Ne pas confondre avec le verbe *étancher,* apaiser la soif, une envie; arrêter un écoulement.

épandage n. m.
Répartition égale d'un produit sur le sol. *Épandage (d'asphalte, de sel, etc.).*
☞ Ce nom est réservé à la langue technique.
▭▻ épan**dage**.

épandre v. tr.
INDICATIF PRÉSENT *J'épands, tu épands, il épand, nous épandons, vous épandez, ils épandent.* IMPARFAIT *J'épandais.* PASSÉ SIMPLE *J'épandis.* FUTUR *J'épandrai.* CONDITIONNEL PRÉSENT *J'épandrais.* IMPÉRATIF PRÉSENT *Épands, épandons, épandez.* SUBJONCTIF PRÉSENT *Que j'épande.* IMPARFAIT *Que j'épandisse.* PARTICIPE PRÉSENT *Épandant.* PASSÉ *Épandu, ue.*
Étendre en dispersant.
☞ Ce verbe est vieilli ou d'un emploi technique; on lui préfère aujourd'hui *répandre.*

épanouir v. tr., pronom.
• **Transitif**
- Faire ouvrir (une fleur). *Le soleil épanouit les pivoines.*
- (Fig.) Rendre joyeux. *Le bon vin épanouit les convives.*
• **Pronominal**
- S'ouvrir, se développer. *Sa beauté s'est épanouie.*

- Se réjouir. *Ses traits s'épanouirent en apprenant ce succès.*

épanouissement n. m.
• Floraison. *L'épanouissement des lilas.*
• (Fig.) Développement complet. *Son talent a atteint son épanouissement.*

épargnant, ante n. m. et f.
Personne qui épargne. *Les épargnants sont des investisseurs indirects.*
☞ Ne pas confondre avec le participe présent invariable *épargnant.* *Les ménages épargnant jusqu'à 6 % de leurs revenus sont peu nombreux.*

épargne n. f.
• Ensemble des sommes d'argent mises en réserve.
• *Caisse d'épargne.* Établissement financier recevant des dépôts d'argent portant intérêt.

épargner v. tr.
Les lettres *gn* sont suivies d'un *i* à la première et à la deuxième personne du pluriel de l'indicatif imparfait et du subjonctif présent. *(Que) nous épargnions, (que) vous épargniez.*
• Ménager, utiliser avec modération. *Épargner l'énergie électrique.*
• Économiser. *Épargner de l'argent.*
• *Épargner quelque chose à quelqu'un.* Ne pas faire subir. *Épargnez-lui vos remarques désobligeantes.*

éparpillement n. m.
Action d'éparpiller, fait de s'éparpiller.

éparpiller v. tr., pronom.
Les lettres *ill* sont suivies d'un *i* à la première et à la deuxième personne du pluriel de l'indicatif imparfait et du subjonctif présent. *(Que) nous éparpillions, (que) vous éparpilliez.*
• **Transitif.** Disperser. *Le vent a éparpillé mes papiers.*
• **Pronominal.** Se partager entre des activités trop nombreuses. *Sébastien s'occupe de mille projets : il s'éparpille trop.*

épars, arse adj.
Répandu. *Une chevelure éparse.*

épatant, ante adj.
(Fam.) Excellent, sensationnel. *Une surprise épatante.*

épaté, ée adj.
• Étonné.
• Se dit d'un nez court et large.

épater v. tr.
• (Fam.) Remplir d'une surprise admirative. *Pascale Lefrançois a été déclarée championne du monde en orthographe : elle nous a bien épatés.*
• (Fam.) *Épater la galerie.* Chercher à étonner.

épaulard n. m.
Cétacé, voisin du marsouin.
▭▻ épaul**ard**.

épaule n. f.
Attache du bras avec le thorax.

épauler v. tr.
• Appuyer contre l'épaule. *Épauler une arme pour viser.*

• (Fig.) Aider, soutenir. *Il faut les épauler, car ils ont des ennuis.*

épave n. f.
• Objet rejeté par la mer sur le rivage. *Quand la marée baisse, elle laisse souvent des épaves sur le sable.*
• (Fig.) Personne réduite à un état extrême de misère et d'abandon.

épée n. f.
• Arme formée d'une lame en acier et d'une poignée protégée par une garde.
• *Une bonne épée.* Personne habile à manier l'épée. On dit aussi une *fine lame.*
• *Coup d'épée dans l'eau.* Effort inutile.

épéiste n. m. et f.
Personne qui pratique l'escrime à l'épée.

épeler v. tr.
Redoublement du *l* devant un *e* muet. *J'épelle, j'épellerai,* mais *j'épelais.*
Nommer les lettres qui composent un mot. *Le nom «ecchymose» n'est pas facile à épeler.*
▷ épeler.

épellation n. f.
Action de décomposer un mot en lettres ou en syllabes. *b-a ba, b-a ba, baba.*
▷— Ne pas confondre avec le nom *orthographe,* manière d'écrire un mot.
▷ épellation.

éperdu, ue adj.
Troublé.

éperdument adv.
Follement. *Il l'aime éperdument.*
▷ éperdument.

éperlan n. m.
Poisson marin dont la chair est appréciée. *Des éperlans frits.*

éperon n. m.
Petite pointe de métal fixée au talon du cavalier pour stimuler un cheval.

éperonner v. tr.
• Piquer avec l'éperon.
• (Litt.) Aiguillonner, stimuler.

épeurant, ante adj.
(Fam.) Au Canada, qui fait peur. *Ce film d'horreur est épeurant.*
▷— L'emploi de cet adjectif est courant au Canada dans la langue familière, mais il est vieilli dans l'ensemble de la francophonie.

épervier n. m.
• Oiseau rapace diurne qui chasse les petits oiseaux.
• (Fig.) Partisan politique des solutions de force dont l'opposant, la *colombe,* est partisan des solutions en douceur.

éphèbe n. m.
• (Ancienn.) Adolescent.
• (Péj.) Beau jeune homme.
▷ éphèbe.

éphémère adj.
• Qui dure un seul jour. *La fleur de l'hibiscus est éphémère.*
• Qui dure peu de temps, fugitif. *Une joie éphémère.*
▷ éphémère.

éphéméride n. f.
Calendrier dont on enlève une feuille chaque jour.
▷ éphéméride.

épi- préf.
Élément du grec signifiant «sur». *Épiderme.*

épi n. m.
• Partie terminale de la tige des graminées qui porte les graines. *Des épis de blé, des épis de maïs.*
• *En épi.* Disposé obliquement et à la suite. *Des voitures stationnées en épi.*
▷— Le nom *épi* s'écrit au singulier dans cette expression.

épice n. f.
• Substance aromatique ou piquante servant à assaisonner un mets. *Le poivre, le paprika sont des épices.*
• *Pain d'épice(s).* Selon la plupart des auteurs, le nom *épice* s'écrit au singulier dans cette expression; cependant, la graphie au pluriel est également possible.

épicé, ée adj.
• Dont le goût est relevé à l'aide d'épices. *Une cuisine trop épicée.*
• (Fig.) Osé. *Des scènes épicées.*

épicéa n. m.
• Conifère voisin du sapin.
• Au Canada, se dit *épinette.*

épicène adj.
On appelle *épicènes* les noms qui, appartenant à la catégorie des animés, ont la propriété d'avoir un double genre grammatical, correspondant chacun à un des termes de l'opposition de sexe. *Enfant, journaliste sont des noms épicènes : un ou une enfant, un ou une journaliste.*
▷ épicène.

épicentre n. m.
Zone de la surface terrestre où un séisme a été le plus intense.
▷— Attention au genre masculin de ce nom : *un* épicentre.

épicer v. tr.
Le *c* prend une cédille devant les lettres *a* ou *o.* *Il épiça, nous épiçons.*
Assaisonner d'épices. *Julien n'épiçait pas assez sa sauce.*

épicerie n. f.
• Commerce de produits d'alimentation. *Aller à l'épicerie.*
• Produits d'alimentation. *Maman m'a demandé de ranger l'épicerie dans l'armoire.*
▷— L'expression *faire son épicerie* s'emploie au Canada au sens de *faire son marché.*

épicier n. m.
épicière n. f.
Personne qui tient une épicerie.

*épicier licencié
Calque de l'anglais «licensed grocery» pour désigner un épicier qui vend de la bière, du vin et du cidre. Dans l'affichage, on écrit *bière, vin et cidre.*

épicurien, ienne adj. et n. m. et f.
Qui recherche et apprécie les jouissances de la vie.

épicurisme n. m.
Doctrine des épicuriens.

épidémie n. f.
Maladie soudaine d'un grand nombre de personnes. *Une épidémie de grippe.*
☞ Ne pas confondre avec le nom *endémie,* présence quasi constante d'une maladie à un endroit déterminé.

épidémiologie n. f.
Étude des rapports entre les maladies et les facteurs qui favorisent leur apparition.

épidémique adj.
Qui a le caractère de l'épidémie.
☞ Ne pas confondre avec le mot *épidermique,* relatif à l'épiderme.

épiderme n. m.
Couche cellulaire recouvrant le derme avec lequel elle forme la peau.
☞ Attention au genre masculin de ce nom : *un* épiderme.

épidermique adj.
Relatif à l'épiderme.
☞ Ne pas confondre avec le mot *épidémique,* qui a le caractère de l'épidémie.

épier v. tr.
Redoublement du *i* à la première et à la deuxième personne du pluriel de l'indicatif imparfait et du subjonctif présent. *(Que) nous épiions, (que) vous épiiez.*
Observer en secret. *Ils épient leurs collègues.*

épieu n. m. (pl. *épieux*)
Bâton terminé par un fer pointu qu'on utilisait pour la chasse.

épigraphe n. f.
Courte citation placée en tête d'un ouvrage.
☞ Attention au genre féminin de ce nom : *une* épigraphe.
☞ Le texte de l'épigraphe se compose en romain ou en italique. Si le nom de l'auteur est donné, il s'inscrit entre parenthèses. *Cueillez dès aujourd'hui les roses de la vie.* (Ronsard)
Syn. **exergue.**

épilation n. f.
Action d'épiler. *Une épilation à la cire.*
Syn. **dépilation.**

épilatoire adj. et n. m.
Qui sert à épiler. *Une crème épilatoire.*
Syn. **dépilatoire.**

épilepsie n. f.
Maladie nerveuse caractérisée par des convulsions pouvant s'accompagner de pertes de conscience.

☞ Ne pas confondre avec le nom *apoplexie,* arrêt brusque des fonctions cérébrales.

épileptique adj. et n. m. et f.
Qui souffre d'épilepsie.

épiler v. tr.
Arracher les poils. *Des pinces à épiler.*

épilogue n. m.
Conclusion. *Tu préfères les épilogues heureux.*
☞ Attention au genre masculin de ce nom : *un* épilogue.
Ant. **prologue.**

épinard n. m.
Plante potagère cultivée pour ses feuilles comestibles. *Une salade d'épinards.*
☞ épinar**d.**

épine n. f.
• Pointe acérée de certains végétaux. *Une épine de cactus.*
• *Tirer, ôter à quelqu'un une épine du pied.* Tirer quelqu'un d'embarras.
• *Être sur des épines.* Être au comble de l'impatience.
• *Épine dorsale.* Colonne vertébrale.

épinette n. f.
• Au Canada, épicéa. *Il y a des épinettes et des sapins dans ce bois.*
• *Bière d'épinette.* Boisson gazeuse.
• Petit clavecin.

épineux, euse adj.
• Couvert d'épines. *Des arbrisseaux épineux.*
• (Fig.) Difficile. *Un problème épineux.*

épingle n. f.
• Petite tige métallique servant à attacher quelque chose. *Assembler deux pièces de tissu avec des épingles.*
• *Épingle de sûreté, épingle à cheveux, épingle de nourrice* (et non épingle **à nourrice*).
• *Épingle à linge.* Au Canada et en Belgique, pince à linge.
☞ Ce nom s'emploie toujours au Canada et en Belgique, mais il est vieilli dans les autres pays de la francophonie.

épingler v. tr.
Fixer avec des épingles. *La couturière a épinglé la manche de la robe.*

*épinglette
Impropriété au sens de *broche.*

épiphénomène n. m.
Phénomène accessoire.

épiphyse n. f.
• (Anat.) Extrémité d'un os long.
• (Anat.) Petite glande du cerveau.
☞ épiphy**se.**

épique adj.
• Propre à l'épopée. *Un récit épique.*
• (Iron.) Digne d'une épopée. *Une aventure épique.*
☞ Ne pas confondre avec le mot *hippique,* relatif au cheval.

épiscopal, ale, aux adj.
Qui se rapporte à un évêque. *Des palais épiscopaux.*

épisode n. m.
• Partie d'une œuvre. *Une série télévisée en quatre épisodes.*
• Incident, péripétie. *Un épisode amusant.*
☞ Attention au genre masculin de ce nom : *un* épisode.

épisodique adj.
Intermittent.

épisodiquement adv.
De façon épisodique.

épistémologie n. f.
Partie de la philosophie qui étudie l'histoire, les méthodes, les principes des sciences.

épistolaire adj.
Qui a rapport à la manière d'écrire des lettres. *Des rapports épistolaires.*
☞ épistol**aire.**

épitaphe n. f.
Inscription sur un tombeau.
☞ Attention au genre féminin de ce nom : *une* épitaphe.
☞ Ne pas confondre avec **pierre tombale,** monument qui recouvre une tombe.

épithélium n. m.
(Anat.) Partie superficielle d'un tissu organique. *Des épithéliums.*

épithète adj. et n. f.

(Gramm.) Mot qui qualifie un nom ou un pronom, sans l'intermédiaire d'un verbe (par opposition à l'attribut).
• **Nature**
- Adjectif. *Une fleur rouge.*
☞ Dans cet exemple, l'adjectif *rouge* est épithète du nom *fleur.*
- Nom mis en apposition. *C'est une photo de Pierre, enfant.*
☞ Dans cette phrase, l'épithète est un nom mis en apposition.
• **Place**
- L'épithète se place le plus souvent après le nom. *Un homme grand.*
- Placée avant, l'épithète a parfois un sens figuré ou une valeur stylistique. *Un grand homme.*
☞ Attention au genre féminin de ce nom : *une* épithète.
☞ épith**ète.**

épître n. f.
Lettre, missive.
☞ épître.

éploré, ée adj.
Attristé.

éployer v. tr.
Le *y* se change en *i* devant un *e* muet. *J'éploie,*
j'éploierai.
Le *y* est suivi d'un *i* à la première et à la deuxième personne du pluriel de l'indicatif imparfait et du subjonctif présent. *(Que) nous éployions, (que) vous éployiez.*
(Litt.) Déplier.

épluchage n. m.
• Action d'éplucher un légume, un fruit.
• (Fig.) Examen minutieux. *L'épluchage des factures.*

éplucher v. tr.
• Enlever la pelure, l'écorce (généralement d'un légume, d'une noix, etc.). *Éplucher des pommes de terre, des crevettes.*
☞ **Peler** se dit surtout d'un fruit ou de certains légumes. *Peler des tomates, des poires.*
• (Fig.) Chercher minutieusement (quelque chose de répréhensible). *Le chef de service épluche le dossier pour corriger toutes les erreurs.*

épluchette n. f.
Au Canada, fête populaire de la fin de l'été au cours de laquelle on mange du maïs en épi.

épluchure n. f.
Ce qu'on enlève en épluchant. *Des épluchures de pommes de terre.*

éponge n. f.
• Animal marin dont le squelette fournit une matière souple qui a la propriété de retenir les liquides et de les rejeter à la pression.
• *Serviette(-)éponge.* Serviette en tissu-éponge ou tissu éponge.
• *Tissu(-)éponge.* Tissu dont les fils absorbent l'eau. *Des tissus-éponges* ou *tissus éponges colorés.*
☞ Ne pas confondre avec le nom **ratine,** étoffe de laine.
• *Passer l'éponge sur.* Pardonner. *Elle a décidé de passer l'éponge sur ses absences.*
• *Jeter l'éponge.* Abandonner le combat.
☞ L'éponge végétale se nomme **luffa.**

épongeage n. m.
Action d'éponger.

éponger v. tr., pronom.
Le *g* est suivi d'un *e* devant les lettres *a* et *o.* *Il épongea, nous épongeons.*
• **Transitif**
- Étancher, essuyer un liquide. *Étienne, éponge l'eau que tu as versée sur le comptoir.*
- (Fig.) Réduire, annuler. *Éponger une dette.*
• **Pronominal**
S'essuyer. *Il s'épongea le visage.*

épopée n. f.
Récit d'évènements héroïques. *L'épopée des Jésuites en Nouvelle-France.*

époque n. f.
Période de l'histoire marquée par un évènement important. *La Renaissance est une magnifique époque.*
☞ Ne pas confondre avec le nom **ère,** point de départ d'une chronologie, début d'une période de temps généralement longue. *L'ère chrétienne.*

ÉPOQUES HISTORIQUES

• Noms propres

Les noms d'époques historiques ou préhistoriques sont des noms propres : le nom caractéristique s'écrit avec une majuscule ainsi que l'adjectif lorsqu'il précède ce nom. *L'Antiquité, la Renaissance, les Croisades, le Néolithique. Le Moyen Âge, le Grand Siècle, la Belle Époque. La Révolution française, la Révolution tranquille.*

• Noms communs

L'âge d'or, l'ère chrétienne, l'ère quaternaire.

époumoner (s') v. pronom.
Crier, parler très fort.
▭▷ s'époumoner.

épouse n. f.
Femme mariée.
▭← Ce nom appartient au style administratif ou juridique.

épouser v. tr.
• Prendre en mariage, dans le style administratif. *Elle a épousé un ami d'enfance.*
▭← Dans la langue courante, on dit plutôt **se marier.**
• (Fig.) S'attacher par choix. *Épouser une cause.*
• **Épouser la forme de.** Prendre la forme de, se mouler.

époussetage n. m.
Action d'épousseter. *L'époussetage des bibelots.*
▭▷ époussetage.

épousseter v. tr.
Redoublement du *t* devant un *e* muet. *J'époussette, j'époussetterai, mais j'époussetais.*
Ôter la poussière de. *Épousseter des livres.*
▭▷ épousseter.

époustoufler v. tr.
(Fam.) Étonner vivement.
▭▷ époustoufler.

épouvantable adj.
Effrayant, terrible. *Un accident épouvantable.*
▭▷ épouvantable.

épouvantablement adv.
De façon épouvantable.
▭▷ épouvantablement.

épouvantail n. m.
Mannequin rudimentaire destiné à effrayer les oiseaux et à les éloigner d'un champ. *Des épouvantails dans un jardin potager.*
▭▷ épouvantail.

épouvante n. f.
Effroi, terreur. *Des films d'épouvante.*
▭▷ épouvante.

épouvanter v. tr.
Terrifier. *Ces bruits de chaîne les ont épouvantés.*
▭▷ épouvanter.

époux, ouse n. m. et f.
Mari, femme.
▭← Ce nom est de style administratif ou juridique.

De façon courante, on présente son *mari,* sa *femme* (et non son *époux, son *épouse).
▭▷ épou**x.**

éprendre (s') v. pronom.
Se conjugue comme le verbe *prendre.*
(Litt.) Devenir amoureux de. *Ils se sont épris l'un de l'autre.*

épreuve n. f.
• Malheur. *Il a eu beaucoup d'épreuves.*
• Examen, compétition. *Une épreuve sportive.*
• *À l'épreuve de.* Qui peut résister à. *Ce tissu est à l'épreuve de l'eau.*
• *À toute épreuve.* Très résistant. *Ces chaussures sont à toute épreuve.*
• *Mettre à l'épreuve.* Soumettre à un essai. *Les candidats ont été rudement mis à l'épreuve.*
• (Typogr.) Texte composé. *Des corrections d'épreuves.*
• *Épreuves de tournage.* (Cin.) Prises de vues avant le montage. *Nous avons visionné les épreuves de tournage.*
▭← Cette expression a fait l'objet d'une recommandation officielle pour remplacer l'anglicisme «rushes».

épris, ise adj.
• Amoureux. *Il est très épris d'elle.*
• Très attaché à quelque chose. *Elle est éprise de liberté.*

éprouvé, ée adj.
• Marqué par les épreuves. *Il est très éprouvé.*
• Sûr, confirmé. *Une méthode éprouvée.*

éprouver v. tr.
• Ressentir. *Elle a éprouvé une forte douleur au dos.*
• Mettre à l'épreuve. *Les techniciens éprouvent les nouveaux produits.*
• Subir (des souffrances). *Cette famille a été éprouvée par le deuil.*

éprouvette n. f.
• Petit récipient utilisé en laboratoire.
• *Bébé éprouvette.* Enfant dont la fécondation a été faite *in vitro. Des bébés éprouvettes.*
V. **fécondation.**

epsilon n. m. inv.
Lettre grecque.

épuisant, ante adj.
Qui épuise. *Des courses épuisantes.*

épuisement n. m.
• Appauvrissement. *L'épuisement de la terre.*
• Fatigue extrême. *Il souffre d'épuisement professionnel* (et non de *burn-out*).

épuiser v. tr.
• Fatiguer énormément. *Cette randonnée m'a épuisé.*
• Consommer pleinement. *Ils ont épuisé leurs réserves.*

épuisette n. f.
Petit filet de pêche. *Un pêcheur muni d'une épuisette.*

épurateur n. m.
Appareil servant à éliminer les impuretés de quelques chose. *Un épurateur d'air.*

épuration n. f.
Purification. *L'épuration des eaux.*

épure n. f.
Dessin qui précise l'élévation, le plan et le profil d'une figure (les trois dimensions).
☞ Attention au genre féminin de ce nom : *une* épure.

épurer v. tr.
Rendre pur, plus pur.
☞ Ne pas confondre avec le verbe *apurer,* vérifier un compte.

équarrir v. tr.
• Rendre carré. *Équarrir une poutre.*
• Dépecer des animaux.
☞ équa**rr**ir.

équarrissage n. m.
Action d'équarrir une pièce de bois, la pierre.
☞ équa**rr**issage.

équarrisseur n. m.
Personne qui équarrit le bois, la pierre, les animaux.
☞ équa**rr**isseur.

équateur n. m.
☞ Le *u* de la deuxième syllabe se prononce *ou* [ekwatœr].
Cercle qui partage la Terre en deux hémisphères.
☞ Le nom s'écrit avec une majuscule initiale quand il désigne le pays, avec une minuscule quand il désigne le cercle au centre de la sphère terrestre.

équation n. f.
☞ Le *u* de la deuxième syllabe se prononce *ou* [ekwasjɔ̃].
(Math.) Relation conditionnelle entre deux quantités. *Une équation du premier degré.*

équatorial, iale, iaux adj.
☞ Le *u* de la deuxième syllabe se prononce *ou* [ekwatɔrjal].
Relatif à l'équateur. *Des climats équatoriaux.*

équerre n. f.
☞ Le *u* ne se prononce pas [ekɛr].
• Instrument qui sert à tracer des angles droits.
• *D'équerre.* Dont l'angle est droit. *Cette table n'est pas d'équerre.*
☞ Attention au genre féminin de ce nom : *une* équerre.
☞ éque**rr**e.

équestre adj.
☞ Le *u* ne se prononce pas [ekɛstr].
Qui se rapporte à l'équitation. *Les sports équestres.*

équeuter v. tr.
Retirer la queue d'un fruit. *Équeuter une pomme.*

équi- préf.
☞ Ce préfixe se prononce tantôt *ékui,* tantôt *éki. Équilatéral* [ekɥilateral], *équilibre* [ekilibr].
Élément du latin signifiant «égal». *Équilatéral.*

équidistant, ante adj.
☞ Le *u* se prononce [ekɥidistɑ̃].
Qui est à égale distance de.

équilatéral, ale, aux adj.
☞ Le *u* se prononce [ekɥilateral].
Qui a tous ses côtés égaux. *Des triangles équilatéraux.*

équilibrage n. m.
☞ Le *u* ne se prononce pas [ekilibraʒ].
Action d'équilibrer; son résultat. *L'équilibrage des pneus* (et non le *balancement).

équilibre n. m.
☞ Le *u* ne se prononce pas [ekilibr].
• État de stabilité. *Il a perdu l'équilibre et est tombé.*
• Distribution égale des masses. *L'équilibre des forces.*
• État d'une personne calme, pondérée. *L'équilibre mental de Delphine.*
Ant. **déséquilibre.**

équilibré, ée adj.
• Qui est en équilibre.
• Sain. *Un esprit équilibré.*

équilibrer v. tr., pronom.
• **Transitif.** Mettre en équilibre. *Équilibrer un budget.*
• **Pronominal.** Être en équilibre. *Les forces se sont équilibrées.*
Ant. **déséquilibrer.**

équilibriste n. m. et f.
☞ Le *u* ne se prononce pas [ekilibrist].
Acrobate. *J'aime beaucoup le numéro des équilibristes.*

équinoxe n. m.
☞ Le *u* ne se prononce pas [ekinɔks].
Chacune des deux époques où les jours sont égaux aux nuits. *L'équinoxe d'automne.*
☞ Attention au genre masculin de ce nom : *un* équinoxe.
☞ équino**xe.**

équipage n. m.
Ensemble du personnel d'un navire, d'un avion. *Il n'y a pas eu de blessés dans l'équipage.*

équipe n. f.
Groupe de personnes qui partagent une activité. *L'esprit d'équipe. Travailler en équipe.*

équipée n. f.
Escapade, sortie. *Une folle équipée.*

équipement n. m.
• Action d'équiper quelque chose. *Nous devrons nous occuper de l'équipement du gymnase.*
• Ensemble des biens (terrain, bâtiment, outillage) aménagés en vue d'un usage déterminé.

*équipement
Anglicisme au sens de *matériel.*

équiper v. tr., pronom.
• **Transitif.** Pourvoir quelqu'un, quelque chose de ce qui est nécessaire. *Équiper les écoliers pour le ski.*
• **Pronominal.** Se doter du nécessaire. *Ils se sont équipés pour la plongée.*

équipier, ière n. m. et f.
Membre d'une équipe (sportive).

équitable adj.
Juste, impartial. *Cette décision est équitable.*

équitablement adv.
De façon équitable.

équitation n. f.
Art de monter à cheval. *Faire de l'équitation.*

équité n. f.
Justice, impartialité. *L'arbitre a fait preuve d'équité.*

*équité
Anglicisme au sens de **capitaux.**

équivalence n. f.
Égalité de valeur. *L'équivalence de deux produits.*
▭➡ équivalence.

équivalent, ente adj. et n. m.
• **Adjectif.** Correspondant. *Des quantités équivalentes.*
• **Nom masculin.** Chose équivalente. *Des équivalents français de termes anglais.*
▯◁─ Ne pas confondre avec le participe présent invariable **équivalant.** *Des quantités équivalant à un kilogramme.*
▭➡ équivalent.

équivaloir v. tr.
Se conjugue comme le verbe **valoir.** Le participe passé **équivalu** est invariable.
Avoir la même valeur. *Ces recettes équivalent l'une à l'autre.*
▯◁─ Le verbe se construit avec la préposition **à.** *Cette somme équivaut au travail produit.*

équivoque adj. et n. f.
• **Adjectif**
- Qui a un double sens. *Une plaisanterie équivoque.*
- Qui suscite la méfiance. *Une attitude équivoque.*
• **Nom féminin**
Ambiguïté. *Une attitude sans équivoque.*
▯◁─ Attention au genre féminin de ce nom : **une** équivoque.

érable n. m.
• Grand arbre à bois dur des régions tempérées. *Cette rue est bordée de beaux érables.*
• **Érable à sucre.** Érable du Canada. *Du sirop d'érable, du sucre d'érable.*
▯◁─ La culture de l'érable à sucre se nomme l'**acériculture.**

érablière n. f.
Au Canada, plantation d'érables à sucre exploitée pour la fabrication des produits de l'érable.
▯◁─ La personne qui exploite une érablière est un **acériculteur,** une **acéricultrice.**

érafler v. tr.
Écorcher. *Ces cailloux lui ont éraflé le genou.*
▭➡ érafler.

éraflure n. f.
Écorchure. *Elle a une éraflure au genou.*
▭➡ éraflure.

éraillé, ée adj.
Voix éraillée. Voix rauque.

érailler v. tr.
Les lettres **ill** sont suivies d'un **i** à la première et à la deuxième personne du pluriel de l'indicatif imparfait et du subjonctif présent. *(Que) nous éraillions, (que) vous érailliez.*
• Écorcher, déchirer superficiellement.
• **Une voix éraillée.** Une voix rauque.

ère n. f.
Point de départ d'une chronologie. *L'ère chrétienne.*
▯◁─ Ne pas confondre avec le nom **époque,** période de l'histoire marquée par un évènement important. Hom. **aire,** surface.

érection n. f.
• (Litt.) Construction d'un monument, d'une statue, d'une église.
▯◁─ Il est possible de procéder à l'**érection** d'une église, d'une chapelle, etc., mais on fait la **construction** d'un barrage, d'un pont.
• (Physiol.) État de certains tissus ou organes mous (verge, clitoris, etc.) lorsqu'ils deviennent rigides.

éreintant, ante adj.
Exténuant. *Des travaux éreintants.*
▯◁─ Ne pas confondre avec le participe présent invariable **éreintant.** *Des escalades éreintant les plus âgés.*

éreintement n. m.
• Épuisement.
• (Fig.) Critique malveillante.

éreinter v. tr.
• Épuiser. *Ils sont éreintés.*
• (Fig.) Critiquer de façon malveillante.

-ergie suff.
Élément du grec signifiant «travail, force». *Synergie.*

ergo- préf.
Élément du grec signifiant «travail, force». *Ergothérapie.*

ergonomie n. f.
Science de l'organisation du travail.

ergonomique adj.
• Relatif à l'ergonomie. *Une étude ergonomique.*
• Dont la conception est bien adaptée aux conditions de travail de l'utilisateur, en parlant d'un produit, d'un matériel. *Un fauteuil ergonomique.*

ergonomiste n. m. et f.
Spécialiste de l'ergonomie.

ergot n. m.
• Ongle pointu de certains animaux. *Les ergots du coq.*
• **Monter sur ses ergots.** Se mettre en colère.
• (Fig.) Saillie. *L'entraîneur à ergots des imprimantes.*
▭➡ ergot.

ergoter v. intr.
Discuter, trouver à redire.
▭➡ ergoter.

ergothérapie n. f.
Traitement fondé sur le travail.

ériger v. tr., pronom.
Le *g* est suivi d'un *e* devant les lettres *a* et *o*. *Il érigea, nous érigeons.*
• **Transitif.** (Litt.) Construire (un monument, une statue, une église).
☞ On **construit** un barrage, un pont, un complexe immobilier, on ne les **érige** pas.
• **Pronominal.** (Litt.) S'attribuer un droit qu'on n'a pas. *Ils se sont érigés en maîtres absolus.*

ermitage n. m.
• (Vx) Habitation d'un ermite.
• (Litt.) Lieu solitaire.

ermite n. m.
Moine, personne qui vit dans un lieu désert.
▭▷ ermi**te**.

éroder v. tr.
👄 Le *o* est ouvert [erɔde].
Ronger, user peu à peu. *Du granit érodé par la mer.*

érosion n. f.
👄 Le *o* de la deuxième syllabe est fermé [erozjɔ̃].
• (Fig.) Dégradation progressive.
• Usure lente. *L'érosion de la pluie, du vent sur les roches.*
• *Érosion monétaire.* Baisse graduelle du pouvoir d'achat.

érotique adj. et n. f.
• **Adjectif.** Relatif à la sexualité, au désir. *Un film érotique.*
• **Nom féminin.** Conception de l'amour humain. *L'érotique médiévale.*

érotisme n. m.
Caractère érotique de quelqu'un, quelque chose.

erpétologie
V. **herpétologie.**

erpétologiste
V. **herpétologiste.**

errance n. f.
(Litt.) Action d'aller ça et là.

errant, ante adj.
Nomade. *Des peuples errants.*

errata n. m. pl.
Mot latin signifiant «liste des erreurs d'un ouvrage et des corrections apportées». *Un errata.*
☞ En typographie soignée, les mots étrangers sont composés en italique. Dans des textes déjà en italique, la notation se fait en romain. Pour les textes manuscrits, on utilisera les guillemets.
☞ Le singulier est peu usité : *erratum.*

erratique adj.
• (Méd.) Irrégulier, intermittent. *Un pouls erratique.*
• Instable, imprévisible. *Les cours boursiers sont erratiques en ce moment.*

erratum n. m. sing.
👄 Le *u* se prononce *o* [eratɔm].
Mot latin signifiant «erreur d'un ouvrage qui est signalée au lecteur». *Un erratum, des errata.*
☞ En typographie soignée, les mots étrangers sont

composés en italique. Dans des textes déjà en italique, la notation se fait en romain. Pour les textes manuscrits, on utilisera les guillemets.
☞ On donne généralement des **errata,** le singulier étant rare.

erre n. f.
• (Mar.) Vitesse acquise d'un navire.
• *Erre d'aller.* Au Canada, élan pris par quelqu'un, quelque chose en mouvement. *Elle patinait très vite et puis continuait simplement sur l'erre d'aller.*
☞ Attention au genre féminin de ce nom : *une* erre.

errements n. m. pl.
👄 Le *e* central est muet [ermɑ̃].
• (Vx) Manière d'agir.
• Erreurs, mauvaises habitudes.

errer v. intr.
• Aller à l'aventure, sans destination précise. *Voilà trois jours qu'ils erraient sans but.*
• (Litt.) Se tromper.

erreur n. f.
• Inexactitude. *Il y a quelques erreurs dans vos réponses.*
• *Faire erreur.* Se tromper. *Je crois que vous faites erreur.*
☞ Dans cette expression, le nom reste au singulier.

erroné, ée adj.
Inexact. *Ce résultat est erroné.*
▭▷ erroné.

ersatz n. m. inv.
👄 Les lettres *tz* se prononcent [erzats].
Succédané. *La saccharine est un ersatz du sucre.*
▭▷ ersa**tz**.

éructation n. f.
(Litt.) Émission bruyante par la bouche des gaz de l'estomac.

éructer v. tr., intr.
• **Transitif.** (Litt.) Lancer. *Éructer des menaces.*
• **Intransitif.** (Litt.) Rejeter bruyamment par la bouche des gaz de l'estomac.

érudit, ite adj. et n. m. et f.
Qui connaît à fond un domaine. *Cette historienne est une érudite.*
☞ Dans le domaine scientifique, on parle surtout d'un *savant;* dans le domaine des lettres, d'un *lettré.*

érudition n. f.
Connaissance approfondie d'un domaine.

éruption n. f.
Sortie brutale. *Un volcan en éruption. Une éruption de boutons.*
☞ Ne pas confondre avec le nom *irruption,* entrée soudaine.

érythème n. m.
Affection cutanée.
▭▷ éry**thème**.

ès prép.
En. *Un baccalauréat ès arts, une maîtrise ès sciences.*

☞— Cette préposition qui n'est plus usitée que dans les titres universitaires est la forme contractée de la préposition **en** et de l'article défini pluriel **les.** Le mot sera donc suivi d'un nom au pluriel. On écrira **une licence ès lettres** mais **une licence en droit.**

esbroufe n. f.
(Fam.) Tape-à-l'œil.
⇨ esbroufe.

escabeau n. m. (pl. *escabeaux*)
Petit escalier portatif. *Laurence a grimpé sur l'escabeau pour prendre le sac de biscuits.*
⇨ escabeau.

escadre n. f.
Unité des forces navales ou aériennes.

escadrille n. f.
Groupe d'avions militaires formant une unité de vol.

escadron n. m.
• Unité groupant plusieurs escadrilles.
• Troupe. *L'escadron de la mort.*

escalade n. f.
• Alpinisme. *Faire de l'escalade.*
• (Fig.) Montée rapide. *L'escalade des prix.*

escalader v. tr.
Faire l'ascension de. *Ces alpinistes ont escaladé la falaise abrupte.*

*escalateur ou *escalator
Anglicisme pour *escalier mécanique.*

escale n. f.
Action de s'arrêter pour prendre du ravitaillement, pour embarquer ou débarquer des passagers, du fret, pour un avion, un navire. *Nous faisons escale à Paris et à Rome.*
☞— Attention au genre féminin de ce nom : *une* escale.

escalier n. m.
• Suite de marches pour monter ou descendre. *Il doit monter l'escalier très lentement. Un escalier mécanique.*
• ***Escalier en colimaçon.*** Escalier en spirale.
☞— Le nom *escalier* qui est un collectif s'utilise généralement au singulier lorsqu'il s'agit d'une seule suite de marches.

escalope n. f.
Tranche mince de viande blanche ou de poisson. *Des escalopes de veau.*
⇨ escalope.

escamotable adj.
Qui peut être caché. *Une table à deux panneaux escamotables.*
⇨ escamotable.

escamoter v. tr.
Faire disparaître.
⇨ escamoter.

escampette n. f.
Prendre la poudre d'escampette. (Fam.) S'enfuir.

escapade n. f.
Sortie furtive. *Faire des escapades.*

escarcelle n. f.
(Plaisant.) Portefeuille.

escargot n. m.
Mollusque gastropode terrestre. *Étienne aime les escargots à l'ail.*
⇨ escargot.

escarmouche n. f.
Combat de courte durée entre de petits groupes.

escarpé, ée adj.
Abrupt, difficile d'accès. *La petite route qui mène au phare est très escarpée.*

escarpin n. m.
Chaussure découverte et légère. *Des escarpins de daim.*

escarpolette n. f.
Balançoire.
☞— Ne pas confondre avec le nom ***espagnolette,*** sorte de poignée de fenêtre.

escient n. m.
👄 Attention à la prononciation [esjɑ̃].
À bon escient, à mauvais escient. À raison, à tort. Ce nom n'est usité que dans les expressions citées.
⇨ escient.

esclaffer (s') v. pronom.
Pouffer de rire. *La pièce était très drôle et les enfants se sont esclaffés sans arrêt.*

esclandre n. m.
Scandale, éclat. *Le groupe de fêtards a fait un esclandre au restaurant.*
☞— Attention au genre masculin de ce nom qui a déjà été féminin : *un* esclandre.

esclavage n. m.
• État d'esclave.
• Dépendance étroite de quelqu'un à l'égard de quelqu'un, de quelque chose. *L'esclavage de la cigarette.*

esclave adj. et n. m. et f.
• **Adjectif**
- Qui est soumis à l'esclavage.
- Qui est sous la dépendance étroite de quelque chose. *Il est esclave de son travail.*
• **Nom masculin et féminin**
- Personne de condition non libre qui est sous la dépendance d'un maître. *D'anciens esclaves venus d'Afrique.*
- Personne qui est sous l'entière dépendance de quelqu'un, de quelque chose. *Un esclave du jeu.*

escogriffe n. m.
(Fam.) Homme de grande taille mal bâti. *Un grand escogriffe.*

escompte n. m.
• Réduction de prix accordée en raison de l'acquittement d'une dette avant son échéance. *Un escompte de caisse.*
☞— Ne pas confondre avec les noms suivants :
- ***rabais,*** diminution de prix exceptionnelle attribuable

à un niveau de qualité inférieur ou à un défaut de conformité;
- **réduction,** terme général qui désigne une diminution accordée sur un prix;
- **remise** (quantitative), diminution de prix accordée à un client important en fonction des quantités achetées en un lot.
• **Escompte de caisse.** Réduction de prix accordée au client qui paie comptant ou avant une date déterminée.
☞ Attention au genre masculin de ce nom : **un** escompte.

escompter v. tr.
↪ Le **p** ne se prononce pas [ɛskɔ̃te].
• Payer (un effet de commerce) avant l'échéance, moyennant escompte.
• Compter fermement sur. *Escompter un profit, un succès.*

escorte n. f.
• Détachement armé. *Une escorte navale. Ces dangereux criminels ont été placés sous bonne escorte.*
• Cortège, suite. *Le roi est entouré d'une brillante escorte.*
☞ Attention au genre féminin de ce nom : **une** escorte.

escorter v. tr.
Accompagner pour protéger, guider ou faire honneur. *Des militaires escortent les souverains.*

escouade n. f.
Petite troupe.

escrime n. f.
Art de manier l'épée, le fleuret, le sabre. *Un moniteur d'escrime.*

escrimer (s') v. pronom.
S'appliquer. *Elles se sont escrimées à tout repeindre.*
☞ Le sens premier du verbe intransitif «s'exercer à l'escrime» est aujourd'hui vieilli.

escrimeur, euse n. m. et f.
Personne qui fait de l'escrime.

escroc n. m.
Fraudeur. *C'est une voleuse, un escroc.*
☞ Ce nom n'a pas de forme féminine.
▱ escro**c.**

escroquer v. tr.
Voler, extorquer. *Ces industriels sans scrupules lui ont escroqué toutes ses économies.*

escroquerie n. f.
Fraude. *Ce contrat est une escroquerie.*

escudo n. m.
Unité monétaire du Portugal. *Des escudos.*
V. Tableau - **SYMBOLES DES UNITÉS MONÉTAIRES.**

ésotérique adj.
Hermétique. *Un texte ésotérique.*

ésotérisme n. m.
Caractère ésotérique de quelque chose.

espace n. m. et f.
• **Nom masculin**
- Lieu. *Les espaces verts.*
- Cosmos. *Ils ont lancé une fusée dans l'espace.*
☞ Attention au genre masculin de ce nom (sauf en typographie) : **un** espace.
• **Nom féminin**
(Typogr.) Blanc servant à séparer les mots. *Une espace fine.*
☞ Le nom féminin désigne à l'origine la petite lame de métal, moins épaisse que les caractères, qui sert à espacer les mots en typographie. Aujourd'hui, le nom désigne le blanc laissé entre les mots lors de la photocomposition qui est généralement informatisée.

LISTE DES ESPACEMENTS
• **Signes de ponctuation**
- Virgule : aucune espace avant, une espace après.
- Deux-points, point-virgule : une espace avant, une espace après.
- Point, point d'interrogation, point d'exclamation : deux espaces après.
- Points de suspension : une espace après.
• **Signes typographiques**
- Guillemets, parenthèses, crochets : une espace avant l'ouverture, une espace après fermeture, aucune espace à l'intérieur des signes.
☞ Si un signe de ponctuation suit le signe typographique, il se place après celui-ci sans espacement.
- Tiret : une espace avant, une espace après.
- Trait d'union, barre oblique : aucune espace.
• **Fraction décimale**
Il n'y a pas d'espace à gauche ou à droite de la virgule décimale. *15,8 de moyenne.*
• **Symbole**
Il y a une espace entre le dernier chiffre d'un nombre et la première lettre d'un symbole. *15 kg de pommes.*
• **Degré**
L'abréviation de **degré** qui est un petit zéro placé en exposant se place après le nombre sans espace, sauf si l'échelle de mesure est précisée. *25°, 25 °F.*

*espace
Anglicisme au sens de **interligne.** *Présentation à double interligne* (et non à *double espace).

*espace à louer, espace pour bureau
Calques de l'anglais «space to let», «office space» pour **locaux (commerciaux) à louer.**

espacement n. m.
• Distance entre deux éléments. *Il y a un espacement de trois mètres entre chaque arbre.*
• Manière dont les mots sont espacés.
V. **espace.**

espacer v. tr., pronom.
Le **c** prend une cédille devant les lettres **a** et **o.** *Il espaça, nous espaçons.*
▱ Séparer. *Espacer des mots.*

• Échelonner. *Espacer des visites, des paiements.*

espace-temps n. m. (pl. *espaces-temps*)
Milieu à quatre dimensions.

espadon n. m.
Grand poisson de mer dont le museau est en forme
d'épée.

espadrille n. f.
Chaussure de toile. *Elle est en espadrilles.*

espagnol, ole adj. et n. m. et f.
• **Adjectif et nom masculin et féminin.** D'Espagne.
Le drapeau espagnol. Un Espagnol, une Espagnole.
▷— L'adjectif s'écrit avec une minuscule; le nom,
avec une majuscule.
• **Nom masculin.** Langue parlée en Espagne. *Elle
parle l'espagnol.*
▷— Le nom de la langue s'écrit avec une minuscule.

espagnolette n. f.
Ferrure à poignée tournante d'une fenêtre.
▷— Ne pas confondre avec le nom **escarpolette,**
balançoire.

espalier n. m.
Mur le long duquel on plante des rangées d'arbres
fruitiers parfois soutenus par des treillis. *Culture en
espaliers.*

espèce n. f.
• Sorte. *Une espèce rare. L'espèce canine.*
• *Une espèce de.* Le nom étant féminin, on dira *une
espèce de,* même si le complément qui suit est
masculin. *Cet homme est une espèce de bandit* (et
non *un espèce*). L'expression est péjorative.
• *Un cas d'espèce.* Un cas particulier.
• *Espèces + nom de chose concrète : le nom se met
au pluriel. Diverses espèces de fleurs.*
• *Espèces + nom de chose abstraite : le nom se met
au singulier. Des espèces de tristesse.*
• *De toute espèce.* De tous les genres.
• *En espèces.* En argent liquide, par opposition au
paiement par chèque ou carte de crédit. *Payer en
espèces* (et non *cash*).

espérance n. f.
• Confiance, espoir. *Il faut garder l'espérance, même
quand tout va mal.*
• *Contre toute espérance.* Alors que cela semble impossible.
▷ espérance.

espéranto adj. inv. et n. m.
Langue internationale artificielle. *Des mots espéranto,
en espéranto.*

espérer v. tr.
Le *é* se change en *è* devant une syllabe muette,
sauf à l'indicatif futur et au conditionnel présent.
J'espère, mais *j'espérerai.*
• Souhaiter qu'une chose se réalise. *Il espère que l'exa-
men ne sera pas trop difficile.*
▷— Si l'objet espéré est passé ou présent, on em-
ploiera plutôt *aimer à croire, aimer à penser.*
• *Espérer +* infinitif. *J'espère vous retrouver bientôt.*
• *Espérer + que.* Le verbe se construit avec l'indicatif
ou le conditionnel. *Tu espères qu'il viendra. Tu espérais*

qu'il viendrait.
• *Ne pas espérer + que.* Le verbe se construit avec le
subjonctif. *Tu n'espères pas qu'il vienne.*

esperluette n. f.
Nom du symbole *&,* aussi nommé *et commercial* qui
s'utilise dans les raisons sociales. *Lessard & Bertrand,
grossistes.*

espiègle adj. et n. m. et f.
Malicieux. *Un chaton espiègle.*

espièglerie n. f.
Gaminerie. *Les espiègleries des petits sont adorables.*

espion, onne n. m. et f.
Agent secret. *Ces espions travaillent pour les deux
puissances.*
▷— Le nom peut être apposé à un autre nom, avec
ou sans trait d'union; il est alors invariable. *Des na-
vires(-)espion, un avion(-)espion.*

espionnage n. m.
Surveillance clandestine. *Un réseau d'espionnage.*
▷ espio**nn**age.

espionner v. tr.
Épier pour son compte ou celui d'un autre dans le but
de nuire. *Ces diplomates étrangers espionnaient pour
leur pays.*
▷ espio**nn**er.

esplanade n. f.
Espace uni et découvert situé en avant d'un édifice,
d'une fortification.
▷— Attention au genre féminin de ce nom : *une* esplanade.

espoir n. m.
• Sentiment d'une personne qui espère, qui attend
avec confiance. *Un fol espoir.*
• Personne qui a un brillant avenir. *Ces jeunes sont
l'espoir du collège.*

esprit n. m.
• Être immatériel. *Un pur esprit.*
• Principe de la pensée. *Cette personne a perdu l'es-
prit.*
• Vivacité de l'intelligence. *Il a l'esprit vif.*
▷— Ne pas confondre avec les noms suivants :
- *finesse,* possibilité de saisir les nuances;
- *génie,* faculté créatrice;
- *ingéniosité,* habileté à inventer des solutions;
- *talent,* aptitude naturelle.
• *Dans mon esprit.* Selon moi.
• *Reprendre ses esprits.* Retrouver son calme.
• *Présence d'esprit.* À-propos. *Ils ont eu la présence
d'esprit de prendre l'extincteur pour éteindre le feu.*
• Humour. *Une réplique pleine d'esprit. Elle a de l'es-
prit.*
• Caractère essentiel. *L'esprit d'une loi.*
• *Esprit saint, le Saint-Esprit.*
▷— Lorsque le nom désigne la troisième personne
de la Trinité chrétienne, il s'écrit avec une majuscule.
• *Esprit d'entreprise.* Volonté ou goût de mettre en
œuvre et de réaliser des entreprises sociales ou com-
merciales.
V. **entrepreneurship.**

-esque suff.
Élément signifiant «à la façon de». *Éléphantesque, cauchemardesque.*

esquif n. m.
(Litt.) Petite barque.

esquimau, aude adj. et n. m. et f. (pl. *esquimaux, esquimaudes*)
Ancienne appellation des Esquimaux du Canada, des États-Unis, du Groenland et de Russie.
☞ Au Canada, les mots *Inuk* (singulier) et *Inuit* (pluriel) remplacent le mot Esquimau jugé péjoratif par les autochtones du nord canadien.
V. **inuit.**

esquinter v. tr.
(Fam.) Abîmer.

esquisse n. f.
Représentation simplifiée d'une œuvre destinée à servir d'essai.
☞ Ne pas confondre avec les noms suivants :
- *canevas,* plan, schéma d'un texte;
- *croquis,* dessin à main levée, plan sommaire;
- *ébauche,* première forme donnée à une œuvre;
- *maquette,* représentation schématique d'une mise en pages;
- *projet,* plan d'une œuvre d'architecture.

esquisser v. tr.
Dessiner à grands traits. *Elle a esquissé un paysage.*
☞ Ne pas confondre avec le verbe *esquiver,* échapper à.

esquiver v. tr., pronom.
• **Transitif.** Échapper à. *Esquiver un problème.*
• **Pronominal.** Se retirer sans être vu. *Ils se sont esquivés discrètement.*
☞ Ne pas confondre avec le verbe *esquisser,* dessiner.

ess-
Le *e* des mots commençant par les lettres *ess-* se prononce *é* (et non *è).*

essai n. m.
• Tentative. *Il réussit enfin après plusieurs essais.*
• Action d'expérimenter. *Faire l'essai d'un nouveau procédé.*
☞ Comme complément déterminatif, le nom s'écrit généralement au singulier. *Des bancs d'essai, des pilotes d'essai, des coups d'essai, des ballons d'essai.* Cependant, il s'écrit au pluriel dans *centre d'essais.*
• Ouvrage de réflexion en prose. *Un essai philosophique.*

essaim n. m.
⬯ Le *m* est muet [esɛ̃].
• Groupe d'abeilles, de guêpes. *Des essaims d'abeilles.*
• (Litt.) Multitude.
▭▷ essai**m.**

essaimage n. m.
Multiplication des colonies d'abeilles.
▭▷ essai**m**age.

essayage n. m.
Action d'essayer un vêtement. *Des salons d'essayage.*

essayer v. tr., pronom.
Le *y* peut être changé en *i* devant un *e* muet. Cette dernière forme est la plus usitée. *J'essaie* ou *j'essaye, j'essaierai* ou *j'essayerai.*
Le *y* est suivi d'un *i* à la première et à la deuxième personne du pluriel de l'indicatif imparfait et du subjonctif présent. *(Que) nous essayions, (que) vous essayiez.*
• **Transitif**
- Vérifier, expérimenter. *Marie-Ève essaie une bicyclette.*
- *Essayer +* infinitif. Tenter de. *Essayer de chanter.*
☞ Lorsqu'il est suivi de l'infinitif, le verbe se construit avec la préposition *de.* La construction avec la préposition *à* est vieillie.
• **Pronominal**
Faire une tentative en vue de, s'exercer à. *Étienne s'essaiera à la planche à voile.*
☞ Dans sa forme pronominale, le verbe se construit avec la préposition *à.*

essayiste n. m. et f.
Personne qui écrit des essais.

essence n. f.
• Principe, nature. *L'essence de l'être.*
• Espèce d'arbre. *Le Jardin botanique contient plusieurs espèces de lilas.*
• Extrait concentré de certaines substances aromatiques ou alimentaires. *Essence de lavande, de vanille.*
• Produit de la distillation du pétrole utilisé comme carburant. *De l'essence* (et non du **gaz,* de la **gazoline) sans plomb.*
• *Essence ordinaire.* Carburant à indice d'octane normal destiné à alimenter les moteurs de véhicules automobiles et les moteurs à allumage par bougies, dans toutes les conditions climatiques. (Recomm. off. OLF) *Faire le plein d'essence ordinaire* (et non **régulière).*

essentiel, elle adj. et n. m.
• **Adjectif.** Indispensable. *Une condition essentielle au succès de l'entreprise.*
☞ Cet adjectif n'admet ni comparatif ni superlatif.
• **Nom masculin.** Le principal, objets indispensables. *N'emportez que l'essentiel avec vous.*
▭▷ essentiel.

essentiellement adv.
• Par essence.
• Par-dessus tout, principalement. *Nous tenons essentiellement à votre participation.*
▭▷ essentiellement.

esseulé, ée adj.
(Litt.) Solitaire.

essieu n. m. (pl. *essieux*)
Pièce de métal qui relie des roues. *Les essieux de cette voiture sont en mauvais état.*

essor n. m.
• Envol d'un oiseau.
• (Fig.) Élan, croissance. *L'essor d'une entreprise.*
▭▷ essor.

essorage n. m.
Action d'essorer. *L'essorage des serviettes accélère leur séchage.*
▭▷ ess**o**rage.

essorer v. tr.
Tordre quelque chose pour en extraire l'eau. *Essorer du linge.*
⟹ es**sor**er.

essouchement n. m.
Action d'essoucher.

essoucher v. tr.
Arracher les souches d'arbres.

essoufflement n. m.
État de quelqu'un qui est essoufflé.
⟹ es**souff**lement.

essouffler v. tr., pronom.
• **Transitif**
Mettre hors d'haleine. *Cette course nous a essoufflés.*
• **Pronominal**
- Perdre haleine. *Elles se sont essoufflées en grimpant ce sentier.*
- (Fig.) Ne plus pouvoir suivre un rythme de croissance. *La croissance économique s'essouffle.*
⟹ es**souff**ler.

essuie- préf.
Les mots composés avec le préfixe *essuie-* s'écrivent avec un trait d'union et sont invariables à l'exception du nom *essuie-glace.*

essuie-glace n. m. (pl. *essuie-glaces*)
Dispositif destiné à essuyer automatiquement le pare-brise d'un véhicule.

essuie-mains n. m. inv. (pl. *essuie-mains*)
Linge qui sert à essuyer les mains.

essuie-pieds n. m. inv. (pl. *essuie-pieds*)
Paillasson.

essuie-tout n. m. inv. (pl. *essuie-tout*)
Torchon. *Des essuie-tout jetables.*

essuyage n. m.
Action d'essuyer. *L'essuyage de la vaisselle.*

essuyer v. tr.
Le *y* se change en *i* devant un *e* muet. *J'essuie, j'essuierai.*
Le *y* est suivi d'un *i* à la première et à la deuxième personne du pluriel de l'indicatif imparfait et du subjonctif présent. *(Que) nous essuyions, (que) vous essuyiez.*
• Supprimer l'eau, la poussière. *Il essuie le lavabo.*
• Subir quelque chose de fâcheux. *Essuyer un orage.*

est adj. inv. et n. m. inv.
• Abréviation *E.* (s'écrit avec un point).
• **Adjectif invariable.** Qui est à l'est. *La côte est.*
• **Nom masculin invariable.** Un des quatre points cardinaux, orienté du côté du soleil levant. *Le soleil se lève à l'est.*
☞ 1° Le point cardinal s'écrit avec une majuscule lorsqu'il désigne nommément un lieu géographique. *L'Europe de l'Est.*
2° Le point cardinal s'écrit avec une minuscule quand il est employé comme nom ou comme adjectif pour indiquer une orientation. *Une façade orientée à l'est.*

3° Dans une adresse, le point cardinal s'écrit avec une majuscule initiale et suit immédiatement le nom spécifique de l'odonyme. *Son bureau est situé boulevard René-Lévesque Est.*
V. Tableau - **POINTS CARDINAUX.**

estacade n. f.
Barrage, jetée.
☞ Ne pas confondre avec le nom *estocade,* coup d'épée, en tauromachie.

estafette n. f.
(Vx) Militaire chargé de transmettre un message. Aujourd'hui on dit plutôt un *agent de liaison.*
☞ Attention au genre féminin de ce nom qui désigne généralement un homme.

estaminet n. m.
(Vx) Petit café.
⟹ es**taminet.**

estampe n. f.
👄 Le *s* se prononce [ɛstãp].
Gravure. *Le cabinet des estampes.*

estamper v. tr.
👄 Le *s* se prononce [ɛstãpe].
Imprimer en relief. *Estamper une médaille.*
☞ Ne pas confondre avec le verbe *estampiller,* marquer d'une estampille.

estampille n. f.
Marque garantissant l'authenticité d'un produit, d'un document.

estampiller v. tr.
Marquer d'une estampille.
☞ Ne pas confondre avec le verbe *estamper,* imprimer en relief.

esthète adj. et n. m. et f.
Personne qui pratique le culte exclusif de la beauté.
☞ Ce mot est souvent péjoratif.
⟹ es**thète.**

esthéticien n. m.
esthéticienne n. f.
• Personne qui s'occupe d'esthétique.
• Spécialiste des soins de beauté.
⟹ es**théti**cien.

esthétique adj. et n. f.
• **Adjectif**
- Beau, artistique. *Ce bouquet est très esthétique.*
- *Chirurgie esthétique.* Chirurgie plastique.
• **Nom féminin**
- Philosophie du beau en général et en art.
- *Esthétique industrielle.* Discipline qui étudie les produits en fonction de critères de beauté et d'adaptation à l'usage.
⟹ es**thétique.**

esthétiquement adv.
• Du point de vue esthétique.
• De façon esthétique.
⟹ es**thétique**ment.

estimable adj.
Qui mérite d'être estimé. *Cette personne est estimable.*
Ant. **méprisable.**

estimatif, ive adj.
Qui a pour objet une estimation. *Un devis estimatif.*

estimation n. f.
Appréciation. *Une estimation du coût des travaux.*

estime n. f.
• Opinion favorable qu'on a de la valeur de quelqu'un. *Avoir quelqu'un en piètre estime. Elle a beaucoup d'estime pour cet excellent professeur.*
☞ Ne pas confondre avec les noms suivants :
- *gloire,* grande renommée;
- *honneur,* considération accordée à un grand mérite;
- *réputation,* opinion bonne ou mauvaise sur une personne.
• *Succès d'estime.* Succès restreint à un public de connaisseurs.
Ant. **mépris.**

*estimé
Anglicisme pour *devis, évaluation.*

estimer v. tr., pronom.
• **Transitif**
- Déterminer la valeur, la quantité, le prix. *Cette maison est estimée à 250 000 $.*
- Aimer, apprécier. *Il est très estimé de ses collègues.*
• *Estimer +* infinitif. Croire. *Ils estiment avoir fourni tous les efforts nécessaires.*
• *Estimer + que.* Le verbe se construit à l'indicatif ou au conditionnel. *Il estime que la recherche est suffisante.*
• *Estimer +* attribut. *Elle estime utile de réunir le groupe.*
• **Pronominal**
Se considérer comme. *Ils s'estiment heureux de partir en vacances.*
Ant. **mépriser.**

estival, ale, aux adj.
Qui se rapporte à l'été. *Des vacances estivales, des souvenirs estivaux.*

estivant, ante n. m. et f.
Personne en vacances d'été.
☞ Le nom ne s'applique qu'aux vacances d'été; pour les autres saisons, on emploiera *vacancier.*

estoc n. m.
⟷ Le *c* se prononce [ɛstɔk].
Pointe de l'épée.
▭▷ esto**c.**

estocade n. f.
Coup d'épée, en tauromachie.
☞ Ne pas confondre avec le nom *estacade,* barrage.

estomac n. m.
⟷ Le *c* ne se prononce pas [ɛstɔma].
• Partie du tube digestif entre l'œsophage et l'intestin grêle et qui est formée d'une poche destinée à recevoir les aliments. *Des estomacs affamés.*

• *Ouvrir l'estomac.* Donner faim. *La marche au grand air ouvre l'estomac.*
• *Avoir l'estomac dans les talons.* Avoir très faim.
▭▷ estoma**c.**

estomaquer v. tr.
(Fam.) Surprendre, scandaliser. *Cette nouvelle m'a estomaqué.*

estomper v. tr., pronom.
• **Transitif.** Rendre flou, adoucir. *Estomper les ombres d'un dessin.*
• **Pronominal.** S'effacer, devenir moins clair. *Ces inscriptions millénaires se sont estompées.*

estrade n. f.
Plate-forme. *Parler du haut d'une estrade.*
☞ Attention au genre féminin de ce nom : *une* estrade.

estragon n. m.
Plante aromatique.

estrogène
V. **œstrogène.**

estropier v. tr., pronom.
Redoublement du *i* à la première et à la deuxième personne du pluriel de l'indicatif imparfait et du subjonctif présent. *(Que) nous estropiions, (que) vous estropiiez.*
• **Transitif**
- Priver de l'usage d'un membre. *Cette chute l'a estropié provisoirement.*
- (Fig.) Déformer. *Estropier un texte.*
• **Pronominal**
Se blesser gravement. *Elle a glissé dans l'escalier et s'est estropiée.*

estuaire n. m.
Embouchure plus ou moins évasée d'un système fluvial, caractérisée par la prédominance des phénomènes marins sur les phénomènes fluviaux. (Recomm. off. OLF) *L'estuaire du Saint-Laurent.*
☞ Attention au genre masculin de ce nom : *un* estuaire.

estudiantin, ine adj.
⟷ Le *s* se prononce [ɛstydjãtɛ̃].
(Plaisant.) Relatif aux étudiants. *Les blagues estudiantines.*

esturgeon n. m.
Poisson de mer dont les œufs sont très appréciés. *On consomme les œufs d'esturgeon sous le nom de caviar.*
▭▷ estur**geon.**

et conj.

Conjonction de coordination qui lie :
• Des parties de même nature. *Des chênes et des frênes. Lire et écrire.*
• Des unités aux dizaines. *Vingt et une personnes.*
• Des propositions affirmatives. *Le vent se lève et la pluie se met à tomber.*
• Une proposition affirmative et une proposition négative. *Il aime la bonne cuisine et ne fume pas.*

et/ou
Symbole de jonction ou de disjonction.
V. Tableau - **OU, CONJONCTION.**

éta n. m. inv.
Lettre de l'alphabet grec.

étable n. f.
Bâtiment destiné à loger du bétail.
☞ Ne pas confondre avec le nom *écurie,* bâtiment destiné à loger des chevaux.

établi, ie adj. et n. m.
• **Adjectif**
- Solide, stable. *Un usage établi.*
- En place. *Le pouvoir établi.*
• **Nom masculin**
Table massive sur laquelle on travaille le bois, le métal.

*établi en...
Anglicisme au sens de *fondé en...*

établir v. tr., pronom.
• Installer dans un lieu. *Cette entreprise est établie dans la région depuis 50 ans.*
• Préparer minutieusement, dresser. *Établir une liste.*

établissement n. m.
• Instauration. *L'établissement d'un régime démocratique.*
• Maison d'enseignement. *Un établissement privé.*
• Ensemble d'installations servant à l'exploitation d'une entreprise. *Un établissement commercial.*
• Lieu où l'on dispense un enseignement scolaire. (Recomm. off. OLF)
☞ 1° L'emploi du terme *institution* comme terme générique désignant les écoles s'inspire de l'anglais. On emploiera plutôt le terme *établissement.*
    2° Selon le contexte, on trouvera les appellations *établissement d'enseignement privé, établissement (d'enseignement) public, établissement scolaire, établissement d'éducation.*

étage n. m.
Chacun des niveaux d'un immeuble à l'exclusion du rez-de-chaussée et des sous-sols. *Le rayon des jouets est au deuxième étage* (et non au deuxième *plancher).

étager v. tr., pronom.
    Le *g* est suivi d'un *e* devant les lettres *a* ou *o. Il étagea, nous étageons.*
• **Transitif.** Superposer, échelonner.
• **Pronominal.** Être disposé en rangs superposés. *Les maisons s'étagent sur la colline.*

étagère n. f.
Ensemble de tablettes disposées par étages. *Dispose tes livres dans l'étagère.*

et al.
Abréviation de *et alii.*

étai n. m.
Pièce de bois servant à soutenir une construction. *Des étais.*
☞ éta**i.**

étaiement
V. **étayement.**

étain n. m.
• Symbole *Sn* (s'écrit sans point).
• Métal mou de la couleur de l'argent. *Une assiette en étain.*
Hom. *éteint,* du verbe *éteindre.*
☞ étain**.**

étal n. m. (pl. *étals*)
• Table épaisse de boucher. *Des étals bien propres.*
• Boucherie.

étalage n. m.
• Exposition de marchandises destinées à la vente. *De splendides étalages.*
• *Faire étalage de.* (Péj.) Montrer avec ostentation. *Les parvenus font étalage de leurs biens.*
☞ étalage**.**

étalagiste n. m. et f.
Personne chargée de concevoir et d'aménager des étalages commerciaux.

étale adj.
• Dont le niveau est stationnaire. *La mer est étale.*
• Calme.
☞ étale**.**

étalement n. m.
Échelonnement. *L'étalement des paiements.*

étaler v. tr., pronom.
• **Transitif**
- Exposer des marchandises pour la vente.
- Étendre, déployer. *Il étale son journal, ses revues sur la table.*
- Répartir dans le temps. *Étaler des paiements.*
- Faire étalage de, montrer avec ostentation.
• **Pronominal**
- S'étendre. *Une peinture qui s'étale bien.*
- S'échelonner. *L'hypothèque s'étale sur vingt ans.*
- (Fam.) Tomber. *Elle s'est étalée de tout son long.*
☞ étaler**.**

et alii
• Abréviation *et al.* (s'écrit avec un point).
• Locution latine signifiant «et les autres».
V. Tableau - **RÉFÉRENCES BIBLIOGRAPHIQUES.**

étalon n. m.
• Cheval destiné à la reproduction.
• Représentation matérielle d'une unité de mesure. *Un mètre étalon.*
• *Étalon-or.* Poids d'or correspondant à la valeur légale d'une unité monétaire.

étalonner v. tr.
Mesurer par comparaison avec un étalon.
☞ Ne pas confondre avec les verbes suivants :
- *calibrer,* mesurer le diamètre intérieur d'un cylindre;
- *jauger,* mesurer la capacité d'un récipient, d'un navire.
☞ étalonner**.**

étamine n. f.
• Partie de la fleur qui produit le pollen.
• Étoffe très légère.
☞ Attention au genre féminin de ce nom : *une* étamine.

étampe n. f.
Outil servant à produire des empreintes sur des pièces métalliques.

*étampe
Anglicisme au sens de *cachet, timbre, tampon encreur.*

étamper v. tr.
Travailler une pièce métallique à l'étampe.

*étamper
Anglicisme au sens de *marquer, estampiller.*

étanche adj.
Qui ne laisse pas passer les fluides. *Ce masque de plongée est étanche.*

étanchéité n. f.
Caractère de ce qui est étanche. *L'étanchéité d'une paroi.*

étanchement n. m.
(Litt.) Apaisement.

étancher v. tr.
• Arrêter l'écoulement d'un liquide.
• *Étancher sa soif.* Apaiser sa soif. *Ce grand verre d'eau étanchera ma soif.*
☞ Ne pas confondre avec le verbe *épancher,* verser doucement, se confier.

étang n. m.
Nappe d'eau de faible profondeur, souvent colonisée par la végétation. (Recomm. off. OLF)
☞ Ne pas confondre avec les noms suivants :
- *bassin,* pièce d'eau artificielle, réservoir;
- *lac,* nappe d'eau douce entourée de terre, généralement pourvue d'un exutoire, ou élargissement d'un cours d'eau entraînant le dépôt de sédiment;
- *nappe,* vaste étendue d'eau plane, souvent souterraine.
⬅ étang**.**

étant donné loc.
• Compte tenu. *Étant donné ses résultats, il est admis.*
☞ Placée en tête de phrase, la locution prépositive est invariable. Par contre, le participe passé s'accordera lorsque la locution suit le nom. *Ces renseignements étant donnés.*
• *Étant donné que.* Locution conjonctive invariable. Cette locution est suivie de l'indicatif. *Étant donné que le nombre d'inscriptions est inférieur à 10, le cours n'aura pas lieu.*

étape n. f.
• Endroit où l'on s'arrête au cours d'un voyage.
• Phase d'une évolution. *Les étapes de l'indépendance d'un pays.*
• *Brûler les étapes.* Aller trop vite.

état n. m.
• Disposition. *Ne pas être dans son état normal. Cet appareil est en bon état.*
• *État de choses.* Ensemble des circonstances considérées.
• *État d'âme.* Disposition d'esprit.
• *En tout état de cause.* Quoi qu'il en soit.
• *État civil.* Ensemble d'éléments dont une personne

peut se réclamer (nom, prénom, filiation, etc.). *Les registres de l'état civil.*
• *État de compte.* Document indiquant le solde d'un compte.
• *États de service.* Expérience d'une personne.
• *États financiers.* Ensemble de documents comptables qui traduisent la situation financière d'une entreprise.
• Entité politique. *Chef d'État, affaire d'État, coup d'État. L'État de New York.*
☞ En ce sens, le nom s'écrit avec une majuscule.
• Pouvoirs publics. *L'État prélève des impôts.*

étatique adj.
Relatif à l'État.

étatisation n. f.
Action d'étatiser. *L'étatisation des exploitations hydro-électriques.*

étatiser v. tr.
Nationaliser. *Le gouvernement a étatisé cette compagnie aérienne.*

état-major n. m. (pl. *états-majors*)
• Ensemble des officiers qui commandent une armée sous les ordres d'un officier supérieur.
• (Fig.) Structure administrative qui groupe les personnes remplissant des fonctions de conseillers ou de spécialistes auprès de la direction. *Un état-major (et non un *brain trust).*

États-Unis
Abréviation *É.-U.* (s'écrit avec des points).

étau n. m. (pl. *étaux*)
Appareil qui sert à assujettir la pièce que l'on veut travailler. *Le menuisier resserre l'étau où il a placé sa planche de bois.*

étayage n. m.
Action d'étayer.

étayement ou **étaiement** n. m.
Action d'étayer.

étayer v. tr.
Le *y* peut se changer en *i* devant un *e* muet. Cette dernière forme est la plus usitée. *J'étaie* ou *j'étaye, j'étaierai* ou *j'étayerai.*
Le *y* est suivi d'un *i* à la première et à la deuxième personne du pluriel de l'indicatif imparfait et du subjonctif présent. *(Que) nous étayions, (que) vous étayiez.*
• Soutenir à l'aide d'étais. *Étayer un plancher.*
• (Fig.) Appuyer. *Étayer une démonstration par des données statistiques.*

etc.
Abréviation de *et cætera.*
☞ L'abréviation doit être précédée d'une virgule et ne peut être suivie de points de suspension. L'abréviation doit suivre au moins deux exemples cités. *Des fruits, des feuilles, etc.*

et cætera ou **et cetera** loc. adv.
⬄ Attention à la prononciation des premières lettres : *etsé* [ɛtsetera].
• Abréviation *etc.* (s'écrit avec un point).

• Expression latine signifiant «et le reste».

🕮— Cette expression s'emploie surtout sous sa forme abrégée, **etc.** et doit être précédée d'une virgule.

🕮— En typographie soignée, les mots étrangers sont composés en italique. Dans des textes déjà en italique, la notation se fait en romain. Pour les textes manuscrits, on utilisera les guillemets.

&
Symbole du **et commercial** qui s'utilise dans les raisons sociales. *Lessard & Bertrand, grossistes.* Syn. **esperluète.**

été n. m.
• Saison qui suit le printemps et précède l'automne. *Prendre des vacances en été* ou *à l'été.*
• *Été des Indiens.* Au Canada, période de chaleur et de soleil assez brève au milieu de l'automne.

🕮— En France, se dit *été de la Saint-Martin.*

éteignoir n. m.
• Ustensile qui sert à éteindre les bougies.
• (Fig.) Rabat-joie.

éteindre v. tr., pronom.
INDICATIF PRÉSENT *J'éteins, tu éteins, il éteint, nous éteignons, vous éteignez, ils éteignent.* IMPARFAIT *J'éteignais, tu éteignais, il éteignait, nous éteignions, vous éteigniez, ils éteignaient.* PASSÉ SIMPLE *J'éteignis.* FUTUR *J'éteindrai.* CONDITIONNEL PRÉSENT *J'éteindrais.* IMPÉRATIF PRÉSENT *Éteins, éteignons, éteignez.* SUBJONCTIF PRÉSENT *Que j'éteigne, que tu éteignes, qu'il éteigne, que nous éteignions, que vous éteigniez, qu'ils éteignent.* IMPARFAIT *Que j'éteignisse.* PARTICIPE PRÉSENT *Éteignant.* PASSÉ *Éteint, einte.*
Les lettres **gn** sont suivies d'un *i* à la première et à la deuxième personne du pluriel de l'indicatif imparfait et du subjonctif présent. *(Que) nous éteignions, (que) vous éteigniez.*
• **Transitif**
- Mettre fin à un feu. *Ils ont réussi à éteindre l'incendie.*
- Supprimer la lumière. *Éteindre une pièce.*
- *Éteindre l'électricité.*

🕮— L'usage l'a emporté sur la logique dans les expressions familières *éteindre la lumière, l'électricité.*
- Faire cesser le fonctionnement d'un appareil. *Éteindre la radio.*
• **Pronominal**
Cesser de brûler. *La bougie s'est éteinte.*

étendard n. m.
Enseigne de guerre, drapeau. *Les manifestants brandissaient leurs étendards et scandaient des slogans.*
🖝 étendar**d.**

étendre v. tr., pronom.
INDICATIF PRÉSENT *J'étends, tu étends, il étend, nous étendons, vous étendez, ils étendent.* IMPARFAIT *J'étendais.* PASSÉ SIMPLE *J'étendis.* FUTUR *J'étendrai.* CONDITIONNEL PRÉSENT *J'étendrais.* SUBJONCTIF PRÉSENT *Étends, étendons, étendez.* SUBJONCTIF PRÉSENT *Que j'étende.* IMPARFAIT *Que j'étendisse.* PARTICIPE PRÉSENT *Étendant.* PASSÉ *Étendu, ue.*
• **Transitif**

- Allonger. *Je n'ai qu'à étendre le bras.*
- Rendre plus grand. *Étendre une propriété.*
• **Pronominal**
- S'allonger, en parlant d'une personne. *Elle était un peu fatiguée, elle s'est étendue quelques minutes.*
- Occuper un certain espace. *Ses terres s'étendent jusqu'à la forêt.*
- Se développer. *L'incendie s'est étendu à cause du vent.*

étendue n. f.
• Espace, surface. *Une vaste étendue.*
• Ampleur. *L'étendue des dommages.*

éternel, elle adj. et n. m.
Qui n'a ni commencement ni fin. *Un monde éternel.*
🕮— Cet adjectif n'admet ni comparatif ni superlatif.
🕮— Le substantif, qui désigne Dieu, prend une majuscule. *Elle croyait en l'Éternel.*

éternellement adv.
• De tout temps.
• Sans cesse. *Il se plaint éternellement.*

éterniser v. tr., pronom.
• **Transitif.** Prolonger indéfiniment. *Il se plaît à éterniser les travaux.*
• **Pronominal.** Durer trop longtemps. *La réunion s'éternise.*

éternité n. f.
• Durée éternelle, sans commencement ni fin.
• Période très longue. *Il y a une éternité que tu lui as parlé.*
• *De toute éternité.* Depuis toujours.

éternuement n. m.
Expiration bruyante et brutale causée par une irritation de la muqueuse nasale. *Dans les bandes dessinées, l'éternuement est noté atchoum!*
🖝 éternuement.

éternuer v. intr.
Faire un éternuement. *La poussière la fait éternuer.*

éther n. m.
👄 Le *r* se prononce [etɛr].
• Liquide très volatil et inflammable employé comme solvant, antiseptique et anesthésique. *On se servait de l'éther pour endormir autrefois.*
• (Litt.) Air, ciel.
🕮— Attention au genre masculin de ce nom : *un* éther.
🖝 éther.

éthéré, ée adj.
• Qui appartient à l'éther.
• (Litt.) Très pur, très élevé.

éthiopien, ienne adj. et n. m. et f.
D'Éthiopie. *Le drapeau éthiopien. Un Éthiopien, une Éthiopienne.*
🕮— L'adjectif s'écrit avec une minuscule; le nom, avec une majuscule.

éthique adj. et n. f.
• **Adjectif.** Qui se rapporte à la morale.
Hom. *étique,* d'une extrême maigreur.
• **Nom féminin.** Science de la morale.

*éthique, code d'
Impropriété pour **code de déontologie.**

ethnie n. f.
Collectivité ayant une identité linguistique et culturelle. *L'ethnie française.*
☞ Ce terme est préféré à celui de **race** qui comporte la notion de caractères physiques héréditaires.

ethnique adj.
Relatif à une ethnie. *Une minorité ethnique.*
☞ Cet adjectif tend à supplanter **racial.**

*ethnique
Anglicisme au sens de **allophone, membre d'un groupe ethnique minoritaire.**

ethno- préf.
Élément du grec signifiant «peuple». *Ethnologie.*

ethnographe n. m. et f.
Spécialiste de l'ethnographie.
▭▷ eth**n**ographe.

ethnographie n. f.
Science des ethnies et de leurs caractéristiques.

ethnolinguistique adj. et n. f.
Qui se rapporte à l'ethnologie du langage.

ethnologie n. f.
Science des rapports linguistiques, sociaux, économiques des ethnies.

ethnologue n. m. et f.
Spécialiste de l'ethnologie.

éthylène n. m.
Hydrocarbure gazeux.
☞ Attention au genre masculin de ce nom : **un** éthylène.
▭▷ **é**thyl**è**ne.

éthylique adj.
Alcoolique.
▭▷ **é**thylique.

éthylisme n. m.
Alcoolisme.
▭▷ **é**thy**l**isme.

étincelant, ante adj.
◁▷ Le **e** est muet [etɛ̃slã, ãt].
Brillant.
▭▷ étincelant, malgré étincelle.

étinceler v. intr.
Redoublement du **l** devant un **e** muet. *Il étincelle, il étincellera,* mais *il étincelait.*
◁▷ Le **e** central est muet [etɛ̃sle].
Scintiller. *Le cristal étincelle de mille feux.*
▭▷ étinceler.

étincelle n. f.
Éclat vif et passager. *Des étincelles jaillissent du feu.*
▭▷ étincelle.

étincellement n. m.
Éclat, scintillement. *L'étincellement du soleil sur les vagues.*
▭▷ étincellement.

étiolement n. m.
Dépérissement.
▭▷ étiolement.

étioler (s') v. pronom.
Devenir chétif, perdre de la vigueur. *Il a besoin de soleil : il s'étiolerait ici.*
▭▷ étioler.

étique adj.
D'une extrême maigreur.
Hom. **éthique,** qui se rapporte à la morale.

étiquetage n. m.
◁▷ Le **e** central est muet [etiktaʒ].
Action d'étiqueter. *L'étiquetage des produits.*
▭▷ étiquetage, malgré étiquette.

étiqueter v. tr.
Redoublement du **t** devant un **e** muet. *J'étiquette, j'étiquetterai,* mais *j'étiquetais.*
◁▷ Le **e** central est muet [etikte].
Marquer d'une étiquette. *Tous les produits ont été étiquetés.*

étiquette n. f.
• Petite fiche comportant le prix, le contenu, la nature, la taille, le poids d'un article. *Une étiquette rouge précise le prix de chaque article.*
• Protocole. *Respecter l'étiquette.*
▭▷ étiquette, malgré étiqueter.

étirement n. m.
Action d'étirer, de s'étirer; son résultat. *L'étirement d'un muscle.*

étirer v. tr., pronom.
• **Transitif.** Étendre par traction. *Antoine étire ses bras, puis ses jambes.*
• **Pronominal.** S'allonger en étendant les membres. *Le chaton s'étire paresseusement.*

étoffe n. f.
Tissu. *Une étoffe imprimée.*

étoffé, ée adj.
• Bien fourni d'étoffe.
• Ample, fort.

étoffer v. tr.
Enrichir. *Étoffer une bibliographie.*

étoile n. f.
• Astre. *Véga est une des étoiles les plus brillantes du ciel.*
☞ Les noms d'étoiles, de planètes, de constellations s'écrivent avec une majuscule.
V. **astre.**
• **Étoile filante.** Météore.
• **À la belle étoile.** En plein air, la nuit. *Julien et Étienne aiment dormir à la belle étoile parfois.*
• **Étoile de mer.** Animal marin en forme d'étoile. *De jolies étoiles de mer.*
• Danseur, danseuse de classe internationale. *C'est une étoile de la danse.*

étoilé, ée adj.
Parsemé d'étoiles.

étoiler v. tr.
Parsemer d'étoiles. *Une belle nuit étoilée.*

étole n. f.
Large bande de fourrure qui se porte sur les épaules.

étonnamment adv.
De façon étonnante. *Elle parle étonnamment bien pour son âge.*
⊂⇨ éto**nn**amment.

étonnant, ante adj.
• Déconcertant. *Un geste étonnant.*
• Remarquable. *C'est une femme étonnante.*

étonnement n. m.
⇔ Le *e* central est muet [etɔnmã].
Surprise. *À notre grand étonnement, il est arrivé à temps.*

étonner v. tr., pronom.
• **Transitif.** Causer de la surprise. *Elle nous a étonnés avec sa décision.*
• **Pronominal.** Se surprendre. *Il s'étonne qu'elle soit venue si vite à son chevet.*
⊨⊢ Le verbe *s'étonner + que* se construit avec le subjonctif. La construction avec la locution *de ce que* est également possible, quoique plus lourde.

étouffant, ante adj.
Suffocant. *Une chaleur étouffante.*
⊨⊢ Ne pas confondre avec le participe présent invariable *étouffant.* *Elle restait là sans bouger, étouffant ses sanglots.*

étouffée (à l') loc. adv.
À la vapeur. *Cuire à l'étouffée.*

étouffement n. m.
Asphyxie.

étouffer v. tr., intr., pronom.
• **Transitif.** Amortir. *La moquette étouffe les sons.*
• **Intransitif.** Manquer d'air. *On étouffe ici.*
• **Pronominal.** Perdre la respiration. *Elle s'est étouffée en avalant de travers.*

étourderie n. f.
Distraction. *Son étourderie finira par lui causer des problèmes.*

étourdi, ie adj. et n. m. et f.
Insouciant, distrait. *Ève est étourdie, elle a oublié sa clé.*

étourdiment adv.
Inconsidérément.
⊂⇨ étour**di**ment.

étourdir v. tr., pronom.
• **Transitif.** Faire perdre l'équilibre. *Ces nombreuses pirouettes ont étourdi Sébastien.*
• **Pronominal.** Se distraire. *Elle cherche à s'étourdir en riant beaucoup avec ses amis.*

étourdissant, ante adj.
Qui étourdit. *Des danses étourdissantes.*
⊨⊢ Ne pas confondre avec le participe présent invariable *étourdissant.* *La danse l'étourdissant, elle perdit pied.*

étourdissement n. m.
Vertige. *Il a eu un étourdissement.*

étourneau n. m. (pl. *étourneaux*)
Passereau au plumage sombre tacheté de blanc.

étrange adj.
Singulier, bizarre. *Ce comportement est étrange.*

étrangement adv.
De façon étrange. *Il se conduit étrangement.*

étranger, ère adj. et n. m. et f.
• **Adjectif**
- D'une autre nation, d'un autre groupe. *Des langues étrangères.*
- *Corps étranger.* Chose qui se trouve dans un organisme et qui ne devrait pas y être. *Il avait un corps étranger dans l'œil.*
• **Nom masculin et féminin**
- Personne d'une autre nationalité. *Ce sont des étrangers, ils viennent du Pérou.*
- Personne que l'on ne connaît pas. *Il vaut mieux ne pas parler à des étrangers.*
• **Nom masculin**
Pays autre que celui dont on est citoyen. *Son ami vit à l'étranger.*

étranglement n. m.
Resserrement. *Un goulot d'étranglement.*

étrangler v. tr.
• Étouffer, faire perdre la respiration par strangulation. *Le bandit a tenté d'étrangler sa victime.*
• (Fig.) Museler, empêcher de s'exprimer. *Étrangler la presse.*

étrangleur, euse n. m. et f.
Personne qui étrangle.

être n. m.
• Ce qui est, créature. *Les êtres vivants.*
• Personne. *Un être cher.*

être v. intr.
V. Tableau - **ÊTRE.**
V. Tableau - **ÊTRE (CONJUGAISON DU VERBE).**

étreindre v. tr., pronom.
INDICATIF PRÉSENT *J'étreins, tu étreins, il étreint, nous étreignons, vous étreignez, ils étreignent.* IMPARFAIT *J'étreignais, tu étreignais, il étreignait, nous étreignions, vous étreigniez, ils étreignaient.* PASSÉ SIMPLE *J'étreignis.* FUTUR *J'étreindrai.* CONDITIONNEL PRÉSENT *J'étreindrais.* IMPÉRATIF PRÉSENT *Étreins, étreignons, étreignez.* SUBJONCTIF PRÉSENT *Que j'étreigne, que tu étreignes, qu'il étreigne, que nous étreignions, que vous étreigniez, qu'ils étreignent.* IMPARFAIT *Que j'étreignisse.* PARTICIPE PRÉSENT *Étreignant.* PASSÉ *Étreint, einte.*
Le **y** est suivi d'un *i* à la première et à la deuxième personne du pluriel de l'indicatif imparfait et du subjonctif présent. *(Que) nous étreignions, (que) vous étreigniez.*
• Serrer dans ses bras. *Il étreignit ses enfants avec tendresse.*
• (Fig.) Oppresser. *L'angoisse qui l'étreint.*

ÊTRE

INTRANSITIF

Exister, avoir une réalité. *Je pense, donc je suis.* (Descartes) *L'heureux temps des vacances n'est plus.*

AUXILIAIRE

Le verbe *être* sert à conjuguer :

    – les verbes passifs dans tous leurs temps et modes. *Elle est aimée.*

    – les temps composés des verbes pronominaux. *Ils se sont habillés.*

    – les temps composés de certains verbes intransitifs. *Le lac est dégelé.*

Être en train de + infinitif. Le verbe marque une action en voie d'accomplissement. *Les enfants sont en train de manger.*

Être sur le point de + infinitif. Le verbe marque un futur proche. *Je suis sur le point de partir.*

VERBE RELIANT L'ATTRIBUT AU SUJET

Le verbe *être* établit la relation entre le sujet et l'attribut. *Les érables sont magnifiques.*

Locutions

• **Ce +** être. La locution sert à présenter quelqu'un, quelque chose. Le verbe s'emploie au pluriel s'il est suivi d'un nom au pluriel. *Ce sont des pommes vertes* (et non **c'est des pommes*).

    Exceptions : – devant l'indication d'une quantité. *C'est trois dollars.*
                 – devant **nous** ou **vous**. *C'est nous qui partirons les premiers.*

☞ Devant **eux, elles**, on emploie le verbe *être* au pluriel à la forme affirmative, mais on tolère le verbe *être* au singulier à la forme négative ou interrogative. *Ce sont eux! Ce n'est pas eux!*

• **Être à**
    – Appartenir. *Cette maison est à elle.*
    – Être en train de. *Ils sont toujours à se vanter.*
    – S'occuper à. *Être à son travail.*
    – Se trouver. *Ils seront à Paris en mai.*
    – Tendre vers. *Le temps est à la neige.*

• **Être de**
    – Faire partie de. *Être de la fête, d'une société donnée.*
    – Provenir. *Geneviève est de Montréal.*

• **Être pour.** Donner son soutien à. *Elle est pour l'indépendance du Québec.*

• **Être sans.** N'avoir pas. *Il est sans le sou.*

• **Fût-ce, ne fût-ce que.** Ne serait-ce que. *Si vous aviez pu venir, ne fût-ce que deux heures.* Attention à l'accent circonflexe sur le **u.**

• **Il est.** (Litt.) Il y a. *Il est des souvenirs remplis de tendresse.*

• **N'être pas sans savoir quelque chose.** Ne pas l'ignorer. *Vous n'êtes pas sans savoir* (et non sans **ignorer*)...

• **S'il en est, s'il en fut,** locution figée. Cette locution qui correspond à un superlatif s'écrit sans accent circonflexe sur le **u** (forme du passé). *Elsa, une enfant douée s'il en fut.*

CONJUGAISON DU VERBE ÊTRE

INDICATIF

Présent	Passé composé
je suis	j'ai été
tu es	tu as été
il est	il a été
nous sommes	nous avons été
vous êtes	vous avez été
ils sont	ils ont été

Imparfait	Plus-que-parfait
j'étais	j'avais été
tu étais	tu avais été
il était	il avait été
nous étions	nous avions été
vous étiez	vous aviez été
ils étaient	ils avaient été

Passé simple	Passé antérieur
je fus	j'eus été
tu fus	tu eus été
il fut	il eut été
nous fûmes	nous eûmes été
vous fûtes	vous eûtes été
ils furent	ils eurent été

Futur simple	Futur antérieur
je serai	j'aurai été
tu seras	tu auras été
il sera	il aura été
nous serons	nous aurons été
vous serez	vous aurez été
ils seront	ils auront été

CONDITIONNEL

Présent	Passé
je serais	j'aurais été
tu serais	tu aurais été
il serait	il aurait été
nous serions	nous aurions été
vous seriez	vous auriez été
ils seraient	ils auraient été

SUBJONCTIF

Présent	Passé
que je sois	que j'aie été
que tu sois	que tu aies été
qu'il soit	qu'il ait été
que nous soyons	que nous ayons été
que vous soyez	que vous ayez été
qu'ils soient	qu'ils aient été

Imparfait	Plus-que-parfait
que je fusse	que j'eusse été
que tu fusses	que tu eusses été
qu'il fût	qu'il eût été
que nous fussions	que nous eussions été
que vous fussiez	que vous eussiez été
qu'ils fussent	qu'ils eussent été

IMPÉRATIF

Présent	Passé
sois	aie été
soyons	ayons été
soyez	ayez été

PARTICIPE

Présent	Passé
étant	été
	ayant été

INFINITIF

Présent	Passé
être	avoir été

étreinte n. f.
Action d'étreindre, de serrer dans ses bras.
☞ étreinte.

étrenne n. f.
Présent. *Recevoir des étrennes.*
▷— Ce mot s'utilise généralement au pluriel.
☞ étrenne.

étrenner v. tr.
Utiliser pour la première fois. *Sophie a hâte d'étrenner ses patins.*
☞ étrenner.

étrier n. m.
• Anneau suspendu à la selle. *Marc-Antoine ajuste ses étriers.*
• **Avoir le pied à l'étrier** (et non *dans l'étrier). Être prêt à partir.
• Osselet de l'oreille moyenne.
Hom. **étriller,** brosser avec une étrille.

étrille n. f.
Instrument dentelé qui sert à nettoyer le poil des chevaux.

étriller v. tr.
Les lettres *ill* sont suivies d'un *i* à la première et à la deuxième personne du pluriel de l'indicatif imparfait et du subjonctif présent. *(Que) nous étrillions, (que) vous étrilliez.*
👄 Le verbe se prononce comme le mot **étrier** [etrije].
Brosser avec une étrille.
Hom. **étrier,** anneau suspendu à la selle.

étripage n. m.
Action d'étriper.
☞ étripage.

étriper v. tr.
Enlever les entrailles de.
☞ étriper.

étriqué, ée adj.
Qui manque d'ampleur. *Un vêtement étriqué.*

étriquer v. tr.
Rendre trop étroit.

étroit, oite adj.
• Qui a peu de largeur. *Un sentier étroit.*
• **À l'étroit.** Dans un espace trop petit.

étroitement adv.
• À l'étroit.
• Intimement. *Ils sont étroitement liés.*

étroitesse n. f.
• Caractère de ce qui est étroit. *L'étroitesse d'une chaussure.*
• Manque de largeur d'esprit. *Il a fait preuve d'étroitesse d'esprit.*

étude n. f.
• Application de l'esprit en vue d'apprendre, de comprendre. *L'étude de l'histoire, de l'écologie. Il est étudiant en médecine, il fait des études de médecine.*
▷— Le nom **étude** dans l'expression **salle d'étude, journée d'étude** s'écrit au singulier, mais il s'écrit au

pluriel dans **bourse d'études, congé pour études, bureau d'études.**
• Essai. *Elle a écrit une étude sur cette question.*
• Bureau du notaire.

*étude légale
Anglicisme pour **cabinet d'avocats.**

étudiant, ante n. m. et f.
Élève d'un établissement universitaire. Traditionnellement, on réserve le terme **étudiant** à la personne qui fréquente une université.
▷— 1° Ne pas confondre avec les noms suivants :
- **écolier,** jeune élève qui fait des études primaires;
- **élève,** jeune ou adulte qui poursuit des études, à temps plein ou à temps partiel.
2° Le nom **élève** est le mot générique qui désigne toute personne qui fréquente un établissement d'enseignement.

étudier v. tr., pronom.
Redoublement du *i* à la première et à la deuxième personne du pluriel de l'indicatif imparfait et du subjonctif présent. *(Que) nous étudiions, (que) vous étudiiez.*
• **Transitif**
- Apprendre, chercher à connaître, à approfondir quelque chose. *Il étudie la physique et la chimie.*
- Considérer, analyser. *Étudier une proposition.*
• **Pronominal**
- S'observer mutuellement. *Des concurrents qui s'étudient attentivement.*
- S'observer soi-même.

étui n. m.
Réceptacle. *Un étui à lunettes.*
▷— Attention au genre masculin de ce nom : **un** étui.

étuve n. f.
Lieu où règne une forte chaleur.

étuvée n. f.
À l'étuvée, locution adverbiale. Cuit à la vapeur.
Syn. **étouffée (à l').**

étuver v. tr.
• Chauffer dans une étuve.
• Cuire à la vapeur.

étymologie n. f.
• Science qui recherche l'origine d'un mot.
• Origine d'un mot.
☞ étymologie.

étymologique adj.
Relatif à l'étymologie. *Un dictionnaire étymologique.*
☞ étymologique.

étymologiquement adv.
D'après l'étymologie.
☞ étymologiquement.

étymon n. m.
(Ling.) Mot considéré comme la source d'un mot dans une ou plusieurs autres langues.
☞ étymon.

eu- préf.
Élément du grec signifiant «bien». *Euphémisme.*

É.-U.
Abréviation de *États-Unis.*
V. **USA.**

eucalyptus n. m.
Arbre originaire d'Australie dont les feuilles sont très odorantes. *Des eucalyptus odorants.*
⮑ eucalyptus.

eucharistie n. f.
⮑ Les lettres *ch* se prononcent *k* [økaristi].
Communion, dans la religion chrétienne.
⮑ eucharistie.

eucharistique adj.
Relatif à l'eucharistie.
⮑ eucharistique.

euclidien, ienne adj.
Relatif à Euclide. *Géométrie euclidienne.*

eu égard à loc. prép.
(Dr.) En considération de. *Eu égard à son âge.*
▷ Cette locution est invariable.

euh! interj.
Interjection qui marque l'hésitation. *Euh! je ne connais pas la réponse.*

eunuque n. m.
Homme qui a subi la castration.

euphémique adj.
Qui relève de l'euphémisme.

euphémisme n. m.
Expression atténuée d'une notion qui pourrait blesser, choquer. *L'expression «il nous a quittés» est un euphémisme pour «il est mort».*
⮑ euphémisme.
V. Tableau - **FIGURÉS (EMPLOIS).**

euphonie n. f.
Ensemble de sons harmonieux. *Dans «viendra-t-il», le t est ajouté par euphonie.*
▷ Ne pas confondre avec le nom *euphorie,* sensation de bien-être.
⮑ euphonie.

euphonique adj.
Qui produit l'euphonie. *Un t euphonique.*
⮑ euphonique.

euphorie n. f.
Sentiment de bien-être intense, de plénitude.
▷ Ne pas confondre avec le nom *euphonie,* ensemble de sons harmonieux.
⮑ euphorie.

euphorique adj.
• Qui provoque l'euphorie. *Une boisson euphorique.*
• Qui tient de l'euphorie. *Un état euphorique.*
⮑ euphorique.

euphorisant, ante adj. et n. m.
• **Adjectif.** Qui provoque l'euphorie.
• **Nom masculin.** Médicament antidépressif. *Prendre des euphorisants.*

eurasien, ienne adj. et n. m. et f.
Personne née d'un Européen et d'une Asiatique ou d'un Asiatique et d'une Européenne.
▷ L'adjectif s'écrit avec une minuscule; le nom, avec une majuscule.
▷ Ne pas confondre avec les mots suivants :
- *métis,* se dit d'une personne dont le père et la mère sont de races différentes;
- *mulâtre,* se dit d'une personne née d'un Noir et d'une Blanche ou d'un Blanc et d'une Noire.

eurêka! interj.
⮑ Malgré l'accent circonflexe, le *ê* se prononce *é* [øreka].
• Mot grec signifiant «j'ai trouvé».
• L'interjection marque le contentement de trouver subitement une solution, une idée.
⮑ eurêka.

euristique
V. **heuristique.**

euro- préf.
• Préfixe signifiant «d'Europe».
• Les mots composés du préfixe *euro-* s'écrivent sans trait d'union. *Eurofranc.*

eurodevise n. f.
Monnaie européenne placée dans un autre pays. *Des eurodevises.*

eurodollar n. m.
Dollar déposé dans une banque européenne. *Des eurodollars.*

euromarché n. m.
Marché européen des capitaux.

euromissile n. m.
Missile nucléaire américain basé en Europe. *Des euromissiles.*

European Currency Unit
Symbole *ÉCU* ou *ECU* (s'écrit sans points).

européanisation n. f.
Action d'européaniser; fait d'être européanisé.
⮑ européanisation.

européaniser v. tr.
• Façonner à l'image de l'Europe.
• Placer dans une perspective européenne.
⮑ européaniser.

européen, éenne adj. et n. m. et f.
Relatif à l'Europe. *Le marché européen. Un Européen, une Européenne.*
▷ L'adjectif s'écrit avec une minuscule; le nom, avec une majuscule.

euthanasie n. f.
Action d'abréger les souffrances d'une personne incurable en provoquant sa mort.
⮑ euthanasie.

eux pron. pers. m. pl.
• Pronom personnel de la troisième personne correspondant à *ils,* pluriel de *lui* qui peut être sujet ou complément. *Eux seuls connaissaient la réponse. Elle mange avec eux. Ils viendront eux-mêmes.*
• *Eux autres.* (Pop.) Eux.
V. **lui.**

évacuation n. f.
Action d'évacuer. *L'évacuation d'un avion.*

évacuer v. tr.
• Faire sortir quelqu'un d'un lieu. *Le commandant a demandé d'évacuer l'avion.*
• Expulser de l'organisme.
• Rejeter à l'extérieur quelque chose. *Évacuer l'eau d'un réservoir.*

évader (s') v. pronom.
• S'enfuir d'un lieu où l'on était retenu. *Les prisonnières se sont évadées.*
↪ Ne pas confondre avec les verbes suivants :
- *éluder,* éviter en passant à côté;
- *fuir,* s'éloigner rapidement pour échapper à un danger;
- *partir,* quitter un lieu.
• Se distraire. *Il s'évade par la lecture.*

évaluation n. f.
Détermination de la valeur, de la quantité. *L'évaluation d'une propriété.*

évanescence n. f.
(Litt.) Caractère de ce qui est évanescent. *L'évanescence d'un souvenir.*
➪ évane**scence.**

évanescent, ente adj.
(Litt.) Fugitif, qui s'efface peu à peu. *Un souvenir évanescent.*

évangélique adj.
Relatif à l'Évangile.

évangélisation n. f.
Action d'évangéliser.

évangéliser v. tr.
Prêcher l'Évangile.

évangile n. m.
• Enseignement de Jésus-Christ.
↪ Le nom s'écrit avec une majuscule lorsqu'il désigne le livre comportant la doctrine de Jésus-Christ, ou la doctrine elle-même. *L'Évangile selon saint Marc.*
• *Parole d'évangile.* Chose indiscutable.
• (Fig.) Texte essentiel d'une doctrine.
↪ En ce sens, le nom s'écrit avec une minuscule.

évanouir (s') v. pronom.
• (Fig.) Disparaître sans laisser de traces. *Le brouillard s'évanouit.*
• Perdre connaissance. *En apprenant la nouvelle, elles se sont évanouies.*

évanouissement n. m.
Perte de conscience. *Son évanouissement a été très bref et elle est revenue à elle.*

évaporateur n. m.
Appareil servant à l'évaporation de quelque chose.

évaporation n. f.
Transformation d'un liquide en vapeur par la chaleur.
↪ Ne pas confondre avec le nom *ébullition,* état d'un corps qui se transforme en vapeur.

évaporé, ée adj. et n. m. et f.
(Fig.) Écervelé. *C'est un jeune évaporé.*

évaporer v. tr., pronom.
• **Transitif**
Produire l'évaporation d'un liquide.
• **Pronominal**
- Se transformer en vapeur. *L'eau s'est évaporée.*
- (Litt.) Disparaître. *Ses scrupules se sont évaporés.*

évasement n. m.
État de ce qui est évasé.

évaser v. tr., pronom.
• **Transitif.** Élargir une chose à son ouverture.
• **Pronominal.** Être plus large à une extrémité. *Ce pot s'évase légèrement.*

évasif, ive adj.
Vague. *Une réponse évasive.*

évasion n. f.
Action de s'échapper d'une prison. *Une évasion spectaculaire.*
↪ Ne pas confondre avec le nom *invasion,* entrée soudaine et massive.

évasivement adv.
De façon évasive. *Il répondit évasivement.*

évêché n. m.
⬢ Le *ê* se prononce *é* [eveʃe].
Territoire soumis à la juridiction d'un évêque.

éveil n. m.
• Fait de sortir du sommeil. *L'éveil de la nature.*
• Fait de s'éveiller, de s'intéresser à quelque chose. *L'éveil de l'intelligence.*
• *Tenir en éveil.* Tenir attentif.
• *Être en éveil.* Être sur ses gardes.

éveillé, ée adj.
• Qui ne dort pas. *Elle est restée éveillée toute la nuit.*
• Alerte. *Un esprit éveillé.*

éveiller v. tr., pronom.
Les lettres *ill* sont suivies d'un *i* à la première et à la deuxième personne du pluriel de l'indicatif imparfait et du subjonctif présent. *(Que) nous éveillions, (que) vous éveilliez.*
• **Transitif**
- (Litt.) Tirer du sommeil. Dans la langue courante, on utilisera surtout le verbe *réveiller.*
- Susciter. *Éveiller les soupçons, éveiller l'intérêt des enfants pour les mathématiques.*
• **Pronominal**
Sortir du sommeil. *Elle s'éveille à 6 h 30 tous les matins.*

évènement ou **événement** n. m.
• Fait marquant. *Un évènement historique.*
• Circonstance. *Ils sont dépassés par les évènements.*
↪ L'orthographe *évènement* qui respecte la prononciation a été admise par l'Académie en 1975, puis rejetée en 1987 par l'auguste assemblée des Académiciens. Néanmoins, cette graphie est de plus en plus usitée.

ÉVÈNEMENTS HISTORIQUES

Les noms d'évènements historiques sont des noms propres. Le nom caractéristique s'écrit avec une majuscule ainsi que l'adjectif qui le précède. *Mai 68, l'Inquisition, la Libération, la Révolution de 1789, la crise d'Octobre, la Révolution tranquille.*
▷◁— Ne pas confondre avec le nom **avènement,** arrivée, début.

___

*évènement (à tout)
Calque de l'anglais «at all events» pour **quoi qu'il arrive, dans tous les cas.**

évènementiel ou **événementiel, ielle** adj.
Qui se limite à décrire les évènements.

évent n. m.
(Tech.) Orifice d'échappement.
▷◁ **évent.**

éventail n. m.
• Accessoire avec lequel on agite l'air pour se rafraîchir. *Des éventails peints à la main.*
• (Fig.) Ensemble d'éléments d'une même catégorie. *L'éventail des prix.*

*éventail
Archaïsme au sens de **ventilateur.**

éventaire n. m.
Étalage sommaire de marchandises.
▷◁— Ne pas confondre avec le nom **inventaire,** dénombrement de produits.

éventer v. tr., pronom.
• **Transitif**
- Donner du vent à quelqu'un. *Évente-moi un peu, j'ai très chaud.*
- Révéler. *Éventer un complot.*
- **Éventer la mèche.** Révéler un secret.
• **Pronominal**
- Perdre son parfum à l'air. *Ce parfum s'est éventé.*
- Se rafraîchir en agitant l'air. *La belle dame s'éventait doucement.*

éventrer v. tr.
• Ouvrir le ventre de.
• (Fig.) Faire une déchirure à. *Éventrer un matelas.*

éventualité n. f.
Évènement futur possible, mais incertain. *Dans l'éventualité où la directrice accepterait, nous avons fait nos préparatifs.*

éventuel, elle adj.
Hypothétique. *Une éventuelle candidature.*

éventuellement adv.
Le cas échéant.

*éventuellement
Anglicisme au sens de **plus tard.**

évêque n. m.
Prélat de l'Église catholique.
▷◁— Comme les titres administratifs, les titres religieux s'écrivent généralement avec une minuscule. *L'abbé, l'archevêque, le cardinal, le curé, le pape, etc.* Cependant, ces titres s'écrivent avec une majuscule lorsqu'ils remplacent un nom de personne. *L'Évêque sera présent à la réunion.*

V. Tableau - **TITRES DE FONCTIONS.**
▷◁ évêque.

évertuer (s') v. pronom.
(Litt.) Tenter, souvent en vain. *Elle s'évertuait à chanter, mais personne ne l'entendait.*

éviction n. f.
Expulsion par force ou par manœuvre.

évidemment adv.
👄 La troisième syllabe se prononce **da** [evidamã]. Certainement, sans aucun doute.
▷◁ évide**mm**ent.

évidence n. f.
• Chose évidente. *Vous ne nous apprenez rien : ce sont des évidences.*
• Caractère de ce qui est évident. *L'évidence de cet échec.*
• **De toute évidence, à l'évidence,** locutions adverbiales. *Sûrement.*
• **Mettre en évidence.** Souligner, mettre en vedette.
• **Se rendre à l'évidence.** Finir par admettre.

évident, ente adj.
• Indiscutable, qui est d'une certitude absolue. *Une preuve évidente.*
▷◁— Ne pas confondre avec les mots suivants :
- **assuré,** dont la réalité est sûre;
- **avéré,** reconnu comme vrai;
- **clair, compréhensible;**
- **indéniable,** qu'on ne peut nier;
- **irréfutable,** qu'on ne peut réfuter;
- **notoire,** qui est bien connu.
• **Ne pas être évident.** (Fam.) Ne pas être facile à faire. *Recruter un bon collaborateur, ce n'est pas évident.*

évider v. tr.
Creuser à l'intérieur d'un objet.

évier n. m.
Cuvette alimentée en eau généralement située dans la cuisine. *Elle lave les tasses dans l'évier.*
▷◁— Dans la salle de bains, on parle plutôt du **lavabo.**

évincer v. tr.
Le **c** prend une cédille devant les lettres **a** et **o.** *Il évinça, nous évinçons.*
Exclure quelqu'un par intrigue.

éviscérer v. tr.
Le **é** se change en **è** devant une syllabe muette, sauf à l'indicatif futur et au conditionnel présent. *J'éviscère, mais j'éviscérerai.*
Enlever les viscères de.
▷◁ évis**c**érer.

évitement n. m.
Voie d'évitement. Voie de garage.

éviter v. tr.
• Esquiver, échapper à. *Éviter un obstacle.*
• Permettre à quelqu'un de se soustraire à quelque chose de désagréable. *Elle tente de lui éviter cette humiliation.*
• **Éviter + que.** Le verbe se construit avec le subjonctif et le **ne** explétif. *Il faudrait éviter qu'il ne soit présent.*

évocateur, trice adj.
Qui a le pouvoir d'évoquer quelqu'un, quelque chose.
Une musique évocatrice.

évocation n. f.
• Action d'évoquer; ce qui est évoqué.
• Action de rappeler à la mémoire. *L'évocation d'un souvenir.*
☞ Ne pas confondre avec le nom *invocation,* prière.

évolué, ée adj.
Qui a atteint un certain degré d'évolution. *Une mentalité peu évoluée.*

évoluer v. intr.
• Exécuter une suite de mouvements. *Évoluer sur une scène.*
• Progresser. *Le traitement de cette maladie a beaucoup évolué.*

évolutif, ive adj.
Susceptible d'évolution. *Une maladie évolutive.*

évolution n. f.
Transformation graduelle. *Ce domaine est en pleine évolution.*

évoquer v. tr.
• Rappeler. *Elle évoque souvent son souvenir.*
• Faire allusion à. *Dans son récit, il évoque la vie à la campagne.*
☞ Ne pas confondre avec le verbe *invoquer,* appeler à son secours, faire appel à.

ex- préf.
Antérieurement. *Son ex-mari. Un ex-ministre.*
☞ Ce préfixe se joint au nom par un trait d'union.

ex.
Abréviation de *exemple.*

exa- préf.
• Symbole *E* (s'écrit sans point).
• Préfixe qui multiplie par 1 000 000 000 000 000 000 l'unité qu'il précède. *Des exasecondes.*
• Sa notation scientifique est 10^{18}.
V. Tableau - **MULTIPLES ET SOUS-MULTIPLES DÉCIMAUX.**

ex abrupto loc. adv.
⇔ Le *u* se prononce *u* [ɛksabrypto].
Locution latine signifiant «brusquement».
☞ En typographie soignée, les mots étrangers sont composés en italique. Dans des textes déjà en italique, la notation se fait en romain. Pour les textes manuscrits, on utilisera les guillemets.

exacerbation n. f.
Exaspération.

exacerber v. tr.
⇔ Attention à la prononciation [ɛgzasɛrbe].
Rendre plus violent, pousser à son paroxysme. *Exacerber son chagrin.*

exact, acte adj.
⇔ Les lettres *ct* se prononcent ou non pour la forme masculine, [ɛgzakt] ou [ɛgza].
• Conforme à la réalité, à la vérité. *La réponse est exacte.*
• Ponctuel. *Elle est exacte au rendez-vous.*

exactement adv.
Avec exactitude. *Ils étaient là à 15 h exactement.*

exaction n. f.
• Extorsion pratiquée par un représentant d'une autorité.
• (Au plur.) Actes de violence commis contre des populations.

exactitude n. f.
Précision rigoureuse. *L'exactitude d'une réponse.*

*exacto
Marque de commerce désignant un couteau servant à couper le papier, le carton, etc., et composé d'une lame escamotable montée sur un manche.
☞ Les noms *découpoir* ou *couteau à découper* pourraient s'employer en ce sens. En France, on emprunte à l'anglais le nom «cutter».

ex æquo loc. adv. et n. inv.
⇔ Les lettres *æ* se prononcent *é* et le *u* se prononce *ou* [ɛgzeko].
Au même rang. *Elles se sont classées ex æquo. Il y a deux ex æquo.*
☞ La locution et le nom sont invariables.
☞ En typographie soignée, les mots étrangers sont composés en italique. Dans des textes déjà en italique, la notation se fait en romain. Pour les textes manuscrits, on utilisera les guillemets.

exagération n. f.
Excès, action d'exagérer. *Ses récits sont toujours remplis d'exagérations.*

exagérément adv.
Avec exagération.

exagérer v. tr., intr., pronom.
Le *é* se change en *è* devant une syllabe muette, sauf à l'indicatif futur et au conditionnel présent. *J'exagère, mais j'exagérerai.*
• **Transitif.** Amplifier. *Exagérer les faits.*
• **Intransitif.** Abuser. *Il a tout mangé la tarte : vraiment il exagère.*
• **Pronominal.** Surestimer. *Il s'exagère la gravité de la situation.*

exaltant, ante adj.
Qui provoque de l'exaltation. *Des discours exaltants.*
☞ Ne pas confondre avec le participe présent invariable *exaltant. Les discours exaltant le courage et le patriotisme sont rares.*
⇨ exalt**ant.**

exaltation n. f.
Ardeur, grande excitation de l'esprit. *Les participants chantaient avec exaltation.*

exalter v. tr., pronom.
• (Litt.) Glorifier.
• Enthousiasmer, passionner. *Ce beau discours les a exaltés.*
☞ Ne pas confondre avec le verbe *exulter,* éprouver une joie extrême.

examen n. m.
• Recherche minutieuse. *Un examen attentif de la situation.*
• Épreuve subie par un candidat. *Passer un examen, se présenter à un examen* (et non **présenter un examen*), *échouer à un examen, rater un examen, réussir à un examen.*
☞— La construction du verbe *réussir* avec un complément d'objet direct est critiquée, mais elle est passée dans l'usage. *Réussir un examen.*

examinateur, trice n. m. et f.
Personne qui fait passer un examen à des candidats.

examiner v. tr.
• Observer. *Examiner un objet.*
• Étudier. *Examiner une question.*

exaspération n. f.
Grand agacement.

exaspérer v. tr.
Le *é* se change en *è* devant une syllabe muette, sauf à l'indicatif futur et au conditionnel présent. *J'exaspère,* mais *j'exaspérerai.*
Irriter, agacer vivement. *Ces questions indiscrètes l'exaspèrent.*

exaucer v. tr.
Le *c* prend une cédille devant les lettres *a* et *o. Il exauça, nous exauçons.*
Accorder à quelqu'un ce qu'il demande. *Elle exauça ses désirs.*
Hom. *exhausser,* accroître la hauteur.

ex cathedra loc. adv.
Locution latine signifiant «du haut de la chaire» employée au sens de «avec un ton doctoral».
☞— En typographie soignée, les mots étrangers sont composés en italique. Dans des textes déjà en italique, la notation se fait en romain. Pour les textes manuscrits, on utilisera les guillemets.

excavateur n. m. ou **excavatrice** n. f.
Engin de terrassement. *L'entrepreneur utilisait une excavatrice* (et non une **pépine*).

excavation n. f.
• Action de creuser.
• Cavité.

excédant, ante adj.
Exaspérant. *Ces critiques sont excédantes.*
☞— Ne pas confondre avec le participe présent invariable *excédant. Les sommes excédant ce montant seront écartées.*
Hom. *excédent,* surplus.
⇨ excéd**ant.**

excédent n. m.
Surplus. *Avoir un excédent de bagages.*
Hom. *excédant,* exaspérant.
⇨ excéd**ent.**

excédentaire adj.
Qui est en excédent. *Des réserves excédentaires.*
⇨ excéd**entaire.**

excéder v. tr.
Le *é* se change en *è* devant une syllabe muette, sauf à l'indicatif futur et au conditionnel présent. *Il excède,* mais *il excédera.*
• Surpasser en nombre, en quantité, en durée. *Ce prix excède la somme convenue.*
• Exaspérer. *Je suis excédé par ses caprices.*

excellence n. f.
• Perfection, caractère excellent de quelqu'un, de quelque chose. *L'excellence d'un candidat, d'un film.*
• *Par excellence,* locution adverbiale. Au plus haut degré.
• Titre donné à un ministre, à un ambassadeur, à un évêque.
• *Son Excellence.* Abréviation *S.E.* (ministre, ambassadeur), *S. Exc.* (évêque, archevêque).
☞— Les adjectifs, les pronoms ou les participes s'accordent au féminin en l'absence d'un nom masculin qui suivrait le titre honorifique. *Son Excellence est décidée à partir demain. Son Excellence l'ambassadeur est déterminé à rester.*

excellent, ente adj.
Admirable. *Un excellent tableau.*
☞— 1° Ne pas confondre avec le participe présent invariable *excellant.* On y rencontre des gens excellant aux échecs.
2° Il est préférable de ne pas employer de comparatif ou de superlatif avec cet adjectif qui exprime un degré extrême de perfection.
⇨ excell**ent.**

exceller v. intr.
Être supérieur à. *Ces athlètes excellent dans la course. Il excelle à écrire des romans policiers. Elle excelle en mathématiques.*

excentricité n. f.
• Caractère de ce qui est excentrique. *L'excentricité de ses vêtements.*
• Extravagance, acte extravagant. *Il nous a fait rire avec ses excentricités.*
⇨ exc**entricité.**

excentrique adj. et n. m. et f.
• **Adjectif.** Éloigné du centre.
• **Adjectif et nom masculin et féminin.** Original. *Ce sont des excentriques.*
⇨ exc**entrique.**

excentriquement adv.
De façon excentrique.
⇨ exc**entriquement.**

excepté adj. et prép. inv.
• **Adjectif.** Mis à part. *Cette clause exceptée, le contrat a été signé.*
• **Préposition.** À l'exception de, hormis. *Ils seront tous admis, excepté les deux plus jeunes.*
☞— Placé avant l'adjectif, le nom ou le pronom, *excepté* est invariable. Placé après, il est adjectif et s'accorde en genre et en nombre.

excepté que loc. conj.
Si ce n'est que. *Elles ont beaucoup d'affinités, excepté que l'une déteste la musique.*

☞ La locution se construit avec l'indicatif ou le conditionnel.

excepter v. tr.
Exclure d'un ensemble. *Sans excepter personne.*

exception n. f.
• Ce qui est en dehors de la règle, du commun. *Nous ferons une exception pour lui.*
• *Faire exception.* Échapper à la règle. *Ces pluriels font exception et s'écrivent avec un x.*
☞ Dans cette expression, le nom *exception* est invariable.
• *Sans exception.* Sans restriction. *Ils viendront tous sans exception.*
• *À l'exception de,* locution prépositive. Hormis, sauf.
• *L'exception confirme la règle.* Il n'y aurait pas d'exception s'il n'y avait pas de règle.
⇨ exception.

exceptionnel, elle adj.
• Qui fait exception. *Une permission exceptionnelle.*
• Remarquable. *Une œuvre exceptionnelle.*
⇨ exceptionnel.

exceptionnellement adv.
De façon exceptionnelle. *Cet élève est exceptionnellement en retard, d'habitude il est à temps.*
⇨ exceptionnellement.

excès n. m.
• Dépassement de la mesure normale. *Un excès de vitesse.*
• Abus. *Cette personne fait des excès de table.*
• *À l'excès.* Trop. *Ils travaillent à l'excès.*
⇨ excès.

excessif, ive adj.
Qui sort des limites permises. *Des dépenses excessives.*
☞ On évitera l'emploi d'un superlatif ou d'un comparatif.
☞ Ne pas confondre avec les mots suivants :
- *démesuré,* qui dépasse la mesure;
- *exorbitant,* qui sort des bornes, qui est inabordable;
- *forcené,* qui dépasse toute mesure dans ses attitudes.

excessivement adv.
Trop, avec excès. *Cette table est excessivement chère.*
☞ Cet adverbe est toujours suivi d'un adjectif exprimant un défaut, non une qualité. *Il est excessivement lent. Elle est extrêmement habile* (et non **excessivement habile).*

exciser v. tr.
Enlever en coupant. *Exciser un polype.*

excision n. f.
Action d'exciser. *L'excision d'un cor.*

excitabilité n. f.
Propriété de ce qui est excitable.

excitant, ante adj. et n. m.
• **Adjectif.** Séduisant, agréable. *Cette sortie est excitante.*
• **Nom masculin.** Produit qui stimule. *La caféine est un excitant.*

excitation n. f.
• Action d'exciter; ce qui excite.
• Agitation. *Il y a beaucoup d'excitation dans la classe, les vacances approchent.*

exciter v. tr., pronom.
• **Transitif**
- Rendre nerveux, agité. *L'imminence d'un congé excite les élèves.*
- Stimuler, provoquer. *Son sort excite la compassion.*
• **Pronominal**
- S'énerver. *Les élèves commencent à s'exciter en pensant à la sortie de ce soir.*
- S'enthousiasmer. *S'exciter sur un nouveau produit.*

exclamatif, ive adj.
Qui marque l'exclamation. *Une proposition exclamative : quelle belle journée!*

exclamation n. f.
• Cri subit marquant une émotion, un sentiment. *Des exclamations de joie.*
• (Ling.) Phrase exprimant une émotion vive.
• *Point d'exclamation (!).* Signe de ponctuation qui termine une phrase exclamative, une interjection.
V. Tableau - **PONCTUATION.**

exclamer (s') v. pronom.
Pousser des exclamations, s'écrier. *Elles se sont exclamées : «Vive les vacances!»*

exclu, ue adj. et p. passé
• Qui est refusé. *Elle a été exclue du groupe.*
• Qui n'est pas compris. *La facture s'élève à 200 $, le transport exclu.*
☞ Contrairement à *inclus,* le participe passé masculin s'écrit *exclu,* sans *s.* *Le poids de la boîte est exclu.*
Ant. **inclus.**

exclure v. tr.
INDICATIF PRÉSENT *J'exclus, tu exclus, il exclut, nous excluons, vous excluez, ils excluent.* IMPARFAIT *J'excluais, tu excluais, il excluait, nous excluions, vous excluiez, ils excluaient.* PASSÉ SIMPLE *J'exclus, tu exclus, il exclut, nous exclûmes, vous exclûtes, ils exclurent.* FUTUR *J'exclurai.* CONDITIONNEL PRÉSENT *J'exclurais.* IMPÉRATIF PRÉSENT *Exclus, excluons, excluez.* SUBJONCTIF PRÉSENT *Que j'exclue, que tu exclues, qu'il exclue, que nous excluions, que vous excluiez, qu'ils excluent.* IMPARFAIT *Que j'exclusse, que tu exclusses, qu'il exclût, que nous exclussions, que vous exclussiez, qu'ils exclussent.* PARTICIPE PRÉSENT *Excluant.* PASSÉ *Exclu, ue.*
• Ne pas admettre. *J'exclus cette possibilité.*
• Expulser. *Nous l'avons exclu du groupe.*
• *Il n'est pas exclu que,* locution impersonnelle. Il n'est pas impossible que. La locution se construit avec le subjonctif. *Il n'est pas exclu qu'il soit nommé à la présidence. Cette possibilité a été exclue.*
☞ Contrairement à *inclus,* le participe passé masculin s'écrit *exclu,* sans *s.* *Cette possibilité a été exclue.*
Ant. **inclure.**

exclusif, ive adj.
• Qui a un privilège, une possession sans partage.
• Qui a la responsabilité totale de la distribution. *Un distributeur exclusif.*
☞ On évitera d'utiliser l'expression *«apanage exclusif» qui est un pléonasme.

exclusion n. f.
• Action d'exclure d'un ensemble. *L'exclusion d'un élève de la classe.*
• **À l'exclusion de.** À l'exception de.
Ant. **inclusion.**

exclusivement adv.
• En ne comprenant pas quelque chose. *J'y serai du 8 au 15 septembre exclusivement* (la dernière journée étant le 14 septembre).
• À l'exclusion de toute autre chose. *Manger exclusivement des légumes.*
Ant. **inclusivement.**

exclusivité n. f.
• Propriété exclusive. *Se réserver l'exclusivité d'un produit.*
• Produit vendu, exploité par une seule entreprise.
• Nouvelle donnée en primeur. *C'est une exclusivité* (et non un *scoop).

excommunication n. f.
Exclusion de l'Église.

excommunier v. tr.
Redoublement du *i* à la première et à la deuxième personne du pluriel de l'indicatif imparfait et du subjonctif présent. *(Que) nous excommuniions, (que) vous excommuniiez.*
Exclure de l'Église.
☞ L'action d'excommunier se dit *excommunication* (et non *excommunion).

excrément n. m.
Matière évacuée du corps. *Des excréments de chevaux.*
☞ Ce mot s'utilise généralement au pluriel.

excrémentiel, elle adj.
Relatif aux excréments.

excréter v. tr.
Le *é* se change en *è* devant une syllabe muette, sauf à l'indicatif futur et au conditionnel présent. *Il excrète, mais il excrétera.*
Évacuer par excrétion.

excrétion n. f.
Expulsion des déchets de l'organisme.

excroissance n. f.
(Méd.) Tumeur superficielle bénigne de la peau.

excursion n. f.
Promenade. *Une excursion à la montagne.*

excursionniste n. m. et f.
Personne qui fait une excursion.

excuse n. f.
Raison apportée pour se disculper. *Présenter des excuses, faire des excuses.*

excuser v. tr., pronom.
• **Transitif**
- Servir d'excuse, justifier. *Son enthousiasme excuse ses excès.*
- Pardonner. *On a excusé son absence* ou *l'a excusé de son absence.*
☞ L'expression la plus polie est : *veuillez m'excuser.* De façon un peu moins soutenue, on dira : *excusez-moi.* La formule *je m'excuse* est jugée la moins polie.
• **Pronominal**
Présenter des excuses. *Elles se sont excusées de leur retard.*

exécrable adj.
👄 Le mot se prononce [ɛgzekrabl] ou [ɛksekrabl].
• Détestable. *Ces enfants sont exécrables.*
• Affreux. *Il est d'une humeur exécrable.*

exécrablement adv.
👄 Le mot se prononce [ɛgzekrabləmã] ou [ɛksekrabləmã].
(Litt.) De manière exécrable.

exécrer v. tr.
Le *é* se change en *è* devant une syllabe muette, sauf à l'indicatif futur et au conditionnel présent. *J'exècre, mais j'exécrerai.*
👄 Le mot se prononce [ɛgzekre] ou [ɛksekre].
(Litt.) Détester, avoir en horreur.

exécutant, ante n. m. et f.
Personne qui exécute une tâche. *Ils sont à la fois des créateurs et des exécutants.*
☞ Ne pas confondre avec le nom *exécuteur,* bourreau.

exécuter v. tr., pronom.
• **Transitif**
- Mettre en application, accomplir. *Exécuter un projet.*
- Faire mourir, par décision de justice. *Le condamné a été exécuté.*
• **Pronominal**
Se résoudre à agir. *Ils se sont exécutés à regret.*

exécuteur, trice n. m. et f.
• Bourreau.
• *Exécuteur des hautes œuvres.* (Ancienn.) Bourreau.
• *Exécuteur testamentaire.* Personne chargée de l'application d'un testament.
☞ Ne pas confondre avec le nom *exécutant,* personne qui exécute une tâche.

exécutif n. m.
Organe exerçant le pouvoir de faire appliquer les lois dans un État.

*exécutif
Anglicisme au sens de *directeur, direction.*

exécutif, ive adj.
Relatif à la mise en œuvre des lois. *Le pouvoir exécutif.*

exécution n. f.
• Action, manière d'exécuter. *L'exécution d'un travail.*
• Réalisation. *L'exécution d'une œuvre.*
• *Exécution (capitale).* Mise à mort d'un condamné.

exécutoire adj.
Qui doit être exécuté.

exégèse n. f.
Commentaire sur un texte et, spécialement, sur la Bible.
☞ Attention au genre féminin de ce nom : *une* exégèse.

exégète n. m. et f.
Commentateur d'un texte difficile et, spécialement, d'un texte biblique.

exemplaire adj. et n. m.
• **Adjectif.** Qui peut servir d'exemple. *Une conduite exemplaire.*
• **Nom masculin.** Chacun des objets produits dans une série. *Un livre publié à 100 000 exemplaires (et non à 100 000 *copies). Veuillez signer les trois exemplaires du formulaire.*

exemplairement adv.
De façon exemplaire.

exemplarité n. f.
Caractère de ce qui est exemplaire.

exemple n. m.
• Abréviation **ex.** (s'écrit avec un point).
• Modèle qui peut être imité. *Un bon exemple.*
• Éléments qui servent à prouver, illustrer ce qui vient d'être énoncé. *L'Italie a plusieurs volcans, exemple(s) : le Vésuve, l'Etna, le Stromboli.*
• *Par exemple. Planter des fleurs vivaces, par exemple du muguet, des delphiniums.*
• *Par exemple!* Ça alors!
☞ Cette locution marque la surprise, l'indignation.
• *Par exemple.* (Fam.) Mais, toutefois (marquant l'opposition). *Elle est généralement raisonnable; par exemple, elle succombe parfois à la tentation de la gourmandise.*
• *À l'exemple de.* À l'imitation de. *À l'exemple de ses collègues, elle a proposé une solution innovatrice.*

exempt, empte adj.
☞ À la forme masculine, les lettres *pt* ne se prononcent pas [egzã, ãt].
• Dispensé, déchargé. *Un revenu exempt d'impôt.*
• Dépourvu de. *Ce texte est exempt de citations.*

exempter v. tr.
☞ Le *p* ne se prononce pas [egzãte].
Dispenser d'une charge. *L'enseignante les a exemptés de devoirs.*
☞ exempter.

exemption n. f.
☞ Contrairement à l'adjectif et au verbe, dans le nom *exemption* le *p* se fait entendre [egzãpsjõ].
• Action d'exempter; fait d'être exempté. *Une exemption d'impôt.*
• Dégrèvement.
• Dispense d'une obligation. *Une exemption de devoirs.*
☞ exemption.

exercer v. tr., pronom.
Le *c* prend une cédille devant les lettres *a* et *o. Il exerça, nous exerçons.*

• **Transitif**
- Préparer, développer. *Exercer ses muscles, sa mémoire.*
- Mettre en usage. *Exercer une autorité.*
- Pratiquer. *Exercer la médecine.*
• **Pronominal**
- S'entraîner. *Ils s'exercent à skier.*
- (Litt.) Se manifester. *La pression qui s'exerçait sur eux.*

exercice n. m.
Action d'exercer, de s'exercer. *Des exercices physiques. L'exercice du droit. Un exercice de mathématiques.*

exercice (financier) n. m.
Période de temps pour laquelle sont établies des prévisions financières ou dégagés des résultats financiers, dans une unité de gestion, une entreprise ou un organisme public. (Recomm. off. OLF) *Cette société termine son exercice financier le 1er mai.*
☞ Généralement, un exercice porte sur 12 mois.
☞ Ne pas confondre avec l'*année civile,* période de douze mois, commençant le 1er janvier et se terminant le 31 décembre.
☞ Les synonymes *année financière* et *année budgétaire* ne sont utilisés que dans le domaine de la comptabilité du secteur public.

exerciseur n. m.
Appareil de gymnastique.

exérèse n. f.
Excision.

exergue n. m.
Courte citation, devise placée en tête d'un ouvrage, d'un texte, etc. *Inscrire un vers de Rimbaud en exergue à un roman.*
☞ Le texte de l'exergue se compose en romain ou en italique. Si le nom de l'auteur est donné, il s'inscrit entre parenthèses.
Syn. **épigraphe.**

exfoliation n. f.
• (Méd.) Desquamation de la peau.
• Opération chirurgicale esthétique qui consiste à faire desquamer la peau du visage pour la débarrasser des cellules mortes.
☞ Ce terme a été proposé pour remplacer l'emprunt *peeling.*

exhaler v. tr., pronom.
• **Transitif.** Répandre. *Ces fleurs exhalent une odeur délicate.*
• **Pronominal.** Se répandre dans l'atmosphère.
☞ exhaler.

exhausser v. tr.
Accroître la hauteur. *Exhausser un immeuble d'un étage.*
Hom. *exaucer,* accorder à quelqu'un ce qu'il demande.

exhaustif, ive adj.
Complet. *Une énumération exhaustive.*
☞ exhaustif.

exhaustivement adv.
De façon exhaustive.
⇨ exhaustivement.

exhiber v. tr., pronom.
• **Transitif.** Montrer avec ostentation. *Ce parvenu exhibe sa grosse voiture.*
• **Pronominal.** Se montrer en public, s'afficher. *Ils se sont exhibés en sa compagnie.*
⇨ exhiber.

*exhibit
Anglicisme pour *pièce à conviction, objet exposé.*

exhibition n. f.
• Action d'exhiber.
• Représentation. *Exhibition de phoques et de dauphins.*
⇨ exhibition.

exhibitionnisme n. m.
Tendance pathologique à se montrer nu.
⇨ exhibitionnisme.

exhibitionniste adj. et n. m. et f.
Qui souffre d'exhibitionnisme.
⇨ exhibitionniste.

exhortation n. f.
• Paroles par lesquelles on exhorte.
• Incitation.
⇨ exhortation.

exhorter v. tr.
Inciter, encourager par des paroles. *Il l'exhorte à la pitié. Elle l'exhorte à rester.*
▣— Le complément indirect du verbe est introduit par la préposition *à.*
⇨ exhorter.

exhumation n. f.
Action d'extraire un corps de sa sépulture.
⇨ exhumation.
Ant. **inhumation.**

exhumer v. tr.
Extraire un corps de la terre, de sa sépulture.
⇨ exhumer.
Ant. **inhumer.**

exigeant, ante adj.
• Qui exige beaucoup. *Une profession exigeante.*
• Sévère. *Des professeurs exigeants.*
▣— Ne pas confondre avec le participe présent invariable *exigeant. Des professeurs exigeant des travaux bien écrits.*
⇨ exigeant.

exigence n. f.
• Ce qu'une personne exige. *Quelles sont vos exigences?*
• Obligation. *Les exigences d'un métier.*
⇨ exigence.

exiger v. tr.
Le *g* est suivi d'un *e* devant les lettres *a* et *o. Il exigea, nous exigeons.*
• Nécessiter. *Cette opération exigeait beaucoup d'habileté.*

• Réclamer (ce qui est considéré comme un dû). *Les employés exigent une augmentation.*
• *Exiger + que.* Le verbe se construit avec le subjonctif. *L'institutrice exige que les enfants soient ponctuels.*

exigibilité n. f.
• **Nom féminin.** Caractère de ce qui peut être exigé.
• **Nom féminin pluriel.** Ensemble des dettes à court terme d'une entreprise.

exigible adj.
Que l'on peut exiger.

exigu, uë adj.
Très petit, trop petit. *Un passage exigu, une pièce exiguë.*
⇨ exiguë, pour la forme féminine.

exiguïté n. f.
Insuffisance, petitesse. *L'exiguïté d'une pièce.*
⇨ exiguïté.

exil n. m.
Situation d'une personne forcée de vivre hors d'un lieu. *Roman est en exil depuis vingt ans.*

exilé, ée adj. et n. m. et f.
Qui est condamné à l'exil.

exiler v. tr., pronom.
• **Transitif.** Frapper quelqu'un d'exil.
• **Pronominal.** Quitter son pays. *Ils ont dû s'exiler pour survivre.*

existant, ante adj.
Actuel. *Les constructions existantes seront rasées.*

existence n. f.
• Fait d'exister. *L'existence d'une association.*
• Vie. *Une existence mouvementée.*

existentialisme n. m.
Mouvement philosophique qui s'interroge sur l'existence individuelle.

existentialiste adj. et n. m. et f.
• **Adjectif.** Relatif à l'existentialisme. *La pensée existentialiste.*
• **Nom masculin et féminin.** Adepte de l'existentialisme.

existentiel, ielle adj.
Relatif à l'existence.

exister v. intr.
• Être, avoir une réalité. *Cette étoile existe.*
• Avoir de l'importance. *Cette question n'existait pas pour eux.*

ex-libris n. m. inv.
Petite étiquette collée sur un livre pour en marquer le propriétaire. *Des ex-libris.*
▣— En typographie soignée, les mots étrangers sont composés en italique. Dans des textes déjà en italique, la notation se fait en romain. Pour les textes manuscrits, on utilisera les guillemets.

exode n. m.
Émigration massive d'un peuple. *L'exode des cerveaux vers les États-Unis.*
▣— Attention au genre masculin de ce nom : *un* exode.

Ne pas confondre avec le nom **exorde,** introduction d'un discours, d'un texte.

*ex-officio
Impropriété pour *d'office, de droit.*

exonération n. f.
Dégrèvement.

exonérer v. tr.
Le *é* se change en *è* devant une syllabe muette, sauf à l'indicatif futur et au conditionnel présent. *J'exonère,* mais *j'exonérerai.*
Libérer d'une obligation, d'une charge. *Des marchandises exonérées de droits de douane.*
Lorsqu'il s'agit d'un blâme, il est plus juste d'utiliser les verbes **innocenter, disculper.**

exorbitant, ante adj.
Qui sort des bornes, qui est inabordable. *Un prix exorbitant.*
Ne pas confondre avec les mots suivants :
- *démesuré,* qui dépasse la mesure;
- *excessif,* qui sort des limites permises;
- *forcené,* qui dépasse toute mesure dans ses attitudes.
exorbitant.

exorciser v. tr.
Conjurer. *Le sorcier a exorcisé les démons.*

exorcisme n. m.
Cérémonie au cours de laquelle on exorcise.

exorciste n. m. et f.
Personne qui exorcise, qui conjure les démons.

exorde n. m.
Introduction d'un discours, d'un texte.
Ne pas confondre avec le nom **exode,** émigration massive.
Attention au genre masculin de ce nom : *un* exorde.

exotique adj.
Qui vient des pays étrangers. *Une danse exotique.*

exotisme n. m.
Caractère de ce qui est exotique.

expansif, ive adj.
Démonstratif, communicatif.

expansion n. f.
Développement. *L'expansion économique.*
expansion.

expatriation n. f.
Action de quitter sa patrie.

expatrier v. tr., pronom.
Redoublement du *i* à la première et à la deuxième personne du pluriel de l'indicatif imparfait et du subjonctif présent. *(Que) nous nous expatriions, (que) vous vous expatriiez.*
• **Transitif.** Obliger quelqu'un à quitter sa patrie.
• **Pronominal.** Émigrer. *Ils se sont expatriés.*

expectative n. f.
(Litt.) Attente. *Elle est dans l'expectative d'une réponse.*

expectorant, ante adj. et n. m.
Qui facilite l'expectoration. *Des sirops expectorants.*

expectoration n. f.
Expulsion de sécrétions.

expectorer v. tr.
Rejeter des sécrétions par la bouche.

expédient n. m.
Moyen commode, échappatoire. *Recourir à des expédients pour survivre.*
Ne pas confondre avec le participe présent invariable **expédiant.** *Il n'y aura plus de retard de livraison, l'éditeur expédiant tous ses colis par avion.*

expédier v. tr.
Redoublement du *i* à la première et à la deuxième personne du pluriel de l'indicatif imparfait et du subjonctif présent. *(Que) nous expédiions, (que) vous expédiiez.*
• Envoyer. *Expédier un colis.*
• Faire une chose rapidement pour s'en débarrasser. *Il expédia ses devoirs et ses leçons pour aller jouer.*

expéditeur, trice adj. et n. m. et f.
Personne qui fait un envoi. *L'expéditeur d'un colis.*
Ant. **destinataire.**
V. Tableau - **ADRESSE.**

expéditif, ive adj.
Rapide. *Un moyen expéditif.*

expédition n. f.
• Envoi de marchandises. *L'expédition d'un colis par avion.*
• Opération militaire en dehors du territoire national. *Une expédition punitive.*
• Voyage d'exploration. *Une expédition polaire.*

expérience n. f.
• Connaissance acquise par une longue pratique. *Un employé qui a beaucoup d'expérience.*
En ce sens, le nom s'écrit au singulier.
• Expérimentation. *Faire des expériences.*

expérimental, ale, aux adj.
Qui est fondé sur l'expérience scientifique. *Des projets expérimentaux.*

expérimentalement adv.
De façon expérimentale.

expérimentation n. f.
Utilisation systématique des expériences.

expérimenté, ée adj.
Formé par l'expérience. *C'est un chercheur expérimenté.*

expérimenter v. tr.
• Vérifier par des expériences. *Expérimenter un nouveau médicament.*
• Éprouver par expérience. *J'ai expérimenté l'importance de l'amitié.*

expert adj. et n. m.
experte adj. et n. f.
• **Adjectif**
Qui a une grande connaissance d'une chose par une longue pratique. *Un ébéniste expert.*

• **Nom masculin et féminin**
- Personne très compétente, très expérimentée. *Une experte en informatique.*
- ***Expert +*** nom.
☞ Quand le nom est joint à un autre nom pour former un titre professionnel, on emploie généralement un trait d'union. *Un expert-comptable, une experte-conseil.*
- Spécialiste qui fait une expertise.
- ***À dire d'experts.*** Selon les experts.

expert-comptable n. m. (pl. *experts-comptables*)
experte-comptable n. f. (pl. *expertes-comptables*)
Personne dont la profession est d'effectuer des vérifications comptables pour le compte d'autrui. *Recourir à un expert-comptable, à un vérificateur* (et non à un **auditeur*).

expert-conseil n. m. (pl. *experts-conseils*)
experte-conseil n. f. (pl. *expertes-conseils*)
Personne agissant à titre de conseiller.

expertise n. f.
• (Dr.) Examen fait par un expert sur l'ordre d'un tribunal.
• Estimation de la valeur, de la qualité d'un objet.
• Connaissance et compétence d'expert. (Recomm. off. OLF)

expertiser v. tr.
Soumettre à une expertise.

expiation n. f.
Châtiment.

expiatoire adj.
Qui sert à expier.

expier v. tr.
Redoublement du *i* à la première et à la deuxième personne du pluriel de l'indicatif imparfait et du subjonctif présent. *(Que) nous expiions, (que) vous expiiez.*
Réparer une faute par la peine qu'on subit.

expiration n. f.
• Action de chasser hors de la poitrine l'air qu'on a inspiré.
• Échéance. *L'expiration d'un délai.*
Ant. **inspiration.**

expirer v. tr., intr.
• **Transitif.** Expulser l'air contenu dans les poumons.
• **Intransitif.** Prendre fin. *Le délai a expiré à 15 heures. Le délai est expiré depuis hier.*
☞ Le verbe se conjugue avec l'auxiliaire ***avoir*** pour exprimer l'action, avec l'auxiliaire ***être*** pour marquer l'état.

explétif, ive adj. et n. m.
(Gramm.) Se dit d'un mot qui n'est pas essentiel au sens d'une phrase. *Le **ne** explétif de la phrase «Je crains qu'il ne soit absent».*

explicable adj.
Qui peut être expliqué. *Son erreur est explicable.*
⇨ explicable.

explicatif, ive adj.
• (Gramm.) Se dit d'une proposition relative qui apporte une précision non indispensable sur l'antécédent. Exemple : *Son chien, qui était magnifique, se mit à japper.*
☞ La proposition explicative, qui s'écrit généralement entre virgules, peut être supprimée sans nuire au sens de la phrase.
• Qui explique. *Une note explicative.*
⇨ expli**c**atif.

explication n. f.
• Commentaire, justification. *Donner une explication.*
• Discussion. *Avoir une explication.*
⇨ expli**c**ation.

explicite adj.
Qui est énoncé de façon claire. *Des commentaires explicites.*
☞ Ne pas confondre avec le mot ***implicite,*** qui n'est pas énoncé clairement, mais qui peut être déduit.

explicitement adv.
D'une manière explicite, clairement.

expliciter v. tr.
Rendre plus clair, plus compréhensible. *J'aimerais que vous m'explicitiez ce problème.*

expliquer v. tr., pronom.
• **Transitif**
- Commenter, faire comprendre. *Expliquer un théorème.*
- Justifier. *Expliquer un retard.*
• **Pronominal**
- Faire connaître sa pensée. *Elle s'est expliquée et il a compris.*
- Devenir clair. *Tout s'explique.*

exploit n. m.
Action d'éclat. *Son exploit est digne de mention.*
⇨ exploi**t**.

exploitant n. m.
exploitante n. f.
Personne qui exploite une entreprise. *Les exploitants agricoles.*
☞ Ce mot s'emploie dans un sens favorable, alors que le nom ***exploiteur*** est toujours péjoratif.

exploitation n. f.
• Action d'exploiter, de faire valoir quelque chose en vue d'un profit. *L'exploitation d'une usine* (et non l'**opération*).
• Affaire exploitée. *Une exploitation agricole.*
• Action d'abuser de quelqu'un, de quelque chose. *L'exploitation des travailleurs.*

exploiter v. tr.
• Faire valoir, tirer partie de. *Exploiter une entreprise, un commerce* (et non **opérer*).
• (Péj.) Tirer abusivement parti de quelqu'un. *Cette entreprise exploite son personnel.*

exploiteur, euse n. m. et f.
(Péj.) Personne qui abuse.
☞ Ce nom est péjoratif, alors que le mot ***exploitant*** s'utilise dans un sens favorable.

explorateur, trice adj. et n. m. et f.
• **Adjectif et nom masculin.** (Méd.) Se dit d'un instrument qui sert à connaître l'état d'un organe.
• **Nom masculin et féminin.** Personne qui explore un pays lointain. *C'est un explorateur français, Jacques Cartier, qui découvrit le Canada en 1534.*

exploration n. f.
• Expédition. *L'exploration d'une région désertique.*
• Approfondissement. *L'exploration d'un sujet.*

exploratoire adj.
Préparatoire, préliminaire. *Des réunions exploratoires.*

explorer v. tr.
• Aller à la découverte d'un pays peu connu. *Explorer les régions polaires.*
• Examiner avec soin. *Explorer une question.*

exploser v. intr.
Faire explosion. *La fusée a explosé.*

explosif, ive adj. et n. m.
• **Adjectif.** De nature à provoquer une explosion, des réactions vives. *Un contexte explosif. Des substances explosives.*
• **Nom masculin.** Produit susceptible d'exploser. *Ces explosifs doivent être gardés sous clé.*

explosion n. f.
• Éclatement violent. *L'explosion d'une bombe.*
• Manifestation soudaine. *Une explosion de cris.*
Ant. **implosion.**

expo n. f.
Abréviation familière de **exposition.** *Nous visiterons Expo-Sciences.*

exponentiel, ielle adj. et n. f.
Dont l'exposant est variable ou inconnu. *Une fonction exponentielle.*
⇨ exponentiel.

exportateur n. m.
exportatrice n. f.
Personne qui fait des exportations.

exportation n. f.
• Action de vendre des biens ou des services à l'étranger. *L'exportation du bois, du blé.*
• Bien ou service exporté. *Ces exportations sont destinées aux États-Unis.*
Ant. **importation.**

exporter v. tr.
Vendre à l'étranger les produits de l'activité nationale. *Exporter des matières premières, de nouvelles technologies.*
Ant. **importer.**

exposant, ante n. m. et f.
• **Nom masculin et féminin.** Personne qui expose ses œuvres. *De nouveaux exposants.*
• **Nom masculin.** (Math.) Expression numérique ou algébrique de la puissance qui est placée un peu au-dessus et à droite d'une quantité.

exposé n. m.
• Compte rendu. *Un exposé de la situation.*
• Communication. *Elle a fait un excellent exposé sur le nationalisme.*

exposer v. tr., pronom.
• **Transitif**
- Placer, mettre en vue. *Cette peintre expose ses tableaux dans une galerie.*
- Orienter. *Exposer des produits au soleil.*
- Faire courir un risque. *Exposer la vie des soldats.*
- Faire connaître. *Exposer une théorie en long et en large.*
• **Pronominal**
Risquer. *Vous vous exposez à des reproches.*

exposition n. f.
• Action d'exposer; lieu où l'on expose. *Une exposition scientifique.*
• Orientation, situation. *Une exposition au soleil.*

exprès, esse adj. et n. m.
⇨ La prononciation est la même au masculin comme au féminin [ɛkspʀɛs].
• **Adjectif**
- (Dr.) Formel. *Une condition expresse.*
☞ La forme féminine de l'adjectif en ce sens est **expresse.**
- Se dit d'une expédition postale très rapide. *Une lettre exprès, un colis par exprès.*
☞ En ce sens, l'adjectif est invariable en genre et en nombre.
• **Nom masculin**
Lettre, colis expédié par exprès.
⇨ exprès, expr**esse.**

exprès adv.
⇨ Le **s** ne se prononce pas [ɛkspʀɛ].
• De façon délibérée, intentionnellement. *«Il l'a fait exprès!», dit sa petite sœur.*
• *Par exprès.* (Vx) Délibérément.
• *Fait exprès.* Coïncidence fâcheuse.

express adj. inv. et n. m. inv.
⇨ Les **s** se prononcent [ɛkspʀɛs].
• **Adjectif**
Rapide. *La voie express, un train express.*
☞ Elliptiquement, on dit aussi **un express** pour désigner un train, un autobus qui se rend rapidement à destination.
• **Nom masculin**
- Café fait à la vapeur. *Des express très serrés, très forts.*
☞ La forme italienne **espresso** est également usitée.
- Train express. *L'express de Nice.*
⇨ expr**ess.**

expressément adv.
De façon formelle, explicite. *Il nous avait promis expressément d'être présent.*

expressif, ive adj.
• Significatif. *Un terme expressif.*
• Éloquent. *Une mimique expressive.*

expression n. f.
• Action d'exprimer quelque chose. *L'expression d'un regret.*
• Mot ou groupe de mots. *L'expression latine ex abrupto signifie «brusquement».*
• *Réduire quelque chose à sa plus simple expression.* Réduire à l'essentiel, à l'élémentaire.

exprimer v. tr., pronom.
• **Transitif.** Faire connaître sa pensée par le geste, la parole, etc. *Exprimer ses idées.*
• **Pronominal.** Manifester sa pensée. *Il n'arrive pas à s'exprimer vraiment.*

expropriation n. f.
Action d'exproprier.

exproprier v. tr.
Redoublement du *i* à la première et à la deuxième personne du pluriel de l'indicatif imparfait et du subjonctif présent. *(Que) nous expropriions, (que) vous expropriiez.*
Ôter la propriété par voie légale. *Ces fermes ont été expropriées.*

expulser v. tr.
• Exclure. *La foule a été expulsée de la salle.*
• Évacuer de l'organisme.

expulsion n. f.
Évacuation. *L'expulsion d'un locataire.*

expurger v. tr.
Le *g* est suivi d'un *e* devant les lettres *a* et *o*. *Il expurgea, nous expurgeons.*
Censurer dans un écrit ce qui est jugé contraire à la morale.

exquis, ise adj.
Délicieux, charmant. *Une personne exquise, un gâteau exquis.*

exsangue adj.
⟸ Les lettres *ex* se prononcent *eks* ou *egz,* [ɛksɑ̃g] ou [ɛgzɑ̃g].
Qui a perdu une partie de son sang, très pâle.

exsanguino-transfusion n. f. (pl. *exsanguino-transfusions*)
Opération médicale au cours de laquelle une partie ou la totalité du sang d'une personne est échangée contre du sang provenant de donneurs.

exsuder v. tr., intr.
Suinter.

extase n. f.
Ravissement. *Elle est en extase devant son frère.*

extasier (s') v. pronom.
Redoublement du *i* à la première et à la deuxième personne du pluriel de l'indicatif imparfait et du subjonctif présent. *(Que) nous nous extasiions, (que) vous vous extasiiez.*
Être saisi d'admiration. *Elle s'extasie des succès de son frère.*

extatique adj.
Qui tient de l'extase.

extenseur adj. m. et n. m.
• **Adjectif.** Qui sert à l'extension. *Des muscles extenseurs.*
• **Nom masculin.** Appareil de gymnastique.

extensibilité n. f.
Propriété de ce qui est extensible.

extensible adj.
Susceptible de s'allonger. *Des collants extensibles.*

extensif, ive adj.
• Qui produit l'extension.
• *Culture extensive.* Culture pratiquée sur de vastes superficies.

extension n. f.
• Allongement. *L'extension d'un muscle.*
• Accroissement. *L'extension des exportations.*

*****extension**
- Anglicisme au sens de *poste* (téléphonique).
- Anglicisme au sens de *prolongation* (d'une période).
- Anglicisme au sens de *rallonge* (électrique).

*****extensionner**
Forme inexistante pour *prolonger* (une période, etc.).

extenso (in)
V. **in extenso.**

exténuation n. f.
Épuisement.

exténuer v. tr., pronom.
• **Transitif.** Épuiser. *Ce travail l'a exténué.*
• **Pronominal.** Se fatiguer extrêmement. *Ils se sont exténués à marcher si longtemps.*

extérieur, eure adj. et n. m.
• **Adjectif**
Qui est au-dehors. *La paroi extérieure. La politique extérieure.*
• **Nom masculin**
- Ce qui est au-dehors. *L'extérieur d'un bâtiment.*
- Les pays étrangers. *Relations avec l'extérieur.*
- *À l'extérieur,* locution adverbiale. Dehors. *Les enfants jouent à l'extérieur.*
Ant. **intérieur.**
• **Nom masculin pluriel**
(Cin.) Scènes filmées hors des studios. *Tourner les extérieurs à la campagne.*

extérieurement adv.
• En apparence. *Elle est calme extérieurement.*
• À l'extérieur. *Extérieurement, l'immeuble doit être repeint.*

extériorisation n. f.
Action d'extérioriser.

extérioriser v. tr., pronom.
• **Transitif.** Exprimer. *Extérioriser sa joie.*
• **Pronominal.** Manifester ses sentiments. *Il n'arrive pas à s'extérioriser.*

exterminateur, trice adj. et n. m. et f.
Qui extermine. *L'ange exterminateur.*

extermination n. f.
Destruction totale. *L'extermination des parasites.*

exterminer v. tr.
Détruire entièrement, massacrer. *Exterminer des insectes nuisibles.*

externat n. m.
• Établissement scolaire qui n'admet que des externes.
• Fonction d'externe dans les hôpitaux.
⟹ **externat.**

externe adj. et n. m. et f.
• **Adjectif.** Qui est situé au-dehors. *La face externe du bras.*
• **Nom masculin et féminin.** Élève non pensionnaire. Ant. **interne.**

exterritorialité n. f.
Syn. **extraterritorialité.**

extincteur, trice adj. et n. m.
Se dit d'un appareil qui sert à éteindre les commencements d'incendie. *Des extincteurs à neige carbonique.*

extinction n. f.
⟺ Le **c** se prononce [ɛkstɛ̃ksjɔ̃].
• Action d'éteindre. *L'extinction d'un incendie.*
• Anéantissement. *L'extinction d'une espèce.*
• ***Extinction de voix.*** Perte provisoire de la voix.
▭▷ extinction.

extirpation n. f.
Action d'extirper.

extirper v. tr., pronom.
• **Transitif.** Arracher en déracinant. *Extirper des mauvaises herbes.*
• **Pronominal.** Sortir d'un lieu avec difficulté. *S'extirper d'un fauteuil profond.*

extorquer v. tr.
Obtenir par violence. *Extorquer une promesse, une signature.*

extorsion n. f.
Action d'extorquer. *Une extorsion de fonds.*

extra- préf.
Élément du latin signifiant «en dehors».
▭⊢ Les mots composés avec le préfixe ***extra-*** s'écrivent le plus souvent en un seul mot. *Extraterrestre.* Font exception les mots ***extra-muros, extra-utérin.***

extra adj. inv. et n. m. inv.
• **Adjectif invariable**
- Abréviation de ***extraordinaire.***
- (Fam.) Supérieur. *Cette tarte est extra.*
• **Nom masculin invariable**
- Supplément. *Nous allons faire quelques extra.*
- Domestique employé provisoirement. *Engager des extra.*

extracteur n. m.
Appareil servant à l'extraction d'un corps.

*extracteur (de jus)
Impropriété au sens de ***centrifugeuse.***

extrader v. tr.
Livrer par extradition. *Extrader un terroriste.*

extradition n. f.
Acte par lequel un État livre à un autre État une personne inculpée.

*extra-dry
Anglicisme pour ***très sec.***

extrafin, ine adj.
Très fin. *Des pois extrafins.*

extrafort, orte adj.
• Très résistant. *Des cartons extraforts.*
• Très fort de goût. *Des moutardes extrafortes.*

extrahospitalier, ère adj.
Qui a lieu en dehors de l'hôpital. *Des soins extrahospitaliers.*

extraire v. tr.
INDICATIF PRÉSENT *J'extrais, tu extrais, il extrait, nous extrayons, vous extrayez, ils extraient.* IMPARFAIT *J'extrayais, tu extrayais, il extrayait, nous extrayions, vous extrayiez, ils extrayaient.* FUTUR *J'extrairai.* CONDITIONNEL PRÉSENT *J'extrairais.* IMPÉRATIF PRÉSENT *Extrais, extrayons, extrayez.* SUBJONCTIF PRÉSENT *Que j'extraie, que tu extraies, qu'il extraie, que nous extrayions, que vous extrayiez, qu'ils extraient.* PARTICIPE PRÉSENT *Extrayant.* PASSÉ *Extrait, aite.* Le passé simple et le subjonctif imparfait sont inusités.
Le **y** est suivi d'un **i** à la première et à la deuxième personne du pluriel de l'indicatif imparfait et du subjonctif présent. *(Que) nous extrayions, (que) vous extrayiez.*
Retirer d'un ensemble. *Extraire une dent.*

extrait n. m.
• Produit obtenu par réduction d'une substance. *Un extrait de vanille.*
• Passage d'un texte. *Des extraits de Rabelais.*
• Copie conforme d'un acte. *Un extrait de naissance. Des extraits de baptême.*
▭▷ extrait.

extra-muros adj. inv. et adv.
⟺ Le **s** se prononce [ɛkstramyros].
À l'extérieur de la ville. *Les quartiers* extra-muros *de Saint-Malo.*
▭⊢ En typographie soignée, les mots étrangers sont composés en italique. Dans des textes déjà en italique, la notation se fait en romain. Pour les textes manuscrits, on utilisera les guillemets.

extraordinaire adj.
• Exceptionnel. *Une assemblée extraordinaire.*
• Remarquable. *Une peintre extraordinaire.*
▭⊢ Ne pas confondre avec les mots suivants :
- ***bizarre,*** étonnant, singulier;
- ***inconcevable,*** inimaginable;
- ***incroyable,*** difficile à croire;
- ***inusité,*** inhabituel;
- ***invraisemblable,*** qui ne semble pas vrai.

extraordinairement adv.
De façon extraordinaire. *Il est extraordinairement fort.*

extrapolation n. f.
Action d'extrapoler, déduction.
▭▷ extrapolation.

extrapoler v. tr., intr.
Déduire à partir de données partielles.
▭▷ extrapoler.

extrasensible adj.
Qui n'est pas perçu par les sens.

extrasensoriel, elle adj.
Qui ne se fait pas par les sens. *Une perception extra-sensorielle.*

extraterrestre adj. et n. m. et f.
• **Adjectif.** Qui est extérieur à l'atmosphère terrestre.
• **Nom masculin ou féminin.** Être qui vient d'une autre planète que la Terre, dans un monde imaginaire. *Les extraterrestres existent-ils?*

extraterritorial, ale, aux adj.
Qui n'est pas soumis à la législation nationale.

extraterritorialité n. f.
Caractère de ce qui est hors du territoire. *Les ambassades jouissent du privilège de l'extraterritorialité.*
Syn. **exterritorialité.**

extra-utérin, ine adj.
Qui est en dehors de l'utérus. *Des grossesses extra-utérines.*

extravagance n. f.
Bizarrerie, excentricité. *L'extravagance de leur tenue.*
⇨ extrava**ga**nce.

extravagant, ante adj. et n. m. et f.
Déraisonnable, bizarre. *Une proposition extravagante.*
⇨ extrava**ga**nt.

extraverti, ie adj. et n. m. et f.
Qui est tourné vers l'extérieur. *Elle est extravertie.*
▷– On dit aussi *extroverti.*
Ant. **introverti.**

extrême adj. et n. m.
• **Adjectif.** Qui est le plus loin. *L'extrême limite. Une chaleur extrême.*
• **Nom masculin.** Opposé, contraire. *Passer d'un extrême à l'autre.*
▷– Attention au genre masculin de ce nom : *un* extrême.

extrêmement adv.
Au plus haut degré, très. *Elle est extrêmement gentille.*
▷– Ne pas confondre avec le mot *excessivement* qui ne peut être suivi que d'un adjectif exprimant un défaut, alors que l'adverbe *extrêmement* peut se construire avec un adjectif dont le sens est favorable ou défavorable.

extrême-onction n. f. (pl. *extrêmes-onctions*)
Sacrement catholique administré à un malade en danger de mort.

extrémisme n. m.
Tendance d'une personne favorable aux idées extrêmes, violentes, dans la lutte politique.
⇨ extré**misme.**

extrémiste adj. et n. m. et f.
Qui fait preuve d'extrémisme. *Ce sont des extrémistes.*
⇨ extré**miste.**

extrémité n. f.
• La partie extrême. *L'extrémité de la ville.*
• (Au plur.) Les pieds, les mains. *Avoir les extrémités gelées.*
⇨ extré**mité.**

extrinsèque adj.
Qui provient du dehors. *Une cause extrinsèque.*
Ant. **intrinsèque.**
⇨ extrinsèque.

extrusion n. f.
Procédé de mise en forme des matières plastiques. *L'extrusion d'un plastique.*

exubérance n. f.
• Vivacité. *Ils applaudirent avec exubérance.*
• Surabondance. *L'exubérance de la végétation tropicale.*
⇨ exu**bé**rance.

exubérant, ante adj.
• Très abondant. *Une végétation exubérante.*
• Qui s'exprime avec exubérance. *Une joie exubérante.*

exulter v. intr.
Éprouver une joie extrême. *À l'annonce de leur succès, ils exultèrent.*
▷– Ne pas confondre avec le verbe *exalter,* enthousiasmer, passionner.

exutoire n. m.
Dérivatif.
▷– Attention au genre masculin de ce nom : *un* exutoire.

ex-voto n. m. inv. (pl. *ex-voto*)
Tableau, objet placé dans une église pour l'accomplissement d'un vœu. *Une chapelle tapissée d'ex-voto.*
▷– En typographie soignée, les mots étrangers sont composés en italique. Dans des textes déjà en italique, la notation se fait en romain. Pour les textes manuscrits, on utilisera les guillemets.

*****eye-liner**
Anglicisme pour *traceur, fard à paupières.*

f
• Ancienne notation musicale de la note *fa.*
V. note de musique.
• Symbole de *femto-.*

F
• Symbole de *farad.*
• Symbole de *fluor.*
• Symbole de *franc.*

°F
Symbole de *degré Fahrenheit.*

fa n. m. inv.
Quatrième note de la gamme de do. *La clé de* fa. *Des* fa.
V. note de musique.

FAB adj. inv.
Abréviation de *franco à bord.*
☞ Dans le commerce international, l'abréviation anglaise *FOB* est couramment utilisée.

fable n. f.
Petit récit destiné à instruire. *«La cigale et la fourmi» est le titre d'une fable de La Fontaine.*

fabliau n. m. (pl. *fabliaux*)
(Ancienn.) Petit récit satirique écrit en vers.
⇨ fabli**au.**

fabricant n. m.
fabricante n. f.
Chef d'une entreprise qui fabrique des produits commerciaux. *Des fabricants d'appareils d'éclairage.*
☞ Dans le domaine aéronautique ou automobile, on emploie plutôt la désignation de *constructeur.* Les noms *fabricant* ou *industriel* sont à préférer à *manufacturier* qui est vieilli.
☞ Ne pas confondre avec le participe présent invariable *fabriquant. Des appareils fabriquant de la neige sont utilisés au cinéma.*
⇨ fabri**c**ant.

fabrication n. f.
Action de fabriquer. *Un défaut de fabrication.*
⇨ fabri**c**ation.

fabrique n. f.
• Établissement industriel où l'on transforme des matières premières en produits industriels ou commerciaux.
• *Marque de fabrique.* Marque apposée par le fabricant.

fabriquer v. tr.
• Transformer des matières premières en produits industriels ou commerciaux. *Ces meubles sont fabriqués au Québec.*
• L'OLF a normalisé l'emploi des expressions *fabriqué à, fabriqué au, fabriqué en,* suivies du nom de lieu.
• (Péj.) Forger, inventer. *Un alibi fabriqué de toutes pièces.*

fabuleux, euse adj.
Qui tient de la fable, extraordinaire quoique réel. *Il a amassé une fortune fabuleuse.*
☞ Ne pas confondre avec les mots suivants :
- *fictif,* inventé;
- *imaginaire,* qui n'existe que dans l'imagination;
- *légendaire,* qui n'existe que dans les légendes.
⇨ fabuleu**x.**

fabuliste n. m. et f.
Auteur de fables.

façade n. f.
• Face extérieure d'un bâtiment. *Une façade en pierre.*
• (Fig.) Apparence extérieure. *André semble calme, mais ce n'est qu'une façade : en réalité, il est très nerveux.*
⇨ façade.

face n. f.
• Partie antérieure de la tête (humaine).
▷— Par rapport aux noms *figure* et *visage,* le nom *face* est plus littéraire et s'emploie en parlant de Dieu ou dans le domaine médical. Dans la langue orale, il qualifie un visage extraordinaire ou bizarre. Le nom *face* s'utilise aussi dans certaines locutions figées : *perdre la face, une face de carême, faire face.*
- *Perdre la face.* Perdre sa dignité, son prestige.
- *Une face de carême.* Un visage maussade.
- *Faire face.* Affronter le danger.
• Chacun des côtés d'une chose. *Le détective examina le portefeuille sous toutes ses faces.*
• Côté d'une pièce de monnaie qui porte une figure. *Jouer une pièce à pile ou face.*
• **Locutions adverbiales**
- *De face.* Du côté où l'on voit le devant. *Un magasin vu de face.*
- *En face.* Par-devant, vis-à-vis. *Avoir le soleil en face. Regarder quelqu'un en face.*
- *En face.* (Fig.) Sans crainte. *Regarder la vérité en face.*
- *Face à face.* Vis-à-vis. *Les maisons sont situées face à face.*
• **Locutions prépositives**
- *En face de.* Vis-à-vis. *Elle habite en face de l'école.*
- *Face à.* En faisant face à. *Une maison face à la mer.*
▷— On abuse actuellement de cette locution. Dans de nombreux emplois, on lui préférera les locutions suivantes selon le contexte *vis-à-vis de, quant à, par rapport à, relativement à. Les avis sont partagés relativement à cette question* (et non *face à).
Syn. **visage.**

face-à-face n. m. inv. (pl. *face-à-face*)
Débat contradictoire entre deux personnalités. *Organiser des face-à-face télévisés.*

face-à-main n. m. (pl. *faces-à-main*)
Lorgnon à manche.

facétie n. f.
⇨ Le *t* se prononce *s* [fasesi].
Plaisanterie.
⇨ facétie.

facétieux, euse adj. et n. m. et f.
⇨ Le *t* se prononce *s* [fasesjø, øz].
• **Adjectif.** (Litt.) Qui tient de la facétie.
• **Nom masculin et féminin.** Farceur.
⇨ facétieux.

facette n. f.
• Petite face. *Les facettes d'un diamant.*
• (Fig.) Aspect. *Les multiples facettes de la réalité.*

fâcher v. tr., pronom.
• **Transitif**
Mécontenter, mettre en colère. *Je ne voudrais pas fâcher mon père.*
• **Pronominal**
- *Se fâcher + contre.* Se mettre en colère contre une personne. *Ils se sont fâchés contre ces importuns.*
- *Se fâcher + avec.* Se brouiller avec une personne. *Elle s'est fâchée avec sa collègue.*
- *Être fâché que +* subjonctif. *Elle est fâchée qu'on ne l'ait pas consultée.*
⇨ fâcher.

fâcheusement adv.
De façon fâcheuse, malencontreuse.
⇨ fâcheusement.

fâcheux, euse adj. et n. m. et f.
• **Adjectif.** Regrettable, malencontreux. *Un fâcheux contretemps.*
• **Nom masculin et féminin.** (Litt.) Importun.
⇨ fâcheux.

facial, ale, als ou **aux** adj.
Qui appartient à la face. *Une paralysie faciale.*
▷— Au pluriel, l'adjectif peut s'écrire *faciaux* ou *facials.*

faciès n. m.
⇨ Le *s* se prononce [fasjɛs].
Aspect du visage. *Un faciès asiatique.*
⇨ faciès.

facile adj.
Aisé, possible. *Un calcul facile, une personne facile à contenter.*

facilement adv.
Avec facilité.

facilité n. f.
• Qualité de ce qui est facile. *Ce travail est d'une grande facilité.*
• Aptitude naturelle à faire quelque chose. *Elle a beaucoup de facilité à persuader.*
• (Au plur.) Moyens qui permettent de faire quelque chose facilement. *Elles ont eu toutes facilités pour obtenir les renseignements nécessaires.*
• *Facilités de paiement.* Échelonnement de paiements.

faciliter v. tr.
Rendre facile. *Il faut lui faciliter la tâche.*

***facilités**
Anglicisme au sens de *installations, services.*

façon n. f.
• Manière d'être ou d'agir. *Sa façon de dessiner.*
• (Au plur.) Comportement. *Il a de drôles de façons.*
• *Faire des façons.* Être exagérément poli, faire des chichis.
• *Avoir de la façon.* Au Canada, être poli, avoir des manières agréables, affables.
• *Faire de la façon.* Au Canada, faire bonne mine à quelqu'un, se montrer gentil avec quelqu'un.
▷— L'emploi de ces expressions est courant au Canada dans la langue familière, mais elles sont vieillies dans l'ensemble de la francophonie.

• **Locutions adverbiales**
- *De toute façon, de toutes les façons.* Quoi qu'il en soit.
- *En aucune façon.* En aucun cas, nullement.
- *Sans façon.* *Venez demain, ce sera sans façon.*
• **Locution conjonctive**
De façon que, de telle façon que. *Conduisez-vous de façon qu'on puisse vous féliciter. Le nouveau plan a été établi de telle façon que tout peut être retrouvé facilement.*
🖝 La locution conjonctive se construit avec l'indicatif pour exprimer une conséquence réelle. *Le classement a été établi de telle façon que tout peut être retrouvé facilement.* La locution se construit avec le conditionnel pour exprimer l'éventualité d'une hypothèse. *Il a écrit de façon que l'on arriverait difficilement à le lire.* Pour exprimer une intention, la locution se construit avec le subjonctif. *Conduisez-vous de façon qu'on puisse vous féliciter.* La construction *de façon à ce que* est lourde et déconseillée.
• **Locutions prépositives**
- *À la façon de.* À la manière de. *Il écrit à la façon des auteurs du siècle dernier.*
- *De façon à* + infinitif. *Habillez-vous de façon à être à l'aise.*
🠊 façon.

façonnage n. m.
Action de façonner quelque chose. *Le façonnage du bois.*
🠊 façonnage.

façonnement n. m.
Action de former quelqu'un d'une certaine manière. *Le façonnement de l'esprit.*
🠊 façonnement.

façonner v. tr.
• Travailler (une matière, une chose). *Façonner un meuble.*
• Former par l'usage, par l'éducation. *Façonner un esprit.*
🠊 façonner.

fac-similé n. m. (pl. *fac-similés*)
• Locution latine francisée signifiant «faire une chose semblable».
• Reproduction très fidèle d'un écrit, d'un dessin.
🖝 Ne pas confondre avec les mots suivants :
- *copie,* reproduction d'après un original;
- *duplicata,* double d'un acte, d'un document déjà fourni.

facteur n. m.
• Élément contribuant à un résultat. *Un facteur de progrès.*
• *Facteur Rhésus.* Substance contenue dans le sang.
• (Math.) Chacun des termes d'une multiplication.
• (En appos.) *Le facteur temps, le facteur prix.* Dans la langue soignée, on préférera la construction avec la préposition *de.*

facteur n. m.
factrice n. f.
• Employé des postes.
• Fabricant d'orgues ou de pianos.

factice adj. et n. m.
• **Adjectif.** Faux, imité. *Une moustache factice.*
• **Nom masculin.** (Litt.) Ce qui est factice. *Le factice et le vrai.*
🠊 factice.

faction n. f.
• Groupe subversif. *Une faction des Brigades rouges.*
• *Être de faction, en faction.* Assurer la surveillance d'un lieu.
🖝 Ne pas confondre avec le nom *fraction,* partie d'un tout.

factoriel, ielle adj. et n. f.
Relatif à un facteur. *Analyse factorielle.*

*factoring
Anglicisme pour **affacturage.**

factuel, elle adj.
Qui se rapporte aux faits. *Non pas des hypothèses, mais des données factuelles.*

facturation n. f.
Action d'établir une facture.

facture n. f.
État détaillé précisant la quantité, la nature et le prix des marchandises vendues, des services rendus.
🖝 À l'hôtel, c'est une *note* et au restaurant, c'est une *addition.*
🖝 Ne pas confondre avec le nom *fracture,* cassure.

facturer v. tr.
Porter (un produit, un service) sur une facture. *Facturer* (et non *charger*) *des matériaux à un entrepreneur.*

facultatif, ive adj.
Qui n'est pas obligatoire. *Des lectures facultatives.*
Ant. **obligatoire.**

faculté n. f.
• Pouvoir de faire une chose, privilège. *La faculté de choisir, de voter.*
• (Au plur.) Aptitudes naturelles. *Ne pas jouir de toutes ses facultés.*
• Partie d'une université. *La faculté de droit, des lettres.*
🖝 Lorsqu'il désigne le corps professoral ou par ellipse, la faculté de médecine, le nom s'écrit avec une majuscule. *La Faculté s'est prononcée.*

fada adj. inv. en genre et n. m.
(Fam.) Un peu fou. *Elle est fada.*

fadaise n. f.
Sottise. *Débiter des fadaises.*

fade adj.
Sans saveur, sans agrément. *Ce fruit est sans goût, il est fade.*

fadeur n. f.
Absence de caractère, de saveur.

fado n. m.
Chant portugais. *Des fados mélancoliques.*

fagot n. m.
Assemblage de branchages.
🠊 fagot.

fagoter v. tr.
• Mettre en fagots.
• (Fam.) Habiller sans goût. *Il est mal fagoté.*
☞ fagoter.

Fahrenheit adj. inv. et n. m.
👄 Le mot se prononce [farεnajt].
• Symbole *F* (s'écrit sans point).
• Unité de mesure de température anglo-saxonne. *Des degrés Fahrenheit, 32 °F.*
🖝 Le degré Fahrenheit est indiqué à l'aide d'un petit zéro en exposant accolé au *F* majuscule, séparés du nombre par un espace.

faible adj. et n. m.
• **Adjectif**
Fragile, qui manque de vigueur, de force physique, de volonté. *Stéphanie a été très malade et elle est encore faible.*
• **Nom masculin**
- Personne sans défense, dépourvue de ressources. *Les économiquement faibles.*
- Goût, préférence. *Je pense qu'il a un faible pour vous.*

faiblement adv.
De façon faible.

faiblesse n. f.
• Manque de vigueur, de force. *Stéphanie s'inquiète de la faiblesse de sa fille qui peut à peine marcher.*
• Indulgence excessive. *Avoir un instant de faiblesse.* Ant. **force.**

faiblir v. intr.
Perdre de sa force, de sa fermeté. *Ce mur commence à faiblir. Ses résolutions faiblissent.*

faïence n. f.
👄 Le mot se prononce [fajãs].
Poterie vernissée ou émaillée.
☞ faïence.

faïencerie n. f.
👄 Le mot se prononce [fajãsri].
Assortiment de poteries de faïence.
☞ faïencerie.

faille n. f.
• Cassure d'un terrain. *La faille de San Andreas est en Californie.*
Syn. **crevasse.**
• (Fig.) Défaut. *Cette démonstration comporte plusieurs failles.*

failli, ie adj. et n. m. et f.
(Dr.) Personne qui a fait faillite.

faillir v. tr. ind., intr.
Ce verbe s'emploie surtout à l'infinitif et aux temps composés. INDICATIF PRÉSENT *Je faux, tu faux, il faut, nous faillons.* IMPARFAIT *Je faillais, nous faillions.* PASSÉ SIMPLE *Je faillis.* FUTUR *Je faudrai.* CONDITIONNEL PRÉSENT *Je faudrais.* SUBJONCTIF PRÉSENT *Que je faille.* IMPARFAIT *Que je faillisse.* PARTICIPE PRÉSENT *Faillant.* PASSÉ *Failli.*
• **Transitif indirect.** (Litt.) Manquer à (un engagement). *Il a failli à sa promesse.*
• **Intransitif.** Être sur le point de. *Elle a failli glisser.*

🖝 Le verbe suivi de l'infinitif se construit aujourd'hui sans préposition.

**faillir
Archaïsme au sens de *faire faillite.*

faillite n. f.
• (Dr.) Situation d'un débiteur qui ne peut plus payer ses dettes.
🖝 Ne pas confondre avec le nom **banqueroute,** faillite frauduleuse.
• Échec complet. *La faillite du communisme.*

faim n. f.
• Besoin et désir de manger. *Avoir faim. Antoine a une faim de loup, il meurt de faim.*
🖝 Les expressions *avoir très faim, avoir si faim que, avoir trop faim* sont jugées familières. En principe, l'adverbe modifie un adjectif et non un nom. Dans les faits, on note que ces emplois sont de plus en plus courants.
• (Fig.) Besoin, désir. *Une faim de pouvoir, de solitude.* Hom. *fin,* action de finir, but, dessein.
☞ faim.

fainéant, ante adj. et n. m. et f.
👄 La première syllabe se prononce *fé* [feneã, ãt]. Paresseux.

fainéanter v. intr.
👄 La première syllabe se prononce *fé* [feneãte]. Se livrer à la paresse.

fainéantise n. f.
👄 La première syllabe se prononce *fé* [feneãtiz]. Paresse.

faire v. tr., intr., pronom.
👄 Les lettres *ai* se prononcent *e* dans les formes *nous faisons, faisons, faisant* et à toutes les formes de l'imparfait.
Hom. *fer,* métal gris.
V. Tableau - **FAIRE.**
V. Tableau - **FAIRE (CONJUGAISON DU VERBE).**

**faire application
Calque de l'anglais «to make an application» pour *postuler un emploi, faire une demande d'emploi, poser sa candidature.*

**faire du sens
Calque de l'anglais «to make sense» pour *avoir du sens.*

faire-part n. m. inv. (pl. *faire-part*)
Lettre annonçant une naissance, un mariage, un décès.
🖝 On compose habituellement en toutes lettres la date (jour, mois, année) apparaissant sur un faire-part. *Le quatorze décembre mil neuf cent quarante-cinq, en l'église...*

faire-valoir n. m. inv. (pl. *faire-valoir*)
Personne qui met en valeur quelqu'un. *Elles leur servent de faire-valoir.*

**fair-play
Anglicisme pour *franc jeu, loyauté, bonne foi.*

faisabilité n. f.

👄 Les lettres *ai* se prononcent *e* [fəzabilite].
Caractère de ce qui est réalisable, compte tenu des possibilités technologiques, financières, etc. *Des études de faisabilité.*

🖝 fai**s**abilité.

faisable adj.

👄 Les lettres *ai* se prononcent *e* [fəzabl].
Réalisable. *Croyez-vous que ce projet serait faisable?*

🖝 fai**s**able.

faisan n. m.

👄 Les lettres *ai* se prononcent *e* [fəzɑ̃].
Gallinacé au plumage coloré et à longue queue; mâle de la faisane.

🖝 fai**s**an.

faisandé, ée adj.

👄 Les lettres *ai* se prononcent *e* [fəzɑ̃de].
Qui commence à se corrompre. *Viande faisandée.*

🖝 fai**s**andé.

faisandeau n. m. (pl. *faisandeaux*)

👄 Les lettres *ai* se prononcent *e* [fəzɑ̃do].
Petit du faisan.

🖝 fai**s**andeau.

faisander v. tr., pronom.

👄 Les lettres *ai* se prononcent *e* [fəzɑ̃de].
• **Transitif.** Donner au gibier un goût accentué, par un début de décomposition.
• **Pronominal.** Être proche de la décomposition, en parlant d'une viande.

faisane adj. et n. f.

👄 Les lettres *ai* se prononcent *e* [fəzan].
Femelle du faisan.

🖝 fai**s**ane.

faisceau n. m. (pl. *faisceaux*)

👄 Le mot se prononce [fɛso].
Ensemble de choses liées ensemble. *Des faisceaux de branches.*

🖝 fai**s**ceau.

faiseur, euse n. m. et f.

👄 Les lettres *ai* se prononcent *e* [fəzœr, øz].
• Personne qui fait quelque chose. *Un faiseur de bons mots, une faiseuse d'embarras.*
• (Péj.) Hâbleur, prétentieux. *Ne l'écoutez pas, c'est un faiseur.*

🖝 fai**s**eur.

fait n. m.

👄 Le *t* ne se prononce jamais au pluriel [fɛ]. Il se prononce parfois devant une pause et dans certaines locutions (*au fait, de fait, en fait*...) [fɛt].
• Action. *Des faits et gestes.*
• Évènement. *Rapporter un fait.*
• Réalité. *C'est un fait.*
• **Le fait + que.** Le verbe qui suit se met à l'indicatif (*le fait que la population est divisée*) ou au subjonctif (*le fait qu'il vienne*), selon le degré de réalité de la proposition.
• **Locutions diverses**
- *Aller au fait.* Aller à l'essentiel.
- *Du fait de.* Par suite de. *Du fait de sa myopie, elle doit porter des lunettes.*
- *État de fait.* Situation.
- *Fait accompli.* Situation sur laquelle il n'y a pas à revenir.
- *Fait divers.* Nouvelle de seconde importance. *Cette journaliste rapporte les faits divers.*
- *Fait exprès.* Coïncidence fâcheuse.
- *Hauts faits.* Exploits.
🖂— Cet emploi est parfois ironique.
- *Le fait est que.* Il faut reconnaître que. *Le fait est que ce coureur est très rapide.*
- *Mettre au fait.* Renseigner.
- *Pris sur le fait.* En flagrant délit. *Les cambrioleurs ont été pris sur le fait : ils ont été arrêtés.*
- *Venir au fait.* Arriver au vif du sujet.
- *Voies de fait.* Actes de violence.
• **Locutions adverbiales**
- *En fait.* En réalité.
- *Au fait.* En définitive.
- *De fait.* Véritablement, effectivement.
- *Tout à fait.* Entièrement. *La maison a brûlé tout à fait. Êtes-vous d'accord? Tout à fait.*

fait, faite adj.

Fait à (nom de lieu) *le* (date). Formule consacrée inscrite au bas d'un document officiel qui doit être signé. *Fait à Montréal le 24 septembre 1988* (et non *signé, donné*).

faîte n. m.

👄 Le mot se prononce [fɛt].
• La partie la plus élevée, le sommet d'une construction. *Le faîte d'un arbre.*
• (Litt.) Summum. *Être au faîte des honneurs.*
Hom. *fête*, réjouissance.

🖝 faîte.

fait-tout n. m. inv. ou **faitout** n. m. (pl. *fait-tout, faitouts*)

Grand récipient à deux poignées muni d'un couvercle.
🖂— Ne pas confondre avec les mots suivants :
- *casserole,* récipient métallique muni d'un manche, parfois d'un couvercle et qui est réservé à la cuisson des aliments;
- *chaudron,* récipient assez profond à anse mobile;
- *poêle,* récipient plat à longue queue.

fakir n. m.

Personne qui exécute en public des tours (voyance, magie, hypnose, etc.). *Les fakirs dorment sur une planche à clous.*

falaise n. f.

Côte abrupte au-dessus de la mer.

🖝 falaise.

falbala n. m.

• (Anciennt.) Bande d'étoffe plissée.
• (Au plur.) Ornements de mauvais goût. *Des falbalas.*

fallacieux, euse adj.

(Litt.) Mensonger, trompeur. *Des discours fallacieux.*

falloir v. impers.

Ce verbe ne s'utilise qu'à la troisième personne du singulier. INDICATIF PRÉSENT *Il faut.* IMPARFAIT *Il fallait.* PASSÉ SIMPLE *Il fallut.* FUTUR *Il faudra.* CONDI-

FAIRE

Verbe dont l'emploi est le plus fréquent en français, c'est le verbe d'action par excellence. Il est toutefois souvent possible de remplacer ce verbe «à tout faire» par un verbe plus précis.

TRANSITIF	• Créer, produire. *Faire un bouquet, un dessin.*
	• Accomplir, exécuter. *Faire un travail. La randonnée que j'ai faite.*
	• Former, composer. *Deux et deux font quatre.*
	• Jouer le rôle de. *Elle faisait celle qui n'entend pas.*
	☞ Le verbe ***faire*** se conjugue avec l'auxiliaire ***avoir*** aux formes transitives et intransitives et avec l'auxiliaire ***être*** à la forme pronominale.

INTRANSITIF	• Agir. *Elle a fait de son mieux. Il n'y a rien à faire.*
	• (Impers.) *Il fait chaud, il fait nuit, il fait bon. Cela ne se fait pas!*
	☞ Le participe passé du verbe impersonnel est invariable. *La chaleur qu'il a fait hier.*

PRONOMINAL	• Arriver, venir à être. *Elle s'est faite belle. Ils se sont fait élire. Elle s'est fait couper les cheveux. Comment se fait-il que vous soyez en retard?*
	☞ Devant un infinitif, la forme pronominale du participe passé est toujours invariable. La forme pronominale se conjugue avec l'auxiliaire ***être.***
	• ***Se faire fort de.*** S'engager à. *Elle se fait fort de réussir.*
	☞ En ce sens, l'adjectif ***fort*** est invariable.
	• ***Se faire fort de.*** Tirer sa force de. *Elle se fait forte de leur appui.*
	☞ En ce sens, l'adjectif ***fort*** est variable.

SEMI-AUXILIAIRE	• **Faire + infinitif.** Cette construction indique qu'une action ordonnée par le sujet est exécutée par quelqu'un d'autre. *Elle fait travailler dix personnes.*
	☞ Le participe passé reste invariable. *Les personnes qu'elle a fait travailler.*
	• **Faire + infinitif.** Être la cause. *Cette tisane fait dormir.*
	• **Faire + verbe défectif.** *Elle faisait éclore des fleurs.*

Locutions :

- ***À tout faire.*** Non spécialisé. *Un menuisier à tout faire.*

- ***Ne faire que.*** Ne pas cesser de. *Elle ne fait que dormir.*

- ***N'avoir que faire de.*** Ne faire aucun cas. *Il n'a que faire de ces critiques.*

- ***Ce faisant.*** En faisant cela. Cette locution est vieillie.

- ***Tant qu'à faire.*** (Fam.) Puisqu'il le faut.

- ***Avoir affaire, avoir à faire.*** On écrit plus souvent ***avoir affaire*** que ***avoir à faire*** sans changement de sens, sauf dans le cas où la locution a un complément d'objet direct. *Elle a à faire une dissertation* (on peut à ce moment inverser les mots). *Elle a une dissertation à faire. Il a affaire à forte partie.*

CONJUGAISON DU VERBE **FAIRE**

INDICATIF

Présent

je fais
tu fais
il fait
nous faisons
vous faites
ils font

Passé composé

j'ai fait
tu as fait
il a fait
nous avons fait
vous avez fait
ils ont fait

Imparfait

je faisais
tu faisais
il faisait
nous faisions
vous faisiez
ils faisaient

Plus-que-parfait

j'avais fait
tu avais fait
il avait fait
nous avions fait
vous aviez fait
ils avaient fait

Passé simple

je fis
tu fis
il fit
nous fîmes
vous fîtes
ils firent

Passé antérieur

j'eus fait
tu eus fait
il eut fait
nous eûmes fait
vous eûtes fait
ils eurent fait

Futur simple

je ferai
tu feras
il fera
nous ferons
vous ferez
ils feront

Futur antérieur

j'aurai fait
tu auras fait
il aura fait
nous aurons fait
vous aurez fait
ils auront fait

CONDITIONNEL

Présent

je ferais
tu ferais
il ferait
nous ferions
vous feriez
ils feraient

Passé

j'aurais fait
tu aurais fait
il aurait fait
nous aurions fait
vous auriez fait
ils auraient fait

SUBJONCTIF

Présent

que je fasse
que tu fasses
qu'il fasse
que nous fassions
que vous fassiez
qu'ils fassent

Passé

que j'aie fait
que tu aies fait
qu'il ait fait
que nous ayons fait
que vous ayez fait
qu'ils aient fait

Imparfait

que je fisse
que tu fisses
qu'il fît
que nous fissions
que vous fissiez
qu'ils fissent

Plus-que-parfait

que j'eusse fait
que tu eusses fait
qu'il eût fait
que nous eussions fait
que vous eussiez fait
qu'ils eussent fait

IMPÉRATIF

Présent

fais
faisons
faites

Passé

aie fait
ayons fait
ayez fait

PARTICIPE

Présent

faisant

Passé

fait, te
ayant fait

INFINITIF

Présent

faire

Passé

avoir fait

TIONNEL PRÉSENT *Il faudrait.* SUBJONCTIF PRÉSENT *Qu'il faille.* IMPARFAIT *Qu'il fallût.* PARTICIPE PASSÉ *Fallu.*

☞— Le participe passé de ce verbe, **fallu,** est toujours invariable.

• Être nécessaire. *Il faut que tu travailles.*

- *Il faut* + nom. *Il faut des tomates pour cette recette.*

- *Il faut* + infinitif. *Il faut dormir maintenant.*

- *Il faut* + subjonctif. *Il faut que vous veniez tout de suite.*

- *Comme il faut,* locution adverbiale. Selon l'usage. *Écrire comme il faut.*

• Manquer. *Il s'en faut de 100 $ que l'objectif de la campagne ne soit atteint.*

☞— Cette construction s'emploie lorsqu'une quantité est inférieure à ce qu'elle devrait être.

• **Locutions**

- *Tant s'en faut,* locution adverbiale. Au contraire. *Il n'est pas pauvre, tant s'en faut : il a mis de côté une bonne somme.*

- *Peu s'en faut,* locution adverbiale. Approximativement. *Elle a travaillé deux ans à cet endroit, ou peu s'en faut.*

- *Peu s'en est fallu que,* locution conjonctive + subjonctif. Il a failli arriver que. *Peu s'en est fallu que nous perdions pied.*

---

falot, ote adj. et n. m.
• **Adjectif.** Insignifiant, terne. *Un personnage falot.*
• **Nom masculin.** Grosse lanterne.
▭▭▷ fal**o**t, fal**o**te.

falsification n. f.
Fraude. *La falsification d'un passeport.*

falsifier v. tr.
Redoublement du *i* à la première et à la deuxième personne du pluriel de l'indicatif imparfait et du subjonctif présent. *(Que) nous falsifiions, (que) vous falsifiiez.*
Contrefaire, modifier en vue de tromper. *Ce document a été falsifié.*
☞— Ne pas confondre avec le verbe **fausser,** rendre faux.

famé, ée adj.
Mal famé. Qui a une mauvaise réputation. *Un endroit mal famé.*
☞— L'adjectif ne s'emploie que dans cette expression.
☞— On écrit aussi **malfamé.**

famélique adj.
Qui ne mange pas à sa faim.

fameux, euse adj.
• Renommé, dont on a parlé en bien ou en mal. *Cette rivière est fameuse pour ses saumons.*
• *Fameux* + nom. Très bon ou très mauvais. *C'est un fameux menteur.*
• Nom + *fameux.* (Fam.) Excellent. *Les glaces du Bilboquet sont fameuses.*

familial, ale, aux adj.
• **Adjectif.** Qui concerne la famille. *Des liens familiaux.*
• **Nom féminin.** Au Canada, voiture en forme de fourgonnette. En France, se dit **break.**

familiariser v. tr., pronom.
• **Transitif.** Habituer, accoutumer. *Le professeur familiarise les élèves avec le système métrique.*
• **Pronominal.** Devenir familier avec quelqu'un, quelque chose. *Ils se sont familiarisés avec cette nouvelle méthode.*
☞— Le verbe se construit avec la préposition **avec.**

familiarité n. f.
• Intimité. *Ces amis vivent dans la plus grande familiarité.*
• (Au plur.) Manières trop familières. *Ces familiarités le choquent.*

familier, ière adj. et n. m. et f.
• **Adjectif**
- Que l'on connaît bien. *Une odeur familière.*
- Accessible, simple. *Elle est d'un abord familier.*
- (Péj.) Qui fait preuve d'une familiarité excessive. *Il a été trop familier avec cette personne.*
- Couramment utilisé dans la langue orale. *L'abréviation **ciné** est de niveau familier.*
V. **niveau.**
• **Nom masculin et féminin**
Ami, habitué. *Un familier de la maison.*

famille n. f.
• Ensemble formé par le père, la mère et les enfants. *Des pères de famille, des mères de famille.*
• Ensemble de personnes qui ont des liens de parenté. *Un air de famille.*
• Division dans un classement d'animaux, de végétaux, etc. *Les chats appartiennent à la famille des félidés.*
• *Famille de mots.* Ensemble de mots formés à partir de la même racine. *Les mots **feuillée, feuillet, feuilleter, feuiller, effeuiller** constituent une partie de la famille de **feuille.***

famine n. f.
Manque d'aliments dans une région pendant un certain temps.

*fan
Anglicisme pour **admirateur, adepte.**

*fan
Anglicisme pour **ventilateur.**

fana adj. et n. m. et f.
Abréviation familière de **fanatique.**

fanal n. m. (pl. *fanaux*)
• Lanterne. *De vieux fanaux éclairaient l'entrée.*
• *Attendre quelqu'un avec une brique et un fanal.* (Fam.) Au Canada, être en colère contre quelqu'un, l'attendre de pied ferme.

fanatique adj. et n. m. et f.
• S'abrège familièrement en **fana** (s'écrit sans point).
• **Adjectif.** Qui fait preuve de fanatisme. *Des religieux fanatiques.*
• **Nom masculin et féminin.** Personne animée d'un zèle aveugle pour une opinion, une doctrine.

fanatisme n. m.
Zèle excessif pour une religion, un parti, une cause.

faner v. tr., pronom.
• Transitif. (Litt.) Défraîchir. *Le soleil a fané les couleurs.*

• **Pronominal.** Se flétrir, perdre sa fraîcheur. *Les fleurs se sont fanées.*

fanfare n. f.
Orchestre de cuivres. *Une fanfare militaire.*

fanfaron, onne adj. et n. m. et f.
• **Adjectif.** Qui affecte la bravoure.
• **Nom masculin et féminin.** Crâneur.

fanfaronnade n. f.
Vantardise.
▭➤ fanfaro**nn**ade.

fanfaronner v. intr.
Faire le fanfaron.
▭➤ fanfaro**nn**er.

fanfreluche n. f.
Ornement de peu de valeur. *Un costume orné de fanfreluches.*

fange n. f.
(Litt.) Boue.

fangeux, euse adj.
• (Litt.) Sale.
• Abject.

fanion n. m.
Petit drapeau servant de signe de ralliement à un groupe. *Le fanion des scouts.*

fantaisie n. f.
• Originalité. *Un film rempli de fantaisie.*
• Caprice, goût bizarre. *Il lui prit la fantaisie de se baigner en pleine nuit.*
• Œuvre d'imagination.
• *Bijoux (de) fantaisie.* Imitations de bijoux authentiques.

fantaisiste adj. et n. m. et f.
• Qui obéit à son imagination. *Un auteur fantaisiste.*
• (Fig.) Capricieux. *Un moteur fantaisiste.*

fantasmagorie n. f.
Spectacle irréel. *Ce ballet était une fantasmagorie.*

fantasmagorique adj.
Qui appartient à la fantasmagorie.

fantasme n. m.
Produit de l'imagination. *Des fantasmes de liberté.*
▭┼— La graphie *phantasme* est vieillie.

fantasmer v. intr.
Avoir des fantasmes.

fantasque adj. et n. m. et f.
Capricieux, sujet à des sautes d'humeur.

fantassin n. m.
Soldat d'infanterie.

fantastique adj. et n. m.
• **Adjectif.**
- Imaginaire, surnaturel. *Un conte fantastique.*
- Extraordinaire. *C'est fantastique! Nous avons gagné un voyage autour du monde!*
• **Nom masculin**
Genre littéraire, artistique qui fait appel à l'imaginaire, à l'irréel.

fantastiquement adv.
De façon fantastique.

fantoche n. m.
• Marionnette, pantin.
• (En appos.) (Fig.) Personne, groupe manipulé par d'autres personnes. *Un gouvernement fantoche. Des administrateurs fantoches.*

fantomatique adj.
Qui se rapporte aux fantômes.
▭➤ fant**o**matique, malgré fant**ô**me.

fantôme n. m.
Spectre. *On dit que cette maison est hantée et que toutes les nuits, le fantôme d'une dame blanche apparaît.*
▭┼— En apposition, l'expression s'écrit sans trait d'union. *Un gouvernement fantôme, des villes fantômes.*
▭➤ fant**ô**me.

FAO
Sigle anglais de *Organisation des Nations Unies pour l'agriculture et l'alimentation* (Food and Agriculture Organization of the United Nations).
▭┼— Le sigle français *OAA* est très peu utilisé.

faon n. m.
◺ Le *o* ne se prononce pas [fã].
Petit de la biche, de la daine.
Hom. *fend,* forme du verbe *fendre.*
▭➤ fa**o**n.

far n. m.
Pâtisserie bretonne.
Hom. :
- *fard,* maquillage;
- *phare,* projecteur lumineux.

farad n. m.
◿ Le *d* se prononce [farad].
• Symbole *F* (s'écrit sans point).
• Unité de mesure de capacité électrique. *Une capacité de 2 F ou deux farads.*

faramineux, euse adj.
(Fam.) Étonnant, fantastique. *Une histoire faramineuse, des prix faramineux.*

farandole n. f.
Danse provençale.
▭┼— Ne pas confondre avec le nom *faribole,* baliverne.
▭➤ farando**l**e.

farce n. f.
• Plaisanterie, blague. *Les amis ont fait une bonne farce à Maxime.*
• Hachis de viande, d'herbes, etc., dont on garnit l'intérieur d'une volaille, d'un poisson, d'un légume. *Une farce aux marrons.*

farceur, euse n. m. et f.
Blagueur. *Sophie est une farceuse, elle aime plaisanter.*

farci, ie adj.
• Rempli de farce. *Une dinde farcie.*
• (Fig.) Truffé. *Une étude farcie d'erreurs.*
▭┼— En ce sens, cet adjectif a toujours un sens défavorable.

farcir v. tr., pronom.
• **Transitif**
- Remplir de farce. *Farcir un poulet.*
- (Fig.) Remplir avec excès. *Farcir un exposé de formules chimiques.*
• **Pronominal**
(Pop.) Subir. *Ils devront se farcir tout le boulot.*

fard n. m.
Maquillage. *Du fard rose pour les joues.*
Hom. :
- *far,* pâtisserie bretonne;
- *phare,* projecteur lumineux.
▭▷ far**d**.

fardeau n. m. (pl. *fardeaux*)
• Lourde charge.
• (Fig.) Chose difficile à supporter. *Le fardeau des responsabilités.*

farder v. tr., pronom.
• **Transitif.** Mettre du fard.
• **Pronominal.** Se maquiller. *Elles s'étaient trop fardées.*

farfadet n. m.
Lutin.
▭▷ farfade**t**.

farfelu, ue adj. et n. m. et f.
(Fam.) Bizarre. *Ce jeune est un peu farfelu.*
▭▷ farfe**l**u.

farfouiller v. intr.
(Fam.) Fureter, fouiller en dérangeant l'ordre. *Pourquoi farfouilles-tu dans mon armoire?*

faribole n. f.
Baliverne, bêtise. *Raconter des fariboles.*
▯◁— Ne pas confondre avec le nom *farandole,* danse provençale.

farine n. f.
Poudre obtenue en écrasant les grains de certaines céréales. *Farine de blé, de sarrasin.*
▭▷ farine.

farineux, euse adj. et n. m.
• Qui contient de la farine.
• Qui a l'aspect de la farine.

farniente n. m.
◵ Ce nom se prononce à l'italienne ou à la française, [farnjɛnte] ou [farnjãt].
Agréable oisiveté. *Vive le farniente!*

farouche adj.
• Sauvage. *Un cheval farouche.*
• Violent, âpre. *Un regard farouche.*

farouchement adv.
D'une manière farouche.

fart n. m.
◵ Le *t* se prononce ou non, [fart] ou [far].
Enduit pour les skis.

fartage n. m.
Action de farter.

farter v. tr.
Enduire de fart. *Farter (et non *cirer) des skis.*

fascicule n. m.
◵ Les lettres *sc* se prononcent *s* [fasikyl].
Partie d'un ouvrage qui paraît par fragments successifs. *Le dictionnaire de l'Académie paraît en fascicules.*
▯◁— Les fascicules sont généralement numérotés en chiffres romains. *Fascicule VII.*
▯◁— Ne pas confondre avec les noms suivants :
- *livre,* écrit reproduit à un certain nombre d'exemplaires;
- *plaquette,* petit livre de peu d'épaisseur;
- *tome,* chacun des volumes d'un même écrit qui en comprend plusieurs.
▭▷ fascicule.

fascinant, ante adj.
◵ Les lettres *sc* se prononcent *s* [fasinã, ãt].
Qui séduit, qui a un attrait irrésistible. *Une personne fascinante*
▭▷ fascinant.

fascination n. f.
◵ Les lettres *sc* se prononcent *s* [fasinasjɔ̃].
• Action de fasciner. *La fascination du dépaysement.*
• (Fig.) Attrait irrésistible. *La musique exerce une grande fascination sur lui.*
▭▷ fascination.

fasciner v. tr.
◵ Les lettres *sc* se prononcent *s* [fasine].
Captiver, charmer de façon irrésistible. *Ce roman m'a fasciné.*
▭▷ fasciner.

fascisme n. m.
◵ Les lettres *sc* se prononcent *ch* [faʃism].
Régime totalitaire.

fasciste adj. et n. m. et f.
◵ Les lettres *sc* se prononcent *ch* [faʃist].
Qui appartient au fascisme. *Un dirigeant fasciste.*

faste adj. et n. m.
• **Adjectif.** Heureux, favorable.
• **Nom masculin.** Apparat, splendeur. *Un couronnement avec tout le faste nécessaire.*
Ant. **néfaste.**

*fast food
Anglicisme pour *restauration rapide.*

fastidieusement adv.
De façon fastidieuse.

fastidieux, euse adj.
Qui cause de l'ennui. *Des énumérations fastidieuses.*
▯◁— Cet adjectif se dit de choses longues et répétitives, mais non de personnes ennuyeuses.

fastueusement adv.
De façon fastueuse.

fastueux, euse adj.
Somptueux. *Une réception fastueuse.*

fat adj. m. et n. m.
◵ Le *t* ne se prononce généralement pas [fa].
(Litt.) Prétentieux, vaniteux.

☞ Ce mot ne comporte pas de forme féminine.

fatal, ale, als adj.
• Inévitable. *Catherine n'a pas étudié : son échec était fatal.*
☞ Cet adjectif se dit de ce qui est désastreux, de ce qui a des effets malheureux.
• Qui entraîne inévitablement la mort. *Des accidents fatals.*
☞ Attention à la forme du pluriel : fat**als.**

fatalement adv.
Inévitablement. *Cela devait fatalement se produire.*

fatalisme n. m.
Tendance à considérer tout ce qui arrive comme inéluctable.

fataliste adj. et n. m. et f.
Qui fait preuve de fatalisme.

fatalité n. f.
• Destin. *La fatalité de la mort.*
• Enchaînement fâcheux des évènements. *Par quelle fatalité cet accident s'est-il produit ?*

fatidique adj.
Marqué par le destin. *Une date fatidique.*

fatigant, ante adj.
Qui occasionne de la fatigue. *Des exercices fatigants.*
☞ Ne pas confondre avec le participe présent invariable *fatiguant. Les bêtes se fatiguant rapidement, nous devrons faire plusieurs haltes.*
☞ fati**gant.**

fatigue n. f.
Lassitude. *Elle est morte de fatigue.*

fatiguer v. tr., intr., pronom.
• **Transitif**
Causer de la fatigue. *Cette course à bicyclette a fatigué Marie-Ève et Delphine.*
• **Intransitif**
- (Vx) Éprouver de la fatigue, en parlant d'êtres animés.
- Peiner, forcer, en parlant d'un mécanisme, de choses concrètes. *La côte est abrupte et le moteur fatigue.*
• **Pronominal**
- Éprouver de la fatigue. *Il n'est pas très en forme et se fatigue rapidement.*
- Éprouver de la lassitude. *Étienne ne se fatiguera jamais de voyager.*
- Se donner de la peine. *Elle se fatigue inutilement à les convaincre.*
Ant. **reposer.**

fatras n. m.
☞ Le *s* est muet [fatra].
Fouillis, désordre. *Dans la cave, il y a un fatras de vieux jouets.*
☞ fatra**s.**

fatuité n. f.
Prétention.

faubourg n. m.
• Abréviation *fᵍ* (s'écrit sans point).

• Partie d'une ville qui était autrefois en dehors de son enceinte.
• Ancien faubourg. *Elle habite rue du faubourg Saint-Honoré.*
• (Au plur.) Quartiers périphériques d'une ville.

faucher v. tr., intr.
• Couper avec une faux ou une faucheuse. *Faucher du foin.*
• (Fig.) Anéantir, renverser avec violence. *La voiture a fauché deux personnes.*

faucheur, euse n. m. et f.
Personne qui fauche les foins, les céréales.

faucheuse n. f.
Machine qui sert à faucher. *Une faucheuse-lieuse.*

faucille n. f.
☞ Les lettres *ille* se prononcent comme dans *famille* [fosij].
Outil tranchant dont la lame est en demi-cercle, qui sert à couper les céréales, l'herbe.

faucon n. m.
• Oiseau rapace diurne au bec court et crochu.
• (Fig.) Partisan de solutions de force. *Les faucons et les colombes.*

fauconneau n. m. (pl. *fauconneaux*)
Petit faucon.

fauconnier n. m.
Personne qui dresse les faucons.

faufiler v. tr., pronom.
• **Transitif.** Faire une couture provisoire à longs points. *Avant de coudre, la couturière a faufilé la manche.*
• **Pronominal.** S'introduire habilement. *Ils se sont faufilés par la porte d'en arrière.*

faune n. m. et f.
• **Nom masculin.** Dieu champêtre.
• **Nom féminin.** Ensemble des espèces animales. *La faune et la flore.*

faunesque adj.
Propre au faune.

faunique adj.
Qui concerne la faune. *Une réserve faunique.*
☞ fau**nique.**

faussaire n. m. et f.
Personne qui commet un faux. *Ces faussaires ont contrefait des billets de banque.*

fausse couche ou **fausse-couche** n. f. (pl. *fausses couches, fausses-couches*)
Avortement spontané.

faussement adv.
☞ Le *e* central ne se prononce pas [fosmã].
D'une manière fausse.

fausser v. tr.
• Rendre faux. *Les données du problème ont été faussées.*
☞ Ne pas confondre avec le verbe *falsifier,* contrefaire.
• *Fausser compagnie.* S'esquiver.

• Au Canada, chanter faux. *Elle n'a pas été acceptée dans la chorale parce qu'elle faussait trop.*

fausset n. m.
Voix nasillarde.
☞ fausse**t**.

fausseté n. f.
👄 Le *e* central ne se prononce pas [foste].
• Inexactitude. *La fausseté d'un résultat.*
• Hypocrisie. *Cette personne donne une impression de fausseté : on ne peut s'y fier.*

faute n. f.
• Manquement à une règle, à une norme. *Des fautes d'orthographe, de goût.*
• *C'est ma faute.* Cette construction est à préférer à l'expression populaire «c'est de ma faute».
• *Faute de,* locution prépositive. À défaut de. *Faute de pouvoir être là, elle envoya des fleurs. Faute de financement, l'entreprise n'a pu prendre de l'expansion.*
• *Sans faute,* locution adverbiale. À coup sûr. *Je viendrai sans faute.*
• *Sans faute(s),* locution adverbiale. Sans erreurs. *Écrire sans faute(s). Une dictée sans fautes.*

fauteuil n. m.
Siège à dossier et à bras. *Maman aime lire son journal dans ce fauteuil.*
☞ Ne pas confondre avec le nom *chaise,* siège à dossier, sans bras.
☞ On s'assoit *dans* un fauteuil, par contre on s'assoit *sur* une chaise, un tabouret.

fauteur, trice n. m. et f.
Fomenteur. *Un fauteur de troubles.*

fautif, ive adj. et n. m. et f.
Qui contient une faute. *Cette orthographe est fautive.*

fautivement adv.
D'une manière fautive.

fauve adj. et n. m.
• **Nom masculin.** Grand félin féroce (lion, tigre, panthère, etc.). *Le dompteur est dans la cage des fauves.*
• **Adjectif de couleur variable.** De couleur dorée et rousse. *Des chattes fauves.*
V. Tableau - **COULEUR (ADJECTIFS DE).**

fauvette n. f.
Petit oiseau au chant agréable dont le plumage est souvent de couleur fauve.

faux, fausse adj., adv. et n. m. et f.
• **Adjectif**
Contraire à la vérité. *Cette affirmation est fausse.*
• **Adverbe**
Elles jouent faux.
☞ Pris adverbialement, le mot est invariable.
• **Nom masculin**
- Ce qui est contraire à la vérité. *Il faut reconnaître le vrai et le faux.*
- Contrefaçon. *Ce tableau est un faux.*
• **Nom féminin**
Instrument agricole. *Une faux bien aiguisée.*
☞ fau**x**.

faux- préf.
Les noms composés avec le préfixe *faux-* s'écrivent avec un trait d'union et le deuxième élément prend la marque du pluriel. Cependant, les expressions suivantes s'écrivent sans trait d'union : *faux témoignage, faux bond, faux cils, faux bourdon.*

faux bourdon n. m.
Abeille mâle.
Hom. *faux-bourdon,* harmonisation musicale.

faux-bourdon n. m.
Harmonisation musicale.
Hom. *faux bourdon,* mâle de l'abeille.

faux-filet n. m. (pl. *faux-filets*)
Morceau de bœuf. *Je prendrais un faux-filet saignant.*

faux-fuyant n. m. (pl. *faux-fuyants*)
Prétexte, excuse.

faux-monnayeur n. m. (pl. *faux-monnayeurs*)
Personne qui fabrique de la fausse monnaie.

faux-semblant n. m. (pl. *faux-semblants*)
Apparence trompeuse, ruse.

favela n. f.
👄 Le *e* se prononce *è* [favɛla].
Petite habitation rudimentaire au Brésil. *Des favelas.*

faveur n. f.
• Avantage. *La directrice nous accorde la faveur de prendre congé demain.*
• *En faveur de,* locution prépositive. Pour. *Être en faveur de la souveraineté.*
• *À la faveur de,* locution prépositive. En profitant de. *À la faveur de la nuit, le voleur s'introduisit dans la maison.*

favorable adj.
• Sympathique. *Je suis favorable à ce projet.*
• Opportun. *Attendre le moment favorable.*

favorablement adv.
D'une manière favorable.

favori, ite adj. et n. m. et f.
• **Adjectif.** Préféré. *Ma boisson favorite a toujours été le jus d'orange.*
• **Nom masculin et féminin.** Personne préférée. *Étienne a souvent été le favori de sa classe.*
☞ favor**i**, favor**ite**.

favoris n. m. pl.
👄 Le *s* ne se prononce pas [favɔri].
Partie de la barbe qu'on laisse pousser de chaque côté du visage. *Jean-Claude a toujours porté des favoris.*
☞ favori**s**.

favoriser v. tr.
• Contribuer à la progression, au développement (d'une chose). *Il favorise la promotion des jeunes.*
• Accorder un traitement de faveur (à une personne). *La maîtresse ne veut favoriser aucun élève en particulier.*

favoritisme n. m.
Tendance à favoriser quelqu'un de manière injuste.

☞— Ne pas confondre avec le nom *népotisme,* favoritisme envers sa propre famille.

*fax
Ce nom est une marque déposée. On dira *télécopieur, télécopie.*

*faxer
Impropriété pour *télécopier, envoyer par télécopie.*

FB
Symbole de *franc belge.*

Fe
Symbole de *fer.*

fébrile adj.
• Fiévreux.
• Excité, agité à l'excès. *Une excitation fébrile à l'arrivée des vacances.*
☞— *Fébrile* et *fiévreux* constituent des doublets : *fébrile* est la forme savante qui appartient à la langue de la médecine, alors que l'adjectif *fiévreux* est le mot courant.
V. Tableau - **DOUBLETS.**

fébrilement adv.
⬱ Le *e* central ne se prononce pas [febrilmã].
D'une manière fébrile.

fébrilité n. f.
Agitation, nervosité. *Les enfants attendent le spectacle avec fébrilité.*

fécond, onde adj.
• (Litt.) Fertile. *Des terres fécondes.*
• (Fig.) Fructueux. *Une recherche féconde.*
• *Fécond en.* Riche, plein de. *La journée a été féconde en rebondissements.*
Ant. **stérile.**
⬱ fécon**d.**

fécondation n. f.
• Union d'un élément mâle et d'un élément femelle pour donner un œuf.
• *Fécondation* in vivo. Technique de fécondation dans l'utérus.
• *Fécondation* in vitro. Technique de fécondation à l'extérieur de l'utérus. Sigle *FIV.*
• *Fécondation* in vitro *et transfert embryonnaire.* Sigle *FIVETE.*

féconder v. tr.
• Réaliser la fécondation. *Cette chatte a été fécondée : elle donnera naissance à des petits.*
• Rendre fertile. *La pluie féconde les champs.*

fécondité n. f.
• Aptitude d'un être vivant à se reproduire. *Le taux de fécondité.*
• Fertilité, abondance de la production. *La fécondité d'un auteur.*

féculent, ente adj. et n. m.
Qui contient une forte proportion de fécule. *Les pommes de terre sont des féculents.*

fedayin ou **feddayin** n. m.
⬱ Le *n* se prononce [fedajin] ou [fedain].
Résistant palestinien. *Des fedayins.*

fédéral, ale, aux adj. et n. m.
• **Adjectif.** Relatif à une fédération. *Des questions fédérales.*
• **Nom masculin.** (Fam.) Au Canada, le gouvernement fédéral par opposition au gouvernement provincial. *Le fédéral vient de voter une nouvelle taxe.*

fédéralisme n. m.
Regroupement politique de plusieurs États.

fédéraliste adj. et n. m. et f.
• **Adjectif.** Relatif au fédéralisme. *Une tendance fédéraliste.*
• **Nom masculin et féminin.** Partisan du fédéralisme. *Les fédéralistes et les indépendantistes.*

fédération n. f.
• Groupement de plusieurs États en un seul État fédéral.
• Association de plusieurs sociétés, syndicats, groupes. *La Fédération des travailleurs du Québec.*
☞— La désignation d'organismes, d'institutions, d'associations s'écrit avec une majuscule initiale.

fédérer v. tr., pronom.
Le deuxième *é* se change en *è* devant une syllabe muette, sauf à l'indicatif futur et au conditionnel présent. *Il fédère,* mais *il fédérera.*
Former en fédération.

fée n. f.
Femme imaginaire douée d'un pouvoir surnaturel. *Un conte de fées, des contes de fées.*
⬱ fé**e.**

*feed-back
Anglicisme pour *rétroaction.*

féerie n. f.
⬱ Le *e* central se prononce *é* ou est muet, [feeri] ou [feri].
Spectacle merveilleux.
⬱ fé**erie.**

féerique adj.
⬱ Le *e* central se prononce *é* ou est muet, [feerik] ou [ferik].
Qui tient de la féerie. *Le paysage était féerique.*
⬱ fé**erique.**

feindre v. tr.
INDICATIF PRÉSENT *Je feins, tu feins, il feint, nous feignons, vous feignez, ils feignent.* IMPARFAIT *Je feignais, tu feignais, il feignait, nous feignions, vous feigniez, ils feignaient.* PASSÉ SIMPLE *Je feignis.* FUTUR *Je feindrai.* CONDITIONNEL PRÉSENT *Je feindrais.* IMPÉRATIF PRÉSENT *Feins, feignons, feignez.* SUBJONCTIF PRÉSENT *Que je feigne, que tu feignes, qu'il feigne, que nous feignions, que vous feigniez, qu'ils feignent.* IMPARFAIT *Que je feignisse.* PARTICIPE PRÉSENT *Feignant.* PASSÉ *Feint, feinte.*
Les lettres *gn* sont suivies d'un *i* à la première et à la deuxième personne du pluriel de l'indicatif imparfait et du subjonctif présent.
Simuler. *La comédienne a feint de s'évanouir.*

feint, feinte adj.
Simulé. *Une inquiétude feinte.*
⬱ fein**t.**

feinte n. f.
Coup simulé. *Le joueur de hockey a fait une feinte et a réussi à compter un but.*
⇨ **feinte.**

feinter v. tr., intr.
• **Transitif.** (Fam.) Faire une feinte à un adversaire, rouler. *Ce joueur a feinté les défenseurs et a compté un but.*
• **Intransitif.** (Sports) Faire une feinte.

fêlé, ée adj.
• Fendu.
• (Fam.) Un peu fou.
⇨ **fêlé.**

fêler v. tr.
Fendre sans disjoindre les parties. *Fêler une potiche. Les miroirs se sont fêlés.*
⇨ **fêler.**

félicitations n. f. pl.
Approbation, compliments. *Offrir ses félicitations. Une lettre de félicitations.*
◠— Ce nom ne s'emploie qu'au pluriel.

félicité n. f.
(Litt.) Joie profonde, béatitude.

féliciter v. tr., pronom.
• **Transitif.** Offrir ses compliments à quelqu'un, lui témoigner son approbation. *Je vous félicite d'avoir réussi. Il le félicite de son succès, pour son succès.*
• **Pronominal.** Se réjouir de. *L'École des HEC se félicite de la grande participation des étudiants à cette activité.*
◠— Le verbe se construit avec les prépositions *de* ou *pour.*

félin, ine adj. et n. m.
• **Adjectif.** Qui ressemble au chat. *Une démarche féline.*
• **Nom masculin.** Animal carnassier de la même famille que le chat. *Le lion et le tigre sont des félins de grande taille.*

felouque n. f.
Bâtiment long et étroit, généralement à voile, qui navigue sur la Méditerranée.

fêlure n. f.
Cassure.
⇨ **fêlure.**

fém.
Abréviation de *féminin.*

femelle adj. et n. f.
Nom générique des animaux de sexe féminin. *La femelle du cheval est la jument. Les voisins ont acheté un perroquet femelle.*
⇨ **femelle.**

féminin, ine adj. et n. m.
• **Abréviation fém.** (s'écrit avec un point).
• **Adjectif.** Propre à la femme. *Un vêtement féminin.*
• **Nom masculin.** Genre grammatical marqué. *L'adjectif* **verte** *est le féminin de* **vert.**
V. Tableau - **GENRE.**

féminisation n. f.
• Action de donner un caractère féminin.
• Action de donner à un mot les marques du genre féminin.
V. Tableau - **FÉMINISATION DES TITRES.**
◠— Pour les formes féminines des noms d'animaux, on consultera le tableau - **ANIMAUX.**

féminiser v. tr., pronom.
• **Transitif**
- Donner un caractère féminin à. *Décorer et féminiser une chambre.*
- (Ling.) Donner une forme féminine à un mot. *Féminiser un nom de métier : Léa est une électricienne.*
• **Pronominal**
- Comprendre un plus grand nombre de femmes. *La profession d'ingénieur se féminise peu à peu.*
- Prendre une forme féminine. *Le nom* **épicier** *se féminise en* **épicière.**

féminisme n. m.
Doctrine qui favorise l'égalité des droits entre les femmes et les hommes.

féministe adj. et n. m. et f.
• **Adjectif.** Relatif au féminisme. *Cette revue est féministe.*
• **Nom masculin et féminin.** Partisan du féminisme.

féminité n. f.
Ensemble des caractères propres à la femme. *Paule est casse-cou et manque un peu de féminité.*

femme n. f.
◡⇨ La première syllabe se prononce *fa* [fam].
• Être humain de sexe féminin (par opposition à **homme**). *Dans cette population, il y a 51 % de femmes.*
◠— Le nom **femme** s'appose parfois à un nom de profession, de métier qui ne comporte pas de forme féminine. *Une femme médecin.*
• Être féminin adulte (par opposition à **fille, jeune fille**).
• Épouse. *La femme* (et non la **dame*) *de M. Dubois est malade.*
◠— On préférera le mot **femme** à **épouse** qui relève du vocabulaire administratif ou juridique.
• *Femme de ménage.* Aide-ménagère. *Des femmes de ménage.*

femmelette n. f.
◡⇨ La première syllabe se prononce *fa* [famlɛt].
(Péj.) Homme faible.
⇨ **femmelette.**

fémoral, ale, aux adj.
Relatif au fémur ou à la cuisse. *Artère fémorale, pouls fémoral.*

femto- préf.
• Symbole *f* s'écrit sans point).
• Préfixe qui multiplie par 0,000 000 000 000 001 l'unité qu'il précède. *Des femtosecondes.*
• Sa notation scientifique est 10^{-15}.
V. Tableau - **MULTIPLES ET SOUS-MULTIPLES DÉCIMAUX.**

fémur n. m.
Os de la jambe. *Le fémur est le plus fort de tous les os du corps.*

FÉMINISATION DES TITRES

Depuis l'accès des femmes à de nouvelles fonctions et devant le désir de celles-ci de voir leurs appellations d'emploi refléter cette nouvelle réalité, il est recommandé d'utiliser les formes féminines des titres de fonctions.

Cette féminisation peut se faire :

- **Soit à l'aide du féminin courant.**

    Avocate, directrice, technicienne.

- **Soit à l'aide du terme épicène marqué par un déterminant féminin.**

    Une journaliste, une architecte, une astronome, une ministre.

    ☞ L'adjectif *épicène* se dit d'un mot qui conserve la même forme au masculin et au féminin.

- **Soit par la création spontanée d'une forme féminine qui respecte les règles du français.**

    Policière, chirurgienne, banquière, navigatrice, professeure.

☞ Dans cet ouvrage qui répertorie un grand nombre de noms de métier, de profession, les formes féminines ont été systématiquement présentées.

---

fendant, ante adj. et n. m. et f.
(Fam.) Au Canada, arrogant, prétentieux.
☞ L'emploi de l'adjectif est courant au Canada dans la langue familière, mais il est vieilli dans l'ensemble de la francophonie.

fendillement n. m.
👄 Le *e* central est muet [fãdijmã].
Fait de se fendiller.

fendiller v. tr., pronom.
👄 Le mot se prononce [fãdije].
- **Transitif.** Craqueler. *La chaleur a fendillé le vernis.*
- **Pronominal.** Se craqueler, se crevasser. *La glace s'est fendillée.*

fendre v. tr., pronom.
INDICATIF PRÉSENT *Je fends, tu fends, il fend, nous fendons, vous fendez, ils fendent.* IMPARFAIT *Je fendais.* PASSÉ SIMPLE *Je fendis.* FUTUR *Je fendrai.* CONDITIONNEL PRÉSENT *Je fendrais.* IMPÉRATIF PRÉSENT *Fends, fendons, fendez.* SUBJONCTIF PRÉSENT *Que je fende.* IMPARFAIT *Que je fendisse.* PARTICIPE PRÉSENT *Fendant.* PASSÉ *Fendu, ue.*
- **Transitif**
- Diviser avec force, couper dans le sens de la longueur. *Fendre du bois.*
- Provoquer des fentes, des crevasses dans. *Les explosions ont fendu le sol.*
- **Pronominal**
Se disjoindre, se craqueler. *La paroi s'est fendue.*

fendu, ue adj.
Ouvert en longueur. *La bouche fendue jusqu'aux oreilles.*

fenestration n. f.
- (Archit.) Ensemble des fenêtres d'un bâtiment.

Syn. **fenêtrage, fenestrage.**
- (Méd.) Ouverture percée dans une cloison.

fenêtre n. f.
- Ouverture dans un mur pour permettre le passage de l'air et de la lumière. *Cette fenêtre donne sur le lac.*
☞ Ne pas confondre avec le nom *châssis,* armature entourant la fenêtre.
- *Jeter l'argent par les fenêtres.* Dépenser à l'excès.
- (Inform.) Zone d'un écran de visualisation.

fenil n. m.
👄 Le *l* se prononce ou non, [fənil] ou [fəni].
Grenier à foin.

fenouil n. m.
Plante aromatique de la famille des ombellifères. *Le fenouil goûte l'anis.*
➾ fen**ouil**.

fente n. f.
- Action de fendre.
- Ouverture étroite et longue. *La fente d'une tirelire, d'une poche.*
- Fissure. *Il y a des fentes dans la glace.*

féodal, ale, aux adj. et n. m.
(Ancienn.) Qui appartient au fief, à la féodalité. *Les droits féodaux.*

féodalité n. f.
Régime politique et social en vigueur au Moyen Âge caractérisé par l'existence de fiefs et de seigneurs.

fer n. m.
- Symbole *Fe* (s'écrit sans point).
- Métal gris, malléable et ductile. *Des fils de fer.*
- *Fer (à repasser).* Instrument que l'on chauffe afin de repasser le linge. *Donner un coup de fer à une jupe.*
- Instrument en fer. *Des fers à souder, des fers à friser.*

• **Fer à cheval.** Pièce de fer incurvée que l'on fixe sous le sabot du cheval. *Des fers à cheval qui servent de porte-bonheur.*
Hom. **faire,** créer, produire.

fer-blanc n. m. (pl. *fers-blancs*)
Tôle de fer doux, recouverte d'étain. *Une fourchette en fer-blanc.*
▭▷ **fer-blanc,** avec un trait d'union.

ferblanterie n. f.
◁▷ Le *e* de la troisième syllabe ne se prononce pas [ferblɑ̃tri].
Ustensiles en fer-blanc.
▭◁— Ne pas confondre avec le nom **ferronnerie,** ornements de fer.

-fère suff.
Élément du latin signifiant «qui porte». *Somnifère.*

férié, ée adj.
Chômé. *La fête du Travail est un jour férié.*
▭◁— Cet adjectif désigne un jour où il y a cessation de travail afin de célébrer une fête.
Ant. **ouvrable.**

férir v. tr.
• (Vx) Frapper.
• (Litt.) **Sans coup férir.** Sans employer la violence, sans difficulté. *Elle a réussi sans coup férir.*
▭◁— Ce verbe ne s'emploie plus que dans l'expression citée.

ferme adj., adv. et n. f.
• **Adjectif**
- Dur, résistant. *Un matelas ferme. Un ton ferme.*
- **La terre ferme.** Le sol du rivage, par opposition à la mer. *Après plusieurs jours en mer, ces voyageurs ont hâte de retrouver la terre ferme.*
- **De pied ferme.** Sans reculer. *Antoine attend son adversaire de pied ferme.*
• **Adverbe**
- Avec vigueur.
- Beaucoup. *Ils se sont ennuyés ferme au théâtre.*
▭◁— Pris adverbialement, le mot est invariable. *Ils marchandent ferme.*
• **Nom féminin**
Exploitation agricole. *Une ferme expérimentale.*

fermement adv.
D'une manière ferme.

ferment n. m.
Agent de fermentation.
Hom. **ferrement,** objet, garniture en fer.

fermentation n. f.
Transformation de certaines substances organiques sous l'action d'un ferment.

fermenter v. intr.
• Être en fermentation. *Le raisin fermente dans le tonneau.*
• (Fig.) Être en ébullition, devenir intense. *La révolte fermente.*
▭◁— Ne pas confondre avec le verbe **fomenter,** préparer en secret.

fermer v. tr., intr.
• **Transitif.** Clore. *Elle ferma les yeux.*
▭◁— On préférera l'expression **éteindre la lumière** à celle de *«fermer la lumière»,* **arrêter la télévision** à celle de *«fermer la télévision».*
• **Intransitif.** Être, rester fermé. *Cette fenêtre ferme mal. Ce musée ferme le mardi.*

fermeté n. f.
• Solidité, rigidité. *La fermeté d'un matelas.*
• Détermination. *Elle nous informa de sa décision avec fermeté.*

fermette n. f.
Petite ferme.

fermeture n. f.
• Dispositif servant à fermer. *La fermeture de sécurité d'un coffre-fort.*
• **Fermeture éclair.** Marque déposée passée dans l'usage au sens de **fermeture à glissière.** *Des fermetures éclair de couleur rouge.*
• Action de fermer. *La fermeture d'une usine.*
• **Fermeture annuelle** (d'un établissement). Vacances.

fermier n. m.
fermière n. f.
Personne qui cultive la terre dans une ferme.
▭◁— À la différence du **cultivateur** qui possède la terre qu'il cultive, le **fermier** exploitait la terre moyennant un salaire. Cependant, sous l'influence du mot anglais «farmer», le mot **fermier** a perdu ce sens et est devenu synonyme de **cultivateur.**
V. **cultivateur.**

fermoir n. m.
Attache qui sert à fermer un sac, un bijou, etc. *Des fermoirs dorés.*

féroce adj.
Qui est sauvage et cruel par nature. *Ce tigre est féroce.*
▭◁— Ne pas confondre avec les mots suivants :
- **bestial,** qui a la cruauté des bêtes féroces;
- **cruel,** qui se plaît à faire souffrir;
- **inhumain,** qui est étranger à tout sentiment de pitié.

férocement adv.
◁▷ Le *e* de la troisième syllabe ne se prononce pas [ferɔsmɑ̃].
Avec férocité.

férocité n. f.
Cruauté, violence extrême. *La férocité d'un animal sauvage.*

ferraille n. f.
Débris de fer mis au rebut. *Cette voiture est bonne à mettre à la ferraille (et non à la *scrap).*

ferrailler v. intr.
Les lettres *ill* sont suivies d'un *i* à la première et à la deuxième personne du pluriel de l'indicatif imparfait et du subjonctif présent. *(Que) nous ferraillions, (que) vous ferrailliez.*
Frapper à grand bruit des lames de sabre ou d'épée lors d'un combat.

ferrailleur n. m.
Personne qui fait le commerce de la ferraille.

ferré, ée adj.
• Garni de fer. *Des souliers ferrés.*
• *Voie ferrée.* Voie de chemin de fer.
• (Fam.) Expert, fort. *Il n'est pas très ferré en mécanique.*

ferrement n. m.
👄 Le *e* central ne se prononce pas [fɛrmã].
Objet, garniture en fer.
Hom. *ferment,* agent de fermentation.

ferrer v. tr.
Garnir de fer. *Ferrer un cheval.*

ferreux adj. m.
Qui contient du fer. *Des métaux ferreux.*
🖚 Cet adjectif n'a pas de forme féminine.
🖚 Ne pas confondre avec le mot *ferrugineux,* qui contient de l'oxyde de fer.

ferronnerie n. f.
👄 Le *e* de la troisième syllabe ne se prononce pas [fɛrɔnri].
• Fabrique d'objets, d'ornements en fer.
• Objets, ornements en fer.
🖚 Ne pas confondre avec le nom *ferblanterie,* ustensiles en fer-blanc.
🖚 ferronnerie.

ferronnier n. m.
ferronnière n. f.
Personne qui fait le travail du fer, le commerce de la ferronnerie.
🖚 ferronnier.

ferronnière n. f.
Bandeau de métal ou d'étoffe porté sur le front et garni d'une pierre au milieu.
🖚 ferronnière.

ferroutage n. m.
Transport rail-route.

ferroutier, ière adj.
Qui sert au ferroutage.

ferroviaire adj.
Relatif aux chemins de fer. *Un réseau ferroviaire.*
🖚 ferroviaire.

ferrugineux, euse adj.
Qui contient de l'oxyde de fer.
🖚 Ne pas confondre avec le mot *ferreux,* qui contient du fer.

ferry-boat n. m.
Anglicisme utilisé en France au sens de *traversier, transbordeur.*

fertile adj.
• Productif. *Un sol fertile.*
• Inventif. *Une imagination fertile.*
• *Fertile en.* Rempli de. *Une histoire fertile en rebondissements.*

fertilisant, ante adj. et n. m.
Qui est propre à fertiliser (le sol). *Ajouter des produits fertilisants, des fertilisants à la terre d'une plante.*

fertiliser v. tr.
Rendre fertile (une terre). *Le cultivateur fertilise le sol avec des engrais.*
🖚 Ce verbe ne peut s'appliquer à une personne, à un animal; on dit plutôt *féconder.*

fertilité n. f.
Qualité de ce qui est fertile. *La fertilité des terres qui bordent le Saint-Laurent.*
Ant. **stérilité.**

féru, ue adj.
Passionné. *Elle est férue d'astronomie.*

férule n. f.
Sous la férule de. Sous l'autorité.
🖚 Ce mot ne s'emploie plus que dans l'expression citée.

fervent, ente adj. et n. m. et f.
• **Adjectif.** Ardent, empressé. *De fervents défenseurs de la liberté.*
• **Nom masculin et féminin.** Passionné. *Les fervents de la micro-informatique.*
🖚 fervent.

ferveur n. f.
Ardeur, zèle enthousiaste. *Étienne défendit sa position avec ferveur.*

fesse n. f.
Chacune des deux parties charnues qui forment le derrière. *Antoine a glissé et est tombé sur les fesses.*

fessée n. f.
Coups donnés sur les fesses. *Si tu n'écoutes pas, tu auras une fessée.*

fesser v. tr.
Donner des coups sur les fesses.
🖚 Au sens de *frapper,* l'emploi de *fesser* est une impropriété.

fessier, ière adj. et n. m.
• **Adjectif.** Relatif aux fesses. *Les muscles fessiers.*
• **Nom masculin.** Le derrière.

festin n. m.
Repas de fête, banquet. *Pour souligner cette victoire, les dirigeants ont donné un beau festin.*

festival n. m.
Ensemble de manifestations artistiques (musique, cinéma, théâtre, etc.) qui ont lieu périodiquement dans un endroit déterminé. *Des festivals très réussis. Le festival de cinéma de Montréal.*

festivalier, ière n. m. et f.
Personne qui participe à un festival.

festivités n. f. pl.
Fête, réjouissances. *Des festivités sont prévues pour la Saint-Jean.*
🖚 Ce nom ne s'emploie qu'au pluriel.

feston n. m.
Bordure dentelée et brodée.

festoyer v. intr.
Le *y* se change en *i* devant un *e* muet. *Je festoie, je festoierai.*

Le **y** est suivi d'un **i** à la première et à la deuxième personne du pluriel de l'indicatif imparfait et du subjonctif présent. *(Que) nous festoyions, (que) vous festoyiez.*
Prendre part à des réjouissances, à un festin.

fêtard, arde n. m. et f.
(Fam. et péj.) Personne qui aime faire, qui fait la fête.
⮕ fêtard.

fête n. f.
• Jour consacré à des cérémonies civiles ou religieuses.
⮕ Les noms de fêtes s'écrivent avec une majuscule initiale au nom spécifique et à l'adjectif qui précède le nom. *Le jour de l'An, le Nouvel An, le jour des Rois, le Mardi gras, le mercredi des Cendres, le Vendredi saint, Pâques, la fête des Mères, la Saint-Jean, la fête de la Confédération, la fête du Travail, la Toussaint, Noël.*
• Réjouissances. *Une fête de famille.*
⮕ On confond souvent les mots **fête** et **anniversaire** : la **fête** désigne la commémoration de la fête du saint dont une personne porte le nom, et l'**anniversaire,** la commémoration du jour de la naissance d'une personne. *Ses parents ont organisé une fête pour souligner son anniversaire.*
Hom. **faîte,** sommet.
⮕ fête.

fêter v. tr.
Célébrer une fête, par une fête. *On a fêté la naissance de Laurence.*
⮕ fêter.

fétiche n. m.
Porte-bonheur. *Ce petit éléphant est son fétiche.*

fétichisme n. m.
Vénération excessive à l'égard d'une personne, d'une chose.

fétichiste adj. et n. m. et f.
Qui pratique le fétichisme.

fétide adj.
D'une odeur très désagréable, nauséabond.

fétidité n. f.
Caractère d'une odeur fétide.

fétu n. m.
Brin. *Des fétus de paille.*

feu n. m. (pl. *feux*)

• Dégagement de chaleur, de lumière, de flamme produit par la combustion de certains corps. *Un beau feu de bois. Des feux de camp.*
• Incendie. *Cette maison a été détruite par le feu. Crier au feu.*
⮕ Le terme **incendie** désigne un grand feu qui cause des dégâts importants. On dira un **incendie de forêt** plutôt qu'un *feu de forêt.
- **À petit feu.** Lentement. *Faire mourir quelqu'un à petit feu.*
- **Faire feu de tout bois.** Utiliser toutes les possibilités.

- **Feu sauvage.** (Fam.) Au Canada, infection des lèvres, herpès.
- **Jouer avec le feu.** Commettre des imprudences.
- **Mettre à feu et à sang.** Dévaster. *Ces rebelles ont mis le pays à feu et à sang.*
- **Ne pas faire long feu.** Ne pas durer longtemps. *Ses beaux projets n'ont pas fait long feu.*
- **Passer au feu.** (Fam.) Au Canada, être victime d'un incendie.
• Source de chaleur utilisée pour le chauffage ou la cuisson. *Au coin du feu. Le potage est sur le feu.*
• Lumière. *Des feux de position, des feux de route, des feux de croisement.*
- **Feu de circulation.** Signal lumineux autorisant le passage libre (feu vert), tolérant le passage (feu jaune), interdisant le passage (feu rouge). *Tournez au prochain feu* (et non à la *lumière).
- **Donner le feu vert.** Autoriser.
• Tir. *Des coups de feu.*

feu, feue adj.
(Dr., litt. ou plaisant.) Défunt. *Feu la doyenne. Mes feus oncles. Ta feue grand-mère.*
⮕ Placé avant l'article défini ou l'adjectif possessif, l'adjectif est invariable. Placé entre le déterminant et le nom ou après le nom, l'adjectif s'accorde avec le nom auquel il se rapporte.

feuillage n. m.
Ensemble des feuilles d'un arbre, d'une plante. *Un feuillage coloré par l'automne.*
⮕ Le nom **feuillage** étant un collectif, il s'écrit généralement au singulier. *Un toit de feuillage. Un lit de feuillage.*

feuillard n. m.
Bande étroite destinée à consolider un emballage. *Cercler un colis de feuillards.*
⮕ feuillard.

feuille n. f.
• Partie des végétaux qui part de la tige, de la branche, généralement verte, diversement découpée et plane. *Une feuille d'érable, une feuille de rosier. Des feuilles mortes.*
• Morceau de papier. *Une feuille quadrillée.*
• Mince plaque de bois, de minéral, de métal, de carton. *Une feuille d'or.*
⮕ Si **feuille** et ses dérivés s'écrivent avec deux **l**, certains mots de la même famille s'écrivent avec un seul : **exfoliation, folié, folio.**

feuille-morte adj. inv.
De la couleur dorée des feuilles mortes. *Des lainages feuille-morte.*
V. Tableau - **COULEUR (ADJECTIFS DE).**

feuillet n. m.
Partie d'un livre ou d'un cahier formée de deux pages recto et verso.

feuilleté, ée adj. et n. m.
• **Adjectif.** Formé de fines feuilles superposées. *De la pâte feuilletée.*

• **Nom masculin.** Pâte feuilletée garnie. *Un feuilleté aux champignons.*

feuilleter v. tr.
Redoublement du *t* devant un *e* muet. *Je feuillette, je feuilletterai,* mais *je feuilletais.*
• Parcourir rapidement un ouvrage, un texte. *Les pages que j'ai feuilletées me semblent excellentes.*
• Travailler de la pâte.

feuilleton n. m.
• Série télévisée qui présente une histoire en plusieurs épisodes. *Les feuilletons* (et non les **continuités*) *sont très populaires.*
• *Roman-feuilleton.* Roman publié par épisodes dans un journal. *Des romans-feuilletons à l'eau de rose.*

feuillu, ue adj. et n. m.
• **Adjectif.** Qui a beaucoup de feuilles. *Un arbuste feuillu.*
• **Nom masculin.** Arbre qui porte des feuilles (par opposition à résineux). *L'érable est un feuillu.*

feulement n. m.
Cri du tigre, du chat.

feuler v. intr.
Crier, en parlant du tigre; grogner, en parlant du chat.

feutrage n. m.
Fait de feutrer, de se feutrer.

feutre n. m.
• Étoffe épaisse. *Un chapeau de feutre.*
• Abréviation de **crayon-feutre, stylo-feutre.** *Elle aime écrire avec un feutre violet.*

feutrer v. tr., intr., pronom.
• **Transitif**
- Garnir de feutre.
- (Fig.) Amortir. *La moquette feutre les pas.*
• **Intransitif** ou **pronominal**
Qui prend l'aspect du feutre. *Un lainage qui ne feutre pas* ou *qui ne se feutre pas.*

fève n. f.
• Légumineuse cultivée pour ses graines.
• Graine de cette plante. *Des fèves au lard.*
• *Fèves au lard.* Au Canada, plat de haricots secs cuits à petit feu avec de la mélasse et du lard.

*fève
Impropriété au sens de **haricot** (vert, jaune).

févr.
Abréviation de *février.*

février n. m.
• Abréviation **févr.** (s'écrit avec un point).
• Deuxième mois de l'année. *Le 14 février.*
▷ Les noms de mois s'écrivent avec une minuscule.

fez n. m.
▷ Le *z* se prononce [fɛz].
Coiffure arabe.

FF
Symbole de *franc français.*

fg
Abréviation de *faubourg.*

fi! interj.
• (Vx) Interjection qui marque le dédain.
• *Faire fi de.* Ne pas tenir compte. *Il a fait fi de mes recommandations.*

fiabiliser v. tr.
Rendre plus fiable. *Il importe de fiabiliser nos produits.*

fiabilité n. f.
Aptitude d'un appareil, d'un système, d'un ensemble à fonctionner sans défaillance dans des conditions spécifiques. *Cette voiture est d'une grande fiabilité.*

fiable adj.
• Se dit d'un appareil qui offre des garanties de fonctionnement sans défaillance pendant une période déterminée. *Une montre fiable.*
• Digne de confiance, à qui on peut se fier. *Une employée fiable.*

fiacre n. m.
Voiture à cheval.

fiançailles n. f. pl.
Promesse mutuelle de mariage. *Une bague de fiançailles.*
▷ Ce nom est toujours au pluriel.
▷ fiançailles.

fiancer v. tr., pronom.
Le *c* prend une cédille devant les lettres *a* et *o*. *Il fiança, nous fiançons.*
• **Transitif.** Célébrer les fiançailles de.
• **Pronominal.** Se promettre solennellement de s'épouser. *Ils se sont fiancés l'an dernier.*
▷ Le verbe se construit absolument ou avec les prépositions *à* ou **avec**. *Il s'est fiancée à Juliette, avec Juliette.*

fiasco n. m.
Échec. *Des fiascos retentissants.*

fibre n. f.
Filament souple et allongé d'une matière. *Fibre nerveuse, fibre optique. Ce matériau est de la* (et non **du*) *fibre de verre.*

fibreux, euse adj.
Composé de fibres.

fibrome n. m.
▷ Le *o* est fermé [fibrom].
Tumeur formée par des tissus fibreux.
▷ fibrome.

fibule n. f.
Broche antique. *Des fibules d'or.*
▷ fibule.

ficeler v. tr.
Redoublement du *l* devant un *e* muet. *Je ficelle, je ficellerai,* mais *je ficelais.*
Attacher avec de la ficelle. *La vendeuse ficelle le colis.*

ficelle adj. et n. f.
Petite corde pour attacher des paquets.
▷ Ne pas confondre avec les noms suivants :
- *amarre,* ce qui sert à retenir un navire, un ballon;
- *câble,* gros cordage de fibres textiles ou d'acier;

- **cordage,** tout ce qui sert au grément d'un navire ou à la manœuvre d'une machine, d'un engin;
- **corde,** lien fait de brins tordus ensemble.

fiche n. f.
Carton sur lequel on inscrit des renseignements en vue d'un classement.

ficher v. tr., pronom.
• **Transitif**
- Noter sur fiche, surtout de police. *Les membres de ce groupe sont fichés.*
- (Fam.) Faire. *Elle n'a rien fichu hier.*
• **Pronominal**
(Fam.) Se moquer. *Il s'est fichu de nous.*
▷— Aux sens familiers de **faire** et **se moquer,** le participe passé de ce verbe est irrégulier, on dit **fichu** par analogie avec **foutu.**

fichier n. m.
Ensemble de fiches. *Les fichiers de la bibliothèque sont informatisés.*

fichtre! interj.
(Plaisant.) Interjection qui marque l'étonnement, l'admiration.

fichtrement adv.
(Plaisant.) Extrêmement.

fichu, ue adj. et n. m.
• **Adjectif**
- (Fam.) Perdu, qui ne peut plus servir. *Ma montre est fichue : elle a pris l'eau.*
- (Fam.) Désagréable. *Ils ont de fichus caractères.*
• **Nom masculin**
Carré d'étoffe plié en triangle que l'on porte sur la tête ou sur les épaules. *Des fichus de laine.*

fictif, ive adj.
Inventé. *Des identités fictives. Une histoire fictive.*
▷— Ne pas confondre avec les mots suivants :
- **fabuleux,** qui tient de la fable, extraordinaire quoique réel;
- **imaginaire,** qui n'existe que dans l'imagination;
- **légendaire,** qui n'existe que dans les légendes.

fiction n. f.
• Création de l'imagination. *Ce scénario est une fiction, il ne décrit pas la réalité.*
• **Science-fiction.** Fiction fondée sur les conséquences des progrès scientifiques de l'humanité.
▷— Ne pas confondre avec le nom **fission,** division d'un noyau d'atome.

fictivement adv.
👄 Le **e** de la troisième syllabe ne se prononce pas [fiktivmã].
De façon fictive.

ficus n. m.
👄 Le **s** se prononce [fikys].
Plante ornementale.

fidéicommis n. m.
👄 Le **s** est muet [fideikɔmi].
(Dr.) Don ou legs fait à une personne pour que celle-ci (le fiduciaire) le remette à une autre, à un moment déterminé. *Un dépôt en fidéicommis.*

⇨ fidéicommi**s.**

fidèle adj. et n. m. et f.
• **Adjectif**
- Loyal. *Un ami fidèle.*
- Constant dans ses goûts, ses idées. *Elle est fidèle à son engagement.*
- Conforme à. *Une traduction fidèle, un récit fidèle à la vérité.*
• **Nom masculin et féminin**
Personne qui professe une religion, qui appartient à un groupe. *Les fidèles de l'Église catholique.*
⇨ fidèle.

fidèlement adv.
👄 Le **e** de l'avant-dernière syllabe ne se prononce pas [fidɛlmã].
De façon fidèle.
⇨ fidèlement.

fidélité n. f.
Qualité d'une personne, d'une chose fidèle.
⇨ fidélité.

fiduciaire adj. et n. m. et f.
• **Adjectif.** (Écon.) Fondé sur la confiance. *Une monnaie de papier est une monnaie fiduciaire.*
• **Nom masculin et féminin.** (Dr.) Personne, société chargée de remettre des biens en vertu d'un fidéicommis.

fiducie n. f.
• Dépôt d'un bien par le débiteur auprès du créancier en garantie du paiement d'une dette.
• **Société de fiducie.** Entreprise chargée de l'administration de biens pour le compte de personnes morales ou physiques.
⇨ fiducie.

fief n. m.
👄 Le **f** final se prononce [fjɛf].
• Au Moyen Âge, domaine confié par le seigneur à son vassal en échange de sa fidélité.
• Domaine réservé. *Des fiefs électoraux.*

fieffé, ée adj.
Qui possède un défaut au plus haut point. *Un fieffé menteur.*
▷— L'adjectif précède généralement le nom.
⇨ fieffé.

fiel n. m.
• Bile de certains animaux.
• (Fig.) Amertume, animosité.

fielleux, euse adj.
(Litt.) Rempli d'acrimonie, d'amertume. *Une critique fielleuse.*

fiente n. f.
Excrément (d'oiseau).

fier (se) v. pronom.
Redoublement du **i** à la première et à la deuxième personne du pluriel de l'indicatif imparfait et du subjonctif présent. *(Que) nous nous fiions, (que) vous vous fiiez.*
Mettre sa confiance en. *Elles se sont fiées à lui. Il se fie à sa rapidité. Ne vous y fiez pas.*

☞— Le verbe ne se construit plus qu'avec la préposition *à*. La construction avec la préposition *sur* est vieillie. On dira cependant *compter sur.*

fier, fière adj. et n. m. et f.
• **Adjectif**
- Digne, noble. *Elle a fière allure.*
- Qui tire une vive satisfaction de. *Il est fier de son travail.*
- Prétentieux, méprisant. *Un ton fier.*
• **Nom masculin et féminin**
Prétentieux, orgueilleux. *Faire la fière.*

fier-à-bras n. m. (pl. *fiers-à-bras, fier-à-bras*)
Fanfaron qui cherche à se faire redouter. *Des fier(s)-à-bras tentaient d'intimider les candidats.*

fièrement adv.
👄 Le *e* central ne se prononce pas [fjɛrmɑ̃].
De façon fière, avec fierté.

fierté n. f.
• Amour-propre. *Il a trop de fierté pour accepter cette offre.*
• Satisfaction légitime. *Elle contemple avec fierté son jardin fleuri.*

fiesta n. f.
(Fam.) Fête. *Des fiestas joyeuses.*

fièvre n. f.
• Élévation anormale de la température du corps. *Simon a de la fièvre : le thermomètre indique 40 °C.*
• (Fig.) État de tension. *La fièvre des préparatifs de voyage.*
⟹ fièvre.

fiévreusement adv.
👄 Le *e* de l'avant-dernière syllabe ne se prononce pas [fjevrøzmɑ̃].
De façon fiévreuse. *Les enfants se préparent fiévreusement à la fête.*
⟹ fiévreusement.

fiévreux, euse adj. et n. m. et f.
• Qui a de la fièvre. *Il est fiévreux.*
• Inquiet, angoissé. *Une recherche fiévreuse.*
☞— *Fiévreux* et *fébrile* constituent des doublets : l'adjectif *fiévreux* est le mot courant, alors que l'adjectif *fébrile* est la forme savante qui appartient à la langue de la médecine.
V. Tableau - **DOUBLETS.**
⟹ fiévreux.

fifre n. m.
• Petite flûte traversière au son aigu.
• Personne qui en joue.
⟹ fifre.

fifrelin n. m.
Cela ne vaut pas un fifrelin. (Vx) Cela ne vaut rien.
☞— Ce nom ne s'emploie que dans l'expression citée.

fig.
Abréviation de *figure,* de *figuré.*

figer v. tr., pronom.
Le *g* est suivi d'un *e* devant les lettres *a* et *o. Il figea, nous figeons.*

• **Transitif.** Solidifier. *Le froid figeait l'étang.*
• **Pronominal.** S'immobiliser. *Ils se sont figés en apercevant le voleur.*
• **Locution figée.** Expression toute faite dont on ne peut modifier les mots. *L'expression mi-figue, mi-raisin, est une locution figée qui signifie «ni bon ni mauvais».*

fignolage n. m.
Action de fignoler.

fignoler v. tr.
(Fam.) Parfaire avec un soin minutieux. *Maman fignole la décoration de la maison.*

figue n. f.
• Fruit du figuier. *Au Québec, il est rare de manger des figues fraîches; on les achète plutôt séchées.*
• *Mi-figue, mi-raisin.* Ni bon ni mauvais. *Des sourires mi-figue, mi raisin.*
☞— La locution figée exprime un mélange de satisfaction et de mécontentement.

figuier n. m.
Arbre des pays chauds dont le fruit est la figue.

figurant, ante n. m. et f.
Personnage accessoire, généralement muet (au cinéma, au théâtre). *Le réalisateur explique la scène aux figurants.*
☞— Ne pas confondre avec le participe présent invariable *figurant. J'ai lu trois articles figurant dans ce magazine.*

figuratif, ive adj. et n. m. et f.
• **Adjectif.** Qui représente quelque chose. *Une œuvre figurative.*
• **Nom masculin et féminin.** Créateur qui pratique l'art figuratif. *Préférer les figuratifs aux abstraits.*

figuration n. f.
• Action de figurer quelqu'un, quelque chose; résultat de cette action.
• Rôle de figurant. *Faire de la figuration.*

figure n. f.
• Forme du visage humain. *Faire une drôle de figure.*
☞— Dans l'usage courant, le nom *figure* a remplacé *face* et *visage* qui ne s'emploient plus que dans certaines expressions.
Syn. **visage.**
• *Faire figure de.* Paraître. *Ils font figure de personnes désintéressées.*
☞— Dans cette expression, le nom *figure* est invariable.
• *Faire bonne figure, triste figure.* Se montrer à la hauteur de sa tâche, au-dessous de sa tâche.
• *Figure de rhétorique.* (Ling.) Forme particulière donnée à l'expression en vue de produire un certain effet.
V. Tableau - **FIGURÉS (EMPLOIS).**
• Illustration dans un livre.
☞— Le nom s'abrège en *fig.* lorsqu'il est suivi d'un nombre ou d'une lettre, dans les renvois entre parenthèses et dans les notes. *(Fig. 4 - Diagramme).*

figuré, ée adj.
• Abréviation *fig.*
• Qui est composé d'une figure, d'un dessin. *Le schéma figuré d'une école.*

EMPLOIS **FIGURÉS**

LES PRINCIPAUX EMPLOIS FIGURÉS SONT :

La **métonymie** : – la cause pour l'effet. *La route a encore tué ce week-end* (pour *les accidents de la route*).

– l'effet pour la cause. *Les froides éclaircies de janvier.*

– le contenant pour le contenu. *Boire un verre.*

La **synecdoque** : – l'espèce pour le genre. *Les mortels* (pour *les hommes*).

– la partie pour le tout. *Être sans toit* (pour *être sans maison*).

– le singulier pour le pluriel. *Le cultivateur est un lève-tôt* (pour *les cultivateurs*).

La **comparaison** : Rapprochement d'objets, d'idées. *Solide comme le roc.*

La **métaphore** : Comparaison implicite. *L'hiver de la vie* (pour *la vieillesse*).

L'**allégorie** : Personnification de choses abstraites. *L'aurore aux doigts de rose.*

L'**hyperbole** : Exagération volontaire. *Je meurs de faim.*

La **litote** : Expression qui dit peu pour exprimer beaucoup. *Elle n'est pas idiote* (pour *elle est très intelligente*).

L'**euphémisme** : Adoucissement d'une expression trop brutale. *Il s'est endormi* (pour *il est mort*).

• *Sens figuré.* Signification d'un mot exprimée par une image. *Lorsqu'on dit d'une personne qu'elle est au sommet de sa carrière, on emploie le nom* **sommet** *au sens figuré, c'est-à-dire comme une image, une comparaison, pour signifier le point le plus haut, le plus élevé.*
Ant. **sens propre.**
V. Tableau - FIGURÉS (EMPLOIS).

figurer v. tr., intr,. pronom.
• **Transitif.** Représenter par un dessin, une figure. *Figurer la paix par une colombe.*
• **Intransitif.** Se trouver. *Ce mot ne figure pas au dictionnaire.*
• **Pronominal.** S'imaginer. *Ils se sont figuré qu'ils y arriveraient. Cette maison de campagne qu'il s'était figurée plus ancienne.*

*figurer
Anglicisme au sens de *calculer, imaginer, prévoir.*

figurine n. f.
Sculpture dont la hauteur est inférieure à 25 cm. *Des figurines de Mickey Mouse et de Tintin.*
☞ Les dimensions d'une *statue* égalent la moitié au moins de la taille naturelle. Une sculpture qui a entre 25 et 80 cm de hauteur est une *statuette* et si sa hauteur est inférieure à 25 cm, on la nomme *figurine.*

fil n. m.
• Brin long et fin d'une matière textile. *Un fil blanc.*
• *De fil en aiguille.* Petit à petit.
• Longue bande métallique. *Un fil de fer, un fil électrique.*

• *Coup de fil.* Coup de téléphone. *Donne-moi un coup de fil ce soir.*
• Enchaînement logique. *Le fil d'une conversation, le fil des jours.*
Hom. *file,* suite.

*filage
Anglicisme pour *câblage électrique.*

filament n. m.
• Fil très fin.
• Fil conducteur d'une lampe électrique. *Le filament d'une ampoule.*
☞ filam**ent.**

filandreux, euse adj.
Rempli de fibres longues et coriaces. *Une viande filandreuse.*

filant, ante adj.
Qui file. *Une étoile filante.*

filasse adj. inv. et n. f.
• **Nom féminin.** Matière textile végétale.
• **Adjectif de couleur invariable.** D'un blond fade.
V. Tableau - COULEUR (ADJECTIFS DE).

file n. f.
• Suite de personnes ou de choses disposées l'une après l'autre. *Une file d'attente.*
• *À la file, en file, en file indienne.* L'un derrière l'autre.
• *En double file.* Se dit d'une voiture qui s'arrête le long de la file des voitures déjà stationnées. *Il est interdit de stationner en double file.*

• **Chef de file.** Leader. *Des chefs de file innovateurs.*
Hom. **fil,** brin long et fin.

filer v. tr., intr.
• **Transitif**
- Transformer en fil. *Filer de la laine.*
- **Filer doux.** Être docile.
- **Filer un mauvais coton.** Ne pas être en forme.
- Suivre. *Ils sont filés par un détective.*
◻← Si les locutions citées sont parfaitement françai-
ses, par contre les expressions *«filer (bien, mal)», *«ne
pas filer», au sens de **se sentir bien, se sentir mal**
sont des calques de l'anglais.
- Suivre. *Ils sont filés par un détective.*
• **Intransitif**
- S'en aller rapidement. *La voiture file à toute allure.
Le temps file.*
- **Filer à l'anglaise.** S'enfuir. *Les prisonniers ont filé à
l'anglaise.*
- **Filer doux.** Être docile.
- Se défaire, en parlant d'une maille. *Mon collant a
filé.*

*****filer (bien, mal)**
Calque de l'anglais «to feel (good, bad)» au sens de
se sentir, aller (bien, mal).

filet n. m.
• Réseau composé de mailles entrecroisées. *Des filets
de pêche. Un filet à provisions.*
• Écoulement fin de quelque chose. *Un filet d'eau, de
voix, de fumée.*
• Morceau tendre et charnu du bœuf, du veau, du mouton, d'un poisson. *Un filet de sole.*

filetage n. m.
👄 Le *e* central ne se prononce pas [filtaʒ].
Partie filetée (d'une vis).

fileter v. tr.
Le *e* se change en *è* devant une syllabe muette.
Je filète, nous filetons.
Faire le filetage de (une vis, un écrou, etc.).

filial, ale, aux adj.
Propre à l'enfant par rapport à ses parents. *Des sentiments filiaux.*

filiale n. f.
Unité de production décentralisée, juridiquement indépendante et dotée d'une complète autonomie de gestion, mais placée sous la direction d'une société mère
qui possède la majorité de ses actions. *Cette entreprise est la filiale québécoise d'une multinationale.*
◻← Ne pas confondre avec le nom **succursale,** établissement n'ayant pas d'existence juridique indépendante. *La Société des alcools a plusieurs succursales.*
▭▷ fili**ale.**

filialement adv.
D'une manière filiale.

filiation n. f.
Descendance.

*****filibuster**
Anglicisme pour **obstruction** (systématique) *d'un débat parlementaire.*

filière n. f.
Ensemble des étapes à franchir pour atteindre un résultat. *Suivre la filière.*

*****filière**
Anglicisme au sens de **classeur.**

filiforme adj.
Mince comme un fil. *Ce garçon est filiforme.*
▭▷ fili**forme.**

filigrane n. m.
• Dessin que l'on peut voir en transparence.
• **En filigrane.** À l'arrière-plan. *Voir un motif en filigrane.*
◻← Attention au genre masculin de ce nom : **un**
filigrane.
▭▷ fili**grane.**

filin n. m.
Cordage.

fille n. f.
• Personne du sexe féminin considérée par rapport à
sa mère, à son père (par opposition à **fils**). *Sa fille se
nomme Marie-Ève.*
• Enfant du sexe féminin (par opposition à **garçon**).
Dans la classe, il y a 13 filles et 12 garçons.
• **Petite fille.** Fillette. *Du côté des petites filles.*
• **Jeune fille.** Adolescente.

fillette n. f.
• Petite fille. *Des fillettes turbulentes.*
• (Fam.) Demi-bouteille, utilisée surtout pour les vins
d'Anjou.

filleul, eule n. m. et f.
Se dit d'une personne par rapport à son parrain et à
sa marraine. *Fanny est sa filleule.*

film n. m.
• Œuvre cinématographique. *Des films d'aventures.*
• Fine pellicule d'un produit recouvrant une surface. *Un
film protecteur.*

filmage n. m.
Tournage d'un film. *Le filmage durera trois mois.*

filmer v. tr.
Enregistrer sur film. *Le carnaval a été filmé.*

filon n. m.
• Couche de minerai dans le sol. *Un filon d'or.*
• (Fig.) Source de réussite. *Trouver un filon, une idée
de génie.*

filou n. m.
(Fam.) Personne malhonnête. *Ce sont des filous.*

filouter v. tr.
(Fam.) Voler avec adresse.

fils n. m.
• Personne de sexe masculin considérée par rapport
à sa mère, à son père (par opposition à **fille**). *Son fils
s'appelle Étienne.*
• **De père en fils.** *Ils dirigent cette entreprise de père
en fils.*
• Nom propre **+ fils.** *Paul Beauchemin fils* (et non
*junior).

filtrage n. m.
• Action de filtrer. *Le filtrage de l'eau.*
• (Fig.) Contrôle minutieux. *Le filtrage des candidats à un poste.*

filtrant, ante adj.
Qui sert à filtrer. *Des verres filtrants.*
☞ Ne pas confondre avec le participe présent invariable *filtrant. Le chat joue avec les rayons filtrant à travers la fenêtre.*

filtration n. f.
Passage d'un fluide à travers un filtre.

filtre n. m.
Dispositif qui laisse passer un fluide en retenant les impuretés, les morceaux qu'il contient. *Un filtre à café.*
Hom. *philtre,* boisson magique.

filtrer v. tr., intr.
• **Transitif**
- Faire passer à travers un filtre. *Filtrer de l'eau.*
- (Fig.) Soumettre à un tri. *Filtrer les candidats.*
• **Intransitif**
Passer à travers, se tamiser. *Le soleil filtre à travers les branches.*

fin adj., adv. et n. f.

ADJECTIF
• Petit, délicat. *Une taille fine. Des traits fins.*
• Pur. *De l'or fin.*
• Malin, vif. *Un esprit très fin.*
• (Fam.) Au Canada, gentil, aimable. *Comme Catherine est fine : elle m'a offert un bouquet de lilas!*
ADVERBE
• Finement. *Ces grains doivent être moulus fin.*
• Tout à fait. *Ils sont fin prêts. Elle est fin seule.*
☞ Pris adverbialement, le mot est invariable.
NOM FÉMININ
• Action de finir. *La fin des vacances.*
- *Sans fin.* Sans arrêt, continuellement.
- *À la fin de, en fin de* (matinée, journée...). Cette locution marque la fin d'une période. *Nous discuterons à la fin de la réunion.*
☞ Dans la langue soignée, on évitera la construction sans préposition qui appartient à la langue commerciale. *Ces produits seront vendus fin septembre.*
- *Mettre fin.* Terminer. *Mettre fin au combat.*
- *Tirer, toucher à sa fin.* Se terminer, s'épuiser. *Les réserves tirent à leur fin.*
- *Mener à bonne fin.* Réussir.
- *En fin de compte.* En résumé.
• But, dessein.
- *À seule fin de* + infinitif. Uniquement pour. *À seule fin de bien paraître.*
- *À seule fin que* + subjonctif. *À seule fin qu'il soit bien informé.*
☞ Dans cette expression, le nom est au singulier.
- *À des fins* + adjectif. *À des fins économiques.*
- *Aux fins de* + nom d'action. *Aux fins d'examen.*
- *À toutes fins utiles.* Pour servir le cas échéant. *À toutes fins utiles, je vous enverrai le texte intégral.*

☞ Cette expression ne doit pas être confondue avec le calque *«à toutes fins pratiques» dont la signification diffère.
- *À toutes fins pratiques. Calque de l'anglais «for all practical purposes» au sens de *en pratique, pratiquement.*
- *Arriver à ses fins.* Atteindre son but.
Hom. *faim,* besoin et désir de manger.

final, ale, als ou **aux** adj.
Qui est à la fin. *Des examens finals, finaux.*

finale n. m. et f.
• **Nom féminin**
- Dernière syllabe ou dernière lettre d'un mot. *Une finale en e.*
- Dernière épreuve d'une compétition par élimination. *Arriver en finale. Les finales de hockey.*
• **Nom masculin**
Dernier mouvement d'une œuvre musicale (sonate, symphonie, etc.)
☞ En ce sens, le nom est masculin et s'écrit *finale* ou *final.*

finalement adv.
À la fin, en définitive. *Ils hésitaient et, finalement, ils ont accepté.*

finaliser v. tr.
• Donner un but, une finalité à.
• Achever, mettre au point quelque chose de manière détaillée. *Finaliser une proposition.*
☞ Ce néologisme est critiqué par plusieurs auteurs. On pourra lui préférer *mettre au point, terminer, achever, mettre la dernière main à.*

finaliste n. m. et f.
Personne qui participe à une épreuve finale. *Les finalistes du concours international.*

finalité n. f.
But auquel tend chaque chose.

finance n. f.
• Activité bancaire, boursière. *Le monde de la finance.*
• *Haute finance.* Ensemble des financiers importants.
• (Au plur.) Ensemble des recettes et des dépenses de l'État. *Le ministère des Finances.*

financement n. m.
Action de financer quelque chose. *Le financement de ce voyage est assuré par les étudiants.*

financer v. tr.
Le *c* prend une cédille devant les lettres *a* et *o. Il finança, nous finançons.*
Fournir l'argent nécessaire à quelque chose.

financier, ière adj. et n. m.
• **Adjectif.** Relatif aux finances. *Une analyste financière.*
• **Nom masculin.** Spécialiste des opérations bancaires, boursières. *Ce ministre est un bon financier.*

financièrement adv.
En matière de finances.

finasser v. intr.
User de ruse.

finaud, aude adj. et n. m. et f.
Fin, rusé sous un air simple.
☞ finau**d**.

fin de semaine n. f.
Au Canada, congé du samedi et du dimanche. *Bonne fin de semaine! Des fins de semaine.*
Syn. **week-end.**

fine n. f.
Eau-de-vie de qualité supérieure. *Une fine champagne.*

finement adv.
Avec finesse. *Elle répondit très finement à sa question.*

finesse n. f.
• Délicatesse. *La finesse d'un dessin.*
• Possibilité de saisir les nuances. *Finesse d'esprit.*
☞ Ne pas confondre avec les noms suivants :
- *esprit,* vivacité de l'esprit;
- *génie,* faculté créatrice;
- *ingéniosité,* habileté à inventer des solutions;
- *talent,* aptitude naturelle.

finette n. f.
Tissu de coton dont l'envers est pelucheux. *Une chemise de nuit en finette* (et non en *flanellette).

fini, ie adj. et n. m.
• **Adjectif.** Achevé. *Un produit fini.*
• **Nom masculin.** Aspect. *Le fini de ce meuble est brillant.*

finir v. tr., intr.
• **Transitif**
- Terminer. *La petite a fini ses devoirs. Elle a fini de travailler.*
- Constituer la fin de. *Ce dessert somptueux finit le repas.*
• **Intransitif**
- Arriver à sa fin. *Les vacances finissent bientôt.*
- Se terminer. *Ève aime les films qui finissent bien.*
- *Finir par.* Réussir finalement. *Ils finiront bien par gagner.*
☞ Cette construction marque la conclusion d'une suite d'actions antérieures. *Il a fini par accepter.*
- *À n'en plus finir.* Interminable. *Des explications à n'en plus finir.*
☞ Cette expression est péjorative.
V. Tableau - **FINIR (CONJUGAISON DU VERBE).**

finissage n. m.
Action de finir une fabrication. *Le finissage d'une chaise.*

finition n. f.
• Achèvement minutieux. *La finition d'un tableau.*
• (Au plur.) Les derniers travaux. *Il ne reste plus que les finitions à terminer.*

finlandais, aise adj. et n. m. et f.
• **Adjectif et nom masculin et féminin.** De Finlande. *Le drapeau finlandais. Un Finlandais, une Finlandaise.*
☞ 1° L'adjectif s'écrit avec une minuscule; le nom, avec une majuscule.
2° Pour désigner l'ethnie, on emploie l'adjectif *finnois.*

• **Nom masculin.** Langue parlée en Finlande. *Il parle le finlandais.* Syn. **finnois.**
☞ Le nom de la langue s'écrit avec une minuscule.

finnois, oise adj. et n. m. et f.
• **Adjectif et nom masculin et féminin.** Se dit d'un peuple qui habite la Finlande et le nord-ouest de la Russie. *Le peuple finnois. Un Finnois, une Finnoise.*
☞ L'adjectif s'écrit avec une minuscule; le nom, avec une majuscule.
• **Nom masculin.** Langue parlée en Finlande. *Il parle le finnois.* Syn. **finlandais.**
☞ Le nom de la langue s'écrit avec une minuscule.

fiole n. f.
Petite bouteille.
☞ fio**le**.

fioriture n. f.
Ornement. *Un style sans fioritures.*
☞ Ce nom s'emploie surtout au pluriel.

firmament n. m.
(Litt.) Ciel. *Les étoiles luisent dans le firmament.*

firme n. f.
Entreprise industrielle, financière, commerciale.

fisc n. m.
👄 Les lettres *s* et *c* se prononcent [fisk].
Administration chargée de la perception des impôts. *Frauder le fisc.*
☞ fi**sc**.

fiscal, ale, aux adj.
Qui se rapporte à l'impôt. *Des règlements fiscaux.*

fiscaliste n. m. et f.
Spécialiste des lois fiscales.

fiscalité n. f.
Ensemble des lois fiscales.

fissible adj.
Susceptible de donner lieu à une fission nucléaire. *Des corps fissibles.*
☞ Ne pas confondre avec le mot *fissile,* qui tend à se fragmenter.

fissile adj.
Qui tend à se fragmenter.
☞ Ne pas confondre avec le mot *fissible,* susceptible de donner lieu à une fission nucléaire.

fission n. f.
Division d'un noyau d'atome.
☞ Ne pas confondre avec le nom *fiction,* création de l'imagination.
☞ fi**ss**ion.

fissure n. f.
Crevasse superficielle. *Le séisme a causé des fissures dans l'immeuble.*

fissurer v. tr.
Crevasser, fendre. *Le séisme a fissuré le sol.*

FIV
Sigle de *fécondation* in vitro.

CONJUGAISON DU VERBE **FINIR**

INDICATIF

Présent	Passé composé
je finis	j'ai fini
tu finis	tu as fini
il finit	il a fini
nous finissons	nous avons fini
vous finissez	vous avez fini
ils finissent	ils ont fini

Imparfait	Plus-que-parfait
je finissais	j'avais fini
tu finissais	tu avais fini
il finissait	il avait fini
nous finissions	nous avions fini
vous finissiez	vous aviez fini
ils finissaient	ils avaient fini

Passé simple	Passé antérieur
je finis	j'eus fini
tu finis	tu eus fini
il finit	il eut fini
nous finîmes	nous eûmes fini
vous finîtes	vous eûtes fini
ils finirent	ils eurent fini

Futur simple	Futur antérieur
je finirai	j'aurai fini
tu finiras	tu auras fini
il finira	il aura fini
nous finirons	nous aurons fini
vous finirez	vous aurez fini
ils finiront	ils auront fini

CONDITIONNEL

Présent	Passé
je finirais	j'aurais fini
tu finirais	tu aurais fini
il finirait	il aurait fini
nous finirions	nous aurions fini
vous finiriez	vous auriez fini
ils finiraient	ils auraient fini

SUBJONCTIF

Présent	Passé
que je finisse	que j'aie fini
que tu finisses	que tu aies fini
qu'il finisse	qu'il ait fini
que nous finissions	que nous ayons fini
que vous finissiez	que vous ayez fini
qu'ils finissent	qu'ils aient fini

Imparfait	Plus-que-parfait
que je finisse	que j'eusse fini
que tu finisses	que tu eusses fini
qu'il finît	qu'il eût fini
que nous finissions	que nous eussions fini
que vous finissiez	que vous eussiez fini
qu'ils finissent	qu'ils eussent fini

IMPÉRATIF

Présent	Passé
finis	aie fini
finissons	ayons fini
finissez	ayez fini

PARTICIPE

Présent	Passé
finissant	fini, ie
	ayant fini

INFINITIF

Présent	Passé
finir	avoir fini

FIVETE
Sigle de *fécondation* **in vitro** *et transfert embryonnaire.*

fixage n. m.
Action de fixer.

fixatif n. m.
• Produit destiné à fixer sur le papier un pastel, un fusain.
• Laque pour les cheveux.

fixation n. f.
• Action de fixer. *Les fixations de mes skis sont neuves.*
• (Psychan.) Attachement de la libido à un mode de satisfaction.

fixe adj. et n. m.
• **Adjectif**
- Déterminé. *Un prix fixe. Le train part à heure fixe.*
- Immobile. *Un point fixe.*
- *Idée fixe.* Obsession. *Son idée fixe est d'arriver premier en classe.*
• **Nom masculin**
Salaire fixe (auquel s'ajoutent les commissions). *Le fixe n'excède pas 200 $ par semaine.*

fixe-chaussette n. m. (pl. *fixe-chaussettes*)
Support-chaussette.

fixement adv.
De manière fixe. *Il la regardait fixement, en la fixant des yeux.*

fixer v. tr., pronom.
• **Transitif**
- Déterminer de façon précise. *Ils ont fixé le prix à 100 $.*
- *Être fixé* (sur quelque chose). Être décidé. *Rappelez-moi plus tard : je ne suis pas encore fixé.*
- Lier, attacher solidement. *Fixer des valises sur le toit d'une voiture.*
- Regarder fixement. *Il me fixa longuement.*
• **Pronominal**
- Choisir finalement. *Son choix s'est fixé sur ce lecteur optique.*
- S'établir de façon permanente. *Ils se sont fixés dans les Laurentides.*

fixité n. f.
Qualité, état de ce qui est fixe. *La fixité de son regard.*

fjord n. m.
Le *j* se prononce *i* [fjɔrd].
Golfe profond, à parois abruptes. *Les fjords de Norvège.*
☞ fjord.

flacon n. m.
Bouteille de petite dimension. *Un flacon de parfum.*

fla-fla n. m. (pl. *fla-fla* ou *fla-flas*)
(Fam.) Chichi. *Ne faites pas tant de fla-fla ou de fla-flas.*

flagellation n. f.
Action de flageller, de se flageller.

flageller v. tr., pronom.
Fouetter. *Le Christ a été flagellé.*

flageoler v. intr.
Trembler de faiblesse, de fatigue. *Il flageolait sur ses jambes.*
☞ flageoler.

flageolet n. m.
Variété de haricot dont le goût est apprécié. *Un gigot aux flageolets.*
☞ flageolet.

flagorner v. tr.
Flatter bassement.

flagornerie n. f.
Flatterie basse et souvent intéressée.

flagrant, ante adj.
• Évident, incontestable. *La vérité est flagrante.*
• *Flagrant délit.* Délit constaté au moment où il a lieu.

flair n. m.
• Odorat du chien. *Le flair d'un chien de chasse.*
• Intuition. *Michèle a beaucoup de flair.*
☞ flair.

flairer v. tr.
• Sentir. *Les chiens flairent une perdrix.*
• Pressentir. *Les cambrioleurs ont flairé un piège.*
▷ Ne pas confondre avec le verbe *fleurer,* répandre une bonne odeur.
☞ flairer.

flamand, ande adj. et n. m. et f.
• **Adjectif et nom masculin et féminin.** Qui se rapporte à la Flandre. *Un peintre flamand. Un Flamand, une Flamande.*
▷ L'adjectif s'écrit avec une minuscule; le nom, avec une majuscule.
• **Nom masculin.** Une des langues parlées en Belgique. *Jacques parle le flamand.*
▷ Le nom de la langue s'écrit avec une minuscule.
☞ flamand.

flamant n. m.
Grand oiseau au plumage blanc ou rose de la famille des échassiers. *Les flamants ont de grandes pattes palmées.*
▷ Son nom vient de la couleur de flamme de son beau plumage.
☞ flamant.

flambant, ante adj.
• Qui flambe.
• *Flambant neuf.* Tout neuf. *Des robes flambant neuves* ou *flambant neuf.*
▷ Les grammairiens ne s'entendent pas sur l'accord de cette expression; il est toujours possible de laisser les deux mots invariables ou d'accorder seulement l'adjectif *neuf.*

flambeau n. m. (pl. *flambeaux*)
Torche servant à éclairer. *Un spectacle éclairé aux flambeaux.*

flambée n. f.
• Feu qui brûle avec de grandes flammes pendant peu de temps.
• (Fig.) Brusque manifestation. *Une flambée de violence, de colère.*

• **Flambée des prix.** Rapide augmentation des prix.

flamber v. tr., intr.
• **Transitif**
- Passer à la flamme.
- Arroser d'alcool un mets et l'enflammer. *Flamber des crêpes.*
- (Fig.) Dépenser beaucoup. *Il a flambé toutes ses économies.*
☞ En ce sens, l'emploi du verbe est courant au Canada, mais il est vieilli dans l'ensemble de la francophonie.
• **Intransitif**
Brûler vivement, en faisant une flamme claire. *Les bâtiments flambent et les pompiers maîtrisent difficilement cet incendie.*

flamboiement n. m.
Éclat de ce qui flamboie.
⟹ flamboiement.

flamboyant, ante adj.
• Qui flamboie.
• Se dit du style très orné de la dernière période gothique. *Le gothique flamboyant.*

flamboyer v. intr.
Le *y* se change en *i* devant un *e* muet. *Il flamboie, il flamboiera.*
Le *y* est suivi d'un *i* à la première et à la deuxième personne du pluriel de l'indicatif imparfait et du subjonctif présent. *(Que) nous flamboyions, (que) vous flamboyiez.*
Jeter une flamme très vive. *L'incendie flamboie.*

flamenco, a adj. et n. m.
⟹ Le *n* se prononce [flamɛnko].
• **Adjectif.** *La musique flamenca.*
• **Nom masculin.** Chant, musique d'Andalousie. *Des flamencos mélancoliques.*

flamme n. f.
• Lumière produite par une substance en combustion. *La flamme d'une bougie.*
• **En flammes.** En feu. *La forêt est en flammes.*
• (Fig.) Ardeur, enthousiasme. *Un plaidoyer plein de flamme.*
• **Être tout feu tout flamme.** Faire preuve de beaucoup d'ardeur.
☞ Cette expression s'écrit au singulier et sans virgule.

flamèche n. f.
Parcelle enflammée qui s'envole. *Attention aux flamèches!*
⟹ flamèche.

flan n. m.
Crème renversée, sorte de dessert.
Hom. *flanc,* côté du corps.

flanc n. m.
⟹ Le *c* est muet [flɑ̃].
• Partie latérale d'une chose. *Les flancs d'un navire. Ils habitent à flanc de montagne.*
• Côté du corps. *Le cheval s'est couché sur le flanc.*
Hom. *flan,* crème renversée.
⟹ flanc.

flancher v. intr.
(Fam.) Céder. *Il a flanché et a mangé toute la tarte.*

flanelle n. f.
Tissu en laine ou en coton. *De la flanelle grise.*

*flanellette
Impropriété pour **finette.**

flâner v. intr.
Se promener sans but. *«J'aime flâner sur les grands boulevards», comme le chantait le regretté Yves Montand.*
⟹ flâner.

flânerie n. f.
⟹ Le *e* central ne se prononce pas [flɑnri].
Action de flâner. *Les flâneries du dimanche.*
⟹ flânerie.

flâneur, euse adj. et n. m. et f.
Personne qui flâne, qui aime flâner. *Les flâneurs se promènent doucement.*
⟹ flâneur.

flanquer v. tr.
• Être accolé à (sujet nom de chose). *Les deux tours qui flanquaient le château.*
• (Plaisant.) Accompagner (sujet nom de personne). *Un menuisier flanqué d'un électricien.*
• (Fam.) Lancer violemment. *Il lui a flanqué sa démission au visage.*

flapi, ie adj.
(Fam.) Épuisé. *Elle est complètement flapie.*

flaque n. f.
Petite mare. *Des flaques d'eau.*

flash n. m. (pl. *flashes* ou *flashs*)
Lampe destinée à la prise de vue photographique.

*flash
Anglicisme au sens de **nouvelle-éclair.**

*flash-back
Anglicisme pour **rétrospective,** (cin.) **retour en arrière.**

flasque adj. et n. f.
• **Adjectif.** Mou, sans fermeté.
• **Nom féminin.** Gourde plate. *Une flasque de cognac.*

*flat
Anglicisme pour **crevaison** (d'un pneu).

flatter v. tr., pronom.
• **Transitif**
- Caresser un animal. *Ils flattent leur chatte, la Princesse Maboule.*
- Complimenter avec excès. *Il faut se méfier de ceux qui vous flattent au lieu de donner leur véritable appréciation.*
- Toucher agréablement. *Cette nomination me flatte énormément.*
- Avantager. *Ce vêtement le flatte.*
- **Être flatté que** + subjonctif. *Je suis flatté que vous soyez venu.*
• **Pronominal**
- **Se flatter de** + infinitif. Être persuadé de. *Il se flatte d'atteindre l'objectif fixé.*

- **Se flatter de +** nom ou infinitif. Tirer vanité, orgueil. *Elle se flatte de cette réussite.*

flatterie n. f.
⬭ Le *e* central ne se prononce pas [flatri].
Louange exagérée. *Elle n'aime pas les flatteries.*

flatteur, euse adj. et n. m. et f.
• **Adjectif et nom masculin et féminin.** Personne qui flatte, qui complimente trop. *Ne soyez pas trop flatteur.*
• **Adjectif.** Qui plaît à l'amour-propre. *Cette appréciation est flatteuse.*

flatteusement adv.
De façon flatteuse.

flatulence n. f.
Présence de gaz dans le tube digestif.
⟹ flatule**n**ce.

fléau n. m. (pl. *fléaux*)
• Outil servant à battre les céréales. *Des fléaux servant à battre le blé.*
• Tige horizontale à laquelle sont attachés les plateaux d'une balance.
• Catastrophe. *Cette sécheresse est un fléau pour l'agriculture.*

fléchage n. m.
Action de flécher un itinéraire; son résultat.
⟹ flé**ch**age.

flèche n. f.
• Projectile muni d'un bout pointu lancé par un arc, une arbalète.
⧖ Ne pas confondre avec les noms suivants :
- *dard,* arme acérée;
- *javelot,* longue tige à pointe de fer.
• Signe en forme de flèche pour marquer la direction. *Une flèche de signalisation.*
• *Faire flèche de tout bois.* Utiliser tous les moyens, bons ou mauvais, pour arriver à ses fins.
⟹ flè**ch**e.

flécher v. tr.
Le *é* se change en *è* devant une syllabe muette, sauf à l'indicatif futur et au conditionnel présent. *Je flèche,* mais *je flécherai.*
• Orner de flèches. *Une ceinture fléchée.*
• Installer des panneaux de signalisation afin d'indiquer la route à suivre. *Flécher un itinéraire.*

fléchette n. f.
Petit projectile qu'on lance à la main contre une cible. *Un jeu de fléchettes.*

fléchir v. tr., intr.
• **Transitif**
- Plier. *Fléchir le bras.*
- (Fig.) Faire céder quelqu'un. *Fléchir ses parents.*
• **Intransitif**
- Courber sous une charge.
- Plier, céder. *Elle ne fléchit pas : sa décision est irrévocable.*
- Baisser. *Le cours de ces actions a fléchi.*

fléchissement n. m.
⬭ Le *e* de l'avant-dernière syllabe ne se prononce pas [fleʃismɑ̃].

• Action de fléchir. *Le fléchissement du genou.*
• Baisse, diminution. *Le fléchissement des prix.*

flegmatique adj. et n. m. et f.
Se dit d'une personne toujours calme, qui demeure impassible.

flegmatiquement adv.
⬭ Le *e* de l'avant-dernière syllabe ne se prononce pas [flɛgmatikmɑ̃].
Avec flegme.

flegme n. m.
Art de cacher parfaitement ses sentiments. *Le flegme britannique.*

flemmard, arde adj. et n. m. et f.
(Fam.) Paresseux.
⟹ fle**mm**ar**d.**

flemme n. f.
(Fam.) Paresse.
⟹ fle**mm**e.

flétan n. m.
Poisson dont la chair blanche est appréciée.

flétrir v. tr.
• Ôter la couleur, la fraîcheur (d'une plante). *La chaleur a flétri ces roses.*
• (Litt.) Stigmatiser. *Flétrir l'injustice.*

flétrissure n. f.
• Altération de la fraîcheur, de l'éclat.
• (Litt.) Déshonneur.

fleur n. f.
• Partie colorée de certains végétaux qui contient les organes de reproduction. *Un bouquet de fleurs sauvages.*
• **En fleur(s).** Dans cette expression, le nom s'écrit au singulier ou au pluriel. *Le pommier est en fleur, le jardin est en fleurs.*
• **À fleur de,** locution prépositive. Au niveau de, au ras de. *Une sensibilité à fleur de peau.*
• **Fleur bleue,** locution invariable. *Ils sont fleur bleue.*

fleur de lis n. f.
Emblème du Québec, de la royauté en France.
⧖ Ce nom peut également s'écrire **fleur de lys.**

fleurdelisé, ée adj. et n. m.
• **Adjectif.** Orné de fleurs de lis. *Une bannière fleurdelisée.*
• **Nom masculin.** Le drapeau fleurdelisé du Québec.
⟹ fleurdelisé.

fleurer v. tr., intr.
(Litt.) Répandre une bonne odeur. *La maison fleure le bon pain chaud.*
⧖ Ne pas confondre avec le verbe **flairer,** sentir, pressentir.

fleuret n. m.
Épée d'escrime.
⟹ fleure**t.**

fleurette n. f.
• Petite fleur.
• *Conter fleurette.* Tenir des propos galants à une femme.

fleuri, ie adj.
• Garni de fleurs. *Des sentiers fleuris.*
• *Barbe fleurie.* (Litt.) Barbe blanche.

fleurir v. tr., intr.
À l'imparfait et au participe présent, le verbe a deux formes de conjugaison : *il fleurissait, il florissait, fleurissant, florissant.*
• **Transitif.** Orner de fleurs. *Elle a fleuri la maison de lilas.*
• **Intransitif.** Produire des fleurs. *Les rosiers ont fleuri.*

fleuriste adj. et n. m. et f.
Personne qui cultive des fleurs ou qui en fait le commerce.

fleuron n. m.
• Ornement en forme de fleur.
• (Fig.) Ce qu'il y a de plus remarquable, de plus enviable.

fleuve n. m.
• Cours d'eau important qui se jette dans la mer. *Le Saint-Laurent est un fleuve.*
☞ Ne pas confondre avec les noms suivants :
- *rivière,* cours d'eau qui se jette dans un fleuve;
- *ruisseau,* petit cours d'eau peu large;
- *torrent,* cours d'eau de montagne, impétueux.
• *Roman-fleuve, film-fleuve, discours-fleuve.* Interminable.

flexibilité n. f.
Souplesse. *La flexibilité d'une matière, d'un esprit.*
Ant. **rigidité.**

flexible adj.
• Souple, malléable. *Une tige flexible.*
• (Fig.) Qui s'adapte facilement. *Un horaire flexible, un caractère flexible.*
Ant. **rigide.**

flexion n. f.
• Fléchissement. *Une flexion du genou.*
• (Gramm.) Variation dans la forme d'un mot qui se décline ou se conjugue.
➭ flexion.

flibustier n. m.
Pirate.

flic n. m.
(Pop.) Policier.

flirt n. m.
👄 Les lettres *ir* se prononcent *eur* et le *t* se prononce [flœrt].
Amourette. *Ce ne sont que des flirts.*

flirter v. intr.
👄 Les lettres *ir* se prononcent *eur* [flœrte].
• Faire la cour à quelqu'un, avoir des relations amoureuses passagères.
• (Fig., fam.) Ébaucher un rapprochement. *Ce député flirte avec l'opposition.*

flocon n. m.
• Petite masse. *Des flocons de neige.*
• Lamelle séchée de céréales, de fruits, etc. *Des flocons de blé.*

floconner v. intr.
Former des flocons.

floconneux, euse adj.
Qui ressemble à des flocons. *Des ciels floconneux.*

flonflon n. m. (gén. pl.)
(Fam.) Airs bruyants de certaines musiques populaires. *Les flonflons de la fête.*

flop n. m.
• Onomatopée marquant un bruit de chute.
• (Fig., fam.) Échec. *C'est un flop total.*

flopée n. f.
(Fam.) Grande quantité de. *Une flopée de commentaires.*

floraison n. f.
Épanouissement des fleurs. *La floraison des pommiers.*

floral, ale, aux adj.
Relatif aux fleurs. *Des expositions florales, des motifs floraux.*

floralies n. f. pl.
Exposition de fleurs.
☞ Ce nom est toujours pluriel.

flore n. f.
Ensemble des plantes d'une région. *La flore et la faune.*

florès (faire) loc. verb.
(Litt., vx) Réussir brillamment.

florilège n. m.
• Anthologie de morceaux choisis, surtout poétiques.
• Sélection de choses remarquables.

florin n. m.
Unité monétaire des Pays-Bas. *Des florins.*
☞ On peut aussi utiliser le mot néerlandais *gulden.*
V. Tableau - **SYMBOLES DES UNITÉS MONÉTAIRES.**

florissant, ante adj.
Qui est prospère, en bonne santé. *Des affaires florissantes, une mine florissante.*

flot n. m.
• (Au plur.) (Litt.) Vagues. *Les flots de la mer.*
• *Couler à flots.* Être en abondance. *Le champagne coulait à flots.*
• Masse liquide qui se déplace. *Un flot de boue.*
• *À flot,* locution adjectivale. Qui est en bon état. *Remettre à flot une entreprise.*
☞ Le nom *flot* est au pluriel dans *couler à flots,* au singulier dans *remettre à flot.*

flottabilité n. f.
Aptitude à flotter.

flottage n. m.
Transport par eau de pièces de bois que l'on fait flotter sur un cours d'eau. *Le flottage du bois.*
☞ Au Canada, on utilise surtout le nom féminin *drave. La drave du bois.*

flottaison n. f.
Limite qui sépare la partie immergée d'un corps flottant

en eau calme de celle qui émerge. *La ligne de flottaison d'un navire.*

flottant, ante adj.
• Qui flotte. *Des quais flottants.*
• Qui n'est pas fixe. *Des taux d'intérêt flottants.*
☞— Ne pas confondre avec le participe présent invariable **flottant.** *Les bateaux flottant au large ne seront pas épargnés par la tempête.*

flotte n. f.
• Ensemble des navires de guerre d'un pays. *La flotte américaine.*
• Ensemble des navires d'une compagnie maritime.
• (Pop.) Pluie, eau.
• (Par anal.) *Flotte aérienne.* Ensemble des avions d'une société, d'un pays.

*flotte (de véhicules)
Impropriété au sens de *parc* (de camions, de voitures, etc.).

flottement n. m.
• Balancement, mouvement d'ondulation.
• Hésitation, indécision. *Il y a eu un peu de flottement, les participants étaient en désaccord.*

flotter v. tr., intr.
• **Transitif.** *Flotter du bois.* Transporter du bois par flottage.
• **Intransitif.** Se maintenir à la surface d'un liquide. *Cette bouée flotte.*

flotteur n. m.
Bouée, pièce conçue pour flotter.

flottille n. f.
Petite flotte. *Des flottilles de pêche.*

flou, floue adj. et n. m.
• **Adjectif.** Imprécis. *Des dessins flous.*
• **Nom masculin.** Imprécision, caractère vague de quelque chose. *Un flou artistique.*

fluctuant, ante adj.
Qui varie. *Des taux fluctuants.*
☞— Ne pas confondre avec le participe présent invariable **fluctuant.** *Les taux fluctuant constamment, il est impossible de fixer un prix.*

fluctuation n. f.
Variation continuelle. *Les fluctuations du prix de l'or.*

fluctuer v. intr.
Varier. *Les prix fluctuent sans cesse.*

fluet, ette adj.
Frêle. *Un garçon fluet* (et non *feluet).

fluide adj. et n. m.
• **Adjectif.** Qui coule facilement. *Une encre fluide, un style fluide.*
• **Nom masculin.** Corps à l'état liquide ou gazeux. *L'huile est un fluide.*
☞— Le mot *fluide* a un sens plus vaste que *liquide.* Si tous les liquides sont des fluides (fluides incompressibles), tous les fluides ne sont pas des liquides, puisque certains sont des gaz (fluides compressibles).
Ant. **solide.**

fluidifier v. tr.
Redoublement du *i* à la première et à la deuxième personne du pluriel de l'indicatif imparfait et du subjonctif présent. *(Que) nous fluidifiions, (que) vous fluidifiiez.*
Rendre fluide un corps.

fluidité n. f.
Caractère de ce qui est fluide.

fluo
Abréviation familière de *fluorescent.*

fluor n. m.
• Symbole *F* (s'écrit sans point).
• Corps simple gazeux.

fluoration n. f.
Action d'ajouter du fluor à l'eau de consommation. *La fluoration de l'eau peut prévenir les caries dentaires.*

fluorescence n. f.
Propriété qu'ont certains corps d'émettre de la lumière lorsqu'ils sont soumis à un rayonnement.
⇨ fluore**sc**ence.

fluorescent, ente adj.
• S'abrège familièrement en *fluo* (s'écrit sans point).
• Qui devient lumineux sous l'action de certains rayonnements. *Une lumière fluorescente.*
• *Tube fluorescent.* Cylindre en verre servant à l'éclairage. *Un tube fluorescent* (et non un *néon).
⇨ fluore**sc**ent.

*flush
Anglicisme pour *quinte* (aux cartes).

flûte n. f.
• Instrument à vent. *Une flûte traversière.*
• Verre à pied. *Une flûte à champagne.*
• Pain mince et long.
⇨ flûte.

flûté, ée adj.
Qui se rapproche du son de la flûte.
⇨ flûté.

flûtiste n. m. et f.
Personne qui joue de la flûte.
⇨ flûtiste.

fluvial, ale, aux adj.
Qui a rapport aux fleuves. *Des bassins fluviaux. La navigation fluviale.*

flux n. m.
⇨ Le *x* ne se prononce pas [fly].
• Écoulement d'un liquide. *Un flux artériel.*
• (Litt.) Débordement, abondance. *Un flux artériel.*
• Mouvement de la mer. *Le flux et le reflux.*
• Déplacement d'énergie. *Un flux électrique.*
⇨ flux.

FM
Abréviation internationale de *modulation de fréquence.* *Se brancher sur la bande FM.*

FMI
Sigle de *Fonds monétaire international.*

FOB adj. inv.
Abréviation de *free on board* couramment utilisée dans le commerce international.
V. **FAB.**

foc n. m.
⬦ Le *c* se prononce [fɔk].
Voile triangulaire placée à l'avant d'un navire.
Hom. *phoque,* mammifère amphibie.

focal, ale, aux adj.
Central. *Des plans focaux.*

focaliser v. tr.
• Faire converger en un point. *Focaliser un faisceau d'électrons.*
• (Fig.) Concentrer sur un point déterminé. *Focaliser des opinions diverses sur une question précise.*

*focus
Anglicisme pour *accent, centre d'intérêt, point de mire.* On a mis l'accent (et non le **focus*) *sur l'innovation.*

*focuser
Impropriété pour *focaliser, se concentrer sur, porter son attention sur.*

fœtal, ale, aux adj.
⬦ Les lettres *œ* se prononcent *é* [fetal].
Relatif au fœtus. *Des souffrances fœtales.*
▭ fœtal.

fœtus n. m.
⬦ Les lettres *œ* se prononcent *é* et le *s* se prononce [fetys].
Produit de la conception (à partir du troisième mois, pour l'espèce humaine).
▯— Avant le troisième mois, il s'agit d'un *embryon.*
▭ fœtus.

foi n. f.
• (Vx) Fidélité à tenir sa parole, loyauté. *Foi d'honnête homme. Sur la foi de quelqu'un.*
▯— En ce sens, le nom ne s'emploie aujourd'hui que dans certaines locutions.
• Confiance en quelqu'un, quelque chose. *Cette personne est digne de foi.*
• Le fait de croire en Dieu. *Cette famille a la foi.*
• *Faire foi.* Prouver. *Le cachet de la poste faisant foi.*
• *Être de bonne, mauvaise foi.* Être honnête, malhonnête.
Hom. :
- *foie,* organe;
- *fois,* il était une fois.

foin n. m.
Herbe fauchée. *Quel plaisir nous avons eu à faire les foins!*

foire n. f.
• Grand marché public. *Une foire commerciale.*
• *Foire d'empoigne.* Mêlée, au sens propre et figuré.

foirer v. intr.
(Pop.) Échouer, rater.

fois n. f.
• Joint à un adjectif numéral, le nom *fois* marque un nombre, un degré de fréquence, un degré de grandeur. *Deux fois par semaine* (et non **la semaine*). *Trois fois trois.*
• *Chaque fois.* Toutes les fois. *Chaque fois qu'il pleut* (et non **à chaque fois*).
V. **chaque.**
• *Des fois.* (Fam.) Parfois.
• *Une fois que,* locution conjonctive. Lorsque. *Une fois que ce chiffre sera atteint.*
• *Une fois +* adjectif ou participe. Quand. *Une fois arrivé, préviens-moi.*
• *Une fois pour toutes.* De façon définitive.
▯— Cette expression est de niveau plus soutenu que *une bonne fois. Il importe de décider une fois pour toutes.*
• *Une fois.* Jadis. *Il était une fois une jolie princesse...*
• *Cette fois,* locution adverbiale. Dans cette circonstance.
• *D'autres fois,* locution adverbiale. En d'autres occasions.
• *(Deux, trois, tous) à la fois.* En même temps.
Hom. :
- *foi,* croyance religieuse;
- *foie,* organe.

foison n. f.
À foison, locution adverbiale. Abondamment.

foisonnement n. m.
Fait de foisonner.
▭ foisonnement.

foisonner v. intr.
Abonder. *Les libellules foisonnent cet été.*
▭ foisonner.

fol
V. **fou.**

folâtre adj.
Espiègle, badin.
▭ folâtre.

folâtrer v. intr.
Batifoler.
▭ folâtrer.

foliation n. f.
Disposition des feuilles sur une tige.
▭ foliation.

folichon, onne adj.
Amusant. *Cette étude n'est pas particulièrement folichonne.*

folie n. f.
• Démence, trouble mental. *Il est atteint de folie.*
• Acte déraisonnable, goût excessif pour quelque chose. *Cet achat est de la folie pure!*
• *À la folie.* Beaucoup, énormément. *Ils s'aiment à la folie.*

⇨ folie, malgré fol**l**e.

folio n. m.
• Feuillet. *Des folios.*
• (Typogr.) Numéro d'ordre d'une page.
🖙 Les folios se composent en chiffres arabes. Les folios des parties accessoires d'un ouvrage (introduction, avant-propos...) sont composés en chiffres romains.

folklo
Abréviation familière de *folklorique.*

folklore n. m.
Ensemble des traditions populaires d'un pays ou d'une région.

folklorique adj.
• Ce mot est familièrement abrégé en *folklo* (s'écrit sans point).
• Relatif au folklore. *Des danses folkloriques.*
• (Péj.) Pittoresque, mais sans sérieux.

folkloriste n. m. et f.
Spécialiste du folklore.

folle
V. **fou.**

follement adv.
⇔ Le *e* central ne se prononce pas [fɔlmã].
Extrêmement, d'une manière folle. *Il est follement amoureux.*
⇨ follement.

follet, ette adj.
Feu follet. Petite flamme fugitive. *Des feux follets ou des petits lutins animaient la forêt nocturne.*

follicule n. m.
• Fruit sec.
• Petit organe en forme de sac.
🖙 Attention au genre masculin de ce nom : *un* follicule.
⇨ follicule.

fomentation n. f.
⇔ Le *o* est ouvert [fɔmãtasjɔ̃].
(Litt.) Action de fomenter.
⇨ fomentation.

fomenter v. tr.
⇔ Le *o* est ouvert [fɔmãte].
(Litt.) Préparer secrètement. *Fomenter une rébellion.*
🖙 Ne pas confondre avec le verbe *fermenter,* être en fermentation, en ébullition.

foncé, ée adj. et n. m.
• Sombre, en parlant d'une couleur. *Bleu foncé.*
• Adjectif de couleur + *foncé.* Lorsqu'un adjectif de couleur est composé de plusieurs mots, il est invariable. *Des gants bleu foncé.*

foncer v. tr., intr.
Le *c* prend une cédille devant les lettres *a* ou *o. Il fonça, nous fonçons.*
• **Transitif**
Rendre plus sombre (une couleur). *Elle fonça la couleur des murs.*
• **Intransitif**
- Devenir plus sombre. *Ses cheveux ont foncé.*

- Se précipiter, aller vite, hardiment. *Elle fonce résolument.*

fonceur, euse adj. et n. m. et f.
(Fam.) Audacieux, qui va de l'avant. *C'est une fonceuse.*

foncier, ière adj.
• Qui constitue un bien-fonds. *Une propriété foncière.*
• Relatif à un bien-fonds. *Des impôts fonciers, un crédit foncier.*
• Fondamental. *Une générosité foncière.*

foncièrement adv.
⇔ Le *e* de l'avant-dernière syllabe est muet [fɔ̃sjɛr mã].
Profondément. *Il est foncièrement honnête.*

fonction n. f.
• Rôle caractéristique d'un élément dans un ensemble. *La fonction cardiaque.*
• Activité professionnelle. *Il exerce la fonction de maire.*
🖙 On écrit au pluriel *entrer en fonctions* si l'on désire insister sur les tâches, au singulier, si l'on parle d'une profession. On écrit au singulier également l'expression *en fonction* au sens de *en activité. Être en fonction.*
🖙 Les désignations de fonctions sont généralement écrites avec une minuscule. *Le directeur, le doyen, le ministre, la présidente.* Par contre, si le nom de fonction désigne une personne déterminée, on écrit ce nom avec une majuscule initiale. Cette majuscule est obligatoire dans les appels et les formules de politesse. *Monsieur le Président.*
• *Faire fonction de.* Jouer le rôle de. *Elle fait fonction de conseillère.*
• *Être fonction de.* Dépendre de. *Les investissements seront fonction du chiffre d'affaires.*
• *En fonction de.* Selon. *Nous ajusterons les quantités en fonction de la demande.*
🖙 Dans ces expressions, le nom reste invariable.

fonctionnaire n. m. et f.
Employé de l'État. *Les enseignants sont des fonctionnaires.*

fonctionnel, elle adj.
• Relatif à une fonction. *Un problème fonctionnel.*
• Utilitaire. *Un meuble fonctionnel.*

fonctionnellement adv.
De manière fonctionnelle.

fonctionnement n. m.
Manière dont quelque chose fonctionne. *Le fonctionnement d'un appareil. Des modes de fonctionnement.*

fonctionner v. intr.
Remplir sa fonction. *La cafetière fonctionne bien.*

fond n. m.
• Le plus bas niveau. *Le fond d'une bouteille. Le fond de la rivière.*
• (Fig.) Point extrême. *Au fond de mon cœur.*
• *Au fond, dans le fond,* locutions adverbiales. En réalité.
• *À fond,* locution adverbiale. Entièrement, jusqu'à la limite du possible. *J'ai étudié cette question à fond.*

• *De fond en comble,* locution adverbiale. Complètement.
• *Ski de fond.* Ski sur des parcours de faible dénivellation, par opposition à *ski alpin.*
Hom. :
- *fonds,* capital;
- *fonts,* bassin.

fondamental, ale, aux adj.
Qui se rapporte à l'essentiel. *Des principes fondamen-
taux.*

fondamentalement adv.
De façon fondamentale.

fondant, ante adj. et n. m.
• **Adjectif.** Qui fond. *De la glace fondante.*
• **Nom masculin.** Préparation sucrée. *Du gâteau avec
du fondant.*

fondateur, trice adj. et n. m. et f.
Créateur, bâtisseur.

fondation n. f.
• Création. *La fondation d'une ville.*
• (Au plur.) Base, fondement. *Couler les fondations d'un
édifice.*
• Création d'une œuvre, d'un établissement d'intérêt
général; cette œuvre, cet établissement.

fondé, ée adj.
• Autorisé. *Il est fondé à croire que l'objectif sera atteint.*
• Juste, légitime. *Un avis fondé.*

fondé de pouvoir n. m.
fondée de pouvoir n. f.
Personne chargée d'agir au nom d'une autre personne
ou d'une société. *Des fondés de pouvoir compétents.*

fondement n. m.
• Principe, base. *Les fondements de la démocratie.*
• *Sans fondement.* Sans raison.

fonder v. tr.
La conjugaison du verbe *fonder* comporte des
temps homonymes avec le verbe *fondre* : indicatif
présent, troisième personne du pluriel, indicatif
imparfait, subjonctif présent et participe présent.
• **Transitif.** Constituer, créer. *La ville de Montréal a été
fondée en 1642.*
🖙 Ne pas confondre avec le verbe *établir,* installer
dans un lieu. *Cette entreprise est établie en Algérie.*
• **Pronominal.** Se baser sur. *Sur quelle preuve vous
fondez-vous pour accuser cette personne?*

fonderie n. f.
👄 Le *e* central ne se prononce pas [fɔ̃dri].
Usine où l'on fond les métaux, les alliages.

fondeur n. m.
• Personne qui dirige une fonderie.
• Personne qui travaille dans une fonderie.

fondeur, euse n. m. et f.
Personne qui pratique le ski de fond.

fondre v. tr., intr., pronom.
INDICATIF PRÉSENT *Je fonds, tu fonds, il fond, nous
fondons, vous fondez, ils fondent.* CONDITIONNEL
PRÉSENT *Je fondrais.* IMPÉRATIF PRÉSENT *Fonds,*

fondons, fondez. SUBJONCTIF PRÉSENT *Que je
fonde.* PARTICIPE PRÉSENT *Fondant.* PASSÉ *Fondu,
ue.*
La conjugaison du verbe *fondre* comporte des
temps homonymes avec le verbe *fonder* : indicatif
présent, troisième personne du pluriel, indicatif imparfait, subjonctif présent et participe présent.
• **Transitif**
- Rendre liquide un corps solide, sous l'action de la
chaleur. *Fondre des métaux.*
- Mêler. *Fondre des couleurs.*
• **Intransitif**
Devenir liquide sous l'action de la chaleur. *La neige a
fondu. Le beurre fond rapidement.*
• **Pronominal**
Se confondre, disparaître. *Le voleur a réussi à se
fondre dans la foule.*

fonds n. m.
• Bien immeuble, terrain sur lequel on bâtit.
• *Fonds de commerce.* Établissement commercial.
Vendre un fonds de commerce.
• Capital de financement. *Un appel de fonds.*
• (Au plur.) Argent disponible. *Récolter des fonds* (et
non des **argents*).
🖙 En ce sens, le nom ne s'emploie qu'au pluriel.
Hom. :
- *fond,* le plus bas niveau;
- *fonts,* bassin servant au baptême.
⬅ fon**ds.**

*fonds de pension
Anglicisme pour *caisse de retraite.*

Fonds monétaire international
Sigle *FMI* (s'écrit avec ou sans points).

fondu, ue adj. et n. m. et f.
• **Adjectif.** Venu à l'état liquide. *Du beurre fondu.*
• **Nom masculin.** (Cin.) Ouverture ou fermeture pro-
gressive d'une lentille. *Des fondus enchaînés.*
• **Nom féminin.** Plat composé de fromage fondu dans
lequel on trempe du pain. *Une fondue savoyarde.*

fongicide adj. et n. m.
Qui détruit les champignons parasites.

fontaine n. f.
• Eau qui sort de terre. *La fontaine de Vaucluse.*
• *Fontaine de Jouvence.* Fontaine mythique dont les
eaux ont la vertu de rajeunir. Lorsqu'il s'agit de la
fontaine fabuleuse, le mot *jouvence* s'écrit avec une
majuscule; dans son emploi figuré, le mot s'écrit avec
une minuscule.
• Construction ornementale comportant des bassins,
des jets d'eau. *La belle fontaine des Fleuves de la
Piazza Navona à Rome.*
• Édicule de distribution d'eau. *Les ouvriers étaient rassemblés autour de la fontaine* (et non de l'**abreuvoir*).

fontanelle n. f.
Espace compris entre les os du crâne du nouveau-né.

fonte n. f.
• Action de fondre; fait de fondre. *La fonte des neiges.*
• Alliage de fer et de carbone. *Une cloche en fonte.*
• (Typogr.) Ensemble de caractères d'un même type.

La fonte Helvetica.
Syn. **police de caractères.**

fonts n. m. pl.
Fonts baptismaux. Bassin servant au baptême.
☞ Le nom ne s'emploie que dans l'expression citée.
Hom. :
- *fond,* le plus bas niveau;
- *fonds,* capital.
☞ fon**ts**.

football n. m.
👄 Le nom se prononce à l'anglaise [futbol].
Sport d'équipe. *Des terrains de football.*

for n. m.
For intérieur. Au fond de soi-même. *Dans votre for intérieur, vous m'approuvez.*
☞ Ce mot ne s'emploie que dans l'expression citée.
Hom. :
- *fors,* excepté;
- *fort,* puissant, robuste;
- *fort,* fortification.
☞ for.

forage n. m.
Action de forer. *Le forage d'un puits.*

forain, aine adj. et n. m. et f.
Qui se rapporte aux foires, aux marchés. *Des fêtes foraines.*

forban n. m.
• Pirate.
• (Fig.) Personne malhonnête; sans scrupules.
☞ forb**an.**

forçage n. m.
Culture des plantes hors saison. *Le forçage des tulipes.*
☞ forçage.

forçat n. m.
(Ancienn.) Condamné aux travaux forcés.
☞ forçat.

force adv. et n. f.
• **Adverbe**
(Litt.) Plusieurs. *Après force recommandations.*
• **Nom féminin**
- Puissance, énergie. *La force d'un lutteur.*
- Violence. *Ils ont employé la force.*
- *À force de,* locution prépositive. Avec beaucoup de. *Il y parvint, à force de travail.*
- *À toute force,* locution adverbiale. Très fort. *Ils ont crié à toute force.*
☞ Cette locution est toujours au singulier.
- *De force.* En employant la contrainte.
- *En force.* En grand nombre. *Ils sont arrivés en force : ils étaient plusieurs milliers.*
- *Par force.* Par nécessité.
- Degré de puissance, d'efficacité. *La force du vent.*
- (Au plur.) Formations militaires d'un État.

**force, en
Calque de l'anglais «in force» au sens de **en vigueur.**
La loi est en vigueur (et non en **force) depuis 1977.*

forcé, ée adj.
Qui est imposé. *Les travaux forcés.*

forcément adv.
Nécessairement, inévitablement.

forcené, ée adj. et n. m. et f.
• **Adjectif et nom masculin et féminin**
- Qui n'a plus le contrôle de soi.
- (Par ext.) *Un forcené du travail.*
• **Adjectif**
- Dont la violence est hors de mesure. *Une rage forcenée.*
- Qui dépasse toute mesure dans ses attitudes. *Une ambition forcenée.*
☞ Ne pas confondre avec les mots suivants :
- *démesuré,* qui dépasse la mesure;
- *excessif,* qui sort des limites permises;
- *exorbitant,* qui sort des bornes, qui est inabordable.

forceps n. m.
👄 Les lettres *ps* se prononcent, au singulier comme au pluriel [fɔrsɛps].
Instrument chirurgical en forme de pinces.
☞ force**ps.**

forcer v. tr., intr., pronom.
Le *c* prend une cédille devant les lettres *a* ou *o*. *Il força, nous forçons.*
• **Transitif**
- Enfoncer. *Le cambrioleur força la porte.*
- Imposer quelque chose à quelqu'un. *Le propriétaire les a forcés à partir.*
• **Intransitif**
Fournir un grand effort. *Ils ont énormément forcé pour déménager ce piano.*
• **Pronominal**
Faire un effort sur soi-même. *Elles se sont forcées un peu et le résultat est très bon.*

forcir v. intr.
Devenir plus fort, plus gros.

**foreman
Anglicisme pour **contremaître.**

forer v. tr.
Percer un trou, une cavité dans une matière dure. *Les ouvriers ont foré le roc pour creuser un tunnel.*

foresterie n. f.
Ensemble des activités liées à la forêt et à son exploitation.

forestier, ière adj. et n. m.
• **Adjectif.** Relatif à la forêt. *Un garde forestier.*
• **Nom masculin et féminin.** Professionnel de la foresterie.
☞ fore**stier.**

foret n. m.
Outil pour percer.
Hom. *forêt,* grande étendue couverte d'arbres.
☞ fore**t.**

forêt n. f.
• Grande étendue couverte d'arbres. *Une forêt de conifères.*
• ***Forêt vierge.*** Forêt inexplorée.

↦ Cette expression s'écrit sans trait d'union.
Hom. *foret,* outil pour percer.
⇨ forêt.

foreur n. m.
Personne qui exécute un forage.

foreuse n. f.
Machine à forer. *Le maniement de la foreuse* (et non de la *drill).

forfait n. m.
• (Litt.) Crime atroce.
• Contrat dans lequel un prix global est fixé à l'avance. *Faire un forfait avec un peintre pour des travaux de peinture. Un contrat à forfait.*
• (En appos.) *Forfait-vacances, forfait-croisière.* Prestations proposées à prix forfaitaire.
• *Déclarer forfait.* Abandonner.

forfaitaire adj.
👄 La deuxième syllabe se prononce *fè* [fɔrfetɛr]. Dont le prix est fixé à l'avance. *Contrat forfaitaire.*

forfanterie n. f.
(Litt.) Vantardise.
⇨ forfanterie.

forge n. f.
Atelier où l'on travaille les métaux.

forgeage n. m.
Action de forger. *Du forgeage à chaud.*
⇨ forgeage.

forger v. tr.
Le *g* est suivi d'un *e* devant les lettres *a* et *o. Il forgea, nous forgeons.*
• Travailler un métal. *Il forgeait l'argent.*
↦ Lorsqu'il s'agit d'une imitation frauduleuse, on emploie le verbe *contrefaire.*
• Inventer. *Un nom forgé.*

forgeron n. m.
forgeronne n. f.
Personne qui façonne le fer au marteau après l'avoir fait chauffer.

forint n. m.
Unité monétaire de la Hongrie. *Des forints.*
V. Tableau - **SYMBOLES DES UNITÉS MONÉTAIRES.**

formalisation n. f.
Action de formaliser.
⇨ formalisation.

formaliser v. tr., pronom.
• **Transitif.** Donner des structures formelles à un système de connaissances.
• **Pronominal.** S'offenser, s'offusquer. *Elle s'est formalisée de ce que l'on ne l'ait pas consultée ou de ce que l'on ne l'a pas consultée ou plus simplement, elle s'est formalisée de n'avoir pas été consultée.*
⇨ formaliser.

formalisme n. m.
Respect scrupuleux des formalités.
⇨ formalisme.

formaliste adj. et n. m. et f.
Qui s'attache aux formalités à l'excès.
⇨ formaliste.

formalité n. f.
• Manière obligatoire de procéder. *Quelles sont les formalités?*
• Étiquette, cérémonie. *Les formalités l'ennuient.*
• Acte peu important et facile à faire. *C'est une simple formalité.*
⇨ formalité.

format n. m.
Dimensions (d'un livre, d'une feuille de papier, etc.). *Une boîte de format géant.*
V. **grandeur.**
⇨ format.

formatage n. m.
(Inform.) Opération qui consiste à préparer un support physique en vue de lui permettre de recevoir une information selon un format spécifique. *Le formatage d'une disquette.*
↦ Ne pas confondre avec la *mise en page(s)* qui désigne l'action de disposer les données en vue de leur affichage, de leur impression ou de leur mémorisation.

formater v. tr.
(Inform.) Faire un formatage. *Formater une disquette.*

formateur, trice adj. et n. m. et f.
• **Adjectif.** Qui développe les capacités intellectuelles. *Cet exercice est très formateur.*
• **Nom masculin et féminin.** Personne dont la fonction est d'enseigner à des personnes qui sont en formation continue. *Liette est une bonne formatrice.*

formation n. f.
• Constitution, élaboration. *La formation d'une société.*
• Enseignement. *Elle a reçu une formation scientifique.*
↦ Ne pas confondre avec le nom *entraînement* qui se dit pour un sportif, un militaire.
• Groupement de personnes. *Une formation politique.*
• *Formation professionnelle.* Formation ayant pour but de préparer une personne à l'exercice d'un métier ou d'une profession.
• *Formation professionnelle continue.* Formation professionnelle axée sur l'acquisition, l'approfondissement ou le recyclage de connaissances ou de techniques et sur le développement d'habiletés, et destinée aux personnes ayant déjà quitté l'école.

forme n. f.
• Figure extérieure, configuration. *En forme de triangle.*
• *Pour la forme.* Pour sauver les apparences.
• *Dans les formes.* Selon les règles définies, les formalités.
• Condition physique. *Elle est en excellente forme aujourd'hui.*
↦ Cette expression qui appartenait à la langue des sports est aujourd'hui couramment utilisée pour décrire la condition physique ou intellectuelle de quelqu'un.
• *En bonne et due forme.* Dans le respect des règles.
• *Haut-de-forme.* Chapeau dont le corps est haut et cylindrique. *Des hauts-de-forme.*

-forme suff.
Élément du latin servant à former des mots savants. *Filiforme, cunéiforme.*

formé, ée adj.
Qui a achevé son développement. *Avoir le jugement formé.*

formel, elle adj.
Catégorique. *Le gardien est formel : cette porte était fermée à clé.*

*formel
Anglicisme au sens de *officiel.*

formellement adv.
👄 Le *e* de l'avant-dernière syllabe ne se prononce pas [fɔrmɛlmɑ̃].
Absolument. *C'est formellement interdit.*

former v. tr., pronom.
• **Transitif**
- Composer, concevoir. *Il a formé un projet.*
- Éduquer. *Former des ingénieurs.*
- Constituer. *Des chapitres qui forment un livre.*
☞ Ne pas confondre avec le verbe *formuler,* rédiger, exprimer.
• **Pronominal**
- Prendre forme. *Des nuages se sont formés.*
- S'instruire. *Ces techniciens se forment par des stages pratiques.*

formica n. m.
Matériau stratifié. *Une table en formica.*

formidable adj.
• (Fam.) Très grand. *Des résultats formidables.*
• (Fam.) Excellent. *Le spectacle est formidable.*

formidablement adv.
De façon formidable.

formol n. m.
Désinfectant.
☞ form**ol.**

formulaire n. m.
• Document administratif conçu pour recueillir, transmettre ou conserver des informations. *Remplir* (et non **compléter*) *un formulaire d'inscription, d'offre d'emploi.*
• Recueil de formules.

formule n. f.
• Expression consacrée par l'usage. *Des formules de politesse.*
• Expression concise. *Une formule chimique, algébrique.*
☞ Pour les formules usuelles d'appel, d'introduction, de conclusion, de salutation, voir Tableau - **CORRESPONDANCE.**

formuler v. tr.
Rédiger dans une forme définie. *Formuler une question, une demande.*
☞ Ne pas confondre avec le verbe *former,* composer, concevoir.

forniquer v. intr.
(Plaisant.) Avoir des relations sexuelles.

fors prép.
👄 Le *s* est muet [fɔr].
(Vx) Excepté. *Tout est perdu, fors l'honneur.* (François Ier).
Hom. :
- *for,* au fond de soi-même;
- *fort,* fortification;
- *fort,* puissant, robuste.
☞ for**s.**

fort, forte adj., adv. et n. m.
• **Adjectif**
- Puissant, robuste. *Ce garçon est très fort : il peut soulever une voiture.*
Ant. **faible.**
- Habile, doué. *Delphine est forte en français.*
Ant. **nul.**
• **Adverbe**
Très. *Elles étaient fort contentes. Il parle fort.*
☞ Comme adverbe, ce mot est toujours invariable.
• **Nom masculin**
Fortification. *Les habitants du village avaient construit un fort pour se protéger.*
Hom. :
- *for,* au fond de soi-même;
- *fors,* excepté.

fortement adv.
Avec force.

forteresse n. f.
Lieu fortifié. *On dit que cette forteresse est imprenable.*

fortifiant, ante adj. et n. m.
• **Adjectif.** Qui augmente les forces. *Des vitamines fortifiantes.*
• **Nom masculin.** Médicament qui augmente les forces physiques. *Prendre un fortifiant.*

fortification n. f.
Ouvrage de défense militaire. *Des fortifications entouraient Québec.*

fortifier v. tr.
Redoublement du *i* à la première et à la deuxième personne du pluriel de l'indicatif imparfait et du subjonctif présent. *(Que) nous fortifiions, (que) vous fortifiiez.*
• Rendre plus fort. *Ces exercices les fortifieront.*
• Protéger (une ville, un lieu, etc.) par des fortifications.

fortin n. m.
Petit fort.

fortiori (a)
V. **a fortiori.**

fortran n. m.
(Inform.) Langage de programmation utilisé pour la résolution de problèmes scientifiques ou techniques.
☞ Ce nom est un acronyme de l'anglais «**Fo**rmula **Tran**slator» et peut s'écrire en minuscules ou en majuscules.

fortuit, uite adj.
👄 Le *t* ne se prononce pas à la forme masculine [fɔrtɥi, ɥit].
Accidentel. *Un cas fortuit.*

fortuitement adv.
De façon fortuite.

fortune n. f.
• Situation financière d'une personne. *Sa fortune s'élève à trois millions de dollars; il a fait fortune subitement.*
- *Tenter fortune.* Commencer une vie, une carrière.
- *Revers de fortune.* Perte d'argent.
• Hasard.
- *Faire contre mauvaise fortune bon cœur.* Se résigner.
- *De fortune.* Rudimentaire. *Une installation de fortune.*
- *À la fortune du pot.* À la bonne franquette, très simplement.

fortuné, ée adj.
• (Litt. ou vx) Favorisé par la fortune.
• Riche. *Cette famille est fortunée.*

forum n. m.
• Place de la Rome antique. *Le Forum romain.*
• Grande salle de spectacle. *Des forums très vastes. Le forum de Montréal.*
▷— Le nom s'écrit généralement avec une minuscule, à l'exception de la place de la Rome antique, à l'est du Capitole.
• Réunion où sont débattues des questions d'une vaste portée, généralement dans le but d'établir une concertation entre les divers participants. *Tenir un forum sur la maîtrise de la langue.*
▷— Ne pas confondre avec les noms suivants :
- *colloque,* réunion de spécialistes invités, en nombre généralement limité, pour exposer, discuter et confronter leurs idées et leurs opinions sur un thème donné;
- *congrès,* assemblée regroupant un nombre important de personnes réunies pour délibérer sur un ou des sujets donnés;
- *séminaire,* réunion à caractère scientifique constituée d'un groupe restreint de personnes et généralement animée par un professeur, un chercheur ou un spécialiste;
- *symposium,* congrès scientifique.

fosse n. f.
👄 Le *o* est fermé [fos].
• Excavation. *Creuser une fosse.*
• *Fosse septique* (et non *sceptique). Fosse d'aisances.
• Cavité naturelle. *Les fosses nasales.*

fossé n. f.
👄 Le *o* est fermé [fose].
Fosse creusée en longueur pour faire écouler les eaux.

fossette n. f.
👄 Le *o* est fermé [fosɛt].
Petit creux. *Une fossette dans le menton.*

fossile adj. et n. m.
👄 Le *o* est fermé ou ouvert, [fosil] ou [fɔsil].
• **Adjectif.** Se dit d'une empreinte, d'un reste d'animal ou de végétal très ancien et qui a été conservé dans des dépôts sédimentaires. *Des animaux fossiles.*
• **Nom masculin.** Organisme fossile. *Elle a trouvé un fossile de coquillage.*
▷ fossile.

fossoyeur n. m.
fossoyeuse n. f.
▷ Le premier *o* est fermé ou ouvert, [foswajœr] ou [fɔswajœr].
Personne chargée d'enterrer les morts.

fou ou **fol, folle** adj. et n. m. et f.
• Qui n'a pas sa raison. *Il est devenu fou.*
▷— Par euphémisme, on dira plutôt *aliéné.*
• Excessif. *Un prix fou.*
• Considérable. *Un charme fou.*
• *Fou rire.* Rire irrépressible. *Des fous rires.*
▷— Devant un nom masculin commençant par une voyelle, ou par un *h* aspiré, on emploie l'adjectif *fol. Un fol amour,* mais *un amour fou.*

***fou de soi (faire un)**
Calque de l'anglais «to make a fool of oneself» pour *se rendre ridicule.*

foudre n. m. et f.
• **Nom masculin**
- Grand tonneau.
- (Plaisant.) Grand capitaine. *Un foudre de guerre.*
• **Nom féminin**
- Décharge électrique. *La foudre a frappé cette maison.*
- (Au plur.) Colère. *Veux-tu t'attirer les foudres de la direction?*
- *Coup de foudre.* Sentiment amoureux subit et violent.

foudroyant, ante adj.
Qui est violent et rapide. *Des succès foudroyants.*
▷— Ne pas confondre avec le participe passé invariable *foudroyant. Il quitta la pièce en les foudroyant du regard.*

foudroyer v. tr.
Le *y* se change en *i* devant un *e* muet. *Je foudroie, je foudroierai.*
Le *y* est suivi d'un *i* à la première et à la deuxième personne du pluriel de l'indicatif imparfait et du subjonctif présent. *(Que) nous foudroyions, (que) vous foudroyiez.*
• Frapper de la foudre.
• *Foudroyer quelqu'un du regard.* Lancer un regard rempli de colère à quelqu'un.
• Tuer brutalement. *Un infarctus l'a foudroyé.*

fouet n. m.
👄 Le *t* est muet [fwɛ].
Instrument formé d'un manche et d'une lanière et qui sert à frapper. *Des coups de fouet.*

fouetter v. tr.
• Frapper avec un fouet. *Le cocher fouetta son cheval.*
• Battre rapidement. *Fouetter des œufs.*

fougère n. f.
Plante à grandes feuilles vertes très découpées. *Les fougères préfèrent l'ombre.*

fougue n. f.
Ardeur, enthousiasme. *Elles ont défendu cette cause avec fougue.*

fougueusement adv.
Avec fougue.

fougueux, euse adj.
Ardent, impétueux. *Une jument fougueuse.*
☞ fougueu**x**.

fouille n. f.
• Excavation. *On peut visiter les fouilles archéologiques.*
• Examen méthodique. *La fouille des passagers est obligatoire pour des raisons de sécurité.*

fouiller v. tr., intr.
Les lettres **ill** sont suivies d'un **i** à la première et à la deuxième personne de l'indicatif imparfait et du subjonctif présent. *(Que) nous fouillions, (que) vous fouilliez.*
• **Transitif**
- Creuser pour chercher. *L'écureuil fouille le sol à la recherche des glands qu'il a cachés.*
- Étudier minutieusement. *Fouiller une question.*
• **Intransitif**
Chercher avec soin. *Il fouille dans ses poches.*

fouillis n. m.
⟺ Le **s** ne se prononce pas [fuji].
Désordre. *Le grenier est un fouillis total.*
☞ fouilli**s**.

fouine n. f.
• Petit mammifère carnivore.
• (Fig.) Personne indiscrète.

fouiner v. intr.
• (Fam.) Fureter.
• (Fam.) Se livrer à des recherches indiscrètes. *L'inconnu fouinait dans notre jardin.*

fouineur, euse adj. et n. m. et f.
• Curieux.
• Personne qui aime fouiner.

foulard n. m.
Carré de tissu léger que l'on porte autour du cou ou sur la tête.
☞ foular**d**.

foule n. f.
• Nombre élevé de personnes rassemblées en un lieu. *La foule des manifestants a défilé calmement, ont défilé calmement.*
☞ Suivant que l'on insiste sur l'ensemble que l'on considère globalement ou sur la pluralité que l'on considère en détail, le verbe s'accorde avec le collectif ou avec le complément déterminatif au pluriel.
• *Une foule de.* Un grand nombre de choses ou de personnes. *Nous avons eu une foule de problèmes.*
V. Tableau - **COLLECTIF.**

foulée n. f.
• Enjambée d'un coureur, grand pas que l'on fait.
• *Dans la foulée.* Sur la même lancée, dans le prolongement de quelque chose.

fouler v. tr., pronom.
• **Transitif.** (Litt.) Marcher sur. *Fouler le sol de sa patrie.*
• **Pronominal.** Se faire une foulure. *Elle s'est foulé la cheville.*

foulure n. f.
Légère entorse.
☞ Ne pas confondre avec le nom *luxation,* déplacement d'un os.

four n. m.
• Ouvrage de maçonnerie servant à cuire (le pain, la pâtisserie).
• Partie d'une cuisinière servant à cuire. *Mettre un gâteau au four* (et non au **fourneau*).
• *Petit(-)four* (sec ou glacé). Petit gâteau. *Elle adore les petits(-)fours glacés.*

fourbe adj.
Hypocrite, sournois. *Cette personne semble fourbe, elle ne m'inspire pas confiance.*
Ant. **franc.**

fourberie n. f.
Trahison, hypocrisie.

fourbir v. tr.
• Astiquer. *Fourbir des armes.*
• (Fig.) Préparer soigneusement.

fourbu, ue adj.
Harassé de fatigue. *Après ce déménagement, il est fourbu.*

fourche n. f.
• Instrument terminé par plusieurs branches en pointe.
• Se dit d'une chose qui se divise en deux. *La route fait une fourche. La fourche d'un pantalon.*

fourchette n. f.
• Ustensile de table. *Des fourchettes, des couteaux et des cuillères.*
• (Fig.) Écart entre deux valeurs. *La fourchette des prix.*

fourchu, ue adj.
Qui se divise comme une fourche. *Un menton fourchu.*

fourgon n. m.
Véhicule ferroviaire destiné au transport des bagages.

fourgonnette n. f.
Petite camionnette qui s'ouvre par l'arrière.

fourmi n. f.
• Insecte. *La fourmi n'est pas prêteuse.* (La Fontaine)
• (Fig. et plur.) Démangeaisons. *Avoir des fourmis dans les jambes.*
☞ fourmi.

fourmilier n. m.
Mammifère qui capture les insectes avec sa langue. *Le fourmilier se nourrit de fourmis.*
☞ Ne pas confondre avec le verbe *fourmiller,* être en abondance.
Syn. **tamanoir.**

fourmilière n. f.
Nid de fourmis; colonie de fourmis vivant dans un nid.

fourmillement n. m.
⟺ Les deux **l** se prononcent comme dans *famille* [furmijmɑ̃].
Grouillement.

fourmiller v. intr.
Les lettres *ill* sont suivies d'un *i* à la première et à la deuxième personne du pluriel de l'indicatif imparfait et du subjonctif présent. *(Que) nous fourmillions, (que) vous fourmilliez.*
⟹ Les deux *l* se prononcent comme dans *famille* [furmije].
Être en abondance. *Les rues fourmillent de touristes.*
🖙 Ne pas confondre avec le nom *fourmilier,* mammifère qui capture les insectes avec sa langue.
⟹ fourmiller.

fournaise n. f.
• Grand four.
• Lieu où il fait très chaud.

*****fournaise**
Impropriété au sens de *chaudière,* appareil de chauffage central.

fourneau n. m. (pl. *fourneaux*)
Sorte de four où l'on soumet diverses substances à l'action du feu. *Des hauts(-)fourneaux.*

*****fourneau**
Archaïsme au sens de *four.*

fournée n. f.
• Quantité que l'on fait cuire à la fois dans un four. *Voilà la dernière fournée de pains.*
• (Fig., fam.) *Les touristes entrent par fournées dans le musée.*

fourni, ie adj.
• Approvisionné. *Un magasin bien fourni.*
• Épais. *Une chevelure fournie.*

fournil n. m.
⟹ Le *l* ne se prononce pas [furni].
Lieu où se situe le four du boulanger.

fournir v. tr., pronom.
• **Transitif**
- Approvisionner. *Fournir une entreprise en peinture.*
- Procurer. *Le centre sportif fournit les raquettes aux participants.*
• **Pronominal**
S'approvisionner. *Je me fournis en pain* ou *de pain à cette boulangerie.*

fournisseur n. m.
fournisseuse n. f.
Personne ou société qui fournit habituellement des marchandises à un particulier, à une entreprise.

fourniture n. f.
• Approvisionnement. *La fourniture de bois.*
• (Gén. plur.) Petit matériel spécialisé. *Des fournitures scolaires, des fournitures de bureau.*

fourrage n. m.
Plantes servant à la nourriture du bétail.
⟹ fourrage.

fourrager, ère adj.
Propre à servir de fourrage. *Les plantes fourragères.*
⟹ fourrager.

fourrager v. intr.
Le *g* est suivi d'un *e* devant les lettres *a* et *o.* !!

fourragea, nous fourrageons.
(Fam.) Fouiller.
⟹ fourrager.

fourré, ée adj. et n. m.
• **Adjectif**
- Garni de fourrure. *Des gants fourrés.*
- Garni. *Des chocolats fourrés à la pâte d'amande.*
• **Nom masculin**
Massif d'arbustes.

fourreau n. m. (pl. *fourreaux*)
• Étui allongé. *Tirer une épée de son fourreau.*
• Robe très ajustée. *Des fourreaux moulants.*

fourrer v. tr., pronom.
• **Transitif**
- Garnir l'intérieur d'une chose. *Des chocolats fourrés.*
- (Fam.) Placer sans soin. *Où ai-je donc fourré mon crayon?*
• **Pronominal**
(Fam.) Se mettre, se placer. *Elle avait sommeil et s'est fourrée dans son sac de couchage.*

fourre-tout n. m. inv. (pl. *fourre-tout*)
Endroit, sac où l'on entasse des choses sans ordre.

fourreur n. m.
Personne qui confectionne et vend des manteaux de fourrure.

fourrière n. f.
Endroit où l'on remise temporairement les voitures, où l'on garde les animaux, jusqu'au paiement d'une amende.

fourrure n. f.
• Peau des animaux à poil touffu. *La fourrure d'un chat.*
• Vêtement de fourrure. *Quelques fourrures : castor, vison, zibeline, lynx.*

fourvoyer v. tr., pronom.
Le *y* se change en *i* devant un *e* muet. *Je fourvoie, je fourvoierai.*
Le *y* est suivi d'un *i* à la première et à la deuxième personne du pluriel de l'indicatif imparfait et du subjonctif présent. *(Que) nous fourvoyions, (que) vous fourvoyiez.*
• **Transitif**
- (Litt.) Égarer, perdre.
- Mettre dans l'erreur. *Par mégarde, j'ai fourvoyé ces passants.*
• **Pronominal**
Se tromper. *Ils se sont lourdement fourvoyés.*

foutaise n. f.
(Fam.) Baliverne.

foutre v. tr., pronom.
INDICATIF PRÉSENT *Je fous, nous foutons.* IMPARFAIT *Je foutais.* FUTUR *Je foutrai.* CONDITIONNEL PRÉSENT *Je foutrais.* SUBJONCTIF PRÉSENT *Que je foute, que nous foutions.* PARTICIPE PRÉSENT *Foutant.* PASSÉ *Foutu.* Le passé simple et l'imparfait du subjonctif n'existent pas.
• **Transitif.** (Pop.) Faire. *Qu'est-ce que tu fous ici?*
• **Pronominal.** (Pop.) Se moquer, se ficher. *Il se fout d'eux.*

foutu, ue adj.
(Pop.) Fichu. *Il a un foutu caractère.*

fox-terrier ou **fox** n. m. (pl. *fox-terriers*)
Chien terrier.

foyer n. m.
• Partie de l'âtre où se fait le feu.
☞ Ne pas confondre avec le nom *cheminée,* encadrement de l'âtre.
• Demeure. *La femme au foyer.*
• Point central. *Un foyer d'incendie.*

fracas n. m.
Bruit violent. *La pile d'assiettes se brisa avec fracas.*
⇒ fraca**s**.

fracassant, ante adj.
• Qui produit un grand fracas.
• (Fig.) Qui fait beaucoup de bruit. *Une démission fracassante.*

fracasser v. tr.
Briser violemment. *Le caillou fracassa le miroir.*

fraction n. f.

• Part séparée d'un tout. *Dans la fraction 5/7, 5 est le numérateur et 7, le dénominateur. Les 5/7 (et non *5/7e), les cinq septièmes* (s'écrit sans trait d'union).
☞ Les fractions sont composées en chiffres :
- dans les taux d'intérêt. *Un taux de 8 1/2 %.*
- dans les échelles de carte. *1/50 000.*
- dans les textes financiers, scientifiques, techniques, mathématiques.
Fractions décimales
- Les fractions décimales sont toujours composées en chiffres.
- Le signe décimal, qui est la virgule, s'écrit sans espace. Les unités ne se séparent pas des dixièmes. *15,5 km* (et non *15 km 5).
- Si le nombre est inférieur à l'unité, la virgule décimale est précédée d'un zéro. *0,75.*
• Partie d'une totalité. *Une fraction de seconde.*
☞ Ne pas confondre avec les noms suivants :
- *éclat,* morceau d'une chose brisée;
- *fragment,* morceau;
- *lambeau,* partie déchirée d'un vêtement, d'un corps;
- *miette,* petite parcelle.
☞ Ne pas confondre avec le nom *faction,* groupe subversif.

fractionnaire adj.
Sous forme de fraction. *Un nombre fractionnaire.*

fractionnement n. m.
Division.

fractionner v. tr., pronom.
• **Transitif.** Diviser un tout en fractions. *Fractionner un nombre en quatre parties.*
• **Pronominal.** Se diviser en parties.

fracture n. f.
Rupture. *Une fracture du crâne.*

☞ Ne pas confondre avec le nom *facture,* état détaillé précisant la quantité, la nature et le prix des marchandises vendues, des services rendus.

fracturer v. tr.
Casser. *Fracturer une jambe, une porte. Elle s'est fracturé le bras.*

fragile adj.
Qui manque de solidité, qui est susceptible de se détériorer. *Sa santé est fragile.*
⇒ fragi**le.**

fragilement adv.
⇔ Le *e* de l'avant-dernière syllabe ne se prononce pas [fraʒilmã].
De façon fragile.

fragilité n. f.
• Caractère de ce qui est fragile. *La fragilité du verre.*
• Manque de robustesse; délicatesse, en parlant d'une personne.
Ant. **solidité.**

fragment n. m.
• Morceau. *Des fragments d'un ancien mur.*
• Passage d'un ouvrage, extrait. *Son roman est publié par fragments.*
• Partie. *Un fragment de son rêve.*
☞ Ne pas confondre avec les noms suivants :
- *éclat,* morceau d'une chose brisée;
- *fraction,* part séparée d'un tout;
- *lambeau,* partie déchirée d'un vêtement, d'un corps;
- *miette,* petite parcelle.

fragmentaire adj.
Incomplet, qui constitue un fragment.

fragmenter v. tr.
Diviser, réduire en fragments.

fragrance n. f.
(Litt.) Odeur agréable.

fraîchement adv.
• Récemment. *Ils sont fraîchement arrivés.*
• Avec froideur. *Elle nous a reçus assez fraîchement.*
⇒ fraîchement.

fraîcheur n. f.
• Froid modéré. *La fraîcheur de la brise.*
• Éclat. *La fraîcheur de son teint.*
⇒ fraîcheur.

fraîchir v. intr.
Devenir frais, en parlant de la température.
⇒ fraîchir.

frais n. m. pl.
• Somme versée en contrepartie d'un bien, d'un service. *Des frais de transport, des frais bancaires.*
• **Tous frais payés.** Une fois toutes les dépenses réglées.
• **À frais virés.** Au Canada, se dit d'un appel téléphonique interurbain où le correspondant paie les frais de la communication. *Étienne a appelé de Londres à frais virés* (et non en *renversant les charges).*
☞ Dans la francophonie, on emploie l'expression **PCV.**

☞ Ce nom s'emploie toujours au pluriel.

frais, fraîche adj. et adv.
• **Adjectif**
- Un peu froid. *Il fait frais aujourd'hui.*
- Récent, qui vient de se produire. *Des nouvelles fraîches.*
- Qui n'est pas altéré. *Du poisson frais.*
- Clair. *Un teint frais.*
• **Adverbe**
- Récemment. *Des fleurs fraîches écloses.*
☞ Pris adverbialement, l'adjectif s'accorde généralement.
- **À la fraîche.** Au moment où il fait frais.
⇨ frais, fraîche.

fraisage n. m.
Action de fraiser. *Le fraisage d'une pièce de métal.*

fraise n. f.
• Fruit du fraisier. *Un gâteau aux fraises.*
• Petit outil rotatif. *La fraise du dentiste.*

fraiser v. tr.
Agrandir l'orifice d'un trou. *Le dentiste fraise ma dent et ce n'est pas très agréable.*

fraiseur n. m.
Personne qui exécute un fraisage.

fraiseuse n. f.
Machine servant à fraiser les métaux.

fraisier n. m.
• Plante qui produit les fraises.
• Pâtisserie à la crème et aux fraises.

framboise adj. inv. et n. f.
• **Nom féminin.** Fruit du framboisier. *Les framboises fragiles et délicieuses.*
• **Adjectif de couleur invariable.** De la couleur de la framboise. *Des turbans framboise.*
V. Tableau - **COULEUR (ADJECTIFS DE).**

framboisier n. m.
Plante qui produit les framboises.

franc n. m.
• Symbole *F* (s'écrit sans point). *15,50 F* (et non *15 F 50*).
• Unité monétaire de nombreux pays. *Des francs français.*
• *Franc belge,* symbole *FB* (s'écrit sans points). Unité monétaire de la Belgique.
• *Franc de la Communauté financière africaine,* symbole *FCFA* (s'écrit sans points). Unité monétaire de certains pays d'Afrique de l'Ouest.
• *Franc français,* symbole *FF* (s'écrit sans points). Unité monétaire de la France.
• *Franc luxembourgeois,* symbole *FLUX* (s'écrit sans points). Unité monétaire du Luxembourg.
• *Franc suisse,* symbole *FS* (s'écrit sans points). Unité monétaire de la Suisse.
V. Tableau - **SYMBOLES DES UNITÉS MONÉTAIRES.**

franc, franche adj.
• Loyal, sincère. *Mon amie est très franche : elle me dit ce qu'elle pense vraiment.*

Ant. hypocrite, sournois.
• Exempt de certains droits, taxes, etc. *Zone franche.*
• *Franc de port.* Dont les frais de transport ne sont pas à la charge du destinataire. *Envoyer franc de port des colis.*
☞ Pris adverbialement, le mot *franc* est invariable; comme adjectif, il s'accorde. *Des marchandises franches de port.*

français, aise adj. et n. m. et f.
• **Adjectif**
- Qui est de France. *Une citoyenne française. Un vin français.*
- Propre à la langue française. *Les conjugaisons françaises.*
• **Nom masculin et féminin**
Un Français, une Française.
☞ L'adjectif s'écrit avec une minuscule; le nom, avec une majuscule.
• **Nom masculin**
La langue française. *Le français se parle dans de nombreux pays.*
☞ Le nom de la langue s'écrit avec une minuscule.

franchement adv.
De manière directe, sans détour.

franchir v. tr.
• Passer une limite. *Franchir la frontière.*
• Passer par-dessus un obstacle. *Ils ont franchi la rivière.*

franchisage n. m.
(Comm.) Contrat commercial entre un franchiseur et un franchisé. *Le franchisage* (et non le *franchising) est de plus en plus répandu.*

franchise n. f.
• Sincérité, qualité d'une personne franche. *J'apprécie la franchise de mon amie.*
• Exemption.
• Part d'un dommage assumée par l'assuré. *Une franchise* (et non un *déductible) de 500 $ pour une assurance contre le vol.*
• (Comm.) Droit d'exploiter une marque, une raison sociale concédée par une entreprise à une autre sous certaines conditions.

franchisé, ée n. m. et f.
(Comm.) Société qui utilise la marque d'un franchiseur.

franchiseur, euse n. m. et f.
(Comm.) Société qui met sa marque à la disposition d'un franchisé.

francisation n. f.
Action de franciser. *La francisation de la langue de travail. La francisation d'un mot anglais.*

franciscain, aine adj. et n. m. et f.
Religieux de l'ordre fondé par saint François d'Assises.
☞ Les titres d'ordres religieux s'écrivent avec une minuscule.

franciser v. tr.
Donner un caractère français, une forme française à. *Il est important que l'on francise la langue de travail*

*des Québécois. Pour franciser le nom «engineering»,
le nom* **ingénierie** *a été retenu.*

franc-jeu n. m. (pl. *francs-jeux*)
Comportement loyal. *Il est franc-jeu* (et non *fair-play*).

franc-maçon, onne adj. et n. m. et f. (pl. *francs-
maçons*)
Membre de la franc-maçonnerie. *De secrètes loges
franc-maçonnes.*
☞ franc-maçon.

franc-maçonnerie n. f. (pl. *franc-maçonneries*)
Association de caractère philanthropique.
☞ franc-maçonnerie.

franco adv.
Sans frais pour le destinataire. *Des colis franco de
port et d'emballage.*

franco- préf.
• Élément exprimant un rapport entre la France et un
autre peuple. *Les accords franco-québécois. Un organisme franco-canadien.*
• Élément invariable de mots composés signifiant «de
langue française, d'ascendance française». *Des traditions franco-ontariennes. Une Franco-Manitobaine.
Des Franco-Américains.*
☞ Les mots composés avec le préfixe **franco-**
s'écrivent avec un trait d'union.

franco à bord loc. adv.
• Abréviation **FAB.**
• Se dit d'un prix comprenant les frais de transport et
les assurances jusqu'à un point donné (bateau, avion,
entrepôt, etc.) *Le prix franco à bord est de 5 000 $.*
☞ Dans le commerce international, l'abréviation
anglaise **FOB** est couramment utilisée.

francophile adj. et n. m. et f.
👄 Le *o* est ouvert [frɑ̃kɔfil].
Qui aime la France, les Français, les francophones.
☞ francophile.

francophilie n. f.
👄 Le *o* est ouvert [frɑ̃kɔfili].
Amitié envers la France, les Français, les francophones.
☞ francophilie.

francophobe adj. et n. m. et f.
👄 Les *o* sont ouverts [frɑ̃kɔfɔb].
Qui est hostile à la France, aux Français, aux francophones.
☞ francophobe.

francophobie n. f.
👄 Les *o* sont ouverts [frɑ̃kɔfɔbi].
Hostilité envers la France, les Français, les francophones.
☞ francophobie.

francophone adj. et n. m. et f.
👄 Les *o* sont ouverts [frɑ̃kɔfɔn].
Dont la langue maternelle ou d'usage est le français.
*Il y a plus de cinq millions de francophones au Qué-
bec.*
☞ francophone.

francophonie n. f.
👄 Les *o* sont ouverts [frɑ̃kɔfɔni].
Ensemble des peuples francophones. *Le quatrième
Sommet de la francophonie a eu lieu à Paris.*
☞ francophonie.

franc-parler n. m. (pl. *francs-parlers*)
Langage sans détour.

franc-tireur n. m. (pl. *francs-tireurs*)
Combattant qui ne fait pas partie d'une armée régulière.

frange n. f.
• Ce qui borde quelque chose. *Les franges du tapis.*
• Cheveux retombant sur le front. *Marie-Ève porte une
frange.*

franger v. tr.
Le *g* est suivi d'un *e* devant les lettres *a* et *o*. *Il
frangea, nous frangeons.*
• Découper en forme de franges.
• Border de franges. *Elle frangea de fils de soie son
écharpe.*

frangin, ine n. m. et f.
(Pop.) Frère, sœur.

frangipane n. f.
Crème pâtissière à base d'amandes. *Une tarte à la
frangipane.*

franglais n. m.
Ensemble des mots d'origine anglaise et des tournures syntaxiques calquées sur l'anglais, introduits dans
la langue française.

franquette (à la bonne) loc. adv.
Sans façon, sans cérémonie.

frappant, ante adj.
Étonnant. *La ressemblance est frappante.*

frappe n. f.
• Manière, action de dactylographier. *Le texte est à la
frappe.*
• **Faute de frappe.** Erreur de transcription à la machine.
• **Force de frappe.** Ensemble de moyens militaires,
d'armes stratégiques.

frappement n. m.
👄 Le *e* central ne se prononce pas [frapmɑ̃].
Action de frapper; bruit produit par ce qui frappe.

frapper v. tr., intr., pronom.
• **Transitif**
- Donner un coup. *Il a frappé son camarade par mé-
garde. Elle a été frappée mortellement par une balle
perdue.*
- Impressionner. *Ses réponses ont frappé ses cama-
rades.*
• **Intransitif**
Donner un, des coups. *On frappe à la porte.*
• **Pronominal**
(Fam.) S'inquiéter outre mesure.

**frapper (un piéton, un cycliste, etc.), en parlant d'un
véhicule.
Impropriété pour **heurter, renverser.***

**frapper un nœud
Calque de l'anglais «to hit a snag» pour **se heurter à
un obstacle.***

frasil n. m.

⬡ Le *l* se prononce ou non, [frazil] ou [frazi].
Au Canada, formation de fragments de glace flottant à la surface d'un cours d'eau.

frasque n. f. (gén. plur.)
Écart de conduite. *Des frasques de collégien.*

fraternel, elle adj.
• Qui est propre à des frères ou à des sœurs. *Des liens fraternels.*
• Qui rappelle les sentiments propres à des frères, à des sœurs. *Une amitié fraternelle.*

fraternellement adv.
De façon fraternelle.

fraternisation n. f.
Sympathie fraternelle.

fraterniser v. intr.
• Faire acte de sympathie, de fraternité.
• Passer de rapports hostiles à des rapports amicaux.

fraternité n. f.
• Parenté entre frères et sœurs.
• Camaraderie, solidarité, rapports fraternels.

fratricide adj. et n. m. et f.
• **Adjectif**
- Relatif au meurtre d'un frère, d'une sœur.
- Qui oppose des êtres qui devraient avoir des rapports fraternels. *Des rivalités fratricides.*
• **Nom masculin et féminin**
Personne qui tue son frère ou sa sœur.

fraude n. f.
Acte qui contrevient à la loi. *Une fraude électorale.*

frauder v. tr., intr.
Commettre une fraude. *Frauder le fisc. Ils ont été accusés d'avoir fraudé la banque.*

fraudeur, euse n. m. et f.
Personne qui fraude.

frauduleusement adv.
En fraude.

frauduleux, euse adj.
Entaché de fraude. *Une transaction frauduleuse.*
▭▷ frauduleu**x**.

frayer v. tr., intr.
Le *y* peut être changé en *i* devant un *e* muet. *Je fraie (ou je fraye), je fraierai (ou je frayerai).*
Le *y* est suivi d'un *i* à la première et à la deuxième personne du pluriel de l'indicatif imparfait et du subjonctif présent. *(Que) nous frayions, (que) vous frayiez.*
• **Transitif**
Tracer (un chemin). *Il lui fraie la voie.*
• **Intransitif**
- (Litt.) Fréquenter quelqu'un. *Ils ont toujours frayé avec les artistes.*
- Déposer ou féconder les œufs, en parlant des poissons.

frayeur n. f.
Peur soudaine et passagère que fait naître un danger réel ou supposé. *Elle poussa un cri de frayeur en apercevant un ours près de sa tente.*

fredaine n. f.
Frasque sans gravité.

fredonner v. tr., intr.
Chantonner. *Elle fredonne une chanson. Il ne cesse de fredonner.*

*****free-lance**
Anglicisme pour **pigiste**.

*****freezer**
Anglicisme pour **congélateur**.

frégate n. f.
Bâtiment de combat.

frein n. m.
• Appareil servant à arrêter, à ralentir le mouvement d'un ensemble mécanique. *Des freins assistés* (et non des *****power brakes). *Des coups de frein.*
• (Fig.) Entrave. *Un frein à l'expansion économique.*
• *Sans frein.* Sans limites, effréné. *Des dépenses sans frein.*
▭▷ Dans cette expression, le nom s'écrit au singulier.
• Partie du mors qui se trouve dans la bouche du cheval.
• *Ronger son frein.* Contenir son impatience avec difficulté.
▭▷ fr**ein.**

freinage n. m.
Action de freiner. *Le freinage doit être immédiat.*
▭▷ freinage.

freiner v. tr., intr.
• **Transitif**
- Ralentir, arrêter un mouvement. *Les difficultés ont freiné son enthousiasme.*
- Entraver le développement de. *Le contexte politique a freiné l'expansion économique.*
• **Intransitif**
Ralentir, s'arrêter, en parlant d'un véhicule, de quelqu'un. *Il a freiné brusquement pour éviter un chien.*
▭▷ freiner.

frelater v. tr.
Falsifier une substance. *Un vin frelaté.*

frêle adj.
Fragile. *Cet enfant est frêle et de santé délicate.*

frelon n. m.
Guêpe.

freluquet n. m.
(Litt.) Jeune homme prétentieux.
▭▷ freluque**t.**

frémir v. intr.
• Vibrer, bouger doucement. *Quand l'eau est sur le point de bouillir, elle frémit.*
• Trembler. *Cette tarentule les a fait frémir.*

frémissement n. m.
Tremblement, agitation. *Des frémissements d'angoisse.*

frênaie n. f.
Lieu planté de frênes.
☞ frênaie.

frêne n. m.
Arbre à bois dur. *Ils ont planté de petits frênes.*
☞ frêne.

frénésie n. f.
Passion. *La frénésie du jeu.*

frénétique adj.
Passionné, fou. *Des acclamations frénétiques.*

frénétiquement adv.
Avec frénésie.

fréon n. m.
Gaz de certains appareils réfrigérants.

fréquemment adv.
👄 Le *e* de la deuxième syllabe se prononce *a* [fre
kamã].
Souvent. *Catherine appelle Ève fréquemment.*
☞ fréquemment.

fréquence n. f.
Caractère de ce qui se reproduit périodiquement. *La
fréquence (et non l'*incidence) des accidents de la
route a encore augmenté.*

fréquent, ente adj.
Qui se produit souvent. *Ses retards sont trop fréquents.*

fréquentation n. f.
• Action de fréquenter un lieu, une personne. *La fréquentation d'un restaurant.*
• Personne que l'on fréquente. *Avoir de mauvaises
fréquentations.*

fréquenter v. tr.
• Aller souvent dans un lieu. *Elle fréquente cette librairie.*
• Rencontrer fréquemment. *Il fréquente assidûment
ses amis.*
• (Fam.) Courtiser. *Il fréquente son amie depuis deux
ans.*

frère n. m.
• Celui qui est né de même père et de même mère
qu'une autre personne.
• Titre de certains ordres religieux. *Les frères des
Écoles chrétiennes.*
📑 Les titres d'ordres religieux s'écrivent avec une
minuscule.

frérot n. m.
(Fam.) Petit frère.
☞ frérot.

fresque n. f.
• Vaste peinture murale.
• (Fig.) Description d'un ensemble. *La fresque d'une so-
ciété, d'une époque.*

fressure n. f.
Ensemble formé par le cœur, la rate, le foie et les poumons d'un animal de boucherie.

fret n. m.
👄 Le *t* se prononce généralement [frɛt].
• Prix du transport.
• Marchandises transportées.
Syn. **cargaison.**

frétillement n. m.
👄 Le *e* de l'avant-dernière syllabe ne se prononce
pas [fretijmã].
Mouvement de ce qui frétille. *Les frétillements d'une
truite.*

frétiller v. intr.
Les lettres *ill* sont suivies d'un *i* à la première et à
la deuxième personne du pluriel de l'indicatif imparfait et du subjonctif présent. *(Que) nous frétil-
lions, (que) vous frétilliez.*
Remuer avec de petits mouvements rapides. *Les
poissons frétillaient encore dans l'épuisette.*

fretin n. m.
• Petits poissons rejetés par le pêcheur.
• ***Menu fretin.*** Choses, personnes de peu d'importance.
C'est du menu fretin.

freudien, ienne adj. et n. m. et f.
Relatif à Freud. *Des concepts freudiens.*

friabilité n. f.
Caractère de ce qui est friable.

friable adj.
Cassant, qui se réduit aisément en poudre. *L'ardoise
est friable.*

friand, ande adj. et n. m.
• **Adjectif**
Friand de. Qui aime, qui recherche. *Elle est friande
de lecture. Ils sont friands de pâtisseries.*
• **Nom masculin**
- Petit pâté feuilleté garni d'un hachis de viande, de
champignons, etc.
- Petit gâteau en pâte d'amandes.

friandise n. f.
Sucrerie. *Les friandises ne sont pas bonnes pour les
dents.*

fric n. m.
(Fam.) Argent. *Papa, il me faudrait un peu de fric pour
le cinéma.*

fricassée n. f.
Viande coupée en morceaux et cuite dans une sauce.

friche n. f.
• Terrain non cultivé.
• ***En friche.*** Non cultivé, abandonné. *Un terrain en fri-
che.*
📑 Ne pas confondre avec le nom ***jachère,*** terre
labourable qu'on laisse reposer.

fricot n. m.
(Fam.) Ragoût.
☞ fricot.

fricoter v. tr., intr.
• **Transitif.** (Fam.) Cuisiner, accommoder en ragoût.
• **Intransitif.** (Fam.) Trafiquer. *Qu'est-ce qu'il peut bien
fricoter?*
☞ fricoter.

friction n. f.
• Frottement sur une partie du corps, massage. *Une friction vigoureuse le réchauffera.*
• (Au plur.) Conflits, désaccords entre des personnes.

frictionner v. tr., pronom.
• **Transitif.** Faire des frictions à. *L'infirmière lui a frictionné le dos.*
• **Pronominal.** Se frotter une partie du corps. *Elle s'est frictionné le bras.*

*frigidaire
Ce nom est une marque déposée. On emploiera plutôt *réfrigérateur.*

frigide adj.
Atteint de frigidité.

frigidité n. f.
Absence de désir, incapacité d'obtenir une satisfaction sexuelle, pour la femme.
↦ Ne pas confondre avec les noms suivants :
- *impuissance,* déficience physique ou psychologique, pour l'homme;
- *stérilité,* impossibilité de concevoir.

frigo n. m.
Abréviation familière de *réfrigérateur.*

frigorifier v. tr.
Redoublement du *i* à la première et à la deuxième personne du pluriel de l'indicatif imparfait et du subjonctif présent. *(Que) nous frigorifiions, (que) vous frigorifiiez.*
Réfrigérer pour conserver. *Il faut que nous frigorifiions ces produits périssables.*

frigorifique adj.
• Qui sert à produire le froid.
• Aménagé pour la réfrigération. *Un wagon frigorifique.*
Ant. **calorifique.**

frileusement adv.
De façon frileuse.

frileux, euse adj.
Qui est sensible au froid. *Ma grand-maman n'est pas frileuse.*
⇨ frileu**x.**

frimas n. m.
⌣ Le *s* ne se prononce pas [frima].
Brouillard qui se congèle en tombant.
↦ Ne pas confondre avec les noms suivants :
- *brouillard,* amas de vapeurs d'eau qui flotte à proximité du sol (visibilité inférieure à 1 km);
- *brume,* brouillard léger (visibilité supérieure à 1 km); brouillard de mer;
- *buée,* vapeur d'eau qui se condense sur une surface froide;
- *nuage,* masse vaporeuse de particules d'eau très fines qui flotte dans l'atmosphère.

frime n. f.
(Fam.) Apparence.

frimousse n. f.
(Fam.) Visage d'enfant. *Fanny a une belle petite frimousse.*

fringale n. f.
Faim subite. *Les enfants avaient une petite fringale : ils ont mangé tous les biscuits.*

fringant, ante adj.
Fougueux. *Des chevaux fringants.*
⇨ fring**ant.**

friper v. tr.
Froisser. *Des vêtements fripés.*

fripier n. m.
fripière n. f.
Personne qui vend de vieux vêtements.

fripon, onne adj. et n. m. et f.
• **Adjectif.** Malicieux. *Un sourire fripon.*
• **Nom masculin et féminin.** Vaurien.
⇨ fripon.

fripouille n. f.
(Fam.) Canaille. *Ces commerçants sont malhonnêtes, ce sont des fripouilles.*
⇨ fripouille.

frire v. tr., intr.
INDICATIF PRÉSENT *Je fris, tu fris, il frit.* FUTUR *Je frirai, tu friras, ils friront.* CONDITIONNEL PRÉSENT *Je frirais, tu frirais, ils friraient.* IMPÉRATIF PRÉSENT *Fris.* PARTICIPE PASSÉ *Frit, frite.*
Ce verbe ne s'emploie qu'au singulier du présent de l'indicatif et de l'impératif; il s'emploie rarement au futur et au conditionnel. Il est courant au participe passé et aux temps composés formés avec l'auxiliaire *avoir.*
• **Transitif.** Faire cuire un aliment dans un corps gras bouillant. *Frire des beignes dans de l'huile.*
• **Intransitif.** Cuire dans la friture. *Mettre du poisson à frire.*

frise n. f.
Bordure ornementale en forme de bandeau.

frisé, ée adj. et n. m. et f.
• Bouclé. *Des cheveux frisés.*
• Dont les cheveux frisent. *Ils ont trouvé un petit blond frisé pour jouer ce rôle.*

friselis n. m.
⌣ Le *s* final ne se prononce pas [frizli].
(Litt.) Frémissement.
⇨ friseli**s.**

friser v. tr., intr.
• **Transitif**
- Boucler. *Elle a frisé ses cheveux au fer.*
- (Fig.) Être près d'atteindre quelque chose. *Ils ont frisé la catastrophe. Elle frise la quarantaine.*
• **Intransitif**
Avoir les cheveux qui frisent naturellement. *Nathalie frise un peu.*

frisette n. f.
Petite boucle de cheveux frisés.

frisotter v. tr., intr.
Friser en petites boucles. *Avec cette permanente, ses cheveux frisottent.*
⇨ frisotter.

frisquet, ette adj.
(Fam.) Frais. *Il fait un peu frisquet ce soir. Une température frisquette.*

frisson n. m.
• Contraction involontaire de la peau causée par le froid. *Elle a de la fièvre et des frissons.*
• Saisissement passager qui naît d'une émotion vive. *Des frissons d'angoisse.*

frissonnement n. m.
• Léger frisson. *Un frissonnement de plaisir.*
• (Litt.) Frémissement.
☞ frisso**nn**ement.

frissonner v. intr.
• Avoir des frissons. *Elle a mis un manteau parce qu'elle frissonnait.*
• Trembler légèrement. *Ils frissonnent de peur.*
☞ frisso**nn**er.

frisure n. f.
Façon de friser.

frite n. f.
Bâtonnet de pomme de terre frit. *Du poulet et des frites.*

friterie n. f.
👄 Le *e* central ne se prononce pas [fritri].
Endroit où l'on vend des frites. *Une friterie* (et non un *stand de patates).

friteuse n. f.
Appareil de cuisine destiné aux fritures.

friture n. f.
• Corps gras servant à frire.
• Aliment frit. *Une friture de petits poissons.*
• Grésillement anormal dans un appareil de téléphone, de radio. *Il y a de la friture sur la ligne* (et non de la *statique).

frivole adj.
Futile, superficiel. *Il ne songe qu'aux voitures, il est un peu frivole.*
☞ frivo**le**.

frivolement adv.
De façon frivole.

frivolité n. f.
Futilité. *Des babioles et des frivolités.*

froc n. m.
👄 Le *c* se prononce [frɔk].
• (Vx) Vêtement du moine. *Il a abandonné le froc, il est défroqué.*
• (Pop.) Pantalon.

froid, froide adj. et n. m.
• **Adjectif**
Qui est privé de chaleur. *Une chambre froide.*
• **Nom masculin**
- Abaissement de la température. *Il fait un froid de canard.*
▭► Les expressions ***avoir très froid, avoir si froid que, avoir trop froid*** sont jugées familières. En principe, l'adverbe modifie un adjectif et non un nom.

Dans les faits, on note que ces emplois sont de plus en plus courants.
- ***En froid.*** En mauvais termes. *Ils sont en froid.*
- ***À froid,*** locution adverbiale. Sans chauffer. *Démarrer à froid.*

froidement adv.
Avec froideur, avec insensibilité. *Il répondit très froidement.*

froideur n. f.
Impassibilité, manque de sensibilité. *Cette apparente froideur n'est que de la timidité.*
Ant. **chaleur.**

froidure n. f.
(Litt.) Le froid du climat, l'hiver.

froissement n. m.
Action de froisser; fait d'être froissé. *Le froissement d'une étoffe.*

froisser v. tr., pronom.
• **Transitif**
- Chiffonner. *Il a froissé son pantalon.*
- Meurtrir par un choc, un effort violent. *Froisser un muscle.*
- (Fig.) Blesser, choquer. *Elle a involontairement froissé sa cousine.*
• **Pronominal**
Se vexer. *Ils se sont froissés qu'on ne les ait pas invités. Elle s'est froissée de cette impolitesse.*
▭► À la forme pronominale, le verbe se construit avec la conjonction ***que*** suivie du subjonctif ou avec la préposition ***de*** suivie d'un nom.

frôlement n. m.
👄 Le *e* central ne se prononce pas [frolmã].
Action de frôler. *Ces frôlements me chatouillent.*
☞ frôlement.

frôler v. tr.
• Effleurer, toucher légèrement en passant. *Le chat a frôlé sa jambe.*
• (Fig.) Passer très près de, échapper de justesse à (quelque chose de grave). *Ils ont frôlé le désastre.*
☞ frôler.

fromage n. m.

• Aliment préparé avec du lait coagulé. *Elle aime bien le fromage Oka.*
• À moins qu'il ne s'agisse d'un nom déposé, les noms de fromage s'écrivent en minuscules. *Le brie, le reblochon, le roquefort.*
• Les noms simples prennent la marque du pluriel. *Des cantals, des cheddars, des emmenthals.*
• Les noms composés sont invariables. *Des pont-l'évêque, des saint-andré, des saint-paulin.*
• Certaines appellations sont des noms déposés invariables qui s'écrivent avec une majuscule initiale. *Une boîte de Vache qui rit.*

fromagerie n. f.
👄 Le *e* de l'avant-dernière syllabe ne se prononce pas [frɔmaʒri].
Lieu où l'on fait, où l'on vend des fromages.

froment n. m.
Blé de la qualité la plus fine. *De la farine de froment.*
☞ from**ent.**

fronce n. f.
Pli rond.

froncement n. m.
◡ Le *e* central ne se prononce pas [frɔ̃smã].
Action de froncer. *Ces froncements de sourcils ne l'intimident pas.*

froncer v. tr.
Le *c* prend une cédille devant les lettres *a* ou *o. Il fronça, nous fronçons.*
• Plisser. *Une jupe froncée.*
• Rider. *Il fronça les sourcils.*

frondaison n. f.
• Apparition du feuillage sur les arbres.
• Le feuillage.

fronde n. f.
Arme de jet. *Antoine lança quelques cailloux avec sa fronde.*
Syn. **lance-pierres.**

fronder v. tr.
(Litt.) Attaquer, provoquer.

frondeur, euse adj. et n. m. et f.
Moqueur, impertinent.

front n. m.
• Partie supérieure du visage. *Elle a un grain de beauté sur le front.*
• Zone de combat. *Partir au front.*
• (Météor.) Masse d'air. *Un front froid.*
• *Avoir du front tout le tour de la tête.* (Fam.) Au Canada, avoir beaucoup de culot, d'audace.
• *Avoir le front de.* Avoir l'audace de.
• *De front,* locution adverbiale. Par-devant.
• *Faire front.* Tenir tête.
• *Mener de front.* Diriger en même temps plusieurs choses.

frontal, ale, aux adj.
• Qui appartient au front. *Des os frontaux.*
• De face. *Une collision frontale.*

frontalier, ière adj. et n. m. et f.
• **Adjectifs.** Relatif aux frontières. *Des incidents frontaliers.*
• **Nom masculin et féminin.** Habitant d'une région voisine d'une frontière.

frontière adj. inv. et n. f.
• **Adjectif invariable**
Limitrophe. *Des régions frontière, des villes frontière, des postes frontière, des zones frontière.*
• **Nom féminin**
- Limite qui sépare un État d'un autre État. *La frontière américaine* (et non les *lignes).
- (Fig.) Borne, limite. *La frontière du ridicule, du savoir.*

frontispice n. m.
(Typogr.) Grand titre d'un ouvrage, placé sur la première page.
☞ Ne pas confondre avec le nom *fronton,* ornement architectural.

fronton n. m.
Ornement architectural qui surmonte la façade d'un édifice.
☞ Ne pas confondre avec le nom *frontispice,* titre d'un ouvrage placé sur la première page.

frottement n. m.
◡ Le *e* central ne se prononce pas [frɔtmã].
• Friction. *Elle avait entendu un frottement, mais il n'y avait personne à la porte.*
• Résistance. *Freinage par frottement.*
• (Au plur.) Heurt, mésentente. *Il y a eu quelques frottements, mais tout est rentré dans l'ordre.*

frotter v. tr., intr., pronom.
• **Transitif**
- Appuyer une chose contre une autre avec un mouvement. *Frotter deux pierres l'une contre l'autre.*
- Astiquer. *Frotter les carreaux.*
- Frictionner. *Elle a frotté sa jambe endolorie.*
• **Intransitif**
Produire un frottement. *Le pneu semble frotter.*
• **Pronominal**
- (Fam.) Provoquer. *Il vaut mieux ne pas se frotter à cette personne désagréable.*
- Se frictionner. *Se frotter le dos avec une pommade.*
☞ frot**ter.**

frottis n. m.
◡ Le *s* ne se prononce pas [frɔti].
• Mince couche de couleur appliquée sur un tableau.
• Étalement d'un produit organique, de cellules superficielles, sur une lame de microscope. *Un frottis vaginal.*
☞ frotti**s.**

frou-frou ou **froufrou** n. m. (pl. *frous-frous* ou *froufrous)*
• Bruit produit par un froissement léger.
• (Au plur.) Ornements d'un vêtement féminin.

froussard, arde adj. et n. m. et f.
(Fam.) Peureux. *Sébastien n'est pas un froussard.*
☞ froussar**d.**

frousse n. f.
(Fam.) Peur. *Ces bruits dans la cave m'effraient, j'ai la frousse.*

fructifier v. intr.
Redoublement du *i* à la première et à la deuxième personne du pluriel de l'indicatif imparfait et du subjonctif présent. *(Que) nous fructifiions, (que) vous fructifiiez.*
• Produire des fruits.
• (Fig.) Produire des bénéfices. *Ses placements ont bien fructifié.*

fructueusement adv.
Avec succès.

fructueux, euse adj.
Profitable. *Des essais fructueux.*

frugal, ale, aux adj.
Peu abondant, simple. *Des repas frugaux.*

frugalement adv.
De façon frugale.

frugivore adj. et n. m.
Qui se nourrit de fruits.
☞ Ne pas confondre avec les mots suivants :
- *carnassier,* qui se nourrit de proies vivantes;
- *carnivore,* qui se nourrit de chair;
- *granivore,* qui se nourrit de graines;
- *insectivore,* qui se nourrit d'insectes;
- *omnivore,* qui mange de tout.

fruit n. m.
• Ensemble des organes végétaux contenant les graines produites par une plante après la fleur. *Le citron est le fruit du citronnier, le gland, celui du chêne.*
• Fruit comestible. *Les fruits et les légumes. Une salade de fruits, un jus de fruits.*
• *Fruits de mer.* Mollusques et crustacés comestibles.
• (Fig.) Résultat. *Cette entreprise est le fruit de son travail acharné.*
• *Porter fruit.* Donner de bons résultats. *Les recherches ont porté fruit.*
☞ Dans l'expression *porter fruit,* le nom *fruit* reste toujours au singulier.

fruité, ée adj.
Qui a le goût du fruit frais. *Un vin fruité.*

fruiterie n. f.
👄 Le *e* central ne se prononce pas [fʀɥitʀi].
Magasin de fruits.

fruitier, ière adj.
Qui produit des fruits comestibles. *Des arbres fruitiers.*

fruste adj.
Rude, grossier. *Des manières frustes.*
☞ frust**e**.

frustration n. f.
Action de frustrer. *Un sentiment de frustration.*

frustrer v. tr.
• Priver une personne d'un bien qu'elle était en droit de recevoir. *Ils ont été frustrés de leur héritage.*
• Priver une personne d'une satisfaction, décevoir. *Ils sont frustrés par cet insuccès. Ils se sentent frustrés.*
☞ Ce verbe ne s'emploie pas à la forme intransitive. *Le retard de Maxime a frustré Luc* (et non *Luc frustre parce que Maxime est en retard*).

FS
Symbole de *franc suisse.*

fuchsia adj. inv. et n. m.
👄 Les lettres *chs* se prononcent *ch* ou *ks,* [fyʃja] ou [fyksja].
• **Nom masculin.** Arbrisseau à fleurs pourpres. *Des fuchsias.*
☞ Attention au genre masculin de ce nom : *un* fuchsia.
• **Adjectif de couleur invariable.** De la couleur pourpre des fuchsias. *Des soies fuchsia.*
V. Tableau - **COULEUR (ADJECTIFS DE).**
☞ **fuchs**ia.

***fuel**
Anglicisme pour *mazout.*

fugace adj.
Éphémère. *Une vision fugace.*

fugacité n. f.
Caractère de ce qui est fugace.

-fuge suff.
Élément du latin signifiant «fuir» ou «faire fuir». *Ignifuge.*

fugitif, ive adj. et n. m. et f.
• **Adjectif.** Fugace. *Une vision fugitive.*
• **Nom masculin et féminin.** Personne en fuite. *Il faut rattraper les fugitifs.*

fugitivement adv.
De façon fugitive.

fugue n. f.
• (Mus.) Composition musicale.
• Escapade. *Faire une fugue.*

fuguer v. intr.
(Fam.) Faire une fugue (notamment pour un enfant mineur).

fugueur, euse adj. et n. m. et f.
Se dit d'un enfant qui fait des fugues.

führer n. m.
👄 Le *r* final se prononce [fyʀœʀ].
Titre porté par Adolf Hitler.
☞ **führer.**

fuir v. tr., intr.
INDICATIF PRÉSENT *Je fuis, tu fuis, il fuit, nous fuyons, vous fuyez, ils fuient.* IMPARFAIT *Je fuyais, tu fuyais, il fuyait, nous fuyions, vous fuyiez, ils fuyaient.* PASSÉ SIMPLE *Je fuis, tu fuis, il fuit, nous fuîmes, vous fuîtes, ils fuirent.* FUTUR *Je fuirai.* CONDITIONNEL PRÉSENT *Je fuirais.* IMPÉRATIF PRÉSENT *Fuis, fuyons, fuyez.* SUBJONCTIF PRÉSENT *Que je fuie, que tu fuies, qu'il fuie, que nous fuyions, que vous fuyiez, qu'ils fuient.* IMPARFAIT *Que je fuisse, que tu fuisses, qu'il fuît, que nous fuissions, que vous fuissiez, qu'ils fuissent.* PARTICIPE PRÉSENT *Fuyant.* PASSÉ *Fui, fuie.*
Le *y* est suivi d'un *i* à la première et à la deuxième personne du pluriel de l'indicatif imparfait et du subjonctif présent. *(Que) nous fuyions, (que) vous fuyiez.*
• **Transitif**
Chercher à éviter. *Il me semble qu'elle me fuit. Fuir les histoires.*
• **Intransitif**
- S'écouler rapidement. *Le temps fuit trop vite.*
- Laisser échapper un fluide. *Son réservoir fuit.*
- S'éloigner rapidement pour échapper à un danger. *La maison était en feu, mais ils ont eu le temps de fuir.*
☞ Ne pas confondre avec les verbes suivants :
- *éluder,* éviter en passant à côté;
- *évader (s'),* s'enfuir d'un lieu où l'on est retenu;
- *partir,* quitter un lieu.

fuite n. f.
• Action de fuir. *Prendre la fuite. La fuite des cerveaux.*

• Écoulement (d'un fluide, d'un gaz) par une fissure. *Des fuites d'eau ont abîmé le plafond.*
• (Fig.) Divulgation d'informations destinées à demeurer secrètes. *Il y a eu des fuites relativement au nouveau budget.*

fulgurant, ante adj.
• (Litt.) Étincelant.
• Aigu et rapide. *Des douleurs fulgurantes.*

fulminant, ante adj.
• (Vx) Qui lance la foudre.
• (Fig.) Menaçant de colère. *Des regards fulminants.*

fulminer v. tr., intr.
• **Transitif.** (Litt.) Formuler avec véhémence. *Fulminer des injures.*
• **Intransitif.** Se mettre en colère. *Il fulmine toujours contre quelqu'un ou quelque chose.*

fumant, ante adj.
• Qui émet de la fumée. *Une soupe fumante.*
• *Un coup fumant.* (Fam.) Un coup extraordinaire.

fumé, ée adj.
Qui a été fumé. *Du saumon fumé.*

fume-cigare n. m. inv. (pl. *fume-cigare*)
Petit tuyau au bout duquel on adapte un cigare.

fume-cigarette n. m. inv. (pl. *fume-cigarette*)
Petit tuyau au bout duquel on adapte une cigarette.

fumée n. f.
• Produit gazeux provenant d'un corps en feu. *Il n'y a pas de fumée sans feu.* (Proverbe)
• *S'en aller en fumée.* Disparaître sans résultat.
🖙 Dans cette expression, le nom s'écrit au singulier.

fumer v. tr., intr.
• **Transitif**
- Aspirer la fumée du tabac. *Fumer une cigarette.*
- Exposer à la fumée pour faire sécher et conserver. *Fumer un saumon.*
Syn. **boucaner.**
• **Intransitif**
- Dégager de la fumée. *La soupe fume.*
- Aspirer la fumée du tabac. *Il voudrait bien arrêter de fumer.*

fumerolle n. f.
👄 Le *e* de la deuxième syllabe ne se prononce pas [fymrɔl].
Émission de gaz s'échappant d'un volcan.

fumet n. m.
Odeur agréable de certaines viandes. *Le fumet d'un rôti.*
🖙 fume**t.**

fumeur, euse n. m. et f.
Personne qui fume. *Les vols de cette compagnie ne comportent plus de section fumeurs.*
Ant. **non-fumeur.**

fumeux, euse adj.
• Qui répand de la fumée. *Des cendres fumeuses.*
• Obscur. *Une idée fumeuse.*

fumier n. m.
Mélange fermenté de paille et d'excréments des bestiaux utilisé comme engrais.

fumigation n. f.
• Action d'utiliser des fumées désinfectantes ou insecticides.
• Inhalation de vapeurs médicamenteuses.

fumigène adj. et n. m.
Qui produit de la fumée.

fumiste adj. et n. m. et f.
• Spécialiste de l'installation et de l'entretien des appareils de chauffage.
• (Fam.) Blagueur, peu sérieux. *Ce sont des fumistes : ne perdons pas notre temps.*

fumisterie n. f.
👄 Le *e* de l'avant-dernière syllabe se prononce [fymistəri].
• Métier de fumiste.
• (Fam.) Chose peu sérieuse.

fumoir n. m.
• Lieu où l'on fume (la viande, le poisson).
• Local à la disposition des fumeurs.

*fun
Anglicisme pour *plaisir, amusement.*

*fun (être le)
Anglicisme pour *être amusant, drôle.*

funambule n. m. et f.
Acrobate qui marche sur une corde tendue.
🖙 funambul**e.**

funambulesque adj.
Excentrique, bizarre.

funèbre adj.
Qui appartient aux funérailles, à la mort. *Une oraison funèbre. Un silence funèbre.*
🖙 Ne pas confondre avec le mot *funeste,* qui cause la mort.

funérailles n. f. pl.
Obsèques. *Les funérailles des jeunes disparus ont été très émouvantes.*
🖙 Ce nom est toujours au pluriel.
🖙 Ce terme désigne généralement une cérémonie solennelle, alors que les noms *obsèques, service funèbre,* sont des termes plus généraux. Cependant cette distinction n'est pas toujours observée.

funéraire adj.
Qui concerne la sépulture. *Un monument funéraire.*

funeste adj.
• Qui apporte le malheur.
• Qui cause la mort. *Un accident funeste.*
🖙 Ne pas confondre avec le mot *funèbre,* relatif aux funérailles, à la mort.

funiculaire n. m.
Wagon mis en mouvement à l'aide de câbles. *Vous pouvez gravir les 425 marches ou prendre le funiculaire.*

fur n. m.
Au fur et à mesure, locution figée. À mesure. *Au fur*

et à mesure qu'ils arrivent. Au fur et à mesure de vos besoins financiers. Répondez au fur et à mesure.
☞ La locution se construit avec *que* et le subjonctif ou avec la préposition *de* ou absolument.

furet n. m.
Petit carnassier au pelage blanc.
☞ furet.

furetage n. m.
Action de fureter.
☞ furetage.

fureter v. intr.
Le *e* se change en *è* devant une syllabe muette. *Je furète, nous furetons.*
Chercher pour découvrir des choses rares, cachées. *Tous les samedis, elle furète dans les magasins.*

fureteur, euse adj. et n. m. et f.
Curieux, qui furète.

fureur n. f.
• Emportement. *Des cris de fureur.*
• *Faire fureur.* Provoquer un intérêt passionné. *Ces produits ont fait fureur.*
☞ Le nom reste au singulier dans cette expression.

furibond, onde adj.
(Fam.) Furieux.

furie n. f.
• Accès de rage, de fureur. *Ces erreurs les ont mis en furie.*
• Caractère d'extrême violence. *Les flots étaient en furie.*
• Femme déchaînée par la colère.

furieusement adv.
De façon furieuse.

furieux, euse adj.
• En colère. *Il était furieux de se voir contredit. Elle était furieuse contre eux. Ils sont furieux que la décision soit prise.*
☞ L'adjectif peut se construire avec *de, contre* ou *que* + subjonctif.
• *Fou furieux.* Furieux à l'extrême. *Elles sont folles furieuses.*
☞ Cette expression n'est plus utilisée en psychiatrie; dans la langue courante, elle a perdu son sens médical et s'emploie comme un superlatif.
☞ furieux.

furoncle n. m.
Petite inflammation de la peau.
☞ Attention au genre masculin de ce nom : *un* furoncle.

furtif, ive adj.
Discret, caché. *Des regards furtifs.*

furtivement adv.
De manière furtive.

fusain n. m.
• Arbuste ornemental.
• Charbon employé pour le dessin.
• Dessin fait au fusain. *De beaux fusains.*

***fuse**
Anglicisme pour *fusible.*

fuseau n. m. (pl. *fuseaux*)
• Petite bobine pour filer à la quenouille.
• Forme allongée de cet instrument. *Un pantalon fuseau.*
• Zone imaginaire comportant une heure uniforme. *Les 24 fuseaux horaires de la Terre.*

fusée n. f.
• Pièce de feu d'artifice. *Des fusées éclairantes.*
• Engin mû par un moteur à réaction et pouvant voyager dans l'espace. *Envoyer une fusée vers la Lune.*

fuselage n. m.
Corps d'un avion.
☞ fuselage.

fuselé, ée adj.
En forme de fuseau. *Une colonne fuselée.*
☞ fuselé.

fuseler v. tr.
Redoublement du *l* devant un *e* muet. *Je fuselle, je fusellerai,* mais *je fuselais.*
Donner la forme d'un fuseau à.

fuser v. intr.
Jaillir. *Des rires fusaient de toutes parts.*

fusible n. m.
Dispositif destiné à couper le courant électrique lorsque l'intensité est trop forte. *Des fusibles* (et non des *fuses).

fusil n. m.
👄 Le *l* ne se prononce pas [fyzi].
• Arme à feu portative. *Un fusil de chasse.*
• *Coup du fusil.* (Fam.) Addition excessivement élevée dans un restaurant, un hôtel.
• Morceau d'acier servant à aiguiser les couteaux.
☞ fusil.

fusilier n. m.
Soldat muni d'un fusil.
☞ fusilier.

fusillade n. f.
• Combat à coups de fusil.
• Échange de coups de feu. *La fusillade a fait deux blessés.*

fusiller v. tr.
Les lettres *ill* sont suivies d'un *i* à la première et à la deuxième personne du pluriel de l'indicatif imparfait et du subjonctif présent. *(Que) nous fusillions, (que) vous fusilliez.*
Exécuter (un condamné) par fusillade.
☞ fusiller.

fusion n. f.
• Passage d'un corps solide à l'état liquide sous l'influence de la chaleur. *De la lave en fusion.*
• (Fig.) Combinaison. *La fusion des idées.*
• (Écon.) Intégration. *Une fusion d'entreprises.*

fusionnement n. m.
Action, fait de fusionner. *Le fusionnement de deux sociétés.*

fusionner v. tr., intr.
• **Transitif.** Réunir (des éléments, des groupes) en un seul.
• **Intransitif.** Se réunir. *Ces entreprises ont fusionné* (et non *se sont fusionnées).

fustiger v. tr.
Le ***g*** est suivi d'un ***e*** devant les lettres ***a*** et ***o***. *Il fustigea, nous fustigeons.*
• (Vx) Battre, fouetter.
• (Litt.) Réprimander.

fût n. m.
• Tonneau. *Un fût de chêne. De la bière en fût.*
• Tronc d'un arbre.
• Corps d'une colonne.
⇨ fût.

futaie n. f.
Forêt composée de grands arbres.

futé, ée adj. et n. m. et f.
(Fam.) Rusé. *Ce jeune homme est très futé, il est astucieux.*

futile adj.
Vain, vide. *Des préoccupations futiles.*

futilement adv.
Le ***e*** central ne se prononce pas [fytilmɑ̃].
De façon futile.

futilité n. f.
Frivolité. *La futilité de ses interventions est décevante.*

futon n. m.
Matelas d'origine japonaise, plus ou moins épais, pouvant également servir de siège.

futur, ure adj. et n. m.
• **Adjectif.** Qui est à venir. *Les publications futures.*
• **Nom masculin.** Avenir. *Nous ne connaissons pas le futur.*

• (Gramm.) Le **futur** indique qu'un fait arrivera plus tard que le moment où l'on parle. *Demain nous irons à la campagne.*
Il exprime également :
- un **impératif.** *Vous voudrez bien m'expliquer cette erreur.*
- un **présent atténué.** *Nous vous prierons de passer à nos bureaux.*
- une **vérité générale.** *Il y aura toujours des gagnants et des perdants.*
- une **probabilité.** *L'automne sera beau, je crois.*
- un **futur dans le passé.** *Vous assisterez ensuite à la victoire de notre équipe.*
• Le **futur antérieur** exprime un fait qui devra avoir lieu avant un autre dans l'avenir. *Lorsque nous l'aurons accueilli, nous poursuivrons les travaux.*
Il peut également marquer :
- un **fait futur inévitable.** *Je ne suis pas inquiète, il aura conquis son auditoire en quelques minutes.*
- un **fait passé hypothétique.** *Il ne s'est pas présenté, il se sera rendu à notre ancienne adresse.*

---

futuriste adj. et n. m. et f.
• **Adjectif.** Qui évoque le futur. *Une voiture futuriste.*
• **Nom masculin et féminin.** Qui cherche à imaginer l'avenir de l'humanité.

futurologie n. f.
Ensemble des recherches prospectives qui ont pour objet l'évolution future, scientifique, économique, sociale, technique de l'humanité.

futurologue n. m. et f.
Spécialiste de la futurologie.

fuyant, ante adj.
Qui fuit, qui se dérobe. *Des regards fuyants.*

fuyard, arde adj. et n. m. et f.
• **Adjectif et nom masculin et féminin**
- Qui s'enfuit.
- Fugitif. *La police n'a pas rattrapé les fuyards.*
• **Nom masculin**
Soldat qui abandonne son poste de combat.

g
- Symbole de *gramme.*
- Ancienne notation musicale de la note *sol.*
- V. **note de musique.**

G
Symbole de *giga-.*

gabardine n. f.
Tissu de laine à côtes très fines. *Un manteau en ga-bardine.*

gabarit n. m.
👄 Le *t* ne se prononce pas [gabari].
- Appareil qui sert à vérifier la forme, les dimensions.
- Toute dimension réglementée, toute forme imposée. *Un gabarit* (et non une **hauteur libre).
▭➤ gabari**t.**

gabonais, aise adj. et n. m. et f.
Du Gabon. *Le drapeau gabonais. Un Gabonais, une Gabonaise.*
▭⊢— L'adjectif s'écrit avec une minuscule; le nom, avec une majuscule.

gâcher v. tr.
- Gaspiller. *Gâcher son talent, son argent.*
- Rendre désagréable. *Sa mauvaise humeur a gâché la soirée.*
▭➤ gâcher**.**

gâchette n. f.
👄 Le *â* se prononce *â* ou *a* , [gɑʃɛt] ou [gaʃɛt].
Mécanisme d'un fusil relié à la détente et comman-dant le départ du coup. *Appuyer sur la détente* (et non sur la **gâchette) afin d'actionner la gâchette.*
▭➤ gâchette**.**

gâcheur, euse n. m. et f.
Personne qui gâche, gaspille.
▭➤ gâcheur**.**

gâchis n. m.
Désordre. *C'est un beau gâchis.*
▭➤ gâchi**s.**

gadget n. m.
👄 Ce nom se prononce à l'anglaise [gadʒɛt].
Petit objet nouveau plus ou moins utile, de conception ingénieuse. *Des gadgets amusants.*

gadoue n. f.
Boue, terre détrempée.
▭➤ gadoue**.**

gaélique adj. et n. m.
- **Adjectif.** Relatif aux Gaëls (peuple celte). *La culture gaélique.*
▭⊢— L'adjectif s'écrit avec une minuscule.
- **Nom masculin.** Langue parlée par les Gaëls. *La langue gaélique.*
▭⊢— Le nom de la langue s'écrit avec une minuscule.

gaffe n. f.
- Perche munie d'un croc. *Avec sa gaffe, il a repêché le maillot qui était tombé à l'eau.*
- (Fam.) Bévue. *Gaston, c'est le roi de la gaffe.*

gaffer v. intr.
(Fam.) Faire une gaffe, commettre un impair. *Zut, j'ai encore gaffé.*

gaffeur, euse n. m. et f.
(Fam.) Maladroit. *Elle est gaffeuse.*

gag n. m.

👄 Le **g** final se prononce [gag].

(Fam.) Effet comique. *De bons gags.*

gaga adj. inv.

Gâteux. *Des personnes gaga.*

gage n. m.

• Garantie, preuve. *Un gage de reconnaissance.*

• (Au plur.) Salaire des domestiques.

• *Tueur à gages.* Mercenaire.

gager v. tr.

Le **g** est suivi d'un **e** devant les lettres **a** et **o.** *Il gagea, nous gageons.*

• Être d'avis, supposer que. *Je gage qu'il arrivera en retard.*

• Au Canada, parier. *Je te gage 5 $ que les Canadiens vont gagner.*

🖙 L'emploi du verbe est courant au Canada, mais il est vieilli en ce sens dans l'ensemble de la francophonie.

gageure n. f.

👄 Les lettres **eu** se prononcent **u** [gaʒyr].

• Projet difficile. *La gageure de réduire le déficit.*

• Au Canada, pari. *Ils ont fait une gageure.*

🖙 L'emploi du nom est courant au Canada, mais il est vieilli en ce sens dans l'ensemble de la francophonie.

gagnant, ante adj. et n. m. et f.

Qui gagne. *Les numéros gagnants. Les gagnantes du concours.*

🖙 Ne pas confondre avec le participe présent invariable **gagnant.** *Les personnes gagnant un petit salaire bénéficieront d'une réduction.*

gagne-pain n. m. inv. (pl. *gagne-pain*)

Travail qui permet à quelqu'un de gagner sa vie. *La menuiserie est son gagne-pain.*

gagne-petit n. m. inv. (pl. *gagne-petit*)

Personne dont le métier est peu rémunérateur.

gagner v. tr., intr.

Les lettres **gn** sont suivies d'un **i** à la première et à la deuxième personne du pluriel de l'indicatif imparfait et du subjonctif présent. *(Que) nous gagnions, (que) vous gagniez.*

• **Transitif**

- Faire un gain. *Il a gagné le premier prix* (et non il *s'est mérité*). *Les dollars qu'elle a gagnés.*

- Remporter une victoire. *C'est notre équipe qui a gagné le tournoi.*

- *Gagner du temps.* Faire une économie de temps. *Le micro-ordinateur nous fera gagner* (et non *sauver*) *du temps.*

- *Gagner du terrain.* Progresser.

• **Intransitif**

- Avoir avantage à. *Il gagne à être connu.*

- Être le vainqueur. *Ils ont gagné!*

gagneur, euse n. m. et f.

Personne animée par la volonté de gagner.

gai, gaie adj. et n. m. et f.

• **Adjectif.** Joyeux, de bonne humeur. *Ce matin, Marie-Ève était très gaie.*

• **Adjectif et nom masculin et féminin.** Homosexuel, homosexuelle.

🖙 En ce sens, le mot est un emprunt francisé à l'américain «gay».

Hom. **gué,** endroit où l'on traverse un cours d'eau à pied.

gaiement adv.

Joyeusement.

🖙 La graphie **gaîment** est vieillie.

🖎 gaiement.

gaieté n. f.

• Bonne disposition de l'humeur. *Sa gaieté fait plaisir à voir.*

• *De gaieté de cœur.* Volontiers.

🖙 Ne pas confondre avec les noms suivants :

- *bonheur,* état moral de plénitude qui comporte une idée de durée;

- *joie,* émotion profonde et agréable, souvent courte et passagère;

- *plaisir,* sensation agréable.

🖙 La graphie **gaîté** est vieillie.

🖎 gaieté.

gaillard, arde adj. et n. m. et f.

• **Adjectif.** Vif, alerte, grivois. *Une chanson gaillarde.*

• **Nom masculin et féminin.** Personne vigoureuse.

gaillardement adv.

De façon gaillarde, avec vigueur.

gain n. m.

• Action de gagner quelque chose. *Un gain de temps.*

• Bénéfice, salaire. *Ils ont réalisé des gains appréciables.*

• *Obtenir gain de cause.* L'emporter dans une contestation, un procès. *Ils ont obtenu gain de cause.*

🖙 Cette expression est figée et les noms demeurent invariables.

Ant. **perte.**

gaine n. f.

• Étui. *La gaine d'une arme.*

• Sous-vêtement féminin. *Des gaines-culottes.*

gainer v. tr.

Recouvrir d'une gaine. *Un cordon gainé de cuir.*

gala n. m.

Grande fête officielle. *Des galas somptueux, des soirées de gala.*

galactique adj.

Relatif à la Voie lactée. *Une nébuleuse galactique.*

galamment adv.

Avec délicatesse, amabilité.

🖎 galamment.

galant, ante adj. et n. m. et f.

• Qui se rapporte aux relations amoureuses. *Une aventure galante.*

• *Galant homme.* (Vx) Homme d'honneur.

• Poli, prévenant à l'égard des femmes. *En homme galant (ou en galant homme) il la laisse toujours passer devant.*

🖙 Le féminin est littéraire et vieilli dans l'expression **femme galante,** femme de mœurs légères.

galanterie n. f.
• Courtoisie à l'égard des femmes. *Il s'inclina avec ga-
lanterie.*
• Intrigue amoureuse.

galantine n. f.
Préparation de charcuterie servie dans sa gelée. *Une
galantine de poulet.*

galaxie n. f.
• La Voie lactée.
• Ensemble d'étoiles et de matières interstellaires.
☞ Le nom s'écrit avec une majuscule lorsqu'il dé-
signe la nébuleuse à laquelle appartient le Soleil.
V. **astre.**

galbe n. m.
• Profil du corps humain, d'une statue.
• Contour harmonieux.

galbé, ée adj.
• Renflé vers le milieu.
• Bien fait. *Des jambes bien galbées.*

galber v. tr.
Donner du galbe à.

gale n. f.
• Maladie parasitaire et contagieuse de la peau.
• Au Canada, croûte qui se forme sur une plaie en
voie de guérison.
☞ L'emploi du nom est courant au Canada dans la
langue familière, mais il est vieilli en ce sens dans
l'ensemble de la francophonie.
⇨ gale.

galère n. f.
• (Ancienn.) Navire à voiles et à rames.
• Mésaventure. *Que diable allait-il faire dans cette ga-
lère?* (Molière)

galerie n. f.
• Large passage couvert aménagé à l'intérieur ou à
l'extérieur d'un immeuble pour circuler.
☞ Ne pas confondre avec le nom **balcon,** plate-
forme disposée en saillie sur la façade d'un édifice,
entourée d'un garde-fou et communiquant avec l'intérieur.
• *Galerie marchande.* Espace couvert sur lequel s'ouvrent des boutiques.
• *Galerie d'art.* Lieu où l'on expose, où l'on fait le commerce d'œuvres d'art.
V. **porte-bagages.**

galet n. m.
Caillou poli et arrondi par la mer. *Une plage de galets.*
⇨ galet.

galette n. f.
• Gâteau rond et plat. *La galette des Rois.*
• Sorte de crêpe composée de farine de sarrasin.

galeux, euse adj. et n. m. et f.
Qui a la gale.

galimatias n. m.
☞ Le *s* ne se prononce pas [galimatja].
Langage obscur.
⇨ galimatia**s.**

galion n. m.
(Ancienn.) Grand navire espagnol.
⇨ galion.

galipette n. f.
(Fam.) Pirouette.

gallicisme n. m.
Construction ou forme propre à la langue française.

gallinacé, ée adj. et n. m.
Ordre d'oiseaux omnivores. *La poule est un gallinacé.*

gallois, oise adj. et n. m. et f.
• **Adjectif et nom masculin et féminin.** Du pays de
Galles. *Les mineurs gallois. Un Gallois, une Galloise.*
☞ L'adjectif s'écrit avec une minuscule; le nom,
avec une majuscule.
• **Nom masculin.** Langue parlée dans le pays de
Galles.
☞ Le nom de la langue s'écrit avec une minuscule.

gallon n. m.
• Unité de mesure de capacité utilisée au Canada et
aux États-Unis. *Des gallons d'essence.*
• Le *gallon canadien* qui comprend 4 pintes ou 8 cho-
pines, équivaut à 4,545 litres.
• Le *gallon américain* équivaut à 3,785 litres.
Hom. *galon,* ruban.

galoche n. f.
• (Fam.) Chaussure.
• *Menton en galoche.* Menton proéminent.

galon n. m.
• Ruban épais qui sert d'ornement. *Des galons dorés.*
• Au Canada, ruban gradué servant à prendre les me-
sures. *Un galon, un mètre à ruban* (et non un **tape).*
Hom. *gallon,* unité de mesure de capacité.
V. **mètre** (à ruban).

galop n. m.
☞ Le *p* ne se prononce pas [galo].
• Allure la plus rapide du cheval. *Le cheval est parti
au galop.*
• *Au galop.* Très rapidement. *Chassez le naturel et il
revient au galop.* (Proverbe)
⇨ galo**p.**

galopade n. f.
Course.

galopant, ante adj.
Dont l'évolution est rapide. *Une épidémie galopante.*

galoper v. intr.
Aller au galop. *Ces chevaux galopent puis vont au
trot.*
⇨ galo**per.**

galopin n. m.
(Fam.) Gamin.

galvanisation n. f.
Opération par laquelle on recouvre le fer d'une couche
de zinc, par électrolyse, pour le préserver de la rouille.

galvaniser v. tr.
• Faire une galvanisation.
• Exciter, enflammer. *Son plaidoyer a galvanisé la foule.*

galvauder v. tr.
• Gaspiller, perdre. *Galvauder sa réputation.*
• Perdre son véritable sens. *Un mot galvaudé.*

gambade n. f.
Cabriole.

gambader v. intr.
Sauter, danser. *Gambader de joie.*

gambe n. f.
Viole de gambe. Instrument ancien, ancêtre du violoncelle.

gamelle n. f.
Écuelle de métal. *Une gourde et une gamelle pour le camping.*
⟹ gamelle.

gamète n. m.
Cellule reproductrice.
☞ Attention au genre masculin de ce nom : *un* gamète.

gamin, ine adj. et n. m. et f.
• **Adjectif.** Espiègle. *Avec un air gamin.*
• **Nom masculin et féminin.** (Fam.) Enfant.

gaminerie n. f.
Espièglerie.

gamma n. m. inv.
• Lettre grecque.
• *Rayons gamma.* Radiations émises par les corps radioactifs.
☞ Ce nom est toujours invariable.

gamme n. f.
• Série continue d'éléments classés par gradation. *Une gamme de musique. Une gamme de couleurs.*
• *Haut de gamme.* Se dit des produits les plus coûteux d'une série. *Des articles haut de gamme.*
• *Bas de gamme.* Se dit des produits les moins coûteux d'une série.
☞ Ces expressions sont invariables.

gandoura n. f.
Vêtement ample sans manche porté en Afrique du Nord. *Des gandouras brodées.*

gang n. m.
⟹ Le mot se prononce [gãg] ou à l'anglaise.
Bande de malfaiteurs. *Un gang très bien organisé.*
☞ Attention au genre masculin de ce nom : *un* gang.

ganglion n. m.
Petite boule sur le trajet des vaisseaux lymphatiques. *Les ganglions lymphatiques.*

gangrène n. f.
• Nécrose d'un tissu.
• (Fig.) Corruption.
⟹ gangrène.

gangrener v. tr., pronom.
Le *e* se change en *è* devant une syllabe muette. *Il gangrène, il gangrenait.*
• **Transitif.** Provoquer la gangrène.
• **Pronominal.** Être atteint par la gangrène. *Sa jambe s'est gangrenée.*

gangster n. m.
⟹ Le *e* se prononce *èr* ou *eur,* [gãgstɛr] ou [gãgstœr].
Membre d'un gang. *Des gangsters astucieux.*

gangstérisme n. m.
Banditisme.

gangue n. f.
• Substance terreuse qui entoure le minerai, les pierres précieuses. *Retirer un minerai de sa gangue.*
• Enveloppe enfermant quelque chose de précieux.
⟹ gangue.

ganse n. f.
Cordonnet servant à border. *Une ganse de soie.*

ganser v. tr.
Garnir d'une ganse.

gant n. m.
• Partie de l'habillement qui couvre la main et les doigts séparément. *Une paire de gants. Des gants de cuir.*
• *Gant de toilette.* Petite serviette de tissu éponge formant une poche.
V. **débarbouillette.**
• *Aller comme un gant.* Convenir parfaitement.
• *Prendre des gants, mettre des gants.* Prendre des précautions.
• *Jeter le gant à quelqu'un.* Défier quelqu'un.
• *Ramasser, relever le gant.* Relever le défi.
☞ Ne pas confondre avec les noms suivants :
- *mitaine,* gant qui découvre le bout des doigts ;
- *moufle,* qui couvre la main sans séparation pour les doigts, sauf pour le pouce. Au Canada, se dit *mitaine.*

ganter v. tr., intr., pronom.
• **Transitif.** Mettre, fournir des gants à.
• **Intransitif.** Avoir comme pointure pour les gants. *Elle gante du sept.*
• **Pronominal.** Mettre des gants. *Elle s'est gantée.*

ganterie n. f.
⟹ Le *e* central ne se prononce pas [gãtri].
Industrie, commerce du gantier.

gantier n. m.
gantière n. f.
Personne qui fait ou vend des gants.

*gap
Anglicisme pour *écart.*

garage n. m.
• Endroit servant d'abri aux véhicules. *Des garages souterrains.*
• Établissement où l'on fait l'entretien et la réparation des véhicules. *Ma voiture est au garage pour une révision.*

garagiste n. m. et f.
Personne qui dirige un garage.

garance adj. inv. et n. f.
• **Nom féminin**
- Plante dont la racine produit une teinture rouge.
- Teinture d'un rouge vif.
• **Adjectif de couleur invariable**
De la couleur rouge extraite de la garance. *Des vêtements garance.*
V. Tableau - **COULEUR (ADJECTIFS DE).**

garant, ante n. m. et f.
• **Nom masculin et féminin.** Personne qui sert de garantie, de caution. *Elle s'est portée garante de l'emprunt. Ils agiront comme garants pour cet emprunt.*
• **Nom masculin.** Garantie. *L'excellence est le garant du succès.*
☞ En ce sens, le nom est toujours masculin.

garantie n. f.
• Nantissement.
• Clause d'un contrat de vente destinée à protéger l'acheteur contre un dommage éventuel du produit acquis. *Une garantie de deux ans. Cet appareil est encore sous la garantie ou sous garantie* (et non *sur la garantie*).

garantir v. tr.
• Assurer sous sa responsabilité. *Garantir l'exécution de travaux.*
• Certifier. *Je vous garantis que ces données sont exactes.*

garbure n. f.
Potage béarnais à base de légumes, de lard et de confit.

garce n. f.
(Pop.) Femme désagréable et vulgaire.

garcette n. f.
Cordage tressé.

garçon n. m.
• Enfant mâle, par opposition à **fille.** *Ce collège est réservé aux garçons.*
• (Vx) Célibataire. *Enterrer sa vie de garçon.*
⇨ garçon.

garçonnet n. m.
Jeune garçon.
⇨ garçonne**t.**

garçonnier, ière adj.
Qui convient à un garçon. *Cette jeune fille a une démarche plutôt garçonnière.*
⇨ garçonnier.

garçonnière n. f.
Petit appartement, studio.
⇨ garçonnière.

garde n. f.

• Action de garder, de conserver, de surveiller. *Je vous confie la garde de la maison.*
• *Faire bonne garde.* Assurer une surveillance étroite de quelqu'un ou de quelque chose.
• *Être de garde.* Être en faction ou être chargé de la permanence d'un service. *Un médecin de garde* (et non en *devoir*).
• *Prendre garde à* + nom, pronom. Faire attention à, se protéger de. *Prenez garde à vous. Prends garde à ce chien, il est dangereux.*
• *Prendre garde à* + infinitif. Veiller à, avoir soin de. *Prends garde à te lever tôt pour être prête à temps.*
• *Prendre garde de* + infinitif. Éviter soigneusement de. *Prenez garde de glisser.*

☞ Étant donné le sens négatif de cette locution, l'infinitif ne doit pas être accompagné d'une négation, sous peine de signifier le contraire de ce qu'on voulait dire.
• *Prendre garde que* + indicatif. Remarquer. *Prenez garde que cet examen aura lieu lundi prochain.*
• *Prendre garde que* + subjonctif. Prendre ses mesures. *Elle prend garde que tout soit prêt à temps.*
• *Prendre garde que* + subjonctif et *ne.* Chercher à éviter. *Elle prend garde que rien ne manque.*
• *N'avoir garde de* + infinitif. (Litt.) Éviter soigneusement de. *Je n'aurai garde de compter sur cette personne : on ne peut s'y fier.*
☞ Couramment on dira plutôt *se garder de.*
• Partie d'une arme blanche. *La garde d'un sabre.*
• *Pages de garde.* Pages non imprimées au début et à la fin d'un livre.

garde n. m. et f.
Personne chargée de la garde de quelqu'un ou de quelque chose. *Un garde forestier, une garde-chasse.*
☞ Si le mot *garde* est suivi d'un nom, il s'écrit avec un trait d'union ; s'il est suivi d'un adjectif, il s'écrit sans trait d'union.

garde- préf.
• Les mots composés avec *garde-* s'écrivent généralement avec un trait d'union. Seules font exception les expressions composées du nom *garde* suivi d'un adjectif. *Un garde forestier.*
• Si le mot *garde* est un verbe, il demeure invariable. *Des garde-boue.* Si le mot *garde* désigne une personne qui garde, c'est alors un nom qui prend la marque du pluriel. *Des gardes-frontière, des gardes-malades.*

garde-à-vous n. m. inv. (pl. *garde-à-vous*)
Position réglementaire prise par les militaires en certaines occasions.
☞ Ne pas confondre avec l'expression *Garde à vous!* qui est un commandement militaire et qui s'écrit généralement sans traits d'union.

garde-barrière n. m. et f. (pl. *gardes-barrière, gardes-barrières*)
Personne chargée de la surveillance d'un passage à niveau.

garde-boue n. m. inv. (pl. *garde-boue*)
Dispositif placé au-dessus des roues d'une bicyclette pour protéger des éclaboussures.

garde champêtre n. m. et f. (pl. *gardes champêtres*)
Personne préposée à la garde des propriétés rurales.

garde-chasse n. m. et f. (pl. *gardes-chasse, gardes-chasses*)
Agent préposé à la garde du gibier dans un domaine.

garde-chiourme n. m. (pl. *gardes-chiourme, gardes-chiourmes*)
(Fam.) Surveillant brutal.

garde-corps n. m. inv. (pl. *garde-corps*)
Parapet. *Ne vous penchez pas au-dessus du garde-corps.*
☞ Ne pas confondre avec le nom **garde du corps,** personne attachée à la garde de quelqu'un.
Syn. **garde-fou.**

garde-côte adj. et n. m. (pl. *garde-côte, garde-côtes*)
Petit bateau utilisé pour la surveillance de la pêche le long des côtes.

garde du corps n. m. (pl. *gardes du corps*)
Personne attachée à la garde de quelqu'un. *Le président est entouré de gardes du corps.*
☞ Ne pas confondre avec le nom **garde-corps,** parapet.

garde-feu n. m. inv. (pl. *garde-feu*)
Grille que l'on place devant le foyer d'une cheminée.

garde-fou n. m. (pl. *garde-fous*)
Barrière construite le long d'un lieu élevé pour empêcher les gens de tomber.
Syn. **garde-corps.**

garde-malade n. m. et f. (pl. *gardes-malades*)
Personne qui soigne les malades.

garde-manger n. m. inv. (pl. *garde-manger*)
Placard servant à conserver les aliments.

garde-meubles n. m. inv. ou **garde-meuble** n. m. (pl. *garde-meubles, garde-meuble*)
Lieu où l'on peut entreposer des meubles de façon temporaire. *Mettre une armoire au garde-meuble* (et non en **storage*).

gardénia n. m.
Arbuste à fleurs blanches et odorantes. *Des gardénias odorants.*
☞ Attention au genre masculin de ce nom : *un* gardénia.

garde-pêche n. m.
• **Nom masculin** (pl. *gardes-pêche*)
Personne chargée de surveiller la pêche.
☞ Attention au pluriel de ce nom composé. Le mot **garde** prend la marque du pluriel puisqu'il désigne une personne et qu'il s'agit alors d'un nom.
• **Nom masculin invariable** (pl. *garde-pêche*)
Petite embarcation utilisée pour la surveillance de la pêche le long des côtes.
☞ Attention au pluriel de ce nom composé, le mot **garde** est un verbe et demeure invariable.

garder v. tr., pronom.
• **Transitif**
- Assurer la garde, la surveillance de quelqu'un, de quelque chose. *Garder un bébé, un bâtiment.*
- Ne pas quitter. *Garder le lit, garder son chapeau.*
- (Fig.) Conserver. *Garder ses illusions, garder le silence.*
• **Pronominal**
- *Se garder de* + infinitif. Éviter de, s'abstenir de. *Il faudrait se garder de suivre ce conseil.*
- Se conserver. *Les framboises se gardent difficilement.*

*garder la droite
Dans la signalisation routière, calque de l'anglais «keep to the right» pour **tenez la droite, serrez à droite.**

garderie n. f.
Au Canada, établissement où l'on garde les enfants pendant la journée ou en dehors des heures de classe.
☞ En ce sens, c'est le nom **crèche** qui est utilisé dans le reste de la francophonie.

garde-robe n. f. (pl. *garde-robes*)
• Au Canada, penderie.
☞ L'emploi du nom est courant au Canada, mais il est vieilli en ce sens dans l'ensemble de la francophonie.
• Ensemble de vêtements d'une personne. *Sa garde-robe est entièrement en noir et blanc.*
☞ Attention au genre féminin de ce nom : *une* garde-robe.

gardeur, euse n. m. et f.
Gardien. *Une gardeuse d'oies.*

gardian n. m.
Gardien de chevaux ou de taureaux, en Camargue.

gardien n. m.
gardienne n. f.
Personne chargée de veiller sur quelqu'un, de garder quelque chose.

gardiennage n. m.
Service de garde. *Assurer le gardiennage d'immeubles.*
☞ gardie**nn**age.

gardon n. m.
• Poisson d'eau douce.
• *Frais comme un gardon.* En bonne forme.

gare n. f.
Dans le transport ferroviaire, bâtiment et installations où se font l'embarquement et le débarquement des voyageurs, le chargement et le déchargement des marchandises. *Le train entre en gare* (et non **dans la gare*) *à 15 heures.*

gare! interj.
• Interjection pour avertir d'un danger. *Gare devant!*
• *Gare à.* Attention à. *Gare au chien! Gare à toi si tu ne tiens pas ta promesse.*
• *Sans crier gare.* Sans prévenir. *Ils sont partis sans crier gare.*

garenne n. f.
Lieu boisé où vivent les lapins à l'état sauvage. *Un lapin de garenne.*

garer v. tr., pronom.
• **Transitif**
Ranger un véhicule dans un lieu de stationnement. *J'ai réussi à garer ma voiture à proximité du magasin.*
☞ On emploie surtout la forme pronominale en ce sens. *As-tu réussi à te garer?*
• **Pronominal**
- Ranger sa voiture à l'écart de la circulation. *Il s'est mal garé : il est en stationnement interdit.*
- Éviter. *Se garer des coups.*

gargantuesque adj.
Digne de Gargantua, géant de grand appétit. *Des desserts gargantuesques.*

gargariser (se) v. pronom.
• Se rincer la bouche et la gorge avec un liquide. *Elle s'est gargarisée avec un antiseptique.*
• (Fig., fam.) Se délecter. *Il se gargarise de mots ronflants.*

gargarisme n. m.
Liquide avec lequel on se gargarise.

gargote n. f.
(Péj.) Endroit où l'on mange mal.
🗢 gargote.

gargouille n. f.
Partie d'une gouttière, de forme bizarre par laquelle l'eau tombe à distance des murs. *Les gargouilles de Notre-Dame.*

gargouillement n. m.
• Bruit de l'eau qui tombe dans une gouttière.
• Borborygme.

gargouillis n. m.
🗢 Le *s* ne se prononce pas [garguji].
Bruit produit par un liquide.
🗢 gargouilli**s.**

gargoulette n. f.
Vase poreux où l'eau se conserve fraîche.
🖂— Ne pas confondre avec le nom **margoulette,** (fam.) mâchoire.

garnement n. m.
Enfant insupportable. *Petit garnement, tu as cassé mon vase chinois!*

garni, ie adj.
• Accompagné de charcuteries, de légumes divers, d'un autre aliment. *Une choucroute garnie.*
• Orné. *Une robe garnie d'un col de dentelle.*

garnir v. tr.
• Pourvoir de choses nécessaires. *Garnir une bibliothèque de livres.*
• Enrichir, orner. *Garnir une façade de sculptures de pierre.*

garnison n. f.
Troupe de soldats casernée dans un endroit, une ville.

garnissage n. m.
Action de garnir; ce qui garnit.

garniture n. f.
• Ornement. *Les garnitures dorées d'un meuble.*
• Ce qui remplit, accompagne un plat. *Garniture d'une tarte.*

garou
V. **loup-garou.**

garrigue n. f.
Terrain aride parsemé de végétation broussailleuse.

garrot n. m.
Lien servant à comprimer une artère pour arrêter une hémorragie.
🗢 garro**t.**

garrotter v. tr.
Bâillonner.
🗢 garro**tter.**

gars n. m.
🗢 Les lettres *rs* ne se prononcent pas [gɑ].
• (Fam.) Jeune homme. *Un petit gars.*
• (Fam.) Gaillard. *Trois gars à l'allure louche se promenaient.*

gaspacho n. m.
🗢 Les lettres *ch* se prononcent *tch* [gaspatʃo].
Potage espagnol à base de tomate et d'épices que l'on mange froid.

gaspésien, ienne adj. et n. m. et f.
De la Gaspésie. *La pêche gaspésienne. Un Gaspésien, une Gaspésienne.*
🖂— L'adjectif s'écrit avec une minuscule; le nom, avec une majuscule.

gaspillage n. m.
Action de faire des dépenses inutiles, de consommer inutilement. *Un gaspillage d'énergie.*

gaspiller v. tr.
Les lettres *ill* sont suivies d'un *i* à la première et à la deuxième personne du pluriel de l'indicatif imparfait et du subjonctif présent. *(Que) nous gaspillions, (que) vous gaspilliez.*
Consommer sans discernement. *Gaspiller des ressources, son talent, ses forces.*

gaspilleur, euse adj. et n. m. et f.
Qui gaspille.

gastrique adj.
Relatif à l'estomac. *Un ulcère gastrique.*

gastro-entérologie n. f.
Partie de la médecine consacrée aux maladies du tube digestif.

gastro-entérologue n. m. et f.
Médecin spécialiste de gastro-entérologie.

gastronome n. m. et f.
Gourmet, personne qui apprécie la bonne cuisine.

gastronomie n. f.
Art de la bonne chère.

gastronomique adj.
Qui se rapporte à la gastronomie. *Un repas gastronomique.*

gâteau adj. inv. et n. m. (pl. *gâteaux*)
• **Nom masculin.** Pâtisserie. *Des gâteaux d'anniversaire.*
• **Adjectif invariable.** (Fam.) Qui gâte les enfants. *Des grands-papas gâteau.*
🗢 gâteau.

gâter v. tr., pronom.
• **Transitif**
- Endommager. *Ce vêtement a été gâté par de la peinture.*
- Traiter avec trop d'indulgence. *Gâter un enfant.*
• **Pronominal**
- S'abîmer. *Ces fruits commencent à se gâter.*

- Prendre une mauvaise tournure. *La situation s'est gâtée.*
⇨ gâter.

gâterie n. f.
Petit présent, friandises. *Sa marraine lui a apporté des gâteries.*
⇨ gâterie.

gâte-sauce n. m. inv. (pl. *gâte-sauce*)
Marmiton.
⇨ gâte-sauce.

gâteux, euse adj. et n. m. et f.
Atteint de gâtisme.
⇨ gâteux.

gâtisme n. m.
Sénilité.
⇨ gâtisme.

GATT
Sigle anglais de *General Agreement on Tariffs and Trade.*
▷— La désignation française **Accord général sur les tarifs douaniers et le commerce** est utilisée dans les textes français, mais seul le sigle anglais *GATT* a cours.

gauche adj. et n. f.
• **Adjectif**
- Se dit, par opposition à **droit,** pour marquer la position relative de quelque chose. *La main gauche.*
Ant. **droit.**
- Maladroit. *Des manières gauches.*
Ant. **adroit, habile.**
• **Nom féminin**
- Le côté gauche. *C'est à ma gauche.*
- Mouvement politique. *Il appartient à la gauche qui professe des opinions avancées comparativement à la droite, plus conservatrice.*
Ant. **droite.**

gauchement adv.
De façon gauche.
Ant. **adroitement.**

gaucher, ère adj. et n. m. et f.
Qui est plus habile de la main gauche que de la main droite. *Johanne est gauchère. Une gauchère.*
Ant. **droitier.**

gaucherie n. f.
Maladresse, embarras.
Ant. **adresse, habileté.**

gauchir v. tr., intr.
• **Transitif.** Rendre gauche, déformer. *L'humidité a gauchi la planche.*
• **Intransitif.** Perdre sa forme. *Cette porte a gauchi.*

gauchisant, ante adj.
Adepte des partis de gauche. *Des auteurs gauchisants.*

gauchisme n. m.
Attitude du gauchiste.

gauchissement n. m.
Déformation.

gauchiste adj. et n. m. et f.
Partisan des solutions révolutionnaires, dans un parti.

gaucho n. m. (pl.
👄 Les lettres **ch** se prononcent **ch** ou **tch,** [goʃo] ou [gawtʃo].
Berger d'Amérique du Sud. *Des gauchos.*

gaudriole n. f.
(Fam.) Grivoiserie.

gaufrage n. m.
Action de gaufrer; son résultat.
⇨ gaufrage.

gaufre n. f.
Pâtisserie cuite entre deux fers dont la surface porte des dessins en relief. *Une gaufre aux bleuets.*
⇨ gaufre.

gaufrer v. tr.
Imprimer des motifs en relief ou en creux (sur du cuir, des étoffes, du papier).

gaufrette n. f.
Petite gaufre.

gaufrier n. m.
Moule à gaufre.

gaule n. f.
Longue perche, manche d'une ligne.

gauler v. tr.
Frapper un arbre avec une gaule pour en faire tomber les fruits.

gaulois, oise adj. et n. m. et f.
• **Adjectif et nom masculin et féminin.** De la Gaule. *Astérix était gaulois. Un Gaulois, une Gauloise.*
▷— L'adjectif s'écrit avec une minuscule; le nom, avec une majuscule.
• **Nom masculin**
Langue celte des Gaulois. *Il s'intéresse au gaulois.*
▷— Le nom de la langue s'écrit avec une minuscule.

gauloise n. f.
Cigarette de tabac brun fabriquée en France.

gauloiserie n. f.
Grivoiserie.

gausser (se) v. pronom.
(Litt.) Se moquer.

gavage n. m.
Action de gaver. *Le gavage des oies.*

gaver v. tr., pronom.
• **Transitif.** Faire manger par force. *Gaver des oies.*
• **Pronominal.** Manger avec excès. *Se gaver de bonbons.*

gavotte n. f.
Danse ancienne.
⇨ gavotte.

gavroche adj. et n. m.
Gamin parisien, frondeur et sympathique. *Un style gavroche.*

gaz n. m. inv.
👄 Le **z** se prononce [gɑz].
• État fluide de la matière. *L'oxygène est un gaz.*

• *Masque antigaz.* On préférera cette expression à «masque à gaz».
Hom. *gaze,* tissu léger.

*gaz
Anglicisme au sens de *essence* (pour les véhicules moteurs).

gaze n. f.
Tissu léger, très clair.
Hom. *gaz,* état fluide de la matière.

gazelle n. f.
Mammifère de la famille des antilopes. *Rapide comme une gazelle.*

*gazer
Impropriété pour *faire le plein.*

gazeux, euse adj.
• Relatif au gaz. *Un corps gazeux.*
• Qui contient du gaz. *Une boisson gazeuse* (et non une **liqueur, une *liqueur douce*).
➩ gaze**x**.

gazier, ière adj. et n. m.
• Adjectif. Relatif au gaz. *Le réseau gazier.*
• Nom masculin. Employé d'une compagnie du gaz.

gazoduc n. m.
Canalisation de gaz naturel.

gazole n. m.
Forme francisée de «gas-oil», utilisée en France.

*gazoline
Anglicisme au sens de *essence* (pour les véhicules moteurs).

gazon n. m.
• Herbe courte et menue. *Une tondeuse à gazon.*
• (Par ext.) Surface couverte de gazon. *Marcher sur le gazon.*
🖙 Le nom *pelouse* désigne un terrain couvert d'herbe, il est donc synonyme de *gazon* en ce sens.

gazonner v. tr.
Couvrir de gazon. *Gazonner un talus.*

gazouillement n. m.
Bruit produit par les oiseaux qui gazouillent.
Syn. **gazouillis.**

gazouiller v. intr.
Les lettres *ill* sont suivies d'un *i* à la première et à la deuxième personne du pluriel de l'indicatif imparfait et du subjonctif présent. *(Que) nous gazouillions, (que) vous gazouilliez.*
Produire un bruit léger et doux. *Les oiseaux gazouillent.*

gazouillis n. m.
👄 Le *s* ne se prononce pas [gazuji].
Syn. **gazouillement.**
➩ gazouilli**s**.

G.-B.
Abréviation de *Grande-Bretagne.*

geai n. m.
👄 Attention à la prononciation [ʒɛ].

Oiseau. *Des geais bleus.*
Hom. :
- *jais,* pierre d'un noir brillant;
- *jet,* action de lancer.

géant, ante adj. et n. m. et f.
• **Adjectif**
Immense, très grand. *Un format géant.*
Ant. **minuscule.**
• **Nom masculin et féminin**
- Personne dont la taille est anormalement grande.
Ant. **nain.**
- *À pas de géant.* Très vite. *Ils progressent à pas de géant.*

géhenne n. f.
👄 Attention à la prononciation [ʒeɛn].
Enfer.

geignard, arde adj. et n. m. et f.
(Fam.) Pleurnichard. *Cet enfant est trop geignard, il se lamente sans raison.*
➩ gei**gn**ard.

geindre v. intr.
INDICATIF PRÉSENT *Je geins, tu geins, il geint, nous geignons, vous geignez, ils geignent.* IMPARFAIT *Je geignais, tu geignais, il geignait, nous geignions, vous geigniez, ils geignaient.* PASSÉ SIMPLE *Je geignis, tu geignis, il geignit, nous geignîmes, vous geignîtes, ils geignirent.* FUTUR *Je geindrai.* CONDITIONNEL PRÉSENT *Je geindrais.* IMPÉRATIF PRÉSENT *Geins, geignons, geignez.* SUBJONCTIF PRÉSENT *Que je geigne, que tu geignes, qu'il geigne, que nous geignions, que vous geigniez, qu'ils geignent.* IMPARFAIT *Que je geignisse, que tu geignisses, qu'il geignît, que nous geignissions, que vous geignissiez, qu'ils geignissent.* PARTICIPE PRÉSENT *Geignant.* PASSÉ *Geint.*
Les lettres *gn* sont suivies d'un *i* à la première et à la deuxième personne du pluriel de l'indicatif imparfait et du subjonctif présent. *(Que) nous geignions, (que) vous geigniez.*
Gémir, se plaindre constamment et sans raison. *Donne un biberon au bébé pour qu'il arrête de geindre.*
➩ gei**n**dre.

geisha n. f.
👄 Le *g* se prononce comme dans *guerre* et les lettres *ei* se prononcent *é* ou *èi,* [geʃa] ou [gɛjʃa].
Chanteuse et danseuse japonaise. *Des geishas.*

gel n. m.
• Temps de gelée. *On a prévu du gel pour ce soir.*
• Substance colloïdale. *Un gel pour les cheveux.*
• Blocage. *Le gel des prix.*

gélatine n. f.
Protéine ayant l'aspect d'une gelée.

gélatineux, euse adj.
Qui a l'aspect de la gélatine. *Une substance gélatineuse.*

gelée n. f.
• Gel. *Une gelée automnale.*
• Confiture. *Gelée de groseille, de pomme.*
🖙 Le complément du nom *gelée* se met géné-

ralement au singulier. Par contre, dans l'expression *gelée de fruits,* le complément se met au pluriel.

geler v. tr., intr.
Le *e* se change en *è* devant une syllabe muette. *Il gèle, il gelait.*
• **Transitif**
- Transformer en glace, glacer. *Le froid a gelé le lac.*
- Pénétrer d'un froid vif. *Ce vent nous gèle.*
• **Intransitif**
- Se transformer en glace. *La rivière a gelé cette nuit.*
- *Geler à pierre fendre.* Faire très froid.

gelinotte ou **gélinotte** n. f.
Oiseau sauvage à plumage roux.
⇒ gélinotte.

gélule n. f.
Capsule gélatineuse contenant un médicament.

gémeau n. m.
• (Vx) Jumeau.
• (Au plur.) Nom d'une constellation, d'un signe du zodiaque.
▷— Les noms d'astres s'écrivent avec une majuscule. *Elle est (du signe des) Gémeaux, elle est née entre le 22 mai et le 21 juin.*
V. **astre.**

gémellaire adj.
➣ Le *e* de la deuxième syllabe se prononce *é* ou *è*, [ʒemeler] ou [ʒemɛler].
Qui est relatif aux jumeaux. *Une grossesse gémellaire.*

gémir v. intr.
Faire entendre des plaintes inarticulées. *Le malade gémissait faiblement.*

gémissement n. m.
Cri plaintif. *Il poussait des gémissements faibles.*

gemme adj. et n. f.
• Nom générique des pierres précieuses.
• *Sel gemme.* Sel extrait des mines.

gênant, ante adj.
• Qui importune, qui incommode.
• Au Canada, intimidant. *Cette personne est un peu gênante.*

gencive n. f.
Muqueuse recouvrant la racine des dents.

gendarme n. m.
Militaire appartenant à la gendarmerie.

gendarmer (se) v. pronom.
S'emporter.

gendarmerie n. f.
• Corps militaire chargé d'assurer le maintien de l'ordre public.
• Caserne où sont logés les gendarmes.

Gendarmerie royale du Canada
Sigle *GRC* (s'écrit avec ou sans points).

gendre n. m.
Le mari de la fille par rapport au père et à la mère de celle-ci.

gêne n. f.
• Embarras, malaise.
• Au Canada, timidité. *Il éprouve de la gêne quand il veut parler devant la classe.*
▷— En ce sens, le nom ne s'emploie qu'au Canada et dans certaines régions de la francophonie.
• *Sans-gêne,* nom masculin et féminin. Personne impolie. *Des sans-gêne incroyables.*
• *Sans-gêne,* adjectif invariable. Effronté. *Ils sont sans-gêne.*
Hom. *gène,* une des unités héréditaires localisées sur les chromosomes.
⇒ gène.

gène n. m.
Une des unités héréditaires localisées sur les chromosomes. *Un gène dominant.*
▷— Les dérivés du mot *gène* s'écrivent avec un accent aigu. *Génétique, généticien.*
Hom. *gêne,* embarras, malaise.
⇒ gêne.

gêné, ée adj.
Au Canada, timide. *Ce petit est un peu gêné.*

généalogie n. f.
• Liste des ancêtres, des membres d'une famille. *Faire la généalogie d'une personne.*
• Science de la composition des familles.

généalogique adj.
Relatif à la généalogie. *Un arbre généalogique.*

généalogiste n. m. et f.
Spécialiste de la généalogie.

gêner v. tr., pronom.
• **Transitif**
- Déranger. *Cette musique les gêne pour étudier.*
- Embarrasser. *La curiosité de la voisine a gêné maman.*
• **Pronominal**
S'imposer une contrainte. *Ne vous gênez pas, mettez-vous à l'aise.*

général n. m. (pl. *généraux*)
générale n. f.
Personne qui commande une armée.

général, ale, aux adj. et n. f. et m.
• **Adjectif**
Qui est commun à un grand nombre de personnes ou de choses. *Une direction générale, un tableau général.*
▷— Ne pas confondre avec l'adjectif *générique,* qui appartient à un genre.
Ant. **individuel.**
• **Nom féminin**
Dernière répétition d'une pièce de théâtre, d'un spectacle avant la première.
• **Nom masculin**
- Ensemble des principes généraux.
- *En général.* Généralement.

généralement adv.
• Ordinairement. *Généralement, le lac est gelé à cette époque.*
• Dans l'ensemble. *Les élèves sont généralement ponctuels.*

généralisation n. f.
Action de généraliser.

généraliser v. tr., pronom.
• Rendre général. *Généraliser l'emploi d'un mot.*
• Conclure du particulier au général. *Il faut se garder de généraliser.*

généraliste n. m. et f.
Omnipraticien (par opposition à **spécialiste**).

généralité n. f.
• Nature de ce qui est général
• (Gén. plur.) (Péj.) Idées générales. *Énoncer des généralités.*

générateur n. m. ou **génératrice** n. f.
Appareil produisant du courant électrique. *Une génératrice d'électricité, un générateur.*

générateur, trice adj.
Qui sert à engendrer. *La fonction génératrice.*

génération n. f.
• Reproduction. *Une génération asexuée.*
• Ensemble de personnes qui descendent de quelqu'un. *Trois générations vivent dans cette maison.*
• Ensemble des personnes ayant à peu près le même âge à la même époque. *La nouvelle génération.*

générer v. tr.
• (Ling.) Produire (une phrase).
• Engendrer, produire. *Des aménagements qui génèrent des frais importants.*
☞ Ce verbe est employé sous l'influence de l'anglais «to generate» et il est maintenant passé dans l'usage. Il faut souligner que l'emploi du verbe en ce sens est conforme à l'étymologie latine du verbe latin «generare». On pourra lui préférer les verbes **engendrer, produire, entraîner** ou l'expression **avoir pour conséquence.**

généreusement adv.
De façon généreuse.

généreux, euse adj.
Qui a bon cœur, qui donne beaucoup. *Les amies de Marie-Ève ont été généreuses et lui ont offert de beaux cadeaux.*
☞ généreu**x.**

générique adj. et n. m.
• **Adjectif.** Qui appartient à un genre. *Un terme générique.*
☞ Ne pas confondre avec l'adjectif **général,** qui est commun à un grand nombre.
Ant. **spécifique.**
• **Nom masculin.** Partie d'un film où figurent les noms des acteurs, des techniciens, des collaborateurs, des producteurs. *Le nom de cette actrice est au générique.*

générosité n. f.
Prodigalité. *Ses amies ont fait preuve de générosité.*

genèse n. f.
Origine.
☞ genèse.

-génèse, -genèse, -génésie suff.
Éléments du latin qui signifient «génération, formation». *Parthénogénèse, spermatogénèse.*

genêt n. m.
Arbrisseau à fleurs jaunes.
☞ genêt.

généticien n. m.
généticienne n. f.
Spécialiste de la génétique.

génétique adj. et n. f.
• **Adjectif**
- Qui est relatif à l'hérédité, aux gènes. *Un caractère génétique.*
- **Matériel génétique.** Support de l'information héréditaire.
• **Nom féminin**
Science de l'hérédité.

gêneur, euse n. m. et f.
Importun.

genévrier n. m.
Arbuste.
☞ genévrier.

génial, ale, aux adj.
• Qui a du génie. *Des musiciens géniaux.*
• (Fam.) Astucieux, ingénieux. *Une idée géniale.*

génialement adv.
De façon géniale.

génie n. m.
• Être imaginaire, bon ou mauvais.
• Faculté créatrice. *Avoir le génie des mathématiques.*
☞ En ce sens, ne pas confondre avec les noms suivants :
- **esprit,** vivacité de l'esprit;
- **finesse,** possibilité de saisir les nuances;
- **ingéniosité,** habileté à inventer des solutions;
- **talent,** aptitude naturelle.
• Personne très douée. *Einstein était un génie.*
• Art de l'ingénieur. *Génie civil, génie mécanique, génie forestier, génie industriel, génie chimique.*

genièvre n. m.
• Fruit du genévrier. *Des baies de genièvre pour la choucroute.*
• Eau-de-vie.
☞ Attention au genre masculin de ce nom : **un** genièvre.

génisse n. f.
Jeune vache.

génital, ale, aux adj.
Relatif à la reproduction humaine, animale. *Les organes génitaux.*

géniteur n. m.
Animal mâle destiné à la reproduction.

génitif n. m.
Cas latin.

génocide n. m.
Extermination d'un groupe ethnique. *Les Arméniens ont été victimes d'un génocide.*

génoise n. f.
Gâteau à pâte de biscuit.

genou n. m. (pl. *genoux*)
⟹ Le *e* se prononce ou non, [ʒənu] ou [ʒnu].
• Articulation entre la jambe et la cuisse. *Des genoux égratignés.*
• *À genoux.* Les genoux en terre. *Elle s'est mise à genoux.*

genouillère n. f.
Bande destinée à protéger le genou. *Étienne porte des genouillères pour faire de la planche à roulettes.*

genre n. m.
• Ensemble d'espèces qui ont un ou plusieurs caractères communs. *Le genre humain.*
• (Gramm.) Catégorie exprimant l'appartenance au sexe féminin ou au sexe masculin de certains mots. *Le nom femme est du genre féminin.*
▷— En français, le genre des noms de choses est une convention et ne repose sur aucune règle définie. V. Tableau - **GENRE.**
• Espèce, sorte. *Quel genre de robe dois-je porter ce soir?*
• *En tout genre, en tous genres.* De tous les types. *Ce magasin vend des bicyclettes en tout genre,* ou *en tous genres.*
• *Du même genre.* De même espèce.
• *Bon chic, bon genre (BCBG).* De bon ton.
• *Genre de +* complément du nom. Le complément de *genre* peut s'écrire au singulier ou au pluriel. *Ce genre de personne, de personnes.* Cependant le verbe est toujours au singulier. *Ce genre de personne(s) est déplaisant.*

gens n. m. et f. pl.
⟹ Le *s* ne se prononce pas [ʒɑ̃].

Personnes, individus.
• **Nom masculin pluriel**
- Suivi d'un adjectif, le nom *gens* se met au masculin. *Des gens raffinés.*
- Suivi d'un nom de profession. *Des gens de loi, d'affaires.*
• **Nom féminin pluriel**
Précédé immédiatement d'un adjectif, le nom *gens* est féminin pluriel. *De bonnes gens, d'honnêtes gens.*
▷— Si deux adjectifs précèdent le nom *gens* et que le second a la même forme au masculin et au féminin (épicène), le premier se met également au masculin. *Quels braves gens!* Par contre, si le second adjectif a une forme féminine distincte, le premier prendra la marque du féminin. *Quelles ennuyeuses gens! De gentilles vieilles gens.*
Hom. *gent,* race.
▷ gen**s**.

---

gent, gente adj. et n. f.
• **Adjectif.** (Vx) Gentil. *La gente demoiselle.*
• **Nom féminin.** (Iron.) Race. *La gent canine. La «gent trotte-menu» : les souris.* (La Fontaine)
▷— Ce nom s'emploie surtout en plaisantant.

Hom. *gens,* personnes.

gentiane n. f.
⟹ Le *t* se prononce *s* [ʒɑ̃sjan].
Plante des prés à fleurs bleues, violettes ou jaunes suivant les espèces.

gentil, ille adj.
⟹ Le *l* ne se prononce pas au masculin [ʒɑ̃ti].
• Aimable, agréable. *Delphine est charmante et gentille.*
• Qui plaît par sa délicatesse. *Une gentille attention. C'est gentil à vous d'être venu.*
▷ genti**l**.

gentilé n. m.
Dénomination des habitants par rapport au lieu où ils habitent (continent, pays, région, ville, village, quartier, paroisse, etc.). (Recomm. off. OLF) *Le mot Montréalais est le gentilé des habitants de Montréal, Trifluvien, celui des habitants de Trois-Rivières et Québécois, celui des habitants de Québec ou du Québec.*
▷— Les gentilés s'écrivent avec une majuscule. *Un Gaspésien.* Les adjectifs dérivés de gentilés s'écrivent avec une minuscule. *Un repas gaspésien.*

gentilhomme n. m. (pl. *gentilshommes*)
⟹ Ce mot se prononce [ʒɑ̃tijɔm] au singulier, et [ʒɑ̃tizɔm] au pluriel.
(Ancienn.) Noble. *Des gentilshommes en armure.*

gentilhommière n. f.
Petit château à la campagne.
▷— Ne pas confondre avec les noms suivants :
- *castel,* petit château;
- *château,* habitation royale ou seigneuriale généralement située à la campagne;
- *manoir,* habitation seigneuriale entourée de terres;
- *palais,* résidence d'un chef d'État ou d'un souverain.

gentillesse n. f.
Amabilité. *Sophie a fait preuve de gentillesse en offrant des fleurs à son institutrice.*

gentiment adv.
De façon gentille. *Elle lui a gentiment offert des fleurs.*
▷ gentiment.

gentleman n. m. (pl. *gentlemen*)
⟹ Se prononce à l'anglaise [dʒɛntləman].
Homme distingué, gentilhomme. *La vie du gentleman-cambrioleur.*

*****gentleman's agreement**
Anglicisme pour *engagement moral.*

génuflexion n. f.
Agenouillement.
▷ génuflexion.

géo- préf.
Élément du grec signifiant «terre». *Géologie.*

géographe n. m. et f.
⟹ Le *o* est ouvert [ʒeɔgraf].
Spécialiste de la géographie.

géographie n. f.
⟹ Le *o* est ouvert [ʒeɔgrafi].

Science qui a pour objet l'étude des phénomènes naturels et humains de la surface de la Terre. *Une carte de géographie.*
V. Tableau - **GÉOGRAPHIQUES (NOMS).**

géographique adj.
👄 Le *o* est ouvert [ʒeografik].
Relatif à la géographie. *Un atlas géographique.*

geôle n. f.
👄 Les lettres *eô* se prononcent *o* [ʒol].
(Litt.) Prison.
🖘 geôle.

geôlier, ière n. m. et f.
👄 Les lettres *eô* se prononcent *o* [ʒolje, jɛr].
(Litt.) Gardien.
🖘 geôlier.

géologie n. f.
👄 Les *o* sont ouverts [ʒeoloʒi].
Science qui a pour objet l'étude de la nature et de la formation des éléments constitutifs du globe terrestre.

géologique adj.
👄 Les *o* sont ouverts [ʒeoloʒik].
Relatif à la géologie.

géologiquement adv.
👄 Les *o* sont ouverts [ʒeoloʒikmã].
Au point de vue géologique.

géologue n. m. et f.
👄 Les *o* sont ouverts [ʒeolog].
Spécialiste de la géologie.

géomètre n. m. et f.
👄 Le *o* est ouvert [ʒeomɛtr].
Spécialiste de la géométrie.

géométrie n. f.
👄 Le *o* est ouvert [ʒeometri].
Science mathématique qui étudie les relations entre points, droites, courbes, surfaces et volumes de l'espace.

géométrique adj.
👄 Le *o* est ouvert [ʒeometrik].
Relatif à la géométrie. *Des dessins géométriques. Une progression géométrique.*

géophysicien n. m.
géophysicienne n. f.
👄 Le *o* est ouvert [ʒeofizisjɛ̃, ʒeofizisjɛn].
Spécialiste de la géophysique.

géophysique n. f.
👄 Le *o* est ouvert [ʒeofizik].
Science qui a pour objet l'étude des phénomènes physiques naturels.

géopolitique n. f.
👄 Le *o* est ouvert [ʒeopolitik].
Étude des rapports entre les données géographiques et la politique des États.

gérable adj.
Que l'on peut gérer. *Cette équipe n'est pas gérable.*

gérance n. f.
Administration par un gérant. *La gérance d'un hôtel.*

géranium n. m.
👄 Le *u* se prononce comme *o* [ʒeranjɔm].
Plante herbacée, souvent ornementale. *Des géraniums rouges.*

gérant n. m.
gérante n. f.
Mandataire qui gère une entreprise pour le compte du propriétaire. *Le gérant d'un immeuble.*

*gérant
Impropriété au sens de **directeur, chef.**

gerbage n. m.
• Action d'attacher les épis de céréales ensemble.
• Action d'empiler. *Le gerbage des palettes.*

gerbe n. f.
• Faisceau de tiges de céréales.
• Bouquet de fleurs à longues tiges. *Une gerbe de glaïeuls.*

gerber v. tr., intr.
• **Transitif.** Mettre en gerbes.
• **Intransitif.** Empiler (des tonneaux, des sacs, des palettes, etc.) les uns sur les autres.

gerbeur, euse adj. et n. f.
• **Adjectif.** Qui sert au gerbage.
• **Nom féminin.** Appareil de levage destiné au gerbage des charges.

gerboise n. f.
Petit rongeur.

gercer v. tr., intr., pronom.
Le *c* prend une cédille devant la lettre *a. Il gerça.*
• **Transitif.** Fendiller. *Le froid gerçait ses lèvres.*
• **Intransitif** ou **pronominal.** Se fendiller, se couvrir de petites crevasses. *En hiver, Claire a les mains qui gercent. Ses lèvres se gerçaient.*

gerçure n. f.
Crevasse à la surface de la peau. *Claire cherche une lotion pour les gerçures de ses mains.*
🖘 gerçure.

gérer v. tr.
Le *é* se change en *è* devant une syllabe muette, sauf à l'indicatif futur et au conditionnel présent. *Je gère, mais je gérerai.*
Administrer (une entreprise, une affaire, etc.) pour son propre compte ou pour le compte d'autrui. *Il gère cette entreprise, cet immeuble.*

gériatre n. m. et f.
Spécialiste de la gériatrie.
🖘 gériatre.

gériatrie n. f.
Partie de la médecine qui étudie les maladies des personnes âgées.
🖛 Ne pas confondre avec le nom **gérontologie,** science du vieillissement de l'être humain sous ses divers aspects, psychologiques, sociaux, etc.
🖘 gériatrie.

germain, aine adj. et n. m. et f.
Cousins germains, cousines germaines. Cousins ayant un grand-père ou une grand-mère en commun.

GENRE

Le genre des mots est l'une des grandes difficultés de la langue française, comme d'ailleurs de toutes les autres langues où cette distinction existe, par exemple le grec qui ajoute le neutre au masculin et au féminin.

Spontanément, on a tendance à croire qu'il existe une relation entre le genre du mot et le sexe de l'être désigné. En fait, la question est très complexe.

LE GENRE DES NOMS D'ÊTRES ANIMÉS

1° Relation entre le genre du mot et le sexe de l'être désigné

Dans de nombreux cas, le masculin correspond effectivement à un être mâle et le féminin à un être femelle lorsque les noms désignent :

- L'**humanité** en général ou des **êtres mythologiques.** *Homme/femme, garçon/fille, dieu/déesse.*
- Des **liens familiaux.** *Mari/femme, père/mère, cousin/cousine, oncle/tante.*
- Des **désignations de métier, de fonction.** *Directeur/directrice, épicier/épicière, romancier/romancière.*

☞ Pour le féminin des noms de profession, on consultera chacun des noms dans l'ordre alphabétique et le tableau – **FÉMINISATION DES TITRES.**

- Des *animaux domestiques. Cheval/jument, bouc/chèvre, canard/cane, bœuf/vache.*

☞ Pour le féminin des noms d'animaux, on consultera le tableau – **ANIMAUX.**

- Du **gibier traditionnel.** *Cerf/biche, renard/renarde, ours/ourse, sanglier/laie.*

2° Sexe non différencié

La langue ne fait pas toujours la distinction entre les sexes, même lorsque celle-ci existe dans les faits :

- Soit parce que le masculin est utilisé comme une ***appellation générale.*** *Les hommes sont mortels.*
- Soit parce que la notion de sexe est ***indifférente au propos tenu.*** *Ce cheval court vite.*
- Soit parce que les êtres ne sont pas considérés comme appariés, en raison de leur **petitesse,** de leur **caractère exotique** ou **fabuleux.** *La mouche, le lynx, la panthère, le vautour.*
- Soit parce qu'on considère comme **asexués** certains êtres qui, en fait, ont un sexe. *La rose, le jasmin, la truite, le requin, la baleine.*

3° Genre non marqué

Parfois, le nom peut être tour à tour masculin et féminin selon qu'il désigne un être mâle ou un être femelle; ce nom est dit **épicène.** *Un* ou *une architecte, un* ou *une enfant, un* ou *une propriétaire.*

4° Absence de relation entre le genre du mot et le sexe de l'être désigné

Une sentinelle, une canaille, un sage.

LE GENRE DES NOMS D'ÊTRES INANIMÉS

Dans la très grande majorité des cas, l'attribution du genre est **arbitraire,** sans motivation précise. *Une chaise, un fauteuil, un canapé, une causeuse.*

Dans de rares cas, la différence de genre correspond à une **distinction de sens.** *Un pendule/une pendule, un tour/une tour, un geste/une geste, un mémoire/une mémoire.*

LES ACCORDS

En fonction de son genre, le nom s'accorde avec :

   – le **déterminant article.** *Le pont, la balle, un crayon, une règle;*

suite→

– le **déterminant adjectif.** *Son chapeau, sa montre, cet arbre, cette fleur;*

– l'**adjectif qualificatif.** *Un beau gâteau, une belle tarte, un bon biscuit, une bonne pomme.*

Si l'on fait généralement les accords de façon instinctive, quelques noms sont cause d'hésitations, notamment :

– les mots commençant par une **voyelle** ou un **h** muet, parce que les articles et les adjectifs sont alors neutralisés. *L'escalier, l'horloge, son avion, son amie, son histoire;*

– les mots se terminant par un **e** muet. *Un pétale, un globule, un incendie.*

VOICI QUELQUES NOMS DONT LE GENRE EST DIFFICILE À RETENIR

Noms masculins

abaque	arpège	embâcle	holocauste	oreiller
accident	ascenseur	emblème	hôpital	orteil
agrumes	asphalte	en-tête	incendie	ovule
ambre	astérisque	entracte	insigne	ozone
amiante	augure	équinoxe	interstice	pamplemousse
ampère	autobus	escalier	ivoire	pénates
antidote	autographe	esclandre	jade	pétale
apanage	automne	évangile	jute	tentacule
apogée	avion	granule	libelle	termite
appendice	camée	habit	lobule	testicule
après-guerre	chrysanthème	haltère	narcisse	tubercule
armistice	décombres	hémicycle	nimbe	ulcère
aromate	effluve	hémisphère	obélisque	vivres

Noms féminins

abscisse	arabesque	ébène	horloge	oriflamme
acné	argile	échappatoire	immondice	ouïe
acoustique	armoire	écritoire	météorite	primeur
alcôve	atmosphère	enclume	molécule	réglisse
algèbre	autoroute	épice	moustiquaire	spore
améthyste	avant-scène	épitaphe	nacre	stalactite
amibe	azalée	épithète	oasis	stalagmite
ancre	bonace	épître	obsèques	strate
anicroche	câpre	fibre de verre	ocre	ténèbres
apostrophe	cuticule	gélule	omoplate	topaze
appendicite	débâcle	hélice	orbite	urticaire

Noms à double genre

aigle	délice	hymne	office	physique
amour	enseigne	manche	orge	poste
cartouche	espace	mémoire	orgue	relâche
couple	geste	mode	parallèle	solde
crêpe	gîte	œuvre	pendule	voile

LE GENRE ET LE NOMBRE DES SIGLES

Les sigles prennent généralement le genre du premier nom abrégé.

La STCUM (la Société des transports de la Communauté urbaine de Montréal) .
La SRC (la Société Radio-Canada).

Les sigles de langue étrangère prennent le genre et le nombre qu'aurait eu en français le générique de la dénomination.

*La BBC (British Broadcasting Corporation) (**société,** féminin singulier).*
*Les USA (United States of America) (**États,** masculin pluriel).*

germanique adj. et n. m. et f.
• **Adjectif.** De l'Allemagne.
• **Nom masculin et féminin.** Habitant des pays de civilisation allemande, par opposition à *latin, slave.*
☞— L'adjectif s'écrit avec une minuscule; le nom, avec une majuscule.
Syn. **allemand.**
• **Nom masculin.** Langue des anciens Germains dont sont issus l'anglais, l'allemand, le néerlandais et les langues nordiques.
☞— Le nom de la langue s'écrit avec une minuscule.

germe n. m.
• Partie de la graine qui se développe en formant la plante. *Un germe de haricot.*
• (Fig.) Principe, origine.
• *Être en germe.* Être à l'état latent. *La révolution était déjà en germe 20 ans plus tôt.*

germer v. intr.
• Commencer à se développer, en parlant d'une graine, d'un bulbe, etc. *Les tulipes ont germé.*
• (Fig.) Se développer. *Le projet est en train de germer dans son esprit.*

NOMS **GÉOGRAPHIQUES**

Les noms géographiques sont des noms de lieux appelés également **toponymes.**

Nom géographique employé seul	Le nom propre géographique prend une majuscule. *Le Québec, le Saint-Laurent.*
Nom commun accompagné par un nom propre ou par un adjectif	Le nom commun (générique) s'écrit avec une minuscule, tandis que le nom propre ou l'adjectif (spécifique) prend la majuscule. *Le cap Diamant, les montagnes Rocheuses, l'anse de Vaudreuil, l'océan Atlantique, le golfe Persique.* ☞— Certaines dénominations font exception à cette règle. *Le Bouclier canadien.*
Dénomination composée	Le nom est accompagné d'un adjectif nécessaire à l'identification, qui précède souvent le nom. Les deux mots s'écrivent avec une majuscule et sont souvent liés par un trait d'union. *Terre-Neuve, le Proche-Orient, la Grande-Bretagne, Trois-Rivières, les Pays-Bas, la Nouvelle-Angleterre, les Grands Lacs.*
Nom des habitants d'un lieu	Le nom des habitants d'un lieu (continent, pays, région, ville, village, etc.) appelé également *gentilé,* s'écrit avec une majuscule. *Un Québécois, une Montréalaise.* Les adjectifs dérivés de gentilés s'écrivent avec une minuscule. *Une coutume beauceronne.*
Nom étranger	Dans les cas où le nom géographique n'a pas d'équivalent français, la graphie d'origine est respectée. *New York, San Diego, Los Angeles, Rhode Island, Cape Cod.* ☞— Les noms des habitants d'un lieu et les adjectifs dérivés de noms étrangers sont écrits à la française avec accents et traits d'union, s'il y a lieu. *Les New-Yorkais.*
Surnom géographique	Les expressions désignant certaines régions, certaines villes s'écrivent avec une majuscule au nom et à l'adjectif qui précède. *Le Nouveau Monde.* Si l'adjectif suit, il garde la minuscule. *La Ville éternelle, la Péninsule gaspésienne.*

V. Tableau – **TOPONYMES.**

germination n. f.
Premier développement du germe de la plante.

gérondif n. m.

Groupe constitué de la préposition *en* et du *participe présent* qui sert à préciser un verbe à titre de complément circonstanciel. Le gérondif est toujours invariable.
☞ Il importe que le gérondif ait le même sujet que le verbe qu'il complète. *En espérant que ces renseignements vous seront utiles, je vous prie d'agréer...* (et non «en espérant que... *veuillez agréer...»).
V. Tableau - **EN,** PRÉPOSITION.

géronto- préf.
Élément du grec signifiant «vieillard». *Gérontologie.*

gérontocratie n. f.
☞ Le *o* de la troisième syllabe est ouvert [ʒerɔ̃tɔkrasi].
Régime où le pouvoir appartient aux vieillards.

gérontologie n. f.
☞ Les *o* des troisième et quatrième syllabes sont ouverts [ʒerɔ̃tɔlɔʒi].
Science du vieillissement de l'être humain sous ses divers aspects, psychologiques, sociaux, etc.
☞ Ne pas confondre avec le nom *gériatrie,* partie de la médecine qui étudie les maladies des personnes âgées.

gérontologue n. m. et f.
☞ Les *o* des troisième et quatrième syllabes sont ouverts [ʒerɔ̃tɔlɔg].
Spécialiste de la gérontologie.

gésier n. m.
Partie de l'estomac des oiseaux.

gésir v. intr.
INDICATIF PRÉSENT *Je gis, tu gis, il gît, nous gisons, vous gisez, ils gisent.* IMPARFAIT *Je gisais, tu gisais, il gisait, nous gisions, vous gisiez, ils gisaient.* PARTICIPE PRÉSENT *Gisant.* Le verbe n'est pas usité aux autres temps.
• (Litt.) Être couché, sans mouvement. *Il gisait sur le sol.*
• Être enterré. *Ci-gît un poète oublié.*
• Se trouver. *Là gît la solution de l'énigme.*

gestation n. f.
• Période pendant laquelle une femelle vivipare porte ses petits.
☞ Pour l'espèce humaine, la gestation est appelée *grossesse.*
• (Fig.) Genèse. *La gestation d'une œuvre, d'une nouvelle ère.*

geste n. m. et f.
• **Nom masculin**
- Mouvement du corps. *Un geste de la main.*
- Action. *Faire un geste* (et non *poser un geste), *avoir un geste noble.*
- *Faits et gestes.* Conduite.
• **Nom féminin**
Grand poème épique. *Une chanson de geste.*

gesticulation n. f.
Action de gesticuler.

gesticuler v. intr.
Faire beaucoup de gestes en tous sens. *Antoine gesticulait pour avertir son ami du danger.*

gestion n. f.
☞ Attention à bien prononcer le *t* [ʒɛstjɔ̃].
Action de gérer, d'organiser, de diriger, d'administrer quelque chose. *La gestion d'une entreprise, la gestion de la production.*

gestionnaire n. m. et f.
☞ Attention à bien prononcer le *t* [ʒɛstjɔnɛr].
Cadre d'une entreprise, d'un organisme. *C'est une excellente gestionnaire.*

gestuel, elle adj. et n. f.
• **Adjectif.** Relatif au geste. *La peinture gestuelle.*
• **Nom féminin.** Ensemble des gestes expressifs considérés sur le plan de leur signification.

geyser n. m.
☞ Les lettres *ey* se prononcent *é* ou *è* et le *r* se prononce, [ʒezɛr] ou [ʒɛzɛr].
Source d'eau chaude jaillissante. *Les geysers de Yellowstone.*
☞ geyser.

ghanéen, éenne adj. et n. m. et f.
Du Ghana. *Le drapeau ghanéen. Un Ghanéen, une Ghanéenne.*
☞ L'adjectif s'écrit avec une minuscule; le nom, avec une majuscule.

ghetto n. m.
☞ Les lettres *ghe* se prononcent *gué* ou *guè,* [geto] ou [gɛto].
• Lieu où les Juifs étaient obligés de résider.
• Lieu où des gens vivent séparés du reste de la population. *Les ghettos noirs de New York.*

G.I. n. m. inv.
☞ Attention à la prononciation [dʒiaj].
• Sigle anglais de «Government Issue».
• (Fam.) Soldat américain.

gibecière n. f.
Sac du chasseur destiné à recevoir le gibier.

gibelotte n. f.
Fricassée au vin blanc. *La gibelotte des îles de Sorel est composée de poissons et de légumes.*
☞ gibelotte.

gibet n. m.
Potence où l'on pendait autrefois les condamnés à mort.
☞ gibet.

gibier n. m.
Tous les animaux que l'on prend à la chasse.

giboulée n. f.
Averse soudaine de pluie souvent mêlée de neige, de grêle. *En mars, il y a souvent des giboulées.*
☞ giboulée.

giclée n. f.
Jet de liquide. *Une giclée d'eau boueuse tacha son pantalon.*
⇨ gicl**ée.**

giclement n. m.
Fait de gicler.

gicler v. intr.
Jaillir avec force, en parlant d'un liquide.

gicleur n. m.
Dispositif servant à faire gicler un liquide.

gifle n. f.
Coup donné sur la joue avec la main. *Elle lui a donné une gifle.*
⇨ gifle.

gifler v. tr.
Donner une gifle. *Parce qu'il l'avait insultée, elle le gifla.*
⇨ gifler.

giga- préf.
• Symbole *G* (s'écrit sans point).
• Préfixe qui multiplie par 1 000 000 000 l'unité qu'il précède. *Des gigawatts.*
• Sa notation scientifique est 10^9.
V. Tableau - **MULTIPLES ET SOUS-MULTIPLES DÉCIMAUX.**

gigantesque adj.
Colossal. *Une entreprise gigantesque.*

gigantisme n. m.
Développement exagéré du corps.

gigogne adj.
Composé d'éléments qui s'emboîtent les uns dans les autres. *Des tables gigognes, des poupées gigognes.*
▷— Ne pas confondre avec le nom *cigogne,* oiseau.

gigolo n. m.
(Fam.) Amant entretenu. *Des gigolos.*

gigot n. m.
Cuisse d'agneau, de chevreuil, coupée pour être mangée. *Un bon gigot d'agneau.*
⇨ gigot.

gigoter v. intr.
(Fam.) Remuer sans cesse. *Ces enfants gigotent trop, je n'arrive pas à les habiller.*
⇨ gigoter.

gigue n. f.
Danse vive, généralement au son d'un violon que l'on dansait surtout à la campagne. *La gigue est d'origine anglaise ou irlandaise.*

gilet n. m.
• Veste masculine sans manche qui se porte sous le veston.
• Tricot à manches longues qui s'ouvre sur le devant.
⇨ gile**t.**

gin n. m.
👄 Attention à la prononciation [dʒin].
Eau-de-vie de grains aromatisée au genièvre. *Des gins excellents.*

gingembre n. m.
Plante dont la racine est employée comme condiment. *Des biscuits au gingembre.*

gingival, ale, aux adj.
Relatif aux gencives.

gingivite n. f.
Inflammation des gencives.

ginseng n. m.
👄 Le *g* final se prononce [ʒinsãg].
Racine d'une plante possédant des vertus toniques.

giorno (a)
V. **a giorno.**

girafe n. f.
• Ruminant à cou très long.
• (Cin. et radio) Dispositif articulé muni d'un microphone pour capter le son.
⇨ girafe.

giratoire adj.
• Se dit d'un mouvement de rotation autour d'un axe.
• *Sens giratoire.* Sens que doivent suivre les véhicules autour d'un rond-point.

girofle n. m.
Bouton de fleurs du giroflier, utilisé comme condiment. *Des clous de girofle.*
▷— Attention au genre masculin de ce nom : *du* girofle.
⇨ girofle.

giroflée n. f.
Plante ornementale.

giroflier n. m.
Arbre tropical produisant les clous de girofle.

girolle n. f.
Champignon comestible.

giron n. m.
• Partie du corps allant de la ceinture aux genoux.
• (Litt.) Milieu. *Le giron de l'Église.*

girouette n. f.
• Appareil placé au sommet d'un édifice pour indiquer la direction des vents. *Une girouette en forme de coq.*
• (Fig.) Personne qui change souvent d'avis.
⇨ girouette.

gisant, ante adj. et n. m.
• Qui gît. *Les corps gisants des victimes de l'attentat.*
• Statue couchée, sculptée sur un tombeau. *Les gisants des cathédrales anglaises.*
▷— Ne pas confondre avec le participe présent invariable *gisant. Les blessés gisant sur le sol ont été secourus.*

gisement n. m.
Filon. *Un gisement d'or. Un gisement de pétrole.*

gît
V. **gésir.**

gitan, ane adj. et n. m. et f.
• Adjectif. Qui appartient aux gitans. *Les chansons gitanes.*

• **Nom masculin et féminin.** Bohémien. *Les gitans de la Camargue.*

☞ Le nom s'écrit avec une majuscule quand on parle du peuple, de l'ethnie. *Les Gitans font un pèlerinage aux Saintes-Maries-de-la-Mer.*

• **Nom féminin.** Cigarette de tabac brun fabriquée en France. *L'odeur d'une bonne gitane.*

gîte n. m. et f.

• **Nom masculin.** (Litt.) Abri. *Le gîte et le couvert. Les Gîtes du passant.*

• **Nom féminin.** (Mar.) Bande, inclinaison sur un bord. *Bateau qui donne de la gîte.*

☞ gîte.

gîter v. intr.

• (Litt.) Avoir son gîte, son refuge en un lieu.

• (Mar.) S'incliner sur un bord, en parlant d'un bateau.

☞ gîter.

givrage n. m.

• Action de givrer.

• Formation de givre sur une surface.

givre n. m.

Frimas, couche de glace fine et blanche sur une surface. *Ce matin, l'herbe était couverte de givre.*

givré, ée adj.

• Se dit d'un fruit fourré de glace. *Des citrons givrés.*

• (Fam.) Fou.

givrer v. tr.

• Couvrir de givre. *Des branches givrées.*

• Couvrir d'une couche blanche translucide. *Givrer du verre.*

glabre adj.

Dépourvu de barbe. *Un menton glabre.*

glaçage n. m.

Action de glacer.

☞ glaçage.

glace n. f.

• Eau congelée. *La glace de la patinoire est bien entretenue.*

• **Brise-glace(s).** Navire chargé d'ouvrir la voie dans les régions où les cours d'eau gèlent. *Des brise-glace ou des brise-glaces.*

• **Rester de glace.** Rester imperturbable.

• **Rompre, briser la glace.** Faire cesser la gêne.

• Mélange glacé et aromatisé à base de lait ou de fruits. *Une glace à l'orange.* Syn. **crème glacée.**

☞ Ne pas confondre avec le nom **sorbet,** mets glacé ne contenant pas de lait ou de crème.

• Miroir. *Elle se coiffe devant la glace.*

• Vitre d'une voiture. *Les glaces de cette voiture sont propres.*

• **Lave-glace.** Liquide servant à nettoyer le pare-brise d'un véhicule. *Des lave-glaces efficaces.*

• **Essuie-glace.** Appareil destiné à essuyer le pare-brise d'un véhicule. *Les essuie-glaces sont défectueux.*

*glace (crème à la)

Impropriété au sens de **crème glacée, glace.**

glacé, ée adj.

• Très froid. *Avoir les mains glacées.*

• **Crème glacée.** Mélange glacé et aromatisé à base de lait ou de fruits, etc. *Trois boules de crème glacée au chocolat, à la pistache et à la vanille.* Syn. **glace.**

glacer v. tr.

Le *c* prend une cédille devant les lettres *a* et *o. Il glaça, nous glaçons.*

• Solidifier un liquide par le froid.

• Refroidir. *Du jus glacé.*

• (Fig.) Intimider, effrayer. *Sa sévérité les glaçait.*

glaciaire adj.

Propre aux glaciers. *Le relief glaciaire.*

☞ glaciaire.

glacial, ale, als ou **aux** adj.

• Extrêmement froid. *Des vents glacials* ou *glaciaux.*

• (Fig.) Qui est d'une froideur qui intimide. *Un accueil glacial.*

☞ Le pluriel le plus courant de cet adjectif est **glacials;** cependant, il est possible d'écrire aussi **glaciaux.**

glaciation n. f.

Transformation en glace.

☞ glaciation.

glacier, ière n. m. et f.

• **Nom masculin**

- Nappe épaisse de glace.

- Marchand de glaces.

• **Nom féminin**

- Endroit réfrigéré destiné à la conservation des aliments. *Le boucher met les quartiers de viande dans la glacière.*

- **Glacière portative.** Contenant isolant refroidi avec de la glace pour conserver les aliments au frais.

glacis n. m.

☞ Le *s* ne se prononce pas [glasi].

Mince couche de couleur formant un film transparent.

☞ glacis.

glaçon n. m.

• Morceau de glace. *Attention aux glaçons du toit.*

• Cube de glace. *Un apéritif avec ou sans des glaçons?*

☞ glaçon.

glaçure n. f.

Enduit brillant.

☞ glaçure.

gladiateur n. m.

Homme qui combattait contre une bête féroce ou contre un autre homme à Rome.

glaïeul n. m.

Plante cultivée pour ses fleurs colorées. *Une gerbe de glaïeuls.*

☞ Attention au genre masculin de ce nom : *un* glaïeul.

☞ glaïeul.

glaire n. f.

Matière visqueuse.

glaise adj. f. et n. f.

Terre très argileuse. *Une terre glaise. Un vase de glaise.*

glaiseux, euse adj.
Qui contient de la glaise.

glaive n. m.
(Ancienn.) Épée tranchante.
☞ gla**ive**.

glanage n. m.
Action de glaner.

gland n. m.
Fruit du chêne. *Les écureuils aiment manger des glands.*
☞ gla**nd**.

glande n. f.
Organe dont la fonction est de produire certaines substances. *La salive est sécrétée par une glande de la bouche.*

glandulaire adj.
Qui se rapporte aux glandes.

glaner v. tr.
Ramasser des épis de blé, après la moisson.

glaneur, euse n. m. et f.
Personne qui glane.

glapir v. intr.
Émettre des sons aigus et brefs, en parlant d'un lapin, d'un renard.

glapissement n. m.
Action de glapir; cri aigu du lapin, du renard.

glas n. m.
☞ Le *s* ne se prononce pas [gla].
Tintement répété d'une cloche d'église pour annoncer une cérémonie funèbre.
☞ gla**s**.

glasnost n. f.
• Mot russe signifiant «transparence».
• Transparence politique prônée par les partisans de la **perestroïka,** en URSS.
☞ En typographie soignée, les mots étrangers sont composés en italique. Dans des textes déjà en italique, la notation se fait en romain. Pour les textes manus-
crits, on utilisera les guillemets.

glaucome n. m.
Maladie de l'œil entraînant une diminution du champ visuel.

glauque adj.
D'un vert tirant sur le bleu. *Des eaux glauques.*
V. Tableau - **COULEUR (ADJECTIFS DE).**

glèbe n. f.
(Litt.) Champ.

glissade n. f.
• Mouvement que l'on fait en glissant. *Luc a fait une glissade et est tombé.*
• Glissoire. *Cet hiver, ils ont aménagé une grande glissade au parc.*

glissage n. m.
Opération consistant à faire descendre le long de pentes les bois abattus en montagne.

glissant, ante adj.
• Sur quoi on glisse facilement. *Attention à ces marches qui sont glissantes.*
• *Terrain glissant.* Situation difficile.

glisse n. f.
Capacité d'un matériel, d'un skieur à glisser sur la neige, la glace.

glissement n. m.
• Action de glisser. *Le glissement des skis sur la neige.*
• *Glissement de terrain.* Déplacement de matériaux meubles.
• (Fig.) Évolution graduelle. *Un glissement de sens.*

glisser v. tr., intr., pronom.
• **Transitif.** Passer, engager. *Glisser une lettre sous la porte.*
• **Intransitif.** Se déplacer volontairement ou involontai-
rement. *Glisser sur la neige.*
• **Pronominal.** S'introduire. *Une erreur s'est glissée dans le texte.*

glissière n. f.
Rainure. *Une fermeture à glissière* ou *fermeture éclair.*

glissoire n. f.
Couloir glacé aménagé pour les glissades. *Fanny a une petite glissoire dans son jardin.*

global, ale, aux adj.
☞ Le *o* est ouvert [glɔbal].
Total. *Des résultats globaux.*

globalement adv.
☞ Le *o* est ouvert [glɔbalmɑ̃].
D'une manière globale, dans l'ensemble.

globe n. m.
☞ Le *o* est ouvert [glɔb].
Corps sphérique. *Le globe terrestre.*
V. **mappemonde.**

globe-trotter n. m.
☞ La dernière syllabe se prononce **teur** ou **tère,** [glɔbtrɔtœr] ou [glɔbtrɔtɛr].
Voyageur qui parcourt le monde.

globulaire adj.
☞ Le *o* est ouvert [glɔbylɛr].
• Qui a la forme d'un globe.
• Qui est relatif aux globules. *Numération globulaire.*
☞ globul**aire**.

globule n. m.
☞ Le *o* est ouvert [glɔbyl].
Élément de divers liquides, du sang. *Des globules blancs.*
☞ Attention au genre masculin de ce nom : *un* glo-
bule.

globuleux, euse adj.
☞ Le *o* est ouvert [glɔbylø, øz].
Qui a une forme sphérique. *Les yeux globuleux du crapaud.*
☞ globuleu**x**.

gloire n. f.
Grande renommée. *Cet homme politique est avide de gloire.*

Ne pas confondre avec les noms suivants :
- *estime,* opinion favorable qu'on a de la valeur de quelqu'un;
- *honneur,* considération accordée à un grand mérite;
- *réputation,* opinion bonne ou mauvaise sur une personne.

glorieusement adv.
Le *o* est ouvert [glɔrjøzmã].
De façon glorieuse.

glorieux, euse adj.
Le *o* est ouvert [glɔrjø, øz].
Éclatant, illustre. *Les exploits glorieux de ces chercheurs.*
glorieu**x.**

glorifier v. tr., pronom.
Redoublement du *i* à la première et à la deuxième personne du pluriel de l'indicatif imparfait et du subjonctif présent. *(Que) nous glorifiions, (que) vous glorifiiez.*
Le *o* est ouvert [glɔrifje].
• **Transitif.** Louer, célébrer. *Les histoires ont glorifié le courage des premiers colons.*
• **Pronominal.** Tirer vanité de. *Ils se sont glorifiés de ces succès.*

gloriole n. f.
Les *o* sont ouverts [glɔrjɔl].
Vanité tirée de petites choses.

glose n. f.
Le *o* est fermé [gloz].
• Explication.
• Critique malveillante.

gloser v. tr., intr.
Le *o* est fermé [gloze].
• **Transitif.** Critiquer. *Gloser un paragraphe.*
• **Intransitif.** Éclaircir un texte par un commentaire. *Il excelle à gloser.*
À la forme intransitive, le verbe se construit absolument ou avec la préposition *sur.*

glossaire n. m.
Le *o* est ouvert [glosɛr].
Petit répertoire érudit des mots d'un auteur, d'un domaine.
Ne pas confondre avec les noms suivants :
- *dictionnaire,* recueil des mots d'une langue et des informations s'y rapportant, présentés selon un certain ordre (alphabétique, thématique, systématique, etc.);
- *lexique,* ouvrage qui ne comporte pas de définitions et qui donne souvent l'équivalent dans une autre langue;
- *vocabulaire,* ouvrage qui comprend les mots d'une spécialité avec leurs définitions.

glotte n. f.
Le *o* est ouvert [glɔt].
Orifice du larynx.
Ne pas confondre avec le nom *grotte,* cavité naturelle dans la roche.

gloussement n. m.
Cri de la poule.

glousser v. intr.
• Crier, en parlant de la poule.
• Rire avec de petits cris.

glouton, onne adj. et n. m. et f.
Qui mange avidement. *Nadine est une petite gloutonne.*
Ne pas confondre avec les mots suivants :
- *gourmand,* qui aime trop la bonne cuisine;
- *gourmet,* qui goûte la bonne cuisine en connaisseur.

gloutonnement adv.
Avec gloutonnerie.

gloutonnerie n. f.
Avidité du glouton. *Les enfants ont dévoré le goûter avec gloutonnerie.*

glu n. f.
Colle.
g**lu.**

gluant, ante adj.
Visqueux. *Cette substance est gluante.*

glucide n. m.
Nom générique des hydrocarbones.

gluco-, glycé-, glyci-, glyco- préf.
Eléments du grec signifiant «doux». *Glucose.*

glucose n. m.
Nom générique de certains sucres.

glycérine n. f.
Liquide incolore, sirupeux. *Un savon à la glycérine.*
gly**cé**rine.

glycine n. f.
Arbuste grimpant cultivé pour ses grappes de fleurs mauves.
glycine.

GMT
Sigle de «Greenwich Mean Time» signifiant *heure moyenne du méridien de Greenwich. Il est midi GMT.*
Le sigle *GMT* est souvent employé improprement pour désigner le temps universel coordonné (*UTC*).

gnangnan adj. inv. et n. m. et f.
• **Adjectif invariable.** Pleurnichard. *Des feuilletons gnangnan.*
• **Nom masculin et féminin.** Personne sans énergie, qui se plaint sans cesse.

gnocchi n. m.
Les lettres *cch* se prononcent *k* [nɔki].
Mets italien à base de semoule, de pommes de terre, de fromage, gratiné au four. *Des gnocchis délicieux.*
Le nom *gnocchi* est un pluriel italien : en principe, on ne devrait donc pas ajouter de *s* au pluriel. Dans l'usage, le mot s'intègre au français, comme *spaghetti, macaroni* et prend la marque du pluriel.
V. Tableau - **ITALIEN (EMPRUNTS À L').**

gnome n. m.
Les lettres *g* et *n* se prononcent distinctement [gnom].

Petit génie difforme, gardien de la Terre dans les contes. ▭▷ gn**o**me.

gnou n. m. (pl. *gnous*)
◁▷ Les lettres **g** et **n** se prononcent distinctement [gnu].
Antilope de l'Afrique du Sud.

go n. m.
Jeu japonais. *Un jeu de go.*

go (tout de) loc. adv.
(Fam.) Directement, sans préliminaires. *Il posa sa question tout de go.*

*goal
Anglicisme pour **but.**

*goaler
Anglicisme pour **garder les buts.**

*goaleur
Anglicisme pour **gardien de but.**

gobelet n. m.
Récipient à boire, généralement sans pied ni anse.
▭▷ gobel**e**t.

gobe-mouche(s) n. m. (pl. *gobe-mouches*)
(Vx) Personne crédule.

gober v. tr.
• Avaler sans mâcher. *La grenouille a gobé des mouches.*
▯◁— Ne pas confondre avec les verbes suivants :
- **agripper,** saisir violemment avec les doigts;
- **attraper,** prendre comme dans un piège, au passage;
- **happer,** attraper avidement avec la gueule.
• (Fam.) Croire naïvement. *Il a gobé cette histoire incroyable.*

goberger (se) v. pronom.
Le **g** est suivi d'un **e** devant les lettres **a** et **o.** *Il se gobergea, nous nous gobergeons.*
• (Fam.) Se prélasser.
• (Fam.) Faire bonne chère.

gobeur, euse n. m. et f.
(Fam.) Personne crédule.

godasse n. f.
(Pop.) Chaussure.

godelureau n. m. (pl. *godelureaux*)
(Fam.) Jeune prétentieux.

godet n. m.
• Petit gobelet.
• Gros pli d'un vêtement. *Jupe à godets.*
▭▷ god**e**t.

godiche adj. et n. m. et f.
(Fam.) Benêt.

godille n. f.
• Aviron. *Conduire une gondole à la godille.*
• Enchaînement de virages rapprochés, en skis.

godiller v. intr.
Les lettres *ill* sont suivies d'un *i* à la première et à la deuxième personne du pluriel de l'indicatif

imparfait et du subjonctif présent. *(Que) nous godillions, (que) vous godilliez.*
• Faire avancer une embarcation à la godille.
• Faire la godille, en ski.

goéland n. m.
◁▷ Le **o** est ouvert [gɔelɑ̃].
Oiseau de mer de la taille d'une grosse mouette. *Des goélands nombreux.*
▯◁— Ne pas confondre avec le nom **goélette,** bateau de pêche.
▭▷ goélan**d.**

goélette n. f.
◁▷ Le **o** est ouvert [gɔelɛt].
Bateau de pêche à deux mâts.
▯◁— Ne pas confondre avec le nom **goéland,** grosse mouette.

goémon n. m.
◁▷ Le **o** est ouvert [gɔemɔ̃].
Algues marines.

gogo n. m.
• (Fam.) Personne naïve. *C'est un piège pour les gogos.*
• **À gogo.** (Fam.) À profusion, à volonté.

goguenard, arde adj.
Insolent, railleur.

goguenardise n. f.
Raillerie méprisante.

goguette n. f.
Se mettre, être en goguette. (Fam.) Être légèrement ivre, en gaieté.

goinfre adj. et n. m. et f.
Glouton. *Roger est un goinfre : il a mangé 15 crêpes!*

goinfrer v. intr., pronom.
• **Intransitif.** (Vx) Manger gloutonnement.
• **Pronominal.** (Fam.) Manger comme un goinfre. *Ils se sont goinfrés.*

goinfrerie n. f.
Gloutonnerie.

goitre n. m.
Tumeur de la glande thyroïde.
▭▷ goitre, sans accent circonflexe.

golf n. m.
Sport. *Jouer au golf.*
Hom. **golfe,** partie de mer qui s'enfonce dans les terres.

golfe n. m.
Partie de mer qui s'enfonce dans les terres. *Le golfe du Saint-Laurent.*
▯◁— Dans les désignations géographiques, le nom **golfe** est un générique qui s'écrit avec une minuscule, tout comme les mots **baie, île, lac, mer, mont, océan,** etc.
Hom. **golf,** sport.

golfeur, euse n. m. et f.
Personne qui joue au golf. *André est un bon golfeur.*

gombo n. m.
Plante dont le fruit est employé comme condiment. *Une soupe aux gombos.*

gommage n. m.
• Action de recouvrir de gomme.
• En cosmétique, élimination des cellules mortes de la peau (et non un *peeling).

gomme n. f.
• Substance visqueuse. *Gomme arabique.*
• Petit bloc de caoutchouc pour effacer le crayon. *Une gomme à effacer* (et non une *efface).
• Au Canada, gomme à mâcher. *On ne peut mâcher de la gomme à l'école.*

gommer v. tr.
• Enduire de gomme. *Du papier gommé.*
• Effacer au moyen d'une gomme. *Gommer un trait de crayon.*
• (Fig.) Atténuer. *Il a tendance à gommer la réalité.*

gonade n. f.
Glande sexuelle. *Le testicule est une gonade mâle, l'ovaire, une gonade femelle.*
☞ Attention au genre féminin de ce nom : *une* gonade.

gond n. m.
👄 Le *d* ne se prononce pas [gɔ̃].
• Pièce de fer sur laquelle tourne une penture. *Les gonds d'une porte.*
• *Sortir de ses gonds.* Se mettre en colère.
☞ Ne pas confondre avec le nom *gong,* instrument à percussion.
➫ gon**d**.

gondole n. f.
Barque vénitienne. *Les gondoles sont conduites par les gondoliers.*
➫ gondol**e**.

gondolement n. m.
Action de gondoler; fait de se gondoler.
➫ gondolement.

gondoler v. tr., intr., pronom.
• **Trantitif.** Déformer. *L'humidité a gondolé la porte.*
• **Intransitif** ou **pronominal.** Se bomber. *Le bois a gondolé, s'est gondolé.*
• **Pronominal.** (Fam.) S'amuser, rire à se tordre.
➫ gondol**er**.

gondolier n. m.
Batelier qui conduit une gondole.

gonflable adj.
Qui se gonfle. *Un ballon gonflable.*

gonflage n. m.
Action de gonfler. *Le gonflage d'un matelas pneumatique.*

gonflé, ée adj.
(Fam.) Qui a du culot. *Il est gonflé de me demander cela!*

gonflement n. m.
État de ce qui est gonflé. *Le médecin a noté le gonflement de ses chevilles.*

gonfler v. tr., intr., pronom.
• **Transitif**
Augmenter le volume d'un corps. *Gonfler un ballon.*
• **Intransitif**
Augmenter de volume. *Ce soufflé gonfle à la cuisson.*
• **Pronominal**
- Devenir enflé. *Son genou s'est gonflé.*
- Se remplir de. *Il se gonfle d'orgueil.*

gong n. m.
👄 Le *g* final se prononce [gɔ̃g].
Instrument à percussion. *Des gongs retentissants.*
☞ Ne pas confondre avec le nom *gond,* pièce de fer sur laquelle tourne une penture.
➫ gong.

gonocoque n. m.
Microbe pathogène.
➫ gonocoqu**e**.

gordien adj.
• *Nœud gordien.* Problème épineux.
• *Trancher le nœud gordien.* Résoudre un problème d'une façon brutale.

goret n. m.
Jeune porc.
➫ gor**et**.

gorge n. f.
• Partie du cou. *Ce foulard couvre sa gorge.*
• (Litt.) Seins de la femme.
• *Mettre le couteau sous la gorge.* Menacer quelqu'un.
• Région située au fond de la bouche. *Avoir mal à la gorge.*
• *Rire à gorge déployée.* Rire très fort.
• *Faire des gorges chaudes de quelque chose.* Se moquer.
• *Prendre quelqu'un à la gorge.* Imposer sa volonté à quelqu'un.
• Passage creusé dans une montagne.
☞ Ne pas confondre avec les noms suivants :
- *col,* passage plus ou moins élevé entre deux montagnes;
- *défilé,* passage étroit entre deux montagnes;
- *détroit,* espace étroit entre deux côtes.

gorge-de-pigeon adj. inv.
Se dit d'une couleur à reflets changeants. *Des velours gorge-de-pigeon.*
V. Tableau - **COULEUR (ADJECTIFS DE).**

gorgée n. f.
Quantité de liquide qu'on peut avaler en une seule fois. *Laisse-moi boire une gorgée d'eau, j'ai soif.*

gorger v. tr., pronom.
👄 Le *g* est suivi d'un *e* devant les lettres *a* et *o*. *Il gorgea, nous gorgeons.*
• **Transitif.** Remplir, combler. *Gorger un enfant de gâteries.*
• **Pronominal.** Se remplir. *Au printemps, la terre s'est gorgée d'eau.*

gorgone n. f.
Monstre de la mythologie coiffé de serpents.
➫ gorgon**e**.

gorgonzola n. m.
Fromage italien. *Des gorgonzolas appétissants.*

gorille n. m.
• Singe de grande taille.
• (Fam.) Garde du corps. *Le Président est protégé par des gorilles.*

gosier n. m.
Arrière-gorge. *Ces enfants crient à plein gosier.*

gosse n. m. et f.
(Fam.) Enfant (garçon ou fille).

gothique adj. et n. m. et f.
• **Adjectif.** Qui se rapporte au style architectural qui s'est épanoui en Europe, du Moyen Âge à la Renaissance. *Une cathédrale gothique.*
• **Nom masculin.** Style architectural du Moyen Âge.
• **Nom féminin.** (Typogr.) Type de lettre. *Pour la composition, nous utiliserons des gothiques.*

gouache n. f.
• Peinture à l'eau. *Maman a acheté des pots de gouache.*
• Dessin fait à la gouache.

gouailler v. intr.
Les lettres *ill* sont suivies d'un *i* à la première et à la deuxième personne du pluriel de l'indicatif imparfait et du subjonctif présent. *(Que) nous gouaillions, (que) vous gouailliez.*
(Fam.) Se moquer de, railler.

gouaillerie n. f.
(Fam.) Raillerie.

gouailleur, euse adj.
Moqueur. *Un ton gouailleur.*

goualante n. f.
(Fam., vx) Chanson populaire.

gouda n. m.
Fromage de Hollande. *Des goudas savoureux.*
▷ Le nom du fromage s'écrit avec une minuscule, le nom de la ville s'écrit avec une majuscule.

goudron n. m.
Substance noire et visqueuse servant notamment au revêtement des routes, des toitures.

goudronnage n. m.
Action de goudronner.
▷ goudronnage.

goudronner v. tr.
Enduire, revêtir de goudron. *Goudronner une route.*
▷ goudronner.

gouffre n. m.
• Cavité profonde et abrupte. *Le gouffre de Padirac.*
• (Fig.) Ce qui engloutit beaucoup d'argent. *Cette folle entreprise est un gouffre.*
▷ gouffre.

gouge n. f.
Ciseau servant à travailler le bois.

goujat n. m.
Homme grossier.
▷ goujat.

goujaterie n. f.
Acte grossier.

goujon n. m
• Tige de bois servant à lier deux pièces.
• Poisson des rivières.

goulag n. m.
Système concentrationnaire en URSS. *Des goulags.*

goulasch ou **goulache** n. m.
Plat hongrois. *Manger un bon goulasch.*
▷ Ce nom est masculin, mais en raison de sa finale, on lui donne également le genre féminin.

goulée n. f.
• (Vx) Petite gorgée.
• Quantité d'air qu'on peut aspirer en une fois.

goulet n. m.
• Passage étroit dans les montagnes, chenal étroit à l'entrée de certains ports.
▷ Ne pas confondre avec le nom *goulot,* col étroit d'un vase, d'une bouteille.
• *Goulet d'étranglement.* Accumulation de personnes, de choses. *Il y a un goulet d'étranglement à la caisse et des files d'attente se forment.*
▷ L'expression d'origine est fréquemment remplacée par *goulot d'étranglement.*
V. **goulot.**
▷ goulet.

gouleyant, ante adj.
(Fam.) Léger, agréable, en parlant d'un vin. *Des vins gouleyants.*

goulot n. m.
Col étroit d'un vase, d'une bouteille.
▷ Ne pas confondre avec le nom *goulet,* passage étroit dans les montagnes.
▷ L'expression *goulot d'étranglement* remplace souvent l'expression d'origine *goulet d'étranglement.*
V. **goulet.**
▷ goulot.

goulu, ue adj. et n. m. et f.
Avide, glouton.

goulûment adv.
Avidement, de façon goulue.
▷ goulûment.

goupil n. m.
👄 Le *l* se prononce ou non, [gupil] ou [gupi].
(Vx) Renard.

goupille n. f.
Cheville ou tige métallique qui sert à assembler deux pièces.

goupiller v. tr., pronom.
Les lettres *ill* sont suivies d'un *i* à la première et à la deuxième personne du pluriel de l'indicatif imparfait et du subjonctif présent. *(Que) nous goupillions, (que) vous goupilliez.*
• **Transitif.** Fixer à l'aide de goupilles.

• **Pronominal.** (Fam.) S'arranger. *L'affaire s'est bien goupillée.*

gourd, gourde adj.
Engourdi par le froid. *Elle a les doigts gourds.*

gourde n. f.
• Récipient portatif. *Une gourde d'eau.*
• Unité monétaire d'Haïti. *Des gourdes.*
V. Tableau - **SYMBOLES DES UNITÉS MONÉTAIRES.**

gourdin n. m.
Gros bâton. *Pour se défendre, elle avait un gourdin.*

gourer (se) v. pronom.
(Fam.) Se tromper lourdement.

gourmand, ande adj. et n. m. et f.
Qui aime trop la bonne cuisine. *Christiane est trop gourmande, elle a quelques kilos en trop.*
☞— Ne pas confondre avec les mots suivants :
- *glouton,* qui mange avidement;
- *gourmet,* qui goûte la bonne cuisine en connaisseur.

gourmander v. tr.
(Litt.) Réprimander sévèrement.

gourmandise n. f.
• Caractère d'une personne gourmande. *La gourmandise de Christiane est bien connue.*
• (Au plur.) Friandises.

gourmé, ée adj.
Raide, guindé. *Une attitude gourmée.*

gourmet n. m.
Personne qui goûte la bonne cuisine en connaisseur.
☞— Ne pas confondre avec les mots suivants :
- *glouton,* qui mange avidement;
- *gourmand,* qui aime trop la bonne cuisine.
⟹ gourme**t.**

gourmette n. f.
Chaîne de montre, bracelet.

gourou ou **guru** n. m.
• Dans la religion hindoue, maître spirituel.
• Maître spirituel. *Des gourous.*

gousse n. f.
• Enveloppe allongée de certaines graines. *Enlever les petits pois de leur gousse. Une gousse de vanille.*
• Tête ou partie de tête d'ail ou d'échalote. *Des gousses d'ail.*

gousset n. m.
Petite poche de gilet. *Une montre de gousset.*
⟹ gousse**t.**

goût n. m.
• Sens par lequel nous percevons les saveurs (salée, sucrée, amère, acide).
• Saveur. *Cette glace a bon goût.*
• Faculté d'apprécier le beau. *C'est une affaire de goût. Elle a le goût très sûr.*
• Préférence. *Juger d'après son goût.*
☞— Dans une construction négative, on emploie surtout la préposition *de. Ce dessin n'est pas de mon goût.*

• *Dans le goût de.* Dans le style de. *Une aquarelle dans le goût de Marie Laurencin.*
• *Au goût du jour.* À la mode.
⟹ goût.

goûter v. tr., intr.
• **Transitif direct**
- Apprécier par le goût la saveur des choses. *Goûter une sauce.*
- (Fig.) Apprécier. *Goûter le calme de la forêt.*
- Au Canada, avoir le goût de. *Cette viande goûte le sapin.*
☞— En ce sens, le verbe ne s'emploie qu'au Canada et dans certaines régions de la francophonie.
• **Transitif indirect**
- Manger ou boire un peu de quelque chose pour connaître son goût. *Goûter à un dessert.*
- (Fig.) Jouir complètement de quelque chose. *Goûter à la liberté.*
- Boire ou manger pour la première fois. *Goûter de la papaye.*
• **Intransitif**
Prendre une collation. *Les enfants aiment bien goûter au retour de l'école.*
Hom. *goutter,* couler goutte à goutte.
⟹ goûter.

goûter n. m.
Collation. *Le goûter des enfants après l'école.*
⟹ goûter.

goutte n. f.
• Très petite quantité de liquide. *Une goutte d'eau. À peine une goutte de lait, s'il vous plaît.*
• *Goutte à goutte.* Une goutte après l'autre. *Le liquide s'écoule goutte à goutte.*
☞— Ne pas confondre avec le nom *goutte-à-goutte,* perfusion.
• *N'y voir goutte.* (Vx) Ne pas bien voir.
• Maladie. *Il a eu un accès de goutte.*

goutte-à-goutte n. m. inv.
Perfusion.
☞— Ne pas confondre avec la locution *goutte à goutte* qui s'écrit sans trait d'union.

gouttelette n. f.
Petite goutte. *Une gouttelette de rosée.*
⟹ gouttelette.

goutter v. intr.
Couler goutte à goutte. *Le toit goutte.*
Hom. *goûter,* manger ou boire un peu de quelque chose.

gouttière n. f.
• Petit canal destiné à recevoir les eaux de pluie.
• *Chat de gouttière.* Chat sans race spécifique.

gouvernail n. m.
Dispositif mobile d'un bateau, d'un avion destiné à régler sa direction. *Des gouvernails en bon état.*

gouvernant, ante adj. et n. m. et f.
• **Adjectif.** Qui gouverne.
• **Nom masculin et féminin.** Personne qui exerce le pouvoir politique.

gouvernante n. f.
• Femme chargée de l'éducation d'un ou de plusieurs enfants.
• Femme qui a soin de la maison d'une personne seule. *La gouvernante du presbytère.*

gouverne n. f.
• (Mar.) Direction d'une embarcation.
• *Pour ma (ta, sa, etc.) gouverne.* Comme règle de conduite.

gouvernement n. m.
• Action de diriger un pays.
• Pouvoir exécutif d'un État. *Le gouvernement du Québec. Le gouvernement devrait s'attaquer à réduire le déficit.*
☞ Le nom *gouvernement* s'écrit avec une minuscule.

gouvernemental, ale, aux adj.
Relatif au gouvernement. *Les services gouvernementaux.*

gouverner v. tr.
• Diriger politiquement. *Le Premier ministre et ses ministres gouvernent le pays depuis quatre ans.*
• Diriger à l'aide d'un gouvernail. *Gouverner un voilier.*

gouverneur n. m.
• Au Canada, personne qui représente le roi ou la reine d'Angleterre. *Elisabeth II a été accueillie par le gouverneur général.*
• Directeur d'un grand établissement public. *Gouverneur de la Banque de France.*
• Aux États-Unis, titulaire du pouvoir exécutif d'un État.

*gouverneur (d'un conseil d'administration)
Anglicisme au sens de *administrateur.*

goyave n. f.
☞ Les deux premières syllabes se prononcent *go-ya* [gɔjav].
Fruit du goyavier.
☞ Attention au genre féminin de ce nom : *une* goyave.

goyavier n. m.
Arbre tropical cultivé pour ses fruits sucrés, les goyaves.

grabat n. m.
Lit misérable.
☞ grabat.

grabataire adj. et n. m. et f.
Qui ne quitte pas le lit.

grabatisation n. f.
Fait de devenir grabataire.

grabuge n. m.
(Fam.) Bataille, désordre.

grâce n. f.
• Faveur. *Solliciter une grâce.*
- *Faire à quelqu'un la grâce de.* Accorder la faveur de, avoir l'amabilité de.
- *Trouver grâce aux yeux de quelqu'un.* Gagner sa bienveillance.
- *Les bonnes grâces de quelqu'un.* Appui, faveur de quelqu'un.
- *De grâce.* Par faveur. *De grâce, taisez-vous!*
- *Délai de grâce.* Délai accordé par un débiteur.
• Reconnaissance.
- *Action de grâce(s).* Témoignage de reconnaissance.
- *Rendre grâce à quelqu'un.* Lui attribuer un résultat favorable.
- *Grâce à.* Cette locution prépositive qui se dit toujours en bonne part, doit être suivie d'un mot à valeur positive. *Grâce à son aide, nous avons réussi.*
• Pardon, remise de peine.
- *Demander grâce, crier grâce.* Implorer le pardon.
- *Faire grâce de.* Épargner. *Je vous fais grâce des détails.*
- *Coup de grâce.* Coup fatal.
- *Crier grâce.* Se déclarer vaincu.
• Aisance, élégance naturelle. *Elle a beaucoup de grâce.*
• **Locutions**
- *De bonne grâce,* locution adverbiale. Aimablement, volontiers.
- *Avoir mauvaise grâce à.* Être malvenu de.

grâce! interj.
Interjection employée pour implorer la pitié.
☞ grâce.

gracier v. tr.
Redoublement du *i* à la première et à la deuxième personne du pluriel de l'indicatif imparfait et du subjonctif présent. *(Que) nous graciions, (que) vous graciiez.*
Commuer une peine. *Le condamné a été gracié.*
☞ gracier, malgré grâce.

gracieusement adv.
• Avec charme, élégance. *Comme elle marche gracieusement!*
• Gratuitement. *Ce livre nous a été offert gracieusement.*

gracieuseté n. f.
• (Litt. et vx) Manière aimable d'agir.
• (Vx) Don gracieux.
☞ Ce nom est aujourd'hui vieilli, on dira plutôt *cadeau.*

gracieux, ieuse adj.
• Charmant. *Une gracieuse jeune fille.*
• Gratuit. *Cette aide est apportée à titre gracieux.*

gracile adj.
(Litt.) Délicat, fragile. *Un corps gracile.*
☞ gracile.

gracilité n. f.
(Litt.) Caractère de ce qui est gracile.

gradateur de lumière n. m.
Dispositif permettant de réduire le flux lumineux d'un appareil d'éclairage. *Une lampe halogène munie d'un gradateur* (et non d'un **dimmer*).

gradation n. f.
Accroissement ou décroissement progressif. *La gradation des sons, des couleurs.*
☞ Ne pas confondre avec le nom *graduation,* action de diviser en degrés, et son résultat.

grade n. m.
• Échelon de la hiérarchie.
• *Grade universitaire.* Rang dans la hiérarchie des diplômes universitaires. (Recomm. off. OLF) *Quel est son grade universitaire (et non *académique)?*
V. Tableau - **GRADES ET DIPLÔMES UNIVERSITAIRES.**

*grade
Anglicisme au sens de *année scolaire.*

gradé adj. et n. m.
Qui a un grade. *Un militaire gradé.*
☞ Ne pas confondre avec les mots suivants :
- *gradué,* divisé en degrés;
- *graduel,* qui évolue par degrés.

gradin n. m.
Chacun des bancs étagés d'un amphithéâtre.

graduation n. f.
• Action de diviser en degrés. *La graduation d'un instrument de mesure.*
• Ensemble des divisions correspondant à ces degrés.
☞ Ne pas confondre avec le nom *gradation,* accroissement ou décroissement progressif.

*graduation
Anglicisme au sens de *collation des grades* (enseignement universitaire), *(cérémonie de) remise des diplômes* (enseignement secondaire, enseignement collégial).

*graduation (bal de)
Anglicisme au sens de *bal de fin d'études.*

gradué, ée adj.
Divisé en degrés. *Un thermomètre gradué.*
☞ Ne pas confondre avec les mots suivants :
- *gradé,* qui a un grade;
- *graduel,* qui évolue par degrés.

*gradué
Anglicisme au sens de *diplômé.*

graduel, elle adj.
Qui évolue par degrés. *La diminution graduelle du niveau de l'eau.*
☞ Ne pas confondre avec les mots suivants :
- *gradé,* qui a un grade;
- *gradué,* divisé en degrés.

graduellement adv.
De façon graduelle.

graduer v. tr.
• Diviser en degrés. *Ce thermomètre est gradué en Celsius.*
• Augmenter graduellement. *Les exercices sont gradués en fonction de leurs connaissances.*

*graduer
Anglicisme au sens de *obtenir un diplôme.*

graffiti n. m. (pl. *graffitis* ou *graffiti*)
Inscriptions dessinées sur les murs. *Des graffiti ou des graffitis amusants.*
☞ Ce nom est un pluriel italien qui peut rester invariable ou prendre la marque du pluriel.
V. Tableau - **ITALIEN (EMPRUNTS À L').**

grain n. m.
• Le fruit des céréales, la graisse de certaines légumineuses.
• Corps très petit et sphérique. *Des grains de sable.*
• *Grain de beauté.* Petite tache brune sur la peau.
• (Mar.) Coup de vent violent et subit.
• *Veiller au grain.* (Fig.) Se tenir sur ses gardes.

graine n. f.
Semence des plantes à fleurs. *Des graines de marguerites.*

graineterie n. f.
☞ Les *e* des deuxième et troisième syllabes ne se prononcent pas [grɛntri].
Commerce des graines.

grainetier n. m.
grainetière n. f.
☞ Le *e* central ne se prononce pas [grɛntje, grɛntjɛr].
Personne qui vend des grains, graines, bulbes, etc.

graissage n. m.
Lubrification. *Il faudrait faire le graissage de cette voiture.*

graisse n. f.
Corps gras. *Une tache de graisse.*

graisser v. tr.
Lubrifier. *Graisser un engrenage.*

graisseux, euse adj.
• De la nature de la graisse. *Des tissus graisseux.*
• Taché de graisse. *Des mains graisseuses.*
☞ graisseu**x.**

grammaire n. f.
• Science des structures et des règles d'une langue.
• Livre où ces règles sont regroupées. *Le Bon Usage est une excellente grammaire.*
☞ gram**m**aire.

grammairien n. m.
grammairienne n. f.
Spécialiste de la grammaire. *Madeleine Sauvé a été longtemps grammairienne de l'Université de Montréal.*
☞ gram**m**airien.

grammatical, ale, aux adj.
Qui se rapporte à la grammaire. *Des règles grammaticales.*
☞ gram**m**atical.

grammaticalement adv.
Selon les règles de la grammaire.
☞ gram**m**aticalement.

-gramme suff.
Élément du latin signifiant «lettre». *Télégramme.*

gramme n. m.
• Symbole *g* (s'écrit sans point).
• Unité de masse valant un millième de kilogramme.

gramophone n. m.
☞ Les deux *o* sont ouverts [gramɔfɔn].
(Vx) Phonographe.

GRADES ET DIPLÔMES UNIVERSITAIRES

DÉSIGNATIONS

Les désignations de grades et de diplômes universitaires s'écrivent avec une majuscule initiale. *Baccalauréat ès sciences. Maîtrise en droit.*

☞ 1° Le nom de la discipline spécifique s'écrit en minuscules.

2° La préposition **ès** qui résulte de la contraction de **en** et de **les** est suivie d'un pluriel.

ABRÉVIATIONS

Les abréviations des grades et des diplômes se composent ainsi :

• le grade

Le nom désignant le grade s'abrège par le retranchement des lettres à l'exception de l'initiale qui s'écrit en majuscule et qui est suivie du point abréviatif :

- *certificat*   C.
- *baccalauréat*   B.
- *licence*   L.
- *maîtrise*   M.
- *doctorat*   D.

• la discipline

Le nom désignant la discipline ou la spécialité s'abrège par le retranchement des lettres finales (après une consonne); la première lettre s'écrit en majuscule, la dernière lettre de l'abréviation est généralement suivie du point abréviatif. *Architecture, Arch. Urbanisme, Urb.*

☞ Font exception à ces règles, certaines abréviations consacrées par l'usage qui proviennent du latin. *Ph.D., LL.D., LL.M., LL.L.* ou de l'anglais *M.B.A.*

ABRÉVIATIONS DES GRADES UNIVERSITAIRES

B.A.	Baccalauréat ès arts
B.A.A.	Baccalauréat en administration des affaires
B.Arch.	Baccalauréat en architecture
B.A.V.	Baccalauréat en arts visuels
B.Ed.	Baccalauréat en éducation
B.E.E.	Baccalauréat d'enseignement élémentaire
B.Mus.	Baccalauréat en musique
B.Pharm.	Baccalauréat en pharmacie
B.Ps.	Baccalauréat en psychologie
B.Sc.	Baccalauréat ès sciences
B.Sc.A.	Baccalauréat ès sciences appliquées
B.Sc.inf.	Baccaulauréat en sciences infirmières
B.Sc.(nutrition)	Baccalauréat ès sciences (nutrition)
B.Sc.soc.	Baccalauréat en sciences sociales
B.Serv.soc.	Baccalauréat en service social
B.Th.	Baccalauréat en théologie
B.Urb.	Baccalauréat en urbanisme
D.C.L.	Doctorat en droit civil
D.Ed.	Doctorat en éducation
D. ès L.	Doctorat ès lettres

suite ➞

D.M.D.	Doctorat en médecine dentaire
D.Mus.	Doctorat en musique
D.M.V.	Doctorat en médecine vétérinaire
D.Sc.	Doctorat ès sciences
D.U.	Doctorat de l'Université
J.C.B.	Baccalauréat en droit canonique
J.C.D.	Doctorat en droit canonique
L. ès L.	Licence ès lettres
LL.B.	Baccalauréat en droit
LL.D.	Doctorat en droit *(Legum Doctor)*
LL.L.	Licence en droit
LL.M.	Maîtrise en droit
L.Ph.	Licence en philosophie
L.Pharm.	Licence en pharmacie
L.Th.	Licence en théologie
M.A.	Maîtrise ès arts
M.A.P.	Maîtrise en administration publique
M.A.Ps.	Maîtrise ès arts en psychologie
M.A.(théologie)	Maîtrise ès arts en théologie
M.B.A.	Maîtrise en administration des affaires
M.D.	Doctorat en médecine *(Medicinæ Doctor)*
M.Ed.	Maîtrise en éducation
M.Ing.	Maîtrise en ingénierie
M.Mus.	Maîtrise en musique
M.Sc.	Maîtrise ès sciences
M.Sc.A.	Maîtrise ès sciences appliquées
M.Sc.(biol.)	Maîtrise ès sciences (biologie)
M.Th.	Maîtrise en théologie
Ph.D.	Doctorat en philosophie
Ph.D.(D.C.)	Doctorat en philosophie en droit canonique
S.T.D.	Doctorat en théologie

ABRÉVIATIONS DES DIPLÔMES ET CERTIFICATS

D.D.N.	Diplôme de droit notarial
D.E.A	Diplôme d'études africaines
D.E.C.	Diplôme d'études collégiales
D.E.S.	Diplôme d'études spécialisées (ou supérieures)
D.M.V.P.	Diplôme de médecine vétérinaire préventive
D.P.H.	Diplôme de pharmacie d'hôpital
D.S.A.	Diplôme en sciences administratives
C.A.E.S.L.S.	Certificat d'aptitude à l'enseignement spécialisé d'une langue seconde
C.A.P.E.M.	Certificat d'aptitude pédagogique à l'enseignement musical
C.A.P.E.S.	Certificat d'aptitude pédagogique à l'enseignement secondaire
C.E.C.	Certificat pour l'enseignement collégial
C.E.C.P.	Certificat pour l'enseignement collégial professionnel
C.E.E.	Certificat pour l'enseignement au cours élémentaire
C.E.S.	Certificat pour l'enseignement au cours secondaire
C.E.S.P.	Certificat pour l'enseignement secondaire professionnel
C.P.E.C.P.	Certificat de pédagogie pour l'enseignement collégial professionnel

grand, grande adj., adv. et n. m. et f.

• Suivi d'un mot qui commence par une voyelle ou un **h** muet, le **d** de l'adjectif ou du nom masculin singulier se prononce **t.** *Un grand (t) homme.*
• **Adjectif**
- Dont la taille dépasse la moyenne. *Un grand jardin.*
- **Grand comme ma main.** (Fam.) Au Canada, très petit. *Cette maison est grande comme ma main.*
- Important, extraordinaire. *Un grand évènement.*
🖝 Suivi d'un autre adjectif, l'adjectif **grand** s'accorde en genre et en nombre. *Les yeux grands ouverts. Les mains grandes ouvertes.*
• **Adverbe**
- **Voir grand.** Avoir de vastes projets sans songer à la dépense. *Ces architectes voient grand.*
🖝 Pris adverbialement, le mot est invariable.
- **En grand.** À une vaste échelle. *Ils vont construire en grand.*
• **Nom masculin et féminin.**
- Personne adulte. *Les petits et les grands.*
- Personne importante. *Les grands de ce monde.*

grand- préf.
• Les noms composés avec l'élément **grand-** s'écrivent aujourd'hui avec un trait d'union. L'orthographe avec une apostrophe est vieillie. *Grand-mère* (et non plus **grand'mère).* En ancien français, l'adjectif **grand** conservait la même forme au masculin et au féminin. De nombreux noms composés nous sont restés : ils s'écrivent avec un trait d'union. *Grand-chose, avoir grand-honte, grand-maman, grand-messe, à grand-peine, grand-rue, grand-tante,* etc.
• Le pluriel des composés féminins avec l'élément **grand-** est flottant. *Des grand(s)-mères.*
🖝 Le deuxième élément prend toujours la marque du pluriel, mais le premier élément a longtemps été invariable. Les auteurs ne s'entendent pas sur cette question, mais on observe une tendance à marquer le pluriel de l'élément **grand-** tout en lui conservant sa forme masculine. *Des grands-mamans.*
• Le pluriel des composés masculins avec l'élément **grand-** est régulier : les deux éléments prennent un **s.** *Des grands-pères.*

grand-angle ou **grand-angulaire** n. m. (pl. *grands-angles, grands-angulaires)*
👄 Attention à la liaison [grɑ̃tɑ̃gl], [grɑ̃tɑ̃gylɛr].
Objectif photographique couvrant une grande largeur de champ.

grand-chose n. m. et f. inv. et pron. indéf.
• **Nom masculin et féminin invariable.** (Fam.) Personne peu estimable. *Un, une pas grand-chose.*
• **Pronom indéfini. Pas grand-chose.** Peu de chose, presque rien. *Il ne m'a pas dit grand-chose.*
🖝 Ce pronom indéfini ne s'emploie que dans une construction négative.

grand-croix n. f. inv. et n. m.
• **Nom féminin invariable.** Dignité la plus élevée des ordres de chevalerie, de mérite. *Des grand-croix de la Légion d'honneur.*

• **Nom masculin.** Titulaire de cette dignité. *Des grands-croix de l'ordre de Malte récemment honorés.*

grand-duc n. m. (pl. grands-ducs)
Souverain d'un grand-duché.

grand-ducal, ale, aux adj.
Qui concerne un grand-duc, un grand duché. *Des domaines grand-ducaux.*
🖝 L'élément **grand** demeure invariable.

grand-duché n. m. (pl. *grands-duchés)*
Pays où règne un grand-duc.

Grande-Bretagne n. f.
Abréviation **G.-B.** (s'écrit avec un trait d'union et des points).

grande-duchesse n. f.
• Femme ou fille d'un grand-duc.
• Souveraine d'un grand-duché. *Des grandes-duchesses.*

grandement adv.
• Largement. *Cette famille est logée grandement.*
• Beaucoup. *Ils ont grandement aidé cette cause.*

grand ensemble n. m. (pl. *grands ensembles)*
👄 Attention à la liaison [grɑ̃tɑ̃sɑ̃bl].
Groupe important d'immeubles qui ont la même architecture.

grandeur n. f.
• Dimension en hauteur, longueur, largeur. *La grandeur d'un bureau.*
🖝 De façon spécifique, on écrira la **taille** d'une personne, le **format** d'une chose, l'**échelle** d'un pays, d'une région.
• **Grandeur nature.** Selon les dimensions réelles. *Des modèles grandeur nature.*
🖝 L'expression reste invariable.
• **Ordre de grandeur.** Dimension approximative.
• Importance, magnanimité. *La grandeur d'un geste.*
• **Grandeur d'âme.** Générosité.

grandiloquence n. f.
Emphase, éloquence excessive.

grandiloquent, ente adj.
Emphatique, pompeux. *Un style grandiloquent.*

grandiose adj.
Majestueux. *Un décor grandiose.*

grandir v. tr., intr., pronom.
• **Transitif**
- Rendre plus grand. *Cette robe la grandit.*
- Ennoblir. *Cette action l'a grandi.*
• **Intransitif**
Devenir plus grand. *Elle a beaucoup grandi.*
• **Pronominal**
Se grandir plus grand. *Sophie tente de se grandir avec ses hauts talons.*

grand-livre n. m. (pl. *grands-livres)*
Registre comptable.

grand-maman n. f. (pl. *grands-mamans* ou *grand-mamans)*
Grand-mère, dans le langage des enfants.

grand-mère n. f. (pl. *grands-mères* ou *grand-mères*)
Mère du père ou de la mère.
V. **aïeul.**

grand-messe n. f. (pl. *grands-messes*)
Messe solennelle.

grand-oncle n. m. (pl. *grands-oncles*)
Frère du grand-père ou de la grand-mère.

grand-papa n. m. (pl. *grands-papas*)
Grand-père, dans le langage des enfants.

grand-peine (à) loc. adv.
Difficilement. *Il a escaladé la falaise à grand-peine.*
⇨ grand-peine.

grand-père n. m. (pl. *grands-pères*)
Père du père ou de la mère.
V. **aïeul.**

grands-parents n. m. pl.
Le grand-père et la grand-mère. *L'un des grands-parents était présent.*
🕮← Ce nom ne peut s'employer au singulier.

grand-tante n. f. (pl. *grands-tantes* ou *grand-tantes*)
Sœur du grand-père ou de la grand-mère.

*grand total
(Compt.) Anglicisme pour *total général.*

grand-voile n. f. (pl. *grand-voiles, grands-voiles*)
Voile carrée du grand mât.

grange n. f.
Bâtiment de ferme où l'on conserve le fourrage. *Le foin est dans la grange.*

granit ou **granite** n. m.
⌣ Le *t* se prononce [granit].
Roche très dure. *Des granites ou granits noirs. Une maison bretonne en granit rose.*
🕮← La graphie *granit* est celle de la langue courante; la langue technique de la géologie retient la graphie *granite.*

granitique adj.
Qui est propre au granit.

granivore adj. et n. m. pl.
Qui se nourrit de graines. *Ces oiseaux sont granivores.*
🕮← Ne pas confondre avec les mots suivants :
- *carnassier,* qui se nourrit de proies vivantes;
- *carnivore,* qui se nourrit de chair;
- *frugivore,* qui se nourrit de fruits;
- *insectivore,* qui se nourrit d'insectes;
- *omnivore,* qui mange de tout.

granule n. m.
Petit grain.
🕮← Attention au genre masculin de ce nom : *un* granule.

granulé, ée adj. et n. m.
Qui est formé de petits grains. *Du sucre granulé.*

granuler v. tr.
Réduire en granules.

granuleux, euse adj.
Qui est composé de grains. *Pour poncer, il utilise du papier granuleux.*

🕮← Ne pas confondre avec le mot *grenu* qui se dit d'une chose dont le grain est apparent.
Ant. **lisse.**

graphe n. m.
Représentation graphique d'une fonction.

-graphe, -graphie, -graphique suff.
Éléments du grec signifiant «écrire». *Orthographe, géographie, télégraphique.*

graphème n. m.
(Ling.) Représentation d'un son par une ou plusieurs lettres.

graphie n. f.
(Ling.) Manière dont un mot est écrit. *La graphie du nom **rythme** est assez difficile.*
V. **orthographe.**

graphique adj. et n. m.
• Adjectif
- Relatif aux procédés d'impression. *Les industries graphiques.*
- Qui représente à l'aide de traits, de points. *Les arts graphiques.*
• Nom masculin
Schéma. *Un graphique des profits de l'association.*

graphique à barres n. m.
Graphique composé de rectangles dont les hauteurs indiquent les quantités représentées.
Syn. **histogramme.**

graphiquement adv.
⌣ Le *e* de l'avant-dernière syllabe ne se prononce pas [grafikmã].
• Par l'écrit.
• Par des procédés graphiques.

graphisme n. m.
• Manière d'écrire les lettres, les mots.
• Manière de dessiner.

graphiste n. m. et f.
Professionnel des arts graphiques.

graphite n. m.
Variété de carbone cristallisé. *Le graphite est gris-noir.*
🕮← Attention au genre masculin de ce nom : *un* graphite.

grapho- préf.
Élément du grec signifiant «écrire». *Graphologie.*

graphologie n. f.
Étude de l'écriture d'une personne.

graphologique adj.
Qui se rapporte à la graphologie. *Une analyse graphologique.*

graphologue n. m. et f.
Spécialiste de la graphologie.

grappa n. f.
Eau-de-vie de marc de raisin populaire en Italie.

grappe n. f.
Assemblage de fleurs ou de fruits. *Des grappes de raisin. Des fleurs en grappes.*

grappillage n. m.
Action de grappiller.

grappiller v. tr., intr.
Les lettres **ill** sont suivies d'un **i** à la première et à la deuxième personne du pluriel de l'indicatif imparfait et du subjonctif présent. *(Que) nous grappillions, (que) vous grappilliez.*
• **Transitif.** Ramasser au hasard. *Grappiller des renseignements.*
• **Intransitif.** Cueillir les grappes qui restent après une vendange.

grappin n. m.
• Crochet à plusieurs branches fixé au bout d'un cordage.
• **Mettre le grappin sur quelqu'un, sur quelque chose.** (Fam.) Accaparer quelqu'un, lui imposer sa présence.
➡ grappin.

gras, grasse adj. et n. m.
• **Adjectif**
- Formé de graisse. *Des corps gras.*
- (Typogr.) Épais (par opposition à **maigre**). *Des caractères gras.*
- **Faire la grasse matinée.** Se lever tard.
• **Nom masculin**
Se dit des parties grasses de la viande. *Il y a très peu de gras dans ce bœuf haché.*

grassement adv.
Généreusement. *Il est grassement payé.*

grasseyement n. m.
Prononciation d'une personne qui grasseye.

grasseyer v. intr.
Le **y** est suivi d'un **i** à la première et à la deuxième personne du pluriel de l'indicatif imparfait et du subjonctif présent. *(Que) nous grasseyions, (que) vous grasseyiez.*
Prononcer les **r** sans l'action de la langue.

grassouillet, ette adj.
(Fam.) Potelé.

gratification n. f.
• Somme d'argent donnée en surcroît de ce qui est dû. *Les employés ont reçu une bonne gratification à Noël.*
▯⊷ Ne pas confondre avec les noms suivants :
- **cadeau,** présent destiné à faire plaisir à quelqu'un;
- **don,** libéralité à titre gracieux;
- **legs,** don fait par testament.
• Satisfaction psychologique.

gratifier v. tr.
Redoublement du **i** à la première et à la deuxième personne du pluriel de l'indicatif imparfait et du subjonctif présent. *(Que) nous gratifiions, (que) vous gratifiiez.*
• Nantir d'un avantage. *Gratifier quelqu'un d'une rente.*
• Accorder généreusement quelque chose à quelqu'un. *Elle m'a gratifié d'un beau sourire.*

gratin n. m.
• Préparation culinaire recouverte de fromage ou de chapelure et dorée au four. *Un gratin dauphinois.*
• (Fam.) Élite. *Une soirée avec tout le gratin.*
➡ gratin.

gratiné, ée adj. et n. f.
• **Adjectif.** Recouvert de gratin.
• **Nom féminin.** Soupe à l'oignon.

gratiner v. tr.
Apprêter au gratin.

gratis adj. inv. et adv.
◡ Le **s** se prononce [gratis].
• **Adjectif.** Gratuit. *Un service gratis.*
• **Adverbe.** (Fam.) Gratuitement. *Il tond la pelouse gratis.*

gratitude n. f.
Reconnaissance. *Elle remercia son amie avec gratitude pour sa générosité.*

gratte n. f.
(Fam.) Au Canada, outil servant à racler.
▯⊷ Dans la francophonie, on dit surtout **grattoir**.

*gratte
Impropriété au sens de **chasse-neige**.

gratte-ciel n. m. inv. (pl. *gratte-ciel*)
Immeuble d'une grande hauteur. *Des gratte-ciel impressionnants.*

gratte-dos n. m. inv. (pl. *gratte-dos*)
Grattoir en forme de main, muni d'un long manche.

grattement n. m.
Bruit fait en grattant.

gratte-papier(s) n. m. inv. (pl. *gratte-papier*)
(Péj.) Bureaucrate.
▯⊷ Ce nom a un sens défavorable.

gratter v. tr., intr., pronom.
• **Transitif**
- Racler en entamant la surface de quelque chose. *Gratter la peinture d'un meuble.*
- Frotter une partie du corps. *Elle lui gratte le dos.*
- Causer une démangeaison. *Ce lainage la gratte.*
• **Intransitif**
Gratter à la porte. Faire un bruit léger au lieu de frapper.
• **Pronominal**
Gratter son corps lorsqu'on a des démangeaisons.

grattoir n. m.
Instrument qui sert à nettoyer, à gratter. *Un grattoir à peinture.*

gratuit, uite adj.
• Donné sans faire payer; où l'on est admis sans payer. *Une exposition gratuite.*
• (Fig.) Sans raison, non fondé. *Une accusation gratuite.*

gratuité n. f.
• Caractère de ce qui est gratuit. *La gratuité des soins médicaux.*
• Caractère de ce qui est sans fondement.

gratuitement adv.
• Sans payer. *Le vétérinaire a soigné le chat d'Alex gratuitement.*

• Sans fondement, sans motif.

gravats n. m. pl.
Débris. *Avant de repeindre, il faut nettoyer les gravats.*
☞ Ce nom ne s'emploie qu'au pluriel.
Syn. **gravois.**
⇨ grava**ts.**

grave adj. et n. m.
• **Adjectif.** Sérieux. *Un air grave, une décision très grave.*
• **Nom masculin.** La gamme des sons graves, par opposition aux sons aigus. *Elle peut chanter aussi bien le grave que l'aigu.*

*gravelle
Anglicisme pour **gravier.**

gravement adv.
• Dignement. *Le juge doit parler gravement.*
• Dangereusement. *L'accidenté est gravement blessé.*

graver v. tr.
Tracer en creux. *Graver à l'eau-forte.*

graves n. m.
Type de vin blanc. *Une bouteille de graves.*
⇨ grave**s.**

graveur n. m.
graveuse n. f.
Personne dont la profession est de graver.

gravier n. m.
Petits cailloux dont on recouvre un chemin. *Une allée de gravier* (et non de **gravelle*).

gravir v. tr.
Escalader, monter. *Gravir une montagne, un escalier.*

gravité n. f.
• (Phys.) Attraction exercée par la Terre. *Dans la fusée, il y a absence de gravité et les astronautes semblent flotter dans l'air.*
• Qualité d'une personne grave (ou de son comportement). *La gravité d'un regard.*
• Caractère de ce qui a de l'importance. *La gravité d'un problème.*

graviter v. intr.
• Tourner autour. *La Terre gravite autour du Soleil.*
• (Fig.) Évoluer dans l'entourage de quelqu'un. *Tout le personnel qui gravite autour du premier ministre.*

gravois n. m. pl.
Gravats.

gravure n. f.
• Manière, art de graver; son résultat. *Ève veut apprendre la gravure et la peinture.*
• Reproduction d'un dessin. *Il y a de jolies gravures dans ce livre.*

gray n. m.
• Symbole *Gy* (s'écrit sans point).
• Unité de mesure de dose absorbée de radiation.
☞ Cette unité de mesure remplace le **rad.**

GRC n. f.
Sigle de **Gendarmerie royale du Canada.**

gré n. m.
• Accord. *Sa fille est partie au cinéma contre son gré.*

• *De son plein gré.* Volontairement.
• *Bon gré mal gré.* Qu'on le veuille ou non. *Vous irez bon gré mal gré.*
☞ L'expression s'écrit sans virgule.
• *Au gré de.* Selon. *Les feuilles bougent au gré du vent.*
• *De gré à gré.* D'un commun accord. *Un marché de gré à gré.*
• *Savoir gré.* Être reconnaissant. *Elles lui sauront gré* (et non **seront gré*) *de sa compréhension.*
☞ Le nom *gré* demeure invariable.

grec, grecque adj. et n. m. et f.
• **Adjectif et nom masculin et féminin.** De Grèce. *Le drapeau grec. Un Grec, une Grecque.*
☞ L'adjectif s'écrit avec une minuscule; le nom, avec une majuscule.
• **Nom masculin.** Langue parlée en Grèce. *Elle parle le grec.*
☞ Le nom de la langue s'écrit avec une minuscule.
V. Tableau - **GREC (EMPRUNTS AU).**

gréco-latin, ine adj.
Commun au grec et au latin. *Les arts gréco-latins.*

gréco-romain, aine adj.
Relatif aux civilisations grecque et latine. *La civilisation gréco-romaine.*

gredin, ine n. m. et f.
• Malfaiteur.
• (Fam.) Fripon.

gréement n. m.
Ensemble du matériel nécessaire à la manœuvre des voiles d'un bateau.
⇨ gré**e**ment.

gréer v. tr.
Le verbe conserve le *é* à toutes les formes.
(Mar.) Garnir (un voilier, un mât) de son gréement.

greffage n. m.
👄 La première syllabe se prononce *grè* [grɛfaʒ].
Action ou manière de greffer.

greffe n. m. et f.
• **Nom masculin**
Bureau où l'on dépose certains documents. *Consulter un acte au greffe.*
• **Nom féminin**
- Bouture. *La greffe d'un pommier.*
- Opération chirurgicale consistant à transférer sur une personne des parties prélevées sur elle-même ou sur une autre personne. *Une greffe de peau.*
☞ Lorsqu'il y a rétablissement de vaisseaux, de conduits, on parle plutôt de **transplantation.** *Une transplantation cardiaque.*

greffer v. tr., pronom.
👄 La première syllabe se prononce *gré* [grefe].
• **Transitif**
- Mettre une greffe à une plante. *Greffer des pommiers.*
- (Méd.) Insérer une greffe à un patient. *On lui a greffé un rein.*
• **Pronominal**
(Fig.) S'ajouter. *De nouveaux faits se sont greffés sur cette affaire.*

greffier, ière n. m. et f.

👄 La première syllabe se prononce *gré* [grefje, jɛr].
Personne chargée de diriger un greffe.

greffon n. m.

👄 La première syllabe se prononce *grè* [grefɔ̃].
Partie d'un végétal greffée sur un autre appelé *sujet*.

grégaire adj.
• Relatif à une espèce animale qui vit en groupe.
• *Instinct grégaire.* Tendance qui pousse les êtres humains à former des groupes ou à adopter le même comportement.

grège adj.
• *Adjectif.* Brut. *Des soies grèges.*

• *Adjectif de couleur invariable.* De couleur beige clair.
Des chemisiers grège.
V. Tableau - **COULEUR (ADJECTIFS DE).**

grégorien, ienne adj.
Relatif à l'un des papes, Grégoire Ier. *Le chant grégorien.*

grêle adj.
Frêle, maigre. *Des jambes grêles.*
☞ grêle.

grêle n. f.
Chute de grains de glace. *La grêle a détruit toute la récolte.*
☞ grêle.

EMPRUNTS AU GREC

Un grand nombre de mots français proviennent de la langue grecque ancienne. Ce sont des mots de formation savante qui appartiennent surtout à la langue technique, scientifique, médicale ou religieuse.

Suivent quelques exemples de mots français d'origine grecque :

amnésie	bibliothèque	érotique	lexique	sténographie
anatomie	botanique	grammaire	méthode	syntagme
anecdote	cathode	gramme	mètre	syntaxe
anthropologie	catholicisme	graphie	neurologie	système
apocalypse	dactylographie	gynécologie	œsophage	technique
apoplexie	démocratie	heuristique	olympique	télépathie
archevêque	diaphane	hygiène	orthopédie	téléphone
ascèse	diocèse	iota	philanthropie	typographie
asphyxie	diphtérie	kaléidoscope	phonétique	xénophobie
baptême	éphémère	larynx	rhétorique	xylophone
batracien	épisode	lexicologie	rhizome	zoologie

Certains mots ont été empruntés au grec par l'intermédiaire du latin :

architecte	géométrie	mandragore	pyramide	tyran
arthrite	harmonique	méandre	rhésus	utopie
basilique	hermaphrodite	mécanique	rhinocéros	zéphyr
catéchisme	hiéroglyphe	métempsycose	rhumatisme	zeugma
catastrophe	hippodrome	nécromancie	salamandre	zizanie
dialectique	hyperbole	orchidée	synchronisme	zodiaque
épitaphe	iris	pédagogie	taxer	zone
ermite	logique	périple	tigre	
esthétique	logistique	péritoine	trigonométrie	
flegme	magie	philologie	typique	

Aujourd'hui, ce sont plutôt les racines grecques qui servent à créer les nouveaux mots, les néologismes :

Préfixes	Sens	Exemples	Suffixes	Sens	Exemples
aéro-	air	*aérodynamique*	-archie	pouvoir	*monarchie*
auto-	soi-même	*automatique*	-céphale	tête	*encéphale*
chrono-	temps	*chronomètre*	-gène	qui crée	*tératogène*
démo-	peuple	*démographie*	-graphe	écriture	*géographe*
micro-	petit	*microscope*	-logie	science	*biologie*
télé-	au loin	*télématique*	-scope	observer	*microscope*

grêler v. impers.
👄 La première syllabe se prononce **gré** [grele].
Tomber, en parlant de la grêle. *Il a grêlé hier soir.*
✏️ grêler.

grêlon n. m.
👄 La première syllabe se prononce **grè** [grɛlɔ̃].
Grain de glace. *Des grêlons gros comme des balles de golf.*
✏️ grêlon.

grelot n. m.
Sonnette. *Les grelots tintent quand on les agite.*
✏️ grelot.

grelottement n. m.
Tremblement. *Elle est fiévreuse et a des grelottements.*

grelotter v. intr.
Frissonner. *Elle grelotte de froid.*
✏️ grelotter.

grenade n. f.
• Fruit du grenadier. *Les pépins rouges de la grenade se mangent.*
• Projectile. *Dégoupiller une grenade.*

grenadier n. m.
• Arbuste qui produit la grenade.
• Soldat qui lançait les grenades.

grenadine n. f.
Sirop de couleur rouge.

grenaille n. f.
Métal réduit en menus grains.

grenat adj. inv. et n. m.
• **Nom masculin.** Pierre précieuse de couleur rouge sombre.
• **Adjectif de couleur invariable.** De la couleur rouge sombre du grenat. *Des soieries grenat.*
V. Tableau - **COULEUR (ADJECTIFS DE).**
✏️ grenat.

grené, ée adj.
Qui présente de nombreux petits grains. *Du cuir grené.*
Syn. **grenu.**

grenier n. m.
Étage supérieur d'une maison. *Sa maison de poupée est dans le grenier.*

grenouillage n. m.
(Fam.) Magouille, tractations, notamment dans le domaine politique.
Syn. **magouillage.**

grenouille n. f.
Batracien vivant au bord des étangs. *La grenouille est amphibie; elle peut vivre dans l'eau et sur la terre.*

grenouiller v. intr.
Les lettres *ill* sont suivies d'un *i* à la première et à la deuxième personne du pluriel de l'indicatif imparfait et du subjonctif présent. *(Que) nous grenouillions, (que) vous grenouilliez.*
(Fam., péj.) Se livrer au grenouillage.

grenu, ue adj. et n. m.
Dont le grain est apparent. *Un papier grenu, un cuir grenu.*
👄 Ne pas confondre avec le mot **granuleux,** qui se dit de ce qui est composé de grains.
Syn. **grené.**

grès n. m.
👄 Le *s* ne se prononce pas [grɛ].
Matière dont on fait des poteries. *Un pot de grès.*
✏️ grès.

grésil n. m.
👄 Le *l* se prononce [grezil].
Petite grêle.

grésillement n. m.
👄 Le *e* de l'avant-dernière syllabe ne se prononce pas [grezijmɑ̃].
Crépitement. *Le grésillement du bois qui brûle dans la cheminée.*

grésiller v. impers., intr.
Les lettres *ill* sont suivies d'un *i* à la première et à la deuxième personne du pluriel de l'indicatif imparfait et du subjonctif présent. *(Que) nous grésillions, (que) vous grésilliez.*
• **Impersonnel.** Tomber, en parlant du grésil. *Il grésille.*
• **Intransitif.** (Fig.) Crépiter. *Le feu grésille.*

grève n. f.
• Rivage. *La grève est couverte de coquillages.*
• Cessation collective du travail pour la défense d'intérêts communs. *Les employés ont décidé de faire la grève, de faire grève demain* (et non d'*aller en grève).
✏️ grève.

grever v. tr.
Le *e* se change en *è* devant une syllabe muette. *Il grève, il grevait.*
Faire supporter de lourdes charges financières. *Des dépenses qui grèvent un budget.*

gréviste n. m. et f.
Personne salariée qui fait grève.
✏️ gréviste.

gribouillage n. m.
Écriture informe. *L'enseignante a du mal à lire les gribouillages de Maxime.*

gribouiller v. tr., intr.
Les lettres *ill* sont suivies d'un *i* à la première et à la deuxième personne du pluriel de l'indicatif imparfait et du subjonctif présent. *(Que) nous gribouillions, (que) vous gribouilliez.*
(Fam.) Griffonner. *Il gribouille des caractères illisibles.*

gribouilleur, euse n. m. et f.
Personne qui gribouille.

gribouillis n. m.
👄 Le *s* ne se prononce pas [gribuji].
Écriture illisible.
✏️ gribouillis.

grief n. m.
• Motif de plainte. *Exprimer des griefs.*
• **Faire grief de quelque chose à quelqu'un.** Reprocher. *Elles lui ont fait grief de sa sévérité.*

grièvement adv.
Très gravement. *Elles ont été grièvement blessées, brûlées.*
☞— L'adverbe ne s'emploie qu'avec un adjectif, un participe signifiant «physiquement atteint».

griffe n. f.
• Ongle acéré de certains animaux. *Les griffes du chat.*
• *Coup de griffe.* Attaque.
• (Fig.) Signature. *Apposer sa griffe.*
• Marque d'un vêtement, d'un objet de luxe.

griffer v. tr.
• Donner un coup de griffe. *Le chat a griffé Nellie.*
• *Vêtement griffé.* Vêtement qui porte la marque d'un créateur.

griffon n. m.
• Animal fabuleux de la mythologie doté du corps du lion et de la tête et des ailes de l'aigle.
• Chien de chasse au poil long et broussailleux.

griffonnage n. m.
Barbouillage. *Elle n'a fait que quelques griffonnages.*

griffonner v. tr.
• Écrire d'une manière illisible. *Éloi a griffonné un message.*
• Rédiger avec précipitation. *Griffonner un billet.*

grignotement n. m.
Action de grignoter; bruit produit en grignotant.
☞ grignotement.

grignoter v. intr.
• Manger peu à peu en rongeant. *Fanny grignote une carotte.*
• (Fig.) Détruire progressivement. *Ces dépenses excessives grignotent son capital.*
☞ grignoter.

grigou n. m. (pl. *grigous*)
(Fam.) Grippe-sou.

gri-gri ou **grigri** n. m. (pl. *gris-gris, grigris*)
Amulette.

gril n. m.
👄 Le *l* se prononce ou non, [gril] ou [gri].
Ustensile servant à la cuisson des grillades. *Acheter un gril* (et non un **BBQ*).

grillade n. f.
Viande grillée. *Olivier n'aime pas les grillades, car il est végétarien.*

grillage n. m.
Treillis métallique. *Un grillage retient les poules dans le poulailler.*

*grillage
Impropriété au sens de *moustiquaire.*

grillager v. tr.
Le *g* est suivi d'un *e* devant les lettres *a* et *o*. *Il grillagea, nous grillageons.*
Munir d'un grillage. *Philippe et Josée ont grillagé le clapier.*

grille n. f.
• Assemblage de barreaux. *Les fenêtres des prisons ont des grilles.*
• Tableau quadrillé. *La grille des horaires.*

grille-pain n. m. inv. (pl. *grille-pain*)
Appareil servant à griller les tranches de pain.

griller v. tr., intr.
Les lettres *ill* sont suivies d'un *i* à la première et à la deuxième personne du pluriel de l'indicatif imparfait et du subjonctif présent. *(Que) nous grillions, (que) vous grilliez.*
• **Transitif**
Soumettre à un feu vif. *Des viandes grillées.*
• **Intransitif**
- Rôtir sur le gril. *Mettre les côtelettes à griller.*
- *Griller d'impatience.* Brûler d'impatience.
- *Griller un feu rouge.* Ne pas s'y arrêter.

grillon n. m.
Insecte. *Les grillons font un bruit strident.*

grimace n. f.
Contraction volontaire ou involontaire du visage. *Faire des grimaces.*

grimacer v. intr.
Le *c* prend une cédille devant les lettres *a* et *o*. *Il grimaça, nous grimaçons.*
Faire des grimaces. *Pour faire rire les petits, le bouffon grimaçait.*

grimer v. tr.
Maquiller pour la scène.

grimoire n. m.
Livre de sorcellerie à l'usage des magiciens.
☞— Attention au genre masculin de ce nom : *un* grimoire.

grimpant, ante adj.
Se dit d'une plante qui monte le long des corps voisins. *Des rosiers grimpants.*
☞— Ne pas confondre avec le participe présent invariable *grimpant. J'ai surpris les enfants grimpant sur le toit.*

grimper v. tr., intr.
• **Transitif**
Escalader, gravir. *Elle a grimpé l'escalier très rapidement.*
• **Intransitif**
- Monter en s'agrippant, en s'accrochant. *Les enfants ont grimpé à l'arbre.*
- *Grimper dans les rideaux.* (Fam.) Au Canada, s'affoler, avoir une réaction (bonne ou mauvaise) excessive.
- Monter sur un lieu élevé. *Il a grimpé jusqu'au sommet de la montagne.*
- (Fam.) S'accroître. *Les prix ont grimpé.*
☞— Le verbe se conjugue avec l'auxiliaire *avoir.*

grimpeur, euse adj. et n. m. et f.
• **Adjectif.** Qui grimpe.
• **Nom masculin et féminin.** Alpiniste.

grincement n. m.
Bruit désagréable produit par ce qui grince. *Un grincement de dents.*

grincer v. intr.
Le *c* prend une cédille devant les lettres *a* et *o*. *Il grinça, nous grinçons.*
• Produire un son désagréable. *La porte grinçait horriblement.*
• *Grincer des dents.* Frotter les dents les unes contre les autres par rage, peur, douleur.

grincheux, euse adj.
Acariâtre. *La bibliothécaire n'est pas grincheuse.*

gringalet n. m.
⌢ Le *t* ne se prononce pas [grɛ̃galɛ].
Homme frêle.
⟹ gringalet.

griotte n. f.
Cerise à chair très acidulée.

grippal, ale, aux adj.
Relatif à la grippe. *Des symptômes grippaux.*

grippe n. f.
• Maladie contagieuse d'origine virale provoquant une inflammation des muqueuses respiratoires. *Avoir la grippe.*
• *Prendre en grippe.* Avoir une antipathie contre quelqu'un, quelque chose. *Nellie a pris le professeur de géographie en grippe.*

gripper v. intr., pronom.
• **Intransitif.** Provoquer un blocage, en parlant des pièces d'un mécanisme. *Le moteur va gripper si on ne l'entretient pas.*
• **Pronominal.** Se coincer. *Ces mécanismes se sont grippés.*

grippe-sou n. m. (pl. *grippe-sous*)
(Fam.) Avare.

gris, grise adj. et n. m.
• **Adjectif de couleur.** D'une couleur entre le blanc et le noir.
⊢◁ L'adjectif de couleur simple s'accorde, mais l'adjectif de couleur composé est invariable. *Des robes grises. Des robes gris perle.*
V. Tableau - **COULEUR (ADJECTIFS DE).**
• **Nom masculin.** La couleur grise qui résulte d'un mélange de blanc et de noir.

grisaille n. f.
Monotonie. *Annie préfère le ciel bleu à la grisaille de l'automne.*

grisant, ante adj.
Enivrant. *Une aventure grisante.*

grisâtre adj.
Qui tire sur le gris.
⟹ grisâtre.

grisé n. m.
Teinte grise donnée à certaines parties d'un dessin.

griser v. tr.
• Donner une teinte grise.
• Étourdir, enthousiasmer. *Elle l'a grisé de belles paroles.*

griserie n. f.
Enivrement. *La griserie du succès.*

grisonner v. intr.
Devenir gris. *Ses cheveux commencent à grisonner.*

grisou n. m.
• Gaz inflammable qui se dégage dans les mines de charbon.
• *Coup de grisou.* Explosion du grisou.

grive n. f.
Oiseau voisin du merle à plumage brun et gris. *Un pâté de grives.*

grivèlerie n. f.
Délit de la personne qui part sans payer l'addition dans un restaurant.
⊢◁ Ne pas confondre avec le nom *grivoiserie,* geste, propos grivois.

grivois, oise adj. et n. m. et f.
Licencieux, égrillard, sans être obscène.

grivoiserie n. f.
Caractère de ce qui est grivois; geste, propos grivois.
⊢◁ Ne pas confondre avec le nom *grivèlerie,* délit.

grizzli ou **grizzly** n. m.
Ours de grande taille des Rocheuses. *Des grizzlis, des grizzlys.*
⟹ grizzli, grizzly.

groenlandais, aise adj. et n. m. et f.
Du Groenland. *Le littoral groenlandais. Un Groenlandais, une Groenlandaise.*
⊢◁ L'adjectif s'écrit avec une minuscule; le nom, avec une majuscule.
⟹ groenlandais, sans tréma.

grog n. m.
⌢ Le *g* se prononce [grɔg].
Boisson chaude au rhum.

grognement n. m.
• Cri du porc, de l'ours.
• Murmure de mécontentement. *Des grognements se firent entendre dans la salle.*

grogner v. intr.
Les lettres *gn* sont suivies d'un *i* à la première et à la deuxième personne du pluriel de l'indicatif imparfait et du subjonctif présent. *(Que) nous grognions, (que) vous grogniez.*
• Émettre un bruit sourd (en parlant du porc, de l'ours).
• Bougonner. *Ces vieux grincheux ne cessent de grogner.*

grognon, onne adj. et n. m. et f.
Bougon. *C'est un vieux grognon, il n'est pas aimable.*

groin n. m.
Museau du porc.

grommeler v. tr., intr.
Redoublement du *l* devant un *e* muet. *Je grommelle, je grommellerai,* mais *je grommelais.*
Bougonner, grogner. *Il grommelait des injures, elle est toujours à grommeler.*

grommellement n. m.
⌢ Le *e* de l'avant-dernière syllabe ne se prononce pas [grɔmɛlmɑ̃].

Action de grommeler; sons émis en grommelant.

gronder v. tr., intr.
• **Transitif.** Réprimander. *L'institutrice a grondé les enfants turbulents.*
• **Intransitif.** Grogner. *Un chien qui gronde, le tonnerre gronde.*

gronderie n. f.
👄 Le *e* central ne se prononce pas [grɔ̃dri]. Réprimande.

gros, grosse adj., adv. et n. m. et f.
• **Adjectif**
- Volumineux, considérable. *Un gros ballon. Une grosse tempête de neige.*
- Important. *Une grosse société.*
• **Adverbe**
Beaucoup. *Elles parient gros.*
🔲— Pris adverbialement, le mot est invariable.
• **Nom masculin**
- Commerce par grandes quantités. *Le gros et le détail.*
- *Gros œuvre.* Ensemble des éléments de construction assurant la stabilité, la résistance et la protection d'un édifice.
• **Nom féminin**
(Comm.) Douze douzaines. *Une grosse d'oranges.*
• **Nom masculin et féminin**
Personne qui souffre d'embonpoint.

groseille adj. inv. et n. f.
• **Nom féminin.** Fruit du groseillier.
🔲— Comme complément du nom *confiture,* groseille s'écrit généralement au pluriel, tandis que comme complément du nom *gelée,* il s'écrit au singulier.
• **Adjectif de couleur invariable.** De la couleur rouge clair de la groseille. *Des gants groseille.*
V. Tableau - **COULEUR (ADJECTIFS DE).**
▭➤ grose**ille.**

groseillier n. m.
Arbuste cultivé pour ses fruits.
▭➤ grose**illier.**

gros-grain n. m. (pl. *gros-grains*)
Tissu de soie à côtes.

gros-porteur adj. et n. m.
• **Adjectif.** Se dit d'un avion de grande capacité.
• **Nom masculin.** Avion de grande capacité. *Des gros-porteurs* (et non des **jumbo jets*) *lourdement chargés.*

grossesse n. f.
État d'une femme enceinte. *La grossesse dure neuf mois.*

grosseur n. f.
Volume. *Des tomates d'une bonne grosseur.*

grossier, ière adj.
• Non achevé. *Un travail grossier.*
• Rude. *Une étoffe grossière.*
• Impoli, contraire aux usages. *Une personne grossière.*

grossièrement adv.
Avec grossièreté.

grossièreté n. f.
• Caractère de ce qui est grossier. *La grossièreté d'un geste.*

• Impolitesse. *Elle lui a dit des grossièretés.*

grossir v. tr., intr.
• **Transitif**
Rendre plus gros, plus volumineux. *La loupe grossit les caractères.*
• **Intransitif**
- Devenir plus gros, augmenter de volume. *Il a un peu grossi.*
- Devenir plus considérable. *La plante a grossi.*

grossissement n. m.
👄 Le *e* de l'avant-dernière syllabe ne se prononce pas [grosismɑ̃].
Agrandissement. *Le grossissement de petits caractères à l'aide d'une loupe.*

grossiste n. m. et f.
Intermédiaire entre le détaillant et le producteur.

grossiste (en voyages) n. m. et f.
Personne morale ou physique dont les activités se limitent à organiser des forfaits pour les agences de voyages, en principe à la demande de celles-ci. (Recomm. off. OLF)

grosso modo loc. adv.
En gros, sans tenir compte des détails.

grotesque adj.
👄 Le *o* est ouvert [grɔtɛsk].
Ridicule, extravagant. *Ces accusations sont grotesques.*

grotesquement adv.
👄 Le *o* est ouvert [grɔtɛskəmɑ̃].
De façon grotesque.

grotte n. f.
Cavité naturelle dans la roche. *Sous la chute, il y a une grotte secrète.*
🔲— Ne pas confondre avec le nom *glotte,* orifice du larynx.
▭➤ grotte.

grouillement n. m.
Fourmillement. *Le grouillement des insectes dans le sol.*

grouiller v. intr., pronom.
Les lettres *ill* sont suivies d'un *i* à la première et à la deuxième personne du pluriel de l'indicatif imparfait et du subjonctif présent. *(Que) nous grouillions, (que) vous grouilliez.*
• **Intransitif.** (Fam.) Remuer, fourmiller. *La place grouille de monde.*
• **Pronominal.** (Fam.) Se dépêcher. *Grouille-toi, nous sommes en retard.*

groupage n. m.
Action de réunir des colis destinés au transport.

groupe n. m.
• Réunion de personnes. *Un groupe d'élèves.*
• Ensemble de choses. *Un groupe de maisons.*
🔲— Suivant que l'on insiste sur l'ensemble (que l'on considère globalement) ou sur la pluralité (que l'on considère en détail), le verbe s'accorde avec le collectif ou avec le complément déterminatif au pluriel.

Un groupe de chercheurs a réussi, ont réussi à isoler le virus.
V. Tableau - **COLLECTIF.**

groupement n. m.
• Action de grouper; fait d'être groupé. *Le groupement des enfants.*
• Rassemblement. *Un groupement écologique.*

grouper v. tr., pronom.
• **Transitif.** Rassembler en groupe. *Grouper des étudiants.*
• **Pronominal.** Se rassembler. *Les enfants se sont groupés autour du chiot.*

groupuscule n. m.
(Péj.) Petit groupement.

gruau n. m. (pl. *gruaux*)
Partie du grain de blé. *De la farine de gruau.*

grue n. f.
• Grand oiseau échassier migrateur.
• *Faire le pied de grue.* Attendre longuement debout.
• Appareil de levage. *Une grue de chantier.*
▭▷ gru**e.**

gruger v. tr.
Le *g* est suivi d'un *e* devant les lettres *a* et *o. Il grugea, nous grugeons.*
• (Litt.) Voler, duper quelqu'un. *Il grugeait son patron.*
• (Fam.) Au Canada, ronger, briser avec les dents. *Maxime grugeait une pomme.*
▭— L'emploi du verbe est courant au Canada dans la langue familière, mais il est vieilli en ce sens dans l'ensemble de la francophonie.

grume n. f.
• Tronc d'arbre abattu qui a été ébranché.
• Au Canada, se dit *billot.*

grumeau n. m. (pl. *grumeaux*)
Masse coagulée dans un liquide. *Il y a des grumeaux dans la sauce.*

grumeler (se) v. pronom.
Redoublement du *l* devant un *e* muet. *Il se grumelle, il se grumellera,* mais *il se grumelait.*
Former des grumeaux. *Le lait se grumelle.*

grutier n. m.
Personne chargée de conduire une grue.

gruyère n. m.
Fromage suisse. *Du jambon avec du gruyère.*

guadeloupéen, éenne adj. et n. m. et f.
◁ La première syllabe se prononce *goua* [gwadlu peɛ̃, eɛ̃].
De la Guadeloupe. *Un chant guadeloupéen. Un Guadeloupéen, une Guadeloupéenne.*
▭— L'adjectif s'écrit avec une minuscule; le nom, avec une majuscule.

guano n. m.
◁ La première syllabe se prononce *goua* [gwano].
Engrais composé d'excréments d'oiseaux marins.

guarani n. m.
◁ La première syllabe se prononce *goua* [gwarani].

Unité monétaire du Paraguay. *Des guaranis.*
V. Tableau - **SYMBOLES DES UNITÉS MONÉTAIRES.**

guatémaltèque adj. et n. m. et f.
◁ La première syllabe se prononce *goua* [gwate maltɛk].
Du Guatemala. *Le drapeau guatémaltèque. Un Guatémaltèque, une Guatémaltèque.*
▭— L'adjectif s'écrit avec une minuscule; le nom, avec une majuscule.

gué n. m.
Endroit où l'on traverse un cours d'eau. *Un passage à gué.*
Hom. *gai,* joyeux.

guenille n. f.
Vêtement en lambeaux. *Un clochard en guenilles.*

guenon n. f.
Femelle du singe.

guépard n. m.
Carnassier au pelage roux tacheté de noir.
▭▷ guépar**d.**

guêpe n. f.
• Insecte au corps rayé jaune et noir. *Un essaim de guêpes.*
• *Taille de guêpe.* Taille très fine.

guêpier n. m.
◁ Le *ê* se prononce *é* [gepje].
• Nid de guêpes.
• *Se fourrer, tomber dans un guêpier.* (Fig.) Se mettre dans une situation difficile.
▭▷ guêpier.

guêpière n. f.
Dessous féminin qui amincit la taille, qui fait une taille de guêpe.

guère adv.
Peu, pas beaucoup. *Il ne fume guère.*
▭— L'adverbe s'emploie toujours avec la particule négative «ne». S'il ne peut s'employer avec «pas», il peut cependant se construire avec «ne... plus». *Elle ne sort plus guère.*
Hom. *guerre,* conflit armé.

guéret n. m.
Terre labourée et non ensemencée.
▭▷ guér**et.**

guéridon n. m.
Petite table ronde à un seul pied central.

guérilla n. f.
Guerre d'embuscades, de harcèlement. *Des guérillas sanglantes.*

guérillero n. m.
◁ Le *e* de la troisième syllabe se prononce *é* [geri jero].
Personne qui fait la guérilla.
▭▷ guérill**ero.**

guérir v. tr., intr., pronom.
• **Transitif**
Redonner la santé à quelqu'un. *Guérir un malade.*

• **Intransitif**
- Recouvrer la santé. *Elle guérira vite à la campagne.*
- Disparaître en parlant d'une maladie. *Son rhume a guéri.*
• **Pronominal**
Se débarrasser d'une maladie. *Il a réussi à se guérir.*

guérison n. f.
Disparition d'un mal physique ou moral.

guérissable adj.
Qui peut être guéri.
Ant. **incurable.**

guérisseur, euse n. m. et f.
Personne qui guérit ou prétend guérir, sans avoir fait d'études médicales.

guérite n. f.
Abri dans lequel une sentinelle, un gardien, se met à couvert.

guerre n. f.
• Conflit armé entre États. *Déclarer la guerre.*
• *De guerre lasse,* locution figée. En renonçant à combattre, à lutter.
• *De bonne guerre,* locution figée. Loyalement.
Hom. **guère,** peu.

guerrier, ière adj. et n. m.
• **Adjectif.** (Litt.) Relatif à la guerre. *Les écrits guerriers.*
• **Nom masculin.** (Litt.) Soldat.

guerroyer v. intr.
Le *y* se change en *i* devant un *e* muet. *Je guerroie, je guerroierai.*
Le *y* est suivi d'un *i* à la première et à la deuxième personne du pluriel de l'indicatif imparfait et du subjonctif présent. *(Que) nous guerroyions, (que) vous guerroyiez.*
Faire la guerre.

guet n. m.
Action de guetter. *Faire le guet.*
✏ gue**t.**

guet-apens n. m. (pl. *guets-apens*)
👄 Le *s* ne se prononce pas [getapã].
Piège, embuscade. *Les voleurs l'ont attiré dans un guet-apens.*
✏ guet-ap**ens.**

guêtre n. f.
Jambière.
✏ guê**tre.**

guetter v. tr.
• Surveiller avec attention. *Le chat guette l'oiseau.*
• Faire peser une menace sur quelqu'un. *L'épuisement le guette.*

gueule n. f.
Bouche des animaux. *Se jeter dans la gueule du loup.*
▷– On emploie le nom **gueule** pour désigner la bouche des carnassiers, des fauves. *La gueule d'un lion, d'un crocodile, d'un chien, d'un requin.* Pour un cheval, un chameau, un bœuf, un éléphant, un poisson et en général, pour les animaux de selle, de trait, on utilise le nom **bouche.** Pour désigner la bouche hu-

maine, le nom **gueule** est vulgaire; dans un style soigné, on évitera de l'employer.

gueule-de-loup n. f. (pl. *gueules-de-loup*)
Muflier.

gueuler v. tr., intr.
(Vulg.) Crier ou hurler de douleur, de mécontentement.
▷– Ce verbe est d'emploi plutôt vulgaire. Dans un style soigné, on emploiera plutôt **crier, hurler.**

gueuleton n. m.
(Pop.) Bon repas entre amis.

gueuse ou **gueuze** n. f.
Bière belge forte.

gueux, gueuse n. m. et f.
(Vx) Mendiant.

gui n. m.
Plante qui vit en parasite sur les branches de certains arbres. *Une boule de gui.*

guiche n. f.
Mèche de cheveux plaquée sur le front ou les tempes.
Syn. **accroche-cœur.**

guichet n. m.
• Petite ouverture par laquelle le public communique avec les employés d'une banque, d'une administration, etc. *Les guichets de la poste.*
• (Par anal.) *Guichet automatique de banque.* Distributeur automatique de billets de banque.
• *À guichets fermés.* Spectacle dont tous les billets sont vendus.
✏ guiche**t.**

guichetier n. m.
guichetière n. f.
👄 Attention à la prononciation [giʃtje, giʃtjɛr]
Personne préposée à un guichet.

guide n. m. et f.
Personne chargée de faire visiter (un musée, une ville, un monument, un site). *Une guide expérimentée.*

guide n. m. et n. f. pl.
• **Nom masculin.** Recueil de renseignements. *Un guide sur l'architecture de Montréal.*
• **Nom féminin pluriel.** Lanières attachées au mors d'un cheval. *Tirer sur les guides d'un cheval.*

guider v. tr.
• Indiquer la voie. *Le chien guide l'aveugle.*
• Diriger, conseiller. *Ses conseils m'ont bien guidé.*

guidon n. m.
Tube de métal à poignées qui sert à diriger une bicyclette, une moto.

guigne n. f.
(Fam.) Malchance persistante. *Avoir la guigne.*

guigner v. tr.
Les lettres *gn* sont suivies d'un *i* à la première et à la deuxième personne du pluriel de l'indicatif imparfait et du subjonctif présent. *(Que) nous guignions, (que) vous guigniez.*
Lorgner, convoiter.

guignol n. m.
• Pantin, marionnette.
• *Faire le guignol.* Faire le pitre.

guilde n. f.
👄 Le *l* se prononce [gild].
Association professionnelle. *La guilde des orfèvres.*

guilledou n. m. inv.
👄 Le *e* se prononce ou non, [giʒədu] ou [gijdu].
Courir le guilledou. (Fam.) Chercher des aventures galantes.
📖— Ce nom n'est usité que dans l'expression citée.

guignolée n. f.
Au Canada, quête faite de porte en porte à la période des fêtes, à l'intention des démunis.
🖙 guignol**ée.**

guillemet n. m.
Entre guillemets. Expression marquant qu'on ne prend pas à son compte le mot, la locution employée.
V. Tableau - **GUILLEMETS.**

guillemeter v. tr.
Redoublement du *t* devant un *e* muet. *Je guillemette, je guillemetterai*, mais *je guillemetais.*
Mettre entre guillemets. *Une phrase guillemetée.*
🖙 guillem**eter.**

guilleret, ette adj.
Joyeux, fringant. *Il se sentait tout guilleret.*

guillotine n. f.
Instrument de décapitation.

guimauve n. f.
• Plante des marais et des prés humides.
• Pâte molle et sucrée (originairement à base de racine de guimauve). *Faire griller des guimauves* (et non des **marschmallow*).

guimbarde n. f.
(Fam.) Vieille voiture.

guimpe n. f.
Plastron, chemisette en tissu léger.

guindé, ée adj.
Affecté, mal à l'aise. *Ce monsieur est très sérieux et guindé.*

guinée n. f.
Ancienne monnaie britannique.

guinéen, éenne adj. et n. m. et f.
De la Guinée. *Le drapeau guinéen. Un Guinéen, une Guinéenne.*
📖— L'adjectif s'écrit avec une minuscule; le nom, avec une majuscule.

guingois (de) loc. adv.
De travers.
🖙 de guing**ois.**

guinguette n. f.
Café populaire où l'on peut danser, le plus souvent en plein air.

guipure n. f.
Étoffe imitant la dentelle.

guirlande n. f.
Cordon de feuillage, de fleurs, etc., servant à décorer. *Des guirlandes de roses.*

guise n. f.
• *À (ma, ta, sa,* etc.*) guise.* Selon (ma, ta, sa, etc.) volonté.
• *En guise de,* locution prépositive. À la place de.

guitare n. f.
Instrument de musique. *Alain s'accompagne à la guitare.*

guitariste n. m. et f.
Personne qui joue de la guitare.

gulden
👄 Le *u* se prononce *ou* [guldɛn].
V. **florin.**

guru
V. **gourou.**

gustatif, ive adj.
Relatif au goût. *Les papilles gustatives.*

guttural, ale, aux adj.
Qui appartient au gosier. *Des sons gutturaux.*

guyanais, aise adj. et n. m. et f.
De la Guyane. *Le drapeau guyanais. Un Guyanais, une Guyanaise.*
📖— L'adjectif s'écrit avec une minuscule; le nom, avec une majuscule.

Gy
Symbole de *gray.*

gym n. f.
👄 Les lettres *gy* se prononcent *ji* (et non **dji*) [ʒim].
Abréviation familière de *gymnastique.*

gymnase n. m.
👄 Les lettres *gy* se prononcent *ji* (et non **dji*) [ʒimnɑz].
Lieu où l'on peut pratiquer des exercices physiques.
🖙 **gym**nase.

gymnaste n. m. et f.
👄 Les lettres *gy* se prononcent *ji* (et non **dji*) [ʒimnast].
Professionnel de la gymnastique.
🖙 **gym**naste.

gymnastique adj. et n. f.
👄 Les lettres *gy* se prononcent *ji* (et non **dji*) [ʒim nastik].
• Le mot s'abrège familièrement en **gym** (s'écrit sans point).
• Ensemble d'exercices physiques destinés à assouplir, à fortifier le corps.
• Série de mouvements. *Faire sa gymnastique quotidienne.*
🖙 **gym**nastique.

gymnique adj. et n. f.
👄 Les lettres *gy* se prononcent *ji* (et non **dji*) [ʒim nik].
Relatif aux exercices du corps.

GUILLEMETS

Les guillemets sont de petits chevrons doubles (« ») qui se placent au commencement (*guillemet ouvrant*) et à la fin (*guillemet fermant*) d'une citation, d'un dialogue, d'un mot, d'une locution que l'auteur désire isoler.

• FORME

Les guillemets se présentent en français sous la forme de petits chevrons doubles (« »), et en anglais, sous la forme d'un double apostrophe (" ").

• CITATION

On met des guillemets au début et à la fin d'une citation.

La Charte de la langue française édicte : «1.– Le français est la langue officielle du Québec.»

☞ Si la citation porte sur plusieurs alinéas, on met un guillemet ouvrant au début de chaque alinéa et on termine la citation par un guillemet fermant.

«Langue distinctive d'un peuple majoritairement francophone, la langue française permet au peuple québécois d'exprimer son identité.
«L'Assemblée nationale reconnaît la volonté des Québécois d'assurer la qualité et le rayonnement de la langue française.»

*Préambule de la **Charte de la langue française.***

Si la citation comporte plus de trois lignes, elle est généralement disposée en retrait et composée à interligne simple. Dans ce cas, on n'emploie pas de guillemets.

• DIALOGUE

On met des guillemets au début et à la fin des dialogues. Un changement d'interlocuteur est signalé par l'alinéa précédé d'un tiret.

Le jardinier constata :
«Les roses sont superbes cette année.
– Vraiment, je suis de votre avis : elles sont superbes.
– Désirez-vous que j'ajoute une nouvelle variété de pivoines?»

☞ Les incises telles que *dit-il, répondit-elle* se mettent entre virgules, sans répétition de guillemets.

• MISE EN VALEUR

Pour isoler un mot, une expression, un titre, une marque, un terme étranger, on se sert de guillemets.

Elle aime les parfums de «Givenchy». BCBG est le sigle de «bon chic, bon genre».

Guillemets anglais (" ") :

Les guillemets anglais en double apostrophe sont utilisés à l'intérieur d'une citation déjà guillemetée.

Elle demanda : «Voudriez-vous m'acheter "Le Visuel", s'il vous plaît?»

-gyne suff.
Élément du grec signifiant «femme». *Androgyne.*

gynécée n. m.
(Antiq.) Appartement des femmes.
☞ Attention au genre masculin de ce nom : *un* gynécée.

gyn(é)-, gynéco- préf.
Éléments du grec signifiant «femme». *Gynécologue.*

gynécologie n. f.
Les deux *o* sont ouverts [ʒinekɔlɔʒi].
Spécialité de la médecine qui s'occupe des maladies particulières aux femmes.
☞ gynécologie.

gynécologique adj.
Les deux *o* sont ouverts [ʒinekɔlɔʒik].
Relatif à la gynécologie. *Un examen gynécologique.*
☞ gynécologique.

gynécologue n. m. et f.
Les deux *o* sont ouverts [ʒinekɔlɔg].
Spécialiste de la gynécologie. *C'est un excellent gynécologue.*
☞ gynécologue.

gypse n. m.
Attention à la prononciation [ʒips].
Roche sédimentaire dont on tire le plâtre. *Un gypse très blanc.*
☞ Attention au genre masculin de ce nom : *un* gypse.
☞ gypse.

gyr(o)- préf.
Élément du grec signifiant «cercle». *Gyrophare.*

gyrophare n. m.
Le *o* est ouvert [ʒirɔfar].
Phare rotatif. *Une ambulance munie d'un gyrophare.*
☞ gyrophare.

h
• Symbole de *heure.*
• Symbole de *hecto-.*

h (aspiré)
V. Tableau - **H MUET** ET **H ASPIRÉ.**

H
Symbole de *hydrogène.*

ha! interj. (*h* aspiré)
Interjection toujours redoublée qui marque le rire. *Ha! ha!*
☞ Pour marquer la surprise, le soulagement, cette interjection est désuète : on emploiera plutôt *ah!*

ha
Symbole de *hectare.*

habeas corpus n. m. inv.
👄 Les deux *s* se prononcent [abeaskɔrpys].
• Expression latine signifiant «que tu aies le corps».
• Institution britannique garantissant le respect de la liberté individuelle.
☞ En typographie soignée, les mots étrangers sont composés en italique. Dans des textes déjà en italique, la notation se fait en romain. Pour les textes manuscrits, on utilisera les guillemets.

habile adj.
Adroit. *Elles ont été très habiles en proposant cette idée.*
Ant. **malhabile.**

habilement adv.
👄 Le *e* de l'avant-dernière syllabe ne se prononce pas [abilmã].
Avec habileté. *Ces menuisiers travaillent très habilement.*

habileté n. f.
👄 Le *e* de l'avant-dernière syllabe ne se prononce pas [abilte].
Maîtrise d'une activité physique ou intellectuelle.
☞ Ne pas confondre avec le nom *habilité,* aptitude légale.

habilité n. f.
(Dr.) Aptitude légale à faire quelque chose.
☞ Ne pas confondre avec le nom *habileté,* maîtrise d'une activité physique ou intellectuelle.

habiliter v. tr.
(Dr.) Rendre une personne légalement apte à faire un acte juridique. *Elle est habilitée à signer au nom de l'entreprise, c'est-à-dire qu'elle est autorisée par la loi.*
☞ Ce verbe doit être réservé à la langue du droit.

habillage n. m.
Action d'habiller quelqu'un, quelque chose, de s'habiller. *Un salon d'habillage.*

habillé, ée adj.
• Couvert de vêtements.
• Se dit d'une tenue élégante, d'une tenue du soir. *Une robe habillée.*

habillement n. m.
Tenue vestimentaire.

habiller v. tr., pronom.
Les lettres *ill* sont suivies d'un *i* à la première et à la deuxième personne du pluriel de l'indicatif imparfait et du subjonctif présent. *(Que) nous habillions, (que) vous habilliez.*

• **Transitif.** Revêtir de vêtements. *Elle habille la fillette. Elle est habillée de noir, de coton* ou *en noir.*

☞ Dans un style soigné, on préférera la préposition *de.*

• **Pronominal.** Mettre ses vêtements. *Elles se sont habillées rapidement.*

habilleur n. m.
habilleuse n. f.
Personne qui aide les acteurs, les actrices à s'habiller.

habit n. m.
• (Au sing.) Tenue de soirée dont la veste à revers de soie est à longues basques à l'arrière.

☞ 1° Ne pas confondre avec le nom *smoking* qui désigne une tenue de soirée composée d'un veston à revers de soie, mais sans basques, d'un pantalon à galon de soie, et d'un gilet. *Revêtir un smoking* (et non un *toxedo).

2° La tenue de soirée masculine désigne l'*habit* ou le *smoking.*

• (Au plur.) Vêtements. *Range tes habits dans la penderie.*

☞ Attention au genre masculin de ce nom : *un* habit.

*habit
Archaïsme au sens de *costume, complet.*

habitabilité n. f.
Espace laissé aux personnes (dans un véhicule, un ascenseur, etc.) *Cette voiture offre une excellente habitabilité.*

habitable adj.
Qui peut être habité.
Ant. **inhabitable.**

habitacle n. m.
• Partie d'un véhicule où prennent place les passagers.
• Poste de pilotage d'un avion.

habitant, ante adj. et n. m. et f.
• **Nom masculin et féminin**
Personne qui habite généralement en un lieu. *Ce pays compte 23 millions d'habitants.*

☞ 1° La dénomination des habitants d'un lieu est un *gentilé.*

2° Les gentilés s'écrivent avec une majuscule. *Un Gaspésien.* Les adjectifs dérivés de gentilés s'écrivent avec une minuscule. *Un décor gaspésien.*

• **Adjectif et nom masculin et féminin**
(Fam.) Au Canada, paysan qui a des manières frustres. *Cette personne a l'air habitant.*

☞ Ce mot a un sens défavorable.

habitat n. m.
• Ensemble des conditions géographiques dans lesquelles vit une espèce animale, une espèce végétale particulière.
• Ensemble des conditions d'habitation. *Amélioration de l'habitat.*

☞ habitat.

habitation n. f.
Demeure. *Un groupe d'habitations.*

habitation à loyer modéré (France)
Sigle *HLM* (s'écrit avec ou sans points).

habitation à loyer modique (Canada)
Sigle *HLM* (s'écrit avec ou sans points).

habiter v. tr., intr.
Demeurer. *Ils habitent en ville, à la campagne, à Montréal, dans une maison ancienne* ou *la ville, la campagne, Montréal, une maison ancienne.*

☞ Ce verbe peut se construire indifféremment avec ou sans préposition devant le complément de lieu. Suivi d'un odonyme (avenue, rue, boulevard), le verbe se construit généralement sans préposition. *Ils habitent rue du Manoir.*

habitude n. f.
• Usage répété. *Une bonne ou une mauvaise habitude.*
• *Avoir l'habitude de.* Avoir coutume de. *Les enfants ont l'habitude de marcher pour aller à l'école.*
• *D'habitude,* locution adverbiale. Ordinairement, habituellement. *Sa tarte est meilleure que d'habitude.*
• *Comme d'habitude.* À l'accoutumée, selon son habitude. *Comme d'habitude, elle est en retard.*
• *Par habitude.* Machinalement.

habitué, ée adj. et n. m. et f.
• **Adjectif.** Qui a l'habitude de. *Être habitué à se lever tôt.*
• **Nom masculin et féminin.** Personne qui fréquente habituellement un lieu. *Ce sont des habitués de ce restaurant.*

☞ L'adjectif se construit avec la préposition *à,* alors que le nom se construit avec la préposition *de.*

habituel, elle adj.
Usuel, normal. *Les voisins font leur promenade habituelle.*

habituellement adv.
Ordinairement.
Ant. **rarement, exceptionnellement.**

habituer v. tr., pronom.
• **Transitif.** Donner l'habitude. *Habituer un chien à la propreté, à ne pas japper.*
• **Pronominal.** Prendre l'habitude. *S'habituer à travailler pendant la nuit.*

hâbleur, euse adj. et n. m. et f. (*h* aspiré)
(Péj.) Personne qui a tendance à se vanter. *Certains vendeurs sont des hâbleurs.*

☞ hâbleur.

hache n. f. (*h* aspiré)
Outil tranchant servant à fendre, à couper. *La hache du bûcheron.*
Hom. **ache,** plante.

haché, ée adj. et n. m. (*h* aspiré)
• **Adjectif.** Coupé en morceaux. *Du steak haché, du bœuf haché.*
• **Nom masculin.** Viande hachée. *Du haché très maigre.*

hache-légumes n. m. inv. (*h* aspiré) (pl. *hache-légumes*)
Hachoir à légumes.

hacher v. tr. (*h* aspiré)
Déchiqueter avec un instrument tranchant. *Hacher de la viande.*

hachette n. f. (*h* aspiré)
Petite hache.

hache-viande n. m. inv. (*h* aspiré) (pl. *hache-viande*)
Hachoir à viande.

hachis n. m. (*h* aspiré)
⇔ Le *s* ne se prononce pas [ʼaʃi].
Plat préparé avec de la viande, du poisson ou des légumes hachés. *Un hachis Parmentier.*
🖎 **hachis.**

hachisch
V. **haschisch.**

hachoir n. m. (*h* aspiré)
Large couteau servant à hacher (viande, légumes, etc.).

hachure n. f. (*h* aspiré)
Trait parallèle qui marque les parties ombrées d'un dessin, d'une gravure. *Faire des hachures.*

hachurer v. tr. (*h* aspiré)
Tracer des hachures. *Les parties hachurées du formulaire sont réservées à l'administration.*

hacienda n. f.
Ferme, en Amérique du Sud.

***haddock**
Anglicisme pour *églefin.*

HAE
Sigle de *heure avancée de l'Est.*

hagard, arde adj. (*h* aspiré)
Effaré. *L'œil hagard.*

hagiographe n. m. et f.
Personne qui rédige des hagiographies.

hagiographie n. f.
• Biographie d'un saint.
• Biographie très élogieuse.

haie n. f. (*h* aspiré)
• Bordure d'arbustes. *La haie de cèdres.*
• Rang de personnes bordant une voie. *Une haie d'honneur.*

haillon n. m. (gén. pl.) (*h* aspiré)
Vêtement très usé. *Il portait des haillons.*
Hom. **hayon,** porte arrière d'un véhicule.

haine n. f. (*h* aspiré)
Aversion. *Éprouver de la haine contre une personne, pour une personne. Il a fait ce choix par haine de la médiocrité.*
Hom. **aine,** partie du corps.

haineusement adv. (*h* aspiré)
Avec haine.

haineux, euse adj. (*h* aspiré)
Qui traduit la haine. *Des paroles haineuses.*
Ant. **amical.**

haïr v. tr. (*h* aspiré)
INDICATIF PRÉSENT *Je hais, tu hais, il hait, nous haïssons, vous haïssez, ils haïssent.* IMPARFAIT *Je haïssais.* PASSÉ SIMPLE *Je haïs, tu haïs, il haït, nous haïmes, vous haïtes, ils haïrent.* FUTUR *Je haïrai.*

CONDITIONNEL PRÉSENT *Je haïrais.* IMPÉRATIF PRÉSENT *Hais, haïssons, haïssez.* SUBJONCTIF PRÉSENT *Que je haïsse, qu'il haïsse.* IMPARFAIT *Que je haïsse, qu'il haït.* PARTICIPE PRÉSENT *Haïssant.* PASSÉ *Haï, haïe.*
⇔ Aux première, deuxième et troisième personnes du singulier de l'indicatif présent, ainsi qu'à la deuxième personne du singulier de l'impératif présent, il n'y a pas de tréma sur le *i* : on prononce [ʼɛ] (et non *a-i). Détester, exécrer. *Il hait les remarques désagréables. Il la hait à cause de sa duplicité.*

haïssable adj. (*h* aspiré)
⇔ Attention à la prononciation [ʼaisabl] (et non *aguissable).
Détestable.

haïtien, ienne adj. et n. m. et f.
D'Haïti. *Le drapeau haïtien. Un Haïtien, une Haïtienne.*
🖎 L'adjectif s'écrit avec une minuscule; le nom, avec une majuscule.
🖎 L'usage est flottant en ce qui a trait à la nature du *h* initial de ce mot; même si plusieurs auteurs indiquent la présence du *h* aspiré, la tendance la plus courante est de considérer l'initiale comme un *h* muet. On dira donc : *Des (z) Haïtiens.*

halage n. m. (*h* aspiré)
Action de haler un bateau à l'aide d'un cordage tiré du rivage. *Un chemin de halage.*

hâle n. m. (*h* aspiré)
Bronzage de la peau sous l'effet du soleil.
Hom. :
- *hall,* entrée;
- *halle,* marché.

hâlé, ée adj.
Bruni par le soleil, bronzé.

haleine n. f.
• Air qui sort des poumons quand on expire.
• Souffle.
• *En haleine.* En état d'attente. *On nous tenait en haleine.*
• *À perdre haleine.* Longuement, sans répit. *Courir à perdre haleine.*
• *Hors d'haleine.* Essoufflé.
• *De longue haleine.* À long terme. *Un travail de longue haleine.*
• *Reprendre haleine.* Reprendre sa respiration.
• *Reprendre haleine.* (Fig.) Se reposer avant de recommencer quelque chose.
Hom. :
- *alène,* outil;
- *allène,* gaz.

haler v. tr. (*h* aspiré)
• Tirer sur. *Haler un cordage.*
• Remorquer un bateau au moyen d'un câble à partir du rivage.
Hom. *hâler,* bronzer.

hâler v. tr. (*h* aspiré)
Bronzer, brunir la peau, en parlant du soleil. *Un teint hâlé.*
Hom. *haler,* tirer sur.

haletant, ante adj. (*h* aspiré)
⟸ Le *e* central ne se prononce pas [ˈaltɑ̃, ɑ̃t].
Hors d'haleine.

halètement n. m. (*h* aspiré)
⟸ Le *e* de l'avant-dernière syllabe ne se prononce pas [ˈalɛtmɑ̃].
Essoufflement.
Hom. *allaitement,* action d'allaiter.

haleter v. intr. (*h* aspiré)
Le *e* se change en *è* devant une syllabe muette. *Il halète, il haletait.*
Être hors d'haleine. *Après avoir tant couru, il haletait.*

hall n. m. (*h* aspiré)
⟸ Le *a* se prononce *o* [ˈɔl] ou à l'anglaise.
Entrée, salle d'accès de grandes dimensions. *Le hall de l'hôtel est bien décoré.*
Hom. :
- *hâle,* bronzage;
- *halle,* marché.

hallali n. m.
Cri des chasseurs annonçant que la bête poursuivie est aux abois. *Des hallalis.*
⟹ hallali.

halle n. f. (*h* aspiré)
• Marché. *La halle aux vins.*
• (Au plur.) Marché central d'une ville. *Les Halles de Paris.*
Hom. :
- *hâle,* bronzage;
- *hall,* entrée.

hallebarde n. f. (*h* aspiré)
(Ancienn.) Arme composée d'une lance, à fer pointu d'un côté et tranchant de l'autre.

hallebardier n. m. (*h* aspiré)
Soldat armé d'une hallebarde.

Halloween n. f.
Veille du 1er novembre que fêtent les enfants en se déguisant pour sonner de porte en porte et récolter des friandises.

hallucinant, ante adj.
Extraordinaire. *Une coïncidence hallucinante.*

hallucination n. f.
Perception d'objets non réels. *Ce patient a des hallucinations : il voit des tarentules partout.*

halluciné, ée adj. et n. m. et f.
• Qui a des hallucinations.
• Visionnaire. *Ce poète est un halluciné.*

hallucinogène adj. et n. m.
• **Adjectif.** Qui provoque des hallucinations. *Des produits hallucinogènes.*
• **Nom masculin.** Substance qui provoque un état psychédélique.

halo n. m. (*h* aspiré)
• Couronne lumineuse. *Un halo autour de la Lune.*
• (Fig.) Auréole. *Le halo de la gloire, du pouvoir.*

halogène adj. et n. m.
• (Chim.) Nom générique du chlore.

• Lampe contenant un halogène qui accroît son efficacité lumineuse et sa durée. *Une lampe (à) halogène, un halogène bien conçu.*
⟹ halogène.

halte! interj. (*h* aspiré)
Commandement militaire enjoignant à une personne de s'arrêter.

halte n. f. (*h* aspiré)
• Moment d'arrêt pendant un voyage. *Faire une halte.*
• *Halte routière.* Espace aménagé en bordure d'une route afin de permettre aux automobilistes de prendre du repos sans gêner l'écoulement de la circulation. (Recomm. off. OLF) *La halte routière* (et non le **rest area*). Syn. **aire de repos.**

halte-garderie n. f. (*h* aspiré) (pl. *haltes-garderies*)
Petit établissement de quartier servant de garderie. *Fanny est à la halte-garderie.*

haltère n. m.
(Sports) Instrument composé de deux disques de métal réunis par une barre. *Poids et haltères. Des haltères très lourds.*
🖙 Attention au genre masculin de ce nom : *un* haltère.

haltérophile n. m. et f.
Personne qui pratique les poids et haltères.
⟹ haltérophile.

haltérophilie n. f.
Sport des poids et haltères.
⟹ haltérophilie.

hamac n. m. (*h* aspiré)
⟸ Le *c* se prononce [ˈamak].
Lit mobile suspendu. *Le hamac du jardin.*

hamburger n. m. (*h* aspiré)
⟸ Se prononce généralement à l'anglaise [ˈɑ̃burgœr].
Sandwich de bœuf haché. *Des hamburgers succulents.*

hameau n. m. (*h* aspiré) (pl. *hameaux*)
Groupement isolé de quelques maisons, en milieu rural.

hameçon n. m.
Petit crochet de métal placé au bout d'une ligne avec un appât pour prendre un poisson. *Mordre à l'hameçon.*
⟹ hameçon.

hampe n. f. (*h* aspiré)
Longue tige de bois. *La hampe d'un drapeau.*

hamster n. m. (*h* aspiré)
Petit rongeur. *Le hamster creuse son terrier.*

hanap n. m. (*h* aspiré)
⟸ Le *p* se prononce [ˈanap].
Grand vase à boire, au Moyen Âge.

hanche n. f. (*h* aspiré)
Partie du corps correspondant à l'articulation du fémur avec l'os iliaque.
Hom. *anche,* pièce de certains instruments à vent.

hand-ball n. m. (*h* aspiré)
⟸ Attention à la prononciation [ˈɑ̃dbal].
Sport d'équipe.

handicap n. m. (*h* aspiré)
👄 Le *p* se prononce [ʼɑ̃dikap].
(Fig.) Infériorité, désavantage. *Le handicap d'un concurrent.*

handicapé, ée adj. et n. m. et f. (*h* aspiré)
• Personne souffrant de déficience physique ou mentale. *Le handicapé physique, mental.*
• *Handicapé moteur.* Invalide. *Des handicapés moteurs.*
🖝 Le mot *handicapé* tend à remplacer de plus en plus le mot *infirme.*

handicaper v. tr. (*h* aspiré)
(Fig.) Désavantager. *Cette blessure a handicapé ce joueur.*

hangar n. m. (*h* aspiré)
Entrepôt. *Le hangar désaffecté.*
V. **remise.**

hanneton n. m. (*h* aspiré)
Insecte. *Le hanneton mange les racines des arbres, il est nuisible.*
🖝 han**ne**ton.

hanter v. tr. (*h* aspiré)
• Revenir dans certains lieux, en parlant des spectres. *Une auberge hantée.*
• (Fig.) Obséder. *Ce voleur est hanté par le remords.*
Hom. *enter,* greffer.

hantise n. f. (*h* aspiré)
Obsession. *Il a la hantise de perdre.*

happement n. m. (*h* aspiré)
Action de happer. *Le happement d'un fauve.*

happer v. tr.
• Saisir brusquement. *Sa main a été happée dans un engrenage.*
• Attraper avidement avec la gueule. *Les fauves ont happé les morceaux de viande.*
🖝 Ne pas confondre avec les verbes suivants :
- *agripper,* saisir violemment avec les doigts;
- *attraper,* prendre comme dans un piège, au passage;
- *gober,* avaler sans mâcher.

*happy-few
Anglicisme pour *les privilégiés.*

hara-kiri n. m. (*h* aspiré)
• Suicide imposé par l'honneur au Japon. *Des hara-kiris honorables.*
• *Faire hara-kiri.* Se suicider.

harangue n. f. (*h* aspiré)
Discours long et ennuyeux. *La harangue lassante.*

haras n. m. (*h* aspiré)
👄 Le *s* ne se prononce pas [ʼarɑ].
Établissement où l'on élève des étalons et des juments.
🖝 Ne pas confondre avec le nom *ara,* perroquet.

harassant, ante adj. (*h* aspiré)
Épuisant. *De harassantes heures de travail.*

harassement n. m. (*h* aspiré)
Fatigue extrême.
🖝 Ne pas confondre avec le nom *harcèlement,*

action de poursuivre, d'attaquer fréquemment.
🖝 harassement.

harasser v. tr. (*h* aspiré)
Épuiser.
🖝 harasser.

harcèlement n. m. (*h* aspiré)
Action de poursuivre, d'attaquer fréquemment. *Il a été accusé de harcèlement* (et non **d'harcèlement*) *sexuel.*
🖝 Ne pas confondre avec le nom *harassement,* fatigue extrême.
🖝 harc**è**lement.

harceler v. tr. (*h* aspiré)
Le *e* se change en *è* devant une syllabe muette. *Il harcèle, il harcelait.*
👄 La deuxième syllabe se prononce *se* [ʼarsəle].
Poursuivre, attaquer fréquemment.

hardes n. f. pl (*h* aspiré)
Guenilles.

hardi, ie adj. (*h* aspiré)
Audacieux. *Un hardi chef d'entreprise.*

hardiesse n. f. (*h* aspiré)
(Litt.) Bravoure.

hardiment adv. (*h* aspiré)
• Courageusement. *Ils plongèrent hardiment dans l'eau profonde.*
• Impudemment. *Elle lui répondit un peu hardiment.*

*hardware
Anglicisme au sens de *matériel* (informatique).

harem n. m. (*h* aspiré)
• Appartement des femmes chez les musulmans.
• Ensemble des femmes qui y habitent. *Le harem du sultan.*

hareng n. m. (*h* aspiré)
👄 Le *g* ne se prononce pas [ʼarɑ̃].
• Poisson de mer. *Des filets de hareng.*
• *Hareng saur.* Hareng fumé.
🖝 haren**g**.

harfang n. m. (*h* aspiré)
👄 Le *g* ne se prononce pas [ʼarʃɑ̃].
Oiseau nocturne de l'Arctique, aussi appelé *chouette blanche.*
🖝 Le *harfang* a été désigné comme un des emblèmes du Québec.

hargne n. f.
Mauvaise humeur, paroles agressives. *Épargne-moi ta hargne et tes injures.*

hargneux, euse adj.
Rageur, acerbe. *Des commentaires hargneux.*

haricot n. m. (*h* aspiré)
Légumineuse à graines comestibles. *Le haricot vert* (et non **petite fève*).
🖝 haricot.

haridelle n. f. (*h* aspiré)
Mauvais cheval. *La haridelle.*
🖝 Attention au genre féminin de ce nom : *une* haridelle.

harissa n. f. (*h* aspiré)
Condiment très piquant. *La harissa.*

harmonica n. m.
Instrument de musique que l'on fait glisser entre les lèvres en soufflant et en aspirant.
☞ Attention au genre masculin de ce nom : *un* harmonica.
☞ Au Canada et dans certaines régions de la francophonie, on dit aussi *musique à bouche.*

harmoniciste n. m. et f.
Personne qui joue de l'harmonica.

harmonie n. f.
• Ensemble de sons agréables. *L'harmonie d'une musique.*
• Accord, entente. *Vivre en harmonie.*

harmonieusement adv.
De façon harmonieuse.

harmonieux, euse adj.
• Mélodieux. *Des sons harmonieux.*
• Bien équilibré, agréable. *Cette pièce est harmonieuse, une démarche harmonieuse.*
☞ harmonie**ux.**

harmonique adj. et n. m. ou f.
• **Adjectif.** Relatif à l'harmonie.
• **Nom masculin ou féminin.** Son musical simple.

harmonisation n. f.
• Orchestration.
• Uniformisation. *L'harmonisation des termes techniques est souhaitable.*

harmoniser v. tr., pronom.
• **Transitif**
- Mettre en harmonie.
- Uniformiser. *Harmoniser la terminologie comptable.*
• **Pronominal**
Être en harmonie avec. *Ces vêtements s'harmonisent bien.*

harmoniste n. m. et f.
Personne qui règle les jeux d'orgues.

harmonium n. m.
Instrument de musique. *Des harmoniums.*

harnachement n. m. (*h* aspiré)
Ensemble des harnais d'un cheval.

harnacher v. tr. (*h* aspiré)
Mettre un harnais à un cheval. *Je harnache la jument.*

*harnacher (un cours d'eau)
Impropriété au sens de *aménager* un cours d'eau.

harnais n. m. (*h* aspiré)
• Équipement d'un cheval de selle ou d'attelage.
• Sangles. *Le harnais d'un parachutiste.*
☞ harn**ais.**

haro n. m. (*h* aspiré)
Crier haro sur. (Litt.) Dénoncer. *On cria haro sur le baudet.* (La Fontaine) *Ils crièrent haro sur la partialité du comité.*
☞ Ce nom ne s'emploie que dans cette expression.

harpe n. f. (*h* aspiré)
Instrument de musique à cordes pincées. *Elle joue de la harpe.*

harpiste n. m. et f. (*h* aspiré)
Personne qui joue de la harpe. *La harpiste.*

harpon n. m. (*h* aspiré)
Instrument en forme de flèche. *Le harpon a atteint son but.*

harponnage ou **harponnement** n. m. (*h* aspiré)
Action de harponner.

harponner v. tr. (*h* aspiré)
• Atteindre avec le harpon. *Harponner une baleine.*
• (Fig.) Arrêter. *Harponner un cambrioleur.*

haruspice ou **aruspice** n. m.
(Antiq.) Devin chargé autrefois de découvrir des présages dans les entrailles des victimes.

hasard n. m. (*h* aspiré)
• Évènement imprévu. *Un hasard heureux, un hasard malheureux.*
• *Au hasard,* locution adverbiale. Sans choisir, sans réfléchir.
• *Par hasard,* locution adverbiale. De façon imprévue.
• *À tout hasard,* locution adverbiale. Au cas où.
☞ Le nom s'écrit au singulier.
• *Jeu de hasard.* Jeu soumis au hasard seul, où l'habileté ne compte pas.
☞ has**ard.**

hasarder v. tr., pronom. (*h* aspiré)
• **Transitif**
- (Litt.) Risquer.
- Tenter de faire quelque chose en risquant un échec. *Hasarder une proposition.*
• **Pronominal**
- S'aventurer dans un lieu dangereux. *Ne vous hasardez pas dans ce quartier.*
- *Se hasarder à.* Oser. *Elle se hasarda à lui poser une question.*
☞ has**arder.**

hasardeux, euse adj. (*h* aspiré)
Qui comporte des risques, des périls. *Une aventure hasardeuse.*
☞ has**ardeux.**

*has-been
Anglicisme pour *vieux, qui a fait son temps, qui n'a plus de succès.*

hasch n. m. (*h* aspiré)
Abréviation familière de *haschisch.*

haschisch, hachisch ou **haschich** n. m. (*h* aspiré)
• Ce nom s'abrège familièrement en *hasch.*
• Chanvre indien servant à préparer une drogue.

hase n. f. (*h* aspiré)
Femelle du lièvre ou du lapin de garenne.

hâte n. f. (*h* aspiré)
• Précipitation, grande rapidité à faire quelque chose.
• *À la hâte,* locution adverbiale. Avec précipitation. *Ce travail a été fait à la hâte.*
• *En hâte, en toute hâte,* locution adverbiale. Très

rapidement. *À notre appel, ils sont venus en hâte.*
• **Avoir hâte de.** Être pressé de. *Elles avaient hâte de finir ce travail.*
• Au Canada, être impatient de. *Ils ont hâte de partir en vacances.*
▭▷ hâte.

hâter v. tr., pronom. (*h* aspiré)
• **Transitif.** Rendre plus rapide. *Je hâte le pas.*
• **Pronominal.** Se dépêcher. *Hâtez-vous, voyons!*
▭▷ hâter.

hâtif, ive adj. (*h* aspiré)
Précoce. *Des tulipes hâtives.*
Ant. **tardif.**
▭▷ hâtif.

hâtivement adv. (*h* aspiré)
⬃ Le *e* de l'avant-dernière syllabe ne se prononce pas [ɑtivmɑ̃].
En hâte.
▭▷ hâtivement.

hauban n. m. (*h* aspiré)
Cordage qui sert à maintenir un mât.

haubaner v. tr. (*h* aspiré)
Fixer au moyen de haubans.

hausse n. f. (*h* aspiré)
Augmentation (de prix, de valeur). *La hausse des prix.*

haussement n. m. (*h* aspiré)
⬃ Le *e* central ne se prononce pas [ˈosmɑ̃].
Action de hausser. *Le haussement d'épaules.*

hausser v. tr. (*h* aspiré)
Rendre plus haut. *Je hausse le prix des produits. Il haussa le ton en haussant les épaules.*

haut, haute adj., adv. et n. m. (*h* aspiré)
V. Tableau - **HAUT.**

hautain, aine adj. (*h* aspiré)
Arrogant. *Le hautain personnage.*

hautbois n. m. (*h* aspiré)
• Instrument de musique.
• Personne qui joue du hautbois. Syn. **hautboïste.**

hautboïste n. m. et f. (*h* aspiré)
⬃ Le *o* est ouvert [ˈobɔist].
Personne qui joue du hautbois.
Syn. **hautbois.**
▭▷ hautboïste.

haut-commissaire n. m. (*h* aspiré) (pl. *hauts-commissaires*)
Titre de certains fonctionnaires.

haut-de-chausse(s) n. m. (*h* aspiré) (pl. *hauts-de-chausse, hauts-de-chausses*)
(Ancienn.) Vêtement masculin qui couvrait le corps de la ceinture aux genoux.

haut-de-forme n. m. (*h* aspiré) (pl. *hauts-de-forme*)
Chapeau dont le corps est haut et cylindrique.

haut de gamme adj. inv. et n. m. (pl. *hauts de gamme*)
• **Adjectif invariable.** Se dit des produits les plus coû-

teux d'une série. *Des voitures haut de gamme.*
• **Nom masculin.** *Des hauts de gamme.*
▭⊢ Le nom composé prend la marque du pluriel au premier élément.
Ant. **bas de gamme.**

haute-fidélité n. f. (*h* aspiré) (pl. *hautes-fidélités*)
Appareil qui reproduit fidèlement un son.
▭⊢ On dit aussi *hi-fi,* par abréviation de l'anglais «high fidelity».

hauteur n. f. (*h* aspiré)
• Caractère de ce qui est haut, au propre et au figuré. *La hauteur de la maison, la hauteur de ses aspirations.*
• Niveau. *Ces pupitres sont à la même hauteur.*
• *Hauteur de vues.* (Vx) Grandeur d'âme.
• *Être à la hauteur de.* Avoir la compétence, les qualités nécessaires. *Il est à la hauteur de sa réputation.*
• *N'être pas à la hauteur.* Ne pas convenir. *Ces candidats ne sont pas à la hauteur.*
Hom. **auteur,** créateur de quelque chose.

haut fait n. m. (*h* aspiré) (pl. *hauts faits*)
Action d'éclat. *Les hauts faits des Patriotes.*
▭▷ **haut fait,** sans trait d'union.

haut-fond n. m. (*h* aspiré) (pl. *hauts-fonds*)
Élévation du fond de la mer ou d'un cours d'eau, dont le sommet est faiblement immergé et qui peut présenter un danger pour la navigation.

haut(-)fourneau n. m. (*h* aspiré) (pl. *hauts(-)fourneaux*)
Grand four à cuve servant à fondre le minerai de fer.
▭⊢ Le nom s'écrit avec ou sans trait d'union.

haut-le-cœur n. m. inv. (*h* aspiré) (pl. *haut-le-cœur*)
Nausée, sentiment de dégoût.

haut-le-corps n. m. inv. (*h* aspiré) (pl. *haut-le-corps*)
Sursaut marquant la surprise, la colère.

haut-parleur n. m. (*h* aspiré) (pl. *haut-parleurs*)
Appareil qui transforme en ondes sonores les courants électriques correspondant aux sons de la parole, de la musique. *Cette chaîne comporte quatre haut-parleurs.*

haut-relief n. m. (*h* aspiré) (pl. *hauts-reliefs*)
Sculpture en forte saillie.
Ant. **bas-relief.**

havane adj. inv. et n. m. (*h* aspiré)
• **Nom masculin.** Cigare. *Il préfère le havane.*
• **Adjectif de couleur invariable.** De la couleur brun-roux du cigare. *Des gants havane.*
V. Tableau - **COULEUR (ADJECTIFS DE).**

havre n. m. (*h* aspiré)
(Litt.) Port, refuge. *Le havre de paix qu'était cette maison de campagne.*
▭▷ havre.

havresac n. m. (*h* aspiré)
Sac à dos. *Le havresac de cuir noir.*

hawaïen ou **hawaiien, enne** adj. et n. m. et f.
Des îles Hawaï. *Une danse hawaïenne ou hawaiienne.*

HAUT

HAUT, ADJECTIF QUALIFICATIF

– Élevé. *Une haute montagne.*
– Éminent, supérieur. *Un haut fonctionnaire. Un travail de haute précision.*
– Qui dépasse le niveau ordinaire. *La rivière est haute.*

🖚 Joint au nom **mer,** l'adjectif a un sens différent selon qu'il est placé avant ou après le nom. **En haute mer,** au large. **La mer est haute,** la marée est à son niveau le plus élevé.

Dénominations géographiques

Se dit des lieux, des pays qui sont plus élevés, comparativement à d'autres, au-dessus du niveau de la mer ou plus éloignés de la mer. *Les Hautes-Terres-du-Cap-Breton, le Haut-Canada.*

Dénominations historiques

Se dit des périodes historiques les plus anciennes. *Le haut Moyen Âge.*
🖚 L'adjectif s'écrit avec une minuscule sans trait d'union.

HAUT, ADVERBE

À une grande hauteur. *Les avions volent haut. Des partenaires haut placés. Haut les mains!*
🖚 Pris adverbialement, le mot **haut** est toujours invariable.

HAUT, NOM MASCULIN

– Élévation, hauteur. *L'immeuble a 500 mètres de haut. Il y a des hauts et des bas.*
– Sommet. *Le haut d'un édifice.*

LOCUTIONS DIVERSES

– **Au haut,** locution adverbiale. (Litt.) Au sommet. *Sa maison est au haut de la colline.*
– **De haut,** locution adverbiale. De la partie supérieure. *Voir la vue panoramique de haut.*
– **De haut,** locution adverbiale. (Fig.) Avec dédain. *Le prendre de haut.*
– **En haut,** locution adverbiale. En un endroit plus élevé. *Il dort en haut.*
  🖚 L'expression *«monter en haut» est un pléonasme.
– **En haut de, du haut de,** locutions prépositives. Au-dessus de.
– **Haut en couleur,** locution adverbiale. Très coloré.
– **Là-haut,** locution adverbiale. Dans le ciel. *Elle est maintenant là-haut.*

NOMS COMPOSÉS

Les noms composés avec l'adjectif **haut** prennent le plus souvent la marque du pluriel aux deux éléments et s'écrivent généralement avec un trait d'union. *Des hauts-fonds.*

🖚 L'expression **haute-fidélité** est toujours invariable.

Les noms composés avec l'adjectif **haut** pris adverbialement ne prennent la marque du pluriel qu'au deuxième élément. *Des haut-parleurs.* Pour connaître la graphie d'un nom avec **haut**, se reporter à l'entrée dans l'ordre alphabétique.

🖚 Qu'il soit adjectif, adverbe ou nom, le mot **haut** s'écrit avec un **h** aspiré qui empêche l'élision de la voyelle précédente ou la liaison.

Un Hawaïen ou *Hawaiien, une Hawaïenne* ou *Hawai-ienne.*

☞ L'adjectif s'écrit avec une minuscule; le nom, avec une majuscule.

hayon n. m. (*h* aspiré)
Porte arrière d'un véhicule.
Hom. *haillon,* vêtement très usé.
➪ hayon.

He
Symbole de *hélium.*

hé! interj. (*h* aspiré)
Interjection servant à interpeller une personne. *Hé! toi, là-bas.*
Syn. **eh!**

heaume n. m. (*h* aspiré)
(Ancienn.) Casque d'une armure.
➪ heaume.

hebdomadaire adj. et n. m.
• **Adjectif.** Qui a lieu une fois par semaine. *Une visite hebdomadaire.*
V. Tableau - **PÉRIODICITÉ ET DURÉE.**
• **Nom masculin.** Publication qui paraît une fois par semaine. *Un hebdomadaire régional.*

hebdomadairement adv.
Une fois par semaine.

hébergement n. m.
Action d'héberger. *Un centre d'hébergement.*

héberger v. tr.
Le *g* est suivi d'un *e* devant les lettres *a* et *o. Il hébergea, nous hébergeons.*
Recevoir chez soi, loger. *Claude hébergeait souvent ses amis.*

hébété adj.
Stupide, abruti. *Un air hébété.*

hébétement n. m.
◁ Le deuxième *é* se prononce *è* [ebɛtmã].
État d'une personne hébétée, stupide.
➪ hébétement.

hébéter v. tr.
Le *é* se change en *è* devant une syllabe muette, sauf à l'indicatif futur et au conditionnel présent. *J'hébète,* mais *j'hébéterai.*
Rendre quelqu'un stupide, abruti.

hébétude n. f.
(Litt.) Hébétement, abrutissement.
➪ hébétude.

hébraïque adj.
Relatif aux Hébreux ou à leur langue. *La langue hébraïque, l'alphabet hébraïque, les coutumes hébraïques.*
➪ hébraïque.

hébreu adj. m. et n. m.
• **Adjectif masculin**
Relatif aux Hébreux. *Le peuple hébreu.*
☞ Au féminin, on emploie l'adjectif *hébraïque.*
• **Nom masculin**
- (Ancienn.) Juif. *La religion des Hébreux.*

☞ Pour désigner une personne, on utilise aujourd'hui les noms *Juif, Juive* ou *Israélite.*
☞ L'adjectif s'écrit avec une minuscule; le nom, avec une majuscule.
- La langue hébraïque. *Connaître l'hébreu.*
☞ Le nom de la langue s'écrit avec une minuscule.

HEC
Sigle de *École des Hautes Études Commerciales.*

hécatombe n. f.
• Grande masse de personnes tuées, surtout au figuré.
☞ Ne pas confondre avec les noms suivants :
- *carnage,* massacre d'hommes ou d'animaux;
- *massacre,* meurtre d'un grand nombre d'êtres vivants;
- *tuerie,* action de tuer sauvagement.
• (Fig., fam.) Grand nombre de personnes refusées, éliminées. *L'examen final uniforme des comptables agréés : quelle hécatombe!*

hectare n. m.
• Symbole *ha* (s'écrit sans point).
• Unité de mesure de superficie équivalant à cent ares (10 000 mètres carrés).

hecto- préf.
• Symbole *h* (s'écrit sans point).
• Préfixe qui multiplie par 100 l'unité qu'il précède. *Des hectolitres.*
• Sa notation scientifique est 10^2.
V. Tableau - **MULTIPLES ET SOUS-MULTIPLES DÉCIMAUX.**

hédonisme n. m.
Doctrine axée sur la recherche du plaisir.

hédoniste adj. et n. m. et f.
Adepte de l'hédonisme.

hégémonie n. f.
Prépondérance d'un État. *L'hégémonie d'une puissance occidentale.*

hein! interj. (*h* aspiré)
Interjection familière qui marque l'interrogation, la surprise. *Hein! Tu as gagné le gros lot?*

hélas! interj.
Interjection qui marque le regret. *Hélas! J'ai perdu mon billet.*

héler v. tr. (*h* aspiré)
Le *é* se change en *è* devant une syllabe muette, sauf à l'indicatif futur et au conditionnel présent. *Je hèle,* mais *je hélerai.*
Appeler de loin. *Je hèle un taxi.*

hélice n. f.
Appareil de propulsion constitué de deux ou trois pales. *Les hélices d'un avion. Prends garde à l'hélice du ventilateur.*
☞ Attention au genre féminin de ce nom : *une* hélice.

héliciculture n. f.
Élevage des escargots.

hélicoïdal, ale, aux adj.
En forme d'hélice. *Des escaliers hélicoïdaux.*
➪ hélicoïdal.

hélicoptère n. m.
Appareil de navigation aérienne qui s'élève verticalement et se soutient à l'aide d'hélices horizontales.
☞ Attention au genre masculin de ce nom : *un* hélicoptère.

hélio- préf.
Élément du grec signifiant «soleil». *Héliomarin.*

héliomarin, ine adj.
Qui combine l'action du soleil et de l'air marin. *Une cure héliomarine.*

héliotrope n. m.
Plante dont la fleur se tourne vers le soleil, comme le tournesol.
☞ Attention au genre masculin de ce nom : *un* héliotrope.

héliotropisme n. m.
Propriété des végétaux de se tourner vers la lumière solaire.

héliport n. m.
Aéroport pour hélicoptères.
➭ héliport.

héliporté, ée adj.
Transporté par hélicoptère. *Un chargement héliporté.*

hélium n. m.
• Symbole *He* (s'écrit sans point).
• Gaz très léger.

hellébore
V. ellébore.

hellène adj. et n. m. et f.
De la Grèce ancienne. *Les Hellènes, le peuple hellène.*
☞ L'adjectif s'écrit avec une minuscule; le nom, avec une majuscule.

hellénique adj.
Relatif aux Hellènes. *La civilisation hellénique.*

helléniser v. tr.
Donner un caractère grec à.

hellénisme n. m.
• (Ling.) Construction propre à la langue grecque.
• Civilisation grecque.

helléniste n. m. et f.
Personne versée dans la langue et la civilisation grecque.

helvète adj. et n. m. et f.
(Litt.) De l'Helvétie.
☞ L'adjectif s'écrit avec une minuscule; le nom, avec une majuscule.

helvétique adj.
Relatif à la Suisse. *La Confédération helvétique.*

helvétisme n. m.
(Ling.) Construction propre au français de la Suisse romande.

hem! interj.
Interjection servant à marquer le scepticisme.

héma-, hémat(o)- préf.
Éléments du grec signifiant «sang». *Hématome.*

hématologie n. f.
Partie de la médecine consacrée au traitement des maladies du sang.

hématologique adj.
Relatif à l'hématologie.

hématologiste ou **hématologue** n. m. et f.
Médecin spécialiste de l'hématologie.

hématome n. m.
(Méd.) Épanchement de sang dans un tissu, consécutif à une rupture des vaisseaux. *Il a un hématome important au bras.*
☞ Attention au genre masculin de ce nom : *un* hématome.

hémi- préf.
Élément du grec signifiant «à moitié». *Hémisphère.*

hémicycle n. m.
Salle aménagée en demi-cercle. *Les cours se donnaient dans un grand hémicycle.*
☞ Attention au genre masculin de ce nom : *un* hémicycle.
➭ hémicycle.

hémiplégie n. f.
(Méd.) Paralysie d'une moitié latérale du corps.
V. **paralysie.**

hémiplégique adj. et n. m. et f.
• **Adjectif.** Atteint d'hémiplégie.
• **Nom masculin et féminin.** Personne atteinte d'hémiplégie.

hémisphère n. m.
• La moitié d'une sphère. *Les hémisphères cérébraux.*
• Moitié du globe terrestre. *L'hémisphère boréal ou l'hémisphère Nord. L'hémisphère austral ou l'hémisphère Sud.*
☞ Attention au genre masculin de ce nom : *un* hémisphère.

hémisphérique adj.
Qui a la forme d'un hémisphère.

hémistiche n. m.
Moitié d'un vers, en poésie.
☞ Attention au genre masculin de ce nom : *un* hémistiche.

hémo- préf.
Élément du grec signifiant «sang». *Hémorragie.*

hémoglobine n. f.
Pigment des globules rouges du sang qui renferme du fer.

hémophile adj. et n. m. et f.
Atteint d'hémophilie.
➭ hémophile.

hémophilie n. f.
Maladie congénitale caractérisée par l'absence d'un facteur de coagulation dans le sang.
➭ hémophilie.

hémorragie n. f.
• Écoulement de sang hors des vaisseaux.
• (Fig.) Perte importante. *Une hémorragie de capitaux.*
➭ hémorragie.

hendécagone n. m.
Polygone à onze côtés et onze angles.

henné n. m. (*h* aspiré)
• Arbuste cultivé au Moyen-Orient, en Afrique du Nord, et qui produit une poudre colorante.
• Poudre de cet arbuste utilisée pour teindre les cheveux et les ongles. *Elle utilise régulièrement du henné.*

hennin n. m.
(Ancienn.) Coiffure féminine en forme de cône, recouverte d'un voile.

hennir v. intr. (*h* aspiré)
Faire entendre un hennissement, en parlant du cheval.

hennissement n. m. (*h* aspiré)
Cri du cheval. *Le hennissement du cheval s'entendait de loin.*

hep! interj. (*h* aspiré)
Interjection servant à appeler. *Hep! Taxi.*

hépatique adj.
Relatif au foie. *Une colique hépatique.*

hépatite n. f.
Affection du foie. *Une hépatite virale.*

hepta- préf.
Élément du grec signifiant «sept». *Heptagone.*

heptagone n. m.
Polygone qui a sept côtés et sept angles.

héraldique adj. et n. f.
• **Adjectif.** Qui se rapporte aux armoiries.
• **Nom féminin.** Connaissance des armoiries.

héraldiste n. m. et f.
Spécialiste des armoiries.

héraut n. m. (*h* aspiré)
Messager.
Hom. *héros,* homme courageux.
▭▷ hér**aut.**

herbage n. m.
Herbe des prés.

herbe n. f.
• Plante fine et verte. *Se coucher dans l'herbe. Le déjeuner sur l'herbe.*
▯← L'emploi de la préposition *dans* tient compte de la hauteur de l'herbe qui cache les personnes, les choses. Autrement, si l'herbe est considérée comme une surface, on emploie la préposition *sur.*
• *En herbe.* Qui n'est pas encore mûr. *Des génies en herbe.*
• *Fines herbes.* Herbes employées comme condiments (persil, estragon, etc.).
• *Herbe à puce.* Au Canada, plante à trois feuilles dont le contact avec la peau cause de violentes démangeaisons.

herbeux, euse adj.
Où il pousse de l'herbe.

herbicide adj. et n. m.
Qui détruit les mauvaises herbes. *Un herbicide efficace. Des produits herbicides.*

herbier n. m.
Collection de plantes conservées entre des feuilles de papier. *Nellie a herborisé dans les Laurentides pour se constituer un bel herbier.*

herbivore adj. et n. m.
Qui se nourrit d'herbe. *Les bœufs sont herbivores.*

herborisation n. f.
• Action d'herboriser.
• Excursion au cours de laquelle on herborise.

herboriser v. intr.
Recueillir des plantes dans la nature pour les étudier.

herboriste n. m. et f.
Personne qui vend des plantes médicinales.

herboristerie n. f.
↤ Le *e* de l'avant-dernière syllabe se prononce ou non, [ɛrbɔristɔri] ou [ɛrbɔristri].
Commerce d'herboristes.

herbu, ue adj.
Où l'herbe abonde.

hercule n. m.
(Fig.) Homme très fort. *Il est bâti en hercule.*
▯← Le nom du dieu romain s'écrit avec une majuscule.

herculéen, éenne adj.
Digne d'Hercule. *Une force herculéenne.*

hère n. m. (*h* aspiré)
• *Pauvre hère.* (Litt.) Malheureux.
▯← En ce sens, le nom n'est usité que dans l'expression citée.
• Jeune cerf.
Hom. :
- *air,* mélange gazeux;
- *air,* mélodie;
- *air,* expression;
- *aire,* mesure de la surface;
- *ère,* époque.

héréditaire adj.
Transmis par hérédité. *Une maladie héréditaire.*

hérédité n. f.
• Transmission des caractères génétiques d'une personne à ses descendants.
• Ensemble des caractères que les parents transmettent à leurs enfants.

hérésie n. f.
Doctrine contraire à la doctrine établie, aux idées généralement admises.

hérétique adj. et n. m. et f.
Qui ne souscrit pas à la doctrine reçue par un groupe.

hérisser v. tr., pronom. (*h* aspiré)
• **Transitif**
Dresser ses poils. *Le porc-épic hérisse ses piquants.*
• **Pronominal**
- Se dresser. *Ses poils se sont hérissés.*
▯← La forme pronominale est la plus fréquemment utilisée.
- (Fig.) S'irriter. *Sylvie se hérisse lorsqu'on est impoli.*

hérisson n. m. (*h* aspiré)
Petit mammifère dont le corps est couvert de piquants.

héritage n. m.
Biens transmis par succession. *Un bel héritage.*

hériter v. tr., intr.,
• **Transitif.** Recevoir par voie de succession. *Elle a hérité une bague de sa marraine.*
• **Intransitif.** Recueillir un héritage. *Ils ont hérité il y a deux ans.*
☞ 1° Le verbe peut recevoir plusieurs constructions. Avec la préposition *de,* le verbe peut être suivi d'un nom de personne ou d'un nom de chose. *Il a hérité de ses parents, il héritera d'une maison.*
2° Quand il n'a qu'un complément, le verbe est transitif indirect dans la langue soutenue. Dans la langue courante, il se construit parfois directement. *Il hérite une propriété.*
3° Si la phrase comporte les compléments désignant la personne et la chose, le premier sera transitif indirect (introduit par la préposition *de*), le second se construit directement. *Il hérite de ses parents une propriété.*

héritier, ière n. m. et f.
Personne qui reçoit des biens en héritage.

hermaphrodite adj. et n. m.
Personne dotée de caractères des deux sexes.
☞ Le nom *androgyne* se dit d'un individu qui présente des caractères sexuels du sexe opposé.

hermétique adj. et n. f.
• Fermé, étanche. *Une fenêtre hermétique.*
• Difficile à comprendre. *Un film hermétique.*

hermétisme n. m.
Caractère de ce qui est difficile à comprendre.

hermine n. f.
• Mammifère carnivore à fourrure blanche, voisin de la belette.
• Fourrure de cet animal. *Une bordure d'hermine.*

herniaire adj. (*h* aspiré)
Relatif aux hernies.

hernie n. f. (*h* aspiré)
Sortie d'un organe hors de la cavité où il se trouve normalement. *Son papa s'est fait une hernie en soulevant le piano. La hernie.*

héroïne n. f.
• Femme qui se distingue par son courage. *Une héroïne de la Résistance.*
• Stupéfiant très toxique. *Se droguer à l'héroïne.*
☞ héroïne.

héroïnomane n. m. et f.
Toxicomane à l'héroïne.
☞ héroïnomane.

héroïque adj.
Très courageux, brave. *Un comportement héroïque.*
☞ héroïque.

héroïsme n. m.
Très grand courage, force d'âme. *Le policier a fait preuve d'héroïsme en désamorçant la bombe.*
☞ héroïsme.

héron n. m. (*h* aspiré)
Oiseau échassier. *Le héron pêche des poissons, des grenouilles.*

héros n. m. (*h* aspiré)
Personne qui se distingue par son grand courage. *Le nouveau héros* (et non le **nouvel héros*).
☞ Le *h* de ce nom n'est pas un véritable *h* aspiré; c'est par euphonie qu'on ne fait pas de liaison ou d'élision devant ce mot. *Les héros* (et non **les* (z) *héros*). Par contre, le nom féminin commence par un *h* muet. *L'héroïne, les* (z) *héroïnes.*
Hom. **héraut,** messager.
☞ héros.

herpès n. m.
☞ Le *s* se prononce [ɛrpɛs].
Lésion de la peau ou des muqueuses provoquée par un virus.
☞ herpès.

herpétologie ou **erpétologie** n. f.
Science des reptiles.

herpétologiste ou **erpétologiste** n. m. et f.
Spécialiste des reptiles.

herse n. f. (*h* aspiré)
Instrument agricole muni de dents métalliques et qui est destiné à travailler la terre labourée. *La herse.*

hertz n. m.
☞ Le *z* se prononce *s* [ɛrts].
• Symbole **Hz** (s'écrit sans point).
• Unité de mesure de fréquence.
☞ hertz.

hertzien, ienne adj.
Se dit des ondes et des phénomènes électromagnétiques. *Des ondes hertziennes.*

hésitation n. f.
Indécision, doute. *Après une courte hésitation, l'élève donna la bonne réponse.*

hésiter v. intr.
Être incertain et ne pas arriver à se décider. *Hésiter à partir. Hésiter entre deux solutions. Hésiter sur le choix à faire, quant à la décision à prendre.*
☞ Le verbe se construit avec les prépositions *a, sur, entre* ou *quant à.*

hétér(o)- préf.
Élément du grec signifiant «autre». *Hétérogène.*

hétéroclite adj.
(Péj.) Dépareillé. *Des livres hétéroclites.*
☞ Ne pas confondre avec les mots suivants :
- *hétérodoxe,* contraire à l'orthodoxie;
- *hétérogène,* formé d'éléments variés, disparates.

hétérodoxe adj.
Contraire à l'orthodoxie.
☞ Ne pas confondre avec les mots suivants :
- *hétéroclite,* dépareillé;
- *hétérogène,* formé d'éléments variés.

hétérogène adj.
Formé d'éléments variés, disparate.
☞ Ne pas confondre avec les mots suivants :

- *hétéroclite,* dépareillé;
- *hétérodoxe,* contraire à l'orthodoxie.
Ant. **homogène.**

hétérogénéité n. f.
Caractère de ce qui est hétérogène.
Ant. **homogénéité.**

hétérosexualité n. f.
Sexualité de l'hétérosexuel.
Ant. **homosexualité.**

hétérosexuel, elle adj. et n. m. et f.
Personne qui éprouve une attirance sexuelle pour une personne du sexe opposé.
Ant. **homosexuel.**

hêtraie n. f. (*h* aspiré)
Lieu planté de hêtres.
⇨ hêtraie.

hêtre n. m. (*h* aspiré)
Très grand arbre, à écorce lisse et dont le bois blanc est utilisé en menuiserie. *Le hêtre.*
⇨ hêtre.

heu! interj. (*h* aspiré)
Interjection qui marque l'embarras. *Heu! j'ai oublié la réponse.*

heur n. m.
• (Vx) Chance.
• *Avoir l'heur de plaire à quelqu'un.* Avoir la chance de lui plaire.
↳ Ce nom n'est plus usité que dans l'expression citée.
Hom. :
- *heure,* unité de mesure du temps;
- *heurt,* choc.

heure n. f.
• Symbole *h* (s'écrit sans point).
• Unité de mesure du temps correspondant à la vingt-quatrième partie du jour.
↳ Il y a 60 minutes ou 3 600 secondes dans une heure.
↳ Conformément à la norme 9990-911 du Bureau de normalisation du Québec, l'heure doit être indiquée selon la période de 24 heures. *Nous avons rendez-vous à 21 h demain.*
• **Locutions**
- *À cette heure.* Maintenant. *À cette heure, viens me raconter ton voyage.*
↳ L'emploi de l'expression est courant au Canada dans la langue familière, mais elle est vieillie dans l'ensemble de la francophonie.
- *À la bonne heure!* C'est très bien, tant mieux.
- *À l'heure.* Ponctuel. *Il est toujours à l'heure.*
- *À l'heure.* Par heure. *La vitesse est limitée à 60 kilomètres à l'heure (60 km/h). Elle fait du cent à l'heure.*
- *À toute heure.* À tout moment.
- *De bonne heure.* Très tôt.
- *D'heure en heure.* Toutes les heures.
- *L'heure.* Par heure. *Le plombier est payé 50 $ l'heure.*
↳ L'expression familière *de l'heure* est plus courante.
- *Sur l'heure.* Immédiatement.
- *Tout à l'heure.* Un peu plus tard.

Hom. :
- *heur,* chance;
- *heurt,* choc.
V. Tableau - **HEURE.**

heure-personne n. f. (pl. *heures-personnes*)
Unité de temps de travail correspondant au travail de 1 personne pendant 1 heure. (Recomm. off. OLF) *Ce travail nécessitera 40 heures-personnes environ.*

*****heures d'affaires**
Calque de l'anglais «business hours» pour ***heures d'ouverture.***

heure supplémentaire n. f.
Toute heure de travail exécutée en plus de l'horaire normal. *Faire des heures supplémentaires* (et non du *surtemps, du *temps supplémentaire) *en raison d'un surcroît de travail.*

heureusement adv.
◇ Le *e* de l'avant-dernière syllabe ne se prononce pas [œrøzmã].
• Par bonheur. *Heureusement, tu as pu venir.*
• De façon heureuse, favorable. *Vivre heureusement.*
• *Heureusement + que.* C'est une chance que. *Heureusement que tu es là pour m'aider. Heureusement que tu accepterais volontiers.*
↳ Le verbe qui suit se construit à l'indicatif ou au conditionnel.

heureux, euse adj.
• Qui jouit du bonheur. *Une femme heureuse.*
• *Heureux de + nom. Ils sont heureux de leur sort.*
• *Heureux de + infinitif. Les enfants sont heureux de partir en voyage.*
• *Heureux que + subjonctif. Je suis heureuse que vous soyez là.*
↳ La construction avec *de ce que* suivi de l'indicatif est lourde et peu correcte.

heuristique ou **euristique** adj. et n. f.
• **Adjectif.** Relatif à la recherche scientifique et à la découverte.
• **Nom féminin.** Science des règles de la recherche scientifique et de la découverte.

heurt n. m. (*h* aspiré)
◇ Le *t* ne se prononce pas ['œr].
• Fait de heurter, de se heurter. *Le heurt de deux véhicules.*
• Conflit, désaccord. *Une transition sans heurt, qui n'a pas été sans heurts.*
Hom. :
- *heur,* chance;
- *heure,* unité de mesure de temps.

heurter v. tr., intr., pronom. (*h* aspiré)
• **Transitif**
- Frapper durement quelqu'un, quelque chose. *La voiture a heurté* (et non *frappé) *un piéton.*
- Contrarier vivement, irriter. *Cette réponse l'a heurté.*
• **Intransitif**
Frapper. *Elle a heurté à la porte.*
↳ La construction avec la préposition *contre* est vieillie.
• **Pronominal**
- Se cogner contre. *Les oiseaux se sont heurtés contre*

HEURE

Symboles du système international d'unités (SI) :

heure	**h**
minute	**min**
seconde	**s**

• La **notation de l'heure** réunit les indications des unités par ordre décroissant, sans virgule, mais avec un espace de part et d'autre de chaque symbole.

C'est à 12 h 35 min 40 s qu'il est arrivé.

• Les **symboles** des unités de mesure n'ont pas de point abréviatif, ne prennent pas la marque du pluriel et ne doivent pas être divisés en fin de ligne.

Je vous verrai à 16 h 30 (et non à 16 *hres 30).

• Conformément à la norme 9990-911 du Bureau de normalisation du Québec, l'heure doit être indiquée selon la période de 24 heures.

Le musée est ouvert de 10 h à 18 h tous les jours.

• Cependant, la langue courante, ou la conversation, s'en tient le plus souvent à la période de 12 heures avec l'indication du matin, de l'après-midi ou du soir.

Le musée ferme à 6 heures du soir.

• L'heure doit être indiquée de façon homogène :

– si le nom d'une unité est inscrit au long, les autres noms devront être notés en toutes lettres.

14 heures 8 minutes (et non *14 heures 8 min).

– si le nom de la première unité est abrégé, le second sera également abrégé ou omis.

Je vous verrai à 18 h 25 min (ou 18 h 25) demain.

• Les abréviations «am» et «pm» qui proviennent du latin **ante meridiem** «avant-midi» et **post meridiem** «après-midi» ne sont utilisées qu'en anglais. En français, on écrira **17 h** (langue officielle) ou **5 h du soir** (langue courante), mais si l'on doit abréger, on ne retiendra que les 24 divisions du jour.

15 h (et non *3 h pm).

🖙 1º La fraction horaire n'étant pas décimale, il n'y a pas lieu d'ajouter un zéro devant les unités. *1 h 5 (et non *1 h 05).*

2º L'utilisation du **deux-points (:),** recommandée par l'Organisation internationale de normalisation (ISO) pour désigner les soixantièmes, doit être limitée à l'échange d'informations entre systèmes de données et à la présentation en tableau. *20 h 15 min 30 s (20:15:30).*

3º Pour exprimer la vitesse, on recourt à l'expression **à l'heure** qui s'abrège **/h** (s'écrit sans point). *Il roule à 60 km/h en moyenne.*

ou *à la paroi vitrée.*
- *Se heurter à.* (Fig.) Buter contre, rencontrer un obstacle. *Elle se heurta à l'indifférence générale.*
- Entrer en conflit. *Ils se sont sérieusement heurtés.*

heurtoir n. m. (*h* aspiré)
Marteau de porte. *Le heurtoir de laiton a la forme d'une tête de lion.*

hévéa n. m.
Arbre de grande taille cultivé pour son latex dont on tire le caoutchouc. *Des hévéas.*

hex(a)- préf.
Élément du grec signifiant «six». *Hexagone.*

hexadécimal, ale, aux adj.
Se dit d'un système de numération de base 16.

hexaèdre adj. et n. m.
Se dit d'un solide à six faces.

hexagonal, ale, aux adj.
• Qui a la forme d'un hexagone. *Des panneaux hexagonaux.*
• Relatif à l'Hexagone.

hexagone adj. et n. m.
• Polygone à six côtés et six angles.
• L'*Hexagone.* La France (à cause de sa forme qui ressemble à cette figure).
☞ En ce sens, le nom s'écrit avec une majuscule.

Hg
Symbole de *mercure.*

hi! interj. (*h* aspiré)
Interjection toujours redoublée qui marque le rire. *Hi! hi!*

hiatus n. m.

👄 Le *s* se prononce [jatys].
• (Ling.) Rencontre de deux voyelles à l'intérieur d'un mot ou entre deux mots. *Les mots la hiérarchie* comportent deux hiatus :
- le *a* de l'article est suivi du *i* du nom en raison du *h* aspiré qui empêche l'élision;
- le nom a également deux voyelles qui se suivent, *i* et *é.*
• Le nom *hiatus* du latin signifiant «ouverture (de la bouche)» contient lui-même un hiatus.
• Dans la mesure du possible, les phrases sont construites de façon à réduire au minimum les hiatus, pour faciliter la lecture à haute voix.

hibernation n. f.
État d'engourdissement dans lequel certains animaux demeurent pendant l'hiver.

hiberner v. intr.
Passer l'hiver dans un état d'engourdissement, de sommeil. *Pendant l'hiver, les ours hibernent.*
☞ Ne pas confondre avec le verbe *hiverner,* passer l'hiver à l'intérieur.

hibiscus ou **ibiscus** n. m.
Plante ornementale à belles fleurs.

hibou n. m. (*h* aspiré) (pl. *hiboux*)
Rapace nocturne portant des aigrettes de plumes. *Les hiboux hululent.*

hic n. m. inv. (*h* aspiré)
👄 Le *c* se prononce ['ik].
(Fam.) Le point délicat. *Voilà le hic.*

hideusement adv. (*h* aspiré)
De façon hideuse.

hideux, euse adj. (*h* aspiré)
• Horrible à voir. *Des insectes hideux.*
• Ignoble. *Un acte hideux.*

hier adv.
Se dit du jour qui précède celui où l'on est. *Elle a appelé hier soir. Il est venu hier.*

hiér(o)- préf. (*h* aspiré)
Élément du grec signifiant «sacré». *Hiératique.*

hiérarchie n. f. (*h* aspiré)
• Classement des fonctions selon un rapport de subordination. *Il faut respecter la hiérarchie.*
• Organisation d'éléments selon leur grandeur ou leur valeur. *Hiérarchie des droits.*

hiérarchique adj. (*h* aspiré)
Qui appartient à une hiérarchie. *Une structure hiérarchique, une supérieure hiérarchique.*
☞ Ne pas confondre avec le mot *hiératique,* relatif aux choses sacrées.

hiérarchisation n. f. (*h* aspiré)
Action de hiérarchiser. *La hiérarchisation des besoins.*

hiérarchiser v. tr. (*h* aspiré)
Organiser en fonction d'une hiérarchie.

hiératique adj.
• D'une majesté solennelle.
• Qui est relatif aux choses sacrées.
☞ Ne pas confondre avec le mot *hiérarchique,* relatif à la hiérarchie.

hiéroglyphe n. m. (*h* aspiré)
• Écriture des anciens Égyptiens.
• Écriture illisible.
☞ Attention au genre masculin de ce nom : *un* hiéroglyphe.
☞ hiéroglyphe.

hi-fi n. f. inv. (*h* aspiré)
👄 Attention à la prononciation ['ifi].
Abréviation de l'anglais «high fidelity».
V. **haute-fidélité.**

hilarant, ante adj.
Qui incite au rire. *Une coïncidence hilarante, un gaz hilarant.*

hilare adj.
Qui manifeste la gaieté, le rire. *Des spectateurs hilares.*

hilarité n. f.
Explosion de rire. *Son intervention a provoqué l'hilarité générale.*

himalayen, enne adj. et n. m. et f.
• De l'Himalaya.

☞ L'adjectif s'écrit avec une minuscule; le nom, avec une majuscule.
• Chat à poils longs dont la race est un croisement entre les siamois et les persans. *Princesse Maboule est une jolie chatte himalayenne, une magnifique himalayenne.*

hindi n. m. (*h* aspiré)
L'une des langues de l'Inde.

hindou, oue adj. et n. m. et f.
• **Adjectif.** Relatif à l'hindouisme.
• **Nom masculin et féminin.** Adepte de l'hindouisme.
☞ 1° Au sens de **habitant de l'Inde,** ce mot est vieilli; on lui préfère aujourd'hui le nom **Indien.**
2° Au sens de **adepte de l'hindouisme,** ce mot s'écrit avec une minuscule.

hindouisme n. m.
Religion de nombreux Indiens.
☞ Les noms de religions s'écrivent avec une minuscule.

hindouiste adj.
De l'hindouisme.
☞ L'adjectif ainsi que le nom s'écrivent avec une minuscule.

hipp(o)- préf.
Élément du grec signifiant «cheval». *Hippodrome.*
☞ Ne pas confondre avec le préfixe du grec **hypo-** signifiant «au-dessous».

hippique adj.
Qui est relatif au cheval. *Le sport hippique.*
☞ Ne pas confondre avec le mot **épique,** qui est propre à l'épopée.
✏ hi**pp**ique.

hippisme n. m.
Sport hippique.
✏ hi**pp**isme.

hippocampe n. m.
Petit poisson de mer dont la tête ressemble à celle du cheval.
☞ Attention au genre masculin de ce nom : **un** hippocampe.
✏ hi**pp**ocampe.

hippodrome n. m.
Champ de course.
✏ hi**pp**odrome.

hippopotame n. m.
Gros mammifère amphibie à la peau épaisse qui vit dans les fleuves d'Afrique.
✏ hi**pp**opotame.

hirondelle n. f.
Oiseau migrateur à dos noir et ventre blanc, et à queue échancrée.

hirsute adj.
Échevelé. *Des individus sales et hirsutes.*

hirsutisme n. m.
(Méd.) Développement excessif du système pileux.

hispanique adj.
Relatif à l'Espagne.

hispanisme n. m.
(Ling.) Construction propre à la langue espagnole.

hisse! (oh!)
V. oh! hisse!

hisser v. tr., pronom. (*h* aspiré)
• **Transitif**
Élever, dresser avec difficulté. *Hisser les voiles.*
• **Pronominal**
- S'élever avec effort, grimper. *Ils se sont hissés au sommet de l'arbre.*
- (Fig.) Parvenir par ses efforts. *Elle s'est hissée au sommet de la hiérarchie.*

histamine n. f.
Substance présente dans la plupart des tissus animaux et qui joue un rôle important dans le mécanisme des réactions allergiques.

histoire n. f.
• Récit des évènements qui ont marqué une époque. *L'histoire du Québec.*
• Science du passé. *Un cours d'histoire.*
• Récit d'évènements réels ou imaginaires. *Une histoire à dormir debout.*
• *Faire des histoires.* (Fam.) Faire des difficultés.
• *Histoire de +* infinitif. (Fam.) Pour. *Nous nous sommes réunis, histoire de bavarder un peu.*

*histoire de cas
Calque de l'anglais «case history» pour **antécédents médicaux.**

histologie n. f.
Science des tissus constitutifs de l'être vivant.

histologique adj.
Relatif à l'histologie.

historicité n. f.
Caractère de ce qui est historique.

historien n. m.
historienne n. f.
Spécialiste des études historiques.

historiette n. f.
Anecdote.

historique adj. et n. m.
• **Adjectif.** Relatif à l'histoire. *Un récit historique.*
• **Nom masculin.** Exposé chronologique des faits relatifs à une question. *Donner l'historique d'une œuvre.*

historiquement adv.
Du point de vue historique.

hiver n. m.
Saison la plus froide de l'année dans l'hémisphère Nord (du 21 décembre au 20 mars). *Aimez-vous l'hiver?*

hivernal, ale, aux adj.
Relatif à l'hiver. *Des jeux hivernaux.*

hiverner v. intr.
Passer l'hiver à l'abri. *Ces retraités hivernent en Floride.*
☞ Ne pas confondre avec le verbe **hiberner,** passer l'hiver dans un état d'engourdissement, de sommeil.

HLM n. m. ou f. inv. (*h* aspiré)
• Sigle de **habitation à loyer modique** (Canada).

• Sigle de *habitation à loyer modéré* (France).
• Immeuble dont les appartements sont destinés aux familles à revenu modeste.
☞— En principe, le genre du sigle est le féminin en raison du premier nom (habitation); cependant, le nom masculin *immeuble* qui vient spontanément à l'esprit rend souvent le sigle masculin.

h (muet)
V. Tableau - **H MUET** ET **H ASPIRÉ**

ho! interj. (*h* aspiré)
Interjection servant à interpeller, à marquer la surprise, l'indignation, l'admiration. *Ho! Quel désordre!*
V. **oh!**

*hobby
Anglicisme pour *passe-temps.*

hobereau n. m. (*h* aspiré) (pl. *hobereaux*)
(Péj.) Gentilhomme campagnard.

hoc (ad)
V. **ad hoc.**

hochement n. m. (*h* aspiré)
Action de hocher la tête. *Le hochement.*

hocher v. tr. (*h* aspiré)
Hocher la tête. Secouer la tête de haut en bas. *Je hoche la tête.*
☞— Ce verbe n'est plus usité que dans l'expression citée.

hochet n. m. (*h* aspiré)
Jouet à grelot pour les bébés. *Le hochet coloré.*
✏ hochet.

hockey n. m. (*h* aspiré)
Sport d'équipe consistant à envoyer une rondelle dans le but adverse avec un bâton au bout aplati. *Le hockey sur glace.*

H MUET ET H ASPIRÉ

H MUET

La lettre *h* est dite *muette* lorsqu'elle n'empêche pas l'élision de la voyelle précédente ou la liaison entre deux mots. *L'hôpital : le h du mot hôpital est muet.* C'est donc un signe purement orthographique qui, le plus souvent, constitue un simple rappel de l'étymologie.

H ASPIRÉ

La lettre *h* est dite *aspirée* quand elle empêche l'élision de la voyelle qui la précède ou la liaison entre deux mots. *Le haricot : le h du mot haricot est aspiré.*

Seuls quelques mots, surtout d'origine germanique ou anglo-saxonne, ont le *h* aspiré pour initiale :

hache	hamster	haricot	havane	hideux	hourra
hagard	hanche	harnais	havre	hiérarchie	houspiller
haie	handicap	haro	havresac	hisser	housse
hailllon	hangar	harpe	heaume	hobereau	houx
haine	hanneton	harpie	héler	hockey	hublot
haïr	hanter	harpon	henné	holà	huche
halage	happer	hasard	hennir	homard	huer
haleter	harangue	haschisch	hère	honnir	huis clos
hall	haras	hase	hérisser	honte[1]	huit
halle	harasser	hâte	hernie	hoquet	hune
hallebarde	harceler	hauban	héron	hotte	hurler
halo	harde	haubert	héros[1]	houblon	hussard
halte	hardi	hausse	herse	houille	hutte...
hamac	harem	haut	hêtre	houlette	
hameau	hareng	hautain	heurt	houppe	
hampe	hargneux	hautbois	hibou	houppelande	

---

1. Les noms *héros, honte* ne comportent pas un véritable *h* aspiré; c'est par euphonie qu'on ne fait pas de liaison ou d'élision devant ces mots. *Les héros* (s'entendrait les «zéros»). Par contre, le nom féminin *héroïne* a un *h* muet. *L'héroïne.*

☞— Dans cet ouvrage, les mots commençant par un *h* aspiré sont suivis de la mention (*h* aspiré).

hockeyeur, euse n. m. et f. (*h* aspiré)
Joueur de hockey. *Le hockeyeur s'est blessé.*

hoirie n. f.
(Dr.) Héritage.
⟹ hoirie.

holà! interj. et n. m. inv. (*h* aspiré)
• **Interjection.** Sert à arrêter, à attirer l'attention.
• **Nom masculin invariable.** *Mettre le holà.* Mettre fin
à quelque chose pour rétablir l'ordre.
⟹ holà.

*holding
Anglicisme pour *société de portefeuille.*

*hold-up
Anglicisme pour *vol à main armée.*

hollandais, aise adj. et n. m. et f. (*h* aspiré)
• **Adjectif et nom masculin et féminin.** Relatif à la
Hollande. *Un fromage hollandais. Un Hollandais, une
Hollandaise.*
⊫— L'adjectif s'écrit avec une minuscule; le nom,
avec une majuscule.
• **Nom masculin.** Langue parlée en Hollande. *Il ap-
prend le hollandais.*
⊫— Le nom de la langue s'écrit avec une minuscule.

hollande n. m. (*h* aspiré)
Fromage. *Aimer le hollande.*

hollywoodien, ienne adj. (*h* aspiré)
De Hollywood. *La mode hollywoodienne.*

holo- préf.
Élément du grec signifiant «entier». *Hologramme.*

holocauste n. m.
• Sacrifice religieux.
• *L'Holocauste.* Extermination des Juifs par les nazis.
⊫— En ce sens, le nom s'écrit avec une majuscule.
⊫— Attention au genre masculin de ce nom : *un*
holocauste.

hologramme n. m.
Image obtenue par holographie.

holographe ou **holographique** adj.
Relatif à l'holographie.
V. **olographe.**

holographie n. f.
Procédé photographique qui permet de projeter des
images à trois dimensions.

homard n. m. (*h* aspiré)
Crustacé marin à grosses pinces dont la chair est très
recherchée. *Toute la famille aime le homard.*
⟹ homard.

homélie n. f.
Sermon.

homéopathe adj. et n. m. et f.
Personne qui pratique l'homéopathie.
⟹ homéopathe.

homéopathie n. f.
Méthode thérapeutique.
Ant. **allopathie.**
⟹ homéopathie.

homérique adj.
• Relatif à Homère.
• Qui est digne d'Homère. *Une aventure homérique.*
⊫— L'adjectif s'écrit avec une minuscule.

homicide n. m.
(Dr.) Action de tuer, volontairement ou non, un être
humain.
⟹ homicide.

hominem (ad)
V. **ad hominem.**

hommage n. m.
• Marque, témoignage d'estime.
• *Rendre hommage à quelqu'un.* Témoigner du res-
pect, de la reconnaissance.
• *Rendre hommage à quelque chose.* Souligner. *Il fau-
drait rendre hommage au courage de cette personne.*
• *Faire hommage de quelque chose.* Donner, offrir.
• (Au plur.) Compliments. *Veuillez agréer mes respec-
tueux hommages.*

homme n. m.
• Être intelligent, incluant l'homme et la femme. *L'homme
descend-il du singe?*
• Être humain mâle. *Cet homme est très grand.*

homme-grenouille n. m. (pl. *hommes-grenouilles*)
Plongeur équipé d'un scaphandre autonome afin de
pouvoir travailler sous l'eau.
⊫— Ce nom tend à être remplacé par *plongeur,
plongeuse.*

homme-orchestre n. m. (pl. *hommes-orchestres*)
Personne qui accomplit des fonctions multiples dans
une entreprise, un domaine.

homme-sandwich n. m. (pl. *hommes-sandwiches*)
Homme qui promène deux panneaux publicitaires, l'un
sur son dos, l'autre sur sa poitrine.

*hommes au travail
Calque de l'anglais «men at work» pour *travaux* ou *travaux en cours,* utilisé dans la signalisation routière.

homo- préf.
Élément du grec signifiant «semblable». *Homonyme.*

homogène adj.
Qui présente une grande unité. *Une classe homogène.*
Ant. **hétérogène.**

homogénéisation n. f.
Action de rendre homogène.

homogénéiser v. tr.
Rendre homogène. *Homogénéiser du lait.*

homogénéité n. f.
Cohérence, qualité de ce qui est homogène.
Ant. **hétérogénéité.**

homographe adj.
Se dit des mots qui ont la même orthographe, et souvent la même prononciation, sans ni la même signification. *Les mots noyer (arbre) et noyer (périr par
noyade) sont des homographes.*
V. Tableau - **HOMONYMES.**

homologation n. f.
• Ratification.
• Confirmation, validation. *L'homologation d'un record.*

homologue adj. et n. m. et f.
• **Adjectif.** Équivalent.
🖈 Ne pas confondre avec les mots suivants :
- *analogue,* à peu près semblable;
- *identique,* tout à fait semblable.
• **Nom masculin et féminin.** Personne qui exerce une fonction équivalente à celle d'une autre dans un ensemble différent.

homologuer v. tr.
• Sanctionner par décision de justice.
• Approuver, enregistrer officiellement. *Homologuer un record.*

homonyme adj. et n. m.
V. Tableau - **HOMONYMES**.

homonymie n. f.
Caractère des mots homonymes.
▭▷ homonymie.

homophone adj. et n. m.
Se dit de mots qui ont la même prononciation sans avoir

HOMONYMES

Les *homonymes* sont des mots qui s'écrivent ou se prononcent de façon identique, sans avoir la même signification :

air	(mélange gazeux)
air	(mélodie)
air	(expression)
aire	(mesure de surface)
ère	(époque)
hère	(personne misérable)

Dans les *homonymes,* on peut distinguer :

– les *homographes* qui ont une orthographe identique, souvent la même prononciation, mais une signification distincte :

noyer	(arbre)
noyer	(périr par noyade);

– les *homophones* qui ont une prononciation identique, mais une orthographe différente, et une signification distincte :

chair	(substance)
chaire	(tribune)
chère	(nourriture)
cher	(coûteux).

C'est le contexte qui permet de situer le terme et de préciser son orthographe; la tâche n'est pas toujours facile, car le français est une des langues qui comporte le plus d'homonymes.

🖈 Ne pas confondre avec les noms suivants :

– *antonymes,* mots qui ont une signification contraire :

  devant, derrière;

– *paronymes,* mots qui présentent une ressemblance d'orthographe ou de prononciation sans avoir la même signification :

  acception (sens d'un mot), acceptation (accord);

– *synonymes,* mots qui ont la même signification ou une signification très voisine :

  gravement, grièvement.

V. Tableau – **ANTONYMES**.
V. Tableau – **PARONYMES**.
V. Tableau – **SYNONYMES**.

la même orthographe ni la même signification. *Les noms* **houx** *(arbrisseau à feuilles piquantes) et* **août** *(huitième mois) sont des homophones.*
V. Tableau - **HOMONYMES.**

homophonie n. f.
Identité de prononciation.

homosexualité n. f.
Sexualité des personnes homosexuelles.
Ant. **hétérosexualité.**

homosexuel, elle adj. et n. m. et f.
Personne qui éprouve une attirance sexuelle pour les personnes de son sexe.
Ant. **hétérosexuel.**

hongre adj. et n. m. (*h* aspiré)
Se dit d'un cheval châtré. *Le hongre.*

hongrois, oise adj. et n. m. et f. (*h* aspiré)
• **Adjectif et nom masculin et féminin.** De la Hongrie. *Une musique hongroise. Un Hongrois, une Hongroise.*
⌦— L'adjectif s'écrit avec une minuscule; le nom, avec une majuscule.
• **Nom masculin.** Langue parlée en Hongrie. *Elle étudie le hongrois.*
⌦— Le nom de la langue s'écrit avec une minuscule.

honnête adj.
• **Placé avant le nom.** Conforme à la loi morale, honorable. *Un honnête homme.*
• **Placé après le nom.** Convenable, satisfaisant. *C'est un travail honnête.*
Ant. **malhonnête.**
⌦ honnête.

honnêtement adv.
De façon honnête.
⌦ honnêtement.

honnêteté n. f.
Qualité d'une personne, d'un comportement honnête.
⌦ honnêteté.

honneur n. m.
• Dignité morale. *Défendre son honneur.*
• Considération accordée à un grand mérite. *C'est trop d'honneur.*
⌦— Ne pas confondre avec les noms suivants :
- **estime,** opinion favorable qu'on a de la valeur de quelqu'un;
- **gloire,** grande renommée;
- **réputation,** opinion bonne ou mauvaise sur une personne.
• **Locutions**
- **En l'honneur de quelqu'un.** En vue de rendre hommage à quelqu'un.
- **Faire honneur à.** Être une source de fierté pour.
- **Faire honneur à un repas.** (Fam.) Y manger avec appétit.
- **Les derniers honneurs.** Hommages funèbres.
- **Parole d'honneur.** Promesse faite sur l'honneur.
- **Prix d'honneur.** Premier prix.
⌦ honneur.

honnir v. tr. (*h* aspiré)
(Vx) Couvrir de honte. *Honni soit qui mal y pense!*
⌦ honnir.

honorable adj.
Estimable, qui fait honneur. *Cette personne est honorable.*

honoraire adj. et n. m. pl.
• **Adjectif.** Qui porte un titre honorifique. *Un président honoraire.*
• **Nom masculin pluriel.** Rétribution variable de la personne qui exerce une profession libérale. *L'avocat touche des honoraires.*
⌦— Ne pas confondre avec les noms suivants :
- **cachet,** rémunération que reçoit l'artiste;
- **paie** ou **paye,** rémunération d'un employé;
- **salaire,** générique de toute rémunération convenue d'avance et donnée par n'importe quel employeur;
- **traitement,** rémunération liée à un emploi régulier d'une certaine importance sociale.

honorer v. tr., pronom.
• **Transitif**
- Rendre honneur à quelqu'un, à quelque chose. *Honorer le mérite d'un pionnier.*
- Estimer, respecter. *Honore ton père et ta mère.*
• **Pronominal**
Être fier de. *Ce collège s'honore d'avoir formé d'excellents scientifiques.*

honorifique adj.
Qui procure des honneurs (sans avantages matériels). *Des titres honorifiques.*

honoris causa loc. adj. inv.
👄 Attention à la prononciation [ɔnɔriskoza].
À titre honorifique. *Des doctorats honoris causa.*
⌦— En typographie soignée, les mots étrangers sont composés en italique. Dans des textes déjà en italique, la notation se fait en romain. Pour les textes manuscrits, on utilisera les guillemets.

honte n. f. (*h* aspiré)
• Déshonneur, remords. *Il n'y a pas de honte à dire ce que l'on pense.*
• **Avoir honte + de.** Éprouver de l'humiliation, du regret. *Avoir honte de sa paresse.*
• **Faire honte à quelqu'un.** Être un sujet de honte pour quelqu'un, faire des reproches.
• **Sans fausse honte.** Sans scrupule inutile.
• **Toute honte bue.** (Litt.) En étant insensible au déshonneur.

honteusement adv. (*h* aspiré)
D'une façon honteuse.

honteux, euse adj. (*h* aspiré)
• Qui cause de la honte, de la confusion. *Une attitude honteuse.*
• Qui éprouve de la honte. *Il est honteux de cet échec.*
⌦— Ne pas confondre avec le mot **éhonté,** qui est sans honte.

hop! interj. (*h* aspiré)
Interjection servant à marquer une action brusque. *Allez, hop! plonge!*

hôpital n. m.
Établissement où l'on soigne les malades. *Des hôpitaux spécialisés.*
⌦— Attention au genre masculin de ce nom : **un**

hôpital.
⇨ hôpital.

hoquet n. m. (*h* aspiré)
• Contraction brusque du diaphragme. *Avoir le hoquet.*
• Bruit rauque qui en résulte. *De petits hoquets.*
⇨ hoquet.

hoqueter v. intr. (*h* aspiré)
Redoublement du *t* devant un *e* muet. *Je ho-quette, je hoquetterai,* mais *je hoquetais.*
Avoir le hoquet.

horaire adj. et n. m.
• **Adjectif.** Relatif aux heures, par heure. *Un salaire horaire.*
• **Nom masculin.** Répartition des heures (de travail, d'ouverture, d'arrivée et de départ). *L'horaire* (et non la **cédule) des cours, des avions. Je suis en retard sur mon horaire.*
• *Horaire variable.* Horaire flexible.

horde n. f. (*h* aspiré)
Troupe indisciplinée. *La horde des partisans.*

horizon n. m.
• Ligne où la terre et le ciel semblent se rejoindre.
• (Fig.) Champ de la pensée, de l'action. *Faire un tour d'horizon. Des horizons nouveaux. Élargir son horizon.*
• *Bleu horizon.* Adjectif de couleur composé invariable. *Des écharpes bleu horizon.*
V. Tableau - **COULEUR (ADJECTIFS DE).**

horizontal, ale, aux adj. et n. f.
Parallèle à l'horizon. *Des rayons horizontaux.*
Ant. **vertical.**

horizontalité n. f.
Caractère de ce qui est horizontal.

horloge n. f.
• Appareil de grande dimension servant à mesurer le temps et à indiquer l'heure. *Le carillon d'une horloge.*
▱— Ne pas confondre avec les noms suivants :
- *coucou,* appareil qui indique l'heure et dont la son-nerie imite le chant du coucou;
- *pendule,* appareil de petite dimension qui indique l'heure;
- *réveille-matin* ou *réveil,* appareil qui indique l'heure et qui peut sonner à une heure déterminée à l'avance.
• *Horloge de parquet.* Horloge de dimension impor-tante qui sonne généralement l'heure. *Une ancienne horloge de parquet.*
▱— Attention au genre féminin de ce nom qui était autrefois masculin : *une* horloge.

*horloge
Archaïsme au sens de *pendule.*

*horloge grand-père
Calque de l'anglais «grandfather clock» pour *horloge de parquet.*

horloger n. m.
horlogère n. f.
Personne qui fabrique, répare, vend des objets d'hor-logerie (montres, pendules, horloges).

horlogerie n. f.
Industrie et commerce des instruments de mesure du temps.

hormis prép. (*h* aspiré)
👄 Le *s* ne se prononce pas ['ɔrmi].
(Vx) Excepté, sauf.
▱— La préposition est invariable par nature.
⇨ hormis.

hormonal, ale, aux adj.
Relatif aux hormones. *Des traitements hormonaux.*

hormone n. f.
👄 Les deux *o* sont ouverts [ɔrmɔn].
Substance produite par les glandes et par certains tis-sus. *Des hormones de croissance.*
⇨ hormone.

hormone adrénocorticotrope n. f.
Sigle *ACTH* de l'anglais «Adreno-Cortico-Trophic-Hormone».

hormone antidiurétique n. f.
Sigle *ADH* (s'écrit avec ou sans points).

hormonothérapie n. f.
Traitement par des hormones.

horo- préf.
Élément du grec signifiant «heure». *Horodateur.*

horodateur n. m.
Appareil imprimant la date et l'heure.

horoscope n. m.
Ensemble des prévisions tirées de l'état du ciel à la naissance d'une personne. *Lire son horoscope.*
▱— Attention au genre masculin de ce nom : *un* ho-roscope.

horreur n. f.
• Terreur, effroi. *Ils furent saisis d'horreur en aperce-vant son visage.*
• Aversion. *Il lui inspire de l'horreur.*
• *Avoir horreur de.* Éprouver de l'aversion pour quel-que chose. *Il a horreur des flatteries.*
▱— Le verbe peut également se construire avec *en.*
Il a les flatteries en horreur.

horrible adj.
Qui soulève un dégoût physique et moral. *Ce crime est horrible.*
▱— Ne pas confondre avec les mots suivants :
- *abominable,* qui inspire de l'horreur;
- *détestable,* exécrable, très mauvais;
- *effroyable,* qui cause une grande frayeur.

horrifier v. tr.
Redoublement du *i* à la première et à la deuxième personne du pluriel de l'indicatif imparfait et du subjonctif présent. *(Que) nous horrifiions, (que) vous horrifiiez.*
• Provoquer l'horreur, remplir d'effroi. *Cet acte de vio-lence les a horrifiés.*
• Scandaliser. *Il était horrifié par un tel gaspillage.*

horripilant, ante adj.
(Fam.) Exaspérant.
⇨ horripilant.

horripiler v. tr.
(Fam.) Exaspérer, agacer. *Ces grattements m'horripilent.*
☞ horripiler.

hors prép. (*h* aspiré)
• En dehors de. *Hors saison.*
• (Litt.) Excepté, à l'exclusion de. *Tout est prévisible hors l'imprévisible.*
• **Locutions**
- *Être hors de soi.* En colère, furieux. *Martine était hors d'elle.*
- *Hors cause.* Qui ne fait pas l'objet d'une accusation.
- *Hors de.* À l'extérieur. *Hors de chez soi.*
- *Hors de.* À l'écart de. *Hors d'atteinte, hors de danger.*
- *Hors de prix.* D'un prix très élevé, inabordable.
- *Hors de service, hors d'usage.* Qui ne peut être utilisé.
- *Hors de question.* Qui n'est pas envisagé.
- *Hors pair, hors de pair.* Exceptionnel, sans égal.
- *Hors série.* Qui n'est pas de fabrication courante.
- *Hors série.* (Fig.) Remarquable. *Un article hors série, des œuvres hors série.*
Hom. :
- *or,* métal précieux;
- *or,* conjonction.

hors- préf.
Les noms composés avec l'élément *hors-* s'écrivent avec un trait d'union.

hors-bord n. m. inv. (*h* aspiré) (pl. *hors-bord*)
Canot léger propulsé par un moteur fixé à l'arrière du bateau.

hors-concours adj. inv. (*h* aspiré)
Se dit de quelqu'un, de quelque chose qui ne peut concourir. *Des films hors-concours.*

hors-d'œuvre n. m. inv. (*h* aspiré) (pl. *hors-d'œuvre*)
Mets léger servi au début du repas. *Des hors-d'œuvre froids et chauds.*

hors-jeu n. m. inv. (*h* aspiré) (pl. *hors-jeu*)
Faute commise par un joueur.

hors-la-loi n. m. inv. (*h* aspiré) (pl. *hors-la-loi*)
Bandit. *Des hors-la-loi dangereux.*

hors-texte n. m. inv. (*h* aspiré) (pl. *hors-texte*)
Feuillet que l'on insère dans un livre.

hortensia n. m.
Arbrisseau cultivé pour ses fleurs roses, blanches ou bleues. *Des hortensias blancs.*
☞ Au Canada, on emploie couramment le nom *quatre-saisons* en ce sens.
☞ Attention au genre masculin de ce nom : *un* hortensia.

horticole adj.
Relatif à l'horticulture.

horticulteur n. m.
horticultrice n. f.
Spécialiste de la culture des jardins, des fleurs.

horticulture n. f.
• (Vx) Culture des jardins.

• Culture des fleurs, des arbustes d'ornement, des arbres, des légumes et des fruits.
V. **agriculture.**

hosanna n. m.
Acclamation religieuse. *Des hosannas.*

hospice n. m.
Foyer de personnes âgées.
☞ Ce nom est peu courant aujourd'hui; on dit plutôt *résidence de personnes âgées.*
☞ Attention au genre masculin de ce nom : *un* hospice.
☞ Ne pas confondre avec le nom *auspices,* présage.

hospitalier, ière adj.
• Relatif aux hôpitaux. *Un établissement hospitalier.*
• Accueillant. *Ce sont des amis tellement hospitaliers.*

hospitalisation n. f.
Admission dans un hôpital.

hospitaliser v. tr.
Faire entrer une personne dans un hôpital.

hospitalité n. f.
Accueil de la personne qui reçoit quelqu'un chez elle. *Recevoir l'hospitalité.*

hostie n. f.
Pain consacré par le prêtre pendant la messe.

hostile adj.
• Agressif, qui se conduit en ennemi. *Un ton hostile.*
• *Hostile à.* Opposé. *Ils sont hostiles à notre proposition.*

hostilement adv.
De façon hostile.

hostilité n. f.
• Antipathie, opposition. *Le groupe leur a manifesté de l'hostilité.*
• (Au plur.) Opérations de guerre. *Les hostilités ont repris.*

hot dog n. m. (*h* aspiré) (pl. *hot dogs*)
Petit pain contenant une saucisse. *Ils ont mangé des hot dogs et des frites.*

hôte n. m. et f.
Invité. *Une hôte très aimable.*
☞ Au masculin, le nom *hôte* désigne la personne qui donne l'hospitalité aussi bien que celle qui reçoit l'hospitalité. Par contre, la forme féminine varie selon le sens : l'*hôtesse* est la personne qui reçoit alors que celle qui est reçue est une *hôte.*
☞ hôte.

hôte, hôtesse n. m. et f.
• Personne qui donne l'hospitalité. *Notre hôtesse était charmante.*
• *Hôtesse de l'air.* Femme qui, dans un avion, veille au confort des passagers.
☞ Cette désignation n'est plus employée au Canada; on dit plutôt *agent de bord.*
☞ hôte, hôtesse.

hôtel n. m.
• Immeuble aménagé pour loger les voyageurs.
Hom. *autel,* table où se célèbre la messe ou des
sacrifices.
• *Hôtel particulier.* Résidence d'un riche particulier en
ville.
⇨ hôtel.

hôtel de ville n. m. (pl. *hôtels de ville*)
Édifice où siège l'autorité municipale dans une grande
ville. *L'hôtel de ville de Montréal est un bel immeuble.*
⇨ hôtel de ville, sans traits d'union.

hôtelier, ière adj.
Relatif aux hôtels, à l'hôtellerie. *Une chaîne hôtelière.*
⇨ hôtelier.

hôtelier n. m.
hôtelière n. f.
Personne qui exploite un hôtel.
⇨ hôtelier.

hôtellerie n. f.
Profession hôtelière. *Antoine travaille dans l'hôtellerie.*
⇨ hôtellerie.

hotte n. f. (*h* aspiré)
• Grand panier porté sur le dos. *La hotte du père Noël.*
• Ouverture d'un conduit d'aération. *La hotte placée au-
dessus de la cuisinière.*

hou! interj. (*h* aspiré)
Interjection qui sert à railler, à faire honte.

houblon n. m. (*h* aspiré)
Plante dont les fleurs sont employées pour aromatiser
la bière.

houille n. f. (*h* aspiré)
• Charbon.
• *Houille blanche.* Énergie hydraulique.

houiller, ère adj. et n. f. (*h* aspiré)
• **Adjectif.** Relatif à la houille. *Des ressources houillères.*
• **Nom féminin.** Mine de houille.

houle n. f. (*h* aspiré)
Mouvement ondulatoire des eaux de la mer.

houlette n. f. (*h* aspiré)
Bâton de berger.

houleux, euse adj. (*h* aspiré)
Agité par la houle. *La mer est houleuse.*
⇨ houleux.

houppe n. f. (*h* aspiré)
Touffe (de fils, de laine, etc.)
⊨ Ne pas confondre avec le nom *huppe,* touffe de
plumes d'un oiseau.

houppelande n. f. (*h* aspiré)
Long pardessus. *La houppelande verte.*

houppette n. f. (*h* aspiré)
Petite houppe. *La houppette à poudre.*

hourra interj. et n. m. (*h* aspiré)
• **Interjection.** *Hourra! Ils ont gagné!*
• **Nom masculin.** Cri d'acclamation. *Des hourras en-
thousiastes.*

houspiller v. tr. (*h* aspiré)
Les lettres *ill* sont suivies d'un *i* à la première et à
la deuxième personne du pluriel de l'indicatif imparfait et du subjonctif présent. *(Que) nous hous-
pillions, (que) vous houspilliez.*
Gronder quelqu'un. *Il le houspilla vertement.*

housse n. f. (*h* aspiré)
Enveloppe servant à recouvrir, à protéger. *La housse
d'un fauteuil. Une housse de couette.*

houx n. m. (*h* aspiré)
Arbrisseau toujours vert à feuilles piquantes et à fruits
rouges. *Le houx de Noël.*
Hom. :
- *ou,* conjonction;
- *où,* adverbe et pronom relatif;
- *août,* huitième mois de l'année.
⇨ houx.

*hovercraft
Anglicisme pour *aéroglisseur.*

hublot n. m. (*h* aspiré)
Petite fenêtre d'un navire, d'un avion. *Le hublot.*
⇨ hublot.

huche n. f. (*h* aspiré)
Grand coffre de bois où l'on range le pain. *La huche à
pain.*

hue! interj. (*h* aspiré)
Interjection servant à faire avancer un cheval.

huée n. f. (*h* aspiré)
Cris d'hostilité. *Il dut subir les huées de la foule.*

huer v. tr. (*h* aspiré)
Conspuer, siffler. *Les comédiens ont été hués.*

huilage n. m.
Action d'huiler. *L'huilage des mécanismes.*

huile n. f.
• Substance grasse d'origine animale, végétale ou mi-
nérale. *Huile d'olive, huile de foie de morue, huile de
soja, huile d'arachide(s), huile de maïs, huile de noix.*
• *Huile de ricin.* Purgatif.
• *Une mer d'huile.* Très calme.
• *Jeter de l'huile sur le feu.* Envenimer une querelle.
• *Tache d'huile.* Qui grandit, se propage. *Une mode
qui fait tache d'huile (ou boule de neige).*

*huile à chauffage
Calque de l'anglais «heating oil» pour *mazout.*

*huile de castor
Calque de l'anglais «castor oil» pour *huile de ricin.*

huiler v. tr.
Lubrifier avec de l'huile. *Périodiquement, il faut huiler
ce mécanisme.*

huileux, euse adj.
Qui renferme de l'huile, gras. *Des cheveux huileux.*

huis n. m.
(Vx) Porte.
⇨ huis.

huis clos n. m. (*h* aspiré)
• (Dr.) Hors de la présence du public. *On a exigé le huis clos pour cette réunion.*
• *À huis clos. Ce procès est jugé à huis clos, car l'inculpé est mineur.*
☞ huis clos.

huissier n. m.
huissière n. f.
Personne chargée de signifier les actes de procédure et de mettre à exécution les jugements. *Les deux* (z) *huissiers se sont présentés aujourd'hui.*
◁— Ce nom s'écrit avec un *h* muet : on doit donc élider la voyelle précédente. *L'huissier.*

huit adj. num. et n. m. inv. (*h* aspiré)
👄 Le *t* se prononce devant une voyelle ou en fin d'expression; il est muet devant une consonne et devant un *h* aspiré.
• **Adjectif numéral cardinal invariable.** Deux fois quatre. *Huit heures.*
• **Adjectif numéral ordinal invariable.** Huitième. *Le huit décembre.*
• **Nom masculin invariable.** *Nombre huit.*
◁— Si l'adjectif numéral est en position initiale, le *h* est aspiré; sinon, la liaison se fait. *Dix-huit.*
◁— L'élision est interdite devant le mot *huit*.
V. Tableau - **ÉLISION**.
V. Tableau - **LIAISON**.

huitaine n. f. (*h* aspiré)
• Nombre de huit ou environ.
• Huit jours. *Il part dans une huitaine.*

huitième adj. et n. m. (*h* aspiré)
• **Adjectif numéral ordinal.** Nombre ordinal de huit. *La huitième heure. Les huitièmes positions. La 8e, les 8es.*
• **Nom masculin.** La huitième partie d'un tout. *Les trois huitièmes d'une quantité.*
• **Nom masculin et féminin.** Personne, chose qui occupe le huitième rang. *Elles sont les huitièmes.*

huitièmement adv. (*h* aspiré)
En huitième lieu.

huître n. f.
Mollusque bivalve comestible. *La consommation d'huîtres est déconseillée dans les mois sans «r».*
◁— La culture des huîtres est l'**ostréiculture**.
✍ huître.

huîtrier, ière adj.
Relatif aux huîtres.
✍ huîtrier.

hululement ou **ululement** n. m. (*h* aspiré)
Cri des oiseaux de nuit.

hululer ou **ululer** v. intr. (*h* aspiré)
Crier, en parlant des oiseaux de nuit. *Le hibou hulule ou ulule.*

hum! interj. (*h* aspiré)
Interjection marquant le doute, la réticence.

humain, aine adj. et n. m. et f.
• **Adjectif**
- Propre à l'homme. *La nature humaine.*

- Compréhensif. *Elle est très humaine.*
• **Nom masculin et féminin**
(Litt.) Être humain. *Les humains.*

humainement adv.
• Du point de vue de l'homme.
• Avec humanité.

humanisation n. f.
Action d'humaniser; fait de s'humaniser.

humaniser v. tr., pronom.
• **Transitif.** Civiliser, donner un caractère plus humain.
• **Pronominal.** Devenir plus humain, plus sociable.

humanisme n. m.
Recherche de ce qui donne à la vie humaine son sens.

humaniste adj. et n. m. et f.
• Partisan de l'humanisme. *Jean Rostand fut un humaniste.*
• Qui a une culture littéraire ou scientifique. *Les humanistes de la Renaissance.*

humanitaire adj.
Qui vise le bien-être de l'humanité. *Une œuvre humanitaire.*

humanité n. f.
• Ensemble des hommes. *L'histoire de l'humanité.*
• Nature humaine.
• Compassion. *Soigner les malades avec humanité.*

humble adj. et n. m. pl.
• **Adjectif.** Modeste, timide. *Un air humble.*
Ant. orgueilleux.
• **Nom masculin pluriel.** Personnes dont la condition est modeste.

humblement adv.
Avec humilité.

humectage n. m.
Action d'humecter.

humecter v. tr.
Mouiller légèrement. *Humecter une nappe pour la repasser.*

humer v. tr. (*h* aspiré)
Aspirer pour sentir. *Je hume l'air.*

humérus n. m.
👄 Le *s* se prononce [ymerys].
Os du bras, de l'épaule au coude.

humeur n. f.
• Disposition affective. *Elle est de bonne humeur.*
• *D'humeur à.* Disposé. *Elle n'est pas d'humeur à l'écouter.*
• *Bonne, belle humeur.* Enjouement, gaieté.
• *Mauvaise humeur.* Tristesse, irritation.

humide adj.
Chargé d'eau, de vapeur d'eau. *Un temps très humide.*

humidificateur n. m.
Appareil destiné à accroître le degré d'humidité d'un lieu donné.

humidification n. f.
Action d'humidifier.

humidifier v. tr.
Redoublement du *i* à la première et à la deuxième personne du pluriel de l'indicatif imparfait et du subjonctif présent. *(Que) nous humidifiions, (que) vous humidifiiez.*
Rendre humide. *Il faut que nous humidifiions cette pièce.*

humidité n. f.
Caractère de ce qui est chargé d'eau. *Cette plante a besoin d'humidité.*
☞ Ne pas confondre avec le nom **humilité,** caractère de ce qui est modeste.

humiliation n. f.
• Action d'humilier, affront.
• Action d'être humilié, honte.

humilier v. tr., pronom.
Redoublement du *i* à la première et à la deuxième personne du pluriel de l'indicatif imparfait et du subjonctif présent. *(Que) nous humiliions, (que) vous humiliiez.*
• **Transitif.** Rabaisser, vexer. *Cette remarque m'a humilié. Il est humilié d'avoir perdu, que ses amis ne l'aient pas appuyé.*
• **Pronominal.** S'abaisser, devenir humble. *Ils se sont humiliés à demander pardon.*

humilité n. f.
Modestie, soumission. *Un ton d'humilité.*
☞ Ne pas confondre avec le nom **humidité,** caractère de ce qui est chargé d'eau.

humoriste adj. et n. m. et f.
Se dit d'une personne qui a de l'humour, qui s'exprime avec humour. *Cet auteur est un humoriste.*

humoristique adj.
Qui est empreint d'humour. *Un texte humoristique.*

humour n. m.
Faculté d'apprécier les éléments amusants, absurdes ou insolites de la réalité. *Elle a le sens de l'humour.*
☞ L'*humour* est une forme d'esprit qui ne cherche pas à persuader de la fausseté d'une idée, mais à créer un doute sur l'apparence logique du monde ou à mettre en évidence les aspects insolites ou amusants de la réalité. L'*ironie* est une forme d'esprit qui consiste à présenter comme vraie une proposition manifestement fausse de façon à faire ressortir son absurdité.

humus n. m.
⟵ Le *s* se prononce [ymys].
Terre très riche.

hune n. f. (*h* aspiré)
Plate-forme fixée à un mât qui sert de poste d'observation.

huppe n. f. (*h* aspiré)
Touffe de plumes d'un oiseau.
☞ Ne pas confondre avec le nom **houppe,** touffe (de fils, de laine).

huppé, ée adj. (*h* aspiré)
(Fam.) Notable, riche. *Un quartier huppé.*

hure n. f. (*h* aspiré)
Tête apprêtée de certains animaux. *Une hure de saumon.*

hurlement n. m. (*h* aspiré)
• Cri aigu et prolongé du loup, du chien, de l'hyène.
• Cri déchirant. *Des hurlements de douleur.*

hurler v. tr., intr. (*h* aspiré)
• **Transitif.** Parler, crier très fort. *Hurler des injures.*
• **Intransitif.** Pousser des hurlements. *Le chien hurle à la lune.*

hurluberlu, ue n. m. et f.
(Fam.) Personne bizarre. *Joséphine est une hurluberlue.*

huron, onne adj. et n. m. et f. (*h* aspiré)
Relatif aux Amérindiens d'une nation autochtone du Québec. *La culture huronne, des projets hurons. Un Huron, une Huronne.*
☞ L'adjectif s'écrit avec une minuscule; le nom, avec une majuscule.

hussard n. m. (*h* aspiré)
• (Ancienn.) Soldat.
• *À la hussarde,* locution. Brutalement.
⟹ hussar**d.**

hutte n. f. (*h* aspiré)
Petite cabane. *La hutte de branches qui nous protégeait.*
⟹ hu**tte.**

hyacinthe n. f.
• (Vx) Jacinthe.
• Pierre fine.
⟹ hyacin**the.**

hybride adj. et n. m.
• Qui provient de deux espèces distinctes. *La mule est un animal hybride qui provient d'une jument et d'un âne.*
• Qui est constitué d'éléments différents. *Un tableau hybride.*

hydr(o)- préf.
Élément du grec signifiant «eau». *Hydroélectricité, hydratation.*

hydratant, ante adj. et n. m.
• Qui produit une hydratation.
• Qui donne à l'épiderme sa teneur en eau. *Une lotion hydratante.*

hydratation n. f.
Introduction d'eau dans les tissus, l'organisme.

hydrater v. tr.
Procéder à l'hydratation de (un tissu, un organisme).

hydraulique adj. et n. f.
• **Adjectif**
- Qui est mû par l'eau. *Une roue hydraulique.*
- Relatif à la circulation de l'eau.
- *Énergie hydraulique.* Énergie fournie par une chute d'eau.
• **Nom féminin**
Branche de la mécanique des fluides.
⟹ hydra**u**lique.

hydravion n. m.
Avion muni de flotteurs qui décolle sur l'eau et y amerrit.
☞ Attention au genre masculin de ce nom : *un*
hydravion.

hydre n. f.
Animal fabuleux en forme de serpent d'eau à sept
têtes.

-hydre suff.
Élément du grec signifiant «eau». *Anhydre.*

hydrocution n. f.
Syncope qui fait couler à pic un baigneur.

hydroélectricité n. f.
Énergie électrique produite par l'eau (d'un cours d'eau,
d'une chute).

hydroélectrique adj.
Relatif à l'hydroélectricité. *Énergie hydroélectrique.*

hydrofuge adj. et n. m.
Se dit d'un produit qui préserve de l'humidité, imperméable.

hydrofuger v. tr.
Le *g* est suivi d'un *e* devant les lettres *a* et *o. Il
hydrofugea, nous hydrofugeons.*
Imperméabiliser.

hydrogène n. m.
• Symbole *H* (s'écrit sans point).
• Corps simple gazeux extrêmement léger.
☞ Attention au genre masculin de ce nom : *un* hy-
drogène.

hydroglisseur n. m.
Bateau conçu pour glisser sur l'eau.

hydromel n. m.
Boisson faite d'eau et de miel.
☞ Attention au genre masculin de ce nom : *un* hy-
dromel.

hydrophile adj.
Qui absorbe l'eau. *Du coton hydrophile.*

hyène n. f. (*h* aspiré ou non)
Mammifère carnivore à pelage gris ou fauve tacheté.
La hyène ou l'hyène se nourrit de charognes.

hygiène n. f.
• Ensemble des moyens individuels ou collectifs qui
visent à préserver la santé.
• Soins de propreté.
▭➤ hygiène.

hygiénique adj.
Qui favorise l'hygiène, la propreté du corps. *Du papier
hygiénique.*
▭➤ hygiénique.

hygiéniquement adv.
Conformément aux règles de l'hygiène.
▭➤ hygiéniquement.

hygiéniste n. m. et f.
Spécialiste de l'hygiène.
▭➤ hygiéniste.

hygro- préf.
Élément du grec signifiant «humide». *Hygromètre.*

hygromètre n. m.
Appareil qui mesure le degré d'humidité de l'air.

hymen ou **hyménée** n. m.
👄 Le *n* se prononce [imɛn].
• (Anat.) Membrane qui obstrue partiellement l'entrée
du vagin.
• (Litt.) Mariage.
☞ Attention au genre masculin de ce nom : *un* hy-
men, *un* hyménée.

hymne n. m.
Chant à la gloire de quelqu'un, quelque chose. *Un
hymne patriotique.*
☞ Attention au genre masculin de ce nom : *un*
hymne.
▭➤ hymne.

hyper- préf.
Élément du grec signifiant «au-dessus, au delà». *Hypertension.*
☞ Le préfixe *hyper* appartient surtout à la langue
scientifique; la langue courante emploie plutôt les
préfixes *extra-, super-.*

hyperacidité n. f.
(Méd.) Acidité excessive. *Une hyperacidité gastrique.*

hyperbole n. f.
Figure de style. *L'expression **des torrents de larmes**
se dit par hyperbole.*
Ant. **litote.**
V. Tableau - **FIGURÉS (EMPLOIS).**

hyperbolique adj.
Relatif à l'hyperbole. *Une image hyperbolique.*

hypermarché n. m.
Magasin de très grande superficie exploité en libre-
service.

hypermétrope adj. et n. m. et f.
Qui ne distingue pas clairement les objets rapprochés.

hypermétropie n. f.
Trouble de la vision.

hypernerveux, euse adj. et n. m. et f.
Qui est trop nerveux.
▭➤ hypernerveu**x.**

hyperréalisme n. m.
Reproduction très minutieuse, photographique de la
réalité, en art.
▭➤ hyperréalisme.

hypersensibilité n. f.
Sensibilité extrême.

hypersensible adj. et n. m. et f.
Qui est extrêmement sensible.

hypertendu, ue adj. et n. m. et f.
Qui souffre d'hypertension.

hypertension n. f.
Tension artérielle supérieure à la normale.

hypertrophie n. f.
Développement excessif, anormal.
Ant. **atrophie.**

hypertrophier v. tr., pronom.
Redoublement du *i* à la première et à la deuxième personne du pluriel de l'indicatif imparfait et du subjonctif présent. *(Que) nous hypertrophiions, (que) vous hypertrophiiez.*
• **Transitif.** Produire l'hypertrophie de (un tissu, un organe).
• **Pronominal.** Augmenter de volume par hypertrophie.

hypn(o)- préf.
Élément du grec signifiant «sommeil». *Hypnotiser.*

hypnose n. f.
👄 Le *p* se prononce [ipnoz].
Sommeil provoqué par suggestion.
▭▷ hyp̲nose.

hypnotique adj. et n. m.
👄 Le *p* est prononcé dans la première syllabe [ipnɔtik] (et non *hynoptique).
Qui est relatif à l'hypnose.
▭▷ hyp̲notique.

hypnotiser v. tr., pronom.
👄 Le *p* est prononcé dans la première syllabe [ipnɔtize] (et non *hynoptiser).
• **Transitif.** Soumettre à l'hypnose. *Le dentiste a hypnotisé son patient pour lui extraire une dent.*
• **Pronominal.** (Fig.) Être obnubilé, fasciné par quelque chose. *Ils s'étaient hypnotisés sur cette question difficile.*
▭▷ hyp̲notiser.

hypnotiseur n. m.
👄 Le *p* est prononcé dans la première syllabe [ipnɔtizœr] (et non *hynoptiseur).
Personne qui hypnotise. *Ce magicien est un hypnotiseur.*

hypnotisme n. m.
👄 Le *p* est prononcé dans la première syllabe [ipnɔtism] (et non *hynoptisme).
Ensemble de techniques susceptibles de provoquer l'hypnose.

hypo- préf.
Élément du grec signifiant «au-dessous». *Hypotension.*

hypoallergique adj. et n. m.
Se dit d'une substance qui diminue les risques d'allergie. *Des produits de beauté hypoallergiques.*
▭— Ne pas confondre avec **anallergique,** qui ne provoque pas d'allergie.

hypocondriaque adj. et n. m. et f.
Qui est atteint d'hypocondrie.

hypocondrie n. f.
Tendance à ne penser qu'à ses maladies, souvent imaginaires.

hypocrisie n. f.
Dissimulation, fausseté. *La franchise est préférable à l'hypocrisie.*
▭▷ hypocri̲sie.

hypocrite adj. et n. m. et f.
Déloyal, sournois. *Un sourire hypocrite.*
▭▷ hypocri̲te.

hypoglycémie n. f.
Diminution du taux de glucose dans le sang.
▭▷ hypogly̲cémie.

hypophysaire adj.
Relatif à l'hypophyse.
▭▷ hypophy̲saire.

hypophyse n. f.
Glande endocrine située à la base du crâne.
▭▷ hypophy̲se.

hypotendu, ue adj. et n. m. et f.
Qui a une tension artérielle inférieure à la normale.

hypotension n. f.
Tension artérielle inférieure à la normale.

hypoténuse n. f.
(Math.) Côté d'un triangle rectangle opposé à l'angle droit.
▭▷ hypoté̲nuse.

hypothalamus n. m.
👄 Le *s* se prononce [ipɔtalamys].
Région située à la base du cerveau.
▭▷ hypothalamus.

hypothécaire adj.
• Relatif à l'hypothèque. *Des taux hypothécaires.*
• Qui est garanti par une hypothèque. *Une créance hypothécaire.*
▭▷ hypoth̲écaire.

hypothèque n. f.
(Dr.) Garantir un paiement à l'aide d'un immeuble. *Une hypothèque sur une maison.*
▭▷ hypoth̲èque.

hypothéquer v. tr.
Le *é* se change en *è* devant une syllabe muette, sauf à l'indicatif futur et au conditionnel présent. *J'hypothèque,* mais *j'hypothéquerai.*
• Grever (un bien) d'une hypothèque pour garantir une créance. *Ils ont hypothéqué la maison pour faire des travaux de rénovation.*
• (Fig.) Engager. *Hypothéquer l'avenir.*
▭▷ hypoth̲équer.

hypothèse n. f.
• Supposition. *Ce n'est qu'une hypothèse : nous n'avons aucune preuve.*
• ***Dans l'hypothèse où.*** L'expression est suivie du conditionnel. *Dans l'hypothèse où vous viendriez...*
▭▷ hypoth̲èse.

hypothétique adj.
• Fondé sur une hypothèse. *Une analyse hypothétique.*
• Qui n'est pas assuré. *Un succès hypothétique.*
▭▷ hypoth̲étique.

hystérectomie n. f.
(Méd.) Ablation de l'utérus.

hystérie n. f.
Vive excitation qui peut aller jusqu'au délire. *Une hystérie collective.*
▱➡ hystérie.

hystérique adj. et n. m. et f.
• Qui est atteint d'hystérie.
• Vivement excité.

Hz
Symbole de *hertz.*

I
Chiffre romain dont la valeur est de 1.

-iatre, -iatrie suff.
Éléments du grec signifiant «médecin». *Psychiatre, pédiatrie.*
☞ Il n'y a pas d'accent circonflexe sur le **a.**

ibérique adj.
Relatif au Portugal et à l'Espagne. *La péninsule ibérique.*
☞ L'emploi de ce mot est limité au vocabulaire géographique.

ibid.
Abréviation de ***ibidem*** .

ibidem
• Abréviation ***ibid.*** (s'écrit avec un point).
• Mot latin signifiant «au même endroit, dans le même ouvrage».
☞ Pour ne pas répéter les noms d'un auteur et d'un ouvrage déjà cités, on inscrira en italique ***id., ibid., p.***
V. **référence.**

ibis n. m.
👄 Le ***s*** se prononce [ibis].
Oiseau échassier. *Des ibis roses.*

ibiscus
V. **hibiscus.**

-ible suff.
Élément du latin signifiant «possibilité d'être». *Admissible.*

iceberg n. m.
👄 Le mot se prononce [isbɛʀg] ou [ajsbɛʀg].
Montagne de glace flottante. *Des icebergs.*

icelui, icelle, iceux, icelles adj. dém. et pron.
(Vx) Celui-ci, celle-ci, ceux-ci, celles-ci.
☞ Ce mot ne s'emploie plus que par plaisanterie.

ichty(o)- préf.
👄 Les lettres ***ch*** se prononcent ***k*** [iktjo].
Élément du grec signifiant «poisson». *Ichtyologie.*
☞ À l'origine, ce préfixe était orthographié ***ichthy(o)-***; aujourd'hui, il s'écrit plutôt ***ichty(o)-.***

ichtyologie n. f.
👄 Les lettres ***ch*** se prononcent ***k*** [iktjɔlɔʒi].
Science des poissons.
🖎 **ichty**ologie.

ichtyologique adj.
👄 Les lettres ***ch*** se prononcent ***k*** [iktjɔlɔʒik].
Qui se rapporte à l'ichtyologie.

ichtyologiste n. m. et f.
👄 Les lettres ***ch*** se prononcent ***k*** [iktjɔlɔʒist].
Spécialiste des poissons.

ici adv.

• Se dit du lieu où est la personne qui parle. *Venez ici : je vous attends.*
☞ En principe, l'adverbe ***là*** se dit d'un autre lieu. *Ici il pleut, là il neige.* Dans les faits, les deux adverbes sont souvent confondus. *Monsieur Blois? Malheureusement il n'est pas ici* ou *il n'est pas là.*
• ***D'ici + à.*** Dans un moment futur. *D'ici à jeudi, la situation sera différente.*

☞ L'omission de la préposition est courante. *D'ici demain, tout sera revenu à la normale.*
Ant. **là-bas, ailleurs.**
• **Locutions adverbiales**
- *Ici-bas.* Sur la terre (par opposition à l'*au-delà*).
☞ La locution s'écrit avec un trait d'union; par contre, l'expression *ici même* s'écrit sans trait d'union.
- *Ici et là.* Par endroits. *Il a plu ici et là.*

icon-, icono- préf.
Éléments du grec signifiant «image». *Iconographie.*

icône n. f.
• Peinture religieuse.
• (Inform.) Symbole graphique de certains logiciels.
☞ Attention au genre féminin de ce nom : *une* icône.
☞ icône, les dérivés du mot s'écrivent sans accent circonflexe.

iconoclaste adj. et n. m. et f.
• Qui détruit les images saintes, et par extension, les œuvres d'art.
☞ Ne pas confondre avec le mot *iconographe,* spécialiste de l'iconographie.
• Ennemi de la tradition.

iconographe n. m. et f.
Spécialiste de l'iconographie.
☞ Ne pas confondre avec le mot *iconoclaste,* destructeur d'images saintes, et par extension, d'œuvres d'art.

iconographie n. f.
Étude des représentations figurées d'un sujet.

iconographique adj.
Relatif à l'iconographie.

ictère n. m.
(Méd.) Jaunisse.
☞ Attention au genre masculin de ce nom : *un* ictère.

id.
Abréviation de *idem.*

-ide suff.
Élément du grec signifiant «forme, aspect». *Lipide.*

idéal, ale, als ou aux adj. et n. m.
• **Adjectif**
- Qui n'existe que dans l'imagination, la pensée. *Une situation idéale.*
- Parfait. *Des résultats idéals ou idéaux.*
• **Nom masculin** (pl. *idéals* ou *idéaux*)
- Modèle parfait. *Des idéaux philosophiques.*
- Ce qui donnerait entière satisfaction. *Réussir sans travailler, voilà l'idéal.*

idéalement adv.
☞ Le *e* de l'avant-dernière syllabe ne se prononce pas [idealmā].
D'une manière idéale.

idéalisation n. f.
Action de conférer un caractère idéal à une personne, à une chose.

☞ Ne pas confondre avec le nom *idéation,* formation des idées.

idéaliser v. tr.
Donner un caractère idéal à quelqu'un, à quelque chose. *On a tendance à idéaliser les choses du passé.*

idéalisme n. m.
Attitude d'une personne qui aspire à un idéal élevé.
Ant. **réalisme.**

idéaliste adj. et n. m. et f.
Qui oriente sa vie vers un idéal élevé, souvent utopique.

idéalité n. f.
Qualité de ce qui est idéal.

idéation n. f.
Formation des idées.
☞ Ne pas confondre avec le nom *idéalisation,* action de conférer un caractère idéal (à une personne, à une chose).

idée n. f.
• Conception de l'esprit. *Une idée géniale.*
• *Avoir l'idée de* + infinitif. *Elle a eu l'idée d'organiser un beau pique-nique.*
• *À l'idée que* + indicatif ou conditionnel. *À l'idée que les enfants seront seuls, elle s'inquiète déjà.*
• **Locutions**
- *N'avoir pas idée de.* Se dit de ce qui paraît excessif, extraordinaire. *On n'a pas idée de se lancer dans pareille aventure?* ou elliptiquement *A-t-on idée de se lancer ainsi!*
- *J'ai idée que.* Il me semble que, je pense que.
- *Perdre le fil de ses idées.* S'embrouiller.
- *Idée fixe.* Obsession, hantise.
- *Changer d'idée.* Le nom s'écrit au singulier dans cette expression.
- *Se faire des idées.* Avoir des illusions.
- *Largeur, étroitesse d'idées.* Dans ces expressions, le nom *idée* s'écrit au pluriel.

idem
☞ Le *m* se prononce [idɛm].
• Abréviation *id.* (s'écrit avec un point).
• Mot latin signifiant «la même chose».
V. **ibidem, référence.**

identifiable adj.
Que l'on peut identifier. *Un signe identifiable.*

identification n. f.
Action d'identifier. *L'identification d'un suspect.*

*identification
Impropriété au sens de *pièce d'identité.*

identifier v. tr., pronom.
Redoublement du *i* à la première et à la deuxième personne du pluriel de l'indicatif imparfait et du subjonctif présent. *(Que) nous identifiions, (que) vous identifiiez.*
• **Transitif**
- Déterminer l'identité de quelqu'un, la nature de quelque chose. *Ève a identifié ce champignon : c'est une morille.*
- *Objet volant non identifié (OVNI).* Objet observé dans l'atmosphère et dont la nature n'a pas été déterminée.

• Pronominal
Se mettre à la place de. *À cet âge, le jeune garçon s'identifie avec son père* ou *à son père.*
☞— Le verbe se construit soit avec la préposition *avec,* soit avec la préposition *à.*

*identifier
Anglicisme au sens de *déterminer, établir, définir. Nous devons déterminer* (et non **identifier*) *les secteurs prioritaires.*

*identifier (s')
Anglicisme au sens de *se nommer, donner son identité.*

identique adj.
Qui est tout à fait semblable. *Ces signatures sont identiques.*
☞— Ne pas confondre avec le mot *analogue,* qui est à peu près semblable.

identiquement adv.
De façon identique.

identité n. f.
• Ensemble des éléments qui permettent d'établir qu'une personne est bien ce qu'elle dit être. *Des cartes d'identité, des pièces d'identité.*
• Conformité totale. *Il y a une identité parfaite entre ces jumeaux.*
☞— Ne pas confondre avec les noms suivants :
- *conformité,* état de choses semblables;
- *ressemblance,* conformité partielle;
- *uniformité,* nature de ce qui ne change pas de caractère, d'apparence.

idéo- préf.
Élément du grec signifiant «idée». *Idéologie.*

idéogramme n. m.
Signe graphique. *Les idéogrammes du chinois.*
☞ idéogramme.

idéologie n. f.
Système d'idées.

idéologique adj.
Relatif à l'idéologie.

idio- préf.
Élément du grec signifiant «propre, spécial». *Idiome, idiotisme.*

idiomatique adj.
Relatif à un idiome. *Les locutions idiomatiques.*

idiome n. m.
Langue, parler propre à une communauté.
☞ idiome, pas d'accent circonflexe, malgré la prononciation.

idiosyncrasie n. f.
Disposition d'un individu à réagir de façon particulière aux agents extérieurs.
☞ idiosyncrasie.

idiot, idiote adj. et n. m. et f.
Stupide. *Une réponse idiote. L'idiot du village.*
☞ idiot, idiote.

idiotement adv.
De façon idiote.

idiotie n. f.
⟺ Le *t* se prononce comme *s* [idjɔsi].
Manque d'intelligence, stupidité.
☞— Ne pas confondre avec les noms suivants :
- *idiome,* langue;
- *idiotisme,* expression propre à une langue.

idiotisme n. m.
Expression propre à une langue. *L'idiotisme Il pleut à boire debout ne se traduit pas littéralement. En anglais, on dira It rains cats and dogs.*
☞— Ne pas confondre avec le nom *idiotie,* stupidité.

idoine adj.
(Plaisant.) Approprié.

idolâtre adj. et n. m. et f.
• Qui adore les idoles.
• Qui voue un culte à quelqu'un, à quelque chose.
☞ idolâtre.

idolâtrer v. tr.
Aimer passionnément quelqu'un, quelque chose.
☞ idolâtrer.

idolâtrie n. f.
• Amour excessif pour quelqu'un, quelque chose.
• Adoration des idoles.
☞ idolâtrie.

idolâtrique adj.
Relatif à l'idolâtrie.
☞ idolâtrique.

idole n. f.
• Représentant d'une divinité. *Ce peuple adorait des idoles.*
• Personne qui est l'objet d'un culte passionné. *Ce chanteur est l'idole des jeunes.*
☞— Attention au genre féminin de ce nom : *une* idole.

idylle n. f.
⟺ Les deux *l* se prononcent comme un seul [idil].
Amour tendre et naïf.
☞— Attention au genre féminin de ce nom : *une* idylle.
☞ idylle.

idyllique adj.
⟺ Les deux *l* se prononcent comme un seul [idilik].
Qui tient de l'idylle. *Un accord idyllique.*
☞ idyllique.

i.e.
Abréviation des mots latins «id est», au sens de *c'est-à-dire.*
☞— L'emploi de l'abréviation *c.-à-d.* est préférable.

-ième suff.
• Élément composant les nombres ordinaux, à l'exception de *premier.*
• Symbole *e. 4e, 7e* (et non **4ième, 7ème*). Au pluriel, *4es, 7es.*

if n. m.
Conifère. *Des ifs bien taillés.*

igloo ou **iglou** n. m.
Habitation construite avec des blocs de glace ou de neige. *Des igloos, des iglous bien construits.*

ign(i)- préf.
Élément du latin signifiant «feu». *Ignifuge.*

ignare adj et n. m. et f.
Inculte.

ignifugation n. f.
Action de rendre ininflammable quelque chose.
Syn. **ignifugeage.**

ignifuge adj. et n. m.
Qui a la propriété de rendre ininflammables des objets combustibles. *Un produit ignifuge. Un ignifuge nouveau.*

ignifugeage n. m.
Syn. **ignifugation.**

ignifuger v. tr.
Le *g* est suivi d'un *e* devant les lettres *a* et *o*. *Il ignifugea, nous ignifugeons.*
Rendre ininflammable.

*ignition (d'une automobile)
Anglicisme au sens de **allumage.**

ignoble adj.
Abject, infâme. *Cet acte de vandalisme est ignoble.*

ignoblement adv.
De façon ignoble.

ignominie n. f.
Déshonneur, infamie.

ignominieusement adv.
(Litt.) Avec ignominie.

ignominieux, euse adj.
Déshonorant, infamant.

ignorance n. f.
Manque de connaissance. *Cet élève a été refusé à cause de son ignorance.*

ignorant, ante adj. et n. m. et f.
Qui manque de connaissances. *Clara étudie pour ne pas être ignorante. Ces ignorants ne pourront être admis.*

ignorer v. tr., pronom.
• Ne pas savoir, n'être pas informé de.
☞ Le verbe peut se construire avec un nom ou avec une proposition. *J'ignore son nom. Il ignore que je suis venue.*
• *Ignorer + que.* Le verbe se construit généralement avec l'indicatif. *Tu ignorais qu'il était très intéressé par le projet.*
☞ Dans l'expression *n'être pas sans savoir* qui signifie «ne pas ignorer», il ne faudrait pas commettre l'erreur fréquente de remplacer le verbe *savoir* par celui de *ignorer. Tu n'es pas sans savoir que la valeur des actions a beaucoup baissé* (et non *tu n'es pas sans ignorer).*
Ant. **savoir.**

iguane n. m.
👄 Le *u* se prononce *ou* [igwan].

Reptile saurien d'Amérique du Sud ayant l'allure d'un grand lézard.

il-
V. **in-.**

il, ils pron. pers. m.
• Pronom personnel masculin de la troisième personne. *Il aime, ils adorent.*
☞ Ce pronom est toujours sujet.
• Pronom personnel neutre de la troisième personne du singulier qui sert à introduire :
- un verbe impersonnel. *Il neige.*
- un verbe employé impersonnellement. *Il paraît qu'il fera beau demain.*
• (Litt.) *Il est.* Il y a. *Il est un pays où...*
Hom. *île,* étendue de terre entourée d'eau.

île n. f.
Terre entourée d'eau. *Un chapelet d'îles. L'île Sainte-Hélène, l'île de Montréal.*
☞ Le nom de la province canadienne s'écrit avec une majuscule et des traits d'union. *L'Île-du-Prince-Édouard.*
V. Tableau - **GÉOGRAPHIQUES (NOMS)**
Hom. *il,* pronom personnel de la troisième personne.

Île-du-Prince-Édouard
Abréviation *Î.-P.-É.* (s'écrit avec des points).

iliaque adj.
(Anat.) Relatif aux flancs. *L'os iliaque.*
➪ ilia**que.**

illégal, ale, aux adj.
Qui est contraire à la loi. *Des documents illégaux.*
☞ Ne pas confondre avec le mot *illégitime,* qui qualifie ce qui est contraire au bon droit, à la loi, à la morale.
Ant. **légal.**

illégalement adv.
De façon illégale.
➪ ill**également.**

illégalité n. f.
Caractère de ce qui est illégal.
➪ ill**égalité.**

illégitime adj.
• Né hors du mariage. *Un enfant illégitime.*
• Contraire au bon droit, à la loi, à la morale.
☞ Ne pas confondre avec le mot *illégal,* contraire à la loi.
Ant. **légitime.**

illégitimement adv.
De façon illégitime.

illégitimité n. f.
Défaut de légitimité.
Ant. **légitimité.**

illettré, ée adj. et n. m. et f.
• (Vx) Qui a peu de connaissances littéraires, qui est ignorant.
☞ Ce mot a un sens défavorable.
• Qui ne sait ni lire ni écrire.

☞ Le mot *illettré* peut être synonyme de *analphabète;* il peut également désigner une personne qui manque de culture.

illicite adj.
Interdit par la morale ou par la loi.
Ant. **licite.**

illicitement adv.
D'une manière illicite.

illico adv.
(Fam.) Sur-le-champ.

illimité, ée adj.
• Infini. *Des ressources illimitées.*
• Indéfini. *Une durée illimitée.*
Ant. **limité.**

illisibilité n. f.
Caractère de ce qui est illisible.

illisible adj.
Qu'on ne peut lire. *Son écriture est illisible.*

illisiblement adv.
D'une manière illisible.

illogique adj.
Qui n'est pas logique. *Sa conduite est illogique.*
Ant. **logique.**

illogiquement adv.
D'une manière illogique.

illogisme n. m.
Caractère de ce qui est illogique. *L'illogisme d'une proposition.*

illumination n. f.
• Inspiration soudaine. *Il a eu une illumination.*
• Action d'illuminer. *Les illuminations de Noël.*

illuminé, ée adj. et n. m. et f.
Visionnaire.

illuminer v. tr.
• Éclairer d'une vive lumière. *Ce luminaire illumine la pièce.*
• Donner un vif éclat à. *Ses yeux brillants illuminaient son visage.*

illusion n. f.
• Interprétation fausse. *Vous vous faites des illusions : la réalité est bien différente.*
• Erreur de perception. *Des illusions d'optique.*
• *Faire illusion.* Tromper. *La belle apparence fait souvent illusion.*

illusionner v. tr., pronom.
• **Transitif.** Tromper par des illusions.
• **Pronominal.** Se leurrer. *Ils se sont illusionnés sur leurs chances de succès.*
☞ À la forme pronominale, le verbe se construit avec la préposition *sur.*
⇨ illusio**nn**er.

illusionniste n. m. et f.
Créateur d'illusion à l'aide d'artifices.
☞ Ne pas confondre avec le nom *prestidigitateur,* illusionniste qui se caractérise par sa grande dextérité manuelle.
⇨ illusio**nn**iste.

illusoire adj.
Qui ne se réalise pas, chimérique. *Il est illusoire de croire que cette décision sera bien acceptée.*

illustrateur n. m.
illustratrice n. f.
Artiste qui illustre une publication.

illustration n. f.
• Explication. *Défense et Illustration de la langue française.* (J. du Bellay)
• Dessin destiné à illustrer un texte. *Les illustrations de cet ouvrage sont très jolies.*

illustre adj.
Célèbre, fameux. *Verlaine est un illustre poète.*

illustré, ée adj. et n. m.
• **Adjectif.** Orné d'illustrations. *Une édition illustrée.*
• **Nom masculin.** Périodique illustré. *Acheter des illustrés.*
☞ Ne pas confondre avec le mot *imagé,* qui est riche en métaphores.

illustrer v. tr., pronom.
• **Transitif**
- Orner (une publication, un imprimé, etc.) d'illustrations.
- Rendre plus clair à l'aide de notes, de citations, etc. *Illustrer une règle par des exemples.*
• **Pronominal**
Se distinguer. *Ils se sont illustrés par leur courage.*
⇨ illustrer.

îlot n. m.
• Petite île.
• Petit espace isolé. *Un îlot de ravitaillement.*
⇨ îlot.

ilote n. m. et f.
Esclave spartiate.

im-
V. **in-.**

image n. f.
• Représentation d'une personne, d'une chose. *Des livres d'images.*
• Métaphore, figure de style. *Quand on écrit «verser des torrents de larmes», c'est une image qui signifie «pleurer abondamment».*

imagé, ée adj.
Coloré, riche en métaphores. *Un style imagé.*
☞ Ne pas confondre avec le mot *illustré,* orné d'illustrations.

imagerie n. f.
Ensemble d'images provenant de la même source, de même inspiration.

imaginable adj.
Concevable. *Cette réussite est imaginable.*
Ant. **inimaginable.**

imaginaire adj. et n. m.
Qui n'existe que dans l'imagination. *Un décor imaginaire.*
☞ Ne pas confondre avec les mots suivants :
- *fabuleux,* qui tient de la fable, extraordinaire quoique réel;

- *fictif,* inventé;
- *légendaire,* qui n'existe que dans les légendes.

imaginatif, ive adj. et n. m. et f.
Qui a beaucoup d'imagination.

imagination n. f.
• Faculté de se représenter un objet en esprit. *Cette personne n'a aucune imagination.*
• Créativité. *Elle a une imagination fertile.*

imaginer v. tr., pronom.
• **Transitif**
- Se représenter mentalement, inventer. *Alex a imaginé un château.*
- *Imaginer + que.* Supposer. *J'imagine qu'il finira par venir.*
☞ Le verbe se construit généralement avec l'indicatif ou le conditionnel.
- *Ne pas imaginer + que.* Elle n'imagine pas que la chose soit si complexe.
☞ À la forme négative, le verbe se construit surtout avec le subjonctif.
- *Imaginer de* + infinitif. Avoir l'idée. *Ils avaient imaginé de planter des fleurs de toutes les variétés.*
• **Pronominal**
- Croire. *Elle s'imagine être la plus forte. Ils s'imaginent qu'ils sont les plus forts.*
☞ Le verbe peut se construire avec un infinitif, avec l'indicatif ou le conditionnel.
- **Accord du participe passé de la forme pronominale**
Si le complément d'objet direct est placé avant le verbe, le participe passé s'accorde selon la règle. *Les histoires qu'ils se sont imaginées.*
Si le complément d'objet direct est placé après le verbe, le participe passé est invariable. *Les enfants se sont imaginé des personnages.*
- *S'imaginer + que, s'imaginer +* infinitif. Le participe passé est invariable. *Elle s'est imaginé qu'elle gagnerait. Tu t'es imaginé finir à temps.*

imam n. m.
👄 Le *m* se prononce [imam].
Chef de prière dans une mosquée.

imbattable adj.
Invincible. *Des champions imbattables.*
✏️ imba**tt**able.

imbécile adj. et n. m. et f.
Idiot. *Cet imprudent est un imbécile.*
✏️ imbécile.

imbécilement adv.
De façon imbécile.
✏️ imbécilement.

imbécillité n. f.
Stupidité, bêtise. *Cette affirmation est une imbécillité.*
✏️ imbécillité.

imberbe adj.
Qui est sans barbe.
Ant. **barbu.**

imbiber v. tr., pronom.
• **Transitif.** Remplir, imprégner d'un liquide. *Imbiber un chiffon d'un détergent.*

• **Pronominal.** Absorber un liquide. *L'éponge s'est imbibée d'eau.*

imbrication n. f.
État de choses imbriquées.

imbriqué, ée adj.
• Entrecroisé.
• En étroite liaison.

imbriquer v. tr., pronom.
• **Transitif.** Placer des choses de façon à ce qu'elles chevauchent les unes sur les autres. *Imbriquer des ardoises.*
• **Pronominal.** Être étroitement lié.

imbroglio n. m.
👄 Le *g* se prononce ou non, [ɛ̃brɔglijo] ou [ɛ̃brɔljo].
Situation très compliquée. *Des imbroglios cocasses.*

imbu, ue adj.
Plein, infatué. *Un personnage imbu de sa supériorité.*

imbuvable adj.
• Au goût très mauvais. *Un café imbuvable.*
• (Fam.) Insupportable. *Cet homme est imbuvable tellement il est pédant.*

imitable adj.
Qui peut être imité. *Sa signature est imitable.*
Ant. **inimitable.**

imitateur, trice adj. et n. m. et f.
Personne qui imite autrui. *Jean-Guy Moreau est un excellent imitateur.*

imitation n. f.
• Reproduction.
• En matière imitée. *Un sac en imitation (de) crocodile.*

imiter v. tr.
• Reproduire, copier. *Ce fini imite le marbre.*
• Prendre pour modèle. *Julie imite sa grande sœur.*
• Contrefaire. *On a imité sa signature.*

immaculé, ée adj.
• Exempt de toute souillure. *L'Immaculée Conception.*
☞ En ce sens, l'adjectif s'écrit avec une majuscule.
• Propre. *Du linge immaculé.*

immanence n. f.
État de ce qui est immanent.
✏️ immanence.

immanent, ente adj.
Qui découle de la nature même de l'être. *La justice immanente.*
☞ Ne pas confondre avec le mot **imminent, prochain.**

immangeable adj.
👄 Les lettres *im* se prononcent *in* [ɛ̃mãʒabl].
Très mauvais au goût.
✏️ immangeable.

immanquable adj.
👄 Les lettres *im* se prononcent *in* [ɛ̃mãkabl].
Inévitable. *Ses retards sont immanquables.*
☞ Ne pas confondre avec le mot **infaillible,** qui ne peut se tromper.

immanquablement adv.
⟺ Les lettres *im* se prononcent *in* [ɛ̃mɑ̃kabləmɑ̃].
Inévitablement.

immatériel, elle adj.
Qui n'est pas formé de matière.
⟹ imm**at**ériel.

immatriculation n. f.
• Action d'inscrire le nom, le numéro d'une personne, d'une chose sur un registre. *Des plaques d'immatriculation* (et non des *licences).
• Numéro de l'inscription. *Cette immatriculation est purement numérique.*
⟹ imm**a**triculation.

immatriculer v. tr.
Inscrire sur un registre public. *Un véhicule immatriculé au Québec.*
⟹ imm**a**triculer.

immature adj.
• Qui n'a pas atteint la maturité physique, qui ne peut pas encore se reproduire (en parlant d'un animal).
• Qui manque de maturité intellectuelle.
⊯— L'antonyme de cet adjectif, **mature,** n'est usité en français qu'au sens de ce qui a atteint la maturité physique, en parlant d'un végétal, d'un animal.
⟹ imm**a**ture.

immaturité n. f.
État de quelqu'un, de quelque chose qui manque de maturité.
⟹ imm**a**turité.

immédiat, ate adj. et n. m.
• **Adjectif**
- Instantané. *Un départ immédiat.*
- Qui précède ou qui suit sans intermédiaire. *Un supérieur immédiat.*
• **Nom masculin**
Dans l'immédiat. Dans un avenir bref, pour le moment.
⟹ imm**é**diat.

immédiatement adv.
Tout de suite. *Je viens immédiatement.*
⟹ imm**é**diatement.

immémorial, ale, aux adj.
Si ancien qu'on en a oublié l'origine. *Des usages immémoriaux.*
⟹ imm**é**morial.

immense adj.
• Extrêmement grand. *L'immense étendue du Canada.*
• Énorme. *Une immense fortune.*
⟹ imm**e**nse.

immensément adv.
De façon immense.
⟹ imm**e**nsément.

immensité n. f.
Caractère de ce qui est immense. *L'immensité de l'océan.*
⟹ imm**e**nsité.

immerger v. tr.
Le *g* est suivi d'un *e* devant les lettres *a* et *o*. *Il immergea, nous immergeons.*

Plonger entièrement dans un liquide. *Le scaphandrier a été immergé.*
⊯— Ne pas confondre avec les verbes suivants :
- *émerger,* surgir d'un liquide;
- *submerger,* engloutir sous l'eau.
⟹ imm**e**rger.

immérité, ée adj.
Que l'on n'a pas mérité. *Une réprimande imméritée, un prix immérité.*
⟹ imm**é**rité.

immersion n. f.
Action de plonger un corps dans l'eau.
⟹ imm**e**rsion.

immettable adj.
⟺ Les lettres *im* se prononcent *in* [ɛ̃mɛtabl].
Se dit d'un vêtement que l'on ne peut pas porter.
⟹ imm**e**ttable.

immeuble adj. et n. m.
• **Adjectif et nom masculin.** (Dr.) Se dit d'un bien qui ne peut être déplacé. *Un bien immeuble.*
• **Nom masculin.** Grand bâtiment.
⊯— On préférera le mot **immeuble** ou **édifice** au mot **bâtisse** qui est parfois péjoratif.

immigrant, ante adj. et n. m. et f.
Personne entrant dans un pays étranger pour s'y établir.
⊯— Ne pas confondre avec le nom **émigrant,** personne quittant son pays pour aller vivre à l'étranger.
⟹ imm**i**grant.

immigration n. f.
Action de venir dans un pays pour s'y établir.
⊯— Ne pas confondre avec le nom **émigration,** action de quitter son pays pour aller s'établir dans un autre pays.
⟹ imm**i**gration.

immigré, ée adj. et n. m. et f.
Personne qui vient habiter un nouveau pays après avoir quitté le sien.
⊯— Ne pas confondre avec le mot **émigré,** personne ayant quitté son pays pour s'installer dans un nouveau pays.
⟹ imm**i**gré.

immigrer v. intr.
Venir habiter un nouveau pays après avoir quitté le sien. *Cette famille a décidé d'immigrer au Québec.*
⊯— Ne pas confondre avec le verbe **émigrer,** quitter son pays pour aller s'établir à l'étranger.
⟹ imm**i**grer.

imminence n. f.
Caractère de ce qui est imminent. *L'imminence d'une avalanche.*
⊯— Ne pas confondre avec le nom **éminence,** titre religieux, élévation de terrain.
⟹ imm**i**nence.

imminent, ente adj.
Qui est tout près d'arriver. *Un effondrement imminent.*
⊯— En principe, le mot **imminent** se dit d'une chose dangereuse, tragique qui est sur le point de se pro-

duire; dans les faits, ce sens étymologique n'est pas toujours respecté. *Une guerre imminente, un départ imminent.*

☞ Ne pas confondre avec les mots suivants :
- *éminent,* qui est remarquable;
- *immanent,* qui découle de la nature même de l'être.

✏ imm**in**ent.

immiscer (s') v. pronom.
👄 Les lettres *sc* se prononcent *s* [imise].
(Péj.) S'ingérer dans une affaire. *Ils se sont immiscés dans nos affaires.*

☞ Ne pas confondre avec le verbe *intervenir,* intercéder, prendre part à quelque chose.

✏ imm**isc**er.

immixtion n. f.
👄 Le mot se prononce [imiksjɔ̃].
Action de s'immiscer.

✏ imm**ixt**ion.

immobile adj.
Fixe. *Cette sentinelle est immobile.*
Ant. **mobile.**

immobilier, ière adj. et n. m.
• **Adjectif**
- Composé de biens immeubles. *Des propriétés immobilières.*
- Relatif à un immeuble, à des immeubles. *Des ventes immobilières.*
Ant. **mobilier.**
• **Nom masculin**
Ensemble des professions liées à la vente des immeubles.

immobilisation n. f.
Action d'immobiliser; fait d'être immobilisé.

✏ imm**ob**ilisation.

immobiliser v. tr., pronom.
• **Transitif.** Rendre immobile, arrêter le mouvement de. *Immobiliser sa bicyclette.*
• **Pronominal.** S'arrêter. *La voiture s'est immobilisée.*

✏ imm**ob**iliser.

immobilisme n. m.
Conservatisme.

✏ imm**ob**ilisme.

immobiliste adj. et n. m. et f.
Qui fait preuve d'immobilisme.

✏ imm**ob**iliste.

immobilité n. f.
État de ce qui est sans mouvement.

✏ imm**ob**ilité.

immodération n. f.
Excès.

✏ imm**od**ération.

immodéré, ée adj.
Excessif, qui dépasse la mesure. *Une ambition immodérée.*
Ant. **modéré.**

✏ imm**od**éré.

immodérément adv.
Démesurément.

✏ imm**od**érément.

immodeste adj.
Qui manque de modestie, de pudeur.

✏ imm**od**este.

immodestement adv.
De façon immodeste.

✏ imm**od**estement.

immodestie n. f.
(Vx) Indécence.

✏ imm**od**estie.

immolation n. f.
Sacrifice.

✏ imm**ol**ation.

immoler v. tr., pronom.
• **Transitif.** Sacrifier. *Ces tribus immolaient des agneaux.*
• **Pronominal.** Faire le sacrifice de sa vie. *Ils se sont immolés par le feu.*

✏ imm**ol**er.

immonde adj.
Répugnant.

✏ imm**on**de.

immondice n. f. (gén. pl.)
• (Vx) Impureté.
• (Au plur.) Déchets.

✏ imm**on**dice.

immoral, ale, aux adj.
Contraire à la morale. *Des procédés immoraux.*
☞ Ne pas confondre avec l'adjectif *amoral,* étranger à la morale.

✏ imm**or**al.

immoralement adv.
👄 Le *e* de l'avant-dernière syllabe ne se prononce pas [imɔralmɑ̃].
(Litt.) De façon immorale.

✏ imm**or**alement.

immoralisme n. m.
Doctrine qui nie toute obligation morale.

✏ imm**or**alisme.

immoralité n. f.
Caractère de ce qui est immoral.
☞ Ne pas confondre avec le nom *immortalité,* qualité de ce qui est immortel.

✏ imm**or**alité.

immortaliser v. tr.
Rendre immortel dans la mémoire. *Ces tableaux ont immortalisé ce peintre.*

✏ imm**or**taliser.

immortalité n. f.
Qualité de ce qui est immortel.
☞ Ne pas confondre avec le nom *immoralité,* ce qui est immoral.

✏ imm**or**talité.

immortel, elle adj. et n. m. et f.
• **Adjectif.** Éternel. *Des divinités immortelles.*

• **Nom masculin.** (Gén. plur.) Membre de l'Académie française.
☞ En ce sens, le nom s'écrit avec une majuscule.
• **Nom féminin.** Plante dont les fleurs se conservent longtemps.
⟹ **imm**ortel, **imm**ortelle.

immotivé, ée adj.
Injustifié. *Une demande immotivée.*
⟹ **imm**otivé.

immuabilité n. f.
Caractère de ce qui est immuable.
⟹ **imm**uabilité.

immuable adj.
Qui ne change pas. *L'immuable lever du soleil.*
⟹ **imm**uable.

immuablement adv.
De façon immuable.
⟹ **imm**uablement.

immunisation n. f.
Action d'immuniser; son résultat.
⟹ **imm**unisation.

immuniser v. tr.
Rendre réfractaire à une maladie. *Ce vaccin l'immunisera.*

immunité n. f.
• Exemption.
• Privilège. *Immunité diplomatique.*
• (Méd.) État d'un organisme devenu réfractaire à certains agents pathogènes.
⟹ **imm**unité.

immunodéficience n. f.
Déficience immunitaire.

immunodépresseur ou **immunosuppresseur** adj. et n. m.
(Méd.) Se dit d'un médicament, d'un traitement apte à réduire les réactions immunitaires. *Des médicaments immunodépresseurs.*
⟹ **imm**unodépresseur.

immunologie n. f.
(Méd.) Partie de la médecine qui étudie les phénomènes d'immunité.
⟹ **imm**unologie.

immutabilité n. f.
Caractère de ce qui est immuable.
⟹ **imm**utabilité.

impact n. m.
◇ Les lettres *ct* se prononcent [ɛ̃pakt].
• Choc. *La force de l'impact a été très grande.*
• (Fig.) Effet, influence. *L'impact de cette campagne publicitaire a été très grand.*

impair, aire adj. et n. m.
• **Adjectif.** Non divisible par deux. *Le 13 est un nombre impair.*
• **Nom masculin.** Maladresse. *Il a commis un impair.*
Hom. *imper,* forme abrégée de *imperméable.*

impalpable adj.
Qu'on ne peut palper.
Ant. **palpable.**

imparable adj.
Impossible à éviter.

impardonnable adj.
Qui ne peut être pardonné, excusé. *Je suis impardonnable : j'ai oublié notre rendez-vous. C'est une erreur impardonnable.*
⟹ **impar**donnable.

imparfait, aite adj.
• Qui n'est pas parfait. *Un travail imparfait.*
• Qui n'est pas achevé. *Une guérison imparfaite.*
Ant. **parfait.**

imparfait n. m.

(Gramm.) Ce temps exprime :
• Un **fait passé, inachevé** quand un autre a eu lieu. *Il pleuvait quand l'accident s'est produit.*
• Un **fait qui se prolonge dans le passé.** *À cette époque, les classes sociales étaient très importantes.*
• Un **fait qui se répète dans le passé.** *Le laitier venait tous les matins.*
• Une **formulation polie.** *Nous venions vous demander de nous aider.*
Après *si,* l'imparfait marque :
• Une **hypothèse présente** ou **future,** un souhait, un regret. *Ah! si j'avais plus de temps* (et non si *j'aurais)!*

imparfaitement adv.
D'une manière imparfaite.

impartial, ale, aux adj.
Équitable, juste. *Des juges impartiaux.*
Ant. **partial.**
⟹ **impar**tial.

impartialement adv.
De façon impartiale.

impartialité n. f.
Objectivité, équité. *Cet arbitre a fait preuve d'impartialité.*
⟹ **impar**tialité.

impartir v. tr.
Accorder, attribuer (dans la langue administrative ou littéraire). *Les délais qui nous ont été impartis.*
☞ Le verbe ne s'emploie qu'au présent de l'indicatif, à l'infinitif et au participe passé.

impasse n. f.
• Rue sans issue.
• (Fig.) Situation inextricable.
☞ Attention au genre féminin de ce nom : *une* impasse.

impassibilité n. f.
Caractère d'une personne impassible.

impassible adj.
Qui ne manifeste pas d'émotion. *Son visage est resté impassible.*

☞— Ne pas confondre avec les mots suivants :
- *impavide,* qui ne manifeste pas de crainte;
- *impossible,* qui ne peut se faire.

impassiblement adv.
Avec impassibilité.

impatiemment adv.
⬸ Le *t* se prononce *s* [ɛ̃pasjamã].
Avec impatience. *Elle attendait les vacances impatiemment.*
⬛➪ impa**ti**emment.

impatience n. f.
⬸ Le *t* se prononce *s* [ɛ̃pasjãs].
Manque de patience. *Un soupir d'impatience.*
⬛➪ impa**ti**ence.

impatient, ente adj. et n. m. et f.
⬸ Le *t* se prononce *s* [ɛ̃pasjã, ãt].
• **Adjectif et nom masculin et féminin.** Qui manque de patience. *Alex est un peu impatient.*
• **Nom féminin.** Nom vulgaire de la fleur appelée *balsamine.*
⬛➪ impa**ti**ent.

impatienter v. tr., pronom.
⬸ Le *t* se prononce *s* [ɛ̃pasjãte].
• **Transitif.** Exaspérer, faire perdre patience. *Ces retards commencent à l'impatienter.*
• **Pronominal.** Perdre patience. *L'institutrice ne s'est jamais impatientée.*
⬛➪ impa**ti**enter.

impavide adj.
Qui ne manifeste aucune crainte, aucune peur.
☞— Ne pas confondre avec le mot *impassible,* qui ne manifeste pas d'émotion.

impayable adj.
(Fam.) Cocasse.

impayé, ée adj. et n. m.
Qui n'a pas été payé. *Un solde impayé.*

impeccable adj.
Sans défaut. *Une coiffure impeccable.*
⬛➪ impe**cc**able.

impeccablement adv.
De façon impeccable.
⬛➪ impe**cc**ablement.

impénétrabilité n. f.
Caractère de quelqu'un, de quelque chose d'impénétrable.

impénétrable adj.
• Inaccessible. *Un territoire impénétrable.*
• Incompréhensible. *Une énigme impénétrable.*

impénitent, ente adj.
Invétéré, incorrigible. *Un voleur impénitent.*

impensable adj.
Inconcevable. *Un refus impensable.*

imper n. m.
Abréviation familière de *imperméable. Acheter des impers.*
Hom. *impair,* maladresse.

impératif n. m.
Exigence. *Les impératifs de la mode.*

• (Gramm.) Mode qui exprime :
- Un ordre, un conseil, une prière. *Étudie tes leçons. Viens te joindre à nous.*
- Un souhait, un désir. *Passez de bonnes vacances.*
• Ce temps ne comporte que trois personnes :
- Deuxième personne du singulier. *Aime.*
☞— Attention, pas de *s* final pour les verbes se terminant en *er.*
- Première personne du pluriel. *Aimons.*
- Deuxième personne du pluriel. *Aimez.*
☞— 1° Le verbe à l'impératif se joint par un trait d'union au pronom personnel qui le suit. *Raconte-lui cette histoire.* Si le verbe est intransitif, il n'est pas joint au pronom personnel par un trait d'union. *Viens te laver.*
2° Si le verbe à l'impératif est suivi de deux pronoms, le pronom complément d'objet direct s'écrit en premier lieu et deux traits d'union sont alors nécessaires. *Dis-le-moi.*
3° Devant les pronoms *en* et *y* non suivis d'un infinitif, les verbes du premier groupe (er) s'écrivent avec un *s* euphonique et se joignent aux pronoms *en* ou *y* par un trait d'union. *Donnes-en, entres-y.*

impératif, ive adj.
• Autoritaire. *Un ton impératif.*
• Qui s'impose comme une nécessité absolue. *Il est impératif qu'elle soit présente.*

impérativement adv.
De façon impérative, absolument.

impératrice n. f.
• Femme d'un empereur. *L'impératrice Joséphine était la femme de Napoléon.*
• Souveraine. *L'impératrice Catherine II de Russie.*
☞— Suivis d'un nom propre, les noms *impératrice, empereur* s'écrivent avec une minuscule. *L'impératrice Eugénie.* Employés sans nom propre, ils s'écrivent avec une majuscule.

imperceptibilité n. f.
Caractère de ce qui est imperceptible.

imperceptible adj.
Qui ne peut être perçu par les sens. *Des sons imperceptibles.*
Ant. **perceptible.**

imperceptiblement adv.
De façon imperceptible.

imperfectible adj.
Qui n'est pas perfectible.
Ant. **perfectible.**

imperfection n. f.
• État de ce qui n'est pas parfait.
• Défaut. *Il y a quelques imperfections dans ce travail.*

impérial, ale, aux adj.
Qui appartient à un empereur, à un empire. *Des attributs impériaux.*

impériale n. f.
Niveau supérieur d'un véhicule. *Autobus à impériale.*

impérialement adv.
👄 Le *e* de l'avant-dernière syllabe ne se prononce pas [ɛ̃perialmɑ̃].
De façon impériale.

impérialisme n. m.
Politique d'expansion, de domination.

impérialiste adj. et n. m. et f.
Qui relève de l'impérialisme.

impérieusement adv.
De façon impérieuse.

impérieux, euse adj.
• Irrésistible. *Un désir impérieux.*
• Autoritaire. *Un ton impérieux.*
▭▷ impérieu**x**.

impérissable adj.
Qui ne peut périr, durable. *Un souvenir impérissable.*

impéritie n. f.
👄 Le *t* se prononce *s* [ɛ̃perisi].
(Litt.) Incompétence.

imperméabilisation n. f.
Action d'imperméabiliser.

imperméabiliser v. tr.
Rendre imperméable. *Imperméabiliser un coton.*

imperméabilité n. f.
Qualité de ce qui est imperméable.

imperméable adj. et n. m.
• **Adjectif**
Qui ne peut être pénétré par un liquide. *Des bottes imperméables.*
Ant. **perméable.**
• **Nom masculin**
- S'abrège familièrement en *imper.*
- Vêtement pour la pluie. *Mets ton imperméable, on annonce de la pluie.*

impersonnel, elle adj.
• Qui n'a pas de personnalité, banal. *Un ton impersonnel.*
• *Verbe impersonnel.* Se dit d'un verbe qui n'est usité qu'à la troisième personne du singulier et dont le sujet demeure indéterminé. *Il neige, il vente,* etc.
V. Tableau - **VERBE.**

impersonnellement adv.
De façon impersonnelle.

impertinemment adv.
👄 L'avant-dernière syllabe se prononce *na* [ɛ̃pɛrtinamɑ̃].
Effrontément.

impertinence n. f.
Insolence. *Antoine a répondu avec impertinence.*
▭▷ impertine**n**ce.

impertinent, ente adj. et n. m. et f.
Insolent, effronté. *Un ton impertinent.*
▭▷ impertin**en**t.

imperturbabilité n. f.
Caractère de ce qui est imperturbable.

imperturbable adj.
Inébranlable, que rien ne peut émouvoir.

imperturbablement adv.
De façon imperturbable.

impétigo n. m.
Maladie de la peau.
📖 Attention au genre masculin de ce nom : *un* impétigo.

impétueusement adv.
Avec impétuosité.

impétueux, euse adj.
Fougueux, tumultueux.

impétuosité n. f.
(Litt.) Fougue, ardeur.

impie adj. et n. m. et f.
• **Adjectif.** (Litt.) Qui est sans religion. *Des paroles impies.*
• **Nom masculin et féminin.** Athée.
▭▷ impi**e**.

impiété n. f.
(Litt.) Action contraire à la religion.

impitoyable adj.
Qui est sans pitié. *Ces guerriers barbares ont été impitoyables.*

impitoyablement adv.
Sans pitié.

implacable adj.
Inflexible. *Une vengeance implacable.*

implacablement adv.
De façon implacable.

implant n. m.
(Méd.) Pastille de médicament, d'hormone, etc., introduite sous la peau pour se résorber graduellement.
▭▷ implan**t**.

implantation n. f.
Action d'implanter; fait d'être implanté. *L'implantation d'une nouvelle entreprise, l'implantation d'une idée nouvelle, d'un programme innovateur.*

implanter v. tr., pronom.
• **Transitif.** Établir de façon durable (dans un nouveau milieu). *Ils ont implanté une nouvelle usine.*
• **Pronominal.** Se fixer, s'installer. *Cette entreprise s'est implantée dans les Laurentides. Cet usage s'est implanté rapidement au Québec.*

implication n. f.
• Action d'impliquer dans une affaire criminelle.
• Relation logique. *Les implications économiques d'une décision.*

implicite adj.
Qui n'est pas formellement énoncé, mais qui peut être déduit.
📖 Ne pas confondre avec le mot *explicite,* énoncé formellement.

implicitement adv.
D'une manière implicite.

*impliqué
Impropriété au sens de *relié, visé, concerné. Informez toutes les personnes visées* (et non **impliquées*).

impliquer v. tr., pronom.
• **Transitif**
- Supposer, comporter. *Ce terme implique une notion de pluralité.*
- (Péj.) Compromettre quelqu'un (dans une affaire fâcheuse). *Il est impliqué dans ce scandale* (et non il est **impliqué dans le succès de l'entreprise*).
• **Pronominal**
(Fam.) Se donner à fond. *Ils se sont impliqués personnellement dans cette entreprise.*

*impliquer
Impropriété au sens de *engager, mettre à contribution, faire participer. Ces personnes sont engagées* (et non **impliquées*) *dans l'aide aux défavorisés. Il faut mettre à contribution, faire participer* (et non **impliquer*) *tous les étudiants.*

implorer v. tr.
Supplier. *Elle implorait son amie de l'aider.*

imploser v. intr.
Faire implosion. *Son téléviseur a implosé.*

implosion n. f.
Explosion vers l'intérieur.
Ant. **explosion.**

impoli, ie adj. et n. m. et f.
Qui manque de politesse. *Ne soyez pas impolis.*

impoliment adv.
Avec impolitesse.
Ant. **poliment.**

impolitesse n. f.
Ignorance ou mépris des règles de politesse.

impondérable adj. et n. m.
• **Adjectif.** Dont on ne peut mesurer le poids.
• **Nom masculin.** (Gén. plur.) Éléments difficiles à apprécier, mais néanmoins déterminants.

impopulaire adj.
Qui ne répond pas aux goûts du public.

impopularité n. f.
Caractère de ce qui est impopulaire.

importance n. f.
• Caractère de ce qui est important. *L'importance d'une décision. Elle attache beaucoup d'importance à cette question.*
• *D'importance.* De taille. *Une surprise d'importance.*

important, ante adj. et n. m.
• **Adjectif**
- Qui est d'un grand intérêt, qui importe. *Une décision importante.*
- Considérable. *Une somme importante.*
• **Nom masculin**
- Essentiel. *L'important est d'être heureux.*
- *Faire l'important.* Se donner des airs avantageux.

importateur n. m.
importatrice n. f.
Personne qui importe des biens et des services.

importation n. f.
• Action d'acheter des produits à l'étranger. *Faire l'importation de produits italiens.*
• Produits achetés à l'étranger. *Des importations italiennes.*
Ant. **exportation.**

importer v. tr., intr.
• **Transitif direct.** Acheter des produits étrangers. *Cette entreprise importe des matières premières d'Afrique.*
Ant. **exporter.**
• **Transitif indirect.** Avoir de l'importance. *Que nous importe cette décision? Il importe de venir à temps.*
🖝 En ce sens, le verbe n'est usité qu'à la troisième personne du singulier ou du pluriel et à l'infinitif.
• **Intransitif.** Présenter de l'intérêt. *Peu importe ces noms* ou *peu importent. Qu'importe* ou *qu'importent les difficultés.*
🖝 Le verbe peut s'accorder ou rester invariable.
• **Locutions**
- *N'importe comment.* Par un moyen quelconque, sans soin. *Ils écrivent n'importe comment.*
- *N'importe lequel, laquelle, lesquels, lesquelles,* locutions pronominales. *N'importe laquelle des jeunes Françaises.*
- *N'importe quel, quelle, quels, quelles,* locutions adjectives. Une personne, une chose quelconque. *N'importe quel garçon. N'importe quels fruits.*
🖝 Le verbe demeure invariable, mais l'adjectif indéfini s'accorde.
- *N'importe quand.* À tout moment. *Il peut arriver n'importe quand.*
- *N'importe où.* En un lieu quelconque. *Elle veut aller n'importe où, là où il fait beau.*

import-export n. m. inv.
👄 Les *t* ne se prononcent pas [ɛ̃pɔʀɛkspɔʀ].
Commerce de produits importés et exportés.

importun, une adj. et n. m. et f.
Qui vient mal à propos. *Un visiteur importun.*

importuner v. tr.
Ennuyer, déranger. *Ces visites l'importunent.*

imposable adj.
Assujetti à l'impôt. *Des revenus imposables.*

imposant, ante adj.
Qui impressionne par la grandeur, l'importance, la force. *Un édifice imposant. Ils ont été élus avec une majorité imposante.*
🖝 Ne pas confondre avec le participe présent invariable *imposant. Leurs supérieurs imposant leurs conditions, ils durent plier l'échine.*

imposer v. tr., pronom.
• **Transitif**
- Faire payer un impôt.
- Prescrire, dicter. *Imposer une tâche.*
• **Transitif indirect**
Commander le respect. *Il en impose par sa science.*
• **Pronominal**
Se faire accepter. *Elle s'est imposée très vite.*

imposition n. f.
Action de faire payer un impôt. *Les taux d'imposition.*

impossibilité n. f.
Chose impossible. *Je suis dans l'impossibilité de venir.*
Ant. **possibilité.**

impossible adj. et n. m.
Irréalisable. *Une tâche impossible. À l'impossible, nul n'est tenu.* (Proverbe)
☞ Ne pas confondre avec le mot *impassible,* qui ne manifeste pas d'émotion.

imposte n. f.
Partie fixe qui surmonte une porte, une fenêtre.
☞ Attention au genre féminin de ce nom : *une* imposte.

imposteur n. m.
Personne qui se fait passer pour quelqu'un d'autre, pour ce qu'elle n'est pas.
☞ Ce nom n'a pas de forme féminine.

imposture n. f.
Tromperie d'un imposteur.

impôt n. m.
Contribution aux dépenses de l'État imposée aux particuliers, aux entreprises.
⟾ impôt.

impotence n. f.
Invalidité. *Cet accident l'a condamné à l'impotence.*

impotent, ente adj. et n. m. et f.
Invalide. *Ce vieux monsieur est impotent : il se déplace en fauteuil roulant.*

impraticabilité n. f.
Caractère, état de ce qui est impraticable.

impraticable adj.
• Irréalisable. *Ce projet est impraticable.*
• Où l'on ne passe que difficilement. *Une route impraticable.*

imprécation n. f.
(Litt.) Malédiction.

imprécatoire adj.
(Litt.) Qui s'apparente à une imprécation.

imprécis, ise adj.
Incertain. *Des résultats imprécis.*
Ant. **précis.**

imprécision n. f.
Manque de précision. *L'imprécision peut être source d'erreurs.*

imprégnation n. f.
Assimilation.

imprégner v. tr.
Le *é* se change en *è* devant une syllabe muette, sauf à l'indicatif futur et au conditionnel présent. *J'imprègne,* mais *j'imprégnerai.*
• Imbiber un corps d'un liquide. *Imprégner de solvant un chiffon.*
• Influencer. *Ils ont été imprégnés de ces principes philosophiques.*

imprenable adj.
• Qui ne peut être pris. *Une forteresse imprenable.*
• *Vue imprenable.* Vue qui ne peut pas être cachée par de nouveaux immeubles.

imprésario ou **impresario** n. m.
☞ Le *s* se prononce *s* ou *z*, [ɛ̃presarjo] ou [ɛ̃prezarjo].
Personne qui s'occupe de l'organisation de spectacles et des engagements d'un artiste. *Des imprésarios, des impresarios* ou (le pluriel italien) *impresarii.*

imprescriptibilité n. f.
Caractère de ce qui est imprescriptible.

imprescriptible adj.
Qui conserve toujours sa valeur. *Des droits imprescriptibles.*
☞ Ne pas confondre avec les mots suivants :
- *indescriptible,* qu'on ne peut décrire;
- *indestructible,* qu'on ne peut détruire.
Ant. **prescriptible.**

impression n. f.
• Sentiment ou sensation résultant de l'effet d'un agent extérieur. *Une impression de calme.*
• *Faire impression.* S'imposer fortement. *Vos exposés ont fait impression sur les participants.*
☞ Dans cette expression, le nom est invariable.
• *Avoir l'impression.* Croire, s'imaginer que. *J'ai l'impression qu'il dit la vérité.*
• Reproduction d'un texte par l'imprimerie. *L'impression d'un ouvrage.*
• *Faute d'impression.* Erreur typographique. *Des fautes d'impression.*

*impression (être sous l')
Calque de l'anglais «to be under the impression that» pour *avoir l'impression que.*

impressionnabilité n. f.
(Litt.) Caractère de quelqu'un qui se laisse facilement impressionner.

impressionnable adj.
Facile à impressionner.

impressionnant, ante adj.
Émouvant, imposant. *Des œuvres impressionnantes.*
☞ Ne pas confondre avec le participe présent invariable *impressionnant. Ces scènes impressionnant trop les enfants devront être supprimées.*
⟾ impressionnant.

impressionner v. tr.
Émouvoir, produire une forte impression sur. *Son courage nous a impressionnés.*
⟾ impressionner.

impressionnisme n. m.
Mouvement pictural axé sur l'expression des impressions suscitées par la lumière et les objets.
⟾ impressionnisme.

impressionniste adj. et n. m. et f.
• **Adjectif.** Qui relève de l'impressionnisme. *Un tableau impressionniste.*
• **Nom masculin et féminin.** Peintre impressionniste. *Les impressionnistes sont ses peintres préférés.*
⟾ impressionniste.

imprévisibilité n. f.
Caractère de ce qui est imprévisible.

imprévisible adj.
Impossible à prévoir. *Cet accident était imprévisible* (et non **incontrôlable*).
Ant. **prévisible.**

imprévoyance n. f.
Défaut de prévoyance.

imprévoyant, ante adj.
Qui manque de prévoyance. *Des voyageurs imprévoyants.*
Ant. **prévoyant.**

imprévu, ue adj. et n. m.
• **Adjectif.** Inattendu. *Des résultats imprévus.*
• **Nom masculin.** Ce qui n'a pas été prévu, qui est inattendu. *En cas d'imprévu, téléphonez-moi.*

imprimable adj.
Qui peut être imprimé.

imprimante n. f.
• (Inform.) Unité périphérique d'un ordinateur apte à produire une représentation permanente de données sous la forme de suites de caractères.
• *Imprimante à laser.* Imprimante dans laquelle un pinceau lumineux provenant d'un laser dessine sur une surface photosensible une image latente qui sera ensuite fixée à la chaleur.
• *Imprimante matricielle.* Imprimante dans laquelle chaque caractère est représenté par une configuration de points.

imprimatur n. m. inv.
👄 Le *u* se prononce *u* [ɛ̃primatyr].
• Mot latin signifiant «qu'il soit imprimé». *Des imprimatur.*
• Autorisation ecclésiastique de publier un texte, un ouvrage.

imprimé n. m.
• Texte reproduit par l'imprimerie. *Le tarif postal des imprimés.*
• Formulaire. *Des imprimés administratifs.*
• L'OLF a normalisé l'emploi des expressions *imprimé à, imprimé au, imprimé en,* suivies du nom de lieu.

imprimer v. tr.
• Reproduire des caractères, des dessins par les techniques de l'imprimerie. *Imprimer un livre.*
• Communiquer (un mouvement, une force).

imprimerie n. f.
• Art d'imprimer les livres. *Des caractères d'imprimerie.*
• Établissement où l'on imprime. *Cette imprimerie s'est automatisée.*

imprimeur n. m.
Personne qui exerce l'art de l'imprimerie.

improbabilité n. f.
Caractère de ce qui est improbable.

improbable adj.
Douteux, qui a peu de chances de se produire.

improductif, ive adj.
Qui ne produit rien. *Une terre improductive.*

improductivité n. f.
Défaut de ce qui est improductif.

impromptu, ue adj., adv. et n. m.
• **Adjectif.** Improvisé. *Une fête impromptue.*
• **Adverbe.** De façon improvisée. *Il a fait un exposé impromptu.*
• **Nom masculin.** Petite pièce instrumentale. *Des impromptus pour le piano.*

imprononçable adj.
Impossible à prononcer. *Ce mot russe est imprononçable.*
⇨ imprononçable.

impropre adj.
Qui n'est pas exact, qui ne convient pas. *Un terme impropre.*
V. **impropriété.**

improprement adv.
De façon impropre.

impropriété n. f.
Emploi incorrect d'un mot. *Au sens de **verrouiller, fermer à clé**, le verbe **barrer** est une impropriété.*
👉 Dans cet ouvrage, les impropriétés fréquentes sont intégrées à l'ordre alphabétique et renvoient aux formes correctes. Elles sont précédées d'un astérisque et sont composées en caractères maigres, les autres entrées étant en caractères gras.

improvisateur, trice n. m. et f.
Personne qui improvise.

improvisation n. f.
Action, art d'improviser. *La Ligue nationale d'improvisation.*

improviser v. tr.
Faire une chose sans préparation. *Improviser un discours.*

improviste (à l') loc. adv.
Inopinément, par surprise. *Il est arrivé à l'improviste.*

imprudemment adv.
👄 La troisième syllabe se prononce *da* [ɛ̃prydamã].
De façon imprudente.
⇨ imprudemment.

imprudence n. f.
• Défaut d'une personne imprudente. *L'imprudence de ces écoliers est inquiétante.*
• Action irréfléchie. *Traverser la rue sans regarder est une imprudence.*

imprudent, ente adj. et n. m. et f.
Qui manque de prudence. *Des cyclistes imprudents.*
👉 Ne pas confondre avec le mot **impudent,** effronté.

impubère adj. et n. m. et f.
(Litt.) Qui n'a pas encore atteint l'âge de la puberté.
Ant. **pubère.**

impubliable adj.
Que l'on ne peut publier.
Ant. **publiable.**

impudemment adv.
👄 La troisième syllabe se prononce *da* [ɛ̃pydamɑ̃].
Effrontément.

impudence n. f.
Effronterie, audace.
☞ Ne pas confondre avec les noms suivants :
- *impudeur,* ce qui manque de retenue;
- *impudicité,* ce qui est indécent.

impudent, ente adj. et n. m. et f.
Effronté
☞ Ne pas confondre avec le mot *imprudent,* téméraire.

impudeur n. f.
Manque de retenue, de réserve.
☞ Ne pas confondre avec les noms suivants :
- *impudence,* effronterie;
- *impudicité,* indécence.

impudicité n. f.
Indécence.
☞ Ne pas confondre avec les noms suivants :
- *impudence,* effronterie;
- *impudeur,* manque de retenue.

impudique adj.
Indécent. *Une tenue impudique.*

impudiquement adv.
De façon impudique.

impuissance n. f.
• Impossibilité d'accomplir une chose. *Les garçons n'ont pu l'aider : ils étaient réduits à l'impuissance.*
• Déficience physique ou psychologique, pour l'homme.
☞ Ne pas confondre avec les noms suivants :
- *frigidité,* absence de désir;
- *stérilité,* impossibilité de concevoir.

impuissant, ante adj.
• Incapable, inefficace. *Ils étaient impuissants devant l'ouragan.*
• Incapable d'accomplir l'acte sexuel.

impulsif, ive adj. et n. m. et f.
Qui agit sous l'impulsion d'un instinct, sans réfléchir. *Elle est trop impulsive, elle commettra des erreurs.*
Ant. **réfléchi.**

impulsion n. f.
• Poussée. *Jules donne une impulsion à sa petite voiture.*
• Force, instinct qui pousse à agir. *Il a agi sous l'impulsion de la colère.*

impulsivement adv.
De façon impulsive.

impulsivité n. f.
Caractère impulsif de quelqu'un, de quelque chose.

impunément adv.
Sans subir de punition. *Il ne pourra détourner des fonds impunément.*

impunité n. f.
Absence de punition.

impur, ure adj.
• Qui contient des matières étrangères. *Une eau impure.*
• Contraire à la chasteté.

impureté n. f.
Présence d'un élément étranger dans quelque chose. *Il y a des impuretés dans cette eau.*

imputabilité n. f.
Caractère de ce qui est imputable, de ce que l'on peut imputer à quelqu'un.

imputable adj.
Qui doit être attribué à quelqu'un, à quelque chose.

imputation n. f.
• Accusation.
• (Fin.) Affectation d'une somme à un compte.

imputer v. tr.
• Attribuer la responsabilité d'une faute à quelqu'un. *On a injustement imputé ce crime à cette personne.*
• Porter une somme au débit d'un compte. *Imputer des frais de déplacement au compte de l'entreprise.*
☞ Ne pas confondre avec le verbe *amputer,* couper un membre.

imputrescibilité n. f.
Caractère de ce qui est imputrescible.
☞ imputre**sc**ibilité.

imputrescible adj.
Qui ne peut pourrir. *Ces produits sont imputrescibles.*
Ant. **putrescible.**
☞ imputre**sc**ible.

***in**
Anglicisme pour *à la mode, en vogue.*

in- préf.
Élément du latin à valeur négative. *Inacceptable.*
☞ Si le radical commence par un *n,* le *n* du préfixe demeure. *Innommable, innovateur.* Devant les consonnes *l, m, r,* le préfixe devient *il-, im-, ir-. Illogique, immobile, irresponsable.*

inabordable adj.
• (Vx) D'un abord difficile.
• D'un prix élevé, exorbitant. *En hiver, les framboises sont inabordables.*

in absentia loc. adv.
👄 Le *t* se prononce *s* ou *t,* [inapsɑ̃sja] ou [inabsɛntja].
Locution latine signifiant «en l'absence de».
☞ En typographie soignée, les mots étrangers sont composés en italique. Dans des textes déjà en italique, la notation se fait en romain. Pour les textes manuscrits, on utilisera les guillemets.

in abstracto loc. adv.
👄 La locution se prononce [inapstrakto].
Locution latine signifiant «dans l'abstrait».
☞ En typographie soignée, les mots étrangers sont composés en italique. Dans des textes déjà en italique, la notation se fait en romain. Pour les textes manuscrits, on utilisera les guillemets.

inaccentué, ée adj.
Qui ne porte pas d'accent. *Une voyelle inaccentuée.*
Ant. **accentué.**

inacceptable adj.
Inadmissible. *Ces conditions sont inacceptables.*

inaccessibilité n. f.
Caractère, état de ce qui est inaccessible.

inaccessible adj.
• Dont l'accès est impossible. *Ces pics sont inaccessibles.*
• Qu'on ne peut atteindre. *Des objectifs inaccessibles.*
⇨ ina**cces**sible.

inaccoutumé, ée adj.
Inhabituel.
Ant. **coutumier.**

inachevé, ée adj.
Incomplet. *Un dessin inachevé.*

inachèvement n. m.
État de ce qui n'est pas achevé.
Ant. **achèvement.**

inactif, ive adj. et n. m. et f.
• Qui n'a pas d'activité. *Un volcan inactif. Une personne inactive.*
• Inefficace.

inaction n. f.
Cessation de toute activité. *Ève n'aime pas l'inaction.*

inactiver v. tr.
Rendre inactif.

inactivité n. f.
Absence d'activité.

inactuel, elle adj.
(Litt.) Qui n'est plus actuel.

inadaptation n. f.
• Défaut d'adaptation.
• *Inadaptation sociale.* Défaut d'adaptation, global ou partiel, d'une personne à la normalité, soit parce qu'elle ne parvient pas à s'intégrer à la société, soit parce qu'elle refuse les valeurs sur lesquelles est fondée la société. (Recomm. off. OLF)

inadapté, ée adj. et n. m. et f.
Qui est incapable de s'adapter à un milieu en raison de difficultés de comportement.
🖾— Ne pas confondre avec le mot *désadapté,* celui qui n'est plus adapté à son milieu en raison de son évolution.

inadéquat, quate adj.
↪ La quatrième syllabe se prononce *koua* [inade kwa, kwat].
Qui n'est pas adéquat, inapproprié. *Des mesures inadéquates.*

inadéquation n. f.
↪ La quatrième syllabe se prononce *koua* [inade kwasjɔ̃].
Caractère de ce qui n'est pas adéquat.

inadmissibilité n. f.
Caractère de ce qui ne peut être admis.

inadmissible adj.
• Inacceptable. *Son comportement est inadmissible.*
• Irrecevable. *Cette demande est inadmissible.*

inadvertance n. f.
• (Litt.) Inattention.
• *Par inadvertance,* locution adverbiale. Par mégarde.

inaliénable adj.
• (Dr.) Incessible. *Des droits inaliénables.*
• (Litt.) Qui ne peut être enlevé.

inaltérable adj.
Qui ne peut s'altérer. *Une beauté inaltérable.*

inamical, ale, aux adj.
Hostile. *Des procédés inamicaux.*

inadmissible adj.
Inacceptable. *Vos propositions sont inadmissibles.*

inamovibilité n. f.
Caractère de ce qui est inamovible.

inamovible adj.
Qui ne peut être déplacé, destitué. *Des fonctionnaires inamovibles.*

inanimé, ée adj.
• Qui est sans vie. *Une matière inanimée. Des objets inanimés.*
• Qui a perdu la vie ou la connaissance. *Elle tomba inanimée.*
Ant. **animé.**

inanité n. f.
Caractère de ce qui est vain.
🖾— Ne pas confondre avec le nom *inanition,* faiblesse causée par un manque de nourriture.

inanition n. f.
Faiblesse causée par un manque de nourriture.
🖾— Ne pas confondre avec le nom *inanité,* caractère de ce qui est vain.

inaperçu, ue adj.
Passer inaperçu. Ne pas être remarqué.

inappétence n. f.
• (Litt.) Indifférence, manque de désir.
• Diminution de l'appétit.

inapplicable adj.
Qui ne peut être appliqué. *Un règlement inapplicable.*
⇨ ina**ppli**cable.

inapplication n. f.
Manque d'application.
⇨ ina**ppli**cation.

inappréciable adj.
Inestimable. *Votre aide est inappréciable.*
⇨ ina**ppré**ciable.

inapte adj.
Incapable. *Ces personnes ont été jugées inaptes à faire ce travail.*
🖾— Ne pas confondre avec le mot *inepte,* qui se dit d'une personne stupide.

inaptitude n. f.
Incapacité. *Son inaptitude à jouer du piano.*

inarticulé, ée adj.
Qui n'est pas articulé. *Des sons inarticulés.*

inassouvi, ie adj.
Insatisfait. *Une soif de connaître inassouvie.*

inassouvissement n. m.
(Litt.) État de ce qui ne peut pas être assouvi.

inattaquable adj.
Irréfutable. *Ses arguments sont inattaquables.*
↪ inatta**q**uable.

inattendu, ue adj.
Imprévu. *Une visite inattendue.*

inattentif, ive adj.
Distrait. *Des élèves inattentifs.*

inattention n. f.
Distraction. *Des fautes d'inattention.*

inaudible adj.
Que l'on n'entend pas.

inaugural, ale, aux adj.
Qui concerne une inauguration. *Une séance inaugurale.*
Des exposés inauguraux.

inauguration n. f.
Cérémonie d'ouverture. *L'inauguration d'une nouvelle*
bibliothèque.

inaugurer v. tr.
• Procéder à l'inauguration de quelque chose. *Ils ont*
inauguré la nouvelle école.
• Commencer, marquer le début de. *Inaugurer une*
nouvelle collaboration.

inavouable adj.
Qui ne peut être avoué. *Des motifs inavouables.*

inavoué, ée adj.
Qui n'est pas avoué.

inc.
Abréviation de *incorporée* (compagnie), dans une
raison sociale.
☞ Cette abréviation s'écrit avec une minuscule.
V. Tableau - **RAISON SOCIALE.**

inca adj. inv. et n. inv. en genre
• **Adjectif invariable en genre et en nombre.** Relatif
aux Incas. *Les coutumes inca.*
• **Nom invariable en genre.** *Les Incas ou les Inca. Un*
Inca, une Inca.
☞ L'adjectif s'écrit avec une minuscule; le nom,
avec une majuscule.

incalculable adj.
• Qu'on ne peut calculer. *Des sommes incalculables.*
• Impossible à évaluer, à apprécier. *Des difficultés in-*
calculables.

incandescence n. f.
◁ La troisième syllabe se prononce *dé* [ɛ̃kɑ̃desɑ̃s].
• État d'un corps chauffé et rendu lumineux.
• *Lampe à incandescence.* Lampe qui éclaire à l'aide
d'un filament chauffé à blanc.
↪ incand**es**cence.

incandescent, ente adj.
◁ La troisième syllabe se prononce *dé* [ɛ̃kɑ̃desɑ̃, ɑ̃t].
Qui est en incandescence. *Des lampes incandescentes.*
↪ incand**es**cent.

incantation n. f.
Parole magique. *Le sorcier prononça des incantations.*

incantatoire adj.
Propre à l'incantation. *Des formules incantatoires.*
↪ incanta**t**oire.

incapable adj. et n. m. et f.
Qui n'a pas l'aptitude à faire quelque chose. *Il est in-*
capable de compter.

incapacité n. f.
Impuissance, inaptitude. *Une incapacité à admettre la*
vérité.

incarcération n. f.
Emprisonnement.

incarcérer v. tr.
Le *é* se change en *è* devant une syllabe muette,
sauf à l'indicatif futur et au conditionnel présent.
J'incarcère, mais *j'incarcérerai.*
Mettre en prison. *Ils ont été incarcérés pour trois ans.*

incarnat, ate adj. et n. m.
• **Adjectif de couleur.** D'un rouge vif. *Des lèvres incar-*
nates.
☞ Cet adjectif de couleur s'accorde en genre et en
nombre avec le mot auquel il se rapporte.
V. Tableau - **COULEUR (ADJECTIFS DE).**
• **Nom masculin.** Rouge vif. *L'incarnat de ses joues.*
↪ incarna**t**.

incarné, ée adj.
Ongle incarné. Ongle entré dans la chair.

incarner v. tr., pronom.
• **Transitif**
- Personnifier. *Incarner la justice.*
- Interpréter. *Cette comédienne incarna Hélène de*
Champlain.
• **Pronominal**
- Prendre une forme humaine, en parlant d'une divinité.
- Se réaliser en. *Ses rêves se sont incarnés en elle.*

incartade n. f.
Écart de conduite.

incassable adj.
Qui ne peut se casser. *Ces verres sont incassables.*

incendiaire adj. et n. m. et f.
• **Adjectif**
- Propre à causer un incendie. *Une bombe incendiaire.*
- (Fig.) Propre à enflammer les esprits. *Des textes in-*
cendiaires.
• **Nom masculin et féminin**
Auteur volontaire d'un incendie.
↪ incendi**a**ire.

incendie n. m.
Destruction par le feu. *Cet incendie a détruit deux mai-*
sons.
☞ Ne pas confondre avec le nom *sinistre* qui, dans
la langue des assurances, désigne une catastrophe
causant des dommages (incendie, mais aussi inondation, tornade, etc.).
↪ incendi**e**.

incendier v. tr.
Redoublement du *i* à la première et à la deuxième personne du pluriel de l'indicatif imparfait et du subjonctif présent. *(Que) nous incendiions, (que) vous incendiiez.*
Mettre en feu, détruire par le feu. *Incendier un immeuble.*

incertain, aine adj. et n. m. et f.
• Indéfini, imprécis. *Des résultats incertains.*
• *Incertain + de.* L'adjectif se construit généralement avec la préposition *de,* mais il s'emploie également avec *sur* et *quand. Elle est incertaine de ce qui va se produire, sur l'évolution des choses, quand à ce que l'avenir lui réserve.*

incertitude n. f.
Indécision. *Elle n'a pas reçu de nouvelles : elle est dans l'incertitude.*

incessamment adv.
⟹ La deuxième syllabe se prononce *é* [ɛ̃sesamɑ̃].
• (Litt., vx) Sans cesse. *Elle écrit incessamment.*
• Sans délai. *Il part incessamment.*

incessant, ante adj.
⟹ La deuxième syllabe se prononce *é* [ɛ̃sesɑ̃, ɑ̃t].
Continuel. *Des va-et-vient incessants.*

incessibilité n. f.
(Dr.) Qualité de ce qui est incessible.

incessible adj.
(Dr.) Qui ne peut être cédé. *Un titre incessible.*

inceste n. m.
Union entre proches parents. *Des victimes d'inceste.*
☞ Attention au genre masculin de ce nom : *un* inceste.

incestueux, euse adj.
Coupable d'inceste.

inchangé, ée adj.
Qui est sans changement. *Les cours demeurent inchangés.*

inchavirable adj.
Qui ne peut chavirer. *Cette barque est inchavirable.*

incidemment adv.
Accessoirement.
⟹ incide**mm**ent.

*****incidemment**
Anglicisme au sens de *au fait, à propos.*

incidence n. f.
Effet, conséquence. *L'incidence du taux d'intérêt sur les prix.*

*****incidence**
Anglicisme au sens de *fréquence. La fréquence (et non l'*incidence) des accidents de la route a encore augmenté.*

incident n. m.
Évènement imprévu d'importance secondaire.
☞ Ne pas confondre avec le nom *accident,* évènement imprévisible, malheureux.

incident, ente adj. et n. f.
• **Adjectif.** (Dr.) Accessoire.

• **Nom féminin.** Proposition insérée dans une autre dont elle fait partie. *L'incidente joue le rôle d'une parenthèse.*

incinérateur n. m.
Appareil servant à incinérer les déchets.

incinération n. f.
• Action de réduire en cendres. *L'incinération des ordures.*
• Crémation.

incinérer v. tr.
Le *é* se change en *è* devant une syllabe muette, sauf à l'indicatif futur et au conditionnel présent. *J'incinère, mais j'incinérerai.*
Réduire en cendres. *Cette personne souhaite être incinérée après sa mort.*

incise adj. f. et n. f.
(Ling.) Proposition intercalée dans une phrase. *Je viendrai certainement, répondit-il, si j'en ai la possibilité.* Dans cette phrase, la proposition *répondit-il* est une incise. *Une proposition incise.*
☞ Les verbes des propositions incises ont généralement le sens de «dire». L'incise se met entre deux virgules.
☞ Ne pas confondre avec les mots suivants :
- *incisif,* qui coupe, mordant;
- *incisive,* dent.

inciser v. tr.
Faire une incision au moyen d'un instrument tranchant. *Inciser une gencive.*

incisif, ive adj.
Mordant. *Une réplique incisive.*
☞ Ne pas confondre avec le nom *incise,* proposition intercalée dans une phrase.

incision n. f.
Coupure. *Le chirurgien a fait une petite incision.*

incisive n. f.
Dent. *Nous avons huit incisives.*
☞ Ne pas confondre avec le nom *incise,* proposition intercalée dans une phrase.

incitation n. f.
Tentation. *Ces gâteaux sont une incitation à la gourmandise.*

inciter v. tr.
Pousser. *Elle m'incita à accepter.*

incivil, ile adj.
(Litt.) Impoli, qui manque de civilité.
☞ Ne pas confondre avec le mot *incivique,* qui manque de civisme.

incivilité n. f.
(Litt.) Caractère de ce qui est incivil.
⟹ incivilité.

incivique adj.
Qui manque de civisme.
☞ Ne pas confondre avec le mot *incivil,* qui se dit d'une personne impolie.

incivisme n. m.
(Litt.) Manque de civisme.

inclémence n. f.
Rigueur (du climat).
☞ Ce nom ne s'emploie plus qu'en parlant de la météorologie.

inclément, ente adj.
(Litt.) Rigoureux, froid (en parlant du climat).

inclinaison n. f.
État de ce qui est incliné. *L'inclinaison de la route.*
☞ Ne pas confondre avec le nom **inclination,** penchant.

inclination n. f.
(Litt.) Penchant. *Elle a une inclination pour la poésie.*
☞ Ne pas confondre avec le nom **inclinaison,** état de ce qui est incliné.

incliner v. tr., intr., pronom.
• **Transitif direct**
- Rendre oblique. *Le vent incline le voilier.*
- Baisser. *Incliner la tête.*
• **Transitif indirect**
Incliner à. Être enclin à. *Elle incline à l'indulgence.*
• **Intransitif**
Être incliné. *La table incline un peu vers l'arrière.*
• **Pronominal**
- Se baisser, se courber. *Elles se sont inclinées avec respect.*
- (Fig.) Se soumettre. *Ils se sont inclinés finalement et ont accepté la proposition.*

inclure v. tr.
INDICATIF PRÉSENT *J'inclus, tu inclus, il inclut, nous incluons, vous incluez, ils incluent.* IMPARFAIT *J'incluais, tu incluais, il incluait, nous incluions, vous incluiez, ils incluaient.* PASSÉ SIMPLE *J'inclus, tu inclus, il inclut, nous inclûmes, vous inclûtes, ils inclurent.* FUTUR *J'inclurai.* CONDITIONNEL PRÉSENT *J'inclurais.* IMPÉRATIF PRÉSENT *Inclus, incluons, incluez.* SUBJONCTIF PRÉSENT *Que j'inclue, que tu inclues, qu'il inclue, que nous incluions, que vous incluiez, qu'ils incluent.* IMPARFAIT *Que j'inclusse, que tu inclusses, qu'il inclût, que nous inclussions, que vous inclussiez, qu'ils inclussent.* PARTICIPE PRÉSENT *Incluant.* PASSÉ *Inclus, incluse.*
• Introduire (dans). *Il inclut des plans dans son document.*
• Comprendre, intégrer. *Les dépenses que nous avons incluses dans la note de frais sont minimes.*
☞ Au participe passé, le verbe s'écrit **inclus, incluse** à la différence de **exclu, exclue,** du verbe **exclure.**

inclus, use adj.
• Compris. *Taxe incluse. Les piles sont incluses.*
• *Y inclus,* locution prépositive. Y compris. *Envoyez-lui le manuscrit y inclus les illustrations.* Cette locution prépositive demeure invariable.
☞ La forme féminine de l'adjectif **inclus** est **incluse** à la différence de celle de l'adjectif **exclu** qui fait **exclue** au féminin.
V. ci-inclus.
Ant. exclu.

inclusion n. f.
Action d'inclure. *L'inclusion d'une taxe.*

Ant. **exclusion.**

inclusivement adv.
En comprenant la chose dont on parle. *De la page 10 à 13 inclusivement.*
Ant. **exclusivement.**

incoercible adj.
👄 Le *o* est ouvert [ɛkɔɛrsibl].
Irrépressible. *Une joie incoercible.*
➾ inco**er**cible.

incognito adv. et n. m.
👄 Le mot se prononce [ɛkɔɲito].
Qui ne veut pas être reconnu. *Il voyage incognito. Garder l'incognito.*
☞ Ne pas confondre avec le mot **anonyme,** qui se dit d'un auteur inconnu, volontairement ou non.

incohérence n. f.
👄 Le *o* est ouvert [ɛkɔerɑ̃s].
Caractère de ce qui est incohérent. *L'incohérence de ces propos.*
➾ inco**hé**rence.

incohérent, ente adj.
👄 Le *o* est ouvert [ɛkɔerɑ̃, ɑ̃t].
Qui manque de logique, d'unité, de cohésion. *Des paroles incohérentes.*
➾ inco**hé**rent.

incollable adj.
• Qui ne colle pas.
• (Fam.) Qui connaît toutes les réponses. *Annie est incollable.*

incolore adj.
Qui n'a pas de couleur. *Un vernis incolore.*
➾ incol**ore.**

incomber v. tr. ind.
Être à la charge de, revenir obligatoirement à. *Cette responsabilité nous incombe. C'est à nous qu'il incombe d'agir.*
☞ Le verbe se construit avec la préposition **à.**

incommensurabilité n. f.
Caractère de ce qui est incommensurable.
➾ inco**mm**ensurabilité.

incommensurable adj.
Qui ne peut être mesuré. *Une bonté incommensurable.*
➾ inco**mm**ensurable.

incommensurablement adv.
De façon incommensurable.
➾ inco**mm**ensurablement.

incommode adj.
Peu pratique. *Cet escalier est incommode.*

incommoder v. tr.
Indisposer, gêner. *Cette odeur de peinture les incommode.*

incommunicabilité n. f.
Impossibilité de communiquer.

incommunicable adj.
Qui ne peut être communiqué.

incomparable adj.
Sans pareil. *Ce paysage est incomparable.*

incomparablement adv.
Sans comparaison possible.

incompatibilité n. f.
Impossibilité de s'entendre avec une autre personne. *L'incompatibilité de deux caractères, d'une personnalité et d'une autre, d'un tempérament avec un autre.*
☞— Ne pas confondre avec les noms suivants :
- *désaccord,* différend;
- *discorde,* désunion grave;
- *dissidence,* division profonde qui conduit un groupe ou une personne à se désolidariser.

incompatible adj.
Qui ne peut s'accorder. *Des caractères incompatibles.*

incompétence n. f.
Manque de compétence. *Cette personne a atteint son niveau d'incompétence.*

incompétent, ente adj. et n. m. et f.
Qui n'est pas compétent. *Cet employé incompétent a été congédié.*

incomplet, ète adj.
Qui n'est pas complet; partiel. *Un devoir incomplet, un jeu de cartes incomplet.*

incomplètement adv.
D'une manière incomplète.

incompréhensibilité n. f.
(Litt.) État de ce qui est incompréhensible.

incompréhensible adj.
Insaisissable en raison de la nature même de l'objet. *Un mystère incompréhensible.*
☞— Ne pas confondre avec le mot **inintelligible,** dont on ne peut saisir le sens en raison d'une mauvaise présentation de l'objet.

incompréhension n. f.
Incapacité à comprendre. *Martin souffre d'incompréhension.*

incompressibilité n. f.
Caractère de ce qui est incompressible.

incompressible adj.
Qui ne diminue pas de volume. *L'eau est un fluide incompressible; le gaz, un fluide compressible.*

incompris, ise adj. et n. m. et f.
Qui n'est pas compris. *Cette enfant est incomprise.*

inconcevable adj.
◁▷ Le *e* central ne se prononce pas [ɛ̃kɔ̃svabl].
Inimaginable. *Son attitude est inconcevable.*
☞— Ne pas confondre avec les mots suivants :
- *bizarre,* étonnant, singulier;
- *extraordinaire,* exceptionnel;
- *incroyable,* difficile à croire;
- *inusité,* inhabituel;
- *invraisemblable,* qui ne semble pas vrai.

inconciliable adj.
Opposé, que l'on ne peut concilier avec quelque chose d'autre; se dit de personnes, de choses qui s'excluent réciproquement.

☞— Ne pas confondre avec le mot **irréconciliable,** qu'on ne peut réconcilier, remettre en harmonie.

inconditionnel, elle adj. et n. m. et f.
• **Adjectif.** Absolu. *Un appui inconditionnel.*
• **Nom masculin et féminin.** Partisan sans réserve.

inconditionnellement adv.
De façon inconditionnelle.

inconduite n. f.
Conduite répréhensible.

inconfort n. m.
Manque de confort. *L'inconfort d'une tente.*
⇨ inconfort.

inconfortable adj.
Qui n'est pas confortable. *Ce véhicule est inconfortable.*

incongru, ue adj.
Non convenable, déplacé. *Une parole incongrue.*

incongruité n. f.
Caractère de ce qui est incongru, absurdité.
⇨ incongruité.

incongrûment adv.
De façon incongrue.
⇨ incongrûment.

inconnu, ue adj. et n. m. et f.
• **Adjectif.** Qui n'est pas connu. *Un terme inconnu à tous, de tous.*
☞— L'adjectif se construit avec les prépositions *à* ou *de.*
• **Nom masculin et féminin.** Étranger. *Elle a croisé un inconnu.*
• **Nom féminin.** Variable mathématique. *Une équation à deux inconnues.*

inconsciemment adv.
De façon inconsciente.
⇨ inconsciemment.

inconscience n. f.
• Perte de connaissance. *Il est tombé et a glissé dans l'inconscience.*
• Absence de réflexion. *Cette audace dénote de l'inconscience.*
• Témérité.
⇨ inconscience.

inconscient, ente adj. et n. m. et f.
• Qui a perdu connaissance. *Elle était inconsciente depuis quelques minutes.*
• Spontané. *Un geste inconscient.*
• Qui n'a pas conscience de ses actes. *C'est une inconsciente.*
⇨ inconscient.

inconscient n. m.
Ensemble de phénomènes étrangers à la conscience.
⇨ inconscient.

inconséquence n. f.
Irréflexion, étourderie.

inconséquent, ente adj.
Qui n'a pas de suite dans les idées, illogique.

inconsidéré, ée adj.
Irréfléchi. *Des propos inconsidérés.*

inconsistance n. f.
Absence de consistance.
☞ Ne pas confondre avec le nom ***inconstance,*** tendance à changer d'opinion.

inconsistant, ante adj.
Qui manque de consistance, de logique. *Des textes inconsistants.*

inconsolable adj.
Qui ne peut être consolé. *Elle a perdu sa bague et elle est inconsolable.*
☞ Cet adjectif se dit surtout d'une personne.

inconsommable adj.
Immangeable.

inconstance n. f.
Tendance à changer d'opinion, de sentiment.
☞ Ne pas confondre avec le nom ***inconsistance,*** absence de consistance.

inconstant, ante adj. et n. m. et f.
Infidèle. *Un amoureux inconstant.*

inconstitutionnalité n. f.
Caractère de ce qui est inconstitutionnel.
⇨ inconstitu**nn**alité.

inconstitutionnel, elle adj.
Qui n'est pas conforme à la constitution. *Une mesure inconstitutionnelle.*

inconstitutionnellement adv.
De façon inconstitutionnelle.

incontestable adj.
Indéniable, authentique. *Son habileté est incontestable.*

incontestablement adv.
De façon incontestable.

incontesté, ée adj.
Admis.

incontinence n. f.
• Absence de sobriété dans le langage.
• *Incontinence urinaire.* Énurésie.

incontinent adv.
(Litt.) Aussitôt. *Et elle s'envola incontinent pour l'Italie.*

incontinent, ente adj.
Qui souffre d'incontinence.

incontournable adj.
Inévitable, dont il faut tenir compte. *Cette sommité est incontournable.*

incontrôlable adj.
Qui ne peut être vérifié. *Cet alibi est incontrôlable.*
⇨ incontrôlable.

*incontrôlable
Anglicisme au sens de ***imprévisible, imprévu.***

inconvenance n. f.
Impertinence, indécence.
⇨ inconvenance.

inconvenant, ante adj.
Contraire aux convenances. *Des propos inconvenants.*

inconvénient n. m.
Désavantage. *Les inconvénients de cette solution.*

inconvertible adj.
(Fin.) Qui ne peut être converti. *Une monnaie inconvertible.*

incoordination n. f.
Absence de coordination.

incorporation n. f.
• Action d'incorporer.
• État de ce qui est incorporé.

incorporée (compagnie)
• Abréviation ***inc.*** (s'écrit avec un point).
• Cette abréviation, utilisée dans les raisons sociales au Canada, précise le type de société que constitue une entreprise. *Dubois inc.*
☞ Cette abréviation s'écrit en minuscules.
V. **limitée.**
V. Tableau - **RAISON SOCIALE.**

incorporer v. tr.
• Mélanger. *Incorporer de la farine à une crème.*
• Intégrer. *Une montre avec chronomètre incorporé.*
• Au Canada, synonyme de ***constituer en société par actions.*** *Incorporer une entreprise.*

incorrect, ecte adj.
• Fautif. *La réponse est incorrecte.*
• Inconvenant. *Ces propos sont incorrects.*

incorrectement adv.
D'une manière incorrecte.

incorrection n. f.
Défaut de correction.

incorrigible adj.
Qui ne peut être corrigé. *Cet enfant est incorrigible.*

incorruptibilité n. f.
Intégrité.

incorruptible adj. et n. m. et f.
• Inaltérable. *Une matière incorruptible.*
• Qui ne se laisse pas corrompre. *Un agent incorruptible.*

incrédule adj. et n. m. et f.
Sceptique. *Les passants incrédules durent se rendre à l'évidence : cet homme mesurait plus de 2,30 m.*

incrédulité n. f.
Scepticisme.

increvable adj.
• Qui ne peut crever. *Un pneu increvable.*
• (Fam.) Infatigable. *Il travaille sans arrêt, il est increvable.*

incrimination n. f.
Accusation.

incriminer v. tr.
Accuser, blâmer. *Ces personnes n'ont pas été incriminées.*

incrochetable adj.
Qui ne peut être crocheté. *Une serrure incrochetable.*

incroyable adj. et n. m.
Difficile à croire. *Ce récit est incroyable.*
☞— Ne pas confondre avec les mots suivants :
- *bizarre,* étonnant, singulier;
- *extraordinaire,* remarquable;
- *inconcevable,* inimaginable;
- *inusité,* inhabituel;
- *invraisemblable,* qui ne semble pas vrai.

incroyablement adv.
D'une manière incroyable.

incroyance n. f.
Absence de croyance religieuse.

incroyant, ante adj. et n. m. et f.
Qui n'est pas croyant. *Les incroyants.*

incrustation n. f.
Action d'incruster; ce qui est incrusté. *Des incrustations de bois précieux.*

incruster v. tr., pronom.
• **Transitif**
Appliquer une matière sur une autre pour l'orner. *Incruster une pierre précieuse sur de l'or.*
• **Pronominal**
- Adhérer fortement, s'implanter profondément. *La saleté s'est incrustée, il faudra bien frotter.*
- (Fig., fam.) Imposer sa présence trop longuement. *Ces invités s'incrustent : je vais devoir leur préciser qu'il se fait tard.*

incubateur, trice adj. et n. m.
Qui favorise l'incubation des œufs. *Un appareil incubateur. Un incubateur perfectionné.*

incubation n. f.
• Développement de l'embryon dans l'œuf.
• Période comprise entre l'infection d'un organisme et l'apparition de la maladie. *La période d'incubation de cette maladie est de 15 jours.*

inculpation n. f.
• Action d'inculper.
• Faute attribuée. *Une inculpation de vol.*

inculpé, ée adj. et n. m. et f.
Personne présumée coupable.
☞— Ne pas confondre avec le nom *accusé,* personne reconnue coupable.

inculper v. tr.
Imputer officiellement un crime à quelqu'un.
☞— Ne pas confondre avec le verbe *inculquer,* enseigner.

inculquer v. tr.
Enseigner.
☞— Ne pas confondre avec le verbe *inculper,* imputer un crime à quelqu'un.

inculte adj.
• Non cultivé. *Une terre inculte.*
• Sans culture intellectuelle. *Une personne inculte.*

incunable adj. et n. m.
Se dit d'un livre imprimé qui date des débuts de l'imprimerie (avant 1500).
☞— Ne pas confondre avec le nom *incurable,* malade qu'on ne peut guérir.

incurabilité n. f.
Caractère d'une maladie, d'un malade incurable.

incurable adj. et n. m. et f.
Qui ne peut être guéri. *Ce malade est incurable.*
☞— Ne pas confondre avec le nom *incunable,* livre ancien.

incurablement adv.
De façon incurable.

incurie n. f.
Négligence, laisser-aller. *Cet administrateur a fait preuve d'incurie.*

incursion n. f.
Invasion, irruption momentanée. *Les troupes ont fait une incursion en territoire ennemi.*

incurver v. tr., pronom.
• **Transitif.** Courber. *Incurver une pièce métallique.*
• **Pronominal.** Prendre une forme courbe. *À cet endroit, la route s'incurve.*

indécemment adv.
☞ La troisième syllabe se prononce *sa* [ɛ̃desamɑ̃].
D'une manière indécente.

indécence n. f.
• Impudicité.
• Inconvenance. *L'indécence d'une tenue.*

indécent, ente adj.
Inconvenant, scandaleux. *Un décolleté indécent.*
⮑ indécent.

indéchiffrable adj.
Illisible, que l'on ne peut déchiffrer. *Des caractères indéchiffrables.*

indécis, ise adj. et n. m. et f.
Incertain. *Des clients indécis.*

indécision n. f.
Hésitation. *Cette personne est dans l'indécision, elle n'arrive pas à faire un choix.*

indécomposable adj.
Qui ne peut être décomposé. *Un tout indécomposable.*

indécrottable adj.
(Fam.) Incorrigible.

indéfectible adj.
Solide.

indéfectiblement adv.
De façon indéfectible.

indéfendable adj.
Qu'on ne peut défendre. *Cette opinion est indéfendable.*

indéfini, ie adj.
Indéterminé. *Un article indéfini.*
V. Tableau - **INDÉFINI (ADJECTIF).**
V. Tableau - **ARTICLE.**

ADJECTIF **INDÉFINI**

L'adjectif indéfini détermine le nom, mais d'une manière générale ou vague au point de vue de la quantité, de la ressemblance ou de la différence.

Quelques arbres, plusieurs plantes, les mêmes fleurs.

V. Tableau – **ADJECTIF.**

Quelques exemples	
aucun	divers
autre	maint
certain	nul
chaque	tel
différent	tout

indéfiniment adv.
D'une manière indéfinie, éternellement.

indéfinissable adj.
Indescriptible. *Un parfum indéfinissable.*

indéfrisable adj. et n. f.
(Vx) Permanente.

indélébile adj.
Qui ne peut s'effacer. *Une encre indélébile.*
Ant. **délébile.**

indélébilité n. f.
Caractère de ce qui est indélébile.

indélicat, ate adj.
• Grossier.
• Malhonnête.

indélicatement adv.
Malhonnêtement.

indélicatesse n. f.
• Impolitesse.
• Malversation. *Il a commis une indélicatesse.*

indémaillable adj.
Dont les mailles ne peuvent se défaire. *Des collants indémaillables.*

indemne adj.
Sans dommage. *Il est sorti indemne de cet accident.*
⇨ indemne.

indemnisable adj.
Qui a droit à une indemnité.

indemnisation n. f.
Action d'indemniser. *Ces déplacements leur donnent droit à une indemnisation.*
⇨ indemnisation.

indemniser v. tr.
Dédommager. *Cette famille sera indemnisée pour son déménagement.*

indemnité n. f.
Somme accordée en compensation de frais engagés, en réparation d'un préjudice. *Une indemnité de déménagement, de licenciement.*
⊫◯⊢ Ne pas confondre avec le nom **allocation,** prestation versée par l'État.

indémontrable adj.
Qui ne peut être prouvé. *Cette théorie est indémontrable.*

indéniable adj.
Qu'on ne peut nier. *Son talent est indéniable.*
⊫◯⊢ Ne pas confondre avec les mots suivants :
- **assuré,** dont la réalité est sûre;
- **avéré,** reconnu comme vrai;
- **clair,** compréhensible;
- **évident,** indiscutable;
- **irréfutable,** qu'on ne peut réfuter;
- **notoire,** qui est bien connu.

indéniablement adv.
De façon indéniable.

indépendamment adv.
• En faisant abstraction. *Indépendamment de ces progrès, nous avons encore du chemin à parcourir.*
• Outre, en plus de. *Indépendamment de ses vacances, il a plusieurs congés.*
⇨ indépendamment.

indépendance n. f.
Autonomie. *L'indépendance d'un État.*
⇨ indépendance.

indépendant, ante adj.
Libre, qui refuse la contrainte. *Un caractère indépendant.*
⇨ indépendant.

indépendantiste adj. et n. m. et f.
Partisan de l'indépendance. *Les indépendantistes du Québec.*
⇨ indépendantiste.

indéracinable adj.
Qui ne peut être déraciné. *Des préjugés indéracinables.*

indescriptible adj.
Qu'on ne peut décrire. *Un désordre indescriptible.*
⊫◯⊢ Ne pas confondre avec les mots suivants :
- **imprescriptible,** qui conserve toujours sa valeur;
- **indestructible,** qu'on ne peut détruire.

indésirable adj. et n. m. et f.
Se dit d'une personne dont la présence n'est pas désirée. *Ce sont des indésirables.*

indestructibilité n. f.
Caractère de ce qui est indestructible.

indestructible adj.
Qu'on ne peut détruire. *Une confiance indestructible.*
⊫◯⊢ Ne pas confondre avec les mots suivants :
- **imprescriptible,** qui conserve toujours sa valeur;
- **indescriptible,** qu'on ne peut décrire.

indestructiblement adv.
D'une manière indestructible.

indéterminable adj.
Indéfinissable. *Un parfum indéterminable.*

indétermination n. f.
• Imprécision, en parlant d'une chose.
• Indécision, en parlant d'une personne.

indéterminé, ée adj.
Qui n'est pas déterminé, indistinct. *Une date indéterminée.*

index n. m.
👄 Le *x* se prononce [ɛ̃dɛks].
• Table alphabétique. *Des index thématiques et alphabétiques.*
• Deuxième doigt de la main.

indexation n. f.
Action d'indexer. *Des clauses d'indexation.*

indexer v. tr.
• Relier la valeur d'un titre, d'un prix, etc., à un indice. *Indexer un prix.*
• Créer l'index d'un ouvrage, d'un texte.

indicateur n. m.
• Brochure, tableau. *L'indicateur des chemins de fer.*
🖙 Le mot peut être pris adjectivement. *Un tableau indicateur.*
• Appareil de mesure. *Un indicateur de niveau.*
• (Écon.) Indice. *Les indicateurs de l'inflation.*

indicateur n. m.
indicatrice n. f.
Dénonciateur, informateur. *Un indicateur de police.*

indicatif, ive adj. et n. m.
• **Adjectif**
Qui indique. *Cette réponse est indicative de son état d'esprit.*
• **Nom masculin**
- (Gramm.) Mode du verbe indiquant l'état ou l'action d'une manière absolue. *Le présent de l'indicatif.*
V. Tableau - **INDICATIF.**
• *Indicatif régional* (et non *code régional). Ensemble de chiffres destiné à sélectionner une zone téléphonique et que l'on compose avant le numéro d'un correspondant.
• *Indicatif musical* (et non *thème musical, chanson thème). Pièce musicale qui annonce une émission régulière de télévision, de radio.

indication n. f.
Renseignement. *Grâce à ses indications, j'ai pu trouver le renseignement désiré.*

indice n. m.
Signe. *Ces fautes sont un indice de son inattention.*
🖙 Attention au genre masculin de ce nom : *un* indice.

indice des prix à la consommation
Abréviation *IPC* (s'écrit avec ou sans points).

indiciaire adj.
Relatif à un indice.
🖙 indiciaire.

indicible adj.
Inexprimable. *Une joie indicible.*

indien, ienne adj. et n. m. et f.
• Qui habite l'Inde. *Un citoyen indien.*
• Qui appartient aux populations autochtones de l'Amérique. En ce sens, on dit plutôt *amérindien.*
🖙 L'adjectif s'écrit avec une minuscule; le nom, avec une majuscule.
🖙 Ne pas confondre avec les mots suivants :
- *hindou,* qui désigne un adepte de l'hindouisme;
- *Amérindien,* qui désigne un Indien d'Amérique.

indienne n. f.
Toile de coton imprimée.

indifféremment adv.
👄 La quatrième syllabe se prononce *ra* [ɛ̃diferamɑ̃].
Sans faire de différence.
🖙 indifféremment.

indifférence n. f.
Insensibilité, froideur. *L'indifférence de son amie attriste Étienne.*

indifférencié, ée adj.
Sans intérêt.

indifférent, ente adj.
Sans intérêt. *Toutes ces propositions le laissent indifférent.*

indifférer v. tr.
Le *é* se change en *è* devant une syllabe muette, sauf à l'indicatif futur et au conditionnel présent. *Je l'indiffère,* mais *je l'indifférerai.*
(Fam.) Être indifférent (à quelqu'un). *Ces manœuvres l'indiffèrent.*
🖙 Ce verbe a généralement pour complément indirect un pronom personnel.

indigence n. f.
Grande pauvreté.

indigène adj. et n. m. et f.
Se dit d'une personne née dans le pays où elle habite.
🖙 Ne pas confondre avec le mot *aborigène,* qui se dit de la personne dont les ancêtres ont toujours habité le pays où elle vit.

indigent, ente adj. et n. m. et f.
Pauvre. *Des indigents qui errent dans les rues.*

indigeste adj.
Difficile à digérer. *La fondue est indigeste.*
Ant. **digeste.**

indigestion n. f.
Indisposition causée par une mauvaise digestion.

indignation n. f.
Révolte, colère suscitée par une injustice, un affront, etc. *Ce refus a provoqué son indignation.*

indigne adj.
• Qui ne mérite pas (quelque chose de favorable). *Cette personne est indigne de votre gentillesse.*
• Méprisable. *Des parents indignes.*

indignement adv.
De façon indigne.

INDICATIF

L'indicatif est le mode du réel, le mode des faits certains. C'est le plus fréquemment utilisé; il comprend un temps pour le **présent,** cinq temps pour le **passé** et deux temps pour le **futur.**

LE PRÉSENT

Le **présent** exprime un fait qui s'accomplit au moment où l'on parle.
Il fait soleil aujourd'hui, elle est à la campagne dans sa forêt enchantée.

Il exprime également :
- **une vérité éternelle.**
    Le ciel est bleu. Deux et deux font quatre.
- **un fait habituel.**
    Il part tous les matins à 7 h 30.
- **un fait actuel.**
    Il neige.
- **un futur proche.**
    Un instant, je vous prie, je suis à vous dans quelques minutes.

LE PASSÉ

L'**imparfait** traduit un fait qui dure, un fait non achevé quand un autre a eu lieu.
Il pleuvait quand nous sommes arrivés. Quand il avait cinq ans, il était très turbulent.

Le **passé simple** exprime un fait passé lointain qui s'est produit en un temps déterminé et complètement écoulé.
Le 14 décembre 1945, il neigea abondamment.

Le **passé composé** décrit un fait accompli, qui a eu lieu avant le moment où l'on parle.
Il a bien travaillé.

Le **passé antérieur** traduit un fait passé qui s'est produit immédiatement avant un autre fait passé.
Quand ils eurent terminé, ils partirent.

Le **plus-que-parfait** exprime un fait entièrement achevé lors d'un autre fait passé.
Nous avions terminé nos exercices quand la cloche a sonné.

LE FUTUR

Le **futur** exprime un fait qui aura lieu dans l'avenir.
Nous finirons bientôt. Marie-Ève aura 15 ans l'été prochain.

Il exprime également :
- **un impératif.**
    Vous voudrez bien m'expliquer cette erreur.
- **un présent atténué.**
    Nous vous prierons de passer à nos bureaux.
- **une vérité générale.**
    Il y aura toujours des gagnants et des perdants.
- **une probabilité.**
    L'automne sera beau, je crois.
- **un futur dans le passé.**
    Vous assisterez ensuite à la victoire de notre équipe.

Le **futur antérieur** traduit un fait qui devra en précéder un autre dans l'avenir.
Quand il aura terminé, il prendra des vacances.

Il peut également marquer :
- **un fait futur inévitable.**
    Je ne suis pas inquiète, il aura conquis son auditoire en quelques minutes.
- **un fait passé hypothétique.**
    Il ne s'est pas présenté, il se sera rendu à notre ancienne adresse.

V. Tableau – **CONCORDANCE DES TEMPS.**
V. Tableau – **PASSÉ (TEMPS DU).**

indigner v. tr., pronom.

Les lettres *gn* sont suivies d'un *i* à la première et à la deuxième personne du pluriel de l'indicatif imparfait et du subjonctif présent. *(Que) nous indignions, (que) vous indigniez.*

• **Transitif**

- Révolter, remplir d'indignation. *Cette proposition malhonnête a indigné le conseil.*

- *Être indigné que* + subjonctif. *Ils sont indignés que cette personne ait l'audace de les contredire.*

• **Pronominal**

Éprouver un sentiment de colère, de révolte. *Elle s'indigna de cette décision, contre ce choix. Il s'indigne de voir sa collègue absente, qu'elle soit absente.*

☞ Le verbe se construit avec les prépositions *de* ou *contre* suivies d'un nom, avec la préposition *de* suivie de l'infinitif ou avec la conjonction *que* suivie du subjonctif.

indignité n. f.

Caractère de ce qui est indigne.

indigo adj. inv. et n. m.

• **Adjectif de couleur invariable**

D'un bleu foncé avec des reflets violets. *Des tissus indigo.*

V. Tableau - **COULEUR (ADJECTIFS DE).**

• **Nom masculin**

- Bleu violacé.

- Matière colorante.

indiquer v. tr.

• Montrer, signaler. *Elle lui indiqua la route du village.*

• Révéler, dénoter. *Cette écriture indique une certaine instabilité.*

indirect, ecte adj.

• Qui n'est pas direct. *Un éclairage indirect.*

• *Complément indirect.* Complément rattaché au verbe par l'intermédiaire d'une préposition.

V. Tableau - **COMPLÉMENT.**

indirectement adv.

D'une manière indirecte.

indisciplinable adj.

Qui ne peut être discipliné.

indiscipline n. f.

Insubordination.

indiscipliné, ée adj.

Qui manque de discipline. *Des collégiens indisciplinés.*

indiscret, ète adj. et n. m. et f.

Curieux. *Des questions indiscrètes.*

indiscrètement adv.

D'une manière indiscrète.

indiscrétion n. f.

Curiosité. *Ils ont commis une indiscrétion.*

indiscutable adj.

Indéniable. *Ce succès est indiscutable.*

indiscutablement adv.

Certainement, assurément.

indispensable adj. et n. m.

• Essentiel, vital. *La chaleur est indispensable au bien-être. Ce livre m'est indispensable.*

• *Il est indispensable de* + infinitif, *il est indispensable que* + subjonctif. *Il est indispensable de faire ceci, que tu fasses ceci.*

☞ Le verbe impersonnel se construit avec *de* et l'infinitif, avec *que* et le subjonctif.

indisponibilité n. f.

État de ce qui est indisponible.

indisponible adj.

Qui n'est pas disponible.

indisposé, ée adj.

Souffrant.

indisposer v. tr.

Incommoder, importuner. *Ces remarques désagréables ont indisposé le juge.*

indisposition n. f.

Malaise.

indissociable adj.

Qui ne peut être séparé. *Ces deux éléments sont indissociables.*

indissolubilité n. f.

Caractère de ce qui ne peut être dissous.

indissoluble adj.

• Qui ne peut être rompu (en parlant d'un lien). *Une union indissoluble.*

• Qui ne peut être dissous (en parlant d'un corps).

indissolublement adv.

De façon indissoluble.

indistinct, incte adj.

☞ Les lettres *ct* se prononcent ou non au masculin, [ɛ̃distɛ̃kt] ou [ɛ̃distɛ̃], contrairement au féminin où elles se prononcent toujours.

Imprécis, confus. *Des contours indistincts.*

☞ indistin**ct**.

indistinctement adv.

☞ Le *c* se prononce [ɛ̃distɛ̃ktəmã].

De façon indistincte.

individu n. m.

• Personne quelconque. *Cette ville compte 35 000 individus.*

• (Péj.) Personne inconnue. *Deux individus ont pris la fuite.*

individualisation n. f.

Action de rendre individuel, son résultat.

individualiser v. tr.

Particulariser, caractériser. *Des traits distinctifs individualisent chaque personne.*

individualisme n. m.

Tendance à s'affirmer indépendamment des autres.

individualité n. f.

Originalité propre d'une personne.

individuel, elle adj.

• Qui appartient à l'individu. *Une propriété individuelle.*

• À la disposition d'une seule personne. *Un siège individuel.*

Ant. **général.**

individuellement adv.
Isolément.

indivis, ise adj.
• (Dr.) Qui n'est pas divisé.
• *Copropriété indivise.* Dont la totalité appartient en commun à tous les propriétaires, dans une proportion réglée par contrat.
Ant. **divis.**

indivisément adv.
Par indivis.
⇨ indivisément.

indivisibilité n. f.
Caractère de ce qui est indivisible.

indivisible adj.
Qui ne peut être divisé, qui forme un tout. *Des éléments indivisibles.*

indivision n. f.
État de ce qui est indivis.

indochinois, oise adj. et n. m. et f.
Relatif à l'Indochine. *Une musique indochinoise. Un Indochinois, une Indochinoise.*
⌁— L'adjectif s'écrit avec une minuscule; le nom, avec une majuscule.

indocile adj.
Désobéissant.

indocilité n. f.
Caractère de celui qui est indocile.

indo-européen, éenne adj. et n. m. et f.
• **Adjectif et nom masculin et féminin.** Relatif aux langues indo-européennes.
⌁— L'adjectif s'écrit avec une minuscule; le nom, avec une majuscule.
• **Nom masculin.** Se dit des langues d'Europe et d'Asie qui ont une origine commune. *L'indo-européen.*
⌁— Le nom de la langue s'écrit avec une minuscule.

indolemment adv.
⬄ La troisième syllabe se prononce *la* [ɛ̃dɔlamɑ̃].
Avec indolence.
⇨ indolemment.

indolence n. f.
Insouciance. *Le chat s'étire avec indolence.*
⇨ indolence.

indolent, ente adj. et n. m. et f.
Apathique. *Une personne indolente.*
⌁— Ne pas confondre avec le mot **indolore,** qui ne fait pas souffrir.
⇨ indolent.

indolore adj.
Qui ne provoque aucune douleur physique. *Ce traitement est indolore.*
⌁— Ne pas confondre avec le mot **indolent,** apathique.

indomptable adj.
⬄ Le *p* ne se prononce pas [ɛ̃dɔ̃tabl].
• Qu'on ne peut dompter. *Un fauve indomptable.*
• (Fig.) Qu'on ne peut maîtriser. *Un caractère indomptable.*

indonésien, enne adj. et n. m. et f.
Relatif à l'Indonésie. *Une coutume indonésienne. Un Indonésien, une Indonésienne.*
⌁— L'adjectif s'écrit avec une minuscule; le nom, avec une majuscule.

in-douze adj. inv. et n. m. inv.
⬄ Le *n* se prononce [induz].
• Abréviation *in-12* (s'écrit sans point).
• (Imprim.) Se dit d'une feuille d'impression qui est pliée en 12 feuillets (24 pages).
• Se dit d'un livre de ce format. *Des éditions in-douze. Des in-douze.*

indu, ue adj.
(Litt.) Non convenable. *C'est une heure indue pour téléphoner.*
⇨ indu.

indubitable adj.
Incontestable, qu'on ne peut mettre en doute. *Des témoignages indubitables.*

indubitablement adv.
Sans aucun doute.

inducteur, trice adj. et n. m.
Qui produit l'induction. *Fil inducteur.*

inductif, ive adj.
• Qui procède par induction. *Un raisonnement inductif.*
• Qui a rapport à l'induction. *Courant inductif.*

induction n. f.
• Raisonnement qui va du particulier au général, des effets vers la cause.
Ant. **déduction.**
• Transmission d'électricité.

induire v. tr.
INDICATIF PRÉSENT *J'induis, tu induis, il induit, nous induisons, vous induisez, ils induisent.* IMPARFAIT *J'induisais.* PASSÉ SIMPLE *J'induisis.* FUTUR *J'induirai.* CONDITIONNEL PRÉSENT *J'induirais.* IMPÉRATIF PRÉSENT *Induis, induisons, induisez.* SUBJONCTIF PRÉSENT *Que j'induise.* IMPARFAIT *Que j'induisisse.* PARTICIPE PRÉSENT *Induisant.* PASSÉ *Induit, ite.*
• Inciter, pousser à. *Il m'a induit à passer à l'action.*
• *Induire en erreur.* Tromper. *J'ai été induit en erreur par cette personne.*
• Entraîner, occasionner.

indulgence n. f.
Clémence. *Les fautifs auront besoin de son indulgence.*

indulgent, ente adj.
Clément, tolérant. *Il est indulgent envers les gourmands, mais non pour les gloutons.*
⌁— L'adjectif se construit avec **envers** ou **pour.**

indûment adv.
D'une manière indue.
⇨ indûment.

industrialisation n. f.
Action de doter une région d'établissements industriels.

industrialiser v. tr., pronom.
• **Transitif.** Doter d'établissements industriels.
• **Pronominal.** Être exploité industriellement.

industrie n. f.
• Activité économique ayant pour objet la transformation des matières premières en produits finis.
• Ensemble des entreprises d'un secteur. *L'industrie pharmaceutique.*

*industrie
Impropriété au sens de *entreprise, établissement industriel.*

industriel n. m.
Chef d'industrie.

industriellement adv.
Relativement à l'industrie.

industrieux, euse adj.
(Litt.) Habile, ingénieux.

inébranlable adj.
Ferme, inflexible. *Il ne changera pas d'avis, il est inébranlable.*

inédit, ite adj. et n. m.
• Non publié. *Un récit inédit.*
• Inusité. *Une façon inédite de faire de la publicité.*

ineffable adj.
👄 La deuxième syllabe se prononce *né* [inefabl].
Extraordinaire, sublime. *Un bonheur ineffable.*

ineffablement adv.
👄 La deuxième syllabe se prononce *né* [inefablə mã].
(Litt.) De façon ineffable.

ineffaçable adj.
👄 La deuxième syllabe se prononce *né* [inefasabl].
Qui ne peut disparaître. *Un souvenir ineffaçable.*
🖝 ineffa**ç**able.

inefficace adj.
👄 La deuxième syllabe se prononce *né* [inefikas].
Infructueux. *Une mesure inefficace.*

inefficacement adv.
👄 La deuxième syllabe se prononce *né* [inefikas mã].
De façon inefficace.

inefficacité n. f.
👄 La deuxième syllabe se prononce *né* [inefikasite].
Manque d'efficacité.

inégal, ale, aux adj.
• Qui n'est pas uni. *Un sol inégal.*
• Qui n'est pas égal. *Une lutte inégale.*

inégalable adj.
Qui ne peut être égalé.

inégalé, ée adj.
Qui n'a pas été égalé. *Un record inégalé.*

inégalement adv.
De façon inégale.

inégalité n. f.
Défaut d'égalité. *Des inégalités sociales.*

inélégamment adv.
Sans élégance.

inélégance n. f.
Défaut d'élégance.

inélégant, ante adj.
Qui manque d'élégance.

inéluctable adj.
Inévitable. *Le raz-de-marée est inéluctable.*

inéluctablement adv.
De façon inéluctable.

inénarrable adj.
Qu'on ne peut raconter sans rire. *Une histoire inénarrable.*
🖝 iné**n**arrable.

inepte adj.
Stupide, dépourvu de sens.
🖝 Ne pas confondre avec le mot *inapte* qui se dit d'une personne incapable.

ineptie n. f.
👄 Le *t* se prononce *s* [inɛpsi].
• Absurdité.
• Caractère d'un acte inepte.
🖝 Ne pas confondre avec le nom *inertie,* résistance, inaction.

inépuisable adj.
Qu'on ne peut épuiser. *Des ressources inépuisables.*

inépuisablement adv.
De façon inépuisable.

inéquitable adj.
Injuste. *Un jugement inéquitable.*

inerte adj.
Sans mouvement. *Le blessé gisait inerte.*

inertie n. f.
👄 Le *t* se prononce *s* [inɛrsi].
• Résistance. *Une force d'inertie.*
• Inaction. *Impossible de le tirer de son inertie.*
🖝 Ne pas confondre avec le nom *ineptie,* absurdité.

inespéré, ée adj.
Inattendu. *Une participation inespérée.*

inesthétique adj.
Laid.
🖝 inest**h**étique.

inestimable adj.
Inappréciable. *Une aide inestimable.*

inévitable adj.
Inéluctable. *Un accident inévitable.*

inévitablement adv.
De façon inévitable.

inexact, acte adj.
👄 Au masculin, les lettres *ct* peuvent se prononcer ou non, [inɛgzakt] ou [inɛgza], contrairement au féminin où ces lettres se prononcent toujours.
• Qui n'est pas exact, faux. *Une donnée inexacte.*
• Qui n'est pas ponctuel. *Des employés inexacts.*

inexactement adv.
D'une manière inexacte.

inexactitude n. f.
• Erreur. *L'inexactitude d'une réponse.*
• Manque de ponctualité. *Les élèves ont eu une rete-nue pour leur inexactitude : ils sont toujours en retard.*

inexcusable adj.
Impardonnable. *Votre erreur est inexcusable.*

inexcusablement adv.
D'une manière inexcusable.

inexécutable adv.
Qui ne peut être exécuté.

inexistant, ante adj.
Qui n'existe pas. *Des débouchés inexistants.*

inexistence n. f.
Défaut d'existence.

inexorable adj.
Implacable.

inexorablement adv.
(Litt.) D'une manière inexorable.

inexpérience n. f.
Absence d'expérience. *Son inexpérience lui compli-quera la tâche.*

inexpérimenté, ée adj.
Sans expérience. *Une employée inexpérimentée.*

inexplicable adj.
Incompréhensible. *Son geste est inexplicable.*

inexplicablement adv.
De façon inexplicable.

inexploité, ée adj.
Qui n'est pas exploité. *Des richesses inexploitées.*

inexploré, ée adj.
Qui n'a pas encore été exploré. *Des forêts inexplorées.*

inexpressif, ive adj.
Qui est sans expression. *Des yeux inexpressifs.*

inexprimable adj.
Que les mots sont impuissants à traduire. *Une joie inexprimable, une angoisse inexprimable.*
☞ Cet adjectif peut se dire d'une chose non maté-rielle, agréable ou désagréable.

inexpugnable adj.
Qu'on ne peut prendre d'assaut. *Une forteresse inex-pugnable.*

inextensible adj.
Qui n'est pas extensible.

in extenso adj. et adv.
👄 Les lettres **en** se prononcent **in** [inɛkstẽso].
• Expression latine signifiant «dans toute son étendue».
• **Adjectif.** Intégral. *Un compte rendu in extenso.*
• **Adverbe.** Intégralement. *Des textes publiés in extenso.*
☞ En typographie soignée, les mots étrangers sont composés en italique. Dans des textes déjà en italique, la notation se fait en romain. Pour les textes manus-crits, on utilisera les guillemets.

inextinguible adj.
👄 Le **u** se prononce ou non, [inɛkstẽgɥibl] ou [inɛkstẽgibl].
Qu'on ne peut éteindre, apaiser. *Une soif inextin-guible.*

in extremis adv.
👄 Le **s** se prononce et le deuxième **e** se prononce **é** [inɛkstremis].
Expression latine signifiant «au dernier moment».
☞ En typographie soignée, les mots étrangers sont composés en italique. Dans des textes déjà en italique, la notation se fait en romain. Pour les textes manus-crits, on utilisera les guillemets.

inextricable adj.
Qu'on ne peut démêler. *Un réseau inextricable.*

inextricablement adv.
De façon inextricable.

infaillibilité n. f.
• Qualité de quelqu'un qui ne peut se tromper. *L'in-faillibilité du pape.*
• Caractère de ce qui ne peut manquer de réussir. *L'infaillibilité d'un traitement.*

infaillible adj.
• Qui ne peut se tromper. *Il est infaillible.*
• Qui a un effet assuré. *Un remède infaillible.*

infailliblement adv.
Inévitablement.

infaisable adj.
👄 Les lettres **ai** se prononcent **e** [ɛfəzabl].
Qui ne peut être fait. *Ce problème est infaisable.*

infamant, ante adj.
Déshonorant.
☞ infamant, sans accent circonflexe.

infâme adj.
Abject. *Des actes infâmes.*
☞ infâme.

infamie n. f.
(Litt.) Action déshonorante.
☞ infamie, sans accent circonflexe.

infant, ante n. m. et f.
Titre donné aux enfants cadets des rois d'Espagne et du Portugal.

infanterie n. f.
Partie d'une armée chargée de conquérir, d'occuper, de défendre le terrain.

infanticide n. m. et f.
• Personne qui tue un enfant.
• Meurtre d'un enfant.

infantile adj.
Relatif à la première enfance.
☞ Ne pas confondre avec les mots suivants :
- *enfantin,* qui appartient à l'enfance;
- *puéril,* qui ne convient qu'à un enfant, qui manque de sérieux.

infantilisme n. m.
Comportement infantile.

infarctus n. m.
(Méd.) Lésion nécrotique d'un tissu par obstruction de l'artère qui assure son irrigation. *Un infarctus du myocarde* (et non un *infractus*).
⟹ in**farc**tus.

infatigable adj.
Que rien ne fatigue. *Ces athlètes semblent infatigables.*
⟹ infati**g**able.

infatigablement adv.
De façon infatigable, inlassablement.
⟹ infatigablement.

infatué, ée adj.
Être infatué (de soi, de ses mérites). Être content de soi à l'excès.

infécond, onde adj.
Qui ne produit rien.

infect, ecte adj.
� Les lettres *ct* se prononcent [ɛ̃fɛkt].
Répugnant. *Des prisons infectes.*

infecter v. tr., pronom.
Contaminer. *Ces parasites ont infecté sa plaie.*
▷◁─ Ne pas confondre avec le verbe *infester,* envahir, dévaster.

infectieux, euse adj.
⟹ Le *t* se prononce *s* [ɛ̃fɛksjø, øz].
Qui donne une infection. *Une maladie infectieuse.*

infection n. f.
Contamination par des agents pathogènes.
▷◁─ Ne pas confondre avec le nom *affection,* maladie. *Le cancer est une grave affection, mais il ne comporte pas d'infection.*

inféodation n. f.
Action d'inféoder; fait d'être inféodé.

inféoder v. tr., pronom.
• **Transitif.** Soumettre quelqu'un, quelque chose.
• **Pronominal.** Obéir, se mettre sous la dépendance de. *L'association s'est inféodée à ce parti.*

inférence n. f.
Action de tirer une conséquence d'une proposition, d'un principe.

inférer v. tr.
Le *é* se change en *è* devant une syllabe muette, sauf à l'indicatif futur et au conditionnel présent. *J'infère,* mais *j'inférerai.*
Déduire une conclusion d'un fait, d'un principe. *Ils ont inféré de ce sondage qu'ils allaient gagner.*
▷◁─ Ne pas confondre avec le verbe *se référer,* se reporter à quelque chose.

inférieur, eure adj. et n. m. et f.
• Situé plus bas. *Les membres inférieurs.*
• Plus petit. *Les résultats de cet élève sont inférieurs à la moyenne.*
▷◁─ En ce sens, l'adjectif se construit avec la préposition *à.*
▷◁─ L'adjectif *inférieur* exprime une idée de comparaison, il n'est pas possible de l'employer au comparatif; par contre, l'emploi du superlatif est usité. *Les résultats sont très inférieurs.*

inférieurement adv.
D'une manière inférieure.

infériorité n. f.
État de ce qui est inférieur. *Des complexes d'infériorité.*

infernal, ale, aux adj.
• Qui appartient aux enfers. *Des démons infernaux.*
• Qui évoque l'enfer. *Un bruit infernal.*

infertile adj.
Infécond, stérile.

infertilité n. f.
(Litt.) Stérilité.
▷◁─ Pour désigner l'incapacité de procréer d'un être vivant, on préférera le terme *stérilité.*

infester v. tr.
• (Vx) Ravager, attaquer (en parlant de malfaiteurs).
• Envahir, dévaster (en parlant d'insectes, d'animaux, de plantes nuisibles). *Des cultures infestées de sauterelles.*
▷◁─ Ne pas confondre avec le verbe *infecter,* contaminer.

infeutrable adj.
Qui ne se feutre pas. *Une laine infeutrable.*

infibulation n. f.
Opération visant à empêcher la pénétration sexuelle.
⟹ infibulation.

infidèle adj. et n. m. et f.
• **Adjectif**
- Inconstant. *Un mari infidèle.*
- Inexact. *Un résumé infidèle.*
• **Nom masculin et féminin**
Hérétique.
⟹ infi**d**èle.

infidèlement adv.
De façon infidèle.
⟹ infi**d**èlement.

infidélité n. f.
Manque de fidélité.
⟹ infi**d**élité.

infiltration n. f.
• Pénétration accidentelle d'un liquide. *Des infiltrations d'eau dans un mur.*
• Noyautage. *L'infiltration d'un syndicat.*

infiltrer v. tr., pronom.
• **Transitif**
- Pénétrer peu à peu (un corps), en parlant d'un liquide.
- (Fig.) Faire entrer des éléments clandestins dans un groupe. *Ils ont infiltré la cellule terroriste.*
▷◁─ L'emploi du verbe transitif direct en ce sens est un néologisme critiqué par certains auteurs. On doit constater toutefois qu'il est passé dans l'usage.
• **Pronominal**
Pénétrer peu à peu. *Les eaux se sont infiltrées dans les fondations de l'immeuble.*

infime adj.
Minuscule. *Une somme infime.*
▷◁─ L'adjectif comportant une valeur de superlatif, il

est préférable de s'abstenir de l'employer avec *plus, moins, très.*

infini, ie adj. et n. m.
• **Adjectif**
- Sans commencement et sans fin. *Un ciel infini.*
- Très nombreux, très considérable.
• **Nom masculin**
- Ce qui est sans limites.
- *À l'infini*, locution adverbiale. Sans fin, sans bornes.

infiniment adv.
Extrêmement. *Vous êtes infiniment aimable de m'offrir ces fleurs.*

infinité n. f.
Nombre très considérable. *Une infinité de promeneurs ont admiré ce paysage.*
🕮— L'accord du verbe ou de l'adjectif se fait avec le complément au pluriel des collectifs *infinité, quantité, espèce, sorte,* etc.
V. Tableau - **COLLECTIF.**

infinitésimal, ale, aux adj.
👄 Les lettres *si* se prononcent *zi* [ɛ̃finitezimal, o]. Infiniment petit. *Une quantité infinitésimale, des éléments infinitésimaux.*

infinitif, ive adj. et n. m.
• **Adjectif.** (Gramm.) Caractérisé par l'emploi de l'infinitif. *Une proposition infinitive comporte un verbe à l'infinitif.*
• **Nom masculin.** V. Tableau - **INFINITIF.**

infirme adj. et n. m. et f.
Atteint d'infirmités congénitales ou acquises. *Elle est infirme. C'est un infirme.*
🕮— Le terme *handicapé* tend à remplacer ce mot.

infirmer v. tr.
Remettre en question, affaiblir, diminuer (le crédit, la vérité). *Une théorie infirmée par les faits.*
Ant. **confirmer.**

infirmerie n. f.
Local où l'on reçoit et soigne les malades.

infirmier n. m.
infirmière n. f.
Personne qui soigne les malades. *Une infirmière diplômée.*

infirmité n. f.
Déficience congénitale ou acquise des capacités physiques ou mentales.

inflammabilité n. f.
Caractère de ce qui est inflammable.
🖙 inflam**m**abilité.

inflammable adj.
Qui peut prendre feu. *Un tissu très inflammable.*
🕮— Attention au sens de ce mot : ne pas confondre la première syllabe de cet adjectif avec le préfixe privatif *-in.*
🕮— Ne pas confondre avec le mot *ininflammable,* qui ne peut prendre feu.
Ant. **ininflammable.**

inflammation n. f.
• Action de s'enflammer.
• Irritation. *Une inflammation de la gorge.*
🕮— Bien que le nom provienne du verbe *enflammer,* il s'écrit avec les lettres *in.*
🖙 inflam**m**ation.

inflammatoire adj.
Caractérisé par une inflammation.
🖙 inflamma**t**oire.

inflation n. f.
Phénomène économique caractérisé par la hausse du niveau des prix et la dépréciation de la monnaie.
Ant. **déflation.**

inflationniste adj. et n. m. et f.
Qui est relatif à l'inflation. *Une politique monétaire inflationniste.*
🖙 inflation**n**iste.

infléchir v. tr., pronom.
• **Transitif**
- Courber, dévier.
- Modifier l'orientation de. *Infléchir une décision, une politique.*
• **Pronominal**
Prendre une autre direction, dévier. *Leur politique s'est infléchie considérablement.*

inflexibilité n. f.
Rigidité, fait d'être inflexible.

inflexible adj.
Rigide, impitoyable. *Une règle inflexible. Cette personne est inflexible : rien ne peut la faire changer d'avis.*
Ant. **souple.**

inflexiblement adv.
De façon inflexible.

inflexion n. f.
• Flexion, inclinaison. *Une inflexion de la tête.*
• Changement d'orientation. *L'inflexion du chemin.*
• Modulation, intonation. *Il parle avec des inflexions chantantes.*

infliger v. tr.
Le *g* est suivi d'un *e* devant les lettres *a* et *o.* *Il infligea, nous infligeons.*
• Imposer une sentence, une amende, une punition pour une faute, une infraction. *On lui a infligé une retenue parce qu'il n'avait pas fait sa recherche.*
• Faire subir quelque chose de pénible à quelqu'un. *Infliger du chagrin à quelqu'un.*
🕮— Attention à l'emploi de la forme pronominale avec le complément d'objet direct *blessure* au sens de «se blesser». Si une personne s'inflige une blessure, elle se cause volontairement cette blessure, ce qui n'est généralement pas le cas. On dira plutôt *recevoir une blessure, se blesser.*

influençable adj.
Qui peut être influencé. *Ces adolescents sont un peu trop influençables.*
🖙 influen**ç**able.

INFINITIF

L'infinitif exprime une idée d'action ou d'état sans indication de personne ni de nombre, sans relation à un sujet; c'est un **mode impersonnel.**

L'infinitif s'emploie tantôt comme un **nom,** tantôt comme un **verbe.**

NOM

Certains infinitifs sont devenus de véritables noms : *le rire, le savoir-faire, le baiser, le déjeuner, le devoir, le sourire, le souvenir.*

☞ Ces noms prennent la marque du pluriel s'ils sont simples; s'ils sont composés, ils sont invariables. *Des rires, des savoir-vivre.*

L'infinitif nom peut remplir les fonctions du nom :

– **Sujet.**   *Lire me plaît.*

– **Attribut du sujet.**   *Partir c'est mourir un peu.*

– **Complément du nom ou du pronom.**   *Le temps de jouer.*

– **Complément de l'adjectif qualificatif.**   *Apte à réussir.*

– **Complément d'objet direct ou indirect.**   *Tu aimes courir. Préparez-vous à partir.*
    ☞ Il est possible d'employer   *Il aime chanter, danser et puis rire.*
    plusieurs infinitifs à la suite.

– **Complément circonstanciel.**   *Il faut travailler pour réussir.*

Dans une **proposition indépendante,** l'infinitif exprime :

– Un ordre, un conseil. *Ne pas exposer à l'humidité.*
☞ Dans ce contexte, l'infinitif a valeur d'impératif. Sur les formulaires, dans l'affichage, on préférera le mode infinitif au mode impératif qui a une connotation plus autoritaire, moins polie.

– Une narration. *Et les invités d'applaudir.*
☞ L'infinitif est précédé de *de.*

– Une question, une exclamation. *Où aller? Abandonner la partie, jamais!*

VERBE

TEMPS DE L'INFINITIF

Infinitif présent

Selon le temps du verbe de la principale, l'infinitif présent prend une valeur de présent, de passé ou de futur.

Après certains verbes (*devoir, espérer, souhaiter, promettre,* etc.) l'infinitif présent exprime toujours un futur. *J'espère réussir* (que je réussirai).

Infinitif passé

☞ Quel que soit le temps du verbe de la principale, l'infinitif passé a la valeur d'un passé. Après certains verbes (*espérer, souhaiter,* etc.), l'infinitif passé a la valeur d'un futur antérieur et permet d'alléger la structure de la phrase.

- *Je pense avoir atteint mon objectif* (... que j'ai atteint...).
- *Je pensais avoir atteint mon objectif* (... que j'avais atteint...).
- *Je souhaite avoir atteint mon objectif en décembre* (... que j'aurai atteint...).
- *Je souhaitais avoir atteint mon objectif en décembre* (... que j'aurais atteint...).

influence n. f.
Ascendance, emprise. *Son grand frère a beaucoup d'influence sur elle.*
▭▷ influe**nce**.

influencer v. tr.
Le **c** prend une cédille devant les lettres **a** et **o**. *Il influença, nous influençons.*
Agir sur l'esprit et la volonté d'une personne pour la convaincre. *Maxime influençait beaucoup ses camarades qui l'écoutaient toujours.*
▭◁— Il y a une légère distinction de sens avec le verbe **influer,** exercer une influence sur (des personnes ou des choses).

influent, ente adj.
Important. *Ce sont des femmes influentes.*
▭◁— Ne pas confondre avec le participe présent **influant. *Des substances influant sur le comportement.***

influenza n. f.
(Vx) Grippe.
▭◁— Attention au genre féminin de ce nom : *une* influenza.

influer v. tr., ind.
Exercer une influence sur (des personnes ou des choses). *Le contexte économique influe sur la performance de l'entreprise.*
▭◁— Le verbe se distingue légèrement du verbe **influencer,** agir sur l'esprit et la volonté d'une personne pour la convaincre.

influx n. m.
👄 Le **x** ne se prononce pas [ɛ̃fly].
Influx nerveux. Phénomène par lequel l'excitation d'une fibre nerveuse se propage dans le nerf.
▭▷ influ**x**.

infographie n. f.
(Inform.) Branche de l'informatique qui a pour objet la production automatique d'images et de dessins.
▭◁— Ce néologisme a été formé à partir des mots **infographique** et **graphique.**

infographique adj.
(Inform.) Relatif à l'infographie.

in-folio adj. inv. et n. m. inv.
👄 Le **n** se prononce [infɔljo].
• **Adjectif invariable.** (Imprim.) Se dit d'une feuille d'impression qui est pliée en deux feuillets (4 pages). *Des livres in-folio.*
• **Nom masculin invariable.** Livre de ce format. *Des in-folio.*

informateur n. m.
informatrice n. f.
• Personne qui recueille des informations.
• Indicateur (de police).

informaticien n. m.
informaticienne n. f.
Spécialiste de l'informatique.

information n. f.
• Ensemble de renseignements. *Recueillir de l'information sur un sujet. Le traitement de l'information. Pour information* (et non pour *votre information*), *je vous...*

• *Réunion d'information, séance d'information, voyage d'information.*
▭◁— Dans ces expressions, le nom **information** est un collectif et s'écrit au singulier.
• Évènement porté à la connaissance d'un public. *Une information de dernière heure* (et non un *scoop).
• (Au plur.) Actualités radiodiffusées ou télévisées. S'abrège familièrement en **infos.**

*information (pour votre)
Calque de l'anglais «for your information» pour *à titre de renseignement, à titre indicatif, pour information.*

informatique adj. et n. f.
• **Adjectif.** Relatif au traitement automatisé de l'information. *Des procédés informatiques.*
• **Nom féminin.** Science du traitement automatique de l'information.
▭◁— Ce mot a été créé en 1962 à partir des mots **information** et **automatique.**

informatisation n. f.
Action d'informatiser. *L'informatisation d'une production.*

informatiser v. tr.
Traiter l'information à l'aide de moyens automatisés. *Une comptabilité informatisée.*

informe adj.
Sans forme, laid. *Une masse informe.*

informé, ée adj. et n. m.
• **Adjectif**
Averti.
• **Nom masculin**
- (Dr.) Information sur une affaire juridique.
- *Jusqu'à plus ample informé,* locution adverbiale. Avant d'en savoir plus.

informel, elle adj. et n. m.
Sans forme définie. *L'art informel.*

*informel
Anglicisme au sens de **officieux, non officiel, sans cérémonie.**

informer v. tr., intr., pronom.
• **Transitif**
- Renseigner, mettre au courant de quelque chose. *La directrice a informé les élèves que les cours se termineront le 10 juin. Il l'a informé qu'il prolongerait son séjour.*
▭◁— Le verbe se construit avec **que** suivi de l'indicatif ou du subjonctif. La tournure avec **de ce que** est inutilement lourde.
- *Informer + de* (nom). *Il voulait vous informer de sa décision.*
• **Intransitif**
(Dr.) Faire une instruction en matière criminelle.
• **Pronominal**
Se renseigner. *Il s'informa de la santé de ses parents, sur le contexte économique.*
▭◁— Suivi d'un nom, le verbe se construit avec les prépositions **de** ou **sur;** suivi de **si,** le verbe se construit avec l'indicatif ou le conditionnel. *Elle s'informe si tout est prêt, si vous accepteriez de venir.*

infortuné, ée adj. et n. m. et f.
Desservi par le sort, malchanceux.

infos n. f. pl.
Abréviation familière de **informations** (radiodiffusées, télévisées).

infra adv.
Ci-après, ci-dessous. *Se reporter infra.*

infra- préf.
• Élément du latin signifiant «au-dessous».
• Les mots composés avec le préfixe **infra-** s'écrivent en un seul mot. *Infrarouge, infrastructure.*

infraction n. f.
Violation d'une loi, d'un règlement.
▷— Ne pas confondre avec le nom **effraction,** vol avec forcement d'une serrure, d'une fenêtre, etc.

*infractuosité
V. **anfractuosité.**

*infractus
V. **infarctus.**

infranchissable adj.
• Qui ne peut être franchi. *Une distance infranchissable.*
• Insurmontable.

infrarouge adj. et n. m.
(Phys.) Se dit des radiations qui sont en deçà du rouge dans la partie du spectre non perceptible à l'œil. *Des rayons infrarouges.*

infrastructure n. f.
• Fondations. *L'infrastructure d'une voie ferrée.*
• Ensemble des moyens économiques et techniques d'un pays, d'une région, etc. *L'infrastructure routière d'une région.*

infroissable adj.
Qui ne peut se froisser. *Un tissu infroissable.*
▷ infro**iss**able.

infructueux, euse adj.
Sans résultat. *Une recherche infructueuse.*

infus, use adj.
(Litt.) Inné. *La science infuse.*

infuser v. tr., intr.
• **Transitif.** Laisser macérer une substance dans un liquide bouillant afin d'en recueillir des éléments. *Infuser du thé, du tilleul.*
• **Intransitif.** Tremper dans un liquide bouillant. *Le tilleul infuse.*

infusion n. f.
• Action d'infuser.
• Liquide ainsi obtenu. *Une infusion de camomille.*
▷— Ne pas confondre avec les noms suivants :
- **effusion,** démonstration enthousiaste;
- **tisane,** infusion médicamenteuse.

infusoire n. f.
Animal microscopique.

ingénier (s') v. pronom.
Redoublement du *i* à la première et à la deuxième

personne du pluriel de l'indicatif imparfait et du subjonctif présent. *(Que) nous nous ingéniions, (que) vous vous ingéniiez.*
Chercher, s'efforcer. *Ils se sont ingéniés à trouver une solution économique.*
▷— Le participe passé de **s'ingénier** s'accorde toujours avec le sujet du verbe.

ingénierie n. f.
Étude globale d'un projet industriel sous tous ses aspects (techniques, économiques, financiers, sociaux), coordonnant les études particulières de plusieurs équipes de spécialistes.

ingénieur n. m.
ingénieure n. f.
Personne que sa formation scientifique ou technique rend apte à diriger certains travaux. *Un ingénieur civil. Une ingénieure industrielle, un ingénieur forestier.*

ingénieur-conseil n. m. (pl. *ingénieurs-conseils*)
Personne dont la profession est de donner des conseils, des expertises, de conduire des travaux qui relèvent de l'ingénieur.
▷ **ingénieur-conseil**, avec un trait d'union.

ingénieusement adv.
Habilement.

ingénieux, euse adj.
Adroit, habile. *Un bricoleur ingénieux. Une trouvaille ingénieuse.*

ingéniosité n. f.
Habileté à inventer des solutions. *Faire preuve d'ingéniosité.*
▷— Ne pas confondre avec les noms suivants :
- **esprit,** vivacité de l'intelligence;
- **finesse,** possibilité de saisir les nuances;
- **génie,** faculté créatrice;
- **talent,** aptitude naturelle.

ingénu, ue adj. et n. f.
• **Adjectif.** Candide. *Un sourire ingénu.*
• **Nom féminin.** Rôle de jeune fille naïve. *J'ai lu* L'Ingénue libertine, *un roman de Colette.*

ingénuité n. f.
Candeur. *L'ingénuité d'une fillette.*

ingénument adv.
De façon ingénue.
▷ ingé**n**ument.

ingérence n. f.
Immixtion, intrusion. *L'ingérence de l'État dans la vie privée.*

ingérer v. tr., pronom.
Le *é* se change en *è* devant une syllabe muette, sauf à l'indicatif futur et au conditionnel présent. *J'ingère,* mais *j'ingérerai.*
• **Transitif.** Introduire par la bouche. *Ingérer un médicament.*
• **Pronominal.** S'immiscer. *Certains États tentent de s'ingérer dans les affaires intérieures du pays.*

ingestion n. f.
Action d'introduire par la bouche. *L'ingestion d'un médicament.*

ingrat, ate adj. et n. m. et f.
• Qui manque de reconnaissance. *Étienne et Marie-Ève sont reconnaissants : ils ne sont pas des ingrats.*
• Déplaisant, désagréable. *L'âge ingrat.*

ingratitude n. f.
Manque de reconnaissance, de gratitude.

ingrédient n. m.
Toute substance qui entre dans un mélange. *Des ingrédients divers composent ce gâteau.*

inguinal, ale, aux adj.
⬭ Le *u* se prononce *u* (et non *ou*) [ε̃gμinal, o].
Relatif à l'aine. *Une hernie inguinale.*

ingurgitation n. f.
Action d'ingurgiter.

ingurgiter v. tr.
Avaler avidement. *Les coureurs assoiffés ingurgitaient des litres d'eau.*

inhabile adj.
Maladroit.
⟹ inhabile.

inhabilement adv.
De façon inhabile.
⟹ inhabilement.

inhabileté n. f.
Maladresse
⟹ inhabileté.

inhabitable adj.
Qui ne peut être habité. *Un logement inhabitable.*
Ant. **habitable.**

inhabité, ée adj.
Qui n'est pas habité. *Cette maison est inhabitée depuis quelque temps.*

inhabituel, elle adj.
Non habituel. *Un fait inhabituel.*

inhalateur n. m.
Appareil servant aux inhalations. *Un inhalateur médicamenteux.*

inhalation n. f.
Absorption par les voies respiratoires.

inhaler v. tr.
Respirer une substance médicamenteuse ou chimique.
☞ Ne pas confondre avec le verbe **aspirer,** attirer l'air dans les poumons.

inhérent, ente adj.
Qui est lié à une personne, à une chose de par sa nature. *La joie de vivre inhérente à sa jeunesse.*
⟹ inhérent.

inhiber v. tr.
(Psycho.) Freiner (une réaction, une impulsion).
⟹ inhiber.

inhibiteur, trice adj. et n. m.
• **Adjectif.** De nature à provoquer une inhibition.
• **Nom masculin.** Substance qui bloque ou retarde une réaction (chimique, physiologique).
⟹ inhibiteur.

inhibition n. f.
Suspension ou suppression d'une fonction organique, psychologique ou psychique.
⟹ inhibition.

inhospitalier, ière adj.
Qui n'est pas accueillant.
⟹ inhospitalier.

inhumain, aine adj.
Qui est étranger à tout sentiment de pitié. *Ce dictateur est inhumain.*
☞ Ne pas confondre avec les mots suivants :
- **bestial,** qui a la cruauté des bêtes féroces;
- **cruel,** qui se plaît à faire souffrir;
- **féroce,** qui est sauvage et cruel par nature.
⟹ inhumain.

inhumainement adv.
De façon inhumaine.
⟹ inhumainement.

inhumation n. f.
Mise en terre d'un corps, dans la langue administrative.
Ant. **exhumation.**
⟹ inhumation.

inhumer v. tr.
Mettre un corps en terre avec les cérémonies d'usage, dans la langue administrative. *Un permis d'inhumer.*
☞ Le verbe **enterrer** appartient à la langue courante.
Ant. **exhumer.**
⟹ inhumer.

inimaginable adj.
Extraordinaire. *Une étendue inimaginable.*
Ant. **imaginable.**

inimitable adj.
Qu'on ne saurait imiter. *Son style est inimitable.*
Ant. **imitable.**

inimitié n. f.
(Litt.) Hostilité.
☞ Ne pas confondre avec le nom **intimité,** caractère de ce qui est intime.

ininflammabilité n. f.
Qualité de ce qui est ininflammable. *L'ininflammabilité de ce matériau est garantie.*

ininflammable adj.
Qui ne peut prendre feu.
☞ Ne pas confondre avec le mot **inflammable,** qui peut prendre feu.
Ant. **inflammable.**

inintelligemment adv.
⬭ L'avant-dernière syllabe se prononce **gea** [inε̃te-liʒamã].
Sans intelligence.
⟹ inintelligemment.

inintelligence n. f.
Manque d'intelligence.

inintelligent, ente adj.
Qui manque d'intelligence.
Ant. **intelligent.**

inintelligible adj.
Dont on ne peut saisir le sens en raison d'une mauvaise présentation de l'objet. *Un texte inintelligible.*
🕮 Ne pas confondre avec le mot *incompréhensible,* insaisissable en raison de la nature même de l'objet.

inintelligiblement adv.
De façon inintelligible.

inintéressant, ante adj.
Dépourvu d'intérêt. *Ce texte n'est pas inintéressant, mais l'auteur pourrait le simplifier.*

ininterrompu, ue adj.
Continu dans l'espace ou dans le temps. *Des efforts ininterrompus.*
▭➪ ininterrompu.

inique adj.
(Litt.) Injuste. *Un châtiment inique.*
▭➪ inique.

iniquement adv.
De façon inique.
▭➪ iniquement.

iniquité n. f.
Injustice.
▭➪ iniquité.

initial, ale, aux adj. et n. f.
👄 Le *t* se prononce *s* [inisjal, o].
• **Adjectif.** Premier, qui est au début. *La phase initiale. Des plans initiaux.*
• **Nom féminin.** Première lettre majuscule d'un nom propre. *Ses initiales sont E. V.*

initialement adv.
👄 Le *t* se prononce *s* [inisjalmã].
Au début, à l'origine.

initialisation n. f.
👄 Les *t* se prononcent *s* [inisjalizasjõ].
(Inform.) Établissement de l'organisation initiale d'un support d'information (disque, disquette).

initialer v. tr.
Au Canada, inscrire ses initiales. *Il faut initialer chaque page du contrat.*
Syn. **parafer.**

initialiser v. tr.
👄 Le *t* se prononce *s* [inisjalize].
• (Inform.) Mettre dans un état initial un circuit électronique, un programme informatique.
• (Inform.) Établir l'organisation initiale d'un support d'information (disque, disquette).

initiateur, trice n. m. et f.
👄 Le premier *t* se prononce *s* [inisjatœr, tris].
Personne qui initie. *L'initiatrice d'une technique.*

initiation n. f.
👄 Les *t* se prononcent *s* [inisjasjõ].
• Révélation, admission à la connaissance de certains mystères religieux, de choses cachées.
• Action d'enseigner, d'apprendre les rudiments d'une science. *Une initiation à la photographie.*

initiative n. f.
👄 Le premier *t* se prononce *s* [inisjativ].
• Action de proposer ou d'entreprendre quelque chose. *Un esprit d'initiative. Voilà une excellente initiative.*
🕮 Ce nom se construit avec les prépositions *sur, de. Il a fait ce choix de sa propre initiative. C'est sur l'initiative de sa collègue que la démarche a été faite.*
• *Syndicat d'initiative.* En France, organisme chargé de la promotion touristique d'une région.

initié, ée adj. et n. m. et f.
👄 Le *t* se prononce *s* [inisje].
Qui a reçu une initiation. *Ils ont eu accès à des informations confidentielles : ce sont des initiés.*

initier v. tr., pronom.
Redoublement du *i* à la première et à la deuxième personne du pluriel de l'indicatif imparfait et du subjonctif présent. *(Que) nous initiions, (que) vous initiiez.*
👄 Le *t* se prononce *s* [inisje].
• **Transitif.** Donner la connaissance (d'un art, d'une science, d'une profession, etc.). *Initier un enfant au ski.*
• **Pronominal.** Acquérir les rudiments (d'un art, d'une science). *S'initier à l'informatique.*

*initier
Anglicisme au sens de *lancer, instaurer, mettre en œuvre, amorcer. On a instauré* (et non *initié) une politique nouvelle.*

injectable adj.
Qui peut être administré par injection.
🕮 Ne pas confondre avec le mot *éjectable,* qui peut être éjecté.

injecter v. tr., pronom.
• **Transitif**
- Introduire par pression un liquide dans un organisme. *Injecter un médicament dans une veine.*
- Fournir des capitaux à une entreprise.
• **Pronominal**
Devenir coloré par l'afflux de sang. *Ses yeux s'étaient injectés de sang.*

injecteur n. m.
Dispositif d'injection. *Un injecteur d'essence.*

injection n. f.
• Action d'introduire un liquide dans un corps. *Une injection intraveineuse.*
• *Moteur à injection.* Moteur muni d'un dispositif d'alimentation en carburant par injecteur.
🕮 Ne pas confondre avec le nom *injonction,* ordre formel.

injonction n. f.
Ordre formel d'obéir sur-le-champ.
🕮 Ne pas confondre avec le nom *injection,* introduction d'un liquide dans un corps.

injure n. f.
Insulte. *Vos injures ne m'atteignent pas.*

injurier v. tr.
Redoublement du *i* à la première et à la deuxième personne du pluriel de l'indicatif imparfait et du subjonctif présent. *(Que) nous injuriions, (que) vous injuriiez.*

Offenser par des insultes. *Des petits voisins l'ont injurié sans raison.*

injurieusement adv.
De façon injurieuse.

injurieux, euse adj.
• Insultant. *Ce qualificatif est injurieux.*
• Qui constitue une injure.
☞ Cet adjectif se construit généralement avec *pour*. *Ce commentaire est injurieux pour le témoin.*

injuste adj.
Qui est contraire à la justice, inéquitable. *Des décisions injustes.*

injustement adv.
De façon injuste.

injustice n. f.
Acte contraire à la justice. *L'expulsion de ces réfugiés est une injustice.*

injustifiable adj.
Inexcusable. *Des procédés injustifiables.*

injustifié, ée adj.
Qui n'est pas ou n'a pas été justifié. *Des décisions injustifiées.*

inlassable adj.
Infatigable, patient. *Il reprend son inlassable travail.*

inlassablement adv.
De façon inlassable.

in memoriam
👄 Le **n** est sonore, le **e** se prononce *é* et le **m** final est sonore [inmemɔriam].
Expression latine signifiant «à la mémoire de».
☞ En typographie soignée, les mots étrangers sont composés en italique. Dans des textes déjà en italique, la notation se fait en romain. Pour les textes manuscrits, on utilisera les guillemets.
✏ in memoriam, sans accent sur le **e**.

inné, ée adj. et n. m.
Naturel. *Un talent inné pour le dessin.*
✏ inné.

innervation n. f.
Distribution des nerfs.
✏ innervation.

innerver v. tr.
Distribuer des nerfs dans un organe, en parlant d'un tronc nerveux. *Une partie du corps très innervée.*
☞ Ne pas confondre avec le verbe *énerver,* exciter.

innocemment adv.
👄 La troisième syllabe se prononce *sa* [inɔsamã].
Avec innocence, sans fraude ni tromperie.
✏ innocemment.

innocence n. f.
• Pureté, ingénuité. *L'innocence d'un enfant.*
• État de la personne qui n'est pas coupable. *Son innocence a été prouvée.*
Ant. **culpabilité.**
✏ innocence.

innocent, ente adj. et n. m. et f.
• Qui n'est pas coupable.
• Candide, pur.
☞ Cet adjectif se dit d'une personne ou d'une chose. *Il est innocent. Un sourire innocent.*
• Crédule. *Pour croire une histoire pareille, il faudrait être bien innocent.*
Ant. **coupable.**

innocenter v. tr.
• Déclarer innocent.
• Absoudre d'un blâme.
✏ innocenter.

innocuité n. f.
Qualité d'une chose qui n'est pas nocive.
✏ innocuité.

innombrable adj.
Qui ne peut être dénombré, incalculable. *D'innombrables étoiles.*

innommable adj.
Abject, inqualifiable.

innommé, ée adj.
(Litt.) Qui n'a pas reçu de nom.
☞ Plusieurs ouvrages donnent également la graphie *innomé* préconisée par l'Académie qui écrit toutefois *innommable.* L'orthographe avec deux *m* semble plus logique.

innovateur, trice adj. et n. m. et f.
Créateur, novateur. *Des projets innovateurs, des créations innovatrices.*

innovation n. f.
Création. *Des innovations technologiques.*

innover v. tr., intr.
• **Transitif.** (Vx) Créer. *Innover une mode.*
• **Intransitif.** Introduire quelque chose de nouveau dans un domaine. *Il faut innover sans cesse en informatique.*
☞ Le verbe ne s'emploie plus qu'intransitivement.

inobservance n. f.
Manquement à des prescriptions (religieuses, médicales, etc.).
✏ inobservance.

inobservation n. f.
Inexécution (d'une loi, d'une promesse).

inoccupé, ée adj.
• Vacant. *Une maison inoccupée.*
• Désœuvré. *Un employé inoccupé.*
✏ inoccupé.

in-octavo adj. inv. et n. m. inv.
👄 Le **n** se prononce [inɔktavo].
• Abréviation *in-8º* (s'écrit sans point).
• **Adjectif invariable.** (Imprim.) Se dit d'un format où la feuille d'impression est pliée en 8 feuillets (16 pages). *Des volumes in-octavo.*
• **Nom masculin.** Livre de ce format. *Des in-octavo.*

inoculable adj.
Qui peut être inoculé.

inoculation n. f.
Introduction dans l'organisme d'un germe vivant.

inoculer v. tr.
Introduire dans l'organisme par inoculation (un virus, une maladie, etc.).

inodore adj.
Sans odeur. *Ces fleurs sont inodores.*
Ant. **odorant.**

inoffensif, ive adj.
Incapable de nuire. *Un chien inoffensif.*
⇨ **inoffensif.**

inondation n. f.
Débordement d'eaux qui submergent le pays environ-nant. *La débâcle a provoqué une inondation.*

inonder v. tr.
Submerger un terrain. *Ces terres ont été inondées.*

inopérable adj.
Que l'on ne peut opérer.

inopérant, ante adj.
Inefficace. *Un traitement inopérant. Une mesure ino-pérante.*

inopiné, ée adj.
Imprévu.

inopinément adv.
De façon inopinée.

inopportun, une adj.
Qui n'est pas opportun, qui vient mal à propos.

inopportunément adv.
(Litt.) De façon inopportune.

inopportunité n. f.
Caractère de ce qui n'est pas opportun. *L'inopportunité d'une démarche.*

inoubliable adj.
Qui ne peut être oublié. *Un livre inoubliable.*

inouï, ïe adj.
Extraordinaire, prodigieux. *Des histoires inouïes.*
⇨ **inouï.**

inoxydable adj.
Qui résiste à l'oxydation. *Acier inoxydable.*
Ant. **oxydable.**
⇨ **inoxydable.**

in petto loc. adj.
• Expression italienne signifiant «dans la poitrine».
• (Plaisant.) Secrètement, dans son for antérieur.
☞ En typographie soignée, les mots étrangers sont composés en italique. Dans des textes déjà en italique, la notation se fait en romain. Pour les textes manus-crits, on utilisera les guillemets.

*input
(Inform.) Anglicisme pour **entrée.**

inqualifiable adj.
Innommable. *Une conduite inqualifiable.*

in-quarto adj. inv. et n. m. inv.
👄 Le *n* se prononce [inkwarto].
• Abréviation **in-4°** (s'écrit sans point).
• **Adjectif invariable.** (Imprim.) Se dit d'un format où la feuille imprimée est pliée en 4 feuillets (8 pages). *Des volumes in-quarto.*
• **Nom masculin.** Livre de ce format. *Des in-quarto.*

inquiet, ète adj. et n. m. et f.
Anxieux. *Sophie est inquiète de l'avenir, pour lui, sur son sort.*
☞ L'adjectif se construit avec les prépositions **de, pour** ou **sur.**

inquiéter v. tr., pronom.
Le *é* se change en *è* devant une syllabe muette, sauf à l'indicatif futur et au conditionnel présent. *J'inquiète,* mais *j'inquiéterai.*
• **Transitif**
- Remplir d'inquiétude. *Son absence inquiète sa mère.*
- (Fam.) Porter atteinte à la suprématie de. *Le champion n'a pas été inquiété par le tenant du titre.*
• **Pronominal**
S'inquiéter + pour. S'alarmer, se tracasser. *Il s'inquiète pour des riens.*
☞ Le verbe pronominal se construit également avec *de, de ce que* suivi de l'indicatif ou du subjonctif. *Elle ne s'inquiète pas de son sort, de ce qu'on pourrait penser.*

inquiétude n. f.
Anxiété. *Son inquiétude grandit au fur et à mesure que l'heure passe et que les enfants ne sont pas rentrés.*

inquisiteur, trice adj.
Scrutateur. *Des regards inquisiteurs.*

inquisition n. f.
Examen malveillant.

inracontable adj.
Qui ne peut être raconté. *Une histoire inracontable* (et non **irracontable*).

INRS
Sigle de *Institut national de la recherche scientifique.*

insaisissable adj.
Qu'on ne peut saisir.
⇨ insaisi**ss**able.

insalubre adj.
Malsain. *Un logement insalubre.*

insalubrité n. f.
État de ce qui est insalubre.

insanité n. f.
• Folie.
• Bêtise. *Débiter des insanités.*

insatiable adj.
👄 Le *t* se prononce *s* [ɛ̃sasjabl].
Qui ne peut être satisfait. *Un désir d'absolu insatiable.*
☞ Cet objectif s'emploie surtout pour qualifier une chose abstraite.

insatiablement adv.
👄 Le premier *t* se prononce *s* [ɛ̃sasjabləmɑ̃].
De façon insatiable.

insatisfaction n. f.
Mécontentement. *Cette décision a provoqué l'insatis-faction.*

insatisfait, aite adj. et n. m. et f.
Mécontent. *Des clients insatisfaits.*

inscription n. f.
• Action d'inscrire. *L'inscription d'un mot dans une liste.*
• Résultat de cette action. *Cette inscription est difficile à déchiffrer.*

inscrire v. tr., pronom.
INDICATIF PRÉSENT *J'inscris, tu inscris, il inscrit, nous inscrivons, vous inscrivez, ils inscrivent.* IMPARFAIT *J'inscrivais.* PASSÉ SIMPLE *J'inscrivis.* FUTUR *J'inscrirai.* CONDITIONNEL PRÉSENT *J'inscrirais.* IMPÉRATIF PRÉSENT *Inscris, inscrivons, inscrivez.* SUBJONCTIF PRÉSENT *Que j'inscrive.* IMPARFAIT *Que j'inscrivisse.* PARTICIPE PRÉSENT *Inscrivant.* PASSÉ *Inscrit, ite.*
• Transitif. Écrire, noter. *Inscris ton nom sur ton cahier.*
• Pronominal. Donner son nom pour un registre. *S'inscrire* (et non *s'enregistrer*) *à l'hôtel, à l'université. Ils se sont inscrits sous un faux nom.*
• *S'inscrire en faux contre quelque chose.* Démentir quelque chose. *La ministre s'est inscrite en faux contre cette affirmation d'un journaliste : il dit que cette affirmation est inexacte.*
☞ Dans cette expression, le mot *faux* est invariable.
• S'insérer, se situer. *Cette activité s'inscrit bien dans le programme de la journée.*

insécable adj.
Qu'on ne peut séparer.

insectarium n. m.
⟺ Les lettres *um* se prononcent *om* [ɛ̃sɛktarjɔm].
Établissement scientifique où l'on élève des insectes. *Des insectariums. Au Jardin botanique de Montréal, il y a maintenant un insectarium.*

insecte n. m.
Petit animal invertébré, articulé, à six pattes. *L'araignée se nourrit d'insectes.*

insecticide adj. et n. m.
Se dit d'un produit qui tue les insectes nuisibles.

insectivore adj. et n. m.
Se dit d'un animal qui se nourrit d'insectes. *La grenouille est insectivore. Le hérisson, la taupe sont des insectivores.*
☞ Ne pas confondre avec les mots suivants :
- *carnassier,* qui se nourrit de proies vivantes;
- *carnivore,* qui se nourrit de chair;
- *frugivore,* qui se nourrit de fruits;
- *granivore,* qui se nourrit de graines;
- *omnivore,* qui mange de tout.

*insécure
Anglicisme pour *anxieux, inquiet.*

insécurité n. f.
Manque de sécurité. *L'insécurité règne dans ce quartier.*

in-seize adj. inv. et n. m. inv.
⟺ Le *n* se prononce [insɛz].
• Abréviation *in-16* (s'écrit sans point).
• Adjectif invariable. (Imprim.) Se dit d'un format où la feuille imprimée est pliée en 16 feuillets (32 pages). *Des volumes in-seize.*

• Nom masculin invariable. Livre de ce format. *Des in-seize.*

inséminateur, trice adj. et n. m.
Qui sert à inséminer.

insémination n. f.
Introduction de sperme dans les voies génitales de la femelle. *Une insémination artificielle de jument.*

inséminer v. tr.
Féconder, ou tenter de féconder, par insémination.

insensé, ée adj.
• Absurde. *Ce choix est insensé, tout à fait déraisonnable.*
• (Fam.) Bizarre, extravagant. *Une dépense insensée.*

insensibilisation n. f.
Action d'insensibiliser une partie du corps.
⟹ insensibilisation.

insensibiliser v. tr.
Rendre insensible à la douleur.
⟹ insensibiliser.

insensibilité n. f.
• Défaut de sensibilité physique.
• Indifférence.

insensible adj.
Dépourvu de sensibilité. *Claude joue les durs, mais il n'est pas insensible.*

insensiblement adv.
De façon insensible, peu à peu.

inséparable adj. et n. m. et f.
Que l'on ne peut séparer. *Ces amis sont inséparables. Ce sont des inséparables.*

inséparablement adv.
De façon à ne pouvoir être séparé.

insérer v. tr., pronom.
Le *é* se change en *è* devant une syllabe muette, sauf à l'indicatif futur et au conditionnel présent. *J'insère,* mais *j'insérerai.*
• Transitif
Introduire quelque chose dans un ensemble. *Insérer un mot dans une phrase.*
• Pronominal
- Se situer. *Ces recherches s'insèrent dans le prolongement de nos travaux.*
- S'intégrer.

insertion n. f.
⟺ Le *t* se prononce *s* [ɛ̃sɛrsjɔ̃].
Introduction, intégration. *L'insertion d'une citation dans un texte.*
⟹ insertion.

insidieusement adv.
De façon insidieuse.

insidieux, euse adj.
Trompeur. *Une question insidieuse.*
⟹ insidieux.

insigne adj. et n. m.
• Adjectif. Remarquable. *Un insigne honneur.*

• **Nom masculin.** Emblème, signe distinctif. *Les scouts portent un insigne.*

☞ Attention au genre masculin de ce nom : *un* insigne.

☞ L'insigne précisant le nom de la personne qui le porte se nomme ***porte-nom*** ou ***badge.***

☞ Les noms ***insigne*** et ***enseigne*** sont des doublets.

V. Tableau - **DOUBLETS.**

insignifiance n. f.
Caractère de ce qui est insignifiant, sans importance. *Ils perdent leur temps pour des insignifiances.*

☞ insignifiance.

insignifiant, ante adj.
Banal, négligeable. *Ces problèmes me paraissent insignifiants.*

insinuation n. f.
Sous-entendu. *Ses paroles étaient souvent des insinuations déplaisantes.*

insinuer v. tr., pronom.
• **Transitif.** Suggérer, en mauvaise part. *Que voulez-vous insinuer?*

• **Pronominal.** Pénétrer (au propre et au figuré). *L'eau s'insinue dans les fissures.*

insipide adj.
Sans saveur, fade. *Cette soupe est insipide.*
Ant. **sapide.**

insipidité n. f.
Caractère de ce qui est insipide.

insistance n. f.
Action d'insister, obstination. *Anna invita Claire avec beaucoup d'insistance.*

☞ insistance.

insistant, ante adj.
Qui insiste, pressant. *Anna a été insistante : elle voulait absolument que Claire vienne.*

insister v. intr.
• Revenir à la charge. *N'insistez pas, Stanislas. Il insiste pour que tu viennes.*

• Mettre l'accent sur quelque chose. *Il faut insister* (et non *mettre l'emphase) *sur ce point capital.*

insociable adj.
Qui n'est pas sociable.

insolation n. f.
Malaise causé par une exposition prolongée au soleil.

☞ Ne pas confondre avec le nom ***isolation,*** action d'isoler.

insolemment adv.
◇ La troisième syllabe se prononce *la* [ɛ̃sɔlamɑ̃].
Avec insolence.

☞ insolemment.

insolence n. f.
Arrogance, impertinence. *La directrice n'aime pas l'insolence.*

☞ insolence.

insolent, ente adj. et n. m. et f.
Effronté, impoli. *Des élèves insolents.*

☞ Ne pas confondre avec le mot ***insolite,*** étrange.

☞ insolent.

insolite adj. et n. m.
Étrange. *Un bruit insolite.*

☞ Ne pas confondre avec le mot ***insolent,*** effronté, impoli.

insoluble adj.
• Qu'on ne peut résoudre. *Un problème insoluble.*
• Qui ne peut se dissoudre. *Un produit insoluble.*

insolvabilité n. f.
État de la personne, de la société qui ne peut payer ses dettes.

insolvable adj.
Qui ne peut payer ses dettes. *Ce marchand est insolvable.*

insomniaque adj. et n. m. et f.
(Litt.) Qui souffre d'insomnie.

insomnie n. f.
Privation de sommeil. *Papa a du mal à dormir, il souffre d'insomnie.*

insondable adj.
• Dont on ne peut toucher le fond. *Un abîme insondable.*
• Indéchiffrable. *Un mystère insondable.*

insonore adj.
Qui n'est pas sonore. *Un appartement insonore.*

☞ insonore.

insonorisation n. f.
Action d'insonoriser. *L'insonorisation d'une chambre.*

insonoriser v. tr.
Aménager un local pour le rendre plus silencieux. *Il faudrait insonoriser ce bureau.*

insouciance n. f.
Nonchalance. *Martin fait preuve d'insouciance.*

☞ insouciance.

insouciant, ante adj. et n. m. et f.
Nonchalant, imprévoyant. *Ces jeunes sont insouciants.*
Syn. **insoucieux.**

☞ insouciant.

insoumis, ise adj.
Rebelle.

insoupçonnable adj.
Qui est à l'abri de tout soupçon. *Ce policier est insoupçonnable.*

☞ insoupçonnable.

insoupçonné, ée adj.
Impossible à déterminer. *Des richesses insoupçonnées.*

☞ insoupçonné.

insoutenable adj.
• Qu'on ne peut justifier. *Une affirmation insoutenable.*
• Intolérable. *Une douleur insoutenable.*

inspecter v. tr.
Examiner avec attention. *Les locaux doivent être inspectés.*

inspecteur n. m.
inspectrice n. f.
Personne chargée de contrôler un service, une administration, une activité, etc.

inspection n. f.
Surveillance, examen. *L'inspection des travaux de construction.*

inspirateur, trice adj. et n. m. et f.
Personne dont on s'inspire, conseiller. *Chloé est l'inspiratrice de cette manifestation pour la paix.*
☞ Ce mot se dit en bonne ou en mauvaise part.

inspiration n. f.
• Acte par lequel l'air est introduit dans les poumons. Ant. **expiration.**
• Faculté créatrice. *Ce soir, Alain manque d'inspiration.*

inspirer v. tr., intr., pronom.
• **Transitif**
- Faire pénétrer l'air dans ses poumons. *Inspirer de l'air.*
- Faire naître une pensée, une émotion. *Cette scène inspire du chagrin à Nadia.*
• **Intransitif**
Faire pénétrer dans la poitrine. *Il faut inspirer, puis expirer.*
• **Pronominal**
Emprunter des idées de quelqu'un, de quelque chose. *Ce peintre s'inspire des paysages de montagne.*

instabilité n. f.
Caractère de ce qui manque de constance.

instable adj. et n. m. et f.
Qui n'est pas fixe, constant. *Cette personne est instable, elle change souvent d'avis.*

installation n. f.
• Aménagement. *Procéder à l'installation d'un appareil de climatisation.*
• (Gén. plur.) Ensemble de biens, de bâtiments aménagés en vue d'un usage défini. *Des installations* (et non des *facilités) industrielles.*

installer v. tr., pronom.
• **Transitif.** Disposer, placer. *Installer un appareil d'éclairage.*
• **Pronominal.** S'établir. *Ils se sont installés à la campagne.*

instamment adv.
D'une manière pressante.
☞ instamment.

instance n. f.
• (Au plur.) Demandes pressantes. *Sur les instances de ses collègues, il accepta.*
• *En instance de,* locution adverbiale. Sur le point de. *En instance de divorce, de divorcer.*
• Autorité, groupe qui possède le pouvoir décisionnel. *Les instances gouvernementales.*
☞ L'expression *«instances décisionnelles» est redondante puisque, par définition, les instances ont le pouvoir de décider.

instant n. m.
• Moment très court. *Un instant, s'il vous plaît.*
• *Par instants.* À certains moments. *Par instants, le*

blessé souffrait beaucoup.
☞ Le nom s'écrit au pluriel dans cette expression.
• *À l'instant.* Immédiatement.
• *À tout instant.* Sans cesse.

instant, ante adj.
Pressant. *Une prière instante.*

instantané, ée adj. et n. m.
• **Adjectif.** Bref, immédiat. *Un effet instantané.*
• **Nom masculin.** Cliché photographique. *Des instantanés très réussis.*
☞ instantané.

instantanéité n. f.
Caractère de ce qui est instantané.

instantanément adv.
Immédiatement.

instar (à l') loc. prép.
(Litt.) À l'exemple de, de la même manière que.
☞ Attention au sens de cette locution qui ne signifie pas «à l'opposé de».
☞ instar.

instaurateur, trice n. m. et f.
Personne qui instaure. *L'instaurateur d'une nouvelle entente.*

instauration n. f.
Établissement. *L'instauration d'une réforme.*

instaurer v. tr.
Fonder, instituer. *Instaurer un parti politique.*

instigateur, trice n. m. et f.
Personne qui pousse à faire une action. *L'instigateur de ce projet, de ce complot.*
☞ Ce nom s'emploie surtout en mauvaise part.

instigation n. f.
• Incitation.
• *À l'instigation de (quelqu'un).* Sous l'influence de (quelqu'un), sur ces conseils. *C'est à l'instigation de ses amis que Jérémie a changé d'avis*

instiller v. tr.
Les lettres **ill** sont suivies d'un *i* à la première et à la deuxième personne du pluriel de l'indicatif imparfait et du subjonctif présent. *(Que) nous instillions, (que) vous instilliez.*
Verser goutte à goutte.
☞ Ne pas confondre avec le verbe **insuffler,** faire pénétrer en soufflant.

instinct n. m.
☞ Les lettres **ct** sont muettes [ɛ̃stɛ̃].
• Tendance innée. *L'instinct de conservation. L'instinct maternel.*
• *Par instinct, d'instinct,* locutions adverbiales. D'une manière naturelle et spontanée. *Il emploie d'instinct les mots justes.*
• *Instinct grégaire.* Tendance qui pousse les êtres humains à former des groupes ou à adopter le même comportement.
☞ instinct.

instinctif, ive adj.
☞ La lettre *c* se prononce [ɛ̃stɛ̃ktif].
Impulsif. *Une réaction instinctive.*

instinctivement adv.
👄 La lettre **c** se prononce [ɛ̃stɛ̃ktivmã].
Par instinct.

instituer v. tr.
Établir, fonder. *Cet organisme a été institué en 1977.*

institut n. m.
Établissement de recherche scientifique ou d'enseignement.
🕮 Les désignations où le nom **institut** est suivi d'un nom commun ou d'un adjectif s'écrivent avec une majuscule initiale. *L'Institut de recherches cliniques de Montréal.* Lorsque le nom **institut** est suivi d'un nom propre, il s'écrit avec une minuscule. *L'institut Armand-Frappier.*

instituteur n. m.
institutrice n. f.
Personne chargée de l'enseignement général dans une classe primaire. (Recomm. off. OLF) *L'instituteur* (et non le *titulaire) prépare sa classe.*
🕮 Le nom **enseignant** est un générique qui regroupe les professeurs (enseignement secondaire ou supérieur) et les instituteurs (enseignement primaire). **Instituteur, institutrice** sont les termes administratifs.

institution n. f.
• (Au plur.) Lois fondamentales. *Défendre ses institutions.*
• Établissement privé d'enseignement. *Une institution pour jeunes filles.*

institutionnalisation n. f.
Action d'institutionnaliser.
🖙 institutio**nn**alisation.

institutionnaliser v. tr.
Transformer quelque chose en institution. *Institutionnaliser les échanges entre employeurs et employés.*
🖙 institutio**nn**aliser.

institutionnel, elle adj.
Relatif aux institutions de l'État.
🖙 institutio**nn**el.

Institut national de la recherche scientifique
Sigle **INRS** (s'écrit avec ou sans points).

*instructeur
Au sens de **moniteur, entraîneur,** ce nom est vieilli.

instructif, ive adj.
Propre à instruire. *Une conférence instructive.*

instruction n. f.
• Enseignement. *Au Québec, l'instruction est gratuite jusqu'à l'université.*
• Savoir, culture. *Avoir une bonne instruction.*
• (Au plur.) Ordres, explications. *Donner des instructions. Un manuel d'instructions.*
🕮 Ne pas confondre avec les noms suivants :
- **commandement,** ordre;
- **précepte,** règle de conduite;
- **prescription,** ordre détaillé.
• **Juge d'instruction, centre d'instruction.** Dans ces expressions, le nom **instruction** s'écrit au singulier.

instruire v. tr., pronom.
• **Transitif.** Enseigner, informer. *Ces enseignants ont instruit des centaines d'enfants.*
• **Pronominal.** Acquérir des connaissances. *Ils se sont instruits progressivement.*

instruit, ite adj.
Cultivé, qui a une bonne instruction. *Une personne instruite.*

instrument n. m.
Objet qui sert, dans un art ou une science, à effectuer certaines opérations. *Des instruments chirurgicaux, un instrument de musique.*
🕮 Par rapport au mot **instrument,** le mot **outil** désigne un objet plus simple employé manuellement, le mot **ustensile** désigne un objet servant aux usages domestiques, tandis que le mot **appareil** désigne un objet plus complexe composé d'éléments qui fonctionnent ensemble. *Le bistouri est un instrument, le marteau, un outil, la fourchette, un ustensile et le grille-pain, un appareil.*

instrumental, ale, aux adj.
Qui s'exécute par des instruments. *De la musique instrumentale.*
Ant. **vocal.**

instrumentation n. f.
Orchestration.

insu de (à l') loc. prép.
Sans que la chose soit sue. *Ils sont partis à l'insu du propriétaire. Il est parti à son insu.*
Ant. **au vu et au su de.**
🖙 insu.

insubmersibilité n. f.
Caractère de ce qui est insubmersible.
🖙 insu**b**mer**s**ibilité

insubmersible adj.
Qui ne peut être submergé. *Un bateau insubmersible.*
🖙 insu**b**mersible.

insubordination n. f.
Manque d'obéissance.
🖙 insubordination.

insubordonné, ée adj.
Désobéissant.
🖙 insubordo**nn**é.

insuccès n. m.
Échec. *Malgré son insuccès, elle a poursuivi ses efforts.*
🖙 insuccès.

insuffisamment adv.
De façon insuffisante.
🖙 insuffisa**mm**ent.

insuffisance n. f.
Manque, déficience. *Une insuffisance d'argent. Une insuffisance cardiaque.*
🖙 insuffisa**n**ce.

insuffisant, ante adj.
Qui ne suffit pas. *Des ressources insuffisantes.*
🖙 insuffisa**nt.**

insufflation n. f.
Action d'insuffler. *Une insufflation d'air.*
☞ insufflation.

insuffler v. tr.
Faire pénétrer en soufflant.
▷— Ne pas confondre avec le verbe *instiller*, verser goutte à goutte.

insulaire adj. et n. m. et f.
• **Adjectif.** Relatif à une île, aux îles. *La végétation insulaire.*
• **Nom masculin et féminin.** Personne qui habite une île.
☞ insulaire.

insuline n. f.
Hormone utilisée dans le traitement du diabète.

insultant, ante adj.
Injurieux. *Des propos insultants.*
▷— Ne pas confondre avec le participe présent invariable *insultant. Les joueurs insultant leurs rivaux, l'arbitre est intervenu.*

insulte n. f.
Injure. *La foule leur adresse des insultes.*

insulter v. tr.
• **Transitif direct.** Injurier. *Il l'a insulté publiquement.*
• **Transitif indirect.** *Insulter + à.* (Litt.) Constituer un contraste choquant. *L'abondance étalée insulte à la précarité de leurs moyens.*

insupportable adj.
Intolérable. *Ces enfants sont devenus insupportables : ils ne veulent rien entendre.*

insupportablement adv.
D'une manière insupportable.

insurger (s') v. pronom.
Le *g* est suivi d'un *e* devant les lettres *a* et *o. Il s'insurgea, nous nous insurgeons.*
Se révolter. *Ils se sont insurgés contre cette décision injuste.*
▷— Le participe passé s'accorde toujours avec le sujet du verbe.

insurmontable adj.
Qui ne peut être surmonté. *Des difficultés insurmontables.*

insurpassable adj.
Qui ne peut être surpassé. *Un courage insurpassable.*

insurrection n. f.
Émeute.

insurrectionnel, elle adj.
Qui tient de l'insurrection.

intact, acte adj.
�⟩ Les lettres *ct* se prononcent au masculin et au féminin [ɛ̃takt].
Qui n'a subi aucune atteinte. *La statue est intacte.*
☞ intact.

intaille n. f.
Pierre dure gravée en creux, servant souvent de sceau.

intangibilité n. f.
Caractère de ce qui est intangible.

intangible adj.
Qui échappe au toucher.
Ant. **tangible.**

intarissable adj.
• Qui ne s'épuise pas. *Une source intarissable.*
• (Fig.) Qui ne peut être contenu. *François est intarissable sur les voyages.*
☞ intarissable.

intarissablement adv.
De façon intarissable.

intégral, ale, aux adj.
Entier. *Des textes intégraux, une édition intégrale, un bronzage intégral.*
▷— Ne pas confondre avec le mot *intégrant* qui se dit d'un élément d'un tout.

intégrale n. f.
• Fonction mathématique.
• (Mus.) Œuvre musicale intégrale. *L'intégrale des symphonies de Mozart.*

intégralement adv.
Complètement.

intégralité n. f.
Caractère de ce qui est entier. *L'intégralité d'une somme.*
▷— Ne pas confondre avec le nom *intégrité*, probité.

intégrant, ante adj.
Partie intégrante. Élément qui compose un tout.
▷— L'adjectif ne s'emploie que dans la locution citée.
▷— Ne pas confondre avec le mot *intégral*, entier.

intégration n. f.
• Action de faire entrer dans un ensemble. *L'intégration des données dans une base informatique.*
• Opération par laquelle une personne s'adapte, s'incorpore à un nouveau milieu. *L'intégration de ces immigrants est réussie.*

intègre adj.
Honnête, incorruptible. *Un maire intègre.*
☞ intègre.

intégrer v. tr., intr., pronom.
Le *é* se change en *è* devant une syllabe muette, sauf à l'indicatif futur et au conditionnel présent. *J'intègre*, mais *j'intégrerai.*
• **Transitif**
- Faire entrer dans un ensemble. *Intégrer des mots dans un dictionnaire.*
- Incorporer à une collectivité, à un milieu. *Cette structure permet d'intégrer les nouveaux arrivants à la société québécoise ou dans la société.*
• **Intransitif**
(Fam.) Être reçu au concours d'entrée à une grande école.
• **Pronominal**
S'assimiler entièrement à un groupe. *La famille portugaise s'est bien intégrée.*

intégrité n. f.
Honnêteté totale. *L'intégrité d'un employé.*
☞— Ne pas confondre avec le nom *intégralité,* caractère de ce qui est entier.
☞ intégrité.

intellect n. m.
(Philo.) Intelligence.

intellectualiser v. tr.
Porter au rang des choses intellectuelles.

intellectuel, elle adj. et n. m. et f.
• **Adjectif.** Qui est de l'ordre de l'intelligence. *Un travail intellectuel.*
• **Nom masculin et féminin.** Personne chez qui prédominent les choses de l'esprit. *Ce sont des intellectuels.*

intellectuellement adv.
Sur le plan intellectuel.

intelligemment adv.
👄 La quatrième syllabe se prononce *gea* [ɛ̃teliʒamɑ̃]. Avec intelligence. *Ces jeunes se sont conduits intelligemment.*
☞ intellig**emm**ent.

intelligence n. f.
👄 La deuxième syllabe se prononce *e* [ɛ̃teliʒɑ̃s].
• Faculté de comprendre. *Une intelligence vive. Des tests d'intelligence.*
• *Intelligence artificielle.* Système de programmes informatiques complexes aptes à résoudre certains problèmes de façon autonome.
• (Au plur.) Complicités secrètes. *Avoir des intelligences avec l'ennemi.*
• Conformité de sentiments. *Des voisins qui vivent en bonne intelligence.*
☞ intellig**e**nce.

intelligent, ente adj.
👄 La deuxième syllabe se prononce *e* [ɛ̃teliʒɑ̃].
Doué d'intelligence. *Julien est très intelligent.*
Ant. **inintelligent.**

intelligentsia ou **intelligentzia** n. f.
👄 Le *g* se prononce *dj* ou *gue,* [ɛ̃telidʒɛnsja] ou [ɛ̃teligensja].
Les intellectuels d'un milieu, d'un groupe.

intelligibilité n. f.
Clarté.

intelligible adj.
Clair, accessible. *Ce langage est bien intelligible.*

intelligiblement adv.
De façon intelligible.

intempérance n. f.
Manque de modération.
☞— Ne pas confondre avec le nom *intempérie,* mauvais temps.

intempérie n. f.
Mauvais temps. *Être à l'abri des intempéries.*
☞— Ne pas confondre avec le nom *intempérance,* manque de modération.

intempestif, ive adj.
Importun. *Une réaction intempestive.*

intempestivement adv.
De façon intempestive.

intemporel, elle adj.
Qui n'est pas touché par le passage du temps.
☞— Ne pas confondre avec le mot *atemporel,* en dehors du temps.

intenable adj.
Que l'on ne peut soutenir. *Une situation intenable.*

intendance n. f.
Ensemble des tâches économiques, des questions matérielles de l'État, d'un établissement scolaire, etc. *S'occuper de l'intendance.*

intendant n. m.
intendante n. f.
Personne chargée de l'administration financière d'un établissement.

intense adj.
Extrême, considérable. *Un froid intense, une activité intense.*
☞— Ne pas confondre avec le mot *intensif,* qui résulte d'un effort intense ou qui exige un effort soutenu.

intensément adv.
D'une façon intense.
☞ int**en**sément.

intensif, ive adj.
Qui résulte d'un effort intense ou qui exige un effort soutenu. *Une culture intensive. Un cours intensif.*
☞— Ne pas confondre avec le mot *intense,* extrême.

intensification n. f.
Augmentation.

intensifier v. tr., pronom.
Redoublement du *i* à la première et à la deuxième personne du pluriel de l'indicatif imparfait et du subjonctif présent. *(Que) nous intensifiions, (que) vous intensifiiez.*
• **Transitif.** Rendre plus intense, plus actif. *Ils ont intensifié les échanges entre des jeunes du monde entier.*
• **Pronominal.** Devenir plus intense. *Les rapports entre ces pays se sont intensifiés.*

intensité n. f.
• Degré d'énergie, d'activité. *L'intensité d'un courant électrique.*
• Caractère de ce qui est intense. *L'intensité de son jeu dramatique.*

intensivement adv.
De façon intensive.

intenter v. tr.
(Dr.) Entreprendre une action en justice contre quelqu'un.
☞— Ne pas confondre avec le verbe *attenter,* commettre un attentat contre quelqu'un.

intention n. f.
• Volonté, désir. *Ses parents avaient l'intention d'aller au cinéma.*

• **Avoir l'intention de.** Projeter de. *Il a l'intention de prendre des vacances.*
• **À l'intention de,** locution prépositive. Pour.
☞— Ne pas confondre avec la locution *à l'attention de,* mention précisant le destinataire d'une lettre.

intentionné, ée adj.
Bien, mal intentionné. Avec de bonnes ou de mauvaises intentions.
☞— L'adjectif ne s'emploie plus qu'avec les adverbes **bien** ou **mal.**
☞ intentio**nné.**

intentionnel, elle adj.
Qui est fait délibérément. *Ce coup n'était pas intentionnel.*
☞ intentio**nnel.**

intentionnellement adv.
Volontairement.
☞ intentio**nnellement.**

inter- préf.
Élément du latin signifiant «entre» et qui exprime une relation, une réciprocité.
☞— Les mots composés avec le préfixe **inter-** s'écrivent sans trait d'union. *Interurbain, international, interrelation.*

inter n. m.
Abréviation familière de **interurbain, interphone.** *Des inters.*

interactif, ive adj.
(Inform.) Se dit d'un mode de traitement de données qui permet une conversation entre un système informatique et un utilisateur, avec échange de questions et réponses.
Syn. **conversationnel.**

interaction n. f.
Action réciproque. *Des interactions intéressantes.*

interallié, ée adj.
Relatif aux alliés.

interarmées adj. inv.
Commun à plusieurs armées (air, terre, mer). *Un état-major interarmées.*

interarmes adj. inv.
Commun à plusieurs armes (artillerie, génie, infanterie, etc.). *Un commando interarmes.*

intercalaire adj. et n. m.
• **Adjectif.** Qui peut être inséré.
• **Nom masculin.** Feuillet qui peut être inséré dans un ouvrage.
☞ intercalaire.

intercaler v. tr.
Insérer, introduire une chose entre deux autres.
☞ intercaler.

intercéder v. intr.
Le *é* se change en *è* devant une syllabe muette, sauf à l'indicatif futur et au conditionnel présent. *J'intercède,* mais *j'intercéderai.*
Intervenir en faveur de quelqu'un. *Intercéder pour quelqu'un, en faveur de quelqu'un.*

intercepter v. tr.
• Cacher, éclipser. *Ces stores interceptent les rayons lumineux.*
• S'emparer d'une chose qui était destinée à quelqu'un. *Intercepter un message, une passe.*

interception n. f.
Action d'intercepter. *L'interception d'un ballon.*

intercession n. f.
(Litt., relig.) Entremise. *Par l'intercession de la Vierge.*
☞ inter**cess**ion.

interchangeable adj.
Remplaçable. *Des logiciels interchangeables.*
☞ interchang**eable.**

interclubs adj. inv.
Se dit d'une rencontre où s'opposent plusieurs clubs. *Un tournoi interclubs.*

**intercom
Anglicisme pour **interphone.**

interconnexion n. f.
Le fait de connecter des réseaux distincts.
☞ interconne**x**ion.

intercontinental, ale, aux adj.
Qui relie deux continents. *Les transports intercontinentaux.*

intercostal, ale, aux adj.
Entre les côtes. *Les nerfs intercostaux.*

interculturel, elle adj.
Qui concerne les rapports entre diverses cultures. *Il faut accroître les communications interculturelles.*

interdépartemental, ale, aux adj.
Commun à plusieurs départements. *Des comités interdépartementaux.*

interdépendance n. f.
Dépendance réciproque. *L'interdépendance des économies canadienne et américaine.*

interdépendant, ante adj.
Se dit de personnes, de choses dépendant les unes des autres. *Des marchés interdépendants.*

interdiction n. f.
Défense. *L'interdiction de la vente du haschisch.*

interdire v. tr.
INDICATIF PRÉSENT *J'interdis, tu interdis, il interdit, nous interdisons, vous interdisez, ils interdisent.* IMPARFAIT *J'interdisais.* PASSÉ SIMPLE *J'interdis, vous interdîtes.* FUTUR *J'interdirai.* CONDITIONNEL PRÉSENT *J'interdirais.* IMPÉRATIF PRÉSENT *Interdis, interdisons, interdisez.* SUBJONCTIF PRÉSENT *Que j'interdise, que vous interdisiez.* IMPARFAIT *Que j'interdisse, que vous interdissiez.* PARTICIPE PRÉSENT *Interdisant.* PASSÉ *Interdit, ite.*
Le verbe **interdire** se conjugue comme **dire** à l'exception de l'indicatif présent et de l'impératif à la deuxième personne du pluriel **interdisez,** contrairement à **dites.**
Défendre (quelque chose à quelqu'un). *Sa maman lui a interdit de partir quelques jours à la campagne.*

interdisciplinaire adj.
Qui regroupe plusieurs disciplines. *Des recherches interdisciplinaires.*

interdit, ite adj. et n. m.
• **Adjectif**
- Déconcerté. *Elle resta interdite, trop surprise pour répondre.*
- Non autorisé. *Entrée interdite.*
• **Nom masculin**
Interdiction. *Il transgresse les interdits.*

intéressant, ante adj.
Digne d'intérêt. *Des lectures intéressantes.*

intéressé, ée adj.
• Qui est en cause. *Les parties intéressées.*
• Attaché à ses intérêts. *Une attitude intéressée.*

intéressement n. m.
Participation du personnel aux projets, aux profits d'une entreprise. *L'intéressement est de nature à motiver le personnel.*

intéresser v. tr., pronom.
• **Transitif**
- Concerner. *Cette mesure intéresse les petites entreprises.*
- Inspirer de l'intérêt. *Il n'est pas toujours facile d'intéresser les étudiants.*
• **Pronominal**
Avoir de l'intérêt pour. *Elle s'intéresse au cinéma. Ils se sont intéressés à la question.*

intérêt n. m.
• Attention. *Elle lit ce roman avec beaucoup d'intérêt. Il témoigne de l'intérêt pour elle.*
• Recherche de son avantage personnel. *Agir par intérêt.*
• Revenu tiré d'un capital. *Un intérêt de 8 %, un taux d'intérêt.*
• (Au plur.) Participation au capital d'une entreprise. *Des intérêts majoritaires.*
• **Locutions**
- *Avoir intérêt à.* Trouver un avantage à. *Ils ont intérêt à travailler s'ils veulent atteindre leur but.*
- *Porter intérêt à, prendre intérêt à.* S'intéresser à.
▷— Dans ces expressions, le nom est au singulier.
- *Produire des intérêts.* Donner un revenu.
- *Conflit d'intérêts.* Intérêts contradictoires.
▷— Dans ces expressions, le nom est au pluriel.

*intérêts
Anglicisme au sens de *préférences, sujets de prédilection, choses préférées, champs d'intérêt. Quels sont vos champs d'intérêt* (et non vos *intérêts)?

interface n. f.
• (Inform.) Dispositif permettant de relier deux systèmes informatiques non compatibles.
• (Fig.) Jonction.

interférence n. f.
Conjonction, superposition de plusieurs éléments.
▭⇒ interférence.

interférer v. intr.
Le *é* se change en *è* devant une syllabe muette,

sauf à l'indicatif futur et au conditionnel présent. *J'interfère,* mais *j'interférerai.*
Produire des interférences. *Des activités qui interfèrent.*

intérieur, eure adj. et n. m.
• **Adjectif**
- Qui est au-dedans (par opposition à *extérieur*). *Une cour intérieure.*
- Qui concerne un pays (par opposition à *étranger, international*). *La politique intérieure. Le marché intérieur* (et non *domestique).
▷— L'adjectif *intérieur* étant déjà un comparatif, on ne l'emploiera pas avec l'adverbe *plus.*
• **Nom masculin**
- La partie de dedans. *L'intérieur d'un fruit.*
- L'endroit où l'on habite. *Un bel intérieur joliment décoré.*
Ant. **extérieur.**

intérieurement adv.
• Au-dedans.
• En soi-même.

intérim n. m.
⟷ Le *m* se prononce [ēterim].
• Mot latin signifiant «pendant ce temps-là». Temps pendant lequel une fonction vacante est exercée par une autre personne. *Pendant l'intérim, les décisions sont différées. Faire des intérims.*
• *Par intérim.* Provisoirement.
▷— Le nom a été francisé : il s'écrit avec un accent aigu et prend la marque du pluriel.

intérimaire adj.
Par intérim. *Le directeur intérimaire.*

intérimaire n. m. et f.
Personne qui, de façon provisoire, exerce une fonction à la place du titulaire.

intériorisation n. f.
Action d'intérioriser.
▭⇒ intériorisation.

intérioriser v. tr.
Rendre plus intérieur, plus intime.
▭⇒ intérioriser.

intériorité n. f.
Caractère de ce qui est intérieur.
▭⇒ intériorité.

interjectif, ive adj.
(Gramm.) Relatif à l'interjection. *Une locution interjective.*

interjection n. f.
V. Tableau - **INTERJECTION.**

interjeter v. tr.
Redoublement du *t* devant un *e* muet. *J'interjette, j'interjetterai,* mais *j'interjetais.*
Interjeter appel. (Dr.) Demander un second jugement, faire un appel.
▷— Cette expression figée s'écrit sans article.

interligne n. m. et f.
• **Nom masculin.** Espace entre deux lignes. *Présentation à double interligne* (et non à *double espace).

☞— Attention au genre masculin de ce nom dans cette acception.

• **Nom féminin.** Petite lame de l'imprimeur qui sert à espacer les lignes. *Une interligne de cinq points.*

interlocuteur, trice n. m. et f.
Personne qui converse avec une autre. *Des interlocutrices volubiles.*

interlope adj.
Suspect, louche.
▭▷ interlope.

interloquer v. tr.
Décontenancer, stupéfier. *Cette interruption les a interloqués.*

interlude n. m.
• Courte émission destinée à faire patienter les téléspectateurs.
• Courte pièce musicale.
☞— Attention au genre masculin de ce nom : *un* interlude.

intermède n. m.
• Interruption entre deux parties d'un spectacle. *Un intermède musical.*
• (Fig.) Temps intermédiaire. *Un intermède de paix entre deux attaques.*
☞— Attention au genre masculin de ce nom : *un* intermède.

INTERJECTION

L'*interjection* est un mot, un groupe de mots qui exprime une réaction émotive de la personne qui parle (surprise, peur, joie, chagrin, etc.). Les multiples exclamations, tous les jurons imaginables rendent la création des interjections toujours vivante.

• Les *interjections* sont souvent des *onomatopées* composées de voyelles, de voyelles combinées à une consonne, ou de consonnes. *Aïe! Oh! Psst!* Elles peuvent être également constituées d'*exclamations* formées de mots employés seuls ou accompagnés de déterminants. *Zut! Bravo! Juste ciel! À la bonne heure! Au secours!*

☞— On nomme *locution interjective* l'exclamation formée de plusieurs mots. *Mystère et boule de gomme!*

• Les *interjections* et les *locutions interjectives* sont suivies du point d'exclamation et s'écrivent généralement avec une majuscule initiale.

QUELQUES INTERJECTIONS ET LOCUTIONS INTERJECTIVES

Adieu!	Chut!	Halte!	Merci!	Quoi donc!
Ah!	Ciel!	Hé!	Mince!	Salut!
Aïe!	Courage!	Hé bien!	Minute!	Silence!
Ainsi soit-il!	Crac!	Hé quoi!	Miracle!	Soit!
À la bonne heure!	D'accord!	Hein!	Mon Dieu!	Stop!
Allez!	Dame!	Hélas!	N'importe!	Suffit!
Allô!	Debout!	Heu!	Nom d'un chien!	Tant mieux!
Arrière!	Diable!	Ho!	Non!	Tant pis!
Assez!	Dieu!	Ho! Ho!	Ô!	Tenez!
Attention!	Dommage!	Holà!	Oh!	Tiens!
Au feu!	Eh!	Hop!	Ohé!	Tonnerre!
Au secours!	Eh bien soit!	Hou!	Ouf!	Très bien!
Bah!	En avant!	Hourra!	Oui!	Tout beau!
Bien!	Enfin!	Hue!	Ouste!	Tout doux!
Bis!	Est-ce Dieu possible!	Hum!	Pan!	Va!
Bon!	Euh!	Jamais!	Par exemple!	Vite!
Bon Dieu!	Fi!	Juste ciel!	Parfait!	Vive...!
Bonté divine!	Flûte!	Là!	Pas possible!	Voilà!
Bravo!	Gare!	Las!	Patience!	Voyons!
Brrr!	Grâce!	Ma foi!	Pitié!	Zut!
Ça alors!	Ha!	Malheur!	Psst!	
Chic!	Ha! Ha!	Mamma mia!	Quoi!	

intermédiaire adj. et n. m. et f.
• **Adjectif**
Qui est entre deux. *Une époque intermédiaire.*
• **Nom masculin et féminin**
- Personne qui met en relation deux personnes, deux groupes. *Ils ont servi d'intermédiaires.*
- *Par l'intermédiaire de.* Au moyen de.
⇨ intermédi**aire**.

interminable adj.
Qui dure trop longtemps. *Un discours interminable.*

interminablement adv.
De façon interminable.

interministériel, elle adj.
Commun à plusieurs ministères. *Un comité interministériel.*

*intermission
Anglicisme pour *entracte.*

intermittent, ente adj.
Discontinu. *Des problèmes intermittents. Pluie intermittente.*

internat n. m.
Fonction d'interne des hôpitaux. *Il termine son internat.*
⇨ interna**t**.

international, ale, aux adj.
Qui a lieu entre plusieurs nations (par opposition à *national, intérieur*). *Des championnats internationaux.*
⇨ international.

internationalisation n. f.
Action de rendre international.
⇨ internati**o**nalisation.

internationaliser v. tr.
Rendre international. *Le conflit s'est internationalisé.*
⇨ internati**o**naliser.

International Standard Book Number
Sigle *ISBN* (s'écrit avec ou sans points).

International Standard Organization
Sigle *ISO* (s'écrit avec ou sans points).

International Standard Serial Number
Sigle *ISSN* (s'écrit avec ou sans points).

interne adj. et n. m. et f.
• **Adjectif**
Qui est situé en dedans. *L'oreille interne.*
• **Nom masculin et féminin**
- Élève logé et nourri dans un établissement scolaire.
- *Interne des hôpitaux.* Étudiant en médecine, reçu au concours de l'internat. *C'est un ex-interne des hôpitaux de Paris.*
Ant. **externe**.

internement n. m.
Action d'interner; fait d'être interné.

interner v. tr.
• Faire entrer dans un hôpital psychiatrique. *Nelligan a été interné très jeune : on le disait fou.*
• Enfermer dans une prison.

interpeller v. tr.
Ce verbe garde les deux *l* à toutes les formes de la conjugaison.
⇨ La troisième syllabe se prononce e ou è, [ɛ̃tɛrpəle] ou [ɛ̃tɛrpɛle].
• Adresser la parole à quelqu'un pour lui demander quelque chose. *Un passant l'interpella de façon peu aimable. Ils ont été interpellés par les policiers.*
⇨ Ce verbe implique une façon de parler assez brusque qui a l'air de sommer de répondre.
• Susciter une réaction, un écho chez quelqu'un. *Les injustices de ce monde nous interpellent.*

interpénétration n. f.
Pénétration réciproque.

interpénétrer (s') v. pronom.
Se pénétrer réciproquement. *Ces deux civilisations se sont interpénétrées.*

interpersonnel, elle adj.
Qui a lieu entre plusieurs personnes. *Elle entretient de bonnes relations interpersonnelles.*

interphone n. m.
Système téléphonique intérieur. *Appeler quelqu'un à, par l'interphone* (et non *intercom).

interplanétaire adj.
Se dit de ce qui est, de ce qui a lieu entre les planètes. *Un voyage interplanétaire.*

interposé, ée adj.
Par personne interposée. Par l'intermédiaire d'une personne.

interposer v. tr., pronom.
• **Transitif.** Mettre une chose entre deux autres.
• **Pronominal.** Intervenir en médiateur. *Elle s'est interposée dans la querelle.*

interprétariat n. m.
Fonction d'interprète.
⇨ interprétaria**t**.

interprétation n. f.
• Explication d'une chose. *L'interprétation d'une loi.*
• Façon dont une œuvre est jouée. *L'interprétation magistrale d'un concerto.*
⇨ interprétation.

interprète n. m. et f.
• Personne qui fait la traduction orale et immédiate des paroles de quelqu'un dans une autre langue. *Elle est interprète à l'ONU.*
• Personne qui exécute une œuvre (musicale, dramatique).
⇨ interprète.

interpréter v. tr.
Le *é* se change en *è* devant une syllabe muette, sauf à l'indicatif futur et au conditionnel présent. *J'interprète,* mais *j'interpréterai.*
• Expliquer. *Interpréter les paroles de quelqu'un.*
• Jouer une œuvre (musicale, dramatique). *Elle interprète Chopin.*

interprofessionnel, elle adj.
Commun à plusieurs professions. *Une association interprofessionnelle.*

interrègne n. m.
Intervalle de temps entre deux règnes.
⟹ inter**r**ègne.

interrelation n. f.
Relation réciproque. *Les interrelations entre les écono-mies américaine et canadienne.*
⟹ inter**r**elation.

interrogateur, trice adj.
Qui interroge. *Un air interrogateur.*

interrogatif, ive adj.
Qui marque l'interrogation. *Un regard interrogatif. Une locution interrogative.*
V. Tableau - **INTERROGATIF (PRONOM).**
V. Tableau - **INTERROGATIF ET EXCLAMATIF (AD-JECTIF).**

interrogation n. f.
• Question. *Cette décision risque de susciter des inter-rogations.*
• Ensemble de questions posées à un élève. *Demain, il y aura une interrogation écrite sur l'histoire.*
🖝 Si la phrase interrogative est inversée et que le pronom personnel commence par une voyelle, on in-tercale un *t* euphonique entre ce pronom et le verbe qui se termine par une voyelle ainsi qu'un trait d'union entre chacun des éléments. *A-t-elle joué?*
• *Point d'interrogation.* Signe de ponctuation qui mar-que la fin de toute phrase interrogative directe.
V. Tableau - **PONCTUATION.**

interrogativement adv.
Par interrogation.

interrogatoire n. m.
Ensemble de questions posées à quelqu'un.
🖝 Attention au genre masculin de ce nom : *un* interrogatoire.

interroger v. tr., pronom.
Le *g* est suivi d'un *e* devant les lettres *a* et *o*. *Il interrogea, nous interrogeons.*
• **Transitif**
- Questionner. *Interroger un candidat.*
- Examiner, étudier attentivement. *Interroger le ciel pour voir s'il pleuvra.*
• **Pronominal**
Réfléchir. *Il s'interrogeait sur son avenir.*

interrompre v. tr., pronom.
Ce verbe se conjugue comme le verbe *rompre.*
• **Transitif**
- Rompre la continuité, arrêter. *La communication télé-phonique a été interrompue.*
- Couper la parole à quelqu'un. *Je m'excuse de vous interrompre.*
• **Pronominal**
S'arrêter au cours d'une action. *Elles se sont inter-rompues pour écouter ses arguments.*

interrupteur n. m.
Commutateur. *Éteindre la lumière à l'aide de l'interrup-teur* (et non de la *switch).

interruption n. f.
• Action d'interrompre.

• État de ce qui est interrompu. *L'interruption d'une émission de télévision.*

interruption volontaire de grossesse
Sigle *IVG* (s'écrit avec ou sans points).
V. **avortement.**

intersection n. f.
Endroit où deux routes se rencontrent. *À la prochaine intersection, il faut tourner à droite.*
Syn. **croisement.**

intersidéral, ale, aux adj.
Qui est situé entre les astres. *Des espaces intersidé-raux.*

interstellaire adj.
Qui est situé entre les étoiles. *Un espace interstellaire.*
⟹ interstell**aire.**

interstice n. m.
Petit espace vide. *Les interstices d'un plancher.*
🖝 Attention au genre masculin de ce nom : *un* in-terstice.
⟹ intersti**ce.**

interstitiel, ielle adj.
Qui est situé dans les interstices d'un tissu organique. *Un liquide interstitiel.*
⟹ interstiti**el.**

intersyndical, ale, aux adj.
Qui concerne plusieurs syndicats. *Des comités inter-syndicaux.*

interurbain, aine adj. et n. m.
• **Adjectif.** Se dit d'une communication téléphonique entre des villes. *Des appels interurbains.*
• **Nom masculin.** Appel téléphonique. *Des interurbains coûteux* (et non des *longues distances). S'abrège familièrement en *inter.*

intervalle n. m.
• Espace entre deux corps. *Ces fleurs sont plantées à un intervalle de 15 cm.*
• Espace de temps entre deux périodes. *Un intervalle de trente minutes.*
• *Par intervalles,* locution adverbiale. De temps à autre. *Par intervalles, Maxime venait à la maison.*
🖝 Attention au genre masculin de ce nom : *un* in-tervalle.
⟹ interval**le.**

intervenant, ante adj. et n. m. et f.
• (Dr.) Qui intervient dans un procès.
• Qui intervient dans un débat, dans une discussion, dans un processus.
🖝 On préférera à ce terme emprunté à la langue juridique les noms *participant, partie, acteur.*

intervenir v. intr.
Ce verbe se conjugue comme le verbe *venir,* avec l'auxiliaire *être.*
• Prendre part à quelque chose. *Ils sont intervenus à temps dans la discussion.*
• Intercéder. *Il nous a offert d'intervenir auprès des autorités.*
• Arriver. *Un accord est intervenu finalement.*
🖝 Ne pas confondre avec le verbe *s'immiscer,* s'ingérer.

intervention n. f.
• Action de s'interposer dans une situation, une action. *Son intervention rapide a permis de corriger le problème*
• Acte opératoire. *Une intervention chirurgicale.*
☞ Ne pas confondre avec le nom ***interversion,*** action d'inverser l'ordre.

interversion n. f.
Action d'inverser l'ordre. *L'interversion de deux mots.*
☞ Ne pas confondre avec le nom ***intervention,*** action de s'interposer.

intervertir v. tr.
Changer l'ordre, permuter. *Les chiffres ont été intervertis.*

interview n. f. ou m.
⬯ Les lettres ***ew*** se prononcent ***ou*** [ɛ̃tɛrvju].
Entrevue avec une personne pour l'interroger sur ses projets, ses idées, etc., afin d'en diffuser le contenu. *Des interviews télédiffusées* ou *télédiffusés.*

interviewer v. tr.
⬯ Les lettres ***ew*** se prononcent ***ou*** [ɛ̃tɛrvjuve].
Soumettre quelqu'un à une entrevue. *Interviewer un écrivain sur son prochain livre.*

intestat adj. inv. et n. m. et f.
⬯ Le ***t*** ne se prononce pas [ɛ̃testa].
Sans testament. *Ils sont morts intestat, c'est-à-dire sans avoir rédigé de testament. Des intestats.*

PRONOM **INTERROGATIF**

Le pronom interrogatif est un pronom relatif employé pour introduire une proposition interrogative directe ou indirecte. *Qui frappe à la porte? Je ne sais que dire.*

Formes simples : *qui?* (pour les personnes)
que? quoi? (pour les choses)

Formes composées : *lequel?*   *laquelle?*   *lesquels?*   *lesquelles?*
       auquel?   *à laquelle?*   *auxquels?*   *auxquelles?*
       duquel?   *de laquelle?*   *desquels?*   *desquelles?*

Le pronom interrogatif peut être

Sujet. *Qui vient dîner ce soir? Coûte que coûte.*

Attribut. *Qui est-elle? Que devient ce projet?*

Complément d'objet direct. *Qui as-tu vu? Que voulez-vous?*

Complément d'objet indirect. *À qui voulez-vous parler? À quoi pensez-vous?*

Complément circonstanciel. *Pour qui travaillez-vous? De quoi est-elle atteinte?*

V. Tableau - **PRONOM**

ADJECTIF **INTERROGATIF ET EXCLAMATIF**

Adjectif interrogatif

Déterminant indiquant que l'on s'interroge sur la qualité de l'être ou de l'objet déterminé : ***quel, quelle, quels, quelles.***

Quel livre? Quelle personne? Quelles études?

Adjectif exclamatif

Déterminant qui sert à traduire l'étonnement, l'admiration que l'on éprouve devant l'être ou l'objet déterminé.

Quel succès! Quelle maison! Quelles perspectives!

V. Tableau – **ADJECTIF.**

☞ L'adjectif est invariable, mais le nom prend la marque du pluriel.
⇨ intestat.

intestat (ab)
V. **ab intestat.**

intestin, ine adj. et n. m.
• **Adjectif.** (Litt.) Intérieur. *Des querelles intestines.*
☞ L'adjectif s'emploie généralement au féminin pour éviter la confusion avec le nom.
• **Nom masculin.** Partie du tube digestif comprise entre l'estomac et l'anus. *L'intestin grêle, le gros intestin.*

intestinal, ale, aux adj.
De l'intestin. *Des problèmes intestinaux.*

inti n. m.
Unité monétaire du Pérou. *Des intis.*
V. Tableau - **SYMBOLES DES UNITÉS MONÉ-TAIRES.**

intime adj. et n. m. et f.
• **Adjectif**
- Privé. *Des confidences intimes, un journal intime.*
- Très proche. *Des amis intimes.*
• **Nom masculin et féminin**
Ami. *Cette fête ne réunit que les intimes.*

intimé, ée adj. et n. m. et f.
(Dr.) Cité en justice.

intimement adv.
Profondément. *Je le connais intimement.*

intimer v. tr.
• (Dr.) Citer devant une juridiction supérieure.
• Déclarer avec autorité.
☞ Ne pas confondre avec les verbes suivants :
- **édicter,** prescrire par une loi;
- **enjoindre,** recommander avec insistance;
- **notifier,** faire savoir dans les formes légales, de façon officielle.

intimidant, ante adj.
Qui intimide. *Des questions intimidantes.*
☞ Ne pas confondre avec le participe présent **intimidant.** *Les questions intimidant les candidats, les résultats furent plutôt médiocres.*

intimidation n. f.
Menace, pression. *Agir par intimidation.*

intimider v. tr.
Rendre timide, troubler. *Ne vous laissez pas intimider par son sérieux.*

intimité n. f.
Caractère de ce qui est intime. *Il y a une grande intimité entre ces deux amies.*
☞ Ne pas confondre avec le nom **inimitié,** hostilité.

intitulé n. m.
Titre d'un livre, d'un chapitre, d'un compte, d'un contrat, d'un rapport, etc.

intituler v. tr., pronom.
• **Transitif.** Donner un titre (à un livre, un chapitre, etc.). *Évita a intitulé sa recherche : «La mystérieuse mygale».*
• **Pronominal.** Avoir pour titre. *Cet article s'intitule : «Alerte!».*

intolérable adj.
Insupportable. *Ces cris sont intolérables.*

intolérance n. f.
Intransigeance. *Ces racistes font preuve d'intolérance.*
⇨ intolérance.

intolérant, ante adj. et n. m. et f.
Qui fait preuve d'intolérance.
⇨ intolérant.

intonation n. f.
Inflexion. *Une intonation chantante.*
⇨ intonation.

intoxication n. f.
• Empoisonnement. *Une intoxication alimentaire.*
• Propagande insidieuse.

intoxiquer v. tr.
• Empoisonner. *Ces huîtres ont intoxiqué plusieurs personnes.*
• (Fig.) Soumettre à une propagande insidieuse.

intra- préf.
Les mots composés avec le préfixe **intra-** s'écrivent sans trait d'union, à l'exception de ceux dont le second élément commence par une voyelle. *Intraveineux, intra-utérin.*

intraduisible adj.
Impossible à traduire. *Un poème intraduisible.*

intraitable adj.
Inébranlable. *Elle est intraitable, rien ne la fera changer d'avis.*

intra-muros loc. adv.
⬯ Le **u** se prononce **u** et le **s** est sonore [ɛ̃tramyros]. Expression latine signifiant «à l'intérieur des murs».
☞ En typographie soignée, les mots étrangers sont composés en italique. Dans des textes déjà en italique, la notation se fait en romain. Pour les textes manuscrits, on utilisera les guillemets.
Ant. **extra-muros.**

intramusculaire adj.
Qui est à l'intérieur d'un muscle. *Une infection intramusculaire.*

intransigeance n. f.
Caractère intransigeant de quelqu'un, de quelque chose. *Les correcteurs ont fait preuve d'intransigeance.*
⇨ intransigeance.

intransigeant, ante adj. et n. m. et f.
Intraitable, intolérant. *Des adversaires intransigeants.*
Ant. **souple.**
⇨ intransigeant.

intransitif, ive adj. et n. m.
(Gramm.) Verbe qui exprime une action qui ne s'applique qu'au sujet et qui n'a pas de complément d'objet direct ou indirect. **Paraître** et **venir** sont des verbes intransitifs. *Un verbe intransitif, un intransitif.*
V. Tableau - **VERBE.**

intransitivement adv.
(Gramm.) D'une manière intransitive. *Un verbe employé intransitivement.*

intransportable adj.
Qui ne peut être transporté. *Un malade intransportable.*

intra-utérin, ine adj.
Qui a lieu dans l'utérus. *La vie intra-utérine.*

intraveineux, euse adj. et n. f.
Dans une veine. *Une infection intraveineuse. Une intra-veineuse.*

intrépide adj.
Brave, hardi. *Les trappeurs intrépides.*

intrépidement adv.
Avec intrépidité.

intrépidité n. f.
Bravoure, hardiesse. *L'intrépidité de ces coureurs des bois.*

intrigant, ante adj. et n. m. et f.
Qui recourt à l'intrigue. *Des procédés intrigants.*
☞ Ne pas confondre avec le participe présent invariable *intriguant. Les employés intriguant pour être promus sont souvent déçus.*
⇨ intrig**ant.**

intrigue n. f.
• (Au plur.) Manœuvres secrètes. *Des intrigues politiques.*
• Liaison amoureuse. *Nouer une intrigue.*
• Trame (d'un récit, d'un film, d'une pièce de théâtre). *Une intrigue très prenante.*

intriguer v. tr., intr.
• **Transitif.** Exciter la curiosité. *Ce fait nous intrigue beaucoup. C'est en nous intriguant qu'il captive notre attention.*
☞ Le participe présent s'écrit avec un *u,* contrairement à l'adjectif et au nom.
• **Intransitif.** Comploter. *Il n'a cessé d'intriguer pour arriver à ses fins.*

intrinsèque adj.
Inhérent, essentiel.
Ant. **extrinsèque.**
⇨ intrinsè**que.**

intrinsèquement adv.
En soi, essentiellement.

intro- préf.
• Élément du latin signifiant «dedans».
• Les mots composés avec le préfixe *intro-* s'écrivent en un seul mot. *Introverti.*

introduction n. f.
Court texte explicatif rédigé généralement par un auteur pour présenter son texte.
☞ Ne pas confondre avec les noms suivants :
- *avant-propos,* préface ou introduction caractérisée par une grande brièveté;
- *avertissement,* texte placé entre le grand titre et le début de l'ouvrage afin d'attirer l'attention du lecteur sur un point particulier;
- *note liminaire,* texte destiné à expliciter les symboles et les abréviations employés dans un ouvrage;
- *notice,* brève étude placée en tête d'un livre pour présenter la vie et l'œuvre de l'auteur;

- *préface,* texte de présentation d'un ouvrage qui n'est généralement pas rédigé par l'auteur; il est composé en italique.
☞ Ordre des textes : la *préface* précède l'*introduction* qui est suivie par la *note liminaire,* s'il y a lieu.

introduire v. tr., pronom.
INDICATIF PRÉSENT *J'introduis, tu introduis, il introduit, nous introduisons, vous introduisez, ils introduisent.* IMPARFAIT *J'introduisais.* PASSÉ SIMPLE *J'introduisis.* FUTUR *J'introduirai.* CONDITIONNEL PRÉSENT *J'introduirais.* IMPÉRATIF PRÉSENT *Introduis, introduisons, introduisez.* SUBJONCTIF PRÉSENT *Que j'introduise.* IMPARFAIT *Que j'introduisisse.* PARTICIPE PRÉSENT *Introduisant.* PASSÉ *Introduit, ite.*
• **Transitif**
- Faire entrer. *Introduire une clé dans une serrure.*
- Faire adopter par l'usage. *Introduire une mode.*
• **Pronominal**
Pénétrer. *Ils se sont introduits par effraction dans ce bureau.*

*introduire
Anglicisme au sens de *présenter quelqu'un.*

intronisation n. f.
Action d'introniser.

introniser v. tr.
Placer sur le trône un roi, un évêque.

introspectif, ive adj.
Relatif à l'introspection.

introspection n. f.
Observation individuelle de la conscience elle-même.

introuvable adj.
Impossible ou difficile à trouver. *Ce livre est introuvable.*

introverti, ie adj. et n. m. et f.
⬄ Le *o* est ouvert [ɛ̃trɔvɛrti].
Qui est tourné vers l'intérieur.
Ant. **extraverti** ou **extroverti.**

intrus, use adj. et n. m. et f.
Indésirable. *Chassez ces intrus.*
⇨ intru**s.**

intrusion n. f.
Ingérence.

intuitif, ive adj. et n. m. et f.
• **Adjectif.** Qui résulte d'une intuition. *Une perception intuitive.*
• **Nom masculin et féminin.** Personne qui se fie à son intuition, qui pressent les choses.

intuition n. f.
Connaissance directe et immédiate qui ne s'appuie pas sur la raison. *Elle se fie à son intuition.*
⇨ intui**tion.**

intuitivement adv.
Par intuition.

Inuk (sing.), **Inuit** (pl.) n. m. et f.
Membre d'une nation autochtone du Canada qui habite au nord du 55e parallèle. *Au Québec, il y a près de 6 000 Inuit. Un Inuk, une Inuk.*

☞ Le nom s'écrit avec une majuscule.

☞ Au Canada, les mots *Inuk* et *Inuit* ont fait l'objet d'une recommandation officielle pour remplacer le mot *Esquimau* jugé péjoratif par les Amérindiens du Nord canadien.

inuit adj. inv.
Relatif aux Inuit. *La culture inuit, des objets inuit.*
☞ L'adjectif s'écrit avec une minuscule.

inuktitut n. m. inv.
Langue des Inuit. *Un livre écrit en inuktitut.*
☞ Le nom de la langue s'écrit avec une minuscule.

inusable adj.
Qui ne peut s'user. *Un tissu inusable.*

inusité, ée adj.
Inhabituel. *Des démarches inusitées.*
☞ Ne pas confondre avec les mots suivants :
- *bizarre,* étonnant, singulier;
- *extraordinaire,* remarquable;
- *inconcevable,* inimaginable;
- *incroyable,* difficile à croire;
- *invraisemblable,* qui ne semble pas vrai.

inutile adj.
Non nécessaire. *Ces précautions sont inutiles.*

inutilement adv.
De façon inutile.

inutilisable adj.
Qui ne peut être utilisé. *Des livres inutilisables.*

inutilité n. f.
Manque d'utilité. *L'inutilité d'une démarche.*

invaincu, ue adj.
Qui n'a jamais été vaincu. *Des candidats invaincus.*

invalidation n. f.
Action d'invalider.

invalide adj. et n. m. et f.
• Personne infirme ou malade, qui ne peut travailler.
• (Dr.) Nul. *Une loi invalide.*

invalider v. tr.
Rendre invalide, nul. *Invalider une clause.*

invalidité n. f.
État d'une personne invalide. *Une invalidité temporaire.*

invariabilité n. f.
État, caractère de ce qui est invariable. *L'invariabilité des adverbes.*

invariable adj.
• Qui ne varie pas. *Les participes présents sont invariables.*
• (Gramm.) *Mot invariable.* Mot qui ne change pas de forme, de terminaison. *Les adverbes, les conjonctions, les prépositions sont des mots invariables.*

invariablement adv.
De façon invariable; toujours.

invasion n. f.
Entrée soudaine et massive. *Une invasion de sauterelles.*
☞ Ne pas confondre avec le nom *évasion,* action de s'échapper d'une prison.

invective n. f.
Insulte.

invectiver v. tr., intr.
• **Transitif.** Injurier. *Invectiver des adversaires.*
• **Intransitif.** Fulminer. *Il ne cesse d'invectiver contre le vice, l'excès.*

invendable adj.
Qui ne peut être vendu. *Des produits invendables.*

invendu, ue adj. et n. m.
Non vendu. *Les libraires retournent les livres invendus, les invendus.*

inventaire n. m.
• Dénombrement des marchandises d'une entreprise à une date donnée. *Dresser l'inventaire, procéder à l'inventaire. Fermeture pour cause d'inventaire.*
• Relevé détaillé des marchandises d'une entreprise. *L'inventaire est tenu à jour de façon permanente.*
☞ En français, le terme *inventaire* ne peut désigner que le dénombrement (d'articles, de marchandises, etc.) et le document qui en résulte. C'est sous l'influence du terme anglais «inventory» qui, outre les acceptions du français, désigne également les marchandises en magasin, que l'on emploie improprement le nom *inventaire* en ce sens. *Cette entreprise doit maintenir des stocks considérables* (et non des **inventaires*). *Nous n'avons plus ce produit en magasin* (et non en **inventaire*).
☞ Ne pas confondre avec le nom *éventaire,* étalage sommaire de marchandises.

**inventaire
Anglicisme au sens de *stock.*

inventer v. tr.
Créer, trouver par des recherches, par l'imagination, ce qui n'existait pas avant. *Inventer un nouveau vaccin.*
☞ Ne pas confondre avec le verbe *découvrir,* trouver ce qui était encore inconnu. *Jacques Cartier a découvert le Canada.*

inventeur n. m.
inventrice n. f.
Auteur d'inventions. *Alexander Graham Bell est l'inventeur du téléphone.*

inventif, ive adj.
Ingénieux, qui a beaucoup d'idées. *Un esprit inventif.*

invention n. f.
Création, découverte. *L'invention de la télévision.*

inventorier v. tr.
Redoublement du *i* à la première et à la deuxième personne du pluriel de l'indicatif imparfait et du subjonctif présent. *(Que) nous inventoriions, (que) vous inventoriiez.*
Faire l'inventaire de, recenser. *Il inventorie les études traitant de cette question.*

invérifiable adj.
Qui ne peut être vérifié. *Cette affirmation est invérifiable.*

inverse adj. et n. m.
Qui est en sens contraire. *En sens inverse.*

inversement adv.
Vice versa.

inverser v. tr.
Changer le sens de quelque chose. *Inverser l'ordre des pages.*

inversion n. f.
• Action de mettre dans un sens opposé.
• Construction grammaticale où l'on donne aux mots un autre ordre que l'ordre habituel. *L'inversion du sujet dans une phrase interrogative : Quand viendras-tu?*

invertébré, ée adj. et n. m. pl.
Sans vertèbres. *Les insectes sont des invertébrés.*
☞— Ne pas confondre avec le mot **invétéré,** enraciné.

investigation n. f.
Recherche systématique et approfondie. *Les policiers feront des investigations pour trouver les auteurs du vol.*

*investigation
Anglicisme au sens de **enquête.**

investir v. tr.
Ce verbe se conjugue comme **finir.**
• Mettre en possession d'un pouvoir, d'une autorité. *Ce délégué a été investi d'un grand pouvoir.*
• Assiéger. *La ville a été investie par les rebelles.*
• Placer des capitaux dans une affaire. *Ils ont investi tous les bénéfices dans cette entreprise.*

investissement n. m.
Capitaux investis dans une affaire. *Des investissements rentables.*

investisseur, euse adj. et n. m. et f.
Personne ou groupe qui investit des capitaux dans une entreprise. *De petits investisseurs.*

investiture n. f.
Acte par lequel un parti politique désigne un candidat à une élection.

invétéré, ée adj.
Enraciné. *Un fumeur invétéré.*
☞— Ne pas confondre avec le mot **invertébré** qui se dit d'un animal sans vertèbres.

invincibilité n. f.
Qualité de ce qui est invincible.
▱▷ invincibilité.

invincible adj.
Qui ne peut être vaincu, surmonté. *Un guerrier invincible. Une invincible envie de rire.*
▱▷ invincible.

invinciblement adv.
De façon invincible.
▱▷ invinciblement.

inviolabilité n. f.
Caractère de ce qui est inviolable.

inviolable adj.
Qui ne doit pas être violé.

invisibilité n. f.
Caractère de ce qui est invisible.

invisible adj.
Qui échappe à la vue. *De l'encre invisible. Des particules invisibles.*

invisiblement adv.
De façon invisible.

invitation n. f.
• Action d'inviter. *Nous devrons faire nos invitations bientôt.*
• Résultat de cette action. *Recevoir une invitation.*
• Incitation. *Lire* L'invitation au voyage, *poème de Baudelaire.*

invite n. f.
Invitation déguisée.

invité, ée n. m. et f.
• Personne qui a reçu une invitation. *Nous aurons vingt invités.*
• ***Invité mystère, invité témoin, invité type.*** Ces expressions s'écrivent sans trait d'union. *Des invités mystère, des invités témoins, des invités types.*

inviter v. tr.
• Convier. *Inviter une amie à dîner.*
• Inciter. *Le beau temps invite à la promenade.*

in vitro adj. inv. et loc. adv.
• Expression latine signifiant «dans le verre».
• En milieu artificiel, en laboratoire.
• ***Fécondation*** in vitro (FIV). Technique de fécondation à l'extérieur de l'utérus.
• ***Fécondation*** in vitro ***et transfert d'embryon*** (FIVETE). Technique de fécondation artificielle.
☞— En typographie soignée, les mots étrangers sont composés en italique. Dans des textes déjà en italique, la notation se fait en romain. Pour les textes manuscrits, on utilisera les guillemets.
Ant. **in vivo.**

invivable adj.
Insupportable. *Cette personne acariâtre est invivable.*

in vivo adj. inv. et loc. adv.
• Expression latine signifiant «dans l'être vivant».
• Se dit de toute réaction physiologique qui se fait dans l'organisme.
☞— En typographie soignée, les mots étrangers sont composés en italique. Dans des textes déjà en italique, la notation se fait en romain. Pour les textes manuscrits, on utilisera les guillemets.
Ant. **in vitro.**

invocation n. f.
Action d'invoquer, prière. *Une invocation à la Vierge.*
☞— Ne pas confondre avec le nom **évocation,** rappel.

involontaire adj.
• Qui échappe au contrôle de la volonté. *Un geste involontaire.*
• Qui agit ou se trouve dans une situation quelconque, sans le vouloir. *Être le témoin involontaire d'un crime.*

involontairement adv.
Sans le vouloir.

invoquer v. tr.
• Appeler à son secours, faire appel à. *Invoquer Dieu, la Vierge.*
• Donner comme raison. *Elle invoqua la maladie pour ne pas se présenter.*
☞ Ne pas confondre avec le verbe *évoquer,* rappeler, faire allusion à.

invraisemblable adj. et n. m.
Qui ne semble pas vrai. *Cette histoire est invraisemblable.*
☞ Ne pas confondre avec les mots suivants :
- *bizarre,* étonnant, singulier;
- *extraordinaire,* remarquable;
- *inconcevable,* inimaginable;
- *incroyable,* difficile à croire;
- *inusité,* inhabituel.

invraisemblablement adv.
De façon invraisemblable.

invraisemblance n. f.
Défaut de vraisemblance. *Les invraisemblances d'un film.*

invulnérabilité n. f.
Fait d'être invulnérable.

invulnérable adj.
Qui ne peut être atteint. *Obélix est invulnérable.*

iode n. m.
Corps simple qui émet en bouillant des vapeurs violettes. *La teinture d'iode.*
☞ Attention au genre masculin de ce nom : *un* iode.

ion n. m.
Atome ou groupe d'atomes portant une charge électrique. *Des ions négatifs.*

ionique adj.
Se dit d'un style architectural de la Grèce antique. *Des colonnes ioniques.*

iota n. m. inv.
• Lettre grecque.
• *Il n'y manque pas un iota.* Il ne manque rien.
☞ On ne fait pas de liaison devant ce mot.

IPC
Sigle de *indice des prix à la consommation.*

Î.-P.-É.
Abréviation de *Île-du-Prince-Édouard.*

ipso facto loc. adv.
Expression latine signifiant «par le fait même».
☞ En typographie soignée, les mots étrangers sont composés en italique. Dans des textes déjà en italique, la notation se fait en romain. Pour les textes manuscrits, on utilisera les guillemets.

ir-
V. **in-**.

irakien, ienne ou **iraquien, ienne** adj. et n. m. et f.
De l'Irak. *Le drapeau irakien, iraquien. Un Irakien, un Iraquien, une Irakienne, une Iraquienne.*

☞ L'adjectif s'écrit avec une minuscule; le nom, avec une majuscule.
☞ La graphie *iraqien* est rare.

iranien, ienne adj. et n. m. et f.
De l'Iran. *Le pétrole iranien. Un Iranien, une Iranienne.*
☞ L'adjectif s'écrit avec une minuscule; le nom, avec une majuscule.

irascibilité n. f.
Tendance à se mettre en colère.
⇒ irascibilité.

irascible adj.
Colérique, irritable.
⇒ irascible.

irato (ab)
V. **ab irato.**

ire n. f.
(Plaisant.) Colère.

iridescent, ente adj.
Qui a des reflets irisés. *Des verres iridescents.*
⇒ iridescent.

iris n. m.
⇔ Le *s* se prononce [iris].
• Plante donnant des fleurs bleues, violettes, blanches.
• Partie colorée de l'œil. *Le vert de ses iris.*

irisation n. f.
Propriété qu'ont certains corps de produire les couleurs de l'arc-en-ciel par décomposition de la lumière.

iriser v. tr.
Colorer des couleurs de l'arc-en-ciel.

irlandais, aise adj. et n. m. et f.
• **Adjectif et nom masculin et féminin.** D'Irlande. *Le drapeau irlandais. Un Irlandais, une Irlandaise.*
☞ L'adjectif s'écrit avec une minuscule; le nom, avec une majuscule.
• **Nom masculin.** Langue parlée en Irlande. *Parler l'irlandais.*
☞ Le nom de la langue s'écrit avec une minuscule.

ironie n. f.
Forme d'esprit qui consiste à présenter comme vraie une proposition manifestement fausse de façon à faire ressortir son absurdité.
☞ Ne pas confondre avec le nom *humour,* forme d'esprit qui ne cherche pas à persuader de la fausseté d'une idée, mais à créer un doute sur l'apparence logique du monde ou à mettre en évidence les aspects insolites ou amusants de la réalité.

ironique adj.
Moqueur. *Un regard ironique.*

ironiquement adv.
De façon ironique.

ironiser v. intr.
Railler.

iroquois, oise adj. et n. m. et f.
• **Adjectif.** Qui appartient à la famille amérindienne des Iroquois. *Une coutume iroquoise.*
• **Nom masculin et féminin.** Membre d'une grande

famille amérindienne qui vivait au sud du Saint-Laurent et du lac Ontario. *Les Iroquois et les Iroquoises.*

☞— Cette appellation a été remplacée par celle de **Mohawk.**

☞— L'adjectif s'écrit avec une minuscule; le nom, avec une majuscule.

• **Nom masculin.** La langue des Iroquois. *L'iroquois est un ensemble de langues parlées par les Iroquois.*

☞— Le nom de la langue s'écrit avec une minuscule.

*irracontable
V. inracontable.

irradiation n. f.
Action d'exposer à un rayonnement radioactif.

irradier v. tr., intr.
Redoublement du *i* à la première et à la deuxième personne du pluriel de l'indicatif imparfait et du subjonctif présent. *(Que) nous irradiions, (que) vous irradiiez.*

• **Transitif.** Soumettre (quelque chose) à certaines radiations. *Irradier des produits alimentaires.*

• **Intransitif.** Se propager à partir d'un point central. *La douleur irradie vers la main.*

irrationnel, elle adj. et n. m.
Dénué de raison. *Ces gestes sont irrationnels.*
Ant. **rationnel.**
☞ irrationnel.

irréalisable adj.
Impossible à réaliser. *Un projet coûteux et irréalisable.*

irréalisme n. m.
Absence de réalisme. *Ils ont fait preuve d'irréalisme en proposant cela.*

irréaliste adj.
Qui manque de réalisme. *Des prévisions irréalistes.*
Ant. **réaliste.**

irréalité n. f.
Qualité de ce qui n'est pas réel.

irrecevabilité n. f.
Qualité de ce qui n'est pas recevable.

irrecevable adj.
Inacceptable. *Une demande irrecevable.*

irréconciliable adj.
Qu'on ne peut réconcilier, remettre en harmonie, en accord. *Les deux cousines semblent irréconciliables, mais elles finiront bien par s'entendre.*

☞— Ne pas confondre avec le mot *inconciliable,* qui se dit de personnes, de choses qui s'excluent réciproquement.

irrécouvrable adj.
Qui ne peut être recouvré. *Des créances irrécouvrables.*

irrécupérable adj.
Qui ne peut être récupéré. *Une voiture accidentée irrécupérable.*

irrécusable adj.
Qui ne peut être mis en doute. *Un témoignage irrécusable.*

irréductible adj.
• Qui ne peut être simplifié.
• (Fig.) Qu'on ne peut fléchir, qui ne transige pas. *Adversaire irréductible.*

irréel, elle adj.
Qui est en dehors de la réalité. *Un paysage irréel.*

irréfléchi, ie adj.
Non réfléchi. *Un geste irréfléchi.*

irréfutable adj.
Qu'on ne peut réfuter. *Un argument irréfutable.*

☞— Ne pas confondre avec les mots suivants :
- *assuré,* dont la réalité est sûre;
- *avéré,* reconnu comme vrai;
- *clair,* compréhensible;
- *évident,* indiscutable;
- *indéniable,* qu'on ne peut nier;
- *notoire,* qui est bien connu.
Ant. **réfutable.**

irrégularité n. f.
• Inégalité. *Les irrégularités d'une surface.*
• Illégalité. *Commettre des irrégularités.*

irrégulier, ière adj.
• Non symétrique. *Une forme irrégulière.*
• Non conforme à l'usage. *Une démarche irrégulière.*
• Non conforme aux règles générales, au modèle grammatical. *Un verbe irrégulier.*

irrégulièrement adv.
De façon irrégulière.

irrémédiable adj. et n. m.
Inéluctable, définitif. *Une aggravation irrémédiable.*

irrémédiablement adv.
D'une manière irrémédiable, sans recours.

irremplaçable adj.
Qui ne peut être remplacé. *Une amie irremplaçable.*
☞ irremplaçable.

irréparable adj. et n. m.
• **Adjectif.** Qui ne peut être réparé. *Une perte irréparable.*
• **Nom masculin.** Situation contre laquelle on ne peut rien. *L'irréparable est accompli.*

irrépressible adj.
Qui ne peut être réprimé, contenu. *Une irrépressible envie de rire.*
Ant. **répressible.**

irréprochable adj.
Sans défaut, sans reproche. *Un travail irréprochable.*

irrésistible adj.
À qui, à quoi on ne peut résister. *Un fou rire irrésistible.*

irrésistiblement adv.
De façon irrésistible.

irrésolu, ue adj.
Indécis.

irrésolution n. f.
Indécision.

irrespirable adj.
Qui est dangereux à respirer. *Une atmosphère irrespirable.*

irresponsabilité n. f.
Caractère de celui qui est irresponsable.

irresponsable adj. et n. m. et f.
Irréfléchi, qui agit sans penser aux conséquences.

irrévérence n. f.
Insolence, irrespect.

irrévérencieusement adv.
D'une manière irrévérencieuse.

irrévérencieux, ieuse adj.
Insolent, qui manque de respect.

irréversibilité n. f.
Caractère de ce qui est irréversible.

irréversible adj.
Qui va dans un seul sens, qui ne peut être renversé. *Un processus de dégradation irréversible. Une décision irréversible.*
Ant. **réversible.**

irrévocabilité n. f.
Caractère de ce qui est irrévocable.

irrévocable adj.
• Inéluctable. *Le passage irrévocable du temps.*
• Qui ne saurait être modifié. *Un choix irrévocable.*

irrévocablement adv.
De façon irrévocable, définitivement.

irrigation n. f.
• Action d'irriguer.
• Arrosage artificiel d'un sol.

irriguer v. tr.
Arroser par irrigation. *Irriguer une vallée.*

irritabilité n. f.
Caractère d'une personne irritable.

irritable adj.
Susceptible, irascible. *Cette personne est irritable, elle se met en colère pour des riens.*

irritant, ante adj.
• Agaçant, énervant. *Cette attente est irritante.*
• (Méd.) Qui cause de l'irritation.

irritation n. f.
• Colère. *Son irritation était causée par leur retard.*
• (Méd.) Inflammation. *Une irritation de la paupière.*

irriter v. tr.
• Mettre en colère. *Il ne faut pas l'irriter, il peut devenir méchant.*
• (Méd.) Provoquer une inflammation. *Ce produit irrite la peau.*

irruption n. f.
• Entrée soudaine et brutale de personnes dans un lieu. *Faire irruption dans une pièce.*
• Envahissement. *L'irruption des eaux.*
☞ Ne pas confondre avec le nom *éruption,* sortie brutale.

isabelle adj. inv. et n. m.
• **Adjectif de couleur invariable.** Se dit d'un cheval de couleur café au lait.
V. Tableau - **COULEUR (ADJECTIFS DE).**
• **Nom masculin.** Cheval de couleur café au lait.

isba n. f.
En Russie, petite maison rustique. *Des isbas.*

ISBN
• Sigle de *International Standard Book Number.*
• Numéro d'identification international attribué à chaque ouvrage publié.

islam n. m.
☞ La lettre *m* se prononce [islam].
• Religion musulmane. *Le livre saint de l'islam est le Coran.*
☞ En ce sens, le nom s'écrit avec une minuscule.
• Ensemble des peuples musulmans. *Les pays de l'Islam.*
☞ En ce sens, le nom s'écrit avec une majuscule.

islamique adj.
Relatif à l'islam.

islamisme n. m.
(Vx) Religion des musulmans fondée par Mahomet.

islandais, aise adj. et n. m. et f.
• **Adjectif et nom masculin et féminin.** D'Islande. *Le drapeau islandais. Un Islandais, une Islandaise.*
☞ L'adjectif s'écrit avec une minuscule; le nom, avec une majuscule.
• **Nom masculin.** Langue parlée en Islande. *Il parle l'islandais.*
☞ Le nom de la langue s'écrit avec une minuscule.

ISO
Sigle de *International Standard Organization.*

iso- préf.
• Élément du grec signifiant «égal».
• Les mots composés du préfixe *iso-* s'écrivent sans trait d'union. *Isocèle.*

isocèle adj.
Qui a deux côtés égaux. *Des triangles isocèles.*
▭ iso**cèle.**

isolant, ante adj. et n. m.
• **Adjectif.** Qui isole. *Des substances isolantes.*
☞ Ne pas confondre avec le participe présent invariable *isolant. Nous n'utilisons que les matériaux isolant le mieux.*
• **Nom masculin.** Matériau isolant.

isolation n. f.
Action d'isoler un corps contre le bruit, la chaleur, etc.
☞ Ne pas confondre avec le nom *insolation,* malaise causé par une exposition prolongée au soleil.

isolement n. m.
• État d'une personne seule. *L'isolement de Philippe lui est pénible.*
• État d'une chose isolée. *L'isolement d'une maison dans la forêt.*

isolément adv.
Séparément.

isoler v. tr., pronom.
• **Transitif**
- Mettre à l'écart. *Isoler un prisonnier.*
- Protéger contre les influences thermiques. *Isoler une maison.*
• **Pronominal**
Se mettre à l'écart. *Ils se sont isolés pour mieux réfléchir.*

isoloir n. m.
Cabine permettant à l'électeur de remplir son bulletin de vote.

israélien, ienne adj. et n. m. et f.
⬯ Le **s** se prononce **s** (et non *z) [israeljɛ̃, jɛn].
Qui se rapporte à l'État d'Israël.
🕮 L'adjectif s'écrit avec une minuscule; le nom, avec une majuscule.

israélite adj. et n. m. et f.
⬯ Le **s** se prononce **s** (et non *z) [israelit].
Se dit d'une personne qui, par sa religion, appartient à la communauté juive.
V. **israélien, hébreu.**

ISSN
• Sigle de *International Standard Serial Number.*
• Numéro d'identification international attribué à chaque publication périodique.

issu, ue adj.
• Sorti, descendu d'une personne. *Ils sont cousins issus de germains.*

• Qui provient de. *Cette réforme est issue d'une nouvelle politique.*

issue n. f.
Lieu par où l'on sort. *Une issue de secours.*

isthme n. m.
⬯ Le *t* ne se prononce pas [ism].
Langue de terre qui sépare deux mers et relie deux terres.
🕮 Attention au genre masculin de ce nom : *un* isthme.
⬭ is**th**me.

italianiser v. tr.
Donner le caractère italien à.

italianisme n. m.
Construction propre à la langue italienne.

italien, ienne adj. et n. m. et f.
• **Adjectif et nom masculin et féminin.** D'Italie. *Le drapeau italien. Un Italien, une Italienne.*
🕮 L'adjectif s'écrit avec une minuscule; le nom, avec une majuscule.
• **Nom masculin.** Langue parlée en Italie. *Apprendre l'italien.*
🕮 Le nom de la langue s'écrit avec une minuscule.
V. Tableau - **ITALIEN (EMPRUNTS À L').**

italique adj. et n. m.
• **Adjectif.** Se dit d'un caractère typographique légèrement incliné vers la droite. *Une lettre italique.*
• **Nom masculin.** Caractère incliné vers la droite.
• *En italique(s).* En caractères italiques.
🕮 Le nom *italique* est un collectif qui désigne l'ensemble des caractères italiques; on écrit généralement

---

EMPRUNTS À L'**ITALIEN**

De nombreux mots italiens se sont intégrés au français; ils proviennent surtout des domaines de la musique, de l'art et de la cuisine.

Orthographe

Si le mot est francisé, il s'écrit avec des accents et prend la marque du pluriel. *Des scénarios, des trémolos, des opéras.*

🕮 Certains auteurs recommandent l'invariabilité des mots pluriels italiens tels que **spaghetti, macaroni, ravioli**... Il apparaît plus pratique de considérer que ces mots sont maintenant francisés, et donc variables. *Des spaghettis, des macaronis, des raviolis.*

Musique

Certains mots italiens qui font partie du vocabulaire musical demeurent invariables lorsqu'ils désignent des mouvements, des nuances; ils s'écrivent alors sans accent. *Des* crescendo, *jouer* allegro.

Lorsque ces mots désignent des pièces de musique, ils prennent la marque du pluriel et s'écrivent avec des accents. *Des allégros de Beethoven.*

Quelques mots italiens francisés

brocoli	macaroni
chianti	maestro
concerto	opéra
confetti	ravioli
dilettante	salami
fiasco	scénario
gnocchi	solo
imbroglio	soprano
incognito	spaghetti
influenza	trémolo
lasagne	

🕮 Tous ces mots francisés prennent la marque du pluriel.

ITALIQUE

L'italique, caractère typographique légèrement incliné vers la droite, permet d'attirer l'attention du lecteur sur un mot, un titre, une citation, une dénomination.

☞ Dans un texte manuscrit ou dactylographié destiné à l'impression, on souligne d'un trait les mots qui doivent être composés en italique.

SE COMPOSENT EN ITALIQUE :

• **Titres d'œuvres** (livres, tableaux, journaux, revues, etc.)

Le mot initial du titre s'écrit avec une majuscule.

> Elle a beaucoup aimé *À la recherche du temps perdu*.
> Le journal *Le Devoir*.
> Avez-vous vu les *Femmes au jardin* de Monet?

• **Enseignes commerciales**

Citées intégralement, les inscriptions d'enseignes se composent en *italique*; abrégées, elles seront composées en romain.

> S'arrêter à l'*Auberge du Cheval blanc*.
> Manger au Cheval blanc.

• **Noms de véhicules** (bateaux, avions, trains, engins spatiaux, etc.)

Les noms propres de véhicules se composent en *italique*. Ces noms propres s'écrivent avec une capitale initiale au nom spécifique et à l'adjectif qui précède le nom.

> Il a pris le *Concorde*.
> Les images sont transmises par *Ariane*.

• **Notes de musique**

Les huit notes de musique se composent en *italique*. Les indications qui peuvent accompagner les notes sont en *romain*.

> Une étude en *si* bémol.

• **Citations, mots en langue étrangère**

Les locutions latines, les citations, les mots, les expressions qui appartiennent à une langue étrangère sont composés en *italique*.

> Une déduction *a posteriori*.
> C'est un véritable *one man show*.

• **Devises**

Les devises sont toujours composées en *italique*.

> *Je me souviens.*
> *Fluctuat nec mergitur.*

• **Avis, indications au lecteur**

Si le texte (avant-propos, dédicace, etc.) n'excède pas vingt pages, il peut être composé en *italique*. On utilise l'*italique* pour attirer l'attention du lecteur à qui l'on s'adresse directement.

> *Suite à la page 24.*

ce mot au singulier. *Composer en italique.* Cette expression peut s'écrire au pluriel lorsque le nom **lettres** est sous-entendu. *Composer en (lettres) italiques.*

🖝 L'italique permet d'attirer l'attention du lecteur sur un mot, un titre, une citation. Dans un texte destiné à l'impression, on souligne d'un trait les mots qui doivent être composés en italique.

V. Tableau - **ITALIQUE.**

item adv. et n. m.
• **Adverbe**
En outre, de même.
• **Nom masculin**
- (Psychol.) Élément (dans un test).
- (Ling.) Élément d'un ensemble grammatical, lexical.

*item
• Anglicisme au sens de **point, question** (à l'ordre du jour d'une réunion).
• Anglicisme au sens de **article, produit.** *Ces articles* (et non ces **items*) *sont en souffrance.*
• Anglicisme au sens de **poste, élément.** *Les postes d'un compte* (et non les **items*).
• Anglicisme au sens de **article, point.** *L'article* (et non l'**item*) *premier d'un contrat.*

itératif, ive adj.
Réitéré, répété plusieurs fois.

itinéraire n. m.
Trajet. *Tracer un itinéraire.*

itinérant, ante adj.
Qui se déplace pour exercer une fonction. *Des vendeurs itinérants, un ambassadeur itinérant, une exposition itinérante.*

🖝 Ne pas confondre avec le nom **sans-abri,** personne qui est sans logement.

itou adv.
(Fam. ou plaisant) Aussi, de même. *Et moi itou.*

IVG
Sigle de *interruption volontaire de grossesse.*

ivoire adj. inv. et n. m.
• **Nom masculin**
- Matière blanche dont sont constituées les défenses de l'éléphant. *Une sculpture en ivoire.*
- **Tour d'ivoire.** Isolement hautain.

🖝 Attention au genre masculin de ce nom : **un** ivoire.

• **Adjectif de couleur invariable**
De la couleur de l'ivoire. *Des lainages ivoire.*

V. Tableau - **COULEUR (ADJECTIFS DE).**

ivoirien, ienne adj. et n. m. et f.
De la Côte-d'Ivoire. *Le drapeau ivoirien. Un Ivoirien, une Ivoirienne.*

🖝 L'adjectif s'écrit avec une minuscule; le nom, avec une majuscule.

🖝 Ne pas confondre avec le mot **ivoirin,** qui a l'apparence de l'ivoire.

ivoirin, ine adj.
(Litt.) Qui a l'apparence de l'ivoire.

🖝 Ne pas confondre avec le mot **ivoirien,** relatif à la Côte-d'Ivoire.

ivraie n. f.
Plante nuisible.
⬭ ivra**ie.**

ivre adj.
• Qui a trop bu. *Ces fêtards sont ivres.*
• **Ivre mort.** Ivre au point d'avoir perdu connaissance. *Ils sont ivres morts. Elles étaient ivres mortes.*

🖝 Cette expression s'écrit sans trait d'union et les deux éléments prennent la marque du pluriel.

• Exalté par une passion, une émotion. *Ivre de joie, il se mit à crier.*

ivresse n. f.
• Enivrement dû à l'alcool. *Son ivresse était visible, on lui proposa de prendre un taxi.*
• Extase. *L'ivresse du pouvoir.*

🖝 Ce mot est le doublet populaire du nom **ébriété** qui relève du style administratif et ne s'utilise que dans l'expression **en état d'ébriété.**

V. Tableau - **DOUBLETS.**

*ivressomètre
V. **alcootest.**

ivrogne, esse adj. et n. m. et f.
Personne qui s'enivre souvent; alcoolique.

🖝 L'emploi de la forme féminine **ivrognesse** est d'emploi vieilli ou populaire.

ivrognerie n. f.
Alcoolisme.
Ant. **sobriété.**

J
Symbole de *joule*.

jabot n. m.
👄 Le *t* ne se prononce pas [ʒabo].
• Poche placée sous la gorge des oiseaux.
• Ornement plissé fixé au col d'une chemise. *Un jabot de dentelle.*
▭▷ jabot.

jacassement n. m.
• Cri de la pie.
• Bavardage volubile.

jacasser v. intr.
• Crier, en parlant de la pie.
• Bavarder d'une voix criarde, de façon malveillante. *Silence! arrêtez de jacasser!*

jacasserie n. f.
Bavardage bruyant.

jachère n. f.
Terre labourable qu'on laisse reposer. *Des terres en jachère.*
▯◁— Ne pas confondre avec le nom *friche*, terrain non cultivé.
▭▷ jachère.

jacinthe n. f.
Plante bulbeuse cultivée pour ses fleurs colorées et parfumées.
▭▷ jacinthe.

*jack
Anglicisme au sens de *cric*.

jacquard n. m.
Tricot orné de dessins géométriques. *Des jacquards harmonieux.*
▭▷ jacquard.

jacquet n. m.
👄 Le *t* ne se prononce pas [ʒakɛ].
Jeu de société qui s'apparente au trictrac. *Jouer au jacquet.*
▭▷ jacquet.

jade n. m.
Pierre très dure dont la couleur varie du blanc au vert. *De beaux jades.*
▯◁— Attention au genre masculin de ce nom : *un* jade.
▯◁— Ne pas confondre avec le nom *jaspe*, pierre tachetée de rouge.

jadis adv.
👄 Le *s* se prononce [ʒadis].
(Litt.) Il y a très longtemps.
▯◁— Ne pas confondre avec *autrefois*, dans un temps passé, ni avec *naguère*, il y a peu de temps.

jaguar n. m.
👄 Le *u* se prononce *ou* [ʒagwar].
Grand félin au pelage fauve tacheté de noir, voisin de la panthère. *Les jaguars sont des carnassiers.*

jaillir v. intr.
Ce verbe se conjugue comme le verbe *finir*.
Sortir violemment, en parlant d'un liquide, du feu, de la lumière, etc. *Une source d'eau pure jaillit du sol.*

jaillissement n. m.
Action, fait de jaillir.
▭▷ jaillissement.

jais n. m.

👄 Les lettres **ais** se prononcent **è** [ʒɛ].

Pierre d'un noir brillant. *Noir comme du jais.*

Hom. **geai,** oiseau.

➱ jai**s.**

jalon n. m.

• Point de repère. *Poser des jalons.*

• (Fig.) Repère. *Les jalons d'un rapport.*

• **Planter, poser des jalons.** Amorcer une action.

• Standard, élément de référence. *Établir des jalons* (et non des *bench marks).

jalonnement n. m.

Action, manière de jalonner.

➱ jalo**nn**ement.

jalonner v. tr., intr.

• Disposer des repères. *Jalonner un terrain, un itinéraire.*

• Marquer. *Les étapes qui jalonnent son cheminement.*

➱ jalo**nn**er.

jalousement adv.

De façon jalouse.

jalouser v. tr.

Envier. *Il jalouse les enfants plus grands qui jouent dehors.*

jalousie n. f.

• Envie. *Éprouver de la jalousie à l'égard de ceux qui ont du succès.*

• Persienne. *Fermer les jalousies.*

jaloux, ouse adj. et n. m. et f.

Qui éprouve de la jalousie. *Cet enfant est jaloux de son frère, de lui. Il est jaloux qu'un autre lui ait été préféré.*

🖙 Cet adjectif se construit avec **de** suivi d'un nom, d'un pronom ou avec **que** suivi du subjonctif.

jamaïquain ou **jamaïcain, aine** adj. et n. m. et f.

De la Jamaïque. *Une musique jamaïquaine, jamaïcaine. Un Jamaïquain, un Jamaïcain, une Jamaïquaine, une Jamaïcaine.*

🖙 L'adjectif s'écrit avec une minuscule; le nom, avec une majuscule.

🖙 La graphie **jamaïquain** est la plus fréquente.

jamais adv.

• **Sens positif.** En un temps quelconque, futur ou passé. *Si jamais vous lui parlez, transmettez-lui mes salutations.*

• **À jamais, à tout jamais,** locutions adverbiales. Pour toujours. *Cette famille est partie à tout jamais.*

• **Sens négatif.** En ce sens, l'adverbe est généralement accompagné d'une négation. À aucun moment. *Je n'en ai jamais entendu parler. Il est gentil, jamais ennuyeux.*

• **Au grand jamais.** Jamais, quoi qu'il arrive.

🖙 La construction **jamais plus** est littéraire; dans la langue courante, on dit plutôt **plus jamais.**

➱ jamai**s.**

jambage n. m.

Trait vertical de certaines lettres (*m, n, w,* etc.).

jambe n. f.

• Partie du membre inférieur comprise entre le genou et le pied. *De longues jambes.*

• **Locutions**

- **À toutes jambes.** Très vite. *Ils ont couru à toutes jambes pour ne pas manquer le train.*

- **Prendre ses jambes à son cou.** S'enfuir très rapidement.

- **Cela me fait une belle jambe!** (Fam.) Cela ne m'apporte aucun avantage.

- **Traiter quelqu'un par-dessous, par-dessus la jambe.** Le traiter sans aucune considération.

jambette n. f.

Au Canada, croc-en jambe.

🖙 L'emploi du nom est courant au Canada dans la langue familière, mais il est vieilli dans l'ensemble de la francophonie.

jambière n. f.

Vêtement, équipement qui protège la jambe. *Les jambières de joueurs de hockey.*

jambon n. m.

Cuisse du porc, salée ou fumée pour être conservée. *Un sandwich au jambon.*

jambonneau n. m. (pl. *jambonneaux*)

Petit jambon fait avec la portion inférieure de la jambe du porc.

jamboree n. m.

👄 Les deux **e** se prononcent **é** ou **i,** [ʒɑ̃bɔre] ou [ʒɑ̃bɔri].

Rassemblement de scouts. *Des jamborees annuels.*

➱ jambor**ee.**

janséniste adj. et n. m. et f.

Partisan d'une morale austère et rigoriste.

jante n. f.

Partie d'une roue.

Hom. **gente,** gentille.

➱ jant**e.**

janvier n. m.

Premier mois de l'année. *Le 27 janvier.*

🖙 Les noms de mois s'écrivent avec une minuscule.

V. Tableau - **DATE.**

japonais, aise adj. et n. m. et f.

• **Adjectif et nom masculin et féminin.** Du Japon. *Le drapeau japonais. Un Japonais, une Japonaise.*

🖙 L'adjectif s'écrit avec une minuscule; le nom, avec une majuscule.

• **Nom masculin.** Langue parlée au Japon. *Yamata parle le japonais.*

🖙 Le nom de la langue s'écrit avec une minuscule.

jappement n. m.

Cri du petit chien.

🖙 Pour les chiens de grande taille, on emploiera plutôt **aboiement.**

japper v. intr.

Crier, en parlant du chien.

🖙 Pour les chiens de grande taille, on emploiera plutôt **aboyer** et pour les chiens de chasse, **crier** ou **donner de la voix.**

jaquette n. f.

• Vêtement masculin de cérémonie.

• Veste de femme. *La jaquette d'un tailleur.*
• Couverture amovible d'un livre.

*jaquette
Impropriété au sens de **chemise de nuit.**

jardin n. m.
• Terrain où l'on cultive des légumes, des fleurs, etc. *Un jardin potager, un jardin d'agrément.*
• Parc ouvert au public. *Le jardin du Luxembourg.*
☞ Les noms génériques de jardins publics, de parcs s'écrivent avec une minuscule lorsqu'ils sont précisés par un nom propre; ils s'écrivent avec une majuscule lorsque l'adjectif qui suit précise l'appartenance à une catégorie. *Le Jardin zoologique.*
• **Jardin botanique.** Établissement où l'on cultive des plantes diverses à des fins d'étude. *Le Jardin botanique de Montréal.*
• **Jardin d'enfants.** Classe enfantine, maternelle, dans l'enseignement privé.

jardinage n. m.
Culture des jardins. *Le jardinage est un agréable passe-temps.*

jardiner v. tr., intr.
Travailler à un jardin. *Il adore jardiner.*

jardinerie n. f.
Établissement commercial qui offre, en tout ou en partie, les biens et les services liés au jardin et au jardinage. (Recomm. off. OLF)

jardinet n. m.
Petit jardin.
▭➤ jardin**et.**

jardinier n. m.
jardinière n. f.
Personne dont le métier est de cultiver les jardins.

jardinier, ière adj.
Relatif aux jardins. *La culture jardinière.*

jardinière n. f.
Bac où l'on cultive des fleurs, des plantes vertes.

jardinière d'enfants n. f.
Personne s'occupant d'un jardin d'enfants.

jargon n. m.
Langage de convention propre à certains milieux. *Le jargon des financiers.*
☞ Ce mot a un sens plutôt défavorable et désigne la langue compliquée d'un art, d'une science, inintelligible aux non initiés. Par rapport à ce mot, le nom **argot** a un sens moins défavorable.

jarre n. f.
Grand vase de terre cuite. *Une jarre d'huile.*
☞ Ne pas confondre avec le nom **bocal,** contenant de verre.
Hom. **jars,** mâle de l'oie.

jarret n. m.
• Partie de la jambe située derrière l'articulation du genou, chez l'homme.
• **Avoir des jarrets d'acier.** Être très bon marcheur.
☞ Ne pas confondre avec le nom **mollet,** partie postérieure de la jambe, entre le jarret et la cheville.

• Articulation du membre postérieur, chez les quadrupèdes.
• Morceau de boucherie. *Des jarrets de veau.*
▭➤ jarr**et.**

jarretelle n. f.
Ruban de tissu élastique servant à fixer un bas au porte-jarretelles ou à la gaine.
☞ Ne pas confondre avec le nom **jarretière,** bande élastique entourant la jambe, servant à retenir une chaussette, un bas.
▭➤ jarre**telle.**

jarretière n. f.
Bande élastique entourant la jambe et servant à retenir un bas.
☞ Pour désigner l'accessoire masculin, on emploie plutôt le nom **fixe-chaussette.**
☞ Ne pas confondre avec le nom **jarretelle,** ruban de tissu élastique servant à fixer un bas au porte-jarretelles ou à la gaine.
▭➤ jarreti**ère.**

jars n. m.
👄 Le **s** ne se prononce pas [ʒar].
Mâle de l'oie.
Hom. **jarre,** grand vase de terre cuite.
▭➤ jars**.**

jaser v. intr.
• (Péj.) Médire. *Attention, cela va faire jaser.*
• Au Canada, bavarder agréablement et longuement.
☞ L'emploi du verbe est courant au Canada dans la langue familière, mais il est vieilli en ce sens dans l'ensemble de la francophonie.
▭➤ ja**ser.**

jasette n. f.
Avoir de la jasette. (Fam.) Au Canada, être bavard, avoir la parole facile.

jasmin n. m.
Plante ornementale à fleurs très odorantes.

jaspe n. m.
Pierre souvent tachetée de rouge.
☞ Attention au genre masculin de ce nom : **un** jaspe.
☞ Ne pas confondre avec le nom **jade,** pierre très dure dont la couleur varie du blanc au vert.

jaspé, ée adj. et n. m.
Qui imite l'aspect du jaspe. *Un recouvrement jaspé ou marbré.*

jaspiner v. intr.
(Fam.) Bavarder, bougonner.

jatte n. f.
Grand bol; son contenu. *Une jatte de crème.*

jauge n. f.
• Instrument de mesure. *La jauge d'essence.*
• Tonnage d'un navire.
▭➤ jauge.

jauger v. tr.
Le **g** est suivi d'un **e** devant les lettres **a** et **o.** *Il jaugea, nous jaugeons.*

• **Transitif**
- Mesurer avec une jauge (le volume de). *Jauger un réservoir.*
☞ Ne pas confondre avec les verbes suivants :
- *calibrer,* mesurer le diamètre intérieur d'un cylindre;
- *étalonner,* mesurer par comparaison avec un étalon.
- Évaluer les capacités (morales, intellectuelles, physiques) d'une personne. *L'examinateur la jaugea rapidement.*
• **Intransitif**
Avoir une capacité de. *Un navire qui jauge 1 000 tonneaux.*

jaunâtre adj.
Qui tire sur le jaune. *Des papiers jaunâtres.*
☞ jaun**â**tre.

jaune adj., adv. et n. m. et f.
• **Adjectif de couleur.** Qui est de la couleur du citron, de l'or. *Des robes jaunes.*
☞ Employé seul, l'adjectif s'accorde; employé avec un nom ou un autre adjectif, il est invariable. *Des chapeaux jaune orange, jaune pâle.*
V. Tableau - **COULEUR (ADJECTIFS DE).**
• **Adverbe.** *Rire jaune.* D'un rire faux, forcé. *Ils ont ri jaune.*
☞ Pris adverbialement, le mot est invariable.
• **Nom masculin.** Couleur jaune. *Des jaunes lumineux.*
☞ Employé comme nom, le mot *jaune* prend la marque du pluriel.
• **Nom masculin et féminin.** Personne de race jaune, généralement d'origine asiatique. *Les Jaunes, les Blancs, les Noirs.*
☞ En ce sens, le nom s'écrit avec une majuscule.

jaunir v. tr., intr.
• **Transitif.** Rendre jaune. *L'automne a jauni les feuilles.*
• **Intransitif.** Prendre une teinte jaune. *Le papier peint a jauni.*

jaunisse n. f.
Coloration jaune de la peau caractéristique des maladies du foie.
Syn. **ictère.**

jaunissement n. m.
Action de rendre jaune; fait de devenir jaune.

java n. f.
Danse à trois temps, de rythme saccadé. *Des javas endiablées.*

javanais, aise adj. et n. m. et f.
• **Adjectif et nom masculin et féminin.** De Java. *Une coutume javanaise. Un Javanais, une Javanaise.*
☞ L'adjectif s'écrit avec une minuscule; le nom, avec une majuscule.
• **Nom masculin.** Langue parlée dans l'île de Java. *Elle étudie le javanais.*
☞ Le nom de la langue s'écrit avec une minuscule.

Javel (eau de) n. f.
Solution détersive et désinfectante. *Des eaux de Javel.*
☞ Le mot *Javel* qui désignait un lieu est un nom propre; il s'écrit avec une majuscule et ne prend pas la marque du pluriel.
Hom. *javelle,* brassée de tiges de céréales.

javelage n. m.
Mise en javelles.

javeler v. tr.
Redoublement du *l* devant un *e* muet. *Je javelle, je javellerai,* mais *je javelais.*
Mettre en javelles.
☞ Ne pas confondre avec le verbe *javelliser,* nettoyer à l'aide d'eau de Javel.

javelle n. f.
Brassée de tiges de céréales (blé, avoine, etc.) coupées.
Hom. *Javel,* de l'expression *eau de Javel.*

javellisable adj.
Qui peut être javellisé.

javellisant, ante adj. et n. m.
Qui peut javelliser ou qui sert à la javellisation. *On ne peut employer de javellisant pour laver ce tissu très fragile.*

javellisation n. f.
Action de javelliser.

javelliser v. tr.
Passer le linge à l'eau de Javel ou tout autre produit équivalent pour le blanchir ou le détacher.
☞ Ne pas confondre avec le verbe *javeler,* mettre en javelles.
☞ javel**l**iser.

javelot n. m.
Longue tige à pointe de fer. *Le lancer du javelot.*
☞ Ne pas confondre avec les noms suivants :
- *dard,* arme acérée;
- *flèche,* baguette munie d'un fer pointu.
☞ javelot.

jazz n. m.
👄 Le *j* se prononce *dj* [dʒɑz].
Style musical des Noirs américains.

je pron. pers.
Pronom personnel de la première personne du singulier masculin et féminin qui est toujours sujet du verbe. *Je fais de la bicyclette, je lis.*
☞ Le pronom s'élide devant une voyelle. *J'aime.*
☞ L'inversion du pronom *je* dans l'interrogation directe est de style littéraire. *Dois-je le dire?* Dans la langue courante, on recourt plutôt à l'expression *est-ce que je dois le dire?*

jean, jeans n. m.
👄 Le *j* se prononce *dj* et les lettres *ea* se prononcent *i,* [dʒin, dʒins].
• Pantalon de toile. *Elle porte un jean ou un jeans.*
• Toile qui sert à confectionner ce pantalon. *Un blouson en jean.*

jean-foutre n. m. inv. (pl. *jean-foutre*)
(Fam.) Individu incapable.

jeannette n. f.
• Fillette appartenant à un mouvement de guides (scoutisme).
• Petite planche à repasser.

jeep n. f.
⬥ La lettre *j* se prononce *dj* ou *j* et les lettres *ee, i*, [dʒip] ou [ʒip].
Véhicule tout terrain. *Des jeeps puissantes.*

je-ne-sais-quoi n. m. inv. (pl. *je-ne-sais-quoi*)
Chose difficile à exprimer. *Il se dégage de cette œuvre un je-ne-sais-quoi de mystérieux.*
⇨ je-ne-sais-quoi.

jérémiade n. f.
Plainte, lamentation.

jéroboam n. m.
Contenant qui correspond approximativement à quatre bouteilles. *Un jéroboam de champagne.*
V. **bouteille.**

jerrican, jerrycan ou **jerricane** n. m.
Bidon d'essence. *Des jerricans, jerrycans* ou *jerricanes.*

jersey n. m.
⬥ Les lettres *ey* se prononcent *è* [ʒɛrzɛ].
Tricot. *Des jerseys de bonne qualité.*
⇨ jers**ey.**

jésuite adj. et n. m.
Membre de la Compagnie de Jésus. *Le père Bourgeois est un jésuite passionné de physique.*
⊫ Le nom s'écrit avec une minuscule lorsqu'il désigne un membre de l'ordre religieux; quand il désigne la Compagnie de Jésus, il s'écrit avec une majuscule. *Les Jésuites ont joué un rôle important dans l'histoire.*

jésus n. m.
Représentation du Christ enfant. *Un jésus de plâtre.*
⊫ En ce sens, le nom s'écrit avec une minuscule.

jet n. m.
• Distance parcourue par une chose lancée. *À un jet de pierres.*
• *D'un seul jet.* D'un seul coup. *Elle a écrit sa lettre d'un seul jet.*
• *Premier jet.* (Fig.) Esquisse d'une œuvre.
• Jaillissement. *Des jets d'eau, de lave.*

*jet
Anglicisme au sens de *avion à réaction.*

jetable adj.
Terme général pour qualifier tout objet que l'on peut ou doit jeter après usage. (Recomm. off. OLF) *Des lames jetables* (et non **disposables*).
⊫ Cette recommandation n'exclut pas l'utilisation de termes spécifiques, par exemple dans le domaine pharmaceutique, seringue *uniservice* et, dans le domaine du conditionnement des liquides, verre *perdu,* bouteille *non consignée.*

jetée n. f.
Construction qui s'avance dans l'eau et qui est destinée à protéger un port. *Pêcher sur la jetée.*

jeter v. tr., pronom.
Redoublement du *t* devant un *e* muet. *Je jette, je jetterai,* mais *je jetais.*
• **Transitif**
- Envoyer à une certaine distance de soi quelque chose. *Jeter une pierre, jeter un regard.*

⊫ Ce verbe n'implique ni objectif précis à atteindre ni précaution pour viser.
- *Jeter de la poudre aux yeux.* Éblouir, tromper.
- Se défaire de (quelque chose). *Jeter de vieux journaux.*
• **Pronominal**
- Se lancer. *Elle s'est jetée à l'eau.*
- Déverser ses eaux, en parlant d'un cours d'eau. *Le Saguenay se jette dans le Saint-Laurent.*

jeton n. m.
• Petite pièce plate, généralement ronde qui sert de monnaie. *Des jetons pour le poste de péage du pont.*
• *Faux jeton.* (Fam.) Hypocrite.
• *Jetons de présence.* Somme accordée aux membres des conseils d'administration.

jeu n. m. (pl. *jeux*)
• Divertissement. *Des jeux de société, de hasard, d'adresse, vidéo,* mais *des jeux de cartes, de dames, d'échecs, de mots.*
⊫ Attention au complément du nom *jeu;* celui-ci est au pluriel lorsqu'il désigne une série complète d'objets, un certain nombre d'éléments. *Un jeu de cartes, un jeu d'échecs, un jeu de clés.*
• (Au plur.) Ensemble de compétitions sportives. *Les Jeux olympiques* ou *les Jeux Olympiques.*
• **Locutions**
- *Avoir beau jeu.* Se trouver dans des conditions idéales pour faire quelque chose.
- *Cacher son jeu.* Dissimuler ses impressions.
- *D'entrée de jeu.* Dès le début, d'emblée.
- *Faire le jeu de quelqu'un.* Faciliter sa réussite.
- *Jeu d'enfant.* Chose très facile.
- *Jeu de mots.* Calembour.
- *Jouer gros jeu.* Investir beaucoup dans une affaire risquée.
- *Les jeux sont faits.* Le sort en est jeté, tout est décidé.
- *Règles du jeu.* Conventions. *Il faut respecter les règles du jeu.*
- *Se piquer au jeu.* Être captivé, s'obstiner malgré les échecs.
- *Vieux jeu.* Démodé. *Ces principes sont vieux jeu.*
⊫ Cette expression est invariable.

jeudi n. m.
• Quatrième jour de la semaine. *Bianca va magasiner tous les jeudis.*
⊫ Les noms de jour s'écrivent avec une minuscule et prennent la marque du pluriel. *Je viendrai tous les lundis,* mais *je viendrai tous les jeudi et vendredi de chaque semaine.* Attention à la construction de la dernière phrase où les noms de jour restent au singulier parce qu'il n'y a qu'un seul jeudi et un seul vendredi par semaine.
• *La semaine des quatre jeudis.* Jamais.
• *Jeudi matin, midi, après-midi, soir.* Le cours a lieu tous les jeudis matin, tous les jeudis midi, tous les jeudis après-midi, tous les jeudis soir.
⊫ Il apparaît plus logique d'écrire au singulier le nom qui désigne le moment du jour.
V. Tableau - **JOUR.**

JOUR

1. Division du temps qui comprend 24 heures. *Il y a 365 jours dans une année.*

   ☞ Dans son sens astronomique, le mot *jour* désigne le temps qui s'écoule entre le lever et le coucher du soleil, par opposition à la *nuit. Les jours commencent à allonger à compter de janvier.*

Locutions

— *Le jour et la nuit, jour et nuit,* locutions adverbiales. Continuellement. *Ces restaurants sont ouverts jour et nuit.*

— *Mettre à jour.* Actualiser. *Le dictionnaire sera mis à jour tous les trois ans* (et non *mis à date).

   ☞ Ne pas confondre avec la locution *mettre au jour*, qui signifie «découvrir, révéler». *Les archéologues ont mis au jour les fondations du premier immeuble.*

— *Tous les jours,* locution adverbiale. Chaque jour. *Paula vient tous les jours* (et non *à tous les jours).

— *De jour en jour,* locution adverbiale. De plus en plus, davantage. *Maxime grandit de jour en jour.*

— *Du jour au lendemain,* locution adverbiale. Très rapidement. *Du jour au lendemain, ces personnes ont changé d'avis.*

— *Le jour J.* Jour où doit avoir lieu un grand évènement, où l'on doit déclencher une attaque, une opération importante.

Jours de la semaine

— Lundi, mardi, mercredi, jeudi, vendredi, samedi, dimanche.

   ☞ Les noms de jours s'écrivent avec une minuscule et prennent la marque du pluriel. *Je viendrai tous les lundis,* mais *je viendrai tous les jeudi et vendredi de chaque semaine.* Attention à la construction de la dernière phrase où les noms de jours restent au singulier parce qu'il n'y a qu'un seul jeudi et un seul vendredi par semaine.

— Jour de la semaine + *matin, midi, après-midi, soir. Le cours a lieu tous les jeudis matin.*

   ☞ Dans cette construction, les noms *matin, midi, après-midi, avant-midi, soir* restent au singulier parce que l'article défini est sous-entendu. *Tous les jeudis* (le) *matin.*

Jours de fête

Les noms de fête s'écrivent avec une capitale initiale au nom spécifique et à l'adjectif qui le précède. *Le jour de l'An, le Nouvel An, le jour des Rois, le Mardi gras, le mercredi des Cendres, le Vendredi saint, Pâques, la fête des Mères, la fête du Travail, la Saint-Jean, la fête de la Confédération, la Toussaint, Noël.*

Date

L'indication de la date se fait généralement par ordre croissant : jour, mois, année. *Le 14 décembre 1995.*

   ☞ Si la date comporte la mention d'un jour de la semaine, celui-ci est précédé de l'article défini; il n'y a pas de virgule entre le jour de la semaine et le quantième du mois. *Le mercredi 14 décembre 1995* (et non *Mercredi, le 14 décembre 1995).

   ☞ L'usage de l'indication numérique de la date prescrit par l'ISO et l'ACNOR doit être limité aux échanges d'informations entre systèmes de données et à la présentation en colonne ou en tableau. Cette notation procède par ordre décroissant : (année, mois, jour). *1995 12 14* ou *1995-12-14* ou *19951214.* Les nombres inférieurs à 10 sont précédés d'un zéro. *1995 01 05* ou *1995-01-05* ou *19950105.*

V. Tableau – **DATE.**

suite ➞

2. Clarté. *Le jour se lève.*

Locutions adverbiales

– *En plein jour.* En pleine lumière, au milieu de la journée.
– *Au petit jour.* À l'aube.
– *À contre-jour.* Avec un éclairage insuffisant.
– *Au grand jour.* À la connaissance de tous.
– *Sous un jour* + adjectif. Sous un certain angle. *Ils verront la question sous un jour nouveau.*

Locutions

– *Se faire jour.* Apparaître. *Ces indications à la baisse se font jour de plus en plus.*

☞ Dans cette expression, le nom *jour* est invariable.

– *Donner le jour à un enfant.* (Litt.) Donner naissance à un enfant, mettre au monde un enfant.

3. Ouverture, orifice. *Il y a un peu de jour dans l'assemblage de cette fenêtre.*

À jours. Brodé et ajouré. *Des serviettes à jours.*

---

jeun (à) loc. adv.
Sans avoir mangé. *Pour cette analyse de sang, il faut être à jeun.*
☞ à jeun, sans accent circonflexe.

jeune adj. et n. m. et f.
Qui n'est pas vieux. *Un jeune homme, une jeune fille. Ces jeunes sont très sympathiques.*
☞ La place de l'adjectif est significative : un *homme jeune* est un homme non âgé et un *jeune homme* est un adolescent.
☞ Ne pas confondre avec le nom *jeûne,* privation de nourriture.

jeûne n. m.
Privation de nourriture. *Certaines personnes pratiquent le jeûne à l'occasion.*
☞ Ne pas confondre avec le mot *jeune,* qui n'est pas vieux.
☞ jeûne.

jeûner v. intr.
S'abstenir de manger. *Voilà deux jours qu'ils jeûnent.*
☞ jeûner.

jeunesse n. f.
Période de la vie entre l'enfance et la maturité.

*jingle
Anglicisme pour *refrain publicitaire, ritournelle.*

jiu-jitsu n. m. inv.
☜ Le mot se prononce [ʒyʒitsy].
Art martial japonais.

joaillerie n. f.
• Art de monter les pierres précieuses, de créer des joyaux.
• Commerce du joaillier.
☞ joaillerie.

joaillier n. m.
joaillière n. f.
Personne dont la profession est de créer des joyaux et d'en faire le commerce.
☞ joaillier.

*job
Anglicisme pour *travail, emploi.*
☞ Ce nom s'emploie dans la francophonie au sens de «travail de peu d'importance», «emploi rémunéré» et son genre est masculin.

jockey n. m. et f.
☜ Le nom se prononce [ʒɔkɛ] ou [dʒɔkɛ].
Personne dont le métier est de monter les chevaux de course. *Des jockeys très habiles. Une casaque de jockey.*

jodhpurs n. m. pl.
☜ Le *s* ne se prononce pas [ʒɔdpyr].
Pantalon d'équitation.
☞ jodhpur**s**.

jogging n. m.
☜ Le mot se prononce à l'anglaise [dʒɔgiŋ].
Course à pied à petite allure. *Faire du jogging.*

joie n. f.
Émotion profonde et agréable, souvent courte et passagère. *Quelle joie de retrouver ses amis!*
☞ Ne pas confondre avec les noms suivants :
- *bonheur,* état moral de plénitude qui comporte une idée de durée;
- *gaieté,* bonne disposition de l'humeur;
- *plaisir,* sensation agréable.

joindre v. tr., intr., pronom.
INDICATIF PRÉSENT *Je joins, tu joins, il joint, nous joignons, vous joignez, ils joignent.* IMPARFAIT *Je joignais, tu joignais, il joignait, nous joignions, vous joigniez, ils joignaient.* PASSÉ SIMPLE *Je joignis.*

FUTUR *Je joindrai.* CONDITIONNEL PRÉSENT *Je joindrais.* IMPÉRATIF PRÉSENT *Joins, joignons, joignez.* SUBJONCTIF PRÉSENT *Que je joigne, que tu joignes, qu'il joigne, que nous joignions, que vous joigniez, qu'ils joignent.* IMPARFAIT *Que je joignisse.* PARTICIPE PRÉSENT *Joignant.* PASSÉ *Joint, jointe.*

Les lettres **gn** sont suivies d'un *i* à la première et à la deuxième personne du pluriel de l'indicatif imparfait et du subjonctif présent. *(Que) nous joignions, (que) vous joigniez.*

• **Transitif**

- Unir, mettre ensemble. *Joindre les mains.*

- Établir une communication entre. *Le pont joint les deux rives. J'ai réussi à le joindre (et non *rejoindre) au téléphone.*

- **Joindre + à.** Ajouter. *Joignez vos voix aux nôtres.*

- **Joindre + à, avec.** Unir. *Joindre la jeunesse à la beauté, avec la beauté.*

- **Joindre les deux bouts.** Équilibrer son budget.

▢← L'expression *«joindre ensemble» est un pléonasme à éviter.

▢← Ne pas confondre avec le verbe **rejoindre,** atteindre de nouveau après avoir été séparé.

• **Intransitif**

Se toucher sans laisser d'interstice. *Les volets joignent mal.*

• **Pronominal**

Se réunir, participer à quelque chose. *Venez vous joindre à nous.*

V. **ci-joint.**

*joindre

Anglicisme au sens de **devenir membre** (d'une association), **adhérer** (à un parti), **entrer au service de.** *Mme Blond est entrée au service de* (et non **a joint) *notre compagnie.*

joint, jointe adj.

Qui est uni. *Sauter à pieds joints. Les mains jointes.*

V. **ci-joint.**

joint n. m.

• Articulation, point de raccordement de deux éléments. *Un joint de robinet, un joint d'étanchéité.*

• Intervalle. *Remplir les joints avec du plâtre, du mortier ou jointoyer.*

• (Arg.) Cigarette de haschisch, de marihuana.

jointoyer v. tr.

Le **y** se change en *i* devant un *e* muet. *Il jointoie, il jointoiera.*

Le **y** est suivi d'un *i* à la première et à la deuxième personne du pluriel de l'indicatif imparfait et du subjonctif présent. *(Que) nous jointoyions, (que) vous jointoyiez.*

Garnir les joints (de ciment, de mortier, etc.). *Le maçon doit jointoyer ce mur* (et non *tirer les joints).

jointure n. f.

Endroit des articulations où les os se joignent. *La jointure des doigts, du genou.*

joker n. m.

⌒ Le **r** est sonore, [ʒɔkɛr] ou [dʒɔkɛr].

Carte à jouer. *Les jokers valent deux points.*

joli, ie adj.

Agréable à voir. *Un joli dessin, une jolie coiffure.*

▢← Alors que l'adjectif **beau** comporte une idée de perfection, de grandeur, l'adjectif **joli** implique une idée de grâce, de gentillesse, de petitesse.

joliesse n. f.

(Litt.) Caractère de ce qui est joli.

joliment adv.

• D'une façon jolie. *Elle est joliment habillée.*

• (Fam.) Très, beaucoup. *Elle a joliment travaillé pour élever ses nombreux enfants.*

▭▷ joliment.

jonc n. m.

⌒ Le **c** est muet [ʒɔ̃].

• Plante des lieux humides. *Une corbeille de jonc.*

• Bague. *Des joncs en or.*

▭▷ jonc.

joncher v. tr.

Couvrir le sol en quantité. *Des feuilles jonchaient l'herbe.*

jonction n. f.

• Action de joindre. *Une voie de jonction.*

• Point où des choses se joignent. *À la jonction des deux chemins.*

jongler v. intr.

• Faire des tours d'adresse. *Le magicien jongle avec trois quilles.*

• (Fig.) Manier quelque chose avec habileté. *Elle jongle avec les chiffres.*

*jongler

Impropriété au sens de **réfléchir, songer.**

jongleur n. m.

jongleuse n. f.

Personne dont le métier est de jongler (dans un cirque, une foire, etc.).

jonque n. f.

Bateau plat à voiles utilisé en Extrême-Orient.

jonquille adj. inv. et n. f.

• **Nom féminin.** Espèce de narcisse à fleurs jaunes odorantes. *Un bouquet de jonquilles.*

• **Adjectif de couleur invariable.** De la couleur jaune vif des jonquilles. *Des pailles jonquille.*

V. Tableau - **COULEUR (ADJECTIFS DE).**

jordanien, ienne adj. et n. m. et f.

De Jordanie. *Le drapeau jordanien. Un Jordanien, une Jordanienne.*

▢← L'adjectif s'écrit avec une minuscule; le nom, avec une majuscule.

joual n. m.

Au Québec, parler populaire. *Certaines pièces de Michel Tremblay sont écrites en joual.*

▢← Ce nom a été créé d'après la prononciation populaire du nom **cheval** dans certaines régions québécoises.

joue n. f.

• Partie du visage humain qui s'étend de la tempe à l'œil, jusqu'au menton. *De belles joues rouges.*

• **Mettre en joue.** Viser.
Hom. **joug,** attelage des bœufs.

jouer v. tr., intr., pronom.
• **Transitif direct**
- Mettre en jeu, lancer, déplacer. *Jouer une balle, un pion.*
- Interpréter. *Il jouait un air connu.*
- Risquer. *Il joue son poste, elle joue gros jeu.*
- Feindre. *Ne jouez pas la surprise, vous étiez au courant.*
• **Transitif indirect**
- **Jouer + à.** Se divertir. *Jouer aux échecs, au ballon, au bridge.*
- **Jouer de.** Se servir d'un instrument de musique. *Elle joue du piano.*
• **Intransitif**
Se distraire, se livrer à des jeux. *Cette petite ne pense qu'à jouer. Il joue avec son ordinateur.*
• **Pronominal**
Se moquer de. *Il se joue des difficultés. Ils se sont joués de leur directeur.*

*jouer les seconds violons
Calque de l'anglais «to play second fiddle» pour **jouer un rôle de second plan.**

jouet n. m.
• Objet destiné à amuser un enfant. *Des jouets ingénieux.*
• **Être le jouet de.** Être victime de. *Elle a été le jouet d'une mauvaise plaisanterie.*

joueur, euse adj. et n. m. et f.
• Qui joue. *Un joueur de hockey.*
• Qui a la passion du jeu. *C'est un joueur.*
• **Beau, bon joueur.** Personne qui s'incline avec élégance devant la victoire, la supériorité de l'adversaire. *Allons, montrez-vous bon joueur.*

joufflu, ue adj.
Qui a de grosses joues.
☞ joufflu.

joug n. m.
☞ Le **g** est muet [ʒu].
• Attelage des bœufs.
• (Fig.) **Sous le joug de quelqu'un, de quelque chose.** Sous la domination de.
Hom. **joue,** partie du visage.
☞ joug.

jouir v. tr. ind., intr.
Ce verbe se conjugue comme le verbe **finir.**
• **Transitif indirect**
- Profiter de, goûter, tirer plaisir de. *Jouir de la vie, jouir de la présence d'un ami.*
- Bénéficier de. *Jouir d'une bonne santé.*
☞ En ce sens, le complément doit toujours désigner quelque chose d'agréable. *Jouir d'une bonne santé* (et non *jouir d'une mauvaise santé).
- (Dr.) Avoir l'usage, la possession d'un bien, d'un droit.
• **Intransitif**
Éprouver le plaisir sexuel.

jouissance n. f.
• Plaisir, satisfaction.
• Plaisir physique intense.
• (Dr.) Usage et possession d'un bien, d'un droit.

jouisseur, euse adj. et n. m. et f.
Qui ne cherche qu'à profiter des plaisirs de la vie.

jouissif, ive adj.
(Fam.) Qui donne un plaisir intense.

joujou n. m. (pl. *joujoux*)
Jouet, dans le langage enfantin. *Des joujoux amusants.*

joule n. m.
• Symbole **J** (s'écrit sans point).
• Unité de mesure de travail, d'énergie et de quantité de chaleur.
☞ Attention au genre masculin de ce nom : **un** joule.

jour n. m
V. Tableau - **JOUR.**

jour (à) loc.
Mettre son carnet à jour (et non *à date).

*jour du souvenir
Calque de l'anglais «Remembrance Day» pour **Armistice.**

journal n. m. (pl. *journaux*)
• Registre.
• **Journal de bord.** Registre d'un navire. *Des journaux de bord.*
• Mémoires. *Écrire son journal intime.*
• Publication quotidienne relatant l'actualité. *Lire une information dans* (et non *sur) un journal.*
• **Papier journal.** Papier qui sert à l'impression des journaux.
• Actualités radiodiffusées ou télévisées. *Le journal de 18 heures.*
☞ On écrit en italique les titres de journaux. L'article défini qui fait partie de l'intitulé, le nom du journal et, éventuellement, l'adjectif qui précède le nom s'écrivent avec une majuscule. *Elle lit* Le Devoir, Le Nouvel Observateur *et le* New York Times.

journalier, ière adj. et n. m. et f.
• **Adjectif.** Quotidien.
• **Nom masculin et féminin.** Personne travaillant à la journée.

journalisme n. m.
Métier de journaliste. *Le journalisme est parfois difficile.*

journaliste n. m. et f.
Personne dont le métier est de collaborer à la rédaction d'un journal.

journalistique adj.
Qui se rapporte au journalisme. *Un style journalistique.*

journée n. f.
• Jour. *Une journée d'école.*
• **À longueur de journée,** locution adverbiale. Toute la journée. *Il lit à longueur de journée* (et non à la *journée longue).

joute n. f.
• (Ancienn.) Combat à cheval.
• *Joute oratoire.* Concours oratoire, débat.

jouvence n. f.
• *Fontaine de Jouvence.* Fontaine mythique dont les eaux ont la vertu de rajeunir.
🖛 Lorsqu'il s'agit de la fontaine fabuleuse, le mot *jouvence* s'écrit avec une majuscule; dans son emploi figuré, le mot s'écrit avec une minuscule.
• *Cure de jouvence, bain de jouvence.* Traitement de rajeunissement.
🖙 jouvence.

jouvenceau, elle n. m. et f. (pl. *jouvenceaux*)
(Vx) Adolescent.

jouxter v. tr.
(Litt.) Avoisiner. *Ce terrain jouxte celui de la ville* (et non *à celui).

jovial, iale, iaux adj.
Enjoué. *Des tons joviaux.*
🖛 Le pluriel *jovials* moins fréquent est également attesté.

jovialement adv.
De façon joviale.

jovialité n. f.
Enjouement, humeur joviale.

joyau n. m. (pl. *joyaux*)
Objet précieux. *À Londres, les joyaux de la couronne sont bien gardés.*

joyeusement adv.
Avec joie.

joyeux, euse adj.
Qui éprouve de la joie. *De joyeux lurons.*

jubé n. m.
Partie surélevée à l'intérieur d'une église.

jubilaire adj. et n. m. et f.
Dont on célèbre le jubilé.

jubilation n. f.
Joie intense, exubérante.
🖛 Ne pas confondre avec le nom *jubilé,* fête célébrée à l'occasion d'un cinquantenaire.

jubilé n. m.
Fête célébrée à l'occasion d'un cinquantenaire.
🖛 Ne pas confondre avec le nom *jubilation,* joie intense.

jubiler v. intr.
(Fam.) Éprouver une joie vive. *À la veille des vacances, les écoliers jubilent.*
🖙 jubiler.

jucher v. tr., intr., pronom.
• **Transitif.** Placer très haut. *Elle a juché sa fille sur ses épaules.*
• **Intransitif.** Se mettre sur une branche, en parlant d'un oiseau. *Les faisans juchent sur les arbres.*
• **Pronominal.** Se percher. *L'oiseau s'est juché sur la branche.*

judaïque adj.
Qui est relatif au judaïsme. *La religion judaïque.*
🖙 judaïque.

judaïsme n. m.
Religion des Juifs.
🖙 judaïsme.

judas n. m.
👄 Le *s* ne se prononce pas [ʒyda].
• Traître. *C'est un Judas.*
🖛 En ce sens, le nom s'écrit avec une majuscule.
• Ouverture d'une porte. *Regarder par le judas.*
🖙 judas.

judiciaire adj.
Qui se rapporte à l'organisation de la justice. *Un casier judiciaire.*
🖛 Ne pas confondre avec les mots suivants :
- *judicieux,* qui dénote du jugement;
- *juridique,* qui se rapporte au droit;
- *légal,* qui est prescrit par la loi.

judiciairement adv.
Au point de vue judiciaire.

judicieusement adv.
Avec pertinence, de façon judicieuse.

judicieux, ieuse adj.
Qui dénote du jugement, avisé. *Un choix judicieux.*
🖛 Ne pas confondre avec les mots suivants :
- *judiciaire,* qui se rapporte à l'organisation de la justice;
- *juridique,* qui se rapporte au droit;
- *légal,* qui est prescrit par la loi.
🖙 judicieux.

judo n. m.
Sport de combat. *Pratiquer le judo.*

judoka n. m. et f.
Personne qui pratique le judo. *Des judokas expérimentés.*
🖛 Ce nom conserve la même forme au masculin et au féminin.

juge n. m. et f.
• Personne dont la profession est de rendre la justice et d'appliquer les lois.
• *Être (à la fois) juge et partie.* Être en conflit d'intérêts, manquer d'impartialité. *Dans cette histoire, ils sont juge et partie.*
🖛 Cette expression demeure invariable.

jugé n. m.
Au jugé, locution adverbiale. À première vue.

jugement n. m.
• Sentence d'un juge. *Le jugement a été sévère.*
🖛 Pour les jugements d'une cour d'appel, on utilise surtout le nom **arrêt.**
• Opinion favorable ou défavorable. *Porter un jugement sur un livre.*
• Faculté de l'esprit qui permet de juger.
• Discernement. *Vous avez fait preuve de beaucoup de jugement.*

jugeote n. f.
(Fam.) Bon sens. *Hélas! il manque de jugeote.*
⟹ jugeote.

juger v. tr., pronom.
Le *g* est suivi d'un *e* devant les lettres *a* et *o*. *Il jugea, nous jugeons.*
• **Transitif direct**
- Régler un différend en qualité de juge. *Juger une affaire.*
- Porter un jugement sur. *Ne le juge pas sur les apparences.*
- *Juger que.* Estimer. *Elle juge que vous avez raison, que vous pourriez avoir raison. Elle ne juge pas que vous ayez raison.*
🖝 Le verbe qui suit se met à l'indicatif ou au conditionnel dans un tour affirmatif, au subjonctif dans un tour négatif.
• **Transitif indirect**
- *Juger + de.* Apprécier. *Il n'est pas facile de juger de la hauteur de cet arbre. Si j'en juge par mon expérience.*
• **Pronominal**
Porter un jugement sur soi. *Elles se sont jugées perdues.*

jugulaire adj. et n. f.
• **Adjectif.** Qui appartient à la gorge. *La veine jugulaire.*
• **Nom féminin.** Courroie qui passe sous le menton. *Ce casque est retenu par une jugulaire.*

juguler v. tr.
Arrêter le développement de quelque chose, maîtriser. *Juguler l'inflation.*

juif, juive adj. et n. m. et f.
• **Adjectif**
Relatif aux Juifs. *La religion juive.*
🖝 L'adjectif s'écrit avec une minuscule.
• **Nom masculin et féminin**
- De religion juive. *Un juif pratiquant.*
🖝 En ce sens, le nom s'écrit avec une minuscule.
- Appartenant au peuple juif. *Un Juif russe.*
🖝 En ce sens, le nom s'écrit avec une majuscule.
V. **hébreu.**

juillet n. m.
Septième mois de l'année. *Le 31 juillet.*
🖝 Les noms de mois s'écrivent avec une minuscule.
V. Tableau - **DATE.**

juin n. m.
⟹ Le mot se prononce [ʒɥɛ̃]. Au Canada, on prononce couramment [ʒɥœ̃].
Sixième mois de l'année. *Le 27 juin.*
🖝 Les noms de mois s'écrivent avec une minuscule.
V. Tableau - **DATE.**

jujube n. m.
• Fruit du jujubier.
• Pâte extraite de ce fruit. *Aimer les jujubes.*

jujubier n. m.
Arbuste épineux produisant le jujube.

julienne n. f.
Préparation de légumes en filaments minces.

*jumbo (jet)
Anglicisme pour *(avion) gros-porteur.*

jumeau, jumelle adj. et n. m. et f. (pl. *jumeaux*)
• Se dit des enfants nés d'un même accouchement. *Des frères jumeaux, des sœurs jumelles. De vrais jumeaux, de faux jumeaux.*
🖝 Le nom peut s'employer au singulier. *Louis est le jumeau de Guy.*
• *Lits jumeaux.* Se dit de deux lits disposés côte à côte.

jumelage n. m.
⟹ Le *e* central ne se prononce pas [ʒymlaʒ].
Action de jumeler. *Le jumelage de deux villes.*
⟹ jumelage.

jumeler v. tr.
Redoublement du *l* devant un *e* muet. *Je jumelle, je jumellerai,* mais *je jumelais.*
• Réunir. *Les enseignants jumellent des classes.*
• Associer des villes étrangères. *Jumeler Outremont et Le Vésinet* ou *avec Le Vésinet. Ce sont des villes jumelées.*
⟹ jumeler.

jumelle n. f. (gén. pl.)
Instrument d'optique composé de deux lunettes. *Se servir d'une jumelle pour observer une course. Des jumelles de spectacle.*
🖝 Pour désigner l'instrument d'optique, ce nom s'emploie le plus souvent au pluriel, mais le singulier est possible.

jument n. f.
Femelle du cheval.

jungle n. f.
⟹ Les lettres *un* se prononcent *un* ou *on,* [ʒœ̃gl] ou [ʒɔ̃gl].
• Forêt tropicale. *Les lions vivent dans la jungle.*
• Société où règne la loi du plus fort. *La jungle new-yorkaise.*

*junior
• Anglicisme pour «fils». *Paul Beauchemin fils* (et non *Paul Beauchemin junior*).
• Anglicisme pour «débutant». *Nous embaucherons un commis débutant* (et non *junior*). *C'est un apprenti plombier* (et non un *plombier junior*).

junte n. f.
⟹ Les lettres *un* se prononcent *un* [ʒœ̃t].
Nom donné à certains gouvernements militaires.

jupe n. f.
Partie de l'habillement féminin qui descend de la ceinture à la jambe. *Des minijupes, des jupes-culottes.*

jupon n. m.
Vêtement de dessous. *Un jupon de dentelle* (et non une *slip*).

juré n. m.
jurée n. f.
Membre d'un jury.
🖝 Ne pas confondre avec le nom *jury,* ensemble des jurés.

jurer v. tr., intr., pronom.
• **Transitif**
Affirmer par serment. *Ils jurent qu'ils sont innocents.*
• **Intransitif**
- Blasphémer. *Il jure comme un charretier.*
- Être choquant. *Ce jaune jure avec ce rouge.*
• **Pronominal**
Se promettre. *Elle s'est juré qu'elle gagnerait son pari. Ils se sont juré amitié.*
⊨ Le participe passé est invariable puisque le pronom est un complément d'objet indirect.

juridiction n. f.
• Tribunal.
• Ensemble de tribunaux de même nature.

*juridiction
Anglicisme au sens de **compétence**. *Les questions éducatives sont de compétence* (et non de *juridiction) provinciale.*

juridique adj.
Qui se rapporte au droit. *Un conseiller juridique* (et non un *aviseur légal).*
⊨ Ne pas confondre avec les mots suivants :
- **judiciaire,** qui se rapporte à l'administration de la justice;
- **judicieux,** qui dénote du jugement;
- **légal,** qui est prescrit par la loi.

juridiquement adv.
De façon juridique.

jurisprudence n. f.
⬱ Le **s** se prononce [ʒyrisprydãs].
Ensemble des décisions des tribunaux sur une question.
⟹ jurisprud**en**ce.

jurisprudentiel, ielle adj.
Qui appartient à la jurisprudence.
⟹ jurisprud**enti**el.

juriste n. m. et f.
Spécialiste des questions juridiques.

juron n. m.
Exclamation dont on se sert pour jurer. *«Bout de Bobinette» est son juron préféré.*

jury n. m. (pl. *jurys*)
• Ensemble des jurés, dans une affaire judiciaire. *Le jury est unanime : l'accusé est non coupable.*
• Ensemble d'examinateurs. *Le jury a accepté sa candidature.*
⊨ Ne pas confondre avec le nom **juré,** membre d'un jury.

jus n. m.
Liquide contenu dans une substance végétale. *Je boirais bien un grand verre de jus de pamplemousse.*
⊨ Le complément du nom **jus** s'écrit surtout au singulier. *Du jus d'orange, de pomme, de tomate, de raisin.* Par contre, le complément est toujours au pluriel dans **jus de fruits, jus de légumes.**

jusque conj. et prép.
V. Tableau - **JUSQUE,** CONJONCTION.
V. Tableau - **JUSQUE,** PRÉPOSITION.

justaucorps n. m.
• (Ancienn.) Pourpoint.
• Maillot de gymnastique. *Des danseuses en justaucorps* (et non en *body).*
⟹ **justaucorps,** en un seul mot.

juste adj., adv. et n. m.
• **Adjectif**
- Équitable, conforme à la justice, à la règle. *Une personne juste, une réponse juste.*
- Exact. *Donner l'heure juste* (au propre et au figuré).
• **Adverbe**
- Avec justesse. *Ils chantent juste. Elle a deviné juste.*
- Précisément. *Il est dix heures juste.*
⊨ Dans cet emploi, **juste** est un adverbe et il est donc invariable.
- Seulement. *Elle vient juste de partir.*
- **Tout juste,** locution adverbiale. À peine. *Paulo a recueilli tout juste 15 points.*
⊨ Pris adverbialement, l'adjectif est invariable.
• **Nom masculin**
Au juste. (Fam.) Exactement. *Il ne voyait pas au juste où l'on voulait en venir.*

justement adv.
• Légitimement. *Il a été justement réprimandé.*
• Précisément. *C'est justement ce qu'il fallait écrire.*
• Avec justesse. *Cette phrase résume justement l'ouvrage.*

justesse n. f.
• Qualité d'une chose exacte. *Chanter avec justesse.*
• Précision, exactitude. *Il décrit la situation avec justesse. La justesse d'une description.*
• **De justesse,** locution adverbiale. Tout juste, juste à temps.

justice n. f.
• Équité, impartialité. *Il traite son personnel avec justice.*
• Pouvoir de faire régner le droit. *La justice a le bras long.*
• Ensemble des autorités chargées de l'administration de la justice.
• **Rendre justice à quelqu'un.** Reconnaître ses mérites.
• **Se faire justice (soi-même).** Se venger.

justicier, ière adj. et n. m. et f.
Se poser en justicier. Se prendre pour un redresseur de torts.

justifiable adj.
Qui relève de la compétence des tribunaux d'un État.

justificatif, ive adj. et n. m.
• **Adjectif**
Qui légitime.
• **Nom masculin**
- Document qui sert à prouver ce qu'on allègue. *Pour le remboursement, il faut présenter un justificatif.*
Syn. **pièce justificative.**
- Exemplaire (d'un journal, d'une revue, etc.) adressé aux personnes qui ont fait insérer une annonce.

justification n. f.
• Preuve, excuse. *Avez-vous des justifications?*
• (Imprim., inform.) Opération consistant à aligner un texte entre deux marges.

justifier v. tr., pronom.
Redoublement du *i* à la première et à la deuxième personne du pluriel de l'indicatif imparfait et du subjonctif présent. *(Que) nous justifiions, (que) vous justifiiez.*
• **Transitif**
- Disculper (une personne). *Justifier un collègue auprès de la direction.*
- Légitimer (une chose). *La fin justifie les moyens. Justifier une décision.*
- (Imprim.) Effectuer la justification d'un texte imprimé.
• **Transitif indirect**
Justifier + de. Donner la preuve de. Cette construction est juridique ou administrative. *Les candidats devront justifier de plusieurs années d'expérience.*
• **Pronominal**
Prouver son innocence, dégager sa responsabilité. *Vous n'avez pas à vous justifier.*

jute n. m.
• Matière textile grossière.
• Fibre textile. *Confectionner une poche avec du jute.*
☞ Attention au genre masculin de ce nom : *le* jute.

juteux, euse adj.
Qui contient beaucoup de jus. *Des oranges bien juteuses.*
☞ juteu**x**.

juvénile adj.
Propre à la jeunesse. *Un enthousiasme juvénile.*
☞ juvén**ile**.

*juvénile
Anglicisme au sens de *mineur. Le policier a cru qu'il s'agissait d'une mineure (et non d'une *juvénile).*
☞ Le mot *juvénile* ne peut être qu'adjectif en français.

juxtaposer v. tr.
Mettre une chose immédiatement à côté d'une autre. *Elle juxtapose des tissus, un imprimé et un papier peint ou l'imprimé au papier peint.*

juxtaposition n. f.
Action de juxtaposer. *La juxtaposition de plusieurs couleurs.*

JUSQUE, CONJONCTION

• *Jusqu'à ce que,* locution conjonctive. Jusqu'au moment où. *Elena cherchera jusqu'à ce qu'elle finisse par trouver.*

☞ Le verbe se construit au subjonctif pour marquer l'incertitude. Pour exprimer une idée de réalisation effective, on emploie la locution conjonctive *jusqu'au moment où* suivie de l'indicatif. *Yan cherchera jusqu'au moment où elle trouvera.*

• *Jusqu'à tant que,* locution conjonctive. Jusqu'à ce que.

☞ L'emploi de cette locution est courant au Canada dans la langue familière, mais elle est vieillie dans l'ensemble de la francophonie.

JUSQUE, PRÉPOSITION

• La préposition marque une limite, un terme final de lieu ou de temps. *Ils iront jusqu'à Montréal. Elle travaillera jusqu'au soir.*

☞ La graphie *jusques* est vieillie; elle ne s'emploie plus que dans des expressions juridiques ou littéraires. *Jusques et y compris. Jusques à quand?*

• La préposition se construit le plus souvent avec *à. Boris marcha jusqu'à la forêt. J'irai jusqu'au bout.*

• Elle peut aussi être suivie d'un adverbe ou d'une autre préposition. *Jusqu'ici, jusque chez lui.*

• *Jusqu'aujourd'hui, jusqu'à aujourd'hui.* Les deux formes sont également admises.

• *Jusqu'alors.* Jusqu'à ce moment. *Jusqu'alors, on s'était contenté de la lampe à huile.*

☞ On réservera à la description d'évènements passés l'emploi de cette locution. Pour le présent, on emploiera plutôt *jusqu'à présent, jusqu'à maintenant.*

• *Jusque* + sujet ou complément d'objet direct. Y compris, même. *Il irait jusqu'à pleurer pour les convaincre.*

k
Symbole de *kilo*.
☞ Le préfixe *kilo* sert à la composition du multiple décimal et se juxtapose immédiatement au symbole de l'unité. *Kilomètre, km; kilogramme, kg.*

K
• Symbole de *kelvin*.
• Symbole de *potassium*.

kA
Symbole de *kiloampère*.

kabbale n. f.
Tradition juive de l'interprétation des Écritures.
Hom. *cabale*, complot.
⟹ kabbale.

kabyle adj. et n. m. et f.
• **Adjectif et nom masculin et féminin.** De la Kabylie, en Algérie. *Un Kabyle, une Kabyle.*
☞ L'adjectif s'écrit avec une minuscule; le nom, avec une majuscule.
• **Nom masculin.** Parler de Kabylie. *Ahmed parle le kabyle.*
☞ Le nom de la langue s'écrit avec une minuscule.
⟹ kabyle.

kafkaïen, ïenne adj.
Qui rappelle l'univers absurde de Kafka. *Un cauchemar kafkaïen.*
⟹ kafkaïen.

kaiser n. m.
☜ Le mot se prononce [kajzɛr] ou [kɛzɛr].
Mot allemand signifiant *empereur*.

kakatoès
V. **cacatoès**.

kaki adj. inv. et n. m.
• **Nom masculin**
- Fruit à pulpe molle. *Manger des kakis.*
- Couleur brun jaunâtre. *Des kakis très jolis.*
• **Adjectif de couleur invariable**
D'une couleur brun jaunâtre. *Des uniformes kaki.*
V. Tableau - **COULEUR (ADJECTIFS DE).**

kaléidoscope n. m.
Cylindre dans lequel des fragments mobiles de verres colorés composent des images symétriques et variées.
⟹ kaléidoscope.

kamikaze adj. et n. m.
☜ Le *e* est muet ou se prononce *é*, [kamikaz] ou [kamikaze].
• **Adjectif.** Qui tient du suicide. *Un projet kamikaze.*
• **Nom masculin.** Avion-suicide japonais, piloté par un volontaire.

kan ou **khan** n. m.
☜ Le *n* ne se prononce pas [kɑ̃].
Étape des caravanes, caravansérail.
Hom. *khan*, titre de noblesse turc.

kangourou n. m. (pl. *kangourous*)
Mammifère australien qui se déplace par bonds et dont la femelle a une poche ventrale qui lui permet d'abriter les petits après leur naissance, pendant environ six mois.

kapok n. m.
Fibre végétale imperméable utilisée notamment pour les ceintures de sauvetage, le rembourrage des coussins.

kappa n. m. inv.
Lettre grecque.

karaté n. m.
Sport de combat japonais.

karatéka n. m. et f.
Personne qui pratique le karaté. *Des karatékas chevronnés, chevronnées.*
☞ Ce nom conserve la même forme au masculin et au féminin.

karma ou **karman** n. m.
Destin, dans la religion hindouiste.

kascher adj. inv.
👄 Le *r* se prononce [kaʃɛr].
V. **cacher.**

kayak n. m.
Canot de sport ou de compétition qui se manœuvre à la pagaie double. *Des kayaks légers, des kayaks de compétition.*

kelvin n. m.
👄 Le *n* se prononce [kɛlvin].
• Symbole *K* (s'écrit sans point).
• Unité de mesure de température thermodynamique.

kényan, ane adj. et n. m. et f.
Du Kénya. *Le drapeau kényan. Un Kényan, une Kényane.*
☞ L'adjectif s'écrit avec une minuscule; le nom, avec une majuscule.

képi n. m.
Coiffure rigide munie d'une visière. *Des képis militaires.*

kermesse n. f.
Fête de bienfaisance. *Des kermesses annuelles.*

kérosène n. m.
Carburant servant à l'alimentation des réacteurs (avions, fusées).

ketchup n. m.
👄 Le mot se prononce à l'anglaise, [kɛtʃɔp] ou [kɛtʃœp].
Sauce à base de tomates. *Des ketchups épicés.*

kF
Symbole de *kilofranc.*

kg
Symbole de *kilogramme.*

KGB
Sigle de *Komitet Gosudarstvennoye Bezopastnosti* (police secrète soviétique).

khalifat
V. **califat.**

khalife
V. **calife.**

khan n. m.
• Titre de noblesse turc.
• Étape des caravanes.
☞ En ce sens, le nom s'orthographie également *kan.*

khi n. m. inv.
Lettre grecque.

khmer, khmère adj. et n. m. et f.
• **Adjectif et nom masculin et féminin.** Relatif à la population d'origine indienne qui habite le Cambodge. *Un Khmer, une Khmère.*
☞ L'adjectif s'écrit avec une minuscule; le nom, avec une majuscule.
• **Nom masculin.** Langue des Khmers. *Phala parle le khmer.*
☞ Le nom de la langue s'écrit avec une minuscule.

khôl
V. **kohol.**

kHz
Symbole de *kilohertz.*

kibboutz n. m. (pl. *kibboutz* ou *kibboutzim*)
👄 Le nom se prononce [kibuts].
En Israël, exploitation agricole collective.
🖝 ki**bb**outz.

kidnapper v. tr.
Enlever un enfant, une personne en vue d'obtenir une rançon.
☞ On préférera à ce verbe emprunté à l'américain le verbe *enlever.*

kidnapping n. m.
Enlèvement d'un enfant, d'une personne en vue d'obtenir une rançon.
☞ On préférera à ce nom emprunté à l'américain les noms *enlèvement, rapt.*

kif-kif loc. adv.
• Mot arabe signifiant «comme comme».
• (Fam.) Pareil. *Bonnet blanc, blanc bonnet, c'est kif-kif.*

kilo- préf.
• Symbole *k* (s'écrit sans point).
• Élément du grec signifiant «mille».
• Préfixe qui multiplie par 1 000 l'unité qu'il précède.
• Sa notation scientifique est 10^3. *Des kilosecondes.*
V. Tableau - **MULTIPLES ET SOUS-MULTIPLES DÉCIMAUX.**

kilo n. m.
Abréviation familière de *kilogramme. Perdre des kilos.*

kiloampère n. m.
• Symbole *kA* (s'écrit sans point).
• Unité d'intensité de courant électrique de 1 000 ampères.

kilofranc n. m.
• Symbole *kF* (s'écrit sans point).
• Mille francs. *Un salaire de 350 kilofrancs par an.*

kilogramme n. m.
• Symbole *kg* (s'écrit sans point).
• Unité de masse de 1 000 grammes. *Ce rôti pèse deux kilogrammes.*
• S'abrège familièrement en *kilo.*

kilohertz n. m.
👄 Le nom se prononce [kilɔɛrts].

• Symbole *kHz* (s'écrit sans point).
• Unité de fréquence des ondes.

kilométrage n. m.
Nombre de kilomètres parcourus.

kilomètre n. m.
• Symbole *km* (s'écrit sans point).
• Mesure de longueur de mille mètres. *La prochaine ville est à dix kilomètres.*
• *Kilomètre carré* s'abrège en *km²*. *Kilomètre cube* s'abrège en *km³*.
• *Kilomètre par heure, kilomètre à l'heure.* Cette expression s'abrège en *km/h* (s'écrit sans points).
☞ Selon le système international d'unités (SI), cette expression s'écrit en toutes lettres avec les prépositions *par* ou *à* et non à l'aide d'un trait d'union ou d'un symbole de division. *On ne doit pas rouler à plus de 100 kilomètres par heure, 100 kilomètres à l'heure ou plus couramment, 100 km/h.*

kilométrer v. tr.
Le *é* se change en *è* devant une syllabe muette, sauf à l'indicatif futur et au conditionnel présent. *Je kilomètre, mais je kilométrerai.*
• Garnir de bornes kilométriques. *Kilométrer une route.*
• Dénombrer les kilomètres parcourus. *Kilométrer un itinéraire.*

kilométrique adj.
Relatif au kilomètre. *Un compteur kilométrique.*
▭ kilomé**trique.**

kilo-octet n. m.
• Abréviation *ko* (s'écrit sans points).
• (Inform.) Unité de capacité d'une mémoire égale à 1 024 octets. *Une disquette de 800 kilo-octets ou de 800 ko.*
☞ Pour uniformiser l'utilisation du préfixe *kilo,* il serait préférable d'écrire ce nom sans trait d'union sur le modèle des multiples décimaux des unités de mesure. *Des kiloampères, des kilooctets.*

kilopascal n. m.
• Symbole *kPa* (s'écrit sans point).
• Unité de pression de 1 000 pascals.

kilotonne n. f.
Unité de puissance explosive des charges nucléaires correspondant à l'énergie produite par l'explosion de 1 000 tonnes de TNT.

kilowatt n. m.
• Symbole *kW* (s'écrit sans point).
• Unité de puissance de 1 000 watts.

kilowattheure n. m.
• Symbole *kWh* (s'écrit sans point).
• Unité d'énergie ou de travail équivalant au travail accompli pendant une heure par une machine d'une puissance de 1 000 watts.

kilt n. m.
⌣ Les lettres *lt* se prononcent [kilt].
Jupe plissée en tissu écossais. *Des kilts colorés.*

kimono adj. inv. et n. m.
• **Nom masculin.** Vêtement japonais. *De beaux kimonos.*

• **Adjectif invariable.** À la manière d'un kimono. *Des manches kimono, des robes kimono.*

kinési- préf.
Élément du grec signifiant «mouvement». *Kinésithérapie.*

kinésithérapeute n. m. et f.
Spécialiste de la kinésithérapie.
▭ kinési**thérapeute.**

kinésithérapie n. f.
Ensemble de traitements basés sur des massages et des mouvements de gymnastique.
▭ kinési**thérapie.**

kiosque n. m.
• Petit pavillon de jardin. *Un kiosque à musique dans un jardin public.*
• *Kiosque à journaux.* Abri pour la vente des journaux.

*kiosque
Impropriété au sens de *stand.*

kip n. m.
Unité monétaire du Laos. *Des kips.*
V. Tableau - **SYMBOLES DES UNITÉS MONÉTAIRES.**

kir n. m.
• Apéritif composé de vin blanc et de sirop de cassis. *Des kirs bien frais.*
• *Kir royal.* Apéritif composé de champagne et de sirop de cassis. *Des kirs royaux.*
☞ Le nom de cette boisson qui provient de son créateur, le chanoine Kir, s'écrit avec une minuscule.

kirsch n. m.
⌣ Les consonnes finales se prononcent [kirʃ].
Eau-de-vie extraite des cerises. *De l'ananas au kirsch.*
☞ Ne pas confondre avec le nom *kitsch,* qui se dit d'un style très chargé et baroque.
▭ kir**sch.**

kit n. m.
⌣ Le *t* se prononce [kit].
Objet vendu en pièces détachées et que l'on peut assembler soi-même. *Des kits pour enfants. Des bibliothèques vendues en kit.*
☞ Le nom *prêt-à-monter* a fait l'objet d'une recommandation officielle pour remplacer cet emprunt à l'anglais.

kitchenette n. f.
Anglicisme utilisé en France pour *cuisinette.*

kitsch adj. inv. et n. m.
⌣ Les consonnes finales se prononcent [kitʃ].
Se dit d'un style très chargé et baroque. *Des maisons très kitsch.*
☞ Ne pas confondre avec le mot *kirsch,* eau-de-vie de cerises.
▭ kit**sch.**

kiwi n. m.
Fruit à pulpe verte. *Des kiwis savoureux.*

klaxon n. m.
⌣ Le *n* se prononce [klaksɔn] ou non [klaksɔ̃].
Avertisseur. *Des coups de klaxon.*

klaxonner v. tr., intr.
Actionner un klaxon. *Il est interdit de klaxonner près des hôpitaux.*

*kleenex
Marque déposée.
V. **mouchoir de papier.**

kleptomane ou **cleptomane** n. m. et f.
Personne atteinte de kleptomanie.

kleptomanie ou **cleptomanie** n. f.
Tendance irrépressible au vol.

km
Symbole de *kilomètre.*

km/h
Symbole de *kilomètre par heure, kilomètre à l'heure.*

knock-out adj. inv. et n. m. inv.
• Abréviation *k.-o.*
• Mise hors de combat d'un boxeur. *Ils sont knock-out.*

*know-how
Anglicisme pour *savoir-faire.*

ko
Symbole de *kilo-octet.*

k.-o. adj. inv. et n. m.
Abréviation de *knock-out.*

koala n. m.
Mammifère grimpeur vivant en Australie. *Des koalas espiègles.*

*kodak
Marque déposée désignant un appareil photographique de cette marque.

kohol ou **khôl** n. m.
⬱ Ce mot se prononce *co-ol* ou *col,* [kɔɔl] ou [kol].
Fard pour les yeux.

kola ou **cola** n. m.
• Kolatier
• Fruit du kolatier. *Une boisson faite à partir de kola.*

kopeck n. m.
Monnaie russe. *Des kopecks.*
⟹ kopeck.

koweitien, ienne adj. et n. m. et f.
Du Koweit. *Le drapeau koweitien. Un Koweitien, une Koweitienne.*
⊨— L'adjectif s'écrit avec une minuscule; le nom, avec une majuscule.

kPa
Symbole de *kilopascal.*

krach n. m. (pl. *krachs*)
⬱ Les lettres *ch* se prononcent *k* [krak].
Effondrement de la bourse.
Hom. :
- *crac!,* interjection;
- *crack,* as;
- *craque,* mensonge.
⟹ krach.

kraft n. m.
Papier d'emballage. *Du papier kraft, du kraft.*

ksi n. m. inv.
Lettre grecque.

kurde adj. et n. m. et f.
• **Adjectif et nom masculin et féminin.** Du Kurdistan.
Un Kurde, une Kurde.
⊨— L'adjectif s'écrit avec une minuscule; le nom, avec une majuscule.
• **Nom masculin.** Langue parlée au nord de l'Iran.
⊨— Le nom de la langue s'écrit avec une minuscule.

kyrielle n. f.
Suite interminable. *Une kyrielle de revendications.*
⟹ kyrielle.

kyste n. m.
Tumeur ayant la forme d'une cavité et entourée d'une membrane.
⟹ kyste.

kW
Symbole de *kilowatt.*

kWh
Symbole de *kilowattheure.*

I
Symbole de *litre.*

L
Chiffre romain dont la valeur est de 50.
V. Tableau - **CHIFFRES.**

la n. m. inv.
V. **note de musique.**

la art. déf.
V. Tableau - **LE, LA, LES,** ARTICLES DÉFINIS.

la pron. pers.
V. Tableau - **LE, LA, LES,** PRONOMS PERSON-NELS.

là adv. et interj.
V. Tableau - **LÀ,** ADVERBE.
V. Tableau - **LÀ!,** INTERJECTION.

là-bas adv.
Ant. **ici.**
V. Tableau - **LÀ,** ADVERBE.

label n. m.
👄 Ce mot se prononce à la française [labɛl].
Marque apposée sur un produit pour en garantir la qualité, l'origine. *Un label de qualité.*

labeur n. m.
(Litt.) Travail pénible et prolongé.

labial, ale, aux adj. et n. f.
• **Adjectif.** Relatif aux lèvres. *Des muscles labiaux.*
• **Nom féminin.** Consonne qui se prononce avec les lèvres. *Les consonnes **b** et **p** sont des labiales.*

laborantin n. m.
laborantine n. f.
Personne qui effectue des travaux de laboratoire.
👉 laborantin.

laboratoire n. m.
Local aménagé pour des expériences, des recherches scientifiques, des analyses, des essais, etc.

laborieusement adv.
Avec beaucoup de peine et de travail.

laborieux, euse adj.
Pénible. *Des recherches laborieuses.*

labour n. m.
• Travail de la terre. *Faire les labours.*
• Terre labourée.

labourage n. m.
Action de labourer la terre.

labourer v. tr.
Retourner la terre avec la charrue.

laboureur n. m.
• Personne qui laboure.
• (Vx) Cultivateur.

labrador n. m.
Chien de chasse à poil ras. *De beaux labradors.*
👉 Le nom du chien s'écrit avec une minuscule, le nom géographique, avec une majuscule. *Le courant froid du Labrador.*

labyrinthe n. m.
• Réseau compliqué de chemins, de couloirs dont il est difficile de sortir. *À la Ronde, le Palais des glaces est un labyrinthe de miroirs.*

• (Fig.) Complexité inextricable. *Le labyrinthe des formalités administratives.*
☞ labyrin**the**.

lac n. m.
Nappe d'eau douce entourée de terre, généralement pourvue d'un exutoire, ou élargissement d'un cours d'eau entraînant le dépôt de sédiments. (Recomm. off. OLF) *Le lac des Deux-Montagnes, le lac Noir. Les Grands Lacs.*
🖝 Ne pas confondre avec les noms suivants :
- *bassin,* pièce d'eau artificielle, réservoir;
- *étang,* nappe d'eau de faible profondeur, souvent colonisée par la végétation;
- *nappe,* vaste étendue d'eau plane, souvent souterraine.
V. Tableau - **GÉOGRAPHIQUES (NOMS).**

laçage n. m.
Action de lacer.
☞ laçage.

lacer v. tr.
Le *c* prend une cédille devant les lettres *a* et *o. Il laça, nous laçons.*

Attacher avec un lacet. *Julia laçait ses chaussures.*
Hom. **lasser,** ennuyer.

lacération n. f.
Déchirure.

lacérer v. tr.
Le *é* se change en *è* devant une syllabe muette, sauf à l'indicatif futur et au conditionnel présent. *Je lacère,* mais je lacérerai.
Déchirer. *Le chat a lacéré le tableau.*

lacet n. m.
• Cordon qu'on passe dans des œillets pour attacher un vêtement, une chaussure, etc. *Défaire ses lacets.*
• *Route en lacet.* Route en zigzag.
🖝 Dans cette expression, le nom *lacet* s'écrit au singulier.
☞ lacet.

lâche adj. et n. m. et f.
• Pas assez serré. *Un nœud lâche* (et non *lousse).*
• Peureux. *Il se tait devant l'adversaire; c'est un lâche.*
• Méprisable, vil. *Un geste lâche.*
☞ lâche.

<u>LÀ</u>, ADVERBE

L'adverbe marque :

• **un lieu éloigné.** *Il faut que j'aille là.*

🖝 Dans cet emploi, *là* est en opposition à l'adverbe *ici* qui marque la proximité. Dans les faits, les deux adverbes sont souvent confondus. *Berthe, je ne suis là pour personne.*

• **un point d'arrêt.** *Restons-en là. Je ne croyais pas qu'on allait en venir là.*

🖝 Pour désigner un objet éloigné de la personne qui parle, l'adverbe *là* se joint par un trait d'union au nom qui le précède si celui-ci est précédé d'un adjectif démonstratif. *Ce livre-là, cette raquette-là.* Il se joint également par un trait d'union aux mots suivants : *celui-là, celle-là, ceux-là, jusque-là, là-bas, là-dedans, là-dessous, là-haut.*
Ant. **ci.**

Locutions adverbiales

– *De là.* De ce lieu-là, pour cette raison. *C'est de là qu'ils sont partis.*

– *Par là.* Par ce lieu, par ce moyen. *Passons par là, ce sera plus court.*

– *Jusque-là.* Jusqu'à ce point. *La falaise est à 2 km d'ici, marcherez-vous jusque-là?*

– *Çà et là, par-ci, par-là.* Par endroits. *Des fleurs sauvages poussent çà et là.*

🖝 L'expression *çà et là* s'écrit sans trait d'union, mais *par-ci, par-là* s'écrit avec des traits d'union.

– *D'ici là.* Entre ce moment et un autre moment postérieur. *J'attendrai votre retour, mais d'ici là donnez-moi de vos nouvelles.*

🖝 Cette locution s'écrit sans trait d'union.

V. Tableau – **LÀ!, INTERJECTION.**

lâchement adv.
Avec lâcheté.
⟹ lâchement.

lâcher n. m.
Action de lâcher. *Un lâcher de colombes.*
▷— Ce nom s'emploie dans les expressions *lâcher de pigeons, de colombes, de ballons.*
⟹ lâcher.

lâcher v. tr., intr.
• **Transitif**
- Desserrer. *Lâcher la bride.*
- Cesser de tenir. *Il a lâché la corde.*
- Délaisser, abandonner. *Tu as lâché tes études.*
• **Intransitif**
Céder. *Le câble a lâché.*
⟹ lâcher.

lâcheté n. f.
Bassesse. *Par lâcheté, ils n'ont rien dit.*
⟹ lâcheté.

lâcheur, euse n. m. et f.
(Fam.) Personne qui abandonne ceux envers qui elle s'était engagée. *Philippe et Annie ne sont pas venus nous aider, ce sont des lâcheurs.*
⟹ lâcheur.

lacis n. m.
◁ Le *s* ne se prononce pas [lasi].
Réseau de fils.
⟹ laci**s.**

laconique adj.
Concis. *Une réponse laconique.*

laconiquement adv.
En peu de mots.

laconisme n. m.
Concision, brièveté.

lacryma-christi ou **lacrima-christi** n. m. inv. (pl. *lacryma-christi, lacrima-christi*)
Vin italien.

lacrymal, ale, aux adj.
Relatif aux larmes. *Les glandes lacrymales, les canaux lacrymaux.*
⟹ lacry**mal.**

lacrymogène adj.
Qui provoque les larmes. *Un gaz lacrymogène.*
⟹ lacrymogène.

lact-, lacti-, lacto- préf.
Éléments du latin signifiant «lait». *Lactation.*

lactation n. f.
Sécrétion du lait.
⟹ lactation.

lacté, ée adj.
• Relatif au lait. *Un régime lacté.*
• *Voie lactée.* Bande blanchâtre formée par des milliers d'étoiles et qui fait le tour de la sphère céleste.
▷— Le nom *voie* désigne par métaphore la galaxie et s'écrit avec une majuscule; le déterminant qui suit s'écrit avec une minuscule.
V. **astre.**

lactose n. m.
Matière sucrée contenue dans le lait.
▷— Attention au genre masculin de ce nom : *un* lactose.

lacunaire adj.
(Litt.) Qui présente des lacunes. *Une recherche lacunaire.*
⟹ lacun**aire.**

lacune n. f.
Déficience, oubli, ce qui manque pour compléter une chose. *En géographie, ces élèves ont des lacunes.*
▷— Ne pas confondre avec le nom *lagune,* étendue d'eau séparée de la mer par un cordon littoral.

lacustre adj.
Relatif aux lacs.

là-dedans, là-dehors, là-devant, là-derrière, là-dessus, là-dessous loc. adv.
Clara est cachée là-dedans.
▷— Ces expressions s'écrivent avec un trait d'union contrairement aux expressions *en dedans, en dehors, en avant, en arrière, en dessus, en dessous* qui s'écrivent sans trait d'union.
V. Tableau - **LÀ**, ADVERBE.

ladite
V. **ledit.**

LÀ!, INTERJECTION

Là! L'interjection s'emploie pour apaiser, consoler. *Là, là! Tout s'arrangera.*

Locutions interjectives

– *Oh! là! là!* Exclamation qui marque l'étonnement, l'admiration. *Oh! là! là! Quel beau jardin.*
– *Eh là!* Interpellation. *Eh là! Venez m'aider, s'il vous plaît.*
– *Halte-là!* Ordre de s'arrêter. *Halte-là!, leur cria le douanier.*

V. Tableau – **LÀ**, ADVERBE.

ladre adj. et n. m. et f.
(Litt.) Avare.

ladrerie n. f.
(Litt.) Avarice.

lady n. f. (pl. *ladies*)
👄 Le *a* se prononce *è* [lɛdi].
Titre donné aux femmes de la noblesse anglaise. *J'ai rencontré Lady Blake et Lady Di.*
▷— Le nom s'écrit avec une minuscule, sauf devant un nom propre.

lagon n. m.
Étendue d'eau située au centre d'un atoll.
▷— Ne pas confondre avec le nom *lagune,* étendue d'eau séparée de la mer par un cordon littoral.

lagune n. f.
Étendue d'eau séparée de la mer par un cordon littoral.
▷— Ne pas confondre avec les noms suivants :
- *lacune,* déficience, oubli;
- *lagon,* étendue d'eau située au centre d'un atoll.

lai n. m.
Poème, au Moyen Âge.
Hom. :
- *laid,* désagréable à la vue;
- *laie,* femelle du sanglier;
- *lait,* liquide.

laïc, laïque n. m. et f.
Personne qui n'appartient pas au clergé. *Le Collège a recruté des laïcs.*
▷— Le nom masculin est *laïc,* le nom féminin, *laïque*; l'adjectif masculin ou féminin s'écrit *laïque.*
V. **laïque.**
▷ laïc.

laïcisation n. f.
Action de laïciser. *La laïcisation des établissements scolaires.*
▷ laïcisation.

laïciser v. tr.
Rendre laïque. *Laïciser l'enseignement.*
▷ laïciser.

laid, laide adj. et n. m.
• **Adjectif**
- Désagréable à la vue. *Une construction laide.*
- Qui inspire le dégoût. *Un geste laid.*
• **Nom masculin**
Laideur. *Le beau et le laid.*
Hom. :
- *lai,* poème;
- *laie,* femelle du sanglier;
- *lait,* liquide.
▷ laid.

laidement adv.
D'une façon laide.

laideron n. m.
Personne laide.
▷— Le nom masculin peut désigner un homme ou une femme.

laideur n. f.
État de ce qui est laid. *La laideur d'un insecte.*

laie n. f.
Femelle du sanglier.
Hom. :
- *lai,* poème;
- *laid,* désagréable à la vue;
- *lait,* liquide.

lainage n. m.
• Étoffe de laine.
• Vêtement en laine. *N'oublie pas d'apporter des lainages, car les nuits sont fraîches.*

laine n. f.
• Poil doux et frisé des moutons et de certains animaux.
• *Laine d'acier.* Tampon à récurer (pour les casseroles).
▷— La *paille de fer* s'utilise surtout pour les parquets.

laineux, euse adj.
Qui a beaucoup de laine.

lainier, ière adj.
Relatif à la laine. *L'industrie lainière.*

laïque adj.
• Qui n'appartient pas au clergé. *Un enseignant laïque.*
• Qui n'a pas de caractère religieux. *L'école laïque.*
▷— L'adjectif s'écrit *laïque* au masculin et au féminin; le nom masculin est *laïc,* le nom féminin, *laïque.*
V. **laïc.**
▷ laïque.

laisse n. f.
Lien avec lequel on attache un animal. *Tenir un chien en laisse.*

laissé-pour-compte adj. et n. m. (pl. *laissés-pour-compte*)
• Produit refusé. *Des marchandises laissées-pour-compte.*
• Personne rejetée.
▷— Attention au genre masculin de ce nom : *un* laissé-pour-compte.

laisser v. tr., pronom.

• **Transitif**
- Quitter. *Boris a laissé cet ami.*
- Ne pas prendre. *J'ai laissé ma bicyclette et j'ai préféré marcher.*
- Transmettre. *Il a laissé sa fortune à ses petits-enfants.*
- Ne pas supprimer. *La traductrice a laissé certains mots anglais dans son texte.*
• Auxiliaire + infinitif
Ne pas empêcher. *Il me laisse dormir le samedi matin.*
• **Pronominal**
Être l'objet d'une action. *Laissez-vous aller, détendez-vous.*
▷— Le participe passé de la forme pronominale suivi d'un infinitif s'accorde avec le complément d'objet direct lorsque celui-ci fait l'action exprimée

par l'infinitif. *Elle s'est laissée vivre,* mais *elle s'est laissé conduire* (elle n'a pas fait l'action).

• **Locutions**

- *Laissez dire, laissez faire.* Ne pas contredire, ne pas intervenir.

- *Laisser + à* (penser, rêver...). Donner matière à (réflexion, méditation...) *Cette attitude laisse à penser.*

- *Ne pas laisser de +* infinitif. (Litt.) Être véritablement, ne pas manquer de. *Ses travaux ne laissent pas d'être très utiles.*

- *Laisser tranquille.* Ne pas ennuyer. *Laissez-nous tranquilles, laissez-la tranquille.*

☞ Le mot *tranquille* s'accorde avec le complément du verbe.

---

laisser-aller n. m. inv. (pl. *laisser-aller*)

👄 On ne fait pas la liaison entre les deux éléments [leseale].

Négligence dans la tenue, le comportement. *Ces collègues font preuve de laisser-aller.*

⇨ laisser-aller.

*laisser savoir

Calque de l'anglais «let someone know» pour *faire savoir. Je vous le ferez savoir* (et non *laisserez savoir) *dès demain.*

laissez-passer n. m. inv. (pl. *laissez-passer*)

Permission d'entrer.

☞ Le premier élément de ce nom composé est un verbe à l'impératif qui exprime un ordre, un commandement.

⇨ laissez-passer.

lait n. m.

• Liquide très nutritif secrété par les glandes mammaires des mammifères. *Du lait de vache, de chèvre. Le lait maternel.*

• *Lait concentré.* Lait dont on réduit une partie de l'eau par évaporation. *Lisa adore le lait concentré.*

• *Petit-lait.* Liquide qui se sépare du lait caillé.

☞ Attention au trait d'union.

• *Lait de beauté.* Liquide hydratant qui ressemble au lait. *Des laits de beauté, des laits démaquillants.*

• *Lait d'amande(s).*

☞ Dans cette expression, le complément du nom *lait* s'écrit au singulier ou au pluriel.

• *Chocolat au lait, riz au lait.*

☞ Ces expressions s'écrivent sans trait d'union.

Hom. :

- *lai,* poème;

- *laid,* désagréable à la vue;

- *laie,* femelle du sanglier.

laitage n. m.

Aliment qui contient du lait. *Elle aime les laitages.*

laiterie n. f.

• Lieu où se fait le traitement du lait.

• Lieu où l'on vend des produits laitiers.

laiteux, euse adj.

Qui a la couleur du lait. *Une peau laiteuse.*

laitier, ière adj.

• Relatif au lait. *L'industrie laitière.*

• Qui donne du lait. *Une vache laitière.*

laitier n. m.

laitière n. f.

Personne qui vend du lait.

laiton n. m.

Alliage de couleur jaune, composé principalement de cuivre et de zinc. *Un cache-pot en laiton* (et non en *brass).

laitue n. f.

Plante potagère qui se mange en salade.

laïus n. m.

👄 Le *s* se prononce [lajys].

(Fam.) Discours.

⇨ laïus.

laize n. f.

Bande d'étoffe. *Une jupe à plusieurs laizes.*

Syn. **lé.**

lama n. m.

• Mammifère d'Amérique du Sud. *Des lamas, de la laine de lama.*

• Moine bouddhiste. *Le Grand lama* (ou dalaï-lama) *est le chef du bouddhisme thibétain.*

lambda n. m. inv.

Lettre grecque.

lambada n. f.

Danse sud-américaine.

lambeau n. m. (pl. *lambeaux*)

Partie déchirée d'un vêtement, d'un corps. *Des lambeaux de tissu.*

☞ Ne pas confondre avec les noms suivants :

- *éclat,* morceau d'une chose brisée;

- *fraction,* part séparée d'un tout;

- *fragment,* morceau;

- *miette,* petite parcelle.

lambin, ine adj.

(Fam.) Lent. *Cette petite est un peu lambine.*

⇨ lambin.

lambiner v. intr.

(Fam.) Traîner. *Ne lambine pas trop, nous sommes déjà en retard.*

⇨ lambiner.

lambris n. m.

👄 Le *s* est muet [lãbri].

Revêtement mural composé de bois, de marbre ou de stuc. *Une salle à manger aux riches lambris de chêne.*

⇨ lambris.

lambrissage n. m.

• Action de lambrisser.

• Résultat de cette action.

lambrisser v. tr.

Revêtir de lambris.

lame n. f.

• Morceau plat, assez mince et allongé. *Une lame de ciseau.*

• Vague plate. *Des lames de fond.*

⇨ lame.

lamé, ée adj. et n. m.
Broché d'un fil métallique. *Un tissu lamé or. Un corsage de lamé.*

lamelle n. f.
Petite lame très mince. *Des lamelles pour l'examen au microscope.*
⇨ lame**lle.**

lamentable adj.
Déplorable. *Ces échecs sont lamentables.*
Ant. **excellent.**
⇨ lam**ent**able.

lamentablement adv.
De façon lamentable.
⇨ lam**ent**ablement.

lamentation n. f.
Plainte. *Tes lamentations nous exaspèrent.*
⇨ lam**ent**ation.

lamenter (se) v. pronom.
Se plaindre de, gémir. *Ils se sont lamentés sans arrêt.*
⇨ lam**ent**er.

lamifié, ée adj. et n. m.
Matériau composé de plusieurs feuilles de matériaux collées. *Un comptoir en lamifié* (et non en *arborite).
V. **stratifié.**

laminage n. m.
Étirage, aplatissement d'une masse métallique, d'un matériau, d'un textile, etc.
⇨ lamin**age.**

laminer v. tr.
• Réduire en feuilles, en barres.
• (Fig.) Diminuer, réduire. *Ces coûts ont laminé nos profits.*
⇨ lamin**er.**

lamineur n. m.
lamineuse n. f.
Personne préposée à des opérations de laminage.

laminoir n. m.
Presse pour laminer.

lampadaire n. m.
Appareil d'éclairage muni d'un long support vertical. *Montréal a remplacé ses lampadaires. Un lampadaire* (et non une *lampe de plancher) *éclairerait ce coin de la pièce.*
V. **lampe.**
⇨ lampad**aire.**

lampe n. f.
• Appareil d'éclairage muni d'un pied, d'une base. *Une lampe de bureau, de table.*
◖— Ne pas confondre avec les noms suivants :
- **applique,** appareil d'éclairage fixé au mur;
- **lampadaire,** appareil d'éclairage muni d'un long support vertical;
- **luminaire,** appareil d'éclairage (terme générique);
- **plafonnier,** appareil d'éclairage fixé au plafond;
- **suspension,** appareil d'éclairage suspendu au plafond.
• *Lampe à incandescence.* Lampe qui éclaire à l'aide d'un filament chauffé à blanc.

• *Lampe (à) halogène.* Lampe à incandescence comportant un gaz composé d'un halogène. *L'efficacité lumineuse de la lampe halogène est très élevée.*
• *Lampe de poche.* Petit appareil d'éclairage portatif qui fonctionne avec des piles. *Une lampe de poche* (et non une *flashlight).

lampée n. f.
(Fam.) Gorgée. *Une lampée de vin.*

lamper v. tr.
(Fam.) Boire avidement.

lampion n. m.
(Vx) Godet souvent en verre de couleur contenant une matière combustible et une mèche.
⇨ lamp**ion.**

lamproie n. f.
Poisson qui ressemble à l'anguille.
⇨ lampro**ie.**

lance n. f.
Arme offensive. *Les guerriers romains portaient une lance et un bouclier.*

lance- préf.
Les noms composés avec le verbe *lance-* sont invariables; le premier élément ne prend pas la marque du pluriel, le second élément est toujours au pluriel.

lancée n. f.
• Élan, vitesse acquise. *Les cyclistes roulaient sur leur lancée.*
• *Continuer sur sa lancée.* Poursuivre sa trajectoire grâce à l'élan initial.
◖— Au Canada, on dit aussi en ce sens *sur l'erre d'aller.*

lance-flammes n. m. inv. (pl. *lance-flammes*)
Arme de combat servant à projeter des liquides enflammés.

lance-fusées n. m. inv. (pl. *lance-fusées*)
(Vx) Lance-roquettes.

lance-grenades n. m. inv. (pl. *lance-grenades*)
Appareil lançant des grenades.

lancement n. m.
• Action de projeter. *Le lancement d'un satellite. Une rampe de lancement.*
• Action de faire connaître au public une œuvre, une publication, un produit. *Le lancement d'un livre.*
◖— Ne pas confondre avec le nom *élancement,* douleur aiguë et passagère.
◖— Pour l'inauguration d'une exposition de peinture, on emploie le nom *vernissage.*

lance-missiles n. m. inv. (pl. *lance-missiles*)
Engin servant à lancer des missiles.

lance-pierres n. m. inv. (pl. *lance-pierres*)
Fronde.

lancer v. tr., pronom.
• **Transitif**
- Jeter en avant avec force. *Lancer un ballon.*
- Faire connaître. *Lancer une mode, un auteur.*
• **Pronominal**

S'engager avec détermination dans une direction, une action. *Se lancer en affaires* (et non *partir en affaires*). *Ces étudiants se sont lancés en affaires pour l'été.*

lancer n. m.
Action de projeter au loin. *Des lancers de javelot, de poids, de disques. La pêche au lancer.*

lance-roquettes n. m. inv. (pl. *lance-roquettes*)
Arme tirant des roquettes.

lance-torpilles n. m. inv. (pl. *lance-torpilles*)
Dispositif servant à lancer une torpille.

lancette n. f.
Instrument chirurgical.

lanceur, euse n. m. et f.
• **Nom masculin et féminin.** Personne habile dans les lancers. *Une lanceuse de javelot, de disque. Un lanceur de baseball.*
• **Nom masculin.** Fusée servant à lancer une charge dans l'espace.

lancinant, ante adj.
• Qui fait souffrir par des élancements aigus. *Une douleur lancinante.*
• Obsédant. *Un souvenir lancinant.*

lanciner v. tr., intr.
• **Transitif.** Tourmenter, obséder.
• **Intransitif.** Être lancinant.

landau n. m. (pl. *landaus*)
Voiture d'enfant. *Des landaus* (et non des *carrosses*) *luxueux.*
☞ land**au**.

lande n. f.
Grande étendue de terre inculte où poussent les fougères, les genêts, les bruyères.

langage n. m.
Expression de la pensée à l'aide de signes vocaux (parole) ou de signes graphiques (écriture).
☞ lang**a**ge.

langage de programmation n. m.
(Inform.) Ensemble des règles, symboles et caractères qui permettent à un utilisateur de communiquer avec un ordinateur. *Le BASIC, le COBOL, le PASCAL, le LOGO sont des langages de programmation évolués, tandis que le langage d'assemblage, le langage machine sont des langages de bas niveau.*

langagier, ière adj.
Relatif au langage. *Les usages langagiers.*

lange n. m.
(Vx) Bande de tissu servant à emmailloter un bébé.
☞ Attention au genre masculin de ce nom : *un* lange.

langer v. tr.
Le *g* est suivi d'un *e* devant les lettres *a* et *o*. *Il langea, nous langeons.*
• (Vx) Envelopper de langes.
• Mettre des couches à un bébé. *Une table à langer.*

langoureusement adv.
De façon langoureuse.
☞ lan**gou**reusement.

langoureux, euse adj.
(Plaisant.) Alangui, affaibli. *Un baiser langoureux.*
☞ lan**gou**reux.

langouste n. f.
Crustacé apprécié pour sa chair.

langoustier n. m.
• Filet à langoustes.
• Bateau équipé pour la pêche à la langouste.

langoustine n. f.
Petit crustacé.

langue n. f.
• Organe charnu de la bouche. *Tirer la langue.*
• Organe de la parole.
• **Locutions**
- ***Ne pas savoir tenir sa langue.*** Ne pouvoir garder un secret.
- ***Avoir la langue bien pendue.*** Parler facilement.
- ***Avoir un mot sur le bout de la langue.*** Chercher un mot qui vous échappe.
- ***Se mordre la langue.*** Regretter d'avoir trop parlé.
- ***Donner sa langue au(x) chat(s).*** Renoncer à chercher.
- ***Une mauvaise langue, une langue de vipère.*** Personne qui ne craint pas de médire, de calomnier.
• Parler, langage propre à un groupe social. *La langue française réunit dans une communauté linguistique tous les francophones.*

langue-de-bœuf n. f. (pl. *langues-de-bœuf*)
Champignon.

langue-de-chat n. f. (pl. *langues-de-chat*)
Petit biscuit plat et allongé.

languette n. f.
Pièce en forme de petite langue. *Tire sur la languette pour ouvrir la boîte.*

langueur n. f.
Indolence. *Quelle est cette langueur qui pénètre mon cœur?* (Verlaine)
☞ lan**gu**eur.

languide adj.
(Litt.) Langoureux.
☞ lan**gu**ide.

languir v. intr., pronom.
• **Intransitif**
- Manquer d'énergie.
- (Litt.) Attendre avec impatience. *Ne me fais pas trop languir.*
• **Pronominal**
S'ennuyer du fait de l'absence de quelqu'un, de quelque chose. *Elle se languit d'eux.*
☞ lan**gu**ir.

languissamment adv.
(Litt.) De façon languissante.
☞ langui**ssamm**ent.

lanière n. f.
Courroie. *Des lanières de cuir servent à attacher les raquettes.*

lanoline n. f.
Substance onctueuse utilisée dans la composition des pommades.

lanterne n. f.
Fanal. *La porte d'entrée est éclairée par deux lanternes.*

lanterner v. intr.
(Fam.) Perdre son temps, traîner.

lapalissade n. f.
Vérité évidente.
☞ Le nom s'écrit avec deux *s* bien qu'il soit formé sur le nom propre *La Palice.*
Syn. **truisme.**

lapement n. m.
Action de laper.
☞ lapement.

laper v. tr.
Boire à coups de langue. *Le chat lapait son lait.*
☞ laper.

lapereau n. m. (pl. *lapereaux*)
Petit du lapin.
☞ lapereau.

lapidaire adj. et n. m.
• **Adjectif.** Concis. *Un style lapidaire.*
• **Nom masculin.** Artisan qui taille les pierres précieuses.
☞ lapidaire.

lapidation n. f.
Action de lapider.

lapider v. tr.
Tuer à coups de pierres.

lapin, ine n. m. et f.
• Petit mammifère rongeur. *Le lapin glapit.*
• *Poser un lapin.* (Fam.) Ne pas venir au rendez-vous fixé.

lapiner v. intr.
Mettre bas, en parlant d'une lapine.

lapis ou **lapis-lazuli** n. m. inv.
☞ Le *s* se prononce [lapis, lapis lazyli].
Pierre précieuse d'un beau bleu foncé semé de parcelles d'or.

lapon, one adj. et n. m. et f.
De Laponie. *Une sculpture lapone. Un Lapon, une Lapone.*
☞ L'adjectif s'écrit avec une minuscule; le nom, avec une majuscule.
☞ lapon, lapone.

laps n. m.
☞ Le *s* se prononce [laps].
Laps de temps. Période. *Le directeur sera absent un court laps de temps.*
☞ Ce nom ne s'emploie que dans l'expression citée.

lapsus n. m.
☞ Le *s* se prononce [lapsys].
Utilisation involontaire d'un mot pour un autre. *Commettre des lapsus significatifs.*

laquage n. m.
Action d'enduire de laque.
☞ laquage.

laquais n. m.
Valet en livrée, en uniforme.
☞ laquais.

laque n. m. et f.
• **Nom masculin**
Objet d'art laqué. *Un très joli laque.*
• **Nom féminin**
- Vernis. *Appliquer une laque sur un meuble.*
- Produit que l'on vaporise sur les cheveux. *Désirez-vous un peu de laque* (et non de *spray net*)?

laqué, ée adj.
Recouvert de laque. *Des tables laquées.*

laquelle
V. **lequel.**

laquer v. tr.
Recouvrir de laque. *Laquer un meuble.*

larcin n. m.
Petit vol furtif. *Les voyous ont commis des larcins.*
☞ larcin.

lard n. m.
Tissu adipeux du porc. *Des fèves au lard.*
☞ lard.

larder v. tr.
Garnir de petits morceaux de lard.
☞ Ne pas confondre avec le verbe *barder,* envelopper d'une tranche de lard.

lardon n. m.
Petit morceau de lard qu'on fait griller pour accompagner certains plats. *Une salade aux lardons.*

largage n. m.
Action de larguer. *Le largage des parachutistes.*
☞ largage.

large adj., adv. et n. m.
• **Adjectif**
- Qui a une certaine étendue entre ses côtés, par opposition à la longueur. *Des épaules larges.*
- Ample, vaste. *De larges étendues.*
• **Nom masculin**
- Largeur. *Ce meuble a 45 centimètres de large.*
- La haute mer. *L'air du large.*
• **Adverbe**
Grandement. *Les fenêtres larges ouvertes.*
☞ Malgré son emploi adverbial, le mot peut prendre la marque du pluriel dans cette expression. Dans les autres cas, il est invariable. *Ils ne voient pas large. Elle ouvrit large ses yeux.*

*large
Anglicisme au sens de *grand.* Une chemise de taille petite, moyenne ou grande* (et non *large*)?

largement adv.
Abondamment.

largesse n. f.
Générosité, don. *Les enfants ont bénéficié de ses largesses.*

☞ Ne pas confondre avec le nom *largeur,* étendue d'une chose.

largeur n. f.
Étendue d'une chose dans le sens opposé à la longueur, à la hauteur, à l'épaisseur, à la profondeur. *Cette bibliothèque a 90 cm de largeur.*
☞ Ne pas confondre avec le nom *largesse,* don.

larguer v. tr.
Ce verbe s'écrit toujours avec un *u,* même devant les lettres *a* et *o. Il largua, nous larguons.*
• (Mar.) Détacher. *Larguez les amarres.*
• (Aviat.) Abandonner en cours de vol. *Larguer du matériel.*

larme n. f.
• Liquide transparent et salé que sécrètent les glandes lacrymales pour humecter le globe oculaire.
• *Pleurer à chaudes larmes, fondre en larmes.* Pleurer abondamment.
• *Larmes de crocodile.* Chagrin feint.

larmoiement n. m.
Pleurnicherie.
☞ larmoiement.

larmoyant, ante adj.
• Qui larmoie. *Des yeux larmoyants.*
• (Fig.) Pleurnichard. *Un plaidoyer, un ton larmoyant.*

larmoyer v. intr.
Le *y* se change en *i* devant un *e* muet. *Il larmoie, il larmoyait.*
Le *y* est suivi d'un *i* à la première et à la deuxième personne du pluriel de l'indicatif imparfait et du subjonctif présent. *(Que) nous larmoyions.*
Pleurer sans arrêt, pleurnicher.

larron n. m.
S'entendre comme larrons en foire. Être de connivence.
☞ Au sens de *voleur,* ce nom est vieilli et ne s'emploie plus que dans certaines locutions.
☞ larron.

larve n. f.
Premier stade de développement de certains animaux. *Qu'est-ce qu'une larve de papillon? Une chenille.*

larvé, ée adj.
Se dit de choses qui se manifestent insidieusement. *Un conflit larvé.*

laryngite n. f.
Inflammation du larynx.
☞ laryngite.

laryngologie n. f.
Étude du larynx et de ses affections.
☞ laryngologie.

laryngologiste ou **laryngologue** n. m. et f.
Spécialiste de la laryngologie.
☞ laryngologue.
V. **oto-rhino-laryngologiste.**

larynx n. m.
👄 Le *x* se prononce [larēks].
Organe situé à l'arrière de la trachée-artère et qui est essentiel à la production de la voix.
☞ larynx.

las! interj.
👄 Le *s* se prononce [lɑs].
(Vx) Hélas.

las, lasse adj.
👄 Au masculin, le *s* ne se prononce pas [la, lɑs].
• Fatigué. *Elle est très lasse ce soir : elle a eu une dure journée.*
• (Litt.) Excédé. *Elle est lasse de l'entendre se plaindre.*
• *De guerre lasse.* En renonçant à lutter.

lasagne n. f.
Plat de pâtes alimentaires. *Des lasagnes gratinées.*
☞ Ce nom s'emploie surtout au pluriel.

lascar n. m.
(Fam.) Individu malin. *De fameux lascars.*
☞ lascar.

lascif, ive adj.
👄 Les lettres *sc* se prononcent *s* [lasif, iv].
Voluptueux.
☞ lascif.

lascivement adv.
👄 Les lettres *sc* se prononcent *s* [lasivmã].
De façon lascive.
☞ lascivement.

lasciveté ou **lascivité** n. f.
👄 Les lettres *sc* se prononcent *s* [lasivte, lasivite].
(Litt.) Tempérament lascif.
☞ lasciveté, lascivité.

laser n. m.
👄 Le *r* se prononce [lazɛr].
• Amplification de radiations. *Des lasers puissants.*
• (En appos.) *Des rayons laser(s).*
☞ Ce nom est l'acronyme de «Light Amplification by Stimulated Emission of Radiation».
• *Imprimante à laser.* Imprimante dans laquelle un pinceau lumineux provenant d'un laser dessine sur une surface photosensible une image latente qui sera ensuite fixée à la chaleur.
• *Disque laser.* Disque destiné à être lu par un système optique au laser. On dit aussi : *disque audionumérique, disque compact.*

lasser v. tr., pronom.
• **Transitif.** Ennuyer. *Ces exposés trop longs ont lassé les participants.*
• **Pronominal.** Devenir las de, en avoir assez de. *Elle s'est lassée de répéter la même chose.*
Hom. *lacer,* attacher avec un lacet.

lassitude n. f.
Fatigue. *Ils sont épuisés, ils éprouvent une grande lassitude.*
☞ lassitude.

lasso n. m. (pl. *lassos*)
Corde à nœud coulant. *Attraper un animal au lasso.*

latence n. f.
État de ce qui n'est pas encore apparent. *Période de latence.*
⇒ **latence.**

latent, ente adj.
Qui n'est pas encore apparent. *Un conflit latent.*
⇒ **latent.**

latér(o)- préf.
Élément du latin signifiant «côté». *Latéral.*

latéral, ale, aux adj.
• Qui est relatif aux côtés. *Des angles latéraux.*
• Qui se trouve sur le côté. *Une ouverture latérale.*

latéralement adv.
Sur le côté.

latex n. m. inv. (pl. *latex*)
⇔ Le *x* se prononce [latɛks].
Suc laiteux sécrété par certains végétaux.

latin, ine adj. et n. m. et f.
• **Adjectif**
- (Antiq.) Relatif à la Rome ancienne. *La civilisation latine, les auteurs latins.*
- Qui appartient à une civilisation où la langue est d'origine latine. *Un tempérament latin.*
- **Amérique latine.** Amérique du Sud.
🖝 L'adjectif s'écrit avec une minuscule.
• **Nom masculin**
La langue latine. *C'est l'heure du cours de latin.*
🖝 Le nom de la langue s'écrit avec une minuscule.
V. Tableau - **LATIN (EMPRUNTS AU).**
• **Nom masculin pluriel**
- Peuple de l'ancien Latium. *Les Latins ont subi la domination étrusque.*
• **Nom masculin et féminin**
Dont la langue, la civilisation sont d'origine latine. *Les Français, les Espagnols, les Italiens sont des Latins. C'est un Latin, une Latine.*
🖝 Le nom s'écrit avec une majuscule.

latinisme n. m.
(Ling.) Construction propre au latin.

latino-américain, aine adj. et n. m. et f. (pl. *Latino-Américains, Latino-Américaines*)
De l'Amérique latine. *Une danse latino-américaine. Un Latino-Américain, une Latino-Américaine.*
🖝 L'adjectif s'écrit avec des minuscules; le nom, avec des majuscules.

latitude n. f.
• Distance d'un lieu à l'équateur. *Les villes de Paris et de Québec sont à peu près à la même latitude : 48° de latitude Nord.*
🖝 La latitude d'un lieu s'exprime en degrés (°), minutes (') et secondes (") d'angle. Le point cardinal (**Nord** ou **Sud**) s'écrit avec une majuscule, **N.** ou **S.** *Cette ville est située à 48 degrés 12 minutes 8 secondes de latitude Nord, à 48° 12' 8" N.* Attention à la disposition : il n'y a pas d'espace entre le nombre et le symbole ni signe de ponctuation entre les unités.
V. **longitude.**
• (Fig.) Marge de manœuvre, liberté. *On nous laisse toute latitude pour agir.*

lato sensu adv.
⇔ Le *u* se prononce *u* [latosẽsy].
Expression latine signifiant «au sens large».
🖝 En typographie soignée, les mots étrangers sont composés en italique. Dans des textes déjà en italique, la notation se fait en romain. Pour les textes manuscrits, on utilisera les guillemets.
Ant. **stricto sensu.**

-lâtre, -lâtrie suff.
Éléments du grec exprimant l'idée d'adoration. *Idolâtre, idolâtrie.*
⇒ -lâtre, lâtrie.

latte n. f.
Pièce de bois longue et étroite. *Des lattes de bois.*

laudatif, ive adj.
Élogieux. *Un article laudatif.*

lauréat, ate adj. et n. m. et f.
• **Adjectif.** Qui a remporté un prix à un concours. *Les poètes lauréats ont été désignés.*
• **Nom masculin et féminin.** Personne qui a remporté un prix. *De jeunes lauréates.*

laurier n. m.
• Plante aromatique. *Une couronne de laurier, symbole de la victoire.*
• *Laurier-rose, laurier-cerise.* Des lauriers-roses, des lauriers-cerises.

lavable adj.
Qui peut être lavé. *Ce pantalon est lavable.*

lavabo n. m.
• Appareil sanitaire muni d'une cuvette et de robinets où l'on peut faire sa toilette. *Le lavabo de la salle de bains.*
🖝 Dans la cuisine, on parle plutôt de l'*évier.*
• (Au plur.) Toilettes. *Où sont les lavabos? Au fond, à gauche.*

lavage n. m.
Nettoyage. *Le lavage et le repassage.*

lavallière n. f.
Cravate à large nœud.

lavande adj. inv. et n. f.
• **Nom féminin.** Plante aromatique donnant de petites fleurs bleues au parfum délicat et frais.
• **Adjectif de couleur invariable.** D'une couleur bleu mauve. *Des lainages lavande, bleu lavande.*
V. Tableau - **COULEUR (ADJECTIFS DE).**

*lavatory
Anglicisme utilisé en France au sens de *toilettes* (publiques).

lave n. f.
Matière en fusion qui jaillit des volcans en éruption. *Une coulée de lave.*

lave-auto n. m. (pl. *lave-autos*)
Au Canada, portique de lavage automatique pour automobiles.

lave-glace n. m. (pl. *lave-glaces*)
Appareil qui envoie un jet de liquide sur le pare-brise d'un véhicule.

EMPRUNTS AU **LATIN**

Langue des anciens Romains, le latin constitue l'origine du français et de plusieurs autres langues.

• La plupart des emprunts au latin ont subi l'évolution phonétique normale (formation populaire) et se sont intégrés au français. *Le mot latin «caballus» est devenu **cheval** en français.*

• D'autres emprunts faits par les érudits des XIVe, XVe et XVIe siècles (formation savante) ont conservé une forme voisine du latin. *Le mot **parabole** vient du latin «parabola». Le même mot latin a donné aussi le mot de formation populaire **parole.***

• Enfin, d'autres mots empruntés au latin ont conservé leur forme originale.

MOTS LATINS INVARIABLES		
credo	nimbus	requiem
cumulus	nota	statu quo
ex-voto	nota bene	tumulus
minus habens	pater	vade-mecum
miserere	post-scriptum	veto...

☞— Certains mots empruntés au latin restent invariables : ces mots s'écrivent sans accents, malgré leur prononciation.

MOTS LATINS VARIABLES	
Singulier latin	**Pluriel latin**
addendum	addenda
desideratum	desiderata
erratum	errata
maximum	maxima
minimum	minima
stimulus	stimuli...

☞— Certains mots gardent le pluriel latin et s'écrivent sans accent.

☞— La tendance actuelle est de franciser les noms **maximum, minimum** en les écrivant au pluriel avec un **s.** Comme adjectifs, ils sont remplacés par **maximal, ale, aux** et **minimal, ale, aux.**

MOTS LATINS FRANCISÉS	
agenda	intérim
album	médium
alibi	mémento
alinéa	mémorandum
alléluia	pensum
atrium	quatuor
angélus	quorum
bénédicité	quota
consortium	recto
décorum	référendum
déficit	sanatorium
duplicata	solarium
fac-similé	spécimen
folio	ultimatum
forum	verso...

☞— Certains mots empruntés au latin ont été francisés par leur usage fréquent.

☞— Ces mots prennent la marque du pluriel et s'écrivent avec des accents s'il y a lieu.

Des médias électroniques.

LOCUTIONS LATINES	
Locution	**Signification**
a contrario	par l'argument des contraires
ad patres	dans l'autre monde
ad valorem	selon la valeur
ad vitam æternam	pour toujours
a fortiori	à plus forte raison
a posteriori	fondé sur des faits
a priori	non fondé sur des faits
de facto	de fait
de visu	après l'avoir vu
et cætera	et les autres
ex æquo	au même rang
ex cathedra	avec un ton doctoral
extra-muros	à l'extérieur des murs
grosso modo	en gros
in extenso	intégralement
in extremis	au tout dernier moment
intra-muros	à l'intérieur des murs
ipso facto	immédiatement
manu militari	par la force
modus vivendi	entente
nec plus ultra	ce qu'il y a de mieux
sine die	sans jour fixé
sine qua non	condition essentielle
vice versa...	inversement

☞— Ces locutions s'écrivent sans accents.

☞— En typographie soignée, les mots étrangers sont composés en italique. Dans des textes déjà en italique, la notation se fait en romain. Pour les textes manuscrits, on utilisera les guillemets.

lave-linge n. m. inv. (pl. *lave-linge*)
Machine à laver le linge.
Au Canada, on emploie plutôt le nom ***laveuse.***

lave-mains n. m. inv. (pl. *lave-mains*)
Récipient destiné au lavage des mains après un repas.

lavement n. m.
• (Vx) Ablution. *Le lavement des pieds est une cérémonie du Jeudi saint.*
• Injection d'un liquide dans l'intestin à des fins thérapeutiques, pour un examen radiologique.

laver v. tr., pronom.
• **Transitif.** Nettoyer avec de l'eau. *Laver la vaisselle.*
• **Pronominal.** Nettoyer son corps. *Elle s'est lavée, elle s'est lavé les mains.*

laverie n. f.
Blanchisserie équipée de machines à laver.

lavette n. f.
• Ustensile avec lequel on lave la vaisselle.
• (Fig.) Personne sans énergie. *Joseph est une vraie lavette.*

laveur, euse n. m. et f.
• **Nom masculin et féminin.** Personne dont le métier est de laver. *Laveur de vitres, de voitures.*
• **Nom masculin.** Appareil industriel destiné à nettoyer certains produits.
• **Nom féminin.** Au Canada, machine à laver.
Dans la francophonie, on emploie le nom ***lave-linge.***

lave-vaisselle n. m. inv. (pl. *lave-vaisselle*)
Machine à laver la vaisselle.

lavis n. m.
Le ***s*** est muet [lavi].
• Procédé de dessin où l'encre est délayée dans l'eau.
• Dessin ainsi obtenu.
lavis.

lavoir n. m.
Lieu public où on lavait le linge.

laxatif, ive adj. et n. m.
Purgatif. *Des laxatifs. Des produits laxatifs.*

laxisme n. m.
Tolérance excessive.
Ant. **purisme.**

laxiste adj. et n. m. et f.
Qui fait preuve de laxisme.

layette n. f.
La première syllabe se prononce ***lè*** [lɛjɛt].
Trousseau à l'usage d'un nouveau-né.
layette.

lazaret n. m.
Établissement médical où l'on garde des malades contagieux en quarantaine.
lazaret.

le art. déf.
V. Tableau - **LE, LA, LES,** ARTICLES DÉFINIS.

le pron. pers.
V. Tableau - **LE, LA, LES,** PRONOMS PERSONNELS.

lé n. m.
Bande d'étoffe. *Des lés de coton.*
Syn. **laize.**

leader n. m.
Les lettres ***ea*** se prononcent ***i*** et le ***r*** est sonore [lidœr].
• Meneur, dirigeant. *Des leaders.*
• Groupe, entreprise, produit qui domine dans son secteur.

leadership n. m.
Les lettres ***ea*** se prononcent ***i*** [lidœrʃip].
Direction, commandement. *Des leaderships.*

*leasing
Anglicisme au sens de ***crédit-bail.***

lèche-cul adj. inv. et n. m. inv.
(Vulg.) Flatteur. *Ils sont lèche-cul.*

lèchefrite n. f.
Ustensile de cuisine destiné à recevoir le jus de la viande mise à rôtir. *Des lèchefrites bien astiquées.*
lèchefrite, en un seul mot.

lécher v. tr.
Le ***é*** se change en ***è*** devant une syllabe muette, sauf à l'indicatif futur et au conditionnel présent. *Je lèche,* mais *je lécherai.*
• Passer la langue sur quelque chose. *Julia lèche une sucette à la tire d'érable.*
• ***S'en lécher les doigts.*** Se régaler.
• Soigner à l'excès. *Un dessin trop léché.*

lèche-vitrines n. m. inv.
Action de flâner en regardant les vitrines. *Faire du lèche-vitrines.*

leçon n. f.
Enseignement théorique et pratique d'une science, d'un art. *Des leçons d'histoire, d'équitation.*
leçon.

lecteur, trice n. m. et f.
Personne qui lit pour son plaisir, son information. *Le courrier des lecteurs.*
Syn. **liseur.**

lecteur n. m.
lectrice n. f.
Personne dont la fonction est de lire les manuscrits soumis à une maison d'édition et de donner son avis.

lecture n. f.
Art de lire. *La lecture est un agréable passe-temps.*

ledit, ladite, lesdits, lesdites adj.
Ces adjectifs démonstratifs s'emploient dans la langue juridique ou administrative pour désigner ce dont on vient de parler. *Lesdits contrats, ladite condition.*
Cet adjectif s'écrit en un seul mot et s'accorde avec le mot auquel il se rapporte.
V. **dit.**

légal, ale, aux adj.
• Qui est conforme à la loi. *Des contrats légaux.*

• Qui est imposé par la loi. *Les formes légales.*
☞— Ne pas confondre avec les mots suivants :
- *judiciaire,* qui se rapporte à l'organisation de la justice.
- *judicieux,* qui dénote du jugement;
- *juridique,* qui se rapporte au droit.
Ant. **illégal.**

*légal
Anglicisme au sens de *juridique.*

légalement adv.
D'une manière légale.

légalisation n. f.
Action de légaliser. *La légalisation de l'avortement.*

légaliser v. tr.
Rendre légal. *Légaliser une pratique jusqu'ici prohibée.*

légalité n. f.
Caractère de ce qui est conforme au droit.

légat n. m.
Ambassadeur du pape chargé d'une mission extraordinaire.
☞ légat.

légataire n. m. et f.
Personne qui hérite d'un bien, reçoit un legs. *Elle est la légataire universelle de cette personne.*
☞— Ce mot peut être masculin ou féminin.

légendaire adj.
• Qui n'existe que dans les légendes. *Une force légendaire.*
☞— Ne pas confondre avec les mots suivants :
- *fabuleux,* qui tient de la fable, extraordinaire quoique réel;
- *fictif,* inventé;
- *imaginaire,* qui n'existe que dans l'imagination.
• Bien connu. *Sa distraction est légendaire.*

légende n. f.
• Récit populaire souvent merveilleux et reposant parfois sur un fondement historique. *La légende québécoise de la chasse-galerie.*
• Texte explicatif d'une illustration.

léger, ère adj.
• Qui a peu de poids. *Une valise légère.*
• Qui a peu de force. *Un parfum léger, un vent léger.*
• Petit. *Un bruit léger.*
☞— Pris adverbialement, le mot est invariable. *Ils mangent léger.*
• *À la légère,* locution adverbiale. Sans réfléchir.
☞ léger, légère.

*léger (caractère d'imprimerie)
Anglicisme au sens de *maigre. Les caractères maigres* (et non **légers*) s'opposent aux caractères gras.

légèrement adv.
• De façon légère.
• Un peu. *Elle était légèrement lasse.*

légèreté n. f.
• Caractère de ce qui a peu de poids, de ce qui est peu grave. *La légèreté d'une plume. La légèreté d'une faute.*
• Irréflexion. *Il a fait preuve de légèreté dans cette affaire.*
☞ légèreté.

légiférer v. intr.
Le *é* de la troisième syllabe se change en *è* devant une syllabe muette, sauf à l'indicatif futur et au conditionnel présent. *Je légifère,* mais *je légiférerai.*
Faire des lois. *Le gouvernement doit légiférer.*

légion n. f.
• (Antiq.) Corps de soldats romains.
• *Légion d'honneur.* Décoration civile et militaire.
☞— Dans cette locution, le nom *légion* s'écrit avec une majuscule. *Ils ont été décorés de la Légion d'honneur.*
• Multitude. *Ils étaient légion.* En ce sens, le nom est invariable.
☞— Lorsque le mot est employé comme collectif et qu'il est suivi d'un complément au pluriel, le verbe se met au singulier ou au pluriel suivant l'intention de l'auteur qui veut insister sur l'ensemble ou la pluralité. *Une légion d'adeptes a envahi* ou *ont envahi la salle.*
V. Tableau - **COLLECTIF.**

législateur, trice n. m. et f.
• Personne qui fait les lois.
• *Le législateur.* La loi.

législatif, ive adj.
Qui a la mission de faire les lois. *Le pouvoir législatif.*

législation n. f.
Ensemble des lois d'un pays, d'un domaine déterminé.
☞— Ne pas confondre avec le nom *législature* qui désigne une période pendant laquelle une assemblée législative exerce ses pouvoirs.
☞— Le nom *législation* désigne un ensemble de lois relatives à un domaine et ne doit pas être utilisé au sens de *loi.*

législature n. f.
Période pendant laquelle une assemblée législative exerce ses pouvoirs.
☞— Ne pas confondre avec le nom *législation* qui désigne l'ensemble des lois d'un pays, d'un domaine déterminé.

légitimation n. f.
Action de justifier.

légitime adj.
• Qui est reconnu conforme au droit. *Une union légitime.*
• Qui est conforme à l'équité, à la raison. *Une cause légitime.*
Ant. **illégitime.**

légitimement adv.
Conformément à la loi, à l'équité.

légitimer v. tr.
• (Dr.) Rendre légitime.
• Justifier. *Légitimer un geste.*

légitimité n. f.
Caractère de ce qui est conforme à la justice, au droit, à la raison.
Ant. **illégitimité.**

legs n. m.
👄 Le *g* se prononce généralement et le *s* est muet, [lɛg] ou [lɛ].

LE, LA, LES, ARTICLES DÉFINIS

Déterminants employés pour désigner des personnes ou des choses dont le sens est complètement défini.

Élision

Les articles s'élident devant un mot commençant par une voyelle ou un *h* muet. *L'école, l'hommage.*

☞ Cette élision ne se fait pas devant les adjectifs numéraux. *Le onze du mois, le huit de cœur, le un de la rue des Érables.*

Contraction

Les articles *le, les* employés avec la préposition *de* deviennent *du* et *des.* L'article *la* employé avec *de* ne se contracte pas. *Elle revient du bureau. Ils parlent des jeux. La beauté de la rose.*

Les articles *le, les* employés avec la préposition *à* donnent *au* et *aux. Marcher jusqu'au parc. Rêver aux vacances.*

(Vx) L'article *les* précédé de la préposition *en* s'est contracté en *ès* qui ne s'emploie plus que dans le nom de certains grades universitaires. *Baccalauréat ès arts. Doctorat ès lettres.*

Liaison

La liaison de l'article *les* avec le mot qui suit se fait si ce mot commence par une voyelle ou un *h* muet. *Les enfants (lézenfants), les hommes (lézommes).*

Omission

On ne répète pas l'article si deux adjectifs se rapportent au même nom. *La tendre et belle enfant.*

On peut omettre l'article dans certaines énumérations. *Orthographe, grammaire, typographie feront l'objet de tableaux.*

Les articles sont omis dans certaines expressions figées. *Les us et coutumes, des faits et gestes, sur mer et sur terre, blanc comme neige, avoir carte blanche...*

Répétition

L'article est répété devant les noms joints par les conjonctions *et, ou. Les fruits et les légumes.*

Devant un superlatif

Quand la comparaison est établie avec des êtres ou des objets différents, l'article s'accorde en genre et en nombre avec le nom auquel il se rapporte. *Cette amie est la plus gentille de toutes ces personnes.*

Quand la comparaison porte sur des états distincts du même être ou du même objet, l'article est neutre et invariable. *C'est le matin qu'elle est le plus en forme.*

Dans un nom propre

Si l'article fait partie d'un nom géographique, d'un titre, d'un nom de bateau, il s'écrit avec une majuscule. *Elle lit* Le Devoir. *Il revient de* La Havane.

À la place du possessif

L'article défini s'emploie quand le nom employé sans adjectif désigne une partie du corps ou une faculté de l'esprit. *Il a mal à la tête. Elle s'est fracturé la jambe. Elle a perdu la tête.*

L'article s'emploie généralement devant un complément de manière. *Ils marchent la main dans la main.*

V. Tableau – **LE, LA, LES,** PRONOMS PERSONNELS.

LE, LA, LES, PRONOMS PERSONNELS

Les pronoms *le, la, les* remplacent un nom de personnes, de choses déjà exprimé. *Quand Étienne sera de retour, préviens-le de notre arrivée prochaine. Ce film est excellent, je te le conseille.*

☞ Les pronoms *le, la, les* accompagnent toujours un verbe (*je les aime*) tandis que les articles *le, la, les* accompagnent toujours un nom (*les personnes que j'aime*).

FORME

Les pronoms *le, la* s'élident devant un verbe commençant par une voyelle ou un *h* muet. *Je l'aime, tu l'honores.*

PLACE DU PRONOM

• Il se place généralement **avant** le verbe. *Ce vélo, je le veux.*

• Si le verbe est à l'impératif dans une construction affirmative, le pronom se place **après** le verbe auquel il est joint par un trait d'union. *Admirez-le*

• Par contre, dans une construction négative, le pronom se place **avant** le verbe. *Ne l'admirez pas.*

• Si le verbe comporte plusieurs pronoms compléments, le complément d'objet direct se place **avant** le complément d'objet indirect et se joint au verbe et au complément d'objet indirect par des traits d'union. *Donne-le-moi.*

ATTRIBUT

Le pronom s'accorde en genre et en nombre avec le sujet accompagné d'un article défini ou du démonstratif. *Cette passionnée de cinéma, je la suis.*

ACCORD DU PARTICIPE PASSÉ

Le participe passé reste invariable si le complément d'objet direct est le pronom neutre *le*. *Les groupes étaient plus divisés que nous ne le pensions.*

V. Tableau – **LE, LA, LES,** ARTICLES DÉFINIS.

Don fait par testament.
☞ Ne pas confondre avec les noms suivants :
- *cadeau,* présent destiné à faire plaisir à quelqu'un;
- *don,* libéralité à titre gracieux;
- *gratification,* somme d'argent donnée en surcroît de ce qui est dû.

léguer v. tr.
Ce verbe s'écrit toujours avec un *u,* même devant les lettres *a* et *o. Nous léguons, il légua.*
Le *é* se change en *è* devant une syllabe muette, sauf à l'indicatif futur et au conditionnel présent. *Je lègue,* mais *je léguerai.*
Donner ses biens par testament. *Sa marraine lui a légué une bague.*

légume n. m. et f.
• **Nom masculin.** Plante potagère. *Des légumes frais cueillis.*
• **Nom féminin.** (Fam. et fig.) *Grosse légume.* Personne importante. *C'est une grosse légume.*

légumier n. m.
Plat à légumes.

légumineuse adj. et n. f.
• **Adjectif.** Dont le fruit est une gousse. *Une plante légumineuse.*

• **Nom féminin.** Plante ayant pour fruit une gousse. *Les pois, les haricots sont des légumineuses.*

leitmotiv n. m.
👄 Les lettres *ei* se prononcent *aï* ou *è,* [lajtmɔtiv] ou [lɛtmɔtiv].
• (Mus.) Thème caractéristique. *Des leitmotive musicaux.*
• Formule qui revient fréquemment. *Les leitmotivs lancinants.*
☞ Dans le vocabulaire de la musique, on emploie au pluriel la forme allemande **leitmotive.** Au sens figuré, le mot s'écrit avec un *s* au pluriel.
▭▷ **lei**tmotiv.

lek n. m.
Unité monétaire de l'Albanie. *Des leks.*
V. Tableau - **SYMBOLES DES UNITÉS MONÉTAIRES.**

lemming n. m.
Petit rongeur. *La légende des lemmings.*

lempira n. m.
Unité monétaire du Honduras. *Des lempiras.*
V. Tableau - **SYMBOLES DES UNITÉS MONÉTAIRES.**

lendemain n. m.
• Le jour qui suit le jour dont on parle. *Elle le vit le lendemain de son arrivée.*
• Avenir. *Il faut songer au lendemain. Une histoire sans lendemain.*
• *Du jour au lendemain,* locution adverbiale. Très rapidement.
• Suite. *Les lendemains d'une escapade.*

lénifiant, ante adj.
Qui calme, qui apaise. *Des paroles lénifiantes.*
☞ Ne pas confondre avec le mot *lénitif* qui qualifie un médicament adoucissant.

lénifier v. tr.
Redoublement du *i* à la première et à la deuxième personne du pluriel de l'indicatif imparfait et du subjonctif présent. *(Que) nous lénifiions, (que) vous lénifiiez.*
Adoucir.

lénitif, ive adj. et n. m.
Adoucissant, en parlant d'un médicament.
☞ Ne pas confondre avec le mot *lénifiant* qui se dit de ce qui calme, qui apaise.

lent, lente adj.
• Qui n'est pas rapide. *La tortue est lente.*
• Qui n'est pas vif. *Un esprit lent.*

lentement adv.
Avec lenteur.

lenteur n. f.
Manque de rapidité, de vivacité. *Sa lenteur est agaçante.*

lentille n. f.
• Plante cultivée pour sa graine; la graine elle-même. *Un plat de lentilles.*
• Verre de contact. *Des lentilles cornéennes.*

léonin, ine adj.
Propre au lion. *Une crinière léonine.*
☞ léonin.

léopard n. m.
☞ Le *o* est ouvert [leɔpar].
Panthère tachetée d'Afrique. *Un manteau de faux léopard.*
☞ léopard.

lèpre n. f.
Maladie infectieuse et contagieuse.
☞ lèpre.

lépreux, euse adj. et n. m. et f.
Qui est atteint de la lèpre.
☞ lépreux.

léproserie n. f.
Hôpital où l'on soigne les lépreux.

lequel, laquelle adj., pron. rel. et pron. interr.

Ces mots sont composés du pronom interrogatif *quel* et de l'article défini. L'article défini employé avec les prépositions *de* ou *à* se contracte pour donner *du* et *au.* Voici les pronoms relatifs composés de *quel* :

SINGULIER
lequel, laquelle
duquel, de laquelle
auquel, à laquelle
PLURIEL
lesquels, lesquelles
desquels, desquelles
auxquels, auxquelles.
☞ Tous ces composés s'écrivent en un seul mot, à l'exception de *à laquelle, de laquelle.*

ADJECTIFS RELATIFS
L'emploi de l'adjectif relatif est de niveau littéraire. *Nous avions choisi une auberge à la campagne, laquelle auberge... L'objectif sera peut-être atteint, auquel cas nous pourrons passer à la phase suivante.*
V. Tableau - **RELATIF (ADJECTIF).**

PRONOMS RELATIFS
Emploi
- Après une préposition, au lieu de *qui* quand l'antécédent est un nom d'animal ou de chose. *La route vers laquelle nous allions.*
☞ Quand l'antécédent est un nom de personne, on emploie *qui.* La personne vers qui nous allions.*
- Comme sujet ou complément d'objet direct pour éviter une équivoque. *J'ai vu une copie de ce tableau, laquelle était parfaitement conforme.*
- Dans le style juridique ou administratif. *Ils ont interrogé deux personnes, lesquelles ont affirmé...*

PRONOMS INTERROGATIFS
Employé au sens de *quel est celui qui* ou *que, quelle est celle qui* ou *que?,* le pronom interrogatif marque un choix à arrêter entre deux ou plusieurs personnes, deux ou plusieurs choses.
• **Interrogation directe.** Le pronom peut être sujet, attribut ou complément. *Lequel vient jouer?* (sujet) *Laquelle êtes-vous?* (attribut) *Lesquels choisissez-vous?* (complément d'objet direct)
• **Interrogation indirecte.** Le pronom est employé au sens de *celui, celle qui* ou *que. Dites-moi lequel des deux vous préférez.*

les art. déf.
V. Tableau - **LE, LA, LES,** ARTICLES DÉFINIS.

les pron. pers.
V. Tableau - **LE, LA, LES,** PRONOMS PERSONNELS.

lesbien, ienne adj. et n. f.
• **Adjectif.** Relatif à l'homosexualité féminine.
• **Nom féminin.** Homosexuelle.

lèse- adj. f.
Cet élément s'emploie en composition avec certains mots féminins (*majesté, humanité, société*) pour indiquer une atteinte à la dignité, aux principes représentés par ces noms.

lèse-majesté n. f. inv. (pl. *lèse-majesté*)
Attentat contre l'autorité du souverain. *Ce sont des crimes de lèse-majesté.*

léser v. tr.

Le *é* se change en *è* devant une syllabe muette, sauf à l'indicatif futur et au conditionnel présent. *Je lèse,* mais *je léserai.*

Causer du tort, un préjudice à quelqu'un.

lésiner v. intr.

Épargner à l'excès. *On ne peut lésiner sur la documentation.*

lésion n. f.

• (Dr.) Préjudice.

• Atteinte d'un organe, d'un tissu. *Une lésion cutanée.*

lesquels, lesquelles

V. **lequel.**

lessivage n. m.

Action de lessiver. *Le lessivage des plafonds.*

lessive n. f.

• Détersif.

• Blanchissage du linge; linge lavé. *Un jour de lessive.*

lessiver v. tr.

• (Vx) Nettoyer du linge.

• Nettoyer à l'aide d'une solution détersive.

lessiveuse n. f.

Récipient servant à faire bouillir le linge.

☞ Pour un usage domestique, on emploie plutôt **machine à laver** (au Canada, *laveuse*).

lest n. m.

👄 Les lettres *st* se prononcent [lɛst].

Matière lourde destinée à assurer la stabilité d'un navire, d'un ballon, etc. *Jeter du lest.*

Hom. *leste,* se dit d'une personne, d'un animal agile.

leste adj.

• Agile. *Cet acrobate est leste et audacieux.*

• Grivois.

Hom. *lest,* matière lourde destinée à assurer la stabilité d'un navire, d'un ballon, etc.

lestement adv.

D'une manière leste.

lester v. tr.

• Charger de lest.

• (Fig. et fam.) Charger. *Lester ses bagages de livres.*

Ant. **délester.**

létal, ale, aux adj.

Qui cause la mort. *Une dose létale d'un médicament.*

léthargie n. f.

Sommeil profond.

⇨ lé**thar**gie.

léthargique adj.

Qui tient de la léthargie. *Un état léthargique.*

⇨ lé**thar**gique.

letton, onne ou **one** adj. et n. m. et f.

• **Adjectif et nom masculin et féminin.** De Lettonie. *Les forêts lettonnes, lettones. Un Letton, une Lettonne, Lettone.*

☞ L'adjectif s'écrit avec une minuscule; le nom, avec une majuscule.

• **Nom masculin.** Langue balte parlée en Lettonie. *Uldis parle le letton.*

☞ Le nom de la langue s'écrit avec une minuscule.

lettrage n. m.

Ensemble de lettres. *Le lettrage de cette affiche n'est pas très lisible.*

lettre n. f.

• Caractère de l'alphabet.

☞ Les lettres de l'alphabet étaient autrefois de genre féminin; elles sont aujourd'hui de genre masculin. *Un **a**, un **b**, des **e**, des **alpha** et des **oméga**.*

• **Locutions**

- *Lettre morte.* Chose dont on ne tient pas compte. *Ces recommandations resteront lettre morte.* Cette expression est invariable.

- *En toutes lettres.* Au long, sans chiffres. *Pour le faire-part, on écrit habituellement la date en toutes lettres : Le quatorze décembre mil neuf cent...*

- *À la lettre, au pied de la lettre.* Exactement.

• Écrit transmis à un destinataire. *Il reçoit plusieurs lettres par jour. Acheter du papier à lettres.*

☞ Le complément déterminatif se met au pluriel dans les expressions : *lettre d'affaires, de félicitations, de condoléances, de remerciements (gratitude).* Le complément déterminatif se met au singulier dans les expressions : *lettre de change, de convocation, de créance, d'introduction, de recommandation, de rappel, de démission.*

☞ Ne pas confondre avec les noms suivants :

- *billet,* lettre très concise;

- *circulaire,* lettre d'information adressée à plusieurs destinataires;

- *communiqué,* avis transmis au public;

- *courrier,* ensemble des lettres, des imprimés, etc. acheminé par la poste;

- *dépêche,* missive officielle, message transmis par voie rapide;

- *note,* brève communication écrite, de nature administrative.

V. Tableau - **LETTRE TYPE.**

• Connaissances littéraires. *Faculté des lettres. Licence ès lettres. Les belles-lettres.*

lettre capitulaire n. f.

Lettre ornée au début d'un chapitre.

Syn. **lettrine.**

lettré, ée adj. et n. m. et f.

Qui connaît à fond surtout le domaine des lettres. *C'est un fin lettré.*

☞ En général, on parlera d'un *érudit* et dans le domaine scientifique particulièrement, d'un *savant*.

lettrine n. f.

Lettre ornée au début d'un chapitre.

Syn. **lettre capitulaire.**

leu n. m.

• *À la queue leu leu,* locution adverbiale. À la file.

☞ En ce sens, le nom ne s'emploie que dans l'expression citée.

LETTRE TYPE

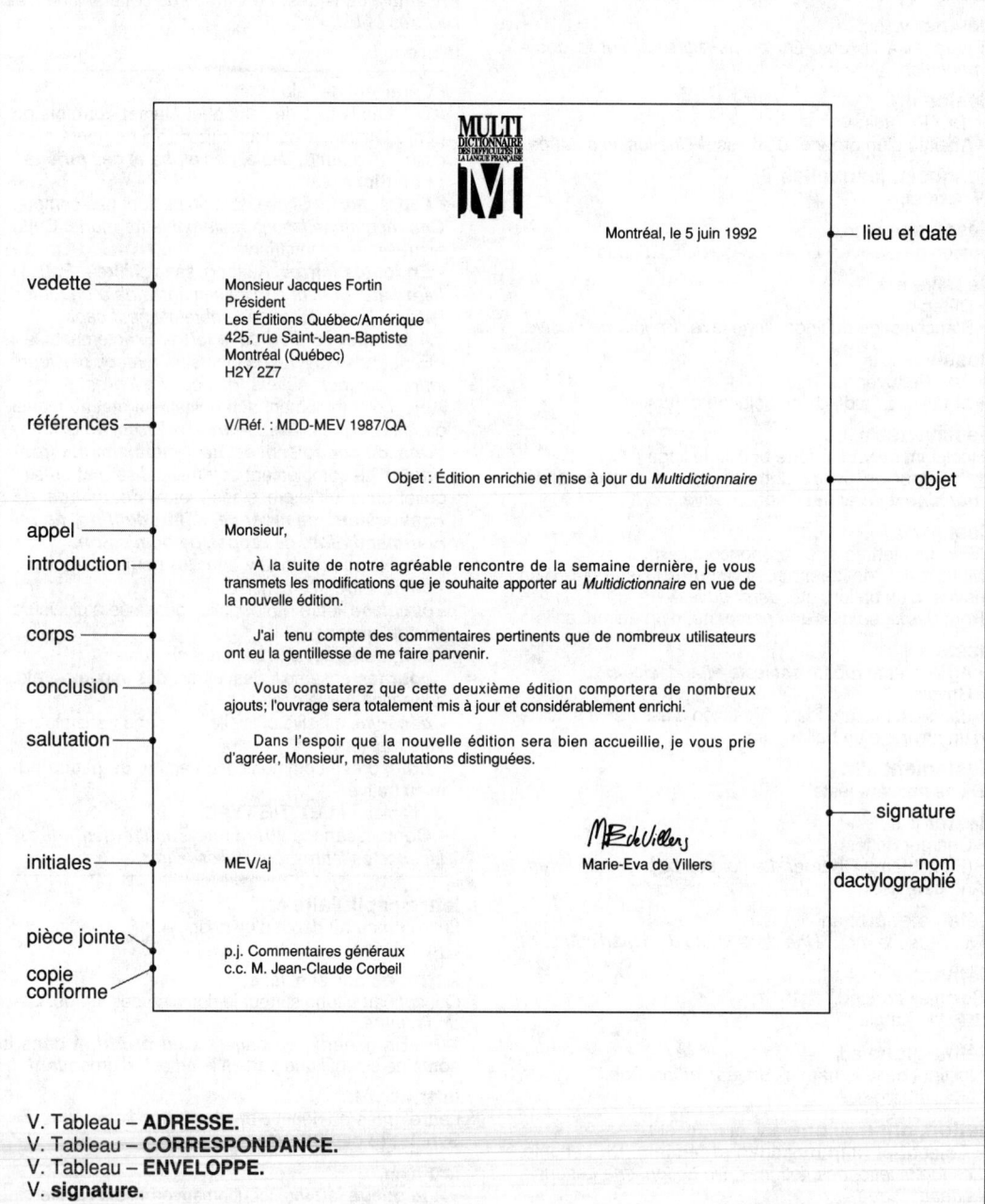

Montréal, le 5 juin 1992 — **lieu et date**

vedette —

Monsieur Jacques Fortin
Président
Les Éditions Québec/Amérique
425, rue Saint-Jean-Baptiste
Montréal (Québec)
H2Y 2Z7

références —

V/Réf. : MDD-MEV 1987/QA

Objet : Édition enrichie et mise à jour du *Multidictionnaire* — **objet**

appel —

Monsieur,

introduction —

À la suite de notre agréable rencontre de la semaine dernière, je vous transmets les modifications que je souhaite apporter au *Multidictionnaire* en vue de la nouvelle édition.

corps —

J'ai tenu compte des commentaires pertinents que de nombreux utilisateurs ont eu la gentillesse de me faire parvenir.

conclusion —

Vous constaterez que cette deuxième édition comportera de nombreux ajouts; l'ouvrage sera totalement mis à jour et considérablement enrichi.

salutation —

Dans l'espoir que la nouvelle édition sera bien accueillie, je vous prie d'agréer, Monsieur, mes salutations distinguées.

— **signature**

initiales —

MEV/aj

Marie-Eva de Villers

— **nom dactylographié**

pièce jointe —
copie conforme —

p.j. Commentaires généraux
c.c. M. Jean-Claude Corbeil

V. Tableau – **ADRESSE.**
V. Tableau – **CORRESPONDANCE.**
V. Tableau – **ENVELOPPE.**
V. **signature.**

☞— Cette expression est une altération de «à la queue le loup».
• Unité monétaire de la Roumanie.
V. Tableau - **SYMBOLES DES UNITÉS MONÉTAIRES.**

leuc(o)- préf.
Élément du grec signifiant «blanc». *Leucocyte.*

leucémie n. f.
Maladie du sang.

leucémique adj. et n. m. et f.
Qui est atteint de leucémie.

leucocyte n. m.
(Méd.) Globule blanc du sang.
☞ leucocyte.

leur adj. poss. m. et f.

• Cet adjectif possessif de la troisième personne s'emploie quand il y a plusieurs possesseurs. *Ils adorent leur fille, leurs fils, leur maison, leur chien.*
☞— L'adjectif possessif détermine des personnes, des êtres animés ou des choses.
• **Nombre du possessif.** L'adjectif possessif et le nom qu'il détermine s'écrivent au singulier ou au pluriel, selon le contexte. *Ils ont mangé leur pomme* (plusieurs possesseurs ont chacun un objet). *Elles ont dévoré leurs fruits* (plusieurs possesseurs ont chacun plusieurs objets).
V. Tableau - **POSSESSIF (ADJECTIF).**

leur pron. pers. m. et f. pl.

• Ce pronom personnel de la troisième personne du pluriel a le sens de *à eux, à elles.*
• **Complément indirect.** *Je leur donne raison. Elle leur (*et non *leurs) a dit.*
☞— Le pronom ne prend pas la marque du pluriel.
☞— Le pronom se place devant le verbe, sauf à l'impératif où il suit le verbe auquel il est joint par un trait d'union. *Offre-leur des billets.*
• Précédé des articles *le, la, les.* Cette façon de procéder est bien la leur.
• **Les leurs.** Leurs proches.
Hom. *leurre,* objet trompeur.
V. Tableau - **PRONOM.**

leurre n. m.
Appât factice, objet trompeur. *Ces annonces sont des leurres grotesques.*
Hom. *leur,* adjectif possessif et pronom personnel.
☞ leurre.

leurrer v. tr., pronom.
• **Transitif.** Abuser par de faux espoirs, tromper.
• **Pronominal.** S'illusionner. *Elle s'est leurrée sur ses intentions.*
☞ leurrer.

lev n. m.
Unité monétaire de la Bulgarie. *Des leva.*

V. Tableau - **SYMBOLES DES UNITÉS MONÉTAIRES.**

levage n. m.
Action de soulever. *Des engins de levage.*

levain n. m.
Produit qui fait lever le pain.
☞ levain.

levant, ante adj. et n. m.
• **Adjectif**
- Qui se lève, en parlant du soleil.
• **Nom masculin**
- Lieu de l'horizon où le soleil se lève, l'est.
- Les pays de la partie orientale de la Méditerranée.
☞— En ce sens, le nom s'écrit avec une majuscule. *Les pays du Levant.*

levantin, ine adj.
Des pays du Levant.

levée n. f.
• Action d'élever. *Une levée de boucliers.*
• Action de recueillir quelque chose. *La levée du courrier.*
• Action de mettre fin. *La levée de séance.*
• (Dr.) Action de supprimer. *La levée des scellés.*
Hom. *lever,* action de se lever, de lever.

*****levée de fonds**
Calque de «fund-raising» au sens de *souscription, campagne de financement, collecte de fonds.*

lever v. tr., intr., pronom.
Le *e* se change en *è* devant une syllabe muette. *Il lève, il levait.*
• **Transitif**
Faire mouvoir de bas en haut. *Élisa lève la main.*
• **Intransitif**
Commencer à sortir de terre, en parlant d'une plante. *Le blé commence à lever.*
• **Pronominal**
- Se mettre debout. *Levez-vous, je vous prie.*
- Sortir du lit. *Il se lève à 7 heures.*
• **Locutions**
- *À main(s) levée(s).* En levant la main. *Voter à main levée.*
- *Au pied levé.* À l'improviste.
- *Lever l'ancre.* (Fig.) S'en aller.
- *Lever la séance.* Déclarer que la séance est terminée.
- *Lever le camp.* (Fig.) Fuir.
- *Lever les doutes.* Dissiper les soupçons.
- *Lever une difficulté.* La faire cesser.
☞— Ne pas confondre avec les verbes suivants :
- *élever,* placer à un niveau supérieur;
- *soulever,* lever lentement à faible hauteur;
- *surélever,* accroître la hauteur de quelque chose.

lever n. m.
• Action de se lever. *Le lever du soleil. Au lever et au coucher, prendre un comprimé.*
• Action de hausser. *Le lever du rideau.*
Hom. *levée,* action de recueillir quelque chose.

levier n. m.
• Tige pouvant tourner sur un point d'appui pour soulever des fardeaux. *Archimède prétendait pouvoir*

soulever le monde avec un levier pourvu qu'on lui fournît un point d'appui.
- **Levier de commande.** Manette de direction. *Des leviers de commande.*
- **Effet de levier.** (Fin.) Effet d'accroissement exercé par l'endettement sur les bénéfices d'une entreprise, d'un particulier.
☞ Pour qu'il y ait un *effet de levier,* la rentabilité de l'exploitation doit être supérieure aux coûts des capitaux d'emprunt qui la financent.

lévitation n. f.
Soulèvement d'une personne produit par l'influence d'un médium.

levraut n. m.
Petit du lièvre.
☞ levraut.

lèvre n. f.
Partie de la bouche. *Rouge à lèvres.*

levrette n. f.
Femelle du lévrier.

levretter v. intr.
Mettre bas, en parlant de la hase (femelle du lièvre).

lévrier n. m.
Chien de chasse, d'allure très rapide dont la femelle est la levrette.

lexème n. m.
(Ling.) Morphème lexical.

lexical, ale, aux adj.
(Ling.) Relatif aux mots d'une langue. *L'orthographe lexicale.*

lexicalisation n. f.
(Ling.) Le fait de devenir une unité lexicale, un mot, une expression autonome. *La lexicalisation de l'expression* **petit déjeuner** *est attestée dans les dictionnaires.*

lexicalisé, ée adj.
(Ling.) Se dit d'une expression fonctionnant comme un mot autonome. *Le groupe* **pomme de terre** *est lexicalisé.*

lexicographe n. m. et f.
- (Ling.) Spécialiste de lexicographie.
- Auteur de dictionnaires.

lexicographie n. f.
(Ling.) Étude des mots d'une langue en vue de l'élaboration de dictionnaires.
☞ La *lexicographie* étudie les unités lexicales d'une langue : la *terminologie* recense le vocabulaire technique d'une science, d'un art.

lexicographique adj.
(Ling.) Relatif à la lexicographie. *Une étude lexicographique.*

lexicologie n. f.
(Ling.) Partie de la linguistique qui étudie le vocabulaire dans son fonctionnement et dans ses rapports avec la société.

lexicologique adj.
(Ling.) Relatif à la lexicologie.

lexicologue n. m. et f.
(Ling.) Spécialiste de la lexicologie.

lexique n. m.
- Ensemble des mots d'une langue.
- Ouvrage qui recense les termes d'une science, d'une technique et qui donne souvent l'équivalent dans une autre langue.
☞ Ne pas confondre avec les noms suivants :
- *dictionnaire,* recueil des mots d'une langue et des informations s'y rapportant présentés selon un certain ordre (alphabétique, thématique, systématique, etc.);
- *glossaire,* petit répertoire érudit d'un auteur, d'un domaine;
- *vocabulaire,* ouvrage qui comprend les mots d'une spécialité avec leurs définitions.

lézard n. m.
Petit reptile. *Un lézard femelle.*
☞ Ne pas confondre avec le nom *lézarde,* fissure.
☞ lézard.

lézarde n. f.
Fissure dans un ouvrage de maçonnerie.
☞ Ne pas confondre avec le nom *lézard,* petit reptile.

lézarder v. tr., pronom.
- **Transitif.** Crevasser. *L'explosion a lézardé le mur.*
- **Pronominal.** Se fendre, en parlant d'un mur.

liaison n. f.
- Association, enchaînement.
V. Tableau - **LIAISON.**
- Intrigue amoureuse.
- Communication. *Nous sommes en liaison étroite. Une liaison aérienne.*

liane n. f.
Plante grimpante. *Dans la jungle, les singes se pendent aux lianes.*

liard n. m.
- Ancienne monnaie qui valait très peu.
- **N'avoir pas un liard.** Être démuni d'argent.
☞ liard.

liasse n. f.
Documents liés ensemble. *Une liasse de billets.*

libanais, aise adj. et n. m. et f.
Du Liban. *La cuisine libanaise. Un Libanais, une Libanaise.*
☞ L'adjectif s'écrit avec une minuscule; le nom, avec une majuscule.

libation n. f.
Action de boire abondamment.
☞ libation.

libelle n. m.
Écrit diffamatoire.
☞ Attention au genre masculin de ce nom : *un* libelle.

libeller v. tr.
- Rédiger selon la forme prescrite un acte, une demande.
- *Libeller un chèque.* Inscrire le nom de la personne à l'ordre de qui le chèque est fait.

libellule n. f.
Insecte à quatre ailes transparentes qui vit au bord de l'eau.
▭▷ libellule.

libéral, ale, aux adj. et n. m. et f.
• **Adjectif**
- Favorable aux libertés individuelles.
- Tolérant. *Des principes libéraux.*
- ***Professions libérales.*** Professions de caractère intellectuel que l'on exerce de façon indépendante, généralement sous le contrôle d'une corporation professionnelle. *Les avocats, les médecins, les architectes, les ingénieurs, etc., exercent des professions libérales.*
• **Nom**
Personne qui professe des idées libérales.

libéralement adv.
De façon libérale, généreusement.

libéralisation n. f.
Action de libéraliser. *La libéralisation des échanges entre deux pays.*
▭◁— Ne pas confondre avec le nom ***libération,*** action de rendre libre.

libéraliser v. tr.
Rendre plus libre, en particulier en limitant le rôle de l'État. *Il est question de libéraliser les heures d'ouverture des magasins.*

*libéraliser
Impropriété au sens de ***légaliser.***

libéralisme n. m.
Doctrine économique prônant la libre entreprise.

LIAISON

La liaison est l'action de prononcer la consonne finale d'un mot placé devant un mot commençant par une voyelle ou un *h* muet.

• **La liaison se fait TOUJOURS**	Entre l'article et le nom. *Les* (z) *amis.*
	Entre l'adjectif et le nom. *Les bons* (z) *amis.*
	Entre le pronom et le verbe. *Nous* (z) *aimons. Je vous* (z) *aime.*
	Entre le verbe et le nom ou l'adjectif attribut. *Ils sont* (t) *appréciés.*
	Entre la préposition et le mot qui la suit. *Dès* (z) *aujourd'hui.*
	Entre l'adverbe et le mot qui le suit. *Ils sont plus* (z) *aimables.*
	Dans la plupart des locutions, des mots composés. *Petit* (t) *à petit.*
• **La liaison se fait PARFOIS**	Entre le nom et le complément. *Les professeurs* (z) *en voyage.*
	Entre le nom et l'adjectif. *Les fillettes* (z) *adorables.*
	Entre le nom qui est sujet et le verbe. *Les fillettes* (z) *ont joué.*
	Entre le verbe et son complément. *Ils allèrent* (t) *au bois.*
• **La liaison ne se fait JAMAIS**	Devant un nom commençant par un *h* aspiré. *Les / handicapés.* V. Tableau – **H ASPIRÉ ET H MUET.**
	Après un mot se terminant par une consonne muette. *Le puits / et le seau.*
	Après un signe de ponctuation. *Voici des fruits, / une assiette.*
	Devant un adjectif numéral : ***un, onze, onzième, huit, huitième.*** *Vous avez / onze ans.*
	Devant les mots étrangers commençant par *y.* *Des / yaourts.*
En liaison :	Les lettres *s* et *x* se prononcent *z.* *Les* (z) *iris. Dix* (z) *oranges.*
	La lettre *d* se prononce *t.* *Un grand* (t) *homme.*
	La lettre *g* se prononce *g* dans la langue courante. *Un long* (g) *hiver.* La lettre *g* se prononce *k* dans certains emplois figés. *Suer sang* (k) *et eau. Qu'un sang* (k) *impur.* (La Marseillaise)
	La lettre *f* se prononce *v.* *Du vif* (v) *argent.*

libéralité n. f.
(Litt.) Générosité, largesse.

libérateur, trice adj. et n. m. et f.
Personne qui délivre quelqu'un, quelque chose d'une oppression, d'une servitude.

libération n. f.
Action de rendre libre. *La libération des otages, une libération conditionnelle.*
🖝 Ne pas confondre avec le nom *libéralisation,* action de libéraliser

libérer v. tr., pronom.
Le *é* se change en *è* devant un *e* muet, sauf à l'indicatif futur et au conditionnel présent. *Je libère, mais je libérerai.*
• **Transitif**
- Remettre en liberté (un prisonnier). *Libérer un détenu.*
- Décharger d'une obligation. *Libérer quelqu'un d'une dette.*
• **Pronominal**
(Absol.) Se rendre libre. *Je n'ai pu me libérer hier, mais je viendrai ce soir.*

liberté n. f.
• Indépendance, pouvoir d'agir. *Liberté d'action, d'esprit, de pensée, de la presse, de réunion, du culte.*
• *En liberté, en toute liberté, en pleine liberté.* Librement.

libertin, ine adj. et n. m. et f.
Dévergondé. *L'Ingénue libertine.* (Colette)

libertinage n. m.
Dévergondage.

libidineux, euse adj. et n. m. et f.
(Litt. ou plaisant.) Vicieux.

libido n. f.
Instinct sexuel. *Des libidos.*

libitum (ad)
V. **ad libitum.**

libraire n. m. et f.
Personne dont la profession est de vendre des livres.

librairie n. f.
• Commerce de livres.
• Magasin où l'on vend des livres.
🖝 Ne pas confondre avec les noms suivants :
- *bibliothèque,* édifice où sont conservées des collections de livres offertes à la consultation des abonnés;
- *papeterie,* établissement où l'on vend des fournitures de bureau.
• Maison d'édition qui assure la vente directe d'une partie de sa production. *La Librairie Larousse.*

libre adj.
Qui a la faculté d'agir ou de ne pas agir.

libre arbitre n. m.
Faculté qu'a la volonté de choisir.
➪ **libre arbitre,** sans trait d'union.

libre-échange n. m.
(Écon.) Régime économique dans lequel les échanges commerciaux entre les pays sont exempts d'obstacles tarifaires. *Le Canada et les États-Unis pratiquent le libre-échange.*
➪ libre-échange.

libre-échangiste adj. et n. m. et f.
(Écon.) Partisan du libre-échange. *Des thèses libre-échangistes.*
🖝 Le premier élément de ce mot composé est invariable.
Ant. **protectionniste.**

librement adv.
En toute liberté.

libre pensée ou **libre-pensée** n. f.
État d'esprit du libre penseur.

libre penseur ou **libre-penseur, euse** adj. et n. m. et f. (pl. *libres penseurs, libres-penseurs*)
Personne hostile à tout dogmatisme.

libre-service n. m. (pl. *libres-services*)
Établissement commercial (magasin, poste d'essence, etc.) où le client se sert lui-même. *Des libres-services ouverts jour et nuit* (et non des *self-service).

libyen, libyenne adj. et n. m. et f.
De la Libye. *Le drapeau libyen. Un Libyen, une Libyenne.*
🖝 L'adjectif s'écrit avec une minuscule; le nom, avec une majuscule.

lice
V. **lisse.**

lice n. f.
• (Ancienn.) Palissade entourant un château fort.
• (Par ext.) Lieu clos où se déroulaient les tournois.
• *Être, entrer en lice.* S'engager dans une compétition. *Ces auteurs sont en lice* (et non en *liste) pour un prix littéraire.*
🖝 Le nom ne s'emploie plus que dans ces expressions.
Hom. *lis* ou *lys,* fleur.
➪ lice.

licence n. f.
• Autorisation officielle. *Une licence d'exportation.*
• Grade universitaire. *Une licence ès lettres, une licence en droit.*
V. Tableau - **GRADES ET DIPLÔMES UNIVERSITAIRES.**
• (Vx) Débauche.
➪ licence.

*licence
• Anglicisme au sens de *permis* (de conduire).
• Anglicisme au sens de *plaque* (d'immatriculation).

*licence complète
Calque de l'anglais «fully licensed» pour *vin, bière et spiritueux.*

Licence en droit
Abréviation **LL.L.** (s'écrit avec des points).

licencié, ée adj. et n. m. et f.
Titulaire d'une licence. *Il est licencié en philosophie.*
➪ licencié.

licenciement n. m.
Rupture ou suspension du contrat de travail d'un salarié par l'employeur pour des raisons économiques ou disciplinaires.
⇨ licenciement.

licencier v. tr.
Redoublement du *i* à la première et à la deuxième personne du pluriel de l'indicatif imparfait et du subjonctif présent. *(Que) nous licenciions, (que) vous licenciiez.*
Priver d'emploi un travailleur de façon temporaire ou permanente. *La direction a licencié 50 travailleurs pour quelques semaines.*
⇨ licencier.

licencieux, euse adj.
Contraire à la décence.
⇨ licencieux.

lichen n. m.
⇨ Les lettres *ch* se prononcent *k* et le *n* est sonore [likɛn].
Plante croissant sur les pierres. *Des lichens.*
⇨ lichen.

lichette n. f.
(Fam.) Petite quantité d'un aliment. *Une lichette de tire d'érable.*

licite adj.
Permis.
Ant. **illicite.**
⇨ licite.

licol ou **licou** n. m.
Pièce de harnais. *Des licols, des licous.*

licorne n. f.
Sorte de cheval fabuleux à longue corne unique au milieu du front. *Il ne manquait personne, pas même la jolie licorne.* (Chanson)

licou
V. **licol.**

lie n. f.
Résidu d'un liquide. *La lie du vin.*
Hom. *lit,* meuble sur lequel on se couche.

lied n. m. (pl. *lieder* ou *lieds*)
⇨ Les lettres *ie* se prononcent *i* [lid].
• Ballade germanique. *Des lieds, des lieder.*
• Mélodie vocale. *Des lieder de Schubert.*
⇨ Le pluriel allemand est *lieder.* Au sens de *ballade,* le pluriel est *lieds* ou *lieder;* dans la langue des musiciens, le pluriel est *lieder.*

lie-de-vin ou **lie de vin** adj. inv. et n. f.
• **Nom féminin.** Dépôt laissé par le vin dans un tonneau.
• **Adjectif de couleur invariable.** De couleur rouge violacé. *Des bonnets lie-de-vin, lie de vin.*
V. Tableau - **COULEUR (ADJECTIFS DE).**

liège n. m.
Matière spongieuse, très légère dont on fait des bouchons, des flotteurs, etc.

lien n. m.
• Tout ce qui sert à attacher. *Un lien de cuir.*
• (Fig.) Tout ce qui unit. *Des liens amicaux.*

lier v. tr., pronom.
Redoublement du *i* à la première et à la deuxième personne du pluriel de l'indicatif imparfait et du subjonctif présent. *(Que) nous liions, (que) vous liiez.*
• **Transitif**
- Attacher avec un lien quelqu'un, quelque chose. *Les jardiniers lient des gerbes de fleurs.*
⇨ Ne pas confondre avec le verbe *ligoter,* attacher solidement une personne pour la priver de l'usage de ses bras, de ses jambes.
- Unir. *Cette épreuve les a liés.*
• **Locutions**
- *Fou à lier.* (Fam.) Complètement fou.
- *Avoir les mains liées.* (Fig.) Être réduit à l'impuissance.
- *Lier conversation.* Engager un dialogue.
⇨ Dans cette locution verbale, le nom demeure invariable.
• **Pronominal**
S'attacher à quelqu'un. *Ils se sont rapidement liés d'amitié.*

lierre n. m.
Plante grimpante.
⇨ lierre.

liesse n. f.
En liesse. (Litt.) En joie, en parlant de la foule.
⇨ liesse.

lieu n. m. (pl. *lieux*)

• Portion définie de l'espace. *Des lieux publics.*
⇨ Le mot *lieu* est plus général et plus abstrait que le mot *endroit.* Dans la langue actuelle, il s'emploie surtout dans de nombreuses locutions figées.
• **Locutions**
- *En tous lieux.* Partout.
- *Haut lieu.* (Fig.) Lieu mémorable.
- *Lieu public.* Lieu auquel le public peut accéder (parc, rue, magasin, restaurant, etc.).
- *Lieu saint.* Église, temple, sanctuaire.
- *Mettre en lieu sûr.* Ranger à l'abri du danger.
• Endroit déterminé. *Faire l'état des lieux.*
• **Locutions**
- *Sur les lieux.* Sur place.
- *Vider les lieux.* Quitter un endroit.
• Place déterminée dans un ensemble, une succession.
⇨ Pris en ce sens, le nom *lieu* est au singulier dans de nombreuses expressions.
• **Locutions**
- *Au lieu de,* locution prépositive. À la place de.
⇨ Dans la langue juridique, on emploie les expressions *au lieu et place, en lieu et place* dont les mots sont tous au singulier.
- *Au lieu que* + subjonctif. Cette locution conjonctive signifie que l'action exprimée par le subjonctif

n'a pas été accomplie, mais qu'elle a été remplacée par l'action exprimée par le verbe de la principale. *Au lieu que le remède produise un effet bénéfique, il a été nocif.*

- *Au lieu que +* indicatif ou conditionnel. Cette locution conjonctive d'emploi littéraire met en opposition deux actions différentes. Dans la langue courante, on emploie plutôt *alors que, tandis que. Ce médicament augmente la douleur au lieu qu'il la réduit.*

- *Avoir lieu.* Se produire. *En 1976, les Jeux olympiques ont eu lieu à Montréal.*

- *Donner lieu.* Être cause de. *Les commentaires donneront lieu à de nombreux ajouts.*

- *En haut lieu.* Auprès des autorités. *Attention, il se plaindra en haut lieu.*

- *En premier lieu, en dernier lieu.* D'abord, enfin.

- *En temps et lieu.* Au moment et à l'endroit convenables.

- *Lieu commun.* Banalité. *Des lieux communs.*

- *S'il y a lieu.* Si l'occasion se présente, le cas échéant.

- *Tenir lieu.* Remplacer. *Cette loupe et les rayons du soleil tiendront lieu d'allumette.*

Hom. *lieue,* ancienne mesure de distance.

---

lieu-dit n. m. (pl. *lieux-dits*)
Lieu de faible étendue ayant reçu spontanément un nom inspiré de la géographie, de l'histoire ou du folklore.

lieue n. f.
• (Ancienn.) Mesure de distance. *Des bottes de sept lieues.*
• *Être à cent, à mille lieues de.* Être très loin de. *Nous étions à mille lieues d'imaginer cela.*
Hom. *lieu,* portion définie de l'espace.
⮑ lieue.

lieutenant n. m.
lieutenante n. f.
Officier militaire.

lieutenant-colonel n. m. (pl. *lieutenants-colonels*)
Officier militaire.

lièvre n. m.
• Genre de rongeurs à longues oreilles qui s'apparente au lapin.
⊷ La femelle du lièvre est la *hase.*
• *Courir comme un lièvre.* Courir très vite.
• *Lever un lièvre.* Aborder une question gênante.

*lifting
Anglicisme au sens de *remodelage, lissage* (chirurgie plastique).

*lifeguard
Anglicisme pour *maître nageur, surveillant de piscine, de plage.*

*lift truck
Anglicisme au sens de *chariot élévateur.*

ligament n. m.
Ensemble de fibres qui unit les os entre eux ou maintient en place des organes.

ligature n. f.
Opération consistant à serrer avec un lien un conduit, un vaisseau, etc. *Une ligature des trompes.*

ligaturer v. tr.
Serrer avec une ligature.

lige adj.
Homme lige. Personne très dévouée à une autre, à une cause. *Des hommes liges.*

lignage n. m.
• (Vx) Ascendance.
• (Imprim.) Nombre de lignes d'un texte.

ligne n. f.
• Trait. *Tracer des lignes.*
• Direction continue dans un sens déterminé. *Marcher en ligne droite.*
- *En première ligne.* Au premier rang.
- *Hors ligne.* Exceptionnel.
- *Ligne de conduite.* Principes moraux.
• Suite de caractères disposés de façon continue. *Il y a 15 lignes de texte.*
- *Faire entrer en ligne de compte.* Tenir compte.
- *Lire entre les lignes.* Comprendre à demi-mot.
• Trajet du service de transport en commun. *Des lignes d'autobus.*
• Système de câbles assurant le transport d'énergie électrique, les communications téléphoniques. *Une ligne électrique.*
- *Être en ligne.* Être en liaison téléphonique.

*ligne
Anglicisme au sens de *domaine* (d'emploi). *Dans quel domaine (et non dans quelle *ligne) êtes-vous?*

*ligne (être sur la)
Calque de l'anglais «to be on the line» au sens de *utiliser une ligne téléphonique, la ligne est occupée, le poste est occupé.*

*ligne (ouvrir la)
Calque de l'anglais «to open the line» pour *décrocher* (le récepteur du téléphone).

*ligne (fermer la)
Calque de l'anglais «to close the line» pour *raccrocher* (le récepteur du téléphone).

*ligne d'assemblage
Calque de l'anglais «assembly line» au sens de *chaîne de montage.*

*ligne de piquetage
Anglicisme pour *piquet de grève.*

lignée n. f.
• Descendance. *Une longue lignée.*
• Filiation spirituelle. *Une lignée de musiciens.*
⮑ lignée.

*ligne ouverte
Calque de l'anglais «open line» au sens de *tribune téléphonique.*

ligner v. tr.
Marquer de lignes, rayer. *Des feuilles lignées.*

*lignes
Anglicisme au sens de *frontière.*

lignite n. m.
Roche charbonneuse.
☞ Attention au genre masculin de ce nom : *un* lignite.

ligoter v. tr.
Attacher solidement une personne pour la priver de l'usage de ses bras, de ses jambes.
☞ Ne pas confondre avec le verbe *lier,* attacher avec un lien quelqu'un, quelque chose.
⇨ ligoter.

ligue n. f.
Association. *Une ligue de hockey.*

liguer v. tr., pronom.
Ce verbe s'écrit toujours avec un *u,* même devant les lettres *a* et *o. Il ligua, nous liguons.*
• **Transitif.** Former une coalition. *Ils ont ligué les étudiants contre la direction.*
• **Pronominal.** S'unir, s'allier contre quelqu'un, quelque chose. *Elles se sont liguées contre cette décision.*
☞ À la forme transitive ou pronominale, le verbe se construit avec la préposition *contre.*

lilas adj. et n. m.
• **Nom masculin.** Arbuste produisant au printemps de belles grappes de fleurs violettes, mauves ou blanches. *Cueillir des lilas, du lilas.*
• **Adjectif de couleur invariable.** De la couleur violet pâle du lilas. *Des écharpes lilas.*
V. Tableau - **COULEUR (ADJECTIFS DE).**
⇨ lilas.

lilial, ale, aux adj.
Qui a la blancheur du lis.

lilliputien, ienne adj. et n. m. et f.
Minuscule. *Un personnage lilliputien.*
⇨ lilliputien.

limace n. f.
Mollusque sans coquille.

limaçon n. m.
(Vx) Escargot.
⇨ limaçon.

limaille n. f.
Parcelles de métal. *De la limaille de fer.*

limande n. f.
Poisson de mer ovale et plat.
⇨ limande.

limbes n. m. pl.
• Séjour des âmes des justes avant la venue du Christ, des enfants morts sans baptême.
• (Fig.) Endroit mal défini.
☞ Attention au genre masculin de ce nom.
☞ Ne pas confondre avec le nom *nimbe,* auréole.

lime n. f.
Outil abrasif. *Une lime à ongles.*

lime ou **limette** n. f.
Petit citron de couleur verte.

limer v. tr.
Polir avec une lime. *Elle se lime les ongles.*

limette n. f.
Fruit du limettier.
⇨ limette.

limettier n. m.
Variété de citronnier.
⇨ limettier.

limier n. m.
• Gros chien de chasse.
• Policier chargé de rechercher les malfaiteurs. *Un fin limier.*
⇨ limier.

liminaire adj.
Se dit d'un texte placé au début d'un livre. *Une note liminaire.*
☞ Ne pas confondre avec le mot *préliminaire,* qui précède la matière principale.
V. **note liminaire.**

limitatif, ive adj.
Qui limite.

limitation n. f.
Action de limiter. *La limitation de la vitesse est une mesure qui s'impose. La limitation des naissances* (et non le **contrôle).*

limite n. f.
• Fin, borne. *Les limites d'un terrain. Une limite d'âge.*
• (En appos.) *Zone limite, cas limite, vitesse limite.* Des zones limites, des cas limites, des vitesses limites.
☞ En apposition, le nom *limite* prend la marque du pluriel et n'est pas joint à l'autre nom par un trait d'union.
• *À la limite.* Dans un cas extrême.
• *Sans limites.* Sans bornes, illimité. *Une ambition sans limites.*

limiter v. tr., pronom.
• **Transitif.** Donner des limites à. *Il faut limiter les dégâts.*
• **Pronominal.** S'imposer des limites, se restreindre. *Ils se sont limités à demander congé.*

limitrophe adj.
• Frontalier.
• Qui est voisin, en parlant d'un pays, d'une région. *Le Canada est limitrophe des États-Unis.*

limogeage n. m.
Action de limoger.
⇨ limogeage.

limoger v. tr.
Le *g* est suivi d'un *e* devant les lettres *a* et *o. Il limogea, nous limogeons.*
Destituer, rétrograder (une personne haut placée). *Le secrétaire général a été limogé.*

limon n. m.
Dépôt accumulé sur les bords d'un fleuve.

limonade n. f.
Au Canada, boisson composée de jus de citron et d'eau sucrée.
☞ Dans la francophonie, la *limonade* est une boisson gazeuse au goût de citron. La boisson composée de jus de citron est une *citronnade.*
⇨ limonade.

limoneux, euse adj.
Couvert de limon.

limousine n. f.
Voiture spacieuse possédant quatre portes et six glaces latérales.

limpide adj.
Clair, pur. *Une eau limpide.*

limpidité n. f.
Qualité de ce qui est limpide. *La limpidité d'un cristal.*

lin n. m.
• Plante cultivée pour ses fibres textiles.
• Toile faite de fibres de lin.

linceul n. m.
⇔ La deuxième syllabe se prononce **seul** (et non *seuil) [lɛ̃sœl].
(Litt.) Grand morceau de toile dans lequel on ensevelit un mort. *Des linceuls.*
⇨ lin**ceul.**

linéaire adj.
• Relatif aux lignes. *Une perspective linéaire.*
• Qui évoque une ligne droite. *Un récit linéaire.*

linge n. m.
• Chiffon, pièce de tissu. *Essuyer avec un linge humide. Une corde à linge.*
• **Linge de corps.** Sous-vêtements.
• **Linge de maison.** Ensemble des articles textiles utilisés pour la cuisine, la table, la toilette, le lit.

*linge
Au sens de *vêtements,* ce nom est vieilli.

lingerie n. f.
• Commerce des sous-vêtements féminins.
• Linge de corps. *De la belle lingerie.*
• Lieu où l'on range le linge. *Les serviettes et les draps sont dans la lingerie.*

lingot n. m.
Morceau de métal fondu. *Des lingots d'or.*
⇨ lingo**t.**

lingual, ale, aux adj.
⇔ Le *u* se prononce *ou* ou *u,* [lɛ̃gwal] ou [lɛ̃gɥal].
Relatif à la langue. *Des muscles linguaux.*

linguiste n. m. et f.
⇔ Le *u* se prononce *u* (et non *ou) [lɛ̃gɥist].
Spécialiste de la linguistique.

linguistique adj. et n. f.
⇔ Le *u* se prononce *u* (et non *ou) [lɛ̃gɥistik].
• **Adjectif**
- Propre à la langue, du point de vue de la langue. *Une communauté linguistique.*
- Relatif à l'étude du langage.
• **Nom féminin**
Étude scientifique du langage humain.

liniment n. m.
Onguent.

linoléum ou **lino** n. m.
Revêtement de sol. *Des linoléums résistants, des linos résistants.*

linon n. m.
Tissu fin et transparent.

linotte n. f.
Tête de linotte. Personne écervelée. *Des têtes de linotte.*
⇨ lino**tte.**

linteau n. m. (pl. *linteaux*)
(Archit.) Pièce horizontale qui ferme la partie supérieure d'une ouverture.

lion, lionne n. m. et f.
• Grand quadrupède carnivore au pelage fauve.
• **La part du lion.** Se dit d'un partage où le plus fort obtient la plus grande partie.
• Nom d'une constellation, d'un signe du zodiaque.
☞ Les noms d'astres s'écrivent avec une majuscule. *Elle est (du signe du) Lion, elle est née entre le 23 juillet et le 22 août.*
V. **astre.**

lionceau n. m. (pl. *lionceaux*)
Petit du lion et de la lionne.

lip(o)- préf.
Élément du grec signifiant «graisse». *Lipide.*

lipide n. m.
Corps gras d'origine animale ou végétale.
☞ Attention au genre masculin de ce nom : **un** lipide.

lippe n. f.
Lèvre pendante.
⇨ li**ppe.**

lippu, ue adj.
Qui a de grosses lèvres.
⇨ li**ppu.**

liquéfaction n. f.
Passage d'un fluide de l'état gazeux à l'état liquide.
☞ Ne pas confondre avec les noms suivants :
- **condensation,** passage d'une vapeur à l'état liquide;
- **fusion,** passage d'un solide à l'état liquide.

liquéfiable adj.
Qui peut être liquéfié.

liquéfier v. tr., pronom.
Redoublement du *i* à la première et à la deuxième personne du pluriel de l'indicatif imparfait et du subjonctif présent. *(Que) nous liquéfiions, (que) vous liquéfiiez.*
• **Transitif.** Faire passer à l'état liquide.
• **Pronominal.** Passer à l'état liquide.

liquette n. f.
(Pop.) Chemise.

liqueur n. f.
Boisson alcoolisée. *Une liqueur de framboise.*
☞ Le complément déterminatif se met généralement au singulier.

*liqueur douce
Calque de «soft drink» au sens de *boisson gazeuse.*

liquidateur, trice n. m. et f.
(Dr.) Personne chargée d'une liquidation.

liquidation n. f.
Vente de marchandises à bas prix en vue d'un écoulement rapide. *Profitons des bons prix de la liquidation.*

liquide adj. et n. m.
• **Adjectif**
- Qui coule ou tend à couler. *Une sauce trop liquide.*
- *Argent liquide.* Espèces.
• **Nom masculin**
Tout corps à l'état liquide. *Le lait est un liquide.*
☞ Le nom *fluide* a un sens plus vaste que celui de *liquide.* Si tous les liquides sont des fluides, tous les fluides ne sont pas des liquides, puisque certains sont des gaz.

liquide correcteur n. m.
Au Canada, produit servant à corriger les erreurs d'écriture ou de frappe.

liquider v. tr.
• (Dr.) Faire une liquidation. *Liquider des biens.*
• Régler. *Liquider une question.*

liquidité n. f.
• État d'un bien liquide. *La liquidité d'un placement.*
• (Au plur.) Somme d'argent dont on peut disposer immédiatement. *Avoir des liquidités. Manquer de liquidités.*
☞ En ce sens, le nom s'emploie au pluriel.

liquoreux, euse adj.
Riche en alcool et en sucre. *Un vin liquoreux.*
➪ liquoreux.

lire v. tr.
INDICATIF PRÉSENT *Je lis, tu lis, il lit, nous lisons, vous lisez, ils lisent.* IMPARFAIT *Je lisais.* PASSÉ SIMPLE *Je lus.* FUTUR *Je lirai.* CONDITIONNEL PRÉSENT *Je lirais.* IMPÉRATIF PRÉSENT *Lis, lisons, lisez.* SUBJONCTIF PRÉSENT *Que je lise.* PARTICIPE PRÉSENT *Lisant.* PASSÉ *Lu, lue.*
• Prendre connaissance d'un texte par la lecture. *Paulo et Geneviève lisent une bande dessinée.*
• *Lu et approuvé.* Mention apparaissant au bas d'un document. Les participes passés de cette formule sont invariables.
Hom. :
- *lire,* unité monétaire de l'Italie;
- *lyre,* instrument de musique.

lire n. f.
Unité monétaire de l'Italie. *Des lires.*
☞ On peut aussi utiliser la graphie d'origine *lira* (plur. : *lire*).
V. Tableau - **SYMBOLES DES UNITÉS MONÉTAIRES.**
Hom. :
- *lire,* prendre connaissance d'un texte par la lecture;
- *lyre,* instrument de musique.

lis ou **lys** n. m.
👄 Le *s* se prononce [lis].
• Plante bulbeuse à grandes fleurs blanches; cette fleur elle-même.
• *Fleur de lys, fleur de lis.* Le drapeau du Québec comporte quatre fleurs de lys.

☞ La graphie *lys* est ancienne, mais elle subsiste dans la locution *fleur de lys.*
Hom. *lice,* lieu clos.

liséré n. m.
Ruban étroit dont on borde un vêtement.

liserer ou **lisérer** v. tr.
Le *é* se change en *è* devant une syllabe muette, sauf à l'indicatif futur et au conditionnel présent. *Je lisère,* mais *je lisérerai.*
Garnir d'un liséré.

liseron n. m.
Plante grimpante à fleurs blanches.
Syn. *volubilis, belle-de-jour.*

lisibilité n. f.
Caractère de ce qui est lisible. *La lisibilité de ces lettres est très bonne.*

lisible adj.
Facile à lire. *Son écriture est bien lisible.*

lisiblement adv.
De façon lisible.

lisière n. f.
• Bord d'un tissu.
• Limite extrême. *La lisière de la forêt.*

lissage n. m.
• Action de lisser.
• Opération de chirurgie plastique destinée à remodeler (le visage). *Se faire faire un lissage du visage* (et non un *lifting).*

lisse adj.
Uni. *Un sol très lisse.*
Ant. **inégal, rugueux.**
➪ lisse.

lisse ou **lice** n. f.
Série de fils tendus verticalement portant des maillons dans lesquels passe le fil de chaîne, sur un métier à tisser. *Une tapisserie de haute lisse.*

lisser v. tr.
Rendre lisse. *Lisser ses cheveux.*

listage n. m.
(Inform.) Liste produite par ordinateur.

liste n. f.
• Série de mots, de chiffres placés à la suite les uns des autres. *Figurer dans une liste de candidats* (et non *sur).*
• *Liste noire.* Liste de noms de personnes considérées comme suspectes.

lister v. tr.
(Inform.) Imprimer une partie ou la totalité des données traitées par un ordinateur.

***listing**
Anglicisme au sens de *listage.*

lit n. m.
• Meuble sur lequel on se couche. *Des lits jumeaux.*
• *Lit de camp.* Petit lit démontable. *Des lits de camp pratiques.*

• **Ciel de lit.** Partie supérieure où se rejoignent les tentures drapées d'un lit à baldaquin. *Des ciels de lit vaporeux.*

• **Canapé-lit.** Canapé transformable en lit. *Des canapés-lits pratiques.*

Hom. **lie,** résidu d'un liquide.

*lit
*Lit double. Calque de l'anglais «double bed» au sens de **grand lit, lit à deux places.**
*Lit simple. Calque de l'anglais «single bed» au sens de **petit lit, lit à une place.**

litanie n. f.
• Propos ennuyeux et répétitif.
• (Au plur.) Prière adressée aux saints.

literie n. f.
Ensemble des articles dont se compose un lit. *Le sommier, le matelas, les oreillers, les draps, les couvertures font partie de la literie.*

lith(o)- préf.
Élément du grec signifiant «pierre». *Lithographie.*

litho n. f.
Abréviation familière de **lithographie.**

lithographie n. f.
• S'abrège familièrement en **litho** (s'écrit sans point).
• Impression d'un dessin gravé sur une pierre calcaire.
⇨ lithographie.

lithographier v. tr.
Imprimer par le procédé de la lithographie.
⇨ lithographier.

lithographique adj.
Relatif à la lithographie. *Une reproduction lithographique.*
⇨ lithographique.

lithuanien
V. **lituanien.**

litière n. f.
• Paille sur laquelle couchent les animaux dans les écuries, les étables, etc. *La litière du cheval.*
• Matière absorbante sur laquelle les petits animaux domestiques font leurs besoins. *Claude, c'est à ton tour de changer la litière du chat.*

litige n. m.
• (Dr.) Contestation donnant lieu à un procès.
• Dispute.

litigieux, ieuse adj.
(Dr.) Qui est ou peut être en litige. *Un cas litigieux.*
⊯ Dans une entreprise, le contentieux est le service qui règle les affaires litigieuses, tandis que le service juridique traite l'ensemble des dossiers qui se rapportent au droit.

litote n. f.
Figure de style consistant à dire moins pour exprimer plus. *Il n'est pas laid* pour *il est beau.*
Ant. **hyperbole.**
V. Tableau - **FIGURÉS (EMPLOIS).**
⇨ litote.

litre n. m.
• Symbole **l** (s'écrit sans point).
• Unité de mesure de volume. *Ce bassin contient approximativement 150 l ou 150 litres.*
⊯ Le symbole s'emploie après un nombre en chiffres; il ne prend pas la marque du pluriel et s'écrit sans point. Dans une fraction décimale, les dixièmes ne sont pas séparés de l'unité par le symbole. *150,5 l d'eau.*

littéraire adj. et n. m. et f.
• **Adjectif**
- Qui concerne la littérature. *Des études littéraires.*
- Soigné, soutenu, en parlant du style, du niveau de langue. *Une langue littéraire.*
V. **niveau.**
• **Nom masculin et féminin**
- Personne douée pour les lettres (par opposition à **scientifique).** *Les littéraires et les scientifiques.*
- Personne qui s'intéresse à la littérature.
⊯ Ne pas confondre avec le mot **littéral,** conforme à la lettre, au texte.
⇨ littéraire.

littérairement adv.
Du point de vue littéraire.
⇨ littérairement.

littéral, ale, aux adj.
Conforme à la lettre, au texte. *Traduction littérale.*
⊯ Ne pas confondre avec le mot **littéraire,** qui concerne la littérature.
⇨ littéral.

littéralement adv.
• De façon littérale, mot à mot. *Ce texte a été traduit littéralement.*
• (Fam.) Absolument, tout à fait. *Elle est littéralement épuisée.*
⇨ littéralement.

littérature n. f.
• Ensemble des œuvres écrites ou orales dans une perspective esthétique.
• Ensemble des productions littéraires d'un pays. *La littérature française.*
• Ensemble des ouvrages publiés sur une question. *Il existe une abondante littérature sur ce thème.*
⇨ littérature.

*littérature
Anglicisme au sens de **dépliants, prospectus.**

littoral, ale, aux adj. et n. m.
• **Adjectif.** Qui appartient au bord de la mer.
• **Nom masculin.** Rivage. *Des littoraux accidentés.*
⇨ littoral.

lituanien ou **lithuanien, ienne** adj. et n. m. et f.
• **Adjectif et nom masculin et féminin.** De Lituanie.
Le folklore lituanien, lithuanien. Un Lituanien, Lithuanien, une Lituanienne, Lithuanienne.
⊯ L'adjectif s'écrit avec une minuscule; le nom, avec une majuscule.
• **Nom masculin.** Langue parlée en Lituanie. *Elle parle le lituanien, lithuanien.*
⊯ Le nom de la langue s'écrit avec une minuscule.

liturgie n. f.
Forme du culte.

liturgique adj.
Relatif à la liturgie.

*live
Anglicisme au sens de *en direct.*

livide adj.
Se dit d'un teint pâle, blafard. *Le blessé était livide.*

lividité n. f.
État de ce qui est livide.

living ou **living-room** n. m.
• Anglicisme utilisé en France au sens de *salle de séjour.*
• Au Canada, se dit *salle de séjour, séjour, vivoir.*

livraison n. f.
• Action de livrer des marchandises. *Un délai de livraison de 15 jours.*
Ant. **enlèvement.**
• Numéro d'un périodique, d'une revue. *La livraison de juillet.*

*livraison spéciale
Calque de l'anglais «Special Delivery» au sens de *exprès, par exprès.*

livre n. m.
• Assemblage de feuilles imprimées reliées. *Un livre relié en cuir.*
Syn. **volume.**
• Écrit reproduit à un certain nombre d'exemplaires. *Écrire un livre de poésie, un livre de géographie.*
☞— Ne pas confondre avec les noms suivants :
- *fascicule,* partie d'un ouvrage qui paraît en fragments successifs;
- *plaquette,* petit livre de peu d'épaisseur;
- *tome,* chacun des volumes d'un même écrit qui en comprend plusieurs. *Un dictionnaire en neuf tomes.*
• Partie principale d'un ouvrage. *Livre IV.*
☞— Les parties d'un livre se numérotent en chiffres romains.
• Registre comptable. *Tenir les livres.*
• *Livre blanc.* Texte officiel préliminaire. *Le livre blanc sur la fiscalité.*

• Les titres d'ouvrages, d'œuvres d'art, les noms de journaux, de périodiques prennent une majuscule au mot initial. *Le Visuel, les Lettres de mon moulin, le Voyage dans le temps.*
☞— 1° L'article défini ne prend la majuscule que s'il fait partie du titre. *Les Filles de Caleb, Le Devoir.*
    2° Si un adjectif précède le substantif, tous deux prennent la majuscule. *Le Petit Chaperon rouge, le Petit Prince, le Bon Usage.*
    3° Si un adjectif suit le substantif, il s'écrit avec une minuscule. *Les Femmes savantes.*
    4° Si le titre est constitué de plusieurs mots clés, chacun s'écrit avec une majuscule. *La Grenouille et la Baleine. Le Lièvre et la Tortue.*
    5° Lorsqu'un titre est constitué d'une phrase,

seul le premier mot s'écrit avec une majuscule.
Vingt mille lieues sous les mers.
V. Tableau - **TITRES D'ŒUVRES.**

---

livre n. f.
• Symbole *lb,* des *lb* (s'écrit sans point).
• Unité de masse valant 16 onces ou 0,453 kg. *Acheter un poulet de 3 lb, de trois livres. Une livre de beurre.*
• Unité monétaire de nombreux pays.
• Symbole **£** (s'écrit sans point).
• *Livre sterling,* symbole **£** (s'écrit sans point). Unité monétaire de Grande-Bretagne.
☞— La *livre sterling* ne se dit que de l'unité monétaire de Grande-Bretagne.
• *Livre cypriote,* symbole **£CYP** (s'écrit sans points). Unité monétaire de Chypre.
• *Livre égyptienne,* symbole **£EG** (s'écrit sans points). Unité monétaire de l'Égypte.
• *Livre irlandaise,* symbole **£IR** (s'écrit sans points). Unité monétaire de l'Irlande du Sud (Eire).
• *Livre libanaise,* symbole **£LIB** (s'écrit sans points). Unité monétaire du Liban.
• *Livre soudanaise,* symbole **£SOU** (s'écrit sans points). Unité monétaire du Soudan.
• *Livre syrienne,* symbole **£SYR** (s'écrit sans points). Unité monétaire de la Syrie.
• *Livre turque,* symbole **£TQ** (s'écrit sans points). Unité monétaire de la Turquie.
V. Tableau - **SYMBOLES DES UNITÉS MONÉTAIRES.**

livrée n. f.
• Habit des domestiques masculins de certaines grandes maisons. *Le chasseur en livrée d'un grand restaurant.*
• (Zool.) Plumage ou pelage d'un animal. *La livrée est à l'oiseau ce que la robe est au cheval.*

livrer v. tr., pronom.
• **Transitif**
- Remettre. *Martine livre des journaux.*
Ant. **enlever.**
- Confier. *Livrer ses secrets.*
• **Pronominal**
Se rendre. *Les malfaiteurs se sont livrés à la police.*

livresque adj.
(Péj.) Qui n'est inspiré que des livres et non de l'expérience. *Une connaissance livresque.*

livret n. m.
• Petit livre, petit registre. *Un livret de banque.*
• Texte d'un opéra. *Michel Tremblay a écrit le livret de Nelligan.*

livreur n. m.
livreuse n. f.
Personne chargée de la livraison des marchandises.

LL.B.
Abréviation de *Baccalauréat en droit.*

LL.L.
Abréviation de *Licence en droit.*

LL.M.
Abréviation de *Maîtrise en droit.*

lm
Symbole de *lumen.*

*loader
Anglicisme pour *chargeuse.*

lobby n. m. (pl. *lobbies*)
⬯ La lettre *y* se prononce *i* ou *é,* [lɔbi] ou [lɔbe].
Groupement défendant des intérêts communs qui tente d'exercer des pressions sur les organismes de décisions.
Syn. **groupe de pression.**

lobe n. m.
Partie arrondie. *Le lobe de l'oreille.*
▷— Attention au genre masculin de ce nom : *un* lobe.

local, ale, aux adj.
• Relatif à un lieu, à une région. *Des coutumes locales, les usages locaux.*
• *Couleur locale.* Traits typiques d'un pays, d'une époque.

local n. m. (pl. *locaux*)
Subdivision d'un bâtiment. *Des locaux administratifs.*

*local (téléphonique)
Anglicisme au sens de *poste* (téléphonique).

localement adv.
De façon locale, par endroits.

localisation n. f.
• Action de situer en un lieu défini, en un temps déterminé.
• Fait de placer en un lieu défini. *La localisation d'une usine à proximité d'un aéroport.*

localiser v. tr.
• Définir le lieu, le moment. *Localiser une odeur.*
• Circonscrire. *Localiser un conflit.*

localité n. f.
Petite ville. *Julia habite dans une localité des Laurentides.*

locataire n. m. et f.
Personne qui prend en location un appartement, une maison, un local.
Ant. **bailleur.**
V. **louer.**

locatif, ive adj. et n. m.
Qui concerne le locataire ou la chose louée. *La valeur locative d'un immeuble.*

location n. f.
• Action de louer. *La location d'un appartement.*
• Chose louée. *Une voiture de location.*

*location
Anglicisme au sens de *emplacement.*

loc. cit.
Abréviation de *loco citato.*
▷— En typographie soignée, les mots étrangers sont composés en italique. Dans des textes déjà en italique, la notation se fait en romain. Pour les textes manuscrits, on utilisera les guillemets.

loch n. m. (pl. *lochs*)
⬯ Les lettres *ch* se prononcent *k* [lɔk].
Lac d'Écosse. *Le loch Ness.*

lock-out n. m. inv. (pl. *lock-out*)
Fermeture d'une entreprise décidée par la direction en riposte à une grève.

loco citato
• Abréviation *loc. cit.* (s'écrit avec des points).
• Locution latine qui signifie «passage cité».
▷— En typographie soignée, les mots étrangers sont composés en italique. Dans des textes déjà en italique, la notation se fait en romain. Pour les textes manuscrits, on utilisera les guillemets.

locomotion n. f.
Action de se déplacer d'un point à un autre. *Des moyens de locomotion : bicyclette, patins à roulettes, trottinette, planche à roulettes.*
⟹ locomotion.

locomotive n. f.
• Puissant véhicule de traction des trains. *Une locomotive électrique.*
• (Fig.) Élément moteur. *Ce concepteur est une locomotive dans son domaine.*

locuteur, trice n. m. et f.
(Ling.) Personne qui parle.
▷— Ne pas confondre avec le nom **auditeur,** personne qui écoute.

locution n. f.
V. Tableau - **LOCUTIONS.**

loden n. m.
⬯ Le *n* se prononce [lɔdɛn].
• Étoffe de laine imperméable.
• Manteau fait de ce lainage. *Un loden vert. Des lodens inusables.*

loft n. m. (pl. *lofts*)
⬯ Les lettres *ft* se prononcent [lɔft].
Local à usage industriel reconverti en habitation.
▷— Ce nom est un emprunt récent à l'américain et n'a pas d'équivalent français actuellement.

logarithme n. m.
Calcul mathématique.
⟹ logarithme.

logarithmique adj.
Relatif aux logarithmes.
⟹ logarithmique.

loge n. f.
• Logement d'un concierge.
• Partie cloisonnée d'un théâtre. *Être aux premières loges.*

logeable adj.
Que l'on peut facilement placer quelque part.

logement n. m.
• Action de loger. *Donner le logement à des parents en voyage.*
• Appartement. *Un logement de huit pièces.*

loger v. tr., intr.
Le *g* est suivi d'un *e* devant les lettres *a* et *o*. *Il
logea, nous logeons.*
• **Transitif**
Donner le gîte à quelqu'un. *Elle logeait des étudiants.*
• **Intransitif**
- Habiter un endroit (généralement de façon temporaire).
Ils logeaient à l'hôtel.
- *Loger à la belle étoile.* Dormir en plein air.

*loger un appel téléphonique
Anglicisme pour *faire un appel téléphonique.*

*loger une plainte
Anglicisme pour *porter plainte.*

logeur, euse n. m. et f.
Personne qui loue des chambres meublées.

loggia n. f.
⬯ Les lettres *g* se prononcent *dj* [lɔdʒja].
Balcon couvert. *Des loggias.*
▭⊷ Attention au genre féminin de ce nom : *une*
loggia.

logiciel n. m.
(Inform.) Ensemble des programmes destinés à effectuer un traitement particulier sur un ordinateur. *Commercialiser un logiciel* (et non un *software).
V. **matériel.**

LOCUTIONS

Groupe de mots ayant une fonction grammaticale particulière.

• La **locution verbale** joue le rôle d'un verbe. Elle est composée :

– d'un verbe et d'un nom employé sans article.
Avoir besoin. Faire illusion.

– d'un verbe et d'un adjectif.
Tenir bon. Être quitte.

– de deux verbes.
Laisser faire. Faire croire.

▭⊷ À l'exception du verbe, les éléments composant une locution
verbale sont généralement invariables. *Les enfants ont raison : ils
doivent faire attention à cet accord.*

• La **locution adverbiale** a valeur d'adverbe.
Tout à coup, à bâtons rompus.

• La **locution adjective** joue le rôle d'un adjectif.
Un chercheur de talent. Un tableau de prix.

• La **locution nominale** ou **nom composé** joue le rôle d'un nom.
Une pomme de terre, un arc-en-ciel.

V. Tableau – **NOMS COMPOSÉS.**

• La **locution pronominale** a valeur de pronom.
Les autres. Ceux-là.

• La **locution prépositive** a valeur de préposition.
Jusqu'à, en haut de.

• La **locution conjonctive** joue le rôle d'une conjonction.
Afin que, jusqu'à ce que.

• La **locution interjective** a valeur d'interjection.
Allons donc! Beau dommage!

**EXEMPLES DE
LOCUTIONS VERBALES**

Aller à pied
Aller chercher
S'en aller
Avoir à cœur
Avoir affaire
Avoir l'air
Avoir besoin
Avoir beau
Avoir confiance
Avoir envie
Avoir faim
Avoir mal
Avoir peur
Avoir sommeil
Couper court
Crier famine
Donner cours
Donner lieu
Entendre raison
Être d'accord
Être fondé
Être mal venu
Faire défaut
Faire face
Faire faire
Faire pitié
Faire semblant
Faire tomber
Lier conversation
Livrer bataille
Passer sous silence
Perdre patience
Porter bonheur
Prendre garde
Savoir gré
Tenir bon

logique adj. et n. f.
• **Adjectif**
- Conforme à la logique. *Des arguments logiques.*
- Qui raisonne bien. *Julien est logique : il veut réussir, alors il travaille bien.*
• **Nom féminin**
Science du raisonnement.
☞ Ne pas confondre avec le nom *logistique,* ensemble des moyens nécessaires à une force militaire.

logiquement adv.
Avec logique.

logis n. m.
(Litt.) Demeure. *La folle du logis : l'imagination.*

logistique adj. et n. f.
• **Adjectif**
Relatif à la logistique.
• **Nom féminin**
- (Milit.) Ensemble des moyens nécessaires à une force militaire (entretien, transports, etc.).
- (Écon.) Ensemble des activités inhérentes au déplacement des matières, des produits en cours de fabrication et des produits finis depuis la source des approvisionnements jusqu'à la destination des livraisons.
☞ Ne pas confondre avec le nom *logique,* science du raisonnement.

logo n. m.
(Inform.) Langage de programmation conçu pour l'enseignement des mathématiques aux enfants.
☞ Ce langage se caractérise par sa simplicité d'apprentissage et par l'utilisation de procédures graphiques élémentaires.

logo n. m.
Abréviation de *logotype.*

logomachie n. f.
• Querelle de mots.
• Assemblage artificiel de mots.

logorrhée n. f.
Flot de paroles.
☞ logo**rrh**ée.

logotype n. m.
• S'abrège en *logo* (s'écrit sans point).
• Dessin propre à une marque, à un produit, à une firme. *Des logotypes, des logos bien conçus.*

loi n. f.
Ensemble de règles juridiques. *La loi est dure, mais c'est la loi (*dura lex, sed lex*).*
☞ Dans les titres de textes législatifs, les mots génériques (accord, arrêté, code, constitution, décret, loi, règlement, etc.) s'écrivent avec une majuscule. *La Charte de la langue française, la Loi sur les langues officielles, le Code civil.* Le nom *loi* s'écrit avec une minuscule si l'on ne cite pas le titre exact de la loi. *Il faudra étudier les nouvelles lois fiscales.*
☞ Ne pas confondre avec le nom *législation,* ensemble de lois relatives à un domaine.
☞ Les numéros d'articles des codes, lois, règlements s'écrivent en chiffres arabes. *Consulter les articles 15 et 20 du Code du travail.*
☞ La loi ne peut être désignée par un numéro, en

français; seul le projet de loi peut être ainsi nommé. *Le projet de loi 101, la Charte de la langue française* (et non la **loi 101).*

loi-cadre n. f. (pl. *lois-cadres*)
Loi servant de cadre à des décrets d'application.

loin adv.
• À une grande distance dans l'espace ou le temps. *Elles sont très loin déjà. Les vacances sont encore loin.*
• *Aller trop loin.* Exagérer, dépasser les bornes.
• *Au loin,* locution adverbiale. À une grande distance.
• *D'aussi loin que, du plus loin que* + indicatif. Pour marquer le lieu, ces locutions conjonctives se construisent avec l'indicatif. *D'aussi loin que je l'ai vu.*
• *D'aussi loin que, du plus loin que* + subjonctif. Pour marquer le temps, ces locutions se construisent avec le subjonctif. *Du plus loin qu'il se souvienne.*
• *De loin,* locution adverbiale. D'une grande distance.
• *De loin en loin,* locution adverbiale. À de longs intervalles d'espace ou de temps.

lointain, aine adj. et n. m.
• **Adjectif**
Éloigné. *Une forêt lointaine.*
• **Nom masculin**
- *Dans le lointain, au lointain.* À l'horizon, au loin.
- (Au plur.) Arrière-plan dans un tableau.

loir n. m.
Rongeur hibernant d'octobre à avril. *Dormir comme un loir.*

loisible adj.
• (Vx) Permis.
• *Être loisible* + infinitif. L'adjectif ne s'emploie plus que dans la construction impersonnelle. *Il (m'est, t'est, etc.) loisible de.*

loisir n. m.
• *À loisir, tout à loisir.* À son aise, sans hâte.
• (Au plur.) Distraction pendant les temps libres. *Quels sont vos loisirs? Un centre de loisirs.*

lombago
V. **lumbago.**

lombaire adj.
Situé à la hauteur des reins. *Des douleurs lombaires.*
☞ lomb**aire.**

lombric n. m.
☞ Le *c* se prononce [lɔ̃brik].
Ver de terre.

londonien, ienne adj. et n. m. et f.
De Londres.
☞ L'adjectif s'écrit avec une minuscule; le nom, avec une majuscule.

long, longue adj., adv. et n. m.

ADJECTIF
• Il marque une dimension par rapport à l'**espace :**
- Qui a une certaine dimension, dans le sens de la longueur. *Un long bec. Un chemisier à manches longues.*

☞ En ce sens, l'adjectif est souvent placé avant le nom auquel il se rapporte.

- **Chaise longue.** Chaise sur laquelle on peut allonger les jambes. *Des chaises longues en bois.*

- Qui s'étend sur une grande distance. *Un long chemin.*

• Il marque une dimension par rapport au **temps :**

- Qui dure longtemps. *Un long hiver. Une longue attente.*

- **Long métrage.** Film de longue durée.

ADVERBE

• Il s'emploie surtout avec les verbes *dire* et *savoir.*

- Beaucoup. *Ils en savent long sur la question. Cela en dit long sur son état d'esprit.*

☞ Comme adverbe, ce mot est invariable.

• **Locutions adverbiales**

- **À la longue.** Avec le temps. *Elle finira par comprendre à la longue.*

- **Au long, tout au long.** Complètement, amplement. *Il m'a décrit tout au long la conversation.*

- **De long en large, en long et en large.** En n'omettant aucun détail. *Racontez-moi tout en long et en large.*

- **De longue haleine.** À long terme. *C'est un travail de longue haleine.*

- **De longue main.** Depuis longtemps. *Rassembler des données de longue main.*

- **De tout son long.** En s'allongeant par terre. *Elle est tombée de tout son long.*

NOM MASCULIN

Longueur. *Ce mur a trois mètres de long.*

---

long-courrier adj. et n. m. (pl. *long-courriers*)
Se dit des avions faisant de longs parcours.

longe n. f.
Moitié de l'échine du veau, du chevreuil. *Manger de la longe de veau.*

longer v. tr.
Le *g* est suivi d'un *e* devant les lettres *a* et *o*. *Il longea, nous longeons.*
Aller le long de quelque chose. *Il longeait le parc.*

longévité n. f.
Durée de la vie. *La tortue a une longévité de 200 ans.*

longiligne adj.
Se dit d'une personne grande et mince.
Ant. **bréviligne.**

longitude n. f.
Angle compris entre le méridien d'origine et le méridien d'un lieu.
☞ La longitude d'un lieu s'exprime en degrés (°), **minutes (´)** et secondes (´´) d'angle. Le point cardinal (*Est* ou *Ouest*) s'écrit avec une majuscule *E.* ou *O. Cette ville est située à 75 degrés 15 minutes 28 secondes de longitude Ouest, à 75° 15´ 28´´ O.*
☞ Attention à la disposition : il n'y a pas d'espace entre le nombre et le symbole ni signe de ponctuation entre les unités.
V. **latitude.**

longitudinal, ale, aux adj.
Dans le sens de la longueur. *Des axes longitudinaux.*

longitudinalement adv.
En longitude.

*****long-jeu**
Anglicisme pour **microsillon.**

long-métrage ou **long métrage** n. m. (pl. *longs(-) métrages*)
Film dont la durée dépasse une heure.
Ant. **court(-)métrage.**

longtemps adv.
Longuement. *Il y a bien longtemps que je t'attends.*
☞ longtemps.

*****longue** (à la journée, la semaine, l'année)
Anglicisme au sens de *à longueur de* (journée, semaine, année).

*****longue distance**
Calque de l'anglais «long distance call» au sens de **interurbain.**

longuement adv.
Durant un long terme.

longuet, ette adj.
Un peu trop long.

longueur n. f.
• Dimension d'un objet considéré de l'une de ses extrémités à l'autre. *Cette table a 150 cm de longueur.*
• Durée du temps. *La longueur de l'émission est de 30 minutes.*
• **À longueur de** (journée, semaine, année...). Tout le long de. *Il s'ennuie à longueur d'année* (et non *à l'année longue*).
• Étendue. *La longueur d'un ouvrage.*
• **Traîner en longueur.** Durer trop longtemps.

longue-vue n. f. (pl. *longues-vues*)
Lunette d'approche.

loofa
V. **luffa.**

*****look**
Anglicisme pour **allure, style.**

lopin n. m.
Petit terrain.
☞ lop**in.**

loquace adj.
☜ Le *u* ne se prononce pas ou se prononce *ou,* [lɔkas] ou [lɔkwas].
Bavard, volubile. *Son ami n'est pas très loquace, il ne parle pas beaucoup.*
☞ lo**qu**ace.

loquacité n. f.
☜ Le *u* ne se prononce pas ou se prononce *ou,* [lɔkasite] ou [lɔkwasite].
Volubilité.
☞ lo**qu**acité.

loque n. f.
Haillon. *Un vêtement en loques.*

loquet n. m.
Pièce servant à fermer une porte.
⇒ loquet.

lord n. m. (pl. *lords*)
⇔ Le *d* se prononce ou non, [lɔrd] ou [lɔr].
Titre donné en Grande-Bretagne aux titulaires de certains postes.
▷– Suivi d'un nom propre, le titre s'écrit avec une majuscule. *C'est un admirateur de Lord Mountbatten.*
▷– La forme féminine est **lady.**

lorgner v. tr.
Les lettres *gn* sont suivies d'un *i* à la première et à la deuxième personne du pluriel de l'indicatif imparfait et du subjonctif présent. *(Que) nous lorgnions, (que) vous lorgniez.*
• Regarder avec insistance. *Les curieuses lorgnaient la comédienne.*
• (Fig.) Convoiter. *Il lorgne ce titre.*

lorgnette n. f.
• Jumelle de théâtre.
• *Regarder par le petit bout de la lorgnette.* Exagérer l'importance d'un détail.

lorgnon n. m.
Lunettes sans branches.

lorrain, aine adj. et n. m. et f.
De Lorraine. *Le charbon lorrain. Un Lorrain, une Lorraine.*
▷– L'adjectif s'écrit avec une minuscule; le nom, avec une majuscule.

lors adv.
• (Vx) Alors.
▷– Cet adverbe est vieilli et ne s'emploie plus que dans certaines expressions.
• *Depuis lors,* locution adverbiale. Depuis ce moment.
• *Dès lors,* locution adverbiale. Dès ce moment.
• *Lors de,* locution prépositive. Au moment de.
• *Lors même que,* locution conjonctive. (Litt.) Quand bien même. *Lors même qu'ils lui offriraient la lune, elle refuserait.*
▷– Cette locution se construit avec le conditionnel.

lorsque conj.
Quand, au moment où. Cette conjonction marque la simultanéité de deux actions. *Lorsqu'il neige, les routes sont glissantes.*
▷– L'élision se fait devant les mots suivants : *il, elle, en, on, un, une, ainsi.*

losange n. m.
Parallélogramme dont les côtés sont égaux.
⇒ losange.

lot n. m.
• Part attribuée à chacun.
• *Gros lot.* Premier prix, dans une loterie.
⇒ lot.

loterie n. f.
Jeu de hasard. *Un billet de loterie.*

lotion n. f.
⇔ Le *o* est fermé [losjɔ̃].

Liquide utilisé pour les soins de la peau, des cheveux. *Une lotion hydratante.*

lotir v. tr.
• Partager en lots.
• *Bien, mal loti.* Favorisé, défavorisé par le sort.
⇒ lotir.

lotissement n. m.
⇔ Le *o* est ouvert [lɔtismɑ̃].
• Action de partager une propriété en lots pour la revente.
• Chacun de ces lots.
⇒ lotissement.

lotte n. f.
Poisson d'eau douce dont la chair est appréciée.

lotus n. m.
⇔ Le *o* est ouvert et le *s* se prononce [lɔtys].
Plante à fleurs bleues ou blanches qui s'apparente au nénuphar.

louable adj.
Qui mérite d'être loué. *Un effet louable.*

louange n. m.
• Action de louer quelqu'un.
• Éloge, félicitations. *La directrice a comblé de louanges les gagnants du concours.*
Ant. **critique.**

louanger v. tr.
Le *g* est suivi d'un *e* devant les lettres *a* et *o. Il louangea, nous louangeons.*
Décerner des louanges à quelqu'un. *Elle a louangé les gagnants.*
▷– Ne pas confondre avec le verbe **louer,** glorifier, souligner le mérite de quelqu'un.

louangeur, euse adj.
(Litt.) Élogieux, flatteur. *Une critique louangeuse.*

louche adj. et n. f.
• **Adjectif.** Suspect, équivoque. *Des individus louches.*
• **Nom féminin.** Grande cuillère à long manche destinée à servir le potage.

loucher v. intr.
Être atteint de strabisme.

louer v. tr., pronom.
• **Transitif**
- Glorifier, souligner le mérite de quelqu'un. *Il faut louer le courage de cette personne.*
▷– Ne pas confondre avec le verbe **louanger,** décerner des louanges à quelqu'un.
- Donner un bien en location. *Mon propriétaire loue cet appartement 800 $ par mois.*
- Prendre un bien en location. *Elle a loué une voiture, une maison.*
▷– 1° La personne qui donne quelque chose en location est un **bailleur**; la personne qui prend quelque chose en location est un **locataire.**
　　2° Au Québec, dans la Loi sur la Régie du logement, **bailleur** se dit également **locateur.**
• **Pronominal**
Se féliciter de. *Il se loue d'avoir recruté cette personne.*

loufoque adj.
Burlesque. *Une situation loufoque.*

loufoquerie n. f.
Caractère d'une personne, d'une chose loufoque.

louis n. m.
Ancienne pièce de monnaie. *Un louis d'or.*

loukoum ou **lokoum** n. m.
Confiserie orientale. *Des loukoums délicieux.*

loup, louve n. m. et f.
• Mammifère sauvage et carnivore qui ressemble à un grand chien.
• *À pas de loup.* Furtivement.
• *Chien-loup.* Des chiens-loups.
• *Entre chien et loup.* Au crépuscule.
• *Faim de loup.* Grand appétit.
• *Froid de loup.* Froid intense.
• *Loup de mer.* Vieux marin.
• *Un jeune loup.* Personne ambitieuse, soucieuse de faire carrière.

loupe n. f.
Lentille grossissante. *Julien étudie sa collection de timbres avec une loupe.*

louper v. tr., intr.
• **Transitif.** (Fam.) Manquer. *Il a loupé son avion.*
• **Intransitif.** *Ça n'a pas loupé.* (Fam.) Ça n'a pas manqué.

loup-garou n. m. (pl. *loups-garous*)
Être malfaisant qui, selon les légendes, errait la nuit sous l'apparence d'un loup.

lourd, lourde adj. et adv.
• **Adjectif**
- Difficile à soulever, à porter en raison de son poids. *Un fardeau très lourd, une lourde tâche.*
- *Poids lourd.* Camion.
• **Adverbe**
Son passé pèse lourd. Ces boîtes ne pèsent pas lourd.
☞ Pris adverbialement, le mot est invariable.

lourdaud, aude adj. et n. m. et f.
Maladroit et lent. *Ces impolis sont des lourdauds.*

lourdement adv.
• Pesamment. *Marcher lourdement.*
• Grossièrement. *Ils se sont lourdement trompés.*

lourdeur n. f.
Caractère de ce qui est lourd. *La lourdeur de son style.*

*****lousse**
Anglicisme pour *lâche* (adjectif), *mou* (nom masculin).

loustic n. m.
Farceur.

loutre n. f.
Petit animal à pelage brun recherché pour sa fourrure.
☞ loutre.

louve n. f.
Femelle du loup.

louveteau n. m. (pl. *louveteaux*)
• Petit du loup.
• Jeune scout. *Des louveteaux téméraires.*
☞ louvet**eau.**

louveter v. intr.
Redoublement du *t* devant un *e* muet. *Elle louvette,* mais *elle louvetait.*
Mettre bas, en parlant de la louve.

louvoiement n. m.
Action de louvoyer. *Évite ces louvoiements, sois franc.*
☞ louv**oie**ment.

louvoyer v. intr.
Le *y* se change en *i* devant un *e* muet. *Je louvoie, je louvoyais.*
Le *y* est suivi d'un *i* à la première et à la deuxième personne du pluriel de l'indicatif imparfait et du subjonctif présent. *(Que) nous louvoyions.*
• Naviguer en zigzag.
• User de biais pour arriver à ses fins.

lover (se) v. pronom.
S'enrouler sur soi. *Sa petite chatte Maboule s'est lovée dans ses bras.*

loyal, ale, aux adj.
Droit, franc. *Des employés loyaux.*

loyalement adv.
D'une manière loyale.

loyalisme n. m.
• Attachement à une institution établie.
• Fidélité à une cause.

loyauté n. f.
Honnêteté, droiture. *La loyauté d'une équipe de chercheurs.*
☞ loy**au**té.

loyer n. m.
Prix d'une location. *Le loyer est de 600 $ par mois.*

LSD
• Sigle de *acide lysergique diéthylamide.*
• Substance hallucinogène.

lubie n. f.
Idée saugrenue. *La lubie de Boris, c'est d'escalader cette falaise.*
☞ Ne pas confondre avec le nom *phobie,* crainte.

lubricité n. f.
Penchant pour la sensualité brutale.

lubrifiant, iante adj. et n. m.
• **Adjectif.** Qui lubrifie. *Une substance lubrifiante.*
• **Nom masculin.** Matière propre à lubrifier. *Des lubrifiants efficaces.*

lubrification n. f.
Action de lubrifier. *La lubrification d'un moteur.*

lubrifier v. tr.
Redoublement du *i* à la première et à la deuxième personne du pluriel de l'indicatif imparfait et du subjonctif présent. *(Que) nous lubrifiions, (que) vous lubrifiiez.*

Rendre glissant, huiler. *Lubrifier les rouages d'un mé-canisme.*

▭▷ lubrifier.

lubrique adj.
Qui a un penchant brutal pour la luxure.

lubriquement adv.
Avec lubricité.

lucarne n. f.
Petite fenêtre dans un toit.

lucide adj.
Qui comprend clairement les choses. *Un esprit lucide.*

lucidement adv.
Avec lucidité, avec clarté.

lucidité n. f.
Clairvoyance. *Elle voit la situation avec lucidité.*

luciole n. f.
Insecte lumineux qui ressemble au ver luisant
▭▷ luciole.

lucratif, ive adj.
Qui procure des bénéfices. *Un travail lucratif. Une so-ciété à but non lucratif.*

lucre n. m.
(Litt.) Profit plus ou moins licite.

ludiciel n. m.
(Inform.) Logiciel de jeu. *Les échecs, la simulation de vol sont des ludiciels appréciés.*

ludique adj.
Relatif au jeu.

ludothèque n. f.
Local où des jouets sont à la disposition des enfants.

luette n. f.
Appendice charnu au fond de la bouche.

lueur n. f.
• Lumière faible et passagère. *Elle lit à la lueur d'une bougie.*
• Apparence fugitive. *Une lueur d'espoir.*

luffa ou **loofa** n. m.
⬭ La lettre *u* ou les lettres *oo* se prononcent *ou* [lufa].
Plante grimpante dont la pulpe constitue l'éponge vé-gétale.

luge n. f.
Traîneau à patins. *Faire de la luge.*

lugubre adj.
Sinistre. *Cette prison est lugubre.*

lui pron. pers. m. et f. sing.

Pronom personnel de la troisième personne du sin-gulier.
• Comme **complément d'objet indirect** en parlant des personnes, au sens de *à lui, à elle.* Il est mas-culin ou féminin lorsqu'il précède le verbe ou suit l'impératif. *Tu lui racontes l'histoire. Parlez-lui de moi.* Il est exclusivement masculin lorsqu'il suit le

verbe qui n'est pas à l'impératif. *Je pense à lui.*
▭◁ En parlant des animaux, des choses, on utilise surtout *en* et *y. Cette maison était trop sombre, nous y avons ajouté des fenêtres.*
• Avec valeur de **pronom tonique** pour mettre l'ac-cent sur une personne, une chose de genre mas-culin. *Le choisir, lui? Non, ce n'est pas possible.*
• Comme **complément d'objet direct** à la place de *le. Qui avez-vous retenu? - Lui.*
• **Lui et soi**
- Avec un **sujet déterminé désignant une per-sonne,** on emploie *lui. Cet ami ne parle jamais de lui.*
- Avec un **sujet indéterminé désignant une per-sonne,** un pronom indéfini, un impersonnel, on emploie *soi. Chacun pour soi, cela va de soi.*
- Avec un **sujet désignant une chose de genre masculin,** on emploie *lui. Le temps emporte avec lui l'insouciance.*
- **En soi.** Cette locution s'emploie avec un sujet dé-signant une chose de genre masculin ou féminin. *Cette recherche est en soi assez pragmatique.*
• **Trait d'union**
Le pronom s'écrit avec un trait d'union dans *lui-même* et lorsqu'il est employé avec un verbe à l'impératif. *Donne-lui à boire.*

luire v. intr.
INDICATIF PRÉSENT *Je luis, tu luis, il luit, nous lui-sons, vous luisez, ils luisent.* IMPARFAIT *Je luisais.* FUTUR *Je luirai.* CONDITIONNEL PRÉSENT *Je lui-rais.* IMPÉRATIF PRÉSENT *Luis, luisons, luisez.* SUBJONCTIF PRÉSENT *Que je luise.* PARTICIPE PRÉSENT *Luisant.* PASSÉ *Lui.* Le passé simple n'est plus usité. Le participe passé ne comporte ni forme féminine, ni pluriel.
Briller. *Le soleil luit.*

luisance n. f.
(Litt.) Caractère de ce qui est luisant.

luisant, ante adj.
• Qui réfléchit la lumière. *Des yeux luisants.*
• *Ver luisant.* Lampyre femelle. *Des vers luisants.*

lumbago ou **lombago** n. m.
⬭ Les lettres *um* ou *om* se prononcent *on* [lɔ̃bago].
Douleur dorsale de la région lombaire.
Syn. (fam.) **tour de reins.**

lumière n. f.
• Clarté. *Faire de la lumière.*
▭◁ L'usage l'a emporté sur la logique dans l'ex-pression *allumer la lumière.*
• (Au plur.) (Vx) Connaissances. *J'ai besoin de vos lumières pour trouver la solution.*

*lumière (de circulation)
Anglicisme au sens de *feu* (de circulation).

luminaire n. m.
Appareil d'éclairage (terme générique).
▭◁ Ne pas confondre avec les noms suivants :
- *applique,* appareil d'éclairage fixé au mur;

- *lampadaire,* appareil d'éclairage muni d'un long support vertical;
- *lampe,* appareil d'éclairage muni d'un pied, d'une base;
- *plafonnier,* appareil d'éclairage fixé au plafond;
- *suspension,* appareil d'éclairage suspendu au plafond.
▭▷ lumin**aire.**

luminescence n. f.
⟺ La troisième syllabe se prononce *né* [lyminesãs]. Propriété qu'ont certains corps d'émettre des rayons lumineux.
▭▷ lumine**sc**ence.

luminescent, ente adj.
⟺ La troisième syllabe se prononce *né* [lyminesã, ãt].
Qui émet des rayons lumineux.
▭▷ lumine**sc**ent.

lumineusement adv.
De façon lumineuse, claire.

lumineux, euse adj.
• Qui projette de la lumière. *Un chiffre lumineux.*
• Clair. *Une chambre lumineuse.*
• Brillant. *Une idée lumineuse.*

luminosité n. f.
Qualité de ce qui est lumineux.

lunaire adj. et n. f.
Qui appartient à la lune. *Le cycle lunaire, un décor lunaire.*

lunaison n. f.
Mois lunaire.

lunatique adj. et n. m. et f.
Distrait, capricieux. *Ce savant est un lunatique.*

lunch n. m.
⟺ Le mot se prononce à l'anglaise [lœntʃ].
Repas léger. *Des lunchs* ou *lunches appétissants. Avez-vous apporté votre lunch? Une boîte à lunch.*

lundi n. m.
⟺ La première syllabe se prononce *lun* (et non *lin) [lœdi].
Premier jour de la semaine. *Je vous verrai lundi.*
▭◁─ Les noms de jour s'écrivent avec une minuscule et prennent la marque du pluriel. *Je viendrai tous les lundis,* mais *je viendrai tous les lundi et vendredi de chaque semaine.* Attention à la construction de la dernière phrase où les noms de jours restent au singulier parce qu'il n'y a qu'un seul lundi et un seul vendredi par semaine.
V. Tableau - **JOUR.**

lune n. f.
• Corps céleste qui tourne autour de la Terre et l'éclaire la nuit. *La Lune est pleine ce soir.*
▭◁─ Les mots *lune, soleil, terre* s'écrivent avec une majuscule lorsqu'ils désignent la planète, l'astre, le satellite lui-même, notamment dans la langue de l'astronomie et dans les textes techniques; ils s'écrivent avec une minuscule dans les autres utilisations. *La Lune tourne autour de la Terre. Un beau coucher de soleil, le clair de lune.*
• *Être dans la lune.* Être distrait. *Il n'écoutait pas, il était dans la lune.*
V. **astre.**

lunette n. f.
• Instrument d'optique. *Une lunette astronomique, une lunette d'approche.*
• (Au plur.) Paire de verres destinés à corriger la vue. *Elle ne porte pas de lunettes. Porter des lunettes. Une paire de lunettes.*

lunule n. f.
Partie située à la base de l'ongle, en demi-lune.

lupanar n. m.
(Litt.) Maison de prostitution.

lupin n. m.
Plante herbacée.

lurette n. f.
Il y a belle lurette. (Fam.) Il y a longtemps.

luron, onne n. m. et f.
Personne joyeuse.
▭◁─ En principe, l'expression *gai luron* est un pléonasme, mais elle est maintenant admise par l'usage.

lustral, ale, aux adj.
(Litt.) Qui sert à purifier. *L'eau lustrale.*

lustre n. m.
• Éclat. *Le lustre d'une soirée de gala.*
• Appareil d'éclairage. *Un lustre de cristal éclaire la salle à manger.*

lustrer v. tr.
Faire briller. *Lustrer ses chaussures.*

luth n. m.
⟺ Le *t* se prononce [lyt].
Ancien instrument de musique.
▭▷ **luth.**

luthier n. m.
Personne qui fabrique des instruments de musique à cordes.

lutin, ine adj. et n. m.
• **Adjectif.** Espiègle.
• **Nom masculin.** Petit être espiègle. *À Albertville, aux Jeux olympiques, ce sont de petits lutins qui ramassaient les fleurs lancées sur la patinoire.*

lutrin n. m.
Pupitre destiné à recevoir un document, un livre ouvert pour en faciliter la lecture.

lutte n. f.
Combat, bataille. *Engager la lutte contre les pluies acides.*

*lutte, combat à finir
Calque de «fight to a finish» pour **lutte à mort, combat sans merci.**

lutter v. intr.
• Combattre à la lutte.
• Rivaliser. *Elles luttent de vitesse.*

• S'efforcer de vaincre quelque chose. *Cette association lutte contre le racisme.*

lutteur n. m.
lutteuse n. f.
Athlète qui pratique la lutte.

luxation n. f.
Déplacement anormal d'un os de son articulation. *Une luxation du coude.*
☞ Ne pas confondre avec les noms suivants :
- *foulure,* entorse;
- *luxure,* recherche des plaisirs sexuels.

luxe n. m.
Magnificence. *Cette famille vit dans le luxe.*

luxembourgeois, oise adj. et n. m. et f.
Du Luxembourg. *Le drapeau luxembourgeois. Un Luxembourgeois, une Luxembourgeoise.*
☞ L'adjectif s'écrit avec une minuscule; le nom, avec une majuscule.

luxer v. tr., pronom.
• **Transitif.** Provoquer la luxation de.
• **Pronominal.** Se démettre une articulation. *Elle s'est luxé la cheville.*

luxueusement adv.
De façon luxueuse.

luxueux, euse adj.
Somptueux. *Une maison luxueuse.*

luxure n. f.
(Litt.) Recherche sans retenue des plaisirs sexuels.
☞ Ne pas confondre avec le nom *luxation,* déplacement anormal d'un os de son articulation.

luxuriance n. f.
(Litt.) État de ce qui est luxuriant. *La luxuriance de la jungle.*

luxuriant, ante adj.
Abondant, en parlant de la végétation. *Une forêt luxuriante.*
☞ Ne pas confondre avec le mot *luxurieux,* débauché.

luxurieux, euse adj.
Débauché.
☞ Ne pas confondre avec le mot *luxuriant,* abondant.

luzerne n. f.
Plante fourragère.

lycanthrope n. m. et f.
Loup-garou.
➮ lycanthrope.

lycée n. m.
Établissement d'enseignement.
☞ Les désignations où le nom *lycée* est suivi d'un nom commun ou d'un adjectif s'écrivent avec une majuscule initiale. *Le Lycée français.* Lorsque le nom *lycée* est suivi d'un nom propre, il s'écrit avec une minuscule. *Il enseigne au lycée Louis-le-Grand.*
➮ lycée.

lycéen, éenne adj. et n. m. et f.
• **Adjectif.** Relatif au lycée, aux lycéens.
• **Nom masculin et féminin.** Élève d'un lycée.
➮ lycéen.

lymphatique adj.
• Relatif à la lymphe. *Vaisseaux lymphatiques.*
• Amorphe. *Une personne lymphatique.*
➮ lymphatique.

lymphe n. f.
Liquide riche en lymphocytes circulant dans l'organisme par les vaisseaux lymphatiques.
☞ Ne pas confondre avec le nom *nymphe,* divinité féminine, jeune fille gracieuse.
➮ lymphe.

lymphocyte n. m.
Globule blanc de petite taille qui joue un rôle important dans le système immunitaire.
➮ lymphocyte.

lynchage n. m.
☞ Attention à la prononciation de la première syllabe [lɛ̃ʃaʒ].
Action de lyncher.
➮ lynchage.

lyncher v. tr.
☞ Attention à la prononciation de la première syllabe [lɛ̃ʃe].
Exécuter sommairement, sans jugement régulier.
➮ lyncher.

lynx n. m.
☞ Le *x* se prononce [lɛ̃ks].
• Mammifère carnassier recherché pour sa fourrure.
• *Avoir des yeux de lynx.* (Fig.) Discerner le moindre petit détail. *Marie a des yeux de lynx : aucune coquille ne lui échappe.*
➮ lynx.

lyophiliser v. tr.
Dessécher en vue d'assurer la conservation.
➮ lyophiliser.

lyre n. f.
Instrument de musique à cordes pincées.
Hom. :
- *lire,* unité monétaire de l'Italie;
- *lire,* prendre connaissance d'un texte par la lecture.
➮ lyre.

lyrique adj.
• Se dit de la poésie qui traduit des sentiments intimes avec émotion et exaltation.
• Destiné à être mis en musique. *Une comédie lyrique.*
➮ lyrique.

lyriquement adv.
Avec lyrisme.
➮ lyriquement.

lyrisme n. m.
Expression poétique de ses sentiments.
➮ lyrisme.

lys n. m.
Graphie ancienne de *lis. Une fleur de lys.*
V. **lis.**

m
- Symbole de *mètre.*
- Symbole de *milli-.*

m²
Symbole de *mètre carré.*

m³
Symbole de *mètre cube.*

M
- Chiffre romain dont la valeur est de 1 000.
V. Tableau - **CHIFFRES.**
- Symbole de *million.*
- Symbole de *méga-.*

M.
Abréviation de *monsieur.*

mA
Symbole de *milliampère.*

MA
Abréviation de *modulation d'amplitude.*
⌘— Toutefois, l'abréviation internationale est AM. *La radio AM.*

ma adj. poss. f. sing.
- L'adjectif possessif détermine le nom en indiquant le «possesseur» de l'objet désigné. Il s'accorde en genre et en nombre avec le nom déterminé. *Ma maison.* Il s'accorde en personne avec le nom désignant le «possesseur».
- Ainsi, l'adjectif possessif *ma* renvoie à un seul «possesseur» d'un être, d'un objet de genre féminin.
⌘— Devant un nom féminin commençant par une voyelle ou un *h* muet, c'est la forme masculine *mon* qui est employée pour éviter un hiatus (rencontre de deux voyelles). *Mon amie, mon histoire.*
V. Tableau - **POSSESSIF (ADJECTIF).**

maboul, oule adj. et n. m. et f.
(Fam.) Fou. *Étienne et Ève ont une petite chatte folichonne nommée «Princesse Maboule».*
⇨ mabou**l.**

macabre adj.
Lugubre. *Ce film rempli de cadavres et de squelettes est trop macabre.*

macadam n.m.
⌒ Le *m* final se prononce [makadam].
- Revêtement de chaussée.
- (Par ext.) Chaussée. *Des fleurs de macadam.* (Chanson de J.-P. Ferland)
⇨ macada**m.**

macaque n. m.
Singe d'Asie.
⌘— Ce nom n'a pas de forme féminine. *Un macaque femelle.*
⇨ maca**que.**

macareux n. m.
Oiseau palmipède, voisin du pingouin.
⇨ macareu**x.**

macaron n. m.
- Petit gâteau sec.
- Insigne généralement de forme ronde. *Des macarons tricolores.*
⇨ macar**on.**

macaroni n. m.
Pâtes alimentaires. *Des macaronis savoureux, du macaroni au gratin.*
▷— Certains auteurs conservent le pluriel italien du mot en *i*; il paraît plus logique d'intégrer le mot au français et de mettre un *s* au pluriel comme dans *spaghettis.*

macchabée n. m.
⬯ La deuxième syllabe se prononce *ka* [makabe].
(Pop.) Cadavre.
⮕ ma**cc**ha**bé**e.

macédoine n. f.
Salade de légumes ou de fruits.
⮕ ma**c**é**d**oine.

macération n. f.
Action de faire macérer.
⮕ ma**c**é**ra**tion.

macérer v. tr., intr.
Le *é* se change en *è* devant une syllabe muette, sauf à l'indicatif futur et au conditionnel présent. *Il macère,* mais *il macérera.*
• **Transitif.** Faire tremper. *Des fruits macérés dans l'eau-de-vie.*
• **Intransitif.** Baigner dans un liquide. *Cette viande doit macérer quelques heures avant d'être cuite.*

Mach n. m.
⬯ Les lettres *ch* se prononcent *k* [mak].
Nombre de Mach. Rapport entre la vitesse d'un mobile et celle du son. *Voler à Mach 3* (trois fois la vitesse du son).
▷— Ce rapport varie selon la température. Le mot s'écrit avec une majuscule, car il s'agit du nom du physicien autrichien.

mâche n. f.
Plante herbacée qui se mange en salade.
⮕ **mâ**che.

mâchefer n. m.
Scories résultant de la combustion du charbon.
⮕ **mâ**chefer.

mâcher v. tr.
• Broyer avec les dents, triturer longuement dans la bouche. *Mâcher de la gomme.*
• *Ne pas mâcher ses mots.* Parler très franchement.
⮕ **mâ**cher.

machette n. f.
Grand couteau.
⮕ ma**ch**ette.

machiavélique adj.
⬯ Les lettres *ch* se prononcent *k* [makjavelik].
Diabolique.
⮕ ma**ch**iavélique.

mâchicoulis n. m.
⬯ Le *s* ne se prononce pas [maʃikuli].
Encorbellement percé d'ouvertures au sommet des murs des châteaux forts.
⮕ **mâ**chicoulis.

machin n. m.
(Fam.) Chose. *Je voudrais un machin comme ça.*

machinal, ale, aux adj.
Automatique, involontaire. *Des gestes machinaux.*

machinalement adv.
De façon machinale.

machination n. f.
Complot, intrigue. *Cette accusation résulterait d'une machination; l'accusé est innocent.*
▷— Ne pas confondre avec le nom *machinerie,* ensemble de machines concourant à un même but.

machine n. f.
• Ensemble de mécanismes utilisant une énergie donnée afin de fournir un travail. *Une machine électrique. Une machine à écrire, une machine à coudre.*
▷— Ne pas confondre avec les noms suivants :
- *appareil,* ensemble de pièces disposées pour fonctionner ensemble en vue d'exécuter une opération matérielle;
- *outil,* instrument utilisé directement par la main pour faire un travail;
- *ustensile,* instrument servant aux usages domestiques.
• *Faire machine arrière.* Reculer. *Ils font machine arrière.*
▷— Dans cette expression, le nom est invariable.

machine à écrire n. f.
Appareil dont on se sert pour transcrire un texte.
▷— Ne pas confondre le ou la *dactylo,* qui désigne une personne, avec l'appareil dont on se sert pour transcrire un texte et qui est une *machine à écrire.*

machine dynamo-électrique n. f.
S'abrège familièrement en *dynamo.*

machine-outil n. f. (pl. *machines-outils*)
Machine dotée d'un outillage mû mécaniquement.

machiner v. tr.
Comploter, manigancer.

machinerie n. f.
Ensemble de machines concourant à un même but.
▷— Ne pas confondre avec le nom *machination,* complot.

machiniste n. m. et f.
Personne chargée des décors, au théâtre, au cinéma.
▷— Ce nom est vieilli au sens de *conducteur, mécanicien.*

machisme n. m.
⬯ Les lettres *ch* se prononcent *tch* ou *ch,* [matʃism] ou [maʃism].
Idéologie fondée sur l'idée de la suprématie du mâle; comportement conforme à cette idéologie.
Syn. **phallocratie.**

machiste adj. et n. m. et f.
⬯ Les lettres *ch* se prononcent *tch* ou *ch,* [matʃist] ou [maʃist].
Qui fait preuve de machisme.

macho adj. inv. et n. m.
⬯ Les lettres *ch* se prononcent *tch* [matʃo].

• **Adjectif invariable.** (Fam.) Méprisant à l'égard des femmes. *Des préjugés macho.*
• **Nom masculin.** Personne qui croit à la supériorité des hommes sur les femmes. *Des machos, il en reste beaucoup.*
Syn. **phallocrate.**

mâchoire n. f.
Os de la face portant les dents. *La mâchoire supérieure est fixe, la mâchoire inférieure est mobile.*
☞ **mâchoire.**

mâchonner v. tr.
Mâcher légèrement.
☞ **mâchonner.**

mâchouiller v. tr.
(Fam.) Mâcher sans avaler. *Mâchouiller le bout d'un crayon.*
☞ **mâchouiller.**

mâcon n. m.
Vin de la région de Mâcon.
☞— Le nom du vin s'écrit avec une minuscule, le nom de la région, avec une majuscule.
☞ **mâcon.**

maçon n. m.
maçonne n. f.
Personne qui exécute des travaux de maçonnerie.
☞ **maçon.**

maçonnerie n. f.
Ouvrage composé de pierres, de briques unies par du mortier, du ciment, etc.
☞ **maçonnerie.**

macr(o)- préf.
Élément du grec signifiant «grand».
☞— Les mots composés avec ce préfixe s'écrivent sans trait d'union, sauf devant la voyelle *i. Macrocosme, macroéconomie, macro-instruction.*

macramé n. m.
Ouvrage de fils noués. *Sophie fait des macramés.*

macrocosme n. m.
Univers, par opposition à l'homme considéré comme un microcosme.
Ant. **microcosme.**

macroéconomie n. f.
(Écon.) Partie de l'économie qui étudie les structures générales, les grandeurs et les variables globales.
☞— Ne pas confondre avec la *microéconomie,* partie de l'économie qui étudie le comportement des unités individuelles (entreprise, consommateur, etc.).
Ant. **microéconomie.**

macroéconomique adj.
Relatif à la macroéconomie.

macro-instruction n. f.
(Inform.) Instruction qui permet l'exécution de plusieurs opérations à l'aide d'une seule commande. *Des macro-instructions très utiles.*

macroscopique adj.
Qui se voit à l'œil nu.
Ant. **microscopique.**

maculer v. tr.
(Litt.) Salir, tacher. *Une feuille maculée d'encre.*
☞ **maculer.**

madame, mesdames n. f.
• Abréviations Mme, Mmes (s'écrivent sans point).
• Titre de civilité donné aux femmes.
☞— 1° Le titre de civilité s'écrit avec une majuscule et ne s'abrège pas dans les formules d'appel et de salutation, dans les suscriptions. *Madame Hélène Duchêne.*

2° Le titre s'abrège généralement lorsqu'il est suivi du patronyme ou d'un autre titre et qu'on ne s'adresse pas directement à la personne. *Mme Laforest sera là. Mme la directrice est absente.*

3° Le titre ne s'abrège généralement pas lorsqu'on s'adresse à la personne; il s'écrit avec une minuscule. *Vous êtes bien madame Aline Dubois?*

4° Le titre s'écrit avec une minuscule et ne s'abrège pas lorsqu'il est employé seul, sans être accompagné d'un nom propre, d'un titre ou d'une fonction et dans certaines constructions de déférence. *Oui, madame, monsieur est sortie. Je ne crois pas avoir déjà rencontré madame.*

5° Le titre s'écrit en toutes lettres avec une minuscule lorsqu'il est employé comme nom commun. *Une jolie madame.*

*****made in**
Anglicisme au sens de *fabriqué en, au* (nom de pays).

madeleine n. f.
Petit gâteau. *La madeleine de Proust.*

madelinot n. m., **madelinienne** n. f.
Des Îles-de-la-Madeleine.
☞— Le nom s'écrit avec une majuscule.
☞— La forme féminine *madelinote* n'est pas recommandée.

mademoiselle, mesdemoiselles n. f.
• Abréviation Mlle, Mlles (s'écrivent sans point).
• Titre de civilité donné aux jeunes filles. *Au revoir, mademoiselle!*
☞— L'usage de donner le titre de *mademoiselle* aux femmes célibataires tend à vieillir; on emploie plutôt *madame,* à moins que l'intéressée n'en fasse la demande.
V. **madame.**

madère n. f.
Vin de Madère. *Boire du madère.*
☞— Le nom du vin s'écrit avec une minuscule, le nom de l'île, avec une majuscule.

madone n. f.
• Vierge. *Prier la Madone.*
• Représentation de la Vierge. *Des madones sculptées.*
☞— Le nom s'écrit avec une majuscule lorsqu'il désigne la Vierge.

madras n. m.
◁▷ Le *s* se prononce [madras].
Étoffe de couleurs vives.
☞ **madras.**

madrier n. m.
Poutre. *Un camion a livré les madriers de la charpente.*

madrigal n. m. (pl. *madrigaux*)
Petit poème galant.

madrilène adj. et n. m. et f.
De Madrid. *Un quartier madrilène. Un Madrilène, une Madrilène.*
▷— L'adjectif s'écrit avec une minuscule; le nom, avec une majuscule.

maestria n. f.
⊃ Les lettres *ae* se prononcent séparément [maɛs trija].
Brio.

maestro n. m.
⊃ Les lettres *ae* se prononcent séparément [maɛs tro].
(Plaisant.) Chef d'orchestre. *Des maestros.*

mafia ou **maffia** n. f.
• Association secrète de malfaiteurs. *La mafia est un réseau d'origine sicilienne.*
• (Fam.) Groupe de personnes unies par des intérêts communs. *La mafia des M.B.A.*
▷— En ce sens, le nom n'a pas de connotation péjorative.

mafflu, ue adj.
(Litt.) Joufflu.
▷ mafflu.

maganer v. tr.
(Fam.) Au Canada, endommager, détériorer. *J'ai magané mes chaussures dans la boue.*
▷— L'emploi du verbe est courant au Canada dans la langue familière, mais il est vieilli dans l'ensemble de la francophonie.

magasin n. m.
• Établissement commercial. *Un magasin d'appareils d'éclairage.*
• *Grand magasin.* Magasin comportant de nombreux rayons spécialisés.
▷— Par rapport à *boutique,* le *magasin* désigne un établissement d'une certaine importance.
• Lieu où l'on entrepose des produits, des matières premières, des pièces. *Le magasin de pièces d'une usine. Nous n'avons cet article en magasin.*

magasinage n. m.
• Au Canada, action de faire des courses.
• Action de mettre en magasin des marchandises. *Des frais de magasinage.*

magasiner v. intr.
Au Canada, faire des courses, des emplettes.

magasinier n. m.
magasinière n. f.
Personne responsable d'un magasin (de pièces, de fournitures, etc.) dans une grande entreprise.

magazine n. m.
• Publication périodique généralement illustrée.
• Émission de radio, de télévision traitant régulièrement de certains sujets. *Un magazine économique.*
▷ magazine.

mage n. m.
• Astrologue, personne versée dans la magie.
• (En appos.) *Les Rois mages.*

magenta adj. inv. et n. m.
⊃ Les lettres *en* se prononcent *in* [maʒɛ̃ta].
• **Adjectif de couleur invariable.** D'un rouge violacé. *Des imprimés magenta.*
V. Tableau - **COULEUR (ADJECTIFS DE).**
• **Nom masculin.** Couleur rouge violacé. *Des magentas vibrants.*

maghrébin, ine adj. et n. m. et f.
Du Maghreb, c'est-à-dire d'Afrique du Nord. *Le folklore maghrébin. Un Maghrébin, une Maghrébine.*
▷— L'adjectif s'écrit avec une minuscule; le nom, avec une majuscule.
▷ maghrébin.

magicien n. m.
magicienne n. f.
Personne qui pratique la magie. *Michel, le magicien.*

magie n. f.
• Art de produire des effets apparemment inexplicables.
• Charme. *La magie des couleurs.*

magique adj.
Qui se rapporte à la magie. *Une baguette magique.*

magiquement adv.
De façon magique.

magistral, ale, aux adj.
• Donné par un maître. *Des cours magistraux.*
• Remarquable. *Une œuvre magistrale.*

magistralement adv.
De façon magistrale.

magistrat n. m.
magistrate n. f.
Fonctionnaire chargé de rendre la justice.
Syn. **juge.**

magistrature n. f.
Ensemble des magistrats.

magma n. m.
Masse informe, mélange confus. *Des magmas de données.*

magnanime adj.
Généreux, clément.
▷ magnanime.

magnanimement adv.
Avec magnanimité.
▷ magnanimement.

magnanimité n. f.
Générosité, clémence.
▷ magnanimité.

magnat n. m.
⊃ Les lettres *gn* se prononcent séparément et le *t* est muet [magna].
Personnalité influente. *Les magnats de la finance, du pétrole.*
▷ magnat.

magner (se) v. pronom.
(Pop.) Se hâter.

magnésium n. m.
⟹ Le *u* se prononce comme *o* [maɲezjɔm].
• Symbole *Mg* (s'écrit sans point).
• Métal blanc argenté. *Des magnésiums.*

magnétique adj.
Qui possède les propriétés de l'aimant. *L'attraction magnétique. Les cassettes comprennent une bande magnétique sur laquelle on peut enregistrer les sons.*

magnétisation n. f.
Action de magnétiser.

magnétiser v. tr.
• Aimanter.
• (Litt.) Fasciner.

magnétisme n. m.
• Ensemble des phénomènes relatifs aux aimants et aux champs magnétiques.
• (Fig.) Fascination exercée par quelqu'un sur son entourage.

magnéto- préf.
Élément du grec signifiant «aimant». *Magnétophone.*

magnéto n. m.
Abréviation familière de *magnétophone* et de *magnétoscope. Des magnétos.*

magnétophone n. m.
• S'abrège familièrement en *magnéto* (s'écrit sans point).
• Appareil d'enregistrement et de reproduction des sons utilisant des bandes magnétiques.

magnétoscope n. m.
• S'abrège familièrement en *magnéto* (s'écrit sans point).
• Appareil d'enregistrement et de reproduction des images et du son utilisant des bandes magnétiques.
Syn. **vidéoscope.**

Magnificat n. m. inv.
⟹ Le *t* se prononce [maɲifikat].
Cantique en l'honneur de la Vierge. *De beaux Magnificat.*
↦ Ce nom s'écrit avec une majuscule.

magnificence n. f.
Qualité de ce qui est magnifique, somptueux. *La magnificence d'un coucher de soleil sur la mer.*
↦ Ne pas confondre avec le nom *munificence*, générosité.
⟹ magnifi**cence.**

magnifier v. tr.
Redoublement du *i* à la première et à la deuxième personne du pluriel de l'indicatif imparfait et du subjonctif présent. *(Que) nous magnifiions, (que) vous magnifiiez.*
• Célébrer, louer.
• Idéaliser.

magnifique adj.
Admirable, grandiose. *Un magnifique paysage.*

magnifiquement adv.
De façon magnifique.

magnolia n. m.
⟹ Le nom se prononce [maɲɔlja] ou [magnɔlja].
Arbre à feuilles luisantes, à grandes fleurs très odorantes. *Des magnolias blancs.*
↦ Attention au genre masculin de ce nom : *un* magnolia.

magnum n. m.
⟹ Les lettres *gn* se prononcent séparément et le *u* se prononce *o* [magnɔm].
Bouteille de champagne contenant de 1,50 à 1,60 litre.
V. **bouteille.**

magot n. m.
Somme d'argent économisée. *Cacher son magot.*
⟹ mago**t.**

magouille n. f. ou **magouillage** n. m.
(Fam.) Tractations douteuses.
⟹ magoui**lle,** magoui**llage.**

magouiller v. intr.
(Fam.) Se livrer à des magouilles.
⟹ magoui**ller.**

magouilleur, euse adj. et n. m. et f.
(Fam.) Personne qui se livre à des magouilles.
⟹ magoui**lleur.**

magret n. m.
(Cuis.) Filet de canard. *Du magret de canard.*
⟹ magre**t.**

maharaja ou **maharadjah** n. m.
⟹ La dernière syllabe se prononce *ja* ou *dja,* [maa raʒa] ou [maaradʒa].
Titre princier en Inde. *Des maharajahs.*

maharané ou **maharani** n. f.
Femme du maharajah. *Des maharanés.*

mahométan, ane adj. et n. m. et f.
(Vx) Musulman.

mai n. m.
Cinquième mois de l'année. *Le 29 mai.*
↦ Les noms de mois s'écrivent avec une minuscule.
V. Tableau - **DATE.**

maïeutique n. f.
Dialectique.
⟹ maïeutique.

maigre adj.
• Qui a très peu de graisse, trop mince. *Antoine est maigre comme un manche à balai.*
Ant. **gras.**
• Médiocre, insuffisant. *De maigres résultats.*
• (Imprim.) Peu épais (par opposition à *gras*). *Des caractères typographiques maigres (et non *légers).*

maigrelet, ette adj.
Un peu trop maigre.
⟹ maigre**let.**

maigrement adv.
De façon peu abondante.

maigreur n. f.
Absence de graisse.

maigrichon, onne adj. et n. m. et f.
(Fam.) Un peu maigre.

maigrir v. tr., intr.
• **Transitif.** Rendre maigre. *Ce costume le maigrit.*
• **Intransitif.** Devenir maigre. *Un régime pour maigrir.*
Elle a maigri.

mail n. m.
• Allée bordée d'arbres.
• Allée piétonnière. *Des mails ombragés.*
🖝 Attention au genre masculin de ce nom : *un* mail.

*****mailing**
Anglicisme au sens de *publipostage.*

maillage n. m.
• (Fig.) Concertation entre entreprises.
• (Adm.) Constitution d'un réseau d'entreprises.

maille n. f.
• Chacune des boucles nouées d'un tissu, d'un tricot, d'un réseau, etc.
• *Avoir maille à partir avec quelqu'un.* Avoir un différend avec quelqu'un.

mailler v. tr.
Relier à l'aide de mailles.

maillet n. m.
Petit marteau. *Le maillet du juge.*

maillon n. m.
Anneau d'une chaîne. *Les maillons d'un bracelet.*

maillot n. m.
• Vêtement moulant qui couvre le haut du corps. *Porter un maillot.*
• *Maillot de bain.* Costume de bain. *Elle a toute une collection de maillots de bain.*
• *Maillot de corps.* Sous-vêtement masculin couvrant le torse.

main n. f.
V. Tableau - **MAIN.**

main-d'œuvre n. f. (pl. *mains-d'œuvre*)
• Travail de l'ouvrier. *Des frais de main-d'œuvre.*
• Ensemble des salariés. *Une main-d'œuvre étrangère.*
🖝 L'emploi de ce nom est rare au pluriel.
➭ **main-d'œuvre,** avec un trait d'union.

main-forte n. f. inv.
• Assistance.
• *Prêter main-forte, donner main-forte à quelqu'un.* Aider.
➭ **main-forte,** avec un trait d'union.

mainlevée n. f.
(Dr.) Acte qui met fin à une saisie, à une opposition.
➭ **mainlevée,** en un seul mot.

mainmise n. f.
Prépondérance, domination.
➭ **mainmise,** en un seul mot.

maint, mainte adj. indéf.
• (Litt.) Plusieurs. *Je l'ai aperçu maintes fois.*
• *À maintes reprises.* Souvent.
➭ **maint.**

*****maintenance**
Anglicisme au sens de *entretien.*

maintenance n. f.
Ensemble des opérations exécutées dans le but de maintenir un système ou une partie du système dans un état de fonctionnement normal. *Superviser la maintenance d'un avion.*
🖝 Ne pas confondre avec le nom *entretien,* action de maintenir en bon état.

maintenant adv.
Actuellement, à présent. *Nous pouvons jouer maintenant, nous sommes en vacances.*
➭ **maintenant.**

maintenir v. tr., pronom.
INDICATIF PRÉSENT *Je maintiens, tu maintiens, il maintient, nous maintenons, vous maintenez, ils maintiennent.* IMPARFAIT *Je maintenais.* PASSÉ SIMPLE *Je maintins.* FUTUR *Je maintiendrai.* CONDITIONNEL PRÉSENT *Je maintiendrais.* IMPÉRATIF PRÉSENT *Maintiens, maintenons, maintenez.* SUBJONCTIF PRÉSENT *Que je maintienne.* IMPARFAIT *Que je maintinsse.* PARTICIPE PRÉSENT *Maintenant.* PASSÉ *Maintenu, ue.*
• **Transitif**
- Entretenir, conserver dans le même état. *Maintenir la discipline dans la classe.*
- Fixer. *Elle maintient ses longs cheveux par des peignes.*
• **Pronominal**
Durer, rester dans le même état. *L'eau se maintient au même niveau, il n'y aura pas d'inondation.*

maintien n. m.
• Attitude. *Un maintien souple.*
• Conservation. *Assurer le maintien des lois.*
➭ **maintien.**

maire n. m.
mairesse n. f.
Personne élue à la direction d'une administration municipale.
🖝 Le nom «mairesse» qui désignait la femme du maire est aujourd'hui désuet ou ironique; cependant, on note que plusieurs femmes exerçant les fonctions de maire au Québec choisissent le titre de *mairesse.* Il est également possible d'employer le mot *maire* au féminin. *Madame la maire.*
Hom. :
- *mer,* vaste étendue d'eau salée;
- *mère,* femme qui a donné naissance à un ou plusieurs enfants.

mairesse n. f.
(Fam.) Femme d'un maire.

mairie n. f.
• Administration municipale.
• Hôtel de ville.

MAIN

Partie du corps humain, composée de cinq doigts, qui termine le bras et sert à toucher et à saisir.

☞ Dans les locutions dont il fait partie, le nom *main* s'écrit parfois au singulier, parfois au pluriel.

À main armée.	Les armes à la main.
À pleines mains.	Abondamment.
Avoir, tenir en main.	Avoir à sa disposition.
Avoir la main haute sur.	Diriger.
Avoir le cœur sur la main.	Être très généreux.
Avoir les mains libres.	Avoir toute latitude.
Avoir les mains pleines de pouces.	Au Canada, être maladroit.
Avoir sous la main.	Avoir à sa portée.
Changer de main.	Faire passer d'une main à une autre.
Changer de main(s).	Passer d'un propriétaire à un autre.
Coup de main.	Aide momentanée.
De la main à la main.	Sans intermédiaire.
De longue main.	Depuis longtemps.
De main de maître.	Avec habileté.
De main en main.	D'une personne à une autre.
De première main.	Directement, de source sûre.
De seconde main.	Indirectement.
Dessiner à main levée.	D'un seul trait.
En bonnes mains.	À une personne compétente.
En main(s) propre(s).	Dans les mains de la personne intéressée.
En un tour de main.	Rapidement.
En venir aux mains.	Se battre.
Faire des pieds et des mains.	Multiplier les démarches.
Faire main basse sur quelque chose.	Voler.
Fait, cousu main.	Fait à la main.
Forcer la main à quelqu'un.	Obliger quelqu'un.
Haut la main.	Facilement, avec autorité.
Haut les mains!	Sommation de lever les bras.
Homme de main.	Homme d'exécution.
Lever la main sur quelqu'un.	S'apprêter à le frapper.
Main courante.	Partie supérieure d'une rampe d'escalier.
Mettre la dernière main à quelque chose.	Terminer, achever quelque chose.
Mettre la main à la pâte.	Participer, travailler soi-même.
Ne pas y aller de main morte.	Attaquer avec vivacité.
Passer la main.	Renoncer à une fonction.
Perdre la main.	Perdre l'habitude.
Poignée de main, (pl. poignées de main).	Geste par lequel on serre la main de quelqu'un.
Porter la main sur quelqu'un.	Frapper quelqu'un.
Prendre en main(s) quelqu'un, quelque chose.	Se charger de quelqu'un, de quelque chose.
Prendre la main dans le sac.	En flagrant délit.
Se faire la main.	S'exercer.
Se laver les mains de quelque chose.	Dégager sa responsabilité.
Se prendre par la main.	S'obliger à faire quelque chose.
Sous la main.	À sa disposition.
Tendre la main à quelqu'un.	Offrir son aide, son amitié.
Voter à main levée.	Exprimer son suffrage par ce geste de la main.

mais conj.
Cette conjonction introduit une idée contraire, une restriction, une objection. *Il est intelligent, mais il n'a pas l'expérience voulue.*
☞ La conjonction *mais* est généralement précédée d'une virgule.

maïs n. m.
⇔ Le *s* se prononce [mais].
• Graminée dont les épis portent des grains durs. *Du maïs soufflé, du maïs éclaté* (et non *du *popcorn*).
• Au Canada, le nom *blé d'Inde* s'emploie également en ce sens.
☞ maïs.

maison n. f.
• Bâtiment servant d'habitation. *Une maison de campagne.*
• Établissement privé ou public. *Une maison d'édition, une maison de la culture.*
• *Maison(-)mère.* Établissement dont dépend un ordre religieux.
☞ Pour une entreprise commerciale, on dit plutôt *siège social.*
• (En appos.) Fait à la maison, du chef. *Des spécialités maison.*
☞ Dans cet emploi, le mot est invariable.
• *Maison-Blanche.* Résidence du président des États-Unis.
☞ Le nom et l'adjectif s'écrivent avec une majuscule initiale et un trait d'union.

maisonnée n. f.
Ensemble de ceux qui habitent une maison.

maisonnette n. f.
Petite maison.
☞ maisonnette.

maître, maîtresse n. m. et f.

• Personne qui possède l'autorité.
- *Rester maître de soi.* Se maîtriser.
- *Se rendre maître d'un lieu.* S'en emparer.
- *Trouver son maître.* S'incliner devant quelqu'un de supérieur.
• Personne qui enseigne un art, une science.
- *Maître de dessin, de ballet, d'étude.*
☞ Le complément s'écrit au singulier.
- *Maître d'armes.* Professeur d'escrime.
- *Maître, maîtresse d'école.* Instituteur, institutrice.
• Personne qui dirige du personnel.
- *Maître d'hôtel.* Personne qui dirige le service dans un hôtel, un restaurant. *Des maîtres d'hôtel stylés.*
- *Maître d'œuvre.* Personne physique ou morale à qui le maître de l'ouvrage confie la direction ou le contrôle de l'exécution des travaux. *Des maîtres d'œuvre expérimentés.*
- *Maître de l'ouvrage.* Personne physique ou morale qui définit un marché de travaux, conclut le marché, reçoit l'ouvrage terminé et procède aux paiements. *Des maîtres d'ouvrage exigeants.*
• Titre donné aux avocats et aux notaires. *Cher Maître, chère Maître.*

- Abréviation *M*ᵉ, (au plur.) *M*ᵉˢ (s'écrivent sans point).
☞ Le titre conserve la même forme au masculin et au féminin.
• *Maître, maîtresse.* (En appos.) Qui est important, le plus important. *Des pièces maîtresses, des atouts maîtres.*
☞ Le nom mis en apposition prend la marque du pluriel et s'écrit sans trait d'union.
- *Maître-autel.* Des maîtres-autels.
- *Maître chanteur.* Personne qui fait du chantage. *Des maîtres chanteurs.*
☞ Cette locution péjorative n'a pas de forme féminine.
- *Maître à penser.* Modèle (intellectuel). *Nous avons eu le même maître à penser.*
- *Maître nageur.* Personne qui surveille des baigneurs, qui enseigne la natation. *Des maîtres nageurs attentifs* (et non *des *life guards*).
Hom. *mètre,* unité de mesure de longueur.
☞ maître, maîtresse.

maîtrise n. f.
• Domination incontestée. *Ces corsaires avaient la maîtrise de la Méditerranée.*
• *Maîtrise de soi.* Calme.
• Grade universitaire sanctionnant le second cycle de l'enseignement supérieur. *Une maîtrise en chimie.*
V. Tableau - **GRADES ET DIPLÔMES UNIVERSITAIRES.**
☞ maîtrise.

Maîtrise en administration des affaires n. f.
Abréviation *M.B.A.* (s'écrit avec des points).

Maîtrise en droit n. f.
Abréviation *LL.M.* (s'écrit avec des points).

maîtriser v. tr., pronom.
• **Transitif**
- Se rendre maître de. *Maîtriser un cheval.*
- Contenir. *Maîtriser un incendie* (et non *contrôler*). *Maîtriser sa déception.*
• **Pronominal**
Se dominer. *Ils se sont maîtrisés et sont restés silencieux.*
☞ maîtriser.

majesté n. f.
• Qualité de ce qui est revêtu d'un caractère de grandeur propre à inspirer l'admiration. *Une cérémonie remplie de majesté.*
• **Pluriel de majesté.** Pour éviter le *je,* le pronom *nous* peut être employé dans certains cas. *Nous sommes persuadé* (ou *persuadée*) *que ce sera utile.*
☞ Dans ce cas, le participe passé s'accorde en genre, mais reste singulier.
• Titre donné aux souverains. *Sa Majesté la reine Elizabeth.*
• Abréviations : Sa Majesté *S.M.,* Sa Majesté Royale *S.M.R.,* Leurs Majestés *LL.MM.,* Leurs Majestés Royales *LL.MM.RR.*
☞ Les adjectifs, les pronoms ou les participes passés s'accordent au féminin en l'absence d'un nom

masculin qui suivrait le titre honorifique. *Sa Majesté est prête à venir.* Si le titre est suivi d'un nom masculin, les adjectifs, les pronoms ou les participes passés s'accordent avec ce nom. *Sa Majesté le prince est déterminé à venir.*

majestueusement adv.
Avec majesté.

majestueux, euse adj.
Imposant.

majeur, eure adj. et n. m. et f.
• **Adjectif**
- Plus grand, plus considérable. *La majeure partie des élèves est absente.*
- Très important. *Un incident majeur.*
- ***Cas de force majeure.*** Évènement inévitable. *C'était un cas de force majeure.*
- Qui a atteint la majorité. *Elle est majeure.*
• **Nom masculin et féminin**
Personne qui a atteint la majorité. *Les majeurs ont le droit de voter.*
Ant. **mineur.**
• **Nom masculin**
Le troisième doigt de la main. *Le majeur est le doigt le plus long.*

major adj. et n. m.
• Officier supérieur.
• ***État-major.*** Conseil de direction d'une armée, d'une organisation. *Des états-majors.*

majoration n. f.
Augmentation. *Une majoration de prix, d'impôt.*

majordome n. m.
Maître d'hôtel de grande maison.

majorer v. tr.
Augmenter. *Majorer un salaire.*

majorette n. f.
Dans un défilé, jeune fille qui manie agilement un bâton de tambour-major.

majoritaire adj.
• Se dit d'un régime électoral où la majorité des votes l'emporte.
• Qui fait partie d'une majorité. *Un groupe majoritaire.*

majorité n. f.
• Le plus grand nombre. *La majorité des participants a choisi* ou *ont choisi notre candidat.*
☞ Après un nom collectif suivi d'un complément au pluriel, le verbe se met au singulier ou au pluriel suivant l'intention de l'auteur qui veut insister sur l'ensemble ou sur la pluralité.
Ant. **minorité.**
V. Tableau - **COLLECTIF.**
• Âge légal auquel une personne jouit du libre exercice de ses droits. *La majorité est maintenant établie à 18 ans.*

majuscule adj. et n. f.
Lettre majuscule. Grande lettre, capitale. *Les noms propres s'écrivent avec une majuscule.*
Ant. **minuscule, bas de casse.**
V. Tableau - **MAJUSCULES ET MINUSCULES.**

mal adj., adv. et n. m.
• **Adjectif**
- Contraire au bien. *C'est mal de tricher.*
- ***Bon an, mal an.*** En faisant une moyenne entre les années. *Cette entreprise fait de bons profits bon an, mal an.*
- ***Bon gré, mal gré.*** De gré ou de force.
- ***Être mal en point.*** Être en mauvais état.
- ***N'être pas mal.*** Plutôt bien. *Cette amie n'est pas mal du tout, elle est jolie.*
• **Adverbe**
- Imparfaitement. *Ils écrivent mal.*
- ***Faire mal.*** Causer une douleur. *Cette dent me fait mal.*
- ***Pas mal,*** locution adverbiale. (Fam.) Assez. *Elle a pas mal de cassettes.*
☞ Employé comme adverbe, le mot est invariable.
• **Nom masculin** (pl. *maux*)
- Ce qui est contraire au bien. *Ne pas faire le mal, faire le bien.*
- Douleur. *Des maux de dents, de tête.*
- ***Mal de cœur.*** Envie de vomir. *Des maux de cœur.*
- ***Mal de l'air, de mer.*** Malaise causé par les oscillations d'un avion, d'un bateau.
- ***Mal du pays.*** Nostalgie.
Hom. :
- ***malle,*** coffre;
- (du plur. *maux*) ***mot,*** groupe de lettres exprimant une idée.

malabar n. m.
Homme grand et fort.

malachite n. f.
👄 Les lettres *ch* se prononcent *k* [malakit].
Belle pierre verte.

malade adj. et n. m. et f.
• **Adjectif.** Qui est en mauvaise santé, en mauvais état. *Éric ne peut sortir, il est malade.*
• **Nom masculin et féminin.** Personne malade. *Un grand malade.*

maladie n. f.
• Altération de la santé. *Une grave maladie.*
• ***Assurance maladie.*** Assurance contre la maladie. *Des assurances maladie.*

maladie sexuellement transmissible
Sigle **MST** (s'écrit avec ou sans points).
☞ Appellation utilisée en France.

maladie transmise sexuellement
Sigle **MTS** (s'écrit avec ou sans points).
☞ Appellation utilisée au Canada.

maladif, ive adj.
Qui est souvent malade. *Des personnes maladives.*

maladivement adv.
De façon maladive.

maladresse n. f.
• Manque d'habileté. *Quelle maladresse! Claire a cassé le beau vase.*
• Action maladroite, bêtise. *Pierre a commis une maladresse.*

MAJUSCULES ET MINUSCULES

La majuscule initiale sert à mettre en évidence les noms propres. S'il est facile de reconnaître les **noms propres par essence** (noms de personnes, de dieux, d'astres...), il est beaucoup plus délicat de traiter les noms communs qui accèdent à la qualité de **noms propres par occasion** (noms géographiques, historiques, odonymes, dénominations diverses), pour marquer l'unicité ou la spécificité d'une dénomination.

EMPLOI DE LA MAJUSCULE

• Au premier mot d'une phrase.
   La rencontre aura lieu le 29 mars. D'ici là, précisons nos projets.

• Après les points d'interrogation, d'exclamation, de suspension quand ces points terminent effectivement la phrase.
   Serez-vous présent? Veuillez communiquer avec nous...

• Après un deux-points introduisant :
   – une **citation**. *Et celui-ci de répondre : «L'art d'aimer, je connais».*
   – une **énumération** où les jalons énumératifs sont un numéro ou une lettre de classification suivi d'un point (*1., 2., A., B.*), d'un chiffre d'ordre (*1°, 2°*). *1. Introduction 2. Hypothèses...*

   ☞ Dans une énumération où les jalons énumératifs sont des tirets, la minuscule est plus courante; si l'énumération se fait à l'intérieur d'un paragraphe, dans le corps du texte, la minuscule s'impose. *1- introduction 2- hypothèses... Le texte se divise ainsi : introduction, hypothèses...*

• Le nom de Dieu.
   Dieu, Notre-Seigneur, le Père éternel.

• Les noms de personnes (patronymes, prénoms, surnoms).
   Félix Leclerc. Jean-Baptiste Poquelin, dit Molière.

   ☞ La particule nobiliaire s'écrit avec une minuscule. *Alfred de Vigny.*

• Les noms de dieux païens.
   Hermès, Aphrodite, Neptune.

• Les noms d'astres (étoiles, planètes, constellations, comètes) et les signes du zodiaque.
   Le Soleil, Saturne, le Sagittaire.

   ☞ 1° Le mot déterminant de la désignation prend une majuscule ainsi que l'adjectif qui le précède. *L'étoile Polaire, la Grande Ourse.*
   2° Les mots **lune, soleil, terre** s'écrivent avec une majuscule lorsqu'ils désignent la planète, l'astre lui-même, notamment dans la langue de l'astronomie; ils s'écrivent avec une minuscule dans les autres utilisations. *La Terre tourne autour du Soleil. Un beau coucher de soleil, le clair de lune.*

   V. **astre**.

• Les noms de points cardinaux.
   L'Amérique du Sud. Boulevard René-Lévesque Ouest. Le pôle Nord.

   V. Tableau – **POINTS CARDINAUX**.

• Les noms géographiques.
   Le Québec, Montréal, le Saint-Laurent

suite➞

☞— 1° Les génériques de géographie accompagnés par un nom propre ou par un adjectif spécifique s'écrivent avec une minuscule, tandis que le nom propre ou l'adjectif spécifique prend la majuscule. *Les montagnes Rocheuses, le golfe Persique, l'océan Atlantique, le mont Everest.*

2° Les dénominations géographiques composées où le nom est accompagné d'un adjectif qui souvent le précède s'écrivent avec une majuscule. *Le Proche-Orient, le Grand Nord, la Nouvelle-Angleterre, Terre-Neuve, les Grands Lacs.*

V. Tableau - **GÉOGRAPHIQUES (NOMS).**

• Les noms de véhicules (bateaux, avions, engins spatiaux, etc.).
Le Concorde, le France.

☞— L'article s'écrit avec une majuscule s'il fait réellement partie du nom.

V. **bateau.**

• Les noms de peuples.
Les Québécois, les Belges, les Suisses et les Français.

☞— Employés comme adjectifs, ces mots s'écrivent avec une minuscule. *Le drapeau québécois.* Par contre, les noms d'adeptes de religions, de partis politiques, d'écoles artistiques, d'ordres religieux s'écrivent avec une minuscule. *Les chrétiens, les libéraux, les impressionnistes, les jésuites.*

V. Tableau – **PEUPLES (ÉCRITURE DES NOMS DE).**
V. **néo-.**

• Les noms d'évènements historiques. Seul le mot caractéristique de la désignation et l'adjectif qui le précède s'écrivent avec une majuscule, alors que le générique s'écrit avec une minuscule.
La bataille des Plaines d'Abraham, la Renaissance, le Moyen Âge.

• Les noms de fêtes religieuses, nationales s'écrivent avec une majuscule au mot caractéristique et à l'adjectif qui le précède.
Le jour de l'An, le Nouvel An, le jour des Rois, le Mardi gras, le mercredi des Cendres, le Vendredi saint, Pâques, la Saint-Jean, la fête du Travail, la Toussaint, Noël.

• Les odonymes, les noms de places, de monuments.

– Ces noms s'écrivent avec une majuscule au mot caractéristique et une minuscule au mot générique (rue, avenue, boulevard, jardin, square).
La rue Notre-Dame, la statue de la Liberté.

– Quand la désignation spécifique est composée de plusieurs éléments, ceux-ci sont reliés par des traits d'union.
Elle habite avenue Antonine-Maillet, rue Monsieur-le-Prince, le square du Vert-Galant.

• Les noms d'établissements d'enseignement (écoles, collèges, instituts...), de sociétés savantes, de musées, de bibliothèques.

– Les génériques de ces dénominations suivis d'un adjectif s'écrivent avec une majuscule.
L'École polytechnique. La Bibliothèque nationale.

– Les génériques s'écrivent avec une minuscule.
Le collège Brébeuf. L'école de musique Vincent-d'Indy, l'institut Armand-Frappier.

☞— On écrira la désignation avec une majuscule initiale, s'il y a lieu, pour respecter le nom officiel de l'établissement.

• Les noms d'organismes publics ou privés, de sociétés, d'institutions. On emploie généralement la majuscule au premier nom de ces diverses dénominations.

La Société générale de financement, l'Assemblée nationale, l'Office de la langue française, le Centre national de la recherche scientifique.

suite→

☞ Pour les noms de ministères, la règle diffère; en effet, c'est le nom du domaine d'activité spécifique qui s'écrit avec une majuscule, tandis que le nom **ministère** et les adjectifs de la désignation s'écrivent avec des minuscules. *Le ministère des Études supérieures et de la Science, le ministère de l'Industrie et du Commerce.*

• Les raisons sociales. En plus des noms propres qui prennent la majuscule (noms de personnes, de lieux, etc.), seuls le premier mot du générique et le premier mot du distinctif prennent une majuscule.
Agence de voyages Beauchesne, Pâtisserie Aux mille délices.

V. Tableau – **RAISON SOCIALE.**

• Les titres de civilité, les titres honorifiques, les suscriptions prennent une majuscule.
M. Larochelle, Son Excellence, Madame.

V. **madame, monsieur.**
V. Tableau – **TITRES DE FONCTIONS.**

• Les titres d'ouvrages, d'œuvres d'art, les noms de journaux, de périodiques prennent une majuscule au premier nom et éventuellement à l'adjectif et à l'article qui le précède.
Le Visuel, les *Lettres de mon moulin,* le *Petit Prince.*

☞ 1° L'article défini ne prend la majuscule que s'il fait partie du titre. *J'ai lu* L'art d'aimer *d'Ovide.*

2° Si un adjectif précède le substantif, tous deux prennent la majuscule. *La Divine Comédie, le Grand Larousse de la langue française, Le Bon Usage.*

3° Si un adjectif suit le substantif, il s'écrit avec une minuscule. *Les Femmes savantes.*

4° Si le titre est constitué de plusieurs mots clés, chacun s'écrit avec une majuscule. *Guerre et Paix. Le Lièvre et la Tortue.*

5° Lorsqu'un titre est constitué d'une phrase, seul le premier mot s'écrit avec une majuscule. *À la recherche du temps perdu.*

☞ On note une tendance à simplifier l'écriture des titres d'œuvres par le choix d'une seule majuscule initiale au premier substantif et à l'adjectif qui le précède. Toutefois, le mode classique demeure juste.

V. Tableau – **TITRES D'ŒUVRES.**

EMPLOI DE LA MINUSCULE

• Les titres et dignités.
L'empereur, le roi, le président, le premier ministre.

• Les noms de langues.
Le français et l'anglais.

• Les noms de religions.
Le christianisme, le bouddhisme.

• Les noms des membres des ordres monastiques.
Les dominicains, les jésuites.

• Les titres religieux.
Le pape, le cardinal, le curé.

• Les noms des mois, des jours de la semaine.
Le mois de mars; lundi, mardi.

• Les noms de pays, de régions donnés aux produits qui en sont originaires.
Un champagne, un cheddar, un hollande, un médoc, un oka.

• Les juridictions n'ayant pas de caractère unique.
La cour supérieure, la cour d'appel.

maladroit, oite adj.
Qui manque d'adresse, incapable. *Claire et Pierre sont maladroits.*

maladroitement adv.
De façon maladroite.

malaga n. m.
Vin de la région de Malaga.
🖝 Le nom du vin s'écrit avec une minuscule, celui de la région avec une majuscule.
▭▷ mala**g**a.

malais, aise adj. et n. m. et f.
• **Adjectif et nom masculin et féminin.** De la Malaisie. *Le drapeau malais. Un Malais, une Malaise.*
🖝 L'adjectif s'écrit avec une minuscule; le nom, avec une majuscule.
• **Nom masculin.** Langue officielle de la Malaysia et de l'Indonésie. *Apprendre le malais.*
🖝 Le nom de la langue s'écrit avec une minuscule.

malaise n. m.
Sensation pénible (morale ou physique). *Anna a eu un malaise, elle s'est évanouie.*

malaisé, ée adj.
Difficile. *Ce devoir est malaisé.*

malappris, ise adj.
(Vx) Mal élevé. *Petits voyous, petits malappris!*
▭▷ mala**p**pris.

malard n. m.
Au Canada, variété de canard.
▭▷ malar**d**.

malaria n. f.
(Vx) Paludisme.

malavisé, ée adj.
(Litt.) Imprudent.

malaxage n. m.
Action de malaxer.

malaxer v. tr.
Triturer, souvent à l'aide d'un appareil.

malaxeur n. m.
Appareil, machine servant à malaxer.

malchance n. f.
Mauvaise chance. *Quelle malchance : le dernier métro vient de partir.*

malchanceux, euse adj. et n. m. et f.
Qui n'a pas de chance. *Luigi est malchanceux, il devra rentrer à pied : il a manqué son métro.*

malcommode adj.
• (Vx) Incommode. *Un siège malcommode.*
• Au Canada, turbulent, en parlant d'un enfant.
• Au Canada, qui manque de patience, désagréable, en parlant d'un adulte.
🖝 L'emploi de l'adjectif est courant au Canada dans la langue familière, mais il est vieilli en ce sens dans l'ensemble de la francophonie.

maldonne n. f.
• Erreur dans la distribution des cartes.
• (Par ext.) Erreur. *Il y a maldonne.*

mâle adj. et n. m.
• **Adjectif**
- Masculin. *Un enfant mâle.*
- Qui est relatif à l'homme. *Une démarche mâle.*
• **Nom masculin**
Nom générique de tous les êtres animés de sexe masculin. *Le coq est le mâle de la poule.*

malédiction n. f.
Fatalité, malchance. *Quelle malédiction : j'ai encore perdu mon porte-monnaie!*
Ant. **bénédiction.**

maléfice n. m.
(Litt.) Sortilège, ensorcellement.

maléfique adj.
(Litt.) Qui exerce une action néfaste. *Un pouvoir maléfique.*

malencontreusement adv.
De façon malencontreuse.

malencontreux, euse adj.
Fâcheux, mal à propos. *Un incident malencontreux.*

mal-en-point ou **mal en point** loc. adj. inv.
En mauvais état. *Après cet accident, ils étaient très mal-en-point, ou mal en point.*
🖝 La locution s'écrit avec ou sans trait d'union.

malentendant, ante n. m. et f.
Personne qui entend mal. *Les malentendants.*

malentendu n. m.
• Erreur d'interprétation des paroles, des actes de quelqu'un. *Des malentendus fâcheux.*
• Désaccord qui résulte de cette mauvaise interprétation.
🖝 Ne pas confondre avec le nom *quiproquo,* fait de prendre une personne, une chose pour une autre.

mal-être n. m. inv. (pl. *mal-être*)
Sentiment de profond malaise.

malfaçon n. f.
Défaut de fabrication.
🖝 Ne pas confondre avec les noms suivants :
- *défaut,* imperfection;
- *travers,* défaut léger, bizarrerie;
- *vice,* défaut qui altère gravement la constitution d'une chose.

malfaisance n. f.
👄 Les lettres *ai* se prononcent *e* [malfəzãs].
Disposition à faire du mal.
▭▷ malf**ai**sance.

malfaisant, ante adj. et n. m. et f.
👄 Les lettres *ai* se prononcent *e* [malfəzã, ãt].
• Qui cherche à nuire. *Des personnes malfaisantes.*
• Pernicieux. *Une influence malfaisante.*
▭▷ malf**ai**sant.

malfaiteur n. m.
👄 Les lettres *ai* se prononcent *è* [malfɛtœr].
Personne qui commet des actes criminels. *La police s'apprête à démanteler ce réseau de malfaiteurs.*
▭▷ malf**ai**teur.

malfamé ou **mal famé, ée** adj.
Qui a une mauvaise réputation. *Des établissements mal famés.*
☞ Cet adjectif peut s'écrire en un seul mot ou en deux mots, sans trait d'union.

malformation n. f.
Anomalie congénitale. *Le bébé est né avec cette malformation cardiaque.*

malgache adj. et n. m. et f.
• **Adjectif et nom masculin et féminin.** De Madagascar. *Le drapeau malgache. Un Malgache, une Malgache.*
☞ L'adjectif s'écrit avec une minuscule; le nom, avec une majuscule.
• **Nom masculin.** Langue parlée à Madagascar. *Il parle le malgache.*
☞ Le nom de la langue s'écrit avec une minuscule.

malgré prép.
• En dépit de. *Nous viendrons malgré la tempête de neige.*
• *Malgré tout.* Quoi qu'il arrive.
• *Malgré que,* locution conjonctive. Quoique, bien que. *Malgré qu'il soit malade, il a tenu à venir.*
☞ Cette locution introduit une subordonnée concessive et se construit avec le subjonctif. Critiquée par de nombreux auteurs, elle est passée dans l'usage, mais semble quelque peu vieillie.

malhabile adj.
Maladroit. *Il est trop malhabile pour construire cette maquette.*
☞ malhabile.

malhabilement adv.
De façon malhabile.
☞ malhabilement.

malheur n. m.
• Situation pénible, triste. *Sébastien a perdu son père; quel malheur!*
• Évènement fâcheux. *Paulo a eu le malheur d'être blessé.*
• *Jouer de malheur.* Être malchanceux. *Elles jouent de malheur.*
• *Porter malheur.* Avoir une influence néfaste. *On dit que le nombre 13 porte malheur.*
☞ Dans cette locution, le nom demeure invariable.

malheureusement adv.
Par malheur.

malheureux, euse adj. et n. m. et f.
• Qui est dans le malheur, infortuné. *Sébastien est malheureux, il a perdu son papa.*
• Qui ne réussit pas. *Une expérience malheureuse.*

malhonnête adj.
Qui n'est pas honnête. *Un courtier malhonnête.*
☞ Ne pas confondre avec le nom *déshonnête,* contraire à la décence.
Ant. **honnête.**
☞ malhonnête.

malhonnêtement adv.
Sans probité, de façon malhonnête.
☞ malhonnêtement.

malhonnêteté n. f.
• Manque de probité. *La malhonnêteté d'un commerçant qui volait ses clients.*
• *Malhonnêteté intellectuelle.* Mauvaise foi.
☞ malhonnêteté.

malice n. f.
Moquerie, raillerie. *Elles plaisantent sans malice.*

malicieusement adv.
Avec malice.

malicieux, euse adj. et n. m. et f.
Espiègle, taquin. *Un regard malicieux.*

malien, enne adj. et n. m. et f.
Du Mali. *Le drapeau malien. Un Malien, une Malienne.*
☞ L'adjectif s'écrit avec une minuscule; le nom, avec une majuscule.

maligne
V. **malin.**

malignité n. f.
• Méchanceté (d'une personne).
• Nocivité (d'une chose).

malin, igne adj. et n. m. et f.
• **Adjectif**
- (Méd.) Se dit d'une tumeur, d'une affection susceptible de se généraliser, souvent cancéreuse. Ant. **bénin.**
- Rusé, astucieux. *Il est très malin.*
☞ En ce sens, l'adjectif a une connotation méliorative et signifie souvent *fin, intelligent.*
• **Nom masculin et féminin**
Personne rusée.
☞ Attention à la forme féminine de ce mot : mali**gne.**

malingre adj.
Chétif.

malintentionné, ée adj.
Qui a de mauvaises intentions.
☞ **malintentionné,** en un seul mot.

malle n. f.
• Coffre destiné à recevoir les effets qu'on emporte en voyage. *Nellie est pensionnaire; elle a mis ses vêtements dans une malle.*
☞ Ne pas confondre avec le nom *valise,* bagage que l'on porte à la main.
• Coffre d'une voiture. *La malle arrière est remplie de cadeaux.*
Hom. *mal,* contraire au bien.

*****malle**
Anglicisme au sens de *poste, courrier. Envoyer une lettre par la poste (et non par la *malle).*

malléable adj.
• Qui se laisse façonner. *Certains métaux sont très malléables.*
• Souple. *Un esprit malléable.*

*****maller**
Anglicisme pour *mettre à la poste, poster.*

mallette n. f.
Petite valise pour le voyage, le travail.

malmener v. tr.
Le *e* se change en *è* devant une syllabe muette. *Il malmène, il malmenait.*
Maltraiter. *Julia n'accepte pas que les petits malmènent son chat.*

malnutrition n. f.
Trouble de la nutrition causé par une mauvaise alimentation, une mauvaise assimilation des aliments.
⟹ **malnutrition,** en un seul mot.

malodorant, ante adj.
Qui a une mauvaise odeur. *Une cuisine malodorante.*
Ant. **odoriférant.**
⟹ **malodorant,** en un seul mot.

malotru, ue n. m. et f.
Rustre. *C'est une malotrue.*
Ant. **poli.**

malpoli, ie adj. et n. m. et f.
• **Adjectif.** (Fam.) Impoli.
• **Nom masculin et féminin.** (Fam.) Personne mal élevée.
☞ Dans la langue soutenue, on emploie le mot *impoli.*

malpropre adj. et n. m. et f.
Sale. *Tes mains sont malpropres : lave-les avant de passer à table.*
⟹ **malpropre,** en un seul mot.

malproprement adv.
D'une façon malpropre.
⟹ **malproprement,** en un seul mot.

malpropreté n. f.
Saleté. *Le savon viendra-t-il à bout de cette malpropreté?*
⟹ **malpropreté,** en un seul mot.

malsain, aine adj.
• Insalubre. *Un climat malsain.*
• Pernicieux. *Une influence malsaine.*

malséant, ante adj.
(Litt.) Qui n'est pas conforme à la bienséance, déplacé. *Il est malséant d'arriver à l'avance pour un dîner.*

malt n. m.
👄 Les lettres *lt* se prononcent [malt].
Orge germée utilisée pour la fabrication de la bière.

maltais, aise adj. et n. m. et f.
• **Adjectif et nom masculin et féminin.** De Malte. *Le drapeau maltais. Un Maltais, une Maltaise.*
☞ L'adjectif s'écrit avec une minuscule; le nom, avec une majuscule.
• **Nom masculin.** Langue parlée à Malte. *Elle étudie le malte.*
☞ Le nom de la langue s'écrit avec une minuscule.

malté, ée adj.
Lait malté. Lait mêlé de malt grillé. *Boire un lait malté (et non un *milk shake).*

maltraiter v. tr.
Traiter durement. *Ce chien a été maltraité, nous en prendrons soin.*
⟹ **maltraiter,** en un seul mot.

malveillance n. f.
Hostilité. *La malveillance de ce critique est regrettable.*

malveillant, ante adj. et n. m. et f.
Méchant. *Des critiques malveillantes.*

malvenu, ue adj.
Qui n'est pas fondé, qui est peu qualifié pour faire quelque chose. *Elle serait malvenue de, à critiquer cette étude.*
☞ L'adjectif s'écrit en un seul mot et se construit avec les prépositions *à* ou *de.*

malversation n. f.
Détournement de fonds. *Un administrateur coupable de malversation.*

maman n. f.
• Mère, dans le langage des enfants, même devenus adultes.
• *Grand-maman.* Grand-mère. *Des grands-mamans trop indulgentes.*
• *Belle-maman.* Belle-mère. *Des belles-mamans gentilles.*

mambo n. m.
👄 Le deuxième *m* est sonore [mãmbo].
Danse. *Des mambos.*

mamelle n. f.
Organe des mammifères qui sécrète le lait.
⟹ **mamelle.**

mamelon n. m.
• Bout du sein. *L'aréole du mamelon.*
• Colline.
⟹ **mamelon.**

mamie n. f.
Grand-mère, dans le langage des enfants.

mammaire adj.
Relatif au sein. *Les glandes mammaires.*
⟹ **mammaire.**

mammectomie n. f.
(Méd.) Ablation du sein.
Syn. **mastectomie.**
⟹ **mammectomie.**

mammifère adj. et n. m.
• **Adjectif.** Qui porte des mamelles.
• **Nom masculin.** Animal vertébré dont les femelles allaitent leurs petits à la mamelle. *La vache est un mammifère.*
⟹ **mammifère.**

mammographie n. f.
(Méd.) Radiographie du sein.
⟹ **mammographie.**

mammoplastie n. f.
(Méd.) Chirurgie plastique du sein.
⟹ **mammoplastie.**

mammouth n. m.
👄 Le *t* se prononce [mamut].
Éléphant géant qui vivait il y a très longtemps. *Les mammouths mesuraient plus de 3 m de hauteur et avaient de longues défenses recourbées.*
⟹ **mammouth.**

Man.
Abréviation de **Manitoba.**

management n. m.
Gestion, direction, organisation.
☞ Cet anglicisme qui n'ajoute rien aux mots **gestion, direction, organisation** a été adopté par l'Académie avec une prononciation francisée.

manager n. m.
☞ Le *r* est sonore [manadʒɛr].
• Imprésario d'un artiste.
• Entraîneur d'un athlète, d'un champion professionnel.
• Anglicisme utilisé en France au sens de **directeur, cadre, gestionnaire.**

manche n. m. et f.
• **Nom masculin**
- Partie d'un outil, d'un instrument par laquelle on le tient. *Le manche du marteau.*
- **Manche à balai.** Levier vertical du gouvernail de profondeur d'un avion. *Des manches à balai.*
- **Manche à balai.** Dispositif de commande d'un jeu électronique, servant à déplacer un objet visualisé à l'écran.
☞ Le manche à balai est utilisé surtout dans les logiciels de jeu.
• **Nom féminin**
- Partie du vêtement qui couvre le bras. *Une robe sans manches.*
- **C'est une autre paire de manches.** (Fam.) Ce n'est pas la même chose.

manchette n. f.
• Poignet de chemise à revers. *Des boutons de manchette.*
• Titre en gros caractères à la première page d'un journal.

manchon n. m.
• Rouleau creux généralement de fourrure où l'on met les mains.
• Cylindre destiné à raccorder, à protéger.

manchot n. m.
Oiseau palmipède de l'Antarctique.
☞ Ne pas confondre avec le nom **pingouin,** oiseau palmipède de l'Arctique.
⇨ manchot.

manchot, ote adj. et n. m. et f.
• **Adjectif**
- Privé d'un bras, d'une main.
- **N'être pas manchot.** Avoir de la dextérité. *Elle n'est pas manchote.*
• **Nom masculin et féminin**
Personne privée d'un bras, d'une main.
⇨ manchot, manchote.

mandant, ante n. m. et f.
(Dr.) Personne qui donne un mandat à une autre (le mandataire).

mandarin, ine adj. et n. m.
• **Adjectif**
Relatif au mandarin.
• **Nom masculin**
- (Ancienn.) Titre donné aux hauts fonctionnaires chinois.

- (Fig.) Personnage influent.
☞ Le nom n'a pas de forme féminine.
- Dialecte du chinois. *Yu parle le mandarin.*
☞ Le nom de la langue s'écrit avec une minuscule.

mandarine n. f.
Fruit doux et parfumé du mandarinier ressemblant à une petite orange.

mandarinier n. m.
Arbre voisin de l'oranger qui donne les mandarines.

mandat n. m.
• (Dr.) Acte par lequel une personne (le **mandant**) donne à une autre (le **mandataire**) le pouvoir de faire quelque chose en son nom.
• Titre remis par le service des postes pour faire parvenir une somme à un correspondant. *Envoyer un mandat.*
⇨ mandat.

mandataire n. m. et f.
(Dr.) Personne qui a reçu mandat pour agir au nom d'une autre (le **mandant**).

mandater v. tr.
Charger quelqu'un d'un mandat. *Elle a été mandatée pour le représenter.*
☞ Ne pas confondre avec le verbe **mander,** convoquer quelqu'un.

mandchou, oue adj. et n. m. et f.
• **Adjectif et nom masculin et féminin.** De la Mandchourie. *Un Mandchou, une Mandchoue.*
☞ L'adjectif s'écrit avec une minuscule; le nom, avec une majuscule.
• **Nom masculin.** Langue parlée en Mandchourie. *Tian parle le mandchou.*
☞ Le nom de la langue s'écrit avec une minuscule.

mander v. tr.
(Vx) Convoquer quelqu'un. *Le médecin a été mandé d'urgence.*
☞ Ne pas confondre avec le verbe **mandater,** charger quelqu'un d'un mandat.

mandibule n. f.
• Maxillaire inférieur.
• Chacune des pièces buccales de l'oiseau, de l'insecte.
☞ Attention au genre féminin de ce nom : **une** mandibule.

mandoline n. f.
Instrument de musique à cordes pincées.

mandragore n. f.
Plante aux propriétés narcotiques, utilisée jadis en sorcellerie.

mandrin n. m.
Outil de forme cylindrique.

manécanterie n. f.
École de chant liturgique.

manège n. m.
• Exercices que l'on fait faire à un cheval pour le dresser.
• Lieu où se font ces exercices.
⚬ **Manège** (de chevaux de bois). Attraction foraine où des animaux figurés, des véhicules, etc., qui servent

de monture à des enfants, sont animés d'un mouvement circulaire. *Un beau manège* (et non un *merry-go-round).
• Manœuvre. *Je comprends son manège.*

mânes n. m. pl.
Âmes des morts, dans la Rome antique.
☞— Attention au genre masculin de ce nom : *les mânes paternels.*
☞— Ce nom est toujours au pluriel.
Hom. *manne,* nourriture miraculeuse.

manette n. f.
Levier de commande.
⇨ ma**nett**e.

mangeoire n. f.
Auge où l'on donne à manger aux animaux.
⇨ mang**eoir**e.

manger n. m.
• (Vx) Acte de se nourrir. *Le boire et le manger.*
• (Pop.) Repas. *Apporter son manger.*

manger v. tr., intr.
Le *g* est suivi d'un *e* devant les lettres *a* et *o*. *Il mangea, nous mangeons.*
• **Transitif**
- Avaler un aliment, afin de se nourrir. *Il mangeait du poulet.*
- Ronger. *Un tricot mangé par les mites, mangé aux mites.*
- *Se laisser manger la laine sur le dos.* (Fam.) Se laisser dépouiller.
- *Manger le morceau.* (Fam.) Avouer.
• **Intransitif**
Absorber des aliments. *Il aime bien manger.*

mange-tout ou **mangetout** adj. inv. et n. m. inv.
(pl. *mange-tout, mangetout*)
Haricot. *Des haricots mange-tout, des mange-tout.*

mangeur, euse n. m. et f.
Personne qui mange (beaucoup, peu, etc.). *C'est un gros mangeur de viande.*

mangouste n. f.
Mammifère carnivore qui se nourrit de serpents.

mangue n. f.
Fruit du manguier se rapprochant de la pêche et dont la pulpe est très parfumée.
⇨ man**gue**.

manguier n. m.
Arbre tropical produisant les mangues.
⇨ man**guier**.

maniabilité n. f.
Qualité de ce qui est maniable.

maniable adj.
Facile à manier. *Cette voiture est bien maniable.*

maniaco-dépressif, ive adj.
Relatif à une psychose caractérisée par des états successifs de surexcitation et de dépression. *Des états maniaco-dépressifs.*
⇨ mania**co**-dépressif.

maniaque adj. et n. m. et f.
• **Adjectif**
- Atteint d'une manie, relatif à une manie.
- Qui a une idée fixe.
• **Nom masculin et féminin**
Personne atteinte d'une manie. *Une maniaque de la propreté.*
⇨ mania**que**.

manicure
V. **manucure.**

manie n. f.
• Obsession. *Il a la manie des grandeurs.*
• Goût excessif de quelque chose. *La manie des pendules.*
• Petites habitudes particulières. *Chacun a ses manies.*

maniement n. m.
Manipulation. *Le maniement d'armes.*
⇨ mani**ement**.

manier v. tr.
Redoublement du *i* à la première et à la deuxième personne du pluriel de l'indicatif imparfait et du subjonctif présent. *(Que) nous maniions, (que) vous maniiez.*
Manipuler, utiliser. *Manier le pinceau avec adresse.*

manière n. f.

• Façon, méthode. *Il a cultivé une certaine manière de parler et d'écrire.*
• (Au plur.) Façons habituelles d'agir en société. *Il a de bonnes manières.*
• **Locutions**
- *À la manière de,* locution prépositive. Comme, à l'imitation de.
- *D'une manière ou d'une autre,* locution adverbiale. Quoi qu'il arrive.
- *De toute manière,* locution adverbiale. Quoi qu'il arrive.
☞— Dans cette locution, le nom s'écrit au singulier. Cependant, on écrira au pluriel l'expression *de toutes les manières. Nous avons abordé le sujet de toutes les manières possibles.*
• *De manière à* + infinitif, locution prépositive. De façon à. *Nous avons pris la voiture de manière à arriver à temps.*
☞— Cette construction exprime le but, la conséquence visée.
• *De telle manière que* + indicatif. De sorte que. *Toutes les provisions ont été congelées de telle manière qu'elles se conserveront.*
☞— Le verbe se construit au mode indicatif lorsqu'on veut marquer une conséquence réelle, voulue ou non.
• *De manière que* + subjonctif. *Il a tout préparé de manière que la fête soit réussie.*
☞— Le verbe se construit au mode subjonctif lorsqu'on veut marquer une conséquence éventuelle.

maniéré, ée adj.
Affecté. *Un style maniéré.*
☞ maniéré.

manifestant, ante n. m. et f.
Personne qui participe à une manifestation. *Des mani-festants en colère.*
☞ Ne pas confondre avec le participe présent in-variable **manifestant**. *Les personnes manifestant leur indignation devront quitter la salle.*

manifestation n. f.
• Expression, témoignage. *Des manifestations de joie.*
• Démonstration populaire. *La manifestation contre le dégel des frais de scolarité s'est déroulée pacifique-ment.*

manifeste adj. et n. m.
• **Adjectif**
Indiscutable, évident. *Il a relevé une erreur manifeste.*
• **Nom masculin**
- Déclaration publique des idées d'un groupe, d'un parti politique.
- Liste détaillée des marchandises transportées par un navire.

manifestement adv.
De façon évidente.

manifester v. tr., intr., pronom.
• **Transitif.** Rendre évident, dénoter. *Elle manifeste beaucoup de bonne volonté.*
• **Intransitif.** Participer à une manifestation. *Les étu-diants manifesteront devant le bureau du ministre.*
• **Pronominal.** Se faire connaître. *L'indignation com-mence à se manifester.*

manigance n. f.
Manœuvre secrète sans grande importance.
☞ manigance.

manigancer v. tr.
Le *c* prend une cédille devant les lettres *a* et *o*. *Il manigança, nous manigançons.*
Préparer secrètement, tramer. *Que manigancez-vous? Nous ne manigançons rien du tout.*
☞ manigancer.

manioc n. m.
Plante tropicale dont les racines fournissent le tapioca. *Des maniocs.*
☞ manioc.

manipulateur, trice n. m. et f.
• Qui procède à des opérations techniques ou autres.
• Se dit d'une personne qui exerce des pressions insi-dieuses sur quelqu'un, sur un groupe.

manipulation n. f.
• Action de manipuler. *La manipulation d'une substance explosive.*
• Emprise sur une personne, sur un groupe.

manipuler v. tr.
• Déplacer avec les mains. *Manipuler des objets fragiles.*
• Manœuvrer, exercer une emprise sur une personne, sur un groupe. *Il manipule ses collègues.*

Manitoba
Abréviation **Man.** (s'écrit avec un point).

manitou n. m.
• Esprit du bien (**grand, bon manitou**) chez les Amé-rindiens. *Des manitous bienveillants.*
• Esprit du mal (**méchant manitou**) chez les Amérin-diens.
• (Fam.) Personne influente.

manivelle n. f.
Levier coudé à l'aide duquel on imprime un mouve-ment de rotation.
☞ manivelle.

manne n. f.
• Insecte.
• Grand panier d'osier.
• Nourriture miraculeuse.
Hom. **mânes,** âmes des morts, dans la Rome antique.
☞ manne.

mannequin n. m.
• Personne qui présente des modèles de vêtements au public.
☞ Signifiant à l'origine «petit homme», le nom **man-nequin** est du genre masculin; cependant, dans l'usage québécois, il commence à s'employer au masculin et au féminin, selon le sexe de l'être désigné.
• Forme humaine à membres articulés.
• **Avoir la taille mannequin.** (Fam.) Être mince et grand.
☞ Mis en apposition, le nom est invariable et l'ex-pression s'écrit sans trait d'union.

manœuvrabilité n. f.
Qualité de ce qui se manœuvre facilement.
☞ manœuvrabilité

manœuvre n. m. et f.
Ouvrier non spécialisé. *Plusieurs manœuvres travaillent au chantier.*
☞ manœuvre.

manœuvre n. f.
• Action, manière de diriger le fonctionnement de. *Faire des manœuvres pour garer sa voiture.*
• Exercice militaire. *Champ de manœuvre.*
• Intrigue, machination.
• **Fausse manœuvre.** Opération mal appropriée ou mal exécutée.
☞ manœuvre.

manœuvrer v. tr., intr.
• **Transitif**
Faire fonctionner. *Manœuvrer un volant, une voiture.*
• **Intransitif**
- Exécuter des exercices militaires.
- Effectuer une manœuvre sur un véhicule. *Manœuvrer pour entrer dans le port.*
- Utiliser d'habiles détours pour arriver à ses fins. *Il faut bien manœuvrer : la partie est serrée.*

manoir n. m.
Habitation seigneuriale entourée de terres.
☞ Ne pas confondre avec les noms suivants :
- **castel,** petit château;

- **château,** habitation royale ou seigneuriale générale-ment située à la campagne;
- **gentilhommière,** petit château à la campagne;
- **palais,** résidence d'un chef d'État ou d'un souverain.

manomètre n. m.
Appareil servant à mesurer la pression d'un fluide.

manquant, ante adj.
Qui manque. *Il faudra aviser les personnes manquantes.*
↪ Ne pas confondre avec le participe présent in-variable **manquant.** *Les personnes manquant à l'appel sont déclarées absentes.*

manque n. m.
• Pénurie. *Le manque d'eau.*
• Absence. *Un manque de goût, d'imagination.*
• **Manque à gagner.** Occasion perdue de réaliser un gain. *La grève a causé des manques à gagner consi-dérables.*
• **État de manque.** État d'un toxicomane privé de sa drogue.

manqué, ée adj.
Raté. *C'est un garçon manqué.*

manquement n. m.
Faute. *Un manquement à l'ordre.*

manquer v. tr., intr., impers., pronom.

• **Transitif direct**
- Ne pas réussir. *Il a manqué son effet.*
- Laisser échapper. *Elle a manqué une bonne occa-sion.*
- Ne pas être à temps. *Il a manqué son avion.*
- Ne pas être présent à. *Les enfants ont manqué l'école avec joie.*
• **Transitif indirect**
- Faire défaut à. *Les forces lui manquent.*
- Ne pas avoir en quantité suffisante. *Nous man-quons de médicaments.*
- **Manquer à.** Ne pas honorer. *Il a manqué à ses engagements.*
- **Ne pas manquer de, à.** Ne pas omettre, ne pas négliger. *Transmettez-lui mes amitiés. — Je ne manquerai pas de le faire.*
• **Semi-auxiliaire**
- Être sur le point de, faillir. *J'ai manqué (de) le frapper.*
↪ L'emploi de la préposition **de** est de niveau plus relevé. Dans la langue courante, surtout ora-lement, l'omission de la préposition est plus fré-quente.
Syn. **faillir.**
• **Intransitif**
- Faire défaut, être absent. *L'argent manque. Cet employé manque trop souvent.*
- Faire cruellement défaut. *Vous nous avez beau-coup manqué.*
↪ Pour indiquer que l'on souffre de l'absence de quelqu'un, il importe de donner au verbe le bon sujet, c'est-à-dire la personne absente. *Vous m'avez manqué* (et non *je vous ai manqué).* La construc-

tion fautive est un calque de l'anglais «I missed you» et a un sens différent en français. En effet, on présume que l'autre personne a souffert de notre absence, ce qui n'est pas nécessairement exact.
- Au Canada, se dit **s'ennuyer de.**
• **Impersonnel**
Il manque quelques livres. Il ne manquait plus que cela!
• **Pronominal**
Se rater (en parlant de personnes qui devaient se rencontrer). *Ils se sont manqués de quelques mi-nutes seulement.*

mansarde n. f.
• Pièce de comble avec un mur incliné.
• Fenêtre qui éclaire cette pièce.
↪ Ne pas confondre avec le nom **masure,** maison délabrée.

mansardé, ée adj.
Aménagé en mansarde.

mansuétude n. f.
(Litt.) Indulgence.

mante n. f.
• Cape. *Une mante de fourrure.*
• Insecte carnassier. *La mante religieuse.*
Hom. **menthe,** herbe potagère, bonbon.

manteau n. m. (pl. *manteaux*)
Vêtement porté par-dessus les autres vêtements pour se protéger des intempéries. *Des manteaux d'hiver.*

mantille n. f.
Longue écharpe de dentelle. *À la chapelle du cou-vent, le port de la mantille était obligatoire.*

manucure n. m. et f.
Personne dont le métier est de donner des soins de beauté aux mains, aux ongles.
⇨ manucure (et non *manicure).*

***manucure (faire un)**
Anglicisme au sens de **faire les ongles.**

manuel, elle adj. et n. m.
• **Adjectif.** Qui se fait avec les mains. *Un travail ma-nuel.*
• **Nom masculin.** Ouvrage didactique. *Des manuels scolaires.*

***manuel de service**
Anglicisme au sens de **guide d'entretien.**

manuellement adv.
Avec les mains.

manufacture n. f.
• Établissement industriel où le travail à la main est prédominant. *Une manufacture de porcelaine.*
• (Vx) Entreprise industrielle.
↪ En ce sens, le nom est vieilli; cependant le verbe **manufacturer** demeure courant.

manufacturer v. tr.
Faire subir une transformation industrielle. *Manufacturer des jouets.*

manufacturier, ière adj. et n. m.
• **Adjectif.** Relatif à l'industrie. *Les techniques manufacturières.*
• **Nom masculin.** (Vx) Industriel, constructeur, fabricant.
☞ Si ce mot s'emploie couramment comme adjectif, le nom est par contre vieilli; on lui préférera *industriel, constructeur, fabricant* selon le cas.

manu militari loc. adv.
⟺ Le *u* se prononce *u* [manymilitari].
Expression latine signifiant «par la force militaire». *Ils ont été expulsés* manu militari.
☞ En typographie soignée, les mots étrangers sont composés en italique. Dans des textes déjà en italique, la notation se fait en romain. Pour les textes manuscrits, on utilisera les guillemets.

manuscrit, ite adj. et n. m.
• **Adjectif**
Écrit à la main. *Une lettre manuscrite.*
• **Nom masculin**
- Abréviation *ms.* (s'écrit avec un point), (au plur.) *mss* (s'écrit sans point).
- Texte écrit à la main.
- Texte original écrit, dactylographié. *Il faut remettre le manuscrit avant le 15 juin.*
▭▷ manuscrit.

manutention n. f.
Emballage, étiquetage, manipulation de marchandises.

manutentionnaire n. m. et f.
Personne chargée d'effectuer des opérations de manutention.

manutentionner v. tr.
Manipuler des marchandises.

*****map**
Anglicisme au sens de *carte* (géographique).

mappemonde n. f.
Carte plane représentant le monde en deux hémisphères.
☞ Ne pas confondre avec *globe terrestre,* sphère représentant le monde.
▭▷ mappemonde.

maquereau n. m. (pl. *maquereaux*)
• Poisson de mer dont la chair est appréciée. *Des maquereaux frais pêchés.*
• (Pop.) Entremetteur.

maquette n. f.
• Modèle réduit.
• (Impr.) Représentation schématique d'une mise en pages.
☞ Ne pas confondre avec les noms suivants :
- *canevas,* plan, schéma d'un texte;
- *croquis,* dessin à main levée, plan sommaire;
- *ébauche,* première forme donnée à une œuvre;
- *esquisse,* représentation simplifiée d'une œuvre destinée à servir d'essai;
- *projet,* plan d'une œuvre d'architecture.

maquettiste n. m. et f.
Personne chargée d'exécuter des maquettes. *Une maquettiste publicitaire.*
▭▷ maquettiste.

maquignon n. m.
Marchand de chevaux dont les défauts ont été dissimulés (souvent péjoratif).

maquignonnage n. m.
• Manœuvres frauduleuses de maquignon.
• (Fig.) Manœuvres douteuses.
▭▷ maquignonnage.

maquignonner v. tr.
(Péj.) Traiter une affaire en employant des procédés de maquignon.
▭▷ maquignonner.

maquillage n. m.
• Art de maquiller, de se maquiller.
• Produits de beauté. *Agnès ne porte pas de maquillage.*
• (Fig.) Action de cacher les défauts de quelque chose. *Le maquillage de la rouille d'une carrosserie.*

maquiller v. tr.
Les lettres *ill* sont suivies d'un *i* à la première et à la deuxième personne du pluriel de l'indicatif imparfait et du subjonctif présent. *(Que) nous maquillions, (que) vous maquilliez.*
• Mettre en valeur le visage. *Rita se maquille très peu, à peine un peu de rouge à lèvres.*
• (Fig.) Camoufler frauduleusement, déguiser. *Maquiller la vérité.*

maquilleur n. m.
maquilleuse n. f.
Spécialiste du maquillage.

maquis n. m.
• Végétation touffue.
• Lieu retiré. *Prendre le maquis.*
▭▷ maquis.

marabout n. m.
Oiseau échassier parent de la cigogne.
▭▷ marabout.

marabout adj. et n. m. et f.
Au Canada, grincheux, irritable. *Attention à Luc, il est plutôt marabout ce matin.*
▭▷ marabout.

maraîchage n. m.
Culture des légumes.
▭▷ maraîchage.

maraîcher, ère adj.
Relatif à la culture des légumes, des primeurs. *La culture maraîchère.*
▭▷ maraîcher.

maraîcher n. m.
maraîchère n. f.
Qui fait la culture des légumes, des primeurs.
▭▷ maraîcher.

marais n. m.
• Nappe d'eau stagnante de faible profondeur, envahie par la végétation aquatique. (Recomm. off. OLF)
☞ Ne pas confondre avec les noms suivants :
- *marécage,* étendue de terrain imprégnée ou recouverte d'eau, occupée par une végétation surtout arbustive;

- **tourbière,** formation végétale en terrain humide, résultant de l'accumulation de matières organiques partiellement décomposées.
• **Le Marais.** *L'hôtel Carnavalet est situé dans le Marais.*
🖙 Le quartier de Paris s'écrit avec une majuscule.
• **Marais salant.** Bassin aménagé au bord de la mer pour extraire le sel de l'eau de mer par évaporation.

marasme n. m.
• Accablement.
• (Fig.) Stagnation. *Le marasme économique.*

marasquin n. m.
Liqueur de cerise.
🖙 maras**quin.**

marathon n. m.
Course pédestre. *Le marathon de Montréal.*
🖙 mara**thon.**

marathonien n. m.
marathonienne n. f.
Personne qui participe à un marathon.
🖙 mara**thonien.**

marâtre n. f.
(Péj.) Mauvaise mère.
🖙 mar**âtre.**

maraudage n. m.
Vol de fruits, de légumes encore attachés à la plante, à l'arbre.

maraude n. f.
• Vol de produits de la terre avant leur récolte.
• **Taxi en maraude.** À la recherche d'un client.

marauder v. intr.
Voler des fruits, des légumes dans les jardins, les fermes.

maraudeur, euse n. m. et f.
Personne qui maraude.

marbre n. m.
Pierre calcaire très dure. *Des bustes de marbre, en marbre.*

marbrer v. tr.
• Marquer de veines pour donner l'apparence du marbre.
• Faire des marques. *Les mains marbrées des personnes âgées.*

marbrure n. f.
Imitation des veines du marbre. *Faire des marbrures sur une boiserie.*

marc n. m.
🖙 Le **c** ne se prononce pas [mar].
• Résidu. *Marc de café, marc de raisin.*
• Eau-de-vie de marc de raisin. *Du marc de Bourgogne.*
🖙 mar**c.**

marcassin n. m.
Petit du sanglier.

marchand n. m.
marchande n. f.
Commmerçant qui fait profession d'acheter pour revendre avec bénéfice.

marchand, ande adj.
• Relatif au commerce. *La valeur marchande d'un bien.*
• **Marine marchande.** Marine commerciale (paquebots, cargos), par opposition à **marine de guerre.**
• **Galerie marchande.** Galerie où se trouvent plusieurs établissements commerciaux.

marchandage n. m.
Action de marchander.

marchander v. tr.
Discuter le prix de quelque chose pour l'obtenir à meilleur compte. *Pour le principe, dans un marché, il faut toujours marchander un peu.*

marchandisage n. m.
Étude des problèmes de création, de présentation et de distribution des marchandises en fonction de l'évolution des besoins. (Recomm. off. OLF)

marchandise n. f.
Produit destiné à la vente. *Le prix d'une marchandise.*

marche n. f.
• Degré d'un escalier sur lequel on pose le pied pour monter ou descendre. *Attention à la marche!*
• Action de marcher. *La marche est un excellent exercice. Des chaussures de marche.*
🖙 L'expression **marche à pied** est jugée pléonastique par plusieurs auteurs; on emploiera de préférence **marche.**
• Action de marcher, considérée sous le rapport de l'allure, de la distance parcourue ou de la durée. *Les enfants sont allés faire une longue marche dans la campagne. Pour aller au village, il y a bien une heure de marche. Ils font de la marche rapide.*
• (Fig.) Moyen. *Je voudrais connaître la marche à suivre pour procéder légalement.*
• Cortège. *Marche militaire.*
• **En marche.** En fonctionnement. *Le train est en marche.*
🖙 L'OLF a normalisé les termes français suivants : **marche, arrêt** pour traduire l'anglais «on, off».

*marche (prendre une)
Calque de «to take a walk» au sens de **faire une promenade, une randonnée à pied, faire un tour, faire une petite, longue marche.**

marché n. m.

___

• Lieu public où des marchandises sont offertes à la vente. *Le marché Jean-Talon.*
• **Marché aux puces.** Endroit où l'on vend de la brocante.
• Contrat d'achat ou de vente. *Un marché forfaitaire, un marché clés en main.*
- **À bon marché,** locution adverbiale. À bas prix. *Vendre à bon marché.*
- **Bon marché,** locution adjective. Peu coûteux. *Des vêtements bon marché.*
🖙 Ces locutions sont invariables.
• Débouché. *Un marché trop étroit pour des produits spécialisés. Des études de marché.*
• **Marché commun.** Communauté économique européenne.

☞ Le nom **marché** s'écrit avec une majuscule dans cette désignation.
• **Marché noir.** Vente clandestine.

Marché international du disque et de l'édition musicale
Sigle **MIDEM** (s'écrit avec ou sans points).

marchepied n. m.
Marche ou suite de marches qui servent à monter dans un car, un train, etc.
☞ **marchepied,** en un seul mot.

marcher v. intr.
• Avancer sur ses pieds. *Elle marche trop vite pour moi. Ne marchez pas dans la rue, marchez plutôt sur le trottoir!*
☞ On marche sur le trottoir, sur une route, sur un boulevard, dans la rue, dans la forêt, dans la campagne, le long d'un ruisseau, à travers champ.
☞ En français, le verbe **marcher** est intransitif; il ne peut être suivi d'un complément de distance comme en anglais. *Bianca fait 2 km pour aller à l'école* (et non *marche 2 km*).
• Se déplacer, en parlant d'un véhicule. *Cette voiture marche à 100 km à l'heure.*
• Faire des progrès, avoir de bons résultats. *Les affaires ne marchent pas bien en ce moment.*
• **Ça marche.** C'est d'accord.
• Fonctionner. *Sa radio ne marche pas.*
• (Fam.) Accepter. *Je ne marche pas : cette affaire est peu sûre.*
• **Faire marcher quelqu'un.** (Fam.) Mystifier, berner, taquiner quelqu'un.

marcheur, euse n. m. et f.
Personne qui marche, qui aime marcher. *C'est une grande marcheuse.*

mardi n. m.
• Deuxième jour de la semaine. *Il doit les rencontrer le mardi 20 juin.*
☞ Les noms de jour s'écrivent avec une minuscule et prennent la marque du pluriel. *Je viendrai tous les mardis,* mais *je viendrai tous les mardi et vendredi de chaque semaine.* Attention à la construction de la dernière phrase où les noms de jour restent au singulier parce qu'il n'y a qu'un seul mardi et un seul vendredi par semaine.
V. Tableau - **JOUR.**
• **La fête du Mardi gras.** Les noms de fête s'écrivent avec une majuscule au nom spécifique; l'adjectif qui suit s'écrit avec une minuscule.

mare n. f.
Petite étendue d'eau. *Trois petits canards se suivent dans la mare.*

marécage n. m.
Étendue de terrain imprégnée ou recouverte d'eau, occupée par une végétation surtout arbustive. (Recomm. off. OLF) *Les oiseaux migrateurs apprécient les marécages.*
☞ Ne pas confondre avec les noms suivants :
- **marais,** nappe d'eau stagnante de faible profondeur, envahie par la végétation aquatique;

- **tourbière,** formation végétale en terrain humide, résultant de l'accumulation de matières organiques partiellement décomposées.

marécageux, euse adj.
• Bourbeux. *Des terres marécageuses.*
• Qui vit dans les marécages. *Une plante marécageuse.*
☞ marécageu**x.**

maréchal n. m. (pl. *maréchaux*)
Officier militaire.

maréchal-ferrant n. m. (pl. *maréchaux-ferrants*)
(Vx) Artisan dont le métier est de ferrer les chevaux, les animaux de trait.

maréchaussée n. f.
(Plaisant.) Gendarmerie.
☞ maréchaussé**e.**

marée n. f.
• Mouvement périodique des eaux de la mer qui montent et baissent chaque jour de façon régulière. *La marée est haute.*
• **Contre vents et marées, contre vent et marée.** Malgré tous les obstacles.
• **Marée noire.** Arrivée sur un rivage d'une nappe de pétrole répandue accidentellement.
• **Raz de marée** ou **raz-de-marée.** *Des raz de marée, des raz-de-marée terrifiants.*

marelle n. f.
Jeu d'enfants. *Jouer à la marelle.*
☞ marelle.

marémoteur, trice adj.
Actionné par l'énergie de la marée. *L'usine marémotrice de la Rance, en Bretagne.*

marengo adj. inv.
Adjectif de couleur invariable. D'une couleur brun-rouge foncé, piqueté de blanc.
V. Tableau - **COULEUR (ADJECTIFS DE).**

margarine n. f.
Graisse alimentaire.
☞ margarine.

marge n. f.
• Espace blanc autour d'un texte. *Écrire des annotations dans la marge.*
• **En marge de.** À l'écart, à l'extérieur de. *Ils vivent en marge de la société.*
• Intervalle de temps ou d'espace. *La marge de manœuvre est grande. Prévoir une marge d'erreur.*
• **Marge bénéficiaire.** Différence entre le prix de vente et le prix de revient.

marge brute d'autofinancement n. f.
• Sigle **MBA** (s'écrit avec ou sans points).
• Capacité d'autofinancement qu'une entreprise dégagée au cours d'un exercice, par la différence entre ses recettes courantes et ses dépenses courantes. *La marge brute d'autofinancement* (et non le *cash-flow*) *est satisfaisante.*

margelle n. f.
Rebord d'un puits.

marginal, ale, aux adj. et n. m. et f.
• **Adjectif**
- Inscrit dans la marge. *Une annotation marginale.*
- Accessoire. *Jouer un rôle marginal.*
• **Nom masculin et féminin** (pl. *marginaux*)
Personne vivant en marge de la société.

marginalement adv.
De façon marginale.

marginaliser v. tr.
Mettre en marge.

marginalité n. f.
Caractère de ce qui est marginal.

margoulette n. f.
(Fam.) Mâchoire.
☞ Ne pas confondre avec le nom *gargoulette,* vase poreux où l'eau se conserve fraîche.

marguerite n. f.
Fleur blanche à cœur jaune. *Effeuiller une marguerite.*

marguillier n. m.
Membre du conseil d'une paroisse.
⇨ margui**llier.**

mari n. m.
Homme uni à une femme par mariage.
☞ Les noms *époux, épouse* sont réservés au style administratif. On présente son *mari,* sa *femme* (et non son *époux, son *épouse).
Hom. *marri,* qui qualifie une personne désolée, fâchée.

mariage n. m.
• Union légitime d'un homme et d'une femme. *Un mariage civil, religieux.*
• Rapprochement. *Le mariage des couleurs.*

marial, ale, als ou **aux** adj.
Consacré à la Vierge. *Une année mariale.*

marié, ée adj. et n. m. et f.
Qui est uni à une autre personne par le mariage. *Des jeunes mariés.*

marier v. tr., pronom.
• **Transitif**
- Unir par le mariage. *Elle a marié sa fille à un médecin, avec un médecin.*
☞ Le complément se construit avec les prépositions *à* ou *avec. Marier quelqu'un à ou avec quelqu'un.*
- (Fam.) Au Canada, épouser. *Elle a marié son ami d'enfance.*
☞ Cet emploi est familier; dans un style soigné, on préférera la forme pronominale.
• **Absolument.** *Ils sont mariés depuis 20 ans. Elle est mariée à un pharmacien.*
• **Pronominal**
Épouser. *Elle s'est mariée avec un ami d'enfance.*

marieur, euse n. m. et f.
(Fam.) Personne qui aime à s'entremettre pour favoriser des mariages.

marihuana ou **marijuana** n. f.
👄 Le *h* se prononce *r* et le *u* comme *ou* [marirwa na] ou le *h* se prononce *j* et le *u* comme *u* [mariʒɥana].

Chanvre indien employé comme drogue. *Fumer de la marihuana.*

marin n. m.
Personne dont la profession est de naviguer.

marin, ine adj.
• **Adjectif**
Qui se rapporte à la mer. *Un monstre marin, du sel marin.*
☞ Ne pas confondre avec les mots suivants :
- *aquatique,* qui se rapporte à l'eau, qui vit dans l'eau;
- *aqueux,* qui contient de l'eau;
- *maritime,* relatif à la navigation en mer;
- *nautique,* relatif à la navigation de plaisance.
• **Adjectif de couleur invariable**
Bleu foncé. *Des vestes marine, des tricots bleu marine.*
☞ L'adjectif simple ou composé est invariable et s'écrit sans trait d'union.
V. Tableau - **COULEUR (ADJECTIFS DE).**

marina n. f.
Port de plaisance. *Des marinas luxueuses.*

marinade n. f.
• Mélange pour faire mariner. *Laissez tremper toute la nuit dans cette marinade.*
• Aliment mariné. *Prendrez-vous quelques marinades ou quelques crudités?*

marine n. f.
• Art de la navigation sur mer.
• Ensemble des marins et des navires d'un pays.
• Tableau ayant la mer pour sujet. *Acheter de jolies marines.*

mariner v. tr., intr.
• **Transitif.** Faire macérer (de la viande, des poissons, etc.) dans une marinade.
• **Intransitif.** Baigner dans une marinade, en parlant d'un aliment.

maringouin n. m.
Au Canada, espèce de moustique qui pique. *Au printemps, il y a beaucoup de maringouins dans l'île.*
⇨ marin**gouin.**

marinier n. m.
marinière n. f.
Personne dont la profession est de naviguer sur les fleuves, les rivières, les canaux.

marinière n. f.
• Corsage très ample.
• *À la marinière,* locution. Au vin blanc. *Des moules (à la) marinière.*
☞ Dans cet emploi, le nom est invariable.

mariol ou **mariolle** adj. et n. m. et f.
Faire le mariolle. (Pop.) Faire le malin.

marionnette n. f.
Petite figure qu'on fait mouvoir à l'aide de la main ou de fils.
⇨ marion**nette.**

marionnettiste n. m. et f.
Montreur de marionnettes.
⇨ marion**netti**ste.

marital, ale, aux adj.
(Dr.) Qui appartient au mari. *Des droits maritaux.*

*marital (statut)
Calque de l'expression «marital status» pour *situation de famille.*

maritalement adv.
(Dr.) Comme mari et femme. *Vivre maritalement.*

maritime adj.
• Relatif à la navigation en mer. *Un chantier maritime.*
☞— Ne pas confondre avec les mots suivants :
- *aquatique,* qui se rapporte à l'eau, qui vit dans l'eau;
- *aqueux,* qui contient de l'eau;
- *marin,* qui se rapporte à la mer;
- *nautique,* relatif à la navigation de plaisance.
• Qui est au bord de la mer. *Un pin maritime.*
☞— Les plantes maritimes se trouvent dans le voisinage de la mer, alors que les plantes marines vivent dans la mer (ex. : les algues).

marivaudage n. m.
Badinage galant.
⇨ mariv**au**dage.

marivauder v. intr.
Faire du marivaudage.

marjolaine n. f.
Herbe aromatique.

mark n. m.
• Symbole *DM* (s'écrit sans point).
• Unité monétaire allemande. *Des milliers de marks.*
☞— Certains auteurs considèrent ce mot invariable.
• *Mark finlandais* ou *markka.* Unité monétaire de la Finlande.
V. Tableau - **SYMBOLES DES UNITÉS MONÉTAIRES.**

marketing n. m.
• Stratégie de l'entreprise axée sur la satisfaction des besoins du consommateur.
• (En appos.) *Une approche marketing.*
☞— Plusieurs équivalents ont été proposés en remplacement de cet emprunt à l'américain : *marchéage, mercatique,* mais l'usage ne les a pas retenus.
☞— Ne pas confondre avec le nom *commercialisation* dont le sens est plus restreint : ensemble des activités commerciales d'une entreprise.

markka n. m. (pl. *markkaa*)
Mark finlandais.
V. Tableau - **SYMBOLES DES UNITÉS MONÉTAIRES.**

marmaille n. f.
(Fam.) Ensemble bruyant de jeunes enfants.

marmelade n. f.
• Fruits cuits avec du sucre. *De la marmelade d'oranges.*
☞— Le complément se met généralement au pluriel.
• *En marmelade.* (Fig.) En piteux état. *J'ai les jambes en marmelade après cette course.*
⇨ marmelade.

marmite n. f.
Récipient fermé d'un couvercle et muni d'anses où l'on fait cuire des aliments. *Il y a un bon pot-au-feu dans la marmite.*
V. **casserole.**
⇨ marmite.

marmiton n. m.
Aide-cuisinier.

marmonnement n. m.
Murmure indistinct. *Ses marmonnements m'exaspèrent : je ne comprends pas ce qu'il dit.*

marmonner v. tr.
Prononcer à mi-voix des paroles confuses, souvent avec colère.
☞— Ne pas confondre avec les mots suivants :
- *chuchoter,* dire à voix basse à l'oreille de quelqu'un;
- *marmotter,* parler entre ses dents;
- *murmurer,* prononcer à mi-voix des paroles confuses, surtout pour se plaindre ou protester;
- *susurrer,* dire d'une voix ténue.

marmoréen, éenne adj.
(Litt.) De marbre.

marmot n. m.
(Fam.) Petit enfant.
☞— Ce nom ne s'emploie qu'au masculin, le féminin ayant un tout autre sens.
⇨ marm**ot.**

marmotte n. f.
Rongeur qui passe l'hiver en hibernation. *Dormir comme une marmotte.*

marmotter v. tr.
Parler entre ses dents. *Qu'est-ce que tu marmottes?*
☞— Ne pas confondre avec *marmonner,* prononcer à mi-voix des paroles confuses, souvent avec colère.
⇨ marmo**tter.**

marocain, aine adj. et n. m. et f.
Du Maroc. *Le drapeau marocain. Un Marocain, une Marocaine.*
☞— L'adjectif s'écrit avec une minuscule; le nom, avec une majuscule.
Hom. *maroquin,* cuir de chèvre ou de mouton.
⇨ maro**cain.**

maroquin n. m.
Cuir de chèvre ou de mouton. *Un beau portefeuille en maroquin.*
Hom. *marocain,* relatif au Maroc.
⇨ maro**quin.**

maroquinage n. m.
Préparation du cuir à la façon du maroquin.
⇨ maro**quina**ge.

maroquinerie n. f.
• Préparation du maroquin.
• Articles de cuir fin (sacs à main, portefeuilles, etc.).
• Commerce des articles de maroquinerie.
⇨ maro**quine**rie.

maroquinier n. m.
Personne qui fabrique ou vend des articles de maroquinerie.
⇨ maro**quini**er.

marquant, ante adj.
Mémorable. *Une date marquante.*

marque n. f.

• Signe particulier. *Faire une marque au crayon.*
• Trace, empreinte. *La marque d'un pneu sur le sol.*
• *De marque.* De qualité supérieure, de prestige. *Une image de marque.*
• *Marque de fabrication, de commerce.* Label servant à distinguer les produits d'une entreprise, d'un commerce.
• *Marque déposée.* Certaines marques de fabrique, de commerce font l'objet d'un dépôt légal afin de protéger la propriété du déposant et de lui en réserver l'exclusivité. D'une façon générale, ces marques sont invariables et s'écrivent avec une majuscule initiale. *Des voitures Peugeot.*
☞ Certaines désignations sont d'un emploi tellement courant qu'elles sont devenues des noms communs; elles s'écrivent avec une minuscule et prennent la marque du pluriel. *Des camemberts, des champagnes, des aspirines, des vinyles.*
☞ Les titres d'œuvres littéraires, musicales, artistiques, etc., sont suivis du symbole © (copyright) pour marquer leur dépôt légal; les marques déposées peuvent être nominales (nom patronymique, dénomination de fantaisie, etc.) ou figuratives (dessin, logo, etc.).

---

marquer v. tr., intr.
• **Transitif**
- Signaler. *Marquer les articles d'un trait.*
- Laisser une trace. *Ce verre a marqué la table.*
- Faire connaître, exprimer. *Marquer sa reconnaissance, de l'intérêt.*
- Réussir. *Marquer un but, un essai.*
• **Intransitif**
Laisser une marque. *Cette atmosphère familiale a marqué dans sa vie.*

marqueterie n. f.
☞ Le premier *e* se prononce *e* ou *è,* [markətri] ou [markɛtri].
Assemblage décoratif de petites pièces de bois. *Un parquet en marqueterie.*
☞ marqueterie.

marqueur, euse n. m. et f.
• **Nom masculin et féminin.** (Sports) Joueur qui marque un but, un essai, etc.
• **Nom masculin.** Gros crayon-feutre. *Inscris ton adresse sur le colis avec un marqueur vert.*

marquis, ise n. m. et f.
• **Nom masculin**
Titre de noblesse venant entre celui de duc et celui de comte.
• **Nom féminin**
- Femme d'un marquis.
- Auvent.

marraine n. f.
Personne qui tient un enfant (son filleul, sa filleule) sur les fonts baptismaux. *Elle est la marraine de Fanny.*
☞ marraine.

marrant, ante adj. et n. m. et f.
(Fam.) Amusant. *Ce clown est très marrant.*

marre adv.
En avoir marre. (Fam.) Être excédé. *Elles en ont marre.*

marrer (se) v. pronom.
(Fam.) S'amuser. *Ils se sont bien marrés.*

marri, ie adj.
(Vx, litt.) Désolé, fâché.
Hom. *mari,* homme uni à une femme par le mariage.

marron adj. inv. et n. m.
• **Adjectif de couleur invariable**
De la couleur brune du marron. *Des chaussures marron clair, des gants marron foncé.*
V. Tableau - **COULEUR (ADJECTIFS DE).**
• **Adjectif**
Qui exerce une profession illégalement. *Des avocats marrons.*
• **Nom masculin**
- Fruit comestible du châtaignier. *Des marrons glacés.*
☞ Dans la langue de la cuisine, on utilise le mot *marron* plutôt que *châtaigne.*
- *Tirer les marrons du feu.* Mener à bien une affaire dont une autre personne tirera profit.

marronnier n. m.
Arbre qui produit les marrons.
☞ marronnier.

mars n. m.
Troisième mois de l'année. *Les 28 et 29 mars.*
☞ Les noms de mois s'écrivent avec une minuscule.
V. Tableau - **DATE.**

marsouin n. m.
Mammifère cétacé voisin du dauphin.

marte
V. **martre.**

marteau adj. inv. en genre et n. m. (pl. *marteaux*)
• **Nom masculin.** Outil composé d'une masse de métal et d'un manche pour frapper, enfoncer.
• **Adjectif.** (Fam.) Un peu fou. *Elles sont marteaux.*

marteau-pilon n. m. (pl. *marteaux-pilons*)
Marteau mécanique.

martel n. m.
Se mettre martel en tête. S'inquiéter. *Elles se mettent martel en tête.*
☞ Le mot n'est plus usité que dans l'expression citée où il reste invariable.

martelage n. m.
Action de marteler.
☞ martelage.

martèlement n. m.
Chocs répétés régulièrement, analogues à ceux du marteau sur l'enclume.
☞ martèlement.

marteler v. tr.
Le *e* se change en *è* devant une syllabe muette. *Il martèle, il martelait.*
Façonner à coups de marteau. *Il martèle un gobelet de cuivre.*
⟹ marteler.

martial, ale, aux adj.
�⟩ Le *t* se prononce *s* [marsjal].
• (Litt.) Relatif à la guerre; militaire. *Air de musique martiale.*
• *Arts martiaux.* Sports de combat d'origine asiatique tels le judo, le karaté.

martien, ienne adj. et n. m. et f.
• **Adjectif.** De la planète Mars.
• **Nom masculin et féminin.** Habitant imaginaire de Mars.

martingale n. f.
• Demi-ceinture placée à la taille d'un manteau, d'un costume.
• Combinaison fondée sur les probabilités destinée à accroître les gains au jeu.
⟹ martingale.

martiniquais, aise adj. et n. m. et f.
De la Martinique. *Une danse martiniquaise. Un Martiniquais, une Martiniquaise.*
☞ L'adjectif s'écrit avec une minuscule; le nom, avec une majuscule.

martin-pêcheur n. m. (pl. *martins-pêcheurs*)
Oiseau qui se nourrit de poissons.

martre ou **marte** n. f.
Animal apprécié pour son pelage brun.

martyr, yre n. m. et f.
• **Nom masculin et féminin.** Personne suppliciée.
• **Nom masculin.** Supplice. *Souffrir le martyre.*
☞ Attention à l'orthographe de ce deuxième sens : martyr**e.**
⟹ martyr.

martyriser v. tr.
Faire souffrir, tourmenter. *Ces premiers chrétiens ont été martyrisés.*
⟹ martyriser.

martyrologe n. m.
Liste des martyrs.
⟹ martyrologe.

marxisme n. m.
Doctrine philosophique, sociale et économique de Karl Marx sur laquelle repose le communisme.

marxiste adj. et n. m. et f.
Adepte du marxisme.

mas n. m.
�⟩ Le *s* se prononce ou non, [mas] ou [ma].
Demeure provençale.

mascarade n. f.
• Déguisement. *La mascarade de l'Halloween.*
• (Fig.) Parade ridicule.

mascotte n. f.
Fétiche, porte-bonheur.

masculin, ine adj. et n. m.
Qui est propre à l'homme. *Une voix masculine.*
V. Tableau - **GENRE.**

masculinité n. f.
Caractère masculin.

maskinongé n. m.
Au Canada, poisson d'eau douce de la famille du brochet.
☞ Ce nom est un amérindianisme.

masochisme n. m.
Perversion qui fait éprouver du plaisir à souffrir.
☞ Ne pas confondre avec le nom *sadisme,* perversion qui fait éprouver du plaisir à faire souffrir.

masochiste adj. et n. m. et f.
• Abréviation familière *maso* (s'écrit sans point).
• Atteint de masochisme.

masque n. m.
• Appareil de protection. *Masque d'oxygène, de soudeur, de plongée.*
• *Masque antigaz.* Cette expression est à préférer à *masque à gaz.*

masquer v. tr.
Dissimuler derrière un masque. *Les belles dames étaient masquées.*
☞ Ne pas confondre avec les verbes suivants :
- *cacher,* dissimuler;
- *celer,* tenir quelque chose secret;
- *déguiser,* dissimuler sous une apparence trompeuse;
- *taire,* ne pas révéler ce que l'on n'est pas obligé de faire connaître;
- *voiler,* cacher sous des apparences.

massacrant, ante adj.
Maussade. *Une humeur massacrante.*
☞ Ne pas confondre avec le participe présent invariable *massacrant. Les curieux regardaient impuissants les lions massacrant leur proie.*

massacre n. m.
• Meurtre d'un grand nombre d'êtres vivants.
☞ Ne pas confondre avec les noms suivants :
- *carnage,* massacre d'hommes ou d'animaux;
- *hécatombe,* grande masse de personnes tuées, surtout au figuré;
- *tuerie,* action de tuer sauvagement.
• (Fam.) Gâchis. *Cette interprétation a été un massacre.*

massacrer v. tr.
• Tuer un grand nombre de personnes avec sauvagerie. *Cette peuplade a été massacrée.*
• (Fig.) Détruire. *Ces opposants ont massacré notre projet.*

massage n. m.
Action de masser. *Un massage facial.*

masse n. f.
• Grand nombre. *La masse des élèves a choisi* ou *ont choisi l'excursion en ski.*
☞ L'accord du verbe ou de l'attribut se fait généra-

lement avec le nom collectif qui est au singulier; il peut se faire avec le complément du pluriel si l'auteur veut insister sur l'idée de pluralité.
V. Tableau - **COLLECTIF.**
• Quantité de matière d'un corps. *Le kilogramme est une unité de masse.*
• Gros marteau de fer.

massepain n. m.
Pâtisserie composée d'amandes, de sucre et de blancs d'œufs.

masser v. tr., pronom.
• **Transitif**
- Disposer par masses. *Masser des troupes près des frontières.*
- Pétrir différentes parties du corps avec les mains pour assouplir les tissus, les articulations, etc. *Se faire masser procure une immense détente.*
• **Pronominal**
Se grouper. *La foule s'est massée devant l'immeuble en feu.*

masseur n. m.
masseuse n. f.
Personne dont la profession est de faire des massages.

massicot n. m.
Machine destinée à couper le papier.
▭▷ massico**t**.

massif, ive adj.
Lourd, épais. *Des traits massifs.*

massif n. m.
• Ensemble montagneux non orienté qui se dégage du relief environnant. (Recomm. off. OLF)
▭◁— Ne pas confondre avec les noms suivants :
- *butte,* petite colline;
- *colline,* relief d'élévation modérée aux versants généralement en pente douce;
- *mont,* importante élévation se détachant du relief environnant;
- *montagne,* relief élevé aux versants raides, occupant une grande superficie et appartenant à un système;
- *monticule,* petite élévation du sol;
- *pic,* sommet rocheux aux flancs escarpés.
• Bosquet. *Des massifs de fleurs.*

*mass media
Anglicisme pour *média de masse.*

massue n. f.
• Bâton noueux servant à assommer.
• *Argument massue.* (Fig.) Argument très percutant. *Il lui servit des arguments massue qui la laissèrent sans réplique.*
▭◁— Mis en apposition, le mot *massue* reste invariable.
▭▷ massue.

mastectomie n. f.
Syn. **mammectomie.**

mastic n. m.
Mélange adhésif. *Nicolas, achète du mastic pour réparer le carreau, s'il te plaît.*
▭▷ masti**c**.

mastication n. f.
Action de broyer les aliments avec les dents.

mastiquer v. tr.
• Broyer les aliments avec les dents. *Mastiquez bien avant d'avaler.*
• Poser des joints de mastic. *Mastiquer une fenêtre.*

mastoc adj. inv. et n. m.
Massif, grossier.
▭▷ masto**c**.

mastodonte n. m.
• Mammifère fossile voisin de l'éléphant.
• Personne corpulente.

masturbation n. f.
Action de procurer le plaisir sexuel par l'excitation manuelle des parties génitales.

masturber v. tr., pronom.
• **Transitif.** Soumettre à la masturbation.
• **Pronominal.** Se livrer à la masturbation.

m'as-tu-vu adj. inv. et n. m. inv.
Se dit d'une personne prétentieuse. *De jeunes m'as-tu-vu.*

mat adj. inv. et n. m.
⟷ Le *t* se prononce [mat].
• **Adjectif invariable.** Se dit, aux échecs, du gain de la partie. *Le roi est mat.*
• *Faire quelqu'un échec et mat.* (Fig.) Défaire quelqu'un, remporter la victoire.
▭◁— Cette locution adjective est invariable.
• **Nom masculin.** Défaite aux échecs.

mat, mate adj.
⟷ Le *t* se prononce au masculin comme au féminin [mat].
Qui ne brille pas. *Un noir mat. Il a la peau mate.*

mât n. m.
(Mar.) Longue pièce dressée sur un navire et destinée à porter les voiles, les installations radio-électriques. *Le mât de misaine.*
▭▷ mâ**t**.

matador n. m.
Torero chargé de mettre le taureau à mort, dans une corrida.
▭◁— Ne pas confondre avec le mot *matamore,* vantard.
▭▷ matado**r**.

matamore n. m.
Vantard.
▭◁— Ne pas confondre avec le nom *matador,* torero chargé de mettre l'animal à mort.
▭▷ matamo**re**.

match n. m. (pl. *matchs* ou *matches*)
⟷ Les lettres *tch* se prononcent [matʃ].
• Compétition sportive. *Des matchs de tennis.*
• Au Canada, on dit aussi *joute.*

matelas n. m.
Sorte de vaste coussin qui couvre l'étendue d'un lit.
▭▷ matela**s**.

matelasser v. tr.
Rembourrer. *Matelasser un siège.*

matelot n. m.
Marin faisant partie de l'équipage d'un navire.
⇨ **matelot.**

matelote n. f.
Mets composé de poissons. *Une matelote d'anguille.*
⇨ **matelote.**

mater v. tr.
Dresser, soumettre à son autorité. *Mater un cheval.*
☞ Ne pas confondre avec le verbe *mâter,* munir d'un mât.

mâter v. tr.
Munir d'un mât.
☞ Ne pas confondre avec le verbe *mater,* dresser, soumettre à son autorité.

matérialisation n. f.
Action de se matérialiser. *La matérialisation d'un rêve.*

matérialiser v. tr., pronom.
• **Transitif.** Rendre réel, matériel. *Matérialiser une idée.*
• **Pronominal.** Devenir concret. *Son rêve s'est matérialisé : elle fait le tour du monde.*

matérialisme n. m.
Doctrine qui considère la matière comme la seule réalité.

matérialiste adj. et n. m. et f.
Adepte du matérialisme.

matériau n. m. (pl. *matériaux*)
• Matière première. *Le bois est un matériau très utilisé.*
☞ Dans la langue technique, ce nom est fréquemment employé; dans la langue soutenue ou littéraire, on pourra préférer le nom *matière. Le marbre est une matière noble.*
• (Au plur.) Ensemble des matières entrant dans la construction des bâtiments (pierre, bois, etc.). *Des matériaux de construction de première qualité.*

matériel, elle adj. et n. m.
• **Adjectif**
Qui est formé de matière. *Les biens matériels.*
Ant. **spirituel.**
• **Nom masculin**
- Ensemble d'outils, d'instruments nécessaires à une exploitation. *Du matériel sophistiqué.*
- (Inform.) Ensemble d'éléments physiques employés pour le traitement des données, par opposition aux programmes et à la documentation correspondante (logiciel). *Du matériel informatique* (et non du *hardware).

***matériel**
Anglicisme au sens de *tissu.*

matériellement adv.
• Relatif à la matière.
• Effectivement. *Il n'en a pas matériellement la possibilité.*

maternel, elle adj.
• Qui appartient à la mère. *La tendresse maternelle.*
• *Langue maternelle.* La première langue apprise.

maternelle n. f.
École où l'on reçoit les jeunes enfants.

maternellement adv.
De façon maternelle.

materner v. tr.
Entourer quelqu'un de soins excessifs.

maternité n. f.
État de mère.

math ou **maths** n. f. pl.
⬱ Le *s* ne se prononce pas [mat].
Abréviation familière de *mathématiques.*

mathématicien n. m.
mathématicienne n. f.
Spécialiste des mathématiques.
⇨ **mathé**maticien.

mathématique adj. et n. f. (gén. pl.)
• **Adjectif**
Qui a trait aux mathématiques.
• **Nom féminin**
- Science qui a pour objet la mesure et les propriétés des grandeurs. *Aimer les mathématiques.*
- S'abrège familièrement en *math(s).*
☞ Ce nom s'emploie généralement au pluriel.
⇨ **mathé**matique.

mathématiquement adv.
• Selon les méthodes des mathématiques.
• Rigoureusement.
⇨ **mathé**matiquement.

matière n. f.
• Substance. *Des matières grasses.*
• Contenu. *La matière d'un livre, d'un cours.*
• **Locutions**
- *Donner, être matière à.* Être l'occasion, la cause de. *Ces écarts donnent matière à réflexion.*
- *En matière de,* locution prépositive. En ce qui concerne. *En matière de sport.*
- *Entrée en matière.* Introduction.
☞ Dans ces expressions, le mot *matière* demeure au singulier.
- *Matière grise.* Cerveau.
- *Matières premières.* Matières non encore transformées par le travail.
- *Table des matières.* Liste schématique des parties d'un ouvrage.

matin adv. et n. m.
• Début de la journée. *Elle part tous les matins. Il est rentré à quatre heures du matin.*
• (Ellipt.) *Tous les lundis matin.*
☞ Dans cet exemple, il est plus logique d'écrire le nom *matin* au singulier.
• **Locutions**
- *Au petit matin.* Très tôt, à l'aube.
- *De bon matin.* De bonne heure.
- *Du matin au soir.* Toute la journée.
- *Un beau matin.* Un jour.

mâtin n. m.
Chien de chasse ou de garde.
⇨ **mâtin.**

mâtin, ine n. m. et f.
Personne délurée.
⟹ mâtin.

matinal, ale, aux adj.
Qui est propre au matin. *Des bruits matinaux. Vous êtes bien matinal aujourd'hui.*

matinalement adv.
(Litt.) À une heure matinale.
⟹ matinalement.

matinée n. f.
• Période de temps comprise entre le lever du soleil et midi. *Une froide matinée.*
• Représentation d'un spectacle en après-midi, par opposition à la soirée.

matines n. f. pl.
Office religieux. *Sonner les matines.*

matou n. m. (pl. *matous*)
Chat domestique mâle.

matraquage n. m.
• Action de matraquer.
• (Fig.) Répétition systématique d'un message publicitaire.
⟹ matra**qu**age.

matraque n. f.
Bâton servant à frapper. *Des coups de matraque.*
⟹ matra**qu**e.

matraquer v. tr.
• Frapper à coups de matraque.
• (Fig.) Soumettre un public cible à un message publicitaire répété.

matriarcal, ale, aux adj.
Relatif au matriarcat. *Des régimes matriarcaux.*

matriarcat n. m.
Régime social dans lequel la femme exerce une autorité prépondérante.
⟹ matriarcat.

matrice n. f.
• (Vx) Utérus.
• Pièce métallique gravée en creux ou en relief, servant à reproduire une empreinte sur une matière soumise à son action.
• (Math.) Ensemble ordonné de nombres.

matriciel, ielle adj.
• Relatif aux matrices. *Le calcul matriciel.*
• *Imprimante matricielle.* (Inform.) Imprimante dans laquelle chaque caractère est représenté par une configuration de points.

matricule adj. et n. m. et f.
• **Adjectif.** *Numéro matricule.* Numéro sous lequel une personne est inscrite. *Des numéros matricules.*
• **Nom masculin.** Numéro inscrit dans un registre. *Le matricule d'un prisonnier.*
• **Nom féminin.** Registre d'inscription.

matrimonial, ale, aux adj.
Relatif au mariage. *Des régimes matrimoniaux.*

matrone n. f.
Femme d'un certain âge, corpulente et vulgaire.
⟹ matrone.

matronyme n. m.
Nom de famille transmis par la mère, par opposition au *patronyme* transmis par le père.
⟹ matronyme.

maturation n. f.
Ensemble des phénomènes par lesquels un fruit arrive à maturité.

mature adj.
Se dit d'un végétal, d'un animal parvenu à maturité.
⊫— L'antonyme *immature* se dit d'un animal qui n'a pas atteint la maturité physique, d'une personne qui manque de maturité intellectuelle.

*mature
Anglicisme au sens de *mûr,* en parlant d'une personne.

mâture n. f.
Ensemble des mâts et gréements d'un navire.
⟹ mâture.

maturité n. f.
• État des fruits mûrs.
• État de ce qui a atteint son plein développement.
• L'âge mur.

maudire v. tr.
INDICATIF PRÉSENT *Je maudis, tu maudis, il maudit, nous maudissons, vous maudissez, ils maudissent.* IMPARFAIT *Je maudissais.* PASSÉ SIMPLE *Je maudis.* FUTUR *Je maudirai.* CONDITIONNEL PRÉSENT *Je maudirais.* IMPÉRATIF PRÉSENT *Maudis, maudissons, maudissez.* SUBJONCTIF PRÉSENT *Que je maudisse, qu'il maudisse.* IMPARFAIT *Que je maudisse, qu'il maudît.* PARTICIPE PRÉSENT *Maudissant.* PASSÉ *Maudit, ite.*
• Vouer au malheur, à la damnation éternelle.
• Détester, exécrer quelqu'un, quelque chose.

maudit, ite adj. et n. m. et f.
• **Adjectif**
- Sur qui la malédiction a été appelée. *Caïn fut maudit.*
- Détestable, exécrable. *Quel maudit temps!*
⊫— En ce sens, l'adjectif est généralement placé avant le nom.
• **Nom masculin et féminin**
Personne damnée.

maugréer v. intr.
Pester, ronchonner. *Ces grincheux ne cessent de maugréer, de se plaindre.*

maure, mauresque adj. et n. m. et f.
• **Adjectif.** *Le style mauresque.*
• **Nom masculin et féminin.** Habitant du Sahara occidental. *Un Maure, une Mauresque.*
⊫— Le mot *maure* s'emploie comme nom masculin et comme adjectif masculin pour désigner des personnes, des groupes. Le mot *mauresque* s'emploie comme nom féminin et comme adjectif masculin et féminin.

Hom. :
- **mors,** pièce métallique placée dans la bouche du cheval pour le diriger;
- **mort,** décès.

mausolée n. m.
Riche monument funéraire de très grandes dimensions.
☞ Attention au genre masculin de ce nom : **un** mausolée.
⇨ mausol**ée.**

maussade adj.
👄 La première syllabe se prononce avec un **o** fermé [mosad].
• De mauvaise humeur. *Maxime et Elena ne sont jamais maussades, ils sont toujours de bonne humeur.*
• Triste. *Temps maussade.*

maussadement adv.
👄 La première syllabe se prononce avec un **o** fermé [mosadmã].
D'une manière maussade.

mauvais, aise adj. et adv.

• **Adjectif**
- Qui n'a pas les qualités morales nécessaires (en parlant d'une personne). *C'est un mauvais citoyen.*
- Qui dénote de la malveillance. *Un air mauvais.*
- Désagréable. *Il est de mauvaise humeur.*
- Qui présente un défaut (en parlant d'une chose). *Un mauvais produit, une mauvaise vue.*
- Incommode, défavorable. *Il fait mauvais temps, recevoir une mauvaise nouvelle.*
- Désagréable au goût. *Ce café est très mauvais.*
• **Adverbe**
Pris adverbialement, le mot est invariable. *Ces herbes sentent mauvais. Il fait mauvais.*

mauve adj. et n. f.
• **Nom féminin.** Plante dont les fleurs sont d'un violet pâle. *Des mauves.*
• **Adjectif de couleur variable.** De la couleur violet pâle de la mauve. *Des robes mauves.*
V. Tableau - **COULEUR (ADJECTIFS DE).**

mauviette n. f.
(Fam.) Personne chétive.

max n. m.
Abréviation familière de *maximum.* *Ça va te coûter un max.*

maxi- préf.
Élément du latin signifiant «le plus grand».
☞ Les mots composés avec le préfixe *maxi-* s'écrivent avec ou sans trait d'union.

maxillaire adj. et n. m.
• **Adjectif**
Qui se rapporte aux mâchoires.
• **Nom masculin**
- Mâchoire supérieure.
- Os des mâchoires. *Le maxillaire inférieur.*
☞ Attention au genre masculin du nom : *un* maxillaire.
⇨ maxil**laire.**

maximal, ale, aux adj.
Qui est au plus haut degré. *Des chiffres maximaux.*
☞ L'emploi de l'adjectif *maximal* est à préférer à celui de l'adjectif d'origine latine *maximum.*

maxime n. f.
Formule brève d'une réflexion, d'une règle de morale. *Le public est gouverné comme il raisonne. Son droit est de dire des sottises, comme celui des ministres est d'en faire. (Maximes, de Chamfort)*

maximiser ou maximaliser v. tr.
Donner la plus haute valeur possible à (une grandeur, une idée, etc.).

maximum adj. et n. m. (pl. *maximums* ou *maxima*)
👄 Le **u** se prononce **o** [maksimɔm].
• **Adjectif.** Maximal. *Des vitesses maximums.*
☞ L'adjectif conserve la même forme au masculin et au féminin, mais prend la marque du pluriel. L'emploi de l'adjectif *maximal* est à privilégier.
• **Nom masculin**
- Limite supérieure.
- S'abrège familièrement en **max** (s'écrit sans point).
- *Au maximum.* Au plus haut degré. *Il doit se concentrer au maximum.*
- *Au maximum.* Au plus. *Je paierais cet article 100 $ au maximum.*
☞ Ce mot d'origine latine a été francisé et s'écrit généralement au pluriel avec un **s.** Le pluriel latin *maxima* est également employé.
☞ L'expression *«au grand maximum»* est un pléonasme. Prendre garde à l'expression *réduire au minimum* (et non *au maximum).*

maya adj. inv. en genre et n. m. et f.
Relatif aux Mayas. *La civilisation maya. Un Maya, une Maya.*
☞ L'adjectif s'écrit avec une minuscule; le nom, avec une majuscule.

mayonnaise n. f.
• Sauce froide à base de jaune d'œuf et d'huile.
• (En appos.) *Des crudités mayonnaise.*
☞ Dans cet emploi, le nom est invariable.
⇨ may**onnaise.**

mazout n. m.
👄 Le **t** se prononce [mazut].
Combustible liquide utilisé pour le chauffage domestique et industriel. Il est improprement désigné au Québec par les expressions *huile à chauffage; huile à fournaise; huile de chauffage; huile de fournaise.* (Recomm. off. OLF)

mazurka n. f.
Danse polonaise. *Des mazurkas endiablées.*

MBA
Sigle de *marge brute d'autofinancement.*

M.B.A.
Abréviation de *Master in Business Administration* et de *Maîtrise en administration des affaires.*

MBJ
Symbole de *million de barils par jour.*

Me
Abréviation de **maître**.
☞— L'abréviation du pluriel **maîtres** est **M**es.

me pron. pers. m. et f. sing.

Pronom personnel de la première personne, il ne s'emploie que devant un verbe ou après le verbe à l'impératif où il s'élide devant **en** ou **y**. *Tu me donnes un livre. Donne-m'en un peu.*
☞— Le pronom s'élide devant les verbes commençant par une voyelle ou un **h** muet. *Elle m'offre des fleurs. Il m'horrifie.*
Il s'emploie comme :
• **complément d'objet direct**
- Le pronom représente la personne qui parle et marque qu'elle subit l'action faite par le sujet. *Il me regarde.*
- Même fonction dans les verbes pronominaux réfléchis. *Je me suis intéressée à ce projet.*
• **complément d'objet indirect**
- Le pronom indique que la personne qui parle subit indirectement l'action faite par le sujet. *Il me parle.*
- Même fonction dans les verbes essentiellement pronominaux. *Je me souviens.*

mea-culpa n. m. inv. (pl. *mea-culpa*)
Acte de contrition.

méandre n. m.
Suite de détours d'un cours d'eau, d'un chemin. *Les multiples méandres de la rivière.*
☞— Attention au genre masculin de ce nom : **un** méandre.

mec n. m.
(Pop.) Type. *Qui sont ces mecs?*

mécanicien n. m.
mécanicienne n. f.
Personne dont le métier est d'exécuter les réparations courantes sur des ensembles mécaniques.

mécanique adj. et n. f.
• **Adjectif**
Qui est exécuté par un mécanisme. *Une tondeuse mécanique.*
• **Nom féminin**
- Science des lois du mouvement et de l'équilibre des corps ainsi que des forces motrices. *La mécanique des fluides.*
- Science de la construction des machines. *Boris et Martine s'intéressent à la mécanique.*

mécaniquement adv.
• D'une manière mécanique.
• Du point de vue de la mécanique.

mécanisation n. f.
Action de mécaniser.

mécaniser v. tr.
Rendre mécanique, automatiser. *Mécaniser des opérations de production.*

mécanisme n. m.
Agencement de pièces disposées de façon à obtenir un résultat donné. *Régler un mécanisme d'horlogerie.*

mécénat n. m.
Protection, subvention accordée à des activités culturelles, scientifiques.
☞ **mécénat**.

mécène n. m.
Protecteur généreux des lettres, des arts et des sciences.
☞ **mécène**.

méchamment adv.
⟺ Les deux **m** se prononcent comme un seul [me ʃamɑ̃].
Avec méchanceté.
☞ **méchamment**.

méchanceté n. f.
• Penchant à faire du mal. *Il a trahi ses associés par méchanceté.*
• Action, parole méchante. *Dire des méchancetés.*
Ant. **bonté, gentillesse.**

méchant, ante adj. et n. m. et f.
• **Adjectif**
- (Avant un nom de choses) (Litt.) Médiocre. *Un méchant livre.*
- (Avant un nom de personnes) (Litt.) Incompétent. *Un méchant avocat.*
- (Après le nom) Porté au mal, cruel. *Attention! chien méchant.*
• **Nom masculin et féminin**
(Litt.) Personne méchante. *Les bons et les méchants.*

mèche n. f.
• Assemblage de fils destiné à brûler dans un appareil d'éclairage. *Une mèche de lampe à pétrole.*
• **Éventer, découvrir la mèche.** Révéler un secret. *Elle a éventé (et non *éventré) la mèche.*
• **Vendre la mèche.** Révéler un secret.
• Petite touffe de cheveux. *Il a toujours une mèche sur l'œil.*
• Foret. *Une mèche de perceuse.*
• **Être de mèche avec quelqu'un.** Être de connivence. *Ils étaient certainement de mèche, mais un seul d'entre eux a été reconnu coupable.*

méchoui n. m.
Mouton cuit à la broche. *Préparer des méchouis.*
☞ **méchoui**.

méconnaissable adj.
Qu'on a peine à reconnaître. *Depuis son accident, elle est méconnaissable.*

méconnaissance n. f.
(Litt.) Mauvaise connaissance, ignorance.

méconnaître v. tr.
Ce verbe se conjugue comme **connaître**.
• (Litt.) Refuser d'admettre, ne pas comprendre quelque chose.
• Ne pas reconnaître à sa juste valeur. *On méconnaît sa compétence.*

méconnu, ue adj. et n. m. et f.
Qui n'est pas reconnu à sa juste valeur. *Un peintre méconnu.*

mécontent, ente adj. et n. m. et f.
Insatisfait. *Ces habitués du métro sont mécontents de la grève.*

mécontentement n. m.
Insatisfaction. *Cette décision a suscité colère et mécontentement.*

mécontenter v. tr.
Rendre mécontent. *L'augmentation des taxes mécontente tout le monde.*

mécréant, ante adj. et n. m. et f.
(Vx) Impie.

médaille n. f.
• Pièce de métal qui représente un sujet de dévotion, d'estime. *Une médaille de la Vierge.*
• Prix dans un concours, une exposition. *Recevoir la médaille d'or.*
• Titre de nombreuses distinctions honorifiques. *Être titulaire d'une médaille militaire.*
☞ Le nom *médaille* en ce sens s'écrit avec une minuscule, alors que le mot spécifique de la distinction honorifique s'écrit avec une majuscule.

médaillé, ée adj. et n. m. et f.
Décoré d'une médaille. *Sylvie Daigle est médaillée d'or des Jeux olympiques d'Albertville.*

médailler v. tr.
Décorer quelqu'un d'une médaille.

médaillon n. m.
Cadre, bijou de forme circulaire ou ovale dans lequel on place un portrait, des cheveux, etc.

médecin n. m. et f.
Personne titulaire du diplôme de docteur en médecine, qui exerce la médecine. *Un médecin spécialiste, un médecin consultant. Des médecins traitants, des médecins de famille.*
☞ Pris absolument, le titre de *docteur* désigne la personne titulaire d'un doctorat en médecine.

médecine n. f.
Science qui a pour objet la conservation de la santé, le traitement des malades.

média n. m. (pl. *médias*)
• Moyen de diffusion massive de l'information. (Recomm. off. OLF) *La presse, la radio, la télévision, la télématique, etc., sont des médias.*
☞ Ce nom d'origine latine venu par l'intermédiaire de l'anglais est maintenant francisé : il s'écrit avec un accent aigu et prend la marque du pluriel. Cependant, on emploie aussi *medium* au singulier et *media* au pluriel.
• *Média de masse.* Moyen de communication et d'information de masse.

médian, ane adj. et n. f.
• **Adjectif**
Qui est placé au milieu. *Une ligne médiane.*
• **Nom féminin**

- (Géom.) Dans un triangle, segment de droite joignant le sommet au milieu du côté opposé
- (Stat.) Valeur centrale.

médiateur, trice n. m. et f.
Conciliateur, arbitre. *C'est une bonne médiatrice.*

médiation n. f.
Entremise, conciliation. *Recourir à la médiation d'un expert.*

médiatique adj.
Relatif aux médias. *Les moyens médiatiques.*

médical, ale, aux adj.
Relatif à la médecine. *Avoir une formation médicale. Des experts médicaux.*
☞ Ne pas confondre avec le mot *médicinal,* utilisé à titre de médicament.

médicalement adv.
Du point de vue de la médecine.

médicalisation n. f.
Action de médicaliser.

médicaliser v. tr.
Donner un caractère médical à quelque chose. *Médicaliser l'avortement.*

médicament n. m.
Substance destinée à soulager ou à guérir un malade.
☞ Ne pas confondre avec le nom *médication,* ensemble des agents thérapeutiques destinés au traitement d'une maladie.

médicamenteux, euse adj.
Qui renferme un médicament. *Un sirop médicamenteux.*

médication n. f.
Ensemble des agents thérapeutiques destinés au traitement d'une maladie.
☞ Ne pas confondre avec le nom *médicament,* substance destinée à soulager ou à guérir un malade.

médicinal, ale, aux adj.
Utilisé à titre de médicament.
☞ Ne pas confondre avec le mot *médical,* relatif à la médecine.

médico-légal, ale, aux adj.
Relatif à la médecine légale. *Des experts médico-légaux.*
☞ La médecine légale est une branche de la médecine qui a pour objet de seconder la justice.

médiéval, ale, aux adj.
Relatif au Moyen Âge. *La poésie médiévale.*
☞ En ce sens, l'adjectif *moyenâgeux* est vieilli, mais on l'emploie toujours au sens de *vétuste, dépassé.*

médiéviste n. m. et f.
Spécialiste du Moyen Âge.

médiocre adj. et n. m. et f.
• **Adjectif.** Piètre, faible. *Un vin médiocre.*
• **Nom masculin et féminin.** Personne sans talent.

médiocrement adv.
Avec médiocrité.

médiocrité n. f.
Faiblesse, imperfection. *La médiocrité d'un livre.*

médire v. tr. ind.
INDICATIF PRÉSENT *Je médis, tu médis, il médit, nous médisons, vous médisez, ils médisent.* IMPARFAIT *Je médisais.* PASSÉ SIMPLE *Je médis.* FUTUR *Je médirai.* CONDITIONNEL PRÉSENT *Je médirais.* IMPÉRATIF PRÉSENT *Médis, médisons, médisez.* SUBJONCTIF PRÉSENT *Que je médise.* IMPARFAIT *Que je médisse.* PARTICIPE PRÉSENT *Médisant.* PASSÉ *Médit.*
Attention à la deuxième personne du pluriel de l'indicatif présent et de l'impératif *médisez* où la forme diffère de celle du verbe **dire.**
Dénigrer, diffamer. *Il médit de ses amis.*
🕮 Le verbe se construit avec la préposition **de.**

médisance n. f.
Propos vrais qui peuvent nuire à quelqu'un.
🕮 Ne pas confondre avec le nom **calomnie,** propos mensongers qui attaquent la réputation de quelqu'un.

méditatif, ive adj.
Pensif. *Un air méditatif.*

méditation n. f.
Réflexion. *Elle s'est livrée à de longues méditations avant d'accepter cette offre.*

méditer v. tr. et intr.
• **Transitif direct.** Approfondir, réfléchir à. *Méditer un sujet.*
• **Intransitif.** Réfléchir. *Méditer sur une question.*

méditerranéen, enne adj. et n. m. et f.
Qui se rapporte à la Méditerranée. *Un paysage méditerranéen. Un Méditerranéen, une Méditerranéenne.*
🕮 L'adjectif s'écrit avec une minuscule; le nom, avec une majuscule.
▭▷ médite**rr**anéen.

médium n. m. (pl. *médiums*)
Personne qui prétend communiquer avec les esprits. *Des médiums célèbres.*
🕮 Le mot d'origine latine a été francisé, il s'écrit avec un accent aigu et prend la marque du pluriel.

*médium
• Anglicisme au sens de **moyen.** *Désirez-vous une chemise de taille petite, moyenne* (et non *médium) *ou grande?*
• Anglicisme au sens de **à point.** *Quelle cuisson? Bien cuit, à point* (et non *médium) *ou saignant?*

médoc n. m.
Vin du Médoc.
🕮 Le nom du vin s'écrit avec une minuscule; le nom de la région, avec une majuscule.

méduse n. f.
Animal marin de consistance gélatineuse.
🕮 Le mot qui désigne l'une des trois Gorgones qui changeait en pierre ceux qui la regardaient s'écrit avec une majuscule. *La Méduse.*

méduser v. tr.
Pétrifier, stupéfier. *Cette apparition les médusa.*

*meeting
• Anglicisme pour **rencontre.**
• Anglicisme utilisé en France pour **réunion (politique), rassemblement.**

méfait n. m.
Action nuisible. *Ces fêtards ivres ont commis plusieurs méfaits.*

méfiance n. f.
Disposition à soupçonner le mal. *Elle éprouve de la méfiance à l'égard de cette personne trop polie : elle ne lui fait pas confiance.*
Ant. **confiance.**

méfiant, ante adj.
Qui est naturellement soupçonneux. *Une personne méfiante et prudente à l'excès.*

méfier (se) v. pronom.
Redoublement du *i* à la première et à la deuxième personne du pluriel de l'indicatif imparfait et du subjonctif présent. *(Que) nous nous méfiions, (que) vous vous méfiiez.*
• Ne pas se fier à quelqu'un, à quelque chose. *Ils se sont méfiés de ces beaux discours, de ces vendeurs.*
• Rester sur ses gardes. *Méfiez-vous, vous pourriez y perdre beaucoup.*

meg-, méga- préf.
• Éléments du grec signifiant «grand».
• Les mots composés avec le préfixe **méga-** s'écrivent en un seul mot à l'exception de ceux dont le second élément commence par une voyelle. *Un mégajoule, un méga-octet.*
• Composition des multiples décimaux.
• Symbole **M** (s'écrit sans point).
• Préfixe qui multiplie par 1 000 000 l'unité qu'il précède. *Des mégawatts.*
• Sa notation scientifique est 10^6.
V. Tableau - **MULTIPLES ET SOUS-MULTIPLES DÉCIMAUX.**
V. **million.**

mégahertz n. m.
• Symbole **MHz** (s'écrit sans point).
• Un million de hertz.

mégajoule n. m.
• Symbole **MJ** (s'écrit sans point).
• Un million de joules.

mégal(o)- préf.
Élément du grec signifiant «grand». *Un mégalomane.*

mégalithe n. m.
Monument de pierre de grandes dimensions. *Les menhirs sont des mégalithes.*
▭▷ mégali**th**e.

mégalomane adj. et n. m. et f.
Atteint de mégalomanie.

mégalomanie n. f.
Folie des grandeurs.

méga-octet n. m.
• Symbole **Mo** (s'écrit sans point).
• S'abrège familièrement en **meg.**

• (Inform.) Un million d'octets. *Ce disque rigide a une capacité de trente méga-octets, de 30 Mo.*

mégarde n. f.
Par mégarde. Par erreur. *Ils ont interverti les noms par mégarde.*
☞ Le nom ne s'emploie que dans l'expression citée.

mégatonne n. f.
Unité de mesure de la puissance des bombes atomiques. *Une bombe de trois mégatonnes.*

mégawatt n. m.
• Symbole **MW** (s'écrit sans point).
• Un million de watts. *Une consommation de 3 MW, de trois mégawatts.*

mégère n. f.
Femme acariâtre.
☞ mégère.

mégot n. m.
(Fam.) Bout de cigarette, de cigare.
☞ mégot.

méhari n. m.
Dromadaire de l'Afrique du Nord. *Des méharis rapides.*
☞ méhari.

meilleur, eure adj., adv. et n. m. et f.
• **Adjectif**
- Comparatif de supériorité de **bon.** *Elle est meilleure skieuse que son amie.*
- Superlatif de **bon.** *Ce champagne est le meilleur.*
- **Avec la meilleure volonté.** *Malgré tous les efforts.*
• **Nom masculin et féminin**
Personne supérieure aux autres. *Seuls les meilleurs y parviendront.*
☞ Le verbe qui suit **le meilleur, la meilleure** se met au subjonctif. *Cette personne est la meilleure qui soit.*
• **Nom masculin**
Ce qu'il y a de mieux. *Pour le meilleur et pour le pire. Elle a donné le meilleur d'elle-même.*

*meilleur
• *Au meilleur de ma connaissance. Calque de l'anglais «to the best of my knowledge» au sens de **autant que je sache.**
• *Avoir le meilleur sur quelqu'un. Calque de l'anglais «to get the better of someone» au sens de **l'emporter sur quelqu'un.**
• *Être à son meilleur. Calque de l'anglais «to be at one's best» au sens de **être au mieux, exceller.**

mélamine n. f.
Couche de plastique laminée sur une surface d'aggloméré, de contreplaqué. *Des meubles recouverts de mélamine.*

mélancolie n. f.
Tristesse vague, sans cause déterminée.

mélancolique adj.
Triste. *Un air mélancolique.*

mélancoliquement adv.
D'une manière mélancolique.

mélange n. m.
• Combinaison, assemblage. *Faire un mélange d'ingrédients.*
• **Sans mélange.** Pur. *Une joie sans mélange.*

*mélange (à gâteau, etc.)
Anglicisme pour **préparation pour gâteau,** etc.

mélanger v. tr.
Le **g** est suivi d'un **e** devant les lettres **a** et **o.** *Il mélangea, nous mélangeons.*
• Assortir dans des proportions données. *Mélanger des couleurs.*
• (Fam.) Confondre. *J'ai mélangé les noms des invités.*
☞ Ne pas confondre avec le verbe **mêler,** mettre en désordre.

mélangeur n. m.
Appareil ménager servant à mélanger des denrées. *Doter la cuisine d'un mélangeur (et non d'un *blender).*

mélanine n. f.
Pigment brun foncé qui colore la peau, les cheveux, l'iris. *Les albinos souffrent de l'absence congénitale de mélanine.*

mêlant, ante adj.
(Fam.) Au Canada, compliqué, embrouillé. *L'orthographe de ce mot est mêlante.*
☞ L'emploi de l'adjectif est courant au Canada dans la langue familière, mais il est vieilli dans l'ensemble de la francophonie.

mélasse n. f.
Matière sucrée brunâtre.

melba adj. inv.
Se dit de fruits présentés avec de la glace et de la crème Chantilly. *Des fraises Melba, melba.*
☞ L'adjectif est issu d'un nom propre; en principe, il s'écrit avec une majuscule et demeure invariable. L'usage en a fait un adjectif sans majuscule qui demeure invariable.

mêlée n. f.
Combat, rixe. *Les joueurs se sont lancés dans la mêlée.*

mêler v. tr., pronom.
• **Transitif**
- Mettre en désordre. *Mêler les cartes.*
- Allier. *Mêler la douceur à l'ironie.*
- Mélanger. *Mêler du blanc et du noir, avec du noir. Mêler des tulipes à des roses.*
- Au Canada, embrouiller, faire perdre le fil de ses idées à quelqu'un.
☞ L'emploi de ce verbe est courant au Canada dans la langue familière, mais il est vieilli dans l'ensemble de la francophonie.
• **Pronominal**
S'occuper de. *De quoi vous mêlez-vous? Elles se sont mêlées de nos affaires.*
☞ Le verbe se construit selon les cas avec les prépositions **à** ou **avec.**
☞ Ne pas confondre avec le verbe **mélanger,** assortir dans des proportions données.

mélèze n. m.
Arbre de la famille des conifères.
▭➙ mél**è**ze.

méli-mélo n. m. (pl. *mélis-mélos*)
(Fam.) Fouillis.

mélioratif, ive adj. et n. m.
• **Adjectif.** (Ling.) Qui a une connotation favorable. *Le mot **beau** n'est pas toujours mélioratif; par exemple, quand il précède un mot désignant un défaut, il renforce son sens négatif (ex. : c'est un beau menteur).*
• **Nom masculin.** (Ling.) Terme mélioratif. *Les mélioratifs.*
Ant. péjoratif.

mélo n. m.
Abréviation familière de ***mélodrame***. *Des mélos navrants.*

mélodie n. f.
Suite de sons formant un air musical. *Pour composer une chanson, il faut ajouter des paroles à une mélodie.*

mélodieusement adv.
D'une manière mélodieuse.

mélodieux, euse adj.
Harmonieux. *Sa voix est mélodieuse.*
▭➙ mélodieu**x**.

mélodique adj.
Qui a les caractères de la mélodie.

mélodramatique adj.
(Péj.) Qui tient du mélodrame. *Ce film est mélodramatique.*

mélodrame n. m.
• S'abrège familièrement en ***mélo***.
• (Péj.) Drame où l'action est remplie à l'excès de péripéties malheureuses.

mélomane adj. et n. m. et f.
Qui apprécie la musique. *Les mélomanes ont aimé ce concert.*
▭➙ mélomane.

melon n. m.
• Plante rampante cultivée pour ses fruits.
• Fruit sphérique dont la chair orangée ou vert clair a un goût sucré.
• ***Melon d'eau***. Pastèque, gros melon à pulpe rouge.
▷◁⊢ Le ***cantaloup*** est un melon à côtes rugueuses.
• ***Chapeau melon***. *Des chapeaux melon.*
▷◁⊢ Dans cette expression qui s'écrit sans trait d'union, le mot ***melon*** est invariable.

**melting-pot
Anglicisme pour ***creuset***.

membrane n. f.
Feuillet mince qui enveloppe certains organes. *Le tympan est une membrane de l'oreille.*
▭➙ membrane.

membraneux, euse adj.
De la nature d'une membrane.
▭➙ membraneu**x**.

membre n. m.
• Appendice latéral des êtres animés servant à la locomotion, à la préhension. *Les bras et les jambes sont des membres.*
• ***Membre viril.*** Pénis.
• (En appos.) Pays faisant partie d'un tout. *Les États membres.*
• Personne, groupe, pays faisant partie d'un ensemble. *Les membres d'une association.*

même adj., adv. et pron.
V. Tableau - **MÊME**.

**même à ça
Anglicisme pour ***même alors, malgré cela***.

mémento n. m.
◁⊃ Les lettres **en** se prononcent **in** [meméto].
• Mot latin signifiant «souviens-toi». *Des mémentos.*
• Agenda.
▷◁⊢ Ce nom d'origine latine a été francisé : il s'écrit avec un accent aigu et prend la marque du pluriel.

mémère n. f.
(Fam.) Vieille femme.

mémo n. m.
Abréviation familière de ***mémorandum***.

**mémo
Impropriété au sens de ***note (de service),*** brève communication écrite de nature administrative.

mémoire n. m. et f.
• **Nom féminin**
- Fonction biologique qui permet de conserver et de rappeler le souvenir du passé. *Ce monsieur a une excellente mémoire. Se rafraîchir la mémoire.*
- ***Aide-mémoire.*** Résumé. *Des aide-mémoire utiles.*
- ***À la mémoire de.*** En l'honneur de, pour perpétuer le souvenir de.
- ***De mémoire d'homme.*** Aussi loin que remonte le souvenir.
▷◁⊢ Dans cette expression, le nom s'écrit au singulier.
- ***Pour mémoire.*** À titre de renseignement.
- (Inform.) Dispositif qui permet l'enregistrement, la conservation et la restitution de données.
- ***Mémoire vive.*** Mémoire dont les informations sont accessibles et modifiables. *À la mise hors tension, les informations de la mémoire vive* (et non du **RAM*) *s'effacent.*
- ***Mémoire morte.*** Mémoire dont le contenu ne peut être modifié ou effacé. *Ces instructions sont contenues dans la mémoire morte* (et non dans le **ROM*).
• **Nom masculin**
- Écrit où l'on résume une question. *Présenter un mémoire à une commission parlementaire.*
- État détaillé des sommes dues à un entrepreneur, à un architecte, etc.

mémorable adj.
Digne d'être conservé dans la mémoire. *Des exploits mémorables.*

mémorandum n. m. (pl. *mémorandums*)
◁⊃ Le **u** se prononce **o** [memorãdom].
• S'abrège familièrement en ***mémo*** (s'écrit sans point).
• Note qu'on prend d'une chose qu'on ne veut pas oublier.

MÊME

MÊME, ADJECTIF INDÉFINI

• Devant un nom et précédé d'un déterminant (*le, la, les, un, une...*) :
  – il marque la ressemblance, l'identité.
  > *Elle a lu le même article plusieurs fois. Il porte les mêmes chaussettes que lui. Une même complicité les réunit.*

• Après le nom :
  – il insiste sur la personne ou la chose dont on parle et qu'il marque expressément.
  > *Ce sont les paroles mêmes qu'il a prononcées.*

  – il marque une qualité possédée au plus haut point.
  > *Cette personne est l'intégrité même, elle est la sagesse et l'intégrité mêmes.*

  ☞ Il n'est pas toujours possible de distinguer l'adjectif de l'adverbe dans cet emploi. Selon l'intention de l'auteur, le mot s'accorde ou demeure invariable. *Il craignait sa colère, son silence mêmes* (au sens de ***eux-mêmes***) ou *sa colère, son silence même* (au sens de ***même son silence***).

• Après un pronom :
  – l'adjectif insiste sur l'identité de la personne et s'accorde en nombre avec celui-ci et s'y joint par un trait d'union.
  > *Moi-même, toi-même, lui-même, elle-même, soi-même, nous-mêmes, vous-mêmes, eux-mêmes, elles-mêmes.*

MÊME, PRONOM INDÉFINI

• Toujours employé avec un déterminant (*le, la, les, un, une...*), il a la même signification que l'adjectif indéfini et marque l'identité de la personne, la permanence de sa façon d'être.
  > *Elle est toujours la même. Ce sont toujours les mêmes qui osent parler.*

• ***Cela revient au même***. Cela revient à la même chose.

MÊME, ADVERBE

Aussi, jusqu'à, y compris. Placé devant un nom, un adjectif, ou accompagnant un verbe, le mot est adverbe et par le fait même, invariable.
> *Même les plus habiles ne pourront réussir. Elle est aimable et même généreuse. Il ignorait même son nom.*

LOCUTIONS

À même de + infinitif. Apte à, en mesure de. *Ils sont à même d'effectuer les calculs.*

À même, locution prépositive. Directement à. *Boire à même la bouteille.*

De même, locution adverbiale. De même manière. *Nous devrions faire de même.*

De même que, locution conjonctive. Comme, ainsi que. *Elle sera là de même que ma cousine.*

Quand même, quand bien même, locutions conjonctives. Même si. *Quand bien même il neigerait à plein ciel, nous irons.*

Tout de même, locution adverbiale. Quand même. *Elle était malade, elle est sortie tout de même.*

☞ Dans cette locution qui implique un **rapport de comparaison**, le verbe et l'attribut sont au singulier et la comparaison est généralement placée entre virgules. *Paul, de même que Pierre, est gentil.*

• Carnet de notes, mémento.

☞— Ce nom a été francisé : il s'écrit avec un accent aigu et prend la marque du pluriel.

mémorisation n. f.
Action de mémoriser. *La mémorisation des déclinaisons.*

mémoriser v. tr.
• Fixer dans la mémoire. *Annie mémorise les verbes irréguliers.*
• (Inform.) Sauvegarder des données sur un support d'information. *Mémoriser des informations sur une disquette.*

menaçant, ante adj.
Inquiétant. *Des nuages menaçants.*
☞ menaçant.

menace n. f.
• Attitude (parole ou geste) annonçant une intention hostile, une colère. *Ces gardes assurent la protection de ce diplomate qui a reçu des menaces de mort.*
• *Sous la menace de.* Contraint par des menaces. *Il a signé ce document sous la menace d'une arme.*
• Signe, présage qui fait craindre quelque chose. *Menaces d'orage.*

menacer v. tr.
Le *c* prend une cédille devant les lettres *a* et *o*. *Il menaça, nous menaçons.*
• Chercher à intimider par des menaces. *Le directeur menaça son adjoint de congédiement.*
• Être à craindre. *La pluie menace de tomber. La soirée menace d'être longue.*

ménage n. m.
• Entretien d'une maison. *Faire le ménage.*
• Homme et femme vivant ensemble. *Un ménage uni.*
• (Écon.) Unité constituée par une famille, une personne vivant seule. *Le nombre de ménages a augmenté.*

ménagement n. m.
• Égard, précaution. *On lui a appris la nouvelle avec le plus grand ménagement.*
• *Sans ménagement.* Avec brutalité.
☞— Dans cette expression, le nom s'écrit au singulier ou au pluriel.

ménager v. tr., pronom.
Le *g* est suivi d'un *e* devant les lettres *a* et *o*. *Il ménagea, nous ménageons.*
• **Transitif**
- Économiser. *Les enfants ménageaient leurs forces.*
- Traiter avec prudence. *Ménager la chèvre et le chou.*
- Traiter avec égard. *Il faut la ménager, elle est fatiguée.*
• **Pronominal**
Ne pas abuser de ses forces. *Il importe de vous ménager un peu.*

ménager, ère adj. et n. f.
• **Adjectif**
Relatif aux soins du ménage. *Les travaux ménagers.*
• **Nom féminin**
- Femme qui tient une maison. *Mme Papinette est une excellente ménagère.*

- Service de couverts disposé dans un coffret. *Renouveler la ménagère (et non la *coutellerie).*

ménagerie n. f.
Lieu où l'on rassemble des animaux pour les présenter au public. *La ménagerie du cirque.*

mendiant, ante n. m. et f.
Personne qui demande la charité. *Ces mendiants ont froid et faim.*

mendicité n. f.
État d'indigence qui conduit à mendier.

mendier v. tr., intr.
Redoublement du *i* à la première et à la deuxième personne du pluriel de l'indicatif imparfait et du subjonctif présent. *(Que) nous mendiions, (que) vous mendiiez.*
• **Transitif.** Rechercher avec insistance, avec servilité. *Mendier de la nourriture, des suffrages.*
• **Intransitif.** Demander l'aumône, la charité.

menées n. f. pl.
Intrigues, manœuvres.

mener v. tr., intr.
Le *e* se change en *è* devant une syllabe muette. *Il mène, il menait.*
• **Transitif**
- Conduire en accompagnant. *Elle mène sa fille à l'école.*
V. amener, emmener.
- Diriger vers. *Ce sentier mène à la forêt.*
- Transporter. *C'est l'aviron qui nous mène, qui nous mène. (Chanson)*
- Assurer le déroulement de. *Mener une enquête, mener à bien une entreprise.*
- *Bien mener sa barque.* Diriger adroitement ses affaires.
• **Intransitif**
Avoir l'avantage sur un adversaire. *L'équipe mène par deux parties.*

ménestrel n. m.
Au Moyen Âge, musicien ambulant.

meneur, euse n. m. et f.
• Personne qui mène. *Un meneur de jeu.*
• Chef, personne qui a une autorité naturelle. *C'est un meneur.*

menhir n. m.
Monument composé d'une pierre verticale. *Les menhirs de Carnac, en Bretagne.*
☞— Ne pas confondre avec le nom *dolmen,* monument de pierre composé d'une pierre plate posée à l'horizontale sur des pierres verticales.
☞ menhir.

méninge n. f.
• Chacune des membranes qui enveloppent le cerveau et la moelle épinière.
• (Fam.) Esprit, cerveau. *Se creuser les méninges.*
☞— Attention au genre féminin de ce nom : *une* méninge.

méningite n. f.
Inflammation des méninges.
☞ méningite.

ménisque n. m.
(Anat.) Cloison cartilagineuse de certaines articulations, le genou en particulier. *Un ménisque déchiré, luxé.*
▭— Attention au genre masculin de ce nom : *un* ménisque.

ménopause n. f.
Fin de la fonction ovarienne (ovulation), chez la femme.
▭— Chez l'homme, c'est l'*andropause* qui désigne la diminution progressive de l'activité sexuelle.
▭▷ mé**no**pause.

menotte n. f.
• Petite main, dans le langage des enfants.
• (Au plur.) Bracelets de fer réunis par une chaîne que l'on met aux poignets des prisonniers. *Le policier a mis des menottes au voleur qu'il a arrêté.*

mensonge n. m.
Affirmation contraire à la vérité. *Cette histoire de pêche est un mensonge.*

mensonger, ère adj.
Faux. *Des propos mensongers.*

mensongèrement adv.
D'une façon mensongère.

menstruation n. f.
Écoulement sanguin qui se produit périodiquement chez la femme, de la puberté à la ménopause.

menstruel, elle adj.
Qui se rapporte aux règles de la femme.

menstrues n. f. pl.
(Vx) Règles de la femme.
▭— Ce nom est toujours au pluriel.

mensualisation n. f.
Fait de rendre mensuel. *La mensualisation des salaires.*

mensualiser v. tr.
Rendre mensuel. *Mensualiser une publication.*

mensualité n. f.
Somme payée ou reçue tous les mois. *Recevoir des mensualités.*
▭▷ mensualité.

mensuel, elle adj. et n. m.
• **Adjectif.** Qui a lieu tous les mois. *Un loyer mensuel.*
• **Nom masculin.** Publication qui paraît chaque mois. *Un mensuel économique.*
V. Tableau - **PÉRIODICITÉ ET DURÉE.**

mensuellement adv.
Par mois, tous les mois. *Cette revue paraît mensuellement.*

mensuration n. f.
Mesure. *Quelles sont vos mensurations?*

mental, ale, aux adj.
• Qui s'exécute par l'esprit. *Faire un rapide calcul mental.*
• Relatif aux facultés intellectuelles. *Des troubles mentaux.*
• *Âge mental.* État de développement des facultés intellectuelles.

mentalement adv.
Par la pensée.
▭▷ mentalement.

mentalité n. f.
Façon de penser, en parlant d'une personne, d'un groupe. *Jolie mentalité!*
▭▷ mentalité.

menterie n. f.
(Fam.) Au Canada, mensonge. *Raconter des menteries.*
▭— L'emploi du nom est courant au Canada dans la langue familière, mais il est vieilli dans l'ensemble de la francophonie.

menteur, euse adj. et n. m. et f.
Qui ment. *Catherine n'est pas menteuse, elle est franche.*

menthe n. f.
Plante potagère odorante. *Des chocolats à la menthe.*
Hom. *mante,* cape.
▭▷ menthe.

mention n. f.
• Allusion orale ou écrite, courte note. *La mention d'un accident.*
• *Faire mention.* Souligner. *Ils ont fait mention de cet ouvrage à plusieurs reprises.*
▭— Le nom *mention* est invariable dans cette expression.

mentionner v. tr.
Faire mention de. *Il a mentionné ce fait.*
▭▷ mentionner.

mentir v. intr.
INDICATIF PRÉSENT *Je mens, tu mens, il ment, nous mentons, vous mentez, ils mentent.* IMPARFAIT *Je mentais.* PASSÉ SIMPLE *Je mentis.* FUTUR *Je mentirai.* CONDITIONNEL PRÉSENT *Je mentirais.* IMPÉRATIF PRÉSENT *Mens, mentons, mentez.* SUBJONCTIF PRÉSENT *Que je mente.* PARTICIPE PRÉSENT *Mentant.* PASSÉ *Menti.* Le participe passé ne comporte pas de forme féminine.
Faire un mensonge. *Cette personne ment comme elle respire.*

menton n. m.
Partie saillante au bas du visage. *Menton fourchu. Un double menton.*

mentonnière n. f.
Bande de toile qui passe sous le menton pour retenir une coiffure.
▭▷ mentonnière.

mentor n. m.
(Litt.) Conseiller avisé.

menu, ue adj. et adv.
• **Adjectif.** Petit. *De menus objets, de menues dépenses.*
• **Adverbe.** Finement. *Les carottes doivent être hachées menu.*
▭— En ce sens, le mot est invariable.

menu n. m.
Liste des plats servis dans un restaurant. *Ce plat n'est pas au menu.*

menuet n. m.
Ancienne danse.
⇨ menu**et.**

menuiserie n. f.
Art de travailler le bois pour en faire des meubles, pour aménager des locaux.

menuisier n. m.
menuisière n. f.
Personne dont le métier est de travailler le bois.
↳ Ne pas confondre avec le nom *ébéniste,* personne spécialisée dans la fabrication de meubles en bois de grande qualité.

méplat n. m.
Surface plane d'une chose.
⇨ méplat.

méprendre (se) v. pronom.
Se conjugue comme le verbe *prendre.*
• Se tromper. *Elle s'est méprise sur son silence.*
• *À s'y méprendre.* Au point de se tromper. *Les deux sœurs se ressemblent à s'y méprendre.*

mépris n. m.
• Dégoût, dédain. *Avoir du mépris pour quelqu'un.*
• Indifférence. *Le mépris du luxe.*
• *Au mépris de,* locution prépositive. Au préjudice de, sans tenir compte de. *Au mépris de sa vie, il entra dans la maison en feu pour secourir ses occupants.*
⇨ mépri**s.**

méprisable adj.
Qui mérite le mépris. *Ce vil individu est méprisable.*
Ant. **estimable.**

méprise n. f.
Erreur. *Vous avez le mauvais numéro, il y a eu une méprise.*

mépriser v. tr., pronom.
• **Transitif.** Avoir du mépris pour quelqu'un, quelque chose. *Il méprise les honneurs. Elle méprise ce profiteur.*
• **Pronominal.** *Elles se sont méprisées. Il se méprisait d'avoir cru, pour avoir cru à ses belles paroles.*
↳ Le complément peut être introduit par les prépositions *de* ou *pour.*

mer n. f.
• Vaste étendue d'eau salée. *Aller se baigner à la mer. La mer Noire. La mer des Antilles.*
↳ Dans les désignations géographiques, le nom *mer* est un générique qui s'écrit avec une minuscule, tout comme les mots *lac, océan, baie, île, mont,* etc.
V. Tableau - **GÉOGRAPHIQUES (NOMS).**
• **Locutions**
- *Prendre la mer.* S'embarquer.
- *Haute mer, pleine mer.* Partie de mer qui est éloignée des rivages.
- *Ce n'est pas la mer à boire.* C'est un travail facile dont on peut prévoir la fin.

- *Fruits de mer.* Coquillages, crustacés.
Hom. :
- *maire,* personne élue à la direction d'une administration municipale;
- *mère,* femme qui a donné naissance à un ou plusieurs enfants.

mercantile adj.
• (Vx) Commercial.
• Qui ne pense qu'au gain. *Un financier mercantile.*
⇨ mercantil**e.**

mercantilisme n. m.
• (Écon.) Doctrine économique.
• Esprit mercantile.

mercenaire n. m.
Soldat étranger qui combat pour un salaire.
⇨ mercen**aire.**

mercerie n. f.
• Ensemble des menus articles servant à la couture, aux loisirs textiles et à la parure, comme les aiguilles, fils, ciseaux, boutons, glissières, coupons, rubans, dentelles, broderies, etc.
• Commerce de la mercerie.

*mercerie
Impropriété au sens de *commerce de confection masculine, chemiserie.*

*merchandising
Anglicisme pour *marchandisage.*

merci n. m. et f.
• **Nom masculin**
Remerciement. *Mille mercis. Un grand merci.*
↳ Le nom se construit avec la préposition *de* ou *pour. Merci de votre visite, merci pour vos fleurs.* Suivi d'un infinitif, il se construit avec *de. Merci d'être là.*
• **Nom féminin**
- (Vx) Grâce, pitié.
- *Dieu merci!* Grâce à Dieu.
- *Être à la merci de quelqu'un, de quelque chose.* Dépendre du bon vouloir de quelqu'un, de l'action de quelque chose.
- *Demander merci.* Demander grâce.
- *Sans merci.* Sans pitié. *L'enseignante est sans merci pour les fautes d'orthographe.*
⇨ merci.

mercière n. f.
Personne qui fait le commerce des articles de mercerie.

mercredi n. m.
Troisième jour de la semaine. *Le mercredi des Cendres. Le mercredi 17 mai.*
↳ Les noms de jour s'écrivent avec une minuscule et prennent la marque du pluriel. *Je viendrai tous les mercredis,* mais *je viendrai tous les mercredi et vendredi de chaque semaine.* Attention à la construction de la dernière phrase où les noms de jour restent au singulier parce qu'il n'y a qu'un seul mercredi et un seul vendredi par semaine.
V. Tableau - **JOUR.**

mercure n. m.
• Symbole *Hg* (s'écrit sans point).

• Métal d'un blanc argenté qui, à la température ordinaire, est liquide. *C'est avec le mercure qu'est indiquée la température dans un thermomètre.*
☞— Lorsqu'il désigne le dieu romain ou la planète, le nom s'écrit avec une majuscule.

merde interj. et n. f.
• **Interjection.** (Vulg.) L'interjection exprime la déception, la colère, l'indignation, etc. *Eh, merde!*
• **Nom féminin.** (Vulg.) Excrément.

merdeux, euse adj. et n. m. et f.
• (Vulg.) Souillé d'excréments.
• (Pop.) Prétentieux.

merdier n. m.
(Pop.) Grande confusion.

merdique adj.
(Pop.) Sans intérêt.

mère n. f.
• Femme qui a donné naissance à un ou plusieurs enfants. *Elle est la mère de quatre enfants. La fête des Mères.*
• **Mère poule.** Mère qui entoure ses enfants exagérément. *Des mères poules.*
• **Mère porteuse.** Femme qui a été inséminée artificiellement afin de donner naissance à l'enfant d'un autre couple. *Des mères porteuses.*
• Supérieure d'une communauté religieuse. *La mère supérieure.*
☞— Les titres religieux s'écrivent avec une minuscule. *Elle a prié mère Marie de l'Incarnation.*
• *Reine mère, mère patrie.*
☞— Ces locutions, où le mot *mère* est en apposition, s'écrivent sans trait d'union.
• *Maison mère.* Établissement dont dépend un ordre religieux.
☞— Pour une entreprise commerciale, on dit plutôt *siège social.*
V. **belle-mère, grand-mère.**
Hom. :
- *maire,* personne élue à la direction d'une administration municipale;
- *mer,* vaste étendue d'eau salée.

mère-grand n. f. (pl. *mères-grand*)
(Vx) Grand-mère. *La mère-grand du petit Chaperon rouge.*

merguez n. f.
👄 Le *z* se prononce [mɛrgɛz].
Petite saucisse épicée. *Des merguez grillées.*
☞— Attention au genre féminin de ce nom : *une* merguez.

méridien n. m.
Cercle théorique passant par les deux pôles terrestres. *Le méridien de Greenwich.*
☞— Le *premier méridien* ou le *méridien d'origine* est celui à partir duquel on compte les degrés de longitude.
V. **longitude.**

méridienne n. f.
Canapé de repos.

méridional, ale, aux adj. et n. m. et f.
• Du sud. *La région méridionale du Québec.*
• Du Midi. *L'accent des Méridionaux.*
☞— L'adjectif s'écrit avec une minuscule; le nom, avec une majuscule.

meringue n. f.
Pâtisserie légère à base de blancs d'œufs battus.

merisier n. m.
Cerisier sauvage dont le bois est recherché en ébénisterie.

méritant, ante adj.
Se dit d'une personne qui a du mérite. *Ils sont bien méritants.*
☞— Ne pas confondre avec le mot *méritoire,* qui se dit d'une chose louable.

mérite n. m.
Valeur. *Ils ont bien du mérite d'avoir réussi cela.*

*mérite
Anglicisme au sens de *bien-fondé. Faire valoir le bien-fondé de sa cause* (et non le **mérite*).

mériter v. tr.
• Être digne de récompense ou passible de châtiment. *Il mérite une récompense, il mérite une punition.*
☞— Le verbe s'emploie en bonne et en mauvaise part.
• Donner droit. *Cet effort mérite un avancement.*
• Exiger. *Cette conclusion mérite réflexion. Cette demande mérite réponse.*
• Valoir la peine de. *Ce roman mérite d'être lu.*

*mériter (se)
Impropriété au sens de *remporter, obtenir* (un prix).

méritoire adj.
Se dit d'une chose louable. *Un geste méritoire.*
☞— Ne pas confondre avec le mot *méritant,* qui se dit d'une personne qui a du mérite.

merlan n. m.
Poisson de mer dont la chair est appréciée.

merle n. m.
Oiseau passereau voisin de la grive.

mérou n. m.
Poisson des mers chaudes dont la chair est très délicate.

merveille n. f.
• Chose admirable, étonnante. *Les sept merveilles du monde.*
• *Faire merveille.* Obtenir des résultats remarquables. *Ces étudiants ont fait merveille au concours.*
☞— Dans cette expression, le nom reste au singulier.
• *À merveille.* Parfaitement. *Ce tailleur lui va à merveille. Elle se porte à merveille.*
• *Promettre monts et merveilles.* Faire des promesses exagérées.

merveilleusement adv.
Admirablement.

merveilleux, euse adj. et n. m.
• **Adjectif.** Exceptionnel. *Un merveilleux jardin.*

☞ Ne pas confondre avec les mots suivants :
- *miraculeux,* qui tient du miracle;
- *prodigieux,* qui tient du prodige;
- *surhumain,* qui dépasse les possibilités habituelles de la personne humaine.
• **Nom masculin.** Ce qui est extraordinaire. *Le plus merveilleux dans tout ce qui m'arrive, c'est que tu puisses venir avec moi.*
➡ merveilleu**x**.

mes adj. poss. pl.
• L'adjectif possessif détermine le nom en indiquant le «possesseur» de l'objet désigné. Il s'accorde en genre et en nombre avec le nom déterminé. *Mes livres.*
• L'adjectif possessif *mes* renvoie à un seul «possesseur» de plusieurs êtres, de plusieurs objets.
V. Tableau - **POSSESSIF (ADJECTIF).**

mésadaptation n. f.
Mésadaptation sociale. Difficulté d'adaptation plus ou moins transitoire que manifeste, dans son comportement, une personne qui ne peut pas ou ne veut pas satisfaire aux exigences d'intégration à son environnement social. (Recomm. off. OLF)

mésalliance n. f.
Mariage avec une personne de condition inférieure.
➡ mésalliance.

mésallier (se) v. pronom.
Redoublement du *i* à la première et à la deuxième personne du pluriel de l'indicatif imparfait et du subjonctif présent. *(Que) nous nous mésalliions, (que) vous vous mésalliiez.*
Faire une mésalliance.

mésange n. f.
Petit oiseau au plumage parfois rehaussé de couleurs vives.
☞ Attention au genre féminin de ce nom : *une* mésange.

mésaventure n. f.
Évènement fâcheux. *Il lui est arrivé une mésaventure : on lui a volé son sac.*

mescaline n. f.
Hallucinogène.

mesdames n. f. pl.
Abréviation *Mmes* (s'écrit sans point).
V. **madame.**

mesdemoiselles n. f. pl.
Abréviation *Mlles* (s'écrit sans point).
V. **mademoiselle.**

mésentente n. f.
Désaccord. *Il faut mettre fin à cette mésentente et redevenir amis.*

mésestimer v. tr.
Ne pas estimer à sa juste valeur. *La compétence de cette personne est mésestimée.*
☞ Ne pas confondre avec le verbe *sous-estimer,* estimer au-dessous de sa valeur.

mesquin, ine adj.
• Parcimonieux. *Malgré ses richesses, il est mesquin, il n'est pas généreux.*
• Bas. *Cette critique est très mesquine.*

mesquinement adv.
D'une façon mesquine.

mesquinerie n. f.
• Avarice. *La mesquinerie de cette personne la rend antipathique.*
Ant. **générosité.**
• Bassesse. *Ces petites mesquineries ne me touchent pas.*

mess n. m.
(Milit.) Salle où les officiers se réunissent pour prendre leurs repas.
Hom. *messe,* office religieux.
➡ me**ss.**

*****mess**
Anglicisme au sens de *désordre, confusion.*

message n. m.
• Communication transmise par un messager. *Transmettre un message secret.*
• *Message publicitaire.* Information transmise au consommateur afin de faire connaître et de vendre un produit. *Diffuser un message publicitaire (et non un *spot, un *commercial).*

messager, ère n. m. et f.
Personne chargée de transmettre un message.

messagerie n. f. (gén. pl.)
• Transport rapide de marchandises. *Un entrepreneur de messageries.*
• *Messagerie électronique.* (Inform.) Courrier électronique à l'aide de terminaux.

messe n. f.
• Office religieux. *Sa maman va à la messe le dimanche.*
• *Messe basse.* Messe non chantée.
• *Faire des messes basses.* (Fam.) Se chuchoter quelque chose à l'oreille.
• *Grand messe.* Messe chantée.
• *Messe noire.* Pratique de sorcellerie parodiant la messe.
Hom. *mess,* salle où les officiers se réunissent pour prendre leurs repas.

messeoir v. intr.
Ce verbe ne s'utilise qu'à la troisième personne et n'a pas de temps composés. INDICATIF PRÉSENT *Il messied, ils messiéent.* IMPARFAIT *Il messeyait, ils messeyaient.* FUTUR *Il messiéra, ils messiéront.* CONDITIONNEL PRÉSENT *Il messiérait, ils messiéraient.* SUBJONCTIF PRÉSENT *Qu'il messiée, qu'ils messiéent.* PARTICIPE PRÉSENT *Messéant.*
(Litt.) Ne pas convenir.
Ant. **seoir.**

messianique adj.
Relatif à la venue du Messie.

messie n. m.
Sauveur. *Jésus-Christ était le Messie. Un faux messie.*
☞ Lorsque le nom désigne le Christ, il s'écrit avec une majuscule.
➡ messi**e.**

messieurs n. m. pl.
Abréviation *MM.* (s'écrit avec un point).
V. **monsieur.**

mesurable adj.
Qui peut se mesurer.

mesure n. f.
• Action de mesurer. *Prendre les mesures d'une pièce.*
• *Sur mesure* ou *sur mesures.* Fabriqué d'après les mesures de la personne même. *Un vêtement fait sur mesure* ou *sur mesures.*
• *Sur mesure* ou *sur mesures.* (Fig.) Bien adapté.
• Disposition que l'on prend pour agir. *Ce ne sont que des mesures préventives.*
• Modération. *Elle agit avec mesure.*
• *Être en mesure de.* Avoir les moyens nécessaires, pouvoir. *Ces élèves sont en mesure de réussir.*
☞ Dans cette expression, le nom s'écrit au singulier.
• *Dans la mesure où.* Pour autant que. *Dans la mesure où nos efforts seront couronnés de succès.*
• *Dans une certaine mesure.* Jusqu'à un certain point.
• *Au fur et à mesure.* En même temps et proportionnellement, à mesure. *Répondez au fur et à mesure. Au fur et à mesure que les jours passent. Au fur et à mesure de vos progrès.*
☞ La locution se construit avec *que* et l'indicatif, avec la préposition *de* et absolument.
☞ Ne pas confondre avec le nom *précaution,* mesure prise pour se garder contre quelque chose.

mesuré, ée adj.
• Compté. *À pas mesurés.*
• Circonspect. *Il faut rester mesuré, ne pas s'emporter.*

mesurer v. tr., intr., pronom.
• **Transitif**
- Évaluer une grandeur. *La pièce qu'il a mesurée a vingt-deux mètres carrés.*
- Déterminer l'importance de quelque chose. *Mesurer les pertes subies.*
• **Intransitif**
Les deux mètres que ce mur avait mesuré avant de s'écrouler.
☞ Attention à l'accord du participe dans cette phrase : il s'agit d'un complément circonstanciel et non d'une complément d'objet direct; «deux mètres» est la réponse à la question «combien?» et non «quoi?»
• **Pronominal**
- Être mesurable. *Cette surface se mesure facilement.*
- Lutter, se comparer. *Elle s'est mesurée à lui, avec lui.*

méta- préf.
Élément du grec signifiant «ce qui dépasse, englobe».
☞ Les mots composés avec le préfixe *méta-* s'écrivent en un seul mot. *Métaphysique, métamorphose.*

métabolique adj.
Relatif au métabolisme.

métabolisme n. m.
Ensemble des transformations qui s'accomplissent dans l'organisme vivant.

métacarpe n. m.
Ensemble des cinq os de la main compris entre le carpe et les phalanges.
☞ Ne pas confondre avec le nom *métatarse,* ensemble des cinq os du pied compris entre les orteils et le tarse.

métairie n. f.
Petit domaine rural.
▭▷ métairie.

métal n. m. (pl. *métaux*)
Corps simple. *Un métal précieux. L'or, l'argent, le plomb, le cuivre, etc., sont des métaux.*

métalangage n. m. ou **métalangue** n. f.
Langue qui décrit la langue naturelle; terminologie linguistique.

métalinguistique adj.
Qui appartient au métalangage, à la terminologie linguistique.

métallique adj.
• Qui est fait de métal. *Un coffre métallique.*
• Qui semble provenir du métal. *Un bruit métallique.*
▭▷ métallique.

métalliser v. tr.
Couvrir d'une couche de métal.
▭▷ métalliser.

métallurgie n. f.
Ensemble des techniques qui assurent la fabrication des métaux.
▭▷ métallurgie.

métallurgique adj.
Relatif à la métallurgie. *L'industrie métallurgique.*
▭▷ métallurgique.

métallurgiste n. m. et f.
Personne qui travaille dans la métallurgie.
▭▷ métallurgiste.

métamorphose n. f.
• Transformation radicale. *La métamorphose de la chenille en papillon.*
• Évolution.
☞ Ne pas confondre avec le nom *métempsycose,* réincarnation.
▭▷ métamorphose.

métamorphoser v. tr., pronom.
• **Transitif.** Changer radicalement la forme, la nature de quelqu'un, de quelque chose. *Cette nouvelle coiffure l'a métamorphosé.*
• **Pronominal.** Changer complètement de forme, d'état. *En quelques années, ces enfants se sont métamorphosés.*
▭▷ métamorphoser.

métaphore n. f.
Figure de style constituée d'une comparaison abrégée qui omet le signe de la comparaison. *La neige a recouvert la campagne d'un blanc manteau.* Cette phrase contient une métaphore : la neige est comparée à un vêtement blanc.
▭▷ métaphore.
V. Tableau - **FIGURÉS (EMPLOIS).**

métaphorique adj.
Relatif à la métaphore. *Un emploi métaphorique.*
▭▷ métaphorique.

métaphoriquement adv.
Par métaphore.
▭▷ métaphoriquement.

métatarse n. m.
Ensemble des cinq os du pied compris entre le tarse et les orteils.
☞ Ne pas confondre avec le nom *métacarpe,* ensemble des cinq os de la main compris entre le poignet et les doigts.
☞ métatar**se**.

métempsycose n. f.
Réincarnation d'une âme dans un autre corps, après la mort.
☞ Ne pas confondre avec le nom *métamorphose,* transformation radicale.
☞ métempsy**co**se.

météo adj. inv. et n. f.
• **Adjectif invariable**
Météorologique. *Des prévisions météo, les bulletins météo.*
• **Nom féminin**
- Abréviation familière de *météorologie.*
- (Fam.) Bulletin météorologique. *Il attend la météo pour prendre une décision.*

météore n. m.
Corps céleste lumineux qui passe dans le ciel. *Les étoiles filantes sont des météores.*
☞ Ne pas confondre avec le nom *météorite,* fragment minéral provenant de l'atmosphère qui tombe sur la Terre.
☞ Attention au genre masculin de ce nom : *un* météore.
☞ météor**e**.

météorique adj.
Relatif à un météore.

météorite n. f.
(Astron.) Fragment minéral provenant de l'atmosphère qui tombe sur la Terre. *Une petite météorite a creusé un cratère dans le sol.*
☞ Ne pas confondre avec le nom *météore,* corps céleste lumineux qui passe dans le ciel.
☞ Attention au genre féminin de ce nom : *une* météorite.

météorologie n. f.
• Abréviation familière *météo* (s'écrit sans point).
• Étude des phénomènes atmosphériques en vue de la prévision du temps.
☞ Ne pas confondre avec le nom *métrologie,* science des mesures.
☞ météo**ro**logie.

météorologique adj.
Relatif à la météorologie. *Des prévisions météorologiques.*
☞ météo**ro**logique.

météorologue ou **météorologiste** n. m. et f.
Spécialiste de météorologie.

métèque n. m.
(Péj.) Étranger dont le comportement est jugé déplaisant.

*meter
Anglicisme pour *compteur.*

méthode n. f.
• Ensemble des moyens à utiliser pour atteindre un but. *Une méthode de travail.*
• Qualité qui consiste à procéder avec logique et ordre. *Il n'a pas beaucoup de méthode.*
☞ Ne pas confondre avec le nom *méthodologie,* étude des méthodes.
☞ méthode.

méthodique adj.
Qui a de la méthode, de l'ordre. *Un élève méthodique.*
☞ méthodique.

méthodiquement adv.
Avec méthode.
☞ méthodiquement.

méthodologie n. f.
• Étude des méthodes scientifiques et techniques.
• (Abusivement en sciences) Manière de procéder; méthode.
☞ méthodologie.

méthodologique adj.
Relatif à la méthodologie.
☞ méthodologique.

méthylique adj.
• (Chim.) Se dit de composés dérivant du méthane.
• *Alcool méthylique.* Alcool à brûler.
☞ méth**y**lique.

méticuleusement adv.
D'une manière méticuleuse.

méticuleux, euse adj.
Minutieux. *Une recherche méticuleuse des indices.*
☞ méticuleu**x**.

méticulosité n. f.
Caractère d'un esprit méticuleux.
☞ méticul**o**sité.

métier n. m.
• Profession, travail dont on vit. *Il exerce un métier manuel, le métier de peintre.*
• *Corps de métier.* Ensemble de personnes qui exercent le même métier.
• Machine servant à la fabrication des textiles. *Un métier à tisser.*
• Expérience, habileté technique. *Elle a du métier, elle ne manque pas de métier.*

métis, isse adj. et n. m. et f.
Se dit d'une personne dont le père et la mère sont de races différentes. *Une jolie métisse.*
☞ Ne pas confondre avec les mots suivants :
- *eurasien,* se dit d'une personne née d'un Européen et d'une Asiatique ou d'un Asiatique et d'une Européenne;
- *mulâtre,* se dit d'une personne née d'un Noir et d'une Blanche ou d'un Blanc et d'une Noire.

métissage n. m.
• Croisement de races.
• *Métissage culturel.* Résultante de l'influence mutuelle de civilisations en contact.
☞ méti**ss**age.

métisser v. tr.
Croiser des races. *Un chien métissé.*
⟹ métis**ser.**

métonymie n. f.
Figure de style consistant à exprimer la cause pour l'effet, l'effet pour la cause, le contenant pour le contenu, la partie pour le tout. *Les plaisirs de la table. Mange ton assiette au complet, ma chérie. Boire un verre.*
V. Tableau - **FIGURÉS (EMPLOIS).**
⟹ métonym**ie.**

métonymique adj.
Qui a le caractère de la métonymie.
⟹ métony**mique.**

métrage n. m.
• Action de mesurer en mètres.
• Longueur en mètres.
• *Court(-)métrage, long(-)métrage.* (Cin.) Film dont la longueur varie entre 300 et 3 000 m de longueur.

métré n. m.
Mesure d'un terrain, d'une construction.

mètre n. m.
• Symbole *m* (s'écrit sans point).
• Unité de mesure de longueur. *Sa taille atteint maintenant 1,80 m et il n'a pas fini de grandir.*
⊨— La fraction décimale. La fraction est indiquée par une virgule qui s'inscrit sans espace. Les fractions ne doivent pas être séparées de l'entier et le symbole de l'unité de mesure s'écrit après l'expression numérique. *15,5 m de hauteur.* Si le nombre est inférieur à un, la virgule décimale est précédée d'un zéro. *0,5 m de largeur.*
• *Mètre carré*
- Symbole *m²* (s'écrit sans point).
- Unité de superficie. *Le terrain mesure 300 m². Des mètres carrés.*
• *Mètre cube*
- Symbole *m³* (s'écrit sans point).
- Unité de volume. *Des mètres cubes.*
• *Mètre par seconde*
- Symbole *m/s* (s'écrit sans point).
- Unité de vitesse. *Des mètres par seconde.*
• Règle ou ruban gradué servant à prendre les mesures. *Un mètre de bois, de couturière.*
• *Mètre à ruban.* Mètre constitué d'un ruban métallique qui s'enroule dans un boîtier. *Se servir d'un mètre à ruban* (et non d'un *tape).
Hom. *maître,* personne qui possède l'autorité, qui commande.
⟹ **mètre.**

métrer v. tr.
Mesurer en mètres.
⟹ **métrer.**

métrique adj.
• Relatif au mètre, unité de mesure. *Des tonnes métriques.*
• *Système métrique.* Système décimal de poids et mesures qui a le mètre pour base.

métro n. m.
Chemin de fer généralement souterrain qui dessert une grande ville. *Le métro de Montréal.*

⊨— Le nom *métro* est l'abréviation de *chemin de fer métropolitain,* expression aujourd'hui vieillie.

métro- préf.
Élément du grec signifiant «mesure». *Métronome.*

métrologie n. f.
Science des mesures.
⊨— Ne pas confondre avec le nom *météorologie,* étude des phénomènes atmosphériques en vue de la prévision du temps.

métronome n. m.
Instrument qui sert à battre la mesure pour une exécution musicale.
⟹ métro**nome.**

métropole n. f.
• Ville principale. *Montréal est la métropole du Québec, mais c'est Québec qui en est la capitale.*
⊨— Ne pas confondre avec le nom *capitale,* ville où siège le gouvernement d'un État.
• État central considéré par rapport à ses territoires extérieurs.
⟹ métro**pole.**

métropolitain adj. et n. m.
• **Adjectif.** Propre à une métropole. *L'autoroute métropolitaine.*
• **Nom masculin.** (Vx) Chemin de fer métropolitain.
⊨— On n'emploie plus aujourd'hui que l'abréviation *métro* (s'écrit sans point).

mets n. m.
Aliment. *La truite saumonée est un mets de choix.*
⟹ un mets, des mets.

metteur en... n. m.
• *Metteur en pages.* Spécialiste de la mise en pages.
• *Metteur en scène.* Réalisateur d'une œuvre au théâtre, au cinéma, à la télévision.

mettre v. tr., pronom.
INDICATIF PRÉSENT *Je mets, tu mets, il met, nous mettons, vous mettez, ils mettent.* IMPARFAIT *Je mettais.* PASSÉ SIMPLE *Je mis.* FUTUR *Je mettrai.* CONDITIONNEL PRÉSENT *Je mettrais.* IMPÉRATIF PRÉSENT *Mets, mettons, mettez.* SUBJONCTIF PRÉSENT *Que je mette.* IMPARFAIT *Que je misse.* PARTICIPE PRÉSENT *Mettant.* PASSÉ *Mis, mise.*
• **Transitif**
- Placer quelqu'un, quelque chose dans un lieu déterminé. *Il a mis son argent à la banque.*
- *Mettre sur pied.* Monter, élaborer. *Ils ont mis sur pied une équipe très efficace.*
- *Mettre la charrue devant (avant) les bœufs.* Commencer par la fin. Aller trop vite en besogne.
- *Mettre quelqu'un en demeure.* Obliger quelqu'un à faire quelque chose.
- *Mettre à jour.* Actualiser. *Le document doit être mis à jour* (et non *à date).
- *Mis à part.* Excepté.
⊨— Devant le nom, cette locution est généralement invariable. *Mis à part ces coquilles, tout est parfait.* Après le nom, le participe est variable. *Ces coquilles mises à part, le texte est parfait.*
- *Mettons.* (Fam.) Supposons. *Il lui faudrait quelques jours, mettons trois jours, pour terminer.*

• **Pronominal**
- Se placer. *Elles se sont mises à la table.*
- *Se mettre* + infinitif. Commencer à. *Il s'est mis à chanter. Elles se sont mises à rire.*
☞ Dans cet emploi, le verbe joue le rôle d'un auxiliaire pour marquer le commencement d'une action.
- *Se mettre en tête.* S'imaginer, décider de. *Il s'est mis en tête de faire de l'informatique.*
- *Se mettre à dos.* Se faire un ennemi.
- *Se mettre sur son trente et un.* S'habiller pour sortir.

*mettre au vote
Calque de l'anglais «to put to the vote» pour *mettre aux voix.*

*mettre la pédale douce
Calque de l'anglais «to put the soft pedal» pour *modérer l'allure, diminuer l'intensité.*

meuble adj. et n. m.
• **Adjectif**
- (Dr.) Qui peut être déplacé. *Des biens meubles.* Ant. **immeuble.**
- Facile à travailler. *Une terre meuble.*
• **Nom masculin**
Tout ce qui sert à l'aménagement de l'habitation, de locaux. *Acheter de nouveaux meubles.*

meublé, ée adj. et n. m.
• **Adjectif.** Garni de meubles. *Une maison bien meublée.*
• **Nom masculin.** Appartement loué avec du mobilier. *Louer un meublé* (et non un *appartement fourni).*

meuble-lavabo n. m. (pl. *meubles-lavabos*)
Meuble de salle de bains à hauteur de taille dans lequel est encastré un lavabo et sous lequel se trouve un espace de rangement fermé par des portes et pouvant comporter des tiroirs. (Recomm. off. OLF) *Ranger les savonnettes dans le meuble-lavabo* (et non dans la *vanité).*

meubler v. tr.
Garnir de meubles. *Meubler une chambre.*

meuglement n. m.
Cri des bovins.

meugler v. intr.
Crier, en parlant des bovins. *La vache meugle.*

meulage n. m.
Action de meuler.

meule n. f.
• Disque abrasif servant à aiguiser, à polir.
• Amas de paille, de foin.

meuler v. tr.
Passer à la meule. *Meuler une surface rugueuse.*

meunerie n. f.
Industrie de la fabrication des farines.

meunier n. m.
meunière n. f.
Personne qui exploite un moulin à céréales ou une meunerie. *Meunier tu dors, ton moulin va trop vite.* (Chanson)

meunière n. f.
Sole meunière. Avec de la farine. *Des soles meunière.*
☞ En apposition, le nom est invariable.

meursault n. m.
Vin très réputé.
☞ Le nom qui désigne le vin s'écrit avec une minuscule, celui qui désigne la région s'écrit avec une majuscule.
▭▷ meursault.

meurtre n. m.
Action de donner la mort de propos délibéré. *Il a été condamné pour meurtre.*
☞ S'il est toujours volontaire, le meurtre n'est pas forcément prémédité.
☞ Ne pas confondre avec les noms suivants :
- *assassinat,* homicide avec préméditation;
- *homicide,* action de donner la mort, volontairement ou non.

meutrier, ière adj. et n. m. et f.
• **Adjectif.** Qui cause la mort. *Un accident meurtrier.*
• **Nom masculin et féminin.** Personne qui a commis un meurtre.
• **Nom féminin.** Petite ouverture pratiquée dans un mur fortifié. *Les guerriers lançaient des flèches par les meurtrières.*

meurtrir v. tr.
• Faire une meurtrissure. *Des pêches meurtries.*
• Blesser. *Une âme meurtrie.*

meurtrissure n. f.
Contusion, tache causée par un choc.

meute n. f.
• Bande de chiens dressés pour la chasse.
• Troupe de personnes à la recherche de quelqu'un, de quelque chose. *La meute des créanciers.*
• Troupe de louveteaux.

mévente n. f.
Diminution marquée des ventes d'un commerce, d'un secteur d'activité économique.

mexicain, aine adj. et n. m. et f.
Du Mexique. *Une musique mexicaine. Un Mexicain, une Mexicaine.*
☞ L'adjectif s'écrit avec une minuscule; le nom, avec une majuscule.

mezzanine n. f.
👄 Les lettres *zz* se prononcent *dza* [mɛdzanin].
Petit étage intermédiaire entre deux plus grands. *Des mezzanines bien aménagées.*

mezza-voce loc. adv.
👄 Le *c* se prononce *tch* et le *e* final se prononce *é* [mɛdzavɔtʃe].
À mi-voix.
☞ En typographie soignée, les mots étrangers sont composés en italique. Dans des textes déjà en italique, la notation se fait en romain. Pour les textes manuscrits, on utilisera les guillemets.
▭▷ mezza-voce.

mezzo-soprano n. m. et f.
• **Nom masculin.** Voix de femme entre le soprano et le contralto.

• **Nom féminin.** Celle qui a cette voix.
☞ mezzo-soprano.

MF
Abréviation de **modulation de fréquence.**
☞ Toutefois, l'abréviation internationale est **FM.** La radio FM.

mg
Symbole de **milligramme.**

Mg
Symbole de **magnésium.**

Mgr
Abréviation de **monseigneur.**

Mgrs
Abréviation de **messeigneurs.**

MHz
Symbole de **mégahertz.**

mi- préf.
• **Adjectif.** À demi. La mi-mars.
• **Adverbe.** À moitié. Des cheveux mi-longs. Ils sont à mi-distance entre la mer et la montagne.
☞ Pris adjectivement ou adverbialement, le préfixe **mi-** est invariable. Les mots composés avec ce préfixe sont féminins et les deux éléments sont joints par un trait d'union dans la plupart des cas.
• **Mi-figue, mi-raisin.** Qui témoigne à la fois de la satisfaction et du mécontentement.
V. demi.

mi n. m. inv.
V. **note de musique.**
Hom. :
- *mie,* partie molle du pain;
- *mye,* mollusque comestible.

miaou n. m. (pl. *miaous*)
(Fam.) Cri du chat.

miasme n. m.
Vapeur malsaine, gaz putride.

miaulement n. m.
👄 Les lettres *au* se prononcent comme un *o* fermé [mjolmã].
Cri du chat.
☞ miaulement.

miauler v. intr.
👄 Les lettres *au* se prononcent comme un *o* fermé [mjole].
Crier, en parlant du chat.

mica n. m.
Minerai. Une feuille de mica. Des micas transparents.

mi-carême n. f. (pl. *mi-carêmes*)
Jeudi de la troisième semaine de carême.

miche n. f.
Pain de campagne rond. Une belle miche de pain frais.

mi-chemin (à) loc. adv.
À moitié de la route. Ils se sont arrêtés à mi-chemin.

mi-clos, -close adj.
À moitié clos. Les paupières mi-closes.
☞ mi-clos.

micmac n. m.
(Fam.) Manigance, désordre. Dans les nominations politiques, il y a toujours des micmacs. Sa chambre est un vrai micmac.

micmac, micmaque adj. et n. m. et f.
Se dit des Amérindiens d'une nation autochtone du Québec. La culture micmaque, des projets micmacs. Un Micmac, une Micmaque.
☞ L'adjectif s'écrit avec une minuscule; le nom, avec une majuscule.

mi-corps (à) loc. adv.
Au milieu du corps. Il avait de l'eau jusqu'à mi-corps.

mi-côte (à) loc. adv.
Au milieu de la côte.

micro- préf.
• Élément du grec signifiant «petit».
• **Mots composés**
Les mots composés du préfixe *micro-* s'écrivent en un seul mot, à l'exception de ceux dont le second élément commence par une voyelle. Un microfilm. Des micro-ondes.
☞ Une tendance à écrire les mots formés de *micro-* en un seul mot se dessine peu à peu. Microélectronique.
• **Composition des sous-multiples décimaux**
- Symbole μ (s'écrit sans point).
- Préfixe qui multiplie par 0,000 001 l'unité qu'il précède. Des microsecondes.
- Sa notation scientifique est 10^{-6}.
V. Tableau - **MULTIPLES ET SOUS-MULTIPLES DÉCIMAUX.**

micro n. m.
• Abréviation de **microphone.**
• (Fam.) Abréviation de **micro-ordinateur.**

micro-analyse n. f.
Analyse chimique de haute précision.

microbe n. m.
Organisme microscopique à l'origine des maladies infectieuses.

microbien, ienne adj.
Relatif aux microbes. Une infection microbienne.

microbiologie n. f.
Science des micro-organismes.
☞ La microbiologie comprend la bactériologie, la virologie, la mycologie.

microbiologiste n. m. et f.
Spécialiste de la microbiologie.

microchirurgie n. f.
Chirurgie effectuée à l'aide d'un microscope.

microclimat n. m.
Ensemble des conditions de température, d'humidité, etc., propres à un espace restreint. Le microclimat de l'île de Jersey.

microcosme n. m.
(Litt.) Univers en miniature.

microéconomie n. f.
(Écon.) Partie de l'économie qui étudie le comportement des unités individuelles (entreprise, consommateur, etc.).
☞ Ne pas confondre avec la *macroéconomie*, partie de l'économie qui étudie les structures générales, les grandeurs et les variables globales.
Ant. **macroéconomie.**

microélectronique n. f.
Branche de l'électronique qui traite des circuits intégrés.

microfiche n. f.
Photographie très réduite d'un document d'archives.

microfilm n. m.
Film composé de microfiches. *L'espion avait des microfilms.*

microfilmer v. tr.
Reproduire des documents sous forme de microfiches.

micro-informatique n. f.
Domaine de l'informatique relatif à la conception, la fabrication et l'utilisation des micro-ordinateurs.

micromètre n. m.
• Instrument de mesure de grande précision.
• Un millionième de mètre.
Syn. **micron.**

micron n. m.
• Symbole μ*m* (s'écrit sans point).
• Unité de longueur valant un millionième de mètre. *Trois μm, trois microns.*
Syn. **micromètre.**

micro-onde n. f.
Onde de très petite longueur.

micro-ondes n. m. inv. (pl. *micro-ondes*)
Four à micro-ondes. *Cette soupe se réchauffe en 50 secondes au micro-ondes.*

micro-ordinateur n. m. (pl. *micro-ordinateurs*)
• S'abrège en *micro* (s'écrit sans point).
• (Inform.) Ordinateur construit autour d'un micro-processeur auquel est adjoint l'environnement, logiciel et matériel, nécessaire au traitement complet de l'information.

micro-organisme n. m. (pl. *micro-organismes*)
Organisme microscopique.

microphone n. m.
• S'abrège en *micro* (s'écrit sans point).
• Instrument servant à transformer et à amplifier le son.

microphonique adj.
Relatif au microphone.

microprocesseur n. m.
(Inform.) Circuit intégré, remplissant les fonctions de processeur et comportant les circuits de base suivants : unité arithmétique et logique, unité de commande et décodeur d'instructions.

microscope n. m.
Instrument d'optique permettant de grossir les objets très petits.

microscopie n. f.
Art d'observer au microscope.

microscopique adj.
• Qui est extrêmement petit. *Un corps microscopique.*
• Qui s'effectue au moyen d'un microscope. *Un examen microscopique.*
Ant. **macroscopique.**

microseconde n. f.
• Symbole *Ms* (s'écrit sans point).
• Unité de temps valant un millionième de seconde.

microsillon n. m.
Disque à longue durée. *Écouter des microsillons* (et non des *longs-jeux*).

miction n. f.
(Méd.) Action d'uriner.
Hom. *mixtion,* action de mélanger des drogues.

MIDEM
Sigle de *Marché international du disque et de l'édition musicale.*

midi n. m.
• Milieu du jour, douzième heure de la journée. *Le spectacle commencera à midi précis, à midi dix.*
☞ Attention au genre masculin de ce nom. *Il est midi et demi* (12 h 30).
☞ L'expression «ce midi» sur le modèle de *ce matin, ce soir* est familière; il faut dire *à midi* comme on dit *à minuit. Où vas-tu manger à midi* (et non *ce midi).
☞ Après le mot *midi,* on écrit les minutes en toutes lettres. *Midi vingt.* Par contre, si l'on utilise la notation en chiffres, *12 h,* on écrit alors les minutes en chiffres, *12 h 20.*
☞ Quand le nom *midi* est sujet, le verbe s'accorde au singulier. *Midi sonne, midi est sonné.*
• Sud. *Un accent du Midi.*
☞ Lorsqu'il désigne le sud de la France et qu'il est pris absolument, le nom s'écrit avec une majuscule. Suivi d'un complément déterminatif, il s'écrit avec une minuscule. *Le midi de la France.*

midinette n. f.
Jeune fille à la sentimentalité naïve.

mie n. f.
• Partie molle du pain. *Il faut manger la croûte aussi bien que la mie.*
• (Litt., vx) Amie. *Ma mie.*
Hom. :
- *mi,* note de musique;
- *mye,* mollusque comestible.

miel n. m.
Substance sucrée produite par les abeilles à partir du nectar des fleurs. *Une tartine de miel.*
V. **apiculture.**

mielleusement adv.
D'une manière mielleuse.

mielleux, euse adj.
(Péj.) D'une douceur hypocrite.
☞ mielleu**x.**

mien, mienne adj. et pron. poss.
• **Adjectif possessif de la première personne du singulier.** L'adjectif ne s'emploie aujourd'hui qu'à titre d'attribut. *Cette maison est mienne.* Il s'emploie également avec les verbes *faire, devenir. Je fais miennes ces propositions.*
V. Tableau - **POSSESSIF (ADJECTIF).**
• **Pronom possessif de la première personne.** Le pronom qui s'emploie toujours avec l'article défini doit se rapporter à un nom énoncé précédemment. *Ces enfants sont les miens. Vous n'avez pas votre voiture, prenez la mienne.*
• **Nom masculin pluriel.** Mes proches, ma famille. *Je me sens bien auprès des miens.*

miette n. f.
Petite parcelle. *Élise jette des miettes de pain aux oiseaux.*
☞ Ne pas confondre avec les noms suivants :
- *éclat,* morceau d'une chose brisée;
- *fraction,* part séparée d'un tout;
- *fragment,* morceau;
- *lambeau,* partie déchirée d'un vêtement, d'un corps.

mieux adj., adv. et n. m.

ADVERBE DE MANIÈRE
• Comparatif de *bien.* D'une façon plus avantageuse, plus favorable, plus accomplie. *Il chante mieux qu'elle, elle se porte mieux aujourd'hui, tu aimes mieux ce climat tempéré.*
☞ Comme comparatif, l'adverbe se construit avec un verbe.
• Superlatif absolu de *bien. Le livre le mieux écrit. C'est cet auteur que j'aime le mieux. La fenêtre la mieux orientée de la maison.*
• *Le mieux que +* subjonctif. *Le montage le mieux réussi que j'aie vu.*
☞ Le verbe se met généralement au subjonctif; on peut employer l'indicatif si l'on veut marquer davantage la réalité que la possibilité. *Le montage le mieux réussi qu'il a fait.*
• *Des mieux.*
☞ 1° L'adjectif ou le participe qui suit *des mieux* se met au pluriel et s'accorde en genre avec le sujet qui est déterminé. *Ce projet est des mieux préparés. Une maison des mieux construites.*
　　2° Si le sujet est indéterminé, l'adjectif ou le participe restent invariables. *La fraise est un fruit des mieux apprécié.*
• *Le mieux, du mieux.* Ces expressions sont synonymes. *Elle fait le mieux qu'elle peut, du mieux qu'elle peut.*
ADJECTIF
• Meilleur, plus convenable, plus agréable. *Je ne demande pas mieux. Ce roman est mieux que le précédent.*
• *Il vaut mieux, mieux vaut.* Il est préférable de. *Il vaut mieux renoncer, mieux vaut renoncer.*
NOM MASCULIN
Ce qui est meilleur. *J'ai fait de mon mieux. Le mieux est de prendre l'initiative dès le début.*

LOCUTIONS ADVERBIALES
• *De mieux en mieux.* D'une façon toujours plus favorable. *Il réussit de mieux en mieux.*
• *Le mieux du monde.* Aussi bien qu'il est possible.
• *À qui mieux mieux.* Chacun plus que l'autre. *Ils ont chanté à qui mieux mieux.*
☞ Cette expression figée ne peut s'employer qu'avec un sujet au pluriel.
• *Qui mieux est.* (Litt.) Ce qui est mieux encore. *Il a été élu et, qui mieux est, avec une majorité écrasante.*
LOCUTION INTERJECTIVE
Tant mieux! Cela est bien. *Vous allez bien? Tant mieux!*

---

mieux-être n. m. inv. (pl. *mieux-être*)
Bien-être supérieur, situation meilleure.
☞ Le nom *mieux-être* marque un progrès, une amélioration dans la vie matérielle.
⮕ **mieux-être,** avec un trait d'union.

mièvre adj.
(Péj.) D'un charme un peu puéril, affecté.

mièvrement adv.
D'une façon mièvre.

mièvrerie n. f.
Gentillesse affectée.

mignardise n. f.
Grâce affectée.

mignon, onne adj. et n. m. et f.
• **Adjectif.** Charmant, gracieux. *Elle est mignonne.*
• **Nom masculin et féminin.** Personne mignonne, en parlant des enfants surtout.
• **Nom masculin.** (Vx) Favori. *Les mignons d'Henri III.*
⮕ mign**on**, mign**onne.**

migraine n. f.
• Douleur intense dans une partie de la tête.
• Mal de tête.
⮕ migr**aine.**

migraineux, euse adj. et n. m. et f.
Qui souffre de la migraine.

migrateur, trice adj. et n. m.
Se dit des oiseaux qui se déplacent pour suivre les saisons. *Les hérons sont des oiseaux migrateurs.*

migration n. f.
Déplacement de certains animaux qui changent de climat suivant les saisons. *La migration des oies blanches.*
☞ Pour désigner les déplacements de personnes, on emploie plutôt les mots *émigration, immigration.*

migratoire adj.
Relatif à une migration. *Un mouvement migratoire.*
⮕ migrat**oire.**

migrer v. intr.
Faire une migration.

mihrâb n. m. inv.
⬟ Le *b* se prononce [mirab].
Niche décorée d'une mosquée, indiquant l'orientation de La Mecque. *Le mihrâb de Cordoue.*
⮕ mihr**âb.**

mi-jambe (à) loc. adv.
À la hauteur du mollet. *Elle avait de l'eau jusqu'à mi-jambe, jusqu'à mi-jambes.*
☞ La locution peut s'écrire au singulier ou au pluriel.

mijaurée n. f.
Femme d'une pruderie affectée.
☞ mij**au**rée.

mijoter v. tr., intr.
• **Transitif**
- Faire cuire lentement. *La grand-maman mijote un bon repas.*
- (Fig.) Comploter. *Mijoter une blague.*
• **Intransitif**
Cuire à petit feu. *Bœuf mijoté. La soupe mijote.*
☞ mijoter.

mil
V. **mille.**

mil n. m.
Céréale. *Farine de mil.*

mile n. m.
Unité de mesure de longueur anglo-saxonne.
☞ Au Canada, on emploie plutôt la graphie **mille.**
V. **mille.**

milice n. f.
Police auxiliaire.
☞ milice.

milicien, ienne n. m. et f.
Soldat d'une milice.
☞ milicien.

milieu n. m. (pl. *milieux*)
• Centre d'un lieu, d'une chose. *Le milieu de la ville.*
• *Au milieu de, au beau milieu de, en plein milieu.* Dans, parmi.
• *Le juste milieu.* Ce qui est également éloigné de deux extrémités, de deux excès contraires.
• Entourage. *Le milieu géographique, les milieux bien informés.*

militaire adj. et n. m.
Qui fait partie de l'armée. *Une marche militaire. Ce sont des militaires.*

militairement adv.
Par la force armée.

militant, ante adj. et n. m. et f.
• **Adjectif.** Qui combat.
• **Nom masculin et féminin.** Membre actif d'une organisation, d'un syndicat, d'un parti. *Des militants très motivés.*

militantisme n. m.
Activité du militant.
☞ milit**ant**isme.

militarisation n. f.
Organisation sous une forme militaire.

militariser v. tr.
Donner un caractère militaire.

militer v. intr.
Agir en faveur de quelqu'un, de quelque chose. *Ils militent pour la paix dans le monde.*

***milk-shake**
Anglicisme pour *lait fouetté.*

mille adj. inv. et n. m. inv.
V. Tableau - **MILLE, MILLION, MILLIARD.**

mille n. m.
Mesure de distance valant 5 280 pieds ou 1,6 km.
☞ Ce nom prend la marque du pluriel.

***mille (sur son dernier)**
Calque de l'anglais «on his last mile» pour *au bout de son rouleau.*

mille- préf.
Les mots composés avec *mille-* ont le plus souvent un second élément au pluriel (*un mille-pattes*), parfois au singulier (*un mille-feuille*).

mille-feuille n. m. (pl. *mille-feuilles*)
Gâteau de pâte feuilletée.

millénaire adj. et n. m.
• **Adjectif.** Qui a mille ans au moins. *Une légende millénaire.*
• **Nom masculin.** Période de mille ans.
☞ Les nombres servant à marquer les millénaires s'écrivent en chiffres romains. *Le IIIe millénaire.*
☞ millénaire.

mille-pattes n. m. inv. (pl. *mille-pattes*)
Insecte. *En fait, les mille-pattes n'ont que quarante-deux pattes!*
☞ mille-patte**s.**

milleraies n. m. inv.
Tissu à côtes très fines. *Du velours milleraies.*
☞ milleraie**s.**

millésime n. m.
Année figurant comme date sur les monnaies, certaines bouteilles de vin, etc. *C'est un excellent millésime pour les bordeaux.*

millésimé, ée adj.
Marqué d'un millésime.

millet n. m.
☞ Les deux *l* se prononcent comme dans *famille* [mijɛ].
Céréale. *Farine de millet.*

milli- préf.
• Symbole *m* (s'écrit sans point).
• Préfixe qui multiplie par 0,001 l'unité qu'il précède. *Des millimètres.*
• Sa notation scientifique est *10^{-3}*.
☞ Les mots composés du préfixe *milli-* s'écrivent en un seul mot.
V. Tableau - **MULTIPLES ET SOUS-MULTIPLES DÉCIMAUX.**

milliampère n. m.
• Symbole *mA* (s'écrit sans point).
• Millième d'ampère.

MILLE, MILLION, MILLIARD

MILLE

- **Adjectif numéral invariable.** Dix fois cent.
  Ils ont recueilli trois mille dons.

- **Nom masculin invariable.** Le nombre mille.
  Elle a dessiné des mille en chiffres dorés.

☞ ***Mille***, adjectif numéral ou nom, est toujours invariable. Dans la composition des nombres, l'adjectif numéral n'est pas lié par un trait d'union au chiffre qui le précède ni à celui qui le suit. *Six mille deux cent trente-deux.*

- **Expression numérique.** 1 000 ou 10^3 (notation scientifique).
  Son symbole est **k** et le préfixe qui multiplie une unité par mille est ***kilo-***. V. **kilo-**.

- **Écriture des sommes d'argent**
  Généralement, on utilise l'expression numérique et on remplace le nom de l'unité monétaire par son symbole. Le symbole suit l'expression numérique et en est séparé par un espace.
  Le prix de cette voiture est de 18 000 $.

  ☞ Si le nombre est écrit en toutes lettres, le symbole de l'unité monétaire ne peut être utilisé, il faut alors écrire le nom de l'unité monétaire au long. *Le prix est de huit mille dollars.*

  V. Tableau – **SYMBOLES DES UNITÉS MONÉTAIRES.**

- **Dates**
  – Pour les dates de l'ère chrétienne jusqu'à l'an 2000, on écrit **mil** ou **mille** devant un autre nombre.
  L'an mil neuf cent quatre-vingt-onze. L'an mille huit cent.

  – À compter du XXIe siècle, on écrira **mille**.
  L'an deux mille douze.

☞ Ne pas confondre avec le mot ***mille*** qui désigne une mesure de distance valant 5 280 pieds. *Il a marché pendant plusieurs milles.*

MILLION

- **Nom masculin.** Comme le mot **milliard**, le mot **million** est un nom qui prend la marque du pluriel.
  Le total est de dix millions deux cent vingt mille.

☞ Les adjectifs numéraux ***vingt*** et ***cent*** prennent la marque du pluriel s'ils sont multipliés par un nombre et ne sont pas suivis d'un autre adjectif numéral. Le mot ***million*** est un nom, on écrira donc : *Quatre-vingts millions de francs.*

☞ En français, la marque du pluriel ne s'inscrit qu'à compter de deux unités. *La somme s'élève à 1,5 million de dollars.*

- **Expression numérique.** 1 000 000 ou 10^6 (notation scientifique).
  Son symbole est **M** et le préfixe qui multiplie une unité par un million est ***méga-***. V. **méga-**.

- **Écriture des sommes d'argent**
  La somme de 30 000 000 $ peut être notée également 30 millions de dollars parce que le mot ***million*** n'est pas un adjectif numéral, mais un nom. Si l'adjectif numéral qui précède le mot ***million*** est écrit en toutes lettres, le nom de l'unité monétaire doit être écrit au long.
  Trente millions de dollars.

  ☞ Le symbole de l'unité monétaire suit l'expression numérique et en est séparé par un espace.

  EN RÉSUMÉ, voici les quatre possibilités : 30 000 000 $,
  30 millions (si le contexte est suffisamment explicite),
  30 millions de dollars,
  trente millions de dollars.

suite➔

MILLIARD

- **Nom masculin**. Comme le mot **million**, le mot **milliard** est un nom qui prend la marque du pluriel.
Le total s'élève à trois milliards, le nombre est de sept milliards cinq cent trente-sept mille.

☞ Les adjectifs numéraux **vingt** et **cent** prennent la marque du pluriel s'ils sont multipliés par un nombre et ne sont pas suivis d'un autre adjectif numéral. Le mot **milliard** est un nom, on écrira donc : *Quatre-vingts milliards de francs.*

☞ En français, la marque du pluriel ne s'inscrit qu'à compter de deux unités. *La somme s'élève à 1,5 milliard de dollars.*

- **Expression numérique**. 1 000 000 000 ou 10^9 (notation scientifique).
Son symbole est **G** et le préfixe qui multiplie une unité par un milliard est *giga-*. V. **giga-**.

- **Écriture des sommes d'argent**
La somme de 45 000 000 000 $ peut être notée également 45 milliards de dollars parce que le mot *milliard* n'est pas un adjectif numéral, mais un nom. Si l'adjectif numéral qui précède le mot *milliard* est écrit en toutes lettres, le nom de l'unité monétaire doit être écrit au long.
Quarante-cinq milliards de dollars.

☞ Le symbole de l'unité monétaire suit l'expression numérique et en est séparé par un espace.

EN RÉSUMÉ, voici les quatre possibilités : 45 000 000 000 $,
45 milliards (si le contexte est suffisamment explicite),
45 milliards de dollars,
quarante-cinq milliards de dollars.

---

milliard n. m.
- Symbole **G** (s'écrit sans point).
- Mille millions. *Des milliards de dollars.*
V. Tableau - **MILLE, MILLION, MILLIARD.**

milliardaire adj. et n. m. et f.
Qui possède un ou plusieurs milliards (d'unités monétaires). *Milliardaire en dollars.*

milliardième adj. et n. m.
Se dit de chaque partie d'un tout divisé en un milliard de parties égales.

millibar n. m.
(Météor.) Millième de bar.

millième adj. et n. m. et f.
- **Adjectif numéral ordinal.** Nombre ordinal de mille. *La millième fois.*
- **Nom masculin.** La millième partie d'un tout. *Les cent millièmes d'une quantité.*
- **Nom masculin et féminin.** Personne, chose qui occupe le millième rang. *Elles sont les millièmes gagnantes.*

millier n. m.
- Nombre de mille environ. *La pétition compte des milliers de signatures.*
☞ Contrairement à l'adjectif *mille* qui est invariable, le nom *millier* prend la marque du pluriel.
- Grande quantité. *Un millier de personnes seront présentes.*
☞ L'accord du verbe ou de l'adjectif se fait avec le complément au pluriel du nom.
V. Tableau - **COLLECTIF.**

milligramme n. m.
- Symbole *mg* (s'écrit sans point).
- Millième partie du gramme.

millilitre n. m.
- Symbole *ml* (s'écrit sans point).
- Millième partie du litre.

millimètre n. m.
- Symbole *mm* (s'écrit sans point).
- Millième partie du mètre.

millimétré, ée adj.
Gradué en millimètres.

million n. m.
- Symbole *M* (s'écrit sans point).
- Mille fois mille. *Le total s'élève à quinze millions de dollars.*
V. Tableau - **MILLE, MILLION, MILLIARD.**

millionième adj. et n. m.
Se dit de chaque partie d'un tout divisé en un million de parties égales.
⟹ millio**n**ième.

millionnaire adj. et n. m. et f.
Qui possède un ou plusieurs millions (d'unités monétaires). *Millionnaire en dollars.*
⟹ millio**nn**aire.

millivolt n. m.
- Symbole *mV* (s'écrit sans point).
- Millième de volt.

milord n. m.
(Vx) Titre donné aux lords anglais.
⟹ milord.

mime n. m. et f.
Acteur qui s'exprime par les attitudes et les gestes. *Cette mime est très expressive.*

mimer v. tr.
Reproduire par des gestes, à l'exclusion de la parole.

mimétisme n. m.
Propriété de certains animaux de prendre l'apparence, la couleur de leur milieu pour mieux se dissimuler. *Le mimétisme du caméléon.*

mimique n. f.
• Art de l'imitation par gestes.
• Ensemble des gestes et des expressions qui accompagnent la parole. *Ses mimiques sont très amusantes.*

mimodrame n. m.
Spectacle de pantomime.

mimosa n. m.
Arbrisseau produisant de petites fleurs jaunes parfumées. *Des gerbes de mimosa. Des mimosas odorants. Rapporte-moi du mimosa.*
▷— Attention au genre masculin de ce nom : *un* mimosa.

min
Symbole de *minute.*

minable adj. et n. m. et f.
(Fam.) Médiocre. *Ces émissions télévisées sont minables.*

minaret n. m.
Tour d'une mosquée.
▷ minare**t.**

minauder v. intr.
Prendre des manières affectées pour attirer l'attention.

minauderie n. f.
Mine affectée.

mince adj.
• Qui n'a pas beaucoup d'épaisseur. *Un papier trop mince.*
• Élancé. *Elle est très mince.*

mince! interj.
(Fam.) Exclamation de surprise, d'admiration, de mécontentement. *Mince alors, j'ai oublié mes clés!*

minceur n. f.
Caractère de ce qui est mince.

mincir v. tr., intr.
• **Transitif.** Faire paraître plus mince. *Cette robe la mincit.*
• **Intransitif.** Devenir plus mince. *Elle a minci depuis l'an dernier.*

mine n. f.
• Apparence. *Elle a bonne mine.*
• *Faire mine de.* Faire semblant de. *Ils ont fait mine de partir, mais ils sont restés tout près.*
• *Faire grise mine.* Réserver un mauvais accueil.
• *Ne pas payer de mine.* Ne pas inspirer confiance. *Cet hôtel ne paie pas de mine, mais il est très agréable.*
• Lieu d'où l'on extrait des minéraux. *Une mine d'or.*

• (Fig.) Ressource précieuse. *C'est une mine de renseignements.*
• Engin explosif.

miner v. tr.
• Placer des mines. *Ce terrain a été miné.*
• (Fig.) Attaquer lentement. *Les soucis minent son énergie.*

minerai n. m.
⟝ Les lettres *ai* se prononcent *è* [minrɛ].
Fragment de terrain contenant des minéraux. *Des minerais très riches.*
▷ minera**i.**

minéral, ale, aux adj. et n. m. (pl. *minéraux*)
• **Adjectif**
- Relatif aux minerais. *Des sels minéraux.*
- *Eau minérale.* Eau qui contient des minéraux.
• **Nom masculin**
Roche. *Des minéraux recherchés.*

minéralier n. m.
Cargo destiné au transport des minerais.

minéralisation n. f.
Action de minéraliser.

minéraliser v. tr.
Modifier par l'addition de minéraux.

minéralogie n. f.
Étude des minéraux.

minéralogique adj.
• Relatif à la minéralogie.
• *Plaque minéralogique.* Plaque d'immatriculation.

minéralogiste n. m. et f.
Spécialiste de la minéralogie.

minerve n. f.
Appareil orthopédique pour maintenir le cou.
▷— Quand il s'agit de la déesse, le nom s'écrit avec une majuscule.

minestrone n. m.
⟝ Le dernier *e* ne se prononce pas ou se prononce *é*, [minɛstrɔn] ou [minɛstrɔne].
Soupe de légumes à l'italienne. *Des minestrones délicieux.*
▷— Attention au genre masculin de ce nom : *un* minestrone.

minet, ette n. m. et f.
• (Fam.) Chat.
• Jeune homme, jeune femme à la mode.

mineur, eure adj. et n. m. et f.
Qui n'a pas atteint l'âge de la majorité (18 ans). *Une enfant mineure. Interdit aux mineurs.*
Ant. **majeur.**

mineur n. m.
Personne qui travaille à l'exploitation d'une mine.

mini- préf.
• Élément du latin signifiant «moins».
• Très petit, très bref. *Une minijupe.*

miniature n. f.
• Peinture de très petite dimension.
• *En miniature.* De format très réduit. *Un train en miniature.*
☞ Le mot s'emploie également comme un adjectif et prend la marque du pluriel. *Des trains miniatures.*

miniaturisation n. f.
Action de miniaturiser. *La miniaturisation d'une voiture.*

miniaturiser v. tr.
Donner des dimensions très réduites à quelque chose.

minibus ou **minicar** n. m.
Petit car.

minier, ière adj.
Relatif aux mines. *L'industrie minière.*

minijupe n. f.
Jupe très courte. *Porter la minijupe.*

mini-golf n. m. (pl. *mini-golfs*)
Golf miniature.

minima
V. **minimum.**

minimal, ale, aux adj.
Qui constitue un minimum. *Des résultats minimaux. La vitesse minimale.*
☞ L'emploi de la forme française de cet adjectif est à préférer à la forme latine *minimum.*

minime adj.
Très petit, infime. *Des modifications minimes.*
☞ À l'origine, l'adjectif était un superlatif qui signifiait «le plus petit»; il a perdu ce sens et peut donc être précédé de *plus, très,* etc. *Le plus minime insecte.*

minimisation n. f.
Action de minimiser.

minimiser v. tr.
Réduire au minimum. *Minimiser un incident.*

minimum adj. et n. m. (pl. *minimums* ou *minima*)
• **Nom masculin.** Limite inférieure.
☞ Ce mot d'origine latine a été francisé et s'écrit généralement au pluriel avec un *s.* Le pluriel latin est également employé, *minima.*
• **Adjectif.** Minimal. *Des vitesses minimums.*
☞ L'adjectif conserve la même forme au masculin et au féminin, mais prend la marque du pluriel. L'emploi de l'adjectif *minimal* est préférable.

ministère n. m.
• (Litt.) Sacerdoce.
• Division administrative de l'État dirigée par un ministre. *Le ministère de l'Éducation.*
☞ Contrairement aux désignations des organismes, des institutions, des services de l'État qui s'écrivent avec une majuscule initiale, les dénominations de ministères prennent la majuscule à chacun des noms spécifiques de la désignation; le mot *ministère* et les adjectifs qui déterminent les noms s'écrivent avec des minuscules. *Le ministère de l'Éducation nationale, le ministère de l'Intérieur, le ministère des Finances.*
V. Tableau - **MAJUSCULES ET MINUSCULES.**

ministériel, elle adj.
• Relatif à un ministère.
• Qui émane d'un ministère. *Un arrêté ministériel.*

ministrable adj.
Susceptible d'être nommé ministre.

ministre n. m. et f.
Personne chargée de la direction d'un ministère. *Le premier ministre, la ministre de la Culture, le Conseil des ministres.*

minois n. m.
Frimousse, visage joli et charmant.
☞ **minois.**

minoritaire adj.
Qui appartient à une minorité. *Ce parti est minoritaire.*

minorité n. f.
Le petit nombre. *Une minorité de partisans a voté,* ou *ont voté contre la proposition.*
☞ Après un nom collectif suivi d'un complément au pluriel, le verbe se met au singulier ou au pluriel suivant l'intention de l'auteur qui veut insister sur l'ensemble ou sur la pluralité.
Ant. **majorité.**
V. Tableau - **COLLECTIF.**

minoterie n. f.
Établissement industriel où l'on transforme les grains en farine.

minou n. m. (pl. *minous*)
Petit chat, dans le langage enfantin.

minuit n. m.
• Le milieu de la nuit.
• Début de la première heure du jour (24 heures ou 0 heure).
☞ Attention au genre masculin de ce nom. *Il est minuit et demi (0 h 30). Le dernier métro part à minuit précis.* Quand le nom *minuit* est sujet, le verbe s'accorde au singulier. *Minuit sonne.*

minuscule adj. et n. f.
• **Adjectif.** Très petit. *Un minuscule oiseau.*
• **Nom féminin.** Petite lettre.
V. Tableau - **MAJUSCULES ET MINUSCULES.**

minus habens n. m. et f. inv.
👄 Les lettres *en* se prononcent *in* [minysabɛ̃s].
Personne peu intelligente.
☞ En typographie soignée, les mots étrangers sont composés en italique. Dans des textes déjà en italique, la notation se fait en romain. Pour les textes manuscrits, on utilisera les guillemets.

minutage n. m.
Action de minuter. *Le minutage d'une émission.*

minute n. f.
• Symbole *min* (s'écrit sans point).
• Unité de mesure de temps valant 60 secondes.

• **Notation de l'heure**
La notation de l'heure réunit les indications des unités par ordre décroissant, sans interposition de virgule et avec un espace de part et d'autre de chaque symbole. *14 h 25 min 45 s.*

• Symboles
Les symboles des unités de mesure n'ont pas de point abréviatif, ne prennent pas la marque du pluriel et ne doivent pas être divisés en fin de ligne. *C'est à 15 h 35 min que le train part.*

• Uniformité
L'heure doit être indiquée de façon homogène :
- si le nom d'une unité est inscrit au long, les noms des autres unités devront être notés en toutes lettres. *14 heures 8 minutes* (et non *14 heures 8 min).
- si le nom de la première unité est abrégé, le second sera également abrégé ou omis. *14 h 8 min* ou *14 h 8.*

• Fraction horaire
La fraction horaire n'étant pas décimale, il n'y a pas lieu d'ajouter un zéro devant les unités. *1 h 5* (et non *1 h 05).*
V. Tableau - **HEURE.**

minuter v. tr.
Déterminer avec précision la durée d'une activité.

minuterie n. f.
Appareil permettant d'établir ou de supprimer automatiquement le courant électrique. *Une cafetière dotée d'une minuterie.*

*minutes (d'une assemblée)
Anglicisme au sens de **procès-verbal.**
☞ En français, la minute d'un acte est constituée par l'original de cet acte. Le nom provient du latin **minuta,** «écriture menue».

minutie n. f.
⟹ Le *t* se prononce *s* [minysi].
Soin, précision. *Étienne a fait les raccords électriques avec beaucoup de minutie.*
⟹ minutie.

minutieusement adv.
Avec minutie.

minutieux, ieuse adj.
Méticuleux, qui demande de la minutie. *C'est un travail minutieux que de souder ces raccords. Étienne est très minutieux.*

mirabelle n. f.
Petite prune de couleur jaune.
⟹ mirabelle.

miracle n. m.
• Évènement extraordinaire.
• (En appos.) **Solution miracle, recette miracle, remède miracle.** Mis en apposition, le mot *miracle* prend la marque du pluriel et s'écrit sans trait d'union. *Des solutions miracles.*
• **Par miracle.** D'une façon inattendue, inespérée.

miraculé, ée adj. et n. m. et f.
Qui a été l'objet d'un miracle.

miraculeusement adv.
D'une manière surprenante.

miraculeux, euse adj.
Qui tient du miracle. *Une guérison miraculeuse.*

☞ Ne pas confondre avec les mots suivants :
- *merveilleux,* exceptionnel;
- *prodigieux,* qui tient du prodige;
- *surhumain,* qui dépasse les possibilités habituelles de la personne humaine.

mirador n. m.
Poste d'observation, de surveillance de camp de détention. *Des miradors.*

mirage n. m.
Illusion d'optique. *Dans le désert, on a parfois des mirages : on croit apercevoir de l'eau alors qu'il n'en est rien.*
☞ Ne pas confondre avec le nom **miroitement,** éclat jeté par une surface polie ou réfléchissant la lumière.

mire n. f.
• Repère de visée d'une arme à feu.
• **Point de mire.** (Fig.) Personne, chose qui attire tous les regards. *Des points de mire.*
Hom. **myrrhe,** résine aromatique.

mirer v. tr., pronom.
• **Transitif.** Examiner à contre-jour. *Mirer des œufs.*
• **Pronominal.** (Litt.) Refléter. *La jeune fille se mirait dans l'eau.*

mirifique adj.
(Vx, iron.) Étonnant.

mirobolant, ante adj.
(Fam.) Merveilleux, trop beau pour être vrai. *Des histoires mirobolantes.*
⟹ mirobolant.

miroir n. m.
Glace de verre destinée à refléter l'image des objets.

miroitement n. m.
Éclat jeté par une surface polie ou réfléchissant la lumière.
☞ Ne pas confondre avec le nom **mirage,** illusion d'optique.

miroiter v. intr.
• Briller. *Le soleil miroite dans l'eau.*
• **Faire miroiter.** Chercher à convaincre à l'aide de fausses promesses.

miroiterie n. f.
Industrie des miroirs.

miroton n. m.
Bœuf bouilli avec des oignons et du vin blanc.
☞ Familièrement, ce nom est également nommé **mironton.**

mis(o)- préf.
Élément du grec signifiant «haïr». *Misogyne.*

misandre adj. et n. f.
Qui hait les hommes.
☞ La *misandre* hait les hommes, le *misogyne,* les femmes et le ou la *misanthrope,* la totalité du genre humain.
Ant. **misogyne.**

misanthrope adj. et n. m. et f.
Qui hait le genre humain.
▷— Le ou la *misanthrope* hait la totalité du genre humain, la *misandre* hait les hommes et le *misogyne* hait les femmes.
⇨ misanthrope.

misanthropie n. f.
Aversion pour le genre humain.
⇨ misanthropie.

mis à part loc. prép.
Exception faite de. *Mis à part ses notes de géographie et d'histoire, ses résultats sont bons.*
▷— L'expression reste généralement invariable.

mise n. f.
• Action de mettre; résultat de cette action. *Une mise en chantier.*
• *Mise au point.* Clarification. *C'est très confus, il faut faire une mise au point.*
• *Mise à pied.* Suspension du contrat de travail à titre disciplinaire ou économique.
• *Mise en liberté, mise en place, mise en service, mise en scène.*
▷— Dans ces expressions, le complément est au singulier.
• *Mise en plis, mise en ondes.*
▷— Dans ces expressions, le complément est au pluriel.

mise en pages n. f.
• (Typogr.) Action de disposer les titres, les clichés, le texte, etc., pour obtenir des pages prêtes à être imprimées.
• (Inform.) Action de disposer les données en vue de leur affichage, de leur impression ou de leur mémorisation par un système informatique.
▷— Cette expression s'écrit parfois *mise en page.*
▷— Ne pas confondre avec le nom *formatage,* (en informatique) opération qui consiste à préparer un support physique en vue de lui permettre de recevoir une information selon un format particulier.

miser v. tr.
• **Transitif direct.** Disposer comme enjeu. *Miser 100 $ sur un cheval.*
• **Transitif indirect.** Se fonder sur. *Miser sur la compétence d'un collaborateur.*

misérable adj. et n. m. et f.
Qui est dans la misère. *Cette famille est misérable.*

misérablement adv.
Dans la misère, la pauvreté.

misère n. f.
• Indigence. *Vivre dans la misère.*
• *Avoir de la misère à.* (Fam.) Au Canada, avoir de la difficulté à faire quelque chose. *Sébastien a de la misère à se lever à 6 heures pour livrer les journaux.*
• *Chercher misère à quelqu'un.* Adresser des reproches à.
• *De misère.* Minable. *Un salaire de misère.*

miserere ou **miséréré** n. m. inv.
⬳ Les *e* se prononcent *é* [mizerere].
• Psaume.

• Chant composé sur les paroles de ce psaume.
▷— Le mot conserve sa forme latine : il s'écrit sans accent et ne prend pas la marque du pluriel. Il peut être francisé : il s'écrit alors avec des accents et prend la marque du pluriel. *Des miserere, des misérérés.*

miséreux, euse adj. et n. m. et f.
Pauvre. *Il faut aider ces miséreux.*
⇨ miséreux.

miséricorde n. f.
Clémence.

miséricordieux, ieuse adj.
Clément.

misogyne adj. et n. m.
Qui hait les femmes. *Sophie n'aime pas les misogynes.*
▷— Le *misogyne* hait les femmes, la *misandre,* les hommes et le ou la *misanthrope,* la totalité du genre humain.
⇨ misogyne.

misogynie n. f.
Aversion pour les femmes.
⇨ misogynie.

missel n. m.
Livre liturgique.

missile n. m.
Projectile téléguidé. *Cet avion a été détruit par un missile.*
⇨ missile.

mission n. f.
• Fonction confiée à quelqu'un. *Mission accomplie.*
• Ensemble des personnes chargées d'entreprendre une action au nom d'un gouvernement, d'une organisation. *Une mission diplomatique, scientifique.*

missionnaire adj. et n. m. et f.
Religieux chargé de convertir à une religion.
⇨ missionnaire.

missive n. f.
(Litt.) Lettre.
⇨ missive.

mistral n. m.
Vent violent qui souffle du nord sur la France méditerranéenne.
▷— Les noms de vents s'écrivent avec une minuscule.

MIT
Sigle de *Massachusetts Institute of Technology.*

mitaine n. f.
• Gant qui découvre le bout des doigts.
• Au Canada, partie de l'habillement qui couvre la main, sans séparation pour les doigts, sauf pour le pouce.
▷— Ne pas confondre avec le nom *gant,* partie de l'habillement qui couvre la main et les doigts séparément.

mitan n. m.
(Vx) Milieu. *Au mitan de la vie.*

mite n. f.
Insecte dont les larves rongent les lainages, les four-rures. *Un lainage mangé aux mites, par les mites.*
Hom. *mythe,* récit fabuleux.

mité, ée adj.
Rongé par les mites. *Ces lainages sont mités.*

mi-temps n. f. inv. (pl. *mi-temps*)
• Dans les sports d'équipe, pause au milieu d'un match.
• **À mi-temps,** locution adverbiale. À temps partiel. *Il travaille à mi-temps.*

miteux, euse adj.
D'aspect misérable. *Des logis miteux.*
☞ miteu**x.**

mitigé, ée adj.
Tiède. *Des réactions mitigées.*

mitigeur n. m.
Robinet destiné à régler le débit et la température d'un mélange d'eau chaude et d'eau froide.

mitonner v. tr., intr.
• **Transitif.** Faire mijoter. *Il va leur mitonner un bon petit plat.*
• **Intransitif.** Mijoter, en parlant d'aliments.
☞ mitonner.

mitoyen, enne adj.
Qui appartient à deux propriétés et les sépare. *Un mur mitoyen, une allée mitoyenne.*
☞ mitoyen.

mitraillade n. f.
Décharge simultanée de plusieurs armes à feu.

mitraillage n. m.
Action de mitrailler.

mitraille n. f.
Décharge d'artillerie. *Tomber sous la mitraille.*

mitrailler v. tr.
Les lettres *ill* sont suivies d'un *i* à la première et à la deuxième personne du pluriel de l'indicatif im-parfait et du subjonctif présent. *(Que) nous mitraillions, (que) vous mitrailliez.*
Tirer de nombreux coups de fusil, de mitrailleuse sur un objectif. *Mitrailler une voiture.*

mitraillette n. f.
Arme portative à tir automatique. *Des tirs de mitrail-lettes.*

mitrailleuse n. f.
Arme à tir automatique. *Les mitrailleuses ne sont pas portatives.*

mitre n. f.
Coiffure des évêques.
☞ mitre, sans accent.

MIUF
Sigle de *mousse isolante d'urée-formol.*

mi-voix (à) loc. adv.
D'une voix faible. *Parler à mi-voix.*

mixage n. m.
(Cin.) Intégration sur une même bande des différents enregistrements sonores d'un film.
☞ Ne pas confondre avec le nom *montage,* inté-gration des éléments visuels d'un film sur une bande finale.

mixer v. tr.
(Cin.) Procéder au mixage d'un film.

*****mixer**
Anglicisme au sens de *mélangeur.*

mixité n. f.
Caractère de ce qui est mixte. *La mixité des écoles.*
☞ mixité.

mixte adj.
Qui comprend des personnes des deux sexes. *Une classe mixte.*
☞ mixte.

mixtion n. f.
Action de mélanger des drogues à des fins médicales.
Hom. *miction,* action d'uriner.
☞ mixtion.

mixture n. f.
• (Pharm.) Mélange de plusieurs substances.
• (Fig.) Mélange peu appétissant.

MJ
Symbole de *mégajoule.*

ml
Symbole de *millilitre.*

Mlle
• Abréviation de *mademoiselle.*
• L'abréviation de mesdemoiselles est *Mlles*.

mm
Symbole de *millimètre.*

MM.
Abréviation de *messieurs.*

Mme
• Abréviation de *madame.*
• L'abréviation de *mesdames* est *Mmes*.

Mn
Symbole de *manganèse.*

mnémonique adj.
Syn. mnémotechnique.

mnémotechnique adj.
☞ Attention à la prononciation *m-n-é* [mnemɔtɛk nik].
Qui facilite la mémorisation. *Pour retenir les conjonc-tions, on a recours à l'association suivante : «mais ou et donc or ni car» (mais où est donc Ornicar?).*
Syn. mnémonique.

-mnèse, -mnésie, -mnésique suff.
Éléments du grec signifiant «se souvenir». Amnésie.

Mo
Symbole de *méga-octet.*

mobile adj. et n. m.
• **Adjectif**
Qui peut se mouvoir ou être mû. *Une pièce mobile.*
Ant. **immobile.**

• **Nom masculin**
- Motif. *Quel est le mobile du crime?*
- Composition suspendue dont les éléments entrent en mouvement sous l'influence du vent ou d'un moteur. *Un joli mobile pour la chambre du bébé.*
- Corps en mouvement. *Le mobile se déplace sur un rail.*

mobilier, ière adj. et n. m.
• **Adjectif.** (Dr.) Qui se rapporte aux biens meubles. *Les valeurs mobilières.*
Ant. **immobilier.**
• **Nom masculin.** Ameublement. *Un mobilier très moderne, rustique.*

mobilisateur, trice adj.
Motivant.

mobilisation n. f.
Action de mettre une armée sur le pied de guerre.

mobiliser v. tr., pronom.
• **Transitif**
- Ordonner aux hommes de se joindre à l'armée en cas de guerre.
- Motiver. *Mobiliser les participants à une réunion.*
• **Pronominal**
Rassembler toute son énergie pour l'accomplissement de quelque chose. *Ils se sont mobilisés pour mener à bien les travaux entrepris.*

mobilité n. f.
Caractère de ce qui peut se mouvoir.

mobylette n. f.
Cyclomoteur.
▸— Ce nom est une marque déposée passée dans l'usage et qui s'écrit maintenant avec une minuscule.
▭▸ mobylette.

mocassin n. m.
Chaussure plate, souple et sans lacets.

moche adj.
(Fam.) Laid, mauvais. *Ces vêtements sont moches.*

modal, ale, aux adj.
(Gramm.) Relatif aux modes des verbes.

modalité n. f.
Forme particulière que peut revêtir une chose, un acte. *Les modalités de paiement.*

mode n. m. et f.
• **Nom masculin**
- Méthode. *Un mode d'emploi.*
- (Gramm.) Forme verbale. *Le mode indicatif.*
- Manière dont une action se fait. *Un mode de vie.*
• **Nom féminin**
- Façon de vivre, goûts d'une certaine époque.
- Industrie du vêtement. *Travailler dans la mode.*
- *À la mode.* Au goût du jour. *Sa coiffure est à la mode.*
- *À la mode de.* À la manière de. *À la mode de chez nous.*
- (En appos.) *Des vêtements mode.*
▸— En apposition le nom demeure invariable.

modelage n. m.
Action de modeler.

modèle adj. et n. m.
• **Adjectif**
Exemplaire. *Des étudiantes modèles.*
• **Nom masculin**
- Personne reproduite par l'art ou la photographie. *Dessin d'après un modèle.*
- Exemple à suivre. *Un modèle de patience.*
▸— Le nom n'a pas de forme féminine.
- Objet qui peut être reproduit à de multiples exemplaires.
- *Modèle réduit.* Maquette.
- (En appos.) *École modèle, entreprise modèle.*
▸— En apposition le nom prend la marque du pluriel et s'écrit sans trait d'union. *Des entreprises modèles.*

modeler v. tr., pronom.
Le *e* se change en *è* devant une syllabe muette. *Il modèle, il modelait.*
• **Transitif**
- Façonner. *De la pâte à modeler.*
- Fixer d'après un modèle. *Elle modèle sa façon de travailler sur celle de ses camarades.*
• **Pronominal**
Régler sa conduite sur (quelqu'un, quelque chose).

modélisation n. f.
Représentation sous forme de modèle.

modem n. m.
(Inform.) Unité périphérique qui permet à un ordinateur de communiquer par ligne téléphonique. *Des modems fiables.*
▸— Ce terme résulte de la contraction des mots *modulateur-démodulateur.*

modérateur, trice adj. et n. m. et f.
• **Adjectif**
- Qui tempère, modère, concilie.
- *Ticket modérateur.* Partie des frais médicaux laissée à la charge des bénéficiaires de l'assurance-maladie.
• **Nom masculin et féminin**
- Personne qui modère, tempère. *C'est un excellent modérateur.*
- Machine qui a pour fonction de régulariser un fonctionnement. *Le modérateur d'une horloge.*

modération n. f.
Réserve, retenue. *La modération de ses propos a étonné les participants.*
Ant. **excès.**

moderato adv.
⬡ Le *e* se prononce *é* [mɔderato].
(Mus.) D'un mouvement modéré. *Moderato cantabile.*
▭▸ moderato.

modéré, ée adj.
• Sage.
• Moyen, raisonnable. *Habitation à loyer modéré (HLM).*
▸— Ne pas confondre avec les mots suivants :
- *modeste,* simple, médiocre;
- *modique,* à bas prix.
Ant. **immodéré.**

modérément adv.
Avec modération.

modérer v. tr., pronom.
Le *é* se change en *è* devant une syllabe muette,
sauf à l'indicatif futur et au conditionnel présent.
Je modère, mais *je modérerai.*
• **Transitif.** Tempérer. *Modère tes transports!*
• **Pronominal.** Se contenir. *Ils se sont modérés et ont
finalement accepté les propositions.*

moderne adj. et n. m.
• **Adjectif**
- Actuel, nouveau. *Une maison très moderne.*
- Qui est de son temps (personnes). *Mes parents sont
très modernes.*
• **Nom masculin**
Chose d'aujourd'hui. *Aimer le moderne.*

modernisation n. f.
Action de moderniser. *La modernisation de l'école
s'impose.*

moderniser v. tr., pronom.
• **Transitif.** Rendre moderne, rénover. *Moderniser une
cuisine, une façon de procéder.*
• **Pronominal.** Adopter les usages modernes. *L'entreprise s'est modernisée.*

modernisme n. m.
Goût de ce qui est moderne.

modernité n. f.
Caractère de ce qui est moderne.

modeste adj.
• Qui est exempt de vanité. *Vous êtes trop modeste.*
• Simple, sans faste. *Un logement modeste.*
⌦ Ne pas confondre avec les mots suivants :
- *modéré,* à prix moyen;
- *modique,* à bas prix.

modestement adv.
D'une manière modeste.

modestie n. f.
Simplicité, réserve, pudeur. *Ces éloges ont blessé sa
modestie.*

modicité n. f.
Caractère de ce qui est modique. *La modicité d'une
somme.*

modification n. f.
Changement. *Apporter des modifications à un texte.*

modifier v. tr., pronom.
Redoublement du *i* à la première et à la deuxième
personne du pluriel de l'indicatif imparfait et du
subjonctif présent. *(Que) nous modifiions, (que)
vous modifiiez.*
• **Transitif.** Changer. *Modifier l'aspect d'un immeuble.*
• **Pronominal.** Devenir différent. *Ses traits se sont modifiés.*

modique adj.
Bas, de peu de valeur. *Pour une modique somme, pour
très peu, vous obtiendrez de jolis objets.*
⌦ Ne pas confondre avec les mots suivants :
- *modéré,* à prix moyen;
- *modeste,* simple, médiocre.

modiquement adv.
D'une manière modique.

modiste n. m. et f.
Personne qui fabrique des chapeaux de femmes.
⌦ La personne qui fabrique ou vend des chapeaux
d'hommes est un *chapelier,* une *chapelière.*

modulaire adj.
• Relatif à un module.
• Construit à l'aide de modules.
⇨ modul**aire.**

modulateur, trice adj. et n. m. et f.
• Dispositif permettant de moduler un signal.
• *Modulateur-démodulateur.* (Inform.) Modem.

modulation n. f.
Technique consistant à transformer un signal en un
autre signal. *Modulation d'amplitude* (V. **MA**).

modulation de fréquence n. f.
• Abréviation *MF* (s'écrit généralement sans points).
• Mode de transmission d'un signal.
• Émission en modulation de fréquence.
⌦ Toutefois, l'abréviation internationale est *FM. La
radio FM.*

module n. m.
• Élément destiné à entrer dans la réalisation d'un
ensemble par juxtaposition ou combinaison.
• Élément d'un véhicule spatial. *Un module lunaire.*
⌦ Attention au genre masculin de ce nom : *un*
module.

moduler v. tr., intr.
• **Transitif**
- Articuler. *Moduler des sons.*
- Adapter. *Une méthode de recherche modulée selon
des critères déterminés.*
• **Intransitif**
(Mus.) Passer d'une tonalité à une autre.

modus vivendi n. m. inv.
⌦ Attention à la prononciation [mɔdysvivɛ̃di].
Accord qui permet à deux parties en litige de coexister
sans heurt.
⌦ En typographie soignée, les mots étrangers sont
composés en italique. Dans des textes déjà en italique,
la notation se fait en romain. Pour les textes manuscrits,
on utilisera les guillemets.

moelle n. f.
⌦ Le *e* se prononce *a* [mwal].
Substance molle de l'intérieur des os.
⇨ mo**elle.**

moelleusement adv.
⌦ Le *e* se prononce *a* [mwaløzmɑ̃].
D'une manière moelleuse.
⇨ mo**elle**usement.

moelleux, euse adj.
⌦ Le *e* se prononce *a* [mwa16, øz].
Doux, confortable. *Un fauteuil moelleux.*
⇨ mo**elle**ux.

mœurs n. f. pl.
⬄ Le *s* se prononce ou non, [mœrs] ou [mœr].
Coutumes, usages. *Les bonnes mœurs, des mœurs douteuses.*
☞ Ce nom est toujours pluriel.

mohair n. m.
⬄ Le *o* est ouvert [mɔɛr].
Poil de la chèvre angora. *Des mohairs soyeux.*
☞ En apposition, le nom est invariable. *Des laines mohair.*
▭▷ mo**h**air.

mohawk adj. et n. m. et f.
Se dit des Amérindiens d'une nation autochtone du Québec. *La culture mohawk, des projets mohawks. Un Mohawk, une Mohawk.*
☞ L'adjectif s'écrit avec une minuscule; le nom, avec une majuscule.
☞ Les Mohawks étaient appelés autrefois *Iroquois.*

moi pron. pers.
• Pronom de la première personne du singulier masculin et féminin.
• **EMPLOIS**
- Complément d'objet direct. *Écoutez-moi.*
- Complément d'objet indirect. *Il est à moi.*
- Complément circonstanciel. *Elle est chez moi.*
- Complément du nom. *En mémoire de moi.*
- Complément de l'adjectif. *Digne de moi.*
- Attribut. *L'État, c'est moi.* (Louis XIV)
- Sujet pour renforcer le pronon *je. Moi, j'ai dit cela?*
• **Locutions**
- *À moi!* À l'aide!
- *Chez moi.* Dans ma maison.
☞ La locution s'écrit sans trait d'union (*ils sont chez moi*), contrairement au nom masculin **chez-moi** qui s'écrit avec trait d'union (*mon chez-moi*).
- *Quant à moi!* En ce qui me concerne.

moi n. m. inv.
La personne humaine. *Tu ne penses qu'à ton moi.*

moignon n. m.
Ce qui reste d'un membre amputé.

moindre adj.
• Plus petit en quantité, en qualité, en intensité. *C'est un moindre mal.*
☞ L'adjectif peut être renforcé par *beaucoup, bien,* mais non par *très. Les inconvénients sont bien moindres que vous l'aviez pensé.*
• *Le moindre.* Superlatif absolu. Le plus petit.
• *Moindre que* + indicatif. *Cette quantité est moindre que celle qui avait été prévue.*
• *Le moindre que* + subjonctif. *Ce don est bien le moindre que vous puissiez faire.*
☞ Le verbe se met généralement au subjonctif; on peut employer l'indicatif si l'on veut marquer davantage la réalité que la possibilité. *Ce don est le moindre qu'il a fait.*

moindrement adv.
• Le moins du monde.
• *Le moindrement.* Tant soit peu. *S'il était le moindrement prudent, il prendrait cette précaution élémentaire.*

moine n. m.
Religieux qui vit en communauté.

moineau n. m. (pl. *moineaux*)
Oiseau passereau à livrée brune.

moins, adv.
V. Tableau - **MOINS.**

moins-value n. f. (pl. *moins-values*)
(Écon.) Perte de valeur.
Ant. **plus-value.**

moire n. f.
Tissu chatoyant.
▭▷ moi**r**e.

moiré, ée adj.
Qui chatoie comme la moire. *Une soie moirée.*

moirer v. tr.
Rendre chatoyant. *Une étoffe moirée.*

moirure n. f.
Chatoiement d'une surface.

mois n. m.
Chacune des douze divisions de l'année.
☞ Les noms de mois s'écrivent avec une minuscule. *Le mois de mai.*
V. Tableau - **DATE.**

moïse n. m.
Petit berceau. *Le nouveau-né a un joli moïse.*
▭▷ moï**s**e.

moisi, ie adj. et n. m.
• **Adjectif.** Couvert de moisissure. *Du pain moisi. Cette brioche est moisie.*
• **Nom masculin.** Ce qui est moisi, moisissure. *Il y a du moisi sur les confitures.*

moisir v. tr., intr.
• **Transitif**
Couvrir de moisissure. *L'humidité a moisi les papiers peints.*
• **Intransitif**
- Se couvrir de moisissure. *Le pain a moisi.*
- Rester improductif. *Il y a des personnes qui moisissent dans certains emplois.*

moisissure n. f.
Altération d'une substance sous l'influence de la chaleur.

moisson n. f.
Récolte. *La moisson sera bonne cette année.*

moissonnage n. m.
Action de moissonner.
▭▷ moi**ss**o**nn**age.

moissonner v. tr.
Faire la récolte. *Le cultivateur moissonne son champ.*
▭▷ moi**ss**o**nn**er.

moissonneur, euse n. m. et f.
Personne chargée de faire la moisson. *Les moissonneurs étaient furieux : les intempéries ont retardé leurs travaux.*

MOINS

COMPARATIF de l'adverbe *peu*

- **À moins que +** subjonctif.
  À moins qu'il ne vienne ce soir, je crois qu'elle choisira un autre copain.

☞ On emploie généralement le *ne* explétif.

- **À moins de +** infinitif.
  À moins d'être fou, il renoncera à ce projet.

- **Moins... moins, moins... plus.**
  Moins il travaille, moins il réussit. Moins elle réussit, plus elle fait des efforts.

- **Moins de +** quantité.
  Ils sont moins de mille participants.

- **Moins que +** comparaison.
  Elles sont moins directes que leurs frères.

- **Moins de deux +** verbe.
  Moins de deux ans séparent ces évènements.

☞ 1° Dans cette construction, le verbe se met au pluriel, malgré la logique.
  2° Par contre, le verbe se met au singulier après l'expression **plus d'un**. *Plus d'un étudiant a peiné sur ce travail.*

SUPERLATIF

- **Le moins que +** subjonctif.
  Cette maison est la moins chère que nous puissions trouver.

☞ Le verbe se met généralement au subjonctif; on peut employer l'indicatif si l'on veut marquer davantage la réalité que la possibilité. *Cette maison est la moins chère que nous avons trouvée.*

- **Des moins.**
☞ 1° L'adjectif ou le participe passé qui suit **des moins, des plus, des mieux** se met au pluriel et s'accorde en genre avec le sujet déterminé. *Cette personne est des moins compétentes. Un véhicule des moins performants.*
  2° Si le sujet est indéterminé, l'adjectif ou le participe reste invariable. *Acheter ces titres miniers est des moins sûr.*

Locutions

– **De moins en moins**, locution adverbiale. En diminuant graduellement.

– **Ni plus ni moins que**, locution conjonctive. Exactement autant. *Je lui ai donné ni plus ni moins que 20 $.*

– **Au moins**, locution adverbiale. Au minimum. *Il a perdu au moins 5 kilos.*

– **En moins de**, locution prépositive. Dans un moindre espace de temps. *En moins de quatre mois, ce sera terminé.*

– **Tout au moins, à tout le moins, pour le moins, au moins, du moins**, locutions adverbiales.
☞ Ces locutions marquent une restriction. *S'il n'était pas très travailleur, au moins il était compétent et honnête.*

– **À moins de**, locution prépositive.
☞ Cette locution peut se construire : – avec un nom. *À moins d'un revirement inattendu.*
  – avec un infinitif. *À moins de construire des écoles.*
  – avec *que* et l'infinitif. (Litt.) *À moins que de mourir.*

moissonneuse n. f.
• Machine agricole qui sert à moissonner les épis de blé.
• *Moissonneuse-batteuse, moissonneuse-lieuse.*
Des boissonneuses-batteuses, des moissonneuses-lieuses.

moite adj.
Se dit de la peau recouverte de sueur. *Avoir les mains moites.*
☞ moite.

moiteur n. f.
Légère humidité.

moitié n. f.
• Une des deux parties égales en lesquelles un tout est divisé. *Plus de la moitié des accidents sont dus* ou *est due à la négligence.*
☞ Après un nom collectif suivi d'un complément au pluriel, le verbe se met au singulier ou au pluriel, suivant l'intention de l'auteur qui veut insister sur l'ensemble ou sur la pluralité.
V. Tableau - **COLLECTIF.**
• **Locutions adverbiales**
- *À moitié.* À demi. *Le pichet est à moitié vide ou à moitié plein.*
- *À moitié chemin.* Au milieu de l'espace à parcourir.
- *À moitié prix.* Pour la moitié du prix.
- *Moitié-moitié.* (Fam.) En deux parts égales. *Partageons moitié-moitié, d'accord?*

moka n. m.
Gâteau aromatisé au café ou au chocolat. *Des mokas chauds avec de la crème glacée.*

mol
V. **mou.**

molaire n. f.
Dent dont la fonction est de broyer.
☞ molaire.

môle n. m.
Ouvrage en maçonnerie destiné à protéger l'entrée d'un port.
☞ môle.

molécule n. f.
La plus petite portion d'un corps qui puisse exister à l'état libre. *La molécule est un groupement d'atomes.*
☞ Attention au genre féminin de ce nom : *une* molécule.
☞ molécule.

molester v. tr.
Brutaliser, maltraiter. *Le voleur a molesté le gardien.*

moleter v. tr.
Redoublement du *t* devant un *e* muet. *Je molette, je moletterai,* mais *je moletais.*
Travailler à l'aide d'une molette.

molette n. f.
Roulette dentée. *Une clé à molette.*
☞ Ne pas confondre avec l'adjectif féminin **mollette,** qui est un peu mou.
☞ molette.

mollasson, onne adj. et n. m. et f.
(Fam.) Apathique.

molle
V. **mou.**

mollement adv.
Sans énergie.

mollesse n. f.
Indolence. *La mollesse des paresseux.*
Ant. **énergie, fermeté.**

mollet, ette adj.
Un peu mou. *Un œuf mollet.*
☞ Ne pas confondre l'adjectif féminin avec le nom **molette,** roulette dentée.

mollet n. m.
Partie postérieure de la jambe, entre le jarret et la cheville.
☞ Ne pas confondre avec le nom *jarret,* partie de la jambe située derrière l'articulation du genou, chez l'homme.

molletière adj. et n. f.
• **Adjectif.** Qui couvre le mollet. *Des bandes molletières.*
• **Nom féminin.** Guêtre.

molleton n. m.
Étoffe moelleuse et chaude.

molletonné, ée adj.
Doublé de molleton.

molletonner v. tr.
Mettre une doublure de molleton.

mollir v. intr.
Devenir mou. *La salade commence à mollir.*

mollo adv.
(Fam.) Doucement. *Allez-y mollo les amis, faites un peu moins de bruit.*

mollusque n. m.
Animal invertébré vivant le plus souvent dans une coquille protectrice.

molosse n. m.
Gros chien de garde.

môme adj. et n. m. et f.
• (Fam.) Enfant.
• (Fam.) Jeune femme. *C'est une jolie môme.*

moment n. m.
• Instant. *Le moment présent.*
• *À tout moment,* locution adverbiale. Souvent.
☞ Dans cette expression, le mot s'écrit généralement au singulier.
• *Par moments,* locution adverbiale. À l'occasion.
☞ Dans cette expression, le mot s'écrit généralement au pluriel.
• *Jusqu'au moment où* + indicatif ou conditionnel. *Il la suivit des yeux jusqu'au moment où elle se perdit dans la foule.*
☞ Avec cette locution, le verbe est à l'indicatif ou au conditionnel pour marquer une réalisation effective ou éventuelle.

• **Au moment de,** locution prépositive. Sur le point de. *Au moment de partir.*
• **Au moment où,** locution conjonctive. *Au moment où l'on ne s'y attend pas.*
• **Dans un moment.** Bientôt.
• **Du moment que,** locution conjonctive. Puisque. *Du moment que tu seras présent, je n'ai pas à faire de compte rendu.*
⌖— La locution est suivie de l'indicatif.
• **D'un moment à l'autre,** locution adverbiale. Incessamment.
• **En ce moment,** locution adverbiale. Actuellement.
• **Sur le moment,** locution adverbiale. Sur le coup.

momentané, ée adj.
Passager. *Une fatigue momentanée.*

momentanément adv.
Pendant un moment.

*momentum
Anglicisme pour **impulsion, circonstances** (favorables). *Il faut profiter des circonstances (et non du *momentum).*

momie n. f.
Corps embaumé. *Les archéologues ont trouvé, en Égypte, des momies entourées de bandelettes.*

momification n. f.
Action de momifier.

momifier v. tr., pronom.
Redoublement du *i* à la première et à la deuxième personne du pluriel de l'indicatif imparfait et du subjonctif présent. *(Que) nous momifiions, (que) vous momifiiez.*
• **Transitif.** Transformer un corps en momie. *Les anciens Égyptiens momifiaient leurs morts.*
• **Pronominal.** Se fossiliser.

mon adj. poss. m. sing.
• L'adjectif possessif détermine le nom en indiquant le «possesseur» de l'objet désigné. Il s'accorde en genre et en nombre avec le nom déterminé. *Mon jardin.*
• Il s'accorde en personne avec le nom désignant le «possesseur». Ainsi, l'adjectif possessif **mon** renvoie à un seul «possesseur» d'un être, d'un objet de genre masculin.
⌖— Devant un nom féminin qui commence par une voyelle ou un *h* muet, c'est aussi la forme masculine **mon** qui est employée pour des raisons de prononciation plus harmonieuse. *Mon amie, mon histoire.*
V. Tableau - **POSSESSIF (ADJECTIF).**

monacal, ale, aux adj.
Semblable à l'existence d'un moine. *Des rites monacaux, une cellule monacale.*

monarchie n. f.
État gouverné par un monarque. *En France, la monarchie a été abolie en 1789.*

monarchique adj.
Qui appartient à la monarchie. *Un régime monarchique.*

monarchiste adj. et n. m. et f.
Partisan de la monarchie.

monarque n. m.
Roi, souverain. *Ce monarque était aimé de ses sujets.*

monastère n. m.
Couvent habité par des moines ou des religieuses.
⇒ monast**ère.**

monastique adj.
Propre aux moines. *Une vie monastique.*

monceau n. m. (pl. *monceaux*)
Amoncellement. *Des monceaux de documents.*

mondain, aine adj. et n. m. et f.
• Relatif à la vie de la société brillante, élégante. *Un dîner mondain.*
• Qui sort beaucoup. *Elle n'est pas très mondaine.*

mondanité n. f.
• Goût des choses mondaines.
• (Au plur.) Évènements de la vie mondaine. *Renoncer aux mondanités.*

monde n. m.
• Univers. *Faire le tour du monde.*
• Société humaine. *Il y a beaucoup de monde ici. Des femmes du monde.*
• **Tout le monde.** Tous. *Tout le monde est là.*
⌖— Cette locution à valeur collective se construit avec le verbe au singulier. *Tout le monde le sait.*
⌖— Dans les désignations géographiques, le mot s'écrit avec une majuscule ainsi que l'adjectif qui le précède. *Le Nouveau Monde.*

mondial, ale, aux adj.
Qui concerne le monde entier. *Des évènements mondiaux.*

mondialement adv.
Universellement.

mondialiser v. tr.
Rendre mondial.

monégasque adj. et n. m. et f.
De Monaco. *Un casino monégasque. Un Monégasque, une Monégasque.*
⌖— L'adjectif s'écrit avec une minuscule; le nom, avec une majuscule.

monétaire adj.
• Qui se rapporte aux monnaies. *L'unité monétaire du Canada est le dollar.*
• **Masse monétaire.** (Écon.) Total des différentes formes de monnaie d'un pays à un moment déterminé.

*monétaire
Anglicisme au sens de **financier, salarial.**

mongol, ole adj. et n. m. et f.
• **Adjectif et nom masculin et féminin.** De Mongolie. *Le drapeau mongol. Un Mongol, une Mongole.*
⌖— L'adjectif s'écrit avec une minuscule; le nom, avec une majuscule.
• **Nom masculin.** Langue parlée en Mongolie. *Elle parle le mongol.*
⌖— Le nom de la langue s'écrit avec une minuscule.
⌖— Ne pas confondre avec le mot *mongolien* qui qualifie une personne atteinte de la trisomie 21 (mongolisme).

mongolien, ienne adj. et n. m. et f.
Atteint de la trisomie 21 (mongolisme).
↳— Ne pas confondre avec le mot **mongol,** relatif à la Mongolie.

mongolisme n. m.
Affection congénitale due à une anomalie chromoso-mique.
↳— Dans la profession médicale, on préconise le remplacement du nom **mongolisme** par l'expression **trisomie 21.**

moniteur n. m.
monitrice n. f.
Personne chargée d'enseigner certains sports. *Un moniteur de ski, une monitrice de voile* (et non un *instructeur).

moniteur n. m.
• Appareil utilisé pour la surveillance des malades. *Un moniteur cardiaque.*
• (Inform.) Écran de visualisation.
• (Inform.) Programme du système d'exploitation destiné à assurer l'enchaînement des différentes parties d'un travail.

monitorage n. m.
Surveillance médicale à l'aide d'un moniteur. *Le monitorage* (et non le *monitoring).

monnaie n. f.
• Pièce de métal servant d'instrument de règlement des échanges. *Avez-vous de la monnaie* (et non du *change)?
• Ensemble des moyens de règlement.
• *Fausse monnaie.* Contrefaçon de la monnaie légale.
• *Petite monnaie.* Pièces métalliques.
• *Monnaie courante.* Chose fréquente. *Dans cette ville, les agressions sont monnaie courante.*
↳— Cette expression demeure invariable.
• *Monnaie d'appoint.* Monnaie complétant une somme.
• *Rendre à quelqu'un la monnaie de sa pièce.* Se venger.
• *Servir de monnaie d'échange.* Dans une négocia-tion, servir d'instrument de règlement.
• *Monnaie électronique.* Flux de données électroni-ques qui remplacent les chèques et les virements. *La monnaie électronique devient le moyen de paiement généralisé grâce aux guichets automatiques, à la com-pensation électronique qui fait le tour de la planète en quelques secondes.*
V. Tableau - **SYMBOLES DES UNITÉS MONÉ-TAIRES.**

monnaie-du-pape n. f. (pl. *monnaies-du-pape*)
Plante décorative qui se conserve bien.

monnayable adj.
Qui peut se monnayer.
↳ monnayable.

monnayer v. tr.
Le *y* peut être changé en *i* devant un *e* muet. *Il monnaie, il monnaiera.*
Le *y* est suivi d'un *i* à la première et à la deuxième personne du pluriel de l'indicatif imparfait et du subjonctif présent. *(Que) nous monnayions, (que) vous monnayiez.*

• Convertir en argent.
• (Fig.) Tirer un revenu de quelque chose. *Monnayer sa compétence.*
↳ monnayer.

monnayeur n. m.
• Personne qui travaille à la fabrication de la monnaie.
• *Faux-monnayeur.* Personne qui fabrique de la fausse monnaie. *Des faux-monnayeurs habiles.*
↳— Ce nom s'écrit généralement avec un trait d'union et n'a pas de forme féminine.
↳ monnayeur.

mono- préf.
• Élément du grec signifiant «unique».
• Les mots composés avec le préfixe **mono-** s'écrivent en un seul mot. *Monologue, monoparental.*

monobloc adj inv. et n. m.
• **Adjectif.** D'une seule pièce. *Des carrosseries mono-bloc.*
• **Nom masculin.** Groupe de cylindres d'un moteur d'explosion. *Concevoir des monoblocs.*
↳— L'adjectif est invariable, mais le nom prend la marque du pluriel.

monochrome adj.
Qui est d'une seule couleur. *Un tableau monochrome.*
Ant. **polychrome.**
↳ mono**chrome.**

monochromie n. f.
Caractère de ce qui est monochrome.
↳ mono**chrome.**

monocle n. m.
Lorgnon à un seul verre qui s'insère dans l'arcade sourcilière. *Ce monsieur portait un monocle.*

monocoque adj.
Se dit d'un bateau à une seule coque, d'un véhicule sans châssis. *Une voiture monocoque.*
↳ monoco**que.**

monocorde adj.
• Qui est sur une seule note.
• Monotone. *Une voix monocorde.*

monogame adj.
Qui n'a qu'un seul mari ou une seule femme.
↳— Ne pas confondre avec le nom **monogramme,** lettres entrelacées.
Ant. **polygame.**
↳ monogame.

monogamie n. f.
Régime selon lequel l'homme ne peut épouser qu'une seule femme (par opposition à **polygynie**), et la femme qu'un seul homme (par opposition à **polyandrie**).
Ant. **polygamie.**
↳ monogamie.

monogramme n. m.
• Lettres entrelacées en un seul caractère.
• Signature abrégée.
↳— Ne pas confondre avec le nom **monogame,** qui n'a qu'un seul mari ou une seule femme.
↳ monogramme.

monographie n. f.
Étude détaillée d'un sujet déterminé. *Faire une monographie sur l'œuvre de Kafka.*

monographique adj.
Qui a le caractère d'une monographie.

monokini n. m.
Maillot de bain féminin qui se limite à un slip. *Des monokinis.*

monolingue adj.
• Qui ne parle qu'une langue.
• Écrit en une seule langue, par opposition à **bilingue, multilingue.** *Une terminologie monolingue.*

monolithe adj. et n. m.
• **Adjectif.** Fait d'une seule pierre.
• **Nom masculin.** Monument constitué d'une pierre. *Les menhirs sont des monolithes.*
↰— Attention au genre masculin de ce nom : *un* monolithe.
⟹ monolithe.

monolithique adj.
Qui forme un tout homogène. *Ces personnes composent un clan monolithique.*
⟹ monolithique.

monologue n. m.
Scène où un personnage seul se parle à lui-même.

monologuer v. intr.
Parler seul. *Il monologuait avec tristesse.*

monomoteur, trice adj. et n. m.
• **Adjectif.** Qui n'a qu'un seul moteur.
• **Nom masculin.** Avion à un seul moteur.

mononucléose n. f.
Maladie virale caractérisée par une fatigue extrême et prolongée.

monoparental, ale, aux adj.
Où il n'y a qu'un seul des deux parents. *Une famille monoparentale.*

monoplace adj.
Se dit d'un véhicule qui n'a qu'une place. *Un avion monoplace.*

monopole n. m.
Situation économique où il n'y a qu'un seul vendeur. *Au Québec, la vente de l'électricité est le monopole d'Hydro-Québec.*
↰— Ne pas confondre avec les noms suivants :
- *cartel,* entente entre des entreprises en vue d'une action commune visant à limiter ou à supprimer la concurrence;
- *oligopole,* situation économique où quelques vendeurs se partagent la production pour l'offrir à une multitude d'acheteurs.

monopoliser v. tr.
• Exploiter un monopole.
• Accaparer. *Il monopolise tout le personnel.*

monorail n. m.
Se dit d'un chemin de fer à un seul rail. *Des monorails ultrarapides.*

monosyllabe n. m.
Mot d'une seule syllabe. *Répondre par monosyllabes : oui! non? bien!*

monosyllabique adj.
Composé d'une seule syllabe. *Les onomatopées sont souvent des mots monosyllabiques.*

monotone adj.
• Qui est toujours sur le même ton. *Une voix monotone.*
• Trop uniforme.

monotonie n. f.
Uniformité ennuyeuse. *La monotonie de ce paysage est lassante.*

monseigneur n. m. (pl. *messeigneurs*)
• Abréviations Mgr, M^grs (s'écrivent sans points).
• Titre de civilité donné aux princes, aux prélats.
↰— La forme plurielle *nosseigneurs* (abréviation **NN.SS.**) est rare.

monsieur, messieurs n. m.
• Abréviations **M., MM.** (s'écrivent avec des points).
• Titre donné aux hommes.
↰— 1° Le titre de civilité s'écrit avec une majuscule et ne s'abrège pas dans les formules d'appel et de salutation, dans les suscriptions. *Monsieur Jacques Valbois.*
    2° Le titre s'abrège généralement lorsqu'il est suivi du patronyme ou d'un autre titre et qu'on ne s'adresse pas directement à la personne. *M. Roberge est absent, M. le juge est là.*
    3° Le titre ne s'abrège généralement pas lorsqu'on s'adresse à la personne; il s'écrit avec une minuscule. *Vous êtes bien monsieur Alain Dubois?*
    4° Le titre s'écrit avec une minuscule et ne s'abrège pas lorsqu'il est employé seul, sans être accompagné d'un nom propre, d'un titre ou d'une fonction et dans certaines constructions de déférence. *Oui, monsieur, madame est sortie. Je ne crois pas avoir déjà rencontré monsieur.*
    5° Le titre s'écrit en toutes lettres avec une minuscule lorsqu'il est employé comme nom commun. *Un gentil monsieur.*

monstre adj. et n. m.
• **Nom masculin**
- Être légendaire terrifiant. *Y a-t-il un monstre dans le lac Memphrémagog?*
- Personne inhumaine. *Cette femme est un monstre.*
• **Adjectif**
(Fam.) Gigantesque. *On avait organisé des réunions monstres.*
↰— Pris adjectivement, le nom prend la marque du pluriel.

monstrueusement adv.
D'une manière monstrueuse.

monstrueux, euse adj.
Horrible. *Ces actes sont monstrueux.*
⟹ monstrueux.

monstruosité n. f.
• Chose monstrueuse. *La monstruosité d'un meurtre.*

mont n. m.
Importante élévation se détachant du relief environnant. (Recomm. off. OLF) *Le mont Tremblant. Le mont Blanc, le mont Everest.*

☞ Dans les désignations géographiques, le nom *mont* est un générique qui s'écrit avec une minuscule, tout comme les mots *baie, île, lac, mer, océan,* etc.

☞ Ne pas confondre avec les noms suivants :
- *butte,* petite colline;
- *colline,* relief d'élévation modérée aux versants généralement en pente douce;
- *massif,* ensemble montagneux non orienté qui se dégage du relief environnant;
- *montagne,* relief élevé aux versants raides, occupant une grande superficie et appartenant à un système;
- *monticule,* petite élévation du sol;
- *pic,* sommet rocheux aux flancs escarpés.
V. Tableau - **GÉOGRAPHIQUES (NOMS).**

montage n. m.
Action d'agencer, d'assembler les pièces d'un dispositif, les images d'un film.

montagnais, aise adj. et n. m. et f.
Se dit des Amérindiens d'une nation autochtone du Québec. *La culture montagnaise, des projets montagnais. Un Montagnais, une Montagnaise.*

☞ L'adjectif s'écrit avec une minuscule; le nom, avec une majuscule.

montagnard, arde adj. et n. m. et f.
• **Adjectif.** Relatif à la montagne.
• **Nom masculin et féminin.** Personne qui habite la montagne.

montagne n. f.
• Relief élevé aux versants raides, occupant une grande superficie et appartenant à un système. (Recomm. off. OLF) *Les Laurentides sont une chaîne de montagnes. Les montagnes Rocheuses, les montagnes Vertes.*
V. **mont.**

☞ Dans les désignations géographiques, le nom *montagne* est un générique qui s'écrit avec une minuscule, tout comme les mots *baie, île, mer, océan,* etc.
V. Tableau - **GÉOGRAPHIQUES (NOMS).**

• *Montagnes russes.* Suite de montées et de descentes sur lesquelles un traîneau monté sur des rails glisse à vive allure.

☞ Cette expression est toujours au pluriel.

• *Se faire une montagne de quelque chose.* Exagérer la difficulté de quelque chose. *Ne fais pas une montagne de cette soirée.*
• (Fig.) Au Canada, difficulté insurmontable. *Faire sa déclaration des revenus, c'est une montagne pour maman.*
• *Soulever les montagnes.* Vaincre tous les obstacles. *La foi soulève les montagnes.*

montagneux, euse adj.
Où se trouvent beaucoup de montagnes. *Une région montagneuse.*

montant, ante adj.
• Qui monte. *La marée montante.*
• *Garde montante.* Relève.

montant n. m.
Chiffre auquel s'élève un compte, un paiement. *Le montant d'un compte.*

☞ Ne pas confondre avec le nom *somme,* résultat d'une addition, quantité déterminée d'argent.

☞ On écrira : *un chèque de* (et non *au montant de) 50 $.*

mont-de-piété n. m. (pl. *monts-de-piété*)
Établissement de crédit.

monte-charge n. m. inv. (pl. *monte-charge*)
Appareil de levage.

montée n. f.
• Action de monter sur un lieu élevé.
• Pente considérée de bas en haut. *Une montée rude.*
• Voie en pente plus ou moins forte, conduisant à un lieu déterminé. (Recomm. off. OLF) *La montée Saint-Michel.*

monte-pente n. m. (pl. *monte-pentes*)
Dispositif servant à transporter les skieurs au sommet d'une pente. Syn. **remonte-pentes.**

monte-plats n. m. inv. (pl. *monte-plats*)
Petit monte-charge pour les plats.

monter v. tr., intr., pronom.
• **Transitif**
Parcourir de bas en haut. *Elle a monté l'escalier.*
☞ À la forme transitive, le verbe se conjugue avec l'auxiliaire *avoir.*
• **Intransitif**
- Passer à un lieu plus haut que celui où l'on est. *Le chat est monté dans l'arbre.*
☞ À la forme intransitive, le verbe se conjugue généralement avec l'auxiliaire *être,* sauf quand il exprime une augmentation de niveau ou de prix.
- Se placer (dans un véhicule). *Je l'ai vu qui montait* (et non qui *embarquait) dans la voiture. Il est monté en avion avant-hier.*
- S'élever. *Le chemin montait tout doucement.*
- Atteindre un niveau, un prix plus élevé. *Les prix ont monté. Le lac a monté. Mes actions ont monté.*
☞ En ce sens, le verbe se conjugue avec l'auxiliaire *avoir.*
• **Pronominal**
- S'élever, atteindre. *Le total se montait à 300 $.*
☞ Attention au pléonasme *monter en haut.*
- *Se monter la tête.* Se faire des idées.

monteur n. m.
monteuse n. f.
Personne qui effectue des opérations de montage.

montgolfière n. f.
(Ancienn.) Ballon dont la force ascensionnelle est fournie par de l'air chaud.
☞ Ne pas confondre avec le nom *ballon,* dirigeable.
▱ montgolfière.

monticule n. m.
Petite élévation du sol. (Recomm. off. OLF)
☞ Ne pas confondre avec les noms suivants :
- *butte,* petite colline;
- *colline,* relief d'élévation modérée aux versants généralement en pente douce;

- *massif,* ensemble montagneux non orienté qui se dégage du relief environnant;
- *mont,* importante élévation se détachant du relief environnant;
- *montagne,* relief élevé aux versants raides, occupant une grande superficie et appartenant à un système;
- *pic,* sommet rocheux aux flancs escarpés.

montre n. f.
• Petit instrument portatif qui indique l'heure. *Une montre automatique.*
☞ La montre dotée d'un affichage à aiguilles est une *montre analogique,* celle qui est doté d'un affichage à cristaux liquides par chiffes et lettres est une *montre numérique* (et non *digitale).
• *Montre-bracelet. Des montres-bracelets en or.*
• (Vx) Étalage.
• *Faire montre de.* Montrer avec ostentation. *Ils ont fait montre de leurs nouvelles richesses.*
• *Faire montre de.* Faire preuve. *Elle a fait montre de beaucoup de jugement.*

montrer v. tr., pronom.
• **Transitif**
- Faire voir. *Montrez-moi vos skis.*
- Manifester. *Elle ne voulait pas lui montrer sa déception.*
- Enseigner. *Il lui montre comment programmer.*
• **Pronominal**
Se révéler. *Elle s'est montrée à la hauteur de la tâche.*

monture n. f.
• Bête sur laquelle on monte. *Ménager sa monture.*
• Partie d'un objet qui sert à fixer. *Les montures d'une paire de lunettes.*

monument n. m.

• Ouvrage d'architecture ou de sculpture destiné à conserver le souvenir de quelqu'un ou de quelque chose. *Un monument égyptien.*
• Édifice imposant par ses dimensions, son ancienneté. *Un monument historique.*
☞ 1° **Minuscule**
Les noms génériques de monuments (*abbaye, basilique, cathédrale, chapelle, château, église, fontaine, oratoire, palais, pont, porte, statue, temple, théâtre, tour,* etc.) s'écrivent avec une minuscule:
- lorsqu'ils sont individualisés par un nom propre. *La basilique Notre-Dame, l'abbaye de Port-Royal, l'oratoire Saint-Joseph, la tour Eiffel, la tour de Londres, le château de Chambord, la porte Saint-Jean;*
- lorsqu'ils sont individualisés par un nom commun ayant fonction de nom propre. *La cour des Lions, la statue de la Liberté, la tour de l'Horloge.*
2° **Majuscule**
Lorsqu'un nom sert à désigner un monument entre tous les autres, il devient nom propre et s'écrit avec une majuscule; il en est ainsi pour l'adjectif qui le précède. *L'Arc de Triomphe, le Grand Palais, l'Acropole, le Colisée, le Forum.*

monumental, ale, aux adj.
• Imposant. *Des immeubles monumentaux.*
• Énorme, étonnant. *Une erreur monumentale.*

*mop
Anglicisme pour *vadrouille* (Canada), *balai à franges.*

moquer v. tr., pronom.
• **Transitif**
(Litt. ou vx) Ridiculiser.
• **Pronominal**
- Tourner en dérision. *Tu t'es moqué de lui.*
- Dédaigner. *Il se moque des honneurs.*
- *S'en moquer comme de l'an quarante.* Ne faire aucun cas de.
☞ D'après certains auteurs, cette expression tire son origine de l'an 1840 qui devait marquer la fin du monde, selon une croyance populaire; d'autres sources donnent comme origine une déformation ancienne des mots *Al Khoran* (le Coran).

moquerie n. f.
Action de tourner quelque chose, quelqu'un en ridicule. *Vos moqueries le laissent indifférent.*

moquette n. f.
Tapis qui recouvre complètement le sol d'une pièce. *Poser une moquette* (et non un tapis *mur à mur).

moqueur, euse adj. et n. m. et f.
Ironique. *Un ton moqueur.*

moral, ale, aux adj. et n. m.
• **Adjectif**
- Qui est conforme à la morale. *Des principes moraux.*
- Relatif à l'esprit. *Une certitude morale.*
• **Nom masculin** (pl. *morals*)
Disposition d'esprit d'une personne, d'un groupe. *Avoir un excellent moral. Son moral est à zéro.*
Hom. *morale,* ensemble de règles de conduite.

morale n. f.
• Ensemble de règles de conduite.
• Leçon. *Ne me fais pas la morale. La morale de cette histoire est claire.*
Hom. *moral,* disposition d'esprit d'une personne, d'un groupe.

moralement adv.
• Conformément aux règles de la morale.
• Sur le plan spirituel.

moralisateur, trice adj.
(Péj.) Qui fait la morale. *Des films moralisateurs.*

moraliser v. tr., intr.
Prêcher la morale.

moralité n. f.
• Valeur morale.
• Conduite. *Il est de moralité douteuse.*
• (Vx) Conclusion que l'on peut tirer d'un enseignement. *Moralité : Tout vient à point à qui sait attendre.*

moratoire n. m.
(Dr.) Décision légale qui suspend provisoirement les effets de certaines obligations légales.

morbide adj.
Malsain. *Une curiosité morbide.*

morbleu! interj.
(Vx) Juron.

morceau n. m. (pl. *morceaux*)
• Fragment. *Des morceaux de bois.*
• *Mettre en morceaux.* Détruire.

morceler v. tr.
Redoublement du *l* devant un *e* muet. *Je morcelle, je morcellerai,* mais *je morcelais.*
Diviser par morceaux. *Morceler un domaine.*

morcellement n. m.
Action de morceler.
⇨ morcellement.

mordant, ante adj. et n. m.
• **Adjectif**
- Qui mord. *Un froid mordant.*
- (Fig.) Incisif. *Une réplique mordante.*
• **Nom masculin**
Vivacité. *Un texte qui a du mordant.*

mordicus adv.
⇦⇨ Le *s* se prononce [mɔrdikys].
(Fam.) Obstinément. *Elle y tient mordicus à ce voyage : rien ne la fera changer d'avis.*

mordillement n. m.
Action de mordiller.

mordiller v. tr.
Les lettres *ill* sont suivies d'un *i* à la première et à la deuxième personne du pluriel de l'indicatif imparfait et du subjonctif présent. *(Que) nous mordillions, (que) vous mordilliez.*
Mordre légèrement à plusieurs reprises. *Elle lui mordille l'oreille.*

mordoré, ée adj.
D'un beau brun à reflets dorés.
V. Tableau - **COULEUR (ADJECTIFS DE).**

mordre v. tr., intr., pronom.
INDICATIF PRÉSENT *Je mords, tu mords, il mord, nous mordons, vous mordez, ils mordent.* IMPARFAIT *Je mordais.* PASSÉ SIMPLE *Je mordis.* FUTUR *Je mordrai.* CONDITIONNEL PRÉSENT *Je mordrais.* IMPÉRATIF PRÉSENT *Mords, mordons, mordez.* SUBJONCTIF PRÉSENT *Que je morde.* IMPARFAIT *Que je mordisse.* PARTICIPE PRÉSENT *Mordant.* PASSÉ *Mordu, ue.*
• **Transitif.** Saisir, broyer avec les dents. *Le chien a mordu la petite.*
• **Intransitif.** Mordre dans. *Paulo a mordu dans une pomme.*
• **Pronominal.** *Se mordre les doigts de quelque chose.* (Fam.) S'en repentir.

mordu, ue adj. et n. m. et f.
(Fam.) Entiché. *Elle est mordue de théâtre. C'est un mordu d'alpinisme.*

morfondre v. pronom.
Attendre longtemps en s'ennuyant. *Ils se sont morfondus pendant trois jours dans cet endroit perdu.*

morgue n. f.
• Arrogance, mépris.
• Lieu où l'on conserve momentanément des cadavres.

moribond, onde adj. et n. m. et f.
Agonisant. *Des moribonds.*

morigéner v. tr.
Le *é* se change en *è* devant une syllabe muette, sauf à l'indicatif futur et au conditionnel présent. *Je morigène,* mais *je morigénais.*
Réprimander.

morille n. f.
⇦⇨ Le *o* est ouvert [mɔrij].
Champignon comestible. *Une omelette aux morilles.*

mormon, one adj. et n. m. et f.
Membre d'une secte religieuse d'origine américaine. *Les mormons ont fondé Salt Lake City.*
🖅 L'adjectif ainsi que le nom s'écrivent avec une minuscule.
⇨ mormon, mormone.

morne adj.
Terne. *Ce style est morne et l'ouvrage, sans intérêt.*

morose adj.
Triste, maussade. *Ces malades sont moroses.*
⇨ morose.

morosité n. f.
(Litt.) Caractère maussade, triste.
⇨ morosité.

-morphe, -morphique, -morphisme suff.
Éléments du grec signifiant «forme». *Anthropomorphe, anthropomorphique, anthropomorphisme.*

morphème n. m.
(Ling.) Élément grammatical minimal d'un énoncé. *Le morphème grammatical -s marque habituellement le pluriel. Un morphème lexical.*
⇨ morphème.

morphine n. f.
Drogue puissante.
⇨ morphine.

morphinomane adj. et n. m. et f.
Toxicomane qui s'adonne à l'usage de la morphine.
⇨ morphinomane.

morpho- préf.
Élément du grec signifiant «forme». *Morphologie.*

morphologie n. f.
• Étude des formes de la matière.
• Forme, configuration.
⇨ morphologie.

morphologique adj.
Relatif à la morphologie. *Une étude morphologique animale.*
⇨ morphologique.

morphologiquement adv.
Du point de vue de la morphologie.
⇨ morphologiquement.

mors n. m.
⇦⇨ Le *s* ne se prononce pas [mɔr].
• Pièce métallique placée dans la bouche du cheval pour le diriger.
• *Prendre le mors aux dents.* Se dit d'un cheval qui

s'emballe, et familièrement, d'une personne qui s'emporte.
Hom. :
- *maure,* habitant du Sahara occidental;
- *mort,* décès.
⇨ mor**s**.

morse n. m.
• Mammifère marin des régions arctiques dont le mâle se caractérise par des canines développées en défenses.
• Code de signaux composés de points et de traits. *Un S.O.S. en morse.*

morsure n. f.
• Meurtrissure causée par des dents. *La morsure de ce serpent est dangereuse.*
• Blessure.

mort n. f.
• Cessation définitive de la vie. *Une mort violente.*
• *À mort,* locution adverbiale. De telle sorte qu'on en meurt. *Ils sont blessés à mort.*
• *Arrêt de mort.* Condamnation à mourir.
• *Avoir la mort dans l'âme.* Être désespéré.
• *Mettre à mort.* Exécuter.

mort, morte adj. et n. m. et f.
• **Adjectif**
- Qui a cessé de vivre.
- *Poids mort, ivre mort. Des poids morts. Ils sont ivres morts.*
☞ Ces expressions s'écrivent sans trait d'union.
- *Rester lettre morte.* Ne pas avoir de suite. *Ces recommandations sont restées lettre morte.*
- *Angle mort.* Zone de visibilité inaccessible au conducteur lorsqu'il regarde dans le rétroviseur. *Un angle mort* (et non des *points aveugles).
- *Point mort.* Position des pièces d'un dispositif où les forces sont en équilibre ou n'agissent pas. *Mettez-vous au point mort* (et non au *neutre).
• **Nom masculin et féminin**
Personne décédée. *Cet accident a fait des morts.*
Hom. :
- *maure,* habitant du Sahara occidental;
- *mors,* pièce métallique placée dans la bouche du cheval pour le diriger.

mortadelle n. f.
Saucisson.

mortaise n. f.
Entaille pratiquée dans une pièce de bois ou de métal pour former un assemblage.
⇨ mort**a**ise.

mortaiseuse n. f.
Machine-outil.
⇨ mort**a**iseuse.

mortalité n. f.
• Nombre des personnes mortes par la même cause.
• *Taux de mortalité.* Nombre de décès survenus au sein d'une population pendant une période donnée.

*mortalité
impropriété au sens de *décès.*

mort-aux-rats n. f. inv. (pl. *mort-aux-rats*)
Poison destiné à la destruction des rongeurs.

mortel, elle adj. et n. m. et f.
• **Adjectif**
- Qui est sujet à la mort. *Les hommes sont mortels.*
- Qui cause la mort. *Une maladie mortelle.*
• **Nom masculin et féminin**
Être humain. *Le commun des mortels.*

mortellement adv.
• D'une manière mortelle.
• Énormément. *Il s'ennuie mortellement.*
⇨ mortellement.

morte-saison n. f. (pl. *mortes-saisons*)
Époque de l'année pendant laquelle les affaires sont au ralenti.
⇨ **morte-saison,** avec un trait d'union.

mortier n. m.
Ciment servant à lier les pierres, les briques d'une construction.

mortification n. f.
Humiliation, privation.

mortifier v. tr.
Redoublement du *i* à la première et à la deuxième personne du pluriel de l'indicatif imparfait et du subjonctif présent. *(Que) nous mortifiions, (que) vous mortifiiez.*
Froisser, humilier.

mort-né, ée adj. et n. m. et f. (pl. *mort-nés*)
Mort en arrivant au monde. *Un enfant mort-né.*
☞ Le premier élément du mot est invariable. *Des fillettes mort-nées.*

mortuaire adj.
Relatif aux morts, aux services funèbres. *Un drap mortuaire.*

morue n. f.
Poisson des mers froides. *L'huile de foie de morue est riche en vitamines.*

morutier, ière adj. et n. m.
• **Adjectif**
Relatif à la pêche à la morue. *L'industrie morutière.*
• **Nom masculin**
- Pêcheur de morue.
- Bateau équipé pour la pêche à la morue.

mosaïque n. f.
Assemblage de petites pièces qui forment un dessin, un motif. *Certaines mosaïques romaines sont très bien conservées.*
⇨ mosaïque.

mosquée n. f.
Temple consacré au culte musulman.
⇨ mosquée.

mot n. m.
• Groupe de lettres formant une ou plusieurs syllabes et exprimant une idée. *Oui est un mot de trois lettres.*
• Courte lettre. *J'ai reçu un mot de lui.*

• **Locutions**

- *Ne pas souffler mot, ne dire mot.* Garder le silence. *Qui ne dit mot consent.*

☞ Dans ces expressions, le nom s'écrit sans article et au singulier. Avec la préposition **sans,** le nom précède le verbe. *Sans mot dire.*

- *Au bas mot.* Au moins. *Ils sont 200 au bas mot.*

- *Mot à mot.* Par cœur. *Elisa a appris son texte mot à mot.*

☞ Ces expressions s'écrivent sans trait d'union.

- *À mots couverts.* De façon peu explicite.

- *Mot pour mot, mot à mot.* Textuellement. *Je te rapporte ses paroles mot pour mot.*

- *À demi-mot.* À mots couverts.

- *Avoir le dernier mot.* L'emporter dans une discussion.

- *Le mot d'une énigme.* La solution.

- *Se donner le mot.* Se concerter. *Ses amis se sont donné le mot pour souligner son anniversaire.*

- *Prendre quelqu'un au mot.* Accepter une chose à la première offre formulée.

- *En un mot.* Bref.

- *Mot clé. Des mots clés.*

V. **clé.**

- *Mots croisés.* Jeu où l'on inscrit dans une grille horizontalement et verticalement des mots correspondant à des définitions.

☞ L'amateur de mots croisés est un *cruciverbiste.*

- *Mot-valise.* Mot composé d'éléments non signifiants empruntés à d'autres mots. *Didacticiel composé de didacti- et de (logi)ciel. Des mots-valises.* Hom. *maux,* pluriel de *mal.*

---

motard n. m.
(Fam.) Motocycliste. *Une bande de motards.*
⇨ motar**d.**

motel n. m.
Établissement hôtelier situé à proximité des routes.

motet n. m.
Chant d'église.
⇨ mote**t.**

moteur, trice adj. et n. m.
• **Adjectif**
Qui donne le mouvement. *Des roues motrices.*
• **Nom masculin**
- Appareil servant à transformer une forme d'énergie en énergie mécanique. *Un moteur à explosion, un moteur à réaction.*
- Cause, agent. *Il fut le moteur de cette réforme, de cette expansion.*

motif n. m.
• Raison, cause. *Quels sont vos motifs? Les motifs d'une demande, d'un refus.*
• *Sans motif.* Sans raison. *Il l'a attaqué sans motif.*
• Dessin qui se répète. *Une serviette à motifs brodés.*

motion n. f.
⇔ Le premier *o* est fermé [mosjɔ̃].
Proposition, dans le langage des assemblées délibérantes.

motivation n. f.
Force qui pousse à agir. *Ève manque de motivation pour étudier.*

motiver v. tr.
• Servir de motif, justifier. *Les raisons qui ont motivé son choix.*
• Inciter à l'action. *Il importe de motiver le personnel.*

moto n. f.
• Abréviation familière de *motocyclette.*
• Véhicule motorisé à deux roues. *Des courses de moto. Des motos rutilantes.*

motocyclette n. f.
• S'abrège familièrement en *moto.*
• Véhicule motorisé à deux roues.

motocycliste adj. et n. m. et f.
Personne qui conduit une motocyclette.

motoneige n. f.
Véhicule muni de skis et de chenilles destiné au transport sur la neige. *Des motoneiges très puissantes* (et non des *skidoos*).
☞ Le nom s'écrit en un seul mot et prend la marque du pluriel.

motoneigiste n. m. et f.
Personne qui conduit une motoneige ou qui pratique le sport de la motoneige.

motoriser v. tr.
(Fam.) Avoir une voiture à sa disposition. *Êtes-vous motorisé?*

motricité n. f.
Mode d'action du système nerveux sur les organes du corps qui assurent le mouvement.

motte n. f.
Petit morceau de terre compacte. *Le jardinier écrase les mottes de terre.*

motus! interj.
Silence! *Motus et bouche cousue!*

mou ou **mol, molle** adj. et n. m. et f.
• **Adjectif.** Qui cède facilement à la pression. *Des caramels mous.*
☞ Devant une voyelle, l'adjectif masculin singulier s'écrit *mol. Un mol édredon. Des édredons mous.*
• **Nom masculin et féminin.** Personne sans volonté.
• **Nom masculin.** *Avoir du mou.* Être lâche, en parlant d'un lien. *Il y a du mou dans la corde.*

mouchard, arde n. m. et f.
Dénonciateur, rapporteur.
⇨ mouchar**d.**

mouche n. f.
• Insecte. *Une mouche tsé-tsé.*
• *Bateau-mouche. Des bateaux-mouches.*
• *Faire mouche.* Toucher la cible. *Ils ont fait mouche et ont tué deux canards.*

• *Mouche noire.* Au Canada, insecte dont la piqûre est douloureuse.
• *Prendre la mouche.* S'emporter.
• *Tue-mouches.* Se dit d'un papier enduit de colle employé pour attraper les mouches.

*mouche à feu
Calque de l'anglais «fire fly» pour *luciole.*

moucher v. tr., pronom.
• **Transitif.** Évacuer des mucosités par le nez. *Moucher un petit.*
• **Pronominal.** Se débarrasser le nez des mucosités. *Ils se sont mouchés bruyamment. Mouche-toi, petit.*

moucheron n. m.
Petit insecte voisin de la mouche.

moucheter v. tr.
Redoublement du *t* devant un *e* muet. *Je mouchette, je mouchetterai,* mais *je mouchetais.*
Marquer de petites taches. *Une truite mouchetée.*

mouchoir n. m.
• Petit linge qui sert à se moucher.
• *Mouchoir de papier.* Utiliser des mouchoirs de papier. V. **kleenex.**

moudre v. tr.
INDICATIF PRÉSENT *Je mouds, tu mouds, il moud, nous moulons, vous moulez, ils moulent.* IMPARFAIT *Je moulais.* PASSÉ SIMPLE *Je moulus.* FUTUR *Je moudrai.* CONDITIONNEL PRÉSENT *Je moudrais.* IMPÉRATIF *Mouds, moulons, moulez.* SUBJONCTIF PRÉSENT *Que je moule.* IMPARFAIT *Que je moulusse.* PARTICIPE PRÉSENT *Moulant.* PASSÉ *Moulu, ue.*
Broyer. *Moudre du café.*

moue n. f.
Grimace boudeuse. *Laurence fait la moue, elle n'est pas contente.*
Hom. *moût,* jus du raisin, de la poire, etc., non fermenté.

mouette n. f.
Oiseau palmipède blanc vivant sur les côtes.

mouffette n. f.
Petit mammifère noir et blanc qui, pour se défendre, peut projeter un liquide qui sent très mauvais. *La mouffette a arrosé la chatte Maboule : oh là là! quelle odeur!*

moufle n. f.
• Partie de l'habillement qui couvre la main sans séparation pour les doigts, sauf pour le pouce.
• Au Canada, *mitaine.*
⌦ Ne pas confondre avec le nom *gant,* partie de l'habillement qui couvre la main et les doigts séparément.

mouflet, ette n. m. et f.
(Fam.) Petit enfant.

mouflon n. m.
Ruminant à cornes recourbées, voisin du mouton.

mouillage n. m.
Emplacement favorable pour jeter l'ancre. (Recomm. off. OLF)

mouiller v. tr., intr., pronom., impers.
Les lettres *ill* sont suivies d'un *i* à la première et à la deuxième personne du pluriel de l'indicatif imparfait et du subjonctif présent. *(Que) nous mouillions, (que) vous mouilliez.*
• **Transitif.** Tremper. *La pluie a mouillé mes cheveux.*
• **Intransitif.** (Absol.) Jeter l'ancre. *Le bateau a mouillé dans la baie.*
• **Pronominal.** (Fam.) Se compromettre. *Ils se sont mouillés dans une affaire délicate.*
• **Impersonnel.** (Fam.) Au Canada, pleuvoir. *Il mouille à boire debout, rentrons vite.*
⌦ L'emploi du verbe est courant au Canada, mais il est vieilli en ce sens dans l'ensemble de la francophonie.

mouillette n. f.
Petit morceau de pain trempé dans un œuf à la coque.

moujik n. m.
Paysan russe. *Des moujiks.*

moulage n. m.
• Art de reproduire un objet à l'aide d'un moule.
• Objet fait au moyen d'un moule. *Un moulage de plâtre.*
⌦ Ne pas confondre avec le nom *moulure,* ornement servant d'encadrement aux ouvrages de menuiserie.

moule n. m. et f.
• **Nom masculin.** Corps solide creusé de manière à donner une forme particulière à la matière qu'on y introduit. *Des moules à biscuits en forme de cœur.*
• **Nom féminin.** Mollusque à coquille d'un noir bleuâtre, dont la chair est comestible. *Des moules marinière.*

*moulées (en lettres)
Impropriété au sens de *en caractères d'imprimerie, en majuscules.*

mouler v. tr.
Reproduire à l'aide d'un moule. *Mouler une colonne grecque.*

mouleur n. m.
Technicien qui exécute des moulages.

moulin n. m.
• Machine destinée à moudre. *Un moulin à café, à poivre, à céréales.*
• Bâtiment où est installé un moulin à céréales. *Meunier, tu dors, ton moulin va trop vite.* (Chanson)

*moulin
Impropriété au sens de *papeterie, usine.*

*moulin à coudre
Impropriété au sens de *machine à coudre.*

moulinet n. m.
• Tourniquet.
• Rotation exécutée avec les bras, une arme. *Faire des moulinets pour attirer l'attention.*
⟹ moulinet.

moulinette n. f.
Petit moulin à légumes.

moult adv.
⟺ Les lettres *lt* se prononcent [mult].
(Vx ou plaisant) Très, beaucoup. *Après moult essais.*

moulu, ue adj.
• Qui a été broyé. *Du poivre moulu.*
• Éreinté. *Après la journée, elle était moulue.*

moulure n. f.
Ornement servant d'encadrement aux ouvrages de menuiserie. *Une moulure dorée encadre le miroir.*
☞ Ne pas confondre avec le nom **moulage,** art de reproduire un objet à l'aide d'un moule.

moulurer v. tr.
Orner de moulures.

moumoute n. f.
(Fam.) Perruque, manteau de fourrure.

mourant, ante adj. et n. m. et f.
• **Adjectif.** Agonisant. *Ils sont mourants.*
• **Nom masculin et féminin.** Moribond.

mourir v. intr., pronom.
INDICATIF PRÉSENT *Je meurs, tu meurs, il meurt, nous mourons, vous mourez, ils meurent.* IMPARFAIT *Je mourais.* PASSÉ SIMPLE *Je mourus.* FUTUR *Je mourrai.* CONDITIONNEL PRÉSENT *Je mourrais.* IMPÉRATIF PRÉSENT *Meurs, mourons, mourez.* SUBJONCTIF PRÉSENT *Que je meure.* IMPARFAIT *Que je mourusse.* PARTICIPE PRÉSENT *Mourant.* PASSÉ *Mort, morte.*
• **Intransitif.** Cesser de vivre. *Il était déjà mort quand le médecin est arrivé. Cette plante est morte.*
☞ Ce verbe se conjugue avec l'auxiliaire **être.**
• **Pronominal.** Être sur le point de mourir. *Elle se meurt.*
☞ À la forme pronominale, le verbe ne se conjugue pas aux temps composés.

mousquet n. m.
Ancienne arme à feu.
🖉 mousque**t.**

mousquetaire n. m.
(Ancienn.) Cavalier de la Maison du Roi armé d'un mousquet.
🖉 mousquet**aire.**

mousqueton n. m.
Crochet d'alpinisme.

moussaka n. f.
Plat oriental commun à la Turquie, à la Grèce et aux Balkans, composé d'aubergines cuites au four.

moussant, ante adj.
Qui produit de la mousse. *Des bains moussants.*

mousse n. m. et f.
• **Nom masculin**
Jeune matelot.
• **Nom féminin**
- Plante qui vit en touffes sur la terre humide, les rochers, les troncs d'arbres.
- Écume. *La mousse d'une bière, du champagne.*
- Produit moussant. *De la mousse à raser.*
- Entremets. *De la mousse au chocolat.*

mousse isolante d'urée-formol
Sigle *MIUF* (s'écrit généralement sans points).

mousseline n. f.
Étoffe légère. *Un voile de mousseline.*

mousser v. intr.
• Produire de la mousse. *Ce savon mousse beaucoup.*
• *Faire mousser.* (Fam.) Mettre en valeur de manière exagérée. *Il en profite pour faire mousser ses réalisations.*

mousseux, euse adj. et n. m.
• **Adjectif.** Qui produit de la mousse. *Un vin mousseux.*
☞ Ne pas confondre avec le mot **moussu,** recouvert de mousse.
• **Nom masculin.** Vin rendu mousseux par fermentation naturelle. *Un bon mousseux bien frais.*

mousson n. f.
Vent tropical.

moussu, ue adj.
Recouvert de mousse.
☞ Ne pas confondre avec les mots **moussant** et **mousseux** qui qualifient ce qui produit de la mousse.

moustache n. f.
• Poils qui poussent au-dessus de la lèvre supérieure de l'homme. *Ce policier a une grosse moustache noire ou de grosses moustaches noires.*
☞ Le singulier et le pluriel peuvent s'employer.
• Poils poussant autour de la gueule de certains animaux (chat, lapin, lion, etc.). *Les moustaches de ma chatte.*

moustachu, ue adj.
Qui porte une moustache. *Le policier est moustachu.*

moustiquaire n. f.
Pellicule en toile métallique placée aux fenêtres et aux portes pour se préserver des moustiques.
☞ Attention au genre féminin de ce nom : *une* moustiquaire.
🖉 moustiq**uaire.**

moustique n. m.
Insecte dont la femelle pique la peau pour se nourrir de sang. *En mai, il y a trop de moustiques dans l'île.*

moût n. m.
Jus du raisin, de la poire, de la pomme qui n'a pas encore fermenté.
Hom. *moue,* grimace boudeuse.
🖉 mo**ût.**

moutarde adj. inv. et n. f.
• **Nom féminin.** Plante dont la graine sert de condiment. *Un sandwich jambon moutarde, SVP.*
• **Adjectif de couleur invariable.** De la couleur fauve de la moutarde. *Des tricots moutarde, jaune moutarde.*
V. Tableau - **COULEUR (ADJECTIFS DE).**

mouton n. m.
Mammifère ruminant élevé pour sa laine, sa chair et son lait qui sert à la fabrication de fromages. *De jolis moutons blancs.*
☞ La femelle du mouton est la **brebis;** le petit, l'**agneau.**

moutonnement n. m.
Le fait de moutonner. *Le moutonnement des vagues.*

moutonner v. intr.
Se couvrir de vagues et d'écume, en parlant de la mer.
La mer moutonne.

moutonneux, euse adj.
Qui a l'apparence de la laine des moutons.

mouture n. f.
• Action de moudre des grains.
• Produit qui en résulte. *Une mouture de café très fine.*

mouvance n. f.
• Sphère d'influence.
• (Litt.) Caractère de ce qui est mouvant.
☞ Attention au sens de ce nom qui ne désigne pas l'état de ce qui change.

mouvant, ante adj.
Instable. *Des sables mouvants.*

mouvement n. m.
• Déplacement d'un corps. *Des mouvements de gymnastique.*
• *Avoir un bon mouvement.* Se montrer généreux.
• *Faux mouvement.* Geste involontaire. *Elle a fait un faux mouvement et a renversé son verre.*

mouvementé, ée adj.
Agité. *Une réunion mouvementée.*

mouvoir v. tr., pronom.
INDICATIF PRÉSENT *Je meus, tu meus, il meut, nous mouvons, vous mouvez, ils meuvent.* IMPARFAIT *Je mouvais.* PASSÉ SIMPLE *Je mus.* FUTUR *Je mouvrai.* CONDITIONNEL PRÉSENT *Je mouvrais.* IMPÉRATIF PRÉSENT *Meus, mouvons, mouvez.* SUBJONCTIF PRÉSENT *Que je meuve.* PARTICIPE PRÉSENT *Mouvant.* PASSÉ *Mû, mue.*
• **Transitif.** Mettre en mouvement, bouger. *Mouvoir ses jambes.*
• **Pronominal.** Se déplacer. *Ils se sont mus jusqu'ici.*
☞ Le participe passé masculin singulier s'écrit avec un accent circonflexe.

moyen, enne adj.
• Qui se situe entre deux extrêmes. *Une note moyenne, ni bonne ni mauvaise.*
• De type courant. *Le Québécois moyen.*
• *Moyen terme.* Étape intermédiaire, compromis.
• *Moyen Âge.* Période historique qui s'étend du Ve au XVe siècle.
☞ Dans les désignations des époques historiques, le nom spécifique et l'adjectif qui le précède s'écrivent avec une majuscule. L'expression s'écrit sans trait d'union.
☞ Les désignations géographiques suivent les mêmes règles. *Le Moyen-Orient.* L'expression s'écrit avec un trait d'union.

moyen n. m.
• Procédé, instrument. *La fin ne justifie pas les moyens.*
• *Avoir les moyens.* Avoir les ressources matérielles ou intellectuelles. *Nous en avons les moyens.*
• *Perdre ses moyens.* Perdre contenance.
• *Moyens de pression.* Procédés qui poussent l'adversaire à prendre position, à agir. *La grève est un moyen de pression.*
• *Moyens de transport.* Modes de locomotion. *La voiture, le train, l'avion sont des moyens de transport.*
• *Par le moyen de, au moyen de,* locutions prépositives. À l'aide de. *Elle l'a prévenu au moyen d'un télégramme.*

moyenâgeux, euse adj.
• (Vx) Relatif au Moyen Âge.
☞ En ce sens, l'adjectif est vieilli; on emploie aujourd'hui *médiéval,* qui ne comporte pas de connotation péjorative.
• Vétuste, suranné. *Des pratiques moyenâgeuses.*
☞ moyenâgeux.

moyen-courrier adj. et n. m. (pl. *moyen-courriers*)
Avion de transport destiné à assurer des liaisons à moyenne distance.

moyennant prép.
• À la condition de. *Il ira, moyennant quelques efforts.*
• *Moyennant finances.* En payant.
• *Moyennant que,* locution. À la condition que. *Je viendrai moyennant que vous soyez de la fête.*
☞ Cette locution peut être suivie de l'indicatif futur, du subjonctif ou du conditionnel; elle est vieillie ou littéraire pour certains auteurs.

moyenne n. f.
• Proportion intermédiaire. *La moyenne des résultats est de 38 sur 50.*
• *Moyenne arithmétique de n nombres.* Quotient de la somme de ces nombres par *n.*
• *En moyenne.* En calculant une moyenne. *Elle a obtenu 75 % en moyenne.*

moyennement adv.
D'une manière moyenne.

moyeu n. m. (pl. *moyeux*)
Pièce du milieu de la roue.

m/s
Symbole de *mètre par seconde.*

ms.
Abréviation de *manuscrit.*

Ms
Symbole de *microseconde.*

mss
Abréviation de *manuscrits.*

MST
Sigle de *maladie sexuellement transmissible.*
☞ Appellation utilisée en France.

mtée ou **m^tée**
Abréviation de *montée* (utilisé comme odonyme).

MTS
Sigle de *maladie transmise sexuellement.*
☞ Appellation utilisée au Canada.

mucosité n. f.
Sécrétion des muqueuses. *Libère-toi de ces mucosités en te mouchant.*
☞ Le nom s'emploie au singulier et au pluriel.
Syn. **mucus.**

mucus n. m.
👄 Le *s* se prononce [mykys].

Substance visqueuse tapissant certaines muqueuses.
☞ Le nom s'emploie seulement au singulier.
Syn. **mucosité**.

mue n. f.
Changement de peau, de poil, de voix. *La mue des serpents et des jeunes gens.*
⇨ mue.

muer v. intr., pronom.
• **Intransitif**
- Changer de poil, de plumage, de peau, en parlant des animaux. *Les serpents muent.*
- Changer de voix, en parlant des jeunes gens. *Étienne a mué, il a maintenant une voix grave.*
• **Pronominal**
Se transformer. *Une colère qui s'est muée en éclats de rire.*

muet, ette adj. et n. m. et f.
Qui n'a pas l'usage de la parole. *Cette jeune fille est sourde et muette.*

muezzin n. m.
👄 Le nom se prononce [mɥɛdzin].
Fonctionnaire musulman qui appelle les fidèles à la prière.

muffin n. m.
👄 Ce nom se prononce à l'anglaise [mœfin].
Petit gâteau (spécialité britannique). *Du café et des muffins.*

mufle adj. et n. m.
• **Adjectif**
Personne indélicate. *Elle ne l'a pas apprécié : il est trop mufle.*
• **Nom masculin**
- Extrémité du museau de certains animaux. *Le mufle du chien.*
- Individu grossier. *Quel mufle!*
⇨ mufle.

muflerie n. f.
Goujaterie.
⇨ muflerie.

muflier n. m.
Plante cultivée pour ses fleurs, appelée aussi *gueule-de-loup.*
⇨ muflier.

mugir v. intr.
Meugler, crier en parlant du buffle.

mugissement n. m.
Meuglement, cri du buffle.

muguet n. m.
Plante à petites fleurs blanches et odorantes. *Offrir du muguet le 1er mai. Un bouquet de muguet.*
⇨ muguet.

mulâtre, mulâtresse adj. et n. m. et f.
Personne née d'un Noir et d'une Blanche ou d'un Blanc et d'une Noire.
☞ L'adjectif **mulâtre** conserve la même forme au masculin et au féminin. Par contre, le nom féminin est *mulâtresse.*

☞ Ne pas confondre avec les mots suivants :
- *eurasien,* se dit d'une personne née d'un Européen et d'une Asiatique ou d'un Asiatique et d'une Européenne;
- *métis,* se dit d'une personne dont le père et la mère sont de races différentes.

mule n. f.
• Femelle du mulet.
• Chaussure féminine sans talon. *Elle portait de jolies mules.*

mulet n. m.
• Hybride de l'âne et de la jument.
• Poisson.
⇨ mulet.

multi- préf.
• Élément du latin signifiant «beaucoup, plusieurs».
• Les mots composés avec le préfixe **multi-** s'écrivent sans trait d'union. *Multicolore, multiethnique.*

multicolore adj.
Qui a un grand nombre de couleurs. *Un tableau multicolore.*
⇨ multicolore.

multigrade adj.
Se dit d'une huile de graissage à haut indice de viscosité. *Des huiles multigrades.*

multilatéral, ale, aux adj.
Se dit d'un accord conclu entre plusieurs parties. *Des traités multilatéraux.*

multimédia adj.
Qui concerne plusieurs médias. *Une stratégie publicitaire multimédia, des messages multimédias.*

multimilliardaire adj. et n. m. et f.
Qui possède un ou plusieurs milliards (d'unités monétaires). *Multimilliardaire en dollars.*

multimillionnaire adj. et n. m. et f.
Qui possède un ou plusieurs millions (d'unités monétaires). *Multimillionnaire en dollars.*

multinational, ale, aux adj. et n. f.
• **Adjectif.** Qui concerne plusieurs pays. *Des accords multinationaux.*
• **Nom féminin.** Société qui a des activités dans plusieurs pays. *Cette société est une multinationale.*

multiple adj. et n. m.
• **Adjectif.** Nombreux, divers. *Nous avons eu de multiples appels.*
• **Nom masculin.** Nombre obtenu par la multiplication d'un élément par un autre. *Les multiples décimaux.*
V. Tableau - **MULTIPLES ET SOUS-MULTIPLES DÉCIMAUX.**

multiplet n. m.
(Inform.) Ensemble de plusieurs bits traité comme un tout. *Des multiplets.*
⇨ multiplet.

multiplicande n. m.
(Math.) Nombre à multiplier par un autre appelé *multiplicateur.*

multiplicateur, trice adj. et n. m.
(Math.) Nombre par lequel on multiplie.

multiplicatif, ive adj.
Qui multiplie. *Un signe multiplicatif.*

multiplication n. f.
• Accroissement. *La multiplication des lapins.*
• Opération mathématique visant à obtenir un produit. *Ex. : 2 x 3 = 6, la multiplication de 2 par 3 donne un produit égal à 6.*

multiplicité n. f.
Nombre considérable. *Une multiplicité de fleurs.*

multiplier v. tr., intr., pronom.
Redoublement du *i* à la première et à la deuxième personne du pluriel de l'indicatif imparfait et du subjonctif présent. *(Que) nous multipliions, (que) vous multipliiez.*
• **Transitif**
- Augmenter le nombre, la quantité de. *Multiplier les démarches.*
- Faire une multiplication. *Il multiplie ce nombre par dix.*
• **Intransitif**
(Vx) Augmenter en nombre par la production. *Croissez et multipliez.* (Bible)

• **Pronominal**
Proliférer. *Les mauvaises herbes se multiplient très rapidement.*

multipropriété n. f.
Régime de propriété collective selon lequel chaque propriétaire peut jouir de son bien pendant une période déterminée de l'année. *Acheter un appartement à la montagne en multipropriété.*

multiracial, iale, iaux adj.
Où coexistent plusieurs races. *Un groupe multiracial.*

multirisque adj.
(Ass.) Se dit d'une assurance qui couvre plusieurs risques. *Une assurance multirisque, des assurances multirisques.*

multitâche adj.
(Inform.) Se dit d'un mode d'exploitation permettant d'exécuter plusieurs tâches en parallèle.
⇨ multitâche.

multitude n. f.
• Très grand nombre. *Sa collection comporte une multitude d'insectes qui sont tous étiquetés.*
• Foule. *La multitude de participants était gagnée d'avance.*

MULTIPLES ET SOUS-MULTIPLES DÉCIMAUX

• Les multiples et les sous-multiples sont formés à l'aide de préfixes qui se joignent sans espace aux unités de mesure. *Trois kilogrammes, un mégawatt, deux centimètres, quatre milligrammes.*

• Les symboles de ces préfixes se joignent de la même façon aux symboles des unités de mesure. *3 kg, 1 MW, 2 cm, 4 mg* (s'écrivent sans points).

	PRÉFIXE	SYMBOLE	EXPRESSION NUMÉRIQUE	NOTATION SCIENTIFIQUE
Multiples	exa-	E	1 000 000 000 000 000 000	10^{18}
	péta-	P	1 000 000 000 000 000	10^{15}
	téra-	T	1 000 000 000 000	10^{12}
	giga-	G	1 000 000 000	10^{9}
	méga-	M	1 000 000	10^{6}
	kilo-	k	1 000	10^{3}
	hecto-	h	100	10^{2}
	déca-	da	10	10^{1}
			1	10^{0}
Sous-multiples	déci-	d	0,1	10^{-1}
	centi-	c	0,01	10^{-2}
	milli-	m	0,001	10^{-3}
	micro-	µ	0,000 001	10^{-6}
	nano-	n	0,000 000 001	10^{-9}
	pico-	p	0,000 000 000 001	10^{-12}
	femto-	f	0,000 000 000 000 001	10^{-15}
	atto-	a	0,000 000 000 000 000 001	10^{-18}

☞ Avec le collectif, le verbe se met souvent au singulier; il peut se mettre au pluriel, selon l'intention de l'auteur qui veut insister sur la pluralité.
V. Tableau - **COLLECTIF.**

municipal, ale, aux adj.
Relatif à l'administration d'une municipalité. *Des conseillers municipaux.*

municipalité n. f.
• Ensemble formé par le maire et ses adjoints.
• Division territoriale administrée par un Conseil municipal. *La municipalité d'Outremont.*

munificence n. f.
Générosité.
☞ Ne pas confondre avec le nom ***magnificence,*** qualité de ce qui est magnifique, somptueux.
☞ munifi**cen**ce.

munir v. tr., pronom.
• **Transitif.** Doter, pourvoir de ce qui est nécessaire, utile. *Vous devez être munis d'un passeport.*
• **Pronominal.** Prendre avec soi. *Se munir d'un parapluie.*

munition n. f.
Ensemble des projectiles nécessaires au chargement des armes à feu. *Les chasseurs ont emporté des munitions.*
☞ Le nom s'emploie surtout au pluriel.

munster n. m.
✍ Attention à la prononciation [mœstɛr].
Fromage à pâte molle fabriqué dans les Vosges. *Un munster au cumin.*
☞ Le nom du fromage s'écrit avec une minuscule, le nom de la ville, avec une majuscule.

muqueuse n. f.
Membrane de certaines cavités du corps qui produit des mucosités. *La muqueuse buccale.*

mur n. m.
Ouvrage de maçonnerie qui soutient une construction, qui entoure un immeuble. *Un mur de pierres.*
☞ Ne pas confondre avec les noms suivants :
- ***muraille,*** mur épais et élevé;
- ***rempart,*** muraille fortifiée entourant une ville.
Hom. ***mûre,*** fruit du mûrier.

mûr, mûre adj.
• Parvenu à maturité. *Une poire mûre, une personne mûre* (et non *mature).
• ***Après mûre réflexion.*** Après avoir longuement réfléchi.
☞ mûr.

muraille n. f.
Mur épais et élevé servant de fortification. *La Grande Muraille de Chine est longue de 5 000 km.*
☞ Ne pas confondre avec les noms suivants :
- ***mur,*** ouvrage de maçonnerie qui soutient une construction;
- ***rempart,*** muraille fortifiée entourant une ville.
☞ mura**ill**e.

mural, ale, aux adj.
Qui est fixé au mur. *Des revêtements muraux.*

mûre n. f.
Fruit du mûrier. *J'aime les mûres, mais je préfère les framboises.*
Hom. ***mur,*** ouvrage de maçonnerie.
☞ mûre.

mûrement adv.
Avec beaucoup de réflexion.
☞ mûrement.

murène n. f.
Poisson voisin de l'anguille.

murer v. tr., pronom.
• **Transitif.** Fermer avec de la maçonnerie. *Murer une fenêtre.*
• **Pronominal.** (Fig.) S'enfermer. *Se murer dans son silence.*

muret n. m.
Petit mur. *Un muret de pierres délimite les champs.*
☞ muret.

mûrier n. m.
• Arbre à fruits noirs.
• ***Mûrier blanc.*** Arbre dont les feuilles servent de nourriture aux vers à soie.
• Ronce à baies comestibles (mûres).
☞ mûrier.

mûrir v. tr., intr.
• **Transitif**
Rendre mûr. *Le soleil a mûri ces pêches. L'expérience les a mûris.*
• **Intransitif**
- Devenir mûr. *Les tomates mûrissent rapidement.*
- Acquérir de la maturité. *Ces adolescentes ont mûri, elles sont plus raisonnables.*
☞ mûrir.

mûrissement n. m.
Action de devenir mûr (au propre et au figuré). *Le mûrissement d'un fruit, d'un projet.*
☞ mûrissement.

murmure n. m.
Bruit sourd et confus. *Les murmures des copines distraient Annick.*

murmurer v. tr., intr.
• **Transitif.** Dire à voix basse (quelque chose). *Elle lui murmura un secret.*
• **Intransitif.** Prononcer à mi-voix des paroles confuses, surtout pour se plaindre ou protester.
☞ Ne pas confondre avec les mots suivants :
- ***chuchoter,*** dire à voix basse à l'oreille de quelqu'un;
- ***marmonner,*** prononcer à mi-voix des paroles confuses, souvent avec colère;
- ***susurrer,*** dire d'une voix ténue.

musaraigne n. f.
Petit mammifère à museau pointu, ressemblant à une souris.

musarder v. intr.
Flâner.

musc n. m.
✍ Le *c* se prononce [mysk].

Substance odorante produite par certains animaux, utilisée en parfumerie.

muscade adj. et n. f.
Épice. *Une noix muscade, de la muscade.*

muscadet n. m.
Vin qui a un goût de muscat.
⊫— Le nom du vin s'écrit avec une minuscule.
⇨ muscade**t.**

muscat adj. m. et n. m.
⇔ Le *t* ne se prononce pas [myska].
• **Adjectif.** À odeur musquée. *Du vin muscat, des raisins muscats.*
• **Nom masculin.** Vin fait avec des raisins muscats.

muscle n. m.
Organe contractile composé de fibres qui permet le mouvement, chez les êtres animés. *Ses muscles sont bien développés.*

muscler v. tr.
Développer les muscles.

musculaire adj.
Qui est propre aux muscles. *Un effort musculaire.*

musculation n. f.
Ensemble d'exercices destinés à développer les muscles.

musculature n. f.
Ensemble des muscles du corps humain.

musculeux, euse adj.
Qui a beaucoup de muscles.

muse n. f.
Femme qui inspire un poète, un écrivain.

museau n. m. (pl. *museaux*)
• Partie de la tête de certains animaux comprenant la gueule et le nez. *Le museau de la vache.*
⊫— Pour le cheval, on dit plutôt le *nez* d'un cheval.
• (Fam.) Visage. *Un joli museau. Un vilain museau.*

musée n. m.
Établissement où sont exposées des collections d'œuvres d'art, d'objets scientifiques, historiques, etc.
⊫— Le nom *musée* suivi d'un nom commun ou d'un adjectif s'écrit avec une majuscule initiale. *Le Musée des beaux-arts, le Musée de la civilisation.* Le nom *musée* suivi d'un nom propre s'écrit avec une minuscule. *Le musée du Louvre, le musée d'Orsay.*
⇨ musé**e.**

museler v. tr.
Redoublement du *l* devant un *e* muet. *Je muselle, je musellerai*, mais *je muselais.*
• Mettre une muselière à un animal. *Ce chien est féroce, il faudrait le museler.*
• Réduire au silence.

muselière n. f.
Appareil qui recouvre le museau de certains animaux pour les empêcher de mordre.
⇨ muselière.

musellement n. m.
⇔ Le deuxième *e* est muet [myzɛlmɑ̃].

Action de museler.
⇨ musellement.

muséologie n. f.
Science du classement, de la présentation des collections d'un musée.

muser v. intr.
Flâner.

musette n. f.
• Instrument de musique champêtre. *Jouez hautbois, résonnez musettes.*
• *Bal musette.* Bal populaire. *Des bals musettes.*

musical, ale, aux adj.
Qui appartient à la musique. *Des thèmes musicaux. Une comédie musicale.*

musicalement adv.
Harmonieusement.

musicalité n. f.
Qualité de ce qui est musical.

music-hall n. m. (pl. *music-halls*)
Établissement qui offre un spectacle de variétés.

musicien n. m.
musicienne n. f.
Personne dont la profession est de composer ou d'interpréter de la musique.

musique n. f.
Science des sons, quant à leur mélodie, leur rythme, leur harmonie. *Des poèmes mis en musique.*

*musique thème
Anglicisme pour *indicatif musical.*

musqué, ée adj.
Qui a l'odeur du musc.
⇨ mus**qué**

*must
Anglicisme pour *obligation, impératif.*

musulman, ane adj. et n. m. et f.
• **Adjectif.** Qui est propre à l'Islam. *Le monde musulman.*
• **Nom masculin et féminin.** Qui professe la religion islamique. *Les musulmans et les chrétiens.*
⊫— L'adjectif et le nom s'écrivent avec des minuscules.

mutation n. f.
• Changement, évolution. *La mutation d'une espèce, d'un gène.*
• Affectation d'une personne à un autre poste. *Une mutation* (et non un *transfert) à Toronto.*

mutatis mutandis loc. adv.
⇔ Les *s* finaux se prononcent [mutatismutãdis].
• Expression latine signifiant «en ne tenant pas compte des éléments différents».
• Toutes choses égales d'ailleurs.
⊫— En typographie soignée, les mots étrangers sont composés en italique. Dans des textes déjà en italique, la notation se fait en romain. Pour les textes manuscrits, on utilisera les guillemets.

muter v. tr.
Affecter à un autre poste. *Ils ont été mutés à Toronto* (et non *transférés*).
☞ Par rapport à **muter,** le verbe **permuter** comporte une idée de réciprocité.

mutilateur, trice adj.
Qui mutile.

mutilation n. f.
• Retranchement d'un organe.
• Perte accidentelle d'une partie du corps.
☞ Ne pas confondre avec les noms suivants :
- **ablation,** action d'enlever un organe, une tumeur;
- **amputation,** action d'enlever un membre, une partie d'un membre au cours d'une opération chirurgicale.
☞ mutilation.

mutiler v. tr.
• Retrancher un membre, une partie du corps.
• Dégrader quelque chose. *Un monument mutilé.*
☞ mutiler.

mutin, ine adj. et n. m.
• **Adjectif.** Espiègle. *Un air mutin.*
• **Nom masculin.** Rebelle. *Les mutins ont mis la prison en feu.*

mutiner (se) v. pronom.
Se rebeller. *Les prisonniers se sont mutinés contre l'autorité.*

mutinerie n. f.
Rébellion. *Il y a eu une mutinerie à la prison.*

mutisme n. m.
Attitude d'une personne qui se réfugie dans le silence.

mutuel, elle adj. et n. f.
• **Adjectif.** Fondé sur l'échange de sentiments qui se répondent. *Une estime mutuelle entre les membres d'une équipe.*
• **Nom féminin.** Groupement à but non lucratif. *Une mutuelle d'assurances.*

mutuellement adv.
Réciproquement.

mV
Symbole de **millivolt.**

MW
Symbole de **mégawatt.**

myco- préf.
Élément du grec signifiant «champignon». *Mycologie.*

mycologie n. f.
Étude des champignons.
☞ mycologie.

mycologue n. m. et f.
Spécialiste de la mycologie.
☞ mycologue.

mye n. f.
☞ Attention à la prononciation [mi].
Mollusque comestible.
Hom. :
- *mi,* note de musique;
- *mie,* partie molle du pain.
☞ mye.

mygale n. f.
Araignée pouvant atteindre plus de 15 centimètres et dont la morsure est douloureuse. *La mygale est terrifiante.*
☞ mygale.

myocarde n. m.
Muscle du cœur. *Un infarctus du myocarde*
☞ myocarde.

myope adj. et n. m. et f.
• **Adjectif.** Atteint de myopie. *Luc est myope et devra porter des lunettes.*
• **Nom masculin et féminin.** Personne qui ne voit pas bien les objets éloignés. *C'est un myope.*
☞ myope.

myopie n. f.
Défaut de l'œil qui distingue mal les objets éloignés.
☞ À l'opposé, la **presbytie** est le défaut d'un œil qui distingue mal les objets proches.
☞ myopie.

myosotis n. m.
☞ Le **s** se prononce [mjozɔtis].
Plante donnant de petites fleurs bleues.
☞ Attention au genre masculin de ce nom : *un* myosotis.
☞ myosotis.

myriade n. f.
Une très grande quantité. *Une myriade de bénévoles ont participé à la collecte des dons.*
☞ L'accord du verbe ou de l'adjectif se fait avec le complément au pluriel de ce nom.
V. Tableau - **COLLECTIF.**
☞ Ne pas confondre avec le nom **pléiade,** groupe de personnes formant une élite.
☞ myriade.

myrrhe n. f.
Résine aromatique. *L'or, l'encens et la myrrhe des Rois mages.*
Hom. *mire,* repère de visée d'une arme à feu.
☞ myrrhe.

myrte n. m.
Arbuste à petites fleurs blanches odorantes. *Des feuilles de myrte.*
☞ Attention au genre masculin de ce nom : *du* myrte.
☞ myrte.

myrtille n. f.
• Variété d'airelles.
• Baie noire de la myrtille.
☞ La baie bleue de l'airelle des bois qui pousse au Canada est nommée **bleuet.**
☞ myrtille.

mystère n. m.
• Ce qui est insaisissable à la raison, incompréhensible. *Cette disparition est un mystère inexpliqué.*
• **Faire mystère de.** Cacher, tenir secret quelque chose.
☞ mystère.

mystérieusement adv.
D'une manière secrète.
☞ mystérieusement.

mystérieux, euse adj.
Énigmatique. *Une lettre mystérieuse.*
☞ mystérieux.

mysticisme n. m.
Doctrine religieuse selon laquelle l'homme peut s'unir
à Dieu par la contemplation.
☞ mysticisme.

mystification n. f.
Action de mystifier.
☞ mystification.

mystifier v. tr.
Redoublement du *i* à la première et à la deuxième
personne du pluriel de l'indicatif imparfait et du
subjonctif présent. *(Que) nous mystifiions, (que)
vous mystifiiez.*
Abuser de la crédulité de quelqu'un, duper.
☞ Ne pas confondre avec le verbe **mythifier,**
ériger en mythe.
☞ mystifier.

mystique adj. et n. m. et f.
• **Adjectif.** Relatif au mysticisme.
• **Nom masculin et féminin.** Personne qui a une foi
religieuse intense.
☞ mystique.

mystiquement adv.
Selon un sens mystique.
☞ mystiquement.

mythe n. m.
• Récit fabuleux, fable symbolique. *Le mythe du déluge
est universel.*
• Construction de l'esprit qui ne repose sur aucun fondement. *Cet attentat est un mythe, il n'a jamais eu lieu.*
Hom. *mite,* insecte.
☞ mythe.

mythification n. f.
Fait de mythifier.
☞ mythification.

mythifier v. tr.
Redoublement du *i* à la première et à la deuxième
personne du pluriel de l'indicatif imparfait et du
subjonctif présent. *(Que) nous mythifiions, (que)
vous mythifiiez.*
Ériger en mythe.
☞ Ne pas confondre avec le verbe **mystifier,**
abuser de la crédulité de quelqu'un.
☞ mythifier.

mythique adj.
Qui a rapport aux mythes. *Un récit mythique.*
☞ mythique.

mytho- préf.
Élément du grec signifiant «fable».
☞ Les noms composés du préfixe **mytho-** s'écrivent
en un seul mot. *Mythologie.*

mythologie n. f.
Histoire fabuleuse des dieux. *La mythologie grecque.*
☞ mythologie.

mythologique adj.
Qui concerne la mythologie. *Les divinités mythologiques.*
☞ mythologique.

mythomane adj. et n. m. et f.
Atteint de mythomanie. *Il change constamment d'identité, c'est un mythomane.*
☞ mythomane.

mythomanie n. f.
Tendance pathologique à la fabulation.
☞ mythomanie.

mytiliculteur n. m.
mytilicultrice n. f.
Personne qui fait la culture des moules.
☞ mytiliculteur.

mytiliculture n. f.
Culture des moules.
☞ mytiliculture.

n
Symbole de *nano-*.

n.
Abréviation de *nom.*

N
• Symbole de *newton.*
• Symbole de *azote.*

N.
Abréviation du point cardinal *nord.*

n'
V. Tableau - **NE, NON.**

Na
Symbole de *sodium.*

nabab n. m.
 Le *b* se prononce [nabab].
(Fam.) Personne très riche. *Des nababs.*

nabuchodonosor n. m.
 Les lettres *ch* se prononcent *k* [nabykɔdɔnɔzɔr].
Grosse bouteille de champagne contenant approxima-
tivement 16 litres. *Des nabuchodonosors du meilleur
champagne.*
V. **bouteille.**

nacelle n. f.
Panier suspendu sous un ballon où prennent place
les passagers. *Julien et Martine regardent la ville du
haut de la nacelle.*
☞ nacelle.

nacre n. f.
Matière dure et blanche, à reflets irisés qui tapisse
l'intérieur de la coquille de certains mollusques. *La
nacre d'un coquillage.*
☞ Attention au genre féminin de ce nom : *une*
nacre.

nacré, ée adj.
Qui a l'éclat de la nacre. *Un vernis à ongles nacré.*

nacrer v. tr.
Donner l'irisation de la nacre à.

nadir n. m.
Point du ciel opposé au zénith.
Ant. **zénith.**

nævus n. m. (pl. *nævi*).
 Attention à la prononciation [nevys, nevi].
(Méd.) Tache congénitale sur la peau.
Syn. **grain de beauté.**

nage n. f.
• Action ou manière de nager. *La brasse est une nage
appréciée.*
• *Être en nage.* Être couvert de sueur. *Elles ont couru
et sont en nage.*
• *À la nage.* En nageant. *Les amis ont traversé le petit
lac à la nage.*

nageoire n. f.
Membrane qui permet aux poissons et à certains animaux aquatiques de nager. *Les phoques, comme les
poissons, ont des nageoires.*
☞ nag**eoi**re.

nager v. intr.
Le *g* est suivi d'un *e* devant les lettres *a* et *o*. *Il
nagea, nous nageons.*

Se déplacer dans l'eau à l'aide de ses membres. *Elle nageait sous l'eau.*

nageur, euse n. m. et f.
• Personne qui nage. *Fanny est une bonne nageuse.*
• *Maître nageur.* Personne qui surveille des baigneurs, qui enseigne la natation. *Des maîtres nageurs* (et non des *life guards).

naguère adv.
(Litt.) Il y a peu de temps.
☛ Ne pas confondre avec *autrefois,* dans un temps passé, ni avec *jadis,* il y a très longtemps.

naïade n. f.
• Nymphe.
• (Litt.) Nageuse.
▭⟩ naïade.

naïf, ïve adj. et n. m. et f.
• **Adjectif.** Ingénu, simple. *Une réponse naïve.*
• **Nom masculin et féminin.** Personne trop confiante. *Cet escroc s'en prend aux naïfs.*
▭⟩ naïf.

nain, naine adj. et n. m. et f.
• **Adjectif.** D'une très petite taille. *Un pommier nain.*
• **Nom masculin et féminin.** Personne dont la taille est très inférieure à la normale.
Ant. **géant.**

naira n. m.
Unité monétaire du Nigéria. *Des nairas.*
V. Tableau - **SYMBOLES DES UNITÉS MONÉ-TAIRES.**

naissance n. f.
• Venue au monde. *La naissance d'une fille.*
• Début, commencement. *La naissance du printemps. Le Saint-Laurent prend naissance dans les Grands Lacs.*
• *Acte, extrait de naissance.* Acte tiré du registre de l'état civil précisant la date, le lieu de naissance d'une personne, ainsi que le nom de ses parents. *Des actes de naissance, des extraits de naissance* (et non *cer-tificats de naissance).
Ant. **mort.**

naissant, ante adj.
Qui vient de naître. *Des bébés naissants.*
☛ Ne pas confondre avec le participe présent in-variable *naissant. Faut-il plaindre ou envier les bébés naissant un 29 février?*

naître v. intr.
INDICATIF PRÉSENT *Je nais, tu nais, il naît, nous naissons, vous naissez, ils naissent.* FUTUR *Je naî-trai, tu naîtras, il naîtra, nous naîtrons, vous naîtrez, ils naîtront.* PASSÉ SIMPLE *Je naquis.* CONDITIONNEL PRÉSENT *Je naîtrais, tu naîtrais, il naîtrait, nous naî-trions, vous naîtriez, ils naîtraient.* IMPÉRATIF PRÉ-SENT *Nais, naissons, naissez.* SUBJONCTIF PRÉSENT *Que je naisse.* IMPARFAIT *Que je naquisse.* PARTI-CIPE PRÉSENT *Naissant.* PASSÉ *Né, née.*
Ce verbe se conjugue avec l'auxiliaire *être* et prend un accent circonflexe sur le *i* devant un *t.*
Venir au monde. *Il est né en 1974.*
V. **né.**
Ant. **mourir.**

naïvement adv.
Avec naïveté.
▭⟩ naïvement.

naïveté n. f.
Candeur, simplicité.
▭⟩ naïveté.

naja n. m.
Serpent très venimeux, appelé aussi *cobra* ou *serpent à lunettes. Des najas terrifiants.*

nana n. f.
(Fam.) Femme, jeune fille. *Une petite nana. Les mecs et les nanas.*

nano- préf.
• Symbole *n* (s'écrit sans point).
• Préfixe qui multiplie par 0,000 000 001 l'unité qu'il précède. *Des nanosecondes.*
• Sa notation scientifique est 10^{-9}.
V. Tableau - **MULTIPLES ET SOUS-MULTIPLES DÉCIMAUX.**

nanti, ie adj. et n. m. et f.
Riche. *Ce quartier est réservé aux nantis.*
▭⟩ nanti.

nantir v. tr., pronom.
• **Transitif.** (Dr.) Garantir une dette.
• **Pronominal.** (Litt.) Se munir, se pourvoir de.
▭⟩ nantir.

nantissement n. m..
(Dr.) Contrat garantissant une dette.
▭⟩ nantissement.

napalm n. m.
Essence utilisée pour la fabrication des bombes incen-diaires.
▭⟩ napalm.

naphtaline n. f.
👄 Les lettres *ph* se prononcent *f* [naftalin].
Produit antimite. *Son manteau sent la naphtaline* (et non la *boule à mites).
▭⟩ naphtaline.

naphte n. m.
Pétrole.
☛ Attention au genre masculin de ce nom : *un* naphte.
▭⟩ naphte.

nappe n. f.
• Linge dont on recouvre la table. *Une jolie nappe à car-reaux.*
• Vaste étendue plane, souvent souterraine. *Une nappe de pétrole.*
☛ En ce sens, ne pas confondre avec les noms suivants :
- *bassin,* pièce d'eau artificielle, réservoir;
- *étang,* petite étendue d'eau peu profonde;
- *lac,* grande étendue d'eau à l'intérieur des terres;
- *marais,* eau stagnante.
▭⟩ nappe.

napper v. tr.
Recouvrir un mets d'une sauce, d'une crème, etc. *Napper un gâteau de crème fouettée.*
☞ na**pp**er.

napperon n. m.
Petite nappe individuelle. *Fanny a taché le napperon.*
☞ na**pp**eron.

narcisse n. m.
Plante à fleurs blanches ou jaunes. *Mon amie a cueilli un narcisse.*
☞ Attention au genre masculin de ce nom : *un* narcisse.
☞ narci**ss**e.

narcissique adj.
Atteint de narcissisme.
☞ narci**ss**ique.

narcissisme n. m.
Amour pathologique de soi.
☞ narci**ss**isme.

narco- préf.
Élément du grec signifiant «engourdissement». *Narcotique.*

narcotique adj. et n. m.
Se dit d'une substance qui provoque le sommeil. *Une plante narcotique. Le médecin lui a donné un narcotique.*
☞ Ne pas confondre avec le nom *stupéfiant,* substance toxique qui produit l'inhibition des centres nerveux et peut provoquer l'accoutumance.

narcotrafiquant, ante n. m. et f.
Trafiquant de drogue. *Des narcotrafiquants ont été arrêtés.*

narghileh
V. **narguilé.**

narguer v. tr.
Ce verbe s'écrit toujours avec un *u,* même devant les lettres *a* et *o. Il nargua, nous narguons.*
Provoquer quelqu'un avec insolence. *Antoine narguait ses petits voisins.*

narguilé ou **narghileh** n. m.
Pipe orientale dans laquelle la fumée traverse un vase d'eau aromatisée. *Des narguilés.*
☞ nar**gu**ilé, nar**gh**ilé.

narine n. f.
Chacune des deux ouvertures du nez. *Laurence s'est bouché les narines parce que le fromage sentait mauvais.*
☞ narine.

narquois, oise adj.
Ironique, malicieux. *Un sourire narquois.*
☞ nar**qu**ois.

narquoisement adv.
D'une manière narquoise.
☞ nar**qu**oisement.

narrateur n. m.
narratrice n. f.
Personne qui raconte. *Sa grand-maman est une bonne narratrice.*

narratif, ive adj.
Propre à la narration. *Un exposé narratif.*

narration n. f.
Récit détaillé. *Les élèves feront la narration de leurs vacances.*

narrer v. tr.
(Litt.) Raconter, faire un long récit. *L'explorateur a narré son expédition polaire.*
☞ Ne pas confondre avec les mots suivants :
- *conter,* faire un récit d'une façon agréable;
- *rapporter,* faire un récit authentique;
- *relater,* rapporter un fait historique.
☞ na**rr**er.

narval n. m.
Grand animal marin, voisin de la baleine, qui vit dans les mers arctiques. *Les narvals sont des mammifères.*
☞ On l'appelait autrefois *licorne de mer* à cause de la longue dent (2 à 3 m) que porte le mâle.

NAS
Sigle de *numéro d'assurance sociale.*

NASA
Sigle de *National Aeronautics and Space Administration.*

nasal, ale, aux adj.
• Qui appartient au nez. *Une cloison nasale, des sons nasaux.*
• Dont la prononciation comporte une résonance nasale. *M et n sont des consonnes nasales.*
Hom. (au plur.) *naseau,* narine de certains animaux.

nasalisation n. f.
Action de nasaliser.

nasaliser v. tr.
Prononcer avec un son nasal, une voyelle, une consonne.

naseau n. m. (pl. *naseaux*)
Narine de certains animaux (cheval, bœuf, etc.). *Bianca flatte les naseaux du cheval.*
☞ Ce mot s'emploie généralement au pluriel.
Hom. *nasaux,* (plur. de *nasal*), qui appartient au nez.
☞ nas**eau**

nasillard, arde adj.
Qui vient du nez. *Une voix nasillarde.*
☞ nasi**ll**ard.

nasillement n. m.
Action de nasiller.
☞ nasi**ll**ement.

nasiller v. intr.
Les lettres *ill* sont suivies d'un *i* à la première et à la deuxième personne du pluriel de l'indicatif imparfait et du subjonctif présent. *(Que) nous nasillions, (que) vous nasilliez.*
• Parler du nez.
• Crier, en parlant du canard.
☞ nasi**ll**er.

naskapi, ie adj. et n. m. et f.
Relatif aux Amérindiens d'une nation autochtone du Québec. *La culture naskapie, des projets naskapis. Un Naskapi, une Naskapie.*
☞— L'adjectif s'écrit avec une minuscule; le nom, avec une majuscule.

nasse n. f.
Sorte de filet ou de panier en forme de cône servant à la pêche.
☞— La nasse servant à la pêche des homards est un *casier.*
⇨ nasse.

natal, ale, als adj.
• Où l'on est né. *Des pays natals, la terre natale.*
• Relatif à la naissance.

natalité n. f.
Rapport entre le nombre des naissances pour une période donnée et la population d'un pays. *Un taux de natalité élevé.*
☞— Le taux de natalité se calcule par rapport à un groupe moyen de 1 000 habitants.

natation n. f.
Action de nager. *La natation est leur sport préféré.*

natif, ive adj. et n. m. et f.
• **Adjectif.** Né à. *Elle est native de Montréal.*
• **Nom masculin et féminin.** Personne originaire d'un lieu. *C'est un natif de la Beauce.*

nation n. f.
Groupement de personnes vivant dans un même pays et partageant la même culture, les mêmes traditions. *La nation québécoise, l'Organisation des Nations Unies (ONU).*

national, ale, aux adj. et n. m. et f.
• **Adjectif.** Qui concerne une nation en particulier. *Les Québécois célèbrent leur fête nationale le 24 juin. Les hymnes nationaux.*
• **Nom masculin et féminin.** Personne qui possède une nationalité particulière. *On distingue les nationaux des étrangers.*
⇨ national.

nationalisation n. f.
Action de nationaliser (une entreprise privée).
Ant. **privatisation.**
⇨ nationalisation.

nationaliser v. tr.
Transférer à l'État la propriété d'une entreprise privée. *Les compagnies d'électricité ont été nationalisées.*
☞— Ne pas confondre avec le verbe ***naturaliser,*** accorder à un immigrant la nationalité d'un pays.
Ant. **privatiser.**
⇨ nationaliser.

nationalisme n. m.
Attachement à la nation à laquelle on appartient.
⇨ nationalisme.

nationaliste adj. et n. m. et f.
• **Adjectif.** Relatif au nationalisme.
• **Nom masculin et féminin.** Partisan du nationalisme.
⇨ nationaliste.

nationalité n. f.
• Ethnie, collectivité qui se distingue par sa langue, sa culture.
• Citoyenneté. *Il est de nationalité française.*
V. Tableau - **PEUPLES (NOMS DE).**
⇨ nationalité.

nativité n. f.
• Naissance de Jésus-Christ. *La nativité du Christ.*
• Fête de Noël. *Fêter la Nativité.*
☞— Pris absolument, le nom s'écrit avec une majuscule.

natte n. f.
• Pièce d'un tissu fait de brins entrelacés.
• Cheveux tressés. *Avec sa longue natte, elle a l'air d'une petite fille.*
⇨ natte.

natter v. tr.
Tresser en natte. *Sa maman a natté ses longs cheveux.*
⇨ natter.

naturalisation n. f.
Action d'accorder à un immigrant la nationalité d'un pays.

naturaliser v. tr.
• Conférer à un immigrant la naturalisation.
☞— Ne pas confondre avec le verbe ***nationaliser,*** transférer à l'État la propriété d'une entreprise privée.
• Conserver un animal par taxidermie.

naturaliste adj et n. m. et f.
• **Adjectif et nom masculin et féminin.** Se dit d'une personne qui étudie les plantes, les minéraux, les animaux.
• **Nom masculin et féminin.** Taxidermiste.

nature adj. inv. et n. f.
• **Nom féminin**
- Ensemble des êtres et des choses qui composent l'univers. *Les beautés de la nature.*
- Ensemble des traits distinctifs, des propriétés d'un être. *La nature humaine. La nature de l'homme est de penser.*
- Caractères innés. *Une nature artistique.*
• **Locutions**
- ***De toute nature.*** De toute sorte. *Il y avait des œuvres de toute nature.*
☞— L'expression reste au singulier.
- ***En nature.*** En objets réels et non en argent. *Les enfants ont reçu des prix en nature : de délicieux gâteaux, de beaux fruits.*
- ***Nature morte.*** Tableau ayant pour sujets des objets inanimés (fleurs, fruits, etc.). *De jolies natures mortes.*
• **Adjectif invariable**
Préparé simplement, sans autres ingrédients. *Des fraises nature.*
☞— Employé comme adjectif, le mot demeure invariable.

naturel, elle adj.
• Qui appartient à la nature. *Le vent et la pluie sont des phénomènes naturels.*
• Normal. *C'est tout naturel, voyons!*
• ***Au naturel.*** Sans préparation, sans affectation.

naturellement adv.
• D'une manière naturelle. *Les cheveux de Madeleine sont naturellement bouclés.*
• Évidemment. *Naturellement, mes parents sont d'accord.*

naturisme n. m.
Doctrine prônant le retour à la nature.

naturiste adj. et n. m. et f.
Adepte du naturisme.

naufrage n. m.
⟺ Les lettres *au* se prononcent *o* ouvert ou fermé, [nofraʒ] ou [nofraʒ].
• Perte d'un bateau par un accident de navigation.
• *Faire naufrage.* Couler, en parlant d'un bateau. *Ces voiliers ont fait naufrage.*
⟹ naufrage.

naufragé, ée adj. et n. m. et f.
⟺ Les lettres *au* se prononcent *o* ouvert ou fermé, [nofraʒe] ou [nofraʒe].
Qui a fait naufrage.
⟹ naufragé.

nauséabond, onde adj.
Qui sent très mauvais, qui donne la nausée. *Une odeur nauséabonde.*
⟹ nauséabond.

nausée n. f.
Envie de vomir.
⟹ nausée.

-naute suff.
Élément du grec signifiant «navigateur». *Un astronaute.*

nautique adj.
⟺ Les lettres *au* se prononcent *o* fermé [notik].
Relatif à la navigation de plaisance et aux sports pratiqués sur l'eau. *Du ski nautique.*
▷— Ne pas confondre avec les mots suivants :
- *aquatique,* qui vit dans l'eau ou au bord de l'eau;
- *aqueux,* qui contient de l'eau;
- *marin,* qui se rapporte à la mer;
- *maritime,* relatif à la navigation en mer.

naval, ale, als adj.
Qui concerne les navires. *Des combats navals.*

navarin n. m.
Ragoût de mouton.
▷— Ne pas confondre avec le nom *savarin,* pâtisserie au rhum.
⟹ navarin.

navet n. m.
• Plante dont la racine est employée comme aliment.
• (Fam.) Film, pièce de théâtre, etc., sans valeur. *Ce film est un navet.*
⟹ navet.

navette n. f.
• Instrument utilisé sur un métier à tisser pour faire courir le fil de la trame entre les fils de la chaîne.
• Véhicule qui circule entre deux points pour assurer la liaison. *Y a-t-il une navette* (et non un **shuttle) entre ces deux foires commerciales?*

• *Navette spatiale.* Véhicule spatial conçu pour assurer la liaison entre la Terre et une station orbitale.
• *Faire la navette.* Faire des aller et retour fréquents.
⟹ navette.

navigabilité n. f.
• État d'un cours d'eau où l'on peut naviguer.
• État d'un navire en mesure de naviguer, d'un avion en mesure de voler.

navigable adj.
Où l'on peut naviguer. *Un cours d'eau navigable.*

navigant, ante adj.
Qui navigue. *Les personnels navigants.*
▷— Ne pas confondre avec le participe présent invariable *naviguant. Seront embauchés les marins naviguant pendant l'hiver.*

navigateur n. m.
navigatrice n. f.
• (Litt.) Marin.
• Personne chargée de déterminer la route à suivre. *Elle était navigatrice dans un rallye.*
⟹ navigateur.

navigation n. f.
Action de voyager sur mer ou sur les cours d'eau.

naviguer v. intr.
Ce verbe s'écrit toujours avec un *u,* même devant les lettres *a* et *o. Il navigua, nous naviguons.*
Voyager sur mer ou sur les cours d'eau.

navire n. m.
Bâtiment de fort tonnage destiné au transport maritime (et non fluvial).
▷— Le nom *bateau* désigne tout ce qui flotte et navigue, tandis que le nom *embarcation* ne désigne que de petits bateaux, destinés principalement au tourisme, aux loisirs nautiques (canots, chaloupes, voiliers, etc.).
▷— Pour le genre des noms de bateau, voir **bateau.**

navrant, ante adj.
Désolant. *Des résultats navrants.*
▷— Ne pas confondre avec le participe présent invariable *navrant. Le cours fut suspendu, les étudiants navrant leur professeur.*

navrer v. tr.
Désoler, consterner. *Je suis absolument navré de ce retard.*

nazi, ie adj. et n. m. et f.
Abréviation allemande de *national-socialiste. Des crimes nazis. Les nazis ont tué des millions de personnes.*

N.B.
Abréviation de *nota bene* qui signifie «notez bien».

N.-B.
Abréviation de *Nouveau-Brunswick.*

N.D.L.R.
Abréviation de *note de la rédaction.*

N.D.T.
Abréviation de *note du traducteur.*

ne ou **n'** adv.

• **Adverbe de négation**
V. Tableau - **NE, NON.**
• **Le *ne* explétif.** Il ne faut pas confondre l'adverbe de négation avec le *ne* explétif qui ne joue aucun rôle grammatical et qui peut souvent être supprimé sans compromettre le sens de la phrase. Il n'est pas utilisé dans la langue courante; on ne le retrouve que dans les textes de niveau littéraire.
Emplois du *ne* explétif
- Après les verbes exprimant le doute, la crainte, la négation : *avoir peur, craindre, douter, empêcher, éviter, mettre en doute, nier, prendre garde, redouter.*
☛ À la forme affirmative, on emploie *ne* lorsqu'on redoute de voir se produire un évènement. *Je crains qu'il ne pleuve.* Si l'on redoute qu'un évènement ne se produise pas, on emploie *ne... pas. Je crains qu'elle ne puisse pas arriver à temps.* À la forme négative, on n'emploie pas le *ne* explétif. *Je ne crains pas qu'il vienne.*
- Après les expressions comparatives : *autre que, autrement que, meilleur que, mieux que, moins que, pire que, plus que... Il est plus âgé que tu ne l'es.*
- Après les expressions : *avant que, de crainte que, de peur que, à moins que... Nous viendrons à moins qu'il ne neige.*

N.-É.
Abréviation de ***Nouvelle-Écosse.***

né, née adj.
• Qui est venu au monde.
• Nom *+ -né, -née.* De naissance. *C'est une pianiste-née, des informaticiens-nés.*
☛ Les mots composés avec le participe *né, née,* s'écrivent avec un trait d'union et prennent la marque du pluriel. *Une artiste-née, des artistes-nées, des premiers-nés, des derniers-nés.* Exception : *nouveau-né* dont le premier élément est généralement invariable. *Des nouveau-nés.*
Hom. *nez,* organe de l'odorat.

néanmoins adv.
Toutefois, malgré tout. *Elle a été injuste envers moi, néanmoins je lui pardonne.*
⇨ néanmoins.

néant n. m.
Ce qui n'existe pas.
☛ Dans un questionnaire, un formulaire à remplir, on écrit *néant, sans objet* (et non *nil).
⇨ néant.

nébuleuse n. f.
(Astron.) Amas d'étoiles.

nébuleux, euse adj.
Obscur, confus. *Ton récit me semble un peu nébuleux.*
⇨ nébuleux.

nébulosité n. f.
(Météo.) Ensemble de nuages qui couvrent le ciel. *Des nébulosités croissantes.*

nécessaire adj. et n. m.
• **Adjectif**
Essentiel, indispensable. *Il est nécessaire de manger* ou *que nous mangions pour vivre. Les aptitudes nécessaires à cette fonction, pour faire ce travail.*
• **Nom masculin**
- Biens essentiels. *Le strict nécessaire.*
- Ce qui est important. *Faire le nécessaire.*
- Trousse. *Un nécessaire de couture.*
⇨ nécessaire.

nécessairement adv.
Inévitablement.

nécessité n. f.
Ce qui est indispensable. *Je dois partir, c'est une nécessité.*
⇨ nécessité.

nécessiter v. tr.
• Rendre nécessaire. *Une histoire qui nécessite une fin.*
• Exiger. *Son état nécessite un traitement immédiat.*

nécessiteux, euse adj. et n. m. et f.
Indigent, qui manque du nécessaire.
⇨ nécessiteux.

nec plus ultra loc. inv.
⇆ Le *c* se prononce [nɛkplysyltra].
• Locution latine signifiant «pas au-delà».
• Ce qu'il y a de mieux.
☛ En typographie soignée, les mots étrangers sont composés en italique. Dans des textes déjà en italique, la notation se fait en romain. Pour les textes manuscrits, on utilisera les guillemets.

nécr(o)- préf.
Élément du grec signifiant «mort». *Nécrologie.*

nécrologie n. f.
• Écrit sur une personne récemment décédée.
• Liste des décès du jour, de la semaine, publiée dans un journal.

nécrologique adj.
Relatif à un décès récent. *Une notice nécrologique.*

nécromancie n. f.
Art prétendu d'évoquer les morts pour connaître l'avenir.
⇨ nécromancie.

nécromancien, ienne n. m. et f.
Personne qui pratique la nécromancie.
⇨ nécromancien.

nécropole n. f.
Grand cimetière de certains peuples de l'Antiquité. *Une nécropole égyptienne.*

nécrose n. f.
Altération d'un tissu causée par la mort de ses cellules.

nécroser v. tr., pronom.
• Transitif. Produire la nécrose de.
• Pronominal. Être atteint de nécrose. *Les tissus se sont nécrosés.*

NE, NON

NE, ADVERBE DE NÉGATION

Adverbe qui se place devant un verbe pour indiquer la négation et qui est généralement accompagné des mots **pas, plus, point, jamais, aucun, aucunement, nul, nullement, personne, rien...**
Elle ne part pas, il ne joue plus à la balle, ils n'ont rien mangé.

L'adverbe s'élide devant une voyelle ou un **h** muet.
Elle n'aime pas les tomates, il n'habite plus là.

Une phrase qui contient un adverbe de négation est une phrase négative.
☞ Attention à la présence de l'adverbe élidé à la suite du pronom **on** qui ne s'entend pas à la lecture, mais qui doit figurer dans une phrase négative. *On n'avait pas besoin d'eux. On avait besoin de toi.*

• **Ne... que**, locution restrictive (signifiant «seulement»).
Il ne lit que des bandes dessinées.

• **Ne**, employé seul
– Dans certains proverbes, dans certaines expressions toutes faites.
Qui ne dit mot consent. Qu'à cela ne tienne.

– Avec les verbes **savoir, cesser, oser, pouvoir, avoir,** suivis de **que** interrogatif et d'un infinitif.
Il ne sait que dire. Elle n'a que faire de ses conseils.

V. **ne** (explétif).
V. **rien.**

NON, ADVERBE DE NÉGATION

• **Emplois**
– Dans une réponse négative.
Serez-vous présent? Non.
Ant. **oui.**
– Au début d'une phrase négative.
Non, je ne pourrai être là.
– Avec un nom.
C'est une pomme que j'aimerais, non une poire.
– Avec un adjectif, un participe.
Elle est gentille et non compliquée.
– Avec un pronom.
Vous êtes invités, mais non eux.
– Avec un infinitif.
Ils veulent manger et non boire.

• **Locutions adverbiales**
– **Non plus.** Pas davantage.
Tu n'as pas aimé ce film. Moi non plus.
– **Non seulement... mais (encore).**
Il est non seulement habile, mais très expérimenté.

NON, NOM MASCULIN INVARIABLE

Expression du refus. *Opposer un non catégorique, des non.*

nectar n. m.
• Suc des fleurs que butinent les abeilles.
• Boisson des dieux de la mythologie grecque.
☞ La nourriture des divinités de l'Olympe est l'*ambroisie.*

nectarine n. f.
Variété de pêche à peau lisse dont le noyau n'adhère pas à la chair.
V. **brugnon.**

néerlandais, aise adj. et n. m. et f.
• **Adjectif et nom masculin et féminin.** Des Pays-Bas. *Le drapeau néerlandais. Un Néerlandais, une Néerlandaise.*
☞ L'adjectif s'écrit avec une minuscule; le nom, avec une majuscule.
• **Nom masculin.** Langue parlée aux Pays-Bas. *Elle étudie le néerlandais.*
☞ Le nom de la langue s'écrit avec une minuscule.

nef n. f.
Partie centrale d'une église.

néfaste adj.
• Désastreux. *Une période néfaste.*
• Mauvais, nuisible. *Une influence néfaste.*
Ant. **faste.**

nèfle n. f.
Fruit du néflier. *Une belle nèfle bien mûre.*
☞ Attention au genre féminin de ce nom : *une* nèfle.
☞ nèfle.

néflier n. m.
Arbre qui produit la nèfle.
☞ néflier.

négatif, ive adj. et n. m. et f.
• **Adjectif.** Qui exprime une négation. *Une réponse négative.*
Ant. **affirmatif.**
• **Nom masculin.** (Phot.) Cliché. *Développer un négatif pour obtenir une photographie.*
• **Nom féminin.** Phrase exprimant une négation, un refus. *Répondre par la négative.*

négation n. f.
• Action de nier.
Ant. **affirmation.**
• (Gramm.) Mot qui sert à exprimer une négation.
☞ La négation s'exprime au moyen d'adverbes de négation (*non, ne, pas, rien,* etc.), de certains verbes (*nier, refuser,* etc.). Attention à la juxtaposition des négations : deux négations valent une affirmation. *Je ne suis pas sans savoir* signifie «je sais».
V. Tableau - **NE, NON.**

négativement adv.
D'une manière négative.

négligé, ée adj. et n. m.
• **Adjectif.** Peu soigné. *Une allure négligée.*
• **Nom masculin.** Tenue d'intérieur. *Elle portait un joli négligé en coton.*

négligeable adj.
Qui est sans importance. *Une somme négligeable.*
☞ négligeable.

négligemment adv.
☞ Les lettres *em* se prononcent *a* [negliʒamã].
Avec indifférence.
☞ négligemment.

négligence n. f.
• Nonchalance, laisser-aller.
• Manque d'attention, de prudence. *Cette panne a été causée par la négligence d'un technicien.*
☞ négligence.

négligent, ente adj.
Nonchalant, inattentif. *Des automobilistes négligents.*
☞ Ne pas confondre avec le participe présent invariable *négligeant. Les policiers négligeant leur surveillance seront rappelés à l'ordre.*

négliger v. tr., pronom.
Le *g* est suivi d'un *e* devant les lettres *a* et *o. Il négligea, nous négligeons.*
• **Transitif.** Ne pas s'occuper d'une personne, d'une chose comme on le devrait. *Négliger sa santé, ses amis, son travail.*
• **Pronominal.** Se laisser aller, ne plus prendre soin de sa personne. *Elle s'est négligée depuis quelque temps.*

négoce n. m.
(Vx) Commerce.

négociable adj.
Qui peut se négocier. *Un titre négociable.*
☞ négociable.

négociant n. m.
négociante n. f.
Personne qui fait le commerce en gros. *Des négociantes en vins.*

négociateur n. m.
négociatrice n. f.
Intermédiaire chargé de négocier une affaire, une convention. *D'habiles négociateurs.*

négociation n. f.
• Ensemble de démarches entreprises en vue de parvenir à un accord, de conclure une affaire.
• *Négociation collective.* Discussions entre la partie patronale et le syndicat d'une entreprise en vue de parvenir à la signature d'une convention sur les relations de travail.
• *Être en négociations.* Cette expression s'écrit généralement au pluriel.

négocier v. tr., intr.
Redoublement du *i* à la première et à la deuxième personne du pluriel de l'indicatif imparfait et du subjonctif présent. *(Que) nous négociions, (que) vous négociiez.*
• **Transitif**
- Discuter quelque chose en vue d'un accord. *Négocier l'achat de produits, d'une maison.*
- *Négocier un virage.* (Fam.) Manœuvrer de manière à exécuter un virage à grande vitesse.
☞ Cette expression calquée de l'anglais est critiquée.
• **Intransitif**
Mener une négociation. *Le syndicat négocie avec la direction.*

nègre, négresse adj. et n. m. et f.
• **Adjectif.** (Péj.) Relatif à la race noire. *Une danse nègre.*
• **Nom masculin et féminin.** (Péj.) Personne de race noire.
☞ L'adjectif féminin est *nègre,* tandis que le nom féminin est *négresse.*
V. **noir.**

négrier, ière adj.
Qui se livrait à la traite des Noirs.

négritude n. f.
Ensemble des caractères propres à la race noire.

négroïde adj. et n. m. et f.
Qui présente certaines des caractéristiques de la race noire. *Il a des traits négroïdes.*
☞ négro**ï**de.

neige n. f.
• Eau congelée qui tombe en flocons blancs légers. *Une tempête de neige, un bonhomme de neige.*
• *Averse de neige.* Au Canada, chute de neige, subite et abondante, quelquefois violente, mais de courte durée.
• *Blanc comme neige.* Innocent.
• *Banc de neige.* Au Canada, amas de neige le long de la route.
• *Classe de neige.* Enseignement donné à la montagne au cours de l'hiver, où sont combinés leçons et exercices physiques (ski, luge, etc.).
• *Tempête de neige.* Chute de neige abondante accompagnée de vents violents.

neiger v. impers.
Le *g* est suivi d'un *e* devant la lettre *a. Il neigea.*
Tomber, en parlant de la neige. *Il neigeait à plein ciel.*

nénuphar n. m.
Plante aquatique à larges feuilles et à fleurs blanches ou jaunes.
☞ nénu**ph**ar.

néo- préf.
Élément du latin signifiant «nouveau».
☞ Les mots auxquels le préfixe *néo-* est joint s'écrivent habituellement avec un trait d'union. *Le néo-classicisme.* S'il s'agit d'un gentilé, le mot s'écrit avec deux majuscules. *Un Néo-Zélandais.* Si le préfixe signifie «de souche récente», il s'écrit avec une minuscule. *Un néo-Québécois. Des néo-Canadiens.* Dans les deux cas, le préfixe *néo* est invariable, mais le deuxième élément prend la marque du pluriel.
V. Tableau - **PEUPLES (NOMS DE).**
☞ Par contre, les mots comportant le préfixe *néo-* s'écrivent en un seul mot. *Un néologisme, une expression néologique.*

néo-classicisme ou **néoclassicisme** n. m.
• École littéraire prônant le retour au classicisme.
• Forme d'art imité de l'Antiquité.

néo-colonialisme ou **néocolonialisme** n. m.
Colonialisme économique.

néolithique adj. et n. m.
Relatif à la période la plus récente de l'âge de pierre. *L'époque néolithique.*
☞ néolit**h**ique.

néologie n. f.
Création de nouveaux mots par dérivation, par composition, par évolution de sens ou par tout autre procédé.
V. Tableau - **NÉOLOGISME.**

néologique adj.
Relatif au néologisme. *Une locution néologique.*

néologisme n. m.
V. Tableau - **NÉOLOGISME.**

néon n. m.
Gaz rare de l'atmosphère employé dans l'éclairage. *Une enseigne au néon.*

***néon**
Impropriété au sens de *tube fluorescent.*

néophyte adj. et n. m. et f.
⬡ Le *o* est ouvert [neɔfit].
• Personne récemment baptisée.
• (Fig.) Nouvel adepte d'un parti, d'une théorie. *Il a l'ardeur des néophytes.*
☞ néo**ph**yte.

néo-zélandais, aise adj. et n. m. et f.
De la Nouvelle-Zélande. *Un paysage néo-zélandais. Un Néo-Zélandais, une Néo-Zélandaise.*
☞ L'adjectif s'écrit avec des minuscules; le nom, avec des majuscules.
V. **néo-.**

népalais, aise adj. et n. m. et f.
Du Népal. *Le drapeau népalais. Un Népalais, une Népalaise.*
☞ L'adjectif s'écrit avec une minuscule; le nom, avec une majuscule.

néphrologie n. f.
Étude de la physiologie et de la pathologie du rein.
☞ nép**h**rologie.

néphrologue n. m. et f.
Spécialiste de la néphrologie.
☞ nép**h**rologue.

népotisme n. m.
(Litt.) Faveur accordée par une personne en place à l'égard de ses parents ou amis. *Le député a été accusé de népotisme.*
☞ Ne pas confondre avec le nom *favoritisme,* tendance à favoriser quelqu'un de manière injuste.

nerf n. m.
⬡ Le *f* ne se prononce pas [nɛr].
• Force, vigueur. *Avoir du nerf.*
• Cordon conducteur de la sensibilité et du mouvement qui relie un centre nerveux à un organe.
• *Être à bout de nerfs, avoir les nerfs à vif, être sur les nerfs.* Être tendu, surexcité.

nerveusement adv.
De façon nerveuse.

NÉOLOGISME

Un néologisme est un mot nouveau ou un sens nouveau accordé à un mot existant; la néologie est la façon selon laquelle une langue s'enrichit de mots nouveaux.

CRÉATIVITÉ LEXICALE

La néologie témoigne de la créativité d'une langue qui répond au besoin de désigner des choses nouvelles par la création d'un mot plutôt que par l'emprunt d'un terme étranger. Toutefois, le néologisme ne se justifie que dans la mesure où la langue ne dispose pas déjà d'un mot pour nommer une réalité nouvelle, pour préciser un concept original. Les noms *imprimante, ordinateur* sont des néologismes qui traduisent efficacement les nouvelles réalités techniques qu'ils désignent, tout en s'intégrant beaucoup mieux au système linguistique français que les mots d'origine, «printer» et «computer».

TERMES SCIENTIFIQUES ET TECHNIQUES

Les néologismes se créent majoritairement dans les domaines scientifiques et techniques où l'évolution est la plus rapide, où les innovations, les découvertes exigent des désignations.

FORMATION GRÉCO-LATINE

Les néologismes scientifiques sont souvent créés à l'aide des racines grecques et latines qui produisent des préfixes, des suffixes dont le sens est connu. Ainsi, dans le domaine du traitement électronique des données, le néologisme *infographie,* qui désigne une application de l'informatique à la représentation graphique et au traitement de l'image, est composé de *info-*, élément du latin «informatio» signifiant «information» et de *-graphie*, élément du grec «graphein» signifiant «écrire».

FORMATION DE NÉOLOGISMES PAR DÉRIVATION

- Radical + suffixe
  - *Bureau* + suffixe *-tique = bureautique*, sur le modèle de *mathématique, informatique*.
  - *Didacti-* + suffixe *-ciel = didacticiel*, sur le modèle de *logiciel*.

- Par dérivation se constituent des familles de mots.
  Bureautique engendre *bureauticien, bureautiser*.

FORMATION DE NÉOLOGISMES PAR COMPOSITION

- Préfixe + radical
  - Préfixe *micro-* signifiant «petit» + radical *ordinateur = micro-ordinateur*.
  - Préfixe *méga-* signifiant «million» + radical *octet = méga-octet*.
  - Préfixe *télé-* signifiant «à distance» + radical *copieur = télécopieur*.

- Juxtaposition d'éléments pour composer un mot, une expression.
  Banque de données, traitement de texte, imprimante à laser.

V. Tableau – **NOMS COMPOSÉS**.

FORMATION DE NÉOLOGISMES À L'AIDE D'ACRONYMES

Juxtaposition des initiales d'une expression.

- Le mot *BASIC* qui désigne un langage de programmation provient de l'expression *Beginner's All-purpose Symbolic Instruction Code*.
- Le mot *FORTRAN* provient de la contraction de l'expression *FORmula TRANslator*.

V. Tableau – **ACRONYME**.

ACCEPTIONS NOUVELLES

Attribution d'un sens nouveau à un mot existant. Le mot *programmation* désigne depuis 1930 environ l'établissement de programmes. Vers 1960, avec l'arrivée de l'informatique, le mot reçoit une nouvelle acception pour désigner l'action qui consiste à établir la suite d'instructions d'un programme informatique susceptible de résoudre un problème particulier, d'exécuter une tâche précise.

nerveux, euse adj. et n. m. et f.
• Qui est relatif aux nerfs. *Le système nerveux.*
• Irritable. *Elle est un peu nerveuse.*
⇨ nerveu**x**.

nervosité n. f.
Surexcitation, énervement. *Sa nervosité grandit à mesure que l'attente se prolonge.*
⇨ nerv**o**sité.

nervure n. f.
Ligne saillante. *Les nervures d'une feuille.*

n'est-ce pas? adv. interr.
Expression servant à demander l'accord de quelqu'un sur ce qui vient d'être dit. *C'est joli ce paysage, n'est-ce pas?*

net, nette adj., adv.
⇨ Le *t* de la forme masculine se prononce [nɛt].
• **Adjectif**
- Propre. *Un vêtement net.*
- (Comm.) Exempt de tout élément étranger.
- Après déduction des frais, des taxes. *Un bénéfice net, un salaire net.*
- Après déduction de l'emballage. *Un poids net.*
Ant. **brut.**
- Clair. *Un progrès très net, une réponse nette.*
• **Adverbe**
- Tout d'un coup. *Ils ont cessé net de chanter. Cet incident m'a coupé net l'appétit.*
- Par opposition à **brut.** *Cet article revient à 15 $ net; il pèse cinq kilos net.*
☞ Employé adverbialement, le mot est invariable.
• **Locutions**
- ***Faire place nette.*** Libérer un endroit.
- ***En avoir le cœur net.*** Être fixé au sujet de quelque chose.

nettement adv.
Distinctement, clairement.

netteté n. f.
Précision. *Les critères ont été exprimés avec netteté.*

nettoiement n. m.
Assainissement.
☞ Ce nom désigne l'ensemble des opérations de nettoyage.
⇨ nettoiement.

nettoyage n. m.
Action de nettoyer quelque chose. *Le nettoyage d'un vêtement.*

nettoyant n. m.
Produit qui nettoie. *Des nettoyants efficaces.*

nettoyer v. tr.
Le *y* se change en *i* devant un *e* muet. *Il nettoie, il nettoiera.*
Le *y* est suivi d'un *i* à la première et à la deuxième personne du pluriel de l'indicatif imparfait et du subjonctif présent. *(Que) nous nettoyions.*
Rendre net, propre. *Elle nettoie son tapis.*

nettoyeur n. m.
Au Canada, entreprise qui se charge de nettoyer, de repasser les vêtements, les tissus. *Papa a porté son pantalon chez le nettoyeur.*
Syn. **service de nettoyage, teinturerie.**

nettoyeur n. m.
nettoyeuse n. f.
Personne qui nettoie. *Un nettoyeur de vitres, de planchers.*
Syn. **laveur.**

neuf adj. inv. et n. m. inv.
⇨ 1° Le *f* se prononce [nœf], même devant une consonne.
2° Devant ***heures, hommes*** et ***autres***, le *f* se prononce *v*. *Neuf heures* [nœvœr], *neuf hommes* [nə vɔm], *neuf autres* [nəvotr]. Dans tous les autres cas, la liaison se fait avec un *f*. *Neuf autobus* [nœfotɔbys].
• **Adjectif numéral cardinal invariable.** Trois fois trois. *Neuf heures.*
• **Adjectif numéral ordinal invariable.** Neuvième. *Le 9 janvier.*
• **Nom masculin invariable.** Le nombre neuf. *Il dessine des neuf.*
V. Tableau - **NOMBRES.**
V. Tableau - **NUMÉRAL (ADJECTIF).**

neuf, neuve adj. et n. m.
• **Adjectif**
- Qui n'a pas encore servi. *Une voiture neuve.*
- Original. *Une idée neuve.*
• **Nom masculin**
Ce qui est neuf. *Aimer l'odeur du neuf.*
• **Locutions**
- ***Faire peau neuve.*** Se renouveler. *Elles font peau neuve.*
☞ Cette expression est invariable.
- ***Flambant neuf.*** Entièrement neuf. *Des robes flambant neuves.*
☞ Dans cette expression, le mot ***flambant*** est invariable; certains auteurs toutefois le font accorder.
- ***À neuf.*** En redonnant l'apparence du neuf. *L'appartement a été décoré à neuf.*
- ***De neuf.*** Avec du neuf. *Elle est habillée de neuf.*
Ant. **vieux.**

neur(o)- préf.
Élément du grec signifiant «nerf». *Neurologie.*

neurasthénie n. f.
• Épuisement nerveux.
• État durable d'abattement et de tristesse.
⇨ neurasthénie.

neurasthénique adj. et n. m. et f.
• Atteint de neurasthénie.
• Triste et abattu.
⇨ neurasthénique.

neurochirurgical, ale, aux adj.
Relatif à la neurochirurgie.

neurochirurgie n. f.
Chirurgie du système nerveux.

neurochirurgien n. m.
neurochirurgienne n. f.
Chirurgien qui pratique la neurochirurgie.

neurologie n. f.
• Étude du système nerveux.
• Spécialité de la médecine qui s'occupe des maladies du système nerveux.

neurologique adj.
Relatif à la neurologie ou aux nerfs. *Un problème neurologique.*

neurologue ou **neurologiste** n. m. et f.
Médecin spécialiste de la neurologie.

neurone n. m.
Cellule des centres nerveux.
▭— Attention au genre masculin de ce nom : *un* neurone.
▭▷ neurone.

neutralisation n. f.
Action de neutraliser.

neutraliser v. tr., pronom.
• **Transitif**
- (Chim.) Supprimer le caractère acide d'une substance en y ajoutant une base, ou inversement, supprimer le caractère alcalin d'une substance en y ajoutant un acide.
- Empêcher d'agir par une action contraire. *Le gardien a neutralisé les cambrioleurs.*
- Rendre neutre (un pays, un territoire).
• **Pronominal**
Se contrebalancer. *Les effets se sont neutralisés.*

neutralité n. f.
État d'une personne, d'un pays qui reste neutre.
▭▷ neutralité.

neutre adj. et n. m.
• **Adjectif.** Qui s'abstient de prendre parti.
• **Nom masculin.** (Gramm.) Genre des mots d'une langue qui ne sont ni du genre masculin ni du genre féminin. *Le neutre du latin.*
▭— Quelques mots français présentent les caractéristiques du neutre de certaines autres langues : le pronom *il* impersonnel, les pronoms *ce, que, quoi, rien, tout,* etc. Les adjectifs qui se rapportent à ces pronoms se mettent au masculin.

neuvaine n. f.
Actes de dévotion répétés pendant neuf jours pour obtenir une grâce. *Faire une neuvaine à saint Jude, patron des causes désespérées.*
▭▷ neuvaine.

neuvième adj. et n. m. et f.
• **Adjectif numéral ordinal.** Qui vient après le huitième. *Les neuvièmes pages.*
• **Nom masculin.** Neuvième partie d'un tout. *Les deux neuvièmes d'un groupe.*
▭— Il n'y a pas de trait d'union entre l'adjectif numéral et le nom désignant la partie d'un tout.
• **Nom masculin et féminin.** Personne, chose qui occupe le neuvième rang. *Ils sont les neuvièmes.*

neuvièmement adv.
En neuvième lieu.

neveu n. m. (pl. *neveux*)
Fils du frère ou de la sœur. *Des neveux turbulents.*
▭— Le nom féminin est **nièce.**

névralgie n. f.
Douleur qui siège sur le trajet d'un nerf sensitif. *Une névralgie intercostale.*
▭— Un remède contre les névralgies est un **antinévralgique.**

*****névralgie
Impropriété au sens de **mal de tête.**

névralgique adj.
• Relatif à la névralgie. *Une douleur névralgique.*
• *Point névralgique.* Point sensible.

névropathe adj. et n. m. et f.
Névrosé.

névrose n. f.
Maladie mentale caractérisée par des troubles affectifs et émotionnels.

névrosé, ée adj. et n. m. et f.
Atteint de névrose.

névrotique adj.
Relatif à la névrose.

newton n. m.
Symbole *N* (s'écrit sans point).

nez n. m.
• Partie saillante au milieu du visage humain, organe de l'odorat.
• **Locutions**
- *Avoir du nez.* Avoir un bon odorat, de l'intuition.
- *Cache-nez.* Écharpe destinée à couvrir le bas du visage. *Des cache-nez bien chauds.*
- *Mettre le nez dans une affaire.* Intervenir.
- *Mener quelqu'un par le bout du nez.* Avoir beaucoup d'influence sur quelqu'un.
- *Ne pas voir plus loin que le bout de son nez.* Manquer de clairvoyance.
- *Nez à nez.* Face à face.
- *Pied de nez.* Grimace.
- *Rire au nez de quelqu'un.* Se moquer de lui ouvertement.
Hom. **né,** qui est venu au monde.

ni conj.
V. Tableau - **NI.**

Ni
Symbole de **nickel.**

niais, niaise adj. et n. m. et f.
Naïf et sot. *Un air niais.*

niaisement adv.
D'une façon niaise.

niaiserie n. f.
Bêtise, sottise.

niaiseux, euse adj. et n. m. et f.
(Fam.) Au Canada, synonyme de **niais.**

niche n. f.
• Enfoncement pratiqué dans l'épaisseur d'un mur pour y placer une statue, un objet, etc.
• Abri où couche un chien.

*****niche
Impropriété au sens de **créneau** (commercial).

nichée n. f.
• Petits oiseaux d'une même couvée.
• (Fig.) Famille nombreuse.

nicher v. intr., pronom.
• **Intransitif**
- Construire son nid.
- (Fam.) Loger. *Il niche chez elle.*
• **Pronominal**
- Faire son nid. *Les oiseaux se sont nichés sur la plus haute branche de l'arbre.*
- Se blottir, se placer. *Où s'est-elle nichée?*

nickel adj. et n. m.
• Symbole *Ni* (s'écrit sans point).
• Métal brillant inoxydable.
⇨ ni**ck**el.

nickelage n. m.
Action de nickeler.
⇨ ni**ck**elage.

nickeler v. tr.
Redoublement du *l* devant un *e* muet. *Je nickelle, je nickellerai*, mais *je nickelais.*
• Recouvrir un métal d'une couche de nickel pour le rendre inoxydable.
• *Avoir les pieds nickelés.* (Fig. et fam.) Se montrer indolent, refuser d'agir.

nicotine n. f.
Substance toxique contenue dans le tabac.

nid n. m.
Construction façonnée par les oiseaux pour y déposer leurs œufs. *Un nid d'hirondelle*, mais *un nid de guêpes.*

nidation n. f.
Implantation de l'œuf fécondé dans l'utérus.
▷— Ne pas confondre avec le nom **nidification,** construction d'un nid.

nid d'abeilles n. m. (pl. *nids d'abeilles*)
Tissu qui présente des alvéoles en relief. *Des nappes nids d'abeilles.*

nid-d'abeilles n. m. (pl. *nids-d'abeilles*)
Broderie exécutée sur un plissé de tissu. *Des corsages garnis de nids-d'abeilles.*

nid-de-poule n. m. (pl. *nids-de-poule*)
Trou dans la chaussée.

nidification n. f.
Construction d'un nid.
▷— Ne pas confondre avec le nom **nidation,** implantation de l'œuf fécondé dans l'utérus.

nièce n. f.
Fille du frère ou de la sœur. *De gentilles nièces.*
▷— Le nom masculin est **neveu.**

nième adj.
Syn. **énième.**

nier v. tr.
• Dire qu'une chose n'est pas vraie. *Vous niez avoir été là. Nier l'évidence.*
▷— Le verbe peut se construire avec l'infinitif ou avec un nom complément d'objet direct.
• *Nier que +* subjonctif. *Il nie que cette personne soit venue.*
▷— Cette construction insiste sur le fait que la négation ne fait aucun doute.
• *Nier que +* indicatif. *Peut-on nier que l'eau est indispensable à notre survie?*
▷— Cette construction est utilisée quand la négation n'est que supposée, le fait nié étant néanmoins vrai.
▷— Le *ne* explétif ne s'emploie qu'avec le verbe en construction négative. *Je ne nie pas que les résultats ne soient pas très encourageants.*

nigaud, aude adj. et n. m. et f.
Stupide. *C'est un nigaud.*
⇨ nig**au**d.

NI

Conjonction de coordination à valeur négative, elle est l'équivalent de la conjonction *et* dans la phrase affirmative et sert à lier des adjectifs, des noms, des pronoms ou des propositions.

• La conjonction marque l'union entre deux éléments dans une phrase négative. *Il n'est pas aimable ni même poli. Elles ont fait du ski sans bonnet ni gants. Le directeur n'a convoqué ni ceux-ci ni ceux-là. Elle ne chante ni ne danse.*

• La conjonction joint plusieurs mots sujets ou compléments d'un verbe à la forme négative. *Ni les filles ni les garçons ne sont d'accord. Il n'aime ni les navets ni les carottes.*

▷— La construction *ni… ni…* s'emploie avec la négation simple *ne.*

Ni l'un ni l'autre, locution pronominale indéfinie. Aucun des deux. *Ni l'un ni l'autre ne viendra.*

▷— Avec cette locution, le verbe se met au singulier.
⇨ On ne met généralement pas de virgule entre les éléments de la négation.

nigérian, iane adj. et n. m. et f.
Du Nigéria. *Le drapeau nigérian. Un Nigérian, une Nigériane.*
☞ L'adjectif s'écrit avec une minuscule; le nom, avec une majuscule.

nigérien, ienne adj. et n. m. et. f.
Du Niger. *Le drapeau nigérien. Un Nigérien, une Nigérienne.*
☞ L'adjectif s'écrit avec une minuscule; le nom, avec une majuscule.

***night-club**
Anglicisme pour *cabaret, boîte de nuit.*

nimbe n. m.
Auréole. *Le saint dont la tête est couronnée d'un nimbe doré.*
☞ Attention au genre masculin de ce nom : *un* nimbe.
☞ Ne pas confondre avec le nom *limbes,* séjour des enfants morts sans baptême.

nimber v. tr.
(Litt.) Entourer d'un nimbe.

nimbus n. m.
⟺ Le *s* se prononce [nɛbys].
Nuage gris et pluvieux. *De nombreux nimbus.*
▭▷ nimbus.

nippes n. f. pl.
(Péj.) Ensemble de vêtements usés.
☞ Le mot ne s'emploie qu'au pluriel.

nippon, onne ou **one** adj. et n. m. et f.
Du Japon. *L'empire nippon. Un Nippon, une Nipponne, une Nippone.*
☞ L'adjectif s'écrit avec une minuscule; le nom, avec une majuscule.
▭▷ ni**ppon**ne ou ni**ppon**e.

nique n. f.
Faire la nique à quelqu'un. Faire un signe de mépris ou de moquerie.
☞ Ce nom ne s'emploie que dans l'expression citée.

nirvana ou **nirvâna** n. m.
État de béatitude complète. *Des nirvanas.*

nitouche n. f.
Sainte nitouche. Personne prude. *Ne faites pas vos saintes nitouches.*

nitroglycérine n. f.
Substance qui est le constituant essentiel de la dynamite.
▭▷ ni**troglyc**érine.

niveau n. m. (pl. *niveaux*)
• Instrument qui sert à vérifier l'horizontalité d'un plan. *Des niveaux précis.*
• Degré d'élévation par rapport à un plan horizontal de comparaison. *Le niveau de l'eau a monté.*
• Élévation comparative. *Le niveau social, le niveau intellectuel.*
• *Niveau de vie.* Ensemble des biens que peut se procurer un individu, une famille, une population. *Le niveau de vie a monté, a baissé. Des niveaux de vie différents.*

• *Passage à niveau.* Croisement d'une route et d'une voie ferrée. *Attention au passage à niveau (et non à la *traverse de chemin de fer).*
• Plan horizontal d'un bâtiment. *Cet immeuble comporte quinze niveaux (et non *planchers) dont trois sont souterrains.*
☞ Alors que le mot *étage* désigne chacun des niveaux d'un immeuble situés au-dessus du rez-de-chaussée, le mot *niveau* permet une seule gradation depuis le dernier sous-sol jusqu'au dernier étage.
• *Au niveau de.* À la même hauteur, à la portée de. *Au niveau de l'eau, au niveau de tous.*
☞ Cette expression est employée abusivement au sens de *en matière de, à propos de, dans le domaine de, en ce qui concerne, du point de vue de,* etc.

niveau de langue n. m. (pl. *niveaux de langue*)

En fonction des situations ou des personnes à qui on s'adresse, on n'emploie pas nécessairement les mêmes mots.
• Ainsi les mots utilisés dans la langue parlée, ou lorsqu'on s'adresse à des amis, à des gens que l'on connaît bien sont souvent de **niveau familier.** *Chouchou* est un mot familier par rapport à *favori.* *Se chamailler* est un mot familier par rapport à *se disputer.*
• Les mots qui ne sont pas d'usage courant, qui s'emploient dans la langue écrite recherchée sont de **niveau littéraire.** *Narrer* est un mot littéraire; dans la langue courante, on dit plutôt *raconter;* *naguère* est littéraire par rapport à *il y a peu de temps.*
• Quelques mots sont **vulgaires :** il vaut mieux les éviter dans la langue courante ou recherchée. *Gueule,* pour désigner la bouche humaine, est un mot vulgaire.
• Certains mots ne s'emploient plus maintenant où ils ont changé de sens; ils sont devenus **vieux.** Ainsi le verbe *occire* s'employait autrefois, on dit aujourd'hui *tuer;* le nom *gazette* a été remplacé par *journal.* Le nom *habit* ne veut plus dire *costume,* il ne désigne plus que le vêtement de cérémonie masculin à longues basques.
☞ Dans cet ouvrage, les niveaux de langue sont soulignés par les abréviations : *(Pop.)* populaire, *(Fam.)* familier, *(Litt.)* littéraire, *(Vulg.)* vulgaire, *(Vx)* vieux. En l'absence d'une mention, le niveau est neutre.

nivelage n. m.
Action de niveler.
▭▷ nivelage.

niveler v. tr.
Redoublement du *l* devant un *e* muet. *Je nivelle, je nivellerai,* mais *je nivelais.*
• Mettre de niveau. *Niveler un terrain.*
• Égaliser. *Niveler les avantages fiscaux.*
▭▷ niveler.

niveleuse n. f.
Engin de terrassement.
⇨ niveleuse.

nivellement n. m.
• Action de rendre une surface horizontale et plane.
• Action de niveler, de rendre égal. *C'est un nivellement par le bas.*
⇨ nivellement.

no ou **No**
Abréviation de *numéro.*
☞ L'abréviation de *numéros* est *nos* ou *Nos.*

nô n. m.
Drame lyrique japonais. *Des nôs.*
⇨ nô.

nobiliaire adj.
• Qui appartient à la noblesse.
• *Particule nobiliaire.* Préposition, article précédant un patronyme.
☞ La particule s'écrit avec une minuscule. *Alfred de Vigny.*

noble adj. et n. m. et f.
• **Adjectif et nom masculin et féminin.** De la noblesse. *Elle est de sang noble. Les châteaux de la Loire étaient habités par des nobles.*
Ant. **roturier.**
• **Adjectif.** Qui a de la dignité. *Un geste noble.*
Ant. **bas, mesquin.**

noblement adv.
Avec noblesse.

noblesse n. f.
• Qualité de la personne qui est noble.
• Grandeur d'âme, dignité.
Ant. **bassesse, mesquinerie.**
• *Noblesse oblige.* Quiconque se prétend noble doit se conduire noblement.

noce n. f.
• Fête donnée à l'occasion d'un mariage. *Aller à la noce. Un repas de noce.*
• (Fam.) Partie de plaisir, fête. *Faire la noce.*
• (Au plur.) Mariage. *Un voyage de noces. Des noces d'or. En secondes noces.*

noceur, euse adj. et n. m. et f.
Fêtard.

nocif, ive adj.
Nuisible. *Une substance nocive.*
⇨ nocif.

nocivité n. f.
Toxicité. *Ces produits chimiques sont d'une grande nocivité.*
⇨ nocivité.

noctambule adj. et n. m. et f.
Qui aime sortir, se divertir la nuit.
☞ Ne pas confondre avec le nom *somnambule,* personne qui accomplit certains actes pendant son sommeil.
⇨ noctambule.

nocturne adj. et n. m. et f.
• **Adjectif.** Qui a lieu la nuit. *Une marche nocturne.*
Ant. **diurne.**
• **Nom masculin.** Morceau de musique d'un caractère mélancolique. *Un nocturne de Chopin.*
• **Nom féminin.** Activité qui a lieu le soir par opposition à *matinée. Une représentation en nocturne, la nocturne d'un magasin, d'un coiffeur.*
Ant. **diurne.**

nodule n. m.
Renflement, production pathologique dure. *Un nodule non cancéreux.*
☞ Attention au genre masculin de ce nom : *un* nodule.

noël n. m.
• Fête qui commémore la naissance du Christ et qui est célébrée le 25 décembre. *Joyeux Noël. Un bel arbre de Noël. Des cadeaux de Noël donnés par le père Noël.*
☞ Quand le nom désigne la fête religieuse, il s'emploie au masculin et s'écrit avec une majuscule.
• *La Noël.* La fête de Noël.
☞ Cette construction elliptique plus familière qui désigne la fête familiale ne s'emploie qu'au singulier. *Nous passerons la Noël à la montagne.*
• Chanson ayant pour thème Noël. *Les noëls de la guignolée.*
• Cadeau de Noël. *Voilà ton petit noël.*
☞ Le nom s'écrit avec une minuscule quand il désigne un chant, un cantique de Noël ou un cadeau donné à l'occasion de Noël.
⇨ noël.

nœud n. m.
• Enlacement serré d'un fil, d'une corde. *Des nœuds coulants. Porter un nœud de velours dans les cheveux.*
• *Nœud papillon.* Ornement porté au cou. *Des nœuds papillons colorés.*
• Point essentiel d'une intrigue. *Le nœud d'une pièce de théâtre.*
• (Mar.) Unité de vitesse correspondant à un mille marin. *Ce bateau file dix nœuds.*
• Partie très dure à l'intérieur de l'arbre. *Les nœuds forment des cercles dans le bois.*

*nœud, frapper un
Anglicisme pour *rencontrer un obstacle, avoir un problème.*

noir, noire adj. et n. m. et f.
• **Adjectif.** Qui est de race noire. *Une femme noire.*
• **Nom masculin et féminin.** Personne de race noire. *Ce sont des Noirs.*
☞ L'adjectif s'écrit avec une minuscule; le nom, avec une majuscule.

noir, noire adj. et n. m.
• **Adjectif**
- De couleur très foncée. *Des cheveux noirs.*
- *Noir de jais.*
☞ Cet adjectif de couleur composé est invariable.
V. Tableau - **COULEUR (ADJECTIFS DE).**
- Qui est obscur.

☞ Dans les noms géographiques, les mots génériques s'écrivent avec une minuscule, tandis que les déterminants s'écrivent avec une majuscule. *La mer Noire.*
• **Nom masculin**
La couleur noire. *Un beau noir jais.*

noirâtre adj.
Qui tire sur le noir.

noiraud, aude adj. et n. m. et f.
Qui a les cheveux et le teint noirs.
V. Tableau - **COULEUR (ADJECTIFS DE).**
⇨ noir**aud.**

noirceur n. f.
• Caractère de ce qui est noir. *La noirceur de ses yeux.*
• (Litt.) Méchanceté. *La noirceur d'un geste.*
• Au Canada, synonyme de **obscurité.** *Revenez à la maison avant la noirceur.*

noircir v. tr., intr., pronom.
• **Transitif.** Colorer de noir. *La pollution a noirci la façade de l'immeuble.*
• **Intransitif.** Devenir noir. *Ces bananes commencent à noircir.*
• **Pronominal.** Devenir noir. *Le ciel se noircit.*

noise n. f.
Chercher noise à quelqu'un. (Litt.) Chercher querelle à quelqu'un.
☞ Ce nom ne s'emploie que dans l'expression citée.

noisetier n. m.
Arbrisseau qui produit la noisette.
⇨ noisetier.

noisette adj. inv. et n. f.
• **Nom féminin.** Fruit du noisetier dont la coque contient une amande.
• **Adjectif de couleur invariable.** De la couleur brune des noisettes. *Des yeux noisette.*
V. Tableau - **COULEUR (ADJECTIFS DE).**
⇨ noisette.

noix n. f. (pl. *noix*)
• Fruit comestible du noyer. *Il a mangé une noix.*
• Fruit de divers arbres. *Des noix de coco, de pistache. Des noix de cajou* (et non de *cachou*).
⇨ noix.

nolisement n. m.
Action de noliser, affrètement.
☞ Pour un navire, on emploie le mot *affrètement.*

noliser v. tr.
Louer un avion. *Noliser un avion.*
☞ Le verbe *affréter* s'emploie lorsqu'il s'agit de navires; l'expression *avion nolisé* est l'équivalent français de l'anglicisme *charter.*

nom n. m.
V. Tableau - **NOM.**
V. Tableau - **NOMS COMPOSÉS.**

nomade adj. et n. m. et f.
Qui n'a pas d'habitation fixe, qui mène une vie errante. *Une tribu nomade.*
Ant. **sédentaire.**

nombre n. m.
• Abréviation *n*bre (s'écrit sans point).
• Quantité chiffrée.
☞ Ne pas confondre avec le mot *numéro,* qui marque le rang, l'ordre.
• **Nombre de.** Beaucoup. *Nombre de candidatures ont été retenues.*
☞ Après le collectif *nombre de,* le verbe se met au pluriel.
• **Un grand nombre de.** *Un grand nombre de pommes était mûre* ou *étaient mûres.*
☞ Après ce collectif suivi d'un complément au pluriel, le verbe se met au singulier ou au pluriel suivant l'intention de l'auteur qui veut insister sur l'ensemble ou sur la pluralité.
V. Tableau - **COLLECTIF.**
• ***Au nombre de, du nombre de.*** Parmi. *Est-il du nombre des blessés?*
• ***Sans nombre.*** D'une immense quantité, innombrable.
• ***En nombre.*** En grande quantité.
V. **fraction.**
V. Tableau - **NOMBRES.**
• (Gramm.) Formes qui, dans les mots variables, rendent l'idée d'unité ou de pluralité. *Le français utilise deux nombres : le singulier et le pluriel.*

nombreux, euse adj.
• Qui est en grand nombre. *De nombreuses qualités.*
☞ En ce sens, l'adjectif se place généralement avant le nom.
• Qui comprend un grand nombre d'éléments. *Une famille nombreuse.*
☞ En ce sens, l'adjectif se place généralement après le nom.
⇨ nombreux.

nombril n. m.
👄 Le *l* est généralement muet [nɔbri].
Cicatrice au milieu du ventre, à l'endroit où était le cordon ombilical.
Syn. **ombilic.**

nombrilisme n. m.
Égocentrisme, narcissisme.

nomenclature n. f.
• Ensemble des mots méthodiquement classés qui composent un dictionnaire, un ouvrage, une liste. *La nomenclature de ce dictionnaire atteint 45 000 entrées.*
• Liste méthodique d'éléments, d'objets, etc. *La nomenclature chimique.*
⇨ nomenclature.

nominal, ale, aux adj.
• (Gramm.) Qui se rapporte à un nom. *Une proposition nominale.*
• Qui existe de nom seulement. *Un titre nominal. Des emplois nominaux.*
• (Écon.) *Valeur nominale.* Valeur théorique qui ne correspond pas nécessairement à la valeur réelle (d'un effet de commerce). *La valeur nominale d'une monnaie.*

nominalement adv.
De façon nominale.
⇨ nominalement.

nomination n. f.
• Action de nommer quelqu'un à une fonction, à un poste.
• Mention. *Obtenir une nomination pour un film.*

*****nominer**
Anglicisme pour **mettre en nomination, recevoir une nomination, sélectionner.**

nommé, ée adj.
• **À point nommé.** Au bon moment, à propos.
• Qui a pour nom. *Louis XIV, nommé le Roi-Soleil.*

nommément adv.
Spécifiquement.

nommer v. tr., pronom.
• **Transitif**
- Donner un nom. *Comment nommerez-vous votre fille?*
- Donner un poste, une fonction à quelqu'un. *Il a été nommé président.*
• **Pronominal**
Avoir pour nom. *Il se nomme Pierre Dubois.*

non adv.
V. Tableau - **NE, NON.**

non n. m. inv.
Expression du refus. *Répondre par un non catégorique. Des non.*

non- préf.
Les mots composés avec le préfixe **non-** s'écrivent avec un trait d'union et peuvent prendre la marque du pluriel au dernier élément. *Des non-fumeurs, un non-sens.*
🖙 La négation **non** s'emploie sans trait d'union devant un adjectif ou un participe. *Une quantité non négligeable. Un peintre non figuratif.*

nonagénaire adj. et n. m. et f.
Âgé d'au moins quatre-vingt-dix ans et de moins de cent ans.
⇨ nonagénaire.

non-agression n. f. (pl. *non-agressions*)
👄 On fait la liaison entre le préfixe et le nom [nɔn agresjɔ̃].
Le fait de ne pas attaquer. *Un pacte de non-agression.*

non-assistance n. f. (pl. *non-assistances*)
👄 On fait la liaison entre le préfixe et le nom [nɔn asistɑ̃s].
Le fait de ne pas porter assistance. *La non-assistance à une personne en danger est un délit.*

non-belligérance n. f. (pl. *non-belligérances*)
Le fait de ne pas participer à un conflit armé, pour un État.

non(-)belligérant, ante adj. et n. m. et f. (pl. *non(-)belligérants*)
Qui ne participe pas à un conflit armé. *Des pays non belligérants.*

nonce n. m.
Ambassadeur du pape.

nonchalamment adv.
Avec nonchalance, mollesse.
⇨ nonchalamment.

nonchalance n. f.
Manque d'ardeur, indolence.
⇨ nonchalance.

nonchalant, ante adj.
Qui manque d'ardeur. *Des élèves nonchalants.*
⇨ nonchalant.

non(-)combattant, ante adj. et n. m. et f. (pl. *non-combattants*)
Qui ne prend pas part aux combats. *Des unités non combattantes.*

non-conformisme n. m. (pl. *non-conformismes*)
Attitude d'un non-conformiste.

non(-)conformiste adj. et n. m. et f. (pl. *non-conformistes*)
Qui est indépendant, original. *Un projet non conformiste.*

non-conformité n. f. (pl. *non-conformités*)
Défaut de conformité.

non-exécution n. f. (pl. *non-exécutions*)
👄 On fait la liaison entre le préfixe et le nom [nɔn ɛgzekysjɔ̃].
(Dr.) Défaut d'exécution.

non(-)figuratif, ive adj. et n. m.
Abstrait. *Des peintres non figuratifs. C'est un non-figuratif.*

non-fumeur, euse n. m. et f. (pl. *non-fumeurs*)
• Personne qui ne fume pas.
• (En appos.) *Un restaurant non fumeurs.*
🖙 Dans cette construction, la préposition **pour** est sous-entendue (*un restaurant pour non-fumeurs*) et le nom composé s'écrit généralement au pluriel.

non-ingérence n. f. (pl. *non-ingérences*)
👄 On fait la liaison entre le préfixe et le nom [nɔn ɛ̃ʒerɑ̃s].
Absence d'ingérence. *Une politique de non-ingérence.*

non-intervention n. f. (pl. *non-interventions*)
👄 On fait la liaison entre le préfixe et le nom [nɔnɛ̃tɛrvɑ̃sjɔ̃].
Le fait de ne pas intervenir dans les affaires intérieures d'un autre pays. *Une politique de non-intervention.*

non-lieu n. m. (pl. *non-lieux*)
(Dr.) Déclaration par laquelle une autorité indique qu'il n'y a pas lieu de poursuivre en justice. *Une ordonnance de non-lieu.*

nonne n. f.
(Vx) Religieuse.

nonobstant adv. et prép.
• **Adverbe**
(Vx) Néanmoins. *Accumulant les échecs, il poursuit ses tentatives nonobstant.*
• **Préposition**
- (Vx) Malgré. *Il s'arrêta de courir, nonobstant les encouragements de ses partisans.*
- (Dr.) Sans égard à.

NOM

Abréviation **n.** (s'écrit avec un point).

Le nom, appelé également **substantif**, est un mot servant à nommer les êtres animés et les choses. *Un nom de famille, un nom d'oiseau.*

Tous les mots de la langue peuvent devenir des noms si leur fonction est de désigner :

Un nom commun.	*Une pêche.*
Un nom propre.	*Un camembert.*
Un verbe.	*Le baiser.*
Un adjectif.	*Le beau.*
Un pronom.	*Les leurs.*
Un adverbe.	*Les alentours.*
Une préposition.	*Le dessous.*
Une conjonction.	*Les toutefois.*
Un acronyme.	*Un laser.*
Une expression.	*Le qu'en-dira-t-on.*

ESPÈCES DE NOMS

1. Noms communs et noms propres

• Les **noms communs** désignent une personne, un animal, une chose concrète ou abstraite qui appartient à une espèce. *Un jardinier, un chat, un arbre, la tendresse.*

• Les **noms propres** ne peuvent désigner qu'un seul être, qu'un seul groupe d'êtres, qu'un seul objet; ils s'écrivent toujours avec une majuscule, car ils individualisent l'être ou l'objet qu'ils nomment.

• Font partie des noms propres :

– Les noms de personnes (prénom, patronyme, surnom). *Étienne, Laforêt, Molière* (surnom de Jean-Baptiste Poquelin).

– Les noms de peuples. *Les Québécois, les Français.*

☞ Les noms de peuples s'écrivent avec une majuscule, mais les adjectifs correspondants et les noms qui désignent une langue s'écrivent avec une minuscule.

– Les noms géographiques ou historiques. *Le Canada, le mont Tremblant, la Renaissance.*
V. Tableau – **GÉOGRAPHIQUES (NOMS).**

– Les noms de véhicules. *Le Nautilus, le Concorde.*
V. **bateau.**

– Les noms d'astres. *Le Soleil, Mercure, la Grande Ourse.*
V. **astre.**

– Les noms d'œuvres. *L'Île noire. Les Filles de Caleb.*
V. Tableau – **TITRES D'ŒUVRES.**

– Les dénominations. *L'avenue des Érables, la Banque nationale du Canada. Le ministère de la Culture, le collège Brébeuf, Chez Julien.*
V. Tableau – **MAJUSCULES ET MINUSCULES.**

2. Noms individuels et noms collectifs

• Les **noms individuels** sont propres à un être, à un objet, mais peuvent se mettre au pluriel. *Un enfant, une table, des chats.*

• Les **noms collectifs** désignent un ensemble d'êtres ou d'objets. *Foule, groupe, multitude.*

suite→

☞ Après un nom collectif suivi d'un complément au pluriel (par exemple : *la majorité des élèves, la foule des passants*), le verbe se met au singulier ou au pluriel suivant l'intention de l'auteur qui veut insister sur l'ensemble ou la pluralité. *La majorité des élèves a réussi* ou *ont réussi l'examen.*

V. Tableau – **COLLECTIF**.

3. Noms simples et noms composés

• Les **noms simples** sont formés d'un seul mot. *Feuille, boulevard.*

• Les **noms composés** sont formés de plusieurs mots. *Rouge-gorge, arc-en-ciel, hôtel de ville.*

V. Tableau – **NOMS COMPOSÉS**.

GENRE DU NOM

• Le **masculin**. *Un bûcheron, un chien, un tracteur, le courage.*

• Le **féminin**. *Une avocate, une lionne, une voiture, la candeur.*

V. Tableau – **GENRE**.

NOMBRE DU NOM

• Le nombre des noms est la propriété d'indiquer l'unicité ou la pluralité.

– Le nom au **singulier** désigne un seul être, un seul objet. *Un adolescent, une rose.*

– Le nom au **pluriel** désigne plusieurs êtres ou plusieurs objets. *Des touristes, des lilas, des groupes.*

V. Tableau – **PLURIEL DES NOMS**.

FONCTIONS DU NOM

Le nom peut être : – Sujet. *Le chien jappe.*
– Complément. *Il mange le gâteau. Le bord de la mer.*
– Attribut. *Elle est ministre.*
– Apposition. *La ville de Québec. Une clientèle cible.*
– Apostrophe. *Marisol, viens dîner!*

---

non-paiement n. m. (pl. *non-paiements*)
Défaut de payer.

nonpareil, eille adj.
Qui est sans égal. *Des surprises nonpareilles.*

non-prolifération n. f. (pl. *non-proliférations*)
Accord portant sur la limitation des armes nucléaires dans le monde. *Un accord de non-prolifération.*

non-recevoir n. m. (pl. *non-recevoir*)
Fin de non-recevoir. Refus. *Des fins de non-recevoir catégoriques.*

non-résident, ente adj. et n. m. et f. (pl. *non-résidents*)
Qui n'a pas le statut de résident d'un pays. *Des personnes non-résidentes.*
☞ non-résident.

non-retour n. m. (pl. *non-retours*)
Point de non-retour. Point à compter duquel il n'est plus possible de revenir en arrière. *Points de non-retour.*

non-sens n. m. inv. (pl. *non-sens*)
Absurdité.
☞ **non-sens**, avec un trait d'union.

*non-stop
Anglicisme pour **continu, ininterrompu.**

nord adj. inv. et n. m.
• Abréviation **N.** (s'écrit avec un point).
• Un des quatre points cardinaux. *Dans une boussole, l'aiguille indique le nord.*
• *Perdre le nord.* Perdre la tête.
☞ 1° Les noms des points cardinaux qui déterminent un pays, une région, une ville, un odonyme s'écrivent avec une majuscule. *L'Amérique du Nord, le Grand Nord, le Nord canadien, l'Organisation du traité de l'Atlantique Nord, le pôle Nord.*

2° Lorsque l'adjectif ou le nom indique une orientation, il s'écrit avec une minuscule. *Le vent du nord, marcher vers le nord. L'entrée nord d'un immeuble.*
V. Tableau - **POINTS CARDINAUX**.

nord-africain, aine adj. et n. m. et f. (pl. *des Nord-Africains, des Nord-Africaines*)
◁ Le *d* est muet [nɔrafrikɛ̃, ɛn].
D'Afrique du Nord. *Une musique nord-africaine. Un Nord-Africain, une Nord-Africaine.*
☞ L'adjectif s'écrit avec des minuscules; le nom, avec deux majuscules.

NOMBRES

ÉCRITURE DES NOMBRES

En chiffres

• Dans la langue courante ainsi que dans les textes techniques, scientifiques, financiers ou administratifs, on recourt généralement aux chiffres arabes pour noter les nombres.
La fête aura lieu à 15 h 30. La distance entre Montréal et Québec est de 253 km.

• Pour l'emploi des chiffres arabes ou romains, voir le Tableau – **CHIFFRES**.

En lettres

Cependant dans les textes de nature poétique ou littéraire, dans certains documents à portée juridique où l'on désire éviter toute fraude ou toute modification, les nombres s'écrivent parfois en lettres.
Ex. : Sur un chèque, la somme d'argent est écrite :
   – en chiffres arabes suivis du symbole de l'unité monétaire. *25 $.*
   – puis en toutes lettres. *Vingt-cinq dollars.*

Avec ou sans trait d'union

Le trait d'union s'emploie seulement entre les éléments qui sont l'un et l'autre inférieurs à cent, sauf s'ils sont joints par la conjonction **et**.
Dix-sept, trente-cinq, quatre-vingt-quatre, vingt et un, cent dix, deux cent trente-deux.

Accord des adjectifs numéraux

• Les **adjectifs numéraux cardinaux** déterminent les êtres ou les choses par leur NOMBRE.

Ces adjectifs sont invariables, à l'exception de :
   – **un** qui peut se mettre au féminin.
     Trente et une pommes.

   – **vingt** et **cent** qui prennent la marque du pluriel s'ils sont multipliés par un nombre et s'ils ne sont pas suivis d'un autre adjectif numéral.
     Quatre-vingts, trois cents, quatre-vingt-huit, trois cent deux, cent vingt.

   ☞ Alors que le mot *mille* est un adjectif numéral invariable, les mots **millier, million, milliard, billion, trillion**... sont des noms qui, tout à fait normalement, prennent la marque du pluriel.
   Des milliers de personnes, trois millions, deux milliards. Deux cents millions.

• Les **adjectifs numéraux ordinaux** déterminent les êtres ou les choses par leur ORDRE.

Ces adjectifs sont formés du nombre cardinal auquel on ajoute la terminaison *ième* (à l'exception de **premier** et de **dernier**); ils prennent tous la marque du pluriel.
Les troisièmes pages, les quinzièmes places, les dernières notes.

• Pour les abréviations des adjectifs numéraux ordinaux, voir le Tableau – **NUMÉRAL (ADJECTIF)**.

Principaux cas d'emploi des nombres en lettres

• Les nombres exprimant une **durée** : âge, nombre d'années, de mois, de jours, d'heures, de minutes, de secondes.
La traversée est de sept heures. Il a quinze ans et demi.

• Les **fractions d'heure** suivant les mots **midi** ou **minuit**.
Midi et quart, midi quarante-cinq, minuit et demi.

   ☞ Si l'heure est notée en chiffres, les fractions d'heure ne peuvent être écrites en lettres. *Il viendra à 12 h 45.*

suite➞

- Les expressions numérales des **actes juridiques, notariés.**
  Pour la somme de vingt-cinq mille dollars (25 000 $).

☞ Dans les documents à portée juridique, les nombres sont d'abord écrits en toutes lettres, puis notés en chiffres, entre parenthèses. En dehors du contexte juridique, on évitera de recourir à ce procédé.

- Les nombres employés comme **noms.**
  Miser sur le neuf de cœur, voyager en première, manger les trois quarts d'une tarte, passer un mauvais quart d'heure.

- Les nombres qui font partie de **noms composés.**
  Le boulevard des Quatre-Bourgeois, la ville de Trois-Rivières, un deux-mâts, un deux-points.

Les nombres en toutes lettres

un	1	vingt-neuf	29	quatre-vingt-un	81
deux	2	trente	30	quatre-vingt-deux	82
trois	3	trente et un	31	...	...
quatre	4	trente-deux	32	quatre-vingt-dix	90
cinq	5	...	...	quatre-vingt-onze	91
six	6	quarante	40	...	...
sept	7	quarante et un	41	quatre-vingt-dix-sept	97
huit	8	quarante-deux	42	quatre-vingt-dix-huit	98
neuf	9	...	...	quatre-vingt-dix-neuf	99
dix	10	cinquante	50	cent	100
onze	11	cinquante et un	51	cent un	101
douze	12	cinquante-deux	52	cent deux	102
treize	13	...	...	...	...
quatorze	14	soixante	60	cent vingt	120
quinze	15	soixante et un	61	...	...
seize	16	soixante-deux	62	deux cents	200
dix-sept	17	...	...	deux cent un	201
dix-huit	18	soixante-dix	70	...	...
dix-neuf	19	soixante et onze	71	neuf cent quatre-vingt-dix-neuf	999
vingt	20	soixante-douze	72	mille	1 000
vingt et un	21	soixante-treize	73	mille un	1 001
vingt-deux	22	soixante-quatorze	74	...	...
vingt-trois	23	soixante-quinze	75	dix mille	10 000
vingt-quatre	24	soixante-seize	76	dix mille un	10 001
vingt-cinq	25	soixante-dix-sept	77	...	...
vingt-six	26	soixante-dix-huit	78	cent mille	100 000
vingt-sept	27	soixante-dix-neuf	79	deux millions	2 000 000
vingt-huit	28	quatre-vingts	80	trois milliards	3 000 000 000

Les fractions

Une fraction est composée d'un numérateur et d'un dénominateur. Le numérateur est un adjectif numéral cardinal qui suit la règle d'accord de ces adjectifs, tandis que le dénominateur est un nom qui prend la marque du pluriel.

Nous avons terminé les quatre cinquièmes de ce travail.
*Dans la fraction **huit trente-cinquièmes (8/35),** le **numérateur** est 8, le **dénominateur,** 35.*

On ne met pas de trait d'union entre le numérateur et le dénominateur, par contre le numérateur ou le dénominateur s'écrivent avec un trait d'union, s'il y a lieu.

Vingt-huit millièmes (28/1000)
Trente cinquante-septièmes (30/57)

V. **fraction.**

suite ➡

ÉCRITURE DES GRANDS NOMBRES

	Lettres	Notation scien-tifique	Exemples
1 000	mille	10^3	*Cette maison vaut trois cent cinquante mille dollars.*
1 000 000	un million	10^6	*L'immeuble est évalué à trois millions de dollars.*
1 000 000 000	un milliard	10^9	*Ce gouvernement dépense près de trois milliards de dollars par année.*
1 000 000 000 000	un billion	10^{12}	*Une année-lumière représente une distance d'environ dix billions de kilomètres.*
1 000 000 000 000 000 000	un trillion	10^{18}	*Le volume du soleil est d'environ un trillion et demi de kilomètres cubes.*
1 000 000 000 000 000 000 000 000	un quatrillion ou un quadrillion	10^{24}	*Le Sahara compte sûrement plusieurs quatrillions ou quadrillions de grains de sable.*
1 000 000 000 000 000 000 000 000 000 000	un quintillion	10^{30}	*Un quintillion de particules.*

Représentation chiffrée de quatre quintillions

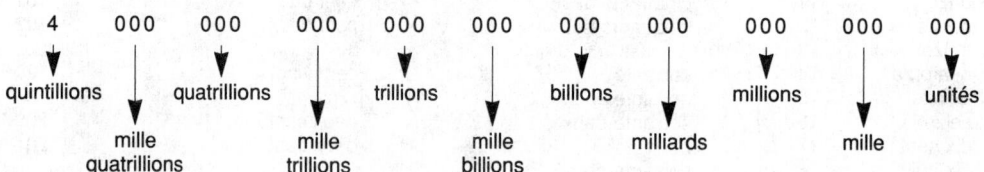

☛ Ne pas confondre le nom français ***billion*** qui représente un million de millions ou un millier de milliards (10^{12}) avec le nom américain «billion» employé aux États-Unis ainsi qu'au Canada anglais et dont l'équivalent français est ***milliard*** (10^9) ni le nom français ***trillion*** qui représente un billion de millions (10^{18}) avec le nom américain «trillion» qui égale un billion de mille (10^{12}).

Système international		Système américain	
données de base : **million** 10^6		données de base : **mille** 10^3	
un million	un **million** 10^6	un million	mille **mille** 10^6
un milliard	mille **millions** 10^9	un billion	un million de **mille** 10^9
un billion	un million de **millions** 10^{12}	un trillion	un billion de **mille** 10^{12}
un trillion	un billion de **millions** 10^{18}	un quatrillion	un trillion de **mille** 10^{15}
un quatrillion	un trillion de **millions** 10^{24}		

☛ Les noms français ***milliard, billion, trillion, quatrillion...*** du Système international sont des multiples de ***million*** (10^6) tandis que les noms «million», «billion», «trillions», «quatrillions»... du système américain sont des multiples de ***mille*** (10^3).

V. Tableau – **MULTIPLES ET SOUS-MULTIPLES DÉCIMAUX.**
V. Tableau – **SYMBOLES DES UNITÉS DE MESURE.**
V. Tableau – **SYMBOLES DES UNITÉS MONÉTAIRES.**

NOMS COMPOSÉS

MODE DE FORMATION

- Association de plusieurs mots. *Taille-crayon, va-et-vient, pomme de terre.*
- Juxtaposition de mots simples et de préfixes. *Antibruit, micro-ordinateur.*

LEXICALISATION

Nouvelle unité du lexique, le nom composé est un mot autonome qui a un sens distinct de ceux de ses composants. La **motoneige** évoque une réalité distincte des réalités de **moto** et de **neige.**

GRAPHIE

- Sans trait d'union. *Robe de chambre, chemin de fer.*
- Avec un ou des traits d'union. *Savoir-faire, micro-ordinateur, arc-en-ciel.*
- En un seul mot. *Paratonnerre, bonheur, madame, motoneige.*

ÉLÉMENTS COMPOSANTS

- **Nom + nom**
  - apposition. *Aide-comptable, description type, expérience pilote.*
  - complément déterminatif. *Chef-d'œuvre, hôtel de ville, maître d'école.*
- **Adjectif + nom, nom + adjectif.** *Premier ministre, haut-fond, amour-propre, château fort, procès-verbal.*
- **Adverbe + nom.** *Avant-garde, haut-parleur, arrière-pensée, sous-sol.*
- **Nom + verbe.** *Album à colorier, ruban à mesurer, bouleverser.*
- **Nom + préposition + nom.** *Arc-en-ciel, pomme de terre.*
- **Préposition + nom.** *En-tête, pourboire.*
- **Verbe + nom.** *Passeport, taille-crayon, tire-bouchon, compte-gouttes, aide-mémoire.*
- **Verbe + verbe.** *Savoir-vivre, laissez-passer, va-et-vient.*
- **Proposition.** *Un je-ne-sais-quoi, le qu'en-dira-t-on.*

LE PLURIEL DES NOMS COMPOSÉS

- Noms composés **écrits en un seul mot.** Ils prennent la marque du pluriel comme les mots simples.
  Des paratonnerres, des passeports.

  ☞ Font exception les noms **bonhomme, madame, mademoiselle, monsieur, gentilhomme** qui font au pluriel **bonshommes, mesdames, mesdemoiselles, messieurs, gentilshommes**.

- Noms composés **de noms en apposition.** Ils prennent généralement la marque du pluriel aux deux éléments.
  Des aides-comptables, des descriptions types, des expériences pilotes.

- Noms composés **d'un nom et d'un complément du nom.** Le premier nom seulement prend la marque du pluriel.
  Des chefs-d'œuvre, des hôtels de ville, des maîtres d'école.

- Noms composés **d'un nom et d'un adjectif.** Ils prennent tous deux la marque du pluriel.
  Des premiers ministres, des hauts-fonds, des amours-propres, des châteaux forts, des procès-verbaux.

suite➡

• Noms composés **d'un nom et d'un mot invariable.** Le nom seulement prend la marque du pluriel.
Des en-têtes, des arrière-pensées, des avant-gardes.

• Noms composés **d'un verbe et de son complément.** Le verbe reste invariable et le nom complément conserve généralement la même forme qu'au singulier.
Des aide-mémoire, un compte-gouttes, des compte-gouttes.

☞ Cependant, certains noms composés ont un nom complément qui prend la marque du pluriel. ***Des tire-bouchons, des taille-crayon(s)).*** Il est difficile de dégager une règle; retenons que le nom peut prendre la marque du pluriel, selon le sens. On consultera le nom composé à son entrée alphabétique.

• Noms composés avec le mot **garde-**

– S'il est un nom, le mot ***garde-*** prend la marque du pluriel. *Des gardes-pêche, des gardes-chasse.*
– S'il est un verbe, le mot ***garde-*** reste invariable. *Des garde-boue, des garde-fous.*

• Noms composés **de deux verbes, de propositions.** Ces noms sont invariables.
Des savoir-faire, des laissez-passer, des va-et-vient, des je-ne-sais-quoi, des qu'en-dira-t-on.

---

nord-américain, aine adj. et n. m. et f. (pl. *des Nord-Américains, des Nord-Américaines*)
👄 Le *d* est muet [nɔramerikɛ̃, ɛn].
D'Amérique du Nord. *Une coutume nord-américaine. Un Nord-Américain, une Nord-Américaine.*
☞ L'adjectif s'écrit avec des minuscules; le nom, avec deux majuscules.

nord-coréen, éenne adj. et n. m. et f. (pl. *des Nord-Coréens, des Nord-Coréennes*)
De la Corée du Nord. *Le folklore nord-coréen. Un Nord-Coréen, une Nord-Coréenne.*
☞ L'adjectif s'écrit avec des minuscules; le nom, avec deux majuscules.

nordé ou **nordet** n. m.
Vent du nord-est.

nord-est adj. inv. et n. m.
👄 Le *d* est muet [nɔrɛst].
Point de l'horizon qui est à égale distance entre le nord et l'est.

nordique adj. et n. m. et f.
• **Adjectif et nom masculin et féminin.** Qui est relatif aux pays du nord de l'Europe. *Le climat nordique. Un Nordique, une Nordique.*
☞ L'adjectif s'écrit avec une minuscule; le nom, avec une majuscule.
Syn. **scandinave.**
• **Adjectif.** Au Canada, relatif aux régions situées les plus au nord.

nord-ouest adj. inv. et n. m.
👄 Le *d* est muet [nɔrwɛst].
Point de l'horizon qui est à égale distance entre le nord et l'ouest.

nord-vietnamien, ienne adj. et n. m. et f. (pl. *des Nord-Vietnamiens, des Nord-Vietnamiennes*)
Du Viêt-nam du Nord. *La cuisine nord-vietnamienne. Un Nord-Vietnamien, une Nord-Vietnamienne.*
☞ L'adjectif s'écrit avec des minuscules; le nom, avec deux majuscules.

normal, ale, aux adj. et n. f.
• **Adjectif**
- Conforme à la norme, à la moyenne, à l'habitude. *Des poids normaux. C'est le tarif normal* (et non le tarif **régulier*).
- ***École normale.*** École destinée à la formation des enseignants.
• **Nom féminin**
État habituel. *Tout devrait revenir à la normale sous peu.*

normalement adv.
D'une manière normale.

normalisation n. f.
• Standardisation. *L'Association canadienne de normalisation (ACNOR).*
• Harmonisation. *La normalisation des relations entre deux pays.*

normaliser v. tr.
• Soumettre un produit à une norme.
• Rendre normal. *Normaliser des échanges commerciaux interrompus.*

normand, ande adj. et n. m. et f.
De Normandie. *Un cousin normand. Un Normand, une Normande.*
☞ L'adjectif s'écrit avec une minuscule; le nom, avec une majuscule.

normatif, ive adj.
• Qui constitue une norme.
• Qui donne des règles. *C'est un dictionnaire normatif.*

norme n. f.
• Règle juridique. *C'est la norme.*
• Spécification technique d'un produit, d'un procédé.
• Moyenne. *Ne pas s'écarter de la norme.*

norois ou **noroît** n. m.
Vent du nord-ouest.

norvégien, ienne adj. et n. m. et f.
• **Adjectif et nom masculin et féminin.** De Norvège. *Le drapeau norvégien. Un Norvégien, une Norvégienne.*

☞ L'adjectif s'écrit avec une minuscule; le nom, avec une majuscule.

• **Nom masculin.** Langue parlée en Norvège. *Il étudie le norvégien.*

☞ Le nom de la langue s'écrit avec une minuscule.

nos
V. **notre.**

nostalgie n. f.
Tristesse mélancolique. *La nostalgie du pays.*

nostalgique adj.
Empreint de nostalgie.

nota ou nota bene loc. et n. m. inv.
👄 Les *e* se prononcent *é* [nɔtabene].

Mots latins signifiant «note», «notez bien» introduisant une remarque. *Des nota bene nombreux.*

☞ Ce mot ou cette locution introduit une remarque.

☞ En typographie soignée, les mots étrangers sont composés en italique. Dans des textes déjà en italique, la notation se fait en romain. Pour les textes manuscrits, on utilisera les guillemets.

notabilité n. f.
Personne notable, importante.

☞ Ne pas confondre avec le nom *notoriété,* fait d'être connu, la renommée.

notable adj. et n. m. et f.
• **Adjectif**
- Digne d'être noté. *Des progrès notables.*
- Important.
• **Nom masculin et féminin**
Personne qui a une situation sociale importante. *Les notables d'une ville.*

notablement adv.
Grandement.

notaire n. m. et f.
Officier public qui prépare les actes, les contrats, les testaments, etc., les reçoit, les conserve pour leur donner un caractère d'authenticité.

notamment adv.
👄 Les deux *mm* se prononcent comme un seul [nɔtamɑ̃].

Entre autres. *Il parle notamment le grec et l'italien.*

☞ not**amm**ent.

notarial, ale, aux adj.
Qui concerne les notaires. *Des études notariales, des actes notariaux.*

notariat n. m.
Fonction de notaire.

☞ notariat.

notarié, ée adj.
Passé devant notaire. *Un acte notarié.*

notation n. f.
Action, manière de noter. *La notation scientifique des expressions numériques. Une fiche de notation, des fiches de notation.*

note n. f.

• Brève communication écrite, de nature administrative. *La directrice a fait parvenir une note à tous les enseignants.*

☞ Ne pas confondre avec les noms suivants :
- *billet,* lettre très concise;
- *circulaire,* lettre d'information adressée à plusieurs destinataires;
- *communiqué,* avis transmis au public;
- *courrier,* ensemble des lettres, des imprimés, etc., acheminé par la poste;
- *dépêche,* missive officielle, message transmis par voie rapide;
- *lettre,* écrit transmis à un destinataire.

☞ L'écrit transmis par un supérieur à ses subordonnés est une *note de service.*

• Commentaire, indications succinctes. *Prendre des notes.*

• *Prendre bonne note de quelque chose.* Inscrire soigneusement un renseignement, un commentaire, etc.

• Total des dépenses faites à l'hôtel.

☞ Au restaurant, c'est une *addition,* et dans un commerce, c'est une *facture.*

• Appréciation chiffrée de la valeur d'un travail. *Elle a obtenu de bonnes notes en latin.*

note de la rédaction
Abréviation *N.D.L.R.* (s'écrit avec des points).

note du traducteur
Abréviation *N.D.T.* (s'écrit avec des points).

note de musique n. f.
Signe qui représente les sons dans l'écriture musicale.

☞ En typographie soignée, les notes de musique (*do* ou *ut, ré, mi, fa, sol, la, si*) se composent en italique ou en romain dans un texte en italique, mais jamais entre guillemets si l'on ne dispose pas d'italique. Les indications qui les accompagnent s'écrivent en romain (ou en italique, comme dans l'exemple qui suit, si la phrase est composée en italique). *Une étude en sol mineur, en* fa *dièse.*

note liminaire n. f.
Texte destiné à expliciter les symboles et les abréviations employés dans un ouvrage.

☞ Ne pas confondre avec les noms suivants :
- *avant-propos,* préface ou introduction caractérisée par une grande brièveté;
- *avertissement,* texte placé entre le grand titre et le début de l'ouvrage, afin d'attirer l'attention du lecteur sur un point particulier;
- *introduction,* court texte explicatif rédigé généralement par un auteur pour présenter son texte;
- *notice,* brève étude placée en tête d'un livre pour présenter la vie et l'œuvre de l'auteur;
- *préface,* texte de présentation d'un ouvrage qui n'est généralement pas rédigé par l'auteur; il est souvent composé en italique.

☞ Ordre des textes : la *préface* précède l'*introduction* qui est suivie par la *note liminaire,* s'il y a lieu.

noter v. tr.
• Prendre note de quelque chose.
• Donner une note.

notice n. f.
• Brève étude placée en tête d'un livre pour présenter la vie et l'œuvre de l'auteur. V. **note liminaire.**
• Exposé écrit succinct. *Une notice bibliographique.*
• Ensemble d'indications relatives à un produit. *Une notice technique, une notice de montage.*

*notice
• *Recevoir sa notice. Anglicisme au sens de **recevoir son avis de congédiement, être congédié.**
• *Donner sa notice. Anglicisme au sens de **donner sa démission.**

notification n. f.
• Acte par lequel on notifie.
• Avis.

notifier v. tr.
Redoublement du *i* à la première et à la deuxième personne du pluriel de l'indicatif imparfait et du subjonctif présent. *(Que) nous notifiions, (que) vous notifiiez.*
Faire savoir dans les formes légales, de façon officielle. *On lui a notifié son congédiement.*
▯— Ne pas confondre avec les verbes suivants :
- **édicter,** prescrire par une loi;
- **enjoindre,** recommander avec insistance;
- **intimer,** déclarer avec autorité.

notion n. f.
▱ Le *o* de la première syllabe est fermé [nosjɔ̃].
• Connaissance élémentaire de quelque chose. *Il a des notions d'espagnol.*
• Idée qu'on a de quelque chose. *Elles s'amusaient beaucoup et ont perdu la notion du temps.*

notionnel, elle adj.
▱ Le *o* de la première syllabe est fermé [nosjɔnɛl].
Relatif à une notion. *Un système notionnel.*
▭ notionnel.

notoire adj.
Qui est bien connu, attesté. *C'est un bandit notoire, un fait notoire.*
▯— Ne pas confondre avec les mots suivants :
- **assuré,** dont la réalité est sûre;
- **avéré,** reconnu comme vrai;
- **clair,** compréhensible;
- **évident,** indiscutable;
- **indéniable,** qu'on ne peut nier;
- **irréfutable,** qu'on ne peut réfuter.

notoirement adv.
Manifestement.

notoriété n. f.
Fait d'être connu, renommée. *Il est de notoriété publique que l'école Saint-Germain est une excellente école. Aujourd'hui, cet auteur jouit d'une grande notoriété.*
▯— Ne pas confondre avec le nom **notabilité,** personne notable, importante.
▯— Le nom **notoriété** ne peut désigner une personne notable.

notre, nos adj. poss.

• Adjectif possessif de la première personne du pluriel et des deux genres.
• Qui est à nous, qui nous appartient, qui est relatif à nous. *Notre maison, nos enfants.*
▯— L'adjectif s'accorde en nombre avec le nom déterminé; il représente au moins deux possesseurs, dont celui qui parle.
V. Tableau - **POSSESSIF (ADJECTIF).**

nôtre, nôtres pron. poss. et n. m.

• Pronom possessif de la première personne du pluriel et des deux genres.
• Qui est à nous. *Ce pays est le nôtre, cette patrie, la nôtre. Ces amis sont les nôtres.*
▯— Le pronom s'emploie avec l'article défini; il s'emploie également en fonction d'attribut, sans article, comme un adjectif. *Ces pensées sont nôtres.*
▯— Ne pas confondre l'adjectif possessif **notre** (sans accent circonflexe) avec le pronom possessif **nôtre** (avec un accent circonflexe). Le pronom s'emploie sans être suivi d'un nom, alors que l'adjectif est accompagné d'un nom. *Ce sont les nôtres* (pronom personnel), *notre chat* (adjectif possessif).
• **Nôtre,** nom masculin. Ce qui nous appartient. *Nous devons y mettre du nôtre.*
• **Nôtres,** nom masculin pluriel. Nos parents, nos proches, nos amis. *Il n'est pas des nôtres. Soyez des nôtres.*
▭ nôtre.

nouer v. tr., pronom.
• **Transitif.** Lier par un nœud. *Nouer ses cheveux.*
• **Pronominal.** Se former. *Une amitié s'est nouée entre eux. L'intrigue se noue vite dans ce roman.*

noueux, euse adj.
Se dit d'un bois qui présente beaucoup de nœuds.
▭ noueux.

nougat n. m.
Confiserie.
▭ nougat.

nougatine n. f.
Pâtisserie.

nouille adj. et n. f.
• (Au plur.) Pâtes alimentaires. *Elle aime beaucoup les nouilles.*
• *Style nouille.* Style décoratif du début du siècle.

nourrice n. f.
Femme qui allaite un enfant.
▭ nourrice.

nourricier, ière adj.
Qui fournit la nourriture. *La terre nourricière.*

nourrir v. tr., pronom.
Alimenter.
▭ nourrir.

nourrissant, ante adj.
Nutritif. *Des céréales nourrissantes.*
▯— Ne pas confondre avec le participe présent

invariable *nourrissant. Les céréales nourrissant le plus sont le blé et le riz.*
☞ nourrissant.

nourrisson n. m.
Enfant en bas âge (de plus d'un mois et de moins de deux ans).
☞ nourrisson.

nourriture n. f.
Aliment.
☞ nourriture.

nous pron. pers.

Pronom personnel de la première personne du pluriel.
EMPLOIS
• **Sujet.** *Nous viendrons demain.*
• **En apposition.** *Nous, nous sommes convaincus de ce fait, mais vous ne partagez pas cet avis.*
• **Complément.** *Regardez-nous. Ce jardin est à nous. Venez chez nous.*
• ***Nous* de majesté, de modestie.** Le pronom peut être employé comme pluriel de majesté ou de modestie pour *je.* Le verbe se met au pluriel, mais les adjectifs ou les participes s'écrivent au singulier et s'accordent en genre avec le nom auquel ils se rapportent. *Nous sommes persuadé que l'objectif sera atteint.*
• ***Chez-nous,*** nom masculin. *Venez donc voir notre nouveau chez-nous.*
🖙 Le nom s'écrit avec un trait d'union.

nouveau ou **nouvel, elle, eaux** adj.
• (Après le nom) Inédit, qui vient d'apparaître. *Des techniques nouvelles, du vin nouveau.*
• (Devant le nom) Qui n'existe que depuis peu de temps. *Un nouveau jour vient de se lever. Des nouveaux mariés, des nouveaux venus, des nouveaux riches.*
• ***À nouveau.*** À neuf, de manière différente. *Formulez la question à nouveau.*
• ***De nouveau.*** Une fois de plus. *Il est tombé de nouveau après sa chute d'hier.*
🖙 1° Placé après le nom ou en fonction d'attribut, la seule forme employée est *nouveau.*
2° Placé avant le nom et devant une voyelle ou un *h* muet, l'adjectif masculin s'écrit *nouvel. Un nouvel amour, le Nouvel An.*
🖙 Dans un nom géographique, un titre, l'adjectif qui précède le nom déterminant s'écrit avec une majuscule. *La Nouvelle-Orléans, le Nouveau Monde, le Nouveau Testament.*

Nouveau-Brunswick
Abréviation *N.-B.* (s'écrit avec des points).

nouveau-né, nouveau-née adj. et n. m. et f. (pl. *nouveau-nés*)
Qui vient de naître. *Une fille nouveau-née.*
🖙 Dans ce mot composé, le mot *nouveau* est généralement invariable, car il est pris adverbialement

au sens de *nouvellement.* Seul le deuxième élément prend la marque du féminin et du pluriel. Cependant certains auteurs accordent le premier élément.

nouveauté n. f.
Innovation.
☞ nouveauté.

Nouveau Testament
Abréviation *N.T.* (s'écrit avec des points).

nouvelle n. f.
• Premier avis d'un fait récent. *Une nouvelle de dernière heure, une nouvelle de première main.*
• Renseignements sur une situation, informations. *J'ai eu de ses nouvelles, écouter les nouvelles à la radio. Ils sont sans nouvelles d'eux depuis quelques mois.*
• ***Pas de nouvelles, bonnes nouvelles.*** Quand tout va bien, on n'envoie pas de ses nouvelles.
• Court récit. *Elle a écrit une nouvelle.*
☞ nouvelle.

Nouvelle-Écosse
Abréviation *N.-É.* (s'écrit avec des points).

nouvellement adv.
Récemment.

novateur, trice adj. et n. m. et f.
Innovateur.

novembre n. m.
Onzième mois de l'année. *Le mardi 2 novembre.*
🖙 Les noms de mois s'écrivent avec une minuscule.
V. Tableau - **DATE.**

novice adj. et n. m. et f.
• Débutant, inexpérimenté. *C'est un novice en la matière. Un travailleur novice.*
• Personne qui fait l'apprentissage de la vie religieuse.
☞ novice.

noyade n. f.
Mort accidentelle par immersion.
☞ noyade.

noyau n. m. (pl. *noyaux*)
• Partie centrale de certains fruits. *Des noyaux de pêches, de cerises.*
🖙 Lorsqu'il y a plusieurs graines, ce sont des *pépins*; quand il n'y a qu'une graine, c'est un *noyau.* Ainsi, dans la pêche, la prune, l'abricot, etc., la partie dure qui est au centre du fruit se nomme le *noyau. Un noyau d'avocat, des noyaux de cerises, d'olives.*
• Partie centrale. *Le noyau d'une cellule, de l'atome.*
• Petit groupe autour duquel s'organisent les éléments d'un ensemble. *Le noyau de la contestation.*
☞ noyau.

noyautage n. m.
Action de noyauter.
☞ noyautage.

noyauter v. tr.
Introduire des éléments dans un groupe afin de le désorganiser.
☞ noyauter.

noyé, ée adj. et n. m. et f.
Qui est mort par noyade.
Hom. **noyer,** arbre.
☞ noyé.

noyer v. tr., pronom.
Le **y** se change en **i** devant un **e** muet. *Il noie, il noiera.*
Le **y** est suivi d'un **i** à la première et à la deuxième personne du pluriel de l'indicatif imparfait et du subjonctif présent. *(Que) nous noyions, (que) vous noyiez.*
• **Transitif**
- Faire mourir par asphyxie dans un liquide. *Noyer un chien.*
- Diluer avec de l'eau. *Noyer son vin.*
- **Noyer le poisson.** Se dispenser de régler une question embarrassante par des atermoiements, des digressions.
• **Pronominal**
- Mourir asphyxié dans l'eau ou dans un autre liquide. *Ils se sont noyés.*
- **Se noyer dans un verre d'eau.** Se décourager à la moindre difficulté.
☞ noyer.

noyer n. m.
Arbre qui produit les noix.
Hom. **noyé,** mort par noyade.
☞ noyer.

N.T.
Abréviation de **Nouveau Testament.**

nu n. m.
• Figure nue.
• Dessin, peinture d'après un modèle nu.
• **À nu,** locution adverbiale. Sans protection. *L'os est à nu.*
• **Mettre à nu.** Dévoiler, mettre à découvert.

nu, nue adj.
Qui n'est couvert d'aucun vêtement.
☞ Quand l'adjectif précède le nom, il est invariable et se joint à ce dernier par un trait d'union. *Ils sont nu-pieds.* Quand l'adjectif suit le nom, il s'accorde en genre et en nombre. *Ils sont pieds nus, tête nue.*
Hom. **nue,** nuage.

nuage n. m.

____

• Masse vaporeuse de particules d'eau très fines qui flotte dans l'atmosphère. *Le ciel est couvert de nuages.*
☞ Si le ciel est clair, on peut écrire qu'il est **sans nuage** (sans aucun nuage) ou **sans nuages** (habituellement, il y a plusieurs nuages).
☞ Ne pas confondre avec les noms suivants :
- **brouillard,** amas de vapeurs qui flotte à proximité du sol (visibilité inférieure à 1 km);
- **brume,** brouillard léger (visibilité supérieure à 1 km); brouillard de mer;
- **buée,** vapeur d'eau qui se condense sur une surface froide;
- **frimas,** brouillard qui se congèle en tombant.
☞ Les dénominations de nuages composées

du mot **alto-** s'écrivent en un seul mot. *Altocumulus, altostratus.* Les autres composés s'écrivent avec un trait d'union. *Cumulo-nimbus, cirro-cumulus, strato-cumulus, nimbo-stratus, cirro-stratus.*
• **Être dans les nuages.** Être distrait.
• Amas d'aspect vaporeux. *Un nuage de poussière, de fumée, de sauterelles, de moustiques.*
Ant. **clair.**

____

nuageux, euse adj.
Couvert de nuages.
☞ nuageu**x**.

nuance n. f.
• Tonalité d'une teinte. *Toutes les nuances de l'arc-en-ciel.*
• Légère différence entre deux choses. *Avoir le sens des nuances.*

nuancé, ée adj.
Rempli de nuances.

nuancer v. tr.
• Assortir des couleurs par nuances.
• Exprimer des distinctions. *Nuancer une affirmation.*

nubile adj.
(Dr.) Qui est en âge de se marier.
☞ Ne pas confondre avec le mot **pubère,** qui se dit d'une personne qui a atteint la puberté.

nuclé(o)- préf.
Élément du latin signifiant «noyau». *Nucléaire.*

nucléaire adj. et n. m.
• Relatif au noyau de la cellule.
• Relatif au noyau de l'atome.
☞ L'adjectif **nucléaire** tend à remplacer l'adjectif **atomique** pour qualifier l'énergie.
☞ nucléaire.

nudisme n. m.
Doctrine prônant la vie en plein air dans un état de nudité complète.

nudiste adj. et n. m. et f.
Adepte du nudisme.

nudité n. f.
• État d'une personne nue.
• Sobriété extrême. *La nudité d'un décor.*

nue n. f.
• (Litt.) Nuage.
• **Porter aux nues.** Glorifier, encenser.
• **Tomber des nues.** Perdre ses illusions.
Hom. **nu,** qui n'est couvert d'aucun vêtement.

nuée n. f.
• (Litt.) Grand nuage.
• Multitude (de personnes, d'animaux) envahissant un endroit.
☞ Avec le collectif suivi d'un complément au pluriel, le verbe se met au singulier ou au pluriel, selon l'intention de l'auteur. *Une nuée de touristes se déversa (se déversèrent) dans l'hôtel.*

nue-propriété n. f. (pl. *nues-propriétés*)
(Dr.) Propriété d'un bien sur lequel une autre personne a un droit d'usufruit.
⮑ nu**e**-propriété.

nuire v. tr. ind.
INDICATIF PRÉSENT *Je nuis, tu nuis, il nuit, nous nuisons, vous nuisez, ils nuisent.* IMPARFAIT *Je nuisais.* PASSÉ SIMPLE *Je nuisis.* FUTUR *Je nuirai.* CONDITIONNEL PRÉSENT *Je nuirais.* IMPÉRATIF PRÉSENT *Nuis, nuisons, nuisez.* SUBJONCTIF PRÉSENT *Que je nuise.* IMPARFAIT *Que je nuisisse.* PARTICIPE PRÉSENT *Nuisant.* PASSÉ *Nui.* Le participe passé est invariable.
• Faire tort à quelqu'un. *Cette arrogance lui a nui.*
• Constituer un danger (pour une chose). *La mauvaise visibilité nuisait aux déplacements.*
⮑ Le verbe se construit toujours avec la préposition *à.*

nuisance n. f.
Facteur de la vie urbaine ou industrielle qui constitue un danger pour la santé, pour l'environnement. *Le bruit est une nuisance de la vie moderne, de même que la pollution.*
⮑ nuis**ance.**

nuisible adj.
Dommageable. *Ces insectes sont nuisibles.*
Ant. **bienfaisant.**

nuisiblement adv.
D'une manière nuisible.

nuit n. f.
• Durée écoulée entre le coucher et le lever du soleil.
• Obscurité. *Il fait nuit.*
• **Locutions**
- *De nuit.* Pendant la nuit.
- *La nuit des temps.* Époque très reculée.
- *Nuit blanche.* Nuit passée sans dormir.
- *Nuit et jour.* Constamment.

nuitamment adv.
(Litt.) Pendant la nuit.
⮑ nuit**amm**ent.

nuitée n. f.
Durée de 24 heures commençant généralement à midi.
⮑ La nuitée est une unité de temps dans le vocabulaire de l'hôtellerie.
⮑ nuitée.

nul, nulle adj. et pron. indéf.

• **Adjectif qualificatif**
- Sans valeur légale. *Un contrat nul.*
- Sans valeur, sans intérêt. *Une réponse nulle.*
⮑ Employé après le nom, le mot *nul* est un adjectif qualificatif.
• **Adjectif indéfini**
(Litt.) Aucun. *Nul mineur ne sera admis. Sans nul doute.*
⮑ L'adjectif indéfini est placé avant le nom avec lequel il s'accorde en genre et en nombre et est toujours accompagné de la négation *ne* ou *sans.*

• **Pronom indéfini**
Personne. *Nul n'est censé ignorer la loi. Nul n'est prophète en son pays.*
⮑ Le pronom s'emploie surtout au masculin en tête d'un proverbe, d'une maxime; il est toujours accompagné de la négation *ne.*
⮑ Le pronom indéfini *nul* appartient aujourd'hui au style littéraire ou juridique; dans la langue courante, on emploie plutôt *personne.*

---

nullement adv.
Aucunement, pas du tout. *Cela ne me dérange nullement.*
⮑ L'adverbe se construit avec *ne* sauf en réponse elliptique à une question. *Cela vous dérange? Nullement.*

nullité n. f.
• Absence de toute valeur.
• Personne dénuée de valeur, de talent.
⮑ nul**lité.**

numéraire n. m.
• Monnaie en espèces ayant cours légal.
• *Payer en numéraire.* Paiement effectué avec des billets de banque ou des pièces, par opposition aux paiements par chèque, par carte de crédit.
⮑ numér**aire.**

numéral, ale, aux adj. et n. m.
Qui désigne un nombre.
V. Tableau - **NUMÉRAL (ADJECTIF).**

numérateur n. m.
Terme d'une fraction placé au-dessus de la barre horizontale.
Ant. **dénominateur.**
V. Tableau - **NOMBRES.**

numération n. f.
Action de dénombrer.

numérique adj.
• Qui est relatif aux nombres.
• Qui est représenté par un nombre.
⮑ La représentation de l'heure au moyen de chiffres mobiles est dite *numérique* (et non *digitale), au moyen d'aiguilles, *analogique.*

numériquement adv.
Relativement au nombre.

numéro n. m.
• Abréviation *n⁰* ou *N⁰* (s'écrit sans point). L'abréviation du pluriel *numéros* est *n⁰ˢ* ou *N⁰ˢ* (s'écrit sans point).
• Chiffre, nombre attribué à un objet dans une série. *Des numéros gagnants. Elle loge au numéro 6 de l'avenue de la Brunante.*
• Élément d'une adresse qui sert à indiquer l'emplacement exact d'une maison ou d'un immeuble dans une voie de circulation. *Quel est le numéro* (et non le *numéro civique) de son immeuble?*
⮑ 1° Précédé d'un article, le nom s'écrit au long.
    2° Le nom ne s'abrège que devant un chiffre.
    3° Le *numéro* marque le rang, l'ordre, alors que le *chiffre* désigne une quantité chiffrée.
    4° Dans les numéros d'ordre, notamment des

articles de code, lois, décrets, les matricules, les titres de valeur, les folios, les nombres se composent en chiffres arabes. *Le compte nᵒ 4530, les articles nᵒˢ 15 et 16.*

numéro d'assurance sociale
Sigle **NAS** (s'écrit avec ou sans points).

numérotage n. m.
Action de numéroter.

numérotation n. f.
Manière dont des numéros se succèdent. *Il faut refaire la numérotation.*

numéroter v. tr.
Mettre un chiffre indiquant un ordre successif. *Numéroter des pages.*

numismate n. m. et f.
Spécialiste de la numismatique.

numismatique adj. et n. f.
• **Adjectif.** Relatif aux monnaies anciennes, aux médailles.
• **Nom féminin.** Étude des monnaies anciennes, des médailles.

nu-propriétaire, nue-propriétaire n. m. et f. (pl. *nus-propriétaires, nues-propriétaires*)
(Dr.) Personne qui n'a que la nue-propriété d'un bien sur lequel une autre personne exerce un droit d'usufruit.

nuptial, ale, aux adj.
(Litt.) Relatif au mariage. *Des vœux nuptiaux, une bénédiction nuptiale.*
⇨ nuptial.

ADJECTIF **NUMÉRAL**

L'adjectif numéral est un déterminant qui indique le nombre précis des êtres ou des choses ou qui précise l'ordre des êtres, des objets dont on parle.

• L'**adjectif numéral cardinal** détermine les êtres ou les choses par leur **NOMBRE**.

  Ces adjectifs sont invariables à l'exception de :

  – *un* qui peut se mettre au féminin.

    Vingt et une écolières.

  V. Tableau – **UN**.

  – *vingt* et *cent* qui prennent la marque du pluriel s'ils sont multipliés par un nombre et s'ils ne sont pas suivis d'un autre adjectif numéral.

    Six cents crayons, trois cent vingt règles, quatre-vingts feuilles, quatre-vingt-huit stylos.

  ☞ Dans les adjectifs numéraux composés, le trait d'union s'emploie seulement entre les éléments qui sont l'un et l'autre inférieurs à cent et quand ces éléments ne sont pas joints par la conjonction *et*. *Trente-huit, quatre-vingt-quatre, vingt et un, cent dix, deux cent trente-deux.*

  V. **cent, mille, vingt**.
  V. Tableau – **NOMBRES**.

• L'**adjectif numéral ordinal** détermine les êtres ou les choses par leur **ORDRE**.

  Ces adjectifs qui prennent le genre et le nombre du nom qu'ils déterminent sont formés du nombre cardinal auquel on ajoute la terminaison *ième* (à l'exception de *premier* et de *dernier*).

    Les premières (1ʳᵉˢ) pages, les cinquièmes (5ᵉˢ) places.

  Abréviations courantes :

    Premier **1ᵉʳ**, première **1ʳᵉ**, deuxième **2ᵉ**, troisième **3ᵉ**, quatrième **4ᵉ** et ainsi de suite **100ᵉ, 500ᵉ, 1000ᵉ**. Philippe **Iᵉʳ**, **1ʳᵉ** année, **6ᵉ** étage.

  ☞ Les autres manières d'abréger ne doivent pas être retenues (*1ère, *2ème, *2ième, *2è...).

V. Tableau – **ADJECTIF**.

nuque n. f.
Partie postérieure du cou. *Une coiffure qui dégage bien la nuque.*

*nursing
Ce mot est remplacé par **soins infirmiers.** L'ancienne Faculté de nursing s'appelle maintenant Faculté des sciences infirmières. Dans les hôpitaux, l'ancien Service du nursing s'appelle aujourd'hui le Service des soins infirmiers.

nutritif, ive adj.
Qui a la propriété de nourrir. *La valeur nutritive d'un aliment.*

nutrition n. f.
Transformation, assimilation des aliments dans l'organisme.
⇨ nutrition.

nutritionnel, elle adj.
Qui concerne la nutrition.
⇨ nutritionnel.

nutritionniste n. m. et f.
Médecin spécialiste de la nutrition.
⇨ nutritionniste.

nutum (ad)
V. **ad nutum.**

nylon n. m.
Fibre synthétique, tissu obtenu à partir de ce produit.

Des nylons résistants, des bas de nylon.
▷— Ce nom est une marque déposée qui devrait s'écrire avec une majuscule. Cependant, ce mot est passé dans l'usage et s'écrit maintenant avec une minuscule.
⇨ nylon.

nymphe n. f.
• Divinité féminine.
• Jeune fille gracieuse.
▷— Ne pas confondre avec le nom **lymphe,** liquide organique.

nymphéa n. m.
👄 Ne pas oublier qu'au pluriel le **s** est muet [nɛ̃fea].
Nénuphar. *Monet a peint les magnifiques* Nymphéas.
▷— Attention au genre masculin de ce nom : **un** nymphéa.
⇨ nymphéa.

nymphette n. f.
Adolescente attrayante.
⇨ nymphette.

nymphomane adj. et n. f.
Atteinte de nymphomanie.
▷— Ce mot s'emploie en parlant d'une femme.
⇨ nymphomane.

nymphomanie n. f.
Exagération des désirs sexuels chez la femme.
⇨ nymphomanie.

o
Abréviation de *octet*.

ô interj.
• Interjection qui sert à interpeller, à invoquer dans un style littéraire. *Ô mon Dieu.*
• Interjection qui marque la surprise, la joie, la douleur, etc., dans un texte de niveau soutenu. *Ô te voilà!*
☞ L'interjection *ô,* contrairement à *oh!, ho!,* n'est jamais immédiatement suivie du point d'exclamation; le signe de ponctuation se place plutôt à la fin de l'apostrophe, de la phrase.
V. **oh!**

o/
Symbole de *à l'ordre de*.

O
Symbole de *oxygène*.

O.
Abréviation du point cardinal *ouest*.

o-
La voyelle *o* à l'initiale se prononce comme un *o* ouvert, sauf lorsqu'elle est suivie du son *z* (comme dans les noms *osier, ozone*...).

OACI
Sigle de *Organisation de l'aviation civile internationale*.

oasis n. f.
👄 Le *o* est ouvert et le *s* final se prononce [ɔazis]. Lieu où il y a une source, de la végétation dans un désert. *Une oasis luxuriante.*
☞ Attention au genre féminin de ce nom : *une* oasis.

obédience n. f.
Obéissance à une autorité spirituelle. *Il est d'obédience catholique.*
▭ obédie**nce**.

obéir v. tr. ind.
Exécuter la volonté de quelqu'un. *Obéir à ses parents. Elle est obéie de tous.*
☞ À la forme active, le verbe se construit toujours avec la préposition *à*.

obéissance n. f.
Observation des règles, docilité.
▭ obéiss**ance**.

obéissant, ante adj.
Soumis, discipliné. *Ces enfants sont obéissants.*
☞ Ne pas confondre avec le participe présent invariable *obéissant. Les enfants obéissant toujours à leurs parents sont rares.*

obélisque n. m.
Monument en forme de pyramide allongée. *Un obélisque dressé depuis des milliers d'années.*
☞ Attention au genre masculin de ce nom : *un* obélisque.
▭ obélis**que**.

obèse adj. et n. m. et f.
Atteint d'obésité. *Ces obèses ont du mal à se déplacer.*
▭ ob**èse**.

obésité n. f.
Excédent important de poids.
▭ obé**sité**.

obi n. f.
Ceinture en soie portée sur le kimono au Japon. *Des obis brodées.*
☞ Attention au genre féminin de ce nom : *une* obi.

objecter v. tr.
• Rétorquer. *On n'a rien objecté à mes demandes.*
• Prétexter. *Objecter un mal de tête pour ne pas travailler.*

*objecter (s')
Anglicisme au sens de *s'opposer.*
☞ Le verbe *objecter* ne s'utilise pas à la forme pronominale.

objecteur n. m.
Objecteur de conscience. Personne qui refuse d'accomplir son service militaire par conviction personnelle. *Des objecteurs de conscience.*

objectif, ive adj.
• Conforme à la réalité. *Une étude objective des faits.*
• Impartial. *Cet arbitre est objectif.*
Ant. **subjectif.**

objectif n. m.
• Système optique d'un instrument. *L'objectif d'une caméra.*
• But à atteindre. *L'objectif est de répondre aux besoins des consommateurs.*
• *Avoir pour objectif.* Viser. *Ils ont pour objectifs d'assurer la rentabilité et de prendre de l'expansion.*
☞ Dans cette expression, le nom *objectif* peut prendre la marque du pluriel s'il a plusieurs compléments.

objection n. f.
Opposition. *Avez-vous des objections à ce que nous partions demain?*

objectivement adv.
D'une façon impartiale.

objectiver v. tr.
Extérioriser.

objectivité n. f.
Caractère de ce qui est exempt de partialité, de ce qui est conforme à la réalité. *Les juges doivent faire preuve d'objectivité.*

objet n. m.
• Toute chose. *Une collection de petits objets amusants.*
• But, motif. *Quel est l'objet de votre appel?*
• *Avoir pour objet.* Avoir pour but, pour motif. *Ces précautions ont pour objet d'éviter tout incident.*
☞ Dans cette expression, le nom est invariable.
• *Faire l'objet de, être l'objet de.* *Ils ont fait l'objet d'une enquête.*
☞ Dans cette expression, le nom est invariable.
• *Objet d'une lettre, d'une note.* Énoncé succinct du contenu d'une lettre, d'une note. *Objet : appel d'offres - matériel informatique* (et non *sujet, *re:).
☞ Cette mention qui s'inscrit au centre de la page, sous la vedette, résume le motif, le but de la lettre. Elle permet au destinataire de se situer très rapidement et facilite le classement de la correspondance.
V. Tableau - **LETTRE TYPE.**

objet volant non identifié
Sigle *OVNI* ou *ovni* (s'écrit avec ou sans points).

objurgation n. f.
(Litt.) Réprimande, demande instante.
☞ Ce nom s'emploie surtout au pluriel.

obligataire adj. et n. m. et f.
• **Adjectif.** Relatif aux obligations.
• **Nom masculin et féminin.** (Dr.) Titulaire d'une obligation (titre de créance).

obligation n. f.
• Engagement, devoir. *L'obligation de porter assistance aux personnes en danger.*
• (Fin.) Titre de créance portant un intérêt déterminé et remboursable à une date déterminée. *Une obligation d'épargne, une obligation garantie.*
• *Obligation scolaire.* Nécessité imposée légalement aux enfants de fréquenter un établissement d'enseignement pendant un nombre d'années déterminé. (Recomm. off. OLF)
• *Obligation de rendre compte.* Obligation juridique ou morale qu'a une entreprise d'informer ses actionnaires, ses bailleurs de fonds et le public en général de l'usage qui a été fait des ressources appartenant à la collectivité. (Recomm. off. OLF) *Maintenant, l'obligation de rendre compte* (et non l'*imputabilité) *s'applique aussi aux gestionnaires de l'État.*

obligatoire adj.
Exigé, nécessaire. *Un cours obligatoire.*
Ant. **facultatif, optionnel.**

obligatoirement adv.
D'une manière obligatoire.

obligeamment adv.
◇ La troisième syllabe se prononce *ja* [ɔbliʒamɑ̃].
Avec obligeance.
▭▷ oblig**eamm**ent.

obligeance n. f.
Amabilité. *Auriez-vous l'obligeance de m'indiquer la date de la prochaine rencontre.*
▭▷ oblig**ean**ce.

obligeant, ante adj.
Aimable, affable. *Ils sont très obligeants.*
☞ Ne pas confondre avec le participe présent invariable *obligeant. Les enfants étaient épuisés, l'approche des examens les obligeant à travailler d'arrache-pied.*
▭▷ oblig**eant.**

obliger v. tr.
Le *g* est suivi d'un *e* devant les lettres *a* et *o. Il obligea, nous obligeons.*
• Lier par la nécessité ou le devoir. *Maman nous obligeait à déjeuner avant d'aller à l'école.*
☞ À la forme active, le verbe se construit avec la préposition *à. On l'oblige à se présenter à 9 heures.* À la forme passive, le verbe se construit avec la préposition *de. Il est obligé de tout recommencer.*
☞ Ne pas confondre avec les mots suivants :
- *acculer,* ne laisser aucune autre possibilité;
- *astreindre,* imposer la pratique d'un acte peu agréable.

• Faire plaisir, rendre service. *Vous m'obligeriez en acceptant de venir.*

oblique adj. et n. f.
• **Adjectif.** Qui est de biais. *Des traits obliques.*
• *En oblique,* locution adverbiale. En diagonale.
• **Nom féminin.** Ligne oblique.

obliquement adv.
De biais.

obliquer v. intr.
Prendre une autre direction. *Il a obliqué à droite.*

oblitération n. f.
Action d'oblitérer (un timbre).

oblitérer v. tr.
Le *é* se change en *è* devant une syllabe muette, sauf à l'indicatif futur et au conditionnel présent. *J'oblitère,* mais *j'oblitérerai.*
• (Vx) Estamper.
• Recouvrir d'un cachet. *Oblitérer un timbre.*

oblong, ongue adj.
Plus long que large. *Une forme oblongue.*
⇒ oblong.

obnubilation n. f.
• Obscurcissement.
• Obsession.

obnubiler v. tr.
• Obscurcir.
• Obséder. *Il est obnubilé par l'ambition d'être le premier.*

obole n. f.
Don.
☞ Attention au genre féminin de ce nom : *une* obole.

obscène adj.
Pornographique, indécent. *Des gestes obscènes.*
⇒ obscène.

obscénité n. f.
• Caractère de ce qui est obscène.
• Chose, parole obscène. *Dire des obscénités.*
⇒ obscénité.

obscur, ure adj.
• Sombre, noir. *Une maison obscure.*
• Difficile à comprendre. *Le sens de cette phrase est obscur.*
• Inconnu. *Un auteur obscur dont personne n'a entendu parler.*

obscurcir v. tr., pronom.
• **Transitif.** Assombrir, réduire la lumière, l'éclat.
• **Pronominal.** Devenir obscur. *La maison s'est obscurcie.*
⇒ obscurcir.

obscurcissement n. m.
Action d'obscurcir.
⇒ obscurcissement.

obscurément adv.
D'une manière obscure, peu intelligible.
⇒ obscurément.

obscurité n. f.
• Absence de lumière, état de ce qui est obscur.
• (Fig.) Manque de clarté, d'intelligibilité.
• Au Canada, le nom *noirceur* est également utilisé en ce sens.

obsédé, ée adj. et n. m. et f.
Atteint d'une obsession, d'une idée fixe. *Il est obsédé par le désir d'avoir la plus haute note.*

obséder v. tr.
Le *é* se change en *è* devant une syllabe muette, sauf à l'indicatif futur et au conditionnel présent. *J'obsède,* mais *j'obséderai.*
Préoccuper continuellement, poursuivre. *La peur d'une agression l'obsède.*

obsèques n. f. pl.
Funérailles. *Des obsèques nationales.*
☞ Ce nom est toujours au pluriel et s'emploie dans la langue administrative.
⇒ obsèques.

obséquieusement adv.
D'une manière obséquieuse.
⇒ obséquieusement.

obséquieux, euse adj.
Servile, exagérément poli. *Cette personne est trop obséquieuse.*
⇒ obséquieux.

obséquiosité n. f.
Servilité, politesse excessive.
⇒ obséquiosité.

observable adj.
Qui peut être observé. *Ces étoiles sont observables à l'œil nu.*

observance n. f.
Action d'observer une règle religieuse.

observateur, trice adj. et n. m. et f.
• **Adjectif.** Curieux et perspicace. *Un esprit observateur.*
• **Nom masculin et féminin.** Personne qui observe sans intervenir. *Elle est une simple observatrice à cette réunion.*

observation n. f.
• Réprimande. *L'enseignant lui a fait des observations parce que son travail était bâclé.*
• Action de suivre une règle. *L'observation du jeûne.*
• Action d'examiner attentivement. *La malade est en observation.*

observatoire n. m.
Établissement destiné aux observations astronomiques, météorologiques.

observer v. tr., pronom.
• **Transitif**
- Suivre une règle. *Il observe la loi.*
- Examiner avec soin. *Observer les oiseaux.*
- Remarquer. *Je vous fais observer qu'il a réussi brillamment.*
☞ Le verbe se construit avec le semi-auxiliaire *faire.*
• **Pronominal**

Se surveiller, s'épier réciproquement. *Les adversaires se sont observés attentivement.*

obsession n. f.
Idée fixe. *L'obsession de la perfection.*

obsessionnel, elle adj.
Propre à l'obsession.

obsidienne n. f.
Pierre d'origine volcanique.
☞ obsi**di**enne.

obsolescence n. f.
(Écon.) Fait, pour un bien, un service, un concept, d'être progressivement périmé. *L'obsolescence planifiée.*
☞ Contrairement à l'*usure* qui conduit à la dégradation matérielle d'un bien, l'*obsolescence* est de nature plutôt psychologique puisqu'elle est relative à l'apparition de nouveaux produits, de nouveaux concepts.
☞ obsole**sc**ence.

obsolescent, ente adj.
Qui est devenu désuet du fait de l'évolution scientifique, technique, etc. *Un matériel informatique obsolescent.*
☞ obsole**sc**ent.

obsolète adj.
(Vx) Tombé en désuétude.
☞ Cet adjectif est vieilli; on lui préférera le néologisme **obsolescent**.

obstacle n. m.
• Ce qui gêne le passage. *Une course d'obstacles.*
• (Fig.) Empêchement. *Tous les obstacles ont été surmontés.*
• **Faire obstacle à.** Contrer. *Ils ont fait obstacle au projet.*
☞ Dans cette expression, le nom reste invariable.

obstétrical, ale, aux adj.
Relatif à l'obstétrique. *Des problèmes obstétricaux.*

obstétricien n. m.
obstétricienne n. f.
Médecin spécialiste de l'obstétrique.

obstétrique n. f.
Spécialité de la médecine qui concerne les accouchements.

obstination n. f.
• Entêtement. *L'obstination d'un enfant.*
• Persévérance. *Elle a continué avec obstination.*

obstiné, ée adj.
• Entêté. *Ces garnements sont obstinés et indisciplinés.*
• Persévérant. *Pour arriver à ses fins, il faut être obstiné.*

obstinément adv.
Avec obstination.

obstiner (s') v. pronom.
S'entêter. *Il s'obstinait à poursuivre ses recherches. Elles se sont obstinées et elles ont réussi.*
☞ Le verbe se construit avec la préposition *à* suivie de l'infinitif ou avec la préposition **dans** suivie d'un nom.

obstruction n. f.
• Occlusion.
• **Faire de l'obstruction.** (Polit.) Retarder le vote d'une loi.

obstruer v. tr.
Boucher. *Un camion renversé obstrue la route.*

obtempérer v. tr. ind.
(Dr.) Obéir. *Obtempérer à un ordre.*
☞ Le verbe se construit toujours avec la préposition **à**.

obtenir v. tr.
INDICATIF PRÉSENT *J'obtiens, tu obtiens, il obtient, nous obtenons, vous obtenez, ils obtiennent.* IMPARFAIT *J'obtenais.* PASSÉ SIMPLE *J'obtins.* FUTUR *J'obtiendrai.* CONDITIONNEL PRÉSENT *J'obtiendrais.* IMPÉRATIF PRÉSENT *Obtiens, obtenons, obtenez.* SUBJONCTIF PRÉSENT *Que j'obtienne.* IMPARFAIT *Que j'obtinsse.* PARTICIPE PRÉSENT *Obtenant.* PASSÉ *Obtenu, ue.*
Parvenir à un résultat. *Ils ont obtenu gain de cause. Ils ont obtenu qu'il vienne plus tôt.*
☞ Le verbe se construit généralement avec le subjonctif.

obtention n. f.
Action d'obtenir. *L'obtention d'un diplôme.*
☞ obtention.

obturation n. f.
Action d'obturer une cavité. *Une obturation dentaire.*

obturer v. tr.
Boucher une cavité avec une substance.

obtus, use adj.
• (Géom.) Se dit d'un angle qui est plus grand qu'un angle droit.
• (Fig.) Se dit d'une personne dont l'esprit est borné.

obus n. m.
◇ Le **s** est muet [ɔby].
Projectile.
☞ obu**s**.

obvier v. tr.
Redoublement du *i* à la première et à la deuxième personne du pluriel de l'indicatif imparfait et du subjonctif présent. *(Que) nous obviions, (que) vous obviiez.*
(Litt.) Faire obstacle à, remédier à. *Obvier à une difficulté.*
☞ Le verbe se construit touujours avec la préposition **à**.

oc adv.
• Particule affirmative signifiant «oui» en ancien occitan.
• **Langue d'oc.** Ensemble des dialectes parlés dans le sud de la France (par opposition à **langue d'oïl**).
☞ La particule affirmative s'écrit avec une minuscule.

occasion n. f.
• Circonstances favorables. *Profiter de l'occasion.*
• **À l'occasion,** locution adverbiale. Le cas échéant.
• **D'occasion.** Qui n'est pas neuf. *Une voiture d'occasion.*

occasionnel, elle adj.
Qui arrive par hasard. *Une rencontre occasionnelle.*
⇨ occasio**nn**el.

occasionnellement adv.
Par occasion.
⇨ occasio**nn**ellement.

occasionner v. tr.
Causer, donner lieu à, entraîner. *La tempête a occasionné plusieurs accidents.*
⇨ occasio**nn**er.

occident n. m.
• Côté de l'horizon où le soleil se couche. *Le soleil se couche à l'ouest, à l'occident.*
⊯ Quand le nom désigne un point cardinal, il s'écrit avec une minuscule.
• Ensemble des pays d'Europe de l'Ouest et d'Amérique du Nord. *Les pays de l'Occident.*
⊯ En ce sens, le nom s'écrit avec une majuscule.
Ant. **orient.**
V. Tableau - **POINTS CARDINAUX.**
Hom. **oxydant,** qui a la propriété d'oxyder.

occidental, ale, aux adj. et n. m. et f.
• **Adjectif**
- Qui appartient à l'Occident. *Les États occidentaux, la vie occidentale.*
- Qui est à l'ouest. *Le mode de vie occidental.*
• **Nom masculin et féminin** (pl. *occidentaux*)
Les peuples d'Occident. *Les Québécois sont des Occidentaux.*
⊯ L'adjectif s'écrit avec une minuscule; le nom, avec une majuscule.
Ant. **oriental.**

occidentalisation n. f.
Action d'occidentaliser.
⇨ occide**nt**alisation.

occidentaliser v. tr.
Adapter les coutumes, les idées à celles de l'Occident.
⇨ occide**nt**aliser.

occiput n. m.
◁▷ Le *t* se prononce [ɔksipyt].
Partie postérieure de la tête. *Des occiputs.*

occire v. tr.
(Vx) Tuer.
⊯ Ce verbe ne s'emploie plus qu'à l'infinitif, au participe passé (*occis, occise*) et aux temps composés.

occitan, ane adj. et n. m. et f.
• **Adjectif et nom masculin et féminin.** De l'Occitanie (sud de la France). *Le paysage occitan. Un Occitan, une Occitane.*
⊯ Le nom de la langue s'écrit avec une minuscule.
• **Nom masculin.** Langue parlée en Occitanie. *Claude parle l'occitan.*
⊯ Le nom de la langue s'écrit avec une minuscule.

occlure v. tr.
INDICATIF PRÉSENT *J'occlus, tu occlus, il occlut, nous occluons, vous occluez, ils occluent.* IMPARFAIT *J'occluais.* PASSÉ SIMPLE *J'occlus.* FUTUR *J'occlurai.* CONDITIONNEL PRÉSENT *J'occlurais.* IMPÉRATIF

PRÉSENT *Occlus, occluons, occluez.* SUBJONCTIF PRÉSENT *Que j'occlue, que tu occlues, qu'il occlue, que nous occluions, que vous occluiez, qu'ils occluent.* IMPARFAIT *Que j'occlusse.* PARTICIPE PRÉSENT *Occluant.* PASSÉ *Occlus, occluse.*
(Méd.) Clore un orifice naturel.

occlusif, ive adj. et n. f.
• **Adjectif.** Qui produit une occlusion.
• **Nom féminin.** Consonne produite par une occlusion de la bouche suivie d'une ouverture. *Les lettres p, t, b, d, k, g sont des occlusives.*

occlusion n. f.
Fermeture, obstruction.

occulte adj.
Caché. *Les sciences occultes.*

occulter v. tr.
Cacher, passer sous silence.

occupant, ante adj. et n. m. et f.
• **Adjectif et nom masculin et féminin.** Qui occupe un pays, un lieu.
• **Nom masculin et féminin.** (Dr.) Locataire. *Des occupants paisibles.*

occupation n. f.
• Travail, activité. *Elle a beaucoup d'occupations.*
• Action d'occuper une ville, un pays. *L'occupation d'un pays par un État ennemi.*

occupé, ée adj.
• Que l'ennemi a envahi. *Des territoires occupés.*
• Qui est pris (par opposition à **libre**). *La ligne téléphonique est occupée* (et non *engagée).
• Qui se consacre à une activité, à une tâche. *Elle est occupée à construire une maisonnette.*

occuper v. tr., pronom.
• **Transitif**
- Se rendre maître d'un lieu par la force. *Les soldats occupent la ville.*
- Remplir un espace ou une durée. *Le locataire occupe le premier étage. Renaud et Françoise occupent leurs loisirs à skier et à lire.*
- Donner du travail. *La ville occupe une trentaine de personnes à l'entretien des jardins.*
- Consacrer son temps à une activité. *Il occupe ses loisirs à jouer au tennis.*
⊯ À la forme passive, le verbe se construit avec les prépositions *à* ou *par* (et non *avec*) et le participe passé s'accorde toujours avec le sujet du verbe.
• **Pronominal**
- *S'occuper + à.* Employer son temps à quelque chose. *Il s'occupe à bricoler.*
- *S'occuper + de.* Se charger de. *Elle s'occupe des approvisionnements.*
⊯ Selon l'emploi des prépositions *de* ou *à,* le verbe a deux significations distinctes.
• (Absol.) Ne pas rester inactif. *Occupez-vous, ne restez pas là à ne rien faire.*
⇨ occu**p**é.

occurrence n. f.
• (Litt.) Circonstance.
• *En l'occurrence.* Dans la circonstance.

• (Ling.) Attestation d'une unité linguistique dans un texte. *Nous avons relevé plusieurs occurrences de ce néologisme dans les journaux.*
⟹ occurrence.

OCDÉ
Sigle de *Organisation de coopération et de développement économique.*

océan n. m.
Grande étendue d'eau salée. *L'océan Atlantique. L'océan Arctique.*
☞ Dans les désignations géographiques, le nom *océan* est un générique qui s'écrit avec une minuscule, tout comme les mots *lac, mer, baie, île, mont,* etc.
V. Tableau - **GÉOGRAPHIQUES (NOMS).**

océane adj. f.
(Litt.) Relatif à l'océan. *Les profondeurs océanes.*

océanien, ienne adj. et n. m.et f.
De l'Océanie.
☞ L'adjectif s'écrit avec une minuscule; le nom, avec une majuscule.
☞ Ne pas confondre avec le mot *océanique,* relatif à l'océan.

océanique adj. et n. m.
• **Adjectif.** Relatif à l'océan. *Un climat océanique.*
• **Nom masculin.** Au Canada, bateau qui navigue sur l'océan.

océanographe n. m. et f.
Spécialiste de l'océanographie.

océanographie n. f.
Étude de la mer, des profondeurs sous-marines.

ocelot n. m.
Mammifère carnassier à fourrure rousse tachetée. *Un manteau en ocelot.*
⟹ ocelot.

ocre adj. inv. et n. f.
• **Nom féminin.** Terre colorée dont on fait des couleurs. *Des ocres rouges, des ocres jaunes.*
• **Adjectif de couleur invariable.** Brun-jaune. *Des turbans ocre.*
☞ L'adjectif de couleur est invariable, mais le nom prend la marque du pluriel.
V. Tableau - **COULEUR (ADJECTIFS DE).**

ocré, ée adj.
Qui a la teinte de l'ocre.

ocreux, euse adj.
De la nature de l'ocre.

oct-, octa-, octi-, octo- préf.
• Éléments du latin signifiant «huit».
• Les mots composés du préfixe *octo-* s'écrivent en un seul mot. *Octogone.*

octane n. m.
Hydrocarbure saturé. *Des indices d'octane élevés.*

octave n. f.
• Période de huit jours qui suit une fête. *L'octave de Noël.*

• (Mus.) Intervalle de notes portant le même nom dans deux gammes successives. *Une octave supérieure.*
☞ Attention au genre féminin de ce nom : *une* octave.

octet n. m.
• Abréviation *o* (s'écrit sans point).
• (Inform.) Ensemble de huit bits consécutifs traités comme un tout qui permet de représenter un caractère, une lettre, un chiffre ou un autre symbole. *Une disquette de 800 milliers d'octets, de 800 ko.*
☞ Le nom *octet* est souvent précédé du symbole *k* qui multiplie l'unité par mille ou du symbole *M* qui multiplie l'unité par un million. *Un disque rigide de 20 méga-octets, de 20 Mo.*
⟹ octet.

octobre n. m.
Dixième mois de l'année. *Le samedi 30 octobre.*
☞ Les noms de mois s'écrivent avec une minuscule.
V. Tableau - **DATE.**

octogénaire adj. et n. m. et f.
Âgé d'au moins quatre-vingts ans.

octogonal, ale, aux adj.
Qui a huit angles. *Des immeubles octogonaux.*

octogone n. m.
Polygone à huit côtés.

octroi n. m.
Action d'octroyer.
⟹ octroi.

*octroi
Impropriété au sens de *subvention,* de *délivrance* (d'un diplôme).

octroyer v. tr., pronom.
Le *y* se change en *i* devant un *e* muet. *Il octroie, il octroiera.*
• **Transitif.** Accorder à titre de faveur, concéder. *On lui a octroyé quelques jours de congé.*
• **Pronominal.** S'attribuer quelque chose. *Ils se sont octroyés quelques jours de vacances.*

oculaire adj. et n. m.
• **Adjectif**
- Relatif à l'œil. *Le globe oculaire.*
- *Témoin oculaire.* Personne qui témoigne de ce qu'il a vu de ses propres yeux.
• **Nom masculin**
Système optique d'une lunette, d'un microscope, etc.
⟹ oculaire.

oculiste adj. et n. m. et f.
Médecin spécialiste des anomalies de la vision.
☞ Ne pas confondre avec les noms suivants :
- *ophtalmologiste, ophtalmologue,* spécialiste en ophtalmologie, partie de la médecine qui traite des pathologies de l'œil et des opérations pratiquées sur l'œil;
- *opticien,* personne qui fabrique et vend des lunettes.

odalisque n. f.
(Litt.) Femme d'un harem.

ode n. f.
• Poème lyrique. *Une belle ode à l'amour.*
• Poème mis en musique.
☞ Attention au genre féminin de ce nom : *une* ode.

odeur n. f.
• Sensation olfactive qui émane de certains corps. *La bonne odeur du pain qui cuit.*
☞ L'odeur peut être bonne ou mauvaise.
☞ Ne pas confondre avec les noms suivants :
- *parfum,* odeur agréable;
- *relent,* odeur désagréable.
• *Odeur de sainteté.* Parfum miraculeux répandu par le corps de certains saints après leur mort.
• *Ne pas être en odeur de sainteté* (dans un lieu, auprès de quelqu'un). Ne pas être apprécié quelque part, ne pas jouir de l'estime de quelqu'un.

odieusement adv.
D'une manière odieuse.

odieux, euse adj.
Exécrable, désagréable. *Ces paroles sont odieuses.*
☞ odieu**x**.

odomètre n. m.
Appareil qui mesure la distance parcourue. *L'odomètre indique 75 000 kilomètres.*

odonyme n. m.
Nom de voies de circulation. ***Avenue de la Brunante,*** est un odonyme.
☞ Les mots génériques des odonymes (***avenue, boulevard, place, rue,*** etc) s'écrivent en minuscules et sont suivis du nom spécifique qui s'écrit avec une ou des majuscules. *Le boulevard René-Lévesque, le chemin Saint-Louis, la place d'Armes, la rue du Manoir.*
V. Tableau - **ADRESSE.**
V. Tableau - **TOPONYMES.**

odorant, ante adj.
• Qui a une bonne odeur. *Des roses odorantes.*
• Qui a une odeur bonne ou mauvaise. *Ces fromages sont odorants.*
☞ L'adjectif se dit de ce qui a une odeur, bonne ou mauvaise, mais il est plus souvent employé au sens de *odoriférant,* qui a une bonne odeur.
Ant. **inodore.**

odorat n. m.
Sens par lequel on perçoit les odeurs. *L'odorat du chat est bien développé.*
☞ odora**t**.

odoriférant, ante adj.
Qui a une bonne odeur. *Les lilas odoriférants.*
Ant. **malodorant.**

odyssée n. f.
• Récit des aventures d'Ulysse écrit par Homère. *L'Iliade et l'Odyssée.*
• Suite d'aventures extraordinaires. *Ce voyage fut une véritable odyssée.*
☞ Lorsqu'il désigne le poème d'Homère, le nom s'écrit avec une majuscule; au sens figuré, il s'écrit avec une minuscule.

œcuménique adj.
👄 Les lettres ***œ*** se prononcent ***é*** [ekymenik].
(Relig.) Universel, qui concerne l'ensemble des Églises.

œcuménisme n. m.
👄 Les lettres ***œ*** se prononcent ***é*** [ekymenism].
(Relig.) Mouvement qui vise le rassemblement des Églises chrétiennes.

œdème n. m.
👄 Les lettres ***œ*** se prononcent ***é*** [edɛm].
(Méd.) Gonflement des tissus. *Un œdème pulmonaire.*

œdipe n. m.
👄 Les lettres ***œ*** se prononcent ***é*** [edip].
Complexe d'Œdipe. Le nom du héros grec s'écrit avec une majuscule dans l'expression; construit elliptiquement, le nom s'écrit avec une minuscule. *Il souffre d'un œdipe.*

œil n. m. (pl. *yeux*)
_____

• Organe de la vue. *Avoir de bons yeux. Des yeux verts.*
☞ Le pluriel du nom ***œil*** est ***yeux,*** sauf dans les mots composés avec traits d'union où il s'écrit ***œils*** (*des œils-de-bœuf*), dans la langue de la marine (*les œils de la voile*) et dans la langue de l'imprimerie (*les œils d'un caractère*).
• Ouverture. *L'œil d'un marteau, d'une meule.*
• (Mar.) Boucle, ganse. *Les œils de la voile, du hauban.*
• (Imprim.) Relief qui constitue le caractère. *Des gros œils, des petits œils.*
• **Locutions**
- ***À l'œil.*** Gratuitement. *Il va toujours au théâtre à l'œil; il reçoit des billets en cadeau.*
- ***Avoir bon pied, bon œil.*** Être en bonne santé.
- ***Avoir l'œil, avoir le compas dans l'œil.*** Savoir évaluer, mesurer au premier coup d'œil.
- ***Avoir l'œil sur quelqu'un.*** Surveiller étroitement quelqu'un.
- ***Avoir les yeux sur quelqu'un*** ou ***quelque chose.*** Regarder avec intérêt quelqu'un, quelque chose.
- ***Avoir un œil au beurre noir, un œil poché.*** Avoir un œil meurtri à la suite d'un coup.
- ***Coup d'œil.*** Regard rapide.
- ***Crever les yeux, sauter aux yeux.*** Être évident.
- ***Entre les deux yeux.*** Fixement.
- ***Être tout yeux, tout oreilles.*** Être très attentif.
☞ Dans cette expression, ***tout*** est invariable.
- ***Faire les gros yeux, les yeux doux à quelqu'un.*** Le regarder sévèrement, amoureusement.
- ***Fermer les yeux à quelqu'un.*** Assister quelqu'un à ses derniers moments.
- ***Fermer les yeux sur quelque chose.*** Ne pas tenir compte de, feindre de ne pas voir, par connivence, par lâcheté.
- ***Jeter de la poudre aux yeux.*** Tenter d'éblouir par des apparences.
- ***Les yeux fermés.*** En toute confiance, en toute connaissance.
- ***Mauvais œil.*** Malchance.

- *Mon œil!* (Fam.) Interjection marquant le scepticisme.
- *Ne pouvoir fermer l'œil.* Être incapable de dormir.
- *Œil pour œil, dent pour dent.* Loi du talion qui incite à une vengeance proportionnelle à celle de l'offense.
- *Ouvrir l'œil.* Exercer une surveillance étroite.
- *Pour les beaux yeux de quelqu'un.* Pour lui faire plaisir.
- *Se mettre le doigt dans l'œil.* Faire erreur.
- *Sous les yeux.* En présence de.
- *Voir les choses d'un bon œil, d'un mauvais œil.* Être favorable, défavorable à quelque chose.

œil-de-bœuf n. m. (pl. *œils-de-bœuf*)
Fenêtre ronde. *Des œils-de-bœuf éclairent le couloir.*
🖎 Contrairement au nom *œil* dont le pluriel est *yeux*, le nom composé s'écrit *œils* au pluriel. Seul le premier élément prend la marque du pluriel.

œil-de-chat n. m. (pl. *œils-de-chat*)
Pierre fine.

œillade n. f.
Regard de connivence. *Une œillade furtive.*

œillère n. f.
• Chacune des deux pièces de cuir destinées à obliger le cheval à regarder devant lui.
• *Avoir des œillères.* Être borné.

œillet n. m.
• Trou à bords renforcés par où passe un lacet. *Ces patins comptent chacun vingt œillets.*
• Fleur odorante.

œn(o)- préf.
Élément du grec signifiant «vin». *Œnologue.*

œnologie n. f.
👄 Les lettres *œ* se prononcent *é* [enɔlɔʒi].
Science des vins.

œnologique adj.
👄 Les lettres *œ* se prononcent *é* [enɔlɔʒik].
Relatif à l'œnologie.

œnologue n. m. et f.
👄 Les lettres *œ* se prononcent *é* [enɔlɔg].
Spécialiste des vins.

œsophage n. m.
👄 Les lettres *œ* se prononcent *é* [ezɔfaʒ].
Partie du tube digestif qui va du pharynx à l'estomac.
🖎 œsophage.

œstrogène ou **estrogène** adj. et n. m.
👄 Les lettres *œ* se prononcent *é* [ɛstrɔʒɛn].
Hormone produite par l'ovaire durant la période reproductive de la femme, de la femelle.
🖎 Attention au genre masculin de ce nom : *un* œstrogène.
🖎 La graphie *estrogène* est vieillie.

œuf n. m. (pl. *œufs*)
👄 Au pluriel, le *f* ne se prononce pas [ø].
Corps produit par les femelles des oiseaux et qui, lorsqu'il est fécondé, produit un embryon. *Un blanc d'œuf, un jaune d'œuf, des blancs d'œufs, des jaunes d'œufs. Des œufs à la coque, durs, brouillés, au plat.*

œuvre n. m. et f.
• **Nom féminin**
- Résultat d'une action. *Faire œuvre utile.*
- Travail. *Elle est à l'œuvre depuis plusieurs mois.*
- Production littéraire, artistique. *Une œuvre d'art.*
🖎 Pour désigner l'ensemble de la production d'un auteur, d'un peintre, etc., on emploie parfois le nom au masculin. *L'éditeur a réuni tout l'œuvre de Marcel Proust.*
• **Nom masculin**
(Arch.) Immeuble.
• **Locutions**
- *Chef-d'œuvre.* Œuvre capitale. *Des chefs-d'œuvre émouvants.*
- *Gros œuvre.* (Archit.) Ensemble des éléments de construction assurant la stabilité, la résistance et la protection d'un immeuble (murs, planchers et toiture).
- *Hors-d'œuvre.* Petites entrées. *Des hors-d'œuvre délicieux.*
- *Main-d'œuvre.* Ensemble des salariés. *La main-d'œuvre étrangère.*
- *Mettre en œuvre.* Employer tous les moyens nécessaires à la réalisation de quelque chose. *Ils ont tout mis en œuvre pour convaincre leurs associés.*
- *Mise en œuvre.* Mise en pratique. *La mise en œuvre d'une politique.*

œuvrer v. intr.
• (Litt.) Travailler, accomplir une œuvre.
🖎 Ce mot est de niveau littéraire; dans la langue courante, son emploi au sens de *travailler* est affecté.
• Travailler pour une cause. *Il a toujours œuvré pour la promotion de la recherche scientifique.*

offense n. f.
Affront, outrage. *Il n'y a pas d'offense.*
✏ offense.

offenser v. tr., pronom.
• **Transitif**
Blesser. *Ils ont offensé leurs amis.*
• **Pronominal**
- *S'offenser de* + nom, pronom ou infinitif. Se froisser. *Tu t'offenses de la moindre remarque, de ne pas avoir été élu.*
- *S'offenser que, de ce que* + subjonctif. Se fâcher, s'indigner. *Elle s'est offensée qu'on ne l'eût pas saluée.*
🖎 Le verbe se construit avec la conjonction *que* ou la locution conjonctive *de ce que* et est suivi du subjonctif.

offensif, ive adj.
Qui sert à attaquer. *Des armes offensives.*

offensive n. f.
Attaque. *Passer à l'offensive.*
✏ offensive.

office n. m. et f.
• **Nom masculin**
- (Vx) Fonction.
- *Faire office de.* Tenir lieu. *Ces pièces feront office de bureaux.*
🖎 Dans cette expression, le nom est invariable.

- **Bons offices.** Aide. *Je m'en remets à vos bons offices.*
- **D'office.** Par voie d'autorité. *Il a été désigné d'office.*
- Organisme officiel. *Adressez-vous à l'Office de la langue française.*
- Cérémonie du culte. *L'office divin, l'office des morts.*
- **Nom masculin ou féminin**

Pièce où l'on range tout ce qui dépend du service de la table.

*office
Anglicisme au sens de **bureau, réception.**

Office de la langue française
Sigle **OLF** (s'écrit avec ou sans points).

Office des professions du Québec
Sigle **OPQ** (s'écrit avec ou sans points).

Office national du film
Sigle **ONF** (s'écrit avec ou sans points).

officialisation n. f.
Action de rendre officiel.
⬜▷ officialisation.

officialiser v. tr.
Rendre officiel.
⬜▷ officialiser.

officiel n. m.
- (Sports) Organisateur.
- Personnage appartenant au gouvernement, à l'Administration. *La tribune des officiels.*

officiel, elle adj.
- Qui émane d'une autorité compétente. *Une recommandation officielle, une annonce officielle.*
- **Langue officielle.** Langue d'un État. *Le français est la langue officielle du Québec, alors que l'anglais et le français sont les langues officielles du Canada.*
Ant. **officieux.**

officiellement adv.
À titre officiel.
⬜▷ officiellement.

officier v. intr.
Redoublement du *i* à la première et à la deuxième personne du pluriel de l'indicatif imparfait et du subjonctif présent. *(Que) nous officiions, (que) vous officiiez.*
- Célébrer le culte. *Les prêtres revêtus de leurs plus beaux ornements officiaient.*
- Agir cérémonieusement.

officier n. m.
officière n. f.
Titulaire d'une charge militaire. *Des officiers supérieurs.*
▷┥─ Ce nom désigne également une personne qui a le titre supérieur à celui de chevalier, dans un ordre honorifique. *Officier de la Légion d'honneur.*

*officier
Anglicisme au sens de **directeur, dirigeant, administrateur.**

officieusement adv.
À titre officieux, sans caractère officiel.

officieux, euse adj.
De source sérieuse, mais non officielle. *Cette nouvelle est officieuse, elle n'a pas encore été annoncée par les autorités.*
Ant. **officiel.**
⬜▷ officieux.

officine n. f.
- Partie d'une pharmacie où sont préparés les médicaments.
- Lieu où se trame quelque chose de louche. *Les officines du pouvoir.*

offrande n. f.
Don. *L'église a reçu de nombreuses offrandes.*

offrant n. m.
Au plus offrant. À la personne qui offre le prix le plus élevé.

offre n. f.
- Action d'offrir, proposition. *Une offre qu'il est impossible de refuser.*
- (Écon.) Mise à la disposition du marché de biens ou de services (par opposition à **demande**). *La loi de l'offre et de la demande.*
- **Appel d'offres.** Procédure d'appel à la concurrence entre plusieurs soumissionnaires relativement à un marché.
▷┥─ Dans cette expression, le nom **offre** s'écrit au pluriel.
- **Offre publique d'achat (OPA).** (Bourse) Opération consistant à offrir aux actionnaires d'une société un prix supérieur au cours du marché pour leurs actions en vue de prendre le contrôle de cette société.
- **Offre de service.** Écrit comportant la description des services et des produits d'une entreprise, la présentation de ses réalisations et qui est destiné aux clients éventuels de cette entreprise.
▷┥─ L'offre de service peut jouer un rôle informatif à l'égard de la clientèle d'une entreprise ou répondre plus précisément à un appel d'offres de service lancé par un client éventuel.

offrir v. tr., pronom.
INDICATIF PRÉSENT *J'offre, tu offres, il offre, nous offrons, vous offrez, ils offrent.* IMPARFAIT *J'offrais.* PASSÉ SIMPLE *J'offris.* FUTUR *J'offrirai.* CONDITIONNEL PRÉSENT *J'offrirais.* IMPÉRATIF PRÉSENT *Offre, offrons, offrez.* SUBJONCTIF PRÉSENT *Que j'offre.* IMPARFAIT *Que j'offrisse.* PARTICIPE PRÉSENT *Offrant.* PASSÉ *Offert, erte.*
- Proposer quelque chose à quelqu'un. *Puis-je t'offrir un verre de lait? Il a offert à son ami de prendre la relève. Elle s'est offerte à travailler avec eux.*
▷┥─ La construction avec la préposition **de** est la plus courante. La construction avec la préposition **à** suivie de l'infinitif est plus littéraire.
- Présenter en cadeau. *Offrir des chocolats.*
- Comporter, présenter. *Cette suggestion offre de nombreuses possibilités.*

*offrir (un cours)
Calque de «to offer a course» au sens de **donner un cours.**

offset adj. inv. et n. m. et f.
• **Adjectif invariable et nom masculin invariable.** (Imprim.) Procédé d'impression. *Des presses offset, un livre imprimé en offset.*
• **Nom féminin.** Presse qui permet l'impression selon ce procédé. *Des offsets efficaces.*
☞ Le nom masculin et l'adjectif sont invariables, le nom féminin prend la marque du pluriel.

*off shore
Anglicisme pour **en mer, au large.**

offusquer v. tr., pronom.
• **Transitif**
Choquer. *Il a offusqué ses parents.*
• **Pronominal**
- **S'offusquer de** + nom, pronom ou infinitif. Se formaliser de. *Elles se sont offusquées de ce commentaire, de n'avoir pas été consultées.*
- **S'offusquer que, de ce que** + subjonctif. S'indigner. *Tu t'offusques qu'on ne t'ait pas montré plus d'égards.*

ogival, ale, aux adj.
Qui est en forme d'ogive. *Des arcs ogivaux.*

ogive n. f.
• (Archit.) Arc diagonal renforçant une voûte. *Des croisées d'ogives.*
• Partie supérieure de certains projectiles. *Ogive nucléaire d'un missile.*

ogre, esse n. m. et f.
Personnage fabuleux, géant friand de chair humaine. *Manger comme un ogre.*

oh! interj. et n. m. inv.
• **Interjection**
- Interjection servant à marquer l'étonnement, l'indignation, la colère, l'admiration, la douleur, etc. *Oh! quelle idée géniale! Oh! quelle tristesse! Oh la la!*
- **Oh! hisse!** Interjection exprimant un effort collectif pour tirer.
☞ L'interjection est toujours suivie d'un point d'exclamation qui est repris à la fin de la phrase.
• **Nom masculin invariable**
Il poussait des oh! et des ah!
V. ô.

ohé! interj.
Interjection servant à appeler. *Ohé! Venez par ici!*

ohm n. m.
• Symbole Ω (s'écrit sans point).
• Unité de mesure de résistance électrique. *Trois ohms.*

ohmmètre n. m.
Appareil de mesure de la résistance électrique.

oie n. f.
• Femelle du jars. *Du pâté de foie d'oie.*
☞ Le petit de l'oie est l'**oison.**
• **Patte-d'oie.** Petite ride située au coin de l'œil. *Avoir des pattes-d'oie.*

oignon n. m.
☞ Les lettres *oi* se prononcent *o* [ɔɲɔ̃].
• Plante à bulbe comestible. *Une soupe à l'oignon.*
• **Aux petits oignons.** Aux petits soins, parfaitement. *J'étais traité aux petits oignons.*

• **S'occuper de ses oignons.** (Fam.) Se mêler de ses affaires.
• **En rang d'oignons.** En ligne droite.

oindre v. tr.
INDICATIF PRÉSENT *J'oins, tu oins, il oint, nous oignons, vous oignez, ils oignent.* IMPARFAIT *J'oignais, tu oignais, il oignait, nous oignions, vous oigniez, ils oignaient.* PASSÉ SIMPLE *J'oignis.* FUTUR *J'oindrai.* CONDITIONNEL PRÉSENT *J'oindrais.* IMPÉRATIF PRÉSENT *Oins, oignons, oignez.* SUBJONCTIF PRÉSENT *Que j'oigne, que tu oignes, qu'il oigne, que nous oignions, que vous oigniez, qu'ils oignent.* IMPARFAIT *Que j'oignisse.* PARTICIPE PRÉSENT *Oignant.* PASSÉ *Oint, ointe.*
Les lettres *gn* sont suivies d'un *i* à la première et à la deuxième personne du pluriel de l'indicatif imparfait et du subjonctif présent. *(Que) nous oignions, (que) vous oigniez.*
Enduire d'huile. *À l'extrême-onction, le malade est oint avec les saintes huiles.*
☞ Ce verbe est vieilli et s'emploie surtout à l'infinitif et au participe passé.

oiseau n. m. (pl. *oiseaux*)
• Animal vertébré et ovipare dont le corps est revêtu de plumes et qui a deux pieds, deux ailes et qui peut voler. *Des chants d'oiseau, des oiseaux migrateurs.*
• **À vol d'oiseau.** Se dit d'une distance en ligne droite.
• **Être aux oiseaux.** (Fam.) Au Canada, être très content. *Ils sont aux oiseaux, ils ont gagné.*

oiseau-mouche n. m. (pl. *oiseaux-mouches*)
Très petit oiseau, appelé également **colibri.**

oiseleur n. m.
(Vx) Personne qui capture des oiseaux.

oiselier n. m.
oiselière n. f.
Personne qui fait métier d'élever et de vendre des oiseaux.

oisellerie n. f.
Lieu où l'on élève les oiseaux, où l'on en fait le commerce.

oiseux, euse adj.
Inutile, vain. *Des discussions oiseuses.*
☞ Ne pas confondre avec le mot **oisif** qui qualifie une personne désœuvrée.
✏ oiseu**x.**

oisif, ive adj.
Désœuvré. *Il est resté oisif.*
☞ Ne pas confondre avec le mot **oiseux,** inutile, vain.

oisillon n. m.
Petit oiseau. *Les oisillons sont dans le nid.*
☞ Ne pas confondre avec le nom **oison,** petit de l'oie.

oisivement adv.
D'une manière oisive.

oisiveté n. f.
État d'une personne inoccupée, inactive. *L'oisiveté est la mère de tous les vices.* (Proverbe)

oison n. m.
Petit de l'oie et du jars.
☞ Ne pas confondre avec le nom *oisillon,* petit oiseau.

OIT
Sigle de *Organisation internationale du travail.*

OK adj. inv., adv. et interj.
(Fam.) D'accord, c'est entendu, oui. *C'est OK. O.K. j'accepte.*
☞ Cet américanisme qui est passé dans l'usage est de niveau familier; il s'écrit en majuscules avec ou sans points. Dans un style soigné, on lui préférera l'expression *d'accord.*

okapi n. m.
Mammifère ruminant d'Afrique, voisin de la girafe, mais à cou plus court. *Les okapis sont de la taille d'une antilope.*

olé!
V. **ollé!**

oléagineux, euse adj. et n. m.
Qui contient de l'huile. *L'arachide est un oléagineux.*

oléiculteur n. m.
oléicultrice n. f.
Personne qui fait la culture des oliviers.

oléiculture n. f.
Culture des oliviers.

oléoduc n. m.
Conduite servant au transport des produits pétroliers. *Ils ont construit des oléoducs.*
☞ Ce nom construit sur le modèle de *aqueduc* sert d'équivalent au mot d'origine anglaise *pipe line.* Pour le transport du gaz, on emploie le mot *gazoduc.*

olfactif, ive adj.
Relatif à l'odorat. *Une sensation olfactive.*

olibrius n. m.
☞ Le *s* se prononce [ɔlibrijys].
(Fam.) Personnage bizarre, excentrique.
☞ Ce nom a un sens défavorable.

olifant ou **oliphant** n. m.
(Ancienn.) Corne de chasse.

olig(o)- préf.
Élément du grec signifiant «peu nombreux». *Oligopole.*

oligarchie n. f.
Gouvernement dans lequel le pouvoir est exercé par un petit groupe.

oligarchique adj.
Qui appartient à l'oligarchie. *Un régime oligarchique.*

oligo-élément n. m. (pl. *oligo-éléments*)
Élément chimique essentiel au métabolisme.

oligopole n. m.
(Écon.) Situation économique où quelques vendeurs se partagent la production pour l'offrir à une multitude d'acheteurs.
☞ Ne pas confondre avec les noms suivants :
- *cartel,* entente entre des entreprises en vue d'une action commune visant à limiter ou à supprimer la concurrence.
- *monopole,* situation économique où il n'y a qu'un seul vendeur.

oliphant
V. **olifant.**

olivaie ou **oliveraie** n. f.
Plantation d'oliviers.

olivâtre adj.
Qui rappelle la couleur de l'olive. *Un teint olivâtre.*
V. Tableau - COULEUR (ADJECTIFS DE).
☞ olivâtre.

olive adj. inv. et n. f.
• **Nom féminin.** Fruit de l'olivier dont on tire de l'huile. *Des olives noires.*
• **Adjectif de couleur invariable.** De la couleur verte de l'olive. *Des chapeaux olive, des soies vert olive.*
V. Tableau - COULEUR (ADJECTIFS DE).

oliveraie
V. **olivaie.**

olivier n. m.
Arbre dont le fruit est l'olive.
☞ La branche d'olivier est le symbole de la paix.

ollé! ou **olé!** interj.
• Interjection espagnole qui sert à marquer l'encouragement.
• *Olé, olé.* (Fam.) Très libre. *Le film est un peu olé olé.*

olographe adj.
(Dr.) Se dit d'un testament écrit à la main par le testateur.
☞ L'adjectif s'orthographie également *holographe.*
☞ Ne pas confondre avec le nom *holographe,* relatif à l'holographie.

olympiade n. f.
• Période de quatre ans qui sépare deux célébrations des Jeux olympiques.
• Jeux olympiques. *Les XIVᵉˢ olympiades.*
☞ Au sens de *Jeux olympiques,* cet emploi est critiqué.
☞ Le nom s'écrit avec une minuscule.

olympien, ienne adj.
Majestueux. *Une démarche olympienne.*

olympique adj.
• Relatif aux Jeux olympiques.
• Conforme aux règles des Jeux olympiques. *Une discipline olympique.*
• *Jeux olympiques.* Compétition sportive internationale qui a lieu tous les quatre ans. *Les Jeux olympiques de Montréal.*
☞ Logiquement, le nom devrait s'écrire avec une majuscule et l'adjectif, avec une minuscule. *Les Jeux olympiques d'Albertville.* De nombreux auteurs écrivent cependant *jeux Olympiques, Jeux Olympiques.*

ombellifère adj. et n. f. pl.
Famille de végétaux à laquelle appartiennent les carottes, le céleri, le persil, etc.

ombilic n. m.
👄 Le *c* se prononce [ɔ̃bilik].
Nombril.
▭➡ ombilic.

ombilical, ale, aux adj.
Qui se rapporte à l'ombilic. *Des cordons ombilicaux.*

omble n. m.
Poisson salmonidé. *L'omble de l'Arctique.*

ombrage n. m.
• Ombre formée par le feuillage.
• *Faire, porter ombrage à quelqu'un.* (Litt.) Alarmer, effrayer quelqu'un.
• *Prendre ombrage de quelque chose.* (Litt.) S'en offenser.

ombragé, ée adj.
Couvert d'ombre. *Un chemin ombragé.*
⌦ Ne pas confondre avec le mot *ombrageux* qui qualifie une personne méfiante, susceptible.

ombrager v. tr.
Le *g* est suivi d'un *e* devant les lettres *a* et *o. Il ombragea.*
Donner de l'ombre, en parlant des feuillages. *Le chêne ombrageait le jardin.*

ombrageux, euse adj.
Méfiant, susceptible. *Un caractère ombrageux.*
⌦ Ne pas confondre avec le mot *ombragé,* couvert d'ombre.
▭➡ ombrageu**x.**

ombre n. f.
• Zone sombre. *Il fait bon à l'ombre de ce grand chêne.*
• *Dans l'ombre.* À l'écart. *Ils travaillent dans l'ombre.*
• *Sous l'ombre, sous ombre de.* Sous prétexte. *Sous ombre de franchise, il blesse inutilement.*

ombrelle n. f.
Petit parasol.

ombrer v. tr.
Mettre de l'ombre (dans un dessin). *Ombrer un fusain.*
⌦ Ne pas confondre avec le verbe *ombrager,* donner de l'ombre.

ombreux, euse adj.
(Litt.) Qui donne de l'ombre.

ombudsman n. m.
👄 Attention à la prononciation [ɔmbydsman].
• Personne indépendante chargée de défendre les droits des particuliers, dans les pays scandinaves.
• Au Québec, on emploie l'expression *protecteur du citoyen.*

oméga n. m. inv.
Dernière lettre grecque. *C'est l'alpha et l'oméga, le commencement et la fin.*

omelette n. f.
Œufs battus et cuits dans la poêle. *On ne fait pas d'omelette sans casser des œufs.* (Proverbe)
▭➡ omelette.

omettre v. tr.
Ce verbe se conjugue comme *mettre.*

Ne pas faire quelque chose, volontairement ou non. *Ils ont omis de nous prévenir.*

omission n. f.
• Action d'omettre.
• La chose omise. *Sauf erreur ou omission.*

OMM
Sigle de *Organisation météorologique mondiale.*

omni- préf.
• Élément du latin signifiant «tout».
• Les mots composés avec le préfixe *omni-* s'écrivent en un seul mot. *Omnipraticien, omnivore.*

omnibus adj. inv. et n. m.
Se dit d'un véhicule qui s'arrête à toutes les stations. *Un train omnibus.*

omnipotent, ente adj.
Tout-puissant.

omnipraticien n. m.
omnipraticienne n. f.
Médecin généraliste.
Syn. **généraliste.**

omniprésence n. f.
Présence en tous lieux. *L'omniprésence des panneaux publicitaires d'une campagne.*

omniprésent, ente adj.
Présent en tous lieux. *Dieu est omniprésent.*

omniscience n. f.
(Litt.) Connaissance de toute chose.
▭➡ omnis**c**ience.

omniscient, ente adj.
(Litt.) Qui sait tout.
▭➡ omnis**c**ient.

omnisports adj. inv.
Où l'on pratique tous les sports. *Un centre omnisports.*
▭➡ omnisport**s.**

omnivore adj. et n. m. et f.
Qui mange de tout. *L'homme et le cochon sont omnivores.*
⌦ Ne pas confondre avec les mots suivants :
- *carnassier,* qui se nourrit de proies vivantes;
- *carnivore,* qui se nourrit de chair;
- *frugivore,* qui se nourrit de fruits;
- *granivore,* qui se nourrit de graines;
- *insectivore,* qui se nourrit d'insectes.

omoplate n. f.
Os formant le haut de l'épaule.
⌦ Attention au genre féminin de ce nom : *une* omoplate.

OMS
Sigle de *Organisation mondiale de la santé.*

on pron. pers. indéf.
V. Tableau - **ON.**

onanisme n. m.
Masturbation.

once n. f.
• Symbole *oz* (s'écrit sans point).

ON

Pronom indéfini de la troisième personne du singulier, le pronom **on** peut remplacer, dans la langue familière ou orale, les pronoms personnels *je, tu, il, elle, nous, vous, ils, elles.*

Le pronom **on** agit toujours comme **sujet du verbe** et l'accord de l'adjectif ou du participe passé se fait généralement au masculin singulier, à moins que le pronom ne représente un sujet féminin ou pluriel. Cependant le verbe demeure toujours au singulier. *On est élu par l'ensemble des membres. On est bien conciliante aujourd'hui. On est tous égaux.*

EMPLOIS

- D'une façon indéfinie au sens de **tout le monde, n'importe qui.**

  On a sonné?

- Dans les proverbes au sens de **chacun.**

  On n'est jamais si bien servi que par soi-même.

- Dans la langue familière, en remplacement de :

  – **je**. Par modestie, l'auteur substitue le pronom indéfini, moins prétentieux que le **nous**, au **je**. *On a longuement étudié la question.*

  – **tu**, **vous**. *Alors, on a fait l'école buissonnière?*

  – **il, elle, ils, elles**. *Est-ce qu'on a été gentil avec toi, au moins?*

  – **nous**. *Hier, on est allé se promener,* ou *on est allés se promener.*

  ☞ L'adjectif, l'attribut ou le participe se met au genre et au nombre du sujet remplacé par **on**. Cet emploi est de niveau familier; dans un style plus soigné, on emploie le pronom **nous**.

- Pour désigner l'auteur inconnu ou anonyme d'un renseignement.

  On m'a dit que les employés étaient mécontents. Des on-dit, le qu'en-dira-t-on.

☞ 1° Quand il y a plusieurs verbes coordonnés, le pronom doit être répété. *On lave les légumes, on les coupe, on les fait revenir dans du beurre.*

2° L'adjectif possessif et le pronom personnel renvoyant au sujet **on** sont généralement de la troisième personne. *On a toujours besoin d'un plus petit que soi.*
  Cependant, si le pronom indéfini est employé pour un pronom de la première ou de la deuxième personne, les adjectifs possessifs ou les pronoms personnels pourront être de la première ou de la deuxième personne. *On se sent chez nous.*

3° Pour des raisons d'euphonie, surtout après les mots **et, ou, où, que, à qui, à quoi, si,** le pronom **on** est précédé de l'article élidé **l'**. *Si l'on examinait cette question.* En tête de phrase, l'emploi de l'article est archaïque. *L'on m'a dit que...*

4° Quand la phrase est négative, l'adverbe de négation **ne**, **n'** ne peut pas être omis. *On n'arrive pas à l'attacher.*

• Unité de masse anglo-saxonne. *Il y a 16 onces dans une livre.*

oncle n. m.
• Frère du père ou de la mère. *Mon oncle Albert était très gentil.*
• Parent, mari de la tante. *Oncle Albert, tu n'aurais pas dû!*
☞ En apostrophe, quand on s'adresse à la personne, on n'emploie pas l'adjectif possessif; dans tous les autres cas, on peut faire précéder le nom de l'article ou de l'adjectif possessif.
• Surnom familier : *tonton.*

oncologie n. f.
Cancérologie.

oncologue ou **oncologiste** n. m. et f.
Cancérologue.

onction n. f.
• (Relig.) Action de frotter une partie du corps avec des huiles saintes.
• *Extrême-onction.* Derniers sacrements.
• Douceur affectée.

onctueux, euse adj.
Velouté. *Un potage onctueux.*
▭▷ onctueu**x**.

onctuosité n. f.
Caractère de ce qui est onctueux.
▭▷ onctu**o**sité.

onde n. f.
• **Nom féminin**
- (Litt.) Eau.
- Vibration. *Des ondes sonores.*
- *Être sur la même longueur d'onde.* Se comprendre.
☞ Dans cette expression, le nom est au singulier.
• **Nom féminin pluriel**
- *Les ondes.* (Vx) La radiodiffusion. *Cette émission passera sur les ondes samedi.*
- *Mettre en ondes.* Régler les détails d'une émission avant sa diffusion ou son enregistrement.

ondée n. f.
Averse. *Le sol est mouillé, il y a eu une ondée.*

on-dit n. m. inv. (pl. *on-dit*)
Racontar. *Peu m'importe les on-dit ou les qu'en-dira-t-on.*
☞ Ce nom s'emploie surtout au pluriel.

ondoiement n. m.
• Mouvement de ce qui ondoie. *L'ondoiement d'un drapeau sous l'action du vent.*
• Baptême dont le rituel est réduit à l'essentiel.
▭▷ ondoiement.

ondoyer v. tr., intr.
• **Transitif.** Baptiser par ondoiement. *Ondoyer un nouveau-né.*
• **Intransitif.** Onduler. *Des champs de blé qui ondoient.*

ondulation n. f.
Mouvement sinueux. *Les ondulations des vagues.*

ondulatoire adj.
Qui se propage par ondulations. *Un mouvement ondulatoire.*

onduler v. tr., intr.
• **Transitif.** Rendre ondulé. *Onduler les cheveux.*
• **Intransitif.** Avoir un mouvement d'ondulation. *Le drapeau ondule sous le vent.*

**one-man-show
Anglicisme pour **spectacle solo.**

onéreux, euse adj.
Qui entraîne beaucoup de frais, qui coûte cher. *Un voyage onéreux.*
▭▷ onéreu**x**.

ONF
Sigle de **Office national du film.**

ONG
Sigle de **organisation non gouvernementale.**

ongle n. m.
• Partie cornée qui recouvre l'extrémité supérieure des doigts et des orteils. *Des ongles soignés, du vernis à ongles.*
• *Payer rubis sur l'ongle.* Payer complètement ce qui est dû.

onglée n. f.
Engourdissement douloureux du bout des doigts causé par le froid. *Avoir l'onglée.*

onglet n. m.
Entaille où l'on peut introduire l'ongle, le doigt. *L'onglet d'un canif.*
▭▷ onglet.

onguent n. m.
Pommade. *Un onguent antibiotique.*
▭▷ ong**u**ent.

ongulé adj. et n. m.
Se dit des animaux dont les pieds sont terminés par des sabots. *Les chevaux sont des ongulés.*

onirique adj.
Relatif aux rêves. *Une vision onirique.*

onomasiologie n. f.
(Ling.) Science des significations, partant de la notion pour en étudier la désignation.
☞ Ne pas confondre avec le nom **sémasiologie,** science des significations, partant du mot pour en étudier le sens.

onomastique adj. et n. f.
• **Adjectif.** (Ling.) Relatif aux noms propres. *Un dictionnaire onomastique.*
• **Nom féminin.** (Ling.) Science des noms propres.

onomatopée n. f.

• Mot dont le son imite la chose dénommée (cri, bruit, etc.). *Coin-coin, atchoum, glouglou, tic tac, coucou, ronron, cocorico.*
• La liste des onomatopées est infinie puisque celles-ci relèvent de la créativité des auteurs. Les bandes dessinées, tout particulièrement, font appel

à ces mots sonores qui s'apparentent aux interjections et qui sont souvent suivis d'un point d'exclamation. *Boum! Splatch! zzz... Miam! Snif... Vroum!*
• Les verbes qui traduisent les cris d'animaux sont souvent conçus à partir d'onomatopées. *La vache meugle, le chat miaule, la colombe roucoule.*
⇨ onoma**to**pée.

Ont.
Abréviation de *Ontario.*

Ontario
Abréviation *Ont.* (s'écrit avec un point).

onto- préf.
Élément du grec signifiant «être». *Ontologie.*

ontologie n. f.
(Philo.) Partie de la métaphysique qui étudie l'être dans son essence.

ontologique adj.
Relatif à l'ontologie.

ONU
Sigle de *Organisation des Nations Unies.*

ONUDI
Sigle de *Organisation des Nations Unies pour le développement industriel.*

onusien, ienne adj. et n. m. et f.
De l'Organisation des Nations Unies (ONU).

onyx n. m.
⟹ Le *x* se prononce [ɔniks].
Agate semi-transparente. *Un bel onyx.*
☞ Attention au genre masculin de ce nom : *un* onyx.
⇨ on**yx**.

onze adj. et n. m. inv.
• **Adjectif numéral cardinal invariable.** Nombre qui vient après dix. *Il a onze ans.*
• **Adjectif numéral ordinal invariable.** Onzième. *On peut lire à la page onze de ce livre...*
• **Nom masculin invariable.** Le nombre onze. *On commémore l'Armistice le onze novembre.*
☞ L'élision et la liaison sont interdites devant le mot **onze.** *Des colis de onze kilos. Le onze septembre.*
V. Tableau - **ÉLISION.**
V. Tableau - **LIAISON.**

onzième adj. et n. m.
• **Adjectif numéral ordinal.** Nombre ordinal de onze. *La onzième fois.*
• **Nom masculin.** Onzième partie d'un tout. *Les trois onzièmes d'un groupe.*
• **Nom masculin et féminin.** Personne, chose qui occupe le onzième rang. *Elles sont les onzièmes, les 11es. Il est le onzième, le 11e.*
☞ L'élision et la liaison sont interdites devant le mot **onzième.** *La onzième heure.*

onzièmement adv.
En onzième lieu.

op.
Abréviation de *opus.*

OPA
Sigle de *offre publique d'achat.*

opacifier v. tr.
Rendre opaque.
⇨ opa**ci**fier.

opacité n. f.
Caractère de ce qui ne laisse pas passer la lumière.
Ant. **transparence.**
⇨ opa**ci**té.

opale adj. et n. f.
• **Nom féminin.** Pierre qui donne des reflets irisés et qui est utilisée en joaillerie.
• **Adjectif.** Qui a la couleur irisée de l'opale.
☞ Ne pas confondre avec le mot *opaline,* verre épais d'un blanc laiteux.

opalescence n. f.
(Litt.) Reflet irisé.
⇨ opale**s**cence.

opalescent, ente adj.
(Litt.) Qui a les nuances vives et les reflets irisés de l'opale.
☞ Ne pas confondre avec les mots suivants :
- *cristallin,* transparent comme le cristal;
- *diaphane,* translucide;
- *transparent,* qui laisse voir nettement les objets.
⇨ opale**s**cence.

opalin, ine adj.
Qui a la teinte laiteuse et irisée de l'opale.

opaline n. f.
Verre épais d'un blanc laiteux avec lequel on fabrique des vases.
☞ Ne pas confondre avec le mot *opale,* pierre qui donne des reflets irisés.

opaque adj.
Qui n'est pas transparent. *Un verre opaque.*

op. cit.
Abréviation de *opere citato.*
☞ En typographie soignée, les mots étrangers sont composés en italique. Dans des textes déjà en italique, la notation se fait en romain. Pour les textes manuscrits, on utilisera les guillemets.

OPEP
Sigle de *Organisation des pays exportateurs de pétrole.*

opéra n. m.
• Œuvre dramatique mise en musique et dont les paroles sont chantées. *Il aime l'opéra, les opéras.*
• Édifice où l'on interprète ces œuvres. *L'opéra de Paris.*

opérable adj.
Qui peut être opéré. *Un malade opérable. Une tumeur opérable.*

opéra-comique n. m. (pl. *opéras-comiques*)
Œuvre dramatique mise en musique dans laquelle les dialogues alternent avec les parties chantées.
⇨ **opéra-comique,** avec un trait d'union.

opérateur n. m.
opératrice n. f.
Personne qui fait fonctionner un appareil, qui effectue des opérations techniques. *Un opérateur de prise de vues. Elle est opératrice de saisie.*

*opératrice
Anglicisme au sens de *téléphoniste.*

opération n. f.
• Mise en œuvre de moyens en vue d'atteindre un résultat. *Une opération publicitaire.*
• *Plan d'opérations.* Suite programmée d'actions.
▷— Dans cette expression, le nom *opération* se met au pluriel.
• Intervention chirurgicale. *Une opération à cœur ouvert.*
• *Table, salle d'opération.* Dans ces expressions, le nom *opération* est au singulier.
• Achat ou vente de valeurs. *Des opérations commerciales.*
• Calcul. *Les opérations mathématiques fondamentales sont l'addition, la soustraction, la multiplication et la division.*

*opération
Anglicisme au sens de *exploitation. L'exploitation d'une usine. Le directeur de l'exploitation* (et non des *opérations).

*opération (en)
Anglicisme au sens de *en vigueur* (loi, plan, programme), *en activité, en exploitation* (entreprise, usine, etc.), *en service* (transporteur public).

opératoire adj.
Relatif aux opérations chirurgicales. *Le bloc opératoire.*

opere citato
• Abréviation *op. cit.*
• Locution latine qui signifie «dans l'ouvrage déjà mentionné».
▷— En typographie soignée, les mots étrangers sont composés en italique. Dans des textes déjà en italique, la notation se fait en romain. Pour les textes manuscrits, on utilisera les guillemets.

opérer v. tr., pronom.
Le *é* se change en *è* devant une syllabe muette, sauf à l'indicatif futur et au conditionnel présent. *J'opère,* mais *j'opérerai.*
• **Transitif**
- Accomplir, effectuer. *Il faut opérer un choix très rapidement.*
- Pratiquer une opération chirurgicale sur quelqu'un. *Opérer une patiente de l'appendicite.*
• **Pronominal**
S'accomplir, avoir lieu. *Une étrange transformation s'est opérée en elle.*

*opérer
• Anglicisme au sens de *faire affaire.*
• *Opérer un commerce. Anglicisme au sens de *tenir boutique, tenir un commerce.*
• *Opérer une entreprise. Anglicisme au sens de *exploiter une entreprise.*
• *Opérer une machine. Anglicisme au sens de *faire fonctionner, actionner, conduire.*

opérette n. f.
Petit opéra-comique.

ophtalm(o)- préf.
Élément du grec signifiant «œil». *Ophtalmologie.*

ophtalmique adj.
Relatif à l'œil.
▷ **oph**talmique.

ophtalmologie n. f.
Partie de la médecine qui traite des pathologies de l'œil et des opérations pratiquées sur l'œil.
▷ **oph**talmologie.

ophtalmologiste ou **ophtalmologue** n. m. et f.
• Spécialiste en ophtalmologie.
• S'abrège familièrement en *ophtalmo* (s'écrit sans point).
▷— Ne pas confondre avec les noms suivants :
- *oculiste,* médecin spécialiste des anomalies de la vision;
- *opticien,* personne qui fabrique et vend des lunettes.
▷ **oph**talmologiste.

opiacé, ée adj. et n. m.
Qui contient de l'opium.

opiner v. intr.
• (Vx) Donner son avis, son assentiment.
• *Opiner du bonnet.* Donner son assentiment.

opiniâtre adj.
(Litt.) Persévérant, obstiné.
▷ **opiniâtre.**

opiniâtrement adv.
Obstinément.
▷ **opiniâtrement.**

opinion n. f.
• Avis. *Ne pas avoir d'opinion sur un sujet. La liberté d'opinion.*
• *Sondage d'opinion.* Enquête sur certaines caractéristiques d'une population en vue d'étudier un marché potentiel, de prévoir un comportement politique, etc.
• Jugement d'un groupe social. *L'opinion publique.*

opium n. m.
Stupéfiant extrait d'un pavot. *Des opiums de contrebande.*

opossum n. m.
Mammifère d'Amérique recherché pour sa fourrure. *Des opossums d'excellente qualité. Des manteaux d'opossum.*
▷ **op**ossum.

opportun, une adj.
• Convenable, favorable. *Une circonstance opportune, les moments opportuns. Il serait opportun de prévenir la direction.*
• *En temps opportun.* En temps et lieu.

opportunément adv.
À propos.

opportunisme n. m.
(Péj.) Attitude d'une personne qui place son intérêt au-dessus de ses principes.

*opportunisme
Anglicisme au sens de *habileté*.

opportuniste adj. et n. m. et f.
• **Adjectif.** (Péj.) Qui se conduit de façon intéressée.
• **Nom masculin et féminin.** (Péj.) Personne qui fait preuve d'opportunisme.

*opportuniste
Anglicisme au sens de *habile, astucieux*.

opportunité n. f.
• Caractère opportun de quelque chose. *L'opportunité d'une mesure, d'une décision.*
• Occasion favorable.
▷— L'emploi du nom en ce sens est calqué de l'anglais, mais il est de plus en plus courant dans l'ensemble de la francophonie. On pourra préférer le nom *occasion*. *Profiter de l'occasion pour remercier quelqu'un.*

opposant, ante adj. et n. m. et f.
Adversaire. *Les opposants d'un régime.*
▷— Ne pas confondre avec le participe présent invariable *opposant. Faire la liste des différends opposant les deux parties.*

opposé, ée adj. et n. m.
• **Adjectif**
Situé en face, contraire. *Il a pris la direction opposée à celle qu'il devait suivre.*
• **Nom masculin**
- Inverse. *L'opposé d'une thèse.*
- *À l'opposé de,* locution prépositive. Au contraire de.

opposer v. tr., pronom.
• **Transitif**
- Diviser. *Des intérêts différents les opposent l'un à l'autre.*
- Mettre vis-à-vis, comparer. *La partie opposera les Canadiens et les Nordiques.*
• **Pronominal**
Se dresser contre, faire obstacle. *Elles se sont opposées vigoureusement à ce qu'il soit présent.*

opposition n. f.
• Action de faire obstacle à quelque chose. *L'opposition de sa famille à son choix de carrière.*
• (Polit.) Ensemble des élus qui ne sont pas du parti au pouvoir. *Former l'opposition officielle.*

oppressant, ante adj.
Qui oppresse. *Une humidité oppressante.*

oppresser v. tr.
• Causer une gêne de la respiration. *Une bronchite l'oppressait.*
• Étouffer sous un poids, une angoisse. *L'inquiétude l'oppresse.*
▷— Ne pas confondre avec le verbe *opprimer,* persécuter, accabler par abus d'autorité.

oppresseur adj. m. et n. m.
Personne qui opprime.
▷— L'adjectif et le nom n'ont pas de forme féminine.

oppressif, ive adj.
Qui opprime. *Une loi oppressive.*
▷— L'adjectif ne s'emploie que pour des choses.

oppression n. f.
• Gêne respiratoire, malaise.
• Action d'opprimer. *L'oppression d'une nation.*

opprimé, ée adj. et n. m. et f.
Qui subit une oppression. *Les peuples opprimés.*

opprimer v. tr.
Persécuter, accabler par abus d'autorité. *Les peuples opprimés.*
▷— Ne pas confondre avec le verbe *oppresser,* étouffer sous un poids, une angoisse.

opprobre n. m.
(Litt.) Déshonneur, honte. *Il a couvert sa famille d'opprobre.*
▷— Attention au genre masculin de ce nom : *un* opprobre.
▷ opprobre.

OPQ
Sigle de *Office des professions du Québec.*

-opsie suff.
Élément du grec signifiant «vue». Biopsie.

opter v. intr.
(Litt.) Choisir. *Il a opté pour la médecine.*
▷— Le verbe se construit avec la préposition *pour.*

opticien n. m.
opticienne n. f.
Personne qui fabrique et vend des lunettes.
▷— Ne pas confondre avec les noms suivants :
- *oculiste,* médecin spécialiste des anomalies de la vision;
- *ophtalmologiste, ophtalmologue,* spécialiste en ophtalmologie, partie de la médecine qui traite des pathologies de l'œil et des opérations pratiquées sur l'œil.

optimal, ale, aux adj.
Qui est le meilleur possible. *Des résultats optimaux.*
▷— Cet adjectif s'intègre mieux que l'adjectif emprunté au latin *optimum*. Étant un superlatif, l'adjectif ne peut s'employer avec un comparatif.

optimisation n. f.
Action d'optimiser.

optimiser v. tr.
Déterminer parmi toutes les solutions d'un problème celle qui, compte tenu des contraintes, donne le meilleur résultat.

optimisme n. m.
Disposition à voir les bons côtés de la réalité.
Ant. **pessimisme.**

optimiste adj. et n. m. et f.
Enclin à percevoir les bons côtés d'une chose.
Ant. **pessimiste.**

optimum, optima ou **optimums** adj. et n. m.
◁ Les lettres *um* se prononcent *om* [ɔptimɔm].
État le plus favorable possible d'une chose, d'une situation. *Des optima, des optimums de rentabilité.*
▷— L'emploi de l'adjectif *optimal* qui s'intègre mieux au français est préférable à celui de l'adjectif latin dont le pluriel est problématique.

option n. f.
• (Dr.) Promesse d'achat, de vente. *Avoir une option d'achat sur un bâtiment.*
• Possibilité de choisir entre deux ou plusieurs choses. *Une matière à option.*

optionnel, elle adj.
Facultatif. *Cette matière est optionnelle.*
Ant. **obligatoire.**
⟹ optionnel.

optique adj. et n. f.
• **Adjectif**
Relatif à la vision. *Un lecteur optique.*
• **Nom féminin**
- Science de la lumière et de ses relations avec la vision.
- Perspective. *Une optique très pessimiste.*
- ***Illusion d'optique.*** Erreur de point de vue.

optométrie n. f.
Science qui a pour objet la mesure et la correction de la vue.

optométriste n. m. et f.
Opticien qui pratique l'examen de la vue.

opulence n. f.
Abondance de biens.
⟹ opulence.

opulent, ente adj.
• Riche.
• Abondant. *Des formes opulentes.*

opus n. m.
☺ Le **s** se prononce [ɔpys].
• Abréviation **op.** (s'écrit avec un point).
• Œuvre musicale.

opuscule n. m.
Petit livre scientifique ou littéraire.
▨— Attention au genre masculin de ce nom : **un** opuscule.
⟹ opuscule.

or n. m.
• Symbole **Au** (s'écrit sans point).
• Métal précieux. *Des pièces d'or.*
• (Au plur.) Fond doré d'un tableau. *Les ors vieillis d'une miniature.*
• **Locutions**
- ***Valoir son pesant d'or.*** Avoir une grande valeur.
- ***Cœur d'or.*** Personne très généreuse.
- ***Personne en or.*** Excellente personne.
- ***Âge d'or.*** Époque fabuleuse (du passé ou de l'avenir).
- ***Vieil or.*** *Des drapés vieil or.*

or adv. et conj.

• **Adverbe de temps**
(Vx) Maintenant.
• **Conjonction de coordination**
- La conjonction sert à mettre en relief un fait nouveau, une phrase qui contredit, dans une certaine mesure, ce qui précède. *On l'attendait jeudi; or, il n'arriva que le samedi.*
- Elle sert aussi à introduire un argument, à lier les termes d'un raisonnement. *Les poissons vivent dans l'eau, or, le saumon est un poisson; donc le saumon vit dans l'eau.*
▨— La conjonction est généralement suivie d'une virgule.

---

oracle n. m.
• (Antiq.) Réponse donnée par une divinité aux fidèles qui la consultaient.
• (Litt.) Personne qui énonce des avis avec autorité et compétence.
▨— Attention au genre masculin de ce nom : **un** oracle.

orage n. m.
Perturbation atmosphérique qui se caractérise par une pluie abondante, des éclairs et du tonnerre. *Le temps est à l'orage.*
▨— Ne pas confondre avec le nom **averse,** pluie subite, violente et de faible durée.
▨— L'expression *«orage électrique»* est un pléonasme.

orageux, euse adj.
• Qui annonce l'orage. *Un ciel orageux.*
• (Fig.) Tumultueux, agité. *Une assemblée orageuse.*

oraison n. f.
Prière. *Une oraison funèbre.*
⟹ oraison.

oral, ale, aux adj. et n. m. (pl. *oraux*)
• **Adjectif**
- Relatif à la bouche. *La phase orale.*
- Dit (par opposition à *écrit*). *La langue orale.*
• **Nom masculin**
Examen oral. *Les oraux de fin d'année.*

oralement adv.
D'une manière orale.

orange adj. inv. et n. f.
• **Nom féminin.** Fruit comestible de l'oranger apprécié pour son jus. *Une orange bien juteuse. Un jus d'orange.*
• **Adjectif de couleur invariable.** De la couleur jaune des oranges. *Des cartes orange.*
V. Tableau - **COULEUR (ADJECTIFS DE).**

orangé, ée adj. et n. m.
• **Adjectif.** De la couleur obtenue par la combinaison du jaune et du rouge. *Des nuances orangées.*
V. Tableau - **COULEUR (ADJECTIFS DE).**
• **Nom masculin.** Couleur de l'orange. *Des orangés très vifs.*
▨— Contrairement à l'adjectif de couleur **orange** qui est invariable, l'adjectif **orangé** s'accorde en genre et en nombre avec le nom auquel il se rapporte.
Hom. **oranger,** arbre qui produit les oranges.

orangeade n. f.
Boisson à base de jus d'orange. *Une orangeade fraîche.*

oranger n. m.
Arbre qui produit les oranges.
Hom. **orangé,** qui est de couleur orange.

orangeraie n. f.
Plantation d'oranges.

orangerie n. f.
Partie d'un jardin où l'on place des orangers. *L'orangerie de Versailles.*

orang-outan ou **orang-outang** n. m. (pl. *orangs-outan(g)s*)
Singe de grande taille.

orateur n. m.
oratrice n. f.
• Personne qui prononce un discours devant une assemblée.
• Personne éloquente. *C'est un excellent orateur.*

oratoire adj. et n. m.
• **Adjectif**
- Qui se rapporte à l'art de la parole en public. *L'art oratoire.*
- *Joute oratoire.* Concours oratoire, débats.
↪ Ne pas confondre avec le mot *aratoire,* qui se rapporte au labourage.
• **Nom masculin**
Chapelle. *L'oratoire Saint-Joseph.*
↪ L'oratoire est généralement un édifice religieux de taille modeste. Dans le cas de l'oratoire Saint-Joseph, la chapelle d'origine correspond mieux à la dénomination d'*oratoire.*
↪ Dans les désignations d'édifices religieux, le nom générique (*église, chapelle, cathédrale,* etc.) s'écrit avec une minuscule.

oratorio n. m.
(Mus.) Drame lyrique à grand orchestre portant sur un sujet religieux. *Les oratorios de Haendel.*
↪ Ce mot d'origine italienne est francisé et prend la marque du pluriel.

orbital, ale, aux adj.
(Astron.) Relatif à l'orbite d'un astre. *Des satellites orbitaux.*

orbite n. f.
• Cavité où est placé l'œil. *Des orbites creuses.*
• Trajectoire décrite par un corps céleste.
• *Mise sur orbite.* Lancement d'un satellite sur une orbite. *Des mises sur orbite ratées.*
↪ Attention au genre féminin de ce nom : *une* orbite.

orchestrateur n. m.
orchestratrice n. f.
👄 Les lettres *ch* se prononcent *k* [ɔrkɛstratœr].
Musicien chargé de l'orchestration d'une œuvre.

orchestration n. f.
👄 Les lettres *ch* se prononcent *k* [ɔrkɛstrasjɔ̃].
• Façon dont les parties d'un orchestre sont agencées.
• Adaptation d'une œuvre musicale à l'orchestre.

orchestre n. m.
👄 Les lettres *ch* se prononcent *k* [ɔrkɛstr].
• Dans une salle de spectacle, ensemble des places du rez-de-chaussée rapprochées de la scène.
• Ensemble de musiciens qui exécute de la musique. *Un concerto pour violon et orchestre.*
• *Chef d'orchestre.* Musicien qui dirige un orchestre.

orchestrer v. tr.
👄 Les lettres *ch* se prononcent *k* [ɔrkɛstre].
• (Mus.) Adapter pour l'orchestre. *Orchestrer une chanson.*
• (Fig.) Organiser, coordonner une activité. *Orchestrer un colloque international.*

orchidée n. f.
👄 Les lettres *ch* se prononcent *k* [ɔrkide].
• Plante donnant des fleurs recherchées pour leur beauté et leur parfum.
• Fleur de cette plante.

ordinaire adj. et n. m.
• **Adjectif**
- Qui est dans l'ordre habituel. *Une semaine ordinaire.*
- Moyen, commun. *Un papier ordinaire, un auteur très ordinaire. De l'essence ordinaire.*
- *À l'ordinaire, d'ordinaire.* Habituellement.
• **Nom masculin**
- Le degré moyen d'une chose.
- *À son ordinaire.* Comme d'habitude. *Comme à son ordinaire, il part très tôt le matin.*
Ant. **extraordinaire.**

ordinairement adv.
En général, habituellement.

ordinal, ale, aux adj. et n. m.
Qui marque le rang. *L'adjectif numéral* **quatorzième** *est ordinal, alors que l'adjectif numéral* **quatorze** *est cardinal.*
V. Tableau - **NOMBRES.**
V. Tableau - **NUMÉRAL (ADJECTIF).**

ordinateur n. m.
(Inform.) Appareil de traitement automatique de données.
⬛▷ ordi**nat**eur.

ordinogramme n. m.
Schéma d'analyse qui permet de représenter la logique de l'enchaînement des opérations de traitement et de résolution d'un problème.
↪ Ne pas confondre avec le mot *organigramme,* représentation schématique des divers services d'une entreprise, d'un organisme et des rapports qui les unissent.

ordonnance n. f.
• Disposition, arrangement d'ensemble. *L'ordonnance d'une maison.*
• (Dr.) Décision. *Une ordonnance de non-lieu.*
• Document contenant les prescriptions faites pour le traitement d'un malade par un professionnel de la santé dûment habilité, et prévoyant, en particulier, l'usage de médicaments, d'examens et de soins. (Recomm. off. OLF) *Ce médicament ne se vend que sur ordonnance.*
↪ Ne pas confondre avec le nom *prescription,* ordre détaillé, recommandation, conseil thérapeutique émanant d'un médecin. Quand la prescription est sous forme écrite, il s'agit d'une *ordonnance.*
• Soldat au service d'un officier.
↪ Bien que le nom soit du genre féminin, il est souvent employé au masculin en ce sens.
⬛▷ ordo**nn**ance.

ordonnancement n. m.
Organisation méthodique de la production d'un bien, d'un service. *L'ordonnancement* (et non le *scheduling) *d'une commande*.
⟹ ordonnancement.

ordonnée n. f.
(Math.) Coordonnée verticale qui sert à définir un point.
☞ Ne pas confondre avec le nom *abscisse*, coordonnée horizontale qui sert à définir un point.

ordonner v. tr.
• Donner un ordre. *On a ordonné que les commerces soient fermés le dimanche.*
☞ Ce verbe se construit généralement avec le subjonctif, mais il peut se construire avec l'indicatif futur ou le conditionnel si l'on veut insister sur l'énoncé d'un jugement, d'un ordre, d'un texte législatif. *Le juge a ordonné que le témoin serait entendu.*
☞ Ne pas confondre avec les verbes suivants :
- *arrêter,* décider quelque chose dans son esprit;
- *décider,* prendre une décision;
- *décréter,* ordonner par décret;
- *trancher,* décider sans appel.
• Mettre en ordre. *Ordonner des éléments de façon systématique.*

ordre n. m.
• Disposition, arrangement. *Un ordre alphabétique, systématique.*
• Disposition méthodique, harmonieuse. *Tout est en ordre.*
• Norme, organisation sociale. *Rétablir l'ordre, rentrer dans l'ordre.*
• Espèce. *Un sentiment d'un autre ordre.*
• *De premier ordre.* Excellent.
• Association professionnelle. *L'ordre des médecins.*
• Commandement. *Donner un ordre, un ordre de mission.*
• Mandat d'acheter ou de vendre des actions. *Des ordres de Bourse.*

*ordre
• *«En ordre». Calque de l'anglais «in order» au sens de *en règle.*
• *«En bon, mauvais ordre». Anglicisme au sens de *en bon, mauvais état.*
• *«Hors d'ordre». Calque de l'anglais «out of order» au sens de *en panne.*

ordre de (à l')
Symbole *o/* (s'écrit sans point).

ordre du jour n. m.
Liste des questions à étudier au cours d'une réunion. *Un ordre du jour très chargé. Inscrire un point à l'ordre du jour* (et non à l'*agenda).
☞ L'ordre du jour comprend généralement les points suivants :
- lecture de l'ordre du jour;
- lecture et approbation du procès-verbal de la dernière réunion;
- énumération des questions soumises à l'assemblée;
- questions diverses;
- date de la prochaine réunion;
- clôture de la réunion.

ordure n. f.
• Déchet. *L'enlèvement des ordures ménagères* (et non la *cueillette).
• (Fig.) Obscénité. *Dire des ordures.*
• (Vulg.) Personne très méprisable. *C'est une ordure.*

ordurier, ière adj.
Qui contient des obscénités. *Un langage ordurier.*

orée n. f.
Lisière d'une forêt. *Un restaurant à l'orée du bois.*

oreille n. f.
• Organe de l'ouïe. *Ouvrir l'oreille.*
• *Prêter l'oreille.* Écouter.
• *Être dur d'oreille.* Avoir une mauvaise ouïe.
• *Ouvrir l'oreille.* Écouter attentivement.
• *Rebattre les oreilles.* Répéter.
☞ Le verbe est *rebattre* (et non *rabattre).
• *Boucle d'oreille.* Bijou. *Des boucles d'oreilles.*
• *Du bouche à oreille.* Rumeur.

oreiller n. m.
Coussin destiné à soutenir la tête pendant le sommeil. *Une taie d'oreiller* (et non *tête d'oreiller).

oreillette n. f.
Cavité du cœur.

oreillons n. m. pl.
Maladie contagieuse virale caractérisée par des maux d'oreille. *Attraper les oreillons.*
☞ Le nom de la maladie est toujours pluriel.

ores adv.
D'ores et déjà. Dès maintenant. *Cet auteur est d'ores et déjà très connu et apprécié.*
☞ L'adverbe ne s'emploie que dans cette locution.

orfèvre n. m. et f.
Personne qui fabrique et vend des objets en métaux précieux. *Un orfèvre-joaillier.*

orfèvrerie n. f.
• Art de l'orfèvre.
• Pièces créées par un orfèvre.

orfraie n. f.
Rapace diurne.
☞ Ne pas confondre avec le mot *effraie,* rapace nocturne.

organdi n. m.
Mousseline raidie par un apprêt. *Un voile d'organdi.*
⟹ organdi.

organe n. m.
• Partie d'un corps organisé remplissant une fonction. *L'oreille est l'organe de l'ouïe. Une greffe d'organe.*
• Mécanisme. *Un organe de transmission.*
• Publication périodique. *Ce journal est l'organe des nationalistes.*

organigramme n. m.
Représentation schématique des divers services d'une entreprise, d'un organisme et des rapports qui les unissent. *L'organigramme d'une entreprise industrielle.*
☞ Ne pas confondre avec le nom *ordinogramme,* schéma d'analyse qui permet de représenter la logique de l'enchaînement des opérations de traitement et de résolution d'un problème.

organique adj.
• Qui se rapporte aux organes. *Une maladie organique.*
• Qui provient des êtres organisés. *Une substance organique.*

organisateur adj. et n. m.
organisatrice adj. et n. f.
• **Adjectif.** Qui organise. *Des comités organisateurs.*
• **Nom masculin et féminin.** Personne qui est chargée de l'organisation d'un évènement, d'une activité.

organisation n. f.
• Action d'organiser. *L'organisation du travail.*
• Manière dont un corps est organisé. *L'organisation d'une école.*
• Groupement à caractère public ou non, ayant pour objet la paix, l'amélioration de la condition humaine, etc. *L'Organisation des Nations Unies.*

Organisation de coopération et de développement économique
Sigle *OCDÉ* (s'écrit avec ou sans points).

Organisation de l'aviation civile internationale
Sigle *OACI* (s'écrit avec ou sans points).

Organisation des Nations Unies
Sigle *ONU* (s'écrit avec ou sans points).

Organisation des Nations Unies pour l'agriculture et l'alimentation
Sigle *FAO* (s'écrit avec ou sans points).
☞ Le sigle usité est celui de la désignation anglaise.

Organisation des Nations Unies pour l'éducation, la science et la culture
Sigle *Unesco* (s'écrit avec ou sans points).
☞ Le sigle usité est celui de la désignation anglaise.

Organisation des pays exportateurs de pétrole
Sigle *OPEP* (s'écrit avec ou sans points).

Organisation du traité de l'Atlantique Nord
Sigle *OTAN* (s'écrit avec ou sans points).

Organisation internationale du travail
Sigle *OIT* (s'écrit avec ou sans points).

Organisation météorologique mondiale
Sigle *OMM* (s'écrit avec ou sans points).

Organisation mondiale de la propriété intellectuelle
Sigle *OMPI* (s'écrit avec ou sans points).

Organisation mondiale de la santé
Sigle *OMS* (s'écrit avec ou sans points).

organisation non gouvernementale
Sigle *ONG* (s'écrit avec ou sans points).

organiser v. tr., pronom.
• **Transitif**
- Régler dans un but précis. *Organiser un regroupement, un voyage.*
- (Fam.) Au Canada, synonyme de **rouler**. *Il l'a organisé de la plus belle façon.*
• **Pronominal**
Prendre les moyens nécessaires pour obtenir un résultat. *Ils se sont organisés pour venir.*

organisme n. m.
• Tout corps organisé ayant une individualité propre. *Un organisme microscopique.*
• (Absol.) Le corps humain. *Les besoins de l'organisme.*
• Ensemble organisé. *Un organisme gouvernemental.*

organiste n. m. et f.
Personne qui joue de l'orgue.

orgasme n. m.
Le plus haut point du plaisir sexuel.
☞ Attention au genre masculin de ce nom : *un* orgasme.

orgasmique ou **orgastique** adj.
Relatif à l'orgasme.

orge n. f.
Céréale. *Un pain d'orge.*
☞ Attention au genre féminin de ce nom : *une* orge.

orgeat n. m.
Sirop anciennement préparé avec de l'orge et qui contient aujourd'hui une émulsion d'amandes.
▭▷ org**eat**.

orgelet n. m.
Inflammation de la paupière.
▭▷ org**elet**.

orgiaque adj.
(Litt.) Relatif aux orgies.

orgie n. f.
• Débauche. *Participer à une orgie.*
• Profusion. *Une orgie de fleurs.*

orgue n. m. et f.
• **Nom masculin.** Instrument de musique à vent et à tuyaux, en usage dans les églises. *Un orgue harmonieux.*
• **Nom féminin pluriel.** *Les grandes orgues.*
☞ Au pluriel, le nom est féminin s'il désigne un instrument en insistant sur son ampleur; si le mot désigne plusieurs instruments, il reste masculin.
• *Orgue de Barbarie.* Appareil de musique portatif dont on joue au moyen d'une manivelle. *Le joueur d'orgue de Barbarie.*
☞ L'expression s'écrit sans trait d'union et le mot *Barbarie* s'écrit avec une majuscule.

orgueil n. m.
• Excès d'estime de soi.
• Fierté légitime. *L'orgueil de bien connaître son métier.*
• *Faire l'orgueil de.* Être un sujet de fierté. *Il fait l'orgueil de ses parents.*
Ant. **humilité.**
▭▷ org**ueil**.

orgueilleusement adv.
D'une manière orgueilleuse.
▭▷ org**ueil**leusement.

orgueilleux, euse adj. et n. m. et f.
Qui manifeste de l'orgueil. *Il est trop orgueilleux pour admettre qu'il a tort.*
Ant. **humble.**
▭▷ org**ueil**leux.

oriel n. m.
Fenêtre en saillie sur une façade.
☞ Ce nom a fait l'objet d'une recommandation pour remplacer «bow-window».
⟹ oriel.

orient n. m.
• Côté de l'horizon où le soleil se lève. *Le soleil se lève à l'est, à l'orient.*
☞ Quand le nom désigne un point cardinal, il s'écrit avec une minuscule.
• Région située à l'est de l'Europe. *Le Moyen-Orient, l'Extrême-Orient.*
☞ En ce sens, le nom s'écrit avec une majuscule.
Ant. **occident.**
V. Tableau - **POINTS CARDINAUX.**

orientable adj.
Qui peut être orienté. *Une antenne orientable.*

oriental, ale, aux adj. et n. m. et f.
• **Adjectif**
- Qui appartient à l'Orient. *Des langues orientales, des usages orientaux.*
- Qui est du côté est. *Les Pyrénées-Orientales.*
• **Nom masculin et féminin**
Les peuples d'Orient. *Les Orientaux.*
☞ Contrairement à l'adjectif, le nom prend une majuscule.
Ant. **occidental.**

orientation n. f.
• Détermination des points cardinaux d'un lieu. *Elle a le sens de l'orientation.*
• Position de quelque chose par rapport aux points cardinaux. *L'orientation de cette maison favorise son ensoleillement.*
• Action de choisir une voie particulière. *Avoir une orientation scientifique. L'orientation professionnelle.*

orienter v. tr., pronom.
• **Transitif**
- Placer quelque chose dans une direction. *Orienter un édifice en direction du sud.*
- Indiquer la direction à prendre. *Orienter un touriste vers la cathédrale. Orienter un élève vers les sciences pures.*
• **Pronominal**
- Déterminer les points cardinaux du lieu où l'on se trouve. *Elle est habile à s'orienter.*
- Choisir une voie. *Ils se sont orientés en médecine.*

orienteur n. m.
orienteuse n. f.
Personne qui se charge d'orientation professionnelle.

orifice n. m.
Ouverture. *Un orifice d'aération.*
☞ Attention au genre masculin de ce nom : *un* orifice.
⟹ orifice.

oriflamme n. f.
Bannière en forme de flamme.
☞ Attention au genre féminin de ce nom : *une* oriflamme.

originaire adj.
• Qui vient (d'un lieu). *Il est originaire de Gaspésie.*
• Qui est à l'origine d'une chose. *La cause originaire.*
☞ Ne pas confondre avec les mots suivants :
- *original,* qui est inédit;
- *originel,* qui vient de l'origine.

original, ale, aux adj. et n. m. et f.
• **Adjectif**
- Inédit. *Une idée originale.*
- Qui est le premier exemplaire. *Le dessin original. Les manuscrits originaux.*
- Bizarre.
• **Nom masculin et féminin** (pl. *originaux*)
Personne excentrique. *Ils ont une allure un peu bizarre : ce sont des originaux.*
• **Nom masculin** (pl. *originaux*)
Premier exemplaire. *L'original d'un contrat, d'un texte.*
☞ Ne pas confondre avec les mots suivants :
- *originaire,* qui vient d'un lieu;
- *originel,* qui vient de l'origine.

originalité n. f.
Caractère de ce qui est original, neuf. *L'originalité d'une recherche.*

origine n. f.
• Ce qui sert de point de départ, de commencement, de cause. *Des mots d'origine latine.*
☞ Ne pas confondre avec les noms suivants :
- *commencement,* début;
- *prélude,* ce qui précède quelque chose;
- *principe,* ce qui désigne la cause première.
• **Appellation d'origine.** Désignation d'un produit par le nom du lieu où il a été fabriqué.

originel, elle adj.
Qui vient de l'origine. *Le péché originel.*
☞ Ne pas confondre avec les mots suivants :
- *originaire,* qui vient d'un lieu;
- *original,* inédit.

originellement adv.
Par son origine, dès l'origine.

***originer**
Anglicisme pour *provenir de, émaner de, avoir son origine dans.*

orignal n. m. (pl. *orignaux*)
Élan d'Amérique.

oripeau n. m. (pl. *oripeaux*)
Vieux vêtements d'apparat.

ORL
Abréviation de *oto-rhino-laryngologie* et de *oto-rhino-laryngologiste.*

orme n. m.
Grand arbre à bois dur.
☞ Attention au genre masculin de ce nom : *un* orme.

ormeau n. m. (pl. *ormeaux*)
Jeune orme.

ornement n. m.
Ce qui sert à embellir, à décorer. *Une profusion d'ornements.*
⇨ ornem**ent**.

ornemental, ale, aux adj.
Décoratif. *Des dessins ornementaux.*
⇨ ornem**ent**al.

ornementation n. f.
Action d'ornementer.
⇨ ornem**ent**ation.

ornementer v. tr.
Décorer d'ornements. *Elle a ornementé la façade de beaux drapeaux.*
⇨ ornem**ent**er.

orner v. tr.
• Parer. *Orner un salon d'un bouquet de fleurs sauvages.*
• Servir d'ornement. *Des rosiers ornent le jardin.*

ornière n. f.
• Trace profonde d'un chemin causée par le passage des roues.
• (Fig.) Routine. *Il est difficile parfois de sortir de l'ornière.*

ornith(o)- préf.
Élément du grec signifiant «oiseau». *Ornithologie.*

ornithologie n. f.
Science des oiseaux.
⇨ ornit**h**ologie.

ornithologique adj.
Relatif à l'ornithologie, aux oiseaux. *Une réserve ornithologique.*
⇨ ornit**h**ologique.

ornithologiste ou **ornithologue** n. m. et f.
Spécialiste de l'ornithologie.
⇨ ornit**h**ologiste.

ornithorynque n. m.
Animal d'Australie. *L'ornithorynque a une forme bizarre : il a un bec de canard, une queue de castor et un corps de petit phoque.*
⇨ ornit**h**orynque.

orphelin, ine adj. et n. m. et f.
Enfant qui a perdu son père ou sa mère.
⇨ or**ph**elin.

orphelinat n. m.
Établissement qui recueille les orphelins.

orque n. f.
Mammifère marin appelé communément *épaulard*. *L'orque peut être dangereuse.*
⇥— Attention au genre féminin de ce nom : *une* orque.

orteil n. m.
Doigt de pied. *Son gros orteil est blessé.*
⇥— Attention au genre masculin de ce nom : *un* orteil.

orth(o)- préf.
Élément du grec signifiant «droit». *Orthographe.*

orthodontie n. f.
⇔ Le *t* de la dernière syllabe se prononce *s* [ɔrtɔdɔ̃si].
Spécialité de l'art dentaire qui corrige la mauvaise disposition des dents.

orthodontiste n. m. et f.
Spécialiste de l'orthodontie. *Aller chez l'orthodontiste* (et non l'*orthodentiste).
⇨ ort**h**odontiste.

orthodoxe adj. et n. m. et f.
• **Adjectif.** Conforme à une doctrine (religieuse, politique, etc.). *Un théologien orthodoxe.*
• **Nom masculin et féminin.** Personne dont les opinions sont orthodoxes. *Le nouveau chef du parti est un orthodoxe.*
⇨ ort**h**odoxe.

orthodoxie n. f.
Conformité aux doctrines traditionnelles.
⇨ ort**h**odoxie.

orthographe n. f.
Manière d'écrire un mot. *Une orthographe difficile. Des fautes d'orthographe.*
⇥— Ne pas confondre avec le nom *épellation,* action de décomposer un mot en lettres ou en syllabes.

Variantes orthographiques.
• Plusieurs mots ont des orthographes multiples, appelées *variantes orthographiques.* Ces mots qui sont souvent empruntés à d'autres langues peuvent s'écrire de deux façons, parfois davantage. Dans cet ouvrage, la première forme citée, qui est la plus courante, est à privilégier.
• Quelques exemples :

acupuncture	ou	*acuponcture*
béluga	ou	*bélouga*
cacatoès	ou	*kakatoès*
cari	ou	*carry, curry*
chantong	ou	*shantung*
clé	ou	*clef*
cuiller	ou	*cuillère*
et caetera	ou	*et cetera*
igloo	ou	*iglou*
cachère	ou	*cascher*
kayac	ou	*kayak*
lis	ou	*lys*
orang-outan	ou	*orang-outang*
paie	ou	*paye*
yaourt	ou	*yogourt, yoghourt*

V. Tableau - **ANOMALIES ORTHOGRAPHIQUES.**
⇨ ort**h**ographe.

orthographier v. tr., pronom.
Redoublement du *i* à la première et à la deuxième personne du pluriel de l'indicatif imparfait et du subjonctif présent. *(Que) nous orthographiions, (que) vous orthographiiez.*
• **Transitif.** Écrire un mot suivant l'orthographe. *Orthographier un mot de façon erronée.*
• **Pronominal.** Être écrit selon l'orthographe. *Son nom s'orthographie avec un s final.*
⇨ ort**h**ographier.

orthographique adj.
Relatif à l'orthographe. *Un dictionnaire orthographique.*
⇨ ortho**gra**phique.

orthopédie n. f.
Spécialité de la médecine qui traite les affections du squelette et des articulations.
⇨ orthopédie.

orthopédique adj.
Relatif à l'orthopédie. *Des chaussures orthopédiques.*
⇨ orthopédique.

orthopédiste adj. et n. m. et f.
Médecin spécialiste de l'orthopédie.
⇨ orthopédiste.

orthophonie n. f.
Rééducation du langage oral.
⇨ orthophonie.

orthophoniste n. m. et f.
Spécialiste de l'orthophonie.
⇨ orthophoniste.

ortie n. f.
Plante dont les poils irritent la peau.

ortolan n. m.
Petit oiseau dont la chair est estimée. *Reliefs d'ortolan.* (La Fontaine)

os n. m.
⬳ Au singulier, le **s** se prononce [ɔs]; au pluriel, le **s** ne se prononce pas [o].
• Chacune des parties du squelette de l'homme et des animaux vertébrés. *L'humérus, le radius et le cubitus sont les os du bras.*
• **Locutions**
- **En chair et en os.** En personne.
- **Jusqu'à l'os.** (Fam.) Complètement.
- **Il ne fera pas de vieux os.** Il ne vivra pas longtemps.
- **Mouillé jusqu'aux os.** Complètement trempé.
- **N'avoir que les os et la peau.** Être très maigre.
- **Tomber sur un os.** (Fam.) Rencontrer un obstacle.

oscar n. m.
(Cin.) Trophée. *Il a remporté trois oscars.*

oscillation n. f.
• Mouvement alternatif d'un corps. *Les oscillations d'un pendule.*
• Fluctuation.
⇨ oscillation.

oscillatoire adj.
Qui est de la nature de l'oscillation.
⇨ oscillatoire.

osciller v. intr.
• Se mouvoir alternativement en deux sens contraires.
• Hésiter. *Il oscille entre ces deux idées.*
⇨ osciller.

oscilloscope n. m.
Instrument de mesure des oscillations.
⇨ oscilloscope.

osé, ée adj.
⬳ Le **o** est fermé [oze].
• Hardi. *Une entreprise osée.*
• Libre. *Un texte osé.*

oseille n. f.
⬳ Le **o** est fermé [ozɛj].
Plante dont les feuilles sont comestibles. *Une soupe à l'oseille.*

oser v. tr.
⬳ Le **o** est fermé [oze].
• Risquer, avoir l'audace. *Il ose lui parler.*
• Se permettre. *J'ose espérer que vous viendrez. Elle a osé s'habiller en panthère.*
◖— Avec ce verbe, la négation **ne** peut s'employer seule. *Je n'ose pas le croire* ou *je n'ose le croire.*

osier n. m.
⬳ Le **o** est fermé [ozje].
Saule à rameaux flexibles dont on fait de la vannerie. *Un fauteuil en osier.*

osmose n. f.
• Mélange de deux solutions à travers une paroi perméable.
• (Fig.) Interpénétration. *Un enthousiasme les gagnait tour à tour comme par osmose.*

osmotique adj.
Relatif à l'osmose.

ossature n. f.
• Ensemble des os.
• (Fig.) Charpente. *L'ossature d'une cathédrale.*

osselet n. m.
• Petit os.
• (Au plur.) Petits os que les enfants lancent et rattrapent sur le dos de la main. *Jouer aux osselets.*

ossements n. m. pl.
Os décharnés et desséchés des cadavres.

osseux, euse adj.
• Propre aux os. *Une substance osseuse.*
• Dont les os sont apparents. *Une main osseuse.*
⇨ osseux.

ostracisme n. m.
Mise à l'écart d'un groupe.

ostréi- préf.
Élément du latin signifiant «huître». *Ostréiculture.*

ostréicole adj.
Relatif à l'ostréiculture.

ostréiculteur n. m.
ostréicultrice n. f.
Personne qui fait l'élevage des huîtres.

ostréiculture n. f.
Élevage des huîtres.
V. **agriculture.**

ostrogot, ote ou **ostrogoth, othe** n. m. et f.
• (Ancienn.) Habitant des territoires occupés par la tribu des Goths. *Un Ostrogoth, des Ostrogoths.*
• (Fig.) Personne rustre, excentrique. *Qui sont ces ostrogoths?*

☞— Au sens propre, le nom s'écrit avec une majuscule; au sens figuré, il s'écrit avec une minuscule.

otage n. m.
• Personne remise ou reçue pour garantir l'exécution d'une promesse, d'un traité, etc. *Il a servi d'otage.*
• Personne enlevée pour obtenir ce que l'on exige. *Les prisonniers retiennent un otage.*
☞— Ce nom est toujours masculin.

OTAN
Sigle de *Organisation du traité de l'Atlantique Nord.*

otarie n. f.
Mammifère voisin des phoques. *Une otarie mâle, une otarie femelle.*
☞— Ce nom n'a pas de forme masculine.

ôter v. tr.
Enlever. *Vous n'ôtez pas votre manteau?*
⇨ ôter.

otite n. f.
Inflammation de l'oreille.
⇨ otite.

oto-rhino n. m. et f.
Abréviation familière de *oto-rhino-laryngologiste.*
⇨ oto-rhino.

oto-rhino-laryngologie n. f.
• Abréviation *ORL* (s'écrit avec ou sans points).
• Spécialité de la médecine qui traite les maladies des oreilles, du nez et de la gorge.
⇨ oto-rhino-laryngologie.

oto-rhino-laryngologiste n. m. et f.
• S'abrège familièrement en *ORL* (s'écrit avec ou sans points) et en *oto-rhino* (s'écrit sans points).
• Médecin spécialiste de l'oto-rhino-laryngologie.
⇨ oto-rhino-laryngologiste.

ou conj.
V. Tableau - OU, CONJONCTION.

où adv. et pron.
V. Tableau - OÙ, ADVERBE.
V. Tableau - OÙ, PRONOM RELATIF.

ouailles n. f. pl.
(Plaisant.) Paroissiens. *Le curé et ses ouailles.*

ouais! interj.
(Fam. et iron.) Oui.

ouananiche n. f.
Au Canada, variété de saumon d'eau douce. *Pêcher la ouananiche, l'ouananiche.*
☞— Devant ce nom d'origine amérindienne qui signifie «le petit égaré», on peut faire l'élision ou non.

ouaouaron n. m.
Au Canada, grenouille de très grande taille qui vit en Amérique du Nord. *Les enfants observent le ouaouaron, l'ouaouaron.*
☞— Devant ce nom d'origine iroquoise signifiant «grenouille verte», on peut faire l'élision ou non.

ouate n. f.
Coton hydrophile. *Acheter de l'ouate, de la ouate, un tampon d'ouate.*
☞— Devant ce nom, l'élision est facultative.

ouaté, ée adj.
• Garni d'ouate.
• Feutré. *Des pas ouatés.*

ouater v. tr.
Garnir d'ouate.

oubli n. m.
Fait de perdre le souvenir de quelqu'un, de quelque chose. *L'oubli d'une date, d'un nom.*

oublier v. tr., pronom.
Redoublement du *i* à la première et à la deuxième personne du pluriel de l'indicatif imparfait et du subjonctif présent. *(Que) nous oubliions, (que) vous oubliiez.*
• **Transitif**
- Perdre le souvenir de quelqu'un, de quelque chose. *J'ai oublié cette formule mathématique.*
- Ne pas penser à quelque chose. *J'ai oublié mon rendez-vous.*
☞— Le verbe se construit avec la préposition *de +* infinitif. *Ils ont oublié de nous téléphoner.* Il se construit aussi avec la conjonction *que* généralement suivie de l'indicatif. *Ils ont oublié que c'était lundi.*
• **Pronominal**
- Sortir de la mémoire. *Ces termes techniques s'oublient rapidement.*
- Ne pas penser à soi, à ses intérêts.
- *Ne-m'oubliez-pas.* Myosotis.

oubliette n. f.
• Cachot souterrain.
• *Jeter, mettre aux oubliettes.* Laisser de côté. *Le projet a été mis aux oubliettes.*
☞— Le nom s'emploie généralement au pluriel.

ouest adj. inv. et n. m.
• Abréviation *O.* (s'écrit avec un point).
• Un des quatre points cardinaux orienté du côté du soleil couchant.
☞— Les noms des points cardinaux qui déterminent un pays, une région, une ville, un odonyme s'écrivent avec une majuscule. *L'ex-Allemagne de l'Ouest, l'Ouest canadien. Les rapports entre l'Est et l'Ouest.*
☞— Dans une adresse, le point cardinal s'écrit avec une majuscule et suit le nom spécifique de l'odonyme. *Son bureau est au 555, boul. René-Lévesque Ouest.*
☞— Lorsque l'adjectif ou le nom indique une orientation, il s'écrit avec une minuscule. *Un vent de l'ouest.*
V. Tableau - **POINTS CARDINAUX.**

ouf! interj.
Interjection marquant le soulagement.

ouguiya n. m.
Unité monétaire de la Mauritanie. *Des ouguiyas.*
V. Tableau - **SYMBOLES DES UNITÉS MONÉTAIRES.**

oui adv. et n. m. inv.
• **Adverbe.** Particule affirmative. *Serez-vous des nôtres ce soir? Oui, avec plaisir.*

• **Nom masculin invariable.** *Les oui du référendum.*
• ***Pour un oui, pour un non.*** Sans motif valable.
☞― L'élision ne se fait pas devant le mot *oui,* sauf dans un texte de niveau familier. *Des milliers de oui.*
V. Tableau - **ÉLISION.**
Ant. **non.**
Hom. :
- *ouïe,* sens qui permet de percevoir les sons;
- *ouïes,* branchies des poissons.

ouï-dire n. m. inv. (pl. *ouï-dire*)
Rumeur. *Des ouï-dire qui n'ont aucun fondement.*
☞ ouï-dire.

ouïe n. f.
• Sens qui permet de percevoir les sons.
• Audition. *Perdre l'ouïe.*
Hom. :
- *oui,* particule affirmative;
- *ouïes,* branchies des poissons.
☞ ouïe.

ouïes n. f. pl.
• Branchies des poissons.
• Ouvertures latérales d'un violon.
Hom. :
- *oui,* particule affirmative;
- *ouïe,* sens qui permet de percevoir les sons.
☞ ouïes.

ouïe! ou **ouille!** interj.
Interjection marquant la douleur, la surprise.

ouïr v. tr.
(Vx) Entendre. *Ils ont ouï dire.*
☞― Ce verbe ne s'emploie plus qu'à l'infinitif et au participe passé (*ouï, ouïe*) et dans l'expression *oyez, oyez* à la deuxième personne du pluriel de l'impératif, par plaisanterie.
☞ ouïr.

ouistiti n. m.
Petit singe. *Des ouistitis. Le ouistiti a une longue queue.*
☞― Devant ce nom, l'article ne s'élide pas.

OÙ, ADVERBE

• L'adverbe marque le lieu ou le temps, la provenance, la cause et ne s'emploie que pour des choses.
Nous irons où il fait plus chaud.

☞― Construit sans antécédent, le mot *où* est un adverbe.

• *Où que*, locution conjonctive de concession. En quelque lieu que.
D'où que vous m'appeliez, nous pourrons agir. Où que vous soyez, je vous rejoindrai.

ADVERBE INTERROGATIF

• Il s'emploie en début de proposition pour interroger sur le lieu où l'on est, où l'on va.
Où êtes-vous? Je me demande où elle part?

• Locutions
– *D'où*. De quel lieu. *D'où m'appelez-vous?*
– *Par où*. Par quel lieu. *Par où passerez-vous?*

OÙ, PRONOM RELATIF

Quand il est précédé d'un antécédent, *où* est un pronom relatif employé avec les êtres inanimés au sens de *lequel, laquelle*.

• Il marque le **lieu** où l'on est, où l'on va. Dans lequel.
Le pays où il passe ses vacances.

• Il marque le **temps d'un évènement**. Pendant lequel.
L'époque où l'on avait le temps de vivre.

OU, CONJONCTION

La conjonction de coordination *ou* lie des mots ou des propositions de même nature. *Porter du vert ou du bleu. Nous irons à la campagne ou nous partirons en voyage.*

EMPLOIS

La conjonction *ou,* qui peut être remplacée par la locution conjonctive *ou bien* pour la distinguer du pronom relatif ou de l'adverbe *où,* marque :

- **Une alternative.**
  Le froid ou la chaleur. Il aimerait poursuivre ses études ou acquérir un peu d'expérience.

- **Une approximation.**
  Vingt-huit ou trente étudiants.

- **Une opposition entre deux membres de phrase.**
  Ou vous acceptez, ou vous cédez votre place.

☞ Dans une proposition négative, la conjonction *ou* est remplacée par *ni. Elle ne lui a pas parlé ni écrit.*

ACCORD DU VERBE

- **Deux sujets au singulier.** Le verbe se met au pluriel ou au singulier suivant l'intention de l'auteur qui désire marquer la coordination ou la disjonction.
  L'un et l'autre se dit ou se disent.

☞ Si la conjonction est précédée d'une virgule, le verbe se met au singulier, car la phrase exprime une disjonction. *La complexité du problème, ou le découragement, lui fit abandonner la recherche.*

- **Un sujet au singulier + un sujet au pluriel.** Le verbe se met au pluriel.
  Un chien ou des chats s'ajouteront à la famille.

- **Un sujet au singulier + un synonyme.** Le verbe se met au singulier.
  L'outarde ou bernache du Canada est une oie sauvage qui niche dans l'extrême Nord.

☞ Le synonyme s'emploie sans article.

ACCORD DE L'ADJECTIF

- L'adjectif qui se rapporte à deux noms coordonnés par *ou* se met au pluriel et au masculin si les noms sont de genres différents.
  Du coton ou de la toile bleus.

- L'adjectif qui se rapporte à un seul des deux noms coordonnés par *ou* s'accorde en genre et en nombre avec ce nom.
  Il achètera un gigot ou des viandes marinées.

☞ **Et/ou :** à l'exception de contextes très particuliers, de nature technique ou scientifique, où il apparaît nécessaire de marquer consécutivement la coordination ou la disjonction de façon très succincte et explicite, l'emploi de la locution *et/ou* est inutile, la conjonction *ou* exprimant parfaitement ces nuances. À cet égard, l'accord du verbe avec des sujets coordonnés par *ou* est significatif, le pluriel marquant la coordination, le singulier, la disjonction.
Ainsi, dans l'énoncé **Marie ou Benoît sont admissibles**, ils sont l'un et l'autre admissibles. Si l'on juge que l'énoncé n'est pas suffisamment explicite, on pourra recourir à une autre construction. *Les étudiants peuvent choisir les civilisations grecque ou latine ou les deux à la fois.*

ouragan n. m.
Vent très violent accompagné de pluie.
☞ Ne pas confondre avec les noms suivants :
- *bourrasque,* coup de vent violent et de courte durée;
- *cyclone,* tempête caractérisée par un puissant tourbillon destructeur;
- *tornade,* trombe de vent violent;
- *typhon,* tourbillon marin d'une extrême violence.

ourdir v. tr.
(Litt.) Tramer. *Ourdir un complot.*

ourler v. tr.
Garnir d'un ourlet.

ourlet n. m.
Bord d'une étoffe replié et cousu. *Faire l'ourlet d'une jupe, d'un pantalon.*
⟹ ourle**t.**

ours n. m.
👄 Le *s* se prononce au singulier et au pluriel [urs]. Mammifère carnivore de grande taille. *Un ours polaire.*
☞ La prononciation avec un *s* muet est ancienne.

ourse n. f.
• Femelle de l'ours.
• *La Grande Ourse.* Constellation.
☞ Les noms d'astres, de constellations, d'étoiles prennent une majuscule au nom spécifique ainsi qu'à l'adjectif qui le précède.

oursin n. m.
Animal marin garni de piquants dont certaines espèces sont comestibles.

ourson n. m.
Petit de l'ours.

oust! ou **ouste!** interj.
(Fam.) Interjection qui donne l'ordre de quitter un lieu.

outarde n. f.
Oiseau échassier migrateur, bernache du Canada. *À Cap-Tourmente, on peut voir passer les outardes lors de leurs migrations.*

outil n. m.
👄 Le *l* ne se prononce pas [uti].
• Instrument utilisé directement par la main pour faire un travail. *Le marteau, le tournevis sont des outils courants.*
• (Fig.) Moyen. *Les livres sont un des outils de la connaissance.*
☞ Ne pas confondre avec les mots suivants :
- *appareil,* ensemble de pièces disposées pour fonctionner ensemble en vue d'exécuter une opération matérielle;
- *machine,* appareil utilisant l'énergie;
- *ustensile,* instrument servant aux usages domestiques.
⟹ outi**l.**

outillage n. m.
Assortiment d'outils. *Un outillage industriel.*

outiller v. tr.
Équiper. *Cette entreprise est outillée de robots.*

outilleur n. m.
Technicien chargé de la mise au point de l'outillage, des montages, etc., nécessaires à la fabrication industrielle.

***output**
Anglicisme au sens de *extrant, sortie* (d'ordinateur).

outrage n. m.
Affront, injure. *On ne l'a pas attendu : c'est un véritable outrage, il est en furie.* (Litt.) *Pour réparer des ans l'irréparable outrage.* (Racine)

outrageant, ante adj.
Qui constitue un outrage, injurieux. *Une remarque outrageante, des propos outrageants.*
☞ Ne pas confondre avec le participe présent invariable *outrageant. Il publiait des textes outrageant la morale.*
⟹ outrage**ant.**

outrager v. tr.
👄 Le *g* est suivi d'un *e* devant les lettres *a* et *o. Il outragea, nous outrageons.*
Faire outrage à, insulter. *Outrager la raison.*

outrageusement adv.
• D'une manière outrageuse.
• Avec excès. *Elle se maquille outrageusement.*

outrance n. f.
• Excès. *L'outrance de son comportement.*
• *À outrance,* locution adverbiale. Jusqu'à l'excès. *Il mange à outrance.*

outrancier, ière adj.
Excessif.

outre prép., adv.
• **Préposition**
- En plus de. *Outre ses études, il travaille à temps partiel.*
• **Adverbe**
- *En outre,* locution adverbiale. De plus. *En outre, elle partit deux semaines en vacances.*
• **Locutions**
- *Outre que* + indicatif ou conditionnel. En plus du fait que. *Outre qu'il est incompétent, il est désagréable.*
- *Outre mesure,* locution adverbiale. À l'excès. *Il dépense outre mesure.*
- *Passer outre.* Ne pas tenir compte. *Il passa outre à l'ordre donné.*

outre n. f.
Sac de cuir destiné à contenir un liquide.

outré, ée adj.
• Exagéré.
• (Litt.) Offusqué, indigné.

outrecuidance n. f.
(Litt.) Impertinence.
⟹ outrecuida**n**ce.

outrecuidant, ante adj.
(Vx) Impertinent.
⟹ outrecuida**n**t.

outremer adj. inv. et n. m.
• **Adjectif de couleur invariable.** D'un bleu intense. *Des oriflammes outremer, bleu outremer.*

• **Nom masculin.** Lapis-lazuli. *Des outremers magnifiques.*
Hom. *outre-mer,* de l'autre côté de la mer.

outre-mer adv.
De l'autre côté de la mer. *Une traversée outre-mer.*
Hom. *outremer,* bleu intense.

outrepasser v. tr.
• Dépasser les limites. *Il a outrepassé ses droits.*
• Enfreindre. *Outrepasser les ordres.*

outrer v. tr.
• Exagérer. *Outrer un effet.*
• Indigner. *Il est outré par ces revendications.*

ouvert, erte adj.
• Qui n'est pas fermé. *La porte est ouverte.*
• *À cœur ouvert.* (Fig.) Franchement.
• *À cœur ouvert.* Se dit d'une opération chirurgicale sur un cœur vide de sang.
• *À bras ouverts.* Avec cordialité.
• *Grand ouvert.* Complètement ouvert. *Des fenêtres grandes ouvertes.*
☞ Malgré cet emploi adverbial, l'adjectif *grand* prend la marque du pluriel dans cette expression.
• *Guerre ouverte.* Guerre déclarée.
• Apte à comprendre. *Un esprit ouvert.*

ouvertement adv.
Franchement.

ouverture n. f.
• Action d'ouvrir. *L'ouverture d'une porte.*
• État de ce qui est ouvert. *Les heures d'ouverture* (et non les heures *d'affaires).
• Orifice, trou. *Agrandir les ouvertures d'un mur.*

ouvrable adj.
Jour ouvrable. Jour de la semaine où l'on peut travailler. Tous les jours de la semaine sont des jours ouvrables, sauf le dimanche.
Ant. **férié.**

ouvrage n. m.
• Travail. *Ne pas avoir d'ouvrage. Se mettre à l'ouvrage.*
☞ Familièrement, on emploie parfois le nom au féminin pour désigner un travail soigné. *C'est de la belle ouvrage.*
• Objet. *Un ouvrage de bijouterie.*
• Œuvre littéraire.

ouvragé, ée adj.
Travaillé. *Une grille ouvragée.*

ouvrager v. tr.
Le *g* est suivi d'un *e* devant les lettres *a* et *o*. *Il ouvragea, nous ouvrageons.*
Orner.

ouvrant, ante adj.
Qui ouvre. *Des toits ouvrants.*

ouvré, ée adj.
• Façonné. *Du cuivre ouvré.*
• *Jour ouvré.* Jour de la semaine où l'on travaille. *Le lundi, le mardi, le mercredi, le jeudi, le vendredi sont dans cette entreprise des jours ouvrés. Le samedi est un jour ouvrable.*

ouvre-boîte n. m. (pl. *ouvre-boîtes*)
Ustensile servant à ouvrir les boîtes de conserves.
☞ Le premier élément du mot composé ne prend pas la marque du pluriel parce que c'est un verbe. On écrit parfois *un ouvre-boîtes.*

ouvre-bouteille n. m. (pl. *ouvre-bouteilles*)
Ustensile servant à décapsuler les bouteilles.
☞ Le premier élément du mot composé ne prend pas la marque du pluriel parce que c'est un verbe. On écrit parfois *un ouvre-bouteilles.*
Syn. **décapsuleur.**

ouvrer v. tr.
Façonner, orner. *Ouvrer du bois.*

ouvreur n. m.
ouvreuse n. f.
Personne chargée de placer les spectateurs dans une salle de spectacle.

ouvrier, ière adj. et n. m. et f.
Travailleur manuel. *Des ouvriers spécialisés. La force ouvrière.*

ouvrir v. tr., intr., pronom.
INDICATIF PRÉSENT *J'ouvre, tu ouvres, il ouvre, nous ouvrons, vous ouvrez, ils ouvrent.* IMPARFAIT *J'ouvrais.* PASSÉ SIMPLE *J'ouvris.* FUTUR *J'ouvrirai.* CONDITIONNEL PRÉSENT *J'ouvrirais.* IMPÉRATIF PRÉSENT *Ouvre, ouvrons, ouvrez.* SUBJONCTIF PRÉSENT *Que j'ouvre, que tu ouvres.* IMPARFAIT *Que j'ouvrisse.* PARTICIPE PRÉSENT *Ouvrant.* PASSÉ *Ouvert, erte.*
• **Transitif**
- Faire que ce qui était fermé ne le soit plus. *Ouvrir la porte.*
- Pratiquer une ouverture. *Ouvrir un chemin dans la neige.*
- (Fam.) Mettre en marche. *Ouvrir la radio, la lumière, l'eau.*
☞ Dans ces expressions familières, l'usage l'a emporté sur la logique.
• **Locutions**
- *Ouvrir la bouche.* Parler.
- *Ouvrir l'appétit.* Donner faim.
- *Ouvrir les bras à quelqu'un.* L'accueillir cordialement.
- *Ouvrir la marche.* Marcher en tête.
- *Ouvrir un commerce.* L'établir, le fonder.
• **Intransitif**
Être ouvert. *Cette fenêtre ouvre sur le jardin.*
• **Pronominal**
- Devenir ouvert. *Les fleurs s'ouvrent à la chaleur.*
- (Litt.) Se confier. *Il s'est ouvert de son inquiétude à son ami.*

ouvroir n. m.
Lieu où l'on fait des travaux d'aiguille destinés aux indigents. *L'ouvroir de la paroisse.*

ouzo n. m.
Liqueur d'origine grecque parfumée à l'anis.

ovaire n. m.
☞ Le *o* est ouvert [ɔvɛr].
Glande génitale féminine où se forment les ovules.

☞— Attention au genre masculin de ce nom : *un* ovaire.

ovale adj. et n. m.
👄 Le *o* est ouvert [ɔval].
• **Adjectif.** D'une courbure allongée. *Une table ovale.*
• **Nom masculin.** Contour du visage. *Elle a un bel ovale.*
☞— Attention au genre masculin de ce nom : *un* ovale.
▭▷ ova**le**.

ovariectomie n. f.
👄 Le *o* est ouvert [ɔvarjɛktɔmi].
Ablation d'un ovaire ou des ovaires.

ovarien, ienne adj.
👄 Le *o* est ouvert [ɔvarjɛ̃, jɛn].
Relatif à l'ovaire. *Le cycle ovarien.*

ovation n. f.
👄 Le *o* est ouvert [ɔvasjɔ̃].
Acclamation. *Une longue ovation debout* (et non une *standing ovation*) *souligna la victoire du nouveau président.*

ovationner v. tr.
👄 Le *o* est ouvert [ɔvasjɔne].
Acclamer, applaudir. *Ils ont été ovationnés par tous.*

*overdose
Anglicisme pour **surdose.**

ovin, ine adj. et n. m.
👄 Le *o* est ouvert [ɔvɛ̃, in].
Qui est relatif au mouton, à la brebis. *Race ovine.*

ovipare adj. et n. m.
👄 Le *o* est ouvert [ɔvipar].
Se dit d'un animal qui pond des œufs. *Les oiseaux sont ovipares.*
▭▷ ovipa**re**.

OVNI ou **ovni** n. m.
👄 Le *o* est ouvert [ɔvni].
Sigle de ***objet volant non identifié.*** *Ils s'intéressent aux ovnis depuis longtemps.*
☞— Cet acronyme est l'équivalent français de l'américain **UFO** «unidentified flying object».

ovoïde adj.
👄 Les *o* sont ouverts [ɔvɔid].
En forme d'œuf. *Une tête ovoïde.*
▭▷ ovoï**de**.

ovovivipare adj.
👄 Les *o* sont ouverts [ɔvɔvivipar].
Se dit des animaux ovipares dont les œufs éclosent dans le corps de la femelle. *La vipère est ovovivipare.*
▭▷ ovovivipa**re**.

ovulation n. f.
👄 Le *o* est ouvert [ɔvylasjɔ̃].
Libération de l'ovule.

ovule n. m.
👄 Le *o* est ouvert [ɔvyl].
Cellule femelle produite par l'ovaire, destinée à être fécondée.
☞— Attention au genre masculin de ce nom : *un* ovuie.

ovuler v. intr.
👄 Le *o* est ouvert [ɔvyle].
Avoir une ovulation.

oxy-
👄 La deuxième syllabe des mots commençant par *oxy* se prononcent *ksi* (et non *gzi).

oxydable adj.
Susceptible d'être oxydé. *L'argent est oxydable.*
Ant. **inoxydable.**

oxydant, ante adj.
Qui oxyde. *Des produits oxydants.*
Hom. ***occident,*** côté de l'horizon où le soleil se couche.

oxydation n. f.
Combinaison d'un corps simple avec l'oxygène.
▭▷ ox**y**dation.

oxyde n. m.
Composé provenant de la combinaison d'un corps avec l'oxygène.
☞— Attention au genre masculin de ce nom : *un* oxyde.
▭▷ ox**y**de.

oxyder v. tr., pronom.
Combiner avec l'oxygène, transformer plus ou moins en oxyde. *L'oxygène oxyde les métaux.*
▭▷ ox**y**der.

oxygénation n. f.
Action d'oxygéner.
▭▷ ox**y**génation.

oxygène n. m.
• Symbole *O* (s'écrit sans point).
• Gaz incolore formant la partie de l'air essentielle à la respiration. *Le plongeur prit une bouteille d'oxygène.*
☞— Attention au genre masculin de ce nom : *un* oxygène.
▭▷ ox**y**gène.

oxygéner v. tr., pronom.
Le *é* se change en *è* devant une syllabe muette, sauf à l'indicatif futur et au conditionnel présent. *J'oxygène,* mais *j'oxygénerai.*
• **Transitif.** Ajouter de l'oxygène à une substance.
• **Pronominal.** (Fam.) Respirer de l'air pur. *Il faut aller s'oxygéner à la campagne.*

oxyure n. m.
Petit ver parasite.

oz
Symbole de ***once.***

ozone n. m.
👄 Le *o* se prononce comme dans les mots ***bonne*** ou ***zone,*** [ozɔn] ou [ɔzɔn].
• Corps simple gazeux. *La couche d'ozone.*
• ***Trou d'ozone.*** Zone de l'atmosphère où l'on observe une diminution de la concentration en ozone.
☞— Attention au genre masculin de ce nom : *un* ozone.

ozoniseur ou **ozonisateur** n. m.
Appareil destiné à produire l'ozone à partir de l'oxygène.

p
Symbole de *pico-*.

p.
Abréviation de *page* ou *pages*.

P
• Symbole de *phosphore*.
• Symbole de *péta-*.

Pa
Symbole de *pascal*.

pacage n. m.
Pâturage.
▭▷ pa**c**age.

pacane n. f.
Noix ovale. *Une tarte aux pacanes* (et non **pécanes*).

pacanier n. m.
Grand arbre du sud-est des États-Unis dont le fruit est
la pacane.

*pacemaker
Anglicisme pour *stimulateur cardiaque*.

pacha n. m.
• Gouverneur dans l'ancien empire turc.
▷⊢ Ce titre s'écrit avec une minuscule et se place
après le nom. *Halil pacha*.
• *Vie de pacha.* (Fam.) Vie nonchalante, dans le luxe.

pachyderme n. m.
• (Au plur.) (Vx) Ordre de mammifères.
▷⊢ Cet ordre a été remplacé par l'ordre des *ongu-
lés*.
• Éléphant.
▭▷ pa**chy**derme.

pacificateur, trice adj. et n. m. et f.
Qui abolit les dissensions et ramène la paix. *Une action pacificatrice*.

pacifier v. tr.
Redoublement du *i* à la première et à la deuxième
personne du pluriel de l'indicatif imparfait et du
subjonctif présent. *(Que) nous pacifiions, (que)
vous pacifiiez*.
Rétablir la paix.

pacifique adj.
• Paisible, tranquille. *Une personne pacifique*.
• *Le Pacifique, l'océan Pacifique.*
▷⊢ Dans les désignations géographiques, le nom
océan est un générique qui s'écrit avec une minuscule, tout comme les mots *lac, mer, baie, île, mont*,
etc.

pacifiquement adv.
D'une manière pacifique.

pacifiste adj. et n. m. et f.
Partisan de la paix. *Un mouvement pacifiste*.

*package
- Anglicisme au sens de *forfait*.
- Anglicisme au sens de *progiciel*.

*package deal
Anglicisme au sens de *accord global, entente globale*.

pacotille n. f.
• (Péj.) Marchandises sans valeur.
• *De pacotille.* Sans valeur. *Des bijoux de pacotille*.

pacte n. m.
Convention entre des personnes, des pays. *Conclure un pacte d'amitié, un pacte de non-agression, d'alliance.*
☞ Les génériques (**accord, convention, pacte, traité,** etc.) s'écrivent avec une minuscule lorsqu'ils sont suivis d'un nom propre. *Le pacte de l'Atlantique Nord.*

pactiser v. intr.
Conclure un pacte.

pactole n. m.
(Litt.) Source de richesse, occasion de profit. *Ce travail est un vrai pactole.*

paddock n. m.
Enceinte pour les chevaux de course. *Des paddocks.*
⇨ pad**d**ock.

paella n. f.
⇨ Le nom se prononce à l'espagnole [paeja] ou [paela].
Plat espagnol composé de riz cuit avec des légumes, des crustacés, de la viande. *Des paellas aux crevettes.*
⇨ pae**ll**a.

paf! interj.
Interjection qui marque un coup de feu, un bruit de chute.

paf adj. inv.
(Pop.) Ivre. *Ils sont paf.*

PAF n. m. inv.
Sigle de *paysage audiovisuel français.*

pagaie n. f.
Petit aviron. *Dans le canot, on se sert de pagaies.*
☞ Ne pas confondre avec le nom **pagaille,** désordre, anarchie.
⇨ pag**aie**.

pagaille ou **pagaïe** n. f.
(Fam.) Désordre. *Cette chambre est en pagaille, en pagaïe.*
☞ Ne pas confondre avec le nom **pagaie,** petit aviron.
⇨ pag**aille**, pag**aïe**.

pagayer v. intr.
Le **y** peut être changé en **i** devant un **e** muet. *Il pagaye, il pagaie.* Cette dernière forme est plus courante.
Le **y** est suivi d'un **i** à la première et à la deuxième personne du pluriel de l'indicatif imparfait et du subjonctif présent. *(Que) nous pagayions, (que) vous pagayiez.*
Ramer avec une pagaie. *Il pagaie avec vigueur pour remonter la rivière.*

page n. f.
• Abréviation **p.** (s'écrit avec un point).
☞ L'abréviation du nom pluriel est également **p.**; l'abréviation **pp.** pour **pages** est aujourd'hui vieillie.
• Chacun des deux côtés d'un feuillet de papier.
• Les caractères qui remplissent la page. *Lire une page.*
• **Locutions**
- *Être à la page.* Être à la mode.
- *Mise en pages.* Opération par laquelle le metteur en pages rassemble les paquets de composition, les titres,

les clichés, etc., pour composer les pages.
☞ On écrit parfois **mise en page.**
- *Belle page.* (Imprim.) Page impaire (ou recto) du feuillet.
- *Fausse page.* (Imprim.) Page paire (ou verso) du feuillet.
- *Page de titre.* (Imprim.) Page du début d'un livre où se trouvent le faux-titre, le titre, le nom de l'auteur et de l'éditeur.
- *Pages de garde.* (Imprim.) Pages blanches placées au début et à la fin d'un livre.

page n. m.
(Ancienn.) Jeune noble placé auprès d'un souverain.

page-écran n. m. (pl. *pages-écrans*)
(Inform.) Nombre de lignes affichées à l'écran.

pagination n. f.
Action de paginer. *Une pagination automatique.*

paginer v. tr.
Numéroter les pages d'un livre, d'un texte.

pagne n. m.
Morceau d'étoffe drapé autour de la taille et qui sert de culotte. *Tarzan ne portait qu'un pagne.*
☞ Attention au genre masculin de ce nom : **un** pagne.

pagode n. f.
• Temple asiatique.
• (En appos.) Se dit d'une manche qui s'évade vers le poignet. *Des manches pagode.*
☞ En apposition, le nom est invariable.

paie ou **paye** n. f.
⇨ Orthographié avec **i**, le mot se prononce [pɛ], orthographié avec **y**, il se prononce [pɛj].
• Rémunération d'un employé. *Un bulletin de paye, de paie.*
☞ Ne pas confondre avec les noms suivants :
- *cachet,* rémunération que reçoit l'artiste;
- *honoraires,* rétribution variable de la personne qui exerce une profession libérale;
- *salaire,* générique de toute rémunération convenue d'avance et donnée par n'importe quel employeur;
- *traitement,* rémunération d'un fonctionnaire.

paiement ou **payement** n. m.
⇨ Orthographié avec **i**, le mot se prononce [pɛmã]; orthographié avec **y**, il se prononce [pɛjmã].
• Action de payer. *Le paiement d'une dette.*
• Somme payée. *Un paiement en espèces.*
☞ Aujourd'hui ce nom s'orthographie plutôt **paiement.**

païen, ïenne adj. et n. m. et f.
Impie, non chrétien.
⇨ pa**ïen**.

paillard, arde adj.
Grivois. *Des chansons paillardes.*

paillardise n. f.
Grivoiserie.

paillasse n. f.
Lit de paille. *Dormir sur une paillasse.*

paillasson n. m.
Petit tapis en fibres dures qui sert à s'essuyer les pieds devant une porte.
⮕ paillasson.

paille adj. inv. et n. f.
• **Nom féminin**
- Tige desséchée des graminées. *Une boîte de paille.*
- Paille tressée. *Des chapeaux de paille.*
- Chalumeau pour boire. *Un verre et des pailles.*
- *Tirer à la courte paille.* Tirer au sort.
- *Homme de paille.* Prête-nom dans une affaire malhonnête. *Des hommes de paille.*
- *Paille de fer.* Tampon utilisé pour gratter, récurer les parquets.
⮕ Pour les casseroles, on utilise surtout la *laine d'acier.*
• **Adjectif de couleur invariable**
De la couleur jaune clair de la paille. *Des mousselines paille.*
V. Tableau - **COULEUR (ADJECTIFS DE).**

pailleter v. tr.
Redoublement du *t* devant un *e* muet. *Je paillette, je pailletterai,* mais *je pailletais.*
Parsemer de paillettes.

paillette n. f.
Mince lamelle scintillante qu'on coud sur une étoffe. *Une robe brodée de paillettes.*

pain n. m.
• Aliment composé d'une pâte de farine pétrie et cuite au four après fermentation. *Une miche de bon pain; une baguette de pain frais.*
• *Avoir du pain sur la planche.* Avoir beaucoup de travail en perspective.
• *Pain d'épice(s).* Selon la plupart des auteurs, le mot **épice** s'écrit au singulier dans cette expression; cependant la graphie au pluriel est également possible.
• *Pain doré.* Au Canada, tranche de pain trempée dans un mélange d'œufs battus et rôtie dans la poêle. *Antoine et Annie ont mangé du pain doré nappé de sirop d'érable : c'était délicieux.*
Hom. **pin,** conifère.

*****pain brun**
Calque de l'anglais «brown bread» au sens de *pain bis, pain de son.*

*****pain de blé entier**
Calque de l'anglais «whole wheat bread» au sens de *pain complet.*

pair adj. et n. m.
• **Adjectif**
Se dit d'un nombre exactement divisible par deux. *Quatre est un nombre pair. Une page paire.*
• **Nom masculin**
- Égalité de valeur. *Ces deux monnaies s'échangent au pair.*
- Personne qui exerce une fonction semblable. *Il prononcera une conférence devant ses pairs.*
• **Locutions**
- *Hors (de) pair.* Sans égal, exceptionnel. *Nous avons recruté des collaborateurs hors pair.*
⮕ La locution est invariable.

- *Aller de pair.* Aller ensemble. *Ces deux programmes vont de pair.*
- *Travailler au pair.* En échangeant le travail contre le logement et la nourriture. *Geneviève a travaillé au pair à New York.*
Hom. :
- *paire,* ce qui va par couple;
- *père,* celui qui a un enfant;
- *pers,* couleur changeante.

paire n. f.
Couple. *Une paire de gants, une paire de lunettes.*
Hom. :
- *pair,* égalité de valeur;
- *pair,* exactement divisible par deux;
- *père,* celui qui a un enfant;
- *pers,* couleur changeante.

paisible adj.
Calme, qui aime la paix. *Un lieu paisible, une vie paisible, un homme paisible.*

paisiblement adv.
D'une manière paisible.

*****paisley**
Anglicisme pour **cachemire.** *Un motif cachemire (et non *paisley).*

paître v. tr., intr.
INDICATIF PRÉSENT *Je pais, tu pais, il paît, nous paissons, vous paissez, ils paissent.* IMPARFAIT *Je paissais.* FUTUR *Je paîtrai, tu paîtras, il paîtra, nous paîtrons, vous paîtrez, ils paîtront.* CONDITIONNEL PRÉSENT *Je paîtrais, tu paîtrais, il paîtrait, nous paîtrions, vous paîtriez, ils paîtraient.* IMPÉRATIF PRÉSENT *Pais, paissons, paissez.* SUBJONCTIF PRÉSENT *Que je paisse.* PRÉSENT *Paissant.*
Les temps suivants n'existent pas : passé simple, participe passé, imparfait du subjonctif.
Devant *t,* le *i* prend un accent circonflexe.
• **Transitif.** Se nourrir, en parlant des animaux. *Les vaches paissent l'herbe.*
• **Intransitif.** Brouter l'herbe. *Les vaches paissent dans le champ.*
• *Envoyer paître quelqu'un.* (Fam.) L'envoyer promener.

paix n. f.
• Situation d'un pays qui n'est pas en état de guerre. *Une manifestation pour la paix dans le monde.*
• *Faire la paix.* Se réconcilier.
• Sérénité. *Être en paix avec sa conscience.*

paix! (la) interj.
Interjection qui signifie «taisez-vous!»

pakistanais, aise adj. et n. m. et f.
Du Pakistan. *Le drapeau pakistanais. Un Pakistanais, une Pakistanaise.*
⮕ L'adjectif s'écrit avec une minuscule; le nom, avec une majuscule.

pal n. m.
Pieu aiguisé. *Des pals.*
Hom.:
- *pale,* extrémité d'un aviron;
- *pâle,* peu coloré.

palabre n. m. et f. (gén. pl.)
Longue discussion oiseuse. *Des palabres intermi-nables.*
☞ Les ouvrages diffèrent sur le genre de ce nom. Le féminin semble préférable si l'on s'en tient à l'origine du mot, mais l'Académie lui donne les deux genres.
☞ Ne pas confondre avec les mots suivants :
- *causette,* conversation familière;
- *conciliabule,* réunion secrète;
- *conversation,* entretien familier;
- *dialogue,* conversation entre deux personnes;
- *entretien,* conversation suivie avec quelqu'un.

palabrer v. intr.
(Péj.) Discourir longuement.

palace n. m.
Hôtel luxueux. *Des palaces au bord de la mer.*

paladin n. m.
Chevalier errant.
☞ Ne pas confondre avec le nom *baladin,* comédien ambulant.

palais n. m.
• Résidence d'un chef d'État ou d'un souverain. *Le palais de Versailles, le palais de Buckingham.*
☞ Ne pas confondre avec les noms suivants :
- *castel,* petit château;
- *château,* habitation royale ou seigneuriale généralement située à la campagne;
- *gentilhommière,* petit château à la campagne;
- *manoir,* habitation seigneuriale entourée de terres.
• Vaste édifice.
☞ Les noms génériques de monuments, d'édifices s'écrivent avec une minuscule s'ils sont suivis d'un nom propre. *Le palais de l'Élysée, le palais du Louvre, le palais de Buckingham.* Les génériques s'écrivent avec une majuscule ainsi que les adjectifs qui les précèdent s'ils ne sont pas suivis d'un nom propre. *Le Grand Palais, le Palais des congrès.*
• *Palais de justice* ou *Palais* (absol.). Bâtiment où les tribunaux rendent la justice.
• Partie supérieure de la bouche.
Hom. *palet,* disque plat.

palan n. m.
Appareil de levage. *Des palans électriques.*
⮕ pal**an.**

palanquin n. m.
Chaise à porteurs, dans les pays orientaux.
⮕ palan**quin.**

palatal, ale, aux adj. et n. f.
• **Adjectif.** Qui se rapporte au palais de la bouche. *Des sons palataux.*
• **Nom féminin.** (Phonét.) Phonème qui se prononce avec un mouvement de la langue contre le palais. *Les consonnes c, k, g, q sont des palatales.*

pale n. f.
• Extrémité d'un aviron.
• Partie d'une roue à aubes, d'une hélice. *Les pales du ventilateur.*
Hom. :
- *pal,* pieu;
- *pâle,* peu coloré.
⮕ pale.

pâle adj.
Peu coloré. *Elle est très pâle. Des gants bleu pâle.*
☞ Les adjectifs de couleur composés sont invariables. L'adjectif de nuance s'écrit sans trait d'union.
Hom. :
- *pal,* pieu;
- *pale,* extrémité d'un aviron.
⮕ pâle.

palé(o)- préf.
• Élément du grec signifiant «ancien».
• Les mots composés avec le préfixe *paléo-* s'écrivent sans trait d'union. *Paléolithique.*

palefrenier n. m.
⮎ Le premier *e* ne se prononce pas [palfrənje].
Valet d'écurie.

palefroi n. m.
(Ancienn.) Cheval de parade.
Ant. **destrier.**

paléographe n. m. et f.
Spécialiste de la paléographie.

paléographie n. f.
Science des écritures anciennes.

paléographique adj.
Relatif à la paléographie.

paléolithique adj. et n. m.
• **Adjectif.** Relatif à l'âge de pierre le plus ancien.
• **Nom masculin.** Première période préhistorique. *Le paléolithique correspond à la première période de la préhistoire.*
⮕ paléolithique.

paléontologie n. f.
Science des animaux et des végétaux fossiles.

paléontologique adj.
Relatif à la paléontologie.

paléontologiste ou **paléontologue** n. m. et f.
Spécialiste de la paléontologie.

palestinien, ienne adj. et n. m. et f.
De Palestine. *Le conflit palestinien. Un Palestinien, une Palestinienne.*
☞ L'adjectif s'écrit avec une minuscule; le nom, avec une majuscule.

palestre n. f.
Gymnase, dans l'Antiquité.
☞ Attention au genre féminin de ce nom : *une* palestre.

palet n. m.
⮎ Le *t* ne se prononce pas [palɛ].
Disque plat utilisé dans plusieurs jeux.
Hom. *palais,* résidence d'un chef d'État, d'un roi.
⮕ pal**et.**

paletot n. m.
Manteau masculin. *Un paletot d'hiver.*
⮕ paletot.

palette n. f.
• Petite planche. *Une palette de bois.*
• Planchette sur laquelle le peintre étale ses couleurs. *Une belle palette de couleurs.*
• (Manut.) Treillis de planches servant à transporter des marchandises.
⟹ pal**ett**e.

palettisation n. f.
Action de palettiser.
⟹ pal**ett**isation.

palettiser v. tr.
(Manut.) Mettre des marchandises sur palettes.
⟹ pal**ett**iser.

palétuvier n. m.
Arbre des régions tropicales.

pâleur n. f.
Caractère de ce qui est pâle.
⟹ **pâ**leur.

palier n. m.
Plate-forme dans un escalier. *En montant l'escalier, Nouni s'arrête au palier pour se reposer un peu.*
Hom. *pallier,* remédier.
⟹ pa**li**er.

pâlir v. tr., intr.
• **Transitif.** Rendre pâle. *Le soleil a pâli la couleur de ces rideaux.*
• **Intransitif.** Perdre ses couleurs. *Il a pâli de colère.*
⟹ **pâ**lir.

palissade n. f.
Clôture constituée de pieux plantés en terre. *Une palissade entourait le fort gardé par Dollard des Ormeaux.*
⟹ pali**ss**ade.

palissandre n. m.
Bois odorant recherché pour l'ébénisterie.
🖛— Attention au genre masculin de ce nom : *un* palissandre.

palliatif, ive adj. et n. m.
• **Adjectif**
Dont l'efficacité est purement apparente et passagère. *Unité des soins palliatifs pour les cancéreux.*
• **Nom masculin**
- Remède qui soulage sans guérir.
- Mesure provisoire. *C'est un palliatif du chômage.*
🖛— Ce nom se construit avec *de* et non *à.*

pallier v. tr.
Redoublement du *i* à la première et à la deuxième personne du pluriel de l'indicatif imparfait et du subjonctif présent. *(Que) nous palliions, (que) vous palliiez.*
Corriger quelque chose de manière incomplète, provisoirement. *Pour pallier l'insuffisance* (et non **à l'insuffisance) des moyens.*
🖛— Le verbe se construit avec un complément direct et non avec la préposition *à.*
🖛— Ne pas confondre avec le verbe *remédier,* apporter un remède à quelque chose de façon définitive.
Hom. *palier,* plate-forme dans un escalier.

palmarès n. m.
👄 Le *s* se prononce [palmarɛs].
Liste des gagnants d'un concours, d'une compétition, etc. *Le palmarès de la chanson française.*

palme n. f.
• Rameau de palmier. *La palme symbolise la victoire.*
• Nageoire de caoutchouc qui accélère la vitesse du nageur.

palmé, ée adj.
• Qui a la forme d'une main ouverte. *Une feuille palmée.*
• Dont les doigts sont réunis par une membrane. *Des pieds palmés.*

palmeraie n. f.
Plantation de palmiers.

palmier n. m.
Arbre tropical à grandes feuilles palmées.

palmipède adj. et n. m.
Dont les pieds sont palmés. *Le canard est un palmipède.*

pâlot, otte adj.
Un peu pâle. *La petite est pâlotte; serait-elle malade?*
⟹ **pâ**lot, **pâ**lotte.

palourde n. f.
Coquillage comestible.

palpable adj.
• Qui peut être palpé. *Cette tumeur n'est pas palpable.*
• Tangible, évident. *Des résultats palpables.*
Ant. **impalpable.**

palpation n. f.
Action de palper.

palper v. tr.
Examiner en explorant doucement avec la main. *Le médecin a palpé sa jambe.*

palpitant, ante adj.
• Qui palpite.
• (Fam.) Passionnant. *Des histoires palpitantes.*
🖛— Ne pas confondre avec le participe présent invariable *palpitant. Ses paupières palpitant d'excitation, il se mit à crier.*

palpitation n. f.
• Agitation anormale du cœur. *Il a eu des palpitations.*
• (Au plur.) Frémissements. *Les palpitations de ses narines.*

palpiter v. intr.
• Être agité de frémissements.
• Battre très fort, en parlant du cœur.

palsambleu! interj.
Ancien juron.

paltoquet n. m.
Homme prétentieux et sans valeur.
⟹ paltoqu**et.**

paludéen, éenne adj.
Relatif aux marais. *Fièvre paludéenne.*

paludisme n. m.
Maladie parasitaire.
⟹ paludisme.

pâmer (se) v. pronom.
(Vx ou litt.) Défaillir. *Elle se pâma de rire.*
⮕ pâmer.

pâmoison n. f.
(Plaisant.) Défaillance. *Ils sont en pâmoison devant ce chanteur.*
⮕ pâmoison.

pampa n. f.
⮎ La première syllabe se prononce *pan* [pɑ̃pa].
Vaste plaine herbeuse de l'Amérique du Sud.

pamphlet n. m.
Petit écrit satirique qui attaque violemment quelqu'un.
⮕ pamphlet.

*****pamphlet**
Anglicisme au sens de *dépliant, prospectus.*

pamphlétaire adj. et n. m. et f.
Auteur de pamphlets.

pamplemousse n. m.
• Fruit comestible du pamplemoussier. *Un jus de pamplemousse.*
• En France, se dit *grape-fruit.*

pamplemoussier n. m.
Arbre de la même famille que l'oranger cultivé pour ses fruits juteux.

pan n. m.
Partie d'un vêtement, d'une paroi, etc. *Un pan coupé, des pans de mur, un pan de chemise.*
Hom. *paon,* oiseau au beau plumage.

pan- préf.
Élément du grec signifiant «tout». *Panaméricain.*

panacée n. f.
• Remède qui guérit toutes les maladies.
🕮 L'expression *«panacée universelle» est un pléonasme.
• Solution à tous les problèmes. *Cette mesure administrative n'est pas une panacée.*
⮕ panacée.

panache n. m.
• Aigrette, plumes d'une coiffure.
• *Avoir du panache.* Avoir de la prestance, une fière allure.

panacher v. tr., pronom.
• **Transitif**
- Orner d'un panache.
- Composer d'éléments différents. *Une glace panachée.*
• **Pronominal**
Prendre des couleurs variées.

panafricain, aine adj.
Relatif à l'unité africaine.

panais n. m.
Plante dont la racine est comestible.
⮕ panais.

panama n. m.
Chapeau. *Des panamas blancs.*

panaméen, éenne adj. et n. m. et f.
Du Panama. *Le drapeau panaméen. Un Panaméen, une Panaméenne.*
🕮 L'adjectif s'écrit avec une minuscule; le nom, avec une majuscule.

panaméricain, aine adj. et n. f.
Qui concerne l'ensemble du continent américain.

panarabe adj.
Relatif à l'unité des peuples arabes.

panaris n. m.
⮎ Le *s* ne se prononce pas [panari].
Inflammation située près d'un ongle. *Elle souffre d'un panaris au pouce.*
⮕ panaris.

pancarte n. f.
Affiche. *Les manifestants brandissent leurs pancartes.*

pancréas n. m.
⮎ Le *s* se prononce [pɑ̃kreas].
Glande du tube digestif.

pancréatique adj.
Relatif au pancréas.

panda n. m.
⮎ Le nom se prononce [pɑ̃da].
Mammifère noir et blanc qui ressemble à un ours. *Les pandas vivent dans les forêts de l'Inde et de la Chine.*

pané, ée adj.
Recouvert de chapelure.

panégyrique n. m.
Éloge d'une personne, d'une cité, ou d'une nation.
🕮 Ne pas confondre avec le mot *apologie,* discours, écrit ayant pour objet de défendre, de justifier une personne, une doctrine.
⮕ panégyrique.

*****panel**
Anglicisme pour *table ronde, échantillon, groupe témoin.*

paner v. tr.
Recouvrir de chapelure avant de cuire. *Paner un filet de sole.*
⮕ paner.

panetière n. f.
Meuble où l'on conserve le pain.

panier n. m.
• Récipient tressé muni d'une anse qui sert à transporter des provisions, des marchandises. *Un panier de fruits, un panier de légumes.*
• *Panier à salade.* (Fam.) Voiture destinée au transport des détenus ou des prévenus.
• *Panier de crabes.* Ensemble de personnes qui se combattent à l'intérieur d'un groupe.
• *Panier percé.* (Fam.) Au Canada, personne à qui on ne peut faire de confidence, qui ne peut garder un secret.

*****panier**
Impropriété au sens de *corbeille* (à papier).

panique adj. et n. f.
• **Adjectif.** *Terreur, peur panique.* Effroi violent et soudain.
☞ L'adjectif ne s'emploie que dans ces expressions.
• **Nom féminin.** Frayeur subite accompagnée d'affolement. *Pas de panique : il faut évacuer l'immeuble sans s'affoler.*

paniquer v. tr., intr., pronom.
• **Transitif.** (Fam.) Affoler. *L'examen oral le panique.*
• **Intransitif** ou **pronominal.** (Fam.) S'affoler, céder à la panique. *Ne panique pas, il y a certainement une solution.*

panne n. f.
Défectuosité. *L'ascenseur est en panne* (et non **hors d'ordre*).
☞ panne.

panneau n. m. (pl. *panneaux*)
• Partie d'une construction. *Des panneaux de contre-plaqué.*
• Surface destinée à l'affichage. *Des panneaux-réclames, des panneaux de signalisation, des panneaux indicateurs.*

panonceau n. m. (pl. *panonceaux*)
Petite affiche.
☞ panonceau.

panoplie n. f.
• Collection d'armes présentées sur un panneau.
• (Fig.) Ensemble de moyens d'action. *Le service dispose d'une panoplie de directives couvrant chaque cas.*
☞ En ce dernier sens, le nom est souvent ironique.
☞ panoplie.

panorama n. m.
👄 Le *o* est ouvert [panɔrama].
Vue étendue d'un paysage. *Cette route comporte des panoramas magnifiques.*

panoramique adj. et n. m.
• Qui permet de contempler un vaste panorama. *Une vue panoramique.*
• Qui offre une excellente visibilité. *Une fenêtre panoramique.*

panse n. f.
(Fam.) Gros ventre.

pansement n. m.
Compresse stérile destinée à être appliquée sur une plaie. *Un pansement antiseptique.*

panser v. tr.
• Prendre soin, faire la toilette d'un animal. *Panser son cheval.*
☞ Les animaux que l'on panse ne sont pas blessés, contrairement aux personnes.
• Soigner une blessure en appliquant un pansement. *Panser le genou d'un enfant.*
• (Fig.) Apaiser une souffrance.
Hom. **penser,** réfléchir.

pansu, ue adj.
Gros.

pantagruélique adj.
Digne de Pantagruel, le bon géant épicurien de Rabelais. *Un appétit pantagruélique.*

pantalon n. m.
Culotte à jambes longues. *Un pantalon de velours. Une fillette en pantalon.*
☞ Le nom s'emploie aujourd'hui au singulier lorsqu'il désigne un seul vêtement.

panteler v. intr.
Redoublement du *l* devant un *e* muet. *Je pantelle, je pantellerai,* mais *je pantelais.*
Respirer avec peine, haleter.

panthère n. f.
Mammifère carnassier au pelage jaune moucheté de noir. *La panthère d'Afrique se nomme* **léopard,** *celle d'Amérique,* **jaguar.**
☞ panthère.

pantin n. m.
• Personnage articulé dont on fait mouvoir les membres à l'aide d'un fil.
• (Fig.) Personne sans volonté, influençable.

pantois, oise adj.
Stupéfait, très surpris. *L'enseignant était tout pantois devant l'audace de Nicolas.*

pantouflard, arde adj. et n. m. et f.
Casanier. *Son père est un peu trop pantouflard au goût de Laurent.*
☞ pantouflard.

pantoufle n. f.
Chaussure d'intérieur. *Se mettre en pantoufles.*
☞ pantoufle.

panure n. f.
Pain émietté.
Syn. **chapelure.**

PAO n. f.
Sigle de *publication assistée par ordinateur.*

paon, paonne n. m. et f.
👄 Le *o* ne se prononce pas au masculin [pɑ̃] ni au féminin [pan].
Oiseau au beau plumage dont la queue, chez le mâle, peut se déployer en éventail.
Hom. *pan,* partie d'un vêtement, d'un mur.

papa n. m.
Père, dans le langage des enfants, même devenus adultes. *Jouer au papa et à la maman.*

papal, ale, aux adj.
Du pape. *Des emblèmes papaux.*

papauté n. f.
Dignité du pape.

papaye n. f.
👄 Les deux *a* se prononcent *a* [papaj].
Fruit comestible du papayer.

papayer n. m.
Arbre dont le fruit est la papaye.

pape n. m.
Chef de l'Église catholique. *Notre Saint-Père le pape.*
Sa Sainteté le pape.
☞— Les titres religieux s'écrivent généralement avec
une minuscule. *L'abbé, l'archevêque, le cardinal, le
chanoine, le curé, l'évêque, le pape.* Cependant, ces
titres s'écrivent avec une majuscule dans deux cas :
lorsque le titre remplace un nom de personne et dans
les formules d'appel, de salutation. *Le Pape sera présent à la réunion.*
V. Tableau - **TITRES DE FONCTIONS.**

paperasse n. f.
(Péj.) Papiers administratifs. *Il y a toujours trop de paperasse, ou de paperasses.*
☞— Le nom peut jouer le rôle d'un collectif et s'écrire
au singulier pour désigner un ensemble de documents
ou peut être orthographié au pluriel si l'on veut insister sur la pluralité.

paperasserie n. f.
(Péj.) Prolifération de documents, de formulaires administratifs.

papeterie n. f.
◁▷ Le premier *e* est muet ou se prononce *è,* mais
le deuxième *e* est muet, [paptri] ou [papɛtri].
• Usine où l'on fabrique du papier.
• Magasin où l'on vend des articles de bureau, des
fournitures scolaires.

*papeterie
Impropriété au sens de *articles de bureau, papier à
lettres.*

papetier, ière adj.
Relatif au papier. *L'industrie papetière.*

papier n. m.
• Substance composée de fibres cellulosiques agglo-
mérées pour former une feuille mince. *Du papier à
lettres, du papier journal, du papier d'emballage.*
• Document écrit ou imprimé. *Il a perdu un papier im-
portant.*
• (Absol., au plur.) Papiers d'identité. *Montrez-moi vos
papiers, s'il vous plaît.*
• **Locutions**
- *Papier d'aluminium.* Feuille très mince de ce métal.
- *Papier de verre, papier-émeri.* Utiliser du papier-
émeri (et non du *papier sablé).
- *Papier d'emballage.* Envelopper un colis dans du
papier d'emballage (et non du *papier brun).
- *Papier de soie.* Papier très fin et translucide.
- *Papier pelure.* Papier à écrire très mince et translu-
cide. *Du papier pelure.*
- *Papier mâché.* Pâte de papier additionnée de colle.
Un jouet en papier mâché.
- *Papier hygiénique.* Un rouleau de papier hygiénique
(et non de papier *de toilette).
- *Papier carbone.* Papier permettant d'obtenir des
doubles. *Des papiers carbone, des carbones.*
☞— En apposition, le nom *carbone* est invariable;
employé seul, il prend la marque du pluriel.
- *Papier peint.* Papier que l'on colle sur les murs. *Du
papier peint fleuri* (et non de la *tapisserie).
- *Papier ciré.* Papier d'emballage, imprégné de cire,

utilisé par exemple pour emballer les fromages.
(Recomm. off. OLF)
- *Papier paraffiné.* Papier d'emballage, imprégné de
paraffine, utilisé pour emballer différents produits, mais
plus spécialement les viandes et les charcuteries.
(Recomm. off. OLF)

*papier brun
Calque de l'anglais «brown paper» au sens de *papier
d'emballage.*

*papier de toilette
Calque de l'anglais «toilet paper» au sens de *papier
hygiénique.*

*papier oignon
Calque de l'anglais «onion skin paper» au sens de *papier pelure.*

*papier sablé
Calque de l'anglais «sand-paper» au sens de *papier
de verre.*

papille n. f.
Petite éminence à la surface des muqueuses. *Les papilles gustatives.*

papillome n. m.
◁▷ Les deux *l* se prononcent comme un seul [papi
lɔm].
Tumeur bénigne de la peau.

papillon n. m.
• Insecte muni de quatre ailes aux couleurs diverses.
La chenille devient une chrysalide, puis un papillon.
• *Nage papillon, brasse papillon, nœud papillon.*
☞— Dans les expressions où il est mis en apposi-
tion, le nom *papillon* est invariable et s'écrit sans trait
d'union. *Des nœuds papillon.*

papillonner v. intr.
Voltiger d'idée en idée, de personne en personne,
sans s'arrêter à aucune.
☞— Ne pas confondre avec le verbe *papilloter,* cligner des paupières.

papillote n. f.
Papier dont on enveloppe les bonbons, dont on se
servait pour enrouler les cheveux afin de les friser.
▭▷ papillote.

papilloter v. intr.
Cligner des paupières.
☞— Ne pas confondre avec le verbe *papillonner,*
voltiger d'idée en idée, de personne en personne.
▭▷ papilloter.

papotage n. m.
(Fam.) Bavardage, propos insignifiants. *Bianca n'aime
pas les papotages.*
▭▷ papotage.

papoter v. intr.
(Fam.) Bavarder, dire des insignifiances.
▭▷ papoter.

paprika n. m.
Variété de piment.

papyrus n. m.

👄 Le **s** se prononce [papirys].

• Plante dont les Égyptiens employèrent l'écorce comme support d'écriture.

• Manuscrit écrit sur une feuille de papyrus. *Des papyrus bien conservés.*

⇨ papyru**s**.

pâque n. f.

Fête juive.

🖙 En ce sens, le nom est féminin singulier et s'écrit avec une minuscule.

Pâques n. m. sing. et n. f. pl.

• **Nom masculin singulier.** Fête chrétienne qui commémore la résurrection du Christ. *Cette année, Pâques est célébré le 15 avril.*

🖙 Malgré le **s** final, le nom est au masculin singulier (ellipse de **jour de Pâques**) et s'emploie sans article et sans adjectif avec une majuscule initiale.

• **Nom féminin pluriel.** Accompagné d'un adjectif, le nom est au féminin pluriel. *Faire ses Pâques, Pâques fleuries.*

paquebot n. m.

Grand navire de commerce affecté surtout au transport des passagers. *Un paquebot transatlantique.*

⇨ paquebo**t**.

pâquerette n. f.

Petite marguerite à cœur jaune.

⇨ pâquere**tte**.

paquet n. m.

• Assemblage de choses attachées ou emballées ensemble. *Un paquet de cigarettes.*

• Colis. *Expédition d'un paquet par avion.*

• **Un paquet de.** Une grande quantité de. *Elle a reçu un paquet de lettres.*

paquet-cadeau n. m. (pl. *paquets-cadeaux*)

Emballage de fantaisie destiné aux présents. *Aimeriez-vous que je vous fasse des paquets-cadeaux?*

par prép.

——————

• La préposition marque une relation de :

- **Lieu.** À travers. *Passer par Trois-Rivières.*

- **Temps.** Au cours de. *Par une belle nuit étoilée.*

- **Distribution.** Pour chaque. *Il gagne 1 000 $ par mois.*

🖙 Si le complément exprime une subdivision, la fragmentation d'un tout, il se met au pluriel. *Classer par sections, par douzaines, par paires, par séries.*

- **Cause.** *Engourdi par le froid.*

- **Agent.** *Ce roman a été écrit par une jeune femme.*

- **Instrument.** *Voyager par avion.*

- **Manière.** *Classer des données par ordre alphabétique.*

• **Locutions**

- **Par-devant, par-derrière, par-dessus, par-dessous,** locutions prépositives.

🖙 Ces locutions s'écrivent avec un trait d'union, mais les expressions **par en bas, par en haut, par l'avant, par l'arrière, par ici,** s'écrivent sans trait d'union.

- **De par,** locution prépositive. (Vx) Au nom de. *De par la loi, vous êtes arrêté.*

- **Par-ci, par-là,** locution adverbiale. Un peu partout. *Des fleurs poussent par-ci, par-là ou par-ci par-là.*

- **Par trop,** locution adverbiale. De façon excessive. *Il est par trop bête.*

- **Par ailleurs,** locution adverbiale. D'un autre côté, d'un autre point de vue.

- **Par conséquent,** locution conjonctive. Donc, d'où il résulte que.

- **Par instants, par moments, par intervalles, par périodes.** Dans ces expressions, le complément s'écrit au pluriel.

——————

**par

Anglicisme au sens de **sur**. *Le tapis mesure 3 m sur 4 m (et non 3 m *par 4 m).*

para-, pare- préf.

Éléments du grec signifiant «à côté de». *Parascolaire.*

parabole n. f.

• Allégorie. *La parabole évangélique de la multiplication des pains.*

• Courbe.

🖙 Le nom **parabole** est le doublet du mot **parole**. V. Tableau - **DOUBLETS.**

parabolique adj.

En forme de parabole. *Un miroir parabolique.*

parachèvement n. m.

(Litt.) Fait de mettre la dernière main à un ouvrage.

parachever v. tr.

Le **e** se change en **è** devant une syllabe muette. *Il parachève, il parachevait.*

Achever au dernier point de la perfection.

parachutage n. m.

Action de parachuter des personnes, des choses. *Le parachutage des vivres dans la région sinistrée.*

parachute n. m.

Appareil permettant de freiner la chute d'une personne ou d'un objet qu'on largue d'un avion.

parachuter v. tr.

• Larguer d'un avion en vol une personne, une chose munie d'un parachute. *Des provisions ont été parachutées.*

• (Fig.) Nommer une personne à une fonction, à une élection, de façon inattendue. *Ce candidat a été parachuté.*

parachutisme n. m.

Technique du saut en parachute.

parachutiste adj. et n. m. et f.

Personne qui pratique le parachutisme.

parade n. f.

• Façon affectée de mettre en avant quelque chose.

• **Faire parade de quelque chose.** Montrer avec ostentation quelque chose.

• Défilé militaire.

• Manière de parer un coup, à l'escrime.

*parade de mode
Anglicisme pour **défilé de mannequins, de mode.**

parader v. intr.
• Faire un défilé. *Les militaires paradent en uniforme.*
• (Fam.) Se pavaner.

paradigme n. m.
(Gramm.) Modèle de déclinaison, de conjugaison.

paradis n. m.
• Lieu enchanteur. *Le paradis terrestre. L'enfer et le paradis.*
• **Vous ne l'emporterez pas en paradis.** Vous serez puni.
• **Paradis artificiel.** Euphorie créée par les stupéfiants.

paradisiaque adj.
Digne du paradis. *Des plages paradisiaques.*

paradoxal, ale, aux adj.
Qui tient du paradoxe. *Des énoncés paradoxaux.*

paradoxalement adv.
D'une manière paradoxale.

paradoxe n. m.
• Pensée, opinion contraire au bon sens.
• Contradiction.

parafe
V. **paraphe.**

parafer
V. **parapher.**

paraffine n. f.
Substance de consistance cireuse. *Couvrir les pots de confiture de paraffine.*
⇨ paraffine.

parages n. m. pl.
Environs. *Les enfants jouent dans les parages.*

paragr.
Abréviation de **paragraphe.**

paragraphe n. m.
• Abréviation **paragr.** (s'écrit avec un point).
• Symbole typographique ¶.
• Subdivision d'un texte en prose, marquée par un retour à la ligne au début et à la fin.

*paragraphe
Anglicisme au sens de **(aller) à la ligne.**

paraguayen, enne adj. et n. m. et f.
Du Paraguay. *Le drapeau paraguayen. Un Paraguayen, une Paraguayenne.*
➞ L'adjectif s'écrit avec une minuscule; le nom, avec une majuscule.

paraître v. intr., impers.
INDICATIF PRÉSENT *Je parais, tu parais, il paraît, nous paraissons, vous paraissez, ils paraissent.* IMPARFAIT *Je paraissais.* PASSÉ SIMPLE *Je parus.* FUTUR *Je paraîtrai, tu paraîtras, il paraîtra, nous paraîtrons, vous paraîtrez, ils paraîtront.* CONDITIONNEL PRÉSENT *Je paraîtrais, tu paraîtrais, il paraîtrait, nous paraîtrions, vous paraîtriez, ils paraîtraient.* IMPÉRATIF PRÉSENT *Parais, paraissons,*

paraissez. SUBJONCTIF PRÉSENT *Que je paraisse.* IMPARFAIT *Que je parusse.* PARTICIPE PRÉSENT *Paraissant.* PASSÉ *Paru, ue.*
• **Intransitif**
- Devenir visible. *Les fleurs commencent à paraître.*
- Être publié. *Le dictionnaire paraîtra à l'automne. Les ouvrages parus au printemps se vendent bien.*
- Sembler, avoir l'air. *Martine parut contente.*
- Sembler avoir. *Éloi ne paraît pas son âge.*
• **Impersonnel**
- Il semble. *Il paraît qu'il a gagné le gros lot.*
- **Il paraît que** + indicatif. *Il paraît qu'elle viendra.*
➞ Le verbe se construit également avec le subjonctif si un adjectif précède la conjonction **que.** *Il paraît utile que vous lisiez le texte.*
- **Il ne paraît pas que** + subjonctif. *Il ne paraît pas qu'il puisse être réélu.*
- **Il paraît que** + conditionnel. Dans les phrases hypothétiques, le verbe se construit avec le conditionnel. *Il paraît qu'elle serait malade.*
- **À ce qu'il paraît.** (Fam.) Paraît-il.
➞ Ne pas confondre avec le verbe **apparaître,** devenir brusquement visible, évident.

parallèle adj. et n. m. et f.
• **Adjectif**
- Se dit de droites qui ne se rencontrent pas.
- (Fig.) Qui suit la même direction, semblable. *Des chemins parallèles, des carrières parallèles.*
• **Nom masculin**
- Comparaison, rapprochement. *Faire un parallèle entre deux démarches.*
- Cercle imaginaire de la Terre servant à mesurer la latitude et qui est parallèle à l'équateur. *La ville de Montréal est située au 45e parallèle.*
V. **latitude.**
• **Nom féminin**
Droite parallèle à une autre.
⇨ parallèle.

parallèlement adv.
D'une manière parallèle.
⇨ parallèlement.

parallélisme n. m.
État de deux lignes, plans, choses parallèles. *Le parallélisme des roues.*
⇨ parallélisme.

parallélogramme n. m.
(Géom.) Figure dont les côtés opposés sont égaux et parallèles.
⇨ parallélogramme.

paralysant, ante adj.
Qui paralyse. *Des gaz paralysants.*
⇨ paralysant.

paralysé, ée adj. et n. m. et f.
• **Adjectif.** Atteint de paralysie.
• **Nom masculin et féminin.** Personne atteinte de paralysie.
Syn. **paralytique.**

paralyser v. tr.
• Frapper de paralysie.

• (Fig.) Empêcher d'agir. *Les compressions budgétaires ont paralysé cet organisme.*
⮕ paralyser.

paralysie n. f.
• (Méd.) Perte de la fonction motrice.
🖰— La *paraplégie* est la paralysie des membres inférieurs; la *quadriplégie* touche les quatre membres et l'*hémiplégie*, un côté du corps.
• (Fig.) Arrêt complet. *La grève a causé la paralysie des transports en commun.*
⮕ paralysie.

paralytique adj. et n. m. et f.
• **Adjectif.** Atteint de paralysie.
• **Nom masculin et féminin.** Personne atteinte de paralysie.
Syn. **paralysé.**
⮕ paralytique.

paramédical, ale, aux adj.
Se dit du personnel qui se consacre au traitement des malades, sans appartenir au corps médical. *Les professions paramédicales.*

paramètre n. m.
• (Math.) Symbole désignant, dans une équation, une grandeur donnée qui peut prendre des valeurs différentes.
• (Fig.) Élément constant d'un calcul. *Le paramètre des versements hypothécaires est le taux d'intérêt.*

paranoïa n. f.
Type de maladie mentale. *Des paranoïas graves.*
⮕ paranoïa.

paranoïaque adj. et n. m. et f.
• **Adjectif.** Relatif à la paranoïa. *Un délire paranoïaque.*
• **Nom masculin et féminin.** Personne atteinte de paranoïa. *C'est une paranoïaque.*
⮕ paranoïaque.

parapet n. m.
⬳ Le *t* ne se prononce pas [parapε].
Garde-fou. *Seul un parapet bordait le chemin au-dessus de la falaise.*
⮕ parapet.

paraphe ou **parafe** n. m.
Signature abrégée, souvent formée des initiales.

parapher ou **parafer** v. tr.
Apposer son parafe, c'est-à-dire signer de ses initiales un texte, une modification, etc. *Toutes les pages du contrat doivent être paraphées.*

paraphrase n. f.
Commentaire explicatif qui, dans certains cas, est jugé long et inutile.
🖰— Ne pas confondre avec le nom *périphrase,* explication d'une notion à l'aide de plusieurs mots.
⮕ paraphrase.

paraphraser v. tr.
Faire une paraphrase.
⮕ paraphraser.

paraplégie n. f.
Paralysie des membres inférieurs.
V. **paralysie.**

paraplégique adj. et n. m. et f.
Atteint de paraplégie.

parapluie n. m.
• Objet qui sert de protection contre la pluie. *Des parapluies télescopiques.*
• Protection. *Parapluie nucléaire.*

parapublic, ique adj. et n. m.
• **Adjectif.** Relatif au secteur parapublic. *Les hôpitaux sont des organismes parapublics, la gestion parapublique.*
• **Nom masculin.** Au Canada, secteur gouvernemental qui jouit d'une autonomie plus considérable que les ministères et organismes de l'Administration.

parascolaire adj.
Se dit d'une activité qui, même si elle se déroule dans le cadre de l'école, ne constitue pas un complément nécessaire à un enseignement. (Recomm. off. OLF) *Une activité parascolaire.*

parasitaire adj.
Causé par des parasites. *Une maladie parasitaire.*
⮕ parasitaire.

parasite adj. et n. m.
• Organisme végétal ou animal qui vit aux dépens d'un autre organisme. *Un champignon parasite.*
• Personne qui vit aux dépens d'une autre, de la société. *Ils ne travaillent pas et préfèrent être des parasites.*
• *(Bruits) parasites.* Perturbations limitant la réception des signaux radioélectriques.

parasol n. m.
Grand parapluie qui sert de protection contre le soleil. *De beaux parasols colorés.*

paratonnerre n. m.
Dispositif destiné à protéger un édifice de la foudre.

paravent n. m.
Ensemble de panneaux articulés qui sert à isoler quelque chose. *Des paravents joliment décorés.*

parbleu! interj.
(Vx) Interjection exprimant une affirmation.

parc n. m.
• Grand jardin. *Le parc Lafontaine, le parc des Braves.*
🖰— Les noms génériques (*jardin, parc, réserve,* etc.) s'écrivent avec une minuscule lorsqu'ils sont précisés par un nom propre. *Le parc Montsouris, le parc Monceau.* Ils s'écrivent une majuscule lorsque l'adjectif qui suit précise l'appartenance à une catégorie. *Le Parc zoologique de San Diego.*
• Vaste réserve où la flore, la faune sont protégées. *Un parc naturel, un parc national.*
• *Parc de stationnement.* Terrain ou bâtiment réservé au stationnement des véhicules. (Recomm. off. OLF)
• Ensemble ou nombre de véhicules de même catégorie dont dispose une entreprise, un organisme, une collectivité, un pays ou une nation. (Recomm. off. OLF) *Un parc de camions* (et non une **flotte).*
• Ensemble ou nombre d'appareils de même nature dont dispose une entreprise, un organisme, une collectivité, un pays ou une nation. (Recomm. off. OLF) *Le parc des ordinateurs d'une compagnie ou d'un pays.*

• *Parc industriel.* Espace aménagé pour accueillir des entreprises de fabrication, de distribution et de services. (Recomm. off. OLF)

parcellaire adj.
Fait par parcelles.

parcelle n. f.
Fragment, petite quantité d'une chose. *Je ne prendrai qu'une parcelle de ce beau gâteau.*

parce que loc. conj.
À cause de. *Ils ont remis l'expédition de ski parce qu'il faisait trop froid.*
☞ La locution conjonctive s'élide devant *il, elle, ils, elles, on, un, une, à* et le verbe se construit à l'indicatif ou au conditionnel suivant que l'on exprime une affirmation ou une supposition. *Il serait épuisé parce qu'il aurait trop travaillé.*
☞ Ne pas confondre avec les mots *par ce que* signifiant «par le fait que». *Le projet a été retenu par ce qu'il avait d'original.*

parchemin n. m.
• Peau d'animal traitée pour l'écriture.
• Document écrit. *De vieux parchemins.*

parcheminé, ée adj.
Ridé et desséché comme du parchemin. *Une peau parcheminée.*

parcheminer v. tr.
Donner l'aspect du parchemin.

parcimonie n. f.
Économie excessive. *Il distribue ses salutations avec parcimonie.*
⇨ parcimonie.

parcimonieusement adv.
D'une manière parcimonieuse.
⇨ parcimonieusement.

parcimonieux, ieuse adj.
Avare.
⇨ parcimonieux.

parcomètre ou **parcmètre** n. m.
Appareil mesurant la durée de stationnement d'une automobile. *Mettre une pièce de monnaie dans le parcomètre, le parcmètre.*

parcourir v. tr.
INDICATIF PRÉSENT *Je parcours, tu parcours, il parcourt, nous parcourons, vous parcourez, ils parcourent.* IMPARFAIT *Je parcourais.* PASSÉ SIMPLE *Je parcourus.* FUTUR *Je parcourrai.* CONDITIONNEL PRÉSENT *Je parcourrais.* IMPÉRATIF PRÉSENT *Parcours, parcourons, parcourez.* SUBJONCTIF PRÉSENT *Que je parcoure.* IMPARFAIT *Que je parcourusse.* PARTICIPE PRÉSENT *Parcourant.* PASSÉ *Parcouru, ue.*
• Aller d'un lieu à un autre. *Vanessa a parcouru toute la Gaspésie.*
• Faire un trajet. *La distance à parcourir est de 300 km.*
• Examiner rapidement. *Parcourir un article.*

parcours n. m.
• Trajet. *Le parcours de Québec à Montréal se fait en 2 h 30.*

• *Incident, accident de parcours.* Fait fâcheux inhabituel.
⇨ parcours.

pardessus n. m.
Manteau masculin. *Il a sali son pardessus en sautant par-dessus une flaque d'eau.*
☞ Ne pas confondre avec la locution prépositive *par-dessus* qui signifie «au-dessus de».

pardi! interj.
Juron familier qui exprime une affirmation.

pardon n. m.
• Action de pardonner. *Le pardon d'une offense.*
• Formule de politesse pour s'excuser ou pour faire répéter. *Pardon? Je n'ai pas bien compris.*

pardonnable adj.
Qui peut être pardonné. *Une erreur pardonnable. Un étudiant pardonnable.*
☞ L'adjectif se dit de personnes ou de choses.

pardonner v. tr.
Accorder le pardon, ne pas tenir rigueur à quelqu'un de quelque chose. *Elle lui a pardonné son agressivité.*
☞ Le complément d'objet direct du verbe est une chose, le complément indirect, une personne.

-pare, -parité suff.
Éléments du latin signifiant «engendrer». *Ovipare, viviparité.*

pare- préf.
Les mots composés avec le préfixe *pare-* s'écrivent avec un trait d'union et sont invariables. *Un gilet pare-balles, des pare-brise, un pare-chocs.*

pare-balles adj. inv. et n. m. inv. (pl. *pare-balles*)
Vêtement protégeant des balles. *Un gilet pare-balles, des gilets pare-balles.*

pare-brise n. m. inv. (pl. *pare-brise*)
Vitre avant d'un véhicule. *Des pare-brise incassables.*

pare-chocs n. m. inv. (pl. *pare-chocs*)
Dispositif placé à l'avant et à l'arrière d'un véhicule pour amortir les chocs. *Des pare-chocs en caoutchouc.*

pare-étincelles n. m. inv. (pl. *pare-étincelles*)
Écran que l'on place devant une cheminée pour arrêter la projection d'étincelles.

pare-feu adj. inv. et n. m. inv. (pl. *pare-feu*)
Dispositif destiné à limiter la propagation du feu. *Des portes pare-feu.*

pareil, eille adj., adv. et n. m.
• Adjectif
- Semblable, identique. *Elle a une voiture pareille à la sienne* (et non pareille *que la sienne*, pareille *comme la sienne*).
☞ L'adjectif se construit avec la préposition *à* et non avec *que* ou avec *comme*.
- *Sans pareil.* Sans égal. *Ces massages sont sans pareils pour la détente.*
☞ Dans cette expression, l'adjectif s'accorde avec le nom auquel il se rapporte ou peut rester invariable.
• Adverbe
- (Fam.) De façon identique. *Les deux amies se coiffent pareil.*

☞ Pris adverbialement, le mot est invariable.
• **Nom masculin**
Égal. *Il n'a pas son pareil pour faire de bonnes salades.*

pareillement adv.
De la même manière. *Bonnes vacances! — Et vous pareillement.*

parement n. m.
• Ornement.
• Revers d'un vêtement. *Une veste avec des parements de velours aux poignets.*

parent, ente adj. et n. m. et f.
• **Adjectif.** Qui a un lien de parenté. *Ils sont parents de loin.*
• **Nom masculin.** Le père ou la mère.
• **Nom masculin pluriel.** Le père et la mère d'une personne. *Je vous présente mes parents.*
• **Nom masculin et féminin.** Membre de la même famille. *C'est une parente à moi.*

parental, ale, aux adj.
Relatif aux parents. *Des liens parentaux.*

parenté n. f.
• Liens qui unissent les membres d'une famille. *Quel est votre lien de parenté avec elle? — C'est ma sœur.*
• Ensemble des parents d'une personne.
• Analogie, affinité. *Il y a une parenté entre ces deux œuvres.*

parenthèse n. f.
V. Tableau - **PARENTHÈSES**.

paréo n. m.
Vêtement de plage drapé. *Des paréos aux couleurs vives.*

parer v. tr., pronom.
Attention à la troisième personne du singulier de l'imparfait qui s'écrit sans accent circonflexe devant le *t*, contrairement au verbe *paraître* à l'indicatif présent.
• **Transitif direct**
- (Litt.) Orner. *Elle avait paré ses cheveux de fleurs.*
- Éviter un coup. *Parer une attaque.*
• **Transitif indirect**
Se prémunir contre, se protéger de. *Il faut parer à toute éventualité. Nous avons paré au plus pressé.*
• **Pronominal**
(Litt.) Se donner par vanité. *Elle se pare de toutes les vertus.*

pare-soleil n. m. inv. (pl. *pare-soleil*)
Écran protégeant des rayons du soleil. *Le soleil est aveuglant, il vaut mieux abaisser les pare-soleil de la voiture.*

paresse n. f.
Nonchalance, apathie. *La paresse de mon chat.*
☞ pare**ss**e.

paresser v. intr.
Se laisser aller à la paresse. *Le dimanche, il est agréable de paresser un peu.*
☞ pare**ss**er.

paresseusement adv.
D'une manière paresseuse.
☞ pare**ss**eusement.

paresseux, euse adj. et n. m. et f.
Inactif, qui évite l'effort.
☞ pare**ss**eu**x**.

par exemple loc. adv.
• Abréviation *p. ex.* (s'écrit avec des points).
☞ Il est préférable d'utiliser cette abréviation plutôt que les abréviations latines *e.g.* (*exempli gratia*) et *v.g.* (*verbi gratia*) qu'on réservera aux textes anglais.
• Locution servant à citer un exemple destiné à illustrer, à expliquer. *Deux fois par jour, par exemple le matin et le soir.*

parfaire v. tr.
Parachever. *Parfaire une œuvre. Il a parfait sa formation aux États-Unis.*
☞ Ce verbe se conjugue comme *faire,* mais s'emploie seulement à l'infinitif et aux temps composés.

parfait, aite adj. et n. m.
• **Adjectif**
Idéal, absolu. *Le bonheur parfait.*
Ant. **imparfait.**
• **Nom masculin**
- (Litt.) Perfection.
- Crème glacée. *Un parfait à la pistache.*

parfaitement adv.
D'une manière parfaite.

parfois adv.
(Litt.) Quelquefois, à l'occasion. *Elle le voit parfois le jeudi.*
☞ par**fois**, en un seul mot.

parfum n. m.
• Odeur agréable. *Le parfum du lilas.*
☞ Ne pas confondre avec les noms suivants :
- *odeur,* sensation olfactive qui émane d'un corps;
- *relent,* odeur désagréable.
• Goût d'un produit aromatisé. *Quel parfum* (et non *saveur, *essence) *choisirez-vous pour votre glace : vanille, chocolat ou pistache?*
☞ par**fum**.

parfumé, ée adj.
Imprégné d'une odeur agréable. *Des sachets parfumés à la lavande.*

parfumer v. tr., pronom.
• **Transitif.** Imprégner d'une bonne odeur. *Elle a parfumé son armoire de muguet.*
• **Pronominal.** S'imprégner de parfum. *Elles se sont parfumées légèrement.*

parfumerie n. f.
• Fabrication des parfums.
• Boutique où l'on vend des parfums.

parfumeur n. m.
parfumeuse n. f.
Personne qui crée ou qui vend des parfums.

pari n. m.
Gageure. *Des paris risqués.*
☞ pari.

parier v. tr.

Redoublement du *i* à la première et à la deuxième personne du pluriel de l'indicatif imparfait et du subjonctif présent. *(Que) nous pariions, (que) vous pariiez.*

• Faire un pari. *Je parie 10 $ sur cette équipe, sur ce cheval* ou *pour cette équipe, pour ce cheval.*

☞ On peut parier une somme d'argent, quelque chose (complément d'objet direct). L'objet du pari est introduit par les prépositions *sur* ou *pour.* Le ou les autres parieurs sont généralement introduits par la préposition *avec. Il a parié avec ses collègues que Luc serait en retard.* La préposition *contre* s'emploie dans l'expression *parier à dix, quinze... contre un.*

• (Fig.) Affirmer qu'une chose se produira. *Je parie qu'il sera très intéressé.*

parieur, euse n. m. et f.
Personne qui aime parier.

par intérim loc. adv.
☞ Le *m* se prononce [parēterim].
• Abréviation *p.i.* (s'écrit avec des points).
• Provisoirement. *Cette fonction est exercée par intérim.*

PARENTHÈSES

La parenthèse est une courte phrase, une digression insérée dans une phrase. *La directrice (nommée tout récemment) est très compétente.*

☞ La phrase intercalée n'est pas nécessairement entre parenthèses.

Les parenthèses sont le double signe de ponctuation ( ) qui signale une insertion dans une phrase. *Mettre un exemple entre parenthèses. Ouvrir, fermer une parenthèse.*

☞ 1° Dans un passage déjà entre parenthèses, on emploie des crochets.

2° Dans un index alphabétique, une liste, les parenthèses indiquent une inversion destinée à faciliter le classement d'un mot, d'une expression. Ainsi, *géographiques (noms)* doit se lire *noms géographiques.*

3° Les parenthèses signifient également une possibilité de double lecture. *Exemple : antichoc(s).* L'adjectif peut s'écrire *antichoc* ou *antichocs.*

EMPLOIS

Citation
Je vous entends demain parler de liberté. (Gilles Vigneault)

Date
L'Exposition universelle de Montréal (1967) a été un énorme succès.

Donnée
Ce disque rigide (20 méga-octets) est très fiable.

Exemple
Les ongulés (ex. : éléphant, rhinocéros) sont des mammifères.

Explication
L'ornithorynque (mammifère monotrème) est ovipare.

Formule
L'eau est un composé d'oxygène et d'hydrogène (H_2O).

Mention
Louis XIV (le Roi Soleil).

Renvoi
*Le symbole du dollar est un S barré (V. Tableau – **SYMBOLES DES UNITÉS MONÉTAIRES**).*

Sigle, abréviation
L'Office de la langue française (OLF).

paris-brest n. m. inv.
Gâteau. *Des paris-brest délicieux.*
☞ Le nom de la pâtisserie s'écrit avec des minuscules et est invariable.

parisien, ienne adj. et n. m. et f.
De Paris. *La région parisienne. Ce sont des Parisiens.*
☞ L'adjectif s'écrit avec une minuscule; le nom, avec une majuscule.

paritaire adj.
Qui regroupe un nombre égal de représentants de deux parties. *Un comité paritaire.*

parité n. f.
• Égalité. *Ces salariés réclament la parité entre leur salaire et celui de leurs collègues.*
• (Écon.) Valeur égale de deux unités monétaires différentes.

parjure adj. et n. m. et f.
• **Adjectif.** Qui viole son serment. *Un soldat parjure.*
• **Nom masculin.** Faux serment.
• **Nom masculin et féminin.** Personne qui fait un faux serment.

parjurer (se) v. pronom.
Violer son serment. *Ils se sont parjurés.*

parka n. m ou f.
Manteau court, souvent fourré, comportant un capuchon. *Des parkas de duvet.*
☞ Ce nom vient de l'inuktitut et s'emploie généralement au masculin au Québec et au féminin, en France.

*parking
Anglicisme pour **stationnement, parc de stationnement.**

parlé, ée adj.
Exprimé à l'aide de la parole (par opposition à **écrit).**
Le journal parlé.

parlement n. m.
• Assemblée ou ensemble des deux assemblées qui exercent le pouvoir législatif. *Le siège du Parlement est à Québec.*
☞ Si le nom désigne l'assemblée qui exerce le pouvoir législatif, le nom s'écrit avec une majuscule.
• (Par ext.) Assemblée représentant un ensemble de pays. *Le parlement européen.*

parlementaire adj.
Du Parlement. *Un régime parlementaire.*

parlementarisme n. m.
Régime parlementaire.

parlementer v. intr.
Négocier longuement en vue d'un accord. *Ils ont parlementé longtemps avant que le gangster libère ses otages.*

parler n. m.
• Langage, manière de s'exprimer. *Un parler enfantin.*
• (Ling.) Langue propre à un groupe, à une région. *Le parler des Madelinots.*

parler v. tr., intr., pronom.

• **Transitif direct**
Faire usage d'une langue. *Parler le français et l'anglais.*
• **Transitif indirect**
- Exprimer sa pensée, ses sentiments. *Parler de littérature, de cinéma.*
- S'adresser à quelqu'un. *Parler à son ami, avec une amie.*
• **Intransitif**
- Articuler des mots. *Parler plus bas.*
- S'exprimer. *Il parle bien. Il parle couramment espagnol.*
• **Pronominal**
- Être parlé. *Le portugais se parle au Portugal et au Brésil.*
- S'adresser la parole. *Nous nous sommes parlé longuement.*
☞ Le participe passé de ce verbe est invariable, sauf lorsqu'il est employé à la forme pronominale au sens de «être parlé». *La langue française s'est parlée dans toute l'Europe autrefois.*

*parler à travers son chapeau
Calque de l'anglais «to talk through one's hat» pour **parler à tort et à travers.**

parleur, euse n. m. et f.
• Personne qui parle beaucoup. *Grand parleur, petit faiseur.*
• **Beau parleur.** (Péj.) Personne qui fait de belles phrases, mais qui ne passe pas à l'action.

parloir n. m.
Lieu où l'on reçoit les visiteurs (dans un couvent, une prison).

parlote ou **parlotte** n. f.
(Fam.) Conversation insignifiante. *Elle fait la parlote avec la voisine.*

parme adj. inv. et n. m.
• **Adjectif de couleur invariable.** De la couleur mauve de la violette de Parme. *Des velours parme.*
V. Tableau - **COULEUR (ADJECTIFS DE).**
• **Nom masculin.** Couleur parme. *Des parmes délicats.*

parmesan n. m.
Fromage à pâte dure de la région de Parme.

parmi prép.
Au milieu de. *Il est heureux d'être parmi les personnes retenues, parmi la minorité des élus.*
☞ La préposition s'emploie devant un nom au pluriel ou devant un collectif.

parodie n. f.
Caricature, imitation comique. *Ce comédien exécute des parodies très réussies.*
☞ Ne pas confondre avec le nom **pastiche,** œuvre artistique où l'on écrit à la manière d'un auteur.

parodier v. tr.
Redoublement du *i* à la première et à la deuxième personne du pluriel de l'indicatif imparfait et du subjonctif présent. *(Que) nous parodiions, (que) vous parodiiez.*

Faire une parodie, contrefaire le style, le langage de quelqu'un. *Cet imitateur parodie le ministre à la perfection.*

parodique adj.
Qui est relatif à la parodie.

paroi n. f.
• Cloison entre deux pièces. *Des parois trop minces.*
• Surface rocheuse verticale. *Les parois du gouffre.*
⇨ par**oi**.

paroisse n. f.
• Circonscription ecclésiastique où s'exerce la juridiction d'un ministre du culte (curé, pasteur, etc.). (Recomm. off. OLF)
• Ensemble des membres d'une paroisse. *Toute la paroisse est au courant.*

paroissial, ale, aux adj.
Relatif à la paroisse. *Des fêtes paroissiales.*

paroissien, ienne n. m. et f.
Membre d'une paroisse.

parole n. f.
• Faculté d'exprimer la pensée par les mots. *Olivier a la parole facile.*
• **Locutions**
- *Adresser la parole à quelqu'un.* Parler à quelqu'un.
- *Couper la parole à quelqu'un.* Interrompre quelqu'un.
- *Des belles paroles.* Promesses vaines.
- *Donner sa parole.* S'engager solennellement.
- *Prendre la parole.* Commencer à parler.

paronyme adj. et n. m.
V. Tableau - **PARONYMES.**

paronymie n. f.
Caractère des mots paronymes.
⇨ paronymie.

paronymique adj.
Relatif aux paronymes.
⇨ paronymique.

parotide n. f.
Glande salivaire située au-dessous de l'oreille.

paroxysme n. m.
Le degré extrême (d'un sentiment, d'une sensation).
⇨ paro**xys**me.

paroxysmique adj.
Relatif au paroxysme.
⇨ paro**xys**mique.

parpaing n. m.
👄 Le *g* ne se prononce pas [parpɛ̃].
Bloc de ciment. *Un mur en parpaings.*
⇨ parpaing.

parquer v. tr.
• Mettre des animaux dans un parc. *Parquer des vaches dans un pré.*
• Mettre en stationnement, garer. *Parquer sa voiture.*

parquet n. m.
• Assemblage de planches de bois qui forme le plancher d'une pièce. *Un beau parquet de chêne.*
• Ensemble des magistrats d'une cour.

• Enceinte où se réunissent les agents de change d'une bourse de valeurs.
⇨ parquet.

parqueter v. tr.
Redoublement du *t* devant un *e* muet. *Je parquette, je parquetterai,* mais *je parquetais.*
Recouvrir le sol d'un parquet.

parrain n. m.
• Celui qui tient un enfant sur les fonts baptismaux. *Le parrain et la marraine, le filleul et la filleule.*
• Caution morale. *Camille Laurin était le parrain du projet de loi nº 101.*
• (Fam.) Chef d'une mafia.

parrainage n. m.
Soutien moral ou financier accordé à quelqu'un, à quelque chose. *Le parrainage d'une campagne de souscription.*

parrainer v. tr.
Donner son soutien à, cautionner (une entreprise, une œuvre). *Ils ont accepté de parrainer notre campagne de sensibilisation.*

parricide adj. et n. m. et f.
• **Adjectif et nom masculin et féminin.** Personne qui a commis un parricide.
• **Nom masculin.** Meurtre du père ou de la mère.
⇨ parricide.

parsemer v. tr.
Le *e* se change en *è* devant une syllabe muette. *Il parsème, nous parsemons.*
• Jeter des choses çà et là. *Elle parsème ses cheveux de fleurs.*
• Être répandu çà et là. *Les marguerites qui parsèment l'herbe.*

part n. f.

• Portion qui revient à quelqu'un. *Sa part représente le quart de l'héritage.*
🖙 Après un nom collectif suivi d'un complément au pluriel, le verbe se met au singulier ou au pluriel suivant l'intention de l'auteur qui veut insister sur l'ensemble ou sur la pluralité. *Une part des propriétés sera vendue,* ou *seront vendues.*
V. Tableau - **COLLECTIF.**
• Partie d'un tout destiné à être divisé. *Découper une tarte en quatre parts.*
🖙 La locution **à parts égales** est critiquée. On lui préférera **à égalité de parts, en parts égales.**
• *Prendre part.* Participer. *Ils prendront part à la fête.*
🖙 Dans cette expression, le nom est invariable.
• *Faire part de quelque chose à quelqu'un.* Informer quelqu'un de quelque chose. *Tu lui as fait part de ton inquiétude.*
• *En bonne part, en mauvaise part.* Interpréter en bien, en mal. *À l'origine, le mot* **aléa** *s'employait en bonne ou en mauvaise part.*
• **Locutions adverbiales**
- *Quelque part.* En quelque lieu. *Vous ai-je déjà vu quelque part?*
- *Nulle part.* En aucun endroit. *Je ne le trouve nulle part.*

- **Pour ma part.** Quant à moi. *Pour ma part, je lui donne raison.*
- **De part en part.** D'un côté à l'autre. *Il a été traversé par une balle de part en part.*
- **À part.** Séparément. *Mettez ces produits à part.*
- **De part et d'autre.** De tous les côtés. *Ils sont venus de part et d'autre du pays.*
- **De toutes parts, de toute part.** De partout. *Des insectes s'infiltraient de toutes parts ou de toute part.*

▱— Les deux formes sont correctes, mais le pluriel est plus fréquent.
• **Locutions prépositives**
- **Mis à part.** À l'exception de. *Mis à part cette personne, tous ont accepté de participer.*
▱— Dans cette expression, **mis** est invariable.
- **De la part de.** Au nom de. *De la part d'un ami qui vous veut du bien.*

PARONYMES

Les paronymes sont des mots qui présentent une ressemblance d'orthographe ou de prononciation sans avoir la même signification.

Ainsi les noms **acception** qui signifie «sens d'un mot» et **acceptation** qui signifie «accord» sont-ils souvent confondus. Il en est de même des mots **conjecture** au sens de «hypothèse» et **conjoncture**, «situation d'ensemble». On consultera les paronymes à leur entrée alphabétique où les distinctions sémantiques sont apportées.

▱— Ne pas confondre avec les noms suivants :

— **antonymes,** mots qui ont une signification contraire :
  devant, derrière;

— **homonymes,** mots qui s'écrivent ou se prononcent de façon identique sans avoir la même signification :
  air, aire, ère, hère;

— **synonymes,** mots qui ont la même signification ou une signification très voisine :
  gravement, grièvement.

QUELQUES EXEMPLES DE PARONYMES

accident	et	incident	idiotisme	et	idiotie
affectif	et	effectif	intégralité	et	intégrité
agoniser	et	agonir	justesse	et	justice
allocation	et	allocution	lacune	et	lagune
amener	et	emmener	littéraire	et	littéral
amnésie	et	amnistie	luxuriant	et	luxurieux
arborer	et	abhorrer	nationaliser	et	naturaliser
collision	et	collusion	notable	et	notoire
compréhensif	et	compréhensible	original	et	originaire
confirmer	et	infirmer	perpétrer	et	perpétuer
décade	et	décennie	prodige	et	prodigue
désaffection	et	désaffectation	proscrire	et	prescrire
effiler	et	affiler	recouvrer	et	recouvrir
effraction	et	infraction	session	et	cession
éminent	et	imminent	stalactite	et	stalagmite
enduire	et	induire	usité	et	usagé
évoquer	et	invoquer	vénéneux	et	venimeux

V. Tableau – **ANTONYMES.**
V. Tableau – **HOMONYMES.**
V. Tableau – **SYNONYMES.**

*part
(Bourse) Anglicisme au sens de *action.*

partage n. m.
Division d'une chose en plusieurs parts. *Le partage d'un gâteau en dix portions.*

partagé, ée adj.
• Réciproque. *Un amour partagé.*
• Divisé. *Les avis sont partagés.*

partager v. tr., pronom.
  Le *g* est suivi d'un *e* devant les lettres *a* et *o*. *Il partagea, nous partageons.*
• **Transitif**
- Diviser une chose entre plusieurs parts. *Nous partagerons un terrain en trois parties. Elle partagea ses biens entre ses enfants.*
- Participer à quelque chose. *Partager un repas, le chagrin d'un ami.*
- **Partager + avec.** Posséder avec d'autres. *Partager une maison avec quelqu'un.*
• **Pronominal**
- Répartir entre plusieurs. *Se partager les restes.*
- Répartir son temps. *Il se partage entre son travail et sa famille.*

partance n. f.
• **En partance.** Se dit d'un bateau, d'un avion, d'un train sur le point de partir. *Le train en partance.*
• **En partance pour.** À destination de. *Ce bateau est en partance pour Marseille.*

partant conj.
(Vx) Par conséquent.

partenaire n. m. et f.
Personne avec qui l'on est associé, lié. *Vous avez là une excellente partenaire.*

parterre n. m.
• Partie d'un jardin où sont disposés des motifs floraux. *De grands parterres de tulipes décorent la place.*
• Dans une salle de spectacle, ensemble des places derrière l'orchestre. *Un fauteuil au parterre.*

parthénogenèse n. f.
(Biol.) Mode de reproduction à partir d'un ovule non fécondé.
⟹ parthénogenèse.

parti n. m.
• Groupe de personnes partageant une opinion, des intérêts, etc. *Un parti politique.*
↤ Les noms de partis politiques prennent une majuscule. *Le Parti québécois, le Nouveau Parti démocratique, le Rassemblement des citoyens de Montréal.* Les noms des adeptes de partis politiques s'écrivent avec une minuscule. *Les libéraux, les conservateurs.*
• (Litt.) Résolution. *Il a pris son parti de cette situation. Il en a pris son parti et s'est résigné à déménager.*
• **Parti pris.** Partialité, opinion préconçue.
↤ L'expression s'écrit sans trait d'union.
• **Prendre parti.** Prendre position. *Elles ont pris parti pour une restructuration.*
• **Prendre le parti de.** Se décider en faveur de.

• **Tirer parti de.** Profiter. *Ils ont su tirer parti de la situation.*
↤ Dans ces expressions, le nom reste au singulier.
Hom. *partie,* élément d'un ensemble.

parti, ie adj.
• Absent.
• (Fam.) Ivre. *Il était complètement parti et ne se souvenait de rien.*

partial, ale, aux adj.
Qui favorise quelqu'un, quelque chose au préjudice d'un autre, injuste. *Des avis partiaux.*
↤ Ne pas confondre avec le mot *partiel,* incomplet.
Ant. **impartial.**

partialement adv.
Avec partialité.

partialité n. f.
Préférence injuste.

participant, ante adj. et n. m. et f.
Personne qui participe (à une activité, une réunion, une compétition, etc.). *Les participants étaient enthousiastes.*
↤ Ne pas confondre avec le participe présent invariable *participant. On a remercié tous les invités participant à la fête.*

participation n. f.
Action de participer, de collaborer à quelque chose.

participe n. m.
V. Tableau - **PARTICIPE PASSÉ.**
V. Tableau - **PARTICIPE PRÉSENT.**

participer v. tr. ind.
• Prendre part à. *Participer aux réjouissances, au travail, à une excursion.*
↤ En ce sens, le verbe se construit avec la préposition *à.*
• (Litt.) Tenir de. *La tendresse participe de l'amour.*

particularisation n. f.
Différenciation, individualisation.

particulariser v. tr.
Individualiser.

particularisme n. m.
Caractère distinctif d'une population au sein d'une société.

particularité n. f.
(Litt.) Caractéristique. *Des particularités intéressantes.*

particule n. f.
• Très petite partie. *Des particules de cuivre.*
• (Ling.) Mot invariable monosyllabique. *La particule négative ne.*
• **Particule (nobiliaire).** Préposition précédant un nom patronymique. *Dans le nom François René de Chateaubriand, le de est une particule nobiliaire.*
↤ Les particules nobiliaires s'écrivent avec une minuscule.

particulier, ière adj. et n. m.
• **Adjectif**
- Qui appartient en propre (à quelqu'un, à quelque chose). *Une voix très particulière.*

- Individuel, distinctif. *Des traits particuliers. Des cours particuliers.*

• **Nom masculin**

Personne privée. *Il faut distinguer le revenu d'un particulier du bénéfice de l'entreprise.*

*particulier

Anglicisme au sens de *soigneux, méticuleux, propre.*

partie n. f.

• Élément d'un ensemble. *Une partie des élèves.*

• *Faire partie de.* Appartenir à. *Ils font partie de ce groupe.*

☞ Dans cette expression, le nom reste au singulier.

☞ Après *une partie de, une petite partie de, une grande partie de, la majeure partie de...* suivi d'un complément au pluriel, le verbe s'accorde avec le collectif ou avec le complément suivant l'intention de l'auteur qui veut marquer l'ensemble ou la pluralité. *Une grande partie des jardins ont été cultivés. La majeure partie des étudiants a refusé.*

V. Tableau - **COLLECTIF.**

• (Dr.) Personne qui participe à un acte juridique. *Les parties contractantes.*

- *Être juge et partie.* Avoir un pouvoir de décision dans une affaire où l'on a des intérêts.

- *Partie prenante.* Personne, organisation, entreprise qui est directement concernée par une affaire, une activité quelconque. *Ils sont parties prenantes à ce magnifique projet.*

☞ La locution se construit avec la préposition *à.*

- *Prendre quelqu'un à partie.* S'en prendre à quelqu'un.

• Divertissement, jeu. *Une partie de hockey, une partie de cartes. Organiser une partie* (et non un **party*).

- *Partie remise.* Évènement différé.

- *Partie de sucres.* Au Canada, fête printanière qui se tient à une érablière et au cours de laquelle on déguste les produits de l'érable.

- *Partie aux huîtres.* Au Canada, rencontre amicale au cours de laquelle on déguste des huîtres diversement apprêtées.

Hom. *parti,* groupe de personnes partageant une opinion.

partiel, elle adj.

• Qui ne concerne qu'une partie d'un tout. *Des élections partielles.*

• Incomplet. *Des résultats partiels.*

☞ Ne pas confondre avec le mot *partial,* injuste.

partiellement adv.

En partie.

partir v. intr.

INDICATIF PRÉSENT *Je pars, tu pars, il part, nous partons, vous partez, ils partent.* IMPARFAIT *Je partais.* PASSÉ SIMPLE *Je partis.* FUTUR *Je partirai.* CONDITIONNEL PRÉSENT *Je partirais.* IMPÉRATIF PRÉSENT *Pars, partons, partez.* SUBJONCTIF PRÉSENT *Que je parte.* IMPARFAIT *Que je partisse.* PARTICIPE PRÉSENT *Partant.* PASSÉ *Parti, ie.*

☞ Le verbe se conjugue avec l'auxiliaire *être.* Quitter un lieu. *Elle est partie en voyage.*

☞ Ne pas confondre avec les verbes suivants :

- *éluder,* éviter en passant à côté;

- *évader (s'),* s'enfuir d'un lieu où l'on est retenu;

- *fuir,* s'éloigner rapidement pour échapper à un danger.

*partir

Anglicisme au sens de *s'établir* (à son compte), *démarrer* (un moteur), *lancer* (une mode, une entreprise).

partisan, ane adj. et n. m. et f.

• **Adjectif.** Qui témoigne d'un parti pris. *Une attitude partisane.*

• **Nom masculin et féminin.** Adepte. *C'est une partisane du nationalisme.*

partitif, ive adj.

(Ling.) Qui désigne une partie d'un tout. *Dans «Donnez-moi du café», «du» est un article partitif.*

☞ L'article partitif est formé de la préposition *de* seule ou combinée avec l'article défini. Au masculin : *du, de l', des*; au féminin *de la, de l', des.* L'article partitif s'emploie devant les noms de choses qui ne se comptent pas pour marquer une certaine quantité. *Vendre de la laine.*

partition n. f.

• Division d'un pays.

• Ensemble des parties d'une composition musicale.

*partition

Anglicisme au sens de *cloison.*

partout adv.

En tous lieux. *Je vous ai cherchés partout.*

⇨ partou**t.**

*party

Anglicisme pour *partie, surprise-partie.*

parure n. f.

Ornement. *Une parure de perles.*

parution n. f.

Fait d'être publié, en parlant d'un livre, d'un article. *La date de parution est indéterminée.*

parvenir v. intr.

Le verbe se conjugue avec l'auxiliaire *être.*

• Arriver à destination. *Faire parvenir un colis.*

• (Fig.) Atteindre le but fixé. *Il est parvenu au sommet de la montagne. Elle est parvenue à le convaincre.*

parvenu, ue adj. et n. m. et f.

(Péj.) Nouveau riche. *Cette voiture clinquante convient bien à un parvenu.*

parvis n. m.

👄 Le *s* ne se prononce pas [parvi].

Place située devant l'entrée d'une église, d'un grand bâtiment. *Le parvis de Notre-Dame.*

⇨ parvi**s.**

pas n. m.

• Mouvement de mettre un pied devant l'autre pour marcher. *Il fait de grands pas, elle hâte le pas pour le suivre.*

• Façon de marcher. *Un pas cadencé, un pas de gymnastique.*

• **Locutions**

- *À pas de loup,* locution adverbiale. Furtivement.

PARTICIPE PASSÉ

ACCORD DU PARTICIPE PASSÉ

1. Participe passé employé seul

Employé sans auxiliaire, le participe passé s'accorde en genre et en nombre **avec le nom auquel il se rapporte.**

– Il peut jouer le rôle d'un qualificatif. *Affamés, ils se servirent copieusement de ce plat tant attendu.*

– Il peut être attribut. *Elle me semble émue.*

2. Participe passé employé avec l'auxiliaire *être*

Comme attribut, le participe passé s'accorde en genre et en nombre avec le nom auquel il se rapporte, c'est-à-dire **avec le sujet du verbe.**

La maison a été aménagée.

3. Participe passé employé avec l'auxiliaire *avoir*

– Avec l'auxiliaire **avoir,** le participe passé s'accorde en genre et en nombre **avec le complément d'objet direct (c.o.d.) s'il précède le verbe.**

☞ Pour trouver le complément d'objet direct, on pose la question *qui?* ou *quoi?* après le verbe.

La pomme que j'ai mangée.

> *J'ai mangé **quoi? Que**,* mis pour ***pomme.***
> Le complément d'objet direct précède le verbe : accord du participe passé.

– Si le complément d'objet direct **suit** le verbe ou **s'il n'y en a pas**, le participe passé reste invariable.

J'ai mangé une pomme.

> Le complément d'objet direct suit le verbe : participe passé invariable.

Les recherches ont enfin abouti.

> Il n'y a pas de complément d'objet direct : participe passé invariable.

CAS PARTICULIERS

3.1 Participe passé employé avec l'auxiliaire *avoir* et suivi d'un infinitif

– Le participe passé suivi de l'infinitif s'accorde en genre et en nombre avec le complément d'objet direct qui précède le verbe si celui-ci accomplit l'action marquée par l'infinitif.

Les oiseaux que j'ai entendus chanter.

> *J'ai entendu **qui? Que**,* mis pour ***oiseaux.***
> Ce sont eux qui font l'action de chanter et le complément d'objet direct précède le verbe : accord du participe passé.

La chanson que j'ai entendu chanter.

> *J'ai entendu **quoi? Que**,* mis pour ***chanson.***
> Ce n'est pas la chanson qui fait l'action de chanter : participe passé invariable.

suite➝

☞ Le participe passé employé avec l'auxiliaire *avoir* et suivi d'un infinitif sous-entendu reste invariable, par exemple avec les participes passés *cru, dû, pu, su, voulu...*

Olivier a choisi tous les livres qu'il a voulu (choisir est sous-entendu).

> Olivier a voulu *quoi? Choisir.*
> Le complément d'objet direct est un infinitif sous-entendu : participe passé invariable.

☞ Le participe passé *fait* suivi d'un infinitif est toujours invariable. *Les travaux que nous avons fait exécuter sont coûteux.*

3.2 Participe passé des verbes impersonnels

Le participe passé des verbes impersonnels est toujours invariable.

Les explosions qu'il y a eu.

3.3 Participe passé précédé d'un collectif accompagné d'un complément au pluriel

Le participe passé s'accorde avec le collectif singulier (*classe, foule, groupe, multitude*...), ou avec le complément au pluriel, suivant l'intention de l'auteur qui veut insister sur l'ensemble ou sur la pluralité.

La multitude des touristes que j'ai vue ou vus.

V. Tableau – **COLLECTIF.**

3.4 Participe passé se rapportant aux pronoms *en* ou *le*

Le participe passé qui a pour complément d'objet direct le pronom *en* ou le pronom neutre *le* reste invariable.

J'ai cueilli des framboises et j'en ai mangé.

☞ Si le pronom *en* est précédé d'un adverbe de quantité (*autant, beaucoup, combien, moins, plus...*), le participe passé peut s'accorder en genre et en nombre avec le nom qui précède ou rester invariable. *Des limonades, combien j'en ai bues.*

3.5 Participe passé des verbes pronominaux

V. Tableau – **PRONOMINAUX.**

- *De ce pas,* locution adverbiale. Immédiatement. *J'y vais de ce pas!*
- *Faire un faux pas.* Glisser en marchant.
- *Faire un faux pas.* (Fig.) Commettre une faute, une erreur.
- *Faire les premiers pas.* Prendre l'initiative.
- *Marquer le pas.* (Fig.) Ne pas progresser.
- *Mettre quelqu'un au pas.* Lui faire entendre raison.
- *Pas de deux.* Pas exécuté par deux danseurs.
- *Pas de la porte.* Seuil.
- *Pas à pas,* locution adverbiale. À pas lents.
- *Se tirer d'un mauvais pas.* Trouver une solution à une situation difficile.

pas adv.
L'adverbe de négation est généralement précédé des particules de négation *ne* ou *non*. *Elle ne viendra pas. Non pas que je sois inquiète...* V. **ne.**

pascal, ale, als ou **aux** adj.
Relatif à la fête de Pâques. *Des festins pascaux.*

pascal n. m.
• Symbole *Pa* (s'écrit sans point).
• Unité de pression. *Des pascals.*

*pas d'admission
Calque de l'anglais «no admittance without business» au sens de *entrée interdite sans autorisation, interdit au public.*

passable adj.
Ni bon, ni mauvais, mais néanmoins satisfaisant. *Un vin passable, une note passable.*

passablement adv.
D'une manière passable.

passade n. f.
Aventure. *Ce n'était qu'une passade.*

passage n. m.
• Action de passer. *Un droit de passage. Passage in-terdit.*
• Extrait d'un ouvrage que l'on cite. *Lisez ce passage, il est très beau.*
• *Passage à niveau.* Croisement d'une route et d'une voie ferrée. *Des passages à niveau dangereux.*
• *De passage.* Momentanément. *Elle est de passage à Québec.*
☞ Ne pas confondre avec le mot *passant* qui se dit d'un endroit où passe beaucoup de monde.

passager, ère adj. et n. m. et f.
• **Adjectif.** Éphémère.
☞ Ne pas confondre avec le mot *passant* qui se dit d'un endroit où passe beaucoup de monde.

• **Nom masculin et féminin.** Personne qui utilise un moyen de transport. *Il y a 325 passagers dans cet avion.*

passagèrement adv.
Pour peu de temps.

passant, ante adj. et n. m. et f.
• **Adjectif.** Où il passe beaucoup de monde. *Une rue passante.*
☞ Ne pas confondre avec le mot *passager* qui se dit d'une chose éphémère.
• **Nom masculin et féminin.** Personne qui passe. *Les passants regardent les vitrines.*

passation n. f.
• (Dr.) Action de passer un contrat.
• Action de transmettre des pouvoirs d'une personne à une autre. *La passation des pouvoirs.*

PARTICIPE PRÉSENT

Le participe présent exprime une action simultanée par rapport à l'action du verbe qu'il accompagne.

Le jardin entourant la villa est rempli de bosquets fleuris.

☞ Le participe présent se termine toujours par *ant*. Quand il s'agit d'un verbe du deuxième groupe, sa terminaison est *issant*.

Le participe présent est invariable. Il peut avoir un complément d'objet direct ou un complément circonstanciel. Il pourrait être remplacé dans la phrase par une proposition subordonnée.

Elle vit des oiseaux volant (qui volaient) très haut.

Précédé de la préposition *en*, le participe présent exprime un complément circonstanciel : il est appelé *gérondif* et demeure toujours invariable.

Ils se promènent dans la forêt en sifflant.

☞ Le participe présent était variable autrefois; en 1679, l'Académie décréta qu'il serait dorénavant invariable. Seules quelques expressions appartenant à la langue juridique ont conservé des formes qui prennent la marque du pluriel. *Des ayants droit, des ayants cause, toutes affaires cessantes, la partie plaignante...*

☞ Il importe de ne pas confondre le **participe présent**, toujours invariable, avec l'**adjectif verbal** qui joue le rôle de qualificatif ou d'attribut, qui exprime donc une manière d'être et qui s'accorde en genre et en nombre avec le nom ou le pronom auquel il se rapporte. *Des livres passionnants, des personnes influentes. Celles-ci étaient convaincantes.*

De nombreux adjectifs verbaux ont des orthographes différentes de celles du participe présent. On consultera l'adjectif verbal à son entrée alphabétique où les distinctions avec le participe présent correspondant sont données.

Exemples de différences orthographiques

PARTICIPE PRÉSENT	ADJECTIF VERBAL
adhérant	adhérent
communiquant	communicant
convainquant	convaincant
déférant	déférent
différant	différent
équivalant	équivalent
excédant	excédent
excellant	excellent
fatiguant	fatigant
influant	influent
intriguant	intrigant
négligeant	négligent
précédant	précédent
somnolant	somnolent
suffoquant	suffocant
vaquant	vacant

passe n. m.
Abréviation familière du nom **passe-partout.**

passe n. f.
• Action de passer. *Faire une passe à un coéquipier qui marque un but.*
• **Mot de passe.** Mot secret par lequel on peut se faire reconnaître. *Des mots de passe connus.*
• **Être en passe de.** Être sur le point de. *Ils sont en passe de réussir.*
• **Être dans une mauvaise passe.** Se trouver en difficulté.

*passe
Archaïsme au sens de **laissez-passer, carte d'abonnement, billet de faveur.**

passé n. m.
• Temps qui a été. *Cette histoire appartient au passé.*
V. Tableau - **PASSÉ (TEMPS DU).**
• Vie passée. *Elle a un passé difficile.*

passé prép.
Après, au-delà de. *Passé 17 heures, le magasin est fermé.*

TEMPS DU **PASSÉ**

• Le **PASSÉ SIMPLE** exprime :

– un fait passé qui s'est produit en un temps déterminé et qui est complètement achevé.
C'est à l'automne qu'il vint nous rendre visite.

☞ Le passé simple ne comporte pas d'idée de continuité, il exprime un fait passé à un moment précis. Le passé simple décrit des actions coupées du présent, alors que le passé composé marque une durée qui dure encore. Il convient particulièrement à la description dans le passé, au récit historique. Dans la langue parlée, le passé simple est peu employé et relève plutôt de la langue littéraire en raison de ses désinences trop difficiles. Oralement, et même par écrit, ce temps est remplacé plutôt par le passé composé ou par l'imparfait.

• Le **PASSÉ COMPOSÉ** (ou **passé indéfini**) exprime :

– un fait passé à un moment déterminé qui demeure en contact avec le présent.
La Révolution tranquille a favorisé le nationalisme québécois.

☞ À la différence du passé simple, le passé composé marque une durée qui dure encore, un fait passé dont les conséquences sont actuelles.

– une vérité générale, un fait d'expérience.
Qui a bu boira.

– un fait passé dont les conséquences sont actuelles.
Il n'a pas eu le temps de déjeuner aujourd'hui.

– un fait non encore accompli, mais sur le point de l'être.
Je suis à vous dans quelques minutes, j'ai terminé.

– un futur antérieur avec **si.**
Si tu n'as pas terminé tes devoirs, nous n'irons pas au cinéma.

☞ Le passé composé de la plupart des verbes est formé à partir du présent de l'indicatif de l'auxiliaire **avoir** auquel est ajouté le participe passé du verbe conjugué. *Sophie a joué. Antoine a couru.* Cependant certains verbes intransitifs ou pronominaux se conjuguent avec l'auxiliaire **être**. *Elle est née le 31 juillet 1976. Vincent s'est toujours souvenu d'elle.*

• Le **PASSÉ ANTÉRIEUR** exprime :

– un fait ponctuel qui a précédé un fait passé (il a eu lieu avant cette action passée).
Dès qu'il eut remis son rapport, il se sentit en vacances.

☞ Peu utilisé, le passé antérieur s'emploie surtout dans une proposition subordonnée temporelle après une conjonction ou une locution conjonctive, **lorsque, dès que, aussitôt que, quand, après que**..., où il accompagne un verbe principal au passé simple.

☞ Le passé antérieur est formé à partir du passé simple des auxiliaires **avoir** ou **être** auquel est ajouté le participe passé du verbe conjugué.

☞ Placé en tête de phrase, le participe *passé* est considéré comme une préposition et demeure invariable.

passe- préf.
Certains mots composés avec le préfixe *passe-* s'écrivent avec un trait d'union. *Un passe-partout.* D'autres s'écrivent en un seul mot. *Un passeport.* Le préfixe *passe-* étant un verbe, il ne prend pas la marque du pluriel.

passe-crassane n. f. inv. (pl. *passe-crassane*)
Variété de poire.

*passé date
Anglicisme pour *périmé.*

passe-droit n. m. (pl. *passe-droits*)
Privilège accordé contre la règle, la justice.

*passé dû
Calque de l'anglais «past due» pour *échu, en souffrance.*

passe-montagne n. m. (pl. *passe-montagnes*)
Bonnet de laine qui couvre les oreilles et la nuque.

passe-partout adj. inv. et n. m. inv. (pl. *passe-partout*)
• **Adjectif invariable**
Qui convient en toute circonstance. *Une robe passe-partout.*
• **Nom masculin invariable**
- Ce qui permet d'ouvrir plusieurs serrures.
- Abréviation familière *passe.*

passe-passe n. m. inv.
Tour de passe-passe. Tour d'adresse. *Des tours de passe-passe.*

passe-plat n. m. (pl. *passe-plats*)
Guichet permettant de passer les assiettes de la cuisine à une autre pièce.

passeport n. m.
Pièce d'identité officielle. *Il a un passeport français.*
✎ **passeport,** en un seul mot.

passer v. tr., intr., pronom.
• **Transitif**
- Traverser. *Passer une rivière, le seuil d'une porte.*
- Prêter, transmettre. *Passe-moi ton dictionnaire.*
- Employer. *Passer ses vacances à la mer.*
- Mettre sur soi. *Passer un tricot.*
• **Intransitif**
- Aller d'un lieu à un autre. *Passer par les montagnes.*
- Disparaître, s'écouler. *Le temps passe trop vite.*
- *Passer outre à quelque chose.* Continuer sans tenir compte des objections.
- *Passer pour.* Être jugé comme. *Il passe pour un menteur.*
- *Passer tout droit.* Au Canada, dépasser par erreur sa destination.
- *Passer un sapin.* (Fam.) Au Canada, rouler quelqu'un. *Il nous a passé un sapin, il nous a eus.*
- *Passer un examen.* Subir une épreuve d'évaluation (bien ou mal). *Je passerai mon examen de physique demain.*

- *En passant,* locution adverbiale. Incidemment. *Soit dit en passant, j'avais prévu sa réaction.*
☞ Le verbe se conjugue avec l'auxiliaire *avoir* à la forme transitive. *Elle a passé ses vacances à la montagne.* Il se conjugue généralement avec l'auxiliaire *être* à la forme intransitive. *L'hiver est enfin passé.* L'emploi de l'auxiliaire *avoir* est un peu vieilli. *L'hiver a passé.*
• **Pronominal**
- Avoir lieu. *L'histoire se passe au Moyen Âge.*
- S'écouler. *Deux ans se sont passés.*
- Se prêter. *Elles se sont passé des livres.*
☞ Attention au participe passé qui reste invariable si le complément d'objet direct suit le verbe.
- *Se passer de.* S'abstenir de. *Elles se sont passées de gâteau.*
☞ Au sens de *se priver, s'abstenir de,* le participe passé s'accorde avec le sujet du verbe.

*passer (une loi, un règlement)
Anglicisme pour *voter* (une loi), *établir* (un règlement).

passereau n. m. (pl. *passereaux*)
Type d'oiseau. *L'alouette fait partie des passereaux.*

passerelle n. f.
Pont étroit réservé aux piétons. *Une passerelle d'avion.*

passerose n. f.
Plante qui fleurit en grappes de grosses corolles sur de hautes tiges. *Un joli bosquet de passeroses.*
Syn. **rose trémière.**

passe-temps n. m. inv. (pl. *passe-temps*)
Divertissement. *Des passe-temps intéressants* (et non des *hobbies).

passeur, euse n. m. et f.
• Personne qui conduit un bateau pour traverser une rivière.
• Personne qui fait passer une frontière illégalement.

passible adj.
Qui encourt une amende, une peine à la suite d'un délit, d'un crime. *Il est passible de dix ans d'emprisonnement.*

passif, ive adj.
• Amorphe, inactif. *Agis, ne reste pas passif!*
• Se dit de la forme verbale où le sujet subit l'action. *«L'orange est cueillie par l'enfant»* est une forme passive.

passif n. m.
• (Compt.) Ensemble des dettes d'une personne morale ou physique. *L'actif et le passif.*

(Gramm.) La **voix passive** du verbe exprime l'action à partir de l'objet qui la subit, alors que la voix active considère l'action à partir du sujet qui la fait.
- À la **forme active** on écrira : *la fillette mange une pomme.*
- À la **forme passive,** les rôles sont inversés : *une pomme est mangée par la fillette.*
☞ En principe, tous les verbes transitifs directs peuvent se construire au passif puisque c'est le complément d'objet direct de l'actif qui devient le sujet de la construction passive. Dans les faits, les

verbes *avoir* et *pouvoir* ne peuvent être mis au passif. La voix passive se construit avec l'auxiliaire *être* et le participe passé s'accorde toujours avec le sujet du verbe.

---

passion n. f.
• Penchant irrésistible pour une personne. *Cette femme est sa passion.*
• Vive inclination. *Il a la passion de l'informatique.*
☞ Le nom qui désigne le supplice du Christ s'écrit avec une majuscule. *La semaine de la Passion.*

passionnant, ante adj.
Qui cause un vif intérêt. *Des documentaires passionnants.*
☞ Ne pas confondre avec le participe présent invariable *passionnant. La foule était nombreuse, les étudiants se passionnant pour ce chanteur.*
⇨ passio**nn**ant.

passionné, ée adj. et n. m. et f.
• **Adjectif.** Ardent, fervent. *Une personne passionnée de cinéma.*
• **Nom masculin et féminin.** Personne animée de passion. *C'est une passionnée de voile.*
⇨ passio**nn**é.

passionnel, elle adj.
Qui est motivé par une passion. *Un crime passionnel.*
⇨ passio**nn**el.

passionnément adv.
D'une manière passionnée.
⇨ passio**nn**ément.

passionner v. tr., pronom.
• **Transitif.** Causer un vif intérêt. *Cette présentation a passionné l'auditoire.*
• **Pronominal.** Éprouver une passion. *Il se passionne pour l'astronomie.*
☞ À la forme pronominale, le verbe se construit toujours avec la préposition *pour.*
⇨ passio**nn**er.

passivement adv.
D'une manière passive.

passivité n. f.
État de celui ou de ce qui est passif.

passoire n. f.
Ustensile destiné à filtrer, à égoutter des aliments.

pastel adj. inv. et n. m.
• **Adjectif de couleur invariable**
Se dit d'une teinte atténuée, douce comme celle du pastel. *Des tons pastel. Des tricots bleu pastel.*
V. Tableau - **COULEUR (ADJECTIFS DE).**
• **Nom masculin**
- Crayon composé d'agglomérés de couleur. *Des pastels de toutes les couleurs.*
- Œuvre exécutée au pastel. *Un pastel d'un paysage.*

pastèque n. f.
• Plante cultivée pour son fruit volumineux à pulpe rose.
• Ce fruit.
Syn. **melon d'eau.**
⇨ pastè**que**.

pasteur n. m.
Ministre du culte protestant.

pasteurisation n. f.
Action de pasteuriser.

pasteuriser v. tr.
Chauffer un liquide alimentaire de façon à détruire les germes pathogènes tout en conservant son goût et sa valeur nutritive. *Pasteuriser du lait.*

pastiche n. m.
Œuvre artistique où l'on imite un auteur en écrivant à sa manière.
☞ Ne pas confondre avec le nom *parodie,* imitation comique.
☞ Attention au genre masculin de ce nom : *un* pastiche.

pasticher v. tr.
Imiter le style d'un auteur, d'un artiste.

pastille n. f.
Bonbon, médicament ayant une forme arrondie. *Une pastille de menthe.*

pastis n. m.
👄 Les deux *s* se prononcent [pastis].
Apéritif anisé. *Le pastis rappelle l'été et les vacances.*

pastoral, ale, aux adj.
• (Litt.) Qui appartient aux bergers. *Des chants pastoraux.*
• Relatif à un pasteur spirituel.

pataquès n. m.
👄 Le *s* se prononce [patakɛs].
• Mauvaise liaison.
• Discours confus.
⇨ pataquè**s**.

patate n. f.
• Plante cultivée pour ses tubercules comestibles à chair douceâtre.
• Le tubercule lui-même. En ce sens, on dit surtout *patate douce.*
• (Fam.) Pomme de terre.

*patate sucrée
Calque de l'anglais «sweet potato» au sens de *patate douce.*

pataud, aude adj. et n. m. et f.
Personne à l'allure lourde et maladroite.
⇨ patau**d**.

patauger v. intr.
Le *g* est suivi d'un *e* devant les lettres *a* et *o*. *Il pataugea, nous pataugeons.*
• Marcher dans une eau boueuse. *Nous pataugeons dans la boue.*
• (Fig.) S'empêtrer dans ses paroles, dans ses actes.

patchouli n. m.
👄 Le *t* se prononce [patʃuli].
Plante aromatique dont on extrait un parfum.
⇨ patchouli.

pâte n. f.
• Farine détrempée et pétrie. *Une pâte feuilletée.*

• Substance plus ou moins consistante. *Une pâte d'amandes, une pâte de fruits. De la pâte dentifrice.*
• (Au plur.) Produits à base de semoule de blé dur. *J'adore manger des pâtes.*
🕮 Les différentes sortes de pâtes sont les nouilles, les coquillettes, les vermicelles, les spaghettis, les raviolis, etc.

*pâte à dent
Calque de l'anglais «tooth paste» pour *(pâte) dentifrice.*

pâté n. m.
• Préparation de charcuterie. *Des pâtés de foie.*
• *Pâté chinois.* Au Canada, pâté composé de pommes de terre, de maïs et de viande hachée.
• *Pâté de maisons.* Ensemble de maisons isolé par des rues. *Allons faire le tour du pâté de maison* (et non du **bloc), en marchant.*
Hom. *pâtée,* nourriture donnée à certains animaux.

pâtée n. f.
Nourriture donnée à certains animaux.
Hom. *pâté,* préparation de charcuterie.

patelin n. m.
(Fam.) Petit village.

patent, ente adj.
Évident, qui ne prête à aucune contestation. *Un fait patent.*
🖙 pate**nt**.

patente n. f.
• (Ancienn.) Écrit royal.
• (Vx) Taxe professionnelle.

*patente
Impropriété au sens de *brevet, invention.*

patenté, ée adj.
Attitré. *Un écologiste patenté.*

*patenté
Anglicisme au sens de *breveté.*

pater n. m. inv.
👄 Le *r* se prononce [patɛr].
Prière. *Réciter des Pater et des Ave.*
🕮 Le nom s'écrit avec une majuscule et est invariable.

patère n. f.
Support fixé à un mur, destiné à suspendre des vêtements.
🕮 Ne pas confondre avec le nom *portemanteau,* support sur pied auquel on suspend les vêtements.
🖙 patè**re**.

paternel, elle adj.
Qui appartient au père. *La tendresse paternelle, un oncle paternel.*

paternellement adv.
En père.
🖙 paternellement.

paternité n. f.
État de père.

pâteux, euse adj.
Qui a la consistance molle de la pâte. *Un fruit pâteux.*
🖙 pâ**teux**.

pathétique adj.
Qui émeut profondément. *Des adieux pathétiques.*

pathétiquement adv.
D'une manière pathétique.

- pathe, -pathie, -pathique suff.
Éléments du grec signifiant «ce qu'on éprouve». *Névropathe, sympathie, sympathique.*

patho- préf.
Élément du grec signifiant «maladie». *Pathologie.*

pathogène adj.
Qui peut engendrer une maladie. *Un microbe pathogène.*
🖙 pat**h**ogène.

pathologie n. f.
• Branche de la médecine qui étudie les maladies et les effets qu'elles provoquent.
• Ensemble des signes caractéristiques d'une maladie. *La pathologie du cancer.*

pathologique adj.
• Relatif à la pathologie.
• Anormal.

pathologiquement adv.
De façon pathologique, d'une manière anormale.

pathologiste adj. et n. m. et f.
Spécialiste de la pathologie, et spécialement de l'anatomie pathologique.

pathos n. m.
👄 Le *o* est fermé et le *s* se prononce [patos].
(Péj.) Ton pathétique excessif. *Il y a trop de pathos dans cette pièce.*

patibulaire adj.
Sinistre, inquiétant. *Une mine patibulaire.*

patiemment adv.
👄 Les lettres *em* se prononcent *a* [pasjamã].
Avec patience.
🖙 pati**emm**ent.

patience n. f.
• Vertu qui permet de supporter avec résignation les contrariétés. *Ils ont perdu patience.*
• Qualité de la personne qui sait attendre. *Patience et longueur de temps font plus que force ni que rage.* (La Fontaine)
• Réussite (aux cartes). *Faire une patience.*
🖙 patience.

patient, ente adj. et n. m. et f.
• **Adjectif.** Qui fait preuve de patience. *Ils seront patients et vous attendront quelque temps.*
• **Nom masculin et féminin.** Personne qui subit un examen, un traitement médical. *Le médecin doit visiter ses patients ce matin.*

patienter v. intr.
Attendre avec patience. *Je patienterai encore quelques minutes.*

patin n. m.
• *Patin à glace.* Chaussure dont la semelle est pourvue d'une lame de métal pour glisser sur la glace.

• *Patin à roulettes.* Chaussure dont la semelle est pourvue de roulettes pour rouler sur une surface dure.
• *Être vite sur ses patins.* (Fam.) Au Canada, agir, prendre une décision rapidement.

patinage n. m.
• Action de patiner (sur la glace, sur le sol). *Les championnats de patinage artistique.*
• Dérapage (d'un véhicule).

patine n. f.
Poli donné par le temps.
🕮 Ne pas confondre avec le nom *platine,* métal précieux.

patiner v. tr., intr.
• **Transitif**
Produire la patine sur un objet. *Le temps a patiné ce beau bronze.*
• **Intransitif**
- Glisser avec des patins. *Elle patine sur le lac gelé.*
- Déraper. *La chaussée était glissante et la voiture a patiné.*
- (Fam.) Au Canada, éluder une question, éviter d'y répondre. *Ce politicien n'a pas répondu à la question du journaliste : il a patiné habilement et a parlé d'autre chose.*

patineur, euse n. m. et f.
Personne qui patine (sur la glace, sur un sol dur).

patinoire n. f.
Établissement où se trouve une piste de patinage. *Se rendre à la patinoire.*

patio n. m.
⟹ Le *t* se prononce *t* ou *s,* [patjo] ou [pasjo].
Cour intérieure. *Des patios ombragés.*

pâtir v. intr.
Subir un dommage, souffrir à cause de. *Les affaires ont pâti de cette instabilité politique.*
🕮 Le verbe se construit avec la préposition *de.*
⟹ pâtir.

pâtisserie n. f.
• Gâteau. *Quelle pâtisserie choisir : une tartelette aux fraises ou un chou à la crème?*
• Fabrication et vente de gâteaux. *La pâtisserie est fermée.*
⟹ pâtisserie.

pâtissier n. m.
pâtissière n. f.
Personne qui fabrique ou vend des pâtisseries.
⟹ pâtissier.

patois n. m.
Dialecte, parler local, avec un sens plutôt péjoratif.

pâtre n. m.
(Litt.) Berger.
⟹ pâtre.

patres (ad)
V. ad patres.

patriarcal, ale, aux adj.
Relatif au patriarcat. *Des usages patriarcaux, des traditions patriarcales.*

patriarcat n. m.
Organisation sociale fondée sur l'autorité absolue du père.
Ant. **matriarcat.**
⟹ patriarcat.

patriarche n. m.
• Chef de certaines églises.
• Vieillard à la tête d'une nombreuse famille.

patrie n. f.
• Nation à laquelle on appartient.
• *Mère patrie.* Nation à laquelle se rattache une colonie.
🕮 Cette expression s'écrit sans trait d'union.

patrimoine n. m.
• Biens familiaux.
• Ensemble des richesses d'une collectivité. *La langue française fait partie de notre patrimoine.*
• *Patrimoine héréditaire.* Caractères génétiques d'une personne.

patriote adj. et n. m. et f.
Qui aime sa patrie.
⟹ patriote.

patriotique adj.
Qui est inspiré par l'amour de sa patrie. *Un chant patriotique.*

patriotiquement adv.
En patriote.

patriotisme n. m.
Dévouement à la patrie.

patron, onne n. m. et f.
• Saint protecteur, sainte protectrice. *Saint Patrick est le patron de l'Irlande.*
• Professeur de médecine. *Les grands patrons.*
• Maître qui dirige un travail de recherche. *Un patron de thèse.*
• Chef d'entreprise, supérieur hiérarchique. *Un patron efficace (et non un *boss).*

patron n. m.
Modèle de couture, d'artisanat, etc. *Tailler une robe d'après un patron.*

patronage n. m.
Parrainage.
⟹ patronage.

*patronage
Anglicisme au sens de *favoritisme.*

patronal, ale, aux adj.
Qui se rapporte aux chefs d'entreprise. *Des comités patronaux.*
⟹ patronal.

patronat n. m.
Ensemble des employeurs. *Conseil du patronat du Québec.*
⟹ patronat.

patronnesse adj. f.
Se dit d'une dame qui s'occupe d'œuvres de charité. *Les dames patronnesses de Jacques Brel.*
⟹ patronnesse.

patronyme n. m.
Nom de famille transmis par le père, par opposition au *matronyme* qui est transmis par la mère. *Dubois est un patronyme, **Pierre**, un prénom.*
☞ Les patronymes s'écrivent avec une majuscule.
▭▷ patronyme.

patronymique adj.
Relatif au nom de famille. *Un nom patronymique.*
▭▷ patronymique.

patrouille n. f.
Petit détachement de soldats, de personnes à qui l'on confie une mission de surveillance, de liaison, etc.

patrouilleur n. m.
Membre d'une patrouille.

patte n. f.
• Membre assurant la marche chez l'animal. *La patte d'un chat.*
V. **pied.**
• ***Graisser la patte à quelqu'un.*** Le corrompre.
• ***Montrer patte blanche.*** Donner le mot de passe, se faire reconnaître avant de pénétrer quelque part.
• ***Marcher à quatre pattes.*** Marcher à l'aide de ses pieds et de ses mains.

patte- préf.
Les mots composés avec le préfixe ***patte-*** s'écrivent avec des traits d'union et prennent la marque du pluriel au premier élément seulement. *Des pattes-d'oie, des pattes-de-mouche.*

patte-d'oie n. f. (gén. pl.) (pl. *pattes-d'oie*)
Petite ride qui se forme à l'angle extérieur de l'œil.
☞ Le nom s'emploie généralement au pluriel.

pattemouille n. f.
Chiffon humide dont on se sert pour repasser.

*****pattern**
Anglicisme au sens de ***modèle, structure.***

pâturage n. m.
Lieu où l'on fait paître le bétail. *Les vaches sont au pâturage.*
▭▷ pâturage.

pâture n. f.
• Pâturage.
• Nourriture.
▭▷ pâture.

paulownia n. m.
👄 Attention à la prononciation [poloɲa].
Arbre ornemental à fleurs bleues ou mauves odorantes. *Des paulownias.*

paume n. f.
L'intérieur de la main, entre le poignet et les doigts.
▭▷ paume.

paumé, ée adj. et n. m. et f.
(Fam.) Perdu, déprimé, dépassé par les évènements.

paumer v. tr., pronom.
• **Transitif.** (Fam.) Perdre.
• **Pronominal.** (Fam.) S'égarer.

paupérisation n. f.
Appauvrissement.

paupériser v. tr.
Appauvrir.

paupière n. f.
👄 La première syllabe se prononce *po* avec un *o* fermé [popjɛr].
Membrane mobile de l'œil.

paupiette n. f.
Tranche de viande roulée et farcie. *Des paupiettes de veau.*

pause n. f.
Arrêt, silence. *Faire une pause.*
Hom. *pose,* action de poser.

pause-café n. f. (pl. *pauses-café*)
(Fam.) Temps d'arrêt pour prendre le café.

pauvre adj. et n. m. et f.
• **Adjectif**
- Qui n'est pas riche. *Une personne pauvre.*
- (Avant le nom) Malheureux, pitoyable. *Une pauvre femme.*
☞ Selon la place de l'adjectif, le sens de ce mot varie : placé après le nom, l'adjectif signifie «qui a peu de biens», placé avant le nom, il signifie «pitoyable».
• **Nom masculin et féminin**
Personne qui manque du nécessaire.
☞ L'adjectif conserve la même forme au masculin et au féminin, tandis que la forme féminine du nom est *pauvresse.*

pauvrement adv.
• D'une manière pauvre. *Il est pauvrement vêtu.*
• D'une manière insatisfaisante. *Cette œuvre a été pauvrement exécutée.*

pauvresse n. f.
(Vx, litt.) Femme qui manque du nécessaire.

pauvreté n. f.
• Indigence. *Ils vivent dans la pauvreté.*
• Insuffisance, médiocrité. *La pauvreté de son vocabulaire.*

pavage n. m.
• Action de paver.
• Revêtement. *Le pavage d'une allée.*

*****pavage**
Impropriété au sens de ***chaussée asphaltée, asphalte.***

pavane n. f.
Danse ancienne.
▭▷ pavane.

pavaner (se) v. pronom.
Marcher avec affectation. *Elles se sont pavanées avec leurs visons.*
▭▷ pavaner.

pavé n. m.
• Bloc cubique qui sert au revêtement des voies, des sols.
• ***Être sur le pavé.*** Être réduit à la misère, sans domicile.

pavement n. m.
Revêtement de sol. *Un pavement en marbre.*

paver v. tr.
Recouvrir de pavés le sol d'une voie de circulation, d'un lieu. *La cour intérieure a été pavée.*

*paver
Impropriété au sens de *asphalter.*

pavillon n. m.
• Petit bâtiment isolé. *Un pavillon de lecture.*
• Partie externe de l'oreille.

pavoiser v. tr., intr.
• **Transitif.** Orner de drapeaux, de décorations à l'occasion d'une fête. *L'hôtel de ville a été pavoisé.*
• **Intransitif.** (Fam.) Se réjouir. *Il n'y a pas de quoi pavoiser, les résultats sont désastreux.*

pavot n. m.
Plante dont on tire l'opium.
▭⇨ pavot.

payant, ante adj.
• Qu'il faut payer, non gratuit. *Des cartes d'abonnement payantes.*
• Rémunérateur. *Ce travail est très payant.*

paye
V. **paie.**

payement
V. **paiement.**

payer v. tr., intr., pronom.
Le *y* peut être changé en *i* devant un *e* muet. *Il paye, il paie.* Cette dernière forme est la plus fréquente.
Le *y* est suivi d'un *i* à la première et à la deuxième personne du pluriel de l'indicatif imparfait et du subjonctif présent. *(Que) nous payions, (que) vous payiez.*
• **Transitif**
Acquitter une dette. *Il a payé cette montre comptant.*
▭⇨ Le complément d'objet direct peut désigner le prix, le bien ou le service obtenu, la personne à qui la somme est payée. *Elle paiera le manteau 400 $, elle paie son loyer, elle a payé son propriétaire.*
• **Intransitif**
- (Fam.) Être rentable. *C'est un travail qui paie.*
- Prendre une somme d'argent à titre de paiement. *Ils se sont payés largement.*
• **Pronominal**
- (Fam.) S'offrir quelque chose. *Ils se sont payé un bon repas.*
- (Fam.) Se moquer. *Elle s'est payé la tête de son ami.*
▭⇨ Dans ces deux constructions, le participe passé est invariable puisque le complément d'objet direct suit le verbe.

payeur, euse n. m. et f.
Personne qui paie ce qu'elle doit. *C'est un bon payeur.*

*payeur de taxes
Calque de l'anglais «taxpayer» au sens de *contribuable.*

pays n. m.
• Territoire d'une nation. *Ce pays est immense.*
• Nation, État. *Les pays de l'Amérique du Nord sont le Canada, les États-Unis et le Mexique.*
▭⇨ 1° Les génériques des noms de pays (*empire, confédération, fédération, principauté, république, union...*) s'écrivent avec une minuscule s'ils sont précisés par un nom propre. *La principauté de Monaco.*
    2° Les génériques s'écrivent avec une majuscule lorsqu'ils sont accompagnés d'un adjectif. *La Confédération helvétique, la République française, l'Empire britannique.*
• Font exception, les noms de pays suivants : *les États-Unis, le Royaume-Uni.*

paysage n. m.
• Vue d'ensemble d'un site. *Un paysage très pittoresque.*
• Dessin, tableau représentant la nature. *Des paysages à l'aquarelle.*

paysager, ère adj.
Disposé comme un paysage. *Un jardin paysager, un aménagement paysager.*

paysagiste n. m. et f.
Architecte, jardinier chargé de réaliser un aménagement paysager.

paysan, anne adj. et n. m. et f.
• Personne habitant la campagne.
• Au Canada, se dit *habitant.*

pays en voie de développement
Sigle *PVD* (s'écrit avec ou sans points).

Pb
Symbole de *plomb.*

p.c.
Abréviation de *pour cent.*

PC
Sigle de *parti conservateur* (au Canada).

PCV
• Sigle de *à percevoir.*
• Se dit d'une communication téléphonique payée par le destinataire.
• Au Canada, l'expression courante est *à frais virés.*

P.-D.G. ou **PDG** ou **P.d.g.** ou **pdg**
Sigle de *président-directeur général.*

péage n. m.
Droit de passage. *Un poste de péage.*
▭⇨ péage.

péage (autoroute à)
V. **autoroute à péage.**

*peanut
Anglicisme au sens de *cacahuète, arachide.*

peau n. f. (pl. *peaux*)
• Revêtement du corps humain, du corps des animaux.
• *Faire peau neuve.* Changer d'apparence.
• *Dans la peau de quelqu'un.* À sa place.
Hom. *pot,* vase.

peaufinage n. m.
Action de peaufiner.

peaufiner v. tr.
• Frotter avec une peau de chamois.
• (Fig.) Mettre au point, fignoler un travail.
⇨ peaufiner.

pécari n. m.
Petit cochon sauvage d'Amérique dont le cuir est apprécié. *Des gants de pécari.*

peccadille n. f.
⬡ La première syllabe se prononce *pé* [pekadij].
Faute légère.
⇨ peccadille.

pêche adj. inv. et n. f.
• **Nom féminin**
- Fruit du pêcher. *De belles pêches mûres et bien juteuses.*
- Action de pêcher. *La pêche à la ligne, la pêche au saumon.*
• **Adjectif de couleur invariable**
D'un rose pâle légèrement doré. *Des collants pêche.*
V. Tableau - **COULEUR (ADJECTIFS DE).**

péché n. m.
Faute. *Le péché originel.*

pécher
Le *é* se change en *è* devant une syllabe muette, sauf à l'indicatif futur et au conditionnel présent. *Je pèche,* mais *je pécherai.*
Commettre une faute, un manquement à une règle.
▷— Ne pas confondre avec le verbe *pêcher,* prendre du poisson.

pêcher v. tr.
Le verbe conserve son accent circonflexe sur le premier *e* à toutes les formes verbales.
Prendre ou chercher à prendre (du poisson, des animaux aquatiques). *Au printemps, il adore pêcher la truite.*
▷— Ne pas confondre avec le verbe *pécher,* commettre une faute.
⇨ pêcher.

pêcher n. m.
Arbre dont le fruit est la pêche.

pêcheur n. m.
pêcheuse n. f.
Personne qui pratique la pêche par métier ou comme passe-temps. *Un pêcheur de crevettes.*
▷— Ne pas confondre avec le nom *pécheur,* celui qui commet des péchés.
⇨ pêcheur.

pécheur, pécheresse adj. et n. m. et f.
Personne qui commet des péchés.
▷— Ne pas confondre avec le nom *pêcheur,* celui qui pratique la pêche.
⇨ pécheur.

pectoral, ale, aux adj. et n. m.
Relatif à la poitrine. *Les muscles pectoraux.*

pécule n. m.
Somme économisée. *Amasser un bon pécule.*
▷— Attention au genre masculin de ce nom : *un* pécule.

pécuniaire adj.
Financier. *Un intérêt pécuniaire* (et non **pécunier*).
⇨ pécuniaire.

pécuniairement adv.
Financièrement. *Contribuer pécuniairement à une œuvre.*
⇨ pécuniairement.

péd(i)-, péd(o)- préf.
Éléments du grec signifiant «enfant». *Pédagogie, pédiatre.*

pédagogie n. f.
• Science de l'éducation des enfants.
• Art d'enseigner. *Martine voudrait étudier la pédagogie plus tard.*

pédagogique adj.
Relatif à la pédagogie. *Des méthodes pédagogiques.*

pédagogiquement adv.
Selon la pédagogie.

pédagogue n. m. et f.
Personne qui a le sens de l'enseignement. *C'est une excellente pédagogue.*

pédale n. f.
• Levier actionné par le pied. *Les pédales d'une bicyclette, d'un orgue.*
• *Perdre les pédales.* (Fam.) Perdre son sang-froid.

pédaler v. intr.
Actionner une ou des pédales. *Antoine pédale très vite pour monter la côte.*

pédalier n. m.
Mécanisme d'une bicyclette comprenant les pédales, la roue dentée, etc.

pédant, ante adj. et n. m. et f.
Qui affecte l'érudition, prétentieux. *Un ton pédant, des expressions pédantes.*

pédanterie n. f.
Affectation prétentieuse d'érudition.

-pède, -pédie suff.
Éléments du latin signifiant «pied». *Quadrupède, orthopédie.*

pédéraste n. m.
• Homosexuel adulte ayant des rapports avec un jeune garçon.
• Homosexuel.

pédérastie n. f.
• Pratique homosexuelle d'un adulte avec un jeune garçon.
• Homosexualité masculine.

pédestre adj.
Qui se fait à pied. *Une excursion pédestre.*

pédestrement adv.
À pied.

pédiatre n. m. et f.
Médecin spécialiste de la pédiatrie. *Anne voudrait devenir pédiatre.*
☞ pédiatre, sans accent circonflexe.

pédiatrie n. f.
Branche de la médecine qui traite les maladies des enfants.
☞ pédiatrie, sans accent circonflexe.

pedibus ou **pedibus cum jambis** loc. adv.
(Plaisant.) À pied.
☞ En typographie soignée, les mots étrangers sont composés en italique. Dans des textes déjà en italique, la notation se fait en romain. Pour les textes manuscrits, on utilisera les guillemets.

pédicule n. m.
Support d'un végétal, d'un organe. *Le pédicule d'un champignon.*
☞ Attention au genre masculin de ce nom : *un* pédicule.
☞ Ne pas confondre avec les noms suivants :
- *pédoncule,* support de la fleur de certains fruits;
- *pellicule,* membrane mince.

pédicure n. m. et f.
Personne chargée des soins des pieds.
☞ Ne pas confondre avec le *podologue* qui traite les affections du pied.

*pedigree
Anglicisme pour *généalogie* (d'un animal de race).

pédologie n. f.
Étude des sols.

pédologue n. m. et f.
Spécialiste de la pédologie.

pédoncule n. m.
Support de la fleur de certains fruits.
☞ Ne pas confondre avec les noms suivants :
- *pédicule,* support d'un organe;
- *pellicule,* membrane mince.
☞ pédoncule.

pédophile adj. et n. m. et f.
Atteint de pédophilie.
☞ pédophile.

pédophilie n. f.
Déviation sexuelle de l'adulte qui ressent une attirance sexuelle pour les enfants.
☞ pédophilie.

*peeling
Anglicisme pour *exfoliation.*

peigne n. m.
Instrument denté servant à coiffer, à retenir les cheveux. *Un peigne d'écaille. Se donner un coup de peigne.*

peigner v. tr.
INDICATIF PRÉSENT *Je peigne, tu peignes, il peigne, nous peignons, vous peignez, ils peignent.* IMPARFAIT *Je peignais, tu peignais, il peignait, nous peignions, vous peigniez, ils peignaient.* IMPÉRATIF PRÉSENT *Peigne, peignons, peignez.* SUBJONCTIF PRÉSENT *Que je peigne, que tu peignes,*

qu'il peigne, que nous peignions, que vous peigniez, qu'ils peignent. PARTICIPE PRÉSENT *Peignant.* PASSÉ *Peigné, ée.*
Les lettres *gn* sont suivies d'un *i* à la première et à la deuxième personne du pluriel de l'indicatif imparfait et du subjonctif présent. *(Que) nous peignions, (que) vous peigniez.*
Attention au passé simple de ce verbe, *peignai, peigna...* qui est à distinguer de celui de *peindre* qui se conjugue *peignis, peignit...*
Coiffer les cheveux avec un peigne. *Elle peignait sa copine avec soin.*

peignoir n. m.
Robe de chambre légère, généralement en tissu éponge.

*peignure
Archaïsme au sens de *coiffure.*

peinard, arde ou **pénard, arde** adj.
(Fam.) Tranquille.

peindre v. tr., pronom.
INDICATIF PRÉSENT *Je peins, tu peins, il peint, nous peignons, vous peignez, ils peignent.* IMPARFAIT *Je peignais, tu peignais, il peignait, nous peignions, vous peigniez, ils peignaient.* PASSÉ SIMPLE *Je peignis.* FUTUR *Je peindrai.* CONDITIONNEL PRÉSENT *Je peindrais.* IMPÉRATIF PRÉSENT *Peins, peignons, peignez.* SUBJONCTIF PRÉSENT *Que je peigne, que tu peignes, qu'il peigne, que nous peignions, que vous peigniez, qu'ils peignent.* IMPARFAIT *Que je peignisse.* PARTICIPE PRÉSENT *Peignant.* PASSÉ *Peint, peinte.*
Les lettres *gn* sont suivies d'un *i* à la première et à la deuxième personne du pluriel de l'indicatif imparfait et du subjonctif présent. *(Que) nous peignions, (que) vous peigniez.*
Attention au passé simple de ce verbe, *peignis, peignit...* qui est à distinguer de celui de *peigner* qui se conjugue *peignai, peignas, peigna...*
• **Transitif**
- Recouvrir de peinture. *Il a peint* (et non **peinturé) son salon en bleu.*
- Représenter des êtres, des choses à l'aide de la peinture, de l'écriture. *Elle a peint très joliment ce paysage.*
☞ Ne pas confondre avec le verbe *peinturer,* barbouiller, peindre maladroitement.
• **Pronominal**
Se manifester. *La tristesse se peignait dans ses yeux.*

peine n. f.
• Douleur morale, tristesse. *On a fait de la peine à Nellie en ne l'invitant pas.*
☞ Ne pas confondre avec les noms suivants :
- *affliction,* peine profonde;
- *chagrin,* tristesse;
- *consternation,* grande douleur morale;
- *douleur,* souffrance physique ou morale;
- *prostration,* abattement causé par la douleur.
• Effort. *Il n'est pas au bout de ses peines.*
• Châtiment. *Sa peine est de 20 ans de prison.*
• **Locutions**
- **À peine.** Depuis très peu de temps. *À peine sont-ils*

arrivés que les invités se mettent à chanter.
☞ La locution adverbiale entraîne souvent l'inversion du pronom sujet.
- **À grand-peine,** locution adverbiale. Difficilement.
☞ Cette locution s'écrit avec un trait d'union.
- **Avoir (de la) peine.** Parvenir difficilement. *Ève a de la peine à garder son sérieux, elle va éclater de rire dans peu de temps.*
- **Être en peine de.** Manquer de. *Il est en peine d'amis.*
- **Sans peine,** locution adverbiale. Sans difficulté.
- **Se mettre en peine.** S'inquiéter.
- **Sous peine de.** Sous la menace de (quelque chose de fâcheux).

peiner v. tr., intr.
- **Transitif.** Chagriner. *Le départ de Paulo a peiné Annie.*
- **Intransitif.** Se donner du mal. *Comme il a peiné sur cette dissertation!*

peint, peinte adj.
Couvert de peinture. *Attention, la rampe est fraîche peinte.*

peintre n. m. et f.
- Artiste qui exerce l'art de la peinture. *Une artiste peintre.*
- Personne dont le métier consiste à appliquer de la peinture sur les murs, sur des surfaces. *Un peintre en bâtiment.*

peinture n. f.
- Technique, art du peintre. *Elle fait de la peinture.*
- Ouvrage de peinture. *Une peinture à l'huile.*
- Action d'enduire une surface de couleur. *Peinture en bâtiment.*
- Couche de couleur. *Une peinture au latex, à l'huile.*

*peinture fraîche
Calque de l'anglais «wet paint» (sur une affiche) pour **attention à la peinture.**

peinturer v. tr.
Barbouiller, peindre maladroitement.
☞ Ne pas confondre avec le verbe **peindre,** recouvrir de peinture, représenter des êtres, des choses à l'aide de la peinture.

*peinturer
Archaïsme au sens de **recouvrir de peinture, de couleur.** On emploie plutôt le verbe **peindre** en ce sens.

peinturlurer v. tr.
(Fam.) Barbouiller de peinture. *Elle lui a peinturluré le visage.*

péjoratif, ive adj.
Se dit d'un mot, d'un élément qui comporte un sens défavorable, qui se dit en mauvaise part. *Les mots **peureux, opportuniste** sont péjoratifs. Les terminaisons -aille, -ard, -esque, -ailler, -asser sont péjoratives.* Ant. **mélioratif.**

péjorativement adv.
Dans un sens péjoratif.

pékinois, oise adj. et n. m. et f.
- **Adjectif et nom masculin et féminin**
De Pékin. *La population pékinoise. Un Pékinois, une Pékinoise.*

☞ L'adjectif s'écrit avec une minuscule; le nom, avec une majuscule.
- **Nom masculin**
- Langue parlée dans le nord de la Chine.
☞ Le nom de la langue s'écrit avec une minuscule.
- Petit chien.

pelable adj.
Se dit d'un papier peint qui s'enlève en détachant d'abord la couche extérieure de vinyle de son support de papier. (Recomm. off. OLF)

pelage n. m.
Poils d'un animal. *Ce chien a un pelage soyeux.*

pêle-mêle adv. et n. m. (pl. *pêle-mêle*)
- **Adverbe.** En désordre. *Ses affaires sont pêle-mêle sur le lit.*
- **Nom masculin.** Sous-verre ou cadre destiné à recevoir des photos.
☞ L'adverbe et le nom sont invariables.

peler v. tr., intr.
Le *e* se change en *è* devant une syllabe muette. *Il pèle, il pelait.*
- **Transitif.** Ôter la peau d'un fruit ou de certains légumes. *Maman pèle des tomates.*
☞ **Éplucher** se dit surtout pour «enlever la pelure, l'écorce» (généralement d'un légume, d'une noix, etc.). *Antoine épluche des pommes de terre.*
- **Intransitif.** Perdre le dessus de la peau par plaques. *Après ce coup de soleil, sa peau a pelé.*

pèlerin, ine n. m. et f.
- **Nom masculin.** Personne qui fait un pèlerinage.
- **Nom féminin.** Cape. *Vêtue d'une pèlerine bleue, elle marche sous la pluie.*
🖘 pèlerin.

pèlerinage n. m.
Voyage fait par dévotion à un lieu consacré. *L'oratoire Saint-Joseph est un lieu de pèlerinage.*
🖘 pèlerinage.

pélican n. m.
Oiseau aquatique au long bec pourvu d'une poche dilatable où il garde de la nourriture pour ses petits.
🖘 pélican.

pelisse n. f.
Manteau doublé de fourrure.

pelle n. f.
- Instrument destiné à la manutention. *Une large pelle pour ôter la neige.*
- Engin de levage. *Une pelle mécanique.*

pelletage n. m.
👄 La deuxième syllabe est muette [pɛltaʒ].
Action de pelleter.
🖘 pelletage.

pelletée n. f.
👄 La deuxième syllabe est muette [pɛlte].
Contenu d'une pelle. *Elle a lancé à son frère une grosse pelletée de neige.*

pelleter v. tr.
Redoublement du *t* devant un *e* muet. *Je pellette, je pelletterai,* mais *je pelletais.*

👄 Lorsque le *t* est doublé, la prononciation est «pel-let-te» [pɛlɛt], sur le modèle des verbes *jeter* (*je jette*), *épousseter* (*j'époussette*); toutefois, l'usage est de ne pas prononcer la deuxième syllabe : je «pel-te» [pɛlt].
Transporter avec la pelle. *Bianca pellette la neige qui s'est accumulée sur le trottoir.*

pelleterie n. f.
👄 Les deuxième et troisième *e* sont muets [pɛltri]. Commerce des fourrures.

pellicule n. f.
• Membrane mince. *Une pellicule de plastique.*
• Morceau de peau qui se détache du cuir chevelu. *Un shampooing contre les pellicules.*
• (Phot., cin.) Feuille mince et souple recouverte d'une couche sensible. *Une pellicule photographique.*
👉 Ne pas confondre avec les noms suivants :
- *pédicule,* support d'un organe;
- *pédoncule,* support de la fleur de certains fruits.
▭▷ pellicule.

pelotage n. m.
👄 Le *e* de la première syllabe se prononce ou non, [pəlɔtaʒ] ou [plɔtaʒ].
(Fam. ou pop.) Action de peloter.

pelote n. f.
👄 Le *e* de la première syllabe se prononce ou non, [pəlɔt] ou [plɔt].
• Balle à jouer. *La pelote basque.*
• Boule formée avec des fils, de la laine, etc.
▭▷ pelote.

peloter v. tr.
👄 Le *e* de la première syllabe se prononce ou non, [pəlɔte] ou [plɔte].
(Fam. ou pop.) Caresser, lutiner.

peloton n. m.
👄 Le *e* de la première syllabe se prononce ou non, [pəlɔtɔ̃] ou [plɔtɔ̃].
• Pelote. *Un peloton de laine.*
• Groupe. *Le peloton de tête.*

pelotonner (se) v. pronom.
👄 Le *e* de la première syllabe se prononce ou non, [pəlɔtɔne] ou [plɔtɔne].
Se blottir. *La chatte Maboule se pelotonne dans les bras d'Étienne.*

pelouse n. f.
👄 Le *e* de la première syllabe se prononce ou non, [pəluz] ou [pluz].
Surface couverte de gazon.

peluche n. f.
• Tissu à poils longs qui imite la fourrure. *Un lapin en peluche.*
• Animal, jouet en peluche.

pelure n. f.
👄 Le *e* de la première syllabe se prononce ou non, [pəlyr] ou [plyr].
• Peau ôtée de certains fruits ou de certains légumes. *La pelure de la banane, de la pomme, de la poire, de l'oignon, de la pomme de terre.*

👉 La peau plus épaisse de certains fruits est l'*écorce. Des écorces d'orange, de citron.*
• *Papier pelure.* Papier très fin et translucide. *Du papier pelure* (et non du *papier oignon).

pelvien, enne adj.
Relatif au bassin. *La cavité pelvienne.*

pelvis n. m.
👄 Le *s* se prononce [pɛlvis].
(Anat.) Bassin.

pemmican n. m.
👄 Le *e* se prononce *é* ou *è,* [pemikã] ou [pemikã].
Viande séchée apprêtée par les Amérindiens.

pénal, ale, aux adj.
Qui concerne les peines, les infractions qui entraînent des peines. *Des droits pénaux, le Code pénal.*

pénaliser v. tr.
Désavantager. *Cet échec scolaire l'a grandement pénalisé.*

pénalité n. f.
Peine, sanction.

pénard
V. **peinard.**

pénates n. m. pl.
(Fig.) Foyer. *Regagner ses pénates.*
👉 Attention au genre masculin de ce nom.

penaud, aude adj.
Honteux. *Sébastien est tout penaud de ses quinze fautes d'orthographe.*
Ant. **fier.**
▭▷ pen**aud**, pen**aude.**

penchant n. m.
Inclination, goût. *Il a un penchant pour la musique.*

pencher v. tr., intr., pronom.
• **Transitif**
Incliner d'un côté. *Penche un peu la tête.*
• **Intransitif**
N'être pas vertical, en position d'équilibre. *Le mur penche.*
• **Pronominal**
- S'incliner. *Ne te penche pas par la portière.*
- Étudier. *Elle s'est penchée sur ce problème.*

pendaison n. f.
• Action de pendre quelqu'un. *La peine de mort est abolie au Canada : on ne condamne plus à la pendaison.*
• *Pendaison de crémaillère.* Action de célébrer par un repas, une fête, une nouvelle installation.

pendant, ante adj.
• Qui pend. *La langue pendante.*
• (Dr.) Qui n'est pas réglé. *L'affaire est toujours pendante.*
▭▷ pendant.

pendant prép.
• Durant, au cours de. *Il a neigé pendant l'hiver.*
• *Pendant que,* locution conjonctive. *Elle fait ses devoirs pendant que son frère étudie.*
👉 La locution marque la simultanéité de deux actions,

alors que la locution conjonctive **tandis que** marque l'opposition entre deux actions simultanées.

☞ pendant.

pendant n. m.
• Contrepartie. *Cette œuvre est le pendant d'une création antérieure.*
• **Pendant d'oreille(s).** Boucles d'oreille(s) à pendeloques.
☞ Dans cette expression, le complément s'écrit au singulier ou au pluriel, ainsi que pour **boucle d'oreille, boucle d'oreilles.**

☞ pendant.

pendentif n. m.
Bijou suspendu au cou. *Un joli pendentif orné d'une perle.*
☞ pendentif.

penderie n. f.
Placard où l'on suspend des vêtements.
Syn. **garde-robe.**

pendre v. tr., intr., pronom.
INDICATIF PRÉSENT *Je pends, tu pends, il pend, nous pendons, vous pendez, ils pendent.* IMPARFAIT *Je pendais.* PASSÉ SIMPLE *Je pendis.* FUTUR *Je pendrai.* CONDITIONNEL PRÉSENT *Je pendrais.* IMPÉRATIF PRÉSENT *Pends, pendons, pendez.* SUBJONCTIF PRÉSENT *Que je pende.* IMPARFAIT *Que je pendisse.* PARTICIPE PRÉSENT *Pendant.* PASSÉ *Pendu, ue.*
• **Transitif**
- Attacher une chose par le haut, à distance du sol. *Pends ton manteau, Olivier.*
- Mettre à mort par la pendaison. *Ils ont été pendus.*
• **Intransitif**
Tomber trop bas. *Son manteau pend d'un côté.*
• **Pronominal**
- Se suspendre. *Ils se sont pendus à une branche pour se balancer.*
- Se suicider par pendaison. *Elle s'est pendue.*

pendu, ue adj. et n. m. et f.
Qui est mort par pendaison.

pendule n. m. et f.
• **Nom masculin.** Balancier. *Le pendule d'une horloge.*
☞ Attention au genre masculin de ce nom en ce sens.
• **Nom féminin.** Appareil de petite dimension qui indique l'heure. *Maman a placé une jolie pendule sur la cheminée.*
☞ Attention au genre féminin de ce nom en ce sens.
☞ Ne pas confondre avec les noms suivants :
- **coucou,** appareil qui indique l'heure et dont la sonnerie imite le chant du coucou;
- **horloge,** appareil de grande dimension servant à mesurer le temps et à indiquer l'heure;
- **réveille-matin** ou **réveil,** appareil qui indique l'heure et qui peut sonner à une heure déterminée à l'avance.

pendulette n. f.
Petite pendule. *Ève voudrait une pendulette à affichage numérique.*

pêne n. m.
Pièce de la serrure dont l'extrémité assure la fermeture de la porte.
☞ Attention au genre masculin de ce nom : **un** pêne.
Hom. **peine,** chagrin.

pénétrant, ante adj. et n. f.
Qui pénètre. *Des effluves pénétrants.*
☞ Ne pas confondre avec le participe présent invariable **pénétrant.** *On ne se rassasiait pas de ces parfums pénétrant par la fenêtre.*

pénétration n. f.
• Action de pénétrer.
• Perspicacité.

pénétrer v. tr., intr., pronom.
Le deuxième **é** se change en **è** devant une syllabe muette, sauf à l'indicatif futur et au conditionnel présent. *Je pénètre,* mais *je pénétrerai.*
• **Transitif**
- Passer à travers, entrer profondément à l'intérieur. *L'eau a pénétré mes chaussures.*
- Découvrir. *On a pénétré son secret.*
• **Intransitif**
Entrer. *Elle eut un moment d'hésitation quand il pénétra dans la maison.*
• **Pronominal**
S'imprégner de. *Les élèves se sont pénétrés de ce sujet.*

pénible adj.
Difficile, douloureux. *Cette scène est pénible à regarder. Il est pénible de devoir s'arrêter si près du but.*

péniblement adv.
Avec peine.

péniche n. f.
Bateau plat.

pénicilline n. f.
Antibiotique. *La pénicilline combat les infections.*
☞ pénicilline.

péninsulaire adj.
Relatif à une péninsule.

péninsule n. f.
Vaste presqu'île. *La péninsule grecque. La péninsule ibérique comprend l'Espagne et le Portugal.*
☞ Pris absolument, le nom qui désigne l'Espagne et le Portugal s'écrit avec une majuscule.

pénis n. m.
☞ Le **s** se prononce [penis].
(Anat.) Sexe de l'homme.

pénitence n. f.
Repentir, punition. *Comme pénitence, tu copieras dix fois le mot «silence».*

pénitencier n. m.
Prison où l'on offre aux détenus la possibilité de s'instruire et de travailler.
☞ Le nom **prison** est le générique qui désigne tout lieu de détention; le **bagne** est une prison où l'on enferme les condamnés aux travaux forcés.

pénitentiaire adj.
Relatif aux pénitenciers. *Un régime pénitentiaire.*
☞ pénitenti**aire.**

pénombre n. f.
Zone d'ombre. *Dans la pénombre, elle ne le reconnut pas.*

pense-bête n. m. (pl. *pense-bêtes*)
(Fam.) Indication rappelant une tâche à accomplir.

pensée n. f.
• Faculté de penser. *Le langage est l'expression de la pensée.*
• Idée. *À la pensée de son voyage prochain, Ève est très excitée.*

penser v. tr., intr.
• **Transitif direct**
- Croire, avoir la conviction de, que. *Elle pense qu'il viendra, elle ne pense pas qu'il vienne.*
☞ Le verbe se construit avec le mode indicatif ou avec le mode subjonctif suivant le degré de certitude de la réponse.
- Avoir l'intention de. *Je pense voyager sous peu.*
☞ En ce sens, le verbe se construit avec l'infinitif, sans préposition.
• **Transitif indirect**
Ne pas oublier. *Pense à son anniversaire!*
• **Intransitif**
Concevoir des notions par la réflexion, l'intelligence. *Il pense tout haut.*
Hom. *panser,* soigner.

penseur, euse n. m. et f.
Personne qui pense. Le Penseur *de Rodin.* (Statue)

pensif, ive adj.
Songeur. *Paula est toute pensive : elle s'ennuie de ses grands-parents qui vivent en Italie.*

pension n. f.
• Somme payée régulièrement à une personne. *Une pension de retraite.*
• Établissement hôtelier. *Une pension de famille.*
• *Pension complète.* Logement, petit déjeuner et deux repas.
• *Demi-pension.* Logement, petit déjeuner et un repas.

pensionnaire n. m. et f.
Personne qui prend pension dans un établissement scolaire, hôtelier, dans une famille.
Syn. **interne.**
☞ pensio**nn**aire.

pensionnat n. m.
Établissement scolaire qui accueille des élèves internes et externes. *Le pensionnat du Saint-Nom-de-Marie.*
☞ pensio**nn**at.

pensionner v. tr.
Doter d'une pension. *Pensionner un invalide de guerre.*
☞ pensio**nn**er.

pensivement adv.
D'un air pensif.

pensum n. m.
👄 Les lettres *en* se prononcent *in* et le *m* se prononce [pɛ̃sɔm].
• (Vx) Punition. *Des pensums inutiles.*
• Tâche ennuyeuse.
☞ Ce nom d'origine latine a été francisé et prend la marque du pluriel.

penta- préf.
Élément du grec signifiant «cinq». *Pentagone.*

pentathlon n. m.
👄 Les lettres *en* se prononcent *in* [pɛ̃tatlɔ̃].
Compétition olympique comportant des épreuves de cross, d'équitation, de natation, d'escrime et de tir.
V. **décathlon.**
☞ pentathlon.

pente n. f.
• Inclinaison. *La rue est en pente.*
• Terrain incliné. *Martin dévale les pentes enneigées en skis.*

Pentecôte n. f.
Fête chrétienne. *La fête de la Pentecôte. Le lundi de Pentecôte.*
☞ Ce nom s'écrit toujours avec une majuscule.
☞ Pentecôte.

penthotal n. m.
👄 Les lettres *en* se prononcent *in* [pɛ̃tɔtal].
Barbiturique. *Des penthotals.*
☞ penthotal.

pentu, ue adj.
En pente. *Un toit pentu.*

penture n. f.
Ferrure destinée à soutenir une porte, une fenêtre.

pénultième n. f.
(Ling.) Avant-dernière syllabe.
☞ La syllabe qui précède la pénultième est l'**antépénultième.**

pénurie n. f.
Manque, rareté. *Il y a une pénurie de main-d'œuvre.*

pépiement n. m.
Cri du moineau, du poussin.
☞ pépiement.

pépier v. intr.
Crier, en parlant des jeunes oiseaux.

pépin n. m.
Graine de certains fruits. *Il y a des pépins dans ces raisins et dans cette orange. Les pépins d'une pomme. Des clémentines sans pépins.*
☞ Lorsqu'il y a plusieurs graines, ce sont des pépins; quand il n'y a qu'une graine, c'est un *noyau.* Ainsi, dans la pêche, la prune, l'abricot, etc., la partie dure qui est au centre du fruit se nomme le *noyau. Un noyau d'avocat, des noyaux de cerises, d'olives.*

pépinière n. f.
Lieu où l'on cultive de jeunes arbres destinés à être transplantés.
☞ pépinière.

pépiniériste n. m. et f.
Personne qui cultive de jeunes arbres destinés à être transplantés.
⟹ pépiniériste.

pépite n. f.
Petite masse d'or à l'état brut.

perçage n. m.
Action de percer. *Le perçage d'une pièce métallique.*
⟹ perçage.

percale n. f.
Coton très fin. *Des draps de percale.*

perçant, ante adj.
• Vif et pénétrant. *Un froid perçant.*
• D'une grande acuité. *Des yeux perçants.*
• Aigu et puissant, en parlant d'un son.
⟹ perçant.

perce- préf.
Les mots composés avec le préfixe *perce-* s'écrivent avec un trait d'union et prennent la marque du pluriel au second élément, à l'exception du nom *perce-neige* qui est invariable. *Des perce-oreilles.*

percée n. f.
• Passage. *Une percée dans la forêt.*
• Développement important. *Une percée scientifique.*

percement n. m.
Action de pratiquer une ouverture. *Le percement du tunnel sous la Manche.*

perce-muraille n. f. (pl. *perce-murailles*)
Plante croissant près des murs.

perce-neige n. m. ou f. inv. (pl. *perce-neige*)
Fleur printanière. *Les perce-neige viennent de sortir!*
⊯— Ce mot est masculin ou féminin.

perce-oreille n. m. (pl. *perce-oreilles*)
Insecte.

percepteur n. m.
Fonctionnaire chargé de la perception des impôts.

perceptible adj.
Qui peut être saisi par les sens. *Un bruit à peine perceptible.*
Ant. **imperceptible.**

perception n. f.
• Acte par lequel l'esprit perçoit les objets. *La perception d'un son.*
• Recouvrement. *La perception des comptes* (et non la **collection*).

percer v. tr., intr.
Le *c* prend une cédille devant les lettres *a* et *o. Il perça, nous perçons.*
• **Transitif**
Trouer, pratiquer une ouverture. *Nous perçons ce mur pour ajouter une fenêtre.*
• **Intransitif**
- Apparaître. *Le soleil perce à travers les nuages.*
- Acquérir la notoriété. *Ce jeune romancier commence à percer.*

perceuse n. f.
Outil servant à percer. *Une perceuse électrique* (et non une **drill*).

percevoir v. tr.
INDICATIF PRÉSENT *Je perçois, tu perçois, il perçoit, nous percevons, vous percevez, ils perçoivent.* IMPARFAIT *Je percevais.* PASSÉ SIMPLE *Je perçus.* FUTUR *Je percevrai.* CONDITIONNEL PRÉSENT *Je percevrais.* IMPÉRATIF PRÉSENT *Perçois, percevons, percevez.* SUBJONCTIF PRÉSENT *Que je perçoive.* IMPARFAIT *Que je perçusse.* PARTICIPE PRÉSENT *Percevant.* PASSÉ *Perçu, ue.*
• Saisir par les sens, par l'esprit. *Nous n'avons perçu aucun bruit. Percevoir la réalité de façon lucide.*
• Recouvrer une somme, un impôt. *Le gouvernement perçoit des taxes sur les cigarettes.*

perchaude n. f.
Au Canada, poisson d'eau douce de la famille de la perche.

perche n. f.
• Poisson dont la chair est appréciée.
• Longue pièce de bois, de métal. *Le saut à la perche.*
• *Tendre la perche à quelqu'un.* L'aider.

percher v. tr., intr., pronom.
• **Transitif.** (Fam.) Placer en un endroit élevé. *Pourquoi as-tu perché mon chapeau sur l'armoire?*
• **Intransitif.** Se poser sur une branche, en parlant d'un oiseau.
• **Pronominal.** Se jucher. *Le chat s'est perché sur le toit.*

percheron n. m.
Cheval de trait.

perchiste n. m. et f.
• Athlète qui fait des sauts à la perche.
• (Cin.) Personne chargée du maniement de la perche au cinéma, à la télévision.

*perchman
Anglicisme pour *perchiste.*

perchoir n. m.
• Bâton sur lequel perche un oiseau. *Le perroquet est sur son perchoir.*
• (Fam.) Tribune, estrade.

perclus, use adj.
Paralysé. *Un vieillard perclus de rhumatismes.*
⟹ perclus.

percolateur n. m.
Appareil qui sert à faire du café à la vapeur. *Le restaurant dispose d'un percolateur.*
⊯— Pour la maison, on emploie surtout le mot *cafetière.*

percussion n. f.
Choc d'un corps contre un autre. *Le tambour, les cymbales, la caisse sont des instruments à percussion.*

percussionniste n. m. et f.
Musicien qui joue d'un instrument à percussion.

percutant, ante adj.
• Qui produit un choc. *Un projectile percutant.*

• (Fig.) Frappant, qui retient l'attention. *Des discours percutants.*

percuter v. tr., intr.
• **Transitif.** Heurter, frapper. *Le camion a percuté un réverbère.*
• **Intransitif.** Heurter avec violence. *La voiture percuta contre un mur.*

perdant, ante adj. et n. m. et f.
Personne qui perd. *Ce sont de bons perdants.*

perdition n. f.
• *En perdition.* En danger de faire naufrage. *Un navire en perdition.*
• *Lieu de perdition.* Lieu moralement dangereux.

perdre v. tr., pronom.
INDICATIF PRÉSENT *Je perds, tu perds, il perd, nous perdons, vous perdez, ils perdent.* IMPARFAIT *Je perdais.* PASSÉ SIMPLE *Je perdis.* FUTUR *Je perdrai.* CONDITIONNEL PRÉSENT *Je perdrais.* IMPÉRATIF PRÉSENT *Perds, perdons, perdez.* SUBJONCTIF PRÉSENT *Que je perde.* IMPARFAIT *Que je perdisse.* PARTICIPE PRÉSENT *Perdant.* PASSÉ *Perdu, ue.*
• **Transitif**
- Cesser d'avoir quelque chose de façon définitive. *Perdre un ami, perdre son parapluie. Les objets perdus.*
🖝 Ne pas confondre avec le verbe *égarer,* perdre momentanément.
- Être vaincu. *Perdre la bataille.*
• **Pronominal**
S'égarer. *Ils se sont perdus dans la forêt.*

perdreau n. m. (pl. *perdreaux*)
Jeune perdrix. *Des perdreaux blessés.*

perdrix n. f.
• Oiseau gallinacé estimé comme gibier.
• Au Canada, on désigne souvent sous ce nom la *gélinotte* et le *tétras.*

perdu, ue adj.
• Égaré. *Les objets perdus.*
• *À corps perdu.* Sans se ménager.
• *C'est peine perdue.* C'est inutile.

perdurer v. intr.
(Litt.) Continuer longtemps.
🖝 Les verbes *se poursuivre, se prolonger* suffisent à rendre l'idée de quelque chose qui dure trop longtemps; le verbe *perdurer* est vieilli ou très littéraire.

père n. m.
• Celui qui a un ou plusieurs enfants. *Son père est médecin.*
• *Père poule.* Père qui entoure ses enfants exagérément. *Des pères poules.*
• Titre de civilité donné à un religieux.
🖝 Le titre de civilité s'écrit avec une minuscule. *Le père Bourgeois.* Lorsqu'il désigne le pape, il s'écrit avec une majuscule. *Notre Saint-Père le pape.*
Hom. :
- *pair,* personne qui exerce la même fonction;
- *pair,* exactement divisible par deux;
- *paire,* couple;
- *pers,* couleur changeante.

pérégrination n. f. (gén. pl.)
Déplacements multiples. *Après toutes ces pérégrinations, il fait bon rentrer chez soi.*
▭ pérégrination.

péremption n. f.
(Dr.) Prescription qui anéantit les actes de procédure après un certain délai.

péremptoire adj.
Irréfutable. *Un ordre péremptoire.*
▭ péremptoire.

péremptoirement adv.
D'une manière péremptoire.
▭ péremptoirement.

pérennité n. f.
État de ce qui dure toujours, très longtemps.
🖝 Attention à l'orthographe : pérennité.

péréquation n. f.
Répartition équitable.

perestroïka n. f.
• Mot russe signifiant «réforme».
• Mouvement de restructuration, en URSS, qui préconisait notamment une plus grande transparence politique (*glasnost*).
🖝 En typographie soignée, les mots étrangers sont composés en italique. Dans des textes déjà en italique, la notation se fait en romain. Pour les textes manuscrits, on utilisera les guillemets.

perfectible adj.
Susceptible d'être amélioré.
Ant. **imperfectible.**

perfection n. f.
• Achèvement, état de ce qui est parfait.
• *À la perfection.* Parfaitement. *Il chante à la perfection.*

perfectionnement n. m.
Action de perfectionner. *Le perfectionnement du personnel.*

perfectionner v. tr., pronom.
• **Transitif**
- Améliorer, mettre au point quelque chose. *Étienne veut perfectionner son programme informatique.*
- Donner une meilleure formation à quelqu'un.
• **Pronominal**
Améliorer ses connaissances, progresser. *Marie-Ève voudrait se perfectionner en anglais.*

perfectionnisme n. m.
Recherche excessive de l'excellence.

perfectionniste n. m. et f.
Personne qui fait preuve de perfectionnisme.

perfide adj.
(Litt.) Déloyal.

perfidement adv.
Avec perfidie.

perfidie n. f.
(Litt.) Manque de loyauté.

perforage n. m.
Action de perforer.

perforation n. f.
• Ouverture accidentelle d'un organe. *Une perforation de l'estomac.*
• Trou. *Cette carte a reçu des perforations.*

perforer v. tr.
Trouer. *L'appareil a perforé la pièce de métal.*

perforeuse n. f.
Machine servant à perforer.

performance n. f.
• Exploit, succès. *Dix sur dix, quelle performance!*
• Résultat optimal.

performant, ante adj.
Se dit d'une personne, d'une chose qui obtient d'excellents résultats en fonction des moyens mis en œuvre. *Les nouveaux ordinateurs sont très performants.*

perfusion n. f.
• Injection lente et continue d'une substance dans un organisme.
• ***Perfusion sanguine.*** Transfusion continue.

pergola n. f.
Tonnelle. *Des pergolas recouvertes de vignes.*
⇒ pergo**la**.

péri- préf.
• Élément du grec signifiant «autour».
• Les mots composés du préfixe ***péri-*** s'écrivent sans trait d'union. *Périmètre, périphérie.*

péricarde n. m.
Enveloppe du cœur.
⌦ Attention au genre masculin de ce nom : ***un*** péricarde.

péricliter v. intr.
Décliner. *Ses forces périclitent.*

périgée n. m.
Point de l'orbite d'un astre le plus proche de la Terre.
⌦ Attention au genre masculin de ce nom : ***un*** périgée.
Ant. **apogée.**

périgourdin, ine adj. et n. m. et f.
Du Périgord. *Un pâté de foie périgourdin. Un Périgourdin, une Périgourdine.*
⌦ L'adjectif s'écrit avec une minuscule; le nom, avec une majuscule.

péril n. m.
👄 Le *l* se prononce [peril].
• Danger immédiat et très grave. *Le navire est en péril.*
• **Locutions**
- ***Au péril de sa vie.*** En risquant sa vie.
- ***À vos risques et périls.*** En acceptant de subir les conséquences qui découlent d'un acte.
- ***En péril de mort.*** (Litt.) En danger de mort.
- ***Il y a péril en la demeure.*** Le moindre retard serait nuisible.

périlleux, euse adj.
Dangereux. *Cet exercice de haute voltige est périlleux.*
⇒ périlleu**x.**

périmé, ée adj.
N'être plus valide. *Mon passeport est périmé* (et non *passé date).

périmer (se) v. pronom.
Devenir désuet. *Le matériel informatique se périme rapidement.*

périmètre n. m.
Contour d'une figure plane. *La circonférence est le périmètre d'un cercle.*
⇒ périmè**tre.**

périnatal, ale, als ou **aux** adj.
Qui est relatif à la périnatalité. *Des soins périnataux* ou *périnatals.*

périnatalité n. f.
Période qui précède et qui suit immédiatement la naissance.

périnatalogie n. f.
Branche de la médecine qui s'occupe du fœtus puis du nouveau-né.

période n. f.
Espace de temps. *Une période de repos.*

périodicité n. f.
Fréquence.
V. Tableau - **PÉRIODICITÉ ET DURÉE.**

périodique adj. et n. m.
• **Adjectif.** Qui revient à intervalles réguliers.
• **Nom masculin.** Revue qui paraît régulièrement. *La revue* Science et Vie *est un périodique.*
🖙 1° Les titres d'ouvrages, d'œuvres d'art, les noms de journaux, de périodiques prennent une majuscule au mot initial. *Elle, Langue française.*
       2° L'article défini ne prend la majuscule que s'il fait partie du titre. *Il lit Le Devoir, La Presse.*
       3° Si un adjectif précède le substantif, tous deux prennent la majuscule. *Le Nouvel Observateur.*
       4° Si un adjectif suit le substantif, il s'écrit avec une minuscule. *Le Figaro littéraire.*
       5° Si le titre est constitué de plusieurs mots clés, chacun s'écrit avec une majuscule. *Vie et Langage.*
       6° Lorsqu'un titre est constitué d'une phrase, seul le premier mot s'écrit avec une majuscule. *À la recherche du temps perdu.*
V. Tableau - **TITRES D'ŒUVRES.**

périodiquement adv.
D'une manière périodique.

péripatéticienne n. f.
(Fam.) Prostituée.
⇒ péripa**tét**icienne.

péripétie n. f.
👄 Le *t* se prononce *s* [peripesi].
Incident, évènement. *Un voyage rempli de péripéties.*
⇒ péripé**tie.**

périphérie n. f.
Surface extérieure d'un volume. *La périphérie d'un cercle.*

PÉRIODICITÉ ET DURÉE

1. Certains adjectifs composés avec les préfixes *bi-, tri-, quatri-* et d'autres préfixes propres à chaque chiffre expriment la **PÉRIODICITÉ**.

• **Une fois...**

une fois par jour	quotidien	*Un appel quotidien.*
une fois par semaine	hebdomadaire	*Une revue hebdomadaire.*
une fois par mois	mensuel	*Un concours mensuel.*
une fois tous les six mois	semestriel	*Des examens semestriels.*
une fois par année	annuel	*Une exposition annuelle.*
une fois tous les deux mois	bimestriel	*Des exercices bimestriels.*
une fois tous les deux ans	bisannuel, biennal	*Un évènement bisannuel ou biennal.*
une fois tous les trois mois	trimestriel	*Des bulletins trimestriels.*
une fois tous les trois ans	trisannuel, triennal	*Des retrouvailles trisannuelles ou triennales.*

• **Deux fois par...**

deux fois par jour	biquotidien	*Un vol biquotidien.*
deux fois par semaine	bihebdomadaire	*Des livraisons bihebdomadaires.*
deux fois par mois	bimensuel	*Un examen bimensuel.*

☞ On emploie l'adjectif ***semestriel*** pour exprimer la périodicité de deux fois par année, «une fois tous les six mois».

• **Trois fois par...**

trois fois par semaine	trihebdomadaire	*Des cours trihebdomadaires.*
trois fois par mois	trimensuel	*Des visites trimensuelles.*

2. Certains adjectifs expriment la **PÉRIODICITÉ** ou la **DURÉE**.

annuel	ce qui a lieu une fois par an	ou	ce qui dure un an
biennal	ce qui a lieu tous les deux ans	ou	ce qui dure deux ans
triennal	ce qui a lieu tous les trois ans	ou	ce qui dure trois ans
quatriennal	ce qui a lieu tous les quatre ans	ou	ce qui dure quatre ans
quinquennal	ce qui a lieu tous les cinq ans	ou	ce qui dure cinq ans
sexennal	ce qui a lieu tous les six ans	ou	ce qui dure six ans
septennal	ce qui a lieu tous les sept ans	ou	ce qui dure sept ans
octennal	ce qui a lieu tous les huit ans	ou	ce qui dure huit ans
novennal	ce qui a lieu tous les neuf ans	ou	ce qui dure neuf ans
décennal	ce qui a lieu tous les dix ans	ou	ce qui dure dix ans

périphérique adj. et n. m.
• **Adjectif.** Qui est situé à la périphérie. *Un boulevard périphérique.*
• **Nom masculin.** (Inform.) Matériel relié à une unité centrale de traitement et qui sert à l'entrée ou à la sortie de données. *Le clavier, l'imprimante, la souris sont des périphériques.*

périphrase n. f.
Explication d'une notion à l'aide de plusieurs mots. *«Le moment où le soleil va se lever» pour «l'aurore» est une périphrase.*
🖛 Ne pas confondre avec le nom **paraphrase,** commentaire explicatif long et inutile.

périple n. m.
Voyage d'exploration par voie maritime autour du monde, d'un continent.
🖛 Au sens de **randonnée, de voyage sur terre,** l'emploi de ce nom est critiqué.

périr v. intr.
(Litt.) Mourir de façon violente. *Ils ont péri dans un incendie.*
🖛 Le verbe se conjugue avec l'auxiliaire **avoir.**

périscope n. m.
Appareil optique permettant à l'équipage d'un sous-marin en plongée de voir à la surface de la mer.

périssable adj.
Se dit de marchandises susceptibles de s'altérer. *Les fruits et les légumes sont des denrées très périssables.*

perle n. f.
• Petite boule de nacre brillante et dure qui se forme dans certains mollusques. *Un collier de perles.*
• (Fig.) Personne de grande valeur. *Mademoiselle Julie est une perle.*
• Erreur. *Collectionner les perles dans les devoirs d'écoliers.*

perlé, ée adj.
Orné de perles.

perler v. intr.
Former des gouttes. *La sueur perlait sur son front.*

perlimpinpin n. m.
Poudre de perlimpinpin. Poudre magique censée guérir tous les maux.

permanence n. f.
• Continuité, caractère de ce qui est permanent .
• *En permanence.* Sans interruption. *Cette pharmacie est ouverte en permanence.*
🖃 permanence.

permanent, ente adj. et n. m. et f.
• **Adjectif.** Stable, qui dure constamment.
• **Nom masculin et féminin.** Membre d'un organisme qui est chargé de tâches administratives. *Les permanents du syndicat.*

permanente n. f.
Traitement qui fait onduler les cheveux de façon durable. *On lui a fait une permanente très souple.*

perméabilité n. f.
Propriété des corps perméables.

perméable adj.
Qui peut être traversé par un liquide, un gaz, etc. *Un matériau perméable qui n'assure pas l'étanchéité.*
Ant. **imperméable.**

permettre v. tr., pronom.
INDICATIF PRÉSENT *Je permets, tu permets, il permet, nous permettons, vous permettez, ils permettent.* IMPARFAIT *Je permettais.* PASSÉ SIMPLE *Je permis.* FUTUR *Je permettrai.* CONDITIONNEL PRÉSENT *Je permettrais.* IMPÉRATIF PRÉSENT *Permets, permettons, permettez.* SUBJONCTIF PRÉSENT *Que je permette.* IMPARFAIT *Que je permisse.* PARTICIPE PRÉSENT *Permettant.* PASSÉ *Permis, ise.*
• **Transitif.** Autoriser, accorder. *Je te permets d'aller au cinéma ce soir. Il permet que j'aille au cinéma.*
🖛 Le verbe se construit avec l'infinitif ou avec la conjonction **que** suivie du subjonctif.
• **Pronominal.** Prendre la liberté de. *Les vacances qu'il s'est permises,* mais *les vacances qu'il s'est permis de prendre. Elle s'est permis de prendre des vacances.*

permis n. m.
Autorisation officielle écrite. *Permis de conduire, permis de chasse.*

permissif, ive adj.
Excessivement tolérant.

permission n. f.
Autorisation. *Avec votre permission, j'aimerais sortir ce soir.*

permutable adj.
Qui peut être permuté.

permutation n. f.
Échange réciproque. *La permutation des pneus d'une voiture.*

permuter v. tr., intr.
• **Transitif.** Intervertir deux choses, les substituer l'une à l'autre. *Permuter des pneus.*
• **Intransitif.** Échanger un poste, un horaire, etc., avec quelqu'un. *Ils ont permuté avec des collègues.*

pernicieusement adv.
D'une manière néfaste.

pernicieux, euse adj.
Qui est de nature à nuire. *Une influence pernicieuse.*
🖃 pernicieu**x.**

péroné n. m.
Os de la jambe. *Une fracture du péroné.*
🖃 péron**é.**

péroraison n. f.
Conclusion d'un discours.

pérorer v. intr.
(Péj.) Parler avec emphase.

perpendiculaire adj. et n. f.
Qui forme un angle droit avec une droite. *La rue que vous cherchez est perpendiculaire à cette avenue. Tracer une perpendiculaire.*
🖃 perp**en**diculaire.

perpendiculairement adv.
À angle droit.
☞ perp**en**diculairement.

perpétrer v. tr.
Le *é* se change en *è* devant une syllabe muette, sauf à l'indicatif futur et au conditionnel présent. *Je perpètre,* mais *je perpétrerai.*
(Dr.) Commettre (un délit, un crime). *Perpétrer un vol à main armée.*
☞ Ne pas confondre avec le verbe ***perpétuer,*** faire durer.

perpétuel, elle adj.
Continuel, éternel. *Un mouvement perpétuel.*

perpétuellement adv.
Toujours.

perpétuer v. tr.
Immortaliser. *Une rue perpétue maintenant le nom de cet auteur.*
☞ Ne pas confondre avec le verbe ***perpétrer,*** commettre un délit.

perpétuité n. f.
• (Litt.) Durée éternelle.
• *À perpétuité.* Pour toujours.

perplexe adj.
Hésitant, indécis. *Cette remarque la laissa perplexe.*

perplexité n. f.
Indécision. *Elle regardait le nouveau venu avec perplexité.*

perquisition n. f.
Recherche ordonnée par la justice. *Police! C'est une perquisition.*
☞ Ne pas confondre avec le nom ***réquisition,*** action de confisquer, de réclamer un bien par voie administrative.

perquisitionner v. tr., intr.
Faire une perquisition. *Perquisitionner dans un laboratoire. Perquisitionner un lieu.*

perron n. m.
Plate-forme extérieure de plain-pied avec l'entrée principale d'une maison, d'un immeuble.

perroquet n. m.
Oiseau au plumage coloré capable d'imiter la parole humaine. *Un perroquet mâle, un perroquet femelle.*
☞ perroquet.

perruche n. f.
Petit perroquet à longue queue qui ne parle pas.
☞ Ce mot a déjà désigné la femelle du perroquet. Aujourd'hui le nom féminin désigne le petit oiseau mâle ou femelle à longue queue qui ne parle pas.
☞ perruche.

perruque n. f.
Coiffure postiche. *Le vent lui a arraché sa perruque.*

pers, e adj.
⬡ Le *s* ne se prononce pas au masculin [pɛr].
Adjectif de couleur variable. D'une couleur changeante, entre le bleu et le vert. *Des yeux pers.*

V. Tableau - **COULEUR (ADJECTIFS DE).**
Hom. :
- *pair,* personne qui exerce la même fonction;
- *pair,* exactement divisible par deux;
- *paire,* couple;
- *père,* celui qui a eu un enfant.

persan, ane adj. et n. m. et f.
(Vx) De la Perse.
☞ Aujourd'hui, on emploie plutôt le mot **iranien.**
☞ pers**an,** pers**ane.**
V. **iranien.**

perse adj. et n. m. et f.
De l'ancienne Perse.

persécuter v. tr.
Martyriser, tourmenter. *Les premiers chrétiens ont été persécutés par les Romains.*

persécution n. f.
Action de persécuter.

persévérance n. f.
Ténacité. *La persévérance vient à bout de tous les obstacles.*

persévérer v. intr.
Le deuxième *é* se change en *è* devant une syllabe muette, sauf à l'indicatif futur et au conditionnel présent. *Je persévère,* mais *je persévérerai.*
Continuer, durer. *S'il persévère dans ses efforts, il réussira.*

persienne n. f.
Contrevent à claire-voie.
☞ persi**enne.**

persiflage n. m.
Parole ironique.

persifler v. tr.
Railler.

persil n. m.
⬡ Le *l* ne se prononce pas [pɛrsi].
Plante dont les feuilles sont employées comme assaisonnement.

persillé, ée adj.
Parsemé de persil haché. *Jambon persillé.*
☞ persill**é.**

persistance n. f.
Constance, continuité, durée. *La persistance du mauvais temps est ennuyeuse; voilà huit jours qu'il n'a pas fait beau.*

persistant, ante adj.
Qui persiste. *Une grippe persistante, un arbre à feuillage persistant.*
☞ Ne pas confondre avec le participe présent invariable ***persistant.*** *Les employés persistant à arriver en retard recevront un avis.*

persister v. intr.
• Persévérer. *Ils ont persisté dans leur effort.*
• Durer. *Le malaise persiste.*

persona grata loc. adj. inv.
• Locution latine signifiant «personne bienvenue».

• Cette expression s'emploie plutôt à la forme négative ***persona non grata*** au sens d'une personne dont la présence n'est pas souhaitée.
☞ En typographie soignée, les mots étrangers sont composés en italique. Dans des textes déjà en italique, la notation se fait en romain. Pour les textes manuscrits, on utilisera les guillemets.
☞ persona grata.

personnage n. m.
• Personne illustre. *Ce roi est un grand personnage de l'histoire.*
• Protagoniste, rôle. *Il y a six personnages dans ce film.*

personnalisation n. f.
Action de personnaliser.

personnaliser v. tr.
Rendre personnel. *Des services personnalisés.*
☞ Ne pas confondre avec le verbe ***personnifier,*** incarner.

personnalité n. f.
• Ensemble des traits qui caractérisent une personne. *Il a une forte personnalité.*
• Personnage important. *Il y aura un défilé auquel assisteront plusieurs personnalités.*

personne n. f. et pron. indéf.

NOM FÉMININ
• (Gramm.) Forme de la conjugaison d'un verbe suivant que le sujet est de la première personne (celui qui parle), de la deuxième personne (celui à qui l'on parle) ou de la troisième personne (celui dont on parle). *Il y a trois personnes du singulier et trois personnes du pluriel.*
• Individu. *Il a rencontré trois personnes très intéressantes.*
☞ Le nom peut être accompagné d'une indication numérale, contrairement au nom ***gens.***
• ***Grande personne.*** Adulte.
• ***Personne morale.*** Entreprise à laquelle la loi reconnaît une existence distincte de celle de ses membres.
• ***En personne.*** Personnifié. *Ils sont l'honnêteté en personne.*
☞ Dans cette expression, le nom ***personne*** est invariable.
• ***En personne.*** Soi-même. *Il a assisté au drame en personne.*
• ***En la personne de.*** Représenté par. *Nous remercions la municipalité en la personne de son maire ici présent.*
PRONOM INDÉFINI
• **Sens positif**
- Quelqu'un, quiconque. *Il travaille mieux que personne.*
☞ Le pronom est considéré comme masculin même s'il se rapporte à une femme et il est toujours au singulier.
- ***Comme personne.*** Mieux que tout autre. *Vous l'avez observé comme personne.*
• **Sens négatif**
Nul, aucun. *Je n'ai vu personne. Il n'y a jamais personne qui soit d'accord. Personne n'est venu.*

☞ 1° Le pronom est accompagné d'une particule négative ***ne, ni, jamais, plus, rien,*** mais jamais de ***pas, point.*** Il peut se construire également avec la préposition ***sans.*** *Il est parti sans parler à personne.*
2° L'adjectif ou le participe qui se rapporte au pronom indéfini se met au masculin singulier. Si le pronom est sujet d'un verbe, celui-ci se met au singulier.

personnel, elle adj.
Qui concerne une personne en propre. *Ces informations sont personnelles.*
☞ La mention ***PERSONNEL*** que l'on inscrit sur une enveloppe pour préciser le caractère confidentiel d'un envoi s'écrit au masculin singulier.

personnel n. m.
Ensemble des employés d'une entreprise, d'un organisme, etc.

personnellement adv.
De façon personnelle.

personne-ressource n. f. (pl. *personnes-ressources*)
Personne ayant acquis des connaissances par l'expérience ou la formation dans un domaine particulier, et à laquelle on fait appel pour toute question relevant de ce domaine. (Recomm. off. OLF)

personnification n. f.
Incarnation.

personnifier v. tr.
Redoublement du *i* à la première et à la deuxième personne du pluriel de l'indicatif imparfait et du subjonctif présent. *(Que) nous personnifiions, (que) vous personnifiiez.*
Incarner, donner une figure humaine à un être inanimé, abstrait. *Dans cette pièce, elle personnifie la justice.*
☞ Ne pas confondre avec le verbe ***personnaliser,*** rendre personnel.

perspective n. f.
• Optique, aspect. *Quelle belle perspective!*
• Éventualité. *À la perspective de devoir lui parler, elle s'inquiète.*
• En perspective. En vue. *J'ai beaucoup de travail en perspective.*

perspicace adj.
Clairvoyant, apte à comprendre. *Pierre est très perspicace, on ne peut rien lui cacher.*

perspicacité n. f.
Clairvoyance, subtilité.

persuader v. tr., pronom.
• **Transitif**
Convaincre, décider. *Elle l'a persuadé de venir.*
• **Pronominal**
- (Litt.) Se rendre certain de. *Il s'est persuadé de la possibilité de son retour.*
- ***Se persuader que.*** *Elles se sont persuadé ou se sont persuadées qu'il leur avait menti.*
☞ Dans cette construction, l'accord du participe passé est facultatif : on peut considérer le pronom ***se*** soit comme un complément d'objet direct, soit comme un complément d'objet indirect, ce qui permet indiffé-

remment d'accorder le participe ou de le laisser invariable. L'invariabilité est plus fréquente.

persuasif, ive adj.
Qui a le talent de persuader. *Elle est très persuasive.*

persuasion n. f.
• Action de persuader. *Il vaut mieux employer la persuasion que la force.*
• Art, don de persuader.

perte n. f.
• Privation de quelqu'un, de quelque chose. *La perte d'un ami. La perte de ses clés.*
• *À perte de vue.* Aussi loin qu'on puisse voir. *Et par là, il y a des forêts à perte de vue.*
• *En pure perte.* Inutilement.
• *En perte de vitesse.* Dont la vitesse est devenue insuffisante.
• *En perte de vitesse.* (Fig.) Qui a perdu de son prestige, de sa popularité.

pertinemment adv.
👄 La troisième syllabe se prononce *na* [pɛrtinamɑ̃].
• D'une manière pertinente.
• *Savoir pertinemment.* Savoir parfaitement.
▱▷ pertin**emm**ent.

pertinence n. f.
Caractère de ce qui est pertinent. *La pertinence d'une étude, d'un commentaire.*
▱▷ pertin**en**ce.

pertinent, ente adj.
Approprié, judicieux. *Ce commentaire est très pertinent.*

perturbateur, trice adj. et n. m. et f.
Qui trouble, qui dérange.

perturbation n. f.
Dérèglement. *Des perturbations atmosphériques.*

perturber v. tr.
Déranger, troubler. *Son intervention a perturbé la réunion.*

péruvien, ienne adj. et n. m. et f.
Du Pérou. *Le drapeau péruvien. Un Péruvien, une Péruvienne.*
▱⊢ L'adjectif s'écrit avec une minuscule; le nom, avec une majuscule.

pervenche adj. et n. m. et f.
• **Nom féminin.** Fleur bleue. *Les pervenches sont des fleurs vivaces.*
• **Nom masculin.** Couleur d'un bleu mauve. *Des pervenches superbes.*
• **Adjectif de couleur invariable.** De la couleur bleue mauve de la pervenche. *Des peignoirs pervenche.*
V. Tableau - **COULEUR (ADJECTIFS DE).**

pervers, erse adj. et n. m. et f.
👄 Le *s* ne se prononce pas à la forme masculine [pɛrvɛr].
Enclin au mal, dépravé.

perversion n. f.
Action de pervertir, dépravation.

perversité n. f.
Penchant pour le mal, malveillance.

pervertir v. tr., pronom.
• **Transitif.** Corrompre, pousser à faire le mal.
• **Pronominal.** Se corrompre. *Ces personnes se sont perverties.*

pesage n. m.
Action de peser. *Un appareil de pesage.*

pesamment adv.
Lourdement, sans grâce. *Il marche pesamment.*
▱▷ pes**amm**ent.

pesant, ante adj. et n. m.
• **Adjectif**
- Qui a un poids élevé, lourd. *Une dalle de béton pesante.*
- (Fig.) Pénible à supporter. *Ces obligations sont trop pesantes pour moi.*
- Massif, sans grâce. *Une démarche pesante.*
▱⊢ L'adjectif *pesant* se dit surtout d'un objet qui par sa nature a un grand poids, tandis que l'adjectif *lourd* désigne un objet qui paraît avoir beaucoup de poids, qui est difficile à porter.
• **Nom masculin**
Valoir son pesant d'or. Avoir une grande valeur.

pesanteur n. f.
• Caractère de ce qui a un poids. *Les corps sont de pesanteurs différentes.*
• Caractère de ce qui pèse lourd. *La pesanteur d'un piano.*

pèse- préf.
Les mots composés avec le préfixe *pèse-* s'écrivent avec un trait d'union et prennent la marque du pluriel au second élément. *Des pèse-personnes, des pèse-lettres.*

pèse-bébé n. m. (pl. *pèse-bébés*)
Balance qui sert à peser un jeune enfant. *Des pèse-bébés précis.*
V. **balance.**

pesée n. f.
Action de déterminer le poids. *La pesée d'une boîte.*

pèse-lettre n. m. (pl. *pèse-lettres*)
Instrument électronique qui détermine le poids d'une lettre. *Des pèse-lettres indispensables.*
V. **balance.**

pèse-personne n. m. (pl. *pèse-personnes*)
Balance qui sert à peser une personne. *Des pèse-personnes à affichage numérique.*
V. **balance.**

peser v. tr., intr.
Le *e* se change en *è* devant une syllabe muette. *Il pèse, il pesait.*
• **Transitif.** Déterminer le poids. *Les fruits que nous avons pesés.*
▱⊢ En ce sens, le participe passé s'accorde si le complément d'objet direct précède le verbe.
• **Intransitif.** Avoir un poids. *Les kilos que ces fruits ont pesé.*
▱⊢ En ce sens, le participe passé reste invariable

puisqu'il s'agit d'un complément circonstanciel (*combien?*).

*peser
Impropriété au sens de *presser* (sur un bouton).

peseta n. f.
👄 Le *s* se prononce *z ou s*, les *e* se prononcent *é*, [pezeta] ou [peseta].
Unité monétaire de l'Espagne. *Avoir des pesetas.*
V. Tableau - **SYMBOLES DES UNITÉS MONÉTAIRES.**

peso n. m.
👄 Le *e* se prononce *é* et le *s* se prononce *z* ou *s*, [pezo] ou [peso].
Unité monétaire de plusieurs pays (Chili, Colombie, Cuba, Mexique, Philippines, Uruguay). *Compter des pesos.*
🖙 Le symbole de l'unité monétaire varie selon les pays.
V. Tableau - **SYMBOLES DES UNITÉS MONÉTAIRES.**

pessimisme n. m.
Opinion de celui qui considère les choses du mauvais côté. *Il vaut mieux faire preuve d'optimisme que de pessimisme.*
Ant. **optimisme.**

pessimiste adj. et n. m. et f.
Qui considère la réalité par son mauvais côté.
Ant. **optimiste.**

peste n. f.
• Grave maladie infectieuse.
• (Fam.) Enfant espiègle. *C'est une petite peste.*

pester v. intr.
Maugréer. *Il ne cesse de pester contre son voisin.*

pesticide adj. et n. m.
Se dit d'un produit qui détruit les parasites animaux ou végétaux.
🖘 pesticide.

pestiféré, ée adj. et n. m. et f.
Atteint de la peste.

pestilentiel, elle adj.
Qui répand une odeur infecte.
🖘 pestilentiel.

pet n. m.
👄 Les lettres *et* se prononcent *ê* [pɛ].
(Fam.) Gaz intestinal.

péta- préf.
• Symbole **P** (s'écrit sans point).
• Préfixe qui multiplie par 1 000 000 000 000 000 l'unité qu'il précède. *Des pétasecondes.*
• Sa notation scientifique est **10^{15}**.
V. Tableau - **MULTIPLES ET SOUS-MULTIPLES DÉCIMAUX.**

pétale n. m.
Chacune des parties de la corolle d'une fleur. *Des pétales violets.*
🖙 Attention au genre masculin de ce nom : *un* pétale.

pétanque n. f.
Jeu de boules. *«Lance le cochonnet!»*, crie Jules qui adore jouer à la pétanque.

pétarade n. f.
Suite de bruits violents. *Les pétarades d'une motocyclette.*

pétarader v. intr.
Faire entendre une pétarade.

pétard n. m.
Petite charge d'explosif. *À la Saint-Jean, Étienne a fait exploser des pétards.*

pet-de-nonne n. m. (pl. *pets-de-nonne*)
👄 Les lettres *et* se prononcent *ê* [pɛdnɔn].
Beignet.
🖘 pet-de-nonne.

péter v. tr., intr.
Le *é* se change en *è* devant une syllabe muette, sauf à l'indicatif futur et au conditionnel présent. *Je pète*, mais *je péterai.*
• **Transitif**
(Fam.) Briser, craquer. *Il a pété sa bicyclette.*
• **Intransitif**
- (Fam.) Faire un pet.
- Faire un bruit sec et subit.

pète-sec adj. inv. et n. inv. (pl. *pète-sec*)
Personne autoritaire. *D'affreux pète-sec.*

pétillant, ante adj.
• Qui pétille. *Du vin pétillant.*
• Qui brille avec éclat. *Des yeux pétillants.*
🖙 Ne pas confondre avec le participe présent invariable *pétillant*. *Les enfants s'exclamaient devant les branches pétillant dans la flambée.*

pétillement n. m.
Scintillement. *Le pétillement du feu dans la cheminée.*

pétiller v. intr.
Les lettres *ill* sont suivies d'un *i* à la première et à la deuxième personne du pluriel de l'indicatif imparfait et du subjonctif présent. *(Que) nous pétillions, (que) vous pétilliez.*
• Crépiter. *Le bois pétille dans le feu de joie.*
• Briller. *Ses réparties pétillent d'intelligence.*

petit, ite adj., adv. et n. m. et f.
• **Adjectif**
- Qui est au-dessous de la taille moyenne. *Elle est très petite pour son âge. Une petite maison.*
- Jeune. *Un petit enfant. Les tout-petits. Quand j'étais petite...*
- De faible quantité. *Une petite somme.*
- Mesquin. *Ce geste dénote un esprit très petit.*
- De peu d'importance. *Nous avons un petit problème.*
• **Adverbe**
- *Petit à petit.* Progressivement.
- *En plus petit.* De taille réduite, miniature.
• **Nom masculin**
- Jeune animal. *Le petit du cerf et de la biche est le faon.*
- Ce qui est petit.
- *L'infiniment petit.* Les êtres microscopiques.

• **Nom masculin et féminin**
Personne de petite taille.

petit- préf.
Les mots composés avec le préfixe **petit-** et qui désignent un lien de parenté s'écrivent avec un trait d'union et prennent la marque du pluriel aux deux éléments. *Des petites-filles.*

petit-beurre n. m. (pl. *petits-beurre*)
Biscuit.
☞ Seul le premier élément prend la marque du pluriel.

petite annonce n. f.
Dans un journal, offre ou demande d'emploi, de logement, etc. *Elle lit tous les jours les petites annonces (et non les *annonces classées) pour trouver un appartement.*

petit écran n. m.
(Fam.) Télévision.

petite et moyenne entreprise
Sigle **PME** (s'écrit avec ou sans points).

***petite fève**
Impropriété au sens de **haricot.**

petitesse n. f.
• Faible dimension. *La petitesse de sa chambre.*
• Mesquinerie.

petit-fils, petite-fille n. m. et f. (pl. *petits-fils, petites-filles*)
Fils, fille d'un fils ou d'une fille, par rapport au grand-père, à la grand-mère.
☞ Le nom qui désigne la fille du fils ou de la fille s'écrit avec un trait d'union, alors que le nom qui signifie «fillette» s'écrit sans trait d'union. *Une petite fille jouait dans le jardin.*

pétition n. f.
Demande collective adressée à une autorité. *Signer une pétition pour l'interdiction de vendre des armes.*

petit-lait n. m. (pl. *petits-laits*)
Résidu liquide du lait caillé.

petit-nègre n. m. sing.
Langage simplifié et incorrect. *C'est du petit-nègre, on n'y comprend rien.*

petits-enfants n. m. pl.
Les enfants du fils ou de la fille, par rapport au grand-père, à la grand-mère.

petit(-)four n. m. (pl. *petits(-)fours*)
Petit gâteau (sec ou glacé).

petit-suisse n. m. (pl. *petits-suisses*)
• Fromage crémeux.
• *(Petit) suisse.* Au Canada, désigne le **tamia rayé.**

peto (in)
V. **in peto.**

pétoncle n. m.
Coquillage apprécié pour sa chair fine.
☞ Attention au genre masculin de ce nom : *un* pétoncle.

pétrifier v. tr.
Redoublement du *i* à la première et à la deuxième personne du pluriel de l'indicatif imparfait et du subjonctif présent. *(Que) nous pétrifiions, (que) vous pétrifiiez.*
• Changer en pierre.
• (Fig.) Stupéfier. *Cette insulte la pétrifia.*

pétrin n. m.
• Réceptacle dans lequel on pétrit le pain.
• (Fam.) Situation embarrassante. *Ils sont dans le pétrin; comment vont-ils s'en sortir?*

pétrir v. tr.
Malaxer. *Pétrir du pain.*

pétrissage n. m.
Action de pétrir.

pétrochimie n. f.
Science et industrie des produits chimiques dérivés du pétrole.

pétrochimique adj.
Relatif à la pétrochimie.

pétrodollar n. m.
Dollar provenant de la commercialisation du pétrole brut. *Des pétrodollars.*

pétrole n. m.
Huile minérale naturelle employée comme source d'énergie. *Un puits de pétrole.*

pétrolier, ière adj. et n. m.
• **Adjectif.** Relatif au pétrole. *L'industrie pétrolière.*
• **Nom masculin.** Navire servant au transport du pétrole. *Des pétroliers géants.*

pétrolifère adj.
Qui contient du pétrole. *Des gisements pétrolifères.*

***pet shop**
Anglicisme pour **animalerie.**

pétulance n. f.
Vivacité turbulente.
☞ pétul**a**nce.

pétulant, ante adj.
Vif, turbulent.
☞ pétul**a**nt.

pétunia n. m.
Plante ornementale qui produit des fleurs violettes, roses, blanches, etc. *De beaux pétunias retombants.*
☞ Attention au genre masculin de ce nom : *un* pétunia.

peu adv.

• **Adverbe de quantité**
En petite quantité, en petit nombre (par opposition à **beaucoup**). *Elle est peu aimable. Il fume peu.*
☞ Ne pas confondre avec la locution *un peu* qui signifie «assez, relativement, dans une certaine mesure». *Les phrases «il est un peu tendu» et «il est peu tendu» n'ont pas la même signification.*
• **Avec valeur de pronom**
Peu de. Un petit nombre de personnes, de choses.

Beaucoup de candidats se présentent, peu d'entre eux sont retenus.

☞ Après la locution *peu de,* le verbe s'accorde avec le complément. *Peu de poires sont mûres.*

• Avec valeur de nom

- *Le peu de.* Le manque, l'insuffisance. *Le peu d'audace qu'il a montré explique peut-être cet échec.*

- *Le peu de.* Une petite quantité suffisante. *Son succès malgré le peu de moyens reçus témoigne de son ingéniosité.*

☞ Après la locution *le peu de,* le verbe se met au singulier :

- l'adjectif ou le participe passé se met au masculin singulier (il s'accorde avec *peu*) si l'auteur veut insister sur l'insuffisance;

- l'adjectif ou le participe passé s'accorde en genre et en nombre avec le complément si l'auteur veut signifier une quantité petite mais suffisante tout de même.

• Locutions

- *Peu à peu,* locution adverbiale. Progressivement.

- *Peu ou prou.* (Litt.) Plus ou moins.

- *Peu s'en faut, il s'en faut de peu.* À peu près. *L'objectif est atteint ou peu s'en faut.*

- *Pour peu que,* locution conjonctive. À la condition que.

☞ La locution conjonctive est suivie du subjonctif. *Ils accepteront pour peu que vous les invitiez à l'avance.*

- *Quelque peu,* locution adverbiale. Un peu.

- *Sous peu,* locution adverbiale. Bientôt.

- *Tant soit peu,* locution adverbiale. Très peu.

peuh! interj.
Interjection marquant le mépris, le dédain.

peul, e ou **peuhl, e** adj. et n. m. et f.
Relatif aux Peuls, peuple d'Afrique occidentale (depuis le Sénégal jusqu'au Cameroun).

☞ L'adjectif s'écrit avec une minuscule; le nom, avec une majuscule.

peuplade n. f.
Petit groupement humain, dans un pays non industrialisé.

peuple n. m.
Ensemble de personnes habitant un même territoire et formant une même nation.
V. Tableau - **PEUPLES (ÉCRITURE DES NOMS DE).**

peuplement n. m.
Action de peupler.

peupler v. tr., pronom.
• **Transitif.** Remplir un pays d'une population.
• **Pronominal.** Se remplir d'habitants. *Cette région se peuple lentement.*

peuplier n. m.
👄 Attention à la prononciation de la première syllabe : *peu* (et non *pe*) [pøplije].
Arbre de grande taille dont le bois léger est apprécié.

peur n. f.
• Craintе violente, inquiétude. *La peur du noir.*

• *Avoir peur que* + subjonctif. Craindre que. *Il a peur que son chien morde un enfant,* ou *ne morde un enfant.*
• *De peur que* + subjonctif. Pour éviter que. *Elle a pris un parapluie de peur qu'elle se mouille,* ou *ne se mouille.*

☞ Dans ces expressions, l'emploi du *ne* explétif est facultatif.

peureux, euse adj. et n. m. et f.
Craintif. *Éléna et Boris sont peureux : ce petit chien les effraie.*

peut-être adv.
• Probablement. *Elle gagnera peut-être le gros lot.*

☞ Ne pas confondre avec la troisième personne du singulier du verbe *pouvoir* suivi de l'infinitif *être* qui s'écrivent sans trait d'union. *Il peut être absent.*

☞ Placé en début de phrase, l'adverbe entraîne généralement l'inversion du sujet. *Peut-être viendra-t-il.*

• *Peut-être que.* Peut-être qu'il viendra.

☞ La locution conjonctive se contruit avec l'indicatif ou le conditionnel.

p. ex.
Abréviation de *par exemple.*

pH
Coefficient déterminant l'acidité ou la basicité d'un milieu.

-phage suff.
Élément du grec signifiant «manger». *Nécrophage, sarcophage.*

phalange n. f.
• (Litt.) Armée.
• Os des doigts et des orteils.

phalangette n. f.
Dernière phalange des doigts et des orteils.

phalangine n. f.
Seconde phalange des doigts et des orteils.

phalène n. f.
Papillon nocturne.

phallique adj.
Qui est relatif au phallus.

phallocrate n. m.
Adepte de la phallocratie.

phallocratie n. f.
👄 Le *t* se prononce *s* [falɔkrasi].
Attitude dominatrice des hommes par rapport aux femmes.
⮕ phallocratie.

phallocratique adj.
Qui concerne la phallocratie.

phallus n. m.
👄 Le *s* se prononce [falys].
Membre viril.

phantasme
V. **fantasme.**

pharaon n. m.
Nom donné aux rois de l'Égypte ancienne. *Le pharaon Ramsès Ier.*

☞ L'expression «pharaon égyptien» est redondante; le nom s'écrit avec une minuscule.

pharaonien, ienne ou **pharaonique** adj.
Qui se rapporte aux pharaons.

phare n. m.
• Projecteur lumineux fixé au sommet d'une tour afin de guider la navigation. *Un gardien de phare.*
• Projecteur lumineux fixé à l'avant d'un véhicule. *Elle a oublié d'éteindre ses phares. Des phares antibrouillard.*
• Position où ce projecteur éclaire le plus (par oppos. à *code*).
Hom. :
- *far,* pâtisserie bretonne;
- *fard,* maquillage.

pharmaceutique adj.
Relatif à la pharmacie. *Un produit pharmaceutique.*

pharmacie n. f.
• Science de la préparation des médicaments.
• Lieu où l'on vend les médicaments. *La pharmacie est ouverte tous les jours.*
• Armoire où l'on range les médicaments. *Une armoire à pharmacie* ou *une pharmacie encastrée.*

pharmacien n. m.
pharmacienne n. f.
Personne qui prépare et vend des médicaments.

pharmacopée n. f.
Recueil d'informations sur les médicaments, codex.
☞ pharmacop**ée.**

pharyngite n. f.
Inflammation du pharynx.
☞ ph**ar**yngite.

pharynx n. m.
Région du corps située entre la bouche et l'œsophage.
☞ phar**ynx.**

phase n. f.
Chacune des périodes successives d'un phénomène. *Les phases d'une opération.*
☞ Ne pas confondre avec le nom *phrase,* ensemble de mots ayant un sens complet.

phénicien, enne adj. et n. m. et f.
• **Adjectif et nom masculin et féminin.** De Phénicie. *La navigation phénicienne. Un Phénicien, une Phénicienne.*
☞ L'adjectif s'écrit avec une minuscule; le nom, avec une majuscule.

ÉCRITURE DES NOMS DE **PEUPLES**

RÈGLES TYPOGRAPHIQUES

• Les **noms** de peuples, de races, d'habitants de régions, de villes sont des noms propres qui s'écrivent avec une **MAJUSCULE.**

Les Québécois, les Canadiens, les Américains, les Chinois, les Européens.
Les Noirs, les Blancs.
Les Beaucerons, les Bretons.
Les Montréalais, les Parisiens.

☞ La dénomination des habitants d'un lieu (continent, pays, région, ville, village, etc.) est un GENTILÉ.

☞ Les noms de peuples composés et reliés par un trait d'union prennent la majuscule aux deux éléments. *Un Néo-Zélandais, un Sud-Africain, un Nord-Américain.*

☞ Les mots auxquels le préfixe *néo-* est joint s'écrivent avec un trait d'union. *Un Néo-Écossais.* S'il s'agit d'un gentilé, le mot s'écrit avec deux majuscules; si le préfixe signifie «de souche récente», le préfixe s'écrit avec une minuscule. *Un néo-Québécois.*

• Les **adjectifs** de peuples, de races, de langues s'écrivent avec une **MINUSCULE.**

Le drapeau québécois, la langue française, les peintres italiens, la race blanche, le sens de l'humour anglais.

☞ Les noms de peuples composés qui comportent un adjectif s'écrivent avec une majuscule au nom et une minuscule à l'adjectif. *Les Canadiens anglais, les Basques espagnols.*

• Les **noms de langues** s'écrivent avec une **MINUSCULE.**

Apprendre le russe, le français, le chinois.

V. Tableau – **PEUPLES (NOMS DE).**

NOMS DE **PEUPLES**

PAYS OU ÉTAT	GENTILÉ MASCULIN	GENTILÉ FÉMININ
Afghanistan	un Afghan	une Afghane
Albanie	un Albanais	une Albanaise
Algérie	un Algérien	une Algérienne
Allemagne	un Allemand	une Allemande
Angleterre	un Anglais	une Anglaise
Arabie saoudite	un Saoudien	une Saoudienne
Argentine	un Argentin	une Argentine
Australie	un Australien	une Australienne
Autriche	un Autrichien	une Autrichienne
Belgique	un Belge	une Belge
Birmanie	un Birman	une Birmane
Bolivie	un Bolivien	une Bolivienne
Brésil	un Brésilien	une Brésilienne
Bulgarie	un Bulgare	une Bulgare
Cambodge	un Cambodgien	une Cambodgienne
Cameroun	un Camerounais	une Camerounaise
Canada	un Canadien	une Canadienne
Chili	un Chilien	une Chilienne
Chine	un Chinois	une Chinoise
Chypre	un Cypriote, un Chypriote	une Cypriote, une Chypriote
Colombie	un Colombien	une Colombienne
Corée	un Coréen	une Coréenne
Côte-d'Ivoire	un Ivoirien	une Ivoirienne
Cuba	un Cubain	une Cubaine
Danemark	un Danois	une Danoise
Égypte	un Égyptien	une Égyptienne
Espagne	un Espagnol	une Espagnole
États-Unis	un Américain	une Américaine
Éthiopie	un Éthiopien	une Éthiopienne
Finlande	un Finlandais	une Finlandaise
France	un Français	une Française
Gabon	un Gabonais	une Gabonaise
Ghana	un Ghanéen	une Ghanéenne
Grèce	un Grec	une Grecque
Guadeloupe	un Guadeloupéen	une Guadeloupéenne
Guatemala	un Guatémaltèque	une Guatémaltèque
Guinée	un Guinéen	une Guinéenne
Haïti	un Haïtien	une Haïtienne
Hollande	un Hollandais	une Hollandaise
Hongrie	un Hongrois	une Hongroise
Inde	un Indien	une Indienne
Indonésie	un Indonésien	une Indonésienne
Iran	un Iranien	une Iranienne
Iraq	un Irakien, un Iraquien	une Irakienne, une Iraquienne
Irlande	un Irlandais	une Irlandaise
Islande	un Islandais	une Islandaise
Israël	un Israélien	une Israélienne
Italie	un Italien	une Italienne

suite ➡

Japon	un Japonais	une Japonaise
Jordanie	un Jordanien	une Jordanienne
Kenya	un Kényan	une Kényane
Koweit	un Koweitien	une Koweitienne
Liban	un Libanais	une Libanaise
Libye	un Libyen	une Libyenne
Luxembourg	un Luxembourgeois	une Luxembourgeoise
Madagascar	un Malgache	une Malgache
Mali	un Malien	une Malienne
Maroc	un Marocain	une Marocaine
Mexique	un Mexicain	une Mexicaine
Népal	un Népalais	une Népalaise
Niger	un Nigérien	une Nigérienne
Nigéria	un Nigérian	une Nigériane
Norvège	un Norvégien	une Norvégienne
Nouvelle-Zélande	un Néo-Zélandais	une Néo-Zélandaise
Pakistan	un Pakistanais	une Pakistanaise
Panama	un Panaméen	une Panaméenne
Paraguay	un Paraguayen	une Paraguayenne
Pérou	un Péruvien	une Péruvienne
Philippines	un Philippin	une Philippine
Pologne	un Polonais	une Polonaise
Portugal	un Portugais	une Portugaise
Québec	un Québécois	une Québécoise
Roumanie	un Roumain	une Roumaine
Russie	un Russe	une Russe
Sénégal	un Sénégalais	une Sénégalaise
Somalie	un Somali, un Somalien	une Somalie, une Somalienne
Soudan	un Soudanais	une Soudanaise
Suède	un Suédois	une Suédoise
Suisse	un Suisse	une Suisse
Syrie	un Syrien	une Syrienne
Tanzanie	un Tanzanien	une Tanzanienne
Tchad	un Tchadien	une Tchadienne
Tchécoslovaquie	un Tchécoslovaque	une Tchécoslovaque
Thaïlande	un Thaïlandais	une Thaïlandaise
Togo	un Togolais	une Togolaise
Tunisie	un Tunisien	une Tunisienne
Turquie	un Turc	une Turque
Uruguay	un Uruguayen	une Uruguayenne
Venezuela	un Vénézuélien	une Vénézuélienne
Viêt-nam	un Vietnamien	une Vietnamienne
Yougoslavie	un Yougoslave	une Yougoslave
Zaïre	un Zaïrois	une Zaïroise
Zambie	un Zambien	une Zambienne

• **Nom masculin.** Langue parlée par les Phéniciens. *L'alphabet phénicien.*

☞ Le nom de la langue s'écrit avec une minuscule.

phénix n. m.

☞ Le *x* se prononce [feniks].

• Oiseau fabuleux de la mythologie.

• Personne supérieure.

Hom. **phœnix,** palmier.

phénoménal, ale, aux adj.

Étonnant, surprenant. *Une mémoire phénoménale.*

phénoménalement adv.

Étonnamment.

phénomène n. m.

• Fait observable. *Le phénomène des aurores boréales.*

• Curiosité. *Ce garçon est un vrai phénomène.*

☞ phéno**mène.**

phi n. m. inv.

Lettre grecque.

☞ Le *phi* est le symbole de la philosophie.

phil(o)- préf.

Élément du grec signifiant «aimer». *Philosophie.*

philanthrope n. m. et f.

Personne qui aime le genre humain.

☞ philan**thr**ope.

philanthropie n. f.

Amour du genre humain.

☞ philan**thr**opie.

philanthropique adj.

Relatif à la philanthropie.

☞ philan**thr**opique.

philatélie n. f.

Action de collectionner les timbres-poste.

☞ phila**té**lie.

philatélique adj.

Relatif à la philatélie. *Un club philatélique.*

☞ phila**té**lique.

philatéliste n. m. et f.

Personne qui collectionne les timbres-poste.

☞ phila**té**liste.

philharmonique adj.

Se dit de certaines associations musicales. *Une société philharmonique.*

☞ phil**h**armonique.

philharmonie n. f.

Association musicale qui donne des concerts publics.

☞ phil**h**armonie.

philippin, ine adj. et n. m. et f.

Des îles Philippines. *Le drapeau philippin. Un Philippin, une Philippine.*

☞ L'adjectif s'écrit avec une minuscule; le nom, avec une majuscule.

philo-

V. **phii(o)-.**

philodendron n. m.

☞ Le *o* est ouvert et la troisième syllabe se prononce *din* [filɔdɛ̃drɔ̃].

Arbuste ornemental.

philologie n. f.

☞ Les *o* sont ouverts [filɔlɔʒi].

Étude scientifique d'une langue par l'étude critique des textes. *Un certificat de grammaire et de philologie.*

philologique adj.

☞ Les *o* sont ouverts [filɔlɔʒik].

Relatif à la philologie.

philologue n. m. et f.

☞ Les *o* sont ouverts [filɔlɔg].

Spécialiste de la philologie.

philosophale adj. f.

☞ Les *o* sont ouverts [filɔzɔfal].

Pierre philosophale. Pierre des alchimistes qui devait changer les métaux en or.

philosophe adj. et n. m. et f.

☞ Les *o* sont ouverts [filɔzɔf].

• Qui étudie, qui connaît la philosophie.

• Qui pratique la sagesse et vit dans la sérénité.

☞ philoso**ph**e.

philosopher v. intr.

☞ Les *o* sont ouverts [filɔzɔfe].

Raisonner. *Il continue à philosopher malgré toutes ses difficultés.*

☞ philoso**ph**er.

philosophie n. f.

☞ Les *o* sont ouverts [filɔzɔfi].

• Science qui étudie les grands problèmes de la vie.

• Théorie, conception du monde.

• Sagesse. *Il réagit avec philosophie.*

☞ philoso**ph**ie.

philosophique adj.

☞ Les *o* sont ouverts [filɔzɔfik].

Relatif à la philosophie. *Une attitude philosophique.*

☞ philoso**ph**ique.

philosophiquement adv.

☞ Les *o* sont ouverts [filɔzɔfikmɑ̃].

Avec philosophie, sagesse.

philtre n. m.

Boisson magique.

Hom. *filtre,* dispositif destiné à filtrer.

phlébite n. f.

Inflammation d'une veine pouvant provoquer la formation d'un caillot.

phlox n. m. inv.

Plante ornementale cultivée pour ses fleurs colorées.

☞ Attention au genre masculin de ce nom : *un* phlox.

☞ phlo**x.**

-phobe, -phobie suff.

Éléments du grec signifiant «crainte». *Xénophobe, xénophobie.*

phobie n. f.
Peur angoissante. *La claustrophobie est la phobie des lieux fermés, l'agoraphobie, la phobie des lieux ouverts.*

phœnix ou **phénix** n. m.
Palmier.
Hom. *phénix,* oiseau mythique.

phon-, phono- préf., **-phone, -phonie** suff.
Éléments du grec signifiant «son». *Phonétique, téléphone, francophonie.*

phonation n. f.
Production de la voix et du langage.

phonème n. m.
(Ling.) Élément sonore pourvu d'une valeur distinctive dans une langue.

phonémique adj.
(Ling.) Relatif au phonème.

phonéticien n. m.
phonéticienne n. f.
Spécialiste de la phonétique.

phonétique adj. et n. f.
• **Adjectif**
- Relatif aux sons du langage. *L'alphabet de l'Association phonétique internationale (API).*
- *Écriture phonétique.* Mode d'écriture où des signes établis correspondent à des sons distincts.
☞ La transcription phonétique d'un mot se met généralement entre crochets.
• **Nom féminin**
Partie de la linguistique qui étudie les sons du langage.

phonétiquement adv.
Au point de vue phonétique.

phonologie n. f.
Partie de la linguistique qui étudie la fonction des phonèmes dans une langue donnée.

phonologique adj.
De la phonologie.
☞ La transcription phonologique d'un mot s'écrit entre barres obliques.

phonologue n. m. et f.
Spécialiste de la phonologie.

phoque n. m.
Mammifère vivant près des côtes arctiques. *Un phoque qui fait tourner des ballons sur son nez.*

-phore suff.
Élément du grec signifiant «porter». *Sémaphore, métaphore.*

phosphore n. m.
• Symbole *P* (s'écrit sans point).
• Corps simple inflammable, très toxique et luminescent dans l'obscurité.

phosphorescence n. f.
Luminescence.
➪ phosphore**sc**ence.

phosphorescent, ente adj.
👄 Les *o* sont ouverts et la troisième syllabe se prononce *ré* [fɔsfɔresã].
Qui est lumineux dans l'obscurité. *Les aiguilles de cette montre sont phosphorescentes.*
➪ phosphore**sc**ent.

photo adj. inv. et n. f.
👄 Le premier *o* est ouvert [foto].
• **Adjectif invariable.** Relatif à la photographie, qui sert à photographier. *Des appareils photo.*
• **Nom féminin.** Abréviation de *photographie. Un album de photos.*
V. **photographie.**

photo- préf.
👄 Les *o* sont ouverts [fɔtɔ].

Élément du grec signifiant «lumière».
🖅 Les mots composés avec le préfixe *photo-* s'écrivent en un seul mot. *Photocopie, photoélectrique.*

photocomposeuse n. f.
(Imprim.) Machine de photocomposition.

photocomposition n. f.
(Imprim.) Procédé de composition photographique.

photocopie n. f.
👄 Les *o* sont ouverts [fɔtɔkɔpi].
• Procédé de reproduction photographique d'un document.
• Copie obtenue par ce procédé. *Il faut joindre deux photocopies du contrat.*

photocopier v. tr.
Redoublement du *i* à la première et à la deuxième personne du pluriel de l'indicatif imparfait et du subjonctif présent. *(Que) nous photocopiions, (que) vous photocopiiez.*
👄 Les *o* sont ouverts [fɔtɔkɔpie].
Reproduire un document par la photocopie. *Tu dois photocopier ta recherche en quatre exemplaires.*

photocopieur n. m. ou **photocopieuse** n. f.
👄 Les *o* sont ouverts [fɔtɔkɔpjœr], [fɔtɔkɔpjøz].
• S'abrège familièrement en *copieur.*
• Machine à photocopier.

photoélectrique adj.
Qui mesure l'intensité lumineuse. *Une cellule photoélectrique.*
🖅 Certains auteurs écrivent le mot avec un trait d'union, d'autres, en un seul mot.

*photo-finish
Anglicisme pour *photo d'arrivée.*

photogénique adj.
Se dit d'une personne qui est plus belle en photo qu'au naturel.

photographe n. m. et f.
Personne qui fait de la photographie par métier ou par plaisir.

photographie n. f.
• Abréviation *photo* (s'écrit sans point).
• Procédé permettant de fixer des images sur une surface. *Faire de la photographie.*

• Image ainsi obtenue. *Des photographies en couleurs, des photos d'identité.*
☞ En ce sens, l'abréviation **photo** est couramment utilisée.

photographier v. tr.
Redoublement du *i* à la première et à la deuxième personne du pluriel de l'indicatif imparfait et du subjonctif présent. *(Que) nous photographiions, (que) vous photographiiez.*
Reproduire par la photographie. *Annie photographie le chien qui plonge.*

photographique adj.
• Relatif à la photographie.
• Qui sert à la photographie. *Une pellicule photographique.*

photographiquement adv.
Par la photographie.

photograveur n. m.
Spécialiste de la photogravure.

photogravure n. f.
Production de clichés d'impression.

photosensible adj.
Sensible aux radiations lumineuses.

photostyle n. m.
(Inform.) Crayon optique.

photosynthèse n. f.
Transformation par les plantes du gaz carbonique de l'air à l'aide de l'énergie solaire.

phrase n. f.
Ensemble de mots ou de propositions ayant un sens complet.
☞ Une phrase peut être constituée d'un seul mot (*Regarde!*), d'une seule proposition indépendante (*L'enfant regarde le chien.*). La phrase peut être composée de plusieurs propositions dont l'une exprime le fait principal et les autres, les faits subordonnés (*L'homme qui plantait des arbres avait raison.*).

phraséologie n. f.
• Ensemble de constructions de phrases propres à une langue.
• (Péj.) Assemblage de mots vides de sens.

phylactère n. m.
Bulle, dans les bandes dessinées. *Dans les phylactères de* Tintin, *il y a souvent des onomatopées ou des jurons.*
☞ phylactère.

physicien n. m.
physicienne n. f.
Spécialiste de la physique.

physio- préf.
Élément du grec signifiant «nature». *Physionomie.*

physiologie n. f.
Science des fonctions organiques des êtres vivants.

physiologique adj.
Qui se rapporte à la physiologie.

physiologiste adj. et n. m. et f.
Spécialiste de la physiologie.

physionomie n. f.
• Expression du visage. *Avoir une physionomie rieuse.*
• Aspect. *Quelle est la physionomie du scrutin?*

physionomiste adj. et n. m. et f.
Qui a la mémoire des traits du visage et reconnaît facilement une personne déjà rencontrée.

physiothérapie n. f.
Traitement au moyen d'agents physiques : lumière, chaleur, exercice, etc. *Après sa fracture, elle a fait de la physiothérapie.*

physique adj. et n. m. et f.
• **Adjectif**
- Matériel. *Un phénomène physique.*
- Qui a rapport au corps. *La beauté physique.*
• **Nom masculin**
Apparence extérieure. *Un physique de jeune homme.*
• **Nom féminin**
Science des phénomènes naturels et des propriétés de la matière. *L'examen de physique était difficile.*
☞ physique.

physiquement adv.
D'une manière physique, matérielle.
☞ physiquement.

phyt(o)- préf.
• Élément du grec signifiant «plante».
• Les mots composés du préfixe *phyto-* s'écrivent en un seul mot.

phytotron n. m.
Serre électronique. *Cette université dispose d'un immense phytotron où l'on expérimentera notamment l'action des pluies acides sur les végétaux.*
☞ phytotron.

pi n. m. inv.
• Lettre grecque.
• Symbole du rapport entre le périmètre d'un cercle et son diamètre, dont l'expression numérique est *3,1416.*

p.i.
Abréviation de *par intérim.*

piaffer v. intr.
• Frapper la terre des pieds de devant, en parlant du cheval.
• (Fig.) Trépigner, frapper du pied. *Les enfants piaffent d'impatience.*

piaillement n. m.
Action de piailler.

piailler v. intr.
Les lettres *ill* sont suivies d'un *i* à la première et à la deuxième personne du pluriel de l'indicatif imparfait et du subjonctif présent. *(Que) nous piaillions, (que) vous piailliez.*
Crier, en parlant des oiseaux.

pianissimo adv.
(Mus.) Très doucement.

pianiste n. m. et f.
Personne qui joue du piano. *C'est un pianiste de talent.*

pianistique adj.
Relatif au piano.

piano n. m.
Instrument de musique à clavier dont les cordes sont frappées par de petits marteaux. *Des pianos à queue.*

pianoter v. intr.
• Jouer du piano de façon maladroite. *Elle pianote distraitement.*
• Taper sur un clavier de matériel informatique. *Pianoter sur l'ordinateur.*
⇨ pianoter.

piastre n. f.
Ancienne unité monétaire de nombreux pays. *La piastre est l'unité divisionnaire de la livre libanaise, de la livre égyptienne.*
V. Tableau - **SYMBOLES DES UNITÉS MONÉTAIRES.**

*piastre
Archaïsme au sens de *dollar canadien.*

PIB
Sigle de *produit intérieur brut.*

pic n. m.
• Sommet rocheux aux flancs escarpés. (Recomm. off. OLF)
▷ Ne pas confondre avec les noms suivants :
- *butte,* petite colline;
- *colline,* relief d'élévation modérée aux versants généralement en pente douce;
- *massif,* ensemble montagneux non orienté qui se dégage du relief environnant;
- *mont,* importante élévation se détachant du relief environnant;
- *montagne,* relief élevé aux versants raides, occupant une grande superficie et appartenant à un système;
- *monticule,* petite élévation du sol.
• Outil servant à creuser la terre.

pic (à) loc. adv.
• Verticalement. *Cette paroi est à pic.*
• À propos. *Vous tombez à pic.*

picador n. m.
Dans une corrida, cavalier qui attaque le taureau avec une pique. *Des picadors.*
▷ Ce nom espagnol est francisé et prend la marque du pluriel.

picard, arde adj. et n. m. et f.
De Picardie. *Les roses de Picardie. Un Picard, une Picarde.*
▷ L'adjectif s'écrit avec une minuscule; le nom, avec une majuscule.

piccolo ou **picolo** n. m.
Petite flûte.

pichenette n. f.
• Chiquenaude.
• Au Canada, se dit également *pichenotte.*

pichet n. m.
Récipient à anse. *Un pichet de vin.*

*pickles
Anglicisme pour *cornichons marinés.*

pickpocket n. m.
⇨ Le *t* se prononce [pikpɔkɛt].
Voleur à la tire.

*pick-up
• Anglicisme pour *enlèvement* (des marchandises).
• Anglicisme pour *tourne-disques.*

pico- préf.
• Symbole *p* (s'écrit sans point).
• Élément de l'italien signifiant «petit».
• Préfixe qui multiplie par 0,000 000 000 001 l'unité qu'il précède. *Des picosecondes.*
• Sa notation scientifique est 10^{-12}.
V. Tableau - **MULTIPLES ET SOUS-MULTIPLES DÉCIMAUX.**

picoler v. intr.
(Pop.) Boire.

picolo
V. piccolo.

picorer v. tr.
Chercher sa nourriture, en parlant d'un oiseau. *Les poules picorent des graines.*
▷ Ne pas confondre avec le verbe *picoter,* causer des picotements.

picotement n. m.
Fourmillement. *Élise sent des picotements dans sa main.*

picoter v. tr.
Causer des picotements. *La fumée picote les yeux.*
▷ Ne pas confondre avec le verbe *picorer,* chercher sa nourriture, en parlant d'un oiseau.
⇨ picoter.

pictogramme n. m.
Représentation graphique symbolique. *Le pictogramme du métro de Montréal est composé d'un cercle et d'une flèche.*

pictural, ale, aux adj.
Qui est relatif à la peinture. *Des effets picturaux, des œuvres picturales.*

pic-vert
V. pivert.

pidgin n. m.
⇨ Attention à la prononciation [pidʒin].
Langue mixte issue du contact de l'anglais et de langues autochtones d'Extrême-Orient, qui sert de langue d'appoint sans être langue maternelle d'une communauté.
▷ Ne pas confondre avec les noms suivants :
- *créole,* langue mixte issue du contact d'une langue européenne (français, anglais, espagnol, portugais) et de langues indigènes, africaines en particulier, devenue langue maternelle d'une communauté linguistique;
- *sabir,* langue mixte élémentaire résultant des contacts de langues très différentes les unes des autres,

utilisables pour des communications très limitées dans des secteurs déterminés, notamment le commerce.

pie adj. inv. et n. f.
• **Adjectif de couleur invariable**
Se dit d'un animal dont le plumage, le pelage est de deux couleurs. *Des juments pie.*
V. Tableau - **COULEUR (ADJECTIFS DE).**
• **Nom féminin**
- Oiseau à plumage blanc et noir. *La pie jacasse.*
- Personne bavarde. *Son frère est une pie, il adore bavarder.*

pièce n. f.
• Partie d'un tout. *Une pièce d'un casse-tête.*
• *Mettre en pièces.* Détruire. *Le chien a mis en pièces la poupée.*
• Partie d'une habitation. *Cette maison comporte huit pièces* (et non huit *appartements).
• *De toutes pièces.* Complètement. *Cette histoire est inventée de toutes pièces.*
🖝 Dans cette expression, le nom se met toujours au pluriel.
• Morceau de métal plat servant de monnaie. *Des pièces de vingt-cinq cents.*
• Ouvrage dramatique. *Des pièces de théâtre.*
• *Pièce jointe.* Abréviation *p.j.* (s'écrit avec points).
• *Pièces justificatives.* Documents qui servent à prouver ce qui est allégué.
• *À la pièce, aux pièces.* Se dit d'une personne payée proportionnellement au travail exécuté. *Elle travaille à la pièce.*

piécette n. f.
Petite pièce de monnaie.
▭➤ piécette.

pied n. m.

• Extrémité inférieure de la jambe de l'homme, de la patte des animaux qui ont des sabots (éléphant, cheval, bœuf, mouton, cerf, chameau, etc.). *Nouni a de petits pieds.*
• Base, support. *Les pieds d'une table.*
• Unité de mesure anglo-saxonne comportant douze pouces et valant environ 30 cm. *Il mesure six pieds.*
🖝 Le mot *pied* s'abrège *pi* (s'écrit sans point) s'il est précédé d'un nombre en chiffres. *Elle mesure 5 pi 6 po ou un peu plus.*
• Élément de la métrique grecque ou latine.
🖝 En français, les vers comportent des syllabes. *L'alexandrin est composé de douze syllabes* (et non de douze *pieds).
• **Locutions**
- *À pied.* En marchant.
🖝 L'expression *marcher à pied* qui est une répétition de mots dont le sens est identique est maintenant passée dans l'usage, mais on peut lui préférer *aller à pied, marcher.*
- *À pied sec.* Sans se mouiller.
🖝 Cette expression s'écrit au singulier.
- *À pieds joints.* Les pieds réunis. *Ils ont sauté à pieds joints sur le matelas.*
- *À pieds joints.* (Fig.) En se précipitant.
- *Attendre quelqu'un de pied ferme.* Avec détermination, colère.

- *Au pied de la lettre.* Littéralement.
- *Au pied levé.* Sans préparation. *Il a remplacé le conférencier absent au pied levé.*
- *Avoir bon pied, bon œil.* Être encore agile, en forme (malgré l'âge).
- *Avoir les deux pieds dans la même bottine.* Au Canada, manquer de débrouillardise, être maladroit.
- *Avoir pieds et poings liés.* Être réduit à l'impuissance.
- *Casser les pieds.* (Fam.) Ennuyer.
- *Comme un pied.* Très mal. *Il écrit, il joue comme un pied.*
- *Des pieds à la tête, de la tête aux pieds, de pied en cap.* Complètement.
- *En pied.* Se dit du portrait d'une personne représentée au complet.
- *Faire du pied à quelqu'un.* L'avertir, lui témoigner un intérêt galant.
- *Fouler aux pieds.* Mépriser.
- *Marcher sur les pieds de quelqu'un.* Chercher à l'évincer.
- *Mettre à pied.* Licencier.
- *Mettre les pieds dans le plat.* (Fam.) Gaffer.
- *Mettre les pieds dans un lieu.* Y aller.
- *Mettre quelqu'un au pied du mur.* Le forcer à agir, à se décider.
- *Mettre sur pied.* Organiser. *L'excursion a été mise sur pied par le professeur d'écologie.*
🖝 Dans cette expression, le nom s'écrit au singulier.
- *Perdre pied, lâcher pied.* Perdre l'équilibre.
- *Perdre pied, lâcher pied.* (Fig.) Être dans une situation difficile.
- *Pied de nez.* Grimace. *Des pieds de nez espiègles.*
- *Pieds nus, nu-pieds.*
🖝 Attention à l'adjectif *nu* qui est invariable devant le nom (*elle est nu-tête*), variable après le nom (*elle est tête nue*).
V. **nu.**
- *Prendre son pied.* (Fam.) Avoir du plaisir, jouir.
- *Remettre quelqu'un sur pied.* Le guérir, le remettre d'aplomb.
🖝 Dans cette expression, le nom se met au singulier.
- *Se jeter aux pieds de quelqu'un.* Le supplier, l'implorer.
- *Se lever du pied gauche.* Être de mauvaise humeur.
- *Sur pied.* Levé, prêt. *Elle est sur pied dès 6 heures.*
🖝 Cette expression s'écrit au singulier.
- *Sur un grand pied.* Dans le luxe. *Ils vivent sur un grand pied.*
- *Travailler d'arrache-pied.* Avec acharnement.
🖝 Cette expression s'écrit avec un trait d'union.

pied-à-terre n. m. inv. (pl. *pied-à-terre*)
👄 Attention à la liaison [pjetatɛr].
Petit logement qu'on habite occasionnellement. *Des pied-à-terre pratiques.*

pied-bot n. m. (pl. *pieds-bots*)
Personne qui a un pied infirme.
⇨ pied-bot.

pied-d'alouette n. m. (pl. *pieds-d'alouette*)
Plante ornementale.

pied-de-biche n. m. (pl. *pieds-de-biche*)
Outil composé d'un levier à tête.

pied-de-poule adj. inv. et n. m. (pl. *pieds-de-poule*)
• **Adjectif invariable.** *Des tailleurs pied-de-poule.*
• **Nom masculin.** Se dit d'un tissu évoquant des pattes d'oiseau. *Des pieds-de-poule noirs et blancs.*

pied-de-roi n. m. (pl. *pieds-de-roi*)
Au Canada, règle pliante en bois graduée en pieds et en pouces.
V. **mètre** (pliant).

piédestal n. m. (pl. *piédestaux*)
• Socle. *Des piédestaux ornés de motifs sculptés.*
• ***Mettre quelqu'un sur un piédestal.*** (Fig.) Lui témoigner une grande admiration.
⇨ piédestal.

piège n. m.
• Dispositif qui sert à prendre des animaux. *Un piège à renard.*
• (Fig.) Embûche. *Des questions pièges.*
◪← Mis en apposition, le nom prend la marque du pluriel.
⇨ piège.

piégeage n. m.
Action de piéger.
⇨ piégeage.

piéger v. tr.
Le *é* se change en *è* devant une syllabe muette, sauf à l'indicatif futur et au conditionnel présent. *Je piège,* mais *je piégerai.*
• Tendre un piège. *Le trappeur piégeait des renards.*
• Prendre au piège. *Ils ont été piégés par cette tactique.*

pie-grièche n. f. (pl. *pies-grièches*)
Passereau.

pierre n. f.
• Corps dur et solide, matière minérale qu'on détache des rochers. *Un bloc de pierre.*
• Fragment ou morceau de pierre. *Les voyous lui lançaient des pierres.*
◪← Le nom *roche* est un générique qui désigne la masse de substances minérales, tandis que la *pierre* est le matériau tiré de la roche dont on se sert dans la construction. Le *caillou* est un fragment de pierre de petite dimension.
• ***Pierre précieuse.*** *Le diamant, le saphir, l'émeraude, le rubis sont des pierres précieuses.*
• ***En pierre.*** Dans cette expression, le nom est généralement au singulier. *Une belle maison en pierre.*
• ***Âge de pierre.*** Époque préhistorique.

pierreries n. f. pl.
Pierres précieuses travaillées. *Ce diadème regorge de pierreries.*
◪← Ce nom s'emploie au pluriel.

pierrot n. m.
Personnage à la figure enfarinée des pantomimes.
⇨ pierrot.

pietà n. f. inv.
👄 Le *e* se prononce *é* [pjeta].
Représentation de la Vierge portant sur ses genoux le corps du Christ mort. *Des pietà de marbre.*
◪← En typographie soignée, les mots étrangers sont composés en italique. Dans des textes déjà en italique, la notation se fait en romain. Pour les textes manuscrits, on utilisera les guillemets.
⇨ pietà.

piété n. f.
Dévotion religieuse fervente.
◪← Ne pas confondre avec le nom *pitié,* sympathie pour la douleur d'autrui.
⇨ piété.

piètement n. m.
Ensemble des pieds d'un meuble. *Le piètement de cette table est intéressant.*
⇨ piètement.

piétinement n. m.
Action de piétiner. *Le piétinement des marathoniens.*

piétiner v. tr., intr.
• **Transitif**
Frapper avec les pieds. *Les chèvres ont piétiné le jardin.*
• **Intransitif**
- Rester sur place. *Les coureurs piétinent en attendant le signal du départ.*
- (Fig.) Ne pas progresser. *La réforme annoncée piétine.*

piéton, onne adj. et n. m.
• **Adjectif.** Réservé aux piétons. *Une rue piétonne.*
◪← L'adjectif comporte une forme féminine.
Syn. **piétonnier.**
• **Nom masculin.** Personne qui va à pied. *Les piétons ont la priorité au feu vert.*
◪← Le nom ne comporte pas de féminin, contrairement à l'adjectif.

piétonnier, ière adj.
Réservé aux piétons. *Des voies piétonnières.*
Syn. **piéton.**

piètre adj.
Médiocre. *Ce tissu est de piètre qualité.*

piètrement adv.
De façon médiocre.

pieu n. m. (pl. *pieux*)
Pièce de bois pointue. *Des pieux de bois.*

pieusement adv.
D'une manière pieuse.

pieuvre n. f.
Poulpe de grande taille. *La pieuvre a huit tentacules.*

pieux, pieuse adj.
Qui a de la piété. *Bianca est très pieuse.*

pige n. f.
À la pige. Se dit d'un mode de rémunération à la ligne, à l'article, etc. *Un journaliste, une traductrice à la pige.*

pigeon n. m.
• Oiseau granivore au plumage blanc, gris ou brun. *De beaux pigeons blancs.*
☞— Le nom littéraire du pigeon est la **colombe.**
• *Pigeon voyageur. Des pigeons voyageurs.*
☞— L'expression s'écrit sans trait d'union.

pigeonnant, ante adj.
Se dit, par allusion à la gorge du pigeon, d'une poitrine haute et ronde. *Des soutiens-gorge pigeonnants.*
⇨ pigeo**nn**ant.

pigeonne n. f.
Femelle du pigeon.
⇨ pigeo**nn**e.

pigeonneau n. m. (pl. *pigeonneaux*)
Petit du pigeon et de la pigeonne.
⇨ pigeo**nn**eau.

pigeonnier n. m.
Lieu où l'on élève des pigeons.
⇨ pigeo**nn**ier.

piger v. tr.
Le **g** est suivi d'un **e** devant les lettres **a** et **o.** *Il pigea, nous pigeons.*
• (Fam.) Comprendre. *Maxime n'a pas bien pigé l'explication.*
• (Fam.) Au Canada, tirer, prendre au hasard. *Sébastien a pigé le 7 et a gagné.*
☞— Le verbe est couramment utilisé en ce sens au Canada et dans certaines régions de la francophonie, mais son emploi demeure régional.

pigiste n. m. et f.
Personne rémunérée à la pige.

pigment n. m.
Substance colorée.

pigmentaire adj.
Qui se rapporte aux pigments.

pigmentation n. f.
Coloration de la peau, d'une substance par un pigment. *Une pigmentation brune.*

pignon n. m.
• Partie supérieure d'un mur. *La maison aux trois pignons.*
• Roue d'engrenage.
• Graine de la pomme de pin.

pilaf n. m.
Plat composé de riz fortement épicé accompagné de volaille, de poisson ou de légumes. *Des pilafs, du riz pilaf.*

pilaire adj.
Relatif aux poils, aux cheveux.

pilastre n. m.
Pilier carré dans une construction.
V. **pilier.**

pile adv.
• Exactement. *Nous partirons à trois heures pile.*
• *Tomber pile.* (Fam.) Arriver à propos. *Tu tombes pile, nous te cherchions.*

• *S'arrêter pile.* (Fam.) S'arrêter net.
☞— Dans ces expressions, le mot **pile** est invariable.

pile n. f.
• Entassement. *Une pile de livres.*
• Appareil transformant de l'énergie chimique, solaire en électricité. *Il y a deux piles* (et non deux *batteries) dans cette lampe de poche.*

***pilées (patates)**
Impropriété pour **purée de pommes de terre.**

piler v. tr.
Broyer avec un pilon. *Piler de l'ail.*

***piler**
Archaïsme au sens de **marcher sur.**

pileux, euse adj.
Relatif aux poils. *Le système pileux.*

pilier n. m.
Massif de maçonnerie rond ou carré soutenant une construction.
☞— Ne pas confondre avec les noms suivants :
- **atlante,** colonne sculptée en forme d'homme soutenant un entablement;
- **caryatide,** colonne sculptée en forme de femme soutenant une corniche sur sa tête;
- **colonne,** pilier circulaire soutenant les parties supérieures d'un édifice;
- **pilastre,** pilier carré dans une construction.

pillage n. m.
Vol. *Ce magasin a été l'objet d'un pillage : tout a été volé et détruit.*

pillard, arde adj. et n. m. et f.
Voleur.

piller v. tr.
Les lettres ***ill*** sont suivies d'un **i** à la première et à la deuxième personne du pluriel de l'indicatif imparfait et du subjonctif présent. *(Que) nous pillions, (que) vous pilliez.*
Voler, saccager. *Des bandes armées ont pillé les magasins.*

pilleur, euse n. m. et f.
Personne qui pille.

pilon n. m.
Instrument à base arrondie utilisé pour piler.

pilonnage n. m.
Action de pilonner.
⇨ pilo**nn**age.

pilonner v. tr.
Bombarder un objectif.
⇨ pilo**nn**er.

pilori n. m.
• Poteau auquel étaient attachés les condamnés sur la place publique.
• *Mettre quelqu'un au pilori.* Le vouer au mépris public.

pilosité n. f.
Système pileux.

pilotage n. m.
Art de conduire un navire (dans un port, sur un cours d'eau), de piloter un avion. *Des cours de pilotage.*

pilote n. m.
• Personne qui conduit un navire, un avion, un engin, une voiture de course. *Julia voudrait devenir pilote d'avion.*
• Mis en apposition, ce mot signifie «expérimental». *Des classes(-)pilotes, une usine(-)pilote, un rôle(-)pilote.*
☞ Ces expressions peuvent s'écrire avec ou sans trait d'union; le mot *pilote* prend la marque du pluriel.

*pilote
Anglicisme au sens de *veilleuse, lampe témoin.*

piloter v. tr.
• Conduire un navire, un avion, etc.
• (Fig.) Guider. *J'ai piloté mes invités à travers la ville.*
➥ piloter.

pilotis n. m.
👄 Le *s* ne se prononce pas [pilɔti].
Ensemble de pieux enfoncés dans un sol mouvant pour servir de base à une construction. *Une maison sur pilotis.*
➥ piloti**s**.

pilule n. f.
• Médicament façonné en petite boule que l'on peut avaler. *Ces pilules sont des vitamines.*
• *La pilule.* (Fam.) Contraceptif oral. *Prendre la pilule.*
• *Dorer la pilule.* Présenter une chose désagréable sous un aspect favorable.
➥ pilule.

pimbêche adj. et n. f.
Femme qui prend des airs pincés.
➥ pimbêche.

piment n. m.
Plante potagère dont le fruit à saveur très piquante sert de condiment. *Ajouter un peu de piment rouge.*
☞ Ne pas confondre avec le nom *poivron,* fruit du piment doux.

pimenter v. tr.
• Assaisonner de piment.
• Mettre du piquant.

pimpant, ante adj.
Coquet. *Une tenue pimpante.*

pin n. m.
Conifère élancé au feuillage persistant.
Hom. *pain,* aliment à base de farine.

pinacle n. m.
Sommet.

pinard n. m.
(Pop.) Vin de qualité ordinaire.
➥ pinar**d**.

pince n. f.
• Outil composé de deux parties articulées destinées à saisir, à serrer des objets. *La pince du dentiste.*
• Partie des pattes de certains crustacés. *Des pinces de homards.*
• Pli d'un vêtement. *Une jupe avec des pinces.*

• *Pince à linge. Suspendre du linge à sécher avec des pinces à linge.*

pinceau n. m. (pl. *pinceaux*)
Faisceau de poils fixés à un manche dont on se sert pour appliquer de la peinture, de la colle, etc.

pincement n. m.
Action de pincer.

pince-monseigneur n. f. (pl. *pinces-monseigneur*)
Levier utilisé par les cambrioleurs pour forcer une porte, une fenêtre.

pince-nez n. m. inv. (pl. *pince-nez*)
Lorgnon.
Syn. **binocle.**

pincer v. tr.
Le *c* prend une cédille devant les lettres *a* et *o. Il pinça, nous pinçons.*
• Serrer avec une pince, avec les doigts. *Il m'a pincée!, crie la petite fille.*
• (Fam.) Surprendre en flagrant délit. *Pincer un voleur.*

pince-sans-rire adj. inv. et n. m. et f. inv. (pl. *pince-sans-rire*)
Personne qui raille en restant impassible.

pincette n. f.
• Petite pince.
• (Au plur.) Instrument à deux branches employé pour manipuler les bûches dans une cheminée.
• *Ne pas être à prendre avec des pincettes.* Être de mauvaise humeur.

pinçon n. m.
Marque sur la peau. *Son frère lui a fait un pinçon dans le cou.*
Hom. *pinson,* oiseau.
➥ pinçon.

pineau n. m.
Vin de liqueur charentais.
Hom. *pinot,* cépage estimé.

pinède n. f.
Forêt de pins.

pingouin n. m.
Oiseau palmipède de l'Arctique.
☞ Ne pas confondre avec le nom *manchot,* oiseau palmipède de l'Antarctique.

ping-pong n. m. inv. (pl. *ping-pong*)
Tennis de table. *Jouer au ping-pong.*
☞ La personne qui pratique ce sport est un ou une *pongiste.*

pingre adj. et n. m. et f.
Avare.

pingrerie n. f.
Avarice.

pinot n. m.
Cépage estimé.
Hom. *pineau,* vin de liqueur charentais.

pinson n. m.
Oiseau apprécié pour son chant.
Hom. *pinçon,* marque sur la peau.

pintade n. f.
Oiseau gallinacé.

pintadeau n. m. (pl. *pintadeaux*)
Petit de la pintade.

pinte n. f.
Unité de mesure de capacité anglo-saxonne qui vaut un quart de gallon ou 1,136 litre. *Une pinte de lait.*

piochage n. m.
Action de piocher.

pioche n. f.
• Outil servant à creuser la terre.
• *Une tête de pioche.* Personne très têtue.

piocher v. tr.
• Creuser à la pioche.
• (Fig.) Travailler avec acharnement. *Étienne pioche sa physique.*

piolet n. m.
Outil d'alpiniste.
▭▷ piolet.

pion n. m.
• Petite pièce du jeu d'échecs, du jeu de dames.
• *Damer le pion à quelqu'un.* Prendre l'avantage sur lui.

pionnier, ière n. m. et f.
• Défricheur. *Les premiers colons en Nouvelle-France étaient des pionniers.*
• (Fig.) Personne qui ouvre une nouvelle voie.

pipe n. f.
Appareil composé d'un tuyau et d'un fourneau contenant du tabac. *Fumer une pipe.*

pipeau n. m. (pl. *pipeaux*)
Petite flûte.

pipeline n. m.
◁▷ Attention à la prononciation, [piplin] ou [pajplajn].
Canalisation servant au transport de certains fluides.
▭◁— On utilise aujourd'hui *oléoduc, gazoduc, lactoduc,* etc., selon le cas.
V. **gazoduc, oléoduc.**

piper v. tr., intr.
• **Transitif.** Truquer. *Il a pipé les cartes. Les dés sont pipés.*
• **Intransitif.** *Ne pas piper mot.* (Fam.) Ne pas dire un mot, rester impassible.

piperade n. f.
◁▷ Le premier *e* se prononce *é* [piperad].
Plat basque composé de tomates, de poivrons et d'œufs battus.

pipette n. f.
Petit tube employé en laboratoire. *Une pipette graduée.*

piquant, ante adj. et n. m.
• **Adjectif**
- Qui pique. *Sa barbe est piquante.*
- Mordant, vif. *Des paroles piquantes. Un entretien piquant.*
• **Nom masculin**
- Épine de certains végétaux, excroissance de certains animaux. *Les piquants de l'oursin, d'un cactus.*
- Ce qui est amusant. *Le piquant de l'histoire, c'est que...*

pique n. m. et f.
• **Nom masculin.** Une des couleurs du jeu de cartes. *Un sept de pique, un pique.*
• **Nom féminin.** Arme dont la pointe est acérée.
▭▷ pique.

pique-assiette n. m. et f. inv. (pl. *pique-assiette*)
Parasite qui profite de toutes les occasions pour manger gratuitement.

pique-nique n. m. (pl. *pique-niques*)
Repas pris en plein air. *D'amusants pique-niques.*

pique-niquer v. intr.
Faire un pique-nique. *C'est agréable de pique-niquer dans la forêt.*

pique-niqueur, euse n. m. et f. (pl. *pique-niqueurs, pique-niqueuses*)
Personne qui participe à un pique-nique.

piquer v. tr., intr., pronom.
• **Transitif**
- Faire une piqûre. *Quel insecte l'a piqué?*
- Coudre. *Piquer un vêtement à la machine.*
- Parsemer. *Piquer un gigot de gousses d'ail.*
- Produire une sensation. *Le vent froid pique la peau.*
- Produire une impression vive. *Piquer la curiosité de quelqu'un. Il a été piqué au vif par cette remarque.*
• **Intransitif**
Présenter des pointes aiguës. *Sa barbe pique.*
• **Pronominal**
- Se faire une piqûre. *Elle s'est piquée avec une épine de rosier.*
▭◁— Pris absolument, le verbe signifie «s'injecter un stupéfiant».
- Se vexer. *Elle se pique de la moindre remarque.*
- *Se piquer au jeu.* Se laisser prendre. *Ils se sont piqués à ce jeu de patience.*
- Se vanter. *Il se pique de connaître les bonnes manières.*

piquet n. m.
• Petit pieu. *Le chien est attaché à un piquet.*
• *Planté comme un piquet.* Immobile. *Viens nous aider au lieu de rester planté comme un piquet!*
• *Piquet de grève.* Grévistes assurant l'exécution des ordres de grève.
▭▷ piquet.

piquetage n. m.
Au Canada, manifestation collective de grévistes.

piqueter v. tr.
Redoublement du *t* devant un *e* muet. *Je piquette, je piquetterai,* mais *je piquetais.*
• Jalonner de piquets.
• Au Canada, faire du piquetage.

piquette n. f.
Vin médiocre.

piqûre n. f.
• Blessure faite par une pointe, un dard. *Une piqûre d'insecte.*

• Injection faite avec une seringue munie d'une aiguille. *Une piqûre d'insuline.*
• Points de couture. *Faire une piqûre sur un revers.*
☞ piqûre.

piranha n. m.
Petit poisson carnassier. *Des piranhas voraces.*
☞ piranha.

pirate n. m.
• Bandit des mers.
☞ Ne pas confondre avec le nom *corsaire,* capitaine autorisé à capturer les bateaux ennemis en temps de guerre.
• *Pirate de l'air.* Personne armée qui détourne un avion.
• (En appos.) Clandestin. *Une station de radio pirate, des éditions pirates.*
☞ Les expressions s'écrivent sans trait d'union et prennent la marque du pluriel aux deux éléments.

pirater v. tr.
• Reproduire quelque chose sans payer de droits. *Pirater une gravure, une édition.*
• (Inform.) Copier un logiciel sans autorisation.

piraterie n. f.
• Reproduction illégale.
• *Piraterie aérienne.* Détournement d'un avion par un pirate de l'air.

pire adj. et n. m.
• **Adjectif**
- (comparatif). Plus mauvais, plus pénible. *Des deux solutions possibles, vous avez choisi la pire.*
- *Pas pire, pas trop pire.* (Fam.) Au Canada, assez bien, pas mal. *Comment as-tu trouvé l'examen? Pas pire, il n'était pas trop difficile.*
- (superlatif). Le plus mauvais. *C'est le pire de tous.*
• **Nom masculin**
Ce qu'il y a de plus mauvais. *Pour le meilleur et pour le pire.*
☞ Ne pas confondre avec le comparatif *pis* qui signifie «plus mal».
Ant. **meilleur.**

pirogue n. f.
Embarcation rudimentaire creusée dans un arbre.

pirouette n. f.
• Tour sur soi-même. *La gymnaste fait des pirouettes très réussies.*
• (Fig.) Volte-face. *Il répondit à cette question embarrassante par une pirouette.*

pis adj., adv. et n. m.
• **Adverbe**
- *Tant pis.* Expression marquant la résignation. *Tant pis, nous n'irons pas en vacances.*
- *Aller de mal en pis.* S'aggraver.
• **Adjectif**
- (comparatif). (Litt.) Plus mal, plus grave. *Son état est pis que ce matin.*
- *Qui pis est.* Ce qui est plus fâcheux.
☞ L'adjectif *pis* étant un comparatif, il ne peut s'employer avec *plus* ou *moins.*

• **Nom masculin**
Ce qu'il y a de pis, la pire chose.
☞ Ne pas confondre avec le comparatif *pire* qui signifie «plus mauvais».
Ant. **mieux.**

pis n. m.
👄 Le *s* ne se prononce pas [pi].
Mamelle de la femelle en lactation. *Les pis de la vache.*
☞ pis.

pis-aller n. m. inv.
• Solution de remplacement, succédané.
• *Au pis aller,* locution adverbiale. En mettant les choses au pire.
☞ Le nom s'écrit avec un trait d'union, tandis que la locution adverbiale s'écrit sans trait d'union.

pisci- préf.
Élément du latin signifiant «poisson». *Pisciculture.*

piscicole adj.
Relatif à la pisciculture.
☞ piscicole.

pisciculteur n. m.
piscicultrice n. f.
Personne qui fait l'élevage des poissons.
☞ pisciculteur.

pisciculture n. f.
Élevage des poissons.
☞ pisciculture.

piscine n. f.
Bassin de natation. *Faire creuser une piscine.*
☞ piscine.

pissaladière n. f.
Tarte niçoise garnie de tomates, d'anchois et d'olives noires.

pissenlit n. m.
Plante vivace à fleurs jaunes.
☞ pissenlit.

pisser v. tr., intr.
• (Pop.) Laisser échapper un liquide. *Le blessé pisse le sang.*
• (Vulg.) Uriner.

pisse-vinaigre n. m. inv. (pl. *pisse-vinaigre*)
Personne morose, portée à la critique.

pistache adj. inv. et n. f.
• **Nom féminin.** Graine verdâtre du pistachier. *De la glace aux pistaches.*
• **Adjectif de couleur invariable.** De la couleur vert pâle de la pistache. *Des gants pistache, une écharpe vert pistache.*
V. Tableau - **COULEUR (ADJECTIFS DE).**

pistachier n. m.
Plante dont le fruit contient les pistaches.

piste n. f.
• Trace. *Trouver la piste du lièvre.*
• Indice qui guide la recherche. *Les policiers ont une piste. Brouiller les pistes.*

• Voie aménagée pour les avions. *Une piste d'atterrissage.*
• *Piste cyclable.* Voie réservée aux cyclistes.

*piste et pelouse
Calque de l'anglais «track and field» pour *athlétisme.*

pistil n. m.
👄 Le *l* se prononce [pistil].
Parties femelles d'une fleur.
☞ Attention au genre masculin de ce nom : *un* pistil.

pistolet n. m.
• Arme à feu à canon court.
• (Fig.) Personne bizarre. *C'est un drôle de pistolet.*
☞ pistole**t.**

piston n. m.
• Pièce cylindrique d'une pompe, d'un moteur à explosion, d'un instrument de musique.
• (Fig.) Influence. *Il faut avoir du piston pour obtenir ce poste.*

pistonner v. tr.
(Fam.) Recommander un candidat à une place par piston.
☞ piston**ner.**

pistou n. m.
Soupe au pistou. Potage provençal aromatisé au basilic et à l'ail.

*pitbull
Anglicisme pour *bull-terrier.*

pitchpin n. m.
👄 Le *n* est muet [pitʃpɛ̃].
Pin d'Amérique du Nord dont le bois est employé en ébénisterie.

piteusement adv.
Lamentablement, d'un air piteux.

piteux, euse adj.
• Médiocre. *De piteux résultats.*
• Déconfit. *Une mine piteuse.*
☞ piteu**x.**

pithécanthrope n. m.
Grand singe fossile.
☞ pithécanth**rope.**

-pithèque suff.
Élément du grec signifiant «singe». *Australopithèque.*

pithiviers n. m.
Pâtisserie feuilletée à la pâte d'amandes.
☞ pithiviers**.**

pitié n. f.
• Sympathie pour la douleur d'autrui.
• *Faire pitié.* Inspirer la compassion.
• *Avoir pitié de quelqu'un.* Plaindre quelqu'un.
☞ Ne pas confondre avec le nom *piété,* dévotion religieuse.

piton n. m.
• Clou dont la tête est en forme d'anneau.
• Sommet d'une montagne isolée. *Des pitons rocheux.*
Hom. *python,* serpent.

pitonner v. intr.
• (Alpin.) Planter des pitons.
• (Fam.) Au Canada, utiliser un clavier d'ordinateur, une télécommande de téléviseur.

pitoyable adj.
• Qui excite la pitié. *Ces petits affamés sont pitoyables.*
• (Fig.) Navrant, mauvais. *Des résultats pitoyables.*

pitoyablement adv.
D'une manière pitoyable, mauvaise.

pitre n. m.
Bouffon. *Arrête de faire le pitre!*

pitrerie n. f.
Bouffonnerie.

pittoresque adj.
Qui frappe, charme par son originalité. *Les pittoresques auberges anglaises.*
☞ pittoresque.

pittoresquement adv.
D'une manière pittoresque, originale.
☞ pittoresquement.

pivert ou **pic-vert** n. m.
Oiseau à plumage vert.

pivoine n. f.
Arbuste à fleurs volumineuses.

pivot n. m.
• Axe. *Le pivot d'un levier.*
• Élément clé. *L'entrepreneur est un des pivots de l'activité économique.*
☞ pivot.

pivoter v. intr.
Tourner sur un pivot ou comme sur un pivot. *Le soldat a pivoté sur ses talons et est reparti.*
☞ pivoter.

pixel n. m.
(Inform.) Plus petite surface homogène constitutive d'une image enregistrée par un système informatique. *Le nombre de pixels définit la précision de l'image.*
☞ Ce nom provient de l'abréviation de «picture element» et a fait l'objet d'une recommandation officielle.
Syn. **point image.**

pizza n. f.
👄 Les lettres *zz* se prononcent *dz* [pidza].
Plat italien ressemblant à une tarte garnie de tomates, olives, fromage, etc. *Des pizzas succulentes.*

pizzeria n. f.
👄 Les lettres *zz* se prononcent *dz* et le *e* se prononce *é* [pidzerja].
Restaurant où l'on sert des pizzas. *Des pizzerias en vogue.*
☞ pizzeria, sans accent.

p.j.
Abréviation de *pièce jointe.*

placage n. m.
Revêtement. *Un placage de chêne.*
Hom. *plaquage,* action de plaquer, dans la langue des sports.
☞ placage.

placard n. m.
• Assemblage de menuiserie aménagé dans un mur. *Ton manteau est dans le placard.*
• *Placard* (de cuisine). Assemblage de menuiserie, fermé par une porte et fixé à un mur. *Ranger la vaisselle dans les placards de cuisine.*
☞ Au Canada, on emploie plutôt *armoires de cuisine* en ce sens. Il est à noter toutefois que l'*armoire* est un meuble de rangement qui par définition est amovible, tandis que le **placard** est fixe.
• *Placard publicitaire.* Dans un journal, grande annonce publicitaire.
• (Imprim.) Épreuve en colonnes, pour les corrections. *Corriger des placards.*

placarder v. tr.
Coller un imprimé, une affiche, etc., sur un mur. *Ils ont placardé des affiches électorales sur tous les murs.*

place n. f.
• Endroit, lieu. *Une place pour chaque chose, chaque chose à sa place.*
• Espace découvert, généralement assez vaste, sur lequel débouchent plusieurs voies de circulation, la plupart du temps entouré de constructions et pouvant comporter un monument, une fontaine, des arbres ou autres éléments de verdure. (Recomm. off. OLF) *La place publique. La place Jacques-Cartier, la place d'Armes.*
☞ La place est souvent distinguée par une fonction urbaine (place de la Gare, place du Marché, place de l'Église...) et elle est fréquemment dédicatoire (place du Frère-André).
☞ L'usage qui consiste à désigner par le mot *place* un immeuble ou un ensemble d'immeubles, commerciaux ou autres, est fautif.
• Emploi, rang dans une hiérarchie. *La place d'honneur.*
• **Locutions**
- *À la place de.* Au lieu de.
- *En place.* À la place qui doit être occupée. *Mettre les couverts en place.*
- *En place.* Titulaire d'une autorité, qui jouit de la considération. *Les cadres en place.*
- *Remettre quelqu'un à sa place.* Le rappeler à l'ordre.
- *De place en place.* Par-ci, par-là.
- *Par places.* Par endroits.
- *Faire du sur place.* Rester immobile. *Il fait du sur place.*
☞ L'expression peut aussi s'écrire avec un trait d'union ou en un seul mot. *Faire du sur-place, du surplace.*
- *Ne pas tenir en place.* Bouger constamment. *Les enfants ne tiennent pas en place.*
☞ Dans cette expression, le nom s'écrit au singulier.
- *Faire place.* Céder sa place, être remplacé par. *L'hiver fait place au printemps.*

*place
Impropriété au sens de *tour, complexe, édifice, centre.*

placebo n. m. (pl. *placebos*)
⟹ Le *e* se prononce *é* [plasebo].
Médicament fictif.
▭▷ placebo, sans accent sur le *e.*

placement n. m.
Affectation d'une somme d'argent à l'achat de valeurs mobilières ou immobilières en vue d'en tirer profit. *Il a fait de mauvais placements et a perdu beaucoup d'argent.*
☞ Par rapport au mot *placement,* le terme *investissement* désigne particulièrement l'acquisition de moyens de production.

placenta n. m. (pl. *placentas*)
⟹ Les lettres *en* se prononcent *in* [plasɛ̃ta].
Organe reliant l'embryon à l'utérus maternel.

placentaire adj. et n. m. pl.
⟹ Les lettres *en* se prononcent *in* [plasɛ̃tɛr].
Relatif au placenta.

placer v. tr., pronom.
Le *c* prend une cédille devant les lettres *a* et *o. Il plaça, nous plaçons.*
• **Transitif**
- Mettre dans un lieu, à une place. *Placer ses livres dans son bureau.*
- Assigner un rang, situer. *Elle place ses enfants au-dessus de tout.*
- Faire un placement. *Il a placé son argent en obligations.*
• **Pronominal**
Prendre une place, un rang. *Ils se sont placés en tête des participants.*

*placer (un appel, une commande)
Anglicisme pour *faire* (un appel), *passer* (une commande).

placide adj.
Flegmatique, paisible.

placidement adv.
D'une manière placide.

placidité n. f.
Flegme.

placoter v. intr.
(Fam.) Au Canada, bavarder, faire des commérages.
▭▷ placoter.

plafond n. m.
• Surface plane formant la partie supérieure d'un lieu couvert. *Un plafond décoré de moulures dorées.*
• Limite supérieure, spatiale ou temporelle. *Le plafond est trop bas aujourd'hui pour voler.*
• *Prix plafond.* Prix maximal. *Des prix plafonds.*
☞ L'expression s'écrit sans trait d'union et prend la marque du pluriel aux deux éléments.

plafonnement n. m.
Action de fixer un maximum qui ne peut être dépassé. *Le plafonnement des prix.*
▭▷ plafonnement.

plafonner v. intr.
Atteindre un plafond. *Les profits plafonnent.*
▭▷ plafonner.

plafonnier n. m.
Appareil d'éclairage fixé au plafond.

☞ Ne pas confondre avec les noms suivants :
- *applique,* appareil d'éclairage fixée au mur;
- *lampe,* appareil d'éclairage muni d'un pied, d'une base;
- *luminaire,* appareil d'éclairage (terme générique);
- *suspension,* appareil d'éclairage suspendu au plafond.
⇨ plafo**nn**ier.

plage n. f.
• Rive d'une étendue d'eau, d'un cours d'eau. *Une plage de sable, de galets.*
• Période de temps. *Des plages horaires dans une grille de programmes de radio.*
• Espace gravé d'un disque. *Ce microsillon comporte quatre plages par face.*

plagiat n. m.
Action de plagier.
⇨ plagia**t**.

plagier v. tr.
Redoublement du *i* à la première et à la deuxième personne du pluriel de l'indicatif imparfait et du subjonctif présent. *(Que) nous plagiions, (que) vous plagiiez.*
Copier une œuvre (littéraire, musicale, etc.).

plaid n. m.
⬯ Le *d* se prononce [plɛd].
Couverture de lainage écossais.
☞ Ne pas confondre avec le nom *tartan,* étoffe écossaise. *Une jupe de tartan* (et non de *plaid).

plaider v. tr., intr.
• **Transitif**
Justifier par des raisons, des excuses. *Il a plaidé le découragement, la légitime défense.*
• **Intransitif**
- Défendre une cause devant la justice. *L'avocat a plaidé pour lui.*
- (Fig.) Témoigner en faveur de. *Son travail acharné plaide en sa faveur.*

plaideur, euse n. m. et f.
Personne qui plaide.

plaidoirie n. f.
Action de plaider. *La plaidoirie de l'avocat a été émouvante.*
⇨ plaid**oir**ie.

plaidoyer n. m.
Discours d'un avocat. *Son plaidoyer a convaincu les jurés.*
☞ Ne pas confondre avec les noms suivants :
- *allocution,* petit discours familier;
- *discours,* exposé d'idées d'une certaine longueur;
- *sermon, prêche,* discours d'un prédicateur.

plaie n. f.
• Blessure. *Une plaie superficielle.*
• *Retourner le fer dans la plaie.* Raviver la souffrance, le chagrin de quelqu'un.

plaignant, ante adj. et n. m. et f.
(Dr.) Personne qui se plaint en justice, demandeur.

plain-pied (de) loc. adv.
• Au même niveau. *La terrasse est de plain-pied avec la salle à manger.*
• Sur le même plan. *Chacun dans leur domaine, ils travaillent de plain-pied.*
⇨ plain-pied.

plaindre v. tr., pronom.
INDICATIF PRÉSENT *Je plains, tu plains, il plaint, nous plaignons, vous plaignez, ils plaignent.* IMPARFAIT *Je plaignais, tu plaignais, il plaignait, nous plaignions, vous plaigniez, ils plaignaient.* PASSÉ SIMPLE *Je plaignis.* FUTUR *Je plaindrai.* CONDITIONNEL PRÉSENT *Je plaindrais.* IMPÉRATIF PRÉSENT *Plains, plaignons, plaignez.* SUBJONCTIF PRÉSENT *Que je plaigne, que tu plaignes, qu'il plaigne, que nous plaignions, que vous plaigniez, qu'ils plaignent.* IMPARFAIT *Que je plaignisse.* PARTICIPE PRÉSENT *Plaignant.* PASSÉ *Plaint, plainte.*
Les lettres *gn* sont suivies d'un *i* à la première et à la deuxième personne du pluriel de l'indicatif imparfait et du subjonctif présent. *(Que) nous plaignions, (que) vous plaigniez.*
• **Transitif.** Avoir de la compassion, de la pitié pour quelqu'un. *Elle plaint ces enfants abandonnés.*
• **Pronominal.** Exprimer son mécontentement. *Ils se sont plaints de discrimination.*
☞ Le verbe *se plaindre* suivi de *que* se construit généralement avec le subjonctif. *Elle se plaint qu'on l'ait ignorée.*
☞ Le participe passé s'accorde avec le sujet du verbe. *Ils s'étaient plaints du retard.*

plaine n. f.
Étendue plate. *Les plaines de l'Ouest s'étendent à perte de vue.*

plainte n. f.
• Lamentation. *Les plaintes d'un chat affamé.*
• Expression du mécontentement d'une personne, d'un groupe. *Faire une plainte au propriétaire d'un immeuble.*
• *Porter plainte.* Déposer une plainte contre quelqu'un auprès d'une autorité.
Hom. *plinthe,* moulure.

plaintif, ive adj.
Gémissant. *Un ton plaintif.*

plaintivement adv.
Avec un ton plaintif.

plaire v. tr. ind., intr., pronom.
INDICATIF PRÉSENT *Je plais, tu plais, il plaît, nous plaisons, vous plaisez, ils plaisent.* IMPARFAIT *Je plaisais.* PASSÉ SIMPLE *Je plus.* FUTUR *Je plairai.* CONDITIONNEL PRÉSENT *Je plairais.* IMPÉRATIF PRÉSENT *Plais, plaisons, plaisez.* SUBJONCTIF PRÉSENT *Que je plaise.* IMPARFAIT *Que je plusse.* PARTICIPE PRÉSENT *Plaisant.* PASSÉ *Plu.*
Attention à l'accent circonflexe de la troisième personne du singulier, *il plaît.*
• **Transitif indirect**
Être agréable, être une source de plaisir. *Cette jeune fille me plaît beaucoup. Cette idée lui plaît.*
• **Intransitif**
Susciter de l'attrait. *Cet auteur plaît beaucoup.*

• **Impersonnel**
- *Il (me, te, etc.) plaît de. Il (m', t', etc.) est agréable.*
Il lui plaît de venir.
☞ Cette construction est de style soutenu; dans la
langue courante, on emploie plutôt *ça me plaît.*
- *S'il vous plaît* (abréviation **SVP** ou **svp**). Formule
de politesse accompagnant une demande.
• **Pronominal**
- S'aimer l'un l'autre. *Ils se sont plu tout de suite.*
- Trouver du plaisir à. *Ils se plaisent dans cet endroit.*
- *Se plaire* + infinitif. Prendre plaisir à faire quelque
chose. *Elle se plaît à lire.*
☞ Cette construction est de niveau littéraire.

plaisamment adv.
De façon plaisante, agréable.
☞ plaisa**mm**ent.

plaisance n. f.
Navigation de plaisance. Que l'on pratique pour son
agrément.

plaisant, ante adj. et n. m.
• **Adjectif**
- Qui plaît, agréable. *Un lieu plaisant.*
- Amusant, sympathique.
• **Nom masculin**
Mauvais plaisant. Personne qui fait une plaisanterie
désagréable. *Des mauvais plaisants.*

plaisanter v. tr., intr.
• **Transitif**. Taquiner, se moquer gentiment de quelqu'un. *Il plaisante toujours sa petite sœur.*
• **Intransitif**. Blaguer. *Elle est souvent en train de plaisanter : elle n'est pas très sérieuse.*

plaisanterie n. f.
Blague, farce. *Marie-Ève n'apprécie pas ses mauvaises
plaisanteries.*

plaisantin adj. m. et n. m.
Blagueur.

plaisir n. m.
• Sensation agréable. *Ce fut un plaisir.*
☞ Ne pas confondre avec les noms suivants :
- *bonheur,* état moral de plénitude qui comporte une
idée de durée;
- *gaieté,* bonne disposition de l'humeur;
- *joie,* émotion profonde et agréable, souvent courte
et passagère.
• **Locutions**
- *À plaisir.* (Litt.) En y prenant plaisir, à volonté.
- *Au plaisir!* Formule d'adieu. *Au plaisir de vous revoir!*
- *Avec plaisir.* Formule de politesse marquant une
acceptation. *J'accepte avec plaisir.*
- *Par plaisir.* Pour s'amuser.
- *Selon son bon plaisir.* Selon sa volonté, ses désirs.

plan, plane adj.
Plat. *Une surface plane.*

plan n. m.
• Surface plane. *Un plan incliné.*
- *Plan de travail.* Dans une cuisine, surface horizontale servant à diverses opérations. *Nettoie le plan de
travail.*

☞ Au Canada, c'est plutôt *comptoir* (de cuisine)
qu'on emploie en ce sens.
- *Plan de cuisson.* Plaque encastrable recevant des
plaques électriques ou des brûleurs à gaz.
• **Locutions**
- *Sur tous les plans.* À tous les égards.
- *Sur le plan de.* Au point de vue de. *Sur le plan de la
technique, il est irréprochable.*
☞ La préposition employée avec le nom **plan** est
sur et non *au*; on confond fréquemment les expres-
sions *sur le plan de* et *au point de vue de.*
- *Rester en plan.* Être abandonné.
- *Au premier plan.* Qui vient en premier lieu. *Cette
question est au premier plan des discussions.*
- *À l'arrière-plan.* Au dernier rang.
☞ La locution s'écrit avec un trait d'union.
• Représentation d'une ville, d'un réseau de communi-
cations. *Le plan de Montréal, le plan du métro.*
☞ La *carte* est une représentation à échelle ré-
duite d'une partie de la surface de la Terre.
• Suite ordonnée d'actions en vue de l'atteinte d'un
objectif. *Un plan stratégique, un plan d'action.*
Hom. *plant,* végétal.

***plan d'assurance**
Anglicisme pour *police, contrat d'assurance.*

***plan de pension**
Anglicisme pour *régime de retraite.*

planche n. f.
• Pièce de bois peu épaisse, plus longue que large
dont on se sert en menuiserie. *Des planches de pin.*
• *Planche de salut.* Moyen ultime.
• Surface de bois destinée à un usage particulier. *Une
planche à repasser, une planche à dessin.*
• (Au plur.) Théâtre. *Monter sur les planches.*
• Illustration. *Cette encyclopédie comporte des planches
en couleurs.*
• *Planche à voile.* Planche munie d'un mât, d'une
dérive et d'une voile que l'on fait avancer sur l'eau.
• *Planche à roulettes.* Planche montée sur quatre
roues, sur laquelle on se déplace. *Faire de la planche
à roulettes* (et non du *skateboard).

plancher n. m.
• Sol d'une pièce, séparation entre deux étages. *Un
plancher de chêne.*
• Limite inférieure. *Des prix planchers.*

plancher v. tr., intr.
• **Transitif indirect**. (Fam.) Travailler de façon intensive.
Elle planche sur sa conférence.
• **Intransitif**. (Fam.) Subir un examen, faire un exposé
au collège, à l'université.

***plancher**
Anglicisme au sens de *étage, niveau. Le rayon des
jouets est au deuxième étage* (et non *plancher).

***plancher (prendre le)**
Calque de l'anglais «to take the floor» pour *prendre
la parole.*

planchette n. f.
Petite planche.

plancton n. m.
⇔ Le **c** se prononce [plãktɔ̃].
Ensemble des organismes microscopiques en suspension dans l'eau de mer ou dans l'eau douce.
⇨ plan**c**ton.

planer v. tr., intr.
• **Transitif**
Aplanir. *Planer une surface.*
• **Intransitif**
- Voler sans remuer les ailes, en parlant d'un oiseau; voler sans l'aide des moteurs, en parlant d'un avion.
- (Fig.) Flotter. *Une menace planait.*

planétaire adj.
Qui concerne les planètes. *Le système planétaire.*
⇨ plan**é**taire.

planétarium n. m.
Endroit où l'on recrée sur une voûte hémisphérique les mouvements des astres. *Des planétariums.*
⇨ plan**é**tarium.

planète n. f.
Corps céleste qui tourne autour du Soleil.
⊏◻— Les noms de planètes, de constellations, d'étoiles s'écrivent avec une majuscule. *La Galaxie, Mercure, Saturne,* etc.
V. **astre.**
⇨ planète.

planeur n. m.
Avion léger sans moteur, apte à planer.

planificateur, trice adj. et n. m. et f.
• **Adjectif.** Qui est relatif à la planification. *Des études planificatrices.*
• **Nom masculin et féminin.** Spécialiste de la planification.

planification n. f.
Action de planifier. *De la planification à long terme.*

planifier v. tr.
Redoublement du **i** à la première et à la deuxième personne du pluriel de l'indicatif imparfait et du subjonctif présent. *(Que) nous planifiions, (que) vous planifiiez.*
Établir un plan comportant les objectifs à atteindre et les moyens à mettre en œuvre pour y parvenir.

*****planning**
Anglicisme utilisé en France pour *planification, programme.*

planque n. f.
• (Fam.) Cachette.
• (Fig. et fam.) Travail facile et bien rémunéré. *Ce boulot est une bonne planque.*

planquer v. tr., pronom.
• **Transitif.** (Fam.) Mettre à l'abri quelqu'un, quelque chose.
• **Pronominal.** (Fam.) Se cacher.

plant n. m.
Jeune plante que l'on vient de planter ou que l'on va replanter. *Des plants de tomates, de framboises.*
Hom. **plan,** surface plane.

*****plant**
Anglicisme au sens de *usine.*

plantain n. m.
Plante dont on nourrit les petits oiseaux.
⇨ plant**ain.**

plantation n. f.
• Action de planter. *La plantation d'un conifère.*
• Terrain planté d'arbres, souvent d'une espèce particulière. *Une érablière est une plantation d'érables.*
• Exploitation agricole des pays tropicaux.

plante n. f.
• Végétal. *Les arbres, les arbustes, les herbes sont des plantes.*
• Partie du pied de l'homme et de certains animaux. *La plante des pieds.*

planter v. tr., pronom.
• **Transitif**
- Mettre en terre des graines ou des plants. *Planter des choux.*
⊏◻— Ne pas confondre avec les verbes suivants :
- **ensemencer** ou **semer,** jeter de la semence en terre;
- **repiquer,** mettre en terre des plantes.
- Enfoncer quelque chose dans une matière plus ou moins dure. *Planter des clous.*
• **Pronominal**
- Se poster immobile devant quelqu'un. *Elle s'est plantée devant lui.*
- (Fam.) Subir un échec.

planteur n. m.
Agriculteur qui dirige une plantation tropicale.

planton n. m.
Soldat de service auprès d'un officier.

plantureusement adv.
En abondance.

plantureux, euse adj.
Abondant. *Un banquet plantureux.*

plaquage n. m.
(Sports) Action de plaquer. *Ce joueur a été blessé lors d'un plaquage.*
Hom. **placage,** revêtement.
⇨ pla**qu**age.

plaque n. f.
• Feuille (de métal, de verre, etc.). *Une plaque de cuivre.*
• Pièce de métal portant des indications. *Une plaque d'immatriculation* (et non *****licence).
• **Plaque tournante.** Centre important qui détermine une situation.

plaquer v. tr.
• Couvrir d'une couche de métal. *Des bijoux plaqués or.*
• Appliquer fortement. *Il l'a plaqué contre le mur. Le joueur a été plaqué au sol.*
• (Fam.) Abandonner. *Son petit ami l'a plaquée.*

plaquette n. f.
• Petite plaque. *La signalisation est indiquée sur des plaquettes de bois.*
• Petit livre de peu d'épaisseur. *Une plaquette de poèmes.*

Ne pas confondre avec les mots suivants :
- **fascicule,** partie d'un ouvrage qui paraît par fragments successifs;
- **livre,** écrit reproduit à un certain nombre d'exemplaires;
- **tome,** chacun des volumes d'un même écrit qui en comprend plusieurs.
• Élément du sang. *Les plaquettes sanguines.*

plasma n. m.
Partie liquide du sang.

plastic n. m.
Explosif.
Hom. *plastique,* matière synthétique.
plasti**c.**

plasticage ou **plastiquage** n. m.
Attentat au plastic.

plasticité n. f.
• Souplesse.
• Qualité de ce qui est plastique.

plastie n. f.
Intervention de chirurgie plastique. *Une plastie des seins.*

plastifier v. tr.
Redoublement du *i* à la première et à la deuxième personne du pluriel de l'indicatif imparfait et du subjonctif présent. *(Que) nous plastifiions, (que) vous plastifiiez.*
Recouvrir de plastique. *Plastifier un tissu, une carte.*

plastiquage
V. **plasticage.**

plastique adj. et n. m. et f.
• **Adjectif**
- Relatif aux arts, à la beauté. *Les arts plastiques.*
- Malléable, propre à être modelé.
- *Chirurgie plastique.* Chirurgie destinée à restaurer, à donner de belles formes.
• **Nom masculin**
Matière synthétique qui peut être moulée. *Ce beurrier est en plastique.*
• **Nom féminin**
Beauté. *La plastique de ces gestes.*
Hom. *plastic,* explosif.
plasti**que.**

plastiquer v. tr.
Faire exploser au plastic.

plastron n. m.
• Pièce matelassée qui couvre la poitrine.
• Partie avant de certains vêtements.

plat n. m.
• Récipient plat. *Un plat allant au four à micro-ondes.*
• Mets. *Un plat cuisiné, un plat de légumes, le plat du jour.*
• Partie plate de certaines choses. *Le plat de la main.*
• *À plat.* Horizontalement.
• *Être à plat.* Être dégonflé, en parlant d'un pneu.
• *Être à plat.* (Fig.) Être déprimé, épuisé, en parlant d'une personne.

plat, plate adj.
Au masculin, le *t* est muet [pla].
• Qui présente une surface sans relief, généralement horizontale. *Des cheveux plats, un toit plat, des souliers plats.*
• Sans intérêt. *Ce qu'il dit est complètement plat.*
• Non gazeux. *De l'eau plate.*
plat, plate.

platane n. m.
Grand arbre à la forme majestueuse. *Une allée bordée de platanes.*

plateau n. m. (pl. plateaux)
• Tablette plate. *Les plateaux d'une balance.*
• Surface plate sur laquelle on pose des verres, de la vaisselle, etc. *Un plateau de bois* (et non un *cabaret), *un plateau à fromages.*
• Scène d'un théâtre.
• (Géogr.) Étendue de pays plate dont l'altitude est supérieure à celle des environs. *Un plateau calcaire.*

plateau de sciage n. m.
Bâti recevant une scie circulaire (et non un *banc de scie).

plate-bande n. f. (pl. *plates-bandes*)
Espace de terre garni de fleurs, d'arbustes. *Des plates-bandes remplies de rosiers.*

platée n. f.
Contenu d'un plat.

plate-forme n. f. (pl. *plates-formes*)
• Surface plate. *Ils ont construit une plate-forme pour les musiciens.*
• (Fig.) Programme d'un parti politique. *Une plate-forme électorale.*
plate-forme, avec un trait d'union.

platement adv.
Avec platitude.

platine adj. inv. et n. m. et f.
• **Nom masculin.** Métal précieux. *Cette bague, est-ce du platine ou de l'or?*
• **Nom féminin.** Plaque portante. *La platine d'un tourne-disques.*
Ne pas confondre avec le nom *patine,* poli donné par le temps.
• **Adjectif de couleur invariable.** Blond très clair. *Des cheveux platine.*
V. Tableau - **COULEUR (ADJECTIFS DE).**

platiné, ée adj.
De la couleur du platine. *Une chevelure platinée.*

platiner v. tr.
Recouvrir de platine. *Platiner un métal.*

platitude n. f.
Caractère de ce qui est plat, sans intérêt. *La platitude d'un cours, d'un film, d'une remarque.*

platonique adj.
Se dit d'un sentiment pur et spirituel. *Un amour platonique.*

platoniquement adv.
D'une manière platonique.

plâtrage n. m.
Action de plâtrer.
⇨ plâtrage.

plâtras n. m.
Matériaux de démolition.
⇨ plâtras.

plâtre n. m.
• Pâte dure faite à partir du gypse employé comme revêtement ou pour immobiliser un membre fracturé.
François a une jambe dans le plâtre.
• Moulage de plâtre. *Les plâtres néo-classiques sont
très populaires.*
⇨ plâtre.

plâtrer v. tr.
Enduire de plâtre. *Plâtrer une jambe fracturée.*
⇨ plâtrer.

plâtrier n. m.
Personne qui travaille le plâtre.
⇨ plâtrier.

plausibilité n. f.
Qualité de ce qui est plausible.
⇨ plausibilité.

plausible adj.
Que l'on peut croire. *Son excuse est plausible.*
⇨ plausible.

plausiblement adv.
D'une manière plausible.
⇨ plausiblement.

*play-boy
Anglicisme pour **séducteur.**

plébiscite n. m.
Manifestation de la confiance d'un peuple au chef de
l'État.
⇨ plébiscite.

plébisciter v. tr.
Ratifier quelque chose, élire quelqu'un à une très forte
majorité.
⇨ plébisciter.

pléiade n. f.
Groupe de personnes formant une élite. *Une pléiade
de pianistes.*
⇒— Pour désigner le groupe de poètes français de
la Renaissance ainsi que le groupe d'étoiles de la constellation du Taureau, le nom s'écrit avec une majuscule.
La Pléiade, les Pléiades.
⇒— Ne pas confondre avec le nom **myriade,** groupe
nombreux.
⇨ pléiade.

plein, pleine adj., n. m. et prép.

• **Adjectif**
- Rempli au complet. *Un plein panier de fruits.*
- Qui contient une grande quantité. *La rue est
pleine de voitures. Une forêt pleine de gibier.*
- Entier. *La Lune est pleine.*
- **En pleine mer.** Au large.
- **En plein air.** Dehors.

- **En plein soleil.** Par un soleil éclatant, sans nuage.
- **De plein gré.** Avec sa complète volonté.
- **À plein temps, à temps plein.** Pendant la durée
normale de travail (environ 35 heures par semaine).
- **De plein droit.** En toute légitimité.
• **Adverbe**
- **En plein.** Complètement. *C'est en plein ça, vous
avez la bonne réponse.*
- **À plein.** Pleinement. *Les jeunes s'amusaient à
plein.*
- **Tout plein.** Beaucoup. *Il y avait tout plein de
cadeaux autour de l'arbre de Noël.*
⇒— Pris adverbialement, le mot est toujours invariable.
• **Nom masculin**
- Caractère de ce qui est entier, complet.
- **Faire le plein.** Remplir un réservoir d'essence
complètement.
- **Battre son plein.** Être à son point culminant. *La
fête battait son plein quand il s'est mis à pleuvoir.*
• **Préposition**
Autant que la chose peut en contenir. *Il a des livres
plein la maison, des sous plein les poches.*
⇒— Comme préposition, le mot est toujours invariable.

---

plein air n. m.
Extérieur. *Les sports de plein air.*

pleinement adv.
Entièrement.

plein(-)emploi n. m.
(Écon.) Situation économique d'un pays où il n'y a pas
de chômage. *Le plein(-)emploi est-il une utopie?*

plein-temps adj. inv. et n. m. inv.
Qui travaille à temps complet. *Des employés plein-
temps. L'hôpital a recruté deux plein-temps.*
⇒— Par contre, l'expression **à plein temps** s'écrit sans
trait d'union. *Il travaille à plein temps, à temps plein.*

plénier, ière adj.
• (Vx) Complet.
• Se dit d'une séance, d'une assemblée à laquelle tous
les membres assistent. *Assemblée, réunion plénière.*

plénipotentiaire adj. et n. m.
Qui a les pleins pouvoirs de représentation diplomatique. *Un ministre plénipotentiaire.*
⇨ plénipotentiaire.

plénitude n. f.
(Litt.) Totalité, force. *La plénitude d'un instant.*

pléonasme n. m.

Répétition inutile de mots qui ont le même sens.
⇒— Certains pléonasmes sont intentionnels quand
l'auteur veut insister sur quelque chose. *Je l'ai entendu de mes oreilles* est un pléonasme voulu.
Voici quelques exemples de pléonasmes fautifs :
- *ainsi par exemple;
- *ajouter en plus;
- *comparer ensemble;
- *hasard imprévu;
- *monopole exclusif;

- *monter en haut;
- *panacée universelle;
- *petite maisonnette;
- *pléonasme redondant;
- *première priorité;
- *prévoir à l'avance;
- *redemander de nouveau;
- *tous sont unanimes.

pléonastique adj.
Qui constitue un pléonasme. *«Descendre en bas» est une expression pléonastique.*

pléthore n. f.
Abondance, emploi excessif. *Dans ce texte publicitaire, il y a une pléthore de majuscules.*
▭▷ pléthore.

pléthorique adj.
Abondant.
▭▷ pléthorique.

pleur n. m. (gén. pl.)
(Litt.) Larme. *Ce ne furent que pleurs et grincements de dents.*

pleurer v. tr., intr.
• **Transitif.** Déplorer. *Il pleure la perte d'un ami.*
• **Intransitif.** Répandre des larmes. *Elle pleure d'émotion, il pleure à chaudes larmes.*

pleurésie n. f.
Inflammation de la plèvre.

pleurnichard, arde adj. et n. m. et f.
Qui a un ton plaintif, qui pleure sans raison.

pleurnichement n. m. ou **pleurnicherie** n. f.
Action de pleurnicher.

pleurnicher v. intr.
Se lamenter, pleurer sans raison. *Cesse de pleurnicher.*

pleurote n. m.
Champignon comestible.
▭▷ pleurote.

pleutre adj. et n. m.
Lâche.

pleutrerie n. f.
Lâcheté.

pleuvoir v. impers. et intr.
Ce verbe ne se conjugue qu'à la troisième personne du singulier et du pluriel.
INDICATIF PRÉSENT *Il pleut, ils pleuvent.* IMPARFAIT *Il pleuvait, ils pleuvaient.* PASSÉ SIMPLE *Il plut, ils plurent.* FUTUR *Il pleuvra, ils pleuvront.* CONDITIONNEL PRÉSENT *Il pleuvrait, ils pleuvraient.* SUBJONCTIF PRÉSENT *Qu'il pleuve, qu'ils pleuvent.* IMPARFAIT *Qu'il plût, qu'ils plussent.* PARTICIPE PRÉSENT *Pleuvant.* PASSÉ *Plu.* La forme impérative n'existe pas.
• **Impersonnel.** Tomber, en parlant de la pluie. *Il pleut à torrents, à verse, à boire debout.*
▭◻← Attention à l'orthographe de l'expression *à verse* qui s'écrit en deux mots.

• **Intransitif.** (Fig.) Venir en abondance. *Les suggestions pleuvent; le comité aura l'embarras du choix.*

plèvre n. f.
Enveloppe des poumons.

plexiglas n. m.
⟷ Le *s* se prononce [plɛksiglɑs].
• S'abrège familièrement en *plexi* (s'écrit sans point).
• Matière plastique employée comme verre de sécurité. *Une table de plexiglas.*
▭◻← Ce nom est une marque déposée qui est passée dans l'usage et qui s'écrit maintenant avec une minuscule.
▭▷ plexiglas.

pli n. m.
• Double épaisseur d'une étoffe, d'un papier, etc. *Les plis d'une jupe.*
• Ondulation. *Les plis d'un drapé.*
• *Prendre un pli.* Acquérir une habitude. *Trop tard, le pli était déjà pris.*
• *Mise en plis.* Action de donner aux cheveux les ondulations désirées.
▭◻← Dans cette expression, le nom se met au pluriel.
• *Faux pli.* Endroit où l'étoffe est froissée, mal ajustée.
• Enveloppe. *Un chèque envoyé sous pli cacheté.*
Hom. *plie,* poisson de mer dont la chair est appréciée.

pliage n. m.
Action de plier.

pliant, ante adj. et n. m.
• **Adjectif.** Qui se plie. *Des lits pliants.*
• **Nom masculin.** Siège sans bras ni dossier qu'on replie après usage.
▭◻← Ne pas confondre avec le participe présent invariable *pliant. Tous les jours, on pouvait voir les campeurs pliant leurs tentes à cinq heures.*

plie n. f.
• Poisson de mer dont la chair est appréciée.
• Au Canada, on confond souvent ce poisson avec la sole. *Ce que nous appelons sole est souvent de la plie.*
Hom. *pli,* double épaisseur de papier, d'étoffe.

plier v. tr., intr., pronom.
Redoublement du *i* à la première et la deuxième personne du pluriel de l'indicatif imparfait et du subjonctif présent. *(Que) nous pliions, (que) vous pliiez.*
• **Transitif**
- Faire un pli. *Plier un papier en deux.*
- Incliner, fléchir. *Plier le bras.*
- Rapprocher les unes des autres les parties de. *Plier le bras, la jambe, une chaise.*
- *Plier bagage.* Partir.
▭◻← Le nom s'écrit au singulier dans cette expression.
• **Intransitif**
S'affaisser, se courber. *Les branches plient sous le poids des pommes.*
▭◻← Ne pas confondre avec le verbe *ployer,* courber en abaissant.

• **Pronominal**
Se soumettre à quelqu'un, quelque chose. *Ils se sont pliés à ces exigences.*

plinthe n. f.
Saillie au bas d'un mur. *Les plinthes sont en chêne.*
Hom. ***plainte,*** lamentation.
➱ plinthe.

plissage n. m.
Action de plisser. *Le plissage d'une étoffe.*

plisser v. tr., intr.
• **Transitif.** Marquer de plis. *Une jupe plissée.*
• **Intransitif.** Avoir des plis. *Ce chemisier plisse un peu.*

plomb n. m.
• Symbole ***Pb*** (s'écrit sans point).
• Métal d'un gris bleuâtre. *Des soldats de plomb.*
• ***Sommeil de plomb.*** Sommeil très profond.
➱ plom**b**.

***plomb (crayon de)**
Anglicisme au sens de ***crayon à la mine.***

plombage n. m.
Action de recouvrir de plomb. *Le plombage de cette dent est à refaire.*

plomber v. tr.
Appliquer du plomb à quelque chose. *Plomber une dent.*

plomberie n. f.
• Travail d'installation des conduites d'eau, de gaz d'une maison, d'un bâtiment. *Un entrepreneur de plomberie.*
• Canalisations. *Réparer la plomberie.*

plombier n. m.
plombière n. f.
Personne qui exécute des travaux de plomberie.

plongeant, ante adj.
Qui va profondément. *Des décolletés plongeants.*

plongée n. f.
Action de plonger sous l'eau. *Avec un tuba et des palmes, Julia fait de la plongée sous-marine.*

plongeoir n. m.
Tremplin.

plongeon n. m.
• Action de sauter dans l'eau. *Marc a fait un plongeon en arrière.*
• Chute de quelqu'un, de quelque chose qui tombe de très haut. *L'autobus a fait un plongeon dans le ravin.*

plonger v. tr., intr., pronom.
Le ***g*** est suivi d'un ***e*** devant les lettres ***a*** et ***o***. *Il plongea, nous plongeons.*
• **Transitif.** Immerger. *Plonger un récipient dans l'eau.*
• **Intransitif.** Sauter dans l'eau. *Marie-Lou plongea du tremplin de trois mètres.*
• **Pronominal.** S'absorber dans une activité. *Il s'était plongé dans son travail et ne se laissait distraire par rien.*

plongeur n. m.
plongeuse n. f.
• Personne qui pratique la plongée sous-marine.

☞ Ce nom tend à remplacer ***homme-grenouille.***
• Personne qui plonge d'un tremplin. *Sylvie Bernier est une excellente plongeuse, elle a gagné la médaille d'or.*
• Personne qui lave la vaisselle dans un restaurant.

ployer v. tr., intr.
Le ***y*** se change en ***i*** devant un ***e*** muet. *Il ploie, il ploiera.*
Le ***y*** est suivi d'un ***i*** à la première et à la deuxième personne du pluriel de l'indicatif imparfait et du subjonctif présent. *(Que) nous ployions, (que) vous ployiez.*
(Litt.) Fléchir, plier. *Le saule ploie sous la lourdeur de ses branches.*
☞ Ne pas confondre avec le verbe ***plier,*** incliner, fléchir.

***plug**
Anglicisme pour ***prise de courant.***

pluie n. f.
Eau qui tombe par gouttes du ciel. *Une pluie abondante tombe sur la ville.*

plumage n. m.
Ensemble des plumes d'un oiseau. *Le perroquet a un plumage multicolore.*

plume n. f.
• Production cutanée des oiseaux. *Des plumes d'autruche. Un oreiller de plumes ou de plume.*
☞ Le nom se met au pluriel ou au singulier selon qu'il est envisagé de façon singulière ou collective.
• Instrument pour écrire. *Ce devoir doit être écrit à la plume.*
• (Litt.) Style d'un auteur. *Il a une belle plume.*

***plume-fontaine**
Calque de l'anglais «fountain pen» au sens de ***stylo-(graphe).***

plumeau n. m. (pl. *plumeaux*)
Petit balai pour l'époussetage.

plumer v. tr.
Arracher les plumes d'un oiseau. *Plumer une poule.*

plumetis n. m.
👄 Le ***s*** ne se prononce pas [plymti].
Broderie.
➱ plumeti**s**.

plumier n. m.
Étui destiné à recevoir les crayons, les stylos, etc.

plum-pudding n. m. (pl. *plum-puddings*)
👄 Le premier ***u*** se prononce ***ou*** ou ***o*** et le deuxième se prononce ***ou***, [plumpudiŋ] ou [plɔmpudiŋ].
Gâteau aux fruits à l'anglaise.

plupart (la) n. f.
• Le plus grand nombre de personnes, la majorité.
• ***La plupart,*** sans complément. Le verbe se met au **pluriel** quand le nom est construit sans complément et le participe passé s'accorde avec le complément sous-entendu. *La plupart seront retenus.*
• ***La plupart*** + complément au pluriel. Le verbe se met au **pluriel** quand le collectif est suivi d'un complément

au pluriel et le participe passé s'accorde avec le complément. *La plupart des électeurs se sont inscrits.*
• *La plupart + d'entre nous, d'entre vous.* Le verbe se met à la troisième personne du pluriel et le participe passé s'accorde avec le complément pluriel. *La plupart d'entre nous ont été retenus.*
V. Tableau - **COLLECTIF.**

plural, ale, aux adj.
Qui concerne plusieurs unités. *Des votes pluraux.*

pluralisme n. m.
Régime politique composé de plusieurs partis, plusieurs tendances.

pluralité n. f.
Fait d'être plusieurs. *Ce nom collectif marque la pluralité.*

pluri- préf.
• Élément du latin signifiant «plusieurs». *Plurilingue.*
• Les mots composés avec le préfixe *pluri-* s'écrivent en un seul mot. *Pluridisciplinaire, pluriannuel.*

pluriannuel, elle adj.
Qui dure plusieurs années.

pluridisciplinaire adj.
Qui concerne plusieurs disciplines, plusieurs domaines. *Un groupe pluridisciplinaire.*
☞ Ne pas confondre avec l'adjectif *disciplinaire* qui se rapporte à la discipline, aux sanctions. *Des mesures disciplinaires.*
⇒ pluridisciplin**aire.**

pluriel, elle adj. et n. m.
• **Adjectif.** Qui exprime la pluralité. *Une forme plurielle.*
• **Nom masculin.** Forme d'un mot qui marque la pluralité, la multiplicité. *Il y a deux nombres en français : le singulier et le pluriel.*
V. Tableau - **PLURIEL DES NOMS.**

plurilingue adj. et n. m. et f.
Qui parle plusieurs langues. *Le papa d'Étienne est plurilingue, il parle le français, l'anglais, l'arabe et l'italien.*
Syn. **polyglotte.**

plus adv. et n. m.

👄 Le *s* ne se prononce généralement pas [ply]; devant une voyelle ou un *h* muet toutefois, le *s* se prononce en liaison. *Plus on donne. Il est plus honnête que son ami.*
👄 En mathématiques, ainsi que dans l'emploi comme nom, le *s* se prononce toujours. *Deux plus* [plys] *deux. Un plus et un moins.*
• **Comparatif de supériorité**
À un plus haut degré, davantage. *Elle est plus grande que son amie.*
• **Superlatif relatif**
Au plus haut degré. *Il est le plus gentil du monde.*
- *Le, la plus... que.* *C'est la solution la plus intéressante que nous puissions imaginer.*
☞ Le verbe se met généralement au subjonctif; on peut employer l'indicatif si l'on veut marquer davantage la réalité que la possibilité. *C'est la*

solution *la plus intéressante que nous avons trouvée.*
• **Adverbe**
- *Ne... plus.* Avec la négation, l'adverbe marque la cessation d'une action, d'un état. *Nous n'irons plus au bois.*
- Marque une addition, une quantité. *Deux tomates plus un concombre.*
• **Nom masculin**
- Signe de l'addition. *Remplacer un plus par un moins.*
- La plus grande quantité. *Le plus que nous puissions espérer.*
• **Locutions**
- *Des plus +* adjectif. Parmi les plus. *Une personne des plus aimables.*
☞ 1° L'adjectif ou le participe qui suit *des plus,* se met au pluriel et s'accorde en genre avec le sujet qui est déterminé. *Cette animatrice est des plus compétentes. Un véhicule des plus résistants.*
　　2° Si le sujet est indéterminé, l'adjectif ou le participe restent invariables. *Parler à des inconnus est des plus risqué.*
- *Plus d'un,* locution pronominale. Ce collectif est généralement suivi d'un verbe au singulier. *Plus d'un fut tenté, plus d'un candidat est tombé dans le piège.*
- *De plus en plus,* locution adverbiale. Toujours davantage.
- *Tout au plus,* locution adverbiale. Pas davantage que.
- *D'autant plus... que,* locution conjonctive. Encore plus.
☞ Cette locution se construit avec l'indicatif ou le conditionnel. *Il est d'autant plus apprécié qu'il est compétent et juste.*
- *Ni plus, ni moins.* Exactement.
- *On ne peut plus.* Extrêmement.

plusieurs adj. indéf., pron. indéf.
• **Adjectif indéfini.** Un certain nombre. *J'ai acheté plusieurs fruits.*
• **Pronom indéfini.** Un certain nombre de personnes. *Plusieurs sont en voyage.*
☞ L'adjectif ou le pronom *plusieurs* est toujours au pluriel et conserve la même forme au masculin et au féminin.

plus-que-parfait n. m.

👄 Le *s* se prononce [plyskəparfɛ].
• **Le plus-que-parfait de l'indicatif** exprime :
- un fait ponctuel ou habituel qui a précédé un fait passé. *Le spectacle était terminé quand nous sommes partis. Il avait neigé toute la journée quand nous avons quitté la ville.*
- un fait hypothétique. *Ah! si j'avais su, j'aurais procédé autrement.*
• **Le plus-que-parfait du subjonctif**
L'emploi de ce temps relève surtout de la langue littéraire. *Nous ne pouvions poursuivre avant qu'il n'eût donné son point de vue.*

PLURIEL DES NOMS

Le nom se met au pluriel quand il désigne plusieurs êtres ou plusieurs objets. *Trois enfants. Cinq maisons.*

☞ En français, la marque du pluriel ne s'inscrit qu'à compter de deux unités. *La somme s'élève à 1,5 million de dollars, à 2,5 milliers de francs.*

Règles générales

- Le pluriel des noms se forme en ajoutant un **s** au singulier. *Un arbre, des arbres.*

- Les noms terminés au singulier par **-s, -x, -z** sont invariables. *Un refus, des refus, un prix, des prix, un nez, des nez.*

- Les noms terminés au singulier par **-al** font **aux-** au pluriel. *Un cheval, des chevaux.*

  EXCEPTIONS : **avals, bals, cals, carnavals, chacals, festivals, navals, pals, récitals, régals.**

☞ Certains noms ont les deux pluriels (**-als** et **-aux**) : *étal, idéal, val...*

- Les noms terminés au singulier par **-eau, -au, -eu** font **-eaux, -aux, -eux** au pluriel. *Une eau, des eaux, un tuyau, des tuyaux, un feu, des feux.*

  EXCEPTIONS : **landaus, sarraus, bleus, pneus.**

- Les noms terminés au singulier par **-ail** font **ails** au pluriel. *Un détail, des détails.*

  EXCEPTIONS : **baux, coraux, émaux, soupiraux, travaux, vitraux.**

☞ Les mots **bercail, bétail** ne s'emploient pas au pluriel.

- Les noms terminés au singulier par **-ou** font **-ous** au pluriel. *Un fou, des fous.*

  EXCEPTIONS : **bijoux, cailloux, choux, genoux, hiboux, joujoux, poux.**

☞ Certains mots ont un pluriel double **aïeul, ciel, œil, travail**; on consultera ces mots à leur entrée alphabétique.

PLURIEL DES NOMS COMPOSÉS

V. Tableau – **NOMS COMPOSÉS.**

PLURIEL DES NOMS PROPRES

- Les noms de peuples, de races, d'habitants de régions, de villes prennent la marque du pluriel. *Les Canadiens, les Noirs, les Beaucerons.*

- Les patronymes sont généralement invariables. *Les Fontaine sont invités.*

☞ Certains noms de familles royales, princières, illustres prennent parfois la marque du pluriel. *Les Bourbons, les Tudors.*

- Les noms propres devenus des noms communs prennent la marque du pluriel. *Des don Juans.*

- Les noms de marques commerciales sont invariables. *Des Peugeot, des Apple.*

☞ Les noms déposés passés dans l'usage sont devenus des noms communs qui prennent la marque du pluriel et s'écrivent avec une minuscule. *Des aspirines, des linoléums, des stencils.*

PLURIEL DES NOMS D'ORIGINE ÉTRANGÈRE

- Les noms étrangers sont invariables. *Des nota bene, des modus vivendi.*

☞ Certains noms étrangers gardent le pluriel de leur langue d'origine. *Errata, ladies.*

- Les noms d'origine étrangère francisés prennent la marque du pluriel. *Des agendas, des spaghettis.*

plus-value n. f. (pl. *plus-values*)
⇔ Le *s* est muet [plyvaly].
(Écon.) Augmentation de la valeur d'une chose.
Ant. **moins-value.**

plutôt adv.
• De préférence. *Entre le ski et le patin, elle a opté plutôt pour le ski alpin.*
• (Fam.) Assez. *Il est plutôt rapide, il fait plutôt froid.*
• *Plutôt que,* locution conjonctive. *Catherine et Marie-Ève préfèrent aller nager plutôt que de regarder la télévision ou que jouer aux cartes.*
☞ Suivie de l'infinitif, la locution conjonctive peut se construire avec ou sans la préposition *de.*
☞ Le verbe se met au singulier avec deux sujets coordonnés par *plutôt que. La fatigue plutôt que la timidité l'a amené à refuser l'invitation.*
Hom. *plus tôt,* avant.

pluvial, ale, aux adj.
Qui se rapporte à la pluie. *Des eaux pluviales, des canaux pluviaux.*

pluvieux, euse adj.
Abondant en pluie. *Un climat pluvieux, une saison pluvieuse.*
⇨ pluvieu**x.**

p.m.
Abréviation du latin «post meridiem».
V. **heure.**

PME
Sigle de *petite et moyenne entreprise.*

PNB
Sigle de *produit national brut.*

pneu n. m.
• Garniture caoutchoutée d'une roue de véhicule, de bicyclette, etc. *Des pneus radiaux, des pneus arrière.*
• Abréviation familière du nom *pneumatique.*

pneum(o)- préf.
• Élément du grec signifiant «poumon».
• Les mots composés du préfixe *pneumo-* s'écrivent en un seul mot. *Pneumonie.*

pneumatique adj. et n. m.
• **Adjectif**
- Relatif à l'air.
- Qui fonctionne à l'air comprimé. *Un marteau pneumatique.*
- Qui se gonfle à l'air. *Un matelas pneumatique, un canot pneumatique.*
• **Nom masculin**
- S'abrège familièrement en *pneu.*
- (Vx) Correspondance envoyée à l'aide d'un tube à air comprimé.

pneumocoque n. m.
Bactérie responsable d'infections (pneumonie, méningite, etc.).
⇨ pneumo**coque.**

pneumologie n. f.
Partie de la médecine qui traite les maladies du poumon.

pneumologue n. m. et f.
Spécialiste de la pneumologie.

pneumonie n. f.
Inflammation du poumon. *Antoine a fait une pneumonie, il était fiévreux et toussait beaucoup.*

PNUD
Sigle de *Programme des Nations Unies pour le développement.*

poche n. f.
• Petit sac fixé à un vêtement. *Mettre les mains dans ses poches.*
• *Argent de poche.* Monnaie pour les menues dépenses.
• *Livre de poche.* Livre de format réduit et de prix abordable. *Des livres de poche.*
• *Connaître quelqu'un comme le fond de sa poche.* Connaître très bien quelqu'un, quelque chose.
• Grand sac. *Une poche de farine.*

pocher v. tr.
• Meurtrir. *Pocher un œil à quelqu'un.*
• Cuire un œuf sans sa coquille dans l'eau bouillante. *Des œufs pochés.*

pochette n. f.
• Étui plat. *Une pochette de cuir, une pochette de disque.*
• Petit mouchoir. *Une cravate avec pochette assortie.*

pochoir n. m.
• Pièce découpée sur laquelle on frotte une brosse enduite d'encre, de couleur pour obtenir un dessin, un motif.
• Le dessin ainsi obtenu.

podium n. m. (pl. *podiums*)
⇔ Le *o* est ouvert [pɔdjɔm].
Estrade sur laquelle montent les champions. *Élise et Sébastien étaient heureux de monter sur le podium.*

podologie n. f.
⇔ Les *o* sont ouverts [pɔdɔlɔʒi].
Branche de la médecine qui traite les affections du pied.

podologue n. m. et f.
⇔ Les *o* sont ouverts [pɔdɔlɔg].
Médecin qui traite les affections du pied.
☞ Ne pas confondre avec le *pédicure* qui est chargé des soins des pieds.

poêle n. m. et f.
⇔ Se prononce comme *poil* [pwal].
• **Nom masculin.** Appareil de chauffage servant également à la cuisson. *Un poêle à bois.*
• **Nom féminin.** Ustensile de cuisine plat, à long manche.
☞ Ne pas confondre avec les noms suivants :
- *casserole,* récipient métallique muni d'un manche, parfois d'un couvercle;
- *chaudron,* récipient assez profond à anse mobile;
- *fait-tout* ou *faitout,* grand récipient à deux poignées muni d'un couvercle;
- *poêlon,* casserole de métal, de terre allant au feu.
⇨ poê**le.**

*poêle
Impropriété au sens de *cuisinière.*

poêlée n. f.
◁⊃ La première syllabe se prononce *poil* [pwale].
Contenu d'une poêle.
▭⊳ poêlée.

poêler v. tr.
◁⊃ La première syllabe se prononce *poil* [pwale].
Passer à la poêle.
▭⊳ poêler.

poêlon n. m.
◁⊃ La première syllabe se prononce *poil* [pwalɔ̃].
Casserole de métal, de terre allant au feu.
▭⊳ poêlon.

poème n. m.
◁⊃ Le *o* est ouvert [pɔɛm].
Œuvre poétique. *Un poème en vers, en prose.*
▭⊳ poème.

poésie n. f.
◁⊃ Le *o* est ouvert [pɔezi].
• Art du langage propre à exprimer des sensations, des sentiments, des idées à l'aide d'images, de sono-rités et d'harmonie.
• Pièce de vers, petit poème. *Réciter une poésie.*
• Caractère de ce qui est beau, de ce qui touche la sensibilité. *La poésie d'un coucher de soleil.*
▭⊳ poésie.

poète n. m. et f.
◁⊃ Le *o* est ouvert [pɔɛt].
Auteur qui fait de la poésie. *Félix Leclerc était un grand poète. Anne Hébert est une poète.*
▭⊳ poète.

poétesse n. f.
◁⊃ Le *o* est ouvert [pɔetɛs].
(Vx) Femme poète.
▭⊳ poétesse.

poétique adj.
◁⊃ Le *o* est ouvert [pɔetik].
Propre à la poésie. *Une œuvre poétique.*
▭⊳ poétique.

poétiquement adv.
◁⊃ Le *o* est ouvert [pɔetikmã].
D'une manière poétique.
▭⊳ poétiquement.

*pogner
Archaïsme au sens de *saisir, prendre.*

poids n. m.
• Masse. *Déterminer le poids d'un corps.*
• Mesure de la masse. *Le poids de ces pommes est de 1,5 kg.*
• *Poids lourd.* Camion de fort tonnage destiné au transport des marchandises. *Des poids lourds.*
Hom. :
- *pois,* plante grimpante cultivée pour ses graines;
- *poix,* matière résineuse.
▭⊳ poids.

poignant, ante adj.
◁⊃ La première syllabe se prononce *poi* [pwaɲã,ãt].
Émouvant. *Des adieux poignants.*

poignard n. m.
◁⊃ La première syllabe se prononce *poi* [pwaɲar].
Couteau à lame courte. *Les poignards sont interdits dans les transports en commun.*

poignarder v. tr.
◁⊃ La première syllabe se prononce *poi* [pwaɲarde].
Blesser, tuer avec un poignard.

poigne n. f.
◁⊃ La première syllabe se prononce *poi* [pwaɲ].
• Force du poignet.
• Autorité. *Ce contremaître a de la poigne.*

poignée n. f.
◁⊃ La première syllabe se prononce *poi* [pwaɲe].
• Action de serrer la main de quelqu'un. *Une poignée de main, des poignées de main.*
• Quantité que la main peut contenir. *Une poignée de bonbons, de billes.*
• Petite quantité. *Une poignée de participants tenait bon ou tenaient bon.*
▭⊢ Après un nom collectif suivi d'un complément au pluriel, le verbe se met au singulier ou au pluriel suivant l'intention de l'auteur qui veut insister sur l'ensemble ou sur la pluralité.
V. Tableau - **COLLECTIF.**

*poigner
Archaïsme au sens de *saisir, prendre.*

poignet n. m.
◁⊃ La première syllabe se prononce *poi* [pwaɲɛ].
• Articulation qui unit la main à l'avant-bras.
• Partie du vêtement qui recouvre le poignet.
▭⊳ poignet.

poil n. m.
• Production de l'épiderme couvrant la peau. *Des poils roux.*
• Ensemble des poils. *Ce chien a un beau poil ras.*
• *À poil.* (Fam.) Nu.
• *Reprendre du poil de la bête.* Réagir, reprendre le dessus.
• *Au poil.* (Pop.) Parfaitement.

poilu, ue adj.
Qui a beaucoup de poils. *Nicolas est poilu.*

poinçon n. m.
Instrument à pointe.
▭⊳ poinçon.

poinçonnage ou **poinçonnement** n. m.
Action de poinçonner.
▭⊳ poinçonnage, poinçonnement.

poinçonner v. tr.
• Marquer d'un poinçon. *Poinçonner une pièce de monnaie.*
• Perforer. *Le contrôleur poinçonna son billet.*
▭⊳ poinçonner.

*poinçonner
Anglicisme au sens de *pointer.*

poinçonneur n. m.
poinçonneuse n. f.
Personne qui poinçonne.
☞ poinçonneur.

poinçonneuse n. f.
Machine à perforer.
☞ poinçonneuse.

poindre v. intr.
 Se conjugue comme *joindre.*
(Litt.) Apparaître. *Le soleil commence à poindre.*

poing n. m.
• Main fermée. *Montrer le poing.*
• *Coup de poing. Des coups de poing.*
☞ Dans cette expression, le nom *poing* s'écrit au singulier.
• *Dormir à poings fermés.* Dormir profondément.
• *Être pieds et poings liés.* Être réduit à l'inaction.
Hom. :
- *point,* petite portion d'étendue;
- *point,* ne pas.
☞ poing.

point adv. et n. m.

Nom masculin
• Petite portion d'étendue. *Un point d'intersection, un point de départ, un point de chute.*
- *Faire le point.* Déterminer la position d'un navire en mer et par extension, définir, analyser une situation.
- *Mise au point.* Réglage d'un appareil en vue d'obtenir une image très nette et au figuré, clarification d'une question.
- *Point cardinal.*
V. Tableau - **POINTS CARDINAUX.**
• Signe en forme de petite marque ronde. *Le deux-points, le point-virgule, le point d'interrogation.*
V. Tableau - **PONCTUATION.**
- *Mettre les points sur les* i. Expliquer quelque chose, supprimer toute équivoque.
• Piqûre. *Faire quelques points à un vêtement. Un point de surjet.*
- *Point noir.* Nom familier du *comédon.*
• Degré. *Au point où nous en sommes.*
• Locutions

POINTS CARDINAUX

Abréviations : est *E.*
   ouest *O.*
   nord *N.*
   sud *S.*

L'écriture des noms de points cardinaux, *nord, sud, est, ouest* et de leurs dérivés *midi, centre, occident, orient...* obéit à deux règles principales.

MAJUSCULE

Les points cardinaux s'écrivent avec une majuscule initiale lorsqu'ils servent à désigner spécifiquement un lieu géographique, ethnique, un odonyme.

Le Nord canadien, l'Amérique du Nord, le pôle Sud, les fleurs du Midi, rue Laurier Ouest, l'Orient et l'Occident. Il habite la Rive-Sud.

☞ Les points cardinaux prennent une majuscule lorsqu'ils ne sont pas suivis d'un complément déterminatif introduit par la préposition *de. Le Nord canadien*, mais *le nord des États-Unis.*

MINUSCULE

Les points cardinaux s'écrivent avec une minuscule quand ils sont employés comme noms ou comme adjectifs pour indiquer la direction, l'exposition.

Le vent du nord, une terrasse exposée au sud, le midi de la France, la rive nord du Saint-Laurent.

Noms composés

Les points cardinaux composés s'écrivent avec un trait d'union.

Le nord-ouest du Québec.

Abréviations

Les noms de points cardinaux s'abrègent lorsqu'ils font partie de mesures de longitude et de latitude.

45° de latitude O.

- **À point,** locution adverbiale. À propos. *Tout vient à point à qui sait attendre.* (Proverbe)
- **À point,** locution adverbiale. Se dit d'un mode de cuisson des viandes entre saignant et cuit. *Un steak à point* (et non **médium*).
- **Jusqu'à un certain point,** locution adverbiale. Dans une certaine mesure.
- **À point nommé,** locution adverbiale. Au moment voulu.
- **Au dernier point,** locution adverbiale. Extrêmement.
- **En tout point,** locution adverbiale. Entièrement. *Ils sont identiques en tout point.*

☞ Dans ces locutions, le nom s'écrit au singulier.

- **En tous points,** locution adverbiale. Absolument, à tous les égards. *Je lui donne raison en tous points.*

☞ Dans cette locution, le nom s'écrit au pluriel.

- **Au point que, à tel point que, à un point tel que,** locutions conjonctives. Si bien que, à un tel degré que.

☞ La locution conjonctive est suivie du mode indicatif lorsque l'auteur veut marquer une certitude, un fait réel et que la proposition principale est affirmative. *Ils ont marché à tel point qu'ils ont eu des ampoules aux pieds.* La locution conjonctive est suivie du mode subjonctif lorsque la proposition principale est négative ou interrogative ou lorsque le résultat est incertain. *Il n'est pas à ce point idiot qu'il faille lui conseiller d'abandonner la partie.*

- **Point chaud.** Zone dangereuse. *Les points chauds à surveiller.*
- **Point de non-retour.** Étape où il n'est plus possible de revenir en arrière.
- Unité d'une échelle de grandeurs. *Il a récolté 80 points pour sa dissertation. L'indice boursier a baissé de 100 points.*
- (Inform.) **Point image.**
Syn. **pixel.**
- (Typogr.) Hauteur ou épaisseur du caractère qui s'exprime en points.
V. **caractères typographiques.**

Adverbe

(Litt. ou vx) Pas. *Il n'y a point de vent aujourd'hui.*

pointage n. m.
- Action de diriger une arme à feu vers un objectif. *Le pointage d'un revolver.*
- Action de cocher une liste en vue d'un contrôle.

*point aveugle
Calque de l'anglais «blind spot» pour **angle mort.**

point de vue n. m.
- Endroit d'où l'on découvre un paysage, une perspective intéressante. *Cette route de montagne comporte de beaux points de vue.*
- Le paysage même vu de cet endroit.
- (Fig.) Perspective, aspect sous lequel on envisage une question. *Le point de vue économique.*
- **Au point de vue de, du point de vue de,** locutions prépositives. En ce qui concerne. *Au point de vue de la terminologie* (et non **au point de vue terminologique*).

☞ Le complément de la locution prépositive ne doit pas être apposé, il est précédé d'un article défini.
- **À tout point de vue** ou **à tous points de vue.** À tous les égards.

pointe n. f.
- Extrémité pointue d'une chose. *La pointe d'une épée, d'un crayon, d'un parapluie.*
- **En pointe.** En forme de pointe.
- **De pointe.** À l'avant-garde. *Les technologies de pointe.*
- **Heure de pointe.** Heure d'affluence, de consommation maximale.

pointer v. tr., intr.
- **Transitif**
- Marquer d'un point. *Pointer des noms sur une liste.*
- Diriger. *Pointer son doigt en direction du nord.*
- **Intransitif**
- Commencer à paraître. *Le jour pointe.*
- Se dresser en forme de pointe. *L'immeuble pointe vers le ciel.*
- Enregistrer son heure d'arrivée et de départ sur une pointeuse.

pointeuse n. f.
Machine sur laquelle les salariés pointent.

pointillage n. m.
Action de pointiller.

pointillé n. m.
Trait composé de points. *Une section d'un formulaire délimitée par un pointillé.*

pointiller v. tr., intr.
Les lettres **ill** sont suivies d'un **i** à la première et à la deuxième personne du pluriel de l'indicatif imparfait et du subjonctif présent. *(Que) nous pointillions, (que) vous pointilliez.*
- **Transitif.** Marquer avec des points. *Pointiller un dessin.*
- **Intransitif.** Dessiner, tracer à l'aide de points.

pointilleux, euse adj.
Méticuleux, exigeant à l'excès. *Jules est trop pointilleux.*
➭ pointilleu**x.**

pointillisme n. m.
Procédé graphique qui consiste à décomposer les tons en petites touches séparées.

pointilliste adj. et n. m. et f.
Se dit des peintres qui utilisent le pointillisme.

pointu, ue adj.
- Qui se termine en pointe. *Des ongles pointus.*
- Très spécialisé. *Un sujet de thèse très pointu.*

pointure n. f.
Dimension d'une chaussure, d'un gant, d'une coiffure. *Quelle pointure désirez-vous?*

☞ Le nom **taille** se dit surtout de la grandeur d'un vêtement.

point-virgule n. m.
Signe de ponctuation. *Des points-virgules trop nombreux.*
V. Tableau - **PONCTUATION.**

poire n. f.
Fruit du poirier. *Une tarte aux poires.*

poireau n. m. (pl. *poireaux*)
Plante potagère dont on mange le pied. *Un potage aux poireaux.*

poireauter v. intr.
(Fam.) Attendre. *Il m'a fait poireauter pendant deux heures.*
☞ poir**eau**ter.

poirier n. m.
Arbre fruitier qui produit les poires.

pois n. m.
• Plante grimpante cultivée pour ses graines. *Des pois mange-tout, des pois chiches.*
• *À pois.* Imprimé de petites pastilles. *Un chemisier à pois.*
Hom. *poids,* masse.
☞ poi**s**.

poison n. m.
Substance toxique. *Le curare est un poison.*

poisser v. tr.
Salir.

poisseux, euse adj.
Gluant. *Lave-toi les mains, elles sont poisseuses.*
☞ poisseu**x**.

poisson n. m.
• Animal aquatique à respiration branchiale. *Des poissons rouges.*
• *En queue de poisson.* Sans dénouement.
• (Au plur.) Nom d'une constellation, d'un signe du zodiaque.
☞ Les noms d'astres s'écrivent avec une majuscule. *Elle est (du signe des) Poissons, elle est née entre le 20 février et le 20 mars.*
V. **astre**.

poissonnerie n. f.
Magasin où l'on vend du poisson, des fruits de mer.

poissonneux, euse adj.
Qui abonde en poisson. *Un lac poissonneux.*

poissonnier n. m.
poissonnière n. f.
Personne qui vend du poisson.

poitrail n. m. (pl. *poitrails*)
La partie du devant du corps du cheval.

poitrine n. f.
• Partie avant du corps humain qui contient les poumons et le cœur. *Il berce son bébé contre sa poitrine.*
• Seins de femme, gorge. *Une jolie poitrine.*

poivrade n. f.
Sauce composée de poivre, de sel et de vinaigre.

poivre n. m.
Condiment fait avec le fruit du poivrier. *Du poivre vert.*

poivrer v. tr.,
• Assaisonner de poivre. *Il poivre sa salade.*
• (Fig.) Mettre du piquant dans des paroles, des écrits.

poivrier n. m.
• Arbuste dont les baies fournissent le poivre.
• Poivrière.

poivrière n. f.
Ustensile qui contient le poivre.
Syn. **poivrier.**

poivron n. m.
Fruit du piment doux. *Des poivrons verts.*
☞ Ne pas confondre avec le nom *piment,* condiment à saveur très piquante.

poix n. f. inv.
Matière résineuse. *De la poix brûlante.*
☞ poi**x**.

poker n. m.
👄 Le *r* se prononce [pɔkɛr].
Jeu de cartes. *Une partie de poker.*

polaire adj.
Relatif aux pôles terrestres. *Le Cercle polaire, l'étoile Polaire.*

polarisateur, trice adj.
Qui polarise.

polarisation n. f.
Modification des propriétés des rayons lumineux.

polariser v. tr., pronom.
• **Transitif**
- Soumettre au phénomène de la polarisation.
- Concentrer en un point.
• **Pronominal**
Concentrer son attention sur (quelqu'un, quelque chose). *Ils se sont polarisés sur cette question.*

polder n. m.
👄 Le *r* se prononce [pɔldɛr].
Marais asséché. *Les polders des Pays-Bas.*

pôle n. m.
• Chacune des deux extrémités de l'axe de rotation de la Terre. *Le pôle Nord, le pôle Sud.*
☞ Les noms génériques de géographie s'écrivent avec une minuscule, tandis que les points cardinaux s'écrivent avec une majuscule.
• Centre d'intérêt. *Un pôle d'attraction.*
☞ pô**le**.

polémique n. f.
Querelle, discussion.

poli, ie adj.
• Uni, luisant. *Un métal bien poli.*
• Courtois. *Soyez poli, s'il vous plaît.*
Ant. **impoli.**

*****poli** (à ongles, à chaussures)
Anglicisme pour *vernis* (à ongles), *cirage* (à chaussures).

police n. f.
• Administration chargée d'assurer le respect des lois, le maintien de l'ordre public. *Appelez la police, il y a un cambrioleur!*
• Acte qui constate un contrat d'assurance. *Une police d'assurance.*
☞ poli**ce**.

*****police**
Impropriété au sens de *policier.*

policé, ée adj.
(Litt.) Civilisé. *Des manières policées.*
⬜ policé.

*policeman
Anglicisme pour *policier.*

*police montée
Calque de l'anglais «mounted police» pour nommer la **Gendarmerie royale du Canada.**

polichinelle n. m.
Personnage bouffon de la *commedia dell'arte.*

policier n. m.
policière n. f.
Agent de police. *Ce policier* (et non cette **police*) *est très courtois.*

policier, ière adj.
Relatif à la police. *Une enquête policière, un roman policier, des chiens policiers.*

poliment adv.
D'une manière courtoise.
Ant. **impoliment.**
⬜ poliment.

polio n. f.
Abréviation familière de *poliomyélite.*

poliomyélite n. f.
Maladie caractérisée par des lésions de la moelle épinière entraînant des paralysies.
⬜ poliomyélite.

polir v. tr.
• Rendre lisse et brillant. *Elle polit ses cuivres.*
• (Litt.) Parfaire. *Polir une œuvre.*
⬜ polir.

polissage n. m.
Action de polir. *Le polissage des souliers.*
⬜ polissage.

polisson, onne adj. et n. m. et f.
• Espiègle.
• Grivois.

politesse n. f.
Courtoisie, bienséance. *Elle le salua avec politesse.*

politicien, ienne adj. et n. m. et f.
Personne qui fait de la politique.
🖝 Ce nom se dit parfois en mauvaise part.

politique adj. et n. m. et f.
• **Adjectif**
Relatif au gouvernement d'un État. *Un régime politique. Les institutions politiques.*
• **Nom masculin**
Personne habile à gouverner. *C'est un excellent politique qui a été nommé à la tête du pays.*
• **Nom féminin**
- Science, art de gouverner un État. *La politique intérieure d'un pays. Faire de la politique.*
- Énoncé général ou énoncé de principes indiquant la ligne de conduite adoptée par un organisme privé ou public, dans un secteur donné, pour la gestion de ses affaires. (Recomm. off. OLF) *Une politique de la qualité de la langue.*

🖝 On emploie abusivement le terme *politique* pour désigner des avis, des programmes, des instructions, des mesures, des décisions, des règles, des propositions, etc.

politiquement adv.
Selon les modalités de la politique.

politisation n. f.
Action de politiser.

politiser v. tr.
Donner un caractère politique à.

polka n. f.
Danse d'origine polonaise très rythmée. *Des polkas endiablées.*

pollen n. m.
👄 Le *n* se prononce [pɔlɛn].
Matière poudreuse produite par les étamines des plantes à fleurs qui constitue l'élément reproducteur mâle. *Les abeilles recueillent le pollen des fleurs.*
⬜ pollen.

polluant, ante adj. et n. m.
• **Adjectif.** Qui pollue. *Ces produits sont polluants.*
• **Nom masculin.** Substance qui cause une pollution. *Des polluants dangereux.*
🖝 Ne pas confondre avec le participe présent invariable *polluant. Il faudra sévir contre l'emploi de produits polluant les eaux.*
⬜ polluant.

polluer v. tr.
Dégrader l'environnement. *Ces substances qui ne sont pas biodégradables polluent les cours d'eau.*
Ant. **dépolluer.**

pollueur, euse adj. et n. m. et f.
Qui pollue. *Les pollueurs seront poursuivis.*

pollution n. f.
Dégradation d'un milieu naturel (eau, sol, air) par des substances, des déchets toxiques. *Il importe de réduire la pollution de l'environnement.*

polo n. m.
👄 Le premier *o* est ouvert [pɔlo].
• Jeu d'équipe analogue au hockey, qui se joue à cheval.
• Chemise de tricot à col ouvert. *Des polos de couleurs vives.*

polochon n. m.
(Fam.) Traversin.

polonais, aise adj. et n. m. et f.
• **Adjectif et nom masculin et féminin.** De Pologne. *Le drapeau polonais. Un Polonais, une Polonaise.*
🖝 L'adjectif s'écrit avec une minuscule; le nom, avec une majuscule.
• **Nom masculin.** Langue parlée en Pologne. *Elle étudie le polonais.*
🖝 Le nom de la langue s'écrit avec une minuscule.

polonaise n. f.
Danse nationale des Polonais.
🖝 Ce nom s'écrit avec une minuscule.

poltron, onne adj. et n. m. et f.
Lâche.
☞ poltr**on**, poltr**onne**.

poltronnerie n. f.
Lâcheté.
☞ poltr**onne**rie.

poly- préf.
• Élément du grec signifiant «nombreux».
• Les mots composés avec le préfixe **poly-** s'écrivent en un seul mot. *Polytechnique.*

polychrome adj.
Qui comporte plusieurs couleurs.
Ant. **monochrome.**
☞ polychrome.

polyclinique n. f.
Établissement médical où l'on traite différentes maladies.
☞ polyclinique.

polycopie n. f.
Reproduction d'un document par décalque.
☞ Ce nom tend à être supplanté par **photocopie,** reproduction photographique d'un document.
☞ polycopie.

polycopier v. tr.
Redoublement du *i* à la première et à la deuxième personne du pluriel de l'indicatif imparfait et du subjonctif présent. *(Que) nous polycopiions, (que) vous polycopiiez.*
Reproduire par polycopie. *Vos notes de cours seront polycopiées.*
☞ polycopier.

polygame adj. et n. m. et f.
• Qui a plusieurs femmes, en parlant d'un homme.
• Qui a plusieurs maris, en parlant d'une femme.
Ant. **monogame.**
☞ polygame.

polygamie n. f.
État d'une personne polygame.
Ant. **monogamie.**
☞ polygamie.

polyglotte adj. et n. m. et f.
Qui parle plusieurs langues. *Un guide polyglotte qui parle le français, l'anglais, l'italien et l'espagnol.*
☞ polyglotte.

polygone n. m.
Figure plane qui a plusieurs angles et plusieurs côtés.
☞ polygone.

polymorphe adj.
Qui prend différentes formes.
☞ polymorphe.

polynésien, enne adj. et n. m. et f.
De Polynésie. *Le folklore polynésien. Un Polynésien, une Polynésienne.*
☞ L'adjectif s'écrit avec une minuscule; le nom, avec une majuscule.

polype n. m.
Excroissance, tumeur bénigne.
☞ polype.

polysémie n. f.
☞ Le *o* est ouvert [pɔlisemi].
(Ling.) Propriété d'un mot qui comporte plusieurs significations.
☞ polysémie.

polysémique adj.
☞ Le *o* est ouvert [pɔlisemik].
(Ling.) Qui a plusieurs significations. *Un terme polysémique.*
☞ polysémique.

polystyrène n. m.
Matière synthétique. *Un emballage en polystyrène* (et non en *styrofoam).
☞ polystyrène.

polytechnique adj. et n. f.
• **Adjectif.** Qui concerne plusieurs sciences, plusieurs techniques. *Éléna va à l'École polytechnique.*
• **Nom féminin. École polytechnique.** *Ces étudiants vont à Polytechnique.*
☞ Si l'adjectif est employé seul, il prend alors une majuscule. *Elle est inscrite à Polytechnique.*

polythène ou **polyéthylène** n. m.
Matière plastique.
☞ polythène.

polyvalence n. f.
Caractère de ce qui est polyvalent.
☞ polyvalence.

polyvalent, ente adj.
Qui a plusieurs fonctions différentes. *Un antibiotique polyvalent.*

polyvalente n. f.
Au Québec, école secondaire où sont dispensés à la fois l'enseignement général et l'enseignement professionnel. (Recomm. off. OLF) *La polyvalente Pierre-Laporte.*

pomiculteur n. m.
pomicultrice n. f.
Personne qui cultive des arbres donnant des fruits à pépins, surtout des pommiers.
☞ pomiculteur.

pommade n. f.
Onguent. *Enduire de pommade.*
☞ pommade.

pommard n. m.
Vin rouge de Bourgogne, très réputé. *Boire un bon pommard.*
☞ pommard

pomme n. f.
Fruit du pommier. *Une belle pomme verte.*

pommeau n. m. (pl. *pommeaux*)
Ornement qui sert de poignée à une canne.

pomme de terre n. f.
• Plante dont on mange les tubercules. *Une purée de pommes de terre.*
• *Pomme de terre en robe des champs, en robe de chambre.* Pomme de terre cuite avec sa peau.
☞ Les deux expressions se disent.

☞ Dans le vocabulaire de la cuisine, le nom s'emploie souvent de façon elliptique. *Pommes frites, pommes vapeur, pommes rissolées.*

pommelé, ée adj.
👄 Le *e* de la deuxième syllabe est muet [pɔmle].
Se dit d'un ciel qui se couvre de nuages blancs de formes arrondies (cumulus).

pommeler (se) v. pronom.
Redoublement du *l* devant un *e* muet. *Je pommelle, je pommellerai,* mais *je pommelais.*
Se couvrir de nuages de formes arrondies. *Le ciel se pommelle.*

pommette n. f.
• Petite pomme. *De la gelée de pommettes.*
• Partie saillante de la joue, au-dessous de l'œil. *Ses pommettes rougissent sous le compliment.*

pommier n. m.
Arbre dont le fruit est la pomme.

pomoculteur
V. **pomiculteur.**

pompage n. m.
Action de pomper (un liquide, un gaz). *Une station de pompage.*

pompe n. f.
• (Vx) Faste.
• *Pompes funèbres.* Entreprise chargée de l'organisation des funérailles.
• *En grande pompe.* Avec splendeur et apparat.
• Machine dont la fonction est de faire circuler un liquide ou de l'air. *Une pompe à incendie, une pompe à air.*
• *À toute pompe, à toutes pompes.* (Fam.) À toute vitesse.
• Appareil servant à la vente des carburants. *Pompe à essence.*

*pompe à gaz
Calque de l'anglais «gas pump» au sens de *distributeur d'essence, pompe à essence.*

pomper v. tr.
Aspirer un liquide. *Il y a de l'eau dans la cale du bateau, il faut la pomper.*

pompeusement adv.
(Péj.) D'une manière prétentieuse.

pompeux, euse adj.
Recherché, prétentieux. *Un discours pompeux.*
☞ pompeu**x.**

pompier n. m.
pompière n. f.
Personne chargée de combattre les incendies.

pompier, ière adj.
Style pompier. Emphatique et prétentieux.

pompiste n. m. et f.
Personne préposée à la distribution du carburant. *Pour gagner un peu d'argent, Marie-Lou et Antoine sont pompistes l'été.*

pompon n. m.
Petite houppe.
☞ pompo**n.**

pomponner v. tr., pronom.
Parer minutieusement. *Julia pomponne son chat.*

ponçage n. m.
Action de poncer une surface.
☞ ponçage.

ponce n. f.
Pierre ponce. Roche volcanique. *Des pierres ponces en forme de poisson.*
☞ Le nom composé prend la marque du pluriel aux deux éléments.

poncer v. tr.
Le *c* prend une cédille devant les lettres *a* et *o*. *Il ponça, nous ponçons.*
Polir une surface. *Étienne ponçait la table.*

poncho n. m.
👄 Le nom se prononce à l'espagnole, le *n* est sonore et les lettres *ch* se prononcent *tch* [pɔntʃo].
Vêtement composé d'une couverture percée d'un trou au milieu pour y passer la tête. *Des ponchos colorés.*

poncif n. m.
Expression stéréotypée.

ponction n. f.
Prélèvement.

ponctualité n. f.
Exactitude. *Ces élèves font preuve de ponctualité, ils sont toujours à l'heure.*

ponctuation n. f.
V. Tableau - **PONCTUATION.**

ponctuel, elle adj.
Qui est toujours à l'heure. *Il n'est pas ponctuel.*

ponctuellement adv.
Assidûment.

ponctuer v. tr.
• Inscrire les signes de ponctuation nécessaires dans un texte.
• Marquer, accentuer. *Il ponctuait chaque exclamation par un geste de la main.*

pondérateur, trice adj.
Qui maintient l'équilibre.

pondération n. f.
• Réserve, mesure. *Agir avec pondération.*
• Attribution d'une valeur particulière à certains éléments d'un indice qui redonne une place proportionnelle à un prix ou à un facteur donné.

pondéré, ée adj.
Équilibré, modéré dans ses prises de position.
Ant. **excessif.**

pondérer v. tr.
Le *é* se change en *è* devant une syllabe muette, sauf à l'indicatif futur et au conditionnel présent. *Je pondère,* mais *je pondérerai.*

Équilibrer, établir la pondération. *Ces résultats devraient être pondérés pour être plus justes.*

pondeuse adj. et n. f.
Se dit d'une femelle d'oiseau qui pond beaucoup d'œufs. *Cette poule est une bonne pondeuse.*

pondre v. tr.
INDICATIF PRÉSENT *Je ponds, tu ponds, il pond, nous pondons, vous pondez, ils pondent.* IMPARFAIT *Je pondais.* PASSÉ SIMPLE *Je pondis.* FUTUR *Je pondrai.* CONDITIONNEL PRÉSENT *Je pondrais.* IMPÉRATIF PRÉSENT *Ponds, pondons, pondez.* SUBJONCTIF PRÉSENT *Que je ponde.* IMPARFAIT *Que je pondisse.* PARTICIPE PRÉSENT *Pondant.* PASSÉ *Pondu, ue.*
Faire des œufs, en parlant des ovipares. *La poule a pondu trois beaux œufs.*

poney n. m.
👄 Le *o* est ouvert et les lettres *ey* se prononcent *è* ou *é*, [pɔnɛ] ou [pɔne].
Cheval de petite taille. *Des poneys dociles.*
▣ poney**s**.

pongiste n. m. et f.
Personne qui joue au ping-pong.

pont n. m.
• Construction qui relie les deux rives d'un cours d'eau, les deux bords d'une dépression. *Un pont suspendu. Le pont Jacques-Cartier.*
▣― Dans les odonymes, le nom *pont* s'écrit avec une minuscule. *Le pont Jacques-Cartier, le pont Mercier.*
• *Faire le pont.* Prendre congé entre deux jours fériés.
• *Pont aérien.* Liaison aérienne. *Un pont aérien de médicaments, de vivres pour les sinistrés.*
• *Brûler, couper les ponts.* Rompre toute relation avec quelqu'un, s'interdire tout retour en arrière.

pontage n. m.
Intervention chirurgicale consistant à greffer une section de veine ou d'artère pour contourner une lésion. *Un pontage coronarien.*
▣― Ce terme a fait l'objet d'une recommandation pour remplacer «by pass».

ponte n. m. et f.
• **Nom masculin.** (Fam.) Personnage important. *C'est un ponte de la finance.*
• **Nom féminin.** Action de pondre. *C'est l'époque de la ponte des œufs.*

pontife n. m.
Dignitaire de l'Église. *Le souverain pontife.*

pontifical, ale, aux adj.
Relatif au pape, aux évêques. *Les ornements pontificaux.*

pontifier v. intr.
Redoublement du *i* à la première et à la deuxième personne du pluriel de l'indicatif imparfait et du subjonctif présent. *(Que) nous pontifiions, (que) vous pontifiiez.*
Parler de façon prétentieuse.

pont-l'évêque n. m. inv. (pl. *pont-l'évêque*)
Fromage à pâte molle.
▣― Ce nom est invariable et s'écrit avec des minuscules.

pont-levis n. m. (pl. *ponts-levis*)
👄 Le *s* ne se prononce pas [pɔ̃lvi].
Pont mobile. *Les ponts-levis des châteaux forts.*
▣ pont-levi**s**.

ponton n. m.
Pont flottant.

***pool**
Anglicisme pour **groupe, équipe, entente commerciale.**

pop adj. inv.
Abréviation familière de **populaire.** *Des musiques pop.*

***popcorn**
Anglicisme pour **maïs soufflé, maïs éclaté.**

popeline n. f.
Tissu.

popote adj. inv. et n. f.
(Fam.) Cuisine. *Son papa aime faire la popote.*

populaire adj.
• Qui concerne le peuple. *Le vote populaire.*
• Qui plaît au grand public. *Une émission populaire.*
▣― Ne pas confondre avec le mot **populeux** qui se dit d'un endroit très peuplé.

populairement adv.
Dans le langage populaire.

populariser v. tr.
Faire connaître, vulgariser.

popularité n. f.
Caractère de quelqu'un ou quelque chose qui plaît, qui recueille la faveur populaire. *Ces humoristes ont une grande popularité.*

population n. f.
• Ensemble des personnes qui habitent un pays, un lieu. *La population de l'agglomération de Montréal est de trois millions.*
• *Population scolaire.* Ensemble des élèves inscrits dans les établissements d'enseignement d'un territoire. *La population scolaire* (et non la *clientèle scolaire, la *clientèle étudiante.* (Recomm. off. OLF)
• *Population étudiante.* Ensemble des élèves inscrits dans les établissements d'enseignement universitaire d'un territoire. (Recomm. off. OLF)

populeux, euse adj.
Très peuplé. *Un quartier populeux.*
▣― Ne pas confondre avec le mot **populaire,** qui concerne le peuple.
▣ populeu**x**.

porc n. m.
👄 Le *c* est muet [pɔr].
Animal domestique omnivore qui est élevé pour sa chair. *Des côtelettes de porc.*
Syn. **cochon.**

PONCTUATION

Les signes de ponctuation sont :

.	le point	!	le point d'exclamation	« »	les guillemets
,	la virgule	...	les points de suspension	[ ]	les crochets
;	le point-virgule	-	le trait d'union	/	la barre oblique
:	le deux-points	( )	les parenthèses		
?	le point d'interrogation	—	le tiret		

Fonctions des signes de ponctuation

• Le **point** termine une phrase.

Les lilas sont en fleurs.

• La **virgule** marque une séparation entre les noms et les adjectifs qualificatifs énumérés sans conjonction.

Vous trouverez ci-joint l'ordre du jour, la lettre originale, la documentation.

– La virgule sépare aussi les propositions juxtaposées.

L'avion se pose, freine, s'immobilise.

– La virgule permet d'isoler un groupe de mots accessoires et sert souvent à séparer le complément circonstanciel du reste de la phrase.

Nous, les scouts, sommes partis explorer cette forêt.
Hier soir, Marthe est arrivée les bras chargés de cadeaux.

– La virgule sépare également les mots mis en apostrophe et les incises.

Martin, peux-tu m'aider?
Je termine cela, répondit-il, et j'arrive immédiatement.

• Le **point-virgule** sépare des propositions de même nature qui sont relativement longues; il s'emploie aussi entre chaque élément des énumérations introduites par le deux-points.

La trousse de secours comprend : un thermomètre;
des pansements;
un onguent antibiotique.

• Le **deux-points** introduit une citation, une énumération, un exemple.

Et il répondit : «Ce fut un plaisir».

• Le **point d'interrogation** et le **point d'exclamation** se placent à la fin des phrases interrogatives ou exclamatives.

Comment? Vous êtes là!

☞ Après une interjection, on met un point d'exclamation. *Ha! Ha!*

• Les **points de suspension** marquent une interruption, une phrase inachevée. Dans une citation tronquée, les points de suspension se mettent entre crochets. Au nombre de trois, ils se confondent avec le point final et ne doivent pas suivre l'abréviation *etc.*

Elle a aussitôt prévenu sa voisine et...

suite➜

• Le **trait d'union** réunit les éléments des mots composés, des adjectifs numéraux inférieurs à cent, le verbe et le sujet inversé, la coupure des mots en fin de ligne.

Rez-de-chaussée, quatre-vingts, plaît-il?

• Les **parenthèses**, composées de deux signes, servent à intercaler dans une phrase un élément accessoire.

*L'expression **tenir pour acquis** (du verbe acquérir) signifie...*

• Le **tiret** sert à séparer une explication, une remarque, à marquer les éléments d'une énumération.

Les joueurs d'échecs – les vrais mordus – s'exercent tous les jours.

— Le tiret indique le changement d'interlocuteur dans un dialogue.

Le monarque. – «Que voulez-vous insinuer?»
Le visiteur. – «Je n'insinue pas, j'affirme!»

— Le titret marque également les éléments d'une énumération.

• Les **guillemets** sont de petits chevrons doubles qui se placent au commencement (guillemet ouvrant) et à la fin (guillemet fermant) d'une citation, d'un dialogue, d'un mot, d'une locution que l'auteur désire isoler.

Tous les matins, il lit «Le Devoir».

V. Tableau – **GUILLEMETS.**

• Les **crochets** servent à marquer une insertion à l'intérieur d'une parenthèse, la suppression d'un extrait [...], une explication spécifique. Dans cet ouvrage, la prononciation (selon l'Alphabet phonétique international) est indiquée entre crochets.

Crochet [krɔʃɛ].

• La **barre oblique** est utilisée dans l'inscription des unités de mesure complexes abrégées, des fractions, des pourcentages, de certaines mentions.

Une vitesse de 125 km/h, 2/3, 85 %, V/Réf.

☞ Pour l'espacement des signes de ponctuation, voir **espace.**

Hom. :
- *pore,* orifice de la peau;
- *port,* endroit aménagé pour recevoir les bateaux.

porcelaine n. f.
Poterie très fine. *Une tasse de porcelaine.*
☞ porcel**aine.**

porcelet n. m.
Jeune porc.

porc-épic n. m. (pl. *porcs-épics*)
👄 Les deux *c* se prononcent *k,* au singulier comme au pluriel : un, des [pɔrkepik].
Mammifère rongeur plus gros que le hérisson et dont le corps est recouvert de piquants.

porche n. m.
Construction destinée à abriter la porte d'entrée d'un édifice, d'une maison. *Attendez-moi sous le porche de l'immeuble, car il pleut.*

porcherie n. f.
• Bâtiment où l'on garde les porcs.
• (Fig.) Lieu très sale.

porcin, ine adj.
Relatif au porc. *L'industrie porcine.*

pore n. m.
Orifice de la peau. *Ses pores sont dilatés.*
☞ Attention au genre masculin de ce nom : **un** pore.
Hom. :
- *porc,* animal domestique;
- *port,* endroit aménagé pour recevoir les bateaux.

poreux, euse adj.
Perméable. *La pierre ponce est poreuse.*

porno adj. et n. m.
Forme abrégée de ***pornographie, pornographique.***
Des films pornos.

pornographe n. m. et f.
Qui produit de la pornographie.

pornographie n. f.
• S'abrège familièrement en ***porno*** (s'écrit sans point).
• Représentation de choses obscènes.

pornographique adj.
• S'abrège familièrement en **porno** (s'écrit sans point).
• Relatif à la pornographie. *Une revue pornographique.*

porosité n. f.
État de ce qui est poreux.

porphyre n. m.
Roche volcanique très dure.
⬛⇨ por**phy**re.

porridge n. m.
Bouillie de farine d'avoine.

port n. m.
• Endroit aménagé pour recevoir les bateaux. *Un port maritime, fluvial. Le port de Québec.*
• Action de porter. *Le port d'armes est réglementé.*
• Prix du transport d'une lettre, d'un colis.
• *Port payé.* Expression indiquant que le transport des marchandises est aux frais de l'expéditeur.
• *Port dû.* Expression indiquant que le prix du transport est payable par le destinataire à l'arrivée.
Hom. :
- *porc,* animal domestique;
- *pore,* orifice de la peau.

portabilité n. f.
Caractère d'un matériel, d'un appareil ou d'un programme portable.

portable adj.
• Mettable. *Cette robe n'est plus portable.*
• Qu'on peut porter, transporter, mais qui n'est pas conçu spécialement à cette fin. (Recomm. off. OLF) *Un téléviseur portable.*
V. **portatif.**
• (Inform.) Se dit d'un logiciel compatible avec plusieurs ordinateurs.

portage n. m.
Au Canada, action de porter une embarcation (généralement un canot) d'un cours d'eau à un autre ou pour éviter une section non navigable. *Les scouts ont fait du portage pour contourner la chute.*

portail n. m. (pl. *portails*)
Porte monumentale.

portant, ante adj.
• *Être bien, mal portant.* Être en bonne, mauvaise santé. *Ils sont bien portants.*
• *À bout portant.* De très près. *Le malfaiteur a tiré à bout portant sur sa victime.*

portatif, ive adj.
Qui est conçu pour être facilement transporté avec soi. *Un téléviseur portatif.*
V. **portable.**

porte n. f.
• Ouverture pratiquée dans l'enceinte d'une ville, emplacement d'une ancienne porte. *La porte Saint-Jean.*
⬛⇨ Les odonymes s'écrivent avec une minuscule.
• Ouverture pour entrer dans un lieu ou en sortir. *Ferme la porte à clé.*
• **Locutions**
- *Porte de sortie.* Échappatoire.

- *De porte en porte.* De maison en maison. *Le facteur livre le courrier de porte en porte.*
⬛⇨ Le nom **porte-à-porte** désigne le démarchage à domicile.
- *Trouver porte close.* Ne trouver personne.
- *Mettre à la porte.* Congédier. *Les retardataires ont été mis à la porte.*
- *Prendre la porte.* Sortir.

porte adj.
Se dit d'une veine qui conduit le sang au foie. *La veine porte.*

porte- préf.
Les mots composés avec le préfixe **porte-** s'écrivent généralement avec un trait d'union, *un porte-parole, un porte-clés, un porte-avions, un porte-bonheur,* mais *un portefeuille, un portemanteau.* Le premier élément formé du verbe est invariable; le second élément est généralement invariable et s'écrit tantôt avec un *s,* tantôt sans *s,* selon les cas. *Des porte-bonheur, un porte-bagages.* Attention cependant au mot **porte-fenêtre** qui prend la marque du pluriel aux deux éléments, *porte* étant un nom.

porte-à-faux n. m. inv. (pl. *porte-à-faux*)
Partie d'une construction qui ne repose pas directement sur son point d'appui. *Une terrasse en porte-à-faux.*

porte-à-porte n. m. inv. (pl. *porte-à-porte*)
Démarchage à domicile. *Ces jeunes hommes font du porte-à-porte pour une œuvre de bienfaisance.*

porte-avions n. m. inv. (pl. *porte-avions*)
Navire de guerre aménagé pour le transport des avions et doté d'une plate-forme d'envol et d'atterrissage.

porte-bagages n. m. inv. (pl. *porte-bagages*)
Dispositif adapté à un cycle pour transporter des bagages.
⬛⇨ Pour une voiture, on parle de **galerie.**

porte-bannière n. m. et f. (pl. *porte-bannières*)
Personne qui porte une bannière.

porte-bébé n. m. (pl. *porte-bébés*)
Siège qu'on fixe sur les épaules pour porter un bébé.

porte-billets n. m. inv. (pl. *porte-billets*)
Portefeuille.

porte-bonheur n. m. inv. (pl. *porte-bonheur*)
Objet qui est censé porter chance. *Le trèfle à quatre feuilles est un porte-bonheur.*

porte-bouteilles n. m. inv. (pl. *porte-bouteilles*)
Casier à bouteilles.

porte-cartes n. m. inv. (pl. *porte-cartes*)
Étui destiné à recevoir des cartes de visite, de crédit, d'identité, etc.

porte-cigares n. m. inv. (pl. *porte-cigares*)
Étui à cigares.

porte-cigarettes n. m. inv. (pl. *porte-cigarettes*)
Étui à cigarettes.

porte-clés ou **porte-clefs** n. m. inv. (pl. *porte-clés, porte-clefs*)
Anneau réunissant des clés.

porte-conteneurs n. m. inv. (pl. *porte-conteneurs*)
Navire destiné au transport des conteneurs.

porte-couteau n. m. (pl. *porte-couteaux*)
Ustensile sur lequel on dépose son couteau.

porte-crayon n. m. (pl. *porte-crayons*)
Ustensile dans lequel on met des crayons.

porte-documents n. m. inv. (pl. *porte-documents*)
Serviette plate ne comportant qu'une seule poche.
Acheter un porte-documents en cuir.
☞ Pour désigner le sac à compartiments qui sert à
porter des livres, des documents, on emploie plutôt le
nom *serviette*; le *cartable* est un sac d'écolier.

porte-drapeau n. m. (pl. *porte-drapeaux*)
Personne qui porte un drapeau.

portée n. f.
• Nombre de petits que les femelles des mammifères
mettent bas en une fois. *Une portée de quatre chatons.*
• Distance à laquelle un projectile peut être lancé. *Un
canon à longue portée.*
• *Hors de portée.* Inaccessible.
• *À la portée de.* Accessible. *Ce livre est à la portée de
tous.*
• Force, efficacité. *Cet argument a eu beaucoup de
portée.*

portefaix n. m.
Personne qui porte des fardeaux.
⇨ portef**aix.**

porte-fenêtre n. f. (pl. *portes-fenêtres*)
Fenêtre qui s'ouvre de plain-pied sur un balcon, une
terrasse, un jardin. *Ces portes-fenêtres donnent accès
à la plage.*
☞ Attention au pluriel de ce mot composé qui prend
la marque du pluriel aux deux éléments, le mot **porte**
étant ici un nom.

portefeuille n. m.
• Étui à billets. *Des portefeuilles de cuir.*
☞ Ne pas confondre avec le nom **porte-monnaie,**
étui destiné à recevoir des pièces de monnaie.
• Ensemble des valeurs mobilières d'une personne,
d'une entreprise.
• Fonction de ministre. *Le portefeuille des Affaires
sociales, un ministre sans portefeuille.*
⇨ **portefeuille,** en un seul mot.

porte-jarretelles n. m. inv. (pl. *porte-jarretelles*)
Sous-vêtement féminin muni de jarretelles servant à
retenir des bas.

porte-malheur adj. inv. et n. m. inv. (pl. *porte-
malheur*)
Personne, chose qui est censée porter malheur. *On
dit que les chats noirs sont des porte-malheur.*
Ant. **porte-bonheur.**

portemanteau n. m. (pl. *portemanteaux*)
Support sur pied auquel on suspend les vêtements.
☞ Ne pas confondre avec le nom **patère,** support
fixé à un mur, destiné à recevoir des vêtements.
⇨ **portementeau,** en un seul mot.

portemine ou **porte-mine** n. m. (pl. *portemines,
porte-mines*)
Crayon dans lequel on insère une mine.

porte-monnaie n. m. inv. (pl. *porte-monnaie*)
Étui destiné à recevoir des pièces de monnaie.
☞ Ne pas confondre avec le nom **portefeuille,**
étui à billets.

porte-nom n. m. (pl. *porte-nom, porte-noms*)
Insigne précisant le nom de la personne qui le porte.
Syn. **badge.**

porte(s) ouverte(s) loc. adj.
• Activité visant à informer le public par la visite, la
présentation d'un organisme, d'un établissement d'enseignement, d'une entreprise. *Une journée portes ouvertes* ou *porte ouverte.*
• *Politique de la porte ouverte.* Régime commercial
de libre-échange.

porte-panier n. m. inv. (pl. *porte-panier*)
Au Canada, rapporteur, mouchard (principalement à
l'école ou à la maison).

porte-parapluies n. m. inv. (pl. *porte-parapluies*)
Objet destiné à recevoir les parapluies.

porte-parole n. m. et f. inv. (pl. *porte-parole*)
Représentant officiel. *Claire est notre porte-parole, elle
parle en notre nom.*

porte-plume n. m. inv. (pl. *porte-plume*)
Petit instrument auquel on fixe une plume.
☞ Aujourd'hui on emploie plutôt **stylo.**

porter v. tr., intr., pronom.
• **Transitif**
- Tenir, soutenir. *Porter un cartable. Cette structure
porte le toit de l'immeuble.*
- Transporter. *Porter une lettre à la poste.*
- Avoir sur soi. *Porter un pantalon, porter les cheveux
longs, des lunettes.*
- Apporter. *Porter assistance à quelqu'un, porter
chance, porter intérêt.*
- *Porter ses fruits, porter fruit.* Donner de bons ré-
sultats. *La recherche a porté ses fruits, les enquêtes
ont porté fruit et les résultats sont très satisfaisants.*
☞ Dans l'expression **porter fruit,** le nom **fruit**
demeure toujours au singulier.
- *Être porté à +* infinitif. Être enclin à. *Il est porté à
faire confiance à tous et chacun.*
• **Intransitif**
Avoir pour objet. *Ces commentaires portent sur le
dernier film de ce cinéaste.*
• **Pronominal**
- Être en bonne ou en mauvaise santé. *Je me porte à
merveille.*
- Être porté, en parlant d'un vêtement, d'une mode.
Le blanc se porte beaucoup en été.

porte-revues n. m. inv. (pl. *porte-revues*)
Accessoire de maison où l'on range les revues, les
journaux.

porte-savon n. m. (pl. *porte-savon* ou *porte-savons*)
Support destiné à recevoir le savon.

porte-serviettes n. m. inv. (pl. *porte-serviettes*)
Accessoire destiné à suspendre des serviettes.

porteur, euse adj. et n. m. et f.
Personne qui détient un titre dont le titulaire n'est pas indiqué. *Le chèque est libellé «au porteur».*
↦ Ne pas confondre avec les noms suivants :
- *détenteur,* personne qui conserve quelque chose à titre provisoire;
- *titulaire,* personne qui possède juridiquement un droit, un titre de façon permanente.

porte-voix n. m. inv. (pl. *porte-voix*)
Appareil destiné à amplifier la voix.

portfolio n. m.
Enveloppe rigide contenant des photographies, des estampes, des lithographies à tirage restreint.

*portfolio
Anglicisme pour ***porte-documents, portefeuille.***

portier n. m.
portière n. f.
Personne chargée d'ouvrir la porte (d'un immeuble, d'un hôtel, d'une voiture), qui surveille les entrées et sorties.

portière n. f.
Porte d'une voiture, d'un train.
↦ Le nom *porte* s'emploie également en ce sens.

portillon n. m.
Petite porte.

portion n. f.
Partie d'un tout, part. *Couper un gâteau en six portions égales.*

portique n. m.
• Galerie ouverte soutenue par une colonnade. *Le portique d'une église.*
• Barre horizontale soutenue par deux poteaux à laquelle sont fixés des agrès de gymnastique.
• ***Portique de sécurité.*** Dispositif de détection utilisé dans les aéroports pour éviter le transport d'armes.

*portique
Impropriété au sens de ***vestibule.***

porto n. m.
Vin produit au Portugal. *Des portos capiteux.*
↦ Le nom du vin s'écrit avec une minuscule, tandis que le nom de la ville s'écrit avec une majuscule.

portoricain adj. et n. m. et f.
De Porto Rico. *Le drapeau portoricain, Un Portoricain, une Portoricaine.*
↦ L'adjectif s'écrit avec une minuscule; le nom, avec une majuscule.
⇒ **portoricain,** en un seul mot.

portrait n. m.
Représentation d'une personne par le dessin, la peinture, la photographie, etc. *Des portraits de famille.*

portraitiste n. m. et f.
Peintre qui fait des portraits.

portrait-robot n. m. (pl. *portraits-robots*)
• Dessin du visage d'un individu d'après les témoignages. *La presse a diffusé plusieurs portraits-robots de l'assassin.*
• Description. *Faites le portrait-robot de votre quartier.*

port-salut n. m. inv. (pl. *port-salut*)
Fromage à pâte ferme.
↦ Ce nom s'écrit avec un trait d'union, et il est invariable.

portuaire adj.
Relatif à un port. *La zone portuaire.*
⇒ port**uaire.**

portugais, aise adj. et n. m. et f.
• **Adjectif et nom masculin et féminin.** Du Portugal. *Le drapeau portugais. Un Portugais, une Portugaise.*
• **Nom masculin.** Langue parlée principalement au Portugal et au Brésil. *Linda parle le portugais.*
↦ Le nom de la langue s'écrit avec une minuscule.

pose n. f.
• Action de poser, de mettre en place quelque chose. *La pose d'un store.*
• Position du corps. *Gardez la pose, le petit oiseau va sortir.*
Hom. ***pause,*** temps d'arrêt.

posé, ée adj.
Calme et sérieux. *Héloïse est très posée.*

posément adv.
D'une manière posée.

poser v. tr., intr., pronom.
• **Transitif**
- Mettre en place. *Poser des rideaux et des tableaux.*
- Énoncer. *Poser une question.*
- Soulever. *Cela pose un problème.*
• **Intransitif**
Servir de modèle. *Elle pose pour un peintre.*
• **Pronominal**
- Revenir au sol, atterrir. *Les avions se sont posés sur la piste.*
- Se placer. *Le chapeau se pose sur le côté de la tête.*
↦ Ne pas confondre avec le verbe ***déposer,*** se décharger d'une chose que l'on porte.

*poser un geste
Impropriété au sens de ***faire un geste.***

poseur, euse adj. et n. m. et f.
Affecté.

positif, ive adj. et n. m.
• **Adjectif**
- Certain, réel. *Un fait positif.*
- Qui exprime une affirmation, par opposition à ***négatif.*** *La réponse est positive.*
• **Nom masculin**
- Ce qui est réel.
- Ce qui est rationnel, pratique. *Nous voulons du positif, du concret.*

*positif que (être)
Calque de l'anglais «to be positive that» au sens de ***être sûr, être convaincu.***

positivité n. f.
Caractère de ce qui est positif.

position n. f.
• Emplacement de quelqu'un, de quelque chose. *La position d'un bateau, d'un meuble.*
• Posture. *Une position détendue.*
• Rang. *Il est en bonne position pour se classer premier.*
• ***Prise de position.*** Action de prendre parti publiquement pour quelqu'un, pour quelque chose, de donner son avis, de professer une opinion. *Des prises de position étonnantes.*

*****position
Anglicisme au sens de ***emploi, situation.***

positionnement n. m.
• Action de disposer, de placer à un endroit précis.
• Créneau d'un produit.

positionner v. tr.
• Placer précisément une pièce.
• Définir le créneau d'un produit.

positivement adv.
D'une manière certaine, réelle.

posologie n. f.
Quantité de médicament à administrer à un malade, compte tenu de son âge, de son poids, etc.

possédant, ante adj. et n. m.
• **Adjectif.** Qui possède des capitaux. *La classe possédante.*
• **Nom masculin.** Ceux qui possèdent des richesses. *Faire partie des possédants.*
☞ Ce nom s'emploie généralement au pluriel.

posséder v. tr., pronom.
Le *é* se change en *è* devant une syllabe muette, sauf à l'indicatif futur et au conditionnel présent. *Je possède,* mais *je posséderai.*
• **Transitif**
- Avoir à soi. *Posséder un beau jardin.*
- Connaître. *Posséder son sujet.*
- Contenir. *Ce pays possède beaucoup de richesses naturelles.*
• **Pronominal**
Se contenir. *Elle ne se possède plus.*

possesseur n. m.
Personne qui possède (un bien).
☞ Ce nom n'a pas de forme féminine.

possessif, ive adj. et n. m.
Qui éprouve un désir de domination affective. *Il est trop possessif.*
V. Tableau - **POSSESSIF (ADJECTIF).**
V. Tableau - **PRONOM.**

possession n. f.
• Le fait de disposer d'un bien. *La possession d'une fortune. Les Fontaine sont entrés en possession de leur voilier.*
• Le bien possédé. *Ce voilier est la possession des Fontaine.*
• ***Prendre possession de.*** S'installer dans un lieu.
• ***Être en possession de.*** Posséder. *Un collectionneur est en possession du tableau.*
• ***Être en la possession de.*** Appartenir à. *Ce tableau est en la possession d'un collectionneur.*

ADJECTIF **POSSESSIF**

L'adjectif possessif détermine le nom en indiquant le «possesseur» de l'objet désigné.

☞ On observe que l'adjectif possessif est loin de toujours exprimer la possession réelle. En effet, il n'établit souvent qu'une simple relation de chose à personne, qu'un rapport de dépendance, de familiarité, d'affinité, de proximité, etc. *Mon avion, ton hôtel, sa ville, nos invités, vos étudiants, leurs amis.*

• Il s'accorde en genre et en nombre avec le nom déterminé.

   Ta voiture, son ordinateur, nos livres.

• Il s'accorde en personne avec le nom désignant le possesseur :

   – un seul possesseur   ***mon, ton, son*** *fils*
                                          ma, ta, sa *fille*
                                            mes, tes, ses *fils ou filles* ;

   – plusieurs possesseurs   ***notre, votre, leur*** *fils ou fille*
                                            nos, vos, leurs *fils ou filles.*

Devant un nom féminin commençant par une voyelle ou un *h* muet, c'est la forme masculine de l'adjectif qui est employée pour des raisons d'euphonie.

   Mon amie, ton échelle, son histoire.

V. Tableau – **ADJECTIF.**

possibilité n. f.
Caractère de ce qui est possible. *Nous aurons la possibilité de visiter l'Italie cet été.*
Ant. **impossibilité.**

possible adj. et n. m.
• **Adjectif**
Qui peut être, qui peut se réaliser. *L'accroissement des bénéfices est possible.*
• **Adjectif invariable**
Le plus, le moins, le mieux, le meilleur... possible.
Placé après un nom ou un adjectif pluriel accompagné d'un superlatif, l'adjectif est invariable. *Il faut aider le plus d'employés possible.* (On sous-entend : il faut aider le plus d'employés qu'il sera possible d'aider.). *Des encadrements les plus grands possible.* (On sous-entend : les plus grands qu'il sera possible de fabriquer.).
• **Adjectif variable**
- Quand il se rapporte à un nom, il s'accorde avec ce nom. *Il faut gagner tous les points possibles.*
- *Il est possible que* + subjonctif. Il est probable, il se peut que. *Il est possible qu'il vienne.*
• **Nom masculin**
- Ce qui est possible. *Faire son possible.*
- *Dans la mesure du possible.* Autant qu'il est possible.

possiblement adv.
Peut-être, vraisemblablement.

post- préf.
• Élément du latin signifiant «après». *Postérieur.*
• Les mots composés du préfixe *post-* s'écrivent en un seul mot. *Postérieur, postsynchronisation.*

postal, ale, aux adj.
Relatif à la poste. *Des tarifs postaux.*

postdater v. tr.
Inscrire une date postérieure à la date véritable.
☞ Ne pas confondre avec le verbe *antidater,* inscrire une date antérieure à la date véritable.

poste n. m. et f.
• **Nom masculin**
- Lieu où un militaire est affecté. *Être fidèle au poste.*
- Emploi, fonction. *Un poste de chercheur, d'architecte, d'informaticien.*
- Opération inscrite dans un livre comptable. *Des postes budgétaires.*
- Ensemble d'appareils, de dispositifs destinés à un usage particulier. *Un poste de télévision.*
- *Poste (téléphonique).* Ligne téléphonique intérieure. *Un poste téléphonique* (et non un *local,* une *extension*).
- *Poste de pilotage.* Emplacement d'un avion réservé au pilote.
V. **cockpit.**
- *Poste frontière.* Lieu servant à l'administration des douanes sur les limites territoriales d'un État. *Des postes frontière.*
• **Nom féminin**
Administration publique chargée de l'acheminement du courrier. *Un bureau de poste. La Poste.*

poster v. tr., pronom.
• Mettre à la poste. *Je dois aller poster cette lettre* (et non *maller*).
• Disposer des soldats, des policiers, etc., à un poste de surveillance. *Poster un gardien à l'entrée de la banque.*

*****poster**
Anglicisme au sens de *affiche.*

postérieur, eure adj. et n. m.
• **Adjectif**
- Qui vient après. *Une date postérieure à sa naissance.*
- Qui est derrière. *La partie postérieure de la jambe.*
☞ L'adjectif étant un comparatif, il ne peut être employé avec *plus, moins.*
Ant. **antérieur.**
• **Nom masculin**
(Fam.) Derrière d'une personne.

postérieurement adv.
Plus tard.

posteriori (a)
V. **a posteriori.**

postériorité n. f.
État d'une chose postérieure à une autre.
Ant. **antériorité.**

postérité n. f.
• (Litt.) Descendants.
• Les générations à venir.

posthume adj.
Qui a lieu après la mort de quelqu'un. *Une décoration posthume.*
☞ posthume.

postiche adj. et n. m.
• **Adjectif.** Artificiel, faux. *Des cheveux postiches.*
• **Nom masculin.** Perruque.
☞ Attention au genre masculin de ce nom : *un* postiche.

postier n. m.
postière n. f.
Employé de la poste.

*****post mortem**
Anglicisme au sens de *analyse, examen d'une situation, d'un échec.*

postnatal, ale, als, aux adj.
Qui suit la naissance. *Des examens postnatals* ou *postnataux.*

post-scriptum n. m. inv. (pl. *post-scriptum*)
👄 Attention à la prononciation [pɔstkriptɔm].
• Abréviation *P.-S.* (s'écrit avec des points).
• Note ajoutée au bas d'une lettre, après la signature.

postsynchronisation n. f.
(Cin.) Addition du son après le tournage d'un film.
✏ post**synch**ronisation.

postulat n. m.
Proposition donnée comme vraie et dont l'admission est nécessaire.
☞ postulat.

postuler v. tr., intr.
• **Transitif.** Se porter candidat à un emploi. *Il a postulé un poste d'informaticien.*
• **Intransitif.** Être candidat à une fonction. *Elle a décidé de postuler pour le poste de direction.*

posture n. f.
• Situation du corps. *Une mauvaise posture.*
• *En bonne, mauvaise posture.* Dans un contexte favorable, défavorable.

pot n. m.
• Vase, récipient. *Un pot de fleurs, un pot à eau.*
• **Locutions**
- *Pot à +* complément. Cette construction indique ce que le récipient est destiné à contenir. *Un pot à lait.*
- *Pot de +* complément. Cette construction indique l'usage actuel du récipient. *Un pot de confitures.*
- *Découvrir le pot aux roses.* Mettre à jour le secret d'une affaire.
- *Prendre un pot.* (Fam.) Prendre un verre avec des amis.
- *À la fortune du pot.* Simplement.
Hom. *peau,* revêtement du corps humain.

potable adj.
• Qualifie une eau qui peut être bue sans danger.
🖛 Ne pas confondre avec l'adjectif *buvable* qui peut se boire, qui a un goût agréable.
• (Fam.) Acceptable. *Ces résultats sont potables.*

potage n. m.
Bouillon de viande ou de légumes. *Un potage aux carottes.*
🖛 Par rapport au nom *potage,* le nom *soupe* désigne un plat plus consistant, moins liquide et moins raffiné. *Une soupe aux pois.*

potager, ère adj. et n. m.
• **Adjectif.** Se dit des plantes cultivées pour la cuisine. *Les asperges, les pommes de terre sont des plantes potagères.*
• **Nom masculin.** Jardin où l'on cultive des légumes. *Grand-maman est allée cueillir des haricots dans son potager.*

potasser v. tr.
(Fam.) Étudier avec opiniâtreté.

potassium n. m.
👄 Les lettres *um* se prononcent *omme* [pɔtasjɔm].
Symbole *K* (s'écrit sans point).
Métal alcalin.

pot-au-feu adj. inv. et n. m. inv. (pl. *pot-au-feu*)
Bouilli de bœuf avec des légumes.

pot-de-vin n. m. (pl. *pots-de-vin*)
Somme, cadeau donné pour obtenir une faveur.
🖛 Le nom s'écrit avec des traits d'union.

poteau n. m. (pl. *poteaux*)
👄 Le premier *o* est ouvert [pɔto].
Pièce de bois dressée verticalement.
🗁 pot**eau**.

potelé, ée adj.
Dodu. *Ce bébé est bien potelé.*

potence n. f.
• Instrument qui sert à la pendaison.
• Pendaison. *Ils risquent la potence.*
• *Gibier de potence.* Personne qui mérite la pendaison.

potentiel, elle adj. et n. m.
• **Adjectif.** Possible, virtuel. *Un succès potentiel.*
• **Nom masculin.** Capacité théorique, ce qui existe en puissance. *Le potentiel électrique du Québec est immense.*
🗁 pot**enti**el.

potentiellement adv.
En puissance.
🗁 pot**enti**ellement.

poterie n. f.
• Céramique. *Julien étudie la poterie.*
• Objet en céramique. *De la poterie décorative.*

potiche n. f.
Vase d'Extrême-Orient.

potier n. m.
potière n. f.
Personne qui fabrique et vend de la poterie.

potin n. m. (gén. pl.)
Commérage. *Bianca n'écoute pas les potins.*

potiner v. intr.
Faire des commérages.

potion n. f.
🖙 Le premier *o* est fermé [posjɔ̃].
Médicament liquide. *Obélix était tombé dans la potion magique.*

potiron n. m.
Grosse courge.

pot-pourri n. m. (pl. *pots-pourris*)
Morceau de musique légère composé de différents airs connus.

pou n. m. (pl. *poux*)
Parasite de l'homme. *Il a des poux dans les cheveux.*
Hom. *pouls,* battement artériel.

pouah! interj.
Interjection marquant le dégoût. *Pouah! quelle odeur!*
🗁 pouah**.**

poubelle n. f.
Récipient destiné à recevoir les ordures ménagères.

pouce n. m.
• Le plus gros doigt de la main. *Se donner un coup de marteau sur le pouce.*
• *Donner un coup de pouce à quelqu'un.* Aider quelqu'un.
• Douzième partie du pied, unité de mesure anglo-saxonne valant environ 30 centimètres.
🖛 Le nom *pouce* s'abrège *po* (s'écrit sans point) s'il est précédé d'un nombre en chiffres. *Elle mesure 5 pi 6 po, tandis qu'il mesure 6 pi.*
• *Faire du pouce.* (Fam.) Au Canada, voyager en auto-stop.
Hom. *pousse,* bourgeon.

pou-de-soie
V. *pout-de-soie.*

pouding
V. *pudding.*

poudre n. f.
• Substance finement pulvérisée. *Maman se met de la poudre sur le visage.*
• *Jeter de la poudre aux yeux.* Vouloir éblouir par des apparences.
• *Mettre le feu aux poudres.* Déclencher une catastrophe, le mécontentement jusqu'alors contenu.

*poudre à pâte
Calque de l'anglais «baking powder» pour *levure chimique.*

poudrer v. tr.
Recouvrir de poudre.

poudrerie n. f.
• Au Canada, neige poussée par des rafales de vent.
🕮— Ne pas confondre avec le nom *tempête de neige,* chute de neige abondante.
• En France, se dit *blizzard.*

poudreux, euse adj. et n. f.
• **Adjectif.** Qui ressemble à la poudre.
• **Nom féminin.** Neige fraîchement tombée et profonde. *Skier dans la poudreuse.*

poudrier n. m.
Boîte à poudre pour le maquillage.

poudrière n. m
Magasin où l'on conserve les explosifs, les munitions.

poudroiement n. m.
Caractère de ce qui poudroie.
⟹ poudroiement.

poudroyer v. intr.
Le *y* se change en *i* devant un *e* muet. *Il poudroie, il poudroiera.*
(Litt.) S'élever en fine poussière.

pouf! interj.
Interjection marquant une explosion, une chute.

pouf n. m.
Siège rembourré, bas et sans dossier. *Des poufs.*

pouffer v. intr.
Pouffer de rire. Éclater de rire.

pouilly n. m.
Vin blanc réputé.
🕮— Le nom du vin s'écrit avec une minuscule.

poulailler n. m.
Abri pour les poules. *Julien, va chercher quelques œufs dans le poulailler!*

poulain n. m.
Petit du cheval et de la jument.

poule n. f.
• Femelle du coq élevée pour ses œufs et sa chair.
• *Poule mouillée.* Personne craintive.
• *Chair de poule.* (Fam.) Frisson. *Il a la chair de poule, il a froid.*

poulet n. m.
Petit de la poule. *Manger un poulet rôti.*
⟹ poulet.

poulette n. f.
Jeune poule.

pouliche n. f.
Jeune jument.

poulie n. f.
Engin de levage composé d'une roue à jante sur laquelle passe une corde, une chaîne.

pouliner v. intr.
Mettre bas, en parlant de la jument.

poulpe n. m.
Pieuvre. *Les tentacules du poulpe.*
🕮— Attention au genre masculin de ce nom, contrairement à *pieuvre : un* poulpe.

pouls n. m.
⌣ Les lettres *ls* sont muettes [pu].
Battement artériel. *Son pouls est très rapide.*
Hom. *pou,* parasite de l'homme.
⟹ pouls.

poult-de-soie
V. *pout-de-soie.*

poumon n. m.
Organe de la respiration. *Une radiographie du poumon.*
🕮— L'adjectif correspondant à ce nom est *pulmonaire. Une radiographie pulmonaire.*

poupe n. f.
Arrière d'un bateau.
Ant. **proue.**

poupée n. f.
Jouet en forme de petite figure humaine. *Elle joue à la poupée.*

poupin, ine adj.
Rebondi, rond. *Visage poupin.*

poupon n. m.
Poupée représentant un bébé.

pouponnière n. f.
Établissement où l'on prend soin des nouveau-nés, des bébés.
⟹ pouponnière.

pour n. m. et prép.

Nom masculin
Ce qui est favorable. *Le pour et le contre. Il y a du pour et du contre.*
Préposition
• À la place de. *Il m'a prise pour une autre.*
• En vue de, afin de. *Pour réussir, il faut travailler.*
• À destination de. *Prendre l'avion pour Montréal.*
• À cause de. *Cette voiture est appréciée pour sa faible consommation d'essence.*
• En échange de. *J'ai acheté ce manteau pour 200 $.*
• *Pour +* infinitif
- Marque la cause. *Pour avoir aimé beaucoup, il a été très heureux.*

- Marque l'intention. *Faire de l'exercice pour être en forme.*
- Marque la concession. *Cette hypothèse, pour être exacte, n'explique pas tout.*

Locutions
• *Pour toujours.* À jamais.
• *Pour ainsi dire.* Si l'on peut s'exprimer ainsi.
• *Pour que,* locution conjonctive. En vue de. *Je tiens à vous prévenir pour que vous puissiez vous libérer.*
↳— Cette locution se construit avec le subjonctif.
• *Pour peu que,* locution conjonctive. À la condition que. *Elle acceptera pour peu que vous parliez.*
↳— Cette locution se construit avec le subjonctif.

---

pourboire n. m.
Gratification donnée par un client. *Des pourboires généreux.*
⇨ **pourboire,** en un seul mot.

pourceau n. m. (pl. *pourceaux*)
(Litt.) Porc.

pour cent n. m.
• S'abrège en *p. c., p. cent, p. 100* ou avec le symbole *%.*
↳— Le symbole est séparé par un espace du chiffre qu'il suit. *Les ventes ont grimpé de 25 %.*
• Proportion par rapport à cent. *Le nombre d'élèves a augmenté de 25 %.*
• *Pour cent +* nom au singulier. Le verbe se met au singulier et l'adjectif ou le participe se met au singulier et s'accorde en genre avec le nom. *Vingt pour cent de la classe est d'accord et se montre enchantée de la décision.*
• *Pour cent +* nom au pluriel. Le verbe se met au pluriel et l'adjectif ou le participe s'accorde en genre et en nombre avec le nom. *Soixante-cinq pour cent des personnes interrogées ont été retenues.*
• Nom précédé d'un déterminant pluriel *+ pour cent.* Le verbe se met obligatoirement au pluriel et l'adjectif ou le participe se met au masculin pluriel. *Les vingt-deux pour cent des enfants sont inscrits au cours de natation.*

pourcentage n. m.
Taux calculé sur cent unités.

pourchasser v. tr.
Poursuivre avec acharnement. *Pourchasser un cambrioleur.*

pourlécher (se) v. pronom.
Le *é* se change en *è* devant une syllabe muette, sauf à l'indicatif futur et au conditionnel présent. *Je pourlèche,* mais *je pourlécherai.*
S'en pourlécher les babines. Se délecter à la pensée de quelque chose de délicieux.

pourparlers n. m. pl.
Discussion. *Entamer des pourparlers de paix.*
⇨ **pourparlers,** en un seul mot.

pourpier n. m.
Plante à petites fleurs multicolores dont les feuilles charnues sont comestibles.

pourpre adj. et n. m. et f.
• **Adjectif de couleur variable.** D'un rouge violet. *Des soieries pourpres.*
V. Tableau - **COULEUR (ADJECTIFS DE).**
• **Nom masculin.** Couleur rouge violet. *Des pourpres veloutés.*
• **Nom féminin.** Matière colorante. *La pourpre est extraite d'un mollusque.*

pourpré, ée adj.
De couleur rouge violet.

pourquoi adv. et n. m. inv.
• **Adverbe**
- Pour quelle raison. *Pourquoi devrions-nous abandonner?*
- *C'est pourquoi.* Introduit une explication. *Nous avons congé demain; c'est pourquoi nous pouvons aller au cinéma ce soir.*
• **Nom masculin invariable**
- Raison, motif. *Chercher les pourquoi d'un geste.*
- Interrogation. *Des pourquoi et des comment.*

pourri, ie adj. et n. m.
• Altéré, gâté. *Des fruits pourris.*
• (Fam.) Rempli de. *Un garçon pourri de talent.*

pourrir v. tr., intr.
• **Transitif.** Gâter, altérer. *L'humidité pourrit le bois.*
• **Intransitif.** Se corrompre, se détériorer. *Les fondations ont commencé à pourrir.*

pourrissement n. m.
Détérioration, dégradation progressive.
⇨ **pourrissement.**

pourriture n. f.
• État de ce qui est pourri.
• Corruption morale.
⇨ **pourriture.**

poursuite n. f.
• Action de poursuivre une personne, un animal. *Ils sont à la poursuite des cambrioleurs, de gibier.*
• Recherche incessante. *La poursuite du bonheur.*
• (Dr.) Procédure. *Engager des poursuites judiciaires.*

poursuivre v. tr., pronom.
INDICATIF PRÉSENT *Je poursuis, tu poursuis, il poursuit, nous poursuivons, vous poursuivez, ils poursuivent.* IMPARFAIT *Je poursuivais.* PASSÉ SIMPLE *Je poursuivis.* FUTUR *Je poursuivrai.* CONDITIONNEL PRÉSENT *Je poursuivrais.* IMPÉRATIF PRÉSENT *Poursuis, poursuivons, poursuivez.* SUBJONCTIF PRÉSENT *Que je poursuive.* IMPARFAIT *Que je poursuivisse.* PARTICIPE PRÉSENT *Poursuivant.* PASSÉ *Poursuivi, ie.*
• **Transitif**
- Action de courir après une personne, un animal pour l'atteindre. *Poursuivre un fugitif.*
- Chercher à obtenir. *Poursuivre un but.*
- (Dr.) Intenter une action en justice contre quelqu'un.
- Continuer. *Poursuivre son chemin, ses études.*
• **Pronominal**
Suivre son cours. *Les recherches se poursuivent.*

pourtant adv.
Néanmoins, toutefois. *Le prix de cette maison est très élevé, pourtant elle semble en mauvais état.*
☞ Cet adverbe marque l'opposition entre deux choses, deux propositions qui sont liées.

pourtour n. m.
Contour, bord.

pourvoir v. tr., pronom.
INDICATIF PRÉSENT *Je pourvois, tu pourvois, il pourvoit, nous pourvoyons, vous pourvoyez, ils pourvoient.* IMPARFAIT *Je pourvoyais, tu pourvoyais, il pourvoyait, nous pourvoyions, vous pourvoyiez, ils pourvoyaient.* PASSÉ SIMPLE *Je pourvus.* FUTUR *Je pourvoirai.* CONDITIONNEL PRÉSENT *Je pourvoirais.* IMPÉRATIF PRÉSENT *Pourvois, pourvoyons, pourvoyez.* SUBJONCTIF PRÉSENT *Que je pourvoie, que tu pourvoies, qu'il pourvoie, que nous pourvoyions, que vous pourvoyiez, qu'ils pourvoient.* IMPARFAIT *Que je pourvusse.* PARTICIPE PRÉSENT *Pourvoyant.* PASSÉ *Pourvu, ue.*
Le *y* est suivi d'un *i* à la première et à la deuxième personne du pluriel de l'indicatif imparfait et du subjonctif présent. *(Que) nous pourvoyions, (que) vous pourvoyiez.*
• **Transitif direct**
Munir, garnir. *Une maison pourvue de tous les appareils modernes.*
• **Transitif indirect**
- Fournir ce qui est nécessaire. *Il pourvoit aux besoins de ses parents.*
- *Pourvoir à un emploi, à un poste.* Nommer quelqu'un à un emploi, à un poste. *On a pourvu au* (et non *comblé le) poste de directeur.*
• **Pronominal**
Se munir.

pourvoirie n. f.
Établissement qui offre aux chasseurs et aux pêcheurs des installations et des services tels le logement, le transport, la location d'équipements et surtout la possibilité de pratiquer la chasse et la pêche sportive. (Recomm. off. OLF)

pourvoyeur, euse n. m. et f.
• (Vx) Fournisseur de provisions.
• Au Québec, personne à qui les pouvoirs publics ont accordé le droit d'exploiter une pourvoirie à des fins commerciales. (Recomm. off. OLF)

pourvu que loc. conj.
À condition que. *Pourvu qu'elle soit enfin d'accord.*
☞ Cette locution conjonctive qui sert à présenter une condition nécessaire à l'accomplissement d'un fait se construit avec le subjonctif.

pousse n. f.
• Action de pousser. *La pousse des cheveux.*
• Bourgeon. *Des pousses de bambou.*
Hom. **pouce,** le plus gros doigt de la main.

pousse-café n. m. inv. (pl. *pousse-café*)
Digestif.

poussée n. f.
• Impulsion. *Il a donné une poussée à sa sœur qui est tombée.*
• *Poussée de fièvre.* Accès soudain de fièvre.

pousse-pousse n. m. inv. (pl. *pousse-pousse*)
Voiture légère tirée par un homme, en Extrême-Orient.

pousser v. tr., intr., pronom.
• **Transitif**
- Imprimer un mouvement à quelqu'un, à quelque chose. *Pousser une porte.*
- Faire agir. *C'est l'ambition qui le pousse à travailler ainsi.*
- *Pousser quelqu'un à bout.* L'excéder.
- Produire. *Pousser un cri.*
• **Intransitif**
Croître. *L'herbe pousse.*
• **Pronominal**
Se déplacer. *Poussez-vous un peu, je vous prie.*

poussette n. f.
Petite voiture d'enfant. *La maman promène le bébé dans sa poussette.*

poussière n. f.
• Matière réduite en poudre très fine. *Un nuage de poussière.*
• *Mordre la poussière.* Perdre lors d'un combat, d'une compétition, échouer.

poussiéreux, euse adj.
Couvert de poussière. *Ces livres sont poussiéreux.*
☞ poussiéreu**x.**

poussin n. m.
Petit poulet. *Le poussin piaille.*

pout-de-soie, poult-de-soie ou **pou-de-soie** n. m.
(pl. *pouts-de-soie, poults-de-soie, pous-de-soie*)
Étoffe de soie à gros grain.
☞ Le nom s'écrit toujours avec des traits d'union.

poutre n. f.
Grosse pièce de bois, de métal servant à la construction. *Les poutres d'une charpente.*

poutrelle n. f.
Poutre d'acier.

pouvoir v. tr., pronom. impers.
INDICATIF PRÉSENT *Je peux (ou je puis), tu peux, il peut, nous pouvons, vous pouvez, ils peuvent.* IMPARFAIT *Je pouvais.* PASSÉ SIMPLE *Je pus.* FUTUR *Je pourrai.* CONDITIONNEL PRÉSENT *Je pourrais.* SUBJONCTIF PRÉSENT *Que je puisse.* IMPARFAIT *Que je pusse.* PARTICIPE PRÉSENT *Pouvant.* PASSÉ *Pu.* Le participe passé est invariable.
La forme impérative n'existe pas; elle est remplacée par le subjonctif présent. *Puissiez-vous terminer à temps.*
La forme plus littéraire (*je puis*) est usitée dans la tournure interrogative. *Puis-je vous aider?*
• **Transitif**
- Avoir la faculté de, l'autorité de faire. *Elle peut lire, elle peut décider, signer.*
- *On ne peut mieux.* Parfaitement.

☞— Cette locution figée exprime un superlatif, un très haut degré. *La fête était on ne peut mieux réussie.*
- **N'en pouvoir plus.** Être épuisé, à bout de ressources.
• **Pronominal impersonnel**
Il se peut que + subjonctif. *Il se peut que la randonnée soit remise à la semaine prochaine s'il pleut.*

pouvoir n. m.
• Faculté, possibilité. *Il a le pouvoir de refuser la proposition.*
• Autorité. *Le pouvoir législatif.*
• Influence, ascendant. *Elle recherche le pouvoir.*
• Mandat légal. *Un fondé de pouvoir(s).*

*pouvoir
Anglicisme au sens de *puissance, énergie électrique.*

Pr
Abréviation de *professeur.*

pragmatique adj.
• Fondé sur des valeurs pratiques.
• Qui accorde la priorité à l'action.

praire n. f.
Mollusque comestible.

prairie n. f.
Vaste pâturage. *Les vaches sont dans la prairie.*

pralin n. m
Préparation composée d'amandes rissolées dans du sucre.
☞ pral**in.**

praline n. f.
Confiserie composée d'une amande rissolée dans du sucre.

praliner v. tr.
Parfumer au pralin.

praticable adj.
• Réalisable. *Un programme praticable.*
• Carrossable. *Une route praticable.*

praticien, ienne n. m. et f.
• Personne qui pratique un art, une science.
• Médecin, dentiste ou auxiliaire médical qui exerce son métier (par opposition à *chercheur*).
Ant. **théoricien.**

pratiquant, ante adj. et n. m. et f.
• **Adjectif.** Qui pratique sa religiion. *Des catholiques pratiquants, non pratiquants.*
• **Nom masculin et féminin.** *Ce sont des pratiquants, des non-pratiquants.*
☞— À la forme négative, l'adjectif s'écrit sans trait d'union, le nom, avec un trait d'union.
☞— Ne pas confondre avec le participe présent invariable *pratiquant. Ne seront admises que les personnes pratiquant le droit.*

pratique adj. et n. f.
• **Adjectif**
- Relatif à l'action. *Des exercices et des travaux pratiques.*
- Utile, ingénieux. *Un appareil, un guide pratique.*

• **Nom féminin**
- Application des règles et des principes d'un art, d'une science, par opposition à *théorie.*
- **Mettre en pratique.** *Il a mis en pratique vos recommandations.*
- **En pratique,** locution adverbiale. Dans les faits.

*pratique
Anglicisme au sens de *répétition, exercice.*

pratiquement adv.
• Dans la pratique (par opposition à *théoriquement*).
• (Fam.) Presque. *Il a pratiquement terminé.*

pratiquer v. tr., pronom.
• **Transitif**
- Observer les règles d'une religion.
- Mettre en pratique. *Pratiquer la prudence, la charité.*
- Exercer (une profession). *Il pratique la médecine.*
- Faire une opération manuelle. *Elle a pratiqué une opération chirurgicale.*
• **Pronominal**
Être en usage. *Ce sport se pratique-t-il?*

*pratiquer
Anglicisme au sens de *répéter un rôle, s'entraîner à un sport.*

*pratiques (à toutes fins)
Calque de «for all practical purposes» au sens de *en pratique, pratiquement, en fait.*

pré- préf.
• Élément du latin signifiant «en avant».
• Les mots composés avec le préfixe *pré-* s'écrivent en un seul mot. *Prédisposition.*

pré n. m.
Prairie. *Les chevaux courent dans le pré.*

*préadressé
Anglicisme pour *enveloppe-réponse.*

préalable adj. et n. m.
• **Adjectif**
- Qui doit être fait d'abord. *Une question préalable.*
• **Nom masculin**
- Ensemble de conditions qui doivent être remplies avant que des négociations puissent avoir lieu. *Le préalable du cessez-le-feu.*
- **Au préalable.** D'abord.
- Cours qui doit en précéder un autre dans le programme d'études d'un élève. (Recomm. off. OLF) *Il doit suivre ce préalable* (et non ce *prérequis*).
- Condition (âge, taille, aptitude physique, etc.) qui doit être remplie avant de commencer ou de poursuivre des études. (Recomm. off. OLF) *Les élèves seront informés des préalables* (et non des *prérequis*).

préalablement adv.
De manière préalable.

préambule n. m.
Texte préliminaire. *Le préambule d'une loi.*

préau n. m. (pl. *préaux*)
Espace découvert au milieu d'un cloître.

préavis n. m.
Avis donné à l'avance. *Un préavis doit être transmis avant la mise à pied; le délai de préavis est de 15 jours.*

précaire adj.
• Incertain.
• Fragile.
⇨ préc**aire**.

précarité n. f.
(Litt.) Fragilité. *La précarité d'une trêve.*

précaution n. f.
Mesure prise pour se garder contre quelque chose. *Un excès de précautions.*
▷— Ne pas confondre avec le nom *mesure,* disposition que l'on prend pour agir.

précautionneusement adv.
Avec précaution.

précautionneux, euse adj.
Prudent.
⇨ précautionneu**x**.

précédemment adv.
◁ La lettre *e* se prononce *a* [presedamã].
Auparavant.
⇨ précéd**emm**ent.

précédent, ente adj. et n. m.
• **Adjectif.** Antérieur. *Les semaines précédentes.* Ant. **suivant.**
• **Nom masculin.** Exemple antérieur invoqué comme légitimation. *Il ne faudrait pas créer de précédent.*
• *Sans précédent.* Jamais vu, unique. *Des résultats sans précédent.*
▷— Le nom reste singulier dans cette locution.
▷— Ne pas confondre avec le participe présent invariable *précédant. Les jours précédant l'évènement furent très heureux.*

précéder v. tr.
Le deuxième *é* se change en *è* devant une syllabe muette, sauf à l'indicatif futur et au conditionnel présent. *Je précède,* mais *je précéderai.*
Venir avant. *L'heure qui précéda son départ. Elle le précède dans le classement.*

précepte n. m.
Règle de conduite.
▷— Ne pas confondre avec les noms suivants :
- *commandement,* ordre;
- *instruction,* indication précise pour l'exécution d'un ordre;
- *prescription,* ordre détaillé.

prêche n. m.
Sermon, prédication.
⇨ prê**che**.

prêcher v. tr., intr.
• **Transitif.** Conseiller, recommander. *Prêcher la prudence.*
• **Intransitif.** Faire un sermon.
• *Prêcher dans le désert.* Ne pas être entendu.

précieusement adv.
• Avec un soin extrême.
• Avec préciosité.

précieux, euse adj.
• Auquel on attache une grande valeur. *Ton amitié m'est précieuse.*
• De grand prix. *Des pierres précieuses.*
• Affecté. *Un langage précieux.*

préciosité n. f.
Affectation.

précipice n. m.
Ravin. *L'alpiniste n'a pas peur des précipices.*
⇨ pré**cipice**.

précipitamment adv.
À la hâte.
⇨ précipit**amm**ent.

précipitation n. f.
• Grande hâte. *Il est parti avec précipitation.*
• *Précipitations (atmosphériques).* (Météo.) Pluie, neige, grêle. *On annonce d'importantes précipitations.*

précipiter v. tr., pronom.
• **Transitif**
- Projeter d'un lieu élevé. *Précipiter un agresseur du haut d'une falaise.*
- Brusquer. *Il ne voudrait rien précipiter.*
- Accélérer. *Précipiter son allure.*
• **Pronominal**
Se hâter. *Elle s'est précipitée à son chevet.*

précis, ise adj.
• Exact. *À deux heures précises, à midi précis.*
• Détaillé. *Les chiffres précis d'un compte.*
Ant. **imprécis.**

précis n. m.
Résumé comportant les éléments essentiels d'une matière. *Un précis de biologie.*
⇨ préci**s**.

précisément adv.
• Avec précision. *Compter précisément.*
• Justement. *Il allait précisément sortir quand le téléphone sonna.*

préciser v. tr., pronom.
• **Transitif**
- Exprimer d'une manière précise. *Préciser un projet.*
- Clarifier. *Préciser une impression.*
• **Pronominal**
Devenir clair, distinct. *Les faits se sont précisés.*

précision n. f.
• Clarté, justesse. *Il s'exprime avec précision.*
• Exactitude rigoureuse. *La précision d'un calcul.*

précoce adj.
• Hâtif. *Des fleurs précoces.*
• Dont la maturité, le développement se produit avant l'âge habituel. *Un enfant précoce.*
⇨ préco**ce**.

précocité n. f.
Caractère de ce qui est précoce.

précompte n. m.
Retenue salariale effectuée par l'employeur.

préconçu, ue adj.
(Péj.) Se dit d'un avis, d'une idée élaborée sans examen critique.
⮕ préconçu.

préconiser v. tr.
Recommander. *Préconiser une simplification de l'orthographe.*

précurseur adj. m. et n. m.
• **Adjectif masculin.** Qui annonce, qui précède. *Les signes précurseurs du printemps.*
• **Nom masculin.** Celui qui innove, qui ouvre la voie.
☞ Ce mot ne s'emploie qu'au masculin.

prédateur, trice adj. et n. m.
(Zool.) Se dit d'animaux qui se nourrissent de proies. *Le faucon est un prédateur. Une espèce prédatrice.*

prédécesseur n. m.
Personne qui a précédé quelqu'un dans une fonction, dans une dignité.
☞ Ce mot ne s'emploie qu'au masculin.

prédestination n. f.
Fatalité.

prédestiner v. tr.
Destiner d'avance à certaines choses, vouer.

prédicateur, trice n. m. et f.
Personne qui prêche la parole de Dieu.

prédication n. f.
(Litt.) Sermon.
☞ Ne pas confondre avec le nom *prédiction,* prophétie.

prédiction n. f.
• Action de prédire.
• Prophétie. *Ses prédictions se sont réalisées.*
☞ Ne pas confondre avec le nom *prédication,* sermon.

prédilection n. f.
Préférence.

prédire v. tr.
INDICATIF PRÉSENT *Je prédis, tu prédis, il prédit, nous prédisons, vous prédisez, ils prédisent.* IMPARFAIT *Je prédisais.* PASSÉ SIMPLE *Je prédis.* FUTUR *Je prédirai.* CONDITIONNEL PRÉSENT *Je prédirais.* IMPÉRATIF PRÉSENT *Prédis, prédisons, prédisez.* SUBJONCTIF PRÉSENT *Que je prédise.* IMPARFAIT *Que je prédise.* PARTICIPE PRÉSENT *Prédisant.* PASSÉ *Prédit, ite.*
Le verbe se conjugue comme *dire,* sauf à la deuxième personne du pluriel du présent de l'indicatif et de l'impératif. *(Vous) prédisez.*
• Annoncer ce qui doit arriver, par clairvoyance, par divination. *Elle peut prédire l'avenir.*
• Annoncer ce qui doit arriver par raisonnement, calculs, etc. *Il avait prédit cette catastrophe.*

prédisposer v. tr.
Préparer, mettre dans une disposition favorable.

prédisposition n. f.
Disposition naturelle à quelque chose. *Dans cette famille, on a une prédisposition pour la musique.*

prédominance n. f.
Prépondérance. *La prédominance de cette équipe est évidente.*
☞ Ne pas confondre avec les noms suivants :
- *prééminence,* supériorité de droit;
- *proéminence,* ce qui fait saillie.
⮕ prédominance.

prédominer v. intr.
Prévaloir. *Dans ces pays, l'agriculture prédomine.*

prééminence n. f.
Supériorité absolue sur les autres.
☞ Ne pas confondre avec les noms suivants :
- *prédominance,* prépondérance;
- *proéminence,* ce qui fait saillie.
⮕ prééminence.

préencollé, ée adj.
Enduit de colle. *Un papier peint préencollé.*

préétablir v. tr.
Fixer à l'avance. *Un cheminement préétabli.*

préfabrication n. f.
Construction au moyen d'éléments standardisés.

préfabriqué, ée adj. et n. m.
Composé d'éléments préfabriqués. *Des maisons préfabriquées.*

préface n. f.
Texte de présentation d'un ouvrage qui n'est généralement pas rédigé par l'auteur, et qui est habituellement composé en italique.
☞ Ne pas confondre avec les noms suivants :
- *avant-propos,* préface ou introduction caractérisée par une grande brièveté;
- *avertissement,* texte placé entre le grand titre et le début de l'ouvrage, afin d'attirer l'attention du lecteur sur un point particulier;
- *introduction,* court texte explicatif rédigé généralement par un auteur pour présenter son texte;
- *note liminaire,* texte destiné à expliciter les symboles et les abréviations employés dans un ouvrage;
- *notice,* brève étude placée en tête d'un livre pour présenter la vie et l'œuvre de l'auteur.
☞ Ordre des textes : la *préface* précède l'*introduction* qui est suivie par la *note liminaire,* s'il y a lieu.

préfacer v. tr.
Le *c* prend une cédille devant les lettres *a* et *o. Il préfaça, nous préfaçons.*
Présenter par une préface. *Son ami préfaça son livre.*

préfacier, ière n. m. et f.
Auteur d'une préface.

préférable adj.
Qui mérite d'être choisi, jugé meilleur. *Il est préférable de bien réfléchir avant de prendre une décision.*

préférablement adv.
De préférence.

préférence n. f.
• Prédilection. *Ma préférence va aux framboises.*
• *De préférence,* locution adverbiale. Plutôt.

préférentiel, ielle adj.
Qui établit une préférence. *Un traitement préférentiel.*
▱▷ préférentiel.

*préférentielle (action)
Anglicisme pour *action privilégiée.*

préférer v. tr.
Le deuxième *é* se change en *è* devant une syllabe muette, sauf à l'indicatif futur et au conditionnel présent. *Je préfère,* mais *je préférerai.*
• Aimer mieux. *Elle a préféré de beaucoup le roman au film qu'on en a tiré.*
• *Préférer +* infinitif. *Ils préfèrent partir.*
▱◁— L'infinitif se construit sans la préposition *de.*
• *Préférer que +* subjonctif. *Il préfère que ses élèves soient curieux de tout.*

préfet n. m.
• Haut fonctionnaire qui administre un département, en France.
• *Préfet de police.* Haut fonctionnaire chargé de la police, en France.
▱▷ préfet.

préfigurer v. tr.
Annoncer, présenter les caractères d'une chose future.

préfixation n. f.
(Ling.) Formation d'un mot par adjonction d'un préfixe.

préfixe n. m.
(Ling.) Élément qui se place au début d'un radical pour former une nouvelle unité lexicale. *Le préfixe **pré-** du latin signifiant «devant» marque l'antériorité : préhistorique.*
▱◁— L'élément qui se place après un radical est un *suffixe.*
V. Tableau - **PRÉFIXE.**

préfixer v. tr.
Composer avec un préfixe.

préhistoire n. f.
Histoire de l'humanité depuis ses origines jusqu'aux premiers textes écrits.

préhistorique adj.
• Antérieur aux temps historiques. *Un homme préhistorique.*
• (Fig.) Désuet. *Un procédé préhistorique.*

préjudice n. m.
• Tort, dommage.
• *Au préjudice de.* Au désavantage de. *La quantité ne doit pas s'obtenir au préjudice de la qualité.*
• *Porter préjudice à quelqu'un.* Causer du tort à quelqu'un.
• *Sans préjudice de.* (Litt.) Sans parler de.
▱▷ préjudice.

PRÉFIXE

Dans la composition des mots nouveaux, le français emprunte surtout au grec et au latin des préfixes ou des éléments qui sont joints à un radical pour former une nouvelle unité lexicale.

Ces préfixes présentent l'avantage d'être déjà connus et, ainsi, de favoriser la compréhension immédiate du néologisme.

Quelques exemples :

PRÉFIXES	SENS	EXEMPLES
anti-	contre	*antibuée, antidérapant, antirides*
auto-	de soi-même	*automobile, autoportrait, autofinancement*
biblio-	livre	*bibliographie, bibliothèque, bibliophile*
cardio-	cœur	*cardiologie, cardiogramme, cardio-vasculaire*
circon-	autour	*circonférence, circonscription*
kilo-	mille	*kilogramme, kilomètre, kilo-octet*
micro-	petit	*microbiologie, micro-ordinateur, microscope*
simili-	semblable	*similitude, similicuir, similibois*
thermo-	chaleur	*thermomètre, thermostat, thermo-électricité*
tri-	trois	*tricentenaire, trilingue, tricolore*
zoo-	animal	*zoographie, zoologie, zoophobie*

Règles d'écriture

Les préfixes se soudent généralement au radical : on observe une tendance marquée à supprimer les traits d'union pour constituer des unités lexicales simples. Seule la rencontre de deux voyelles impose parfois le trait d'union. *Méga-octet, micro-ordinateur.*

*préjudice
Anglicisme au sens de *préjugé, parti pris.*

*préjudice (sans)
Calque de l'anglais «without prejudice» au sens de *sous toutes réserves.*

préjudiciable adj.
Qui porte préjudice.

préjugé n. m.
Parti pris, opinion préconçue. *Il ne faut pas avoir de préjugés pour être juste.*

préjuger v. tr.
Le *g* est suivi d'un *e* devant les lettres *a* et *o*. *Il préjugea, nous préjugeons.*
• **Transitif direct.** (Litt.) Décider sans examen, conjecturer. *Je ne veux rien préjuger.*
☞ Dans un style soutenu, le verbe est transitif direct et se construit sans la préposition *de.*
• **Transitif indirect.** Porter un jugement, sans examen préalable de la question. *Elle ne veut pas préjuger de la situation.*
☞ Dans la langue courante, le verbe se construit plutôt avec la préposition *de.*

prélart n. m.
• Bâche.
• (Fam.) Au Canada, synonyme de *linoléum.*

prélasser (se) v. pronom.
Se reposer nonchalamment. *Elles se sont prélassées dans l'herbe.*

prélat n. m.
Dignitaire ecclésiastique.
☞ prélat.

prélèvement n. m.
• Action de prélever. *Un prélèvement bancaire.*
• Matière prélevée. *Un prélèvement de liquide amniotique.*
☞ prélèvement.

prélever v. tr.
Le *e* se change en *è* devant une syllabe muette. *Il prélève, il prélevait.*
• Retrancher une certaine partie sur un total.
• Prendre un échantillon.

préliminaire adj. et n. m. pl.
• **Adjectif**
Qui précède la matière principale.
☞ Ne pas confondre avec le nom *liminaire,* texte placé au début d'un livre.
• **Nom masculin pluriel**
- Ensemble des actes qui précèdent un traité. *Des préliminaires interminables.*
- Entrée en matière.
☞ Le nom est toujours au pluriel.

préliminairement adv.
Préalablement.

prélude n. m.
Ce qui précède quelque chose. *Le prélude à une collaboration.*
☞ Ne pas confondre avec les noms suivants :

- *commencement,* début;
- *origine,* ce qui sert de point de départ;
- *principe,* ce qui désigne la cause première.

préluder v. tr. ind.
Se produire avant autre chose, marquer le début de quelque chose. *Ces grèves sporadiques préludent à un mouvement global.*

prématuré, ée adj. et n. m. et f.
• **Adjectif.** Qui vient trop tôt. *Ce geste est prématuré.*
• **Nom masculin et féminin.** Enfant né avant terme. *Les prématurés sont placés en incubateur.*

prématurément adv.
Avant le temps normal.

préméditer v. tr.
(Péj.) Préparer intentionnellement un crime, un acte répréhensible. *Préméditer un vol.*

prémices n. f. pl.
(Litt.) Début, commencement. *Les prémices de l'amour.*
☞ Ce nom est toujours au pluriel.
Hom. *prémisse,* début d'un exposé.

premier, ière adj. et n. m. et f.

• Abréviations : premier **1er**, premiers **1ers**, première **1re**, premières **1res** (s'écrivent sans points).
• **Adjectif**
- Qui vient avant les autres. *Le premier homme, le premier jour de mai.*
- Qui vient en tête. *Le premier ministre.*
- *Le tout premier.* L'adjectif **premier** s'accorde en genre et en nombre, le mot *tout* reste invariable au masculin, mais s'accorde au féminin. *Les tout premiers élèves, les toutes premières skieuses.*
• **Adjectif numéral + premier**
- L'adjectif numéral précède l'adjectif **premier**. *Les trois premiers jours* (et non les *premiers trois jours).
- Qui est le meilleur. *Elle s'est classée première.*
• **Nom masculin et féminin**
Personne, chose qui occupe le premier rang. *Elles sont les premières.*
• **Nom féminin**
- Première classe. *Voyager en première.*
- Première représentation d'un spectacle.
• **Nom masculin**
Premier étage. *Les accessoires sont en vente au premier.*

---

premièrement adv.
• Abréviation *1°* (s'écrit sans point).
• En premier lieu.
Syn. **primo.**

premier-né, première-née adj. et n. m. et f.
Le premier enfant. *Des premiers-nés, des premières-nées.*
☞ Les deux éléments du mot composé s'accordent en genre et en nombre.

prémisse n. f.
Début d'un exposé, affirmation dont on tire une conclusion.
Hom. *prémices,* début, commencement.

prémolaire n. f.
Dent située entre les canines et les molaires.

prémonition n. f.
Pressentiment.

prémonitoire adj.
Se dit d'un signe avant-coureur.

prémunir v. tr., pronom.
• **Transitif.** Prendre des précautions pour se défendre contre quelque chose. *Prémunir un enfant contre un danger.*
• **Pronominal.** Se garantir contre quelque chose. *Se prémunir contre les fluctuations boursières.*

prenant, ante adj.
• Saisissant, émouvant. *Des intrigues prenantes.*
• **Partie prenante.** Personne, organisation, entreprise qui est directement concernée par une affaire, une activité quelconque. *Ils sont parties prenantes à ce magnifique projet.*
☞ La locution se construit avec la préposition *à*.

prénatal, ale, als ou **aux** adj.
Qui précède la naissance. *Des cours prénatals* ou *prénataux.*

prendre v. tr., intr., pronom.
INDICATIF PRÉSENT *Je prends, tu prends, il prend, nous prenons, vous prenez, ils prennent.* IMPARFAIT *Je prenais.* PASSÉ SIMPLE *Je pris.* FUTUR *Je prendrai.* CONDITIONNEL PRÉSENT *Je prendrais.* IMPÉRATIF PRÉSENT *Prends, prenons, prenez.* SUBJONCTIF PRÉSENT *Que je prenne.* IMPARFAIT *Que je prisse.* PARTICIPE PRÉSENT *Prenant.* PASSÉ *Pris, prise.*

Comme *faire, mettre, rendre*, le verbe *prendre* est un des mots les plus fréquemment utilisés du français; il fait partie d'une multitude de locutions aux sens divers. À titre indicatif, voici quelques acceptions de ce verbe :
• **Transitif**
- Saisir. *Prendre un crayon et un papier.*
- Absorber de la nourriture, une boisson. *Prendre un repas.*
- Contracter. *Prendre un rhume.*
- Choisir. *Prendre à droite.*
- Utiliser. *Prendre sa bicyclette.*
- Considérer comme. *Prendre quelqu'un pour un fou.*
• **Intransitif**
- Choisir. *Prendre à droite.*
- Épaissir. *La glace commence à prendre.*
- Se mettre à brûler. *Les bûches ont pris feu.*
- Réussir. *Une mode qui prendra.*
- S'enraciner. *Cette plante a pris.*
• **Pronominal**
- Se laisser attraper. *Elles se sont prises au jeu.*
- Se saisir réciproquement. *Ils se sont pris par la main.*
- S'accrocher. *Son chapeau s'est pris à une branche.*
- Attaquer quelqu'un, lui attribuer une faute. *S'en prendre à son voisin.*

• **Locutions**
- *À tout prendre.* Tout bien considéré.
- *Prendre l'initiative.* Attaquer.
- *Prendre part.* Participer.
- *Prendre patience.* Attendre patiemment.
- *Prendre une bouchée.* (Fam.) Au Canada, prendre un repas léger, manger un peu.

*prendre action
Calque de l'anglais «to take action» pour *prendre des mesures.*

*prendre des procédures
Calque de l'anglais «to take proceedings against» pour *poursuivre en justice, entamer une procédure contre.*

*prendre la parole de quelqu'un
Calque de l'anglais «to take someone's word» pour *se fier à la parole de quelqu'un.*

*prendre la part de quelqu'un
Calque de l'anglais «to take someone's part» pour *prendre la défense de quelqu'un.*

*prendre offense
Calque de l'anglais «to take offence» pour *se froisser, se choquer.*

*prendre pour acquis
Calque de l'anglais «to take for granted» pour *tenir pour acquis.*

*prendre un cours
Calque de l'anglais «to take a course» pour *suivre un cours.*

*prendre une chance
Calque de l'anglais «to take a chance» pour *courir le risque, tenter sa chance.*

*prendre une marche
Calque de l'anglais «to take a walk» pour *faire une promenade.*

preneur, euse adj. et n. m. et f.
Personne disposée à acheter. *Êtes-vous preneur?*

prénom n. m.
Nom précédant le patronyme et servant à distinguer chacun des membres d'une même famille. *Appeler quelqu'un par son prénom. Elle a pour prénom Raphaëlle.*
☞ Les prénoms composés français se lient par des traits d'union. *Jean-Pierre.* La même règle s'applique aux initiales. *J.-P.* Les prénoms étrangers s'écrivent généralement sans trait d'union. *John Fitzgerald Kennedy.*

prénommer v. tr., pronom.
• **Transitif.** Donner pour prénom à quelqu'un. *Elle a prénommé sa fille Marie-Ève.*
• **Pronominal.** Avoir pour prénom. *Il se prénomme Étienne.*

prénuptial, ale, aux adj.
Qui précède le mariage. *Des examens prénuptiaux.*

préoccupation n. f.
Souci, inquiétude. *Sa préoccupation est de leur faire plaisir.*
☞ préo**cc**upation.

préoccuper v. tr., pronom.
• **Transitif.** Inquiéter. *Sa faiblesse me préoccupe.*
• **Pronominal.** S'inquiéter, avoir du souci au sujet de quelqu'un, de quelque chose. *Elle se préoccupe de sa santé.*

préparatif n. m. (gén. pl.)
Arrangements en vue de quelque chose. *Des préparatifs de voyage*

préparation n. f.
• Action de préparer. *La préparation d'un repas.*
• Chose préparée. *Une préparation chimique.*

préparatoire adj.
Qui prépare. *Un stage préparatoire.*

préparer v. tr., pronom.
• **Transitif**
- Disposer, organiser dans un but déterminé. *Préparer un spectacle.*
- Former. *Préparer un étudiant à un examen.*
• **Pronominal**
- Se disposer à. *Il se prépare à partir.*
- Être imminent. *Un orage se prépare.*

prépondérance n. f.
Supériorité.
☞ prépondérance.

préposé n. m.
préposée n. f.
Personne subalterne chargée d'une fonction. *Une préposée aux renseignements.*

préposer v. tr.
Affecter une personne à un poste.

préposition n. f.
V. Tableau - **PRÉPOSITION.**

*prérequis
Anglicisme pour *qualifications préalables, préalable.*

prérogative n. f.
Privilège exclusif attribué à certaines fonctions.

près adv.

• Proche. *Il habite tout près.*
• De près. *Il regarde le papillon de près. Il est près de minuit.*
☞ Cette locution adverbiale marque la proximité de lieu ou de temps.
• Un peu moins de. *Il y a près de vingt pommiers à côté de la maison.*
• **À peu près.** Approximativement.
• **Locutions**
- **À cela près,** locution adverbiale. Excepté cela. *Il pratique tous les sports, à cela près qu'il déteste le curling.*
- **À peu de choses près,** locution adverbiale. Presque complètement. *Elle a été remboursée à peu de choses près.*

- **Près de,** locution prépositive. *Il se plaça près de moi. Il y a près de vingt ans qu'il est venu dans ce pays.*
☞ Cette locution marque la proximité de lieu ou de temps.
- **Près de** + infinitif. Sur le point de. *Il était près de changer d'avis.*
☞ Cette expression ne doit pas être confondue avec **prêt** qui signifie « disposé à » et qui se construit avec la préposition **à.** *Il est prêt à changer d'avis.*
Hom. **prêt,** somme prêtée.

---

présage n. m.
Signe heureux ou malheureux par lequel on juge de l'avenir. *Cette éclaircie est un bon présage.*

présager v. tr.
Le *g* est suivi d'un *e* devant les lettres *a* et *o*. *Il présagea, nous présageons.*
(Litt.) Annoncer par des signes. *Ces réactions présagent une certaine opposition, ne présagent rien de bon.*
☞ Ce verbe se construit avec un complément d'objet direct.

pré-salé n. m.
Mouton qui vient d'un pâturage voisin de la mer. *Les prés-salés du Mont-Saint-Michel.*

presbyte adj. et n. m. et f.
Qui est atteint de presbytie.
☞ presbyte.

presbytère n. m.
Maison du curé dans une paroisse.
☞ presbytère.

presbytie n. f.
Défaut de l'œil qui distingue mal les objets proches.
☞ À l'opposé, la *myopie* est le défaut de l'œil qui distingue mal les objets éloignés.
☞ presby**t**ie.

prescriptible adj.
(Dr.) Sujet à la prescription. *Des droits prescriptibles.*
Ant. **imprescriptible.**

prescription n. f.
• Ordre détaillé, recommandation, conseil thérapeutique émanant d'un médecin.
☞ Quand la prescription est sous forme écrite, il s'agit d'une **ordonnance.**
• Ordre détaillé.
☞ Ne pas confondre avec les noms suivants :
- **commandement,** ordre;
- **instruction,** indication précise pour l'exécution d'un ordre;
- **précepte,** règle de conduite;
- **proscription,** condamnation.
• (Dr.) Temps au bout duquel on ne peut plus poursuivre l'exécution d'une obligation. *Il y a prescription après dix ans.*

*prescription
Impropriété au sens de **ordonnance** (d'un médecin).
☞ L'**ordonnance** est une prescription écrite.

PRÉPOSITION

La **préposition** est un mot invariable qui sert à introduire un complément, qu'il unit, par un rapport de temps, de lieu, de moyen, de manière, etc., à un mot complété (verbe, nom, adjectif...).

Quelques prépositions

à
Je viendrai à midi (temps).
Il habite à la campagne (lieu).
Se battre à l'épée (moyen).

de
Marcher de midi à minuit (temps).
Se rapprocher de la ville (lieu).
Une femme de tête (manière).

par
Passer par Trois-Rivières (lieu).
Travailler dix heures par jour (temps).
Voyager par goût (manière).

dans
Il arrivera dans une heure (temps).
Elle travaille dans un bureau (lieu).
Boire dans un verre (instrument).

en
Elle habite en Gaspésie (lieu).
En été (temps).
Une bague en or (matière).

pour
Partir pour la campagne (lieu).
Partir pour deux jours (temps).
Des bottes pour la pluie (destination).

☞ Attention à certains mots qui sont tantôt des prépositions s'ils introduisent un complément, tantôt des adverbes s'ils n'en introduisent pas.

*Il y a un chien **derrière** l'arbre.* Le mot **derrière** introduit un complément circonstanciel : c'est une **préposition.**

*Les chiens sont restés **derrière**.* Le mot **derrière** n'introduit pas de complément : c'est un **adverbe.**

Principales prépositions

à	chez	depuis	durant	hors	par	sans	sur
après	contre	derrière	en	jusque	parmi	sauf	vers...
avant	dans	dès	entre	malgré	pendant	selon	
avec	de	devant	envers	outre	pour	sous	

LOCUTION PRÉPOSITIVE

La **locution prépositive** est composée de plusieurs mots et joue le même rôle que la préposition : elle introduit un complément. *Un joli jardin a été aménagé **en arrière de** la maison.*

☞ Les locutions prépositives introduisent toujours un complément. Attention à certaines locutions qui n'introduisent pas de complément et qui sont alors des locutions adverbiales.

*Les enfants jouent **en avant de** l'école.* La locution **en avant de** introduit un complément circonstanciel : c'est une **locution prépositive.**

*Regardez **en avant**.* La locution **en avant** n'introduit pas de complément : c'est une **locution adverbiale.**

Principales locutions prépositives

à cause de	à l'insu de	auprès de	de delà	en dehors de	par-delà
à condition de	à l'intention de	au prix de	de derrière	en dépit de	par-dessous
à côté de	à moins de	au sujet de	de dessous	en face de	par-dessus
à défaut de	à raison de	autour de	de dessus	en faveur de	par-devant
afin de	au cours de	au travers de	de devant	étant donné	par-devers
à force de	au-dedans de	aux dépens de	de façon à	face à	par rapport à
à l'abri de	au dehors de	aux environs de	de manière à	faute de	près de
à la façon de	au-dessous de	avant de	d'entre	grâce à	proche de
à la faveur de	au-dessus de	conformément à	de par	hors de	quant à
à la mode de	au-devant de	contrairement à	de peur de	jusqu'à	sauf à
à l'égard de	au lieu de	dans le but de	du côté de	le long de	vis-à-vis de...
à l'encontre de	au milieu de	d'après	en bas de	loin de	
à l'exception de	au moyen de	d'avec	en deçà de	par-dedans	
à l'exclusion de	au pied de	de chez	en dedans de	par-dehors	

prescrire v. tr., pronom.
INDICATIF PRÉSENT *Je prescris, tu prescris, il prescrit, nous prescrivons, vous prescrivez, ils prescrivent.* IMPARFAIT *Je prescrivais.* PASSÉ SIMPLE *Je prescrivis.* FUTUR *Je prescrirai.* CONDITIONNEL PRÉSENT *Je prescrirais.* IMPÉRATIF PRÉSENT *Prescris, prescrivons, prescrivez.* SUBJONCTIF PRÉSENT *Que je prescrive.* IMPARFAIT *Que je prescrivisse.* PARTICIPE PRÉSENT *Prescrivant.* PASSÉ *Prescrit, ite.*
• **Transitif.** Ordonner, recommander. *Le médecin a prescrit des antibiotiques.*
• **Pronominal.** S'éteindre par prescription.
☞ Ne pas confondre avec le verbe **proscrire,** condamner, interdire.

préséance n. f.
Droit de précéder quelqu'un. *Cette souveraine a préséance sur les autres invités.*

présence n. f.
• Le fait pour une personne, une chose d'être dans un lieu déterminé. *Comment expliquer la présence de cette personne ici?*
• *Jetons de présence.* Somme accordée aux membres des conseils d'administration.
• *Faire acte de présence.* Être présent pendant quelques instants seulement.
• *En présence de,* locution prépositive. En face de. *Il a signé en présence d'un témoin.*
• *En présence,* locution adverbiale. Face à face. *Les forces en présence.*

présent, ente adj. et n. m. et f.
• **Adjectif et nom masculin et féminin**
Qui est dans le lieu dont on parle, dans le temps où nous sommes. *Le temps présent, elle est ici présente. Que les présents se lèvent. Il était présent à la réunion.*
Ant. **absent.**
☞ Contrairement à l'adjectif **absent,** l'adjectif **présent** peut se construire avec la préposition **à** suivie d'un nom de lieu. *Il était présent à la réunion.*
• *À présent que,* locution conjonctive. Maintenant que.
☞ La locution s'emploie avec un verbe au présent. *À présent qu'elle est en vacances, elle peut aller jouer.* Quand le verbe est à un temps du passé, on préférera la locution conjonctive **maintenant que.** *Maintenant que le projet a été approuvé...*
• **Nom masculin**
- Partie du temps correspondant au moment où l'on parle. *Vivre dans le présent.*
- Cadeau. *De jolis présents.*

• (Gramm.) Temps indiquant que l'action s'accomplit au moment où l'on parle.
• Le présent exprime également :
- Une vérité éternelle. *Le ciel est bleu. Deux et deux font quatre.*
- Un fait habituel. *Il part tous les matins à 7 h 30.*
- Un fait actuel. *Il neige.*
- Un futur proche. *Un instant je vous prie, je suis à vous dans quelques minutes.*

présentable adj.
Qui a un bon aspect. *Ce devoir n'est pas présentable, il est rempli de ratures.*

présentateur n. m.
présentatrice n. f.
Personne qui présente un spectacle, une émission, un produit.

présentation n. f.
• Action de présenter. *Faire les présentations.*
• Action de faire connaître. *La présentation d'un film.*
• Manière de présenter. *Une présentation originale.*

présentement adv.
En ce moment, actuellement.
☞ L'emploi de l'adverbe est courant au Canada, mais il est vieilli dans l'ensemble de la francophonie.

présenter v. tr., intr., pronom.
• **Transitif**
- Faire connaître une personne à une autre, en donnant son nom, sa qualité. *Permettez-moi de vous présenter mon frère.*
- Offrir. *Présenter un siège.*
- Montrer, exposer. *Présenter un nouveau produit, un projet, un film.*
• **Intransitif**
Présenter bien, présenter mal. (Fam.) Faire bonne, mauvaise impression. *Elle a été engagée; elle présente bien.*
☞ Cette construction est critiquée. Dans la langue soutenue, on dira plutôt : *elle a une bonne présentation.*
• **Pronominal**
- Se faire connaître à quelqu'un. *Je ne me suis pas présentée, je suis Paule Dubois.*
- Se proposer. *Se présenter comme candidat.*
- Subir. *Se présenter à un examen.*
- Apparaître, survenir. *L'affaire se présente bien.*

présentoir n. m.
Dans un établissement commercial, dispositif à l'aide duquel les produits sont mis en valeur.

préservatif n. m.
Contraceptif masculin; condom.

*préservatif
Anglicisme au sens de **agent de conservation.**

préservation n. f.
Action de préserver.

préserver v. tr.
• Mettre à l'abri de, sauver d'un mal. *Préserver de la pluie.*
• (Par ext.) Protéger. *Préserver sa vie de famille.*

présidence n. f.
• Fait de présider. *Il est chargé de la présidence du colloque.*
• Fonction de président.

président n. m.
présidente n. f.
Personne qui préside une assemblée, une société, un pays, etc. *Le président d'un organisme, la présidente d'un conseil d'administration.*
☞ présid**ent**, contrairement au participe présent invariable **présidant.**

président-directeur général n. m.
présidente-directrice générale n. f.
• Abréviations **P.-D.G., p.-d.g., PDG, pdg.**
• Personne qui préside le conseil d'administration d'une entreprise et assume sa direction générale.
☞ Attention à la place du trait d'union entre les deux noms.

présidentiel, elle adj.
Qui est relatif au président. *Le bureau présidentiel.*
☞ présidentiel.

présider v. tr.
• **Transitif direct.** Remplir les fonctions de président. *Elle présidait la réunion.*
• **Transitif indirect.** Veiller à, organiser. *Il préside à l'organisation du colloque international.*
☞ Au sens de **veiller à,** le verbe se construit avec la préposition **à.**

présomptif, ive adj.
Désigné à l'avance. *L'héritier présomptif.*
☞ Ne pas confondre avec le mot **présomptueux** qui qualifie une personne téméraire.

présomption n. f.
• Jugement fondé sur des apparences.
• Témérité, confiance excessive en ses possibilités.

présomptueux, euse adj.
Qui est trop confiant en soi, téméraire.
☞ Ne pas confondre avec le mot **présomptif** qui est désigné d'avance.

présonorisation n. f.
Ce nom a fait l'objet d'une recommandation officielle pour remplacer l'anglicisme **play-back.**

presque adv.
À peu près. *Presque tous les élèves sont présents. Dans presque une heure, nous serons partis.*
☞ L'élision ne se fait que devant le mot **île.**
V. Tableau - **ÉLISION.**

presqu'île n. f.
Île reliée à la terre par une langue de terrain.
☞ Lorsque cette presqu'île est d'une grande étendue, on emploie le nom **péninsule.**

pressage n. m.
• Action de presser. *Le pressage d'un jus de fruits.*
• Action de presser à la vapeur, dans un établissement où l'on fait le nettoyage des vêtements. *Faire faire un pressage* (et non un **pressing*).
☞ Ne pas confondre avec le nom **repassage,** action de presser avec un fer à repasser.

pressant, ante adj.
• Urgent. *Un besoin pressant de médicaments.*
• Insistant. *Une demande pressante.*

*press-book
Anglicisme pour **dossier de presse.**

presse n. f.
• Machine destinée à comprimer un corps ou à y laisser une impression. *Une presse à imprimer.*
• **Mettre un livre sous presse.** Le faire imprimer.
• Le journalisme. *La liberté de la presse.*

☞ Par extension, on dit également **presse parlée, presse télévisée.**

pressé, ée adj. et n. m.
• **Adjectif**
- Qui a été pressé pour en extraire le jus. *Une orange fraîchement pressée.*
- Qui doit être fait sans délai. *Un travail pressé.*
• **Nom masculin**
Ce qui est le plus important, le plus urgent. *Il faut parer au plus pressé.*

presse- préf.
Les mots composés avec le préfixe **presse-** s'écrivent avec un trait d'union et sont invariables. *Presse-papiers.*

presse-citron n. m. inv. (pl. *presse-citron*)
Ustensile servant à extraire le jus des citrons, des oranges.

presse-fruits n. m. inv. (pl. *presse-fruits*)
Appareil servant à extraire le jus des fruits.

pressentiment n. m.
Sentiment instinctif d'un évènement à venir.

pressentir v. tr.
INDICATIF PRÉSENT *Je pressens, tu pressens, il pressent, nous pressentons, vous pressentez, ils pressentent.* IMPARFAIT *Je pressentais.* PASSÉ SIMPLE *Je pressentis.* FUTUR *Je pressentirai.* CONDITIONNEL PRÉSENT *Je pressentirais.* IMPÉRATIF PRÉSENT *Pressens, pressentons, pressentez.* SUBJONCTIF PRÉSENT *Que je pressente.* IMPARFAIT *Que je pressentisse.* PARTICIPE PRÉSENT *Pressentant.* PASSÉ *Pressenti, ie.*
• Deviner confusément. *Pressentir un drame.*
• Prendre contact avec quelqu'un. *Il a été pressenti par le parti écologique* (et non **contacté*).

presse-papiers n. m. inv. (pl. *presse-papiers*)
Petit objet lourd posé sur des documents pour éviter qu'ils ne se dispersent.

presser v. tr., intr., pronom.
• **Transitif**
- Serrer avec force. *Presser un citron.*
- Exercer une pression. *Presser un bouton* (et non **peser sur*).
- Insister. *Je le pressai d'agir.*
- Accélérer. *Presser le pas.*
• **Intransitif**
Être urgent. *Le temps presse, il faut partir.*
• **Pronominal**
- Se hâter. *Elles se sont pressées pour arriver à temps.*
- Se serrer, se tasser. *Il s'est pressé tout contre elle.*

pressing n. m.
Anglicisme utilisé en France pour désigner un établissement où l'on nettoie et repasse les vêtements.

pression n. f.
• Poussée. *Une pression de la main suffit.*
• Contrainte morale. *Trop de pression s'exerce sur lui. Il est sous pression.*
• (Phys.) Force qui agit sur une surface donnée. *La pression atmosphérique.*

• *Groupe de pression.* Regroupement de personnes ayant des intérêts communs en vue d'exercer une influence sur le pouvoir politique, l'opinion publique. *Un puissant groupe de pression.*
Syn. **lobby.**

pressoir n. m.
Presse qui sert à extraire le jus des raisins, des olives, etc.

pressurer v. tr.
• Soumettre au pressoir des fruits pour en extraire le jus. *Pressurer des raisins.*
• (Fig.) Prélever des impôts, des taxes à l'excès.

pressurisation n. f.
Mise sous pression normale.

pressuriser v. tr.
Maintenir l'intérieur d'un avion à une pression définie.

prestance n. f.
Aspect imposant d'une personne.

prestataire n. m. et f.
Personne qui reçoit une prestation.

prestation n. f.
• (Au plur.) Versements ou fournitures qui ont pour objet l'indemnisation d'un risque social ou qui, d'une façon plus générale, sont destinés à assurer la sécurité économique de leur bénéficiaire. (Recomm. off. OLF) *Les prestations de vieillesse.*
• Action de se produire en public. *Les joueurs de cette équipe de football ont fait une excellente prestation.*

preste adj.
Prompt et agile.

prestement adv.
Vivement.

prestidigitateur, trice n. m. et f.
Personne qui a une grande dextérité manuelle et qui exécute des tours d'adresse.
☞ Ne pas confondre avec le nom *illusionniste,* créateur d'illusion.

prestidigitation n. f.
Art du prestidigitateur.

prestige n. m.
• Attrait exercé par une personne, une chose. *Une image de prestige.*
• Pouvoir d'imposer le respect, l'admiration. *Le prestige de ce chercheur.*

prestigieux, ieuse adj.
Qui a du prestige. *Un chercheur prestigieux.*
☞ prestigieu**x.**

presto adv.
• (Mus.) Très vite.
• (Fam.) Rapidement.

présumé, ée adj.
Censé, réputé. *Il est présumé innocent.*

*présumément
Cette forme n'est pas attestée, on emploiera plutôt **prétendument.**

présumer v. tr.
• **Transitif direct.** Supposer. *Un symptôme qui laisse présumer une maladie grave.*
• **Transitif indirect.** Compter trop sur. *Ne présumez pas trop de votre santé.*

prêt n. m.
• Action de prêter. *Le prêt d'une voiture.*
• Somme remise à une personne (l'emprunteur) par une autre personne (le prêteur) à titre temporaire. *La banque consent des prêts à un taux de 10 %.*
☞ Ne pas confondre avec le nom *emprunt,* somme d'argent obtenue à titre temporaire.
☞ Le terme anglais «loan» désigne le *prêt* et l'*emprunt,* alors que le français dispose de deux noms distincts.
Hom. :
- *près,* proche;
- *prêt,* disposé à.

prêt, prête adj.
• Disposé à. *Il est prêt à vous suivre.*
• *Fin prêt.* Tout à fait prêt. *Elles étaient fin prêtes.*
☞ Dans cet emploi adverbial, le mot *fin* est invariable.
Hom. :
- *près,* proche;
- *prêt,* somme prêtée.

prêt-à-porter n. m. (pl. *prêts-à-porter*)
Ensemble des vêtements de confection.
Ant. **sur mesure.**

prétendre v. tr., pronom.
INDICATIF PRÉSENT *Je prétends, tu prétends, il prétend, nous prétendons, vous prétendez, ils prétendent.* IMPARFAIT *Je prétendais.* PASSÉ SIMPLE *Je prétendis.* FUTUR *Je prétendrai.* CONDITIONNEL PRÉSENT *Je prétendrais.* IMPÉRATIF PRÉSENT *Prétends, prétendons, prétendez.* SUBJONCTIF PRÉSENT *Que je prétende.* IMPARFAIT *Que je prétendisse.* PARTICIPE PRÉSENT *Prétendant.* PASSÉ *Prétendu, ue.*
• **Transitif direct.** Soutenir, affirmer. *Il prétend qu'on lui a volé sa voiture.*
☞ Le verbe se construit à l'indicatif dans une tournure affirmative. Dans une tournure négative, il se construit avec le subjonctif. *Il ne prétend pas qu'on lui ait volé sa voiture.*
• **Transitif indirect.** (Litt.) Aspirer à, désirer. *Cette personne peut prétendre à la direction.*
• **Pronominal.** Se dire. *Il se prétend avocat, mais je n'en suis pas certain.*

prétendu, ue adj.
Supposé, présumé, mais non attesté. *C'est un prétendu guérisseur.*

prétendument adv.
Soi-disant, faussement.

prête-nom n. m. (pl. *prête-noms*)
Mandataire qui agit pour le véritable contractant.

prétentaine ou **prétantaine** n. f.
(Vx) *Courir la prétentaine, la prétantaine.* Être à la recherche d'aventures galantes.

prétentieusement adv.
D'une manière prétentieuse.

prétentieux, euse adj. et n. m. et f.
Suffisant, maniéré. *Cette personne est prétentieuse.*
⇨ prétentieu**x**.

prétention n. f.
• Ambition. *Cette personne a la prétention de diriger le service.*
• (Péj.) Vanité. *Il parle avec prétention.*
• *Sans prétention(s), sans aucune prétention.* Très simple. *Venez dîner, ce sera sans prétention ou sans prétentions.*

prêter v. tr., pronom.
• **Transitif**
- Mettre quelque chose à la disposition de quelqu'un à titre provisoire. *Prête-moi ton manteau.*
- Attribuer. *On lui prête des intentions cachées.*
• **Pronominal**
- Consentir. *Ne vous prêtez pas à cette farce.*
- Être propice à. *Le sujet se prête bien à un tel traitement.*
• **Locutions**
- *Prêter main-forte.* Aider.
- *Prêter le flanc à.* Donner prise à.

prêteur, euse n. m. et f.
Personne qui consent un prêt.
Ant. **emprunteur.**

prétexte n. m.
• Motif apparent dont on se sert pour cacher la véritable raison. *Il nous donna comme prétexte qu'il avait du travail et il refusa de venir nous aider.*
• *Être prétexte à.* *Les vacances sont prétexte à de belles excursions.*
↦ Dans cette expression, le nom peut se mettre au pluriel si l'on considère une pluralité de prétextes. *Ces réunions sont prétextes à des échanges professionnels et à des rencontres agréables.*
• *Sous prétexte de,* locution prépositive. En invoquant comme raison.
• *Sous (le) prétexte que,* locution conjonctive. En prétendant que.
↦ Le verbe se construit à l'indicatif. *Il fut congédié sous prétexte qu'il n'était pas impartial.*

*prétexte (sous un faux)
Calque de l'anglais «under false pretences» pour *sous le prétexte, sous le faux motif de.*

prétexter v. tr.
Donner pour prétexte. *Il a prétexté une migraine pour s'éclipser.*

prétoire n. m.
(Litt.) Tribunal.

prêtre n. m.
Membre du clergé.
⇨ prêtre.

prêtrise n. f.
Fonction de prêtre.
⇨ prêtrise.

preuve n. f.
• Ce qui tend à établir la vérité d'un fait. *Une preuve d'innocence.*
• *Faire preuve de.* Démontrer. *Ils ont fait preuve de sang-froid.*
↦ Dans cette expression, le nom est invariable.
• *Faire ses preuves.* Montrer ses qualités, sa compétence.

preux adj. m. et n. m.
• **Adjectif.** (Vx) Brave.
• **Nom masculin.** (Vx) Chevalier.

prévaloir v. intr., pronom.
INDICATIF PRÉSENT *Je prévaux, tu prévaux, il prévaut, nous prévalons, vous prévalez, ils prévalent.* IMPARFAIT *Je prévalais.* PASSÉ SIMPLE *Je prévalus.* FUTUR *Je prévaudrai.* CONDITIONNEL PRÉSENT *Je prévaudrais.* IMPÉRATIF PRÉSENT *Prévaux, prévalons, prévalez.* SUBJONCTIF PRÉSENT *Que je prévale, que tu prévales, qu'il prévale, que nous prévalions, que vous prévaliez, qu'ils prévalent.* IMPARFAIT *Que je prévalusse.* PARTICIPE PRÉSENT *Prévalant.* PASSÉ *Prévalu, ue.*
• **Intransitif.** (Litt.) L'emporter sur. *Cet avis a prévalu sur les autres hypothèses.*
• **Pronominal.** Faire valoir, tirer avantage. *Elles se sont prévalues de leurs droits.*

prévenance n. f.
• Action de prévenir les désirs de quelqu'un.
• (Au plur.) Attentions. *De délicates prévenances.*
⇨ prévenance.

prévenant, ante adj.
Attentionné. *Sa nièce est bien prévenante : elle lui rend mille services.*

prévenir v. tr.
INDICATIF PRÉSENT *Je préviens, tu préviens, il prévient, nous prévenons, vous prévenez, ils préviennent.* IMPARFAIT *Je prévenais.* PASSÉ SIMPLE *Je prévins.* FUTUR *Je préviendrai.* CONDITIONNEL PRÉSENT *Je préviendrais.* IMPÉRATIF PRÉSENT *Préviens, prévenons, prévenez.* SUBJONCTIF PRÉSENT *Que je prévienne.* IMPARFAIT *Que je prévinsse.* PARTICIPE PRÉSENT *Prévenant.* PASSÉ *Prévenu, ue.*
• Informer à l'avance. *Il faut le prévenir que nous rentrerons plus tard.*
↦ Si l'information porte sur l'avenir, l'emploi du verbe *prévenir* se justifie; si l'information appartient au passé ou au présent, on emploiera plutôt *aviser, informer.* *Je dois vous informer qu'une décision a été prise.*
• Éviter par des précautions. *Prévenir un incendie.*

préventif, ive adj.
Qui a pour but de prévenir. *Un examen préventif.*

prévention n. f.
• Opinion préconçue.
• Ensemble de mesures prises en vue d'éviter des accidents, des inconvénients. *La prévention routière.*

préventivement adv.
De façon préventive.

prévenu, ue adj. et n. m. et f.
Personne soupçonnée d'une infraction.

*preview
Anglicisme pour **bande-annonce.**

prévisible adj.
Qui peut être prévu. *Un succès prévisible.*
Ant. **imprévisible.**

prévision n. f.
Appréciation de l'évolution des tendances passées et actuelles et de leurs conséquences futures. *Des prévisions météorologiques.*

prévisionnel, elle adj.
Qui a fait l'objet de prévisions. *Un coût prévisionnel.*
⇨ prévisio**nn**el.

prévoir v. tr.
INDICATIF PRÉSENT *Je prévois, tu prévois, il prévoit, nous prévoyons, vous prévoyez, ils prévoient.* IMPARFAIT *Je prévoyais, tu prévoyais, il prévoyait, nous prévoyions, vous prévoyiez, ils prévoyaient.* PASSÉ SIMPLE *Je prévis.* FUTUR *Je prévoirai, tu prévoiras, il prévoira, nous prévoirons, vous prévoirez, ils prévoiront.* CONDITIONNEL PRÉSENT *Je prévoirais, tu prévoirais, il prévoirait, nous prévoirions, vous prévoiriez, ils prévoiraient.* IMPÉRATIF PRÉSENT *Prévois, prévoyons, prévoyez.* SUBJONCTIF PRÉSENT *Que je prévoie, que tu prévoies, qu'il prévoie, que nous prévoyions, que vous prévoyiez, qu'ils prévoient.* IMPARFAIT *Que je prévisse.* PARTICIPE PRÉSENT *Prévoyant.* PASSÉ *Prévu, ue.*
Le *y* est suivi d'un *i* à la première et à la deuxième personne du pluriel de l'indicatif imparfait et du subjonctif présent. *(Que) nous prévoyions.*
• Imaginer qu'une chose doit arriver. *Il avait prévu le désastre. Nous n'avions pas prévu cet orage.*
• Organiser à l'avance. *Prévoir la construction d'un aéroport.*
🖙 Le verbe **prévoir** suivi de l'infinitif se construit aujourd'hui sans préposition. *Elle prévoit finir son travail demain.* La construction avec la préposition **de** est vieillie.
• **Comme prévu.** Dans la langue soutenue, on écrira plutôt **comme il était prévu, comme il est prévu.**

prévoyance n. f.
Qualité de la personne qui prend des précautions pour l'avenir.

prévoyant, ante adj.
Qui prend les précautions qui s'imposent. *Ils ont été prévoyants : ils ont pris des imperméables.*
Ant. **imprévoyant.**

prie-Dieu n. m. inv. (pl. *prie-Dieu*)
Meuble sur lequel on s'agenouille pour prier.

prier v. tr., intr.
Redoublement du *i* à la première et à la deuxième personne du pluriel de l'indicatif imparfait et du subjonctif présent. *(Que) nous priions, (que) vous priiez.*
• **Transitif**
- S'adresser à Dieu, aux saints. *Prier saint Jude, le patron des causes désespérées.*

- Solliciter, demander avec insistance, déférence. *Prier le ministre d'accéder à une demande.*
- Inviter. *Le nouveau directeur vous prie de venir le rencontrer à 20 heures.*
🖙 En ce sens, le verbe se construit avec la préposition **de.**
- **Je vous en prie.** Formule de politesse employée pour accompagner une demande, pour éluder des remerciements. *Merci infiniment. — Je vous en prie* (et non ***bienvenue**).
• **Intransitif**
S'adresser à Dieu, aux saints. *Elle priait avec ardeur.*

prière n. f.
• Acte religieux par lequel on s'adresse à Dieu, aux saints.
• Demande pressante. *Adresser une prière au ministre.*
• **À la prière de.** À l'invitation de. *Il est venu à la prière de son supérieur.*
• **Prière de...** Formule de politesse marquant un commandement, une interdiction. *Prière de ne pas fumer.*
🖙 Cette formule est préférable à l'emploi de **SVP** dans l'affichage public.
• **Prière d'insérer.** Encart comportant des indications sur un ouvrage.
🖙 Les auteurs ne s'entendent pas sur le genre de cette expression, le masculin semble l'emporter actuellement. *Un prière d'insérer, des prières d'insérer.*

prieur, eure n. m. et f.
Supérieur, supérieure de certaines communautés religieuses.

prieuré n. m.
• Communauté religieuse sous l'autorité d'un prieur.
• Église de cette communauté.

prima donna n. f. (pl. *prima donna*)
Première chanteuse d'un opéra.
🖙 Dans la langue de la musique, on emploie parfois le pluriel italien **prime donne.**

primaire adj.
• Qui appartient à l'enseignement du premier degré. *École primaire.*
• Fondamental. *Les couleurs primaires sont le bleu, le jaune et le rouge.*
• **Secteur primaire.** Secteur d'activité économique comprenant les activités productrices de matières premières (agriculture, mines, etc.).
🖙 Le **secteur secondaire** regroupe les activités de transformation des matières premières en biens (industrie);
- le **secteur tertiaire** regroupe les services (administration, transport, informatique, etc.);
- le **secteur quaternaire** regroupe les activités de recherche, de conseil.

primauté n. f.
Prééminence, suprématie de fait.
🖙 Ne pas confondre avec le nom **priorité,** privilège de passer en premier.

prime adj. et n. f.
• **Adjectif**
- (Vx) Premier.
- **De prime abord.** À première vue.

• Nom féminin
- Somme d'argent payée à un employé en plus de son salaire normal, à titre d'encouragement, d'aide. *Une prime de rendement.*
- Somme payée par l'assuré à son assureur. *Les primes d'assurance ont augmenté cette année.*
- Ce qu'on donne en plus. *Et en prime, la maison vous offre un calendrier.*

primer v. tr.
• Transitif. Gratifier, d'un prix, d'une récompense. *Ces chevaux ont été primés.*
• Transitif direct ou indirect. L'emporter sur. *Cet objectif prime tous les autres,* ou *sur tout les autres.*
☞ Dans la langue soutenue, le verbe se construit sans préposition.

primerose n. f.
⇔ Le *e* de la deuxième syllabe est muet [primroz]. Rose trémière ou passerose.

primesautier, ière adj.
(Litt.) Qui agit sans réflexion, spontanément.

primeur n. f.
• Caractère de ce qui est nouveau.
• *Avoir la primeur de quelque chose.* Être le premier à en être informé.
• (Au plur.) Fruits, légumes frais. *Un marchand de primeurs.*

primevère n. f.
⇔ Le *e* de la deuxième syllabe est muet [primvɛr]. Plante qui fleurit au printemps.
⇨ primevère.

primipare adj. et n. f.
Se dit d'une femme qui accouche pour la première fois.
☞ Par opposition à *multipare* qui se dit d'une femme qui a mis au monde plusieurs enfants.
⇨ primipare.

primitif, ive adj.
• Qui est le premier, le plus ancien. *Une société primitive.*
• Inculte, grossier. *Un homme aux manières primitives.*

primitivement adv.
À l'origine.

primo adv.
• Abréviation *1°* (s'écrit sans point).
• En premier lieu.
☞ En typographie soignée, les mots étrangers sont composés en italique. Dans des textes déjà en italique, la notation se fait en romain. Pour les textes manuscrits, on utilisera les guillemets.
Syn. **premièrement.**

primordial, ale, aux adj.
• Qui existe depuis l'origine.
• Essentiel. *Des faits primordiaux, d'une importance primordiale.*

prince n. m.
• Titulaire du plus haut titre de noblesse. *S.A. le prince Albert de Monaco, le prince Charles.*

☞ Les titres de noblesse s'écrivent avec une minuscule.
• *Bon prince,* locution adverbiale. Conciliant, tolérant. *Elles se sont montrées bon prince.*
☞ Cette locution adverbiale ne comporte pas de forme féminine.

prince-de-galles adj. inv. et n. m. inv. (pl. *prince-de-galles*)
Tissu de laine à fines rayures. *Un lainage prince-de-galles.*

princesse n. f.
• Fille d'un souverain, fille ou femme d'un prince. *La princesse Stéphanie.*
• *Aux frais de la princesse.* Sans payer.

princier, ière adj.
Digne d'un prince. *Un bal princier.*

principal, ale, aux adj. et n. m.
• Adjectif
- Qui est le premier, le plus important. *Un rôle principal, des titres principaux.*
- *Proposition principale.* Proposition accompagnée de propositions subordonnées.
V. Tableau - **PROPOSITION.**
• Nom masculin (pl. *principaux*)
- Capital d'une dette (par opposition aux *intérêts*).
- Ce qui est essentiel. *Le principal, c'est que vous soyez sains et saufs.*

*principal
Archaïsme au sens de *directeur, directrice (de collège, d'école).*

principalement adv.
Surtout, particulièrement.

principauté n. f.
Petit État gouverné par un prince. *La principauté de Monaco.*
V. **pays.**

principe n. m.
• Ce qui désigne la cause première.
☞ Ne pas confondre avec les noms suivants :
- *commencement,* début;
- *origine,* ce qui sert de point de départ;
- *prélude,* ce qui précède quelque chose.
• Règle générale qui guide la conduite. *Elle a des principes.*
• Locutions
- *En principe.* Théoriquement, normalement.
- *De principe.* A priori. *Un accord de principe.*
- *Une question de principe.* Qui résulte d'un principe.

printanier, ière adj.
Du printemps. *La fièvre printanière.*

printemps n. m.
Saison qui succède à l'hiver et qui précède l'été. *Au printemps, les bourgeons sortent.*

priori (a)
V. a priori.

*prioriser
Impropriété pour *donner priorité à.*

prioritaire adj.
Qui a la priorité, qui vient en premier. *Un dossier prioritaire.*

priorité n. f.
• Droit de passer avant les autres.
• Fait de passer avant toute autre chose. *Cette activité est de toute première importance : c'est une priorité pour nous.*
☞— L'expression *«première priorité» est un pléonasme.
☞— Ne pas confondre avec le nom *primauté,* prééminence.

prise n. f.
• Action de prendre, manière de saisir. *La prise d'un otage.*
• **Locutions**
- *En prise directe.* (Fig.) En étroite relation avec quelque chose.
- *Être aux prises avec.* Combattre.
- *Lâcher prise.* Abandonner la partie.
- *Prise de courant, prise électrique.* Dispositif électrique sur lequel on peut brancher des appareils.
- *Prise de position.* Action de prendre parti publiquement pour quelqu'un, pour quelque chose, de donner son avis, de professer une opinion. *Des prises de position étonnantes.*
- *Prise de sang.* Prélèvement sanguin.
- *Prise de vue (photo), prise de vues (cinéma).* Selon le domaine ou le contexte, le complément déterminatif s'écrit au singulier ou au pluriel.

priser v. tr.
• (Litt.) Apprécier.
• Aspirer du tabac.

prisme n. m.
Figure géométrique qui a plusieurs faces parallèles à une même droite. *Les couleurs du prisme.*

prison n. f.
Tout lieu de détention. *Il est en prison pour quinze ans.*
☞— Le nom *pénitencier* désigne une prison où l'on offre aux détenus la possibilité de s'instruire et de travailler. Le *bagne* est la prison où l'on enferme les condamnés aux travaux forcés.

prisonnier, ière adj. et n. m. et f.
• Qui est détenu dans une prison.
• Qui est privé de sa liberté.
☞ prison**nier.**

privatif, ive adj.
• Se dit d'un préfixe qui marque la privation, l'absence, comme *in-* dans *incomplet, inachevé.*
• (Dr.) Privé, exclusif. *Un jardin privatif.*
☞— Cet adjectif appartient à la langue juridique, mais le vocabulaire de la publicité immobilière l'emploie fréquemment.

privation n. f.
Action de priver, de se priver.

privatisable adj. et n. f.
Entreprise qui peut faire l'objet d'une privatisation.

privatisation n. f.
Action de vendre à l'entreprise privée ce qui était la propriété de l'État.
Ant. **nationalisation.**

privatiser v. tr.
Action de procéder à la privatisation. *Privatiser un hôpital.*
Ant. **nationaliser.**

privautés n. f. pl.
Familiarités excessives.

privé, ée adj.
Individuel, particulier. *Un jardin privé, des entretiens privés, une entreprise privée.*
Ant. **public.**

*privé
Impropriété au sens de *retiré, isolé.*

*privé (cours)
Anglicisme au sens de *cours particulier.*

priver v. tr., pronom.
• **Transitif.** Enlever à quelqu'un ce qu'il a. *Priver les élèves de récréation.*
• **Pronominal.** Renoncer à. *Se priver de dessert.*

privilège n. m.
Prérogative, avantage particulier. *Cette fonction comporte des privilèges importants.*

privilégié, ée adj. et n. m. et f.
Qui jouit d'un privilège. *La classe privilégiée, une action privilégiée.*

privilégier v. tr.
Redoublement du *i* à la première et à la deuxième personne du pluriel de l'indicatif imparfait et du subjonctif présent. *(Que) nous privilégiions, (que) vous privilégiiez.*
Avantager, favoriser. *Privilégier le recyclage du papier.*

*privilégier (une hypothèse, une théorie)
Impropriété au sens de *accréditer.*

prix n. m.
• Valeur marchande d'un bien ou d'un service. *Le prix de cet article est de 25 $. Le prix de catalogue* (et non le *prix de liste), la valeur marchande* (et non le *prix du marché).*
☞— Lorsque le prix comporte un symbole d'unité monétaire (*$, F, £*), l'expression numérique doit être écrite en chiffres. *Le prix est de 15 $.* Si le nombre est écrit en toutes lettres, l'unité monétaire s'écrit également au long. *Quinze dollars.*
V. Tableau - **SYMBOLES DES UNITÉS MONÉTAIRES.**
• *À aucun prix.* En aucun cas.
• *À prix d'or.* Très cher.
• *À tout prix.* Coûte que coûte.
• *Au prix fort.* Sans réduction.
• *Hors de prix.* Exorbitant.
• *Sans prix.* D'une valeur inestimable.
• Ce qu'il en coûte pour obtenir quelque chose. *Il a remporté la victoire, mais à quel prix.*
• Récompense. *Décerner un prix d'excellence, le prix Nobel, le prix Goncourt.*

☞ Le mot *prix* s'écrit avec une minuscule lorsqu'il désigne la récompense; quand il désigne le lauréat de la récompense, il s'écrit avec une majuscule. *C'est un Prix de Rome, un Prix Nobel.*
• *Au prix de,* locution prépositive. Moyennant, à la condition de. *C'est au prix de sa vie qu'il a sauvé cet enfant.*

*prix d'admission
Anglicisme pour *entrée.*

*prix du marché
Calque de l'anglais «market price» pour *prix courant, valeur marchande.*

*prix de liste
Calque de l'anglais «list price» pour *prix de catalogue.*

pro- préf.
• Élément du grec et du latin signifiant «en faveur de».
• Les mots composés avec le préfixe *pro-* s'écrivent en un seul mot, sauf si le deuxième élément est un sigle. *Proaméricain, pro-PC.*

probabilité n. f.
• Caractère de ce qui est probable.
• *Selon toute probabilité.* Vraisemblablement.
• Chance de réalisation d'un évènement. *Calcul des probabilités.*

probable adj.
• Vraisemblable, possible. *Son succès est probable.*
• *Il est probable que.*
☞ La locution impersonnelle se construit avec l'indicatif ou le subjonctif en fonction de la probabilité ou de la non-probabilité de l'action. *Il est probable qu'il fera beau ce soir. Il est peu probable qu'il vienne ce soir.*

probablement adv.
Vraisemblablement.

probant, ante adj.
Qui sert de preuve, concluant. *Des pièces probantes, des résultats probants.*

probe adj.
Intègre.

probité n. f.
Intégrité, honnêteté.

problématique adj. et n. f.
• **Adjectif.** Difficile, litigieux. *Cette enquête est problématique.*
• **Nom féminin.** Art de poser les problèmes.

problème n. m.
• Question à résoudre. *Un problème d'algèbre.*
• Difficulté qu'il faut résoudre pour obtenir un résultat. *Des problèmes techniques.*
• *Faire problème.* (Fam.) Présenter des difficultés. *Ces refus feront problème.*
☞ Dans cette expression, le nom demeure au singulier.
• *Poser des problèmes.* Entraîner des difficultés.
• *Il n'y a pas de problème.* (Fam.) Bien sûr, certainement.

procédé n. m.
• Moyen utilisé pour parvenir à un résultat déterminé. *Un procédé chimique.*
• Manière d'agir. *Un procédé discutable.*
• *Échange de bons procédés.* Services rendus réciproquement.
☞ Ne pas confondre avec les noms suivants :
- *procédure,* ensemble de règles administratives;
- *processus,* suite de phases.

procéder v. tr. ind., intr.
Le *é* se change en *è* devant une syllabe muette, sauf à l'indicatif futur et au conditionnel présent. *Je procède,* mais *je procédais.*
• **Transitif indirect.** (Litt.) Tirer son origine de. *Sa manière de faire procède d'un manque d'éducation.*
☞ Ne pas confondre avec les verbes suivants :
- *découler,* être la suite nécessaire de;
- *dériver,* être issu de;
- *émaner,* sortir de;
- *provenir,* venir de;
- *ressortir,* s'imposer comme condition logique.
• *Procéder à.* Exécuter un acte. *Il procédera à l'étude de la question.*
☞ On réservera ce verbe à une activité complexe.
• **Intransitif.** Agir. *Il faut procéder méthodiquement.*

procédure n. f.
• (Dr.) Manière de procéder en justice. *Engager une procédure.*
• Ensemble des règles à suivre pour parvenir à un résultat. *Une procédure de recrutement.*
☞ Ne pas confondre avec les noms suivants :
- *procédé,* méthode, moyen;
- *processus,* suite de phases, développement progressif.

*procédure
Anglicisme au sens de *procédé, méthode, mode d'action.*

procès n. m.
Différend entre deux ou plusieurs parties soumis à une juridiction.
⇨ procès.

processeur n. m.
(Inform.) Unité centrale d'un ordinateur.

procession n. f.
Cortège solennel.

processus n. m.
• Suite des différentes phases d'un phénomène. *Un processus inflationniste.*
• Développement progressif. *Un processus de croissance.*
☞ Ne pas confondre avec les noms suivants :
- *procédé,* méthode, moyen;
- *procédure,* ensemble de règles.

procès-verbal n. m. (pl. *procès-verbaux*)
Compte rendu écrit. *Veuillez me transmettre les procès-verbaux des dernières réunions. L'agent de police établit un procès-verbal du cambriolage.*
⇨ **procès-verbal,** avec un trait d'union.

prochain, aine adj. et n. m.
• **Adjectif**
- Le plus proche. *Le prochain arrêt, la semaine prochaine.*
- Adjectif numéral + **prochains.** *Les deux prochains jours* (et non les *prochains deux jours*).
☞ Dans cette construction, l'adjectif **prochain** suit l'adjectif numéral.
- *À la prochaine (fois).* (Fam.) À bientôt.
• **Nom masculin**
(Relig.) Autrui. *Il faut aimer son prochain.*
• **Nom féminin**
La prochaine. (Fam.) La station suivante. *Je descends à la prochaine.*

prochainement adv.
D'ici peu. *Nous nous verrons prochainement.*

proche adj. et n. m. et prép.
• **Adjectif**
- Qui n'est pas éloigné. *Ces maisons sont proches de la mer. L'heure est proche.*
☞ Ne pas confondre avec le mot **contigu,** attenant.
- Qui est peu différent. *Cette couleur est très proche de celle-ci.*
• **Adverbe**
(Vx) Près. *Ils habitent tout proche.*
• **Nom masculin pluriel**
Parents. *Retrouver ses proches à l'occasion d'une fête.*
• **Préposition**
(Vx) Près de. *Elles jouent proche d'ici.*
☞ L'emploi de la préposition est courant au Canada, mais il est vieilli dans l'ensemble de la francophonie.

proclamation n. f.
Publication solennelle.

proclamer v. tr.
Annoncer solennellement. *Cet athlète a été proclamé vainqueur.*

procréation n. f.
Action de procréer.

procréer v. tr.
(Litt.) Engendrer, donner la vie.

procuration n. f.
• Mandat, pouvoir donné par une personne à une autre d'agir en son nom.
• Acte écrit qui fait foi de cette délégation.
• *Par procuration.* En déléguant une personne.

procurer v. tr., pronom.
• **Transitif**
- Fournir. *Procurer du travail à un ami.*
- Occasionner. *Il ne faudrait pas que cette décision vous procure des ennuis.*
• **Pronominal**
Obtenir. *Se procurer des légumes frais.*

*procureur général
Anglicisme au sens de **ministre de la Justice.***

prodigalité n. f.
• Caractère d'une personne prodigue.
• (Au plur.) Dépenses excessives.

prodige n. m.
• Phénomène extraordinaire.
• Personne, action extraordinaire. *Des prodiges d'ingéniosité.*
• *Enfant prodige.* Enfant extrêmement précoce. *Mozart était un enfant prodige.*
☞ Ne pas confondre avec le mot **prodigue,** dépensier.

prodigieusement adv.
Extrêmement.

prodigieux, euse adj.
Qui tient du prodige.
☞ Ne pas confondre avec les mots suivants :
- *merveilleux,* qui est exceptionnel;
- *miraculeux,* qui tient du miracle;
- *surhumain,* qui dépasse les possibilités habituelles de la personne humaine.
▭ prodigieux.

prodigue adj.
• Dépensier. *La parabole du fils prodigue.* (Bible)
• Qui distribue abondamment. *Être prodigue de paroles.*
☞ Ne pas confondre avec le nom **prodige,** personne extraordinaire.

prodiguer v. tr.
Ce verbe s'écrit toujours avec un *u,* même devant les lettres *a* et *o. Il prodigua, nous prodiguons.*
• (Péj.) Dépenser à l'excès, dilapider.
• Donner, distribuer. *Prodiguer des soins.*
☞ En ce sens, le mot ne comporte pas de connotation péjorative.

producteur n. m.
productrice n. f.
• Personne, entreprise qui crée un bien ou un service (par opposition à **consommateur**).
• Personne qui assure le financement d'un film, la réalisation d'une émission de radio ou de télévision.

productif, ive adj.
Qui produit beaucoup. *Ce sol est productif.*

production n. f.
• (Dr.) Action de présenter, de déposer des documents.
• Action de présenter. *La production d'une pièce de théâtre.*
• Action de produire; fait de se produire. *La production de gaz toxiques.*
• Biens créés, œuvres créées. *La production littéraire de la saison.*
• Ensemble des activités qui permettent la création de biens ou de services. *La gestion de la production.*

productivité n. f.
Rapport entre une production et l'ensemble des moyens humains, financiers et techniques mis en œuvre pour assurer cette production. *Il faut accroître la productivité de cette entreprise.*

produire v. tr., pronom.
INDICATIF PRÉSENT *Je produis, tu produis, il produit, nous produisons, vous produisez, ils produisent.* IMPARFAIT *Je produisais.* PASSÉ SIMPLE *Je produisis.* FUTUR *Je produirai.* CONDITIONNEL PRÉSENT

Je produirais. IMPÉRATIF PRÉSENT *Produis, produisons, produisez.* SUBJONCTIF PRÉSENT *Que je produise.* IMPARFAIT *Que je produisisse.* PARTICIPE PRÉSENT *Produisant.* PASSÉ *Produit, ite.*
• **Transitif**
- Créer. *Ce peintre a produit un tableau merveilleux.*
- Causer. *Cette défectuosité a produit un accident.*
- Assurer la production de biens, de services. *Cette entreprise produit des vaccins.*
• **Pronominal**
Arriver, survenir. *Des séismes se sont produits.*

produit n. m.
• Bien, service créé. *Les produits de la terre. Un nouveau produit.*
• Profit. *Le produit brut, le produit net.*
• Résultat d'une multiplication.

produit intérieur brut
Sigle *PIB* (s'écrit avec ou sans points).

produit national brut
Sigle *PNB* (s'écrit avec ou sans points).

proéminence n. f.
Caractère de ce qui fait saillie, de ce qui dépasse.
↳ Ne pas confondre avec les noms suivants :
- *prédominance,* prépondérance;
- *prééminence,* supériorité de droit.
⇨ proéminence.

proéminent, ente adj.
Saillant. *Un nez proéminent.*
⇨ proéminent.

prof n. m. et f.
Abréviation familière de ***professeur.***

profanation n. f.
Action de profaner.

profane adj. et n. m. et f.
• **Adjectif et nom masculin et féminin.** Qui n'est pas initié, néophyte. *Une profane en musique.*
• **Adjectif et nom masculin.** Qui n'est pas religieux. *La musique profane.*
Ant. **sacré.**

profaner v. tr.
Violer une chose sacrée. *Profaner une église.*

proférer v. tr.
Le *é* se change en *è* devant une syllabe muette, sauf à l'indicatif futur et au conditionnel présent. *Je profère,* mais *je proférerai.*
Prononcer avec violence. *Proférer des insultes.*

professer v. tr.
Déclarer ouvertement.

professeur n. m.
professeure n. f.
• Abréviation *Pr* (s'écrit sans point).
• S'abrège familièrement en *prof* (s'écrit sans point).
• Personne qui enseigne une science, un art, une technique. *Un professeur de linguistique, un professeur de piano.*
↳ Pour l'enseignement primaire, on emploiera plutôt le nom *instituteur.* Le nom *enseignant* est un gé-

nérique qui regroupe les professeurs (enseignement secondaire et universitaire) et les instituteurs (enseignement primaire).
• *Professeur agrégé.* Professeur de lycée ou d'université.

profession n. f.
• Occupation déterminée par laquelle on gagne sa vie. *Quelle est votre profession? Électricien.*
↳ Le nom désigne également un métier de nature intellectuelle, scientifique. *Les professions libérales.*
• Déclaration publique. *Une profession de foi.*

professionnalisme n. m.
Caractère professionnel, conscience professionnelle d'une personne.

professionnel, elle adj. et n. m. et f.
• **Adjectif**
- Relatif à une profession, à un métier. *Une formation professionnelle.*
- De profession. *Un skieur professionnel.*
- *Déformation professionnelle.* Manière de penser résultant de l'exercice d'une profession.
- *Secret professionnel.* Interdiction légale de divulguer des informations confidentielles obtenues dans l'exercice d'une profession.
• **Nom masculin et féminin**
Personne qui pratique une activité, un art, un sport, etc. afin d'en tirer une rémunération, par opposition à la personne qui l'exerce par agrément. *Un professionnel du golf, une professionnelle de la comptabilité.*
Ant. **amateur.**

professionnellement adv.
De façon professionnelle.

professoral, ale, aux adj.
Digne d'un professeur. *Des tons professoraux.*

profil n. m.
⇨ Le *l* se prononce [prɔfil].
• Contour latéral d'un objet (par opposition à *face*). *Martine a un joli profil.*
• *De profil.* En étant vu de côté. *On a dessiné son visage de profil.*
• Ensemble d'éléments caractéristiques. *Un profil de scientifique, un profil de carrière.*
• *Profil bas, profil haut.* Programme d'action minimal, maximal. *Dans un contexte d'agitation sociale, le gouvernement a adopté un profil bas.*

profilé, ée adj. et n. m.
• **Adjectif.** Laminé selon un profil défini. *Un fuselage profilé, un acier profilé.*
• **Nom masculin.** Objet fabriqué selon une forme définie. *Des profilés métallurgiques.*

profiler v. tr., pronom.
• **Transitif.** Donner un profil défini à quelque chose. *Profiler une carrosserie.*
• **Pronominal.** Se voir de profil, se découper. *Le temple se profile à l'horizon.*

profit n. m.
• Différence entre l'ensemble des recettes d'une entreprise et l'ensemble de ses dépenses. *Un profit net.*

• Utilité, avantage. *Elle a tiré profit de ces cours, elle a mis à profit cet enseignement.*
• ***Au profit de,*** locution prépositive. Au bénéfice de. Ant. **déficit.**

profitable adj.
Qui procure un avantage; utile. *Ces activités sont très profitables.*

profiter v. tr. ind., intr.
• **Transitif indirect**
- Tirer avantage de. *Ils profitent de leurs vacances.*
- Être utile. *Vos recherches leur ont beaucoup profité.*
☞ Le verbe se construit aussi avec la locution **de ce que.** *Elle a profité de ce qu'il pleuvait pour étudier.*
• **Intransitif**
Se fortifier, grandir. *Les enfants ont bien profité au cours de l'été.*

profiterole n. f.
👄 Le *e* de la troisième syllabe est muet [prɔfitrɔl].
Pâtisserie. *Comment résister à ces profiteroles au chocolat?*
☞ profiterole.

profiteur, euse n. m. et f.
(Péj.) Personne qui abuse de la générosité d'autrui.

profond, onde adj., adv. et n. m.
• **Adjectif**
- Dont le fond est éloigné de la surface. *Un lac profond.*
☞ Au Canada, on emploie aussi l'adjectif *creux* en ce sens.
- Très grand. *Une transformation profonde.*
- Difficile à pénétrer. *Un profond mystère.*
• **Adverbe**
Profondément. *Ils ont creusé très profond.*
☞ Pris adverbialement, le mot est invariable.
• **Nom masculin**
Profondeur. *Il a été touché au plus profond de son cœur.*
☞ profond.

profondément adv.
• D'une manière profonde.
• Intimement. *Il est profondément certain de ce fait.*

profondeur n. f.
• Caractère de ce qui est profond. *La profondeur d'un gouffre.*
• Dimension. *Une piscine qui a deux mètres de profondeur.*
☞ Au Canada, on emploie aussi le nom *creux* en ce sens.

pro forma loc. adj. inv.
Facture pro forma. Facture anticipée établie par le vendeur avant la vente. *Des factures* pro forma.
☞ En typographie soignée, les mots étrangers sont composés en italique. Dans des textes déjà en italique, la notation se fait en romain. Pour les textes manuscrits, on utilisera les guillemets.

profusément adv.
En abondance.

profusion n. f.
Surabondance. *Une profusion de cadeaux.*

progéniture n. f.
• (Litt.) Descendants.
• (Plaisant.) Les enfants, par rapport aux parents.

progestérone n. f.
Hormone produite par l'ovaire.

progiciel n. m.
(Inform.) Ensemble complet et documenté de programmes conçu pour être fourni à plusieurs utilisateurs, en vue d'une même application ou d'une même fonction. *Un progiciel de gestion des approvisionnements.*
☞ Ce nom provient des mots ***produit*** et ***logiciel.***

prognathe adj.
👄 Les lettres *gn* se prononcent distinctement [prɔg nat].
Se dit d'une personne dont la mâchoire inférieure est proéminente.
☞ prognathe.

programmable adj.
Qui peut être programmé.

programmateur n. m.
programmatrice n. f.
Personne chargée d'établir la programmation (films, spectacles, émissions).

programmation n. f.
• (Inform.) Élaboration d'un programme informatique, d'un logiciel.
• Organisation des programmes (cinéma, radio, télévision, etc.).

programme n. m.
• Ensemble des émissions, des films, etc., qui seront présentés au cours d'une période. *Le programme estival de la télévision.*
• (Inform.) Suite d'instructions écrites sous une forme que l'ordinateur peut comprendre pour traiter un problème ou pour accomplir une tâche.
☞ Un ensemble de programmes constitue un progiciel.
• Ensemble des matières d'un cours. *L'écologie est au programme du secondaire.*
• Ligne d'action. *Le programme d'un parti.*

*programme
Anglicisme au sens de ***émission*** (de télévision, de radio).

Programme des Nations Unies pour le développement
Sigle ***PNUD*** (s'écrit avec ou sans points).

programmer v. tr.
• Établir un programme. *Programmer une émission radiophonique, un film.*
• (Inform.) Élaborer un programme informatique.
• Organiser. *Cette activité n'avait pas été programmée.*

programmeur n. m.
programmeuse n. f.
(Inform.) Personne qui établit un programme informatique, un logiciel.

progrès n. m.
Développement, avancement. *Ève a fait de grands progrès en analyse grammaticale.*
⇨ progr**ès.**

progresser v. intr.
Faire des progrès. *Notre étude progresse.*

progressif, ive adj.
Qui évolue, qui suit une progression. *Un taux d'imposition progressif.*
Ant. **dégressif.**

progression n. f.
Accroissement graduel. *La progression des travaux est constante.*
Ant. **régression.**

progressiste adj. et n. m. et f.
Partisan d'une doctrine politique axée sur le progrès social.

progressivement adv.
D'une manière progressive.

prohiber v. tr.
Interdire par la loi. *Le port d'arme est prohibé.*
⇨ prohiber.

prohibitif, ive adj.
• Interdit légalement.
• Se dit d'un prix très élevé qui empêche l'achat.
⇨ pro**hi**bitif.

prohibition n. f.
Interdiction légale de vendre certaines marchandises.
⇨ pro**hi**bition.

proie n. f.
• Être vivant dont un carnassier s'empare. *L'aigle poursuit une proie.*
• (Litt.) Victime. *Cette famille a été la proie des voleurs.*
• **Être en proie à.** Livré à. *Il est en proie aux moqueries de ses camarades.*

projecteur n. m.
Appareil d'éclairage destiné à projeter un puissant rayon lumineux.

projectile n. m.
Corps lancé par une arme. *Un projectile a fracassé la fenêtre.*
⇨ projectil**e.**

projection n. f.
Action de projeter. *La projection d'un film.*

projet n. m.
• Idée d'une chose que l'on se propose d'exécuter.
⊨⊢ Le **projet** se définit par un caractère d'antériorité à la réalisation, contrairement au terme anglais qui recouvre les deux acceptions.
• Plan d'une œuvre d'architecture.
⊨⊢ Dans ce dernier sens, ne pas confondre avec les noms suivants :
- **canevas,** plan, schéma d'un texte;
- **croquis,** dessin à main levée, plan sommaire;
- **ébauche,** première forme donnée à une œuvre;
- **esquisse,** représentation simplifiée d'une œuvre destinée à servir d'essai;

- **maquette,** représentation schématique d'une mise en pages.
⇨ projet.

***projet**
Impropriété au sens de **travaux, chantier, programme.**

projeter v. tr.
Redoublement du *t* devant un *e* muet. *Je projette, je projetterai,* mais *je projetais.*
• Lancer avec force. *Feu qui projette des brindilles enflammées.*
• Faire un projet. *Ses parents projettent un voyage.*
• Transposer une image sur une surface. *Projeter un film, des diapositives.*

prolétaire n. m.
Personne qui n'a que sa force de travail comme source de revenus.
⇨ prolét**aire.**

prolétariat n. m.
Ensemble des prolétaires.
⇨ prolétaria**t.**

prolifération n. f.
Multiplication rapide. *La prolifération des armes nucléaires, des mauvaises herbes.*

proliférer v. intr.
Se multiplier, se reproduire rapidement. *Les lapins prolifèrent dans la région.*

prolificité n. f.
Caractère de ce qui est fécond. *La prolificité d'une race de brebis.*
⊨⊢ Ce mot est de registre littéraire ou technique.

prolifique adj.
Qui se multiplie rapidement. *Les lapins sont prolifiques.*

prolixe adj.
Trop long, trop bavard.

prolixité n. f.
Défaut d'une personne ou d'une chose prolixe.

prologue n. m.
Introduction, prélude.
Ant. **épilogue.**
⇨ prolo**gue.**

prolongation n. f.
• Action de prolonger une durée. *L'équipe a perdu lors de la prolongation.*
• Temps ajouté à une durée déterminée. *Elle a bénéficié d'une prolongation* (et non d'une **extension*) *de congé de maladie.*
⊨⊢ Ne pas confondre avec le nom **prolongement,** accroissement en longueur.

prolongement n. m.
• Action de prolonger dans l'espace. *Le prolongement d'une route, du métro.*
• Accroissement en longueur. *Ce passage piétonnier est le prolongement de l'avenue.*
• **Dans le prolongement de.** Dans la direction de. *Dans le prolongement de cette rencontre, des travaux ont été entrepris.*

☞ Ne pas confondre avec le nom *prolongation,* temps ajouté à une durée déterminée.

prolonger v. tr.
Le *g* est suivi d'un *e* devant les lettres *a* et *o. Il prolongea, nous prolongeons.*
Augmenter la longueur de quelque chose. *Prolonger une autoroute. Il prolongea les recherches.*
☞ Ne pas confondre avec le verbe *proroger,* prolonger un délai qui avait été fixé.

*pro-maire
Anglicisme pour *maire suppléant.*

promenade n. f.
• Action de se promener. *Une promenade dans la forêt.*
• Voie spécialement aménagée à l'intention des promeneurs. (Recomm. off. OLF)

promener v. tr., intr., pronom.
• **Transitif.** Déplacer, faire aller dans plusieurs endroits, pour le plaisir. *Elle promène ses enfants.*
• **Intransitif.** *Envoyer promener quelqu'un.* (Péj.) Se débarrasser d'une personne importune. *Il insistait, mais je l'ai envoyé promener.*
• **Pronominal.** Faire une promenade. *Allons nous promener à la campagne.*

promeneur, euse n. m. et f.
Personne qui se promène. *Nous avons croisé des promeneurs qui profitaient du soleil.*

promesse n. f.
Assurance de faire quelque chose. *Elle a tenu sa promesse et nous a offert un beau voyage.*

promettre v. tr., pronom.
INDICATIF PRÉSENT *Je promets, tu promets, il promet, nous promettons, vous promettez, ils promettent.* IMPARFAIT *Je promettais.* PASSÉ SIMPLE *Je promis.* FUTUR *Je promettrai.* CONDITIONNEL PRÉSENT *Je promettrais.* IMPÉRATIF PRÉSENT *Promets, promettons, promettez.* SUBJONCTIF PRÉSENT *Que je promette.* IMPARFAIT *Que je promisse.* PARTICIPE PRÉSENT *Promettant.* PASSÉ *Promis, ise.*
• **Transitif**
- S'engager à faire quelque chose. *Je lui ai promis que j'écrirai tous les jours.*
☞ Le verbe se construit à l'indicatif futur ou au conditionnel.
- (Fig.) Annoncer, faire espérer. *Ce ciel étoilé nous promet une belle journée.*
• **Pronominal**
- Décider. *Elles se sont promis de ne pas succomber à cette tentation.*
☞ Le participe passé suivi de l'infinitif est invariable.
- Espérer. *Je me promets beaucoup de repos et de plaisir.*

promiscuité n. f.
Voisinage désagréable.
☞ Ne pas confondre avec le nom *proximité,* voisinage.

promontoire n. m.
Cap de grande dimension. *De ce promontoire, on aperçoit les îles au large.*
☞ promontoire.

promoteur n. m.
promotrice n. f.
• (Litt.) Initiateur, précurseur, auteur. *Le promoteur d'une réforme.*
• Personne qui finance et dirige la construction d'immeubles. *Un promoteur immobilier.*

promotion n. f.
• Nomination à un poste supérieur. *Elle a eu une promotion; elle est maintenant vice-présidente.*
Ant. **rétrogradation.**
• Ensemble de moyens mis en œuvre pour favoriser une cause. *La promotion des femmes.*
• Stimulation des ventes. *Cet article est en promotion, son prix est réduit de 25 %.*
• Ensemble des diplômés d'un établissement d'enseignement secondaire, collégial ou universitaire, ayant terminé, la même année, un programme d'études sanctionné par un même diplôme. (Recomm. off. OLF) *Elle est de la promotion des M.B.A. de 1982.*

promotionnel, elle adj.
Propre à favoriser la vente. *Un prix promotionnel.*

promouvoir v. tr.
Ce verbe n'est usité qu'au passé simple (*je promus*), à l'infinitif, au participe présent (*promouvant*), au participe passé (*promu, ue*) et aux temps composés.
Favoriser, encourager. *Promouvoir la recherche scientifique.*

prompt, prompte adj.
👄 Le *p* est muet, au masculin [prɔ̃] comme au féminin [prɔ̃t].
Rapide, expéditif. *Je vous souhaite un prompt rétablissement.*
☞ prompt.

promptement adv.
👄 Le *p* est muet [prɔ̃tmã].
Rapidement.
☞ promptement.

promptitude n. f.
👄 Le *p* est muet [prɔ̃tityd].
Rapidité, diligence. *Elle a exécuté le travail avec la plus grande promptitude.*

promu, ue adj. et n. m. et f.
Personne qui a reçu une promotion. *Les dernières promues, les nouveaux promus.*

promulgation n. f.
Action de promulguer.

promulguer v. tr.
Ce verbe s'écrit toujours avec un *u,* même devant les lettres *a* et *o. Il promulgua, nous promulguons.*
Édicter une loi. *Promulguer une loi.*

prôner v. tr.
Préconiser, recommander. *Ils prônent une grande ouverture d'esprit.*
☞ prôner.

pronom n. m.
V. Tableau - **PRONOM.**

PRONOM

Le pronom est un mot qui représente généralement un nom ou une proposition.

*Je te prête mon livre : prends-**en** grand soin et rends-**le** moi demain.*

Les pronoms personnels **en** et **le** représentent le nom **livre.**

☞ Parfois le pronom ne représente pas un nom, une proposition exprimés; il joue alors le rôle d'un nom indéterminé. *Quelqu'un m'a prévenu.*

☞ Le pronom peut aussi indiquer la personne grammaticale. *Nous avons rendez-vous après l'école.*

Il y a six sortes de pronoms :   1. Pronom personnel.
2. Pronom possessif.
3. Pronom démonstratif.
4. Pronom indéfini.
5. Pronom relatif.
6. Pronom interrogatif.

1. PRONOM PERSONNEL

Le pronom personnel indique la personne du nom ou de l'objet dont il est question.

	Pronoms personnels sujets	Pronoms personnels compléments
Première personne, singulier	*je*	*me, moi*
Deuxième personne, singulier	*tu*	*te, toi*
Troisième personne, singulier	*il, elle, on*	*le, lui, se, soi, en, y*
Première personne, pluriel	*nous*	*nous*
Deuxième personne, pluriel	*vous*	*vous*
Troisième personne, pluriel	*ils, elles*	*ils, elles, les, leur, en, y*

La première personne est celle qui parle. *Je reviendrai demain. Regarde-moi.*

La deuxième personne est celle à qui l'on parle. *Tu reviendras demain? Regarde-toi.*

La troisième personne est celle dont on parle. *Elles reviendront demain? Regarde-les.*

☞ Devant une voyelle ou un **h** muet, certains pronoms s'élident : **j', m', t', l', s'.** *J'aime, je m'ennuie, il t'aime, tu ne l'aimes pas, ils s'habituent.*

2. PRONOM POSSESSIF

– Le pronom possessif représente un nom de personne ou d'animal en précisant le «possesseur». *Votre chien est bien dressé; le nôtre est très turbulent.*

– Comme l'adjectif possessif, le pronom possessif est loin de toujours marquer un rapport de possession; il n'exprime souvent qu'une simple relation, qu'un lien de dépendance, d'affinité, de proximité, etc.

☞ 1° Il ne faut pas confondre le pronom personnel et le déterminant possessif. *Notre chatte est blanche; la vôtre est noire.*
2° **Notre** est un déterminant possessif; **la vôtre** est un pronom possessif qui remplace «votre chatte». Le déterminant s'écrit avec un **o,** le pronom possessif avec un **ô** et il est toujours précédé d'un article défini.

suite➡

– Formes du pronom possessif

• UN SEUL POSSESSEUR

	SINGULIER		PLURIEL	
	masculin	féminin	masculin	féminin
Première personne	*le mien*	*la mienne*	*les miens*	*les miennes*
Deuxième personne	*le tien*	*la tienne*	*les tiens*	*les tiennes*
Troisième personne	*le sien*	*la sienne*	*les siens*	*les siennes*

• PLUSIEURS POSSESSEURS

	SINGULIER		PLURIEL
	masculin	féminin	
Première personne	*le nôtre*	*la nôtre*	*les nôtres*
Deuxième personne	*le vôtre*	*la vôtre*	*les vôtres*
Troisième personne	*le leur*	*la leur*	*les leurs*

3. PRONOM DÉMONSTRATIF

– Le pronom démonstratif représente un nom dont il prend le genre et le nombre et un déterminant démonstratif; il sert à montrer la personne ou la chose désignée par ce nom. *Ces fleurs sont plus odorantes que celles-ci. C'est magnifique.*

– Formes du pronom démonstratif

GENRE	SINGULIER		PLURIEL	
Masculin	*celui*	(celui-ci, celui-là)	*ceux*	(ceux-ci, ceux-là)
Féminin	*celle*	(celle-ci, celle-là)	*celles*	(celles-ci, celles-là)
Neutre	*ce*	(ceci, cela)		

4. PRONOM INDÉFINI

Le pronom indéfini représente une personne, une chose qu'il désigne d'une manière indéterminée, vague. *L'un dit oui, l'autre dit non. Nous n'avons rien mangé et nous n'avons vu personne.*

Pronoms indéfinis variables :
Aucun, certain, chacun, l'un, l'autre, le même, maint, nul, pas un, plus d'un, quelqu'un, tel, tout, un autre, un tel...

Pronoms indéfinis invariables :
Autrui, on, personne, plusieurs, quelque chose, quiconque, rien...

5. PRONOM RELATIF

Le pronom relatif représente un nom ou un pronom et introduit une proposition relative. *La ville dont je parle est Montréal. L'enfant qui court ressemble à ton frère. Ceux que j'ai vus paraissent excellents.*

Le nom ou le pronom représenté par le pronom relatif est l'antécédent.

• Pronoms relatifs définis

– Formes simples: *qui, que, quoi, dont, où.*

suite ➞

– Formes composées

SINGULIER		PLURIEL	
masculin	féminin	masculin	féminin
lequel	*laquelle*	*lesquels*	*lesquelles*
duquel	*de laquelle*	*desquels*	*desquelles*
auquel	*à laquelle*	*auxquels*	*auxquelles*

☞ La forme du pronom relatif varie selon sa fonction dans la phrase.

• Pronoms relatifs indéfinis. *Quel que soit le problème, on trouvera la solution.*

Quiconque, qui que, quoi que, quel que, qui que ce soit, quoi que ce soit que...

6. PRONOM INTERROGATIF

Le pronom interrogatif représente une personne, une chose que l'on ne connaît pas et sur laquelle porte l'interrogation. *Qui sont-ils? Quel est ton nom? Je me demande ce que tu veux.*

Interrogation directe : *qui, que, quoi, où, lequel, laquelle, lesquels, lesquelles.*

Interrogation indirecte : *ce qui, ce que, lequel, laquelle, lesquels, lesquelles.*

☞ Le pronom *lequel* représente une personne, une chose dont on parle et avec laquelle il s'accorde en genre et en nombre. *Lequel de ces disques préférez-vous?*

V. Tableau – **QUE**, PRONOM.

pronominal, ale, aux adj.
Se dit d'un verbe qui se conjugue avec deux pronoms de la même personne.
V. Tableau - **PRONOMINAUX.**

pronominalement adv.
Comme verbe pronominal.

prononcer v. tr., pronom.
• **Transitif**
- Articuler distinctement les sons. *Prononcer son nom.*
- Débiter, dire. *Prononcer un discours.*
• **Pronominal**
Donner son avis. *Ils se sont prononcés en faveur de cette proposition.*

prononciation n. f.
Manière d'articuler. *Un défaut de prononciation.*
⇨ prononciation.

pronostic n. m.
• Jugement du médecin sur l'évolution d'une maladie. *Un pronostic pessimiste.*
☞ Le pronostic est donné à la suite du *diagnostic.*
• (Gén. plur.) Hypothèses. *Qui sera le champion? Donnez-moi vos pronostics.*
☞ Ne pas confondre avec le nom *diagnostic,* détermination d'une maladie par ses symptômes.

pronostiquer v. tr.
Prévoir.

pronunciamiento n. m.
👄 Attention à la prononciation [prɔnunsjamjɛnto].

Coup d'État favorisé par l'armée, putsch.
☞ En typographie soignée, les mots étrangers sont composés en italique. Dans des textes déjà en italique, la notation se fait en romain. Pour les textes manuscrits, on utilisera les guillemets.

propagande n. f.
Action exercée sur l'opinion en vue de propager une idée, une doctrine.
⇨ propagande.

propagation n. f.
Extension, progrès. *La propagation d'un incendie.*
⇨ propagation.

propager v. tr., pronom.
Le *g* est suivi d'un *e* devant les lettres *a* et *o*. *Il propagea, nous propageons.*
• **Transitif.** Répandre, diffuser dans le public. *Propager de fausses nouvelles.*
• **Pronominal.** S'étendre, progresser. *L'infection s'est propagée aux membres inférieurs.*

propane n. m.
Gaz inflammable. *Pour le camping, Luc utilise une bouteille de propane.*

propension n. f.
Penchant, inclination. *Il a une propension à tout dépenser.*
⇨ propension.

prophète, prophétesse n. m. et f.
Personne qui annonce l'avenir.

PRONOMINAUX

Les verbes pronominaux sont accompagnés d'un pronom personnel (*me, te, se, nous, vous*) qui représente le sujet parce que ce sujet est à la fois l'auteur et l'objet de l'action.
Elle se regarde. Nous nous parlons.

☞— À l'infinitif, les verbes pronominaux sont toujours précédés du pronom *se* (*s'*). Certains verbes sont essentiellement pronominaux, c'est-à-dire qu'ils n'existent qu'à la forme pronominale (*se souvenir*); d'autres sont accidentellement pronominaux, c'est-à-dire qu'ils peuvent exister sous une forme non pronominale, mais qui deviennent pronominaux à l'occasion. Ex. : *Aimer* et *s'aimer, contempler* et *se contempler, parfumer* et *se parfumer.* Le pronom peut être complément d'objet direct ou indirect. *Ils se sont consultés, elles se sont succédé.*

LES VERBES PRONOMINAUX RÉFLÉCHIS

Les pronominaux sont réfléchis lorsque l'action qu'ils marquent a pour objet le sujet du verbe.
Elle s'est parfumée.

Les pronominaux réfléchis sont appelés **réciproques** lorsqu'ils marquent une action exercée par plusieurs sujets l'un sur l'autre, les uns sur les autres. Les pronominaux réciproques ne s'emploient donc qu'au pluriel.
Ils se sont écoutés, ils se sont battus.

LES VERBES PRONOMINAUX NON RÉFLÉCHIS

Les pronominaux non réfléchis sont accompagnés d'un pronom (*me, te, se,* etc.) qui n'est pas un complément d'objet direct, mais qui fait partie de la forme verbale, pour ainsi dire.
S'apercevoir, s'approcher, s'avancer, se défier, se douter, s'écrier, s'endormir, s'envoler, s'évanouir, s'imaginer, se jouer, se moquer, s'ouvrir, se plaindre, se prévaloir, se repentir, se servir, se souvenir, se taire...

ACCORD DU PARTICIPE PASSÉ DES VERBES PRONOMINAUX

1. Le participe passé des verbes pronominaux réfléchis ou réciproques s'accorde avec le complément d'objet direct qui précède le verbe.
Elle s'est habillée.
Ils se sont regardés.

☞— Le participe passé des pronominaux réfléchis ou réciproques ne s'accorde pas avec le complément d'objet direct qui suit le verbe. *Ils se sont écrit des lettres. Tu t'es acheté des livres.* Si le verbe a un complément d'objet indirect, le participe passé ne s'accorde pas. *Elles se sont parlé.*

2. Le participe passé des verbes pronominaux non réfléchis (dont le pronom est sans fonction logique) s'accorde avec le sujet. *Les enfants se sont aperçus de son arrivée. Ils se sont approchés.*

☞— Exceptions : **se complaire, se déplaire, se plaire, se rire**. *Les élèves se sont ri du conférencier.* Les participes passés de ces quatre verbes sont invariables.

3. Le participe passé des verbes essentiellement pronominaux (qui n'existent qu'à la forme pronominale) s'accorde en genre et en nombre avec le sujet du verbe.
Ils se sont abstenus de voter. Elles se sont absentées.

QUELQUES VERBES ESSENTIELLEMENT PRONOMINAUX

s'absenter	s'agenouiller	s'emparer	s'envoler	s'insurger	se rebeller
s'abstenir	s'avérer	s'empresser	s'éprendre	se méfier	se réfugier
s'accouder	se blottir	s'en aller	s'évanouir	se moquer	se repentir
s'accroupir	se désister	s'enfuir	s'exclamer	s'obstiner	se soucier
s'acharner	s'écrier	s'enquérir	s'immiscer	se prélasser	se souvenir
s'affairer	s'efforcer	s'ensuivre	s'infiltrer	se raviser	se suicider

☞ Lorsqu'il est question de Mahomet, le nom **prophète** s'écrit avec une majuscule. *Le Prophète qui fonda l'Islam.*
⇨ pro**phè**te.

prophétie n. f.
👄 Le *t* se prononce **s** [prɔfesi].
Annonce d'un évènement futur. *Ses prophéties se sont réalisées.*
⇨ pro**phé**tie.

prophétique adj.
Qui tient de la prophétie. *Un écrit prophétique.*
⇨ pro**phé**tique.

prophétiser v. tr.
Prédire.
⇨ pro**phé**tiser.

prophylactique adj.
Préventif. *Des mesures prophylactiques.*
⇨ pro**phy**lactique.

prophylaxie n. f.
Ensemble des méthodes visant à la prévention des maladies.
⇨ pro**phy**laxie.

propice adj.
Favorable, opportun. *Un terrain propice à la culture.*
⇨ prop**ice**.

proportion n. f.
• Rapport. *Des proportions harmonieuses.*
• Dimension. *L'incendie a pris des proportions effrayantes.*
• ***Toute(s) proportion(s) gardée(s).*** Cette expression qui marque une restriction dans la comparaison peut s'écrire au singulier et au pluriel.
• ***En proportion de.*** Par rapport à.
• ***Hors de proportion.*** Disproportionné.

proportionnel, elle adj.
Qui est en rapport de convenance avec quelque chose. *Le prix des pommes est proportionnel à leur poids.*

proportionnellement adv.
En proportion.

proportionner v. tr.
Mettre en juste rapport. *Les éléments de cet édifice sont bien proportionnés.*

propos n. m.
👄 Le premier *o* est ouvert [prɔpo].
• Résolution. *Le ferme propos.*
• Conversation, phrase, écrit. *Des propos mensongers.*
• **Locutions**
- ***À propos.*** À point, opportunément.
☞ Le caractère d'une chose opportune est l'***à-propos.*** Le nom s'écrit avec un trait d'union.
- ***De propos délibéré.*** À dessein, volontairement.
- ***Hors de propos, mal à propos.*** À contretemps, sans raison.

proposer v. tr., pronom.
👄 Le premier *o* est ouvert [prɔpoze].
• **Transitif.** Faire connaître quelque chose, soumettre quelque chose au choix. *Je vous propose une randonnée à la montagne.*

• **Pronominal.** Avoir le désir, la volonté de. *Ils s'étaient proposé d'aller à la campagne.*
☞ Le participe passé suivi de l'infinitif est invariable.

proposition n. f.
👄 Le premier *o* est ouvert [prɔpozisjɔ̃].
• Offre. *Rejeter une proposition.*
• Groupe de mots formant une phrase ou un membre de phrase. *Une proposition indépendante.*
V. Tableau - **PROPOSITION.**

propre adj. et n. m.
• Qui appartient à quelqu'un. *C'est sa propre maison.*
☞ En ce sens, l'adjectif se place avant le nom.
• ***Sens propre.*** Sens premier d'un mot. *Le mot **naissance** a pour sens propre «venue au monde» et pour sens figuré, «début, commencement».*
• ***Nom propre.*** Nom qui s'applique spécifiquement à une personne, à un groupe de personnes, par opposition à ***nom commun*** qui désigne une personne, une chose qui appartient à une espèce. *Les noms propres s'écrivent avec une majuscule. Étienne est un nom propre.*
V. Tableau - **NOM.**
• Qui convient. *Le mot propre.*
☞ En ce sens, l'adjectif se place après le nom.
• ***Propre à.*** Apte à, approprié. *Des terrains propres à la construction.*
• Qui n'est pas sale. *Cette chemise est propre.*

propre-à-rien n. m. et f. (pl. *propres-à-rien*)
Personne incapable.

proprement adv.
• Avec netteté, soin. *Les élèves sont coiffés proprement.*
• Au sens propre du mot. *Le verbe **choquer** signifie proprement «faire subir un choc».*
• En propre.

propreté n. f.
Qualité de ce qui est propre, intègre. *La propreté de ses vêtements.*

propriétaire n. m. et f.
Personne qui possède un bien en propre. *La propriétaire d'un immeuble.*

propriété n. f.
• Droit de disposer d'un bien possédé en propre.
• Bien-fonds (terrain, construction) possédé en propre. *Il a de nombreuses propriétés.*
• Caractère particulier. *Les propriétés chimiques d'un corps.*

propulser v. tr.
Projeter au loin. *Un missile propulsé par une fusée.*

propulsion n. f.
Action de mettre en mouvement. *La propulsion d'un navire.*

propylée n. m.
• Vestibule d'un temple.
• (Au plur.) Portique à colonnes d'un temple grec.
⇨ propy**lé**e.

PROPOSITION

La proposition est une phrase qui comprend un verbe conjugué (à l'indicatif, au conditionnel, au subjonctif ou à l'impératif). Il y a autant de propositions dans une phrase qu'il y a de verbes conjugués.
L'avion se prépare à toucher le sol. (Une proposition)
L'avion touche le sol et freine brusquement. (Deux propositions)

La proposition indépendante

La proposition indépendante possède un sens complet par elle-même. *Le train part dans quelques minutes.*

☞— 1° Une phrase peut comprendre plusieurs propositions indépendantes coordonnées ou juxtaposées. *Le chien jappe et le cheval hennit.* Les deux propositions indépendantes sont coordonnées par la conjonction de coordination *et*.
2° *La voiture roule à vive allure, ralentit et s'immobilise.* Les deux premières propositions sont des indépendantes juxtaposées reliées par une virgule, tandis que la troisième proposition est une indépendante coordonnée à la deuxième par *et*.

La proposition principale

La proposition qui ne dépend d'aucune autre, mais qui est accompagnée d'une ou de plusieurs propositions subordonnées, est une **proposition principale**. *Le facteur livre le colis* (proposition principale) *que nous attendions* (proposition subordonnée).

☞— Sans subordonnée, la proposition principale serait une proposition indépendante.

La proposition subordonnée

La proposition qui complète le sens de la principale est une **proposition subordonnée**.

Elle est reliée à la proposition principale par un pronom relatif (**qui, que, quoi, dont, où...**) ou par une conjonction, une locution conjonctive de subordination (**que, quand, si, lorsque, parce que...**).

Proposition subordonnée relative

La proposition subordonnée relative est introduite par un pronom relatif. *La pomme [que j'ai mangée] était délicieuse.* La proposition relative détermine le nom **pomme.**

Proposition subordonnée conjonctive

La proposition subordonnée conjonctive est introduite par une conjonction ou une locution conjonctive de subordination.

FONCTIONS DE LA SUBORDONNÉE

• Complément déterminatif de l'antécédent. *Le train [qui part à l'instant est à destination de Rome].*
• Complément d'objet direct. *Je pense [que cet avion n'ira pas loin].*
• Complément d'objet indirect. *Je vous préviens [que je pars demain].*
• Complément circonstanciel :
   – de temps. *[Quand le soleil brille]*, il fait plus chaud.
   – de cause. *L'avion n'a pu décoller [parce qu'il y avait du brouillard].*
   – de but. *Couchons-nous tôt ce soir [pour que nous soyons en forme demain].*
   – de conséquence. *Tu as tellement couru [que tu es essoufflé].*
   – de concession. *[Quoiqu'il soit déjà tard]*, je viendrai.
   – de comparaison. *[Comme on fait son lit]*, on se couche.
   – de condition. *[S'il fait beau]*, nous irons nous promener.

☞— Une phrase peut comprendre plusieurs propositions principales et subordonnées tant coordonnées que juxtaposées les unes aux autres.

prorata n. m. inv.
• Part respective. *Des prorata.*
• *Au prorata de.* En proportion de. *Les dividendes sont versés au prorata du nombre d'actions.*

prorogation n. f.
• Action de proroger.
• Suspension des séances d'une assemblée. *La prorogation d'une session parlementaire.*

proroger v. tr
Le *g* est suivi d'un *e* devant les lettres *a* et *o*. *Il prorogea, nous prorogeons.*
Prolonger un délai fixé, renvoyer à plus tard. *Proroger une échéance.*
↪ Ne pas confondre avec le verbe **prolonger,** augmenter la longueur de quelque chose.

prosaïque adj.
↞ Le *o* est fermé [prozaik].
Terre à terre, vulgaire.
▭➢ prosaïque.

prosaïsme n. m.
↞ Le *o* est fermé [prozaism].
Caractère de ce qui est prosaïque.
▭➢ prosaïsme.

proscription n. f.
• Action de proscrire, interdiction.
• Condamnation.
↪ Ne pas confondre avec le nom **prescription,** ordre détaillé.

proscrire v. tr.
INDICATIF PRÉSENT *Je proscris, tu proscris, il proscrit, nous proscrivons, vous proscrivez, ils proscrivent.* IMPARFAIT *Je proscrivais.* PASSÉ SIMPLE *Je proscrivis.* FUTUR *Je proscrirai.* CONDITIONNEL PRÉSENT *Je proscrirais.* IMPÉRATIF PRÉSENT *Proscris, proscrivons, proscrivez.* SUBJONCTIF PRÉSENT *Que je proscrive.* IMPARFAIT *Que je proscrivisse.* PARTICIPE PRÉSENT *Proscrivant.* PASSÉ *Proscrit, ite.*
Interdire. *Proscrire la consommation de la cocaïne.*

prose n. f.
Langage qui n'est pas soumis aux règles de la versification.

prosélyte n. m. et f.
Personne nouvellement convertie à une doctrine, à un mouvement.
▭➢ prosélyte.

prosélytisme n. m.
Zèle du prosélyte.
▭➢ prosélytisme.

*****prospect**
Anglicisme pour **client potentiel.**

prospecter v. tr.
Faire de la prospection.

prospectif, ive adj. et n. f.
• **Adjectif.** Qui est relatif à l'avenir.
• **Nom féminin.** Science dont l'objet est de dégager des éléments de prévision quant à l'évolution future du monde. Syn. **futurologie.**

prospection n. f.
• Exploration de terrains en vue de découvrir des métaux, des minéraux. *Des prospections minières.*
• Recherche systématique en vue de l'accroissement de la clientèle d'une entreprise.

prospectus n. m.
↞ Les *s* se prononcent [prɔspɛktys].
Brochure publicitaire. *L'agence distribue des prospectus* (et non des **pamphlets*).

prospère adj.
Qui est dans un état de réussite, de développement. *Une entreprise prospère.*
▭➢ prospère.

prospérer v. intr.
Réussir, se développer. *Son entreprise a beaucoup prospéré.*

prospérité n. f.
Activité fructueuse. *Santé, bonheur et prospérité sont les vœux du Nouvel An.*

prosternation n. f.
Action de se prosterner.
↪ Ne pas confondre avec le nom **prostration,** abattement causé par la douleur.

prosterner (se) v. pronom.
S'incliner très bas par respect. *Ils se sont prosternés devant la reine.*

prostitué, ée n. m. et f.
Personne qui se prostitue.

prostituer v. tr., pronom.
• **Transitif.** (Litt.) Dégrader. *Prostituer son talent.*
• **Pronominal.** Se livrer à la prostitution.

prostitution n. f.
Action de consentir à des relations sexuelles pour de l'argent.

prostration n. f.
Abattement causé par la douleur, la faiblesse extrême.
↪ Ne pas confondre avec les mots suivants :
- *affliction,* peine profonde;
- *chagrin,* tristesse;
- *consternation,* grande douleur morale;
- *douleur,* souffrance physique ou morale;
- *peine,* douleur morale.
↪ Ne pas confondre non plus avec le nom **prosternation,** action de se prosterner.

prostré, ée adj.
Abattu.

prot(o)- préf.
Élément du grec signifiant «primitif, premier». *Prototype.*

protagoniste n. m. et f.
Personne qui joue un rôle important dans une pièce de théâtre et, au figuré, dans une affaire.
↪ Ne pas confondre avec le nom **antagoniste,** adversaire, personne en conflit avec une autre.

protecteur, trice adj. et n. m. et f.
• Qui protège. *Un casque protecteur. Cet abbé est le protecteur des sans-abri.*

• *Protecteur du citoyen.* Au Canada, synonyme de **ombudsman.**

protection n. f.
• Action de défendre quelqu'un. *La protection de la jeunesse.*
• *Par protection.* Par faveur.
• *Protection rapprochée.* Ensemble des moyens mis en œuvre pour protéger une personnalité (garde du corps, etc.).

protectionnisme n. m.
(Écon.) Doctrine prônant des mesures qui pénalisent la concurrence étrangère.
Ant. **libre-échange.**

protectionniste adj. et n. m. et f.
Ant. **libre-échangiste.**

protège-cahier n. m. (pl. *protège-cahiers*)
Couverture qui sert à protéger un cahier.

protège-dents n. m. inv. (pl. *protège-dents*)
Appareil servant à protéger les dents des boxeurs.

protéger v. tr.
Le *é* se change en *è* devant une syllabe muette, sauf à l'indicatif futur et au conditionnel présent. *Je protège,* mais *je protégerai.*
Le *g* est suivi d'un *e* devant les lettres *a* et *o.* *Il protégea, nous protégeons.*
• Préserver, aider. *Protéger une enfant.*
• Garder à l'abri des inconvénients. *Cet auvent nous protège de la pluie, contre la pluie.*

protège-tibia n. m. (pl. *protège-tibias*)
Appareil servant à protéger les jambes des joueurs de hockey, de football, etc.

protéine n. f.
Matière qui entre dans la composition des êtres vivants. *Il y a des protéines dans le bœuf et dans les œufs.*

protéique adj.
Qui se rapporte aux protéines.

protestant, ante adj. et n. m. et f.
Qui appartient au protestantisme. *Les protestants.*
▷ L'adjectif ainsi que le nom s'écrivent avec une minuscule.

protestantisme n. m.
Doctrine des Églises chrétiennes issues de la Réforme.
▷ Les noms de religions s'écrivent avec une minuscule.

protestataire adj. et n. m. et f.
Qui proteste.

protestation n. f.
Témoignage d'opposition. *Les manifestants faisaient entendre leurs protestations véhémentes.*

protester v. tr. ind., intr.
• **Transitif indirect**
Protester de. Assurer avec force. *Il protesta de son innocence.*
• **Intransitif**
- *Protester que.* Prétendre avec vigueur. *Il protesta qu'il avait été induit en erreur.*

- *Protester contre.* S'élever contre. *Ils protestèrent contre ces mesures discriminatoires.*

prothèse n. f.
Dispositif, appareil de remplacement. *Une prothèse dentaire. Un amputé qui porte une prothèse.*

prothésiste n. m. et f.
Personne qui fabrique des prothèses.

protocolaire adj.
👄 Les *o* sont ouverts [pRɔtɔkɔlɛR].
Conforme aux règles du protocole. *Un accueil protocolaire.*
▷ protocol**aire.**

protocole n. m.
👄 Les *o* sont ouverts [pRɔtɔkɔl].
• Ensemble de règles à observer en matière d'étiquette. *Le service du protocole a réglé la cérémonie dans ses moindres détails.*
• *Protocole opératoire.* Compte rendu d'une opération chirurgicale.
• (Inform.) Ensemble des conventions qui déterminent le format et la synchronisation d'un message à échanger entre deux unités d'un réseau.
▷ protocol**e.**

proton n. m.
Particule entrant avec le neutron dans la composition du noyau atomique.

*protonotaire
Impropriété pour **secrétaire** (à la cour supérieure).

prototype n. m.
Premier exemplaire d'un modèle (d'une machine, d'un véhicule, d'un logiciel) construit avant la fabrication en série.

protubérance n. f.
Saillie.
▷ protubér**ance.**

protubérant, ante adj.
Qui forme une saillie.
▷ protubér**ant.**

prou adv.
Peu ou prou. (Litt.) Plus ou moins.
▷ Cet adverbe n'est usité que dans l'expression citée.

proue n. f.
Avant d'un bateau.
▷ L'arrière du bateau est la **poupe.**
▷ prou**e.**

prouesse n. f.
Exploit. *On nous a raconté ses prouesses.*

prouver v. tr.
• Établir la vérité d'une chose. *Prouver son innocence.*
• Démontrer. *Prouver sa bonne foi.*

prov.
Abréviation de *province.*

provenance n. f.
Origine. *Ce coucou est de provenance suisse.*
▷ proven**ance.**

provençal, ale, aux adj. et n. m. et f.
De la Provence. *La cuisine provençale. Un Provençal, une Provençale.*
☞ L'adjectif s'écrit avec une minuscule; le nom, avec une majuscule.

provenir v. intr.
• Venir de. *Cette lettre provient de sa mère.*
• Être produit directement par. *Le vin provient de la vigne.*
☞ Ne pas confondre avec les verbes suivants :
- **découler,** être la suite nécessaire de;
- **dériver,** être issu de;
- **émaner,** sortir de;
- **procéder,** tirer son origine de;
- **ressortir,** s'imposer comme condition logique.

proverbe n. m.

Formule exprimant une vérité d'expérience commune à un groupe. *Le dicton est souvent régional, alors que le proverbe connaît une diffusion plus étendue.*
☞ Typographiquement, on compose les proverbes, les devises, les maximes comme des citations, c'est-à-dire en italique.
Quelques proverbes :
Après la pluie, le beau temps.
Il n'y a pas de fumée sans feu.
La nuit porte conseil.
L'appétit vient en mangeant.
Les bons comptes font les bons amis.
Mieux vaut tard que jamais.
Nul n'est prophète en son pays.
Qui s'y frotte s'y pique.
Vouloir, c'est pouvoir.

proverbial, iale, iaux adj.
Qui tient du proverbe. *Des expressions proverbiales.*

providence n. f.
• Secours divin.
☞ Quand le nom désigne Dieu, il s'écrit avec une majuscule. *La divine Providence.*
• Personne qui aide, protège. *Il est la providence des faibles.*
⇨ providence.

providentiel, elle adj.
Qui arrive à propos. *Une aide providentielle.*
⇨ providentiel.

provignement n. m.
(Ling.) Procédé de formation de mots nouveaux par dérivation. *Les termes **progiciel, ludiciel, didacticiel** sont formés par provignement à partir du mot **logiciel.***

province n. f.
• Abréviation **prov.** (s'écrit avec un point).
• Division territoriale, de statut politique variable selon les pays. *Les provinces du Canada.*
☞ Les noms génériques de géographie s'écrivent avec une minuscule. *La province de Québec.*

provincial, ale, aux adj. et n. m. et f.
• **Adjectif.** Qui concerne une province. *Des accords provinciaux.*

• **Adjectif et nom masculin et féminin.** Qui vit en province, qui est caractéristique de la province. *Des habitudes provinciales. Ce sont des provinciaux.*

provision n. f.
• Réserve. *Le magasinier a des provisions de gommes à effacer et de crayons.*
• Approvisionnement (alimentaire). *Faire ses provisions au supermarché.*
• (Banque) Somme déposée à la banque pour garantir le paiement des chèques. *Un chèque sans provision* (et non *sans fonds).
☞ Dans cette expression, le nom s'écrit au singulier.

provisionnel, elle adj.
Qui se fait par provision. *Des versements provisionnels.*
⇨ provisionnel.

provisoire adj.
Passager, transitoire. *Un poste provisoire, une solution provisoire.*
⇨ provisoire.

provocant, ante adj.
• Qui incite à la violence. *Un ton provocant.*
• Qui excite le désir. *Une tenue provocante.*
☞ Ne pas confondre avec le participe présent invariable **provoquant.** *On ne pouvait plus circuler, les motocyclistes provoquant de nombreux embouteillages.*

provocateur, trice adj. et n. m. et f.
• **Adjectif.** *Agent provocateur.* Personne qui provoque des comportements violents, de l'agitation pour justifier l'intervention de la police.
• **Nom masculin et féminin.** Personne qui pousse à faire quelque chose par défi.

provocation n. f.
• Action de provoquer.
• Défi. *Cette décision constitue une véritable provocation.*

provoquer v. tr.
• Exciter par des actes ou des paroles de défi. *Elle l'a provoqué et il a attaqué.*
• (Absol.) Exciter le désir. *Une voix qui provoque.*
• Occasionner. *Cette décision a provoqué bien des réactions négatives.*

proxénète n. m.
◁ Le *o* est ouvert [prɔksenɛt].
Souteneur.

proxénétisme n. m.
Le fait de tirer des avantages de la prostitution d'autrui.

proximité n. f.
• Voisinage. *La proximité des écoles est bien commode.*
☞ Ne pas confondre avec le nom **promiscuité, voisinage désagréable.**
• **À proximité de.** Près de. *Leur maison est à proximité du métro.*

prude adj.
Qui affecte une attitude vertueuse.

prudemment adv.
◁ Le *e* de la deuxième syllabe se prononce *a* [prydamɑ̃].

Avec prudence. *Traversez les rues prudemment!*
☞ prud**emm**ent.

prudence n. f.
Sagesse, prévoyance. *Jean et Lucie roulent à bicyclette avec la plus grande prudence.*

prudent, ente adj.
Avisé, prévoyant. *Colette et François sont toujours prudents : ils regardent à gauche et à droite avant de traverser la rue.*

pruderie n. f.
👄 Le *e* de la deuxième syllabe est muet [prydri].
Affectation de vertu.

prune adj. inv. et n. f.
• **Nom féminin.** Fruit du prunier. *Ces prunes sont délicieuses.*
• **Adjectif de couleur invariable.** D'une couleur violet foncé. *Des bonnets prune.*
V. Tableau - **COULEUR (ADJECTIFS DE)**

pruneau n. m. (pl. *pruneaux*)
Prune séchée.

prunelle n. f.
• Orifice de l'iris de l'œil.
Syn. **pupille.**
• *Y tenir comme à la prunelle de ses yeux.* Y tenir par-dessus tout.
• Eau-de-vie extraite de petites prunes. *La prunelle de Bourgogne.*

prunier n. m.
Arbre cultivé pour son fruit, la prune.

prurit n. m.
👄 Le *t* se prononce [pryrit].
Démangeaison.
☞ pruri**t**.

P.-S.
Abréviation de *post-scriptum.*

psalmodier v. tr., intr.
Chanter, parler d'une façon monotone.

psaume n. m.
Cantique.

pseud(o)- préf.
• Élément du grec signifiant «menteur, faux».
• Les mots composés avec le préfixe *pseudo-* s'écrivent généralement avec un trait d'union lorsque le second élément existe isolément. Ce préfixe peut se joindre à une multitude de noms. *Du pseudo-beurre, un pseudo-menuisier.*

pseudonyme n. m.
Surnom. *Molière est le pseudonyme de Jean-Baptiste Poquelin.*
☞ pseudon**y**me.

psitt! ou **pst!** interj.
Interjection destinée à attirer l'attention.

psoriasis n. m.
👄 Le *o* est ouvert et le *s* final se prononce [psɔrja zis].
Maladie de la peau caractérisée par des plaques rouges.

psy n. m. inv.
Lettre grecque.

psych(o)-
• Élément du grec signifiant «âme».
• Les lettres *ch* se prononcent *k,* sauf pour les mots *psychisme, psychique.*
• Les mots composés du préfixe *psych(o)-* s'écrivent en un seul mot. *Psychologie.*

psychanalyse n. f.
Recherche des processus psychiques, selon la théorie formulée par Freud.
☞ psychan**a**lyse.

psychanalyser v. tr.
Soumettre à la psychanalyse.
☞ psychanal**y**ser.

psychanalyste n. m. et f.
Spécialiste de la psychanalyse.
☞ psychanal**y**ste.

psychanalytique adj.
Relatif à la psychanalyse.
☞ psychanal**y**tique.

psyché n. f.
👄 Les lettres *ch* se prononcent *ch* (et non *k) [psiʃe].
Grand miroir qui peut être incliné à volonté.
☞ psych**é**.

psychédélique adj.
Relatif au psychédélisme. *Un rêve psychédélique.*
☞ psychéd**é**lique.

psychédélisme n. m.
État provoqué par des hallucinogènes.
☞ psychéd**é**lisme.

psychiatre n. m. et f.
Médecin spécialiste des maladies mentales.
☞ psych**i**atre, sans accent circonflexe.

psychiatrie n. f.
Partie de la médecine qui étudie et traite les maladies mentales.
☞ psych**i**atrie, sans accent circonflexe.

psychiatrique adj.
Relatif à la psychiatrie. *Un hôpital psychiatrique.*
☞ psych**i**atrique, sans accent circonflexe.

psychique adj.
👄 Les lettres *ch* se prononcent *ch* et non *k [psiʃik].
Qui concerne la pensée, les états de conscience.
☞ psych**i**que.

psychisme n. m.
👄 Les lettres *ch* se prononcent *ch* et non *k [psi ʃism].
Ensemble des caractères psychiques d'une personne.
☞ psych**i**sme.

psychologie n. f.
• Étude scientifique des phénomènes psychiques.
• Aptitude à comprendre les sentiments d'autrui.
☞ psycholo**g**ie.

psychologique adj.
Relatif à la psychologie. *Une analyse psychologique.*
▭▷ psychologique.

psychologiquement adv.
Au point de vue psychologique.
▭▷ psychologiquement.

psychologue adj. et n. m. et f.
• Spécialiste de la psychologie.
• Personne apte à comprendre autrui.
▭▷ psychologue.

psychopathe n. m. et f.
Personne atteinte de psychopathie.
▭▷ psychopathe.

psychopathie n. f.
Déficience mentale caractérisée par un comportement antisocial.
▭▷ psychopathie.

psychose n. f.
Maladie mentale.
▭▷ psychose.

psychosomatique adj.
Se dit d'une maladie organique liée à des facteurs émotionnels.
▭▷ psychosomatique.

psychothérapeute n. m. et f.
Personne qui pratique la psychothérapie.
▭▷ psychothérapeute.

psychothérapie n. f.
Thérapeutique qui utilise des procédés psychiques.
▭▷ psychothérapie.

psychothérapique adj.
Relatif à la psychothérapie.
▭▷ psychothérapique.

psychotique adj. et n. m. et f.
• **Adjectif.** Relatif à la psychose.
• **Nom masculin et féminin.** Personne atteinte de psychose.

PTT
Sigle de *Postes, Télécommunications et Télédiffusion* (ministère français).

puant, ante adj.
• Dont l'odeur est désagréable. *Une bête puante.*
• (Fam.) Prétentieux.

puanteur n. f.
Odeur très désagréable. *La puanteur d'un fromage.*

pub n. m.
�⟩ Le mot se prononce à l'anglaise, le **b** est sonore [pœb].
• En Grande-Bretagne, établissement où l'on sert de la bière, des boissons alcoolisées.
• Brasserie.

pub n. f.
⟨⟩ Le **u** se prononce **u** et le **b** est sonore [pyb].
Abréviation familière de *publicité.*

pubère adj.
Qui a atteint l'âge de la puberté.
▭▭ Ne pas confondre avec le mot *nubile* qui se dit de la personne en âge de se marier.
Ant. **impubère.**

puberté n. f.
Période de la vie au cours de laquelle l'enfant devient un adolescent.

pubien, ienne adj.
Relatif au pubis. *Des poils pubiens.*

pubis n. m.
⟨⟩ Le **s** se prononce [pybis].
Région triangulaire du bas-ventre.

publiable adj.
Digne d'être publié.
Ant. **impubliable.**

public, ique adj. et n. m.
• **Adjectif**
Qui concerne un groupe, une collectivité, une nation. *Les pouvoirs publics, la voie publique.*
• **Nom masculin**
- La population.
- *En public.* En présence de plusieurs personnes.
- Ensemble des lecteurs, des auditeurs, des spectateurs. *Il chante devant un public conquis d'avance.*
▭▭ Attention à la forme féminine de ce mot : publi**c**, publi**que**.

publication n. f.
• Action de publier. *La publication d'une encyclopédie.*
• Ouvrage publié. *Des publications mensuelles.*

publication assistée par ordinateur
Sigle **PAO** (s'écrit avec ou sans points).

publiciste n. m. et f.
• (Vx) Journaliste.
• Juriste spécialiste du droit public.

*publiciste
Impropriété au sens de *publicitaire.*

publicitaire adj. et n. m. et f.
• **Adjectif.** Relatif à la publicité. *Un message publicitaire.*
• **Nom masculin et féminin.** Personne, groupe qui se charge de la publicité d'un client.
▭▭ L'emploi du nom *publiciste* en ce sens est critiqué.

publicité n. f.
• Ensemble des moyens utilisés pour faire connaître une entreprise, un organisme, un produit, un service, à des fins commerciales ou sociales. *Anne est directrice de la publicité.*
• Message, annonce, affiche, etc., à caractère publicitaire. *Une publicité percutante.*

publier v. tr.
• Rendre public, divulguer. *Publier un avis, une nouvelle en exclusivité.*
• Éditer un écrit. *Publier un auteur.*

publipostage n. m.
Prospection publicitaire par correspondance. *Les*

logiciels bureautiques facilitent grandement le publipostage (et non le **mailing*).

publiquement adv.
En public.

puce n. f.
• Insecte parasite vivant sur le corps des mammifères.
• *Avoir la puce à l'oreille.* Être méfiant, intrigué.
• *Marché aux puces.* Marché où l'on vend des objets d'occasion.
• (Inform.) Microplaquette qui comporte gravés en elle les milliers de transistors et de diodes qui réalisent une fonction particulière dans un circuit intégré.
☞ Le nom *puce* est un terme familier qui désigne l'élément actif d'un circuit intégré.

puceau adj. m. et n. m. (pl. *puceaux*)
(Fam.) Homme vierge.
☞ La forme féminine est *pucelle.*

pucelage n. m.
(Fam.) Virginité.
⇨ pucelage.

pucelle adj. f. et n. f.
(Fam.) Femme vierge.
☞ La forme masculine est *puceau.*
⇨ pucelle.

puceron n. m.
Petit insecte parasite. *Ce gardénia a des pucerons; il faut vaporiser un insecticide.*

pudding ou **pouding** n. m. (pl. *puddings, poudings*)
Gâteau garni de fruits. *Le pudding est le gâteau de Noël des Anglais.*

pudeur n. f.
• Retenue, modestie. *Une pudeur d'adolescente.*
• Délicatesse, respect. *Vous pourriez avoir la pudeur de vous taire.*
• *Attentat à la pudeur.* (Dr.) Délit qui consiste à porter atteinte à la décence.

pudibond, onde adj.
Dont la pudeur est excessive.
⇨ pudibond.

pudibonderie n. f.
Pudeur excessive.

pudicité n. f.
(Litt.) Pudeur.

pudique adj.
Qui a de la pudeur. *Elle est très pudique.*

pudiquement adv.
D'une manière pudique.

puer v. tr., intr.
• **Transitif.** Dégager l'odeur désagréable de. *Il pue l'ail.*
☞ Le participe passé de ce verbe est invariable.
• **Intransitif.** Sentir mauvais, empester. *Ce fromage pue.*

puéricultrice n. f.
Infirmière spécialiste de la puériculture.

puériculture n. f.
Art de soigner et d'élever les tout-petits.

puéril, ile adj.
Qui ne convient qu'à un enfant, qui manque de sérieux. *Ce comportement est puéril.*
☞ Ne pas confondre avec les mots suivants :
- *enfantin,* qui appartient à l'enfance;
- *infantile,* qui est relatif à la première enfance.
⇨ puéril, puérile.

puérilement adv.
D'une manière puérile.

puérilité n. f.
Caractère de ce qui est puéril. *La puérilité de ses arguments.*

pugilat n. m.
Combat à coups de poing.
⇨ pugilat.

pugiliste n. m. et f.
Boxeur.

puîné, ée adj. et n. m. et f.
(Vx) Qui est né après un de ses frères ou une de ses sœurs.
☞ On dit plutôt aujourd'hui *cadet.*
⇨ puîné.

puis adv.
Ensuite. *Puis, il vint la trouver.*
☞ L'expression **«et puis ensuite»* est un pléonasme.
Hom. :
- *puits,* excavation;
- *puy,* montagne volcanique.

puisard n. m.
Égout.
⇨ puisard.

puiser v. tr.
• Prendre de l'eau dans un puits, et par extension, prendre un liquide à l'aide d'un récipient.
• Tirer, extraire. *Puiser des renseignements d'une encyclopédie.*
• *Puiser aux sources.* Consulter les auteurs anciens, les textes originaux.

puisque conj.
Comme, étant donné que. *Puisqu'il est absent, on demandera à son collègue de le remplacer.*
☞ La conjonction se construit avec l'indicatif ou le conditionnel; elle marque le motif, la cause dont la proposition principale est la conséquence.
☞ L'élision se fait devant les mots suivants : *il, elle, en, on, un, une, ainsi.*
V. Tableau - **ÉLISION.**

puissamment adv.
Avec force, intensité.
⇨ puissamment.

puissance n. f.
• Force, énergie. *La puissance d'un moteur, la puissance d'un courant électrique.*
• *En puissance.* Virtuel, potentiel.

• *Puissance d'un nombre.* Chaque degré auquel un nombre est élevé, lorsqu'il est multiplié par lui-même. *Élever un nombre à la puissance trois, deux puissance trois.*

• *À la n^ième puissance.* (Fam.) À l'extrême.

• Pays puissant. *Les puissances et les superpuissances occidentales.*

puissant, ante adj. et n. m. et f.
• **Adjectif**
- Qui produit de grands effets. *Un vent puissant.*
- Qui a de la force, de l'intensité. *Une voix puissante.*
• **Nom masculin et féminin**
Personne influente. *Les puissants de ce monde.*

puits n. m.
• Excavation destinée à atteindre une nappe d'eau souterraine. *Un puits artésien.*
• Excavation destinée à l'exploitation d'un gisement. *Un puits de pétrole.*
Hom. :
- *puis,* ensuite;
- *puy,* montagne volcanique.
☞ pui**ts.**

pull ou **pull-over** n. m.
Anglicisme utilisé en France pour *tricot* (que l'on passe par-dessus la tête).

pulluler v. intr.
• Se multiplier rapidement, proliférer. *Les insectes pullulent dans ce coin humide* (et non *ce coin pullule d'insectes*).
• Être en grand nombre. *Les anglicismes pullulent dans ce texte.*
☞ pullu**ler.**

pulmonaire adj.
Relatif au poumon. *Une radiographie pulmonaire.*
☞ pulmon**aire.**

pulpe n. f.
Partie charnue des fruits et des légumes. *La pulpe d'une orange.*

***pulpe**
Anglicisme au sens de *pâte à papier.*

pulpeux, euse adj.
De la consistance de la pulpe. *Une peau pulpeuse.*

pulsation n. f.
Battement du pouls. *Les pulsations du cœur.*

pulsion n. f.
Tendance instinctive.

pulvérisation n. f.
Action de pulvériser.

pulvériser v. tr.
• Réduire en poudre, en miettes. *Pulvériser de la pierre.*
• Projeter un liquide en fines gouttelettes. *Pulvériser un insecticide.*
• Anéantir. *L'avion a été pulvérisé par une explosion.*

puma n. m.
Mammifère carnassier du groupe des félins. *Des pumas blessés.*
Syn. **couguar.**

punaise n. f.
• Insecte parasite de l'homme.
• Petit clou à tête plate. *L'enseignant a fixé les photos sur le babillard avec des punaises.*

punch n. m. (pl. *punchs*)
☞ Le *u* se prononce *o* et le *n* est sonore ou non, [pɔnʃ] ou [pɔ̃ʃ].
Boisson composée de jus de fruits et de rhum.

punir v. tr.
Infliger une peine. *Sophie a été punie parce qu'elle a frappé un petit camarade.*
Ant. **récompenser.**

punitif, ive adj.
Dont le but est de punir. *Une expédition punitive.*
☞ L'adjectif ne s'emploie que dans l'exemple cité.

punition n. f.
Peine infligée à l'auteur d'une faute. *Comme punition, elle a eu une retenue.*
Ant. **récompense.**

punk adj. inv. et n. m. et f.
☞ Le mot se prononce [pɔ̃k].
• **Adjectif invariable.** Se dit de l'allure excentrique des punks. *Des coiffures punk.*
• **Nom masculin et féminin.** Contestataire qui affiche une allure agressivement excentrique. *À Londres, les punks constituent un attrait touristique.*
☞ L'adjectif est invariable et le nom prend la marque du pluriel.

pupille n. m. et f.
☞ Les *l* se prononcent comme un seul ou comme dans *famille,* [pypil] ou [pypij].
• **Nom masculin et féminin.** Orphelin. *Les pupilles de l'État.*
• **Nom féminin.** Orifice de l'œil, situé au centre de l'iris. *Des pupilles dilatées.*
Syn. **prunelle.**

pupitre n. m.
Petit meuble présentant une surface inclinée. *Un pupitre d'écolier.*
☞ Ne pas confondre avec le nom *bureau,* meuble comportant des tiroirs et une surface plate pour écrire.
☞ pupi**tre.**

pur, pure adj. et n. m. et f.
• **Adjectif**
- Qui est sans mélange. *Un jus d'orange pur, une étoffe pure laine.*
- Qui est sans restriction. *C'est la pure vérité.*
- *Pur et simple.* Absolu. *Un refus pur et simple.*
- Chaste.
• **Nom masculin et féminin**
Personne fidèle à une doctrine, à un parti. *Les purs du parti écologique.*

purée n. f.
• Plat composé de légumes écrasés. *De la purée de légumes, de pommes de terre* (et non des *patates pilées*).
☞ Mis en apposition, le nom est invariable. *Des biftecks purée.*
• *Purée de pois.* Brouillard épais.

purement adv.
• Uniquement. *Faire une chose purement par désintérêt.*
• *Purement et simplement.* Sans réserve ni condition.

pureté n. f.
• Qualité de ce qui est pur. *La pureté de l'air à la montagne.*
• Clarté, limpidité. *La pureté d'un son.*

purgatif, ive adj. et n. m.
Laxatif.

purgatoire n. m.
(Relig.) État d'expiation temporaire.

purge n. f.
Élimination d'individus tenus pour indésirables. *Le parti a fait une purge et s'est départi des éléments trop radicaux.*

purger v. tr., pronom.
Le *g* est suivi d'un *e* devant les lettres *a* et *o*. *Il purgea, nous purgeons.*
• **Transitif**
- Épurer, nettoyer. *Purger un radiateur.*
- *Purger une peine.* (Dr.) Subir la peine de prison.
• **Pronominal**
Prendre un purgatif.

purification n. f.
Action de purifier.

purifier v. tr.
Redoublement du *i* à la première et à la deuxième personne du pluriel de l'indicatif imparfait et du subjonctif présent. *(Que) nous purifiions, (que) vous purifiiez.*
Rendre pur. *Ils ont purifié l'air de la pièce.*

purin n. m.
Partie liquide du fumier.

purisme n. m.
• (Péj.) Recherche excessive de la pureté du langage.
• Recherche de la conformité à un type idéal. *Le purisme architectural.*
Ant. **laxisme.**

puriste adj. et n. m. et f.
• **Adjectif**
(Péj.) Relatif au purisme. *Une recommandation puriste.*
• **Nom masculin et féminin**
- (Péj.) Personne qui recherche une pureté de langage excessive. *Des puristes qui rejettent tous les néologismes.*
- Personne qui recherche la conformité à un modèle idéal.
▯◁— Ne pas confondre avec le mot *puritain* qui se dit d'une personne prude, sévère à l'excès.

puritain, aine adj. et n. m. et f.
Prude, sévère à l'excès.
▯◁— Ne pas confondre avec le mot *puriste* qui se dit d'une personne qui recherche la conformité à un modèle idéal.

puritanisme n. m.
Rigorisme des puritains.

purpurin, ine adj.
(Litt.) De couleur pourpre.

pur-sang n. m. inv. (pl. *pur-sang*)
Cheval de course de pure race.
▯◁— Pris adjectivement, le mot s'écrit sans trait d'union. *Des chevaux pur sang.*

purulent, ente adj.
Qui contient du pus.
▭▷ puru**lent.**

pus n. m.
◁▭▷ Le *s* ne se prononce pas [py].
Liquide pathologique résultant d'une inflammation.
▭▷ pu**s.**

*****pusher**
Anglicisme au sens de *revendeur de drogue, trafiquant de drogue.*

pusillanime adj.
(Litt.) Craintif, faible.
▭▷ pusi**ll**anime.

pusillanimité n. f.
(Litt.) Faiblesse de caractère, manque de courage.
▭▷ pusi**ll**animité.

pustule n. f.
Soulèvement inflammatoire de l'épiderme.

putain n. f.
(Fam.) Prostituée.
▭▷ puta**in.**

putatif, ive adj.
(Dr.) Supposé. *Un père putatif.*

putois n. m.
Petit mammifère à odeur nauséabonde.

putréfaction n. f.
Pourriture.

putréfier v. tr., pronom.
Redoublement du *i* à la première et à la deuxième personne du pluriel de l'indicatif imparfait et du subjonctif présent. *(Que) nous putréfiions, (que) vous putréfiiez.*
• **Transitif.** Faire pourrir.
• **Pronominal.** Tomber en putréfaction.

putrescible adj.
Susceptible de pourrir.
Ant. **imputrescible.**
▭▷ putre**sc**ible.

putride adj.
Qui est en putréfaction.

putsch n. m. inv.
◁▭▷ Le *u* se prononce *ou* [putʃ].
Coup d'État.
▭▷ put**sch.**

putschiste adj. et n. m. et f.
Personne qui participe à un putsch.
▭▷ put**sch**iste.

puy n. m.
Montagne volcanique. *Le puy de Dôme.*

☞ Dans les désignations géographiques, le nom *puy* est un générique qui s'écrit avec une minuscule, tout comme les noms *lac, mer, océan, île, mont,* etc.
Hom. :
- *puis,* ensuite;
- *puits,* excavation.

puzzle n. m.
Anglicisme utilisé en France pour *casse-tête.*

PVC
Sigle anglais utilisé pour le *chlorure de polyvinyle.*
V. **CPV.**

PVD
Sigle de *pays en voie de développement.*

pygmée adj. et n. m. et f.
Personne de très petite taille appartenant à certaines races d'Afrique. *Un Pygmée, une Pygmée, une tribu pygmée.*
☞ L'adjectif s'écrit avec une minuscule; le nom, avec une majuscule.
▭➤ pygmée, au masculin et au féminin.

pyjama n. m.
👄 Le *j* se prononce *j* (et non *dj) [piʒama].
Vêtement de nuit composé d'un pantalon et d'une veste. *Des pyjamas de soie.*
▭➤ pyjama.

pylône n. m.
Structure métallique destinée à supporter des câbles électriques aériens.
☞ Attention au genre masculin de ce nom : *un* pylône.
▭➤ pylône.

pyr(o)- préf.
• Élément du grec signifiant «feu».
• Les mots composés du préfixe *pyr(o)-* s'écrivent en un seul mot. *Pyromane.*

pyramidal, ale, aux adj.
En forme de pyramide. *Des toits pyramidaux.*
▭➤ pyramidal.

pyramide n. f.
• Monument de l'ancienne Égypte qui servait de tombeau aux pharaons.
• *Pyramide des âges.* Représentation graphique de la répartition d'une population par âges.
▭➤ pyramide.

pyrex n. m.
Verre très résistant pouvant aller au feu. *Des plats en pyrex.*
☞ Ce nom déposé est passé dans l'usage et s'écrit maintenant avec une minuscule.

pyrogravure n. f.
👄 Le *o* est ouvert [pirɔgravyr].
Gravure sur bois à l'aide d'une pointe métallique brûlante.
▭➤ pyrogravure.

pyromane n. m. et f.
👄 Le *o* est ouvert [pirɔman].
Incendiaire. *Le pyromane qui avait mis le feu à trois immeubles a été arrêté.*
▭➤ pyromane.

pyromanie n. f.
👄 Le *o* est ouvert [pirɔmani].
Impulsion pathologique qui pousse certaines personnes à allumer des incendies.
▭➤ pyromanie.

pyrotechnicien n. m.
pyrotechnicienne n. f.
👄 Le *o* est ouvert [pirɔtɛknisjɛ̃, pirɔtɛknisjɛn].
Spécialiste en pyrotechnie.
▭➤ pyrotechnicien.

pyrotechnie n. f.
👄 Le *o* est ouvert [pirɔtɛkni].
Technique de l'utilisation des explosifs pour les feux d'artifice.
▭➤ pyrotechnie.

pyrotechnique adj.
👄 Le *o* est ouvert [pirɔtɛknik].
Qui appartient à l'utilisation des explosifs pour les feux d'artifice. *Des pièces pyrotechniques.*
▭➤ pyrotechnique.

pythie n. f.
Prêtresse qui rendait les oracles à Delphes.
▭➤ pythie.

python n. m.
Serpent de grande taille non venimeux qui étouffe ses victimes en les serrant dans ses anneaux. *La taille du python peut atteindre dix mètres.*
Syn. **boa constricteur.**
Hom. **piton,** clou à tête en forme d'anneau ou sommet d'une montagne isolée.
▭➤ python.

q
Symbole de *quintal.*

QC
Symbole pour désigner le Québec dans le cas où l'on doit abréger. L'emploi de ce symbole est réservé à certains usages techniques : formulaires informatisés, tableaux statistiques, etc. (Recomm. off. OLF)

QCM
Sigle de *questionnaire à choix multiple.*

QI
Sigle de *quotient intellectuel.*

qq.
Abréviation de *quelque.*

qqch.
Abréviation de *quelque chose.*

qqf.
Abréviation de *quelquefois.*

qqn
Abréviation de *quelqu'un.*

quadr(i)- préf.
• Élément du latin signifiant «quatre».
• Les mots composés avec le préfixe *quadri* s'écrivent sans trait d'union. *Quadrimoteur.*

quadragénaire adj et n. m. et f.
👄 La première syllabe se prononce généralement *ka,* parfois *koua,* [kadraʒenɛr] ou [kwadraʒenɛr].
Dont l'âge est compris entre quarante et quarante-neuf ans.

quadrant n. m.
👄 La première syllabe se prononce généralement *ka,* parfois *koua,* [kadrã] ou [kwadrã].
(Math.) Quart de circonférence du cercle.
Hom. *cadran,* surface divisée et graduée de certains appareils.
✏️ quadra**nt**.

quadratique adj.
👄 La première syllabe se prononce *koua* [kwadra tik].
(Math.) Qui est élevé au carré.

quadrature n. f.
👄 La première syllabe se prononce *koua* [kwadra tyr].
• (Géom.) Construction d'un carré.
• *Quadrature du cercle.* (Fig.) Problème insoluble.
Hom. *cadrature,* ensemble de pièces d'horlogerie.

quadriennal, ale, aux adj.
👄 La première syllabe se prononce *koua* [kwadrije nal].
• Qui dure quatre ans. *Un programme quadriennal.*
• Qui a lieu tous les quatre ans. *Les Jeux olympiques sont quadriennaux.*
V. Tableau - **PÉRIODICITÉ ET DURÉE.**
✏️ quadrie**nn**al.

quadrilatère n. m.
👄 La première syllabe se prononce *ka* ou *koua,* [kadrilatɛr] ou [kwadrilatɛr].
• (Math.) Polygone qui a quatre côtés (carré, rectangle, losange, etc.).
• Terrain qui a quatre côtés rectilignes.
✏️ quadrilatère.

quadrillage n. m.
👄 La première syllabe se prononce **ka** [kadrijaʒ].
Ensemble des lignes qui divisent une surface en carrés.
Un papier au quadrillage très fin.

quadrille n. m.
👄 La première syllabe se prononce **ka** [kadrij].
Danse exécutée par quatre couples de danseurs.

quadriller v. tr.
👄 La première syllabe se prononce **ka** [kadrije].
Diviser en carrés. *Quadriller du papier.*

quadrillon n. m.
V. **quatrillion.**

quadrimoteur adj. m. et n.m.
👄 La première syllabe se prononce **ka** ou **koua,**
[kadrimɔtœr] ou [kwadrimɔtœr].
Avion qui possède quatre moteurs.

quadripartite ou **quadriparti, ie** adj.
👄 La première syllabe se prononce **koua** [kwadri
partit, kwadriparti].
Qui réunit des délégués de quatre partis, de quatre
pays, etc. *Un comité quadripartite.*
🖙 La forme **quadripartite** est la plus usitée.

quadriphonie n. f.
👄 La première syllabe se prononce **koua** [kwadri
fɔni].
Technique de la reproduction sonore utilisant quatre
sources.

quadriphonique adj.
👄 La première syllabe se prononce **koua** [kwadri
fɔnik].
De la quadriphonie. *Un enregistrement quadriphonique.*

quadriplégie n. f.
👄 La première syllabe se prononce **koua** [kwadri
pleʒi].
(Méd.) Paralysie des quatre membres.
Syn. **tétraplégie.**
V. **paralysie.**

quadriréacteur adj. m. et n. m.
👄 La première syllabe se prononce généralement
ka, parfois **koua,** [kadrireaktœr] ou [kwadrireaktœr].
Avion qui possède quatre réacteurs. *La société aérienne a fait l'acquisition de deux quadriréacteurs. Un
moyen-courrier quadriréacteur.*

quadrupède adj. et n. m.
👄 La première syllabe se prononce généralement
ka, parfois **koua,** [kadrypɛd] ou [kwadrypɛd].
Animal qui a quatre pattes ou quatre pieds.
🖙 Le mot **quadrupède** ne se dit que des mammifères, tandis que le mot **tétrapode** se dit de tous les
animaux à quatre pattes.

quadruple adj. et n. m.
👄 La première syllabe se prononce généralement
ka, parfois **koua,** [kadrypl] ou [kwadrypl].
• **Adjectif.** Qui vaut quatre fois autant. *Un formulaire
en quadruple exemplaires.*
• **Nom masculin.** Quantité qui vaut quatre fois une
quantité déterminée. *Douze est le quadruple de trois.*

quadrupler v. tr., intr.
👄 La première syllabe se prononce généralement
ka, parfois **koua,** [kadryple] ou [kwadryple].
• **Transitif.** Multiplier par quatre. *Quadrupler un
nombre.*
• **Intransitif.** Devenir quatre fois aussi grand. *Ses investissements ont quadruplé.*

quadruplés, ées n. m. et f. pl.
La première syllabe se prononce généralement **ka,**
parfois **koua,** [kadryple] ou [kwadryple].
Se dit de quatre enfants nés d'une même grossesse.

quai n. m.
• Dans un port, partie du rivage aménagée pour assurer
l'embarquement et le débarquement des passagers,
le chargement et le déchargement des marchandises.
Une promenade sur les quais de Montréal.
🖙 Pris absolument au sens de «ministère français
des Affaires étrangères», situé quai d'Orsay à Paris,
le nom s'écrit avec une majuscule. *Le Quai n'est pas
intervenu dans cette affaire.*
• Plate-forme longeant la voie (dans une gare, dans
une station de métro) et qui est destinée à l'embarquement et au débarquement des voyageurs, au
chargement et au déchargement des marchandises.
Pour Ottawa, embarquement au quai nº 7.

qualificatif, ive adj. et n. m.
• **Adjectif.** Qui exprime la qualité.
• **Adjectif qualificatif.** (Gramm.) Adjectif qui exprime
une qualité de l'être ou de l'objet désigné par le nom
auquel il se rapporte et avec lequel il s'accorde.
V. Tableau - **ADJECTIF.**
• **Nom masculin.** Terme qui qualifie. *Un qualificatif peu
flatteur.*

qualification n. f.
• Manière de qualifier, attribution d'une valeur.
• **Qualification professionnelle.** Formation, aptitudes
et expérience de l'ouvrier qualifié.

*qualifications
Anglicisme au sens de **formation, compétence.**

qualifié, ée adj.
• Qui a les qualités exigées pour. *Il n'est pas qualifié
pour ce poste.*
• Qui satisfait aux conditions exigées. *Une ouvrière
qualifiée.*

qualifier v. tr., pronom.
Redoublement du *i* à la première et à la deuxième
personne du pluriel de l'indicatif imparfait et du
subjonctif présent. *(Que) nous qualifiions, (que)
vous qualifiiez.*
• **Transitif**
- Exprimer la qualité de, nommer. *On le qualifie de
génial, de fou.*
🖙 En ce sens, le verbe se construit avec la préposition **de.**
- Donner qualité de. *Sa formation et son expérience la
qualifient pleinement pour ce poste.*
🖙 En ce sens, le verbe se construit avec la préposition **pour.**
- Nommer, ne pas trouver assez de mots pour désigner

quelque chose. *Sa conduite, qu'on ne saurait qualifier, est incompréhensible.*

☞ En ce sens, le verbe se construit sans attribut et il exprime un blâme.

• **Pronominal**

(Sports, jeux) Réussir les épreuves éliminatoires. *Ils se sont qualifiés pour la demi-finale.*

qualitatif, ive adj.

Qui se rapporte à la qualité. *Une analyse qualitative.* Ant. **quantitatif.**

qualitativement adv.

Du point de vue de la qualité.

qualité n. f.

• Manière d'être (bonne ou mauvaise) d'une chose. *Un produit de bonne qualité.*

• *Contrôle de la qualité.* Vérification de la conformité d'un produit à sa définition ou à ses caractéristiques techniques.

• *Gestion de la qualité.* Ensemble des activités de planification, de direction et de contrôle destinées à établir ou à maintenir la qualité d'un produit. *La gestion de la qualité totale.*

☞ La *qualité* définit la valeur des choses, tandis que la *quantité* détermine leur nombre, leur étendue.

• Ce qui fait le mérite de quelqu'un (par opposition à *défaut*). *Elle a beaucoup de qualités.*

• Profession, titres. *Nom, prénom et qualité.*

• *La qualité de la vie.* Ensemble des conditions qui contribuent à créer une vie agréable.

• *Avoir qualité pour.* Être habilité à. *Ils ont qualité pour décider de la question.*

☞ En ce sens, le nom est invariable.

• *En qualité de,* locution prépositive. À titre de.

quand adv. et conj.

• **Adverbe de temps**

À quel moment. *Quand aura lieu la rencontre?*

• **Conjonction de subordination**

La conjonction unit une proposition subordonnée circonstancielle à la principale.

- Lorsque. *Rentre quand il sera minuit.*

☞ La conjonction marque un rapport de temps.

- Chaque fois que. La conjonction marque la concomitance. *Quand il pleut, ses articulations lui font mal.*

☞ La conjonction marque la simultanéité de deux faits.

- Du moment que. *Quand il travaille, il réussit bien.*

☞ La locution marque la cause.

• **Locutions**

- *Quand même,* locution adverbiale. Néanmoins, tout de même. *Tu n'es pas toujours très aimable, mais je t'aime quand même.*

- *Quand même, quand bien même,* locutions conjonctives de subordination. Les conjonctions marquent l'opposition et se construisent avec le conditionnel. *Quand bien même vous insisteriez, je ne pourrais accepter votre proposition.*

quant à loc. prép.

• Pour ce qui est de, en ce qui concerne une personne, une chose. *Quant à moi, j'opterai pour cette solution.*

☞ La locution prépositive est toujours suivie de la préposition *à* ou de l'article contracté *au.*

• *Quant à faire* (et non *tant qu'à faire).

• *Tant qu'à moi.*

☞ L'expression est d'emploi régional.

quanta n. m. pl.

👄 La première syllabe se prononce *kouan* [kwãta]. Pluriel de *quantum. La théorie des quanta.*

☞ Attention au pluriel latin en *a.*

V. **quantum.**

quant-à-soi n. m. inv.

Réserve. *Il reste sur son quant-à-soi.*

☞ Le nom s'écrit avec deux traits d'union et renvoie à un sujet à la troisième personne.

quantième n. m.

Jour du mois désigné par son numéro d'ordre. *Quel quantième sommes-nous? Nous sommes le 3.*

☞ Le quantième s'exprime en chiffres; ce nom est d'emploi littéraire ou juridique.

quantifiable adj.

Que l'on peut quantifier. *Cette donnée n'est pas quantifiable.*

quantification n. f.

Action de quantifier.

quantifier v. tr.

Redoublement du *i* à la première et à la deuxième personne de l'indicatif imparfait et du subjonctif présent. *(Que) nous quantifiions, (que) vous quantifiiez.*

Déterminer la quantité de. *Quantifier les coûts d'un projet.*

quantique adj.

👄 La première syllabe se prononce *kan* ou *kouan* [kãtik] ou [kwãtik].

(Phys.) Relatif à la théorie des quanta.

quantitatif, ive adj.

Qui se rapporte à la quantité. *Une analyse quantitative.* Ant. **qualitatif.**

quantitativement adv.

Du point de vue de la quantité.

quantité n. f.

• Caractère de ce qui peut être mesuré.

• Nombre d'unités qui sert à déterminer une portion d'un tout. *Une quantité de huit oranges.*

☞ La *quantité* détermine le nombre des choses, tandis que la *qualité* définit leur valeur, leur manière d'être.

• *En quantité,* locution adverbiale. En grand nombre.

• Un grand nombre, une multitude. *Une quantité de maisons a été rénovée,* ou, *ont été rénovées. Quantité de branches sont tombées.*

☞ Après un nom collectif suivi d'un complément au pluriel, le verbe se met au singulier ou au pluriel suivant l'intention de l'auteur qui veut insister sur l'ensemble ou sur la pluralité; l'accord avec le complément au pluriel semble plus fréquent, surtout lorsque le collectif n'est pas précédé d'un article.

V. Tableau - **COLLECTIF.**

quantum n. m.

☞ La première syllabe se prononce **kouan** [kwɑ̃tɔm].

• (Dr.) Somme déterminée. *Le quantum de la réclamation.*

☞ En ce sens, on réservera ce terme à la langue juridique.

• Quantité déterminée.

• (Phys.) Quantité élémentaire d'énergie. *La théorie des quanta.*

☞ Attention au pluriel latin en **a**.

V. **quanta.**

quarantaine n. f.

• Nombre approximatif de quarante. *Une quarantaine de personnes étaient présentes.*

☞ Après un nom collectif suivi d'un complément au pluriel, le verbe se met au singulier ou au pluriel suivant l'intention de l'auteur qui veut insister sur l'ensemble ou sur la pluralité.

• Âge de quarante ans environ.

• Isolement imposé à des personnes contagieuses. *Si l'on devait mettre en quarantaine tous les hommes de 40 ans...*

quarante adj. et n. m. inv.

• **Adjectif numéral cardinal invariable.** Quatre fois dix. *Les quarante crayons verts. Quarante et un, quarante-deux.*

• **Adjectif numéral ordinal invariable.** Quarantième. *Page quarante.*

• **Nom masculin invariable.** Nombre quarante.

☞ Pris absolument, le nom désigne les membres de l'Académie française et s'écrit avec une majuscule.

• *S'en moquer comme de l'an quarante.* (Fam.) S'en ficher complètement.

quarantième adj. et n. m. et f.

• Abréviations : quarantième **40e**; quarantièmes **40es**.

• **Adjectif numéral.** Nombre ordinal de quarante. *Le quarantième élève.*

• **Nom masculin.** La quarantième partie d'un tout. *Les trois quarantièmes d'une quantité.*

• **Nom masculin et féminin.** Personne, chose qui occupe le quarantième rang. *Elles sont les quarantièmes.*

quart n. m.

• Quatrième partie d'un tout. *Elle a mangé les trois quarts de la tarte.*

• *Quart d'heure.* Quinze minutes. *Tous les quarts d'heure.*

☞ Lorsque le nom **quart** fait partie d'une expression horaire, l'heure doit être indiquée en toutes lettres. *Il est sept heures moins le quart, neuf heures trois quarts.* Pour exprimer le **quart** après l'heure, on emploi **et** ou **un**. *Il est huit heures et quart, huit heures un quart.*

• *Trois quarts.* L'expression s'écrit sans trait d'union. *Les trois quarts des personnes étaient opposés ou opposées.*

☞ L'accord se fait avec l'expression numérale ou avec son complément.

quart-de-rond n. m. (pl. *quarts-de-rond*)
Moulure.

quartette n. m.

☞ La première syllabe se prononce **kouar** [kwar tet].

Formation de quatre musiciens de jazz.

☞ Pour la musique classique, on emploie plutôt le nom **quatuor.**

quartier n. m.

• Portion d'une chose. *Un quartier de pomme, d'orange.*

• Partie d'une ville. *Habiter un beau quartier, le quartier chinois de San Francisco ou de Montréal.*

• *Quartier général.* Poste de commandement d'une armée. *Des quartiers généraux.*

☞ Ce terme s'abrège **Q.G.**

• *Ne pas faire de quartier.* Massacrer tout le monde. Hom. *cartier,* fabricant de cartes à jouer.

quartz n. m.

☞ Les lettres **qua** se prononcent **koua** et le **z** se prononce **s** [kwarts].

• Silice cristallisée. *Le cristal de roche est un quartz.*

• *Montre à quartz.* Montre comportant une lame de quartz.

quasar n. m.

☞ La première syllabe se prononce **koua** ou **ka,** [kwazar] ou [kazar].

(Astron.) Astre qui s'apparente à une étoile. *Les quasars.*

☞ Ce néologisme est formé à partir de l'expression américaine «**quasi**-stell**ar** radio source».

quasi adv.

☞ La première syllabe se prononce **ka** [kazi].

• (Litt.) Presque, à peu près.

• *Quasi + adjectif.* L'expression s'écrit sans trait d'union. *Un obstacle quasi infranchissable.*

• *Quasi + nom.* Ce mot composé s'écrit avec un trait d'union. *La quasi-totalité, la quasi-certitude.*

• *Quasi + adverbe ou pronom à valeur quantitative.* L'expression s'écrit sans trait d'union. *Ils étaient quasi autant qu'eux. Il n'y avait quasi personne.*

☞ L'emploi de l'adverbe est courant au Canada dans la langue familière, mais il est vieilli dans l'ensemble de la francophonie.

quasiment adv.

(Fam.) Presque. *Cette maison est quasiment en ruines. Tu pourrais quasiment être sa mère. Il est quasiment épuisé.*

☞ L'emploi de l'adverbe est courant au Canada dans la langue familière, mais il est vieilli dans l'ensemble de la francophonie.

quaternaire adj. et n. m.

☞ La première syllabe se prononce **koua** [kwaterner].

• *(Ère) quaternaire.* Ère géologique actuelle. *Le quaternaire a succédé à l'ère tertiaire.*

• *Secteur quaternaire.* Secteur d'activité économique comprenant les activités de recherche, de conseil.

☞ Le *secteur primaire* regroupe les activités productrices de matières premières (agriculture, mines, etc.);

- le *secteur secondaire* regroupe les activités de transformation des matières premières en biens (industrie);

- le **secteur tertiaire** regroupe les services (administration, transport, informatique, etc.).

quatorze adj. et n. m. inv.
• **Adjectif numéral cardinal invariable.** Treize plus un. *Quatorze heures.*
• **Adjectif numéral ordinal invariable.** Quatorzième. *Le quatorze décembre.*
• **Nom masculin invariable.** Nombre quatorze.

quatorzième adj. et n. m. et f.
• Abréviations : quatorzième, *14e*; quatorzièmes, *14es*.
• **Adjectif numéral ordinal.** Nombre ordinal de quatorze. *La quatorzième fleur.*
• **Nom masculin.** La quatorzième partie d'un tout. *Les trois quatorzièmes d'une quantité.*
• **Nom masculin et féminin.** Personne, chose qui occupe le quatorzième rang. *Elle est la quatorzième.*

quatorzièmement adv.
En quatorzième lieu.

quatrain n. m.
Strophe de quatre vers.

quatre adj. et n. m. inv.
• **Adjectif numéral cardinal invariable.** Trois plus un. *Quatre vérités.*
• **Adjectif numéral ordinal invariable.** Quatrième. *Le quatre décembre.*
• **Nom masculin invariable.** Nombre quatre. *Deux et deux font quatre.*

quatre-mâts n. m. inv. (pl. *quatre-mâts*)
Voilier à quatre mâts.

quatre-quarts n. m. inv.
Gâteau composé à poids égal de beurre, de farine, de sucre et d'œufs.

*quatre par quatre
Calque de l'anglais «four by four» pour **quatre roues motrices.**
☞— On dit plutôt **quatre-quatre.**

quatre-quatre n. f. ou m. inv. (pl. *quatre-quatre*)
Automobile à quatre roues motrices.

quatre-saisons n. f. inv. (pl. *quatre-saisons*)
• Variété d'une plante qui se cultive tout au long de l'année (fraisier, salade, etc.).
• **Marchand de** ou **des quatre-saisons.** Marchand qui vend des fruits et des légumes dans la rue.

quatre-vingt(s) adj. et n. m.
• **Adjectif numéral cardinal.** Quatre fois vingt. *Il a quatre-vingts ans, elle a quatre-vingt-deux ans.*
☞— L'adjectif numéral cardinal s'écrit avec un *s* s'il est multiplié par un nombre et s'il n'est pas suivi d'un autre adjectif numéral.
• **Adjectif numéral ordinal invariable.** Quatre-vingtième. *La page quatre-vingt. En mil neuf cent quatre-vingt.*
☞— L'adjectif ordinal est invariable.
• **Nom masculin invariable.** Nombre quatre-vingt. *Des quatre-vingt en lettres lumineuses.*
☞— 1° Attention aux nombres composés avec les mots **million, milliard** qui ne sont pas des adjectifs numéraux, mais des noms et qui permettent donc la marque du pluriel à **vingt** si l'adjectif numéral est multiplié par un nombre. *Quatre-vingts millions de dollars.*
2° Après l'adjectif numéral, la conjonction **et** ne s'emploie pas devant **un**, contrairement à **trente et un, quarante et un...** *Quatre-vingt-un citrons, quatre-vingt-une tomates.*
3° Les adjectifs numéraux composés de **quatre-vingt** s'écrivent avec un trait d'union. *Quatre-vingt-deux, quatre-vingt-trois, quatre-vingt-dix, quatre-vingt-onze, quatre-vingt-dix-sept.*

quatre-vingtième adj. et n. m. et f.
• Abréviations : quatre-vingtième, *80e*; quatre-vingtièmes, *80es*.
• **Adjectif numéral ordinal.** Nombre ordinal de quatre-vingts. *La quatre-vingtième personne.*
• **Nom masculin.** La quatre-vingtième partie d'un tout. *Les trois quatre-vingtièmes d'une quantité.*
• **Nom masculin et féminin.** Personne, chose qui occupe le quatre-vingtième rang. *Elles sont les quatre-vingtièmes.*

quatrième adj. num. et n. m. et f.
• Abréviations : quatrième, *4e*; quatrièmes, *4es*.
• **Adjectif numéral ordinal.** Nombre ordinal de quatre. *La quatrième heure.*
• **Nom masculin et féminin.** Personne, chose qui occupe le quatrième rang. *Elles sont les quatrièmes.*
☞— La quatrième partie d'un tout est un **quart.**

quatrièmement adv.
En quatrième lieu.

quatrillion n. m.
👄 Les *l* se prononcent comme dans **million** [katriljɔ̃].
Nombre égal à un million de trillions, 10^{24}.

quatuor n. m.
👄 La syllabe **qua** se prononce **koua** [kwatɥɔr].
• Composition musicale écrite pour quatre instruments. *Les quatuors à cordes de Beethoven.*
• Formation de quatre musiciens classiques. *Former des quatuors.*
☞— Le **quartette** est une formation de quatre musiciens de jazz.

que, qu' conj. et pron.
V. Tableau - **QUE**, CONJONCTION.
V. Tableau - **QUE**, PRONOM.

Québec
Symbole *QC* (s'écrit sans point).
☞— Ce symbole doit être réservé à certains usages techniques (informatique, tableaux statistiques, etc.); dans la correspondance, il est toujours préférable d'écrire le nom au long.

québécisme n. m.
👄 Attention à la prononciation de la troisième syllabe [kebesism].

• Mot ou expression propre au français en usage au Québec. *Les noms **cégep, débarbouillette, dépanneur, motoneige, maskinongé, magasinage** sont des québécismes.*
• «Les québécismes doivent principalement servir à dénommer des réalités concrètes ou abstraites

qui n'ont pas de correspondant ou qui ne sont pas encore dénommées en français, ou pour lesquelles les dénominations québécoises qui les expriment ont acquis un statut linguistique ou culturel qui les rend difficilement remplaçables.» *Énoncé d'une politique linguistique relative aux québécismes.* (Office de la langue française, Québec 1985).

québécois, oise adj. et n. m. et f.
• **Adjectif**
- Qui est du Québec (province canadienne). *L'histoire québécoise, le Parti québécois.*
- Qui est de la ville de Québec. *Il est originaire de Québec, il est québécois.*
• **Nom masculin et féminin**
Un Québécois, une Québécoise.
▷— L'adjectif s'écrit avec une minuscule; le nom, avec une majuscule.
• **Nom masculin**
Le français en usage au Québec. *Il faudrait recenser tous les mots du québécois.*
▷— Le nom de la langue s'écrit avec une minuscule.
⟹ québécois.

quel, quelle adj. et pron.
V. Tableau - **QUEL.**

quelconque adj.
• N'importe quel. *Des personnes quelconques.*
• (Péj.) Banal, ordinaire, médiocre. *Des résultats quelconques, une quelconque organisation.*
▷— Antéposé, l'adjectif est toujours péjoratif.

quel que, quelle que loc.
V. Tableau - **QUEL.**

quelque adj. et adv.
Abréviation **qq.** (s'écrit avec un point).
V. Tableau - **QUELQUE.**

quelque chose pron. indéf.
• Abréviation **qqch.** (s'écrit avec un point).
• Une chose quelconque. *Donnez-moi quelque chose de très joli.*
▷— Malgré le genre féminin du nom **chose**, la locution se construit avec un adjectif ou un participe au masculin singulier.

quelquefois adv.
• Abréviation **qqf.** (s'écrit avec un point).
• Parfois, en certaines occasions. *Il m'arrive quelquefois de le regretter.*
▷— Ne pas confondre avec les mots **quelques fois.** *Je lui ai parlé quelques fois.*

QUE, CONJONCTION

La conjonction de subordination **que** sert à introduire une proposition subordonnée complétive sujet, attribut, complément d'objet ou complément circonstanciel; elle marque le souhait, le commandement et accompagne le subjonctif. La conjonction sert également de corrélatif aux comparatifs.

▷— Devant une voyelle ou un **h** muet, la conjonction s'élide. *Qu'il, qu'une.*

• La conjonction introduit une proposition complétive.

Il importe que tu réfléchisses. Calmez-vous un peu que je vous explique.

• La conjonction introduit une proposition circonstancielle.

Il faisait si froid que le ski était impossible.

• La conjonction accompagne le subjonctif.

Qu'il pleuve ou qu'il vente, nous serons là.

• La conjonction introduit le second terme d'une comparaison.

Il est plus grand que toi.

• La conjonction est en corrélation avec **ne**... pour marquer la restriction.

Il ne fait que critiquer.

Locutions conjonctives

Afin que, ainsi que, avant que, après que, bien que, dès que, encore que, pourvu que, puisque, quoique, tandis que...

V. Tableau – **CONJONCTION.**

quelqu'un, une, quelques-uns, unes pron. indéf.
• Abréviation *qqn* (s'écrit sans point).
• Une personne déterminée ou indéterminée. *Quelqu'un est passé. C'est quelqu'un de très gentil.*
• Un certain nombre. *Parmi ces propositions, il y en avait quelques-unes de très pertinentes.*
☞ Employé comme pronom relatif, le mot s'accorde en genre et en nombre avec le complément.
• Une personne importante. *C'est quelqu'un.*
☞ En ce sens, le pronom ne s'emploie qu'au masculin.

• (Au plur.) Un nombre indéterminé. *Quelques-uns acceptèrent.*

quémander v. tr., intr.
• **Transitif.** Solliciter avec insistance. *Elle ne cesse de quémander de l'argent.*
• **Intransitif.** (Vx) Mendier.

quémandeur, euse n. m. et f.
(Litt.) Personne qui quémande.

qu'en-dira-t-on n. m. inv. (pl. *qu'en-dira-t-on*)
Commérage. *Elle se moque du qu'en-dira-t-on et des on-dit.*

QUE, PRONOM

QUE, PRONOM RELATIF MASCULIN ET FÉMININ

Le pronom relatif *que* relie une proposition subordonnée à un nom ou à un pronom (l'antécédent). *Les villes que vous avez visitées; celles que vous n'avez pas encore vues.*

☞ Devant une voyelle ou un *h* muet, le pronom s'élide. *La montagne qu'il a escaladée. La promenade qu'Hélène fera.*

FONCTIONS DU PRONOM

• Complément d'objet direct. *Les paysages que vous avez vus.*

• Attribut. *Le scientifique qu'il est.*

• Sujet. *La pluie que je vois tomber.*
☞ Le pronom relatif est sujet de l'infinitif.

• Complément circonstanciel. *Les années que nous avons vécu à la campagne.*
☞ Le pronom relatif est complément circonstanciel quand il a la valeur de *où, dont, pendant lequel, durant lequel,* etc.

QUE, PRONOM INTERROGATIF NEUTRE

Le pronom interrogatif *que* introduit une proposition interrogative.

FONCTIONS DU PRONOM

1. Interrogation directe

• Complément d'objet direct. *Que dis-tu?*
☞ La construction *qu'est-ce que* s'emploie également, mais elle est plus lourde.

• Attribut. *Qu'est ce parfum?*

• Sujet d'un verbe impersonnel. *Que va-t-il arriver?*

2. Interrogation indirecte

• Complément d'objet direct. *Je ne sais que décider.*

• Attribut. *Il ne sait que devenir.*

Locutions interrogatives
Qu'est-ce qui. Qu'est-ce qui vous prend?
Qu'est-ce que. Qu'est-ce que vous dites?

V. Tableau – **PRONOM.**

quenelle n. f.
Rouleau de viande ou de poisson. *Des quenelles de brochet.*

quenouille n. f.
Petit bâton entouré de laine, de chanvre, etc., dont on se servait pour filer.

querelle n. f.
• Sujet de contestation, dispute. *Une querelle de famille.*
• *Chercher querelle à quelqu'un.* Le provoquer, l'attaquer.

quereller v. tr., pronom.
👄 La deuxième syllabe se prononce *ré* [kərele].
• **Transitif.** (Vx) Gronder.
• **Pronominal.** Se disputer avec quelqu'un. *Ils se sont querellés.*

quérir v. tr.
(Litt.) Chercher quelqu'un pour l'amener, quelque chose pour l'apporter. *Allez quérir le médecin.*
▷ Ce verbe ne s'emploie plus qu'à l'infinitif avec les verbes *aller, envoyer, faire, venir.*

question n. f.
• Interrogation. *Il n'a pas répondu à nos questions. Elle a posé* (et non *demandé*) *une question pertinente.*
• Problème, sujet d'étude. *C'est une question que le conseil devra débattre à sa prochaine réunion.*
• *En question.* Dont on parle. *Le film en question est très bien structuré.*
• *Mettre, remettre en question.* Mettre en cause, soumettre à une discussion.
• *Hors de question.* Qui n'est pas à envisager.
• *Il est question de +* infinitif. On songe à. *Il est question de construire un immeuble.*
• *Question +* nom. (Fam.) En ce qui concerne. *Question cordialité, il remporte la palme!*

questionnaire n. m.
Série de questions auxquelles une personne doit répondre. *Remplir un questionnaire* (et non *compléter*).
▷ questio**nn**aire.

questionnaire à choix multiples
• Sigle *QCM.*
• Questionnaire dans lequel les questions sont accompagnées de réponses entre lesquelles on doit choisir.

QUEL

QUEL, QUELLE, ADJECTIF INTERROGATIF

L'adjectif interrogatif *quel, quelle* questionne sur la qualité, la nature, l'identité d'une personne ou d'une chose et ne s'emploie que dans une phrase interrogative.

Quel bon vent vous amène?

Interrogation directe : *Quelle heure est-il?*

Interrogation indirecte : *Expliquez-moi quels problèmes vous avez.*

QUEL, QUELLE, ADJECTIF EXCLAMATIF

L'adjectif exclamatif *quel, quelle* marque l'admiration, l'étonnement, la tristesse, etc., et ne s'emploie que dans une phrase exclamative.

Quelle surprise et quel plaisir de vous retrouver tous!

QUEL QUE, QUELLE QUE, ADJECTIF RELATIF

L'adjectif relatif en deux mots *quel que, quelle que* qui est placé immédiatement devant le verbe *être* au subjonctif exprime une idée d'opposition.

Quelles que soient vos qualités, il vous faut travailler pour réussir.

▷ L'adjectif relatif s'accorde en genre et en nombre avec le sujet du verbe. *Quels qu'ils soient, quelle que soit votre joie.*

▷ L'adjectif relatif s'écrit en deux mots.

V. Tableau – **QUELQUE.**
V. Tableau – **ADJECTIF.**

questionnement n. m.
Fait de s'interroger sur un problème.

questionner v. tr.
Interroger quelqu'un. *L'enseignant questionne l'élève sur une déclinaison latine.*

*__questionner (une affirmation, un compte)__
Anglicisme pour **mettre en doute, contester, remettre en question.**

quétaine adj.
(Fam.) Au Canada, de mauvais goût.

quête n. f.
• (Litt.) Recherche. *La quête du bonheur.*
• *__En quête de,__* locution prépositive. À la recherche de. *Se mettre en quête d'un restaurant.*
• Action de recueillir des aumônes.

quêter v. tr., intr.
• **Transitif.** Solliciter avec insistance. *Quêter un avancement.*
• **Intransitif.** Recueillir des aumônes. *Quêter pour la faim dans le monde.*

QUELQUE

QUELQUE, QUELQUES, ADJECTIF INDÉFINI MASCULIN ET FÉMININ

Devant un nom seul ou accompagné d'un adjectif, *__quelque__* est un adjectif indéfini qui signifie un certain nombre, une quantité indéterminée. L'adjectif indéfini *__quelque__* est variable.

> *J'ai apporté quelques fruits.*

☞ L'adjectif indéfini ne s'élide que devant **un** et **une.** *Quelqu'un, quelqu'une.*

☞ L'adjectif indéfini peut également signifier un certain nombre ou indiquer un petit nombre, une petite quantité. *Pendant quelque temps.*

☞ En ce sens, l'adjectif se met au singulier.

QUELQUE, ADVERBE

• Devant un adjectif, un participe passé ou un adverbe, *__quelque__* est un adverbe qui signifie **si** et est donc invariable.

> *Quelque rapides que vous soyez, quelque spécialisée qu'elle soit, quelque habilement que vous lui expliquiez.*

• Devant un adjectif numéral, un nombre, *__quelque__* est un adverbe qui signifie «environ», «à peu près» et qui est donc invariable.

> *Quelque cinquante personnes ont participé au spectacle.*

RÉSUMÉ

Construction	*quelque* + nom	*quelque* + nom	*quelque* + adjectif	*quelque* + participe passé	*quelque* + adverbe	*quelque* + adjectif numéral
Nature	adjectif indéfini	adjectif indéfini	adverbe	adverbe	adverbe	adverbe
Sens	un certain nombre de	un certain	si, aussi	si, aussi	si, aussi	environ
Accord ou **invariabilité**	accord	invariabilité	invariabilité	invariabilité	invariabilité	invariabilité
Exemples	*Quelques pommes sont mûres.*	*Dans quelque temps.*	*Quelque aimables que soient ces personnes...*	*Quelque fatigués que nous soyons...*	*Quelque rapidement qu'ils courent...*	*Quelque cent participants étaient là.*

V. Tableau – **QUEL.**

quetsche n. f.

 ⟴ Le *u* se prononce *ou* [kwɛtʃ].
Variété de prune de couleur violet foncé. *Une tarte aux quetsches.*

 ⟹ que**tsch**e.

quetzal n. m.
Unité monétaire du Guatemala. *Des quetzales.*
V. Tableau - **SYMBOLES DES UNITÉS MONÉTAIRES.**

queue n. f.
• Prolongement de la colonne vertébrale de nombreux animaux. *La queue du chien.*
• *N'avoir ni queue ni tête.* Être dénué de sens.
• *À la queue leu leu.* À la file.
 ⊨– Cette expression est une altération de «à la queue le loup».
• (Fig.) Extrémité. *La queue d'une pomme, d'une casserole, d'une comète.*
• File de personnes qui attendent leur tour. *Il y a une longue queue devant le cinéma. Faire la queue.*
Hom. *queux,* cuisinier.

queue-d'aronde n. f. (pl. *queues-d'aronde*)
Type d'assemblage en ébénisterie.
 ⟹ **queue-d'aronde,** avec un trait d'union.

queue-de-cheval n. f. (pl. *queues-de-cheval*)
Coiffure dans laquelle les cheveux sont attachés à l'arrière.
 ⟹ **queue-de-cheval,** avec des traits d'union.

queue-de-pie n. f. (pl. *queues-de-pie*)
(Fam.) Habit de cérémonie dont la veste comporte de longues basques.
 ⟹ **queue-de-pie,** avec des traits d'union.

queux n. m.
(Vx) *Maître queux.* Cuisinier.
Hom. *queue,* prolongement de la colonne vertébrale de nombreux animaux.
 ⟹ queu**x.**

qui pron. rel.
V. Tableau - **QUI.**

quiche n. f.
Tarte aux œufs battus. *Une quiche lorraine.*

quiconque pron. rel. indéf.
• Toute personne qui. *Il défie quiconque voudrait le contredire.*
• N'importe qui, qui que ce soit. *Il est nécessaire à quiconque de connaître la loi.*

quiet, quiète adj.
(Litt.) Paisible, tranquille.

quiétude n. f.
(Litt.) Calme, tranquillité. *La quiétude de la forêt.*

quignon n. m.
Gros morceau de pain, extrémité d'un pain.

quille n. f.
• Pièce de bois en forme de bouteille que le joueur doit renverser avec une boule. *Jeu de quilles* (et non *bowling).

• (Mar.) Pièce sur laquelle s'appuie la charpente d'un navire.

quincaillerie n. f.
• Ensemble d'ustensiles, d'outils, de produits d'utilisation domestique, industrielle, etc.
• Magasin où l'on vend ces produits.
 ⟹ quinc**aille**rie.

quincaillier n. m.
quincaillière n. f.
Personne qui tient une quincaillerie.
 ⟹ quinc**aillier.**

quinine n. f.
Médicament employé comme traitement du paludisme.

quinqu(a)- préf.
Élément du latin signifiant «cinq». *Quinquennal.*

quinquagénaire adj. et n. m. et f.
 ⟴ La deuxième syllabe se prononce généralement *ka,* parfois *koua,* [kɛ̃kaʒenɛr] ou [kɛ̃kwaʒenɛr].
Dont l'âge est compris entre cinquante et cinquante-neuf ans. *Un quinquagénaire en pleine forme. Une personne quinquagénaire.*
 ⊨– Ne pas confondre avec le mot *cinquantenaire* qui se dit d'un cinquantième anniversaire.

quinquennal, ale, aux adj.
 ⟴ La deuxième syllabe se prononce *ké* [kɛ̃kenal].
• Qui dure cinq ans. *Des plans quinquennaux.*
• Qui a lieu tous les cinq ans. *Des réunions quinquennales.*
V. Tableau - **PÉRIODICITÉ ET DURÉE.**
 ⟹ quinque**nn**al.

quint- préf.
Élément du latin signifiant «cinquième». *Quintuple.*

quintal n. m. (pl. *quintaux*)
• Symbole *q* (s'écrit sans point).
• Unité de mesure de masse correspondant à 100 kilogrammes.

quinte n. f.
• Suite de cinq cartes de même couleur.
• Accès de toux prolongé.

quintessence n. f.
 ⟴ La deuxième syllabe se prononce *té* [kɛ̃tesɑ̃s].
(Litt.) Ce qui est essentiel.

quintette n. m.
• Œuvre musicale écrite pour cinq parties. *Quintette à cordes.*
• Formation composée de cinq musiciens.

quintillion n. m.
 ⟴ La dernière syllabe se prononce comme dans *million* [kɛ̃tiljɔ̃].
Un million de quatrillions, 10^{30}.
V. Tableau - **NOMBRES.**

quinto adv.
 ⟴ Le *u* se prononce *u* [kɥɛto].
En cinquième lieu.

quintuple adj. et n. m.
• **Adjectif.** Qui vaut cinq fois autant.

QUI

QUI, PRONOM RELATIF MASCULIN ET FÉMININ

Le pronom relatif *qui* relie une proposition subordonnée à un nom ou à un pronom (l'antécédent). *L'amie qui m'a aidé est gentille. Ceux qui sont d'accord doivent lever la main.*

☞ Le pronom relatif est du même genre et du même nombre que le nom ou le pronom qu'il représente (l'antécédent); le verbe, le participe passé, l'attribut s'accordent avec l'antécédent. *C'est elle qui est venue. Vous qui êtes partis, revenez.*

FONCTIONS DU PRONOM

- Sujet. *La colombe qui vole.*
- Complément d'objet indirect. *La personne à qui j'ai rêvé.*
☞ Pour les animaux et les êtres inanimés, on emploie le pronom *dont* qui convient également aux personnes.
- Complément circonstanciel. *L'ami avec qui je joue. Celui pour qui il travaille.*
☞ Sans antécédent, le pronom relatif a le sens de «quiconque». *Regarde qui tu voudras. Qui vivra verra.*

Locutions

- *Qui que ce soit* (personne). Une personne quelconque. *Je ne parlerai pas à qui que ce soit.*
- *Qui que ce soit qui. Qui que ce soit qui vienne, je l'accueillerai.*
☞ Avec cette locution, le verbe se construit au subjonctif.
- *Qui que. Qui que vous soyez.*
☞ Cette construction qui exprime une concession se construit avec le subjonctif.
- *Ce qui* et *ce qu'il.*
☞ Avec certains verbes qui admettent à la fois la construction personnelle et impersonnelle, les deux locutions s'emploient indifféremment. *Ce qui, ce qu'il importe. Il avait prévu ce qui arrive, ce qu'il arrive.*

QUI, PRONOM INTERROGATIF MASCULIN ET FÉMININ

Le pronom interrogatif *qui* introduit une proposition interrogative et a le sens de *quelle personne?* *Qui vient prendre la relève?*

☞ Le verbe, le participe, le participe passé, l'attribut s'accordent généralement au masculin singulier.

FONCTIONS DU PRONOM

Interrogation directe	Interrogation indirecte
• Sujet. *Qui chante ainsi?*	• Attribut. *Rappellez-vous qui elle est.*
• Attribut. *Qui es-tu?*	
• Complément d'objet direct. *Qui a-t-il rencontré?*	
• Complément d'objet indirect. *De qui parlez-vous?*	
• Complément circonstanciel. *À qui s'adresse-t-elle?*	

Locutions pronominales interrogatives

- *Qui est-ce qui. Qui est-ce qui vient?*
- *Qui est-ce que. Qui est-ce que j'entends?*

• **Nom masculin.** Quantité quintuple. *Cent est le quintuple de vingt.*

quintuplés, ées n. m. et f. pl.
Se dit de cinq enfants nés d'une même grossesse. *En 1934, la naissance des quintuplées Dionne suscita beaucoup d'intérêt.*

quintupler v. tr., intr.
• **Transitif.** Multiplier par cinq. *Quintupler son chiffre d'affaires.*
• **Intransitif.** Devenir cinq fois plus grand. *Les profits ont quintuplé.*

quinzaine n. f.
• Nombre approximatif de quinze.
• (Absol.) Période de quinze jours. *Nous travaillerons beaucoup au cours de la quinzaine.*

quinze adj. et n. m. inv.
• **Adjectif numéral cardinal invariable.** Quatorze plus un. *Quinze heures.*
• **Adjectif numéral ordinal invariable.** Quinzième. *Le quinze décembre.*
• **Nom masculin invariable.** Nombre quinze.

quinzième adj. et n. m. et f.
• Abréviations : quinzième, *15e*; quinzièmes, *15es*.

QUOI

QUOI, PRONOM RELATIF

Le pronom relatif neutre *quoi* ne peut représenter que des choses.

1. Avec un antécédent, il a le sens de *lequel, laquelle, laquelle chose.*

   Ce à quoi j'ai rêvé, c'est de partir en voyage.

   ☞ L'antécédent est un pronom ou une locution neutre, *ce, rien, quelque chose.* Attention à l'emploi du pronom avec un verbe dont le complément est introduit par la préposition *de* (de quoi). *Le livre dont on a parlé* (et non *qu'on a parlé).

2. Sans antécédent, il a le sens de *ce qui est nécessaire.*

   Apportons-nous de quoi manger.

3. Il introduit une proposition concessive et a le sens de *quelle que soit la chose que.*

   Quoi que vous fassiez, il sera d'accord.

   ☞ Cette locution se construit avec le subjonctif. Ne pas confondre avec la conjonction *quoique* qui signifie «bien que». *Quoique nous avions leur accord.*

   – *Quoi qu'il en soit.* En tout état de cause.

   – *Sans quoi.* Sinon.

QUOI, PRONOM INTERROGATIF

1. Interrogation directe. Quelle chose?

   Devinez quoi? Quoi de plus joli qu'un bouquet de roses? À quoi rêves-tu? De quoi a-t-on parlé? Quoi de nouveau?

2. Interrogation indirecte

   Il ne sait pas de quoi elle parle. Elle ne sait pas quoi conclure.

   Quoi + épithète. Le pronom se construit avec la préposition *de.*

   Quoi de plus charmant.

QUOI, PRONOM EXCLAMATIF

Il marque la surprise, l'admiration, l'indignation.

   Quoi! vous avez osé! Eh quoi! admettrez-vous que vous avez tort?

• **Adjectif numéral ordinal.** Nombre ordinal de quinze. *Le quinzième jour.*
• **Nom masculin.** La quinzième partie d'un tout. *Les trois quinzièmes d'une quantité.*
• **Nom masculin et féminin.** Personne, chose qui occupe le quinzième rang. *Elles sont les quinzièmes.*

quinzièmement adv.
En quinzième lieu.

quiproquo n. m.
Méprise au sujet d'une personne, d'une chose. *Des quiproquos (et non *quiproquos) regrettables.*
☞ Ne pas confondre avec le nom **malentendu,** erreur d'interprétation.
☞ quipro**quo.**

quittance n. f.
Reçu par lequel un créancier déclare que le débiteur a acquitté sa dette.
☞ quitt**ance.**

quitte adj.
• Libéré d'une obligation financière, morale. *Nous sommes quittes (de nos obligations) envers ce créancier.*
• **En être quitte pour.** N'avoir à subir que. *Ils en ont été quittes pour la peur.*
• *Quitte à,* locution prépositive. Au risque de. Dans cette construction, le mot est invariable. *Ces étudiants ne font rien pendant deux mois, quitte à travailler comme des fous par la suite.*

quitter v. tr., pronom.
• **Transitif.** Abandonner un lieu, une activité. *Il a quitté son bureau pour quelques minutes. Elle a quitté son emploi et son pays.*
☞ Au sens de **s'en aller, partir,** la construction intransitive est vieillie *(il a quitté).*
• **Ne quittez pas.** (Au téléphone) Le complément «l'écoute» est sous-entendu. *Allô! ne quittez pas (l'écoute), je vous prie.*
• **Pronominal.** Se séparer d'une personne. *Ils se sont quittés.*

*quitter
Anglicisme au sens de **démissionner.**

qui vive loc. interj. et n. m. inv.
• **Locution interjective.** Cri d'une sentinelle qui entend un bruit, qui voit une personne. *Qui vive?*
• **Nom masculin invariable.** *Être sur le qui-vive.* Être sur ses gardes.
☞ Le nom s'écrit avec un trait d'union.

*quiz
Anglicisme au sens de **jeu, jeu-questionnaire.**

quoi pron.
V. Tableau - **QUOI.**

quoique conj.
Malgré le fait que, bien que. *Quoiqu'il ait beaucoup de travail, il a décidé de prendre congé.*
☞ L'élision se fait devant les mots suivants : *il, elle, en, on, un, une, ainsi;* le verbe se construit au subjonctif.
☞ Ne pas confondre avec les mots **quoi que** au sens de **quelle que soit la chose que.** *Quoi que vous disiez...*

quolibet n. m.
👄 Le mot se prononce [kɔlibɛ].
Raillerie malveillante. *La foule leur a crié des quolibets.*
☞ quolibet.

quorum n. m.
👄 La première syllabe se prononce généralement *ko,* parfois *kouo,* [kɔrɔm] ou [kwɔrɔm].
Nombre déterminé de participants en deçà duquel une assemblée ne peut délibérer. *Des quorums.*

quota n. m.
👄 La première syllabe se prononce généralement *ko,* rarement *kouo,* [kɔta] ou [kwɔta].
• Limite quantitative. *Des quotas d'importation.* Syn. **contingent.**
• Objectif à atteindre, norme de rendement. *Des quotas de vente, de production.*

*quotation
Anglicisme au sens de **devis (estimatif), proposition de prix.**

quote-part n. f. (pl. *quotes-parts*)
Part, contribution.

quotidien, enne adj. et n. m.
• **Adjectif**
Qui a lieu tous les jours. *Une publication quotidienne.*
• **Nom masculin**
- Ce qui appartient à la vie de tous les jours. *Il faut s'échapper du quotidien à l'occasion.*
- Journal qui paraît tous les jours. *Un quotidien du matin.*

quotidiennement adv.
Tous les jours.

quotient n. m.
👄 Le *o* est ouvert [kɔsjɑ̃].
(Math.) Résultat d'une division.

quotient intellectuel n. m.
• Sigle *QI* (s'écrit avec ou sans points).
• Rapport du niveau intellectuel d'une personne à celui des personnes de son groupe d'âge.

r°
Abréviation de *recto.*

Ra
Symbole de *radium.*

rabâchage n. m.
Radotage.
☞ rabâchage.

rabâcher v. tr., intr.
Radoter. *Il nous rabâche toujours la même histoire.*
☞ Comme *radoter,* le verbe *rabâcher* peut se construire transitivement ou absolument. *Elle ne cesse de rabâcher.*
☞ rabâcher.

rabais n. m.
• Diminution de prix exceptionnelle attribuable à un niveau de qualité inférieur ou à un défaut de conformité.
• *Au rabais.* À bon marché. *Une vente au rabais, travailler au rabais.*
☞ Ne pas confondre avec les mots suivants :
- *escompte,* réduction de prix accordée en raison de l'acquittement d'une dette avant son échéance;
- *réduction,* terme général qui désigne une diminution accordée sur un prix;
- *remise* (quantitative), diminution de prix accordée à un client important en fonction des quantités achetées en un lot.
☞ rabais.

rabaisser v. tr., pronom.
• **Transitif**
- Ramener à une hauteur moindre. *Rabaisser les taux d'intérêt. Le dossier se rabaisse.*
- Déprécier, dénigrer. *Il s'emploie à rabaisser la valeur de ses collègues.*
• **Pronominal**
S'avilir. *Ils se sont rabaissés à accepter cet argent.*

rabat n. m.
Partie d'un vêtement, d'un article qui peut se replier. *Un cartable à rabat.*

rabat-joie adj. inv. et n. m. et f. inv.
Trouble-fête. *Des rabat-joie incorrigibles. Elles sont rabat-joie.*
☞ Ce mot est invariable et s'écrit avec un trait d'union.

rabattre v. tr., pronom.
INDICATIF PRÉSENT *Je rabats, tu rabats, il rabat, nous rabattons, vous rabattez, ils rabattent.* IMPARFAIT *Je rabattais.* PASSÉ SIMPLE *Je rabattis.* FUTUR *Je rabattrai.* CONDITIONNEL PRÉSENT *Je rabattrais.* IMPÉRATIF PRÉSENT *Rabats, rabattons, rabattez.* SUBJONCTIF PRÉSENT *Que je rabatte.* IMPARFAIT *Que je rabattisse.* PARTICIPE PRÉSENT *Rabattant.* PASSÉ *Rabattu, ue.*
• **Transitif**
- Rabaisser, remettre à plat. *Rabats ton capuchon, il ne pleut plus.*
- *Rabattre le caquet à quelqu'un.* Le faire taire.
• **Pronominal**
Se rabattre sur quelqu'un, quelque chose; l'accepter, à défaut d'autre chose. *Il n'y avait plus de crème glacée, elles se sont rabattues sur les gâteaux.*
☞ Ne pas confondre avec le verbe *rebattre,* battre de nouveau.

*rabattre les oreilles
Impropriété au sens de *rebattre les oreilles.*

rabbin n. m.
Ministre du culte, dans une communauté juive.
☞ rabbin.

rabibocher v. tr.
• (Fam.) Rafistoler.
• (Fam.) Réconcilier.

rabique adj.
Relatif à la rage. *Le virus rabique.*
Ant. **antirabique.**

râble n. m.
Bas du dos de certains animaux (lapin, lièvre). *Un râble de lapin à la moutarde.*
☞ râble.

râblé, ée adj.
Trapu et musclé.
☞ râblé.

rabot n. m.
Outil de menuisier servant à rendre lisse la surface du bois.
☞ rabot.

rabotage n. m.
Action de raboter.
☞ rabotage.

raboter v. tr.
Rendre lisse une surface de bois avec un rabot.
☞ raboter.

raboteux, euse adj.
Inégal, rempli de creux et de bosses. *Un chemin raboteux.*
☞ raboteux.

rabougri, ie adj.
Chétif.

rabrouer v. tr.
Traiter avec rudesse, réprimander. *Elle s'est fait rabrouer de la plus belle façon.*

racaille n. f.
Populace, ensemble de gens malhonnêtes.

raccommodage n. m.
Action de raccommoder, réparation. *Le raccommodage des chaussettes.*
☞ raccommodage.

raccommodement n. m.
(Fam.) Réconciliation après une brouille.
☞ raccommodement.

raccommoder v. tr., pronom.
• **Transitif.** Repriser, réparer des vêtements. *Papa raccommode ses chaussettes.*
• **Pronominal.** (Fam.) Se réconcilier.
☞ raccommoder.

raccompagner v. tr.
Ramener au point de départ, reconduire. *Après la fête, je raccompagnerai votre petite fille.*

raccord n. m.
Liaison entre deux éléments. *Un raccord de tuyauterie.*
☞ raccord.

raccordement n. m.
Jonction de deux éléments.
☞ raccordement.

raccorder v. tr.
• Faire un raccord. *Raccorder des tuyaux.*
• Servir de raccord. *Ce chemin raccorde les deux routes.*
☞ raccorder.

raccourci, ie n. m.
• Le chemin le plus court. *Chercher des raccourcis, prendre* ou *emprunter un raccourci. Vous irez plus vite par le raccourci.*
• *En raccourci,* locution adverbiale. En résumé.
☞ raccourci.

raccourcir v. tr., intr.
• **Transitif**
- Rendre plus court. *Raccourcir une jupe.*
- *À bras raccourcis.* Avec violence. *Ils se jettèrent sur lui à bras raccourcis.*
• **Intransitif**
Devenir plus court. *Les jours raccourcissent.*
☞ raccourcir.

raccrocher v. tr., intr., pronom.
• **Transitif.** Accrocher de nouveau. *Raccrocher un tableau.*
• **Intransitif.** Remettre en place le combiné du téléphone, interrompre la communication. *Je n'ai pas eu le temps de la prévenir, elle avait raccroché.*
• **Pronominal.** Se retenir à quelque chose pour échapper à un danger. *Il a pu se raccrocher à une branche.*
☞ raccrocher.

race n. f.
• Groupe de personnes présentant des caractères communs.
▱— Les noms de races s'écrivent avec une majuscule. *Un Blanc, une Noire, les Jaunes.*
• Subdivision de l'espèce zoologique. *La race canine.*
• *De race.* De race pure. *Des chiens de race.*

racé, ée adj.
• De race pure.
• D'une distinction naturelle.

rachat n. m.
• Action de racheter quelque chose.
• (Relig.) Pardon d'une faute.
☞ rachat.

racheter v. tr., pronom.
Le *e* se change en *è* devant une syllabe muette.
Je rachète, mais *je rachetais.*
• **Transitif**
- Acheter à nouveau. *Il faudra racheter de ces fruits; ils étaient délicieux.*
- Compenser. *Sa gentillesse rachète son insouciance.*
• **Pronominal**
Se réhabiliter. *Elle s'est rachetée au prix de beaucoup d'efforts.*

rachitique adj.
Maigre et chétif.

racial, iale, iaux adj.
Qui est relatif à la race. *Des conflits raciaux, la discrimination raciale.*
☞ Ne pas confondre avec le mot *raciste* qui se dit d'une personne qui fait preuve de racisme.

racine n. f.
• Partie par laquelle un végétal est fixé au sol.
• *Prendre racine* (en parlant d'une personne). (Péj.) Demeurer trop longtemps en un lieu.
• Base. *La racine des ongles.*
• *Racine d'un nombre.* (Math.) Nombre qui, multiplié par lui-même une ou plusieurs fois, reproduit ce nombre. *La racine carrée d'un nombre.*
• (Ling.) Élément de base d'un mot. *Les racines grecques et latines de plusieurs mots français.*

racisme n. m.
Idéologie qui donne prééminence à un groupe racial sur un autre.
☞ Le mot *racisme* dénomme une hostilité à l'égard de certains groupes raciaux, alors que le mot *xénophobie* désigne la haine de tous les étrangers.

raciste adj. et n. m. et f.
Qui fait preuve de racisme, qui est hostile à certains groupes raciaux. *Des slogans racistes. Un, une raciste.*
☞ Ne pas confondre avec le mot *racial* qui se dit de ce qui est relatif à la race, ni avec le mot *xénophobe* qui qualifie une personne hostile à tous les étrangers.

*rack
Anglicisme pour *présentoir, galerie.*

*racket
Anglicisme pour *vol, escroquerie.*

raclée n. f.
• (Fam.) Volée de coups. *Les voyous lui ont donné une raclée.*
• (Fig. et fam.) Défaite. *Les sondages ne prédisaient pas une telle raclée pour ce candidat.*

racler v. tr.
Frotter avec vigueur, enlever en grattant. *Elle racle le fond de la casserole qui a attaché.*

raclette n. f.
Plat suisse composé de fromage fondu.

racolage n. m.
Action de racoler.
⟹ racolage.

racoler v. tr.
• Recruter des clients par divers moyens.
• En parlant d'un prostitué, d'une prostituée, solliciter des clients.
⟹ racoler.

racoleur, euse adj. et n. m. et f.
• **Adjectif.** Accrocheur. *Une publicité racoleuse.*
• **Nom masculin et féminin.** Personne qui racole.

racontar n. m.
(Fam.) Rumeur, commérage. *Ce ne sont que des racontars, des cancans qui ne reposent sur rien.*
⟹ racontar.

raconter v. tr.
• Faire le récit de. *Il a une façon merveilleuse de raconter les histoires.*
• Inventer des histoires. *Il ne faut pas croire tout ce qu'on raconte.*

raconteur, euse n. m. et f.
Personne qui raconte bien.

racornir v. tr.
Rendre coriace, desséché.

rad n. m.
⟺ Le *d* se prononce [rad].
• Symbole *rd* (s'écrit sans point).
• Ancienne unité de mesure de dose absorbée de radiation. *Un certain nombre de rads, 5 rd.*
V. **gray.**
• Symbole de *radian.*

radar n. m.
• Acronyme lexicalisé de «**RA**dio **D**etecting **A**nd **R**anging» signifiant «détection et télémétrie par radioélectricité».
• Appareil de détection permettant de localiser la présence d'un obstacle. *Ces navires sont équipés de radars.*
☞ Le nom s'emploie également en apposition. *Des écrans radars.*

RADAR
Acronyme de *Répertoire analytique d'articles de revues.*

rade n. f.
• Grand bassin protégé de la mer où les bateaux sont à l'abri.
• *Laisser en rade.* (Fam.) Abandonner.

radeau n. m. (pl. radeaux)
Plate-forme flottante. *Des radeaux de fortune.*

radial, iale, iaux adj.
• Relatif au rayon. *Des pneus radiaux.*
• Relatif au radius. *Le nerf radial.*

radian n. m.
• Symbole *rad* (s'écrit sans point).
• Unité de mesure d'angle.
• Unité de mesure de vitesse angulaire.
• *Radian par seconde.* Symbole *rad/s* (s'écrit sans points).

radiateur n. m.
• Appareil servant à la diffusion de la chaleur d'un système de chauffage.
☞ Ne pas confondre avec le nom *calorifère,* système de chauffage central.
• Appareil de refroidissement d'un moteur. *Le radiateur d'une voiture.*

radiation n. f.
• Émission de rayons. *Les radiations peuvent être très dangereuses.*
• Action de radier d'un ordre professionnel.

radical, ale, aux adj. et n. m.
• **Adjectif**
- Fondamental. *Des changements radicaux.*

- Intransigeant. *Des prises de position radicales.*
• **Nom masculin** (pl. *radicaux*)
Radical d'un mot. (Ling.) Forme prise par la racine d'un mot. *Le radical du verbe* **aimer** *est* **aim-**, *tandis que la terminaison de l'infinitif est* **-er.**

radicalisation n. f.
Action de radicaliser.

radicaliser v. tr.
Rendre radical, plus intransigeant. *Certains éléments tentent de radicaliser le parti.*

radicelle n. f.
Ramification secondaire d'une racine.
⬄ Ne pas confondre avec le nom **radicule,** partie inférieure de la plante qui deviendra la racine.
⟹ radicelle.

radicule n. f.
Partie inférieure de la plante qui deviendra la racine.
⬄ Attention au genre féminin de ce nom : **une** radicule.
⬄ Ne pas confondre avec le nom **radicelle,** ramification secondaire d'une racine.
⟹ radicule.

radier V. tr.
Redoublement du *i* à la première et à la deuxième personne du pluriel de l'indicatif imparfait et du subjonctif présent. *(Que) nous radiions, (que) vous radiiez.*
• Rayer d'une liste (le nom d'une personne).
• Exclure d'un ordre professionnel. *Ce médecin a été radié pour deux ans.*
⬄ Ce verbe n'admet qu'un complément désignant une personne, alors que **rayer** se dit d'une chose.

radieux, ieuse adj.
• Brillant. *Un soleil radieux.*
• Rayonnant de bonheur. *Elle est radieuse aujourd'hui.*

radin, ine adj. et n. m. et f.
(Fam.) Avare, mesquin. *Je crois qu'elle est un peu radine* ou *radin. C'est un radin.*
⬄ Au féminin, on peut employer la forme féminine ou conserver la forme masculine.

radio adj. inv. et n. m. et f.
• **Adjectif invariable**
Radiophonique. *Des publicités radio.*
• **Nom masculin**
(Vx) Radiotélégraphiste. *Il travaillait comme radio à bord d'un navire.*
• **Nom féminin**
- Abréviation de ***radiodiffusion.***
- Abréviation de ***radiographie.***
• Poste récepteur de radiodiffusion. *Ils vendent des radios portatives.*

radio- préf.
• Élément du latin signifiant «radiation».
• Les mots composés avec le préfixe **radio-** s'écrivent en un seul mot, à l'exception de ceux dont le second élément commence par un *i. Radiodiffusion, radio-isotope.*

radioactif, ive adj.
Doué de radioactivité. *Ces substances dangereuses sont radioactives.*

radioactivité n. f.
Propriété de certains éléments d'émettre des radiations.

radioamateur n. m.
Personne qui émet et reçoit des messages sur ondes courtes, à titre d'amateur.
⬄ Le nom s'écrit en un seul mot.

radiocassette n. f.
Appareil de radio muni d'un lecteur de cassettes. *Une radiocassette portative.*

radiodiffuser v. tr.
Transmettre par radiodiffusion. *Le débat sera radiodiffusé.*

radiodiffusion n. f.
• S'abrège couramment en **radio** (s'écrit sans point).
• Transmission par ondes hertziennes de nouvelles, de manifestations artistiques, sportives, etc.

radiographie n. f.
• S'abrège familièrement en **radio** (s'écrit sans point).
• Ensemble des techniques permettant de photographier la structure interne du corps à l'aide de rayons X.
• Image ainsi obtenue. *Une radiographie des poumons, des radios pulmonaires.*

radiographier v. tr.
Redoublement du *i* à la première et à la deuxième personne du pluriel de l'indicatif imparfait et du subjonctif présent. *(Que) nous radiographiions, (que) vous radiographiiez.*
Photographier au moyen de rayons X. *Radiographier une fracture de la jambe.*

radio-isotope n. m. (pl. *radio-isotopes*)
Isotope radioactif d'un élément.
⟹ **radio-isotope**, avec un trait d'union.

radiologie n. f.
Science médicale traitant des applications des rayons X au diagnostic et à la thérapeutique.

radiologue ou radiologiste n. m. et f.
Spécialiste de la radiologie.

radiophonique adj.
Qui concerne la radiodiffusion. *Une émission radiophonique.*

radioreportage n. m.
Reportage radiodiffusé.

radioréveil ou radio-réveil n. m. (pl. *radioréveils* ou *radios-réveils*)
Poste récepteur de radio muni d'un réveil.
⬄ Attention au genre masculin de ce nom : **un** radioréveil.

radiotéléphone n. m.
Appareil téléphonique sans fil fonctionnant à l'aide des ondes hertziennes.

radiotéléphonie n. f.
Système de liaison téléphonique sans fil fonctionnant au moyen des ondes hertziennes.

radiotéléphoniste n. m. et f.
Spécialiste de la radiotéléphonie.

radiotélévisé, ée adj.
Transmis à la radio et à la télévision. *Le spectacle sera radiotélévisé.*

radiotélévision n. f.
La radio et la télévision. *Une société de radiotélévision.*

radiothérapeute n. m. et f.
Spécialiste en radiothérapie.
⇨ radiothérapeute.

radiothérapie n. f.
Traitement à l'aide de radiations, de rayons X.
⇨ radiothérapie.

radiothérapique adj.
Relatif à la radiothérapie.
⇨ radiothérapique.

radis n. m.
Plante potagère cultivée pour ses racines. *Elle adore les radis sur une tartine avec du beurre.*
⇨ radi**s.**

radium n. m.
• Symbole *Ra* (s'écrit sans point).
• Élément de la famille de l'uranium doué d'une intense radioactivité. *Des radiums.*

radius n. m.
👄 Le *s* se prononce [radjys].
Os de l'avant-bras. *Le radius et le cubitus.*

radotage n. m.
Propos où l'on répète souvent la même chose.

radoter v. tr., intr.
Rabâcher, se répéter. *Il commence à radoter. Elle radote toujours les mêmes histoires.*
🖎 Comme *rabâcher,* le verbe *radoter* peut se construire transitivement ou absolument. *Elle ne cesse de radoter.*
⇨ radoter.

radoucir v. tr., pronom.
• **Transitif.** Rendre plus doux. *Tes paroles apaisantes l'ont radouci.*
• **Pronominal.** Devenir plus doux. *Le temps se radoucit.*

radoucissement n. m.
Fait de se radoucir.
⇨ radou**ciss**ement.

rad/s
Symbole de *radian par seconde.*

rafale n. f.
Coup de vent soudain. *Il y a de la poudrerie par rafales.*
⇨ rafale.

rafaler v. intr.
Au Canada, souffler par rafales, en parlant du vent; tourbillonner par rafales, en parlant de la neige. *Il fait très froid et le vent rafale.*
🖎 Ce verbe a été emprunté au vocabulaire de la marine.
⇨ rafaler.

raffermir v. tr., pronom.
• **Transitif**
- Rendre plus ferme. *Il raffermit ses muscles.*
- (Fig.) Fortifier. *Raffermir son autorité.*
• **Pronominal**
Devenir plus solide, plus stable.

raffermissement n. m.
Fait de se raffermir.

raffinage n. m.
Action de rendre plus pur. *Le raffinage du pétrole.*

raffiné, ée adj.
• Qui a subi l'opération du raffinage. *Du sucre raffiné.*
• Délicat, recherché. *Des plaisirs raffinés.*

raffinement n. m.
Délicatesse, subtilité. *La décoration est remplie de raffinement.*

raffiner v. tr.
• **Transitif**
Procéder au raffinage d'une substance brute. *Raffiner le pétrole.*
• **Transitif indirect**
Rechercher la subtilité, la délicatesse à l'extrême. *Elle cherche toujours à raffiner sur tout.*
🖎 Le verbe se construit avec la préposition *sur.*

raffinerie n. f.
Établissement industriel où s'effectue le raffinage (du pétrole, du sucre).

raffoler v. tr. ind.
(Fam.) Adorer, se passionner pour quelqu'un, quelque chose. *Les adolescentes raffolent de ce chanteur.*
🖎 Le verbe se construit avec la préposition *de.*
⇨ raffoler.

raffut n. m.
(Fam.) Vacarme.
⇨ raffut, sans accent sur le *u.*

rafiot ou **rafiau** n. m.
(Fam.) Vieille embarcation.
⇨ rafiot, rafiau.

rafistolage n. m.
(Fam.) Action de rafistoler.

rafistoler v. tr.
(Fam.) Réparer de façon sommaire.

rafle n. f.
Descente de police. *Ils ont été pris dans une rafle.*

rafler v. tr.
Emporter très rapidement. *Les clients ont raflé ces produits en peu de temps.*

rafraîchir v. tr., intr., pronom.
• **Transitif.** Rendre plus frais. *Le vent a rafraîchi l'air.*
• **Intransitif.** Mettre du vin à rafraîchir au réfrigérateur.
• **Pronominal.** Devenir plus frais. *L'atmosphère s'est rafraîchie.*
⇨ rafraîchir.

rafraîchissant, ante adj.
Qui rafraîchit, qui désaltère. *Des boissons rafraîchissantes.*
⇨ rafraîchissant.

rafraîchissement n. m.
• Action de rendre, de devenir plus frais. *On annonce un rafraîchissement de la température.*
• (Au plur.) Boissons fraîches. *Servir des rafraîchissements.*
rafraîchissement.

ragaillardir v. tr.
Revigorer. *Ce vieil alcool l'a ragaillardi* (et non *regaillardi).
rag**aill**ardir.

rage n. f.
• Maladie infectieuse transmissible à l'homme par morsure (du chien, du chat, etc.).
• Mouvement violent de colère. *Cette remarque anodine a provoqué sa rage.*
• ***Rage de dents.*** Douleur violente aux dents.
• ***Faire rage.*** Atteindre une grande violence. *La tempête de neige faisait rage.*

rageant, eante adj.
(Fam.) Exaspérant.
Ne pas confondre avec le participe présent invariable ***rageant.*** *Devant tant de mauvaise foi, les deux protestataires capitulèrent tout en rageant intérieurement.*
rag**eant.**

rager v. intr.
Le ***g*** est suivi d'un ***e*** devant les lettres ***a*** et ***o.*** *Il ragea, nous rageons.*
(Fam.) S'irriter, se mettre en colère. *Les voyageurs rageaient de ne pouvoir décoller en raison du brouillard.*

rageur, euse adj.
(Fam.) Qui trahit la colère. *Un ton rageur.*

rageusement adv.
Avec rage.

raglan adj. inv. et n. m.
La deuxième syllabe se prononce comme le mot ***gland*** [raglɑ̃].
• **Adjectif invariable.** Se dit d'une manche dont l'emmanchure est en biais jusqu'à l'encolure. *Des manches raglan.*
• **Nom masculin.** Manteau à manches raglan. *Des raglans bien coupés.*
L'adjectif est invariable, mais le nom prend la marque du pluriel.

ragot n. m.
(Fam.) Commérage. *Il ne faut pas écouter les ragots.*
rag**ot.**

ragoût n. m.
Plat de viande, de légumes, etc., cuits dans une sauce. *Du ragoût de veau.*
rag**oût.**

ragoûtant, ante adj.
Appétissant. *Ces plats ne sont pas ragoûtants, sont peu ragoûtants.*
Cet adjectif s'emploie surtout dans une phrase négative.
Ant. **dégoûtant.**
rag**oûtant**

rahat-lokoum ou **rahat-loukoum**
V. **loukoum.**

raid n. m.
Le ***d*** se prononce [rɛd].
Expédition militaire menée en territoire ennemi. *Des raids punitifs.*
Hom. ***raide,*** rigide, droit.

raide ou **roide** adj. et adv.
• **Adjectif**
- Rigide, droit. *Des cheveux raides.*
- Très incliné. *Une pente raide.*
- Sans souplesse, inflexible. *Une attitude raide.*
• **Adverbe**
D'un seul coup. *Des animaux tués raide.*
Pris adverbialement, le mot est invariable; cependant, dans la locution ***raide mort,*** le mot prend la marque du pluriel. *Ils sont tombés raides morts.*
La graphie ***roide*** est archaïque ou littéraire.
Hom. ***raid,*** expédition militaire.

raideur n. f.
Rigidité.

raidir v. tr., pronom.
• **Transitif.** Rendre raide. *Raidir ses muscles.*
• **Pronominal.** Devenir raide, plus dur, au propre et au figuré. *Ses muscles se sont raidis, la position de l'association s'est raidie.*

raie n. f.
• Ligne, rayure. *Des raies vertes sur un fond blanc.*
• Ligne de séparation des cheveux. *Elle se coiffe avec une raie à gauche.*
• Poisson de mer dont le corps aplati est en forme de losange et dont la chair est appréciée. *Une raie au beurre noir.*
Hom. ***rets,*** filet, piège.

RAIF
Sigle de ***Réseau d'action et d'information pour les femmes.***

raifort n. m.
La première syllabe se prononce ***rè*** [rɛfɔr].
Condiment.
r**aifort.**

rail n. m.
• Voie ferrée. *Un rail en mauvais état. Des rails.*
• Chemin de fer. *Transport par rail.*
Attention au genre masculin de ce nom : ***un*** rail.

railler v. tr.
Ridiculiser. *Ne raillez pas sa maladresse.*
r**ailler.**

raillerie n. f.
Moquerie. *Le pauvre Vincent a été l'objet de leurs railleries.*
r**aillerie.**

railleur, euse adj. et n. m. et f.
• **Adjectif.** Moqueur, sarcastique. *Un ton railleur.*
• **Nom masculin et féminin.** Personne qui aime à ridiculiser. *Des railleurs invétérés.*
r**ailleur.**

rainette n. f.
Petite grenouille.
Hom. *reinette,* petite pomme à la peau tachetée.

rainure n. f.
Entaille longue et étroite. *Glissez la pièce dans la rainure.*

raisin n. m.
👄 La première syllabe se prononce *rè* [rɛzɛ̃].
• Fruit de la vigne. *Des raisins verts. Du jus de raisin, un gâteau aux raisins.*
• **Mi-figue, mi-raisin.** Ambivalence teintée de satisfaction et de mécontentement. *Des réponses mi-figue, mi-raisin.*

raison n. f.

• Jugement, faculté de raisonner, sagesse. *A-t-elle perdu la raison?*
• Motif, explication. *Quelles sont les raisons de ce retard?*
• **Locutions**
- *À plus forte raison.* Encore plus.
- *À raison de.* Au prix de, en proportion de. *Il travaille à raison de 8 heures par jour.*
- *Avec raison.* En connaissance de cause, à juste titre.
- *Avoir raison.* Ne pas se tromper.
- *Avoir raison de.* Vaincre, l'emporter sur un adversaire.
- *Comme de raison.* (Fam.) Au Canada, évidemment, il va sans dire. *Comme de raison, tu as encore perdu tes gants.*
👉 L'emploi de cette expression est courant au Canada dans la langue familière, mais elle est vieillie dans l'ensemble de la francophonie.
- *En raison de.* En considération de, à cause de. *En raison de sa compétence, il a été désigné chef d'équipe.*
- *Faire entendre raison à quelqu'un.* Le convaincre au lieu d'employer la force.
- *Non sans raison(s).* Avec d'excellents motifs, de façon justifiée.
- *Plus que de raison.* Plus qu'il n'est convenable.
- *Pour raison de.* Pour cause de. *Il a donné sa démission pour raison de santé.*
- *Raison de vivre.* Ce qui donne un sens à la vie.
- *Sans raison.* Sans motif.
- *Se faire une raison.* Se résigner. *Il faut bien se faire une raison : on n'a pas toujours congé.*
V. Tableau - **RAISON SOCIALE.**

raisonnable adj.
👄 La première syllabe se prononce *rè* [rɛzɔnabl].
• Sensé, doué de raison.
• Acceptable. *Un prix raisonnable.*

raisonnablement adv.
👄 La première syllabe se prononce *rè* [rɛzɔnabləmɑ̃].
• D'une manière raisonnable.
• Modérément.

raisonnement n. m.
👄 La première syllabe se prononce *rè* [rɛzɔnmɑ̃].
• Action, manière de raisonner. *C'est par le raisonnement que j'en suis venu à cette conclusion.*
• Enchaînement logique des idées. *Son raisonnement est juste.*

raisonner v. tr., intr., pronom.
👄 La première syllabe se prononce *rè* [rɛzɔne].
• **Transitif.** Ramener quelqu'un à la raison. *Il a cherché à raisonner les élèves contestataires, mais en vain.*
• **Intransitif.** Réfléchir. *Ne raisonnez pas, acceptez, je vous en prie.*
• **Pronominal.** Écouter sa raison. *Ils se sont raisonnés et ont abandonné cette folle aventure.*
Hom. *résonner,* renvoyer un son en l'augmentant.

rajeunir v. tr., intr., pronom.
• **Transitif.** Faire paraître plus jeune. *Cette coiffure la rajeunit.*
• **Intransitif.** Retrouver la vigueur, l'apparence de la jeunesse. *Elle a rajeuni et semble en pleine forme.*
👉 À la forme intransitive, le verbe se conjugue avec l'auxiliaire *avoir* pour marquer le fait, avec l'auxiliaire *être* pour insister sur l'état. *Avec cette nouvelle coiffure, elle est rajeunie de cinq ans.*
• **Pronominal.** Se dire, se faire paraître plus jeune qu'on est. *Il cherche à se rajeunir.*

rajeunissement n. m.
Action de donner un caractère plus jeune.

rajouter v. tr.
Ajouter de nouveau. *Ne rajoute plus de sucre.*

rajustement ou **réajustement** n. m.
Remaniement des salaires en fonction de divers critères, notamment du coût de la vie. *Un rajustement ou un réajustement des salaires est prévu.*

rajuster ou **réajuster** v. tr.
• Remettre en bon état, en ordre. *Rajuster sa cravate.*
• Corriger. *Rajuster le tir.*
• *Rajuster les salaires.* Augmenter les salaires en fonction du coût de la vie.

râle n. m.
Bruit anormal de la respiration.
✏️ râle.

ralenti, ie adj. et n. m.
• **Adjectif.** Plus lent. *Une allure ralentie.*
• **Nom masculin.** Vitesse réduite d'un moteur.
• *Au ralenti.* (Cin.) Projection d'un film à vitesse réduite. *Ce passage est au ralenti.*
Ant. **accéléré.**

ralentir v. tr., intr.
• **Transitif.** Diminuer la vitesse. *Ralentir son allure.*
• **Intransitif.** Aller plus lentement. *On doit ralentir à proximité des écoles.*

ralentissement n. m.
Diminution de vitesse, d'activité. *Le ralentissement des affaires.*

râler v. intr.
• Faire entendre un râle.
• (Fam.) Grogner, protester à tout propos.
✏️ râler.

râleur, euse adj. et n. m. et f.
(Fam.) Personne qui proteste toujours. *Cet homme, quel râleur!*
☞ râleur.

ralliement n. m.
Rassemblement. *Un point de ralliement.*
☞ ralliement.

rallier v. tr., pronom.
Redoublement du *i* à la première et à la deuxième personne du pluriel de l'indicatif imparfait et du subjonctif présent. *(Que) nous ralliions, (que) vous ralliiez.*
• **Transitif.** Rassembler, réunir pour une cause commune. *Il rallie tous les membres de l'équipe.*
• **Pronominal.** Se mettre d'accord avec quelqu'un, quelque chose. *Ils se sont ralliés à notre avis.*

rallonge n. f.
Ce qui sert à allonger. *Une table à rallonges. Une rallonge électrique* (et non une *extension).

rallonger v. tr., intr.
Le *g* est suivi d'un *e* devant les lettres *a* et *o*. *Il rallongea, nous rallongeons.*
• **Transitif.** Rendre plus long en ajoutant une partie. *Elle rallongea sa jupe.*
☞ Ne pas confondre avec le verbe **allonger,** rendre ou devenir plus long.
• **Intransitif.** Devenir plus long. *Les jours rallongent.*

rallumer v. tr., pronom.
• **Transitif.** Allumer de nouveau. *Rallume la bougie que le vent a soufflée.*
• **Pronominal.** Être allumé de nouveau. *Les incendies de forêt se sont rallumés.*

RAISON SOCIALE

La raison sociale est la dénomination d'une entreprise.

Les noms de sociétés, les noms sous lesquels des particuliers font des affaires, les noms de coopératives, les noms d'associations sont des raisons sociales.

L'Office de la langue française a publié un guide sur la formulation des raisons sociales[1] dont sont reproduits ici les éléments essentiels.

COMPOSITION DE LA RAISON SOCIALE

Une raison sociale est généralement constituée de deux parties :

– une partie **générique** qui sert à désigner de façon générale une entreprise;

– une partie **spécifique** qui sert à distinguer une entreprise d'une autre.

MAJUSCULES ET MINUSCULES

Outre les noms propres (patronymes, noms de lieux, etc.), seuls le premier mot du générique et le premier mot du distinctif prennent la majuscule, à moins que toute la raison sociale ne soit en majuscules.

Pâtisserie Aux délices de Madeleine.
Agence de voyages Au long cours.

☞ Si un article précède le premier substantif de la dénomination, ces deux mots s'écrivent avec une majuscule. *La Nouvelle Société informatique.*

INDICATION DU STATUT JURIDIQUE

Abréviations :   limitée   *ltée*
                 incorporée *inc.*
                 enregistrée *enr.*

Ces indications qui suivent la raison sociale de l'entreprise s'écrivent sous leur forme abrégée avec la minuscule.

Plomberie Dubois inc.

---

1. Office de la langue française. *Les raisons sociales,* Québec, Éditeur officiel du Québec, 1980, 18 p.

rallye n. m. (pl. *rallyes*)
Compétition où les automobilistes doivent rallier un point défini après s'être soumis à certaines épreuves.
⟹ rall**ye.**

-rama suff.
Élément du grec signifiant «vue». *Panorama, diaporama.*

ramadan n. m.
⟸ La dernière syllabe se prononce comme le mot *dans* [ramadã].
Période de jeûne diurne des musulmans.
V. **ramdam.**
⟹ rama**dan.**

ramage n. m.
• Chant d'oiseaux.
• (Au plur.) Représentation de rameaux, de fleurs, etc., sur une étoffe.
⟹ ra**mage.**

ramassage n. m.
• Action de ramasser. *Le ramassage du foin.*
• *Ramassage (scolaire).* Transport par autobus des élèves qui fréquentent un établissement scolaire éloigné du lieu où ils habitent.
⟹ ra**massage.**

ramasse-miettes n. m. inv. (pl. *ramasse-miettes*)
Ustensile qui sert à ramasser les miettes répandues sur la table.
⟹ ra**masse-miettes.**

ramasser v. tr.
Recueillir ce qui est sur le sol. *Ramasser des champignons.*
⟹ ra**masser.**

ramassis n. m.
Assemblage de personnes, de choses sans valeur. *C'est un ramassis de vieilleries.*
⟹ ra**massis.**

ramdam n. m.
⟸ Les deux **m** sont sonores [ramdam].
(Pop.) Tapage nocturne.
▷— Ce nom provient du mot arabe *ramadan.*
⟹ ramda**m.**

rame n. f.
• Longue pièce de bois servant à manœuvrer une embarcation. *Une paire de rames.*
• Cinq cents feuilles de papier.
• File de wagons. *Une rame de métro.*

rameau n. m. (pl. *rameaux*)
Petite branche d'arbre. *Des rameaux d'olivier.*

ramener v. tr., pronom.
Le *e* se change en *è* devant une syllabe muette. *Il ramène, il ramenait.*
• **Transitif**
- Amener de nouveau quelqu'un. *Il a ramené son copain chez nous.*
▷— Comme *amener,* ce verbe s'emploie en parlant des personnes, alors que *rapporter* s'emploie avec un complément non animé.

- Faire revenir quelqu'un au lieu d'où il est parti. *Elle a ramené sa fille à la maison.*
• **Pronominal**
Se résumer. *Son discours se ramène à notre devise : protégeons la planète.*

ramer v. intr.
Manœuvrer les rames d'une embarcation. *Il rame vers le large avec vigueur.*

rameur, euse n. m. et f.
Personne qui rame.

ramollir v. tr., pronom.
• **Transitif.** Rendre mou, plus faible. *La chaleur ramollit le beurre.*
• **Pronominal.** Devenir plus mou. *La glace s'est ramollie.*
▷— Le verbe *ramollir* est plus usité que le verbe *amollir.*

ramoner v. tr.
Nettoyer une cheminée en enlevant la suie.
⟹ ramo**ner.**

ramoneur n. m.
ramoneuse n. f.
Personne dont le métier est de ramoner les cheminées. *Ces ramoneurs sont noirs de suie.*
⟹ ramo**neur.**

rampe n. f.
• Garde-corps placé le long d'un escalier pour servir d'appui. *La rampe est surmontée d'une main courante.*
• Plan incliné (d'une rue, d'une route). *Une rampe d'accès.*
• Rangée de projecteurs qui éclairent la scène d'un théâtre. *Les feux de la rampe.*
• *Passer la rampe.* Faire de l'effet, atteindre le public.

ramper v. intr.
• Avancer lentement le ventre au sol. *Le serpent rampe.*
• (Fig.) S'abaisser, manquer d'élévation.

RAMQ
Sigle de *Régie de l'assurance-maladie du Québec.*

ramure n. f.
• Ensemble de branches.
• Bois du cerf, du daim.
⟹ ra**mure.**

rancart n. m.
Mettre au rancart. (Fam.) Jeter au rebut, abandonner. *Le projet d'agrandissement de l'école a été mis au rancart.*
⟹ ranca**rt.**

rance adj. et n. m.
• **Adjectif.** Qui a pris une saveur âcre, en parlant des corps gras. *Une huile rance.*
• **Nom masculin.** Goût rance.

ranch n. m. (pl. *ranchs, ranches*)
Grande exploitation agricole, aux États-Unis. *Des ranchs, des ranches.*

rancir v. intr.
Devenir rance. *Cette huile a ranci, du beurre ranci.*

rancœur n. f.
Amertume tenace et amère. *Cette injustice a causé de la rancœur et de la déception.*

rançon n. f.
• Prix demandé, payé pour libérer un prisonnier, un otage. *Les ravisseurs ont demandé 100 000 $ de rançon.*
• (Fig., fam.) Prix. *C'est la rançon de la gloire.*
⇨ rançon.

rançonner v. tr.
• Exiger une somme, des avantages pour relâcher une personne retenue prisonnière.
• (Fig.) Exiger un prix excessif.

rancune n. f.
Ressentiment. *Elle n'éprouve pas de rancune, seulement de la déception.*

rancunier, ière adj. et n. m. et f.
Qui a de la rancune. *Elle n'est pas rancunière. Sans rancune? C'est un rancunier.*

rand n. m.
Unité monétaire de l'Afrique du Sud. *Des rands.*
V. Tableau - **SYMBOLES DES UNITÉS MONÉTAIRES.**

randonnée n. f.
Promenade. *Une belle randonnée à bicyclette, une randonnée pédestre.*

rang n. m.
• Suite (de personnes, de choses) sur une même ligne. *Un rang d'élèves, un rang de perles.*
• *Se mettre en rang, en rangs.* Sur un, sur plusieurs rangs.
⇨ Alors que la *file* est en longueur, le *rang* est en largeur.
• Portion de territoire, constituée d'une série de lots parallèles s'allongeant à partir d'une ligne, d'un cours d'eau ou d'un chemin et où, le cas échéant, s'alignent les habitations. (Recomm. off. OLF) *Les Fréchette habitent le septième rang.*
• *En rang d'oignon(s),* locution adverbiale. En rang ou en file.
• *Serrer les rangs.* Se rapprocher.
• *Se mettre sur les rangs.* Être candidat à un poste.
• Place dans un ordre, une hiérarchie. *Ils sont au troisième rang.*
• *Au rang de,* locution prépositive. Parmi, au nombre de.
• *Mettre au rang de.* Compter parmi.

rangée n. f.
Suite de personnes, de choses placées sur une même ligne, côte à côte. *Une rangée de chênes.*

rangement n. m.
Action de mettre en ordre. *De temps à autre, il faut faire un peu de rangement.*

ranger v. tr., pronom.
Le *g* est suivi d'un *e* devant les lettres *a* et *o*. *Il rangea, nous rangeons.*
• **Transitif**
Mettre de l'ordre (dans un lieu). *Ranger sa chambre.*

⇨ Ne pas confondre avec le verbe *arranger,* disposer selon un plan, un ordre.
• **Pronominal**
- Se mettre en ordre, en rang. *Ils se sont rangés le long du mur.*
- Se rallier sous l'autorité de quelqu'un. *Ils se sont rangés de notre côté, à notre avis.*
- (Absol.) S'assagir. *Elle finira bien par se ranger.*

ranimer v. tr., pronom.
• **Transitif**
Rendre l'ardeur, la vigueur, l'éclat. *Ranimer le feu dans la cheminée.*
⇨ Le verbe *réanimer* s'emploie dans un contexte médical exclusivement. *Réanimer un blessé.*
V. **réanimer.**
• **Pronominal**
- Revenir à soi. *Elle s'est ranimée après un bref évanouissement.*
- Reprendre une activité. *Le volcan s'est ranimé.*

rap n. m.
Style de musique au rythme martelé sur lequel sont récitées des paroles, improvisées ou non.

rapace adj. et n. m.
• **Adjectif**
- Se dit des oiseaux de proie.
- (Litt.) Avide de gain.
• **Nom masculin**
Oiseau carnivore. *Les vautours, les aigles sont des rapaces.*

rapacité n. f.
Avidité, cupidité.

rapailler v. tr.
(Fam.) Au Canada, ramasser des objets dispersés. *Rapaille tes cahiers, tes livres, tu es déjà en retard pour l'école.*

rapatriement n. m.
Action de rapatrier. *Le rapatriement des soldats.*
⇨ rapatriement.

rapatrier v. tr.
Redoublement du *i* à la première et à la deuxième personne du pluriel de l'indicatif imparfait et du subjonctif présent. *(Que) nous rapatriions, (que) vous rapatriiez.*
Faire revenir dans sa patrie. *Rapatrier les corps des victimes.*

râpe n. f.
Ustensile qui sert à réduire certaines substances en morceaux, en poudre. *Une râpe à fromage.*
⇨ râpe.

râper v. tr.
Réduire une substance en morceaux à l'aide d'une râpe. *Des carottes râpées.*
⇨ râper.

rapetissement n. m.
• Action de rapetisser quelque chose, de se rapetisser.
• Son résultat.

rapetisser v. tr., intr.
• **Transitif.** Rendre plus petit. *Rapetisser une robe.*

- **Intransitif.** Devenir plus petit. *Son pantalon a rapetissé au lavage.*

râpeux, euse adj.
Rugueux.
☞ râpeux.

rapide adj. et n. m.
• **Adjectif**
Qui va très vite. *Une voiture rapide.*
• **Nom masculin**
- Train qui ne s'arrête que dans les villes les plus importantes.
- Partie d'un cours d'eau, souvent hérissée de roches, où le courant devient rapide et agité par suite d'un resserrement du lit ou d'une faible augmentation de la pente. (Recomm. off. OLF)
☞ En ce dernier sens, ne pas confondre avec les noms suivants :
- *cascade,* chute d'eau de faible débit, comportant ordinairement plusieurs paliers;
- *cataracte,* chute d'un grand cours d'eau, dont la dénivelée est importante;
- *chute,* masse d'eau tombant brusquement à l'emplacement d'une rupture de pente.
☞ Les noms génériques de géographie s'écrivent avec une minuscule.

rapidement adv.
Avec rapidité.

rapidité n. f.
Grande vitesse. *La rapidité d'un avion.*

rapiéçage n. m.
Action de rapiécer.
☞ rapiéçage.

rapiécer v. tr.
Le *c* prend une cédille devant les lettres *a* et *o. Il rapiéça, nous rapiéçons.*
Repriser en mettant une pièce. *Un pantalon rapiécé.*
☞ rapiécer.

rapière n. f.
Épée.
☞ rapière.

rapine n. f.
Pillage.

rappel n. m.
• Action de faire revenir quelqu'un. *Le rappel d'un diplomate.*
• *Rappel à l'ordre.* Réprimande.
• Évocation. *Le rappel des évènements marquants de la dernière année.*

rappeler v. tr., pronom.
Redoublement du *l* devant un *e* muet. *Je rappelle, je rappellerai,* mais *je rappelais.*
• **Transitif**
- Faire revenir quelqu'un. *Le Canada a rappelé son ambassadeur.*
- Appeler de nouveau. *Rappelle-moi demain.*
- Évoquer. *Cela me rappelle mes vacances chez ma grand-mère.*

• **Pronominal**
- Se souvenir de. *Elle se rappelle ce moment* (et non *de ce moment*), *mais ne se rappelle pas son nom.*
☞ Le complément de ce verbe se construit sans préposition. *Je me le rappelle* (et non je m'*en rappelle).
- *Se rappeler de +* infinitif. Cette construction qui marque l'intention n'est pas incorrecte. *Je me suis rappelé de lui téléphoner.*

rappliquer v. tr., intr.
• **Transitif.** Appliquer de nouveau.
• **Intransitif.** (Pop.) Revenir. *Les voilà qui rappliquent.*

rapport n. m.
• Exposé détaillé. *Ce rapport est bien fait.*
• Lien entre des personnes, des choses. *Des rapports logiques. Votre remarque n'a aucun rapport avec ce qui a été dit.*
• Relations entre des personnes. *Un rapport de parenté. Des rapports amicaux.*
• Profit, revenu. *Ce placement est d'un bon rapport.*
Locutions
- *Maison de rapport.* (Vx) Immeuble dont le propriétaire tire un revenu. *Des immeubles de rapport.*
☞ On dit plutôt aujourd'hui *immeuble d'habitation, immeuble à usage locatif.*
- *Avoir (un) rapport avec, à.* Se rattacher, être lié à.
- *En rapport avec.* Proportionné à.
- *Être en rapport avec quelqu'un.* Communiquer avec quelqu'un.
- *Mettre en rapport.* Mettre en relation.
- *Par rapport à.* En relation avec, en fonction de.
- *Rapport à.* (Vx ou pop.) À cause de.
- *Sous le rapport de.* Dans la perspective de, sous l'angle de. *Sous le rapport de la fiabilité, cet appareil est à recommander.*
- *Sous tous (les) rapports.* À tous les égards, en tout point. *Une personne bien sous tous rapports.*

*rapport d'impôt
Impropriété au sens de *déclaration des revenus, déclaration fiscale.*

rapporter v. tr., pronom.
• **Transitif**
- Apporter une chose de son lieu d'origine. *Il a rapporté des légumes frais de la campagne.*
- Apporter une chose au lieu où elle était. *J'aimerais que tu me rapportes ce livre. Rapporte la balle, Fido!*
☞ Comme *apporter,* le verbe se construit avec un complément non animé, alors que *amener* s'emploie en parlant des personnes.
- Produire, donner un bon revenu. *Ces actions rapportent beaucoup.*
- Faire le récit de ce qu'on a vu et entendu. *Antoine m'a fidèlement rapporté l'incident.*
☞ Ne pas confondre avec les mots suivants :
- *conter,* faire un récit d'une façon agréable;
- *narrer,* faire un récit relativement long;
- *relater,* rapporter un fait historique.
• **Pronominal**
Avoir rapport à. *Ces renseignements se rapportent à cet évènement.*
☞ La forme pronominale se dit des choses et non des personnes.

*rapporter (se)
Calque de «to report oneself» au sens de *se présenter.*

rapporteur n. m.
Personne chargée de rendre compte d'une assemblée, d'un évènement devant une autorité, un groupe.

rapprendre ou **réapprendre** v. tr.
Apprendre de nouveau. *Il te faut réapprendre tes verbes irréguliers.*

rapprochement n. m.
• Action de rapprocher.
• Tentative de réconciliation.
• Comparaison, rapport. *On peut faire un rapprochement entre ces œuvres.*

rapprocher v. tr., pronom.
• **Transitif.** Approcher de plus près. *Rapproche ta chaise du feu.*
• **Pronominal.** Devenir proche. *Ils se sont rapprochés.*

rapsodie
V. **rhapsodie.**

rapt n. m.
⟨⟩ Les lettres *pt* se prononcent [rapt].
Enlèvement d'une personne. *Des rapts nombreux.*
▭— Les noms *rapt* et *enlèvement* sont à préférer à *kidnapping.*

*raqué (être)
Calque de «to be wrecked» pour *être courbaturé, fatigué.*

raquette n. f.
• Instrument de forme arrondie muni d'un manche pour jouer au tennis, au ping-pong.
• Large semelle s'adaptant à la chaussure afin de faciliter la marche sur la neige molle.

raquetteur, euse n. m. et f.
Au Canada, personne qui marche avec des raquettes sur la neige.

rare adj.
• Inhabituel. *Un fait rare.*
• Exceptionnel. *Une rare beauté, une pierre rare.*

raréfier v. tr., pronom.
Redoublement du *i* à la première et à la deuxième personne du pluriel de l'indicatif imparfait et du subjonctif présent. *(Que) nous raréfiions, (que) vous raréfiiez.*
• **Transitif.** Rendre rare. *Raréfier des denrées.*
• **Pronominal.** Devenir plus rare. *L'air se raréfie dans cette pièce close.*

rarement adv.
Peu souvent. *Il vient rarement nous voir. Rarement venait-il au village voir ses vieux amis.*
▭— Après cet adverbe placé en tête de phrase, le sujet est souvent inversé, surtout dans la langue soutenue. Dans la construction affirmative, l'adverbe n'est pas accompagné de la particule de négation *ne.*

rareté n. f.
Qualité de ce qui est rare, exceptionnel. *C'est sa rareté qui fait la valeur du diamant.*

rarissime adj.
Extrêmement rare.

ras, rase adj. et adv.
• **Adjectif**
- Dont le poil est coupé très court. *Il a la barbe rase.*
- *Faire table rase.* Faire abstraction de toute idée préconçue.
- *En rase campagne.* En terrain découvert.
- *Au ras de, à ras de,* locutions prépositives. Au même niveau, à la surface de. *Au ras de l'eau, à ras de terre.*
- *À ras bord, à ras bords,* locutions adverbiales. Très plein, jusqu'aux bords. *Il a rempli son verre à ras bord,* ou *à ras bords de jus de fruits.*
▭— Dans cette locution, le nom s'écrit au singulier ou au pluriel.
• **Adverbe**
- De très près. *L'herbe a été tondue très ras.*
▭— Pris adverbialement, le mot est invariable.
- *En avoir ras le bol.* (Fam.) En avoir assez.
▭— Cette expression s'écrit sans trait d'union, mais le nom masculin invariable s'écrit avec traits d'union.
V. **ras-le-bol.**
Hom. *raz,* courant violent.
▭⟩ ras, rase.

rasade n. f.
Contenu d'un verre plein à ras bords.

rasage n. m.
Action de raser.

rasant, ante adj.
(Fam.) Ennuyeux.

rascasse n. f.
Poisson de la Méditerranée utilisé pour la préparation de la bouillabaisse.

rase-mottes n. m. inv.
Se dit d'un vol au ras du sol. *Ces avions volent en rase-mottes.*

raser v. tr., pronom.
• **Transitif**
- Couper les cheveux, la barbe, les poils tout près de la peau. *Le coiffeur l'a rasé.*
- Passer tout près, frôler. *Un projectile l'a rasé, il a eu de la chance de ne pas être blessé.*
- Démolir complètement. *Les promoteurs ont rasé cet immeuble ancien.*
- (Fam.) Ennuyer.
• **Pronominal**
Se couper les poils, la barbe avec un rasoir. *Ils se sont rasés de près.*

raseur, euse adj. et n. m. et f.
Personne qui ennuie. *Il est plutôt raseur. Quel raseur!*

*rash
Anglicisme au sens de *éruption* (cutanée).

ras-le-bol n. m. inv.
(Fam.) Dégoût. *Ils en ont assez, on pourrait même parler de ras-le-bol.*
▭— Le nom s'écrit avec des traits d'union, contrairement à la locution. *En avoir ras le bol.*

rasoir n. m.
Instrument servant à raser les poils du visage.

rassasier v. tr., pronom.
Redoublement du *i* à la première et à la deuxième personne du pluriel de l'indicatif imparfait et du subjonctif présent. *(Que) nous rassasiions, (que) vous rassasiiez.*
Satisfaire l'appétit, les désirs de quelqu'un. *Ce repas les a rassasiés pleinement, ils ne peuvent plus rien avaler.*

rassemblement n. m.
• Action de rassembler. *Sonner le rassemblement.*
• Réunion d'un grand nombre de personnes. *Un rassemblement de 65 000 personnes pour un Québec français.*

rassembler v. tr., pronom.
• **Transitif.** Réunir. *Cette fête a rassemblé tous les camarades du collège.*
• **Pronominal.** Se grouper. *Ils se sont rassemblés en grand nombre sur la montagne.*
☞ Ne pas confondre avec le verbe *ressembler,* avoir une ressemblance avec.

rasseoir v. tr., pronom.
Ce verbe se conjugue comme le verbe *asseoir.*
• **Transitif.** Asseoir de nouveau.
• **Pronominal.** S'asseoir de nouveau. *Elles se sont rassises.*

rasséréner v. tr., pronom.
Le *é* de la troisième syllabe se change en *è* devant une syllabe muette, sauf à l'indicatif futur et au conditionnel présent. *Je rassérène, mais je rasérénerai.*
• **Transitif.** Redonner la sérénité à.
• **Pronominal.** Redevenir serein. *Elle s'est rassérénée.*
☞ rasséréner.

rassir v. intr.
Devenir rassis, se dessécher. *Le pain commence à rassir.*
☞ rassir.

rassis, ise adj.
Qui commence à durcir, à se dessécher. *Du pain rassis, une brioche rassise.*
☞ Attention à la forme féminine : rassi*se* (et non *rassie).

rassurant, ante adj.
Qui est propre à redonner la confiance. *Ces réactions sont rassurantes, des propos rassurants.*
☞ Ne pas confondre avec le participe présent invariable *rassurant. Rassurant leurs parents inquiets, les enfants ont expliqué leur retard.*

rassurer v. tr.
Rendre la confiance, la tranquillité à quelqu'un. *Ces explications les ont rassurés.*

rat n. m.
• Rongeur très nuisible.
☞ La femelle du rat est une *rate.*
• *Un petit rat.* Un jeune élève de la classe de danse, à l'Opéra.
☞ rat.

ratage n. m.
Insuccès.

ratatiner v. tr., pronom.
• **Transitif.** Réduire la taille en déformant.
• **Pronominal.** Rapetisser en se desséchant, se flétrir. *Ces fruits se sont ratatinés.*

ratatouille n. f.
Mets provençal à base de tomates, d'oignons, de courgettes, etc.

rate n. f.
• Organe du corps situé sous la partie gauche du diaphragme.
• Femelle du rat.
☞ rate.

raté, ée adj. et n. m. et f.
• **Adjectif et nom masculin et féminin.** Qui n'a pas réussi (sa vie, sa carrière), qui n'a pas atteint son but. *C'est un raté, il a échoué sur toute la ligne. Une expérience ratée.*
• **Nom masculin.** Anomalie, défectuosité dans le fonctionnement d'un appareil, d'un système (au propre et au figuré). *Les ratés d'un moteur. Les ratés électoraux d'un parti.*

râteau n. m. (pl. *râteaux*)
Instrument de jardinage servant à racler, à ratisser.
☞ râteau.

râtelier, n. m.
• Assemblage placé à la portée des animaux pour recevoir le fourrage.
• *Manger à plusieurs rateliers.* (Fig. et fam.) Tirer profit d'emplois différents.
• (Fam.) Dentier.
☞ râtelier.

rater v. tr., intr.
• **Transitif.** Ne pas atteindre un but. *Il a raté son examen et devra se présenter à la reprise.*
• **Intransitif.** Ne pas réussir. *L'affaire a raté.*

ratiboiser v. tr.
• (Fam.) Voler, ruiner.
• Couper ras les cheveux de quelqu'un. *Le coiffeur a ratiboisé Monica.*

ratification n. f.
Action de ratifier. *La ratification d'un traité.*

ratifier v. tr.
Redoublement du *i* à la première et à la deuxième personne du pluriel de l'indicatif imparfait et du subjonctif présent. *(Que) nous ratifiions, (que) vous ratifiiez.*
Entériner ce qui a été conclu. *L'entente a été ratifiée.*

ratine n. f.
Étoffe de laine. *Une veste de ratine bleue.*
☞ Ne pas confondre avec le nom *tissu(-)éponge,* tissu dont les fils absorbent l'eau.

*rating
Anglicisme au sens de *classement, évaluation, indice de performance.*

ratio n. m.
⬯ Le *t* se prononce *s* [rasjo].
Rapport établi entre deux éléments significatifs de l'exploitation d'une entreprise afin d'en suivre l'évolution. *Analyser des ratios : le ratio de liquidité, le ratio d'endettement.*
🕮 Ce mot d'origine latine appartient au vocabulaire financier ou économique : dans la langue courante, on emploiera plutôt le mot **rapport.**

ratiocination n. f.
⬯ Le *t* se prononce *s* [rasjɔsinasjɔ̃].
(Litt.) Action de ratiociner.

ratiociner v. intr.
⬯ Le *t* se prononce *s* [rasjɔsine].
(Litt.) Faire des raisonnements subtils et longs à l'excès.

ration n. f.
Portion quotidienne de nourriture destinée à une personne, à un animal. *Donne à Maboule sa ration d'eau et de viande pour la journée.*

rationalisation n. f.
Action de rationaliser quelque chose.
🖙 rationalisation.

rationaliser v. tr.
• Rendre rationnel.
• Organiser une activité économique afin d'en accroître l'efficacité au maximum.
🖙 rationaliser.

rationalité n. f.
Caractère de ce qui est rationnel.
🖙 rationalité.

rationnel, elle adj.
Qui est conforme à la raison. *Cette décision est bien rationnelle.*
Ant. **irrationnel.**
🖙 rationnel.

rationnellement adv.
D'une manière rationnelle.
🖙 rationnellement.

rationnement n. m.
• Action de rationner.
• Résultat de cette action. *Les habitants de ce pays sont soumis à des rationnements de nourriture.*
🖙 rationnement.

rationner v. tr.
Limiter la quantité d'une denrée, d'un produit. *Ils ont dû rationner l'essence.*
🖙 rationner.

ratissage n. m.
• Action de ratisser. *Le ratissage des allées du jardin.*
• Opération policière, militaire, de fouille méthodique d'un secteur. *Les policiers ont effectué le ratissage d'un quartier pour trouver des malfaiteurs.*
🕮 Alors que le nom *râteau* s'écrit avec un accent circonflexe, *ratissage* et *ratisser* s'écrivent sans accent.

ratisser v. tr.
• Nettoyer minutieusement le sol avec un râteau. *Elle ratisse les allées du jardin.*

• (Fig.) Fouiller méthodiquement. *Les policiers ratissent la région à la recherche des fuyards.*
🕮 Alors que le nom *râteau* s'écrit avec un accent circonflexe, *ratissage* et *ratisser* s'écrivent sans accent.

raton n. m.
• *Raton laveur.* Mammifère carnivore d'Amérique dont la fourrure est recherchée.
• Au Canada, se dit **chat sauvage.**

ratoureux, euse adj. et n. m. et f.
(Fam.) Au Canada, se dit d'une personne astucieuse, rusée.

rattacher v. tr., pronom.
• **Transitif**
- Attacher de nouveau. *Elle a rattaché ses cheveux.*
- Établir un rapport entre des personnes, des choses. *Il a rattaché cet indice à l'enquête en cours.*
• **Pronominal**
Avoir un lien, une relation. *Nous croyons que ce fait se rattache au problème mentionné.*

rattrapage n. m.
• Action de rattraper.
• *Cours de rattrapage.* Cours destiné à supprimer, à réduire un retard dans un apprentissage. Syn. **cours de mise à niveau.**
🖙 rattrapage.

rattraper v. tr., pronom.
• **Transitif**
Attraper de nouveau, récupérer. *Elle a rattrapé son retard. Il a rattrapé son chien qui s'était enfui.*
• **Pronominal**
- Se retenir.
- Pallier une insuffisance. *Ils se sont rattrapés à temps.*
🖙 rattraper.

rature n. f.
Trait annulant un ou plusieurs mots. *Un texte truffé de ratures.*

raturer v. tr.
Biffer, rayer un mot. *L'enseignante n'accepte pas les copies raturées.*

rauque adj.
Rude, enroué, en parlant d'un cri, de la voix.

ravage n. m.
• Dégât, dévastation. *L'ouragan a fait d'énormes ravages.*
• Au Canada, lieu de rassemblement hivernal de chevreuils (cerfs de Virginie), d'orignaux (élans).

ravager v. tr.
Le *g* est suivi d'un *e* devant les lettres *a* et *o. Il ravagea, nous ravageons.*
Saccager, endommager. *Les chèvres ont ravagé le jardin : elles ont tout mangé.*

ravalement n. m.
Nettoyage de la façade d'un immeuble.

ravaler v. tr., pronom.
• **Transitif**
- Nettoyer la façade d'un immeuble.
- Avaler de nouveau.

- (Fig.) Garder pour soi. *Ravaler sa colère.*
• **Pronominal**
(Litt.) S'avilir.

ravaudage n. m.
(Vx) Raccommodage. *Faire du ravaudage.*

ravauder v. tr.
(Vx) Raccommoder, repriser un vêtement. *Elle ravaudait des bas troués.*

rave n. f.
• Plante potagère qui ressemble au navet.
• Nom donné à plusieurs plantes cultivées pour leurs racines comestibles. *Des céleris-raves, des choux-raves.*

ravi, ie adj.
Enchanté. *Elle est ravie des résultats. Je suis ravie que vous puissiez venir.*
☞ L'adjectif se construit avec la préposition *de*; quand le complément est une proposition, il se construit avec la conjonction *que* ou la locution conjonctive *de ce que. Je suis ravie que vous soyez là.*

ravier n. m.
Petit plat servant à présenter les hors-d'œuvre.

ravigote n. f.
Vinaigrette relevée de fines herbes.

ravigoter v. tr.
(Fam.) Donner de la vigueur, revigorer. *Ce café m'a ravigoté.*
⇨ ravigoter.

ravin n. m.
Dépression profonde d'un terrain formée par le passage d'un torrent.

raviner v. tr.
• Creuser le sol de ravins.
• (Fig.) Creuser de rides.

ravioli n. m. (pl. *raviolis* ou *ravioli*)
Petit carré de pâte farcie de viande hachée.
☞ Le nom étant à l'origine au pluriel, il peut prendre la marque du pluriel en se francisant ou rester invariable.

ravir v. tr.
• (Litt.) Enlever de force. *Il a été ravi à l'affection des siens.*
• Plaire beaucoup à. *Ce roman l'a ravi.*
• *À ravir.* À merveille. *Cette teinte lui va à ravir.*

raviser (se) v. pronom.
Changer d'avis. *Ils se sont ravisés et ont abandonné ce projet.*

ravissant, ante adj.
Charmant, extrêmement joli. *Des tableaux ravissants.*

ravissement n. m.
Admiration, exaltation.

ravisseur, euse n. m. et f.
Celui, celle qui enlève une personne de force.

ravitaillement n. m.
• Action de ravitailler. *Un ravitaillement hebdomadaire.*
• Provisions, articles, etc., qui servent à ravitailler.

ravitailler v. tr.
Les lettres *ill* sont suivies d'un *i* à la première et à la deuxième personne du pluriel de l'indicatif imparfait et du subjonctif présent. *(Que) nous ravitaillions, (que) vous ravitailliez.*
Approvisionner. *Ce fournisseur ravitaille les bûcherons en forêt. Nous pourrons nous ravitailler ici.*

raviver v. tr.
Rendre plus vif. *Raviver un feu, une passion.*

rayage n. m.
Action de rayer. *Le rayage d'un titre.*
☞ Ne pas confondre avec le nom *rayure,* façon dont une chose est rayée.

rayé, ée adj.
Qui porte des rayures. *Une chemise rayée.*

rayer v. tr.
La conjugaison peut se faire avec le *y* ou le *i. Je raye, tu rayes. Je rayerai, je rayerais. (Je raie, tu raies. Je raierai, je raierais).* Toutefois, la forme en *y* est la plus courante.
Le *y* est suivi d'un *i* à la première et à la deuxième personne du pluriel de l'indicatif imparfait et du subjonctif présent. *(Que) nous rayions, (que) vous rayiez.*
• Marquer de plusieurs raies.
• Faire des rayures sur un tissu, un papier, etc.
• Détériorer par des rayures. *Il a rayé la table avec un couteau.*
• Éliminer, exclure. *Rayer un candidat.*

rayon n. m.
• Trait de lumière. *Un rayon de soleil.*
• Radiation. *Des rayons X.*
• Droite reliant le centre d'un cercle à un point de la circonférence. *Les rayons d'une roue de bicyclette.*
• *Rayon d'action.* Zone d'activité. *Des rayons d'action très vastes.*
• Tablette d'une armoire, d'une bibliothèque. *Des rayons de livres.*
• Partie d'un magasin. *Le rayon des jouets* (et non le **département*).

rayonnage n. m.
Ensemble des rayons d'un meuble, d'une bibliothèque.
⇨ rayonnage.

rayonnant, ante adj.
Radieux. *Annie est rayonnante de joie, elle a gagné le premier prix.*
⇨ rayonnant.

rayonne n. f.
Étoffe tissée de fibres artificielles.
⇨ rayonne.

rayonnement n. m.
• Émission de radiations. *Le rayonnement du soleil.*
• (Fig.) Éclat.
• Diffusion, influence. *Le rayonnement d'une culture, d'une œuvre.*
⇨ rayonnement.

rayonner v. intr.
• Se diffuser par rayonnement. *Le soleil rayonne sur la mer.*

• Traduire une grande joie. *Son visage rayonne de bonheur.*
• Exercer son action sur une certaine étendue. *Cette compagnie aérienne rayonne dans le monde entier.*
➮ rayo**nn**er.

rayure n. f.
• Façon dont une chose est rayée. *De grandes rayures bleues.*
• Marque laissée par un objet pointu. *Ce cendrier a fait une rayure sur la table.*
▷— Ne pas confondre avec le nom **rayage,** action de rayer.

raz n. m. inv.
⬯ Le **z** ne se prononce pas [ra].
• Courant violent. *La pointe du Raz.*
• *Raz de marée* ou *raz-de-marée* (pl. *raz de marée* ou *raz-de-marée*). Vague gigantesque provoquée par un tremblement de terre, une éruption volcanique.
• *Raz-de-marée.* (Fig.) Bouleversement.
▷— Ce nom composé s'écrit généralement sans trait d'union, mais on note une tendance récente à ajouter des traits d'union.
Hom. **ras,** coupé très court.
➮ raz.

razzia n. f. (pl. *razzias*)
Faire une razzia sur quelque chose. (Fig.) Se précipiter sur quelque chose, dévaliser, piller. *Prévoyant la pénurie, les gens ont fait une razzia sur les bouteilles d'eau.*

rd
Symbole de *rad.*

ré n. m. inv.
Note de musique.
V. **note de musique.**

re-, ré- préf.
• Élément du latin qui exprime une répétition (*refaire*), un mouvement vers un état antérieur (*revenir*).
• Les mots composés du préfixe *re-* ou avec sa variante *ré-* s'écrivent en un seul mot. *Réadaptation, réintégrer.*

RÉA
Abréviation de *régime d'épargne-actions.*

réacteur n. m.
Moteur à réaction. *Cet avion est propulsé par quatre réacteurs.*

réaction n. f.
• Action de réagir. *Les réactions des élèves à l'annonce de leur succès ont été enthousiastes.*
• Mouvement qui a lieu en sens opposé d'un mouvement précédent.
• *Moteur à réaction.* Propulseur par lequel les gaz dirigés vers l'arrière impriment une poussée au véhicule vers l'avant.
• *En réaction à, contre, par réaction à, contre,* locutions prépositives. En réponse à une action. *En réaction contre ou à la tradition familiale, il a opté pour la mécanique automobile. Par réaction à l'étude, elle a choisi le sport.*

réactionnaire adj. et n. m. et f.
Qui s'oppose aux innovations politiques et sociales et tente de faire revivre des institutions périmées. *Un parti réactionnaire. Ce sont des réactionnaires.*

réadaptation n. f.
• Action d'adapter à nouveau une personne qui n'était plus adaptée.
• Traitement (massages, exercices, etc.) visant à réduire les inconvénients d'un accident, d'une maladie, etc., afin d'adapter à nouveau les muscles, les organes à leur fonction. *L'Institut de réadaptation.*
▷— Ne pas confondre avec le nom *réhabilitation* qui désigne l'action de faire recouvrer l'estime, la considération. La *réadaptation* est d'ordre physique, alors que la *réhabilitation* est d'ordre moral.

réadapter v. tr.
Adapter à nouveau.

réagir v. intr.
• Répondre à une action antérieure. *Ils ont bien réagi à notre proposition.*
▷— En ce sens, le verbe se construit avec la préposition *à.*
• Être en désaccord avec quelqu'un, quelque chose. *Les parents ont réagi contre cette décision; ils y sont opposés.*
▷— En ce sens, le verbe se construit avec la préposition *contre.*
• Faire un effort pour résister. *Allons! Il faut réagir. Réagir contre la bureaucratie.*

réajustement
V. **rajustement.**

réajuster
V. **rajuster.**

réalisable adj.
Possible. *Un projet réalisable.*

réalisateur n. m.
réalisatrice n. f.
• Personne chargée de la direction d'une émission de radio ou de télévision.
• Metteur en scène d'un film.

réalisation n. f.
• Action de rendre réel, de réaliser. *La réalisation d'un rêve, d'un film.*
• (Dr.) Fait de vendre un bien.

réaliser v. tr., pronom.
• **Transitif**
- Rendre concret, effectuer. *Réaliser un projet.*
- Être l'auteur, le metteur en scène d'un film, d'une émission de radio ou de télévision.
- Vendre, liquider. *Il a réalisé son capital pour acheter un appartement.*
- Comprendre, se rendre compte, prendre conscience de. *Antoine n'avait pas réalisé que son geste pouvait chagriner Delphine.*
▷— Cet emploi calqué de l'anglais a été critiqué, mais il est maintenant passé dans l'usage.
• **Pronominal**
- Devenir réel. *Nos souhaits se sont réalisés.*

- S'épanouir. *Dans cette profession, elle s'est pleinement réalisée.*

réalisme n. m.
Attitude de la personne qui perçoit la réalité telle qu'elle est. *Il faut cesser de rêver et faire preuve de réalisme, de bon sens.*
Ant. **idéalisme.**

réaliste adj. et n. m. et f.
Personne qui fait preuve de réalisme, qui a le sens des réalités. *Une attitude réaliste. Un, une réaliste.*
Ant. **irréaliste.**

réalité n. f.
• Ce qui existe. *Ne pas prendre ses désirs pour des réalités.*
• *En réalité.* Réellement. *Nous pensions terminer le travail demain, en réalité, ce ne sera que dans trois jours.*

réaménagement n. m.
Nouvel aménagement.

réaménager v. tr.
Le *g* est suivi d'un *e* devant les lettres *a* et *o. Il réaménagea, nous réaménageons.*
Aménager d'une nouvelle manière, sur de nouvelles bases. *Cette maison sera entièrement réaménagée.*

réanimation ou ranimation n. f.
(Méd.) Ensemble des moyens pris pour rétablir les fonctions vitales d'une personne. *La réanimation cardiaque.*

réanimer v. tr.
Procéder à la réanimation d'une personne. *Tenter de réanimer un blessé.*
☞ Le verbe *réanimer* s'emploie dans un contexte médical exclusivement, alors que le verbe *ranimer* signifie «rendre l'ardeur, la vigueur, l'éclat».

réapparaître v. intr.
Ce verbe se conjugue comme *apparaître.*
Apparaître de nouveau. *Le problème a réapparu ou est réapparu.*
☞ Ce verbe se construit avec l'auxiliaire *avoir* ou moins fréquemment, avec l'auxiliaire *être.*

réapprovisionnement n. m.
Action de réapprovisionner.

réapprovisionner v. tr.
Approvisionner de nouveau.

réassurance n. f.
Opération par laquelle un assureur s'assure pour une partie des risques qu'il a couverts.

rébarbatif, ive adj.
Désagréable, difficile. *Un visage rébarbatif, une matière rébarbative.*

rebattre v. tr.
Ce verbe se conjugue comme *battre.*
• Battre de nouveau.
• *Rebattre les oreilles* (et non *rabattre). Répéter à l'excès.
☞ Ne pas confondre avec le verbe *rabattre,* rabaisser.

rebattu, ue adj.
Sans cesse répété. *Un thème rebattu.*

rebelle adj. et n. m. et f.
• Insoumis. *Des soldats rebelles.*
• Hostile. *Ils sont rebelles à la discipline.*
• Tenace. *Une fièvre rebelle aux médicaments.*

rebeller (se) v. pronom.
Se révolter contre l'autorité légitime. *Ils se sont rebellés contre cette décision.*

rébellion n. f.
Révolte. *Le capitaine a mis fin à la rébellion.*
☞ ré**bellion.**

rebiffer (se) v. pronom.
Refuser vivement. *Ils se sont rebiffés contre cette décision unilatérale.*

reblochon n. m.
Fromage à pâte molle. *De bons reblochons* (et non *roblochon).*
☞ Le nom du fromage s'écrit avec une minuscule et prend la marque du pluriel.

reboisement n. m.
Plantation d'arbres sur un terrain anciennement boisé.

reboiser v. tr.
Planter des arbres sur un terrain déboisé.
Ant. **déboiser.**

rebond n. m.
Action de rebondir. *Les rebonds d'une balle.*
☞ rebon**d.**

rebondi, ie adj.
Arrondi. *Des joues rebondies.*

rebondir v. intr.
• Faire des bonds après avoir touché le sol. *Ce ballon rebondit bien.*
• (Fig.) Avoir des répercussions imprévues. *Cette affaire a rebondi à l'étranger.*

rebondissement n. m.
Répercussion, développement. *Les rebondissements d'un scandale.*
☞ Le nom *rebond* s'emploie plutôt au sens propre, tandis que *rebondissement* est surtout d'emploi figuré.

rebord n. m.
Bord de quelque chose, souvent en saillie. *Le rebord d'une piscine.*
☞ rebor**d.**

rebours n. m.
• Sens contraire.
• *À rebours,* locution adverbiale. À l'envers.
• *À (au) rebours de,* locution prépositive. Au contraire de.
• *Compte à rebours.* Comptage inversé qui aboutit au zéro marquant le départ. *Le compte à rebours a commencé : 5, 4, 3, 2, 1, 0, partez!*
☞ rebour**s.**

rebouteux ou **rebouteur, euse** n. m. et f.
(Fam.) Personne qui, sans avoir de connaissances médicales, fait métier de remettre les luxations, de réduire les fractures.
☞ La graphie **rebouteur** est rare.

rebrousse-poil (à) loc. adv.
• Dans le sens opposé à celui des poils. *Flatter un chien à rebrousse-poil.*
• Maladroitement. *Attention de ne pas le prendre à rebrousse-poil, il pourrait réagir négativement.*
☞ **à rebrousse-poil,** avec un trait d'union.

rebrousser v. tr.
• Relever les cheveux, les poils, en sens contraire.
• *Rebrousser chemin.* Revenir sur ses pas.

rebuffade n. f.
Refus catégorique. *Essuyer une rebuffade.*
☞ rebuffade.

rébus n. m.
◁ Le **s** se prononce [rebys].
Jeu d'esprit, énigme. *Jouer aux rébus.*
☞ Ne pas confondre avec le nom **rebut,** déchet.
☞ rébu**s.**

rebut n. m.
• Déchet.
• *De rebut,* locution adjectivale. Sans valeur.
• *Mettre, jeter quelque chose au rebut.* S'en débarrasser.
☞ Ne pas confondre avec le nom **rébus,** jeu d'esprit.

rebutant, ante adj.
Décourageant, déplaisant. *Des travaux rebutants.*
☞ Ne pas confondre avec le participe présent invariable **rebutant.** *Les longs travaux rebutant les élèves, on décida de morceler le travail.*

rebuter v. tr.
Dégoûter quelqu'un, déplaire à quelqu'un. *Ce travail la rebute.*

récalcitrant, ante adj.
Qui résiste avec entêtement. *Ces jeunes sont récalcitrants.*

recaler v. tr.
• Caler de nouveau.
• (Fam.) Refuser un candidat à un examen.

récapitulatif, ive adj. et n. m.
Qui sert à récapituler. *Une liste récapitulative.*

récapitulation n. f.
Résumé, répétition.

récapituler v. tr.
Reprendre, résumer. *Il récapitule ses tables de multiplication.*

recel n. m.
Action de cacher des objets volés, une personne coupable. *Il est accusé de recel.*
☞ re**cel.**

receler ou **recéler** v. tr.
Le **e** (ou le **é**) se change en **è** devant une syllabe muette. *Il recèle, il recelait.*

• Cacher volontairement un objet volé par autrui, une personne coupable.
• Renfermer, contenir. *Cette région recèle de très jolies églises.*

receleur, euse n. m. et f.
Personne coupable de recel.
☞ re**cel**eur.

récemment adv.
◁ La deuxième syllabe se prononce **sa** [resamã].
Depuis peu de temps, dernièrement.
☞ ré**cemm**ent.

recensement n. m.
• Dénombrement des habitants d'une ville, d'un pays. *Faire le recensement des électeurs.*
• Inventaire d'éléments en vue d'en dresser un état.
☞ re**cens**ement.

recenser v. tr.
• Dénombrer une population. *Ces personnes recensent les électeurs.*
• Répertorier, dénombrer des personnes, des choses.
☞ re**cens**er.

recension n. f.
• Compte rendu critique d'un ouvrage. *Faire la recension d'un roman dans le journal.*
• Examen critique. *Recension des écrits portant sur un thème.* Syn. **revue de littérature.**
☞ re**cens**ion.

récent, ente adj.
Qui existe depuis peu de temps. *Une édition récente.*

récépissé n. m.
Reçu. *Des récépissés multiples.*
☞ ré**cé**pi**ssé.**

réceptacle n. m.
◁ Le **p** se prononce [reseptakl].
Contenant, lieu où se rassemblent plusieurs choses de provenances diverses.
☞ réceptacle.

récepteur, trice adj. et n. m.
• **Adjectif.** Qui reçoit. *Un poste récepteur.*
• **Nom masculin.** Partie de l'appareil téléphonique permettant de parler et d'écouter.

réceptif, ive adj.
• Qui est apte à recevoir des impressions.
• Qui est ouvert aux idées, aux suggestions. *Cette enseignante est très réceptive : soumettons-lui notre idée.*

réception n. f.
• Action de recevoir. *La réception d'un colis.*
• *Accusé de réception.* Avis confirmant qu'une chose a été reçue. *Des accusés de réception.*
• Accueil. *Ils ont fait bonne réception au nouvel ouvrage.*
• Service chargé de l'accueil des visiteurs, des clients d'une entreprise, d'un hôtel, etc. *Adressez-vous à la réception, SVP.*

réceptionnaire n. m. et f.
Personne chargée d'assurer la vérification des marchandises reçues.

réceptionner v. tr.
Vérifier si une marchandise reçue est en bon état et en conformité avec la commande donnée.

réceptionniste n. m. et f.
Personne chargée de l'accueil des clients, des visiteurs (d'une entreprise, d'un hôtel, etc.).

réceptivité n. f.
Aptitude à recevoir des impressions, à admettre de nouvelles idées.

récession n. f.
Ralentissement de l'activité économique.
☞ ré**cess**ion.

recette n. f.
• Ensemble des sommes perçues par une entreprise pour une période donnée. *La recette de la journée est excellente.*
• Description détaillée de la manière de préparer un mets. *Des recettes de cuisine.*

recevable adj.
Admissible. *Cet argument n'est pas recevable.*
Ant. **irrecevable.**

recevoir v. tr.
• Être mis en possession de ce qui est offert, donné, envoyé. *Recevoir une lettre.*
• Accueillir. *Recevoir des amis.*
• Être l'objet de quelque chose. *Recevoir un appel, des coups.*
☞ Employé elliptiquement devant une somme ou la désignation d'un article, le participe passé est invariable. *Reçu pour solde de tout compte la somme de 100 $.*
V. Tableau - **RECEVOIR (CONJUGAISON DU VERBE).**

rechange n. m.
• *De rechange,* locution adjective. Destiné à remplacer un élément de même type. *Des vêtements de rechange.*
• *De rechange,* locution adjective. (Fig.) De remplacement. *Une solution de rechange* (et non une *alternative).

rechapage n. m.
Action de rechaper.
☞ recha**page**.

rechaper v. tr.
Remettre un pneu usagé en bon état.
☞ Ne pas confondre avec le verbe *réchapper,* se tirer indemne de quelque chose.
☞ recha**per**.

réchapper v. intr.
Se tirer indemne d'une situation très dangereuse. *Il a réchappé d'un terrible accident, je crois qu'elle en réchappera.*
☞ Ne pas confondre avec le verbe *rechaper,* remettre un pneu usagé en bon état.
☞ récha**pper**.

recharge n. f.
Ce qui permet de recharger. *Une recharge de stylo, une recharge de parfum* (et non un *refill).

rechargeable adj.
Qu'on peut recharger. *Un styloplume rechargeable.*
☞ recharg**eable**.

recharger v. tr.
Le *g* est suivi d'un *e* devant les lettres *a* et *o. Il rechargea, nous rechargeons.*
• Charger de nouveau. *Il rechargea une batterie.*
• Remettre une charge dans une arme.

réchaud n. m.
• Petit fourneau. *Un réchaud de camping.*
• Ustensile servant à garder les plats chauds.
☞ réch**aud**.

réchauffement n. m.
Action de se réchauffer. *Assisterons-nous au réchauffement de la planète?*

réchauffer v. tr., pronom.
• **Transitif**
- Redonner de la chaleur. *Le soleil nous réchauffe. Réchauffer un plat.*
- Réconforter, ranimer. *Cet accueil réchauffe le cœur.*
• **Pronominal**
- Redonner de la chaleur à son corps. *Elles n'arrivaient pas à se réchauffer.*
- Devenir plus chaud. *Le temps s'est réchauffé.*

rêche adj.
• Rugueux au toucher.
• Âpre au goût.
☞ rê**che**.

recherche n. f.
• Action de s'appliquer à trouver quelque chose, à l'obtenir. *André est à la recherche de ses clés. La recherche de la vérité.*
• Travaux faits pour étudier une question. *Faire des recherches en biotechnologie.*
• *La recherche.* Ensemble des travaux scientifiques qui tendent à la découverte de connaissances. *Un centre de recherche.*
☞ En ce sens, le terme *recherche* est un collectif.
• *Recherche opérationnelle.* Méthode d'analyse scientifique fondée sur la statistique et les mathématiques en vue de la détermination rationnelle des solutions les plus efficaces et les plus économiques.
• Raffinement. *Son appartement est décoré avec recherche.*

rechercher v. tr.
• Chercher avec soin. *Il recherche la tranquillité.*
• Faire des recherches, une enquête sur quelqu'un, quelque chose. *La direction de l'école recherche les auteurs de cette mauvaise plaisanterie.*

recherchiste n. m. et f.
Au Canada, personne qui fait des recherches pour la radio, la télévision, le cinéma.

rechute n. f.
Réapparition d'une maladie. *Il a fait une rechute.*
☞ rechute, sans accent.

récidive n. f.
Action de récidiver.

CONJUGAISON DU VERBE **RECEVOIR**

INDICATIF

Présent

je reçois
tu reçois
il reçoit
nous recevons
vous recevez
ils reçoivent

Passé composé

j'ai reçu
tu as reçu
il a reçu
nous avons reçu
vous avez reçu
ils ont reçu

Imparfait

je recevais
tu recevais
il recevait
nous recevions
vous receviez
ils recevaient

Plus-que-parfait

j'avais reçu
tu avais reçu
il avait reçu
nous avions reçu
vous aviez reçu
ils avaient reçu

Passé simple

je reçus
tu reçus
il reçut
nous reçûmes
vous reçûtes
ils reçurent

Passé antérieur

j'eus reçu
tu eus reçu
il eut reçu
nous eûmes reçu
vous eûtes reçu
ils eurent reçu

Futur simple

je recevrai
tu recevras
il recevra
nous recevrons
vous recevrez
ils recevront

Futur antérieur

j'aurai reçu
tu auras reçu
il aura reçu
nous aurons reçu
vous aurez reçu
ils auront reçu

CONDITIONNEL

Présent

je recevrais
tu recevrais
il recevrait
nous recevrions
vous recevriez
ils recevraient

Passé

j'aurais reçu
tu aurais reçu
il aurait reçu
nous aurions reçu
vous auriez reçu
ils auraient reçu

SUBJONCTIF

Présent

que je reçoive
que tu reçoives
qu'il reçoive
que nous recevions
que vous receviez
qu'ils reçoivent

Passé

que j'aie reçu
que tu aies reçu
qu'il ait reçu
que nous ayons reçu
que vous ayez reçu
qu'ils aient reçu

Imparfait

que je reçusse
que tu reçusses
qu'il reçût
que nous reçussions
que vous reçussiez
qu'ils reçussent

Plus-que-parfait

que j'eusse reçu
que tu eusses reçu
qu'il eût reçu
que nous eussions reçu
que vous eussiez reçu
qu'ils eussent reçu

IMPÉRATIF

Présent

reçois
recevons
recevez

Passé

aie reçu
ayons reçu
ayez reçu

PARTICIPE

Présent

recevant

Passé

reçu, ue
ayant reçu

INFINITIF

Présent

recevoir

Passé

avoir reçu

récidiver v. intr.
Commettre à nouveau une infraction, un crime.

récidiviste adj. et n. m. et f.
(Dr.) Personne en état de récidive.

récif n. m.
Suite de rochers à fleur d'eau, dans la mer.
☞ Ne pas confondre avec le nom *écueil,* plus général, qui désigne un rocher, un banc de sable présentant un danger pour la navigation.

récipiendaire n. m. et f.
• Personne admise dans un corps avec cérémonial. *Un récipiendaire de l'Académie.*
• Personne qui reçoit une décoration, un diplôme universitaire.
☞ Pour désigner la personne qui gagne un prix, un concours, on emploiera plutôt *gagnant, lauréat.*

récipient n. m.
Contenant. *Des récipients divers pour aller faire la cueillette des fraises.*
☞ récipi**ent.**

réciprocité n. f.
Caractère de ce qui est réciproque.

réciproque adj. et n. f.
• **Adjectif**
Mutuel. *Une amitié réciproque.*
• **Nom féminin**
- *Rendre la réciproque.* Rendre la pareille.
- *La réciproque est vraie.* L'inverse est vrai.

réciproquement adv.
Mutuellement.

récit n. m.
Histoire orale ou écrite d'un évènement, d'une aventure. *Un récit captivant.*
☞ récit.

récital n. m. (pl. *récitals*)
Représentation musicale donnée par un seul artiste.

récitation n. f.
• Action de réciter. *La récitation d'une poésie.*
• Texte à apprendre par cœur. *Savoir sa récitation.*

réciter v. tr.
Dire à haute voix. *Réciter ses leçons.*

réclamant, ante n. m. et f.
(Dr.) Personne qui fait une réclamation.

réclamation n. f.
• Action de revendiquer quelque chose, de protester contre quelque chose.
• Action de s'adresser à une autorité pour faire reconnaître un droit.
• Écrit sur lequel est consignée la réclamation.

réclame n. f.
• (Vx) Publicité.
• *Faire de la réclame.* Faire de la publicité pour quelqu'un, quelque chose.
• *En réclame.* En réduction. *Ces produits sont en réclame cette semaine.*
V. **solde.**

réclamer v. tr., intr., pronom.
• **Transitif.** Demander avec insistance. *On réclame la démission du ministre.*
• **Intransitif.** Se plaindre d'un tort subi. *Il réclame auprès de son supérieur contre certains abus.*
• **Pronominal.** Se prévaloir. *Elle se réclame de personnes haut placées.*

reclus, use adj. et n. m. et f.
Isolé, enfermé. *Elle vivait en recluse. Une vie recluse.*

réclusion n. f.
• Isolement.
• (Dr.) Emprisonnement. *Il a été condamné à la réclusion à perpétuité.*
☞ réclusion.

recoin n. m.
• Coin caché. *Il a cherché dans tous les recoins de la maison, mais n'a rien trouvé.*
• Ce qu'il y a de plus intime. *Les recoins de l'âme.*

recollage ou **recollement** n. m.
Action de coller de nouveau. *Le recollage ou le recollement d'une planche.*

recoller v. tr.
Coller de nouveau. *Recoller les morceaux d'une assiette.*

récolte n. f.
• Action de recueillir les produits de la culture.
• Les produits recueillis. *Cette année, la récolte est bonne.*

récolter v. tr.
• Faire la récolte de. *Récolter des pommes.*
• (Fam.) Recueillir. *Vous risquez de récolter une retenue.*

recommandable adj.
Digne d'estime, qui mérite d'être recommandé. *Cette personne est peu recommandable.*

recommandation n. f.
• Action de désigner une personne ou une chose à l'attention favorable de quelqu'un, en soulignant ses mérites, ses avantages. *Des lettres de recommandation.*
• Conseil, ordre. *Faire des recommandations à ses enfants.*
• *Recommandation officielle.*
V. Tableau - **AVIS LINGUISTIQUES ET TERMINOLOGIQUES.**

recommander v. tr., pronom.
• **Transitif**
- Vanter les qualités d'une personne, d'une chose. *Ce restaurant nous a été recommandé par des amis.*
- Conseiller vivement. *Je vous recommande de ne pas perdre de temps. Je vous recommande ce livre.*
- *Recommander un envoi postal.* Payer une taxe postale spéciale pour garantir la livraison d'une lettre, d'un colis. *Il vaut mieux recommander* (et non **enregistrer) ce colis.*
☞ La mention *recommandé* s'écrit au masculin singulier. *Envoyer un paquet en recommandé.*
• **Pronominal**
Invoquer l'appui de quelqu'un. *Ils se sont recommandés de leurs amis haut placés.*

recommencement n. m.
Action de recommencer.

recommencer v. tr., intr.
Le *c* prend une cédille devant les lettres *a* et *o*. *Il recommença, nous recommençons.*
• **Transitif**
- Commencer de nouveau. *Recommencer son travail.*
- **Recommencer de plus belle.** Recommencer avec plus d'ardeur.
• **Intransitif**
Se produire de nouveau. *La pluie recommence.*

récompense n. f.
Gratification, cadeau, don, etc., fait à quelqu'un en témoignage de reconnaissance, de satisfaction.

récompenser v. tr.
Donner une récompense à quelqu'un. *Récompenser des élèves d'avoir bien travaillé.*

réconciliation n. f.
Action de mettre d'accord des personnes brouillées.

réconcilier v. tr., pronom.
Redoublement du *i* à la première et à la deuxième personne du pluriel de l'indicatif imparfait et du subjonctif présent. *(Que) nous réconciliions, (que) vous réconciliiez.*
• **Transitif**
- Remettre d'accord des personnes. *J'ai réconcilié mon amie avec ses parents.*
- Concilier des choses opposées. *Réconcilier études et loisirs.*
• **Pronominal**
Se remettre d'accord. *Ils se sont finalement réconciliés.*

*reconditionner
Anglicisme pour **remettre en bon état, remettre à neuf, réusiner (un moteur).**

reconduction n. f.
(Dr.) Renouvellement d'un bail, un contrat.

reconduire v. tr.
• (Dr.) Renouveler un bail, un contrat. *Les baux ont été reconduits pour deux ans.*
• Accompagner. *Je dois reconduire cette petite fille à sa maman.*

réconfort n. m.
Consolation. *Je vous remercie, vous m'avez apporté beaucoup de réconfort.*

réconfortant, ante adj.
Propre à réconforter. *Ces paroles sont réconfortantes.*

réconforter v. tr., pronom.
Consoler, donner de la vigueur, de l'entrain.

reconnaissance n. f.
• Action d'identifier une personne, une chose.
• Action de reconnaître comme vrai, légitime. *La reconnaissance d'un droit, d'un gouvernement.*
• Gratitude. *Il lui a témoigné beaucoup de reconnaissance. Voici un petit bouquet en reconnaissance de ce que vous avez fait pour moi.*
• **Reconnaissance de la parole, reconnaissance vocale.** (Inform.) Technique visant à reconnaître, dans une suite de signaux sonores, les sons prononcés par un locuteur. *Bientôt, grâce à la reconnaissance vocale, une personne pourra dicter un texte à son système informatique qui en produira une sortie imprimée.*

reconnaissant, ante adj.
Qui témoigne de la gratitude. *Elle est reconnaissante de son aide, ils sont reconnaissants envers leurs amis, à ses amis. Nous vous serions reconnaissants de nous confirmer votre participation avant le 15 avril.*

reconnaître v. tr., pronom.
• **Transitif**
- Identifier une personne, une chose. *Je le reconnais bien malgré toutes ces années, il n'a pas changé.*
- Admettre comme vrai, légitime. *Elle reconnaît que c'est à vous de prendre cette décision.*
- Avouer. *Reconnaître ses torts.*
• **Pronominal**
- Retrouver sa ressemblance, son image. *François ne se reconnaît pas sur cette photo.*
- Comprendre. *Il est parfois difficile de s'y reconnaître.*
- Admettre sa culpabilité. *Se reconnaître coupable.*

reconsidérer v. tr.
Le *é* se change en *è* devant une syllabe muette, sauf à l'indicatif futur et au conditionnel présent. *Je reconsidère, mais je reconsidérerai.*
Étudier de nouveau. *Il faut reconsidérer le dossier sous un autre angle.*

reconstituer v. tr.
Recréer. *Il faut reconstituer le décor de l'époque.*

reconstitution n. f.
Action de former à nouveau, de recréer une chose disparue. *Une reconstitution historique.*

record n. m.
• Exploit sportif. *Battre un record. Établir de nouveaux records.*
• (Par appos.) Jamais encore atteint. *Des résultats records, un chiffre record.*
• **En un temps record.** Très rapidement.

*record
Anglicisme au sens de **dossier, archives, registre, disque.**

recoupement n. m.
Examen d'un fait par regroupement de données provenant de sources différentes.

recouper v. tr., pronom.
• **Transitif.** Couper de nouveau.
• **Pronominal.** Coïncider. *Les histoires se recoupent.*

recourber v. tr.
Courber par une extrémité. *Un bâton recourbé.*

recourir v. tr., intr.
• Demander de l'aide à quelqu'un. *Recourir au médecin en cas d'urgence.*
• Faire appel à. *Il devra recourir à un expert.*

recours n. m.
• Action par laquelle on sollicite l'aide, le secours de quelqu'un. *Il n'y a aucun recours contre le vandalisme.*

• **Avoir recours à quelqu'un, quelque chose.** Demander de l'aide à quelqu'un, employer un moyen, quelque chose. *Ils ont eu recours aux pompiers pour éteindre l'incendie.*
• **En dernier recours.** Lorsque tous les autres moyens sont épuisés.
• Dernière ressource, dernier moyen auquel on recourt. *Vous êtes mon seul recours.*
☞ recour**s.**

recouvrement n. m.
Action de recouvrer des sommes dues. *Le recouvrement (et non la *collection) des impôts.*

recouvrer v. tr.
• (Litt.) Récupérer, retrouver. *Il a recouvré la santé.*
• Recevoir une somme due. *La société recouvrera l'argent investi sous peu.*
☞ Le verbe **recouvrer** est le doublet du verbe de formation savante **récupérer.**
☞ Ne pas confondre avec le verbe **recouvrir,** couvrir de nouveau.

recouvrir v. tr.
Couvrir de nouveau. *La neige recouvrira le sol bientôt.*
☞ Ne pas confondre avec le verbe **recouvrer,** récupérer, retrouver.

récréatif, ive adj.
Divertissant. *Une soirée récréative.*

récréation n. f.
Divertissement, temps de repos. *À dix heures sonnait la récréation.*

recréer v. tr.
Créer de nouveau. *Elle a recréé l'atmosphère des joyeuses rencontres de jadis.*
☞ Ne pas confondre avec le verbe **récréer,** distraire, amuser.

récréer v. tr., pronom.
• **Transitif.** (Litt.) Distraire, amuser. *Pour récréer les enfants, elle engagea un magicien.*
• **Pronominal.** (Litt.) Se divertir. *Ils se sont récréés en regardant d'anciennes photos.*
☞ Ne pas confondre avec le verbe **recréer,** créer de nouveau.

récrier (se) v. pronom.
• (Litt.) S'exclamer. *Elles se sont récriées à la vue de ce spectacle grandiose.*
• Protester. *Ils se sont récriés contre cette décision.*

récrimination n. f.
• Reproche.
• (Au plur.) Protestations incessantes.

récriminer v. intr.
Faire des reproches, des critiques. *Elle est toujours à récriminer. Il récrimine sans cesse contre ses collègues.*

récrire ou **réécrire** v. tr.
• Écrire de nouveau. *Elle doit lui récrire la semaine prochaine.*
• Rédiger d'une autre façon. *Récrire ou réécrire (et non *rewriter) un roman.*

recroqueviller (se) v. pronom.
Se replier, se blottir. *Ils se sont recroquevillés sur eux-mêmes.*

recru, ue adj.
Épuisé. *Elle est recrue de fatigue.*
☞ recr**u,** sans accent.

recrudescence n. f.
☞ La troisième syllabe se prononce **dé** [rəkrydesãs]. Augmentation. *Nous notons une recrudescence des actes violents.*
☞ recrude**sc**ence.

recrue n. f.
• Jeune militaire qui vient d'être appelé au service.
• (Fig.) Personne qui vient s'ajouter à un groupe. *Nous avons de nouvelles recrues très intéressantes.*
☞ Attention au genre féminin de ce nom : **une** recrue.

recrutement n. m.
Engagement d'un salarié, d'un cadre.
☞ L'**embauchage** se dit surtout pour un ouvrier.

recruter v. tr., pronom.
• **Transitif.** Engager du personnel. *L'école a recruté une bibliothécaire.*
• **Pronominal.** Provenir de.

rect(i)- préf.
Élément du latin signifiant «droit». *Rectiligne.*

rectal, ale, aux adj.
Relatif au rectum. *Des thermomètres rectaux.*

rectangle n. m.
Parallélogramme à angles droits dont les côtés sont égaux deux à deux.

rectangulaire adj.
Qui a la forme d'un rectangle. *Un terrain rectangulaire.*

recteur n. m.
rectrice n. f.
Personne à la tête d'une université.

rectificatif, ive adj. et n. m.
• **Adjectif.** Qui sert à corriger. *Une note rectificative.*
• **Nom masculin.** Texte qui rectifie une erreur. *Demander la publication d'un rectificatif.*

rectification n. f.
Correction. *La rectification d'une erreur.*

rectifier v. tr.
Redoublement du **i** à la première et à la deuxième personne du pluriel de l'indicatif imparfait et du subjonctif présent. *(Que) nous rectifiions, (que) vous rectifiiez.*
Corriger. *Il faudrait rectifier ces données qui sont inexactes.*

rectiligne adj.
Qui est en ligne droite.

rectitude n. f.
Exactitude.

recto n. m.
• Abréviation *r°* (s'écrit sans point).
• Endroit d'une feuille de papier. *Les rectos sont pagi-nés en nombres impairs.*
• *Recto verso,* locution adverbiale. Au recto et au verso. *Faire des impressions recto verso.*
☞ Pris adverbialement, le mot est invariable.
Ant. **verso.**

rectum n. m.
☞ Le *u* se prononce *o* [rɛktɔm].
Partie terminale de l'intestin. *Des rectums.*

reçu n. m.
Document prouvant que l'on a reçu quelque chose. *Pour récupérer mes chaussures chez le coordonnier, j'ai besoin du reçu qu'il m'a donné.*
☞ Pour l'emploi du participe passé *reçu* employé elliptiquement devant l'énoncé d'une somme, V. **re-cevoir.**

recueil n. m.
Assemblage d'écrits de même nature. *Des recueils de récits de science-fiction.*
☞ recue**il.**

recueillement n. m.
Méditation, réflexion.

recueillir v. tr., pronom.
INDICATIF PRÉSENT *Je recueille, tu recueilles, il recueille, nous recueillons, vous recueillez, ils re-cueillent.* IMPARFAIT *Je recueillais, tu recueillais, il recueillait, nous recueillions, vous recueilliez, ils recueillaient.* PASSÉ SIMPLE *Je recueillis.* FUTUR *Je recueillerai.* CONDITIONNEL PRÉSENT *Je recueil-lerais.* IMPÉRATIF PRÉSENT *Recueille, recueillons, recueillez.* SUBJONCTIF PRÉSENT *Que je recueille, que tu recueilles, qu'il recueille, que nous recueil-lions, que vous recueilliez, qu'ils recueillent.* IMPAR-FAIT *Que je recueillisse.* PARTICIPE PRÉSENT *Re-cueillant.* PASSÉ *Recueilli, ie.*
• **Transitif.** Réunir, rassembler. *Il est chargé de recueil-lir les adresses de tous. Les dons qu'elle a recueillis seront versés à la fondation.*
• **Pronominal.** Réfléchir, méditer. *Elle voudrait se re-cueillir un peu avant de partir.*

recul n. m.
Mouvement en arrière. *Un mouvement de recul.*

reculé, ée adj.
Isolé. *Un endroit reculé.*

reculer v. tr., intr.
• **Transitif.** Déplacer vers l'arrière. *Reculer la clôture du jardin.*
• **Intransitif.** Aller en arrière. *La voiture recule. Ils ont reculé pour mieux sauter.*

reculons (à) loc. adv.
• En reculant. *Rouler à reculons.*
• (Fig.) À contrecœur. *Il s'est joint au groupe à reculons.*
☞ à reculon**s.**

récupérable adj.
Qui peut être récupéré.

récupération n. f.
Action de récupérer. *La récupération des déchets recy-clables.*

récupérer v. tr., intr.
Le *é* de la troisième syllabe se change en *è* devant une syllabe muette, sauf à l'indicatif futur et au conditionnel présent. *Je récupère,* mais *je récupé-rerai.*
• **Transitif**
- Retrouver (ce qu'on avait perdu). *J'ai récupéré mon porte-monnaie qu'on m'avait volé.*
- Recycler. *Récupérer du papier-journal.*
• **Intransitif**
Reprendre des forces. *Il commence à récupérer.*

récurage n. m.
Action de récurer.

récurer v. tr.
Nettoyer en frottant. *Récurer les casseroles.*

récurrence n. f.
(Litt.) Répétition, retour.
☞ Ne pas confondre avec le nom *résurgence,* fait de réapparaître.
☞ récurren**ce.**

récurrent, ente adj.
Qui se répète. *Des symptômes récurrents.*

récuser v. tr., pronom.
• **Transitif**
- (Dr.) Refuser, par soupçon de partialité, un juge, un juré, un expert, etc.
- Rejeter l'autorité, le témoignage de.
• **Pronominal**
Refuser une responsabilité, se déclarer soi-même incompétent.

recyclage n. m.
• Formation nouvelle ou complémentaire. *Plusieurs techniciens auraient besoin d'un bon recyclage.*
• Action de soumettre une matière, des déchets à un nouveau traitement. *Le recyclage du papier.*

recycler v. tr., pronom.
• **Transitif.** Soumettre à un recyclage. *Recycler des bouteilles, des journaux.*
• **Pronominal.** Mettre à jour sa formation, acquérir une nouvelle formation. *Elles se sont recyclées en suivant un stage de formation professionnelle.*

rédacteur n. m.
rédactrice n. f.
• Personne qui participe à la rédaction des textes d'un journal, d'un livre, d'une revue, etc.
• *Rédacteur en chef.* Personne qui dirige la rédaction d'un journal, d'un périodique. *Elle a été nommée rédac-trice en chef (et non *éditrice) du nouveau quotidien.*
V. **éditeur.**

rédaction n. f.
• Action de rédiger. *La rédaction d'un journal de voyage.*
• Composition. *Demain nous devons remettre une ré-daction sur notre futur métier.*
• Ensemble des journalistes d'un journal, d'un périodi-que.

rédactionnel, elle adj.
Relatif à la rédaction.
⇒ rédactio**nn**el.

reddition n. f.
Le fait de se rendre.
⇒ re**dd**ition.

rédemption n. f.
Rachat du genre humain par le Christ. *Le mystère de la Rédemption.*
▷— Le nom s'écrit avec une majuscule.
⇒ ré**demp**tion.

redevable adj.
Qui a une obligation envers quelqu'un. *Je vous suis redevable de cette initiative.*

redevance n. f.
Rente, taxe qui doit être acquittée à termes fixes. *Des redevances élevées.*
▷— On préférera ce terme à l'anglicisme **royalties.**
⇒ rede**v**ance.

rédhibitoire adj.
Qui constitue un empêchement radical.
⇒ réd**h**ibitoire.

rédiger v. tr.
Le **g** est suivi d'un **e** devant les lettres **a** et **o.** *Il rédigea, nous rédigeons.*
Écrire sous une forme déterminée. *Nous rédigeons une pièce de théâtre.*

redingote n. f.
• (Vx) Vêtement masculin à longues basques.
• Manteau féminin cintré à la taille.
⇒ redingote.

redire v. tr.
Ce verbe se conjugue comme **dire.** *Vous redites* (et non *redisez*).
• Dire à nouveau. *Elle lui redit sans cesse la même chose.*
• Blâmer, critiquer. *Il n'a rien à redire.*
▷— En ce sens, le verbe ne s'emploie qu'à l'infinitif et avec la préposition **à.**

redite n. f.
Répétition. *Cet article ne comporte que des redites.*

redondance n. f.
(Péj.) Défaut d'un texte, d'un discours qui donne une information déjà transmise. *Les expressions pléonastiques sont des redondances.*
⇒ redon**d**ance.

redondant, ante adj.
Qui présente des redondances. *L'expression «monter en haut» est redondante, c'est un pléonasme.*
⇒ redon**d**ant.

redoubler v. tr., intr.
• **Transitif**
- Répéter, recommencer. *Redoubler une classe.*
- Montrer encore plus de. *Redoubler d'ardeur.*
• **Intransitif**
Augmenter, recommencer de plus belle. *L'orage redoubla.*

redoutable adj.
Qui est à craindre. *C'est un concurrent redoutable.*

redouter v. tr.
Craindre grandement. *Elle redoute sa méchanceté. Il redoute d'avoir à se présenter à la reprise.*
▷— 1° Dans la langue soutenue, le verbe **redouter** construit avec **que** suivi du subjonctif est souvent accompagné de la particule **ne** dite explétive, sans valeur négative, lorsqu'on redoute qu'un évènement (ne) se produise.
2° Par contre, si l'on craint qu'un évènement ne se produise pas, l'emploi de la négation **ne... pas** est obligatoire. *Elle redoute que l'approvisionnement ne soit pas assuré à temps.*
3° Il en est ainsi pour les verbes exprimant une notion de crainte : **appréhender, craindre, avoir peur, trembler,** etc.

redressement n. m.
Action de redresser. *Un plan de redressement.*

redresser v. tr., pronom.
• **Transitif**
- Rétablir dans son état primitif. *Elle redressa la situation et rendit l'entreprise profitable.*
- Rectifier. *Le jardinier redressa les arbustes pliés par le vent.*
• **Pronominal**
- Se relever. *Redressez-vous, la directrice arrive!*
- Reprendre sa progression après un fléchissement. *L'économie s'est redressée.*

*red tape**
Anglicisme au sens de **formalités administratives.**

réductible adj.
Qui peut être réduit.

réduction n. f.
• Action de diminuer. *La réduction des dépenses.*
• Terme général qui désigne une diminution accordée sur un prix. *Une réduction de 50 % sur les prix courants.*
▷— Ne pas confondre avec les noms suivants :
- **escompte,** réduction de prix accordée en raison de l'acquittement d'une dette avant son échéance;
- **rabais,** diminution de prix exceptionnelle attribuable à un niveau de qualité inférieur ou à un défaut de conformité;
- **remise** (quantitative), diminution de prix accordée à un client important en fonction des quantités achetées en un lot.

réduire v. tr., pronom.
INDICATIF PRÉSENT *Je réduis, tu réduis, il réduit, nous réduisons, vous réduisez, ils réduisent.* IMPARFAIT *Je réduisais.* PASSÉ SIMPLE *Je réduisis.* FUTUR *Je réduirai.* CONDITIONNEL PRÉSENT *Je réduirais.* IMPÉRATIF PRÉSENT *Réduis, réduisons, réduisez.* SUBJONCTIF PRÉSENT *Que je réduise.* IMPARFAIT *Que je réduisisse.* PARTICIPE PRÉSENT *Réduisant.* PASSÉ *Réduit, ite.*
• **Transitif.** Diminuer. *Il faut réduire les frais.*
• **Pronominal.** Se limiter. *Son bien se réduit à cette propriété.*

réduit, ite adj.
• Qui a subi une réduction, diminué. *Des prix réduits.*
Rouler à vitesse réduite.
• Construit à petite échelle. *Un modèle réduit d'un*
avion.

réduit n. m.
• Petite pièce sombre, recoin.
• Au Canada, sève d'érable réduite par l'évaporation.
À la cabane à sucre, il est agréable de goûter au
réduit.

réécouter v. tr.
Écouter de nouveau.

réécrire
V. **récrire.**

réécriture n. f.
Action de rédiger un texte sous une nouvelle forme.
La réécriture (et non le *rewriting) d'un roman.

rééditer v. tr.
Éditer de nouveau, donner une nouvelle édition. *Il a*
réédité l'œuvre en l'enrichissant de nouveaux extraits.

réédition n. f.
• Action de rééditer, en apportant souvent des modifi-
cations.
• Édition nouvelle. *Ce livre est une réédition.*
☞ Alors que la réédition est souvent enrichie ou
corrigée, la *réimpression* se fait sans modification.

rééducation n. f.
Action de rééduquer, son résultat. *Rééducation mus-*
culaire.

rééduquer v. tr.
• Donner une nouvelle éducation.
• Soumettre une personne blessée, handicapée à un
traitement, à des exercices afin qu'elle recouvre l'usage
de ses facultés, de ses membres. *Rééduquer un ac-*
cidenté de la route.

réel, elle adj. et n. m.
• **Adjectif.** Qui existe véritablement. *Un danger réel,*
des progrès réels.
• **Nom masculin.** Ce qui existe effectivement. *Le réel*
et l'irréel.
Ant. **irréel.**

réélection n. f.
Action de réélire.

réélire v. tr.
Élire de nouveau.

réellement adv.
Effectivement. *Il est réellement venu.*

REÉR
👄 Les lettres *EÉ* se prononcent *è* [ʀɛ] (et non *rir).
Sigle de *Régime enregistré d'épargne-retraite.*

réexaminer v. tr.
Reconsidérer. *La question doit être réexaminée.*

réexpédier v. tr.
Ce verbe se conjugue comme *expédier.*
• Expédier de nouveau.

• Retourner un envoi à son expéditeur. *La lettre a été*
réexpédiée.

réf.
• Abréviation de *référence.*
• *N/Référence, N/ Réf., N/R,* abréviations de *notre*
référence.
• *V/Référence, V/ Réf., V/R,* abréviations de *votre*
référence.

refaire v. tr., pronom.
• **Transitif**
- Faire ce qu'on a déjà fait. *Refaire une lecture, un*
voyage.
- Réparer. *Il faut refaire à neuf cet appartement.*
• **Pronominal**
Regagner ce qu'on avait perdu au jeu. *Il a réussi à se*
refaire.

réfection n. f.
Réparation. *La réfection des routes, des travaux de*
réfection.

réfectoire n. m.
Salle où les membres d'une communauté, d'une collectivité prennent leurs repas en commun.
☞ Ne pas confondre avec les noms suivants :
- *cafétéria,* dans certains établissements, lieu où l'on
peut consommer des boissons, se restaurer;
- *cantine,* endroit où l'on sert des repas pour une
collectivité (entreprise, école).

référence n. f.
Abréviation *réf.* (s'écrit avec un point).

• Action de renvoyer à une autorité, à un texte. *Des*
références bibliographiques.
• *Ouvrage de référence, livre de référence.* Ouvrage qui sert à la consultation. *Les dictionnaires*
sont des ouvrages de référence.
☞ Dans ces expressions, le nom *référence*
s'écrit au singulier.
• (Au plur.) Attestations qui servent de recommandation à un candidat. *Avez-vous de bonnes réfé-*
rences? Prendre des références.
CORRESPONDANCE
• Code placé en tête d'une lettre, d'un document et
qui doit être rappelé dans la réponse. *N/Réf. :*
MDD - MEV 1987/QA.
• Les références sont utilisées pour le classement
du courrier; elles sont généralement constituées
d'un groupe de lettres ou de chiffres qui se placent
au-dessous de la vedette. Ce code correspond au
numéro de document attribué par l'expéditeur
(*Notre référence, N/Référence, N/Réf.* ou *N/R*)
ou par le destinataire de la lettre (*Votre référence,*
V/Référence, V/Réf. ou *V/R*) en fonction de leur
plan général de classification).
V. Tableau - **LETTRE TYPE.**
RÉFÉRENCE BIBLIOGRAPHIQUE
La référence bibliographique - signalée dans le
texte par l'appel de note - donne la source d'une
citation. Elle peut apparaître au bas des pages, en
caractères plus petits que ceux du corps du texte,
à la fin des chapitres ou à la fin de l'ouvrage.
V. Tableau - **APPEL DE NOTE.**

• **Entre parenthèses, dans le texte.**
La référence (bibliographique ou autre) peut être donnée dans le corps du texte, entre parenthèses. *Selon le Bescherelle (*L'art de conjuguer, *Paris, Hatier, 1980), le verbe* **asseoir...**
• **Au bas des pages.**
Ces références suivent les règles de la bibliographie à deux différences près : le prénom de l'auteur précède son nom, et le numéro de la page d'où la citation est extraite est indiqué.
V. Tableau - **RÉFÉRENCES BIBLIOGRAPHIQUES.**
• **Répétition de la référence**
Lorsqu'un même ouvrage fait l'objet de plusieurs citations, on utilise l'expression **idem, ibidem** signifiant «la même chose dans le même ouvrage» qui s'abrège **id., ibid.,** et s'écrit en italique. *Id, ibid., p. 98.*

référencer v. tr.
Le **c** prend une cédille devant les lettres **a** et **o.** *Il référença, nous référençons.*
Indiquer la source d'une citation, doter d'une référence. *Toutes les définitions de cet ouvrage sont référencées.*

référendaire adj.
Relatif à un référendum. *Une campagne référendaire.*
⇨ référend**aire.**

référendum n. m. (pl. *référendums*)
⬱ La troisième syllabe se prononce **rin** ou **ren,** la quatrième, **domme,** [referɛ̃dɔm] ou [referãdɔm].
Vote de l'ensemble des citoyens d'un pays sur une question d'intérêt général. *Le référendum sur l'avenir du Québec aura-t-il lieu?*
☞ Ce mot d'origine latine est francisé; il s'écrit avec des accents et prend la marque du pluriel.

référentiel, elle adj.
(Ling.) Relatif à la référence. *La fonction référentielle du mot.*
⇨ référentiel.

référer v. tr. ind., pronom.
Le deuxième **é** se change en **è** devant une syllabe muette, sauf à l'indicatif futur et au conditionnel présent. *Je me réfère,* mais *je me référerai.*
• **Transitif indirect.** (Dr., adm.) **En référer à.** Faire rapport, s'en remettre à. *Il faut en référer au directeur.*
☞ Le verbe ne se construit plus avec un complément d'objet direct à la forme transitive.
• **Pronominal. Se référer à.** Se reporter à, s'appuyer. *Je me réfère à ce tableau comparatif.*

*****référer**
• Anglicisme au sens de **transmettre.** *Le dossier sera transmis (et non ****référé) au conseiller.*
• Anglicisme au sens de **diriger vers, envoyer.** *Ce patient a été envoyé (et non ****référé) au D*r *Soucy par un collègue.*
• Anglicisme au sens de **se reporter.** *Nous nous reportons (et non ****référons) à votre note du 20 décembre.*

refermer v. tr., pronom.
Fermer ce qui se trouve ouvert. *Elle a refermé la porte. La porte s'est refermée.*

réfléchi, ie adj.
• Pondéré, sage. *Il est trop réfléchi pour agir sur un coup de tête.*
Ant. **impulsif.**
• **Tout bien réfléchi.** Après avoir étudié la question. *Tout bien réfléchi, je pars demain.*
☞ Dans cette expression, l'adjectif s'écrit toujours au masculin singulier.
Ant. **impulsif.**
• *Verbe pronominal réfléchi.* (Gramm.) Verbe où le sujet et le complément d'objet désigne la même personne, le même être. *Elle se regarde.*

réfléchir v. tr., intr., pronom.
• **Transitif.** Refléter. *Le miroir réfléchit la lumière du jour.*
• **Transitif indirect.** Songer à, penser. *Il réfléchit à la question posée. Réfléchissez aux suites de cette décision.*
• **Intransitif.** Étudier une question, considérer une possibilité. *Laissez-moi un peu de temps pour réfléchir.*
• **Pronominal.** Donner une image par réflexion. *La lumière du jour se réfléchit dans les miroirs.*

réfléchissant, ante adj.
Qui réfléchit (la lumière, le son, une onde). *Des surfaces réfléchissantes.*
☞ Ne pas confondre avec le participe présent invariable **réfléchissant.** *Construire des surfaces réfléchissant le son.*

réflecteur n. m.
Appareil destiné à réfléchir (la lumière, le son, etc.). *De puissants réflecteurs.*

reflet n. m.
• Image réfléchie. *Le reflet des façades dans le fleuve.*
• Effet brillant produit par la lumière. *Ses cheveux ont des reflets roux.*
⇨ reflet.

refléter v. tr., pronom.
Le **é** se change en **è** devant une syllabe muette, sauf à l'indicatif futur et au conditionnel présent. *Je reflète,* mais *je refléterai.*
• **Transitif**
- Réfléchir une image de façon atténuée. *Cette teinte chaude reflète la lumière.*
- Être un reflet de. *Son écriture reflète son caractère.*
• **Pronominal**
Produire un reflet. *Le château se reflète dans l'eau.*

réflexe n. m.
Réponse automatique à un stimulus. *Bianca a d'excellents réflexes et joue bien au tennis.*
⇨ réflexe.

réflexion n. f.
• Modification de la direction d'une onde qui rencontre un obstacle. *La réflexion de la lumière.*
• Action de réfléchir. *Elle demande un moment de réflexion.*
• *(Toute) réflexion faite.* En ayant bien pesé la question.
☞ Dans cette expression, le nom s'écrit au singulier.
• Remarque. *Il se passerait de ses réflexions sarcastiques.*

RÉFÉRENCES BIBLIOGRAPHIQUES

Les références bibliographiques diffèrent selon qu'il s'agit d'un livre :

> CORBEIL, Jean-Claude et Ariane ARCHAMBAULT. *Le Visuel,* Montréal, Éditions Québec/Amérique, 1992, 928 p.

ou d'un article :

> BEAULIEU, Carole. «Travailler en l'an 2000», *L'actualité,* vol. 16, n° 8, 15 mai 1991, p. 39–42.

La référence comprend les renseignements suivants :

LIVRE	ARTICLE
1. le nom de l'auteur ou des auteurs	1. le nom de l'auteur ou des auteurs
2. le titre du livre	2. le titre de l'article
3. le lieu de publication	3. le nom du périodique
4. l'éditeur	4. le numéro de l'édition, du volume ou du périodique
5. la date de publication	5. la date de publication
6. le nombre de pages	6. l'indication des pages de l'article

• le nom de l'auteur

Le nom de l'auteur est noté en majuscules; il est séparé par une virgule du prénom écrit en minuscules avec une majuscule initiale, et suivi d'un point.

> LECLERC, Félix.

☞ Dans la mesure du possible, le prénom sera écrit au long.

S'il y a deux ou trois auteurs, le nom et le prénom des autres auteurs sont écrits à la suite, dans l'ordre de la lecture cependant, et sont séparés par une virgule ou par la conjonction *et.*

> BRUNOT, Ferdinand, Charles BRUNEAU.
> DAMOURETTE, Jacques et Édouard PICHON.

S'il y a de nombreux auteurs, on utilisera l'abréviation de l'expression latine *et alii* signifiant «et les autres», *et al.*

> DUBOIS, Jean, *et al.*

S'il s'agit d'un ouvrage collectif ou d'un document dont l'auteur n'est pas mentionné, la référence commencera alors par le titre du document.

• le titre du livre

Le titre est souligné et il est suivi d'une virgule. Si l'on dispose de caractères italiques (à l'ordinateur, par exemple), il est préférable d'écrire le titre en italiques plutôt que de le souligner. Le titre est écrit en minuscules, à l'exception de la majuscule initiale et des noms propres qui le composent. V. Tableau – **MAJUSCULES ET MINUSCULES.**

> *Dictionnaire étymologique de la langue française, Grand Dictionnaire Larousse,*

• le titre d'un article

Le titre d'un article est généralement placé entre guillemets après le nom de l'auteur. Il est suivi soit d'une virgule, soit de la mention latine *in*, soit de la préposition *dans*; on écrit ensuite le nom du périodique qui est souligné ou, mieux encore, mis en italique.

> C.I.L.F. «Vocabulaire de l'industrie et du bâtiment» dans *La banque des mots,* revue semestrielle,

suite➡

• **le numéro de l'édition, du volume ou du périodique**

S'il y a lieu, on inscrira le numéro de l'édition après le titre du livre.

La pensée et la langue, 3e éd.,

Pour un périodique, il importe de faire figurer le numéro du volume, s'il y a lieu, et le numéro du périodique.

Le français dans le monde, vol. 22, n° 170,

• **l'éditeur, le lieu et la date de publication**

Le lieu de la publication, noté en minuscules et suivi d'une virgule, précède le nom de l'éditeur et la date de publication.

Montréal, La courte échelle, 1989.

☞ 1° Il arrive qu'un ouvrage ne comporte pas de mention de date ou de lieu d'édition, on inscrira alors *s.l.* (sans lieu), *s.d.* (sans date).

2° Dans certaines bibliographies à caractère technique, la date de la publication vient immédiatement après le nom de l'auteur.

• **le nombre de volumes et le nombre de pages**

On utilise l'abréviation de page (p.).
345 p.

☞ Quand l'ouvrage comprend plusieurs volumes, on écrit le nombre avant l'indication du nombre de pages à l'aide de l'abréviation *vol.* 2 vol., 345 p.

Si l'ouvrage n'est pas paginé, on écrira *s.p.* (sans page).

• **l'indication des pages d'un article**

La notation des pages d'un article est faite à l'aide de l'abréviation *p.* (et non plus pp.) suivie des numéros des première et dernière pages de l'article séparés par un trait d'union ou par la préposition *à.*

p. 15-20 ou p. 15 à 20.

UNIFORMITÉ ET PRÉCISION

Selon le contexte, les références bibliographiques seront plus ou moins concises, le nombre d'éléments d'information fournis pourra varier.

Ainsi, à l'intérieur d'un texte, on citera parfois uniquement le nom de l'auteur et l'année de la publication ou le titre de l'ouvrage et la page de la citation. Cependant, les références complètes seront données dans la bibliographie finale.

Il importe de présenter de façon uniforme les divers renseignements d'un même ouvrage, d'adopter des caractères identiques et de conserver une ponctuation uniforme.

---

refluer v. intr.
Revenir vers un point de départ (surtout en parlant d'un liquide).

reflux n. m.
👄 Le *x* ne se prononce pas [rəfly].
Mouvement de la mer qui se retire à la marée descendante.
Ant. *flux.*
☞ reflu**x**.

refonte n. f.
Remaniement. *La refonte d'une loi.*

reformage n. m.
Procédé chimique de raffinage d'une essence. *Le reformage* (et non le *reforming) du pétrole.*

réforme n. f.
Modification apportée en vue d'une amélioration. *La réforme de l'orthographe vise une simplification de l'écriture.*

reformer v. tr.
Former de nouveau, reconstituer.

réformer v. tr.
Corriger, modifier en vue d'une amélioration.

*****reforming**
Anglicisme au sens de **reformage.**

refoulement n. m.
Action de refouler. *Le refoulement des contestataires.*

refouler v. tr.
Repousser, réprimer. *Elle avait du mal à refouler ses larmes.*

réfractaire adj.
• Qui résiste à, rebelle. *Il est réfractaire à la discipline.*
• Qui résiste à de très hautes températures. *Un matériau réfractaire.*
▭▷ réfract**aire.**

réfraction n. f.
Changement de direction d'un rayon lumineux.

refrain n. m.
• Rappel de certains mots à la fin d'un couplet d'une chanson, d'une strophe d'un poème.
• Répétition constante. *On a eu droit au même refrain.*

refréner ou **réfréner** v. tr.
Le **é** de la deuxième syllabe se change en **è** devant une syllabe muette, sauf à l'indicatif futur et au conditionnel présent. *Je refrène,* mais *je refrénerai.*
Réprimer, contenir. *Refréner ses passions. Refrénez votre impatience, j'arrive!*

réfrigérant, ante adj.
Qui refroidit. *Une substance réfrigérante.*

réfrigérateur n. m.
• S'abrège familièrement en **frigo.**
• Appareil servant à prolonger la conservation des denrées à l'aide du froid.
▭◁— Le nom **frigidaire** est une marque déposée qui tend à passer dans l'usage familier, comme synonyme de **réfrigérateur.**

réfrigération n. f.
Conservation par le froid (au-dessus du point de congélation).
▭◁— Ne pas confondre avec les noms suivants :
- **congélation,** conservation des aliments par le froid (au-dessous du point de congélation);
- **surgélation,** congélation rapide à l'aide d'un procédé industriel.

réfrigérer v. tr.
Le **é** se change en **è** devant une syllabe muette, sauf à l'indicatif futur et au conditionnel présent. *Je réfrigère,* mais *je réfrigérerai.*
Refroidir, soumettre à la réfrigération. *Ces produits doivent être réfrigérés.*

refroidir v. tr., intr.
• **Transitif**
- Abaisser la température de. *Refroidir une boisson en y ajoutant des glaçons.*
- (Fig.) Diminuer. *La réaction des amis a refroidi son enthousiasme.*

• **Intransitif**
- Devenir plus froid. *Son café a refroidi.*
- (Fig.) Devenir moins vif. *Son ardeur s'est refroidie.*

refroidissement n. m.
• Diminution de chaleur. *La météo annonce un refroidissement marqué du temps.*
• Action de prendre froid, d'attraper un rhume. *Couvrez-vous, vous pourriez être victime d'un refroidissement.*

refuge n. m.
Abri. *Un refuge pour les sans-abri.*

réfugié, ée adj. et n. m. et f.
Personne qui a fui son pays pour des raisons politiques, pour échapper à un danger. *Une personne réfugiée, des réfugiés politiques.*

réfugier (se) v. pronom.
Redoublement du **i** à la première et à la deuxième personne du pluriel de l'indicatif imparfait et du subjonctif présent. *(Que) nous nous réfugiions, (que) vous vous réfugiiez.*
Se rendre en un lieu, auprès de quelqu'un pour échapper à un danger. *Ils se sont réfugiés au Canada pour échapper à la police secrète de leur pays.*

refus n. m.
Action de refuser. *Elle lui a opposé un refus.*

refuser v. tr., pronom.
• **Transitif.** Ne pas accepter. *Martine refuse de rester après l'école. Le théâtre a refusé des spectateurs. Ces candidats ont été refusés.*
▭◁— À la forme transitive, le verbe se construit avec la préposition **de** et l'infinitif.
• **Pronominal.** Ne pas consentir. *Ils se sont refusés à signer. Les congés qu'elles se sont refusés.*
▭◁— À la forme pronominale, le verbe se construit avec la préposition **à.** Attention à l'accord du participe passé qui se fait avec le sujet, sauf s'il y a un complément d'objet direct placé avant le verbe; dans ce cas, l'accord se fait avec ce complément.

réfutable adj.
Qui peut être réfuté. *Cette théorie est facilement réfutable.*
Ant. **irréfutable.**

réfuter v. tr.
Nier le bien-fondé d'un raisonnement, d'une affirmation par des arguments solides.
▭▷ réfuter.

regagner v. tr.
Gagner de nouveau, récupérer. *Il a regagné l'estime de ses supérieurs.*

*****regaillardir**
V. **ragaillardir.**

regain n. m.
Vigueur nouvelle, renouveau. *Un regain de ferveur.*
▭▷ reg**ain.**

régal n. m. (pl. *régals*)
• Mets très apprécié. *Ces gâteaux sont des régals.*
• (Fig.) Grand plaisir. *Ce sera un régal de les retrouver.*

régalade n. f.
Boire à la régalade. Sans que le récipient touche les lèvres.

régaler v. tr., pronom.
• **Transitif.** Offrir un bon repas, procurer un plaisir à quelqu'un.
• **Pronominal.** Faire un bon repas, avoir du plaisir. *Ils se sont régalés : tout était délicieux.*

regard n. m.
• Action, manière de regarder. *Un regard furtif.*
• Ouverture au niveau du sol destinée à faciliter l'entretien, les réparations d'un appareil, d'une canalisation. *Regard de nettoyage, regard de visite.*
V. **trou d'homme.**
• *Au premier regard.* Du premier coup d'œil.
• *Droit de regard.* Possibilité de contrôler les actes de quelqu'un, quelque chose.
• *Au regard de,* locution prépositive. Par rapport à. *Au regard de la loi, il est coupable.*
• *En regard,* locution adverbiale. Vis-à-vis. *Texte avec illustration en regard.*
• *En regard de,* locution prépositive. Comparativement à. *En regard de ce qui est déjà fait, il reste peu à accomplir.*

regardant, ante adj.
(Fam.) Mesquin, économe. *Elle n'est pas regardante sur l'argent de poche.*

regarder v. tr., pronom.
• **Transitif direct**
- Observer. *Elle regarde les enfants qui s'amusent.*
- Considérer. *Nous allons regarder cette question.*
- Concerner. *Cette décision ne vous regarde pas.*
- *Regarder comme.* (Litt.) Considérer comme. *Ils l'ont toujours regardé comme leur fils.*
• **Transitif indirect**
Regarder à. Tenir compte de, prêter attention à. *Regarder à la dépense.*
• **Pronominal**
Être face à face. *Ils se sont regardés longuement.*

*regarder (bien, mal)
Calque de l'anglais «it looks good, bad» au sens de *les choses s'annoncent bien, mal.*

régates n. f. pl.
Course de bateaux (généralement de voiliers). *Les régates sont un très joli spectacle.*
⇨ régates.

régence n. f.
• Fonction, dignité de régent.
• (Absol.) *La Régence.* Régence du duc d'Orléans.
▭← En ce sens, le nom s'écrit avec une majuscule.
• *Style Régence.* Style qui évoque celui de la Régence. *Une commode de style Régence, un fauteuil Régence.*

régénérer v. tr.
Le *é* de la troisième syllabe se change en *è* devant une syllabe muette, sauf à l'indicatif futur et au conditionnel présent. *Je régénère,* mais *je régénérerai.*
Renouveler, redonner de la vigueur à.

régent, ente adj. et n. m. et f.
Personne qui dirige une monarchie en l'absence du souverain.

régenter v. tr.
(Péj.) Diriger. *Cette manière de vouloir tout régenter!*

régicide adj. et n. m. et f.
• Personne qui assassine un roi. *Ce prisonnier est un régicide.*
• Assassinat d'un roi. *Un complot régicide.*

régie n. f.
Nom de certains organismes gouvernementaux. *Régie des rentes du Québec (RRQ).*

Régie de l'assurance-maladie du Québec
Sigle *RAMQ* (s'écrit avec ou sans points).

Régie des rentes du Québec
Sigle *RRQ* (s'écrit avec ou sans points).

regimber v. intr., pronom.
• **Intransitif.** Refuser d'obéir. *Ils ont regimbé contre cette décision.*
• **Pronominal.** Se rebeller, se rebiffer. *Ils se sont regimbés.*
▭← Cette forme redondante pourrait provenir d'une confusion avec le verbe *se rebiffer.*

régime n. m.
• Mode de vie en matière d'hygiène, de nourriture. *Un régime amaigrissant.*
• Organisation politique. *Le régime parlementaire, le régime présidentiel.*
• Ensemble de règles relatives à un objet particulier. *Le régime matrimonial.*
• Vitesse moyenne d'un moteur. *Rouler à plein régime, un régime de croisière.*
• Grappe de fruits de certains arbres. *Un régime de bananes.*
• *Régime de retraite.* Ensemble des garanties permettant à des assurés ou à des participants de bénéficier d'une rente ou d'une pension dans des conditions et à un âge déterminés par leur régime. (Recomm. off. OLF)

Régime de retraite des employés du gouvernement et des organismes publics
Sigle *RREGOP* (s'écrit avec ou sans points).

régime d'épargne-actions
Sigle *RÉA* (s'écrit avec ou sans points).

régime enregistré d'épargne-retraite
Sigle *REÉR* (s'écrit avec ou sans points).

régiment n. m.
Corps militaire.

région n. f.
• Étendue de pays possédant des caractères particuliers qui lui confèrent une certaine unité. *Des régions polaires.*
• Partie du corps. *Elle a une douleur dans la région dorsale.*

régional, ale, aux adj.
Relatif à une région. *La cuisine régionale, le français régional, des bureaux régionaux.*
⇨ régional.

régionale n. f.
Au Québec, établissement d'enseignement secondaire desservant toute une région.

régionalisation n. f.
Décentralisation. *La régionalisation administrative.*
⬛▷ région**al**isation.

régionaliser v. tr.
Effectuer une régionalisation.
⬛▷ région**al**iser.

régionalisme n. m.
(Ling.) Expression, mot propre à une région, à un pays. *Les régionalismes québécois.*
V. **canadianisme, québécisme.**
⬛▷ région**al**isme.

régir v. tr.
• Déterminer l'organisation de. *Les lois qui régissent les activités économiques.*
• Commander, gouverner.

régisseur n. m.
• Personne qui gère une propriété pour le compte d'autrui.
• Personne qui régit l'activité d'une scène de théâtre, d'un plateau de cinéma.

registraire n. m. et f.
Au Canada, personne qui, dans un établissement d'enseignement, est chargée principalement de l'inscription, de l'admission et de la gestion des dossiers des étudiants.

*registrateur
Archaïsme au sens de **conservateur des hypothèques.** (*Code civil*).

registre n. m.
👄 Attention à la première syllabe qui se prononce **re** (et non *ré) [rəʒistr].
Livre où l'on inscrit des données dont on veut conserver le souvenir. *Inscrire son nom sur ou dans un registre.*

réglable adj.
Qu'on peut régler. *Un siège à hauteur réglable.*
⬛▷ rég**l**able.

réglage n. m.
Action de mettre au point un appareil, un mécanisme. *Le réglage du moteur est bien fait.*
⬛▷ rég**l**age.

règle n. f.
• Instrument servant à tracer une ligne droite, à mesurer une longueur. *Une règle métrique.*
• Norme, principe. *Procéder selon les règles.*
• **Les règles de l'art.** Manière habituelle de procéder.
• **En règle générale.** Généralement.
• **En bonne règle.** Suivant l'usage.
• **En règle, dans les règles.** Conforme aux normes, aux règlements.

règlement n. m.
• Prescription légale. *Un règlement sur l'affichage.*
🖙— 1° Dans les titres de textes législatifs, les mots génériques (**accord, arrêté, code, constitution, décret, loi, règlement,** etc.) s'écrivent avec une majuscule.

2° Les numéros d'articles des codes, lois, règlements s'écrivent en chiffres arabes.
• Paiement. *Le règlement doit se faire dans les 30 jours.*

• **Règlement de compte(s).** Vengeance. *C'est un règlement de comptes de la maffia.*

réglementaire adj.
👄 Le **é** se prononce **è** [regləmãtɛr].
• Conforme au règlement. *Une tenue réglementaire.*
• Relatif à un règlement. *Un texte réglementaire.*
⬛▷ réglementaire, malgré **règlement.**

réglementation n. f.
👄 Le **é** se prononce **è** [regləmãtasjɔ̃].
Ensemble des lois et des règlements d'un domaine particulier. *La réglementation de la sécurité routière.*
⬛▷ réglementation.

réglementer v. tr.
👄 Le **é** se prononce **è** [regləmãte].
Soumettre à un règlement. *La chasse est réglementée.*
⬛▷ réglementer.

régler v. tr.
Le **é** se change en **è** devant une syllabe muette, sauf à l'indicatif futur et au conditionnel présent. *Je règle,* mais *je réglerai.*
• Fixer, établir. *Régler une question.*
• Payer. *Régler une facture.*
• Mettre au point. *Régler un moteur.*

réglisse n. f.
Plante dont la racine sert à fabriquer une confiserie. *Un bâton de réglisse.*
🖙— Attention au genre féminin de ce nom : **la** réglisse.

régnant, ante adj.
Qui règne. *Le prince régnant.*

règne n. m.
• Période pendant laquelle un souverain est au pouvoir. *Le règne de Victoria dura 64 ans.*
• Chacune des grandes divisions de la nature. *Le règne animal, le règne végétal et le règne minéral.*

régner v. intr.
Le **é** se change en **è** devant une syllabe muette, sauf à l'indicatif futur et au conditionnel présent. *Je règne,* mais *je régnerai.*
• Exercer le pouvoir comme roi, reine. *Les dix années que la reine a régné.*
🖙— Dans cette construction, le participe passé du verbe est invariable parce que le complément n'est pas un complément d'objet direct, mais un complément circonstanciel (pendant lesquelles).
• Exister. *Il règne un désordre inouï dans cette maison.*

regorger v. intr.
Le **g** est suivi d'un **e** devant les lettres **a** et **o.** *Il regorgea, nous regorgeons.*
Abonder. *Cette bibliothèque regorgeait d'ouvrages anciens.*

régresser v. intr.
Reculer. *La maladie a régressé.*

régression n. f.
Recul, diminution. *La maladie est en régression. La régression de l'inflation.*
Ant. **progression.**

regret n. m.
• Chagrin, repentir. *Charles a du regret d'avoir commis une bêtise.*
• *Avoir le regret de* + infinitif. Être dans la nécessité de. *J'ai le regret de ne pouvoir accepter votre invitation.*
• *Être au regret.* Formule de style administratif. *Nous sommes au regret de vous annoncer que votre contrat ne sera pas renouvelé.*
☞ Dans la langue courante, on préférera l'expression *avoir le regret de.*
• *À regret, sans regret,* locutions adverbiales. Malgré soi, sans hésitation. *Je pars de cet endroit à regret, sans regret.*
☞ Dans ces expressions, le nom s'écrit au singulier.

regrettable adj.
Déplorable. *Cet incident est regrettable.*

regretter v. tr.
• Ressentir l'absence, la mort de quelqu'un. *Elle regrette sa chère marraine.*
• Être désolé. *Il regrette de ne pouvoir être présent. Elle regrette qu'il ne puisse venir.*
☞ Le verbe se construit avec la préposition *de* suivie de l'infinitif ou avec la conjonction *que* suivie du subjonctif.
• Être mécontent, déplorer. *Il regrette ses paroles trop dures.*

regroupement n. m.
• Action de regrouper.
• Rassemblement. *Un regroupement de toutes les classes.*

regrouper v. tr.
Réunir pour former un groupe. *Le moniteur a regroupé les joueurs autour de lui.*

régularisation n. f.
Action de rendre uniforme, de mettre en règle. *La régularisation d'un compte.*
☞ Ne pas confondre avec le nom *régulation,* action de maintenir en équilibre.

régulariser v. tr.
• Rendre conforme aux lois. *Régulariser sa situation.*
• Rendre régulier. *Régulariser un fleuve.*

régularité n. f.
• Qualité de ce qui est conforme aux règles. *La régularité d'un tournoi.*
• Symétrie. *La régularité de ses traits.*
• Caractère régulier. *Julia travaille avec régularité, de façon uniforme.*

régulateur, trice adj.
Qui régularise. *Un mécanisme régulateur. Un régulateur de vitesse.*

régulation n. f.
Action de maintenir en équilibre. *La régulation de la température, la régulation (et non le *contrôle) des naissances.*
☞ Ne pas confondre avec le nom *régularisation,* action de rendre régulier, de mettre en règle.

régulier, ière adj.
• Conforme aux règles. *Un verbe régulier.*
• Qui ne varie pas, constant, continu. *Un horaire régulier.*

*régulier
Anglicisme au sens de *ordinaire, courant, normal, habituel.*

régulièrement adv.
Avec régularité.

réhabilitation n. f.
Action de faire recouvrer la considération d'autrui. *La réhabilitation d'un prisonnier.*
☞ Ne pas confondre avec le nom *réadaptation* qui désigne un traitement visant à réduire les inconvénients d'un accident, d'une maladie, en adaptant à nouveau les organes à leur fonction. La *réhabilitation* est d'ordre moral, alors que la *réadaptation* est d'ordre physique.

*réhabilitation
Anglicisme au sens de *réadaptation* (d'un handicapé).

réhabiliter v. tr., pronom.
• **Transitif**
- Rétablir une personne dans ses droits.
- Faire recouvrer l'estime d'autrui à.
• **Pronominal**
Se racheter.

réhabituer v. tr.
Habituer de nouveau. *Après les vacances, il faut se réhabituer au travail.*

rehausser v. tr.
Faire ressortir. *Cette couleur rehausse son teint.*
☞ rehausser.

réimpression n. f.
• Action de réimprimer.
• Œuvre réimprimée. *C'est une simple réimpression sous une nouvelle jaquette.*
☞ La *réimpression* ne comporte pas de modification par rapport à l'édition originale, tandis que la *réédition* est souvent corrigée ou enrichie.

réimprimer v. tr.
Imprimer de nouveau, sans modification. *L'ouvrage a été réimprimé, le dernier tirage étant épuisé.*

rein n. m.
• Chacun des deux organes qui produisent l'urine.
• (Au plur.) Partie inférieure de l'épine dorsale. *Une jolie chute de reins.*
• *Tour de reins.* Mal de dos.
• *Avoir les reins solides.* (Fam.) Être capable de faire face à une épreuve.

reine n. f.
• Souveraine d'un royaume. *La reine Élisabeth II.*
☞ Ce titre s'écrit avec une minuscule.
• Femme d'un roi.
Hom. :
- *rêne,* courroie de la bride d'un cheval;
- *renne,* mammifère de la famille des cervidés.

reine-claude n. f. (pl. *reines-claudes*)
Variété de prune.

reine-marguerite n. f. (pl. *reines-marguerites*)
Plante appréciée pour ses fleurs colorées.

reinette n. f.
Petite pomme dont la peau est tachetée.
Hom. *rainette,* grenouille.

réinsérer v. tr.
Ce verbe se conjugue comme *insérer.*
Réintroduire.

réinsertion n. f.
Action de réinsérer.
☞ réinsertion.

réintégrer v. tr.
Ce verbe se conjugue comme *intégrer.*
• Revenir dans un lieu. *Réintégrer son appartement après les vacances.*
• Rétablir quelqu'un dans la jouissance d'un droit, dans un emploi. *On l'a réintégré dans ses fonctions.*

réitération n. f.
Action de réitérer.

réitérer v. tr.
Le *é* se change en *è* devant une syllabe muette, sauf à l'indicatif futur et au conditionnel présent. *Je réitère,* mais *je réitérerai.*
Recommencer, répéter. *Je vous réitère mes remerciements.*

rejaillir v. intr.
• Jaillir avec force, en parlant d'un liquide. *La boue a rejailli sur elle.*
• (Fig.) Retomber, atteindre également. *Cette appréciation rejaillit sur nous tous.*

rejet n. m.
• Refus. *Le rejet d'une proposition.*
• (Méd.) Phénomène de défense immunitaire qui se produit après une greffe.
☞ rejet.

rejeter v. tr., pronom.
Ce verbe se conjugue comme *jeter.*
• **Transitif.** Refuser. *Cette suggestion a été rejetée.*
• **Pronominal.** Repousser, renvoyer. *Le pêcheur a rejeté la petite truite à l'eau.*

rejeton n. m.
(Fam.) Enfant.

rejoindre v. tr.
• Aller retrouver quelqu'un. *Elle a couru pour le rejoindre.*
☞ Si l'on ne parvient pas à parler avec quelqu'un au téléphone, on emploiera plutôt le verbe *joindre. Je n'ai pas réussi à le joindre* (et non à le *rejoindre).
• Aboutir à un endroit. *Ce sentier rejoint la petite route.*

réjouir v. tr., pronom.
• **Transitif**
Rendre heureux, de bonne humeur. *Votre retour m'a réjoui énormément.*
• **Pronominal**
- Être heureux, éprouver de la satisfaction. *Il se réjouit des résultats obtenus, d'être là.*
- *Se réjouir que* + subjonctif. Cette construction est la plus classique. *Elle se réjouit qu'il soit élu.*
- *Se réjouir de ce que* + subjonctif ou indicatif. Cette construction plus lourde est également correcte. *Ils se réjouissent de ce que les étudiants aient apprécié la fête,* ont apprécié la soirée.

réjouissance n. f.
• Joie collective. *En signe de réjouissance, ils décorèrent et illuminèrent la maison.*
• (Au plur.) Fête, divertissement. *Voici le programme des réjouissances.*

réjouissant, ante adj.
Qui réjouit. *Une nouvelle réjouissante.*

relâche n. f.
• (Litt.) Interruption. *Prendre un peu de relâche.*
• Fermeture occasionnelle d'une salle de spectacle. *Le théâtre fait relâche tous les lundis.*
• *Sans relâche.* Sans arrêt, sans répit.
☞ Ce nom était de genre masculin ou féminin; aujourd'hui l'emploi masculin est vieilli et le féminin tend à l'emporter. Il est surtout employé dans des locutions où le genre n'est pas marqué. *Un moment de relâche, faire relâche, sans relâche.*
☞ relâche.

relâchement n. m.
• Manque de fermeté. *Le relâchement des tissus.*
• Paresse, laisser-aller. *Vos travaux dénotent un certain relâchement.*
☞ relâchement.

relâcher v. tr., pronom.
• **Transitif**
- Desserrer. *Relâcher ses muscles.*
- Diminuer l'effort, la discipline. *Relâcher l'ardeur au travail.*
- Libérer. *Relâcher des prisonniers.*
• **Pronominal**
- Devenir moins tendu. *La peau s'est relâchée avec l'âge.*
- Perdre de sa vigueur. *La discipline s'est relâchée.*
☞ relâcher.

relais n. m.
• Point intermédiaire entre deux autres.
• *Prendre le relais.* Succéder à quelqu'un dans un cours, une activité.
☞ relais.

relance n. f.
Reprise. *La relance économique.*

relancer v. tr.
Le *c* prend une cédille devant les lettres *a* et *o. Il relança, nous relançons.*
• Renvoyer. *Il lui relança la balle.*
• Poursuivre. *Elle l'a prié de ne plus la relancer.*
• Donner un nouvel essor. *Relancer l'économie.*

relater v. tr.
Rapporter un fait en détail. *On lui relata les circonstances de sa naissance.*
☞ Ne pas confondre avec les verbes suivants :
- *conter,* faire un récit d'une façon agréable;
- *narrer,* faire un récit relativement long;
- *rapporter,* faire un récit authentique.

relatif, ive adj.
• Qui se rapporte à quelque chose. *Des renseignements relatifs à l'immigration.*

• Incomplet, imparfait. *Des résultats relatifs.*
V. Tableau - **PRONOM.**
V. Tableau - **RELATIF (ADJECTIF).**

relation n. f.
• Rapport, lien. *On ne peut établir de relations entre ces deux évènements.*
• (Au plur.) Connaissances, amis influents. *Il a beaucoup de relations dans ce milieu.*
• Personne avec laquelle on est en rapport. *C'est une relation qu'il faut conserver.*
• **En relation** ou **en relations.** En rapport avec quelqu'un. *Elle est toujours en relation ou en relations avec son amie d'enfance.*
☞ La forme au singulier est la plus fréquente.
• **Relations publiques.** Ensemble des techniques d'information et de communication par lesquelles une entreprise cherche à se créer une image favorable, à faire connaître ses activités, ses produits tant auprès de son personnel que du public.

relativement adv.
• Proportionnellement.
• D'une manière relative.
• **Relativement à.** En ce qui concerne.

relativité n. f.
Caractère de ce qui est relatif. *La théorie de la relativité.*

*****relax**
Anglicisme pour **décontracté, détendu, reposant.**

relaxant, ante adj.
Qui détend, qui favorise la relaxation.

relaxation n. f.
Détente. *Des séances de relaxation.*

relaxe n. f.
(Dr.) Action de remettre un prisonnier en liberté.

relaxer v. tr., pronom.
• **Transitif**
- (Dr.) Libérer un prisonnier.

- Détendre. *Relaxer ses muscles.*
• **Pronominal**
(Fam.) Se détendre, se reposer.

relayer v. tr., pronom.
Le *y* peut se changer en *i* devant un *e* muet. *Je relaie (je relaye). Je relaierai (je relayerai).* Les formes en *aie,* plutôt que *aye* sont les plus usitées.
Le *y* est suivi d'un *i* à la première et à la deuxième personne du pluriel de l'indicatif imparfait et du subjonctif présent. *(Que) nous relayions.*
• **Transitif.** Remplacer quelqu'un dans une activité, une course. *Relayer un coureur.*
• **Pronominal.** Se remplacer réciproquement. *Elles se sont relayées à son chevet.*

reléguer v. tr.
Le *é* se change en *è* devant une syllabe muette, sauf à l'indicatif futur et au conditionnel présent. *Je relègue,* mais *je reléguerai.*
Attention au *u* qui subsiste même devant les lettres *a* et *o. Il relégua, nous reléguons.*
Confiner à l'écart quelqu'un, quelque chose. *Le téléviseur a été relégué au sous-sol.*

relent n. m.
Odeur désagréable. *Un relent de friture.*
☞ Ne pas confondre avec les mots suivants :
- **odeur,** sensation olfactive qui émane d'un corps;
- **parfum,** odeur agréable.
☞ relent.

relève n. f.
• Remplacement d'une équipe par une autre. *La relève de la garde.*
• (Fig.) Succession. *Il faut préparer la relève.*

relevé n. m.
☞ Le premier ou le deuxième *e* est muet, [rləve] ou [rəlve].
Liste, résumé écrit. *Un relevé de notes, le relevé des compteurs.*

ADJECTIF **RELATIF**

L'adjectif relatif se place devant un nom pour indiquer que l'on rattache à un antécédent la subordonnée qu'il introduit.

– masculin singulier	**lequel, duquel, auquel**
– féminin singulier	**laquelle, de laquelle, à laquelle**
– masculin pluriel	**lesquels, desquels, auxquels**
– féminin pluriel	**lesquelles, desquelles, auxquelles.**

Il a reconnu vous devoir la somme de trois cents dollars, laquelle somme vous sera remboursée sous peu.

☞ À l'exception de la langue juridique, les adjectifs relatifs sont peu courants.

V. Tableau – **ADJECTIF.**

relèvement n. m.
Redressement, hausse. *Le relèvement des impôts.*

relever v. tr., intr., pronom.
Le *e* se change en *è* devant une syllabe muette. *Je relève,* mais *je relevais.*

👄 Le premier ou le deuxième *e* est muet, [rləve] ou [rəlve].
• **Transitif direct**
- Remettre debout, rétablir. *Relever l'économie.*
- Souligner. *Relever des erreurs.*
- Mettre plus haut. *Relever les salaires, les yeux.*
• **Transitif indirect**
Dépendre. *Cette décision relève de l'éditeur.*
• **Pronominal**
- Se remettre debout. *Elles se sont relevées.*
- Se relayer. *Ils se sont relevés avec ardeur.*

relief n. m.
• Saillie. *Un motif gravé en relief. Le relief du sol.*
• **En relief.** Qui forme un relief.
• ***Mettre en relief.*** Mettre en valeur, faire ressortir.
• (Au plur.) (Litt.) Restes des plats servis. *Les reliefs d'un banquet.*

relier v. tr.
Redoublement du *i* à la première et à la deuxième personne du pluriel de l'indicatif imparfait et du subjonctif présent. *(Que) nous reliions, (que) vous reliiez.*
• Assembler, lier. *Relier les feuillets d'un livre.*
• Faire communiquer. *Un pont qui relie deux rives.*

relieur n. m.
relieuse n. f.
Personne dont le métier est de relier des livres.

religieusement adv.
• D'une manière religieuse.
• Scrupuleusement. *Il comptait les points religieusement.*

religieux, euse adj. et n. m. et f.
• **Adjectif.** Relatif à la religion.
• **Nom masculin et féminin.** Personne qui fait partie d'une congrégation, d'un ordre religieux.

religieuse n. f.
Pâtisserie composée d'une pâte à chou fourrée de crème pâtissière.

religion n. f.
Ensemble de doctrines et de pratiques ayant pour objet les rapports de l'âme humaine avec le sacré.
👉 Les noms de religions s'écrivent avec une minuscule. *Le christianisme, le bouddhisme.*

reliquaire n. m.
Coffret destiné à recevoir des reliques.
▭▷ reliqu**aire.**

relique n. f.
Ce qui reste d'un saint. *Ce fragment d'os est une relique du saint patron de cette chapelle.*

relire v. tr., pronom.
• **Transitif.** Lire de nouveau.
• **Pronominal.** Lire ce qu'on a écrit pour se corriger.

reliure n. f.
• Art de relier les livres. *La reliure d'art.*
• Manière dont un livre est relié. *Une belle reliure en cuir vert.*
• Couverture rigide. *Une reliure à trois anneaux* (et non un *cartable) *remplie de feuilles mobiles.*

reluire v. intr.
Briller. *Faire reluire l'argenterie.*

reluisant, ante adj.
• Qui reluit. *Des meubles reluisants.*
• Brillant. *Un avenir pas très reluisant.*

reluquer v. tr.
(Fam.) Regarder avec insistance et convoitise.

*remake
Anglicisme pour ***nouvelle version*** (d'un film).

remaniement n. m.
Modification. *Un remaniement ministériel.*
▭▷ remani**e**ment.

remanier v. tr.
Redoublement du *i* à la première et à la deuxième personne du pluriel de l'indicatif imparfait et du subjonctif présent. *(Que) nous remaniions, (que) vous remaniiez.*
Modifier l'organisation, la composition. *Un texte remanié.*

remarquable adj.
Digne d'être remarqué, extraordinaire.

remarquablement adv.
D'une manière remarquable.

remarque n. f.
Observation. *Une remarque désagréable.*

remarquer v. tr., pronom.
• Noter. *Il a remarqué cette anomalie.*
• ***Faire remarquer.*** Signaler. *Je vous fais remarquer que tous les membres sont opposés à cette décision.*

remblai n. m.
Masse de terre destinée à relever un terrain.
▭▷ rembl**ai.**

remblayage n. m.
Action de remblayer.

remblayer v. tr.
Le *y* peut se changer en *i* devant un *e* muet. *Il remblaie (il remblaye). Il remblaiera (il remblayera).* La forme en *aie,* plutôt que *aye* est la plus usitée.
Combler un creux, faire un terrassement à l'aide de matériaux, de terre, etc.

rembourrage n. m.
Action de rembourrer.

rembourrer v. tr.
Garnir d'une matière. *Rembourrer un coussin de duvet.*

rembourreur n. m.
rembourreuse n. f.
Au Canada, artisan qui rembourre, recouvre meubles et sièges de tissus d'ameublement.
Syn. **tapissier, tapissier-décorateur.**

rembourrure n. f.
Matière servant à rembourrer.

remboursement n. m.
• Action de rembourser. *Le remboursement d'un emprunt.*
• **Contre remboursement (CR).** Contre paiement à la livraison. *Un envoi contre remboursement* (et non *COD).

rembourser v. tr.
Rendre à quelqu'un l'argent prêté, dépensé. *Ses frais de déplacement ont été remboursés. Cet employé a été remboursé de ses frais. Les 100 $ qu'elle lui a remboursés.*

rembrunir (se) v. pronom.
Devenir sombre, morose. *À cette évocation, ses traits se rembrunirent.*

remède n. m.
• (Vx) Médicament. *Un remède contre le diabète.*
• (Fig.) Solution. *Un remède à l'inflation.*
☞ Au sens figuré, le nom se construit surtout avec la préposition **à.**
• Ce qui sert à soulager une souffrance morale. *Un remède à la mélancolie, contre le désespoir.*
☞ La construction avec la préposition **contre** donne un sens plus fort au nom.

remédier v. tr. ind.
Redoublement du *i* à la première et à la deuxième personne du pluriel de l'indicatif imparfait et du subjonctif présent. *(Que) nous remédiions, (que) vous remédiiez.*
Apporter un remède à quelque chose de façon définitive. *Je crois qu'elle pourra remédier à ce désordre administratif.*
☞ Ne pas confondre avec le verbe **pallier,** corriger quelque chose de manière incomplète, provisoirement.

remembrement n. m.
Reconstitution d'un domaine, d'un pays morcelé.

remembrer v. tr.
Rassembler.

remémorer v. tr., pronom.
• **Transitif.** (Litt.) Évoquer.
• **Pronominal.** (Litt.) Se souvenir de. *Il se remémorait les moindres instants de cette soirée.*
☞ remémorer.

remerciement n. m.
Écrit, paroles par lesquels on témoigne de la reconnaissance. *Une lettre de remerciement.*
☞ remerciement.

remercier v. tr.
Redoublement du *i* à la première et à la deuxième personne du pluriel de l'indicatif imparfait et du subjonctif présent. *(Que) nous remerciions, (que) vous remerciiez.*
• Témoigner sa reconnaissance. *Je vous remercie de la charmante soirée, pour votre gentille attention. Il la remercie de l'avoir attendu.*

☞ Le complément du verbe se construit généralement avec la préposition **de** et parfois avec la préposition **pour.** Si le verbe est suivi d'un infinitif, il se construit alors avec **de.**
• Congédier. *Il a été remercié après quelques mois de travail.*

remettre v. tr., pronom.
Ce verbe se conjugue comme **mettre.**
• **Transitif**
- Mettre une chose à sa place antérieure.
- Mettre de nouveau. *Elle a remis son imperméable.*
- Confier. *Je vous remets le dossier.*
- Revenir, retrouver la santé, la paix. *Elle n'est pas encore remise de son accident.*
- Différer. *Ne remettez pas à demain ce que vous pouvez faire aujourd'hui.*
• **Pronominal**
- Se mettre de nouveau. *Elle s'est remise au tennis.*
- **S'en remettre à.** Faire confiance à. *Elles s'en sont remises à leur avocat.*

réminiscence n. f.
Souvenir vague.
☞ réminiscence.

remisage n. m.
Action de remiser.

remise n. f.
• Diminution de prix accordée à un client important en fonction des quantités achetées en un lot.
☞ Ne pas confondre avec les noms suivants :
- **escompte,** réduction de prix accordée en raison de l'acquittement d'une dette avant son échéance;
- **rabais,** diminution de prix exceptionnelle attribuable à un niveau de qualité inférieur ou à un défaut de conformité;
- **réduction,** terme général qui désigne une diminution accordée sur un prix.
• Local où l'on range des objets. *Les outils de jardinage sont dans la remise.*

*remise
Impropriété au sens de **règlement** (d'une facture, d'un compte).

remiser v. tr.
Ranger dans une remise.

rémission n. f.
• Pardon.
• **Sans rémission.** Sans pardon.
• Diminution passagère des symptômes d'une maladie.

remmener v. tr.
Le *e* de la deuxième syllabe se change en *è* devant une syllabe muette. *Il remmène, il remmenait.*
Reconduire.

remontant, ante adj. et n. m.
• **Adjectif.** Qui redonne des fleurs, des fruits au début de l'automne. *Un framboisier remontant.*
• **Nom masculin.** Tonique, cordial. *Prenez donc un petit remontant.*

remontée n. f.
• Action de remonter. *Ils ont réussi une belle remontée.*
• *Remontée mécanique.* Installation utilisée par les skieurs pour remonter les pentes.

remonte-pente n. m. (pl. *remonte-pentes*)
Dispositif servant à tirer les skieurs au sommet des pentes.
Syn. **monte-pente, téléski** (utilisé en France).

remontrance n. f.
Réprimande. *Faire des remontrances à un élève indiscipliné.*
⟹ remontrance.

remontrer v. tr.
• Montrer de nouveau quelque chose (à quelqu'un).
• *En remontrer à quelqu'un.* Lui prouver qu'on est supérieur.
⊫— Le verbe ne s'emploie plus que dans cette expression qui a une valeur péjorative.

remords n. m.
Honte causée par la conscience d'avoir mal agi.
⟹ remords.

remorquage n. m.
Action de remorquer. *Le remorquage d'une voiture en panne.*
⊫— Le *touage* désigne le remorquage d'un navire.

remorque n. f.
• Traction exercé sur un véhicule à l'aide d'un autre. *Prendre une voiture en remorque.*
• Véhicule sans moteur destiné à être tiré. *Une remorque de camion.*
• *Être à la remorque.* Rester en arrière. *Il est toujours à la remorque.*
• *Être à la remorque de quelqu'un.* Le suivre aveuglément.

remorquer v. tr.
Tirer un véhicule, un navire.

remorqueur n. m.
Petit bâtiment dont la fonction est de remorquer les autres navires. *Elle aimait observer le travail des remorqueurs dans le port.*

rémoulade n. f.
Vinaigrette piquante. *Des céleris rémoulade.*
⟹ rémoulade.

remous n. m. (pl. *remous*)
• Tourbillon de l'eau. *Les remous d'un détroit.*
• (Fig.) Agitation. *Cette décision a provoqué beaucoup de remous.*
⟹ remous.

rempart n. m.
• Muraille fortifiée entourant une ville.
⊫— Ne pas confondre avec les mots suivants :
- *mur,* ouvrage de maçonnerie qui soutient une construction;
- *muraille,* mur épais et élevé.
• (Fig.) Ce qui sert de protection.

remplaçable adj.
Qui peut être remplacé.
⟹ remplaçable.

remplaçant, ante n. m. et f.
Personne qui en remplace une autre. *Elle a trouvé une remplaçante.*
⟹ remplaçant.

remplacement n. m.
Action de remplacer une personne, une chose. *Le remplacement d'une pile.*

remplacer v. tr.
Le *c* prend une cédille devant les lettres *a* et *o*. *Il remplaça, nous remplaçons.*
• Agir pour quelqu'un à titre provisoire ou permanent. *Elle a été remplacée pendant son congé de maternité.*
• Substituer une chose à une autre. *Nous remplaçons ce produit par celui-ci.*

remplie, ie adj.
• Plein. *Une tasse remplie de tisane.*
• Truffé. *Un texte rempli de citations.*
• Occupé. *Une semaine bien remplie.*

remplir v. tr., pronom.
• **Transitif**
- Rendre plein. *Remplis mon verre, j'ai soif.*
⊫— Ce verbe a aujourd'hui remplacé le verbe *emplir* qui est vieilli.
- Ajouter les renseignements nécessaires. *Remplir un formulaire* (et non *compléter).
- Exercer une activité. *Remplir une fonction, une mission.*
- Satisfaire à. *Sa candidature remplit toutes les conditions.*
• **Pronominal**
Devenir plein. *La piscine s'est remplie.*

remplissage n. m.
• Action de remplir. *Le remplissage d'une piscine.*
• (Fig.) Développement superflu. *Faire du remplissage.*

remplumer (se) v. pronom.
(Fam.) Reprendre du poids. *Il a meilleure mine, il commence à se remplumer.*

remporter v. tr.
• Reprendre. *Elle lui a demandé de remporter ses cadeaux.*
• Gagner. *Il a remporté le premier prix.*

remue-ménage n. m. inv. (pl. *remue-ménage*)
Agitation.

remue-méninges n. m. inv. (pl. *remue-méninges*)
Technique de réflexion, de création fondée sur la mise en commun des idées, des suggestions de chacun des membres d'un groupe. *Faire un remue-méninges* (et non un *brainstorming).

remuer v. tr., intr., pronom.
• **Transitif**
- Mettre en mouvement. *Le chien remue la queue en signe de satisfaction.*
- *Remuer ciel et terre.* Mettre en œuvre tous les moyens nécessaires à l'atteinte d'un objectif.
• **Intransitif**
Changer de place. *Il ne cesse de remuer.*

• Pronominal

- Se mouvoir. *Il est ankylosé, il a du mal à se remuer.*
- (Fam.) Se hâter. *Remuez-vous un peu, nous n'aurons jamais terminé à temps.*

rémunération n. f.
Argent reçu pour prix d'un service, d'un travail.
V. **salaire.**
⇨ ré**mu**nération.

rémunérer v. tr.
Le *é* se change en *è* devant une syllabe muette, sauf à l'indicatif futur et au conditionnel présent. *Je rémunère,* mais *je rémunérerai.*
Donner une rémunération. *Ce travail est bien rémunéré.*
⇨ ré**mu**nérer.

renâcler v. intr.
Rechigner. *Il renâcle à la besogne.*
⇨ re**nâ**cler.

renaissance n. f.
• Nouvelle naissance.
• Au XVIᵉ siècle en Italie et en Europe, renouveau littéraire, artistique, etc.
⊯ Lorsque ce nom désigne la période historique, il s'écrit avec une majuscule. *La Renaissance.*
⊯ En apposition, le nom est invariable. *Des façades Renaissance* (de style Renaissance).

renaître v. intr.
Ce verbe se conjugue comme *naître.*
• Naître de nouveau.
• Se produire à nouveau. *Le mécontentement risque de renaître.*

rénal, ale, aux adj.
Relatif au rein. *Des problèmes rénaux.*

renard n. m.
Mammifère carnivore dont la fourrure est appréciée. *Des renards argentés.*

renarde n. f.
Femelle du renard.

renardeau n. m. (pl. *renardeaux*)
Petit du renard.

renchérir v. intr.
• Faire une enchère supérieure. *Elle refuse de poursuivre; ils ont trop renchéri.*
• Dire ou faire plus, aller plus loin. *Il renchérit sur tout ce que je dis.*

renchérissement n. m.
Hausse de prix.

rencontre n. f.
Le fait, pour des personnes, des choses de se trouver en contact. *La rencontre de deux cultures.*

rencontrer v. tr., pronom.
• Transitif
Se trouver en présence de quelqu'un par hasard. *Rencontrer une amie.*

• Pronominal
- Faire connaissance. *Il me semble que je vous ai déjà rencontré.*
- Se trouver en même temps au même endroit. *Ils se sont rencontrés au café.*

*rencontrer (une dépense, des engagements, ses obligations)
Anglicisme au sens de *faire face à, régler, s'acquitter de.*

*rencontrer (une échéance)
Anglicisme au sens de *respecter.*

*rencontrer (des exigences)
Anglicisme au sens de *répondre à.*

*rencontrer (des difficultés)
Anglicisme au sens de *éprouver.*

*rencontrer (des conditions)
Anglicisme au sens de *satisfaire à, remplir.*

*rencontrer (un objectif)
Anglicisme au sens de *atteindre.*

*rencontrer (des besoins, des demandes)
Anglicisme au sens de *répondre à, satisfaire.*

rendement n. m.
• Produit, travail fourni. *Le rendement de cette employée est excellent.*
• Rapport entre les capitaux investis et les revenus qu'on en tire. *Cet investissement offre un bon rendement.*

rendez-vous n. m. inv.
Convention entre deux ou plusieurs personnes de se retrouver en un lieu donné et à un moment déterminé. *Cet agenda ne permet pas d'inscrire plus de trois rendez-vous* (et non *appointements, *engagements) *par jour. J'ai rendez-vous avec vous.*

rendre v. tr., pronom.
• Transitif
- Remettre à quelqu'un ce qui lui est dû. *Elle lui a rendu ce qu'elle lui avait emprunté. Il lui a rendu la monnaie.*
- Faire passer quelqu'un, quelque chose à un nouvel état. *Cette décision le rendit fou de rage.*
- *Rendre grâce.* Remercier.
- *Rendre compte.* Faire un compte rendu.
• Pronominal
- Capituler. *Ils se sont finalement rendus.*
- Aller à un endroit défini. *Elles se sont rendues en Europe.*
- *Se rendre maître de.* Maîtriser. *Ils se sont rendus maîtres de la situation.*
⊯ Le participe passé et l'attribut s'accordent avec le sujet du verbe.
- *Se rendre à l'évidence.* (Fig.) Comprendre, accepter un fait. *Rendez-vous à l'évidence : vous avez perdu votre pari.*
- *Se rendre compte de.* S'apercevoir, comprendre. *Elles se sont rendu compte de leur erreur.*

☞ Dans cette expression, le participe passé est invariable.
V. Tableau - **RENDRE (CONJUGAISON DU VERBE).**

rendu, ue adj.
Parvenu à un certain endroit. *Vous voilà rendus à destination, après trois heures de voiture.*

rêne n. f.
Courroie de la bride d'un cheval servant à le diriger. *Tenir les rênes.*
Hom. :
- **reine,** souveraine;
- **renne** mammifère de la famille des cervidés.
☞ rêne.

renégat, ate n. m. et f.
Personne qui a renié sa religion. *On les a traités de renégats.*
☞ renégat.

renfermé adj. et n. m.
• **Adjectif.** Secret, taciturne. *Il est très renfermé, peu communicatif.*
• **Nom masculin.** Odeur désagréable d'un lieu mal aéré. *Cette pièce sent le renfermé.*

renfermer v. tr., pronom.
• **Transitif.** Contenir. *Cette histoire renferme un mystère.*
• **Pronominal.** Ne rien laisser paraître de ses sentiments. *Depuis, il s'est complètement renfermé sur lui-même.*

renflement n. m.
Proéminence.

renfler v. tr., pronom.
• **Transitif.** Rendre bombé. *Ses muscles saillants renflent le tissu moulant.*
• **Pronominal.** Devenir plus rond. *La forme se renfle à la base.*

renflouage ou **renflouement** n. m.
• Remise à flot d'un navire. *Le renflouage, le renflouement d'un navire.*
• (Fig.) Relance à l'aide d'une injection de fonds. *Le renflouement de l'économie.*

renflouer v. tr.
• Remettre à flot un navire.
• (Fig.) Fournir des fonds pour sauver une entreprise.

renfoncement n. m.
Retrait.

renfoncer v. tr., intr.
Le **c** prend une cédille devant les lettres **a** et **o**. *Il renfonça, nous renfonçons.*
• **Transitif.** Enfoncer plus avant.
• **Intransitif.** (Fam.) Au Canada, enfoncer. *Il est difficile de courir quand nos pieds renfoncent dans la neige.*

renforcer v. tr.
Le **c** prend une cédille devant les lettres **a** et **o**. *Il renforça, nous renforçons.*
Rendre plus solide.

renfort n. m.
• Augmentation du nombre de personnes, supplément de matériel. *Nous sommes débordés, envoyez-nous des renforts.*
• **À grand renfort de.** À l'aide d'une grande quantité de. *À grand renfort de paroles.*
☞ renfort.

renfrogner (se) v. pronom.
Devenir maussade. *Ils se sont renfrognés.*

rengager ou **réengager** v. tr., pronom.
Le **g** est suivi d'un **e** devant les lettres **a** et **o**. *Il rengagea, nous rengageons. Il réengagea, nous réengageons.*
• **Transitif.** Engager de nouveau.
• **Pronominal.** Contracter un nouvel engagement.

rengaine n. f.
Refrain.
☞ rengaine.

rengainer v. tr.
• Remettre une arme dans son étui. *Les policiers rengainèrent leur revolver.*
• (Fig.) Ne pas terminer ce qu'on voulait dire. *Elle a rengainé sa salutation.*
☞ rengainer.

rengorger (se) v. pronom.
Le **g** est suivi d'un **e** devant les lettres **a** et **o**. *Il se rengorgea, nous nous rengorgeons.*
Faire l'important. *Le député se rengorgeait devant les invités.*

reniement n. m.
Le fait de renier.
☞ reniement.

renier v. tr.
Redoublement du **i** à la première et à la deuxième personne du pluriel de l'indicatif imparfait et du subjonctif présent. *(Que) nous reniions, (que) vous reniiez.*
• Désavouer.
• Renoncer à. *Renier sa foi.*

reniflement n. m.
Action de renifler.
☞ reniflement.

renifler v. tr., intr.
• **Transitif.** Sentir. *Renifler une bonne odeur.*
• **Intransitif.** Aspirer fortement par le nez. *Cesse de renifler.*
☞ renifler.

renne n. m.
• Mammifère ruminant de la famille des cervidés. *Des troupeaux de rennes.*
• Au Canada, se dit *caribou.*
Hom. :
- **reine,** souveraine;
- **rêne,** courroie de la bride d'un cheval.
☞ renne.

CONJUGAISON DU VERBE **RENDRE**

INDICATIF

Présent	**Passé composé**
je rends	j'ai rendu
tu rends	tu as rendu
il rend	il a rendu
nous rendons	nous avons rendu
vous rendez	vous avez rendu
ils rendent	ils ont rendu

Imparfait	**Plus-que-parfait**
je rendais	j'avais rendu
tu rendais	tu avais rendu
il rendait	il avait rendu
nous rendions	nous avions rendu
vous rendiez	vous aviez rendu
ils rendaient	ils avaient rendu

Passé simple	**Passé antérieur**
je rendis	j'eus rendu
tu rendis	tu eus rendu
il rendit	il eut rendu
nous rendîmes	nous eûmes rendu
vous rendîtes	vous eûtes rendu
ils rendirent	ils eurent rendu

Futur simple	**Futur antérieur**
je rendrai	j'aurai rendu
tu rendras	tu auras rendu
il rendra	il aura rendu
nous rendrons	nous aurons rendu
vous rendrez	vous aurez rendu
ils rendront	ils auront rendu

CONDITIONNEL

Présent	**Passé**
je rendrais	j'aurais rendu
tu rendrais	tu aurais rendu
il rendrait	il aurait rendu
nous rendrions	nous aurions rendu
vous rendriez	vous auriez rendu
ils rendraient	ils auraient rendu

SUBJONCTIF

Présent	**Passé**
que je rende	que j'aie rendu
que tu rendes	que tu aies rendu
qu'il rende	qu'il ait rendu
que nous rendions	que nous ayons rendu
que vous rendiez	que vous ayez rendu
qu'ils rendent	qu'ils aient rendu

Imparfait	**Plus-que-parfait**
que je rendisse	que j'eusse rendu
que tu rendisses	que tu eusses rendu
qu'il rendît	qu'il eût rendu
que nous rendissions	que nous eussions rendu
que vous rendissiez	que vous eussiez rendu
qu'ils rendissent	qu'ils eussent rendu

IMPÉRATIF

Présent	**Passé**
rends	aie rendu
rendons	ayons rendu
rendez	ayez rendu

PARTICIPE

Présent	**Passé**
rendant	rendu, ue
	ayant rendu

INFINITIF

Présent	**Passé**
rendre	avoir rendu

renom n. m.
Célébrité de quelqu'un, de quelque chose. *Un vin de renom, le renom d'un couturier.*
☞ renom.

renommé, ée adj.
Réputé. *Une région renommée pour ses fromages.*
☞ renommé.

renommée n. f.
Célébrité.
▷— Ce nom ne s'emploie que dans un sens mélioratif, alors que les noms **notoriété, réputation** se disent en bonne ou en mauvaise part.
☞ renommée.

renoncement n. m.
Détachement. *Le renoncement aux joies de ce monde.*
☞ renoncement.

renoncer v. tr. ind.
Le *c* prend une cédille devant les lettres *a* et *o. Il renonça, nous renonçons.*
• Abandonner un droit sur quelque chose. *Ils ont renoncé à poursuivre, à une succession.*
• Se priver de. *Renoncer aux plaisirs.*
▷— La construction avec la locution *à ce que* est de plus en plus fréquente. *Elle renonce à ce qu'on poursuive l'entreprise.*

renonciation n. f.
(Dr.) Fait de renoncer à un droit.
☞ renonciation.

renoncule n. f.
Plante vivace. *Une renoncule aquatique.*
▷— Attention au genre féminin de ce nom : *une* renoncule.
☞ renoncule.

renouer v. tr., intr.
• **Transitif.** Lier de nouveau ce qui était détaché. *Elle a renoué ses cheveux.*
• **Intransitif.** Rétablir des relations interrompues. *Renouer avec une amie d'enfance.*

renouveau n. m. (pl. *renouveaux*)
• (Litt.) Le printemps.
• Renouvellement.

renouvelable adj.
Qui peut être renouvelé. *Un bail renouvelable.*
☞ renouvelable.

renouveler v. tr., pronom.
Redoublement du *l* devant un *e* muet. *Je renouvelle, je renouvellerai,* mais *je renouvelais.*
• **Transitif**
- Reconduire. *Renouveler un bail, un passeport.*
- Donner une nouvelle apparence, changer. *Renouveler son mobilier.*
- Recommencer. *Renouveler une prouesse.*
• **Pronominal**
Se produire à nouveau.

renouvellement n. m.
• Transformation.
• Reconduction
☞ renouvellement.

rénovation n. f.
Remise à neuf (d'un bâtiment, d'un local). *Des travaux de rénovation.*

rénover v. tr.
Aménager, remettre à neuf.

renseignement n. m.
• Indication. *C'est un renseignement qui nous sera très utile.*
• *À titre de renseignement.* À titre informatif, à titre documentaire. *À titre de renseignement, je vous envoie notre brochure.*
• *Pour tous renseignements, pour plus amples renseignements.* Afin d'en savoir plus, d'avoir plus de détails. *Pour tous renseignements, n'hésitez pas à communiquer avec moi.*
▷— Dans ces expressions, le nom s'emploie au pluriel.
• *Bureau, guichet des renseignements.* Veuillez vous adresser au guichet des renseignements.
▷— Dans ces expressions, le nom s'emploie toujours au pluriel.

renseigner v. tr., pronom.
• **Transitif.** Donner des indications. *Renseigner quelqu'un sur quelque chose.*
• **Pronominal.** S'informer. *Il se renseigne sur les heures de départ.*

rentabilisation n. f.
Fait de rentabiliser.

rentabiliser v. tr.
Rendre rentable.

rentabilité n. f.
Capacité d'un placement, d'un investissement de produire un revenu. *Un taux de rentabilité élevé.*

rentable adj.
• Qui produit un revenu, qui est avantageux au point de vue économique.
• (Fig.) Productif, fructueux.

rente n. f.
Revenu périodique d'un bien, d'un capital. *Elle vit de ses rentes. Elle touche 3 000 $ de rente mensuelle.*

rentier, ière n. m. et f.
Personne qui vit de ses rentes.

rentrée n. f.
• Reprise de l'activité, après une interruption. *La rentrée des classes, la rentrée parlementaire.*
• Encaissement. *Des rentrées d'argent.*

rentrer v. tr., intr.
• **Transitif**
Mettre à l'intérieur. *Rentrer sa voiture au garage, rentrer les foins.*
• **Intransitif**

- Entrer de nouveau. *Je les aperçois, ils viennent de rentrer dans l'immeuble.*
- Revenir. *Elle a hâte de rentrer chez elle.*
☞ Le verbe intransitif se construit avec l'auxiliaire *être. Elle est rentrée tôt.*

renversant, ante adj.
Surprenant. *Une nouvelle renversante.*

renverse n. f.
Tomber à la renverse. Tomber sur le dos.

renversement n. m.
Changement complet, bouleversement. *Le renversement du gouvernement. Un renversement de situation.*

renverser v. tr.
• Mettre à l'envers, inverser. *Renverser son verre.*
• Faire tomber. *Un piéton a été renversé par un cycliste.*
• Surprendre beaucoup. *Ils ont été renversés par cette décision.*

*renverser (un jugement)
Anglicisme au sens de *casser, infirmer* (un jugement).

renvoi n. m.
• Action de renvoyer. *Le renvoi d'une cause à une date indéterminée.*
• Congédiement. *On lui a signifié son renvoi.*
• Indication dans un texte qui renvoie le lecteur à une explication. *Des renvois à des notions connexes.*

renvoyer v. tr.
Ce verbe se conjugue comme *envoyer.*
• Envoyer de nouveau. *Il aimerait qu'on lui renvoie son texte.*
• Congédier quelqu'un, le chasser. *Elles ont été renvoyées du collège.*
• Faire se reporter. *Renvoyer le lecteur à l'étymologie d'un mot* (et non **référer*).

réorganisation n. f.
Restructuration.

réorganiser v. tr.
Organisation selon un nouveau modèle.

réorientation n. f.
Action de réorienter.

réorienter v. tr.
Orienter dans une nouvelle direction.

réouverture n. f.
Action d'ouvrir de nouveau (ce qui était fermé).
☞ Si l'on parle de la réouverture (de quelque chose), on dit *rouvrir* (et non **réouvrir*).

repaire n. m.
Refuge d'une bête sauvage, de malfaiteurs.
Hom. *repère,* marque, jalon servant à retrouver quelque chose ultérieurement.
➪ repaire.

repaître v. tr., pronom.
INDICATIF PRÉSENT *Je repais, tu repais, il repaît, nous repaissons, vous repaissez, ils repaissent.* IMPARFAIT *Je repaissais.* PASSÉ SIMPLE *Je repus, tu repus, il reput, nous repûmes, vous repûtes, ils repurent.* FUTUR *Je repaîtrai, tu repaîtras, il repaîtra,*

nous repaîtrons, vous repaîtrez, ils repaîtront. CONDITIONNEL PRÉSENT *Je repaîtrais, tu repaîtrais, il repaîtrait, nous repaîtrions, vous repaîtriez, ils repaîtraient.* IMPÉRATIF PRÉSENT *Repais, repaissons, repaissez.* SUBJONCTIF PRÉSENT *Que je repaisse.* IMPARFAIT *Que je repusse, que tu repusses, qu'il repût, que nous repussions, que vous repussiez, qu'ils repussent.* PARTICIPE PRÉSENT *Repaissant.* PASSÉ *Repu, ue.*
• **Transitif.** (Litt.) Nourrir. *Repaître son imagination d'écrits divers.*
• **Pronominal.** (Litt.) Se rassasier, se délecter. *Ce tyran se repaît de crimes.*

répandre v. tr., pronom.
INDICATIF PRÉSENT *Je répands, tu répands, il répand, nous répandons, vous répandez, ils répandent.* IMPARFAIT *Je répandais.* PASSÉ SIMPLE *Je répandis.* FUTUR *Je répandrai.* CONDITIONNEL PRÉSENT *Je répandrais.* IMPÉRATIF PRÉSENT *Répands, répandons, répandez.* SUBJONCTIF PRÉSENT *Que je répande.* IMPARFAIT *Que je répandisse.* PARTICIPE PRÉSENT *Répandant.* PASSÉ *Répandu, ue.*
• **Transitif**
- Verser. *Répandre de l'eau.*
- Produire. *Le rôti qui cuit répand une odeur agréable.*
- Diffuser. *Répandre une nouvelle.*
• **Pronominal**
Se propager. *La bonne nouvelle s'est répandue très vite.*

répandu, ue adj.
Connu, courant. *Cet usage est très répandu.*

réparateur, trice adj.
Qui répare. *Un sommeil réparateur.*

réparateur n. m.
réparatrice n. f.
Personne dont le métier est de réparer des objets, des appareils défectueux. *Un réparateur d'appareils électroménagers.*

réparation n. f.
Action de réparer ce qui est endommagé.

réparer v. tr.
Remettre quelque chose en bon état, en état de fonctionnement.

repartie n. f.
☞ Le *e* se prononce généralement *é,* parfois *e,* [reparti] ou [rəparti].
Réponse spirituelle, réplique. *Elle a le sens de la repartie.*
➪ repartie.

repartir v. tr., intr.
☞ Contrairement au nom, le *e* se prononce toujours *e* [rəpartir].
• **Transitif.** (Litt.) Répliquer promptement. *«Vraiment c'est incroyable», a-t-elle reparti.*
☞ En ce sens, le verbe se conjugue avec l'auxiliaire *avoir.*
• **Intransitif.** Partir de nouveau. *Vous arrivez trop tard : ils sont repartis.*

☞ En ce sens, le verbe se conjugue avec l'auxiliaire ***être.***
☞ repartir.

répartir v. tr.
Distribuer entre plusieurs personnes. *Répartir les profits entre les associés.*

répartition n. f.
Action de répartir, partage. *Une répartition égale des actions entre les cadres.*

repas n. m.
Nourriture prise quotidiennement à des heures régulières. *Le repas du midi.*

repassage n. m.
Action de repasser du linge, des vêtements. *Le repassage d'une jupe.*

repasser v. tr., intr.
• **Transitif**
- Presser du linge, des vêtements à l'aide d'un fer. *Cette jupe est longue à repasser.*
- Se remettre en mémoire. *Elle a repassé ses conjugaisons.*
• **Intransitif**
Passer de nouveau. *Repassez demain, nous aurons peut-être reçu le livre commandé.*

repeindre v. tr.
Peindre à neuf. *L'appartement a été repeint de ou en blanc.*

repenser v. tr., intr.
Reconsidérer. *Il faut reprendre à zéro et tout repenser. Repensez-y.*

repentir n. m.
Remords.

repentir (se) v. pronom.
INDICATIF PRÉSENT *Je me repens, tu te repens, il se repent, nous nous repentons, vous vous repentez, ils se repentent.* IMPARFAIT *Je me repentais.* PASSÉ SIMPLE *Je me repentis.* FUTUR *Je me repentirai.* CONDITIONNEL PRÉSENT *Je me repentirais.* IMPÉRATIF PRÉSENT *Repens-toi, repentons-nous, repentez-vous.* SUBJONCTIF PRÉSENT *Que je me repente.* IMPARFAIT *Que je me repentisse.* PARTICIPE PRÉSENT *Se repentant.* PASSÉ *Repenti, ie.*
Regretter d'avoir fait une faute, une action. *Elles se sont repenties de ce geste. Les fautes dont ils se sont repentis.*
☞ Le participe passé s'accorde avec le sujet.

repérage n. m.
Action de repérer. *Le cinéaste fait le repérage des lieux de tournage.*
☞ repérage.

répercussion n. f.
Conséquence. *Les répercussions de l'évènement ont été très grandes.*

répercuter v. tr., pronom.
• **Transitif.** Renvoyer dans une direction nouvelle. *Des murs qui répercutent la voix.*
• **Pronominal.** Avoir des conséquences directes.

repère n. m.
Marque, jalon servant à une utilisation ultérieure. *Un point de repère.*
Hom. ***repaire,*** refuge d'une bête sauvage, de malfaiteurs.

repérer v. tr., pronom.
Le *é* se change en *è* devant une syllabe muette, sauf à l'indicatif futur et au conditionnel présent. *Je repère,* mais *je repérerai.*
• **Transitif.** Localiser. *Repérer les lieux.*
• **Pronominal.** Se retrouver grâce à des marques, des indications.

répertoire n. m.
Recueil de données classées de façon méthodique. *Un répertoire téléphonique.*
☞ répertoire.

Répertoire analytique d'articles de revues
Sigle ***RADAR*** (s'écrit sans points).

répertorier v. tr.
Redoublement du *i* à la première et à la deuxième personne du pluriel de l'indicatif imparfait et du subjonctif présent. *(Que) nous répertoriions, (que) vous répertoriiez.*
Recenser et inscrire dans un répertoire, un registre. *Répertorier les abréviations.*

répéter v. tr., pronom.
Le deuxième *é* se change en *è* devant une syllabe muette, sauf à l'indicatif futur et au conditionnel présent. *Je répète,* mais *je répéterai.*
• **Transitif**
- Redire. *Il répète sans cesse la même chose.*
- Recommencer. *Répéter les mêmes gestes.*
- S'exercer à dire, à exécuter ce qu'on devra faire en public. *Répéter une pièce de théâtre.*
• **Pronominal**
Redire inutilement les mêmes choses.

répétitif, ive adj.
Qui se répète. *Des informations répétitives, un travail répétitif.*

répétition n. f.
• Action de répéter un mot, un geste. *Nous avons une répétition ce soir.*
• Action de répéter une pièce, un morceau de musique, etc. *Nous avons une répétition ce soir.*

repeuplement n. m.
Action de repeupler. *Le repeuplement d'une forêt* (en végétaux, en animaux).

repeupler v. tr.
Peupler de nouveau. *Repeupler une forêt.*

repiquage n. m.
Transplantation d'une plante provenant d'un semis.

repiquer v. tr.
• Mettre en terre des plantes.
☞ Ne pas confondre avec les verbes suivants :
- ***ensemencer*** ou ***semer,*** jeter de la semence en terre;
- ***planter,*** mettre en terre des graines ou des plants.
• Copier un enregistrement.

répit n. m.
• Sursis, détente.
• *Sans répit.* Sans arrêt.
⇨ répit.

replet, ète adj.
Dodu, qui souffre d'embonpoint.
⇨ replet, replète.

repli n. m.
• Double pli, sinuosité.
• Recul. *Le repli du dollar après une hausse marquée.*

replier v. tr., pronom.
Redoublement du *i* à la première et à la deuxième personne du pluriel de l'indicatif imparfait et du subjonctif présent. *(Que) nous repliions, (que) vous repliiez.*
• **Transitif.** Plier de nouveau. *Replier un ourlet.*
• **Pronominal.** Reculer. *Les soldats se sont repliés en désordre.*

réplique n. f.
• Réponse. *Une réplique bien sentie.*
• Reproduction. *La réplique est très réussie; elle est difficile à distinguer de l'original.*

répliquer v. tr.
Répondre à ce qui a déjà été dit.

répondant, ante n. m. et f.
Caution, personne qui se rend responsable pour quelqu'un. *Avez-vous un répondant pour votre emprunt?*

répondeur n. m.
Dispositif branché sur la ligne téléphonique qui donne un message enregistré à chaque correspondant et permet à celui-ci de laisser un message

répondre v. tr., intr.
INDICATIF PRÉSENT *Je réponds, tu réponds, il répond, nous répondons, vous répondez, ils répondent.* IMPARFAIT *Je répondais.* PASSÉ SIMPLE *Je répondis.* FUTUR *Je répondrai.* CONDITIONNEL PRÉSENT *Je répondrais.* IMPÉRATIF PRÉSENT *Réponds, répondons, répondez.* SUBJONCTIF PRÉSENT *Que je réponde.* IMPARFAIT *Que je répondisse.* PARTICIPE PRÉSENT *Répondant.* PASSÉ *Répondu, ue.*
• **Transitif.** Faire une réponse à ce qui est dit ou écrit. *Il devrait répondre à sa lettre sous peu. Elle lui a répondu (et non *répond) que tout était parfait.*
• **Transitif indirect.** *Répondre de.* Se porter garant de. *Je réponds de cette personne, elle est parfaitement fiable.*
• **Intransitif.** *Répondre pour.* Être la caution de.

réponse n. f.
Ce qui est dit ou écrit à quelqu'un qui a posé une question, qui a fait une demande. *Sa réponse a été catégorique.*

report n. m.
• Action de reporter une somme, un total.
• Action de différer une décision, une activité. *Le report d'une inauguration.*

reportage n. m.
Compte rendu d'un journaliste destiné à être publié dans un journal, à être diffusé par la radio, la télévision.

reporter v. tr., pronom.
• **Transitif**
- Transporter, placer ailleurs. *Reporter une somme.*
- Remettre à plus tard.
• **Pronominal**
Se référer à. *Si l'on se reporte aux premiers énoncés.*

reporter n. m. et f.
⇨ La dernière syllabe se prononce *tère* [rəpɔrtɛr].
Journaliste qui fait des reportages. *Des reporters talentueux.*

repos n. m.
Inaction, détente. *Elle aurait besoin de repos.*
⇨ repos.

reposant, ante adj.
Qui repose. *Une lecture reposante.*

repose-pied ou **repose-pieds** n. m. inv. (pl. *repose-pied, repose-pieds*)
Appui pour les pieds. *Les repose-pied d'un avion, d'un autocar.*

reposer v. tr., intr., pronom.
• **Transitif**
Replacer quelque chose dans sa position initiale. *Repose ce livre où tu l'as pris.*
• **Intransitif**
- (Litt.) Dormir. *Laissez-la reposer.*
- *Reposer sur.* Être établi sur. *Le projet repose sur des bases solides.*
• **Pronominal**
- Se détendre, cesser de faire des efforts, de travailler. *Ils se sont reposés.*
- *Se reposer sur quelqu'un.* S'en remettre à lui.

repose-tête n. m. inv. (pl. *repose-tête*)
Appui-tête.

repoussant, ante adj.
Affreux, répugnant.

repousse n. f.
Action de repousser. *La repousse des cheveux.*

repousser v. tr., intr., pronom.
• **Transitif**
- Faire reculer. *L'envahisseur a été repoussé.*
- Rejeter. *Repousser une demande.*
• **Intransitif**
Pousser de nouveau. *Ses cheveux repoussent très vite.*
• **Pronominal**
S'écarter mutuellement. *Les aimants se repoussent.*

répréhensible adj.
Qui est à blâmer. *Un geste répréhensible.*
⇨ répréhensible.

reprendre v. tr., intr., pronom.
• **Transitif**
- Prendre de nouveau. *Reprendrez-vous un peu de gigot?*
- Continuer une activité interrompue. *Elle la salua, car elle devait reprendre son travail.*
- Réprimander. *Reprendre un enfant qui dit des gros mots.*
• **Intransitif**

Recommencer. *L'activité a repris.*
• **Pronominal**
Se ressaisir, se corriger. *Ils se sont repris à temps.*

représailles n. f. pl.
Riposte. *Des mesures de représailles.*
🖙 Le mot ne s'emploie qu'au pluriel.

représentant n. m.
représentante n. f.
• Personne qui représente quelqu'un, qui a reçu le mandat d'agir en son nom.
• Délégué.
• Personne qui fait des affaires pour le compte d'une ou de plusieurs maisons de commerce. *Un représentant (de commerce), une représentante commerciale.*

représentatif, ive adj.
Typique. *Ce texte est bien représentatif de l'œuvre de l'auteur.*

représentation n. f.
• Le fait de représenter la réalité par l'image, l'écriture, etc. *Une représentation très réaliste.*
• Le fait de jouer une pièce, de faire un spectacle. *La représentation aura lieu à 20 heures.*
• Délégation.

*representations (sous de fausses)
Calque de l'anglais «under false pretences» au sens de **fraude, abus de confiance.**

représenter v. tr., pronom.
• **Transitif**
- Faire apparaître d'une manière concrète la réalité. *Ce paysage est représenté de façon hyperréaliste.*
- Constituer. *Cette décision représente une nouvelle ouverture d'esprit.*
- Remplacer. *Le président est représenté par son directeur général.*
• **Pronominal**
Imaginer. *Comment vous représentez-vous cette personne?*

répressible adj.
Qui peut être réprimé.
Ant. **irrépressible.**

répressif, ive adj.
Qui punit. *Une loi répressive.*

répression n. f.
Action de réprimer.

réprimande n. f.
Blâme, reproche.

réprimander v. tr.
Blâmer, reprocher une faute à quelqu'un.

réprimer v. tr.
• Contenir. *Elle avait du mal à réprimer un sourire.*
• Châtier par des mesures sévères.
🖙 Ne pas confondre avec les verbes suivants :
- *corriger,* frapper par punition;
- *sévir,* traiter rigoureusement.

reprisage n. m.
Raccommodage. *Le reprisage des chaussettes.*

reprise n. f.
• Action de reprendre. *La reprise d'une pièce, d'un film.*
• Regain d'activité. *La reprise économique.*
• *À maintes reprises, à plusieurs reprises, à différentes reprises,* locutions adverbiales. Plusieurs fois.

repriser v. tr.
Raccommoder. *Elle ne sait pas repriser correctement les chaussettes.*

réprobation n. f.
Désapprobation, blâme.

reproche n. m.
• Blâme, critique.
• *Sans reproche.* À qui l'on ne peut rien reprocher. *Ils sont sans reproche.*

reprocher v. tr., pronom.
• **Transitif.** Imputer une faute à quelqu'un, blâmer.
• **Pronominal.** Se blâmer, se considérer comme responsable. *Je me reproche de lui avoir parlé ainsi.*

reproducteur, trice adj.
Qui sert à la reproduction. *Les organes reproducteurs.*

reproduction n. f.
• Action de reproduire, de se reproduire. *La reproduction humaine.*
• Le fait de reproduire un texte, un son, une image. *Des procédés de reproduction.*

reproduire v. tr., pronom.
• **Transitif**
Imiter. *Reproduire un tableau.*
• **Pronominal**
- Donner naissance à de nouveaux êtres. *Ils se sont reproduits en grand nombre.*
- Se répéter. *Ces évènements se sont reproduits souvent.*

reprographie n. f.
Ensemble des techniques de reproduction d'un document. *La photocopie est un procédé de reprographie.*

reptation n. f.
Action de ramper.

reptile n. m.
Vertébré rampant avec ou sans pattes. *Le serpent, le lézard, le crocodile sont des reptiles.*
✏️ rept**ile.**

repu, ue adj.
Rassasié. *Êtes-vous repue enfin, ma chère?*

république n. f.
Mode de gouvernement. *Le chef de l'État dans une république est un président.*
🖙 Dans les désignations de pays, le mot s'écrit avec une majuscule s'il est suivi d'un ou de plusieurs adjectifs. *La République française.*
V. **pays.**

répudiation n. f.
Action de répudier.

répudier v. tr.
• *Répudier sa femme.* Rompre le mariage, selon le droit musulman.

• (Dr.) Renoncer (à une succession, un legs, etc.). *Il répudia son héritage.*

répugnance n. f.
Dégoût, répulsion.

répugnant, ante adj.
Dégoûtant. *Des actes répugnants.*
☞ Ne pas confondre avec le participe présent invariable *répugnant. Seuls restaient les soldats répugnant à envahir la ville.*

répugner v. tr. ind.
• Avoir de la répulsion pour. *Elle répugne à devoir prendre cette décision. Il lui répugne d'agir ainsi.*
☞ Le verbe se construit avec les prépositions *à* ou *de.*
• Inspirer du dégoût, de l'aversion. *Cette odeur lui répugne. Cet homme me répugne.*

répulsif, ive adj.
Répugnant.

répulsion n. f.
Dégoût, antipathie. *Éprouver de la répulsion pour, à l'égard de quelqu'un.*

réputation n. f.
• Opinion publique favorable ou défavorable. *Un restaurant de bonne réputation.*
☞ Ne pas confondre avec les mots suivants :
- *estime,* opinion favorable qu'on a de la valeur de quelqu'un;
- *gloire,* grande renommée;
- *honneur,* considération accordée à un grand mérite.
• *De réputation.* Pour en avoir entendu parler.

réputé, ée adj.
Célèbre, connu. *Un vin réputé, une auberge réputée pour sa bonne table.*

requérant, ante adj. et n. m. et f.
(Dr.) Demandeur.

requérir v. tr.
INDICATIF PRÉSENT *Je requiers, tu requiers, il requiert, nous requérons, vous requérez, ils requièrent.* IMPARFAIT *Je requérais.* PASSÉ SIMPLE *Je requis.* FUTUR *Je requerrai.* CONDITIONNEL PRÉSENT *Je requerrais.* IMPÉRATIF PRÉSENT *Requiers, requérons, requérez.* SUBJONCTIF PRÉSENT *Que je requière, que nous requérions, qu'ils requièrent.* IMPARFAIT *Que je requisse.* PARTICIPE PRÉSENT *Requérant.* PASSÉ *Requis, ise.*
• (Dr.) Réclamer.
• (Litt.) Solliciter, exiger. *Ces questions fondamentales requièrent toute notre attention.*
☞ L'emploi du verbe en ce sens est de style plutôt soutenu. Couramment, on préférera les verbes *exiger, nécessiter, mobiliser, réclamer.* Par contre, l'adjectif *requis* appartient à la langue courante.

requête n. f.
Demande.

requiem n. m. inv. (pl. *requiem*)
👄 Le premier *e* se prononce *é,* le *u* se prononce *u* et le *m* est sonore [rekɥijɛm].
• Prière pour les morts. *Une messe de requiem.*

• Prière mise en musique. *Chanter des requiem.*
☞ Ce nom latin est invariable. Lorsqu'il désigne une œuvre musicale spécifique, le nom s'écrit avec une majuscule. *Le Requiem de Mozart.*

requin n. m.
• Poisson très vorace.
• (Fig.) Personne cupide. *Les requins de la finance.*

requis, ise adj.
Nécessaire, exigé. *Les conditions requises.*

réquisition n. f.
• (Dr.) Requête.
• Ordre militaire, administratif par lequel sont exigés des biens, des services.

***réquisition**
Anglicisme au sens de *demande d'achat.*

réquisitionner v. tr.
Procéder par réquisition. *Réquisitionner des véhicules.*

réquisitoire n. m.
Discours, texte par lequel on accuse. *Un réquisitoire contre l'ingérence de l'État dans la vie privée.*
▭▷ réquisitoi**re.**

rescapé, ée adj. et n. m. et f.
Personne qui a échappé à un accident. *Des passagers rescapés. C'est une rescapée du terrible accident.*
▭▷ rescapé.

rescaper v. tr.
Au Canada, sauver quelqu'un, le faire échapper à un danger, à une situation périlleuse. *Les naufragés ont été rescapés.*

rescinder v. tr.
(Dr.) Déclarer nul.
▭▷ res**c**inder.

rescousse n. f.
À la rescousse. À l'aide. *Des navires sont venus à la rescousse du voilier en difficulté.*

réseau n. m. (pl. *réseaux*)
• Ensemble de lignes de communication, de voies, etc. qui desservent une région. *Un réseau ferroviaire, routier, des réseaux téléphoniques, informatiques.*
• Répartition des éléments d'une organisation ou d'une activité en différents points reliés les uns aux autres. *Démanteler un réseau de trafiquants de drogue.*

Réseau d'action et d'information pour les femmes
Sigle *RAIF* (s'écrit avec ou sans points).

réséda adj. inv. et n. m.
• **Adjectif de couleur invariable.** D'une teinte vert-gris pâle. *Des imprimés réséda.*
V. Tableau - **COULEUR (ADJECTIFS DE).**
• **Nom masculin.** Plante cultivée pour ses grappes de fleurs odorantes.

réservation n. f.
Action de retenir une place (dans un hôtel, dans un avion, au théâtre, etc.).

réserve n. f.
• Restriction.

- **Avec réserve, avec des réserves.** Avec des doutes.
- **En réserve.** De côté, à part.
- **Sans réserve,** locution adverbiale. Entièrement, sans exception. *Je recommande cette candidate sans réserve.*
- **Sous toute réserve** ou **toutes réserves.** Sans garantie, avec une possibilité d'inexactitude. *Ces données sont approximatives, je vous les transmets sous toute réserve.*
- **Sous réserve de,** locution prépositive. En envisageant la possibilité de. *Sous réserve de modifications de dernière heure, le programme est adopté.*
- Discrétion. *Il manque de réserve.*
- Provision. *Accumuler des réserves en cas d'imprévu.*
- Territoire où la faune et la flore sont protégées. *Cette île est une réserve ornithologique* (et non un *sanctuaire).
- **Réserve faunique.** Territoire constitué en vue de la protection de la faune, où la chasse et la pêche sont réglementées.

réservé, ée adj.
Discret, circonspect.

réserver v. tr., pronom.
- **Transitif**
- Mettre de côté pour un usage particulier. *Les livres qu'elle s'est réservés.*
- Destiner à. *Cet honneur lui était réservé. Nous lui avons réservé un accueil enthousiaste.*
- **Pronominal**
Se réserver le droit de. Conserver la possibilité. *Elle se réserve le droit de refuser la modification proposée.*

réservoir n. m.
Lieu, récipient où l'on conserve un liquide. *Un réservoir d'eau.*

résidant, ante adj. et n. m. et f.
Au Canada, qui habite en un lieu. *Les résidants de Montréal ont un bon réseau de transport en commun.*
☞ La graphie avec un *a* est cohérente avec la série de noms formés à partir d'un verbe du premier groupe : **habitant (habiter), étudiant (étudier), participant (participer),** etc. Dans la francophonie, on emploie plutôt le nom **habitant** en ce sens. En raison de la connotation péjorative qu'a parfois ce nom au Canada, le terme **résidant** a été préféré.
☞ Ne pas confondre avec le participe présent invariable **résidant.** *Les personnes résidant au Québec bénéficient du régime d'assurance-maladie.*
V. **résident.**

résidence n. f.
Demeure, lieu d'habitation. *Une jolie résidence secondaire.*
☞ La **résidence** est la demeure habituelle, tandis que le **domicile** est la demeure légale.

résident, ente n. m. et f.
- Personne habitant de façon permanente dans un pays étranger, en un lieu donné. *Les résidents mexicains aux États-Unis.*
V. **résidant.**
- Au Canada, se dit d'un médecin en cours de spécialisation. *Les résidents sont tenus de faire des gardes de nuit à l'hôpital.*

résidentiel, ielle adj.
Réservé aux habitations, par opposition à **industriel, commercial.** *Un quartier résidentiel* (et non *domiciliaire).
☞ résidentiel.

résider v. intr.
- Habiter. *Il réside à Outremont.*
- (Fig.) Se trouver. *Voilà où réside le problème.*

résidu n. m.
Reste. *Des résidus de la combustion.*
☞ résidu.

résignation n. f.
Soumission. *Il accepta cette nouvelle épreuve avec résignation.*

*résignation
Anglicisme au sens de **démission.**

résigner (se) v. pronom.
Se soumettre. *Ils se sont résignés à déménager.*

*résigner
Anglicisme au sens de **démissionner.**

résiliable adj.
(Dr.) Qui peut être résilié. *Un bail résiliable.*
☞ résiliable.

résiliation n. f.
(Dr.) Dissolution (d'un contrat).

résilier v. tr.
Redoublement du *i* à la première et à la deuxième personne du pluriel de l'indicatif imparfait et du subjonctif présent. *(Que) nous résiliions, (que) vous résiliiez.*
(Dr.) Dissoudre. *Résilier un bail.*

résille n. f.
☞ Les *ll* se prononcent comme dans *famille* [rezij].
Filet dans lequel on attache les cheveux.

résine n. f.
Produit sécrété par certains arbres, notamment les conifères.

résineux, euse adj. et n. m. pl.
- **Adjectif.** Qui produit de la résine.
- **Nom masculin pluriel.** Arbres qui produisent de la résine.

résistance n. f.
- Propriété par laquelle une force s'oppose à une autre. *La résistance de l'air.*
- (Fig.) Opposition. *Il leur opposa une résistance désespérée.*
☞ résistance.

résistant, ante adj. et n. m. et f.
- **Adjectif.** Qui résiste bien, solide. *Des tissus très résistants.*
☞ Ne pas confondre avec le participe présent invariable **résistant.** *Les tissus résistant à l'usure sont appréciés.*
- **Nom masculin et féminin.** (Ancienn.) Membre de la Résistance. *Ils furent des résistants héroïques.*
☞ résistant.

résister v. tr. ind.
• Ne pas céder, se maintenir. *Le barrage a bien résisté à la crue des eaux.*
• Se défendre, s'opposer. *Ils ont résisté aux envahisseurs.*

résolu, ue adj.
Déterminé. *Ils sont résolus à le suivre.*

résolument adv.
D'une manière résolue.
☞ résolument, sans accent circonflexe.

résolution n. f.
• Action de résoudre. *La résolution d'un problème.*
• Détermination. *Ils agissent avec beaucoup de résolution.*
• Décision. *Il a pris de bonnes résolutions, notamment celle d'arrêter de fumer.*

résonance n. f.
• Propriété de réfléchir le son. *Une caisse de résonance.*
• Écho, prolongement. *Ce concept a une nouvelle résonance.*
▷— La graphie *résonnance* est vieillie.
☞ résonance.

résonner v. intr.
Renvoyer un son en l'augmentant. *Les cloches résonnaient dans le soir.*
▷— Ne pas confondre avec le verbe *raisonner,* réfléchir.
☞ résonner.

résorber v. tr., pronom.
• **Transitif.** Faire disparaître graduellement. *Il importe de résorber l'inflation, mais aussi le chômage.*
• **Pronominal.** Disparaître par résorption. *Cet hématome va se résorber.*

résorption n. f.
Disparition progressive. *La résorption d'un déficit.*
☞ résorption.

résoudre v. tr., pronom.
INDICATIF PRÉSENT *Je résous, tu résous, il résout, nous résolvons, vous résolvez, ils résolvent.* IMPARFAIT *Je résolvais.* PASSÉ SIMPLE *Je résolus.* FUTUR *Je résoudrai.* CONDITIONNEL PRÉSENT *Je résoudrais.* IMPÉRATIF PRÉSENT *Résous, résolvons, résolvez.* SUBJONCTIF PRÉSENT *Que je résolve.* IMPARFAIT *Que je résolusse.* PARTICIPE PRÉSENT *Résolvant.* PASSÉ *Résolu, ue.*
La forme du participe passé *résous, résoute* est vieillie, on dit plutôt *résolu, résolue.*
• **Transitif**
- Trouver une réponse, une solution. *Résoudre un problème.*
- Décider. *Elle est résolue à tout recommencer. Il a résolu de déménager.*
▷— Le verbe se construit avec les prépositions *de* ou *à,* selon le contexte.
• **Pronominal**
- Se décider, être déterminé. *Il s'est résolu à faire un grand ménage.*
- Accepter, se résigner. *Nous devons nous résoudre à partir, à ce que tout ne soit pas parfait.*

▷— À l'infinitif, le verbe se construit avec la préposition *à,* suivi de l'infinitif ou avec *à ce que,* suivi du subjonctif.

respect n. m.
👄 Les lettres *ct* ne se prononcent pas [respɛ].
• Déférence. *Traitez-le avec tout le respect qui s'impose.*
• Le fait d'observer les règles imposées. *Le respect de la loi.*
• *Tenir quelqu'un en respect.* Le menacer d'une arme.
• (Au plur.) Hommages. *Mes respects à votre père.*
• *Respect humain.* Crainte qu'on a du jugement d'autrui.
👄 Attention à la prononciation de cette expression : [respɛkymɛ̃].

respectabilité n. f.
Caractère de ce qui est respectable.

respectable adj.
• Qui est digne de respect. *Une personne très respectable.*
• Considérable. *Un âge respectable.*
▷— Ne pas confondre avec le mot *respectueux,* qui témoigne du respect.

respecter v. tr., pronom.
• **Transitif**
- Porter respect. *Il respecte énormément ce chercheur.*
- Observer, ne pas modifier. *Respecter les règles.*
• **Pronominal**
Être fidèle à sa réputation, agir de façon à conserver l'estime de soi.

respectif, ive adj.
Qui concerne chacun, chaque chose parmi plusieurs. *Ils parlent de leur poste respectif,* ou *de leurs postes respectifs.*
▷— L'adjectif peut s'employer au singulier ou au pluriel.

respectivement adv.
De façon respective.

respectueusement adv.
Avec respect.

respectueux, euse adj.
Qui témoigne du respect.

respiration n. f.
• Action de respirer. *Une respiration rapide.*
• *Respiration artificielle.* Ensemble des techniques visant à rétablir les fonctions respiratoires d'un blessé, d'un asphyxié.

respiratoire adj.
Qui sert à la respiration. *Le système respiratoire.*
☞ respiratoire.

respirer v. tr., intr.
• **Transitif**
(Litt.) Donner l'impression de. *Il respire la sagesse.*
• **Intransitif**
- Absorber l'oxygène et rejeter le gaz carbonique. *Il respire difficilement.*
- (Fam.) Prendre un peu de répit. *Laissez-moi respirer un peu.*

resplendir v. intr.
Briller avec éclat. *Le lac resplendit sous le soleil d'été.*

resplendissant, ante adj.
Qui resplendit. *Elle a une mine resplendissante.*

responsabilité n. f.
• Obligation de remplir un engagement, de répondre de quelque chose, d'en être garant. *Elle a de lourdes responsabilités.*
• Obligation faite à un salarié de n'importe quel échelon hiérarchique de s'acquitter d'une tâche ou d'une catégorie de tâches et de répondre de son exécution, à son supérieur ou à l'autorité compétente, suivant des critères établis et auxquels il a consenti. (Recomm. off. OLF) *Désormais les gestionnaires ont la responsabilité (et non l'*imputabilité) de leur budget.*

responsable adj. et n. m. et f.
• **Adjectif.** Qui doit répondre de. *Il ne peut être tenu responsable des dettes de ses employés.*
• **Nom masculin et féminin.** Autorité, personne qui a la possibilité de décider, qui a la responsabilité de quelque chose. *Cette décision concerne le responsable de l'unité administrative.*
🖙 Ce mot ne se dit que d'une personne; une chose peut être la cause d'un fait fâcheux (elle ne peut être *responsable).

ressac n. m.
👄 La première syllabe se prononce *re* (et non *rè) [rəsak].
Choc de la vague qui revient sur elle-même.
✏️ res**s**ac.

ressaisir v. tr., pronom.
👄 La première syllabe se prononce *re* (et non *rè) [rəsezir].
• **Transitif.** Reprendre. *Ils ont ressaisi les évadés.*
• **Pronominal.** Se maîtriser, retrouver son sang-froid. *Laissez-le se ressaisir un instant.*

ressasser v. tr.
👄 La première syllabe se prononce *re* (et non *rè) [rəsase].
Revenir sans cesse sur les mêmes questions.
✏️ res**s**asser.

ressemblance n. f.
👄 La première syllabe se prononce *re* (et non *rè) [rəsãblãs].
Conformité partielle.
🖙 Ne pas confondre avec les mots suivants :
- *conformité,* état de choses semblables;
- *identité,* conformité totale;
- *uniformité,* nature de ce qui ne change pas de caractère, d'apparence.

ressemblant, ante adj.
👄 La première syllabe se prononce *re* (et non *rè) [rəsãblã, ãt].
Qui ressemble. *Cette photo est très ressemblante.*

ressembler v. tr. ind., pronom.
👄 La première syllabe se prononce *re* (et non *rè) [rəsãble].
• **Transitif indirect.** Être partiellement semblable. *Il ressemble à sa mère*

• **Pronominal.** Offrir une ressemblance. *Les jours se suivent et ne se ressemblent pas. La mère et la fille se ressemblent comme deux gouttes d'eau.*
🖙 Le participe passé de ce verbe est invariable. *Elles se sont ressemblé jadis.*

ressemelage n. m.
👄 La première syllabe se prononce *re* (et non *rè) [rəsəmlaʒ].
Action de ressemeler.
✏️ res**s**emelage.

ressemeler v. tr.
Redoublement du *l* devant un *e* muet. *Il ressemelle, je ressemellerai,* mais *je ressemelais.*
👄 La première syllabe se prononce *re* (et non *rè) [rəsəmle].
Changer la semelle d'une chaussure.

ressentiment n. m.
👄 La première syllabe se prononce *re* (et non *rè) [rəsãtimã].
Animosité.

ressentir v. tr., pronom.
Ce verbe se conjugue comme *sentir.*
👄 La première syllabe se prononce *re* (et non *rè) [rəsãtir].
• **Transitif.** Éprouver plus ou moins vivement. *Il ressent une douleur à la nuque.*
• **Pronominal.** Éprouver les suites de. *Il se ressent encore de cette mauvaise chute.*
✏️ res**s**entir.

resserrement n. m.
👄 La première syllabe se prononce *re* (et non *rè) [rəsɛrmã].
Action de resserrer.
✏️ res**s**errement.

resserrer v. tr., pronom.
👄 La première syllabe se prononce *re* (et non *rè) [rəsere].
• **Transitif.** Serrer davantage. *Il faut resserrer les cordages.*
• **Pronominal.** Se renfermer dans des limites plus étroites. *La surveillance se resserre autour du suspect.*

ressort n. m.
👄 La première syllabe se prononce *re* (et non *rè) [rəsɔr].
• Pièce d'un mécanisme qui est constituée d'une matière élastique afin de réagir après avoir été comprimée. *Les ressorts de la suspension dans une voiture.*
• Compétence. *Cette question n'est pas de son ressort.*
• *En dernier ressort.* Finalement, après avoir épuisé toutes les autres possibilités.

ressortir v. intr., impers.
INDICATIF PRÉSENT *Je ressors, tu ressors, il ressort, nous ressortons, vous ressortez, ils ressortent.* IMPARFAIT *Je ressortais.* PASSÉ SIMPLE *Je ressortis.* FUTUR *Je ressortirai.* CONDITIONNEL PRÉSENT *Je ressortirais.* IMPÉRATIF PRÉSENT *Ressors, ressortons, ressortez.* SUBJONCTIF PRÉSENT *Que je ressorte.* IMPARFAIT *Que je ressortisse.* PARTICIPE PRÉSENT *Ressortant.* PASSÉ *Ressorti, ie.*

👄 La première syllabe se prononce **re** (et non *rè) [rəsɔrtir].

• Intransitif
- Sortir d'un lieu peu après y être entré. *Les passants entrent dans la boutique et ressortent avec un petit paquet.*
- Paraître davantage. *Avec ce chemisier, son teint bronzé ressort.*

• Impersonnel
Résulter. *Il ressort de cette étude que la modification du marché est amorcée.*

☞ En ce sens, le verbe se construit avec la préposition **de**.

☞ Le verbe se conjugue comme **sortir** et se construit avec l'auxiliaire **être**, alors que **ressortir**, au sens de «être du ressort de», se conjugue comme **finir**.

☞ Ne pas confondre avec les verbes suivants :
- **découler,** être la suite nécessaire de;
- **dériver,** être issu de;
- **émaner,** sortir de;
- **procéder,** tirer son origine de;
- **provenir,** venir de.

ressortir v. tr. ind.
INDICATIF PRÉSENT *Il ressortit, ils ressortissent.* IMPARFAIT *Il ressortissait, ils ressortissaient.* PASSÉ SIMPLE *Il ressortit, ils ressortirent.* FUTUR *Il ressortira, ils ressortiront.* CONDITIONNEL PRÉSENT *Il ressortirait, ils ressortiraient.* SUBJONCTIF PRÉSENT *Qu'il ressortisse, qu'ils ressortissent.* IMPARFAIT *Qu'il ressortît, qu'ils ressortissent.* PARTICIPE PRÉSENT *Ressortissant.* PASSÉ *Ressorti.*

👄 La première syllabe se prononce **re** (et non *rè) [rəsɔrtir].
(Dr.) Être du ressort de, dépendre de. *Ces questions ressortissent à la cour.*

☞ En ce sens, le verbe se construit avec la préposition **à**.

☞ Le verbe se conjugue comme **finir** et se construit avec l'auxiliaire **avoir,** tandis que **ressortir**, au sens de «sortir de nouveau», se conjugue comme **sortir.**

ressortissant, ante n. m. et f.
Personne qui relève d'un État dont elle n'a pas la nationalité. *Les ressortissants canadiens.*

☞ **res**sortissant.

ressource n. f.
👄 La première syllabe se prononce **re** (et non *rè) [rəsurs].
• Moyen, recours. *J'ai encore la ressource de choisir.*
• **Sans ressources.** Sans argent.
• **Sans ressource.** Sans recours, sans remède.

☞ Le nom s'écrit généralement au pluriel au sens de «sans argent», au singulier au sens de «sans recours, sans remède».
• (Au plur.) Richesse. *Des ressources naturelles, des ressources hydroélectriques.*
• **Personne-ressource.** Au Canada, personne ayant acquis des connaissances par l'expérience ou la formation dans un domaine particulier, et à laquelle on fait appel pour toute question relevant de ce domaine. *Des personnes-ressources compétentes.*

ressourcement n. m.
Recyclage, retour aux sources.

ressourcer (se) v. pronom.
Revenir aux sources, retrouver ses racines profondes.

ressusciter v. tr., intr.
👄 La première syllabe se prononce **ré** (et non *rè) [resysite].
• **Transitif.** (Fig.) Faire renaître. *Ressusciter une ancienne coutume.*
• **Intransitif.** Ramener de la mort à la vie, revenir de la mort à la vie.

☞ **res**susciter.

restant, ante adj. et n. m.
Qui reste; ce qui reste. *Elle lui donnera les livres restants. Il réchauffe le restant du rosbif.*

restaurant n. m.
Établissement où l'on sert des repas. *Un bon petit restaurant.*

restaurateur n. m.
restauratrice n. f.
• Personne qui restaure (des tableaux, des meubles, des bâtiments, etc.).
• Personne qui exploite un restaurant.

restaurateur, trice adj.
Qui répare. *Une chirurgie restauratrice.*

restauration n. f.
• Réparation. *La restauration d'un immeuble.*
• Métier de restaurateur. *Il travaille dans la restauration.*
• **Restauration rapide.** Cuisine à bon marché à consommer sur place ou à emporter. *La restauration rapide* (et non le *fast food).*

restaurer v. tr., pronom.
• Transitif.
- Remettre en bon état, en respectant le style.
- Remettre en honneur. *Restaurer la monarchie.*
• Pronominal
Reprendre des forces en mangeant.

reste n. m.
• Ce qui demeure d'un ensemble quand on en a retranché une partie. *Le reste d'une somme, le reste de la commande* (et non la *balance).*
• (Au plur.) Ossements.
• **De reste,** locution adverbiale. En surplus. *Ils ont des provisions de reste.*
• **Au reste, du reste,** locutions adverbiales. D'ailleurs. *Nous avons opté pour des photos sur place, du reste c'est plus économique.*
• **Le reste** + complément au pluriel.

☞ Après le collectif suivi d'un complément au pluriel, le verbe se met au singulier ou au pluriel suivant l'intention de l'auteur qui veut insister sur l'ensemble ou sur la pluralité. *Le reste des pommes a été dévoré* ou *ont été dévorées.*

rester v. intr.
• Demeurer dans un lieu. *Ils sont partis, elle est restée. Restons-en là.*
• Continuer d'être, persister. *Les paroles s'envolent, les écrits restent.*

• **Il reste.** Il y a encore. *Il restait cent francs.*
• **Il reste que.** Il est vrai que. *Il reste que ce sujet est très délicat.*
☞ Cette construction est suivie de l'indicatif.
• **Ce qu'il reste, ce qui reste.** Ces deux constructions sont admises.
☞ Le verbe se conjugue avec l'auxiliaire **être.**
• Au Canada et dans certaines régions de la francophonie, familièrement **habiter.** *Il a resté à la campagne.*

restituer v. tr.
• Remettre ce qui a été pris. *La somme a été restituée intégralement.*
• (Fam. et vx) Vomir.

restitution n. f.
Action de restituer.

restoroute n. m.
Restaurant installé à proximité d'une autoroute.

restreindre v. tr., pronom.
INDICATIF PRÉSENT *Je restreins, tu restreins, il restreint, nous restreignons, vous restreignez, ils restreignent.* IMPARFAIT *Je restreignais, tu restreignais, il restreignait, nous restreignions, vous restreigniez, ils restreignaient.* PASSÉ SIMPLE *Je restreignis.* FUTUR *Je restreindrai.* CONDITIONNEL PRÉSENT *Je restreindrais.* IMPÉRATIF PRÉSENT *Restreins, restreignons, restreignez.* SUBJONCTIF PRÉSENT *Que je restreigne, que tu restreignes, qu'il restreigne, que nous restreignions, que vous restreigniez, qu'ils restreignent.* IMPARFAIT *Que je restreignisse.* PARTICIPE PRÉSENT *Restreignant.* PASSÉ *Restreint, einte.*
Les lettres **gn** sont suivies d'un *i* à la première et à la deuxième personne du pluriel de l'indicatif imparfait et du subjonctif présent. *(Que) nous restreignions, (que) vous restreigniez.*
• **Transitif.** Réduire, limiter. *Il importe de restreindre les frais.*
• **Pronominal.** Réduire ses dépenses.

restrictif, ive adj.
Qui limite. *Une clause restrictive.*

restriction n. f.
• Action de réduire la quantité, l'importance de quelque chose. *La restriction du crédit, de la consommation du pétrole, des restrictions budgétaires.*
• **Sans restriction,** locution adverbiale. Totalement.

restructuration n. f.
Action de donner une structure nouvelle.

restructurer v. tr.
Modifier la structure, l'organisation de quelque chose.

résultat n. m.
Conséquence finale. *Quel est le résultat de ces calculs? Le résultat d'une enquête.*

résulter v. intr.
Découler de. *Qu'en est-il résulté? Qu'a-t-il résulté de cette action?*
☞ Le verbe se conjugue avec l'auxiliaire **avoir** pour marquer l'action, avec l'auxiliaire **être,** pour marquer l'état. Le verbe ne s'emploie qu'à l'infinitif, à la troisième personne des autres temps et aux temps composés.

résumé n. m.
• Compte rendu succinct, sommaire. *Le résumé d'un livre.*
• **En résumé,** locution adverbiale. En bref.

résumer v. tr., pronom.
• **Transitif.** Présenter de façon concise. *Résumer un livre.*
• **Pronominal.** Consister fondamentalement. *Son action se résume à la défense de cette cause.*

résurgence n. f.
☞ Attention à la prononciation [rezyrʒɑ̃s].
Fait de réapparaître, de resurgir, au propre et au figuré. *La résurgence d'une rivière souterraine, la résurgence d'une idée oubliée.*
☞ Ne pas confondre avec le mot **récurrence,** répétition, retour.
☞ ré**s**urgence.

resurgir ou **ressurgir** v. intr.
Surgir de nouveau.

résurrection n. f.
Retour de la mort à la vie. *La résurrection de Lazare.*
☞ Le nom s'écrit avec une majuscule lorsqu'il désigne le retour à la vie du Christ. *Le mystère de la Résurrection.*
☞ ré**s**urrection.

retable n. m.
Construction postérieure peinte ou sculptée qui surplombe une table d'autel.

rétablir v. tr., pronom.
• **Transitif.** Remettre en bon état, en vigueur. *Rétablir l'électricité.*
• **Pronominal.** Retrouver la santé. *Elle avait une vilaine grippe, mais elle s'est rétablie.*

rétablissement n. m.
• Action de rétablir quelque chose. *Le rétablissement de l'ordre.*
• Retour à la santé. *Je vous souhaite un prompt rétablissement.*

retaper v. tr., pronom.
• **Transitif.** (Fam.) Remettre en bon état, en forme. *Retaper une maison de campagne.*
• **Pronominal.** (Fam.) Recouvrer la santé. *J'aurais besoin de me retaper un peu, je ne me sens pas très bien.*
☞ reta**p**er.

retard n. m.
• Fait d'arriver trop tard. *L'avion a deux heures de retard.*
• **En retard,** locution adverbiale. Après le moment fixé.
• **Sans retard,** locution adverbiale. Le plus vite possible. *Je vous réponds sans retard.*

retardataire adj. et n. m. et f.
Qui est en retard. *C'est une éternelle retardataire.*
☞ retardat**aire.**

retardement n. m.
À retardement. Se dit d'un mécanisme réglé pour agir après un temps déterminé. *Une bombe à retardement.*
☞ Le nom est vieilli et ne s'emploie plus que dans l'expression citée.

retarder v. tr., intr.
• **Transitif**
- Remettre à plus tard. *La construction a été retardée de deux mois.*
- Provoquer un retard. *La panne d'électricité a retardé les voyageurs du métro.*
• **Intransitif**
- Avoir du retard. *Cette montre retarde un peu.*
- (Fam.) Avoir des idées démodées, ne pas être renseigné. *Tu retardes, mon pauvre ami, l'entreprise a été vendue il y a deux mois.*

retenir v. tr., pronom.
   Se conjugue comme *tenir.*
• **Transitif**
- Maintenir en place, contenir. *Retenir un enfant pour qu'il ne tombe pas.*
- Contenir. *Retenir les eaux d'une rivière.*
- Faire demeurer. *Retenir un ami à dîner.*
- Garder dans sa mémoire. *Elle a retenu son visage, son nom.*
• **Pronominal**
- Réprimer une envie. *Elle a eu du mal à se retenir de rire.*
- Se raccrocher à quelque chose pour ne pas tomber. *Ils se sont retenus à des branches.*

rétention n. f.
(Méd.) Le fait de retenir dans le corps un liquide destiné à être évacué. *De la rétention d'eau.*
☞ Ne pas confondre avec le nom *détention,* privation de la liberté.
⇨ rétention.

retentir v. intr.
Résonner. *Les cloches joyeuses retentissent.*

retentissant, ante adj.
• Sonore. *Une voix retentissante.*
• (Fig.) Qui fait beaucoup de bruit. *Des succès retentissants.*

retentissement n. m.
Répercussion. *Les retentissements d'une affaire.*
⇨ retentissement.

retenue n. f.
• Réserve, discrétion.
• Punition. *Ils ont été menacés d'une retenue vendredi après-midi.*
• Prélèvement sur une rémunération. *Des retenues salariales.*

réticence n. f.
• Omission d'une chose qui devrait être dite. *Parler sans réticence.*
• (Par ext.) Réserve, hésitation. *Je prends cette décision, mais avec une certaine réticence.*
☞ L'extension de sens donnée au nom est condamnée par plusieurs auteurs : cependant, le mot est de plus en plus usité en ce sens.
⇨ réticence.

réticent, ente adj.
Qui fait preuve de réticence, de réserve.
⇨ réticent.

rétif, ive adj.
Indocile, difficile. *Un cheval rétif.*

rétine n. f.
Membrane de l'œil sensible à la lumière. *Un décollement de la rétine.*

retiré, ée adj.
Isolé. *Un endroit retiré.*

retirer v. tr., pronom.
• **Transitif**
- Tirer vers soi. *Elle a retiré sa main.*
- Ôter. *Retirer son manteau, retirer des privilèges à certaines personnes.*
- Recueillir. *Ils ont retiré des intérêts de ce placement.*
• **Pronominal**
- Cesser son activité. *Ils se sont retirés après 40 ans de travail.*
- S'en aller. *Elle s'est retirée dans sa chambre.*

retombée n. f.
• Choses, substances qui retombent. *Des retombées radioactives.*
• (Fig.) Répercussions, conséquences. *Des retombées économiques.*

retomber v. intr.
• Tomber de nouveau.
• Incomber finalement à. *La décision retombe sur elle.*

rétorquer v. tr.
Répliquer. *«Et comment!», rétorqua-t-elle.*

retors, orse adj.
(Péj.) Rusé. *Un avocat retors.*
⇨ retors.

retouche n. f.
Correction, modification. *La couturière fait une retouche (et non une *altération) au corsage.*

retoucher v. tr.
Apporter des retouches. *Retoucher un tableau.*

retour n. m.
• Mouvement vers le point d'origine, au point de départ. *Il sera de retour vers 18 heures.*
• ***Être de retour.*** Être rentré, revenu à l'endroit d'où l'on vient.
• ***Aller et retour, aller-retour.*** *Elle a acheté deux billets d'aller-retour* ou *deux aller et retour* ou *deux aller-retour.*
• ***En retour,*** locution adverbiale. En échange. *En retour de ce travail, que me proposez-vous?*
• ***Sans retour,*** locution adverbiale. À jamais.

retourner v. tr., intr., pronom.
• **Transitif**
- Renvoyer. *Cette lettre a été retournée à l'expéditeur, l'adresse étant inexacte.*
- Tourner dans un autre sens. *Il faudrait retourner la terre.*
☞ À la forme transitive, le verbe se conjugue avec l'auxiliaire *avoir.*
• **Intransitif**
- Revenir. *Elle est retournée chez elle.*
- Se rendre de nouveau dans un lieu. *Il lui faut toujours retourner à Paris.*

- (Impers.) *De quoi il retourne.* De ce qui en est, quelle est la situation.

☞ À la forme intransitive, le verbe se conjugue avec l'auxiliaire *être.*

• **Pronominal**
- Changer de position, regarder derrière soi. *Ils se sont retournés pour les saluer.*
- *S'en retourner.* S'en aller. *Elles s'en sont retournées.*

☞ Ne pas confondre le verbe *se retourner* qui désigne le fait de regarder en arrière, avec le verbe *se détourner,* s'écarter, s'éloigner.

*****retourner un appel** (téléphonique)
Calque de l'anglais «to return a call» au sens de *rappeler.*

retracer v. tr.
• Tracer de nouveau. *Retracer une esquisse.*
• Raconter, relater. *Il excellait à retracer les anecdotes les plus cocasses.*

*****retracer**
Impropriété au sens de *retrouver, localiser.*

rétractation n. f.
Action de revenir sur ce qui a été dit. *L'inculpé a fait une rétractation.*

rétracter v. tr., pronom.
• **Transitif**
- (Litt.) Désavouer ce qu'on a dit. *Rétracter son témoignage.*
- Contracter. *L'escargot rétracte ses cornes.*
• **Pronominal**
- Revenir sur son témoignage, retirer ce qui a été dit ou écrit. *Elles se sont rétractées et ont donné une autre version des faits.*
- Se contracter. *Les muscles se sont rétractés.*

retrait n. m.
• Action de retirer. *Le retrait d'une somme à la banque.*
• *En retrait,* locution adverbiale. En arrière d'un alignement.
☞ retra**it**.

retraite n. f.
• État d'une personne qui, après un certain nombre d'années de travail, cesse son activité professionnelle et reçoit une pension. *Elles sont à la retraite; il prendra une retraite anticipée.*
• Rente versée à un retraité. *Des caisses de retraite.*
• *Régime de retraite.* Ensemble des garanties permettant à des assurés ou à des participants de bénéficier d'une rente ou d'une pension dans des conditions et à un âge déterminés par leur régime. (Recomm. off. OLF)

retraité, ée adj. et n. m. et f.
Personne qui est à la retraite.

retranchement n. m.
• Fortification.
• *Forcer quelqu'un dans ses derniers retranchements.* Pousser quelqu'un à bout en détruisant ses derniers arguments.

retrancher v. tr., pronom.
• **Transitif.** Supprimer un élément d'un tout. *Retrancher une déduction d'un salaire. Retrancher une citation d'un texte.*
☞ Le verbe se construit généralement avec les prépositions *de* ou *à. Ils ont retranché 200 des 1 000 postes de l'entreprise.*
• **Pronominal.** Se réfugier, se mettre à l'abri. *Ils se sont retranchés derrière une excuse administrative.*

retransmission n. f.
Diffusion nouvelle d'une émission. *Retransmission télévisée.*

rétrécir v. tr., intr., pronom.
• **Transitif.** Diminuer l'ampleur, le volume. *Rétrécir un vêtement.*
• **Intransitif.** Devenir plus petit. *Ces tissus ne rétrécissent pas au lavage.*
• **Pronominal.** Perdre de l'ampleur. *La route se rétrécit à partir de cet endroit.*

rétrécissement n. m.
Le fait de devenir plus étroit.
☞ rétré**ciss**ement.

rétribuer v. tr.
Rémunérer. *Ces employés sont rétribués à l'heure.*

rétribution n. f.
Rémunération.
V. **salaire.**

rétro- préf.
• Élément du latin signifiant «en arrière».
• Les mots composés du préfixe *rétro-* s'écrivent en un seul mot. *Rétrograder.*

rétro adj. inv. et n. m.
• **Adjectif.** Qui s'inspire d'un style qui date de la première moitié du XXᵉ siècle. *La mode rétro.*
• **Nom masculin.** Style des années 1920 à 1960.

rétroactif, ive adj.
Qui agit sur ce qui est antérieur. *Une augmentation rétroactive au début de l'année.*

rétroaction n. f.
Information tirée d'une situation et utilisée pour le contrôle, la prévision ou la correction immédiate ou future de cette situation. *Il importe de recevoir la rétroaction* (et non le *feed-back).*

rétroactivement adv.
D'une manière rétroactive.

rétroactivité n. f.
Caractère rétroactif. *La rétroactivité d'une mesure.*

rétroagir v. intr.
(Litt. ou dr.) Avoir un effet rétroactif.

rétrogradation n. f.
Mesure par laquelle une personne doit occuper un poste inférieur au précédent. *Il a subi une rétrogradation* (et non une *démotion).*

rétrograde adj.
• Qui va en sens inverse. *Un mouvement rétrograde.*
• (Fig.) Qui rejette le progrès. *Une décision rétrograde.*

rétrograder v. tr., intr.
• **Transitif**
Faire reculer dans la hiérarchie. *Rétrograder un employé.*
• **Intransitif**
- Reculer, régresser.
- (Auto.) Changer de vitesse. *Avant de freiner, il faudrait rétrograder.*

rétrospectif, ive adj.
Qui concerne le passé. *Une étude rétrospective.*

rétrospection n. f.
Action de remonter dans le passé.

rétrospective n. f.
• Exposition récapitulative des œuvres d'un peintre, d'un auteur, etc. *Une magnifique rétrospective des impressionnistes.*
• Présentation de l'ensemble des films d'un cinéaste. *Une rétrospective de Fellini.*

rétrospectivement adv.
D'une manière rétrospective.

retrousser v. tr.
• Relever vers le haut.
• *Retrousser ses manches.* Se mettre résolument au travail.

retrouvailles n. f. pl.
Fait de se retrouver, en parlant de personnes qui étaient séparées.
🖙 Ce mot ne s'emploie qu'au pluriel.

retrouver v. tr., pronom.
• **Transitif.** Trouver de nouveau ce qui était égaré, oublié. *Il a retrouvé son chapeau.*
• **Pronominal.** Être de nouveau (dans un lieu, parmi des personnes, dans une situation qu'on avait quittés).

rétroviseur n. m.
Miroir permettant au conducteur d'un véhicule de voir en arrière.

rets n. m. pl.
🖙 Les lettres *ts* ne se prononcent pas [rɛ].
(Litt.) Filet, piège.
Hom. :
- *raie,* ligne, rayure;
- *raie,* poisson.
🖙 rets.

réunification n. f.
Action de réunifier.

réunifier v. tr.
    Redoublement du *i* à la première et à la deuxième personne du pluriel de l'indicatif imparfait et du subjonctif présent. *(Que) nous réunifiions, (que) vous réunifiiez.*
Recréer l'unité d'un groupe, d'un État.

réunion n. f.
• Action de réunir, de regrouper. *La réunion de plusieurs éléments.*
• Assemblée de personnes. *La réunion a été fixée à 10 heures.*

réunir v. tr., pronom.
• **Transitif**
- Rapprocher ce qui est désuni, relier. *Ce pont réunit l'île à la terre. Réunir les parents et les enfants.*
🖙 Le verbe se construit avec la préposition *à* ou avec la conjonction *et.*
- Rassembler. *Réunir des données, des preuves.*
• **Pronominal**
Se retrouver ensemble en un lieu. *Ils se sont réunis avec des collègues, entre amis.*

réussir v. tr., intr.
• **Transitif direct**
- Faire avec succès. *Réussir un plat, un portrait, un aménagement.*
- Accomplir avec succès. *Elle a réussi son examen.*
🖙 En ce sens, le verbe peut également être transitif indirect et se construire avec la préposition *à.*
• **Transitif indirect**
- Obtenir un succès. *Elle a réussi à l'épreuve de français écrit.*
- Parvenir à. *J'ai réussi à lui parler.*
• **Intransitif**
Avoir du succès. *Il a réussi dans la vie.*

réussite n. f.
Succès final.

revalorisation n. f.
Action de revaloriser. *La revalorisation du travail manuel, de la monnaie.*

revaloriser v. tr.
Donner une valeur plus grande à quelque chose. *Revaloriser une tâche.*

revanche n. f.
• Le fait de reprendre un avantage perdu. *Prendre sa revanche.*
• *En revanche.* Par contre, en retour.
• *À charge de revanche.* À condition de pouvoir rendre la pareille.
🖙 Le mot ne comporte pas l'idée de ressentiment qui est comprise dans *vengeance.*

rêvasser v. intr.
S'abandonner à la rêverie.

rêve n. m.
Images qui viennent à l'esprit pendant le sommeil.
🖙 Ne pas confondre avec les mots suivants :
- *cauchemar,* rêve pénible;
- *rêverie,* activité mentale qui s'abandonne à des images, des associations à l'état de veille;
- *songe,* rêve dont on tire des présages.

revêche adj.
Rébarbatif.
🖙 revêche.

réveil n. m.
• Passage de l'état de sommeil à l'état de veille.
• Réveille-matin. *Régler le réveil à 6 h 30.*

réveille-matin n. m. inv. ou **réveil** n. m. (pl. *réveille-matin*)
Appareil qui indique l'heure et qui peut sonner à une heure déterminée à l'avance. *Des réveils.*

☞ Ne pas confondre avec les noms suivants :
- *coucou,* appareil qui indique l'heure et dont la sonnerie imite le chant du coucou;
- *horloge,* appareil de grande dimension servant à mesurer le temps et à indiquer l'heure;
- *pendule,* appareil de petite dimension qui indique l'heure.

⟹ réveille-matin, réveil.

réveiller v. tr., pronom.
• **Transitif.** Faire passer du sommeil à l'état de veille. *La sonnerie du téléphone l'a réveillé.*
• **Pronominal.** Cesser de dormir. *Ils seront réveillés à l'aube.*

réveillon n. m.
Repas de fête pris à minuit à Noël et au jour de l'An.

réveillonner v. intr.
Participer à un réveillon.
⟹ réveillonner.

révélation n. f.
• Action de faire connaître ce qui était inconnu, secret.
• Personne, chose révélée. *Cet auteur est la révélation de l'année.*

révéler v. tr., pronom.
Le deuxième *é* se change en *è* devant une syllabe muette, sauf à l'indicatif futur et au conditionnel présent. *Je révèle, mais je révélais.*
• **Transitif.** Faire connaître, découvrir ce qui était inconnu, secret. *Je vais vous révéler un grand secret.*
• **Pronominal.** Apparaître. *Son talent se révéla lentement. Ces données se sont révélées exactes.*

revendeur, euse n. m. et f.
Détaillant.

revendicateur, trice adj. et n. m. et f.
Personne qui revendique.

revendication n. f.
Réclamation d'un droit. *Des revendications légitimes.*

revendiquer v. tr.
Demander, réclamer avec insistance. *Revendiquer le droit de rester au Canada.*

revenez-y n. m. inv.
(Fam.) Se dit de quelque chose d'agréable qui incite à en reprendre. *Un petit goût de revenez-y.*

revenir v. intr.
• Venir de nouveau. *Ils sont revenus de vacances. Revenons à nos moutons.*
• *Ne pas en revenir.* (Fam.) Être très étonné. *Il est arrivé à temps : je n'en reviens pas!*

revenu n. m.
• Ce qui est perçu par un particulier en rémunération du travail ou rendement de rente, etc. *Elle a un revenu élevé.*
☞ Lorsqu'il s'agit d'une entreprise, on utilise plutôt les termes *bénéfice, produit d'exploitation.*
• *Déclaration de revenus.* Déclaration fiscale. *Faire sa déclaration de revenus* (et non son *rapport d'impôt).

rêver v. tr., intr.
• **Transitif**
Voir en rêve. *Chaque nuit, je rêve la même chose.*
• **Transitif indirect**
- Voir en rêve. *Elle rêve souvent de Paris, J'ai rêvé de lui.*
☞ En ce sens, le verbe se construit avec la préposition *de.*
- Souhaiter. *Il rêve d'acheter une petite maison en Provence.*
- Imaginer. *Il rêve à une vie douce et tranquille.*
☞ En ce sens, le verbe se construit plutôt avec la préposition *à.*
• **Intransitif**
- Faire des rêves. *Il rêve beaucoup.*
- Avoir des lubies. *Vous rêvez, mon cher, ce que vous dites est absurde.*

réverbération n. f.
Réflexion diffuse de la lumière, de la chaleur ou du son.

réverbère n. m.
Appareil destiné à éclairer les rues. *L'allumeur de réverbères.*
⟹ réverbère.

réverbérer v. tr.
Le *é* de la troisième syllabe se change en *è* devant une syllabe muette, sauf à l'indicatif futur et au conditionnel présent. *Il réverbère, mais il réverbérera.*
Réfléchir la lumière, la chaleur ou le son.

révérence n. f.
• (Litt.) Respect. *Parler d'un maître avec révérence.*
• Salutation qui consiste à s'incliner en fléchissant le genou. *Elle avait appris à faire la révérence.*
• *Tirer sa révérence.* Partir.

révérend, ende adj.
Titre de certains religieux. *Le révérend père Lacoste.*
☞ Le mot s'écrit avec une minuscule.

révérer v. tr.
Le deuxième *é* se change en *è* devant une syllabe muette, sauf à l'indicatif futur et au conditionnel présent. *Je révère, mais je révérerai.*
Respecter profondément. *Elle révère le fondateur de ce parti.*

rêverie n. f.
Activité mentale de la personne qui s'abandonne à des images, à des associations à l'état de veille.
☞ Ne pas confondre avec les mots suivants :
- *cauchemar,* rêve pénible;
- *rêve,* images qui viennent à l'esprit pendant le sommeil;
- *songe,* rêve dont on tire des présages.

revers n. m.
• Insuccès militaire.
☞ Ne pas confondre avec les mots suivants :
- *débandade,* dispersement désordonné d'une armée;
- *défaite,* perte d'une bataille.
• Partie d'un vêtement qui semble repliée du dessous. *Le revers d'un pantalon.*

• Envers d'une chose. *Le revers de la main. Le revers d'une médaille* (ant. **avers**).
• Au tennis, coup de raquette donné à gauche pour un droitier et inversement.
• ***Revers de fortune.*** Difficultés financières.
☞ reve**rs.**

réversibilité n. f.
Qualité de ce qui est réversible.
☞ ré**versibilité.**

réversible adj.
• Qui peut s'effectuer en sens inverse. *Un mouvement réversible.*
• Qui peut être utilisé, porté à l'envers. *Un imperméable réversible.*
Ant. **irréversible.**
☞ ré**versible.**

revêtement n. m.
Ce qui recouvre. *Un revêtement de sol, des revêtements muraux.*

revêtir v. tr.
Ce verbe se conjugue comme **vêtir.**
• Couvrir d'un vêtement d'apparat. *Il a revêtu l'habit vert de l'Académie.*
• Investir d'une dignité. *Elle a été revêtue de la plus haute autorité.*
• (Fig.) Prendre un aspect, une apparence. *Les protestations revêtent une nouvelle forme : la pétition.*
• Recouvrir. *Revêtir un mur de marbre.*

rêveur, euse adj. et n. m. et f.
Qui se laisse aller à rêver. *Il est très convaincant, mais c'est un rêveur.*
☞ rê**veur.**

rêveusement adv.
En rêvant.
☞ rê**veusement.**

revient n. m.
Prix de revient. Coût, pour l'agent économique, du bien produit. *Des prix de revient intéressants.*

revigorer v. tr.
Donner une nouvelle vigueur à.
☞ revigorer (et non *ravigorer).

revirement n. m.
Changement rapide et complet. *Cette décision est un revirement inattendu.*

réviser v. tr.
• Corriger un manuscrit, un texte destiné à la publication.
• Remettre en bon état de marche, vérifier. *Faire réviser sa voiture.*
• Revoir une leçon apprise. *Réviser ses déclinaisons latines.*
☞— La forme *reviser* qui a existé concurremment à la forme actuelle est aujourd'hui vieillie.

réviseur n. m.
réviseure n. f.
Personne qui fait la révision, la correction des textes destinés à l'impression.

révision n. f.
• Correction d'un texte, d'une épreuve typographique.
• Vérification. *Prendre rendez-vous pour la révision des 10 000 km de sa voiture.*
• Action de revoir un sujet. *Faire ses révisions à la veille d'un examen.*
☞— La forme *revision* qui a existé concurremment à la forme actuelle est aujourd'hui vieillie.

revivre v. tr., intr.
• **Transitif**
Vivre de nouveau quelque chose. *Il revit constamment cet incident tragique.*
• **Intransitif**
- Revenir à la vie.
- Réapparaître. *L'espoir revit enfin.*

révocable adj.
Qui peut être révoqué. *Une clause révocable.*
☞ révocable.

revoir n. m. inv.
Au revoir. Formule de salutation signifiant «au plaisir de vous revoir, à bientôt». *Des au revoir amicaux. Ce n'est qu'un au revoir.*

revoir v. tr., pronom.
• **Transitif**
- Voir de nouveau. *Il a revu son ami d'enfance.*
- Réviser. *Les prévisions ont été revues à la lumière des données recueillies.*
• **Pronominal**
Se retrouver. *Ils se sont revus récemment.*

revoler v. intr.
Voler de nouveau. *Cet oiseau blessé pourra revoler bientôt.*

*revoler
Impropriété au sens de ***jaillir, gicler.***

révoltant, ante adj.
Qui révolte, qui indigne. *Des pratiques révoltantes.*

révolte n. f.
Rébellion.

révolté, ée adj. et n. m. et f.
Qui est en révolte, rebelle.

révolter v. tr., pronom.
• **Transitif.** Indigner, choquer. *Une telle inconscience les révoltait.*
☞— Le verbe se construit avec la préposition **contre.** *Elle est révoltée contre son supérieur.* Suivi de l'infinitif, il se construit avec la préposition **de.** *Ils sont révoltés de voir les collègues profiter de la situation.* Il peut également se construire avec **de ce que** ou **que** et l'indicatif ou le subjonctif. *Elles sont révoltées de ce que ces injustices soient commises, que ces injustices ont été commises.*
• **Pronominal.** Se rebeller. *Ils se sont révoltés contre ces procédés.*

révolu, ue adj.
• Achevé. *Avoir 18 ans révolus.*
• Qui n'existe plus. *Une ère révolue.*

révolution n. f.
• Rotation complète d'un corps autour d'un axe.

• Changement brusque et capital. *La révolution industrielle.*

🕮← Le nom **révolution** s'écrit généralement avec une minuscule. Une exception : *La Révolution française, la Révolution (1789).*

révolutionnaire adj. et n. m. et f.
• Relatif à une révolution. *Des éléments révolutionnaires.*
• Partisan de la révolution. *C'est un révolutionnaire dangereux.*
• Innovateur. *Une technique révolutionnaire.*
🖙 révolutionnaire.

révolutionner v. tr.
Bouleverser. *Révolutionner les méthodes traditionnelles.*

revolver n. m.
👄 Le premier *e* se prononce *é* et le *r* est sonore [revɔlvɛr].
Pistolet à barillet. *Des revolvers volés.*
🖙 revolver, malgré la prononciation.

révoquer v. tr.
Annuler, abolir. *Révoquer un contrat.*

revoyure n. f.
À la revoyure. (Pop.) Au revoir.

revue n. f.
• Inspection. *Une revue du matériel informatique.*
• *Passer en revue.* Examiner soigneusement tous les éléments d'un ensemble.
• *Revue de presse.* Ensemble des articles de journaux relatifs à une question, à un évènement.
• Publication périodique. *Une revue scientifique, littéraire, une revue de mode.*

révulser v. tr., pronom.
• **Transitif.** Bouleverser. *Cette scène la révulsa.*
• **Pronominal.** Se retourner. *Ses yeux se révulsèrent.*

*****rewriter**
Anglicisme au sens de *récrire, réécrire.*

*****rewriter**
Anglicisme au sens de *rédacteur, adaptateur.*

*****rewriting**
Anglicisme au sens de *réécriture.*

rez-de-chaussée n. m. (pl. *rez-de-chaussée*)
👄 Le *z* ne se prononce pas [redʃose].
Local situé au niveau de la rue. *Des rez-de-chaussée spacieux* (et non *premier plancher*).
🕮← Sous l'influence de l'anglais qui nomme le rez-de-chaussée «first floor», au Canada le deuxième étage correspond souvent au premier étage du français international. Dans la mesure du possible, on rétablira l'usage français.
🖙 rez-de-chaussée.

rez-de-jardin n. m. inv. (pl. *rez-de-jardin*)
Étage situé au niveau du jardin.
🖙 rez-de-jardin.

Rh
Symbole de *facteur rhésus.*

rhabiller v. tr.
• Habiller de nouveau. *Vous pouvez vous rhabiller, l'examen est terminé.*
• *Il peut aller se rhabiller.* (Fam.) Il peut abandonner la partie qui est perdue. *Tu peux aller te rhabiller : ce poste ne te sera pas proposé.*

rhapsodie ou **rapsodie** n. f.
Morceau de musique de composition libre.
🖙 rhapsodie, rapsodie.

rhésus n. m.
👄 Le *s* final se prononce [rezys].
• Espèce de singe.
• *Facteur rhésus.* Produit existant dans les globules rouges de certains sangs humains. *Rhésus positif (abréviation Rh+), rhésus négatif (abréviation Rh-).*

rhétorique n. f.
• Art de l'éloquence.
• Emphase.
🖙 rhétorique.

rhinocéros n. m.
Mammifère pachyderme très massif qui porte une ou deux cornes sur le nez. *Un rhinocéros femelle qui barrit.*
🖙 rhinocéros.

rhizome n. m.
Tige souterraine de certaines plantes vivaces.
🖙 rhizome.

rhô n. m. inv.
Lettre de l'alphabet grec.

rhododendron n. m.
Arbuste ornemental.
🖙 rhododendron.

rhubarbe n. f.
Plante à larges feuilles dont les tiges sont comestibles. *Une tarte à la rhubarbe.*
🖙 rhubarbe.

rhum n. m.
👄 Le *u* se prononce comme *o* et le *m* est sonore [rɔm].
Alcool de canne à sucre. *Le rhum des Antilles.*
🕮← Ne pas confondre avec le mot **rhume,** inflammation de la muqueuse nasale.

rhumatisant, ante adj.
Atteint de rhumatisme. *Des rhumatisants soulagés par un médicament.*
🖙 rhumatisant.

rhumatismal, ale, aux adj.
Relatif au rhumatisme.
🖙 rhumatismal.

rhumatisme n. m.
Maladie aiguë ou chronique des articulations.
🖙 rhumatisme.

rhumatologie n. f.
Spécialité de la médecine qui traite les rhumatismes.
🖙 rhumatologie.

rhumatologue n. m. et f.
Spécialiste de la rhumatologie.
🖙 rhumatologue.

rhume n. m.
• Inflammation de la muqueuse nasale. *Elle a attrapé un rhume.*
🖙 Ne pas confondre avec le mot **rhum,** alcool de canne à sucre.
• *Rhume des foins.* Irritation de la muqueuse nasale, des yeux, d'origine allergique.
🖙 rhume.

rhumerie n. f.
👄 Le *u* se prononce *o* [rɔmri].
Distillerie de rhum.
🖙 rhumerie.

rial n. m.
Unité monétaire de l'Iran et de la République arabe du Yémen. *Des rials.*
V. Tableau - **SYMBOLES DES UNITÉS MONÉ-TAIRES.**

riant, riante adj.
• Qui exprime la gaieté. *Une expression riante.*
• Agréable. *Des souvenirs riants.*

ribambelle n. f.
(Fam.) Quantité. *Une ribambelle d'enfants.*
🖙 ribambelle.

ribaud, aude adj. et n. m. et f.
(Litt.) Débauché.

riboflavine n. f.
Vitamine B_2.

ricanement n. m.
Moquerie.

ricaner v. intr.
Rire de façon sarcastique.

ricaneur, euse adj. et n. m. et f.
Qui ricane.

riche adj. et n. m. et f.
• **Adjectif**
- Qui possède beaucoup de biens. *Ils sont immensément riches.*
- *Riche en.* Qui possède en abondance. *Un sous-sol riche en pétrole.*
• **Nom masculin et féminin**
Personne fortunée.

richement adv.
D'une manière riche, magnifique.

richesse n. f.
• Abondance de biens, de ressources.
• (Au plur.) Objets de grand prix. *Les richesses d'un musée.*

richissime adj.
Extrêmement riche.

ricin n. m.
Huile de ricin. Purgatif. *Une cuillerée d'huile de ricin* (et non d'*huile de castor).

ricocher v. intr.
Faire des ricochets. *Le galet a ricoché plusieurs fois.*

ricochet n. m.
• Bond que fait une pierre lancée à la surface de l'eau.
• *Par ricochet.* Indirectement.
🖙 ricochet.

rictus n. m.
👄 Le *s* se prononce [riktys].
Grimace sarcastique.

ride n. f.
Sillon de la peau qui se creuse avec l'âge.

ridé, ée adj.
Qui a des rides.

rideau n. m. (pl. *rideaux*)
• Pièce d'étoffe souvent plissée destinée à tamiser la lumière, à masquer quelque chose. *Des rideaux à volants.*
🖙 Ne pas confondre avec les noms suivants :
- *draperie,* tissu drapé;
- *store,* rideau ou panneau disposé devant une ouverture, qui s'enroule ou se replie;
- *store vénitien,* rideau à lamelles orientables;
- *tenture,* étoffe qui orne une fenêtre, un mur.
• *Grimper dans les rideaux.* (Fam.) Au Canada, s'énerver, monter sur ses grands chevaux.

rider v. tr., pronom.
• **Transitif.** Marquer de rides.
• **Pronominal.** Se couvrir de rides.

ridicule adj. et n. m.
Qui excite la dérision, la moquerie. *Un accoutrement ridicule. Le ridicule ne tue pas.*
🖙 ridicule.

ridiculement adv.
D'une manière ridicule.

ridiculiser v. tr.
Tourner en ridicule.

ridule n. f.
Petite ride.
🖙 ridule.

riel n. m.
Unité monétaire du Cambodge. *Des riels.*
V. Tableau - **SYMBOLES DES UNITÉS MONÉ-TAIRES.**

rien n. m. et pron. indéf.

• **Nom masculin**
- Peu de chose. *Un rien l'habille. Ils ont acheté cette maison pour un rien.*
- *En un rien de temps.* Très rapidement.
- (Au plur.) Vétilles. *S'attacher à des riens.*
🖙 Le nom prend la marque du pluriel.
• **Pronom indéfini**
- Quelque chose (sans particule négative). *Il est incapable de rien dire* (de dire quoi que ce soit).
- Aucune chose (avec *ne* ou *sans*). *Elle n'a rien fait. Il a signé sans rien changer.*
- Nulle chose (sans particule négative). *Il a fait ce voyage pour rien. Tous ses espoirs sont réduits à rien. Je l'ai eu pour rien.*
• **Locutions**

- *Ce n'est rien.* C'est sans importance.
- *Ce n'est pas rien.* C'est beaucoup, c'est une chose considérable.
- *C'est moins que rien.* (Fam.) Cela n'a aucune valeur.
- *Comme si de rien n'était,* locution adverbiale. Comme si rien n'était arrivé.
- *Comme (un) rien,* locution adverbiale. Très facilement.
- *En rien,* locution adverbiale. Pas du tout.
- *Il n'en est rien.* C'est faux.
- *Rien à rien,* locution adverbiale. Absolument rien.
- *Rien que.* Seulement.
- *Un rien de,* locution adverbiale. Un petit peu.

riesling n. m.
👄 La lettre *e* ne se prononce pas [rislin].
• Cépage blanc cultivé en Alsace, en Rhénanie, etc.
• Vin produit par ce cépage.
🖘 Le nom du vin s'écrit avec une minuscule.
🖚 riesling.

rieur, rieuse adj. et n. m. et f.
Enjoué. *Des écoliers rieurs.*

rigide adj.
• Peu flexible.
• Sévère. *Un professeur très rigide.*

rigidement adv.
D'une manière rigide.

rigidité n. f.
• Raideur. *La rigidité d'une pièce de bois.*
• Sévérité. *La rigidité des règles de cet établissement.*

rigolade n. f.
Divertissement.
🖚 rigolade.

rigole n. f.
Petit canal creusé pour permettre l'écoulement de l'eau.
🖚 rigole.

rigoler v. intr.
• (Fam.) Rire, se divertir.
• (Fam.) Plaisanter. *Tu rigoles, j'espère?*

rigolo, ote adj. et n. m. et f.
(Fam.) Amusant. *C'est une rigolote, des costumes rigolos.*

rigoureusement adv.
• D'une manière stricte.
• Minutieusement. *C'est rigoureusement exact.*

rigoureux, euse adj.
• Sévère, inflexible.
• Précis. *Un examen rigoureux.*

rigueur n. f.
• Âpreté. *La rigueur du climat.*
• Fermeté.
• Précision, exactitude. *La rigueur d'une démonstration.*
• *À la rigueur,* locution adverbiale. Au pis aller.
• *De rigueur.* Obligatoire.
• *Ne pas tenir rigueur.* Pardonner.

rillettes n. f. pl.
Viande de porc, de lapin, d'oie ou de volaille hachée, cuite longuement dans sa graisse.

rime n. f.
• Répétition d'un son à la fin de deux vers.
• *Sans rime ni raison.* Absurde.

rimer v. intr.
• Avoir le même son. *Amour rime avec bonjour.*
• *Cela ne rime à rien.* Cela est dépourvu de sens.

rimmel n. m.
Mascara.
🖘 Ce nom de marque est passé dans l'usage et s'écrit avec une minuscule.

rinçage n. m.
Action de rincer.
🖚 rinçage.

rince-bouche n. m. inv. (pl. *rince-bouche*)
Liquide aromatisé destiné à rafraîchir l'haleine.

rince-doigts n. m. inv. (pl. *rince-doigts*)
Petit récipient rempli d'eau citronnée pour se rincer les doigts après un repas.

rincer v. tr.
Le *c* prend une cédille devant les lettres *a* et *o*. Il rinça, nous rinçons.
Nettoyer en lavant, passer dans l'eau claire. *Rincer des verres.*

ringard, arde adj. et n. m. et f.
• **Adjectif.** Démodé. *Des thèmes ringards.*
• **Nom masculin et féminin.** Personne incapable. *C'est un ringard.*

ripaille n. f.
Faire ripaille. Faire bombance.

riposte n. f.
• Réplique prompte.
• Contre-attaque vigoureuse.

riposter v. intr.
Lancer une riposte.

rire v. tr. ind., intr., pronom.
INDICATIF PRÉSENT *Je ris, tu ris, il rit, nous rions, vous riez, ils rient.* IMPARFAIT *Je riais, tu riais, il riait, nous riions, vous riiez, ils riaient.* PASSÉ SIMPLE *Je ris, tu ris, il rit, nous rîmes, vous rîtes, ils rirent.* FUTUR *Je rirai.* CONDITIONNEL PRÉSENT *Je rirais.* IMPÉRATIF PRÉSENT *Ris, rions, riez.* SUBJONCTIF PRÉSENT *Que je rie, que tu ries, qu'il rie, que nous riions, que vous riiez, qu'ils rient.* IMPARFAIT *Que je risse, que tu risses, qu'il rît, que nous rissions, que vous rissiez, qu'ils rissent.* PARTICIPE PRÉSENT *Riant.* PASSÉ *Ri.*
Redoublement du *i* à la première et à la deuxième personne du pluriel de l'indicatif imparfait et du subjonctif présent. *(Que) nous riions, (que) vous riiez.*
• **Transitif indirect**
Se moquer de. *Elle riait de lui.*
• **Intransitif**
- Manifester sa gaieté par des expirations saccadées. *Il rit aux éclats.*

- *Entendre à rire.* Au Canada, avoir le sens de l'humour.
- *Pour rire.* À la blague.
• **Pronominal**
Se moquer. *Ils se sont ri de vous.*
☞ Le participe passé *ri* ne comporte pas de forme féminine et il est invariable.
☞ Le verbe transitif indirect et le pronominal se construisent avec la préposition *de.*

rire n. m.
• Action de rire. *Un éclat de rire.*
• *Fou rire.* Rire irrépressible. *Des fous rires.*

ris n. m. (gén. pl.)
Thymus (du veau, de l'agneau, etc.) apprécié en cuisine. *Des ris de veau.*
Hom. *riz,* céréale.
⇒ ris.

risée n. f.
Moquerie. *Il a été la risée de tous ses amis.*

risible adj.
Comique.

risiblement adv.
D'une manière risible.

risotto n. m.
⇔ Le *s* se prononce *z* [rizɔto].
Plat italien principalement composé de riz assaisonné de parmesan. *Il aime le risotto.*
⇒ risotto.

risque n. m.
• Possibilité d'accident, de malheur. *L'entreprise est sans risque,* ou *sans risques.*
• *Au risque de,* locution prépositive. En s'exposant à.
• *À risque(s).* Exposé à un danger.
• *À vos risques et périls.* En assumant toutes les conséquences.
☞ Contrairement au mot *chance,* le mot *risque* ne s'emploie qu'en mauvaise part.

risqué, ée adj.
Qui comporte des risques. *Cette affaire est trop risquée.*

risquer v. tr., pronom.
• **Transitif.** S'exposer à un risque, à un danger. *Ils risquent leur vie.*
• **Transitif indirect.** Être exposé à. *Le temps risque de changer.*
☞ Le verbe transitif indirect se construit avec *de* et l'infinitif.
☞ Ce verbe ne s'emploie qu'en parlant d'évènements non désirés, qui comportent une issue fâcheuse. On dira : *courir la chance de gagner le gros lot* (et non courir le *risque).

rissoler v. tr., intr.
Rôtir de manière à faire prendre une couleur dorée. *Faire rissoler des pommes de terre. Des légumes qui rissolent.*

ristourne n. f.
• Réduction accordée à un client. *Nous vous consentirons une ristourne de 15 %.*
• Commission plus ou moins licite.

rite n. m.
Ensemble des règles qui fixent le déroulement d'une cérémonie liturgique ou non.

ritournelle n. f.
Refrain.

rituel, elle adj. et n. m.
• **Adjectif.** Conforme aux rites. *Des prières rituelles.*
• **Nom masculin.** Ensemble de rites.

rivage n. m.
Bande de terre qui borde une mer.
☞ Pour un lac, une rivière, on dira plutôt *rive.*

rival, ale, aux adj. et n. m. et f.
• **Adjectif.** Adversaire. *Des clans rivaux.*
• **Nom masculin et féminin.** Concurrent.
• *Sans rival,* locution adjectivale. Inégalable.

rivaliser v. intr.
Lutter. *Rivaliser d'intelligence avec quelqu'un.*

rivalité n. f.
• Situation de personnes qui visent un même but. *Ces deux employés sont en rivalité.*
• Opposition. *Des rivalités d'intérêts.*

rive n. f.
Bande de terre qui borde un lac, une rivière. *La rive sud du Saint-Laurent, la rive gauche de la Seine.*
☞ Pour la mer, on dit plutôt *rivage.*
☞ Selon la Commission de toponymie du Québec, la région située devant Montréal, au sud du Saint-Laurent, s'écrit avec des majuscules et un trait d'union. *Rive-Sud* (désignation non officielle).

river v. tr.
• Fixer avec un rivet.
• Attacher étroitement à. *Elles sont rivées à leur poste de télévision. Elle avait les yeux rivés sur lui.*
• *River son clou à quelqu'un.* (Fam.) Le réduire au silence.

riverain, aine adj. et n. m. et f.
• **Adjectif.** Qui habite au bord d'un cours d'eau.
• **Nom masculin et féminin.** Personne qui habite le long d'un cours d'eau et par extension, d'une route, d'une forêt. *Ce chemin est réservé aux riverains.*

rivet n. m.
Sorte de clou dont l'extrémité s'aplatit pour former une seconde tête.

riveter v. tr.
Redoublement du *t* devant un *e* muet. *Je rivette, je rivetterai,* mais *je rivetais.*
Fixer à l'aide de rivets.

riveteuse n. f.
Machine servant à fixer des rivets.

rivière n. f.
• Cours d'eau d'une certaine importance qui se jette dans un fleuve. *La rivière Chaudière se jette dans le Saint-Laurent.*
☞ Ne pas confondre avec les mots suivants :
- *fleuve,* cours d'eau important qui se jette dans la mer;
- *ruisseau,* petit cours d'eau peu large;

- *torrent,* cours d'eau de montagne, impétueux.
V. Tableau - **GÉOGRAPHIQUES (NOMS).**
• *Rivière de diamants.* (Fig.) Collier de diamants.

rixe n. f.
Altercation.

riyal n. m.
Unité monétaire de l'Arabie saoudite, du Qatar. *Des riyals.*
V. Tableau - **SYMBOLES DES UNITÉS MONÉ-TAIRES.**

riz n. m.
Céréale cultivée dans les terrains humides.
Hom. *ris,* thymus du veau, de l'agneau.
⇨ riz.

riziculture n. f.
Culture du riz.

rizière n. f.
Terrain où l'on cultive le riz.

roast-beef
V. **rosbif.**

robe n. f.
• Vêtement féminin d'une seule pièce, composé d'un corsage et d'une jupe. *Une jolie robe de coton, une robe du soir.*
• *Robe de chambre.* Vêtement d'intérieur féminin ou masculin.
• *Pomme de terre en robe de chambre, en robe des champs.* Pomme de terre cuite au four avec sa peau.
🖙 Les deux expressions se disent.

robinet n. m.
Appareil installé sur une canalisation destiné à permettre, interrompre ou régler le passage d'un fluide. *Ouvrir, fermer le robinet.*
⇨ robinet.

robinetterie n. f.
• Industrie des robinets.
• Ensemble de robinets. *Installer une nouvelle robinetterie.*
⇨ robinetterie.

robot n. m.
👄 Le premier *o* est ouvert [rɔbo].
• Appareil à commande électromagnétique pouvant se substituer à une personne pour l'exécution automatique de certaines tâches.
• *Portrait-robot.* Portrait d'une personne recherchée qui est fait d'après les indications des témoins. *Des portraits-robots informatisés.*

robotique n. f.
👄 Les deux *o* sont ouverts [rɔbɔtik].
Ensemble des études et des techniques visant à mettre au point des systèmes aptes à remplacer ou à prolonger des opérations humaines.

robotisation n. f.
👄 Les deux *o* sont ouverts [rɔbɔtizasjɔ̃].
Action de robotiser.

robotiser v. tr.
👄 Les deux *o* sont ouverts [rɔbɔtize].
Doter un établissement industriel de robots.

robuste adj.
Solide, vigoureux. *Une santé robuste.*

robustesse n. f.
Résistance.

roc n. m.
Masse de pierre très dure. *Cette maison est bâtie sur le roc, elle ne bougera pas.*

rocaille n. f.
Aménagement paysager comportant des pierres entre lesquelles sont plantés des arbustes, des fleurs.

rocailleux, euse adj.
Rempli de pierres. *Un chemin rocailleux.*

rocambolesque adj.
Truffé de péripéties invraisemblables. *Une histoire rocambolesque.*

roche n. f.
• Matériau formé de minéraux très durs, masse de pierre.
• *Il y a anguille sous roche.* Il y a quelque chose de louche.
🖙 Le nom *roche* est un générique qui désigne la masse de substances minérales, tandis que la **pierre** est le matériau tiré de la roche dont on se sert dans la construction. Le *caillou* est un fragment de pierre de petite dimension.

rocher n. m.
Masse de pierre dure, généralement escarpée. *Escalader un rocher.*

rock ou **rock and roll** n. m.
• Musique rythmée d'origine américaine (vers 1955).
• Danse à quatre temps sur cette musique. *Danser le rock and roll.*

rocking-chair n. m.
Anglicisme utilisé en France au sens de **berceuse.**

rococo adj. inv. et n. m.
👄 Les deux premiers *o* sont ouverts; le troisième, fermé [rɔkɔko] ou les trois *o* sont fermés [rokoko].
• **Nom masculin**
Style artistique en vogue au XVIIIe siècle.
• **Adjectif invariable**
- Qui appartient au rococo.
- (Péj.) De mauvais goût, surchargé. *Des styles rococo.*

rodage n. m.
👄 Le *o* est ouvert [rɔdaʒ].
Action de roder.
⇨ rodage, sans accent circonflexe.

rodéo n. m.
Festivités comportant divers jeux (maîtriser un cheval, un bœuf sauvage, etc.) *Des rodéos pittoresques.*
🖙 Ce nom espagnol est francisé : le *e* s'écrit avec un accent aigu et le mot prend la marque du pluriel.

roder v. tr.
👄 Le *o* est ouvert [rɔde].

Mettre au point (un spectacle, un système). *Il faut roder la voiture : elle est neuve. Son spectacle a été bien rodé.*
☞ Ne pas confondre avec le verbe *rôder,* aller et venir de façon suspecte.
☞ roder.

rôder v. intr.
⬡ Le *o* est fermé [rode].
(Péj.) Aller et venir avec une intention suspecte. *Les policiers ont surpris des personnes qui rôdaient dans le jardin.*
☞ Ne pas confondre avec le verbe *roder,* mettre au point.
☞ rôder.

rôdeur, euse adj. et n. m. f.
Personne qui rôde. *Le chien de garde a fait fuir les rôdeurs.*
☞ rôdeur.

rodomontade n. f.
Vantardise.

rogne n. f.
(Fam.) Mauvaise humeur. *Être en rogne.*

rogner v. tr.
• Retrancher les bords de quelque chose.
• Diminuer d'une petite quantité.

rognon n. m.
Rein (de bœuf, de veau, de porc, etc.) destiné à la cuisine. *Des rognons sauce madère.*

roi n. m.
Souverain d'un pays indépendant.
☞ Ce titre s'écrit avec une minuscule. *Le roi Dagobert.* Pour désigner la fête de l'Épiphanie, le nom s'écrit avec une majuscule. *La fête des Rois.*

rôle n. m.
• Registre officiel où sont inscrites, par ordre chronologique, les causes soumises à un tribunal.
• *À tour de rôle,* locution adverbiale. Chacun à son tour.
• Registre public définissant la valeur des biens immobiliers en vue d'établir l'impôt foncier.
Syn. **cadastre.**
• Personnage joué par un acteur.
• *Rôle-titre.* Rôle principal. *Des rôles-titres bien interprétés.*
• Influence. *Le Québec a joué un rôle capital dans cette entente.*
• Fonction. *Le rôle de l'adverbe est de préciser ou de modifier le sens d'un mot.*

romain, aine adj. et n. m. et f.
• **Adjectif.** Qui est relatif à l'ancienne Rome ou à la Rome actuelle. *L'Empire romain, l'architecture romaine. Les restaurants romains.*
• *Chiffres romains.* Lettres capitales employées comme chiffres. *En chiffres romains, le 10 s'écrit X.*
V. Tableau - **CHIFFRES.**
• *Caractères romains.* Caractères à traits perpendiculaires dont on se sert couramment. *Le texte est composé en romain, tandis que les exemples sont en italique.*

☞ On emploie généralement au singulier les expressions *en romain, en italique.*
• **Nom masculin et féminin.** De Rome. *J'envie les Romains et les Romaines, car Rome est une ville magnifique.*
☞ Contrairement à l'adjectif, le nom prend une majuscule.
• **Nom féminin.** Variété de laitue.

roman, ane adj. et n. m.
• **Adjectif**
Relatif à la langue et à l'architecture médiévale d'Europe. *Vézelay est un chef-d'œuvre de l'art roman.*
• **Nom masculin**
- Langue issue du latin populaire qui a précédé le français.
- Œuvre d'imagination d'une certaine longueur où l'auteur s'attache à créer des personnages, à faire revivre des aventures, à décrire des mœurs.
☞ Ne pas confondre avec les noms suivants :
- *conte,* récit d'aventures qui sortent souvent de la réalité et s'apparentent au merveilleux, au fantastique;
- *nouvelle,* récit bref centré généralement sur un évènement et comportant peu de personnages.

romance n. f.
Chansonnette.

romancer v. tr.
Le *c* prend une cédille devant les lettres *a* et *o. Il romança, nous romançons.*
Donner le caractère d'un roman à des faits réels. *La biographie romancée d'un explorateur.*

romancier n. m.
romancière n. f.
Personne qui écrit des romans.

romand, ande adj. et n. m. et f.
Relatif à la Suisse romande.

romanesque adj. et n. m.
• **Adjectif**
- Propre au roman.
- Sentimental, exalté. *Une passion romanesque.*
• **Nom masculin**
Ce qui a les caractères du roman.

roman-feuilleton n. m. (pl. *romans-feuilletons*)
Roman publié par épisodes dans un journal.

roman-fleuve n. m. (pl. *romans-fleuves*)
Roman très long portant sur plusieurs générations de personnages.

romanichel, elle n. m. et f.
(Péj.) Tsigane. *Ce sont des romanichels.*

roman-photo n. m. (pl. *romans-photos*)
Intrigue relatée en photos auxquelles un dialogue très concis est intégré, à la manière des bandes dessinées.

romantique adj.
Qui appartient au romantisme. *Un poète romantique.*

romantisme n. m.
Mouvement artistique qui, rompant avec le classicisme, entend donner une place prépondérante à l'imagination et à la subjectivité.

romarin n. m.

⟹ Le *o* est ouvert [rɔmarɛ̃].
Plante aromatique.

rompre v. tr., intr., pronom.

INDICATIF PRÉSENT *Je romps, tu romps, il rompt, nous rompons, vous rompez, ils rompent.* IMPARFAIT *Je rompais.* PASSÉ SIMPLE *Je rompis.* FUTUR *Je romprai.* CONDITIONNEL PRÉSENT *Je romprais.* IMPÉRATIF PRÉSENT *Romps, rompons, rompez.* SUBJONCTIF PRÉSENT *Que je rompe.* IMPARFAIT *Que je rompisse.* PARTICIPE PRÉSENT *Rompant.* PASSÉ *Rompu, ue.*

• **Transitif**
- (Litt.) Briser. *Rompre le pain.*
- ***Être rompu à.*** Être habile à. *Elle est rompue à l'utilisation des micro-ordinateurs.*
- ***À bâtons rompus,*** locution adverbiale. Sans suite. *Parler à bâtons rompus.*
• **Intransitif**
- (Litt.) Céder brusquement. *Les liens ont rompu.*
- Mettre fin à une relation. *Elle a rompu avec lui.*
• **Pronominal**
(Litt.) Se briser. *Les attaches se sont rompues.*

ronce n. f.
Plante épineuse.

ronchonner v. intr.
(Fam.) Bougonner, grogner.

ronchonneur, euse adj. et n. m. et f.
Bougon.

rond, ronde adj., adv. et n. m.
• **Adjectif**
En chiffres ronds, locution adverbiale. En arrondissant le total, la somme, en supprimant les fractions.
• **Adverbe**
- ***Tourner rond.*** Fonctionner de façon normale. *Les moteurs tournent rond.*
- ***Avaler tout rond.*** Tout entier. *Les petits gâteaux ont été avalés tout rond.*
☞ Pris adverbialement, le mot est invariable.
• **Nom masculin**
Cercle. *Tracer des ronds.*

rond-de-cuir n. m. (pl. *ronds-de-cuir*)
Bureaucrate.

ronde n. f.
• Tournée de surveillance. *L'agent fait une ronde tous les quarts d'heure.*
• Danse où les participants qui se tiennent la main sont disposés en cercle. *Faire une ronde tout autour de la Terre.*

rondelle n. f.
• Petite pièce ronde.
• Au Canada, disque de caoutchouc dur que l'on utilise au hockey.

rondement adv.
• Sans façon. *Parler rondement.*
• Rapidement. *L'affaire a été conclue rondement.*

rondeur n. f.
• Qualité de ce qui est rond.
• Partie du corps ronde. *Des rondeurs charmantes.*

rondin n. m.
• Morceau de bois entier qu'on a laissé rond (par opposition à *planche* ou à *quartier*).
• Au Canada, se dit **bois rond.** *Une cabane de bois rond, en rondins.*

rond-point n. m. (pl. *ronds-points*)
Carrefour circulaire.

ronflant, ante adj.
Prétentieux. *Des adjectifs trop ronflants.*
☞ Ne pas confondre avec le participe présent invariable **ronflant.** *Les joueurs ronflant depuis une heure n'entendirent rien.*

ronflement n. m.
Bruit que l'on produit en ronflant.
⟹ ronflement.

ronfler v. intr.
• Produire un bruit en respirant pendant le sommeil.
• (Fam.) Dormir profondément.
⟹ ronfler.

ronfleur, euse n. m. et f.
Personne qui ronfle.
⟹ ronfleur.

rongement n. m.
Action de ronger.

ronger v. tr.
Le *g* est suivi d'un *e* devant les lettres *a* et *o.* *Il rongea, nous rongeons.*
• Déchiqueter avec les dents. *Le chien ronge un os.*
• ***Se ronger les sangs.*** (Vx) Se faire du souci.

rongeur n. m.
Mammifère possédant deux incisives longues et fortes. *Le lapin, le castor, l'écureuil sont des rongeurs.*

*ronne
Anglicisme pour ***tournée*** (du laitier, du facteur, etc.).

ronronnement n. m.
Action de ronronner. *Le ronronnement de son chat.*
⟹ ronronnement.

ronronner v. intr.
Faire un petit ronflement régulier. *Le moteur ronronne.*
⟹ ronronner.

roquefort n. m.
Fromage de lait de brebis ensemencé d'une moisissure spéciale. *Un roquefort délicieux.*
☞ Le nom du fromage s'écrit avec une minuscule, tandis que le nom de la ville de l'Aveyron d'où il provient s'écrit avec une majuscule.

roquet n. m.
Petit chien qui jappe sans arrêt.
⟹ roquet.

roquette n. f.
Projectile autopropulsé non guidé. *Une roquette anti-char.*

rosace n. f.
Ornement, vitrail en forme de rose. *Les belles rosaces des cathédrales gothiques.*

rosaire n. m.
Prière composée de trois chapelets.

rosâtre adj.
D'un rose terne.

rosbif n. m.
⬯ Le *o* est ouvert [rɔsbif].
Rôti de bœuf de première qualité. *Des rosbifs bien tendres.*
⬯— Cette forme francisée est à préférer à l'anglais «roast-beef».

rose n. f.
• Fleur odorante du rosier. *Un bouquet de roses blanches et de roses rouges.*
• *À l'eau de rose.* Fleur bleue, sentimental. *Un roman à l'eau de rose.*
• *Rose des vents.* Figure circulaire à trente-deux divisions indiquant les points cardinaux.

rose adj. et n. m.
• **Nom masculin**
- Couleur rose. *Des roses cendrés.*
- *Voir la vie en rose.* Être optimiste.
• **Adjectif de couleur**
De la teinte de la rose commune, intermédiaire entre le rouge et le blanc. *Des corsages roses.*
⬯— Cet adjectif de couleur prend la marque du pluriel lorsqu'il est simple; composé, il est invariable. *Des gants rose pâle.*
V. Tableau - **COULEUR (ADJECTIFS DE).**

rosé, ée adj.
Légèrement rose. *Une teinte rosée.*

rosé n. m.
Vin d'un rouge clair. *Un rosé bien frais.*

roseau n. m. (pl. *roseaux*)
Plante aquatique.

rosée n. f.
Petites gouttelettes d'eau qui se déposent par condensation de la vapeur. *La rosée du matin.*

roseraie n. f.
Jardin planté de rosiers.

rosier n. m.
Arbrisseau épineux cultivé pour ses fleurs odorantes, les roses.

rosir v. tr., intr.
• **Transitif.** Teinter de rose.
• **Intransitif.** Prendre une teinte rose. *Ses joues rosissent d'excitation.*

rosse adj. et n. f.
Personne méchante.
⬯— Attention au genre féminin de ce nom : *une* rosse.

rossée n. f.
Volée de coups.

rossignol n. m.
Oiseau passereau dont le chant est agréable.

rot n. m.
⬯ Le *t* ne se prononce pas [ro].
Éructation. *Le bébé va faire son petit rot.*
⬯ rot.

rôt n. m.
(Vx) Rôti.
⬯ rôt.

rotatif, ive adj. et n. f.
• **Adjectif.** Qui tourne. *Un jet rotatif, des foreuses rotatives.*
• **Nom féminin.** Presse à imprimer continue. *Ils ont installé une nouvelle rotative.*

rotation n. f.
• Mouvement circulaire d'un corps autour d'un axe. *La rotation de la Terre.*
• (Fig.) Roulement. *La rotation des stocks.*

roter v. intr.
(Fam.) Faire un rot, éructer.
⬯ roter.

rôti, ie adj. et n. m. et f.
• **Adjectif.** Grillé.
• **Nom masculin.** Viande grillée au four, à la broche. *Un rôti de veau.*
• **Nom féminin.** Tranche de pain grillée. *Des rôties avec de la confiture.* Syn. **toast.**

rotin n. m.
Genre de palmier dont on utilise la tige pour faire des meubles. *Des causeuses de rotin.*

rôtir v. tr., intr.
⬯ Le *ô* est ouvert [rotir].
Faire cuire en exposant au feu, à la chaleur. *Rôtir un poulet.*

rôtisserie n. f.
⬯ Le *ô* est ouvert [rotisri].
Restaurant spécialisé dans les viandes rôties. *Aller manger à la rôtisserie* (et non au *barbecue).

rôtissoire n. f.
⬯ Le *ô* est ouvert [rotiswar].
Appareil qui sert à faire griller les viandes.

rotonde n. f.
Édifice circulaire surmonté d'une coupole.

rotondité n. f.
Rondeur.

rotule n. f.
Os du genou.
⬯ rotule.

roturier, ière adj. et n. m. et f.
Qui n'est pas noble.

rouage n. m.
Chacune des parties mobiles d'un mécanisme.

rouble n. m.
Unité monétaire de la Communauté d'États indépendants. *Des roubles.*
V. Tableau - **SYMBOLES DES UNITÉS MONÉTAIRES.**

roucoulade n. f.
(Litt.) Propos tendres des amoureux.

roucoulement n. m.
Cri du pigeon, de la tourterelle.

roucouler v. tr., intr.
• **Transitif.** Dire d'une façon langoureuse. *Roucouler des mots tendres.*
• **Intransitif.** Crier, en parlant du pigeon et de la tourterelle.
⇨ roucouler.

roue n. f.
Disque rigide qui, en tournant sur un axe, est utilisé comme organe de déplacement. *Les roues avant, les roues arrière d'une voiture.*
Hom. *roux,* d'une couleur orangée.

*roue
Anglicisme au sens de **volant** (de véhicule automobile).

roué, ée adj. et n. m. et f.
• **Adjectif.** *Roué de coups.* Battu violemment.
• **Nom masculin et féminin.** (Péj.) Hypocrite et ambitieux.

rouer v. tr.
Battre violemment.

rouet n. m.
Machine qui sert à filer la laine, le lin, etc.

rouge adj., adv. et n. m.
• **Nom masculin.** La couleur rouge. *Des rouges éclatants, des rouges à lèvres.*
• **Adjectif de couleur.** D'une couleur semblable à celle du sang, du feu. *Des gants rouges.*
⊶ Cet adjectif de couleur prend la marque du pluriel s'il est simple; composé, il est invariable. *Des bonnets rouge tomate.*
V. Tableau - **COULEUR (ADJECTIFS DE).**
• **Adverbe.** Pris adverbialement, le mot est invariable. *Ils voient rouge.*

rougeâtre adj.
Qui tire sur le rouge.

rougeaud, aude adj.
Qui a le visage rouge.
V. Tableau - **COULEUR (ADJECTIFS DE).**

rouge-gorge n. m. (pl. *rouges-gorges*)
Oiseau passereau à gorge rouge.

rougeoiement n. m.
Reflet rouge.
⇨ rougeoiement.

rougeole n. f.
Maladie contagieuse de l'enfance.
⇨ rougeole.

rougeoyer v. intr.
Le *y* se change en *i* devant un *e* muet. *Il rougeoie, il rougeoiera.*
Produire des reflets rougeâtres.

rouget n. m.
⟜ Le *t* est muet [ruʒɛ].
Poisson apprécié pour sa chair.
⇨ rouget.

rougeur n. f.
Coloration vive de la peau. *Il a de petites rougeurs au front.*

rougir v. tr., intr.
• **Transitif.** Teinter de rouge. *Elle a rougi ses lèvres.*
• **Intransitif.** Devenir rouge. *Il s'est mis à rougir en entendant ces éloges.*

rougissant, ante adj.
Qui rougit. *Des adolescents rougissants.*
⊶ Ne pas confondre avec le participe présent invariable *rougissant. Les feuilles rougissant à l'automne.*

rougissement n. m.
Le fait de rougir.

rouille adj. inv. et n. f.
• **Adjectif de couleur invariable.** De la teinte brun rouge de la rouille. *Des chaussures rouille.*
V. Tableau - **COULEUR (ADJECTIFS DE).**
• **Nom féminin.** Substance rougeâtre produite par l'oxydation du fer.

rouiller v. tr., intr., pronom.
• **Transitif.** Produire de la rouille. *L'humidité rouille le fer.*
• **Intransitif.** Se couvrir de rouille. *Cette chaise commence à rouiller.*
• **Pronominal.** (Fig.) Perdre son activité, sa force par manque d'habitude. *Avec le temps, on se rouille.*

roulant, ante adj.
Qui roule. *Des fauteuils roulants* (et non des *chaises roulantes).*

rouleau n. m. (pl. *rouleaux*)
Cylindre. *Des rouleaux de papier.*

roulement n. m.
• Mouvement de ce qui roule.
• Succession de personnes, de choses. *Le roulement du personnel.*

rouler v. tr., intr., pronom.
• **Transitif.** Faire avancer quelque chose en le faisant tourner sur lui-même. *Rouler un baril.*
• **Intransitif.** Avancer sur des roues. *La voiture roulait à plus de 100 kilomètres à l'heure, à 100 km/h.*
• **Pronominal.** Se tourner. *Ils se sont roulés dans l'herbe.*

roulette n. f.
Petite roue. *Une table à roulettes.*

roulis n. m.
⟜ Le *s* est muet [ruli].
Mouvement d'oscillation latérale d'un bateau (à droite, à gauche). *Il y a trop de roulis pour manger.*
⊶ Ne pas confondre avec le nom *tangage,* mouvement d'oscillation dans le sens de la longueur (à l'avant, à l'arrière).
⇨ roulis.

roulotte n. f.
• Au Canada, remorque aménagée pour servir de logement de camping.
• Se dit *caravane*. (Recomm. off. OLF)

roumain, aine adj. et n. m. et f.
• **Adjectif et nom masculin et féminin.** De Roumanie. *Une athlète roumaine. Un Roumain, une Roumaine.*
☞ L'adjectif s'écrit avec une minuscule; le nom, avec une majuscule.
• **Nom masculin.** Langue parlée en Roumanie. *Nadia parle le roumain.*
☞ Le nom de la langue s'écrit avec une minuscule.

roupie n. f.
Unité monétaire de l'Inde, du Népal et du Pakistan. *Des roupies.*
V. Tableau - **SYMBOLES DES UNITÉS MONÉTAIRES.**

roupiller v. intr.
(Fam.) Dormir.

rouquin, ine adj. et n. m. et f.
(Fam.) Roux.
V. Tableau - **COULEUR (ADJECTIFS DE).**

rouspéter v. intr.
Le *é* se change en *è* devant une syllabe muette, sauf à l'indicatif futur et au conditionnel présent. *Je rouspète,* mais *je rouspéterai.*
(Fam.) Protester.

rouspéteur, euse adj. et n. m. et f.
(Fam.) Râleur.

rousseler v. tr., intr.
Au Canada, se couvrir de taches de rousseur. *Elle est toute rousselée en été.*

rousseur n. f.
• Caractère de ce qui est roux. *La rousseur de ses cheveux.*
• *Tache de rousseur.* Tache pigmentaire apparaissant sur certaines peaux très claires. Syn. **tache de son.**

roussi n. m.
Odeur d'une chose qui commence à brûler.

roussir v. tr., intr.
Brûler superficiellement.

route n. f.
• Abréviation *rte* ou *rte* (s'écrit sans point).
• *Route rurale.* Abréviation *R.R.* (s'écrit avec points).
• Voie de communication large et fréquentée, de première importance par opposition au chemin, reliant deux ou plusieurs agglomérations. (Recomm. off. OLF) *Une jolie route de campagne.*
• *Route express.* Route aménagée pour la circulation rapide. (Recomm. off. OLF)
• *Faire fausse route.* Se tromper de chemin et au figuré, faire erreur. *Ils ont fait fausse route.*

routier, ière adj. et n. m. et f.
• **Adjectif**
Relatif aux routes. *La circulation routière, la sécurité routière.*

• **Nom masculin**
- Conducteur de camion effectuant de longs parcours. *Les routiers roulent souvent la nuit.*
- Restaurant où s'arrêtent les routiers.
• **Nom féminin**
Voiture conçue pour les longs trajets.

routine n. f.
• Longue habitude, usage consacré. *Elle déteste la routine.*
• *De routine.* Habituel. *Un examen de routine.*

*****routine**
Anglicisme au sens de *mode, méthode* (d'entretien, de vérification, etc.).

routinier, ière adj.
Habituel.

roux, rousse adj. et n. m. et f.
• **Adjectif de couleur.** D'une couleur orangée. *Un écureuil roux.*
V. Tableau - **COULEUR (ADJECTIFS DE).**
• **Nom masculin et féminin.** Dont les cheveux sont roux. *Une jolie rousse.*
Hom. *roue,* disque rigide tournant sur un axe.

rouvrir v. tr. et intr.
• **Transitif.** Ouvrir de nouveau. *Rouvrir un restaurant* (et non **réouvrir*).
☞ On parle cependant de la *réouverture* de quelque chose.
• **Intransitif.** Être de nouveau ouvert. *Le glacier Bilboquet est rouvert!*

royal, ale, aux adj.
• Du roi. *Des privilèges royaux.*
• Digne d'un roi. *Une splendeur royale.*

royalement adv.
• D'une manière royale.
• Magnifiquement.
• (Fam.) Complètement. *Il s'en fiche royalement.*

*****royalties**
Anglicisme pour *redevances.*

royaume n. m.
Pays à régime monarchique.

royauté n. f.
Pouvoir royal.

*****royautés**
Anglicisme au sens de *droits d'auteur, redevances.*

R.P.
• Abréviation de *révérend père.*
• L'abréviation de *révérends pères* est *RR.PP.* (s'écrit avec des points).

R.R.
Abréviation de *route rurale.*

-rr(h)agie suff.
Élément du grec signifiant «jaillir». *Hémorragie.*

-rr(h)ée suff.
Élément du grec signifiant «couler». *Logorrhée.*

RREGOP
Sigle de *Régime de retraite des employés du gouvernement et des organismes publics.*

RRQ
Sigle de *Régie des rentes du Québec.*

R.S.V.P.
Abréviation de *répondez, s'il vous plaît.*

r^{te} ou rte
Abréviation de *route.*

ru n. m.
Petit ruisseau.
Hom. *rue,* voie de circulation.
🖙 **ru.**

ruade n. f.
Action de ruer.

ruban n. m.
Pièce de tissu longue et étroite. *Un ruban de velours noué dans les cheveux.*

rubéole n. f.
Maladie contagieuse.

rubicond, onde adj.
Très rouge. *Un visage rubicond.*
V. Tableau - **COULEUR (ADJECTIFS DE).**
🖙 **rubicond.**

rubis n. m.
👄 Le *s* ne se prononce pas [rybi].
Pierre précieuse d'un rouge vif.
🖙 **rubis.**

rubrique n. f.
• Titre (d'un article). *Je voudrais insérer une annonce sous ou à la rubrique «Offres d'emploi».*
🖙 Le mot se construit avec les prépositions *sous* ou *à* plutôt que *dans.*
• Article régulier sur un sujet particulier. *Tenir la rubrique informatique.*

ruche n. f.
• Petit abri des abeilles.
• Essaim d'abeilles.
🖙 ru**che**, sans accent.

rucher n. m.
Ensemble de ruches.
🖙 ru**cher**, sans accent.

rude adj.
• Rugueux. *Une barbe rude.*
• Dur, pénible. *Un climat très rude, une personne rude.*

rudement adv.
• Avec rudesse.
• (Fam.) Très. *Elle est rudement gentille.*

rudesse n. f.
Défaut de ce qui est rude, pénible.

rudimentaire adj.
Primitif, insuffisant. *Une habitation rudimentaire.*

rudoyer v. tr.
Le *y* se change en *i* devant un *e* muet. *Il rudoie, il rudoiera.*

Le *y* est suivi d'un *i* à la première et à la deuxième personne du pluriel de l'indicatif imparfait et du subjonctif présent. *(Que) nous rudoyions, (que) vous rudoyiez.*
Traiter avec rudesse, brutaliser.

rue n. f. ━━━━━━━
• Voie de communication généralement bordée de bâtiments dans une agglomération. (Recomm. off. OLF) *Les garçons s'amusent dans la rue* (et non *sur la rue).*
• Dans un système de dénomination basé sur l'orientation des voies de communication (plan en damier), voie urbaine située dans un axe perpendiculaire à celui des voies portant le nom d'avenue. Dans un tel système, les rues sont généralement orientées dans la direction est-ouest. (Recomm. off. OLF)
🖙 1° Les noms génériques d'odonymes (*rue, avenue, boulevard, route,* etc.) s'écrivent avec une minuscule. *Elle habite rue du Manoir.* L'article s'omet devant l'odonyme après les verbes *habiter, aller, se rendre à.*
2° Les noms propres d'odonymes s'écrivent avec des majuscules; composés de plusieurs éléments, ils prennent des traits d'union. *La rue de l'Hôtel-de-Ville, rue Édouard-Montpetit.*
3° Les noms de rues caractérisés par un adjectif numéral ordinal s'écrivent généralement en chiffres arabes et avec une majuscule. *La 18e Avenue, la 3e Rue.*
4° Si ces chiffres appartiennent à une date historique, ils s'écrivent en chiffres arabes (*rue du 4-Septembre*); s'ils font partie d'un nom de souverain, de pape, ils s'écrivent en capitales et en chiffres romains (*rue Élisabeth-Ire , boul. Pie-IX*).
V. **odonyme.**
Hom. *ru,* petit ruisseau.
━━━━━━━

ruée n. f.
Foule de personnes qui se dirigent au même endroit. *La ruée vers l'or.*

ruelle n. f.
Petite rue étroite.

ruer v. intr., pronom.
• **Intransitif.** Jeter les pieds de derrière avec force, en parlant d'un cheval.
• **Pronominal.** Se précipiter, le plus souvent en grand nombre. *Les spectateurs se ruèrent vers la sortie.*

rugir v. intr.
• Crier, en parlant du lion.
• (Fig.) Hurler.

rugissement n. m.
Cri du lion.

rugueux, euse adj. et n. m.
Rude, raboteux. *Une surface rugueuse.*
🖙 ru**gueux.**

ruine n. f.
• (Gén. plur.) Débris d'une construction. *Les ruines d'un ancien château.*

☞ Le nom s'écrit au singulier dans les expressions *tomber en ruine, être en ruine, menacer ruine.*
• Perte des biens, faillite, destruction. *Cette grève peut entraîner la ruine de l'entreprise.*

ruiner v. tr., pronom.
• **Transitif**
- Endommager. *Cet orage violent a ruiné les framboisiers.*
- Causer la perte de la fortune. *La hausse des taux d'intérêt les a ruinés.*
• **Pronominal**
- Perdre ses biens. *Ils se sont ruinés en construisant cette usine.*
- (Fig.) Dépenser à l'excès.

ruineux, euse adj.
Très coûteux, prohibitif. *Ces travaux de restauration sont ruineux.*

ruisseau n. m. (pl. *ruisseaux*)
Petit cours d'eau peu large. *Des ruisseaux qui serpentent dans la campagne.*
☞ Ne pas confondre avec les noms suivants :
- *fleuve,* cours d'eau important qui se jette dans la mer;
- *rivière,* cours d'eau qui se jette dans un fleuve;
- *torrent,* cours d'eau de montagne, impétueux.
V. Tableau - **GÉOGRAPHIQUES (NOMS).**

ruisselant, ante adj.
Mouillé. *Ils sont ruisselants de pluie.*
☞ rui**ss**elant.

ruisseler v. intr.
Redoublement du *l* devant un *e* muet. *Je ruisselle, je ruissellerai,* mais *je ruisselais.*
• Couler comme l'eau d'un ruisseau.
• Être couvert d'un liquide qui coule. *Ruisseler de sueur.*
☞ rui**ss**eler.

ruissellement n. m.
Action de ruisseler.
☞ rui**ss**ellement.

rumba n. f.
◁▷ Le *u* se prononce *ou,* le *m* se prononce [rumba]. Danse cubaine. *Ils ont dansé des rumbas toute la soirée.*

rumeur n. f.
• Bruit confus de voix.
• Nouvelle qui se répand. *Ce n'est qu'une rumeur.*

ruminant n. m.
Mammifère ongulé qui possède un appareil digestif propre à la rumination. *Le bœuf, le mouton, la chèvre sont des ruminants.*

rumination n. f.
Mode de digestion selon lequel les aliments sont absorbés dans l'estomac et ramenés dans la bouche pour être mâchés à nouveau.

ruminer v. tr.
• Pratiquer la rumination.
• (Fig.) Retourner dans sa tête. *Il a ruminé cette idée toute la nuit.*

rupestre adj.
• Qui pousse sur les rochers. *Une végétation rupestre.*
• Inscrit sur une paroi rocheuse. *Des gravures rupestres.*
☞ Ne pas confondre avec le mot *champêtre,* qui se rapporte à la campagne.

rupiah n. f.
Unité monétaire de l'Indonésie. *Des rupiahs.*
V. Tableau - **SYMBOLES DES UNITÉS MONÉTAIRES.**

rupture n. f.
• Interruption. *La rupture d'un contrat* (et non le *bris d'un contrat).*
• Déchirure, séparation brusque. *Sa rupture avec son fiancé.*
• *Rupture de stock.* Stock insuffisant de matières premières, de produits qui empêche l'entreprise de répondre à la demande. *Cet article est en rupture de stock* (et non est *sold out, stockout).*

rural, ale, aux adj.
• *Route rurale.* Abréviation *R.R.* (s'écrit avec des points).
• Relatif à la campagne. *Des propriétaires ruraux.*

ruse n. f.
Stratagème. *Recourir à la ruse pour arriver à ses fins.*

rusé, ée adj.
Astucieux, habile.

ruser v. intr.
User de ruse.

***rush**
• (Cin.) Anglicisme pour *épreuves de tournage. Nous avons visionné les épreuves de tournage* (et non les *rush).*
• Anglicisme pour *urgent.*

russe adj. et n. m. et f.
• **Adjectif et nom masculin et féminin**
- De Russie. *La révolution russe, les poètes russes. Un Russe, une Russe*
- (Par ext.) De l'ex-URSS. *Les fonctionnaires russes.*
☞ L'adjectif s'écrit avec une minuscule; le nom, avec une majuscule.
• **Nom masculin**
Langue parlée en Russie. *Boris parle le russe.*
☞ Le nom de la langue s'écrit avec une minuscule.
V. **soviétique.**

rustique adj.
• Très simple. *Des meubles rustiques.*
• Résistant, en parlant d'une plante.

rustre adj. et n. m.
Personnage grossier.
☞ Ne pas confondre avec le nom *cuistre,* pédant ridicule.

rut n. m.
◁▷ Le *t* se prononce [ryt].
Période d'activité sexuelle au cours de laquelle les animaux recherchent l'accouplement.

rutabaga n. m.
Plante qui s'apparente au navet. *Des rutabagas fades.*

rutilant, ante adj.
Qui brille d'un vif éclat. *Des voitures rutilantes.*

rutiler v. intr.
Briller, étinceler. *L'argenterie fraîchement astiquée rutilait.*

rythme n. m.
• Cadence. *Marquer le rythme.*
• Alternance régulière. *Le rythme des saisons.*
• Mouvement régulier. *Le rythme cardiaque.*
⇨ **ryth**me.

rythmé, ée adj.
Qui a du rythme. *Une musique rythmée.*
⇨ **ryth**mé.

rythmer v. tr.
Donner un rythme à.
⇨ **ryth**mer.

rythmique adj.
Qui est soumis à un rythme. *Gymnastique rythmique.*
⇨ **ryth**mique.

s
Symbole de *seconde.*

s.
Abréviation de *siècle.*

S
• Symbole de *soufre.*
• Symbole de *siemens.*

S.
Abréviation de *sud.*
V. Tableau - **POINTS CARDINAUX.**

$
Symbole de *dollar.*
V. **dollar.**

SA
Sigle de *société anonyme.*

sa adj. poss. f. sing.
• L'adjectif possessif détermine le nom en indiquant le «possesseur» de l'objet désigné. Il s'accorde en genre et en nombre avec le nom déterminé. *Sa robe.* Il s'accorde en personne avec le nom désignant le «possesseur».
• Ainsi, l'adjectif possessif *sa* renvoie à un seul «possesseur» d'un être, d'un objet de genre féminin.
↪— Devant un nom féminin commençant par une voyelle ou un *h* muet, c'est la forme masculine *son* qui est employée pour des raisons d'euphonie. *Son amie, son histoire.*
V. Tableau - **POSSESSIF (ADJECTIF).**

SAAQ
Sigle de **Société de l'assurance automobile du Québec.**

sabayon n. m.
Crème italienne, composée de jaunes d'œufs, de sucre et de liqueur.
▭▷ sabayon.

sabbat n. m.
👄 Le *t* ne se prononce pas [saba].
Repos hebdomadaire des Juifs (le samedi).
▭▷ sa**bb**at.

sabbatique adj.
Année sabbatique. Année de congé accordée aux professeurs universitaires, à certains cadres (généralement tous les sept ans).
▭▷ sa**bb**atique.

sabir n. m.
Langue mixte élémentaire résultant des contacts de langues très différentes les unes des autres, utilisables pour des communications très limitées dans des secteurs déterminés, notamment le commerce.
↪— Ne pas confondre avec les noms suivants :
- *créole,* langue mixte issue du contact d'une langue européenne (français, anglais, espagnol, portugais) et de langues indigènes, africaines en particulier, devenue langue maternelle d'une communauté linguistique;
- *pidgin,* langue mixte issue du contact de l'anglais et de langues autochtones d'Extrême-Orient, qui sert de langue d'appoint sans être langue maternelle d'une communauté.

sablage n. m.
Action de sabler. *Le sablage d'une surface rugueuse.*

sable adj. inv. et n. m.
• **Adjectif de couleur invariable.** De la couleur beige clair du sable. *Des imperméables sable.*
V. Tableau - **COULEUR (ADJECTIFS DE).**
• **Nom masculin.** Ensemble de petits grains produits par la désagrégation des roches. *Une plage de sable fin.*

sablé, ée adj. et n. m.
• **Adjectif.** Recouvert de sable.
• **Nom masculin.** Gâteau sec.

sabler v. tr.
• Recouvrir de sable. *Sabler la chaussée pour éviter qu'elle soit trop glissante.*
• *Sabler le champagne.* Boire du champagne à l'occasion d'une réjouissance.
▭⊄— Autrefois, le verbe *sabler* signifiait «boire d'un trait»; aujourd'hui, il signifie plutôt «boire pour célébrer un évènement».

sablier n. m.
Appareil qui détermine le temps par l'écoulement du sable. *Un sablier de trois minutes, pour les œufs à la coque.*
▭⊄— Ne pas confondre avec le nom féminin *clepsydre,* horloge à eau.

sablonneux, euse adj.
Qui est couvert de sable ou qui contient du sable. *Un sol sablonneux.*

saborder v. tr.
• Faire couler un navire.
• (Fig.) Détruire. *Saborder une entreprise, un parti politique.*

sabot n. m.
• Grosse chaussure de bois.
• Ongle des mammifères ongulés (cheval, bœuf, mouton, etc.).
• *Sabot de Denver.* Dispositif bloquant la roue d'un véhicule en stationnement illicite.
▭▷ sabot.

sabotage n. m.
Action de saboter. *L'hypothèse d'un sabotage n'est pas écartée.*
▭▷ sabotage.

saboter v. tr.
Nuire au déroulement normal d'une activité, d'une installation, détériorer volontairement. *Ils ont saboté la centrale nucléaire.*
▭▷ saboter.

saboteur, euse n. m. et f.
Auteur d'un sabotage.
▭▷ saboteur.

sabre n. m.
Arme faite d'une lame plus ou moins recourbée, qui ne tranche que d'un côté.

sabrer v. tr.
• Tailler en pièces à coups de sabre.
• (Fig.) Biffer, couper à l'excès dans un texte. *La direction a sabré le reportage* (et non *dans le reportage*) *de ce journaliste.*

▭⊄— Ce verbe se construit avec un complément d'objet direct.

sac n. m.
• Sorte de poche ouverte par le haut. *Un sac de papier, de toile, de plastique.*
• *Sac (à main).* Pochette destinée à transporter l'argent, les papiers, etc. *Un sac à main de cuir* (et non une **bourse, une *sacoche). Des sacs à main pratiques.*
• *Sac d'écolier.* Au Canada, cartable, serviette.
• *Sac de couchage.* Enveloppe de tissu isolant dans laquelle on dort.
• *Mettre à sac.* Saccager, détruire.
• *Mettre dans le même sac.* Considérer sur le même pied, comme étant de même valeur.
• *Prendre quelqu'un la main dans le sac.* En flagrant délit.
• *Vider son sac.* Dire la vérité, sans rien dissimuler.

saccade n. f.
Secousse brusque.
▭▷ saccade.

saccadé, ée adj.
Agité de mouvements brusques, irréguliers.
▭▷ saccadé.

saccage n. m.
Ravage.

saccager v. tr.
Le *g* est suivi d'un *e* devant les lettres *a* et *o.* *Il saccagea, nous saccageons.*
Ravager, détruire. *Les animaux ont saccagé le potager.*

saccharine n. f.
⟳ Les lettres *ch* se prononcent *k* [sakarin].
Ersatz du sucre.

sacerdoce n. m.
Prêtrise.
▭▷ sacerdoce.

sacerdotal, ale, aux adj.
Relatif au sacerdoce. *Des vêtements sacerdotaux.*

sachet n. m.
Petit sac. *Un sachet de thé, de lavande.*
▭▷ sachet.

SACO
Sigle de *Service administratif canadien outre-mer.*

sacoche n. f.
Sac de cuir, de toile forte. *Une sacoche de facteur, de cycliste.*
▭▷ sacoche.

***sacoche**
Impropriété au sens de *sac à main.*

sacre n. m.
• Cérémonie religieuse de couronnement d'un roi, d'une reine, de consécration d'un évêque, d'un pape.
• Au Canada et dans certaines régions de la francophonie, blasphème, juron composé d'un nom d'objet sacré (calice, ciboire, etc.).

sacré, ée adj. et n. m.
• **Adjectif**
- Qui a un caractère religieux, qui concerne le culte divin. *Des lieux sacrés, des livres sacrés.*
☞ En ce sens, l'adjectif se place après le nom.
- *Feu sacré.* Enthousiasme.
- (Fam.) Grand. *Une sacrée chance.*
☞ Placé avant le nom, l'adjectif s'emploie familièrement pour renforcer ce nom.
Ant. **profane.**
• **Nom masculin**
Caractère de ce qui transcende l'humain. *Le sacré et le profane.*

sacrement n. m.
Acte rituel établi par Jésus-Christ. *Le baptême, l'eucharistie sont des sacrements.*

sacrer v. tr., intr.
• **Transitif.** Conférer un caractère sacré. *Sacrer un évêque.*
• **Intransitif.** (Vx) Blasphémer, dire des sacres. *Il ne cesse de sacrer.*
☞ Ce verbe est vieilli, mais il est encore en usage au Canada et dans certaines régions de la francophonie.

sacrifice n. m.
• Offrande rituelle. *Un sacrifice humain.*
• Renoncement, privation volontaire. *Faire des sacrifices.*

sacrilège adj. et n. m.
• **Adjectif.** Coupable de sacrilège. *Un vol sacrilège.*
• **Nom masculin.** Profanation du sacré.

sacristain n. m.
sacristine n. f.
Personne responsable de l'entretien d'une église et des objets du culte.
☞ sacrist**ain**, sacrist**ine**.

sacro-saint, -sainte adj.
(Iron.) Tabou. *Les sacro-saints usages, les sacro-saintes politesses.*
☞ sacro-saint.

sacrum n. m.
☞ Les lettres *um* se prononcent *om* [sakrɔm].
Os de la partie inférieure du bassin qui fait suite à la colonne vertébrale. *Des sacrums.*

sadique adj. et n. m. et f.
• Atteint de sadisme. *Un comportement sadique. Ce sont des sadiques.*
• Cruel. *Un plaisir sadique.*

sadiquement adj.
Avec sadisme.

sadisme n. m.
Perversion qui fait éprouver du plaisir à faire souffrir.
☞ Ne pas confondre avec le nom *masochisme,* perversion qui fait éprouver du plaisir à souffrir.

sadomasochisme n. m.
Réunion des tendances sadiques et masochistes chez une personne.

sadomasochiste adj. et n. m. et f.
Atteint de sadomasochisme. *Des tendances sadomasochistes. Un sadomasochiste qui s'ignore.*

safari n. m.
• Expédition de chasse, en Afrique.
• *Safari-photo.* Expédition où l'on prend des photos des animaux en liberté. *Des safaris-photos au Kenya.*

safran adj. inv. et n. m.
• **Adjectif de couleur invariable**
De la couleur jaune du safran. *Des turbans safran.*
V. Tableau - **COULEUR (ADJECTIFS DE).**
• **Nom masculin**
- Plante cultivée pour ses fleurs qui produisent une substance aromatique qui sert également de colorant.
- Variété de jaune. *Des safrans intenses.*

saga n. f.
• Légende scandinave du Moyen Âge.
• (Par ext.) Œuvre narrative d'une certaine ampleur.

sagace adj.
(Litt.) Perspicace.

sagacité n. f.
Pénétration d'esprit.

sage adj. et n. m. et f.
• **Adjectif.** Sensé, raisonnable. *C'est une sage décision. Cet enfant est très sage.*
• **Nom masculin et féminin.** Personne qui fait preuve de sagesse.

sage-femme n. f. (pl. *sages-femmes*)
Femme dont la profession est de faire des accouchements.

sagesse n. f.
• Raison. *Le don de sagesse.*
• Discernement. *Cette décision a été prise avec beaucoup de sagesse.*
• Obéissance. *Cet enfant est d'une grande sagesse.*

sagittaire n. m. et f.
• **Nom masculin.** Nom d'une constellation, d'un signe du zodiaque. *Le signe du Sagittaire.*
☞ Les noms d'astres s'écrivent avec une majuscule. *Elle est (du signe du) Sagittaire, elle est née entre le 22 novembre et le 20 décembre.*
V. **astre.**
• **Nom féminin.** Plante aquatique.
☞ sagittaire.

sagouin, gouine n. m. et f.
Personne malpropre. *Vous avez certainement entendu parler de La Sagouine d'Antonine Maillet.*

sahel n. m.
• Région qui borde le désert du Sahara. *La famine sévit périodiquement dans le sahel.*
• Vent du désert.

Ce toponyme peut s'écrire avec une minuscule lorsqu'il désigne la zone de transition entre les régions désertiques et celles où règne le climat soudanais, lorsqu'il nomme le vent du désert. Pris absolument, le nom désigne le Sahel algérien et s'écrit avec une majuscule. *Le Sahel.*

saignant, ante adj.
• Qui saigne.
• Peu cuit, en parlant d'une viande. *Quelle cuisson désirez-vous : bleu, saignant, à point ou bien cuit?*

saignée n. f.
• Opération consistant à extraire du sang.
• Perte en vies humaines.
• (Fig.) Pertes financières.

saignement n. m.
Épanchement de sang. *Un saignement de nez.*

saigner v. tr., intr.
• **Transitif.** Retirer du sang. *Autrefois on saignait les malades à tout propos.*
• **Intransitif.** Perdre du sang. *Il saigne abondamment.*

saillant, ante adj.
La première syllabe se prononce *sa* [sajɑ̃, ɑ̃t].
• Qui avance. *Un visage aux pommettes saillantes.*
• Qui frappe, qui est en évidence. *Des faits saillants.*
Ne pas confondre avec le participe présent invariable *saillant. Les muscles saillant sous la chemise.*

saillie n. f.
La première syllabe se prononce *sa* [saji].
• (Litt.) Trait d'esprit. *La conversation était émaillée de saillies et de rires.*
• Partie qui avance, qui excède l'alignement. *Une large fenêtre en saillie.*
• Accouplement chez les animaux en vue de la reproduction.

saillir v. tr., intr.
La première syllabe se prononce *sa* [sajir].
• **Transitif.** S'accoupler, en parlant des animaux.
En ce sens, le verbe se conjugue comme *finir* et ne s'emploie qu'à la troisième personne et à l'infinitif. INDICATIF PRÉSENT *Il saillit, ils saillissent.* IMPARFAIT *Il saillissait, ils saillissaient.* PASSÉ SIMPLE *Il saillit, ils saillirent.* FUTUR *Il saillira, ils sailliront.* CONDITIONNEL PRÉSENT *Il saillirait, ils sailliraient.* SUBJONCTIF PRÉSENT *Qu'il saillisse, qu'ils saillissent.* IMPARFAIT *Qu'il saillît, qu'ils saillissent.* PARTICIPE PRÉSENT *Saillissant.* PASSÉ *Sailli, ie.*
• **Intransitif.** Avancer, faire saillie. *Ses muscles saillaient sous la chemise.*
En ce sens, le verbe se conjugue comme *assaillir* et ne s'emploie qu'à la troisième personne et à l'infinitif. INDICATIF PRÉSENT *Il saille, ils saillent.* IMPARFAIT *Il saillait, ils saillaient.* PASSÉ SIMPLE *Il saillera, ils sailleront.* CONDITIONNEL PRÉSENT *Il saillerait, ils sailleraient.* SUBJONCTIF PRÉSENT *Qu'il saille, qu'ils saillent.* PARTICIPE PRÉSENT *Saillant.* PASSÉ *Sailli.*

sain, saine adj.
• Équilibré, normal. *Un jugement sain.*
• Salubre. *Un climat sain.*

• *Sain et sauf.* Hors de danger, sans dommage. *Elles sont saines et sauves, ils sont sains et saufs.*
Au pluriel, on ne fait pas la liaison entre l'adjectif et la conjonction.
Hom. :
- *saint,* sacré;
- *sein,* mamelle de la femme;
- *seing,* signature.

saindoux n. m.
Graisse de porc fondue.
saindoux.

sainement adv.
• D'une manière saine.
• Raisonnablement.

saint, sainte adj. et n. m. et f.
• Abréviations *S^t-, S^{te}-, S^{ts}-, S^{tes}-.*
• **Adjectif.** Qui est conforme à la loi divine, qui est consacré à Dieu. *Les lieux saints, l'Écriture sainte.*
• **Nom masculin et féminin.** Personne canonisée. *Une statue de saint Joseph.*
V. Tableau - **SAINT, SAINTE,** ADJECTIF.
Hom. :
- *sain,* équilibré;
- *sein,* mamelle de la femme;
- *seing,* signature.

saint-bernard n. m. inv. (pl. *saint-bernard*)
Chien de montagne, de forte taille.
Le nom s'écrit avec une minuscule et un trait d'union.

saint-émilion n. m. inv. (pl. *saint-émilion*)
Vin rouge.
Le nom du vin s'écrit avec une minuscule, tandis que celui de la région s'écrit avec une majuscule.

sainte-nitouche n. f. (pl. *saintes-nitouches*)
Personne hypocrite qui affecte la vertu.
Le nom s'écrit avec des minuscules et un trait d'union.

Saint-Esprit n. m.
Troisième personne de la Trinité.
Le nom s'écrit avec deux majuscules et un trait d'union.

sainteté n. f.
• Caractère de ce qui est saint.
• *Sa Sainteté.* Titre de civilité du pape qui s'abrège *S.S. S.S. le pape Jean-Paul II.*

saint-glinglin (à la) loc. adv.
(Fam.) Jamais. *Nous nous reverrons à la saint-glinglin ou dans la semaine des quatre jeudis.*

saint-honoré n. m. inv. (pl. *saint-honoré*)
Gâteau garni de petits choux et de crème Chantilly.
Ce nom s'écrit avec des minuscules et un trait d'union.

saint-paulin n. m. inv. (pl. *saint-paulin*)
Fromage à pâte pressée.
Ce nom s'écrit avec des minuscules et un trait d'union.

Saint-Siège n. m. inv. (pl. *Saint-Siège*)
Gouvernement du pape.
☞ Ce nom s'écrit avec deux majuscules et un trait d'union.

saisie n. f.
• (Dr.) Voie d'exécution forcée par laquelle un créancier s'assure des biens meubles ou immeubles de son débiteur en vue de les faire vendre et de se payer sur le prix.
• (Inform.) Réception de données externes par un ordinateur. *Le clavier, la souris, le modem servent à la saisie des données.*

saisir v. tr., pronom.
• **Transitif**
- Capturer. *Saisir un fuyard.*
- Prendre vivement. *Il a saisi son bras. Saisir une occasion.*
- Comprendre. *Avez-vous saisi le sens de ma question?*
- (Dr.) Faire une saisie.
- (Inform.) Introduire une donnée dans un ordinateur. *Les codes des produits vendus sont saisis à l'aide d'un lecteur optique.*
• **Pronominal**
S'approprier quelqu'un, quelque chose. *Elles se sont saisies de cette affaire.*

saisissement n. m.
Impression subite causée par le froid, la peur. *Il est resté muet de saisissement.*
☞ sai**sis**sement.

saison n. f.
• Chacune des quatre parties de l'année qui dure trois mois. *Les saisons sont : le printemps, l'été, l'automne et l'hiver.*
☞ Les noms des saisons s'écrivent avec des minuscules.
• Période de temps. *La saison des pluies, des fraises.*
• **Belle saison.** Été.
• **Haute saison.** Période d'affluence touristique (par opposition à **basse saison**).
• **Saison morte.** Période d'inactivité (agricole, commerciale, etc.).
• **En toute(s) saison(s).** Tout au long de l'année. *Ces arbustes fleurissent en toute saison ou en toutes saisons.*

saisonnier, ière adj.
Propre à une saison. *Des articles saisonniers, des pluies saisonnières.*
☞ saiso**nn**ier.

saké n. m.
Alcool de riz, apprécié au Japon. *Des sakés chauds.*

salace adj.
(Litt.) Lubrique.
☞ sa**lace**.

salacité n. f.
(Litt.) Lubricité.
☞ sa**lacité**.

SAINT, SAINTE, ADJECTIF

Cet adjectif s'écrit généralement en toutes lettres; que ce soit dans un patronyme, dans un toponyme ou un odonyme, l'adjectif ne doit s'abréger qu'exceptionnellement sous les formes *S^t*, *S^{te}*, *S^{ts}*, *S^{tes}*, avec une majuscule initiale.

• **Les noms de saints**

L'adjectif s'écrit avec une minuscule et n'est pas joint au nom par un trait d'union.

Ils prient sainte Thérèse et saint Jean-Baptiste.

☞ Deux exceptions où l'adjectif s'écrit avec une majuscule : *la Sainte Vierge, le Saint-Esprit*. Le nom de la Vierge s'écrit sans trait d'union, alors que ***Saint-Esprit*** s'écrit avec un trait d'union. Cependant, on écrit ***Esprit saint***, sans trait d'union, mais avec une minuscule à l'adjectif ***saint***.

• **Les noms de famille**

Généralement, le mot ***saint*** qui compose un patronyme n'est pas abrégé; il se joint au nom par un trait d'union et s'écrit avec une majuscule.

Monsieur Saint-Pierre, Madame Sainte-Marie.

• **Les toponymes, les odonymes, les noms de monuments et de fêtes**

L'adjectif s'écrit avec une majuscule et se joint au nom par un trait d'union.

Il habite à Saint-Georges-de-Beauce, la rue Sainte-Catherine, l'oratoire Saint-Joseph, l'école Saint-Germain, la place Saint-Sulpice, on fêtera la Saint-Jean et on profitera de l'été de la Saint-Martin.

salade n. f.
• Plante. *La laitue, la chicorée, la batavia, la scarole, la romaine, etc., sont des salades.*
• Mets composé de légumes, de feuilles, de plantes potagères, assaisonnées d'une vinaigrette, d'une mayonnaise. *Une salade de pommes de terre, de tomates, de lentilles, de poireaux. Une salade d'endive, de cresson, de homard, de poulet.*
• *Salade de fruits.* Fruits coupés en morceaux et servis froids.
🕮 Dans cette expression, le nom *fruit* s'écrit au pluriel parce qu'il désigne une multiplicité.
• (Au plur.) (Fam.) Mensonges. *Il raconte des salades.*

saladier n. m.
Plat dans lequel on sert la salade.

salaire n. m.
Générique de toute rémunération convenue d'avance et donnée par n'importe quel employeur. *Le salaire d'un cadre, d'un ouvrier.*
🕮 Ne pas confondre avec les noms suivants :
- *cachet,* rémunération que reçoit l'artiste;
- *honoraires,* rétribution variable de la personne qui exerce une profession libérale;
- *paie* ou *paye,* rémunération d'un employé;
- *traitement,* rémunération d'un fonctionnaire.

salaison n. f.
Opération par laquelle on sale des produits alimentaires pour assurer leur conservation.

salamalecs n. m. pl.
(Fam. et péj.) Salutations excessives.

salamandre n. f.
Batracien qui ressemble à un lézard.

salami n. m.
Saucisson sec. *Des salamis épicés, manger du salami.*

salant adj. m.
Qui produit du sel. *Des marais salants.*

salarial, ale, aux adj.
Relatif au salaire. *Des écarts salariaux, une politique salariale.*

salariat n. m.
Ensemble des salariés.
🖙 salariat.

salarié, ée adj. et n. m. et f.
Personne qui reçoit un salaire. *Les travailleurs salariés. Les salariés et les employeurs.*

salaud n. m.
(Pop.) Homme méprisable. *Ce sont des salauds.*
🕮 Le féminin de ce nom est *salope.*

sale adj.
• Malpropre. *Des mains sales.*
🕮 En ce sens, l'adjectif est placé après le nom.
• (Fam.) Mauvais, désagréable. *Un sale coup.*
🕮 En ce sens, l'adjectif se place avant le nom.
Hom. *salle,* pièce, local.

salé, ée adj.
• Qui contient du sel. *De l'eau salée.*

• Assaisonné de sel. *Des légumes salés.*
• Grivois. *Des histoires salées.*

saler v. tr.
Saupoudrer de sel. *Saler un potage.*

saleté n. f.
Malpropreté.
🖙 saleté.

salière n. f.
Petit récipient destiné à contenir le sel.

saligaud n. m.
Salaud.

salin, ine adj. et n. f.
• **Adjectif.** Qui contient du sel.
• **Nom féminin.** Marais salant. *Les salines d'Hyères.*

salinité n. f.
Proportion de sel d'un liquide.
🖙 salinité.

salir v. tr., pronom.
• Rendre sale, malpropre. *La petite a sali sa robe.*
• (Fig.) Porter atteinte à. *Salir la réputation de quelqu'un.*

salivaire adj.
Relatif à la salive. *Les glandes salivaires.*
🖙 salivaire.

salivation n. f.
Production de la salive.

salive n. f.
Liquide produit par les glandes de la bouche.

saliver v. intr.
Produire de la salive. *À la vue de ces bons plats, il se met à saliver.*

salle n. f.
• Pièce d'une maison. *Une grande salle à manger, une belle salle de séjour, une salle de bain(s) (et non une *chambre de bains).*
• Local. *Une salle de concerts, une salle de conférences.*
🕮 Dans ces expressions, le complément s'écrit au pluriel; il s'écrit au singulier dans les expressions *salle d'opération, salle d'étude, salle de bal, salle de classe, salle de jeu, salle de spectacle.* En ce qui a trait au terme *salle de jeu* ou *salle de jeux,* le complément déterminatif peut s'écrire au singulier ou au pluriel
Hom. *sale,* malpropre.

salmigondis n. m.
👄 Le *s* final ne se prononce pas [salmigɔ̃di].
Assemblage hétéroclite.
🖙 salmigondis.

salmis n. m.
👄 Le *s* final ne se prononce pas [salmi].
Ragoût de volailles, de gibier. *Un salmis de pintade.*
🖙 salmis.

salon n. m.
• Pièce d'une maison. *Un grand salon où l'on reçoit les invités.*
• Établissement commercial. *Un salon de thé, un salon de coiffure.*

• Foire. *Le Salon du luminaire.*
☞ En ce sens, le nom s'écrit avec une majuscule.

salope n. f.
(Vulg.) Femme méprisable.
☞ Ce mot tient lieu de féminin au mot *salaud.*

saloperie n. f.
(Pop.) Saleté.

salopette n. f.
Vêtement composé d'un pantalon et d'un haut à bretelles.
☞ salopette.

salsifis n. m.
☞ Le *s* final ne se prononce pas [salsifi].
Plante dont les racines sont comestibles.
☞ salsifis.

SALT
Sigle de «Strategic Arms Limitation Talks».

saltimbanque n. m. et f.
Personne qui fait des tours d'adresse sur la place publique, dans les foires.

salubre adj.
Sain. *Un air salubre.*

salubrité n. f.
Caractère de ce qui est salubre.

saluer v. tr.
• Adresser une marque de politesse, de déférence à quelqu'un. *Saluez votre père de ma part.*
• Accueillir. *Ils ont salué avec enthousiasme le nouveau chef.*

salut n. m.
• Préservation de la vie.
• *Planche de salut.* Ressource ultime.
• Félicité éternelle. *Le salut de l'âme.*
• Salutation. *Faire un salut de la main.*
☞ salut.

salutaire adj.
Bienfaisant, profitable. *Un repos salutaire.*
☞ salutaire, au masculin comme au féminin.

salutation n. f.
• Salut solennel.
• **Correspondance**
Formule de politesse qui termine une lettre. La salutation reprend la formule d'appel, entre virgules. *Veuillez agréer, Madame la Présidente, l'assurance de ma considération très distinguée. Recevez, Monsieur, mes salutations les meilleures.*
☞ Lorsque la conclusion commence par une proposition circonstancielle ou par un participe présent, la formule de salutation s'écrit alors *je vous prie* (ou *nous vous prions*). *Dans l'espoir d'une réponse favorable, je vous prie d'agréer...*
V. Tableau - **CORRESPONDANCE.**

salvateur, trice adj.
(Litt.) Qui sauve.
V. **sauveteur, sauveur.**

salve n. f.
• Décharge simultanée d'armes à feu. *Une salve de coups de canon.*
• *Salve d'applaudissements.* Applaudissements nombreux.

samare n. f.
Fruit ailé de l'érable, de l'orme.
☞ samare.

samba n. f.
☞ Le *m* se prononce [sãmba].
Danse brésilienne. *Des sambas endiablées.*

samedi n. m.
Sixième jour de la semaine. *Le samedi 24 juin.*
☞ Les noms de jour s'écrivent avec une minuscule et prennent la marque du pluriel. *Je viendrai tous les samedis,* mais *je viendrai tous les jeudi et samedi de chaque semaine.* Attention à la construction de la dernière phrase où les noms de jour restent au singulier parce qu'il n'y a qu'un seul jeudi et un seul samedi par semaine.
V. Tableau - **JOUR.**

samouraï n. m. ou **samurai** n. m. inv.
☞ La dernière syllabe se prononce comme *rail* [samuraj], quelle que soit l'orthographe.
(Ancienn.) Guerrier japonais. *Des samouraïs ou des samurai inflexibles.*
☞ samouraï, samurai.

samovar n. m.
Ustensile servant à la préparation du thé, en Russie. *Des samovars d'argent.*

sampan n. m.
☞ Les lettres *m* et *n* sont muettes [sãpã].
Embarcation chinoise à voile. *De petits sampans.*

SAMU n. m.
Sigle de *Service d'aide médicale urgente,* (France).

samurai
V. **samouraï.**

sanatorium n. m.
☞ Les lettres *um* se prononcent *om* [sanatɔrjɔm].
• Établissement médical où l'on soigne les tuberculeux. *Des sanatoriums situés en montagne.*
• S'abrège familièrenent en *sana* (s'écrit sans point).

sancerre n. m.
Vin blanc. *Un bon sancerre bien frais.*
☞ Le nom du vin s'écrit avec une minuscule, tandis que le nom de la ville s'écrit avec une majuscule.

sanctification n. f.
Action de sanctifier.

sanctifier v. tr.
Redoublement du *i* à la première et à la deuxième personne du pluriel de l'indicatif imparfait et du subjonctif présent. *(Que) nous sanctifiions, (que) vous sanctifiiez.*
Rendre saint.

sanction n. f.
• Ratification.
• Mesure répressive. *Une sanction administrative.*

• **Sanction des études.** Reconnaissance officielle, au moyen d'un diplôme, du succès d'un élève ou d'une élève à un programme d'études. (Recomm. off. OLF) *Une sanction d'études* (et non une *certification).

sanctionner v. tr.
• Ratifier. *Sanctionner une loi, un décret.*
• Punir. *Les infractions seront sanctionnées.*

sanctuaire n. m.
Lieu saint.

*sanctuaire d'oiseaux
Impropriété au sens de **réserve (naturelle).** *Une réserve ornithologique* (et non un *sanctuaire d'oiseaux).

sandale n. f.
Chaussure légère composée d'une semelle retenue par des lanières. *Des sandales blanches.*
⇨ sandale.

sandwich n. m.
Tranches de pain entre lesquelles on met du poulet, du pâté, du fromage, etc. *Des sandwiches variés* ou *des sandwichs au jambon.*
▷— Attention au genre masculin de ce nom : **un** sandwich.
▷— Deux formes sont admises pour le pluriel : **sandwiches** (pluriel anglais), **sandwichs.**

sang n. m.
⟶ Le **g** ne se prononce pas [sã].
• Liquide qui circule dans les veines et les artères du corps humain. *Une prise de sang.*
• Race, famille. *Être de sang noble, un cheval pur sang.*
• **Locutions**
- **Avoir le sang chaud.** Être colérique.
- **Avoir quelque chose dans le sang.** Être très doué ou passionné pour quelque chose.
- **Fouetter le sang.** Stimuler.
- **Suer sang et eau.** Se donner beaucoup de mal.
- **Se faire du mauvais sang.** S'inquiéter.

sang-froid n. m. inv. (pl. *sang-froid*)
Calme, présence d'esprit. *Au cours de l'incendie, il a fait preuve de beaucoup de sang-froid, il n'a pas perdu son sang-froid.*
▷— Ce nom s'écrit avec un trait d'union.
⇨ sang-froid.

sanglant, ante adj.
Couvert de sang, où il y a beaucoup de sang. *Une guerre sanglante.*

sangle n. f.
Bande plate destinée à maintenir, à serrer. *Les sangles d'un parachute.*
⇨ sangle.

sangler v. tr.
Serrer avec une sangle.
⇨ sangler.

sanglier n. m.
Porc sauvage.
▷— La femelle du sanglier est une **laie**, le petit, un **marcassin**; le sanglier **grommelle** ou **grumelle.**
⇨ sanglier.

sanglot n. m.
• Gémissement causé par une crise de larmes.
• (Litt.) Expression de la douleur.
⇨ sanglot.

sangloter v. intr.
Pousser des sanglots.
⇨ sangloter.

sangria n. f.
⟶ Le **n** est muet [sãgrija].
Boisson d'origine espagnole composée de vin rouge sucré et de fruits. *Des sangrias désaltérantes.*

sangsue n. f.
⟶ Le **g** est muet [sãsy].
Ver qui suce le sang des vertébrés.
⇨ sangsue.

sanguin, ine adj.
Relatif au sang. *Les vaisseaux sanguins. La pression sanguine.*

sanguinaire adj.
Cruel. *Un bourreau sanguinaire.*
⇨ sanguinaire.

sanguine n. f.
Variété d'orange à la pulpe de couleur rouge.

sanguinolent, ente adj.
Mêlé, teinté de sang. *Des traces sanguinolentes.*
⇨ sanguinolent.

sanitaire adj. et n. m.
• **Adjectif**
- Relatif à l'hygiène, à la santé. *Le service sanitaire.*
- Se dit des appareils qui servent à la distribution et à l'évacuation de l'eau. *La baignoire, le lavabo, l'évier sont des appareils sanitaires.*
- **Nom masculin**
Les installations sanitaires. *Les sanitaires de l'école ont été refaits.*

sans prép.

Cette préposition marque la privation, l'exclusion d'une personne, d'une chose. *Il est sorti sans manteau et sans gants.*
▷— Le nom qui suit la préposition s'écrit au singulier ou au pluriel selon le sens, la logique (un seul manteau, une paire de gants). *Une dictée sans fautes* (sans erreurs), *venez sans faute* (à coup sûr).
• **Sans** + nom au singulier. *Sans argent, sans arrêt, sans borne, sans cérémonie, sans cesse, sans commentaire, sans crainte, sans défense, sans délai, sans douleur, sans doute, sans espoir, sans exception, sans façon, sans fin, sans grâce, sans incident, sans inconvénient, sans interruption, sans partage, sans passion, sans peur, sans pitié, sans précédent, sans prétention, sans preuve, sans raison, sans regret, sans réserve, sans retard, sans retour, sans trêve...*
• **Sans que.** Cette locution conjonctive marque une idée de concession négative, d'exclusion et se construit avec le subjonctif. *Il est parti sans qu'on puisse le retenir.*

☞ Après cette locution conjonctive, on évite d'employer le *ne* explétif.

• *Non sans* + nom ou infinitif. Avec beaucoup de. *Il a réussi non sans mal.*

• *N'être pas sans* + nom ou infinitif. *Vous n'êtes pas sans savoir* (et non sans *ignorer*).

☞ La juxtaposition de la construction négative et de la préposition *sans* correspond à une affirmation (signification «vous savez»).

sans-abri n. m. et f. inv. (pl. *sans-abri*)
Personne sans logement.
☞ Ne pas confondre avec le mot *itinérant,* qui se déplace pour exercer une fonction.

sans-allure adj. inv. et n. m. et f. inv. (pl. *sans-allure*)
(Fam.) Au Canada, se dit d'une personne dénuée de jugement, de manières. *Quels écervelés, quels sans-allure!*

sans-cœur adj. inv. et n. m. et f. inv. (pl. *sans-cœur*)
(Fam.) Insensible. *Des personnes sans-cœur.*

sans date
Abréviation *s.d.* (s'écrit avec des points).

sans-dessein adj. inv. et n. m. et f. inv. (pl. *sans-dessein*)
(Fam.) Au Canada, se dit d'une personne dénuée de bon sens, peu réfléchie.
⇨ sans-dess**ein.**

sans-gêne adj. inv. et n. m. et f. inv. (pl. *sans-gêne*)
• **Adjectif invariable.** Effronté. *Des garçons sans-gêne.*
• **Nom masculin et féminin invariable.** Personne impolie.

sanskrit, ite ou **sanscrit, ite** adj. et n. m.
👄 Le *t* ne se prononce pas [sãskri].
Langue indo-européenne. *Des textes sanskrits, lire le sanskrit.*
☞ Le nom de la langue s'écrit avec une minuscule.

sans-le-sou n. m. et f. inv. (pl. *sans-le-sou*)
(Fam.) Pauvre.

sans-logis n. m. et f. inv. (pl. *sans-logis*)
Personne sans logement.
☞ Le mot *sans-abri* est plus couramment utilisé aujourd'hui.

sans objet
Abréviation *s.o.* (s'écrit avec des points).
Mention utilisée dans les formulaires au sens de «question non pertinente».

santal n. m. (pl. *santals*)
Arbuste dont le bois a une odeur aromatique.

santé n. f.
État de l'organisme. *Être en bonne, en mauvaise santé.*

santon n. m.
Figurine provençale.
⇨ santo**n.**

saoudien, ienne ou **séoudien, ienne** adj. et n. m. et f.
De l'Arabie saoudite. *Le pétrole saoudien. Un Saoudien, une Saoudienne.*

☞ L'adjectif s'écrit avec une minuscule; le nom, avec une majuscule.

☞ La forme *saoudien* inspirée de l'anglais s'est finalement imposée.

saoul
V. **soûl.**

saper v. tr.
Miner. *Saper la confiance des employés.*

sapeur-pompier n. m. (pl. *sapeurs-pompiers*)
Pompier.

saphir n. m.
Pierre précieuse de teinte bleue. *Des saphirs magnifiques.*
⇨ sa**phir.**

sapide adj.
Qui a une saveur.
Ant. **insipide.**

sapin n. m.
• Conifère. *Un beau sapin de Noël, une forêt de sapins.*
• *Se faire passer un sapin.* (Fam.) Au Canada, se faire rouler.

sapinage n. m.
Au Canada, branches de conifères. *Elle a tressé une belle couronne avec du sapinage.*

sapinière n. f.
Forêt de sapins.

sapon- préf.
Élément du latin signifiant «savon». *Saponifier.*

saponification n. f.
Production de savon.

saponifier v. tr.
Redoublement du *i* à la première et à la deuxième personne du pluriel de l'indicatif imparfait et du subjonctif présent. *(Que) nous saponifiions, (que) vous saponifiiez.*
Transformer en savon.

sapristi! interj.
Interjection familière marquant l'étonnement.

sarabande n. f.
Danse, vacarme.
⇨ sarabande.

sarbacane n. f.
Arme destinée à projeter des flèches.
☞ Ne pas confondre avec le nom *barbacane,* meurtrière.
⇨ sarbaca**ne.**

sarcasme n. m.
Raillerie.

sarcastique adj.
Railleur, ironique. *Un ton sarcastique.*

sarcelle n. f.
Canard sauvage.
⇨ sarcelle.

sarclage n. m.
Action de sarcler.

sarcler v. tr.
Enlever les mauvaises herbes, les racines.

sarcome n. m.
⇔ Le *o* est fermé [sarkom].
Tumeur maligne.
▭▷ sarcome, sans accent.

sarcophage n. m.
Tombeau de pierre. *Les sarcophages phéniciens.*
▭▷ sarco**ph**age.

sardine n. f.
Poisson de petite taille. *Des sardines grillées. À cette heure d'affluence dans le métro, nous étions serrés comme des sardines.*

sardonique adj.
Sarcastique. *Un rire sardonique.*

sari n. m.
Vêtement féminin en Inde. *Des saris de soie.*
▭▷ sari.

sarigue n. f.
Petit mammifère. *L'opossum est une sarigue.*
▭▷ sarigue.

sarment n. m.
Tige de la vigne.
▯◁— Ne pas confondre avec le nom **serment,** engagement solennel.

sarrasin n. m.
Céréale. *De la farine de sarrasin.*

sarrau n. m. (pl. *sarraus*)
Vêtement de travail.
▭▷ sa**rr**au.

sarriette n. f.
Plante odoriférante.
▭▷ sa**rr**iette.

sas n. m.
⇔ Le *s* final peut se prononcer ou non, [sas] ou [sa].
Compartiment étanche qui permet la transition entre deux milieux dont les pressions sont différentes.

Sask.
Abréviation de *Saskatchewan.*

Saskatchewan
Abréviation *Sask.* (s'écrit avec un point).

sassafras n. m.
⇔ Le *s* final ne se prononce pas [sasafra].
Arbre dont les racines sont aromatiques.

satané, ée adj.
(Fam.) Sacré, fieffé. *C'est un satané baratineur.*
▭▷ satané.

satanique adj.
Diabolique.
▭▷ satanique.

satanisme n. m.
Magie noire.
▭▷ satanisme.

satellite n. m.
• Astre qui gravite autour d'une planète. *La Lune est un satellite de la Terre.*
• Engin placé par une fusée sur l'orbite de la Terre, d'une planète. *Des satellites artificiels, un satellite météorologique, une émission de télévision par satellite.*
▭▷ satellite.

satiété n. f.
⇔ Le premier *t* se prononce *s* [sasjete].
• Le fait d'être rassasié.
• *À satiété.* À l'excès, au point d'être dégoûté.

satin n. m.
Étoffe brillante. *Une chemise de nuit en satin blanc.*

satiné, ée adj.
Qui est doux et lustré comme le satin. *Une peau satinée.*

satiner v. tr.
Donner l'aspect brillant du satin.

satire n. f.
Écrit qui caricature une situation, une personne.
Hom. *satyre,* divinité mythologique à pieds de bouc.
▭▷ satire.

satirique adj.
Qui constitue une satire. *Un texte satirique.*

satisfaction n. f.
• Contentement, bien-être qui résulte de l'accomplissement d'un désir, d'une action. *La satisfaction du devoir accompli.*
• Action de satisfaire. *La satisfaction des besoins du consommateur.*
• *Donner satisfaction.* Répondre à une exigence. *Ce nouvel employé nous donne toute satisfaction.*
• *Obtenir satisfaction.* Gagner sa cause. *Ils ont obtenu satisfaction.*

satisfaire v. tr., pronom.
Le verbe se conjugue comme *faire. Nous satisfaisons, vous satisfaites.*
• **Transitif direct**
Contenter, assouvir. *Satisfaire ses désirs.*
• **Transitif indirect**
- Répondre à une exigence. *Ils satisfont à tous les critères, à toutes les conditions.*
- Exécuter, s'acquitter d'une obligation. *Satisfaire à une obligation, à une demande.*
• **Pronominal**
- Satisfaire ses besoins.
- *Se satisfaire de quelque chose.* S'en contenter. *Ils se sont satisfaits de peu.*

satisfaisant, ante adj.
⇔ Les lettres *ai* se prononcent *e* [satisfəzã].
Qui contente, suffisant. *Ces résultats sont satisfaisants.*
▯◁— Ne pas confondre avec le participe présent invariable *satisfaisant. Des desserts satisfaisant les plus gourmands.*

satisfait, aite adj.
• Content. *Ils sont très satisfaits des progrès accomplis, d'apprendre qu'ils ont réussi.*

☞ L'adjectif se construit également avec la conjonction **que** et le subjonctif; on évitera la construction **de ce que** suivi de l'indicatif. *Je suis satisfaite que vous soyez d'accord.*
• Assouvi. *Un désir satisfait.*

saturation n. f.
• Action de saturer.
• (Fig.) Qui a atteint un point maximal. *Le marché n'a pas atteint la saturation.*

saturer v. tr.
• Remplir. *Air saturé d'eau.*
• Rassasier jusqu'au dégoût. *Les messages publicitaires dont on sature les consommateurs.*

saturnisme n. m.
Intoxication par le plomb.

satyre n. m.
Divinité mythologique à pieds de bouc.
Hom. **satire,** écrit caricatural.
⬒ sa**ty**re.

sauce n. f.
Préparation liquide onctueuse qui accompagne un plat. *Une sauce béarnaise, des rognons sauce madère.*

saucer v. tr.
Le **c** prend une cédille devant les lettres **a** et **o**. *Il sauça, nous sauçons.*
- Tremper dans la sauce, dans un liquide. *Saucer son pain dans la soupe.*
☞ L'emploi du verbe est courant au Canada dans la langue familière, mais il est vieilli en ce sens dans l'ensemble de la francophonie.
- Nettoyer la sauce d'une assiette avec un morceau de pain. *Gustave est un gourmand : il a saucé son plat avec un bout de pain pour ne rien laisser.*

saucette n. f.
(Fam.) Au Canada, baignade rapide. *Les enfants n'ont fait qu'une saucette, l'eau était glacée.*

saucière n. f.
Récipient à bec dans lequel on sert les sauces.

saucisse n. f.
Préparation de viande hachée et assaisonnée contenue dans un boyau. *Des saucisses de Toulouse, de Francfort.*
⬒ sau**ciss**e.

saucisson n. m.
Préparation de viandes assaisonnées cuites ou fumées.
⬒ sau**ciss**on.

sauf, sauve adj.
• Qui est hors de danger. *Elle a eu la vie sauve.*
• Intact. *L'honneur est sauf.*
• **Sain et sauf.** Hors de danger, sans dommage. *Elles sont saines et sauves, ils sont sains et saufs.*
☞ Au pluriel, on ne fait pas la liaison entre l'adjectif et la conjonction.

sauf prép.
• À l'exception de, à l'exclusion de, hormis. *Sauf avis contraire. Sauf Pierre et Paul, ils seront tous présents.*
• **Sauf que,** locution conjonctive. Si ce n'est que, à la

réserve que. *La journée a été excellente, sauf que nous avons manqué de champagne.*
☞ La locution introduit une proposition conditionnelle marquant une réserve, une exception et se construit avec l'indicatif.

sauf-conduit n. m. (pl. *sauf-conduits*)
Autorisation, laissez-passer.

sauge n. f.
Plante aromatique.

saugrenu, ue adj.
Bizarre, inattendu. *Une suggestion saugrenue.*
☞ L'adjectif s'emploie à propos d'une chose; lorsqu'il est question d'une personne, on dit plutôt **bizarre, farfelu.**

saulaie n. f.
Plantation de saules.
⬒ saula**i**e.

saule n. m.
Arbre qui pousse au bord des rivières, dans des lieux humides. *Un beau saule pleureur.*
⬒ sau**l**e.

saumâtre adj.
• Légèrement salé. *Une eau saumâtre.*
• (Fig.) Désagréable, fâcheux. *Plaisanterie saumâtre.*
⬒ sau**mâ**tre.

saumon adj. inv. et n. m.
👄 La première syllabe se prononce **so,** avec un **o** fermé [somɔ̃].
• **Adjectif de couleur invariable.** D'une teinte rose orangé. *Des chapeaux saumon.*
V. Tableau - **COULEUR (ADJECTIFS DE).**
• **Nom masculin.** Poisson dont la chair de teinte rose est très appréciée. *Du saumon fumé.*

saumoné, ée adj.
Dont la chair est rose comme celle du saumon. *Une truite saumonée.*
⬒ saumo**n**é.

saumoneau n. m. (pl. *saumoneaux*)
Petit saumon.
⬒ saumo**n**eau.

sauna n. m.
• Pièce où l'on prend des bains de vapeur.
• Bain de vapeur. *Des saunas.*
☞ Ce nom n'a pas de genre défini, mais il s'emploie généralement au masculin.

saupoudrer v. tr.
👄 La première syllabe se prononce **so,** avec un **o** fermé [sopudʀe].
Couvrir d'une substance en poudre. *Des framboises saupoudrées de sucre.*
⬒ sau**p**oudrer (et non *sou).

saur adj. m.
👄 Se prononce [sɔʀ].
Hareng saur. Hareng salé et fumé. *Des harengs saurs.*

-saure, -saurien suff.
Élément du grec signifiant «lézard». *Tyrannosaure, dinosaure.*

saut n. m.
• Bond. *Un saut périlleux.*
• *Faire le saut.* Prendre une décision importante.
☞ Ne pas confondre avec les noms suivants :
- *sceau,* cachet;
- *seau,* récipient;
- *sot,* stupide.
⇨ s**aut.**

saut-de-lit n. m. (pl. *sauts-de-lit*)
Déshabillé.

saute n. f.
Changement subit. *Des sautes d'humeur.*

sauté, ée adj. et n. m.
• **Adjectif.** Rôti à la poêle, à feu vif. *Des pommes sautées.*
• **Nom masculin.** Mets cuit à feu vif dans une casserole. *Des sautés de veau.*

saute-mouton n. m. inv. (pl. *saute-mouton*)
Jeu. *Jouer à saute-mouton.*

sauter v. tr., intr.
• **Transitif**
- Franchir par un saut. *Il saute un obstacle.*
- Omettre quelque chose. *Elle a sauté un mot.*
- Faire revenir. *Faire sauter des légumes dans du beurre.*
• **Intransitif**
- Bondir. *Il sautait de joie.*
- *Sauter aux yeux.* (Fig.) Apparaître clairement, être évident.
- Exploser. *La fusée a sauté.*
☞ Le verbe se conjugue avec l'auxiliaire *avoir.*

sauterelle n. f.
Insecte sauteur herbivore.
⇨ sauter**elle.**

sauterie n. f.
(Fam.) Petite soirée intime où l'on danse.

sauternes n. m.
Vin blanc très fruité. *Boire un sauternes bien frais.*
☞ Le nom du vin s'écrit avec une minuscule, tandis que le toponyme s'écrit avec une majuscule.
⇨ sauterne**s.**

sautillement n. m.
Action de sautiller.
⇨ sautill**ement.**

sautiller v. intr.
Les lettres *ill* sont suivies d'un *i* à la première et à la deuxième personne du pluriel de l'indicatif imparfait et du subjonctif présent. *(Que) nous sautillions, (que) vous sautilliez.*
Faire de petits sauts. *Il sautillait et gambadait.*

sautoir n. m.
• Long collier. *Un beau sautoir de perles.*
• *En sautoir.* Autour du cou.

sauvage adj. et n. m. et f.
👄 La première syllabe se prononce *so,* avec un *o* fermé [sovaʒ].
• **Adjectif**

- Se dit d'un animal qui n'est pas apprivoisé, qui vit en liberté. *Un cheval sauvage. Le lion est un animal sauvage.*
- Qui pousse sans être cultivé. *Des framboisiers sauvages, du riz sauvage.*
- Inhabité. *Une île sauvage.*
- Anarchique. *Une grève sauvage.*
- *Chat sauvage.* Au Canada, synonyme de *raton laveur.*
- (Fig.) Farouche, solitaire.
• **Nom masculin et féminin**
(Vx) Primitif. *Les sauvages et les sauvagesses de Nouvelle-France. Un Sauvage, une Sauvage. La théorie du bon Sauvage de Jean-Jacques Rousseau.*

*****sauvage**
Impropriété au sens de *autochtone, Amérindien.*

sauvagement adv.
👄 La première syllabe se prononce *so,* avec un *o* fermé [sovaʒmɑ̃].
D'une manière sauvage.

sauvagerie n. f.
👄 La première syllabe se prononce *so,* avec un *o* fermé [sovaʒri].
Brutalité, férocité.

sauvagesse n. f.
👄 La première syllabe se prononce *so,* avec un *o* fermé [sovaʒɛs].
(Vx) Femme primitive.

sauvegarde n. f.
• Protection, défense. *La sauvegarde du fait français.*
• (Inform.) Opération consistant à enregistrer des informations sur un support (disquette, disque rigide, etc.) en vue de les conserver.

sauvegarder v. tr.
• Préserver, protéger. *Sauvegarder ses droits.*
• (Inform.) Enregistrer des informations sur un support en vue de les conserver.

sauve-qui-peut n. m. inv. (pl. *sauve-qui-peut*)
Panique générale.

sauver v. tr., pronom.
• **Transitif**
- Préserver quelqu'un d'un danger, de la mort. *Il lui a sauvé la vie.*
- Empêcher la destruction de quelque chose. *Sauver un immeuble historique de la démolition.*
- Pallier. *L'excellence du jeu des comédiens sauve cette pièce dont le scénario est faible.*
• **Pronominal**
S'enfuir. *Ils se sont sauvés pendant que le gardien dormait.*

*****sauver**
Anglicisme au sens de *économiser, épargner.*

sauvetage n. m.
Action de sauver. *Un canot de sauvetage, des bouées de sauvetage.*
⇨ sauvetage.

sauveteur n. m.
Personne qui participe à un sauvetage.

☞— Ce mot ne comporte pas de forme féminine.

☞— Ne pas confondre avec le nom **sauveur,** personne qui sauve, qui libère.

sauvette (à la) loc. adv.
• Rapidement, à la hâte.
• **Vente à la sauvette.** Vente clandestine, sans autorisation.

sauveur adj. m. et n. m.
Personne qui sauve, qui libère. *Claire, vous serez mon sauveur.*

☞— La forme féminine de l'adjectif est **salvatrice,** mais le nom n'a pas de forme féminine.

☞— Lorsqu'il est construit sans complément et qu'il désigne Jésus-Christ, le nom s'écrit avec une majuscule.

☞— Ne pas confondre avec le nom **sauveteur,** personne qui participe à un sauvetage.

savamment adv.
• Avec érudition.
• Habilement. *Elle est savamment coiffée.*
✎> sava**mm**ent.

savane n. f.
• Grande plaine à la végétation rare, dans la zone tropicale.
• Au Canada, terrain marécageux.
✎> sava**ne**.

savant n. m.
savante n. f.
Scientifique, chercheur (spécialiste dans une science expérimentale ou exacte). *Les savants ne reçoivent pas suffisamment de fonds pour poursuivre leurs recherches.*

☞— Dans le domaine des sciences, on parle d'un **savant,** d'un **scientifique**; dans le domaine littéraire, d'un **lettré,** d'un **érudit.**

savant, ante adj.
• Qui a beaucoup de connaissances, en matière scientifique.
• Qui est érudit.
• **Mot savant.** Mot, souvent emprunté au grec ou au latin, employé dans un domaine scientifique, technique.

savarin n. m.
Pâtisserie au rhum.

☞— Ne pas confondre avec le nom **navarin,** ragoût de mouton.

savate n. f.
Vieille chaussure, vieille pantoufle.
✎> sava**te**.

saveur n. f.
Qualité particulière perçue par le goût. *Ces fruits sont sans saveur. Une saveur amère, sucrée.*

*****saveur**
Impropriété au sens de **parfum.** *Le parfum d'une glace* (et non la *****saveur).*

savoir v. tr.

INDICATIF PRÉSENT *Je sais, tu sais, il sait, nous* savons, vous savez, ils savent. IMPARFAIT *Je savais.* PASSÉ SIMPLE *Je sus.* FUTUR *Je saurai.* CONDITIONNEL PRÉSENT *Je saurais.* IMPÉRATIF PRÉSENT *Sache, sachons, sachez.* SUBJONCTIF PRÉSENT *Que je sache.* IMPARFAIT *Qu'il sût.* PARTICIPE PRÉSENT *Sachant.* PASSÉ *Su, sue.*

• Avoir la connaissance de. *Elle sait lire et compter. Il sait l'anglais. Tu sais tes déclinaisons latines par cœur.*
• (Litt.) Connaître l'existence de. *Il sait une petite clairière dans la forêt. Je vous remercie, je sais le chemin.*
• Pouvoir. *Je saurai terminer ce long travail.*

☞— Le verbe est au conditionnel, à la forme négative (généralement sans l'adverbe de négation **pas**) et il est suivi d'un infinitif. *Je ne saurais vous dire. Il ne saurait en être question.*
• Être apte à, avoir le talent, la force de faire quelque chose. *Elle sait répartir les tâches, il sait nager, tu sais écouter.*

• **Locutions**
- **À savoir,** locution adverbiale. C'est-à-dire.

☞— Cette locution introduit une énumération, une explication. *Il y a plusieurs types de supports d'information, à savoir la disquette, le disque rigide, etc.*
- **À savoir que,** locution conjonctive. Cette locution introduit une explication et se construit avec l'indicatif. *Cet immeuble est une copropriété, à savoir que chacun des quatre copropriétaires n'en possède que le quart.*
- **En savoir long sur quelqu'un, quelque chose.** Être bien informé sur une personne, une chose.
- **Faire savoir.** Informer, annoncer. *Je vous ferai savoir la date de la prochaine rencontre.*
- **Je ne sache pas.** (Litt.) Je ne crois pas. *Je ne sache pas qu'il y ait d'autres recherches portant sur ce sujet.*
- **Je ne sais quoi, je-ne-sais-quoi.** Chose difficile à définir, à exprimer. *Il se dégage de ce film un je ne sais quoi de tendre et de mutin. Ce je-ne-sais-quoi qui n'a de nom dans aucune langue.* (Bossuet)

☞— Ce nom composé s'écrit avec ou sans trait d'union.
- **N'être pas sans savoir.** Ne pas ignorer.

☞— Ne pas commettre l'erreur fréquente de remplacer le verbe **savoir** par **ignorer.** *Tu n'es pas sans savoir que la valeur des actions a beaucoup baissé.*
- **Ne vouloir rien savoir.** Ne pas vouloir en entendre parler. *Elle ne veut rien savoir de cette histoire.*
- **Que je sache.** (Litt.) À ma connaissance. *Ils ne sont pas encore élus, que je sache.*

☞— Ce tour de registre soutenu ne s'emploie qu'avec une proposition principale négative.
- **Savoir gré.** Être reconnaissant. *Elles lui sauront gré (et non *seront gré) de sa compréhension.*

savoir n. m.
• Connaissances, érudition. *L'étendue de son savoir.*
• **Le gai savoir.** La poésie des troubadours.

savoir-faire n. m. inv. (pl. *savoir-faire*)
• Compétence, expérience. *Il nous a montré son savoir-faire.*
• Ensemble des connaissances techniques d'une personne, d'une entreprise qui peuvent être mises à la disposition d'autrui, à titre onéreux ou gratuit. *Le savoir-faire technologique* (et non le *know-how*).

savoir-vivre n. m. inv. (pl. *savoir-vivre*)
Connaissance et pratique des règles de la politesse.
Il manque de savoir-vivre.

savon n. m.
• Produit employé pour le nettoyage. *Un savon de toilette. Un savon à barbe.*
• *Passer un savon à quelqu'un.* (Fam.) Le réprimander.

savonnage n. m.
Nettoyage au savon.
▭▷ savon**n**age.

savonner v. tr.
Nettoyer avec du savon.
▭▷ savon**n**er.

savonnette n. f.
Petit pain de savon. *Des savonnettes parfumées.*
▭▷ savon**n**ette.

savonneux, euse adj.
Qui contient du savon. *Une eau savonneuse.*
▭▷ savon**n**eux.

savourer v. tr.
• Goûter avec plaisir, déguster. *Savourer un vin.*
• Apprécier quelque chose avec délices. *J'ai savouré
ce roman merveilleux.*

savoureux, euse adj.
Qui a une saveur agréable. *Un gigot savoureux.*

savoyard, arde adj. et n. m. et f.
De Savoie.
▭◁— L'adjectif s'écrit avec une minuscule; le nom, avec
une majuscule.

saxophone n. m.
Instrument à vent.

saxophoniste n. m. et f.
Personne qui joue du saxophone.

saynète n. f.
(Vx) Sketch. *Au collège, nous organisions des saynètes
édifiantes.*
▭▷ say**n**ète.

Sb
Symbole de *antimoine.*

sbire n. m.
(Litt.) Homme de main.
▭▷ sbire.

sc.
Abréviation de *science(s).*

sc-
Ces lettres se prononcent *s* devant *e* ou *i, sk* devant
a, o, u. Scène, scandale.

scabreux, euse adj.
Qui choque la décence. *Une histoire scabreuse.*

scalpel n. m.
Bistouri.
▭▷ scalpel.

scandale n. m.
• Fait révoltant.
• Affaire malhonnête. *Un scandale politique.*

scandaleux, euse adj.
Qui cause du scandale, qui choque. *Une suffisance
scandaleuse.*

scandaliser v. tr., pronom.
• **Transitif.** Susciter l'indignation, choquer. *Ils ont scan-
dalisé leurs parents.*
• **Pronominal.** S'offenser, se choquer. *Elle se scan-
dalise de cette façon de procéder.*

scander v. tr.
Marquer la mesure, ponctuer. *Il scandait son discours
avec emphase.*

scandinave adj. et n. m. et f.
De Scandinavie.
▭◁— L'adjectif s'écrit avec une minuscule; le nom, avec
une majuscule.

scanner n. m.
◁▷ Le nom se prononce à la française [skanɛr].
Scanographe.
Syn. **tomodensitomètre.**

*scanning
Anglicisme pour *balayage* (d'une zone de mémoire).

scanographe n. m.
(Méd.) Appareil de radiodiagnostic qui peut reconsti-
tuer des images de l'organisme en coupes fines.
Syn. **scanner, tomodensitomètre.**

scanographie n. f.
• Partie de la radiologie qui utilise un scanner ou tomodensitomètre.
• Image obtenue à l'aide du scanographe, du tomodensitomètre.

scaphandre n. m.
Vêtement étanche muni d'une bouteille à air comprimé
qui permet à un plongeur d'évoluer sous l'eau.
▭▷ sca**ph**andre.

scaphandrier n. m.
Plongeur muni d'un scaphandre.
▭▷ sca**ph**andrier.

scarabée n. m.
Insecte voisin du hanneton.
▭◁— Attention au genre masculin de ce nom : *un* scarabée.
▭▷ scarabé**e**.

scarlatine adj. f. et n. f.
Maladie contagieuse de l'enfance. *Fièvre scarlatine* ou
scarlatine.

scato- préf.
Élément du grec signifiant «excrément». *Scatologie.*

scatologie n. f.
Écrit, propos où il est question d'excréments.
▭▷ scatologie.

scatologique adj.
Qui se rapporte à la scatologie. *Des propos scatolo-
giques.*
▭▷ scatologique.

sceau n. m. (pl. *sceaux*)
• Cachet. *Des sceaux officiels.*
• *Sous le sceau du secret.* Confidentiellement.
Hom. :
- *saut,* bond;
- *seau,* récipient;
- *sot,* stupide.

scélérat, ate adj. et n. m. et f.
(Litt.) Perfide, atroce. *Des scélérats qui ont profité de sa gentillesse. Une attitude scélérate.*
⟹ scélérat.

scélératesse n. f.
(Litt.) Perfidie.
⟹ scélératesse.

scellé n. m. (gén. pl.)
Cachets de cire apposés par une autorité pour empêcher l'ouverture d'un meuble, d'un local. *Mettre un appartement sous scellés.*
⟹ scellé.

scellement n. m.
Action de sceller.
⟹ scellement.

sceller v. tr.
• Cacheter à l'aide d'un sceau. *Une lettre scellée d'un cachet.*
• Fermer hermétiquement. *Sceller un récipient, une ouverture.*
↦ Ne pas confondre avec le verbe *seller,* munir (un cheval) d'une selle.
⟹ sceller.

scénario n. m. (pl. *scénarios* ou *scenarii*)
Canevas d'une pièce, d'un film, d'une émission. *Des scénarios bien structurés.*
↦ Ce nom d'origine italienne s'écrit avec un accent aigu et prend la marque du pluriel, ou s'écrit sans accent et suit le pluriel italien. *Des scenarii.*
⟹ scénario.

scénariste n. m. et f.
Personne qui écrit des scénarios.

scène n. f.
• Partie du théâtre où sont les acteurs. *Une scène tournante. Entrer en scène. Sortir de scène.*
• Le théâtre. *Les arts de la scène.*
• Subdivision d'un acte. *Acte II, scène iii.*
↦ Le numéro de la scène se compose en chiffres romains petites capitales, tandis que le numéro de l'acte se compose en chiffres romains grandes capitales.
• Dispute. *Une scène de ménage.*
Hom. **cène.**
⟹ scène.

scénique adj.
Relatif au théâtre. *L'art scénique.*
⟹ scénique.

scepticisme n. m.
• État d'esprit d'une personne qui remet en question les croyances, les valeurs admises.
• Manque de confiance à l'égard de quelque chose.

sceptique adj. et n. m. et f.
Incrédule. *Elle restait sceptique sur ses chances de succès.*
Hom. *septique* qui peut infecter.
⟹ sceptique.

sceptre n. m.
Bâton de commandement, symbole de l'autorité suprême.
↦ Ne pas confondre avec le nom *spectre,* fantôme.
⟹ sceptre.

schah ou **shah**
V. **chah.**

scheik
V. **cheikh.**

schelem
V. **chelem.**

schéma n. m.
Représentation simplifiée. *Des schémas de fonctionnement, un schéma directeur.*
⟹ schéma.

schématique adj.
Simplifié. *Une description schématique.*
⟹ schématique.

schématiquement adv.
D'une manière schématique, simplifiée.
⟹ schématiquement.

schématisation n. f.
Action de schématiser.
⟹ schématisation.

schématiser v. tr.
• Représenter à l'aide d'un plan, d'un dessin.
• Simplifier. *Schématiser la pensée d'un auteur.*
⟹ schématiser.

schème n. m.
Forme, structure. *Un schème de réflexion.*
⟹ schème.

schilling n. m.
• Ancienne unité monétaire anglaise.
• Unité monétaire de l'Autriche. *Des schillings.*
V. Tableau - **SYMBOLES DES UNITÉS MONÉTAIRES.**
V. **shilling.**

schisme n. m.
Division. *Le schisme du christianisme, d'un parti politique.*
↦ Ne pas confondre avec le nom *schiste,* roche feuilletée.
⟹ schisme.

schiste n. m.
Se dit des roches susceptibles de se diviser en feuillets. *L'ardoise est un schiste. Les schistes bitumineux de l'Alberta.*
↦ Ne pas confondre avec le nom *schisme,* division.
⟹ schiste.

schizo- préf.
Élément du grec signifiant «fendre». *Schizophrénie.*

schizophrène adj. et n. m. et f.
⮂ Les lettres *schi* se prononcent *ski* [skizɔfrɛn].
Personne atteinte de schizophrénie. *Elle est schizophrène. Une schizophrène incurable.*
▭▷ schizophrène.

schizophrénie n. f.
⮂ Les lettres *schi* se prononcent *ski* [skizɔfreni].
Psychose caractérisée par la perte de contact avec la
réalité.
▭▷ schizophrénie.

schooner n. m.
⮂ Les lettres *schoo* se prononcent *skou* ou *chou,*
[skunœr] ou [ʃunœr].
Goélette.

schuss adv. et n. m.
⮂ Le *u* se prononce *ou* [ʃus].
Se dit d'une descente en ski effectuée en droite ligne.
*Il aime descendre en schuss à l'occasion. Elle des-
cend schuss.*
▭▷ schuss.

sciage n. m.
• Action de scier.
• *Bois de sciage.* Bois scié qui est destiné à la construction, à la menuiserie.
▭▷ sciage.

scie n. f.
• Outil dont la lame dentée est destinée à couper des
matières dures. *Une scie à chaîne. Une scie à métaux.*
• *En dents de scie.* En pointes successives.
▭▷ scie.

sciemment adv.
⮂ Le premier *e* se prononce *a* [sjamã].
En connaissance de cause.
▭▷ sciemment.

science n. f.
• Abréviation *sc.* (s'écrit avec un point).
• Ensemble de connaissances ayant un objet détermi-
né. *Les sciences naturelles, humaines, pures.*

science-fiction n. f. (pl. *sciences-fictions*)
• S'abrège familièrement en *S.F.*
• Texte portant sur une réalité imaginaire utilisant des
données de la science. *Un livre de science-fiction.*

scientifique adj. et n. m. et f.
• **Adjectif**
- Qui concerne les sciences. *La recherche scientifique,
un terme scientifique.*
- Conforme aux méthodes rigoureuses de la recher-
che. *Un travail scientifique.*
• **Nom masculin et féminin**
Savant spécialiste (d'une science expérimentale ou
exacte).
▭▭ Dans le domaine des sciences, on parle d'un
savant, d'un *scientifique*; dans le domaine littéraire,
d'un *lettré,* d'un *érudit.*

scientifiquement adv.
D'une manière scientifique.

scier v. tr., intr.
Redoublement du *i* à la première et à la deuxième

personne du pluriel de l'indicatif imparfait et du
subjonctif présent. *(Que) nous sciions, (que) vous
sciiez.*
Couper avec une scie. *Scier du bois.*

scierie n. f.
Atelier où l'on scie le bois.
▭▷ scierie.

scinder v. tr., pronom.
• **Transitif.** Diviser, séparer.
• **Pronominal.** Se diviser.
▭▷ scinder.

scintillant, ante adj.
Qui scintille. *Des lumières scintillantes.*
▭▷ scintillant.

scintillement n. m.
Action de scintiller. *Le scintillement d'une pierre.*
▭▷ scintillement.

scintiller v. intr.
Les lettres *ill* sont suivies d'un *i* à la première et à
la deuxième personne du pluriel de l'indicatif imparfait et du subjonctif présent. (Que) nous scintil-
lions, (que) vous scintilliez.
Briller, étinceler. *Les étoiles scintillent.*
▭▷ scintiller.

scission n. f.
Division. *La scission d'un parti politique.*
▭▷ scission.

sciure n. f.
Poussière qui tombe du bois que l'on scie. *De la sciure
de bois appelée aussi **bran de scie** (et non *brin de
scie).*
▭▷ sciure.

sclér(o)- préf.
Élément du grec signifiant «dur». *Sclérose.*

sclérose n. f.
• Durcissement d'un tissu, d'un organe. *Sclérose des
artères.*
• *Sclérose en plaques.* Maladie du système nerveux
central.
• (Fig.) Vieillissement. *La sclérose des institutions.*
▭▷ sclérose, sans accent circonflexe.

sclérosé, ée adj.
• Atteint de sclérose.
• Qui n'évolue plus, qui ne s'adapte pas à l'environnement.
▭▷ sclérosé, sans accent circonflexe.

scléroser (se) v. pronom.
• Se durcir, en parlant d'un tissu, d'un organe. *Les
artères se sont sclérosées.*
• (Fig.) S'immobiliser, ne plus évoluer.

scolaire adj.
• Relatif ou propre aux écoles, à la vie des écoles, à
l'enseignement qu'on y donne et aux élèves qui les
fréquentent. (Recomm. off. OLF) *L'année scolaire* (et
non *académique), le travail scolaire.*

• **Abandon scolaire.** Fait, pour un élève ou une élève, de quitter l'école avant la fin de la période de l'obligation scolaire. (Recomm. off. OLF)
☞ scol**aire.**

scolarisation n. f.
Action de scolariser.

scolariser v. tr.
• Pourvoir d'établissements scolaires.
• Soumettre une personne à un régime scolaire. *Les habitants de ce quartier sont relativement scolarisés.*
• Assurer à des enfants un enseignement scolaire. (Recomm. off. OLF)

scolarité n. f.
• Durée des études accomplie par une personne. (Recomm. off. OLF)
• Durée théorique d'un programme d'études. (Recomm. off. OLF) *La scolarité de maîtrise est de deux ans.*
• Études scolaires. *Faire toute sa scolarité dans le même établissement.*

*scoop
Anglicisme pour **primeur, exclusivité.**

scooter n. m.
☞ Les lettres **scoo** se prononcent **skou,** [skutœr] ou [skutɛr].
Motocycle léger. *De petits scooters amusants.*

-scope, -scopie, -scopique suff.
Éléments du grec signifiant «examiner, observer».
Microscope, radioscopie, télescopique.

scorbut n. m.
☞ Le **t** se prononce [skɔrbyt].
Maladie causée par une carence en vitamine C.
☞ scorbu**t.**

score n. m.
• Marque, nombre de points obtenus par des équipes, des adversaires dans un match. *Le score final* (et non le *pointage) *est de 5 à 1.*
• (Fig.) Résultat (chiffré ou non); votes obtenus par un candidat, un parti à une élection.

scorie n. f. (gén. pl.)
• Matière volcanique, résidu qui se sépare des métaux en fusion.
• (Fig.) Résidu, déchet. *Les scories de la production littéraire.*
☞ scorie**.**

scorpion n. m.
• Animal invertébré portant en avant une paire de pinces et dont l'abdomen est terminé par un aiguillon venimeux.
• Nom d'une constellation, d'un signe du zodiaque.
☞ Les noms d'astres s'écrivent avec une majuscule. *Elle est (du signe du) Scorpion, elle est née entre le 23 octobre et le 21 novembre.*
V. **astre.**

scotch n. m.
☞ Les lettres **tch** se prononcent [skɔtʃ].
Whisky écossais. *Des scotches sans glaçons.*

*scotch tape
Anglicisme pour **ruban adhésif.**

scotch-terrier ou scottish-terrier n. m. (pl. *scotch-terriers, scottish-terriers*)
Petit chien terrier originaire d'Écosse. *Elle avait un petit scotch-terrier nommé «rhinoféroce».*

scout, e adj. et n. m.
• **Adjectif.** Relatif au scoutisme. *Une équipe scoute.*
• **Nom masculin.** Enfant, adolescent faisant partie d'un mouvement de scoutisme.
☞ Le nom féminin est **guide.** Les jeunes scouts sont des **louveteaux.**

scoutisme n. m.
Mouvement ayant pour but de parfaire la formation des jeunes garçons et des jeunes filles par des activités de groupe en plein air.

scrabble n. m.
☞ Ce nom se prononce à l'anglaise [skrabəl] ou à la française [skrabl].
Jeu de société qui s'apparente aux mots croisés. *Des parties de scrabble bien enlevées. Des scrabbles de voyage.*
☞ Ce nom d'origine américaine est une marque déposée qui est passée dans l'usage. Il s'écrit avec une minuscule et prend un **s** au pluriel.

*scrap (mettre à la)
Anglicisme pour **mettre à la ferraille.**

*scraper
Anglicisme pour **décapeuse.**

scribe n. m.
• (Vx) Copiste.
• (Péj.) Gratte-papier.

script n. m.
☞ Les lettres **pt** se prononcent [skript].
Type de caractères d'imprimerie qui ressemble à l'écriture manuscrite.

*script
Anglicisme au sens de **scénario.**

scriptural, ale, aux adj.
Monnaie scripturale. Technique bancaire qui permet d'effectuer des règlements par simple jeu d'écriture.
☞ Aujourd'hui, on parle également de **monnaie électronique** qui devient le moyen de paiement généralisé.

scrupule n. m.
• Inquiétude morale d'une conscience sensible.
• **Une personne sans scrupule(s).** Personne amorale, qui agit uniquement par intérêt.
• **Se faire un scrupule de quelque chose.** Renoncer à faire quelque chose, par conscience morale.

scrupuleusement adv.
• D'une manière scrupuleuse.
• Rigoureusement.

scrupuleux, euse adj.
Strict, honnête.

scrutateur n. m.
scrutatrice n. f.
Personne chargée de surveiller le déroulement d'un scrutin et de participer à son dépouillement. *Il sera*

scrutateur d'un bureau de vote à l'occasion des prochaines élections.

scruter v. tr.
Examiner attentivement, observer. *Elle scrute le ciel à la recherche d'une étoile.*

scrutin n. m.
• Vote au moyen de bulletins. *Un scrutin secret.*
• Ensemble des opérations de vote.
⇨ scru**tin**.

sculpter v. tr.
⇨ Le *p* ne se prononce pas [skylte].
Façonner en taillant une matière dure. *Sculpter un buste dans une pièce de marbre.*

sculpteur n. m.
sculpteure n. f.
⇨ Le *p* ne se prononce pas [skyltœr].
Personne qui pratique l'art de la sculpture.

sculptural, ale, aux adj.
⇨ Le *p* ne se prononce pas [skyltural].
• Propre à la sculpture.
• Digne d'être sculpté. *Des formes sculpturales.*

sculpture n. f.
⇨ Le *p* ne se prononce pas [skyltyr].
• Art de sculpter. *Il fait de la sculpture et de la peinture.*
• Œuvre du sculpteur. *Ce buste est une très belle sculpture.*

scythe adj. et n. m. et f.
Relatif aux Scythes, peuple de l'Antiquité qui habitait le sud de la Russie d'aujourd'hui.
⇨ sc**ythe**.

s.d.
Abréviation de *sans date.*
V. Tableau - **RÉFÉRENCES BIBLIOGRAPHIQUES.**

se pron. pers.
Pronom personnel réfléchi de la troisième personne du singulier et du pluriel. *Elle se lave, ils se regardent.*
V. Tableau - **PRONOM.**

séance n. f.
• Réunion d'une assemblée. *Ouvrir la séance par la lecture de l'ordre du jour. La séance est ouverte. La séance est suspendue.*
• **Lever la séance.** Déclarer une réunion terminée, clore une séance.
• **Séance tenante,** locution adverbiale. Sans délai, sur-le-champ.
• Temps consacré à une occupation, à une activité. *Une séance de travail.*
• Spectacle. *L'enseignant a organisé une petite séance sur le thème de l'écologie.*
• Projection d'un film. *Rendez-vous à la séance de 19 h 30 au cinéma Berri.*

séant n. m.
Sur son séant. Assis. *Elle s'est mise sur son séant.*
🖙 Le nom ne s'emploie que dans l'expression citée.

séant, ante adj.
(Litt.) Convenable. *Il serait séant de l'informer de la situation.*

seau n. m. (pl. *seaux*)
Récipient. *Des seaux d'eau. Il pleut à seaux.*
🖙 L'expression **à siaux** est un archaïsme.
Hom. :
- **saut,** bond;
- **sceau,** cachet;
- **sot,** stupide.

sébacé, ée adj.
Qui produit le sébum. *Les glandes sébacées.*

sébile n. f.
⇨ Il n'y a qu'un seul *l* [sebil].
Récipient de bois rond et plat.

séborrhée n. f.
Sécrétion excessive de sébum.
⇨ sébo**rrh**ée.

sébum n. m.
⇨ La lettre *u* se prononce *o* [sebɔm].
Sécrétion grasse des glandes sébacées
🖙 Ce mot d'origine latine est francisé; il s'écrit avec un accent aigu et prend la marque du pluriel.

sec, sèche adj., adv.
• **Adjectif**
- Aride, sans humidité. *Un climat sec.*
- Desséché. *Une peau sèche.*
- Insensible, tranchant. *Un ton sec.*
• **Adverbe**
Brusquement. *Ils démarrent sec.*
🖙 Pris adverbialement, le mot est invariable.

sécateur n. m.
Ciseau pour la taille des arbustes.
⇨ séca**teur**.

sécession n. f.
Séparation, indépendance d'un État par rapport à son ancienne confédération.
⇨ séce**ssion**.

séchage n. m.
Action de faire sécher. *Le séchage du bois.*
⇨ sé**chage**.

sèche-cheveux n. m. inv. (pl. *sèche-cheveux*)
Appareil électrique destiné à faire sécher les cheveux.
Syn. **séchoir.**

sèche-linge n. m. inv. (pl. *sèche-linge*)
• Machine à sécher le linge.
• Au Canada, se dit **sécheuse.**

sèchement adv.
• D'une manière sèche.
• Avec dureté. *Elle lui répondit sèchement.*
⇨ sè**chement**.

sécher v. tr., intr.
⇨ Le *é* se change en *è* devant une syllabe muette, sauf à l'indicatif futur et au conditionnel présent. *Je sèche,* mais *je sécherai.*
• **Transitif.** Rendre sec. *Le soleil a séché la terre.*
• **Intransitif.** Devenir sec. *Le linge séchait sur la corde.*
⇨ sé**cher**.

sécheresse n. f.
⇨ Le *é* se prononce *è* ou *é,* [seʃʀɛs] ou [seʃʀɛs].

- Aridité. *La sécheresse d'un climat.*
- Insensibilité, froideur. *La sécheresse de son ton.*
- ☞ **sécheresse.**

sécheuse n. f.
Au Canada, machine à sécher le linge. *Ils ont acheté une laveuse et une sécheuse.*
Syn. **sèche-linge.**

séchoir n. m.
- Dispositif de suspension servant à faire sécher. *Un séchoir à lessive.*
- Sèche-cheveux. *Un séchoir électrique.*
Syn. **sèche-cheveux.**

second, onde adj.
⬤ Le *c* se prononce *g* et le *e* se prononce ou non, [səgɔ̃, ɔ̃d] ou [sgɔ̃, ɔ̃d]
- Qui vient après le premier. *Cet enfant est leur second fils. Il voyage en seconde classe.*
- *De seconde main.* Qui vient d'un intermédiaire. *Une voiture de seconde main.*
☞ On emploie généralement l'adjectif *second* quand il n'y a que deux éléments; autrement, on utilisera plutôt *deuxième.*

secondaire adj. et n. m.
⬤ Le *c* se prononce *g* et le *e* de la première syllabe se prononce ou non, [segɔ̃dɛr] ou [sgɔ̃dɛr].
- **Adjectif**
- Qui vient au second rang, accessoire. *Cette question est secondaire.*
- *Secteur secondaire.* Secteur d'activité économique qui regroupe les activités de transformation des matières premières en biens (industrie);
☞ Le *secteur primaire* regroupe les activités productrices de matières premières (agriculture, mines, etc.);
- le *secteur tertiaire* regroupe les services (administration, transport, informatique, etc.);
- le *secteur quaternaire* regroupe les activités de recherche, de conseil.
- **Nom masculin**
Enseignement secondaire. Enseignement qui suit l'enseignement primaire. *Les enseignants du secondaire. Marie-Ève est en 3e secondaire.*

seconde n. f.

⬤ Le *c* se prononce *g* et le *e* de la première syllabe se prononce ou non, [səgɔ̃d] ou [sgɔ̃d].
- Symbole *s* (s'écrit sans point).
- Unité de mesure de temps correspondant à la soixantième partie de la minute.
- (Fig.) Moment. *Je viens dans quelques secondes.*
- **Notation de l'heure**
La notation de l'heure réunit les indications des unités par ordre décroissant, sans interposition de virgule et avec un espace de part et d'autre de chaque symbole. *14 h 25 min 45 s précisément.*
- **Symboles**
Les symboles des unités de mesure n'ont pas de point abréviatif, ne prennent pas la marque du pluriel et ne doivent pas être divisés en fin de ligne. *Le train part à 15 h 35 min précises.*
- **Uniformité**

L'heure doit être indiquée de façon homogène :
- si le nom d'une unité est inscrit au long, les autres noms devront être notés en toutes lettres. *14 heures 8 minutes* (et non **14 heures 8 min).*
- Si le nom de la première unité est abrégé, le second sera également abrégé ou omis. *14 h 8 min* ou *14 h 8.*
- **Fraction horaire.**
La fraction horaire n'étant pas décimale, il n'y a pas lieu d'ajouter un zéro devant les unités. *1 h 5* (et non **1 h 05).*
V. Tableau - **HEURE.**

seconder v. tr.
⬤ Le *c* se prononce *g* et le *e* de la première syllabe se prononce ou non, [səgɔ̃de] ou [sgɔ̃de].
Aider. *Il est très bien secondé, le personnel est très compétent.*

*seconder (une proposition)
Anglicisme au sens de *appuyer.* *J'appuie* (et non je *seconde) la proposition de Mme Dubois.*

secouer v. tr., pronom.
- **Transitif**
- Agiter quelque chose à plusieurs reprises. *Elle secoue le pommier pour en faire tomber les pommes mûres.*
- Ébranler. *Il a été très secoué par la nouvelle.*
- **Pronominal**
Réagir. *Allons, secouez-vous, il ne faut pas vous laisser abattre ainsi.*

secourir v. tr.
INDICATIF PRÉSENT *Je secours, tu secours, il secourt, nous secourons, vous secourez, ils secourent.* IMPARFAIT *Je secourais.* PASSÉ SIMPLE *Je secourus.* FUTUR *Je secourrai.* CONDITIONNEL PRÉSENT *Je secourrais.* IMPÉRATIF PRÉSENT *Secours, secourons, secourez.* SUBJONCTIF PRÉSENT *Que je secoure.* IMPARFAIT *Que je secourusse.* PARTICIPE PRÉSENT *Secourant.* PASSÉ *Secouru, ue.*
Aider, porter assistance.

secourisme n. m.
Méthode de premiers soins aux blessés, aux malades.
☞ **secourisme.**

secouriste n. m. et f.
Membre d'une société de secours.
☞ **secouriste.**

secours n. m.
- Assistance à quelqu'un qui est dans une situation dangereuse, difficile. *Appeler au secours.*
- *De secours.* En cas de nécessité. *Une sortie de secours, une roue de secours.*
☞ **secours.**

secousse n. f.
- Agitation brusque.
- *Secousse sismique.* Tremblement de terre.
☞ Cette expression est critiquée par certains auteurs qui recommandent plutôt *séisme, tremblement de terre*; dans les faits, l'expression n'est plus jugée pléonastique.

*secousse (une bonne)
Archaïsme au sens de *un bon moment.*

secret, ète adj. et n. m.
• **Adjectif**
Qui est caché, confidentiel. *Un passage secret, une vie secrète.*
• **Nom masculin**
- Ce qui doit rester caché. *Garder un secret.*
- Silence. *Il faut observer un secret total.*
- *Secret professionnel.* Obligation pour les membres de certaines professions de ne pas divulguer les informations confidentielles qui concernent leurs clients.
- *Dans le secret.* Au courant, dans la confidence.
- *En secret.* D'une manière secrète, confidentielle, sans témoins.
- *Mettre au secret.* Sans relations avec l'extérieur.
- *Sous le sceau du secret.* À la condition de garder le secret, de ne rien révéler.
⇨ secret, secrète.

secrétaire n. m. et f.
• Personne qui assume des fonctions administratives (correspondance, classement, etc.) dans un bureau.
• *Secrétaire de rédaction.* Personne chargée de la rédaction d'un journal, d'un ouvrage.
• *Secrétaire général, générale.* Personne chargée de l'organisation générale d'une entreprise, d'un établissement public, d'un organisme.
• *Secrétaire d'État.* Membre du gouvernement responsable d'un département ministériel.

secrétaire n. m.
Petit meuble sur lequel on peut écrire.

secrétariat n. m.
• Fonction, métier de secrétaire. *Secrétariat de direction. Assurer le secrétariat.*
• Ensemble du personnel chargé des tâches administratives d'un organisme, d'un bureau.
• Le bureau lui-même. *Adressez-vous au secrétariat.*
⇨ secrétariat.

secrètement adv.
En secret.
⇨ secrètement.

sécréter v. tr.
Le *é* se change en *è* devant une syllabe muette, sauf à l'indicatif futur et au conditionnel présent. *Je sécrète,* mais *je sécréterai.*
Produire une substance. *Le foie sécrète la bile.*
⇨ sécréter.

sécrétion n. f.
⇦ Le *t* se prononce *s* [sekresjɔ̃].
• Production d'une substance par une glande, un tissu, etc. *La sécrétion d'une hormone.*
• La substance ainsi produite.

sectaire adj.
Fanatique, intolérant.
⇨ sectaire.

secte n. f.
Groupement de personnes adeptes d'une même doctrine.

secteur n. m.
• Domaine. *Un secteur d'activité. Un secteur de pointe. Le secteur privé et le secteur public.*
• Division d'une entité territoriale créée à des fins administratives particulières. (Recomm. off. OLF)
• *Secteur résidentiel.* Secteur réservé à l'habitation. *Un secteur résidentiel* (et non *domiciliaire*).
• (Écon.) Ensemble d'entreprises qui entrent dans la même catégorie. *Le secteur de la recherche pharmaceutique.*
⇨ Le *secteur primaire* regroupe les activités productrices de matières premières (agriculture, mines, etc.);
- le *secteur secondaire* regroupe les activités de transformation des matières premières en biens (industrie);
- le *secteur tertiaire* regroupe les services (administration, transport, informatique, etc.);
- le *secteur quaternaire* regroupe les activités de recherche, de conseil.

section n. f.
Subdivision d'un ensemble. *Cette ligne d'autobus comporte plusieurs sections.*

sectionnement n. m.
• Division en sections.
• Action de sectionner. *Le sectionnement accidentel d'un fil électrique.*
⇨ sectionnement.

sectionner v. tr., pronom.
• Diviser.
• Couper. *L'artère a été sectionnée.*
⇨ Le verbe s'emploie surtout pour désigner une coupure accidentelle.

sectoriel, ielle adj.
Relatif à un secteur. *Des prévisions sectorielles.*

séculaire adj.
• Centenaire. *Ce bâtiment est trois fois séculaire.*
• *Année séculaire.* Année qui termine le siècle. *Vivrons-nous la prochaine année séculaire?*
• Qui existe depuis plusieurs siècles. *Un cèdre du Liban séculaire.*
⇨ séculaire.

sécularisation n. f.
Laïcisation.

séculariser v. tr.
Laïciser.

séculier, ière adj. et n. m.
• **Adjectif.** Laïque.
• **Nom masculin.** Prêtre qui vit dans le monde (par opposition à *moine*).

secundo adv.
⇦ Les lettres *un* se prononcent *on,* le *c* se prononce *g* [segɔ̃do].
En second lieu.
⇨ L'adverbe s'emploie à la suite de *primo. Primo, secundo, tertio.*

sécurisant, ante adj.
Qui donne un sentiment de sécurité. *Des paroles sécurisantes.*

☞ Ne pas confondre avec le participe présent invariable *sécurisant*. *Les précautions sécurisant les travailleurs.*

sécuriser v. tr.
Mettre en confiance, donner un sentiment de sécurité. *Ces mesures efficaces ont sécurisé les passagers.*
☞ Ce verbe a un sens plus fort que celui de **rassurer.**

sécuritaire adj.
• Qui privilégie la sécurité publique. *Une politique sécuritaire.*
• Qui vise la sécurité publique. *Un chantier de construction sécuritaire.*
☞ Si l'on considère l'objet à qualifier non plus sur le plan de son efficacité, mais sur celui de sa conception, on emploiera plutôt le syntagme *de sécurité. Des chaussures de sécurité* (plan de la conception) *peuvent être plus ou moins sécuritaires* (plan de l'efficacité).
⟹ sécurit**aire.**

sécurité n. f.
• Tranquillité d'esprit qui résulte de l'absence de danger. *Se sentir en sécurité.*
• Organisation, mesures, destinées à assurer la sécurité. *La sécurité routière.*
☞ Le nom *sécurité* tend à remplacer *sûreté* en ce sens.
• *De sécurité.* Destiné à empêcher un accident. *Le port de la ceinture de sécurité est obligatoire.*
• *Glissière de sécurité.* Ensemble constitué par des rails de protection disposés horizontalement en bordure d'une route ou entre les voies d'une autoroute, pour retenir les véhicules qui ont quitté leur axe de marche. (Recomm. off. OLF)

sédatif, ive adj. et n. m.
• **Adjectif.** Qui calme l'organisme. *Une action sédative.*
• **Nom masculin.** Médicament sédatif, calmant. *Prendre des sédatifs.*

sédentaire adj.
• Qui ne comprend pas de déplacement, d'exercice. *Un travail sédentaire.*
• Qui voyage peu. *Ils sont plutôt sédentaires.*
⟹ sédent**aire.**

sédiment n. m.
Dépôt. *Des sédiments marins.*
⟹ sédiment.

sédimentaire adj.
De la nature du sédiment.
⟹ sédimentaire.

sédimentation n. f.
Formation de sédiments.
⟹ sédimentation.

séditieux, euse adj.
Qui incite à la révolte.
⟹ séditieux.

sédition n. f.
Révolte, soulèvement.
⟹ sédition.

séducteur, trice adj. et n. m. et f.
• **Adjectif.** Qui cherche à séduire. *Un pouvoir séducteur.*
• **Nom masculin et féminin.** Personne qui fait des conquêtes. *C'est un séducteur professionnel* (et non un **playboy*).
☞ Par rapport à l'adjectif *séduisant* qui ne se dit qu'en bonne part, le nom *séducteur* est souvent péjoratif.

séduction n. f.
• Action de séduire. *Exercer une extraordinaire séduction.*
• Attrait. *La séduction du pouvoir.*

séduire v. tr.
INDICATIF PRÉSENT *Je séduis, tu séduis, il séduit, nous séduisons, vous séduisez, ils séduisent.* IMPARFAIT *Je séduisais.* PASSÉ SIMPLE *Je séduisis.* FUTUR *Je séduirai.* CONDITIONNEL PRÉSENT *Je séduirais.* IMPÉRATIF PRÉSENT *Séduis, séduisons, séduisez.* SUBJONTIF PRÉSENT *Que je séduise.* IMPARFAIT *Que je séduisisse.* PARTICIPE PRÉSENT *Séduisant.* PASSÉ *Séduit, ite.*
• Conquérir, obtenir les faveurs de quelqu'un.
• Charmer, fasciner. *Une idée qui le séduit beaucoup. Elle se laissa séduire par la beauté de ce paysage.*

séduisant, ante adj.
Charmant, enchanteur. *Des femmes séduisantes.*
V. **séducteur.**

séfarade adj. et n. m. et f.
Juif originaire des pays méditerranéens.
☞ L'adjectif s'écrit avec une minuscule; le nom, avec une majuscule.

segment n. m.
Partie, portion. *Un segment de droite, un segment de piston.*
⟹ segment.

segmenter v. tr.
Diviser en segments.
⟹ segmenter.

ségrégation n. f.
Discrimination. *La ségrégation raciale.*
⟹ ségré**gation.**

seiche n. f.
Mollusque marin. *Un os de seiche pour que la perruche puisse aiguiser son bec.*
⟹ seiche.

seigle n. m.
Céréale. *Un pain de seigle.*
⟹ seigle.

seigneur n. m.
• (Ancienn.) Maître.
☞ Lorsque le nom désigne Dieu, il s'écrit avec une majuscule. *Le Seigneur, Notre-Seigneur.*
• *Grand seigneur.* Personne qui vit dans l'opulence.
• *À tout seigneur tout honneur.* Il faut rendre à chacun la dignité qui lui est due.

seigneurial, ale, aux adj.
Qui appartient au seigneur. *Des droits seigneuriaux.*

seigneurie n. f.
(Ancienn.) Domaine seigneurial. *La seigneurie* (et non
*seigneurerie) *de Vaudreuil.*
➡ sei**gn**eurie.

sein n. m.
• Chacune des mamelles de la femme.
• *Donner le sein.* Allaiter.
• (Litt.) Poitrine. *Elle le serre contre son sein.*
• *Au sein de,* locution prépositive. (Litt.) Au milieu de,
à l'intérieur de. *Un large consensus au sein de la francophonie.*
Hom. :
- *sain,* équilibré;
- *saint,* sacré;
- *seing,* signature.

seing n. m.
👄 Le *g* est muet [sɛ̃].
• (Vx) Signature qui atteste l'authenticité d'un document.
• *Sous seing privé.* (Dr.) Se dit d'un acte non enregistré devant notaire.
• *Blanc-seing.* Signature sur un papier où il n'y a rien
d'écrit. *Des blancs-seings.*
✍ Le nom s'écrit avec un trait d'union et prend la
marque du pluriel aux deux éléments.
Hom. :
- *sain,* équilibré;
- *saint,* sacré;
- *sein,* mamelle de la femme.
➡ sei**ng**.

séisme n. m.
Tremblement de terre.

séismique
V. sismique.

séismographe
V. sismographe.

séismologie
V. sismologie.

seize adj. et n. m. inv.
• **Adjectif numéral cardinal invariable.** Quinze plus
un. *Seize ans.*
• **Adjectif numéral ordinal invariable.** Seizième. *Le
seize décembre.*
• **Nom masculin invariable.** Nombre seize.

seizième adj. et n. m. et f.
• **Adjectif numéral ordinal.** Nombre ordinal de seize.
La seizième heure.
• **Nom masculin.** La seizième partie d'un tout. *Les
trois seizièmes d'une quantité.*
• **Nom masculin et féminin.** Personne, chose qui oc-
cupe le seizième rang. *Elles sont les seizièmes.*

seizièmement adv.
En seizième lieu.

séjour n. m.
• Action de séjourner. *Ils ont fait un séjour de quelques
mois en Provence.*
• *(Salle de) séjour.* Pièce de la maison où l'on se tient
généralement. *Il lit en écoutant de la musique dans la
salle de séjour, dans le séjour.*

séjourner v. intr.
Résider temporairement dans un lieu. *Pendant l'été,
ils séjournent à la montagne.*

sel n. m.
• Substance blanche employée comme assaisonne-
ment. *Du sel marin.*
• *Sel gemme.* Sel extrait des mines.
• Ce qui donne du piquant. *Le sel de la vie.*

sélect, ecte adj.
(Fam.) Élégant, distingué. *Des restaurants sélects. Une
société sélecte.*

sélectif, ive adj.
Qui fait un choix. *Une mémoire sélective.*

sélection n. f.
Choix des éléments qui répondent le mieux à certains
critères.

sélectionner v. tr.
Choisir selon des critères définis en vue de ne retenir
que les éléments les meilleurs. *Sélectionner des candidats.*
➡ sélectio**nn**er.

sélectivement adv.
D'une manière sélective.

*self-control
Anglicisme pour *maîtrise de soi.*

*self-made man, woman
Anglicisme pour *autodidacte.*

*self-service
Anglicisme pour *libre-service.*

selle n. f.
• Siège du cavalier.
• *Être bien en selle.* Être bien affermi dans sa place.
• *Se remettre en selle.* Se rétablir après une difficulté.
• *Remettre quelqu'un en selle.* L'aider à rétablir sa si-
tuation.
• Petit siège. *La selle d'un vélo.*
➡ se**ll**e.

seller v. tr.
Munir un cheval d'une selle.
Hom. *sceller,* cacheter à l'aide d'un sceau.

sellerie n. f.
Industrie du sellier.

sellette n. f.
• Petit siège de bois.
• *Être sur la sellette.* Être questionné comme un accusé.
➡ se**ll**ette.

sellier n. m.
Fabricant de selles.
Hom. *cellier,* lieu où l'on entrepose le vin.

selon prép.
• Conformément à, suivant. *Ce participe passé est ac-
cordé selon les règles.*
• D'après. *Selon cet article, le film est excellent.*
• *Selon que.* Dans la mesure où.
✍ Cette locution est suivie de l'indicatif. *Selon que*

vous serez puissant ou misérable, les jugements de cour vous rendront blanc ou noir. (La Fontaine)
• *C'est selon.* (Vx) Peut-être, ça dépend.

semailles n. f. pl.
Action de semer les grains. *Le temps des semailles.*
☞ Ce nom s'emploie toujours au pluriel.

semaine n. f.
• Période de sept jours. *Elle travaille quatre jours par semaine.*
• *Fin de semaine.* Au Canada, synonyme de **week-end.** *De belles fins de semaine en perspective.*
• *À la petite semaine.* (Fam.) Au jour le jour.
• *La semaine des quatre jeudis.* (Fam.) Jamais.

sémanticien n. m.
sémanticienne n. f.
Spécialiste de sémantique.

sémantique adj. et n. f.
• **Adjectif.** Qui se rapporte au sens des mots. *Des distinctions sémantiques.*
• **Nom féminin.** Étude du sens des mots.

sémaphore n. m.
Appareil servant à la signalisation des voies ferrées.
☞ séma**ph**ore.

sémasiologie n. f.
(Ling.) Science des significations, partant du mot pour en étudier le sens.
☞ Ne pas confondre avec le nom **onomasiologie,** science des significations, partant de la notion pour en étudier la désignation.

semblable adj. et n. m.
• **Adjectif.** De même nature, de même apparence. *Ces deux voitures sont semblables.*
• **Nom masculin.** Les autres. *Partager le sort de ses semblables.*
☞ Ne pas confondre avec les mots suivants :
- *identique,* rigoureusement, parfaitement semblable;
- *similaire,* à peu près semblable.
☞ Les mots **semblable** et **similaire** sont des doublets.
V. Tableau - **DOUBLETS.**

semblant n. m.
• Apparence. *Un semblant de bonne humeur.*
• *Faux-semblant.* Apparence trompeuse, ruse. *Des faux-semblants de vertu.*
• *Faire semblant.* Simuler. *Ils font semblant d'être malades.*
☞ Dans cette locution, le nom reste invariable.

sembler v. intr., impers.
• **Intransitif**
Paraître, donner l'impression. *Ce plat semble délicieux.*
• **Impersonnel**
- *Il me semble* + infinitif. Je crois. *Il me semble avoir entendu cela.*
• *Il semble que* + indicatif ou conditionnel. Il est évident, probable que. *Il semble qu'il fera beau demain. Il semble que les ventes augmenteraient si les prix étaient plus bas.*
• *Il semble que* + subjonctif. Il apparaît que. *Il semble que l'entreprise soit en difficulté.*

☞ Selon le degré de certitude, le verbe se construit à l'indicatif, au conditionnel ou au subjonctif.
• *Il ne semble pas que.* À la forme négative, le verbe se construit généralement au subjonctif.
• **Locutions**
- *Ce me semble.* (Litt.) Il me semble, à mon avis.
- *À ce qui semble, à ce qu'il semble.* Les deux expressions sont synonymes.
- *Comme bon vous semblera.* Comme il vous plaira.

sème n. m.
(Ling.) Unité sémantique minimale.

semelle n. f.
Pièce qui constitue le dessous d'une chaussure.
☞ seme**ll**e.

semence n. f.
Graine, substance fécondante.
☞ semen**c**e.

semer v. tr.
Le *e* se change en *è* devant une syllabe muette. *Je sème, il semait.*
Mettre en terre des graines qui sont destinées à germer. *Semer des fleurs, des tomates.*
Syn. **ensemencer.**

semestre n. m.
Période de six mois. *L'année comporte deux semestres.*

semestriel, ielle adj.
Qui a lieu deux fois par année, tous les six mois.
☞ Ne pas confondre avec **bisannuel,** qui a lieu tous les deux ans, qui dure deux ans.
V. Tableau - **PÉRIODICITÉ ET DURÉE.**

semestriellement adv.
Par semestre.

semeur, euse n. m. et f.
Personne chargée des semailles.

semi- préf.
• Élément du latin signifiant «à demi».
• Le préfixe *semi-* qui est invariable se joint à un nom ou à un adjectif avec un trait d'union. *Des semi-conducteurs, des armes semi-automatiques.*
☞ Par rapport au mot *demi-* qui s'emploie couramment, le préfixe *semi-* est de registre plus technique.

semi-automatique adj.
Qui est partiellement automatique. *Une arme semi-automatique.*

semi-circulaire adj.
En demi-cercle.

semi-fini, ie adj.
(Écon.) Se dit d'un produit industriel qui a subi une transformation partielle (par opposition à **matière première**), mais qui n'est pas encore propre à la consommation (par opposition à **produit fini**). *Des produits semi-finis.*
Syn. **semi-ouvré.**

sémillant, ante adj.
☞ Les *l* se prononcent comme dans *famille* [se mijã, ãt].
Vif et enjoué. *Une brune sémillante.*

séminaire n. m.
• Établissement où étudient les jeunes gens qui se destinent à la vie religieuse.
▷— Les génériques d'établissement d'enseignement s'écrivent avec une minuscule. Cependant, on veillera à respecter le nom officiel de l'établissement.
• Réunion à caractère scientifique constituée d'un groupe restreint de personnes et généralement animée par un professeur, un chercheur ou un spécialiste. (Recomm. off. OLF)
▷— Ne pas confondre avec les noms suivants :
- **colloque,** réunion de spécialistes invités, en nombre généralement limité, pour exposer, discuter et confronter leurs idées et leurs opinions sur un thème donné;
- **congrès,** assemblée regroupant un nombre important de personnes réunies pour délibérer sur un ou des sujets donnés;
- **forum,** réunion où sont débattues des questions d'une vaste portée, généralement dans le but d'établir une concertation entre les divers participants;
- **symposium,** congrès scientifique.

séminal, ale, aux adj.
Relatif au sperme.

séminariste n. m.
Élève d'un séminaire.

sémio- préf.
Élément du grec signifiant «signe». *Sémiologie.*

sémiologie n. f.
Science qui étudie les systèmes de signes.

sémiologique adj.
Relatif à la sémiologie.

sémioticien n. m.
sémioticienne n. f.
Spécialiste de la sémiotique.

sémiotique adj. et n. f.
Théorie des systèmes de signes.

semi-ouvré, ée adj.
Se dit d'un produit partiellement fabriqué. *Des produits semi-ouvrés.*
Syn. **semi-fini.**

semi-remorque n. m. et f. (pl. *semi-remorques*)
• **Nom masculin.** Véhicule routier composé d'un tracteur et d'une remorque.
• **Nom féminin.** Remorque dont la partie antérieure s'articule sur l'arrière d'un tracteur routier.

semis n. m.
⟷ Le **s** ne se prononce pas [səmi].
• Jeunes plants provenant de graines. *Nous irons bientôt chercher des semis à la pépinière pour les mettre en terre.*
• Motif qui se répète. *Un tissu brodé d'un semis de marguerites.*
▷ semi**s.**

sémite adj. et n. m. et f.
Se dit de certains peuples du Proche-Orient.
▷— L'adjectif s'écrit avec une minuscule; le nom, avec une majuscule.

sémitique adj.
Qui est relatif aux Sémites. *Les langues sémitiques.*

semonce n. f.
Réprimande, avertissement. *Des coups de semonce.*
▷ semon**ce.**

semoncer v. tr.
Le **c** prend une cédille devant les lettres **a** et **o.** *Il semonça, nous semonçons.*
Réprimander.

semoule n. f.
• Granules de blé, de riz.
• *Sucre semoule.* Sucre en poudre.

sempiternel, elle adj.
(Péj.) Qui n'en finit pas. *Ses plaintes sempiternelles.*

sempiternellement adv.
Sans cesse.

sénat n. m.
Assemblée politique.
▷— Le nom s'écrit avec une majuscule. *Le Sénat a rejeté cette réglementation.*
▷ séna**t.**

sénateur n. m.
sénatrice n. f.
Membre du Sénat.

sénégalais, aise adj. et n. m. et f.
• **Adjectif et nom masculin et féminin.** Du Sénégal. *Un restaurant sénégalais. Un Sénégalais, une Sénégalaise.*
▷— L'adjectif s'écrit avec une minuscule; le nom, avec une majuscule.
• **Nom masculin.** Langue parlée au Sénégal. *Léopold parle le sénégalais.*
▷— Le nom de la langue s'écrit avec une minuscule.

sénile adj.
Atteint de sénilité.
▷ séni**le.**

sénilité n. f.
Ensemble de symptômes liés à la vieillesse, à l'affaiblissement des facultés.
▷ sénili**té.**

*****senior**
Anglicisme pour **en chef, supérieur, premier, principal, confirmé, chevronné.**

*****séniorité**
Anglicisme pour **ancienneté.**

sens n. m.

⟷ Le **s** final se prononce [sɑ̃s], sauf dans les locutions **sens dessus dessous** [sɑ̃tsytsu] et **sens devant derrière** [sɑ̃dvɑ̃dɛrjɛr].
• Faculté de l'organisme de percevoir des sensations. *La vue, l'ouïe, le goût, l'odorat et le toucher sont les cinq sens.*
- **Sixième sens.** Intuition.
- **Tomber sous le sens.** Être évident, clair.
• Jugement. *Le bon sens.*

- **Avoir du bon sens.** Être raisonnable. *Cette proposition a du bon sens.*
- **En dépit du bon sens.** De manière déraisonnable.
- **Sans bon sens.** Au Canada, à l'excès, d'une manière insensée. *Il dépense sans bon sens.*
- **À (mon, ton, etc.) sens.** Selon moi, toi, etc.
- Signification. *Le sens d'une expression.*
- **Sens propre.** Le premier sens d'un mot. *Le sens propre du mot* **semis** est «plant».
- **Sens figuré.** Signification d'un mot exprimée par une image. *Le sens figuré du verbe* **survoler** est «examiner sommairement».
- **Mot à double sens.** Calembour. *Des mots à double sens toujours équivoques.*
V. Tableau - **FIGURÉS (EMPLOIS)**.
- Raison d'être. Donner un sens à sa vie.
- Direction. *En sens inverse.*
- **Sens unique.** Voie où la circulation ne peut s'effectuer que dans la direction indiquée.
- **Sens interdit.** Voie dans laquelle on ne peut s'engager.
- **Sens giratoire.** Sens que doivent suivre les véhicules autour d'un rond-point.
- **En tous sens.** Dans toutes les directions.
- **Sens dessus dessous.** À l'envers, en désordre. *La chambre est sens dessus dessous* (et non *sans dessus dessous*).
- **Sens devant derrière.** De telle sorte que ce qui devrait être devant est derrière.
- ☞ Dans ces expressions, le **s** final du mot **sens** ne se prononce pas.

sensation n. f.
- Information perçue par les sens. *Une sensation visuelle, olfactive, auditive.*
- Impression. *Une sensation agréable.*
- **À sensation.** De nature à attirer l'attention. *Les journaux à sensation, une nouvelle à sensation.*
- ☞ Dans cette expression, le nom reste au singulier.

sensationnel, elle adj. et n. m.
- **Adjectif**
- Qui provoque de l'étonnement. *Un évènement sensationnel.*
- (Fam.) Formidable. *Une équipe sensationnelle.*
- **Nom masculin**
À la recherche du sensationnel.
☞ sensationnel.

sensé, ée adj.
Qui est plein de sens, raisonnable. *Une décision sensée.*
Hom. **censé,** supposé, présumé.
☞ sensé.

sensément adv.
D'une manière judicieuse.
☞ sensément.

sensibilisation n. f.
Action de sensibiliser. *La sensibilisation de l'opinion publique à cette question cruciale.*

sensibiliser v. tr.
Rendre sensible à quelque chose. *La direction a été sensibilisée à ce problème.*

sensibilité n. f.
- Faculté d'un organisme d'être sensible aux impressions.
- Disposition d'une personne à ressentir profondément les impressions.

sensible adj.
- Apte à percevoir les sensations.
- Qui est facilement ému, touché. *Une enfant très sensible.*
- Tangible, perceptible. *Une amélioration sensible.*
- Qui doit être traité avec un soin particulier. *Une question sensible.*

sensiblement adv.
D'une manière visible, appréciable. *Cette pièce est sensiblement plus grande que celle-ci.*

sensiblerie n. f.
(Péj.) Sensibilité affectée.

sensitif, ive adj.
Relatif aux sensations. *Les nerfs sensitifs.*
☞ sensitif.

sensitive n. f.
Plante qui se rétracte quand on la touche.

sensoriel, elle adj.
Qui concerne les organes des sens. *Des excitations sensorielles.*

sensualité n. f.
Tempérament d'une personne sensuelle.

sensuel, elle adj.
- Qui est porté à rechercher ce qui flatte les sens. *Une personne sensuelle.*
- Voluptueux. *Une voix sensuelle.*

sentence n. f.
Condamnation par jugement. *Le juge a rendu une sentence de trois ans d'emprisonnement.*
☞ sentence.

sentencieusement adv.
De façon sentencieuse.
☞ sentencieusement.

sentencieux, euse adj.
Qui affecte la gravité, pompeux. *Un ton sentencieux.*
☞ sentencieux.

senteur n. f.
(Litt.) Odeur agréable. *Une senteur délicieuse de pain chaud.*

sentier n. m.
Chemin étroit à l'usage des piétons. *Suivre un sentier qui longe la côte.*
☞ sentier.

sentiment n. m.
- Intuition sensible. *Avoir le sentiment qu'un malheur va arriver.*
- État affectif. *Un sentiment de bonheur.*
☞ sentiment.

sentimental, ale, aux adj.
• Qui concerne la vie affective. *Des problèmes sentimentaux.*
• Romanesque. *La littérature sentimentale.*
⊏⊐> sentimental.

sentimentalement adv.
D'une manière sentimentale.
⊏⊐> sentimentalement.

sentimentalité n. f.
Caractère de ce qui est sentimental.
⊏⊐> sentimentalité.

sentinelle n. f.
Soldat qui assure la garde.
⊏⊂⊢ Bien qu'il désigne généralement un homme, ce nom est toujours féminin.

sentir v. tr., intr., pronom.

INDICATIF PRÉSENT *Je sens, tu sens, il sent, nous sentons, vous sentez, ils sentent.* IMPARFAIT *Je sentais.* PASSÉ SIMPLE *Je sentis.* FUTUR *Je sentirai.* CONDITIONNEL PRÉSENT *Je sentirais.* IMPÉRATIF PRÉSENT *Sens, sentons, sentez.* SUBJONCTIF PRÉSENT *Que je sente.* IMPARFAIT *Que je sentisse.* PARTICIPE PRÉSENT *Sentant.* PASSÉ *Senti, ie.*

• **Transitif**
- Percevoir par les sens. *Sentir une douleur lancinante, un parfum.*
- Avoir conscience. *Tu sens que tu as raison, je sens qu'on me cache quelque chose.*
⊏⊂⊢ Le participe passé suivi de l'infinitif s'accorde parfois si le complément d'objet direct placé avant le verbe est aussi sujet de l'infinitif. *Les effluves que j'ai sentis passer.* Cependant, plusieurs auteurs considèrent qu'il fait corps avec l'infinitif et qu'il est invariable. *La tendresse qu'il a senti renaître.*
- Répandre une odeur. *La cuisine sent le brûlé.*
• **Intransitif**
- (Absol.) Avoir une odeur désagréable. *Ce fromage commence à sentir.*
- ***Sentir bon, mauvais.***
⊏⊂⊢ Les adjectifs pris adverbialement sont invariables. *Les pivoines sentent bon.*
• **Pronominal**
- Éprouver un sentiment, une impression. *Ils se sentent coupables, elle se sent jeune.*
- ***Se faire sentir.*** Se manifester. *Les effets du médicament se font sentir.*
- ***Se sentir +*** infinitif. Le participe passé s'accorde avec le sujet qui fait l'action exprimée par l'infinitif. *Elles se sont senties faiblir.* Il reste invariable si le sujet n'accomplit pas l'action exprimée par l'infinitif. *Ils se sont senti pousser par la foule.*
- ***Ne pas pouvoir sentir quelqu'un.*** Détester une personne. *Celle-là, je ne peux plus la sentir.*

seoir v. impers., tr. ind.

Ce verbe ne se conjugue qu'à la troisième personne du singulier et du pluriel. INDICATIF PRÉSENT *Il sied, ils siéent.* IMPARFAIT *Il seyait, ils seyaient.* FUTUR *Il siéra, ils siéront.* CONDITIONNEL PRÉSENT *Il siérait, ils siéraient.* SUBJONCTIF PRÉSENT *Qu'il siée, qu'ils siéent.* PARTICIPE PASSÉ *Sis, sise.* Le passé simple, l'impératif et le subjonctif imparfait sont inusités.

• **Impersonnel.** (Litt.) Convenir. *Il sied de lui offrir le choix.*
⊏⊂⊢ En ce sens, le participe présent est ***séant.***
• **Transitif indirect.** Aller bien à quelqu'un. *Cette coiffure vous sied à merveille.*
⊏⊂⊢ En ce sens, le participe présent est ***seyant.***
Ant. **messeoir.**

séoudien, ienne adj. et n. m. et f.
V. **saoudien.**

sépale n. m.
Chacune des pièces du calice de la fleur. *Des sépales soudés.*
⊏⊂⊢ Attention au genre masculin de ce nom : ***un*** sépale.

séparation n. f.
• Action de séparer. *La séparation des pouvoirs.*
• Action de se séparer. *Une séparation qui dure depuis deux ans.*

séparatisme n. m.
Mouvement politique qui recherche l'autonomie par rapport à un État. *Le séparatisme québécois.*

séparatiste adj. et n. m. et f.
Autonomiste.

séparément adv.
À part l'un de l'autre.

séparer v. tr., pronom.
• **Transitif.** Diviser, désunir. *Il faudrait séparer les fruits trop mûrs des autres, ou d'avec les autres.*
⊏⊂⊢ Le verbe se construit avec ***de*** ou ***d'avec.***
• **Pronominal.** Se quitter. *Ils se sont séparés.*

sépia adj. inv. et n. f.
• **Adjectif de couleur invariable**
De la teinte rouge-brun de la sépia. *Des photos sépia.*
V. Tableau - **COULEUR (ADJECTIFS DE).**
• **Nom féminin**
- Matière colorante brunâtre.
- Lavis fait avec cette matière. *Des sépias figuratives.*
⊏⊂⊢ Attention au genre féminin de ce nom : ***une*** sépia.

sept adj. et n. m. inv.
Le ***p*** ne se prononce pas, mais le ***t*** se prononce toujours, même devant une consonne [sɛt].
• **Adjectif numéral cardinal invariable.** Six plus un. *Les sept péchés capitaux.*
• **Adjectif numéral ordinal invariable.** Septième. *Le sept décembre.*
• **Nom masculin invariable.** Nombre sept. *Le sept est son chiffre chanceux. Des sept de cœur.*
V. Tableau - **NOMBRES.**

septembre n. m.
Neuvième mois de l'année. *Le 5 septembre.*
⊏⊂⊢ Les noms de mois s'écrivent avec une minuscule.
V. Tableau - **DATE.**

septennal, ale, aux adj.
Qui a lieu tous les sept ans. *Des congés septennaux.*
⟹ septen**n**al.

septennat n. m.
Mandat de sept ans. *Le septennat du président de la République française vient d'être renouvelé.*
⟹ septen**n**at.

septentrional, ale, aux adj.
Du nord. *Les pays septentrionaux.*
⟹ septentrio**n**al.

septicémie n. f.
Infection générale.
⟹ septi**c**émie.

septième adj. et n. m. et f.
• **Adjectif numéral ordinal.** Nombre ordinal de sept. *La septième heure.*
• **Nom masculin.** La septième partie d'un tout. *Les trois septièmes d'une quantité.*
• **Nom masculin et féminin.** Personne, chose qui occupe le septième rang. *Elles sont les septièmes.*

septièmement adv.
En septième lieu.

septique adj.
• Qui peut infecter, qui est infecté. *Des microbes, des plaies septiques.*
• *Fosse septique* (et non *sceptique). Fosse d'aisances.
Hom. *sceptique,* personne incrédule.

septuagénaire adj. et n. m. et f.
Âgé de soixante-dix ans environ.
⟹ septuagén**aire.**

septuor n. m.
Formation musicale de sept musiciens.

septuple adj. et n. m.
Qui vaut sept fois autant. *Vingt et un est le septuple de trois.*

septupler v. tr., intr.
• **Transitif.** Multiplier par sept. *Septupler les investissements.*
• **Intransitif.** Devenir sept fois plus élevé. *Le nombre des abonnés a septuplé.*

sépulcral, ale, aux adj.
Funèbre, qui évoque la mort. *Des visages sépulcraux.*

sépulcre n. m.
(Litt.) Tombeau.

sépulture n. f.
• (Litt.) Action d'ensevelir.
• Lieu où repose le corps d'une personne morte.

séquelle n. f.
• Incapacité qui demeure après une maladie.
▷— Ce nom s'emploie surtout au pluriel.
• Conséquence, suite fâcheuse. *Les séquelles d'une restructuration.*
⟹ séque**ll**e.

séquence n. f.
Suite ordonnée. *Quelques séquences d'un film.*
⟹ séque**n**ce.

séquentiel, ielle adj.
👄 Le *t* se prononce *s* [sekãsjɛl].
• Relatif à une suite ordonnée. *Un ordre séquentiel.*
• *Accès séquentiel.* (Inform.) Mode d'exploitation d'un fichier imposant la lecture de toutes les données précédemment enregistrées avant celle qui est recherchée (par opposition à *accès direct*).
⟹ séque**n**tiel.

séquestration n. f.
Détention illégale d'une personne.
⟹ séquestr**a**tion.

séquestre n. m.
(Dr.) Dépôt provisoire d'une chose. *Ses meubles ont été mis sous séquestre.*
⟹ séquestr**e.**

séquestrer v. tr.
Emprisonner illégalement. *Les diplomates ont été enlevés et séquestrés.*
⟹ séquestr**er.**

séquoia n. m.
👄 Le *o* est ouvert [sekɔja].
Conifère gigantesque originaire de Californie. *Des séquoias plusieurs fois séculaires.*
⟹ séquoi**a**, sans tréma.

sérail n. m.
(Ancienn.) Palais du sultan ottoman.
▷— Ne pas confondre avec le nom *harem,* partie du palais où étaient enfermées les femmes du sultan.

séraphin n. m.
• Ange. *Les séraphins et les chérubins.*
• Au Canada, avare (d'après Séraphin Poudrier, personnage de Claude-Henri Grignon). *C'est un vrai séraphin.*

serbo-croate n. m.
Langue slave. *Le serbo-croate est une langue parlée en Yougoslavie.*
▷— Le nom de la langue s'écrit avec une minuscule.

serein, eine adj.
• Clair, pur. *Un ciel serein.*
• Tranquille, calme. *Un regard serein.*
Hom. *serin,* oiseau.
⟹ ser**ein.**

sereinement adv.
D'une manière sereine.
⟹ ser**ei**nement.

sérénade n. f.
Pièce musicale.
▷— À l'origine, la *sérénade* était exécutée la nuit sous les fenêtres de la personne que l'on désirait honorer; le nom avait pour antonyme *aubade* qui était un concert donné à l'aube.

sérénité n. f.
Tranquillité d'esprit, calme.

serf, serve adj. et n. m. et f.
👄 Le *f* se prononce ou non, [sɛrf] ou [sɛr].
(Ancienn.) Personne dépendant d'un seigneur. *Des serfs et des serves russes.*

sergent n. m.
sergente n. f.
Sous-officier militaire. *Un sergent-chef.*

sérici- préf.
Élément du latin signifiant «soie».

séricicole adj.
Qui concerne la sériciculture.

sériciculteur n. m.
séricicultrice n. f.
Qui fait l'élevage des vers à soie.

sériciculture n. f.
Élevage des vers à soie.
V. **agriculture.**

série n. f.
• Suite, ensemble. *Une série d'erreurs. Classer des insectes par séries.*
☞— Après un nom collectif suivi d'un complément au pluriel, le verbe se met au singulier ou au pluriel suivant l'intention de l'auteur qui veut insister sur l'ensemble ou sur la pluralité.
V. Tableau - **COLLECTIF.**
• *Fabrication, production en série.* Méthode de production industrielle basée sur l'assemblage de produits divers, en grand ou en petit nombre, à partir de pièces uniformes et standardisées.
• *Hors série.* Qui n'est pas de fabrication courante.
• *Hors série.* (Fig.) Qui n'est pas habituel, remarquable.

sériel, elle adj.
Qui appartient à une série. *Musique sérielle.*

sérieusement adv.
• D'une manière sérieuse. *Elle étudie sérieusement.*
• Vraiment. *Peut-on sérieusement envisager ce projet?*

sérieux, euse adj. et n. m.
• **Adjectif**
- Consciencieux. *Une étudiante sérieuse.*
- Grave. *Un ton sérieux.*
- Important. *Un problème d'absentéisme très sérieux.*
• **Nom masculin**
Gravité. *Elle travaille avec beaucoup de sérieux. Prendre un problème au sérieux.*

sérigraphie n. f.
Procédé d'impression à l'aide d'une trame de soie. *De belles sérigraphies.*

serin adj. inv. et n. m.
• **Nom masculin.** Petit oiseau à plumage jaune dont le chant est apprécié. *Un serin mâle, un serin femelle.*
• **Adjectif de couleur invariable.** De la couleur jaune du serin. *Des chapeaux serin, jaune serin.*
V. Tableau - **COULEUR (ADJECTIFS DE).**
Hom. **serein,** pur, calme.

seriner v. tr.
• Faire réciter une leçon en répétant.
• Répéter inlassablement.

seringa ou **seringat** n. m.
Arbuste cultivé pour ses fleurs blanches odorantes.

seringue n. f.
• Petite pompe à piston qui sert à injecter un liquide dans l'organisme. *Une seringue à injection hypodermique.*
• *Seringue uniservice.* V. **jetable.**

serment n. m.
Engagement solennel. *Prêter serment.*
☞— Ne pas confondre avec le nom **sarment,** tige de la vigne.
Hom. **serrement,** action de serrer.

sermon n. m.
• Discours d'un prédicateur.
☞— Ne pas confondre avec les noms suivants :
- *allocution,* petit discours familier;
- *discours,* exposé d'idées d'une certaine longueur;
- *plaidoyer,* discours d'un avocat.
Syn. **prêche, homélie**
• Réprimande ennuyeuse.

sermonner v. tr.
Réprimander.
☞ sermo**nn**er.

séropositif, ive adj. et n. m. et f.
Se dit d'une personne dont le sang contient des anticorps spécifiques (hépatite, sida). *Ces patients sont séropositifs, elle est séropositive.*

serpe n. f.
Outil tranchant dont on se sert pour tailler les arbres, les haies, etc.

serpent n. m.
• Reptile. *Un serpent venimeux.*
• *Serpent à sonnette.* Nom familier du *crotale.*

serpenter v. intr.
Suivre une direction sinueuse. *Un sentier qui serpente dans la forêt.*

serpentin n. m.
Petit ruban coloré qui se déroule lorsqu'on le lance. *Lancer des serpentins.*

serpillière n. f.
👄 Les *ll* se prononcent comme dans *famille* [sɛr pijer].
Toile grossière qui sert au nettoyage, torchon. *Passer la serpillière.*
☞ serpillière.

serre n. f.
• Abri vitré où l'on cultive des végétaux.
• (Au plur.) Griffes des oiseaux de proie.

serré, ée adj. et adv.
• **Adjectif.** Tendu. *Ces liens sont trop serrés.*
• **Adverbe.** Avec prudence. *Ils jouent serré, elle a calculé serré.*
☞— Pris adverbialement, le mot est invariable.

serre-livres n. m. inv. (pl. *serre-livres*)
Accessoire qui sert à retenir des livres.
Syn. **appui-livres.**

serrement n. m.
• Action de serrer. *Un serrement de main(s).*
• *Serrement de cœur.* Émotion causée par la tristesse, la compassion.
Hom. **serment,** engagement solennel.

serrer v. tr.
• Comprimer. *Serrer un nœud.*
• Presser. *Je lui ai serré la main.*
• (Fam.) Au Canada, ranger. *Les enfants, serrez vos jouets!*
☞ L'emploi du verbe est courant au Canada dans la langue familière, mais il est vieilli en ce sens dans l'ensemble de la francophonie.
• Rapprocher. *Serrer les rangs.*
• *Serrer les dents.* Résister à la douleur.
• *Serrer le cœur, la gorge.* Causer de l'angoisse, de l'émotion.

serre-tête n. m. inv. (pl. *serre-tête*)
Demi-cercle qui maintient les cheveux en place.

serrure n. f.
Dispositif qui assure la fermeture d'une porte.
☞ ser**rure**.

serrurerie n. f.
• Métier du serrurier.
• Magasin où l'on vend des serrures.
☞ ser**rure**rie.

serrurier n. m.
Technicien qui est chargé de l'installation, de la réparation des serrures.
☞ ser**rurie**r.

sertir v. tr.
Enchâsser une pierre dans une montre. *Un diadème serti de diamants. Des diamants sertis dans un diadème.*

sertissage n. m.
Action de sertir.
☞ sert**iss**age.

sérum n. m.
☞ Le *u* se prononce *o* [serɔm].
• Portion liquide du sang.
• Solution saline qui s'apparente au plasma. *Des sérums physiologiques.*

servante n. f.
(Vx) Domestique, bonne.
☞ Ce nom est la forme féminine de *serviteur.* On dit plutôt aujourd'hui *domestique, bonne.*

serveur n. m.
serveuse n. f.
Personne qui assure le service dans un restaurant.

serviabilité n. f.
Qualité d'une personne serviable.

serviable adj.
Qui aime à rendre service.

service n. m.
• Action de servir. *Le service était efficace.*
• Pourcentage d'une addition, d'une note affecté au personnel. *Le service est compris.*
• Division administrative. *Le Service des ressources humaines, un chef de service.*
☞ Les désignations des unités administratives s'écrivent généralement avec une majuscule initiale (exception *ministère*).

• *État de service.* Expérience d'une personne. *De brillants états de service.*
• *Offre de service.* Description des services proposés à un client et des conditions qui y sont liées.
☞ Dans cette expression, le nom *service* est un collectif qui s'écrit au singulier, même s'il y a multiplicité de services.
• Assortiment d'objets. *Un service à café* (et non un **set*).
• Aide. *Rendre un service.*
• *Service d'aide médicale d'urgence.* Sigle *SAMU,* (France).

Service administratif canadien outre-mer
Sigle *SACO* (s'écrit avec ou sans points).

serviette n. f.
• Linge dont on se sert pour s'essuyer. *Des serviettes de toilette, des serviettes de bain.*
☞ La très grande serviette de bain se dit *drap de bain.*
• *Serviette-éponge.* Serviette en tissu bouclé. *Des serviettes-éponges rayées.*
• *Serviette hygiénique.* Bande de tissu absorbant que les femmes utilisent pendant la période des règles.
• Sac à compartiments qui sert à porter des livres, des documents. *Une serviette de cuir.*
☞ La serviette plate ne comportant qu'une seule poche est un *porte-documents*; le *cartable* est un sac d'écolier.

*serviette sanitaire
Anglicisme pour *serviette hygiénique.*

servile adj.
Soumis de façon excessive, obséquieux.
☞ servi**le.**

servilement adv.
De façon servile.

servilité n. f.
Basse soumission.
☞ servi**lité.**

servir v. tr., pronom.
INDICATIF PRÉSENT *Je sers, tu sers, il sert, nous servons, vous servez, ils servent.* IMPARFAIT *Je servais.* PASSÉ SIMPLE *Je servis.* FUTUR *Je servirai.* CONDITIONNEL PRÉSENT *Je servirais.* IMPÉRATIF PRÉSENT *Sers, servons, servez.* SUBJONCTIF PRÉSENT *Que je serve.* IMPARFAIT *Que je servisse.* PARTICIPE PRÉSENT *Servant.* PASSÉ *Servi, ie.*
• **Transitif**
S'acquitter d'une tâche auprès de quelqu'un. *Ces jeunes filles nous ont servis très rapidement.*
• **Transitif indirect**
- Être utile. *Ces cartes routières nous ont bien servi.*
☞ Le participe passé est invariable parce que le complément est indirect (*ont servi à nous*).
- *Ne servir de rien, à rien.* Les deux constructions sont équivalentes, mais de niveau différent : la construction avec la préposition *de* est de style plus soutenu.
• **Pronominal**
- Faire usage. *Servez-vous de cet outil.*
- Prendre d'un plat.
- S'approvisionner. *Ils se servent chez ce marchand de fruits et légumes. Servez-vous, je vous en prie.*

*servir
Anglicisme au sens de **purger (une peine), donner (un avertissement).**

serviteur n. m.
• (Litt.) Celui qui sert.
• (Vx) Domestique.
• **Votre serviteur.** La personne qui parle.

servitude n. f.
• (Litt.) Contrainte, esclavage.
• (Dr.) Charge qui grève un bien immobilier. Une servitude de passage, de vue.

servo- préf.
Élément du latin signifiant «esclave».
☞— Joint à un nom sans trait d'union, le préfixe désigne une assistance automatique d'un mécanisme. Une servodirection, des servofreins.

servocommande n. f.
Mécanisme destiné à amplifier l'effort afin d'assurer le fonctionnement d'un ensemble.
⟹ **servo**commande.

servodirection n. f.
Direction assistée par une servocommande. Une servodirection hydraulique.
⟹ **servo**direction.

servofrein n. m.
Frein assisté par une servocommande. Des servofreins bien réglés.
⟹ **servo**frein.

ses adj. poss. pl.
• L'adjectif possessif détermine le nom en indiquant le «possesseur» de l'objet désigné. Il s'accorde en genre et en nombre avec le nom déterminé. Ses livres.
• Il s'accorde en personne avec le nom désignant le «possesseur». Ainsi, l'adjectif possessif **ses** renvoie à un seul «possesseur» de plusieurs êtres, de plusieurs objets.
V. Tableau - **POSSESSIF (ADJECTIF).**

sésame n. m.
• Plante oléagineuse. Manger du poulet aux grains de sésame.
• Moyen magique d'atteindre un but, d'après le conte des Mille et une nuits. Ce n'est pas un sésame, un sésame ouvre-toi.

session n. f.
Période d'activité d'un tribunal, d'une assemblée, etc. La session parlementaire. Une session de formation.
Hom. **cession,** action de céder à une personne un bien, un droit à titre gratuit ou onéreux.

sesterce n. m.
Ancienne monnaie romaine.
☞— Attention au genre masculin de ce nom : **un** sesterce.

*set
• Anglicisme pour **ensemble, manche** (au tennis).
• Anglicisme pour **mobilier** (de salle à manger, salon, etc.).

seuil n. m.
• Bas d'une porte, entrée d'une pièce.
• (Fig.) Commencement, début. Au seuil d'une nouvelle année.
• **Seuil de rentabilité.** Niveau d'activité nécessaire pour assurer la couverture des charges d'exploitation d'une entreprise. Atteindre le seuil de rentabilité ou le point mort (et non le *break-even point).

seul, seule adj. et n. m. et f.
• **Adjectif**
- **Placé avant le nom.** Unique. Elle est la seule femme du groupe.
- **Placé après le nom.** Solitaire. C'est un homme seul.
- **Placé en début de phrase.** L'adjectif s'accorde généralement avec le nom auquel il se rapporte. Seuls de bons résultats pourront nous permettre de continuer.
- **Le seul qui.** Elle est la seule qui a collaboré.
☞— Le verbe se construit avec l'indicatif dans le cas d'une affirmation, d'une certitude. Il se construit avec le subjonctif pour indiquer une éventualité. Ils sont les seuls qui puissent nous sortir de cette impasse.
- **À seule fin de.** Uniquement pour. À seule fin d'épater la galerie.
- **Seul à seul.** En tête à tête. Elles sont seule à seule.
☞— L'adjectif peut s'accorder ou rester invariable.
• **Nom masculin et féminin**
Une seule personne, la seule personne. Elle est la seule à oser la contredire.

seulement adv.
• Uniquement. Ils emportèrent seulement des livres. Ce cours se donne seulement le vendredi.
• **Si seulement.** Si au moins. Si seulement on nous avait informés.
• Toutefois. Elle nous avait prévenus, seulement personne n'a voulu la croire.

sève n. f.
Liquide nutritif circulant dans les végétaux. Recueillir la sève des érables.
⟹ **sè**ve.

sévère adj.
• Rigide, exigeant. Un professeur très sévère.
• Qui blâme sans indulgence, dur. Un châtiment sévère.
• Austère. Un décor sévère.

*sévère
Anglicisme au sens de **grave, considérable, difficile.** Des pertes considérables (et non *sévères). Une défaite grave (et non *sévère).

sévèrement adv.
Avec sévérité.
⟹ **sé**vèrement.

sévérité n. f.
Rigidité, austérité.

sévices n. m. pl.
Brutalités, actes cruels exercés sur quelqu'un qu'on a sous son autorité.
☞— Attention au genre masculin de ce nom qui s'emploie toujours au pluriel.

sévir v. intr.
• Exercer des ravages. *Le froid sévit depuis un mois.*
• Traiter rigoureusement. *Il faudrait sévir : il y a trop d'abus.*
☞— Ne pas confondre avec les verbes suivants :
- **corriger,** frapper par punition;
- **réprimer,** châtier par des mesures sévères.

sevrage n. m.
Action de sevrer.

sevrer v. tr.
Le *e* se change en *è* devant une syllabe muette. *Elle sèvre,* mais *elle sevrait.*
• Cesser l'allaitement d'un enfant.
• (Fig.) Priver quelqu'un de quelque chose. *Sevrer un toxicomane.*

sexagénaire adj. et n. m. et f.
Âgé de soixante ans environ. *Une sexagénaire alerte.*
☞ sexagén**aire.**

sexagésimal, ale, aux adj.
Qui a pour base le nombre soixante. *La division sexagésimale de l'heure en minutes, de la minute en secondes.*
☞— Le symbole de la division sexagésimale est constitué de deux points (:). L'emploi du symbole doit être limité à l'échange d'informations entre systèmes de données et à la présentation en tableau. *20 h 15 min 30 s (20:15:30).*
V. Tableau - **HEURE.**

*sex-appeal
Anglicisme pour **charme sensuel, séduction.**

sexe n. m.
• Ensemble des caractères physiques et physiologiques propres aux mâles et aux femelles.
• Ensemble des hommes, ensemble des femmes. *Le sexe masculin, le sexe féminin. L'égalité des sexes.*
• Organes génitaux.
• Sexualité.

sexisme n. m.
Discrimination fondée sur le sexe.

sexiste adj. et n. m. et f.
Personne qui fait preuve de sexisme. *C'est un sexiste invétéré, une formulation sexiste.*

sexologie n. f.
Étude de la sexualité, des problèmes sexuels.

sexologue n. m. et f.
Spécialiste de la sexologie.

sextant n. m.
Instrument qui sert à mesurer les distances angulaires des astres, pour faire le point. *Des sextants et des boussoles.*
☞ sextant.

sextuor n. m.
Formation musicale de six musiciens. *D'excellents sextuors.*

sextuple adj. et n. m.
Qui vaut six fois autant. *Vingt-quatre est le sextuple de quatre.*

sextupler v. tr., intr.
• **Transitif.** Multiplier par six. *Sextupler le chiffre d'affaires.*
• **Intransitif.** Devenir six fois plus élevé. *La quantité de fruits recueillis a sextuplé.*

sexualité n. f.
• Ensemble des caractères propres à un sexe.
• Ensemble des phénomènes liés à l'instinct sexuel.

sexué, ée adj.
Qui a un sexe.
Ant. **asexué.**

sexuel, elle adj.
Relatif au sexe. *Le plaisir sexuel, l'éducation sexuelle.*

sexuellement adv.
• Du point de vue du sexe.
• **Maladie transmise sexuellement (MTS)** (Canada).
• **Maladie sexuellement transmissible (MST)** (France).

*sexy
Anglicisme pour **séduisant, suggestif.**

seyant, ante adj.
👄 La première syllabe se prononce *è* [sɛjɑ̃, ɑ̃t].
Qui va bien. *Cette robe est très seyante.*

shah
V. **schah.**

shampoing ou **shampooing** n. m.
👄 Les lettres *oing* se prononcent *oin* [ʃɑ̃pwɛ̃] (et non *ou*).
• Lavage des cheveux avec du savon. *Se faire un shampoing,* ou *un shampooing.*
• Liquide employé pour le lavage des cheveux. *Des shampoings très doux.*

shampouiner ou **shampooiner** v. tr.
Faire un shampooing.

shampouineur ou **shampooineur** n. m.
shampouineuse ou **shampooineuse** n. f.
Personne qui fait des shampoings, dans un salon de coiffure.

shantung, shantoung ou **chantoung** n. m.
Étoffe de soie.

shekel n. m.
• Symbole *ILS* (s'écrit sans point).
• Unité monétaire d'Israël. *Des shekels.*
V. Tableau - **SYMBOLES DES UNITÉS MONÉTAIRES.**

shérif n. m.
Officier chargé de l'administration policière d'un État, d'un comté. *L'étoile du shérif.*

sherpa n. m.
Guide de montagne dans l'Himalaya. *Des sherpas.*

sherry n. m. (pl. *sherrys, sherries*)
👄 Se prononce comme *chéri* [ʃeri].
Nom anglais du vin de Xérès.

shetland n. m.
👄 La lettre *d* se prononce [ʃɛtlɑ̃d].
Laine, tissu d'Écosse. *Un chandail en shetland.*

shilling n. m.
👄 Se prononce [ʃiliŋ].
Unité monétaire du Kenya, de la Somalie et de la Tanzanie. *Des shillings.*
V. Tableau - **SYMBOLES DES UNITÉS MONÉTAIRES.**
V. **schilling.**

shogoun ou **shogun** n. m.
👄 La dernière syllabe se prononce **ounne** (et non *onne) [ʃɔgun].
(Ancienn.) Chef militaire du Japon. Des shogouns, des shoguns.

*shooter
Anglicisme pour *lancer, tirer,* dans la langue des sports.

*shooter (se)
Anglicisme pour *se piquer, s'injecter* (un stupéfiant).

*shopping
Anglicisme pour *magasinage, courses.*

*shopping center
Anglicisme pour *centre commercial.*

short n. m.
Culotte courte de sport. *Des shorts blancs. Elle est en short.*

*show
Anglicisme pour *spectacle* (de variétés).

showbiz n. m.
Anglicisme utilisé en France au sens de *industrie du spectacle.*

SI
Symbole de *Système international* (d'unités). *Des unités SI.*

Si
Symbole de *silicium.*

si adv. et conj.
V. Tableau - **SI, ADVERBE ET CONJONCTION.**

si n. m. inv.
• Septième note de la gamme. *Des si bémols.*
V. **note de musique.**
• Condition, restriction. *Avec des si, on mettrait Paris dans une bouteille.*

siamois, oise adj. et n. m. et f.
• *Frères siamois, sœurs siamoises.* Jumeaux, jumelles rattachés l'un à l'autre par une partie de leur corps.
• *Chat siamois.* Race de chats aux yeux bleus. *Deux chatons siamois, deux beaux siamois.*

siau n. m. (pl. *siaux*)
• (Vx) Seau.
• *Mouiller à siaux.* (Fam.) Au Canada, pleuvoir à verse, à torrents, en grande abondance.

sibérien, enne adj.
• De Sibérie. *Le climat sibérien.*
• (Fig.) Très rigoureux. *Un froid sibérien.*

sibylle n. f.
Prophétesse de l'Antiquité gréco-romaine.
➩ sibylle.

sibyllin, ine adj.
• Relatif à une sibylle.
• (Fig.) Dont le sens est obscur.
➩ sibyllin.

sic adv.
👄 Le *c* se prononce [sik].
Mot latin signifiant «ainsi».
🖝 Cet adverbe se place entre parenthèses après un mot, un passage cité textuellement, avec ses erreurs.

SICAV
Sigle de *société d'investissement à capital variable.*

sicilien, enne adj. et n. m. et f.
De Sicile.
🖝 L'adjectif s'écrit avec une minuscule; le nom, avec une majuscule.

SIDA ou **sida** n. m.
• Sigle de *syndrome immuno-déficitaire acquis* ou *syndrome d'immunodéficience acquise.*
• Maladie très grave, souvent mortelle, caractérisée par la disparition des défenses immunitaires de l'organisme. *Il est atteint du sida* ou *de sida.*
🖝 Le médecin spécialiste du sida est un, une **sidatologue.** La spécialité médicale qui traite le sida est la **sidatologie.**

sidatique adj. et n. m. et f.
Personne atteinte de sida. (Recomm. off. OLF)
🖝 Dérivé du sigle de la maladie, ce terme s'est implanté le premier. Il est synonyme de **sidéen** qui tend à le supplanter actuellement.
Syn. **sidéen.**

sidéen, enne adj. et n. m. et f.
Personne atteinte du sida.
Syn. **sidatique.**

sidéral, ale, aux adj.
Qui est relatif aux astres. *Des mouvements sidéraux, l'espace sidéral, une clarté sidérale.*

sidérer v. tr.
(Fam.) Stupéfier, ébahir. *Cette nomination l'a sidéré.*

sidérurgie n. f.
Industrie de la fonte, de l'acier.

sidérurgique adj.
Relatif à la sidérurgie. *L'industrie sidérurgique.*

siècle n. m.
• Abréviation **s.** (s'écrit avec un point).
• Période de cent ans. *Le vingtième siècle ou le XXe siècle. La construction de cette cathédrale se fit au XIIe et au XIIIe siècles, au cours des XIIe et XIIIe siècles.*
🖝 L'adjectif numéral s'écrit en toutes lettres ou se compose en chiffres romains (en petites capitales, si l'on dispose de ces caractères). Le nom s'écrit avec une majuscule dans les expressions le *Grand Siècle* (le siècle de Louis XIV, le XVIIe siècle), le *Siècle des lumières* (le XVIIIe siècle).
🖝 Le Ier siècle comprend l'an 1 à l'an 100, le IIe siècle va de 101 à 200... En l'an 2001, commencera le XXIe siècle.
• (Fam.) Période très longue. *Il y a des siècles qu'on ne vous a reçus chez nous.*

SI, ADVERBE ET CONJONCTION

Adverbe d'affirmation

L'adverbe s'emploie pour contredire une question négative.
Ne participeront-ils pas à la fête? Si, ils viendront.

☞ Après une question affirmative, on emploie plutôt **oui**.

Adverbe de quantité

• Aussi.
Elle n'est pas si naïve qu'on l'imagine. Il est rare de voir un élève si appliqué.

☞ L'adverbe s'emploie en corrélation avec **que** ou seul.

• Tellement.
Il travaille si fort qu'il n'a pas le temps de se reposer.

Conjonction

La conjonction s'élide devant **il, ils.**
S'il venait, s'ils mangeaient.

• **Subordonnée hypothétique + principale au futur**. À condition que.
S'il fait beau, nous irons nous promener.

☞ Le verbe de la subordonnée est à l'indicatif présent ou au passé, jamais au conditionnel.

• **Subordonnée hypothétique + principale au présent ou au passé**. S'il est vrai que.
Si l'informatique est un merveilleux outil, elle n'est pas encore tout à fait apprivoisée.

• **Subordonnée hypothétique + principale au conditionnel**. Dans le cas où, à supposer que.
Si j'avais su (et non si *j'aurais su), je ne serais pas venu.

☞ La subordonnée est à l'imparfait ou au plus-que-parfait et non au conditionnel.

• **Subordonnée à valeur concessive**

– Même si.
Si le chiffre d'affaires a augmenté un peu, les dépenses ont doublé.

– Quelque... que.
Si compétente que soit cette personne, elle peut se tromper.

• **Conjonction introduisant une interrogation indirecte**
Elle se demande s'il viendra. Il se demande s'il ira.

• **Conjonction exprimant une hypothétique opposition**
Si vous n'oseriez l'avouer, moi, j'oserais.
☞ On peut employer le conditionnel ou le futur après la conjonction **si** dans le style indirect.

• **Conjonction introduisant une conséquence**
De telle sorte que, tellement que, si bien que.

☞ Le verbe se construit avec l'indicatif ou le conditionnel dans une phrase affirmative. *Elle est si occupée qu'elle n'a même pas le temps de manger.* Le verbe se construit avec le subjonctif dans une phrase négative ou interrogative. *Elle n'est pas si occupée qu'elle ne puisse lire son journal. Est-il si pris qu'on ne puisse obtenir de rendez-vous avant un mois?*

Locutions

S'il vous plaît. Formule de politesse qui s'abrège **s.v.p.** ou **S.V.P.** *Deux croissants, s'il vous plaît, s.v.p.*

Si... ne, locution à valeur restrictive. *Si je ne m'abuse.*

Si ce n'est, locution prépositive. À l'exception de. *Tout est parfait si ce n'est cette coquille dans le texte.*

Si tant est que, locution conjonctive. Dans la mesure où. *Le projet est intéressant, si tant est qu'il soit réaliste.*

☞ La locution se construit avec le subjonctif.

siège n. m.
• Meuble où l'on s'assoit.
• Lieu où est situé une entreprise, un organisme. *Le siège, le siège social d'une société* (et non la *maison-mère).
• Place, mandat d'un membre d'une assemblée. *Ce parti a obtenu des sièges aux élections législatives.*

siéger v. intr.
Le *é* se change en *è* devant une syllabe muette, sauf à l'indicatif futur et au conditionnel présent. *Je siège*, mais *je siégerai.*
• Faire partie d'une assemblée, d'un tribunal. *Elle siège au* (et non *sur le) *conseil d'administration de cette entreprise.*
• Résider. *Le Parlement siège à Québec.*

*siéger sur (un conseil, une commission, etc.)
Impropriété au sens de **siéger à, faire partie d'un conseil, être membre d'une commission,** etc.

siemens n. m.
• Symbole *S* (s'écrit sans point).
• Unité de mesure de conductance électrique.

sien, sienne adj. poss., n. m., pron. poss.
• **Adjectif possessif de la troisième personne** (un seul possesseur)
(Litt.) Qui est à lui. *Il a fait sienne cette revendication.*
☞ L'adjectif possessif est employé comme attribut.
V. Tableau - **POSSESSIF (ADJECTIF).**
• **Pronom possessif de la troisième personne**
- *Le sien, la sienne, les siens, les siennes.* Qui lui appartient. *Ces œuvres sont les siennes.*
V. Tableau - **PRONOM.**
• **Nom masculin**
Y mettre du sien. Faire sa part.
• **Nom pluriel**
- *Les siens.* Ses proches.
- *Faire des siennes.* (Fam.) Faire des bêtises.

sierra n. f.
Chaîne de montagnes dans les pays de culture espagnole. *La sierra Madre. Des sierras.*
☞ sie**rra**.

sieste n. f.
Repos pris après le repas du midi. *Faire une petite sieste.*

sieur n. m.
(Vx ou iron.) Monsieur.

sifflant, ante adj. et n. f.
• **Adjectif.** Qui émet un sifflement. *Une respiration sifflante.*
• **Nom féminin.** *Consonnes sifflantes.* Les lettres *s* et *z* sont des sifflantes.
☞ sifflant.

sifflement n. m.
Bruit aigu. *Le sifflement du vent.*
☞ sifflement.

siffler v. tr., intr.
• **Transitif**
- Moduler, en sifflant. *Siffler une ancienne chanson.*

- Huer. *L'auditoire les a sifflés, le spectacle était médiocre.*
• **Intransitif**
- Produire un son aigu avec la bouche, avec un sifflet. *Ce chanteur siffle très bien.*
- Crier, en parlant du serpent, de la marmotte, du merle.

sifflet n. m.
Petit instrument avec lequel on siffle. *Des coups de sifflet.*

sifflotement n. m.
Action de siffloter.
☞ sifflotement.

siffloter v. tr., intr.
Siffler doucement.
☞ siffloter.

siglaison n. f.
Formation des sigles.

sigle n. m.
Abréviation constituée par les initiales de plusieurs mots et qui s'épelle lettre par lettre. *Les lettres INRS sont le sigle de **Institut national de la recherche scientifique.***
V. Tableau - **SIGLE.**
V. Tableau - **SIGLES COURANTS.**

sigma n. m.
Lettre grecque.

sigmoïde adj.
Qui a la forme d'un sigma (un M coudé).

signal, aux n. m.
Signe convenu. *Des signaux de détresse.*

signalement n. m.
Description physique d'une personne qu'on recherche.

signaler v. tr., pronom.
• **Transitif**
- Souligner, marquer (par un signal). *Les impropriétés sont signalées par un astérisque.*
- Attirer l'attention de. *On lui a signalé que des articles avaient disparu.*
• **Pronominal**
Se distinguer. *Elle s'est signalée par son audace.*

signalétique adj.
Qui donne la description, le signalement. *Une fiche signalétique.*

signalisation n. f.
Ensemble de signaux d'une voie de circulation. *Des panneaux de signalisation. La signalisation routière.*

signaliser v. tr.
Munir d'une signalisation.

signataire n. m. et f.
Personne qui a signé un document.
☞ signataire.

signature n. f.
• Nom manuscrit d'une personne selon un tracé invariable, apposé à la fin d'un document, d'un acte, pour en attester l'exactitude.
• Action de signer. *La signature du traité a eu lieu à Paris.*

CORRESPONDANCE

La **signature** se place généralement à droite, sous la salutation.

- Poste de direction

Le titre, suivi d'une virgule, précède la signature et le nom.

> La directrice des communications,
> (*signature*)
> Liette Lisa Monna

- Profession

Le titre qui s'écrit avec une minuscule figure à la suite de la signature et du nom qui est suivi d'une virgule.

> (*signature*)
> Fanny Vergnolle, architecte

- Fonction

La désignation de fonction s'écrit avec une minuscule sous le nom qui est suivi d'une virgule.

> (*signature*)
> Daniel Desmeules,
> technicien en informatique

• **Signature double**

Lorsqu'un document comporte plusieurs signatures, on les dispose les unes à côté des autres en plaçant à droite la signature de la personne située au degré le plus élevé de la hiérarchie.

Le directeur général	La présidente
(*signature*)	(*signature*)

☞ En l'absence du signataire, la personne autorisée à signer fait précéder le titre du poste de la préposition **pour.**

> Pour la directrice,
> (*signature*).

Dans certains cas, il peut être utile de mentionner le titre du signataire ainsi que le nom de la personne qui a autorisé la signature.

V. Tableau - **CORRESPONDANCE.**

---

signe n. m.

• Indice, marque qui sert à représenter, à indiquer une chose. *Des signes de ponctuation.*

• Geste. *Il a fait un signe de la main.*

• ***Donner signe de vie.*** Donner de ses nouvelles.

• Division du zodiaque. *Elle est née sous le signe du Sagittaire.*

Hom. **cygne,** oiseau aquatique.

signer v. tr., pronom.

• **Transitif.** Apposer sa signature (sur un document, un tableau, etc.). *Cette lettre a été signée par le directeur.*

☞ Dans le cas d'une œuvre d'art, on omet souvent la préposition. *Une sculpture signée Camille Claudel.*

• **Pronominal.** Faire le signe de la croix. *Elles se sont signées.*

SIGLE

• Le *sigle* est une abréviation constituée par les initiales de plusieurs mots et qui s'épelle lettre par lettre.

> *HLM, PME, TPS* sont des sigles.

• L'*acronyme* est également composé des initiales ou des premières lettres d'une désignation, mais à la différence du sigle, il se prononce comme un mot.

> *OTAN, cégep, Benelux* sont des acronymes.

• Le *logotype* (abréviation *logo*) est un dessin propre à une marque, à un produit, à une firme.

> *Les logotypes Woolmark* (pure laine), *CN* (Canadien National) *sont bien connus.*

Points abréviatifs

La tendance actuelle est d'omettre les points abréviatifs. Dans cet ouvrage, les sigles et les acronymes sont notés sans points; cependant, la forme avec points est généralement correcte.

Genre et nombre des sigles

Les sigles sont du genre et du nombre du mot principal de la désignation abrégée.

> *Le FMI (Fonds* [masculin singulier] *monétaire international), la CSN (Confédération* [féminin singulier] *des syndicats nationaux).*

☞ À son premier emploi dans un texte, le sigle doit être précédé de la désignation au long.

V. Tableau – **ABRÉVIATION (RÈGLES DE L').**
V. Tableau – **ACRONYME.**
V. Tableau – **SIGLES COURANTS.**

SIGLES COURANTS

ACCT	Agence de coopération culturelle et technique
ACÉF	Associations coopératives d'économie familiale
ACFAS	Association canadienne-française pour l'avancement des sciences
ACDI	Agence canadienne de développement international
ACNOR	Association canadienne de normalisation
ADN	Acide désoxyribonucléique
AFÉAS	Association féminine d'éducation et d'action sociale
AFNOR	Association française de normalisation
AFP	Agence France-Presse
AI	Amnesty International
AID	Agence internationale de développement
AIÉA	Agence internationale de l'énergie atomique
ASCII	American Standard Code for Information Interchange
BBC	British Broadcasting Corporation
BCG	Vaccin bilié de Calmette et Guérin
BENELUX	Union douanière de la Belgique, des Pays-Bas et du Luxembourg
BFD	Banque fédérale de développement
BIRD	Banque internationale pour la reconstruction et le développement
BIT	Bureau international du travail
BNQ	Bureau de normalisation du Québec
CAC	Conseil des Arts du Canada
CAO	Conception assistée par ordinateur
CCCI	Conseil canadien de la coopération internationale
CCDP	Commission canadienne des droits de la personne
CÉC	Conseil économique du Canada
CÉCM	Commission des écoles catholiques de Montréal
CÉE	Communauté économique européenne
CÉI	Communauté d'États indépendants
CHU	Centre hospitalier universitaire
CIA	Central Intelligence Agency
CILF	Conseil international de la langue française
CLF	Conseil de la langue française
CLSC	Centre local de services communautaires
CNA	Centre national des arts
CNUCED	Conférence des Nations Unies sur le commerce et le développement
COFI	Centre d'orientation et de formation des immigrants
CPV	Chlorure de polyvinyle
CROP	Centre de recherches sur l'opinion publique
CRTC	Conseil de la radiodiffusion et des télécommunications canadiennes
CSST	Commission de la santé et de la sécurité du travail
CTF	Commission de terminologie française
CUP	Code universel des produits
DDT	Dichloro-diphényl-trichloréthane
DÉC	Diplôme d'études collégiales
DOM	Département français d'outre-mer
DSC	Département de santé communautaire
ÉCG	Électrocardiogramme
ECU ou **ÉCU**	European Currency Unit
ÉEG	Électroencéphalogramme
ÉNA	École nationale d'administration (France)
ÉNAP	École nationale d'administration publique (Canada)
FAO	Organisation des Nations Unies pour l'alimentation et l'agriculture
FMI	Fonds monétaire international

GATT	Accord général sur les tarifs douaniers et le commerce
GMT	Temps moyen de Greenwich
GRC	Gendarmerie royale du Canada
HAE	Heure avancée de l'Est
HEC	École des Hautes Études Commerciales
HLM	Habitation à loyer modique (Canada)
HLM	Habitation à loyer modéré (France)
HNE	Heure normale de l'Est
INRS	Institut national de la recherche scientifique
ISO	Organisation internationale de normalisation (International Organization for Standardization)
IVG	Interruption volontaire de grossesse
MIDEM	Marché international du disque et de l'édition musicale
MIT	Massachusetts Institute of Technology
MST	Maladie sexuellement transmissible (France)
MTS	Maladie transmise sexuellement (Canada)
NAS	Numéro d'assurance sociale
NASA	National Aeronautics and Space Administration
OACI	Organisation de l'aviation civile internationale
OCDÉ	Organisation de coopération et de développement économique
OIT	Organisation internationale du travail
OLF	Office de la langue française
OMM	Organisation météorologique mondiale
OMS	Organisation mondiale de la santé
ONF	Office national du film
ONG	Organisation non gouvernementale
ONU	Organisation des Nations Unies
OPEP	Organisation des pays exportateurs de pétrole
OPQ	Office des professions du Québec
OTAN	Organisation du traité de l'Atlantique Nord
OUA	Organisation de l'unité africaine
OVNI	Objet volant non identifié
PDG	Président-directeur général
PIB	Produit intérieur brut
PME	Petite et moyenne entreprise
PNB	Produit national brut
RADAR	Répertoire analytique d'articles de revues
RAIF	Réseau d'action et d'information pour les femmes
RAMQ	Régie de l'assurance-maladie du Québec
REÉR	Régime enregistré d'épargne-retraite
RREGOP	Régime de retraite des employés du gouvernement et des organismes publics
RRQ	Régie des rentes du Québec
SAAQ	Société de l'assurance automobile du Québec
SACO	Service administratif canadien outre-mer
SALT	Strategic Arms Limitation Talks
SIDA	Syndrome immuno-déficitaire acquis
SRC	Société Radio-Canada
STCUM	Société des transports de la Communauté urbaine de Montréal
TGV	Train à grande vitesse
TPS	Taxe sur les produits et services
UNESCO	Organisation des Nations Unies pour l'éducation, la science et la culture
ZAC	Zone d'aménagement et de conservation
ZEC	Zone d'exploitation contrôlée

signet n. m.
Petit ruban, petit carton qui sert à marquer une page.
⟹ signet.

signifiant n. m.
(Ling.) Forme d'un signe (par opposition à *signifié*).

significatif, ive adj.
Qui traduit bien la pensée, l'intention. *Un lapsus significatif, une phrase significative.*

signification n. f.
• Sens. *La signification cachée de ce roman.*
• Notification.

signifié n. m.
(Ling.) Contenu d'un signe (par opposition à *signifiant*).

signifier v. tr.
Redoublement du *i* à la première et à la deuxième personne du pluriel de l'indicatif imparfait et du subjonctif présent. *(Que) nous signifiions, (que) vous signifiiez.*
• Avoir un sens. *Que signifie ce terme?*
• Faire savoir. *Son congédiement lui a été signifié.*

sikh, sikhe adj. et n. m. et f.
Membre d'un groupe religieux de l'Inde. *Des Sikhs, des communautés sikhes.*
▷— Les noms de religions s'écrivent avec une minuscule.

silence n. m.
• Absence de bruit. *Le silence de la nuit.*
• État d'une personne qui s'abstient de parler. *Elle a gardé le silence.*
• *Passer sous silence.* Ne pas mentionner.

silencieusement adv.
D'une manière silencieuse.

silencieux, euse adj. et n. m.
• **Adjectif**
- Calme, sans bruit.
- Qui garde le silence. *Elle est restée silencieuse, contre toute attente.*
• **Nom masculin**
Dispositif destiné à réduire le bruit (de l'échappement, d'une arme à feu). *Un revolver muni d'un silencieux. Il faudra remplacer le silencieux (et non le *muffler) de votre voiture.*

silex n. m.
Pierre dure composée de silice.

silhouette n. f.
• Forme générale. *Avoir une jolie silhouette.*
• Dessin de profil. *Tracer des silhouettes.*
⟹ silhouette.

silice n. f.
Minerai. *Le quartz est une silice.*
▷— Attention au genre féminin de ce nom : *une* silice.
Hom. *cilice,* vêtement de crin.
⟹ silice.

silicium n. m.
⟸ Le *u* se prononce *o* [silisjɔm].
• Symbole *Si* (s'écrit sans point).

• Corps simple très abondant dans la nature. *Le quartz, le granit, l'argile sont du silicium.*

silicone n. f.
⟸ Le *o* est fermé [silikon].
Matière plastique dérivée du silicium. *Appliquer de la silicone sur ses bottes pour les imperméabiliser.*
▷— Attention au genre féminin de ce nom : *la* silicone.

sillage n. m.
• Trace.
• *Dans le sillage de.* Sur la trace, à la suite. *Il marche dans le sillage de son père.*
⟹ sillage.

sillon n. m.
Fente, rainure. *Les sillons tracés par la charrue.*
⟹ sillon.

sillonner v. tr.
Parcourir en tous sens. *Il a sillonné les mers.*
⟹ sillonner.

silo n. m.
Construction destinée à l'entreposage des produits agricoles. *Des silos de blé.*
⟹ silo.

silvaner ou **sylvaner** n. m.
⟸ Le *r* se prononce [silvanɛr].
Vin blanc d'Alsace. *Des silvaners très frais.*
▷— Le nom du vin s'écrit avec une minuscule.

s'il vous plaît
Abréviation *SVP, svp* (s'écrit avec ou sans points).

simagrées n. f. pl.
Manières, grimaces. *Faire des simagrées.*
⟹ simagrées.

simiesque adj.
Qui tient du singe. *Une apparence simiesque.*
⟹ simiesque.

simil(i)- préf.
• Élément du grec signifiant «semblable». *Similitude.*
• Imitation d'une matière. *Du similicuir, du similimarbre.*
▷— Les composés s'écrivent généralement en un seul mot.

similaire adj.
Qui est analogue, à peu près semblable. *Des produits similaires.*
▷— L'adjectif s'emploie sans complément. Avec un complément, on dira plutôt *comparable à, analogue à. Un article comparable à un autre.*
▷— Ne pas confondre avec les mots suivants :
- *identique,* rigoureusement semblable;
- *semblable,* de même nature, de même apparence.
▷— Les mots *similaire* et *semblable* sont des doublets.
⟹ similaire.

similarité n. f.
Caractère de ce qui est similaire.

simili n. m.
Imitation. *Rassurez-vous, ce n'est que du simili.*

similitude n. f.
Analogie, conformité.
☞ similitude.

simoun n. m.
Vent brûlant des régions désertiques.
☞ Les noms de vents s'écrivent avec une minuscule.

simple adj.
• **Placé avant le nom.** Qui est uniquement, seulement. *C'est une simple question de bon sens, une simple formalité.*
• **Placé après le nom.** Qui n'est pas compliqué. *C'est une personne toute simple.*
• **Sans cérémonie.** *Ce sera un repas très simple.*
• Qui n'est pas composé. *Un corps simple.*

simplement adv.
• Sans recherche.
• Seulement.
• *Purement et simplement.* Complètement.

simplet, ette adj. et n. m. et f.
Niais.

simplicité n. f.
Qualité de ce qui est simple.

simplificateur, trice adj.
Qui simplifie. *Une méthode simplificatrice.*

simplification n. f.
Action de simplifier.

simplifier v. tr.
Redoublement du *i* à la première et à la deuxième personne du pluriel de l'indicatif imparfait et du subjonctif présent. *(Que) nous simplifiions, (que) vous simplifiiez.*
Rendre moins compliqué.

simplisme n. m.
Simplification excessive.

simpliste adj.
Qui simplifie de façon excessive.

simulacre n. m.
Représentation factice, semblant. *Un simulacre de procès.*
☞ simulacre.

simulateur n. m.
Appareil qui reproduit des conditions réelles de fonctionnement. *Un simulateur de vol.*
☞ simulateur.

simulation n. f.
• Action de simuler.
• Représentation d'un phénomène à des fins expérimentales.
☞ simulation.

simuler v. tr.
• Feindre. *Simuler un malaise.*
• Faire une simulation.
☞ simuler.

simultané, ée adj.
Qui a lieu en même temps. *Une interprétation simultanée.*

simultanéité n. f.
Existence de deux ou plusieurs choses en même temps.
☞ simultanéité.

simultanément adv.
Au même instant.

sincère adj.
Franc, vrai. *Recevez mes sincères salutations.*
☞ sincère.

sincèrement adv.
D'une manière sincère.
☞ sincèrement.

sincérité n. f.
Franchise. *Je vous le dis en toute sincérité.*
☞ sincérité.

sinécure n. f.
• Travail facile et bien rémunéré.
• *Ce n'est pas une sinécure.* C'est difficile, complexe.

sine die loc. adv.
◁▷ Les *e* se prononcent *é* [sinedje].
(Dr.) Sans fixer de date. *Le procès est reporté* sine die.
☞ En typographie soignée, les mots étrangers sont composés en italique. Dans des textes déjà en italique, la notation se fait en romain. Pour les textes manuscrits, on utilisera les guillemets.

sine qua non loc. adj.
◁▷ Le *e* se prononce *é*, les lettres *qu, cou* et le *n* final se prononce [sinekwanɔn].
Essentiel, absolument nécessaire. *Ce sont des conditions* sine qua non.
☞ En typographie soignée, les mots étrangers sont composés en italique. Dans des textes déjà en italique, la notation se fait en romain. Pour les textes manuscrits, on utilisera les guillemets.

singe n. m.
Mammifère de l'ordre des primates.

singer v. tr.
Le *g* est suivi d'un *e* devant les lettres *a* et *o*. *Il singea, nous singeons.*
Imiter quelqu'un, le tourner en dérision.

singerie n. f.
Imitation gauche, grimace.

singulariser v. tr., pronom.
• **Transitif.** Rendre singulier.
• **Pronominal.** (Péj.) Se faire remarquer par un comportement bizarre.

singularité n. f.
• Originalité, étrangeté.
• (Au plur.) Manières bizarres, excentricité.

singulier, ière adj. et n. m.
• **Adjectif**
- Qui est relatif à une seule personne (par opposition à *pluriel).* *Un sujet singulier.*
- Bizarre, étrange. *Un comportement singulier.*
- (Litt.) Étonnant, admirable. *Un courage singulier.*
• **Nom masculin**
(Gramm.) Catégorie grammaticale qui désigne un seul

être, une seule idée, un seul objet. *Les entrées de dictionnaire sont au singulier.*
Ant. **pluriel.**

sinistre adj. et n. m.
• **Adjectif**
- Effrayant, de mauvais augure. *Des lieux sinistres.*
- Mortellement ennuyeux. *Cette réunion était sinistre.*
• **Nom masculin**
- Catastrophe qui cause des dommages (incendie, inondation, tornade, etc.).
☞ Ne pas confondre avec le nom *incendie,* destruction par le feu.
- Pertes subies à l'occasion d'un sinistre. *C'est un expert en sinistres* (et non un *ajusteur).

sinistré, ée adj. et n. m. et f.
• **Adjectif.** Qui a subi un sinistre. *La ville touchée par l'ouragan a été déclarée zone sinistrée.*
• **Nom masculin et féminin.** Personne qui a été victime d'un sinistre.

sino- préf.
Élément du latin signifiant «de la Chine». *Un accord sino-japonais.*

sinologie n. f.
Étude de la langue, de la culture chinoise.

sinologue n. m. et f.
Spécialiste de la sinologie.

sinon conj.
• Autrement, dans le cas contraire. *Le dossier sera prêt demain, sinon nous devrons reporter la réunion.*
• À l'exception. *Sinon quelques touristes, les rues étaient désertes.*
✐ **sinon,** en un seul mot.

sinueux, euse adj.
Tortueux. *Une route sinueuse.*

sinuosité n. f.
Caractère de ce qui est sinueux.

sinus n. m.
👄 Le **s** final se prononce [sinys].
Cavité de certains os de la face. *Des sinus douloureux.*

sinusite n. f.
Inflammation des sinus de la face.

sioux adj. inv. et n. m. et f.
Ensemble d'ethnies amérindiennes. *Des ruses de Sioux. Un chef sioux.*
☞ L'adjectif s'écrit avec une minuscule; le nom, avec une majuscule.

siphon n. m.
• Tube coudé.
• Contenant sous pression servant à gazéifier un liquide.
➪ si**ph**on.

siphonner v. tr.
Transvaser un liquide à l'aide d'un siphon.
➪ si**ph**on**n**er.

sir n. m.
Titre d'honneur anglais qui précède un prénom et un nom de famille. *Sir Wilfrid Laurier.*

sire n. m.
Titre d'un souverain.
☞ Le nom *sire* est le doublet de *seigneur* et de *sieur.*

sirène n. f.
• Être fabuleux à corps de femme et à queue de poisson. *Ulysse s'est laissé prendre au chant des sirènes.*
• Appareil sonore produisant un son strident. *Une sirène d'alarme, une sirène d'ambulance.*
➪ sirène.

sirocco n. m.
Vent très chaud du désert.
☞ Les noms de vents s'écrivent avec une minuscule.
➪ siro**cc**o.

sirop n. m.
👄 Le **p** ne se prononce pas [siro].
• Liquide concentré et sucré. *Du sirop d'érable, du sirop de framboise(s).*
☞ Le complément du nom peut se mettre au singulier ou au pluriel.
• Médicament. *Du sirop contre la toux.*
➪ siro**p**.

siroter v. tr.
Boire lentement. *Il sirotait un vieil armagnac.*
➪ siroter.

sirupeux, euse adj.
De la consistance du sirop.

sis, sise adj.
(Dr., admin.) Situé. *Un immeuble sis au 69, rue du Manoir. Une maison sise à Longueuil.*
☞ Cet adjectif doit être réservé à la langue juridique ou administrative.

sismique ou **séismique** adj.
Relatif aux séismes. *Un phénomène sismique.*
☞ L'expression *secousse sismique,* jugée pléonastique par certains auteurs est couramment employée.

sismographe ou **séismographe** n. m.
Instrument servant à mesurer l'amplitude des tremblements de terre. *Le collège Brébeuf est doté d'un sismographe.*

sismologie ou **séismologie** n. f.
Science des tremblements de terre.

sitar n. m.
Instrument de musique à cordes de l'Inde.
Hom. *cithare,* instrument de musique à cordes de la Grèce antique.

site n. m.
• Paysage. *Un site pittoresque, grandiose.*
• Lieu géographique. *La protection des sites.*
• Lieu occupé par une ville, un ensemble. *Un site urbain, un site archéologique.*
• *Site historique.* Lieu où se sont déroulés des évènements d'importance historique ou qui renferme des biens ou des monuments historiques.

sitôt adv.
• Aussi rapidement, aussi vite. *Sitôt levé, il se met au travail. Sitôt dit, sitôt fait.*
• *De sitôt.* Avant longtemps. *Je crois qu'on ne le reverra pas de sitôt.*
🖝 Ne pas confondre avec les mots *si tôt.* *Il est venu si tôt que tous dormaient encore.*
⟹ sitôt.

situation n. f.
• Emplacement. *La situation de la ville sur un port.*
• Condition. *La situation économique.*
• Emploi, fonction. *Elle a une bonne situation.*
• *Situation de famille.* État matrimonial (et non *statut marital) d'une personne. *Situation de famille : célibataire, marié(e), divorcé(e).*

situer v. tr., pronom.
• **Transitif**
Définir la situation dans l'espace ou le temps. *Cette région est située à l'est de Montréal.*
• **Pronominal**
- Se trouver en un lieu. *Le film se situe au Québec.*
- Préciser sa position. *Où vous situez-vous par rapport au mouvement indépendantiste?*

six adj. et n. m. inv.
👄 Attention à la prononciation :
1° Le *x* ne se prononce pas devant une consonne ou un *h* aspiré. *Six tomates, six homards* [si].
2° Le *x* se prononce *z* devant une voyelle ou un *h* muet. *Six oranges, six hommes.*
3° Comme nom, le *x* se prononce toujours *s*; comme adjectif, la consonne finale se prononce *s* en fin d'expression.
• **Adjectif numéral cardinal invariable.** Deux fois trois. *Six heures.*
• **Adjectif numéral ordinal invariable.** Sixième. *La page six.*
• **Nom masculin invariable.** Nombre six. *Des six de cœur.*
V. Tableau - **NOMBRES.**

sixième adj. et n. m. et f.
• **Adjectif numéral ordinal.** Nombre ordinal de six. *La sixième heure.*
• **Nom masculin.** La sixième partie d'un tout. *Les trois sixièmes d'une quantité.*
• **Nom masculin et féminin.** Personne, chose qui occupe le sixième rang. *Elles sont les sixièmes.*

sixièmement adv.
En sixième lieu.

***skate-board**
Anglicisme pour *planche à roulettes, rouli-roulant* (marque déposée).

sketch n. m. (pl. *sketches*)
Petit spectacle comique.
⟹ ske**tch.**

ski n. m.
• Lame plate relevée à l'avant, destinée à glisser sur la neige, sur l'eau. *Aller en skis, à skis.*
• Sport pratiqué à l'aide de ces lames. *Des cours de ski, une épreuve de ski, du ski nautique.*

• *Ski de fond.* Ski sur des parcours de faible dénivellation, par opposition à *ski alpin.*
• *Ski de randonnée.* Ski pratiqué hors des pistes balisées.
• *Ski alpin* ou *ski de piste.* Ski pratiqué sur des pentes à forte dénivellation, par opposition à *ski de fond.*

***skidoo**
Impropriété (marque déposée) au sens de *motoneige.*

skier v. intr.
Redoublement du *i* à la première et à la deuxième personne du pluriel de l'indicatif imparfait et du subjonctif présent. *(Que) nous skiions, (que) vous skiiez.*
Aller en skis. *Nous avons beaucoup skié cet hiver.*

skieur, euse n. m. et f.
Personne qui pratique le ski. *Des skieurs experts.*

***skipper**
Anglicisme au sens de *barreur.*

s.l.
Abréviation de *sans lieu.*
V. Tableau - **RÉFÉRENCES BIBLIOGRAPHIQUES.**

slalom n. m.
👄 Le *m* se prononce [slalɔm].
Descente en skis selon un tracé sinueux qui comporte des piquets qu'il faut contourner. *Il a gagné le slalom géant. Des slaloms réussis.*
⟹ slal**om.**

slang n. m.
👄 Le *g* se prononce [slãg].
Argot anglais ou américain. *Ce film est difficile à comprendre : il y a beaucoup de slang.*

slave adj. et n. m. et f.
• **Adjectif.** Se dit de la race indo-européenne comprenant les Russes, les Polonais, les Tchèques, les Bulgares, etc.
• **Nom masculin et féminin.** Personne qui appartient à cette ethnie. *Un Slave et une Slave.*
🖝 L'adjectif s'écrit avec une minuscule; le nom, avec une majuscule.
• **Nom masculin.** Langue parlée par les Slaves. *Andrej parle le slave.*
🖝 Le nom de la langue s'écrit avec une minuscule.

***sleeping**
Anglicisme pour *wagon-lit.*

slip n. m.
👄 Le *p* se prononce [slip].
Culotte très échancrée. *Le slip est un sous-vêtement masculin et féminin. Un maillot de bain constitué d'un slip et d'un soutien-gorge.*
🖝 Ne pas confondre avec le nom *caleçon,* sous-vêtement masculin ayant la forme d'un pantalon court.

***slip**
Anglicisme au sens de *jupon.*

s.l.n.d.
Abréviation de *sans lieu ni date.*
V. Tableau - **RÉFÉRENCES BIBLIOGRAPHIQUES.**

slogan n. m.

⟹ Le **n** ne se prononce pas [slɔgã].
• Formule frappante. *Des slogans politiques.*
• Phrase publicitaire.

***slow motion**
Anglicisme pour **ralenti.**

smog n. m.

⟹ Le **g** se prononce [smɔg].
Brouillard très dense. *Le smog de Londres ou de Los Angeles.*

smoking n. m.

⟹ Le **o** est ouvert [smɔkin].
Costume habillé d'homme, à revers de soie. *D'élégants smokings.*
V. **habit.**

***snack** ou ***snack-bar**
Anglicisme pour **casse-croûte.**

snob adj. inv. en genre et n. m. et f.

⟹ Le **b** se prononce [snɔb].
Qui fait preuve de snobisme. *Elles sont snobs. Des snobs désagréables.*

snober v. tr.
Traiter avec mépris.

snobinard, arde adj. et n. m. et f.
(Fam.) Légèrement snob.

snobisme n. m.
Attitude d'une personne qui fait étalage de manières empruntées à la haute société.

s.o.
Abréviation de **sans objet** utilisée dans les formulaires, les tableaux.

sobre adj.
• Qui mange et boit sans excès.
• Classique, simple. *Une robe très sobre.*

sobrement adv.
Avec retenue, tempérance.

sobriété n. f.
Modération, tempérance.

sobriquet n. m.
Surnom. *Il porte le sobriquet de Tyrannosaure.*
⟹ sobriqu**et.**

soc n. m.
Partie tranchante de la charrue.
⟹ so**c.**

sociabilité n. f.
Qualité d'une personne sociable.
⟹ sociabilit**é.**

sociable adj.
Qui est porté à vivre en groupe.

social, ale, aux adj. et n. m.
• Qui concerne la société. *Des changements sociaux, des classes sociales. L'économique et le social.*
• *Inadaptation sociale.* Défaut d'adaptation, global ou partiel, d'une personne à la normalité, soit parce qu'elle ne parvient pas à s'intégrer à la société, soit parce

qu'elle refuse les valeurs sur lesquelles est fondée la société. (Recomm. off. OLF)
• *Mésadaptation sociale.* Difficulté d'adaptation plus ou moins transitoire que manifeste, dans son comportement, une personne qui ne peut pas ou ne veut pas satisfaire aux exigences d'intégration à son environnement social. (Recomm. off. OLF)
• Qui est relatif à une société commerciale. *Une raison sociale, des sièges sociaux.*
V. Tableau - **RAISON SOCIALE.**

socialement adv.
• En société.
• Qui concerne les rapports humains dans la société.
⟹ socialement.

socialisme n. m.
Doctrine politique qui place le progrès social, l'intérêt collectif au-dessus des intérêts particuliers.

socialiste adj. et n. m. et f.
Adepte du socialisme.

sociétaire adj. et n. m. et f.
• **Adjectif.** Qui fait partie d'une société.
• **Nom masculin et féminin.** Membre d'une société d'acteurs. *Les sociétaires de la Comédie-Française.*

société n. f.
• Communauté humaine. *La société actuelle, vivre en société.*
• Groupe de personnes ayant des intérêts communs. *Une société commerciale, une société de fiducie* (et non un *trust), une société secrète.*
• *Société de portefeuille.* Société de placement de fonds qui gère un portefeuille de valeurs mobilières (et non un *holding).
• *Société anonyme.* Sigle **S.A.**
• *Société d'investissement à capital variable.* Sigle **SICAV.**

Société de l'assurance automobile du Québec
Sigle **SAAQ** (s'écrit avec ou sans points).

socio- préf.
• Élément de **social, société.**
• Les composés avec le préfixe **socio-** s'écrivent en un seul mot à l'exception de ceux dont le second élément commence par **e** qui peuvent s'écrire en deux mots avec un trait d'union. *Sociolinguistique, socio-économique* ou *socioéconomique.*

socioculturel, elle adj.
Relatif à la culture d'un groupe social.
⟹ **socioculturel,** sans trait d'union.

socio-économique ou **socioéconomique** adj.
Relatif à la société du point de vue économique. *Des catégories socio-économiques.*

sociolinguiste n. m. et f.
Spécialiste de sociolinguistique.

sociolinguistique adj. et n. f.
Étude des relations entre le langage, la culture et la société. *Une étude sociolinguistique.*

sociologie n. f.
Étude des sociétés humaines et des phénomènes sociaux.

sociologique adj.
Relatif à la sociologie. *Un phénomène sociologique.*

sociologue n. m. et f.
Spécialiste de sociologie.

socioprofessionnel, elle adj.
Qui définit un groupe en fonction de l'activité professionnelle et du comportement économique et social. *Des catégories socioprofessionnelles.*

*socket
Anglicisme pour *douille.* *Le culot d'une ampoule électrique s'insère dans la douille (et non le *socket).*

socle n. m.
Piédestal. *Le socle d'une statue.*

socque n. m.
Chaussure.
➪ socque.

socquette n. f.
Chaussette.
➪ socquette.

soda n. m.
👄 Le *o* est ouvert [sɔda].
Boisson gazéifiée. *Du gin avec du soda. Des sodas glacés.*

sodium n. m.
👄 Le *o* est ouvert *o* [sɔdjɔm].
• Symbole *Na* (s'écrit sans point).
• Métal que l'on trouve à l'état de chlorure. *Du bicarbonate de sodium.*

sodomie n. f.
👄 Les *o* sont ouverts [sɔdɔmi].
Pratique du coït anal.
➪ sodomie.

sodomiser v. tr.
👄 Les *o* sont ouverts [sɔdɔmize].
Pratiquer la sodomie.
➪ sodomiser.

sœur adj. et n. f.
• **Adjectif**
Se dit d'êtres qui ont beaucoup d'affinités. *Des âmes sœurs.*
• **Nom féminin**
- Fille née d'une même mère et d'un même père qu'une autre personne. *Une sœur aînée, une sœur cadette.*
🖝 Les noms *belle-sœur,* et *demi-sœur* s'écrivent avec un trait d'union.
- Titre de nombreuses religieuses.
🖝 Les titres religieux s'écrivent avec une minuscule.

sœurette n. f.
Petite sœur. *Elle a beaucoup d'affection et d'admiration pour sa sœurette.*
➪ sœurette.

sofa n. m.
👄 Le *o* est ouvert [sɔfa].
Lit de repos à trois dossiers dont on se sert aussi comme siège. *Des sofas moelleux.*
🖝 Ne pas confondre avec les noms suivants :
- *canapé,* long siège à dossier et à accoudoirs où peuvent s'asseoir plusieurs personnes, où peut s'étendre une personne;
- *causeuse,* petit canapé à deux places;
- *divan,* large sofa sans dossier qui peut servir de siège ou de lit.

*software
Anglicisme pour *logiciel.*

soi n. m. et pron. pers.

• **Pronom personnel masculin et féminin de la troisième personne**
- Lui, elle.
🖝 Le pronom se dit des êtres animés et des objets; il est toujours complément, sauf dans quelques expressions où il est attribut. *Rester soi, être soi, chacun pour soi, la confiance en soi, ne penser qu'à soi.*
- *À part soi.* Dans son for intérieur.
- *Cela va de soi.* C'est tout naturel.
- *En soi.* De par sa nature.
- *Soi-même.* En personne. *Il faut tout vérifier soi-même.*
- *Sur soi.* Sur sa personne. *Ne pas avoir son passeport sur soi.*
- *Prendre sur soi.* Se dominer.
V. Tableau - **PRONOM.**
• **Nom masculin**
- La conscience. *Le soi, le moi et le sur-moi.*
- *Chez-soi.* Domicile. *Retrouver son chez-soi avec plaisir. Des chez-soi douillets.*
🖝 Le nom composé est invariable et s'écrit avec un trait d'union.

---

soi-disant adj. inv. et adv.
• **Adjectif invariable.** (Péj.) Qui se prétend tel, sans l'être. *Des soi-disant aristocrates.*
🖝 L'adjectif toujours invariable se dit des personnes; pour qualifier une chose, on emploie plutôt *prétendu. Une prétendue réussite.*
• **Adverbe.** Supposément. *L'auto était soi-disant à lui.*
🖝 Dans cet emploi, le mot est invariable.

soie n. f.
• Poil de certains animaux. *Les soies du sanglier.*
• Fil brillant produit par le ver à soie, étoffe faite de ce fil. *De magnifiques écharpes de soie.*

soierie n. f.
Tissu de soie. *De belles soieries.*
➪ soierie.

soif n. f.
• Besoin de boire. *Elle avait soif.*
🖝 Les expressions *avoir très soif, si soif, trop soif,* sont jugées familières. En principe, l'adverbe modifie un adjectif et non un nom. Dans les faits, on note que ces emplois sont de plus en plus fréquents.
• Désir impérieux. *La soif du pouvoir.*
• *Jusqu'à plus soif.* (Fam.) À satiété.

soigné, ée adj.
• Ordonné, recherché. *Une tenue très soignée.*
• Exécuté avec soin. *Un travail soigné, une typographie soignée.*

soigner v. tr.
• Avoir soin de quelqu'un, de quelque chose. *Soigner ses parents, soigner ses roses.*
• Traiter. *Soigner un malade, soigner une grippe.*

soigneusement adv.
Avec soin.

soigneux, euse adj.
• Qui est fait avec soin. *Un travail soigneux.*
• Ordonné et propre.

soin n. m.
• Application donnée à une chose. *Il étudie avec soin.*
• *Prendre soin de.* Veiller sur.
• *Être aux petits soins pour quelqu'un.* Avoir pour lui des attentions délicates.
• (Au plur.) Moyens par lesquels on soigne (un malade). *Des soins attentifs, les premiers soins.*
• *Aux bons soins de.* Cette formule s'emploie dans la correspondance lorsqu'une lettre est adressée à un destinataire que la personne emploie ou héberge.

soir n. m.
Fin du jour. *Il travaille tous les jeudis soir(s).*
☞ Dans cette expression, le nom *soir* demeure généralement au singulier, mais certains auteurs admettent le pluriel.
☞ Couramment, le soir est la partie de la journée qui va de la fin de l'après-midi jusqu'à minuit.

soirée n. f.
• Partie de la journée comprise entre le coucher du soleil et le moment où l'on s'endort.
• Réunion, fête qui a lieu le soir. *Une soirée d'information.*
• *Tenue de soirée.* Vêtements habillés.
• *En soirée.* Spectacle qui a lieu le soir (par opposition à *matinée*).
• Soirée-bénéfice. *Des soirées-bénéfice.*

soit adv. et conj.
• Ce mot toujours invariable est la troisième personne du singulier du subjonctif présent du verbe *être.*
• **Adverbe d'affirmation**
⇔ Le *t* se prononce lorsque le mot est un adverbe [swat].
Oui (affaibli). Cet adverbe marque une concession, un accord non enthousiaste. *Soit, je veux bien le croire.*
• **Conjonction**
⇔ Le *t* ne se prononce pas devant une consonne ou un *h* aspiré lorsque le mot est une conjonction [swa]; il se prononce devant une voyelle ou un *h* muet [swat].
- C'est-à-dire. *Deux lampes à 85 $, soit 170 $.*
- En supposant. *Soit un triangle équilatéral.*
☞ En ce sens, la locution se place en tête de phrase.
- *Soit... soit.* Ou bien... ou bien. *Soit un chien, soit un chat.*

- *Soit que... soit que,* locution conjonctive.
☞ La locution se construit avec le subjonctif. *Soit qu'il vienne, soit qu'il parte.*
- *Tant soit peu,* locution adverbiale. Très peu.

soixantaine n. f.
• Nombre approximatif de soixante.
• Âge d'à peu près soixante ans. *Il est dans la soixantaine.*

soixante adj. et n. m. inv.
• **Adjectif numéral cardinal invariable.** Six fois dix. *Soixante heures.*
• **Adjectif numéral ordinal invariable.** Soixantième. *La page soixante.*
• **Nom masculin invariable.** Nombre soixante. *Des soixante peints en chiffres dorés.*

soixante-dix adj. et n. m. inv.
• **Adjectif numéral cardinal invariable.** Sept fois dix. *Soixante-dix heures.*
• **Adjectif numéral ordinal invariable.** Soixante-dixième. *Le numéro soixante-dix.*
• **Nom masculin invariable.** Nombre soixante-dix. *Des soixante-dix lumineux.*

soixante-dixième adj. et n. m. et f.
• **Adjectif numéral ordinal.** Nombre ordinal de soixante-dix. *Le soixante-dixième jour.*
• **Nom masculin.** La soixante-dixième partie d'un tout. *Les trois soixante-dixièmes d'une quantité.*
• **Nom masculin et féminin.** Personne, chose qui occupe le soixante-dixième rang. *Elles sont les soixante-dixièmes.*

soixantième adj. et n. m. et f.
• **Adjectif numéral ordinal.** Nombre ordinal de soixante. *Le soixantième jour.*
• **Nom masculin.** La soixantième partie d'un tout. *Les trois soixantièmes d'une quantité.*
• **Nom masculin et féminin.** Personne, chose qui occupe le soixantième rang. *Elles sont les soixantièmes.*

soja ou **soya** n. m.
⇔ Le *o* est ouvert, [sɔʒa] ou [sɔja].
Plante oléagineuse dont on extrait de l'huile et de la farine. *Des germes de soja, de soya.*

sol n. m.
• Partie de la surface de la terre. *Un hélicoptère vient de toucher le sol.*
• Terre considérée quant à ses qualités productives. *Un sol fertile.*
• *Sol natal.* Patrie.
• Plancher. *Des revêtements de sol.*
• Cinquième note de la gamme. *Une clé de sol.* V. **note de musique.**
Hom. *sole,* poisson.

solage n. m.
Au Canada, fondations d'un immeuble, d'une maison.
☞ L'emploi du nom est courant au Canada, mais il est vieilli en ce sens dans l'ensemble de la francophonie.

solaire adj.
• Relatif au Soleil. *La lumière solaire, le système solaire.*
• Qui protège du soleil. *Des crèmes solaires.*

solarium n. m.
⮕ La lettre **u** se prononce **o** [sɔlarjɔm].
Lieu généralement vitré où la lumière solaire peut pénétrer. *Des solariums exposés au sud.*

soldat n. m.
soldate n. f.
Personne qui sert dans une armée.
⮕ soldat, soldate.

solde n. m. et f.
• **Nom masculin**
- Différence entre le crédit et le débit. *Demander le solde* (et non la *balance) *d'un compte à la banque. Un solde créditeur ou débiteur.*
- Vente au rabais. *Ces articles sont en solde* (et non en *vente).
- (Au plur.) Articles vendus au rabais. *Soldes de janvier. Des soldes avantageux.*
⮕ Attention au genre masculin du nom au sens de **vente au rabais.**
• **Nom féminin**
- Rémunération des militaires.
- *Être à la solde de.* (Péj.) Être payé pour soutenir une cause, pour défendre des intérêts.
- *Congé sans solde.* Permission de s'absenter accordée à un militaire.
⮕ Dans les autres cas, on dira plutôt **congé non payé.**

solder v. tr., pronom.
• **Transitif**
- Établir le solde (d'un compte).
- Vendre au rabais. *Ces articles* (et non ces *items) *seront soldés le mois prochain.*
• **Pronominal**
Avoir pour résultat (bon ou mauvais). *La campagne publicitaire s'est soldée par une meilleure connaissance du produit et par un accroissement du chiffre d'affaires. L'exercice financier se solde par un déficit.*

sole n. f.
Poisson apprécié pour sa chair. *Une délicieuse sole meunière.*
Hom. **sol,** partie de la surface de la terre.
⮕ sole.

solécisme n. m.
Erreur dans la construction syntaxique d'une phrase. *Exemple de solécisme : c'est nous qui *sont...* (au lieu de **sommes**).
⮕ L'impropriété, le barbarisme sont des erreurs de vocabulaire.

soleil n. m.
• Astre autour duquel gravite la Terre. *Le lever du soleil.*
• Temps ensoleillé. *Il fait soleil aujourd'hui, il fait du soleil, il y a du soleil.*
• *Coup de soleil.* Légère brûlure causée par le soleil. *Les rousses souffrent souvent de coups de soleil.*
⮕ Les mots **soleil, lune, terre** s'écrivent avec une majuscule lorsqu'ils désignent la planète, l'astre, le satellite lui-même, notamment dans la langue de l'astronomie et dans les textes techniques; ils s'écrivent avec

une minuscule dans les autres utilisations. *La Terre tourne autour du Soleil. Un beau coucher de soleil, le clair de lune.*
V. **astre.**

solennel, elle adj.
⮕ La deuxième syllabe se prononce **la** [sɔlanɛl].
• Qui se fait avec apparat. *Une communion solennelle.*
• D'une gravité exagérée. *Un ton trop solennel.*
⮕ solennel.

solennellement adv.
⮕ La deuxième syllabe se prononce **a** [sɔlanɛlmã].
• En grand apparat.
• Cérémonieusement.
⮕ solennellement.

solennité n. f.
⮕ La deuxième syllabe se prononce **la** [sɔlanite].
• Majesté.
• Gravité affectée.
⮕ solennité.

solidaire adj.
Se dit de personnes qui sont liées entre elles par des intérêts communs. *Il est resté solidaire du groupe. Elles étaient solidaires de la décision.*
⮕ L'expression *«solidaire les uns des autres» est un pléonasme.
⮕ Ne pas confondre avec le mot **solitaire,** qui qualifie une personne seule.

solidairement adv.
Tous ensemble.

solidariser v. tr., pronom.
• **Transitif.** Rendre solidaire. *Cette épreuve les a solidarisés.*
• **Pronominal.** Devenir solidaire. *Ils se sont solidarisés avec les chargés de cours.*
⮕ Le verbe **solidariser** à la forme pronominale se construit avec la préposition **avec,** tandis que le verbe **désolidariser** se construit avec les prépositions **de** ou **d'avec.**

solidarité n. f.
• Sentiment d'appartenance à un groupe, à une communauté. *La solidarité avec les grévistes, la solidarité entre les grévistes et les cadres.*
• Le fait d'être solidaire.
⮕ Le nom se construit avec **avec** ou **entre.**

solide adj. et n. m.
• **Adjectif**
- Consistant (par opposition à **liquide).** *Des aliments solides.*
- Résistant, robuste. *Cette voiture est très solide.*
Ant. **fragile.**
• **Nom masculin**
Corps à trois dimensions. *Le cône, la sphère sont des solides.*
Ant. **fluide.**

solidement adv.
Fermement.

solidifier v. tr., pronom.
Redoublement du **i** à la première et à la deuxième

personne du pluriel de l'indicatif imparfait et du subjonctif présent. *(Que) nous solidifiions, (que) vous solidifiiez.*
• **Transitif.** Rendre plus solide. *Solidifier un liquide.*
• **Pronominal.** Devenir solide.

solidité n. f.
Résistance.
Ant. **fragilité.**

soliloque n. m.
Discours d'une personne qui parle toute seule.
🖚 Ne pas confondre avec le nom **monologue,** discours d'une personne seule qui pense tout haut, en présence de quelqu'un.
🖎 soliloque.

soliloquer v. intr.
Se parler à soi-même.
🖎 soliloquer.

soliste n. m. et f.
Artiste qui exécute un solo. *La soliste a donné un concert remarquable.*

solitaire adj. et n. m. et f.
• **Adjectif.** Seul.
• **Nom masculin et féminin.** Personne qui vit seule, qui aime la solitude.
• **Nom masculin.** Diamant monté seul (sur une bague).
🖚 Ne pas confondre avec le mot **solidaire** qui se dit de personnes liées par des intérêts communs.

solitude n. f.
Isolement. *Cette personne souffre de la solitude.*

solive n. f.
Pièce de charpente soutenue par les poutres et qui sert à supporter un plancher, un plafond, etc.
🖎 solive.

soliveau n. m. (pl. *soliveaux*)
Petite solive.

sollicitation n. f.
• Action de solliciter.
• Démarches pressantes.
🖎 sollicitation.

solliciter v. tr.
• Prier avec insistance. *Elle sollicita l'appui de ses collègues. Solliciter une faveur. On l'avait sollicité de se joindre à l'équipe.*
🖚 Suivi d'un infinitif, le verbe se construit avec la préposition **de.**
• Attirer, séduire. *Des vitrines magnifiques qui nous sollicitent constamment.*
🖎 solliciter.

sollicitude n. f.
Soin attentif.
🖎 sollicitude.

solo adj. et n. m.
• **Adjectif invariable en genre.** Qui joue seul. *Des contrebasses solos.*
• **Nom masculin.** Pièce musicale interprétée par un seul artiste. *Des solos excellents.*

solstice n. m.
Chacune des deux époques de l'année correspondant au jour le plus long et au jour le plus court. *Le solstice d'été (21 juin), le solstice d'hiver (21 décembre), dans l'hémisphère Nord.*
🖎 solstice.

soluble adj.
• Qui peut se dissoudre. *Une substance soluble.*
• Qui peut être résolu. *Une question soluble.*

soluté n. m.
Solution médicamenteuse. *Des solutés hydratants.*

solution n. f.
• **Du verbe *dissoudre***
- Action de dissoudre un corps dans un liquide.
- Liquide qui contient un corps dissous. *Une solution médicamenteuse.*
- *Solution de continuité.* Rupture dans un tout homogène, interruption dans une suite, une série.
• **Du verbe *résoudre***
- Résolution d'un problème donné, théorique ou pratique. *La solution d'un problème mathématique.*
- Ensemble de décisions susceptibles de résoudre une difficulté. *Il faudrait trouver rapidement une solution.*
- Dénouement, conclusion. *Aucune solution n'est intervenue dans l'enlèvement des diplomates.*

solutionner v. tr.
Trouver une solution.
🖚 Ce mot est critiqué par de nombreux auteurs, mais il est passé dans l'usage; on pourra lui préférer **résoudre, apporter une solution.**

solvabilité n. f.
État de la personne physique ou morale qui est solvable.

solvable adj.
Qui peut payer ses créanciers. *Ce client est solvable.*

solvant n. m.
Corps qui peut dissoudre un autre corps. *Des solvants inflammables.*

somali, ie ou **somalien, ienne** adj. et n. m. et f.
De Somalie. *Un film somali ou somalien. Un Somali, un Somalien, une Somalie, une Somalienne.*
🖚 L'adjectif s'écrit avec une minuscule; le nom, avec une majuscule.

sombre adj.
• Qui reçoit peu de lumière. *Une pièce sombre.*
• *Coupe sombre.* Réduction importante. *Il y aura une coupe sombre dans les frais de représentation.*
• *Couleur sombre.* Couleur foncée.
• Taciturne, morose. *Une humeur sombre.*

sombrer v. intr.
Couler, en parlant d'un navire.

sombrero n. m.
👄 Le *e* se prononce *é* [sɔ̃brero].
Chapeau mexicain à large bord. *Des sombreros brodés.*

-some suff.
Élément du grec signifiant «corps». *Chromosome.*

sommaire adj. et n. m.
• **Adjectif.** Succinct, rudimentaire. *Une explication sommaire.*
• **Nom masculin.** Résumé.
▱➤ som**maire.**

sommairement adv.
• En résumé.
• Sans formalités.
▱➤ som**mairement.**

sommation n. f.
• Mise en demeure, ordre. *Le gardien fit une sommation et se mit à tirer.*
• (Math.) Somme de plusieurs quantités.
▱➤ som**mation.**

somme n. m. et f.
• **Nom masculin**
Sieste. *Faire un petit somme.*
• **Nom féminin**
- Résultat d'une addition. *La somme s'élève à 115.*
- *Somme partielle.* Résultat de l'addition d'une partie des quantités. *La somme partielle* (et non le **sous-total).*
- *Somme globale.* Résultat de la compilation de divers totaux. *La somme globale* (et non le **grand total).*
- Quantité déterminée d'argent. *Vous n'y pensez pas : c'est une grosse somme!*
▱┤— Ne pas confondre avec le nom *montant,* chiffre auquel s'élève un compte, un paiement.
- *En somme, somme toute,* locution adverbiale. En résumé.

sommeil n. m.
État d'une personne qui dort. *Avoir sommeil, tomber de sommeil.*
Ant. **veille.**

sommeiller v. intr.
Dormir légèrement.

sommelier n. m.
sommelière n. f.
Personne chargée du service des vins dans un restaurant.
▱➤ som**melier.**

sommer v. tr.
Mettre en demeure. *Il a sommé les malfaiteurs de se rendre.*

sommet n. m.
• Partie la plus élevée de quelque chose. *Le sommet de l'Everest est situé à 8 848 mètres.*
• Conférence réunissant des chefs d'État. *Le Sommet de la francophonie. Une conférence au sommet.*
▱┤— Lorsqu'il désigne la réunion des chefs d'État, le nom s'écrit avec une majuscule.

sommier n. m.
Partie d'un lit sur lequel repose le matelas.
▱➤ som**mier.**

sommité n. f.
Spécialiste éminent. *Ce professeur est une sommité dans le domaine de l'athérosclérose.*
▱➤ som**mité.**

somnambule adj. et n. m. et f.
Personne qui, dans son sommeil, fait certains actes (par exemple, marcher).
▱➤ somnambule.

somnambulisme n. m.
État d'une personne somnambule.
▱➤ somnambulisme.

somnifère adj. et n. m.
• **Adjectif.** Qui provoque le sommeil.
• **Nom masculin.** Substance qui endort. *Prendre des somnifères.*
▱┤— Le mot s'emploie surtout comme nom.
V. **soporifique.**

somnolence n. f.
État intermédiaire entre le sommeil et la veille. *Ce médicament peut provoquer de la somnolence.*
▱➤ somnolence.

somnolent, ente adj.
Qui est à moitié endormi
▱➤ somnolent.

somnoler v. intr.
Dormir légèrement.
▱➤ somnoler.

somptuaire adj.
• (Vx) Relatif aux dépenses.
• De luxe, excessif. *Des dépenses somptuaires.*
▱┤— L'emploi de l'adjectif en ce sens est critiqué, car l'expression *dépenses somptuaires* constitue un pléonasme (sens premier du terme).
▱➤ somptu**aire.**

somptueusement adv.
D'une manière somptueuse.

somptueux, euse adj.
Luxueux, splendide. *Un palais somptueux, une fête somptueuse.*

somptuosité n. f.
Magnificence.

son adj. poss. m. sing.
• L'adjectif possessif détermine le nom en indiquant le «possesseur» de l'objet désigné. Il s'accorde en genre et en nombre avec le nom déterminé. *Son jardin.*
• Il s'accorde en personne avec le nom désignant le «possesseur». Ainsi, l'adjectif possessif *son* renvoie à un seul «possesseur» d'un être, d'un objet de genre masculin.
▱┤— Devant un nom féminin commençant par une voyelle ou un *h* muet, c'est aussi la forme masculine *son* qui est employée pour des raisons d'euphonie. *Son amie, son histoire.*
V. Tableau - **POSSESSIF (ADJECTIF).**

son n. m.
• Bruit produit par des vibrations. *Un son aigu, un son grave.*
• *Au(x) son(s) de.* En écoutant.
• Élément du langage parlé. *La phonétique étudie les sons du langage.*
• *Son et lumière.* Spectacle nocturne, de nature généralement historique, composé d'illuminations d'édifices

anciens accompagnées d'un commentaire.
• Enveloppe des céréales. *Du pain de son.*
• **Taches de son.** Taches de rousseur.
V. **onomatopée.**

sonar n. m.
Instrument de détection sous-marine. *Des sonars ultra-modernes.*
☞— Le nom est un acronyme de l'anglais «**So**und **Na**vigation **R**anging».

sonate n. f.
Pièce de musique en trois ou quatre mouvements.
☞ sonate.

sonatine n. f.
Petite sonate.
☞ sonatine.

sondage n. m.
Choix d'un certain nombre d'unités dans un groupe (une population), destiné à permettre l'étude de ce groupe, en se fondant uniquement sur les caracté-ristiques des unités choisies. *Des sondages d'opinion.*
☞— Dans l'expression citée en exemple, le nom **opi-nion** s'écrit au singulier.

sonde n. f.
Instrument servant à sonder. *Une sonde spatiale.*

sonder v. tr.
• Examiner à la sonde.
• Scruter. *Sonder les chances de succès d'une entre-prise.*
• Faire un sondage. *Sonder l'opinion.*

sondeur n. m.
sondeuse n. f.
Personne qui fait des sondages.

Son Éminence
Abréviation **S. Ém.** (s'écrit avec des points).
☞— Ce titre s'emploie pour un cardinal.

Son Excellence
Abréviation **S.E.** (s'écrit avec des points).
☞— Ce titre s'emploie pour un ambassadeur ou un évêque.

songe n. m.
(Litt.) Rêve dont on tire des présages.
☞— Ne pas confondre avec les noms suivants :
- **cauchemar,** rêve pénible;
- **rêve,** images qui viennent à l'esprit pendant le sommeil;
- **rêverie,** activité mentale qui s'abandonne à des images, des associations à l'état de veille.

songer v. tr.
Le **g** est suivi d'un **e** devant les lettres **a** et **o.** *Il songea, nous songeons.*
• **Songer à.** Réfléchir. *Il songe à l'avenir* (et non il *jongle).
• Envisager. *Ils songent à acheter une maison.*

songeur, euse adj.
Pensif. *Ces réflexions la laissent songeuse.*

sonique adj.
Qui concerne la vitesse du son.
☞ sonique.

sonnant, ante adj.
• Qui sonne, en parlant de l'heure. *À minuit sonnant, à trois heures sonnantes.*
• **En argent sonnant.** En monnaie métallique. *Payer en argent sonnant ou en espèces sonnantes et trébu-chantes.*

sonner v. tr., intr.
• **Transitif**
Faire résonner. *Sonner les cloches.*
• **Intransitif**
- Émettre une sonnerie. *Le réveil sonne, il est 8 heures.*
- Actionner une sonnerie. *On a sonné.*

sonnerie n. f.
Son produit par une sonnette, un timbre. *Une sonnerie électrique.*

sonnet n. m.
↔ Le **t** est muet [sɔnɛ].
Poème. *Les sonnets de Ronsard.*
☞ sonnet.

sonnette n. f.
Timbre, sonnerie électrique.
☞— Ne pas confondre avec les noms suivants :
- **bourdon,** grosse cloche d'une cathédrale, d'une ba-silique;
- **carillon,** groupe de petites cloches;
- **cloche,** appareil sonore vibrant sous les coups d'un battant.
- **clochette,** petite cloche.
☞ sonnette.

sono n. f.
Abréviation familière de **sonorisation.**

sonore adj. et n. f.
• **Adjectif.** Qui produit un son. *Un film sonore.*
• **Nom féminin. Consonne sonore.** (Ling.) *Les lettres* **b, d, g, l, m, n, r, v, z** *sont des sonores.*

sonorisation n. f.
• S'abrège familièrement en **sono** (s'écrit sans point).
• Action de sonoriser.
• Ensemble des appareils utilisés pour sonoriser un lieu.

sonoriser v. tr.
• (Ling.) Rendre sonore une lettre sourde.
• Ajouter des éléments sonores. *Sonoriser un diapo-rama.*
• Doter d'une installation pour amplifier les sons.

sonorité n. f.
• Qualité de ce qui est sonore. *Une sonorité chaude et douce.*
• Acoustique d'un lieu.

sonothèque n. f.
Collection d'effets sonores.

sophisme n. m.
Raisonnement faux.
☞ sophisme.

sophistication n. f.
Caractère sophistiqué.
☞ sophistication.

sophistiqué, ée adj.
• Recherché, parfois à l'excès. *Une tenue très sophis-tiquée.*
• Complexe, très perfectionné, évolué. *Du matériel in-formatique sophistiqué.*
☞ L'emploi de l'adjectif au sens de «très perfec-tionné», calqué de l'anglais, est critiqué.
✏ so**ph**istiqué.

soporifique adj. et n. m.
• **Adjectif**
- Qui provoque le sommeil.
☞ Ce mot s'emploie généralement comme adjectif et il est souvent péjoratif.
- Très ennuyeux. *Un discours soporifique.*
• **Nom masculin**
Substance qui endort.
☞ Le nom *somnifère* est davantage usité.
V. **somnifère**.

soprano n. m. et f.
◁ Le premier *o* est ouvert [sɔprano].
• **Nom masculin.** La plus aiguë des voix (de femme, de jeune garçon).
• **Nom masculin et féminin.** Personne qui a cette voix. *Des sopranos talentueuses.*

sorbet n. m.
Mets glacé à base de jus de fruits et ne contenant pas de lait ou de crème.
☞ Ne pas confondre avec le nom *glace,* crème glacée.
✏ sorbe**t**.

sorbetière n. f.
Ustensile servant à préparer glaces et sorbets.
✏ sorbe**t**ière.

sorbier n. m.
Arbre qui produit de petits fruits rouges.

sorcellerie n. f.
Ensemble de pratiques magiques (incantation, malé-fices, etc.).
✏ sorce**ll**erie.

sorcier, ière n. m. et f.
Personne qui pratique la sorcellerie.
☞ Ne pas confondre avec le nom *sourcier,* per-sonne qui découvre des sources.

sordide adj.
Répugnant.

sornette n. f. (gén. au pl.)
Baliverne. *Ce ne sont que des sornettes.*
✏ sorne**tt**e.

sort n. m.
• Sortilège. *Jeter des sorts.*
• (Litt.) Destin. *Le sort en a décidé autrement.*
• *Tirer au sort.* Décider par le hasard.
• *Le sort en est jeté.* La décision est prise, de ma-nière irrévocable.
• *Faire un sort à quelque chose.* (Fam.) Le consom-mer entièrement. *On a fait un sort au rôti.*
☞ Le verbe a un sens positif, contrairement à ce que l'on croit.

sortable adj.
Qui est présentable. *Cet enfant n'est pas sortable; il est trop turbulent.*

sortant, ante adj.
Dont le mandat est terminé. *Les maires sortants.*
☞ Ne pas confondre avec le participe présent in-variable *sortant. Les pensionnaires sortant le soir.*

sorte n. f.
_____

• Genre, catégorie d'êtres, de choses. *Une sorte d'oiseaux, des sortes de fleurs.*
☞ En ce sens, le complément du nom se met au pluriel.
☞ Le collectif s'emploie en bonne ou en mau-vaise part.
• *Sorte* + complément. *Cette sorte de poires sont succulentes. Une sorte de voyou est entré dans l'appartement.*
☞ L'accord du verbe ou de l'adjectif se fait avec le complément au pluriel du nom ou du pronom lorsque *sorte* est employé comme sujet.
V. Tableau - **COLLECTIF**.
• *Toute(s) sorte(s) de* + nom au pluriel. De tous les genres. *Toutes sortes de voitures.*
• Espèce. *Une sorte de comédie.*
☞ Le nom s'emploie aussi pour marquer une approximation, une chose dont le caractère est mal défini. En ce sens, le complément du nom se met au singulier.
• **Locutions**
- *De la sorte,* locution adverbiale. Ainsi.
- *En quelque sorte,* locution adverbiale. Pour ainsi dire.
- *De (telle) sorte que,* locution conjonctive. Si bien que.
☞ La locution se construit avec l'indicatif pour marquer une conséquence réelle, un fait acquis. *Il a agi de telle sorte qu'il a gagné son pari.*
☞ La locution se construit avec le subjonctif pour marquer une conséquence éventuelle. *Tous les préparatifs seront faits de sorte que nous ne soyons pas pris au dépourvu.*
_____

sortie n. f.
• Action de quitter un lieu. *L'heure de la sortie, la porte de sortie* (et non l'*exit).
• Mouvement de colère. *Faire une sortie contre quel-qu'un.*
• *Sortie-de-bain.* Peignoir. *De belles sorties-de-bain.*
• (Inform.) Ensemble d'informations traitées par l'ordi-nateur. *Les sorties* (et non *outputs) apparaissent sous diverses formes en fonction des périphériques : listage, affichage à l'écran, etc.

sortilège n. m.
Maléfice.
✏ sortilège.

sortir v. tr., intr., pronom.
• **Transitif**
Mener dehors. *Sortir son vélo et son chien. Sortir le bébé quand il fait chaud.*

• **Intransitif**
- Quitter un lieu. *Sortir de la maison.*
☞ Le verbe se conjugue avec l'auxiliaire **être** dans la construction intransitive, avec **avoir** dans la construction transitive. *Elles sont sorties du bureau, ils ont sorti leurs voitures.*
- Commencer à paraître. *Les feuilles commencent à sortir.*
- Être diffusé. *Ce livre vient de sortir.*
• **Pronominal**
Se tirer d'affaire. *Est-ce qu'il arrivera à se sortir de cette impasse, à s'en sortir?*
V. Tableau - **SORTIR (CONJUGAISON DU VERBE).**

sortir n. m.
Au sortir de, locution prépositive. Au moment où l'on sort de. *Au sortir du lit.*

SOS n. m.
Signal international de détresse signifiant «au secours».
☞ Le signal est composé de trois points (s), trois traits (o), trois points (s), dans l'alphabet morse.

sosie n. m.
👄 Le **o** est ouvert [sɔzi].
Personne qui ressemble beaucoup à quelqu'un. *Elle est le sosie de la princesse.*
☞ Ce nom ne comporte pas de forme féminine.

sot, sotte adj. et n. m. et f.
Niais, borné.
☞ Ne pas confondre avec les noms suivants :
- *saut,* bond;
- *sceau,* cachet;
- *seau,* récipient.
▭▷ so**t,** so**tte.**

sottement adv.
Bêtement.
▭▷ so**tt**ement.

sottise n. f.
Bêtise, stupidité.

sou n. m.
• Pièce de monnaie de peu de valeur.
• (Vx) Cent (monnaie). *Vingt-cinq sous.*
• *Machine à sous.* Appareil qui fonctionne à l'aide de pièces de monnaie.
• *N'avoir pas le sou.* Être sans ressource.
• *Question de gros sous.* (Fam.) Question d'argent.
Hom. :
- *soue,* étable à porcs;
- *soûl,* ivre.

souahéli
V. swahili.

soubassement n. m.
Partie inférieure d'une construction.
▭▷ sou**b**assement.

soubresaut n. m.
👄 Le **s** de la troisième syllabe se prononce **s** (et non *z) [subrəso].

Mouvement brusque d'une personne, d'une chose. *Les soubresauts de la voiture sur un mauvais chemin.*

soubrette n. f.
(Litt.) Femme de chambre.
▭▷ soubre**tt**e.

souche n. f.
• Partie du tronc d'un arbre qui reste en terre, quand l'arbre a été coupé.
• Origine d'une famille.
• *Faire souche.* Avoir des descendants.

souci n. m.
• Tracas, inquiétude. *Ne vous faites pas de souci. Il a beaucoup de soucis.*
• Préoccupation. *Elle a le souci du travail bien fait.*

soucier v. pronom.
Redoublement du *i* à la première et à la deuxième personne du pluriel de l'indicatif imparfait et du subjonctif présent. *(Que) nous nous souciions, (que) vous vous souciiez.*
• S'inquiéter de. *Nous nous soucions beaucoup de vous et de votre famille. Elles se sont souciées de votre bien-être.*
• *S'en soucier comme de l'an quarante.* Se moquer d'une chose qui ne se produira peut-être jamais.

soucieusement adv.
Avec grand soin.

soucieux, euse adj.
Inquiet, préoccupé.

soucoupe n. f.
• Petite assiette qui se place sous une tasse.
• *Soucoupe volante.* Objet volant d'origine mystérieuse.
V. **ovni.**

soudage n. m.
Action de souder, son résultat.
☞ Ne pas confondre avec le nom **soudure,** assemblage permanent de deux pièces de métal ou la matière employée pour souder.

soudain, aine adj. et adv.
• **Adjectif.** Subit, imprévu. *Une pluie soudaine.*
• **Adverbe.** Tout à coup. *Soudain, il se mit à pleuvoir.*

soudainement adv.
Subitement, tout à coup.

soudaineté n. f.
Caractère de ce qui est soudain.

soudanais, aise adj. et n. m. et f.
Du Soudan. *Une coutume soudanaise. Un Soudanais, une Soudanaise.*
☞ L'adjectif s'écrit avec une minuscule; le nom, avec une majuscule.

souder v. tr., pronom.
• **Transitif.** Réunir par une soudure.
• **Pronominal.** Se réunir pour former un tout. *Ces blocs de glace se sont soudés.*

CONJUGAISON DU VERBE **SORTIR**

INDICATIF

Présent

je sors
tu sors
il sort
nous sortons
vous sortez
ils sortent

Passé composé

j'ai sorti
tu as sorti
il a sorti
nous avons sorti
vous avez sorti
ils ont sorti

Imparfait

je sortais
tu sortais
il sortait
nous sortions
vous sortiez
ils sortaient

Plus-que-parfait

j'avais sorti
tu avais sorti
il avait sorti
nous avions sorti
vous aviez sorti
ils avaient sorti

Passé simple

je sortis
tu sortis
il sortit
nous sortîmes
vous sortîtes
ils sortirent

Passé antérieur

j'eus sorti
tu eus sorti
il eut sorti
nous eûmes sorti
vous eûtes sorti
ils eurent sorti

Futur simple

je sortirai
tu sortiras
il sortira
nous sortirons
vous sortirez
ils sortiront

Futur antérieur

j'aurai sorti
tu auras sorti
il aura sorti
nous aurons sorti
vous aurez sorti
ils auront sorti

CONDITIONNEL

Présent

je sortirais
tu sortirais
il sortirait
nous sortirions
vous sortiriez
ils sortiraient

Passé

j'aurais sorti
tu aurais sorti
il aurait sorti
nous aurions sorti
vous auriez sorti
ils auraient sorti

SUBJONCTIF

Présent

que je sorte
que tu sortes
qu'il sorte
que nous sortions
que vous sortiez
qu'ils sortent

Passé

que j'aie sorti
que tu aies sorti
qu'il ait sorti
que nous ayons sorti
que vous ayez sorti
qu'ils aient sorti

Imparfait

que je sortisse
que tu sortisses
qu'il sortît
que nous sortissions
que vous sortissiez
qu'ils sortissent

Plus-que-parfait

que j'eusse sorti
que tu eusses sorti
qu'il eût sorti
que nous eussions sorti
que vous eussiez sorti
qu'ils eussent sorti

IMPÉRATIF

Présent

sors
sortons
sortez

Passé

aie sorti
ayons sorti
ayez sorti

PARTICIPE

Présent

sortant

Passé

sorti, ie
ayant sorti

INFINITIF

Présent

sortir

Passé

avoir sorti

soudeur n. m.
soudeuse n. f.
Personne qui fait de la soudure.

soudoyer v. tr.
Le *y* se change en *i* devant un *e* muet. *Il soudoie, il soudoiera.*
Acheter quelqu'un. *Le gardien a été soudoyé. Ces étudiants soudoient leurs camarades pour copier leurs travaux.*

soudure n. f.
• Assemblage permanent de deux pièces de métal.
• Matière employée pour souder.
🖐 Ne pas confondre avec le nom **soudage,** action de souder ou son résultat.

soue n. f.
Étable à porcs.
Hom. :
- *sou,* pièce de monnaie de peu de valeur;
- *soûl,* ivre.

souffle n. m.
• Air exhalé.
• *À bout de souffle.* Épuisé.
🖝 souffle.

soufflé n. m.
Entremets dont la pâte gonfle au four. *Un soufflé au fromage.*
🖝 soufflé.

souffler v. tr., intr.
• **Transitif**
- Expulser de l'air. *Souffler ses bougies d'anniversaire.*
- Murmurer. *Elle lui a soufflé la réponse.*
• **Intransitif**
- Déplacer l'air. *Le vent souffle.*
- Respirer difficilement.
- S'arrêter pour reprendre haleine. *Laissez-moi souffler!*
🖝 souffler.

soufflet n. m.
• Gifle.
• Appareil destiné à souffler de l'air pour attiser le feu.
🖝 soufflet.

souffleter v. tr.
Redoublement du *t* devant un *e* muet. *Je soufflette, je souffletterai,* mais *je souffletais.*
Gifler.

souffleur n. m.
souffleuse n. f.
• Personne qui souffle le verre.
• Personne qui souffle les répliques au théâtre.
🖝 souffleur.

souffleuse n. f.
Au Canada, chasse-neige muni d'un dispositif hélicoïdal qui souffle la neige. *La souffleuse n'a pas encore dégagé la route.*

souffrance n. f.
• Douleur physique ou morale.
• *En souffrance.* Se dit de marchandises qui n'ont pas

encore été livrées. *Cet article est en souffrance* (et non **back-order*).
• *En souffrance.* Se dit d'une somme (créance, dette, intérêts) qui n'a pas été versée à la date prévue. *Un compte en souffrance* (et non **passé dû*).
🖝 souffrance.

souffrant, ante adj.
Malade, qui ne se sent pas bien. *Elle est un peu souffrante.*
🖝 souffrant.

souffre-douleur n. m. inv. (pl. *souffre-douleur*)
Victime. *Elle est toujours le souffre-douleur de son frère.*
🖐 Attention au genre masculin de ce nom : *un* souffre-douleur.

souffreteux, euse adj.
Maladif.
🖝 souffreteux.

souffrir v. tr., intr., pronom.
INDICATIF PRÉSENT *Je souffre, tu souffres, il souffre, nous souffrons, vous souffrez, ils souffrent.* IMPARFAIT *Je souffrais.* PASSÉ SIMPLE *Je souffris.* FUTUR *Je souffrirai.* CONDITIONNEL PRÉSENT *Je souffrirais.* IMPÉRATIF PRÉSENT *Souffre, souffrons, souffrez.* SUBJONCTIF PRÉSENT *Que je souffre.* IMPARFAIT *Que je souffrisse.* PARTICIPE PRÉSENT *Souffrant.* PASSÉ *Souffert, erte.*
• **Transitif**
- (Litt.) Tolérer. *Elle ne souffrira pas qu'on la contredise.*
🖐 En ce sens, le verbe se construit avec le subjonctif.
- Supporter. *Elle ne peut la souffrir.*
🖐 Construit avec un complément circonstanciel de temps, le participe passé est invariable. *Les trois mois qu'elle a souffert* («pendant lesquels»). Avec un complément d'objet direct qui précède le verbe, le participe passé s'accorde. *Les incompétents qu'elle a soufferts...*
• **Intransitif**
Ressentir une souffrance physique ou morale. *Il souffre du dos.*
• **Pronominal**
Se supporter.

soufre n. m.
• Symbole *S* (s'écrit sans point).
• Élément chimique de couleur jaune.
🖉 soufre.

soufrière n. f.
Lieu d'où l'on extrait du soufre.
🖉 soufrière.

souhait n. m.
• Vœu, désir. *Des souhaits de prompt rétablissement.*
• *À souhait,* locution adverbiale. Selon les désirs de quelqu'un. *Il fait beau à souhait.*
• *À vos souhaits!* Formule de politesse à l'endroit d'une personne qui éternue.
🖝 souhait.

souhaitable adj.
Désirable. *Cette réforme est souhaitable.*
🖝 souhaitable.

souhaiter v. tr.
Désirer. *Elle souhaite lancer une nouvelle affaire. Il souhaite qu'elle revienne.*
🕮— Le verbe se construit toujours avec le subjonctif; suivi de l'infinitif, le verbe se construit sans préposition ou avec *de. Elle souhaite (de) le rencontrer. Je vous souhaite d'être choisi.*
🕮> souh**ai**ter.

souiller v. tr.
Les lettres **ill** sont suivies d'un *i* à la première et à la deuxième personne du pluriel de l'indicatif imparfait et du subjonctif présent. *(Que) nous souillions, (que) vous souilliez.*
(Litt.) Salir.
🕮> souil**l**er.

souillure n. f.
(Litt.) Tache, impureté, corruption.
🕮> souil**l**ure.

souk n. m.
👄 Le *k* se prononce [suk].
Marché, dans les pays arabes. *Le souk des joailliers, les souks pittoresques.*

soûl, soûle adj.
👄 Le *l* est muet [su] à la forme masculine.
• (Fig.) Grisé. *Il est soûl de soleil.*
• (Fam.) Ivre.
• *Tout mon, ton... soûl,* locution adverbiale. À satiété. *Il a dormi tout son soûl.*
🕮— La graphie *saoul, saoule* est vieillie.
Hom. :
- *sou,* pièce de monnaie de peu de valeur;
- *soue,* étable à porcs.
🕮> so**û**l.

soulagement n. m.
Apaisement. *Pousser un soupir de soulagement.*

soulager v. tr., pronom.
Le *g* est suivi d'un *e* devant les lettres *a* et *o. Il soulagea, nous soulageons.*
• **Transitif**
- Décharger d'un poids, d'une souffrance. *Ce médicament vous soulagera.*
- Apaiser. *Cette bonne nouvelle m'a soulagé.*
• **Pronominal**
Se procurer du soulagement.

soûlaud, aude ou **soûlot, ote** n. m. et f.
(Fam.) Ivrogne.
🕮> so**û**laud, so**û**lot.

soûler v. tr., pronom.
(Fam.) Enivrer.
🕮— La graphie *saouler* est vieillie.
🕮> so**û**ler.

soûlerie n. f.
(Fam.) Beuverie.
🕮> so**û**lerie.

soulèvement n. m.
Révolte, insurrection.
🕮> soul**è**vement.

soulever v. tr., pronom.
Le *e* se change *è* devant une syllabe muette. *Il soulève, il soulevait.*
• **Transitif**
- Lever lentement à faible hauteur. *Soulever un meuble.*
🕮— Ne pas confondre avec les verbes suivants :
- *élever,* placer à un niveau supérieur;
- *lever,* porter de bas en haut;
- *surélever,* accroître la hauteur de quelque chose.
- Inciter à la révolte.
- Exposer. *Soulever un problème, une question.*
- Provoquer. *Ce film a soulevé l'enthousiasme du public.*
• **Pronominal**
- Se lever légèrement.
- Se révolter. *La foule s'est soulevée.*

soulier n. m.
Chaussure. *Des souliers à talons plats.*

soulignage ou **soulignement** n. m.
• Action de tracer une ligne sous un ou plusieurs mots.
• Trait qui souligne.
🕮— Le soulignement s'emploie pour attirer l'attention du lecteur sur un mot, une expression. Dans les conventions typographiques, le texte souligné sera mis en italique.

souligner v. tr.
• Tracer une ligne sous un mot, un groupe de mots.
• Mettre en évidence. *J'aimerais souligner la remarquable performance de notre nouvelle analyste.*

soumettre v. tr., pronom.
INDICATIF PRÉSENT *Je soumets, tu soumets, il soumet, nous soumettons, vous soumettez, ils soumettent.* IMPARFAIT *Je soumettais.* PASSÉ SIMPLE *Je soumis.* FUTUR *Je soumettrai.* CONDITIONNEL PRÉSENT *Je soumettrais.* IMPÉRATIF PRÉSENT *Soumets, soumettons, soumettez.* SUBJONCTIF PRÉSENT *Que je soumette.* IMPARFAIT *Que je soumisse.* PARTICIPE PRÉSENT *Soumettant.* PASSÉ *Soumis, ise.*
• **Transitif**
- Astreindre à des règles, à des formalités. *Soumettre les réfugiés à un contrôle.*
- Proposer au jugement d'un expert, d'un groupe. *Cette question a été soumise au comité.*
• **Pronominal**
Accepter une décision, obéir. *Ils se sont soumis à la directive.*

soumis, ise adj.
Docile.

soumission n. f.
• Docilité.
• Acte écrit par lequel un concurrent à un marché fait connaître ses propositions et s'engage à respecter les clauses du cahier des charges. *Présenter une soumission en réponse à un appel d'offres.*

*soumission la plus basse
Calque de «lowest tenderer» au sens de *moins-disant.*

soumissionnaire n. m. et f.
Personne physique ou morale qui fait une soumission.
🕮> soumissio**nn**aire.

soumissionner v. tr.
Présenter une soumission en réponse à un appel d'offres.
⮞ soumissionner.

soupape n. f.
Appareil automatique de sûreté. *Une soupape de décharge, des soupapes d'admission.*

soupçon n. m.
• Doute. *Avez-vous des soupçons à son égard? Il est au-dessus de tout soupçon.*
• Une très petite quantité. *Je prendrais un soupçon de crème dans mon café.*

soupçonner v. tr.
• Imaginer. *Nous étions loin de soupçonner une telle abondance.*
• Suspecter. *Elle le soupçonne de népotisme.*
⮑ En ce sens, le verbe a généralement une connotation péjorative et a pour complément quelque chose de défavorable, de mauvais.
⮞ soupçonner.

soupçonneux, euse adj.
Méfiant.
⮞ soupçonneux.

soupe n. f.
Bouillon épaissi avec des légumes, du pain, etc. *De la soupe aux légumes, aux pois.*
⮑ Par rapport au mot *potage,* le nom *soupe* désigne un plat plus consistant, moins liquide et moins raffiné.

souper n. m.
• (Vx) Repas du soir.
• Repas pris dans la soirée, après un spectacle, au cours d'une réception, etc.
• Au Canada et dans certaines régions de la francophonie, synonyme de *dîner. Il a préparé un délicieux souper avec gaspacho et homard.*

souper v. intr.
• Prendre un souper.
• Au Canada et dans certaines régions de la francophonie, prendre le repas du soir. *Vous resterez souper, ou à souper, n'est-ce pas?*
• *En avoir soupé de.* (Fam.) En avoir assez de.

soupeser v. tr.
Le *e* se change en *è* devant une syllabe muette. *Il soupèse, il soupesait.*
• Soulever quelque chose pour juger de son poids.
• Évaluer. *Soupeser les arguments de chacun.*

soupière n. f.
Récipient à deux anses dans lequel on sert la soupe.

soupir n. m.
Respiration bruyante. *Il pousse de gros soupirs.*

soupirail, aux n. m. (pl. *soupiraux*)
Petite ouverture d'une cave, d'un sous-sol.

soupirant, ante n. m.
(Plaisant.) Amoureux. *Où est votre soupirant ce soir?*

soupirer v. tr. ind., intr.
• **Transitif indirect**
Désirer ardemment.
⮑ Le verbe transitif indirect se construit avec la préposition *après.*
• **Intransitif**
- Pousser des soupirs.
- (Vx) Être amoureux. *Soupirer pour une jeune beauté.*

souple adj.
Agile, flexible.
⮞ souple.

souplesse n. f.
Flexibilité. *Elle a fait preuve de beaucoup de souplesse.*
⮞ souplesse.

source n. f.
• Point d'émergence d'une nappe d'eau souterraine. *De l'eau de source.*
• Origine, cause. *La source de ce problème. Cette activité est une source de profits.*
• (Au plur.) Références. *Citer ses sources.*
• *De source sûre.* Se dit d'une nouvelle obtenue de personnes bien informées.

sourcier, ière n. m. et f.
Personne qui découvre des sources.
⮑ Ne pas confondre avec le nom *sorcier,* personne qui pratique la sorcellerie.

sourcil n. m.
👄 Le *l* ne se prononce pas [sursi].
Poils qui suivent l'arcade sourcilière, au-dessus de l'orbite. *Un froncement de sourcils.*
⮑ Ne pas confondre avec le nom *cil,* poils qui bordent les paupières.

sourcilier, ière adj.
Relatif aux sourcils. *L'arcade sourcilière.*
⮞ sourcilier.

sourciller v. intr.
Les lettres *ill* sont suivies d'un *i* à la première et à la deuxième personne du pluriel de l'indicatif imparfait et du subjonctif présent. *(Que) nous sourcillions, (que) vous sourcilliez.*
Sans sourciller. En restant impassible. *Il a reçu le verdict sans sourciller.*
⮑ Ce verbe s'emploie généralement dans une tournure négative.

sourd, sourde adj. et n. m. et f.
• **Adjectif**
- Qui ne peut entendre. *Il devient sourd.*
- (Ling.) Non sonore. *Les consonnes f, h, p, t sont sourdes.*
- *Sourd à.* (Fig.) Insensible. *Il est demeuré sourd à ses supplications.*
• **Nom masculin et féminin**
Personne qui n'entend pas.
• **Nom féminin**
Consonne sourde.

sourdement adv.
D'une manière sourde, discrète.

sourdine n. f.
• Petit appareil destiné à amortir les sons.
• *En sourdine.* Sans bruit.

sourd-muet, sourde-muette adj. et n. m. et f.
Personne qui ne peut ni entendre ni parler. *Des sourds-muets, des personnes sourdes-muettes.*
▯← Le nom prend la marque du pluriel aux deux éléments.

sourdre v. intr.
Il sourd, ils sourdent. Il sourdait, ils sourdaient. Ce verbe ne s'emploie qu'à l'infinitif et à la troisième personne du singulier et du pluriel de l'indicatif présent et imparfait.
Jaillir de terre.

souriant, ante adj.
Qui sourit. *Elle est toujours souriante.*

souriceau n. m. (pl. *souriceaux*)
Petit de la souris.

souricière n. f.
• Piège à souris.
• Piège tendu.

sourire v. tr. ind., intr.
INDICATIF PRÉSENT *Je souris, tu souris, il sourit, nous sourions, vous souriez, ils sourient.* IMPARFAIT *Je souriais, tu souriais, il souriait, nous souriions, vous souriiez, ils souriaient.* PASSÉ SIMPLE *Je souris.* FUTUR *Je sourirai.* CONDITIONNEL PRÉSENT *Je sourirais.* IMPÉRATIF PRÉSENT *Souris, sourions, souriez.* SUBJONCTIF PRÉSENT *Que je sourie, que tu souries, qu'il sourie, que nous souriions, que vous souriiez, qu'ils sourient.* IMPARFAIT *Que je sourisse.* PARTICIPE PRÉSENT *Souriant.* PASSÉ *Souri.*
Redoublement du *i* à la première et à la deuxième personne du pluriel de l'indicatif imparfait et du subjonctif présent. *(Que) nous souriions, (que) vous souriiez.*
• **Transitif indirect.** Plaire. *Cette randonnée ne leur sourit pas beaucoup.*
• **Intransitif.** Rire légèrement par un mouvement des lèvres et des yeux.
▯← Le participe passé est toujours invariable.

sourire n. m.
• Mouvement des lèvres et des yeux de la personne qui sourit. *Un beau sourire.*
• *Être tout sourires.*
▯← Dans cette expression, le nom est au pluriel.
▭▻ sourire.

souris n. f.
• Petit mammifère rongeur. *Une souris blanche.*
• (Inform.) Dispositif qui, posé sur une surface et déplacé à la main, commande les mouvements d'un curseur. *La souris de l'ordinateur est un périphérique.*
▭▻ souris.

sournois, oise adj.
Hypocrite, fourbe.

sournoisement adv.
D'une manière sournoise.

sournoiserie n. f.
Hypocrisie.

sous prép.
• La préposition marque une position inférieure dans l'espace, le temps. *Il s'est abrité sous un arbre. Sous le règne de...*
• Marque la dépendance. *Être sous les ordres d'un commandant. Prendre quelqu'un sous sa protection.*
• *Sous peu.* Bientôt.
• Moyennant. *Sous réserve de, sous le silence, sous peine de recevoir une contravention.*
• *Sous prétexte de,* locution prépositive. En donnant comme raison.
• *Sous ce rapport,* locution adverbiale. À cet égard, sous cet angle.

sous- préf.
Les mots composés avec le préfixe **sous-** s'écrivent en deux mots et prennent généralement la marque du pluriel.
▯← Le préfixe marque une infériorité de rang, de fonction, d'ordre. *Le sous-emploi, un sous-ensemble, un sous-locataire.*

sous-alimentation n. f.
Insuffisance de l'alimentation.

sous-alimenté, ée adj.
Qui est alimenté insuffisamment. *Ils sont sous-alimentés.*
▭▻ **sous-alimenté,** avec un trait d'union.

sous-bois n. m. (pl. *sous-bois*)
Végétation qui pousse sous les arbres d'une forêt.
▭▻ **sous-bois,** avec un trait d'union.

*****sous-contrat**
Anglicisme pour ***sous-traitance.***

*****sous-contracteur**
Anglicisme pour ***sous-traitant.***

souscripteur, trice n. m. et f.
Personne qui souscrit (à une œuvre, à une publication).

souscription n. f.
Action de souscrire. *Une souscription à une œuvre. Une encyclopédie vendue par souscription.*

souscrire v. tr., intr.
INDICATIF PRÉSENT *Je souscris, tu souscris, il souscrit, nous souscrivons, vous souscrivez, ils souscrivent.* IMPARFAIT *Je souscrivais.* PASSÉ SIMPLE *Je souscrivis.* FUTUR *Je souscrirai.* CONDITIONNEL PRÉSENT *Je souscrirais.* IMPÉRATIF PRÉSENT *Souscris, souscrivons, souscrivez.* SUBJONCTIF PRÉSENT *Que je souscrive.* IMPARFAIT *Que je souscrivisse.* PARTICIPE PRÉSENT *Souscrivant.* PASSÉ *Souscrit, ite.*
• **Transitif direct.** S'engager à verser une somme en contrepartie de quelque chose. *Souscrire un abonnement à un journal.*
• **Transitif indirect.** Donner son adhésion. *Souscrire à une modification dans un contrat.*
• **Intransitif.** S'engager à donner une somme. *Souscrire pour des œuvres de bienfaisance.*

sous-développé, ée adj.
Pays sous-développé. (Vx) Pays dont l'économie

est faible, où le niveau de vie est très bas.
☞— Cette expression étant péjorative, on dit plutôt aujourd'hui **pays en voie de développement.**

sous-développement n. m. (pl. *sous-développements*)
État d'un pays dont l'économie est faible.

sous-emploi n. m. inv. (pl. *sous-emploi*)
Insuffisance de l'emploi, chômage.
Ant. **plein-emploi.**

sous-ensemble n. m. (pl. *sous-ensembles*)
Subdivision d'un ensemble.

sous-entendre v. tr.
Suggérer quelque chose, sans l'exprimer clairement. *Que voulez-vous sous-entendre?*

sous-entendu n. m. (pl. *sous-entendus*)
Allusion.

sous-estimer v. tr.
Ne pas apprécier à sa juste valeur. *On sous-estime son courage.*
Syn. **sous-évaluer.**
Ant. **surévaluer, surestimer.**

sous-évaluer v. tr.
Estimer au-dessous de sa valeur réelle. *Cette maison est sous-évaluée.*
Syn. **sous-estimer.**

sous-jacent, ente adj.
• Qui est au-dessous. *Une surface sous-jacente.*
• Qui est caché. *Les problèmes sous-jacents.*
☞ **sous-jacent,** avec un trait d'union.

sous-locataire n. m. et f. (pl. *sous-locataires*)
Personne qui loue un bien déjà loué à un locataire. *Si vous décidez de partir, il vous faudra trouver un sous-locataire.*

sous-location n. f. (pl. *sous-locations*)
Action de sous-louer.

sous-louer v. tr.
• Louer d'un locataire.
• Louer à un sous-locataire.

sous-main n. m. inv. (pl. *sous-main*)
• Accessoire de bureau sur lequel on place le papier pour écrire.
• **En sous-main,** locution adverbiale. Secrètement.

sous-marin, ine adj. et n. m.
• **Adjectif.** Qui est ou se fait sous la mer. *La plongée sous-marine.*
• **Nom masculin.** Bâtiment qui peut naviguer sous l'eau. *Des sous-marins nucléaires.*

sous-ministre n. m. et f.
Au Canada, haut fonctionnaire qui seconde le ministre et qui est responsable de la gestion de l'ensemble du ministère.

sous-multiple adj. et n. m.
Se dit d'une quantité contenue exactement dans une autre un certain nombre de fois. *Huit est un sous-*

multiple de trente-deux. *Des sous-multiples décimaux.*
V. Tableau - **MULTIPLES ET SOUS-MULTIPLES DÉCIMAUX.**

sous-payer v. tr.
Payer insuffisamment.

sous-peuplé, ée adj.
Peuplé insuffisamment. *Des régions sous-peuplées.*
Ant. **surpeuplé.**

sous-peuplement n. m. (pl. *sous-peuplements*)
Peuplement insuffisant d'un pays.

sous-plat n. m. (pl. *sous-plats*)
Au Canada, en Belgique, dessous-de-plat.

sous-production n. f. (pl. *sous-productions*)
Production insuffisante.

sous-produit n. m. (pl. *sous-produits*)
• Produit dérivé d'un autre produit. *Le bitume est un sous-produit du pétrole.*
• Imitation. *De pâles sous-produits des originaux.*

soussigné, ée adj. et n. m. et f.
• **Adjectif.** Dont la signature apparaît au bas d'un document.
☞— On réservera ce mot à la langue administrative.
☞— L'adjectif s'accorde avec le pronom sujet. *Nous soussignés certifions...*
☞— 1° Il n'y a pas de virgule entre le pronom, l'adjectif et le verbe.
     2° Par contre, la mention du nom du signataire, de sa qualité, ou de son adresse est inscrite entre virgules à la suite de l'adjectif. *Je soussignée, Florence Lesieur, affirme...*
• **Nom masculin et féminin.** Personne qui a signé au bas d'un document. *Les soussignés reconnaissent...*

sous-sol n. m. (pl. *sous-sols*)
• Partie de l'écorce terrestre située au-dessous de la terre végétale. *Un sous-sol riche en cuivre.*
• Niveau inférieur d'un bâtiment. *Les enfants disposent d'une salle de jeu au sous-sol.*

sous-tendre v. tr.
Servir de fondement. *La théorie qui sous-tend cette expérience.*
☞ sous-tendre.

sous-titre n. m. (pl. *sous-titres*)
• Titre secondaire.
• (Cin.) Traduction du dialogue d'un film en version originale.

sous-titrer v. tr.
(Cin.) Ajouter des sous-titres à un film.

soustraction n. f.
Action de retrancher d'un nombre un nombre plus petit.

soustraire v. tr., pronom.
INDICATIF PRÉSENT *Je soustrais, tu soustrais, il soustrait, nous soustrayons, vous soustrayez, ils soustraient.* IMPARFAIT *Je soustrayais, tu soustrayais, il soustrayait, nous soustrayions, vous soustrayiez, ils soustrayaient.* FUTUR *Je soustrairai.* CONDITIONNEL PRÉSENT *Je soustrairais.* IMPÉRATIF PRÉSENT *Soustrais, soustrayons, soustrayez.*

SUBJONCTIF PRÉSENT *Que je soustraie, que tu soustraies, qu'il soustraie, que nous soustrayions, que vous soustrayiez, qu'ils soustraient.* PARTICIPE PRÉSENT *Soustrayant.* PASSÉ *Soustrait, aite.* Le passé simple et l'imparfait du subjonctif sont inusités.
Le *y* est suivi d'un *i* à la première et à la deuxième personne du pluriel de l'indicatif imparfait et du subjonctif présent. *(Que) nous soustrayions, (que) vous soustrayiez.*
• **Transitif**
- Retrancher d'un nombre.
- Dérober. *On a soustrait des papiers importants.*
• **Pronominal**
Échapper. *Se soustraire à une obligation.*

sous-traitance n. f. (pl. *sous-traitances*)
Recours à des sous-traitants. *Des sous-traitances fréquentes* (et non des **sous-contrats*).
☞ sous-trait**ance.**

sous-traitant, ante adj. et n. m.
Personne physique ou morale proposée par le titulaire d'un marché pour exécuter, sous la responsabilité du titulaire, une partie des prestations. *Ce sont des sous-traitants* (et non des **sous-contracteurs*) *qui exécutent les travaux.*

sous-traiter v. tr.
Faire appel à un sous-traitant. *Les travaux de peinture ont été sous-traités.*

sous-verre n. m. inv. (pl. *sous-verre*)
Image, photographie, etc., recouverte d'une plaque de verre.

sous-vêtement n. m. (pl. *sous-vêtements*)
Vêtement de dessous.

sous-virer v. intr.
(Auto.) Déraper par l'avant, vers l'extérieur de la courbe. Ant. **survirer.**

soutane n. f.
Longue robe du prêtre.

soute n. f.
• Cale d'un navire.
• Niveau inférieur de la carlingue d'un gros porteur. *La soute à bagages.*

soutenance n. f.
Action d'exposer une thèse de doctorat devant un jury.

soutènement n. m.
Appui. *Un mur de soutènement.*

souteneur n. m.
Proxénète.

soutenir v. tr., pronom.
INDICATIF PRÉSENT *Je soutiens, tu soutiens, il soutient, nous soutenons, vous soutenez, ils soutiennent.* IMPARFAIT *Je soutenais.* PASSÉ SIMPLE *Je soutins.* FUTUR *Je soutiendrai.* CONDITIONNEL PRÉSENT *Je soutiendrais.* IMPÉRATIF PRÉSENT *Soutiens, soutenons, soutenez.* SUBJONCTIF PRÉSENT *Que je soutienne.* IMPARFAIT *Que je soutinsse.* PARTICIPE PRÉSENT *Soutenant.* PASSÉ *Soutenu, ue.*

• **Transitif**
- Maintenir, supporter. *Cette poutre soutient la charpente.*
- Appuyer. *Soutenir une thèse, soutenir des collègues. Elle soutient que cette affirmation est exacte. Elle ne soutient pas que ce renseignement soit juste.*
☞ À la forme affirmative, le verbe est suivi de l'indicatif. À la forme négative, le verbe est généralement suivi du subjonctif, parfois de l'indicatif.
• **Pronominal**
- Se maintenir en position d'équilibre. *Elle n'arrive plus à se soutenir.*
- S'entraider. *Ces personnes se sont toujours soutenues.*

soutenu, ue adj.
• Se dit d'un style qui évite toute familiarité, qui se maintient à un niveau élevé. *Un style, un registre soutenu* (par opposition à **familier**).
• Constant. *Des efforts soutenus.*
• Accentué. *Un vert soutenu.*

souterrain, aine adj. et n. m.
• **Adjectif.** Qui est sous la terre.
• **Nom masculin.** Excavation. *Un souterrain secret.*
☞ souter**rain.**

soutien n. m.
• Appui. *Un soutien précieux.*
• **Soutien de famille.** Personne qui assure la subsistance d'une famille.
☞ souti**en.**

soutien-gorge n. m. (pl. *soutiens-gorge*)
Sous-vêtement féminin servant à soutenir la poitrine. *Des soutiens-gorge de dentelle* (et non des **brassières*).
☞ Le premier élément du mot composé est le nom **soutien** qui prend la marque du pluriel et non le verbe **soutient.**
☞ souti**en-**gorge.

soutirer v. tr.
(Péj.) Obtenir par la ruse, la persuasion. *Il a réussi à lui soutirer un abonnement.*

souvenance n. f.
(Litt.) Souvenir. *J'ai souvenance de ces doux moments.*

souvenir (se) v. impers., pronom.
INDICATIF PRÉSENT *Je me souviens, tu te souviens, il se souvient, nous nous souvenons, vous vous souvenez, ils se souviennent.* IMPARFAIT *Je me souvenais.* PASSÉ SIMPLE *Je me souvins.* FUTUR *Je me souviendrai.* CONDITIONNEL PRÉSENT *Je me souviendrais.* IMPÉRATIF PRÉSENT *Souviens-toi, souvenons-nous, souvenez-vous.* SUBJONCTIF PRÉSENT *Que je me souvienne.* IMPARFAIT *Que je me souvinsse.* PARTICIPE PRÉSENT *Se souvenant.* PASSÉ *Souvenu, ue.*
• **Impersonnel**
(Litt.) Revenir à la mémoire. *Il me souvient d'avoir lu ce poème. Te souvient-il de ce jour?*
• **Pronominal**
- Se rappeler. *La devise du Québec est Je me souviens.*
☞ Contrairement au verbe **se rappeler,** qui se

construit sans préposition, le verbe **se souvenir** se construit avec **de**. *Ils se sont souvenus de leur promesse.*

☞ Le participe passé s'accorde toujours avec le sujet du verbe.

- *Souviens-t'en* (et non *souviens-toi-z-en), **souvenons-nous-en, souvenez-vous-en.**
- *Se souvenir que.* Le verbe se construit avec l'indicatif dans une phrase affirmative, le subjonctif, dans une phrase négative. *Je me souviens qu'il était là. Je ne me souviens pas qu'il soit venu.*

souvenir n. m.
- Mémoire. *Dans mon souvenir.*
- Choses, impressions que la mémoire a retenues. *J'ai de bons souvenirs de ce voyage.*
- Petit cadeau. *On lui a offert de petits souvenirs de cette ville.*

souvent adv.
Fréquemment, à de nombreuses reprises.

souverain, aine adj. et n. m. et f.
- **Adjectif**
- Efficace, excellent. *Ce médicament est souverain contre les maux de tête,* ou *pour la fièvre.*
- Indépendant. *Un État souverain.*
- Qui n'est subordonné à personne. *Une autorité souveraine.*
- **Nom masculin et féminin**
Roi, empereur, monarque.

souveraineté n. f.
- Autorité suprême. *La souveraineté du peuple.*
- Indépendance. *Cet État accédera-t-il à la souveraineté?*

soviétique adj. et n. m. et f.
D'URSS. *L'Union soviétique. Un Soviétique et une Soviétique.*

☞ L'adjectif s'écrit avec une minuscule; le nom, avec une majuscule.

soya
V. **soja.**

soyeux, euse adj.
Qui a l'aspect de la soie, qui est fin et doux. *Une étoffe soyeuse.*

spacieux, euse adj.
Vaste, grand. *Une bibliothèque spacieuse.*
⟹ spacieux.

spaghetti n. m. (pl. *spaghettis* ou *spaghetti*)
👄 Les lettres *gh* se prononcent *gu* et le *e* se prononce *é* ou *è,* [spageti] ou [spagɛti].
Pâte alimentaire allongée.

☞ Certains auteurs conservent le pluriel italien du mot en *i*; il paraît plus logique d'intégrer le mot au français et de mettre un *s* au pluriel.
⟹ spaghetti.

spasme n. m.
Contraction musculaire.

spasmodique adj.
Qui est relatif au spasme. *Un mouvement spasmodique.*

spatial, ale, aux adj.
Qui est relatif à l'espace. *Des engins spatiaux.*
⟹ spatial.

spatio-temporel, elle adj.
Relatif à l'espace et au temps.
⟹ spatio-temporel.

spatule n. f.
Ustensile formé d'un manche et d'une lame plate.
⟹ spatule.

speaker n. m.
speakerine n. f.
Anglicismes utilisés en France au sens de **annonceur, annonceuse** ou **annonceure, commentateur, commentatrice, présentateur, présentatrice.**

spécial, ale, aux adj.
Particulier. *Des comités spéciaux.*

*spécial
Anglicisme au sens de **extraordinaire**. *Une assemblée extraordinaire* (et non *spéciale).

*spécial du jour
Anglicisme au sens de **plat du jour, menu du jour.**

*spécial (prix)
Anglicisme au sens de **prix réduit.**

*spéciale (livraison)
Anglicisme au sens de **livraison par exprès.**

spécialement adv.
D'une manière spéciale.

spécialisation n. f.
Fait de se spécialiser. *Une spécialisation en microneurochirurgie.*

spécialiser v. tr., pronom.
- **Transitif.** Donner une formation précise.
- **Pronominal.** Acquérir des connaissances dans un domaine particulier. *Ils se sont spécialisés en fiscalité.*

spécialiste adj. et n. m. et f.
- Personne qui a reçu une formation poussée et qui a acquis une grande expérience dans un domaine particulier, surtout scientifique ou technique. *Une spécialiste de l'archéologie.*
- Médecin spécialisé dans un domaine précis (par opposition à un **généraliste**). *Un neurochirurgien est un spécialiste.*

spécialité n. f.
- Secteur d'études, d'activité auquel une personne se consacre. *Une spécialité en droit constitutionnel, en médecine interne.*
- Mets typique d'une région, d'un chef. *La spécialité du chef.*

*spéciaux
Anglicisme au sens de **soldes.**

spécieux, euse adj.
Qui est de nature à induire en erreur, qui n'a qu'une apparence de vérité. *Des affirmations spécieuses.*
⟹ spécieux.

spécification n. f.
• Action de spécifier.
• Définition des caractéristiques d'un produit, d'un service. *Des spécifications techniques.*
⇨ spécifi**c**ation.

spécificité n. f.
Caractère de ce qui est spécifique.
⇨ spécifi**c**ité.

spécifier v. tr.
Redoublement du *i* à la première et à la deuxième personne du pluriel de l'indicatif imparfait et du subjonctif présent. *(Que) nous spécifiions, (que) vous spécifiiez.*
Mentionner de façon explicite, précise.
⇨ spécifier.

spécifique adj.
Qui est propre à une espèce, à une chose. *La qualité spécifique de ce corps.*
☞ Attention à la construction : l'adjectif se construit avec la préposition **de.** Par contre, l'adjectif *propre* se construit avec la préposition **à.** *Les attributs propres à ces éléments.*
Ant. **générique.**
⇨ spécifique.

spécifiquement adv.
D'une manière spécifique.
⇨ spécifiquement.

spécimen n. m.
⇨ Le *n* se prononce [spesimɛn].
Échantillon. *Des spécimens bien conservés.*
☞ Ce mot d'origine latine est francisé; il s'écrit avec un accent aigu et prend la marque du pluriel.

spectacle n. m.
• Représentation (cinématographique, théâtrale, etc.). *Un spectacle de ballet, de variétés.*
• *Au spectacle de,* locution prépositive. À la vue de.
• *Salle de spectacle(s).* Dans cette expression, le nom *spectacle* se met au singulier ou au pluriel.
• Secteur d'activité touchant le théâtre, le cinéma. *L'industrie du spectacle* (et non le *show business).

spectaculaire adj.
Impressionnant, frappant. *Un incendie spectaculaire, un succès spectaculaire.*
⇨ spectacul**aire.**

spectateur, trice n. m. et f.
Personne qui assiste à un spectacle.

spectral, ale, aux adj.
• Qui a le caractère d'un fantôme. *Des personnages spectraux.*
• Relatif au spectre de la lumière. *Une analyse spectrale.*

spectre n. m.
• Fantôme.
• Décomposition de la lumière solaire en couleurs allant du violet au rouge. *Les couleurs du spectre sont rouge, orangé, jaune, vert, bleu, indigo et violet.*
☞ Ne pas confondre avec le nom *sceptre,* bâton de commandement, symbole de l'autorité.

spéculateur, trice n. m. et f.
Personne qui fait de la spéculation.

spéculatif, ive adj.
Relatif à la spéculation. *Des titres spéculatifs.*

spéculation n. f.
• (Philo.) Considération théorique. *Se livrer à des spéculations.*
• Technique d'achat ou de revente de biens, de titres en vue de tirer profit des fluctuations de leur prix, de leur cours. *Les promoteurs font de la spéculation sur des immeubles du quartier.*

spéculer v. intr.
Faire des spéculations financières.

spéculum n. m.
⇨ Les lettres *u* se prononcent *ou* [spekylɔm].
Instrument médical destiné à faciliter l'examen d'une cavité. *Des spéculums jetables.*
☞ Ce nom d'origine latine est francisé : il s'écrit avec un accent aigu et prend la marque du pluriel.

***speech**
Anglicisme pour **allocution.**

spéléologie n. f.
Étude scientifique des grottes, des gouffres.

spéléologique adj.
Relatif à la spéléologie.

spéléologue n. m. et f.
Spécialiste de la spéléologie.

spermat(o)- préf.
Élément du grec signifiant «semence».

spermatique adj.
Relatif au sperme.

spermatozoïde n. m.
Gamète mâle.
⇨ spermatozoïde.

sperme n. m.
Liquide produit par les glandes reproductrices de l'homme.

spermicide adj. et n. m.
Anticonceptionnel qui détruit les spermatozoïdes. *Un produit spermicide. Des spermicides efficaces.*
⇨ spermi**c**ide.

sphère n. f.
Corps solide en forme de boule. *La sphère terrestre.*
☞ Le nom **sphère** et ses composés **atmosphère, stratosphère** sont du genre féminin, alors que les noms **hémisphère, planisphère** sont du genre masculin.

sphérique adj.
Qui a la forme d'une sphère.

sphincter n. m.
⇨ Le *c* et le *r* sont sonores [sfɛ̃ktɛr].
Muscle qui resserre un orifice naturel. *Des sphincters.*

sphinx n. m.
⇨ Le *x* est sonore [sfɛ̃ks].
• Dans l'Égypte ancienne, personne mythique à corps

de lion et à tête humaine chargée de garder les tombeaux.

☞ En ce sens, le nom s'écrit avec une minuscule; le féminin peu usité de ce nom est **sphinge.**

• (Fig.) Personne énigmatique.

☞ **sphinx.**

sphygmomanomètre n. m.
Appareil servant à mesurer la tension artérielle.
Syn. **tensiomètre.**
☞ **sphy**gmomanomètre.

spi n. m.
Abréviation familière de **spinnaker.**

spinnaker n. m.
☞ Le **r** se prononce [spinakœr] ou [spinakɛr].
• S'abrège familièrement en **spi** (s'écrit sans point).
• Voile d'avant servant à accroître la vitesse. *Des spinnakers multicolores.*

spirale n. f.
Courbe qui tourne autour d'un axe central, souvent en s'écartant de plus en plus. *Un escalier en spirale.*

spiritisme n. m.
Science occulte fondée sur les communications entre les vivants et les âmes des morts.

spiritualité n. f.
Caractère de ce qui est esprit.

spirituel, elle adj. et n. m.
• Immatériel, d'ordre moral. *La vie spirituelle. Le spirituel et le temporel.*
• Qui a de l'esprit. *Une réponse spirituelle.*
Ant. **matériel.**

spirituellement adv.
• En esprit.
• D'une manière spirituelle. *Il lui a répondu très spirituellement.*

spiritueux, euse adj. et n. m.
• **Adjectif.** Qui contient de l'alcool.
• **Nom masculin.** Boisson forte en alcool. *Vins et spiritueux.*
☞ Dans l'affichage des établissements autorisés à vendre des boissons alcooliques, on utilisera les expressions **Vin, bière et spiritueux** (et non *licence complète) pour les restaurants et **Bière, vin et cidre** (et non *épicier licencié) pour les épiceries.

spleen n. m.
☞ Les lettres **ee** se prononcent **i** [splin].
(Vx) Mélancolie.

splendeur n. f.
Magnificence. *La splendeur de Chenonceaux.*
☞ splendeur.

splendide adj.
Magnifique. *Un décor splendide.*
☞ splendide.

spoliation n. f.
(Dr.) Action de spolier.
☞ spoliation.

spolier v. tr.
Redoublement du **i** à la première et à la deuxième

personne du pluriel de l'indicatif imparfait et du subjonctif présent. *(Que) nous spoliions, (que) vous spoliiez.*
(Dr.) Dépouiller quelqu'un d'un bien, d'un droit.
☞ spolier.

spongieux, euse adj.
Qui ressemble à l'éponge, qui s'imbibe comme elle. *Une pelouse spongieuse.*

sponsor n. m.
Anglicisme utilisé en France au sens de **commanditaire.**

sponsoring n. m.
Anglicisme utilisé en France au sens de **commandite.**

sponsoriser v.
Anglicisme utilisé en France au sens de **commanditer.**

spontané, ée adj.
• Instinctif, involontaire. *Une réaction spontanée.*
• Naturel, sincère. *Des personnes spontanées.*

spontanéité n. f.
Franchise, naturel.
☞ spontan**é**ité.

spontanément adv.
• Naturellement.
• Par soi-même. *Il m'a spontanément offert son aide.*
☞ spontan**é**ment.

sporadique adj.
Qui se produit occasionnellement. *Des grèves sporadiques.*
☞ sporadique.

sporadiquement adv.
Occasionnellement.
☞ sporadiquement.

spore n. f.
Cellule reproductrice de certains végétaux. *Les spores des fougères.*
☞ Attention au genre féminin de ce nom : **une** spore.
Hom. **sport,** exercices physiques.

sport adj. inv. et n. m.
• **Adjectif invariable**
- Approprié pour le sport, en parlant d'une chose. *Des vêtements sport.*
- Loyal, selon l'esprit du sport, en parlant d'une personne. *Ils ont été très sport dans la défaite et nous ont offert leurs félicitations.*
• **Nom masculin**
- **Le sport.** Ensemble des exercices physiques comportant des règles précises et qui sont pratiqués sous forme de jeux individuels ou collectifs. *Il aime faire du sport.*
- **Un sport.** Forme particulière de cette activité. *Le ski est son sport préféré.*
Hom. **spore,** cellule reproductrice de certains végétaux.

sportif, ive adj. inv. et n. m. et f.
• **Adjectif**

- Relatif aux sports. *Une compétition sportive.*
- Qui aime le sport, respecte l'esprit du sport.
• **Nom masculin et féminin**
Personne qui pratique un sport.

sportivement adv.
Avec un esprit sportif.

spot n. m.
👄 Le *t* se prononce [spɔt].
Projecteur à faisceau étroit. *Des spots montés sur un rail.*

***spot**
Anglicisme au sens de ***message publicitaire.***

squale n. m.
👄 La lettre *u* se prononce *ou* [skwal].
Poisson de grande taille très vorace. *Le requin est un squale.*
▭➡ squale.

square n. m.
👄 Le nom se prononce à la française [skwar].
Petit jardin public, généralement situé sur une place et souvent entouré d'une grille. *Il a ses bureaux près du square Dominion* (et non près du *carré*).
▭➡ Ce terme ne peut être utilisé comme générique pour nommer les rues qui l'entourent ni les immeubles qui y sont adjacents.

squash n. m.
👄 Le *u* se prononce *ou* [skwaʃ].
Jeu de balle à l'intérieur d'une pièce fermée. *Il joue au squash et au tennis toutes les semaines.*

squatter n. m.
👄 Le *u* se prononce *ou* et le *r* est sonore [skwatɛr].
Personne sans abri qui s'installe dans un logement inoccupé.

squaw n. f.
👄 Le *u* se prononce *ou* [skwa].
Femme mariée, chez les Amérindiens.

squelette n. m.
• Ensemble des os des vertébrés.
• Armature, structure générale. *Le squelette d'un projet.*
▭➡ squelette.

squelettique adj.
Qui ressemble à un squelette.
▭➡ squelettique.

S.S.
Sigle de l'allemand «Schutz-Staffel», police du parti nazi.

St-, Ste-, Sts-, Stes-
Abréviations de ***Saint-, Sainte-, Saints-, Saintes-.***

stabilisateur, trice adj. et n. m.
• **Adjectif.** De nature à stabiliser. *Des effets stabilisateurs, une réglementation stabilisatrice.*
• **Nom masculin.** Dispositif destiné à augmenter la stabilité d'un navire, d'un avion.

stabilisation n. f.
Action d'augmenter la stabilité de quelque chose.

stabiliser v. tr.
Rendre stable.

stabilité n. f.
Caractère de ce qui est stable. *La stabilité d'un véhicule. La stabilité d'une institution.*

stable adj.
Qui est dans un état constant, durable. *Un gouvernement peu stable.*

stade n. m.
• Étape d'un développement. *À ce stade-ci* (et non *stage*).
• Enceinte servant aux manifestations sportives. *Le Stade olympique de Montréal a reçu trois étoiles au classement de Michelin.*
▭➡ Suivis d'un adjectif ou d'un nom commun, les noms d'édifices s'écrivent avec une minuscule; suivi d'un nom propre de lieu, de personne, le mot s'écrit avec une majuscule.

staff n. m.
Plâtre moulé.

***staff**
• Anglicisme au sens de ***personnel.***
• Anglicisme au sens de ***conseil, fonctionnel,*** par opposition à ***hiérarchique.***

stage n. m.
• Période d'essai permettant à une personne de s'initier à l'exercice d'une profession. *Les avocats, les comptables doivent faire un stage.*
• (Fig.) Période de perfectionnement. *Les nouveaux employés feront un stage dans chaque service.*

***stage**
Impropriété au sens de ***stade.***

stagflation n. f.
(Écon.) Situation économique caractérisée par une tendance à la récession qui s'accompagne d'un accroissement de l'inflation.

stagiaire adj. et n. m. et f.
Personne qui fait un stage.

stagnant, ante adj.
👄 Les lettres *gn* se prononcent distinctement [stag nã, ãt].
• Qui ne s'écoule pas. *Des eaux stagnantes.*
• (Écon.) Qui cesse de croître. *Des chiffres d'affaires stagnants.*

stagnation n. f.
👄 Les lettres *gn* se prononcent distinctement [stag nasjɔ̃].
(Écon.) Phase d'arrêt de la croissance.

stagner v. intr.
👄 Les lettres *gn* se prononcent distinctement [stagne].
• Ne pas couler, en parlant d'un fluide.
• (Fig.) Ne pas progresser. *Les négociations stagnent depuis un mois.*

***stainless steel**
Anglicisme pour ***acier inoxydable.***

stalactite n. f.
Concrétion calcaire qui se forme sous la voûte d'une caverne.
☞ Attention au genre féminin de ce nom : *une* stalactite.
☞ Ne pas confondre avec le nom *stalagmite,* concrétion calcaire qui se forme sur le sol d'une caverne.
☞ Pour se rappeler la distinction entre *stalagmite* et *stalactite,* il suffit de penser à *m* pour «monter» et à *t* pour «tomber».

stalagmite n. f.
Concrétion calcaire qui se forme sur le sol d'une caverne.
☞ Attention au genre féminin de ce nom : *une* stalagmite.
☞ Ne pas confondre avec le nom *stalactite,* concrétion calcaire qui se forme sous la voûte d'une caverne.
☞ Pour se rappeler la distinction entre *stalagmite* et *stalactite,* il suffit de penser à *m* pour «monter» et à *t* pour «tomber».

stalle n. f.
Compartiment. *Les stalles des chevaux.*
▭➪ sta**lle**.

stance n. f.
Poème lyrique.
▭➪ sta**nce**.

stand n. m.
◁➪ Le *d* se prononce [stãd].
Espace réservé à une catégorie de produits, à une entreprise, etc., dans une exposition. *Des stands bien conçus.*

standard adj. gén. inv. et n. m.
• **Adjectif** (généralement invariable)
Normalisé. *Des grandeurs standard ou standards.*
☞ Certains auteurs font accorder l'adjectif en nombre, mais dans l'usage, il demeure généralement invariable.
• **Nom masculin** (pl. *standards*)
- Modèle, étalon. *Des standards adoptés par l'industrie.*
- Lieu où aboutissent les fils d'un réseau téléphonique.

standardisation n. f.
Normalisation. *La standardisation des symboles des unités de mesure.*

standardiser v. tr.
Uniformiser.

standardiste n. m. et f.
Téléphoniste affectée au service d'un standard.

***stand-by**
Anglicisme pour *attente.*

***standing**
Anglicisme pour *niveau de vie, luxe.*

staphylocoque n. m.
Bactérie.
▭➪ sta**phy**locoque.

***star**
Anglicisme pour *vedette, actrice.*

***starting-block**
Anglicisme pour *bloc de départ.*

***starting-gate**
Anglicisme pour *barrière de départ.*

-stat suff.
Élément du grec signifiant «stable». *Rhéostat, thermostat.*

station n. f.
• Lieu d'arrêt des véhicules. *Une station de métro, une station de taxis.*
• Façon de se tenir. *De longues stations debout.*
☞ Le mot *debout* est invariable.
• Ensemble des installations liées à la recherche scientifique, à la production d'émissions, etc. *Une station météorologique, une station spatiale, une station radiophonique.*
• *Station de ski.* Lieu pourvu d'importantes installations destinées à la pratique du ski et au séjour des skieurs (Recomm. off. OLF)

***station**
Anglicisme au sens de *gare.*

station libre-service n. f. (pl. *stations libre-service*)
Poste de distribution d'essence où le service est assuré par le client lui-même. *Une chaîne de stations libre-service.*
☞ La forme abrégée *libre-service* est aussi très courante.
V. **station-service.**

stationnaire adj.
Qui est provisoirement fixe. *Son état est stationnaire.*
▭➪ station**naire**.

stationnement n. m.
• Action de stationner (un véhicule).
• Lieu réservé au stationnement de véhicules. *Laisser sa voiture dans un stationnement, dans un parc de stationnement* (et non un **parking*).
▭➪ station**nement**.

stationner v. tr. et intr.
• **Transitif.** (Fam.) Au Canada, être en stationnement, garer. *Sa voiture est stationnée dans la cour.*
• **Intransitif.** S'arrêter dans un lieu. *Il est difficile de stationner dans le Vieux-Montréal.*
▭➪ station**ner**.

station-service n. f. (pl. *stations-service*)
Poste de distribution d'essence où sont également assurés les services d'entretien courant des véhicules automobiles.
V. **station libre-service.**

statique adj. et n. f.
• **Adjectif**
- Qui est en équilibre. *Une force statique.*
- Qui ne progresse pas. *Des mentalités statiques.*
• **Nom féminin**
Branche de la mécanique qui étudie les conditions d'équilibre des forces.

***statique** (il y a de la)
• (Tél.) Anglicisme au sens de *friture, (bruits) parasites.*
• Anglicisme au sens de *électricité statique.*

statisticien n. m.
statisticienne n. f.
Spécialiste de la statistique.

statistique adj. et n. f.
• **Adjectif**
Relatif à la statistique. *Une analyse statistique.*
• **Nom féminin**
- Ensemble des méthodes permettant d'analyser l'information contenue dans diverses données chiffrées. *La statistique mathématique, la statistique descriptive.*
- Ensemble de données chiffrées relatives à un domaine spécifique. *Des statistiques sur les exportations.*
☞ En français, le terme *statistique* est un collectif au sens de «méthodes d'analyse» et s'emploie au singulier comparativement à l'anglais qui préfère le pluriel. *Le Bureau de la statistique.*

statuaire n. m. et f.
• **Nom masculin.** Sculpteur de statues.
• **Nom féminin.** Art de faire des statues.

statue n. f.
Sculpture représentant une personne, un animal. *Une statue de marbre.*
☞ Les dimensions d'une statue égalent la moitié au moins de la taille naturelle. Une sculpture qui a entre 25 et 80 cm de hauteur est une statuette et si sa hauteur est inférieure à 25 cm, on la nomme *figurine.*
Hom. *statut,* ensemble de règles établies.
☞ stat**ue.**

statuer v. intr.
Prendre une décision au sujet de. *Statuer sur une question.*
☞ Le verbe se construit avec la préposition *sur.*

statuette n. f.
Petite sculpture représentant une personne ou un animal et qui a entre 25 et 80 cm de hauteur.
V. **statue.**

statu quo n. m. inv.
☞ Le *u* de la dernière syllabe se prononce *ou* [sta tykwo].
• Expression latine signifiant «dans l'état où les choses étaient auparavant».
• État actuel des choses. *On ne peut maintenir le statu quo.*
☞ En typographie soignée, les mots étrangers sont composés en italique. Dans des textes déjà en italique, la notation se fait en romain. Pour les textes manuscrits, on utilisera les guillemets.
☞ stat**u** quo.

stature n. f.
Taille. *Il était de stature imposante.*

statut n. m.
• (Au plur.) Règles établies d'une société, d'un groupement. *Les statuts d'un parti politique, d'une société.*
• Situation de fait. *Le statut de la femme.*
☞ L'emploi de ce mot en ce sens, critiqué par certains auteurs, est passé dans l'usage.
Hom. *statue,* sculpture représentant une personne.
☞ statu**t.**

*statut
Anglicisme au sens de *loi.*

*statut civil
Anglicisme pour *état civil.*

statutaire adj.
Ce qui est relatif à un statut, à des statuts. *Des règles statutaires.*
☞ statut**aire.**

statutairement adv.
Conformément aux statuts.

*statuts
Anglicisme au sens de *constitution.*

Sté
Abréviation de *société.*

steak n. m. (pl. *steaks*)
Tranche de bœuf. *Des steaks saignants, à point* (et non *medium*), *bien cuits. Du steak hâché, un steak tartare bien relevé, un steak frites.*

*steak (de saumon)
Anglicisme au sens de *darne* (de saumon).

stèle n. f.
Monument vertical, souvent funéraire. *Une stèle de marbre.*
☞ stè**le.**

stellaire adj.
Relatif aux étoiles.
☞ stel**laire.**

stén(o)- préf.
Élément du grec signifiant «étroit». *Sténose.*

stencil n. m.
👄 Le *n* et le *l* se prononcent [stɛnsil].
Papier servant à la polycopie. *Des stencils.*

sténo n. m. et f.
Abréviation de *sténographie, sténographe. Elle connaît la sténo, ce sont des sténos.*

sténodactylo n. m. et f.
Personne qui pratique la dactylographie et la sténographie. *Des sténodactylos très compétents.*
☞ sténodactylo, en un seul mot.

sténographe n. m. et f.
• Abréviation *sténo* (s'écrit sans point).
• Personne qui pratique la sténographie. *Ils sont d'excellents sténographes.*
☞ sténogra**phe.**

sténographie n. f.
• Abréviation *sténo* (s'écrit sans point).
• Écriture simplifiée qui permet de noter la parole à la vitesse de la prononciation normale. *Apprendre la sténographie.*
☞ sténogra**phie.**

sténographier v. tr.
Redoublement du *i* à la première et à la deuxième personne du pluriel de l'indicatif imparfait et du subjonctif présent. *(Que) nous sténographiions, (que) vous sténographiiez.*

Noter à l'aide de la sténographie.
⇨ sténographier.

sténographique adj.
Relatif à la sténographie.
⇨ sténographique.

sténose n. f.
(Méd.) Rétrécissement.
⇨ sténose, sans trait d'union.

stentor n. m.
⬌ Le *r* est sonore [stɑ̃tɔr].
Voix de stentor. Voix forte et retentissante.
▷— Stentor était un guerrier à la voix puissante dans l'*Iliade,* récit du siège de Troie.

steppe n. f.
Vaste plaine à la végétation pauvre des régions semi-arides.
⇨ steppe.

stéréo- préf.
Les mots composés du préfixe ***stéréo-*** s'écrivent en un seul mot. *Stéréophonie.*

stéréo adj. inv. et n. f.
• **Adjectif invariable.** Abréviation de ***stéréophonique.***
Des chaînes stéréo (et non des *systèmes de son).
• **Nom féminin.** Abréviation de ***stéréophonie.*** *Un concert diffusé en stéréo.*

stéréophonie n. f.
Procédé de reproduction des sons qui permet la distinction des sources sonores.
⇨ stéréophonie.

stéréophonique adj.
Relatif à la stéréophonie.
⇨ stéréophonique.

stéréotype n. m.
Généralisation, cliché. *Des stéréotypes sexistes.*
⇨ stéréotype.

stéréotypé, ée adj.
Figé.
⇨ stéréotypé.

stérile adj.
• Qui ne produit pas de fruits. *Un arbre stérile, une terre stérile.*
• Qui ne peut procréer. *Une homme stérile.*
• Exempt de microbes. *Un pansement stérile.*
⇨ stérile.

stérilet n. m.
Dispositif anticonceptionnel.
⇨ stérilet.

stérilisation n. f.
Action de stériliser. *La stérilisation du lait.*

stériliser v. tr.
• Rendre stérile (une personne), l'empêcher de procréer.
• Rendre stérile (une chose) par la destruction des microbes. *Stériliser des instruments chirurgicaux.*

stérilité n. f.
Impossibilité de procréer, pour un être vivant.

▷— On préférera ce terme à ***infertilité.***
▷— Ne pas confondre avec les noms suivants :
- ***frigidité,*** absence de désir;
- ***impuissance,*** déficience physique ou psychologique, pour l'homme.
Ant. **fertilité.**

sterling adj. inv.
⬌ Se prononce [stɛrliŋ].
Livre sterling. Monnaie anglaise. *Trente livres sterling.*
V. **livre sterling.**

sterne n. f.
Oiseau, appelé vulgairement ***hirondelle de mer.***
▷— Attention au genre féminin de ce nom : ***une*** sterne.

sternum n. m. (pl. *sternums*)
⬌ Le *u* se prononce *o* [stɛrnɔm].
Os plat de la partie antérieure de la poitrine.

stéthoscope n. m.
Instrument médical qui sert à ausculter.
⇨ stéthoscope.

stigmate n. m.
Marque, cicatrice.
▷— Attention au genre masculin de ce nom : ***un*** stigmate.

stigmatisation n. f.
Action de stigmatiser.
⇨ stigmatisation.

stigmatiser v. tr.
• Marquer de stigmates.
• (Fig.) Blâmer, critiquer publiquement. *Ce député a stigmatisé l'attitude de l'opposition.*
⇨ stigmatiser.

stimulant, ante adj. et n. m.
• **Adjectif.** Qui incite, encourage. *Une rémunération stimulante.*
• **Nom masculin.** Substance propre à accroître l'activité. *Ces médicaments sont des stimulants.*

stimulateur n. m.
Prothèse qui provoque la contraction du cœur. *Un stimulateur cardiaque* (et non un *pace maker).

stimulation n. f.
Action de stimuler.

stimuler v. tr.
• Inciter, augmenter. *Stimuler la production d'une hormone.*
• Encourager. *Stimuler la productivité.*
• Exciter. *Le grand air stimule l'appétit.*
⇨ stimuler.

stimulus ou **stimuli** n. m. (pl. *stimulus* ou *stimuli*)
Agent susceptible de provoquer une réaction d'un organisme. *Des stimulus, des stimuli externes.*

stipendier v. tr.
Redoublement du *i* à la première et à la deuxième personne du pluriel de l'indicatif imparfait et du subjonctif présent. *(Que) nous stipendiions, (que) vous stipendiiez.*
(Litt.) Acheter quelqu'un, le corrompre pour de l'argent.

stipulation n. f.
Clause, convention. *Les stipulations d'un contrat.*

stipuler v. tr.
Spécifier. *Il a été stipulé au contrat que la durée du bail ne pouvait excéder trois ans.*
▭➔ stipuler.

stock n. m.
Marchandises en magasin. *Il faut réduire nos stocks* (et non *l'inventaire).
▭◁ Ne pas confondre avec le nom *inventaire,* relevé détaillé des marchandises d'une entreprise.
▭➔ stock.

*stock
Anglicisme au sens de *actions.*

stockage n. m.
Action de mettre en stock, entreposage. *Le stockage de matières premières.*
▭➔ stockage.

stocker v. tr.
Entreposer, mettre en stock. *Ils sont en rupture de stock : ils n'avaient pas stocké suffisamment.*
▭➔ stocker.

stoïcisme n. m.
Courage, fermeté dans l'adversité.
Ant. **épicurisme.**
▭➔ stoïcisme.

stoïque adj.
Courageux, ferme.
▭➔ stoïque.

stoïquement adv.
De façon stoïque.
▭➔ stoïque.

stomacal, ale, aux adj.
(Vx) Relatif à l'estomac. *Des sucs stomacaux.*
V. **gastrique.**
▭➔ stomacal.

stomat(o)- préf.
Élément du grec signifiant «bouche». *Stomatologue.*

stomatologie n. f.
Spécialité de la médecine ou de la chirurgie dentaire qui traite des maladies de la bouche et du système dentaire.
▭➔ stomatologie.

stomatologiste ou **stomatologue** n. m. et f.
Spécialiste de la stomatologie.
▭➔ stomatologiste, stomatologue.

stop interj. et n. m.
⬤ Le *p* se prononce [stɔp].
• Interjection
- Ordre d'arrêter. *Stop! on ne passe pas.*
- Mot servant à séparer les phrases d'un télégramme. *Un message ponctué de stops.*
• Nom masculin
- Signal d'arrêt. *Les stops sont indiqués sur des panneaux de signalisation octogonaux rouges.*
- (Fam.) Auto-stop. *Faire du stop.*
▭◁ Le nom se met en apposition pour désigner un

mode de transport gratuit. *Faire du bateau-stop.*
V. **auto-stop.**

stoppage n. m.
Action de repriser un tissu déchiré, usé.
▭➔ sto**pp**age.

stopper v. tr., intr.
• Transitif
- Arrêter. *Stoppez les moteurs! Nous avons été stoppés par un embouteillage.*
- Repriser un vêtement. *Il faudrait stopper cette déchirure.*
• Intransitif
S'arrêter. *Pour éviter un chien, nous avons stoppé brusquement.*
▭➔ sto**pp**er.

stoppeur, euse n. m. et f.
(Fam.) Auto-stoppeur. *Cette autoroute est interdite aux stoppeurs.*
▭➔ sto**pp**eur.

*storage
Anglicisme pour *garde-meuble(s), entreposage.*

store n. m.
Rideau ou panneau disposé devant une ouverture, qui s'enroule ou se replie. *Elle baissa le store.*
▭◁ Ne pas confondre avec les noms suivants :
- *draperie,* tissu drapé;
- *rideau,* pièce d'étoffe souvent plissée destinée à tamiser la lumière, à masquer quelque chose;
- *store vénitien,* rideau à lamelles orientables;
- *tenture,* étoffe qui orne une fenêtre, un mur.

store vénitien n. m.
Rideau à lamelles orientables. *Des stores vénitiens horizontaux ou verticaux.*
V. **store.**

strabisme n. m.
Trouble de la vue caractérisé par un défaut de parallélisme des yeux.

stradivarius n. m. inv.
⬤ Le *s* final se prononce [stradivarjys].
Violon fabriqué par Stradivarius. *De magnifiques stradivarius.*
▭◁ Le nom du violon s'écrit avec une minuscule.

strangulation n. f.
Action d'étrangler. *Il est mort par strangulation.*
▭➔ strangulation.

strapontin n. m.
Siège qu'on peut relever et abaisser à volonté (dans un véhicule, une salle de spectacle). *Les strapontins d'une limousine.*
▭➔ strapontin.

strass ou **stras** n. m.
⬤ Le ou les *s* de la finale se prononcent [stras].
Imitation de pierres précieuses. *Une broche en strass.*
▭◁ Le nom s'orthographie généralement *strass.*

stratagème n. m.
Ruse, feinte.
▭➔ stratag**è**me.

strate n. f.
Couche de terrain.
☞ strate.

stratège n. m. et f.
Personne habile à concevoir des stratégies.

stratégie n. f.
Art de planifier et de coordonner un ensemble d'opérations en vue d'atteindre un objectif.
☞ Alors que la **stratégie** porte surtout sur la conception d'actions coordonnées, la **tactique** concerne la mise en œuvre, l'exécution de la stratégie.

stratégique adj.
Relatif à la stratégie. *Une décision stratégique.*

stratification n. f.
Disposition par couches superposées.

stratifié, ée adj. et n. m.
• **Adjectif.** Qui est en couches superposées. *Des minéraux stratifiés.*
• **Nom masculin.** Matériau constitué de couches de matières diverses qui sont collées. *Une table en stratifié* (et non en *arborite).

strato-cumulus n. m. inv.
◁ Le **s** final se prononce [stratɔkymylys].
Nuage. *Des strato-cumulus peu nombreux.*
☞ strato-cumulus.

stratosphère n. f.
Couche de l'atmosphère.
☞ stratosph**è**re.

stratosphérique adj.
Relatif à la stratosphère. *Une sonde stratosphérique.*

stratus n. m.
◁ Le **s** final se prononce [stratys].
Bande de nuages. *Des stratus blanchâtres.*

streptocoque n. m.
Bactérie qui cause de graves infections.
☞ streptoco**que**.

stress n. m. inv.
◁ Les **s** de la finale se prononcent [strɛs].
Ensemble des réactions d'un organisme qui est soumis à diverses agressions. *Des stress éprouvants.*

stressant, ante adj.
Qui cause un stress. *Un travail stressant, des conditions stressantes.*

stresser v. tr.
Causer un stress, une tension. *Ils sont trop stressés.*

strict, icte adj.
◁ Les lettres **ct** se prononcent au masculin comme au féminin [strikt].
• Rigoureux, exact. *C'est la stricte vérité.*
• Rigide. *Ce professeur est très strict sur cette question.*
• Réduit à l'essentiel, au minimum. *Le strict nécessaire.*
• *Sens strict.* Sens propre d'un mot.
• Austère. *Une tenue très stricte.*

strictement adv.
De manière stricte. *Une affaire strictement personnelle.*

stricto sensu adv.
◁ Le **u** se prononce **ou** [striktosɛ̃sy].
Au sens strict, restreint.
☞ En typographie soignée, les mots étrangers sont composés en italique. Dans des textes déjà en italique, la notation se fait en romain. Pour les textes manuscrits, on utilisera les guillemets.
Ant. **lato sensu.**

strident, ente adj.
Se dit d'un son aigu et perçant. *Une voix trop stridente.*
☞ stri**d**ent.

stridulation n. f.
Cri de la cigale et de certains insectes.

striduler v. intr.
Crier, en parlant de la cigale.

strie n. f. (gén. pl.)
Fines rayures parallèles. *Les stries du revêtement de cette route réduisent le dérapage.*

strié, ée adj.
Marqué de stries.

strier v. tr.
Redoublement du **i** à la première et à la deuxième personne du pluriel de l'indicatif imparfait et du subjonctif présent. *(Que) nous striions, (que) vous striiez.*
Marquer de stries.

***stripping**
Anglicisme pour **ablation de varices.**

***strip-tease**
Anglicisme pour **effeuillage.**

strobo- préf.
Élément du grec signifiant «rotation». *Stroboscope.*

stroboscope n. m.
Instrument qui permet d'observer des objets animés d'un mouvement périodique rapide, à l'aide d'illuminations intermittentes.
☞ strobos**c**ope.

stroboscopie n. f.
Mode d'observation à l'aide du stroboscope.
☞ strobos**c**opie.

strophe n. f.
Partie d'un poème, composée d'un nombre déterminé de vers. *Une strophe de quatre vers est un **quatrain.***
☞ strop**h**e.

structural, ale, aux adj.
• Relatif à la structure. *Des éléments structuraux.*
• Qui analyse les structures. *La linguistique structurale.*

structuralisme n. m.
Théorie fondée sur la prééminence des structures par rapport aux éléments isolés.

structuraliste adj. et n. m. et f.
Partisan du structuralisme.

structuration n. f.
Action de structurer.

structure n. f.
Disposition, arrangement des parties d'un tout. *La structure d'un édifice, d'une œuvre littéraire, une structure hiérarchique.*

structuré, ée adj.
Qui est doté d'une structure. *Un récit bien structuré.*

structurel, elle adj.
Relatif aux structures. *Le chômage structurel.*
Ant. **conjoncturel.**

structurer v. tr., pronom.
• **Transitif.** Organiser selon une structure. *Il faudrait structurer davantage votre analyse.*
• **Pronominal.** Se doter d'une structure.

strychnine n. f.
⇔ Les lettres *ch* se prononcent *k* [striknin].
Poison.
⇨ stry**ch**nine.

stuc n. m.
⇔ Le *c* se prononce [styk].
Enduit imitant le marbre dont on recouvre les murs. *Des stucs bien appliqués.*
⇨ stu**c.**

studieusement adv.
Avec application.

studieux, euse adj.
Qui aime l'étude, appliqué.

studio n. m.
• Atelier (d'artiste, de photographie). *Des studios ensoleillés.*
• Locaux aménagés pour le tournage de films, l'enregistrement d'émissions de radio ou de télévision. *Des studios dotés de tout le matériel nécessaire.*
• Petit appartement composé d'une seule pièce. *Il a loué un joli studio* (et non un **bachelor*).

stupéfaction n. f.
Surprise, étonnement.

stupéfait, aite adj.
Abasourdi, surpris. *Son air stupéfait fit rire tout le groupe.*

stupéfiant, ante adj. et n. m.
• **Adjectif.** Étonnant. *Une nouvelle stupéfiante.*
• **Nom masculin.** Substance toxique qui produit l'inhibition des centres nerveux et peut provoquer l'accoutumance. *La vente des stupéfiants est réglementée.*
🖘 Ne pas confondre avec le mot *narcotique,* substance dont l'absorption entraîne l'engourdissement, le sommeil.

stupéfier v. tr.
Redoublement du *i* à la première et à la deuxième personne du pluriel de l'indicatif imparfait et du subjonctif présent. *(Que) nous stupéfiions, (que) vous stupéfiiez.*
Étonner. *Ces résultats nous ont stupéfiés* (et non **stupéfaits*).

stupeur n. f.
Étonnement, ahurissement.

stupide adj.
Niais, abruti.

stupidement adv.
D'une manière stupide.

stupidité n. f.
Bêtise.

stupre n. m.
(Litt.) Luxure.

style n. m.
• Manière d'exprimer sa pensée. *Le style d'un écrivain, d'un peintre.*
• Ensemble des caractéristiques des œuvres d'art d'une époque. *Des meubles de style.*
🖘 L'adjectif qui qualifie le nom *style* s'écrit généralement avec une minuscule. *Le style baroque, le style corinthien.* Les noms d'époque historique qui déterminent le mot *style* s'écrivent avec une majuscule. *Le style Second Empire, le style Renaissance.*
• (Ling.) Niveau de langue. *Un texte de style soutenu ou littéraire.*
V. **niveau.**
• Manière de se comporter. *Le style de vie de la nouvelle génération.*

stylé, ée adj.
Qui accomplit son travail selon les règles. *Un sommelier stylé.*
⇨ styl**é.**

stylicien, enne n. m. et f.
🖘 Ce nom a fait l'objet d'une recommandation officielle pour remplacer *designer,* mais son usage ne s'est pas imposé.

stylique n. m.
🖘 Ce nom a fait l'objet d'une recommandation officielle pour remplacer *design,* mais son usage ne s'est pas imposé.

stylisation n. f.
Action de styliser.
⇨ styli**s**ation.

styliser v. tr.
Représenter sous une forme décorative simplifiée. *Une fleur stylisée.*
⇨ styli**s**er.

stylisme n. m.
Activité de styliste.
⇨ styli**sm**e.

styliste n. m. et f.
Personne dont la profession est de concevoir et d'adapter des styles de décoration, d'aménagement, d'habillement à un marché donné. *C'est une jeune styliste remplie de talent.*
⇨ styli**st**e.

stylistique adj. et n. f.
• **Adjectif.** Propre au style. *Une étude stylistique, des particularités stylistiques.*
• **Nom féminin.** Étude scientifique des procédés du style.

stylo n. m.
• Porte-plume à réservoir d'encre. *Des stylos* (et non des *plume-fontaine).
• *Stylo à bille, stylo-bille. Des stylos à bille, des stylos-billes jetables.*
• *Stylo-feutre. Des stylos-feutres noirs.*
▭▷ stylo.

stylographe n. m.
(Vx) Stylo.

su, sue adj. et n. m.
• **Adjectif.** Qui est connu, appris. *Des déclinaisons bien sues.*
• **Nom masculin.** *Au vu (et au su) de tous.* À la connaissance de tout le monde, au grand jour.
▭← Le nom ne s'emploie que dans l'expression citée.

suaire n. m.
• (Litt.) Linceul.
• *Le saint suaire.* Le nom de la relique sacrée s'écrit avec des minuscules.
▭▷ su**aire.**

suave adj.
D'une douceur exquise. *Un parfum suave.*

suavement adv.
D'une manière suave.

suavité n. f.
Douceur exquise, délicatesse.

sub- préf.
• Élément du latin signifiant «sous».
• Les mots composés avec le préfixe *sub-* s'écrivent en un seul mot. *Subdiviser, subjectif.*

subalterne adj. et n. m. et f.
• **Adjectif.** Subordonné. *Un emploi subalterne.*
• **Nom masculin et féminin.** Personne qui est soumise à l'autorité de quelqu'un, dans une structure hiérarchique.

subconscient, ente adj. et n. m.
• **Adjectif.** Dont on a à peine conscience.
• **Nom masculin.** Ensemble des états psychiques subconscients.

subdiviser v. tr.
Diviser à nouveau. *Les groupes ont été subdivisés en équipes.*

subdivision n. f.
• Action de subdiviser.
• Partie d'une division. *Les subdivisions d'un chapitre.*

subir v. tr.
• Supporter. *Elle en a assez de subir ses sautes d'humeur.*
• Être l'objet de quelque chose. *Il doit subir une opération cardiaque.*
▭← Le participe passé de ce verbe est *subi, ie* et il ne doit pas être confondu avec l'adjectif *subit, ite.*

subit, ite adj.
⇔ Le *t* ne se prononce pas à la forme masculine [sybi].
Soudain. *Une mort subite.*

▭← Ne pas confondre avec le participe passé *subi, ie* du verbe *subir.*
▭▷ subit, subite.

subitement adv.
D'une manière subite.

subito adv.
(Fam.) Subitement, tout à coup.

subjectif, ive adj.
• Personnel. *Les goûts sont toujours subjectifs.*
• Partial. *Votre perception est très subjective.*
Ant. **objectif.**

subjectivement adv.
D'une manière partiale.

subjectivité n. f.
Caractère de ce qui est subjectif.

subjonctif
V. Tableau - **SUBJONCTIF.**

subjuguer v. tr.
Ce verbe s'écrit toujours avec un *u,* même devant les lettres *a* et *o. Il subjugua, nous subjuguons.*
Conquérir, charmer. *Le groupe a été subjugué par sa détermination et son éloquence.*

sublimation n. f.
• Passage de l'état solide à l'état gazeux.
• Exaltation.

sublime adj. et n. m.
• **Adjectif.** Extraordinaire, merveilleux. *Une interprétation sublime.*
• **Nom masculin.** *Elle recherche le sublime.*

sublimer v. tr.
• Faire passer de l'état solide à l'état gazeux.
• Exalter. *Sublimer un idéal.*

subliminal, ale, aux adj.
Qui atteint l'inconscient. *Des messages subliminaux.*

sublingual, ale, aux adj.
⇔ Le *u* de la troisième syllabe se prononce *ou* [syblēgwal].
Qui est sous la langue. *Une glande sublinguale.*

submerger v. tr.
Le *g* est suivi d'un *e* devant les lettres *a* et *o. Il submergea, nous submergeons.*
• Engloutir sous l'eau.
▭← Ne pas confondre avec les verbes suivants :
- *émerger,* surgir d'un liquide;
- *immerger,* plonger dans un liquide.
• (Fig.) Envahir totalement. *Ils ont été submergés par les commandes.*

submersible n. m.
Sous-marin.

subodorer v. tr.
Soupçonner. *Elle subodore une mauvaise plaisanterie.*
▭▷ subodorer.

subordination n. f.
• Dépendance d'une chose par rapport à une autre.

• Hiérarchie établie entre des personnes qui dépendent les unes des autres. *Des liens de subordination.*
• (Gramm.) Construction d'une phrase selon laquelle une proposition dépend d'une autre.
• *Conjonction de subordination.* Conjonction unissant une proposition subordonnée à une proposition principale. *Quand, que, comme sont des conjonctions de subordination.*
☞ Ne pas confondre avec le nom *subornation*, action de corrompre.

subordonné, ée adj. et n. m. et f.
• **Adjectif.** Qui dépend de quelqu'un, de quelque chose. *Une prime subordonnée au rendement.*
• **Nom masculin et féminin.** Subalterne. *Le chef de service est le subordonné du directeur.*
• **Nom féminin.** (Gramm.) Proposition qui dépend d'une proposition dont elle complète le sens. *Une subordonnée causale, relative.*

subordonner v. tr.
• Établir un ordre de dépendance.
• Faire dépendre d'une condition. *La vente est subordonnée à l'accord du créancier hypothécaire.*
☞ subordonner.

subornation n. f.
Action de corrompre. *La subornation de témoins.*
☞ Ne pas confondre avec le nom *subordination*, hiérarchie, dépendance.

suborner v. tr.
(Litt.) Corrompre. *Suborner un témoin, un expert.*

*subpœna
Anglicisme pour *citation à comparaître.*

subreptice adj.
Caché, illicite. *Un procédé subreptice.*
☞ subreptice.

subrepticement adv.
En cachette, à l'insu de quelqu'un. *Il est entré subrepticement dans leur appartement.*
☞ subrepticement.

subséquemment adv.
☞ La troisième syllabe se prononce *ka* [sypsekamã].
• (Litt. ou dr.) En conséquence.
• Ultérieurement, ensuite.

subside n. m.
☞ Le deuxième *s* se prononce *s* ou *z,* [sypsid] ou [sybzid].

SUBJONCTIF

Le subjonctif exprime une action considérée dans la pensée du sujet plutôt que dans la réalité; c'est le mode du doute, de l'incertitude, du souhait, de la crainte, de la supposition, de la volonté, du désir, de la concession.

Je doute qu'il puisse venir. Il craint qu'il n'y ait pas assez de provisions. Tu souhaites qu'elle réussisse. Elle exigera que les messages soient bien transmis. Je ne crois pas qu'il puisse venir.

Locutions conjonctives

Certaines locutions conjonctives sont toujours suivies du subjonctif.

On consultera les conjonctions et les locutions conjonctives à leur entrée alphabétique où les précisions sur le mode du verbe sont apportées.

Rentre avant qu'il ne pleuve. De peur qu'on ne t'aperçoive. Quoi que tu dises. Qui que tu sois.

Principales locutions conjonctives imposant le subjonctif

à condition que	*de façon que*	*moyennant que*	*sans que*
afin que	*de manière que*	*pour que*	*si bien que*
à moins que	*en admettant que*	*pourvu que*	*si peu que*
à supposer que	*en attendant que*	*quel que*	*si tant est que*
au lieu que	*encore que*	*quelque que*	*soit que*
avant que	*en sorte que*	*qui que*	*supposé que*
bien que	*jusqu'à ce que*	*quoique*	*...*
de crainte que	*malgré que*	*quoi que*	

V. Tableau – **CONCORDANCE DES TEMPS.**
V. Tableau – **INDICATIF.**
V. Tableau – **INFINITIF.**
V. **impératif.**

Aide financière, allocation. *Le Canada a voté des subsides destinés aux pays en voie de développement.*
☞— Attention au genre masculin de ce nom : *un* subside.

subsidiaire adj.
Accessoire, secondaire. *Un aspect subsidiaire.*
☞ subsidi**aire.**

*subsidiaire
Anglicisme au sens de *filiale.*

subsidiairement adv.
Accessoirement.

subsistance n. f.
👄 La deuxième syllabe se prononce *zis* [sybzistãs].
• Ce qui sert à assurer l'existence matérielle.
• (Litt.) Entretien. *Moyens de subsistance.*
☞ subsistance.

subsister v. intr.
👄 La deuxième syllabe se prononce *zis* [sybziste].
• Continuer d'être, durer. *Cet usage ancien de mille ans subsiste encore aujourd'hui.*
• Pourvoir à ses besoins. *Ce travail lui permet de subsister tant bien que mal.*
☞— Ne pas confondre avec le verbe *substituer,* remplacer une personne, une chose par une autre.

subsonique adj.
Se dit d'une vitesse inférieure à celle du son.
Ant. **supersonique.**
☞ subsonique.

substance n. f.
• Matière dont quelque chose est formé. *Des substances grasses.*
• L'essentiel de. *Tirer la substance d'un entretien.*
• *En substance,* locution adverbiale. En gros, en résumé.
☞ substance.

substantiel, elle adj.
• Nutritif. *Un repas substantiel.*
• Important. *Des modifications substantielles.*
☞ substantiel.

substantif n. m.
(Gramm.) Mot ou groupe de mots qui désigne un être, une chose, une idée.
Syn. **nom.**

substantifique adj.
Substantifique moelle (Rabelais). Essence d'un texte.

substantivement adv.
(Ling.) Comme un substantif. *Des verbes pris substantivement : le boire et le manger.*

substantiver v. tr.
(Ling.) Donner à un mot le caractère d'un substantif.

substituer v. tr., pronom.
• **Transitif.** Remplacer une personne, une chose par une autre. *Il a substitué le chapeau bleu au chapeau jaune,* ou *il a remplacé le chapeau jaune par le chapeau bleu.*

☞— Attention à l'ordre des mots et à l'emploi de la préposition qui diffèrent de la construction propre au verbe *remplacer.*
☞— Ne pas confondre avec le verbe *subsister,* continuer d'être, durer.
• **Pronominal.** Prendre la place d'un autre. *Ils se sont substitués à leurs collègues absents.*

substitut n. m.
Personne qui remplace une autre personne, en cas d'absence.
☞ substitut.

substitution n. f.
Remplacement.
☞ substitution.

substrat n. m.
👄 Le *t* final ne se prononce pas [sypstra].
• Ce qui sert de base, d'infrastructure à quelque chose.
• (Ling.) Langue remplacée par une autre, dans un pays déterminé, de telle façon qu'elle continue à influencer la langue parlée ensuite.
☞ substrat.

subterfuge n. m.
Stratagème, ruse. *Un habile subterfuge.*

subtil, ile adj.
• Fin, délicat. *Une réponse subtile.*
• Perspicace. *Un esprit subtil qui a saisi tout de suite l'importance du dossier.*
• Léger. *Un parfum subtil.*
• Difficile à percevoir. *Des distinctions trop subtiles.*

subtilement adv.
Avec finesse.

subtiliser v. tr.
Dérober. *On lui a subtilisé son portefeuille.*

subtilité n. f.
• Caractère de ce qui est subtil, fin.
• Distinctions ténues. *Les subtilités d'une démonstration.*

subtropical, ale, aux adj.
Se dit d'une région située sous les tropiques. *Des zones subtropicales. Des climats subtropicaux.*

suburbain, aine adj.
Qui entoure une ville. *Des transports suburbains.*

subvenir v. tr.
INDICATIF PRÉSENT *Je subviens, tu subviens, il subvient, nous subvenons, vous subvenez, ils subviennent.* IMPARFAIT *Je subvenais.* PASSÉ SIMPLE *Je subvins.* FUTUR *Je subviendrai.* CONDITIONNEL PRÉSENT *Je subviendrais.* IMPÉRATIF PRÉSENT *Subviens, subvenons, subvenez.* SUBJONCTIF PRÉSENT *Que je subvienne.* IMPARFAIT *Que je subvinsse.* PARTICIPE PRÉSENT *Subvenant.* PASSÉ *Subvenu.*
Pourvoir à. *Peut-il subvenir aux besoins de sa famille? Il a subvenu à tous ses besoins.*
☞— Le verbe se conjugue avec l'auxiliaire *avoir.*

subvention n. f.
Somme accordée par l'État à une personne, une entre-

prise, un organisme. *Une subvention destinée à la recherche.*
⇨ subven**ti**on.

subventionner v. tr.
Accorder une subvention. *Ces établissements sont subventionnés par l'État.*

subversif, ive adj.
Propre à renverser les idées reçues. *Une philosophie subversive, un livre subversif.*

subversion n. f.
Action destinée à troubler l'ordre établi.
⇨ subver**si**on.

suc n. m.
Liquide organique. *Les sucs gastriques.*
🖝 Ne pas confondre avec le nom **sucre,** produit alimentaire extrait de la canne à sucre.
⇨ su**c.**

succédané adj. et n. m.
Produit de remplacement. *La saccharine est un succédané du sucre.*
⇨ suc**c**édané.

succéder v. tr. ind., pronom.
Le *é* se change en *è* devant une syllabe muette, sauf à l'indicatif futur et au conditionnel présent. *Je succède,* mais *je succéderai.*
• **Transitif indirect**
- Prendre la suite de. *Le fils succédera à son père.*
- Se produire après. *Le printemps succède à l'hiver.*
🖝 Le verbe transitif indirect se construit avec la préposition *à.*
• **Pronominal**
Être à la suite. *Les maisons semblables se succèdent.*
🖝 Le participe passé du verbe est toujours invariable. *Ils se sont succédé à la tête de l'entreprise.*
🖝 Les expressions *«se succéder l'un à l'autre, les uns aux autres» sont pléonastiques.

succès n. m.
• Réussite. *Assurer le succès d'une entreprise.*
• **Succès d'estime.** Succès restreint à un public de connaisseurs.
⇨ su**ccès.**

successeur n. m.
• Personne qui succède, succédera. *Elle est le successeur de son père.*
• (Dr.) Héritier.
🖝 Ce nom ne comporte pas de forme féminine.

successif, ive adj.
Qui se suivent. *Des explosions successives.*

succession n. f.
• (Dr.) Héritage.
• Série. *Une succession d'évènements.*

successivement adv.
L'un après l'autre. *Elle connut successivement Yves et Jean-Pierre.*

successoral, ale, aux adj.
(Dr.) Qui est relatif aux successions. *Des droits successoraux.*

succinct, incte adj.
👄 Les lettres *ct* ne se prononcent pas au masculin [syksɛ̃]. Au féminin, le *c* se prononce ou non, [syksɛ̃kt] ou [syksɛ̃t].
Court, concis. *Un exposé succinct.*
Ant. **prolixe.**
⇨ succin**ct.**

succinctement adv.
D'une manière concise.
⇨ succin**ct**ement.

succion n. f.
👄 Les lettres *cc* se prononcent *ks* [syksjɔ̃].
Action de sucer. *Exercer une forte succion.*
⇨ su**cc**ion.

succomber v. tr. ind., intr.
• **Transitif indirect**
Céder à. *Peut-être succomberez-vous à la tentation?*
🖝 Le verbe se conjugue avec l'auxiliaire **avoir.**
• **Intransitif**
- (Litt.) Mourir. *Elle a succombé à une hémorragie.*
🖝 En ce sens, le verbe se construit avec la préposition *à.*
- (Litt.) Être accablé sous un fardeau. *Il a succombé sous le poids des difficultés.*
🖝 En ce sens, le verbe se construit avec la préposition **sous.**
⇨ su**cc**omber.

succulent, ente adj.
Délicieux. *Une pâtisserie succulente.*
⇨ su**cc**ulent.

succursale n. f.
Établissement n'ayant pas d'existence juridique indépendante. *Une succursale bancaire. Cette société possède deux succursales* (et non deux *branches).
🖝 Ne pas confondre avec le nom **filiale,** unité de production décentralisée, juridiquement indépendante et dotée d'une complète autonomie de gestion, mais placée sous la direction d'une société mère qui possède la majorité de ses actions.
⇨ su**cc**ursale.

*suce
Impropriété pour **tétine, sucette.**

sucer v. tr.
Le *c* prend une cédille devant les lettres *a* et *o. Il suça, nous suçons.*
Aspirer dans la bouche. *Cet enfant suce son pouce.*

sucette n. f.
• Petite tétine. *Le bébé pleure parce qu'il a perdu sa sucette* (et non sa *suce).
• Bonbon fixé à une petite tige de bois. *Trois sucettes à la menthe.* (Sabatier)
• Au Canada, se dit **suçon.**

suçon n. m.
• Marque laissée sur la peau par des baisers.
• Au Canada, synonyme de **sucette,** au sens de bonbon.

sucre n. m.
👄 Le *r* se prononce [sykr] (et non *suc).

• Produit alimentaire extrait de la canne à sucre. *Du sucre d'érable, du sucre d'orge, du sucre candi.*
• Morceau de sucre. *Du café avec deux sucres et un nuage de crème.*
• *Sucre à la crème.* Au Canada, friandise préparée avec du sucre d'érable ou de la cassonade et de la crème.
• *Sucre du pays.* Au Canada, sucre d'érable.
• *(Partie de) sucres.* Au Canada, fête à l'érablière. *On ira aux sucres la semaine prochaine.*
• *Faire les sucres.* Au Canada, travailler à l'exploitation d'une érablière.
• Unité monétaire de l'Équateur. *Des sucres.*
V. Tableau - **SYMBOLES DES UNITÉS MONÉTAIRES.**
☞ Ne pas confondre avec le nom *suc,* liquide organique.

sucré, ée adj.
Qui a la saveur du sucre. *Un fruit sucré.*

*sucre brun
Calque de l'anglais «brown sugar» pour *cassonade.*

sucrer v. tr.
Ajouter du sucre à quelque chose. *Sucrer un jus d'orange.*

sucrerie n. f.
• Raffinerie de sucre.
• (Au plur.) Bonbons. *Elle ne peut résister aux sucreries.*

sucrier, ière adj. et n. m.
• **Adjectif.** Relatif à la fabrication du sucre. *L'industrie sucrière.*
• **Nom masculin.** Récipient destiné à contenir le sucre. *Un sucrier de porcelaine.*

sud adj. inv. et n. m.
• Abréviation *S.* (s'écrit avec un point).
• Un des quatre points cardinaux, opposé au nord. *Marcher vers le sud.*
☞ Les noms des points cardinaux qui déterminent un pays, une région, une ville, un odonyme s'écrivent avec une majuscule. *L'Afrique du Sud, l'Amérique du Sud.*
☞ Dans une adresse, le point cardinal s'écrit avec une majuscule et suit le nom spécifique de l'odonyme. *Son bureau est situé sur le boulevard Décarie Sud.*
☞ Lorsque l'adjectif ou le nom indique une orientation, il s'écrit avec une minuscule. *La terrasse est orientée au sud.*
V. Tableau - **POINTS CARDINAUX.**

sud-africain, aine adj. et n. m. et f. (pl. *des Sud-Africains, des Sud-Africaines*)
De l'Afrique du Sud. *Un leader sud-africain. Un Sud-Africain, une Sud-Africaine.*
☞ L'adjectif s'écrit avec des minuscules; le nom, avec deux majuscules.

sud-américain, aine adj. et n. m. et f. (pl. *des Sud-Américains, des Sud-Américaines*)
De l'Amérique du Sud. *Un produit sud-américain. Un Sud-Américain, une Sud-Américaine.*
☞ L'adjectif s'écrit avec des minuscules; le nom, avec deux majuscules.

sudation n. f.
Transpiration.

sud-coréen, enne adj. et n. m. et f. (pl. *des Sud-Coréens, des Sud-Coréennes*)
De la Corée du Sud. *Un chant sud-coréen. Un Sud-Coréen, une Sud-Coréenne.*
☞ L'adjectif s'écrit avec des minuscules; le nom, avec deux majuscules.

sudorifique adj. et n. m.
Qui provoque la transpiration.

sudoripare adj.
Qui sécrète la sueur. *Les glandes sudoripares.*
☞ sudoripar**e.**

suède n. m.
Peau fine. *Des gants de suède.*
☞ En ce sens, le nom s'écrit avec une minuscule; le nom du pays s'écrit avec une majuscule.

suédois, oise adj. et n. m. et f.
• **Adjectif.** De Suède. *Un design suédois. Un Suédois, une Suédoise.*
☞ L'adjectif s'écrit avec une minuscule; le nom, avec une majuscule.
• **Nom masculin.** Langue parlée en Suède. *Ingrid parle le suédois.*
☞ Le nom de la langue s'écrit avec une minuscule.

suée n. f.
(Fam.) Transpiration.

suer v. tr., intr.
• **Transitif**
- (Litt.) Exhaler. *Cette atmosphère sue la tristesse.*
- *Suer sang et eau.* Se donner beaucoup de mal pour quelque chose.
• **Intransitif**
- Transpirer.
- *Faire suer.* (Fam.) Ennuyer, contrarier. *Il nous fait suer celui-là.*

sueur n. f.
• Transpiration. *Ils sont en sueur.*
• *Des sueurs froides.* Peur très vive.

suffire v. tr. ind., impers., pronom.
INDICATIF PRÉSENT *Je suffis, tu suffis, il suffit, nous suffisons, vous suffisez, ils suffisent.* IMPARFAIT *Je suffisais.* PASSÉ SIMPLE *Je suffis.* FUTUR *Je suffirai.* CONDITIONNEL PRÉSENT *Je suffirais.* IMPÉRATIF PRÉSENT *Suffis, suffisons, suffisez.* SUBJONCTIF PRÉSENT *Que je suffise.* IMPARFAIT *Que je suffisse.* PARTICIPE PRÉSENT *Suffisant.* PASSÉ *Suffi.*
• **Transitif indirect**
- *Suffire à.* Être apte à satisfaire. *Elle ne peut suffire à la tâche. À chaque jour suffit sa peine.*
- *Suffire pour.* Être en quantité suffisante. *Ce bois suffira pour le feu.*
• **Impersonnel**
- *Il suffit de* + infinitif. *Il suffit de nous prévenir à l'avance.*
- *Il suffit de* + nom. *Il a suffi d'un peu de vin.*
- *Il suffit que* + subjonctif. *Il suffit que vous veniez demain.*
• **Pronominal**

N'avoir pas besoin des autres. *Elle s'est suffi à elle-même.*
🖛 Le participe passé *suffi* est toujours invariable.

suffisamment adv.
En quantité suffisante. *Il a suffisamment le temps de venir nous rejoindre.*
⇨ suffi**s**amment.

suffisance n. f.
Prétention.
⇨ suffi**s**ance.

suffisant, ante adj.
• Qui suffit. *Je crois que ces provisions sont suffi-santes pour la semaine.*
• (Péj.) Prétentieux. *Son ton est trop suffisant.*
⇨ suffi**s**ant.

suffixal, ale, aux adj.
(Ling.) Relatif au suffixe. *Des éléments suffixaux.*
⇨ suffi**x**al.

suffixation n. f.
(Ling.) Formation de mots à l'aide de suffixes.
⇨ suffi**x**ation.

suffixe n. m.
(Ling.) Élément qui vient s'ajouter après le radical d'un mot pour en modifier le sens.
Ant. **préfixe.**
V. Tableau - **SUFFIXE.**
⇨ suffi**x**e.

suffocant, ante adj.
Qui gêne la respiration. *Une chaleur suffocante.*
🖛 Ne pas confondre avec le participe présent inva-riable *suffoquant. Suffoquant dans la classe enfumée, les étudiants sortirent.*

suffocation n. f.
Étouffement.

suffoquer v. tr., intr.
• **Transitif.** Étouffer, faire perdre la respiration à. *La fumée le suffoquait.*
• **Intransitif.** Avoir du mal à respirer. *Il faudrait prati-quer la respiration artificielle : il suffoque.*
⇨ suffo**qu**er.

suffrage n. m.
Avis donné par un vote. *Le suffrage universel.*
⇨ suff**r**age.

suffragette n. f.
(Hist.) Femme réclamant le droit de vote.
⇨ suff**r**agette.

suggérer v. tr.
Le *é* se change en *è* devant une syllabe muette, sauf à l'indicatif futur et au conditionnel présent. *Je suggère,* mais *je suggérerai.*
Faire penser, proposer. *Ils suggèrent de diffuser l'in-formation à l'aide de la télématique.*

suggestif, ive adj.
• Évocateur. *Un récit suggestif.*
• Qui provoque le désir. *Une tenue suggestive.*

suggestion n. f.
⬤ Attention à bien prononcer le *t* [sygʒɛstjɔ̃].
Proposition. *Voici quelques suggestions pour les va-cances.*

🖛 Ne pas confondre avec le nom *sujétion,* dépen-dance.

suicidaire adj. et n. m. et f.
• **Adjectif**
- Qui est prédisposé au suicide. *Un comportement suicidaire.*
- Voué à l'échec. *Une entreprise suicidaire.*
• **Nom masculin et féminin**
Un, une suicidaire.
⇨ suicid**aire.**

suicide n. m.
Action de se donner la mort.

suicider (se) v. pronom.
Se donner la mort. *Ils se sont suicidés.*

suie n. f.
Matière noire déposée par la fumée. *Après l'incendie, les murs étaient couverts de suie.*

suif n. m.
⬤ Le *f* se prononce [sɥif].
Graisse animale.

suintement n. m.
Écoulement lent d'un liquide.

suinter v. intr.
Transpirer, s'écouler goutte à goutte. *Des parois ro-cheuses qui suintent.*

suisse adj. et n. m. et f.
De Suisse. *Un fromage suisse. Un Suisse, une Suisse.*
🖛 L'adjectif s'écrit avec une minuscule; le nom, avec une majuscule.
🖛 La forme féminine *Suissesse* est vieillie. On dit plutôt aujourd'hui, une *Suisse.*

suite n. f.

• Série, succession. *Une suite de succès et d'échecs.*
🖛 En ce sens, le nom s'emploie généralement au singulier.
• Résultat, conséquence. *Les suites d'une décision, d'un accident. Un malentendu qui n'a pas eu de suites.*
🖛 En ce sens, le nom s'emploie surtout au plu-riel.
• Ce qui vient après. *La suite d'un roman. Suite et fin d'un reportage.*
• Cohérence. *Elle a de la suite dans les idées.*
• Dans un hôtel, petit appartement. *Une suite au Ritz.*
🖛 Ce terme est réservé au domaine hôtelier; il ne saurait désigner des locaux, des bureaux.
• **Locutions**
- *À la suite de,* locution prépositive. Après. *Le directeur parlera à la suite du président.*
- *À la suite de,* locution prépositive. À cause. *À la suite de cette décision injuste, il décida de démis-sionner.*
🖛 Cet emploi est critiqué par certains auteurs, mais il est attesté dans les meilleurs ouvrages.
- *(Article) sans suite* (et non *discontinué*). Article dont l'approvisionnement et la vente ne seront plus assurés.

- **Comme suite à.** En réponse à. *Comme suite à votre demande du 15 avril, nous vous faisons parvenir...*
- **De suite,** locution adverbiale. Cette locution marque l'idée d'une absence d'interruption. *Il a écrit trois lettres de suite.*
- **Donner suite à quelque chose.** Faire en sorte qu'une chose ait un résultat. *Soyez assuré que nous donnerons suite à votre réclamation.*
- **Et ainsi de suite.** En continuant ainsi.
- **Par la suite,** locution adverbiale. Après cela. *Par la suite, ils s'excusèrent.*
- **Faire suite à.** Succéder. *Les étapes de la correction et de la révision font suite à la rédaction.*
- ☞ Dans cette expression, le nom **suite** est toujours au singulier.
- **Par suite de,** locution prépositive. En conséquence de. *Par suite de la tempête, les bureaux sont fermés.*
- **Tout de suite,** locution adverbiale. Immédiatement. *Il arrive tout de suite.*
- ☞ L'emploi de l'expression **de suite** en ce sens est familier et régional.

*suite
Anglicisme au sens de **bureau, local.**

*suite à (votre lettre)
Construction à remplacer par **comme suite à, en réponse à.**

*suite à (une situation, une décision, etc.)
Construction à remplacer par **à la suite de, par suite de, en conséquence de.**

suivant, ante adj., n. m. et f. et prép.
• **Adjectif**
Qui vient après. *La semaine suivante.*
Ant. **précédent.**
• **Nom masculin et féminin**
Personne qui suit. *Au suivant! À la suivante!*
• **Préposition**
- Conformément à. *Suivant ce philosophe...*
- En fonction de. *Le prix augmente suivant le poids du fruit.*
- **Suivant que,** locution conjonctive. Selon que. *Suivant que les résultats seront prometteurs ou non, nous prendrons notre décision.*
- ☞ La locution conjonctive se construit avec l'indicatif.

SUFFIXE

Le suffixe est un élément qui se joint à la suite d'un radical pour former un dérivé.

	SUFFIXE	SENS	EXEMPLES
Suffixes de noms	**-ateur**	agent	*dessinateur, accélérateur*
	-ette	diminutif	*maisonnette, fillette*
	-isme	doctrine	*automatisme, socialisme*
	-ure	ensemble	*toiture, voilure*
Suffixes d'adjectifs	**-able**	possibilité	*aimable, capable*
	-el, -elle	caractère	*spirituel, temporel*
	-if, -ive	caractère	*actif, vif*
	-âtre	péjoratif	*rougeâtre, douceâtre*
Suffixes de verbes	**-er**	action	*planter, couper*
	-ir	action	*finir, polir*
	-asser	péjoratif	*rêvasser, finasser*
	-iser	action	*informatiser, automatiser*
Suffixes d'adverbes	**-ment**	manière	*rapidement, calmement*
Suffixes d'origine latine	**-cide**	«tuer»	*homicide, régicide*
	-culture	«cultiver»	*apiculture, horticulture*
	-duc	«conduire»	*gazoduc, oléoduc*
	-vore	«manger»	*herbivore, omnivore*
Suffixes d'origine grecque	**-graphie**	«écriture»	*radiographie, télégraphie*
	-logie	«science»	*biologie, philologie*
	-onyme	«nom»	*toponyme, odonyme*
	-thérapie	«traitement»	*physiothérapie, chimiothérapie*

suivi n. m.
Action de suivre, de surveiller l'accomplissement d'une activité. *Assurer le suivi* (et non le **follow-up) d'une affaire.*

suivre v. tr., impers., pronom.
INDICATIF PRÉSENT *Je suis, tu suis, il suit, nous suivons, vous suivez, ils suivent.* IMPARFAIT *Je suivais.* PASSÉ SIMPLE *Je suivis.* FUTUR *Je suivrai.* CONDITIONNEL PRÉSENT *Je suivrais.* IMPÉRATIF PRÉSENT *Suis, suivons, suivez.* SUBJONCTIF PRÉSENT *Que je suive.* IMPARFAIT *Que je suivisse.* PARTICIPE PRÉSENT *Suivant.* PASSÉ *Suivi, ie.*
• **Transitif**
- Venir après, par rapport au lieu, au temps, au rang, etc. *Suivre un malfaiteur.*
- *Être suivi par.* Être surveillé de près. *Il est suivi par des agents depuis deux semaines.*
- *Être suivi de.* Être accompagné. *Elle est suivie de ses jeunes enfants.*
- S'intéresser. *Elle suit les variations de la bourse, il suit l'affaire avec le plus grand intérêt.*
- Assister régulièrement à quelque chose. *Suivre un cours* (et non **prendre un cours).*
- *(Prière de) faire suivre.* Mention placée sur une lettre afin que celle-ci puisse être acheminée à la nouvelle adresse du destinataire.
• **Impersonnel**
(Litt.) Résulter. *D'où il suit que...*
🖛 La construction impersonnelle exprime une conséquence logique dans un raisonnement.
• **Pronominal**
Se succéder. *Les jours se suivent et ne se ressemblent pas. Ils se sont suivis à la direction de cette affaire.*

sujet, ette adj. et n. m.
• **Adjectif**
Qui est susceptible de. *Ces formulations sont sujettes à révision.*
🖛 L'adjectif comporte une forme féminine. Comme nom, le mot ne s'emploie qu'au masculin.
• **Nom masculin**
- Ressortissant. *Ils sont sujets britanniques. Elle est sujet canadien.*
- Cause, motif. *À quel sujet m'appelez-vous? Un sujet de réflexion.*
- *Au sujet de,* locution prépositive. À propos de, relativement à.
- Thème, question. *Le sujet de ce roman est une histoire d'amitié entre un homme et une baleine.*
- (Gramm.) Être ou objet qui fait l'action du verbe (verbe d'action) ou dont l'état est actualisé par le verbe (verbe d'état). *La petite fille* (sujet) *mange une pomme. La pomme* (sujet) *est verte.*
V. Tableau - **SUJET.**

*sujet
Anglicisme au sens de *objet.*
🖛 En tête d'une lettre, d'une note, on emploie le mot *objet* pour définir le but de l'envoi.
V. Tableau - **LETTRE TYPE.**

sujétion n. f.
Dépendance. *La sujétion économique entraîne la sujétion politique.*

🖛 Ne pas confondre avec le nom **suggestion,** proposition.
➦ sujétion.

sulfureux, euse adj.
Qui contient du soufre. *Des eaux sulfureuses.*
➦ sulfureux.

sultan, ane n. m. et f.
(Ancienn.) Souverain de certains pays musulmans. *Le harem du sultan.*
➦ sultan, sultane.

sultanat n. m.
Dignité de sultan.
➦ sultanat.

sumérien, ienne adj. et n. m. et f.
• **Adjectif.** (Antiq.) De Sumer. *Un vestige sumérien. Un Sumérien, une Sumérienne.*
🖛 L'adjectif s'écrit avec une minuscule; le nom, avec une majuscule.
• **Nom masculin.** Langue de Sumer. *Les caractères cunéiformes du sumérien constituent la première attestation de l'écriture.*
🖛 Le nom de la langue s'écrit avec une minuscule.

summum n. m.
👄 Les *u* se prononcent *o* et le *m* final est sonore [sɔmɔm].
Le plus haut degré. *Le summum de la distinction et du raffinement.*
🖛 Ce mot ne s'emploie pas au pluriel.

sunnisme n. m.
Branche de la religion musulmane.
🖛 Les noms de religions s'écrivent avec une minuscule.

sunnite adj. et n. m. et f.
Musulman adepte du sunnisme. *Ce sont des sunnites.*
🖛 L'adjectif ainsi que le nom s'écrivent avec une minuscule.

super- préf.
• Élément du latin signifiant «au-dessus».
• Les mots composés avec le préfixe *super-* s'écrivent en un seul mot. *Superpuissance, superposer.*

super n. m.
Abréviation familière de **supercarburant.** *Quarante litres de super sans plomb.*

super adj. inv.
(Fam.) Extraordinaire, formidable. *Ces copines sont super.*

superbe adj. et n. f.
• **Adjectif.** Merveilleux, magnifique. *Un jardin superbe.*
• **Nom féminin.** (Litt.) Fierté.

superbement adv.
Avec magnificence.

supercarburant n. m.
Carburant dont l'indice d'octane est élevé.
🖛 Le nom s'abrège familièrement **super.**

supercherie n. f.
Fraude. *Une habile supercherie.*

superfétatoire adj.
(Litt.) Superflu.
⇨ superfétat**oire.**

superficie n. f.
Mesure de la surface. *Ce terrain a une superficie de 850 m².*
⇨ superficie.

superficiel, elle adj.
Qui est en surface, qui ne va pas au fond des choses. *Une connaissance superficielle du sujet.*
⇨ superficiel.

superficiellement adv.
D'une manière superficielle.

superfin, ine adj.
D'une qualité supérieure. *Du chocolat superfin.*

superflu, ue adj. et n. m.
• **Adjectif.** Inutile, qui est en trop. *Des achats superflus.*
• **Nom masculin.** Ce qui excède le nécessaire.

supérieur, eure adj. et n. m. f.
• **Adjectif**
- Qui est au-dessus, en haut (par opposition à *inférieur*). *Le nombre d'exemplaires vendus est supérieur aux prévisions. Ils habitent à l'étage.*
☞ L'adjectif se construit avec la préposition *à.*
- Qui surpasse en qualité, en mérite, en rang. *Ce film est supérieur à tout ce que ce cinéaste a fait jusqu'ici.*
☞ L'adjectif étant un comparatif, on ne peut l'employer avec *le plus, le moins;* cependant, il s'emploie avec *très, si, de beaucoup. Cet article est très supérieur au précédent.*
• **Nom masculin et féminin**
- Personne qui se situe au-dessus d'une autre dans la structure hiérarchique. *Elle est sa supérieure hiérarchique, sa supérieure hiérarchique.*
- Religieux, religieuse qui dirige un monastère, un couvent, etc. *La supérieure d'un couvent.*
- (En appos.) La mère supérieure.

☞ Les titres religieux s'écrivent avec une minuscule.
Ant. **inférieur.**

supérieurement adv.
Parfaitement, très.

supériorité n. f.
Qualité d'une personne, d'une chose qui est au-dessus des autres.

superlatif n. m.
V. Tableau - **SUPERLATIF.**

supermarché n. m.
Vaste magasin offrant des produits alimentaires et courants en libre-service. *Des supermarchés qui font partie d'une chaîne.*

supernova n. f. (pl. *supernovæ*)
(Astron.) Étoile qui devient soudainement plus brillante.

superposable adj.
Que l'on peut superposer. *Des éléments superposables.*

superposer v. tr., pronom.
• **Transitif.** Poser l'un au-dessus de l'autre.
• **Pronominal.** S'ajouter à.

superposition n. f.
Action de superposer.

superproduction n. f.
Spectacle à grand déploiement. *Des superproductions ennuyeuses.*

superpuissance n. f.
État dont l'importance dépasse les autres puissances. *Les États-Unis et le Japon sont des superpuissances.*

supersonique adj. et n. m.
• **Adjectif.** Se dit d'une vitesse qui dépasse celle du son. *Un avion supersonique.*
• **Nom masculin.** Avion supersonique.
Ant. **subsonique.**

SUJET

Le sujet désigne l'être ou l'objet qui fait l'action du verbe (verbe d'action) ou qui s'actualise dans un verbe (verbe d'état).

Elle a planté des fleurs. L'enfant a été très gentil.

Pour trouver le sujet d'un verbe, on pose la question *qui est-ce qui...?* pour les personnes, *qu'est-ce qui...?* pour les objets, afin d'être en mesure d'accorder le verbe, l'attribut ou le participe passé, s'il y a lieu.

Le sujet peut être :

• un **nom** commun ou propre. *La table est ronde. Jacques joue du piano.*

• un **pronom**. *Nous sommes d'accord. Qui est là?*

• un **infinitif**. *Nager est bon pour la santé.*

• une **proposition**. *Pierre qui roule n'amasse pas mousse.*

V. Tableau – **COLLECTIF.**

SUPERLATIF

Superlatif relatif

• Le superlatif relatif exprime la qualité d'un être ou d'un objet au degré le plus ou le moins élevé, lorsque l'on compare l'être ou l'objet qualifié à d'autres êtres ou objets.

La rose est la plus belle de toutes les fleurs (supériorité).
Le pissenlit est la moins jolie des fleurs (infériorité).

Formation

• Le superlatif relatif est formé à l'aide de l'article défini et de certains adverbes : ***le plus, le moins, le mieux, le meilleur, le moindre, des plus, des mieux, des moins.***

Le meilleur des amis, le moindre de tes soucis.

Article

• L'article reste neutre (masculin singulier) devant l'adjectif féminin ou pluriel si la comparaison porte sur les différents états d'un être ou d'un objet.

C'est le matin qu'elle est le plus en forme.

• Si la comparaison porte sur plusieurs êtres ou objets, l'article s'accorde avec le nom auquel il se rapporte.

Cette personne est la plus compétente des candidates.

Adjectif

• L'adjectif ou le participe qui suit le superlatif relatif ***des plus, des mieux, des moins*** se met au pluriel et s'accorde en genre avec le sujet déterminé.

Cette animatrice est des plus compétentes. Un véhicule des plus résistants.

• Si le sujet est indéterminé, l'adjectif ou le participe reste invariable.

Acheter ces titres miniers est des plus spéculatif.

Superlatif absolu

• Le superlatif absolu exprime la qualité d'un être ou d'un objet à un très haut degré, sans comparaison avec d'autres êtres ou objets.

La pivoine est très odorante (supériorité).
La marguerite est très peu odorante (infériorité).

Formation du superlatif absolu

• Le superlatif absolu est formé à l'aide des adverbes ***très, fort, bien...*** ou des adverbes en ***-ment : infiniment, extrêmement, joliment...***

Un édifice très haut, il est extrêmement rapide.

• Dans la langue familière, le superlatif absolu est formé des éléments ***super, extra, archi, ultra...***

Elle est super gentille, ces produits sont ultra chers.

V. Tableau – **ADJECTIF.**

superstitieusement adv.
D'une manière superstitieuse.
⇨ super**sti**tieusement.

superstitieux, euse adj.
Qui croit à certains présages favorables ou défavorables. *Les personnes superstitieuses ne passent jamais sous une échelle.*
⇨ super**sti**tieux.

superstition n. f.
Croyances et pratiques superstitieuses.
⇨ super**sti**tion.

superstructure n. f.
Partie de la construction qui excède un niveau déterminé. *La superstructure d'un pont.*
⇨ **superstructure,** en un seul mot.

superviser v. tr.
Contrôler, surveiller l'ensemble d'un travail. *Il supervise la production de ces articles.*

superviseur n. m.
superviseure n. f.
Personne chargée de contrôler un travail, des activités.
▷— Le **superviseur** est généralement un cadre inférieur qui relève d'un **chef de service.**

supervision n. f.
Action de superviser. *Elle assure une supervision efficace.*

supplanter v. tr.
Remplacer. *Les machines à écrire sont supplantées graduellement par les micro-ordinateurs.*
⇨ sup**pl**anter.

suppléance n. f.
Remplacement temporaire. *Cet enseignant fait de la suppléance.*
⇨ sup**pl**éance.

suppléant, ante adj. et n. m. et f.
Qui remplace quelqu'un dans ses fonctions, sans être titulaire. *Professeur suppléant.*
⇨ sup**pl**éant.

suppléer v. tr.
• **Transitif direct.** Remplacer. *L'ingéniosité supplée les moyens limités.*
• **Transitif indirect.** Ajouter ce qui manque pour combler une lacune. *Il faut suppléer aux faibles ressources par de l'ingéniosité.*
⇨ sup**pl**éer.

supplément n. m.
• Partie qui s'ajoute à une chose déjà complète. *Les suppléments d'une encyclopédie.*
▷— Ne pas confondre avec le nom **complément,** ce qui s'ajoute à une chose pour qu'elle soit complète.
• Somme payée en plus. *Pour le toit ouvrant, vous devez payer un supplément.*
• **En supplément.** En plus. *Et en supplément, la maison vous offre ce parfum.*

supplémentaire adj.
• Qui est en plus de ce qui est normal, qui est ajouté à une chose déjà complète. *Engager des employés sup-*

plémentaires pour la période des Fêtes.
▷— Ne pas confondre avec les mots suivants :
- **additionnel,** qui s'ajoute;
- **complémentaire,** qui constitue un complément.
• **Heures supplémentaires.** Ensemble des heures de travail exécutées en plus de l'horaire normal et généralement à salaire majoré. *Faire des heures supplémentaires* (et non du *surtemps, du temps supplémentaire, de l'*overtime).
⇨ supplément**aire.**

supplication n. f.
Imploration. *Cesser vos supplications, vous n'obtiendrez rien de plus.*
⇨ sup**pl**ication.

supplice n. m.
• Ce qui cause une vive douleur, la mort. *Le supplice de la croix.*
• (Fig.) Grande souffrance morale.

supplicier v. tr.
Redoublement du **i** à la première et à la deuxième personne du pluriel de l'indicatif imparfait et du subjonctif présent. *(Que) nous suppliciions, (que) vous suppliciiez.*
• Soumettre à un supplice.
• (Fig.) Mettre au supplice.

supplier v. tr.
Redoublement du **i** à la première et à la deuxième personne du pluriel de l'indicatif imparfait et du subjonctif présent. *(Que) nous suppliions, (que) vous suppliiez.*
Implorer, prier. *Il supplie qu'on vienne l'aider. Il l'a suppliée de lui pardonner.*
▷— Le verbe est suivi du subjonctif ou de la préposition **de** et de l'infinitif.

supplique n. f.
Requête. *Une supplique sollicitant le maintien intégral de cette loi a été transmise au ministre chargé de son application.*

support n. m.
• Soutien. *Le support d'une corniche.*
• **Support (d'information).** (Inform.) Tout dispositif apte à stocker des informations réutilisables. *Les disquettes, les disques rigides sont des supports magnétiques.*
• **Support publicitaire.** Média utilisé par la publicité. *Les affiches, la presse sont des supports publicitaires courants.*

*support
Impropriété au sens de **cintre.**

supportable adj.
Tolérable. *Cette douleur n'est pas supportable.*

supporter v. tr., pronom.
• **Transitif**
- Tolérer, endurer. *Elle a supporté trop longtemps ces mesquineries.*
▷— Le verbe est suivi du subjonctif ou de la préposition **de** et de l'infinitif. *Elle supporte qu'on vienne en retard, mais elle ne supporte pas de se faire insulter.*
- Soutenir. *Ces fondations supportent l'édifice.*
• **Pronominal**

Se tolérer mutuellement. *Ils n'arrivent plus à se supporter.*

*supporter (un candidat)
Anglicisme au sens de ***appuyer, soutenir.***

*supporter
Anglicisme au sens de ***partisan.*** *C'est un partisan des Canadiens* (et non un **supporter*).

supposé, ée adj.
• Hypothétique. *Les auteurs supposés de cette fresque.*
• ***Supposé que,*** locution conjonctive. En posant l'hypothèse que. *Supposé que les ventes s'accroissent de 15 %.*
☞— Placé en tête de phrase, l'adjectif est invariable. La locution conjonctive se construit avec le subjonctif.
⇨ sup**po**sé.

*supposé de (être)
Calque de l'anglais «to be supposed to» au sens de ***être censé*** (faire quelque chose).

*supposément.
Cet adverbe n'est pas consigné dans les dictionnaires. On emploiera plutôt ***hypothétiquement, prétendument, soi-disant,*** selon le sens.

supposer v. tr.
• Penser, admettre. *Je suppose qu'il a raison.*
☞— En ce sens, le verbe se construit avec l'indicatif.
• Poser comme hypothèse. *Supposons que la demande soit inférieure à celle que nous avions prévue, que ferons-nous?*
☞— En ce sens, le verbe se construit avec le subjonctif.
• Comporter comme condition. *Le contrat suppose l'accord des deux parties.*
⇨ sup**po**ser.

supposition n. f.
Hypothèse, conjecture. *Ce ne sont que des suppositions, non des faits.*
⇨ sup**po**sition.

suppositoire n. m.
Médicament introduit dans l'organisme par l'anus.
⇨ sup**po**sitoire.

suppôt n. m.
• (Litt.) Complice.
• ***Suppôt de Satan.*** Personne diabolique.
⇨ sup**pôt.**

suppression n. f.
Action de supprimer. *La suppression de certains passages d'un roman.*
⇨ sup**pres**sion.

supprimer v. tr., pronom.
• **Transitif**
- Éliminer, retrancher. *Supprimer un titre.*
- Tuer. *Les témoins de l'enlèvement ont été supprimés.*
• **Pronominal**
Se suicider.

suppurer v. intr.
Produire du pus. *Cette plaie a cessé de suppurer.*
☞— Ne pas confondre avec le verbe ***supputer,*** jauger, évaluer.
⇨ sup**pu**rer.

supputation n. f.
Action de supputer.
⇨ sup**pu**tation.

supputer v. tr.
Jauger, évaluer. *Ils supputent leurs chances de succès.*
☞— Ne pas confondre avec le verbe ***suppurer,*** produire du pus.

supra adv.
Ci-dessus, plus haut (dans le texte).

supra- préf.
• Élément du latin signifiant «au-dessus».
• Les mots composés avec le préfixe ***supra-*** s'écrivent en un seul mot. *Supraconduction.*

supraconducteur, trice adj.
Qui présente de la supraconductivité. *Des alliages supraconducteurs.*

supraconduction ou **supraconductivité** n. f.
État de résistivité très faible de certains métaux lorsqu'ils sont au-dessous d'une certaine température.

supraterrestre adj.
Relatif à l'au-delà.

suprématie n. f.
☞ Le *t* se prononce *s* [sypremasi].
Supériorité, domination. *La suprématie militaire d'un pays.*
⇨ supré**ma**tie.

suprême adj. et n. m.
• **Adjectif.** Qui est au-dessus de tout. *Le pouvoir suprême. La Cour suprême.*
• **Nom masculin.** Plat composé des parties les plus délicates d'une viande, d'un poisson. *Un suprême de volaille.*
⇨ sup**rême.**

sur prép.
• En haut. *Sur le toit, sur la colline, sur la tête, sur un cheval.*
• À la surface. *Sur la terre, sur les lèvres.*
• Dans la direction de. *Marcher sur les pas de son père. Tourner sur la gauche.*
• Au sujet de. *Il fait des recherches sur le rôle de certaines hormones dans la stérilité. Sur cette question, je suis intraitable.*
• D'après, en considération. *On ne peut juger sur les apparences. Je vous crois sur parole.*
• Par rapport (à un nombre). *Sur dix personnes consultées, huit nous ont donné leur avis. Il a eu 16 sur 20 pour sa dissertation. Un tapis de 3 mètres sur 4 mètres* (et non de **3 mètres par 4 mètres*).
• **Locutions**
- ***Sur l'heure, sur-le-champ,*** locutions adverbiales. Immédiatement.
- ***Sur ce,*** locution adverbiale. Cela étant dit. *Sur ce, il partit en claquant la porte.*
• **Toponymes**
La préposition entre dans la composition de certains toponymes; elle s'écrit alors avec une minuscule et est jointe aux autres éléments par des traits d'union. *Vaudreuil-sur-le-Lac, Villers-sur-Mer.*

sur, sure adj.
Qui a un goût acide. *De la crème sure.*
Hom. *sûr,* certain.

sur- préf.
• Élément du latin signifiant «au-dessus».
• Les mots composés avec le préfixe *sur* s'écrivent en un seul mot. *Surabondance, surdoué.*

sûr, sûre adj.
• Certain. *Il est sûr que les évènements lui donneront raison.*
• Qui ne comporte aucun danger. *Ils sont en lieu sûr.*
• **À coup sûr.** De façon certaine, immanquablement.
• **Bien sûr!,** locution adverbiale. Assurément. *Bien sûr que je suis d'accord.*
Hom. *sur,* qui a un goût acide.
▭▷ sûr, sûre.

surabondance n. f.
Très grande abondance. *À cette saison, il y a une surabondance de légumes.*

surabondant, ante adj.
Qui est très abondant. *Une production surabondante.*

surabonder v. intr.
Être très abondant. *Les publications de ce genre surabondent cette année.*

surajouter v. tr.
Ajouter en plus de ce qui a déjà été ajouté.

suralimentation n. f.
Alimentation supérieure à la ration nécessaire.

suralimenter v. tr.
Donner une alimentation trop riche en calories.

suranné, ée adj.
Désuet. *Des usages surannés.*
▭▷ suranné.

surcharge n. f.
Excédent. *Une surcharge de travail.*

surcharger v. tr.
Le *g* est suivi d'un *e* devant les lettres *a* et *o*. *Il surchargea, nous surchargeons.*
Charger à l'excès. *Ces étudiants sont surchargés de lectures.*

surchauffe n. f.
Élévation de température.

surchauffer v. tr.
Chauffer à l'excès. *Cette maison est surchauffée.*

surclasser v. tr.
Surpasser nettement les autres candidats, dans un concours.

surcroît n. m.
• Ce qui s'ajoute à quelque chose. *Un surcroît de travail.*
• **De surcroît, par surcroît,** locutions adverbiales. En supplément.
▭▷ surcroît.

surdose n. f.
Dose excessive de médicament, de drogue. *Il a succombé à une surdose* (et non à une *overdose).

surdoué, ée adj. et n. m. et f.
Se dit d'une personne plus douée que la moyenne, dont le quotient intellectuel est très élevé.

sureau n. m. (pl. *sureaux*)
Arbrisseau produisant des fleurs odorantes. *Des sureaux garnis de petits fruits rouges.*

surélévation n. f.
Action de surélever.
▭▷ surélévation.

surélever v. tr.
Le *e* se change en *è* devant une syllabe muette. *Il surélève, nous surélevons.*
Accroître la hauteur de quelque chose. *Surélever une maison d'un étage.*
▭— Ne pas confondre avec les verbes suivants :
- *élever,* placer à un niveau supérieur;
- *lever,* porter de bas en haut;
- *soulever,* lever lentement à faible hauteur.

sûrement adv.
Certainement.
▭▷ sûrement.

suremploi n. m.
(Écon.) Marché où la main-d'œuvre ne peut assurer la totalité du travail offert.
Ant. **sous-emploi.**

surenchère n. f.
Offre d'un prix supérieur à l'offre précédente. *La rareté d'un bien peut créer de la surenchère.*
▭▷ surenchère.

surenchérir v. intr.
Faire une surenchère.

surestimation n. f.
Action de surestimer.

surestimer v. tr.
• Évaluer un bien, un service à un prix supérieur à son prix réel.
• (Fig.) Estimer une personne, une chose à une valeur trop élevée. *Elle a surestimé ses forces.*
Ant. **sous-évaluer.**

suret, ette adj.
Légèrement acide. *Des prunes surettes.*
▭▷ suret, surette.

sûreté n. f.
• Qualité d'une personne, d'une chose sur qui on peut compter.
• Sécurité publique. *Un attentat contre la sûreté de l'État.*
• **En sûreté,** locution adverbiale. À l'abri du danger.
• **De sûreté,** locution adverbiale. De nature à assurer la sécurité. *Une chaîne de sûreté, un coffret de sûreté, des épingles de sûreté.*
• Dextérité. *La sûreté de sa main de chirurgien.*
V. **sécurité.**
▭▷ sûreté.

surévaluation n. f.
Action de surévaluer.

surévaluer v. tr.
Surestimer. *Cette maison est surévaluée.*
Ant. **sous-évaluer.**

surexcitation n. f.
Évènement. *Avec la fête, les enfants sont dans un état de surexcitation joyeuse.*

surexciter v. tr.
Énerver, animer à l'excès. *Les élèves sont trop surexcités pour travailler sérieusement.*

surexposer v. tr.
Soumettre trop longtemps à la lumière. *Cette photo est un peu surexposée, les couleurs ne ressortent pas bien.*

surexposition n. f.
Action de surexposer.

surf n. m.
�⟩ La lettre *u* se prononce *eu* et les lettres *rf* se prononcent [sœrf].
Sport consistant à se déplacer à l'aide d'une planche sur le sommet d'une vague.

surface n. f.
• Partie extérieure. *La surface de l'eau, du globe.*
• (Géom.) Aire, étendue. *La surface d'un carré.*
• Partie apparente d'une chose. *Il ne faut pas s'arrêter à la surface, il importe de creuser un peu.*
• Crédit, considération. *La surface financière d'une personne, sa surface sociale.*
• *Grande surface.* Magasin en libre-service disposant d'un vaste espace pour offrir des produits variés. *L'ouverture des grandes surfaces se fait souvent à la périphérie des agglomérations.*
☞— Ne pas confondre avec le nom *superficie,* mesure d'une surface.

surfaire v. tr.
Le verbe se conjugue comme *faire.*
(Litt.) Surestimer.

surfait, aite adj.
Dont on surestime la valeur. *Un spectacle surfait.*

surgélation n. f.
Congélation à l'aide d'un procédé industriel, très rapide et à très basse température.
☞— Ne pas confondre avec les noms suivants :
- *congélation,* conservation des aliments par le froid (au-dessous du point de congélation);
- *réfrigération,* conservation par le froid (au-dessus du point de congélation).

surgelé, ée adj. et n. m.
Se dit d'une substance alimentaire conservée par surgélation. *Des produits surgelés. Les surgelés sont largement utilisés aujourd'hui.*

surgeler v. tr.
Le *e* se change en *è* devant une syllabe muette. *Il surgèle, il surgelait.*
Soumettre à une surgélation. *Cette coopérative agricole surgèle ses denrées périssables.*

surgir v. intr.
Apparaître brusquement. *Une voiture a surgi soudainement et il n'a pu l'éviter.*

surhomme n. m.
Homme supérieur.

surhumain, aine adj.
Qui dépasse les possibilités habituelles de la personne humaine. *Vous demandez un effort surhumain.*
☞— Ne pas confondre avec les mots suivants :
- *merveilleux,* exceptionnel;
- *miraculeux,* qui tient du miracle;
- *prodigieux,* qui tient du prodige.

surimpression n. f.
Impression superposée de plusieurs images.

*surintendant
Anglicisme pour *concierge.*

surir v. intr.
Devenir aigre. *Cette crème a suri.*
⟹ surir, sans accent.

surjet n. m.
• Point de couture. *Faire un surjet.*
• Point de suture, en chirurgie.
⟹ surje**t.**

surjeter v. tr.
Ce verbe se conjugue comme *jeter.*
Coudre avec un point de surjet.

sur-le-champ loc. adv.
Immédiatement.
⟹ **sur-le-champ,** avec deux traits d'union.

surlendemain n. m.
Le jour qui suit le lendemain. *Il vint la voir le surlendemain de son arrivée.*

surmenage n. m.
Excès de travail. *Il souffre de surmenage.*
⟹ surme**nage.**

surmener v. tr., pronom.
Le *e* se change en *è* devant une syllabe muette. *Il surmène,* mais *il surmenait.*
• **Transitif.** Fatiguer, épuiser. *Il ne faut pas surmener les employés.*
• **Pronominal.** Travailler à l'excès. *Elles se sont surmenées.*

surmoi n. m.
(Psychan.) L'un des trois éléments de la structure psychique avec le *moi* et le *ça.*

surmonter v. tr.
Vaincre, dominer. *Tous les obstacles qu'ils ont surmontés.*

surnager v. intr.
Le *g* est suivi d'un *e* devant les lettres *a* et *o. Il surnagea, nous surnageons.*
Rester à la surface. *Quelques débris surnageaient.*

surnaturel, elle adj. et n. m.
• **Adjectif.** Qui ne s'explique pas par les lois de la nature. *Des pouvoirs surnaturels.*
• **Nom masculin.** Le sacré.

surnom n. m.
• Nom ajouté ou substitué à certains patronymes et que l'usage a adopté.

☞ Les noms et les adjectifs qui composent un surnom s'écrivent avec une majuscule et généralement sans trait d'union. *Richard Cœur de Lion. Guillaume le Conquérant.* Exceptions : *le Roi-Soleil, le Prince-Président.*

surnombre n. m.
• Quantité qui excède un nombre déterminé.
• *En surnombre.* En trop. *Des réservations en surnombre.*

surnommer v. tr.
Donner un surnom. *On le surnommait le Matou.*

surnuméraire adj. et n. m. et f.
• **Adjectif.** Qui est en plus du nombre habituel.
• **Nom masculin et féminin.** Employé qui ne fait pas partie de l'effectif permanent.

suroît n. m.
• Vent du sud-ouest.
• Chapeau à large bords.
☞ suroît.

surpasser v. tr., pronom.
• **Transitif**
- Être supérieur. *Elle a surpassé tous les autres candidats.*
- Excéder. *Ce travail surpasse ses capacités.*
• **Pronominal**
Faire mieux qu'à l'ordinaire. *Les chefs se sont surpassés, le repas était délicieux.*

surpeuplé, ée adj.
Se dit d'un pays où la population est trop nombreuse par rapport à l'étendue, aux ressources.
Ant. **sous-peuplé.**

surpeuplement n. m.
Peuplement qui excède les ressources d'un pays, d'une région.

surplace n. m.
État de quelqu'un, de quelque chose qui est immobile. *Faire du surplace.*
☞ Ne pas confondre avec la locution adverbiale **sur place,** à l'endroit même.

surplomb n. m.
En surplomb. En saillie. *Une terrasse en surplomb sur la mer.*
☞ surplomb, en un seul mot.

surplomber v. tr., intr.
Faire saillie au-dessus de quelque chose. *Cette promenade sur les rochers qui surplombent la mer l'a effrayé.*

surplus n. m.
☞ Le **s** final ne se prononce pas [syrply].
• Excédent. *Nous avons un surplus d'articles saisonniers.*
• *Surplus* + complément au pluriel.
☞ L'accord du verbe, de l'adjectif ou du participe se fait généralement au masculin singulier (avec **surplus**). *Le surplus des marchandises a été retourné.*
• *Au surplus,* locution adverbiale. Du reste.
• *En surplus,* locution adverbiale. En supplément.

surpopulation n. f.
Population trop grande par rapport aux ressources d'un pays.

surprenant, ante adj.
Étonnant. *Il est surprenant que nous n'ayons pas eu de ses nouvelles.*
☞ La construction impersonnelle **il est surprenant que** est suivie du subjonctif.

surprendre v. tr., pronom.
INDICATIF PRÉSENT *Je surprends, tu surprends, il surprend, nous surprenons, vous surprenez, ils surprennent.* IMPARFAIT *Je surprenais.* PASSÉ SIMPLE *Je surpris.* FUTUR *Je surprendrai.* CONDITIONNEL PRÉSENT *Je surprendrais.* IMPÉRATIF PRÉSENT *Surprends, surprenons, surprenez.* SUBJONCTIF PRÉSENT *Que je surprenne.* IMPARFAIT *Que je surprisse.* PARTICIPE PRÉSENT *Surprenant.* PASSÉ *Surpris, ise.*
• **Transitif**
- Prendre sur le fait. *Surprendre un malfaiteur.*
- Étonner. *Cette nouvelle m'a surprise au plus haut point.*
- *Être surpris de* + nom. *Ils sont surpris de son départ.*
• *Être surpris de* + infinitif. *Vous êtes surpris d'apprendre son retour.*
• *Être surpris que* + subjonctif. *Elle est surprise qu'il finisse son travail si tard.*
• **Pronominal**
Se prendre soi-même sur le fait. *Je me surpris à rire de ces blagues.*
☞ Le verbe se construit avec la préposition **à** suivie de l'infinitif.

surprise n. f.
• Étonnement. *Quelle agréable surprise : je ne vous attendais pas.*
• Cadeau inattendu. *Une petite surprise amusante.*

surprise-partie n. f. (pl. *surprises-parties*)
Fête inattendue pour la personne dont on célèbre généralement l'anniversaire.

surréalisme n. m.
Mouvement littéraire, artistique qui prônait l'importance de l'imaginaire, de l'association des idées, de l'automatisme.
☞ Les noms de mouvements littéraires, artistiques s'écrivent avec une minuscule.
☞ surréalisme.

surréaliste adj. et n. m. et f.
Qui appartient au surréalisme. *Un poète surréaliste. C'était un surréaliste.*
☞ Les noms d'adeptes de mouvements littéraires, artistiques s'écrivent avec une minuscule.
☞ surréaliste.

surrénal, ale, aux adj. ou n. f. pl.
• **Adjectif.** Situé au-dessus du rein. *Des glandes surrénales.*
• **Nom féminin pluriel.** Glandes endocrines situées au-dessus des reins.

sursaut n. m.
Mouvement brusque. *Il s'éveilla en sursaut.*

sursauter v. intr.
Avoir un sursaut. *Son arrivée soudaine l'a fait sursauter.*

surseoir v. tr. ind.
INDICATIF PRÉSENT *Je sursois, tu sursois, il sursoit, nous sursoyons, vous sursoyez, ils sursoient.* IMPARFAIT *Je sursoyais, tu sursoyais, il sursoyait, nous sursoyions, vous sursoyiez, ils sursoyaient.* PASSÉ SIMPLE *Je sursis.* FUTUR *Je sursoierai.* CONDITIONNEL PRÉSENT *Je sursoierais.* IMPÉRATIF PRÉSENT *Sursois, sursoyons, sursoyez.* SUBJONCTIF PRÉSENT *Que je sursoie, que tu sursoies, qu'il sursoie, que nous sursoyions, que vous sursoyiez, qu'ils sursoient.* IMPARFAIT *Que je sursisse.* PARTICIPE PRÉSENT *Sursoyant.* PASSÉ *Sursis, ise.*
Le *y* est suivi d'un *i* à la première et à la deuxième personne du pluriel de l'indicatif imparfait et du subjonctif présent. *(Que) nous sursoyions, (que) vous sursoyiez.*
(Litt. ou dr.) Différer. *Surseoir à une décision, à la publication d'un ouvrage.*

sursis n. m.
⟺ Le *s* final est muet [syrsi].
Répit, délai. *Quelques jours de sursis avant le retour au travail.*
⟹ sursi**s.**

surtaxe n. f.
Taxe supplémentaire. *Une surtaxe à l'importation.*

surtaxer v. tr.
Charger d'une surtaxe.

*surtemps
Anglicisme pour *heures supplémentaires.*

surtout adv.
Particulièrement. *Surtout soyez bien prudente.*

surveillance n. f.
Action de surveiller. *Il est sous la surveillance de son médecin.*

surveillant n. m.
surveillante n. f.
Personne chargée de surveiller, d'exercer la discipline, dans un établissement scolaire.

surveiller v. tr., pronom.
• **Transitif.** Observer attentivement, contrôler. *On doit surveiller les allées et venues de ces personnes.*
• **Pronominal.** Être attentif à quelque chose. *À la suite d'une première réprimande, elles se sont surveillées.*

*surveiller
Impropriété au sens de *suivre, regarder. Regarder une émission* (et non **surveiller*).

survenir v. intr.
Arriver à l'improviste, accidentellement. *Des incidents sont survenus.*
↦ Ce verbe se conjugue avec l'auxiliaire *être.*

survêtement n. m.
Vêtement molletonné. *Ce survêtement* (et non ce **sweat-shirt*) *est très agréable à porter.*

survie n. f.
Le fait de rester en vie.
⟹ survi**e.**

survirage n. m.
Action de survirer.

survirer v. intr.
(Auto.) Déraper par l'arrière, vers l'extérieur de la courbe.
Ant. **sous-virer.**

survivance n. f.
Action de survivre. *La survivance de la langue française en Amérique du Nord.*

survivant, ante adj. et n. m. et f.
• **Adjectif.** Qui survit. *Les enfants survivants.*
• **Nom masculin et féminin.** Personne qui a échappé à la mort. *Il y a quelques survivants du terrible accident.*
↦ Ne pas confondre avec le participe présent invariable *survivant. Les enfants survivant à leurs parents...*

survivre v. tr. ind., intr.
• **Transitif indirect.** Demeurer en vie, vivre plus longtemps que. *Ils ont survécu à ce terrible accident.*
• **Intransitif.** Vivre encore, subsister. *Il survit dans notre mémoire par ses œuvres. Elle a survécu malgré ses graves brûlures.*

survol n. m.
• Action de survoler.
• (Fig.) Examen sommaire. *Faire un survol de la matière.*

survoler v. tr.
• Voler au-dessus. *Nous avons survolé la région des châteaux.*
• (Fig.) Examiner sommairement. *Il n'a pu que survoler ce livre.*

survolter v. tr.
• Augmenter le voltage.
• Surexciter. *Les enfants sont survoltés en raison de la fête.*

sus adv.
⟺ Le *s* final se prononce ou non, [sys] ou [sy].
• *En sus,* locution adverbiale. En plus. *Les frais de manutention sont en sus.*
• *En sus de,* locution prépositive. En supplément de, en plus de. *Les fournitures sont en sus de la main-d'œuvre.*

sus- préf.
• Élément de *dessus* signifiant «ci-dessus».
• Les mots composés avec le préfixe *sus,* dont le *s* final se prononce, s'écrivent en un seul mot. *Susmentionné, susnommé.*

susceptibilité n. f.
Caractère d'une personne susceptible. *Sa susceptibilité est trop grande.*
⟹ susceptibilit**é.**

susceptible adj.
• Sujet à (en parlant d'une chose). *Un projet susceptible*

d'être amélioré. *Le document est toujours susceptible de modifications.*

• Qui est en mesure de. *Cette personne est susceptible de vous renseigner. Votre projet est susceptible de m'intéresser.*

☞ Ne pas confondre avec l'adjectif *capable,* apte à bien faire quelque chose, de façon permanente.

• (Absol.) Qui se vexe facilement. *Attention, il est très susceptible : la moindre remarque le met en colère.*

⇨ su**sc**eptible.

susciter v. tr.
Soulever, provoquer. *La nouvelle a suscité beaucoup de commentaires.*

⇨ su**sc**iter.

suscription n. f.
Adresse écrite sur un document, sur une enveloppe.
V. Tableau - **ADRESSE.**

susdit, dite adj. et n. m. et f.
👄 Le deuxième *s* se prononce [sysdi].
(Dr.) Nommé ci-dessus.

sushi n. m.
👄 Le *u* se prononce *ou* [suʃi].
Terme de cuisine japonaise désignant une boulette de riz décorée de poisson cru. *Des sushis délicieux.*

susmentionné, ée adj. et n. m. et f.
👄 Attention à bien prononcer le deuxième *s* [sysmã sjɔne].
(Dr.) Mentionné plus haut.
Syn. **ci-dessus, plus haut.**

susnommé, ée adj. et n. m. et f.
👄 Attention à bien prononcer le deuxième *s* [sys nɔme].
(Dr.) Nommé plus haut.

suspect, ecte adj. et n. m. et f.
👄 Le *c* et le *t* ne se prononcent généralement pas au masculin, alors que dans *abject,* ils se prononcent toujours.
Douteux, qui inspire des soupçons. *Des personnes suspectes.*

*suspect
Impropriété au sens de *susceptible.*

suspecter v. tr.
Soupçonner. *Je les suspecte d'être affreusement jaloux.*

suspendre v. tr.
INDICATIF PRÉSENT *Je suspends, tu suspends, il suspend, nous suspendons, vous suspendez, ils suspendent.* IMPARFAIT *Je suspendais.* PASSÉ SIMPLE *Je suspendis.* FUTUR *Je suspendrai.* CONDITIONNEL PRÉSENT *Je suspendrais.* IMPÉRATIF PRÉSENT *Suspends, suspendons, suspendez.* SUBJONCTIF PRÉSENT *Que je suspende.* IMPARFAIT *Que je suspendisse.* PARTICIPE PRÉSENT *Suspendant.* PASSÉ *Suspendu, ue.*

• Interrompre. *Il suspendra ses activités au cours de l'été.*

• Fixer une chose de telle sorte qu'elle pende. *Suspendre un lustre.*

• *Être suspendu aux lèvres de quelqu'un.* L'écouter avec la plus grande attention.

suspens n. m.
👄 Le *s* final ne se prononce pas [syspã].
• *En suspens,* locution adverbiale. En attente, remis à plus tard. *La décision est en suspens.*
• Incertitude, attente.

☞ Le nom *suspens* employé par Mallarmé pourrait remplacer *suspense.* (Petit Robert)

⇨ suspen**s**.

suspense n. m.
Caractère d'une œuvre qui captive l'intérêt du spectateur, du lecteur, de l'auditeur et le tient en haleine. *Ce film est rempli de suspense.*

☞ Ce nom pourrait être remplacé par *suspens.*

suspension n. f.
• Interruption. *La suspension des activités à la saison morte.*
• Manière dont un véhicule est soutenu, afin d'amortir les secousses de la route. *Cette voiture a une suspension hydraulique.*
• Appareil d'éclairage suspendu au plafond. *Une jolie suspension ancienne.*

☞ Ne pas confondre avec les noms suivants :
- *applique,* appareil d'éclairage fixé au mur;
- *lampe,* appareil d'éclairage muni d'un pied, d'une base;
- *luminaire,* appareil d'éclairage (terme générique);
- *plafonnier,* appareil d'éclairage fixé au plafond;

⇨ suspen**s**ion.

suspicieux, euse adj.
Soupçonneux, méfiant.

⇨ suspi**c**ieux.

suspicion n. f.
Méfiance.

⇨ suspi**c**ion.

sustenter v. tr., pronom.
• **Transitif.** (Vx) Nourrir.
• **Pronominal.** Se nourrir.

susurrement n. m.
Action de susurrer.

⇨ susu**rr**ement.

susurrer v. tr., intr.
Dire d'une voix ténue. *Elle lui susurrait des mots doux.*

☞ Ne pas confondre avec les mots suivants :
- *chuchoter,* dire à voix basse à l'oreille de quelqu'un;
- *marmonner,* prononcer à mi-voix des paroles confuses, souvent avec colère;
- *murmurer,* prononcer à mi-voix des paroles confuses, surtout pour se plaindre ou protester.

⇨ susu**rr**er.

suture n. f.
Action de coudre les lèvres d'une plaie; le résultat de cette action. *Une suture en surjet. Des points de suture.*

⇨ suture.

suturer v. tr.
Faire une suture.

⇨ suturer.

svelte adj.
Élancé, mince. *Elle est très svelte.*

sveltesse n. f.
Qualité de ce qui est svelte.

S.V.P.
Abréviation de *s'il vous plaît.*

swahili, ie ou **souahéli, ie** adj. et n. m.
Langue bantoue. *Le swahili, la langue swahilie.*
☞— Les noms de langues s'écrivent avec une minuscule.

swap n. m.
◁▷ Le *p* se prononce [swap].
(Écon.) Crédit croisé.

*****sweater**
Anglicisme pour *chandail.*

*****sweat-shirt**
Anglicisme pour *survêtement* (molletonné).

sybarite adj. et n. m. et f.
Jouisseur.
☞ sybarite.

sycomore n. m.
Espèce d'érable.
☞ sycomore.

syllabe n. f.
Groupe de consonnes et de voyelles qui se prononce d'une seule émission de voix. *Le mot sy-mé-trie* comporte trois syllabes.
☞— Un mot formé d'une seule syllabe est un *monosyllabe*; un mot composé de plusieurs syllabes est un *polysyllabe.*
☞ syllabe.

syllabique adj.
Relatif à la syllabe.
☞ syllabique.

*****syllabus**
Anglicisme au sens de *plan de cours, sommaire.*
☞— Ce terme appartient exclusivement au vocabulaire religieux pour désigner une liste de propositions émanant des autorités ecclésiastiques.

syllogisme n. m.
Raisonnement composé de trois propositions : la majeure, la mineure et la conclusion. *Les lilas fleurissent au printemps; les lilas sont en fleurs; donc, nous sommes au printemps.*
☞ syllogisme.

sylphe n. m.
Génie de l'air, dans la mythologie germanique.
☞ sylphe.

sylphide n. f.
Génie féminin de l'air, dans la mythologie germanique.
☞ sylphide.

sylv(i)- préf.
Élément du latin signifiant «forêt».

sylvaner n. m.
◁▷ Le *r* se prononce [silvanɛr].
Vin blanc d'Alsace. *Des sylvaners très frais.*
☞— Le nom du vin s'écrit avec une minuscule.

sylvestre adj.
Relatif à la forêt.
☞ sylvestre.

sylvicole adj.
Relatif à la sylviculture.
☞ sylvicole.

sylviculteur n. m.
sylvicultrice n. f.
Personne qui exploite des forêts.
☞ sylviculteur.

sylviculture n. f.
Exploitation des forêts.
V. **agriculture.**
☞ sylviculture.

symbiose n. f.
• (Biol.) Association étroite de deux organismes qui se prêtent un appui mutuel.
• (Fig.) Union étroite entre des personnes.
☞ symbiose.

symbole n. m.
V. Tableau - **SYMBOLE.**
V. Tableau - **SYMBOLES DES UNITÉS DE MESURE.**
V. Tableau - **SYMBOLES DES UNITÉS MONÉTAIRES.**

symbolique adj. et n. f.
Qui sert de symbole. *Une portée symbolique, une représentation symbolique.*

symboliser v. tr.
• Représenter par un symbole. *Le signe x en mathématiques symbolise la multiplication.*
• Être le symbole de. *La fleur de lys a symbolisé la royauté française.*

symbolisme n. m.
• Emploi de symboles.
• Mouvement littéraire et artistique qui se caractérise par sa recherche de l'essence spirituelle des êtres et des choses, en réaction au naturalisme pragmatique.
☞— Les noms de mouvements littéraires, artistiques s'écrivent avec une minuscule.

symboliste adj. et n. m. et f.
Qui appartient au symbolisme. *Verlaine fut un symboliste.*
☞— Les noms d'adeptes de mouvements littéraires, artistiques s'écrivent avec une minuscule.

symétrie n. f.
• Correspondance exacte entre les deux moitiés d'un tout.
• Proportion, ordre. *La symétrie d'un agencement.*
Ant. **dissymétrie, asymétrie.**
☞ symétrie.

symétrique adj.
Qui présente une parfaite symétrie. *Des corniches symétriques.*

sympa adj. inv.
Abréviation familière de **sympathique.**

sympathie n. f.
• Penchant, bienveillance à l'égard d'une personne. *Témoigner de la sympathie à quelqu'un.*
⌦ À l'occasion d'un décès, on transmet ses condoléances (et non ses *sympathies).
• (Litt.) Faculté de ressentir ce qui touche les autres.
⟹ sympathie.

sympathique adj.
• S'abrège familièrement en **sympa** (s'écrit sans point).
• Aimable, qui attire la sympathie. *Ces personnes sont particulièrement sympathiques.*
• (Fam.) Agréable, en parlant d'une chose. *Un restaurant très sympathique.*
⟹ sympathique.

sympathisant, ante adj. et n. m. et f.
Personne qui a des affinités pour un parti, une cause, sans y adhérer nécessairement. *La présence du nouveau chef a attiré de nombreux sympathisants.*

sympathiser v. intr.
Éprouver de la sympathie pour quelqu'un. *Nous avons tout de suite sympathisé.*

symphonie n. f.
Composition musicale pour orchestre. *La neuvième symphonie de Beethoven.*
⟹ symphonie.

symphonique adj.
Qui a le caractère d'une symphonie. *Un concert symphonique.*
⟹ symphonique.

symposium n. m.
⟸ Le *u* se prononce *o* [sɛ̃pozjɔm].
Congrès scientifique. *Des symposiums importants.*

⌦ Ne pas confondre avec les noms suivants :
- **colloque,** réunion de spécialistes invités, en nombre généralement limité, pour exposer, discuter et confronter leurs idées et leurs opinions sur un thème donné;
- **congrès,** assemblée regroupant un nombre important de personnes réunies pour délibérer sur un ou des sujets donnés;
- **forum,** réunion où sont débattues des questions d'une vaste portée, généralement dans le but d'établir une concertation entre les divers participants;
- **séminaire,** réunion à caractère scientifique constituée d'un groupe restreint de personnes et généralement animée par un professeur, un chercheur ou un spécialiste.

symptomatique adj.
• Qui constitue un symptôme. *Une éruption cutanée symptomatique.*
• Qui est l'indice de quelque chose. *Ce silence est symptomatique des divergences entre les deux parties.*
⟹ symptomatique, sans accent.

symptôme n. m.
Signe caractéristique d'une maladie, de quelque chose. *Des symptômes inquiétants, un symptôme avant-coureur.*
⟹ symptôme.

syn-, syl-, sym- préf.
• Éléments du grec signifiant «avant».
• Ces préfixes expriment une communauté d'action, de pensée, de sentiment. *Synchronisme, syndicat.*

synagogue n. f.
Temple consacré au culte israélite.
⌦ Les noms d'édifices religieux s'écrivent avec une minuscule.
⟹ synagogue.

SYMBOLE

Signe conventionnel constitué par une lettre, un groupe de lettres, un pictogramme, un signe, le symbole sert à désigner un être, une chose, de façon très concise, indépendamment des frontières linguistiques. Il convient d'en respecter la graphie exacte. Les symboles appartiennent surtout au système de notation des sciences et des techniques : *les symboles chimiques, physiques, mathématiques, les symboles des unités de mesure, des unités monétaires.*

⌦ Les symboles ne prennent jamais la marque du pluriel et s'écrivent sans point.

Symboles chimiques

Ces symboles s'écrivent toujours avec une majuscule initiale, parfois suivie d'une minuscule accolée sans espace; les symboles ne sont pas suivis d'un point abréviatif.

Ag (argent), *C* (carbone), *N* (azote), *Na* (sodium)

⌦ Dans les formules chimiques, les petits chiffres sont placés en indices inférieurs et les symboles se suivent sans espace. H_2SO_4

V. Tableau – **ABRÉVIATION (RÈGLES DE L').**
V. Tableau – **SYMBOLES DES UNITÉS DE MESURE.**
V. Tableau – **SYMBOLES DES UNITÉS MONÉTAIRES.**

SYMBOLES DES UNITÉS DE MESURE

Règles d'écriture

Les symboles des unités de mesure qui sont les mêmes dans toutes les langues sont invariables et s'écrivent sans point abréviatif, en caractères romains.

35 kg, 20 cm, 12 s

☞ Si l'unité de mesure suit un nombre écrit en lettres ou si elle n'est pas précédée de chiffres, on ne peut recourir au symbole et l'unité de mesure s'écrit au long. *Vingt centimètres. La longueur de ce meuble est exprimée en centimètres.*

Le symbole se place après le nombre entier ou décimal et il en est séparé par un espacement simple.

0,35 m, 23,8 °C

Les sous-multiples d'unités non décimales s'écrivent à la suite sans ponctuation.

11 h 35 min 40 s

☞ Les symboles des unités de mesure sont normalisés et doivent être écrits sans être modifiés.

Système international d'unités (SI)

Le système défini par la Conférence générale des poids et mesures est le système métrique décimal à 7 unités de base qui a été adopté par le Canada.

Les noms des unités de mesure sont des noms communs qui s'écrivent en minuscules et qui prennent la marque du pluriel.

Des mètres, des kelvins.

V. Tableau – **MULTIPLES ET SOUS-MULTIPLES DÉCIMAUX.**
V. Tableau – **NOMBRES.**

UNITÉS DE BASE		
m	mètre	unité de longueur
s	seconde	unité de temps
K	kelvin	unité de température
mol	mole	unité de quantité de matière
kg	kilogramme	unité de masse
A	ampère	unité d'intensité de courant électrique
cd	candela	unité d'intensité lumineuse

suite ➡

| | 1. UNITÉS GÉOMÉTRIQUES | | 2. UNITÉS MÉCANIQUES |

1. UNITÉS GÉOMÉTRIQUES

Longueur

Tm	téramètre
Mm	mégamètre
km	kilomètre
hm	hectomètre
dam	décamètre
m	mètre
dm	décimètre
cm	centimètre
mm	millimètre
μm	micromètre
nm	nanomètre
pm	picomètre

Aire ou superficie

km^2	kilomètre carré (=1 000 000 m^2)
hm^2	hectomètre carré (= 10 000 m^2)
dam^2	décamètre carré (= 100 m^2)
m^2	mètre carré
dm^2	décimètre carré
cm^2	centimètre carré
mm^2	millimètre carré
ca	centiare (= 1 m^2)
a	are (= 100 m^2)
ha	hectare (= 10 000 m^2)

Volume

km^3	kilomètre cube
m^3	mètre cube
dm^3	décimètre cube
cm^3	centimètre cube
mm^3	millimètre cube
hl ou hL	hectolitre (= 0,1 m^3)
dal ou daL	décalitre
l ou L	litre (= 1 dm^3)
dl ou dL	décilitre
cl ou cL	centilitre
ml ou mL	millilitre (= 1 cm^3)
st	stère (= 1 m^3 de bois)

Angle plan

rad	radian
gr	grade
r	tour
°	degré
'	minute
"	seconde

Angle solide

sr	stéradian

2. UNITÉS MÉCANIQUES

Vitesse

m/s	mètre par seconde
km/h	kilomètre par heure

Vitesse angulaire

rad/s	radian par seconde
r/s	tour par seconde
r/min	tour par minute

Accélération

m/s^2	mètre par seconde par seconde

Fréquence

MHz	mégahertz
kHz	kilohertz
Hz	hertz

Force

N	newton

Moment d'une force

N.m	mètre-newton ou newton-mètre

Énergie, travail, quantité de chaleur

MJ	mégajoule
kJ	kilojoule
J	joule

Puissance

MW	mégawatt
kW	kilowatt
W	watt
mW	milliwatt
μW	microwatt
VA	voltampère (puissances apparentes)
kVA	kilovoltampère (puissances apparentes)
var	var (puissances réactives)

Contrainte, pression

MPa	mégapascal
Pa	pascal

suite →

3. UNITÉS DE MASSE

Masse

t	tonne (= 1000 kg)
q	quintal (= 100 kg)
kg	kilogramme
hg	hectogramme
dag	décagramme
g	gramme
dg	décigramme
cg	centigramme
mg	milligramme
µg	microgramme

Masse volumique

kg/m^3	kilogramme par mètre cube

4. UNITÉS DE TEMPS

a	année
d	jour
h	heure
min	minute
s	seconde
ms	milliseconde
µs	microseconde
ns	nanoseconde
ps	picoseconde

5. UNITÉS CALORIFIQUES

Température thermodynamique

K	kelvin
°C	degré Celsius

6. UNITÉS DE QUANTITÉ DE MATIÈRE

Quantité de matière

kmol	kilomole
mol	mole
mmol	millimole
µmol	micromole

Concentration

mol/m^3	mole par mètre cube

7. UNITÉS ÉLECTRIQUES ET MAGNÉTIQUES

Intensité de courant électrique

kA	kiloampère
A	ampère
mA	milliampère
µA	microampère

Quantité d'électricité

C	coulomb

Force électromotrice

MV	mégavolt
kV	kilovolt
V	volt
mV	millivolt
µV	microvolt

Résistance et conductance électriques

TΩ	téraohm
MΩ	mégohm
Ω	ohm
µΩ	microhm
S	siemens

Capacité électrique

F	farad
µF	microfarad
nF	nanofarad
pF	picofarad

Inductance électrique

H	henry
mH	millihenry
µH	microhenry

Flux magnétique

Wb	weber

Induction magnétique

T	tesla

Force magnétomotrice

A	ampère

Intensité de champ magnétique

A/m	ampère par mètre

suite →

8. UNITÉS OPTIQUES	
Intensité lumineuse	
cd	candela
Luminance	
cd/m²	candela par mètre carré
cd/cm²	candela par centimètre carré
sb	stilb
Flux lumineux	
lm	lumen
Éclairement	
lx	lux
ph	phot
Vergence des systèmes optiques	
d	dioptrie

9. UNITÉS D'INTENSITÉ SONORE	
B	bel
dB	décibel

10. UNITÉS DES RAYONNEMENTS IONISANTS	
Activité radionucléaire	
Bq	becquerel
Ci	curie
Quantité de rayonnement X ou Y	
C/kg	coulomb par kilogramme
R	roentgen
Dose absorbée de rayonnement ionisant	
Gy	gray
mGy	milligray
rad	rad
Équivalent de dose	
Sv	sievert
rem	rem

synallagmatique adj.
(Dr.) Se dit d'un contrat qui comporte des obligations réciproques entre les parties.
☞ syna**ll**agmatique.

synchrone adj.
👄 Les lettres **ch** se prononcent **k** [sĕkrɔn].
Qui se produit en même temps.
Ant. **asynchrone**.
☞ syn**ch**rone.

synchronie n. f.
👄 Les lettres **ch** se prononcent **k** [sĕkrɔni].
(Ling.) Ensemble des phénomènes linguistiques considérés à une époque déterminée.
Ant. **diachronie**

synchronique adj.
👄 Les lettres **ch** se prononcent **k** [sĕkrɔnik].
Qui étudie des phénomènes, des faits arrivés à la même époque en différents lieux. *La linguistique synchronique.*
Ant. **diachronique.**

synchronisation n. f.
👄 Les lettres **ch** se prononcent **k** [sĕkrɔnizasjɔ̃].
Mode de fonctionnement en cadence.

synchroniser v. tr.
👄 Les lettres **ch** se prononcent **k** [sĕkrɔnize].
• Établir un synchronisme entre différents éléments.

Des feux de circulation synchronisés.
• (Cin.) Mettre en concordance les images et le son d'un film.
☞ syn**ch**roniser.

synchronisme n. m.
👄 Les lettres **ch** se prononcent **k** [sĕkrɔnism].
• Rapport de deux phénomènes simultanés. *Le synchronisme de deux moteurs.*
• Concordance de temps, état de ce qui vient à propos, en temps opportun. *Le synchronisme de cette diffusion est excellent* (et non le *timing).

syncope n. f.
Perte subite et totale de connaissance.
☞ syn**c**ope.

syncopé, ée adj.
Se dit d'une musique dont le rythme est fortement cadencé. *Une musique syncopée.*

syndic n. m.
👄 Le **c** se prononce [sĕdik].
(Dr.) Délégué représentant les créanciers dans une faillite.
☞ syndi**c**.

syndical, ale, aux adj.
Relatif à un syndicat. *Des délégués syndicaux.*
☞ syndi**c**al.

SYMBOLES DES UNITÉS MONÉTAIRES

Signes conventionnels qui désignent les monnaies internationales, les symboles des unités monétaires s'écrivent en majuscules, sans points et sont invariables.

Place du symbole

En français, le symbole de l'unité monétaire se place après l'expression numérale, selon l'ordre de la lecture; il est séparé du nombre par un espacement simple. *39,95 $.*

☞ Pour certains tableaux et états financiers, il est possible d'intervertir l'ordre et de faire précéder du symbole l'expression numérale.

V. **dollar.**

Symbole suivi d'un code

Pour distinguer les devises dont le symbole est identique, un code abréviatif suit le symbole, lorsque le contexte l'exige. FF (franc français), FB (franc belge). S'il n'y a pas de confusion possible, le code est généralement omis.

Symboles des principales monnaies internationales

NOM DU PAYS	DÉSIGNATION DE LA MONNAIE	SYMBOLE
Afghanistan	afghani	A
Afrique du Sud	rand	R
Albanie	lek	LEK
Algérie	dinar algérien	DA
Allemagne	deutsche mark	DM
Arabie saoudite	riyal saoudien	RLAS
Argentine	austral	N$AR
Australie	dollar australien	$A
Autriche	schilling	SCH
Belgique	franc belge	FB
Bénin	franc CFA	FCFA
Birmanie	kyat	K
Bolivie	peso bolivien	$BOL
Brésil	cruzeiro	$CR
Bulgarie	lev	LVA
Burkina	franc CFA	FCFA
Burundi	franc de Burundi	FBU
Cambodge	riel	J
Cameroun	franc CFA	FCFA
Canada	dollar canadien	$CAN
Centrafricaine (République)	franc CFA	FCFA
Chili	peso	$CH
Chine (Rép. pop. de)	yuan	CNY
Chypre	livre cypriote	£CYP
Colombie	peso colombien	$COL
Communauté d'États indépendants (C.É.I.)	rouble	RBL
Corée	won	W
Costa Rica	colon	COCR
Côte-d'Ivoire	franc CFA	FCFA
Cuba	peso cubain	CU
Danemark	couronne danoise	KRD
Dominicaine (République)	peso dominicain	DOP

suite→

Égypte	livre égyptienne	£EG
Émirats arabes unis	dirham	AED
Équateur	sucre	SUC
Espagne	peseta	PTA
États-Unis	dollar	$US
Éthiopie	birr éthiopien	ETB
Finlande	mark finlandais	MF
France	franc français	FF
Gabon	franc CFA	FCFA
Ghana	cédi	C
Grande-Bretagne	livre sterling	£
Grèce	drachme	DR
Guatemala	quetzal	Q
Guinée	syli	GNS
Haïti	gourde	G
Honduras	lempira	LEMP
Hongkong	dollar de Hongkong	$HGK
Hongrie	forint	FOR
Inde	roupie indienne	RUPI
Indonésie	rupiah	NRPH
Iran	rial	RL
Iraq	dinar iraquien	DIK
Irlande	livre irlandaise	£IR
Islande	couronne islandaise	KIS
Israël	shekel	ILS
Italie	lire	LIT
Japon	yen	Y
Jordanie	dinar jordanien	DJ
Kenya	shilling du Kenya	SHK
Koweit	dinar du Koweit	KD
Laos	kip	KIP
Liban	livre libanaise	£LIB
Libéria	dollar libérien	$LBR
Libye	dinar libyen	DLY
Luxembourg	franc luxembourgeois	FLUX
Madagascar	franc malgache	FMG
Mali	franc CFA	FCFA
Maroc	dirham	DH
Mauritanie	ouguiya	UM
Mexique	peso mexicain	$MEX
Népal	roupie népalaise	NPR
Nicaragua	cordoba	$NI
Niger	franc CFA	FCFA
Nigéria	naïra	NR
Norvège	couronne norvégienne	NOK
Nouvelle-Zélande	dollar néo-zélandais	$NZ
Pakistan	roupie du Pakistan	RUPP
Panama	balboa	BAL
Paraguay	guarani	GUA
Pays-Bas	florin néerlandais	FL
Pérou	sol	SOL
Philippines	peso	$PHI
Pologne	zloty	ZL
Portugal	escudo	ESC

Qatar	riyal	QR
Roumanie	leu	LEI
Ruanda	franc du Ruanda	FRU
Salvador	colon	COES
Sénégal	franc CFA	FCFA
Somalie	shilling	SMSH
Soudan	livre soudanaise	£SOU
Suède	couronne suédoise	SEK
Suisse	franc suisse	FS
Syrie	livre syrienne	£SYR
Tanzanie	shilling de Tanzanie	SHT
Tchad	franc CFA	FCFA
Tchécoslovaquie	couronne tchécoslovaque	CSK
Thaïlande	baht	BAHT
Togo	franc CFA	FCFA
Tunisie	dinar tunisien	DTU
Turquie	livre turque	£TQ
Uruguay	peso uruguayen	$UR
Venezuela	bolivar	BOLV
Viêt-nam	dông	DON
Yémen	rial du Yémen	YR
Yougoslavie	dinar	DIN
Zaïre	zaïre	ZA
Zambie	kwacha	K
Zimbabwe	dollar du Zimbabwe	$RHO

syndicalisme n. m.
Le mouvement syndical.
⇨ syndicalisme.

syndicaliste adj. et n. m. et f.
• **Adjectif**
Relatif aux syndicats, au syndicalisme.
• **Nom masculin et féminin**
- Adepte du syndicalisme.
- Personne qui fait partie de l'organisation d'un syndicat, qui y joue un rôle actif.
▷⊱ Ne pas confondre avec le mot **syndiqué,** personne appartenant à un syndicat.
⇨ syndicaliste.

syndicat n. m.
• Groupe de travailleurs qui s'unissent pour défendre leurs droits et leurs intérêts. *Un syndicat actif* (et non une *union).
• *Syndicat d'initiative.* Organisme chargé de la promotion touristique d'une région (en France).
• *Syndicat financier.* Groupement constitué pour assurer le placement de titres lors de leur émission.
⇨ syndicat.

syndiqué, ée adj. et n. m. et f.
Membre d'un syndicat. *Les employés de cette entreprise ne sont pas syndiqués. Les syndiqués et les syndiquées sont satisfaits des conditions de travail.*
▷⊱ Ne pas confondre avec le nom **syndicaliste,** personne faisant partie de l'organisation d'un syndicat.
⇨ syndiqué.

syndiquer v. tr., pronom.
• **Transitif.** Réunir en syndicat.
• **Pronominal.** Adhérer à un syndicat. *Ils se sont syndiqués.*
⇨ syndiquer.

syndrome n. m.
👄 Le *o* est ouvert ou fermé, [sɛ̃drom] ou [sedrom].
(Méd.) Ensemble des symptômes d'une maladie. *Le syndrome de Down* (trisomie 21) *caractérise le mongolisme.*
⇨ syndrome, sans accent.

synecdoque n. f.
Figure de rhétorique où l'on prend la partie pour le tout, l'espèce pour le genre, le singulier pour le pluriel. *Payer tant par tête* (pour *payer tant par personne*).
V. Tableau - **FIGURÉS (EMPLOIS).**

synergie n. f.
• Concours d'action entre divers organes dans l'accomplissement d'une fonction.
• (Fig.) Action coordonnée de plusieurs éléments dans un but commun.
⇨ synergie.

synergique adj.
Relatif à la synergie.
⇨ synergique.

synode n. m.
Réunion d'évêques.
⇨ synode.

synonyme adj. et n. m.
V. Tableau - **SYNONYMES.**

synonymie n. f.
Qualité des mots synonymes. *Un rapport de synonymie entre deux mots.*
⟾ synonymie.

synopsis n. m.
⟾ Le *s* final se prononce [sinɔpsis].
• (Didact.) Synthèse, tableau synoptique. *Les professeurs ont distribué le synopsis du cours.*
• (Cin.) Esquisse de scénario. *Proposer un synopsis.*
⊫ Ce nom s'emploie aujourd'hui au masculin, bien qu'il ait été de genre féminin au départ.

synoptique adj.
Synthétique. *Un schéma synoptique.*
⟾ synoptique.

synovial, ale, aux adj. et n. f.
Relatif à la synovie.
⟾ synovial.

synovie n. f.
Liquide qui lubrifie les articulations mobiles. *Un épanchement de synovie* (et non de *synovite).

syntagmatique adj. et n. f.
• **Adjectif.** (Ling.) Relatif au syntagme.
• **Nom féminin.** (Ling.) Étude des syntagmes.

syntagme n. m.
(Ling.) Groupe de mots ayant une signification et une même fonction. *Un syntagme nominal, un syntagme verbal.*

syntaxe n. f.
• (Gramm.) Disposition des mots dans une proposition

SYNONYMES

Les synonymes sont des mots qui ont la même signification ou des sens très voisins. S'il n'y a pas de véritables synonymes, il y a des mots qui comportent des analogies de sens tout en différant les uns des autres par des nuances particulières.

À titre d'exemple, les verbes qui suivent expriment tous l'idée de «faire connaître», mais selon diverses modalités:

– *Indiquer*	Faire connaître une personne, une chose, en donnant un indice (détail caractéristique) qui permet de la trouver.
– *Montrer*	Faire connaître en mettant sous les yeux.
– *Signaler*	Faire connaître en attirant l'attention sur un aspect particulier.
– *Citer*	Faire connaître en nommant une personne, une chose.
– *Désigner*	Faire connaître par une expression, un signe, un symbole.
– *Nommer*	Faire connaître par son nom.
– *Révéler*	Faire connaître ce qui était inconnu.

Certains synonymes sont des **doublets** qui proviennent d'une même origine, mais qui ont suivi une évolution phonétique différente. *Fragile et frêle.*

V. Tableau – **DOUBLETS.**

⊫ Ne pas confondre avec les noms suivants:

– *antonymes,* mots qui ont une signification contraire:

  devant, derrière;

– *homonymes,* mots qui s'écrivent ou se prononcent de façon identique sans avoir la même signification:

  air, aire, ère, hère;

– *paronymes,* mots qui présentent une ressemblance d'orthographe ou de prononciation sans avoir la même signification:

  acception (sens d'un mot), *acceptation* (accord).

V. Tableau – **ANTONYMES.**
V. Tableau – **HOMONYMES.**
V. Tableau – **PARONYMES.**

et des propositions dans une phrase conformément aux règles de la grammaire. *Les règles d'accord, l'emploi des prépositions, des modes relèvent de la syntaxe.*
• Étude des relations entre les unités linguistiques et leurs fonctions.
⟹ syntaxe.

syntaxique adj.
Relatif à la syntaxe. *Une construction syntaxique.*

synthèse n. f.
• Vision globale qui résulte de l'organisation des connaissances en un tout cohérent. *Un esprit de synthèse.*
• Préparation d'un composé à partir d'éléments. *Une synthèse chimique.*
• Nom **+ synthèse.** Qui constitue un résumé, un exposé d'ensemble. *Des études synthèses.*
⊨⊣— Mis en apposition, le mot s'écrit sans trait d'union et les deux noms prennent la marque du pluriel.
⟹ synthèse.

synthétique adj.
• Qui fait la synthèse, qui résume. *Un tableau synthétique.*
• Obtenu par synthèse chimique. *Des textiles synthétiques.*

synthétiser v. tr.
Produire par une synthèse. *Synthétiser une substance plastique.*

synthétiseur n. m.
• Appareil destiné à faire la synthèse d'éléments sonores.
• *Synthétiseur de parole, vocal.* (Inform.) Périphérique apte à reproduire la voix humaine afin de permettre une communication orale avec l'ordinateur.
• Appareil électronique qui fait la synthèse des sons musicaux.
⊨⊣— Ce nom s'abrège familièrement en **synthé** (s'écrit sans point).

syntonisation n. f.
Réglage d'un récepteur de radiodiffusion.
⟹ syntonisation.

syphilis n. f.
◁ Le **s** final se prononce [sifilis].

Maladie transmise sexuellement.
⟹ syphilis.

syphilitique adj. et n. m. et f.
Atteint de la syphilis.

syrien, ienne adj. et n. m. et f.
De Syrie. *Un avion syrien. Un Syrien, une Syrienne.*
⊨⊣— L'adjectif s'écrit avec une minuscule; le nom, avec une majuscule.

systématique adj.
• Méthodique, selon un système. *Un classement systématique.*
• Soutenu. *Des refus systématiques.*
• (Péj.) Rigide. *Cette méthode est trop systématique, elle ne tient pas compte de la réalité.*
⟹ systématique.

systématisation n. f.
Action d'ériger en système.
⟹ systématisation.

systématiser v. tr.
Construire en système.
⟹ systématiser.

système n. m.
• Ensemble ordonné d'éléments qui assurent une fonction, qui concourent à un but.
• Classification méthodique. *Le système métrique, le système international d'unités (SI). Le système respiratoire, un système de détection, un système informatique.*
V. Tableau - **SYMBOLES DES UNITÉS DE MESURE.**
⟹ système.

*système
Anglicisme au sens de *organisme.*

*système de son
Calque de l'anglais «sound system» au sens de *chaîne stéréo(phonique).*

systémique adj.
• Qui est relatif à un système dans son ensemble.
• *Approche systémique.* Méthode d'analyse et de synthèse prenant en considération l'appartenance à un ensemble et l'interdépendance d'un système avec les autres systèmes de cet ensemble.

t
• Symbole de **tonne**.
• Lettre intercalaire, dite analogique ou euphonique, qui s'insère entre le verbe terminé par *e, a* ou *c* et le pronom sujet inversé (*il, elle, on*). *Viendra-t-il? Chante-t-elle? Vainc-t-on?*
☞ Le *t* intercalaire est joint au verbe et au pronom par des traits d'union.

T
Symbole de **téra-**.

t' pron. pers.
• Forme élidée de *te* devant une voyelle ou un *h* muet. *Il t'admire, elle t'honore.*
• Forme élidée de *toi* devant *en, y*. *Garde-t'en bien, mets-t'y.*

ta adj. poss. f. sing.
• L'adjectif possessif détermine le nom en indiquant le «possesseur» de l'objet désigné. Il s'accorde en genre et en nombre avec le nom déterminé. *Ta maison.* Il s'accorde en personne avec le nom désignant le «possesseur».
• Ainsi, l'adjectif possessif *ta* renvoie à un seul «possesseur» d'un être, d'un objet de genre féminin.
☞ Devant un nom féminin commençant par une voyelle ou un *h* muet, c'est la forme masculine **ton** qui est employée pour des raisons d'euphonie. *Ton amie, ton histoire.*
V. Tableau - **POSSESSIF (ADJECTIF)**.

tabac adj. inv. et n. m.
👄 Le *c* ne se prononce pas [taba].
• **Nom masculin**
- Plante dont les feuilles peuvent être fumées.

- Produit obtenu avec les feuilles de tabac. *Du tabac blond.*
- *Passer à tabac.* Rouer quelqu'un de coups.
- *Coup de tabac.* (Mar.) Tempête.
• **Adjectif de couleur invariable**
De la couleur brun-roux du tabac. *Des cuirs tabac.*
V. Tableau - **COULEUR (ADJECTIFS DE)**.

tabagie n. f.
• (Péj.) Pièce enfumée.
• Au Canada, désigne un magasin de tabac et de journaux.

tabagisme n. m.
Toxicomanie de ceux qui abusent de tabac.

tabasser v. tr.
(Fam.) Frapper, rouer de coups.

tabatière n. f.
Petite boîte où l'on met du tabac.

tabernacle n. m.
Petite armoire sur l'autel, destinée à recevoir le ciboire.

table n. f.
• Meuble composé d'une surface plane posée sur des pieds et qui sert à divers usages. *Une table à café, une table de chevet, une table à dessin, une table d'opération.*
• Meuble servant à prendre les repas. *Mettre la table, dresser la table, débarrasser la table* ou *desservir. Un service de table. Passer à table.*
• La nourriture. *Aimer la table. Les arts de la table.*
• *Table d'hôte.* Menu à prix fixes.
• *Faire table rase.* Faire abstraction de toute idée préconçue.

• Présentation d'informations dans un ordre méthodique. *Des tables de multiplication.*
• **Table des matières.** Liste détaillée des questions traitées dans un texte, des chapitres, des illustrations, etc. et des pages auxquelles ils apparaissent.
• **Table traçante.** (Inform.) Périphérique comportant un ou plusieurs stylets encreurs et dont les mouvements tracent automatiquement le caractère, le schéma désiré.
☞— Ce nom a pour synonyme **traceur.**
• **Table tournante.** Table utilisée en spiritisme pour transmettre les messages des esprits.

tableau n. m. (pl. *tableaux*)
• Œuvre exécutée sur une toile. *Des tableaux figuratifs.*
• Représentation d'une chose. *Cette pièce trace le tableau de cette époque.*
• Ensemble de données disposées d'une façon schématique. *Ce dictionnaire comprend plusieurs tableaux.*
• Panneau servant à l'écriture, à l'affichage. *L'instituteur écrit au tableau noir. Un tableau indicateur.*
• **Tableau de bord.** Ensemble des appareils destinés à diriger la marche d'un véhicule.

tablée n. f.
Ensemble des personnes qui partagent un repas à la même table.

tabler v. tr. ind.
Compter sur. *Il table sur une relance de l'économie.*
☞— Le verbe transitif indirect se construit avec la préposition **sur.**
☞— Le participe passé est toujours invariable.

table ronde n. f.
Réunion caractérisée par le principe d'égalité entre les participants, convoquée pour discuter d'un sujet précis. *Un table ronde* (et non un **panel*).

*table tournante
Calque de l'anglais «turntable» au sens de **tourne-disque.**

tablette n. f.
• Planche posée horizontalement. *Une bibliothèque avec des tablettes réglables.*
• Produit alimentaire de forme aplatie. *Une tablette de chocolat.*
• **Être sur une tablette.** (Fam.) Au Canada, être, rester, être mis sur la touche, à ne rien faire, être tenu à l'écart d'une activité.

*tablette
Impropriété au sens de **bloc-notes.**

tableur n. m.
(Inform.) Logiciel de création et de manipulation interactives de tableaux numériques visualisés. *Un tableur jumelé à une banque de données* (et non un **chiffrier*).

tablier n. m.
• Vêtement de protection. *Un tablier de boucher, de menuisier.*
• Plate-forme d'un pont.

tabloïd ou **tabloïde** adj. et n. m.
◁▷ Le *d* se prononce [tabloïd].
• **Nom masculin.** Quotidien, périodique de petit format. *Les tabloïds sont de plus en plus appréciés.*

• **Adjectif.** Dont le format est la moitié du format habituel des journaux. *Des formats tabloïds populaires.*

tabou, e adj. et n. m.
• **Adjectif.** Interdit, dont on ne peut parler. *Des questions taboues, ou tabou.*
• **Nom masculin.** Interdiction de caractère religieux, social. *Les tabous sexuels.*
☞— Le nom prend la marque du pluriel, l'adjectif s'accorde généralement, mais il peut rester invariable.

taboulé n. m.
Plat d'origine libanaise composé de persil, de tomates, de blé concassé, de menthe fraîche et d'oignons assaisonnés de jus de citron et d'huile d'olive. *Des taboulés succulents.*

tabouret n. m.
Petit siège qui n'a ni bras ni dos.
☞— On s'assoit **sur** un tabouret, une chaise; par contre, on s'assoit **dans** un fauteuil.

tabulateur n. m.
Dispositif d'une machine à écrire, d'un ordinateur facilitant la saisie de données en colonnes.

tac n. m.
Répondre, riposter du tac au tac. Répondre avec vivacité et coup pour coup. *Elle a riposté, il a répondu du tac au tac* (et non du **tic au tac*).
☞— L'expression s'écrit sans traits d'union.

tache n. f.
• Marque, altération. *Une tache de peinture, de moisissure.*
• Marque naturelle. *Un chien blanc avec des taches noires. Des taches de rousseur.*
• **Faire tache d'huile.** S'étendre sans cesse. *Cette pratique a fait tache d'huile et s'est rapidement implantée.*
☞— Ne pas confondre avec le nom **tâche,** travail à accomplir.
▭▷ tache, sans accent.

tâche n. f.
Travail à accomplir. *Elle a la lourde tâche d'assurer la direction de cet organisme.*
☞— Ne pas confondre avec le nom **tache,** marque, altération.
▭▷ tâche.

taché, ée adj.
Sali. *Sa robe est tachée d'encre.*
▭▷ taché.

tacher v. tr.
• Salir, faire une ou des taches. *Il a taché son pantalon.*
• (Litt.) Souiller.
▭▷ tacher, sans accent.

tâcher v. tr.
• **Transitif direct. Tâcher que.** Faire en sorte que. *Je tâcherai qu'on vous prévienne à temps.*
• **Transitif indirect .** Tenter de, s'efforcer de. *Tâchez de venir, cela nous ferait tellement plaisir.*
☞— Le verbe suivi de la conjonction **que** se construit avec le subjonctif. *Tâchons qu'on soit fier de nous.*
▭▷ tâcher.

tacheter v. tr.
Redoublement du *t* devant un *e* muet. *Je tachette, je tachetterai,* mais *je tachetais.*
Parsemer de petites taches. *Une fourrure rousse tachetée de blanc.*

tachy- préf.
⟨⟩ Les lettres *ch* se prononcent *k* [taki].
Élément du grec signifiant «rapide». *Tachymètre.*

tachycardie n. f.
⟨⟩ Les lettres *ch* se prononcent *k* [takikardi].
Accélération des battements cardiaques.
⟹ ta**ch**ycardie.

tachymètre n. m.
⟨⟩ Les lettres *ch* se prononcent *k* [takimɛtr].
Compte-tours.
⟹ ta**ch**ymètre.

tacite adj.
Sous-entendu, implicite. *Un accord tacite.*
⟹ tacite**,** au masculin comme au féminin.

tacitement adv.
Implicitement.

taciturne adj.
Sombre, peu communicatif.

tacot n. m.
⟨⟩ Le *t* final ne se prononce pas [tako].
(Fam.) Vieille voiture.
⟹ taco**t.**

tact n. m.
⟨⟩ Les lettres *ct* se prononcent [takt].
• Sens du toucher qui perçoit les stimulations de la peau (contact, pression).
• Doigté. *Il a agi avec beaucoup de tact.*
☞ Ne pas confondre avec le mot *talc,* poudre.

tactile adj.
• Relatif au toucher. *Les sensations tactiles.*
• *Écran tactile.* (Inform.) Écran de visualisation muni de dispositifs permettant la saisie d'informations diverses par simple pression ou déplacement du doigt sur l'écran.
⟹ tactile**,** au masculin comme au féminin.

tactique adj. et n. f.
• **Adjectif.** Relatif à la tactique. *Des opérations tactiques.*
• **Nom féminin.** Art de mettre en œuvre, d'exécuter une stratégie.
☞ La stratégie est antérieure à la tactique, elle est l'art de planifier et de coordonner un ensemble d'opérations en vue d'un objectif.

tænia
V. **ténia.**

taffetas n. m.
⟨⟩ Le *s* ne se prononce pas [tafta].
Étoffe de soie. *Une robe de soirée en taffetas.*
⟹ taffeta**s.**

tagliatelle n. f.
Type de pâte alimentaire découpée en minces lanières. *Des tagliatelle* ou *tagliatelles.*
☞ Les auteurs ne s'entendent pas sur le nombre de ce nom; pour certains le mot ne peut s'employer

qu'au pluriel, pour d'autres, il peut s'employer au singulier.

tahitien, enne adj. et n. m. et f.
⟨⟩ Le *t* de la troisième syllabe se prononce *s* [taisjɛ̃, ɛn].
• **Adjectif et nom masculin et féminin.** De Tahiti. *Une danse tahitienne. Un Tahitien, une Tahitienne.*
☞ L'adjectif s'écrit avec une minuscule; le nom, avec une majuscule.
• **Nom masculin.** Langue parlée à Tahiti. *Maria parle le tahitien.*
☞ Le nom de la langue s'écrit avec une minuscule.

taïaut! ou **tayaut!** interj.
Cri du chasseur lançant sa meute à la vue du gibier.

taie n. f.
Enveloppe de tissu qui recouvre un oreiller. *Des taies (d'oreiller) brodées* (et non des **têtes*).

taillader v. tr.
Couper, faire des entailles dans.

taille n. f.
• Action de tailler. *La taille des arbustes.*
• Hauteur du corps humain. *Il est de grande taille. Taille : 1 m 80.*
V. **grandeur.**
• *De taille,* locution adverbiale. Important, considérable.
• *Être de taille à* + infinitif. Être apte à.
• Partie du corps à la base du thorax. *Elle a la taille fine, une taille de guêpe.*
• Dimension standard dans une série de confection. *La taille 38.*
☞ Le nom *taille* se dit surtout de la grandeur d'un vêtement; le nom *pointure,* de la dimension d'une chaussure, d'un gant, d'une coiffure.

taille-crayon(s) n. m. (pl. *taille-crayon, taille-crayons*)
Instrument muni d'une petite lame pour tailler les crayons. *À la rentrée, l'élève se munit d'un taille-crayon* (et non d'un **aiguisoir*).

taille-douce n. f. (pl. *tailles-douces*)
• Procédé de gravure.
• Estampe produite par ce procédé.

taille-ongles n. m. inv. (pl. *taille-ongles*)
Instrument tranchant servant à couper les ongles.
⟹ taille-ongles.

tailler v. tr., intr., pronom.
Les lettres *ill* sont suivies d'un *i* à la première et à la deuxième personne du pluriel de l'indicatif imparfait et du subjonctif présent. *(Que) nous taillions, (que) vous tailliez.*
• **Transitif**
- Rendre tranchant ou pointu. *Tailler un crayon.*
☞ On *taille* le bois, mais on *aiguise* le métal.
- Couper, donner une forme. *Tailler un arbuste en forme de pyramide, tailler des pierres.*
- Couper dans une pièce d'étoffe des morceaux pour confectionner un vêtement.
• **Intransitif**
Faire une entaille. *Le cordonnier taille à même le cuir.*
• **Pronominal**
- S'attribuer, obtenir. *Ils se sont taillé un beau succès.*
- (Pop.) S'enfuir. *Les cambrioleurs ont réussi à se tailler.*

tailleur n. m.
• Personne qui fait des vêtements sur mesure pour hommes et, par extension, pour femmes.
En ce sens, le féminin est ***couturière.***
• Artisan, technicien qui taille quelque chose. *Un tailleur de pierres précieuses, de marbre.*
• Vêtement féminin composé d'une veste et d'une jupe de même tissu. *Un tailleur de tweed.*
• ***Tailleur-pantalon.*** Vêtement féminin composé d'une veste et d'un pantalon. *Des tailleurs-pantalons sport.*

taillis n. m.
Le ***s*** est muet [taji].
Bois constitué de petits arbres.
tai**llis.**

tain n. m.
Substance dont on revêt le dos d'une glace. *Un miroir sans tain.*
Hom. :
- ***teint,*** coloration du visage;
- ***thym,*** plante aromatique.
tain.

taire v. tr., pronom.
Le verbe se conjugue surtout à la forme pronominale. INDICATIF PRÉSENT *Je me tais, tu te tais, il se tait, nous nous taisons, vous vous taisez, ils se taisent.* IMPARFAIT *Je me taisais.* PASSÉ SIMPLE *Je me tus.* FUTUR *Je me tairai.* CONDITIONNEL PRÉSENT *Je me tairais.* IMPÉRATIF PRÉSENT *Tais-toi, taisons-nous, taisez-vous.* SUBJONCTIF PRÉSENT *Que je me taise.* IMPARFAIT *Que je me tusse.* PARTICIPE PRÉSENT *Taisant.* PASSÉ *Tu, tue.*
• **Transitif**
Ne pas révéler ce que l'on n'est pas obligé de faire connaître. *Les secrets qu'il a tus.*
Ne pas confondre avec les verbes suivants :
- ***cacher,*** dissimuler;
- ***celer,*** tenir quelque chose secret;
- ***déguiser,*** dissimuler sous une apparence trompeuse;
- ***masquer,*** dissimuler derrière un masque;
- ***voiler,*** cacher sous des apparences.
• **Pronominal**
Garder le silence.
À la forme pronominale, le participe passé s'accorde avec le sujet s'il n'y a pas de complément d'objet direct. *Elles s'étaient tues,* mais *elles s'étaient tu la gravité de la situation.*

take(-)off n. m.
Anglicisme utilisé en France au sens de ***décollage, essor, progrès.***

talc n. m.
Les lettres ***lc*** se prononcent [talk].
Poudre. *Du talc parfumé.*
Ne pas confondre avec le nom ***tact,*** doigté.
ta**lc.**

talent n. m.
Aptitude naturelle. *Il a beaucoup de talent pour la peinture. Cette personne a tous les talents.*
Dans la langue générale, les noms ***talent*** et ***aptitude*** sont synonymes; dans la langue de l'enseignement, on emploie plutôt le nom ***aptitude.*** *Elle a de l'aptitude pour les mathématiques.*
Ne pas confondre avec les noms suivants :
- ***esprit,*** vivacité de l'intelligence;
- ***finesse,*** possibilité de saisir les nuances;
- ***génie,*** faculté créatrice;
- ***ingéniosité,*** habileté à inventer des solutions.

talentueux, euse adj.
(Fam.) Qui a du talent.

talion n. m.
La loi du talion. Ancienne loi qui condamnait un coupable à subir un châtiment identique à la faute commise, selon l'adage «œil pour œil, dent pour dent».
talion.

talisman n. m.
Le ***n*** est muet [talismɑ̃].
Objet auquel on accorde des vertus magiques. *Des talismans mystérieux.*
talism**an.**

*talkie-walkie
V. **walkie-talkie.**

taloche n. f.
(Fam.) Gifle.

talon n. m.
• Partie arrière du pied de l'homme.
• Partie de la chaussure sur laquelle repose le talon. *Porter des talons hauts, des talons plats, des talons aiguilles.*
• ***Talon d'Achille.*** Point faible, vulnérable de quelqu'un.
• ***Tourner les talons.*** Partir subitement.
• Partie d'une feuille de carnet, de registre qui demeure fixée à la souche lorsque la partie détachable (le ***volant***) est retirée. *Le talon d'un chèque.*

talonnement n. m.
Action de talonner.
talo**nn**ement.

talonner v. tr.,
• Suivre de près. *Les autres concurrents le talonnent.*
• Harceler. *Il est talonné par ses créanciers.*
talo**nner.**

talquer v. tr.
Enduire de talc.

talus n. m.
Le ***s*** ne se prononce pas [taly].
Terrain en pente qui forme le côté d'une terrasse, le bord d'un fossé, etc. *Des talus recouverts de gazon.*

tamanoir n. m.
Mammifère qui capture les fourmis à l'aide de sa langue effilée et visqueuse.
Syn. **fourmilier.**

tamarin n. m.
• Fruit du tamarinier.
• (Par ext.) Tamarinier.
• Petit singe des forêts de l'Amazone.

tamarinier n. m.
Arbre de la famille des légumineuses qui pousse dans les régions tropicales et qui est cultivé pour son fruit, le tamarin.

tamaris ou **tamarix** n. m.
👄 Le **s** ou le **x** se prononce, [tamaris] ou [tamariks].
Arbrisseau décoratif.
☞ La graphie **tamarix** est rare.

tambour n. m.
• Instrument à percussion.
• **Tambour battant,** locution adverbiale. (Fam.) Rapidement.
• **Sans tambour ni trompette,** locution adverbiale. Sans bruit.
☞ Dans ces expressions, les noms sont au singulier.

tambourin n. m.
Petit tambour.

tambourinage n. m.
Action de tambouriner.

tambourinement n. m.
Roulement de tambour.

tambouriner v. tr., intr.
• **Transitif.** Jouer sur un tambourin. *Tambouriner un air populaire.*
• **Intransitif.** Faire un bruit répété. *La pluie tambourine sur les fenêtres.*
⟹ tambouriner.

tamia n. m.
• Petit écureuil au pelage roux rayé, originaire d'Amérique du Nord. *Les petits tamias sont très craintifs.*
• Au Canada, se dit aussi **petit suisse.**

tamil
V.**tamoul.**

tamis n. m.
👄 Le **s** est muet [tami].
• Passoire. *Un tamis à farine.*
• **Passer au tamis.** Trier soigneusement.
⟹ tamis.

tamisage n. m.
Action de tamiser.

tamiser v. tr.
• Passer au tamis. *Tamiser de la farine.*
• Laisser passer la lumière en partie. *Le rideau tamise les rayons du soleil.*

tamoul, oule adj. et n. m. et f.
• **Adjectif.** Qui appartient au groupe ethnique du Sud de l'Inde et du Sri Lanka. *La littérature tamoule.*
• **Nom masculin et féminin.** Personne de ce groupe ethnique. *Des Tamouls, des Tamoules.*
☞ L'adjectif s'écrit avec une minuscule; le nom, avec une majuscule.
• **Nom masculin.** Langue parlée par les Tamouls.
☞ Le nom de la langue s'écrit avec une minuscule.
☞ En ce sens, on dit aussi **tamil.**

tampon n. m.
• Bouchon. *Un tampon de liège.*
• Ce qui amortit les heurts. *Servir de tampon entre les deux parties adverses.*
• Nom **+ tampon.**
☞ Mis en apposition, le nom prend la marque du pluriel et s'écrit sans trait d'union.

• Cachet. *Le tampon de la poste.*
• **Tampon encreur.** Plaque de caoutchouc gravée qui est imprégnée d'encre afin d'imprimer quelque chose (et non *étampe).

tamponnage n. m.
Action d'étendre un liquide avec des tampons.

tamponnement n. m.
• Action de tamponner.
• Heurt violent de deux ou plusieurs véhicules.

tamponner v. tr., pronom.
• **Transitif**
- Mettre un cachet. *Cette enveloppe a été tamponnée.*
- Heurter violemment.
• **Pronominal**
Se heurter violemment. *Les trains se sont tamponnés.*

tamponneur, euse adj.
Autos tamponneuses. Petites voitures d'un parc d'attractions à bord desquelles on s'amuse à se tamponner.

tam-tam n. m. (pl. *tam-tams*)
Tambour africain utilisé comme instrument de musique ou pour la transmission de messages.
☞ Seul le deuxième élément prend la marque du pluriel.

*tan
Anglicisme pour **bronzage.**

tanagra n. m. ou f.
• **Nom masculin ou féminin.** Statuette grecque. *De jolis tanagras, de délicates tanagras.*
• **Nom féminin.** Jeune fille gracieuse. *De merveilleuses tanagras.*

tancer v. tr.
Le **c** prend une cédille devant les lettres **a** et **o.** *Il tança, nous tançons.*
(Litt.) Réprimander.

tanche n. f.
Poisson apprécié pour sa chair délicate.

tandem n. m.
👄 Le **m** se prononce [tãdɛm].
• Bicyclette à deux places et à deux pédaliers. *Des tandems rapides.*
• (Fig.) Ensemble de deux personnes ou deux éléments liés par une fonction commune, un même but.

tandis que loc. conj.
👄 Le **s** est muet [tãdikə].
• Pendant le temps que. *Les voleurs se sont introduits tandis qu'elle dormait.*
• Alors que. *Elle est très compétente, tandis que sa collègue est inexpérimentée.*
☞ Cette locution conjonctive se construit avec l'indicatif.

tangage n. m.
Mouvement d'oscillation d'un bateau dans le sens de la longueur (à l'avant, à l'arrière).
☞ Ne pas confondre avec le nom **roulis,** mouvement d'oscillation latérale d'un bateau (à droite, à gauche).
⟹ tangage.

tangent, ente adj. et n. f.
• **Adjectif**
- (Géom.) Qui est en contact avec une ligne en un seul point.
- (Fig.) Qui est sur la limite, qui réussit de justesse.
• **Nom féminin**
- (Géom.) Ligne droite qui touche une courbe en un seul point, sans la couper.
- ***Prendre la tangente.*** (Fam.) Se sauver.

tangentiel, ielle adj.
Qui est relatif aux tangentes.
▭▻ tangentiel.

tangible adj. et n. m.
• **Adjectif**
- Qui peut être touché.
- Sensible, évident. *Des progrès tangibles.*
• **Nom masculin**
Le tangible et l'intangible.
▭▻ tangible.
Ant. **intangible.**

tango adj. inv. et n. m.
• **Adjectif de couleur invariable.** De couleur orange foncé. *Des chapeaux tango.*
V. Tableau - **COULEUR (ADJECTIFS DE).**
• **Nom masculin.** Danse à deux temps. *Des tangos argentins.*

tanguer v. intr.
Ce verbe s'écrit toujours avec un *u,* même devant les lettres *a* et *o. Il tangua, nous tanguons.*
Se balancer d'avant en arrière. *Le bateau roule et tangue et nous tanguons.*

tanière n. f.
Retraite d'une bête sauvage.
▭▻ tanière.

tanin ou **tannin** n. m.
Substance employée dans la préparation des cuirs.
▭◄ Ce nom s'écrit avec un ou deux *n,* mais le verbe **tanner** en prend deux.

tank n. m.
(Milit.) Char d'assaut.

*tanker
Anglicisme au sens de **navire-citerne, pétrolier.**

tannage n. m.
Action de tanner les peaux.
▭▻ tannage.

tannant, ante adj. et n. m. et f.
• **Adjectif**
- (Fam.) Se dit de ce qui lasse, ennuie. *Il est tannant avec ses observations.*
- Qui tanne, en parlant des peaux. *Des produits tannants.*
• **Adjectif et nom masculin et féminin**
(Fam.) Au Canada, se dit d'un enfant espiègle, turbulent.
▭▻ tannant.

tanné, ée adj.
• De couleur bistre. *Il a un teint tanné par le soleil.*
• Qui a été tanné. *Une peau tannée.*

• (Fam.) Au Canada, fatigué, dont la patience est à bout.
▭▻ tanné.

tanner v. tr.
• Préparer les peaux avec du tanin pour en faire du cuir.
• (Fam.) Importuner, agacer.
• (Fig.) Rendre hâlé. *Le soleil lui a tanné la peau.*
▭▻ tanner.

tannerie n. f.
• Industrie du tannage.
• Action de tanner les peaux.
▭▻ tannerie.

tanneur n. m.
tanneuse n. f.
Personne préposée au tannage des peaux.

tannin
V. **tanin.**

tant adv.

• Tellement, en si grande quantité. *Il a tant de livres qu'il ne sait plus où les ranger.*
• **Locutions**
- ***Tant mieux,*** locution adverbiale. C'est très bien.
▭◄ La locution marque que l'on est satisfait de quelque chose.
- ***Tant pis,*** locution adverbiale. C'est dommage.
▭◄ Cette locution marque le dépit, la déception résignée.
- ***Tant s'en faut.*** Loin de là, bien au contraire. *Il n'est pas mesquin, tant s'en faut.*
- ***(Un) tant soit peu.*** Si peu que ce soit. *Si vous aviez réfléchi un tant soit peu, tant soit peu.*
- ***Tant bien que mal,*** locution adverbiale. Avec difficulté, médiocrement. *Il a fini son travail tant bien que mal.*
- ***Tant et plus,*** locution adverbiale. Beaucoup, énormément. *Au cours du mois dernier, il a plu tant et plus.*
- ***Tant... que,*** locution conjonctive. Aussi bien que. *Il a répondu ceci tant par ignorance que par bêtise.*
- ***Tant que,*** locution conjonctive. Aussi longtemps que. *Tant que le ciel sera bleu.*
▭◄ La locution se construit avec l'indicatif.
- ***En tant que,*** locution conjonctive. Selon que, en qualité de. *Elle est là en tant que déléguée de son pays.*
▭◄ Attention à l'erreur fréquente. *Il lui a parlé en tant que collègue* (et non *en temps*).
- ***Si tant est que,*** locution conjonctive. À supposer que. *Si tant est que vous soyez cité.*
▭◄ La locution se construit avec le subjonctif.
- ***Tant de +*** nom au pluriel. Le verbe, le participe ou l'attribut s'accorde avec le complément au pluriel. *Tant de pommes sont tombées au cours de l'orage.*

tantale n. m.
• Métal qui ressemble à l'argent ou au platine.
• ***Supplice de Tantale.*** Torture causée par la proximité de l'objet de ses désirs auquel il est impossible d'accéder.
▭◄ Le nom mythologique s'écrit avec une majuscule.

tante n. f.
• Sœur du père ou de la mère. *Ma tante Éva était très gentille.*
• Femme de l'oncle. *Tante Adèle, tu n'aurais pas dû!*
↳— En apostrophe, quand on s'adresse à la personne, on n'emploie généralement pas l'adjectif possessif en même temps que le prénom. *Bonjour, tante Berthe* (et non **ma tante Berthe*). Dans tous les autres cas, on peut faire précéder le nom de l'article ou de l'adjectif possessif. *Bonjour, ma tante.*
• Surnoms familiers : *tata, tati, tantine.*
Hom. *tente,* abri de toile.

tantine n. f.
Surnom familier de *tante. Bonjour, tantine!*

tantinet n. m.
Un tantinet, locution adverbiale. Un tout petit peu. *Ces craintes sont un tantinet exagérées.*

tantôt adv.
• *Tantôt... tantôt.* Parfois... parfois. *Tantôt il adore, tantôt il déteste.*
• Cet après-midi.
• Au Canada, bientôt, dans peu de temps. *Ils arriveront bientôt.*
• Au Canada, il y a peu de temps. *Je l'ai vu tantôt.*
↳— L'emploi de l'adverbe est courant au Canada et dans certaines régions de France et de Belgique, mais il est vieilli en ces deux derniers sens dans l'ensemble de la francophonie.

tanzanien, ienne adj. et n. m. et f.
De Tanzanie. *Un Tanzanien, une Tanzanienne.*
↳— L'adjectif s'écrit avec une minuscule; le nom, avec une majuscule.

TAO
Sigle de *traduction assistée par ordinateur.*

taôisme ou **taoïsme** n. m.
Religion d'Extrême-Orient.
↳— Les noms de religions s'écrivent avec une minuscule.

taôiste ou **taoïste** adj. et n. m. et f.
Adepte du taôisme.
↳— L'adjectif ainsi que le nom s'écrivent avec une minuscule.

taon n. m.
👄 Le *o* ne se prononce pas [tɑ̃], comme dans *paon* et *faon.*
Insecte piqueur. *Elle est allergique à la piqûre des taons.*
Hom. *temps,* durée.

tapage n. m.
• Vacarme, désordre.
• (Fig.) Esclandre. *Cette affaire a fait beaucoup de tapage.*
⟹ tapage.

tapageur, euse adj.
• Qui fait du bruit. *Des écoliers tapageurs.*
• Voyant, criard. *Une voiture trop tapageuse à son goût.*
⟹ tapageur.

tapageusement adv.
D'une manière bruyante.
⟹ tapageusement.

tapant, ante adj.
À l'instant même où sonne l'heure. *À midi tapant, à huit heures tapantes,* ou *tapant.*
↳— Lorsqu'il qualifie le nom *heure,* l'adjectif prend la marque du féminin pluriel ou reste invariable.
⟹ tapant.

tape n. f.
Coup de la main. *Une tape amicale.*
⟹ tape.

tape-à-l'œil adj. inv. et n. m. inv. (pl. *tape-à-l'œil*)
• **Adjectif invariable.** Voyant. *Des toilettes tape-à-l'œil.*
• **Nom masculin invariable.** Ce qui est destiné à frapper, à faire de l'effet. *Elle aime le tape-à-l'œil.*
⟹ tape-à-l'œil.

tapement n. m.
Action de taper.
⟹ tapement.

taper v. tr., intr., pronom.
• **Transitif**
Frapper. *Son frère l'a tapé.*
• **Intransitif**
- Donner des coups. *Taper des mains et des pieds.*
- *Taper sur les nerfs.* (Fam.) Agacer.
- *Taper dans l'œil.* (Fam.) Plaire.
- Dactylographier. *Elle tape très vite.*
• **Pronominal**
(Fam.) Faire une tâche désagréable. *Et en plus, il faut se taper le ménage.*

*taper (une ligne téléphonique)
Anglicisme au sens de *mettre sur écoute.*

tapette n. f.
(Vulg.) Homosexuel.

tapin n. m.
(Pop.) Racolage.

tapinois (en) loc. adv.
À la dérobée.
⟹ tapinois.

tapioca n. m.
Fécule de manioc.
⟹ tapioca.

tapir n. m.
Mammifère herbivore dont le nez est allongé en forme de trompe.

tapir (se) v. pronom.
Se cacher, se blottir. *Elle s'était tapie sous le lit.*

tapis n. m.
• Pièce textile dont on couvre le sol. *Un tapis persan.*
• Tissu qui recouvre une surface. *Un tapis de table, de billard.*
• *Mettre un sujet sur le tapis.* Aborder un sujet, en amener la discussion.
• *Tapis roulant.* Transporteur muni d'une surface plane et qui est destiné à faciliter le déplacement de personnes, d'objets.
⟹ tapis.

*tapis mur à mur
Calque de l'anglais «wall to wall carpet» au sens de
moquette.

tapisser v. tr.
• Orner de tapisseries, d'étoffes, de papier peint, etc.
les murs d'une pièce. *La salle à manger est tapissée
d'un imprimé fleuri.*
• Couvrir une surface. *Le lierre tapisse la façade de
cette maison.*

tapisserie n. f.
• Tissu d'ameublement. *Un fauteuil recouvert de tapis-
serie.*
• Ouvrage d'art fait au métier, à l'aiguille. *Des tapisse-
ries de haute lice.*
• Papier peint, tissu tendu sur les murs.

*tapisserie
Impropriété au sens de **papier peint.**

tapissier n. m.
tapissière n. f.
• Personne qui exécute à la main des tapisseries, des
tapis.
• Personne qui pose des revêtements muraux, qui
recouvre des meubles. *Ce sont des tapissières-
décoratrices.*

taponnage n. m.
(Fam.) Au Canada, hésitation, tergiversation.

taponner v. intr.
(Fam.) Au Canada, hésiter, tergiverser. *Arrête de taponner, choisis une fois pour toutes!*

tapotement n. m.
• Action de tapoter.
• Ensemble de petits coups légers. *Un massage par
tapotements.*
⇨ tapotement.

tapoter v. tr.
Donner de petits coups répétés.
⇨ tapoter.

taquet n. m.
◁ Le **t** final est muet [takɛ].
• Cale de bois.
• Sorte de loquet.
⇨ taquet.

taquin, ine adj. et n. m. et f.
Espiègle.

taquiner v. tr.
Plaisanter. *C'est une blague, c'était pour te taquiner.*

taquinerie n. f.
Espièglerie. *Heureusement, il ne cessera jamais de
faire des taquineries.*

tarabiscoté, ée adj.
• Orné à l'excès. *Des décors tarabiscotés.*
• (Fig.) Compliqué. *Un style trop tarabiscoté.*
⇨ tarabiscoté.

tarabuster v. tr.
• Importuner, harceler.
• Causer de l'inquiétude. *Cette remarque me tarabuste.*

taratata! interj.
(Fam.) Onomatopée qui marque le doute, l'incrédulité.

taraud n. m.
Vrille servant à faire un filetage intérieur.
Hom. **tarot,** cartes servant au jeu et à la divination.
⇨ tar**aud.**

*taraud
Impropriété au sens de **écrou.**

taraudage n. m.
Action de tarauder.
⇨ tar**au**dage.

tarauder v. tr.
• Creuser un filetage à l'intérieur d'un cylindre, d'un
cône creux.
• (Fig.) Tourmenter moralement.
⇨ tar**au**der.

taraudeuse n. f.
Machine-outil servant à tarauder.
⇨ tar**au**deuse.

tarbouch ou **tarbouche** n. m.
Bonnet rouge cylindrique à gland porté au Proche-
Orient.
☞ Attention au genre masculin de ce nom : **un**
tarbouch.
☞ Ne pas confondre avec le nom **babouche,** pan-
toufle orientale.

tard adv. et n. m.
• **Adverbe**
- Après le temps prévu. *Il est rentré très tard. Elle se
couche tard.*
- **Tôt ou tard,** locution adverbiale. *Un jour ou l'autre.*
- **Au plus tard.** Dans l'hypothèse de la période de
temps la plus longue. *Votre offre doit nous parvenir le
29 avril au plus tard.*
- **Plus tard.** Ultérieurement. *Ils seront là plus tard.*
• **Nom masculin**
Sur le tard. À un âge avancé. *Il n'a compris que sur
le tard le sens de sa vie.*
Hom. **tare,** défaut grave.

tarder v. intr., impers.
• **Intransitif**
- Se faire attendre. *Venez sans tarder.*
- Être en retard. *Vous n'avez pas tardé, votre travail
est terminé.*
• **Impersonnel**
- **Il me (te, lui...) tarde de** + infinitif. *Il me tarde de le
retrouver.*
- **Il me (te, lui...) tarde que** + subjonctif. *Il lui tarde
qu'elle soit de retour.*
☞ Ces constructions marquent l'impatience, la hâte,
un désir pressant.

tardif, ive adj.
• Qui vient tard. *Des rosiers tardifs.*
• Qui a lieu tard. *Heure tardive.*
Ant. **hâtif.**

tardivement adv.
D'une manière tardive.

tare n. f.
• Poids de l'emballage d'une marchandise. *Le poids net s'obtient en soustrayant la tare du poids brut.*
• Défaut grave, généralement héréditaire de l'homme, de l'animal.
Hom. *tard,* après le temps prévu.
▭▷ tare.

taré, ée adj. et n. m. et f.
• **Adjectif.** Qui est affecté d'une tare.
• **Nom masculin et féminin.** Personne atteinte d'une tare. *C'est un taré.*

tarentelle n. f.
Ancienne danse italienne d'un caractère gai et vif.
▭— Ne pas confondre avec le nom *tarentule,* grosse araignée dont on redoute la piqûre.

tarentule n. f.
Grosse araignée redoutée pour ses piqûres.
▭— Ne pas confondre avec le nom *tarentelle,* ancienne danse d'un caractère gai et vif.

targette n. f.
Petite plaque de métal servant à fermer les portes, les fenêtres.

targuer (se) v. pronom.
Ce verbe s'écrit toujours avec un *u,* même devant les lettres *a* et *o. Il targua, nous targuons.*
Se prévaloir avec ostentation de. *Elles se sont targuées d'être expertes en la matière.*

targui
V. **touareg.**

tarif n. m.
◁▷ Le *f* se prononce [tarif].
• Tableau qui indique le montant des droits à acquitter, les prix fixés pour certaines marchandises ou certains services. *Le tarif douanier. Voyager à tarif réduit.*
• Prix usuel d'une marchandise, d'un service. *Le tarif est de 20 $ l'heure.*
▭▷ tarif.

tarifaire adj.
Relatif à un tarif. *Des modifications tarifaires.*
▭▷ tarifaire.

tarifer ou **tarifier** v. tr.
• Fixer un prix, selon un tarif.
• Établir un tarif.

tarification n. f.
Action de tarifer.

tarir v. tr., intr., pronom.
• **Transitif**
Mettre à sec. *Tarir un puits.*
• **Intransitif**
- (Litt.) Cesser de couler. *De peur que notre rivière ne tarisse.*
- (Fig.) Ne pas taire, ne pas cesser de dire. *Il ne tarit pas d'éloges sur ses amis.*
• **Pronominal**
S'épuiser. *La source s'est tarie.*
▭▷ tarir.

tarot n. m.
Cartes servant au jeu et à la divination.
Hom. *taraud,* vrille.

tartan n. m.
Lainage écossais, à larges carreaux aux couleurs particulières de chaque clan écossais. *Des tartans Black Watch. Une jupe de tartan.*

tartare adj. et n. m.
• **Adjectif.** *Sauce tartare.* Mayonnaise fortement relevée.
• **Nom masculin.** *(Steak) tartare.* Viande de bœuf hachée que l'on mange crue. *Des steaks tartares bien relevés. Elle a envie d'un bon tartare avec des frites.*

tarte adj. et n. f.
• **Adjectif.** (Fam.) Niais, peu dégourdi. *Ils sont tartes, ces visiteurs.*
• **Nom féminin.** Pâtisserie. *Des tartes à la crème, une tarte aux poires amandine, une tarte au citron, de bonnes tartes maison.*

tartelette n. f.
Petite tarte. *Une tartelette aux framboises.*

tartine n. f.
Tranche de pain recouverte de beurre, etc., ou destinée à l'être. *Une tartine de confiture.*

tartiner v. tr.
• Étendre du beurre, du chocolat, de la confiture, etc. sur une tranche de pain.
• *À tartiner,* locution adverbiale. Facile à étendre sur du pain.

tartre n. m.
• Dépôt jaunâtre qui se forme autour des dents. *Un dentifrice qui élimine le tartre.*
• Dépôt calcaire.
▭— Attention au genre masculin de ce nom : *du* tartre.

tartuf(f)e n. m.
(Vx) Personne hypocrite.
▭— Le nom du personnage de Molière s'écrit avec une majuscule.

tartuf(f)erie n. f.
Hypocrisie.

tas n. m.
• Accumulation. *Un tas de feuilles mortes.*
▭— Ce mot est moins recherché que *amas* qui a la même signification.
• *Sur le tas.* (Fam.) Sur le lieu du travail. *Une formation sur le tas.*
• (Fam.) Grand nombre. *Nous avons reçu un tas d'appels.*

tasmanien, ienne adj. et n. m. et f.
De Tasmanie. *Un Tasmanien, une Tasmanienne.*
▭— L'adjectif s'écrit avec une minuscule; le nom, avec une majuscule.

tasse n. f.
• Récipient, généralement à anse, qui sert à boire. *Une tasse de porcelaine.*
• Contenu d'une tasse. *Prendre une tasse de café.*

tassement n. m.
Affaissement, perte de vitesse.

tasser v. tr., pronom.
• **Transitif**
Resserrer le plus possible. *Tasser des vêtements dans une valise.*
• **Pronominal**
- S'affaisser. *Ses vertèbres se sont tassées.*
- Se serrer les uns contre les autres. *Aux heures de pointe, les passagers doivent se tasser dans les voitures du métro.*
- (Fam.) S'arranger. *Ne vous inquiétez pas : cela se tassera.*

taste-vin
V. **tâte-vin**.

tata n. f.
Surnom familier de *tante.*

tatami n. m.
Natte servant à couvrir le sol pour la pratique du judo, du karaté, etc. *Des tatamis.*

tâter v. tr., pronom.
• **Transitif direct**
- Toucher, palper. *Tâter une étoffe, tâter un membre blessé.*
- *Tâter le terrain.* (Fam.) Étudier les circonstances, la situation avant de faire quelque chose.
• **Transitif indirect**
Faire l'expérience de. *J'ai tâté de plusieurs métiers.*
• **Pronominal**
(Fam.) Hésiter, s'interroger. *Participera-t-elle? Elle se tâte et n'a rien décidé.*

tâte-vin ou **taste-vin** n. m. inv. (pl. *tâte-vin, taste-vin*)
Petite tasse d'argent servant à goûter le vin. *Les Chevaliers du taste-vin (en Bourgogne).*

tatillon, onne adj. et n. m. et f.
Minutieux à l'excès. *Elle est un peu tatillonne.*
▨— Au féminin, on emploie également la forme du masculin. *Elle est très tatillon.*
▭ tatillon, sans accent.

tâtonnement n. m.
• Action de tâtonner.
• Essai, hésitation.
▭ tâtonnement.

tâtonner v. intr.
• Chercher en tâtant. *Il tâtonne dans l'obscurité, à la recherche de l'interrupteur.*
• (Fig.) Procéder sans méthode. *On ne peut plus tâtonner ainsi, il faut agir plus systématiquement.*
▭ tâtonner.

tâtons (à) loc. adv.
• En tâtonnant dans l'obscurité.
• (Fig.) Au hasard, sans méthode. *L'enquête avance à tâtons.*
▭ à tâtons.

tatou n. m. (pl. *tatous*)
Mammifère insectivore couvert d'une carapace.

*tatou
Impropriété au sens de *tatouage.*

tatouage n. m.
• Action de tatouer.
• Résultat de cette action. *Elle a un petit tatouage mystérieux à la naissance du cou* (et non un **tatou*).

tatouer v. tr.
Tracer des dessins indélébiles sur le corps. *Il s'est fait tatouer une ancre.*

tau n. m. inv.
Lettre grecque.

taudis n. m.
Habitation misérable.
▭ taudis.

taupe n. f.
• Mammifère insectivore qui vit sous terre où il creuse des galeries.
• (Fig.) Espion.
▭ taupe.

taupinière n. f.
• Petit monceau de terre formé par la taupe qui creuse ses galeries.
• Galeries creusées par une taupe.

taure n. f.
(Rég.) Jeune vache, génisse.
▭ taure.

taureau n. m. (pl. *taureaux*)
• Mammifère ruminant, mâle de la vache, qui sert à la reproduction. *Une course de taureaux.*
• *Prendre le taureau par les cornes.* S'attaquer de front à une difficulté, à un problème.
• Nom d'une constellation, d'un signe du zodiaque.
▨— Les noms d'astres s'écrivent avec une majuscule. *Elle est (du signe du) Taureau, elle est née entre le 21 avril et le 21 mai.*
V. **astre.**

tauromachie n. f.
Art de combattre les taureaux.
▭ tauromachie.

tauromachique adj.
Relatif à la tauromachie.
▭ tauromachique.

tauto- préf.
Élément du grec signifiant «le même». *Tautologie.*

tautologie n. f.
Répétition d'une même idée en termes différents. *Être sûr et certain.*
▨— La tautologie est parfois une figure de style voulue, qui ne doit pas être confondue avec le *pléonasme* qui désigne un emploi redondant de mots, ni avec la *lapalissade* qui désigne une évidence exprimée avec niaiserie.
▭ tautologie.

tautologique adj.
Qui se rapporte à la tautologie.
▭ tautologique.

taux n. m.
• Expression arithmétique de la variation dans le

temps d'un élément quantifié ou de la relation existant à un moment donné entre deux éléments quantifiés.

• Pourcentage. *Un taux de réponse, un taux de rendement.*

• ***Taux d'intérêt.*** Rapport entre l'intérêt annuel déterminé et la somme empruntée ou investie. *Un taux d'intérêt de 8 %.*

• ***Taux de change.*** Rapport entre l'unité monétaire d'un pays et le nombre d'unités monétaires d'un autre pays. *Le taux de change* (et non **l'échange*) *a beaucoup varié.*

☞— 1° On emploie généralement le signe **%** précédé d'un espace pour exprimer les taux d'intérêt, les pourcentages, etc. *Un prêt hypothécaire à 9 %.*

2° Dans certains textes de nature technique (chimie, pharmacie, art culinaire, etc.), on emploie parfois la formule *p. 100. Verser 20 p. 100 d'alcool, un taux de 3 p. 100.*

3° Dans un texte littéraire, on écrit le taux ou le pourcentage en toutes lettres. *Trois pour cent.*

☞ **taux.**

---

taveler v. tr.
Redoublement du *l* devant un *e* muet. *Je tavelle, je tavellerai*, mais *je tavelais*.
Tacheter par places. *L'insecticide a tavelé les pommes.*

tavelure n. f.
Tache. *Un fruit marqué de tavelures.*

taverne n. f.
• Petit restaurant. *Une taverne grecque.*
• Au Canada, débit de boissons, surtout de bière, autrefois réservé aux hommes.

taxable adj.
Soumis à une taxe. *Les parfums sont taxables.*

taxation n. f.
Action de soumettre à une taxe. *Un régime de taxation équilibré.*

taxe n. f.
• Impôt. *Une taxe foncière, une taxe d'enlèvement des ordures ménagères.*
• ***Hors taxes.*** Sans les taxes. *Ce parfum est vendu hors taxes dans la zone franche.*
• ***Taxe sur les produits et services (TPS).*** Impôt général de consommation imposé par le gouvernement fédéral.

taxer v. tr.
• Soumettre à une taxe. *Les produits de luxe sont taxés.*
• Accuser quelqu'un de quelque chose. *On l'a taxé de vantardise.*
☞— En ce sens, le verbe se construit avec la préposition *de* suivie d'un nom abstrait. Avec un adjectif, on emploiera plutôt le verbe *traiter. On l'a traité de lâche.*

taxi n. m.
• Voiture de location munie d'un taximètre. *Des taxis mal entretenus. Ce chauffeur de taxi est peu aimable.*
• Nom **+ taxi. *Avion-taxi, bateau-taxi,*** etc. Véhicule qu'on peut louer. *Des avions-taxis, des bateaux-taxis.*

☞— Mis en apposition, le mot s'écrit avec un trait d'union et les deux noms prennent la marque du pluriel.

taxidermie n. f.
Art d'empailler les animaux morts.

taxidermiste n. m. et f.
Personne qui empaille les animaux morts.

taximètre n. m.
Compteur de taxi qui enregistre la distance parcourue et la durée de la course afin d'établir la somme à payer.

taxinomie n. f.
Science des lois de la classification.

taxinomique adj.
Relatif à la taxinomie.

tchadien, ienne adj. et n. m. et f.
• **Adjectif et nom masculin et féminin.** Du Tchad. *Un Tchadien, une Tchadienne.*
☞— L'adjectif s'écrit avec une minuscule; le nom, avec une majuscule.
• **Nom masculin.** Groupe de langues africaines. *Étudier le tchadien.*
☞— Le nom de la langue s'écrit avec une minuscule.

tchador n. m.
Voile noir des femmes iraniennes.

tchécoslovaque adj. et n. m. et f.
De Tchécoslovaquie. *Un peintre tchécoslovaque. Un Tchécoslovaque, une Tchécoslovaque.*
☞— L'adjectif s'écrit avec une minuscule; le nom, avec une majuscule.

tchèque adj. et n. m. et f.
• **Adjectif et nom masculin et féminin.** De Bohême, de Moravie ou d'une partie de la Silésie. *Un journal tchèque. Un Tchèque, une Tchèque.*
☞— L'adjectif s'écrit avec une minuscule; le nom, avec une majuscule.
• **Nom masculin.** Langue slave parlée par les Tchèques. *Vaclav parle le tchèque.*
☞— Le nom de la langue s'écrit avec une minuscule.

te, t' pron. pers.
Pronom impersonnel masculin et féminin de la deuxième personne du singulier. Le pronom s'emploie comme complément direct *Je te vois* ou comme complément indirect *Je voudrais te parler.*
☞— Le pronom s'élide devant une voyelle ou un *h* muet. *Il t'adore, il t'honore.*
V. Tableau - **PRONOM.**

technicien n. m.
technicienne n. f.
☞ Les lettres *ch* se prononcent *k* [tɛknisjɛ̃, tɛknisjɛn].
Personne qui connaît et applique la technique d'un art, d'un métier. *Une technicienne expérimentée.*

technicité n. f.
☞ Les lettres *ch* se prononcent *k* [tɛknisite].
Caractère de ce qui est technique.

technico-commercial, ale, aux adj.
Se dit d'un représentant qui a une formation technique appropriée. *Des agents technico-commerciaux.*
▭▷ **technico-commercial,** avec un trait d'union.

technique adj. et n. f.
• **Adjectif**
- Propre à une science, à un art. *Un terme technique.*
- Qui concerne l'application de la théorie. *Un enseignement technique.*
• **Nom féminin**
Ensemble des procédés d'une science, d'un art, d'un métier. *La technique des impressionnistes. Les techniques informatiques.*
▭◁— Ne pas confondre avec le nom **technologie,** ensemble des savoirs théoriques et pratiques de nature scientifique dans un domaine technique.

techniquement adv.
▭▷ Les lettres **ch** se prononcent **k** [tɛknikmɑ̃].
De façon technique.

technocrate n. m. et f.
▭▷ Les lettres **ch** se prononcent **k** [tɛknɔkrat].
Haut fonctionnaire axé sur les questions techniques, économiques, au détriment de considérations sociales, politiques.

technocratie n. f.
▭▷ Les lettres **ch** se prononcent **k** et le **t** se prononce **s** [tɛknɔkrasi].
Pouvoir politique où l'influence prépondérante appartient aux technocrates.

technologie n. f.
▭▷ Les lettres **ch** se prononcent **k** [tɛknɔlɔʒi].
• Étude des techniques et des procédés industriels.
▭◁— Ne pas confondre avec le nom **technique,** ensemble des procédés d'une science, d'un art, d'un métier.
• Ensemble de savoirs théoriques et pratiques de nature scientifique dans un domaine technique.

technologique adj.
▭▷ Les lettres **ch** se prononcent **k** [tɛknɔlɔʒik].
Relatif à la technologie. *Les progrès technologiques.*

teck ou **tek** n. m.
▭▷ Le **k** se prononce [tɛk].
Grand arbre à bois très dur. *Une table de teck,* ou *de tek.*

teckel n. m.
Basset à pattes très courtes.
▭▷ tec**k**el.

tectonique adj. et n. f.
• **Adjectif.** Relatif à la tectonique.
• **Nom féminin.** Partie de la géologie qui étudie les déformations de l'écorce terrestre.

*teenager
Anglicisme pour **adolescent.**

tee-shirt ou **t-shirt** n. m. (pl. *tee-shirts, t-shirts*)
▭▷ Les lettres **ee** se prononcent **i** et le **i** se prononce **eu** [tiʃœrt].
Maillot de corps à manches courtes et encolure ras du cou.

▭◁— La chemise de sport en tricot à col ouvert est un **polo.**

teigne n. f.
• Mite.
• Maladie du cuir chevelu.
• (Fam.) Personne méchante.

teindre v. tr., pronom.
INDICATIF PRÉSENT *Je teins, tu teins, il teint, nous teignons, vous teignez, ils teignent.* IMPARFAIT *Je teignais, tu teignais, il teignait, nous teignions, vous teigniez, ils teignaient.* PASSÉ SIMPLE *Je teignis.* FUTUR *Je teindrai.* CONDITIONNEL PRÉSENT *Je teindrais.* IMPÉRATTIF PRÉSENT *Teins, teignons, teignez.* SUBJONCTIF PRÉSENT *Que je teigne, que tu teignes, qu'il teigne, que nous teignions, que vous teigniez, qu'ils teignent.* IMPARFAIT *Que je teignisse.* PARTICIPE PRÉSENT *Teignant.* PASSÉ *Teint, teinte.*
Les lettres **gn** sont suivies d'un **i** à la première et à la deuxième personne du pluriel de l'indicatif imparfait et du subjonctif présent. *(Que) nous teignions, (que) vous teigniez.*
• **Transitif.** Donner à quelque chose une couleur différente de celle qu'elle avait à l'aide d'une teinture. *Teindre une étoffe.*
• **Pronominal.** Donner à ses cheveux une couleur artificielle. *Elle s'est teint les cheveux* (et non **teindu).*

teint n. m.
• Coloration du visage. *Elle a un teint de rousse. Il a un teint bronzé.*
• **Fond de teint.** Maquillage qui donne au visage une couleur uniforme.
• Manière de teindre.
• **Bon teint** ou **grand teint,** locution adjective. Se dit d'une teinture qui résiste au lavage. *Ces serviettes sont garanties bon teint.* Cette locution est invariable.
Hom. :
- **tain,** substance dont on revêt le dos d'une glace;
- **thym,** plante aromatique.

teint, e adj.
Qui a subi une teinture. *Des étoffes teintes.*

teinte n. f.
• Nuance d'une couleur. *La teinte dorée de ses cheveux. Des demi-teintes.*
• Petite dose. *Une teinte d'ironie.*
▭▷ tein**te.**

teinter v. tr.
Colorer légèrement. *Des lèvres teintées de rouge, des lunettes teintées.*
Hom. **tinter,** sonner.

teinture n. f.
Substance propre à teindre. *Une teinture végétale.*
▭▷ tein**ture.**

teinturerie n. f.
• Établissement où l'on se charge de l'entretien et du nettoyage des vêtements.
• Au Canada, se dit **nettoyeur, service de nettoyage.**

teinturier n. m.
teinturière n. f.
• Personne dont le métier est de nettoyer les vêtements.
• Au Canada, se dit **nettoyeur.**

teflon n. m.
(Nom déposé) Substance qui a la propriété de résister à la chaleur et à la corrosion, et de limiter l'adhérence. *Une poêle dont la surface interne est recouverte de teflon et qui empêche les aliments de coller pendant la cuisson.*

téflonisé, ée adj.
Recouvert de teflon.

tek
V. **teck.**

tél.
Abréviation de **téléphone.**

tel, telle adj. et pron.
V. Tableau - **TEL.**

télé n. f.
Abréviation familière de **télévision.** *Je n'ai pas beaucoup de temps pour écouter la télé (et non la *TV, la *tévé).*

télé- préf.
• Élément du grec signifiant «au loin, à distance».
• Les mots composés du préfixe **télé-** s'écrivent en un seul mot, à l'exception de **télé-enseignement.** *Téléphone, téléimprimeur.*

télécommande n. f.
• Action de télécommander.
• Appareil permettant d'actionner à distance un mécanisme. *Un téléviseur muni d'une télécommande.*

télécommander v. tr.
Actionner un mécanisme à distance.

télécommunication n. f.
Ensemble des procédés de communication à distance.

télécopie n. f.
Procédé de télécommunication associant la téléphonie et la reprographie et qui permet de transmettre à distance un document graphique en fac-similé. *Le contrat a été envoyé par télécopie (et non par *fax).*

télécopieur n. m.
Système qui permet la télécopie. *Maintenant que ferait-on sans télécopieur (et non sans *fax)?*

télédétection n. f.
Technique de la détection à distance.

télédistribution n. f.
Ensemble des modes de transmission unidirectionnelle ou bidirectionnelle, analogique ou numérique de signaux vidéo, audio ou autres, par câbles coaxiaux ou à fibres optiques, par faisceaux hertziens ou par satellites entre un ou plusieurs centres de distribution et un ensemble d'abonnés. (Recomm. off. OLF)
☞ La **câblodistribution** désigne plus spécifiquement un procédé de diffusion d'émissions télévisées par câbles à l'intention d'un réseau d'abonnés.

télé-enseignement n. m.
Enseignement diffusé à l'aide de la télévision.

téléférique ou **téléphérique** n. m.
Système de transport par câbles aériens.
☞ La graphie **téléférique** plus simple est à préférer.

télégénique adj.
Qui passe bien, qui a une belle apparence à la télévision. *Il est télégénique.*
☞ télégéni**que.**

télégramme n. m.
Message transmis par télégraphe. *Vous avez reçu un télégramme d'Italie.*

télégraphe n. m.
Appareil permettant de transmettre des informations en les transformant en signaux électriques.

télégraphie n. f.
Transmission de signaux.

télégraphier v. tr.
Redoublement du **i** à la première et à la deuxième personne du pluriel de l'indicatif imparfait et du subjonctif présent. *(Que) nous télégraphiions, (que) vous télégraphiiez.*
Envoyer un télégramme.

télégraphique adj.
• Expédié sous forme de télégramme. *Un message télégraphique.*
• **Style télégraphique.** Concis, comme dans un télégramme.

télégraphiquement adv.
Par télégramme.

télégraphiste n. m. et f.
Personne chargée de livrer des télégrammes.

téléguidage n. m.
Procédé de guidage à distance d'un engin.

téléguider v. tr.
Diriger par téléguidage. *Un missile téléguidé.*

téléimprimeur n. m.
Téléscripteur.

téléinformatique n. f.
Informatique mettant en œuvre des moyens de télécommunication.

télématique n. f.
Ensemble de services informatiques dont la prestation est assurée à l'aide d'un réseau de télécommunications.

téléobjectif n. m.
Objectif photographique qui permet d'obtenir une image agrandie d'objets éloignés.

télépathie n. f.
Perception intuitive entre des personnes éloignées.

téléphérique
V. **téléférique.**

téléphone n. m.
• Abréviation **tél.** (s'écrit avec un point).
• Appareil servant à transmettre la voix à distance,

TEL

TEL, TELLE, ADJECTIF INDÉFINI

Pareil, semblable.

Je n'ai jamais entendu de telles bêtises. Une telle conscience professionnelle est tout à votre honneur.

☞ Placé en début de proposition comme attribut, l'adjectif entraîne l'inversion du sujet. *Nous nous retrouvions tous autour de la table, car telle était sa volonté.*

ACCORD DE L'ADJECTIF

• **Tel** (non suivi de **que**). L'adjectif s'accorde avec le nom qui suit.

Elle était tel un tigre.

• **Tel que.** L'adjectif s'accorde toujours avec le nom auquel il se rapporte.

Une amazone telle qu'un fauve. Tels que des vagues déferlantes, les cavaliers surgirent tout à coup.

• **Tel quel.** Sans changement.

Ces amies, je les ai retrouvées telles quelles, semblables à ce qu'elles ont toujours été.

☞ La locution s'accorde en genre et en nombre avec le nom auquel elle se rapporte.

• **Comme tel.** En cette qualité.

La langue officielle du Québec est le français et doit être reconnue comme telle par tous les Québécois.

☞ Dans les expressions **comme tel, en tant que tel** l'adjectif s'accorde avec le nom auquel il se rapporte.

• Si grand.

Il se battit avec un tel courage qu'il finit par vaincre.

• **Tel + nom** (sans article). Se dit de personnes, de choses qu'on ne peut désigner de façon déterminée.

Ils viendront à telle heure, à tel moment. Je vous donnerai telle ou telle information.

• **Tel que + participe passé**. L'ellipse du verbe conjugué est à éviter, on préférera la construction *L'amendement a été adopté tel qu'il avait été proposé* à celle de *tel que proposé,* dans la langue soutenue.

• **De telle sorte que,** locution conjonctive. De telle manière que, à tel point que.

Il a travaillé de telle sorte qu'il peut récolter aujourd'hui les fruits de ses efforts.

☞ La locution se construit avec l'indicatif.

TEL, PRONOM INDÉFINI SINGULIER

• (Litt.) Celui, quelqu'un.

Tel est pris qui croyait prendre. Le pronom ne s'emploie qu'au singulier.

• **Tel... tel.** Celui-ci et celui-là.

Tel aime la lecture, tel préfère le sport.

• **Un tel, une telle.** La locution remplace un nom propre qui n'est pas précisé.

Madame Une telle.

réseau téléphonique. *Un téléphone sans fil. L'annuaire du téléphone.*
• *Téléphone cellulaire.* Système mobile de radiotéléphonie permettant l'accès à l'ensemble du réseau téléphonique.

*téléphone
Impropriété au sens de *appel téléphonique, coup de téléphone.*

*telephone answering service
Cette expression anglaise se traduit par *permanence téléphonique, secrétariat téléphonique.*

téléphoner v. tr., intr.
Transmettre par téléphone. *On vient de me téléphoner la nouvelle. Elle ne cesse de téléphoner.*

téléphonie n. f.
Système de télécommunication au moyen du téléphone.

téléphonique adj.
• Relatif au téléphone. *Un réseau téléphonique, une conversation téléphonique.*
• *Permanence téléphonique, secrétariat téléphonique.* Service chargé de recevoir les appels acheminés à un numéro particulier.
☞ Ces expressions traduisent bien la désignation anglaise «telephone answering service».

téléphoniste n. m. et f.
Personne chargée du service téléphonique.

téléport n. m.
Ensemble structuré d'équipements en télécommunication.

téléroman n. m.
Au Canada, feuilleton télévisé. *Ce téléroman est très populaire.*

télescopage n. m.
Action de se heurter, en parlant de véhicules.

télescope n. m.
Instrument d'optique qui sert à l'observation des astres.

télescoper v. tr., pronom.
• **Transitif**
Heurter, en parlant de véhicules. *Le camion a télescopé deux voitures.*
• **Pronominal**
- Se heurter. *Les trains se sont télescopés.*
- (Fig.) Se juxtaposer. *Tous les souvenirs se télescopent.*

télescopique adj.
• Relatif au télescope. *Des photos télescopiques.*
• Dont les éléments s'emboîtent les uns dans les autres. *Un siège télescopique.*

téléscripteur n. m.
Appareil de télécommunication permettant l'impression à distance. *Les dépêches qui apparaissent au téléscripteur.*
Syn. **téléimprimeur.**

télésiège n. m.
Téléférique comportant des sièges suspendus. *Un télésiège quadruple.*

téléski n. m.
Syn. **remonte-pente.**

téléspectateur, trice n. m. et f.
Spectateur de la télévision.

télétel n. m.
Système français de vidéotex.

téléthon n. m.
Au Canada, émission télévisée dont l'objet est de recueillir des fonds pour une cause déterminée. *Le téléthon de la paralysie cérébrale.*

télétraitement n. m.
(Inform.) Mode d'utilisation de l'informatique où des informations sont traitées à distance à l'aide d'un réseau de communications.

*télétype
Anglicisme au sens de *téléimprimeur, téléscripteur.*

téléviser v. tr.
Transmettre une émission par télévision. *Le journal télévisé.*

téléviseur n. m.
• Poste récepteur de télévision. *Acheter un nouveau téléviseur en noir et blanc, en couleurs.*
• S'abrège familièrement en *télé.*
☞ Mis en apposition, le nom *couleur* est invariable. *Un téléviseur couleur. La télévision (en) couleur.*

télévision n. f.
• Ensemble des techniques qui permettent la transmission d'images et de sons à distance. *Une émission de télévison. Une chaîne de télévision.*
• (Fam.) Téléviseur. *La télévision (en) couleur, par câble.*
• S'abrège familièrement en *télé* (s'écrit sans point).
• *Télévision communautaire.* Au Canada, chaîne à la disposition de la collectivité.
• *Télévision payante.* Chaîne où les émissions sont diffusées sans messages publicitaires à un ensemble d'abonnés.

télévisuel, elle adj.
Relatif à la télévision.

télex n. m. (pl. *télex*)
☞ Le *x* se prononce [telɛks].
• Service de transmission de données doté d'appareils téléimprimeurs.
• Message transmis à l'aide de ce service. *Nous avons reçu des télex.*

télexer v. tr.
Transmettre par télex.

télexiste n. m. et f.
Personne préposée au télex.

tellement adv.
• Beaucoup. *Ils ont reçu tellement de commandes qu'ils n'ont pu répondre à la demande.*
• *Tellement que,* locution conjonctive. À tel point. *Ils ont tellement travaillé qu'ils sont épuisés.*
☞ Quand la proposition principale est affirmative,

le verbe se construit avec l'indicatif. Quand la principale est négative ou interrogative, le verbe se construit avec le subjonctif. *Est-il tellement occupé qu'il ne puisse se libérer?*
• **Tellement +** proposition causale. Tant. *Ils sursautèrent, tellement l'explosion fut forte.*

tellurique ou **tellurien, ienne** adj.
Qui provient de la terre. *Une secousse tellurique.*

téméraire adj.
• Audacieux, irréfléchi. *Une entreprise téméraire.*
• *Jugement téméraire.* Jugement porté sans preuves suffisantes, à la légère.
▭▷ témér**aire.**

témérairement adv.
Avec imprudence, audace.
▭▷ témér**airement.**

témérité n. f.
Imprudence, audace.

témoignage n. m.
• Rapport d'une personne sur ce qu'elle a vu ou entendu. *Des témoignages qui se recoupent.*
• *Rendre témoignage de.* Attester. *Son employeur a rendu témoignage de son honnêteté.*
• *Rendre témoignage à.* Rendre hommage. *On a rendu témoignage à son courage et à sa détermination.*
• (Dr.) Déposition faite par un témoin. *Un faux témoignage. Un témoignage d'expert.*
• Marque, preuve. *Un témoignage d'affection, d'admiration.*

témoigner v. tr., intr.
Les lettres *gn* sont suivies d'un *i* à la première et à la deuxième personne du pluriel de l'indicatif imparfait et du subjonctif présent. *(Que) nous témoignions, (que) vous témoigniez.*
• **Transitif**
Manifester. *Il lui témoigne beaucoup d'estime.*
• **Transitif indirect**
Témoigner de. Être la preuve de. *Ces nouvelles entreprises témoignent du dynamisme de cette région.*
• **Intransitif**
- (Dr.) Déclarer; faire une déposition en justice. *Ils ont témoigné en sa faveur.*
- *Témoigner en faveur de quelqu'un, de quelque chose.* (Fig.) Plaider la cause de.

témoin n. m.

• Personne qui a vu ou entendu un fait et qui peut en faire rapport. *Un témoin oculaire.*
▭⊢ Ce nom ne comporte pas de forme féminine. *Elle a été le témoin involontaire de cette scène.*
• *Sans témoins.* Seul.
▭⊢ Dans cette expression, le nom s'écrit au pluriel.
• Personne qui témoigne en justice. *Elle était témoin à charge.*
• *Prendre quelqu'un à témoin.* Invoquer le témoignage de. *Je vous prends tous à témoin : il m'a giflé.*
▭⊢ Cette locution est invariable.
• *Prendre quelqu'un pour témoin.* Dans cette

locution, le nom s'accorde en nombre avec l'attribut. *Il prit ses collègues pour témoins.*
• Témoignage, preuve. *Ces temples magnifiques sont les témoins d'une grande civilisation.*
▭⊢ Placé en début de phrase ou de membre de phrase, le nom reste invariable. *Cette civilisation fut très importante, témoin ces temples magnifiques.*
• Nom **+** *témoin.* Élément qui sert de terme de comparaison, au cours d'une expérience. *Des sujets témoins.*
▭⊢ Mis en apposition, le nom prend la marque du pluriel et s'écrit sans trait d'union.
• *Lampe témoin.* Lampe dont l'allumage permet de contrôler un fonctionnement. *Des lampes témoins.*
• Modèle. *Une maison témoin, des appartements témoins.*

tempe n. f.
Côté du front. *Il a reçu un coup à la tempe.*
▭▷ tempe.

tempérament n. m.
• Caractère moral. *Il a un tempérament colérique, ardent.*
• *Vente à tempérament.* Vente dont le prix est réglé par une série de versements échelonnés sur un certain temps.
▭⊢ Cette pratique est peu courante aujourd'hui en raison de la libéralisation du crédit à la consommation.

tempérance n. f.
• Sobriété dans l'usage de boissons alcoolisées, des aliments.
• Modération.
• Au Canada, synonyme de *sobriété.*

température n. f.
• Degré de chaleur ou de froid d'un lieu, d'un corps.
▭⊢ Les degrés de température s'expriment avec un zéro supérieur °. *Il fait 37,5 °C.*
• Degré de chaleur du corps.
• *Avoir de la température.* Être fiévreux.
V. **degré.**
▭⊢ Ne pas confondre avec le nom *temps,* état de l'atmosphère.

***température**
Impropriété au sens de *temps.* *Un temps ensoleillé (et non une *température).*

tempéré, ée adj.
Qui n'est ni trop chaud ni trop froid. *Un climat tempéré.*

tempérer v. tr.
Le *é* se change en *è* devant une syllabe muette, sauf à l'indicatif futur et au conditionnel présent. *Je tempère, mais je tempérerai.*
Atténuer, modérer. *Ces affirmations doivent être tempérées.*

tempête n. f.
Violente perturbation atmosphérique. *La tempête fait rage.*

tempête de neige n. f.
Chute de neige abondante accompagnée de vents violents. *Nous avons eu plusieurs tempêtes de neige au cours de cet hiver.*
☞— Ne pas confondre avec le nom **poudrerie,** au Canada, neige poussée par des rafales de vent.

temple n. m.
• Édifice consacré à une divinité. *L'imposant temple de Zeus à Agrigente.*
☞— Les noms génériques de monuments s'écrivent avec une minuscule.
• Lieu du culte chez les protestants.

tempo n. m.
◁ Le *m* est sonore ou non, [tɛmpo] ou [tɛ̃po].
• (Mus.) Vitesse à laquelle doit être exécutée la musique de jazz. *Des tempos trop lents.*
• Rythme (d'un film, d'un ouvrage, d'une activité).

temporaire adj.
Qui ne dure qu'un peu de temps, provisoire. *Cette solution est temporaire. Des emplois temporaires.*
☞— Ne pas confondre avec les mots suivants :
- *temporal,* relatif à la tempe;
- *temporel,* relatif aux choses matérielles.

temporairement adv.
Provisoirement. *Le bureau est temporairement fermé.*

temporal, ale, aux adj.
De la tempe. *La région temporale, les nerfs temporaux.*
☞— Ne pas confondre avec les mots suivants :
- *temporaire,* provisoire;
- *temporel,* relatif aux choses matérielles.

temporel, elle adj.
• Qui est relatif aux choses matérielles (par opposition à **spirituel**).
• (Gramm.) Qui marque le temps. *Une proposition temporelle.*
☞— Ne pas confondre avec les mots suivants :
- *temporaire,* provisoire;
- *temporal,* relatif à la tempe.

temporisateur, trice adj. et n. m. et f.
• **Adjectif.** Qui temporise. *Une démarche temporisatrice.*
• **Nom masculin et féminin.** Personne qui retarde quelque chose pour attendre une occasion plus favorable.

temporisation n. f.
Action de temporiser.

temporiser v. intr.
Différer une action, dans l'attente d'une meilleure occasion.

temps n. m.

• **La durée.** *Le temps passe vite.*
☞— L'unité de mesure de base est la **seconde.**
V. Tableau - **HEURE.**
V. Tableau - **JOUR.**
• Un certain moment. *Il reviendra dans quelque temps.*
• **Temps partiel.** Période inférieure à la durée normale de travail.

• **Temps plein.** Période correspondant à la durée normale de travail, soit entre 35 et 40 heures par semaine.
• Époque. *Les temps modernes.*
• **Au temps jadis,** locution adverbiale. Autrefois.
• **Dans le bon vieux temps,** locution adverbiale. Cette locution marque une évocation nostalgique du passé.
• Moment, conjoncture. *Le temps des récoltes. Le temps est venu de se lancer.*
• **Avoir fait son temps.** Être dépassé.
• **Bon temps.** Plaisir, divertissement. *Se donner du bon temps.*
• **À temps,** locution adverbiale. À point nommé, au bon moment. *Elle est arrivée à temps* (et non **en temps*).
• **De temps en temps, de temps à autre,** locutions adverbiales. Parfois.
• **De tout temps,** locution adverbiale. Toujours.
☞— Cette locution s'écrit au singulier.
• **En même temps,** locution adverbiale. Simultanément, ensemble.
• **En temps et lieu,** locution adverbiale. Au moment et lieu convenables.
☞— Cette locution s'écrit au singulier.
• **En tout temps,** locution adverbiale. Quel que soit le moment.
☞— Cette locution s'écrit au singulier.
• **Entre temps** ou **entre-temps,** locution adverbiale. Dans l'intervalle. *Elle lui avait écrit, mais entre temps ou entre-temps il l'appela.*
• **La plupart du temps,** locution adverbiale. Le plus souvent.
• **Quelque temps,** locution adverbiale. Pendant un certain moment.
• **Au temps de,** locution prépositive. *Au temps de mes folles années.*
☞— Cette forme est la plus usuelle. Dans un registre plus soutenu, on écrit **du temps de.**
• **Au temps où,** locution adverbiale. *Au temps où nous nous retrouvions tous dans ce petit café.*
☞— La forme **au temps que** est plus littéraire.
• État de l'atmosphère. *Il fait beau temps* (et non une belle **température*). *C'est un vrai temps de chien.*
☞— Ne pas confondre avec le nom **température,** degré de chaleur ou de froid d'un lieu, d'un corps.
• (Gramm.) Série des formes verbales qui indique à quel moment s'accomplit l'action. *Le passé composé, l'imparfait, le présent, le futur sont des temps du verbe.*
V. **futur, imparfait, présent.**
V. Tableau - **PASSÉ (TEMPS DU).**
Hom. **taon,** insecte piqueur.

*temps (faire du)
Calque de l'anglais «to serve time» pour **faire de la prison.**

tenace adj.
• Déterminé, persévérant.
• Dont on ne parvient pas à se défaire, à se débarrasser. *Une toux tenace, des préjugés tenaces.*
☞ tenace, au masculin comme au féminin.

ténacité n. f.
Persévérance, détermination.
☞ ténacité.

tenaille n. f. (gén. pl.)
• Outil composé de deux branches mobiles qui se res-
serrent. *Les tenailles du dentiste.*
• *Prendre en tenaille.* Capturer, mettre au supplice.
☜ Dans cette expression, le nom s'écrit au sin-
gulier.

tenailler v. tr.
Les lettres *ill* sont suivies d'un *i* à la première et à
la deuxième personne du pluriel de l'indicatif imparfait et du subjonctif présent. *(Que) nous tenail-
lions, (que) vous tenailliez.*
Tourmenter.

tenancier n. m.
tenancière n. f.
Personne qui dirige un hôtel, un bar, etc. (souvent de
réputation douteuse).

tenant, ante adj. et n. m. et f.
• **Adjectif.** *Séance tenante.* Sur-le-champ.
☜ L'adjectif n'est usité que dans l'expression citée.
• **Nom masculin et féminin.** Sportif qui détient un titre.
*Elle est la tenante du championnat de ski. Ils sont les
tenants de la coupe Stanley.*
• *D'un seul tenant.* D'une seule pièce.
• **Nom masculin pluriel.** *Les tenants et les aboutis-
sants.* (Dr.) Tous les éléments d'une affaire, d'une
question.

tendance n. f.
• Prédisposition. *Une tendance à voir la vie du bon
côté.*
• Orientation. *Cette tendance politique est inquiétante.*
• Direction. *Les tendances fondamentales de l'économie, de la démographie* (et non **trend*).
☞ tendance.

tendancieusement adv.
D'une manière tendancieuse.

tendancieux, ieuse adj.
Partial, qui marque une tendance subjective. *Ce témoignage est tendancieux.*

tendinite n. f.
Inflammation d'un tendon.
☞ tendinite.

tendon n. m.
Faisceau fibreux par lequel un muscle se rattache à
un os.
☞ tendon.

tendre adj.
• Rempli de tendresse et d'affection. *Des baisers très
tendres pour ses enfants.*
• Qui se coupe facilement (par opposition à *dur*). *Une
viande tendre.*
• Atténué, pâle. *Des couleurs tendres, vert tendre.*

tendre v. tr.
INDICATIF PRÉSENT *Je tends, tu tends, il tend, nous
tendons, vous tendez, ils tendent.* IMPARFAIT *Je
tendais.* PASSÉ SIMPLE *Je tendis.* FUTUR *Je tendrai.*

CONDITIONNEL PRÉSENT *Je tendrais.* IMPÉRATIF
PRÉSENT *Tends, tendons, tendez.* SUBJONCTIF
PRÉSENT *Que je tende.* IMPARFAIT *Que je tendisse.*
PARTICIPE PRÉSENT *Tendant.* PASSÉ *Tendu, ue.*
• **Transitif direct**
- Rendre droite une matière souple. *Tendre une étoffe.*
- Avancer. *Tendre la main.*
- *Tendre l'oreille.* Écouter attentivement.
• **Transitif indirect**
- Viser. *Des subventions tendant à favoriser la création
d'entreprises.*
- Avoir un but déterminé et s'en rapprocher. *Ce pia-
niste tend à ou vers la plus grande virtuosité.*
- Avoir tendance à. *Cet enfant tend à négliger ses
devoirs.*
☜ Le verbe transitif indirect se construit avec les
prépositions *à* ou *vers.*

tendrement adv.
Avec tendresse. *Elle les serre tendrement dans ses
bras.*

tendresse n. f.
Sentiment d'affection, d'attachement. *Elle l'écoute et le
regarde avec toute la tendresse du monde.*
☜ Ne pas confondre avec le nom *tendreté,* caractère de ce qui est tendre, en parlant d'une substance.

tendreté n. f.
Caractère de ce qui est tendre, en parlant d'une substance. *La tendreté d'un gigot.*
☜ Ne pas confondre avec le nom *tendresse,* sentiment d'affection, d'attachement.

tendron n. m.
• Pièce de viande, partie du thorax.
• (Vx) Jeune fille.
☜ Ce nom est toujours masculin.

tendu, ue adj.
• Étiré, rendu droit. *Une corde bien tendue.*
• Soumis au stress, à la tension. *Vous êtes trop tendu
peut-être.*
• Difficile. *Des relations tendues.*

ténèbres n. f. pl.
(Litt.) Obscurité.
☜ Ce nom ne s'emploie qu'au pluriel.

ténébreux, euse adj.
(Litt.) Sombre, mystérieux.

teneur n. f.
• Contenu. *Connaissez-vous la teneur de ces articles?*
• Proportion d'un élément dans un mélange. *La teneur
en alcool d'une boisson.*

teneur de livres n. m.
teneuse de livres n. f.
Personne chargée de la tenue des livres comptables.

ténia ou **tænia** n. m.
Ver parasite de l'intestin des mammifères.
☜ On préférera la graphie plus simple *ténia.*

tenir v. tr., intr., impers., pronom.

INDICATIF PRÉSENT *Je tiens, tu tiens, il tient, nous
tenons, vous tenez, ils tiennent.* IMPARFAIT *Je tenais.*

PASSÉ SIMPLE *Je tins.* FUTUR *Je tiendrai.* CONDI-
TIONNEL PRÉSENT *Je tiendrais.* IMPÉRATIF PRÉ-
SENT *Tiens, tenons, tenez.* SUBJONCTIF PRÉSENT
Que je tienne. IMPARFAIT *Que je tinsse.* PARTICIPE
PRÉSENT *Tenant.* PASSÉ *Tenu, ue.*

• **Transitif direct**
- Avoir entre les mains. *Tenir un verre et un marteau.*
Ils tiennent le cambrioleur.
- Maintenir. *L'ombre de cet arbre tient la maison au*
frais.
- Détenir, posséder. *Je crois que vous tenez là une*
très bonne idée.
- *Tenir quelque chose de quelqu'un.* Avoir appris.
On tient cette information de source sûre.
- Exercer une activité. *Elle a bien tenu son rôle, son*
poste.
- *Être tenu à, de.* Être obligé de. *L'avocat est tenu au*
secret professionnel. Vous êtes tenus de signaler
toute anomalie.
- *Tenir... pour.* Considérer. *Ils le tiennent pour un*
fumiste. Le succès est tenu pour acquis (et non *pris
pour acquis).

• **Transitif indirect**
- *Tenir à* (quelqu'un, quelque chose). Vouloir absolument. *Je tiens à ce que vous soyez des nôtres.*
☞ En ce sens, le verbe se construit avec le subjonctif.
- Être lié par un sentiment durable. *Elle tient beau-*
coup à lui.
- Provenir. *Le mécontentement tient à ce que per-*
sonne n'a été prévenu. En ce sens, le verbe se construit avec l'indicatif.
- *Tenir de* (quelqu'un, quelque chose). Ressembler. *Il*
tient beaucoup de son grand-père.
☞ Le verbe transitif indirect se construit avec les
prépositions *à* ou *de.*

• **Intransitif**
- Être attaché, lié à quelque chose. *Ce bouton ne tient*
plus que par un fil.
- Résister. *Tenez bon, nous arrivons!*

• **Impersonnel**
- *Qu'à cela ne tienne.* Peu importe, il n'y a pas d'inconvénient.
- *Il ne tient qu'à.* Cela ne dépend que de. *Il n'en tient*
qu'à lui que tout soit plus simple.

• **Pronominal**
- S'accrocher. *Il se tenait à une branche pour ne pas*
tomber dans le vide.
- Se prendre l'un l'autre. *Ils se sont tenus par le bras.*
☞ Le participe passé s'accorde avec le sujet du
verbe; par contre, le participe passé reste invariable
lorsque le complément suit le verbe. *Elles se sont*
tenu des discours incongrus. Ils se sont tenu la main.
- *S'en tenir à.* Se limiter à. *Tenez-vous-en à l'essentiel.*
- *Savoir à quoi s'en tenir.* Être fixé sur quelque chose.
- Se considérer. *Il ne faut pas que vous vous teniez*
pour élus.
☞ Le participe passé s'accorde avec le sujet.
☞ Attention aux traits d'union entre le verbe et les
pronoms. Les auteurs ne s'entendent pas sur l'ordre
des pronoms. *Tiens-toi-le pour dit, dis-le-moi, tenons-*
nous-le pour dit.

tennis n. m.
◇ Le *s* se prononce [tɛnis].
• Sport qui se pratique à deux ou quatre joueurs et qui
consiste à envoyer une balle avec une raquette par-
dessus un filet. *Jouer au tennis. Une joueuse de tennis.*
• Terrain où l'on pratique ce sport.
• Chaussures de sport à semelles de caoutchouc. *Por-*
ter des tennis.
☞ tenn**is**.

tenon n. m.
Partie saillante d'une pièce taillée de façon à entrer dans
une mortaise.

ténor adj. et n. m.
• **Adjectif**
Se dit d'une voix d'homme élevée.
• **Nom masculin**
- Personne qui a cette voix. *Des ténors talentueux.*
- (Fig.) Personne qui joue un rôle prédominant dans une
activité. *Les ténors de la publicité.*

tension n. f.
• État de ce qui est tendu. *La tension d'un câble.*
• *Tension artérielle.* Pression exercée par le sang sur
les artères. *Une tension supérieure à la normale est*
nommée **hypertension.**
☞ On dit familièrement *avoir de la tension, faire de*
la tension pour *être atteint d'hypertension.*
• (Gén. plur.) Désaccord, divergence. *Il y a des tensions*
entre ces groupes.
• *Tension nerveuse.* Stress, énervement.
• (Électr.) Différence de potentiel. *Haute tension.*
☞ tension.

tentaculaire adj.
• Relatif aux tentacules.
• Qui croît dans toutes les directions. *Une ville tenta-*
culaire.
☞ tentacul**aire**.

tentacule n. m.
Appendice mobile dont sont pourvus certains animaux.
Les tentacules visqueux de la pieuvre.
☞ Attention au genre masculin de ce nom : *un*
tentacule.

tentant, ante adj.
Alléchant, séduisant. *Des offres tentantes.*

tentateur, trice n. m. et f.
Personne qui cherche à séduire.

tentation n. f.
• Impulsion intérieure qui pousse à faire quelque chose.
Ne pas résister à la tentation.
• Séduction, attrait. *Les vitrines regorgent de tentations.*

tentative n. f.
Essai. *Une tentative d'évasion.*

tente n. f.
• Abri de toile. *Une tente pour le camping.*
• *Tente-caravane.* Type de caravane pliante. *Des tentes-*
caravanes bien aménagées.
Hom. *tante,* sœur du père ou de la mère.

tenter v. tr.
• Constituer une tentation. *Vous ne devriez pas me tenter ainsi.*
• Essayer quelque chose de difficile. *Ils vont tenter l'escalade du Monte d'Oro en Corse.*
• **Tenter de.** Chercher à, entreprendre quelque chose dont l'issue n'est que probable. *Tenter de trouver un médicament pour enrayer une maladie.*

tenture n. f.
Étoffe qui orne une fenêtre, un mur. *De lourdes tentures de velours.*
☞ Ne pas confondre avec les noms suivants :
- **draperie,** tissu drapé;
- **rideau,** pièce d'étoffe souvent plissée destinée à tamiser la lumière, à masquer quelque chose;
- **store,** rideau disposé devant une ouverture, qui s'enroule ou se replie;
- **store vénitien,** rideau à lamelles orientables.

tenu, ue adj.
Entretenu. *Une maison bien tenue.*

ténu, ue adj.
• Fin, fragile. *Un fil ténu.*
• Subtil, nuancé. *Une distinction très ténue.*

tenue n. f.
• Manière de diriger. *La bonne tenue de cet établissement scolaire.*
• Manière de se conduire, de se vêtir. *Une tenue irréprochable, négligée.*
• Uniforme, vêtements particuliers. *Tenue de combat, tenue de soirée, tenue de ville.*
• Rigueur, moralité. *Un article de haute tenue.*
• **Tenue des livres.** Action de tenir la comptabilité d'une entreprise.
• **Tenue de route.** Manière dont un véhicule tient la route.

tequila n. f.
☞ Le **e** se prononce **é** [tekila].
Alcool consommé au Mexique.

ter adv.
Se dit d'une adresse précédée de deux autres numéros semblables. *Il habite 16 ter, rue de Lille.*

téra- préf.
• Symbole **T** (s'écrit sans point).
• Préfixe qui multiplie par 1 000 000 000 000 l'unité qu'il précède. *Des térasecondes.*
• Sa notation scientifique est **10^{12}**.
V. Tableau - **MULTIPLES ET SOUS-MULTIPLES DÉCIMAUX.**

térato- préf.
Élément du grec signifiant «monstre». *Tératogène.*

tératogène adj.
Qui peut produire des malformations de l'embryon. *La thalidomide est un médicament tératogène.*

térébenthine n. f.
Résine de certains végétaux. *On utilise l'essence de térébenthine pour nettoyer les pinceaux, pour dissoudre les corps gras.*
☞ térébenthine.

tergal n. m.
Étoffe synthétique de polyester. *Une jupe de tergal.*
☞ Ce nom est une marque déposée qui est maintenant passée dans l'usage et qui s'écrit avec une minuscule.

tergiversation n. f. (gén. pl.)
Hésitation. *Ces tergiversations sont exaspérantes.*

tergiverser v. intr.
(Litt.) Hésiter, reporter une décision indéfiniment.

terme n. m.

• Fin. *Le terme de sa vie.*
- **Mettre un terme à.** Faire cesser. *Il faudrait mettre un terme à ces discussions.*
- **Mener à terme.** Achever. *Il a su mener à terme son ambitieux programme.*
- **Toucher à son terme.** Se terminer. *L'aventure touche à son terme.*
• Espace de temps fixé pour l'exécution d'une obligation. *Le terme de cet emprunt hypothécaire est de 20 ans.*
- **À court, moyen, long terme.** À brève, moyenne, longue échéance.
☞ Dans ces expressions, le nom s'écrit au singulier.
• Expression, mot considéré par rapport à sa signification. *Le terme **marge brute d'autofinancement** appartient au vocabulaire de la comptabilité. Des termes techniques, savants. Quels termes a-t-il employés? Voici ses propres termes.*
- **Aux termes de.** Selon. *Aux termes de la loi, cet affichage est illégal.*
• Rapports. *Être en bons termes, en mauvais termes avec quelqu'un.*
☞ Dans ces expressions, le nom s'écrit au pluriel.
Hom. **thermes,** établissement thérapeutique d'eaux thermales.

*****terme**
• Anglicisme au sens de **mandat** (d'un maire, d'un député, etc.).
• (Au plur.) Anglicisme au sens de **conditions** (d'un contrat).

*****termes et conditions**
Calque de l'anglais «terms and conditions» au sens de **conditions, stipulations, modalités.**

terminaison n. f.
• Extrémité. *Les terminaisons nerveuses.*
• (Gramm.) Élément variable qui s'ajoute à la suite du radical d'un mot. *Les terminaisons des verbes en **-er.***

terminal, ale, aux adj. et n. m.
• **Adjectif**
Final. *Une phase terminale.*
• **Nom masculin** (pl. *terminaux*)
- Installations situées à l'extrémité d'un pipeline.
- Gare située en tête de ligne.
- (Inform.) Périphérique relié à un système d'ordinateur par une ligne de transmission de données et permettant la saisie ou la réception d'informations à traiter. *Des terminaux de point de vente.*

terminer v. tr., pronom.
• **Transitif**
- Finir. *As-tu terminé ton travail? La grève est terminée.*
- Constituer la fin. *Une longue tirade termine la pièce.*
• **Pronominal**
Avoir pour dernier élément. *Un mot qui se termine par la lettre **z**. L'immeuble se termine par une longue antenne.*

terminologie n. f.
• Ensemble des termes propres à une science, à un art. *La terminologie de la gestion.*
• Partie de la linguistique qui étudie les désignations techniques servant à dénommer les concepts et les objets. *Une fiche de terminologie, une banque de terminologie.*
☞ La ***terminologie*** recense le vocabulaire technique d'une science, d'un art; la ***lexicographie*** étudie les unités lexicales d'une langue.

terminologique adj.
Qui se rapporte à la terminologie. *Une recherche terminologique, des travaux terminologiques.*

terminologue n. m. et f.
Spécialiste de la terminologie.

terminus n. m.
⇔ Le ***s*** se prononce [tɛrminys].
Point d'arrêt d'une ligne de transport. *Terminus! Tout le monde descend.*

termite n. m.
Insecte qui se nourrit de bois.
☞ Attention au genre masculin de ce nom : ***un*** termite.

termitière n. f.
Nid de termites.
☞ termitière.

terne adj.
Fade, sans éclat. *Des jours ternes, un style terne.*

ternir v. tr.
• Rendre terne. *Ce produit a terni l'éclat du métal.*
• (Fig.) Souiller. *Sa réputation professionnelle a été ternie par cet incident.*

terrain n. m.
• Espace de terre. *Acheter un terrain à la campagne. Des terrains vagues.*
- ***Sur le terrain.*** Sur les lieux de l'action.
- ***Terrain d'entente.*** Compromis.
- ***Terrain glissant.*** Situation difficile.
- ***Tout terrain.*** Se dit d'un véhicule qui peut rouler sur tous les types de terrains. *Des véhicules tout terrain.*
☞ L'expression est généralement invariable, mais on peut écrire également ***tous terrains.***
- ***Terrain de camping.*** Espace aménagé pour les campeurs. *Des terrains de camping bien ombragés.*
- ***Terrain de jeu*** ou ***terrain de jeux.*** Espace aménagé pour la pratique d'activités de récréation. *Des terrains de jeu ou des terrains de jeux magnifiquement entretenus.*

terrasse n. f.
• Plate-forme. *Un séjour donnant sur une terrasse exposée au sud.*
• Partie du trottoir devant un café, un restaurant où sont disposées des tables et des chaises. *Une flûte de champagne à la terrasse des Deux-Magots.*

terrassement n. m.
Aménagement d'un terrain. *Des travaux de terrassement.*

terrasser v. tr.
Renverser, abattre. *Il a été terrassé par une crise cardiaque.*

terre n. f.
• Sol sur lequel nous marchons. *La terre se couvre de végétation au printemps.*
• ***À terre, par terre.*** Sur le sol. *Il est tombé à terre, par terre.*
☞ Les deux expressions sont synonymes.
• Terrain cultivé. *Labourer la terre.*
• ***Terre à terre,*** locution adjective. Matérialiste, sans élévation. *Des considérations terre à terre.*
☞ Dans cette expression, le nom reste au singulier.
• ***Remuer ciel et terre.*** Prendre tous les moyens nécessaires pour atteindre un but.
• Milieu où vit l'humanité, les habitants de la planète. *Paix sur la terre aux hommes de bonne volonté.*
• Planète du système solaire. *Nous habitons la Terre.*
☞ Les mots ***lune, soleil, terre*** s'écrivent avec une majuscule lorsqu'ils désignent la planète, l'astre, le satellite lui-même, notamment dans la langue de l'astronomie et dans les textes techniques; ils s'écrivent avec une minuscule dans les autres utilisations. *La Terre tourne autour du Soleil. Le noyau de la Terre,* mais *un tremblement de terre.*

terreau n. m. (pl. *terreaux*)
Humus. *Acheter du terreau pour transplanter des arbustes.*

Terre-Neuve
Abréviation ***T.-N.*** (s'écrit avec des points).

terre-neuve n. m. inv. (pl. *terre-neuve*)
Chien originaire de l'île de Terre-Neuve. *De beaux terre-neuve de pure race.*

terre-neuvien, ienne adj. et n. m. et f.
De Terre-Neuve. *Un Terre-Neuvien, une Terre-Neuvienne. Le drapeau terre-neuvien.*
☞ L'adjectif s'écrit avec des minuscules; le nom, avec deux majuscules.

terre-plein n. m. (pl. *terre-pleins*)
Terrain soutenu par des murets.

terrer (se) v. pronom.
• Se cacher sous terre, en parlant d'un animal.
• (Fig.) Se réfugier dans un endroit isolé, sûr.

terrestre adj.
• De la Terre. *Un globe terrestre, l'écorce terrestre.*
• Temporel (par opposition à ***spirituel***). *Les nourritures terrestres.*
• Qui a lieu sur le sol (par opposition à ***aérien, maritime***). *Les transports terrestres.*

terreur n. f.
Effroi, frayeur extrême.

terreux, euse adj.
• Propre à la terre, de la couleur de la terre. *Un teint terreux.*
• Mêlé de terre. *Des bottes terreuses.*

terrible adj.
• Propre à inspirer de la terreur. *Un air terrible, un crime terrible.*
• (Fam.) Extraordinaire, remarquable. *Un film terrible.*
• Très turbulent. *Les enfants terribles.*

terriblement adv.
Extrêmement. *Il faisait terriblement froid.*

terrien, ienne adj. et n. m. et f.
• **Adjectif.** Relatif à la terre. *Un propriétaire terrien.*
• **Nom masculin et féminin.** Personne qui habite la Terre (par opposition à **extra-terrestre, martien,** etc.).

terrier n. m.
• Cavité creusée dans la terre par certains animaux et qui leur sert d'abri. *Faire sortir un renard de son terrier.*
• Chien de chasse. *Un scottish-terrier.*

terrifiant, ante adj.
Propre à terrifier, à inspirer de l'horreur. *Des images terrifiantes.*
☞— Ne pas confondre avec le participe présent invariable **terrifiant**. *Ces images terrifiant les enfants ne devraient pas être diffusées.*

terrifier v. tr.
Redoublement du *i* à la première et à la deuxième personne du pluriel de l'indicatif imparfait et du subjonctif présent. *(Que) nous terrifiions, (que) vous terrifiiez.*
Effrayer vivement.

terrine n. f.
• Récipient de terre, de forme ronde.
• Contenu d'une terrine. *Une terrine de foie gras.*
☞ terrine.

territoire n. m.
• Étendue de terre sur laquelle vit une collectivité nationale. *Le territoire québécois.*
• Zone occupée par un animal. *Le chien marque son territoire.*
☞ territoire.

Territoires-du-Nord-Ouest
Abréviation *T.-N.-O.* (s'écrit avec des points).

territorial, ale, aux adj.
Qui concerne un territoire. *Des eaux territoriales.*
☞ territorial.

territorialité n. f.
Qualité de ce qui fait partie du territoire d'un pays.
☞ territorialité

terroir n. m.
• Terre considérée du point de vue de la production agricole.
• Région rurale considérée sous le rapport de la culture, de la langue. *Un accent du terroir.*

terroriser v. tr.
• Soumettre à un régime de terreur. *Des soldats ennemis qui terrorisaient la population.*

• Intimider, épouvanter. *Un candidat terrorisé par le comité de sélection.*

terrorisme n. m.
Ensemble d'actes de violence commis en vue de renverser le pouvoir établi, d'atteindre un but déterminé.

terroriste adj. et n. m. et f.
Qui pratique le terrorisme. *L'avion a été détourné par des terroristes.*

tertiaire adj. et n. m.
• *Ère tertiaire.* Ère géologique à la fin de laquelle apparut l'homme.
• *Secteur tertiaire.* Secteur d'activité économique qui regroupe les services (administration, transport, informatique, etc.). *Les services comptables appartiennent au secteur tertiaire, au tertiaire.*
☞— Le *secteur primaire* regroupe les activités productrices de matières premières (agriculture, mines, etc.);
- le *secteur secondaire* regroupe les activités de transformation des matières premières en biens (industrie);
- le *secteur quaternaire* regroupe les activités de recherche, de conseil.

tertio adv.
�⟩ Le deuxième *t* se prononce *s* [tɛrsjo].
Troisièmement.

tertre n. m.
Monticule.

tes adj. poss. pl.
• L'adjectif possessif détermine le nom en indiquant le «possesseur» de l'objet désigné. Il s'accorde en genre et en nombre avec le nom déterminé. *Tes jouets.*
• L'adjectif possessif *tes* renvoie à un seul «possesseur» de plusieurs êtres, de plusieurs objets.
V. Tableau - **POSSESSIF (ADJECTIF).**

tesson n. m.
⟨net⟩ La première syllabe se prononce *te* [tesɔ̃].
Débris de verre.

test n. m.
⟨net⟩ Les lettres *st* se prononcent [tɛst].
• Examen destiné à évaluer certaines aptitudes d'une personne dans un domaine spécifique. *Passer un test de français, de mathématiques. Les élèves ont été soumis à des tests de fin d'année.*
• Évaluation de nature qualitative ou quantitative des caractéristiques de quelque chose. *Faire des tests statistiques, des tests de laboratoire, un test de grossesse.*
☞— Ce nom s'emploie surtout en psychologie, en médecine, en statistique; dans les domaines techniques, on emploiera de préférence *épreuve, essai.*

testament n. m.
• (Dr.) Acte par lequel une personne expose ses dernières volontés et lègue ses biens. *Un testament olographe (écrit de la main du testateur).*
• Nom de deux des livres bibliques.
☞— Le nom des livres bibliques s'écrit avec une majuscule ainsi que l'adjectif qui le précède. *L'Ancien Testament, le Nouveau Testament.*

testamentaire adj.
Relatif à un testament. *Des dépositions testamentaires.*
Un exécuteur testamentaire.
🖙 testament**aire.**

testateur, trice n. m. et f.
(Dr.) Personne qui a fait un testament.

tester v. tr., intr.
• **Transitif.** Soumettre à un test. *Tester des candidats.*
• **Intransitif.** Faire son testament.

testicule n. m.
Glande génitale double des mâles qui produit les spermatozoïdes et sécrétant l'hormone mâle.
🖙 Attention au genre masculin de ce nom : *un* testicule.

testostérone n. f.
Hormone mâle produite par les testicules.
🖙 Attention au genre féminin de ce nom : *une* tes-
tostérone.

tétanos n. m.
👄 Le *o* est fermé et le *s* se prononce [tetanos].
Maladie infectieuse grave. *Un vaccin contre le tétanos.*

têtard n. m.
Larve des batraciens.
🖙 têtard.

tête n. f.

• Partie supérieure du corps humain, partie anté-
rieure du corps des animaux. *Elle a mal à la tête.*
Une magnifique tête de cheval.
- *Relever la tête.* Reprendre de la confiance en
soi, du courage.
- *Se mettre martel en tête.* S'inquiéter.
- *Faire la tête.* Bouder. *Quand vas-tu cesser de
faire la tête?*
- *En avoir par-dessus la tête.* (Fam.) Être excédé.
Il en a par-dessus la tête et elle en a ras-le-bol.
- *Avoir du front tout le tour de la tête.* (Fam.) Au
Canada, avoir du culot.
- *Ne pas être la tête à Papineau.* (Fam.) Au Ca-
nada, ne pas être très intelligent.
• Aspect. *Il a une bonne tête.*
- *Se payer la tête de quelqu'un.* S'en moquer.
• Intelligence, jugement. *C'est une femme de tête.*
- *Perdre la tête.* Ne plus avoir toute sa raison.
- *Se mettre dans la tête.* S'imaginer. *Comment
as-tu pu te mettre cette idée dans la tête?*
- *Coup de tête.* Décision impulsive. *Il est parti sur
un coup de tête.*
- *N'en faire qu'à sa tête.* Ne pas tenir compte de
l'avis des autres.
- *Tête baissée.* Sans réfléchir.
- *Tenir tête.* Résister. *Ils ont tenu tête.*
🖙 Dans cette expression, le nom est invariable.
- *Casse-tête.* Jeu de patience. *Des casse-tête très
compliqués.*
🖙 Ce nom se dit en France *puzzle.*
- *À tue tête,* locution adverbiale. Très fort. *Ils
criaient à tue tête.*
• Partie supérieure de quelque chose. *La tête d'un
chêne, la tête d'une épingle.*

• Direction. *Elle est à la tête d'une grande entreprise.*
- *En tête,* locution adverbiale. En mémoire. *Je n'ai
pas cette donnée en tête, mais je vérifierai.*
- *En tête de, à la tête de,* locutions prépositives.
Au premier rang de. *Il est en tête de son groupe.*
🖙 Ces locutions s'écrivent sans trait d'union.
- *En-tête.* Dénomination officielle imprimée en tête
d'un papier. *Du papier à en-tête. Un en-tête com-
portant un logo.*
🖙 Le nom s'écrit avec un trait d'union et est du
genre masculin.

tête-à-queue n. m. inv. (pl. *tête-à-queue*)
Demi-tour complet d'un véhicule.

tête-à-tête loc. adv. et n. m. inv. (pl. *tête-à-tête*)
• Entretien particulier entre deux personnes.
🖙 Le nom s'écrit avec des traits d'union.
• *En tête à tête, en tête-à-tête.* Ils étaient en tête à
tête, en tête-à-tête.
🖙 La locution s'écrit avec ou sans traits d'union.

tête-bêche loc. adv.
Se dit de deux personnes, de deux objets placés dans
une position inverse. *Les statuettes sont placées tête-
bêche dans la boîte.*
🖙 tête-bêche, avec un trait d'union.

tête-de-Maure adj. inv. et n. m. inv. (pl. *tête-de-Maure*)
• **Adjectif de couleur invariable.** De couleur brun
foncé.
V. Tableau - **COULEUR (ADJECTIFS DE).**
• **Nom masculin invariable.** Couleur brun foncé.

tête-de-Maure n. m. (pl. *têtes-de-Maure*)
Fromage de Hollande.

tête-de-nègre adj. inv. et n. m. inv. (pl. *tête-de-nègre*)
• **Adjectif de couleur invariable.** De couleur brun très
foncé. *Des canapés tête-de-nègre.*
V. Tableau - **COULEUR (ADJECTIFS DE).**
• **Nom masculin invariable.** Couleur brun très foncé.

*****tête de violon**
Calque de l'anglais «fiddle head» pour *crosse de
fougère.*

tétée n. f.
Action de téter. *La tétée a lieu toutes les quatre heures.*
🖙 tétée.

téter v. tr., intr.
Le *é* se change en *è* devant une syllabe muette,
sauf à l'indicatif futur et au conditionnel présent.
Je tète, mais *je téterai.*
Sucer le lait, en parlant d'un nourrisson, d'un jeune
animal.

tétine n. f.
• Pièce de caoutchouc percée d'une ouverture et qui
permet à l'enfant de boire au biberon. *On doit stériliser les tétines.*
• Sucette. *Bébé Fanny a perdu sa tétine* (et non sa
*****suce).

téton n. m.
(Fam.) Sein.

tétr(a)- préf.
Élément du grec signifiant «quatre». *Tétrapode.*

tétraèdre n. m.
Figure à quatre faces triangulaires. *La pyramide est un tétraèdre.*

tétraédrique adj.
En forme de tétraèdre.

tétraplégie n. f.
(Méd.) Paralysie des quatre membres.
Syn. **quadriplégie.**

tétrapode n. m.
Vertébré doté de quatre membres.
☞ Le mot *tétrapode* se dit de tous les animaux à quatre pattes, tandis que le mot *quadrupède* ne se dit que des mammifères.

tétras n. m.
👄 Le *s* ne se prononce pas [tetrɑ].
• Coq de bruyère.
• Au Canada, le tétras est confondu avec la perdrix.

têtu, ue adj.
Obstiné. *Elle est trop têtue pour se ranger à votre avis.*
☞ Cet adjectif et les synonymes *buté* et *entêté* se disent en mauvaise part, tandis que *persévérant, tenace, volontaire* sont utilisés en bonne part.
⇨ têtu.

teuton, onne adj. et n. m. et f.
Relatif à l'ancienne Germanie.
⇨ teutonne.

teutonique adj.
Relatif aux Teutons.
⇨ teutonique.

texan, ane adj. et n. m. et f.
👄 Le *x* se prononce *ks* [tɛksɑ̃].
Du Texas. *Un chapeau texan. Un Texan, une Texane.*
☞ L'adjectif s'écrit avec une minuscule; le nom, avec une majuscule.

texte n. m.
• Ensemble des mots d'un écrit. *Se reporter au texte d'une loi. Réviser un texte.*
• Œuvre littéraire. *Un texte philosophique.*
• *Traitement de texte(s).* (Inform.) Ensemble des opérations telles que saisie, correction et mise en forme, qui visent à établir un document à l'aide des techniques informatiques. *Un logiciel de traitement de texte jumelé à une banque de données.*
☞ Dans cette expression, le mot *texte* est généralement au singulier, mais il peut s'écrire également au pluriel.

textuel, elle adj.
Qui est exactement conforme au texte, aux paroles. *Une citation textuelle.*

textuellement adv.
Mot à mot. *Il n'a pas rapporté ses paroles textuellement.*

texture n. f.
Arrangement des éléments d'un corps, d'une substance.

texturer ou **texturiser** v. tr.
Donner une texture particulière. *Un revêtement texturé.*

TGV
Sigle de *train à grande vitesse.*

th
Symbole de *thermie.*

thaïlandais, aise adj. et n. m. et f.
De Thaïlande. *Une danse thaïlandaise. Un Thaïlandais, une Thaïlandaise.*
☞ L'adjectif s'écrit avec une minuscule; le nom, avec une majuscule.

thalamus n. m.
👄 Le *s* se prononce [talamys].
Partie du cerveau.
⇨ thalamus.

thalasso- préf.
Élément du grec signifiant «mer». *Thalassothérapie.*

thalassothérapie n. f.
Méthode thérapeutique fondée sur les bains de mer et le climat marin.
⇨ thalassothérapie.

thalidomide n. f.
Médicament dont l'emploi a provoqué des malformations de l'embryon.
⇨ thalidomide.

thanato- préf.
Élément du grec signifiant «mort». *Thanatologie.*

thanatologie n. f.
Étude scientifique de la mort.

thaumaturge adj. et n. m.
(Litt.) Personne qui fait des miracles.
⇨ thaumaturge.

thé n. m.
• Feuilles du théier qui contiennent la théine.
• Boisson préparée avec les feuilles de thé. *Des salons de thé. Prendre un thé (au) citron.*
• *Rose(-)thé.* De la couleur ambrée du thé. *Des soies rose thé, rose-thé.*
V. Tableau - **COULEUR (ADJECTIFS DE).**
⇨ thé.

théâtral, ale, aux adj.
• Qui a le caractère du théâtre. *Des jeux théâtraux.*
• Qui ressemble au théâtre par l'emphase, l'exagération. *Elle a des intonations trop théâtrales.*

théâtralement adv.
D'une manière emphatique, pompeuse.

théâtre n. m.
• Édifice où l'on joue des ouvrages dramatiques, où l'on donne des spectacles. *Un théâtre dont l'acoustique est excellente.*
☞ Si le nom fait partie de la désignation d'une salle de spectacle, d'une troupe de théâtre, il s'écrit avec une majuscule. *Le Théâtre du Nouveau Monde, le Théâtre national populaire, le Théâtre national de l'Odéon.* Si le nom ne fait pas partie du nom officiel, il

s'écrit alors avec une minuscule. *Le théâtre Port-Royal, le théâtre du Vieux-Colombier.*
• Art de l'acteur. *Il fait du théâtre.*
• Ensemble des pièces d'un auteur. *Le théâtre de Michel Tremblay.*
• *Coup de théâtre.* Péripétie inattendue.
• Lieu où se passent des évènements. *Cette région fut le théâtre d'un affrontement militaire.*

-thée suff.
Élément du grec signifiant «dieu». *Athée.*

théier, ière adj.
Relatif au thé. *Industrie théière.*

théier n. m.
Arbre cultivé pour ses feuilles.

théière n. f.
Récipient dans lequel on sert le thé. *Une belle théière de porcelaine.*
⇨ théière.

théine n. f.
Caféine contenue dans le thé.

thématique adj. et n. f.
• **Adjectif.** Relatif à un thème. *Un index thématique.*
• **Nom féminin.** Ensemble des thèmes d'une œuvre. *La thématique de ce poète est très riche.*
⇨ thématique.

thème n. m.
Motif, sujet. *Le thème de son exposé est tout à fait actuel.*
⇨ thème.

*****thème (musical)**
Anglicisme au sens de *indicatif musical. Le concerto nº 1 de Rachmaninov servait d'indicatif musical* (et non de *thème musical) à l'émission* Apostrophes.

théo- préf.
Élément du grec signifiant «dieu». *Théologie.*

théologie n. f.
Science qui a pour objet les questions religieuses.
⇨ théologie.

théologien n. m.
théologienne n. f.
Spécialiste de la théologie.

théologique adj.
Qui concerne la théologie.
⇨ théologique.

théorème n. m.
Proposition destinée à être rendue évidente au moyen d'une démonstration. *Le théorème de Pythagore.*
⇨ théorème.

théoricien, ienne n. m. et f.
Personne qui étudie la théorie d'un art, d'une science (par opposition à *praticien*).

théorie n. f.
• Ensemble de connaissances abstraites qui s'appliquent à un domaine particulier.

• *En théorie,* locution adverbiale. De façon abstraite.
⇨ théorie.

théorique adj.
• Qui appartient à la théorie. *Les fondements théoriques de cette recherche.*
• (Péj.) Qui se limite à la théorie et manque de réalisme. *Une hypothèse purement théorique.*
Ant. **empirique.**

théoriquement adv.
• Selon la théorie (par opposition à *pratiquement*). *Cette démonstration a été faite théoriquement, il faut maintenant en faire l'expérience.*
• (Fam.) En principe. *Théoriquement, nous devrions être de retour à la fin du mois.*

-thèque suff.
• Élément du grec signifiant «armoire».
• Les mots composés avec le suffixe *-thèque* s'écrivent en un seul mot. *Bibliothèque, ludothèque.*

thérapeute n. m. et f.
Personne qui soigne les malades, quelles que soient les techniques utilisées. *Un thérapeute qui emploie la kinésithérapie.*
⇨ thérapeute.

thérapeutique adj.
Qui est relatif au traitement des maladies. *L'efficacité thérapeutique d'un médicament.*
⇨ thérapeutique.

thérapie n. f.
Mode de traitement de certaines maladies psychiatriques.
⇨ thérapie.

-thérapie suff.
• Élément du grec signifiant «soin».
• Les mots composés avec le suffixe *-thérapie* s'écrivent en un seul mot. *Physiothérapie, radiothérapie.*

therm- préf.
• Élément du grec signifiant «chaleur».
• Les mots composés du préfixe *therm-* s'écrivent en un seul mot. *Thermique.*

thermal, ale, aux adj.
Qui se rapporte aux eaux minérales chaudes. *Des eaux thermales, des établissements thermaux.*
⇨ thermal.

thermes n. m. pl.
Établissement de bains dans l'Antiquité gréco-romaine. *Les thermes de Caracalla à Rome.*
Hom. *terme,* mot, expression.

thermie n. f.
• Symbole **th** (s'écrit sans point).
• Unité de quantité de chaleur.

thermique adj.
Relatif à la chaleur. *Une centrale thermique.*
⇨ thermique.

thermo- préf.
• Élément du grec signifiant «chaleur».
• Les mots composés avec le préfixe *thermo-* s'écrivent en un seul mot. *Thermoélectricité, thermomètre.*

thermoélectricité n. f.
Électricité produite par l'énergie thermique.
⇨ **thermoélectricité**, en un seul mot.

thermoélectrique adj.
Relatif à la thermoélectricité.
⇨ **thermoélectrique**, en un seul mot.

thermomètre n. m.
Instrument de mesure des températures. *Le thermomètre indique 40°, elle est très fiévreuse.*
⇨ thermomètre.

thermométrie n. f.
Mesure des températures.
⇨ thermométrique.

thermonucléaire adj.
Se dit des réactions de fusion nucléaire provoquées par de hautes températures.
⇨ thermonucléaire.

thermopompe n. f.
Appareil de chauffage.
Syn. **pompe à chaleur.**
⇨ thermopompe.

thermopropulsion n. f.
Propulsion obtenue par énergie thermique.
⇨ thermopropulsion.

thermos n. m. ou f.
👄 Le *o* est fermé et le *s* se prononce [tɛrmos].
Récipient isolant. *Mettre du café dans un thermos.*
⊨— Ce nom est une marque déposée qui est passée dans l'usage et s'écrit maintenant avec une minuscule. Les auteurs ne s'entendent pas sur le genre de ce nom; au Canada, il est de genre masculin.
⇨ thermos.

thermostat n. m.
👄 Le *t* final ne se prononce pas [tɛrmɔsta].
Appareil servant à régler la température. *Le thermostat de cette pièce est à 20 °C.*
⇨ thermostat.

thésaurisation n. f.
(Écon.) Fait d'accumuler des valeurs de façon improductive. *Le bas de laine est un exemple de thésaurisation.*
⇨ thésaurisation.

thésauriser v. tr., intr.
(Litt.) Amasser de l'argent sans l'investir. *Ces personnes ont tendance à thésauriser. Elles ont thésaurisé des milliers de dollars.*
⇨ thésauriser.

thésaurus n. m. inv.
👄 La deuxième syllabe se prononce *sau* ou *zau* et le *s* final se prononce, [tesɔrys] ou [tezɔrys].
(Ling.) Répertoire alphabétique des mots d'une langue, d'un domaine scientifique, technique, etc.
⊨— La graphie latine, sans accent, est également possible.
⇨ thésaurus.

thèse n. f.
• Proposition énoncée dont on cherche à démontrer la vérité, le bien-fondé. *Il défend la thèse du libéralisme économique.*
• Recherche présentée pour l'obtention du grade de docteur. *Soutenir une thèse de doctorat.*
⊨— Pour la maîtrise, cet écrit est un *mémoire.*
⇨ thèse.

thêta n. m. inv.
Lettre grecque.

thiamine n. f.
Vitamine B_1.
⇨ thiamine.

thibaude n. f.
Tissu épais servant à doubler un tapis, une moquette. *Installer une thibaude* (et non un *sous-tapis).

thon n. m.
Poisson apprécié pour sa chair. *Une salade de thon.*
Hom. *ton,* hauteur de la voix, couleur.
⇨ thon.

thonier n. m.
Navire destiné à la pêche au thon.
⇨ thonier.

thoracique adj.
Qui appartient au thorax. *La cage thoracique.*
⇨ thoracique.

thorax n. m.
👄 Le *x* se prononce [tɔraks].
Partie du tronc qui contient les poumons et le cœur.
⇨ thorax.

*thriller
Anglicisme pour *film d'aventures, film policier, film fantastique.*

thrombose n. f.
Formation de caillots dans un vaisseau sanguin.
⇨ thrombose.

thuriféraire n. m.
• (Liturg.) Porteur d'encensoir.
• (Litt.) Flatteur.
⇨ thuriféraire.

thuya n. m.
👄 Le nom se prononce [tyja].
• Conifère ornemental proche du genévrier. *Des thuyas.*
• Au Canada, se dit *cèdre.*

thym n. m.
👄 Le *m* est muet [tɛ̃].
Plante aromatique.
Hom. :
- *tain*, substance dont on revêt le dos d'une glace;
- *teint*, coloration du visage.
⇨ thym.

thymus n. m.
👄 Le *s* final se prononce [timys].
Glande située à la partie inférieure du cou, qui n'existe que chez l'enfant et les jeunes animaux.

☞— Le thymus de veau est couramment appelé *ris de veau.*
▭⇨ thy**mus.**

thyroïde adj. et n. f.
Glande endocrine située à l'avant du cou.
▭⇨ thyroïde.

thyroïdien, ienne adj.
Qui est relatif à la thyroïde. *Une insuffisance thyroïdienne.*

tiare n. f.
Coiffure du pape.
▭⇨ tia**re.**

tibétain, aine adj. et n. m. et f.
• **Adjectif et nom masculin et féminin.** Du Tibet. *Un moine tibétain. Un Tibétain, une Tibétaine.*
☞— L'adjectif s'écrit avec une minuscule; le nom, avec une majuscule.
• **Nom masculin.** Langue parlée au Tibet. *Elle parle le tibétain.*
☞— Le nom de la langue s'écrit avec une minuscule.

tibia n. m.
Os long de la face interne de la jambe. *Le tibia et le péroné. Des tibias fracturés.*

tic n. m.
• Mouvement involontaire répétitif.
• Manie. *Des tics de langage.*
Hom. *tique*, insecte parasite.
▭⇨ tic**.**

ticket n. m.
⇦ Le *t* ne se prononce pas [tikɛ].
• Petit rectangle de carton qui sert de billet d'admission dans un véhicule public, une exposition, etc. *Des tickets de métro.*
• Au Canada, se dit aussi **billet.**
• *Ticket modérateur.* Partie des frais médicaux à la charge du bénéficiaire des soins. *Des tickets modérateurs.*

*ticket
Anglicisme au sens de **contravention.**

tic-tac n. m. inv.
Bruit d'un mécanisme d'horlogerie. *Les tic-tac d'une horloge.*

tiède adj.
• Légèrement chaud. *Un potage tiède. Une bière tiède.*
• Qui manque d'enthousiasme. *Des applaudissements tièdes.*
▭⇨ tiède.

tièdement adv.
Avec tiédeur.

tiédeur n. f.
• Caractère de ce qui est légèrement tiède.
• Défaut d'enthousiasme.
▭⇨ tiédeur.

tiédir v. tr., intr.
• **Transitif.** Rendre tiède.
• **Intransitif.** Devenir tiède. *Ton café tiédit.*
▭⇨ tiédir.

tien, tienne adj. poss. et pron. poss.

• **Adjectif possessif de la deuxième personne du singulier**
- L'adjectif ne s'emploie aujourd'hui qu'à titre d'attribut. *Cette maison est tienne.*
- Il s'emploie également avec les verbes *faire, devenir. Tu fais tiennes ces propositions.*
V. Tableau - **POSSESSIF (ADJECTIF).**
• **Pronom possessif de la deuxième personne du singulier**
Le pronom qui s'emploie toujours avec l'article défini doit se rapporter à un nom énoncé précédemment. *Ces enfants sont les tiens. Je n'ai pas ma voiture, prenons la tienne.*
• **Nom masculin pluriel**
Tes proches, ta famille. *Tu te sens bien près des tiens.*

tierce n. f.
Intervalle de deux notes de musique.
V. **tiers.**
▭⇨ tier**ce.**

tiercé n. m.
Forme de pari où l'on mise sur les chevaux qui devraient se classer aux trois premières places.

tiers, tierce adj. et n. m.
• **Adjectif**
- (Vx) Troisième. *Le tiers monde.*
- *Tierce personne.* Une troisième personne.
• **Nom masculin**
- Troisième partie d'un tout. *Les deux tiers des participants ont voté pour la proposition.*
☞— Après *le tiers +* complément au pluriel, le verbe s'accorde généralement avec le complément, mais il peut s'accorder avec le collectif au singulier. *Le tiers des élèves ont réussi,* ou *a réussi.*
- Troisième personne, et par extension, une personne étrangère. *Ce contrat doit être signé en présence d'un tiers.*

tige n. f.
• Partie de la plante qui porte les feuilles. *La longue tige d'un rosier.*
• Partie allongée et cylindrique de certains objets. *Une tige de métal.*

tignasse n. f.
(Fam.) Chevelure.
▭⇨ tigna**sse.**

tigre n. m.
Grand mammifère carnassier dont le pelage roux est rayé de bandes noires. *Un tigre du Bengale.*

tigré, ée adj.
Marqué de rayures. *Une fourrure tigrée.*

tigresse n. f.
Femelle du tigre.

tilleul adj. inv. et n. m.
• **Adjectif de couleur invariable**
D'un vert tendre. *Des velours tilleul.*
V. Tableau - **COULEUR (ADJECTIFS DE).**

• **Nom masculin**
- Arbre cultivé pour son bois blanc et ses fleurs odorantes dont on tire une infusion.
- Infusion calmante préparée avec des fleurs de tilleul. *Je prendrai une tasse de tilleul-menthe.*
⇨ tilleul.

timbale n. f.
• Petit tambour.
🖙 Ne pas confondre avec le nom **cymbale,** instrument de musique à percussion.
• Gobelet de métal. *Une timbale d'argent.*
• Préparation culinaire (viande, crustacés, etc., en sauce) servie dans une croûte de pâtisserie.
⇨ timbale.

timbrage n. m.
Opération qui consiste à apposer un timbre.

timbre n. m.
• Cloche métallique frappée par un marteau. *Le timbre d'une bicyclette.*
• Marque d'une entreprise, d'une administration qui est apposée à l'aide d'un instrument. *Un timbre marqué à l'encre* (et non une **étampe*).
• *Timbre(-poste).* Vignette attestant le paiement d'un envoi postal. *Des timbres-poste rares, des timbres de collection.*
🖙 Couramment, on emploie surtout le nom **timbre.**

timbré, ée adj.
• Affranchi. *Une enveloppe timbrée.*
• (Fam.) Légèrement fou. *Je crois qu'elle est un peu timbrée.*

timbrer v. tr.
• Marquer d'un timbre.
• Apposer un ou des timbres sur un envoi postal.

timide adj. et n. m. et f.
Qui manque d'assurance, embarrassé. *Une enfant timide. C'est une grande timide.*

timidement adv.
Avec timidité.

timidité n. f.
Manque d'assurance.

**timing
Anglicisme pour **synchronisme, chronométrage, minutage,** selon le cas.

timon n. m.
Longue pièce de bois servant à atteler des chevaux.

timonerie n. f.
• Partie du navire où sont rassemblés les appareils de navigation et la roue du gouvernail.
• Ensemble des appareils de direction et de freinage d'un véhicule.

timoré, ée adj.
Craintif.

tintamarre n. m.
Vacarme, tapage.
⇨ tintamarre.

tintement n. m.
Action de tinter. *Le tintement d'un carillon.*

tinter v. intr.
Produire des sons clairs qui se succèdent. *Une cloche qui tinta trois fois.*
Hom. **teinter,** colorer légèrement.

tintinnabuler v. intr.
(Litt.) Sonner comme un ensemble de clochettes.

tintouin n. m.
• (Fam.) Vacarme.
• (Fam.) Ennui, tracas.
⇨ tintouin.

tique n. f.
Insecte parasite.
Hom. **tic,** mouvement involontaire répétitif.
⇨ tique.

tiquer v. intr.
(Fam.) Avoir l'attention arrêtée par un détail qui choque, étonne. *J'ai tiqué sur cette orthographe, ce n'est pas la bonne!*

tir n. m.
• Action de lancer un projectile au moyen d'une arme dans une direction déterminée. *Un tir d'artillerie, un tir de barrage.*
• *Champ de tir, ligne de tir.*
🖙 Dans ces expressions, le nom **tir** s'écrit au singulier.

tirade n. f.
• Longue suite de phrases débitée d'un seul trait par un personnage de théâtre.
• Développement d'une certaine étendue portant sur un même sujet.

tirage n. m.
• Nombre d'exemplaires imprimés en une fois. *Un tirage de 30 000 exemplaires* (et non **copies*). *Une revue à grand tirage.*
• Action de tirer au sort des numéros. *Le tirage d'un prix, d'une loterie.*

tiraillement n. m.
• Le fait d'être partagé entre des sentiments, des possibilités contradictoires.
• (Gén. plur.) Conflits, absence de concertation. *Il y a des tiraillements entre les organismes chargés de l'application de cette loi.*

tirailler v. tr.
Les lettres *ill* sont suivies d'un *i* à la première et à la deuxième personne du pluriel de l'indicatif imparfait et du subjonctif présent. *(Que) nous tiraillions, (que) vous tirailliez.*
• Tirer par petits coups dans diverses directions.
• Déchirer entre des possibilités contradictoires. *Il est tiraillé par les diverses possibilités qui s'offrent à lui.*

tire n. f.
Au Canada, sucrerie obtenue par la réduction du sirop d'érable. *Il versa un peu de tire sur la neige et les enfants se régalèrent.*

tiré, ée adj. et n. m.
• **Adjectif**
- Étiré par la fatigue. *Les traits tirés.*
- *Tiré à quatre épingles.* Vêtu avec recherche.

• **Nom masculin**
- *Tiré à part* Reproduction d'un article, d'un texte. *Des tirés à part gratuits.*
- Compte bancaire sur lequel a été tiré un chèque, une lettre de change et à partir duquel le paiement sera fait. *Le tiré par opposition au tireur.*

tire-au-flanc n. m. inv. (pl. *tire-au-flanc*)
Paresseux.

tire-botte n. m. (pl. *tire-bottes*)
Petite planche, pour se débotter.

tire-bouchon n. m. (pl. *tire-bouchons*)
• Instrument servant à déboucher les bouteilles.
• *En tire-bouchon.* En forme de spirale. *Un escalier en tire-bouchon.*

tire-bouchonner ou **tirebouchonner** v. tr.
Plisser. *Des pantalons tire-bouchonnés*, ou *tirebouchonnés.*

tire-d'aile (à) loc. adv.
• Avec des coups d'ailes rapides. *Les oiseaux s'enfuirent à tire-d'aile.*
• (Fig.) Très rapidement.
☞ On écrit également *à tire d'ailes.*

tire-fesses n. m. inv. (pl. *tire-fesses*)
(Fam.) Remonte-pente.

tire-larigot (à) loc. adv.
En quantité. *Tu pourras manger à tire-larigot.*
☞ tire-larigot.

tire-ligne n. m. (pl. *tire-lignes*)
Instrument servant à tracer des lignes plus ou moins larges.

tirelire n. f.
Petite boîte munie d'une fente dans laquelle on peut introduire une pièce de monnaie. *Des tirelires musicales* (et non des *banques*).

tirer v. tr., intr., pronom.

• **Transitif**
- Mouvoir vers soi. *Le remorqueur tire un navire. Tirer quelqu'un par le bras.*
- Extraire. *Il a tiré deux billets de sa poche. Elle tirait l'eau du puits.*
- *Tirer la langue.* Avancer la langue hors de la bouche.
- *Tirer la langue.* (Fig.) Se moquer de quelqu'un.
- *Tirer au clair quelque chose.* Clarifier une question.
- *Tirer son chapeau.* Rendre hommage.
- Obtenir. *Tirer parti, tirer avantage, tirer profit de quelque chose, tirer satisfaction, tirer vengeance, etc.*
☞ Ces expressions figées sont invariables.
- *Tiré par les cheveux.* Compliqué et peu logique. *Votre explication est tirée par les cheveux.*
- Avoir son origine. *Ce fromage tire son nom de cette légende. Ce terme technique est tiré du grec.*
- Obtenir un numéro gagnant. *Elle a tiré le gros lot.*
- Tracer. *Tirer une ligne.*

- Lancer un projectile au moyen d'une arme. *Ils ont tiré des flèches et des coups de feu.*
• **Intransitif**
- Exercer une traction. *Tirer sur un câble.*
- Être imprimé. *Une revue qui tire à 8 000 exemplaires.*
- Envoyer un projectile avec une arme. *Ils ont tiré sur lui.*
- *Tirer à bout portant sur quelqu'un.* Tirer un coup de feu de très près.
• **Pronominal**
- *Se tirer d'affaire, d'embarras.* S'en sortir.
- *Se tirer.* (Pop.) Partir, s'enfuir.

tiret n. m.
Petit trait horizontal identique au signe *moins.*
☞ Le tiret est suivi d'un espacement simple.
Emplois du tiret
• Dans un **dialogue,** le tiret annonce un changement d'interlocuteur. *«Serez-vous des nôtres?»*
    - Avec le plus grand plaisir.
    - Vous m'en voyez ravie.
• **Jalons énumératifs.** *Examen des questions suivantes :*
    - applications bureautiques;
    - diffusion télématique.
• **Mise en relief** d'un membre de phrase, d'une incidente explicative. Dans cet emploi, le double tiret est obligatoire au même titre que la double virgule ou les parenthèses. *Les participants au Sommet - pays occidentaux et orientaux - tenteront de se mettre d'accord sur cette importante question.*
• Dans un **index,** le tiret remplace un terme que l'on ne veut pas répéter. *Touche de fonction,*
    -    *de recul,*
    -    *de retour.*

tireur, euse n. m. et f.
• Personne qui tire à l'aide d'une arme. *Des tireurs isolés.*
• Bénéficiaire d'un chèque, d'une lettre de change (par opposition à *tiré*).

tiroir n. m.
Partie d'un meuble qui coulisse. *Un tiroir secret.*

tiroir-caisse n. m. (pl. *tiroirs-caisses*)
Caisse d'un établissement commercial.

tisane n. f.
Infusion médicamenteuse, calmante, stimulante, etc. *Une tisane de tilleul.*
☞ tisane.

tison n. m.
Reste d'une bûche qui a brûlé et qui est encore incandescente.

tisonner v. tr.
Remuer la braise pour attiser un feu.
☞ tisonner.

tisonnier n. m.
Instrument pour remuer les braises.
☞ tisonnier.

tissage n. m.
Action de tisser.

tisser v. tr.
Fabriquer des étoffes en entrelaçant les fils de la chaîne tendue sur un métier et ceux de la trame à l'aide d'une navette.

tisserand n. m.
tisserande n. f.
Personne qui tisse des étoffes.
⟹ tisserand.

tissu n. m.
• Étoffe. *Des tissus de coton, de fibres synthétiques.*
• *Tissu-éponge.* Tissu dont les fils absorbent l'eau. *Des tissus-éponges imprimés.*
▷ Ne pas confondre avec le nom *ratine,* étoffe de laine.
• Suite d'éléments. *Ces déclarations sont un tissu de mensonges.*
• Ensemble formé d'éléments enchevêtrés. *Le tissu social, le tissu urbain constituant un tout.*

titan n. m.
(Litt.) Personne d'une puissance extraordinaire. *Un travail de titan.*

titanique ou **titanesque** adj.
(Litt.) Gigantesque.

titillation n. f.
(Litt.) Action de titiller.
⟹ titillation.

titiller v. tr.
Les lettres *ill* sont suivies d'un *i* à la première et à la deuxième personne du pluriel de l'indicatif imparfait et du subjonctif présent. *(Que) nous titillions, (que) vous titilliez.*
(Litt.) Chatouiller légèrement et agréablement.
⟹ titiller.

titrage n. m.
Action de donner un titre à un film, à un article, etc.

titre n. m.
• Désignation d'une œuvre. *Le titre d'un roman, d'un tableau, d'un film, d'un poème, d'une chanson.*
• *Page de titre.* (Imprim.) Page du début d'un livre où se trouvent le faux-titre, le titre, le nom de l'auteur et de l'éditeur.
• Phrase en gros caractères placée en tête d'un article de journal, d'un document. *Son nom apparaît en gros titre.*
• *Titre courant.* Titre imprimé en bas ou en haut de chaque page.
• Désignation de dignité, de grade universitaire, de fonction. *Un titre de noblesse, des titres universitaires.*
V. Tableau - **FÉMINISATION DES TITRES.**
• Écrit qui sert à établir un droit. *Des titres de propriété, de créance.*
• *À titre de,* locution prépositive. Comme, en tant que. *Je suis ici à titre d'amie, à titre amical, à plus d'un titre.*
• *À juste titre,* locution adverbiale. Justement, avec raison.
• *À titre gracieux.* Gratuitement.
V. Tableau - **TITRES D'ŒUVRES.**

V. Tableau - **TITRES DE FONCTIONS.**
• Nom **+** *titre. Rôle-titre.* Rôle principal. *Des rôles-titres prestigieux.*
▷ En apposition, le nom s'écrit avec un trait d'union et prend la marque du pluriel.

titrer v. tr.
Intituler, mettre pour titre.

titubant, ante adj.
Vacillant.

tituber v. intr.
Vaciller sur ses jambes.

titulaire adj. et n. m. et f.
• **Nom masculin et féminin**
Personne qui possède un diplôme en vertu de droits reconnus à toute personne ayant satisfait aux conditions exigées pour l'obtention du diplôme. *La titulaire d'une maîtrise.*
• **Adjectif et nom masculin et féminin**
- Qui possède juridiquement. *Cet adolescent est titulaire d'un permis de chasse. Le titulaire d'un permis de conduire.*
▷ Ne pas confondre avec les noms suivants :
- *détenteur,* personne qui conserve quelque chose à titre provisoire;
- *porteur,* personne qui détient un titre dont le titulaire n'est pas indiqué. *Un chèque au porteur.*
- Qui a une fonction pour laquelle il a été nommé en vertu d'un titre. *Un professeur titulaire. Le titulaire d'une chaire de gestion des arts.*

titularisation n. f.
Action de titulariser.

titulariser v. tr.
Nommer de façon permanente. *Après un an, les fonctionnaires peuvent être titularisés.*

T.-N.
Abréviation de *Terre-Neuve.*

T.-N.-O.
Abréviation de *Territoires-du-Nord-Ouest.*

TNT
Sigle de *trinitrotoluène* (explosif très puissant).

toast n. m.
• Action de boire à la santé de quelqu'un, au succès de quelque chose, etc. *Porter des toasts au bonheur des nouveaux mariés.*
• Tranche de pain grillé. *Un toast avec de la confiture.*
▷ Attention au genre masculin de ce nom : *un* toast.
Syn. **rôtie.**

*toasté
Anglicisme au sens de *grillé.*

toboggan n. m.
⌣ Les *o* sont ouverts et le *n* est muet [tɔbɔɡã].
• Traîneau fait de planches recourbées à l'avant dont on se sert pour descendre les pentes enneigées.
• Se dit au Canada *traîne sauvage.*

• Piste en pente du haut de laquelle les enfants se laissent glisser.
☞ tobo**gg**an.

toc n. m.
Imitation, objet faux. *Ces bijoux sont en toc. Ce n'est que du toc.*
Hom. *toque,* coiffure de forme cylindrique.

toccata n. f.
Composition musicale. *Des toccatas de J.-S. Bach.*

tocsin n. m.
Bruit d'une cloche destiné à donner l'alarme.
☞ to**cs**in.

tofou n. m.
Produit alimentaire d'origine japonaise, à base de soya, se présentant comme du lait caillé (Recomm. off. OLF).

toge n. f.
Robe, dans certaines professions. *La toge des magistrats, des avocats.*

TITRES D'ŒUVRES

Les titres d'œuvres littéraires (poèmes, essais, romans, etc.) ou artistiques (peintures, sculptures, compositions musicales), les noms de journaux, de périodiques s'écrivent avec une majuscule au substantif initial et éventuellement à l'adjectif, l'adverbe, l'article qui le précèdent.

Le Dictionnaire thématique visuel, le Petit Robert, la Joconde, les Concertos brandebourgeois, Le Devoir, Les Très Riches Heures du duc de Berry.

☞ Les titres sont composés en italique dans un texte en romain. Dans un texte déjà en italique, la notation se fait en romain. Dans un manuscrit, on utilisera les guillemets ou le soulignement si le texte est destiné à l'impression.

Article défini

L'article défini ne prend la majuscule que s'il fait partie du titre.

Il a lu L'art d'aimer *d'Ovide.*

Adjectif

Si l'adjectif précède le substantif, tous deux prennent la majuscule.

La Divine Comédie, le Grand Larousse de la langue française, Le Bon Usage.

Si l'adjectif suit le substantif, il s'écrit avec une minuscule.

Le Code typographique.

Plusieurs substantifs

Si le titre est constitué de plusieurs mots mis en parallèle, chacun s'écrit avec une majuscule.

Guerre et Paix, La Belle et la Bête.

Phrase

Lorsqu'un titre est constitué d'une phrase, seul le premier mot s'écrit avec une majuscule.

À la recherche du temps perdu. La Guerre de Troie n'aura pas lieu.

Contraction de la préposition *à* ou *de* et de l'article initial du titre

En général, la contraction de la préposition et de l'article initial se fait.

La lecture du Devoir. *Le visionnement des* Quatre cents coups *de Truffaut.*

Accord du verbe, de l'adjectif et du participe

Le verbe, l'adjectif et le participe s'accordent avec le titre si celui-ci débute par un nom précédé d'un article ou si le titre est un nom propre féminin.

Les Champs magnétiques *sont une œuvre surréaliste. La* Joconde *fut peinte par Léonard de Vinci.*

togolais, aise adj. et n. m. et f.

👄 Les *o* sont ouverts [tɔgɔlɛ].

Du Togo. *Une coutume togolaise. Un Togolais, une Togolaise.*

☞ L'adjectif s'écrit avec une minuscule; le nom, avec une majuscule.

tohu-bohu n. m. inv.

(Fam.) Désordre, vacarme.

☞ Ce mot ne s'emploie pas au pluriel.

toi pron. pers.

Pronom de la deuxième personne du singulier masculin et féminin.

EMPLOIS

- Complément d'objet direct. *Retiens-toi.*
- Complément d'objet indirect. *Il est à toi.*
- Complément circonstanciel. *Elle est chez toi.*
- Complément déterminatif. *En mémoire de toi.*
- Complément de l'adjectif. *Digne de toi.*
- Attribut. *Tu es toi-même.*
- Sujet pour renforcer le pronom *tu. Toi, tu as fais ça?*
- *Chez toi,* locution. Dans ta maison.

☞ La locution s'écrit sans trait d'union (*Ils sont chez toi*), contrairement au nom masculin ***chez-toi*** (*Ton chez-toi*).

☞ Attention à l'accord du verbe de la proposition relative. *Toi qui le vois* (et non **voit*).

toile n. f.

• Tissu. *Un pantalon de toile, une toile de lin.*

• Pièce servant de support à une œuvre peinte, œuvre peinte sur toile. *Des toiles de maître.*

• ***Toile de fond.*** Décor de théâtre et au figuré, cadre général. *Tracer la toile de fond* (et non le **background*) *d'un évènement.*

• ***Toile d'araignée.*** Réseau de fils tissés par l'araignée pour y prendre des insectes. *Une multitude de toiles d'araignée.*

toilettage n. m.

Action de faire la toilette d'un petit animal familier.

toilette n. f.

• Ensemble des soins de propreté. *Faire sa toilette, une trousse de toilette.*

• Tenue. *Une jolie toilette.*

TITRES DE FONCTIONS

Titres de fonctions, de grades, de noblesse

De façon générale, ces titres sont des noms communs qui s'écrivent avec une minuscule.

Le pape, la présidente-directrice générale, le duc, la juge, le premier ministre.

Si le titre désigne une personne à qui l'on s'adresse, il s'écrit avec une majuscule.

Veuillez agréer, Madame la Présidente.

Titres honorifiques

Le titre honorifique ainsi que l'adjectif et l'adverbe qui le précèdent s'écrivent avec une majuscule.

Sa Sainteté, Sa Très Gracieuse Majesté.

Suivis du nom propre, les titres honorifiques s'abrègent.

S.S. le pape Jean-Paul II, S. M. la reine Élisabeth II.

Titres de civilité

Les titres de civilité s'écrivent avec une majuscule et ne s'abrègent pas quand on s'adresse directement à la personne dans les suscriptions.

Monsieur Jacques Valbois. Madame Jeanne Durocher.

☞ Dans les formules d'appel ou de salutation, le titre de civilité n'est pas suivi du patronyme. *Madame* (et non **Madame Valbois*).

Le titre s'abrège généralement lorsqu'il est suivi du patronyme ou d'un autre titre et qu'on ne s'adresse pas directement à la personne.

M. Roberge est absent, Mme la juge est là.

Le titre s'écrit avec une minuscule initiale et ne s'abrège pas lorsqu'il est employé seul, sans être accompagné d'un nom propre, d'un titre ou d'une fonction, dans certaines constructions de déférence.

Oui, monsieur, madame est sortie. Je ne crois pas avoir déjà rencontré monsieur.

V. **madame, monsieur.**

• (Au plur.) Cabinet (d'aisances). *Où sont les toilettes, s'il vous plaît? Aller aux toilettes* (et non *à la toilette).
☞ En ce sens, le nom s'emploie au pluriel.

*toilette (papier de)
Calque de l'anglais «toilet paper» pour **papier hygiénique.**

toiletter v. tr.
Faire la toilette d'un chien, d'un chat.

toise n. f.
Appareil qui sert à mesurer la taille.

toiser v. tr.
Regarder avec dédain. *Elle le toisa d'un regard sombre.*

toison n. f.
Lainage des moutons.

toit n. m.
• Couverture d'un édifice. *Un toit en pente, un toit d'ardoises.*
• (Fig.) Habitation. *Ils sont à la recherche d'un toit.*

toiture n. f.
Ensemble des toits d'un immeuble.

tôle n. f.
Métal en feuille obtenu par laminage. *Un toit recouvert de tôle.*
☞ tôle.

tolérable adj.
Admissible. *Cette erreur n'est pas tolérable.*

tolérance n. f.
• Action de tolérer. *Les tolérances orthographiques.*
• Respect des opinions politiques, sociales, religieuses d'autrui.
• Indulgence. *Elle a fait preuve de tolérance.*

tolérant, ante adj.
Compréhensif. *Des instituteurs tolérants.*
☞ Ne pas confondre avec le participe présent invariable **tolérant.** *Les parents tolérant de tels écarts sont rares.*

tolérer v. tr.
Le *é* se change en *è* devant une syllabe muette, sauf à l'indicatif futur et au conditionnel présent. *Je tolère, mais je tolérerai.*
• Permettre. *Tolérer des retards.*
• Supporter. *Elle a du mal à tolérer la vulgarité de cette personne.*
☞ Le verbe est suivi du subjonctif après **que.** *Elle tolère que vous arriviez en retard.*

tôlerie n. f.
Atelier où l'on travaille la tôle, où l'on répare les carrosseries. *Envoyer une voiture à la tôlerie.*

tollé n. m.
Mouvement collectif d'indignation et de colère. *Des tollés véhéments.*

tomahawk n. m.
☞ Le dernier *a* se prononce *o* [tɔmaok].
Hache de guerre. *Les Amérindiens ont sorti leurs tomahawks.*
☞ toma**hawk.**

tomaison n. f.
Indication du tome d'un ouvrage.
☞ tomaison.

tomate n. f.
• Plante cultivée pour ses fruits.
• Fruit de cette plante. *Un jus de tomates, de la sauce tomate. Il était rouge comme une tomate.*
☞ toma**te.**

tombal, ale, als adj.
Pierre tombale. Monument qui recouvre une tombe.
☞ Ne pas confondre avec le nom **épitaphe,** inscription sur un tombeau.

tombant, ante adj.
• Qui tombe. *Des épaules tombantes.*
• *À la nuit tombante.* Au crépuscule, à la brunante (Canada).
☞ Ne pas confondre avec le participe présent invariable **tombant.** *Ses cheveux tombant sur ses épaules lui donnaient un air angélique.*

tombe n. f.
Lieu où un mort est enseveli.
☞ Ne pas confondre avec les noms suivants :
- **tombeau,** monument funéraire;
- **cercueil,** caisse où l'on dépose le corps d'un mort pour le mettre en terre.

tombeau n. m. (pl. *tombeaux*)
• Monument imposant, construit sur une tombe. *Des tombeaux grandioses.*
• *À tombeau ouvert,* locution adverbiale. Si vite qu'on risque la mort. *Ils roulaient à tombeau ouvert.*
☞ Ne pas confondre avec le nom **tombe,** lieu où un mort est enseveli.

tombée n. f.
• (Litt.) Action de tomber. *La tombée des feuilles, du soir.*
• *Tombée du jour, tombée de la nuit.* Crépuscule, brunante (au Canada).

tomber v. intr.
• Être entraîné de haut en bas. *La petite fille est tombée de la balançoire. Elle est tombée par terre ou à terre.*
☞ Le verbe se conjugue avec l'auxiliaire **être.** *Les feuilles sont tombées. Il est tombé de la neige.* L'emploi de l'auxiliaire **avoir** est vieilli.
• *Tomber en ruines.* S'écrouler.
• *Tomber des nues.* Être très surpris.
• *Tomber (bien, mal).* Arriver de façon opportune, inopportune. *Tu tombes bien, toi : on a justement besoin d'un bon cuisinier.*
• *Laisser tomber.* Abandonner.
• *Tomber +* adjectif ou nom. Devenir subitement (amoureux, malade, etc.). *Il est tombé amoureux. La voiture est tombée en panne.*
• *Tomber de sommeil, de fatigue.* Être épuisé.
• *Tomber d'accord avec quelqu'un.* Aboutir à la même conclusion. *Elles sont tombées d'accord.*

tombereau n. m. (pl. *tombereaux*)
Véhicule de transport à deux roues qui peut basculer pour le déchargement. *Des tombereaux remplis de sable.*
☞ tomber**eau.**

tombeur n. m.
(Fam.) Séducteur.

tombola n. f.
👄 Le **m** est muet et le **o** de la deuxième syllabe est ouvert [tɔ̃bɔla].
Loterie où l'on peut gagner des lots en nature. *Organiser des tombolas au profit d'une œuvre de bienfaisance.*
👉 tombola.

tome n. m.
👄 Le **o** est ouvert [tɔm].
Chacun des volumes d'un même écrit qui en comprend plusieurs. *Un dictionnaire en neuf tomes. Le tome III d'une saga.*
🖛 Par opposition au nom **tome, le nom fascicule** se dit d'une partie d'un ouvrage qui paraît par fragments successifs; le nom **livre,** d'un écrit reproduit à un certain nombre d'exemplaires; le nom **plaquette,** d'un petit livre de peu d'épaisseur.
Hom. **tomme,** fromage de Savoie.

tomme n. f.
Fromage de Savoie, à pâte pressée.
Hom. **tome,** chacun des volumes d'un même écrit.

tommette ou **tomette** n. f.
Petit carreau hexagonal, de couleur rouge brique dont on recouvre le sol.

tomodensitomètre n. m.
(Méd.) Scanner.
🖛 Le nom **tomodensitomètre** a fait l'objet d'une recommandation spéciale pour remplacer l'anglicisme **scanner.**

ton adj. poss. m. sing.
• L'adjectif possessif détermine le nom en indiquant le «possesseur» de l'objet désigné. Il s'accorde en genre et en nombre avec le nom déterminé. *Ton jardin.*
• Il s'accorde en personne avec le nom désignant le «possesseur». Ainsi, l'adjectif possessif **ton** renvoie à un seul «possesseur» d'un être, d'un objet de genre masculin.
🖛 Devant un nom féminin commençant par une voyelle ou un **h** muet, c'est aussi la forme masculine **ton** qui est employée pour des raisons d'euphonie. *Ton amie, ton histoire.*
V. Tableau - **POSSESSIF (ADJECTIF).**

ton n. m.
• Hauteur moyenne de la voix, d'un son. *Un ton grave, un ton aigu.*
• Inflexion de la voix. *Il l'a crié sur tous les tons. Elle parle d'un ton théâtral.*
• Manière d'être. *Ces tenues sont de bon ton, de mauvais ton.*
• **Donner le ton.** Déterminer la mode, le bon usage.
• Couleur considérée sous l'angle de son intensité. *Des tons pâles.*
• **Ton sur ton,** locution invariable. Dans une même couleur, plus ou moins foncée. *Des imprimés ton sur ton.*
Hom. **thon,** poisson.

tonalité n. f.
• Ensemble des caractères d'un ton.
• Couleur dominante (d'un tableau, d'une œuvre). *La tonalité lumineuse d'un tableau impressionniste.*

tondeuse n. f.
Machine servant à tondre. *Une tondeuse électrique.*

tondre v. tr.
INDICATIF PRÉSENT *Je tonds, tu tonds, il tond, nous tondons, vous tondez, ils tondent.* IMPARFAIT *Je tondais.* PASSÉ SIMPLE *Je tondis.* FUTUR *Je tondrai.* CONDITIONNEL PRÉSENT *Je tondrais.* IMPÉRATIF PRÉSENT *Tonds, tondons, tondez.* SUBJONCTIF PRÉSENT *Que je tonde.* IMPARFAIT *Que je tondisse.* PARTICIPE PRÉSENT *Tondant.* PASSÉ *Tondu, ue.*
Couper à ras (les poils, la toison, etc.). *Il a tondu le gazon.*

tonifier v. tr.
Redoublement du **i** à la première et à la deuxième personne du pluriel de l'indicatif imparfait et du subjonctif présent. *(Que) nous tonifiions, (que) vous tonifiiez.*
Avoir un effet fortifiant, affermir. *Les exercices tonifient les muscles.*

tonique adj. et n. m.
• **Adjectif**
- Qui fortifie, affermit. *Une lotion tonique.*
- (Phonét.) Qui porte le ton. *L'accent tonique.*
• **Nom masculin**
Médicament qui fortifie. *Prendre un tonique.*
👉 tonique.

tonitruant, ante adj.
Bruyant. *Une voix tonitruante.*

tonnage n. m.
Quantité de marchandises exprimée en tonnes. *Le tonnage d'un navire.*

tonne n. f.
• Symbole **t** (s'écrit sans point).
• Unité de mesure de masse équivalant à 1 000 kilogrammes.
• Au Canada, unité de mesure équivalant à 2 000 livres.
🖛 Depuis l'adoption du SI, la tonne kilométrique est en usage au Canada.
• (Fig. et fam.) Grande quantité. *Pour les vacances, elle a emporté une tonne de livres.*

tonneau n. m. (pl. *tonneaux*)
• Grand récipient cylindrique limité à chaque extrémité par un fond plat et destiné à contenir un liquide. *Des tonneaux de chêne.*
• Contenu d'un tonneau. *Un tonneau de bière.*
• **Le tonneau des Danaïdes.** Travail sans fin.

tonnelet n. m.
Petit tonneau.
👉 **tonnelet.**

tonnelle n. f.
Treillis couvert de verdure. *Les jolies tonnelles fleuries des jardins de l'Andalousie.*
👉 tonnelle.

tonner v. impers., intr.
• **Impersonnel.** Gronder, en parlant du tonnerre. *Il tonnait très fort et les enfants étaient effrayés.*
• **Intransitif.** (Fig.) Fulminer. *Le chef du clan tonnait contre les maladroits.*
⮕ tonner.

tonnerre n. m.
• Bruit qui accompagne la foudre. *Le grondement du tonnerre, des coups de tonnerre.*
• Grand bruit. *Un tonnerre d'acclamations.*
• *Du tonnerre.* (Fam.) Remarquable. *Un chanteur du tonnerre.*
⮕ tonnerre.

*****tonnerre**
Impropriété au sens de **foudre**. *La foudre est tombée sur cet arbre* (et non *le tonnerre).

tonsure n. f.
Cercle rasé au sommet de la tête des ecclésiastiques.

tonsurer v. tr.
Donner la tonsure.

tonte n. f.
Action de tondre. *La saison de la tonte des moutons.*

tonton n. m.
Surnom familier de **oncle.** *Notre tonton est particulièrement espiègle.*

tonus n. m.
👄 Le **s** se prononce [tɔnys].
• Tension musculaire.
• Combativité, dynamisme, énergie. *Il faudrait leur donner un peu plus de tonus.*

top n. m.
Signal sonore. *Veuillez laisser un message après le top.*

topaze n. f.
Pierre fine de couleur jaune.

topinambour n. m.
Plante cultivée pour ses tubercules comestibles qui ressemblent à la pomme de terre.

topique adj. et n. m.
Se dit d'un médicament qu'on applique directement sur la partie malade. *Un onguent topique. Des topiques.*

topo n. m.
👄 Le premier **o** est ouvert, le deuxième, fermé [tɔpo].
• (Fam.) Bref exposé donnant la synthèse d'une question.
• Bref reportage parlé.

topographe n. m. et f.
Spécialiste de la topographie.

topographie n. f.
Représentation graphique et description détaillée d'un lieu spécifique.
🖙 Ne pas confondre avec le nom **typographie,** procédé d'impression.

topographique adj.
Relatif à la topographie. *Des données topographiques.*

toponyme n. m.
V. Tableau - **TOPONYMES.**
V. Tableau - **GÉOGRAPHIQUES (NOMS).**

toponymie n. f.
• Ensemble des noms de lieux d'une région, d'un pays, d'une langue.
• (Ling.) Étude des noms de lieux et de leurs origines.
⮕ toponymie.

toponymique adj.
Relatif aux noms de lieux. *Un répertoire toponymique.*
⮕ toponymique.

toponymiste n. m. et f.
Spécialiste de la toponymie.

toquade n. f.
Engouement passager. *C'est sa dernière toquade.*
⮕ toquade.

toque n. f.
Coiffure de forme cylindrique. *La toque du chef. Une belle toque de castor.*
⮕ toque.

toqué, ée adj. et n. m. et f.
• (Fam.) Légèrement fou. *C'est un toqué, un farfelu.*
• Amoureux. *Elle est toquée de ce garçon.*

toquer (se) v. pronom.
(Fam.) S'éprendre.

torche n. f.
• Flambeau.
• *Torche électrique.* Lampe de poche.

torcher v. tr.
• (Fam.) Essuyer avec un linge pour nettoyer.
• (Fam.) Bâcler. *Ce travail a été torché, il faut tout reprendre.*

torchère n. f.
Appareil d'éclairage sur pied ou en applique dont la source lumineuse est généralement dirigée vers le haut.

torchon n. m.
Morceau de toile dont on se sert pour essuyer la vaisselle, pour nettoyer.

tordage n. m.
Action de tordre des fils textiles.

tordant, ante adj.
(Fam.) Risible, amusant. *Cette imitation est tordante.*

tord-boyaux n. m. inv.
(Fam.) Eau-de-vie de qualité médiocre. *Un affreux tord-boyaux.*
🖙 Le nom **boyau** s'écrit toujours au pluriel dans ce nom composé.

tordre v. tr., pronom.
INDICATIF PRÉSENT *Je tords, tu tords, il tord, nous tordons, vous tordez, ils tordent.* IMPARFAIT *Je tordais.* PASSÉ SIMPLE *Je tordis.* FUTUR *Je tordrai.* CONDITIONNEL PRÉSENT *Je tordrais.* IMPÉRATIF PRÉSENT *Tords, tordons, tordez.* SUBJONCTIF PRÉSENT *Que je torde.* IMPARFAIT *Que je tordisse.* PARTICIPE PRÉSENT *Tordant.* PASSÉ *Tordu, ue.*

• **Transitif**
- Tourner quelque chose en sens contraire par ses deux extrémités. *Tordre du linge.*
- Tourner violemment. *Maman, il m'a tordu le bras!*
• **Pronominal**
- Plier violemment une articulation. *Elle s'est tordu la cheville.*
- Se tortiller en tous sens. *Elle se tordait de douleur.*
- (Fam.) Rire bruyamment. *Ils se sont tordus au festival Juste pour rire.*

*tordre le bras à quelqu'un
Calque de l'anglais «to twist someone's arm» au sens de **forcer la main à quelqu'un.**

tordu, ue adj.
• Qui a subi une torsion. *Une barre de fer tordue.*
• (Fam.) Fou, compliqué à l'excès. *Un raisonnement un peu tordu.*

toréador n. m.
(Vx) Torero.

toréer v. intr.
Combattre le taureau, dans une corrida.

torero n. m. (pl. *toreros*)
⬦ Le *e* se prononce *é* [tɔrero].
Celui qui combat les taureaux dans une corrida.
▷— Ce nom d'origine espagnole s'écrit sans accent sur le *e* et prend la marque du pluriel.

tornade n. f.
• Trombe de vent violent.
▷— Ne pas confondre avec les noms suivants :
- **bourrasque,** coup de vent violent et de courte durée;
- **cyclone,** tempête caractérisée par un puissant tourbillon destructeur;
- **ouragan,** vent très violent accompagné de pluie;
- **typhon,** tourbillon marin d'une extrême violence.
• **Comme une tornade.** En coup de vent.

torpeur n. f.
Engourdissement.

TOPONYMES

Les toponymes sont des **noms de lieux** appelés également **noms géographiques.**

Toponyme administratif

Le toponyme administratif désigne un espace délimité par l'homme. Exemples de toponymes administratifs : *la rue Saint-Jean-Baptiste, la route Transcanadienne, le parc des Laurentides, Port-au-Persil.*

▷— L'*odonyme* est un toponyme administratif qui désigne une voie de circulation.
V. **odonyme.**

Toponyme d'entité naturelle

Le toponyme d'entité naturelle désigne un lieu façonné par la nature. Exemples de toponymes d'entités naturelles : *le lac des Deux Montagnes, la vallée de la Loire, le mont Tremblant, la rivière aux Outardes.*

Générique du toponyme

Le générique est un nom commun qui désigne le type d'entité nommée (**lac, rivière, fleuve, mont, village, ville,** etc.); il s'écrit avec une minuscule.

Spécifique du toponyme

Le spécifique est un nom propre qui sert à préciser la désignation; il s'écrit avec des majuscules (à l'exception des articles, des prépositions et des conjonctions). *Le mont Blanc, la rue Clément, l'océan Pacifique. Les mots **Blanc, Clément, Pacifique** sont les éléments spécifiques de ces toponymes.*

▷— Les mots composant la partie spécifique des toponymes de nature administrative sont liés par des traits d'union. *L'avenue Côte-des-Neiges.* Par contre, les mots composant la partie spécifique des toponymes d'entités naturelles s'écrivent sans trait d'union. *La rivière de l'Anse à Beaufils.*

Toutefois, quand un spécifique d'entité administrative ou naturelle comporte un prénom et un nom, un prénom double, deux noms, un nom ou un prénom précédé d'un titre, l'adjectif **saint,** ces éléments sont liés par des traits d'union. *Le Saint-Laurent, le mont Raoul-Blanchard.*

Point cardinal

Le point cardinal qui fait partie d'un toponyme s'écrit avec une majuscule à la suite du nom spécifique. *Ce bureau est situé rue Laurier Ouest.*

V. Tableau – **GÉOGRAPHIQUES (NOMS).**

torpillage n. m.
Action de torpiller.

torpille n. f.
Engin explosif destiné à être lancé dans l'eau.

torpiller v. tr.
Les lettres *ill* sont suivies d'un *i* à la première et à la deuxième personne du pluriel de l'indicatif imparfait et du subjonctif présent. *(Que) nous torpillions, (que) vous torpilliez.*
• Faire exploser à l'aide de torpilles.
• (Fig.) Tenter de faire échouer quelque chose par des manœuvres secrètes.

torréfaction n. f.
Action de torréfier. *La torréfaction du café.*

torréfier v. tr.
Redoublement du *i* à la première et à la deuxième personne du pluriel de l'indicatif imparfait et du subjonctif présent. *(Que) nous torréfiions, (que) vous torréfiiez.*
Griller des grains.
⇨ torréfier.

torrent n. m.
• Cours d'eau de montagne impétueux. *Camper à proximité d'un torrent. Le torrent du Diable.*
▷ Ne pas confondre avec les noms suivants :
- *fleuve,* cours d'eau important qui se jette dans la mer;
- *rivière,* cours d'eau qui se jette dans un fleuve;
- *ruisseau,* petit cours d'eau peu large.
▷ Dans les désignations géographiques, le nom *torrent* est un générique qui s'écrit avec une minuscule, tout comme les mots *fleuve, rivière, lac, mer, océan, baie, île, mont,* etc.
• *À torrents.* Beaucoup, en parlant de la pluie.
▷ Dans cette expression, le nom s'écrit au pluriel.

torrentiel, elle adj.
• Propre aux torrents. *Des eaux torrentielles.*
• Qui ressemble à un torrent. *Une pluie torrentielle.*
⇨ torrentiel.

torride adj.
Extrêmement chaud. *Un été torride.*
⇨ torride.

tors, torse adj.
◁ Le *s* ne se prononce pas à la forme masculine [tɔr].
• Torsadé, tordu. *Un fil tors, des colonnes torses.*
• Courbé, déformé. *Des jambes torses.*

torsade n. f.
Ornement tordu en hélice. *Une torsade de brocart avec des perles.*

torsader v. tr.
Disposer en torsade.

torse n. m.
• Buste. *Il a bombé son torse musclé.*
• Figure humaine sans tête ni membres. *Un beau torse grec.*

tort n. m.
• Action blâmable. *Il a eu le tort de ne pas tout dire ce qu'il savait.*
• Préjudice. *Il lui a causé du tort.*
- *À tort,* locution adverbiale. Injustement, sans raison.
- *À tort et à travers,* locution adverbiale. Sans discernement.
- *À tort ou à raison,* locution adverbiale. Sans ou avec raison valable.
- *Avoir tort.* Ne pas avoir raison, se tromper.
- *Donner tort à quelqu'un.* Le blâmer.

torticolis n. m.
◁ Le *s* est muet [tɔrtikɔli].
Contraction douloureuse d'un muscle du cou.
⇨ torticoli**s**.

tortillement n. m.
Action de tortiller.

tortiller v. tr., intr., pronom.
Les lettres *ill* sont suivies d'un *i* à la première et à la deuxième personne du pluriel de l'indicatif imparfait et du subjonctif présent. *(Que) nous tortillions, (que) vous tortilliez.*
• **Transitif.** Tordre à plusieurs reprises.
• **Intransitif.** *Tortiller des hanches.* (Fam.) Marcher en ondulant des hanches.
• **Pronominal.** (Fam.) S'agiter en tous sens. *Les adolescentes se sont tortillées en chantant à tue-tête.*

tortionnaire n. m. et f.
Bourreau.
⇨ tortionnaire.

tortue n. f.
• Reptile caractérisé par une carapace osseuse qui se déplace très lentement. *Le lièvre et la tortue* (fable de La Fontaine).
• *À pas de tortue,* locution adverbiale. Très lentement.

tortueusement adv.
D'une manière tortueuse.

tortueux, euse adj.
• Qui contient plusieurs détours. *Une route tortueuse.*
• (Fig.) Qui manque de franchise.

torture n. f.
• Supplice. *Des instruments de torture.*
• (Fig.) Douleur morale ou physique.

torturer v. tr., pronom.
• **Transitif**
- Soumettre à des tortures.
- (Fig.) Faire souffrir.
• **Pronominal**
- Se tourmenter. *Ils ne cessent de se torturer.*
- *Se torturer le cerveau, l'esprit.* S'interroger intensément.

torve adj.
De travers, en parlant d'un œil, du regard.

toscan, ane adj. et n. m. et f.
• **Adjectif et nom masculin et féminin.** De la Toscane. *Une danse toscane. Un Toscan, une Toscane.*
▷ L'adjectif s'écrit avec une minuscule; le nom, avec une majuscule.

• **Nom masculin.** Dialecte de la Toscane. *Maria parle le toscan.*

☞ Le nom de la langue s'écrit avec une minuscule.

tôt adj. et adv.

• De bonne heure. *Elle se lève tôt. Ne venez pas trop tôt.*

• *Au plus tôt,* locution adverbiale. Pas avant. *Ils finiront au plus tôt le 12 juin.*

• *Tôt ou tard,* locution adverbiale. Un jour ou l'autre.

☞ L'expression se prononce avec ou sans liaison, [totutar] ou [toutar].

total, ale, aux adj. et n. m.

• **Adjectif**

Complet, entier. *Des données totales, des chiffres totaux.*

• **Nom masculin** (pl. *totaux*)

- Quantité totale. *Si nous faisons le total de toutes les contributions, nous obtenons 1 000 000 $.*

• *Total général, global.* (Compt.) Total que donne l'addition des différentes sommes partielles. *Le total général s'élève à quinze millions de personnes* (et non *grand total*).

• *Total partiel.* Somme qui constitue une partie du total général. *Le total partiel* (et non *sous-total*) *est de 123 étudiants.*

• *Au total,* locution adverbiale. En définitive, somme toute, tout compte fait. *Ils ont beaucoup investi, mais au total, l'opération est une réussite.*

☞ La construction avec le nom en début de phrase est de niveau familier. *Elle ont parlé très longtemps, total, elles se sont mises en retard.*

totalement adv.

Entièrement.

totalisation n. f.

Action de totaliser.

totaliser v. tr.

• Additionner. *Totaliser des sommes partielles.*

• Compter au total. *L'effectif de cette entreprise totalise 500 employés.*

totalitaire adj.

Se dit des régimes politiques non démocratiques.

totalité n. f.

• L'ensemble, le tout. *La totalité des participants ont donné leur accord,* ou *a donné son accord.*

☞ Après un nom collectif suivi d'un complément au pluriel, le verbe se met au singulier ou au pluriel suivant l'intention de l'auteur qui veut insister sur l'ensemble ou sur la pluralité.
V. Tableau - **COLLECTIF.**

• *En totalité,* locution adverbiale. Complètement, intégralement.

totem n. m.

👄 Le *m* se prononce [tɔtɛm].

• Animal, objet qui constitue l'emblème protecteur d'un groupe.

• Représentation de cet animal, de cet objet. *Les grands totems de la Colombie-Britannique.*

totémique adj.

Qui a les caractères du totem. *Une sculpture totémique.*

☞ totémique.

touage n. m.

Remorquage d'un navire.

***touage**

Impropriété au sens de *remorquage* (d'un véhicule).

touareg ou **touareg, ègue** adj. et n. m. et f.

• **Adjectif.** Relatif au peuple berbère du Sahara. *Les coutumes touareg* ou *touarègues.*

☞ Au masculin singulier, le mot d'origine arabe est *targui,* le mot féminin, *targuie.* Cependant, on note une tendance à employer plutôt le mot invariable *touareg* ou le mot variable *touareg, touarègue, touaregs, touarègues.*

• **Nom masculin et féminin.** *Un Touareg, une Touareg* ou *Touarègue.*

☞ L'adjectif s'écrit avec une minuscule; le nom, avec une majuscule.

• **Nom masculin.** Langue parlée par les Touaregs. *Ahmed parle le touareg.*

☞ Le nom de la langue s'écrit avec une minuscule.

toubib n. m.

👄 Le *b* final se prononce [tubib].

(Fam.) Médecin.

toucan n. m.

Oiseau au plumage coloré et à gros bec. *De magnifiques toucans.*

touchant prép.

Concernant, au sujet de. *Quelques commentaires touchant cette question.*

touchant, ante adj.

Attendrissant, émouvant. *Des témoignages touchants, une scène touchante.*

☞ Ne pas confondre avec le participe présent invariable *touchant. Les employés touchant une prime d'éloignement seront convoqués.*

touche n. f.

• Chacun des leviers qui composent le clavier d'un piano, d'une machine à écrire, etc. *Les touches d'ivoire d'un piano. La touche de recul, une touche programmable* (et non une *clé*).

• Manière d'appliquer la couleur. *De petites touches pointillistes.*

• (Fig.) *Sa présence espiègle met une touche de gaieté dans ce cadre sévère.*

• *Être, être mis sur la touche.* Être tenu à l'écart d'une activité, exclu du pouvoir de décision. *Après sa gaffe, cet ancien directeur a été mis sur la touche.*

☞ Au Canada, on dit *mis sur une tablette.*

touche-à-tout n. m. inv. (pl. *touche-à-tout*)

• Enfant qui touche à tout.

• (Fig.) Personne qui se disperse en toutes sortes d'activités.

toucher v. tr., pronom.

• **Transitif direct**

- Porter la main sur. *Toucher un tissu soyeux. Ne touche pas à ce vase.*

☞ En ce sens, le verbe se construit directement ou avec *à.*

- Recevoir (un chèque, un salaire, etc.). *Il touche son salaire le jeudi.*

- Concerner. *Cette restructuration ne vous touche pas.*
- Émouvoir. *Nous avons été très touchés de votre gentille lettre, par votre joli bouquet, de recevoir votre visite.*
☞ En ce sens, le verbe se construit avec les prépositions *de* ou *par.*
• **Transitif indirect**
- Modifier. *Ce texte convient, n'y touchez plus.*
- Aborder. *Nous touchons à une question capitale.*
- Atteindre. *Ils touchent au but.*
☞ Le verbe transitif indirect se construit avec la préposition *à.*
• **Pronominal**
Être adjacent. *Nos deux terrains se touchent.*

toucher n. m.
Un des cinq sens à l'aide duquel on peut reconnaître la forme, la texture, la température, etc., d'un corps.

touer v. tr.
Remorquer un navire.

*****touer**
Impropriété au sens de ***remorquer*** (un véhicule).

touffe n. f.
Groupement de choses de même nature. *Des touffes d'herbe, des touffes de cheveux.*
☞ touffe.

touffu, ue adj.
• Qui est épais, bien garni. *Des cheveux touffus, du gazon touffu.*
• (Fig.) Dense. *Un texte très touffu.*
☞ touffu.

touillage n. m.
Action de touiller.

touiller v. tr.
Les lettres *ill* sont suivies d'un *i* à la première et à la deuxième personne du pluriel de l'indicatif imparfait et du subjonctif présent. *(Que) nous touillions, (que) vous touilliez.*
(Fam.) Remuer pour mélanger. *Touiller la salade.*

toujours adv.
• Sans cesse, continuellement.
• Habituellement. *Il parle toujours au téléphone.*
☞ Selon la place de l'adverbe, le sens de la phrase peut varier. *Elle ne mange toujours pas* (elle n'a pas encore commencé à manger). *Elle ne mange pas toujours* (parfois, elle se prive de manger).
• ***Pour toujours,*** locution adverbiale. À jamais, à perpétuité.
• En tout état de cause. *Essayons toujours, nous verrons bien.*
• ***Toujours est-il que.*** En tout cas. *Ils ont eu certaines difficultés à venir et toujours est-il qu'ils sont arrivés avec deux jours de retard.*

toundra n. f.
Végétation arctique de mousses et de lichens.

toupet n. m.
☞ Le *t* ne se prononce pas [tupɛ].
• Petite touffe de cheveux.
• (Fig. et fam.) Culot, effronterie. *Il en a du toupet de me demander cela.*

toupie n. f.
• Jouet qui tourne au moyen d'un ressort, d'une ficelle.
• Outil, machine servant au travail du bois, du métal.
☞ toupie.

tour n. m. et f.

• **Nom masculin**
- Mouvement circulaire. *Faire un tour de manivelle. La Terre fait le tour du Soleil.*
- ***À double tour.*** En donnant deux tours de clé.
☞ Attention au nom qui demeure singulier dans cette expression.
- ***À tour de bras.*** Avec force. *Il frappa sur eux à tour de bras.*
- ***Tour d'horizon.*** Observation de l'ensemble du panorama.
- ***Tour d'horizon.*** (Fig.) Examen général.
- ***En un tour de main,*** locution adverbiale. Très rapidement.
V. **tournemain.**
- ***Tour de rein(s).*** (Fam.) Contraction douloureuse des muscles dorsaux.
☞ Les auteurs ne s'entendent pas sur le nombre de *rein* dans cette expression.
- Contour. *Tour de taille.*
- Mouvement qui exige de l'habileté. *Un tour d'adresse.*
- ***Jouer un (bon) tour.*** User d'un stratagème.
- ***Tour de force.*** Exploit. *Des tours de force admirables.*
- Allure, tournure. *Cette affaire prend un mauvais tour.*
- Tour (de phrase). Construction syntaxique. *Un tour littéraire, un tour interrogatif.*
- Rang successif. *Céder son tour. C'est à son tour de jouer.*
- ***Tour à tour,*** locution adverbiale. Alternativement.
- ***À tour de rôle,*** locution adverbiale. Chacun à son tour.
☞ Ces expressions s'écrivent sans traits d'union.
- Machine-outil. *Un tour à aléser, un tour à bois.*
• **Nom féminin**
- Immeuble construit en hauteur. *Une tour de contrôle.*
☞ Les noms génériques d'édifices s'écrivent avec une minuscule. *La tour de la Bourse, la tour Montparnasse.* Exception : *la Tour de Londres.*
- Construction en hauteur. *La tour Eiffel.*
- ***Tour d'ivoire.*** Isolement hautain. *Il est inaccessible dans sa tour d'ivoire.*
- ***Tour de Babel.*** (Fig.) Endroit où l'on parle plusieurs langues, où l'on ne se comprend pas.

tourbe n. f.
Matière spongieuse formée par la décomposition de végétaux. *Employer de la tourbe pour faciliter la transplantation d'arbustes.*
☞ Les plaques de terre couvertes d'herbe sont des ***plaques de gazon*** (et non de la *****tourbe).

*****tourbe**
Anglicisme au sens de ***gazon.***

tourbeux, euse adj.
Qui contient de la tourbe.

tourbière n. f.
Formation végétale en terrain humide, résultant de l'accumulation de matières organiques partiellement décomposées. (Recomm. off. OLF)
☞ Ne pas confondre avec les noms suivants :
- *marais,* nappe d'eau stagnante de faible profondeur, envahie par la végétation aquatique;
- *marécage,* étendue de terrain imprégnée ou recouverte d'eau, occupée par une végétation surtout arbustive.

tourbillon n. m.
• Mouvement circulaire du vent, de l'eau, de choses. *Des tourbillons de sable poussés par le vent.*
• (Fig.) Ce qui entraîne dans un mouvement rapide. *Le tourbillon de la gloire.*

tourbillonnant, ante adj.
Qui tourbillonne.

tourbillonnement n. m.
Mouvement de ce qui tourbillonne.

tourbillonner v. intr.
Se déplacer en tournant rapidement.

tourelle n. f.
Petite tour. *Un grand château décoré d'une multitude de gracieuses tourelles.*
☞ tourelle.

tourisme n. m.
• Action de voyager par plaisir. *Faire du tourisme.*
• Ensemble des activités ayant pour objet la satisfaction des besoins des touristes. *Le tourisme constitue une ressource économique importante.*

touriste n. m. et f.
• Personne qui voyage par agrément. *Il y a de plus en plus de touristes européens qui visitent la région.*
• *Classe touriste.* Tarif intermédiaire, moins coûteux que la première classe.

touristique adj.
Relatif au tourisme. *L'industrie touristique.*

tourmaline n. f.
Pierre fine.
☞ tourmaline.

tourment n. m.
(Litt.) Souffrance physique ou morale.

tourmente n. f.
(Litt.) Tempête violente et courte. *Il a sombré dans la tourmente.* (*Le Vaisseau d'or,* Nelligan)

tourmenté, ée adj.
• Angoissé. *Il est de caractère tourmenté.*
• Agité. *La mer tourmentée.*

tourmenter v. tr., pronom.
• **Transitif.** (Litt.) Faire souffrir. *Le remords le tourmente.*
• **Pronominal.** (Litt.) S'inquiéter. *Cette personne est portée à se tourmenter pour peu de choses.*

tournage n. m.
• Action de façonner au tour.
• (Cin.) Action de tourner un film. *Le tournage a duré trois mois.*

tournant adj. et n. m.
• **Adjectif**
Qui tourne. *Des portes tournantes.*
• **Nom masculin**
- Endroit où une route change de direction. *Prenez à gauche au prochain tournant. Des tournants dangereux.*
- (Fig.) Changement de direction. *L'entreprise a pris un nouveau tournant.*
- *Attendre quelqu'un au tournant.* Se venger, quand l'occasion se présente.

tourne- préf.
Les mots composés avec l'élément *tourne-* s'écrivent avec ou sans trait d'union; ils prennent la marque du pluriel au dernier élément et sont tous du genre masculin. *Un tournebroche, des tourne-disques.*

tournebouler v. tr.
(Fam.) Bouleverser.

tournebroche n. m.
Mécanisme servant à faire tourner une broche à rôtir. *Des tournebroches efficaces.*
☞ **tournebroche,** en un seul mot.

tourne-disque n. m. (pl. *tourne-disques*)
Appareil servant à faire jouer des disques. *Des tourne-disques* (et non des *tables tournantes*).

tournedos n. m.
👄 Le *s* est muet [turnədo].
Filet de bœuf coupé en tranches.
☞ **tournedos,** en un seul mot.

tournée n. f.
• Voyage en plusieurs endroits. *Ce chanteur fera une tournée au Québec.*
• (Fam.) Ensemble des consommations offertes par quelqu'un à ceux qui sont avec lui, dans un bar, au restaurant. *C'est ma tournée!*

tournemain (en un) loc. adv.
(Litt.) Très rapidement. *Elle a préparé sa valise en un tournemain.*
☞ On dit couramment *en un tour de main.*

tourner v. tr., intr., pronom.
• **Transitif**
- Faire pivoter. *Elle tourne la clé dans la serrure.*
- Placer dans une direction opposée. *Tourne à droite au prochain feu.*
- Diriger vers. *Elle tourna les yeux vers lui.*
- Filmer. *Tourner un film. Silence! On tourne.*
- *Tourner la tête à quelqu'un.* Griser ou séduire quelqu'un.
- *Tourner la page.* (Fig.) Recommencer à neuf.
- *Tourner en ridicule.* Tourner en dérision.
• **Intransitif**
- Se mouvoir en rond. *La Terre tourne autour du Soleil.*
- Fonctionner. *Le moteur tourne rond.*
- Changer de position. *Il faudra bientôt tourner à gauche.*
- S'altérer. *Le lait a tourné.*

- **Tourner de l'œil.** (Fam.) Perdre conscience.
• **Pronominal**
- Changer de direction. *Elles se sont tournées vers nous.*
- **Se tourner vers quelque chose.** Orienter son activité en ce sens.

tournesol n. m.
Plante dont les fleurs se tournent vers le soleil. *Des tournesols en fleur.*

tournevis n. m.
👄 Le **s** se prononce [turnəvis].
Outil servant à visser ou à dévisser des vis.
👉 **tournevis,** en un seul mot.

tournicoter v. intr.
(Fam.) Tourner dans tous les sens.
👉 tournicoter.

tourniquet n. m.
Dispositif pivotant placé à une entrée, à une sortie, pour ne laisser passer qu'une personne à la fois. *Les tourniquets du métro.*
👉 tourniqu**et.**

tournis n. m.
👄 Le **s** est muet [turni].
(Fam.) Vertige.

tournoi n. m.
Épreuve sportive. *Des tournois de tennis.*

tournoiement n. m.
Action de tournoyer.
👉 tournoi**ement.**

tournoyer v. intr.
Le **y** se change en **i** devant un **e** muet. *Il tournoie, il tournoyait.*
Le **y** est suivi d'un **i** à la première et à la deuxième personne du pluriel de l'indicatif imparfait et du subjonctif présent. *(Que) nous tournoyions.*
(Litt.) Tourner en faisant plusieurs tours. *Le vent fait tournoyer les feuilles mortes.*

tournure n. f.
• Construction syntaxique. *Une tournure négative, impersonnelle.*
• Évolution. *L'affaire prend une bonne tournure.*
• **Tournure d'esprit.** Manière de penser.

tourte n. f.
Pâte de forme arrondie dans laquelle on met de la viande, du poisson, etc.

tourteau n. m. (pl. *tourteaux*)
Crabe de l'Atlantique dont la chair est appréciée. *Des tourteaux frais pêchés.*

tourtereau n. m. (pl. *tourtereaux*)
Amoureux.

tourterelle n. f.
Oiseau de la famille du pigeon, mais plus petit que ce dernier.

tourtière n. f.
• Ustensile de cuisine destiné à la cuisson des tourtes ou des tartes.
• Au Canada, synonyme de **tourte.** *Faire cuire des tourtières pour le réveillon.*

tous pron. indéf.
V. Tableau - **TOUT.**

Toussaint n. f.
Fête du 1er novembre, en l'honneur de tous les saints. *Le congé de la Toussaint.*
👄 Le nom de la fête s'écrit avec une majuscule.
👉 Touss**aint.**

tousser v. intr.
Avoir un accès de toux.

toussotement n. m.
Action de toussoter; bruit produit en toussotant.
👉 tou**ss**otement.

toussoter v. intr.
Tousser légèrement et souvent.
👉 toussoter.

tous terrains
V. **tout-terrain.**

tout, toute, toutes adj. ind., adv., n. m. et pron. indéf.
V. Tableau - **TOUT.**

tout-à-l'égout n. m. inv. (pl. *tout-à-l'égout*)
Réseau de canalisation reliant les habitations aux égouts.

toutefois adv.
Néanmoins, cependant.
👉 **toutefois,** en un seul mot.

toutou n. m. (pl. *toutous*)
Chien, dans le langage des enfants.

tout-petit n. m. (pl. *tout-petits*)
Jeune enfant.

tout-puissant, toute-puissante adj.
Qui a une très grande puissance. *Les dictateurs tout-puissants, les entreprises toutes-puissantes.*
👄 Attention à l'accord de l'élément **tout-** qui ne se fait qu'au féminin; lorsque l'adjectif qualifie un nom masculin, l'élément **tout-** est invariable.

tout terrain loc. adj. et n. m. (pl. *tout terrain, tous terrains*)
Se dit d'un véhicule qui peut rouler sur tous les types de terrain. *Des véhicules tout terrain.*

tout-venant n. m. inv. (pl. *tout-venant*)
Ce qui n'a pas fait l'objet d'une sélection. *Le tout-venant défilait dans la rue.*

toux n. f.
Expiration bruyante causée par une irritation. *Des quintes de toux.*
👉 tou**x.**

toxicité n. f.
Caractère de ce qui est toxique.
👉 to**x**icité.

toxico- préf.
Élément du latin signifiant «poison». *Toxicomanie.*

toxicologie n. f.
Science qui étudie les poisons.

TOUT

TOUT, TOUTE, ADJECTIF INDÉFINI

- Complet, entier. *Tout l'univers, toutes les plantes, tous les enfants.*
- Chaque. *Il peut pleuvoir à tout moment, elle appelle tous les jours.*
- Entièrement. *Elle était toute à ses études.*
- Au plus haut point. *Ce paysage est de toute beauté.*
- Tout le monde. *Tout Montréal était là.*
- Locutions avec *tout* singulier

à toute allure	à toute vitesse	en tout temps
à tout bout de champ	de tout cœur	en toute franchise
à toute bride	de tout temps	en toute hâte
à toute épreuve	en tout cas	en toute liberté
à toute force	en tout état de cause	tout compte fait
à tout hasard	en tout genre	tout à coup
à toute heure	en tout lieu	tout feu tout flamme...
à tout propos	en toute saison	

- Locutions avec *tout* pluriel

à tous égards	de toutes pièces	toutes réflexions faites
à tous coups	toutes proportions gardées	tous feux éteints
à tous crins	toutes affaires cessantes	tous azimuts...
à toutes jambes	toutes choses égales	

- Locutions avec *tout* singulier ou pluriel

  à tout moment – à tous moments
  de toute façon – de toutes façons
  à tout point de vue – à tous points de vue
  de tout côté – de tous côtés
  de toute manière – de toutes manières
  de toute part – de toutes parts
  de toute sorte – de toutes sortes
  en tout sens – en tous sens...

- *Tout* + titre d'œuvre. L'adjectif ne s'accorde que devant un titre féminin qui commence par un article défini. *J'ai lu tout* Phèdre. *Elle a lu toutes* Les Fleurs du mal. *Il lira toute* L'Énéide, mais *ils connaissent tout* Petits poèmes en prose *de Baudelaire.*

TOUT, NOM MASCULIN

La totalité. *Risquer le tout pour le tout. Le tout est de partir à temps.*

TOUT, TOUS, TOUTES, PRONOM INDÉFINI

- Le *s* du pronom masculin pluriel se prononce [tus].
- L'ensemble des personnes. *Il l'a répété à tous. Toutes étaient présentes. Je les prends tous.*
- Toute chose. *C'est tout ou rien. Ils ont tout mangé. La nouvelle entreprise souhaite tout reconstruire.*
- N'importe quoi. *Elle est préparée à tout. Prenez un peu de tout.*

TOUT, ADVERBE

- Entièrement, tout à fait. *Il est tout inquiet, la forêt est tout silence, les enfants sont tout mouillés.*
- 1° Devant un adjectif ou un participe, le mot *tout* pris adverbialement est normalement **invariable**.

suite➡

Cependant, pour des raisons d'**euphonie,** le mot **s'accorde en genre et en nombre** devant un adjectif au féminin ou un participe passé féminin qui commence par une consonne ou un *h* aspiré. *Elle est tout inquiète, tout heureuse,* mais *elles sont toutes confuses, toutes hardies, toutes trempées.*

2° Devant un nom féminin qui commence par une voyelle ou un *h* muet, le mot **tout** pris adverbialement est invariable. *Elle est tout amabilité, il est tout harmonie.* Devant un nom féminin singulier qui commence par une consonne ou un *h* aspiré, le mot **tout** prend la marque du féminin, mais peut également rester invariable. *Il est toute douceur, toute honte.*

3° Devant un nom féminin pluriel, le mot **tout** reste invariable. *Des voiles tout soieries.*

• **Tout +** gérondif. En même temps que. *Tout en lisant, elle écoutait de la musique.*

• **Tout +** adverbe. Tout à fait. *Il lui répond tout net, tout court, tout juste, tout de travers.*

Locutions adverbiales

Après tout	En définitive	*Après tout, nous sommes amis.*
À tout prendre	En somme	*À tout prendre, elle préfère ceci.*
Comme tout	Extrêmement	*Il est gentil comme tout.*
Du tout au tout	Complètement	*J'ai repris l'affaire du tout au tout.*
En tout	Sans rien omettre	*Combien vous doit-on en tout?*
Pas du tout	Nullement	*Vous ne me dérangez pas du tout.*
Tout à coup	Brusquement	*Tout à coup, il se mit à hurler.*
Tout à fait	Entièrement	*La maison est tout à fait neuve.*
Tout à l'heure	Dans quelques instants	*Ils seront là tout à l'heure.*
Tout de même	Néanmoins	*Il a refusé, j'y vais tout de même.*
Tout de suite	Immédiatement	*J'arrive tout de suite.*
Tout d'un coup	En même temps	*La tour s'est effondrée tout d'un coup.*

toxicologique adj.
Relatif à la toxicologie.

toxicologue n. m. et f.
Médecin spécialiste en toxicologie.

toxicomane adj. et n. m. et f.
Atteint de toxicomanie.

toxicomanie n. f.
Habitude de s'intoxiquer avec des substances (stupéfiants) qui procurent un état de dépendance psychique ou physique.

toxique adj. et n. m.
• **Adjectif.** Qui empoisonne. *Une substance toxique.*
• **Nom masculin.** Poison.

TPS
Sigle de *taxe sur les produits et services.*

trac n. m.
👄 Le *c* se prononce [trak].
Angoisse ressentie avant d'agir, d'entrer en scène, etc. *Des tracs fous.*

traçant, ante adj.
Table traçante. (Inform.) Traceur.

tracas n. m.
Ennui, souci. *Cette affaire lui a causé bien des tracas.*
🖎 tracas.

tracasser v. tr., pronom.
Préoccuper. *Ne vous tracassez pas pour si peu.*
🖎 tracasser.

tracasserie n. f.
Chinoiserie, complication inutile. *Des tracasseries administratives.*

tracassier, ière adj.
Qui crée des difficultés sans raison. *Des procédés tracassiers.*

trace n. f.
• Marque, empreinte. *Il a laissé des traces de pas sur la neige. Une trace de brûlure.*
• *Marcher sur les traces de quelqu'un, suivre les traces de quelqu'un.* Suivre son exemple.
• Indice, marque, reste. *On ne trouve pas trace de ce document.*

tracer v. tr.
Le *c* prend une cédille devant les lettres *a* et *o*. *Il traça, nous traçons.*
• Représenter au moyen de traits. *Tracer un portrait.*
• Décrire. *Tracer un tableau réaliste de la situation.*
• Marquer un lieu. *Ils ont tracé une route qui contourne la montagne.*
• Indiquer la voie à suivre. *Ses parents lui avaient tracé le chemin.*

traceur, euse adj. et n. m.
• **Adjectif.** Qui laisse une trace. *Une balle traceuse.*
• **Nom masculin.** (Inform.) Périphérique comportant un ou plusieurs stylets encreurs et dont les mouvements tracent automatiquement le caractère, le schéma, le trait désiré.
Syn. **table traçante.**

trachéal, ale, aux adj.
👄 Les lettres *ch* se prononcent *k* [trakeal].
Qui se rapporte à la trachée.

trachée n. f.
Canal qui relie le larynx aux bronches et sert au passage de l'air.
⇨ trachée.

trachéite n. f.
👄 Les lettres *ch* se prononcent *k* [trakeit].
Inflammation de la trachée.

trachéo-bronchite n. f.
👄 Les lettres *ch* se prononcent *k* [trakeobrɔ̃ʃit].
Inflammation de la trachée et des bronches.

tract n. m.
👄 Les lettres *ct* se prononcent [trakt].
Brochure de propagande. *Des tracts subversifs.*

tractation n. f. (gén. pl.)
(Péj.) Manœuvres, négociations officieuses et laborieuses, marchandages. *La signature de ce marché a donné lieu à de nombreuses tractations.*

tracter v. tr.
Tirer au moyen d'un véhicule. *Une remorque tractée par un camion.*

tracteur, trice adj. et n. m.
• **Adjectif.** Qui peut tracter. *La capacité tractrice d'un véhicule.*
• **Nom masculin.** Véhicule servant principalement aux travaux agricoles.

traction n. f.
• Action de tirer.
• *Traction avant.* Véhicule dont l'effet moteur s'exerce sur les roues avant. *Des tractions avant qui ont une bonne tenue de route sur la neige.*
• Exercice de gymnastique. *Faire des tractions.*

*****trade-mark**
Anglicisme pour *marque de fabrique.*

tradition n. f.
• Doctrines, usages, etc., transmis d'âge en âge. *Une tradition orale.*
• Faits historiques ou légendaires qui nous ont été transmis. *Selon la tradition, ces peuples seraient originaires d'Asie.*

traditionnel, elle adj.
• Fondé sur la tradition.
• Qui est passé dans l'usage. *Le repas traditionnel du dimanche.*
⇨ traditionnel.

traditionnellement adv.
Selon la tradition.

traducteur n. m.
traductrice n. f.
Personne qui a pour profession de traduire des textes d'une langue dans une autre. *Elle est traductrice dans une grande maison d'édition.*

traduction n. f.
• Action de traduire. *Faire une traduction littéraire.*
• Version dans une autre langue du texte original traduit. *Lire une traduction d'un roman américain.*
• Expression. *Ces vers sont la traduction exacte de son état d'âme.*
• *Traduction assistée par ordinateur.* Sigle *TAO* (s'écrit sans point). Traduction automatique.

traduire v. tr., pronom.
INDICATIF PRÉSENT *Je traduis, tu traduis, il traduit, nous traduisons, vous traduisez, ils traduisent.* IMPARFAIT *Je traduisais.* PASSÉ SIMPLE *Je traduisis.* FUTUR *Je traduirai.* CONDITIONNEL PRÉSENT *Je traduirais.* IMPÉRATIF PRÉSENT *Traduis, traduisons, traduisez.* SUBJONCTIF PRÉSENT *Que je traduise.* IMPARFAIT *Que je traduisisse.* PARTICIPE PRÉSENT *Traduisant.* PASSÉ *Traduit, uite.*
• **Transitif**
- (Dr.) Citer devant les tribunaux. *Ils ont été traduits en justice.*
- Exprimer dans une langue ce qui était énoncé dans une autre langue. *Traduire de l'arabe en français.*
- Exprimer par le langage, par un art. *Ce tableau traduit fidèlement la luminosité de la Provence.*
- Manifester. *Son visage rayonnant traduisait sa joie.*
• **Pronominal**
Être exprimé. *Sa colère se traduisait par des cris rageurs.*

traduisible adj.
Qui peut être traduit.
Ant. **intraduisible.**

trafic n. m.
👄 Le *c* se prononce [trafik].
• Commerce illicite. *Le trafic de drogue(s), de devises, d'armes.*
• *Trafic d'influence.* Fait de se faire payer pour faire obtenir un avantage des autorités gouvernementales. *Des trafics d'influence.*
• Ensemble des mouvements de véhicules sur un axe de circulation. *Le trafic ferroviaire, aérien, maritime, routier.*
⇨ trafic.

*****trafic**
Anglicisme au sens de *circulation* (des voitures).

traficoter v. tr., intr.
• **Transitif.** (Fam.) Comploter.
• **Intransitif.** (Péj.) Se livrer à de petits trafics.
⇨ traficoter.

trafiquant, ante n. m. et f.
(Péj.) Personne qui fait un trafic. *Des trafiquants de drogues.*
⇨ trafiquant.

trafiquer v. tr., intr.
• **Transitif.** (Fam.) Falsifier, modifier. *Ils ont trafiqué l'appareil téléphonique.*
• **Intransitif.** Faire le trafic de quelque chose.

tragédie n. f.
• Œuvre dramatique. *Une tragédie grecque.*
• Catastrophe. *La tragédie du Boeing 747 qui s'est abîmé dans la mer.*

*tragédie
Impropriété au sens de **catastrophe, drame.**

tragédien n. m.
tragédienne n. f.
Acteur, actrice qui interprète des tragédies.
V. **comédien.**

tragique adj. et n. m.
• **Adjectif**
- Propre à la tragédie.
- Dramatique, funeste. *Un accident tragique.*
• **Nom masculin**
Auteur de tragédies classiques. *Les tragiques grecs.*

tragiquement adv.
D'une manière tragique.

trahir v. tr., pronom.
• **Transitif**
- Tromper la confiance de quelqu'un. *Cet espion a trahi son chef.*
- Révéler. *Des tics trahissaient sa nervosité.*
• **Pronominal**
Laisser voir ce qu'on voulait tenir caché. *Ils se sont trahis en téléphonant à leur chef.*
⇨ trahir.

trahison n. f.
• Action de trahir, résultat de cette action. *Commettre une trahison.*
• **Haute trahison.** Intelligence avec l'ennemi, avec une puissance étrangère.
⇨ trahison.

train n. m.

• Suite de wagons tirés par une locomotive. *Le train de Québec.*
- **Train à grande vitesse.** Sigle **TGV.**
☞ Les noms de bateaux, de trains, d'avions, etc., s'écrivent en italique; l'article ne sera inscrit en caractères italiques que s'il fait partie du nom. Le *Train Bleu* (à destination de la Côte-d'Azur), l'*Orient-Express.*
- **Train de bois.** Assemblage de troncs de bois que l'on fait flotter sur un cours d'eau.
- **Train routier.** Ensemble de véhicules comprenant un tracteur et plusieurs remorques.
- **Train de** (mesures, lois, etc.). Suite de décisions administratives visant à un même objectif.
• Allure. *Ils vont bon train.*
- **À fond de train,** locution adverbiale. À grande allure.
- **Boute-en-train.** Personne de joyeuse compagnie. *Des boute-en-train.*

- **Être en train.** Être de bonne humeur. *Il est très en train aujourd'hui.*
☞ Ne pas confondre avec le nom **entrain** qui s'écrit en un seul mot.
- **Être en train de.** Cette expression marque une action en cours. *Il est en train de lire son journal.*
- **Train de vie.** Ensemble des dépenses liées à un mode de vie. *Un grand train de vie.*
• (Vx) Tapage. *Les enfants font trop de train.*

traînard, arde n. m. et f.
Personne lente, négligente.

traîne n. f.
• **À la traîne.** En retard.
• Le bas d'une robe, d'une voile qui traîne. *La longue traîne d'une robe de mariée.*
• **Traîne sauvage.** Au Canada, synonyme de **toboggan.**
⇨ traîne.

traîneau n. m. (pl. *traîneaux*)
Luge. *Dévaler la pente enneigée sur un petit traîneau rouge.*
⇨ traîneau.

traînée n. f.
• Long trait laissé sur une surface ou dans l'espace. *Une traînée de sable, la traînée lumineuse d'une comète.*
• **Comme une traînée de poudre,** locution adverbiale. Très rapidement.
⇨ traînée.

traîner v. tr., intr., pronom.
• **Transitif**
Tirer après soi. *Le voilier traîne une chaloupe.*
• **Intransitif**
- Pendre. *Son manteau traîne à terre.*
- Ne pas progresser. *Cette histoire traîne en longueur.*
- Être en désordre. *Des assiettes traînaient partout.*
• **Pronominal**
- Marcher difficilement. *Depuis cette opération, elle se traîne.*
- Se prolonger inutilement.
⇨ traîner.

traîne sauvage n. f.
Au Canada, synonyme de **toboggan.**
⇨ traîne sauvage.

traîne-savates n. m. inv. (pl. *traîne-savates*)
Paresseux, oisif.

*training
Anglicisme pour **formation, entraînement.**

train-train ou **traintrain** n. m.
(Fam.) Routine. *Il faut savoir rompre le train-train.*

traire v. tr.
INDICATIF PRÉSENT *Je trais, tu trais, il trait, nous trayons, vous trayez, ils traient.* IMPARFAIT *Je trayais, tu trayais, il trayait, nous trayions, vous trayiez, ils trayaient.* FUTUR *Je trairai.* CONDITIONNEL PRÉSENT *Je trairais.* IMPÉRATIF PRÉSENT *Trais, trayons, trayez.* SUBJONCTIF PRÉSENT *Que je traie, que tu traies, qu'il traie, que nous trayions,*

que vous trayiez, qu'ils traient. PARTICIPE PRÉ-
SENT *Trayant.* PASSÉ *Trait. Traite.* Ce verbe ne se
conjugue pas au passé simple ni au subjonctif
imparfait.
Le **y** est suivi d'un **i** à la première et à la deuxième
personne du pluriel de l'indicatif imparfait et du
subjonctif présent. *(Que) nous trayions, (que) vous
trayiez.*
Extraire le lait des pis des vaches, des chèvres, etc.

trait n. m.
• Action de tirer un projectile. *Le javelot est une arme
de trait.*
• *Comme un trait,* locution adverbiale. Très rapide-
ment.
• Traction. *Des animaux de trait.*
• Ligne tracée d'un même mouvement. *Un trait noir,
des traits hachurés.*
• (Au plur.) Lignes caractéristiques du visage. *Elle a
de jolis traits.*
• Caractéristique d'une personne, d'une chose. *Les
traits distinctifs de cet auteur. Citer les traits saillants
d'une rencontre.*
V. Tableau - **TRAIT D'UNION.**

traite n. f.
• Action de traire. *La traite des vaches.*
• (Dr.) Lettre de change.
• *D'une (seule) traite,* locution adverbiale. Sans inter-
ruption.
• (Hist.) Troc. *Les coureurs des bois faisaient la traite
des fourrures en Nouvelle-France.*

*traite (c'est ma)
Calque de l'anglais «this is my treat» pour *c'est ma
tournée.*

traité n. m.
• Convention entre des États. *Un traité de libre-échange.*
☞— Les génériques (*accord, convention, pacte,*
etc.) s'écrivent avec une minuscule lorsqu'ils sont
suivis d'un nom propre. *Le traité de l'Atlantique Nord.
Le traité de Versailles.*
• Ouvrage où l'on traite d'un art, d'une science. *Un
traité d'astronomie.*

traitement n. m.
• Rémunération d'un fonctionnaire.
☞— Ne pas confondre avec les noms suivants:
- *cachet,* rémunération que reçoit l'artiste;
- *honoraires,* rétribution variable de la personne qui
exerce une profession libérale;
- *paie* ou *paye,* rémunération d'un employé;
- *salaire,* générique de toute rémunération convenue
d'avance et donnée par n'importe quel employeur.
• Ensemble de soins thérapeutiques. *Un traitement
préventif.*
• Ensemble d'opérations. *Le traitement chimique d'une
substance.*
• *Traitement de l'information, traitement des données.* (Inform.) Ensemble des opérations effectuées
automatiquement sur des données afin d'en extraire
certains renseignements qualitatifs ou quantitatifs.
• *Traitement de texte(s).* (Inform.) Ensemble des opé-

rations telles que saisie, correction et mise en forme,
qui visent à établir un document à l'aide de techniques informatiques.
☞— Dans cette expression, le nom *texte* est généralement au singulier, mais il peut s'écrire également
au pluriel.

traiter v. tr., intr.
• **Transitif direct**
- Agir d'une certaine manière. *Ils les ont toujours bien
traités.*
- Étudier de façon approfondie. *Traiter un sujet dans
une thèse.*
- Soigner. *On devra le traiter avec des antibiotiques.*
- Soumettre une substance à l'action d'un agent (chi-
mique, physique, etc.) pour la modifier. *Ce métal a
été traité contre la rouille.*
• **Transitif indirect**
- Qualifier. *Elle l'a traité de goujat.*
- Exposer, disserter sur. *De quoi traiterez-vous dans
votre conférence?*
☞— Le verbe transitif indirect se construit avec la
préposition *de.*
• **Intransitif**
Négocier en vue de conclure un marché. *Ils sont in-
téressés à traiter avec cette entreprise.*

traiteur n. m.
traiteuse n. f.
Personne qui prépare des repas, des plats à emporter
et à consommer à domicile, à l'endroit où se donne
une réception.

traître, esse adj. et n. m. et f.
• **Adjectif**
- Déloyal. *Il a été traître à sa patrie.*
- Dangereux. *Des ruelles traîtresses.*
- *Pas un traître mot.* Aucun mot.
☞— L'adjectif renforce la négation.
• **Nom masculin et féminin**
Personne coupable d'une trahison.
🖎 traître.

traîtreusement adv.
Avec traîtrise.
🖎 traîtreusement.

traîtrise n. f.
Trahison.
🖎 traîtrise.

trajectoire n. f.
Ligne décrite par un corps mobile.

trajet n. m.
Fait de parcourir l'espace d'un point à un autre. *Il fit le
trajet en voiture.*

*trâlée
Archaïsme pour *ribambelle* (d'enfants).

tram n. m.
👄 Le **m** se prononce [tram].
Abréviation familière de *tramway.*

trame n. f.
• Fils qui croisent les fils de la chaîne.
• Intrigue. *La trame d'un roman.*
🖎 trame.

tramer v. tr., pronom.
• **Transitif**
- Tisser.
- Comploter. *Ils trament une conspiration.*
• **Pronominal**
Être préparé en secret, en parlant d'un complot. *Qu'est-ce qui est en train de se tramer?*

tramontane n. f.
Le vent froid du Nord, dans le Languedoc et le Roussillon.
☞ Les noms de vents s'écrivent avec une minuscule.

trampoline n. m.
• Grande toile tendue par des ressorts sur laquelle on exécute des sauts.
• Sport ainsi pratiqué. *Faire du trampoline.*
☞ Attention au genre masculin de ce nom : *un* trampoline.

tramway n. m.
☞ Le *m* se prononce [tramwɛ].
• Abréviation familière *tram* (s'écrit sans point).
• Voiture circulant sur des rails plats et qui sert aux transports en commun. *Les tramways de San Francisco ont été remis à neuf.*

tranchant, ante adj. et n. m.
• **Adjectif**
- Qui peut couper. *Une lame tranchante.*

TRAIT D'UNION

Signe en forme de trait horizontal qui se place à mi-hauteur de l'écriture, sans espace avant ni après, et qui sert principalement à unir les éléments de certains mots composés, les syllabes d'un mot divisé en fin de ligne.

Emplois

• Coupure d'un mot en fin de ligne.
> *Ce dictionnaire comporte des tableaux relatifs aux difficultés ortho-
> graphiques.*

V. Tableau – **DIVISION DES MOTS**.

• Liaison des éléments de certains mots composés.
> *Le prêt-à-porter, un presse-citron.*

☞ Dans les mots composés avec un préfixe, il se dessine une tendance marquée à supprimer le trait d'union en vue de simplifier l'orthographe. On consultera les mots composés à leur entrée alphabétique où les renseignements sont donnés.

V. Tableau – **NOMS COMPOSÉS**.

• Liaison des nombres inférieurs à *cent* qui ne sont pas reliés par la conjonction *et*.
> *Quatre-vingt-deux.*

V. Tableau – **NOMBRES**.

• Liaison des éléments spécifiques des toponymes.
> *Le boulevard René-Lévesque.*

V. Tableau – **TOPONYMES**.

• Liaison des prénoms, des patronymes.
> *Marie-Ève. Mme Vigée-Lebrun.*

• Liaison des formes verbales inversées.
> *C'est ainsi, lui dit-il.*

V. Tableau – **SUJET**.

• Liaison de certains préfixes (*demi-, grand-, non-, sous-,* etc.) à un substantif.
> *Une politique de non-ingérence.*

☞ Les adjectifs composés avec certains de ces préfixes s'écrivent généralement sans trait d'union.
> *C'est un peintre non figuratif.*

V. **anti**.

- (Fig.) Cassant, dur. *Il refusa d'un ton tranchant.*
• **Nom masculin**
- Le côté coupant d'un instrument.
- *À double tranchant.* Qui peut se retourner contre son auteur. *Une arme, un stratagème à double tranchant.*
☞ Ne pas confondre avec le participe passé invariable *tranchant. Les enfants ne tranchant pas leur viande...*

tranche n. f.
• Morceau coupé finement. *Une tranche de pain. Du jambon en tranches.*
• Disposition des nombres par groupes de trois chiffres. *Les tranches de chiffres s'écrivent sans ponctuation, ex. : 1 000 353.*
• Partie d'un tout. *La première tranche des travaux commencera en avril.*

tranchée n. f.
Excavation pratiquée dans la terre.

trancher v. tr., intr.
• **Transitif**
- Couper. *Elle a tranché du pain.*
- Décider sans appel. *La question a été tranchée, nous n'y reviendrons pas.*
☞ Ne pas confondre avec les verbes suivants :
- *arrêter,* décider quelque chose dans son esprit;
- *décider,* prendre une décision;
- *décréter,* ordonner par décret;
- *ordonner,* donner un ordre.
• **Intransitif**
- Contraster. *Cette écharpe colorée tranchera bien sur ce tailleur marine.*
- (Fig.) Se détacher clairement. *Son professionnalisme tranche sur l'amateurisme de ses collègues.*

tranquille adj.
• Calme. *Les élèves étaient tranquilles pour une fois.*
• Serein, paisible. *Une vie tranquille.*

tranquillement adv.
• D'une manière tranquille.
• Sereinement, paisiblement.

tranquillisant, ante adj. et n. m.
• **Adjectif.** Qui tranquillise. *Une musique tranquillisante.*
• **Nom masculin.** Médicament qui atténue l'angoisse. *Il prenait des tranquillisants.*

tranquilliser v. tr., pronom.
• **Transitif.** Calmer. *Je les ai tranquillisés en leur racontant cette légende amusante.*
• **Pronominal.** Cesser d'être inquiet. *Voyons, tranquillisez-vous un peu, ce n'est pas bien grave.*

tranquillité n. f.
Calme, quiétude.

trans- préf.
• Élément du latin signifiant «à travers».
• Les mots composés avec l'élément *trans-* s'écrivent en un seul mot. *Transatlantique.*

transaction n. f.
• Concessions menant à la conclusion d'un marché.
• Opération commerciale ou boursière. *Beaucoup de transactions portaient sur ce titre boursier aujourd'hui.*

transat n. m. et f.
👄 Le *t* final se prononce [trãzat].
• **Nom masculin.** Chaise longue pliante.
• **Nom féminin.** Course de voiliers traversant l'océan Atlantique en solitaire. *Des transats passionnantes.*
☞ *Transat* est l'abréviation de *transatlantique.*

transatlantique adj. et n. m.
• **Adjectif.** Qui assure la liaison maritime entre l'Europe et l'Amérique.
• **Nom masculin.** Navire qui traverse l'océan Atlantique.

transbahuter v. tr.
(Fam.) Transporter. *Ils ont transbahuté les meubles du salon d'un endroit à l'autre.*

transbordement n. m.
Action de transborder.

transborder v. tr.
Faire passer quelqu'un, quelque chose d'un véhicule à un autre. *Les voyageurs ont été transbordés du train accidenté à un autre train.*

transbordeur n. m.
Navire servant au transport des voitures, des trains. *Ils ont pris un transbordeur entre la France et la Grande-Bretagne (et non un *car-ferry).*
✏ **transbordeur,** en un seul mot.

transcanadien, ienne adj. et n. f.
Qui traverse le Canada, de l'Atlantique au Pacifique. *La route transcanadienne. Rouler sur la transcanadienne.*

transcendance n. f.
(Vx) Supériorité d'une personne, d'une chose sur une autre.
▷ transcendance.

transcendant, ante adj.
Qui s'élève au-dessus des autres.
Ant. **immanent.**
✏ transcendant.

transcendantal, ale, aux adj.
Se dit de la pensée qui ne résulte pas de l'expérience.
✏ transcendantal.

transcender v. tr.
(Litt.) Dépasser, s'élever au-dessus de tous.
✏ transcender.

transcontinental, ale, aux adj.
Qui traverse entièrement un continent. *Des modes de transport transcontinentaux. Une route transcontinentale.*

transcription n. f.
• Action de transcrire, son résultat. *La transcription d'un manuscrit au micro-ordinateur.*
• Notation selon un autre mode d'expression. *Une transcription phonétique.*
▷ transcription.

transcrire v. tr.
INDICATIF PRÉSENT *Je transcris, tu transcris, il transcrit, nous transcrivons, vous transcrivez, ils transcrivent.* IMPARFAIT *Je transcrivais.* PASSÉ SIMPLE *Je transcrivis.* FUTUR *Je transcrirai.* CONDITIONNEL PRÉSENT *Je transcrirais.* IMPÉRATIF PRÉSENT

Transcris, transcrivons, transcrivez. SUBJONCTIF PRÉSENT *Que je transcrive.* IMPARFAIT *Que je transcrivisse.* PARTICIPE PRÉSENT *Transcrivant.* PASSÉ *Transcrit, ite.*
• Copier de façon semblable ou selon une écriture différente. *Tu transcriras ta dissertation au propre.*
• Faire une transcription. *Transcrire un mot selon la notation de l'Association phonétique internationale (API). Il a transcrit ce message codé en clair.*

transe n. f.
(Litt.) Vive inquiétude. *Les transes des candidats à un examen*
▷— L'expression s'emploie généralement au pluriel, sauf dans l'expression ***être en transe.***

transept n. m.
👄 Les lettres ***pt*** se prononcent [trãsɛpt].
Nef transversale d'une église.

transférer v. tr.
    Le ***é*** se change en ***è*** devant une syllabe muette, sauf à l'indicatif futur et au conditionnel présent. *Je transfère, mais je transférerai.*
• (Dr.) Transmettre un droit de propriété, selon les modalités prévues. *Transférer des valeurs mobilières.*
• Transporter, selon les formalités requises. *Transférer le siège social d'une entreprise.*

*****transférer**
• Anglicisme au sens de ***muter, affecter à un autre poste.***
• Anglicisme au sens de ***prendre une correspondance*** (pour les transports en commun).

transfert n. m.
• Déplacement de personnes, de choses. *Un transfert de populations, de fonds.*
• (Dr.) Action de transmettre un droit. *Des transferts de propriété, de titres boursiers.*

*****transfert**
• Anglicisme au sens de ***correspondance*** (pour les transports en commun).
• Anglicisme au sens de ***mutation.***

transfiguration n. f.
Action de transfigurer, état de ce qui est transfiguré.

transfigurer v. tr.
Transformer quelqu'un, quelque chose de façon extraordinaire, en l'améliorant. *Son visage était transfiguré par la joie.*

transformable adj.
Qui peut être transformé. *Un canapé transformable qui peut servir de lit.*

transformateur n. m.
• S'abrège familièrement en ***transfo*** (s'écrit sans point).
• Appareil électrique qui modifie la tension, l'intensité d'un courant électrique.

transformation n. f.
Changement, modification d'une forme en une autre. *La transformation de la chrysalide en un papillon. Des transformations industrielles, chimiques, physiques.*

transformer v. tr., pronom.
• **Transitif.** Donner une nouvelle forme à une personne, à une chose. *L'adolescence l'a transformée. Transformer le bois en papier.*
• **Pronominal.** Changer d'apparence, de forme. *Les chiots se sont transformés en de beaux chiens.*

transfuge n. m. et f.
Personne qui passe à l'ennemi et, par extension, qui passe à un autre camp. *Ce sont des transfuges de ce parti politique.*
▷— Ne pas confondre avec le nom ***déserteur,*** personne qui abandonne son poste.

transfuser v. tr.
Faire une transfusion.

transfusion n. f.
Tranfusion de sang. Injection dans les veines d'une personne (le ***receveur***) du sang d'une autre personne (le ***donneur***).

transgresser v. tr.
Enfreindre (une loi, une règle, une obligation). *Ils ont transgressé le règlement.*

transgression n. f.
Action de transgresser. *La transgression d'une loi.*

transhumance n. f.
👄 Le ***s*** se prononce ***z*** [trãzymãs].
Déplacement d'un troupeau vers d'autres pâturages, selon les saisons.
▷ transhumance.

transhumer v. tr., intr.
👄 Le ***s*** se prononce ***z*** [trãzyme].
• **Transitif.** Mener paître des troupeaux dans les montagnes.
• **Intransitif.** Se dit de troupeaux qui vont paître en été dans les montagnes.
▷ transhumer.

transi, ie adj.
👄 Le ***s*** se prononce ***s*** ou z, [trãsi] ou [trãzi].
Engourdi par le froid. *Il fait froid et humide : nous sommes transis.*

transiger v. intr.
    Le ***g*** est suivi d'un ***e*** devant les lettres ***a*** et ***o.*** *Il transigea, nous transigeons.*
Faire un compromis, des concessions réciproques, afin de parvenir à un accord.

*****transiger**
Impropriété au sens de ***faire des affaires, négocier.***

transir v. tr.
Le verbe s'emploie seulement à l'infinitif, au participe, aux temps composés et à la troisième personne du singulier de l'indicatif présent et du passé simple.
👄 Le ***s*** se prononce ***s*** ou z, [trãsir] ou [trãzir].
Glacer. *Ce vent froid les a transis.*

transistor n. m.
• Composant électronique amplificateur.
• Poste récepteur radiophonique portatif. *Des transistors d'excellente qualité.*

transistoriser v. tr.
Munir de transistors.

transit n. m.
👄 Le **s** se prononce **z** et le **t** final est sonore [trãzit].
• Passage de voyageurs, transport de marchandises à travers une région.
• Passage de voyageurs, de marchandises en franchise des droits de douane. *Les passagers en transit pour la Suisse doivent se diriger vers la porte 35.*

transitaire n. m. et f.
Agent qui se charge du dédouanement des marchandises en transit.

transiter v. tr., intr.
• **Transitif.** Passer en transit, en parlant de marchandises. *Transiter des marchandises par Montréal.*
• **Intransitif.** Voyager en transit, en parlant de personnes. *Ils doivent transiter par Londres.*

transitif, ive adj.
• (Gramm.) Se dit d'un verbe qui peut avoir un complément d'objet direct ou indirect. *Les verbes **aimer** et **penser** sont des verbes transitifs.*
• Un verbe est **transitif direct** s'il peut avoir un complément d'objet direct. *Le chien aime* (qui?) *les enfants* (complément d'objet direct).
• Un verbe est **transitif indirect** si son complément est construit avec une préposition (**à, de, sur,** etc.). *Elle pense* (à qui?) *à lui* (complément d'objet indirect).
V. Tableau - **VERBE.**

transition n. f.
• Passage d'un état à un autre. *Une transition trop soudaine.*
• Charnière, manière de lier les parties d'un texte, d'un exposé. *Cette anecdote était une habile transition.*
• Étape intermédiaire qui conduit d'un état à un autre. *La robotique s'est implantée sans transition dans cette entreprise.*

transitivement adv.
(Gramm.) Avec une construction transitive.

transitivité n. f.
(Gramm.) Caractère de ce qui est transitif. *La transitivité directe d'un verbe.*

transitoire adj.
Provisoire. *Cette situation est transitoire.*
🖎 transit**oire.**

translation n. f.
(Dr.) Action de transférer.

translittération n. f.
(Ling.) Transcription obtenue par transposition des caractères d'un alphabet dans les caractères d'un autre système d'écriture.

translucide adj.
Qui laisse passer la lumière, mais non la couleur, la forme des objets. *Du verre translucide.*
🖎 Ne pas confondre avec le mot **transparent,** qui laisse voir nettement les objets.

transmettre v. tr., pronom.
Ce verbe se conjugue comme **mettre.**

• **Transitif**
- Céder la propriété. *Transmettre un héritage.*
- Léguer. *Il leur a transmis sa bibliothèque.*
- Communiquer. *Elle a transmis son message par téléphone.*
- Contaminer. *On lui a transmis cette maladie très contagieuse.*
• **Pronominal**
Se propager. *Cette infection se transmet par les moustiques.*

transmissible adj.
• Qui peut être transmis. *Des titres transmissibles.*
• Contagieux. *Une maladie transmissible.*

transmission n. f.
• Action de transmettre, de léguer. *La transmission d'un bien.*
• **Transmission des pouvoirs.** Acte par lequel les pouvoirs d'un chef d'État, d'une assemblée sont remis au successeur.
• Action de transporter un signal d'un émetteur vers un récepteur. *La transmission des données, d'un message.*
• **Transmission par satellite, par voie hertzienne.** Télécommunication.
• Ensemble des organes servant à communiquer la puissance aux roues motrices. *Cette voiture a une transmission automatique.*

transmuter ou **transmuer** v. tr.
Transformer, en parlant d'éléments chimiques. *Transmuer les métaux en or. Le métal ne s'est pas transmuté en or.*

transparaître v. intr.
Ce verbe se conjugue comme **paraître.**
• Paraître au travers de quelque chose. *La peinture originale transparaît au travers de la laque.*
• Être perçu. *Ses intentions ont transparu clairement.*
🖎 Le verbe se conjugue avec l'auxiliaire **avoir.**

transparence n. f.
• Qualité de ce qui est transparent. *La transparence de l'eau.*
Ant. **opacité.**
• (Fig.) Limpidité. *Les contribuables réclament plus de transparence dans la gestion des fonds publics*

transparent, ente adj. et n. m.
• **Adjectif**
Qui laisse voir nettement les objets. *Un chemisier transparent.*
🖎 Ne pas confondre avec les mots suivants :
- **cristallin,** transparent comme le cristal;
- **diaphane,** translucide;
- **opalescent,** qui a les nuances vives de l'opale;
- **translucide,** qui laisse passer la lumière, mais non la couleur, la forme des objets.
• **Nom masculin**
- Papier ligné que l'on place sous une feuille de papier afin d'écrire droit.
- Feuille d'acétate de cellulose utilisée pour les rétroprojections. *Avec cette imprimante à laser, nous pouvons imprimer nos tableaux sur des transparents.*
🖎 En ce sens, le nom masculin **acétate** est couramment utilisé.

transpercer v. tr.
Le *c* prend une cédille devant les lettres *a* et *o*. *Il transperça, nous transperçons.*
• Percer de part en part. *Une flèche lui transperça le cœur.*
• Pénétrer. *Le froid nous transperçait.*

transpiration n. f.
• Sudation.
• *En transpiration.* En sueur.

transpirer v. intr.
• Suer. *Les pauvres déménageurs transpiraient énormément.*
• (Fig.) Commencer à être diffusé. *Cette information a transpiré à la suite de la dernière réunion.*

transplantation n. f.
Action de transplanter. *La transplantation d'un rein.*
☞— Lorsqu'il y a rétablissement de vaisseaux, de conduits, on parle de **transplantation** plutôt que de **greffe.** *Une transplantation cardiaque, une greffe de la peau.*

transplanter v. tr.
• Replanter une plante en un autre endroit. *Transplanter des conifères.*
• Greffer un organe. *On lui a transplanté un rein.*
• (Fig.) Installer dans un autre lieu. *Les Acadiens ont été transplantés en Louisiane.*

transport n. m.
• Action de transporter d'un lieu à un autre. *Des moyens de transport, des frais de transport.*
• (Au plur.) Déplacement de personnes, de choses à l'aide de divers moyens. *Les transports en commun, les transports maritimes et aériens. Un entrepreneur de transports.*
• (Litt.) Enthousiasme, exaltation. *Modérer ses transports. Des transports de joie.*

transportable n. f.
Qui peut être transporté. *Un blessé transportable.*

transporter v. tr., pronom.
• **Transitif.** Porter d'un lieu à un autre. *Transporter des colis.*
• **Pronominal.** Se rendre en un lieu. *Transportez-vous par l'imagination au bord de la mer.*

transporteur n. m.
• Entrepreneur de transports. *Cette entreprise est un important transporteur routier.*
• Appareil de manutention. *Un transporteur automatique, un transporteur à godets, par gravité.*

transposable adj.
Qui peut être transposé.

transposer v. tr.
Intervertir, transformer. *Ces mots ont été transposés.*

transposition n. f.
Inversion, transformation.

transsexuel, elle adj. et n. m. et f.
Personne qui a changé de sexe.
☞ trans**s**exuel.

transvasement n. m.
Action de transvaser.

transvaser v. tr.
Verser le contenu d'un récipient dans un autre.
Syn. **transvider.**

transversal, ale, aux adj.
Oblique. *Des chemins transversaux.*

transversalement adv.
D'une manière transversale.

transvider v. tr.
Transvaser.

trapèze n. m.
• Figure géométrique dont deux côtés opposés sont parallèles et inégaux.
• Barre horizontale suspendue par ses extrémités. *Cet acrobate fait du trapèze.*
☞ trap**è**ze.

trapéziste n. m. et f.
Gymnaste, acrobate qui fait du trapèze.
☞ trap**é**ziste.

trappe n. f.
• Piège creusé et dissimulé par des branchages. *Les animaux sont tombés dans la trappe.*
• Ouverture dans un plancher, un plafond, etc., donnant accès à un autre lieu.
• Monastère d'un ordre religieux. En ce sens, le nom s'écrit avec une majuscule. *La Trappe d'Oka.*
☞ tra**pp**e, contrairement au verbe **attraper.**

trappeur n. m.
trappeuse n. f.
Au Canada, personne qui vit de la chasse et fait le commerce de la fourrure.
☞ tra**pp**eur.

trappiste n. m.
Moine cistercien. *Les trappistes d'Oka.*
☞— Les noms de membres d'ordres religieux s'écrivent avec une minuscule.
☞ tra**pp**iste.

trappistine n. f.
Religieuse cistercienne.
☞— Les noms de membres d'ordres religieux s'écrivent avec une minuscule.
☞ tra**pp**istine.

trapu, ue adj.
• Gros et court. *Une personne trapue.*
• Massif. *Cette armoire est trop trapue.*
☞ tra**pu.**

traquenard n. m.
Piège. *Ils sont tombés dans un traquenard.*
☞ traquen**ard.**

traquer v. tr.
Serrer de près, poursuivre. *Les cambrioleurs étaient traqués : ils se sont rendus.*

trattoria n. f. (pl. *trattorias*)
Petit restaurant populaire, en Italie.

trauma n. m. (pl. *traumas*)
(Méd.) Lésion, blessure grave.
☞ trauma**.**

traumatique adj.
Qui est relatif à une blessure, à un choc.

traumatisant, ante adj.
Qui traumatise. *La perte de personnes chères est très traumatisante.*
▭◁— Ne pas confondre avec le participe présent invariable **traumatisant.** *Les échecs scolaires traumatisant les élèves...*

traumatiser v. tr.
• Provoquer un traumatisme physique ou psychique.
• Bouleverser émotivement de façon violente.

traumatisme n. m.
• Blessure. *Un traumatisme crânien.*
• Choc émotif violent.

traumatologie n. f.
Spécialité médicale qui traite des traumatismes.

traumatologique adj.
Relatif à la traumatologie.

traumatologiste n. m. et f.
Spécialiste de la traumatologie.

travail n. m. (pl. *travaux*)
• Ensemble d'activités exécutées en vue de parvenir à un résultat. *Un travail de longue haleine. Des travaux manuels, des travaux de recherche.*
• Emploi. *Il a un travail à temps partiel et un travail au noir. Ils sont sans travail.*
• *Travaux publics.* Œuvres de construction, de réparation d'utilité générale. *Une entreprise de travaux publics.*
• *Travaux* ou *Travaux en cours* (et non *hommes au travail).

travail n. m. (pl. *travails*)
Appareil servant à maintenir de grands animaux pour les soigner, les opérer.
▭◁— Au pluriel, le nom, en ce sens, s'orthographie **travails.**

*travail à contrat
Anglicisme pour **travail à forfait.**

travaillant, ante adj.
(Fam.) Au Canada, se dit d'une personne qui aime travailler, travailleur. *Ces élèves sont bien travaillants.*

travailler v. tr., intr.
• **Transitif.** Façonner. *Il travaille le bois, elle travaille son style.*
• **Intransitif.** Exercer une activité professionnelle, faire un travail. *Ils travaillent en informatique, elles travaillaient à temps plein.*

travailleur, euse adj. et n. m. et f.
• **Adjectif.** Qui aime le travail. *Un étudiant travailleur.*
• **Nom masculin et féminin.** Personne qui exerce une profession. *Les travailleurs intellectuels, les travailleurs manuels. La Fédération des travailleurs du Québec (FTQ).*
• *Travailleur indépendant.* Personne non salariée exerçant pour son propre compte une profession industrielle, commerciale ou libérale. (Recomm. off. OLF)

travée n. f.
Portion d'une construction comprise entre deux points d'appui. *Les travées d'un pont.*
▭▷ travée.

*traveller's check
Anglicisme pour **chèque de voyage.**

travers n. m.
• Défaut léger, bizarrerie. *Il a bien quelques travers, mais il est très sympathique.*
▭◁— Ne pas confondre avec les noms suivants :
- *défaut,* imperfection;
- *malfaçon,* défaut de fabrication;
- *vice,* défaut qui altère gravement la constitution d'une chose.
• *À travers,* locution prépositive. Au milieu, de part en part. *Le soleil passe à travers le feuillage.*
▭◁— Cette locution se construit sans la préposition *de.*
• *Au travers de,* locution prépositive. De part en part. *Elle est passée au travers de la porte vitrée.*
• *De travers,* locution adverbiale. Obliquement. *Son chapeau est placé de travers.*
• *De travers,* locution adverbiale. (Fig.) Avec malveillance. *Elle le regarda de travers.*
• *De travers,* locution adverbiale. Mal. *Tout va de travers en ce moment.*
• *En travers de,* locution prépositive. D'un côté à l'autre. *Il y avait une barrière en travers de la route.*
• *À tort et à travers,* locution adverbiale. Injustement, sans raison. *Il parle à tort et à travers (et non *à travers son chapeau).*

traverse n. f.
• Pièce de bois, de métal qu'on met en travers d'une construction pour en assembler les éléments. *Les traverses d'une fenêtre.*
• *Chemin de traverse.* Raccourci.
• Chacune des poutres placées perpendiculairement à la voie, sous les rails dont elles maintiennent l'écartement.
• Au Canada, lieu de passage d'un fleuve, d'une rivière, d'un lac ou d'un bras de mer où l'on exploite un service de traversier. (Recomm. off. OLF) *La traverse de Saint-Siméon.*

*traverse (de chemin de fer)
Anglicisme au sens de **passage à niveau.**

traversée n. f.
Action de traverser la mer, un cours d'eau, un espace. *La traversée de l'Atlantique en solitaire, une traversée aérienne mouvementée.*

traverser v. tr.
• Passer d'un côté à l'autre. *Traverser un lac à la nage, une rue en courant.*
• Passer par. *Cette idée m'a traversé l'esprit. Il traverse une mauvaise passe.*

traversier n. m.
Au Canada, navire spécialement conçu pour effectuer la traversée de passagers, de véhicules ou de wagons d'une rive à l'autre d'un fleuve, d'une rivière, d'un lac ou d'un bras de mer. (Recomm. off. OLF) *Prendre le traversier pour Lévis (et non le *ferry, le *ferry-boat).*

traversin n. m.
Coussin cylindrique placé à la tête d'un lit.

travertin n. m.
Roche calcaire. *Une table en travertin.*
⇨ traver**tin**.

travesti, ie adj. et n. m.
Homosexuel qui se déguise en femme. *Un spectacle de travestis.*
⇨ travesti.

travestir v. tr., pronom.
• **Transitif.** Modifier le sens d'un texte, dénaturer. *Il a travesti la pensée de cet auteur.*
• **Pronominal.** Se déguiser en prenant l'apparence d'un autre sexe. *Ils se sont travestis.*

trébuchement n. m.
Action de trébucher.

trébucher v. intr.
Faire un faux pas. *Il a trébuché sur un caillou.*

trèfle n. m.
Plante fourragère. *Un trèfle à quatre feuilles.*
⇨ trèfle.

tréfonds n. m.
(Litt.) Ce qu'il y a de plus secret.
⇨ tréfon**ds**.

treillage n. m.
Assemblage de lattes. *Des vignes qui recouvrent un treillage.*

treille n. f.
Vigne cultivée sur un treillage.

treillis n. m.
�⟩ La première syllabe se prononce **tré** et le **s** est muet [treji].
• Assemblage à claire-voie de bois, de métal, etc.
• Vêtement d'exercice ou de combat.
⇨ treilli**s**.

treize adj. et n. m. inv.
• **Adjectif numéral cardinal invariable.** Douze plus un. *Treize à la douzaine.*
• **Adjectif numéral ordinal invariable.** Treizième. *Le treize décembre.*
• **Nom masculin invariable.** Nombre treize.

treizième adj. et n. m. et f.
• **Adjectif numéral ordinal.** Nombre ordinal de treize. *La treizième heure.*
• **Nom masculin.** La treizième partie d'un tout. *Les trois treizièmes d'une quantité.*
• **Nom masculin et féminin.** Personne, chose qui occupe le treizième rang. *Elles sont les treizièmes.*

treizièmement adv.
En treizième lieu.

trekking ou **trek** n. m.
Excursion touristique à pied en haute montagne. *Faire du trekking au Népal.*

tréma n. m.
Signe de ponctuation formé de deux points qui signale qu'une voyelle se prononce et ne constitue pas un amalgame avec une autre voyelle (**e, i** ou **u**) de certains mots. *Les lettres **oi** se prononcent différemment des lettres **oï**; froide, anthropoïde.*
▷— On recommande que les majuscules prennent les accents, le tréma et la cédille lorsque les minuscules équivalentes en comportent. (Recomm. off. OLF)
⇨ tré**ma**.

tremble n. m.
Type de peuplier.

tremblement n. m.
• Mouvement de ce qui tremble. *Le tremblement des feuilles sous le vent. Le tremblement de sa voix l'inquiète.*
• *Tremblement de terre.* Séisme.

trembler v. intr.
• Être agité de mouvements répétés. *Ses mains ne tremblent pas du tout. Elle tremblait de froid. Le sol a tremblé.*
• Éprouver une violente crainte. *Ce réfugié tremble à l'idée de ne pouvoir rester au pays.*
▷— 1° Dans la langue soutenue, le verbe *trembler* construit avec *que* suivi du subjonctif est souvent accompagné de la particule *ne* dite explétive, sans valeur négative, lorsqu'on redoute qu'un évènement (ne) se produise. *Ils tremblent que le vent (ne) se lève.*
 2° Par contre, si l'on craint qu'un évènement ne se produise pas, l'emploi de la négation *ne... pas* est obligatoire. *Elle tremble que l'on ne puisse pas le joindre à temps.*
 3° Il en est ainsi pour les verbes exprimant une notion de crainte : *appréhender, craindre, avoir peur, redouter.*

tremblote n. f.
(Fam.) Tremblement. *Avoir la tremblote.*
⇨ tremblote.

tremblotement n. m.
Petit tremblement.
⇨ tremblotement.

trembloter v. intr.
Trembler légèrement.
⇨ trembloter.

trémie n. f.
Réceptacle en forme de pyramide renversée.
⇨ tré**mie**.

trémière adj. f.
Rose trémière. Variété de guimauve très décorative.

trémolo n. m. (pl. *trémolos*)
Tremblement de la voix.
▷— Ce nom d'origine italienne est francisé : il s'écrit avec un accent sur le **e** et prend la marque du pluriel.

trémoussement n. m.
Action de se trémousser.

trémousser (se) v. pronom.
Se tortiller. *Elles se trémoussaient en marchant.*

trempage n. m.
Action de faire tremper.

trempe n. f.
Fermeté de caractère. *Ils n'étaient pas de la même trempe.*

trempé, ée adj.
Abondamment mouillé. *Venez à l'abri ou vous serez trempés par la pluie torrentielle.*

tremper v. tr., intr., pronom.
• **Transitif**
Mouiller, imbiber d'un liquide. *Elle trempait son pain dans la soupe.*
• **Intransitif**
- Demeurer quelque temps dans un liquide. *Il a mis les vêtements à tremper.*
- Participer à une affaire malhonnête. *Tremper dans un complot.*
• **Pronominal**
Être très mouillé. *Ils se sont trempés en marchant sous la pluie.*

trempette n. f.
• Préparation dans laquelle on trempe un aliment. *Une trempette aux fines herbes pour des crudités* (et non un **dip*).
• *Faire trempette.* (Fam.) Prendre un bain très court ou se baigner dans une eau peu profonde. *Nous avons fait trempette dans la rivière.*

tremplin n. m.
• Planche sur laquelle un plongeur prend appui pour s'élancer dans l'eau. *Elle a plongé du tremplin de trois mètres.*
• Ce qui facilite l'atteinte d'un objectif. *Un tremplin électoral.*
⇨ trempl**in**.

**trend
Anglicisme pour *tendance* (fondamentale).

trentaine n. f.
• Nombre d'environ trente. *Une trentaine de participants assistaient* ou *assistait à la rencontre.*
▯◁— Après un nom collectif suivi d'un complément au pluriel, le verbe se met au singulier ou au pluriel suivant l'intention de l'auteur qui veut insister sur l'ensemble ou sur la pluralité.
• (Absol.) Âge d'à peu près trente ans. *Elle a dépassé la trentaine.*

trente adj. et n. m. inv.
• **Adjectif numéral cardinal invariable.** Vingt-neuf plus un. *Trente heures. Trente et un, trente-sept.*
• **Adjectif numéral ordinal invariable.** Trentième. *Le trente octobre.*
• **Nom masculin invariable.** Nombre trente. *Des trente en lettres lumineuses.*

trentième adj. et n. m. et f.
• **Adjectif numéral ordinal.** Nombre ordinal de trente. *La trentième heure.*
• **Nom masculin.** La trentième partie d'un tout. *Les quatre trentièmes d'une quantité.*
• **Nom masculin et féminin.** Personne, chose qui occupe le trentième rang. *Elles sont les trentièmes.*

trentièmement adv.
En trentième lieu.

trépanation n. f.
Opération chirurgicale consistant à pratiquer une ouverture dans la boîte crânienne.

trépaner v. tr.
Pratiquer une trépanation.

trépas n. m.
(Litt.) Mort.
⇨ trépa**s.**

trépasser v. intr.
(Litt.) Mourir. *Il a trépassé au cours de la nuit; il est trépassé depuis peu.*
▯◁— Le verbe se conjugue avec l'auxiliaire *avoir* pour marquer l'action, avec l'auxiliaire *être* pour marquer l'état.

trépidant, ante adj.
Agité. *Des rythmes trépidants.*

trépied n. m.
Support à trois pieds. *Un trépied pour appareil photographique.*

trépignement n. m.
Action de trépigner. *Les trépignements des enfants qui s'amusent.*

trépigner v. intr.
Les lettres *gn* sont suivies d'un *i* à la première et à la deuxième personne du pluriel de l'indicatif imparfait et du subjonctif présent. *(Que) nous trépignions, (que) vous trépigniez.*
Frapper des pieds contre le sol. *Nous trépignions d'impatience avant son arrivée.*

très adv.
Extrêmement. *Il a fait très froid cet hiver. La tortue avance très lentement. Ce banquet a été très apprécié.*
▯◁— L'adverbe *très* marque le superlatif absolu en se joignant à un adjectif, à un adverbe ou à un participe passé (employé adjectivement). L'emploi de l'adverbe devant un nom a été critiqué, mais il est passé dans l'usage. *Ils ont eu très peur et très mal.*

trésor n. m.
• Bien précieux. *Les trésors de l'art grec, un trésor de pierres précieuses.*
• (Fig.) Tout ce qui est précieux. *Elle est un trésor de tendresse et de dévouement.*

trésorerie n. f.
• Administration des finances publiques.
• Liquidités. *Cette entreprise a des besoins de trésorerie.*

trésorier n. m.
trésorière n. f.
Personne chargée de gérer les ressources financières d'une entreprise, d'un organisme.

tressage n. m.
Action de tresser.

tressaillement n. m.
Brusque mouvement involontaire sous l'effet d'une émotion subite.

tressaillir v. intr.
INDICATIF PRÉSENT *Je tressaille, tu tressailles, il tressaille, nous tressaillons, vous tressaillez, ils tressaillent.* IMPARFAIT *Je tressaillais, tu tressaillais, il tressaillait, nous tressaillions, vous tressailliez, ils tressaillaient.* PASSÉ SIMPLE *Je tressaillis.* FUTUR *Je tressaillirai.* CONDITIONNEL PRÉSENT *Je tressaillirais.* IMPÉRATIF PRÉSENT *Tressaille, tressaillons, tressaillez.* SUBJONCTIF PRÉSENT *Que je tressaille, que tu tressailles, qu'il tressaille, que nous tressaillions, que vous tressailliez, qu'ils tressaillent.* IMPARFAIT *Que je tressaillisse.* PARTICIPE PRÉSENT *Tressaillant.* PASSÉ *Tressailli.*
Les lettres *ill* sont suivies d'un *i* à la première et à la deuxième personne du pluriel de l'indicatif imparfait et du subjonctif présent. *(Que) nous tressaillions, (que) vous tressailliez.*
👄 La première syllabe se prononce *tré* [tresajir].
Sursauter, frémir. *En entendant ce craquement sinistre, elle tressaillit.*

tresse n. f.
Assemblage de trois mèches, de trois brins entrelacés. *Une belle tresse blonde.*

tresser v. tr.
Former une tresse. *Tous les matins, elle tressait ses cheveux.*

tréteau n. m. (pl. *tréteaux*)
Support porté par quatre pieds. *Les deux tréteaux d'une table.*

treuil n. m.
Appareil de levage.

trêve n. f.
Arrêt temporaire des hostilités entre deux camps opposés.
▭▷ trêve.

tri n. m.
• Action de sélectionner. *Le tri des tomates bien mûres.*
• (Inform.) Classement des informations selon un ordre donné. *Ce logiciel fait le tri alphabétique des données.*
▭▷ tri.

tri- préf.
• Élément du grec signifiant «trois».
• Les mots composés avec le préfixe *tri-* s'écrivent sans trait d'union. *Triangle, tricentenaire.*

triade n. f.
Groupe de trois éléments. *Les nombres sont composés de triades (ou tranches de trois chiffres) séparées entre elles par un espace (de droite à gauche pour les entiers, de gauche à droite pour les décimales). 1 865 234,626 12.*

triage n. m.
Action de trier. *Le triage du bois.*

triangle n. m.
• Figure géométrique à trois côtés. *Un triangle équilatéral.*

• Instrument de percussion composé d'une tige d'acier pliée en triangle.

triangulaire adj.
Qui a la forme d'un triangle. *Un immeuble triangulaire.*
▭▷ triangulaire.

tribal, ale, aux adj.
Relatif à une tribu. *Des usages tribaux.*

tribalisme n. m.
Société composée de tribus.

tribord n. m.
Le côté droit d'un navire quand on regarde vers l'avant. *Des pirates à tribord!*
▭▷ Pour se rappeler la place de bâbord et de tribord, il suffit de penser au mot *batterie* (*ba*, à gauche, *tri*, à droite).

tribu n. f.
Groupement de plusieurs familles de la même peuplade autour d'un chef. *Une tribu huronne.*
Hom. *tribut,* redevance, contribution.

tribulations n. f. pl.
Mésaventures, péripéties. *Les tribulations de ces touristes inexpérimentés.*

tribun n. m.
Orateur.

tribunal n. m. (pl. *tribunaux*)
Lieu où est rendue la justice.

tribune n. f.
• Estrade destinée aux orateurs.
• Gradins. *Les tribunes de l'Assemblée nationale.*
• Lieu où l'on peut s'exprimer. *Cette conférence internationale lui a servi de tribune.*
• *Tribune téléphonique.* Émission de radio où le public est invité à communiquer par téléphone avec un animateur ou un invité en studio. *Une tribune téléphonique* (et non une **ligne ouverte*).

tribut n. m.
◁▷ Le *t* final est muet [triby].
• (Hist.) Redevance, contribution.
• (Litt.) Dommage, sacrifice. *Ce pays a payé un lourd tribut à la guerre.*
Hom. *tribu,* groupement de plusieurs familles autour d'un chef.

tributaire adj.
Qui dépend de. *Aujourd'hui, tous les pays sont tributaires de l'économie internationale.*

tricentenaire adj. et n. m.
Troisième centenaire. *On célébrera le tricentenaire de ce village.*
V. Tableau - **PÉRIODICITÉ ET DURÉE.**

triceps n. m.
◁▷ Les lettres *ps* se prononcent [trisɛps].
Muscle dont les extrémités sont composées de trois faisceaux.

tricher v. intr.
• Tromper au jeu. *Ce joueur de poker ne cesse de tricher.*
• Ne pas respecter une convention.

tricherie n. f.
Action de tricher.

tricheur, euse n. m. et f.
Personne qui a l'habitude de tricher.

tricolore adj.
• Qui est de trois couleurs.
• Des couleurs bleu, blanc, rouge du drapeau français. *Victoire des athlètes tricolores!*
☞ tricolore.

tricorne n. m.
Chapeau à trois cornes.

tricot n. m.
• Action de tricoter. *Elle aime faire du tricot.*
• Tissu composé de mailles tricotées. *Un tricot de jersey.*
• Vêtement en tricot. *Un joli tricot pour les soirées fraîches.*

tricotage n. m.
Action de tricoter.

tricoter v. tr., intr.
Former des mailles avec un fil textile et des aiguilles. *Tricoter une veste en laine. Elle tricote sans cesse.*
☞ tricoter.

tricoteur, euse n. m. et f.
Personne qui tricote. *Ce sont d'infatigables tricoteuses.*

trictrac n. m.
👄 Les *c* se prononcent [triktrak].
Jeu de dés, ancêtre du jaquet. *Des trictracs incrustés d'ivoire.*

tricycle n. m.
Vélo à trois roues.
☞ tricycle.

trident n. m.
Fourche à trois dents. *Neptune a pour sceptre un trident.*

tridimensionnel, elle adj.
Qui a trois dimensions. *Une représentation tridimensionnelle.*

triennal, ale, aux adj.
• Qui dure trois ans. *Une planification triennale.*
• Qui a lieu tous les trois ans. *Des tournois triennaux.*
V. Tableau - **PÉRIODICITÉ ET DURÉE.**

trier v. tr.
Redoublement du *i* à la première et à la deuxième personne du pluriel de l'indicatif imparfait et du subjonctif présent. *(Que) nous triions, (que) vous triiez.*
Sélectionner, choisir. *Ces personnes ont été triées sur le volet.*

trigonométrie n. f.
Partie de la géométrie qui a pour objet la détermination des éléments des triangles définis par des données numériques.

trigonométrique adj.
Relatif à la trigonométrie.

trilingue adj. et n. m. et f.
• Qui parle trois langues. *Leur père est trilingue.*
• Qui est en trois langues. *Un lexique trilingue.*

trillion n. m.
👄 Les *l* se prononcent comme un seul [triljiɔ̃].
• Préfixe *exa-* (s'écrit sans point).
• Symbole *E* (s'écrit sans point).
• Un milliard de milliards, soit 1 000 000 000 000 000 000 (notation scientifique 10^{18}). *Les échanges commerciaux ont totalisé trois trillions de dollars, 3 trillions de dollars.*
• Selon le système américain, la valeur est de 1 000 000 000 000 (notation scientifique 10^{12}).
🖙 Le nom *trillion* est un nom (et non un adjectif numéral cardinal); il prend donc la marque du pluriel. *Trois trillions de dollars, 15 trillions de francs.*

trilogie n. f.
• (Ancienn.) Ensemble de trois tragédies grecques portant sur un même thème.
• Groupe de trois œuvres. *La trilogie de Pagnol (Marius, Fanny et César).*

trimaran n. m.
👄 Le *n* est muet [trimarã].
Voilier à trois coques. *Des trimarans très rapides.*

trimbal(l)age ou **trimbal(l)ement** n. m.
Transport pénible.

trimbal(l)er v. tr., pronom.
• **Transitif.** (Fam.) Transporter difficilement avec soi. *Elle devait trimbaler plusieurs colis.*
• **Pronominal.** (Fam.) Se déplacer. *Ils se trimballaient avec toute la famille.*

trimer v. intr.
(Fam.) Travailler durement, peiner.

trimestre n. m.
Période de trois mois. *Avec l'arrivée du mois de décembre, c'est presque la fin du premier trimestre scolaire.*

trimestriel, elle adj.
• Qui dure trois mois. *Un cours trimestriel.*
• Qui a lieu tous les trois mois. *Une publication trimestrielle.*

trimestriellement adv.
Tous les trois mois.

trimoteur n. m.
Avion à trois moteurs.

tringle n. f.
Barre métallique qui sert à soutenir des rideaux, des voilages, etc. *La tringle du rideau de douche* (et non la **pole*).
☞ tringle.

trinité n. f.
• Ensemble des trois personnes divines. *La Sainte-Trinité.*
🖙 En ce sens, le nom s'écrit avec une majuscule ainsi que l'adjectif qui le précède.
• Groupe de trois éléments.

trinitrotoluène n. m.
• Sigle *TNT* (s'écrit sans point).
• Explosif très puissant.

trinquer v. intr.
Frapper un verre contre un autre avant de boire. *Trinquons à notre succès!*

trio n. m.
• Ensemble de trois musiciens. *Des trios de jazz.*
• Groupe de trois personnes. *Un joli trio d'incompétents.*

triomphal, ale, aux adj.
• Qui est relatif à un triomphe. *Des acclamations triomphales, des cris triomphaux.*
• Qui constitue une réussite éclatante. *Un succès triomphal.*
☞ Cet adjectif ne qualifie que des choses; pour une personne, on emploiera plutôt **triomphant.**
➪ triom**ph**al.

triomphalement adv.
En triomphe. *Ils ont défilé triomphalement.*
➪ triom**ph**alement.

triomphant, ante adj.
• Qui est victorieux. *Des candidates triomphantes.*
• Qui exprime la victoire. *Des sourires triomphants.*
☞ Ne pas confondre avec le participe présent invariable **triomphant.** *Les candidats triomphant aux élections.*
➪ triom**ph**ant.

triomphe n. m.
• Victoire éclatante. *Le triomphe de Napoléon à Iéna.*
• Réussite remarquable. *Cette représentation théâtrale fut un triomphe.*
➪ triom**ph**e.

triompher v. tr. ind., intr.
• **Transitif indirect.** Remporter la victoire. *Ils ont triomphé de leurs concurrents.*
☞ Le verbe transitif indirect se construit avec la préposition **de.**
• **Intransitif.** Exceller, avoir du succès. *Cette troupe a triomphé pendant plusieurs mois.*

tripartite ou **triparti, ie** adj.
• Divisé en trois parties. *Des comités tripartites ou tripartis.*
• Composé de trois partis politiques. *Des conventions tripartites ou triparties.*
☞ La forme **tripartite** est la plus couramment utilisée.

tripe n. f. (gén. pl.)
• (Au plur.) Intestins des animaux.
• (Au plur.) Mets préparé avec l'estomac des ruminants.
• (Gén. plur.) (Fig. et fam.) Avec la plus profonde conviction. *Jouer au théâtre avec ses tripes. Édith Piaf chantait avec ses tripes.*

triple adj. et n. m.
• **Adjectif.** Qui vaut trois fois autant. *Une naissance triple.*
• **Nom masculin.** Quantité qui vaut trois fois une quantité déterminée. *Douze est le triple de quatre.*

triplement n. m.
Action de tripler. *Le triplement d'un prix.*

triplement adv.
Trois fois.

tripler v. tr., intr.
• **Transitif.** Multiplier par trois. *Tripler une quantité.*
• **Intransitif.** Devenir triple. *Les ventes ont triplé.*

triplés, ées n. pl.
Se dit d'enfants jumeaux nés au nombre de trois. *Ils ont eu des triplés.*
☞ On écrit également **triplets.**

triplex n. m.
Au Canada, habitation comportant trois appartements.

triplicata n. m.
Troisième copie.

triporteur n. m.
Tricycle muni d'une caisse servant à faire des livraisons.

tripot n. m.
◁ Le **t** final est muet [tripo].
(Péj.) Maison de jeu.
➪ tri**pot**.

tripotage n. m.
Manigance, tractation malhonnête. *Des tripotages électoraux, financiers.*

tripoter v. tr., intr.
• **Transitif.** (Fam.) Tâter sans précaution, nerveusement. *Elle tripotait toujours ses cheveux.*
• **Intransitif.** (Fam.) Se livrer à des manipulations, des tractations douteuses. *Ces politiciens ont tripoté dans plusieurs dossiers louches.*
➪ tri**pot**er.

triptyque n. m.
Œuvre en trois parties.
☞ L'œuvre en deux parties est un **diptyque.**
➪ tri**pt**yque.

trisaïeul, eule n. m. et f.
Arrière-arrière-grand-père, arrière-arrière-grand-mère. *Des trisaïeuls, des trisaïeux encore vivants, des trisaïeules alertes.*
☞ Au-delà de ces générations, on dira **quatrième aïeul, cinquième aïeul,** etc.
V. **aïeul.**

trisomie n. f.
Anomalie chromosomique. *Le mongolisme est provoqué par la trisomie 21.*
☞ Dans la profession médicale, on préconise le remplacement du nom **mongolisme** par l'expression **trisomie 21.**

triste adj.
• Affligé, peiné. *Il avait un air triste.*
• Qui exprime la tristesse. *Une chanson triste.*
• Déplorable, méprisable. *Un triste personnage, une triste affaire.*
☞ En ce sens, l'adjectif se place devant le nom.

tristement adv.
D'une manière triste, pénible.

tristesse n. f.
• Affliction, chagrin. *Il était dans un état de profonde tristesse.*
• Caractère triste. *La tristesse d'un adieu, d'un décor.*

tristounet, ette adj.
(Fam.) Légèrement triste.

triturer v. tr., pronom.
• **Transitif**
- Broyer, décortiquer.
- (Fig.) Manipuler, soumettre à diverses actions. *Triturer un texte.*
• **Pronominal**
Se triturer la cervelle. Se creuser la tête pour comprendre quelque chose.

trivial, ale, aux adj.
Vulgaire, grossier. *Des propos triviaux.*

trivialement adv.
D'une manière triviale.

trivialité n. f.
Caractère de ce qui est vulgaire. *La trivialité de son langage.*

troc n. m.
👄 Le *c* se prononce [trɔk].
Échange en nature, sans usage de monnaie. *Le troc est une forme primitive de commerce.*
▭▷ troc.

troglodyte n. m.
Habitant de maisons creusées dans le roc. *Ce sont des troglodytes qui vivent dans la région de Pétra.*
▭- Le nom désigne la personne qui vit dans une grotte et non l'habitation creusée dans le roc.
▭▷ troglodyte.

troglodytique adj.
Relatif aux troglodyte. *Des habitations troglodytiques.*
▭▷ troglodytique.

trognon n. m.
Partie centrale d'un fruit, d'un légume dont on a retiré la partie comestible. *Un trognon de pomme.*

troïka n. f.
Traîneau russe attelé à trois chevaux. *Des troïkas qui glissent sur la neige.*
▭▷ troïka.

trois adj. et n. m. inv.
• **Adjectif numéral cardinal invariable.** Deux plus un. *Trois heures. Vingt-trois, trois cent deux.*
• **Adjectif numéral ordinal invariable.** Troisième. *Le trois décembre.*
• **Nom masculin invariable.** Nombre trois. *Il avait des trois de pique et de trèfle.*

troisième adj. et n. m. et f.
• **Adjectif numéral ordinal.** Nombre ordinal de trois. *La troisième heure.*
• **Nom masculin et féminin.** Personne, chose qui occupe le troisième rang. *Elles sont les troisièmes.*
▭- La troisième partie d'un tout est un **tiers.** *Les deux tiers d'un tout.*
V. **tiers.**

troisièmement adv.
En troisième lieu.

trois-mâts n. m. inv.
Voilier à trois mâts. *De majestueux trois-mâts.*
▭▷ trois-mâts.

trombe n. f.
• Colonne d'eau tourbillonnante.
• *Trombe d'eau.* Pluie très violente.
• *Arriver, partir en trombe.* Très vite.

trombone n. m.
• Instrument à vent de la catégorie des cuivres. *Il joue du trombone.*
• Petite agrafe servant à fixer des papiers. *Des trombones multicolores.*
▭- Attention au genre masculin de ce nom : **un** trombone.

trompe n. f.
• Petit instrument à vent. *Une trompe de chasse.*
• Appendice nasal de l'éléphant, du tapir.

trompe-l'œil n. m. inv.
Dessin, peinture qui donne l'illusion de relief. *Des décors exécutés en trompe-l'œil.*
▭- Le nom invariable s'écrit avec un trait d'union.

tromper v. tr., pronom.
• **Transitif**
- Duper, donner lieu à une erreur. *La ressemblance des immeubles l'a trompé.*
- Distraire momentanément. *Pour tromper l'attente, il lit une revue.*
• **Pronominal**
- Faire erreur. *Ils s'étaient lourdement trompés sur son compte. Elles se sont trompées d'avion.*
- *Si je ne me trompe.* Sauf erreur.

tromperie n. f.
• Action de tromper. *Des petites tromperies sans importance.*

trompette n. m. et f.
• **Nom féminin.** Instrument à vent de la catégorie des cuivres. *Elle joue remarquablement de la trompette.*
• *Sans tambour ni trompette.* Sans bruit.
▭- Dans cette expression, les noms sont au singulier.
• **Nom masculin.** Joueur de trompette.
▭- En ce sens, on emploie plutôt le nom **trompettiste.**

trompettiste n. m. et f.
Personne qui joue de la trompette.

trompeur, euse adj.
Qui porte à confusion. *Les apparences sont trompeuses.*

trompeusement adv.
D'une manière propre à tromper.

tronc n. m.
• Partie principale d'un arbre, depuis le sol jusqu'aux branches. *L'immense tronc d'un séquoia.*
• Partie du corps. *Le tronc massif d'un homme.*
▭▷ tronc.

tronçon n. m.
• Fragment. *Des tronçons de colonnes.*

• Partie d'une voie de circulation. *Un nouveau tronçon de l'autoroute va être ouvert prochainement.*
⇨ tronçon.

tronconique adj.
En forme de tronc de cône. *Une figure tronconique.*
⇨ tronconique.

tronçonnage n. m.
Action de couper en tronçons.
⇨ tronçonnage.

tronçonner v. tr.
Couper en tronçons. *Tronçonner du bois.*
⇨ tronçonner.

tronçonneuse n. f.
Machine-outil servant à tronçonner des pièces de bois, des barres métalliques, etc.
⇨ tronçonneuse.

trône n. m.
• Siège élevé du souverain.
• (Fig.) Royauté. *Le trône d'Angleterre.*
⇨ trône.

trôner v. intr.
• Siéger sur un trône.
• Être à la place d'honneur.
⇨ trôner.

tronquer v. tr.
Retirer une partie importante de quelque chose. *Cet article est illisible, il a été tronqué.*

trop adv.
• Avec excès. *Tu étudies trop.*
• **Locutions**
- *C'en est trop.* Cela dépasse les bornes.
- *De trop, en trop.* En plus. *Il y a deux fauteuils de trop.*
- *Par trop.* (Vx) Exagérément, extrêmement. *Cet exposé est par trop spécialisé.*
🖙 On dit plus simplement **trop.**
- *Trop peu.* Pas assez. *Il est trop peu économe.*
- *Trop... pour,* locution prépositive suivie de l'infinitif. Cette construction marque la conséquence. *Il est trop prudent pour avoir pris ce risque.*
- *Trop... pour que,* locution conjonctive qui marque la conséquence. *Ces produits sont trop coûteux pour qu'ils puissent être diffusés massivement.*

trophée n. m.
Marque, témoignage d'une victoire. *Il a gagné un trophée au tennis.*
⇨ trophée.

-trophie suff.
Élément du grec signifiant «nourriture». *Atrophie, hypotrophie.*

tropical, ale, aux adj.
• Propre aux tropiques. *Des climats tropicaux.*
• (Fig.) Torride. *Une chaleur tropicale.*

tropique n. m.
Partie de la sphère terrestre parallèle à l'équateur, le long de laquelle le Soleil passe au zénith à chacun des solstices. *Le tropique du Capricorne est au sud de l'équateur, le tropique du Cancer est au nord.*
🖙 Ce nom s'écrit avec une minuscule.

trop-perçu n. m. (pl. *trop-perçus*)
Excédent d'un compte.

trop-plein n. m. (pl. *trop-pleins*)
• Ce qui excède la capacité d'un contenant et qui déborde.
• (Fig.) Ce qui est en trop. *Un trop-plein de tendresse.*

troquer v. tr.
Échanger. *Il a troqué ses skis contre des patins à roulettes.*

troquet n. m.
👄 Le *t* final est muet [trɔkɛ].
(Fam.) Café.
⇨ troquet.

trot n. m.
👄 Le *t* final ne se prononce pas [tro].
• Allure du cheval, entre le pas et le galop.
• *Au trot,* locution adverbiale. Vivement.
⇨ trot.

trotte n. f.
(Fam.) Longueur de chemin à parcourir. *Il y a une bonne trotte entre ces deux villages.*

trotte-menu adj. inv.
(Vx) Qui trotte à petits pas. *La gent trotte-menu* (La Fontaine), *les souris.*

trotter v. intr.
• Aller au trot. *Ce cheval trottait élégamment.*
• (Fig.) Marcher vite et beaucoup. *Elles ont trotté toute la journée.*
• (Fig.) Passer de façon fugace. *Cette idée me trottait dans la tête à l'occasion.*

trotteur, euse n. m. et f.
• **Nom masculin et féminin.** Cheval, jument dressée pour le trot. *C'est un excellent trotteur.*
• **Nom féminin.** Petite aiguille des secondes. *La trotteuse d'une montre.*

trottinement n. m.
Action de trottiner.
⇨ trottinement.

trottiner v. intr.
Marcher rapidement et à petits pas.
⇨ trottiner.

trottinette n. f.
Planche montée sur deux roues dont celle d'avant est orientée par un guidon.
⇨ trottinette.

trottoir n. m.
Partie latérale d'une rue qui est réservée aux piétons.
⇨ trottoir.

trou n. m. (pl. *trous*)
• Cavité. *Le trou de la serrure, les trous du gruyère.*
• *Trou de mémoire.* Oubli. *J'ai un trou de mémoire* (et non un *blanc).

troubadour n. m.
Poète médiéval qui écrivait en langue d'oc.
🖙 Ne pas confondre avec le nom **trouvère,** poète médiéval qui écrivait en langue d'oïl.

troublant, ante adj.
• Étonnant, étranger. *La ressemblance entre ces personnes est troublante.*
• Excitant. *Une voix troublante.*

trouble adj.
• Qui n'est pas limpide. *Des eaux troubles.*
• Équivoque. *Une atmosphère trouble.*
• Qui n'est pas net, suspect. *Cette explication semble trouble.*

trouble n. m.
• Émotion tendre. *En entendant sa voix, un trouble délicieux l'envahit.*
• Anomalie de fonctionnement. *Des troubles respiratoires.*
• (Au plur.) Désordre, agitation. *Des troubles politiques.*

*trouble (avoir, faire du)
Anglicisme pour **avoir des ennuis, faire des histoires, des difficultés.**

trouble-fête n. m. et f. inv. (pl. *trouble-fête*)
Personne qui dérange.

troubler v. tr., pronom.
• **Transitif**
- (Litt.) Déranger, perturber. *Ils ont été accusés d'avoir troublé l'ordre public.*
- Interrompre. *Vos pleurs ont troublé son sommeil.*
- Toucher, causer de l'inquiétude. *Cette nouvelle l'aura troublé certainement.*
- Émouvoir tendrement. *Il a été troublé par cet appel.*
• **Pronominal**
Perdre son sang-froid, être déconcerté. *Devant l'examinateur sévère, ils se sont troublés.*

trou d'homme n. m. (pl. *trous d'homme*)
Ouverture dans la partie supérieure d'un réservoir pour en faciliter le nettoyage.
V. **regard.**

trouée n. f.
Ouverture. *Il y a une belle trouée de ciel bleu entre les nuages.*

trouer v. tr.
Percer. *Ses chaussures sont trouées.*

trouille n. f.
(Pop.) Peur, inquiétude.

troupe n. f.
• Groupe de militaires. *Une troupe armée.*
• Rassemblement de personnes, de comédiens. *Une troupe de théâtre.*
☞ Après un nom collectif suivi d'un nom au pluriel, le verbe se met au singulier ou au pluriel suivant l'intention de l'auteur qui veut insister sur l'ensemble ou sur la pluralité. *La troupe des militaires envahissait ou envahissaient la ville.*

troupeau n. m. (pl. *troupeaux*)
Groupe d'animaux domestiques qui sont élevés, nourris en un même lieu. *Des troupeaux de moutons.*

trousse n. f.
• Pochette, étui où est rangé un ensemble d'objets. *Une trousse de toilette, de voyage, une trousse à outils, à couture, à tricot.*

• *Aux trousses de quelqu'un.* À sa poursuite. *Les créanciers sont à ses trousses.*

trousseau n. m. (pl. *trousseaux*)
• Ensemble de vêtements. *Les trousseaux des jeunes mariées.*
• *Trousseau de clés.* Ensemble de clés maintenues par un porte-clés.

trousser v. tr.
• Relever (un vêtement). *Trousser ses jupes.*
• Exécuter rapidement. *Un petit poème bien troussé.*

trousseur n. m.
(Fam.) Coureur. *C'est un trousseur de jupons.*

trouvaille n. f.
Découverte. *Ils ont fait une belle trouvaille : un joli petit secrétaire Empire.*

trouver v. tr., pronom.
• **Transitif**
- Découvrir. *Les enfants ont trouvé un trésor.*
- Inventer. *Ce chercheur a trouvé un nouveau procédé.*
- Estimer, juger. *Elle trouve que vous avez raison. Elle ne trouve pas que vous ayez raison.*
☞ Le verbe qui suit se met à l'indicatif ou au conditionnel dans un tour affirmatif, au subjonctif dans un tour négatif.
• **Pronominal**
- Être situé en tel lieu. *Cette région se trouve au nord du fleuve.*
- Se sentir. *Ils se sont trouvés mal.*
• **Impersonnel**
Il s'avère que. *Il se trouve que vous avez tout à fait raison.*

trouvère n. m.
Poète médiéval qui écrivait en langue d'oïl.
☞ Ne pas confondre avec le nom **troubadour,** poète médiéval qui écrivait en langue d'oc.

truand n. m.
Malfaiteur. *Ce sont de dangereux truands.*
☞ tru**and.**

truander v. tr.
Escroquer. *Ils se sont fait truander.*

truc n. m.
• (Fam.) Procédé, astuce. *Ils ont trouvé un truc pour contourner la difficulté. Les trucs du métier.*
• (Fam.) Mot passe-partout qui sert à désigner une chose dont on ne sait pas le nom. *Ils ont acheté un truc formidable qui produit des sons étranges.*
Syn. **machin.**

trucage
V. **truquage.**

truchement n. m.
Par le truchement de. Par l'intermédiaire de.

trucider v. tr.
(Fam.) Assassiner.

truculence n. f.
Caractère de ce qui est truculent. *La truculence de Rabelais.*

truculent, ente adj.
Pittoresque, comique.

truelle n. f.
Spatule. *La truelle du maçon.*
➭ truelle.

truffe n. f.
• Champignon souterrain comestible très recherché.
• Confiserie. *De délicieuses truffes au chocolat.*

truffé adj.
• Garni de truffes. *Du foie gras truffé.*
• (Fig.) Rempli. *Un texte truffé d'erreurs.*

truffer v. tr.
• Garnir de truffes.
• (Fig.) Remplir. *Il a truffé son discours d'allusions litté-raires.*

truie n. f.
Femelle du porc.

truisme n. m.
Évidence. *Ces affirmations sont des truismes.*
Syn. **lapalissade.**

truite n. f.
Poisson de rivière voisin du saumon dont la chair est appréciée. *Une truite mouchetée, saumonée.*
➭ truite.

truiticulture n. f.
Élevage des truites.

trumeau n. m. (pl. *trumeaux*)
Pilier qui soutient le linteau d'un portail. *Le trumeau du beau portail de la basilique de la Madeleine à Vézelay.*

truquage ou **trucage** n. m.
(Cin.) Procédés techniques destinés à créer l'illusion d'une réalité fantastique.

truquer v. tr.
• Falsifier. *Truquer des cartes, une photographie.*
• Fausser. *Ces élections ont été truquées.*

truqueur n. m.
truqueuse n. f.
Au cinéma, à la télévision, technicien qui fait des tru-quages.

trust n. m.
⟺ Attention à la prononciation [trœst].
(Écon.) Fusion de plusieurs entreprises dans le but de limiter la concurrence. *Le trust du pétrole.*

*trust
Anglicisme au sens de *fiducie.*

*trust (in)
Anglicisme au sens de *fidéicommis.*

*truster
Anglicisme au sens de *faire confiance.*

tsar ou **tzar** n. m.
⟺ Le *t* se prononce *t* ou *d,* [tsar] ou [dzar].
Titre donné à l'empereur de Russie, et à certains souverains (Serbie, Bulgarie). *Alexandre II, tsar de Russie.*

tsarine ou **tzarine** n. f.
• Impératrice de Russie. *Catherine II, la grande tsarine.*
• Femme du tsar.

tsé-tsé n. f. inv.
Mouche africaine qui provoque la maladie du sommeil. *Des tsé-tsé dangereuses.*
☞— Le nom s'emploie surtout en apposition. *Des mouches tsé-tsé.*

t-shirt
V. **tee-shirt.**

tsigane ou **tzigane** adj. et n. m. et f.
• **Adjectif.** Se dit d'un peuple venu de l'Inde qui mène une existence de nomade. *La musique tsigane.*
• **Nom masculin et féminin.** *Un Tsigane, une Tsigane.*
☞— L'adjectif s'écrit avec une minuscule; le nom, avec une majuscule.
• **Nom masculin.** Langue parlée par les Tsiganes.
☞— Le nom de la langue s'écrit avec une minuscule.

TSVP
Abréviation de *tournez s'il vous plaît.*

TTC
Sigle de *toutes taxes comprises.*

tu pron. pers. m. et f. sing.

• **Pronom personnel de la deuxième personne du singulier,** *tu* est toujours sujet du verbe. *Tu chantes bien. Viendras-tu demain?*
☞— Ce pronom ne peut être séparé du verbe que par un autre pronom personnel ou par *ne, en, y.* *Tu ne vois rien, tu en jurerais, tu y passeras, tu lui donnes raison.*
• Le pronom s'emploie nominalement.
• *Être à tu et à toi avec quelqu'un.* Le tutoyer, être intime.

tuba n. m.
• Instrument à vent à pistons. *Ses voisins se sont plaints qu'il jouait du tuba.*
• Tube servant à respirer sous l'eau. *Un plongeur équipé d'un tuba.*

tube n. m.
• Tuyau cylindrique étroit. *Un tube en caoutchouc.*
• Conduit naturel. *Le tube digestif.*
• Contenant souple de forme cylindrique. *Un tube de dentifrice.*
• (Fam.) Chanson très populaire. *Cette interprétation musicale a été tout de suite un tube.*
• *À pleins tubes,* locution adverbiale. (Fam.) Très rapidement.

tubercule n. m.
Racine de certaines plantes (pomme de terre, patate, topinambour). *Ce tubercule est un peu pâteux.*
☞— Attention au genre masculin de ce nom : *un* tubercule.

tuberculeux, euse adj. et n. m. et f.
• **Adjectif.** Relatif à la tuberculose.
• **Nom masculin et féminin.** Personne atteinte de tuber-culose.

tuberculose n. f.
Maladie infectieuse et contagieuse, le plus souvent des poumons.

tubéreuse n. f.
Plante cultivée pour ses fleurs blanches très odorantes.

tubulaire adj.
Qui a la forme d'un tube. *Des rayonnages tubulaires.*
▭▷ tubul**aire.**

tue-mouches adj. inv. et n. m. inv. (pl. *tue-mouches*)
Se dit d'un papier enduit de colle employé pour attraper les mouches. *Un papier tue-mouches.*

tuer v. tr., pronom.
• **Transitif**
- Enlever la vie. *Le cycliste a été tué dans un accident. Les chasseurs ont tué des perdrix.*
- *Tuer le temps.* Se divertir pour passer le temps sans ennui.
• **Pronominal**
- Se suicider. *Elle s'est tuée pour ne pas lui survivre.*
- Mourir accidentellement. *Ils se sont tués en faisant de l'alpinisme.*
- (Fig.) S'épuiser. *Elle se tue à la tâche.*
- *Se tuer +* infinitif. (Fig.) S'évertuer à. *Je me tue à vous le dire.*

tuerie n. f.
Action de tuer sauvagement.
▭◁— Ne pas confondre avec les noms suivants :
- *carnage,* massacre d'hommes ou d'animaux;
- *hécatombe,* grande masse de personnes tuées, surtout au figuré;
- *massacre,* meurtre d'un grand nombre d'êtres vivants.
▭▷ tuerie.

tue-tête (à) loc. adv.
Crier à tue-tête. D'une voix très forte. *Les enfants criaient à tue-tête.*
▭◁— Cette locution est invariable.

tueur, euse n. m. et f.
Meurtrier. *C'est un tueur à gages.*

tuile n. f.
• Plaque de terre cuite servant à couvrir un édifice. *Un beau toit de tuiles rouges.*
▭◁— Ne pas confondre avec le nom *carreau,* plaque de terre cuite, de pierre, etc., servant à revêtir le sol.
• Petit biscuit. *Elle aime faire des tuiles aux amandes.*
• (Fam.) Malchance.

tulipe n. f.
Plante donnant de belles fleurs ornementales. *Des bulbes de tulipes.*
▭▷ tulipe.

tulle n. m.
Tissu léger à mailles rondes ou polygonales. *Un voile de tulle.*
▭◁— Attention au genre masculin de ce nom : *un* tulle.

tuméfaction n. f.
Enflure d'une partie d'un organe.

tuméfier v. tr., pronom.
Redoublement du *i* à la première et à la deuxième personne du pluriel de l'indicatif imparfait et du subjonctif présent.
Le verbe s'emploie surtout à l'infinitif, au participe et à la troisième personne du singulier.
Causer une tuméfaction. *Son œil est tuméfié.*

tumeur n. f.
Augmentation anormale du volume d'un organe, d'un tissu, en raison d'une prolifération cellulaire anormale. *Une tumeur bénigne, une tumeur maligne.*
▭◁— Attention au genre féminin de ce nom : *une* tumeur.

tumulte n. m.
Confusion, désordre bruyant.

tumultueusement adv.
D'une manière tumultueuse.

tumultueux, euse adj.
Agité, violent. *Les flots tumultueux.*

tumulus n. m.
⟳ Le *s* se prononce [tymylys].
Amas de terre, de pierres au-dessus d'une sépulture ancienne. *Le tumulus de Carnac, des tumulus bretons.*

tungstène n. m.
⟳ Les lettres *un* se prononcent *eu* et le *g* se prononce *k* [tœkstɛn].
• Symbole *W* (s'écrit sans point).
• Métal gris utilisé pour les alliages, les filaments des lampes, etc.

tunique n. f.
Corsage long. *Elle portait une tunique sur un pantalon.*

tunisien, ienne adj. et n. m. et f.
De Tunisie. *Un village tunisien. Un Tunisien, une Tunisienne.*
▭◁— L'adjectif s'écrit avec une minuscule; le nom, avec une majuscule.

tunnel n. m.
Voie souterraine. *Un tunnel de chemin de fer, le tunnel du Mont-Blanc.*
Ant. **viaduc.**
▭▷ tunn**el.**

tuque n. f.
Au Canada, bonnet de laine. *Une belle tuque tricotée à la main.*

turban n. m.
Coiffure drapée autour de la tête. *Elle portait toujours un turban.*
▭▷ turb**an.**

turbine n. f.
Dispositif doté d'une roue mobile actionnée par un fluide (eau, gaz, etc.). *Les turbines d'une centrale hydro-électrique.*

turbo n. m.
Moteur à turbine. *Des moteurs turbo.*
▭◁— En apposition, le nom est invariable et s'écrit sans trait d'union.

turbomoteur n. m.
Turbine à vapeur.

turbot n. m.
Poisson dont la chair est appréciée.
⮕ turbo**t**.

turbotrain n. m.
Train dont l'énergie provient de turbines à gaz.

turbulence n. f.
Agitation de l'air. *Veuillez boucler vos ceintures, nous traversons une zone de turbulence.*
⮕ turbulence.

turbulent, ente adj.
Espiègle, remuant. *Les enfants étaient turbulents aujourd'hui.*
⮕ turbulen**t**.

turc, turque adj. et n. m. et f.
• **Adjectif et nom masculin et féminin.** De Turquie. *Un café turc. Un Turc, une Turque.*
⊯— L'adjectif s'écrit avec une minuscule; le nom, avec une majuscule.
• **Nom masculin.** Langue parlée en Turquie. *Aydin parle le turc.*
⊯— Le nom de la langue s'écrit avec une minuscule.
⮕ tur**c**, tur**que**.

turgescence n. f.
Gonflement.
⮕ turge**sc**ence.

turgescent, ente adj.
Gonflé.
⮕ turge**sc**ent.

turlupiner v. tr.
(Fam.) Tracasser, intriguer. *Cette histoire le turlupine.*

turluter v. tr., et intr.
(Fam.) Au Canada, fredonner.

turlututu! interj.
Cette interjection marque la moquerie, un refus. *Turlututu chapeau pointu!*

turpitude n. f.
Ignominie.

turquoise adj. inv. et n. m. et f.
• **Nom féminin.** Pierre fine d'un bleu tirant sur le vert. *Une broche ornée de turquoises.*
• **Nom masculin.** Couleur turquoise. *Des turquoises lumineux.*
• **Adjectif de couleur invariable.** De la couleur bleu vert de la turquoise. *Des ceintures turquoise.*
V. Tableau - **COULEUR (ADJECTIFS DE).**

tutélaire adj.
(Litt.) Qui protège. *Les dieux tutélaires.*

tutelle n. f.
Autorité légale de protéger un mineur, un interdit.

tuteur, tutrice n. m. et f.
• Soutien légal d'un mineur. *Elle est la tutrice de cet enfant.*
• Tige destinée à soutenir une plante. *Attacher les plants de tomates à des tuteurs.*

tutoiement n. m.
Action de tutoyer.
⮕ tutoiement.

tutoyer v. tr., pronom.
Le **y** se change en **i** devant un **e** muet. *Il tutoie, il tutoyait.*
Le **y** est suivi d'un **i** à la première et à la deuxième personne du pluriel de l'indicatif imparfait et du subjonctif présent. *(Que) nous tutoyions.*
Employer la deuxième personne du singulier pour s'adresser à quelqu'un. *Aujourd'hui, les enfants tutoient généralement leurs parents. Ils se tutoient.*
Ant. **vouvoyer.**

tutti n. m. inv.
⬡ Le **u** se prononce **ou** [tuti].
(Mus.) Passage où tous les instruments jouent ensemble.

tutu n. m.
Costume de danseuse. *De jolis tutus.*

tuyau n. m. (pl. *tuyaux*)
👄 Attention à bien prononcer le son **i** [tɥijo].
• Conduit tubulaire servant à faire passer un liquide, un gaz. *Des tuyaux de cuivre.*
• *Tuyau d'arrosage* (et non *boyau d'arrosage).
• *Tuyau d'incendie* (et non *boyau d'incendie).
• (Fam.) Renseignement. *Il a un bon tuyau.*

tuyauterie n. f.
👄 Attention à bien prononcer le son **i** [tɥijotri].
Ensemble de tuyaux. *Une tuyauterie de cuivre.*

tuyère n. f.
👄 La première syllabe se prononce **tu** ou **tui,** [tyjɛr] ou [tɥijɛr].
Élément d'une canalisation par où les fluides s'échappent à haute vitesse.

tweed n. m.
👄 Les lettres **ee** se prononcent **i** et le **d** se prononce [twid].
Tissu de laine originaire d'Écosse servant à la confection des vêtements sport. *Une veste de tweed inusable. Des tweeds de qualité.*

twist n. m.
👄 Les lettres finales **st** se prononcent [twist].
Danse caractérisée par un déhanchement rapide.

tympan n. m.
• Membrane de l'oreille. *Tu vas lui crever le tympan avec ton vacarme.*
• Partie d'un portail, dans les églises romanes ou gothiques.
⮕ tympan.

type n. m.
• Espèce, genre. *Un type d'insecte.*
• Nom + *type.* Qui sert de modèle. *Des descriptions types, des formules types.*
⊯— Mis en apposition, le nom prend la marque du pluriel et s'écrit sans trait d'union.
• Ensemble de caractères distinctifs d'un groupe, d'une race. *Le type nordique, méditerranéen.*
• (Fam.) Individu quelconque. *Il a vu un type entrer soudainement.*

typer v. tr.
Donner les caractéristiques marquées d'un type. *Il a bien typé son personnage.*

typhoïde adj. et n. f.
Fièvre typhoïde ou *typhoïde.* Maladie infectieuse.
▭➤ **typh**oïde.

typhon n. m.
Tourbillon marin d'une extrême violence.
▭◁— Ne pas confondre avec les noms suivants :
- *bourrasque,* coup de vent violent et de courte durée;
- *cyclone,* tempête caractérisée par un puissant tourbillon destructeur;
- *ouragan,* vent très violent accompagné de pluie;
- *tornade,* trombe de vent violent.

typhus n. m.
Maladie infectieuse.
▭➤ **typh**us.

typique adj.
Caractéristique. *Une réponse typique de cette personne.*

typiquement adv.
D'une manière typique.

typo n. m. et f.
Abréviation familière de *typographie, typographe.*

typo- préf.
Élément du grec signifiant «caractère».

typographe n. m. et f.
• S'abrège familièrement en *typo* (s'écrit sans point).
• Personne qui exerce l'art de la typographie.

typographie n. f.
• S'abrège familièrement en *typo* (s'écrit sans point).
• Ensemble des techniques permettant de reproduire un texte au moyen de caractères en relief.
• Composition typographique.
• Manière dont un texte est imprimé. *La typographie de cet ouvrage est claire et soignée.*
▭◁— Ne pas confondre avec le nom *topographie,* représentation graphique et description détaillée d'un lieu précis.

typographique adj.
Relatif à la typographie. *Des caractères typographiques, des corrections typographiques.*

typologie n. f.
Classification systématique. *Une typologie des systèmes économiques.*

typologique adj.
Qui est relatif à une typologie. *Un classement typologique.*

tyran n. m.
• Despote qui abuse de son autorité.
• (Fig.) Personne autoritaire. *Un tyran domestique.*
▭➤ **tyr**an.

tyrannie n. f.
• Despotisme.
• (Litt.) Abus de pouvoir.
▭➤ **tyr**annie.

tyrannique adj.
• Qui tient de la tyrannie. *Un pouvoir tyrannique.*
• Autoritaire et injuste. *Un patron tyrannique.*
▭➤ **tyr**annique.

tyranniser v. tr.
Traiter avec tyrannie, abuser de son autorité.
▭➤ **tyr**anniser.

tyrannosaure n. m.
Reptile dinosaurien qui atteignait plus de 15 mètres de long. *Le tyrannosaure est le plus grand carnivore qui ait jamais existé.*
▭➤ **tyr**annosaure.

tyrolien, ienne adj. et n. m. et f.
Du Tyrol. *Une chanson tyrolienne. Les Tyroliens et les Tyroliennes.*
▭◁— L'adjectif s'écrit avec une minuscule; le nom, avec une majuscule.

tzar
V. **tsar.**

tzarine
V. **tsarine.**

tzigane
V. **tsigane.**

U
Symbole de *uranium*.

ubiquité n. f.
👄 Le deuxième *u* se prononce *u* (et non *ou*) [ybi kɥite].
Faculté d'être partout à la fois. *Elle semblait avoir le don d'ubiquité.*

ubuesque adj.
Digne d'Ubu, personnage truculent d'Alfred Jarry.

UCT
Sigle de *unité centrale de traitement*.

ukrainien, ienne adj. et n. m. et f.
👄 Les lettres *ai* se prononcent *è* [ykrɛnjɛ̃, jɛn].
• **Adjectif et nom masculin et féminin.** De l'Ukraine. *Le folklore ukrainien. Un Ukrainien, une Ukrainienne.*
🖝 L'adjectif s'écrit avec une minuscule; le nom, avec une majuscule.
• **Nom masculin.** Langue parlée en Ukraine. *Boris parle l'ukrainien.*

ulcération n. f.
Formation d'ulcère.

ulcère n. m.
Lésion de la peau, d'une muqueuse qui ne cicatrise pas. *Un ulcère d'estomac.*
🖝 Attention au genre masculin de ce nom : *un* ulcère.
🖛 ulc**è**re.

ulcéré, ée adj.
• Atteint d'ulcération. *Des plaies ulcérées.*
• (Fig.) Irrité, blessé. *Elle était ulcérée par tant de mauvaise foi.*

ulcérer v. tr.
Le *é* se change en *è* devant une syllabe muette, sauf à l'indicatif futur et au conditionnel présent. *Il ulcère, nous ulcérons.*
• (Méd.) Produire un ulcère.
• (Fig.) Irriter. *Cette interpellation injurieuse les ulcéra.*

ulcéreux, euse adj.
Qui a le caractère de l'ulcère, couvert d'ulcères.

ultérieur, eure adj.
Qui arrive après, postérieur. *Des faits ultérieurs à la signature du contrat. La rencontre a été reportée à une date ultérieure.*
🖝 L'adjectif étant un comparatif, il ne se construit pas avec *plus, moins.* Par contre, il peut se construire avec *très, peu, bien. Des faits très ultérieurs à l'évènement.*
Ant. **antérieur.**

ultérieurement adv.
Plus tard.

ultimatum n. m.
👄 Les lettres *um* se prononcent *om* [yltimatɔm].
• Mise en demeure formelle dont le rejet peut entraîner la guerre, des représailles.
• Proposition impérative. *Des ultimatums irrecevables.*
🖝 Ce nom d'origine latine est francisé et prend la marque du pluriel.

ultime adj.
Dernier, final (dans le temps). *Un ultime désir.*
🖝 L'adjectif étant un superlatif, il ne peut se construire avec un comparatif.

ultra- préf.
• Élément du latin signifiant «au-delà».
• Les mots composés avec le préfixe *ultra-* s'écrivent en un seul mot. *Ultrason, ultrasecret.*
☞ Seuls les mots qui sont des créations de circonstance ou de fantaisie peuvent s'écrire avec un trait d'union. *Ultra-pacifiste.*

ultimement adv.
En dernier lieu.

ultramoderne adj.
Très moderne. *Un immeuble ultramoderne doté de tous les dispositifs électroniques possibles.*

ultrasensible adj.
Extrêmement sensible. *Une tête de lecture ultrasensible.*

ultrason n. m.
Son de fréquence très élevée que l'oreille ne peut entendre. *Les ultrasons servent aux échographies médicales, aux appareils de détection sous-marine (sonar).*

ultrasonique adj.
Qui est relatif aux ultrasons. *Un dépistage ultrasonique.*

ultraviolet, ette adj. et n. m.
(Phys.) Se dit des radiations qui, dans le spectre, sont au-delà du violet et invisibles à l'œil humain.

ululement ou **hululement** n. m.
Cri des oiseaux de nuit. *Le ululement des hiboux.*

ululer ou **hululer** v. intr.
Crier, en parlant des oiseaux de nuit.

umlaut n. m.
👄 Les lettres *m* et *t* se prononcent [umlaut].
(Ling.) Inflexion vocalique de l'allemand qui se note par un tréma sur la voyelle.

un, une adj. num., art. indéf. et pron. indéf.
V. Tableau - **UN.**

unanime adj.
Qui marque un commun accord. *Un choix unanime. Elles sont unanimes à croire* ou *pour croire que ce choix est le meilleur.*

unanimement adv.
À l'unanimité.

unanimité n. f.
Accord de tous. *Elle a été élue à l'unanimité, la proposition a été adoptée à l'unanimité.*

*****underground**
Anglicisme pour *marginal, clandestin.*

une n. f.
(Fam.) Première page d'un quotidien. *Il a sa photo à la une du journal.*
☞ On ne fait pas l'élision devant ce nom.
V. Tableau - **UN.**

Unesco
Sigle anglais de *Organisation des Nations Unies pour l'éducation, la science et la culture* (United Nations Educational, Scientific and Cultural Organization).

uni- préf.
• Élément du latin signifiant «un».
• Les mots composés avec le préfixe *uni-* s'écrivent en un seul mot. *Unilingue.*

uni, ie adj.
• Uniforme, plane. *Un sol uni.*
• D'une seule couleur par opposition à *imprimé. Un tissu uni de couleur claire.*
• Qui sont liés. *Des amis très unis. Les États-Unis.*

unicité n. f.
Caractère de ce qui est unique.
Ant. **multiplicité.**

unième adj. num. ord.
Nombre ordinal de *un* qui ne s'emploie qu'à la suite des dizaines, centaines, etc. *Vingt et unième. Quarante et unième, cinquante et unième.* Une seule exception : *quatre-vingt-unième.*
☞ Avec la conjonction *et,* l'adjectif *unième* s'écrit sans trait d'union.

unièmement adv.
L'adverbe ne s'emploie qu'à la suite des dizaines, des centaines, etc., pour signifier *un. Vingt et unièmement.*

unification n. f.
Action d'unifier, son résultat.

unifier v. tr., pronom.
Redoublement du *i* à la première et à la deuxième personne du pluriel de l'indicatif imparfait et du subjonctif présent. *(Que) nous unifiions, (que) vous unifiiez.*
• **Transitif**
- Faire l'unité de. *Ce nouveau chef a unifié le parti.*
- Ramener à l'unité. *Les deux Allemagnes ont été unifiées.*
- Uniformiser. *Unifier les formats à l'aide d'une norme.*
• **Pronominal**
Devenir uni. *Ils se sont unifiés pour mieux résister.*

unifolié, ée adj. et n. m.
• **Adjectif.** Qui n'a qu'une feuille.
• **Nom masculin.** Le drapeau canadien. *L'unifolié et le fleurdelisé.*

uniforme adj. et n. m.
• **Adjectif**
- Qui est régulier, sans changement. *Un horaire uniforme, un taux uniforme.*
- Pareil. *Des tenues uniformes, des habitations uniformes.*
• **Nom masculin**
Tenue obligatoire. *Un uniforme militaire. Les élèves doivent être en uniforme bleu marine.*

uniformément adv.
D'une façon uniforme.

uniformisation n. f.
Action d'uniformiser, son résultat. *L'uniformisation du vocabulaire technique est souhaitable.*

uniformiser v. tr.
Rendre uniforme, normaliser. *Uniformiser la terminologie d'un secteur d'activité.*

uniformité n. f.
Nature de ce qui ne change pas de caractère, d'apparence.
☞ Ne pas confondre avec les noms suivants :
- *conformité,* état de choses semblables;
- *identité,* conformité totale;
- *ressemblance,* conformité partielle.

unijambiste adj. et n. m. et f.
Personne qui n'a qu'une jambe. *Un skieur unijambiste.*
Une unijambiste.

unilatéral, ale, aux adj.
• Qui est relatif à un seul côté. *Des engagements unila-
téraux.*
• Qui ne provient que d'une seule partie, alors que les
deux parties sont concernées. *Une modification unilatérale d'un contrat.*

unilatéralement adv.
Sans réciprocité.

unilingue adj. et n. m. et f.
Qui parle une seule langue. *Des étudiants unilingues.*
Ce sont des unilingues anglophones.

uniment adv.
• (Litt.) D'une manière égale, unie.
• (Fig.) Très simplement.

union n. f.
• Combinaison de plusieurs éléments ensemble. *L'union
du corps et de l'âme.*
• Confédération.
V. **pays.**
• Mariage, vie maritale. *Une union libre.*
• Association, accord. *L'union de la gauche.*
• *Trait d'union. Des traits d'union nombreux.*
V. Tableau - **TRAIT D'UNION.**

*union
Anglicisme au sens de *syndicat.*

Union des républiques socialistes soviétiques
Sigle *URSS* (s'écrit avec ou sans points).

**Union douanière de la Belgique, des Pays-
Bas et du Luxembourg.**
Sigle *Benelux* (s'écrit sans points).

unique adj.
• Seul. *C'est leur unique enfant.*
☞ En ce sens, l'adjectif est généralement placé
avant le nom.
• Sans égal. *Ce paysage est unique au monde. Un fait
unique.*
• Exceptionnel. *Une œuvre unique.*
☞ En ce sens, l'adjectif est placé après le nom.

uniquement adv.
• Seulement.
• Exclusivement.

unir v. tr., pronom.
• **Transitif**
- Mettre ensemble, assembler, rapprocher. *L'amitié qui
unit ces deux personnes.*
- Relier plusieurs éléments.

- *Unir + à. La conjonction unit la proposition à une
autre proposition.*
- *Unir + et. Unir la mesure et la sagesse.*
☞ Le verbe se construit généralement avec *à, et*
ou *avec.*
- *Unir + avec. Unir la fougue avec la raison.*
☞ Cette construction s'emploie surtout pour les
personnes ou les choses non destinées à s'unir.
• **Pronominal**
S'associer, s'allier. *Ces partenaires se sont unis pour
être plus puissants. Ces travailleurs se sont unis avec
les agriculteurs.*

unisexe adj.
Qui convient indifféremment aux hommes et aux femmes. *Des vêtements unisexes.*

unisexué, ée adj.
Se dit d'une fleur qui n'a qu'un seul sexe. *Des plantes
unisexuées.*

unisson n. m.
Harmonie, accord. *Ils acceptèrent à l'unisson.*

unitaire adj.
Relatif à une unité. *Un prix unitaire de 100 $.*
☞ unit**aire.**

unité n. f.
• Qualité de ce qui forme un tout. *L'unité du parti est à
refaire.*
• Caractère de ce qui est unique (par opposition à *pluralité). Le nombre* **un** *exprime l'unité. Le chiffre des
unités, des dizaines.*
• Grandeur type servant de base à la mesure des autres
grandeurs. *Les unités de mesure que nous utilisons
appartiennent au SI.*
V. Tableau - **SYMBOLES DES UNITÉS DE MESURE.**
• *Unité monétaire.* Unité de valeur définie par référence à l'emplacement géographique des autorités
monétaires responsables. *Le dollar, le franc sont des
unités monétaires.*
V. Tableau - **SYMBOLES DES UNITÉS MONÉ-
TAIRES.**
• *Unité centrale de traitement.* (Inform.) Partie d'un
ordinateur comprenant les circuits arithmétiques et
logiques ainsi que les circuits de commande. Abréviation *UCT* (s'écrit sans points).

univers n. m.
• Tout ce qui existe. *L'exploration spatiale repousse les
limites de l'Univers.*
☞ En ce sens, le nom s'écrit avec une majuscule.
• Le milieu particulier à une personne. *Son travail et
sa famille constituent tout son univers.*
• Milieu réel ou moral. *Un univers poétique.*

universalisation n. f.
Le fait de rendre universel.

universaliser v. tr.
Rendre universel.

universalité n. f.
Caractère de ce qui est universel.

UN

UN, UNE, ADJECTIF NUMÉRAL CARDINAL

• Une unité.
  Cette table mesure un mètre sur deux mètres. Elle a pris un café et deux croissants, il a pris une brioche.

☞ 1° L'adjectif *un* est le seul numéral à prendre la marque du féminin. *Dans cette classe, il y a vingt et une étudiantes.*

2° L'adjectif *un* se joint aux dizaines à l'aide de la conjonction *et* sans traits d'union. *Trente et un, cinquante et un.* Une seule exception : *quatre-vingt-un.*

3° L'adjectif *un* se joint aux centaines, aux milliers sans trait d'union et sans conjonction. *Cent un, mille un.*

4° La préposition *de* ne s'élide pas devant l'adjectif numéral dans les textes de nature scientifique, technique ou commerciale. *Une distance de un kilomètre, le total de un million de dollars.*

• Simple, unique.
  La vérité est une et indivisible.

• *Un par un, un à un*, locutions adverbiales. Un seul à la fois.
  Elles passeront une par une.

V. Tableau – **NOMBRES**.

UN, UNE, ADJECTIF NUMÉRAL ORDINAL

Premier.
  Chapitre un, acte un, page un.

☞ L'adjectif numéral ordinal s'écrit généralement en chiffres romains ou en chiffres arabes. *Chapitre I, page 1.*

UN, NOM MASCULIN INVARIABLE

Chiffre qui exprime l'unité.
  Le nombre 111 s'écrit avec trois un.

☞ Devant le nom *un*, l'article *le* ne s'élide pas. *Ils habitent le un de la rue des Érables.*

UNE, NOM FÉMININ

Première page d'un quotidien.
  Cet article figure à la une du journal du soir.

UN, UNE, ARTICLE INDÉFINI

L'article indéfini se rapporte à une personne, à une chose indéterminée ou non dénommée.
  Il a rencontré un ami, elle a vu un cheval et une jolie maison.

☞ L'article s'accorde en genre et en nombre avec le nom auquel il se rapporte. Le pluriel de l'article est *des*.

V. Tableau – **ARTICLE**.

suite ➞

UN, UNE, UNS, UNES, PRONOM INDÉFINI

• Quelqu'un.

• **Une, une des...** Quelqu'un parmi.
  L'une des participantes a appuyé la proposition. Les juges ont désigné un des champions.

☞ En tête de phrase, on emploie généralement *l'* devant le pronom pour des raisons d'euphonie.

• **Un de ceux, une de celles qui, que.** Le verbe se met au pluriel.
  Cette jeune étudiante est une de celles qui ont le plus travaillé.

• **Un, une des** + verbe au pluriel. Quelqu'un parmi. Le participe passé ou l'attribut s'accorde avec le complément du pronom.
  Un des auteurs qui se sont attachés à décrire cette situation.

• **Un, une des** + verbe au singulier. Le participe passé ou l'attribut s'accorde avec le pronom indéfini.
  Une des athlètes qui a été sélectionnée.

• **L'un, l'une l'autre, les uns, les unes les autres.** Réciproquement.
  Ils s'aiment l'un l'autre. Elles s'aident les unes les autres.

• **L'un, l'une..., l'autre.** Celui-là, celle-là par opposition à *l'autre*.
  L'une chante, l'autre danse. L'un accepte, tandis que l'autre refuse.

• **L'un et l'autre.** Tous deux.
  L'un et l'autre viendra ou *viendront*.

☞ Le verbe se met au singulier ou au pluriel.

• **L'un ou l'autre.** Un seul des deux.

☞ Le verbe se met au singulier. *L'une ou l'autre sera présente.*

• **Ni l'un, l'une ni l'autre.** Aucun des deux.
  Ni l'un ni l'autre n'a accepté ou *n'ont accepté.*

• **Pas un.** Aucun. Le pronom se construit avec **ne**.
  Pas un ne réussira.

• **Plus d'un, plus d'une.** Le verbe s'accorde au singulier avec le pronom indéfini.
  Plus d'une étudiante était satisfaite.

• **Plus d'un, d'une** + complément au pluriel. Le verbe se met au singulier ou au pluriel.
  Plus d'un des candidats était déçu ou *étaient déçus.*

---

universel, elle adj. et n. m.
• Qui concerne l'Univers. *Gravitation universelle.*
• Qui s'applique à tout. *La beauté est universelle.*
• Qui concerne tous les pays. *L'Exposition universelle de Séville.*

universellement adv.
De façon universelle. *Un principe universellement reconnu.*

universitaire adj. et n. m. et f.
• **Adjectif.** Relatif aux universités, à l'enseignement supérieur. *Des études universitaires, un grade universitaire, un diplôme universitaire.*
• **Nom masculin et féminin.** Personne qui enseigne dans une université. *Des universitaires éminents.*

*universitaire
Impropriété au sens de **diplômé universitaire.**

université n. f.
Établissement public ou privé d'enseignement supérieur.

☞ 1° Les noms génériques d'établissements d'enseignement s'écrivent avec une minuscule. *L'université de Besançon.*

2° Cependant, on doit respecter la graphie du nom officiel de l'établissement. Au Canada, le nom **université** s'écrit généralement avec une majuscule. *L'Université de Montréal, l'Université Laval, l'Université McGill.*

univocité n. f.
Caractère de ce qui est univoque.

univoque adj.
Qui a le même sens dans des emplois différents. *Un mot univoque.*

---

untel, unetelle ou **un tel, une telle** n. m. et f.
Personne anonyme. *Mme Une telle, M. Un tel.*

upsilon n. m. inv.
👄 Le *n* se prononce [ypsilɔn].
Lettre grecque.

*up to date
Anglicisme pour *à la dernière mode, à jour.*

uranium n. m.
👄 Le dernier *u* se prononce *o* [yranjɔm].
• Symbole *U* (s'écrit sans point).
• Métal radioactif naturel.

urbain, aine adj.
De la ville. *L'aménagement urbain, la population ur-
baine.*
Ant. **rural.**

urbanisation n. f.
Déplacement de la population vers les villes.

urbaniser v. tr., pronom.
• **Transitif.** Donner un caractère urbain à.
• **Pronominal.** Se transformer en zone urbaine.

urbanisme n. m.
Ensemble des connaissances et des pratiques gui-
dant le processus de planification et de gestion des
territoires urbains et ruraux.

urbaniste adj. et n. m. et f.
Spécialiste de l'urbanisme et de l'aménagement.

urée n. f.
Substance en dissolution dans l'urine.
▭▷ **ur***ée.*

urémie n. f.
Accumulation excessive d'urée dans le sang.

urémique adj.
Qui est relatif à l'urémie.

uretère n. m.
Canal qui conduit l'urine des reins à la vessie.
▭◁ Attention au genre masculin de ce nom : *un*
uretère.

urètre n. m.
Canal qui conduit l'urine de la vessie à l'extérieur.
▭◁ Attention au genre masculin de ce nom : *un*
urètre.

urgence n. f.
• Caractère de ce qui est urgent. *L'urgence du pro-
blème. Des mesures d'urgence.*
• Cas urgent. *C'est une urgence : il faut trouver un
chirurgien.*
• Service hospitalier qui reçoit les cas urgents. *Veuillez
vous présenter à l'urgence de l'hôpital.*
▭◁ Au Canada, le nom s'emploie au singulier en ce
sens. Dans la francophonie, il s'emploie plutôt au pluriel.
Le Service des urgences d'un hôpital.
• *D'urgence, de toute urgence,* locutions adverbiales.
Sans délai, immédiatement. *Elle doit être opérée d'urgence.*
▭▷ **urg***ence.*

urgent, ente adj.
Qui ne peut être retardé, dont on doit s'occuper sans
délai. *Une intervention urgente.*
▭▷ **urg***ent.*

urger v. intr.
Le *g* est suivi d'un *e* devant la lettre *a. Il urgea.*
(Fam.) Être urgent, pressé. *Ça urge!*

urinaire adj.
Qui est relatif à l'urine. *Un conduit urinaire, les voies
urinaires.*
▭▷ **urin***aire.*

urine n. f.
Liquide sécrété par les reins et éliminé par l'urètre.

uriner v. tr., intr.
• **Transitif.** Évacuer dans son urine. *Uriner du sang.*
• **Intransitif.** Évacuer l'urine.

urne n. f.
• Vase décoratif de forme arrondie.
• Boîte où l'on dépose les bulletins de vote.
• *Aller aux urnes.* Aller voter.

urologie n. f.
Spécialité de la médecine qui traite des maladies des
voies urinaires.

urologue n. m. et f.
Spécialiste de l'urologie.

URSS
Sigle de *Union des républiques socialistes soviétiques.*

ursuline n. f.
Religieuse de l'ordre de sainte Ursule. *Elle a fait ses
études chez les ursulines à Québec.*
▭◁ Les noms d'ordre religieux s'écrivent avec une
minuscule.

urticaire n. f.
Éruption cutanée. *Épisodiquement le Québec souffre
d'urticaire linguistique.* (Jean-Claude Corbeil)
▭◁ Attention au genre féminin de ce nom : *une*
urticaire.
▭▷ **urtic***aire.*

uruguayen, enne adj. et n. m. et f.
👄 La troisième syllabe se prononce *gouè* [yry
gwejɛ̃, ɛ̃n].
De l'Uruguay. *Un mets uruguayen. Un Uruguayen, une
Uruguayenne.*
▭◁ L'adjectif s'écrit avec une minuscule; le nom,
avec une majuscule.

us n. m. pl.
👄 Le *s* se prononce [ys].
Us et coutumes. Usage.
▭◁ Le nom ne s'emploie plus que dans l'expression
citée.

USA
Abréviation de *United States of America,* dont
l'équivalent français est *É.-U.*

usage n. m.
• Emploi d'une chose. *Il a perdu l'usage de la parole.*

Ils ont fait un usage abusif de cet appareil.
• Coutume. *Il faut agir ainsi; c'est l'usage!*
• Emploi d'un mot, d'une construction conformément aux règles. *L'orthographe d'usage.*
• *À l'usage de.* Destiné à. *Cet abécédaire est à l'usage des enfants.*
• *D'usage.* Conforme aux règles. *Les formules d'usage. Il est d'usage de...*
• *En usage.* Usité. *Ce terme n'est plus en usage.*
• *Faire usage de.* Utiliser. *En cette matière, il faut faire usage de bon sens.*

usagé, ée adj.
Qui a servi, mais qui est encore en bon état. *Un cartable usagé, mais toujours beau.*
☞— Ne pas confondre avec le mot **usé,** détérioré par l'usure.

*usagé
Anglicisme au sens de (marchandise) ***d'occasion.***

usager, ère n. m. et f.
• Personne qui fait usage d'un service public ou du domaine public. *Les usagers du train, du métro.*
• Utilisateur (d'une langue). *Les usagers du français, de l'anglais.*
V. **consommateur.**

usé, ée adj.
• Détérioré par l'usure. *Des pneus complètement usés.*
• Banal, rebattu. *Un sujet usé, des plaisanteries usées.*
• Affaibli. *Cet homme est très usé par la maladie.*

user v. tr., pronom.
• **Transitif direct.** Détériorer par l'usure. *Elle a tellement marché qu'elle a usé ses chaussures.*
• **Transitif indirect.** (Litt.) Employer. *Ils ont usé d'un subterfuge.*
☞— Le verbe transitif indirect se construit avec la préposition *de.*
• **Pronominal.** Se détériorer à l'usage. *Ses vêtements se sont usés.*

usinage n. m.
Action d'usiner.

usine n. f.
Établissement industriel. *Une usine d'automobiles, de meubles.*

usiner v. tr.
• Fabriquer dans une usine. *Usiner des appareils d'éclairage.*
• Traiter une pièce à l'aide d'une machine-outil.

usité, ée adj.
Se dit d'une expression, d'un mot usuel, d'emploi courant. *Le subjonctif imparfait est peu usité aujourd'hui.*

ustensile n. m.
Instrument servant aux usages domestiques. *Des ustensiles de cuisine, de jardinage.*
☞— Ne pas confondre avec les noms suivants :
- ***appareil,*** ensemble de pièces disposées pour fonctionner ensemble en vue d'exécuter une opération matérielle;
- ***machine,*** appareil utilisant l'énergie;
- ***outil,*** instrument utilisé directement par la main pour faire un travail.

usuel, elle adj.
Qui est courant. *Des expressions usuelles.*

usuellement adv.
Couramment.

usufruit n. m.
(Dr.) Jouissance d'un bien dont une autre personne a la propriété. *Elle a l'usufruit de cet immeuble.*
☞— La propriété d'un bien sur lequel une autre personne a un droit d'usufruit est la ***nue-propriété.***

usufruitier, ière n. m. et f.
(Dr.) Personne qui a l'usufruit d'un bien.

usuraire adj.
Qui est propre à l'usure. *Un taux usuraire.*
☞ usur**aire.**

usure n. f.
• Détérioration résultant d'un usage prolongé. *L'usure d'un moteur.*
• Fait pour un prêteur de demander un taux d'intérêt excessif.

usurier, ière n. m. et f.
Personne qui prête de l'argent en pratiquant des taux usuraires.

usurpateur, trice n. m. et f.
Personne qui s'empare d'un pouvoir, d'un titre, etc., sans droit.

usurpation n. f.
Action d'usurper.

usurper v. tr.
S'emparer par violence ou par ruse d'un pouvoir, d'un titre appartenant à autrui.

ut n. m. inv.
☞ Le *t* se prononce [yt].
Premier degré de la gamme de *do. Une symphonie en ut mineur.*
V. **notes de musique.**

UT
Sigle anglais de ***temps universel.***

UTC
Sigle anglais de ***temps universel coordonné.***
☞— Le sigle ***GMT*** est souvent employé improprement pour désigner le temps universel coordonné (***UTC***).

utérin, ine adj.
• Relatif à l'utérus. *Une hémorragie utérine.*
• (Dr.) Se dit d'enfants qui ont la même mère, mais non le même père.
Ant. **consanguin.**

utérus n. m.
Organe de la gestation de la femme et des mammifères femelles.

utile adj.
• Qui sert à quelque chose. *Des découvertes très utiles.*
• *En temps utile,* locution adverbiale. En temps opportun.
• *À toutes fins utiles,* locution adverbiale. Pour servir le cas échéant. *À toutes fins utiles* (et non **à toutes fins pratiques*), *je vous transmets mes coordonnées.*

utilement adv.
D'une manière utile.

utilisable adj.
Qui peut être utilisé. *Cet outil est encore utilisable.*

utilisateur, trice n. m. et f.
Personne qui fait usage d'une machine, d'un appareil. *Les utilisateurs et les utilisatrices de la bureautique.* V. **consommateur.**

utilisation n. f.
Action d'utiliser. *Les nombreuses utilisations médicales d'une découverte.*

utiliser v. tr.
• Se servir de, faire usage de. *Elle a utilisé un vieux chapeau à plume pour son déguisement.*
• Tirer profit de. *Ils utilisent leurs ressources de façon optimale.*

utilitaire adj.
• Qui recherche l'utile. *Des études utilitaires.*
• *Véhicule utilitaire.* Véhicule qui sert aux transports en commun, au transport des marchandises, par opposition à *voiture de tourisme.*
➠ utili**taire.**

utilité n. f.
Qualité de ce qui est utile, de ce qui est propre à satisfaire un besoin. *L'utilité des mesures préventives. Votre contribution sera d'une grande utilité.*

utopie n. f.
Projet chimérique qui ne tient pas compte de la réalité.

utopique adj.
Qui tient de l'utopie, irréalisable.

V

v. ou **V.**
Abréviation de *voir.*

V
• Symbole de *volt.*
• Chiffre romain dont la valeur est de 5.
V. Tableau - **CHIFFRES.**

vacance n. f.
• État d'un poste vacant, d'une fonction non exercée.
La vacance d'un siège de député.
• (Au plur.) Période annuelle d'arrêt du travail, des
études, congé. *Ils prendront leurs vacances en août.
Bonnes vacances!*
☞ En ce sens, le nom s'emploie toujours au pluriel.

*vacance
Impropriété au sens de *période de congé. Elle a
passé de belles vacances* (et non **une belle vacance*).

vacancier, ière n. m. et f.
Personne en vacances dans un lieu autre que son
domicile habituel.
V. **estivant.**

vacant, ante adj.
• Qui n'a pas de titulaire. *Des postes vacants.*
• Inoccupé. *Une maison vacante.*
☞ Ne pas confondre avec le participe présent
invariable *vaquant. Les employés vaquant à leurs
occupations...*

vacarme n. m.
Tapage, grand bruit.

vacation n. f.
Honoraires (des experts, des membres de certaines
professions).

vaccin n. m.
👄 Les deux *c* se prononcent *ks* [vaksɛ̃].
Culture microbienne qui, sous forme atténuée, est ino-
culée à une personne afin de la préserver de l'atteinte
de la maladie correspondante. *Un vaccin antituberculeux, un vaccin contre la rougeole, la méningite.*

vaccination n. f.
👄 Les deux *c* se prononcent *ks* [vaksinasjɔ̃].
Administration d'un vaccin. *Une vaccination obligatoire.*

vacciner v. tr.
👄 Les deux *c* se prononcent *ks* [vaksine].
Administrer un vaccin. *Ces adolescentes ont été vac-
cinées contre la rubéole.*

vache adj. et n. f.
• **Nom féminin.** Femelle du taureau. *Les petits de la
vache sont le veau et la génisse. La vache meugle ou
beugle et vêle pour la mise bas.*
• **Adjectif.** (Fam.) Sévère. *L'examen était très vache.*

vachement adv.
(Pop.) Très, rudement. *Elles sont vachement sympathiques, les copines.*

vacherie n. f.
(Fam.) Méchanceté. *Il lui a fait une vacherie.*

vacherin n. m.
Pâtisserie à la meringue et à la crème Chantilly. *Des
vacherins irrésistibles.*

vacillant, ante adj.
👄 Les *ll* se prononcent comme dans *brillant*
[vasijɑ̃, ɑ̃t].
Chancelant. *La flamme vacillante des bougies.*

☞ Ne pas confondre avec le participe présent invariable **vacillant**. *Vacillant sur leurs pauvres jambes, ils tentent de marcher.*

vacillation n. f.
👄 Les *ll* se prononcent comme dans *brillant* [vasijɑsjɔ̃].
Le fait de vaciller.

vacillement n. m.
👄 Les *ll* se prononcent comme dans *brillant* [vasij mɑ̃].
Mouvement de ce qui vacille.

vaciller v. intr.
Les lettres *ill* sont suivies d'un *i* à la première et à la deuxième personne du pluriel de l'indicatif imparfait et du subjonctif présent. *(Que) nous vacillions, (que) vous vacilliez.*
👄 Les *ll* se prononcent comme dans *brillant* [vasije].
• Chanceler. *Le chiot vacille sur ses pattes.*
• Osciller. *De grands flambeaux dont la flamme vacillait.*

va-comme-je-te-pousse (à la) loc. inv.
N'importe comment. *Elle a rangé sa chambre à la va-comme-je-te-pousse.*
☞ à la **va-comme-je-te-pousse,** avec quatre traits d'union.

vacuité n. f.
(Litt.) État de ce qui est vide, absence de valeur. *La vacuité de ces textes est navrante.*

vade-mecum n. m. inv. (pl. *vade-mecum*)
👄 Les *e* se prononcent *é* et le *u* se prononce *o* [vademekɔm].
(Litt.) Aide-mémoire. *Des vade-mecum bien faits. Le vade-mecum des médecins.*
☞ Ce mot latin s'écrit sans accents et reste invariable : vade-mecum.
☞ En typographie soignée, les mots étrangers sont composés en italique. Dans des textes déjà en italique, la notation se fait en romain. Pour les textes manuscrits, on utilisera les guillemets.

vadrouille n. f.
• Instrument servant au nettoyage, sur un bateau.
• Au Canada, instrument composé d'un manche sur lequel sont assemblées des fibres végétales ou synthétiques. *Passer la vadrouille* (et non la *mop).
☞ Dans la francophonie on emploie plutôt le *balai à franges.*
• (Fam.) Promenade sans but. *Elle est partie en vadrouille.*

vadrouiller v. intr.
Les lettres *ill* sont suivies d'un *i* à la première et à la deuxième personne du pluriel de l'indicatif imparfait et du subjonctif présent. *(Que) nous vadrouillions, (que) vous vadrouilliez.*
(Fam.) Faire une promenade sans but défini.

vadrouilleur, euse adj. et n. m. et f.
(Fam.) Personne qui aime aller en vadrouille.

va-et-vient n. m. inv. (pl. *va-et-vient*)
Allées et venues continuelles d'une personne, d'une chose. *Des va-et-vient lassants. Le va-et-vient des avions.*
☞ **va-et-vient,** avec deux traits d'union.

vagabond, onde adj. et n. m. et f.
• **Adjectif.** Instable. *Une imagination vagabonde.*
• **Nom masculin et féminin.** Personne qui n'a pas de domicile fixe ni de métier.

vagabondage n. m.
• État de vagabond.
• (Fig.) État de l'esprit, de l'imagination qui passe d'une chose à une autre, sans se fixer.

vagabonder v. intr.
Se déplacer sans but déterminé.

vagin n. m.
Organe génital interne de la femme, de la femelle des mammifères, qui fait communiquer la vulve avec l'utérus.

vaginal, ale, aux adj.
Relatif au vagin. *Des tissus vaginaux, la muqueuse vaginale.*

vaginite n. f.
Inflammation du vagin.

vagir v. intr.
• Pleurer, en parlant du nouveau-né.
• Crier, en parlant du crocodile, du lièvre.

vagissement n. m.
• Cri du nouveau-né.
• Cri du crocodile, du lièvre.

vague adj. et n. m. et f.
• **Adjectif**
- Imprécis, indéterminé. *De vagues propositions.*
- Incertain, sans précision. *Ce sont de vagues souvenirs.*
- *Terrain vague.* Terrain ni cultivé ni construit.
• **Nom masculin**
- Caractère de ce qui est imprécis, indéterminé. *Le vague de sa réponse. Rester dans le vague.*
- *Vague à l'âme.* Mélancolie.
• **Nom féminin**
- Mouvement de la surface de l'eau. *Le vent soulevait d'énormes vagues.*
- (Fig.) Mouvement massif soudain. *Des vagues de réfugiés qui demandent le droit de rester au pays.*
- (Fig.) Phénomène qui se propage subitement. *Des vagues d'attentats à la bombe.*

vaguelette n. f.
Petite vague.

vaguement adv.
• D'une manière imprécise. *On a vaguement décrit cette personne.*
• D'une manière incertaine. *Ils ont vaguement promis de reconsidérer la question.*

vaguer v. intr.
Ce verbe s'écrit toujours avec un *u,* même devant les lettres *a* et *o. Il vagua, nous vaguons.*
(Litt.) Errer. *Elle laissa vaguer son imagination.*

☞— Ne pas confondre avec le verbe **vaquer,** s'occuper de.

vahiné n. f.
Femme tahitienne. *Les vahinés de Gauguin.*
☞ vahiné.

vaillamment adv.
(Litt.) Avec vaillance.
☞ vai**ll**amment.

vaillance n. f.
(Litt.) Courage, bravoure.
☞ vai**ll**ance.

vaillant, ante adj.
• (Litt.) Courageux, brave. *De vaillants explorateurs.*
• *N'avoir pas un sou vaillant.* (Litt.) Être complètement démuni.
☞— Dans cette expression, **vaillant** est l'ancienne forme du participe présent du verbe **valoir.**

vain, vaine adj.
• Qui reste sans résultat. *Les recherches ont été vaines.*
• *En vain.* Inutilement.
Hom. :
- *vin,* boisson;
- *vingt,* dix-neuf plus un.

vaincre v. tr.
INDICATIF PRÉSENT *Je vaincs, tu vaincs, il vainc, nous vainquons, vous vainquez, ils vainquent.* IMPARFAIT *Je vainquais.* PASSÉ SIMPLE *Je vainquis.* FUTUR *Je vaincrai.* CONDITIONNEL PRÉSENT *Je vaincrais.* IMPÉRATIF PRÉSENT *Vaincs, vainquons, vainquez.* SUBJONCTIF PRÉSENT *Que je vainque.* IMPARFAIT *Que je vainquisse.* PARTICIPE PRÉSENT *Vainquant.* PASSÉ *Vaincu, ue.*
Le *c* du radical de l'infinitif se maintient au singulier du présent de l'indicatif et de l'impératif.
☞— Avec l'inversion du sujet *il* ou *elle,* on écrit *vainc-t-il.*
• Triompher de. *Les Anglais ont vaincu les Français sur les plaines d'Abraham.*
• Surmonter. *Ils vainquirent tous les obstacles.*

vaincu, ue adj. et n. m. et f.
Qui a subi une défaite. *L'équipe vaincue. Les vaincus sont rentrés dans leur pays.*

vainement adv.
Inutilement. *Toute autre action serait tentée vainement.*

vainqueur adj. et n. m.
• **Adjectif.** Victorieux. *L'athlète vainqueur de la course.*
• **Nom masculin.** Personne qui a remporté une victoire. *Napoléon, le vainqueur d'Iéna.*
☞— Ce mot ne comporte pas de forme féminine; au féminin, dans l'emploi adjectival, on emploie généralement l'adjectif **victorieuse.** *L'équipe victorieuse.*

vair n. m.
(Vx) Fourrure blanche et grise d'un type d'écureuil, dit *petit gris.*
☞— Dans le conte de Perreault, Cendrillon perd sa petite pantoufle de verre. L'emploi d'un homophone de *vair* était voulu par l'auteur.

Hom. :
- *ver,* animal invertébré;
- *verre,* substance transparente;
- *verre,* récipient pour boire;
- *vers,* assemblage de mots dans un poème;
- *vert,* couleur verte.
☞ vair.

vairon n. m.
Petit poisson d'eau douce.

vaisseau n. m. (pl. *vaisseaux*)
• Canal dans lequel le sang, la lymphe circule. *Les vaisseaux sanguins.*
• (Litt.) Navire capable de tenir la mer. *Un vaisseau fantôme.*
• *Vaisseau spatial.* Engin des astronautes.
V. **bateau.**

vaisselier n. m.
Meuble servant à ranger la vaisselle.
☞ vaisse**l**ier.

vaisselle n. f.
Ensemble des plats qui servent à l'usage de la table. *Un service* (et non un **set*) *de vaisselle en porcelaine de Limoges.*
☞ vaisse**ll**e.

val n. m. (pl. *vals, vaux*)
• Petite vallée. *Le Val de Loire.*
☞— Le nom comporte deux pluriels : *vals* est le pluriel courant, tandis que le pluriel ancien *vaux* n'est usité que dans l'expression *par monts et par vaux* ou dans certains toponymes.
• *Par monts et par vaux,* locution adverbiale. Partout.
• *À vau-l'eau.* Au fil du courant.
• *S'en aller à vau-l'eau.* Se perdre, se gâter.

valable adj.
• Qui est réglementaire, qui a une valeur juridique. *Ce contrat est valable.*
• Qui garde sa valeur. *Ces billets ne sont plus valables, ils sont périmés.*
• Admissible. *Cette raison est valable.*
• Qui a une valeur. *Un écrivain tout à fait valable. Un roman valable.*
☞— En ce sens, le mot a été critiqué par de nombreux auteurs, mais il est maintenant passé dans l'usage.

valablement adv.
D'une manière valable, efficace.

*valance
Anglicisme pour **cantonnière.**

valenciennes n. f. inv.
Dentelle très fine qui était fabriquée à Valenciennes.
☞— Le nom de la dentelle s'écrit avec une minuscule.

valériane n. f.
Plante à fleurs blanches ou roses ayant des propriétés médicinales.

valet n. m.
• Domestique. *Un valet d'écurie.*
• Aux cartes, figure qui vient après le roi et la dame. *Un valet de cœur.*

• *Valet de nuit.* Cintre sur pieds sur lequel on dispose ses vêtements pendant la nuit. On l'appelle aussi *galant de nuit* ou *serviteur (muet).*
⇨ valet.

valétudinaire adj.
(Litt.) Maladif, de santé frêle.
⇨ valétudin**aire.**

valeur n. f.
• Qualités morales, intellectuelles d'une personne. *Une femme de valeur.*
• Importance, qualité. *La valeur d'une œuvre.*
• Ce que vaut une chose. *La valeur actualisée d'un placement. Des objets de grande valeur.*
• *Valeurs mobilières.* Titres négociables, effets de commerce.
• *Valeur refuge.* Placement non spéculatif. *L'or, l'immobilier sont des valeurs refuges.*
• *Être de valeur.* (Fam.) Au Canada, être dommage. *C'est de valeur, elle a perdu ses clés.*

valeureux, euse adj.
(Litt.) Brave. *De valeureux guerriers.*

validation n. f.
Action de valider. *La validation de données, d'un billet de loterie.*

valide adj.
• En bonne santé, vigoureux (par opposition à *infirme*). *Les personnes valides.*
Ant. **invalide.**
• Qui n'est entaché d'aucune cause de nullité. *Votre permis de conduire est-il valide?*

valider v. tr.
Rendre valide. *Faire valider son bulletin de loto.*

validité n. f.
Caractère de ce qui est valide. *La durée de validité d'un billet d'avion.*

valise n. f.
Sac de voyage qui se porte à la main. *Une valise de cuir.*
▷— Ne pas confondre avec le nom *malle,* coffre destiné à recevoir les effets qu'on emporte en voyage. Syn. **bagage.**

*valise
Impropriété au sens de *coffre* (de la voiture).

valkyrie
V. **walkyrie.**

vallée n. f.
• Dépression entre des montagnes, souvent arrosée d'un cours d'eau.
• Bassin d'un fleuve. *La vallée du Saint-Laurent, du Niagara.*
▷— Les noms génériques de géographie s'écrivent avec une minuscule.
⇨ vallée.

vallon n. m.
Petite vallée.
⇨ vallon.

vallonné, ée adj.
Couvert de vallons. *Un terrain vallonné.*
⇨ vallonné.

vallonnement n. m.
État de ce qui est vallonné.
⇨ vallonnement.

valoir v. tr., intr., impers., pronom.
INDICATIF PRÉSENT *Je vaux, tu vaux, il vaut, nous valons, vous valez, ils valent.* IMPARFAIT *Je valais.* PASSÉ SIMPLE *Je valus.* FUTUR *Je vaudrai.* CONDITIONNEL PRÉSENT *Je vaudrais.* IMPÉRATIF PRÉSENT *Vaux, valons, valez.* SUBJONCTIF PRÉSENT *Que je vaille, que tu vailles, qu'il vaille, que nous valions, que vous valiez, qu'ils vaillent.* IMPARFAIT *Que je valusse.* PARTICIPE PRÉSENT *Valant.* PASSÉ *Valu, ue.*
• **Transitif**
- Justifier. *Ce paysage grandiose vaut le détour.*
- Correspondre, équivaloir. *Le chiffre romain V vaut 5.*
- *Valoir la peine.* Mériter.
- Procurer. *Les félicitations que ce travail lui a values.*
▷— En ce sens, le participe passé s'accorde avec le complément d'objet direct qui précède le verbe.
• **Intransitif**
- Avoir une certaine valeur. *Cette maison vaut une petite fortune.*
▷— Le complément du verbe en ce sens est un complément circonstanciel (combien vaut la maison?) et le participe passé est invariable. *La somme que cette propriété a valu l'an dernier.*
- Avoir une grande valeur (morale, intellectuelle). *Cette recherche vaut qu'on s'y arrête.*
• **Impersonnel**
- *Il vaut mieux, mieux vaut.* Il est préférable. *Il vaudrait mieux tout reprendre de zéro. Mieux vaut tout recommencer.*
• **Pronominal**
Avoir la même valeur. *Les deux propositions se valent.*
• **Locutions**
- *À valoir.* En acompte, à titre d'acompte. *Vous trouverez un chèque de 300 $, à valoir sur le montant total.*
- *Vaille que vaille.* Tant bien que mal.

valorem, ad
V. **ad valorem.**

valorisation n. f.
Action de mettre en valeur.

valoriser v. tr.
Accroître la valeur, la rentabilité de. *Valoriser un placement.*

valse n. f.
Danse à trois temps. *Les valses de Strauss.*

valser v. intr.
Danser la valse. *Les danseurs valsaient harmonieusement.*

valseur, euse n. m. et f.
Personne qui danse la valse.

valve n. f.
• Dispositif servant à régler le mouvement d'un fluide dans une canalisation.
• Petite soupape à clapet utilisée pour le gonflage d'un pneu, d'un ballon, etc.

valvule n. f.
Repli qui, dans les vaisseaux du corps, empêche le reflux du sang ou de la lymphe. *Les valvules du cœur.*
➪ valvule.

vamp n. f.
👄 Le *p* se prononce [vãp].
(Cin.) Actrice qui jouait les rôles de femme fatale. *Des vamps irrésistibles.*

vampire n. m.
Fantôme qui vient sucer le sang des vivants pendant leur sommeil, d'après la croyance populaire.

van n. m.
👄 Le *n* est muet [vã].
• Panier d'osier servant à trier le grain.
• Voiture fermée, pour le transport des chevaux.

vandale adj. et n. m. et f.
Personne qui détruit, mutile volontairement une œuvre d'art, un site, etc. *Ce promoteur est un vandale.*
➪ vandale.

vandalisme n. m.
Acte de détruire, de mutiler des œuvres d'art, des édifices, etc.

vanille n. f.
👄 Les *ll* se prononcent comme dans famille [vanij].
Fruit du vanillier dont on tire un parfum apprécié en pâtisserie.

vanillé, ée adj.
👄 Les *ll* se prononcent comme dans famille [vanije].
Parfumé à la vanille.

vanillier n. m.
👄 Les *ll* se prononcent comme dans famille [vanije].
Plante tropicale qui produit la vanille.
➪ vanillier.

vanité n. f.
• (Litt.) Frivolité, caractère de ce qui est vain.
• Orgueil, prétention.
• *Tirer vanité de.* S'enorgueillir de. *Elles tirent vanité de leur succès rapide.*
🖙 Dans cette locution, le nom est invariable.

*vanité
Anglicisme au sens de *meuble-lavabo.*

vaniteusement adv.
Avec vanité.

vaniteux, euse adj.
Prétentieux, rempli de vanité.

vanne n. f.
Dispositif mobile d'une écluse, d'un barrage servant à régler le débit de l'eau.

*vanne
Anglicisme au sens de *semi-remorque, fourgonnette.*

vanner v. tr.
• Trier le grain au moyen d'un van.
• (Fig.) Causer une grande fatigue. *Elle est complètement vannée.*

vannerie n. f.
Objets en osier, en rotin (paniers, corbeilles, meubles de jardin).

vantail n. m. (pl. *vantaux*)
Panneau d'une porte, d'une fenêtre, etc., qui s'ouvre de deux côtés. *Les vantaux d'une armoire.*

vantard, arde adj. et n. m. et f.
Qui a tendance à se vanter. *Ce ne sont que des vantards.*

vantardise n. f.
Disposition habituelle à se vanter.

vanter v. tr., pronom.
• **Transitif**
Louer beaucoup, parfois avec excès, quelqu'un, quelque chose.
• **Pronominal**
- Tirer vanité de. *Elles se sont vantées de connaître le ministre.*
- Se targuer de. *Il se vante d'être le premier.*
Hom. *venter,* faire du vent.

va-nu-pieds n. m. et f. inv. (pl. *va-nu-pieds*)
(Fam.) Mendiant. *Ils se sont déguisés en va-nu-pieds.*

vapeur n.
• Substance gazeuse produite par l'évaporation d'un corps en ébullition. *Une locomotive à vapeur.*
• *À toute vapeur.* À toute vitesse.
• *Pommes vapeur.* Se dit de pommes de terre cuites au-dessus de l'eau en ébullition.
🖙 Mis en apposition, ce nom est invariable.

vaporeux, euse adj.
• (Litt.) Voilé par des vapeurs. *Une aube vaporeuse.*
• Qui a la transparence, la légèreté de la vapeur. *Un déshabillé vaporeux.*

vaporisateur n. m.
Petit instrument de toilette servant à vaporiser un liquide, généralement du parfum.

vaporisation n. f.
Action de vaporiser.

vaporiser v. tr.
• Faire passer un liquide à l'état gazeux.
• Projeter en gouttelettes très fines. *Elle aime vaporiser un peu de parfum dans la maison.*

vaquer v. tr. ind.
S'occuper de. *Il pourra vaquer à ses affaires en toute tranquillité.*
🖙 Ne pas confondre avec le verbe *vaguer,* errer.

varech n. m.
👄 Les lettres *ch* se prononcent *k* [varɛk].
Algues marines vivant le long des côtes.
➪ varech.

vareuse n. f.
Veste de sport.

varia n. m. pl.
• Mot latin signifiant «choses diverses».
• Extraits variés d'un auteur, d'écrits relatifs à une même question. *Des* varia.
☞ En typographie soignée, les mots étrangers sont composés en italique. Dans des textes déjà en italique, la notation se fait en romain. Pour les textes manuscrits, on utilisera des guillemets.

variabilité n. f.
Caractère de ce qui est variable.

variable adj. et n. f.
• **Adjectif**
- Qui est susceptible de varier, de changer souvent. *Les cotes boursières sont très variables actuellement.*
- *Mot variable.* (Gramm.) Mot qui change de forme pour s'accorder en genre, en nombre, selon la fonction grammaticale.
- Qui est conçu pour se modifier, s'adapter. *Dispositif à géométrie variable.*
• **Nom féminin**
(Math.) Terme d'une fonction auquel on peut attribuer des valeurs différentes.

variante n. f.
• Texte qui diffère de l'original suivant les éditions. *Faire une étude des variantes d'un manuscrit.*
• Forme légèrement différente d'une forme usuelle. *La graphie **tzigane** est une variante orthographique de **tsigane.***
☞ Ne pas confondre avec le nom ***variation,*** modification, changement.

variation n. f.
Modification, changement. *Les variations boursières, saisonnières.*
☞ Ne pas confondre avec le nom ***variante,*** forme différente d'une forme usuelle.

varice n. f.
Dilatation permanente d'une veine.
⟹ vari**ce.**

varicelle n. f.
Maladie contagieuse.
⟹ varice**lle.**

varié, ée adj.
Composé de parties, d'éléments divers. *Des produits variés.*

varier v. tr., intr.
Redoublement du *i* à la première et à la deuxième personne du pluriel de l'indicatif imparfait et du subjonctif présent. *(Que) nous variions, (que) vous variiez.*
• **Transitif.** Diversifier, changer. *Il faut savoir varier les distractions.*
• **Intransitif.** Changer fréquemment. *Souvent femme varie. Les prix varient constamment.*

variété n. f.
• Type. *Des variétés de pêches et de prunes.*
• Ensemble diversifié. *Ils vendent une variété de produits.*

• (Au plur.) Spectacle ou émission composés essentiellement de chansons. *Variétés télévisées. Un artiste de variétés.*

variole n. f.
Maladie contagieuse grave.
⟹ vario**le.**

varlope n. f.
Grand rabot.
⟹ varlo**pe.**

varloper v. tr.
Aplanir une pièce de bois à la varlope.
⟹ varlo**per.**

vasculaire adj.
Qui appartient aux vaisseaux. *Le système vasculaire.*
⟹ vascul**aire.**

vascularisation n. f.
Disposition des vaisseaux dans l'organisme.

vascularisé, ée adj.
Se dit d'un organe qui contient des vaisseaux. *La langue est très vascularisée.*

vase n. m. et f.
• **Nom masculin**
- Récipient. *Un vase de porcelaine.*
☞ Attention à la construction : un ***vase à fleurs*** désigne un récipient destiné à recevoir des fleurs, tandis qu'un ***vase de fleurs*** désigne un récipient rempli de fleurs.
- ***En vase clos.*** Sans contact avec l'extérieur. *Ils vivent en vase clos.*
• **Nom féminin**
Dépôt de terre stagnant au fond de l'eau.
☞ Ne pas confondre avec le nom ***boue,*** mélange d'eau et de terre.

vasectomie n. f.
(Méd.) Résection partielle des canaux déférents de l'homme en vue de le rendre stérile.

vasectomiser v. tr.
Pratiquer une vasectomie sur un patient.

vaseline n. f.
�⟩ Le *e* de la deuxième syllabe ne se prononce pas [vazlin].
Graisse incolore servant à la lubrification.

vaseux, euse adj.
• Qui a de la vase. *Une rivière vaseuse.*
• (Fig.) Embrouillé, endormi, confus.

vasistas n. m.
⟟ Le premier *s* se prononce *z* et le *s* final est sonore [vazistas].
Partie mobile d'une porte, d'une fenêtre servant à l'aération.

vasque n. f.
• Bassin peu profond qui reçoit l'eau d'une fontaine.
• Large coupe décorative. *Une jolie vasque remplie de fruits parfumés.*

vassal, ale, aux n. m. et f. (pl. *vassaux*)
• ~~Nom masculin et~~ **féminin.** (Ancienn.) Personne qui dépendait d'un seigneur.

• **Adjectif et nom masculin et féminin.** (Fig.) Se dit d'un groupe, d'un pays qui dépend d'un autre, qui lui est subordonné. *Ces pays sont les vassaux de cette grande puissance économique. Un pays vassal.*

vaste adj.
• D'une grande étendue. *Une vaste plaine s'étendait devant nous.*
• Très grand, de grande envergure. *Un vaste projet de reconstruction.*
• Spacieux, large. *Cet appartement est vaste.*

vastement adv.
Largement.

vaudeville n. m.
⬅ Le *e* de la deuxième syllabe est muet [vodvil]. Comédie fondée sur les quiproquos, les situations compliquées.

vaudois, oise adj. et n. m. et f.
Du canton de Vaud. *La région vaudoise. Un Vaudois, une Vaudoise.*
☞— L'adjectif s'écrit avec une minuscule; le nom, avec une majuscule.

vaudou adj. inv. et n. m.
Se dit d'un culte animiste des Antilles qui comporte des pratiques de sorcellerie et certains éléments empruntés au rituel catholique. *Des pratiques vaudou. Les vaudous.*
☞— L'adjectif est invariable, mais le nom prend la marque du pluriel.

vau-l'eau (à) loc. adv.
• Au fil du courant.
• *S'en aller à vau-l'eau.* (Fig.) Se perdre, se gâter.

vaurien, ienne n. m. et f.
Garnement. *Viens ici, petit vaurien.*
☞— Le féminin est rare.
🠒 vaurien.

vautour n. m.
• Rapace de grande taille.
• (Fig.) Personne dure et rapace.

vautrer (se) v. pronom.
• Se rouler dans la boue.
• S'étendre nonchalamment. *Les enfants s'étaient vautrés dans les coussins de duvet.*

veau n. m. (pl. *veaux*)
• Petit de la vache. *Des veaux bien constitués.*
• Viande de cet animal. *Des rôtis de veau.*

vecteur n. m.
• (Math.) Grandeur géométrique.
• (Fig.) Ce qui véhicule quelque chose. *Vecteur de l'information.*

vectoriel, elle adj.
(Math.) Relatif aux vecteurs.

vécu, ue adj. et n. m.
• **Adjectif.** Vrai. *C'est une histoire vécue.*
• **Nom masculin.** L'expérience vécue. *Ne nous parlez plus de votre vécu.*
☞— Ce nom appartient au vocabulaire de la psychologie. On évitera d'en abuser dans la langue cou-

rante, notamment dans l'expression *au niveau du vécu.

vedette n. f.
• Petite embarcation rapide. *Une vedette de la marine.*
• Personne très connue au cinéma, au théâtre, dans le monde du spectacle. *Jacques Brel était une grande vedette.*
☞— Ce nom n'a pas de forme masculine.
• *Mettre en vedette.* Mettre en valeur, en évidence. *Leurs noms ont été mis en vedette.*
☞— Dans cette expression, le nom est invariable.
• Nom du destinataire d'une lettre suivi de son titre et de son adresse, s'il y a lieu. *La vedette s'inscrit à gauche, quelques interlignes au-dessous des mentions de lieu et de date.*
V. Tableau - **LETTRE TYPE.**

végétal, ale, aux adj. et n. m.
• **Adjectif.** Qui appartient aux plantes, aux végétaux. *Le règne végétal, des aliments végétaux.*
• **Nom masculin.** Plante. *Les arbres sont des végétaux.*

végétarien, enne adj. et n. m. et f.
• **Adjectif.** Se dit d'un régime alimentaire qui exclut les viandes tout en permettant l'absorption du lait, du beurre, des œufs, etc.
• **Nom masculin et féminin.** Personne qui adopte une alimentation végétarienne.

végétarisme n. m.
Alimentation dont les viandes sont exclues.

végétatif, ive adj.
• (Vx) Qui est relatif à la vie des plantes.
• Qui évoque la vie des végétaux par son inaction. *Une existence végétative.*

végétation n. f.
Ensemble des végétaux d'un lieu. *Dans cette contrée, la végétation est luxuriante.*

végéter v. intr.
Le *é* se change en *è* devant une syllabe muette, sauf à l'indicatif futur et au conditionnel présent. *Je végète, mais je végéterai.*
Être inactif, se développer difficilement. *Son entreprise végète.*

véhémence n. f.
Fougue, impétuosité. *Il protesta avec véhémence.*
🠒 véhémence.

véhément, ente adj.
Emporté, fougueux. *Il a fait un discours véhément.*
🠒 véhément.

véhicule n. m.
• Engin servant à transporter des personnes, des choses. *L'automobile est un véhicule dont on ne peut plus se passer. Des véhicules spatiaux.*
• Tout ce qui sert à transmettre. *La presse est le véhicule de l'information.*
🠒 véhicule.

Noms propres de véhicules
• Les noms propres de véhicules, les marques déposées s'écrivent avec une **majuscule** et sont invariables. *Des Concorde, un Boeing, le Queen Mary.*

• L'accord du participe passé et de l'adjectif se fait généralement avec la **désignation générique** sous-entendue. *Une* (voiture) *Renault qui a été mise au point.*
• En typographie soignée, les noms propres de véhicules (et non les marques) sont composés en italique. Dans des textes déjà en italique, la notation se fait en romain. Pour les textes manuscrits, on utilisera des guillemets.
V. **bateau.**
V. **marque.**

---

*véhicule-moteur
Calque de l'anglais *motor vehicle* au sens de *véhicule automobile.*

véhiculer v. tr.
• Transporter. *Ces marchandises ont été véhiculées par camion.*
• (Fig.) Conduire, transmettre. *Cette œuvre véhicule une puissante conviction.*

veille n. f.
• Action de veiller. *Il a passé de longues veilles à étudier.*
• Jour qui précède celui dont on parle. *La veille de son départ.*
• *Être à la veille de.* Être sur le point de.
• État d'une personne qui ne dort pas (par opposition à *sommeil*). *Elle est en état de veille.*
• Action de monter la garde, d'être aux aguets, au propre et au figuré. *Une veille efficace.*
• *Veille informationnelle.* Recherche systématique et constante des informations utiles à une entreprise, à une organisation.

veillée n. f.
• Réunion de personnes entre le repas du soir et le coucher (surtout dans les campagnes). *Il y avait une veillée à la ferme.*
• Action de veiller, nuit passée au chevet d'un malade, d'un mort. *Une veillée funèbre.*

veiller v. tr., intr.
• **Transitif direct**
Être au chevet de. *Veiller un malade.*
• **Transitif indirect**
- Être attentif à. *Il a veillé à la bonne marche des travaux. On veillera à économiser les provisions.*
🖝 En ce sens, le verbe se construit avec la préposition *à* suivie d'un nom ou d'un infinitif. Suivi d'une proposition, le verbe se construit avec *à ce que* et le subjonctif. *Elle a veillé à ce que tout soit en ordre.*
- Prendre soin, s'occuper de. *Veiller sur ses enfants.*
🖝 En ce sens, le verbe se construit avec la préposition *sur.*
• **Intransitif**
Rester éveillé. *Il a l'habitude de veiller très tard pour lire.*

veilleur n. m.
Veilleur de nuit. Gardien de nuit.

veilleuse n. f.
• Petite lampe qui demeure allumée dans un endroit peu éclairé. *La veilleuse d'une couchette de train.*

• *En veilleuse.* Au ralenti. *Mettre un projet en veilleuse.*

veinard, arde adj. et n. m. et f.
(Fam.) Chanceux. *Un joueur veinard. Quelle veinarde!*

veine n. f.
• Vaisseau sanguin. *Les veines et les artères.*
• (Fam.) Chance. *Elle a beaucoup de veine d'avoir connu cet ami.*

veineux, euse adj.
Relatif aux veines.

veinure n. f.
Aspect veiné du bois.
⟹ veinure.

vêlage n. m.
Action de mettre bas, en parlant de la vache.
Syn. **vêlement.**
⟹ vêlage.

vélaire adj. et n. f.
(Phonét.) Se dit d'un son qui s'articule près du voile du palais. *U, k sont des vélaires. Une consonne vélaire.*
⟹ vélaire.

velcro n. m.
Bande de fermeture composée de deux rubans adhérant l'un à l'autre par leurs fibres textiles. *La poche s'attache à l'aide d'un velcro ou d'une fermeture velcro.*
🖝 Le mot est composé des noms **vel**ours et **cro**chet.

vêlement n. m.
Action de vêler.
Syn. **vêlage.**

vêler v. intr.
Mettre bas, en parlant de la vache. *La vache rousse a vêlé.*
🖝 Le verbe conserve l'accent circonflexe à toutes les formes.

vélin n. m.
• Parchemin.
• Papier très fin qui imite le vélin. *Des vélins luxueux.*

véliplanchiste n. m. et f.
Personne qui fait de la planche à voile.

velléitaire adj. et n. m. et f.
Qui est sans volonté déterminée, qui ne passe pas à l'action.
⟹ velléitaire.

velléité n. f.
Résolution faible, intention passagère qui n'est pas suivie d'un effet. *Des velléités de collaboration qui n'aboutissent pas.*
⟹ velléité.

vélo n. m.
• Bicyclette. *Il aime bien faire du vélo. Des vélos de course. Aller à vélo, en vélo.*
• Cyclisme, pratique de la bicyclette.

vélocité n. f.
👄 Le *o* est ouvert [velɔsite].
(Litt.) Grande vitesse.

vélodrome n. m.

👄 Les *o* sont ouverts [velɔdrɔm].

Piste servant aux courses cyclistes. *Le vélodrome du stade a été démantelé.*

☞ vélodrome.

velours n. m.

👄 Le *s* ne se prononce pas, [vəlur] ou [vlur].

Étoffe dont l'endroit est couvert de poils très serrés. *Un beau velours de soie. Un pantalon de velours côtelé* (et non *corduroy).

☞ velours.

velouté, ée adj. et n. m.

• **Adjectif**

Qui a la douceur, l'apparence du velours. *Une peau veloutée.*

• **Nom masculin**

- Qualité de ce qui est doux au toucher.

- Potage onctueux. *Un velouté d'asperges.*

velouteux, euse adj.

Qui a le toucher du velours.

velu, ue adj.

Couvert de poils. *Une poitrine masculine velue.*

venaison n. f.

Chair de gibier (chevreuil, cerf, élan, etc.).

vénal, ale, aux adj.

Qui se vend. *L'amour vénal. Des politiciens vénaux.*

vénalement adv.

D'une manière vénale.

venant n. m.

À tout venant. À tout le monde, au premier venu. *Ces textes ne sont pas accessibles à tout venant.*

vendable adj.

Qui peut être vendu. *Ces produits sont tout à fait vendables.*

vendange n. f.

• Cueillette des raisins destinés à faire le vin.

• (Au plur.) Période à laquelle on fait les vendanges, en automne.

☞ vendange.

vendanger v. tr., intr.

Le *g* est suivi d'un *e* devant les lettres *a* et *o*. *Il vendangea, nous vendangeons.*

• **Transitif.** Récolter les raisins. *Nous vendangeons la vigne du voisin également.*

• **Intransitif.** Faire la vendange. *Ils ont tardé à vendanger cette année.*

☞ vendanger.

vendangeur n. m.

vendangeuse n. f.

Personne chargée de la récolte des raisins servant à fabriquer le vin.

vendéen, enne adj. et n. m. et f.

De la Vendée. *Des huîtres vendéennes. Un Vendéen, une Vendéenne.*

🖐— L'adjectif s'écrit avec une minuscule; le nom, avec une majuscule.

vendetta n. f.

👄 La deuxième syllabe se prononce *dé* ou *dè*, [vãdeta] ou [vãdɛtta].

Vengeance exercée par toute une famille contre une autre, selon la tradition corse. *Des vendettas implacables.*

vendeur n. m.

vendeuse n. f.

Personne dont la fonction est de vendre, généralement dans un magasin. *Elles ont engagé deux nouvelles vendeuses.*

vendeur, eresse n. m. et f.

(Dr.) Personne qui vend un bien meuble ou immeuble.

🖐— Dans la langue juridique, la forme féminine du nom est **venderesse.**

*vendeur (bon, mauvais)

Anglicisme au sens de *succès* (de librairie, de vente).

vendre v. tr., pronom.

INDICATIF PRÉSENT *Je vends, tu vends, il vend, nous vendons, vous vendez, ils vendent.* IMPARFAIT *Je vendais.* PASSÉ SIMPLE *Je vendis.* FUTUR *Je vendrai.* CONDITIONNEL PRÉSENT *Je vendrais.* IMPÉRATIF PRÉSENT *Vends, vendons, vendez.* SUBJONCTIF PRÉSENT *Que je vende.* IMPARFAIT *Que je vendisse.* PARTICIPE PRÉSENT *Vendant.* PASSÉ *Vendu, ue.*

• **Transitif**

- Céder la propriété d'un bien pour un certain prix. *Il a vendu sa voiture.*

- *Vendre la mèche.* Révéler un secret.

- Trahir pour de l'argent. *Il a vendu ses complices.*

• **Pronominal**

Être offert sur le marché. *Ces produits de luxe se vendent moins bien en ce moment.*

vendredi n. m.

Cinquième jour de la semaine. *Elle passera vendredi. Le Vendredi saint.*

🖐— Les noms de jour s'écrivent avec une minuscule et prennent la marque du pluriel; le nom de la fête chrétienne s'écrit avec une majuscule. *Je viendrai tous les vendredis,* mais *je viendrai tous les jeudi et vendredi de chaque semaine.* Attention à la construction de la dernière phrase où les noms de jour restent au singulier parce qu'il n'y a qu'un seul jeudi et un seul vendredi par semaine.

V. Tableau - **JOUR.**

vendu, ue adj. et n. m. et f.

• Cédé pour un certain prix. *Ce tableau est vendu.*

• Qui s'est laissé corrompre pour de l'argent. *C'est un vendu.*

venelle n. f.

(Litt.) Petit chemin.

vénéneux, euse adj.

Qui contient une substance toxique, en parlant des végétaux, des substances minérales. *Des champignons vénéneux.*

🖐— Ne pas confondre avec le mot **venimeux** qui contient du venin, en parlant d'un animal.

vénérable adj.
Digne de respect.

vénération n. f.
• Respect religieux.
• Admiration profonde.

vénérer v. tr.
Le *é* se change en *è* devant une syllabe muette, sauf à l'indicatif futur et au conditionnel présent. *Je vénère,* mais *je vénérerai.*
• Avoir de la vénération pour les choses saintes.
• Témoigner un profond respect à quelqu'un.

vénérien, ienne adj.
Maladie vénérienne. Maladie transmise sexuellement (MTS).
☞ Cette expression est vieillie et tend à être remplacée par MTS.

vénézuélien, ienne adj. et n. m. et f.
Du Venezuela. *Une chanson vénézuélienne. Un Vénézuélien, une Vénézuélienne.*
☞ L'adjectif s'écrit avec une minuscule; le nom, avec une majuscule.
☞ Le nom du pays s'écrit sans accents, alors que le nom ou l'adjectif s'écrit avec des accents aigus.

vengeance n. f.
• Désir de se venger. *La vengeance est un plat qui se mange froid.*
• *Par vengeance.* Dans l'intention de se venger.
⇨ vengeance.

venger v. tr., pronom.
Le *g* est suivi d'un *e* devant les lettres *a* et *o. Il vengea, nous vengeons.*
• **Transitif.** Punir une offense en châtiant l'auteur. *Venger une injure. Venger sa famille d'un affront.*
☞ Le verbe a pour complément d'objet direct la chose dont on a eu à souffrir ou la personne qui en a souffert.
• **Pronominal.** Exercer des représailles, se faire justice. *Ils se sont bien vengés de lui.*

vengeur, vengeresse adj. et n. m. et f.
(Litt.) Personne qui venge, punit.

véniel, elle adj.
Se dit d'une faute légère, excusable. *Des péchés véniels.*

venimeux, euse adj.
Se dit d'un animal qui peut injecter du venin. *Un serpent venimeux.*
☞ Ne pas confondre avec le mot *vénéneux,* qui contient une substance toxique, en parlant des végétaux.
⇨ venimeux.

venin n. m.
Substance toxique sécrétée par certains animaux. *Le venin de la vipère, du scorpion.*
⇨ venin.

venir v. intr.
INDICATIF PRÉSENT *Je viens, tu viens, il vient, nous venons, vous venez, ils viennent.* IMPARFAIT *Je venais.* PASSÉ SIMPLE *Je vins.* FUTUR *Je viendrai.*

CONDITIONNEL PRÉSENT *Je viendrais.* IMPÉRATIF PRÉSENT *Viens, venons, venez.* SUBJONCTIF PRÉSENT *Que je vienne.* IMPARFAIT *Que je vinsse.* PARTICIPE PRÉSENT *Venant.* PASSÉ *Venu, ue.*

• Se transporter d'un lieu à un autre. *Elle viendra nous voir demain. Ils sont venus en avion.*
☞ Le verbe *venir* comporte la notion d'un mouvement vers le lieu où l'on est, tandis que le verbe *aller* suppose qu'on part du lieu où l'on est pour se rendre ailleurs.
• Provenir. *Ces belles pivoines viennent de la campagne. Le suffixe -logie vient du grec.*
• Atteindre, parvenir. *Cela ne m'était pas venu à l'esprit. Elle est venue à ses fins.*
• Naître, être produit. *Elle est venue au monde le 31 juillet 1976.*
• *Vienne, viennent.* Placé en début de phrase, le verbe au subjonctif exprime un souhait dans un registre littéraire. *Viennent les beaux jours et les vacances.*
• **Locutions**
- *À venir,* locution adjectivale. Futur. *Les jours à venir.*
☞ La locution s'écrit en deux mots.
- *En venir à.* Aller jusqu'à, en arriver à. *Ils en sont venus à se battre.*
- *Faire venir.* Prier quelqu'un de se rendre à l'endroit où l'on est, demander, commander quelque chose.
- *Laisser venir.* Laisser approcher. *Laissez venir à moi les petits enfants.* (Parole du Christ).
- *Laisser venir.* Attendre sans se presser. *Nous devrions laisser venir les commentaires.*
- *Venir à* + infinitif. Cette construction marque une éventualité. *Si je venais à disparaître.*
- *Venir de.* Cette construction exprime un passé très récent. *Elle vient tout juste de partir.*
- *Voir venir.* Attendre, ne pas se presser. *Elle aime voir venir les évènements.*
- *Voir venir.* Deviner les intentions de quelqu'un. *Je vous vois venir avec vos gros sabots.*

*venir
Anglicisme au sens de *être offert, être présenté* (en parlant d'un produit).

vénitien, ienne adj. et n. m. et f.
De Venise. *Une gondole vénitienne. Un Vénitien, une Vénitienne.*
☞ L'adjectif s'écrit avec une minuscule; le nom, avec une majuscule.
V. **store.**

vent n. m.
• Mouvement plus ou moins rapide d'une masse d'air qui se déplace suivant une direction déterminée. *Le mistral, le noroît, le sirocco, le vent du nord, sont des vents. La rose des vents.*
☞ Les noms de vents s'écrivent avec une minuscule ainsi que le nom du point cardinal.
• *À tout vent.* De tous les côtés. *Je sème à tout vent.*
• *Avoir vent de quelque chose.* Apprendre.

• *Contre vents et marées, contre vent et marée.* Malgré tous les obstacles.
• *Dans le vent.* À la dernière mode.
• *En coup de vent.* Brusquement, rapidement.
• *Quel bon vent vous amène?* Quel est l'objet de votre visite.

vente n. f.
• Convention entre deux personnes par laquelle l'une (le vendeur) s'oblige à livrer une chose et l'autre (l'acquéreur), à la payer. *Un contrat de vente.*
• Action de vendre. *La vente d'une voiture. La vente au détail, en gros.*
• *En vente.* Se dit d'un bien destiné à être vendu. *Cette maison est en vente.*
☞ Contrairement à l'anglais où le mot «sale» comporte deux sens distincts : «vente» et «vente au rabais», le nom français ne signifie que l'action de vendre. Pour désigner une vente où le prix des articles a été réduit, on emploiera plutôt *vente au rabais, solde.*
• *Vente ferme.* Vente définitive. *La vente des articles soldés est ferme* (et non *finale*).
V. **rabais**.

*vente
Impropriété au sens de *vente au rabais, solde.*

vente-débarras n. f.
Mise en vente à prix réduits, par un particulier, sur sa propriété, d'objets divers dont il veut se défaire. (Recomm. off. OLF)
☞ Ce nom remplace le calque *vente de garage. Syn. **bric-à-brac**.

*vente d'écoulement
Calque de «clearance sale» pour *liquidation, solde.*

*vente de garage
Calque de «garage sale» pour *vente-débarras.*

*vente de trottoir
Impropriété pour *braderie.*

*vente finale
Calque de «all sales final» pour *vente ferme.*

venter v. impers.
Se dit du vent qui souffle. *Il vente énormément : il ne serait pas prudent de sortir en voilier.*
Hom. *vanter,* louer, célébrer.
☞ venter.

venteux, euse adj.
Se dit d'un lieu, d'une période où il y a beaucoup de vent. *Ce cap est toujours venteux.*

ventilateur n. m.
• Appareil servant à renouveler l'air d'un lieu (et non un *éventail).
• Appareil assurant le refroidissement d'un moteur.

ventilation n. f.
• Action de renouveler l'air d'un local.
• (Compt.) Action de répartir une somme entre plusieurs comptes. *La ventilation des dépenses entre les divers services.*

ventiler v. tr.
• Aérer. *Ventiler une chambre.*
• (Compt.) Répartir une somme entre plusieurs comptes ou rubriques.

ventouse n. f.
• Petite cloche de verre. *On posait des ventouses aux malades pour atténuer la congestion.*
• Organe de succion de certains animaux. *Les ventouses d'une sangsue.*
• Dispositif de caoutchouc qui se fixe par vide partiel sur une surface plane. *Des fléchettes munies de ventouses.*

ventral, ale, aux adj.
Relatif au ventre.

ventre n. m.
• Abdomen.
• *À plat ventre,* locution adverbiale. Complètement allongé sur le ventre. *Ils sont à plat ventre.*
☞ Cette locution est invariable et s'écrit sans trait d'union.
• *Ventre à terre,* locution adverbiale. (Fig.) Très vite. *Elles ont accouru ventre à terre.*
☞ La locution est invariable.

ventre de bœuf n. m.
Au Canada, renflement de la chaussée causé par le dégel.
☞ Le *nid-de-poule* est une dépression de la chaussée.

ventricule n. m.
Chacune des deux cavités du cœur. *Le ventricule gauche et le ventricule droit.*
☞ Attention au genre masculin de ce nom : *un* ventricule.
✏ ventricule.

ventriloque adj. et n. m. et f.
Personne qui peut parler en conservant la bouche fermée.

venu, ue adj. et n. m. et f.
• **Adjectif**
- *Être mal venu à, de* + infinitif. Être peu qualifié pour. *Elle est mal venue à, de le critiquer.*
☞ L'expression s'écrit en deux mots.
• **Nom masculin et féminin**
- *Premier venu, première venue.* N'importe qui. *Ils ne sont pas les premiers venus.*
- *Nouveau venu, nouvelle venue.* Personne récemment arrivée. *Elles sont de nouvelles venues.*
• **Nom féminin**
- Action de venir, arrivée. *La venue du printemps.*
- *Allées et venues.* Déplacements. *On surveille ses allées et venues.*

vêpres n. f. pl.
Office religieux qui autrefois se célébrait à la fin de la journée.
✏ vêpres.

ver n. m.
Animal invertébré. *Un ver de terre.*
Hom. :
- *vair,* fourrure d'écureuil;

- **verre,** substance transparente;
- **verre,** récipient pour boire;
- **vers,** assemblage de mots dans un poème;
- **vert,** couleur verte.
- ⇨ **ver.**

véracité n. f.
Qualité de ce qui est vrai, conforme à la vérité. *La véracité d'un témoignage.*
⊩ L'adjectif correspondant est **véridique.**

véranda n. f.
Galerie couverte. *Des vérandas fleuries.*

verbal, ale, aux adj.
• Qui se fait de vive voix (par opposition à **écrit**). *Des contrats purement verbaux.*
• (Gramm.) Relatif au verbe. *Des locutions verbales.*

verbalement adv.
Oralement.

verbalisation n. f.
Action de verbaliser.
⊩ Ne pas confondre avec le nom **verbiage,** bavardage inutile.

verbaliser v. tr., intr.
• **Transitif.** (Psycho.) Extérioriser au moyen du langage. *Il n'arrive pas à verbaliser son ressentiment.*
• **Intransitif.** Dresser un procès-verbal, donner une contravention. *Votre voiture est en stationnement illégal : je me vois dans l'obligation de verbaliser.*

verbe n. m.
• (Gramm.) Mot qui, dans une phrase, exprime une action, un état. *Les désinences du verbe indiquent le mode, le temps, la personne de la conjugaison.* V. Tableau - **VERBE.**
• (Litt.) Expression de la pensée par les mots. *La magie du verbe.*
• (Théol.) Jésus-Christ. *Le Verbe s'est fait chair.*
⊩ En ce sens, le nom s'écrit avec une majuscule.

verbeux, euse adj.
Qui emploie trop de mots, prolixe.

verbiage n. m.
Bavardage inutile.
⊩ Ne pas confondre avec le nom **verbalisation,** action de verbaliser.

verdâtre adj.
Qui tire sur le vert.
⇨ verdâtre.

verdeur n. f.
• Acidité d'un fruit qui n'est pas encore mûr.
• Liberté du langage.
• Vigueur. *La verdeur de la jeunesse.*

verdict n. m.
⊂ La lettre **c** se prononce et le **t** se prononce ou non, [vɛrdikt] ou [vɛrdik].
Jugement, décision.
⇨ verdict.

verdir v. tr., intr.
• Transitif

Donner une teinte verte. *Le peintre verdit les portes du garage.*
• **Intransitif**
- Se couvrir de feuilles, de verdure. *Les arbres se mettent à verdir.*
- (Fig.) Devenir vert. *Il verdissait de peur à la vue de cet énorme chien.*

verdoyant, ante adj.
Qui devient vert, en parlant des végétaux. *Des arbres verdoyants.*

verdoyer v. intr.
Le **y** se change en **i** devant un **e** muet. *Il verdoie, il verdoiera.*
(Litt.) Prendre une teinte verte en parlant des végétaux. *Les pelouses commencent à verdoyer, elles verdoient tendrement.*

verdure n. f.
• Couleur verte des plantes, des feuilles.
• (Litt.) Ensemble des plantes, des feuilles, au printemps et en été. *Un décor de verdure.*

véreux, euse adj.
• Qui contient des vers. *Des pommes véreuses.*
• Douteux, louche. *Des affaires véreuses.*

verge n. f.
• Petite baguette flexible.
• Membre viril.
• Au Canada, unité de mesure de longueur correspondant à 0,914 mètre. *La verge comprend 3 pieds ou 36 pouces.*

verger n. m.
Terrain planté de pommiers, d'arbres fruitiers.

vergeture n. f. (gén. pl.)
Ensemble de petites raies rouges causées par la distension de la peau.

verglaçant, ante adj.
Se dit d'une pluie qui se congèle. *On annonce de la pluie verglaçante.*
⇨ verglaçant.

verglacé, ée adj.
Couvert de verglas. *Soyez prudent, la chaussée est verglacée.*

verglacer v. impers.
Le **c** prend une cédille devant les lettres **a.** *Il verglaça.*
Faire du verglas. *Il verglaçait quand l'accident s'est produit.*

verglas n. m.
⊂ Le **s** est muet [vɛrgla].
Mince couche de glace causée par la congélation d'une pluie très fine au contact du sol.
⇨ verglas.

vergogne n. f.
• (Vx) Honte.
• **Sans vergogne.** Effrontément, sans scrupule. *Il ment sans vergogne.*
⊩ Le nom ne s'emploie plus que dans l'expression citée.

VERBE

Le verbe est un mot qui exprime l'action, l'état, le devenir d'un sujet.

Il revêt des désinences diverses pour marquer :
– la **personne**, le **nombre**, le **genre** du sujet;
– le **temps** auquel l'action se passe;
– le **mode**, la **manière** dont elle se présente;
– la **voix** selon que l'action est faite ou subie par le sujet.

V. Tableau – **INDICATIF.**
V. Tableau – **CONDITIONNEL.**
V. Tableau – **PARTICIPE PASSÉ.**
V. Tableau – **PARTICIPE PRÉSENT.**
V. Tableau – **SUBJONCTIF.**

VERBES TRANSITIFS ET INTRANSITIFS

• Les **verbes transitifs directs** ont un complément indiquant sur qui ou sur quoi porte l'action du verbe et qui est joint directement au verbe, sans préposition.
L'enfant mange la pomme.

• Les **verbes transitifs indirects** ont un complément de même nature relié indirectement au verbe par une préposition (**à, de**, etc.).
Il parle à sa sœur. Vous souvenez-vous de lui?

• Les **verbes intransitifs** sont construits sans complément d'objet direct ou indirect.
Le soleil plombe, l'herbe pousse.

• Les **verbes impersonnels** expriment un état qui ne comporte pas de sujet logique; ils ne se construisent qu'à la troisième personne du singulier.
Il neige à plein ciel.

VOIX DU VERBE

Alors que la **forme active** présente l'action par rapport au sujet qui la fait, la **forme passive** intervertit le point de vue pour présenter l'action par rapport à l'objet qui la subit.
L'enfant mange la pomme (voix active).
La pomme est mangée par l'enfant (voix passive).

☞ Seuls les verbes transitifs directs peuvent se construire au passif.

VERBES PRONOMINAUX

• Le **verbe pronominal** est accompagné d'un pronom désignant le même être, le même objet que le sujet.
Tu te laves, elles se sont parlé.

• Le pronominal est **réfléchi** lorsque l'action porte sur le sujet.
Bruno s'est coupé. Brigitte s'est blessée.

• Le pronominal est **réciproque** lorsque deux ou plusieurs sujets agissent l'un sur l'autre ou les uns sur les autres.
Ils se sont aimés.

☞ Le verbe pronominal réciproque ne s'emploie qu'au pluriel.

• Le pronominal est **non réfléchi** lorsque le verbe exprime par lui-même un sens complet et que le pronom n'a pas de valeur particulière.
S'en aller, s'évanouir, se douter de, se taire, se moquer, s'enfuir...

V. Tableau – **PRONOMINAUX.**

vergue n. f.
Pièce de bois attachée transversalement à un mât de navire pour soutenir et orienter la voile.
▭▷ ver**gue.**

véridique adj.
Se dit d'un texte, d'une affirmation, etc., conforme à la vérité. *Un témoignage véridique.*
▭◁─ Le nom correspondant à cet adjectif est **véracité.**

véridiquement adv.
D'une manière véridique.

vérifiable adj.
Qui peut être vérifié. *Ces données sont vérifiables.*

vérificateur n. m.
vérificatrice n. f.
Au Canada, personne chargée d'examiner les états financiers d'une entreprise, d'un organisme en vue d'exprimer une opinion sur leur fidélité. *Les comptes seront soumis au vérificateur.*
▭◁─ Malheureusement, dans les normes comptables internationales, le seul terme utilisé maintenant en français est **auditeur, auditrice.**

vérificateur orthographique n. m.
Syn. **correcteur orthographique.**

vérification n. f.
• Action de vérifier, d'examiner l'exactitude de quelque chose. *La vérification des passeports.*
• Au Canada, examen des registres et des documents comptables d'une entreprise, d'un organisme.
▭◁─ Malheureusement, dans les normes comptables internationales, le seul terme utilisé maintenant en français est **audit.**

vérifier v. tr., pronom.
Redoublement du *i* à la première et à la deuxième personne du pluriel de l'indicatif imparfait et du subjonctif présent. *(Que) nous vérifiions, (que) vous vérifiiez.*
• **Transitif**
- Examiner l'exactitude, l'authenticité, la conformité d'une chose. *On vérifie les registres comptables de cette entreprise.*
- Prouver, confirmer. *Les résultats ont vérifié les prévisions.*
• **Pronominal**
Se révéler juste. *Nos hypothèses se sont vérifiées.*

vérin n. m.
Appareil de levage.
▭▷ vé**rin.**

véritable adj.
• Réel, conforme à la vérité. *Ce cartable est en cuir véritable.*
• Achevé. *C'est un véritable génie, un véritable escroc.*
▭◁─ L'adjectif qui renforce une désignation souvent métaphorique se place avant le nom.

véritablement adv.
Réellement, vraiment. *L'a-t-on véritablement connu?*

vérité n. f.
• Qualité de ce qui est conforme à la réalité, de ce qui est vrai. *La recherche de la vérité.*
• *À la vérité,* locution adverbiale. Il est vrai que, j'en conviens. Cette locution a une valeur concessive, elle introduit une mise au point.
• *En vérité,* locution adverbiale. Assurément.

vermeil, eille adj. et n. m.
• **Adjectif de couleur variable**
(Litt.) D'un rouge vif. *Des joues vermeilles.*
V. Tableau - **COULEUR (ADJECTIFS DE).**
• **Nom masculin**
- Couleur rouge vif. *Des vermeils éclatants.*
- Argent doré. *Un service à thé de vermeil.*
▭▷ verm**eil,** verm**eille.**

vermicelle n. m.
Pâte alimentaire façonnée en fil mince. *Un potage avec du vermicelle, des vermicelles.*
▭◁─ Attention au genre masculin de ce nom : *un* vermicelle.
▭▷ vermicel**le.**

vermifuge adj. et n. m.
Se dit d'un médicament qui provoque l'expulsion des vers parasitaires.

vermillon adj. inv. et n. m.
• **Adjectif de couleur invariable.** Rouge vif. *Des soieries vermillon.*
V. Tableau - **COULEUR (ADJECTIFS DE).**
• **Nom masculin.** Couleur rouge vif. *Des vermillons voyants.*

vermine n. f.
Collectif désignant des insectes nuisibles. *L'extermination de la vermine.*

vermoulu, ue adj.
Piqué de vers. *Une vieille cabane vermoulue.*

vermouth ou **vermout** n. m.
Apéritif. *Ils ont pris des vermouths frappés.*
▭◁─ Le nom s'écrit avec une minuscule.
▭◁─ La graphie **vermout** est vieillie.

vernaculaire adj.
Qui est propre à un pays, à une ethnie (par opposition à **véhiculaire**). *Une langue vernaculaire.*

verni, ie adj.
Recouvert de vernis. *Une table vernie.*
▭▷ verni.

vernir v. tr.
Recouvrir de vernis. *Vernir un parquet.*

vernis n. m.
• Enduit que l'on applique sur une surface pour la protéger, la rendre lisse, brillante. *Elle porte du vernis à ongles rouge.*
• Apparence. *Grattez un peu le vernis, vous risquez d'être déçu.*
▭▷ verni**s.**

vernissage n. m.
Inauguration d'une exposition de peinture. *Le vernissage aura lieu à la galerie à 19 heures.*
▭◁─ Pour une œuvre, une publication, un produit, on emploiera le nom **lancement.**

vernisser v. tr.
Vernir la poterie.

verrat n. m.
Porc mâle qui sert à la reproduction.
☞ verra**t**.

verre n. m.
• Substance transparente. *Du verre translucide.*
• Récipient pour boire. *Des verres de cristal, un verre à eau, des verres à vin.*
▷— Par métonymie, le nom désigne le contenant ou le contenu. *Boire un verre d'eau.*
• Objet de verre. *Des lunettes à verres fumés.*
• *Verre perdu.* V. **jetable.**
• *Verres de contact.* Lentilles cornéennes.
Hom. :
- *vair,* fourrure d'écureuil;
- *ver,* animal invertébré;
- *vers,* assemblage de mots dans un poème;
- *vert,* couleur verte.

verrerie n. f.
• Entreprise où l'on travaille le verre.
• Objets de verre.

verrière n. f.
Surface vitrée. *Le plafond s'ouvrait sur une grande verrière.*

verroterie n. f.
Petits objets de verre, pacotille.
☞ verro**t**erie.

verrou n. m. (pl. *verrous*)
• Tige de fer qui coulisse afin de fermer une porte. *Pousser les verrous de sécurité. Tirer le verrou.*
• *Mettre quelqu'un sous les verrous.* Le mettre en prison.
☞ un verro**u**, des verrou**s**.

verrouillage n. m.
Le fait de verrouiller.
☞ verroui**ll**age.

verrouiller v. tr., pronom.
  Les lettres *ill* sont suivies d'un *i* à la première et à la deuxième personne du pluriel de l'indicatif imparfait et du subjonctif présent. *(Que) nous verrouillions, (que) vous verrouilliez.*
• **Transitif.** Fermer à l'aide d'un verrou. *Avez-vous verrouillé la porte* (et non **barré*)?
• **Pronominal.** S'enfermer.

verrue n. f.
Excroissance cutanée.
☞ verru**e**.

vers prép.
• En direction de. *Ils roulent vers la Gaspésie.*
• À peu près (à tel moment). *Nous nous retrouverons vers midi.*

vers n. m.
Assemblage de mots dans un poème. *Des vers libres, des vers de douze syllabes ou des alexandrins.*
Hom. :
- *vair,* fourrure d'écureuil;
- *verre,* substance transparente;

- *verre,* récipient pour boire;
- *vers,* animal invertébré;
- *vert,* couleur verte.

versant n. m.
Chacune des deux pentes d'une montagne. *Skier sur le versant ensoleillé de la montagne.*

versatile adj.
Inconstant, changeant. *Cet employé est trop versatile; on ne pourra lui confier ce dossier.*
▷— Cet adjectif qui est plutôt péjoratif ne peut qualifier que des personnes.
☞ versatil**e**.

*versatile
Anglicisme au sens de *aux talents variés* (personne), *tous usages, à tout faire, universel* (objet).

versatilité n. f.
Caractère versatile.

verse n. f.
À verse, locution adverbiale. Abondamment, en parlant de la pluie.
▷— Le nom ne s'emploie que dans l'expression citée.

versé, ée adj.
Expérimenté dans la pratique d'un art, d'une science. *Il est versé en astronomie.*

verseau n. m.
Nom d'une constellation, d'un signe du zodiaque.
▷— Les noms d'astres s'écrivent avec une majuscule. *Elle est (du signe) du Verseau, elle est née entre le 21 janvier et le 19 février.*
V. **astre.**
Hom. *verso,* envers d'une feuille de papier.

versement n. m.
Action de verser une somme d'argent. *Cet achat peut se régler en plusieurs versements échelonnés sur un an.*

verser v. tr., intr.
• **Transitif**
- Répandre, faire couler. *Verser du jus dans un pichet.*
- Payer. *Verser une somme en espèces.*
• **Intransitif**
Tomber sur le côté. *Sous l'impact, la voiture a versé.*

verset n. m.
Brève maxime extraite d'un livre sacré. *Des versets de la Bible, du Coran.*
☞ verse**t**.

versification n. f.
Action de faire des vers.

version n. f.
• Traduction d'un texte d'une langue étrangère dans la langue de celui qui traduit (par opposition à *thème*). *Une version latine.*
• Variante d'un texte, d'un programme informatique, d'un film. *C'est la version originale du film.*
• Manière de raconter un fait. *La version du témoin semble exacte.*

verso n. m. (pl. *versos*)
• Abréviation *v°* (s'écrit sans point).

• Envers d'une feuille de papier. *Voir la suite au verso. Les versos sont paginés en nombres pairs. Signer au verso* (et non **à l'endos*) *d'un chèque.*
• *Recto verso,* locution adverbiale. Au recto et au verso. *Faire des impressions recto verso.*
☞ Pris adverbialement, le mot est invariable.
Ant. **recto.**
Hom. *verseau,* nom d'une constellation.

versus prép.
• Abréviation *vs* (s'écrit sans point).
• Par opposition à. *Économie versus* ou *vs écologie.*
☞ Ce mot a été emprunté au latin par l'intermédiaire de l'anglais. Il s'emploie dans les oppositions à deux éléments.

*versus
Anglicisme pour *contre, c.* (langue juridique). *Kramer c. Kramer* (et non *Kramer *vs Kramer*).

vert, verte adj. et n. m.
• **Adjectif de couleur variable**
Qui est de la couleur verte de l'herbe, des feuilles. *Des yeux verts, la mer verte.*
☞ Les adjectifs de couleur composés sont invariables. *Des robes vert tendre, vert amande, vert olive, vert pistache.*
V. Tableau - **COULEUR (ADJECTIFS DE).**
• **Adjectif**
Qui n'est pas mûr. *Ces fruits sont trop verts.*
• **Nom masculin**
- Couleur intermédiaire entre le bleu et le jaune. *Teindre une étoffe en vert.*
- ***Donner le feu vert à quelqu'un, quelque chose.*** Autoriser, donner son accord.
- ***Se mettre au vert.*** (Fam.) Aller à la campagne.
Hom. :
- *vair,* fourrure d'écureuil;
- *ver,* animal invertébré;
- *verre,* substance transparente;
- *verre,* récipient pour boire;
- *vers,* assemblage de mots dans un poème.

vert-de-gris adj. inv. et n. m. inv. (pl. *vert-de-gris*)
• **Adjectif invariable.** D'un vert grisâtre. *Des toits vert-de-gris.*
V. Tableau - **COULEUR (ADJECTIFS DE).**
• **Nom masculin invariable.** Dépôt verdâtre qui se forme sur le cuivre exposé à l'air.

vertébral, ale, aux adj.
Qui se rapporte aux vertèbres. *La colonne vertébrale, des disques vertébraux.*
☞ vertébral.

vertèbre n. f.
Chacun des os dont la superposition constitue la colonne vertébrale. *Les vertèbres cervicales, lombaires.*
☞ vertèbre.

vertébré, ée adj. et n. m.
• **Adjectif.** Qui a des vertèbres. *Les animaux vertébrés.*
• **Nom masculin.** Animal pourvu d'une colonne vertébrale.
Ant. **invertébré.**
☞ vertébré.

vertement adv.
Avec sévérité. *Elle fut vertement réprimandée.*

vertical, ale, aux adj. et n. f.
• **Adjectif.** Perpendiculaire à l'horizon. *Des stores verticaux.*
• **Nom féminin.** Position verticale.
Ant. **horizontal.**

verticalement adv.
En suivant la verticale.

verticalité n. f.
État de ce qui est vertical.

vertige n. m.
Perte d'équilibre, étourdissement. *Il ne peut grimper là-haut, il aurait le vertige.*

vertigineusement adv.
D'une manière vertigineuse. *Le prix des maisons a augmenté vertigineusement.*

vertigineux, euse adj.
• Qui donne le vertige.
• Très haut. *Des tours vertigineuses.*
• (Fig.) Très élevé. *Des prix vertigineux.*

vertu n. f.
• (Vx) Chasteté.
• Qualité particulière. *Les vertus d'un médicament.*
• (Litt.) Disposition à accomplir certains devoirs, certains actes moraux. *La patience est une vertu difficile à pratiquer.*
• ***En vertu de,*** locution prépositive. (Dr.) Par le pouvoir de, au nom de. *En vertu de la nouvelle loi, ces pratiques sont illégales.*
☞ vertu.

vertueusement adv.
D'une façon vertueuse.

vertueux, euse adj.
(Vx) Chaste, édifiant.

verve n. f.
Imagination créatrice, fantaisie, esprit. *Il est en verve ce soir.*

verveine n. f.
• Plante aromatique dont une espèce a des vertus calmantes.
• Infusion. *Une tasse de verveine.*
☞ verveine.

vésical, ale, aux adj.
De la vessie. *Des calculs vésicaux.*

vésicule n. f.
• Organe en forme de petit sac. *La vésicule biliaire.*
• Cloque sur la peau.
☞ Attention au genre féminin de ce nom : *une* vésicule.

vespasienne n. f.
(Vx) Urinoir public.

vespéral, ale, aux adj.
(Litt.) Du soir. *Les vents vespéraux.*

vesse-de-loup n. f. (pl. *vesses-de-loup*)
Type de champignon.

vessie n. f.
Partie du corps où s'accumule l'urine qui provient des reins.

vestale n. f.
• (Ancienn.) Prêtresse chargée d'entretenir le feu sacré.
• (Litt.) Femme très chaste.
☞ vestale.

veste n. f.
Vêtement court comportant des manches, ouvert à l'avant et qui se porte sur une chemise, un tricot. *Une veste de lainage, la veste d'un costume.*
🖝 Par rapport à la **veste,** le **gilet** ne comporte pas de manches.

*veste
Anglicisme au sens de **gilet.**

vestiaire n. m.
• Lieu où l'on dépose certains vêtements ou objets à l'entrée d'un théâtre, d'un musée, d'un établissement. *J'ai oublié mon parapluie au vestiaire du restaurant.*
• (Par ext.) Vêtements laissés au vestiaire. *Donnez-moi mon vestiaire, je vous prie.*

vestibule n. m.
Pièce située à l'entrée d'un édifice, d'une maison.
☞ vestibule.

vestige n. m. (gén. pl.)
• Marque (d'une chose disparue). *Les vestiges d'un ancien château.*
• (Fig.) Ce qui subsiste (d'une chose abstraite). *Les vestiges de la civilisation grecque.*

vestimentaire adj.
Qui est relatif aux vêtements. *Une tenue vestimentaire.*
☞ vestiment**aire.**

veston n. m.
• Veste d'un complet masculin. *Un veston et un gilet assortis.*
• ***Complet-veston.*** *Des complets-veston de lainage.*

vêtement n. m.
Tout ce qui sert à couvrir le corps humain. *Ils doivent acheter de nouveaux vêtements pour l'hiver.*

vétéran n. m.
• Personne très expérimentée dans un domaine. *C'est un vétéran de la chirurgie à cœur ouvert.*
• Soldat qui a de longs états de service.
🖝 Ce nom ne comporte pas de forme féminine.
☞ vétér**an.**

vétérinaire adj. et n. m. et f.
• **Adjectif.** Qui est relatif aux soins donnés aux animaux. *La médecine vétérinaire.*
• **Nom masculin et féminin.** Médecin vétérinaire.
☞ vétérin**aire.**

vétille n. f.
Chose sans importance. *Il discute pour des vétilles.*

vêtir v. tr., pronom.
INDICATIF PRÉSENT *Je vêts, tu vêts, il vêt, nous vêtons, vous vêtez, ils vêtent.* IMPARFAIT *Je vêtais.* PASSÉ SIMPLE *Je vêtis.* FUTUR *Je vêtirai.* CONDI-

TIONNEL PRÉSENT *Je vêtirais.* IMPÉRATIF PRÉSENT *Vêts, vêtons, vêtez.* SUBJONCTIF PRÉSENT *Que je vête.* IMPARFAIT *Que je vêtisse.* PARTICIPE PRÉSENT *Vêtant.* PASSÉ *Vêtu, ue.*
• **Transitif.** (Litt.) Couvrir de vêtements. *Ce magasin de vêtements pour enfants a entièrement vêtu les sextuplés.*
• **Pronominal.** (Litt.) S'habiller. *Ils aiment se vêtir de couleurs vives.*

vétiver n. m.
👄 Le **r** se prononce [vetiver].
Plante cultivée pour ses racines odorantes.

veto n. m. inv. (pl. *veto*)
👄 Le **e** se prononce **é** [veto].
• Mot latin signifiant «je m'oppose».
• Refus de donner son accord. *Ils nous ont opposé leur veto. Un droit de veto. Des veto catégoriques.*
🖝 En typographie soignée, les mots étrangers sont composés en italique. Dans des textes déjà en italique, la notation se fait en romain. Pour les textes manuscrits, on utilisera les guillemets.
☞ veto, sans accent.

vêtu, ue adj.
Habillé. *Ils sont vêtus de cuir, elle est vêtue de neuf.*
🖝 L'adjectif se construit avec la préposition **de.**

vétuste adj.
Très vieux et détérioré. *Des habitations vétustes.*

vétusté n. f.
(Litt.) État de ce qui est vétuste.

veuf, veuve adj. et n. m. et f.
Se dit de la personne dont le conjoint est mort. *Un veuf inconsolable.*

veule adj.
(Litt.) Lâche, mou, sans énergie.
☞ veul**e.**

veulerie n. f.
Caractère d'une personne veule.
☞ veul**erie.**

veuvage n. m.
État d'une personne veuve.

vexant, ante adj.
Blessant, ennuyeux. *Des remarques vexantes.*

vexation n. f.
Insulte, contrariété.

vexatoire adj.
Qui a le caractère d'une vexation. *Des manœuvres vexatoires.*
☞ vexat**oire.**

vexer v. tr., pronom.
• **Transitif.** Blesser, contrarier. *Il ne voulait pas vous vexer.*
• **Pronominal.** Se fâcher, se formaliser. *Elles se sont vexées de ces sourires entendus.*

v.g.
Abréviation de **verbi gratia** qui signifie «par exemple».
🖝 Il est préférable d'utiliser l'abréviation **p. ex.**

plutôt que les abréviations latines **v.g.** (*verbi gratia*) et **e.g.** (*exempli gratia*) qu'on réservera aux textes anglais.

via prép.
Par. *Destination Nice via Paris.*
☞ Cet emploi qui appartient au domaine des transports est le seul usage correct en français. La préposition s'applique à un lieu et non à un moyen de communication. *Un colis expédié par autobus* (et non **via autobus*). *Une émission diffusée sur ondes hertziennes* (et non **via ondes hertziennes*).

viabiliser v. tr.
Exécuter les travaux destinés à rendre un terrain habitable. *Ces lots sont viabilisés.*

viabilité n. f.
• État d'une voie de circulation où l'on peut rouler.
• Aptitude à vivre d'un organisme.
• Caractère viable de quelque chose.

viable adj.
• Qui peut vivre. *Ce nouveau-né est viable.*
• Qu'on peut mener à bien, qui peut aboutir. *Le projet est-il viable?*

viaduc n. m.
Voie aérienne.
Ant. **tunnel.**
⇨ viadu**c.**

viager, ère adj. et n. m.
• **Adjectif.** Qui dure pendant la vie d'une personne et qui s'éteint à la mort. *Une rente viagère.*
• **Nom masculin.** Rente viagère.

viande n. f.
Chair des animaux qui sert à la nourriture. *Elle préfère la viande blanche à la viande rouge.*

vibraphone n. m.
Instrument de musique composé de lames d'acier qui sont frappées à l'aide de marteaux.

vibraphoniste n. m. et f.
Musicien qui joue du vibraphone.

vibrateur n. m.
Appareil qui produit des vibrations mécaniques.

vibratile adj.
Animé de mouvements vibratoires. *Des cils vibratiles.*
⇨ vibratile**.**

vibration n. f.
Mouvement oscillatoire. *Des vibrations sonores.*

vibratoire adj.
Constitué d'une suite de vibrations.
⇨ vibra**toire.**

vibrer v. tr., intr.
• **Transitif**
Modifier un corps par des vibrations. *Vibrer du béton.*
• **Intransitif**
- Être touché, ému. *Vibrer à l'écoute d'un hymne.*
- Résonner, produire des vibrations. *Une cloche qui vibre.*
- Émouvoir, toucher. *Des élans oratoires qui la faisaient vibrer.*

vibromasseur n. m.
Appareil qui masse en faisant vibrer.
⇨ **vibromasseur,** en un seul mot.

vicaire n. m.
Prêtre adjoint au curé dans une paroisse.

vice n. m.
• Défaut, disposition au mal.
• Défaut qui altère gravement la constitution d'une chose. *Un vice de construction.*
☞ Ne pas confondre avec les noms suivants :
- **défaut,** imperfection;
- **malfaçon,** défaut de fabrication;
- **travers,** défaut léger, bizarrerie.
Hom. **vis,** tige filetée.

vice- préf. inv.
• Préfixe invariable qui précède certaines désignations de fonctions exercées en second, en l'absence de quelqu'un. *Une vice-présidente, un vice-doyen.*
• Les titres composés avec le préfixe **vice-** s'écrivent avec un trait d'union et seul le deuxième élément prend la marque du pluriel.

vice-consul n. m. (pl. *vice-consuls*)
Personne qui agit comme consul dans un endroit où il n'y a pas de consul.

vice-présidence n. f. (pl. *vice-présidences*)
Fonction de vice-président, de vice-présidente.

vice-président n. m. (pl. *vice-présidents*)
vice-présidente n. f. (pl. *vice-présidentes*)
• Personne qui peut remplacer le président, en son absence.
• Personne au sommet de la hiérarchie après le président dans une entreprise, un organisme.

vice versa ou **vice-versa** loc. adv.
⇨ Le premier **e** se prononce **é** ou est muet, [vise vɛrsa] ou [visvɛrsa].
Réciproquement. *Disposer un carreau noir, puis un carreau blanc et vice versa.*
⇨ vice(-)ver**sa.**

vichy n. m.
• Toile à petits carreaux. *Une robe de vichy.*
• Eau minérale de la station thermale de Vichy. *Boire des vichys.*
☞ Le nom du tissu, de l'eau minérale s'écrit avec une minuscule, tandis que le nom de la ville s'écrit avec une majuscule. *Une vichy,* mais *une eau de Vichy.*

vichyssoise n. f.
Potage de poireaux que l'on consomme froid.

vicier v. tr.
Redoublement du **i** à la première et à la deuxième personne du pluriel de l'indicatif imparfait et du subjonctif présent. *(Que) nous viciions, (que) vous viciiez.*
(Litt.) Corrompre. *Ces vapeurs toxiques vicient l'atmosphère. Il faudrait aérer, l'air est vicié.*

vicieux, euse adj.
• Dépravé, pervers.
• **Cercle vicieux.** Raisonnement faux, qui tourne en rond.

vicinal, ale, aux adj.
Se dit d'un petit chemin qui relie des villages. *Des chemins vicinaux.*

vicissitudes n. f. pl.
(Litt.) Succession de situations différentes, heureuses ou malheureuses. *Les vicissitudes de l'existence.*
☞ vici**ss**itudes.

vicomte n. m.
vicomtesse n. f.
Titre de noblesse qui vient avant celui de *baron.*
☞ vicomte.

vicomté n. f.
Terre d'une seigneurie appartenant à un vicomte.
☞ Attention au genre féminin de ce nom : *une* vicomté.
☞ vicomté.

victime n. f.
• Personne qui souffre des agissements d'autrui, d'évènements malheureux, ou par sa propre faute. *Il a été victime de son imprudence.*
• Personne tuée ou blessée. *La route a fait plusieurs victimes au cours des derniers jours.*
☞ Le nom *victime* désigne également un blessé.

victoire n. f.
• Succès militaire, sportif, etc. *Ils ont remporté la victoire.*
• *Crier, chanter victoire.* Se glorifier d'un succès.

victorien, ienne adj.
Relatif au règne de la reine Victoria. *De magnifiques maisons victoriennes.*

victorieusement adv.
D'une manière victorieuse.

victorieux, euse adj.
• Vainqueur. *L'armée victorieuse.*
• Qui exprime un succès. *Air victorieux.*
☞ L'adjectif féminin sert également de forme féminine à l'adjectif *vainqueur.*

victuailles n. f. pl.
Vivres, provisions. *Il se chargera des victuailles.*

vidange n. f.
• Action de vidanger un réservoir. *Faire la vidange d'huile* (et non le *changement d'huile).*
• (Au plur.) Immondices.

*vidanges
Impropriété au sens de *ordures. Faire l'enlèvement des ordures* (et non la *cueillette des vidanges).*

vidanger v. tr.
Le *g* est suivi d'un *e* devant les lettres *a* et *o. Il vidangea, nous vidangeons.*
Vider un réservoir pour le nettoyer.

vidangeur n. m.
Personne qui fait la vidange de certains réservoirs.

*vidangeur
Impropriété au sens de *éboueur.*

vide adj. et n. m.
• **Adjectif**
- Qui ne contient rien. *Une enveloppe vide. Un bureau vide.*

- Dépourvu (d'idées, de sentiments). *Une citation vide de sens.*
- Désert. *Un restaurant vide.*
• **Nom masculin**
- Espace qui ne contient pas d'air. *Faire le vide dans un contenant.*
- Espace sans objet. *Regarder dans le vide.*
- Vacuité. *Le vide de son existence.*
- Sentiment de privation. *Votre absence laissera un grand vide.*

vidéo- préf.
• Élément du latin signifiant «je vois».
• Les mots composés du préfixe *vidéo-* s'écrivent en un seul mot. *Vidéocassette.*

vidéo adj. inv. et n. f.
• **Adjectif invariable.** Qui est relatif à l'enregistrement et à la reproduction de l'image et du son sur un écran de visualisation. *Des cassettes vidéo, des écrans vidéo, une bande vidéo, des jeux vidéo.*
• **Nom féminin.** Ensemble des techniques vidéo.

vidéocassette n. f.
Cassette servant à l'enregistrement et à la reproduction de l'image et du son.

vidéoclip n. m.
Court film vidéo destiné à faire la promotion d'une chanson. *Les enfants raffolent des vidéoclips.*
Syn. **clip.**

vidéodisque n. m.
Disque qui permet de reproduire le son et l'image.

vide-ordures n. m. inv.
• Conduit où l'on peut jeter des ordures ménagères, dans un immeuble.
• Ouverture de ce conduit.

vidéoscope n. m.
Appareil d'enregistrement et de reproduction des images et du son utilisant des bandes magnétiques.
Syn. **magnétoscope.**

*vidéotape
Anglicisme pour *bande vidéo,* de *bande magnétoscopique.*

vide-poches n. m. inv. (pl. *vide-poches*)
Petit réceptacle où l'on dépose de menus articles. *Des vide-poches pratiques.*

vider v. tr., pronom.
• **Transitif**
- Rendre vide. *Vider un pichet.*
- *Vider les lieux.* Partir d'un endroit.
- (Fam.) Épuiser. *Cet effort soutenu l'a vidé.*
• **Pronominal**
Se désemplir. *Les rues se sont vidées très rapidement.*

vie n. f.
• Fait d'être vivant, existence. *Ils sont toujours en vie.*
• Espace qui s'écoule entre la naissance d'une personne et sa mort. *Elle a eu une vie heureuse.*
• Vitalité, animation. *Cette discussion est pleine de vie.*
• *Ne pas donner signe de vie.* Ne pas donner de ses nouvelles.

• **À vie,** locution adverbiale. Pour toute la durée de la vie. *Ce président est nommé à vie.*
• **En vie,** locution adverbiale. Vivant.
• **Jamais de la vie.** En aucune manière, jamais.

*vie (pour la)
Calque de l'anglais «for life» au sens de *à vie.*

vieil
V. **vieux.**

vieillard n. m.
Homme âgé.
☞ La forme féminine **vieillarde** est rare et péjorative.

vieillerie n. f.
Objet usé, ancien. *Ce ne sont que des vieilleries.*

vieillesse n. f.
• Dernière période de la vie normale.
• État d'une personne âgée.

vieilli, ie adj.
• Qui est âgé.
• Désuet, qui n'est plus usité, en parlant d'un mot, d'une expression, d'une construction. *Le nom **vertu** au sens de «chasteté» est vieilli.*

vieillir v. tr., intr., pronom.
• **Transitif**
Rendre vieux, faire paraître vieux. *Cette coiffure la vieillit.*
• **Intransitif**
- Devenir vieux. *Il n'a pas vieilli du tout.*
- Devenir démodé, perdre de son actualité. *Ce sujet n'a pas vieilli, il est toujours d'intérêt.*
☞ Le verbe se conjugue avec l'auxiliaire **avoir** pour marquer l'action, avec l'auxiliaire **être** pour marquer l'état. *Elle a bien vieilli au cours de ces dernières années. Comme il est vieilli aujourd'hui!*
• **Pronominal**
Se faire paraître, se dire plus vieux qu'on ne l'est en réalité.

vieillissement n. m.
Fait de prendre de l'âge.

vieillot, otte adj.
Démodé, suranné. *Des tenues vieillottes.*

vierge adj. et n. f.
• **Adjectif**
- Qui n'a jamais eu de relations sexuelles.
- Qui est intact. *Une feuille vierge, un casier judiciaire vierge.*
- Qui n'a jamais été exploité. *Une terre vierge.*
• **Nom féminin**
- Femme qui a conservé son intégrité physique.
- *La Sainte Vierge, la Vierge.* La Vierge Marie.
☞ En ce sens, le nom s'écrit avec une majuscule.
- Nom d'une constellation, d'un signe du zodiaque.
☞ Les noms d'astres s'écrivent avec une majuscule. *Elle est (du signe de la) Vierge, elle est née entre le 23 août et le 22 septembre.*
V. **astre.**

vietnamien, ienne adj. et n. m. et f.
• **Adjectif et nom masculin et féminin.** Du Vietnam.

La cuisine vietnamienne. Un Vietnamien, une Vietnamienne.
☞ L'adjectif s'écrit avec une minuscule; le nom, avec une majuscule.
• **Nom masculin.** Langue parlée par les Vietnamiens. *Thanh parle le vietnamien.*
☞ Le nom de la langue s'écrit avec une minuscule.

vieux ou vieil, vieille adj.
• Qui est avancé en âge. *Ce monsieur est très vieux. Un vieil arbre.*
☞ Placé avant un nom qui commence par une voyelle ou un *h* muet, l'adjectif masculin s'orthographie **vieil.**
• Ancien. *Une vieille maison. Le Vieux-Montréal.*

vif, vive adj. et n. m.
• **Adjectif**
- Agile, vigoureux, rapide. *Une imagination vive, marcher à pas vifs.*
- Vivant. *Ils ont été brûlés vifs, elles ont été brûlées vives.*
☞ En ce sens, l'adjectif ne s'emploie que dans certaines locutions figées.
- Éclatant, lumineux. *Des rouges vifs, des couleurs vives.*
- Grand. *Un vif succès, sa vive reconnaissance.*
- *De vive voix.* En personne.
• **Nom masculin**
- Point essentiel. *Entrer dans le vif du sujet.*
- Point sensible. *Elles ont été piquées au vif.*

vigie n. f.
Matelot chargé d'observer du haut d'un mât ou à l'avant d'un bateau.
☞ Attention au genre féminin de ce nom, même s'il désigne généralement un homme : **une** vigie.

vigilance n. f.
Surveillance. *Les enfants ont trompé sa vigilance.*

vigilant, ante adj.
Attentif, soigneux. *Des réviseurs vigilants.*

vigile n. m. et f.
• **Nom masculin.** Surveillant.
☞ Attention au genre masculin de ce nom : **un** vigile.
• **Nom féminin.** Veille de certaines fêtes religieuses (Noël, la Pentecôte, Pâques, etc.).

vigne n. f.
• Arbuste dont le fruit est le raisin. *Un pied de vigne.*
• Plantation de vignes.

vigneron n. m.
vigneronne n. f.
Personne qui se consacre à la culture de la vigne et à la production du vin.
☞ Ne pas confondre avec le nom **vignoble,** plantation de vignes.
Syn. **viticulteur.**

vignette n. f.
Timbre certifiant le paiement de certains droits. *Vignette automobile.*

*vignette
Archaïsme au sens de *illustration, image* (d'un journal, d'un livre).

vignoble n. m.
Plantation de vignes.
🖝 Ne pas confondre avec le nom *vigneron,* personne qui cultive la vigne.

vigogne n. f.
Mammifère ruminant voisin du lama dont on utilise la laine fine.

vigoureusement adv.
Avec vigueur. *Il astiquait vigoureusement sa cuisine.*

vigoureux, euse adj.
Fort, énergique. *Des efforts vigoureux.*

vigueur n. f.
Force, énergie.

VIH n. m.
Sigle de *virus d'immunodéficience humaine* (virus responsable du sida).

viking adj. et n. m. et f.
Relatif aux Vikings.
🖝 Contrairement à l'adjectif, le nom prend une majuscule.

vil, vile adj.
• (Litt.) Abject, méprisable.
• *À vil prix.* Au-dessous de sa valeur.

vilain, aine adj.
• Désagréable, mauvais. *Il a fait un vilain temps.*
• Méprisable. *Une vilaine pensée.*
🖝 Cet adjectif se place généralement avant le nom.

vilainement adv.
D'une manière vilaine.
🖝 vil**ai**nement.

vilebrequin n. m.
🖘 Le *e* de la deuxième syllabe est muet [vilbrəkɛ̃].
Outil servant à percer des trous.
🖝 vil**e**brequin.

vilenie n. f.
🖘 Le *e* de la deuxième syllabe est généralement muet [vilni].
(Litt.) Infamie.
🖝 vil**e**nie.

vilipender v. tr.
(Litt.) Traiter avec mépris, bafouer.
🖝 Ne pas confondre avec les verbes suivants :
- *décrier,* déprécier avec force, faire perdre la réputation, l'autorité;
- *dénigrer,* chercher à diminuer la valeur d'une personne, d'une chose;
- *diffamer,* porter atteinte à la réputation;
- *discréditer,* souiller la réputation en dépréciant ou en diffamant.
🖝 vilipender.

villa n. f.
Maison de campagne avec un jardin. *Des villas au bord de la mer.*

village n. m.
• Agglomération rurale caractérisée par un habitat plus ou moins concentré, possédant des services de première nécessité et offrant une forme de vie communautaire. (Recomm. off. OLF)
• *Village forestier.* Agglomération sans statut juridique établie en forêt, regroupant des travailleurs forestiers et leurs familles. (Recomm. off. OLF)

villageois, oise n. m. et f.
Habitant d'un village.
🖝 villag**eois.**

ville n. f.
• Agglomération plus ou moins importante, caractérisée par un habitat concentré, dont les activités sont axées sur l'industrie, le commerce, les services et l'administration. (Recomm. off. OLF) *Les villes de Montréal, de New York, de Paris.*
🖝 Les noms génériques des toponymes (*ville, village,* etc.) s'écrivent avec une minuscule.
🖝 Le nom qui désigne l'administration urbaine (notion administrative) s'écrit avec une majuscule. *La ville de Montréal et sa banlieue comptent plus de trois millions d'habitants, selon le recensement de 1991. La Ville de Montréal a entrepris des travaux de réfection de la chaussée.*
• Ensemble des habitants d'une agglomération urbaine. *Toute la ville en parle.*

Genre des noms de villes
Le genre des noms de villes est souvent établi en fonction de la terminaison. Les noms de villes qui se terminent par un *e* sont généralement féminins. Il est à remarquer toutefois que l'usage est flottant. Ainsi, on écrit *la Rome éternelle,* mais *le vieux Nice. Marseille* est tantôt féminin, tantôt masculin. Par contre, *Paris* est toujours du genre masculin et *Alger,* de genre féminin. On observe une tendance marquée à rendre masculins tous les noms de villes.

---

villégiature n. f.
Séjour à la campagne, à la montagne, à la mer.
🖝 vill**é**giature.

vin n. m.
Boisson obtenue par la fermentation du raisin. *Un bon vin blanc bien frais. Un vin mousseux.*
🖝 1° Les noms de vins qui viennent de toponymes s'écrivent avec une **minuscule.** *Du bordeaux, du bourgogne, un champagne, un côtes-du-rhône, un bon muscadet, un sauternes.*
2° Les noms simples prennent la marque du **pluriel.** *Des bourgognes, des champagnes, des muscadets.* Par contre, les noms composés restent invariables. *Des pouilly-fumé, des château-lafite.*
Hom. :
- *vain,* inutile;
- *vingt,* dix-neuf plus un.

vinaigre n. m.
Condiment provenant d'un vin fermenté.

vinaigrer v. tr.
Assaisonner avec du vinaigre.

vinaigrette n. f.
Assaisonnement fait d'huile et de vinaigre pour la salade, les crudités, etc.

vindicatif, ive adj.
Qui est rancunier, porté à la vengeance.

vindicativement adv.
D'une manière vindicative.

vingt adj. et n. m. inv.

👄 La lettre **g** est toujours muette. Le **t** ne se prononce pas devant une consonne, il se prononce devant une voyelle ou un **h** muet. *Vin(gt) corbeaux, vin(g)t arbres, vin(g)t hôpitaux.* Dans les adjectifs numéraux composés, le **t** se prononce toujours. *Vin(g)t-quatre.*
• **Adjectif numéral cardinal.** Dix-neuf plus un. *Vingt heures.*
🖐— 1° L'adjectif numéral prend la marque du pluriel s'il est multiplié par un nombre et s'il n'est pas suivi d'un autre adjectif de nombre. *Quatre-vingts feuilles, quatre-vingt-huit dollars.* Attention aux mots **million, milliard** qui ne sont pas des adjectifs numéraux, mais des noms. *Quatre-vingts millions.* Précédé de **cent** ou de **mille,** l'adjectif numéral est toujours invariable. *Cent vingt personnes.*
2° Dans les adjectifs numéraux composés, le trait d'union s'emploie seulement entre les éléments qui sont l'un et l'autre inférieurs à cent, sauf si ces éléments sont joints par la conjonction **et.** *Cent quatre-vingts. Vingt et un. Vingt-cinq.*
• **Adjectif numéral ordinal invariable.** Vingtième. *Le vingt décembre. En mil neuf cent quatre-vingt.*
🖐— L'adjectif numéral ordinal est invariable.
• **Nom masculin invariable.** Nombre vingt. *Des vingt en lettres géantes.*
Hom. :
- *vain,* inutile;
- *vin,* boisson.

vingtaine n. f.
Quantité approximative de vingt. *Une vingtaine d'invités seront présents.*
🖐— Après ce collectif suivi d'un nom pluriel, le verbe se met généralement au pluriel.

vingtième adj. et n. m. et f.
• **Adjectif numéral ordinal.** Nombre ordinal de vingt. *La vingtième heure.*
• **Nom masculin.** La vingtième partie d'un tout. *Les trois vingtièmes d'une quantité.*
• **Nom masculin et féminin.** Personne, chose qui occupe la vingtième place. *Elles sont les vingtièmes.*

vingtièmement adv.
En vingtième lieu.

vinicole adj.
Relatif à la production du vin.
🖎 vinicole.

vinyle n. m.
Produit chimique servant à la fabrication de matières plastiques et de textiles artificiels.
🖎 vinyle.

viol n. m.
• Action de posséder une personne contre sa volonté.
• Fait de violer, de profaner un lieu. *Le viol d'une sépulture.*
Hom. *viole,* ancien instrument de musique.

violacé, ée adj.
Qui est légèrement violet. *Des lueurs violacées.*

violation n. f.
• Transgression. *La violation de la loi peut avoir de graves conséquences.*
• Dérogation. *La violation du secret professionnel, des frontières, des eaux territoriales.*

viole n. f.
Ancien instrument de musique. *La viole de gambe.*
Hom. *viol,* action de posséder une personne contre sa volonté.

violemment adv.
Avec violence.
🖎 violemment.

violence n. f.
• Brutalité, contrainte. *Vol avec violence.*
• *Se faire violence.* S'imposer de faire quelque chose.
• Puissance. *La violence des vents était telle que des toits ont été emportés.*

violent, ente adj.
• Brutal, coléreux. *Des gestes violents.*
• Fort, intense. *Des vents violents, une violente tempête.*

violenter v. tr.
Contraindre par la violence, la force.

violer v. tr.
• Transgresser. *Il a violé la loi.*
• Profaner un lieu. *La tombe du pharaon a été violée.*
• Posséder une personne contre sa volonté.

violet, ette adj. et n. m.
• **Adjectif de couleur variable.** D'une couleur intermédiaire entre le rouge et le bleu. *Des velours violets. Une teinte violette.*
V. Tableau - **COULEUR (ADJECTIFS DE).**
• **Nom masculin.** Couleur violette. *Des violets épiscopaux.*

violette n. f.
Plante donnant de petites fleurs odorantes.

violeur, euse n. m. et f.
Personne qui a commis un viol.

violon n. m.
• Instrument de musique à cordes que l'on fait vibrer à l'aide d'un archet.
• Violoniste. *Il est premier violon dans un orchestre.*
🖎 violon.

violoncelle n. m.
Instrument de musique à cordes, plus grand et de son plus grave que le violon.
☞ violoncelle.

violoncelliste n. m. et f.
Musicien qui joue du violoncelle.
☞ violoncelliste.

violoniste n. m. et f.
Musicien qui joue du violon.
☞ violoniste.

*VIP (very important person)
Anglicisme pour **personnalité.**

vipère n. f.
• Serpent venimeux.
• (Fig.) Personne malveillante. *C'est une langue de vipère.*
☞ vipère.

virage n. m.
• Endroit où une route décrit une courbe. *Ce chemin de montagne est plein de virages* (et non de *courbes).
Un virage en épingle à cheveux.
• Changement d'orientation d'un véhicule. *Cet automobiliste a pris le virage trop vite, il a dérapé.*
• (Fig.) Changement de direction (d'une pensée, d'un parti, etc.). *Un virage à droite.*

*virage en U
Calque de l'anglais «U turn» pour **demi-tour.**

virago n. f.
Femme qui a les allures d'un homme. *Des viragos brutales.*

viral, ale, aux adj.
Qui se rapporte à un virus. *Des maladies virales.*

virée n. f.
(Fam.) Tour, promenade. *Faire une virée en ville.*

virement n. m.
• Transfert de fonds d'un compte à un autre. *Faire des virements bancaires.*
• *Virement automatique.* Opération consistant à déposer une somme directement dans un compte en banque. *Un virement automatique* (et non un *dépôt direct).
☞ virement.

virer v. tr., intr.
• **Transitif**
- Faire passer des fonds d'un compte à un autre. *Dans quel compte désirez-vous virer la somme?*
- (Fam.) Congédier. *Ils ont été virés sans ménagement.*
• **Intransitif**
- Avancer en tournant, en parlant d'un véhicule. *Virez à gauche à la prochaine intersection.*
- Changer de nuance. *Ce vert a légèrement viré.*

virevolte n. f.
• Tour que fait une personne sur elle-même.
• Changement brusque d'opinion.
☞ **virevolte,** en un seul mot.

virevolter v. intr.
Tourner rapidement sur soi. *Les papillons virevoltaient en tous sens.*

virginal, ale, aux adj.
Pur. *Des aspects virginaux. Un blanc virginal.*

virginité n. f.
• Pureté.
• (Litt.) Caractère de ce qui est pur.
• État de celui ou celle qui n'a jamais eu de relations sexuelles.

virgule n. f.

Signe de ponctuation
Signe qui sert à séparer divers éléments d'une phrase. La virgule marque un temps d'arrêt, une pause légère dans la phrase. Elle facilite la compréhension d'un texte en permettant, d'une part, des distinctions sémantiques et en structurant, d'autre part, l'organisation des différents mots ou groupes de mots à l'intérieur d'une proposition ou de plusieurs propositions dans la phrase.
Emplois
• Séparation des termes d'une énumération. *Des pivoines, des lilas et des roses.*
• Séparation des propositions de même nature, des subordonnées qui précèdent les principales, etc. *Ils s'étaient tous réunis, ils chantaient, ils mangeaient. Puisqu'il fait beau, nous partons à la campagne.*
• Apposition, apostrophe. *Mme Laforêt, directrice générale, sera présente.*
☞ Lorsque la virgule encadre un mot, une expression à valeur explicative, elle est utilisée avec une autre virgule qui sert à fermer la parenthèse.
• Devant certaines conjonctions ou locutions conjonctives. *Cette personne fait un travail remarquable, mais elle devra s'absenter sous peu.*
V. Tableau - **PONCTUATION.**
Signe décimal
Signe qui sépare la partie entière et la partie décimale d'un nombre. *15,5 kilomètres.*
☞ La virgule décimale s'écrit sans espace; si le nombre est inférieur à l'unité, la virgule décimale est précédée d'un zéro. *0,75.*
V. Tableau - **NOMBRES.**

viril, ile adj.
Relatif à l'homme, au mâle. *Une voix virile.*

virilement adv.
D'une manière virile.

virilité n. f.
Caractère viril.

virologie n. f.
Spécialité médicale qui traite des virus.

virologiste ou **virologue** n. m. et f.
Spécialiste de la virologie.

virtuel, elle adj.
Qui est en puissance, potentiel. *La forme **ingénieure** est un féminin virtuel du nom **ingénieur.***

virtuellement adv.
• En puissance.
• Selon toute probabilité. *Cette entreprise est virtuellement celle à qui le marché sera attribué.*

virtuose adj. et n. m. et f.
Artiste extrêmement habile et doué. *C'est un virtuose du piano, une virtuose du violon.*

virulence n. f.
Violence. *La virulence d'une critique.*
⬚⮕ virulence.

virulent, ente adj.
• Nocif et violent. *Un poison virulent.*
• Mordant et violent. *Des diatribes virulentes contre le gouvernement.*
⬚⮕ virulent.

virus n. m.
👄 Le **s** se prononce [virys].
Organisme microscopique agent de la contagion. *Le virus de la grippe.*

virus d'immunodéficience humaine
Sigle *VIH* (s'écrit avec ou sans points).

vis n. f.
👄 Le **s** se prononce [vis].
Tige filetée qui se fixe sans écrou.
🖙 Ne pas confondre avec les noms suivants :
- **boulon,** dispositif de fixation composé d'une tige et d'un écrou;
- **écrou,** pièce filetée qui complète un boulon.
Hom. **vice,** défaut.

visa n. m.
Formule accompagnée d'un sceau, d'une signature apposée sur un document pour le rendre valide. *Des visas obligatoires pour entrer dans ces pays.*

visage n. m.
• Partie antérieure de la tête. *De frais visages d'enfants. L'émotion et la joie se lisaient sur son visage.*
Syn. **face, figure.**
• Expression du visage. *Un visage radieux.*
• Aspect d'une chose. *Le vrai visage de la justice.*
🖙 Par rapport aux noms **visage** et **figure,** le nom **face** est plus littéraire et s'emploie en parlant de Dieu ou dans le domaine médical.

visagiste n. m. et f.
Personne spécialisée dans l'art de mettre en valeur la beauté du visage par le maquillage, la coiffure, etc.

vis-à-vis adv., n. m. et loc. prép.
• **Adverbe**
Devant. *Il habite vis-à-vis.*
• **Nom masculin**
Personne qui est en face d'une autre à table. *Je parlais avec mon vis-à-vis.*
• **Locutions prépositives**
- En face de. *L'école est vis-à-vis de la bibliothèque.*
🖙 Le mot **vis-à-vis** se construit avec la préposition **de.**
- (Fam.) À l'égard de. *Cette personne a mal agi vis-à-vis de notre collègue.*
🖙 Dans un style soutenu, on préférera **envers, à l'égard de.**

viscéral, ale, aux adj.
• Relatif aux viscères. *Des troubles viscéraux.*
• (Fig.) Profond. *Une angoisse viscérale.*

viscère n. m. (gén. pl.)
Organe de l'abdomen, du thorax.
🖙 Attention au genre masculin de ce nom : **un** viscère.

viscose n. f.
Cellulose servant à la fabrication de textiles synthétiques.

viscosité n. f.
État de ce qui est visqueux.

visée n. f.
• Action de viser.
• (Fig.) Dessein, but. *Des visées expansionnistes.*

viser v. tr., intr.
• **Transitif direct**
- Pointer une arme, un objet en direction d'un but, d'une cible. *Il avait visé le panier et il a réussi. Viser un canard sauvage.*
🖙 Le complément du verbe qui désigne la partie visée se construit avec la préposition **à.** *Elle visa à la nuque.*
- Tenter d'atteindre. *Elle vise la présidence, rien de moins.*
- Concerner. *Cette remarque vise l'ensemble du personnel.*
- Apposer un visa. *Son passeport a été visé.*
• **Transitif indirect**
- Avoir en vue un objectif. *Elles visent à la réussite.*
🖙 Cette construction est de style plus soutenu que la construction avec le complément d'objet direct.
• **Intransitif**
Diriger quelque chose vers un point. *Tu as mal visé.*

visibilité n. f.
• Qualité de ce qui est visible à l'œil.
• Transparence de l'atmosphère. *Aujourd'hui la visibilité est excellente, on peut apercevoir les montagnes au loin.*

visible adj. et n. m.
• **Adjectif**
- Qui peut être vu. *Cette étoile est visible à l'œil nu.*
- Manifeste, évident. *C'est avec une satisfaction bien visible qu'il apprit la nouvelle.*
• **Nom masculin**
Ensemble des choses, telles qu'elles se voient. *Le visible et l'invisible.*

visiblement adv.
Manifestement. *Ils étaient visiblement émus.*

visière n. f.
Partie d'une coiffure qui fait saillie pour protéger le front et les yeux.

vision n. f.
• Perception par l'organe de la vue; la vue. *Un champ de vision.*
• Façon de concevoir quelque chose. *Une vision simpliste de la situation.*
• Hallucination. *Elle a des visions maintenant.*

visionnaire adj. et n. m. et f.
• Qui a des visions. *Un poète visionnaire.*

• Qui pressent le futur, l'évolution. *Jules Verne était un visionnaire.*
☞ visio**nn**aire.

visionner v. tr.
• Regarder un film, des diapositives, etc. *Ils visionnent les diapositives de leur dernier voyage.*
• Examiner sur un écran de visualisation.
☞ visio**nn**er.

visionneuse n. f.
Appareil servant à visionner un film, des diapositives, etc.
☞ visio**nn**euse.

visite n. f.
• Action d'aller voir. *La visite de la ville, la visite d'un ami, des visites médicales. Rendre visite à un parent.*
• *Carte de visite.* Petit carton comportant le nom d'une personne ainsi que certains renseignements utiles. *Des cartes de visite* (et non des cartes d'*affaires).
☞ Le complément demeure au singulier.

visiter v. tr.
• Parcourir un lieu. *Visiter un musée, un pays étranger.*
• Aller voir. *Le chirurgien visite ses patients tous les jours.*

visiteur, euse n. m. et f.
• Touriste. *Nous avons beaucoup de visiteurs américains au cours de l'été.*
• Personne qui fait une visite.

vison n. m.
• Mammifère carnassier dont la fourrure est très appréciée. *Un manteau de vison noir.*
• (Par ext.) Vêtement de vison. *Un magnifique vison.*

visqueux, euse adj.
Poisseux.
☞ vis**qu**eux.

visser v. tr.
• Fixer avec des vis. *Ces tablettes doivent être vissées solidement.*
• Fermer à l'aide d'un couvercle muni d'un pas de vis. *Vissez bien le bouchon de cette bouteille.*
☞ vis**s**er.

visu (de)
V. **de visu.**

visualisation n. f.
(Inform.) Affichage de données alphanumériques ou graphiques sur un écran.

visualiser v. tr.
• Rendre visible quelque chose qui ne l'était pas. *Ce graphique nous aide à visualiser l'évolution de la situation, nous aide à visualiser le problème.*
• (Inform.) Afficher des données à l'écran.

visuel, elle adj. et n. m.
• **Adjectif.** Relatif à la vue. *La mémoire visuelle.*
• Nom masculin. (Inform.) Écran de visualisation.

visuellement adv.
Au moyen de la vue.

vital, ale, aux adj.
• Qui constitue la vie. *Des points vitaux, des signes vitaux.*
• Essentiel. *Ces données sont vitales pour nous.*

vitalité n. f.
Énergie, dynamisme. *Les enfants ont une vitalité débordante.*

vitam æternam (ad)
V. **ad vitam æternam.**

vitamine n. f.
Substance indispensable à l'organisme. *La vitamine A, la vitamine B$_1$, la vitamine C.*
☞ vita**m**ine.

vitaminé, ée adj.
Se dit d'un aliment auquel on a ajouté des vitamines. *Des céréales vitaminées.*
☞ vita**m**iné.

vitaminique adj.
Relatif aux vitamines.
☞ vita**m**inique.

vite adj. et adv.
• **Adjectif**
(Litt.) Rapide. *Les coureurs les plus vites.*
☞ Comme adjectif, le mot prend la marque du pluriel.
• **Adverbe**
- Rapidement. *Il roule trop vite.*
- Dans peu de temps. *Nous finirons vite.*
- *Au plus vite,* locution adverbiale. Sans tarder.

vitesse n. f.
• Rapidité. *La vitesse du vent.*
• *À toute vitesse,* locution adverbiale. Très rapidement.
• *Vitesse limite.* Vitesse maximale permise sur une voie de circulation. *Des vitesses limites fixées à 100 km/h.*
☞ Ces mots mis en apposition prennent tous deux la marque du pluriel.

viti- préf.
• Élément du latin signifiant «vigne».
• Les mots composés avec le préfixe **viti-** s'écrivent en un seul mot. *La viticulture.*

viticole adj.
Relatif à la culture de la vigne et à la production du vin.

viticulteur n. m.
viticultrice n. f.
Personne qui se consacre à la culture de la vigne et à la production du vin.
Syn. **vigneron.**

viticulture n. f.
Culture de la vigne.

vitrage n. m.
Ensemble des vitres d'un immeuble.

vitrail n. m. (pl. *vitraux*)
Panneau de verre décoratif.

vitre n. f.
Panneau de verre qui garnit une ouverture. *Baisser la vitre de la portière.*
▷— Une vitre épaisse est une **glace.**

vitrer v. tr.
Garnir de vitres.

vitrerie n. f.
Commerce du vitrier.

vitreux, euse adj.
Qui a l'aspect du verre. *Un regard vitreux.*

vitrier n. m.
Personne dont le métier est de travailler le verre, de poser les vitres.

vitrine n. f.
• Partie d'un magasin, d'une boutique où les marchandises sont exposées derrière une vitre. *De magnifiques vitrines remplies de tentations.*
• **Lèche-vitrines.** Action de flâner en regardant les vitrines. *Elle aime faire du lèche-vitrines.*

vitriol n. m.
Acide sulfurique.

vitro (in)
V. **in vitro.**

vitupérer v. tr.
Le *é* se change en *è* devant une syllabe muette, sauf à l'indicatif futur et au conditionnel présent. *Je vitupère, mais je vitupérerai.*
Blâmer sévèrement. *Il vitupère contre ses frères sans raison.*
▷— Ce verbe est transitif direct et indirect. Dans la langue soutenue, le verbe se construit avec un complément d'objet direct, sans la préposition **contre.**

vivace adj.
• Qui vit plusieurs années, en parlant des plantes (par opposition à **annuel**). *Des fleurs vivaces.*
• Durable. *Une rancœur vivace.*
▷ vivace.

vivacité n. f.
• Entrain, promptitude à agir.
• Ardeur.

vivant, ante adj.
Qui vit. *Les êtres vivants.*
▷— Ne pas confondre avec le participe présent invariable. *Des animaux vivant dans la jungle.*

vivat! interj. et n. m.
⟨⟩ Le *t* ne se prononce pas [viva].
• **Interjection.** (Vx) Bravo!
• **Nom masculin.** Exclamation dont on se sert pour acclamer une personne. *Des vivats fervents.*
▷ vivat.

vive interj.
Formule d'acclamation. *Vive les vacances.*
▷— Suivie d'un nom pluriel, l'interjection peut s'orthographier **vivent.** Cependant, il demeure plutôt invariable.

vivement adv.
Avec vivacité, vigueur.

viveur n. m.
(Vx) Débauché.

vivier n. m.
Étang aménagé pour y conserver des poissons vivants.

vivifiant, ante adj.
Sain, qui donne de la vitalité. *Cet air pur est vivifiant.*

vivifier v. tr.
Redoublement du *i* à la première et à la deuxième personne du pluriel de l'indicatif imparfait et du subjonctif présent. *(Que) nous vivifiions, (que) vous vivifiiez.*
Donner de la vigueur, tonifier.

vivipare adj. et n. m.
Se dit d'un animal dont les petits se développent à l'intérieur de l'organisme maternel. *Les ovipares, les vivipares.*
▷ vivipare.

viviparité n. f.
Mode de reproduction des vivipares.

vivo (in)
V. **in vivo.**

vivoter v. intr.
Végéter. *Ils vivotent tant bien que mal.*
▷ vivoter.

vivre n. m.
• **Le vivre et le couvert.** La nourriture et le logement.
• (Au plur.) Aliments, provisions.
• **Couper les vivres à quelqu'un.** Ne plus donner une aide pécuniaire.

vivre v. tr., intr.
INDICATIF PRÉSENT *Je vis, tu vis, il vit, nous vivons, vous vivez, ils vivent.* IMPARFAIT *Je vivais.* PASSÉ SIMPLE *Je vécus.* FUTUR *Je vivrai.* CONDITIONNEL PRÉSENT *Je vivrais.* IMPÉRATIF PRÉSENT *Vis, vivons, vivez.* SUBJONCTIF PRÉSENT *Que je vive.* IMPARFAIT *Que je vécusse.* PARTICIPE PRÉSENT *Vivant.* PASSÉ *Vécu, ue.*
• **Transitif**
- Profiter de l'existence. *Vivre sa vie comme on l'entend.*
- Ressentir. *Les inquiétudes qu'il a vécues.*
▷— En ce sens, le participe passé s'accorde puisqu'il s'agit d'un complément d'objet direct.
• **Intransitif**
- Être en vie. *Ses grands-parents vivent toujours.*
▷— Le participe passé reste invariable si le verbe a un complément circonstanciel. *Les dix années qu'il a vécu auprès d'elle* (pendant lesquelles).
- Durer. *Et rose elle a vécu ce que vivent les roses, l'espace d'un matin.* (Malherbe)

vizir n. m.
• (Ancienn.) Membre du conseil de certains pays islamiques.
• **Grand vizir.** Premier ministre.

vocable n. m.
Mot servant à désigner un objet, une notion.
▷ vocable.

vocabulaire n. m.
• Ensemble des mots d'une langue.
• Ensemble des termes d'un domaine. *Le vocabulaire de la gestion, de la mécanique des fluides.*
• Ouvrage qui comprend les mots d'une spécialité avec leurs définitions.
☞ Ne pas confondre avec les noms suivants :
- *dictionnaire,* recueil des mots d'une langue et des informations s'y rapportant, présentés selon un certain ordre (alphabétique, systématique, etc.);
- *glossaire,* petit répertoire érudit d'un auteur, d'un domaine;
- *lexique,* ouvrage qui ne comporte pas de définitions et qui donne souvent l'équivalent dans une autre langue.

vocal, ale, aux adj.
Relatif à la voix. *Les cordes vocales.*
Ant. **instrumental.**

vocalique adj.
Qui se rapporte aux voyelles. *Des alternances vocaliques.*

vocalise n. f.
Exercice vocal, en chant.

vocaliser v. intr.
Faire des vocalises.

vocation n. f.
Inclination, aptitude particulière pour un domaine d'activité. *La vocation touristique de cette région.*

vocifération n. f.
Hurlement.

vociférer v. tr., intr.
Le *é* se change en *è* devant une syllabe muette, sauf à l'indicatif futur et au conditionnel présent. *Je vocifère,* mais *je vociférerai.*
Parler en hurlant. *Il est toujours à vociférer. Ils vocifèrent des insultes.*

vodka n. f.
Eau-de-vie d'origine russe. *Des vodkas frappées.*

vœu n. m. (pl. *vœux*)
Souhait. *Nos vœux les meilleurs. Vous comblez mon vœu le plus cher.*
☞ On offre, on adresse des vœux de bonheur. On fait, on formule le vœu que tout aille bien. On forme des vœux pour la réussite d'une entreprise. Un prêtre prononce ses vœux.

vogue n. f.
• Mode. *La vogue des jupes courtes.*
• *En vogue.* À la mode. *Les romans en vogue cet été.*

voguer v. intr.
(Litt.) Naviguer.

voici prép.
• La préposition indique une personne, une chose proche. *Voici notre maison et plus loin, voilà celle de nos amis.*
☞ Dans la langue courante, cette distinction n'est pas toujours respectée, la préposition *voilà* étant beaucoup plus utilisée que la préposition *voici.*

• La préposition désigne une chose dont il sera question par opposition à *voilà* qui renvoie à une chose dont on a parlé. *Voici ce qui arrivera.*
• La préposition sert à désigner une chose qui commence à se produire (avec une valeur temporelle). *Voici l'orage qui commence. Voici venir les beaux jours.*
V. **voilà.**

voie n. f.
• Chemin. *La voie publique, la voie maritime, une voie ferrée, des voies de circulation.*
• *Voie de desserte.* Voie auxiliaire généralement parallèle à une voie rapide et conçue pour permettre la circulation locale et desservir les propriétés riveraines. (Recomm. off. OLF)
• Mode de transport. *Par la voie des airs.*
• (Fig.) Direction. *La voie du succès.*
• Intermédiaire. *Suivre la voie hiérarchique.*
• *Voie lactée.* Le nom *voie* désigne par métaphore cette galaxie et s'écrit avec une majuscule; le déterminant qui suit s'écrit avec une minuscule. V. **astre.**

Voie de circulation
Les noms de voies de circulation sont des *odonymes.*
• Les mots génériques des odonymes (*avenue, boulevard, chemin, côte, place, route, rue*) s'écrivent en minuscules et sont suivis du nom spécifique qui s'écrit avec une ou des majuscules. *L'avenue de la Brunante, le boulevard René-Lévesque, le chemin Saint-Louis, la place d'Armes, la rue du Manoir.*
☞ Cependant, les noms d'odonymes caractérisés par un adjectif numéral ordinal s'écrivent avec une majuscule. *La 5e Avenue.*
• Les abréviations des odonymes usuels sont *av.* (avenue), *bd, b^d* ou *boul.* (boulevard), *ch.* (chemin), *pl.* (place, *rte* ou *r^te* (route).
V. Tableau - **TOPONYMES.**

---

*voie de service
Calque de l'anglais «service road» au sens de *voie de desserte.*

voilà prép.
• La préposition indique une personne, une chose relativement éloignée (par opposition à *voici*). *Voilà que nous apercevons le petit village où nous nous rendons.*
☞ La distinction entre les prépositions *voilà* et *voici* n'est pas toujours respectée, *voilà* tendant à supplanter *voici* dans la langue courante.
• La préposition renvoie à une chose dont il a été question (par opposition à *voici*) qui désigne une chose dont il sera question. *Et bien voilà ce que je voulais vous confier.*
• Il y a. *Voilà dix ans que je ne l'ai vu.*
• *En veux-tu, en voilà,* locution. En abondance. *Des framboises en veux-tu, en voilà (en v'là)!*
• *En voilà assez.* Je ne peux en tolérer davantage.
V. **voici.**
☞ voilà.

voilage n. m.
Rideau léger.

voile n. m. et f.
• **Nom masculin**
- Étoffe destinée à couvrir le visage ou la tête des femmes dans certaines circonstances. *Un voile de mariée.*
- (Fig.) Ce qui empêche de voir. *Il faudrait lever le voile qui nous dissimule la vérité.*
• **Nom féminin**
- Pièce de toile fixée au mât d'un bateau pour recevoir le vent.
• *Faire voile.* Naviguer. *Ils font voile vers la Bretagne.*
☞ Dans cette expression, le nom reste invariable.
• *Mettre les voiles.* (Fam.) Partir précipitamment.

voilé, ée adj.
• Qui porte un voile. *Une femme voilée.*
• (Fig.) Dissimulé. *Le sens voilé d'un message.*

voiler v. tr., pronom.
• **Transitif**
- Couvrir d'un voile.
- (Litt.) Cacher sous des apparences. *Voiler les faits.*
☞ Ne pas confondre avec les verbes suivants :
- *cacher,* dissimuler;
- *celer,* tenir quelque chose secret;
- *déguiser,* dissimuler sous une apparence trompeuse;
- *masquer,* dissimuler derrière un masque;
- *taire,* ne pas révéler ce que l'on n'est pas obligé de faire connaître.
• **Pronominal**
Se couvrir d'un voile. *Elles se sont voilées.*

voilette n. f.
Petit voile fixé à la coiffure et qui cache partiellement le visage.

voilier n. m.
Bateau muni de voiles. *Un magnifique voilier à trois mâts.*
V. **bateau.**

voilure n. f.
Ensemble des voiles d'un navire.

voir v. tr., intr., pronom.

INDICATIF PRÉSENT *Je vois, tu vois, il voit, nous voyons, vous voyez, ils voient.* IMPARFAIT *Je voyais, tu voyais, il voyait, nous voyions, vous voyiez, ils voyaient.* PASSÉ SIMPLE *Je vis.* FUTUR *Je verrai.* CONDITIONNEL PRÉSENT *Je verrais.* IMPÉRATIF PRÉSENT *Vois, voyons, voyez.* SUBJONCTIF PRÉSENT *Que je voie, que tu voies, qu'il voie, que nous voyions, que vous voyiez, qu'ils voient.* IMPARFAIT *Que je visse.* PARTICIPE PRÉSENT *Voyant.* PASSÉ *Vu, vue.*
Le *y* est suivi d'un *i* à la première et à la deuxième personne du pluriel de l'indicatif imparfait et du subjonctif présent. *(Que) nous voyions.*

• **Transitif direct**
- Percevoir par la vue. *De son bureau, on voit la cime des arbres.*
☞ Le participe passé suivi d'un infinitif s'accorde en genre et en nombre avec le complément d'objet direct qui précède le verbe et qui fait l'action exprimée par l'infinitif. *Les enfants qu'elle a vus grandir,* mais *les arbres que j'ai vu couper.*
- Être témoin d'un évènement. *Ils ont vu comment l'accident est arrivé.*
- Visiter, parcourir. *Nous avons vu tous les châteaux de la Loire.*
- Rendre visite à. *Venez donc prendre le thé, il y a si longtemps qu'on ne vous a vus.*
- (Fig.) S'apercevoir. *Je vois que vous ne saisissez pas le sens de ma question.*
- Concerner. *Ce commentaire n'a rien à voir avec la question qui nous intéresse.*
- (Fig.) Supporter. *Elle ne peut plus la voir, elle est si désagréable.*
☞ En ce sens, le verbe ne s'emploie que dans une tournure négative.
- *Laisser voir.* Révéler. *Il a laissé voir son véritable caractère.*
- *Pour voir.* Afin d'essayer.
- *Voir.* Le verbe sert à renvoyer à un autre mot, dans un dictionnaire, un texte. Abréviation *v.* ou *V.*
- *Voir le jour.* (Litt.) Venir au monde.
• **Transitif indirect**
Voir à. Veiller à. *Nous verrons à la qualité des travaux.*
• **Intransitif**
- Percevoir par la vue. *Elle ne voit plus très bien.*
- *Voir loin.* Prévoir.
- *Voir venir.* Attendre avant de prendre une décision.
- *Voyons.* Formule d'encouragement, d'exhortation. *Voyons, soyez raisonnable!*
• **Pronominal**
- Apercevoir sa propre image. *Elles se sont vues dans le miroir.*
- Se regarder, se rencontrer. *Ils se sont vus, mais n'ont pas échangé une parole. Elles se voient une fois par mois.*
- Être aperçu. *Cette étoile ne se voit qu'en été.*

---

voire adv.
Et même. *Cette précaution est inutile, voire dangereuse.*
☞ L'expression *voire même* est critiquée.

voirie n. f.
Ensemble des voies de communication publiques.
✏ voirie.

voisin, ine adj. et n. m. et f.
• **Adjectif**
- Qui est proche, contigu. *Des immeubles voisins.*
- Qui présente des analogies. *La vigogne est un animal voisin du lama. Le sens voisin d'un mot.*
• **Nom masculin et féminin**
Personne qui habite à proximité. *Nous avons de bons voisins.*

voisinage n. m.
Proximité. *Le voisinage de la mer. Elle habite dans le voisinage.*

voiture n. f.
- Véhicule qui sert au transport des personnes, des choses. *Une voiture de tourisme.*

☞— 1° Ce mot est de plus en plus utilisé pour remplacer le mot **automobile**.

2° Les noms propres et les marques des voitures de fabrication industrielle s'écrivent avec une majuscule et sont invariables. *Une Renault, une Peugeot, des Jetta.*

☞— L'accord du participe passé et de l'adjectif se fait généralement avec la désignation générique sous-entendue. *Une luxueuse (voiture) Cadillac.*

• Véhicule roulant sur des rails servant au transport des voyageurs. *En voiture! Le train part dans une minute.*

☞— Théoriquement, la **voiture** sert au transport des personnes par rail, alors que le **wagon** sert au transport des marchandises. Dans les faits, le mot **wagon** est employé pour des personnes et des choses.

voix n. f.
• Ensemble de sons produits par les cordes vocales.
• Appel, inspiration. *Entendre la voix de la raison, une voix intérieure.*
• Expression d'une opinion, d'un suffrage.
• *Avoir voix au chapitre.* Avoir droit de parole, participer à une décision.
• *Mettre aux voix* (et non *soumettre au vote).
• (Gramm.) *Voix active, voix passive.* Forme prise par le verbe suivant que l'action est faite ou subie par le sujet.
V. Tableau - **VERBE**.
Hom. **voie,** chemin.
☞ voi**x**.

vol n. m.
• Déplacement aérien au moyen d'ailes. *Le vol des oiseaux.*
• Trajet en avion. *Nous prendrons le vol* (et non l'*envol, l'*envolée) *de 15 heures.*
• *À vol d'oiseau,* locution adverbiale. En ligne droite.
• Action de voler. *C'est un vol à main armé* (et non un *hold-up).

vol.
Abréviation de **volume(s)**.

volage adj.
Frivole.

volaille n. f.
Oiseau de basse-cour.

volant, ante adj. et n. m.
• **Adjectif**
Qui peut voler. *Des poissons volants.*
• **Nom masculin**
- Partie mobile d'un carnet, d'un chéquier, etc. (par opposition à **talon**).
- Dispositif qui assure la direction d'un véhicule. *Le volant de la voiture* (et non le *steering).

volatil, ile adj.
• Qui se transforme facilement en vapeur. *Une substance volatile.*
• (Fig.) Sensible aux variations de la bourse, en parlant de valeurs mobilières.
Hom. **volatile,** oiseau domestique.
☞ volati**l**.

volatile n. m.
Oiseau domestique. *La basse-cour regorgeait de volatiles.*
Hom. **volatil,** qui se transforme facilement en vapeur.
☞ volatile.

volatiliser v. tr., pronom.
• **Transitif**
- Réduire un corps en vapeur d'eau.
- Voler, faire disparaître. *Volatiliser une montre.*
• **Pronominal**
Disparaître. *Les sommes se sont volatisées.*

volatilité n. f.
• Caractère d'un corps volatil.
• (Fig.) Sensibilité aux variations boursières, en parlant d'une action.

vol-au-vent n. m. inv. (pl. *vol-au-vent*)
Entrée de pâte feuilletée garnie d'une viande, d'un poisson en sauce.

volcan n. m.
Cratère situé sur une montagne d'où s'échappent de la cendre, de la lave en fusion, etc.

volcanique adj.
Qui concerne les volcans. *Des boues volcaniques. Une éruption volcanique.*
☞ volcanique.

volcanologie n. f.
Étude des volcans.
☞— La forme **vulcanologie** est vieillie.

volcanologique adj.
Relatif à la volcanologie.

volcanologue n. m. et f.
Spécialiste de la volcanologie.

volée n. f.
• Groupe d'oiseaux qui volent ensemble.
• Suite de coups.
• *À toute volée. Il le frappa à toute volée.*
☞— Dans cette expression, le nom est au singulier.
• *À la volée.* Très rapidement.

voler v. tr., intr.
• **Transitif.** Dérober. *On leur a volé leur voiture.*
• **Intransitif.** Se déplacer dans l'air. *Ils volent à haute altitude.*

volet n. m.
• Panneau de bois, de métal. *Les volets rouges d'une fenêtre.*
• *Trié sur le volet.* Sélectionné de façon très rigoureuse.
☞ volet.

voleter v. intr.
Redoublement du *t* devant un *e* muet. *Je volette, je voletterai,* mais *je voletais.*
Voler en changeant souvent de direction. *Les oiseaux voletaient au rythme du vent.*

voleur, euse adj. et n. m. et f.
Personne qui a volé. *Ce sont des voleurs expérimentés.*

volière n. f.
Cage où l'on enferme les oiseaux. *Une belle volière remplie d'oiseaux tropicaux.*
⇨ volière.

volley-ball ou **volley** n. m. (pl. *volley-balls*)
👄 Le mot se prononce à l'anglaise, [vɔlɛbol] ou [vɔlɛ].
Sport opposant deux équipes qui doivent se renvoyer un ballon par-dessus un filet. *Il excelle au volley-ball.*
⇨ volley-ball.

volontaire adj. et n. m. et f.
• **Adjectif**
- Qui se fait librement, par la volonté. *Un geste volontaire.*
- Déterminé. *C'est une personne très volontaire.*
• **Nom masculin et féminin**
Personne qui propose librement ses services, notamment dans l'armée.

volontairement adv.
Intentionnellement. *Il l'a volontairement frappé.*

volonté n. f.
• Intention ferme de faire ou de ne pas faire quelque chose. *Ils ont agi contre sa volonté.*
• Détermination. *Ils ont beaucoup de volonté. Elle a une volonté de fer.*
• *À volonté.* Autant qu'on en désire.
• (Au plur.). Caprices. *Il faisait toutes ses volontés, ses quatre volontés.*

volontiers adv.
• De bon gré. *Je prendrais volontiers un jus bien frais.*
• Facilement. *Elle le croit volontiers.*
⇨ volontiers.

volt n. m.
👄 Le *o* est ouvert [vɔlt].
• Symbole *V* (s'écrit sans point).
• Unité de mesure de force électromotrice. *Le courant est de 220 volts. La tension électrique est de 110 V* ou (elliptiquement), *de 110.*

voltage n. m.
(Fam.) Tension électrique. *Le voltage d'un appareil d'éclairage.*
☞ On préférera le mot *tension* en ce sens. *Ce fer à repasser est à bivoltage* (110 V et 220 V), ou mieux, à *bitension.*

volte-face n. f. inv. (pl. *volte-face*)
Revirement.
⇨ volte-face.

voltige n. f.
• Exercices d'acrobatie. *Un exercice de voltige périlleux.*
• (Fig.) Entreprise difficile. *C'est de la haute voltige que de convaincre le conseil.*

voltiger v. intr.
Le *g* est suivi d'un *e* devant les lettres *a* et *o*. *Il voltigea, nous voltigeons.*
• Voler en battant des ailes. *Une hirondelle voltigeait autour de sa petite maison.*
• Flotter au gré du vent. *Les samares voltigent doucement.*

voltigeur n. m.
Soldat d'un groupe de combat.

voltmètre n. m.
Appareil qui sert à mesurer des différences de potentiel électrique en volts.

volubile adj.
Qui parle beaucoup. *Il n'est pas très volubile.*
⇨ volubile.

volubilis n. m.
👄 Le *s* se prononce [vɔlybilis].
Plante ornementale grimpante à fleurs colorées.
☞ Attention au genre masculin de ce nom : *un* volubilis.

volubilité n. f.
Aisance, abondance de la parole. *Ils racontèrent leur expédition avec une volubilité étourdissante.*

volume n. m.
• Abréviation *vol.* (s'écrit avec un point).
• Livre relié. *Une magnifique bibliothèque remplie de volumes anciens.*
• Partie d'un ouvrage. *Un dictionnaire en trois volumes.*
Syn. **tome.**
• Étendue d'un corps à trois dimensions.
☞ L'évaluation du volume (en mètres cubes) est le *cubage,* alors que la *superficie* est l'étendue d'un corps à deux dimensions.
• Intensité des sons. *Pourriez-vous baisser le volume du téléviseur, on ne s'entend plus.*
⇨ volume.

volumétrique adj.
Qui se rapporte à la détermination des volumes.

volumineux, euse adj.
Qui a un grand volume. *Des colis volumineux.*

volupté n. f.
• Plaisir des sens.
• Satisfaction intellectuelle, esthétique.

voluptueusement adv.
Avec volupté. *Le chat s'étire longuement et voluptueusement.*

voluptueux, euse adj.
• Qui exprime, qui inspire la volupté. *Une danse voluptueuse.*
• Qui procure du plaisir. *Des rêveries voluptueuses.*

volute n. f.
• Spirale. *Les volutes d'un chapiteau ionique.*
• (Fig.) Ce qui est en forme de spirale. *Des volutes de fumée.*
☞ Attention au genre féminin de ce nom : *une* volute.

vomir v. tr.
👄 Le *o* est ouvert [vɔmir].
• Rejeter par la bouche ce qui était dans l'estomac.
• (Fig.) Projeter. *Le volcan vomissait des matières en fusion.*
• (Fig.) Proférer. *Vomir des insultes.*

vomissement n. m.

👄 Le *o* est ouvert [vɔmismɑ̃].

Action de vomir.

✏️ vomi**ss**ement.

vomitif, ive adj. et n. m.

👄 Le *o* est ouvert [vɔmitif, iv].

• **Adjectif.** Qui fait vomir.

• **Nom masculin.** Substance qui provoque le vomissement.

vorace adj.

Qui mange avec avidité. *Un appétit vorace.*

✏️ vora**ce**.

voracement adv.

Avec voracité.

voracité n. f.

Avidité.

vos

V. **votre.**

vosgien, ienne adj. et n. m. et f.

Des Vosges. *Les eaux vosgiennes. Un Vosgien, une Vosgienne.*

☞ L'adjectif s'écrit avec une minuscule; le nom, avec une majuscule.

vote n. m.

Acte par lequel une personne donne son opinion.

*vote de grève

Calque de l'anglais «to take a strike vote» au sens de ***tenir un scrutin sur la grève, voter sur la grève.***

*vote ouvert

Calque de l'anglais «open vote» au sens de ***scrutin découvert.***

voter v. tr., intr.

• **Transitif.** Adopter par un vote majoritaire (une loi, une mesure, etc.). *Voter une loi.*

• **Intransitif.** Exprimer son opinion par un vote. *Le devoir du citoyen est d'aller voter.*

votre, vos adj. poss.

• Adjectif possessif de la deuxième personne du pluriel et des deux genres.

• Qui est à vous, qui vous appartient, qui est relatif à vous. *Votre jardin, vos amis.*

☞ L'adjectif s'accorde en nombre avec le nom déterminé, il s'accorde en personne avec le nom désignant le «possesseur» et représente au moins deux possesseurs, dont celui à qui l'on parle.

V. Tableau - **POSSESSIF (ADJECTIF).**

---

vôtre adj., pron. poss. et n. m.

• Pronom possessif de la deuxième personne du pluriel et des deux genres.

• Qui est à vous. *Cette patrie est la vôtre. Ces collègues sont les vôtres.*

☞ Le pronom s'emploie avec l'article défini; il s'emploie également en fonction d'attribut, sans article, comme un adjectif. *Ces inquiétudes sont vôtres.*

• ***Vôtre***, nom masculin.

Mettez-y du vôtre. Faites un effort.

• ***Vôtres***, nom masculin pluriel

Vos parents, vos proches, vos amis. *Il n'est pas des vôtres.*

V. Tableau - **PRONOM.**

☞ vôtre.

---

vouer v. tr., pronom.

• **Transitif**

- Mettre sous la protection de Dieu, d'un saint.

- Consacrer. *Vouer sa vie à la recherche.*

- Destiner. *Ce projet est voué à l'échec.*

• **Pronominal**

Il ne sait à quel saint se vouer. Il ne sait à qui recourir.

vouloir v. tr.

INDICATIF PRÉSENT *Je veux, tu veux, il veut, nous voulons, vous voulez, ils veulent.* IMPARFAIT *Je voulais.* PASSÉ SIMPLE *Je voulus.* FUTUR *Je voudrai.* CONDITIONNEL PRÉSENT *Je voudrais.* IMPÉRATIF PRÉSENT *Veux, voulons, voulez* ou *veuille, veuillons, veuillez.* SUBJONCTIF PRÉSENT *Que je veuille, que tu veuilles, qu'il veuille, que nous voulions, que vous vouliez, qu'ils veuillent.* IMPARFAIT *Que je voulusse.* PARTICIPE PRÉSENT *Voulant.* PASSÉ *Voulu, ue.*

☞ Le verbe comporte deux formes à l'impératif et au subjonctif présent. La forme *veuille, veuillez* exprime une prière, un ordre atténué signifiant «je vous prie de vouloir». *Veuillez me suivre, s'il vous plaît. Veuillez agréer, Madame, l'expression de mes salutations respectueuses.*

• Manifester sa volonté, exiger. *Il veut partir. Elle sait ce qu'elle veut. Nous voulons que vous restiez.*

☞ Le verbe se construit généralement avec le mode subjonctif.

• Souhaiter. *Ils voudraient gagner le gros lot.*

• ***Que veux-tu, que voulez-vous?*** Ces locutions introduisent une excuse.

• Consentir. *Prenez-vous Tristan comme époux? Oui, je le veux.*

• Demander. *Combien voulez-vous pour ce voilier?*

• **Locutions**

- ***Vouloir bien, bien vouloir.*** Dans l'usage administratif, ces locutions verbales ne sont pas tout à fait synonymes. Un supérieur écrira à un subordonné *Vous voudrez bien répondre à la demande de ce client sans délai.* Par contre, si l'on s'adresse à un supérieur, on emploie la tournure plus déférente ***bien vouloir.*** *Monsieur le Président, je vous prie de bien vouloir accepter ma démission.*

☞ Dans l'usage courant, ces formules s'emploient indifféremment. *Je vous prie de bien vouloir (ou de vouloir bien) me pardonner.*

- ***En vouloir à quelqu'un.*** Avoir de la rancune contre quelqu'un. *Il lui en veut terriblement.*

vouloir n. m.

Volonté. *Selon son bon vouloir.*

vous pron.

Pronom personnel de la deuxième personne du pluriel.
EMPLOIS
• Sujet. *Vous acceptez de participer.*
• En apposition. *Vous, vous êtes persuadés d'avoir raison, mais nous croyons que vous êtes dans l'erreur.*
• Complément. *Parfumez-vous. Cette maison est à vous. Nous irons chez vous.*
🖐— Le pronom sert à s'adresser à plusieurs personnes ou à une personne que l'on vouvoie. On accordera le participe passé ou l'adjectif au singulier s'il s'agit d'une seule personne. *Vous étiez habillé de blanc.*
• Collectif **+ vous**. Le verbe se met généralement à la troisième personne du pluriel. *La plupart d'entre vous seront présents* (ou *présentes* si le genre des personnes désignées est féminin).
• *Chez-vous,* nom masculin. *Nous irons voir votre nouveau chez-vous très bientôt.*

voussoiement
V. **vouvoiement.**

voussoyer
V. **vouvoyer.**

voûte n. f.
• Ouvrage de maçonnerie fait en arc.
• **Clé de voûte.** Pierre centrale qui maintient toutes les autres.
• **Clé de voûte.** (Fig.) Élément essentiel d'un système.
• (Litt.) Ce qui recouvre, ce qui est en forme de berceau. *La voûte des arbres, la voûte étoilée.*
▭⇒ voûte.

*voûte
Anglicisme au sens de **chambre forte.**

voûté, ée adj.
Courbé. *Un dos voûté.*
▭⇒ voûté.

voûter v. tr., pronom.
• **Transitif.** Recouvrir d'une voûte.
• **Pronominal.** Devenir courbé. *Avec l'âge, il s'est voûté.*
▭⇒ voûter.

vouvoiement ou **voussoiement** n. m.
Action de vouvoyer. *Le vouvoiement est parfois très agréable.*
🖐— La forme *voussoiement* est vieillie.
▭⇒ vouvoiement.

vouvoyer ou **voussoyer** v. tr., pronom.
Le *y* se change en *i* devant un *e* muet. *Il vouvoie, il vouvoyait.*
Le *y* est suivi d'un *i* à la première et à la deuxième personne du pluriel de l'indicatif imparfait et du subjonctif présent. *(Que) nous vouvoyions.*
S'adresser à une personne en employant le pronom **vous**. *La possibilité de vouvoyer ou de tutoyer la personne à qui l'on s'adresse est une particularité de la langue française, entre autres.*
🖐— La forme *voussoyer* est vieillie.

vouvray n. m.
👄 Les lettres *ay* se prononcent *é* [vuvre].
Vin blanc.
🖐— Le nom du vin s'écrit avec une minuscule, tandis que le nom de la région s'écrit avec une majuscule.

voyage n. m.
• Déplacement. *Un voyage d'affaires, un voyage en Italie, en avion.*
• *Agent, agente de voyages.* Personne qui exploite une agence de voyages.
• *Grossiste (en voyages).* Personne morale ou physique qui organise des forfaits pour les agences de voyages. (Recomm. off. OLF)
• Aller et retour d'un lieu à un autre. *Pour déménager, ils ont fait plusieurs voyages avec leur camionnette.*

voyager v. intr.
Le *g* est suivi d'un *e* devant les lettres *a* et *o*. *Il voyagea, nous voyageons.*
Faire des voyages. *Ils adorent voyager pour découvrir de nouvelles régions ensemble.*

voyageur, euse adj. et n. m. et f.
• **Adjectif**
Pigeon voyageur. Pigeon dressé pour revenir au lieu d'où il est parti. *Des pigeons voyageurs.*
• **Nom masculin et féminin**
- Personne qui voyage. *Des voyageuses infatigables.*
- Passager d'un véhicule public. *Nous informons les voyageurs qu'il y a un retard de 20 minutes.*

voyagiste n. m.
Personne morale ou physique qui commercialise des voyages à forfait directement ou par l'entremise d'agences de voyages. (Recomm. off. OLF) *Un voyagiste* (et non un **tour-opérateur*).

voyance n. f.
Faculté de voir les évènements passés ou futurs.

voyant, ante adj. et n. m. et f.
• **Adjectif**
- Qui voit.
- Qui se voit de loin. *Des couleurs voyantes.*
• **Nom masculin et féminin**
- Personne qui prétend lire le passé, l'avenir. *Une voyante extralucide.*
- Personne qui a la vue. *Les voyants et les non-voyants.*
• **Nom masculin**
Témoin lumineux. *Le voyant du niveau d'huile. Des voyants utiles.*

voyelle n. f.
• Son vocal.
• Lettre qui représente ce son. *Les voyelles a, e, i, o, u, y.*
▭⇒ voyelle.

voyeur, euse n. m. et f.
Personne qui assiste à des scènes érotiques, sans être vue.

voyou adj. et n. m. (pl. *voyous*)
• **Adjectif.** Espiègle, digne d'un voyou. *Un sourire voyou.*
• **Nom masculin.** Chenapan, vaurien. *De petits voyous.*
🖐— Ce mot ne comporte pas de forme féminine.

vrac n. m.
• Marchandises sans emballage.
• **En vrac.** Sans emballage. *Des produits en vrac.*
• (Fig.) En désordre. *Des vêtements en vrac.*

vrai, vraie adj., adv. et n. m.
• **Adjectif**
- Véritable, conforme à la vérité. *Une histoire vraie.*
- **À vrai dire, à dire vrai,** locutions adverbiales. Pour être sincère.
☞ Ces deux locutions sont synonymes.
- Réel. *Une vraie perle.*
• **Adverbe**
Conformément à la vérité. *Ils disent vrai.*
☞ Pris adverbialement, le mot est invariable.
• **Nom masculin**
La vérité. *Départager le vrai du faux.*

*vraie copie
Calque de l'anglais «true copy» au sens de **copie conforme** (d'un acte judiciaire).

vraiment adv.
Véritablement. *Elles sont vraiment gentilles, ces bibliothécaires.*
⇨ vra**i**ment.

vraisemblable adj. et n. m.
• **Adjectif**
- Qui semble vrai, probable. *Des hypothèses vraisemblables.*
- **Il est vraisemblable que +** indicatif. À la forme affirmative, l'expression se construit avec l'indicatif ou le conditionnel pour exprimer une hypothèse. *Il est vraisemblable qu'il sera élu si la participation est élevée.*
- **Il n'est pas vraisemblable que +** subjonctif. À la forme négative ou interrogative l'expression se construit avec le subjonctif. *Il n'est pas vraisemblable qu'il soit parti sans nous prévenir.*
• **Nom masculin**
Le vraisemblable et l'invraisemblable.

vraisemblablement adv.
Sans doute.

vraisemblance n. f.
Apparence de vérité.
⇨ vraisemb**l**ance.

vraquier n. m.
Navire servant au transport de produits en vrac.
⇨ vra**qu**ier.

vrille n. f.
• Organe de certaines plantes telle la vigne qui s'enroule en hélice autour des tuteurs, des branches.
• Petite mèche servant à faire des trous.
• **Descente en vrille.** Chute d'un avion qui fonce vers le sol en tournant sur lui-même.

vriller v. tr., intr.
Les lettres **ill** sont suivies d'un *i* à la première et à la deuxième personne du pluriel de l'indicatif imparfait et du subjonctif présent. *(Que) nous vrillions, (que) vous vrilliez.*
• **Transitif.** Trouer avec une vrille. *Vriller un madrier.*
• **Intransitif.** Se déplacer en formant une vrille, une hélice. *Un avion qui vrille.*

vrombir v. intr.
Produire un vrombissement. *L'avion vrombissait (et non *vombrissait) déjà.*
⇨ vro**m**bir.

vrombissement n. m.
Vibration produite par un mouvement de rotation rapide. *Le vrombissement (et non *vrombrissement) d'un moteur.*

vs
Abréviation de **versus.**

vu n. m. et prép.
• **Nom masculin**
- **Au vu et au su de tous.** À la connaissance de tout le monde, au grand jour.
☞ Le nom ne s'emploie que dans l'expression citée. Ant. **insu de (à l').**
• **Préposition**
Étant donné, eu égard à. Employé en tête de phrase, devant le nom, sans auxiliaire, le mot **vu** est invariable. *Vu leurs bonnes intentions, nous acceptons.*
• **Vu que,** locution conjonctive. Étant donné que, attendu que. La locution se construit avec l'indicatif ou le conditionnel. *Vu que nous avons quelques jours, nous en profiterons pour nous reposer.*

vue n. f.
• Faculté de voir. *Elle a une bonne vue.*
• Étendue de ce que l'on peut voir d'un point. *Une vue superbe sur la mer.*
• Manière dont une chose se voit. *Une vue de profil.*
• Idée. *Ce n'est qu'une vue de l'esprit.*
• **Locutions**
- **À vue,** locution adverbiale. (Fin.) À la première présentation. *Un dépôt, une traite à vue.*
- **À perte de vue,** locution adverbiale. Aussi loin qu'on puisse voir.
- **À première vue,** locution adverbiale. Apparemment, dès le premier coup d'œil.
- **À vue de nez,** locution adverbiale. (Fam.) Approximativement.
- **À vue d'œil,** locution adverbiale. Sensiblement, très vite. *Les enfants changent à vue d'œil.*
- **De vue,** locution adverbiale. Par la vue. *Elle le connaît de vue simplement.*
- **En vue.** Connu. *Des personnes en vue.*
- **En vue de,** locution prépositive. Afin de.

vulgaire adj. et n. m.
• **Adjectif**
- Trivial, commun. *Des paroles vulgaires.*
- **Nom vulgaire.** Désignation courante. *Le mot **gueule-de-loup** est le nom vulgaire du **muflier des jardins.***
☞ En ce sens, l'adjectif ne comporte aucune connotation péjorative.
• **Nom masculin**
(Litt.) Ce qui est vulgaire, le commun des hommes.
⇨ vulg**ai**re.

vulgairement adv.
D'une manière vulgaire.

vulgarisateur, trice adj. et n. m. et f.
• **Adjectif.** Propre à vulgariser (des connaissances).
• **Nom masculin et féminin.** Spécialiste de la vulgarisation scientifique. *Fernand Seguin était un remarquable vulgarisateur.*

vulgarisation n. f.
Action de vulgariser des connaissances techniques. *La vulgarisation scientifique.*

vulgariser v. tr.
Mettre à la portée de tous une science, un art.

vulgarité n. f.
Défaut d'une personne, d'une chose vulgaire. *Elle ne peut tolérer sa vulgarité.*

vulnérabilité n. f.
Caractère de ce qui est vulnérable.

vulnérable adj.
• Qui peut être touché, blessé, fragile. *Un point vulnérable.*
• Qui peut être attaqué, discuté. *Un témoignage vulnérable.*

vulvaire adj.
Relatif à la vulve.
▭▷ vulv**aire**.

vulve n. f.
Partie externe des organes génitaux de la femme et des femelles de mammifères.

W
• Symbole de *watt*.
• Symbole de *tungstène*.

wagon n. m.
👄 Le *w* se prononce *v* [vagɔ̃].
• Véhicule ferroviaire. *Des wagons réfrigérés, des wagons de marchandises, de bestiaux.*
🕮— Dans la langue des chemins de fer, le *wagon* sert au transport des marchandises, des animaux, tandis que la *voiture* sert au transport des personnes. Dans la langue courante cependant, le nom *wagon* s'emploie de plus en plus pour désigner tout véhicule ferroviaire.
• *Wagon-citerne, wagon-lit, wagon-restaurant.* Ces mots mis en apposition prennent la marque du pluriel aux deux éléments et sont joints par un trait d'union. *Des wagons-citernes, des wagons-lits, des wagons-restaurants.*
🕮— Les termes officiels de *wagon-lit* et de *wagon-restaurant* sont *voiture-lit* et *voiture-restaurant.*

wagonnée n. f.
👄 Le *w* se prononce *v* [vagɔ̃ne].
Contenu d'un wagon.

wagonnet n. m.
👄 Le *w* se prononce *v* [vagɔ̃nɛ].
Petit wagon servant au transport des minerais.
▭▷ wagonne**t**.

*walkie-talkie ou *talkie-walkie
Anglicisme pour *émetteur-récepteur portatif.*

*walkman
Anglicisme pour *baladeur.*

wallon, onne adj. et n. m. et f.
👄 Le *w* se prononce *w* [walɔ̃].
• **Adjectif et nom masculin et féminin.** De la Wallonie (Belgique du Sud). *Un journal wallon. Un Wallon, une Wallonne.*
🕮— L'adjectif s'écrit avec une minuscule; le nom, avec une majuscule.
• **Nom masculin.** Dialecte parlé dans cette partie de la Belgique. *Jacques parle le wallon.*
🕮— Le nom de la langue s'écrit avec une minuscule.

wapiti n. m.
👄 Le *w* se prononce *w* [wapiti].
• Mot algonquin signifiant «daim blanc».
• Grand cerf du Canada et de la Sibérie. *Des wapitis aux tons fauves.*

warrant n. m.
👄 Le *w* se prononce *w* ou *v* et le *t* se prononce ou non [warɑ̃t] ou [warɑ̃], [varɑ̃t] ou [varɑ̃].
Récépissé délivré lors d'un dépôt de marchandises et qui est négociable comme une lettre de change. *Des warrants industriels.*

*warrant
Anglicisme au sens de *bon de souscription.*

water-closet(s) ou **waters** n. m. pl.
• Abréviation *W.-C.* (s'écrit avec points).
• Toilettes.

water-polo n. m. (pl. *water-polos*)
👄 Le *w* se prononce *w* [watɛrpɔlo].
Sport d'équipe qui se joue dans l'eau.

*waterproof
Anglicisme pour *imperméable, à l'épreuve de l'eau.*

watt n. m. (pl. *watts*)

👄 Le *w* se prononce *w* [wat].

• Symbole *W* (s'écrit sans point).

• Unité de puissance électrique. *Cette ampoule est de 50 watts, de 50 W; est-ce que cela suffira?*

✏️ watt.

wattheure n. m.

• Symbole *Wh* (s'écrit sans point).

• Unité de travail et d'énergie correspondant à l'énergie de un watt pendant une heure.

wattmètre n. m.

Appareil de mesure des puissances électriques.

W.-C. n. m. pl.

👄 Le *w* se prononce *v* [vese].

Abréviation de *water-closet. Où sont les W.-C.?*

week-end n. m.

👄 Le *w* se prononce *w,* les lettres *ee* se prononcent *i* et les lettres *nd* sont sonores [wikɛnd].

• Congé du samedi et du dimanche. *Ils partent à la campagne tous les week-ends.*

• Au Canada, se dit aussi *fin de semaine.*

☞ Selon certains auteurs, l'expression usitée au Canada, *fin de semaine,* désignerait une autre réalité que le mot *week-end,* soit le jeudi et le vendredi. Cette distinction n'apparaît pas justifiée.

western n. m.

👄 Le *w* se prononce *w* et les lettres *rn* sont sonores [wɛstɛrn].

• Film d'aventures se déroulant lors de la conquête de l'Ouest de l'Amérique du Nord. *D'excellents westerns.*

• *Western-spaghetti.* Western italien.

• *Western-soya.* Western à thème oriental.

Wh

Symbole de *wattheure.*

whisky n. m. (pl. *whiskies*)

👄 Le *w* se prononce *w* [wiski].

Eau-de-vie d'origine écossaise obtenue par la distillation de grains (orge, avoine, seigle). *Des whiskies avec des glaçons.*

✏️ un whisky, des whiskies.

whist n. m.

👄 Le *w* se prononce *w* et les lettres *st* sont sonores [wist].

(Ancienn.) Jeu de cartes, ancêtre du bridge.

won n. m.

Unité monétaire de la Corée.

V. Tableau - **SYMBOLES DES UNITÉS MONÉTAIRES.**

X
• Chiffre romain dont la valeur est de 10.
V. Tableau - **CHIFFRES.**
• S'emploie pour désigner une personne qu'on ne veut ou ne peut pas nommer. *Monsieur X.*

X (rayons)
Radiations électromagnétiques. *Les radiographies sont prises au moyen de rayons X.*
☞ Dans cette expression, la lettre *x* s'écrit toujours en majuscule.

Xe
Symbole de *xénon.*

xén(o)- préf.
• Élément du grec signifiant «étranger».
• Les mots composés avec le préfixe *xéno-* s'écrivent en un seul mot. *Xénophobie.*

xénon n. m.
👄 Le *x* se prononce *ks* [ksenɔ̃].
• Symbole *Xe* (s'écrit sans point).
• Gaz inerte.

xénophobe adj. et n. m. et f.
👄 Le *x* se prononce *ks* et les *o* sont ouverts [ksenɔfɔb].
Qui est hostile aux étrangers, à ce qui vient de l'étranger. *Ils ne sont pas xénophobes. Un xénophobe irréductible.*

☞ Ne pas confondre avec le mot *raciste* qui se dit de ce qui est hostile à certains groupes raciaux.
⇨ xéno**ph**obe.

xénophobie n. f.
👄 Le *x* se prononce *ks* et les *o* sont ouverts [ksenɔfɔbi].
Haine des étrangers, de ce qui est étranger.
☞ Le mot *xénophobie* désigne la haine de tous les étrangers, alors que le mot *racisme* dénomme une hostilité à l'égard de certains groupes raciaux.
⇨ xéno**ph**obie.

xérès ou **jerez** n. m.
👄 Le *x* se prononce couramment *gz,* parfois *k* et le *s* est sonore, [kserɛs] ou [kerɛs].
Vin blanc sec de la région de Jerez, en Espagne. *Je boirais bien du xérès.*
☞ Le nom du vin s'écrit avec une minuscule.
⇨ xérè**s**.

xi n. m. inv.
Lettre grecque.

xylophone n. m.
👄 Le *x* se prononce *ks* [ksilɔfɔn].
Instrument de musique composé de lamelles de bois de longueur décroissante sur lesquelles on frappe avec des baguettes.
⇨ xylo**ph**one.

y
Devant la plupart des mots commençant par **y,** l'élision ou la liaison ne se fait pas. *Le / yaourt, le / yacht.*
🖛 Dans cet ouvrage, les mots étrangers empêchant l'élision de la voyelle qui précède, ou la liaison entre deux mots sont suivis de la mention **(y aspiré).** Seuls quelques mots français commençant par **y** permettent l'élision ou la liaison. *L'yeuse, les(z)yeux.*

y adv. et pron. pers.

Adverbe de lieu
En cet endroit-là. *Allez-vous là-bas? J'y vais. J'y suis, j'y reste.*
Pronom personnel
• À lui, à elle, à eux, à elles. *Cette personne a un bon jugement; vous pouvez vous y fier.*
• À cela. *La recherche a été définie en 1985 et ils y travaillent depuis deux ans. C'est terminé : je ne peux y croire.*
• Impératif **+ y.** Placé après un impératif se terminant par une voyelle (**a, e**), le **y** exige l'addition d'un **s** euphonique aux verbes qui n'en comportent pas. *Penses-y. Vas-y.*
🖛 Le pronom **y** se place après l'autre pronom. *Dirige-nous-y.*
• **Locutions**
- **Il y a,** locution verbale. Il existe. *Il y avait une fois... Nous irons manger là où il y a une tonnelle fleurie.*
- **Il y va de,** locution verbale. Telle chose en dépend. *Il y va de notre succès.*
- **Ça y est!** Locution verbale qui marque l'accomplissement d'un souhait, la fin d'une activité, etc. *Ça y est! Il arrive.*

🖛 L'élision et la liaison se font avec ce mot.

yacht n. m. (**y** aspiré)
👄 Le **a** se prononce comme un **o** ouvert ou fermé et les lettres **cht** se prononcent **t,** [jɔt] ou [jot]. Navire de plaisance. *Des yachts luxueux.*

yack ou **yak** n. m. (**y** aspiré)
Ruminant à longue toison, voisin du buffle et qui vit au Tibet.

yang n. m. (**y** aspiré)
Catégorie essentielle de la pensée taoïste chinoise, correspondant au mouvement. *Le yin et le yang.* Ant. **yin.**

yaourt ou **yog(h)ourt** n. m. (**y** aspiré)
👄 Le nom se prononce [jaur] ou [jaurt], [jɔgur] ou [jɔgurt].
Lait caillé ayant subi une fermentation particulière. *Des yaourts aux bleuets.*
🖛 La graphie **yaourt** est plus courante.

yaourtière n. f. (**y** aspiré)
Appareil servant à préparer les yaourts.

yen n. m. (**y** aspiré)
👄 Le **n** se prononce [jɛn].
Unité monétaire du Japon. *Des yens.*
V. Tableau - **SYMBOLES DES UNITÉS MONÉTAIRES.**

yeti n. m. (**y** aspiré)
Créature fabuleuse de l'Himalaya surnommée «l'abominable homme des neiges». *Des yetis imaginaires.*
✏ yeti, sans accent.

yeuse n. f.
Chêne vert. *À l'ombre de l'yeuse.*
☞ L'élision et la liaison se font avec ce nom.

yeux n. m. pl.
Des yeux verts.
☞ La liaison se fait avec ce nom.
V. **œil.**

yé-yé adj. et n. m. et f. inv. (*y* aspiré)
Se dit d'un style de chanson à la mode au début des années soixante. *Le yé-yé est-il démodé?*

yiddish adj. inv et n. m. (*y* aspiré)
Langue germanique des Juifs de l'Europe centrale. *Il parle le yiddish. L'écriture yiddish.*
☞ Le nom de la langue s'écrit avec une minuscule.
☞ yi**dd**ish.

yin n. m. (*y* aspiré)
Catégorie essentielle de la pensée taoïste chinoise correspondant à la passivité. *Le yin et le yang.*
Ant. **yang.**

yod n. m. (*y* aspiré)
(Phonét.) Nom du son transcrit *i* (panier), *y* (oyez), *il* (vermeil), *ille* (taille).

yog(h)ourt
V. **yaourt.**

yoga n. m. (*y* aspiré)
Discipline spirituelle et corporelle qui vise à libérer l'esprit par la parfaite maîtrise du corps. *Faire du yoga.*

yogi n. m. (*y* aspiré)
Personne pratiquant le yoga.

yole n. f. (*y* aspiré)
Embarcation allongée propulsée à l'aviron.

yougoslave adj. et n. m. et f. (*y* aspiré)
De la Yougoslavie. *Un peintre yougoslave. Un Yougoslave, une Yougoslave.*
☞ L'adjectif s'écrit avec une minuscule; le nom, avec une majuscule.

yo-yo n. m. inv. (*y* aspiré) (pl. *yo-yo*)
Jouet que l'on fait monter et descendre le long d'un fil enroulé.

yuan n. m. (*y* aspiré)
Unité monétaire de la République populaire de Chine.
V. Tableau - **SYMBOLES DES UNITÉS MONÉTAIRES.**

yucca n. m. (*y* aspiré)
👄 Le *u* se prononce *ou* [juka].
Plante ornementale ressemblant à l'aloès. *Des yuccas géants.*

Yn
Abréviation de *Yukon.*

Yukon
Abréviation *Yn* (s'écrit sans point).

ZAC
Sigle de *zone d'aménagement et de conservation.*

zaïre n. m.
Unité monétaire du Zaïre. *Des zaïres.*
V. Tableau - **SYMBOLES DES UNITÉS MONÉ-
TAIRES.**

zaïrois, oise adj. et n. m. et f.
Du Zaïre. *Un costume zaïrois. Un Zaïrois, une Zaïroise.*
↪ L'adjectif s'écrit avec une minuscule; le nom, avec une majuscule.

zambien, ienne adj. et n. m. et f.
De la Zambie. *Une coutume zambienne. Un Zambien, une Zambienne.*
↪ L'adjectif s'écrit avec une minuscule; le nom, avec une majuscule.

zèbre n. m.
Mammifère ongulé voisin du cheval et dont la robe claire est marquée de bandes foncées. *Le zèbre hennit.*

zébrer v. tr.
Le *é* se change en *è* devant une syllabe muette, sauf à l'indicatif futur et au conditionnel présent. *Je zèbre,* mais *je zébrerai.*
Marquer de bandes foncées. *Un tissu zébré.*

zébrure n. f.
Rayure.

zébu n. m. (pl. *zébus*)
Type de bœuf de grande taille possédant une bosse sur le dos.

ZEC
Sigle de *zone d'exploitation contrôlée.*

zèle n. m.
• Empressement pour une cause, une personne.
• *Faire du zèle.* Affecter un dévouement excessif.
▭ zèle.

zélé, ée adj.
Qui fait preuve de zèle. *Un travailleur zélé.*
▭ zélé.

zen adj. inv. et n. m.
👄 Le *n* se prononce [zɛn].
• **Adjectif.** Relatif au zen.
• **Nom masculin.** École bouddhiste.

zénith n. m.
👄 Le *t* se prononce [zenit].
• Point du ciel situé sur la verticale ascendante (par opposition à *nadir*).
• (Fig.) Le plus haut degré que l'on puisse atteindre. *Il est au zénith du pouvoir.*
Ant. **nadir.**
▭ zénith.

zéphyr n. m.
(Litt.) Brise légère.
▭ zéphyr.

zéro adj. num. inv. et n. m. (pl. *zéros*)
• **Adjectif numéral cardinal.** Aucun. *Elle a fait zéro faute d'orthographe dans son examen. Le prix est de zéro franc quarante.*
• **Nom masculin**
- Valeur nulle d'une grandeur. *La réponse est zéro. Le degré zéro. Des zéros de conduite. Il fait 15 °C au-dessous de zéro* (et non *sous zéro ou *en bas de zéro*).

- Signe numérique en forme de **0** qui représente le chiffre 0. *Des zéros en lettres lumineuses.*

zeste n. m.
• Écorce d'un fruit. *Un zeste de citron.*
• (Fig.) Très petite quantité. *Un zeste de folie.*
☞ zest**e**.

zêta ou **dzêta** n. m. inv.
Lettre grecque.

zeugma ou **zeugme** n. m.
Procédé de style, construction qui consiste à lier des mots ou des groupes de mots de façon qu'il soit inutile de répéter un mot ou un groupe de mots déjà exprimés dans une proposition voisine.
▷— Attention aux zeugmas fautifs comportant des compléments qui ne se construisent pas avec la même préposition. **Il est allé et revenu de Québec en quatre heures* pour *Il est allé à Québec et en est revenu en quatre heures.*

zézaiement n. m.
Action de zézayer.
☞ zézai**e**ment.

zézayer v. intr.
Le **y** se change en **i** devant un **e** muet. *Il zézaie, il zézaiera.*
Le **y** est suivi d'un **i** à la première et à la deuxième personne du pluriel de l'indicatif imparfait et du subjonctif présent. *(Que) nous zézayions.*
Prononcer **z** au lieu de **j**. *Cet enfant zézaie un peu.*

zibeline n. f.
Mammifère carnivore de Sibérie apprécié pour sa fourrure très fine.

zigzag n. m.
Succession d'angles rentrants et saillants. *La route fait des zigzags.*
☞ **zigzag**, en un seul mot.

zigzagant, ante adj.
Qui marche en zigzag, qui forme des zigzags. *Des cheminements zigzagants.*
▷— Ne pas confondre avec le participe présent invariable **zigzaguant**. *Ils roulaient en zigzaguant.*

zigzaguer v. intr.
Ce verbe s'écrit toujours avec un **u**, même devant les lettres **a** et **o**. *Il zigzagua, nous zigzaguons.*
Faire des zigzags en avançant. *Cette voiture zigzaguait.*

zinc n. m.
⟨ Le **c** se prononce **g** [zɛ̃g].
• Symbole **Zn** (s'écrit sans point).
• Métal dur d'un blanc bleuâtre.
• (Fam.) Comptoir d'un café. *Prendre un sandwich et une bière sur le zinc.*

zinnia n. m.
Plante ornementale. *Des zinnias colorés.*
▷— Attention au genre masculin de ce nom : **un** zinnia.

*zip, zipper
Anglicisme pour *fermeture éclair, fermeture à glissière.*

zircon n. m.
Pierre qui ressemble au diamant.

zizanie n. f.
• Discorde.
• ***Semer la zizanie.*** Susciter des discussions, des querelles.
☞ zizani**e**.

zloty n. m.
Unité monétaire de la Pologne. *Des zlotys.*
V. Tableau - **SYMBOLES DES UNITÉS MONÉTAIRES.**

Zn
Symbole de **zinc.**

zodiacal, ale, aux adj.
Relatif au zodiaque. *Les signes zodiacaux.*

zodiaque n. m.
• Zone de la sphère terrestre.
• Zone divisée en douze parties égales correspondant aux signes du zodiaque.
▷— Les noms d'astres, de constellations s'écrivent avec une majuscule. *Bélier, Taureau, Gémeaux, Cancer, Lion, Vierge, Balance, Scorpion, Sagittaire, Capricorne, Verseau, Poissons.*
V. **astre.**

zona n. m.
⟨ Le **o** est fermé [zona].
Maladie virale caractérisée par des éruptions cutanées rougeâtres sur le trajet des nerfs sensitifs.

zonage n. m.
Répartition d'un territoire en zones selon des critères particuliers (utilisation du sol, construction immobilière, activité industrielle ou commerciale). *Le zonage agricole.*

zone n. f.
• Portion de territoire, région. *Une zone tropicale, littorale.*
• Espace. *Une zone militaire, une zone de libre-échange.*
• Domaine. *Des zones d'influence, une zone d'activité.*
• ***Zone franche.*** Zone où les marchandises sont exemptées de droits de douane.
☞ zone, sans accent circonflexe.

zoné, ée adj.
Qui a fait l'objet d'un zonage. *Une région zonée.*
☞ zoné, sans accent circonflexe.

zone d'aménagement et de conservation n. f.
• Sigle **ZAC** (s'écrit avec ou sans points).
• Territoire établi par l'Administration pour la gestion des réserves fauniques. (Recomm. off. OLF)

*zone de touage
Calque de l'anglais «tow zone» au sens de **zone de remorquage** (enlèvement des voitures en infraction).

zone d'exploitation contrôlée n. f.
• Sigle **ZEC** (s'écrit avec ou sans points).
• Territoire établi par l'État, destiné principalement au contrôle du niveau d'exploitation des ressources fauniques, et dont la gestion peut être déléguée à un organisme agréé. (Recomm. off. OLF)

zoner v. tr.
Faire le zonage de.
☞ zoner, sans accent circonflexe.

zoo n. m.
👄 Les lettres *oo* se prononcent *o* [zo] (et non *ou).
Jardin zoologique. *Des zoos merveilleux pour les enfants.*

zoologie n. f.
👄 Les deux *o* se prononcent [zɔɔlɔʒi].
Partie des sciences naturelles qui étudie les animaux.

zoologique adj.
👄 Les deux *o* se prononcent [zɔɔlɔʒik].
Relatif à la zoologie, aux animaux. *Un jardin, un parc zoologique.*

zoologiste ou **zoologue** n. m. et f.
👄 Les deux *o* se prononcent [zɔɔlɔʒist], [zɔɔlɔg].
Spécialiste de zoologie.

zouave n. m.
• Soldat appartenant à certains corps. *Les zouaves pontificaux.*
• *Faire le zouave.* (Fam.) Faire des pitreries.

zozoter v. intr.
(Fam.) Zézayer.

zut! interj.
(Fam.) Interjection marquant la colère, le dépit. *Zut! j'ai raté mon avion.*

zzz onomat.
Onomatopée marquant un léger sifflement et au figuré, le sommeil.

BÉNAC, HENRI. *Dictionnaire des synonymes*, Paris, Hachette, 1975, 1026 p.

BERNARD, Yves et Jean-Claude COLLI. *Vocabulaire économique et financier*, 2e éd., Paris, Seuil, 1976, 384 p.

BESCHERELLE 1. *L'art de conjuguer*, nouv. éd. ent. remise à jour, Montréal, Hurtubise HMH, 1985, 157 p.

BLED, Odette et Édouard BLED. *Dictionnaire d'orthographe*, Paris, Hachette, 1985, 253 p.

BLOCH, Oscar et Walther von WARTBURG. *Dictionnaire étymologique de la langue française*, 4e éd. rev. et mise à jour, Paris, P.U.F., 1975, 682 p.

CAJOLET-LAGANIÈRE, Hélène, Pierre COLLINGE et Gérard LAGANIÈRE. *Rédaction technique et administrative*, 2e éd. rev. et augm., Sherbrooke, Éditions Laganière, 1986, 331 p.

CAJOLET-LAGANIÈRE, Hélène. *Le français au bureau*, 3e éd. rev. et augm., Québec, Éditeur officiel du Québec, 1982, 268 p.

CELLARD, Jacques et Alain REY. *Dictionnaire du français non conventionnel*, Paris, Hachette, 1980, 839 p.

C'est-à-dire, Montréal, Société Radio-Canada (bulletins et fiches), 1960-1992.

CLAS, André et Paul A. HORGUELIN. *Le Français, langue des affaires*, 3e éd., Montréal, McGraw-Hill, 1991, 422 p.

Code typographique : choix de règles à l'usage des auteurs et des professionnels du livre, 16e éd., Paris, Syndicat national des cadres et maîtrises du livre, de la presse et des industries graphiques, 1989, 121 p.

COLIN, Jean-Paul. *Dictionnaire des difficultés du français*, Paris, Les usuels du Robert, 1986, 857 p.

COLPRON, Gilles. *Dictionnaire des anglicismes*, Montréal, Beauchemin, 1982, 199 p.

COMMISSION DE TOPONYMIE DU QUÉBEC. *Répertoire toponymique du Québec*, Québec, Éditeur officiel du Québec, 1978, 1199 p.

CORBEIL, Jean-Claude. *Dictionnaire thématique visuel*, Montréal, Québec/Amérique, 1986, 799 p.

DAGENAIS, Gérard. *Dictionnaire des difficultés de la langue française au Canada*, Montréal, Les Éditions françaises, 1984, 525 p.

DARBELNET, Jean. *Dictionnaire des particularités de l'usage*, Québec, Presses de l'Université du Québec, 1986, 215 p.

Dictionnaire de droit privé, Montréal, Centre de recherche en droit privé et comparé du Québec, 1985, 211 p.

Dictionnaire encyclopédique Quillet, Paris, A. Quillet, 1977, 10 vol.

Dictionnaire Quillet de la langue française, Paris, A. Quillet, 1975, 4 vol.

DOPPAGNE, Albert. *La bonne ponctuation*, Paris-Gembloux, Duculot, 1980, 93 p.

DOPPAGNE, Albert. *Majuscules, abréviations, symboles et sigles*, Amiens, Éditions scientifiques et littéraires, s.d., 300 p.

DOURNON, Jean-Yves. *Dictionnaire pratique d'orthographe et des difficultés du français*, éd. ent. revue, Paris, Le Livre de Poche, 1982, 648 p.

DUBUC, Robert. *Objectif 200 : deux cents fautes à corriger*, Montréal, Éditions Ici Radio-Canada et Leméac, 1971, 133 p.

DUBUC, Robert. *Vocabulaire bilingue de la publicité*, Montréal, Linguatech, 1991, 291 p.

DUBUC, Robert. *Vocabulaire de gestion*, Montréal, Leméac, 1974, 135 p.

DUPRÉ, P. *Encyclopédie du bon français dans l'usage contemporain*, Paris, Éditions de Trévise, 1972, 3 vol.

FICHIER FRANÇAIS DE BERNE. *De l'emploi des majuscules* : précis, 2e éd. rev. et augm., Berne, 1973, 69 p.

GANDOUIN, Jacques. *Correspondance et rédaction administratives*, 4e éd., Paris, Armand Colin, 1988, 379 p.

GIRODET, Jean. *Pièges et difficultés de la langue française*, Paris, Bordas, 1986, 896 p.

GOURIOU, Ch. *Mémento typographique*, Paris, Hachette, 1973, 122 p.

Grand Dictionnaire encyclopédique Larousse, Paris, Larousse, 1982, 10 vol.

Grand Larousse de la langue française, Paris, Larousse, 1971-1978, 7 vol.

GREVISSE, Maurice. *Le Bon Usage*, 12e éd. rev., Gembloux, Belgique, Duculot, 1988, 1768 p.

GREVISSE, Maurice. *Précis de grammaire française*, 28e éd. rev., Paris-Gembloux, Duculot, 1969, 291 p.

Guide du rédacteur de l'administration fédérale, Ottawa, Secrétariat d'État, 1983, 218 p.

HANSE, Joseph. *Nouveau Dictionnaire des difficultés du français moderne*, 2e éd. mise à jour et enrichie, Paris, Duculot, 1987, 1031 p.

JOUETTE, André. *Toute l'orthographe pratique, Dictionnaire d'orthographe et de grammaire*, éd. rev. et aug., Paris, Pluriguides/Nathan, 1989, 764 p.

Journal officiel «Termes techniques nouveaux», Paris, arrêtés 1981-1985.

LAURENCE, Jean-Marie. *Les verbes en un clin d'œil*, Montréal, Guérin, 1981, 204 p.

LAURIN, Jacques. *Corrigeons nos anglicismes*, Montréal, Les Éditions de l'homme, 1975, 179 p.

Lexique des règles typographiques en usage à l'Imprimerie nationale, 3e éd., Paris, Imprimerie nationale, 1990, 197 p.

MANUILA, A. et L. MANUILA. *Dictionnaire français de médecine et de biologie*, Paris, Masson, 1970-1975, 3 vol.

MARTIN, Jean-Claude. *Guide pratique de français correct*, Montréal, Éditions Études Vivantes, 1990, 124 p.

MORVAN, Pierre. *Dictionnaire de l'informatique*, 4e éd., rev. et mise à jour, Paris, Larousse, 1981, 339 p.

OFFICE DE LA LANGUE FRANÇAISE. *Énoncé d'une politique linguistique relative aux québécismes*, Québec, 1985, 64 p.

OFFICE DE LA LANGUE FRANÇAISE. *Guide linguistique à l'intention des imprimeurs*, Québec, 1989, 134 p.

OFFICE DE LA LANGUE FRANÇAISE. *Répertoire des avis linguistiques et terminologiques : mai 1979-septembre 1989*, 3e éd., Québec, 1990, 251 p.

OFFICE DE LA LANGUE FRANÇAISE. *Titres et fonctions au féminin : essai d'orientation de l'usage*, Québec, 1986, 70 p.

OFFICE DE LA LANGUE FRANÇAISE. *Vocabulaire de l'édition et de la reliure*, Québec, 1987, 54 p.

ORDRE DES COMPTABLES AGRÉÉS DU QUÉBEC, Comité de terminologie française. *Terminologie comptable*, Montréal, 1966-1992.

Petit Larousse illustré 1992, Paris, Larousse, 1991, 1720 p.

RAMAT, Aurel. *Grammaire typographique*, 4e éd., Montréal, Aurel Ramat, 96 p., 1989.

ROBERT, Paul. *Dictionnaire alphabétique et analogique de la langue française*, 2e éd. ent. rev. et enrichie par Alain Rey, Paris, Le Robert, 1986, 9 vol.

ROBERT, Paul. *Le Petit Robert 1 : Dictionnaire alphabétique et analogique de la langue française*, nouv. éd. rev. corr. et mise à jour, Paris, Le Robert, 1990, 2171 p.

ROBERT, Paul. *Le Petit Robert 2 : Dictionnaire universel des noms propres, alphabétique et analogique*, 4e éd. rev., corr. et mise à jour, Paris, Société du Nouveau Littré - Le Robert, 1979, 1984 p.

ROBERT-COLLINS. *Dictionnaire français-anglais anglais-français*, 2e éd., Paris, Le Robert, 1987, 930 p.

SAUVAGE, Claude. *Le français au fil du temps et des mots*, Montréal, Éditions Études Vivantes, 1990, 364 p.

SAUVÉ, Madeleine. *Observations grammaticales et terminologiques*, Montréal, Université de Montréal (fiches), 1972-1985.

SYLVAIN, Fernand. *Dictionnaire de la comptabilité et des disciplines connexes*, 2e éd. ent. rev. et corr., Toronto, ICCA, 1982, 662 p.

THOMAS, Adolphe V. *Dictionnaire des difficultés de la langue française*, nouv. éd. rev. et corr., Paris, Larousse, 1981, 435 p.

Trésor de la langue française : Dictionnaire de la langue du XIXe et XXe siècle (1789-1960), publié sous la direction de Paul Imbs, puis de Bernard Quémada, Centre National de la Recherche Scientifique, 1971 (tome I) à 1983 (tome X).

VAN COILLIE-TREMBLAY, Brigitte. *Correspondance d'affaires*, Montréal, Publications Transcontinental inc., 1991, 265 p.

VILLERS, Marie-Éva de. *Vocabulaire du micro-ordinateur*, Office de la langue française, Québec, Les Publications du Québec, 1986, 66 p.

VILLERS, Marie-Éva de. *Vocabulaire des marchés publics*, Office de la langue française, Québec, Éditeur officiel du Québec, 1985, 55 p.

VILLERS, Marie-Éva de. *Vocabulaire de la gestion de la production*, Office de la langue française, Québec, Éditeur officiel du Québec, 1981, 77 p.

VILLERS, Marie-Éva de. *Vocabulaire des imprimés administratifs*, Office de la langue française, Québec, Éditeur officiel du Québec, 1979, 141 p.

NORMES

ASSOCIATION CANADIENNE DE NORMALISATION. *Guide canadien de familiarisation au système métrique*, 3e éd., mise à jour, Rexdale, ACNOR, 1977, 54 p. (CAN3-Z234.1-76).

ASSOCIATION CANADIENNE DE NORMALISATION. *Représentation numérique des dates et de l'heure*, Rexdale, ACNOR, 1976, 9 p. (CAN3-Z234.4-76).

ASSOCIATION FRANÇAISE DE NORMALISATION. *Principes de l'écriture des nombres, des unités et des grandeurs*, Paris, AFNOR, 1951, 20 p. (NF X 02-003).

ASSOCIATION FRANÇAISE DE NORMALISATION. *Symboles des unités de monnaie*, Paris, AFNOR, décembre 1981, 10 p. (NF K 10-020).

BUREAU DE NORMALISATION DU QUÉBEC. *Système international d'unités (SI) - Principes d'écriture des unités et des symboles*, Québec, BNQ, 1981, 15 p. (BNQ 9990-901).

BUREAU DE NORMALISATION DU QUÉBEC. *Système international d'unités (SI) - Définitions*, Québec, BNQ, 1981, 15 p. (BNQ 9990-901).

Achevé   imprimerie
d'imprimer Gagné Ltée
au Canada Louiseville